フレッチャー

図説

世界建築の歴史大事典
―建築・美術・デザインの変遷―

■編■
ダン・クリュックシャンク

■監訳■
飯田喜四郎

■訳■
片木　篤　　河辺泰宏　　佐藤達生　　辻本敬子
丹羽和彦　　野々垣 篤　　堀田典裕　　溝口正人

西村書店

Sir Banister Fletcher's A History of Architecture
Twentieth Edition

Edited by
Dan Cruickshank

Consultant Editors
Andrew Saint
Peter Blundell Jones
Kenneth Frampton

Assistant Editor
Fleur Richards

Copyright © 1996, The Royal Institute of British Architects
and The University of London.
Japanese edition copyright © 2012, Nishimura Co., Ltd.

This edition of Banister Fletcher's A History of Architecture by Dan Cruickshank is published by arrangement with Elsevier Ltd., The Boulevard, Langford Lane, Kidlington, OX5 1GB, England.

All rights reserved.
Printed and bound in Japan.

監訳者序文

　『比較研究法による建築史』を書名とするフレッチャーの建築史は、1896年(明治29年)の創刊以来、西欧を中心とし、西欧以外の建築史をわずかに加えた形で版を重ね、百年にわたって刊行されてきた。わが国では1919年(大正8年)に第5版(1905年)が古宇田實、齋藤茂三郎の両氏により邦訳刊行されたのが最初である。

　1953年、著者バニスター・フレッチャー卿の没後、本書の編集は信託財団に委ねられ、世界の建築史研究の発展と歴史観の変化を反映する方向へ転換がはかられた。

　1996年に邦訳された第19版は、それまでの構成を大幅に組み替え、西欧の建築を圧縮し、非西欧、とくに非ヨーロッパの建築に大きな比重を与え、本格的な世界建築史への方向転換を明らかにした。一部の国をのぞいて、非ヨーロッパの建築の現地人による研究は西欧の水準に達していないため、本格的な歴史的総合は望むべくもないが、本書の進む方向は第19版で示されたといえよう。

　第20版(邦題『フレッチャー 図説 世界建築の歴史大事典』)では、19世紀以前のイスラム建築に第3部(第15章から第20章まで)があてられた。イスラム建築の広範な地域的分布と多様性からみて、妥当な位置づけといえよう。このほかに第1部から第6部では、若干の章が新設・改訂・増補され、一部の章はその位置が変更された。これによって世界建築史としての本書の構成は、第19版よりもいっそう論理的になり、各地域の研究成果を吸収しやすい形となった。また、第7部の20世紀の建築は大幅に増補され、第19版の9章から第20版の16章へとほぼ2倍に増強された。この第7部は、近代建築研究の第一人者である片木篤先生が中心となり、堀田典裕先生の協力を受けて、充実した訳文を作成してくださった。

　世界建築史に変わったフレッチャーの建築史は、一巻本にまとめるという創刊以来の形式を守っている。本書は各国の建築の歴史と現状の概説書であり、また、充実したその索引によって建築事典としての役割も担っており、手もとに置いて参照するのにきわめて貴重な刊行物である。

　今回の邦訳にあたっては、索引の作成を含む煩雑な編集作業に献身的に努力してくださった西村書店の編集部に深く感謝する。

　なお、三校の校正も完了し、印刷を間近に控えた2012年7月中旬に、佐賀大学の丹羽和彦先生逝去の悲報を受けた。第19版以来のご協力に厚く感謝すると同時に、ご冥福を心からお祈りいたします。

飯田喜四郎

目　次

監訳者序文 ………………………………… iii
翻訳関係者一覧 …………………………… vii
編集者・執筆者・協力者一覧 …………… viii
序　文 ……………………………………… x
はじめに …………………………………… xii

1 エジプト、古代近東、アジア、ギリシア、ヘレニズム王国の建築

第 1 章　背　景 …………………………………… 3
第 2 章　先史時代 ………………………………… 29
第 3 章　エジプト ………………………………… 39
第 4 章　古代近東 ………………………………… 71
第 5 章　初期アジア ……………………………… 101
第 6 章　ギリシア ………………………………… 109
第 7 章　ヘレニズム王国 ………………………… 157

2 ルネサンスまでのヨーロッパと地中海周辺の建築

第 8 章　背　景 …………………………………… 173
第 9 章　先史時代 ………………………………… 221
第10章　ローマとローマ帝国――蛮族の侵攻まで―― …………………………………… 237
第11章　ビザンティン帝国 ……………………… 297
第12章　初期ロシア ……………………………… 339
第13章　中世初期とロマネスク ………………… 365
第14章　ゴシック ………………………………… 447

3 イスラム世界の建築

第15章　背　景 …………………………………… 595
第16章　セレウコス朝、パルティア、ササン朝 … 609
第17章　ウマイヤ朝とアッバース朝のカリフ政権 … 617
第18章　中央イスラム世界各地の王朝とムガル朝以前のインド … 639
第19章　サファヴィー朝ペルシア、オスマン帝国、ムガル朝のインド … 651
第20章　世俗建築とパラダイス・ガーデン …… 671

4 植民地時代以前のヨーロッパ以外の建築

 第21章 背　景 ……………………………………………… 679

 第22章 アフリカ …………………………………………… 709

 第23章 アメリカ …………………………………………… 715

 第24章 中　国 ……………………………………………… 737

 第25章 日本と朝鮮半島 …………………………………… 759

 第26章 インド亜大陸 ……………………………………… 789

 第27章 東南アジア ………………………………………… 833

5 ルネサンスおよびそれ以後のヨーロッパとロシアの建築

 第28章 背　景 ……………………………………………… 851

 第29章 イタリア …………………………………………… 889

 第30章 フランス、スペイン、ポルトガル ……………… 977

 第31章 オーストリア、ドイツ、中部ヨーロッパ ……1035

 第32章 ベルギー、オランダ、イギリス ………………1063

 第33章 ロシアとスカンジナビア ………………………1135

 第34章 ルネサンス以後のヨーロッパ …………………1163

6 植民地時代およびそれ以後のヨーロッパ以外の建築

 第35章 背　景 ……………………………………………1239

 第36章 アフリカ …………………………………………1251

 第37章 アメリカ …………………………………………1275

 第38章 中　国 ……………………………………………1311

 第39章 日本と朝鮮半島 …………………………………1323

 第40章 東南アジア ………………………………………1331

 第41章 インド亜大陸 ……………………………………1343

 第42章 オーストラレーシア──オーストラリアと
      ニュージーランド── ……………………1367

7 20世紀の建築

- 第43章　背　景　1405
- 第44章　西ヨーロッパ（1900-45年）　1411
- 第45章　西ヨーロッパ（1945年以降）　1465
- 第46章　東ヨーロッパ　1503
- 第47章　ロシアとソヴィエト連邦　1531
- 第48章　中　東　1551
- 第49章　アフリカ　1573
- 第50章　北アメリカ（1900-50年）　1591
- 第51章　北アメリカ（1950年以降）　1621
- 第52章　ラテン・アメリカ　1643
- 第53章　中　国　1663
- 第54章　日本と韓国　1685
- 第55章　東南アジア　1707
- 第56章　香　港　1725
- 第57章　インド亜大陸　1735
- 第58章　オセアニア──オーストラリア、ニュージーランド、パプア・ニューギニア、南太平洋諸島──　1763

用語解説　1789
参考文献　1805
図版提供　1844
索　引　1857

翻訳関係者一覧

・五十音順
・●は翻訳担当箇所を表す

■ 監訳者

飯田喜四郎（いいだ・きしろう）　●序文、はじめに、第1-7章
愛知工業大学客員教授、名古屋大学名誉教授

■ 訳　者

片木　篤（かたぎ・あつし）　●第43-52章
名古屋大学大学院環境学研究科都市環境学専攻　教授

河辺泰宏（かわべ・やすひろ）　●第28, 29, 33章
愛知淑徳大学メディアプロデュース学部メディアプロデュース学科　教授

佐藤達生（さとう・たつき）　●第8, 11, 13, 14章
大同大学工学部建築学科　教授

辻本敬子（つじもと・たかこ）　●第9, 10, 12, 15-20章
元 名古屋造形芸術大学　非常勤講師

丹羽和彦（にわ・かずひこ）　●第30-32, 34章
佐賀大学理工学部都市工学科環境設計学　教授

野々垣　篤（ののがき・あつし）　●第21-23, 26, 27, 36, 37, 40-42章, 用語解説
愛知工業大学工学部建築学科　准教授

堀田典裕（ほった・よしひろ）　●第53-58章
名古屋大学大学院環境学研究科都市環境学専攻　助教

溝口正人（みぞぐち・まさと）　●第24, 25, 35, 38, 39章
名古屋市立大学大学院芸術工学研究科　教授

編集者・執筆者・協力者一覧

■ 編集者

Dan Cruickshank, Honorary Fellow of the Royal Institute of British Architects, Visiting Professor in the Department of Architecture, Sheffield University, and author of *London : The Art of Georgian Building and Life in the Georgian City*.

■ 顧問編集者

Andrew Saint, Honorary Fellow of the Royal Institute of British Architects, Professor in the Department of Architecture, Cambridge University, and author of the biography *Richard Norman Shaw*.

Peter Blundell Jones, Professor in the Department of Architecture, Sheffield University and author of the biographies *Hans Scharoun* and *Hugo Häring*.

Kenneth Frampton, Ware Professor of Architecture, Columbia University, New York, and author of *Modern Architecture 1851-1945* and *Modern Architecture : A Critical History*.

■ 執筆者

Chris Abel, Senior Lecturer in Architecture, University of Nottingham, and author of *Architecture and Identity : Towards a Global Eco-culture*.　●第55, 56章

Gautam Bhatia, architect based in Delhi and author of *Punjabi Baroque* and *Silent Spaces*.　●第57章

Dr Charles A. Burney, Department of Archaeology, University of Manchester.　●第3, 4章

Dr Kim Choung Ki, Director, National Institute of Cultural Properties of Korea.　●第25, 39章

Dr Catherine Cooke, architect, chair of course on Design Principles and Practice, Open University, and author of *Russian Avant-Garde : Theories of Art, Architecture and the City*.　●第47章

Colin Davies, architect, Senior Lecturer in Architectural History, University of North London.　●第51章

Dr Caroline Elam, formerly of the Department of Architecture, Westfield College, University of London, and editor of the *Burlington Magazine*.　●第29-33章(assisted by Paul Davies, David Hemsoll, Patrick Sweeney and Neil Macgregor)

Professor Dr sc. phil Hubert Faensen, Section Aesthetic und Kunstwissenschaften, Humboldt University, Berlin.　●第12章

Professor Wu Guang-zu, Department of Architecture, Tongji University, Shanghai.　●第38, 53章

Professor Daiheng Guo, Department of Architecture, Tsinghua University, Beijing.　●第24章

Dr Julienne Hanson, Bartlett School of Graduate Studies, University College London.　●第2, 5, 9, 22章

Dr Adam Hardy, Director of Practice, Research and Advancement in South Asian Design and Architecture (PRASADA), De Montfort University, Leicester.　●第26章

Stephen Heywood, historian with Norfolk Country Council.　●第13章

Eizo Inagaki, Department of Architecture, University of Tokyo.　●第25, 39章

Eitan Karol, architect and historian based in Israel.　●第48章

Dr Peter Kidson, Courtauld Institute of Art, University of London.　●第14章(assisted by Lindy M. Grant, Allan Brodie and Christopher Welander)

Dr Jon Lim, School of Architecture, National University of Singapore.　●第40章(assisted by Budi A. Sukada)

Dr Derek Linstrum, formerly of the Institute of Advanced Architectural Studies, University of York.　●第36, 49章

Professor Richard Longstreth, American Studies Program, George Washington University, Washington, DC.　●第50章
Professor H. Stanley Loten, School of Architecture, Carleton University, Ottawa.　●第23章
Dr Otakar Macel, Technische Hogeschool, Delft.　●第46章
Dr Rowland J. Mainstone, author of the definitive study of Hagia Sophia, Istanbul.
　●第10, 11章
Anthony McIntyre, architectural critic, teacher and author of several books on historic and contemporary European architecture.　●第45章
Louise Noelle Mereles, Instituto de Investigaciones Esteticas, Universidad Nacional Autonoma de Mexico.　●第37章
Dr Stefan Muthesius, School of World Art Studies and Museology, University of East Anglia.
　●第34章
Dr Mary Neighbour Parent, Department of Architecture, University of Tokyo.
　●第25, 39章
Dr Suha Ozkan, architect, former vice-president of the Middle East Technical University (METU), Ankara, and currently Secretary-General of the Aga Khan Award for Architecture.　●第48章
Professor Andrew Saint, Department of Architecture, University of Cambridge.
　●第37, 44章（a major revision and extension of earlier text by David Dunster）
Professor David Saunders, formerly of the Department of Architecture, University of Adelaide.　●第42章
Dennis Sharp, architect, University of Nottingham.　●第46章
Dr Roland Silva, Director General, Central Cultural Fund, Colombo.　●第41章
Jennifer Taylor, Associate Professor, Department of Architecture, University of Sydney.
　●第58章
Helen Thomas, architect.　●第52章
Professor Richard A. Tomlinson, Director, British School at Athens.　●第6, 7章
Dr Christopher Wakeling, Centre for Adult and Continuing Education, University of Keele.
　●第34章
John C. T. Warren, architect and co-author of a study of traditional houses in Baghdad.
　●第15-20章
Thomas Weaver, Princeton University.　●第54章

■イラスト
Dr Mark Gelernter, Lecture, Bartlett School of Architecture and Planning, prepared 23 sheets of drawings.
Ken Waas and **Alick Newman**, Department of Geography, University College London, revised the maps.

■用語解説
Julian Osley, RIBA Library.

序　文

　『バニスター・フレッチャー卿の建築史(Sir Banister Fletcher's A History of Architecture)』は、第 20 版で刊行百年を数えている。この百年間に本書の目的と外観は、当然のことながらかなり変わったが、1987 年に出版された第 19 版と第 20 版との間の変化よりも劇的な変化はない。実際に第 19 版はバニスター・フレッチャー卿の建築史の構成を再考し、異なる建築と時代と所在を「比較法」によって考察するという積年の方法を、本書を構成する 7 部の冒頭にそれぞれ「背景」の章を設ける方法に変えた。これらの「背景」の章は、その部で扱われる建築を社会的・経済的・政治的文脈の中に位置づけ、有用な情報を提供しようと努めた。また第 19 版は 20 世紀以前のヨーロッパ建築(この建築は本書において伝統的に大きな割合を占めてきた)の取材量と、ヨーロッパ以外の地域における建築の取材量との間の不均衡を是正するように努めた。

　第 20 版は必然的に第 19 版をつくり直すための大がかりな精査や実験ではなく、第 19 版の広範にわたる改訂・増補である。しかしながら第 20 版の本文の約 35％は新しくなり、第 19 版よりもほぼ 200 ページ長くなり、かなりの数の章が更新・増補・改訂された。37 名の本書執筆者のうち、14 名は新人である。

　第 20 版の中心的目標は、第 19 版で設定された若干の基本方針を反映し、踏襲することである。取材範囲は拡大されて非ヨーロッパ圏からの建築を増やし、土俗建築と、橋梁や要塞のような建築家兼技術者による技術建造物や構造物の情報を増加させた。

　これらの増補と改訂はその提示に当たり、本書の最も基本的な長所、すなわち使いやすい参考書であること、叙述・説明され、多くの場合、十分に挿図を加えた世界建築の主要な範例を掲載する公平で権威ある図書であり、しかも一巻本であることを強化しようと努めている。この版に取り込まれた変更と増補を明らかにするには、一覧表に頼るのが最も便利である。

　第 20 版の最初の、また多くの点で最も重要な変化は、20 世紀の世界建築の調査が著しく拡大され、本書の刊行年までに完成した建物を含むように改めた点である。20 世紀の建築が初めて全体として考察され、歴史的展望で評価されたのである。

　20 世紀の建築の取材範囲の増大は、スーハ・オズカン氏とエータン・カロル氏によるイスラエルを含めた中東に関する新しい 1 章と、クリス・アベル氏による東南アジアと香港、ゴータム・バーティア氏によるインド亜大陸、キャスリン・クック博士によるロシアとソヴィエト連邦ならびに、デニス・シャープ氏とオタカー・メイセル氏による東欧に関する新しい数章を含んでいる。西欧はアンドリュー・セイント氏による新しい本文を加えた第 2 次世界大戦前と、アンソニー・マッキンタイア氏による新しい本文を加えた第 2 次世界大戦後との 2 章に分割された。アメリカの章はコリン・デーヴィス氏による 1950 年以後の北米建築と、ヘレン・トマス氏によるラテン・アメリカに関する新しい本文を加えて、3 章に分けられた。日本と朝鮮はトマス・ウィーバー氏により書き改められた。

　20 世紀以前の建築の取材範囲も拡大・強化された。それはジョン・ウォーレン氏執筆による新しい 6 章からなるイスラム建築に関する第 3 部の新設である。さらに 1900 年以前のアメリカ建築の章は、ルイーズ・ノエル・メレル氏とアンドリュー・セイント氏により大幅に書き改められた。インド亜大陸の伝統建築の章はアダム・ハーディー博士により改訂され、ジョン・リム博士により東南アジアに関する新しい 1 章が加えられた。

　第 20 版はインド亜大陸と中国の伝統建築について特別に発注された新しい図面と、世界の建築の全ての時代の基本的情報源になる参考文献を掲載している。

　第 20 版の制作は複雑な集団の努力の成果であった。集団の基幹メンバーは 3 名の顧問編集者で、新しい本文を閲読して論評された。私はその助言(新しい執筆者のための勧告を含む)に感謝しながら、助言に基づいて行動した。しかし、編集上の問題の最終的解決は私にかかっており、事実の誤認や疑わしい解釈、不自然な建物の包含や脱落があれば、それは私の責任である。顧問編集者はケンブリッジ大学のアンドリュー・

序文

セイント建築教授、シェフィールド大学のピーター・ブランデル・ジョーンズ建築教授、ニューヨーク・コロンビア大学のケネス・フランプトン建築ウェア教授である。

　顧問編集者とならんで、その他の多くの方々が第20版の依頼と編集と制作に協力してくださった。まず、この計画に対してバニスター・フレッチャー信託財団評議員各位、すなわちイギリス王立建築家協会RIBAのルース・カーメン氏、ロンドン大学のピーター・ホルウェル氏とロビン・トーマス氏は、有益な多くの審議に加わり、この計画を一貫して支援してくださった。また、編集助手フレー・リチャーズ氏は正確な予定表作成に精励してくれた。バターワーズ・ハイネマンの出版社ネイル・ワーノック・スミス氏は、編集助手ゾエ・A・ユード氏の適切な支持を受けて、複雑な手続きに対してしばしば、積極的な方向と静穏な雰囲気をもたらしてくれた。編集次長ジェームズ・シェパード氏は忍耐強い献身的な消息通で、第20版の制作にあたって中枢人物として活躍いただいた。アレクサンドラ・キャサリー氏には、校正を援助いただいた。アドリアン・フォーティー博士とゲーヴィン・スタンプ博士は、執筆者と本文について多くの有益な助言を与えてくださった。またヴィレンドラ・ラワット氏には、インド亜大陸と中国の伝統的建築の優れた新しい図面を作成いただいた。イギリス王立建築家協会のジュリアン・オズリー氏は参考文献を校閲・増補してくださり、ロバート・エルウェル氏は写真の選択と配置に計り知れない援助を与えてくださった、RIBA図書室の職員は非常に機敏な専門家として協力してくださった。最後に、キート・マックィーン氏には索引を編集いただいた。

ダン・クリュックシャンク

はじめに

　『バニスター・フレッチャー卿の建築史 (Sir Banister Fletcher's A History of Architecture)』第 20 版は、第 19 版で設定された構成を踏襲している。しかしこの構成は序文で述べているように改訂され、新しい執筆者による数章を加えて発展した。第 20 版は本書がこれまでにたどった発展の文脈で、次のように説明される。

内容と分類

　バニスター・フレッチャー教授とその息子、B. フライト・フレッチャー (後のバニスター卿) の連名で刊行された 1896 年の初版以来、本書は、1 つの様式を扱う数章からなる文章の冒頭に「概説」をおくことによって、その内容を大きく分類してきた。たとえば、「ヨーロッパのルネサンス建築：概説」のように、ロマネスク、ゴシックなどそれぞれの様式ごとに概説が 1 章設けられ、次に国別にそれぞれの様式を扱う章が続く。本書の分節として用いられている概説は、古代と古典時代に加えて、伝統的に認められている西欧の様式の大部分を網羅する。

　フレッチャー教授の没後、息子のバニスターは 1901 年の第 4 版で本書を改訂・増補した。彼は本書を 2 部に分けた。第 1 部は第 3 版までの内容全部を含むもので、「歴史様式」と呼ばれた。そしてこれに「〔……〕インド、中国、日本およびサラセン〔……〕」を含むごく短い第 2 部を加え、それを「非歴史様式」と名づけた。後者の様式は「西洋建築の流れの一部を形成するとはいえないので、わずかな関係しかない歴史様式から分離した。しかしながら 1 つのまとまった建築史としては、その相互の関係も個々の特色もかなり重要なこれら東洋の様式を考慮せざるをえない」(第 4 版、序、vi ページ) とした。第 2 部はこの段階で全体の約 15% であったが、その後の版では (叙述の範囲は変らないが) 比率は下がった。第 2 部という形の分離は、R. A. コーディングリー教授が編集した第 17 版 (1961) まで続いたが、第 17 版では第 1 部は古代建築とその後継の西洋建築、第 2 部は東洋建築にそれぞれ改称された。

　しかしコーディングリー版では第 1 部の区分は以前より不明瞭になった。第 18 版 (1975) ではジェームス・パームは大分類を避け、40 章を羅列する形を選んだ。かれは東南アジアと極東の建築について、ごく短いながらも新たに若干の章を設け、いくつかの章を改訂した。これらの章は主として古い「土着」建築を扱ったもので、同書の冒頭に近いエジプトと古代近東を扱った章の直後に置かれた。またパームはルネサンス以後の時代を章別に再分類し、「1914 年以後の国際建築」と題するかなり大きな 1 章を末尾に加えた。

　第 19 版では国際的な取材範囲を拡大することが決定された。それを考慮し、またバニスター卿自身が一般的区分に向かって動き始めたことが確認されたので、第 18 版のように画一的な連続ではなく、章別分類が案出された。

　この変更は西欧以外の建築をもっと多く取り入れられるようにするため、情報の再編成と再分類を伴う、やや急進的な改革であることがわかった。それは本書に明らかに異なる形式を与えた。

　本書の伝統を基本的に傷つけることなくどこまで変更できるかについての問題は、バニスター卿自身の建築に関する定義によって、一部答えられていた。すなわち「本質的に人間特有の芸術であると同時に材料の問題である建築は、画家・彫刻家・音楽家の作品には適用されない多くの実用上の要求に支配され、その制約を受ける。また建築は民族の習慣や思想や願望を知る鍵を提供するものであり、この芸術の知識なしではいかなる時代の歴史も、それが具備すべき人間的興味に欠ける。〔……〕建築の研究は建物の目的と意味と魅力を的確に認識することにより、建物が持つ楽しさをわからせてくれる〔……〕」(1938 年、第 10 版序、viii-ix ページ)。この定義は第 19 版の内容を普通の言葉で明確に言い表しており、拡大された取材範囲を擁護するだけではなく、各文化の重要な建物が収録されている本書の内容を分類する必要性を強調している。

その結果、第19版では7部に分割された世界建築史が初めて試みられた。分類は本質的に年代順だが、特定の場所の特定の時代の建築の性質に影響するその他の要素も加えられている。多くの場合、独創的だが失われてしまった建物への言及は欠かせないが、とりあげる範囲は現存する資料の性質と量に影響された。

第19版の各部は「背景」の章から始まるように構成されたが、この章は従来、「影響」の小見出しで各章に別々に含まれていた全ての要素を取り込んだ。また第18版から省略されていた先史時代の建築を扱うように、第19版は時間を遡った。

最近の研究によれば人類の文明には、明らかに異なるいくつもの起点があったとされる（J. M. Roberts, The Pelican History of the World, 1980）。そこで第19版の第1部から第4部は、これらの起点に関係しており、それぞれ関係する地方の前史時代の建築を網羅している。第20版は、第19版で確立された構成を発展させて主題の7部分割は継承するが、各部は一般に増補・再編され、既存の各章は精査・更新され、新しい章が加えられた。

第1部はギリシアとギリシア帝国、およびエジプトと古代近東の建築を対象とする。これはローマ文化の発展に及ぼしたギリシアの影響の決定的な重要性を軽んじるものでなく、ギリシア建築は先行する初期西アジア文化と東地中海文化の極致であることに注意を促すものである。（ペロポネソス戦争の終結から100年もたたぬうちに建設された）アレクサンドロス大王の東方帝国の建築的影響が、マケドニアからインダス川流域にまで広がっていたことを頭の中に入れておかなければならない。ポエニ戦争が終結するまでにヘレニズム世界はカスピ海に達し、グレコ・バクトリア王国はオクサス川から現在のパキスタンにまで及んでいた。もちろん紀元前4世紀から紀元前2世紀にいたるヘレニズム建築はエトルリア建築とローマ建築に影響を与えたが、特にローマ建築はローマがヘレニズム世界に積極的にかかわる紀元前3世紀末からその影響を受けた。しかしローマはある意味で、次の1500年間に発展するヨーロッパ建築が発生するための、活力に溢れるわかりやすい模範を提供しているのである。なお第1部は、初期アジア文化の1章を含んでいる。

第2部ではヨーロッパの初期集落が、中部イタリアにおける重要な建築的発展の開始とローマの優越、およびヨーロッパと地中海全域でのローマ帝国の発展に先行する。ヨーロッパと地中海沿岸には、ローマから初期キリスト教とビザンティンを経てロマネスクとゴシック建築にいたる、1本の明瞭な発展ラインがあった。これらの建築は初期ロシア建築とともに中世末期、ヨーロッパにおけるヒューマニズムの出現とローマの模範への復帰までを扱う第2部に含まれる。ローマ人による征服と植民地が引き起こした最短経路による発展は、それに関連する地域の建築の将来の性質に作用した革命的な変化について、注目すべき多くの実例を提供している。またやがてこの影響は、20世紀初期までにヨーロッパの植民地となった地域に輸出された建築様式も決定した。

第3部はイスラム建築に集中しており、このバニスター・フレッチャー版では新しい部である。イスラム建築は地理的にも文化的にも時代的にも広大な領域を占めるが、その情報は相互の連絡を強調し、説明が展開できるように集められていた。中国に関する第24章と第7部の数章にも参照事項として出てくるように、この第3部だけが、イスラム建築に関する本書の取り扱い範囲を表すものではないことを指摘しなければならない。

第4部はアフリカと南北アメリカならびに封建時代の中国と日本を含めて、ヨーロッパによる最初の汎世界的な植民時代以前の全ての重要な文化を包含している。それは残りの世界文明を、第1部から第3部でヨーロッパ、地中海、西アジアおよびレヴァントが到達した年代とほぼ同じ年代にそろえている。

第5部から、まずヨーロッパ、次にその他の地域（第6部）において建物の量が飛躍的に増加し始め、文化的伝統がますます多様な影響を受ける時代に入る。ヨーロッパのルネサンスを扱う第5部はまた、ルネサンス以後の時代、産業建築、新しい建設技術の導入や世紀末の過渡様式を含んでおり、近代建築運動へ続いていく。

第6部はルネサンスとルネサンス以後の範囲を、ヨーロッパによる汎世界的な植民地支配時代に拡大している。天然資源の開発や政治的・軍事的利益のため、ヨーロッパの覇権が世界各地に確立するにつれ、そこにヨーロッパの建築様式が持ち込まれ、ニューイングランドからシンガポールまで、そしてブエノスアイレスから上海にいたるまで、ヨーロッパ風建築物がつくられた。この様式は最近数年来、ますます建築的関心の対象になってきている。

第7部では20世紀の建築は国別や地域別に分類した多数の章に分けて扱われる。いうまでもないが、建築量が非常に多くなったため、重要な建物も省略せざるをえなくなっただけではない。担当地域の20世紀の建築の展開を最もよく叙述するという枠内で、引用する建物の選択とその提示方法について、執筆者たちに大きな裁量権が与えられた。そこで第7部では本書のその他の部分よりも、執筆者の姿勢と資料の提示の違

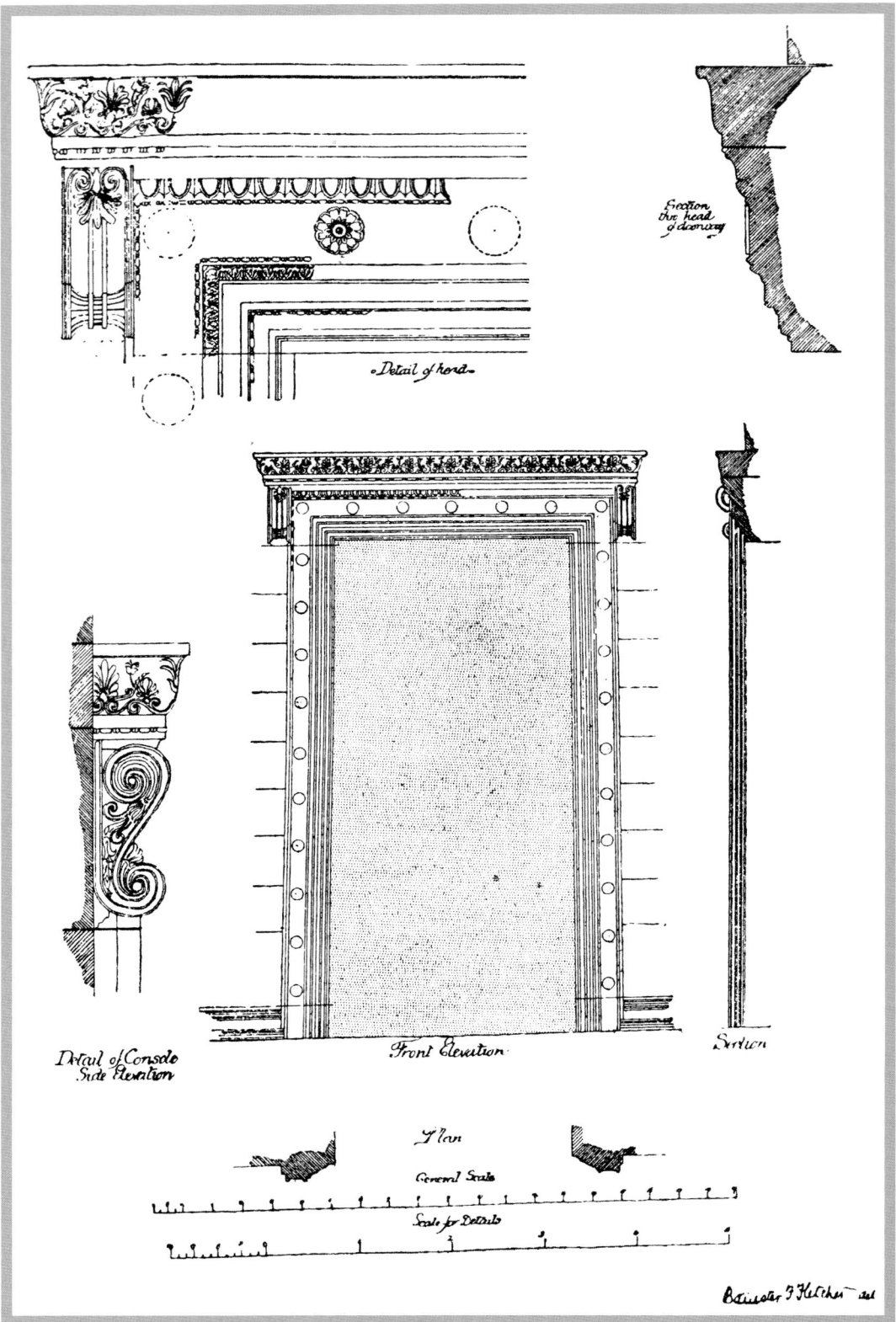

初版に掲載された署名入りの図版

はじめに | xv

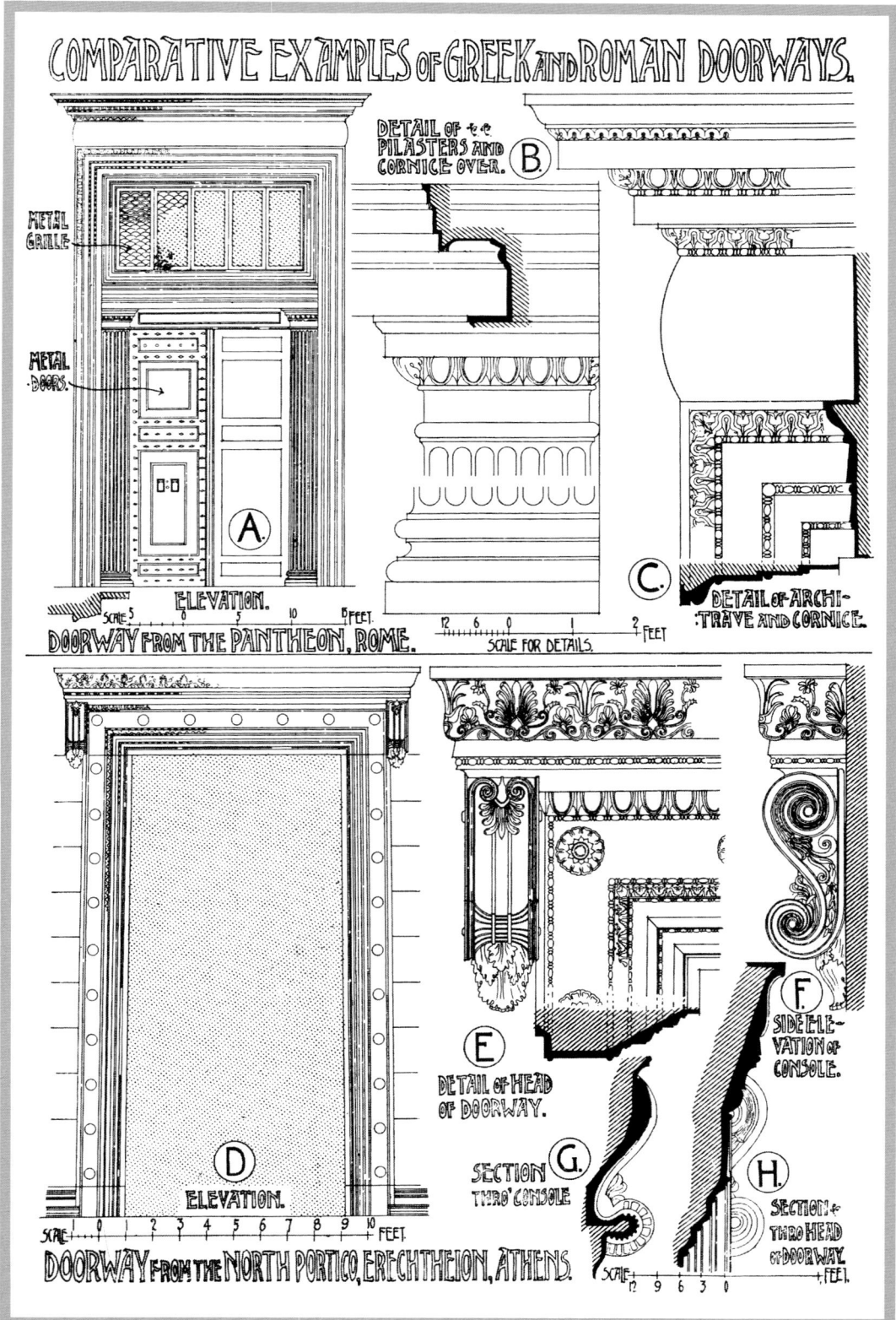

フリーハンドの書体で書かれた表題のある図版

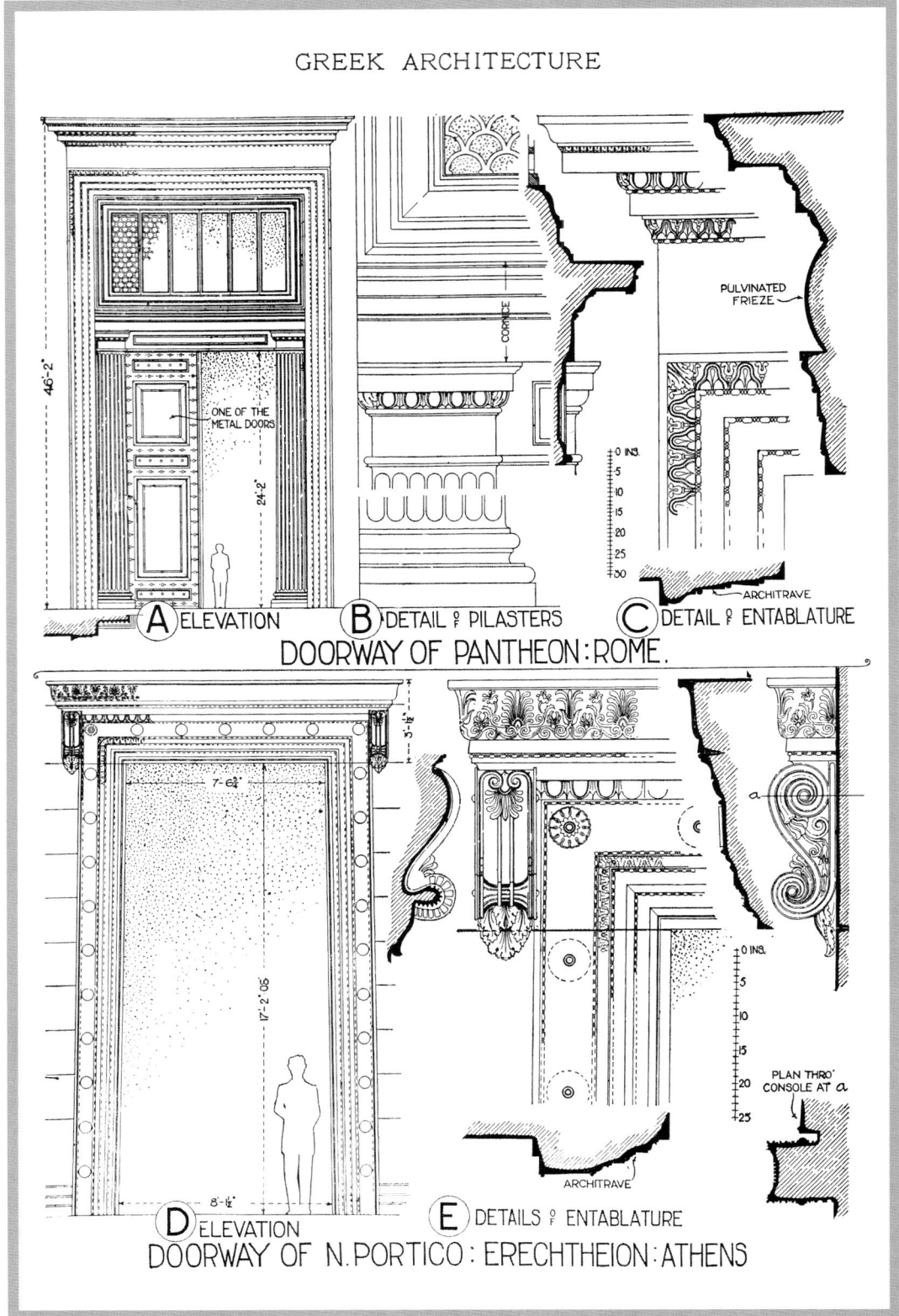

活字の表題に改められた図版

いが鮮明に出ている。

第20版では20世紀建築の取材範囲は著しく拡大された。これは認知を求めている選択すべき建物の量が極めて多いだけではなく、多数の章が新しく加えられたためである。この2つの理由から、第19版の領域が拡張され（たとえば、第19版では西欧と北米は1章ずつであったが、それぞれ2章に増えている）、これまでは省略されていた中近東のような地域が含まれるようになった。

第17版を含めてそれまで本書の書名は『比較研究法による建築史』であった。この方法は初版で考案されたもので、影響、建築の特色、実例、比較表と参考文献の形で「様式の分類法」用の「図表」一葉が加えられていた。第18版で各章から「比較表」は除かれ、比較研究法という言葉は書名から消された。パームは「大部分の章」の「比較分析」は、小見出しの「建築の特色」で扱われている内容の繰り返しであるとした。彼は本書が扱う地理的範囲を拡大したいと考えたので、もし単行本の体裁をとるのであれば、従来の本文を縮めねばならなかった。

しかし、各章の小見出しから「比較」という言葉を除くだけでは、「比較研究法」を自動的に消去することにはならない。事実、上記の建築の特色を除く各章の全ての小見出しを含めて、第18版には比較研究の材料が大量に残った。比較表は最初の編集方法にとって重要であり、小見出しの反復は比較研究法に貢献したので、大部分の小見出しは第18版に存続した。

第19版では、文脈上と技術上の情報は各部ごとに集約するが、建築の特色の叙述やその他の概説的分析は、実例とともに各章に残すという枠組みを採用した。この方式は第20版に踏襲された。

各部の「背景」を扱う章は、一連の標準小見出しに従って記述される。小見出しはそれぞれまとまった内容で、人的物的資源に対する歴史的社会文化的関係や、建物をつくる技術的方法を述べる。以下に掲げるこれらの小見出しは、本書の各章で叙述・解説されているように、建築の発展に影響し貢献した全ての因子を比較分析するため新しい基盤である。

「概説」はその部に関する詳しい叙述で、本書の部としての構成を説明する。

「自然環境」はその地方の気候、地形、地質を扱う。

「歴史」は社会史、政治史、経済史を含むが、その時代や地域の建築的発展を最も明らかにするものに重点をおく。

「文化」は一般に建築がその社会の文化的発展の中に占める位置を示す。

「資源」は建物の性質や形態に著しい影響を与える人的・物的資源の有効性を論じる。人的資源はその社会の社会的・技術的発展段階に関係するが、他方発展段階は粘土、木材、砂、砂利、鉱石のような天然材料を発見・加工する能力を決定する。

「建設技術と工法」も資源の有効性に関係しており、有効性は人間の必要と願望に答える技能の発展に関連する。V. ゴードン・チャイルドは技術に対して、これらの因子の分析に適切な定義を与えている。

「技術とは人間の必要を満足するために物質界を改造するもろもろの活動の研究である〔……〕。この意味で全ての技術は人間生活そのものと同様に、1つの人間集団すなわち社会の構成員の規則正しい習慣的な協力を必要とする。協力する集団の性質はいつの時代でも、その規模と社会的に認知される必要と、構成員相互の関係に強く影響される」(Early Forms of Society, in *Oxford History of Technology*, Vol.1, 1956, p.36)。

背景を扱う章の標準的配列は、枠組み以上のものではないことを強調しておこう。適当と認められる時は、一部の要素だけが抽出される。たとえば第28章では、資源と建設技術に続いて建築教育を扱う。また先行する章で一部の要素がすでに扱われた場合や、その他の編集上の理由で、見出しは、内容の指針としての見出しを除き、その一部または全部が省略されることがある。

判型と書体

第20版は第19版の判型を踏襲している。当時この判型は本書の外観上の主要な変化であった。しかし一般の予想に反して、本書の体裁は、初版以来しばしば変えられた。初版(1896年)は約180×120 mmの小型版であったが、1901年の第4版で210×140 mmに拡大された。第5版もこの寸法で、それは第1次世界大戦後まで続いた。1921年刊行の第6版で230×140 mmになった。1938年刊行の第10版(本書の長期版の1つ)で240×150 mmに拡大されたが、第18版(1975年)ではやや小さい220×145 mmになった。第19版の判型(245×190 mm)と2段組のレイアウトは、本書の内容をかなり増やしながら単行本にするためである。

レイアウトは本書のイメージを固める重要な要素だが、本書の視覚的インパクトを常に決定してきたのは、挿図の特色と形式である。1896年の初版は293ページで、挿図159点を含むものであった。本文に組み込んだ少数の小型の線図を除き、全ての挿図はページ単位で組まれた。写真は上質のコロタイプであった。本

書は当初、ヴィクトリア朝末期の教科書であった。刊行当時、本書はその著者のいずれもが教師であったロンドン、キングス・カレッジの教室の写真（初版 p.49 に対面する図版 32）まで掲載していた。その後、次第に教科書的性格を払拭したが、本文と挿図との比率は、初版から確立していた。

しかし本書のイメージと特色の変化を特によく示すのは、「研究シート」の線図の発展である。たとえば初版に掲載された署名入りのエレクテイオンの出入口図（xiv ページ）を見ると、第 4 版（1901）ではパンテオンの出入口図と比較するため、もとの実測図は部分的に書き改められ、完全に配列し直された。また第 4 版の挿図は全て、癖のあるフリーハンドの書体（xv ページ）で表題と説明が書かれた。20 年後（1921）の第 6 版ではその他の全ての挿図とともにエレクテイオンの挿図も再び改訂され、癖のある書体は大部分取り除かれ、サンセリフ・ローマ字体活字の表題と説明が初めて用いられた（xvi ページ）。それ以後はこの活字になるが、第 18 版ではこの挿図は半分に切断され、エレクテイオンの出入口は網版で同じページに組み込まれた。もっともバニスター卿は自分の署名入りの図面を含めて、挿図の特色もその配列方針も神聖不可侵とは明らかに考えていなかった。

第 19 版は版型を大きくしたので、挿図は従来よりも拡大して複製された。この版型は第 20 版でも続いて使用された。特に第 26 章用に、かなり多数の新しい挿図が作成されると同時に、第 7 部では建築家による極めて多数の図面が用いられた。このことはちょっとした新機軸だが、すでに述べたように、長年にわたって図面の形式は、一貫しているどころではなかった。それに加えて、建築家の図面は特殊な重要性を持つことがあり、ドラフトマンの仕上げ図以上の情報を提供する。新しい章や改訂された章のために、新しい網版も導入された。この「はじめに」の末尾につけた年表は、略年表と読者に馴染みの薄い特殊な時代と王朝の少数の年表とで構成される。

第 20 版

第 19 版で設定された版型を維持する決定は、幾人かの同一執筆者と若干の同名の章とともに、第 20 版を単なる改訂版と思わせるかも知れない。しかし序文で略述されているように、第 20 版は改訂版であるとしても、それは極めて徹底した改訂版である。留保された章は全て校正され、新しい研究成果を反映して更新されており、しかるべきところでは新しく完成した建物に関する論考を含んでいる。それに加えて 24 に上る各章が増補または全面改訂されたが、このことは第 20 版の 35％が実質的に新しい内容であることを意味する。

最も重要なことは、第 3 部全体を 20 世紀以前のイスラム建築にあてた点と、植民地時代以前のインド亜大陸建築に関する新しい 1 章の編集と、第 7 部 20 世紀建築の精査と増補である。

本書の改訂と増補には、14 名の新しい執筆者と第 19 版の大部分の執筆者から重要な寄稿をいただいた。また 3 名の顧問編集者が執筆者に助言し、印刷草稿に眼を通して本書の出版を援助された。しかしながら顧問編集者の役割はあくまで諮問であり、この新版に多くの長所があるとすれば、それは顧問編集者によるものである。本文の価値を損なうと思われる過誤や脱落は、顧問編集者の責任ではない。

文献

BARRACLOUGH, G. *The Times Concise Atlas of World History.* London 1982. Gazetteer, maps and historical bibliography in *Chambers's Encyclopaedia.* 15 vols. Oxford, 1966.

MCEVEDY, C. and JONES, R. *Atlas of World population History.* Harmondsworth, 1980.

PLACZEK, A. K. (Ed.) *Macmillan Encyclopaedia of Architects.* 4 vols. London, 1982.

ROBERTS, J. M.x The Pelican History of the World. Harmondsworth, 1980.

年表1　北ヨーロッパと地中海世界 ―― 一般考古学と経済および基本事項

	考古学/経済/地質	主要建物	年　表
B.C.9000	旧石器時代 更新(洪積)世終わる		
8000	中石器時代　完新世始まる		
7000			
6000	狩猟・漁労・採集	チャタル・ヒュユク(7000-6000頃)	
5000			
4000	新石器時代		
3000	農耕	サッカラ、階段状ピラミッド(2778) カイロ、大ピラミッド ウル、王墓群	エジプトと古代近東(年表3)
2000	青銅器時代	インダス文明 モヘンジョ・ダロ ハラッパー	ペルシアとギリシア(年表2) 中国(年表4)
1000	孔子誕生(550) 仏陀誕生(560)	パルテノン(436) サンチー、大ストゥーパ(1世紀)	
A.D. 0	キリスト誕生		日本(年表5)
1000	鉄器時代 モハメット誕生(570)	コンスタンティノープル、ハギア・ソフィア (532-37) タンジョール、大寺院 (1000) パリ、サン・ドニ聖堂 (1135頃-44) ローマ、サン・ピエトロ大聖堂(1506-1626)	イスラム(年表6)
2000			

年表2　ペルシアとギリシア

	ペルシア	ギリシア
	王朝/支配者	時代、その他

年代	ペルシア	ギリシア
B.C.2000		
1800		
1600		ミノス(ミノア)文明
1400		クノッソス宮殿（1400頃破壊）
1200		ミケーネ文明　獅子門(1250頃)
1000		
800		「暗黒時代」 ローマ建国(753)
600	**メディア期**	ペルシア戦争
400	メディア人に対するキュロスの勝利(550)　キュロス(550-530)　**アケメネス朝**　ダレイオス(522-486)　クセルクセス(485-465)　アレクサンドロス大王の死(323)	ペロポネソス戦争(431-404)　**ギリシア時代**　パルテノン(436)
200		**ヘレニズム時代**　プリエネ、アテナ・ポリアス神殿(334)　コリントの包囲　ローマのギリシア支配(147)
0	**パルティア朝**(B.C.247-A.D.226)	
A.D.200		
400	**ササン朝**(226-651)	
600		
800		
1000		

表3　エジプトと古代近東

	エジプト		南メソポタミア
	時代	王朝/支配者	時代/王朝/支配者
B.C.3200	先王朝時代		
3000	アルカイク時代	メネス（3200頃） 第1-第2王朝	
2800			
2600	古王国時代	スネフル クフ 第3-第6王朝	**キッシュ**（メシリム） **ウル**（メッサニパダ） サルゴン1世（2371） **ラガシュ**（グデア、2230-2113）
2400			
2200			
2000	第1中間期	第7-第11王朝	**ウル**（第3王朝、2113-2006）
1800	中王国時代	第12王朝	**バビロン**（第1王朝、1894-1595） ハンムラピ（1792-1750）
1600	第2中間期	第13-第17王朝	
1400	新王国時代	トゥトメス1世（1530） 第18-第20王朝　ラメセス2世（1304-1237）	**カッシート人の支配** クリガルズ2世（1345-1324）
1200			
1000		第21王朝	ネブガドネザル1世（1124-1103）
800			
600		第26（サイス）王朝 ペルシアによる征服（525）	アッシリアによる支配終焉（626） ペルシアによる征服（539）
400			
200		アレクサンドロス大王 （336-323）	
0		**プトレマイオス朝**	
A.D. 200		ローマの属州	

	アッシリア	ヒッタイト／ウラルトゥ	イスラエル	ユダヤ
	支配者	支配者		
B.C.3200				
3000				
2800				
2600				
2400				
2200				
2000				
1800	シャムシ＝アダド1世(1813-1781)			
1600				
1400		スッピルリウマ1世 ハットゥシリ3世 } ヒッタイト トゥドハリヤ4世		
1200	シャルマネセル1世(1274-1245)			
	ティグラト・ピレセル(1150-1077)			
1000				ダビデ ソロモン(965-931)
800	アッシュールナシルパル2世(883-859) シャルマネセル2世(858-824) ティグラト・ピレセル3世(745-727) サルゴン2世(721-705) センナケリブ(705-681)	アラメ(858?-844) メヌア(810-786) } ウラルトゥ サルドゥリ2世(764-735) ルサ2世(680-640)	ヤラベアム1世(931-910) アハブ(874-852)	ヨシャパテ(876-848)
600	ニネヴェ陥落(612)			ヨシア(?-609) バビロン捕囚(586)
400				
200			セレウコス王国(312-64) 140以後はユーフラテス川以西のみ	
0			ローマによる征服	
B.C. 200				

年表4　中国

	社会制度	主な時代	
B.C.	原始社会		
2000	奴隷制社会	夏(2100-1600)	
1800			
1600		商(1600-1028) [殷とも呼ばれる]	
1400			
1200			
1000		西周(1027-771)	
800		周	春秋時代(770-476)
600		東周(770-256)	
400	封建制社会		戦国時代(475-221)
200		秦(221-206)	
0		前(西)漢(B.C.206-A.D.8)	
		漢	

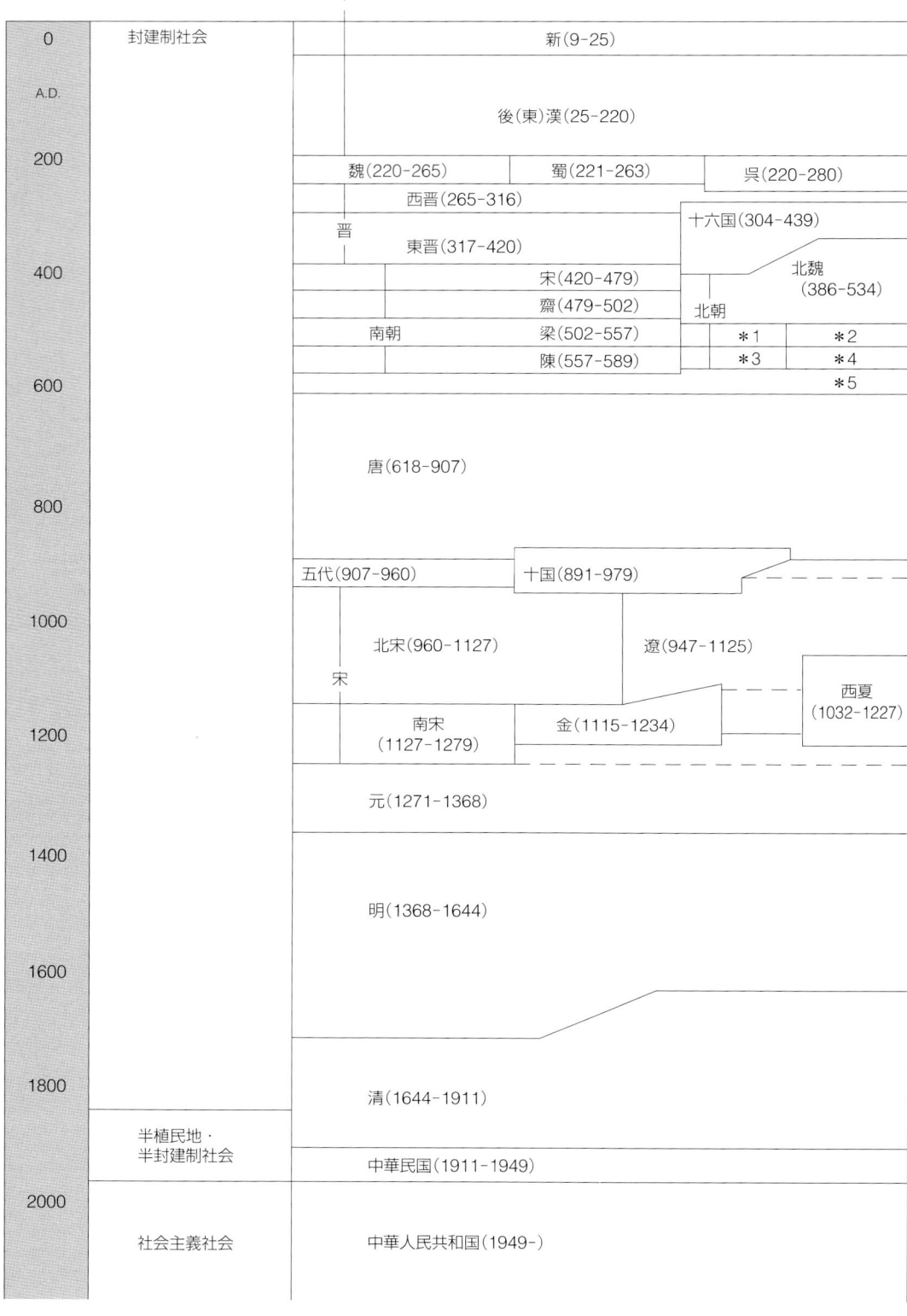

*1 東魏(534-550)
*2 西魏(535-556)
*3 北齋(550-557)
*4 北周(557-581)
*5 隋(581-618)

年表5　日本

先史
- 縄文時代　　　　　B.C. 10,000 頃-B.C. 300
- 弥生時代　　　　　B.C. 300-A.D. 300
- 古墳時代　　　　　A.D. 300-538/552

古代
- 飛鳥時代　　　　　552-645
- 奈良時代前期(白鳳)　645-710
- 奈良時代後期(天平)　710-785
- 平安時代　　　　　785-1185

中世
- 鎌倉時代　　　　　1185-1333
- 南北朝時代　　　　1333-1392
- 室町時代　　　　　1392-1568

近世
- 桃山時代　　　　　1568-1615
- 江戸(徳川)時代　　 1615-1867

近・現代　　　　　1868 以降

年表6　イスラム（主な王朝を示す）

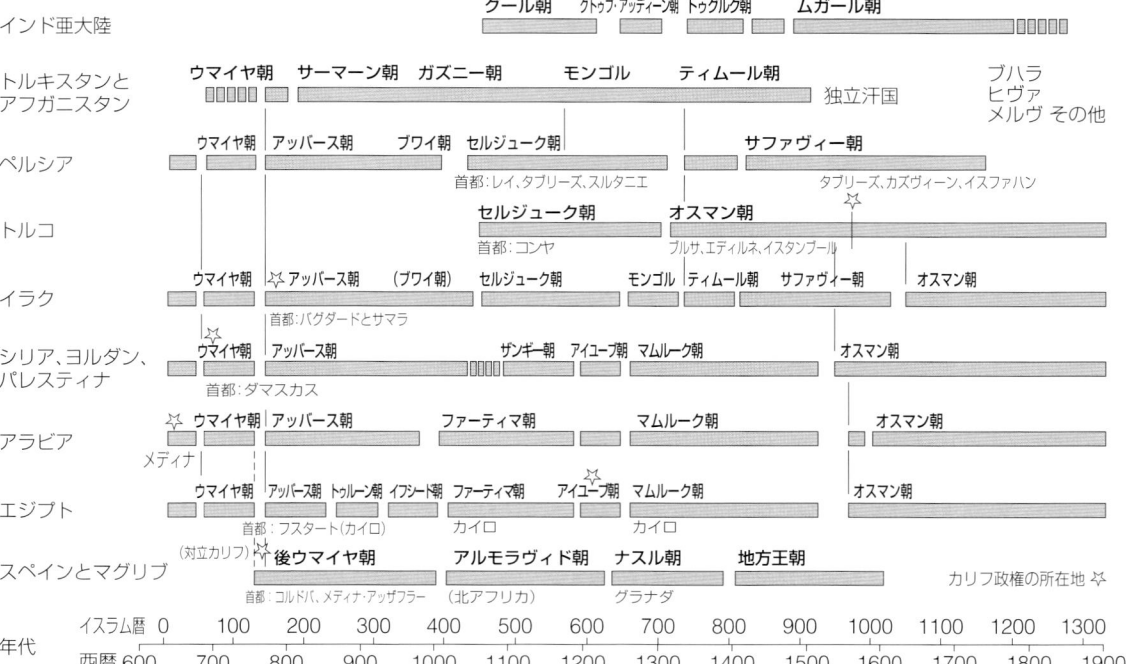

1

エジプト、古代近東、アジア、ギリシア、ヘレニズム王国の建築

エジプト、古代近東、アジア、ギリシア、ヘレニズム王国の建築

第 1 章
背　景

概　説

エジプトと古代近東

　更新世末期 (B.C.2 万-B.C.1 万 6000 年頃) の考古学的遺跡は、この地域に狩猟と採集で生活する集団が住んでいたことを示している。最初の建物は、もっと定住した生活を営んだナトゥフ文化の共同体とともに出現したが、建築学的に重要なものは、農耕が始まった紀元前 9000 年頃以前にはほとんどない。この文化は、トルコ南部からナイル川のデルタに広がっていた。その共同体は紀元前 7500 年から紀元前 6000 年までの間に日干レンガ造建築を持つ恒久的な農村に変わり、紀元前 6000 年頃には西南アジアに数千も点在した。アナトリアとレヴァントには、新石器時代において最も大きく、しかも建築的に極めて印象的な町が出現した。紀元前 6000 年から紀元前 3500 年までは、相次いで興ったハッスナ (B.C.6000-B.C.4500 頃)、サマッラ (B.C.5500 頃)、ハラフ (B.C.5000 頃)、エリドゥ (B.C.5400 頃)、ウバイド (B.C.4500-B.C.3500 頃) の各文化によって示される町の形成期であった。この形成期の末期までにメソポタミアでは、議会や集会によって統治される独立した小都市国家が成立し始めた。

　人々は、更新世末期からナイル川流域に居住したが、その住居址は厚い沈泥層に覆われてしまっている。原始農耕経済は一部の地域で紀元前 1 万 2000 年という早い時期に発達したが、下エジプトでは紀元前 6000 年頃まで、上エジプトでは紀元前 4000 年頃まで、大部分の地域における生活基盤は狩猟と採集であった。紀元前 5 千年期には紛れもない定住文化集団が出現したが、エジプトの新石器時代はそれよりずっと後の紀元前 3000 年頃に始まった。下エジプトではファイユーム文化 (B.C.5000 頃) とメリムデ文化 (B.C.4000 頃) が生まれ、上エジプトではバダリ文化 (B.C.4000 頃) とアムラ文化 (B.C.3800 頃) とゲルサ文化 (B.C.3600 頃) が生まれた。紀元前 3200 年頃、神王のもとにエジプトは統一され、歴史 (王朝) 時代が始まった。

　世界で最も古い村や町や都市は、それ自体として極めて重要で、近東の一部の地域ではほぼ 5000 年間、その他の地域ではそれよりずっと短い期間存続した。古代近東はエジプトとともに、西洋文明の大きな背景になっている。ここでいう「近東」とはアラブ諸国、イスラエル、キプロス、トルコ、イランおよび旧ソ連の共和国であったトランスカフカス (コーカサス山脈南側) の共和国 (グルジアとアルメニアとアゼルバイジャン) にわたる。本書の第 1 部は、まずレヴァント、次にフェニキアや広大なペルシア帝国と密接な関係を持ったエーゲ海地方も含んでいる。

　城壁で固めたジェリコ、彩色神殿を持つチャタル・ヒュユク、イラン西部のザグロス高地にある初期入植者の季節的集落から、メソポタミアにおける都市生活の段階的な発生、都市の守護神殿と宮殿の建設、最初の帝国の台頭にいたる古代近東の歴史は、誤解を生むほどに単純化しすぎないようにしなければならない。

　地理的に比較的孤立していたエジプトは、一部の専門家がいうほどではないが、ある意味で辺境にあった。エジプトと近東の他の地域との関係は、初めは不明瞭で、紀元前 2 千年期中期以前の詳しいことはわからない。しかしながらエジプトの国家と社会と文明は、アレクサンドロス大王の短いが華やかしい活躍に始まるギリシア・ローマ世界に吸収されるまで、3000 年以上にわたっている。

初期アジア

中　国

　これまで発見された中国最古の住民は、60 万年前に

藍田(陝西省)に住んでいた。しかし最初の文明化した生活形式が現れるのは新石器時代で、中国西部に基礎を置いた仰韶文化と東部の龍山文化の二大文化があった。龍山文化は仰韶文化よりも長命で、むしろ仰韶文化に取って代わったらしい。また龍山文化は次の青銅器時代に発展する建設上の諸特色の開拓者であった。彼らは突き固めた土(ピゼ)の積層で形成された壁を集落にめぐらした。壁をつくるこの技術は、建物にも用いられた。

確認できる最初の王朝は夏王朝(B.C.2100–B.C.1600)で、その文化遺産はまだ発見されていないが、たぶん末期龍山文化に基礎を置いていた。夏に続く商時代(B.C.1850–B.C.1027頃)は3期に分けられ、それぞれ主要な遺跡で代表される。初期は二里頭、中期は鄭州、末期は安陽である。商は中国では殷とも呼ばれる。

商の支配者は彼らの宮殿と住宅地の周りに、青銅器や陶器のような特定の産業用として周壁付き集落を熱心に建設した。時として青銅板で被覆された石柱が使用されたが、建物にはまだ突き固めた土が用いられていた。支配者はまた巨大な地下墳墓を建設した。中国が注目すべき最初の技術的発展を開始したのは、商王朝時代であった。まず最初に洗練された青銅器産業が発展し、次に鋳鉄と陶器と紙が生産された。

商の支配者は紀元前1028年頃、陝西省から興った周により打倒された。周時代(B.C.1027–B.C.256)は記録が複雑である。紀元前770年頃、周は好戦的な遊牧民から強い圧力を受け、首都を渭河流域から洛陽へ東遷した。この移動は周王朝を西周時代(B.C.1066–B.C.770)と東周時代(B.C.770–B.C.256)とに明確に2分した。東周時代は当時の複雑な政治状態を反映して、紀元前770年から紀元前481年の春秋時代と紀元前403年から紀元前221年の戦国時代とにさらに細分される。戦国時代に周の権力は、独立を主張する支配権力の1つに衰退した。紀元前221年に秦が全ての国を征服して中国を統一した。規格化が最も重要な関心事となったが、この規格化こそ中国文明が大発展するための基礎をなしたもので、度量衡は統一され、標準銅貨が発行され、秦の書体が強制され、道路網と運河網が着工された。また万里の長城は北辺の国境を守り始め、医学・農業・易断以外の全ての書物は、思想統一のため焼却された。このような独裁的統治は当然反乱を誘発し、紀元前206年に秦軍は打破され、漢王朝が樹立された。この王朝は220年まで統治することになった。この時代に中国は「黄金時代」の1つを迎える。中国文化と商業活動は繁栄し、中央官僚政府は教育のある有徳の人々による温情主義という儒教の理想に立脚していた。

インド

紀元前3000年期と2000年期に開花したインダス文明は、特にモヘンジョ・ダロとハラッパーの2大都市をつくりだした。これらの都市は規則正しく配置された街路、レンガ造の建物と各種の都市設備を持つ、洗練されたデザインと構造であった。しかしながらこの文明は、アーリア人が西北地方の山道を経由してインドに進入した紀元前2000年期中期までに崩壊状態であった。この時期以降、インドの歴史は西北地方から異民族による一連の反復する侵入、平野への分散と原住民によるその漸進的吸収などが特色とされる。アレクサンドロス大王は紀元前326年に、クシャーン族は紀元前1世紀に、フン族は6世紀に、そして最も重要なイスラムの波は12世紀末以降に、この西北地方からインドに入った。

インダス文明で信奉された宗教は明瞭ではない。崇拝用の小立像、特に「女神」の小立像は豊穣の象徴と並んで発見されているが、これらの物件に関連する文字は、まだ解読されていない。アーリア人の侵入者は独自の宗教を導入したが、この宗教はヴェーダとして知られる一群の文書で解説された。最古のアーリア語文書である『リグ・ヴェーダ』は、その後のヒンドゥー文学の源泉とされる。紀元前563年に生まれ、ヒマラヤ山脈丘陵地帯の平野で生活したブッダは、アーリア系社会体制に対抗する改革運動の指導的唱道者であった。東インドのパータリプトラ(現パトナ)から統治していたアショカ王が紀元前262年に仏教に改宗した紀元前3世紀までに、この運動はマウリヤ朝の公式教義の1つになった。

ギリシアとギリシア世界

ヨーロッパ最初の重要な文明はエーゲ海域をめぐって展開し、それ以後の全てのヨーロッパ文明に大きな影響を与えた。古代ギリシア建築は、ローマ帝国の建築への影響と中世ヨーロッパ建築への間接的影響を通じて、ヨーロッパ建築の非常に重要な起源になった。

ギリシア建築自体は独自に発展したのではなかった。もっとさかのぼって先史時代には、東部と北部エーゲ海、本土、および南部エーゲ海の島々、特にクレタ島にそれぞれ明瞭な地方特有の様式を識別できる。エーゲ海の地勢は海上交通を促進した。東地中海からの貿易商人は、小アジア南岸経由でエーゲ海に引き寄せられ、近東の知識とエジプトの表現形式をもたらした。クレタ島に1つの重要な文明が発達して、やがて本土へ広がり、エーゲ海に接する地域社会に刺激を与えた。その勢力と影響力の中心は、紀元前14世紀までにギ

リシア語を日常語とする本土に移ったが、紀元前12世紀末に混乱と貧困のうちに崩壊した。この時期にギリシア人はエーゲ海を横断して小アジアの沿岸とキプロス島に移住したが、次に続く再生期にはさらに大きな海外移住が北アフリカ（キレナイカ）、黒海沿岸、特に南イタリアとシチリアに向けて行われた。これらの地域社会はしばしば独自の地域的変種をつくりながら、ギリシア古典建築の発展に寄与したが、やがてシチリアとイタリアのギリシア建築の変種は、ローマを含むエトルリアの諸都市で発達した建築に影響を与えた。その後、フィリッポス2世が確立したエーゲ海域のギリシアに対するマケドニアの覇権と、その子アレクサンドロスによるペルシア帝国の征服は、ギリシアの政治的支配圏、したがって知的芸術的支配圏を著しく拡大した。エジプトや近東に刺激されながら発達したギリシア建築は、ローマやその後のヨーロッパ建築の刺激剤となった。ギリシア人は全ての芸術と文学と科学に、知的・美的判断の優れた基準を与えたが、なかでも古代ギリシア建築は、彼らの到達した水準の高さを十分に証明している。

自然環境

エジプトと近東

近東の大部分は、3つの広大な地域に含まれる。その南には、最南端のイエメンに肥沃な高地があるものの、北はシリアまで砂漠が広がるアラビア半島が横たわる。地中海沿岸の平地とパレスティナの丘陵地から、北シリアとイラクを経由してペルシア湾頭にいたる半月形の地域には、草原、ステップ、山裾の丘陵と、肥沃な三日月地帯として知られる沖積平野がある。そして西から東へ2400 kmにわたり、一連の山脈と高地がのびる。これはトロス山脈とアナトリア中央高原に始まり、東部トルコと西北イランの山脈と湖水をへて、メソポタミア平野と広大なイラン台地とを隔てるザグロス高地の平行な山脈に終わる。エーゲ海沿岸とトルコ南部とレヴァントは典型的な地中海性気候で、かつて森林に覆われていたが、現在は大部分が樹木を失っている。深い森林帯は植生からみて亜熱帯のポントゥス沿岸、黒海南岸、カスピ海南岸に沿って広がる。北ではカフカス山脈が、風土的にも文化的にも近東の明確な境界になっている。

狭くて長いナイル川流域を含むエジプトの風土は、人類がいち早く定住生活を営むのにも、中央集権国家を成長させ存続させるのにも、極めて好都合であった。

流域の肥沃な沖積土壌が、ゆるい傾斜面か切りたった断崖で始まる不毛の砂漠で囲まれているからである。正確な局地的地形がどのようであっても、流域と広大なデルタからなる「黒土地帯」と、砂漠である「赤土地帯」の境界自体ははっきりしていた。それはナイル川以外による水の供給が全くないからである。静かに流れ下る雄大なナイル川は、水量の季節的変動が毎年一定している極めて信頼性の高い川で、しかもティグリス川が1年間に流下堆積させる泥土のわずか5分の1しか流下させない。エジプトの定住地域は、はっきり限定されていたため、町や村は、相互にゆるやかに結ばれた住居群からなる細長くのびた集落になった。自然環境の点からも政治的安全性の点からも、メソポタミアの特色である密度の高い人口を擁する城壁都市は、エジプトに向かなかった。デルタ地方（下エジプト）の初期の集落址は、後世の堆積土の下に埋没しているが、この地方以外で、城壁都市が大きく成長したことはなかった。確かに古代エジプトの記録は圧倒的にナイル川流域（上エジプト）のものだが、上下エジプトは先史時代にそれぞれ独立した政治的統一体であったことの記憶をとどめている。古代エジプトの領域は、ナイル川がアスワンで花崗岩地帯を貫流し終わる第1瀑布までで、そこから第2瀑布までは下ヌビアであった。第2瀑布は第1瀑布よりも守りやすく攻めづらい自然の要害であり、エジプトとスーダンの現在の国境である。

過去約5000年の気候変化は局地的なものがほとんどであり、近東とエーゲ海域とエジプトの気候は、おおむね現在のようであったといえる。沖積土中の花粉痕跡の分析からみて、更新世末期とそれに続く最後の氷河期の近東は、現在よりも寒冷で乾燥しており、樹木限界線の高さはもっと低かった。しかし氷河の影響をまぬがれたレヴァントでは、樹木は繁茂し続けた。

紀元前4千年期の中頃、近東全域ではないとしても西部イランとメソポタミアでは、気候が改善したことを示す徴候がある。気候は温暖・多湿となり、人類はそれまでより広い範囲に定住できるようになった。ペルシア湾の水位、すなわち海水面は現在より1 m上昇し、高地の樹林地は急速に拡大した。この現象がどの程度までメソポタミア南部における町や都市の発生を助長する直接の因子になったかは、おそらくまだ推測の域を出ない。この気候の変化は、人類の定住する範囲を拡大したのであり、大規模だが少数の集落への人口集中を促したのではない。すなわち、町よりも村の成長を促したと考えられる。事実、メソポタミアではこのような村の発展はそれよりもやや早く、いわゆる都市革命に先立つ紀元前5千年期に認められる。

近東の多くの地域は、降水量が適切か不足かという

微妙な状態に置かれている。雪はヨルダン南部のペトラをめぐる丘陵にまで降るが、高地方ではこの雪が降水量を補足する。

長期にわたる過度の放牧のため、森林は自力では再生できなくなった。熱帯アフリカで一般的な焼き畑農耕は、近東ではたぶん、森林に大きな影響を与えなかった。森林破壊の最大の原因は、いうまでもなく建物や船舶用木材の伐採だが、それも古典時代以前は重大な影響を及ぼすほどではなかった。

人類の定住生活は、この「肥沃な」三日月地帯で発展した。最初の村落は降水量が適切で放牧に適した山裾の丘陵地に出現した。ザグロス山脈地方とトロス山脈地方の人家はまばらではあったが、これらの地方の天然資源は初期の農業経済において大きな役割を担った。メソポタミア北部の平野では気候はもっと乾燥しており、ユーフラテス川とティグリス川に挟まれた地域を除けば、灌漑せずに穀物を栽培できるほどの降水量はなかった。しかし、西南アジアで最初の複雑な社会が発生したのは、灌漑すれば肥沃だがそうでなければ住みにくい、メソポタミア南部の沖積平野であった。

亜旧石器時代（B.C.2万年−B.C.1万年）の住居は、洞窟や一時的な野営地で、大部分の構築物は壊れやすいものであった。中石器時代のナトゥフ人は、各種の天然資源を求めて季節的に移動した。野営地のうちのいくつかは何年にもわたって繰り返し訪れる恒久的な基地になったので、そこではもっと堅固な建物が発達した。紀元前5000年以前の新石器時代の集落は、利用できる資源を考慮してその位置が決められた。

先王朝時代のエジプトは、その極めて安定した気候と圧倒的な支配力を持つナイル川によって形成された。砂漠に縁取られた幅の狭い沖積平野であるナイル川流域は、世界で最も豊かな生態学上の適地の1つであった。カイロから上流では、沖積平野の幅は3−22 kmで、砂漠との境界は明確である。カイロの北方には165−250 kmの幅で、草木が繁茂し、水が豊富で肥沃なデルタ地帯が広がる。気温が38℃以上になるのはまれだが、降水量は少なく、農耕には灌漑が必要であった。温度・湿度は各種の植物に適していた。砂漠は建築用石材と鉱物資源に恵まれ、エジプトを外敵の脅威から守ったが、ナイル川は内陸交通の有効な手段であった。集落はデルタ地帯の頂部と、それより厳しい風土の上エジプトではナイル川流域に発生した。

エジプトとは異なりメソポタミアにはその地方を防御する天然の境界線はなく、西方は徐々に、起伏のあるアラビア砂漠の乾燥地になる。東方のザグロス山脈の渓谷と丘陵地帯は、隣のメソポタミア平野の豊かな暮らしをねたましくみる住人たちを養うのがやっとで

あった。春になって北部高地に積もった雪が溶けると、必ずというわけではないがティグリス川は増水し、その2-3週間後の5月にユーフラテス川も増水する。流れのおだやかなユーフラテス川は、利用しやすい連絡路・交易路となり、都市の早期発生を促した。両大河は平地に泥土を堆積させて自然の堤防をつくり、またしばしば川筋を変えたので、平地は水路網によって分割された。紀元前6千年期中期以降の初期集落時代に灌漑用水の水源となったのは、これらの2次的水路だが、両大河が都市や町によって制御されるようになるにつれ、これらの水路は徐々に減っていった。ほぼ同じ頃、ペルシア湾の北方への比較的急速な拡張活動は停止し、海岸線は次第に後退して湾頭に沼沢地を残した。

肥沃な農耕地を持つ初期の都市国家の間には不毛の草原が横たわり、それが自然の国境になった。地図に低地としで示されたメソポタミアの地域が全て、必ず肥沃であるか、あるいはかつて肥沃であったわけではない。アナトリア西部のようなエーゲ海沿岸に近い地中海性気候の地域から、アナトリア東部のように極度に大陸的な気候の地域や、2つの砂漠を山脈が取り囲んでいるイラン内陸の乾燥地域まで、風土条件は著しく異なっている。人々は現在のトルコ共和国とアルメニア共和国との国境になっているアラス川流域のエレヴァン平地をはじめとする一部の肥沃な平地に集中する傾向があった。

シリアは、地中海交易を利用できたうえに、アナトリア高原からエジプトへの交通路に位置していた。また、ユーフラテス川の中流を横切っていたために、メソポタミアの諸都市とも交流できたので、全ての方向からの影響を受けた。シリアの大部分、すなわち地中海沿岸とレバノン山脈、アンティ・レバノン山脈、アマヌス山脈の東側にある内陸は極めて肥沃だが、それより東は次第に砂漠に変わり、季節的な降雨の後の短期間だけ緑に覆われる。

20世紀まで、ナイル川は毎年7月から10月にかけて氾濫し、古代エジプト人が黒土地帯と呼んだ流域とデルタを新しい沈泥で肥沃にし、土壌の質を良好に保っていた。近年、ダムが明らかに局地的気候に影響を与えている。アナトリアのコンヤ平野で数千年前に広大な内陸湖が消滅した時に年間降水量が減少したに違いないように、貯水池としての人造湖の造成は全体からみて、降水量を増やす効果を持つ。

カナン時代やフェニキア時代以来、シリアやパレスティナの多くの地域で特色になっている段状造成耕地の例が示すように、より長期的な展望に立つ農業活動は、一般に環境によい影響を与える。段状造成は丘腹

の岩盤が露出するまで表土を流出させ、食料生産を不可能にする侵食作用を防止した。

エジプトへ通じる道路は、紅海からの1本と東部デルタ地方にいたる1本だけしかなかったので、エジプトは外国からの侵入を免れた。歴代の国王は、シナイ半島と東部砂漠の鉱物資源（銅と金）を開発する遠征隊を組織した。

近東の地質は極めて多様である。それは植生に影響を与えるだけでなく、適切な建築用石材の有無という意味で、公共建築や土着の建築にも大きな影響を与えている。エジプト北部やレヴァントの大部分と一部の高地では、石灰岩がその景観を支配しており、たとえば高地にあるヴァンの城塞は、1.5 kmに及ぶ尾根に固い結晶質石灰岩で建設されている。上エジプトでは砂岩が優位を占める。玄武岩層はヨルダンの広い地域とアナトリア東部に広がり、広大な岩石砂漠や不毛の高地を生み出している。完新世火山は、東はアララト山にいたるまで、アナトリア高地を横断して出現している。ワン地方はアナトリアの極めて多様な地質構造を示す典型的な地域で、安山岩、石灰岩、頁岩、玄武岩および火山性赤色凝灰岩がみられる。激しい地震にしばしば見舞われる地域は、アナトリア北部を東西に横断する。内陸排水地域は塩田や死海、イラン西部のウルミエ湖、中部アナトリアのソルト湖のような塩水湖を生み出しており、イラン中部と東部の内陸にはダーシット・イ・イルト（塩砂漠）とダーシット・イ・カヴィル（大砂漠）が大きく広がっている。局地的地質が近東の集落に及ぼす最大の影響は間接的なもので、給水、特に泉の位置に関連する。

初期アジア

中　国

中国文明は北東部の寒冷な地域において新石器時代に始まる。すなわち最初に黄河の流域で発祥し、その後、揚子江の周辺で発達した。この時代を通じて中国は地理的に他の文明とは隔絶しており、独自の発展を遂げた。この地域は沼と湖と大河流域の平野で占められ、天然の森林はほとんどない。降雨量は少なく、冬の寒さは過酷であるが、この寒冷で乾燥した気候は、紀元前3500年頃以来この地方が維持してきた農耕や狩猟、漁労、食物採集に適していた。

初期には焼畑農業の方法が用いられたが、夏の時代（B.C.2100-B.C.1600）には低地農法に変わった。この時代には、季節ごとに移住する方式から、中国北部のほとんどの地域に散在する大きな集落に定住する方式への移行もみられる。揚子江流域と中国南部の海岸地域の人口が増大するにつれて、農業は高い気温と多い降雨量に適応するようになった。殷の時代（B.C.1600-B.C.1028）の領域は河南の北方の平野とその周囲に、周の時代（B.C.1027-B.C.256）の中心地域は渭河流域に限られていた。周の領土の範囲は北方の遊牧民の圧迫によって揺れ動いていたが、居住地の人口密度は増大し、都市化が進んだ。秦の時代（B.C.221-B.C.206）の国土は、西は四川まで、南は広州平野まで広がった。

インド

アジアとはヒマラヤ山脈で隔てられていたために、インドへの思想と人口は、主として北西から流入した。しかし、インドの北東部は、交易路によって極東と結ばれていた。そしてインドの広大な海岸線に沿って海上貿易が行われていた。インダス川とガンジス川流域の偉大な河川文明は、このようなさまざまな文明が合流する地理的に格好の地域に発展した。インダス川流域の肥沃な平野は、暑く乾燥した気候であるが、年間に数回食物がとれ、西側のパキスタン、アフガニスタン、イランの山麓地は、鉱物、金属、家畜が豊富であった。ヒマラヤ山脈は外からの影響に対する堅固な障壁となり、大インド砂漠はインド亜大陸に住む人々との接触を制限した。インダス川はほとんどの流域で船の航行が可能であるが、周囲の平野は氾濫を被りやすい。このことが、ハラッパーの都市の形態と外観に影響している。ハラッパー文明は、インダス川の河口近くの地表面の大規模な隆起によってもたらされた破壊的な氾濫によって終わりを迎えたといわれる。

ギリシアとギリシア世界

大部分のギリシア都市の気候は、いうまでもなく地中海性で、冬は短い。ギリシア中部山岳地方、エーゲ海北部、トラキアおよび黒海の冬は厳しいが、厳寒期は長くない。降水は一般に適量で、雨は秋と冬と春に降り、しばしば激しい暴風雨になる。夏は暑くて乾燥しているため、空気は澄んでいて日差しは強く、彫刻や彩色で強調されたギリシア建築の美しいディテールを、十分に鑑賞することができた。建物の内部は、夏の強烈な光と熱から人々を守るように設計された。神殿では光を入口だけから採り入れるが、その他の建物でも窓は一般に小さく、しかも、通常は道路ではなく、屋根付きの列柱廊でしばしば囲まれる中庭に面して設けられた。公的活動の多くは、冬でも戸外で行われた。夏の太陽からの日除けと冬の雨からの雨除けは、望ましいものだが不可欠ではない。日除けや雨除けのための構築物はぜいたくとされ、その発達は遅かった。し

かしながら、たとえギリシアの建築形式が初めて発達した建物が神殿であったとしても、古典時代末期、特に最後のヘレニズム時代に最も普及し、最も多く建設されたのは、屋根付きの長い列柱廊、すなわちストアであった。

ギリシア本土は山が多く、地震に見舞われやすい。現在の地形は地殻運動でエーゲ盆地が沈下してできたもので、エーゲ海の大部分の島は、海底に沈んだ山の頂である。本土は深い入江でぎざぎざに縁取られている。特にほぼ東向きのアルゴス湾とサロニコス湾は入り組んでおり、後者は狭いコリントス地峡だけによって、西向きの長いコリントス湾から隔てられている。コリントス湾は、かなりの距離に渡る安全な航路を提供して、西方との交易の発展を確実に促進したので、コリントス市は繁栄した。大きな川は極めて少なく、舟運は不可能で、むしろ灌漑に役立てられた。コリントス地峡以南の南部ギリシア(ペロポネソス半島)の主要な川は、エウロタス川とアルフィオス川で、いずれもアルカディア中央台地に始まる。前者は南に向かって流れてラコニア地区を貫流し、スパルタ市を通過する。後者は西に流れてイーリア地方を貫流し、オリュンピアの聖域を通過する(p.10A)。コリントス地峡以北の主要な川は、西部(モルノス川とアヘロウス川)と北部にある。北部のピニオス川はテッサリア平野の水を集め、深く壮観なテンピ渓谷を流れ下る。マケドニアとトラキアの大河は、アリアクモン川、アクシオス川、ストリモン川で、アクシオス川とストリモン川の流域は、バルカン半島への通路になる。東部のギリシア集落はアナトリアの海岸にあり、その大部分は、アナトリア高地からエーゲ海に注ぐ重要な3つの川、カイクス川(現バクル川)、ヘルムス川(現サラバト川)、マイアンドロス川(現ビュユク・メンデレス川)が、広い豊かな沖積平野に広がるところにあった。ギリシア本土は、入江と山脈によっていくつかの地域に分割され、各地域はそれぞれ住民の基本的な生活に必要な独自の農地を持っていた。地域社会の規模と重要度は、まず農地の面積、次に隣接する地域社会と合併してもっと大きい地域社会になることの容易さにかかっていた(古代ギリシア・ローマ時代の重要な都市国家は全て、この型の合併地域社会であった)。ギリシア人は海外の植民地において、ごく自然に本土に似た地形の土地を選んで集落を設けたが、アレクサンドロスの征服以前の集落は、海から遠い場所につくられることはなかった。

歴 史

エジプトと古代近東

中石器時代の地域社会は小規模であった。ナトゥフ人は、富や身分の点で相互に目立つ違いはなく、3-4世帯が集まって暮らした。かれらは塩と、貝製の装飾品や黒曜石のようなぜいたく品とを物々交換する小規模な取引を行った。文化は広く普及したが、政治的には統一されなかった。新石器時代には数百人の人口を持つ村落もあったが、いまだに主として自給自足で、政治的にも経済的にも各村落は独立していた。公共建築が存在しないことは、中央集権的政治組織がなかったことの裏付けとされる。紀元前8000年から紀元前6000年には人口密度が増加した。これには放浪生活者の定住も関係したと考えられるが、この純然たる人口増加は、農業生産性の向上にもよるものであった。紀元前6000年から紀元前3500年は形成期で、人口は再び増加し、土器その他の工芸品が現れ、交易が盛んになった。

紀元前5300年以後、灌漑を必要とするメソポタミア南部の沖積平野への移住により、この地域の社会は複雑になり、また、余剰生産物は増加し、分業は進んだものと思われる。遅くとも紀元前4500年までに、より複雑な文明に特有の、公共建築と都市が成立した。ウバイド期には、沖積平野の大部分に同型の建築が生まれ、その影響は隣接する全ての地域に及んだ。集落は信頼性の高い水路に沿って設けられ、そのほとんどが10 ha以上の規模であった。ウバイド期の神殿は、公共建築への資金流用の点で文化がいっそう複雑化したことを証明しており、先史時代末期までに一部の町は都市国家に近づきつつあった。

エジプトにおける紀元前1万2500年から紀元前9500年の原始農耕期は、農耕時代に発展しなかった。当時のエジプトは事実上、北部はブト、南部はヒエラコンポリスを首都とする2つの独立王国で、それぞれ、政治的にも行政的にも実質的に自立していた。しかし先王朝時代末期ころ、王制の発展によって政治的統一の気運が生まれた。工芸品と工芸技術は、近東から輸入された形跡がある。

有力で持続的で高度に中央集権的な最古の君主国が紀元前3200年頃出現したのはナイル川流域で、エジプトの国王(ファラオ)は3000年近くもこれを統治することになった。しかし文字による表現が最初に発達したと考えられ、最も長文の歴史的記録が発見されるのは、紀元前4千年期中期のメソポタミア南部のシュメールの都市で

あった。考古学上の裏付けによれば、シュメール人は、その最古の都市と伝えられるエリドゥに初めて定住してから最古の文書が出現するまで、2000 年にわたってこの地方に居住したとされる。紀元前 2340 年頃、アッカドのサルゴンが政治権力を掌握し、土着のシュメール人とこの地方に進出しつつあったセム族のアッカド人とを支配するアッカド王朝が成立した。ここで 3 つの新しい動きが起こった。第 1 に、互いに争う都市国家に対して武力による政治的統一が課された。第 2 に、支配者の地位が意図的に高められ、国王は現世において神格を持つと主張し、任命された地方総督は自らを「神の僕」と称した。第 3 は、メソポタミアの範囲を越えた交易――これは紀元前 4 千年期後期（ウルク期末期）に初めて発達した――が、国王の率いる経済的軍事的遠征により復活したことである。さらにアッカド語はメソポタミアで着実に地歩を拡大し、やがては遠いエジプトでも通用する外交用語になった。この状態は、アッシリア帝国の最後の世紀にアラム語が台頭するまで続いた。シュメールの言語と文学は広い範囲に渡る遺産を残した。たとえばシリア北部にある焼失したエブラ宮の文書は、メソポタミアの書記養成学校とのつながりを明らかに示している。シュメール文明は紀元前 3 千年期末期にその故地において、強力なウル第 3 王朝のもとでもう一度復活した。

バビロンのハンムラピ王時代（B.C.1792-B.C.1750）の文書は、当時、権力の国際的均衡と考えられていた短命の驚異的事業を立証するに足る数の都市で発見された。有名なハンムラピ法典は、交易、土地所有、封建的役務、課税、奴隷と労働組織に関する規則を明らかにし、また世俗の支配者や王宮の力が神殿の力に関連して強くなり、交易においても神殿の果たす役割が衰えたことを強調している。新築よりも古い建物の修復がバビロニア時代の特徴である。当時のバビロン市自体については、ほとんどわからない。バビロンの政治的優越は短命に終わり、有利な海上交易のための通路であるペルシア湾頭の沼沢地に対する支配は、ハンムラピ王の死後まもなく失われた。その間に 2 群の新しい進入者、フルリ人とカッシート人が、それぞれメソポタミアの北部と中部で優勢になりつつあった。カッシート人はやがてメソポタミア平野の政治的支配を引き継ぎ、400 年に渡って統治した（B.C.1595 頃-B.C.1155 頃）。

エジプトはカッシート人によるメソポタミア支配とほぼ同時期の新王国時代に繁栄の頂点に達し、軍事的に強大になって、アジアでも後背地のヌビアでも領土を拡大した。紀元前 1674 年から紀元前 1567 年にエジプトを支配した侵入者ヒクソスが追放されると、エジプトの国土は国王に戻った。侵略され支配されたこの過程はその後、次第に逆転し、帝国主義的遠征が欠かせないものになった。ぜいたく好みのアメンホテプ 3 世時代（B.C.1417 頃-B.C.1379 頃）に遠征事業は放棄され、アジアの従属国はそれぞれの運命をたどることになった。アケナトン王とその家族によって体現され、国王の神アトンの太陽円盤で象徴されるその後の宗教改革は、アモン・ラーの正統宗教を奉じる神官たちの権力を破壊するための政治的措置であった。生前よりも死後がはるかに名高い青年王トゥタンカメンの短い治世の後、正統宗教は新王国初期の軍事的伝統とともに、エジプトの宮廷に再興された。しかしながら、シリアとパレスティナの支配を回復する試みはほとんど成功せず、ラメセス 2 世（B.C.1304-B.C.1237）が辛くも破局を免れた、雌雄の決まらないカディッシュの戦い（B.C.1299）の後、シリアの大部分はヒッタイトの支配下に入った。その 16 年後、エジプトとハッティ（アナトリア高地を中心とするヒッタイト王国）との間の条約により、まる 1 世紀続く国際平和が確立した。複雑で不安定なアマルナ期――アケナトン王時代の紀元前 14 世紀初期――の政情は、エジプトとヒッタイト王国、それに、紀元前 3 千年期に始まって勢力を伸ばしつつあったアッシリア王国の 3 国分立に変わった。第 4 の強国は、東北シリアのハブル川流域にあるミタンニ王国で、騎士（マリアンヌ）階級を持つインド・アーリア系王朝に支配されていたが、防御できる自然の国境がなかったので、滅亡を免れなかった。

イラン高地は紀元前 2 千年期中期以降、おそらくイラン東北部にある故国からきた新参のイラン人と、カフカス山脈を経由したと考えられる別のイラン人により席巻された。彼らは有史時代のメディア人とペルシア人の祖先で、最初からゾロアスター教の本質的要素を持ち込んだらしく、現在この宗教はゾロアスター自身が生きた時代に先行すると考えられている。

青銅器時代のアナトリアと、エジプト国境にいたるまでのレヴァントで確立されていた秩序は、「海の民」の侵入により、紀元前 12 世紀初期に突然、終末を迎えた。この海の民は、主としてテーベのメディネト・ハブにあるラメセス 3 世の神殿の浮彫と銘文によって知られる民族である。肥沃な地中海沿岸の平地の大部分はペリシテ人により占拠され、それ以降この地方は、彼らの名をとってパレスティナと呼ばれる。シリアの地中海沿岸にある商業の大中心地ウガリトを含めて、当時破壊された多数の都市はついに再建されず、ヒッタイト人の国は消滅した。

古代近東の武力外交に生じたこの空白は、新アッシリアが台頭するまで、約 3 世紀間続いた。シリアでは

エジプト、古代近東、アジア、ギリシア、ヘレニズム王国の建築

A オリュンピア、アルフィオス川流域　p.8 参照

B パサルガダエ、西正面の詳細　p.24 参照

いくつもの大都市が繁栄したが、ヒッタイト王国の文化を継承したカルケミシュとハマトゥが特に名高い。シリアには、少なくとも紀元前12世紀からしばらくの間、牧畜可能な砂漠の周辺から定住地域へ進入しつつあったアラム人からの影響もあった。南部ではダビデ王とソロモン王のもとで、イスラエル連合王国が繁栄した。王国分割後、アハブ王時代（B.C.874頃‐B.C.852頃）に北イスラエル王国は再び繁栄し、その父オムリ王はサマリアに新首都を建設した（B.C.880頃）。エヒウ王時代の宗教的反動政治により、この王国は軍事的にも文化的にも衰退した。

一部だけがセム族のアッシリア人は、小規模だが粘り強い国民で、アラム人による故国支配を紀元前10世紀末から脱出した。またバビロンもカルディア人の圧力を受けて衰退した。政府をティグリス上流のアッシュールからニムルド（カラフ）に移したアッシュールナシルパル2世（B.C.883‐B.C.859）の時代まで、アッシリアに大規模な建設工事を行うゆとりはなかった。アッシリアの国王たちは科学と文学の研究に力を注ぎ、最後の首都ニネヴェに図書館を建設したほどであった。再度の衰退の後、ティグラト・ピレセル3世（B.C.745‐B.C.727）が王位を奪った。彼は卓越した将軍であると同時に卓越した行政改革者で、ティグリス川上流にある母国とそれを囲む属邦で形成されていたアッシリアを、国王任命の総督により能率よく統御される帝国に改め、貢租を正規の租税に変えた。軍隊は被征服民を再編成した補助部隊に支援される正規軍に依存することになった。ニネヴェを再建したセンナケリブ王（B.C.705‐B.C.681）は、エジプトがアジアで企てた陰謀を、ユダ王国のヘゼキア王に対するエルサレムとラキッシュの包囲戦で抑えこんだ（B.C.700）。またイラン西南のエラム王国の干渉を物ともせずに、複雑なバビロニア外交の解決に努力し、一応の成果を収めた。センナケリブは、それまで尊重してきたバビロンの町を、ついに我慢できなくなって破壊した（B.C.689）。しかしその影響は尾をひき、ついに暗殺されるにいたった（B.C.681）。アッシリアではエサルハドン王（B.C.681‐B.C.669）が無理をしてエジプトを併合したが長続きせず、失敗に終わった。アッシュールバニパル王時代（B.C.668‐B.C.627）の初期にエジプトは、第26王朝（B.C.663‐A.D.525）のもとに再び独立を宣言した。これがいわゆるサイス期で、当時の支配者はナイル川のデルタにあるサイス市の出身であった。アッシリアの東北国境での支配力喪失と、バビロンとの間の犠牲の多い内戦によって、メディア人が新しい強力な連合体をつくる道を開き、アッシリア軍の人的資源を減少させた。効果的に支配するには、バビロニアは人口密度が高すぎた。スーサの略奪（B.C.640頃）はエラム王国の脅威を完全に取り除いたが、それは緩衝国の1つを除去したことでもあった。アッシリアの主要都市は、地方と被征服地が支払う税金によって不自然に膨張した。国家機構の崩壊は、それが突然起こって数年でニネヴェが滅亡した（B.C.612）ように、ひとたび起きると、都市は衰退し、地方は見捨てられた。このようにしてアッシリアは、瞬く間に跡形もなく消滅し、アッシリア時代は終わった。

ワンを中心とするウラルトゥ王国は、古くからの部族連合を基礎として紀元前9世紀に建国された。アッシリアと同時代の国の1つであるこの王国は、紀元前8世紀に繁栄の頂点に達した。アッシリアに敗れたが、紀元前7世紀初めのルサ2世時代（B.C.685‐B.C.645頃）に再生し、アッシリアの滅亡後、数年間存続したが、メディア人に滅ぼされた。紀元前8世紀のミタ（ミダス）王時代に短期間だが大きな勢力になったフリュギアは、アナトリア西北部のゴルディオンを首都とした。南ロシアの平原から来た北方の遊牧民キンメリオス族は、この王国を攻撃してゴルディオンを攻略した（B.C.696頃）。続いて彼らはさらに西にあるサルディスを首都とするリュディア王国を攻略した（B.C.652）。

交易と工業を生業とする東地中海沿岸のフェニキア人の都市は、新バビロニア（B.C.626‐B.C.539）がアッシリア帝国の後継者になるまで比較的安泰であった。新バビロニアは短命に終わったが、意図的に古い文化を模倣した点が特色で、シュメールの都市ウルを再興した。この傾向は同時代のエジプトにも認められ、サイスの彫刻家たちは古王国に霊感を求めた。ネブカドネザル2世時代（B.C.605‐B.C.563）にバビロンは、以前よりもはるかに大規模に再建された。新バビロニアは経済的理由から西方に拡大し、小王国のユダヤ（B.C.587）と島上都市ティルス（B.C.572）を滅ぼした。新バビロニアの最後の国王ナボニドスは月神シンを信仰したため、国神マルドゥクを信奉する神官階級の憎悪の的になり、ペルシアのキュロス王がバビロンをたやすく占領する一因になった（B.C.539）。

メディア人の王（キュロスの祖父アステュアゲス）に対するペルシア人の王キュロスの勝利は、ペルシア帝国の成立を告げるもので、王室の先祖にちなんで帝国はアケメネス朝と呼ばれる（B.C.550）。リュディア王クロイソスの撃破とサルディスの占領（B.C.546）は、ペルシア帝国の西方への膨張を安全にした。バビロンは抵抗せずに陥落し、それに伴ってレヴァントのバビロニア領もペルシアの支配下に入った。しかし東への膨張は西への膨張よりも困難で、キュロスはオークソス川を越えた地点で戦死した。エジプトはカンビュセス2

世によって征服された(B.C.525)。メンフィスとテーベの建物は、ペルシア人にイオニア沿岸のギリシア都市よりも強い感銘を与えたため、ペルシア建築に円柱が普及したように思われる。内戦後ダレイオス1世(B.C.522-B.C.486)は幹線道路網を建設し、帝国を再編成して20州に分け、各州をそれぞれ1人の総督（サトラップ）に統治させた。当時のペルシア帝国は、ドナウ川からインダス川にいたる古代世界最大の国家であった。ペルシアの統治は厳しいものではなく、被征服民の習慣と信仰を尊重した。ペルシアはギリシア征服戦争で最初の手痛い敗北を喫し、サラミスの海戦とプラタエアの陸戦で、クセルクセスは決定的に敗退した(B.C.480-B.C.479)。それ以降ペルシアは、対立するギリシア諸都市を金の力で操り、効果をあげた。

　フィリッポス治下でのマケドニアの台頭とギリシア諸都市の征服後、その子アレクサンドロス大王(B.C.336-B.C.323)は、現在でも彼の名が語り継がれているアジアへ進出する道を開いた。キュロス大王が建設したペルシア帝国はアレクサンドロスの手に落ち、ギリシア文明はバクトリア(アフガニスタン地方)やインダス川流域にまで影響を及ぼし始めた。

　アレクサンドロス大王がバビロンで死去(B.C.323)した後、その巨大な帝国は分割され、エジプトはプトレマイオス家が支配した。エジプトの神々と神殿はふんだんな寄進を受け、また伝統的意匠の新しい神殿も建設された。ギリシア文化の中心は、新都市アレクサンドリアであった。しかし、アレクサンドロス大王の帝国の大部分は、イランを含めてセレウコス家の支配下にあった(B.C.312-B.C.247)。その後、イランはパルティア朝(B.C.247-A.D.226)とササン朝(226-561)が支配し、最後にイスラム軍に征服された。紀元前1世紀以降、地中海に接する近東は、ユーフラテス上流にいたるまでのアナトリアと同様に、少しずつローマの支配下に入った。

初期アジア

中国

　先史時代の最初の農夫たちは、専門化した技術をほとんど持たない自給農業を行っていた。村相互の行き来はあまりなく、個人の役割や地位にほとんど差異はなかった。市壁や城塞が存在しなかったことは、平和な性格の社会の存在を示し、特殊な建物がないことは、平等な社会の反映と考えられる。その後、夏時代の農民はもっと集約的な形態の農業を営み、より大きくて永続的な村落によって支えられるようになった。専門技術にもいくらかの進展があったが、村落はやはり経済上・政治上、比較的自立を保っていた。このような基盤から殷王朝が次第に台頭する中で起きた最も大きな変化は、自給的な農業が技術の向上と社会の組織化を背景に規模を拡大したことであり、また、国家組織と呼べるものが現れ始めたことである。

　殷王朝が支配したのは、限られた地域であり、無数のとるに足らない部族長の中の1人である皇帝の地位は不安定なものであった。縦の階級社会が形成され、局地的な交換経済から制度化された貨幣経済への移行がみられるが、その一方で、殷王朝が支配した地域を除けば、中国はほとんど新石器時代の発展段階にとどまっていた。大規模な首都の出現は、この変化の明確な現れであるといわれている。殷の首都は、二里頭（エルリトウ）(B.C.1850-B.C.1600頃)から鄭州（シェンシュー）(B.C.1600-1400頃)へ、そして安陽（アンヤン）(B.C.1400-B.C.1027頃)へと何回か移された。二里頭期には青銅の冶金技術が完成していた。鄭州期には都市化が進展し始めた。殷の諸都市は生産、交易、そして政治の中心であった。生活基盤としての村は存続したが、村民たちは次第に商業体制に組み込まれていった。複雑に階級化した貴族たちに支えられた皇帝の統治のもとに、後期の殷文化は広大な地域に広められた。貴族たちは彼らの土地において大きな権力をふるったが、同時にまた中央政府に対して、国防、徴兵、公務、徴税の義務を負っていた。

　周の政治組織は、皇帝と宮廷が支配する、貴族、知識人、兵士、職人、農民、奴隷からなる階層で成り立っていた。ただし、貴族たちとの間のゆるい同盟関係が再三結び直されていたので、権力の基盤は不安定であった。都市化の傾向は加速され、都市は新興の商人階級の場所となった。貿易は非常に盛んで、規格化された鋳造貨幣の採用によって円滑に行われた。鉄の加工も経済にとって重要になった。

　秦の時代に行政の新しい制度が導入され、各地方を中央政府の支配下においた。道路や運河の建設、北部国境の防御用建物などの計画は、中央政府によって遂行された。また、軍隊への徴兵と大規模な公的事業への労働力の徴用が行われるようになった。

インド

　インダス川流域ではハラッパー文明よりも早く定住が始まった。これらの定住地はバルチスタン州のメルガル(B.C.6000-B.C.2600頃)にあったが、その他にアムリ、カリバンガン、コト・ディジで、ハラッパーの定住址層より下に発見された。これらの定住地の形態と物質文化は、ハラッパー文明と連続性を持つことを示しているが、初期の村落は経済的にも社会的にも自立していたように思われる。これと対照的にハラッパー

文明は、その規模によって際立っている。ハラッパー文明は 130 万 km^2 の地域を統一したが、これはこの時代のどの古代文明よりもはるかに広い。この地域の全域にわたって 200 以上もの定住址が発見されている。その中には、6 つの大都市と 20 の町と大小 200 以上の村落が含まれている。

建築や都市形態を含めてハラッパーの物質文化のあらゆる局面には、高い統一性がみられる。都市は通常、防御壁を持つ砦、居住区域、付属の墓地から成り立っていた。都市の構成は規則的で、ここに見出される公共施設は、高度に発展した社会生活を示唆すると考えられている。しかし、王権の支配や中央集権の存在を暗示するような記念碑的な建物は発見されていない。

ハラッパーの都市経済の重要な特徴は、何人かの考古学者が指摘したように、広範で高度に専門化された分業である。これがハラッパーの社会に内的結集力を与え、カースト制度の前兆になった。職人は質が高く、仕上げの優れた製品をつくりだし、食料は田舎の後背地に依存していた。未加工の材料を得て仕上げられた産品が広範な海上貿易により輸出された。貿易の範囲はペルシア湾の貨物集散地を経てシュメールにまで及んでいた。大都市の巨大な穀物倉庫は商業発展の証拠と考えられている。

ハラッパー文明の衰退の原因には、紀元前 1800 年頃の干ばつや、この地域一帯の異常な隆起による氾濫、森林伐採や土地の侵食、そして外敵の侵入などが挙げられている。衰退の状況は建物そのものにみられる。最も最近の発掘層では、建物の質は年代が下がるにつれて、次第に粗悪になった。

ギリシアとギリシア世界

ギリシアとエーゲ海の文明は、紀元前 2 千年期とそれ以前の先史文明と、紀元前 1000 年頃の貧困と後退期の後に現れる有史文明すなわち古典文明とに大別される。そのいずれの時期においても、この地域は、政治的にも歴史的にも 1 つの統合体ではない。その最古の段階は確かにプレ・ギリシア期で、当時の人々はギリシア語でない言語を用いていた。この段階の最も重要な中心地はクレタ島で、その発見は現代の考古学者たち、特にクノッソスの発掘者アーサー・エヴァンス卿の研究による。卿はこの文明を（ギリシアの伝説によればクノッソスの王とされるミノスに由来する）ミノス（ミノア）文明と名付けた。この文明は陶器の様式の発展にしたがって、初期（ほぼ紀元前 3 千年期）と中期（紀元前 2 千年期初期）と後期（紀元前 2 千年期後半）に分けられる。しかし、たぶんそれよりも重要なのは、紀元前 2 千年期初期までの前宮殿期と宮殿期の 2 期に分ける建築的時代区分で、建築的に複雑な行政センター（宮殿）の有無を目安にする。この宮殿は東地中海の政治的理念の影響を受けており、その典型もまたクノッソス宮殿（p.111）とされる。しかしながら前宮殿期から宮殿期にいたる建築形態の発展は、局地的かつ連続的であることを強調しておかねばならない。宮殿期は読み書きのできる時代で、少なくとも記録用に線形音節文字を使用していた。これにはクレタ語に用いられた年代の古い線文字 A（未解読）と、ギリシア語の初期形態である年代の新しい線文字 B の 2 種類がある。

青銅器時代のクレタの宮殿は、支配者の住居以上のものであった。居住用と認められる区域の他に宮殿の 1 階には、かなりの面積の貯蔵室と作業室があった。後世のギリシア伝説は、歴史時代にアテナイの艦隊が海上を支配したように、ミノスの船隊がエーゲ海を制圧したと伝えているが、これは時代錯誤か、事実の歪曲である。というのは、当時、外国との接触は、支配よりも交易の問題であり、ギリシア本土に対するミノスの行政的支配を裏付ける証拠はない。宮殿には、明らかに階級的で、おそらくは独裁的な要素があること以外に、社会的・政治的構造を明らかにする証拠はほとんどない。その共同体の規模によって宮殿には大きいものから小さいものまであるが、各宮殿は独立した行政センターであったに違いない。というのは、小宮殿が何らかの点で大宮殿に従属していたか否か、あるいは少なくともミノス文明末期に、最大の宮殿であったクノッソスに、その他の小宮殿が従属していたか否かは全く確認できないからである。これらの宮殿は一般に平穏な印象を与える。目立つ防御施設はなく、宮殿共同体の繁栄は、その規模と建物や付属物の豪華さが証明している。小さいが、それでもかなりの規模の住宅や邸宅は、少なくとも都市共同体に富が行きわたっていたことを示唆している。女性は宗教儀式に参加するか、それを挙行する姿で宮殿にしばしば描かれている。女祭司の描写は頻繁にみられるが、ここから女性の地位を正確に説明するのは難しい。華やかな姿の宮殿の陰に、搾取される地方の人々の姿が隠されているのかもしれない。

紀元前 1400 年頃、クレタ人はギリシア本土から来た人々に征服された。本土の共同体の考古学は、クレタや島々の考古学と関連を持つが、それとは別のもので、その記述には現在一般にヘラディクという言葉が用いられる。初期青銅器時代はたぶんプレ・ギリシア期で、ギリシア人は紀元前 3 千年期末頃、本土に移住してきた（歴史時代になっても、プレ・ギリシア語が使われた地域があった）。これらの言葉は地名にその痕

跡を残しており、たとえばアテネやコリントスのように、地名の多くはギリシア語では意味がわからない）。初期青銅器時代の集落はごく少数しか発掘されていないが、その規模は小さい。大きな集落のあった場所には、後にもっと大規模な集落がつくられたので、初期の集落のプランを再発見することは難しい。初期青銅器時代末頃に混乱と崩壊の徴候がはっきり認められるが、これはギリシア語族の来着と符合するらしい。

本土は後期青銅器時代に特に発達した。主要な集落は、宮殿を囲む城塞を持つ点が特色で、城塞は次第に防御力を強化していく。宮殿は明らかにクレタの影響を受けているが、その平面と配列はクレタ風ではない（p.113A）。

本土の共同体の社会的構成はクレタにならったらしく、支配階級については明らかな証拠がある。国王は特に豪華な墓に、豊富な副葬品とともに埋葬されたが、その墓はクレタの墓よりもずっとぜいたくである。彼らは攻撃的な民族で、平和な交易よりも、襲撃や略奪、時には征服によってエーゲ海にその影響力を増大した。後期青銅器時代の本土の陶器は見事な品質で、地中海全域に広く流布している。この事実は、かつてミノスの宮殿を中心に行われていた交易活動を、本土のギリシア人が手中に収めたことを示す。線文字Aがギリシア語の書体（線文字B）に改造されたのは、たぶん本土に占領されたクノッソスにおいてであった。というのは、線文字B粘土板は本土で発見されているが、線文字A粘土板は発見されないからである。

紀元前1200年頃、繁栄するこの文明は厳しい衰退期に入った。人々は集団をなして海賊や移民としてエーゲ海を移動し、エーゲ海域外に移る者もあって、この暗黒時代にギリシアの人口はかなり減少した。それにかわって、山岳地方やあまり繁栄してない北部地方から別のギリシア人が、人口減少で弱体化した南部の肥沃な地方へ移住した。暗黒時代のこれらの移動現象が、ギリシア語を主要な方言圏に分ける基礎になった。ペロポネソス半島中央部（アルカディア）はこの移動の波を受けず、青銅器時代のギリシア語を使い続けた。キプロスにもこれと同じ方言の支流があり、キプロスの住民とアルカディアの住民は、歴史時代に完全に分離したが、もとは同じ住民であったことを示している。北部からの移住者はドリス語という方言を持ち込んだが、これはメッシーナ、ラコニア、アルゴス、コリントスとその周辺およびクレタ島とロードス島で使われた。エーゲ海東部への移住者はイオニア語を使ったが、これはアテネの方言のように、本土でいろいろな形で生き延びた。その他の北部ギリシア語（アエオリス語）は、アテネ以北の本土と北部の小アジア沿岸で使された。これらの方言名は主要な地方名とも一致し、またこれらの地方で発展した建築の様式名（イオニア、ドリス、アエオリス）とも一致する。これらの地理的区分と建築的区分は、方言上の区分と完全には一致しなかったことを指摘するのは重要である。たとえばドリス式はアテネを含めて、ギリシア本土全体の本質的様式である。

ギリシア世界の復活は断続的であった。その他の地中海世界からほとんど孤立していたので、ギリシアの貧困は悪化した。アテネのように一部の共同体は他よりも早く活気づいたが、ギリシアが本格的に復活し始めたのは、海上交易再生の徴候が認められる紀元前8世紀以降であった。ギリシアの全ての共同体が交易を行ったのではないが、交易を行った共同体はいっそう豊かになり、近隣を強制的に、または自由意志に基づいて合併し、以前より大きな国家（都市国家）をつくった。これは、次の古典時代における自然で望ましい国家であった。ギリシア本土ではアテネ、コリントス、アルゴス、スパルタがその初期の例であり、エーゲ海東部ではサモス、キオス、スミルナ、エフェソス、ミレトスも発展した（スミルナ以下の3都市は、島ではなく小アジアにあり、地理的制約を受けないため、広い地域を支配することになったが、住民の大部分は非ギリシア系であった）。ギリシアの芸術家は紀元前8世紀から紀元前6世紀にいたる「アルカイック」期に、後期青銅器時代から受け継いだ抽象的で幾何学的な形態と手を切り、レヴァントの共同体で共通のレパートリーの重要な構成要素であった、東洋のモチーフと装飾模様と動物や人間の表現を取り入れた。フェニキア文字を改造した新しいアルファベット系書体の発展は、ギリシア芸術の「東洋化」段階と称されるものが、レヴァント起源であることを強調する。線文字Bは、修正された形でキプロスに残る他は、暗黒時代に消滅した。

各都市国家は、その自治と独立に絶えず気を配った。それでもギリシア人たちは、方言の違いを超えて認められる言語の一致と、特に共通の宗教観に培われた統一体意識を持っていた。同じ神々への信仰により、神々は局地（都市）的意義と普遍（ギリシア）的意義の双方を獲得した。アルカイック期のギリシアにおける各都市の政治は、有力貴族の集団に支配されており、貴族たちは協力するか、支配権をめぐって互いに争った。時にはある特定の貴族が民衆の不満を利用してその指導者になり、巧みに独裁権力を獲得した。そのような支配者はタイラントと呼ばれたが、この言葉は国王を意味するアジアからの借用語である。当時のタイラントは通常、情け深い政治を行ったが、後に彼らの権力が他の者に脅かされると苛酷になり、かくして言葉の

意味の変化(僭主)を正当なものにした。芸術は、貴族やタイラントの保護により大いに鼓舞された。交易を促進し、人口増加問題を緩和するために、ギリシア人は海外の植民地(イタリア、シチリア、北アフリカ、黒海沿岸)に出かけたが、これはまた、支配層に有利に経済活動を再調整するためと、人口の自然増加に対応するために行われたのであった。

東方に台頭した有力国家は、このようなギリシアの発展に対して挑戦した。小アジアはリュディアのサルディスを本拠とするギュゲースとその後継者の王朝の手に渡った。その統治は圧制的ではなかったらしく、ギリシア人は代々のリュディア王、とりわけその最後の王クロイソスの支援から恩恵を受けた。エフェソスのアルテミス大神殿の建設は、この王の財政的援助で可能になったのである。しかし紀元前546年リュディア王国は、イラン高原だけでなく近東全域とエジプトに支配を急速に拡大した新興ペルシアに圧倒されてしまった。小アジアにある一部のギリシア都市は、ペルシアの直接支配下に入り、沿岸の島々もその後占領された。ペルシアはバルカン半島にも権力をのばした。イオニア地方のギリシア人の反乱は、アテネに支援されたが失敗に終わった。ミレトスはディデュマのアポロン神殿とともに破壊された。ギリシアの自由都市は、増大する脅威を目の前にして抵抗の準備をした。ペルシアは協力的なタイラントにアテネを支配させるため、遠征軍を海路派遣したが、紀元前490年にマラトンにおけるギリシア軍の奮戦で敗退した。敗戦に続くペルシア王ダレイオスの死とエジプトの反乱は、予定した報復戦を遅らせることになった。紀元前480年になり、ペルシアの新国王クセルクセスは再びギリシアに侵入したが、ギリシア側の体勢はすでに整っていた。ギリシア人たちは、貴族政治のスパルタの指導下に、意見の相異を抑えて大同盟を結成した。紀元前6世紀末に本当の民主主義を発展させていたアテネは、大艦隊を建造し、紀元前479年にペルシアの侵入軍は徹底的に撃退された。もしペルシア帝国が、ギリシア諸都市をばらばらに狙い撃つ戦法をとらなければ、ギリシアの都市同盟は維持されるはずであった。スパルタは、貧民層に政治的な力を与えることになる海軍の活動に背を向けたので、エーゲ海域のギリシア人は、アテネが同盟の指導者になることを求めた。ペルシア軍に対する防御としては成功したが、この同盟は徐々に支配に変わっていった。ペリクレス時代のアテネの人々は、ペルシアに対する防衛費収入を、神々への戦勝感謝の印として神殿に変えるのは正当だと考えた。こうしてアテネは繁栄の頂点に達したが、その全てはスパルタとの無意味な戦争で失われた。この戦争は、アテネが艦隊を失い、飢えて降伏するまで断続的に続いた。本質的にこの戦争は、平和な芸術には非常に優れているものの、大規模な戦争の遂行には適性のない民主的で革新的な気質のアテネと、芸術や建築には劣るが、軍事的にははるかに成功を収めている貴族的で反動的なスパルタとの間の戦いであった。

ギリシアは次第に政治的混乱状態に陥り、弱体化したペルシア帝国でさえ、ギリシアに条件を押しつけることができるほどになった。このことは破滅的ではなかったにせよ、著しい経済的衰退を伴った。彫刻は特にアテネで引き続き盛んであったが、建築に使える資金は、以前より少なくなった。最も重要な聖域には当然のことながら、すでに十分に神殿がつくられていたものの、これ以降はごく少数の神殿が建設されたにすぎない。しかし、普通の用途の建物は、やや活発に建設された。紀元前4世紀中期にアテネでは、建築活動が幾分復活したが、これはペルシアからの援助の存在を示しているのかもしれない。もしそうだとすれば、それは北部で台頭しつつあったマケドニア王国の牽制をねらったものであった。紀元前5世紀のマケドニアは、発展の遅れた取るに足りない辺境国で、4世紀初期にはギリシアのその他の国と同様に混沌としていた。マケドニアの変化は主として、兄の死を受けて紀元前359年に王位についたフィリッポス2世の努力によるものであった。マケドニア人の熟練した戦闘技術に、彼自身の軍人・外交官としての優れた資質を連携させて、フィリッポスはマケドニアの勢力と財力を急速に拡大した。紀元前338年のカイロネイアの戦いでアテネやテーベなどギリシア主要都市の連合軍を撃破し、全ギリシア人が参加する連邦を新設した。この連邦は、表向きは自由だが、実際には既定の指導者フィリッポス2世が支配する連邦であった。意志を統一するため、彼はペルシア人に対する遠征を宣言した。この遠征は、何年も前にイソクラテスが提案した計画である。フィリッポス2世は、暗殺されたため、遠征の準備しかできなかったが、息子で後継者のアレクサンドロスはそれを遂行して完全に成功し、旧ペルシア帝国の支配者になった。

アレクサンドロスの短い生涯はほとんど戦争に費やされた。紀元前323年に没する際、彼は帝国の恒久的機構をまだ完成しておらず、王位継承のための準備もしていなかった。実質上の後継者がないので、帝国はマケドニアの将軍たちの間で分割され、それぞれ独自の王国につくりあげられた。そのうちの最も重要な王国は、エジプトのプトレマイオス朝と近東のセレウコス朝で、他よりも長く続いた。マケドニアは新しいアンティゴノス朝の手に渡った。ギリシアの諸都市は、

アカイア同盟とアイトリア同盟に彼らの自由を求めた。小アジアは伝統的な地方君主制に戻り、そのうちのペルガモン王は、当時の建築に特に貢献した。

このヘレニズム時代のギリシアの芸術と市民生活は、常に統治する国王の統制と政策のもとにおかれていたが、新征服地に移植された。ギリシア人は新しい版図に建設された都市に移住した。そのうちで最も重要で長く続いたのは、アレクサンドロスが開設したエジプトのアレクサンドリア、セレウコス朝が開設したシリアのアンティオキアであった。これらの都市は、古典時代のギリシアに先例のないほど富裕になった。宗教行列などの一時的な催し物にかなりの経費が支出されたが、芸術や建築も繁栄した。ギリシア・マケドニアによる支配という理念は、紀元前3世紀における王国間のつまらぬ争いのために弱められはしたが、ギリシアの建築観の新しい都市への導入を保証し、移住したギリシア人たちが地方の芸術と建築に無差別に染まるのを防いだ。しかし、これらの王国の住民は大多数が非ギリシア系のエジプト人やシリア人であり、彼ら自身の古い様式や好みや信仰を持ち続けた。この異なる人間集団間の影響は明らかである。ギリシア人に関する限り、それは地方の形態の意識的採用というよりも、主として興味や流行の問題であった。しかし、それが建築に多少の変化をもたらしたことは疑う余地がない。東方の諸地域とイラン高原とメソポタミアの大部分は、結局、再起した東洋のパルティア王国の手に渡った。ローマ人はエジプトとシリアとヘレニズム系小アジアを救出し、徐々にそれらの責任を引き継いだ。すなわち紀元前133年には統治者であるアッタロス3世の要請でペルガモン王国を引き取り、最後に紀元前30年のクレオパトラ7世の死にあたって、エジプトを受け入れた。

文化

エジプトと古代近東

近東のナトゥフ文化期の遺跡では、小鎌、手ひき臼、乳鉢、すりこ木、杵やその他の磨製石器が大量に発見された。石灰岩と大理石製の皿は出土したが、土器の形跡はない。動物と女性の小彫像は多くの遺跡で出土しており、当時の洞窟画も発見されている。死者は住宅の床下に設けられた簡単な墓に埋葬された。副葬品はまれで、装飾品の形につくられた。いくつかの遺跡が他よりも長く居住されていたことは、墓地によって推定できる。

新石器時代には主としてすい石製であった石器に、骨器が取って代わった。芸術はビーズ装飾や、小刀の取手に刻まれた動物の頭像や石製彫刻の形を取った。小型の装飾品は、トルコ石や大理石やアラバスターでつくられた。死者はしばしば床下に葬られたが、目に貝を嵌めた石膏製の顔面像をつけた頭蓋骨は大量に発見されている。土器は紀元前6500年頃から盛んにつくられた。その原産地はいくつもあったらしく、製造技術は急速に西南アジア全域に波及した。洗練された均一な様式の最古の土器はサマッラ焼とハラフ焼で、紀元前5500年頃出現した。壺・鉢類は手作りで、高温で焼成され、多彩の幾何学文様で装飾された。アナトリアの土器新石器時代は、重要な資料が豊富な点と、芸術と宗教の分野で発達した点が特色で、礼拝室は女性を描いた壁画や浮彫と、牡牛の首や角で飾られた。これらの礼拝室はその数と規模からみて、家庭用らしい。ウバイド期の壺・鉢類は手づくりとろくろづくりがあり、銅製の道具がそれより古い石製の道具を補った。宗教儀礼の重要性が増したことは、神殿建築の発展に認められる。神殿の中には正面が装飾帯で飾られたものもあり、そのうちの1つは酪農の場面を描いている。

先王朝時代のエジプトにおける新石器文化の最も驚くべき遺産の1つは、サハラ砂漠のタッシリにある岩壁彩画と刻画である。すい石や骨製の器、粗野な土器や、織物・筵・籠など織り編み製品がファイユームの遺跡から出土した。メリムデの遺跡は、死者を住居の間に埋葬する点で他の遺跡と異なる。バダリ文化人は石細工の製造で進歩し、石製のビーズ、首飾り、帯、化粧品を含む装身具を生産した。銅はビーズの形で出現した。バダリ文化人は薄肉研磨土器をつくり、アムラ文化人は白線文赤色研磨土器を生産した。古代エジプト特産の石製容器は、この時期から現れる。ゲルザ文化の土器は、アムラ文化の土器から発達した。従来よりも多種類の容器がつくられ、幾何学文様と並んで様式化した動物や人間や日常生活の光景などが装飾モチーフに用いられた。この時期から土器が生産され、銅が広く使用され、象形文字も現れた。日干レンガ造建築はこの時期に外国から導入された可能性がある。墓地での埋葬は従来よりも念入りになり、墓の構造と内容物は、来世をますます強調する方向でいっそう分化していった。

宗教建築が世俗建築よりもはるかに多く発掘されたという埋由があるにしても、古代近東の建築は、社会構造とその発展よりも、宗教を明瞭に反映している。アナトリア高地のチャタル・ヒュユクにある新石器時代の住居と神殿は、細胞状に配置されているが、これ

は大家族の成長を物語っているのかもしれない。しかしこの遺跡は、まだ十分に発掘されていないので、最終的な結論は出せない。

　エリドゥにおいて初めて識別されるが、神殿建築は紀元前5000年頃から、シュメール人の都市の結束と支配層による都市の管理および文化的伝統への愛着の増大を具体的に示す印として出現した。この保守的傾向は、先例の参照を可能にする文字の使用によって強化された。メソポタミアの神殿は、初めは大衆にも比較的近づきやすかったが、時間がたつにつれて、都市の保護神や保護女神の住居であるよりも、都市を保護する支配者のための宮殿になったらしい。商人層の読み書きの能力が成長したこともあって、世間の人々に対する神殿の影響力が減退したので、神殿への出入りはますます聖職者だけに限られた。

　エジプトでは、宗教と建築との密接な関係が歴然としている。聖職者は強大な力を持ち、その時代の全ての知識を身につけていた。エジプトの宗教はもともと神秘的で、ほとんど不変であったが、これらの特色は墓や神殿の建築にはっきり反映された。また、多神教であり、各地に多数の地方神がいるので、エジプトの神話は複雑であった。国王の信仰は本質的に太陽崇拝であったが、民衆の間には、死と永生への復活をつかさどるオシリス神（冥界の王）に対する信仰が、時がたつにつれて普及した。死者の遺体を保存するため、入念な準備が行われた。現世の住居はかりそめの宿であり、墓が永遠の住居であるとみなされた。そこで、古王国時代には恒久的なピラミッドが建造され、テーベ西岸にある新王国時代の国王の岩窟墓は「数百万年」存続すると述べられたのである。エジプト王は、神であると同時に神官であった。他方、神自身は超人的能力を持っており、トート神が筆記術の発明者とされるように、発明能力を持っていた。神々は三柱神群をなしていた。たとえば、太陽神アモンとその妻で万物の母であるムートと、彼らの息子で月神のコンスは、テーベの偉大な三柱神であり、造物主で工匠のプタハ、戦の女神セクメト、彼らの息子ネフェルテムは、メンフィスの三柱神であった。これらの神々とその他の数百の神々が、単独または組み合わされた形で存在する。エジプトの宗教には多くのものが加えられたが、いかなるものも決して取り去られることはなかった。

　建物相互の関係から複数の建物全体の配置を探知する空間分析の手法を古代近東に用いることは、次に挙げる理由のいずれかにより、ほとんど不可能である。すなわち、都市は幾世代にもわたって成長したため、あるいは全ての配置を明らかにする発掘が行われていないためである。近東建築における中心的な流れをおおまかにいうと、1つかそれ以上の中庭に面して部屋を配置する内向きプランで、これにより採光と換気をはかり、私生活と安全を確保する。メソポタミアでは、この様式が宮殿にも町屋にも用いられた。しかしそれと著しく異なる伝統が、アケメネス朝最古の王宮パサルガダエで明らかになっている。ここでは各建物は高原の平地に、大軍隊の天幕のように点在していた。

　宗教は、近東各地の特色を反映していた。フェニキアにはカナン人以来の古い宗教があり、カルタゴへは、その伝説的な都市建設（B.C.814）により伝えられた。しかし商工業的気風のフェニキアでは、本国においても植民地においても、宗教の力はたぶん最も弱かった。砂漠を背景とするヤハウェの厳しい宗教と、フェニキアの太陽神バールの神官たちとの衝突は、旧約聖書以来よく知られている。神官と予言者は気難しいパートナーであり、神官サドクと予言者ナタンは、いずれもソロモンの戴冠式をつかさどった。しかし、美術と建築の歴史に最も関係するのは、予言者よりも神官の遺産である。

　ヒッタイトの国王は神官長として、1つの聖域や聖都から次の神殿や聖都へと遍歴するのに多くの時間を費やした。ヒッタイトの王位は、インド・ヨーロッパ語族の祖先に始まるが、ヒッタイト王国が最後の200年間に、近東のもっと古い文明と接触したことによって、その王権を東洋のカリスマにいっそう調和するものにした。ヒッタイト王は「太陽」となり、エジプト起源の有翼太陽円盤をその頭上に頂いた。

　ビシトゥーン（旧名ベヒストゥーン）の著名な摩崖碑においてダレイオス大王は、「真実にひたすら頼り、偽りを捨て、優れた騎手になる」という簡潔な道徳律への信奉を強調した。ダレイオスが信者であったか否かにかかわらず、ゾロアスター教の起源は、関連する火の崇拝と同様、イラン史の初期に遡るものであった。

初期アジア

中　国

　夏王朝より前の時代には陶器、装飾、漢字、絵画などの中国の伝統の基盤がつくられたらしい。窯で焼成した赤い土器（紅陶）には、黒や紫で様式化された人や動物、幾何学模様などが筆で描かれた（陶彩）。石や骨を加工して、斧や鍬、短剣などさまざまな道具がつくられた。敷物や籠が編まれたり、たぶん絹布を含めて布が織られた。埋葬は共同墓地で行われ、食物や土器が添えられた。その後に続く夏王朝の時代は、ろくろを使用した、器壁の薄い、表面が黒く滑らかで光沢のある土器（黒陶）を特徴とする。翡翠の加工や武器の生

産までみられるようになる。文字は、占い用の骨に刻んだり解釈したりする甲骨文のみに限られていた。

殷王朝の土器は主として灰色の器壁を持つ容器（灰陶）であったが、一部には、白陶土（カオリン）でつくられた水差しなどがあり、これは陶磁器の前身と考えられる。祭祀用の青銅器は複数の粘土の型で鋳造され、型の内側に彫られた高肉彫で細かく装飾されていた。土器も青銅器も高温を制御する技術を用いてつくられた。彫刻は、翡翠、石灰石、大理石などに彫られた、ひざまずいたりしゃがんだりする人物や動物、怪物などを特徴とする。細かいスポーク付きの車輪を持つ木造の軽戦車を含めて、おびただしい量の武器が製造された。青銅は戦車や馬具、武器、鎧（よろい）などの仕上げの装飾に用いられた。甲骨文は相変わらずつくられた。占いの骨には表音、表意、表象の文字が刻まれた。亀甲も占いに用いられている。先祖の崇拝が行われ、宗教は精霊説的な要素と、王政を維持するための儀式とが結び付いていた。殷王朝の時代は、洗練された陵墓建築を特徴とする。少なくとも社会的身分の高い人々のためにはこのような墓がつくられたのである。

周の時代には、殷の時代の土器、青銅、美術、彫刻、武器などの基本的形態が存続し、発展していく。土器の様式の範囲は狭められ、人物や動物のはっきりしたモチーフに代わって幾何学模様が用いられるようになった。青銅製の鐘が儀式に用いられ、漆器や鉄製の道具も広く使われるようになった。読み書きも普及し、孔子や孟子などの思想家の教えが官吏階級の教育の基礎をつくった。寛容、敬愛、調和を強調する彼らの教えは、社会の安定に貢献した。秦の時代に王朝は極めて実際的な統治を行い、美術や文学はほとんど発展せず、資料によると知識人たちが迫害されたことが示唆されている。

インダス文明

ハラッパーの領土全域にわたる文化上の一体性は、重さや長さの単位の統一によって促進された。長さの主な単位はフィート（330-335 mm）とキュビト（515-528 mm）である。ハラッパーの穀物倉庫は幅 10 キュビトで長さ 30 キュビトであった。このシステムは 16 の倍数に依拠しているように思われる。文字は凍石（ステアタイト）の印章の上に象形文字を書き入れるまでに発達した。これらの文字はいまだに解読されていないが、文学的な意味よりは、品物を同定するための商業上の目的に利用されていたように思われる。印章やスタンプの彫刻は、世俗的な目的のためにつくられたものであるが、繊細で美しい。印章はふつう四角で、20-45 mm くらいの幅を持つ。吊るしたり持ち運んだりするために裏側に孔の開いた突起が設けられている。陰刻の場合も含めて印章の装飾モチーフは人物、動物、怪物と象形文字である。宝石加工にも同様の配慮が払われている。これらは主として腕輪や鼻飾りであり、また遊戯のコマのような娯楽のためのものもつくられた。土器は淡紅色で、ろくろで製作され、赤のスリップ（泥漿（でいしょう））がかけられ、幾何学的に様式化された、さまざまなデザインが黒彩で描かれた。石の彫刻は、しばしばしゃがんだ格好の人物や神を彫ったわずかな主題に限られていた。青銅彫刻はわずかしか発見されておらず、主として踊る少女と水牛が主題であった。彫刻は一般にテラコッタで、とりわけ男や水牛を扱っているが、宝石を用いて華やかに飾られた多くの女性立像も発見された。さらに、おもちゃの車や怪奇な人間や動物も発見されている。ハラッパーの手工芸の優れた特徴は、効率の良い大量生産にあった。ハラッパーの人々が高度に発達した宗教を持っていたかどうかについては、ほとんど記録が残っていない。寺院や神殿のような大きな建築群はみられず、また住居で儀式を行っていた考古学的証拠もない。埋葬は墓地に土葬する形をとった。

ギリシアとギリシア世界

考古学的証拠に基づいて、ギリシアの先史時代の宗教儀式を正確に再現することは不可能であり、現在の解釈は必然的に論争の的になっている。クレタでは中庭での行列行進と牛跳びを含む宮廷儀式と、地方の神殿や山頂での儀式、とりわけ聖なる洞窟に関連する儀式との間には、対照的な違いがあった。小立像は女神と確認され、他方、牛と牛跳びの描写は、ミノタウロスに関する後世のギリシア伝説とともに、この動物がクレタの宗教で占めていた重要な地位を強調している。

本土では、神殿と儀式室はミュケナイ、ティリンスやその他の地で確認された。宮殿域の外側でしばしば門の近くにある小神殿は、保護の役割を暗示している。宮殿の主要室の 1 つであるメガロンとその炉が（後世の古典期の神殿の平面と表面的に似ているが）、宗教上の目的に使われたか否かは、全く明らかではない。

古典ギリシアでは都市国家共同体であるポリスが最も重要なもので、個人はそれに従属していた。共同体の存続は、家庭すなわち家族（オイコイ）の存続に依存していた。生活のあらゆる面は神々の保護のもとにあり、神々は全能だが、人間のように感情と欲望と食欲を持つとされた。ギリシアの宗教の起源は 1 つではないが、遠い先史時代の闇に包まれていて明らかではない。宗教自体は改革に対して否定的ではあっても、宗教に対する信仰の形は、人間環境の変化を反映して絶

えず変化し発達した。多神論・擬人観という宗教的本質に抵触しない限り、新しい宗教は折にふれて導入されたが、その一方で既存の宗教も人々の必要に応じて発達し、あるいはその力点を変えた。

宗教を実践する根本理念は、契約の思想、義務とその弁済という考えであった。本来、人々は共同体として神々に加護を祈り、加護を受けるため神々に供物を捧げた。最初はまず正規の犠牲の儀式、すなわち供饌で、宗教儀式はこれに集中した。犠牲の儀式は1年中行われたが、共同体ごとにそれぞれの神のための主要な年祭があり、そのために特設された聖域で儀式が行われた。供物には動物が含まれており、動物は聖域に連れてこられてほふられた。神々に捧げられた——通常あまり食べない——部分は祭壇で燃やされたが、残りの肉は調理して信徒に分配され、聖所の中で食べ尽くされた(犠牲の肉を聖域から持ち出すことの禁令がしばしば出された)。その他の供物は耐久的なもの、主として日常生活で入手が望まれるものであった。神官や女神官として神に仕えた時期を記念する彫像が奉納されることもあった。これらの彫像は、神に対する以前の奉仕を記念するだけではなく、永遠の奉仕者として神へ奉仕し続けた。聖域は神の領域であった。神はそこに住み、神に属するものを安全に保管する家を必要とした。

したがって、ギリシアの聖域は、本質的に1つの空地を含んでいた。この空地は神の領域として区画されるが、必ずしも具体的な障壁で外界から閉ざされたわけではない。聖域には入口が1つあり、人々はそこが俗界を離れて神の領域に入る点であることを心得ていた。聖域には、祭礼の時に信徒たちを収容できる十分なスペースがなければならなかった。参加者の少ない儀式もあったが、都市国家の筆頭守護神は全住民を集めたはずであり、大きな聖域が必要であった。儀式は犠牲が捧げられる屋外の祭壇に集中した。これだけが本当になくてはならぬものであった。神は聖域では1つの像で示された(古典時代には通常、それは写実的で具象的な彫像であった)。それは木製(最古の像は全て木製だったらしい)か石製か青銅製で、木製の骨組に金と象牙の板を取り付けてつくる像は、最も高価であった。神像、特に木製や金・象牙製の神像には、保護するための建物が必要であった。それが建築的価値を持つ水準に達するか否かは、儀式の重要度、信徒たちの財力など各種の因子にかかっていた。建物は、それ自体が供物であったから、信徒たちは神のおぼしめしにかなうようにできるだけ立派につくり、美しく飾るように迫られた。会衆用建造物としてのいかなる実用上の目的よりも、このことが神殿を建設させたのである。最古の聖域は祭礼と犠牲のための場所で、なんの設備もなく、祭壇でさえ、それ以前の犠牲の儀式が残した灰の山にすぎなかった。暗黒時代には聖域や神殿建築はほとんど存在しなかった(エウボイア島のレフカンディに、紀元前1000年頃つくられた神殿状の建物があるが、これは神々に捧げられたものではなく、墓の装飾らしい)。確証のある最初の神殿は紀元前8世紀の建物で、当時は東地中海の影響が、ギリシア社会とその芸術に現れつつある時期であった。

その他の種類の建物は、ギリシア社会特有の慣習に応じたものである。政治制度は集会に依存していた。この理念は村落の段階で発達したもので、必要とあれば戦争か平和かの重要な決定を行うため、住民の大部分が集まれる広場を1つ設けなければならなかった。この集会広場は屋外の野原だったらしいが、組織された町の成長とともに、中央広場やアゴラは、都市計画における主要な要素の1つになった(アゴラは少なくとも理論的には、成人に達した男性市民全員を収容できる規模でなければならなかった)。アゴラは本質的に1つの空地であった。都市国家の運営に必要な建物がその縁に沿ってつくられることはあったが、アゴラは建物ではなかった。アゴラにつくられる建物は、神殿のように立派で堅固な必要はなかった。富裕な都市では石造の建物が建設されたが、紀元前5世紀のアテネにおいてでさえ、アゴラには日干レンガの建物がつくられた。

公的生活は男性市民用であった。宗教上の祭礼には参列したが、女性はたいてい家庭の奥で世間から離れて暮らした。いずれにしても女性の生活に対する制約は、歴史時代にはもっと厳しくなったようで、住居建築の形態はそれを反映している。住宅は外の世界に背を向け、囲まれた中庭に向かって開かれていた。住宅の内部も、男の客が集まって飲食する男性室と、このような集会の時に女性の家族が引きこもる女性の生活空間とに分かれていた。

このような事情が、古典時代のギリシア都市の配列にみられる建築上の本質的な諸原理を生み出した。その第1は神殿の原理で、屋根を架けた長方形平面の単純な建物——本質的にこれは美しく飾られ、改良された小屋である——が、神への供物として建てられ、外側から鑑賞されるように設計された。したがって、その建築的価値は外観に集中する。その第2は1つの空地、すなわち中庭をめぐって建設する原理で、建物の建築的効果は中庭だけから鑑賞される。中庭を囲む建物は、連続する必要はなく——つまり、ひと続きの独立した複数の建物でよく——、ほとんどの場合、これらの建物には中庭に面して柱廊が設けられた。この柱

廊すなわち列柱廊は、中庭の各辺に連続してつくられる傾向があり、時として切れ目もあるが、全くないものもあった。この取り囲まれた列柱廊付き中庭は、ヘレニズム都市の特徴である。

資源

エジプトと古代近東

先史時代以来、エジプトを含めて近東では、政治的な成熟によって遠隔地との交易や遠隔地での資源の採取が可能になるまで（地方ごとにその時期は異なる）、建築にはその地方の材料しか使えなかった。また、外国の工人を連れてきたことが記録から知られる事例を除き、建設工事の労働力は、その地方でまかなわれたと考えねばならない。

ティグリス川とユーフラテス川の沖積平野では建築用石材や木材はまれで、輸入しなければ手に入らなかった。しかし土はふんだんにあり、水と混ぜて泥にして型に入れ、太陽で乾かすか窯で焼成すれば、あらゆる建物に使えるレンガをつくることができた。焼成レンガは、下水道や舗床や、ウルのジッグラトのように一部の主要な建物の外装だけに使われた。メソポタミアで焼成レンガが標準的な材料になったのは、紀元前6世紀の新バビロニア時代であった。アッシリアの国王は、収穫の報告に大変気を使った。その理由の1つは、泥に混ぜる十分な藁がなければレンガをつくれないので、収穫の良否は国王が翌年に予定している建設計画にすぐ影響するからであった。このことは、ヘブライ人がエジプト国王にあてた有名な申し立ての中で指摘されている。アッシリア人は、新しい宮殿、神殿、城壁などを建設するか、それらの古いものを修理するため、大量の労働力を展開する方法に優れていた。これらの工事では、1人が1日に100個のレンガを積むことができたと推定されている。日干レンガはどこにでもあるので、古代近東の最も重要な建築材料である。高地地帯にある多くの遺跡は、石だけでつくられたようにみえるかもしれないが、ウラルトゥの要塞のように、石造の壁体の上に日干レンガでつくった上部構造の残骸のあることがしばしば発掘によって明らかにされている。日干レンガの正確な寸法は、時期を限ってみると、地域ごとに標準化する傾向があったが、その大きさの限界は現在のレンガの寸法と同様に、1人の人が容易に手に取れる重さであった。

葦とパピルス（現在ではほとんど絶滅した）とシュロの葉脈は、粘土で塗り込めて使用するが、これらの材料は扱いやすく、容易に入手できたので、ナイル川流域では先王朝時代から建物に用いられた。メソポタミア、特に南部のシュメール地方には、それとほぼ同じ伝統があった。シュメール地方では沼沢地のアラブ人がこの伝統を現代に伝えている。彼らは水面すれすれの低い平らな台地上に、葦で大広間をつくって生活しているが、それはニネヴェの宮殿の浮彫に描かれたものとほとんど同じである。それはセンナケリブ王によるペルシア湾頭の沼沢地への遠征を描写した浮彫で、遠征そのものはほぼ失敗に終わった。葦の筵はメソポタミアでもエジプトでも、日干レンガの水平層の間に補強として敷き込まれた。

瀝青（れきせい）はメソポタミアと（やがてエラム王国の中心になる）スーサに隣接する平野で使用できる材料で、自噴していた。新石器時代にまず接着剤、特にすい石製の三日月形の刃を骨製の柄に取り付けるのに使われた。たまたま防水性を持つことがわかり、瀝青は下水道の内張りに使われ、日干レンガの壁面の浸食を減らした。

特に夏期はナイル川が増水するので、エジプトでは労働力はふんだんにあった。そこで石切場からの石材は奴隷に頼らずに、ナイル川は筏（いかだ）で、河岸からは斜路で引き上げて建設現場へ運ばれた。

ナツメヤシは、住宅用、主としてその屋根に使われたが、エジプトには、メソポタミアと同様に大建築物用の木材はなかった。最も初期の王朝以来エジプト王は、ベイルートのすぐ北にある古い港ビブロスから、舟運でスギを輸入した。スギは、建築用と棺用の他に、エジプト特有の材料であったパピルスに代わって船の建造にも使用された。このようにレバノン山脈のスギは、エジプト向けに開発された。他方、メソポタミアの支配者は紀元前3千年期中期以降、地中海の東北隅に近いアマヌス連峰からスギを入手した。アッシリアの国王たちは、その宮殿と神殿の建設と装飾と調度に用いた材料を誇らしげに、かなり詳しく記録したが、それによれば、スギとモミは屋根の梁と扉に好んで用いられた。ダレイオス大王とその後継の国王たちは、ペルセポリス（別名パルサ）にある宮殿の列柱広間の屋根にスギを使用した。

特に近東の国王たちは、生前にその神殿や墓廟を完成させるよう、絶えず気遣っていたので、大規模な公共建築の建設には、多かれ少なかれ強制的に外国人が働かされたらしい。アッシリア国王センナケリブは、ユダヤから20万人以上の人々を移住させたことを詳しく述べている。これらの強制移住者の運命は、王室警備員の監視のもとに土や石を入れた籠をかつぎ、新しい「無双の宮殿」の基壇の急斜面をよじ登る様子を示し

たニネヴェの浮彫に、ありありと描き出されている。スーサにあるダレイオスの宮殿で発見された粘土板の記述は、イオニアやサルディス出身の石工と、同じくサルディス出身の象眼を製作する木工細工師について触れており、バビロニア人は依然として、日干レンガの最も優れた職人であった。ペルシアのカンビュセス王は、エジプトから多数の職人を強制移住させたといわれる。

初期アジア
中 国
　先史時代にはその土地で得られる材料を用いて建物がつくられた。木の枝で補強された泥の壁は、殷の時代に突き固めた土壁に変わった。殷の時代以降は土壇の上に柱・梁を用いた木造軸組の建物が建てられ、屋根は藁か葦で葺かれた。石材の使用は柱礎や敷石、防壁などに限られていた。レンガや瓦は周の時代に入るまで用いられなかったようである。殷王朝以降、強制徴用によって巨大建築の建造に必要な労働力が集められた。鄭州の城壁を築くのに1万人の労働力が18年分必要だったと考えられている。縦穴の墓を掘るのも非常に大きな労働力が必要とされ、ある墓は、掘るのに7000日かかったと推定されている。

インド
　インダス川流域では建築材料や燃料に使える木材が豊富に得られるが、建築用石材は近辺になかった。それゆえ焼成レンガの発明はハラッパーの都市の発展に、とりわけ水害に対処する上で大きな役割を果たした。ハラッパーの建築は考古学者によって泥色の殺風景な実用的建物と評されてきた。しかし、それは非常に多くの熟練したレンガ職人によって建てられており、そのファサードは、今では残っていないが、木材で美しく装飾されていた可能性もある。

ギリシアとギリシア世界
　ギリシア世界は一般に良質の建築用石材、特に石灰岩と大理石に極めて恵まれており、あまり苦労せずにこれらの石材を切り出すことができた。粘土はよい産地がある。それに比べてギリシア本土のほとんどは、樹木に乏しいか、あるいは生育不良である。特有の樹木はマツとイトスギで、丈夫な堅木は手に入らない。したがって、大きな梁間に屋根を架けられないという厳しい制約がある。中間支柱なしで梁を架けられる最大の長さは約10mで、パルテノンのように、木材を

輸入できたごく重要な建物だけがこの限界を超えるが、それもわずか1-2mにすぎない。燃料用木材の不足は、レンガも焼成されなかったことを意味する。焼成したテラコッタは瓦（重要な建物には大理石製の瓦も用いられた）と装飾的な仕上げ材だけに限られた。

　エーゲ海（サントリーニ火山）とシチリア（エトナ火山）と南イタリア（ヴェスビオ火山）の火山活動は、これらの地域に変成岩があることを示している。その他の地質学上有利な点は、堆積岩の存在である。低質礫岩を基岩とする地域（特にオリュンピア）もあるが、ギリシアのほとんどは各種の硬質石灰岩か大理石を基岩とする。建築用に採掘され、ギリシア建築の特徴ある容姿をつくりだしたのは、一般にこの硬質石灰岩と大理石であった。大理石には多くの種類があり、一般に縞模様で、しばしば帯色している。色大理石は先史時代に本土の建築に使われたが、その後ローマの建築家に再び高く評価され、広く各地に輸出された。しかし古典時代のギリシア建築には、ほとんど例外なく白大理石が好まれた。パロス島とナクソス島の白大理石は、紀元前7世紀と紀元前6世紀に初めて採掘され、建築と彫刻に用いられた（その石切場は海に近かったので、ギリシアの他の地域に輸送しやすかった）。紀元前5世紀にアテネ市民はペンテリコス山の石切場を開発した（ペンテリコンの大理石）。その他にも多数の白大理石の産地があり、特に小アジアに多い。

　プロポンティス（マルマラ海）産のプロコンネソス大理石は広く各地へ輸出されたが、その他の大理石は産地周辺で使用される傾向があった。石膏はクレタで採掘され、鋸で切断したブロックの形で、先史時代の建物の壁に使用された。

　キレナイカと本土以西にあるシチリアやイタリアのギリシア植民地には大理石がなかったので、建築は全て石灰岩でつくられた。エーゲ海域でさえ世俗の建物には、大理石よりも石灰岩がよく使用されている。石灰岩は焼成してモルタルにも使われたが、ギリシアでは大部分の地方で木材が相対的に不足しており、焼成は高くついたため、モルタルは（大理石粉末と混ぜて）、石灰岩でつくられた重要な建物の仕上げに使われただけであった。また焼成した石灰岩は、水硬性セメントとして水中工作物や産業施設に用いられた。粘土はよい産地があり、日干レンガ用や、焼成した瓦と装飾的仕上げ材の製造に用いられた。

　熟練した建築家と職人は仕事が多く、しばしば国から国へと移動した。初期の雇用制度と支払い方法は、はっきりしない。硬貨は紀元前6世紀まで発達しなかったが、紀元前5世紀には建設技術者に対する賃金や出来高払い工事の料金を示した文書が存在する。このよ

うにして、提供者が国か聖域そのものか個人かにかかわらず、建設資金は建築工事の重要な要素になった。建築家や職人は必ずしも彼らが仕事を引き受けた場所の共同体の市民ではないが、一般に自由人であった。奴隷の労働力は使われており、アテナイのエレクテイオンの建設記録によれば、奴隷に対する支払いはその所有者に対して行われている。しかしこのことを強調しすぎるのは正しくない。というのは、強制労働は先史時代にあったかもしれないが、古典時代のギリシアの建築工事には、この他に証拠はないからである。

ギリシアの建築工事における1つの重要な要素は、雇用者(国や宗教役人)と建設技術者との間に立つ財務保証人が果たした役割である。この役目は、富裕な市民が共同体のために引き受けるべき義務とされた。石材の切り出しや材料の調達から建物の最後の仕上げで、全ての建築工事について契約した工事が適正に行われたことを調べるのが、財務保証人の責任であった。不適切な工事に対する罰金を支払ったのは財務保証人であって、工事契約者や職人ではなかった。

建設技術と工法

エジプトと古代近東

ナトゥフ文化人は限られた範囲で、目地モルタルを使わない簡単な石造技術を用いたが、彼らの建物は圧倒的に日干レンガ造が多かった。粘土を念入りに選んで調整した後、手もしくは鋳型でレンガを成形し、太陽で乾かした。また粘土は、水を加え、泥状の塑性材料にして層状に積み、その乾燥を待って次の層を積むのにも用いられた。酒倉の瓶棚、上段、炉やベンチなどの固定した造作は、建築現場でつくられた。時には藁を粘土に混合した。また建物が湿らないように、基礎を石でつくることもあった。屋根は一般に水平で、木製の梁の上に筵を架け渡し、それに粘土を塗った。時には藁屋根もつくられ、屋根梁を支えるために壁はバットレス(控壁)で補強された。出入口の周囲は木製の抱きと敷居で固められた。床と壁は一般に上塗りされた。粘土や石灰の上塗りの表面は、塗装や研磨や大理石片嵌め込みなど各種の方法で仕上げられた。

エジプトはゲルザ文化末期に、たぶんメソポタミアと接触した影響で、葦、パピルス、シュロの葉や筵のような弱い植物系材料から、日干レンガや石という構造材料に移行した。木材や筵による裏打ちは、墓の工事にも用いられた。

各地方の技術と工法は、各地の建築材料が混合したことによって発達した。しばしば構造よりも装飾と仕上げに細心の注意が払われた。それは特にエジプトで著しく、冶金術はアジアよりも遅れ、青銅が出現したのは中王国時代からであった。ある意味でエジプトは建築技術でも遅れをとった。たとえばウルにある王墓の粗野な仕上げの石造構築物には、本当のアーチとヴォールトが用いられたが、同時期のエジプトの石工は、それらのものを知らなかったらしい。しかし同時代のギザのピラミッドにみられる石材の仕上げとその整然たる組積が卓越していることは否定できない。

先王朝時代のエジプトでは、葦の束を垂直に隣接して立て、その頂点付近でこれらの垂直の束に別の束を水平に緊結して、壁や垣根とした形跡がある。またシュロの葉脈を狭い間隔で地面に立て、それを斜めに横切って別の葉脈を編み込み、その頂点付近でこれらの葉脈を水平の部材に固定して骨組とし、その上に泥を塗る方法も用いられた。葦と泥でつくられた平屋根は、葦壁の頂部に圧力をかけたので、エジプト特有の四半円型軒蛇腹が生まれたらしい。その後の建築にはあまり出でこないが、ケケル文様も、パピルスの茎の束でつくった壁の先端の房が起源らしい(p.41B)。水平方向を連結する葦の束と壁の出隅に取り付けられる束は、歴史時代の石造の蛇腹と壁の出隅の大玉縁として生き続けた(p.41J)。

絵による建物の記録がなく、また、考古学的資料としての建築遺構が極めて乏しいため、エジプト以外の近東における初期の建築技術をいくらかでも正確に説明するのは、エジプトよりも難しい。ジェリコで出土した先土器「新石器A」時代の円形住宅は、ナイル川流域の最古の集落遺跡より3000年も古く、壊れやすい半球形の屋根を架けていたらしい。チャタル・ヒュユクでは、近東の典型的な保守的傾向がはっきり認められる。すなわち発掘で出土した木造軸組の住宅や神殿に、原始的な純粋の木構造が生き続けており、最新の層になって初めて日干レンガ造がそれに変わった。

本質的にアーチ構造であるメソポタミアの建築は、レンガで天井をつくる構造上の必要に迫られた結果であった(p.27E)。部屋は壁が極めて厚く、長さの割に幅の狭いものでなければならなかった。アッシリアの宮殿も屋根をつくるのにスギの梁を用いたので、同様の制約を受けた。放射状に迫石を組む本来のアーチは、紀元前3千年期までには知られていた。シュメール人の故国ウルク(現ワルカ)の中心的な聖域兼政庁であるエアンナ4世の列柱広間(ウルク期末期、紀元前4千年期中期)のように、極めて太い柱はすでに早くから使用されていたが、適切な材質と寸法の石材がなかったので、独立柱はあまり使われなかった。その例はご

く少ないが、アッシリア時代末期と新バビロニア時代の建物にみられる。先史時代にも近東の神殿のいくつかは、バットレスで補強することによって日干レンガの薄い壁体をつくったが、強い日射しによる壁面のまぶしさをやわらげるため、時には壁面に精巧なニッチ状のくぼみを加えて陰影をつくった。この日干レンガ造建築の伝統は、経路はまだ不明だが、王朝時代初期のエジプトに伝えられた。当時のエジプトにはその他にも、ウルク期のメソポタミアに類似するものがあるが、このニッチ状のくぼみがアルカイック期（第1-2王朝）の墓や、残念ながら現存しないが、ナイル川流域の公共建築の宮殿状ファサードの原型をつくりだした。

エジプトでは日干レンガ造の壁体は決してすたれず、切石造が標準になったのは最も立派な宗教建築だけであり、宮殿でさえ比較的壊れやすい日干レンガのままであった。丈夫な構造にするため、エジプトの建物の壁体は、高くなるにつれて厚さを減らしたが、それは主として毎年の増水により、土地が膨張・収縮を繰り返したからである。通常は使いやすいように壁体の内側は垂直にしなければならなかったので、内向きの斜傾すなわち「転び」は、外側の壁面だけである。これはレンガ造であれ石造であれ、エジプト建築の主な特色の1つになった。時には数層のレンガ層の間に植物繊維や葦の筵を敷き込んで壁体を補強したが、これは特に壁体の角に用いられた。遅れて発達したのは、中央のくぼんだレンガ層の使用である。長大な壁体をつくる時、それをいくつもの短い区画に分割し、その1つおきの区画をこのレンガ層を用いてあらかじめ建設した。厚さが9-24.5 mもある大神殿の周壁のような壁体は、内部に積んだレンガをこの方法で乾燥させることができた。本当のアーチはエジプトの壮大な石造建築物に最後まで使われなかったが、アーチの原理は知られており、第3王朝初期にすでにレンガ造ヴォールトがみられる。センタリング［訳註：アーチやヴォールトをつくるための一時的な支持構造物］を使わないように、1つのアーチとそれに隣接するアーチとの接触面は、しばしば傾けてつくられた。通常アーチは2つまたはそれ以上の同心アーチを重ねてつくられた。

エジプトにおける古王国時代の石工の技術と工法の多くは、国王のピラミッド建設工事で具体的に示された。ピラミッドは水平に削られた岩盤上に建てられ、その底面の各辺は厳密に東西南北の方向に向けられた。ピラミッドは急勾配の中心核の周りに、傾斜した石層を次々に平行に重ねてつくられた。明らかにある重大な事故の後に採用された、下向きの求心的な推力を確保するこの方法は、ピラミッドのような大建造物に欠かせない安定した構造を達成した。ピラミッドの全体は、まず階段状につくられた。次に段の入隅（いりすみ）に石材を詰めてから、精巧に加工した仕上げの石材を、所定の角度に取りつけて完成させた。最後の丁寧な仕上げは、必然的に上から下に向かって行われた。カイロ近郊のギザにあるクフ王の大ピラミッドに使われている石材は、1個の平均重量は2500 kgで、石灰モルタルを敷いて据えられている。しかしこのモルタルは接着剤ではなく、石材据え付けの時の潤滑用に使われたのである。ピラミッド内部にある部屋の天井は、持送り構造の水平の石梁でつくられており、同じピラミッドは1つもなかった。

エジプト人は滑車を知らなかった。石材の持ち上げや回転に用いた主な道具は、テコであった。石材の運搬には木製のそりを利用したが、コロを併用することもあった。ピラミッド用の石材は、砂や土で築き、日干レンガの壁で補強された幅の広い大きな斜路で引き上げられた。エジプトの石工は、焼きを入れたもろい銅製の鍔（フランジ）付き刃のみと鋸を使ったが、青銅製や鉄製の道具は利用できなかった。

パイロンと列柱広間を持つ新王国の神殿には、工事を急いだ形跡がかなり認められる。それは特にラメセス2世以後に著しく、基礎や仕上げには以前よりも注意が払われなくなった。当時の人々の真剣な努力を最もよく示しているのは、おそらくオベリスクである。これは花崗岩の巨大な一本石で、楔（くさび）と打撃石（バウンダー）と火を粘り強く使い、苦労してアスワンで切り出された。ジェベル・シルシレーの石切場産の砂岩は、上エジプトの神殿の標準的な建築材料であった。これは石灰岩よりも浮彫には向かないが、屋根用には石灰岩よりも大きな梁間に架け渡すことができた。エジプト建築が非耐久材を用いた形態であることの影響は、パイロンの隅玉縁と水平玉縁、およびその軒蛇腹（きじゃばら）にはっきり認められる。水平玉縁は縦に並べた葦束の頂部を連結する水平部材が形を変えたものであり、四半円型の軒蛇腹は、この水平部材の上で葦束やシュロの葉脈が曲がって変形したことから派生したものである。エジプトの円柱も植物が起源で、柱身は根本を束ねた植物の茎の束、柱頭はハスの蕾（つぼみ）(p.41G)やパピルスの花(p.41C)やシュロが原型とみられる。新王国の神殿では、最大強度を得るため当初は横に立てて配置していた屋根用石材を、材料と労力を節約するため、横に寝かせて配置するようになった。優美な円柱はラメセス2世の時代までに本来の形式を逸脱して、銘文で表面を覆われた球根状の奇怪な形になった。

レヴァントのカナン人とその後裔（こうえい）のフェニキア人は、石工術に優れていた。シリア海岸の繁栄した商業都市ウガリト（現ラス・シャムラ）には、紀元前13世紀の

宮殿の遺構がある。美しい縦目地を持つ、丁寧に仕上げられた整層積み組積造が、この宮殿で初めて大規模な形ではっきり示された。これと同質の組積造は、オムリとアハブ時代初期(B.C.880-B.C.852頃)のサマリアにも認められる。

アナトリアの建築的伝統は、メソポタミアやレヴァントとは全く違っていた。それは、何世紀にもわたる森林破壊により現在は入手できなくなったが、長大な木材が豊富にあったことによる。石材は基礎に、木材は補強か構造軸組に、日干レンガは壁に使われた。現在ではみられなくなった木構造は、フリュギア王国の首都であったゴルディオンにある墳丘の頑丈な墓室にその名残が認められる。墳丘MM(p.25B)の墓室の両流れ屋根は、その両端と中央を、丁寧に加工した厚板を柄で連結してつくられた3枚の妻壁で支持された。この墓室の壁は、約3700 cm^{2}の断面の杜松丸太製の外箱で包まれており、丸太壁とその外側にある堅固な擁壁との間は荒石が詰められていた。その上には石の覆いと粘土製の厚い墳丘がつくられており、発掘されるまでこの状態を保っていた。ゴルディオンに70以上ある墳丘のうちで最大のこの墳丘は、約50mの高さであった。これは鉄器時代(B.C.700頃)の土着のフリュギア人か、西北アナトリア人の建造物だが、墳丘に埋葬する伝統は南ロシアに由来する。

ウラルトゥの組積造の標準的な仕上げは極めて多様で、立派な切石はほとんど全て神殿に限られた。神殿で最も多いのは、玄武岩造で、そのために銘刻や浮彫が好まれた。少なくとも1棟の神殿は石造の基礎を完全に残しているが、日干レンガ造の上部構造は全く現存しない。ウラルトゥで普及した特有の技術は、組積建造物に堅固な基礎を与えるため、勾配の強い丘腹の岩盤に、段状の基礎をつくったことである。大規模なテラスの建造は、ウラルトゥの要塞や城塞を建設する時の主要な工事で、大きな労働力を必要とした。最良の工事でも城壁の石層はやや不規則で、各石材は隣接する石材に合うように加工された。明らかに鉄製の道具が使われており、ワン城塞のほとんどに、のみ跡が認められる。さらに、鉄のつるはしで岩に溝を掘ることに触れた記録が、アッシリアにいくつも現存している。

アケメネス朝ペルシアの円柱を用いた建築は、メディアの遺跡と、もっと北のハッサンルにある、それより古い鉄器時代第2期(B.C.1100-B.C.800頃)の遺跡にさかのぼるとされる。この建築に広い背景があることは、パサルガダエでもはっきりしており、キュロス大王とその後継者たちは、明らかに外国の石工を使っていた。ルスティカの組積造は、城塞(タフテ・ソレイマン)の大テラスの特徴だが、アケメネス朝の建造物のもう1つの特色は、鉛と鉄を用いた千切の使用である。しかし正確に切り出してなめらかに仕上げられ、モルタルなしで積まれた大型石材には、この千切は構造上必要のない補強であった。パサルガダエの石造工事には、ギリシア起源を示す技術が少なくとも2つある(p.10B)。その初期の建造物には平刃のみの跡が残るが、ダレイオス大王の登位(B.C.552)後は、それより約50年前にギリシアで初めて登場した歯のみの跡が、パサルガダエと同じくペルセポリスの組積造にも残っている。

初期アジア
中国

先史時代の中国の建物は、土壇、木造支柱の上部構造物、切妻屋根の3つの部分に分割されることが特徴である。殷以降は、重要な建築は全て土壇の上に建てられた。土壇は80-100mm厚さの段を重ねて全高約600mmになる。この土壇が単純な柱・梁構造を支える。柱・梁で構成される枠組みは軽量の壁で埋められていた。切妻屋根のあずまや風のいくつかの建物の周りを、別に屋根を架けた柱廊が取り巻いていた。周の時代には草葺きから瓦葺きになったが、中国建築に特徴的なそった屋根はまだみられない。しかし、棟と軒は鳥や神秘的な動物をかたどった瓦で装飾されていた。段のある土壇を回廊で囲む土壇建築は、外観を高くみせるために用いられたといわれている。

インド

レンガは型で抜くか、切って成形され、小口積みと長手積みを交互に積む(p.27A, B)。規格化されたレンガの大きさは280×140×70mmである。日干レンガは重要な建物を支えるレンガ製の基壇に限って用いられた。そのうちの一部は木材と組み合わせて積まれている。真のアーチは知られていなかったが、レンガによる持送りアーチは頻繁に用いられた(p.27C)。内部は泥漆喰で仕上げられた。

ハラッパーの浴室は、切って整形したレンガによって床が美しくつくられている。平らな屋根は正方形断面の木材が最大4mまで架け渡している。モヘンジョダロの大規模な公共の穀物倉庫は、どっしりしたレンガの基壇の上に全て木造で建てられていた。複雑な給排水設備が町の中心部に設けられていた(p.27C, D)。きちんと点検用の穴が付いた蓋付きの排水路は、端正なレンガ積みの公共井戸と同様に、インダス川流域都市の特長である。

A 鉛で固定されたいろいろな形の鉄製の鎹（かすがい）。ただし最上段のものは一般に木製　p.26 参照

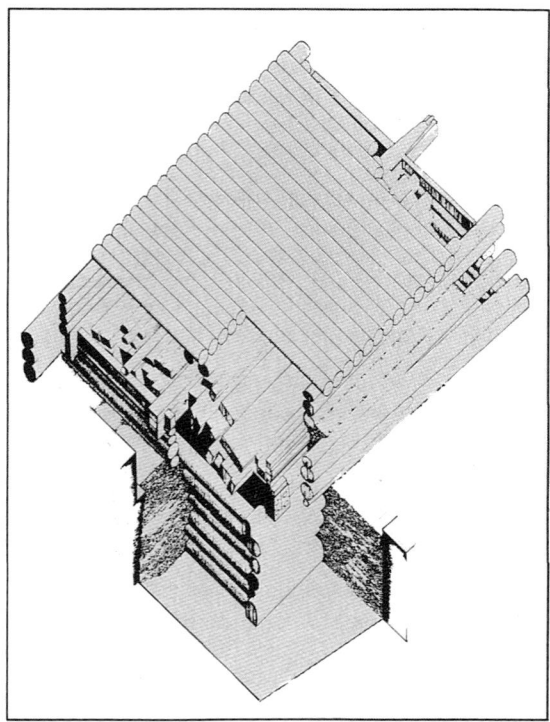

B 墳丘 MM、北西からみた墓室の等角投影図　p.24 参照

C 太枘（だぼ）と鎹で固定する前の、鉄梃（かなてこ）による石材の所定位置への据えつけ　p.26 参照

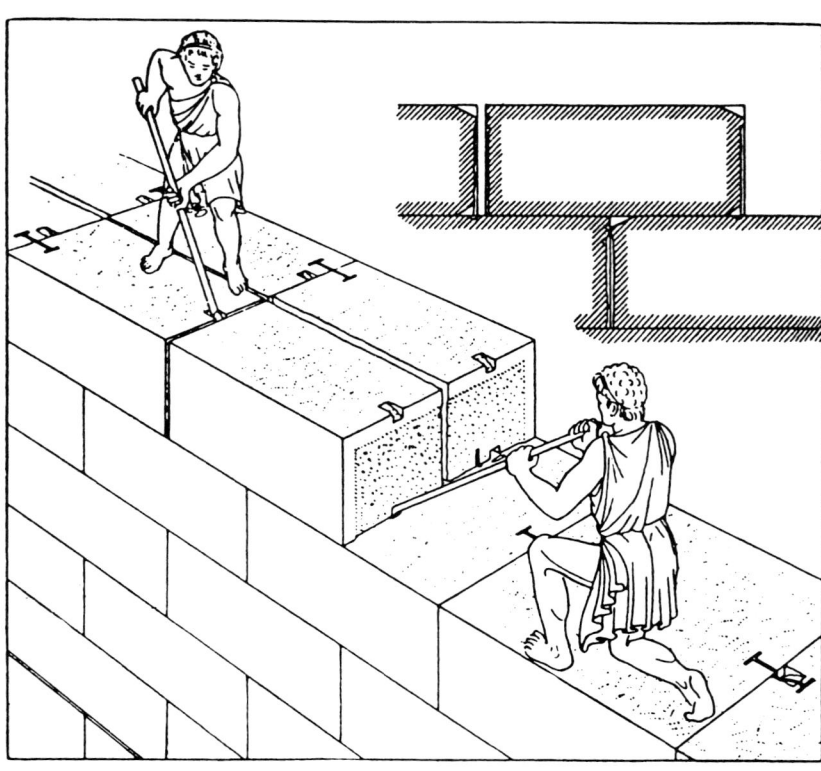

ギリシアとギリシア世界

　切石は先史時代にクレタ（ここでは鋸で切れる軟質石膏が、しばしば好んで用いられた）と本土で、重要な建物（宮殿や邸宅）と組積造の「トロス」型墳墓に用いられた。木造軸組は標準的な構造であった。洗練された建築技術の知識は暗黒時代に全て失われたらしく、発掘されたごく少数の建物は、自然石でつくった基礎の上に日干しレンガの壁体をつくり、簡単な木柱で屋根を支えたもので、屋根はたぶん草葺きであった。同様の構法は、紀元前8世紀の最古の神殿に用いられた。しかし建築技術は紀元前7世紀にかなり発達した。石切場から切り出して成形された石材は、重要な建物（たとえば紀元前7世紀中期以前につくられたイスミアのポセイドン神殿）に用いられ、焼成した瓦や外装材が発達した。紀元前7世紀後半、ギリシア人はエジプトへ直接出入する権利を確保したので、エジプトの石材加工技術を修得した。一本石の円柱に必要な大型石材を切り出し、完全な円形断面に加工するため、石材をろくろ上で回転させることができるようになった。

　古典時代までに、設計と建設の方法は伝統的になり、固定した。詳細図がつくられたか否かは明らかではない。パピルスは寸法が限られており、高価であった。目盛付き物差しは知られていなかった。蝋引き板の上に普通の図面を描くことはできたはずだが、建物は伝統的な形式なので、実際に図面が必要というわけではなかった。設計はたぶん現場でつくりだされた。すなわち基礎を十分丁寧に計り分け、その他の寸法は伝統的な比率——これは明らかに少しずつ変化したが——に従って、基礎の寸法から割り出したらしい。もっと複雑な細部は現寸模型をつくり、工事中はそれから寸法を（物差しではなくディヴァイダーで）とったのであろう。

　用途は決まっていたので、石材は余分なところを切り捨てて指定の寸法、できれば指定の形で石切場から建築現場へ納入するよう注文された。6世紀の円柱は一本石だが、5世紀以降は小規模なものを除き、短い円筒形の部材を柄でつないでつくられた。スニオンのポセイドン神殿に石材を供給したアグリレザの石切場では、円柱の円筒形部材は採石中に円形断面に切り出され、ろくろにかけられなかったことがわかる。運搬中の損傷を防ぐため、石材の表面は荒い仕上げ（たたき仕上げ）であった。建築現場で最後の石ごしらえをしたので、現場からしばしば石材の削りくずが発見される。所定の位置に据え付けられる前に石材は、隣接する石材との接触面を正確に仕上げられた。建物とその要素の全体としての寸法は極めて正確に加工された

が、構成する部材の寸法には変動がある。たとえば、壁体の石層を形成する石材は、高さと幅は一様だが、長さは一定ではない。隣接する石材と接触しない石材の表面は、その後の工事の基準になる目印だけを完全に仕上げ、その他は荒仕上げのままにした。見えがくれになる（1つの石層を形成する石材の）垂直方向の接触面は、正確に加工する手間を節約するため、その中央部分を少しくぼませた（アナテュロシスという）。

　石材は比較的大きく、その質量と重量だけからみても、所定の位置から動くことはないので、石材を相互に固定する必要は全くなく、一般に段状基壇は基礎に固定されなかった。神殿のように重要な建物では、基壇以上の部分の石材は、地震に耐えるよう相互に固定するのが普通であった。しかしこの措置は、大地震にはたぶん十全ではなかった。壁体の石層を形成する石材は、（その周囲に流し込む）鉛で固定される鉄製の鎹で相互に緊結された（p.25A）。一般に鎹は石材の両端に1個ずつ取り付けたが、大型石材では一対ずつにすることもあった。上下の石層は、下層の石材の中心と上層の石材の縦目地の位置に、四角い柄を入れて連結した。円柱の円筒形部材（と柱頭）は、その周囲に木か鉛を詰めて固定した金属性の柄で連結された。石材は巻上機と滑車で吊り上げ、鉄梃で動かして所定の位置にすえられた（p.25C）。若干のエンタブラチュア、とりわけ大規模な神殿のエンタブラチュアはかなり大きいので、しばしば表と裏の2枚か、パルテノンのように中間にもう1枚加えて3枚の石材でつくられた。壁体は一般に壁体と同じ厚さの石材を積み上げた一枚壁だが、ヘレニズム時代のペルガモンの建築家は、内側と外側の2枚の壁をつくり、その間にモルタルなしの荒石を詰めた。古典時代の神殿の1枚壁は通常、一定の高さの切石でつくられた（整層積み）が、これと違う形式、高い石層と特に低い石層を交互に積む形式（擬整層積み）も知られており、スニオンのポセイドン神殿はその例である。ペルガモンの建築家は、間に荒石を詰めた壁をつくる時、直立する1組の化粧石と、低いつなぎ（小口）石とを交互に配列するのが普通であった。

　屋根は一般に、正方形断面に成形された木製の梁と垂木でつくられた。大スパンの屋根を持つ建物は少ないが（デルフォイ第4アテナ神殿、マケドニアのヴェルギナにある宮殿の大食堂）、そのような建物は2本の長い木材を平行に並べ、相互に緊結して梁をつくった。棟木やその他の桁行方向の梁は、束や壁、または列柱で支持されたが、明確な三角形トラスを使用した形跡はない。屋根は全面的に板張りであったかもしれない。瓦は釘止めではなく、自重で所定の位置を保った。し

第 1 章 背 景　27

A　住宅のレンガ壁、モヘンジョダロ　p.24 参照

B　大穀物倉庫、基壇の上部、モヘンジョダロ　p.24 参照

C　大浴場の排水路、持送りヴォールト、モヘンジョダロ　p.24 参照

D　排水溝のある街路、モヘンジョダロ　p.24 参照

E　クテシフォンの宮殿　p.22 参照

たがって屋根勾配は常にゆるく、13-17°であった。

神殿の天井は、水平に交差する梁の上につくられる。大規模な神殿では、神室の天井は必ず木造であったので、完全に消滅している。しかし、神室の壁と外周の列柱との間は、石梁の上に格間をのせた石造天井とすることがあり、この天井は明らかに木造を想起させる。アテネのアクロポリスへの正門（プロピュライア）の広間は、例外的に石造の梁と天井を架けていた。ここでは梁間と重量が非常に大きいので、大理石の梁の中に鉄の補強梁が組み込まれたが、この措置はここ以外ではみられない。

屋根が完成して初めて、たぶん仕上げに取りかかった。若干の彫刻装飾（たとえばドリス式神殿のペディメントの彫刻やメトープの浮彫パネル）は、地上で彫刻され、完成してから組み込まれた。刳形のようなその他の装飾は、大まかに成形して建物の所定の位置に取り付けられ、その位置で仕上げられた。壁体や台座の表面のうち、他の部材と接触しない表面は、損傷を避けるため工事中は仕上げず、工事がすむと、目印に従って完成時の表面や深さまで削り、磨いて仕上げた。大規模な神殿のように重要なギリシア建築は、このようにして最終的な形に刻み上げられた。石材は完成した時の建物に与える効果を考慮して選ばれたが、それには大理石が好まれた。低質の石材は、磨いた大理石を模倣してスタッコで仕上げられたが、スタッコは日干レンガの外装にも用いられた。

5世紀古典時代の建築は、目地がほとんど目にとまらないほどに石材を加工するのを好んだ。彼らが狙ったのは、壁体が一本石でできているようにみせることであった。それとは対照的に、石材の縁だけを丁寧に仕上げ、その内側をやや荒く仕上げて、個々の石材を強調することもあった。その後の建築はこの装飾方法を取り上げ、石材の中央部分を全く粗面のままに残すまでになった。腰羽目や浮彫板石張や化粧積みのような壁体下部の石層は、その表面を壁体から少し突出させたが、これは石造の基礎と日干レンガ造の壁体との間の違いを反映したものである。

彩色はまれにしか残っていない。色調は褪せて変色していたが、19世紀にはパルテノンで彩色の痕跡が認められた。完全な彩色はマケドニアの墓の中にもっと大量に保存されている。その色は単純だがかなりどぎつい色調か、詳細なパターンの水彩で、墓の全面ではなく、刳形やフリーズのような細部や、ドリス式のトリグリフやメトープの異なるリズムを強調するためだけに用いられた。ドリス式建築で塗装されたのは、エンタブラチュアだけであった。アーキトレーヴのタエニアとレグラは赤色に、トリグリフは一般に青色に塗られた。イオニア式では彫ってつくった刳形を、ドリス式では塗料で描いた。マケドニアの墓ではフリーズの上の水平帯は、黄金色の雷文で引立てられた。この塗装はそのデザインを構成する異なる要素の分節を強調する役割を果たしている。これに加えてテラコッタ製の外装、特に樋（キュマティウム）は、明るい色調の石造部に対して強い対照をなした。現在は大部分の建物から失われているが、彩色は古典芸術作品の極めて重要な要素であったことを忘れてはならない。配色は時として石造部にまで及んだ。アテネのアクロポリスにあるプロピュライアとエレクテイオンは、ペンテリコンの白大理石と対比するよう、エレウシス産の暗灰色の石灰岩を使用した。エレクテイオンではこの石灰岩はフリーズの素地となり、その上に白大理石の彫像が取り付けられた。

ヘレニズム時代には、屋内の壁面装飾が著しく重視された。エピダウロスにある各種の神殿のように、若干の古典建築では壁そのものは無装飾か、取り付けたパネル画の背景になったにすぎないが、構造用よりも装飾用としての列柱が、壁に面して配置された。それまでよりも複雑な構成の装飾塗装が壁用に発達し、型に入れてつくった漆喰細工を引き立てた。これはたとえばデロス島の住宅にみられるもので、ポンペイの塗装された壁の装飾に似ている。アレクサンドリアにあるヘレニズム時代の墓室の一部の壁面装飾は、エジプト建築から生まれた様式であった。ヘレニズム時代に発達したもう1つの装飾手法は、しばしば縞模様のあるアラバスターや色大理石の磨いた薄板で石造の壁を仕上げる方法で、この技術はローマの建築家によって採り上げられた。

紀元前4世紀に発達した重要な技術的新機軸は、要石を用いるトンネル・ヴォールトであった。エジプト建築には要石を使用する本当のヴォールトに近い例が時々みられる（p.23 参照）が、ヴォールト上部の最も重要な部分は、依然として持送り構造のままである。要石式アーチやヴォールトは、アレクサンドロス大王が紀元前336年、父フィリッポス王のために建造したことがほぼ確実な墓を含めて、アエゲアエ（ヴェルギナ）にあるマケドニア王墓で（ギリシア建築の伝統的形式のファサードの背後に）採用された。これら初期マケドニアのヴォールトは、エトルリア時代のイタリアにつくられた年代の確定しているどのヴォールトよりも古い。マケドニアのこれらのヴォールトはその後、防御工事に使用され、またペルガモンの建築家は擁壁の補強に利用した。

訳／飯田喜四郎

エジプト、古代近東、アジア、ギリシア、ヘレニズム王国の建築

第 2 章
先史時代

建築の特色

先王朝時代のエジプトと古代近東の恒久的な建物は2種類あり、いずれもおそらくは昔の一時的な避難小屋(シェルター)を起源としたものであった。それは円形や楕円形平面で、蜂巣型の一室式建物か、多数の長方形の部屋が細胞のように密集した建物であった。

ナトゥフ文化期(中石器時代)初期の住居は円形平面で、西南アジアに広く分布していた。この住居はこの地域で紀元前9000年から紀元前7000年の間に、複数の長方形の部屋を持つ住居に変わった。大部分の地方で、空目地積みの石造竪穴式住居は、半円形平面で土造か石造の住居に変わり、最後に長方形平面の日干レンガ造住宅になった。成形した日干レンガが発達したので、建物は正確な形につくられ、外観を整えるためバットレス(控壁(ひかえかべ))のような特殊なものが使用されるようになった。エジプトではこの変化は西南アジアよりもずっと遅れて発生した(B.C.3400頃)。

新石器時代の近東における建築の特色は、同じような規模の住居が同じ場所で次々に建て替えられたことに基づく。これらの住居は土でつくられ、世代ごとに改築されたので、改築された古い建物はテルと呼ばれる遺丘を形成した。

初期の遺丘は、宮殿や邸宅や非居住用建物のない単純な構成であった。古代近東(B.C.8000-B.C.6000頃)の小集落は、陸屋根(ろくやね)を頂く土や石でつくられた1室式住居で構成されており、その壁と床は室内側に補強されて土を塗り上げられ、さまざまな色の土で塗装された。

大部分の集落は切れ目のない連続した住居でつくられており、屋根から住居に出入りするが、若干の集落には狭い道や中庭があった。多数の立派な神社が発見されたチャタル・ヒュユク(p.36G-K)を除き、建物は通常、たとえばジェリコ(イェリコ、p.36A)のように集落を守る城壁内か、ムンハッタのように石の舗装のある範囲内につくられた。

新石器時代にこれらの単純な集落は、4つの点で変化した。その第1は、住宅が構造と平面を改良して多くの部屋を持つ薄壁の日干レンガ造の建物になったこと、第2は、作業用・貯蔵用・宗教用の非居住用建物が出現し、メソポタミアでは宗教建築がウバイド期において壮大な神殿に発達したこと、第3は、集落が道路を持ち、これまでよりも開放的な配置になったこと、第4は、防御などさまざまな目的のために、城壁の建設が普及したことである。

ウバイド期末期(B.C.4000頃)までに、多くの地域で集落の数は劇的に増加し、住居の配置と空間形態に大きな地域差が発生した。どの地域でも集落は大型化する傾向があり、その多数は防御工事を施された。

倉庫はしばしば、中央廊下の片側に長方形の部屋を配置する形でつくられた。神殿は、それとは対照的に部屋が連なった設計となっており、時にはメガロンのような平面につくられた。これら2種類の建物はいずれも、規則正しい左右対称の配置に向かっていった。初めのうち、これらの特殊な建物は住居に連続して建てられたが、その後、独立してつくられるようになり、時として中庭の三方に集められた。

新石器時代の近東における最も注目される立派な建造物は、ウバイド期の神殿である。これらの神殿は日干レンガ造の長方形の建物で、粘土か他の地域から取り寄せた石でつくった基壇上に建設されたが、この基壇はシュメールのジッグラトの先駆である。住宅と同様に、神殿の中央にある長方形の部屋はその長辺に小室を持つが、神殿は住宅よりも大きく、もっと丁寧に装飾された。その長辺上につくられた外階段を上り、入口を通って長さ約10mの部屋へ入る。部屋の一端には幅の広い上段、他の端には卓子か小祭壇が設けられた。時には小部屋にある梯子で2階か屋上に上った。

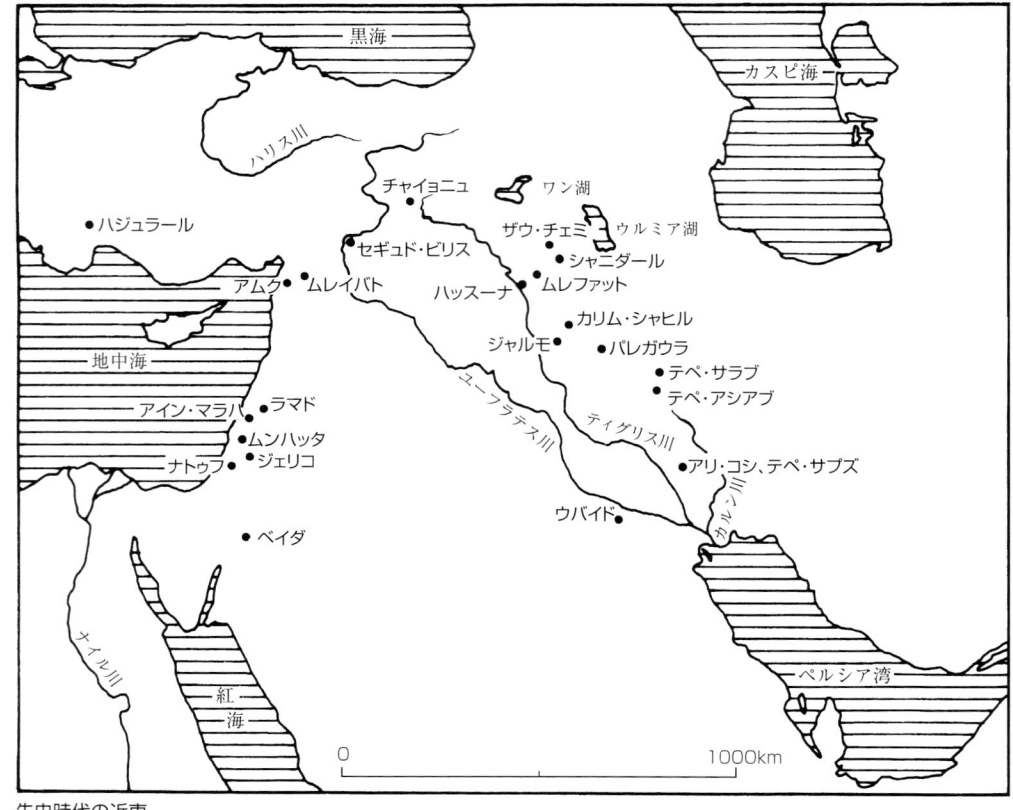

先史時代の近東

バットレスは外壁の光と影を分節するように設計された。神殿のデザインを検討するために、テラコッタの縮小模型が利用されたらしい。末期の神殿には円錐形の彩色陶片と瀝青で飾った装飾帯（フリーズ）がつくられた。

エジプトは中石器時代末期の後期ゲルザ文化期に、土でつくった長方形平面の都市住宅へ移行した。これらの住宅は編枝土塗構造（ワトル・アンド・ドーブ）[訳註：編んだ小枝に土を塗りこんだ構造。壁や屋根に用いる]で、時には基礎を荒石で築いた。住居は2室式で、道路側には壁で囲まれた中庭を配置した。墓はますます精巧につくられるようになった。

実 例

後期中石器時代と初期新石器時代

ナトゥフ文化期の住居は小枝でつくられたもろくて弱い小屋や洞窟前の石畳の上につくった風除けか、石灰岩高地にある水源付近に相互に少し距離をとってつくられた、円形や長円形平面の空目地積みの石小屋で、後者でつくられることの方が頻繁であった。長方形のレンガ造住宅への移行もこの時代に始まり、新石器時代に続けられた。

イスラエルのフレン湖付近の**アイン・マラハ**（B.C.9000-B.C.8000、p.32D）には、約 2000 m²の広々とした敷地に50棟ほどの空目地積みの小屋があった。その大部分は直径3-9 mの円形平面で、側壁を荒石で内張りした半地下式の建物であった。蜂巣型の上部構造は葦か筵（あしむしろ）でつくられ、たぶん柱で支持されていた。小屋は斜面に設けられ、斜面の上側では1.3 mの深さに掘られた。出入口は斜面の下側につくられた。若干の小屋は床に石を敷きつめており、そのうちの1棟は壁を漆喰塗とし、紅土を塗装していた。この集落の人口は200-300人であった。このような小屋は、ヨルダン南部の**ワディ・ファッラ、ナハル・オレン、ベイダ**（p.32A）でも発見された。

キプロスにおける無陶器新石器時代のキロキティア文化（B.C.5650頃）は、直径3-8 mの円形住宅をつくった。**キロキティア村**（p.32C）は約1000戸の住宅からなり、1本の石敷道路が通っていた。住宅の壁の下部は土地の石灰岩でつくられ、ドームのある上部構造は練土（ピゼ）か日干レンガ造であった。若干の住宅は、外壁を耐力壁とする二重壁構造であった。一部の住宅は石造の支柱で支持された中2階を備えており、製粉・貯蔵・調

理・工作用に多数の付属屋を従えていた。大多数の住宅は塀で囲まれた中庭に面していた。

ハラフ期（新石器時代）の低地メソポタミアでは、蜂巣型の円形建物（トロス）がつくられた。**アルパチャ**（B.C.5000 頃、p.32E）にある鍵穴型平面の住居では、壁の厚さは 2 m に及んだ。その長方形の前室は長さ 19 m のものもあり、ドーム天井の部屋の直径は最大 10 m に達した。壁はタウフ造・漆喰塗で、時には赤く塗装されており、屋根は草葺きであった。

トランスカフカス（カフカス山脈南側）地方の**イミリス・ゴラ**にあるシュラヴェリ文化期の住宅（B.C.4660-B.C.3955、p.32B）は、直径 3-4.5 m の円形か楕円形で、石の基礎の上に日干レンガを積んでつくられた。ナトゥフ文化期の住居のように、その多くは竪穴式であった。いくつかの住宅は鍵穴型平面で、ドームを受ける部分の壁に、屋内へ突出するバットレスをつくってその推力を支持しており、中庭の周囲に離れ屋を設けた住宅もある。それより後の時期に、壁にバットレスを備え、木柱で陸屋根を支持する 2 室式住居が次第に発展した。この村の人口は、200-250 人と推定された。

下エジプトの**ファイユーム**（B.C.6000-B.C.5000 頃）には、貯蔵用の竪穴しか残っていないが、デルタ地帯西端の**メリムデ**（B.C.4500 頃）には、直径 5-6 m の楕円形か馬蹄形平面の住居で構成された集落の遺跡がある。この住居は支柱でできた骨組を葦の筵で覆ったもので、1 列に配置されており、若干の住居には柵で囲った中庭があったらしい。

上エジプト地方のバダリ文化とアムラ文化の遺跡もまた、草と葦でつくった蜂巣型住居であったことが判明している。**ハンマミーヤ**のバダリ文化期遺跡（B.C.4000 頃）は、貯蔵室や居室を含む深さ約 1 m、直径 2 m までの多数の竪穴式建物を環状に配置した多数の住居で構成されていた。上エジプトのアムラ文化期遺跡の 1 つである**ナカダ**（B.C.3600 頃）も、土と葦でつくった同様の住居群であった。

新石器時代初期（B.C.7500-B.C.6000 頃）の特色は、ほとんど全ての地域で、円形建物が土でつくった長方形の建物に変わったことである。長方形の住宅は時として、先行する円形平面で空目地積みの石造建物の上につくられた。建設速度と構造形式は地方ごとに著しく異なり、レヴァント、アナトリア、ザグロス、低地トランスカスピ海とトランスカフカス、メソポタミア、エジプトは、それぞれ文化的に異なる地域であることが確認されている。これらの地域は、以下でそれぞれ分けて扱う。初期の発展段階で神社のような建物が現れた地域では、その建物は一般に住居と同じ形式でつくられたが、住居よりも規模は大きく、念入りに装飾された。新石器時代末期までにこれらの神社は、メソポタミアの神殿建築の先駆として発達した。エジプトでは墓のデザインはもっと精巧になり、その後の壮大な葬祭建築の本質的特色の多くをすでに備えていた。

レヴァント

先土器新石器時代初期のこの地方の建築は主として住居だが、神社、工房、倉庫も発見された。しかしながら、紀元前 6 千年期初めにこれら先土器時代初期の町の多くは放棄され、陶器新石器時代にはアナトリアとメソポタミアの建築がもっと重要になった。

住居建築

ジェリコの新石器時代遺跡（B.C.8350-B.C.7350 頃）の最下層に、4 ha の範囲にわたって円形と楕円形の住居が多数発見された。それぞれ直径約 5 m で、ナトゥフ文化期の空目地積の伝統から発展した住居だが、粘土モルタルの接着をよくするため、凸面に刻み目をつけた食パン型の日干レンガを用いてつくられた。このレンガ壁は、編んだ小枝に粘土を塗ったドームを支持した。

ジェリコの円形住宅は、先土器新石器時代の町（B.C.7350 頃）の下にあり、厚さ 3 m、高さ 4 m、全長 700 m の石造城壁で囲まれていた。城壁は半円形平面の監視塔の下部に寄せかけて、屋根に入口のある倉庫と水槽を建設したことを含めて、一連の複雑な改築工事を加えられている。住宅は上面に親指でくぼみをつけた葉巻型の日干レンガでつくられた。その壁体は丈夫で、出入口は幅広く、出入口の縁は丸くつくられた。若干の住宅は基礎を石造としており、また木造の 2 階床を備えたものもあったらしい。住宅は隙間なく密集しているが、仕切壁と中庭を通って相互に連絡されていたらしい。床は砂利下地の漆喰塗で、赤かピンクかオレンジ色に彩色され、よく磨かれていた。壁は漆喰塗で、腰は赤色に塗装された。幾何学文様で装飾された壁もあった。ヨルダン川のもっと上流の**ムンハッタ**に、ジェリコと同時期につくられた同じような住宅が発見されている。

北部シリアの**ムレイバト**にある遺跡の最初の 2 つの層（B.C.8640 頃と B.C.8142 頃）は、木造の軽い上部構造を赤色の粘土壁で支持した、円形か楕円形の小屋で構成されていた。第 3 層（B.C.7954-B.C.7542 頃）には円形の小屋と並んで長方形の住宅があり、いずれも食パン型に成形した軟質石灰岩を、小石まじりの粘土モルタルで積んでつくられた。この時期の末期までにその平面は進化して、多数の部屋を持ち、たぶん屋根から出入りする住宅を含むことになった。ムレイバトの住宅

32 | エジプト、古代近東、アジア、ギリシア、ヘレニズム王国の建築

EVOLUTION OF HOUSES

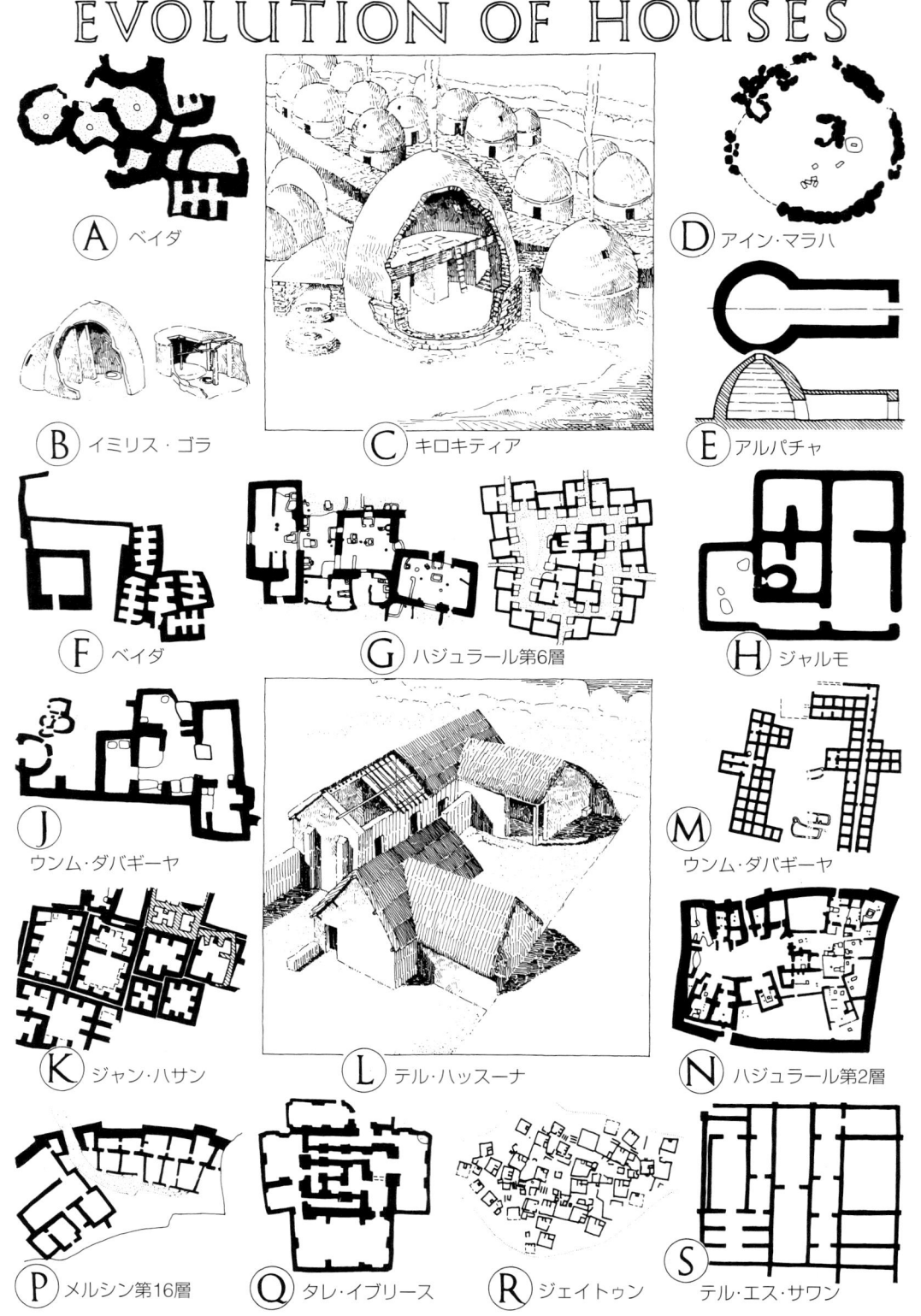

Ⓐ ベイダ
Ⓑ イミリス・ゴラ
Ⓒ キロキティア
Ⓓ アイン・マラハ
Ⓔ アルパチャ
Ⓕ ベイダ
Ⓖ ハジュラール第6層
Ⓗ ジャルモ
Ⓙ ウンム・ダバギーヤ
Ⓚ ジャン・ハサン
Ⓛ テル・ハッスーナ
Ⓜ ウンム・ダバギーヤ
Ⓝ ハジュラール第2層
Ⓟ メルシン第16層
Ⓠ タレ・イブリース
Ⓡ ジェイトゥン
Ⓢ テル・エス・サワン

住居の変遷

の1つに、淡黄色の地に黒のジグザグ模様の壁画がみられる。

ムレイバトに近い、北部シリアのユーフラテス川南岸の**テル・アブ・フレイラ**で、類似の住宅が発見された。ナトゥフ文化期の遺跡は無陶器新石器時代(紀元前8千年期末と紀元前7千年期初め)に、日干レンガとタウフでつくった長方形の住宅で覆われた。この住宅の床は踏み固めた土の上に赤か黒の着色漆喰を塗って磨きあげられ、壁は白漆喰塗で、赤色の線で装飾された。

ヨルダン南部の**ベイダ**にある最古の建物(B.C.7000-B.C.6000頃)は、ナトゥフ文化期系の直径4m以下の曲線状平面の竪穴式であった。住居と倉庫は壁で囲まれた中庭の中に、集団としてまとめられており、集落全体は石造の防壁をめぐらしていた。

その後、無陶器新石器時代のベイダでは、この宿駅型(ポストハウス・スタイル)の建物に、出隅を丸めた多角形平面の独立住宅が加わった。それに続いて長方形平面の石造住宅、最後に細胞状に密集した石造の住宅と工房が現れた。各住宅は7×9mの1室式で、床と壁は白漆喰塗磨き仕上げとし、床の高さに1本の赤筋を加えて装飾した。住宅の外側は壁で囲まれたL字型の中庭で、そこには長さ約8mの工房がいくつも集って一団になっていた(p.32F)。

北部シリアの**チャイヨニュ**(B.C.7500-B.C.6800頃)では、最下層の遺跡の平面を復原できたが、そこには5×10mの長方形平面の頑丈な石造建物があった。それは広間と正方形の部屋各1室の両側に、1列3室の小室を1列ずつ配置したもので、床は漆喰塗であった。基礎は格子状で、梁・根太式の木造床を支持していたらしい。

チャイヨニュの上層の遺跡からは、それぞれ1組の道具を備えた6-7室の小室からなる、5×8mの工房が出土した。最古の日干レンガ造の建物はそれと同年代で、約5×9mの簡単な1室式住宅であった。チャイヨニュで発見された模型によれば、住宅はその縁を丸めた出入口を短辺側に備え、陸屋根を架けていた。

ダマスクス西南の**テル・ラマド**(B.C.6000頃)では、円形や楕円形の竪穴住居は無陶器新石器時代末期に、狭い小道で互いに隔てられた長方形平面で基礎を石造とする日干レンガ造の1室式住居に変わった。

神社

ジェリコでは神社風の建物が多数発見された(B.C.7000頃、p.36A)。1本の石を立てたニッチのある小室が礼拝室だったらしい。ある神社では、柱廊を通って玄関の間に入り、次に入口の軸線に対して対称に1組の石柱を配置した奥の間に進んだ。

ベイダにある集落(B.C.7000頃)の外側に、舗装道路が通じている3棟1群の建物があった。最古の建物は円形平面で、入口は東面し、床は石敷きで、1枚の白色砂岩の板石が東壁の外側に立てられていた。この建物の跡に、6×3.5mの楕円形で床を石敷きとする建物がつくられた。この床の中央には1枚の大きな砂岩の板石があり、南壁の前には手摺(てすり)をめぐらしたもう1枚の大きな板石があった。第3の板石は建物の西北隅の屋外にあり、その南側に3.8×2.65×0.25mの池があった。

ムンハッタ(B.C.7000頃)には、300m²以上の大きな円形構築物があるが、用途はわからない。その中央には水路を刻んだ大きな玄武岩製の基壇があり、それを取り巻いて石敷きの池と空地、漆喰塗の床と炉が配置されている。

チャイヨニュ(B.C.7000頃)には、9×10mの規模で、屋内側にバットレスを備えた1棟の神社風の石造建物がある。よく磨かれた切りばめ細工の床は、赤色モルタルで固定した長さ100-300mmの淡紅色の小石パネルで覆われた。部屋の各辺を横切って、白大理石の小石をはめた幅500mm、長さ4mの区域があった。

アナトリア

高度複合社会への発展を目指す、極めて注目すべき建築上のいくつかの証拠は、アナトリアでは新石器時代の遺跡に認められる。住居、とりわけ**チャタル・ヒュユク**のそれは異常なほど統一されており、住民たちはよく組織された儀式に参加していたらしい。新石器時代末期に多くの集落は厳重に武装され、少なくとも1つの要塞が確認されている。

住居建築

アナトリアの**ハジュラール**では無陶器新石器時代(B.C.7500-B.C.6000頃)に、基礎を石造とする日干レンガ造の長方形の住居がつくられた。完全な平面を備えた住宅は現存しないが、これらの住宅には多数の部屋があり、内部は漆喰塗で、淡黄色か赤色の縞(しま)模様に塗装されていたらしい。住宅は密集してつくられ、出入口は屋根に設けられた。

その後ハジュラール(B.C.5400頃)では、10×4mの長方形平面で、壁厚が1m以上もあるもっと堅固な日干レンガ造の住宅がつくられた(p.32G)。若干の住宅は玄関間の脇に、細い丸太と漆喰でつくられ、差掛屋根を架けた台所があった。出入口は一般に長辺側の中央にあり、木造の敷居と枠は、木製二重扉を取り付けるように設計された。戸棚は壁の中にはめ込まれ、倉庫は細い丸太と漆喰でつくられた軽量間仕切壁で他の

部分と仕切られた。太い木製梁を備えた天井は、その中間を一対の柱で支持され、隅は斜材で補強された。この住宅の柱は木材と漆喰でつくられた、ベランダと数室の小部屋からなる軽構造の2階を支持していたのかもしれない。

発展の最終段階(B.C.5400-B.C.5000頃)でハジュラールは、70×35mの区域に石造の城壁をめぐらした(p.32N)。その中の集落は住宅、穀物倉、見張所、土器職人の工房と神殿で構成されていた。紀元前4800年頃に放棄されたが、それまでのハジュラールは厳重に武装されていた。その中央にある中庭は2階建住宅で囲まれており、各住宅は屋上に出入口を備え、柵をめぐらした小さな中庭によって互いに隔てられていた。

無陶器期のアナトリアの**ジャン・ハサン**(p.32K)と**アシクル**と**スベルデ**(B.C.7500-B.C.6000)の住宅は正方形か長方形で、互いにすきまなく密集してつくられた。その後の建物(B.C.4950頃)は、木材で補強した壁の厚い日干レンガ造であった。ここでもまた若干の住宅には軽い材料でつくった2階があった。

アナトリアのトロス山脈の山麓にある**チャタル・ヒュユク**の町(B.C.6250-B.C.5400、p.36G-K)は、連続して居住された。この町は13ha以上の広さで、人口は4000-6000人であった。138棟の建物が発掘されており、それらは主として1棟あたり約25m²の長方形平面の1室式住居で、壁と床は漆喰塗であった。時には広い中庭が設けられることもあったが、住宅は隙間なく密集して建てられた。住宅はそれぞれ独自の壁体を備えており、床には筵を敷き、壁は簡単な幾何学模様で装飾された。住宅へは梯子で出入りした。

キリキア平野の**メルシン要塞**(B.C.4500-B.C.4200頃、p.32p)は、突出した塔で固められた重層の門を出入口とした。中央の広場を囲んで守備兵宿舎が配置されていた。陸屋根のこの宿舎は、背後の城壁に寄せ掛けてつくられた一連の居室で構成され、壁で囲まれた中庭を各居室の前に置く。居室は、もとは相互に通じていたが、後に独立した部屋になったもので、細い縦長の窓があり、石臼と土壇と炉が設けられていた。城門の右側にはもっと大きくて丁寧なつくりの指揮官用住宅があった。

神社

チャタル・ヒュユク(B.C.6250-B.C.5400頃)では多くの家具を備え、念入りに装飾された神社と思われる建物が発掘された(p.36G)。これらの建物は住宅と同じ配置で、住宅と混在しているが、豊穣と死に関係する題材の絵や浮彫や彫刻で装飾されている点で住宅と異なる。

ハジュラールの神社(B.C.5400頃)は一般に簡単な正方形の部屋で、正面に献酒用のくぼみがある直立した石を配置するニッチがある。しかしここには玄関と前室を備えたメガロンのような平面の神社が1棟みられる。ここでも神社は幾何学文様の壁画で飾られていた。

ザグロス

ザグロス地方では**シャニダール洞窟**や、**ザウィ・チェミ**(B.C.9000頃)のようなシャニダールと関連ある先史遺跡が、初期集落の証拠を提供した。多数の部屋を持つ大型の住居は発見されたが、この地方は神社をつくりださなかった。

住居建築

フジスタン平野の**アリ・コシュ**(B.C.8000-B.C.6500頃)では、この地方の赤粘土でつくった250×150×100mm程度のレンガを使って、薄壁で長方形平面の平屋建住宅が建てられた。その後、もっと大きくて部屋数の多い住宅が登場し、部屋は3×3mの規模になり、壁は調整されていない粘土を用いた400×250×100mmのレンガでつくられた。広い中庭があり、住宅は小道で相互に隔てられていた。

イラン西部の**ガンジダレ**(B.C.7289-B.C.7000頃)では、壁をタウフでつくったかなりの規模の日干レンガ造の村落が建設された。長方形の小部屋で構成された住宅は、互いに隙間なく密集して建てられ、屋上に出入口が設けられた。屋根は葦の下地に粘土を塗り、それを梁で支持したもので、壁と床は、土塗りで仕上げられた。

ルーリスタンの**テペ・グーラン**(B.C.6500-B.C.5500頃)は、それぞれ2-3室の小部屋を持つ木造小屋で構成される冬期野営地として建設された。その後(B.C.6200頃)、作り付けの土製長椅子とテーブルを備える同じような住宅が日干レンガで建てられた。床と壁は白か赤の漆喰で仕上げられ、中庭は赤粘土に白色の長石片を嵌めた人造石で仕上げられた。

ザグロス山脈の**ジャルモ**(B.C.6000-B.C.5000頃、p.32H)は約150人の人口があり、土でつくられた長方形の小住宅20-30戸で構成されていた。それよりも下の居住遺跡は、紀元前6500年-紀元前6000年に遡るタウフ造の住宅で、葦の上に土を塗って床とした。各住宅は約5×6mの建物の中に長方形の小部屋をいくつも詰め込んだもので、約3×4mの開放的な中庭が付いていた。

ザグロスの**タレ・イブリース**(B.C.4000頃、p.32Q)の住宅は、多数のバットレスで重苦しいほどに強調された厚壁構造の貯蔵室を中央に集め、床を赤色漆喰で塗

り上げた大きい居室をその周辺に配置した。住宅のうちの1つには1本の精巧なアーチがあり、幼児の墓がつくられていた。これらの住宅に類似する住宅は、**テペ・ヤーヤ**でも発見された。

カシャーンの南にある**シアルク**(B.C.5500頃)では、小枝と土と葦でつくった簡単な建物は、まずタウフ造の壁と土床の住宅、次に日干レンガを基礎とする長方形タウフ住宅に変わった。

トランスカスピ海地方とトランスカフカス地方

これらの地方は標準化した単純な1室式住宅と、壁画で飾られたそれよりも大型の神社風の建物をつくりだした。特に興味をひくのは、村落の配置が多様なことで、開放的で不規則な自立型(フリースタンディング)のものから、複数の住居群が連続するもの(各居住群は1棟の神社を持ち、他の住居群から道路状の空地で隔てられる)、そして最後に住居と神社を包み込む城壁をめぐらした村落まで、各種の配置がみられる。

住居建築

トゥルケスタン地方のカラ・カン砂漠の縁にある**ジェイトゥン**(B.C.5600頃)の住宅は、切藁を加えた日干レンガでつくられた(p.32R)。この村は約30世帯で、人口は約150人であった。住宅は長方形平面で、それぞれ約5×6mの部屋を1室持つ。若干の住宅は、1つの壁の中央に面して炉が1つあるだけの簡単なものだが、もっと精巧な住宅もあった。壁は土塗り仕上げで、時として赤色や黒色に塗られた。どの住宅も中庭と離れを持ち、時にはそれらを隣人と共有した。村の広場には日干レンガ造の平行な壁に支持された、木造の穀物乾燥壇があった。またこの村には神社風の建物もあった。

現在のイラン西北隅にあるアゼルバイジャン州の**ハッジ・フィールズ**(B.C.5319-B.C.4959頃)は、小道と中庭で隔てられた1室式独立住居で構成される開放的な村落であった。中庭には突き固めた土でつくった離れ屋が設けられた。住宅は6.5×4mの規模で、日干レンガとモルタルでつくられた。屋内に突出する日干レンガ造のバットレスと木柱が、梁と葦と粘土でつくられた屋根を支持するが、屋根は傾斜していたかもしれない。同じ州の**ヤンク・テペ**にも類似の住宅があった。

モンジュクリ・デペ(B.C.5000頃)には内部をジェイトゥン風につくった住宅があるが、建物は小道で2群に分けられていた。住宅はジェイトゥンとは異なり、切れ目なく連続していた。同時代の**チャクマクリ・デペ**村も建物を小道で2群に分けていた。住宅は200×500×100mmの大型日干レンガでつくられ、小さい台所と大きい居間との大小2室を備えていた。2つの住宅群の中に、赤色の壁と床の建物が1つずつあったが、これは神社であったかもしれない。

ジェオクシュール・オアシスの**ダシュリジ・デペ**(B.C.5000頃)は45×38mの武装集落で、ジェイトゥンのような日干レンガ造の小住宅群と神社のような大きい建物が1棟あった。この近くにある**ヤランガチ・デペ**(B.C.4500頃)は、円塔を備えた強力な城壁をめぐらしていた。町の西北隅に、中央の大きな空間(スペース)を囲んで配置された住居があったが、神社だったかもしれない。同じオアシスにある**ムッラリ・デペ**も円塔を備えた城壁をめぐらし、村の中央には神社が1棟あった。

神社

配列は住宅に似ているが、その2倍の規模の神社風建物がジェイトゥンで発見された(B.C.5600頃、p.36F)。また**ペッセジク**にも類似の住宅と神社があり、ここでは床と壁は動物の彩色画と幾何学のモチーフで装飾されていた。

コペト山麓の丘陵地帯の**ヤサ・デペ**に、規模が大きくてもっと精巧な2室からなる神社(B.C.5000頃、p.36B)があった。前室は壁画で飾られ、儀式用の炉を1つ備えており、後室は側壁に面して木柱の列柱廊(コロネード)を備えていた。入口は祭壇の反対側にあり、褐色や赤色や白色の幾何学のモチーフの壁画で飾られていた。**ダシュリジ・デペ**の神社(B.C.5000頃、p.36D)も黒と赤に塗られていた。

メソポタミア

ティグリス川とユーフラテス川に挟まれた地域には、ハッスーナ、サマッラ、ハラフ、エリドゥ、ウバイドと続く一連の文化があったが、ウンム・ダバギーヤにはハッスーナよりもさらに古い住居址が発見された。ハッスナ期とサマッラ期の日干レンガ造の住居は、数室からなる長方形平面の大きな建物であった。ハラフ期の住居は再びトロス状のデザインに戻った。しかし南部の沖積層地帯にあるエリドゥ期とウバイド期の集落からは、典型的な住宅に関する具体的な証拠は出土していない。円筒印章にはその後の南メソポタミア集落址の特色である、葦でつくられた建物が刻まれている。これとは対照的に当時の宗教建築は、単純だが威厳のある日干レンガ造であった。ウバイド期の神社は、シュメール王朝の壮大な神社建築に直結する発展線上にある。

36 | エジプト、古代近東、アジア、ギリシア、ヘレニズム王国の建築

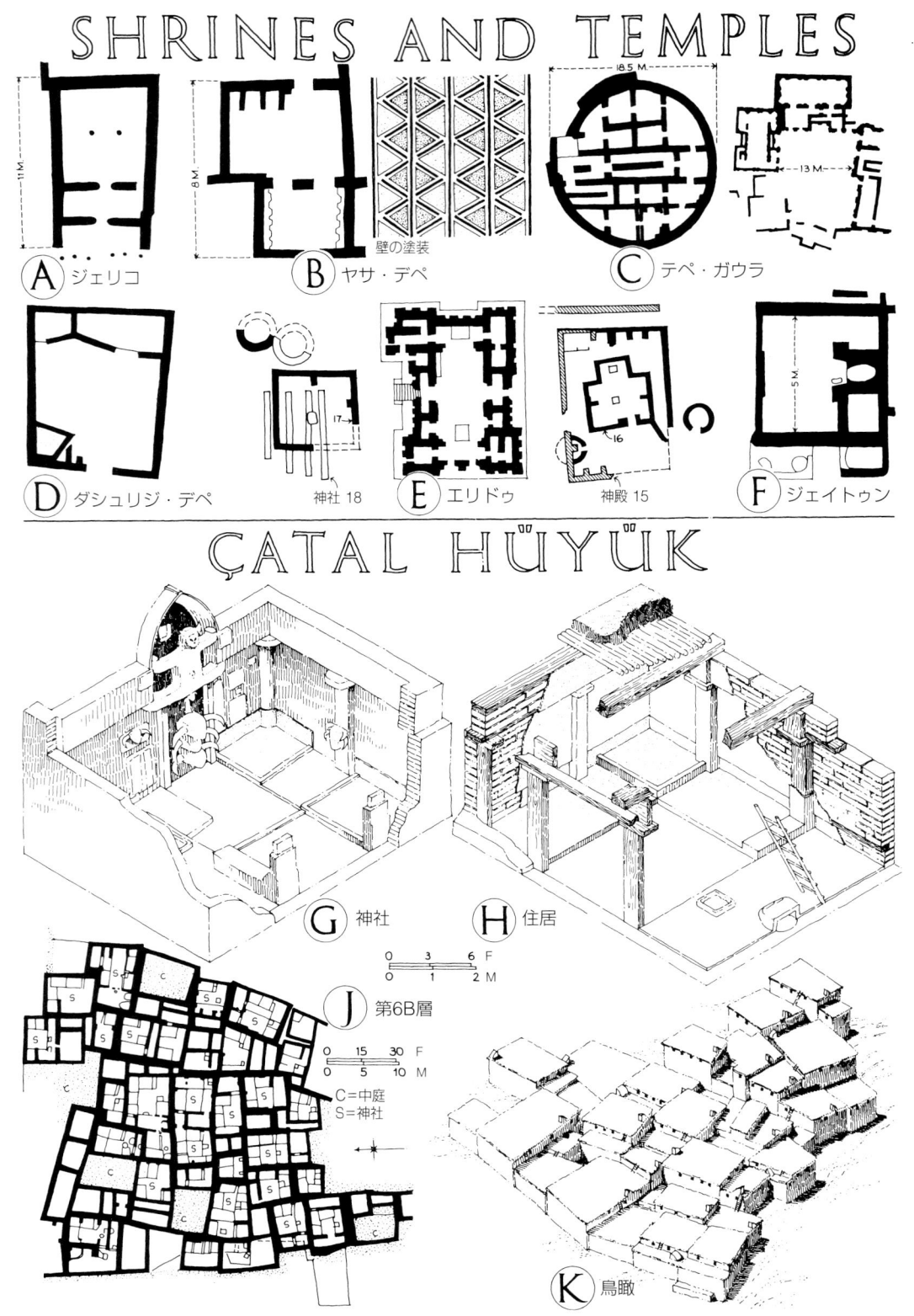

神社と神殿(上)。チャタル・ヒュユク(下)

住居建築

　ティグリス川西方の最古の文化(B.C.5500頃)が発見されたイラク北部平原の**ウンム・ダバギーヤ**には、高さ4m、幅100m、長さ85mの、前ハッスナ期の遺丘があった。ここでは楕円形平面の一時的な避難小屋と貯蔵用穴倉、タウフ造の住居、中庭をめぐって配置された住居と倉庫群、そして最後に屋根に出入口があり、内部は廊下で連絡される荒壁のままの小倉庫群というように居住形式は段階を追って発展している。ウンム・ダバギーヤ(p.32J)の居住建築は特によく整っていた。これらの住宅は南北に方位を合わせており、それぞれ独自の外壁を持つが、密集して建てられた。各住宅は居間と台所の他に、1.2-2m四方の部屋を1-2室備えており、タウフ造で、基礎は石造ではない。バットレスは屋内側に設けられており、屋根を出入口とする住宅もある。通常、部屋は横断方向に架けたアーチで2分されるが、これはこの構造形式を採用した最古のものの1つである。住宅の内部は漆喰塗りで赤色に塗装されており、白・赤・黄の塗料で描いた壁画は狩猟の場面を示していた。その後の段階で、倉庫はU字型の広い中庭を囲んでつくられた(p.32M)。建物は平屋建で、小枝と葦の下地の上に漆喰を塗って屋根とし、そこに揚げ蓋式の入口を設けた。建物が小規模なのは、この地方に木材がなかったためであろう。

　モスル西南の**テル・ハッスーナ**(B.C.5500-B.C.5000頃)では、多数の建築包含層を持つ幅200m、長さ150mの遺丘が発見された。その最下層から、直径2.5-6mの円形建物と10×2.5mの長方形平面の住居が同時に出土した(p.32L)。それより新しい層には、もっと大型で洗練された建物がいくつも出土した。それらは多数の部屋を備え、陸屋根を架けた中庭式平屋建て住宅で、石膏塗り仕上げの通路と中庭で互いに隔てられていた。

　シンジャールの**ヤーリム・テペ**もハッスーナ期の集落址で、約60-70戸の住宅で構成され、人口は約400人と推定された。日干レンガ造の住宅は同じ形と規模と性格の建築で、平行に配列されていた。

　ティグリス川東岸の**テル・エス・サワン**にあるサマッラ期の集落は、220×110mの規模である。紀元前5600年から紀元前5300年頃に遡るその最下層は、テル・エス・サワンが数百人の人口を持つ農村であったことを示している。ここでは同時代の他の村とは異なり、住宅の基礎は石造であった。規模は一様で、成形した日干レンガ造であった(p.32S)。壁と床は土塗りで、バットレスは屋外に突出して設けられ、葦と粘土でつくられた屋根を支える梁を支持する。この村は、その敷地である岩盤に切り込んでつくられた幅の広い堀をめぐらしていた。

　チョガ・マミ(B.C.5500頃)はバットレスを備える城壁で囲まれていた。その住宅は長方形で、多数の部屋を備えており、9×7mの建物に12室を詰め込んだ住宅もある。構造はテル・エス=サワンの住宅と変わらない。

　沈積土でできた低い丘上にあるユーフラテス川流域の**アル・ウバイド**(B.C.4500-B.C.4200頃)は、シュロの幹の間に吊り下げた葦の筵を下地とする土壁に陸屋根をのせた住居からなり、一部の住宅は曲げた葦の束でアーチ状の屋根を架ける。これらの住宅は近代のマーシュ・アラブ簡易宿泊所(ゲストハウス)を思わせるものであった。

神　殿

　テル・エス・サワン(B.C.5300頃)では、14室を持つT字型平面の大きな建物が、墓地のすぐ上の層から出土したが、ここではアラバスター製の偶像がいくつも部屋に納められていた。この建物はこの遺跡にあるその他の建物に類似するが、家庭用品はみられなかった。この建物は小さな神殿であったかもしれない。

　エリドゥ(B.C.5400頃、p.36E)は、南メソポタミア沖積土地帯で知られている最古の集落である。神殿は17棟が次々に古い神殿の上に建設されたので、後世の神殿はかなり高い敷地につくられることになった。最古の神殿は約3m四方の日干レンガ造の小さな建物で、礼拝用のニッチと中央供物台が1つずつ設けられていた。第15層の神殿は斜路を備えた約3.5×4.5mのほぼ正方形の建物で、入口と反対側の壁につくられたニッチに祭壇を置き、部屋の中央に供物台があった。第11層から第9層までの神殿は、中央の神室とその両脇にある翼室からなる3列構成に発展した。ウバイド期の遺構では、一連の小室を従えた玄関間をへて中央の神室に入る構成がみられ、さらに洗練された建物に発達している点が注目される。

　ウバイド期の**テペ・ガウラ**(B.C.3600頃、p.36C)にも、エリドゥに類似する一連の重要な神殿建築がある。また厚さ1m以上に及ぶ外壁の内側に17室を配置した、直径18mの円形建物が1棟出土した。その用途は不明だが、ウバイド期の祭りの儀式と共存した、この地方の伝統的な祭りの儀式に用いられたのかもしれない。この地方の儀式では大きな中庭をめぐって3棟の神殿が建てられ、中庭の残りの部分に面してその他のあまり重要でない建物がつくられた。東の神殿は最も古い。これらの神殿はエリドゥ第11-9層の神殿と同じ平面だが、儀式用設備を欠く。その後の神殿は長方形で、通常両側に2室を従えた開放的な玄関から入る。

エジプト

王朝時代以前のエジプトには住居址はごく少なく、墓廟と墓地が主な遺構である。脆くて弱い葦と木材でつくられた住居は、後期ゲルザ文化期に土でつくられた新しい住居に変わった。

住居建築

エル・バダリとヒエラコンポリスの住宅（B.C.3200頃）は、壁で囲まれた広い中庭に面する2室と、もっと大きい2m四方の数室の奥居間で構成された。後期ゲルザ文化期の陶製模型によれば、町家は編枝土塗（ワトル・アンド・ドーブ）構造の堅固な長方形の建物で、壁は下を厚く上を薄く造り、葺草に土を塗った屋根を架けていた。

葬祭建築

バダリの墓地には、いくつもの密集した集団の形で数百の墓がある。墓であることを表す上部構造は残っていないが、当初は石塚があったとされる。

ナカダにある古い墓はバダリのものに似ているが、それより新しいナカダ第Ⅱの墓はもっと堅固で、墓室の壁は細い丸太と筵で補強され、あるいは板で内装された。副葬品を収容するための小室をその上にのせた墓室もあった。いずれの形式の墓も、細い丸太と筵か板の上に土を塗った屋根を架けていた。これらの墓が、アビュドスの王墓やサッカラのマスタバで発見された板張仕上げの墓室の先駆であった。これらの墓のうちの1つは、20×20mの基礎の上に、石造で4層の段状ピラミッドの上部構造を設けていた。その石材は仕上げられておらず、石層は粗雑なつくりで、遺体と副葬品を納める竪穴は、ピラミッドの下の砂中に掘られた。

訳／飯田喜四郎

エジプト、古代近東、アジア、ギリシア、ヘレニズム王国の建築

第3章
エジプト

建築の特色

　ナイル川流域の原始時代の建築は、葦やパピルス（現在、実質上は絶滅している）やヤシの葉脈のような、手に入れやすく加工しやすい材料の上に粘土を塗ったものであった。これらの茎の束を隣接して垂直に立て、その上部に別の束を水平に緊結して壁や塀をつくった。あるいはヤシの葉脈を短い間隔で地面に立て、それに別の葉脈を斜めに横切らせて編み込み、これらの葉脈を上部の水平材に緊結してから、全体を土で塗り込めた。円形平面の建物は同じ構造でドーム状の屋根を架け、長方形の時はトンネル型の屋根か水平の屋根を架けた。葦と土でつくった平らな屋根の圧力によって、葦壁の上部に独特のエジプト「ゴージュ」コーニス（p.41J）が生まれた。また、後世の建築ではあまりみられない「ケケル」と呼ばれる軒飾りは、パピルスを束ねてつくった壁の頂部にあるパピルスの房（p.41B）から生まれたとされる。壁の上部を連結する水平の束と壁の角に取り付ける束は、歴史時代の石造建築のコーニスと壁の出隅の大玉縁にその名残をとどめた（p.41J）。
　「ヘプ・セド」と呼ばれる国王の王位更新祭との関係から、特別な宗教的意味を持つことになったキオスクがある。それはもともとはナイル川の船上でも陸上でも使われた、長方形平面で正面を開放した軽快な建物で、2本の細い隅柱で支持されるポーチを備えており、背面から正面に向かって弓形に曲がる板状の屋根が架けられていた。国王の治世が一定の年数を経過した時に行われる王位更新祭では、国王は正面階段で高い基壇を登り、その上に据えられたこのキオスクの下の玉座に着座した。
　かつて非常に豊富であった木材は、その縁を重ねながら厚板を交互に前後に配列する縦板張りとして、高級な建物に使われた。そうした建物は、幅の狭い壁で隔てられ、頂部を連結されたバットレスの複合体のようにみえた。狭い壁の上部に換気窓を設けることもあった。ヤシの幹は時には下側の表面を丸く仕上げて屋根に用いられた。
　王朝時代にはほとんどなくなっていた木材は別として、これら各種の構造は成熟した技術と建築に影響を与えており、完全に使われなくなることはなかった。
　荒石として使ったり厚い土壁の補強や基礎に使う以外に、石材は第3王朝まであまり使われなかった。切石が標準材料になったのは、最も立派な宗教建築だけであったが、日干レンガの壁体はいつの時代でも使用された。宮殿でさえ常に比較的脆くて弱いままであった。ナイル川の泥に切藁や砂を混ぜてつくり、太陽で十分に乾燥させた日干レンガは、非常に耐久力があり、その寸法はおおよそ、長さ356×幅178×厚さ102mmであった。壁体は安定のため、高くなるにつれて薄くつくられた。それは主として毎年の増水によって地盤が膨張、収縮を繰り返すからであった。内壁面は使いやすいよう垂直にしなければならないので、外壁面だけを建物の内側に向かって傾斜させたが、これはレンガ造か石造かを問わずエジプト建築の主な特色の1つになった。壁体、特に建物の角を補強するため、時には繊維か葦の筵を何層かごとにレンガ層の間に敷き込んだ。またその後、技術が発展して、中央のくぼんだレンガ層が使用されるようになった。長大な壁体をつくる時、それをいくつもの短い区画に分割し、その1つおきの区画を最初に建設した。厚さが9mから24.5mもある大神殿の周壁のような壁体は、この方法で内部のレンガを乾燥させたのである。
　エジプト人は、本当のアーチを石造の大建造物に採用したことはなかったが、その原理をごく早くから理解しており、レンガ造のヴォールトはすでに第3王朝の初期にみられる。センタリングすなわち一時的支持材を用いないですむよう、隣接するアーチとの間の目

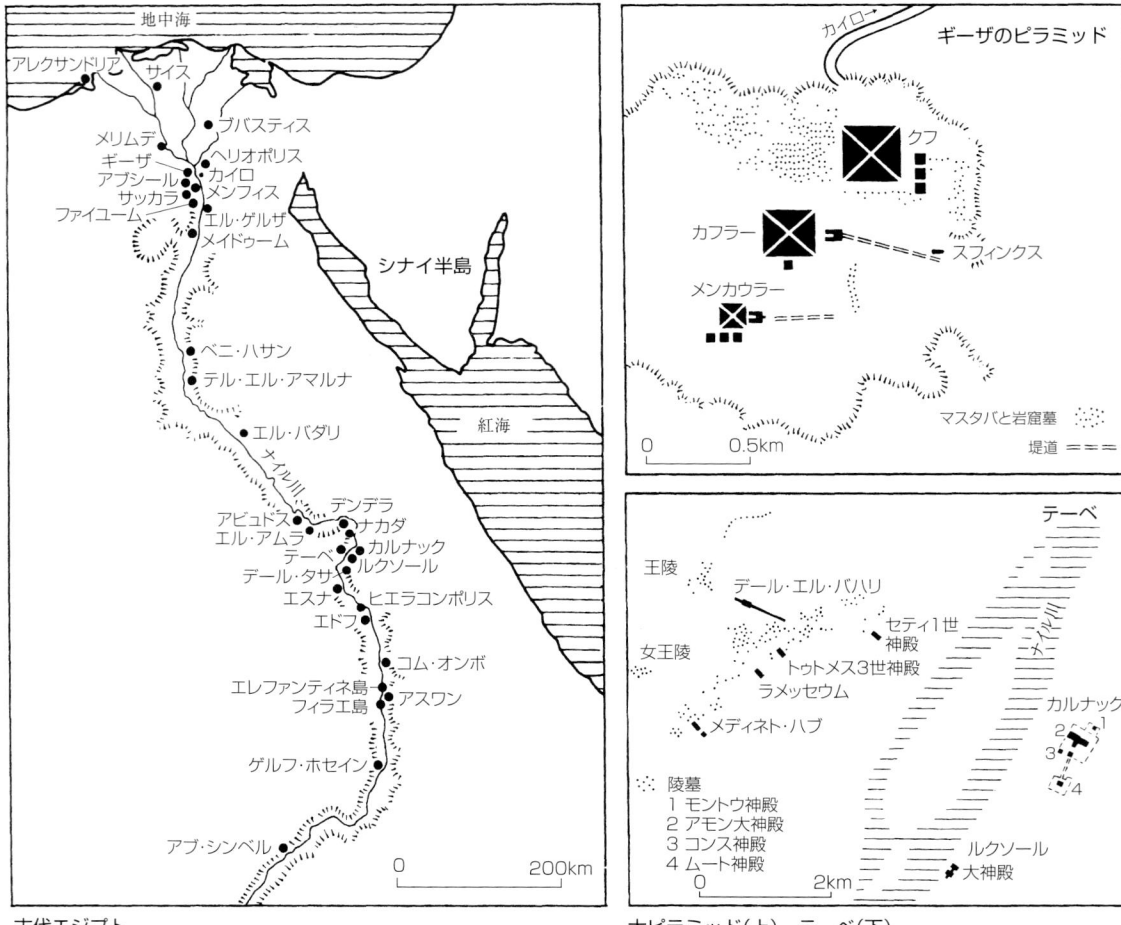

古代エジプト　　　　　　　　　　　大ピラミッド(上)、テーベ(下)

地はしばしば傾けてつくった。また通常、アーチは同心のものを2つかそれ以上重ねてつくられた。ローマ人はこの重層アーチの手法を採用したが、隣接するアーチとの目地を傾斜させず、一般にセンタリングを用いてアーチをつくった。

　組積造の壁の表面装飾は、初期の土塗壁の表面を引っかいて絵を描いた習慣から派生したとされる。明らかに土塗壁は突出する立体的な装飾に向かないが、その平らで窓のない壁面は特に彫込浮彫や説明用の神聖文字(ヒエログリフ)の彫込に適していた(p.42-43)。これは民衆を教育する1つの方法で、中世の大聖堂の彫刻で飾ったファサードやステンド・グラス窓はその類例である。

　エジプトの柱(p.41)は明瞭な特色を持っており、大部分はその植物起源を歴然と示している。すなわち柱身は下部を絞り込んだ植物の茎の束を、柱頭は明らかにハスの蕾(p.41G)やパピルスの花(p.41C)や、どこにでもみられるヤシを起源とする。

　エジプトの記念建築物は本質的に柱梁式(はしら・はりしき)で、それは主としてピラミッドやその他の墓廟および神殿に認められる。それに反して時代的に最もエジプトに近い近東では墓廟はとるに足らず、広大な宮殿が神殿に比肩する重要な建築である。エジプトの神殿(p.55)は獅子の躯体に男性かタカか雄羊か女性の頭をのせた不思議な怪獣スフィンクスを両側に配置した印象的な参道を備える。神殿はそのいくつものどっしりしたパイロン(塔門)と大きな中庭、複数の多柱室と聖所と暗くて人目につかない部屋に特色がある。というのは、一般にエジプトの神殿は強力な聖職者階級の増大する要求に応じるため、あるいは歴代国王の敬虔な意図を満足させるために増築され、建て替えられて大きくなったからである。ギリシアの神殿はそれぞれが1つの均質な全体として計画され、その構成部分は全て全体のデザインにとって不可欠である。それに対してエジプトの大神殿のうちのいくつかは、壮大なパイロンの背後に、高さが順次低くなる建物を次々に並べたにすぎないものだった(p.55E)。

　エジプト建築は伝統を固守しており、工法や材料が変わっても、長い伝統により神聖視された古い形態を

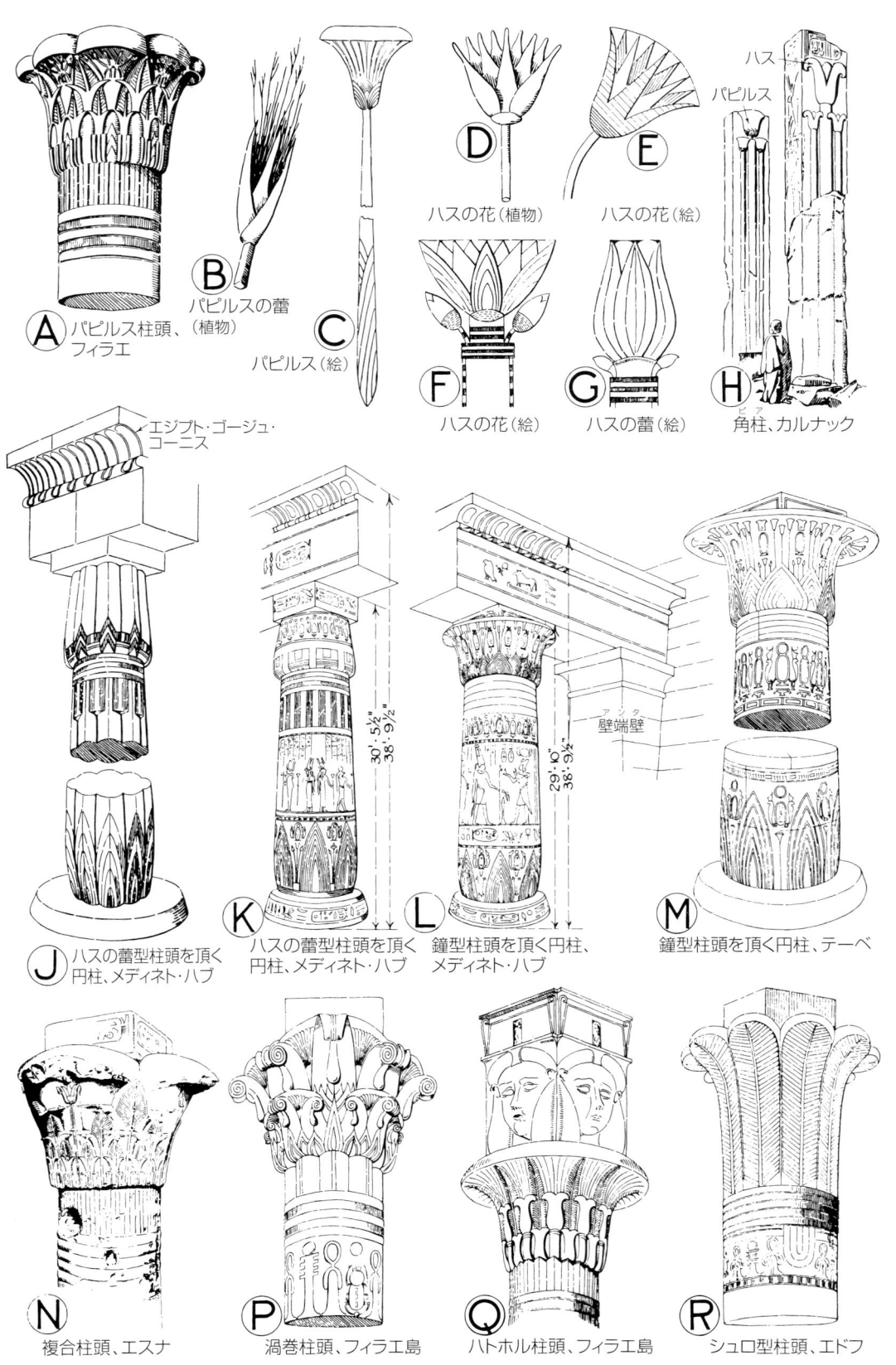

エジプトの円柱と柱頭

42 | エジプト、古代近東、アジア、ギリシア、ヘレニズム王国の建築

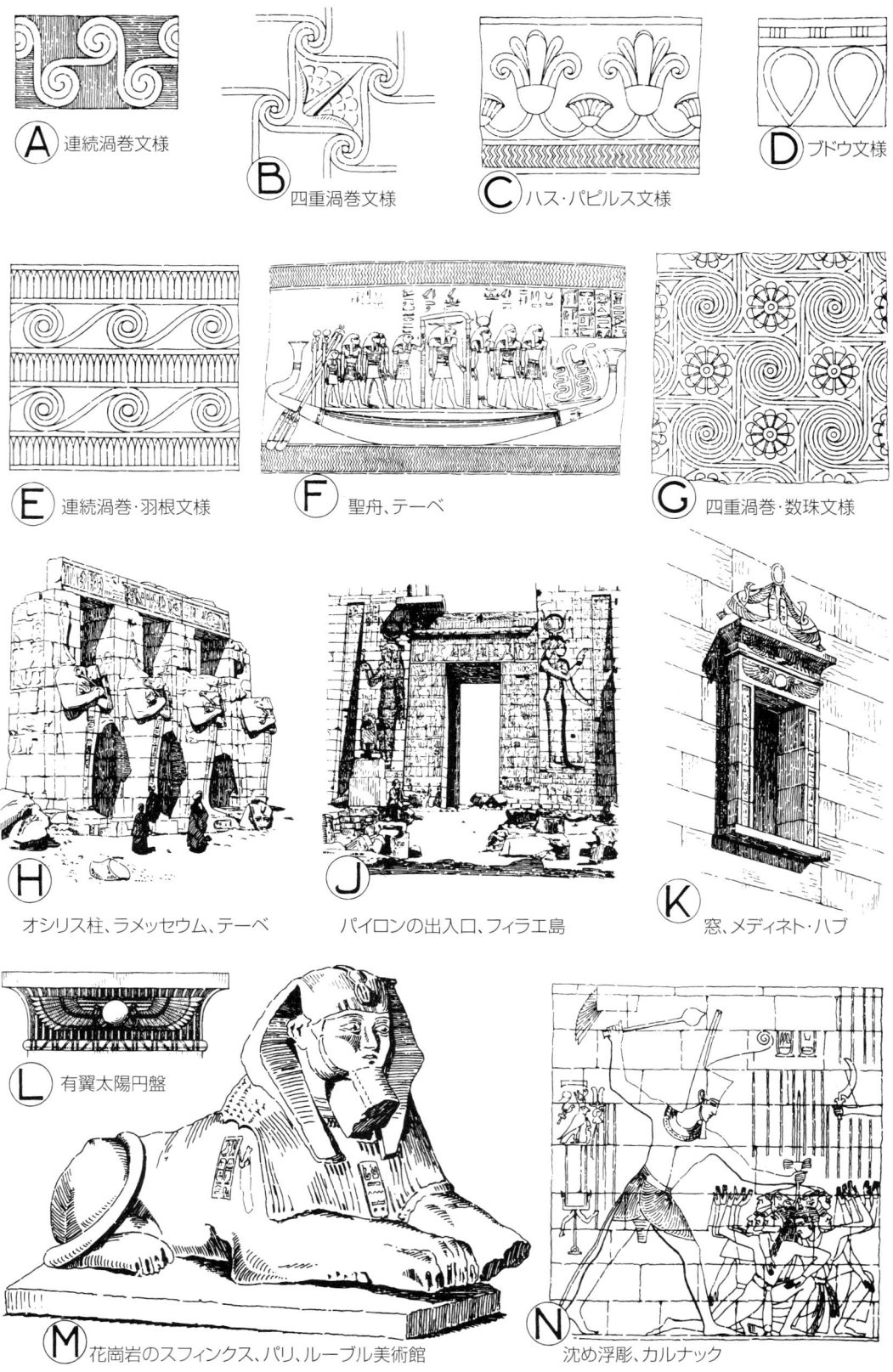

Ⓐ 連続渦巻文様
Ⓑ 四重渦巻文様
Ⓒ ハス・パピルス文様
Ⓓ ブドウ文様
Ⓔ 連続渦巻・羽根文様
Ⓕ 聖舟、テーベ
Ⓖ 四重渦巻・数珠文様
Ⓗ オシリス柱、ラメッセウム、テーベ
Ⓙ パイロンの出入口、フィラエ島
Ⓚ 窓、メディネト・ハブ
Ⓛ 有翼太陽円盤
Ⓜ 花崗岩のスフィンクス、パリ、ルーブル美術館
Ⓝ 沈め浮彫、カルナック

壁面の装飾

A ハトシェプスト女王葬祭神殿の壁面彫刻、デール・エル・バハリ（B.C.1520頃）　p.58 参照

B セティ1世葬祭神殿の彫刻壁面、アビュドス（B.C.1312頃）　p.62 参照

踏襲した。荘重さと暗さと永続性をねらったこの建築の意図を暗示するその驚くべき堅牢さは感動的だが、この印象はいわれのないものではない。というのは、ピラミッドは無限の来世に移った国王の霊魂が再び戻ってくるまで、そのミイラを保存するためだけではなく、死せる国王を祭るセンター、すなわち広大な建造物複合体を支配する中心要素になることを目的としていたからである。

実　例

墓廟建築

　墳墓にはマスタバと王家のピラミッドと岩窟墓の3つの主な型がある。

マスタバ

　古代のエジプト人は来世の存在を確信していたので、人々はその資力に応じて堅固な墓をつくって遺体を保全し、死者が来世の生活を永遠に営むのに必要な最良の調度品を死者とともに埋葬することに全力をあげた。新王国になるまで防腐処置は完全には発達しないが、すでに第2王朝時代に、遺体の保全を助けるため、手足を亜麻の包帯で包んだ。第1-第2王朝の古拙期には、国王や指導者は一般に、初代国王メネスによって統合された2つの王国、すなわち上エジプトと下エジプトにそれぞれ1つずつ墓をつくった。もちろんそのうちの1つが本当の埋葬墓で、他の1つは空墓であった。前者は首都メンフィスを見下ろすサッカラに、後者ははるか南のアビュドスにつくられた。第1王朝末期までこれらの王墓は、国王に随従するためにいけにえにされた家臣たちの墓で囲まれていたが、エジプト本土ではこの習慣はまもなく廃れた。

　第1王朝までの精巧な墓は、いくつもの小部屋を持つ邸宅の平面に倣っており、中央に石棺を安置した墓室を設け、大量の供物を収容する部屋をその周囲に配置した(p.46A)。全体は地表に掘った大きな竪穴の中につくられた。屋根は木造で、木柱や粗製日干レンガ造の柱で支えられた。墓の外周にレンガ造の厚い擁壁をつくり、その内側に掘削土を詰めて、上部の平らな長方形の塚を築いた。擁壁の表面はバットレスのような突出部と幅の狭いへこんだ部分とを交互に配置したいわゆる「宮殿型ファサード」か、約75°傾斜した平らな面につくられた。「宮殿型ファサード」のデザインは、たぶん木造縦板張から考え出されたものと思われる。しかし当時形成期であったエジプト文明に対するメソポタミアの影響は、かなり以前から認められており、ウルク期とジェムデド・ナスル期の日干レンガ造建築もその起源であった。このファサードの腰壁に塗料の飛沫が残る事実や後世の木棺の装飾からみて、これらのファサードはしばしば鮮やかな色彩に塗りあげられていた。この形式の墓は現代のエジプト住宅の屋外につくられる低いベンチに似ているので、マスタバと呼ばれる[訳註：マスタバはアラビア語でベンチの意]。マスタバはそれに接近して周壁がめぐらされていた。その後のマスタバのデザインの変化を要約すれば、第1王朝の墓のように上部構造の中に諸室を巧みに配置する方法を放棄し、死者の遺体と副葬品をもっと確実に保存するため、岩盤をさらに深く掘ることに努力したといえよう。

　第2王朝と第3王朝の典型的な墓は「階段通路型」マスタバで、地下の岩盤をそれまでよりもずっと深く掘って墓室と付属倉庫を配置した(p.46B)。通常、墓は南北を主軸とする。階段と斜路はマスタバの上面の北端から始まり、墓室のレベルに達する竪坑に接続する。埋葬がすむと、石製の厚い落し戸を天井の戸袋溝からおろして通路を遮断し、入口を埋め戻して墓室への通路の痕跡を全て抹消した。木造縦板張を模倣した仕上げは放棄され、傾斜した平らな壁面が好まれた。長辺側の東壁面すなわちナイル川に面する壁面には、十分な間隔をおいて2つのくぼみが設けられた。南のくぼみは被葬者の霊が自由に出入りできる偽扉(p.46E)で、新鮮な食物を毎日供えるための供物台がその前に置かれた。

　第4王朝の頃、小さな供養堂がマスタバに増築されたり、マスタバの内部に供養堂がつくられたのは、この偽扉があった場所である(p.46C)。墓室はさらに地中深くにつくられ、マスタバ上面の北側に設けられた竪坑の底から始まる短い水平通路で連絡された。ギーザにはこの竪坑型マスタバが多数現存する(p.46D)。この頃までに大部分のマスタバは石灰岩で建設されたが、それ以前は、最も立派なレンガ造マスタバでさえ、床や壁面の仕上げに石灰岩をわずかしか使わなかった。第5王朝と第6王朝の供養室や供養堂はますます精巧になった(p.46F, G)。最も豪華なものは、独立柱のある広間を含む一群の部屋をマスタバ内部かそれに接してつくり、被葬者の日常生活を物語る鮮やかに彩色した浮彫で壁面を仕上げた。これらの部屋のうちで重要なものは「セルダーブ」で、時には1室以上つくられた。これは被葬者の彫像を安置する密室で、彫像の頭部の高さの壁にあけた細い竪窓以外に開口はない。供養室には被葬者の名と葬送文と、毎日供えるべき供物が供えられない時のために、浮彫の供物を刻んだ「石碑」が

建てられ、その足もとに供物台が置かれた。

　ベイト・カッラーフのK.1マスタバ(p.46B)。これは日干レンガ造の大規模な「階段通路」墓で、第3王朝の典型的作品である。5枚の落し戸に守られた階段と斜路を通って、岩盤中につくられた石張仕上げの墓室にいたるが、それを囲んで供物倉庫群が設けられている。地上にあるマスタバは無装飾で、中空部分はほとんどない。

　ギーザのマスタバ。これは大部分が第4-第5王朝のマスタバで、その数は200-300基にのぼり、有名なピラミッドに隣接して整然と配列されている(p.46C, D, p.51A)。第4王朝のマスタバは、一方では供養堂の発達(p.46C)を、他方では深い地下墓室と外壁が傾斜した上部構造からなる典型的な竪坑型マスタバ(p.46D)を例示する。後者の上部構造の東壁面には広い間隔を隔てて2つのくぼみがあり、南側のものが偽扉(にせとびら)(p.46E)で、供物はここに供えられた。

　サッカラ、ティのマスタバ(p.46G)。これは第5王朝の高官の極めて洗練されたマスタバである。マスタバの東壁面の北端に柱廊をめぐらした中庭があり、北側の玄関から中庭に入るが、この玄関の横にはセルダーブがある。中庭から出る1本の通路が、マスタバ内部につくられた小部屋と2本の独立柱を持つ供養室に通じる。供養室はその西壁に2基の石碑と1脚の供物台を備える。供養室の南側には第2のセルダーブがあり、そこに安置されたティの3体の彫像と向かい合う壁面には、3本の細長い竪窓が開けられている。このマスタバの薄肉彫は、エジプトで最も美しい重要な作品の1つである(p.46F)。本当の墓室はマスタバの南端、供養室の西側の地下深くにあり、マスタバを斜めに横切って墓室にいたる階段は、中庭の中央を起点とする。

王家のピラミッド

　第3王朝から第6王朝までの大ピラミッドは、デルタ地帯の頂点から南へ約80kmにわたるナイル川西岸の、耕地から離れた岩盤上に散在する。初期の王墓はマスタバで、ピラミッドはそれから発展した。サッカラにある第3王朝初期の国王ジェセルの「階段状」ピラミッドは、この発展の最も重要な段階を示す(p.47-48)。メイドゥームのピラミッドと第4王朝の初代国王スネフルがダハシュールに建造させた、いわゆる「屈折」ピラミッドを含む2基のピラミッドは、その次の発展段階を示している。最も美しい真正ピラミッドは、スネフルの後継者たちがギーザにつくった第4王朝の有名な大ピラミッドである。

　ピラミッドは、孤立した建造物ではなく、一群の建造物(ピラミッド複合体)の中心をなすものであった。ピラミッドは周壁に囲まれており、時には北側のこともあるが、通常はピラミッドの東側に寄せかけて、石碑を備えた供養堂がつくられた。これは死んで神として祭られた国王を崇拝する葬祭神殿で、ジェセルのピラミッド複合体では北側だが、通常、東側に周壁から突出してつくられる。耕地の西端で神殿に最も近い場所に、遺体の防腐処置と埋葬儀式を行うための「流域建物」がつくられ、この建物と葬祭神殿との間は、堤道の上につくられた側壁を備える有蓋廊下で連結される。流域建物とナイル川との間には運河がつくられ、荘厳な葬送行列はこれを経由して流域建物に到着した。

　ピラミッドは国王の生前に膨大な労力と材料を用いて建設された。死によって肉体から分離した魂は再び肉体に戻ると信じられていたので、ピラミッドは肉体をそのときまで確実に保全するための建造物であった。墓室とその被葬物と墓室への通路を隠すため、あらゆる努力が払われたが、どれも効果のないことが明らかになった。まず第6王朝の後の混乱期、次にペルシアやローマ、アラブの支配時代に墓室は次々に荒らされてしまった。ピラミッドは天然の岩盤を削平し、現地で切り出した石灰岩をその上に積み上げて建造され、ナイル川対(東)岸のトゥーラで産出する、きめの細かい石灰岩で外装された。各種の部屋や通路の仕上げ材として部分的に用いられた花崗岩は、上流のアスワンから取り寄せられた。これらの墓室と通路はピラミッドの下の岩盤かピラミッドの内部につくられ、その入口は通常、ピラミッドの北側に設けられた。ピラミッドの四辺は基本方位になるよう綿密に計画された。

　現在知られているピラミッドは全て、急傾斜したピラミッド状のコアの周囲に、それと平行な傾斜層を次々に重ねてつくられたので、全体はまず階段状になる。そして真正ピラミッド型の場合は、段の部分に石材を詰め、美しい外装材で予定の傾斜角を持つ最終的な形に仕上げられた。それでも内部の石層は全て1段ずつ、ほぼ同時に積まれたので、建設中のピラミッドの上面はいつもおおむね水平であった。ピラミッド表面の最後の丁寧な仕上げは、頂点から底辺に向かって進められ、頂点の石材はたぶん金箔で覆われた。

　エジプト人は滑車を知らなかったので、主として「てこ」で石材を持ち上げたり、回転させた。地上での運搬には木製のそりを使ったが、そりの前に「ころ」を順に落とし込み、後ろで拾い上げる方法を併用することもあった。ピラミッド建設用の石材は、砂や土でつくられ、日干レンガ造の壁体で補強された上幅の広い斜路で引き上げられたが、これらの斜路は最も都合のよいピラミッドの側面に直角に建設された。

　サッカラ、ジェセル王の階段状ピラミッド(第3王朝

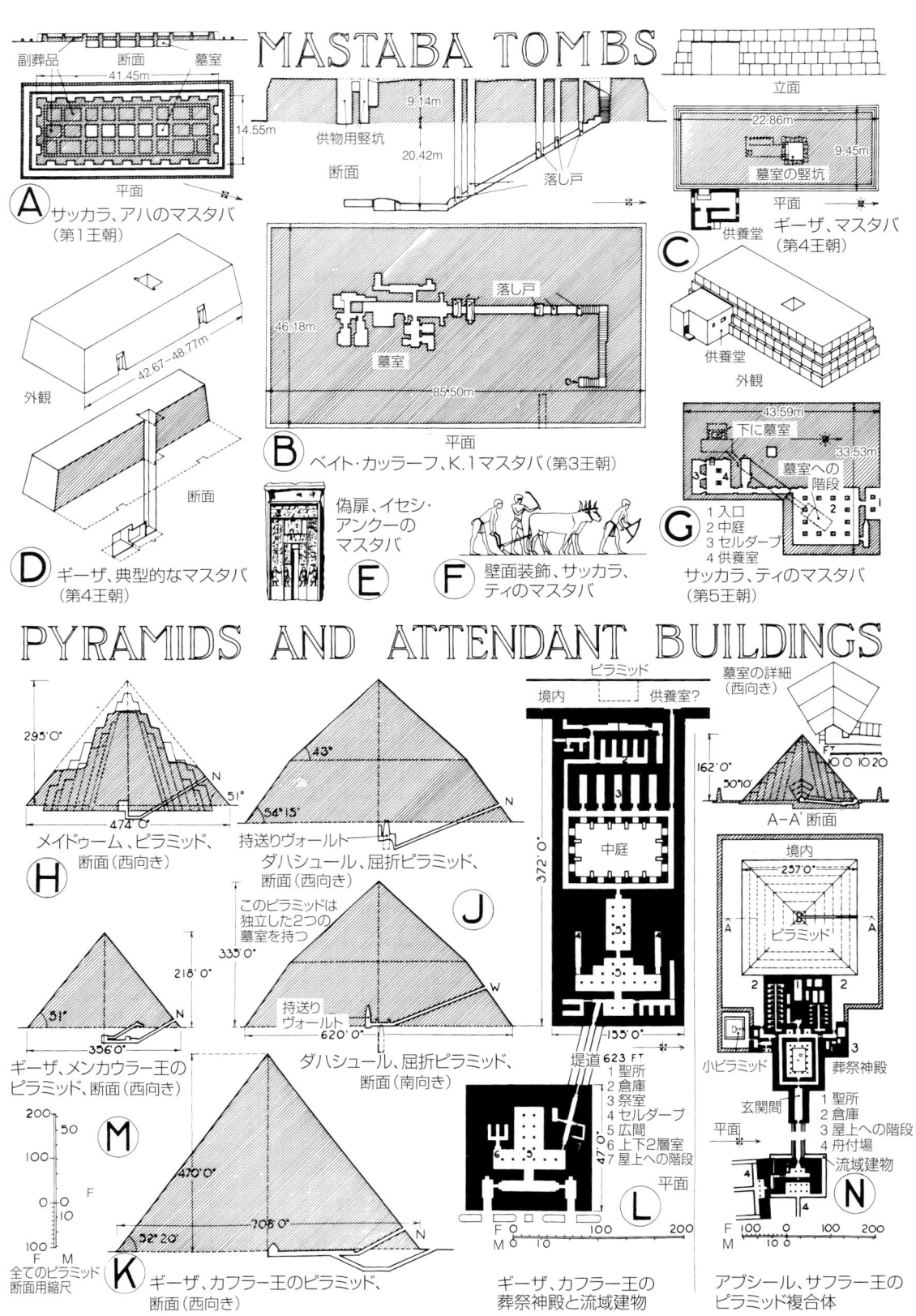

マスタバ(上)。ピラミッドと付属建物(下)

第3章　エジプト　47

A　増水時のナイル川からみたピラミッドと周壁（復元）

B　ピラミッドと周壁（復元）の鳥瞰

C　行列用廊下（復元）

D　大中庭の入隅部

ジェセル王の階段状ピラミッド、サッカラ（B.C.2778）　p.45 参照

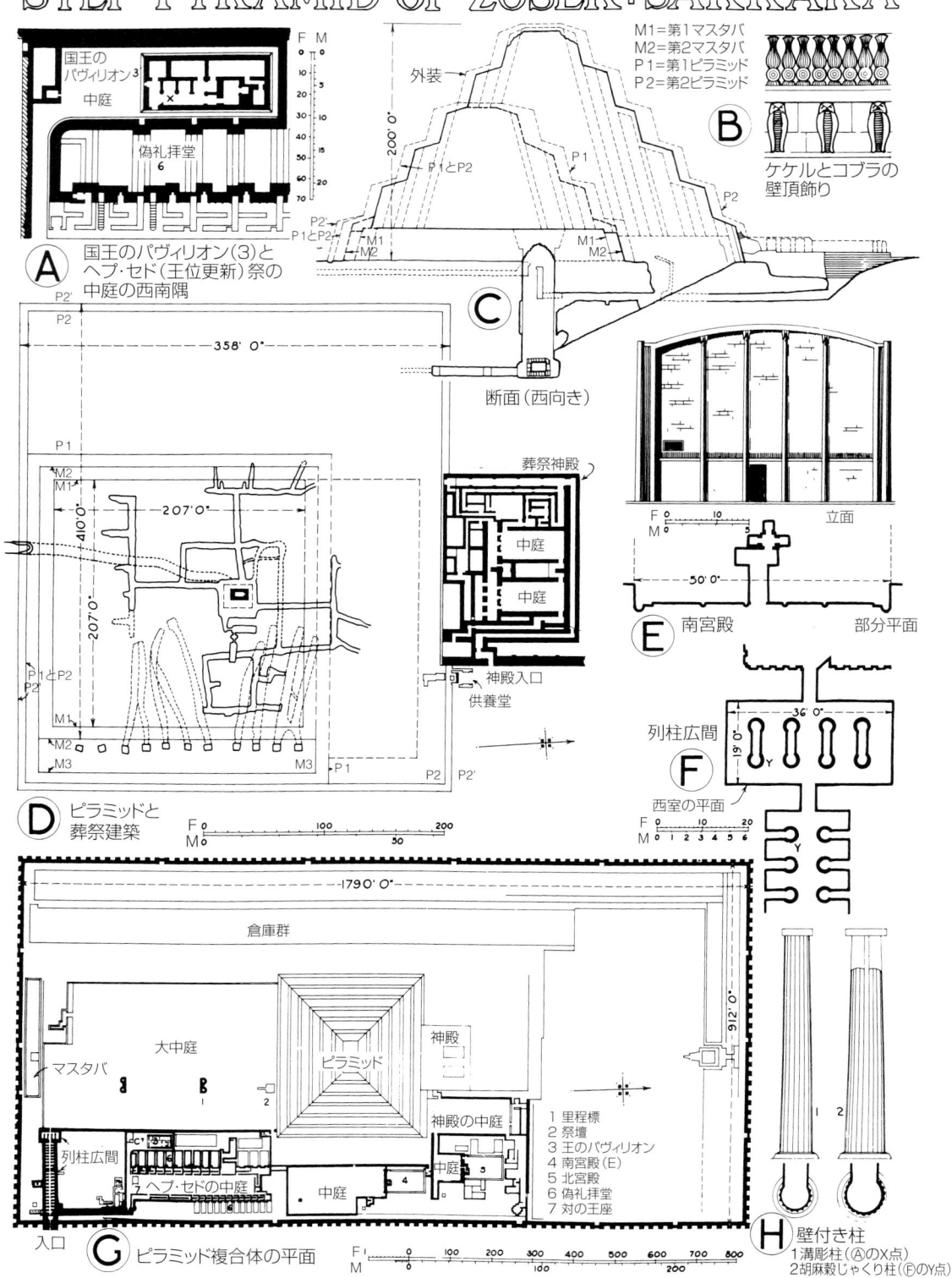

ジェセル王の階段状のピラミッド、サッカラ

初期、B.C.2778、p.47-48)。これは世界最古の石造大建造物として注目される。ジェセル王の建築家イムホテプは、当時もその後の時代にも非常に尊崇され、第26王朝時代には神格化された。

ピラミッド自体は建設中に5回も設計変更されている。最初は高さ7.9 m、1辺63 mの正方形という変わった平面のマスタバとして着工された。次にまず四方へ4.3 mずつ拡大し、続いて東側へ8.5 m拡張した。この段階でマスタバは、急傾斜した側面を持つコアに平行な層で構成される4段ピラミッドの第1段に利用された。それと同時に再び拡張され、約83×75 mの長方形平面になった。さらに北側と西側に大拡張し、ついで四方をわずかに拡大して、最終規模は東西125 m、幅109 m、頂部に2段を加えて合計6段、高さ60 mになった。

通常、上部構造に着手する前に地下の墓室を建設するが、上部構造を次々に拡張したので、墓室も2段階でつくられた。1辺7.3 m、深さ8.5 mの竪坑が最初のマスタバの墓室で、マスタバの北側で露天の斜路に通じる水平のトンネルにより連絡されていた。マスタバからピラミッドに発展した段階で、この竪坑は28 mの深さに掘り下げられ、その底にアスワン産花崗岩の墓室が設けられた。墓室の上には埋葬が完了した時、墓室天井にある穴をふさぐ花崗岩製の栓を収容する石灰岩造の部屋が設けられた。

墓室へのトンネルも延長され、竪坑の底から約21.5 mの高さのところで竪坑に通じる斜路に改造された。竪坑の底から東西南北に不規則に伸びる4本の廊下は、ピラミッドの四辺にほぼ平行に走るギャラリーに通じており、このギャラリーからはさらに支線のギャラリーが出ている。この主要な地下組織とは別に、最初のマスタバの東辺に沿って、それぞれ独立した深さ32 mの11本の竪坑がある。これは王族の墓で、その入口はマスタバの第3次拡張工事によってふさがれてしまった。

ピラミッドを囲む南北547 m、幅278 mの長方形の敷地をめぐって、高さ10.7 mのトゥーラ産石灰岩造の厚い周壁があり、その壁面は初期のマスタバのように凸凹につくられている。この周壁には14の門があり、それぞれ石造の偽扉を備えていた。周壁に開かれた唯一の入口は、東壁南端付近にある、他よりも幅の広い門であった。小さい供養堂(石碑と供物台とジェセル王の彫像1体を備えていた)と、2つの中庭と迷路のような廊下と多数の部屋からなる、かなり発達した葬祭神殿があることからみて、周壁内の建物は初期の発展段階のマスタバと関係があることを示している。しかしこの供養堂と葬祭神殿は、通常のようにピラミッドの東側ではなく北側にある。その他の建物は全てこの

第3章 エジプト | 49

ピラミッド複合体だけにみられる全く例外的なもので、それらはジェセル王の王宮と王位更新祭の時に使われた建物群の代替建物である。したがってその大部分は内部空間がないか、ほとんどなく、トゥーラ産石灰岩でつくった外壁の裏に土や石屑を詰めた模造建物で、中庭の周囲に集められている。

周壁の入口を通ると胡麻殻じゃくりのある円柱——この型の円柱はここ以外にはみられない——が立ち並ぶ行列用廊下に入る。これらの円柱はアーキトレーヴと、細長い石材でつくられ、下面を丸太のように成形された屋根とを支持する(p.47C)。廊下の出口には胡麻殻じゃくりの円柱2本を連結した柱を列柱とする広間があり、そこを抜けると国王の儀式に用いられた2つの低いB字型の台座と、ピラミッドの南面近くに設けられた祭壇のある大中庭(p.47D)に出る。大中庭の南辺に沿ってマスタバが設けられているが、珍しいことに東西方向を主軸とする。

周壁の入口のすぐ内側にある狭い廊下は、曲がりくねって北に延び、王位更新祭の主会場であるヘプ・セドの中庭にいたる。この中庭にはそれぞれ小さな前庭を持つ模造の小神殿が立ち並ぶが、西側の小神殿は上エジプトの「州(ノモス)」、東側のそれは下エジプトの州を表す。ほぼ内部空間のないこれらの建物は、それよりも北にあってそれぞれ専用の中庭に南面する、同じく内部空間のない規模の異なる2つの大広間と同様に、弓形の曲面屋根を架ける。これらの大広間は上下2つの王国を象徴したものかもしれない。小神殿や大広間のファサードは全て3本の細い半円柱を備えていた。いわゆる「国王のパヴィリオン」はヘプ・セドの中庭に近い西側にあり、ここには溝彫された3本の半円柱がみられる。

全体としてジェセル王の複合体は、その石造技術と独立円柱が全くない点と、石梁のスパンが小さい点からみて、石材が当時の新しい建築材料であったことを示している。その建築形態は葦や木材や日干レンガを用いた初期の建築から派生したことを明らかに示している。

メイドゥームのピラミッド(p.46H)は、第3王朝の最後の国王フニのものとされる。たまたま真正ピラミッドとして完成されたが、ある時期には、75°の傾斜面を持つコアに6枚の厚い石層を重ね、トゥーラ産の石灰岩で外装した7段の階段状ピラミッドであった。その後さらに四方に新しい1層を加えて8段とし、見えがかりだけを仕上げたトゥーラ産石灰岩で再び外装した。このように7段のものも8段のものも、当時は完成したピラミッドとみなされた。しかし、さらに発展して階段部分は充填され、表面は美しいトゥーラ産石

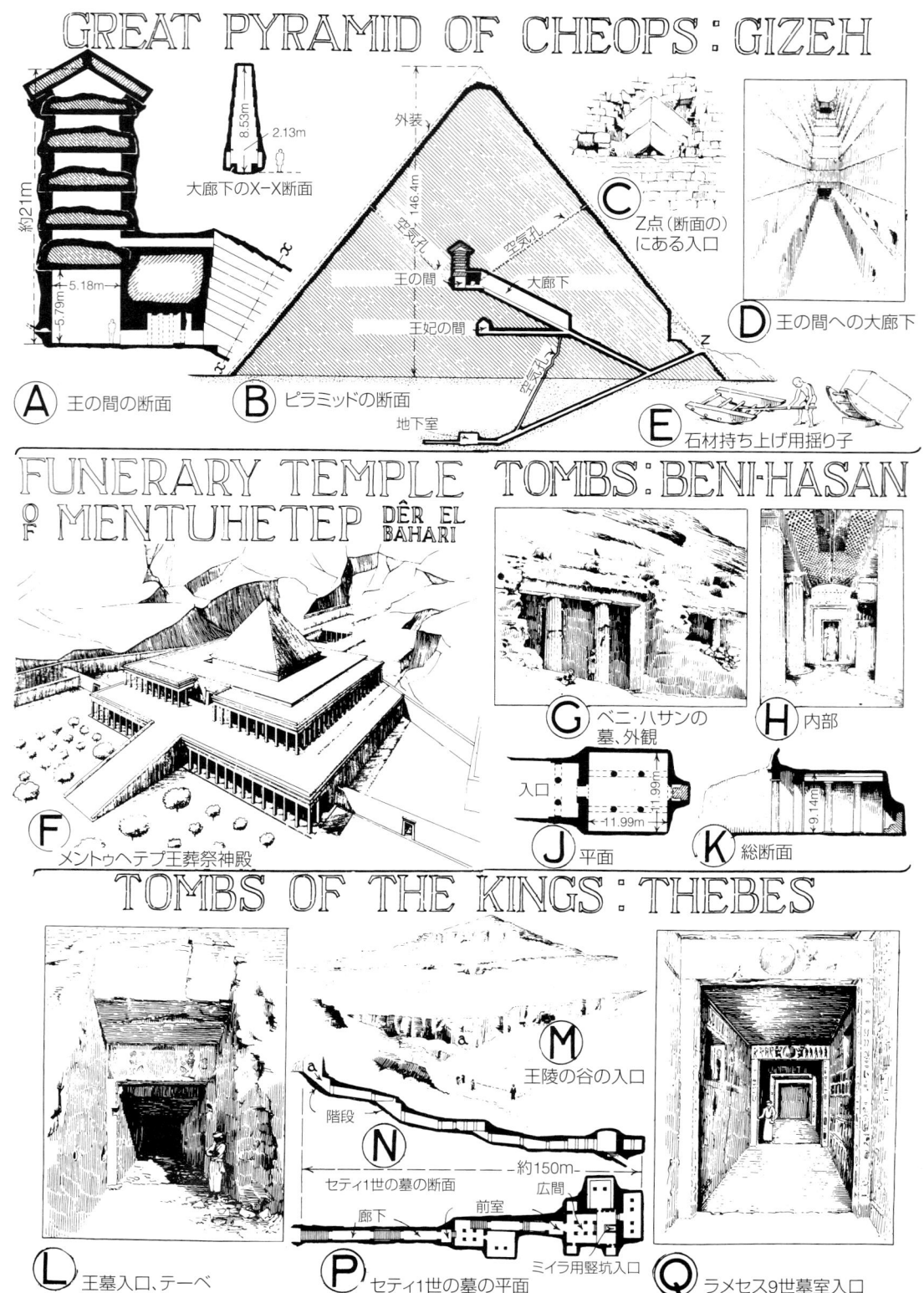

クフ王の大ピラミッド、ギーザ（上）。メントゥヘテプ王の葬祭神殿、デール・エル・バハリ（中左）。ベニ・ハサンの墓（中右）。国王の墓、テーベ（下）

第 3 章　エジプト　51

A　ギーザのピラミッド、東南からの航空写真。左からメンカウラー王、カフラー王、クフ王のピラミッド。中景はカフラー王の流域建物と大スフィンクス（B.C.2723-B.C.2563 頃）　p.52-53 参照

B　ベニ・ハサンの墓（B.C.2130-B.C.1785）　p.54 参照

灰岩の切石で滑らかに仕上げられた。最後に完成された傾斜角51°、高さ90 m、底面144.5 m四方の真正ピラミッドは、その下部は残っているが、上部は外装を失って、肩をいからせた塔状の建造物になった。

単純な持送り構造の屋根を架けた墓室は、ピラミッドの中央に地表の高さにつくられた。ピラミッドを囲んで南北233 m、東西209 mの石造の周壁があり、周壁内には南側に小ピラミッド、北側にマスタバ各1基があった。ピラミッドの東側中央には、それぞれ1本の石碑を両側に従えた供物台を小さな中庭に配置した小供養堂があった。葬祭神殿はないが、その東壁から始まる堤道が、現在は水没している流域建物に通じていた。

ダハシュールにある**スネフル王の屈折ピラミッド**または**南ピラミッド**（B.C.2723、p.46J）。このピラミッドの第1の特色は側面の傾斜角が下部では54°15′、完成を急いだ上部では43°に変わる点である。第2の特色は2つの全く独立した墓室を持つ点で、一方の墓室は北側から、他方は西側から連絡される。傾斜角の変更は墓室と通路の壁が亀裂を起こし始めたので、上からの荷重を減らすためであった。平面は187 m四方、高さは約102 mで、付近で切り出した石材でつくり、トゥーラ産石灰岩で仕上げたもので、保存状態はよい。墓室は四方から1層ごとに迫り出す構造の天井を架ける。低い方の墓室の天井は床から約24 mの高さで完結しており、この高さでのスパンは305 mmである。このピラミッドやメイドゥームで示したような持送り積みは、石造天井をつくるための最古の実験的手法の1つである。このピラミッドには長方形の二重周壁と、ピラミッドの東側に各1棟の供養堂と葬祭神殿および流域建物にいたる堤道があった。これらの建造物はたぶんピラミッドの標準的な補足施設とその配列を示す最初の例である。

ダハシュール、スネフル王の北ピラミッド。これは屈折ピラミッドの放棄後につくられたスネフル王の実際の埋葬墓で、近くに王族や儀式を執行する祭司たちの墓がある。このピラミッドは真正ピラミッドとして設計され、完成された最古のものである。しかしながらその側面の傾斜面は通常の52°前後ではなく、わずか43°36′で、屈折ピラミッドの上部の傾斜角に極めて近い。その他の点では、このピラミッドは標準的なものである。

カイロ近郊、クフ王の大ピラミッド（p.50A–E、p.51A）。クフはスネフル王の子で、第4王朝の第2代国王であった。この地にある3つのピラミッドのうちで最大の彼のピラミッドは、当初は1辺が230.6 mの正方形平面（すなわち底面積はローマのサン・ピエトロ大聖堂の2倍以上の約53,000 m²）、高さは146.4 mであった。その4辺は、わずかな例外はあるが、全ての時代のピラミッドと同様に基本方位をとる。側面はほぼ正三角形で、地表に対して51°52′傾斜する。

建設工事中の計画変更により、内部にそれぞれ孤立した3室がある。地下室といわゆる「王妃の間」は廃案となり、花崗岩の石棺を安置した「王の間」に取って代わられた。入口はピラミッド北面の地上から17 mの高さで、中点から7.3 m外れた位置にあり、約26°傾斜した下降路が岩盤中につくられた地下室に通じる。この最初の計画は変更され、入口から18.3 mのところで下降路の天井に、地表から約21 mの高さに達する上昇路が掘られ、その高さに王妃の間がつくられた。しかし、それが完成する前に、王妃の間への通路は閉鎖され、上昇路は拡大されて現在の大廊下（p.50D）になった。

大廊下は幅2.1 m、高さ2.3 mの通路で、持送り構造の天井を架ける。それは両側から石層を順次持ち出し、スパンが1.1 mになる床から8.5 mの高さのところで板石を架け渡した天井である。大廊下を上りきると、南北5.2 m、長さ10.5 m、高さ5.8 mの王の間で、前室と同様に花崗岩で仕上げられている。前室には埋葬後の墓室を密閉するため、側壁に掘った溝に沿って3枚の厚い花崗岩の板石がおろされていた。墓室の天井は極めて精巧につくられている。それは9枚の厚い石梁を並べた石層を、間隔をとって5層積み重ねたもので、その全重量は約400 tに及ぶ。この石層の上に、巨大な板石を互いにもたれかかる形に傾けた原始的なヴォールトを架ける。この形式の偽ヴォールトは王妃の間にも、また下降路の入口にも用いられており、入口のところでは外装の石積みの下に、2層に重ねた2組の傾斜した石材がみられる（p.50C）。王の間からピラミッドの表面に通じる、断面203×152 mmの2本の竪坑は換気孔か、亡くなった国王の霊が自由に出入するための通路であろう。類似の竪坑は王妃の間にもあるが、墓室と同様に未完成である。

付近で切り出した石材で堅固につくられたピラミッドは、美しく仕上げたトゥーラ産石灰岩で外装され、頂点の石材はおそらく金箔張であったが、現在では下部の外装石が少し残るにすぎない。石材1つあたりの平均重量は2500 kgで、接着用よりも据え付けの時の潤滑剤としての石灰モルタルを薄く敷き、驚くほど薄い目地で積み上げられている。

ピラミッドをめぐる周壁はほとんど痕跡もなく、慣例の付属建物の遺構も多くない。供養堂はピラミッドの東側中央に接してつくられた。葬祭神殿はその前面に軸線をとって建てられ、流域建物に向かって斜めに東

方に延びる堤道と連結していた。葬祭神殿の東側と西側には岩盤に掘り込んだ船型の竪坑が1つずつあり、堤道の北側に沿って第3の竪坑がある。これらの竪坑が実際に来世の国王のための木造御座船を収容していたかどうかは、はっきりとはわからない。1954年にピラミッドの南側に接して、他の竪坑と同様に板石で覆われた2つの竪坑が発見された。その中には長さ35.5mで、著しく保存状態のよい完全な形の木造船が収納されていた。ピラミッド東面から東南へ少し離れたところに、東側にそれぞれ供養堂を持つ3つの付属ピラミッドがある。これはクフ王の王妃たちの墓である。

カフラー王のピラミッド（第4王朝、p.46K, L、p.51A）。ギーザにある3つのピラミッドのうちの第2のもので、大ピラミッドよりやや小さく、底面は216m四方、高さは143mだが、傾斜角はもっと強い（52°20′）。墓室は1つだけでピラミッドの中心にあり、下部は岩盤に掘り込まれ、上部は地上に立ち上がる。墓室への通路はピラミッドの北側に2本ある。1本はピラミッドの石層を貫通し、他の1本は地下道で、両者は途中で合流する。ピラミッドの頂点付近には当初の外装用石灰岩が多く残っており、また下部2段の外装は花崗岩であったことを示す破片が現存する。

ピラミッド複合体を構成するその他の建物も、他の複合体よりよく残っている。供養堂と葬祭神殿は、通常のように東面の軸線上につくられた。後者は東西113.3m、幅47.2mの石灰岩の切石造で、北側は内部に仕上げ材を取り付けていた。この建物は極めて堅固で、外部に特徴はない。中庭には周廊に通じる多数の開口が設けられており、開口の間のピアには12体の彫像が取り付けられていた。中庭の西側には奥行が深く、中央室の幅が最も大きい5つの部屋と、ピラミッドの周壁内へ通じる唯一の入口があった。これらの5室は国王の彫像を収容する部屋で、その背後には各彫像室に対応する倉庫とセルダーブがあった。中庭の東側は流域建物によく似た平面の前殿で、2つの列柱広間とその両脇の細長いセルダーブからなる。その入口の間は、東北隅にある1列に並んだアラバスター仕上げの4室と、東南隅にある花崗岩仕上げの2室に通じる。前者の4室には国王の内臓を入れたアラバスター製の箱が、後者の2室には2つの王冠が収められていた。神殿は本質的に対称平面だが、その入口は貧弱で軸線上になく、ほぼ完全な形で残っている流域建物からの堤道と斜めに接続する。

流域建物（p.46L）は1辺44.8mの正方形平面で、外壁面は内側へゆるく傾斜するが、内壁面は垂直である。この建物の内部と屋上で、清めやミイラ加工や「開口」などさまざまな儀式が行われた。船付場から2つの入口を通って横長の玄関の間に入り、そこからT字型平面で花崗岩の列柱を持つ広間にいく。広間は（p.57Eにみられるように）壁と天井との入隅に設けられた細い窓（いりすみ）で採光され、広間の周囲には23体の国王像が配置されていた。広間の南翼から分岐したところに、それぞれ2層につくられた部屋が3室ある。広間を隔てたその反対側には、曲折して屋上に上るアラバスター製の階段がある。この階段は上る途中で堤道への通路を横断していた。

流域建物のやや西北に、クフ王の石切工が地表に突出した岩から刻み出した巨大な謎の怪獣、**大スフィンクス**（p.51A）がある。それは国王のかぶりもの、付けあごひげ、コブラの額飾りを付けたクフ王の頭像と、腹ばいになった獅子の躯体とを連結したもので、長さ73.2m、最大高さ20m、顔の幅は4.1mに及ぶ。岩が不足するところは別の石材で補われた。前足の間に花崗岩製の大きな石碑があり、第18王朝のトゥトメス4世（B.C.1425）による修復工事を記録している。

メンカウラー王のピラミッド（p.46M、p.51A）。このピラミッドは前記の2つよりずっと小さく、1辺109mの正方形平面で、高さは66.5m、側面の傾斜角は51°である。主にトゥーラ産石灰岩の外装が大量に残っているが、下部の16層は花崗岩仕上げである。

第5王朝と第6王朝（B.C.2563–B.C.2263）の主要なピラミッドは全てサッカラとアブシールに建設されたが、規模と構造の点で第4王朝のそれに劣り、墓室とその通路は以前より簡単で、配列はいっそう紋切型になった。

アブシール、サフラー王のピラミッド（第5王朝、p.46N）。このピラミッドは一対の巨石を互いに寄せかけてつくった偽アーチを3層に重ねてその墓室を覆ったことで注目される。このピラミッドは多くの重要な点で第5王朝と第6王朝の慣行を代表する作品である。この複合体はまだ流域建物や堤道や葬祭神殿という古い要素を持つが、供養堂はすでに神殿に取り込まれている。周壁内の東南隅に付属の小ピラミッドがあるが、これは王妃の墓ではなく、儀式上の意味を持つものであった。第4王朝と比べて倉庫の数はかなり増加し、そのために葬祭神殿の平面は拡大し、複雑になる。壁面の浮彫装飾は豊富になるが、これはたとえばティのマスタバ（p.46F）のように、当時のマスタバにも認められる傾向である。建築上特に重要なのは、花崗岩の独立円柱を用いたことである。胡麻殻じゃくりのある柱身や平らな表面の柱身にハスやパピルスやヤシの柱頭をのせた独立円柱が、第4王朝の建物にみられた正方形断面で全く平らな表面の柱に取って代わった。

岩窟墓

　この形式の墓は中王国以前にはまれで、中王国でもこれは王族よりも貴族に用いられた。ピラミッドは関心を引かない建造物だが、依然として王墓の主要な形式であった。

　39基を数える**ベニ・ハサンの墓**は、第11王朝と第12王朝(B.C.2130-B.C.1785)の地方貴族のものである。全て岩窟墓で、いずれも柱廊玄関になったファサードの背後に墓室を置く。このファサードは八角形か16角形で、軽く溝彫された先細りの円柱の上に梁を架け、その上に垂木の端をのせる(p.50G-K、p.51B)点で、明らかに木造建築を模倣している。クネムヘテプの墓のように一部の墓は、軽微に湾曲した岩盤の天井を溝彫か胡麻殻じゃくりの円柱で支え、壁には一般に薄く化粧漆喰を塗り、田園風景画や風俗画などで飾った。

　テーベ、国王の墓(p.50L-Q)は、ナイル川西岸の不毛の山中にある。これらの王墓は、新王国時代にピラミッドが完全に放棄され、廊下型岩窟墓が好まれたことを示している。廊下型王墓では階段と通路と地下室が山腹中に長さ210mも延び、流域の地表から96mの深さにまで達する。石棺は一般に通路の末端に、岩盤の一部を柱として削り残してつくられる列柱広間に安置され、壁面は埋葬儀式の情景や経文で念入りに飾られた。最も重要なのはセティ1世とラメセス3世、4世、9世の墓である。墓は石棺と副葬品のためだけに使われ、葬祭神殿は(たとえばメディネト・ハブの神殿やラメッセウムやデール・エル・バハリのハトシェプスト女王の神殿のように)、王墓と完全に分離してつくられた。神殿の敷地は西岸の耕地に隣接する大共同墓地の中にあり、ここには王墓に似ているが、高位の人々のもっと小さい墓があった。デール・エル・バハリにある中王国時代のメントゥヘテプ2世の神殿(p.50F)は、岩窟墓と結合しており、また境内に小ピラミッドもあるので、過渡的な葬祭神殿である。

神　殿

　神殿は、神格化した国王に奉仕するための葬祭神殿と、古来の神秘的な神々を民衆が礼拝するための祭式神殿の2種類に大別された。葬祭神殿は王墓としてのマスタバやピラミッドの供養堂から発達したもので、早くから永続的性格を持ち、ますます重要性を増すことになった。中王国時代に国王の墓を山腹につくり始めた時、葬祭神殿は王墓よりも重要な建築になった。新王国時代の葬祭神殿は、当時の慣例であった廊下型墓室から全く切り離して建てられた。それ以後、葬祭神殿の特色は祭式神殿の特色とますます融合していき、2つの神殿の間の区別はついに消滅した。

　祭式神殿は各地のさまざまな神々の礼拝から始まった。その第1の基本的要素は、中央にある神の表象を木柵で囲んだ長方形の中庭で、入口はその短辺上に設けられ、入口の両側には旗竿が立てられた。中庭の奥には玄関の間と聖所からなる1棟の建物があった。これらの古い神域では、神殿が次々に再建されたので、その発展段階をたどることは難しい。第18王朝初期に聖所とその付属室だけは、明らかに石材でつくられたが、その少し後の新王国時代には富の流入と特権を与えられた宗教の全国的普及により、祭式神殿は最盛期を迎えた。

　葬祭神殿と祭式神殿はその頃すでに多くの共通点を持っていたが、それでもまだそれぞれ最も尊崇されている葬祭神殿や祭式神殿に類似する配列でつくられた。主軸は一定の方向に定められていないが、この主軸上に、外壁の内側に柱廊をめぐらした中庭と、柱のある横長の玄関の間すなわち「多柱室」と、その背後にある祭司たちの礼拝室や儀式室を従えた聖所(多数の神々を祭る神殿では、複数の聖所を置く)を収容する屋根付きの建物をつくった。中庭に入る主軸上には、荘重な出入口を設けるのがしきたりであった。この門はいまや中庭の幅いっぱいに広がって、内転びの壁面を持つ一対の高大なパイロンになった。パイロンはその間に高い入口を開き、その頂部と出隅にそれぞれエジプト・ゴージュ・コーニスと大王縁を取り付け、その前面に旗竿を立てた。

　神殿の儀式は毎日3回行われたが、神殿に入れるのは祭司たちだけで、特に許された者は特定の儀式の時だけ中庭まで入ることができた。祭式神殿では行列行進、特に例祭の時の行列行進が特色だったので、聖所を通り抜けたり、その周囲を回って自由に行進できることが必要であった。1年の間に多数の祭礼が挙行されるが、一部の祭礼はいく日も続いたらしい。また時には神々の厨子(ずし)は陸路や水路によって近隣の神殿や聖地に運ばれたが、これは一般の人々が何らかの形で祭礼に参加できる唯一の機会であった。神殿は全て広い境内に建てられ、その近くに祭司たちの住宅や公的な建物、倉庫や穀倉、聖なる池や湖が設けられた(p.65A)。

　カルナック、コンス神殿(B.C.1198、p.55E-H、p.57A)。この祭式神殿は入口のパイロン、中庭、多柱室、聖所と各種の礼拝室を高い周壁で囲った、通常形式の典型作品といえよう。オベリスクが前にあるこのパイロンには、印象的なスフィンクス道路を通って近づく。入口を抜けると、二重柱廊を三方にめぐらした中庭に出る。柱廊に続く多柱室では中央身廊の円柱がその他の円柱より高いので、高さの差を利用してつくられた高

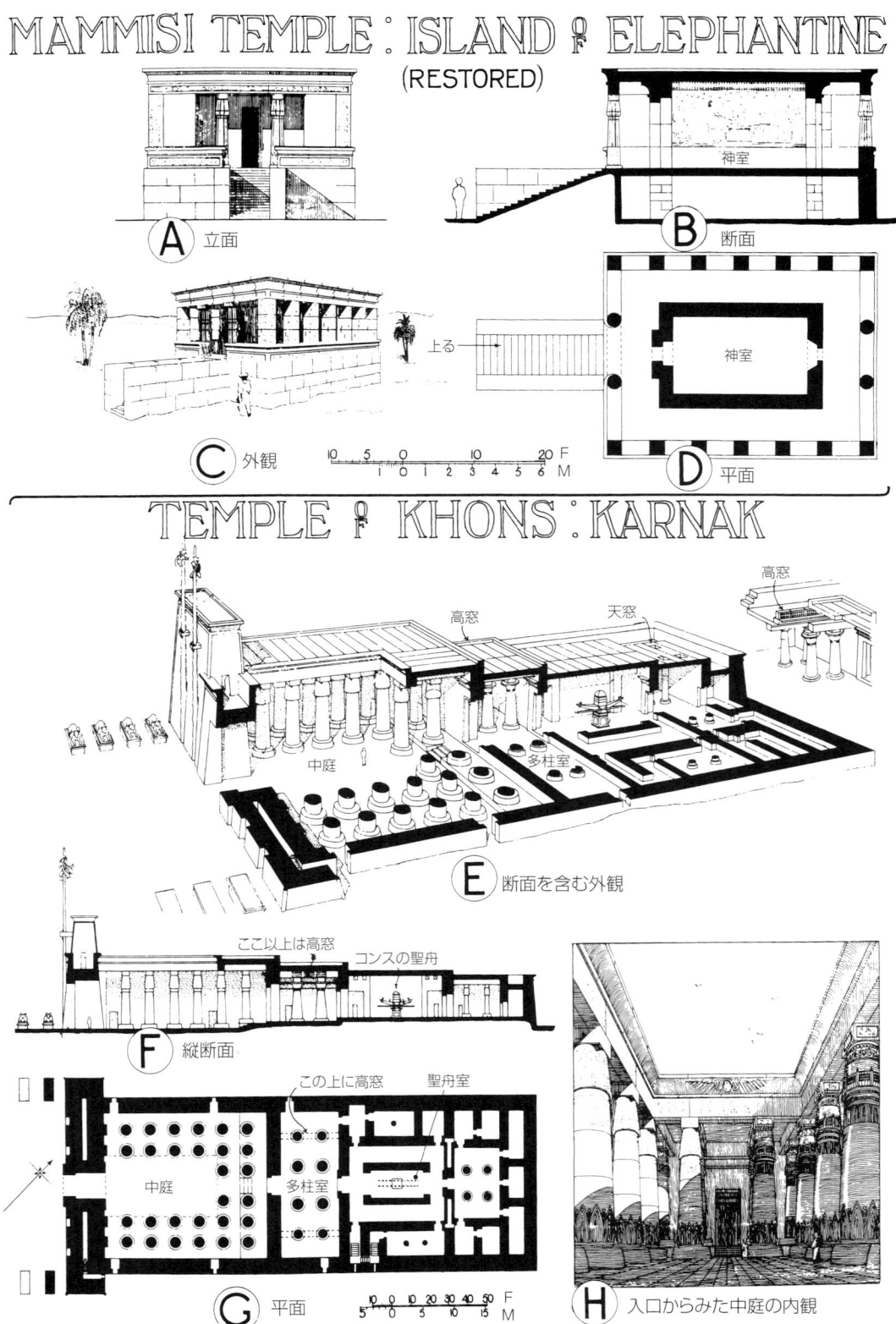

エレファンティネ島のマンミシ神殿(復元、上)。カルナックのコンス神殿(下)

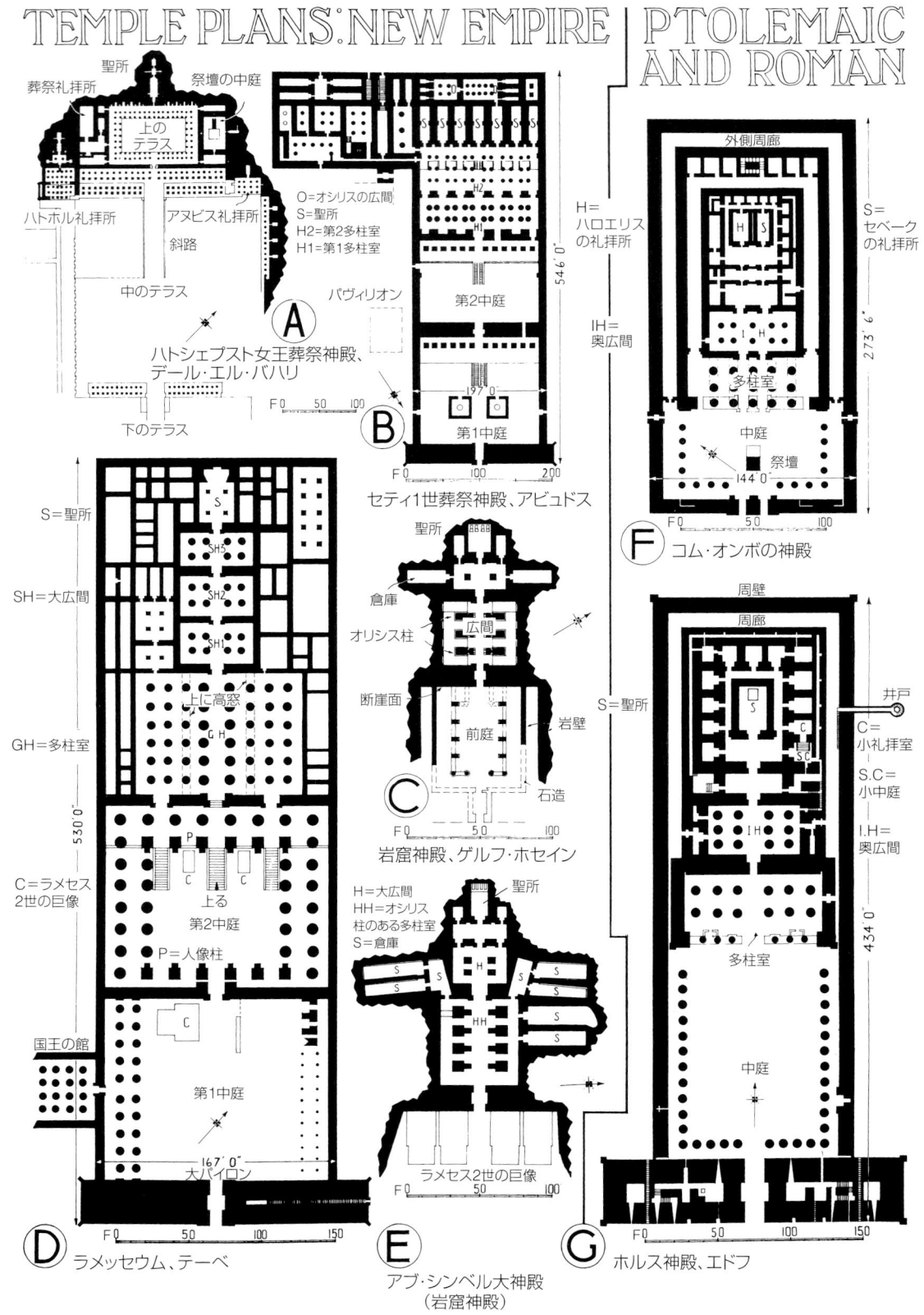

神殿の平面。新王国時代(左)、プトレマイオス朝とローマ時代(右)

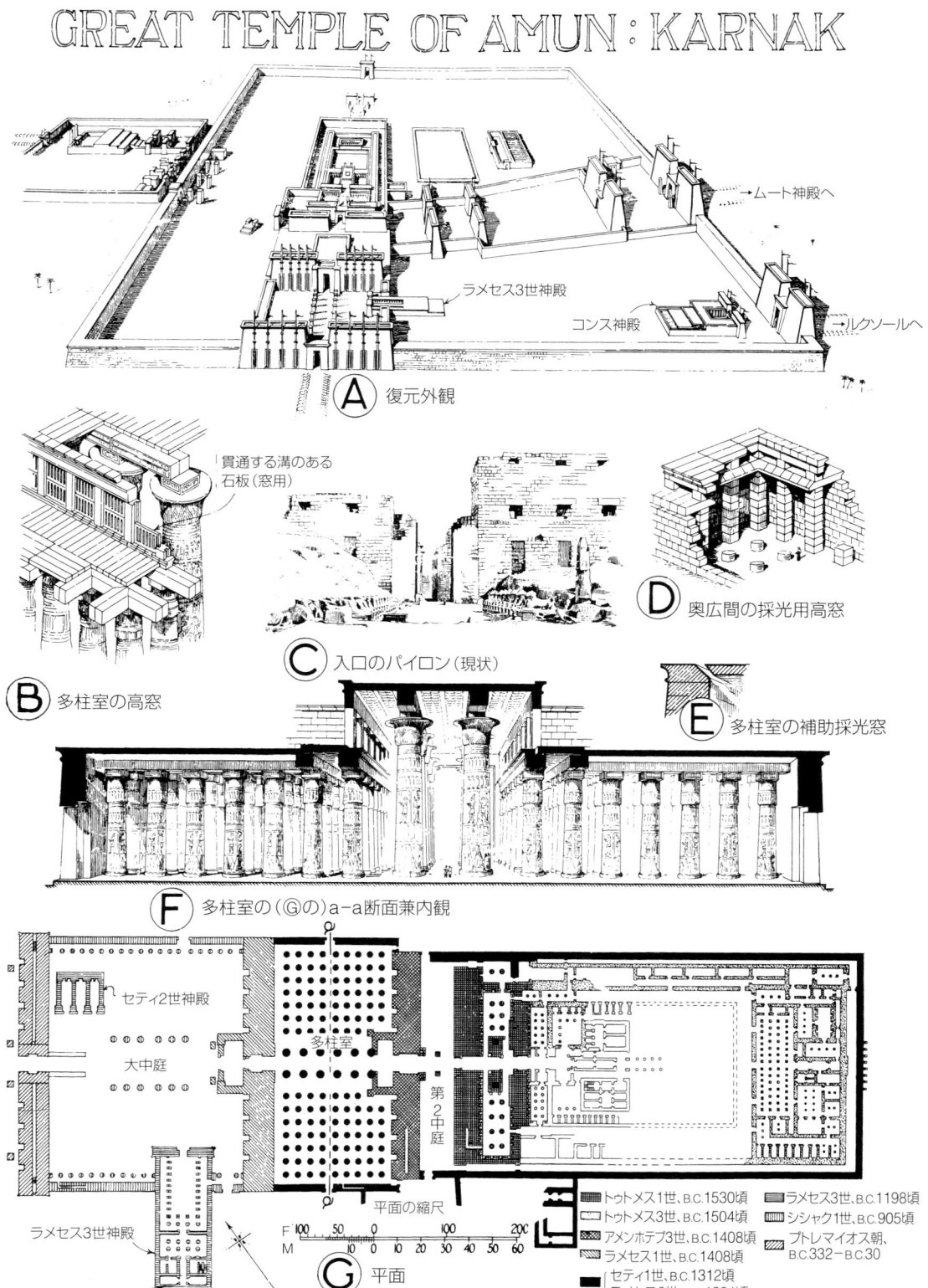

カルナック、アモン大神殿

窓で室内を採光する。多柱室を通り抜けると、前面と背面を開口し、外周に廊下をめぐらした聖所があり、その奥には4本の円柱を立てた広間がある。聖所の両側とその背後にある小部屋は、主として礼拝室か儀式室であった。神殿は多柱室や広間と同じ高さの周壁をめぐらしているが、これらの部屋と同様に、この周壁も神殿の奥に向かうにつれて低くなる。

以下の実例は、おおよその年代順に配列されている。

中王国時代（B.C.2130-B.C.1580）

テーベ、デール・エル・バハリ、メントゥヘテプ王葬祭神殿（B.C.2065、p.50F）。この葬祭神殿は廊下型墓室と直結している例外的な実例で、険しい断崖の真下に上下2層につくられている。二重柱廊で縁取られた上段テラスには、植樹された前庭から斜路で上る。このテラスの上に高い基壇があり、中空部分のない小ピラミッドがその上に立ち上がっていた。このピラミッドは、外側に二重柱廊をめぐらした壁で囲まれた多柱室の中央にある。ピラミッドは実際には空墓で、ピラミッドの下の岩盤中につくられた偽の墓室は、前庭から始まる不規則な通路で連絡される。神殿の背後には、断崖に食い込んだもう1つの列柱広間があり、広間の前の中庭の中央から始まる斜路が、メントゥヘテプ王の長さ152.5mに及ぶ廊下型墓室に通じている。古王国のピラミッドのように、この神殿は1200m離れたところにある流域建物との間を、両側を壁で守られた堤道で結ばれていた。

新王国時代（B.C.1580-B.C.332）

テーベ、デール・エル・バハリ、ハトシェプスト女王葬祭神殿（B.C.1520頃、p.43A、p.56A、p.60A）。この神殿は女王の建築家センムートにより、500年前につくられたメントゥヘテプ王の葬祭神殿の脇に建設された。この神殿もメントゥヘテプの神殿と同様にテラス形式だが、ハトシェプストの墓はここから遠く離れた、断崖の向こう側の山中に廊下型でつくられており、ここにはアモンとその他の神々に捧げた葬祭神殿だけがある。神殿は行列行進のためのスフィンクス道路によって、ナイル川流域と結ばれていた。断崖へ向かって順次高くなる3段のテラスは斜路で連絡され、テラスの正面は二重柱廊で縁取られた。上段テラスは周壁の内側に二重柱廊をめぐらした中庭で、中庭の左側に女王の供養堂、右側に太陽神ラーの巨大な祭壇を備えた小さな中庭を配置する。中心となる聖所は、中庭の軸線上に断崖を深く削ってつくられた。中段テラスの正面左右に、ハトホル神とアヌビス神の聖所がある。この葬祭神殿の壁の浮彫は極めて美しい作品で、女王のプ

ントへの交易遠征と神寵による女王の生誕伝説などを刻んでいる。ここにはギリシアのドリス式を思わせる、多数の八角柱や16角柱がみられる。

テーベ、カルナックのアモン大神殿（B.C.1530-B.C.323、p.57、p.59A、B）。エジプト最大のこの神殿は、まとまった1つの計画に従って建設されたのではなく、その規模と配列と壮麗さは、多数の国王たちの努力によるものである。もとは紀元前2000年頃につくられた中王国初期のささやかな神殿であったが、まずトットメス1世（B.C.1530）によってかなり拡大された。大神殿は長さ366m、幅110mの規模で、その他の神殿や聖湖とともに、厚さ6.1-9mの周壁で囲まれた巨大な境内の中にある。この大神殿は、スフィンクス道路でルクソールの神殿と結ばれていた。大神殿は国王たちが次々に増築した6組のパイロンと、聖所へ通じるさまざまな中庭と広間で構成されており、その背後にはトットメス3世の建設した大儀式場がある。幅103m、奥行84mの広大な中庭から、セティ1世とラメセス2世が建設した内法幅103m、内法奥行52mの大多柱室に入る。巨大な板石でつくられた屋根は、16列に配置された134本の円柱で支持される。多柱室の中央身廊は高さ24mで、パピルスの花型または鐘型柱頭を頂く直径3.6m、高さ21mの円柱を備える。室内を高窓で採光するため側廊の円柱は身廊の円柱よりも低く、柱身の高さは13m、直径約2.7mで、パピルスの蕾(つぼみ)型柱頭を頂く（p.57B-F、p.59A、この高窓採光はヨーロッパではゴシック時代に全面的に発達した）。林立するこれらの円柱は強い畏敬の念を呼びおこし、人々の目は果てしなく続きながら暗がりの中に次第に消えていく側廊の細い円柱から、身廊の太い円柱へと導かれる。壁や円柱や梁の表面に刻まれ、彩色された銘文と浮彫は、大神殿の荘厳化に努めた国王の名と功績を伝え、この神殿を捧げられた神々をたたえる。これらの古い彫刻装飾には、聖書の出来事と聖者や英雄たちの事績を記録するため、幾世紀も後のキリスト教会堂に色彩豊かなモザイクやフレスコ、ステンドグラスや彫像を採り入れた着想の萌芽が認められる。

テーベ、ルクソールのアモン神殿（B.C.1408-B.C.1300頃、p.60B）。この神殿は古い神殿の上に建設され、その後も他の多くの神殿と同様に改造され、修理された。しかしラメセス2世が増築したパイロンと大前庭を除けば、この神殿は実質的にアメンホテプ3世が建設したもので、テーベの3神、アモンとムートとコンスに捧げられた。図版はパピルスの蕾型柱頭とラメセス2世の座像がある前庭と、この前庭とそれより小さいアメンホテプ3世の中庭とを結ぶ、延長53mの1対の列柱の遺構である。鐘型柱頭を頂く高さ12.8mの円

A アモン大神殿、多柱室(復元模型、B.C.1312-B.C.1301 頃)、カルナック　p.58 参照

B アモン大神殿、多柱室の横断方向の展望、カルナック

C セティ1世葬祭神殿、第2多柱室(B.C.1312 頃)、アビュドス
p.62 参照

60　　エジプト、古代近東、アジア、ギリシア、ヘレニズム王国の建築

A　ハトシェプスト女王葬祭神殿、デール・エル・バハリ（B.C.1520 頃）　p.58 参照

B　アモン神殿、ルクソール（B.C.1408-B.C.1300 頃）　p.58 参照

A アブ・シンベル大神殿（B.C.1301 頃） p.62 参照

B アブ・シンベル大神殿

C アブ・シンベル小神殿（B.C.1301 頃） p.62 参照

柱で構成されたこの列柱は、アメンホテプかその王朝の最後の国王ホレムヘブによって計画された大多柱室の一部で、実際に建設されたのは2列柱だけであった。アメンホテプ3世はテーベの西岸にも葬祭神殿を建設したが、一対の国王座像以外にはほとんど遺構はない。古代からメムノンの巨像として名高いこの座像は、もと20.8mの高さであった。

エレファンティネ島のマンミシ神殿(B.C.1408、p.55A-D)。1922年に破壊されたこの神殿は、大規模な神殿に付属してその境内にしばしばつくられたマンミシ神殿または生誕殿とよばれる小神殿の1つであった。マンミシ神殿は、ホルス神と人間の母とから神寵によって国王が生まれるという伝説を永続させる聖所であるとともに、母神ハトホルまたは新生児の保護者で、通常生誕に立ち会うベス神の聖所であった。生誕殿は角柱か円柱の柱廊をめぐらしたほぼ1室の建物で、時として高い基壇の上につくられ、その一端に階段が設けられた。外観はエジプト建築に典型的なデザインではないが、第18王朝初期から作例があり、この傾向はプトレマイオス朝とローマ時代に強くなった。

アビュドス、セティ1世葬祭神殿(B.C.1312頃、p.43B、p.56B、p.59C)。この神殿は2基のパイロンとそれぞれ2つの前庭と多柱室を備えており、順次石層を持ち送り、その下面を円弧状曲面に成形した天井を頂く7室の聖所を1列に配置した点は類例がない。もう1つの特色は、神殿がつくられた台地の地形に従って、神殿本体から直角に翼屋を突出させた点である。きめの細かい石灰岩の壁面に刻まれた浮彫は、エジプトで最も美しい作品の1つに数えられる(p.43B)。セティ1世はテーベの西岸にもう1つ葬祭神殿を建設し、その後継者ラメセス2世はこれらの2神殿を完成させた。

テーベ、ラメッセウム(B.C.1301、p.42H、p.56D)。構成原理にあまり大きな差はないが、ラメセス2世が建設したこの神殿は、カルナックのコンス神殿が祭式神殿の典型であるように、新王国の葬祭神殿の典型である。葬祭神殿では国王は礼拝され、供物を捧げられるが、その墓は遠く背後の山中にある。正面にある幅67mのパイロンを通って、柱廊をめぐらした2つの中庭に入るが、第2中庭は正面と背面の柱廊の柱をオシリス柱とする。この中庭から大多柱室に入るが、その背後には小さい列柱広間が3室あり、さらにその奥に聖所が続く。葬祭神殿の聖所には、その周囲に行列行進用の周廊はない。多柱室は幅60m、奥行30mで、カルナックの多柱室よりずっと小さく、鐘型柱頭を頂く12本の円柱を含めて、円柱はわずか48本しかない。しかしカルナックと同様、中央の3列の身廊の屋根を高くして、十分大きな高窓を設けていた。神殿の周囲には神域の周壁とレンガ造の司祭住宅、穀物倉庫とその他の倉庫などの遺跡が残る。

アビュドスにはラメセス2世の別の葬祭神殿の断片的遺構がある。また**メディネト・ハブ**にはラメッセウムによく似たラメセス3世の葬祭神殿(B.C.1198、p.65A)があり、ここにも神域とレンガ造の付属建物の遺構が残る。

アブ・シンベル大神殿(B.C.1301頃、p.56E、p.61A、B)。これは飽くことのないラメセス2世が建設させた2つの岩窟神殿の1つで、エジプトにおける最も巨大で印象的な作例である。前庭に面する岩壁をパイロンの形に削り出して幅36m、高さ32mのファサードをつくり、高さ20mを超えるラメセス2世の4体の巨大な座像を、同じ岩壁から切り出してその前面に配置する。その背後にある天井の高さが9mの広間には、8基のオシリス柱と鮮やかに彩色された浮彫壁がある。その左右にはそれより小さい8つの部屋が非対称に配置されている。主軸上には4本の独立柱を持つ小さな広間があり、その背後にはさらにその奥の3室へ通じる1つの前室がある。3室のうちの中央室は聖所で、4体の神像と1基の聖舟支台を配置する。この神殿はナイル川に臨むもとの敷地から、もっと高い敷地に移築された。

アブ・シンベル小神殿(B.C.1301頃、p.61C)。ラメセス2世が大神殿の近くにつくったこの神殿は、神として祭られた王妃ネフェルタリと女神ハトホルに捧げられた。そのファサードは幅27.4m、高さ12.2mで、表面に6つのニッチ状のくぼみがあり、そこに高さ10mの巨像を1体ずつ配置する。ラメセス2世の彫像2体、ネフェルタリの彫像1体をそれぞれ左右に備えた入口を通ると、各1室の玄関の間と広間に入る。広間は10.4×8.2mの規模で、ハトホルの頭像を頂く6本の独立柱がある。

ゲルフ・ホセインの**岩窟神殿**(B.C.1301頃、p.56C)。これもラメセス2世がつくらせた神殿である。前庭のかなりの部分が現存する重要な遺構で、前庭の壁の一部は岩盤から切り出されている。

プトレマイオス朝とローマ時代
(B.C.332-A.D.1世紀)

フィラエ島、イシス神殿(p.42J、p.63-64)。この神殿はここが古来の聖地であることを示している。現存する建物はその一部だけが第30王朝(B.C.378-B.C.341)で、その他はプトレマイオス2-13世(B.C.283-B.C.47)時代のものである。平面が不規則なのは、神殿が少しずつ建設されたことによる。しかし前庭から中庭へ、パイロンから聖所へと奥に進むにつれて演出効果を凝

第3章 エジプト

A フィラエ島の水没していない時の東上空からの展望。前景にキオクス(96頃)、島の向こう岸にパイロン、イシス神殿およびマンミシ殿(B.C.283-B.C.47)がみえる　p.62 参照

B イシス神殿、円柱、フィラエ島

C イシス神殿、第2パイロン、フィラエ島

A 半ば水没しているイシス神殿(B.C.283-B.C.47)とキオスク(96頃)、フィラエ島　p.62参照

B イシス神殿、前庭とパイロン、フィラエ島

A ラムセス3世葬祭神殿(B.C.1198)と神殿を囲んで神域につくられたレンガ造建物、メディネト・ハブ　p.62 参照

B ハトホル神殿、デンデラ(B.C.110-A.D.68)　p.68 参照

66 ｜ エジプト、古代近東、アジア、ギリシア、ヘレニズム王国の建築

A　ホルス神殿（B.C.237-B.C.57）、エドフ　p.68 参照

B　ホルス神殿　円柱の間に障壁を設けた多柱室入口、エドフ

第3章 エジプト

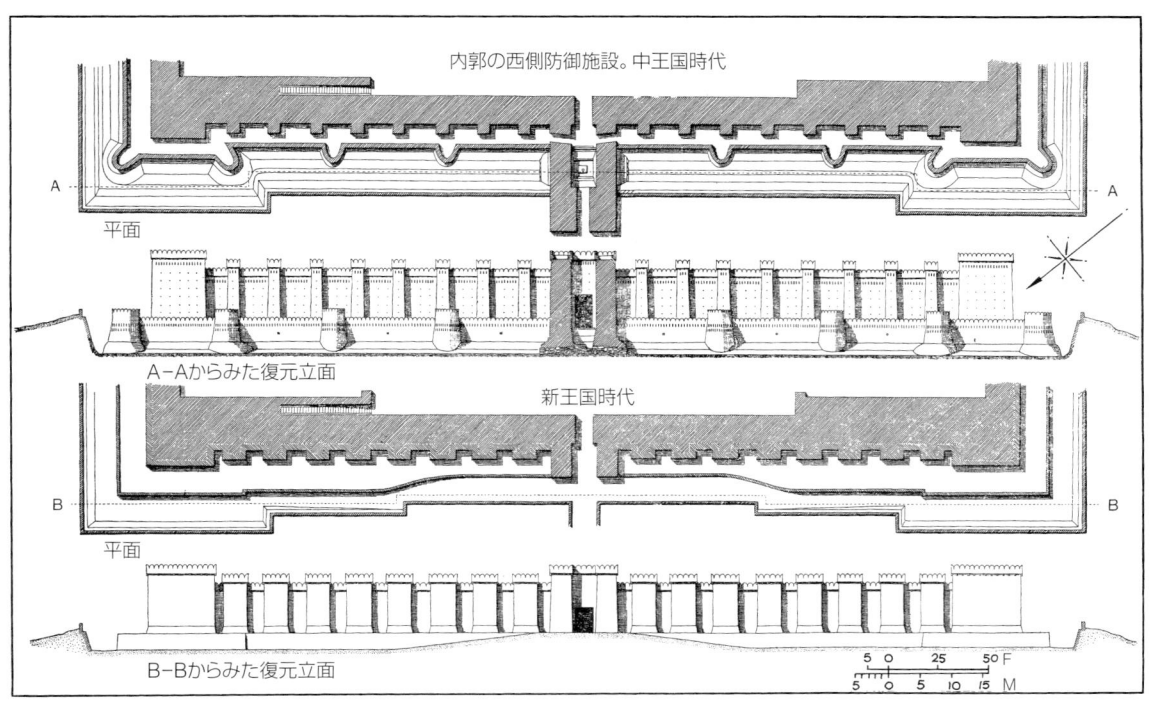

A ブヘン要塞(B.C.2130-B.C.1580)、内郭の西側防御施設　p.69 参照

B ブヘン要塞、西門(復元)

C ブヘン要塞、西側防御施設

D ブヘン要塞、小城壁の狭間

集させる配列原理は、それより1000年前の新王国時代最盛期の原理とほとんど変わらない。変わったのは、その大部分が細部である。柱頭は新王国時代のものより装飾的だが粗雑になり、柱ごとにそのデザインを変え、アバクスは著しく厚い。列柱は神殿の外側に以前よりも頻繁に設けられ、円柱の間には、その半分ほどの高さの障壁を設ける(p.63B)。この特色は中庭の西側にある「生誕殿」すなわちマンミシ神殿と、ローマ時代(A.D.96頃)のものだが、島の東側にある「キオスク」または「国王の寝台」と呼ばれる建物にもよく認められる(p.63A、p.64A)。キオスクは正面と背面に各4本、両側面に各5本の円柱を立てた屋根のない建物で、正・背面の中心軸上に1つずつ入口を設ける。行列行進の時に運ぶ旗や肖像が通れるよう、これらの入口は楣(まぐさ)のない形に設計されている。この島は毎年、一定の期間水没するので、神殿はもっと高い場所に移築された。

エドフ、ホルス神殿(B.C.237-B.C.57、p.56G、p.66 A, B)。この神殿は保存のよい当代の美しい作品で、長い中断期で隔てられた3期の工事で建設された。プトレマイオス3世によりまず神殿本体がつくられ、次に外側の多柱室(B.C.140-B.C.124)、最後に周壁とパイロンが建設された。これは明らかに行列行進用祭式神殿で、聖所を囲む周廊は13の小礼拝室への通路も兼ねる。この他、神殿本体の外壁をめぐってもう1本の補足の周廊がある。神殿内の各室は窓がなく、真っ暗であった。パイロンは幅約62.6 m、高さ30.5 mの規模である。概してこの神殿は古来の伝統の強さを示しているが、ここでも当代の特色は多柱室に特に著しく認められる。すなわちシュロ葉柱頭は多柱室の軸線をはさむ一対の柱ごとにデザインを変え、アバクスは厚く、正面の円柱の間には障壁を設け、入口の上には両端しかない「中断(ブロークン)」楣を用いる。

エドフ、マンミシ神殿(B.C.116)。ホルス神殿の外側周壁の中にあるこの神殿は、列柱をめぐらした生誕殿の典型で、エレファンティネ島とフィラエ島のマンミシ神殿や、プトレマイオス朝とローマ時代のものが1つずつ残るデンデラのマンミシ神殿に類似する。

デンデラ、ハトホル神殿(B.C.110-A.D.68、p.65B)。これはレンガ造の壁をめぐらした長さ290 m、幅280 mの境内の中にある、極めて堂々たるプトレマイオス朝の神殿である。パイロンがない点以外はエドフのホルス神殿によく似ており、エドフと同様に多柱室は神殿周壁とともにローマ時代に増築されたもので、周壁は行列行進ができるように神殿本体との間に十分な距離をとっている。4面に女神ハトホルの頭像を頂いた多柱室の柱頭は、その上の厚いアバクス上に紋切型の生誕殿をのせているが、これは当代の典型的な柱頭である。厚い外壁の内部には幅の狭い部屋が多数つくられており、儀式が行われる屋上への階段がある。

コム・オンボ、セベクとハロエリスの神殿(B.C.145-A.D.14、p.56F)。この神殿は一対の聖所へいく2つの通路と聖所をめぐる2本の行列行進用周廊を備えている点が特色である。

オベリスク

ヘリオポリスの太陽神を表す神聖な象徴から生まれたオベリスクは、神殿正面の両側に通常一対立てられた。正方形断面で上細りの一本石で、神聖な部分である頂点は小ピラミッド型につくり、琥珀金をかぶせる。その高さは底辺の9-10倍で、4面に神聖文字(ヒエログリフ)が刻まれる。オベリスク用花崗岩は、巨大な母岩の周囲を非常に固い輝緑岩製の球で連打して溝を掘るという、大変に骨の折れる方法で切り出された。というのは、水をかけて木のくさびを膨張させ、母岩から裂きとる通常の採石方法は、このように長い石材の場合は偶然に左右されることが多すぎたためであった。壁面に刻まれた浮彫によれば、オベリスクはそりと川舟で運ばれ、土砂でつくった斜路を引き上げられた後、所定の位置で傾けて基礎の上に立てられた。ローマ皇帝により多数のオベリスクがエジプトから持ち去られたが、ローマの町だけで少なくとも12基が現存する。

ローマのサン・ジョヴァンニ・イン・ラテラーノの広場にある**オベリスク**は、トゥトメス3世がテーベのカルナックにあるアモン大神殿に建てたもので、現在知られている最大のオベリスクである。アスワンから切り出した赤花崗岩の一本石で、別の石材でつくられた台座を除き、高さは32 m、底部は1辺2.7 m、頂部は1辺1.9 mの正方形断面で、重さは約230 tに及ぶ。

「**クレオパトラの針**」。ロンドンのテムズ川の堤防にあるこのオベリスクは、もとヘリオポリスにあったもので、1878年にアレクサンドリアからイギリスに運ばれた。トゥトメス3世とラメセス2世の銘刻があり、高さ20.9 m、底面は2.4×2.3 mで重さは180 tである。

住 居

副葬された粘土模型によれば、普通の住居は日干レンガ造1-2階建で、水平か曲面の天井を架け、一部をロッジアとする他は手摺壁(てすりかべ)付きの水平屋根で覆い、居室は中庭に北面して配置された。ギーザのカフラー王のピラミッド(第4王朝)とファイユーム東端のカフーンにあるセヌセルト2世(第12王朝)が建設したが、約

15年(B.C.1366〜B.C.1351)しか住まわれなかった新設都市テル・エル・アマルナには、兵舎のような労務者住宅の遺跡が現存する。この住宅はかなりの規模の集落をなし、各建物は非常に整然と配置された。もっと自由に計画された集落がデール・エル・メディナにある。これはテーベの廊下型王墓の工事に従事した人々のために建設されたもので、400年にわたって住まわれた。

都市内では敷地が狭いので、中流の住宅でも3-4階建になったが、土地が広いところでは、邸宅は木立や庭園、池、付属建物に囲まれ、整然と計画された。日干レンガ造で長方形の母屋はその出入口や窓周りを石造とし、円柱と梁、扉と窓の骨組は貴重な木材でつくられた。これらの邸宅では一部だけを2階建とする。そこで中央の広間すなわち居間は独立柱を立てて天井を十分に高くつくり、2階のない部分に設けた1面または2面の高窓で採光するのが特徴であった。邸宅は常に3つの部分、すなわち涼しい北側に設ける接客室とサービス関係室と私室で構成された。

ごく古い宮殿はその縁を重ねながら厚い縦板を張って外壁とする、いわゆる「宮殿型ファサード」を生み出し、しばらくの間その装飾的特徴を石造の墓廟建築に残した。後世の記録で有名なメンフィスの「白い壁」は、石造の長い伝統がメンフィスにあるので、強いエジプトの太陽を受けてまばゆく輝く石灰岩の壁を暗示するようにも思われるが、それよりもたぶん土を塗り、その上に石灰のろをかけた日干レンガ造の壁である。

後世の王宮は相対的にほとんど知られていない。そのうち最も印象的な王宮はたぶんテーベの西岸、メディネト・ハブ神殿の南の**マルカタ**にあるアメンホテプ3世の宮殿である。この宮殿複合体は判然とした全体の計画がなく、広い中庭や閲兵場に面する多数の大規模で無計画な建物で構成されており、石材は柱礎や浴室の床にわずかに使われているにすぎず、日干レンガは壁体の他に、木材と組み合わせて円柱や屋根梁に用いられた。墓室の壁画によれば、当時の謁見室に天蓋付きの豪華な玉座があったことが知られる。マルカタの宮殿では長方形の池の周りの植物や水鳥を含めて、床にも壁や天井にも装飾画がふんだんに使われていた。アマルナの中央宮殿はマルタカ宮殿よりも大規模で、儀式室にはより多くの石材を使っており、アケナトン王の宮殿が、父王のマルカタ宮殿から発達したことを示している。しかし第18王朝の最盛期であったアメンホテプ3世時代の主要な王宮が、石造ではなくレンガ造であったことは注目される。テル・エル・アマルナの王宮と神殿の絵画は、発掘した遺構の相互関係を解明する非常に有益な史料である。行政の中心がテーベから下エジプトに移された新王国末期の宮殿には、メンフィスにあるメルネプタハ王の宮殿と、メディネト・ハブの葬祭神殿にあるラメセス3世のささやかな宮殿がある。

要　塞

アスワンのハイ・ダムの完成前に行われた発掘調査により、後世の**ブヘン要塞**(p.67A-D)の近くに古王国の都市が発掘された。それによってエジプトのヌビア進入は第4王朝により開始されたことが判明した。中王国の第12王朝の最も保存状態のよい建築遺構は、エジプト本国ではなくヌビアにある。この地方の大規模な要塞は歴代の国王、特にセヌスレト3世によって建設されたもので、第1急流と第2急流との間の下ヌビア地方に対するエジプトの支配は、この国王の時代についに確立した。大部分の要塞はナイル川西岸か島に建設された。ブヘン大要塞を司令部とするこれらの要塞は、相互に密接に連絡されていた。

この大要塞とその他の要塞にみられる軍事施設は、驚くほど精巧である。ブヘンの大城壁は厚さ4.8m、高さ11mで、外側に突出する角塔によって強化された。大城壁の足下にある上面を舗装された小城壁には、内側だけを開放した3層の矢狭間を持つ半円形の稜堡(りょうほ)を広い間隔をとって配置し、下の堀に向けて矢を交差して発射できるようにした(p.67D)。堀は空堀で、幅は約9m、深さは約7mに及び、堀の城内側の側面は急斜堤であった。城外側の側面も急斜堤で、その上にレンガ壁で守られた幅の狭い通路を設けた。レンガ壁から先はなだらかな斜堤となり、自然の地盤まで下がっていく。鉱山や石切場に通じる長い道路と砂漠に面する西門は、特に強力に武装された(p.67B)。急斜堤や斜堤は本来、攻撃軍の前進を妨げ、城壁の下に坑道を掘られるのを防止するためであったに違いない。紀元前17世紀のヒクソスによる征服まで、エジプトにはアジアから馬が持ち込まれなかったから、この門が対戦車攻撃用に設計されたという説は問題にならない。この地方の部族の組織と攻撃技術は、このような要塞技術を必要とするほど手ごわかったに違いない。

第12王朝に続く時代にヌビアにおけるエジプトの支配は崩壊したが、第18王朝初期にさしたる困難もなく再び支配は確立された。ブヘン要塞は、たぶんヌビアの軍事上、行政上の中心としていっそう大規模に再建された。再建された要塞は不規則な形で、幅の広い突出部を備えており、西側の突出部が最も大きい。岩盤から切り出された堀を横断する堤道を持つ大楼門は、これらの突出部の1つで、砂漠に相対するブヘン要塞

の正門であった。

　ウロナルティ島の要塞は、数室の倉庫を持つ管理所を従えた城門を、その両端に1箇所ずつ設けており、城内には守備兵とその家族たちの住居があった。ここでは狭い空間は最大限に利用されていたので、新王国時代に再び使用された時、この要塞はほとんど改造を受けなかった。

訳／飯田喜四郎

エジプト、古代近東、アジア、ギリシア、ヘレニズム王国の建築

第 4 章

古代近東

建築の特色

　ティグリス川とユーフラテス川の沖積平野では、建築用石材や木材は極めて少ないか、輸入しなければ入手できなかった。しかし粘土はふんだんにあり、型に入れて圧縮成形し、太陽で乾燥させるか窯で焼成すれば、各種の構築物に使えるレンガを製造できた。塔で強化した大規模な防御施設以外の目立つ建物は、神殿複合体か宮殿で、前者はバビロニアの、後者はアッシリアの典型的建築であった。これらの建物は日干レンガの基壇上につくられ、主要な神殿は神聖なジッグラト(p.73)を備えていた。これは方形平面の平らな構築物を階段状に積み重ねた人工の丘で、段数は時代とともに1段から7段に増加した。防御施設とジッグラト以外の建物は全て、大小の中庭をめぐって配置された。それらの部屋は幅が狭くて壁は厚く、天井はレンガ造のトンネル・ヴォールトで、時にはドームを架けた。外からみた屋根は平らで、この陸屋根からドームが突出することもある。また初期のごく普通の建物は、イグサと突き固めた粘土でできた屋根をシュロの幹で支持したが、上等の建物はスギなどの良材を遠隔地から苦労して取り寄せた。焼成レンガは仕上げや、特に力がかかるところだけに使用された。壁体は石灰乳(のろ)を塗られたり、発達したジッグラトにみられるように彩色された。
　建築は本質的にアーチ構造で、くさび型の迫石を使う真のアーチは、紀元前3千年期には知られていた。石材がないので、アッシリア時代末期と新バビロニア時代の少数の例を除き、円柱は使われなかった。塔や奥行の小さいバットレスは一般に縦長のパネルで飾られ、上部に階段状の狭間胸壁、下部に石造の幅木を取り付け、主要な門は入口を巨大な有翼雄牛像で守られた。宮殿では儀式用の中庭や広間の腰壁は、薄肉彫で刻まれたアラバスター製の板石で飾られ、その上の壁は室内側では薄い漆喰塗の上に細長い帯状の装飾が塗装された。アッシリア人が取り入れた多色の彩釉レンガによる壁仕上げは、それとは別の装飾方法であった。バビロニアにはアッシリアよりも石材が少ないので、この装飾は浮彫を施した石板に代わって、特に新バビロニア時代に好まれた。
　メソポタミアを征服したペルシア人の建築は柱梁構造で、アーチ構造の重厚なメソポタミア建築とは全く違っていた。メソポタミアでは屋根にレンガ造のヴォールトを架けたので、部屋は必然的に細長い形であった。ペルシアでは平らな木造天井なので、柱は細くて優美になり、また必要とあれば柱を増やすことによって、正方形の大きな部屋をつくることができた。柱の上に木製の肘木を取り付けて梁を架け、その上にのせた丸太や板の上に葦を敷いて下地とし、それを粘土で覆って天井とした(p.95)。ペルセポリスでみられるように、丈夫にするために壁体は日干レンガの2枚壁にした。建物の簡素な外観には現れないが、天井のすぐ下に小さな窓をつくることができたのはこのためであろう。石材は高地に豊富だったが、拝火神殿や宮殿の基壇、出入口や窓周り、装飾的な円柱や、しばしば小さな彫像を刻んだ浮彫に、わずかに使われたにすぎない。ペルシア人は初めは比較的未熟だったので、支配下の民族の技術に頼った。そのためペルシア建築の手法や特色の多くは、エジプト、メソポタミア、シリア、イオニア、ギリシアなどから派生したことを明らかに示している。
　メソポタミアで幾世紀にもわたってつくられた主な建物と、アケメネス朝時代にイランでつくられた主な建物の特色は、近東全体としての2大伝統、すなわち流域沖積平野の伝統と高地地方の伝統を例示しているといえよう。それは粘土の伝統と木の伝統であった。

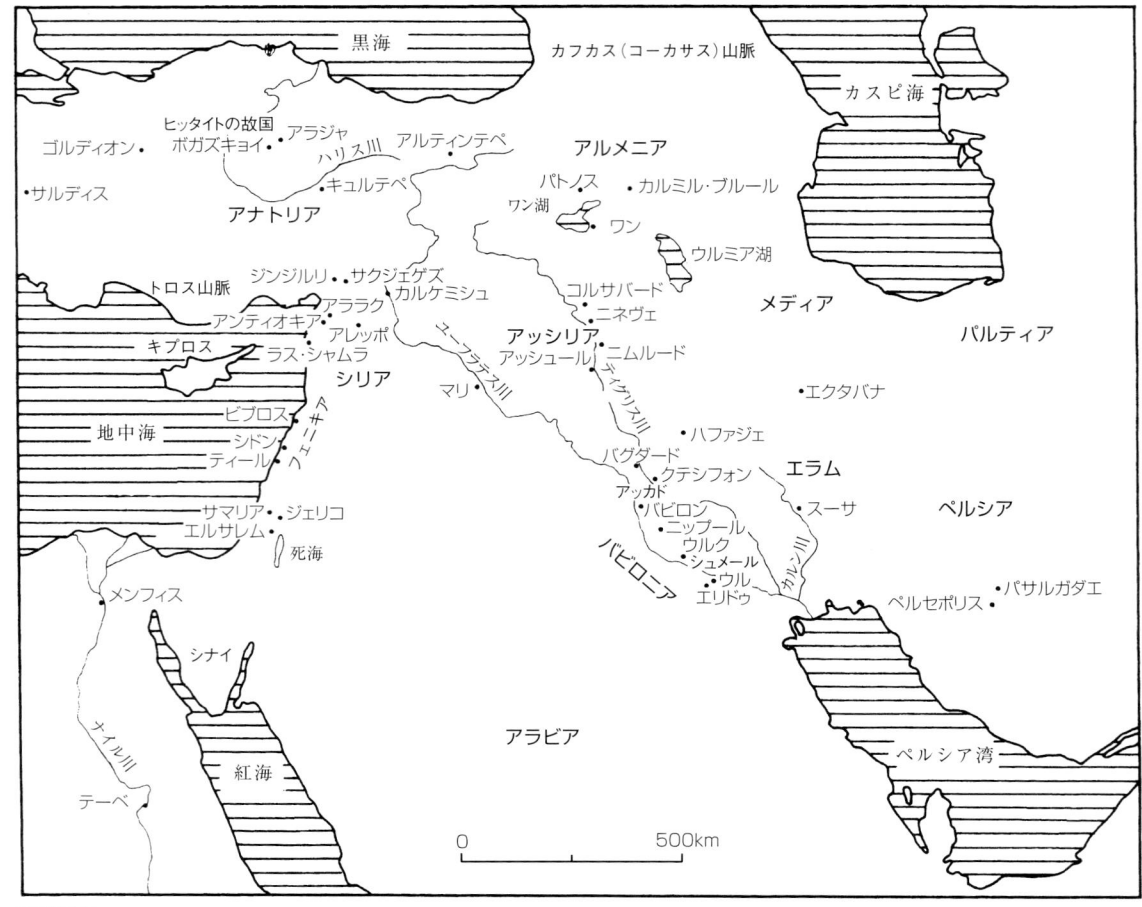

古代近東

実 例

古代近東の建築は、次のように分けて考察する。

- 初期メソポタミア（B.C.5 千年期–B.C.2 千年期）
- アッシリアと新バビロニア（B.C.1859 頃–B.C.539）
- 初期アナトリアとヒッタイト（B.C.3250 頃–B.C.1170 頃）
- カナンとフェニキアとイスラエル（B.C.3250 頃–B.C.587）
- シロ・ヒッタイト（B.C.1170 頃–B.C.745）
- ウラルトゥ（B.C.850 頃–B.C.600 頃）
- フリュギア（B.C.750 頃–B.C.650 頃）
- メディアとペルシア（B.C.750 頃–B.C.350 頃）
- セレウコス朝・パルティア朝・ササン朝ペルシア（B.C.312–A.D.641）

初期メソポタミアの建築

エリドゥは、メソポタミアとシュメールのそれぞれの建築的伝統が初めて連携した最初の重要な実例である。ここではおそらくシュメールの既知のどの神殿よりも古い、一連の神殿の遺構が発見された。全面的に発掘された最古の第 16 神殿は、典型的なメソポタミア神殿の主な特色をすでに示しており、「神室」（ケッラ）はニッチに祭壇を備え、燃やした痕跡のある供物台を神室中央におく。一連の遺構のうち、時代の下がる神殿の規模はそれよりずっと大きく、神室の両側に付属室を持つ 3 列構成で、この形式はその後、標準になった。またここでは、外壁にニッチとバットレスを交互に配置する装飾が初めて現れた。神殿の正確な方位づけはこの時代以後、宗教上特に重要になった。既定の敷地を好むところから、町の核である神殿は、同じ場所に長くつくられ続けることになった。

ウルク（現**ワルカ**。旧約聖書のエレク）はシュメール都市の中でも飛び抜けて大きな都市で、初期王朝時代

ZIGGURATS

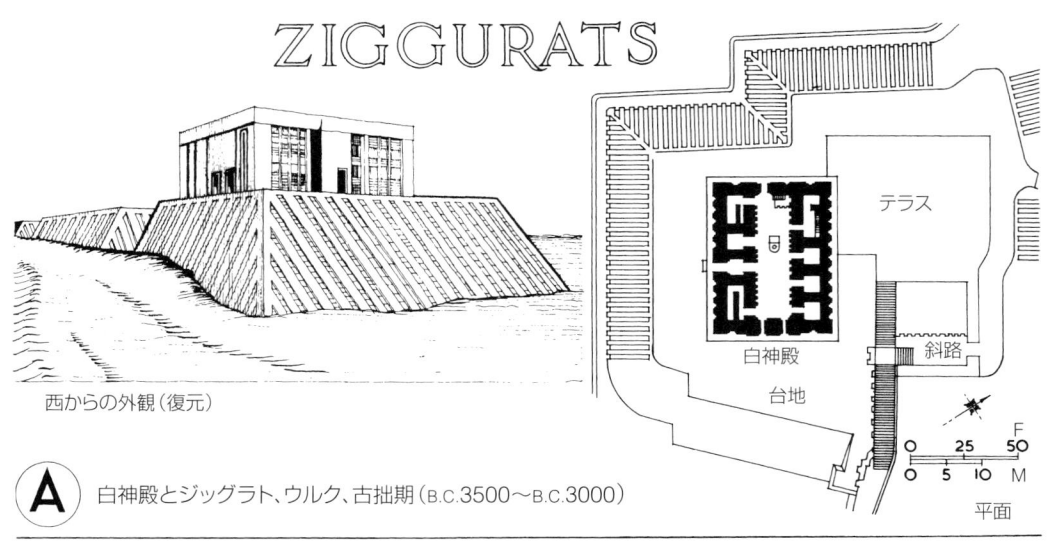

西からの外観（復元）

Ⓐ 白神殿とジッグラト、ウルク、古拙期（B.C.3500〜B.C.3000）

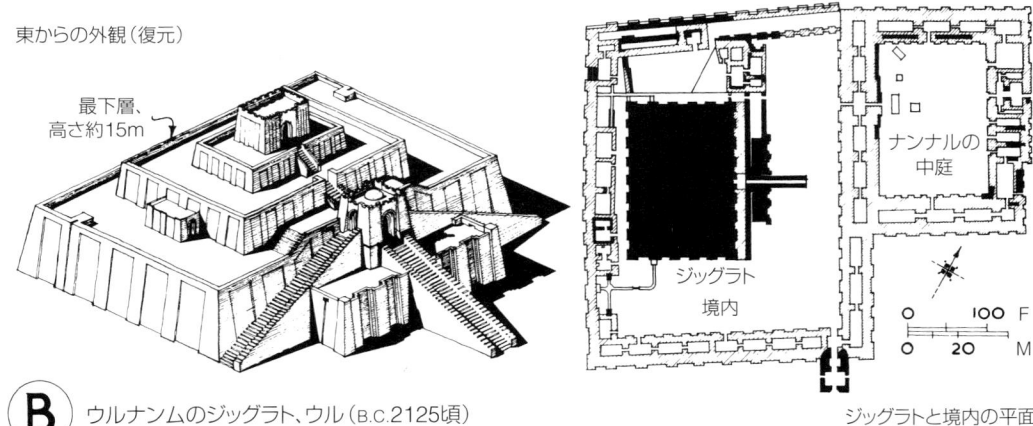

東からの外観（復元）

最下層、高さ約15m

Ⓑ ウルナンムのジッグラト、ウル（B.C.2125頃）　　ジッグラトと境内の平面

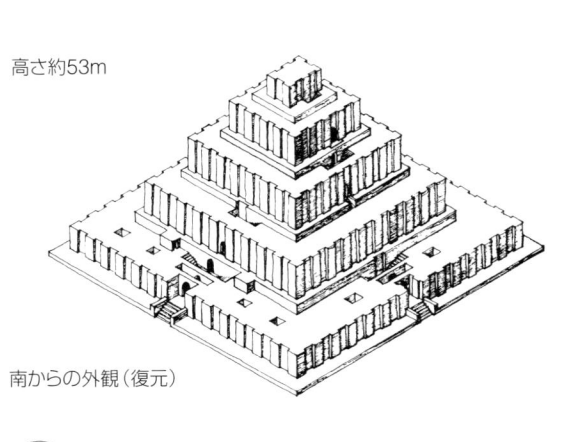

高さ約53m

南からの外観（復元）

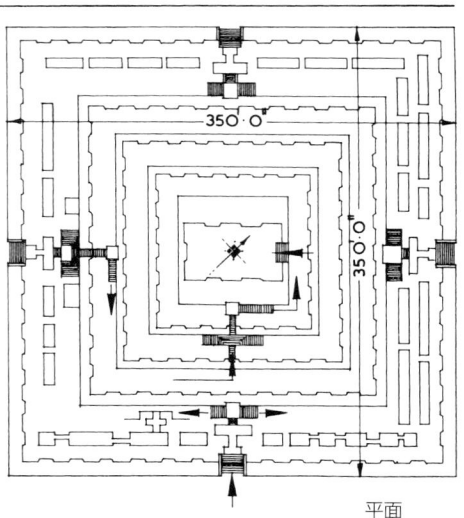

平面

Ⓒ チョガ・ザンビルのジッグラト、エラム（B.C.13世紀）

ジッグラト

（B.C.2900-B.C.2340）の周長は、9 km 以上に及んだ。市域の約 3 分の 1 は、神殿やその他の公共建築物で占められた。重要な建物のある 2 つの主要な地区は、それぞれ母神と天空神に関連するエアンナ神域とアヌ神域で、その起源は紀元前 5 千年期末に遡る。ウルク期末期（原文字 A 期と B 期）には、エアンナ神域は、それ以前のどれよりも大きい堂々たる神殿群になった。土塗仕上げのこれらの神殿は、その壁面の多くに、明らかにモザイク装飾として、焼成粘土製の円錐鋲が取り付けられていた。

その顕著な例は、直径 2.6 m の太い円柱を 2 列持つ、**円柱神殿**と呼ばれる建物で、基壇上につくられた。この円柱は現存最古の独立円柱で、直径が非常に大きいことと、放射状にレンガを積んでほぼ円形をつくる初歩的な円柱のつくり方からみて、建築技術の進歩を目指した、ためらいがちな試みであったことを暗示している。しかし円錐鋲モザイクの模様は、明らかにシュロの幹の模倣を示唆している。アヌの「ジッグラト」は 3 列構成を採用している点でさらに典型的なメソポタミア神殿である。これは実際にはジッグラトではない。高い基壇を持つ神殿の上に、次々に高い基壇を持つ新しい神殿がつくられたものである。

白神殿（p.73A）はアヌ神域につくられた一連の神殿の中で最も保存状態がよい。この神殿は基壇上に建てられた先史時代のメソポタミア神殿において、ジッグラト（聖塔）の起源を例証するといえよう。ジッグラトの構想は、2 つの独立した機能、すなわち沖積平野に聖なる山を再現する宗教的機能と、神殿の政治的・社会的・経済的卓越性を人々に絶えず想起させる世俗的機能とを組み合わせたものとみてよい。白神殿を頂く基壇は側面が傾斜しており、そのうちの 3 つの側面は浅い縦溝を備えていた。それとほぼ同じ高さの広々とした方形の副基壇が、神殿基壇の北隅と重なっており、副基壇に上る長いゆったりした階段の途中の踊り場から、各基壇の外周を迂回する斜路が分岐していた。神殿は当初、石灰乳を塗られていた。神殿内には神殿を縦貫する幅 4.5 m の広間とその両側に一連の小室があり、そのうちの 3 つの小室には屋上に上る階段があった。神殿の 4 つの入口のうち、主入口は長手の側面に偏心して設けられた。聖所へのアプローチは入口を通ってから直角に曲がる「折れ軸（ベント・アクシス）」型であった。聖所は広間の北隅にあり、高さ 1.2 m の祭壇を備える。広間のほぼ中央にレンガ造の供物台があり、それに接して低い半円型の炉があった。広間の内壁と神殿の外壁は、主として浅い縦溝で飾られた。基壇は高さ 13 m に及び、神殿の荘厳な台座であった。

当時すでに長い年月を経過していた**ウルのジッグラ**

トと聖域（p.73B）は、ウルナンム（B.C.2125 頃）とその後継者により大々的に改造された。この複合体はジッグラトとその中庭、それに付属する副中庭ならびに 3 つの大神殿で構成されていた。これらは全て城壁をめぐらした楕円形の町の中心にある長方形の基壇上に設けられており、町そのものがすでに周囲の平地より約 6.1 m も高かった。底面 62×43 m、高さ約 21 m のジッグラトは正規の方位でつくられ、その頂上に普通の形式の神殿をのせていた。このジッグラトは内部まで詰まった日干レンガ造で、一体的構造にするため一定の高さごとに筵（むしろ）を敷き込み、瀝青をモルタルとする厚さ 2.4 m の焼成レンガ積みで外装された。ジッグラトの側面は外側へわずかに湾曲してマッスの効果を強めており、その 4 隅には幅が広くて奥行の小さいバットレスがつくられた。外装レンガ積みにはそれを貫通する水抜き穴があり、これによって排水するとともにジッグラト内部を徐々に乾燥させた。ジッグラトの発見者ウーリーは、聖なる山としてジッグラトの各層には木が植えられており、規則的に灌水したためとするが、それよりも上記の説明の方がもっともらしい。

ウルのジッグラト神域の近くに、持送り積みの焼成レンガ造ヴォールトを架けた部屋のある 1 棟の建物があり、長い下り階段がそれに通じていた。ユーフラテス川の洪水を避けるため、建物の床は大急ぎで高く改造された。市内に埋葬されたとの裏付けはないが、この建物は一般に強大な**ウル第 3 王朝の国王たちの霊廟**とされる。

イシャーリにある紀元前 2 千年代初期につくられた**神殿複合体**（p.76B）は基壇型で、ジッグラトはない。長方形平面で、大中庭とそれより高い中庭があり、神殿は後者の中庭に複合体の主軸と直角に配置された。大中庭への入口の反対側に 2 つの小中庭があり、いずれも部屋で囲まれていた。

バグダード東北にある**ハファジェ**の**楕円形神殿**（p.76A）は、初期王朝とそれに続く時代に遡る珍しい神殿複合体であった。神殿の外側は楕円形だが、内部は直線で設計され、その四隅は東西南北の方位に向いていた。基壇は 3 段になっており、下段は前庭で、アーチを頂く入口の両側を塔で固めた町からの正門がある。前庭の片側には管理事務所か主任祭司の住宅と考えられる、多数の部屋を持つ建物があった。中段は工房と倉庫によって完全に囲まれた中庭で、その奥に高さ約 3.6 m の神殿基壇があった。この基壇へ上る階段の近くに、基壇の側面に接して屋外の犠牲用祭壇が 1 つ設けられた。中庭にはその他に井戸と 2 つの沐浴用水槽があった。楕円形神殿は特に神聖だったようで、建設にあたりそれ以前にあった建物の層位を貫通して

敷地全体を処女地盤まで掘り下げ、清浄な砂で埋め戻した。構造上必要な以上に深い基礎が砂中につくられ、基礎壁の間は粘土が詰められた。神殿の下の地盤はこのようにして浄化された。イシャーリにあるその後の神殿は、外側は楕円形ではないが、楕円形神殿とほぼ同じ配列であった。楕円形神殿のすぐ東北に、ハファジェの月神シンの神殿があった。この神殿には連続する10層の遺跡があり、5層は先史時代末期（ジェムデド・ナスル期）に、残る5層は3期にわたる初期王朝時代に遡る。このようにハファジェは主神殿を中心とする都市生活が、シュメールにおけるその発生当初から、北へ拡大したことを例証している。

初期王朝時代のシュメール建築だけにみられる特色は、プラノ・コンヴェックス・レンガ［訳註：かまぼこ型の日干レンガ］である。このレンガは矢はずに積まれたが、時には同じ方向に傾けて積んだ3層のレンガに、曲面を上にして水平に積んだ2-3層のレンガを加えて、不完全矢はず積みとした。

北部メソポタミアの**テペ・ガウラ**では、ウルクの最古層とほぼ同時期に、壮麗な宗教建築をつくろうとする最初の重要な徴候が現れた。すなわちこのように早い時期には類例のないことだが、その第13層では北、中央、東の3神殿が隣接して一群をなしていた。これらの神殿には特別寸法のレンガが使われた。

ウルの王墓（初期王朝時代第3期）は、シュメールの建築家の優れた技術を極めてよく示している。レンガ造が石造に変わりつつあった時期に建造されたこの王墓では、切り出した後は割っただけの、仕上げの施されていない石灰岩が使用された。このような荒石による組積造を使用していた事実は、墓室にヴォールトやドームを架けたシュメールの建築技術者の能力をいっそう注目に値するものとする。彼らは本当のアーチを心得ており、石や日干レンガ、焼成レンガで架構する本当のトンネル・ヴォールトも知っていた。竪坑の底に設けられる墓が1室以上で構成される場合、部屋の間の出入口にはしばしばアーチが架けられた。しかしながら、天井の構造に基づいてウルの王墓の年代順位を決めることはできない。というのは、ウル第3王朝では本当のトンネル・ヴォールトよりも幼稚な持送り積みのヴォールトが、一部の王墓だけではなく、非常に広く使われたからである。ウルの初期王朝時代第3期の墓地にある王墓の1つに、たぶんセンタリングとして使われた木製の枠組が発見された。アプスは2例発見された。ドームの最良の例は、全くもとのままの状態で発見された墓室の1つにみられる。シュメールの建築家は本当のアーチの原理を十分に修得していたように、ペンデンティヴの用法にも習熟していた。

ディヤラ川流域の**テル・アスマル**（エシュヌンナ）には、初期王朝時代を通じて連続する3神殿がある。初期王朝時代第2期に、当初の神殿に加えて2つの神殿がつくられた中庭の周りに、**方形神殿**が設計された。ここにはシュメールの地方様式でつくられた彫像の大保管室が残っていた。

初期王朝時代末期までメソポタミアの神殿は、長辺の1つに入口がある間接型、すなわち「折れ軸」型が一般であったが、その後は短辺に設けた入口を通り、長いまっすぐな経路で祭壇に近づく形式が標準になった。

マリの宮殿は紀元前3千年期末に建設され、バビロンのハンムラピ王に破壊される（B.C.1757頃）まで使用された。この大建築はその城壁内に国王の住居、応接・謁見の儀式室、事務室、文官養成学校、召使いの居住区と多数の倉庫を収容していた。若干の部屋から王室公文書であった数千枚の楔形文字粘土板が出土したが、これは古代近東で発見された重要な史料源の1つである。外から飛び道具を射込まれないように、この宮殿では外から大中庭に直接出入りできないが、これは古代近東の宮殿の特色である。国王一族の居住部分は、当時最盛期であったクレタのミノス（ミノア）文明との接触を示す壁画で飾られていた。王室居住部分に続いて文官事務室がある。そのうちの2室はレンガ造の長椅子を備えており、新入りの若い事務官たちが骨の折れるアッカドの音節文字表に習熟するよう教育されたことを示す粘土板がここから出土した。

全体として宮殿の設計は、光と空気を供給すると同時に各室への通路になる一連の中庭の周りに部屋を配列する、典型的なメソポタミア式である。室内は薄暗かったはずだが、出入口は高く、その一部を編物でふさいだだけであった。宮殿の大部分はおそらく平屋建であった。

4世紀にわたるカッシート人のバビロニア支配（B.C.1595頃-B.C.1171）の間は、概して美術や建築にみるべきものはなく、ウルその他における修復工事が特色であった。しかし現在のバグダードの西方32kmにあった新首都**ドゥール・クリガルズ**（現アカール・クフ）の王宮は、角柱の柱廊で両側を縁取られた中庭を含めて、いくつかの新しい特徴を持っている。バビロニアの東にはエラム王国があり、スーサを首都とした。その近くにウンタシュ・ガル王が紀元前13世紀に建設した**チョガ・ザンビルのジッグラト**（p.73C）があった。驚くほど完全なその遺構は、ジッグラト上部について、これまで以上に完全で正確なイメージを提供している。このジッグラトは5層で、最下層は他の4層よりも低く、各層はそれぞれ台座の上に立ち上がる。底面は107m四方、高さは約53mであった。4面の中央に

76 | エジプト、古代近東、アジア、ギリシア、ヘレニズム王国の建築

A 楕円形神殿、ハファジェ（B.C.3000年代） p.74 参照

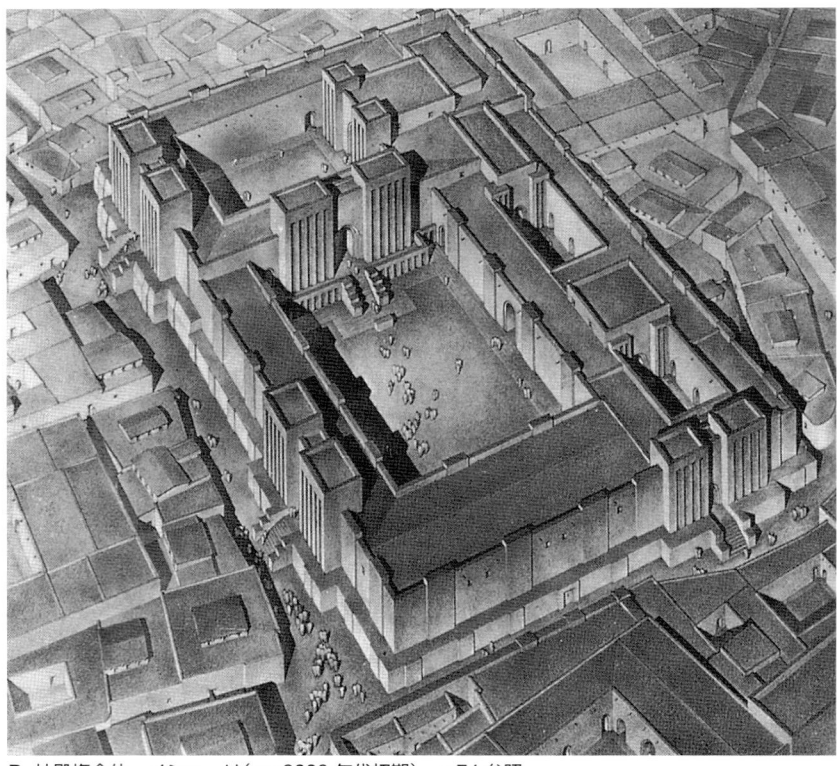

B 神殿複合体、イシャーリ（B.C.2000年代初期） p.74 参照

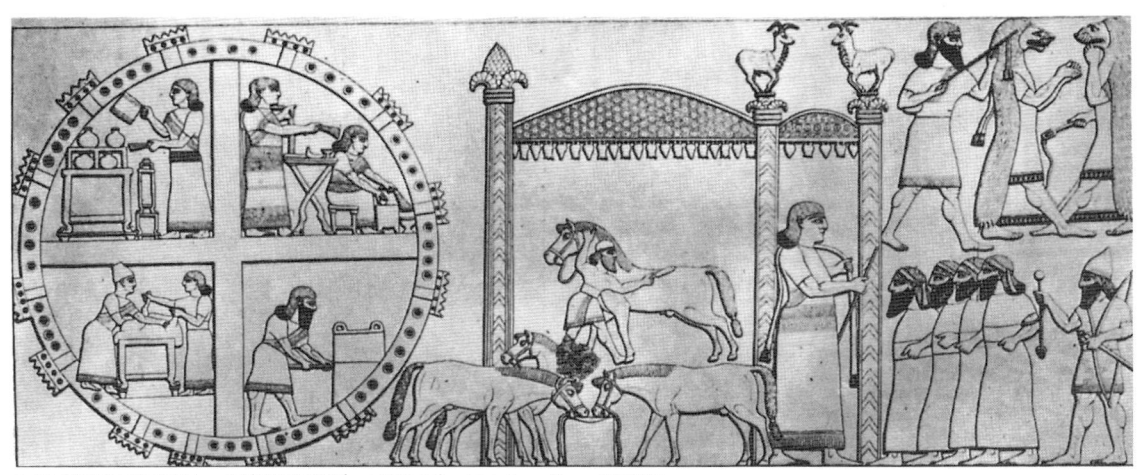

A　西北宮殿玉座室出土、石膏石の浮彫（B.C.879 頃）、ニムルード　p.79 参照

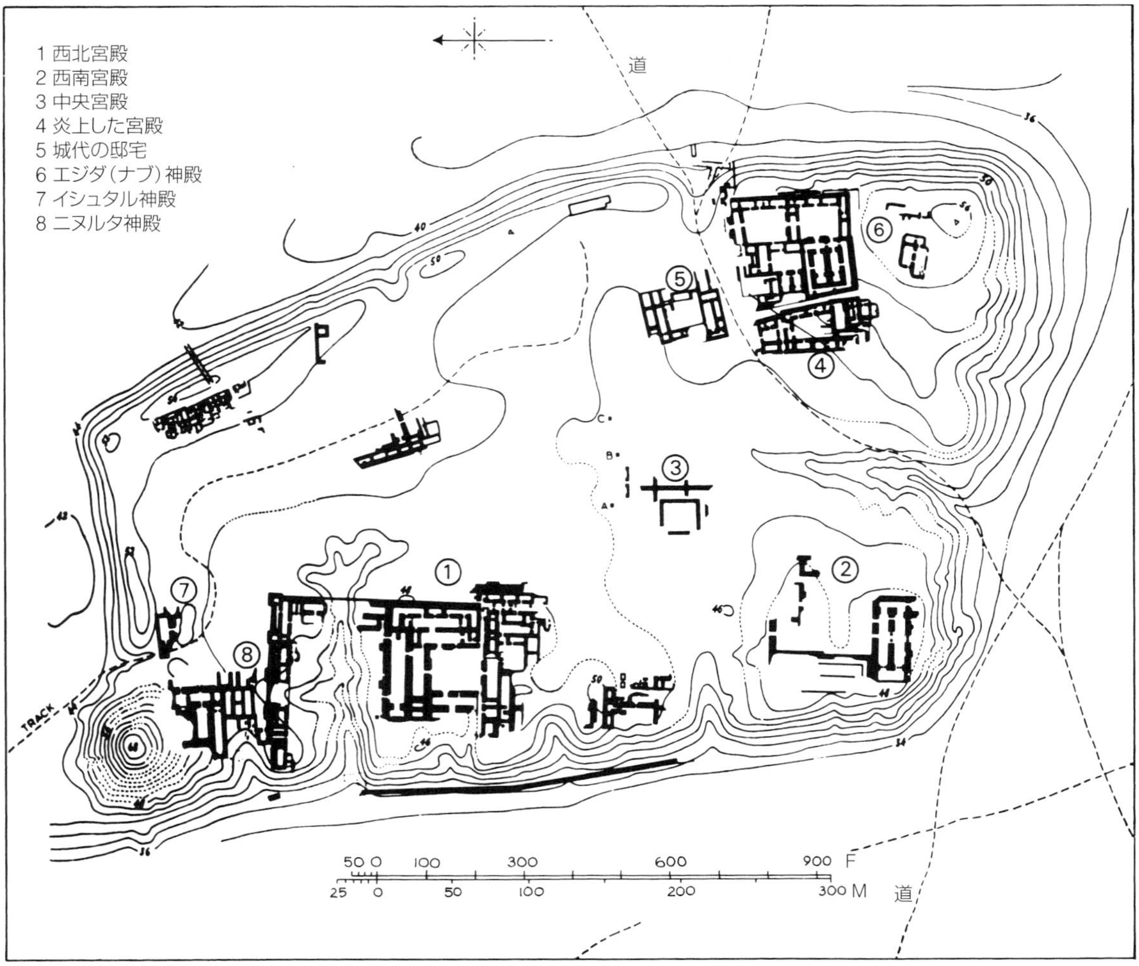

1 西北宮殿
2 西南宮殿
3 中央宮殿
4 炎上した宮殿
5 城代の邸宅
6 エジダ（ナブ）神殿
7 イシュタル神殿
8 ニヌルタ神殿
道
TRACK
50 0 100 300 600 900 F
25 0 50 100 200 300 M
道

B　内城の平面、ニムルード　p.79 参照

エジプト、古代近東、アジア、ギリシア、ヘレニズム王国の建築

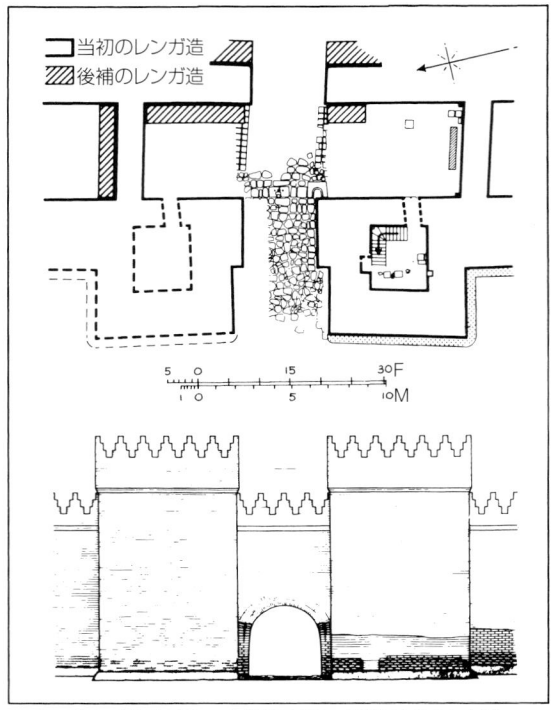

A シャルマネセル城（B.C.9世紀中期）、西門の平面と立面、ニムルード　p.83 参照

C テル・リマ、レンガ造の装飾らせん柱　p.79 参照

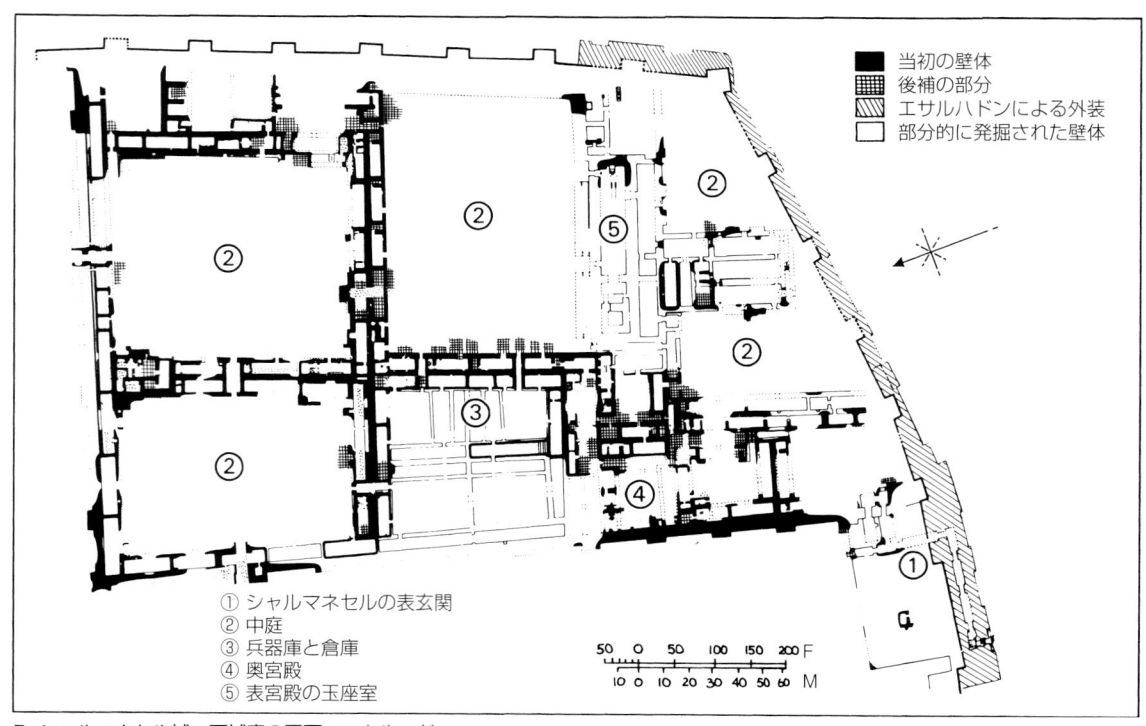

① シャルマネセルの表玄関
② 中庭
③ 兵器庫と倉庫
④ 奥宮殿
⑤ 表宮殿の玉座室

B シャルマネセル城、西城塞の平面、ニムルード

ある壁体へ湾入してつくられた階段で第 1 層の上に上るが、西南の階段だけは第 2 層の上に通じており、第 3 層以上は正面である東南辺の階段を上る。

アッシリアの建築

　前期アッシリア時代と中期アッシリア時代を含む紀元前 2 千年期に、アッシリアは存続のため戦わねばならなかった。その美術と建築は南部の美術と建築に密接に結び付いていたが、独自の特色が現れ始めた。アッシリア人が導入した彩釉レンガ積みは、この初期の数世紀を起源とした。しかしそれに次ぐ第 2 の新機軸は、通常薄肉彫を加工した大型の厚い板石を立てて腰羽目としたことで、アッシュールナシルパル 2 世（B.C.883 頃–B.C.859）時代に初めて現れた。アッシリアではジッグラトのある神殿もない神殿もつくられたが、後期アッシリア時代（B.C.911–B.C.612）までは支配者の役割を強調する宮殿の方が神殿よりもはるかに多く、また重要であった。テル・リマにおける発掘により、かなりの規模のレンガ造トンネル・ヴォールトを使用したことが判明した。

　アッシュール市は、アッシリアの古くからの宗教的国家的中心地で、首都がどこであろうと、常に重要な都市であった。アッシュールはティグリス川を見下ろす高い岩盤上に建設され、紀元前 2 千年期に堅固な城壁をめぐらした。郊外の住宅地を保護するための延長部分を含めて、紀元前 9 世紀には市外にもう一重の城壁が増築されたので、アッシュールは 3 km にわたってティグリス川に面することになった。しかし愛と戦争の女神イシュタルに捧げられた神殿の敷地に最初の神殿が建設されたのは、初期王朝時代であった。国神アッシュールのジッグラト神殿は、トゥクルティ・ニヌルタ 1 世（B.C.1244 頃–B.C.1208）により修復された。この国王と次の数代の国王の時代にアッシリアの建築家たちは、バビロニアの原型から意識的に離れる建築上の組合せをアッシュールで試みた。アヌ・アダド複合神殿では、神殿を挟んで双子のジッグラトを配置した。この他にジッグラトのない 2 神殿と 2 つの巨大な宮殿があり、宮殿のうちの 1 つは本来、行政用であった。

　モスルの西のシンジャール地区にある**テル・リマ**は、先史時代を通じて人々が高密度に定住した地域であった。紀元前 2 千年期初期のアッシリア最強の支配者シャムシ・アダド 1 世は、その城塞の丘になっている古い建築遺跡の上に、堂々たる規模で独特なデザインの神殿を建設した。そして次の世代に宮殿が建設されたが、その千年後に作成されたニムルードのぶどう酒リストを予告する、ぶどう酒割当の結果を記録した粘土板文書はこの宮殿から出土した。宮殿の平面はマリではなく、もっと遠いウルの宮殿に類似する。

　テル・リマには市外の町も 1 つあった。中央の遺跡丘の南側にある必然的に限られた範囲で、この神殿に先行する層位を発掘したところ、著しく洗練された「傾斜積みレンガ造」ヴォールトを持つ建物の、3 つの主な段階が明らかになったが、第 2 段階のドーム状ヴォールトは特によく保存されていた。ヴォールトに使われたレンガは壁体のものよりも小型で薄い。それは明らかに、ヴォールト建設中に必要な時間だけ、泥モルタルの付着力によりレンガのずり落ちを防ぐためである。この技術はバクダードに近いクテシフォンにあるもっと単純な形の 6 世紀のアーチでよく知られている。一般に迫石は放射状に積むが、ここではレンガアーチの各層を傾斜させ、先行するアーチに次のアーチを部分的に支持させるので、レンガは平を上に向けて放射状に積む。ヴォールトは通常その長軸の両端から積まれ、端部はそれぞれ壁体で支持された。これらのヴォールトは天井の入隅から広がるペンデンティヴに似た扁平な扇状レンガ積みで支持された。「傾斜積みレンガ造」ヴォールトを架けたこれらの建物は、紀元前 3 千年期末（ウル第 3 王朝）に遡りうる。しかし紀元前 2 千年期初期までには、神殿は全て放射状に迫石を積んだヴォールトを架けてつくられるようになった。

　ジッグラトとその足元の神殿とを密接に関連させる手法はアッシリアの特色で、ニムルードやホルサバードでよく知られている伝統の先駆けである。しかしそれらのファサードの装飾は、優れた職人技術とデザインの点で類例がない。単独のものや組み合わせたものを合わせて、ここには 227 本の円柱があり、そのうちの 50 本の太い円柱は、シュロの幹をらせん状に束ねたような形の複雑なデザインで、刻んだレンガでつくられた（p.78C）。神殿はバビロニア式で、日干レンガに関する専門的技術も、神殿形式の南方起源説と一致する。

　ニムルード市（古代名カラまたはカルフ。p.77–78、p.80）は、ここを王国の首都にしたアッシュールナシルパル 2 世（B.C.883–B.C.859）により修復、拡大された。この町の発掘は、550×320 m の規模を持つ内城（シタデル）内で主として行われた（p.77B）。内城は、延長 7.5 km もの城壁をめぐらした 358 ha の市街地の西南隅を占める。西北宮殿（p.77A, B）は、アッシュールナシルパル 2 世が建設した主宮殿で、その大中庭の北側には関連する複数の神殿を従えたささやかなジッグラトと、後に行政文書庫に使われた一連の部屋、南側には巨大な玉座室と奥宮殿があった。これはアッシリア宮殿の伝統的

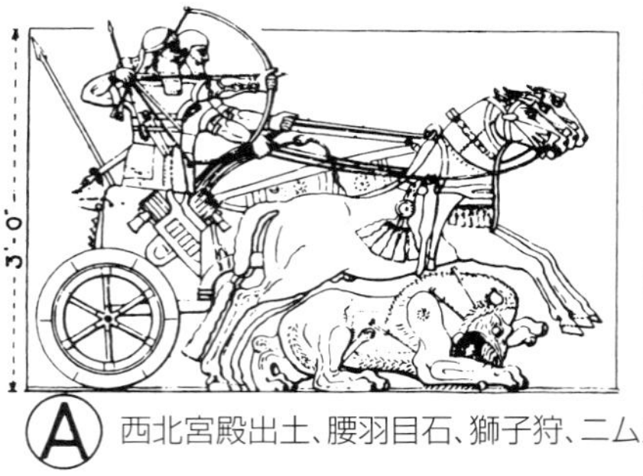

80 | エジプト、古代近東、アジア、ギリシア、ヘレニズム王国の建築

Ⓐ 西北宮殿出土、腰羽目石、獅子狩、ニムルード

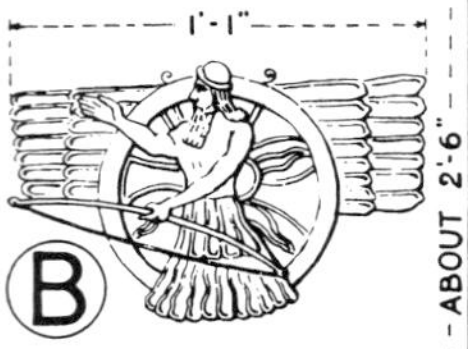

Ⓑ 人像付き有翼球

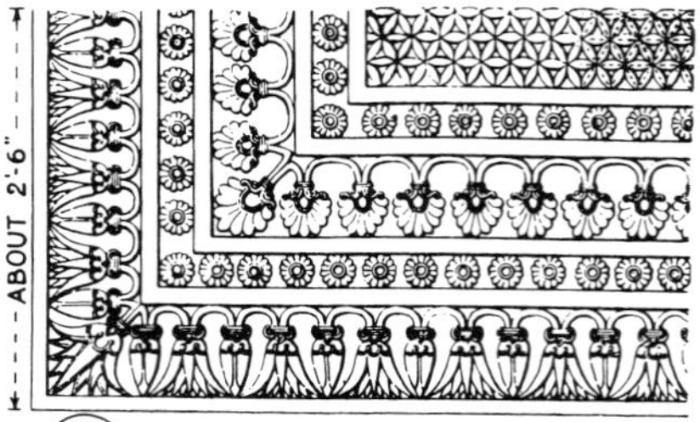

Ⓒ 大理石の鋪床、ニネヴェ出土

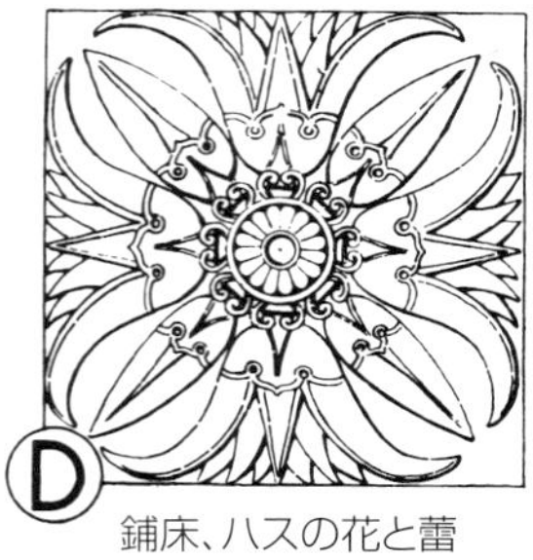

Ⓓ 鋪床、ハスの花と蕾

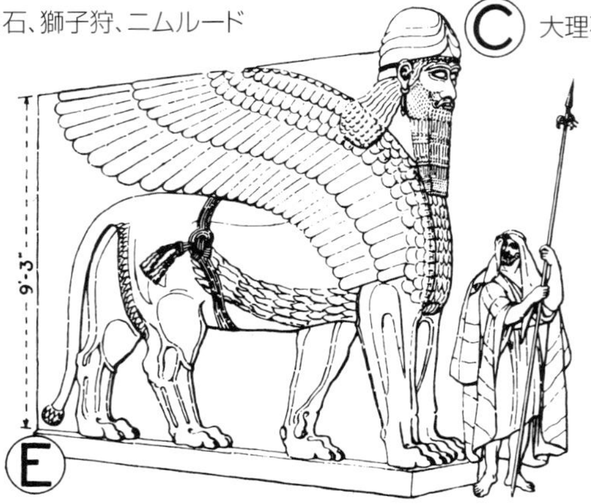

Ⓔ アッシュールナシルパル宮殿出土、人頭有翼獅子、ニムルード

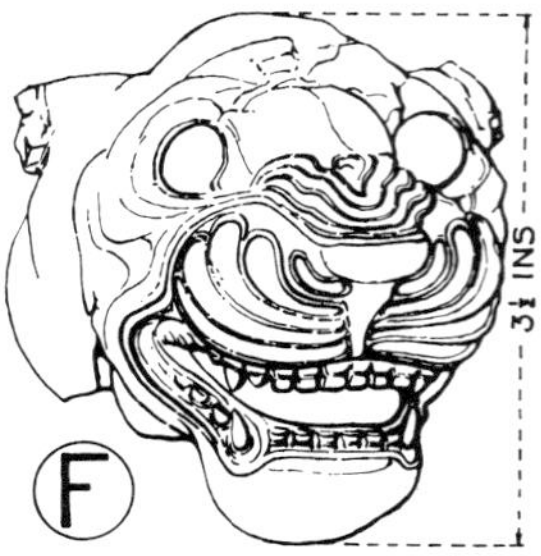

Ⓕ 白色石灰岩の獅子頭像

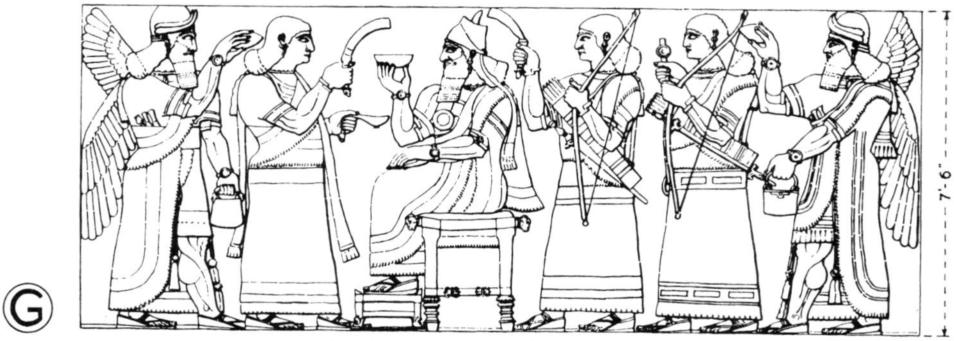

Ⓖ アッシュールナシルパル宮殿出土、腰羽目石、玉座の国王と随員、ニムルード

Ⓗ 有翼神、ニムルード

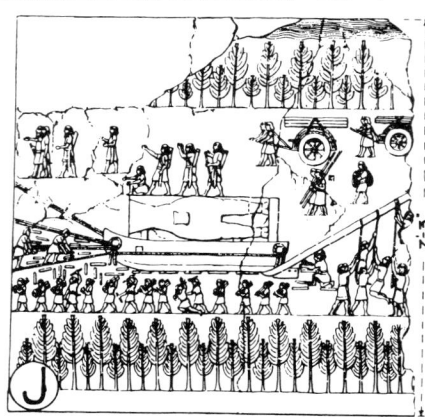
Ⓙ 牡牛像の運搬、ニネヴェ

Ⓚ エジプト王（象牙彫）

アッシリア建築の浮彫

PALACE OF SARGON : KHORSABAD

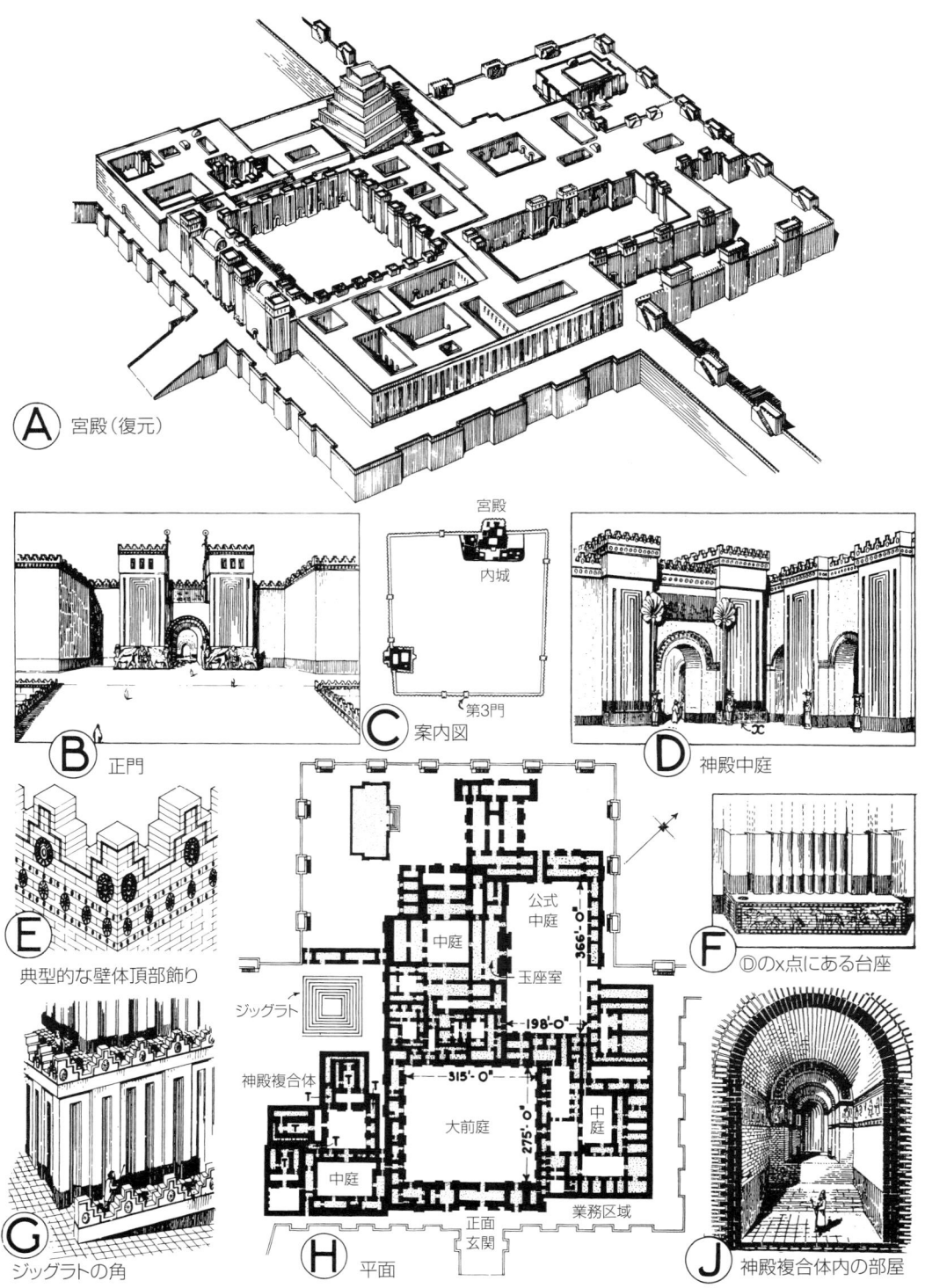

Ⓐ 宮殿（復元）
Ⓑ 正門
Ⓒ 案内図
Ⓓ 神殿中庭
Ⓔ 典型的な壁体頂部飾り
Ⓕ Ⓓのx点にある台座
Ⓖ ジッグラトの角
Ⓗ 平面
Ⓙ 神殿複合体内の部屋

サルゴンの宮殿、コルサバード

82 | エジプト、古代近東、アジア、ギリシア、ヘレニズム王国の建築

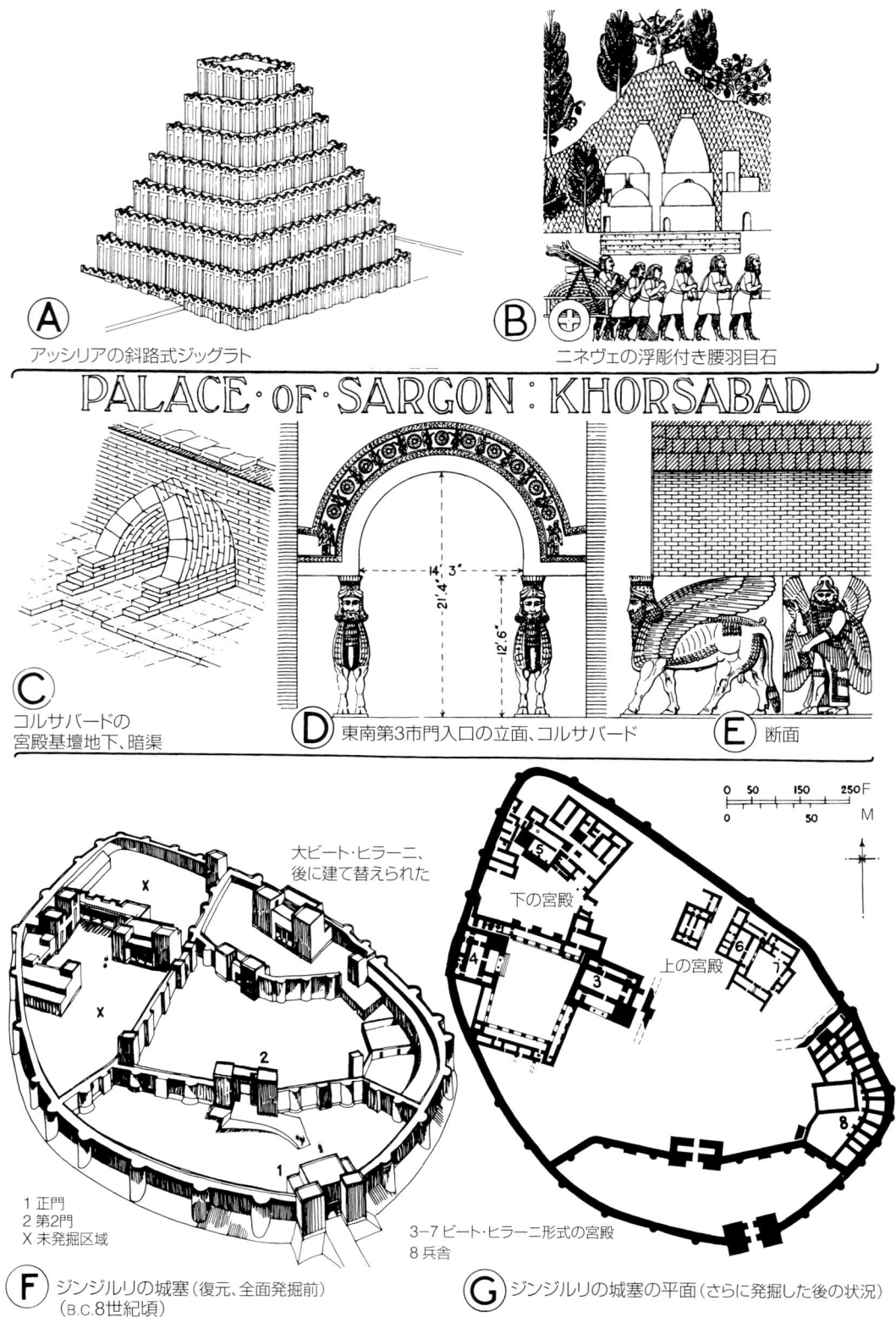

Ⓐ アッシリアの斜路式ジッグラト
Ⓑ ニネヴェの浮彫付き腰羽目石
Ⓒ コルサバードの宮殿基壇地下、暗渠
Ⓓ 東南第3市門入口の立面、コルサバード
Ⓔ 断面
Ⓕ ジンジルリの城塞（復元、全面発掘前）（B.C.8世紀頃）
 1 正門
 2 第2門
 X 未発掘区域
Ⓖ ジンジルリの城塞の平面（さらに発掘した後の状況）
 3-7 ビート・ヒラーニ形式の宮殿
 8 兵舎

斜路式ジッグラトと腰羽目石（上）。コルサバード、サルゴンの宮殿（中）。ジンジルリの城塞（下）

平面になったもので、この宮殿は初めて戦争や狩猟や日常生活を刻んだ大型の厚い板石で飾られた(p.77A、p.80)。

ニムルードのシャルマネセル城(p.78A, B)は、行政活動の中心として使用した内城の外にシャルマネセル3世(B.C.859-B.C.824)が建設したもので、宮殿、兵舎、兵器庫、倉庫に使用され、宮殿は通常の大玉座室を備えていた。当代の浮彫の証拠は極めて乏しいが、この宮殿にはアッシリア美術の好みのモチーフである、聖なる木を挟んで国王の姿を2度描いた彩釉レンガの華麗なパネル(p.84B)が1枚あった。宮殿を除いて城内は4つの中庭で構成されており、そのうちの1つは全て倉庫で、残る3中庭は沐浴室と戦車用「車庫」を含む近衛兵舎で囲まれていた。

アッシュールナシルパル2世とその子シャルマネセル3世は、モスルの西方40kmにある**イムグール・エンリル**(バラワト)に、神殿を持つ離宮を建造した。ここには、打出し工法の浮彫で紀元前9世紀のアッシリア戦争を描写している青銅帯で飾られた、3組の重厚な木造の門扉があった。この青銅帯の細部には、これまで知られている最古のウラルトゥの城塞がみられる。

ニムルードのエジダ神殿(p.77B)は、紀元前9世紀末頃建造されたもので、その主屋にナブ(文筆の神)とその妻を祭る二重神殿があった。その前の中庭の外れに、井戸が1つあった。書記たちが楔形文字を書く粘土板用の微粒子粘土に混ぜる水は、この井戸から汲まれたとされる。この主屋の北側にも類似の二重神殿を持つ翼屋があり、春の新年祭の儀式に使用された。

コルサバード市(p.81C)はニムルードに次ぐ重要な建物があったアッシリアの都市で、サルゴン2世(B.C.722-B.C.705)により開設され、その死とともに放棄された。城壁をめぐらした約1.6km四方の都市だが、市内全域が建物で埋められたことはなかった。狭い間隔に配置した塔で強化された城壁の各辺に、それぞれ2つの城門を開く(p.82D, E)が、北西城壁の城門の1つが設けられる予定の場所は、この町の主要建築の1つをほぼ収容する広大な内城によって占用された。ここには、王弟である大臣の宮殿、ナブ神殿、多数の宮庁建築と、それらを見下ろす**サルゴンの宮殿**があった。宮殿は、大小の中庭と廊下や広間からなる複合体で、9.3haを占めていた(p.81)。各建物は幅広い斜路を備えた基壇上につくられており、宮殿の基壇は城壁と同じ高さで、その敷地は城壁をまたいでいた。宮殿の大前庭への正門は、鮮やかな彩釉レンガで装飾した力強い半円アーチを支持する、高さ約3.8mの人頭有翼雄牛で守られた大塔で両側を固められていた。

宮殿はそれぞれ大前庭に接する3つの部分からなる。大前庭に入るとその左手は大小各3神殿を集めた神殿群、右手はサービス部門と政庁、正面は奥宮殿でその背後には表宮殿の儀式室がある。表宮殿は大前庭とほぼ同じ規模の中庭に面しており、中庭の腰羽目には、国王とその廷臣を浮彫りした高さ2.1m以上の大型の厚い板石をめぐらしていた。約49×10.7mの広大な玉座室は、専用の中庭を囲む儀式室の中で最も外側に設けられていた。立派な木材はまれで高価だったから、玉座室はたぶん木造平天井を架けた少数の部屋の1つであった。大型の厚い板石の腰羽目や浮彫付き腰羽目から上は漆喰壁で、約5.5mの高さまでは、連続模様で縁取られた三重の装飾帯が塗装されていた(p.84C)。壁は厚く、平均約6mであった。大前庭と神殿の中庭の装飾は、無地か浮彫付きの腰羽目に始まり、段状の胸壁に終わる、石灰乳仕上げの壁体や塔に施された縦溝によってつくりだされた(p.81D)。

宮殿の日干レンガ造基壇の内部には、雨水排水用の連結陶管が埋設され、その末端はやや尖頭のトンネル・ヴォールトで覆われた焼成レンガ造の大きい排水路に接続していた。このヴォールトは、木製センタリングの使用を避けるため、レンガ層を傾けて積まれた(p.82C)。この方法はエジプト人にもよく知られていた。

これまでは大型の厚い板石の腰羽目だけを指摘したが、3つの大神殿の正面下部には壁面から突出した高い台座があり、その表面は神聖なモチーフを描いた彩釉レンガで仕上げられていた。最も有力な復原案(p.81F)では、これはおそらく装飾青銅帯を巻かれたスギの高いマストの台座であった。その背後の壁は隣接する一連の半円柱で飾られていたが、これはシュロの幹を模倣した古い装飾モチーフの復活であった。

この都市にある唯一のジッグラトは、ニムルードと同様に、宮殿付属神殿に関連するが、付近にあるナブ大神殿にかかわらない点は注目される。45m四方で7層からなるこのジッグラトは、頂上の神殿を含めた高さ45mで、幅1.8mの斜路によって上る。各層は壁面を縦溝で、壁頂は胸壁で飾られ、各層ごとにそれぞれ異なる色で塗り上げられていた(p.81A, G)。

コルサバードでは太陽で乾燥して硬化したレンガではなく、未乾燥の軟らかいレンガを、モルタルをほとんど使わずに積み上げた点が特色で、町の建設を急いだことを示している。それはたぶん、貴族階級の勢力に対抗する国王の官僚層を強化するため、サルゴン2世がニムルードを捨てて処女地を首都にしたという内政上の理由に基づく。窯焼レンガは外装と舗床に気前よく使われた。宮殿の基壇には長さ2.7m、重さ23tにのぼる石材が使われた。宮殿ではレンガの上部構造がつくられる前に、浮彫付きの大型の厚い板石の腰羽

84 　エジプト、古代近東、アジア、ギリシア、ヘレニズム王国の建築

A　イシュタル門、ネブカドネサル2世時代（B.C.605〜B.C.563）に再建、バビロン　p.85 参照

B　シャルマネセル城、玉座室続きの間出土の彩釉レンガパネル、ニムルード　p.83 参照

C　サルゴン2世宮殿（B.C.722〜B.C.705）の壁画、コルサバード　p.83 参照

目が据えられた。宮殿の屋根にはスギ、イトスギ、洋ネズ、カエデが使われ、時には梁は塗装された。木材は豊富だったらしい。都市の周壁は約 20 m 以上の厚さで、高さ 1.1 m の切石造の基礎の上に日干レンガの城壁を積んだ。

ニネヴェ市はサルゴンの息子センナケリブ（B.C.705-B.C.681）により、アッシリア帝国の首都にされた。国王は治世の最初の 2 年間を、強大な城壁と、現在クユンジクと呼ばれる城塞の上にある彼の「無双の宮殿（西南宮殿）」との建設にあてた。この宮殿の模様を叙述した長い銘文が、19 世紀の発掘で出土した。そこでは建設作業、特に次々に重なった先行する建物の層でできた小山の上に堅固な基壇をつくるため、大量の労働力を投入したことが強調されている。その模様は大英博物館にある浮彫にも描かれている（p.80J、p.82B）。その他の浮彫は従来よりも詳細に戦争や狩猟の模様を示している。センナケリブの直後の後継者エサルハドンとアッシュールバニパルは、ニネヴェにさらに多くの宮殿を建設した。アッシュールバニパルの治世にアッシリアの浮彫は、獅子狩の作品とスーサの破壊（B.C.640頃）を頂点とするエラム王国との血なまぐさい戦闘の作品で最高潮に達した。アッシリアの滅亡直前、ニネヴェは弱点である町の東側を補足の城壁で強化したが、これは完成しなかった。この町はメディア人とバビロニア人の長期にわたる攻撃を受けて紀元前 612 年についに陥落し、再興されることはなかった。

給水は長い間、アッシリア王の主な関心事であった。アッシュールバニパル 2 世はザブ川から運河を掘削し、ニムルードに近い土地を灌漑した。センナケリブがジェルワンに建設した石造のアーチ式導水路は、ローマ人があげたこの種類の成果に先行するといえよう。

新バビロニアの建築

新バビロニアの建築はもちろん先行する数世紀間のメソポタミア建築から生まれたのだが、アッシリア建築に由来するものも多い。

バビロン市の遺跡はそれ以前の都市遺跡と異なるが、それは焼成レンガを使用したことが主な理由である。この町はセンナケリブにより徹底的に破壊された（B.C.689）ため、ネブカドネザル 2 世（B.C.605-B.C.563）により再建された。町は内市と外市からなり、両市とも堅固に武装された。主要な建物を収容する内市は 1 辺約 1300 m のほぼ正方形平面で、ユーフラテス川がその西側を画していた。少数の主要道路は截然と直交しており、城壁との交点には塔で固めた青銅の門が設けられた。主要道路の間には住宅、商店、神殿、祠堂、

小祠が重なりあって陽気に雑然と軒を連ねていた。町の主な敷地は川沿いにあり、それらの背後に大行列道路が走っており、その北向きの眺望はイシュタル門（p.84A）で遮られた。この門は極めて鮮やかな彩釉レンガで仕上げられ、青色の下地に黄色と白色の牡牛と竜を浮彫であしらっていた。門の近くに宮殿防衛の要塞があり、古代世界七不思議の 1 つとされた空中庭園（ハンギング・ガーデン）を川側に設けたネブカドネザルの大宮殿と連結していた。宮殿は全体として 275×183 m の規模であった。52×17 m の玉座室は、複雑に入り組んだ部屋の 1 つで、その長手の正面は彩釉レンガで装飾されていた。バビロンの主神マルドゥクの神殿は川沿いの敷地の中央にあり、その北側の広大な敷地にこの神殿のジッグラト、いわゆる「バベルの塔」があった。この著名なジッグラトは、初期メソポタミアで慣例の 3 つの階段を持つ重厚な下層階と、アッシリアの慣例に従って螺旋状につくられた上層階とを組み合わせたものだったらしい。平面は 1 辺 90 m の正方形で 7 層からなり、頂上の神殿は青色の彩釉レンガで仕上げられていた。

初期アナトリアとヒッタイトの建築

ヒッタイトはアナトリアの古代住民のうちで最もよく知られているが、彼らはアナトリアの最初の住民ではなく、そこに来た時（B.C.2000頃）、すでに長い伝統を持っていた建築を受け継いだのであった。メソポタミアとは違って、ここでは石材と木材をふんだんに使うことができ、高密森林地帯では木造軸組構造が普通だったに違いない。ごく初期に現れたアナトリア起源と思われる簡単な単位空間は「メガロン」であった。それは中央に炉がある長方形の部屋で、一端に出入口を設けるが、出入口の前には、側壁を延長した「アンタ」と呼ぶ袖壁で形成される奥行の深いポーティコ（玄関）がつくられる。この単位空間はアナトリアの両極端の気候におあつらえ向きだったが、あまりに単純なので各地でそれぞれ独自に発展した。最も有名な例は第 1 層集落（B.C.3500 頃-B.C.3100 頃）以後のトロイと、西南アナトリアのベイジェスルタンで発見されたメガロンである。現在のトルコの多数の村落の住宅は、木材を広く各所、特に平屋根に使用した日干レンガ造で、2 階建の時は 1 階を台所や倉庫やしばしば家畜房とし、2 階を居室とする。ほぼこれに通じる配置は、カネシュ（現キュルテペ）につくられたアッシュールの商人たちの定住地に発見されたが、彼らの住宅には窯焼粘土板の交易記録保管室があった。

ヒッタイト建築の現存する大部分の遺構は、紀元前

86 | エジプト、古代近東、アジア、ギリシア、ヘレニズム王国の建築

Ⓐ 王の門、市外側、ボガズキョイ（B.C.1360頃）

Ⓑ 新市域城壁の部分平面、ボガズキョイ（B.C.1360頃）

主城壁／補助壁

Ⓒ 柱礎、テル・タヤナト（B.C.8世紀）

Ⓓ 露天聖所と神殿、ヤズルカヤ（B.C.13世紀）
1 プロピュライウム
2 神殿中庭
3 プロピュライウム
4 露天回廊
5 聖所
6 小室

Ⓔ 神殿Ⅰと倉庫群、ボガズキョイ（B.C.14〜13世紀頃）
1 倉庫
2 道路
3 入口
4 中庭
5 神室
6 小室

ボガズキョイの門、市城壁、露天聖所、神殿Ⅰなど

14世紀から紀元前13世紀の「帝国」時代のものである。ヒッタイトの建築にはメソポタミアの影響が強いが、独自のものも沢山あった。高地にある町の城壁でも壁体の上部は一般に木骨日干レンガ造とするが、重要な建造物にはどっしりした石造が用いられた。その主な遺構は都市の城壁と神殿である。

ベイジェスルタンの宮殿の第5層（B.C.1900頃－B.C.1750頃）は、石灰岩の基礎の上に築いた日干レンガの壁体を木材で補強した顕著な遺構である。よく似ているとはいえないが、クレタ島のミノス文明の宮殿に通じるものがある。陶器その他の工芸品のように、建築においてもこの肥沃な西南アナトリア地方は、ヒッタイトの故国である中部アナトリア地方と異なる伝統を持ち続けた。

ボガズキョイのビュユックカレ（トルコ語で大城塞の意）では、何回にもわたるドイツ調査隊の精密な発掘作業により、ヒッタイトの首都ハットゥーシャ（現ボガズキョイ）の内城の配置を確実に把握できるようになった。武装された二重城門を通って前庭に入り、赤大理石の敷石をたどって広間を1つ通り抜け、中庭に出る。この中庭の東北端に、私生活部分である中奥の中庭と奥の中庭へ通じる、3つの通路を持つ門があった。中奥の中庭に面して約32m四方の大謁見広間があった。この広間には、下層の平行な壁で支持される1列5本の木柱が5列あったらしい。文書室は3室あり、最も小さい文書室には粘土板の元の分類を示すラベルがあった。敷地の上部では岩盤が露出しているが、250×150mに及ぶ内城の岩山は、紀元前13世紀までに全面的にこれらの政庁と居住施設で占められた。

ボガズキョイの新市域城壁（B.C.1360頃、p.86B）は、約120haの市域を囲んでいた。メソポタミアと同様にこの城壁は、二重壁の間を横断壁で連結し、壁で囲まれた区画を荒石で充填したケースメート構造であった。城壁は狭い間隔で方塔を突出させており、城壁の約6m前方に独自の小塔を持つ補助壁があった。城壁の外壁は特に堅固で、長さ1.5mに及ぶ長方形や多角形の粗面の大石を細目地でびっしり積み上げた。石壁の上は日干レンガ造で、摸型の断片から、塔と城壁の頂部はメソポタミアと同じ狭間胸壁（クレネレーション）を頂いていたことがよくわかる。城壁の5カ所の門が部分的に現存する。これらの門はその両側を大きな塔で固められており、出入口は特異な楕円形で、持送り構造でつくられたその上部は、一本石の巨大な抱き石の上にのっていた（p.86A）。幅の広い飾り迫縁が出入口をめぐっており、3カ所の門の抱き石は力強く突出する彫刻で飾られていた。「王の門」の抱き石の側面には、武装した人物が刻まれているが、これは戦士ではなく神である。「獅子門」の抱き石には獅子の前躯が彫られ、「スフィンクス門」の抱き石側面のスフィンクスは全身像を突出して刻まれたが、これらの彫像はアッシリア時代の怪獣彫刻に約5世紀も先行する。

ボガズキョイの神殿Ⅰ（p.86E）は、この町で確認された5神殿のうち最古で最大のものである。これらの神殿は、方位は一定しないが、その他の主な特徴を共有する。すなわち神殿は、中庭を囲む多数の部屋で構成され、中庭の2辺か2辺以上に歩廊か廊下を設ける。神殿Ⅰは舗装道路で囲まれ、道路の反対側には多数の倉庫があった。その多くはいまだに陶製の大壺で占められているが、1つは神殿の文書庫で、楔形文字板を収容していた。数室からなる1つの特別室が非対称に配置されており、その最大の部屋は聖所で、互いに隣接するいくつかの小室を回って聖所に到達する［訳註：その後の調査で、もう1つの聖所が対称的に配置されていることが判明した］。聖所の一端は外部へ突出しているので、神像は両側にある窓から照らされた。メソポタミアの神殿とは異なり、大部分の部屋は厚い外壁に設けられた窓で採光した。入口も非対称で、側面に引っ込んでつくられた簡単な玄関か、神殿Ⅰのように聖所と反対側の正面に設けられた玄関を通って出入りした。この神殿Ⅰには中庭の片側に、石灰岩でつくられた他の建物とは違って、聖所と同様に花崗岩でつくられた小室があった。アラジャ・ヒュユクに同じような神殿が1つあった。

ボガズキョイの東北約1.6kmにある**ヤズルカヤの露天聖所**（p.86D）は、ほぼ垂直の石灰岩壁に深く入り込んだくぼみで、幅の狭い奥壁に向かう両側の岩壁には、高さ約1mの約70体の男女の神々の行列が目線の高さに彫られている。その東側に隣接して浮彫を施した小聖所があった。聖なる木立を遮る神殿は、壁で連結された3つの建物、すなわち奥行の深いプロピュラエウム（門）と神殿本体ならびに専用通路を持つ大きな聖所からなる。神殿本体は3方を部屋で囲まれた中庭とその中庭にある壁で囲まれた小室とその左手にある角柱を持つ第2のプロピュラエウムで構成され、神殿はこのプロピュラエウムを通して聖なる木立に面していた。プロピュラエウムはミノス文明のクレタ島とミュケナイ時代のギリシアの建築にも現れる。

カナンとフェニキアとイスラエルの建築

紀元前2千年期のレヴァント、すなわち現在のトルコの東南国境地帯、シリアとレバノン、ヨルダンとイスラエルを含む地域の建築は、厳密には上記の表題で

述べることはできない。事実、フルリ人[訳註：紀元前2千年期にメソポタミア北部とシリアに居住した大きな民族集団の1つ。楔形文字をはじめメソポタミア文明をヒッタイトに伝えるのに寄与したとされるが、詳細は不明]は特に北シリアで、住民の重要な構成要素であった。

アンティオキア平野の**テル・アチャナ**(古代名アララク)にある2つの**宮殿**は他の種族ではなく、フルリ人の作といえよう。古い方の宮殿は小王国ヤムクハドの支配者でハンムラピと同時代のヤリム・リムにより建設された。これは本質的に個人の邸宅で、北翼に公室、南翼に私室を置き、南翼階上にあった壁画の痕跡が残る。ヤリム・リムの宮殿の最も興味深い特色は北翼にある玄武岩のオルトスタットで、すでに指摘したように、これは後にヒッタイトとアッシリアの建築で慣用されるオルトスタットの最古の例である。日干レンガの上部構造の補強に木材を盛んに使用する点で、この宮殿はメソポタミアよりもアナトリア系であった。約3世紀後につくられたニクメパの宮殿は、古い宮殿のデザインを洗練させた、もっと大規模で公的な建物である。

ラス・シャムラの宮殿(古代名ウガリト)は、地中海に臨む北シリアの繁栄した都市にあり、その平面はヤリム・リムの宮殿とニクメパの宮殿の中間のものらしい。ウガリトはアララクよりはるかに重要な都市であったが、その宮殿の平面はニクメパより進歩しているわけではない。レヴァントの諸都市国家の疑う余地のない成功は、少なくとも従来の発掘成果をみる限り、その建築に適切に反映されなかった。ウガリトにある14家族の一群の地下納骨所は全て、優れたデザインと施工技術でつくられたもので、地下への階段を持つ短い羨道(せんどう)と持送り構造のヴォールト天井を架けた長方形の墓室で構成される。これらの納骨所は明らかに、住民の中のエーゲ海系の人々、たぶん商人たちのものとすることができる。包囲された時の出撃用裏門トンネルはよい施工だが、このトンネルを含めてウガリトの粗野な組積造の防御施設は、納骨所よりも古い(たぶん紀元前15世紀)。切石造の宮殿建築は紀元前13世紀に属する。それはパレスティナでまずダビデとソロモンの統一王国時代に、その後特にイスラエル王国で紀元前10世紀以降に用いられた質の高い組積造に比肩する最初の建築である。この2つの時代を結ぶのに欠けているのは、フェニキア人であった。彼らの都市は大部分ギリシア・ローマ都市と十字軍の城郭の下にあってまだ十分に調査されていないので、彼らの建築上の業績はいまだに主として旧約聖書の記述に基づいて評価されている。

オムリにより創設され(B.C.880頃)、イスラエル王国がアッシリア帝国に併合された時に攻略されたその首都**サマリア**では、発掘によりイスラエルの物質文明に関する極めて一貫した情報が得られた。当時の建築には6つの段階があり、第1段階と第2段階は切石を丁寧に接合し、石層を同じ高さで水平に積む組積造を用いた点が特色である。

フェニキアの工人がレバノンから輸入したスギの梁をかけた**エルサレム**のソロモンの神殿は、何も残っていない。市壁内の建物の遺構はほとんど発見されなかったものの、ジェブジット人[訳註：ダビデが征服したカナン人]時代と、ダビデがユダヤ王国の首都にした後のエルサレムでは、長くて複雑に連続する防御施設の多くが発掘により明らかになった。市中にあるヘゼキアのトンネルとネゲヴ砂漠の貯水池は、ユダヤ王たちが、サマリアの致命的弱点である給水に絶えず関心を払ったことを証明している。

北王国の**メギッド**と**ハツォール**および南王国の**ラキッシュ**と**テル・ベイト・メルシム**は、イスラエルの主要な遺跡である。アカバ湾頭にあり、後にエラースと呼ばれた**エジオン・ゲベル**には、ワディ・アラバー産出の銅の精錬所が建設された。その周囲に従業員宿舎があり、それら全体をめぐって防壁が築かれたが、後者はソロモンの時代に建設されたものである。聖書によればソロモンはハツォールとメギッドとゲゼルの町に防備を施したとされるが、これらの全てに多数の部屋を持つ同じデザインの門が発見されており、メギッドでは、その後の数段階を通じて存続した。これらの門は、ある程度確実にソロモン時代の作とすることができる部分を含んでいる。

シロ・ヒッタイトの建築

シリアの特色である柱廊玄関付き住宅「ビート・ヒラーニ」が、シロ・ヒッタイト文明において発達した形で認められるのは紀元前千年期初期からだが、その起源はアララクにあるヤリム＝リムの宮殿にさかのぼらしい。シリアにおける文化の伝統は、ヒッタイト帝国の崩壊後も完全に断絶することはなかった。しかし住民に多くのヒッタイト人がいたカルケミシュの発掘では、不運にも町の防御施設の前後関係と数群の浮彫付きオルトスタットの相対的年代を明らかにできただけであった。彫刻の「長壁」はカルケミシュの当時の支配者カトゥワスの戦勝行列を描写している(B.C.900)。

発掘がはるかに進んでいるので、**ジンジルリの城塞**(p.82F, G)の配置はもっと明瞭である。これは西アジアに著しく多い、完全に円形の町で、城壁をめぐらしており、その城塞は楕円形平面で町の中央の丘の上に

あった。城壁は当時の典型的な構造で、荒石の基礎の上に切石を2層積み上げ、その上に木骨日干レンガ造の壁体を築いた。城塞の内部は、「上」の宮殿と「下」の宮殿への通路を確保するため、紀元前8世紀頃に建造された横断壁で複数の防御区域に分割された。各宮殿にビート・ヒラーニがあり、下宮殿にある2棟は特にはっきりしている (p.82G)。この2棟は柱廊をめぐらした大きい中庭の対向側にあり、それぞれ右側に階段を持つ2柱式柱廊玄関を備える。玄関を通って横長の広間、つまり玉座室に入るが、玉座室の背後には寝室や浴室を含む一連の小部屋があった。玉座の正面には円形の炉が1つあったが、上宮殿の玉座室では、青銅製の車輪の上に鉄製の炉床をのせた移動式の炉が用いられた。玄関の柱は木製で、石造の柱礎は一対の獅子か怪獣、あるいはギリシア古典時代のイオニア式柱礎の最古の変種に通じる3枚重ねの飾り座布団の形につくられた。アンティオキア西方のテル・タヤナトでは、両方の形の柱礎がみられる (p.86C)。ヒッタイトの古来の伝統と、ある程度は当時のアッシリアの慣例により、門は石造の怪獣で守られ、浮彫付きオルトスタットで飾られた。

最盛期 (B.C.900頃-B.C.720頃) の**ハマトゥ市**はその城塞に、2つの城門と、たぶん神殿と考えられる建物1棟と、2つの宮殿を含む壮麗な建築群があったことが特色で、宮殿は1つ (建物Ⅱ) だけが全面的に発掘された。主要な城門 (建物Ⅰ) はその入口の前の踊り場に到達する長い階段を備えるが、平面はカルケミシュのような北シリアの都市の城門よりも単純である。オルトスタットも使われているが無装飾で、ハマトゥの彫刻はほぼ見張りの獅子だけに限られる。門の両側には塔を設けるが、どちらの側にも門衛室はない。宮殿の正面はバットレス付きで、柱廊玄関のない点が目立つ。金箔の痕跡と赤、青、白の漆喰の破片から、宮殿の階上にあった居住区の豊かな装飾がうかがえる。中央の中庭に投げ出された状態で出土した玄武岩製の玉座と窓格子は、たぶんこの居住区にあった。階段は明らかに2つの直進部分からなり、下半分だけが現存する。それを主な手がかりとして発掘者は、宮殿の高さを約14.4m、上階の高さを7mと推定したが、上階の倒壊したピアはレンガ48枚積みであった。古代近東の多くの遺跡は保存状態が悪いので、当時の建築家の業績をすぐには把握しにくいが、ハマトゥはそうした遺跡の好例である。当時のハマトゥは現在のように、シリア内陸の指導的都市の1つであった。ハマトゥだけではなく一般に後期ヒッタイトの都市は、紀元前745年以降、アッシリアが台頭するにつれて急速に衰退した。

ウラルトゥの建築

敵対するアッシリア人にウラルトゥ (アララト) として知られるワン王国の建築の起源は、王国そのものの起源と同様にはっきりしない。

要　塞

これまで知られているウラルトゥの最も典型的な建物は多数の要塞で、その多くはワン湖周辺の戦略的拠点に設けられたが、その他の要塞はもっと遠いイラン西北のウルミエ湖周辺、特にアラクセス川流域につくられた。城壁の下部には、巨石積みのような大型石材を積み、定間隔にバットレスや塔を設け (p.90A)、上部は日干レンガ造とした。アナトリアのように豊富ではないが、屋根には木材を使用できた。またぶどう酒や油や穀物用の大壺を収容する倉庫も慣例的な特色の1つである。

ウラルトゥの首都**ワンの城塞**は、難攻不落であったに違いない。その南側は絶壁で、ずっと後世につくられた建造物の間に、約90mにわたってウラルトゥの城壁 (B.C.800頃) が現存する (p.90A)。この城塞の西端の足下に、石造の重厚な基壇が1つある。これは祠堂とも思われるが、たぶん城塞の入口と、泉から城内への給水路とを守る一種の出城である。この城塞はワンを王国の首都として創設したサルドゥリ1世が建造したもので、若干の石材の断面は1.2m四方、長さは5.2mに及ぶ。ウラルトゥの多くの要塞と同様に、この城塞の防御施設は、ほぼ確実にメヌア王時代につくられた。この時代 (B.C.810-B.C.786頃) とルサ2世時代 (B.C.685-B.C.645頃) は、ウラルトゥの歴史における活発な建設活動期であったと考えられる。

ワン東南の**シャヴシュテペ**には、ホサップ川渓谷中央の岩盤尾根上につくられた細長い城塞がある。ウラルトゥ建築の主な特色は洗練性よりも重厚さにあるらしいが、この城塞はウラルトゥの平均的な建物よりも高い水準の建築の存在を示す数少ない遺構の1つである。トプラクカレ (ワン湖周辺) 出土の青銅製模型に表現されている、玄武岩の一本石に刻まれた盲窓が丘腹に落下した状態で発見された。シャヴシュテペの周壁は石灰岩の組積造で、その目地は大部分斜めだが、全て見事に仕上げられている。その神殿とともにこの遺跡はサルドゥリ2世時代のもので、この国王はアッシリアのティグラト・ピレセル3世に敗れるまで、ウラルトゥを最盛期に導いた。

エレヴァンのすぐ市外にある**カルミル・ブルール** (古代名テイシェバイニ、p.91A) は、ウラルトゥの要塞兼行政センターの注目すべき例で、塔とバットレスを持

エジプト、古代近東、アジア、ギリシア、ヘレニズム王国の建築

A ウラルトゥの組積造、ワンの城塞（B.C.800頃） p.89 参照

B 神殿、アルティンテペ（B.C.7世紀） p.93 参照

第 4 章 古代近東 | 91

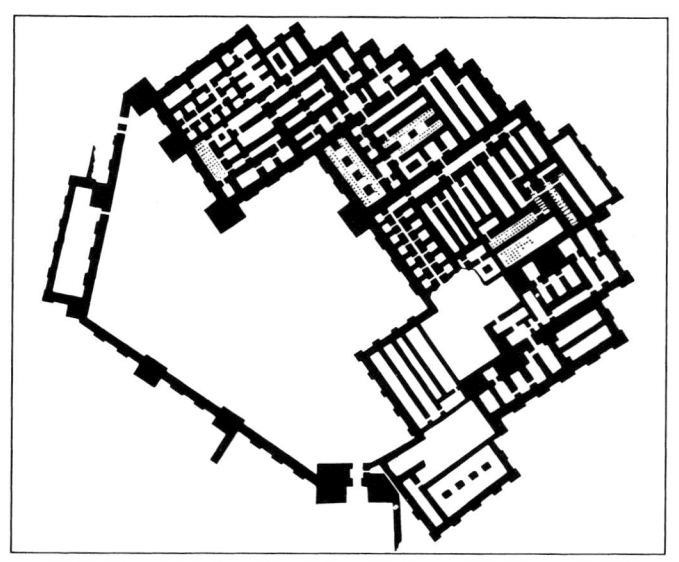

A 城塞の平面、カルミル・ブルール（B.C.685 頃-B.C.645 頃）　p.89 参照

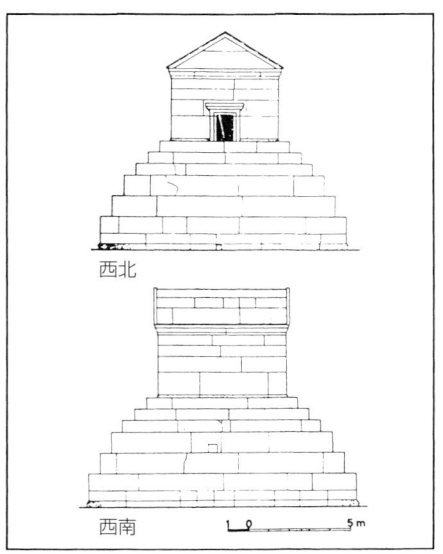

B キュロスの墓廟、西北立面と西南立面
p.93、p.98 参照

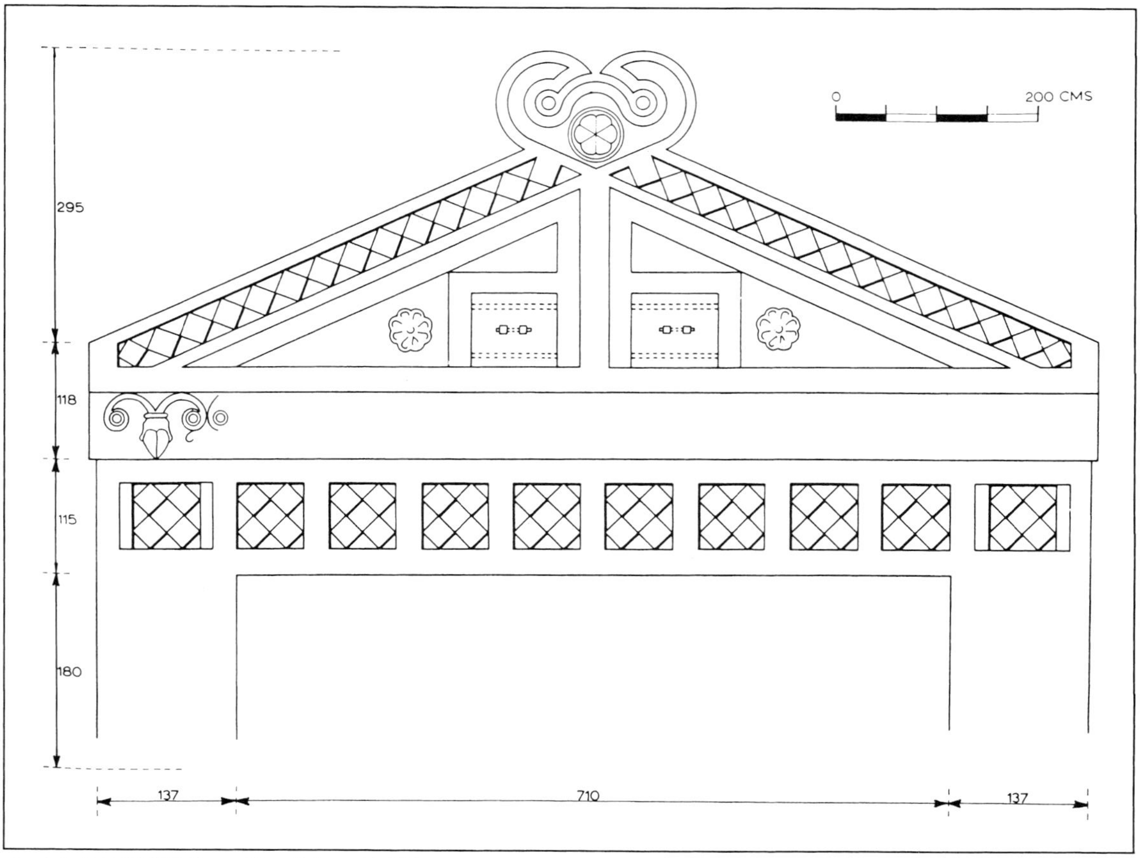

C 未完成の摩崖建造物、フリュギア　p.94 参照

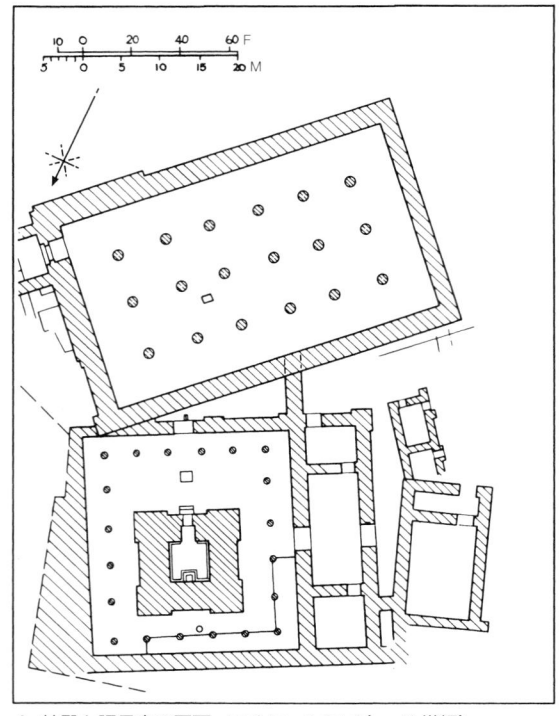

A 神殿と謁見室の平面、アルティンテペ（B.C.7世紀）
p.93、p.94 参照

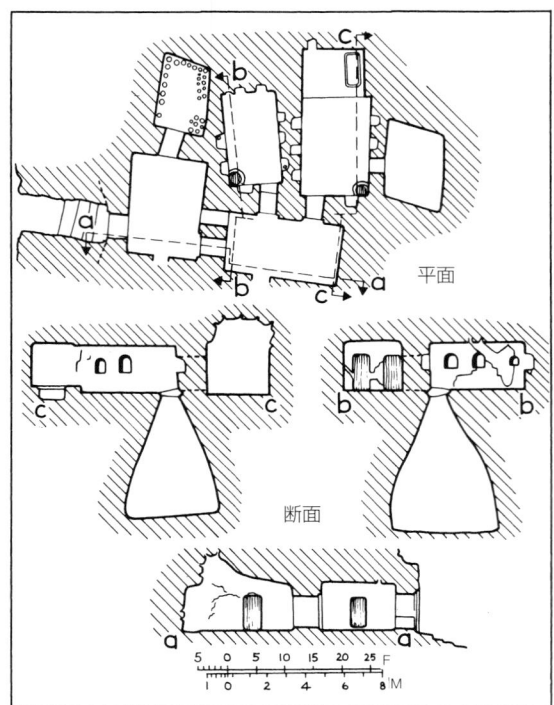

B 墓の平面と断面、カヤリデレ（B.C.700頃）　p.93 参照

C ルサ2世（B.C.685頃-B.C.645）の銘を持つウラルトゥの浮彫、背景は狭間胸壁付き要塞、ケフカレシ　p.93 参照

つ周壁や重厚な城門や閲兵場を備えており、建物の1階は全て倉庫である。

ワン湖西北岸に臨むアディルジェヴァズ山上にある**ケフカレシの城塞**は、同時期（紀元前7世紀）の建物である。パトノスに近いアンザヴュル山の麓にある、武装された大きな囲い地は、あまり典型的ではない。これはメヌア王時代（B.C.810-B.C.786頃）のもので、立地からみて複合軍事施設だったらしい。

イラン西北端に近い**バスタムの城塞**は、ワンへ通じる道路を監視するため、ルサ2世（B.C.685頃-B.C.645頃）により建設された。その大部分は、片側が尾根から谷まで切り立った崖になっている丘の反対側の、険しい岩だらけの丘腹につくられた大規模な段丘状建造物からなる。主な建造物は南北両端の門と列柱広間と城外の平地にある大厩舎1棟である。

神殿

ウラルトゥ建築の最も特色ある作品は神殿で、その当初の外観は武装した高塔に似ていたに違いない。神殿は壁体の出隅に浅いバットレスを付けた正方形を標準平面とし、基礎は通常、極めて美しく滑らかに仕上げた玄武岩の切石造で、要塞の城壁よりもはるかに質が高い。

カヤリデレにあるやや粗野な組積造の**神殿**は、正面の長さは12m以上、壁厚は3.2mに及び、内部はかろうじて5m四方にすぎない。このような厚い壁体は高さが非常に大きいことを意味する。ムサシルの町にあるウラルトゥの主神ハルディの神殿を描いたアッシリアの浮彫は、もっとずんぐりしたプロポーションを示唆するが、それは浮彫のスペースが限られたためであった。**ナクシェ・ルスタム**にあるアケメネス朝の**拝火神殿**（p.96C）は、ウラルトゥの標準的な神殿が2つの立方体を重ねたプロポーションであった可能性を暗示する。ムサシル神殿の浮彫が示唆するように、もしウラルトゥの神殿が切妻屋根を架けていたとすれば、その屋根は石造ではなく木造だが、パサルガダエにある**キュロスの墓廟**（p.91B）の屋根に似ていたかもしれない。

カヤリデレの他に**アンザヴュル**（メヌア王の年史の銘刻を持つ）、**シャヴシュテペ**、**トプラクカレ**、**アルティンテペ**（p.90B、p.92A、神殿が建つ中庭の周囲に柱廊をめぐらす）に標準平面の神殿がある。ワンその他には露天の岩窟神殿がみられる。

トプラクカレの神殿は石材正面の中央部を粗面とし、目地をくぼませて平滑につくるルスティカ積みを用いた点で注目される。これは紀元前2千年期にウガリトで認められるが、ウラルトゥ人がこれを独自に発達させたのではないことを示唆する十分な証拠はないようである。トプラクカレでは色の異なる石灰岩と玄武岩を、対比によって互いに引き立てるように嵌め込んで使用した。

ウラルトゥ人特有の墓は、堅固な岩から切り出され、壁面に灯明や供物用のニッチが刻まれた。ワンの城塞の南側やカヤリデレにある墓がそれである。アルティンテペにも似たデザインの墓があるが、これは組積造で、城塞の頂上のすぐ下の丘腹中に建造されている。アルティンテペの墓には偽似ヴォールトが用いられており、**カヤリデレ**では上の部屋の床に設けた開口だけを通路とする、びん型断面の竪坑形式の墓がある（p.92B）。

シャミラム・ス（セミラミス運河）は、ウラルトゥの歴代国王の土木工事の大部分を占めた運河と貯水槽のうちの最も著名なもので、ワン東南のホサップ川渓谷の水を、首都周辺の畑や庭園に送るため、メヌア王により建設された。この運河は現在でもその大部分を視認できる。

ウラルトゥでは彫刻ははっきりせず、その出現は遅かった。ケフカレシにある浮彫（p.92C）は、狭間胸壁とスリット状の細い窓と出入口を示している。トプラクカレ出土の青銅模型は、日干レンガ造の上部構造について同様の事例を示している。この伝統的な日干レンガの上部構造は、（ケフカレシやカルミル・ブルールにおけるように）火災で焼かれた一部のレンガを除いてレンガを残さず、石造の基礎だけが一般に生き延びる典型的な構造である。

宮殿

アルギシュティ1世は後のカルミル・ブルールの近くに**アリン・ベルド**（古代名エレブニ）市を建設したが、**アルギシュティ1世の宮殿**（B.C.786-B.C.764頃）は既知の最も重要なウラルトゥの宮殿である。この宮殿はアッシリアの様式を翻案した正式の宮殿様式の壁画で装飾されていた。この壁画は外来の影響がほとんどまたは全くないいっそう自由な形式で、若干の作例を持つ。この宮殿には2つの入口のある玉座室と、石造柱礎を持つ14本の木柱で支持された木造柱廊を備える中庭が、それぞれ1つあった。

パトノスに近い**ギリクテペ**で小規模な宮殿が発掘された。二重にくぼんだニッチで飾られたその大広間は、ウルミエ湖の真南にある主要な遺跡である**ハッサンルーの大城塞**（B.C.1100頃-B.C.800頃）の建築との類似を示している。この大城塞は拡大するウラルトゥ王国がその建築、少なくとも日干レンガ造建築のために、若干のインスピレーションを引き出したと思われる地方に

ある。
　エルジンジャンに近いウラルトゥの西北国境のそばにある**アルティンテペ**(p.92A)では、木造ではなく日干レンガ造の上部構造を、3本を1列とする6列の列柱で支持した43.7×24.7 mの謁見室を持つ宮殿が発掘された。石製柱礎の直径はほぼ1.5 mで、約5.2 m間隔に配置されている。この謁見室はその最終的消滅の時からあまり遡らない、紀元前7世紀のウラルトゥ再生期のものらしい。

フリュギア王国の建築

　王国の首都**ゴルディオン**で発掘された建築は、「メガロン」形式の住宅を含んでいる。これらの住宅はメガロンの主な特色である側壁を延長したアンタを両側に従えた正面ポーチを持ち、ここを通って中央かほぼ中央に炉のある大室に入る。これはアナトリアの厳しい寒暑の気候に適していた。たぶん近代トルコの農村住宅との比較から、これらの古いメガロンが、陸屋根以外の屋根を架けていたかどうかが一時疑われた。幅が非常に大きく、中央に柱がないことだけでも、陸屋根ではないことを暗示するといえよう。メガロンの壁の落書きと、中央と両端の3枚の破風で支えられたゴルディオン大墳丘内の木造墓室、およびいわゆるミーダス・シティのものを含めて、少なくとも10個のフリュギアの摩崖建造物(p.91C)により、切妻屋根の存在が立証される。フリュギア人は墳丘に埋葬する習慣を導入したので、この建造物群は墓ではなく、祠堂である。ゴルディオンの城門の主出入口はその正面に対して明らかに傾斜している。このこととニッチやバットレスが定間隔になく、比較的小型の石材を使用したことからみて、これらの防御施設は形式も構造も、ウラルトゥのそれとは全く異なる。
　ミーダス・シティの摩崖祠堂のファサードは、ゴルディオンの落書きのように、破風の頂点で交差する木材を示しており、またその他の建築的特色も明らかにしている。ある部屋は丸太造住宅に似せて刻み出されており、いわゆるミーダス夫人の墓では雨戸を閉めた窓が破風に2つ彫刻され、扉は内開きで表現されている。いわゆる壊れた墓は、3方にベンチを持つ住宅の居間を表す大きな1室を岩壁から彫り出しており、獅子の墓では室内にベッドを刻み出している。
　フリュギア建築の特色は装飾にテラコッタを使用した点で、中央アナトリアのゴルディオンとパザルリの例がその代表である。ミーダス・シティの2つの祠堂のファサードでは、テラコッタを幾何学模様にも使ったらしい。これらのテラコッタ・タイルは切妻屋根の建物のペディメントの下に、フリーズとして使われたようである。ゴルディオンにあるフリュギア時代の若干の建物ではその木造軸組に、垂直・水平方向に格子状の部材が用いられた。大墳丘の墓室とそこで発見された装飾家具とともにこれらのものは、アッシリアとたぶんウラルトゥに多くを負いながらも独自性を維持したフリュギアの木材加工の多様さと、本質的にアナトリア文明であるフリュギア文明が達成した技術水準の高さを証明している。

メディアとペルシアの建築

　キュロス大王以前のメディア人とペルシア人の建築上の業績は、西部イランのゴディン・テペ、ババ・ジャンおよびヌーシェ・ジャンで発掘された紀元前8世紀から紀元前7世紀の建物のうちに近年認められた。
　ゴディン・テペの第2層にある上部城塞は、初めから武装邸宅(小宮殿)を含んでいた。この建物は大小各1室の列柱広間を中心とし、それに付属の小部屋や倉庫群を加えて構成されており、全体は突出堡付き城壁と1基の塔と矢狭間で守られていた。
　ババ・ジャンの第2層と第1層の邸宅は、8基の角塔で固めた恐るべき外観であったに違いない。これらの塔のうちの1つは、第1層を主入口としての柱廊玄関に変えた。塔を備えた城壁の内側は、両側に長い部屋を各1室配置した長方形の中庭で、後にこの中庭は屋根を架けられた。同じ敷地の別のところにある同時代の建物には、強烈な色調の壁タイルを使って、他では知られていない様式で装飾された部屋が1つあった。円柱はまた西北イランのウルミエ盆地のテペ・ハフタヴァンにある大城塞建築の特色であったが、この建築はババ・ジャンの邸宅とほぼ同時代である。
　ハマダン(古代名エクタバナ)に近い**テペ・ヌーシェ・ジャン**では、保存状態のよいメディア時代の日干レンガ造建築群が第1層(B.C.700-B.C.550頃、p.96D)で出土した。ある建物では現存最古の拝火祭壇が発見された。ここにはへこんだ十字飾りや盲窓や足場の支持に使うような穴を含めて、日干レンガの長い経験を示唆する珍しい壁面装飾がみられる。もう1つの建物は砦で、太い柱を持つらせん階段へ通じる斜路を備えており、階段の天井は持ち送り構造の日干レンガ造ヴォールトであった。ペルシア人の宮殿と墓は、その注目すべき円柱建築の特徴の多くが、それ以前の古い文明に由来したことを示している。すなわち四半円形刳形はエジプトを、怪獣の彫刻と浮彫付きオルトスタットや彩釉レンガはメソポタミアを起源とし、また組積造の形式は、たぶん間接的にウラルトゥを起源とする。

第 4 章 古代近東 | 95

A 百柱の間（復元、B.C.518 頃-B.C.460 頃）、ペルセポリス。 ペルセポリスの宮殿のその他の詳細は以下を参照 p.98 参照

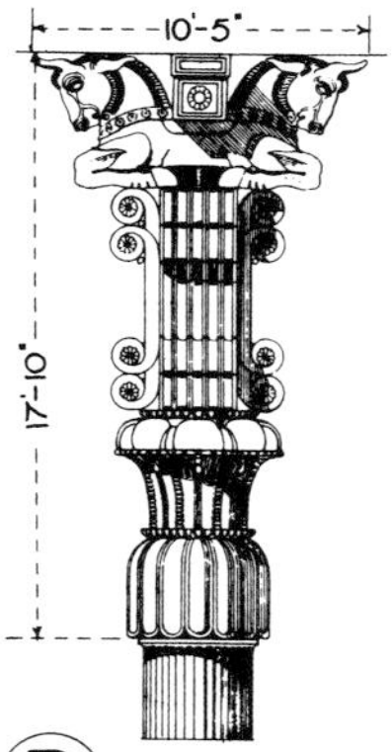

B クセルクセスのアパダナ、二重「牡牛」柱頭

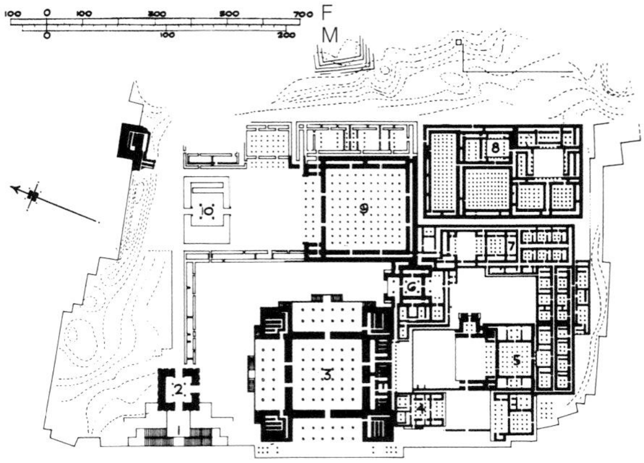

1 テラスへの大階段
2 クセルクセスの門
3 ダレイオス1世のアパダナ
4 ダレイオス1世の宮殿
5 クセルクセスの宮殿
6 トリピュロン
7 ハーレム
8 宝庫
9 百柱の間
10 アルタクセルクセス2世の門

C 宮殿テラスの平面

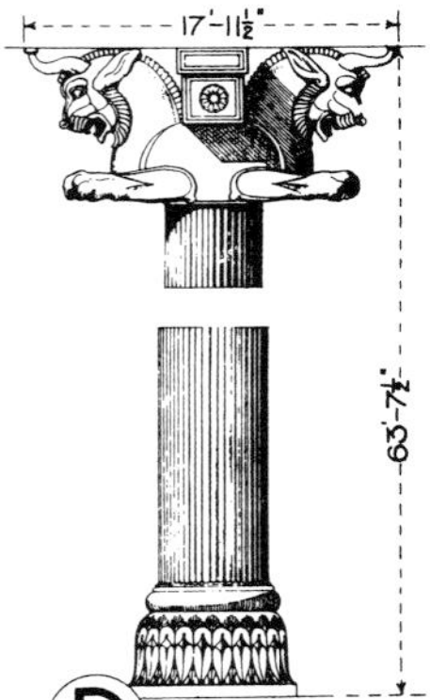

D クセルクセスのアパダナ、二重「一角獣」柱頭

E 浮彫、ペルセポリス

F 獅子のフリーズ、スーサ

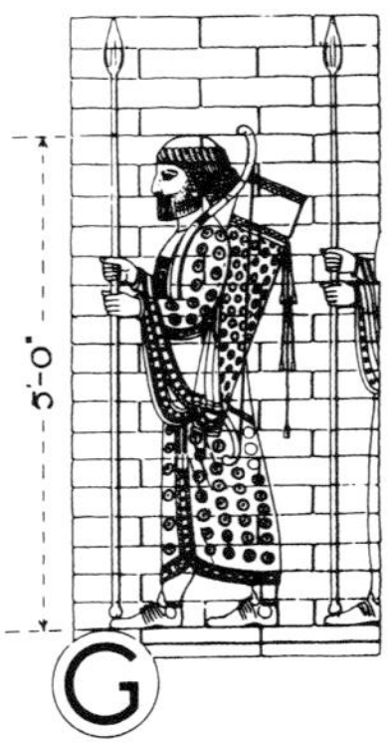

G 射手のフリーズ、スーサ

エジプト、古代近東、アジア、ギリシア、ヘレニズム王国の建築

A　トリピュロンの階段（B.C.518〜B.C.486）、ペルセポリス　p.98 参照

B　ダレイオスの墓廟（B.C.485）、ナクシェ・ルスタム　p.98 参照

C　拝火神殿、ナクシェ・ルスタム　p.93、p.99 参照

D　頁岩を充填された前室、テペ・ヌーシェ・ジャン　p.94 参照

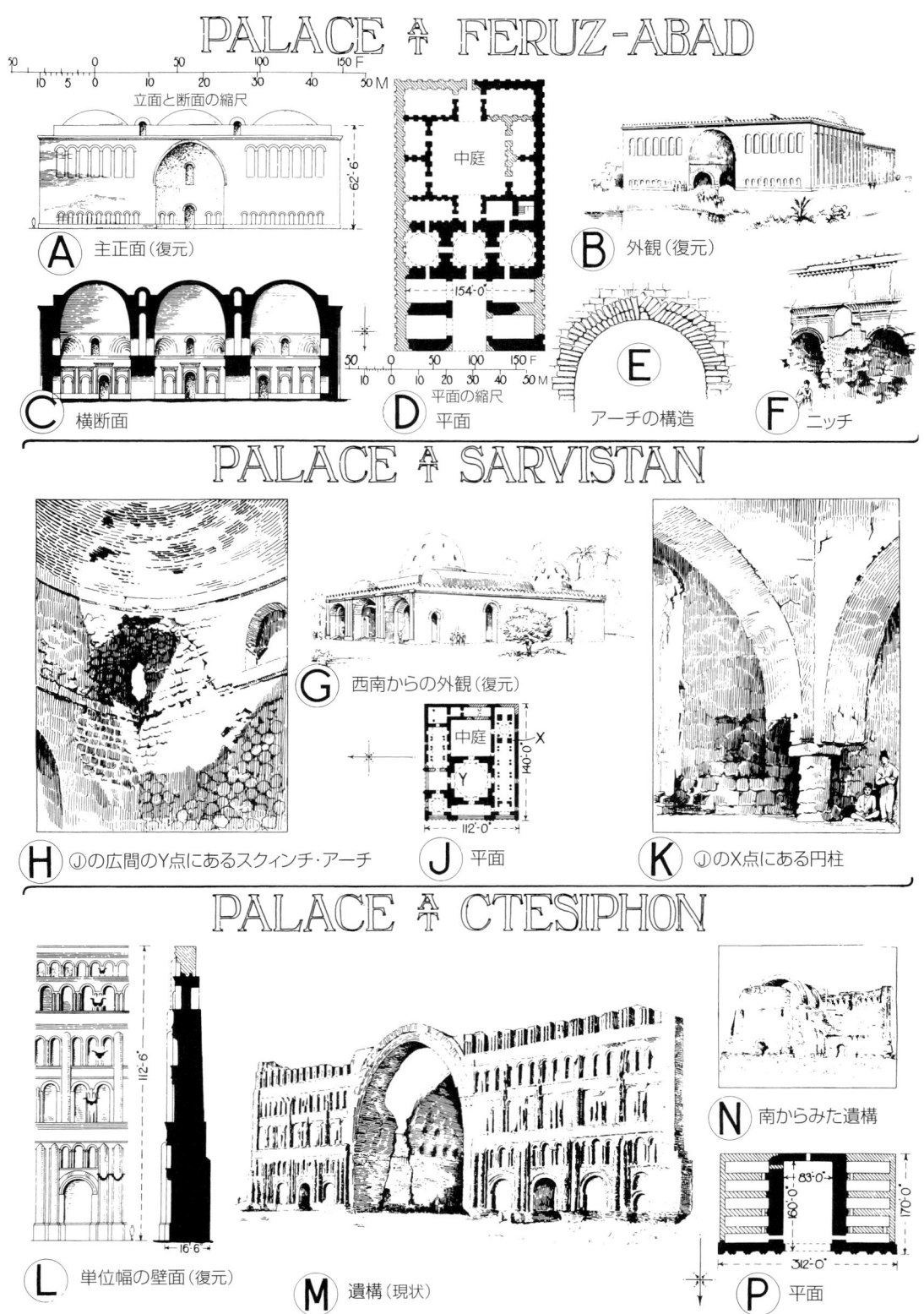

フィルーザーバードの宮殿(上)。サルヴィスタンの宮殿(中)。クテシフォンの宮殿(下)

パサルガダエにはそれぞれ城塞、居住用宮殿、キュロスの墓、および聖域を中心とする4群の遺構が平野に散在する。ルスティカ積みはタフテ・スレイマン城塞の大基壇の特色である。この野心的な計画は、おそらくキュロスの死（B.C.530）によって放棄され、もっと簡素な日干レンガ造になった。**キュロスの墓廟**(p.91B)は、石灰岩造で切妻屋敷を頂き、6段の基壇上にのる3.2×2.3mの箱状の単純な建造物である。その大型石材の使い方は典型的にアケメネス朝のもので、石材は正確に切り出されて滑らかに仕上げられ、モルタルを使わずに鉛と鉄を用いた千切（ちぎり）で補強される。初期の切妻屋根の住宅に由来するこの墓のデザインは、ザグロス高地南部にあるグレー・ドフタールの墓にも認められる。ルリスターンと中部イランのカシャーンに近いテペ・シアルクにある、切妻屋根を頂く地下の墓が、たぶんその祖形である。ダレイオス1世の岩窟墓にある完成された全ての部屋に切妻屋根がみられるが、これはこの屋根が伝統だったことを示唆する。

　エラムの古都**スーサ**はバビロンに続いてペルシアの首都になり、ダレイオス1世（B.C.522-B.C.486）はここに城塞・宮殿複合体を建設した。建物に刻まれた銘文は、この宮殿の建設に帝国全土の資材と優れた技術が駆使された模様を詳しく伝えている。スギはレバノンから、チークはザグロス山脈と南ペルシアから取り寄せられ、焼成レンガはバビロニアの工法で製造された。最も重要なことは、アッシリア人、バビロニア人、エジプト人やイオニア地方のギリシア人から工人を集めた点である。ユニークで優雅なペルシア建築は各種の特徴で構成されているが、それらを見事に合成できたのは、このような事情による。射手と獅子と牡牛か竜の行列を描いた彩釉レンガによる有名な装飾は、この宮殿とアルタクセルクセス2世（B.C.404-B.C.358）が建設した宮殿からの出土である。(p.95F, G)。

　紀元前518年にダレイオス1世が起工した**ペルセポリスの宮殿**(p.95A-E, p.96A)は、主としてクセルクセス1世（B.C.486-B.C.465）により建設され、紀元前460年頃、アルタクセルクセス1世により完成された。宮殿は岩山の裾の一部を削平し、一部を築造したテラス上につくられた。テラスは鉄鎹（かすがい）で緊結しながら丁寧に積まれた土地産の石材で外装されており、規模は約460×275mで、平地から15mの高さに立ち上がる。その西北側には、騎乗のままでも登れるほど緩い勾配の、幅6.7mの大階段が設けられた。クセルクセスが建設した門は彩釉レンガで外装された日干レンガ造で、正面と背面の出入口は石造の牡牛で守られていた。南面にある第3の出入口は「アパダナ」へ通じる。アパダナはダレイオスが着工し、後継者の2人の王が完成した

76.2m四方の大謁見室で、厚さ6mの壁体で囲まれた室内には、36本の円柱が列立していた。アパダナは北面と東面に階段を備えた高さ3mの基壇上に立ち、その3面にそれぞれ二重柱廊の玄関があり、4隅と南面には小部屋が設けられていた。ダレイオスの宮殿は比較的小規模で、アパダナのすぐ南側のテラスの西壁の近くに建設された。この宮殿は多数の建物の中央にあって、国王の私的生活区域の応接室兼護衛室に使われた「トリピュロン」とともに、ダレイオスの在世中に完成したものかもしれない。テラスの東南隅にある「宝庫」もダレイオスによって建設された。これは大小の列柱広間に構成された二重壁構造の管理用と保管用の建物で、出入口は1箇所しかない。ダレイオスのこれらの建物は、前代のように散漫に配置された。クセルクセスはこれらの建物の間に彼の建物を増築しており、その宮殿はテラス西南隅付近に、L形平面の建物に連結して建造された。後者の建物は婦人の居住区（ハーレム）で、トリピュロンの南側の中庭を完結していた。クセルクセスは有名な「百柱の間」も着工した（アルタクセルクセスが完成した）。これは68.6m四方の玉座室で、高さ11.3mの円柱群でスギ材の平天井を支持した(p.95A, C)。壁体は二重壁構造だが、北側は一枚壁で、前庭に面して柱廊玄関をおく。専用の門を持つこの前庭は、堅固な障壁でアパダナの前庭と隔てられた。玉座室は柱廊玄関側の壁体に2つの出入口と7つの窓を開く。残る3面の壁体は窓の代わりにニッチを設ける点を除き、玄関側の壁体に対応していた。厚さ3.4mの日干レンガ造の壁体につくられたこれらの開口やニッチは全て、石造の枠で縁取られた。

　ペルセポリスから多数のすばらしい建築彫刻が回収された。全ての大階段は、円花飾りを隔てて浮彫を3層に配置したアパダナの基壇と同様の浮彫で仕上げられた。貴族、廷臣、族長、朝貢者や衛兵たちは行列をなして厳かに進むが、扱いにくい階段の隅の部分や出入口の幅広い枠には、伝統的なテーマの浮彫が刻まれた(p.95E)。胸壁上には、段状狭間が設けられた。これらの彫刻は全て、当初は鮮やかに彩色されていた。小さな居室の円柱は木柱の上に厚く漆喰を塗って彩色したが、広間の円柱は全て石造であった。これらの円柱は独特のもので、釣鐘形加工した柱礎の上に溝彫付きの円柱を立て、その上に水平に取り付けたイオニア式のような渦巻きと、屋根梁を支持する一対の牡牛か竜で構成される変わった複雑な柱頭を置く(p.95B, D)。

　ペルセポリスの北方13kmの**ナクシェ・ルスタム**にある**ダレイオスの墓廟**（B.C485, p.96B）は、アケメネス朝の大王たちの4つの摩崖墓の1つである。幅18.3mに及ぶその正面は、ペルセポリスにあるダレイオスの

宮殿の南正面を再現したらしく、二重雄牛型柱頭を頂く4本の円柱と、エジプト風コーニスを頂く中央入口があり、その上の壁面には、2列の人々に支持された高さ2.7mの精巧な玉座の上に、拝火祭壇の前に立つ国王が刻まれている。この墓の近くに**拝火神殿**(p.96C)が1つある。これは石造の方塔で、塔内には外付き階段で連絡される部屋が1つある。

セレウコス朝とパルティア朝とササン朝の建築

アレクサンドロスの没後、紀元前312年に建国したセレウコス朝の帝国は紀元前247年ころ解体し始め、紀元前140年以降、その版図はユーフラテス以西だけとなり、紀元前64年にローマの支配下に入った。その間にマケドニアやギリシアからかなりの移住者があり、バビロン近傍のセレウキアやシリアのアンティオキアをはじめ、多数の新都市が建設された。東部国境のバクトリアでは、移住者はギリシア文明をインドにまで広めたが、一般にその影響は一様ではなく、美術と建築の領域では、時にはヘレニズム、時には地方のペルシア的性質が優位を占めた。セレコウス朝の帝国から東部とメソポタミアの版図を少しずつ奪取したパルティア人は、ヘレニズムの文化と制度を尊重し、彼らの長い統治のもとで新しいギリシア都市は繁栄した。しかし統合が進むにつれて美術は著しい衰退に陥った。バビロンに近いクテシフォンが主要都市であったササン朝(222-642)の成立とともに、再び活力がみなぎって、多数の立派な建物がつくられた。これらの建物は、古いメソポタミア建築とビザンティン建築とを結ぶ輪で、宮殿はその支配的建築であった。

フィルーザーバードの宮殿(ペルセポリスの南方、250年頃、p.97A-F)は粗石造漆喰仕上げの建物で、前面にアーチを頂く奥行の深い開放した玄関があり、そこを通ってそれぞれドームを頂く3つの広間からなる応接室に入るが、その向こう側には私室で囲まれた中庭が1つある。ドームは正方形の広間の入隅に架けたスクィンチ・アーチの上にのる(p.97C)。その下の壁面は、漆喰製のアーチ刳形と、古典的外観だがエジプト風の四半円形刳形のコーニスを頂く額縁を持つニッチによって飾られている(p.97C, F)。

ビーシャプールのシャープール1世の宮殿(ペルセポリスの西方、260年頃)は十字形平面で、床から立ち上がる楕円形断面のドームを中央に頂く、粗石造漆喰塗の注目すべき建物であった。手本にした建築的特徴を彩色漆喰で表現した壁画装飾は、ここでも古典的性格であった。

サルヴィスタンの宮殿(ペルセポリス近傍、350年頃、p.97H-K)はトンネル・ヴォールトを架けた奥行の深い典型的な玄関を正面に設け、スクィンチ・アーチで支持される(p.97H)蜂巣型ドームを、その背後に立ち上げて主室を明示した。ドームには採光と換気用の開口があけられた。長辺側にある2室は、重厚なピアに支持されたトンネルヴォールトを架けていた。これらのピアは2本1組のずんぐりした円柱から立ち上がるが(p.97K)、これは実際のスパンを減らし、ヴォールトに対して強力な支点をつくる極めて巧妙な方法である。

フィルーザーバードとビーシャプールにはナクシェ・ルスタムのそれに似た、屋外儀式に関連して使用される塔状の拝火神殿があった。

クテシフォンの宮殿(p.97L-P)は、通常コスロエス1世(531~579)の建造とされるが、たぶん4世紀の建物である。メソポタミア平野にあるので、この宮殿はレンガ造である。現存する主要部分は、放浪時代の族長の応接用テントのように正面を開放した宴会用大広間で、その両側に私室棟を従えるが、後者は高さ34.4mの巨大な壁体で人目から遮られていた。この障壁は付柱とアーケードの水平層で飾られているが、その配列にはローマの影響がうかがえる。このファサードの片翼は、ティグリス川の異常な洪水の後、1909年に倒壊した。大広間を覆う楕円形断面のトンネル・ヴォールトは、基部の厚さ7.3m、スパン25.3mで、床から36.7mの高さに立ち上がっており、古代ローマの構造上の最大の成果を凌駕しないまでも、それに比肩するものであった。ヴォールトの下部はレンガを水平に積んでつくられているが、一般にササン朝のドームは上部まで完全に、この方法で建造された。しかし木造センタリングの使用を避けるため、ヴォールトはその端部の壁に寄せかけて傾斜させたアーチ層でつくられている。これは古代エジプトとアッシリアの建築でも、レンガ造のヴォールトに採用した工法であった。

訳／飯田喜四郎

エジプト、古代近東、アジア、ギリシア、ヘレニズム王国の建築

第 5 章
初期アジア

建築の特色

インド

　旧石器時代と中石器時代初期には、洞穴や岩陰や平地の野営所が人々の住居であった。中石器時代後期になると、カイムール丘陵のチョーパニ・マンドやアーンドラ・プラデシュでは、床に石が敷かれた、編枝土塗構造[訳註：小枝を編み、その上に土を塗った構造]の円形の小屋への移行がみられる。新石器時代初期には土を突き固めたり、日干レンガを用いて長方形の住居が建てられた。しかし、レンガでつくられた最も初期の重要な建物は、インダス川流域の西側、イラン高地の端部にある。ただし、インダス文明の住宅建築の前身となったのは、中央パキスタンのバルチスタン地方のメルガルの建築であるように思われる。またインダス川流域では同時に都市計画に進展がみられる。そのグループのうちのいくつかには小規模な記念碑的建築すらみられる。
　モヘンジョ・ダロやハラッパーのような主要な都市やチャンフー・ダロ、コト・ディジ、カリバンガン、ロータルなどのいくつかのやや小規模な都市において、街区は格子状に分割され、職人の住居が密集していた。その西側には空き地を隔て、城塞の建つ小高い丘がある。城塞は壁をめぐらし、四角い塔と稜堡を備えていた。城塞の中には、南北方向を軸とする日干レンガ造の基壇があり、その上に、単純だがどっしりした公共の建物と軍用施設が設けられていた。建物の中で最も重要なものは公共の穀物倉庫で、またいくつかの都市では街区と城塞に付属する（が隔離された）墓地がみられる。
　ハラッパー文化の諸都市の居住区は、街路で東西、南北に区切られた規則的な長方形のブロックからなる。これらの街路は、おそらく世界で最も進んでいたと思われる公共の上下水道設備を備えており、個人の住宅にも共同井戸や屋外便所にも利用されていた。ブロックの内部には店舗と、1階ないし2階建の陸屋根を持つ中庭式住宅があった。これらの建物には、規則正しい長方形のブロック内を走る、狭く曲がりくねった路地から入る。表通りに面する壁には窓がなかった。
　インドの別の地域の同時代の建物は、相変わらず新石器時代のもっと初期の様相を示していたが、それぞれの土地の気候と得られる材料に適応していた。ガンジス川流域にみられる鉄器時代の遺跡の建築は、インダス川流域の建築ほど洗練されてはおらず、記念碑的な公共建築物はなかった。
　鉄器時代にはペルシア人やギリシア人によってインド北部に属州の首都が、全く新たにか、既存の居住地を拡大する形で建設された。不規則な土着の町は格子状平面の新しい町に変えられていった。
　インド亜大陸における鉄器時代（B.C.1000-B.C.100頃）は一般に巨石墓を特徴とする。これらの墓はさまざまな形態をとっていた。たとえば、骨壺を埋めただけの墓、岩窟墓、竪穴円形墓、石棺墓などである。巨石墓と同時期に、四角か対角線に石を立て並べた遺跡がある。

中　国

　中国が古代の他の文明と比較して特異な点は、記念碑的な建物が欠如していることであり、とりわけ夏王朝の開始までの時代と殷時代初期が顕著である。また都市の出現が遅い点でも特異である。夏の時代（B.C.2100-B.C.1600）に入る前に農民たちは、ワトル・アンド・ドーブの竪穴住居からなる小さな村落に住んでいた。個々の家は円形か矩形で、直径が約5 mあり、傾斜した草葺き屋根が中央の4本の堅固な支柱の上に

102 | エジプト、古代近東、アジア、ギリシア、ヘレニズム王国の建築

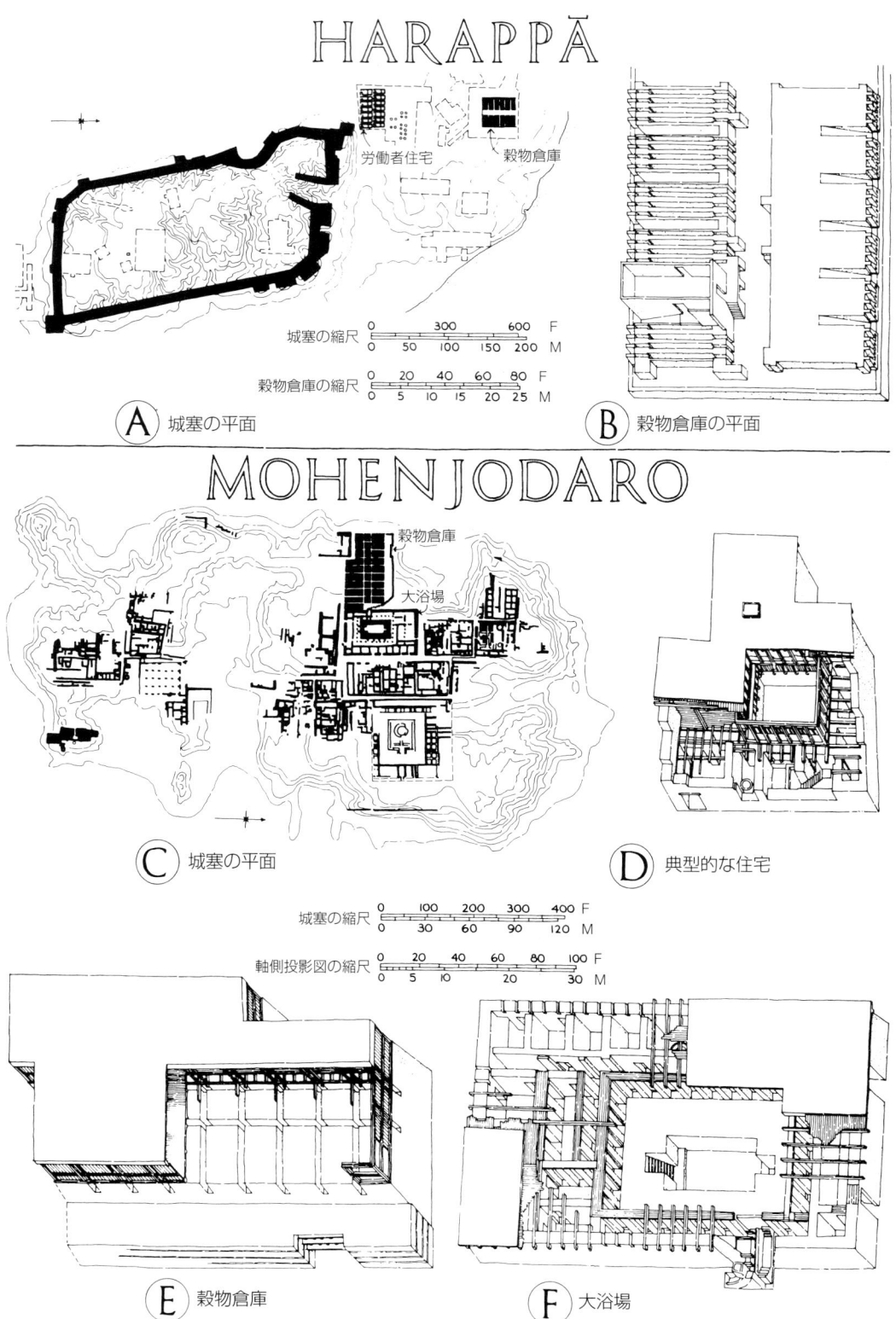

Ⓐ 城塞の平面　Ⓑ 穀物倉庫の平面
Ⓒ 城塞の平面　Ⓓ 典型的な住宅
Ⓔ 穀物倉庫　Ⓕ 大浴場

ハラッパー(上)。モヘンジョ・ダロ(下)

のり、軒はほとんど地面にまで達していた。引っ込んだ、あるいは突き出た玄関状入口を囲んでいる軽量の壁と床は、突き固めた土でつくられるか、漆喰で仕上げられていた。村落の配置と住居の並べ方には規則性があったようで、いくつかの村落では中央に公共の建物が建っていた。

夏王朝の村落はこれよりも大きく、その多くは突き固めた土の壁で周囲を囲まれていた。住居そのものと、中央の長屋をめぐって住居を置く配置は、先史時代とほとんど変わりがなかった。

殷王朝（B.C.1850頃〜B.C.1027頃）の特徴は都市の建設である。どの都市にも突き固めた土塁をめぐらした立派なつくりの中心部がみられ、宮殿や祭祀用の建物がつくられていた。土畳の外側には産業地域や農村があった。土壇の上に立ち、傾斜屋根の架かった柱・梁構造の矩形の住居が、次第に竪穴住居に取って代わった。対称のプランを持つ宮殿建築もこの時代にみられる。典型的な墓は深さが約10 mあり、その墓室は1辺20 mの正方形で、高さが4 mある。墓室からは傾斜路が15-20 mほど伸びていた。墓室は周囲に四角い木材が密に並べられ、内部には木製の棺が置かれていた。殷の時代のもっと小さな墓は、斜路を持たない単純な竪穴で、棺を収めた後は土で埋め戻された。上部に構造物はなかった。

周時代（B.C.1028頃〜B.C.256）には、防壁で囲まれた多くの都市が建設された。ほとんどの都市は正方形か長方形で、中心となる建物は土壇の上に築かれていた。周時代末期頃になって防壁内の住居の密度は高くなり、土でつくられた草葺き屋根の住居からなる郊外も成長した。都市の核となる祭祀用の建物はしばしば都市の中心部にあり、壁で囲まれていた。

秦の時代（B.C.221-B.C.206）に、万里の長城を含む大規模な建設計画が遂行された。中国の北辺に沿って築かれた万里の長城は、それまでの土でつくられた防御壁に代わってつくられた。現在みられる長城は切石積みで、長さは2250 km、高さは6-10 mである。防壁上には狭間胸壁が設けられ、短い間隔で見張り兼守備隊用の塔が建てられている。しかし、これらの防壁の大部分は明朝の時代（1368-1644）のものである。秦の都市は基本方位で方向を定めた長方形か正方形の平面を踏襲し、周りを土の壁で囲んだ。土壇上の公共建物は南北軸線に沿って並べられた。

実　例

インド
住居建築

パキスタンのバルチスタン地方にあるメルガルは、メルガルI–VIIとして知られている小さな村落で形成されていた。それぞれの村落は、前の村落が捨てられた後に新しい土地に営まれたものである。メルガルIとIIは相当大きな恒久的な村であり、左右対称の建物や複数の部屋を持つ建物、また穀物倉庫らしい建物があった。**メルガルI**（B.C.5000頃）は、長方形で複数の部屋を持つ日干レンガの住居からなっている。これらの住居は広さがおよそ8×4 m、中央の廊下を挟んで、6-9室の部屋が並んでいた。住居に用いられているのは特徴のある日干レンガで、角が丸めてあり、モルタルのつきをよくするため上面に指の跡がついている。**メルガルII**（B.C.4500頃）は日干レンガの長方形の建物を同じように配置していた。最終段階の**メルガルVI**（B.C.3000-B.C.2700 頃）と**メルガルVII**（B.C.2600-B.C.1700頃）は、インダス文明の初期と同時期だが、この頃になると住居の平面はより複雑になる。なかには2階建のものもあり、上階は木製の根太で床を支えた居室、下階は高さ1 mの貯蔵用地下室となっていた。

アフガニスタン南東部にある**ムンディガク**（B.C.2500頃）には、日干レンガでつくった防壁と矩形の稜堡がある。列柱廊付きの宮殿や、寺院と考えられる記念碑的建物を含む同じような遺跡が**クウェッタ峡谷**の**ダンブ・サダート**で発見されている。

ハラッパー下流のインダス川流域に、かなり離れた3つの地点で日干レンガの住宅が発見されている。すなわち、**アムリ**（B.C.2500頃）と**カリバンガン**と**コト・ディジ**で、アムリでは日干レンガと石が併用されている。それらの集落は大きな防壁で囲まれており、ハラッパーの形態の先例になっている。インダス川流域の西部にある**ラフマン・デリ**（B.C.2500頃）には、ハラッパーと同形式の都市計画の早い試みがみられる。550×400 mの広さを持つ都市が防壁で囲まれ、北西から南東に走る大通りによって分割され、規則的な格子状に平面計画がなされていた。

シンド地方のインダス川の近くにある**モヘンジョ・ダロの都市**（B.C.2500-B.C.1700頃、p.102C-F）は、市街から北西150 mのところにある高さ約15 mの人工の丘の上の城塞から見渡すことができる。城塞と市街との間の土地は、河川の氾濫を被っていたのかもしれない。城塞（p.102C）は堅固な塔を持つ焼成レンガの城

壁で守られ、高さ13mのレンガ造の壇が城塞を見下ろしていた。これは、氾濫の時の避難場所と考えられている。城塞にある公共建築の多くは用途不明だが、その中で明らかなのは大浴場と穀物倉庫である。市街地の面積はおよそ2.5km²である。居住区はそれぞれおよそ365×182mの南北を向く長方形のブロックで構成され、さらに小道で分割される。大通りは幅が約14mで、南北を走る中央の大通りは両脇に蓋のない排水溝が設けられていた。

モヘンジョ・ダロの住宅(p.102D)は焼成レンガで堅固につくられた陸屋根の1階または2階建で、中庭を中心にまとめられ、通りに対しては殺風景な高い壁をめぐらしていた。木製の楣をのせた簡素な玄関口から中庭に通じており、中庭に面して家事用の部屋が設けられていた。住宅の規模は極めて多様で、1室式住居から、かなり多数の部屋を複数の中庭の周りに配置した家まである。ほとんどの住宅に専用の井戸と炉があり、また、小さく切ったレンガを敷きつめた排水管付きの浴室があった。この排水管は、壁を抜けて通りの下水路とつながっていた。2階や屋根に通じるレンガ造の階段を持つ住宅もある。寺院や神殿のような建物は、はっきりとは認められない。しかし、外側の門から入る大規模なU字型平面の「住宅」は、ある種の儀式を行う建物ではないかと考えられる。その向かい側にある小部屋の集まった建物は「司祭」養成の学校か衛兵の詰所といわれる。

パンジャーブ州を流れるインダス川の支流、ラーヴィー川の岸辺にある**ハラッパー**(p.102A)の町の構成は、モヘンジョ・ダロと同じであったらしい。ただし、この町は19世紀に鉄道建設用にレンガが略奪されたため、ほとんど破壊された。丘の上の城塞のおおよその外郭と市街地の配置を示すわずかな断片だけが残っている。城塞の丘は、下部が12mもの幅で、上にいくほど先細りになる、外側を焼成レンガで仕上げた日干レンガ造の防壁で守られていた。城塞と市街との間にはバラック状の労働者用街区があり、穀物を粉にするための円形のレンガ造の床も発見された。小さな矩形の住宅が幅約1mの小道をはさんで2列に並び、全体に囲いがめぐらされていた。

カチャワールの海岸沿い平原の町**ロータル**は、モヘンジョ・ダロの南東、キャンベイ湾の奥にあるが、城塞の丘と平地の市街からなるハラッパーの典型的なプランを持っている。城塞の丘には48.5×42.5mの日干レンガの基壇があり、それがさらに1辺3.6mの正方形のブロックに細分化され、換気のための管が通っている。この基壇はモヘンジョ・ダロにみられるような公共の穀物倉庫の基礎であったと考えられている。

ハラッパーの南にある**カリバンガン**の町は、ラージャスターン州のガッガル川の谷を見渡していた。現在発掘で明らかになっている遺跡は2つの四角い居住区の丘からなり、それぞれ約120mの幅がある。日干レンガでできた一連の基壇の中の1つには7つの「火の祭壇」が並んでおり、儀式に使われたと思われる動物の遺骸が残る竪穴も同時に発見されている。これらの基壇は、四角い稜堡を備えた長方形の日干レンガ造防壁で囲まれていた。防壁の外側は縦方向に勾配をつけて平滑につくられ、仕上げに泥漆喰が塗られていた。焼成レンガでつくられた入口は南側に設けられていた。東の丘には防壁がめぐらされていない。

同様の町がモヘンジョ・ダロの南の**チャンフ・ダロ**と**コト・ディジ**にあった。

インダス川流域の北部、カシミール州のブルザホム(B.C.2920頃)で発見された竪穴住居は、深さが4mにも達し、幅は底で4m、上部では2.7mほどにせばまり、木製の支柱が円錐形の屋根を支えている。これらの住居は寒冷な気候のもとでの地方的適応例と考えられる。

ハラッパーの都市群の建設と同じ時期に、もっと南の、ラージャスターン南部にある**アハル**と**ギルンド**(B.C.2000頃-B.C.1600頃)の町では、長方形の住宅で構成された村落が、石造の基礎の上に土壁を用いて建設されていた。南インドの同時代の村落(B.C.2500-B.C.2000頃)では長方形ないし円形の軽量木造家屋が建てられていたが、ほとんど残っていない。**テッカラコタ**ではこの種の木造家屋が空積みの石造の基礎の上に建てられ、中央には炉があり、床には泥や牛糞が敷かれていた。アフガニスタンの**ピラク**(B.C.1500頃)では、壁にニッチを設けた1室か2室式のレンガ造の住居がみられる。

ガンジス川流域の**バガワンプラ**と**ジャケラ**の鉄器時代の遺跡では、木造軸組で円形の小屋が建てられ、ワトル・アンド・ドーブの壁がつくられていた。ガンジス川上流の**ハスティナープラ**(B.C.800-B.C.500頃)の初期の住居もまた土壁を持つ木造軸組であった。しかし、ここでは後の時代(B.C.500-B.C.200頃)になると、焼成レンガが一般的な建築材料となった。

ペシャワールの北東にある**チャールサダ**と、ラーワルピンディの北西にある**タキシラ**での発掘は、ペルシアとギリシアに占領されていた時代の居住区の丘を明らかにした。チャールサダには、もっと古い居住区があったが、町は紀元前2世紀に整然と格子状に区画された北東の新しい敷地に移った。タキシラでも同様の移動がみられる。初期の不規則な町は放棄され、新しい町が南北軸を中心に計画され、パルティア時代(100

年頃)まで存続した。大通りに面して並ぶ建物の大部分は店舗で、店舗は背後に密集した住居がある通りよりもわずかに高くつくられていた。

記念碑的建築

モヘンジョ・ダロの**大浴場**(p.102F)は、平面が約 12×7 m で深さが 2.5 m の戸外の水浴場である。構造は、切ったレンガを横に立てて、つなぎに石膏(せっこう)モルタルを用いて積み、アスファルトで水漏れを防いでいる。南端と北端には、アスファルトで木製の踏面(ふみづら)を固定したレンガの階段がある。浴場の排水は、南西の角にある排水口から、持送りヴォールトを架けた排水路で行われる。浴場の周囲は屋根付きの列柱廊で囲まれ、その外側の三方には、プライバシーを保つために互い違いに配置された脱衣室が並んでいる。脱衣室の中には便所や専用浴室を備えているものもある。この大浴場はある種の儀式場になったとも考えられる。

モヘンジョ・ダロの**穀物倉庫**(p.102E)は、レンガを層状に積み重ねた基壇の上に建つ木造建物である。上層は 27 個のレンガの躯体(ブロック)からなり、その間に通気用の溝が走っている。下層は、1 辺 125 mm の角材で補強された日干レンガでつくられていた。穀物倉庫は後に拡張され、上層の木造構造物に導くレンガの階段を加えて部分的に改築された。勾配を持つ外壁は、この建物に城塞のような厳しい外観を与えている。

モヘンジョ・ダロの城塞の丘にある他の建物については、穀物倉庫、集会所、守備兵の詰所、神官の住居などさまざまに解釈されている。集会所は長方形平面で、木製の円柱をのせたと思われる、1 列・5 台で 4 列のレンガ造の台座がみられる。床は細かく切ったレンガが敷かれている。西向きの諸室には、彫像や儀式用の石の円柱の一部がある。神官の住居と考えられている建物は 70×24 m の大きさで、1 辺 10 m の正方形の中庭があり、その三方はベランダで囲まれていた。

ハラッパーの**穀物倉庫**(p.102B)は、城塞の丘の公共施設に組み入れられていない点で例外的である。穀物倉庫は川と城塞の間に位置し、高さ 1 m ほどの低いレンガの基壇の上に建てられ、入口は北側にあった。全部で 12 棟あり、それぞれ 16×6 m の大きさで、2 列に並び、その間に幅の広い道が通っていた。穀物倉庫の総床面積は 800 m² で、拡張前のモヘンジョ・ダロの穀物倉庫にほぼ等しい。

中　国

先史時代の中国建築はほとんどが住居である。記念碑的建築は、宮殿か身分の高い人物の墓に限られていた。

住　居

半坡村(バンポーツン)(B.C.4000 頃)は陝西省(せんせい)にある夏王朝以前(仰韶(ヤンシャオ)文化)の典型的な集落である。不整形の楕円形平面で南北を向き、面積はおよそ 7 ha で、200-300 の人口を擁していた。住宅は深さ 6 m、幅 6 m の堀で囲まれた 3 ha あまりの村落の中心部に集まっていた。半坡村には円形で半地下のワトル・アンド・ドーブの住居が多くみられる。これらの住居は直径 5 m で約 600 mm 地下に掘り下げられている(p.106E)。それぞれ中央に炉があり、円錐形のワトル・アンド・ドーブの屋根を支える 4 本の支柱でその位置が定められている。屋根は傾斜していて軒はほぼ地面に達し、壁の外側に環状に並んだ細い柱で支えられていた。村落の中心にはもっと大きく堅固な長方形の建物がみられる。この建物はおよそ 160 m² を占め、同様の構法でつくられ、突き固めた土壇の上に建っている。これは集会所か村長の住居と考えられている。同じ陝西省にある**姜寨**(チアンチャイ)の同時代の遺跡にも同じような建物がみられ、ここでは全ての住居が村落の中心を向いている。また、甘粛省の**大何荘**(タアフー)(かんしゅく)(B.C.2000 頃)にも同様の建物がみられるが、ここには新石器時代末期の地方遺跡がある。

殷の初期の町、**二里頭**(エルリトウ)(B.C.1800 頃)には記念碑的建物や精巧な墓はほとんどない。住民は竪穴式のワトル・アンド・ドーブの住居に住んでいたが、住居は前の時代のものよりも大きく念入りに建てられるようになった。

殷の町、**鄭州**(シェンシュー)(B.C.1600 頃)は河南省北部にあり、長方形で土製の防壁をめぐらし、面積は約 3.2 ha である。防壁の長さは 7.2 km、高さ 9 m、下部の厚さは 3-6 m であった。防壁内の中心部は格子状に区画され、南北方向に軸を持つ。この中心部は支配者の住居や宮廷の典礼が行われる場所と考えられ、その建物は土壇の上に築かれ、主として長方形の木造建築であった。切妻屋根は、太い木製の柱で支えられ、柱には礎石を持つものもあった。最も小さな住居は 9×5 m で、最も大きいものは 52×25 m である。床と壁は漆喰で仕上げられている。**刻銘名**(ミンクンス)にある同様の住宅は大きく、床と壁には漆喰が塗られている。また**朱屯**(ツーチン)にある同様の住居の壁は、1 m 厚さの突き固めた土壁である。殷の時代には中庭式住宅の痕跡はない。鄭州には壁をめぐらした囲い地を取り巻いて幾千ものたたき床の竪穴住居があり、その広さはせいぜい 3×1.5 m で、床はおよそ 500 mm ほど地表から掘り下げられていた。

河南省安陽(アンヤン)の北西に位置する**小屯**(シャオツン)の発掘では、殷時代(B.C.1400 頃)の大規模な祭祀と行政の中心部が発見

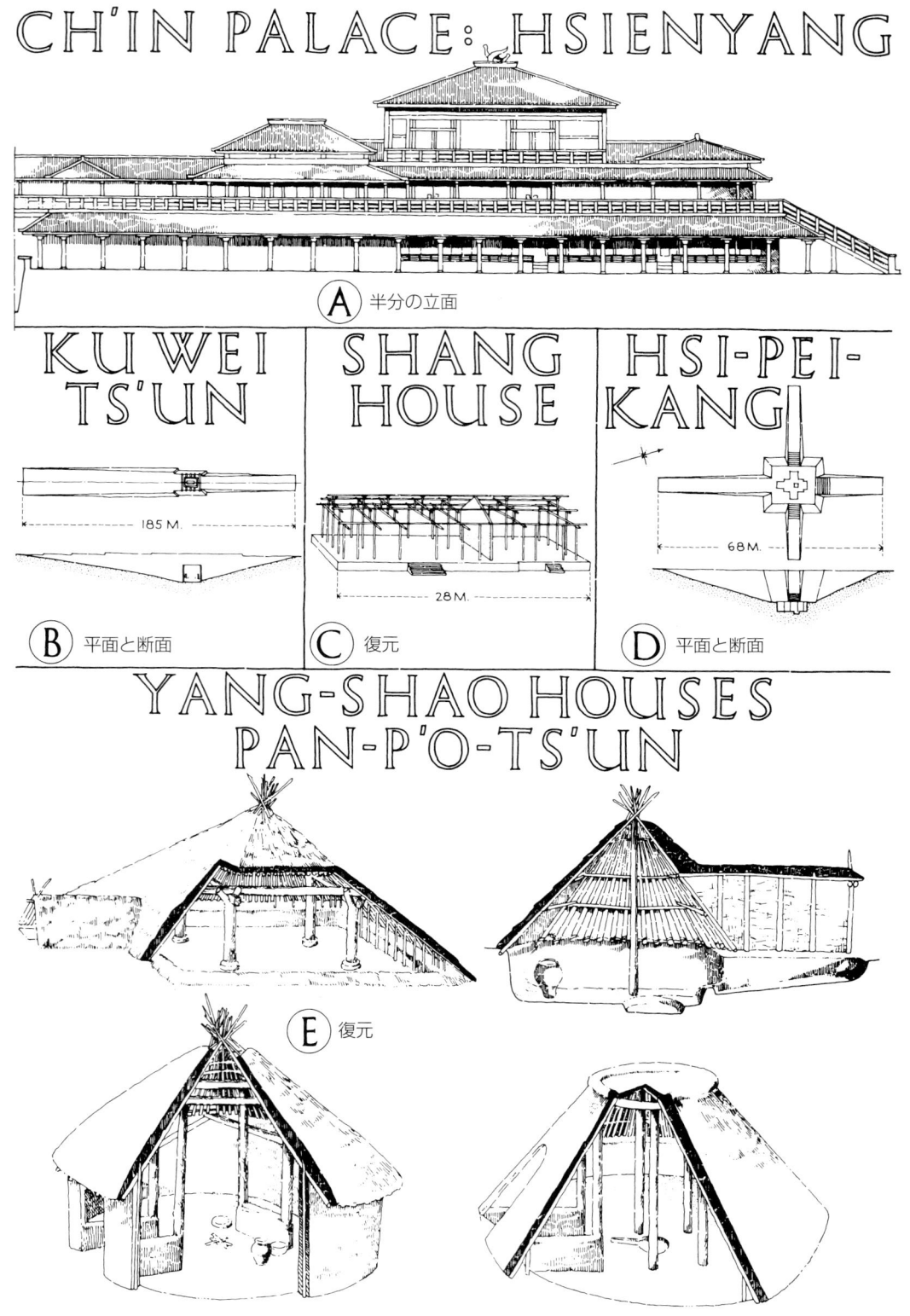

秦の宮殿、咸陽（Ⓐ）。固囲村（Ⓑ）。殷の住宅（Ⓒ）。西北岡（Ⓓ）。仰韶文化の住宅、半坡村（Ⓔ）

された。その周囲は従属する小さな村落や手工芸の仕事場で囲まれていた。町の一部は格子状に区画され、土壇の上に建てられた長方形の住居がほとんど平行に並んでいた。ただし前述のように、この頃の住民の大部分はいまだに伝統的な竪穴住居に住んでいた。小屯の中心部には、土壇にのった、切妻屋根の木造軸組の建物が50以上もあり、3つのグループにまとめられていた(p.106C)。

周の首都である河南省の洛陽(ローヤン)(B.C.8-B.C.7世紀)でも、長方形プランの都市計画が行われ、その防壁の一部が残っている。戦国時代(B.C.457-B.C.221)の周のほとんどの町は、少なくとも一重の土の防壁で囲まれていた。たとえば、山西省の絳(チァン)は2.7×1.6 kmの大きさで、南北の方位を持ち、外側に堀がめぐる防壁で囲まれていた。そして、1辺800mほどの正方形の小さな囲い地が防壁内側の北辺中央に配置されていた。山西省の沃国(ウォクオ)には二重に囲まれた町がある。内側の囲いは1辺1.1kmの正方形で、外側の囲いは3.1×2.6 kmである。山西省の安邑(アンイ)の町には2つのL字型の囲いがあり、その間に宮殿の建つ小さな方形の敷地が含まれる。河北省の邯鄲(ハンタン)では、2つの隣接する囲い地がある。大きな囲いは正方形で、町そのものを取り囲み、小さな囲いは長方形で、東側で大きな囲いと接していた。秦の首都、咸陽(シェンヤン)(B.C.221-B.C.206)は長方形の土の防壁に囲まれた都市で、防壁の内側には、土壇の上に建つ宮殿と立派な造りの住宅があった。周や秦の都市の建築の性格を物語る遺構はほとんどないが、中国の中庭式建築の伝統は多分この時代を起源とするものであろう。

宮殿

殷の二里頭(エルリトウ)の町には、中国の歴史上最初の記念碑的建築とされる宮殿の遺構がある。土壇の大きさは108×100 mで南北を軸とし、練り土(ビゼ)の防壁で囲まれていた。防壁に寄せかけて、木材で補強されたワトル・アンド・ドーブの屋根付き柱廊が建てられていた。防壁内には南側から入った。そこには版築の土壇の上に建つ高楼がある。この高楼は補強されたワトル・アンド・ドーブで建てられ、礎石上の太い木製の支柱からなる独立した軸組みで傾斜屋根を支えていた。盤竜城(パンロンチェン)出土の類似する殷の宮殿は38×11 mで、版築の土壇の上に建ち、中央の切妻屋根の下に4室で構成され、その周りを屋根の架かった個別の柱廊で囲まれていた。安陽の小屯(シャオトゥン)にある殷の後期の宮殿は軸組構造の長方形の建物で、棟のある草葺き屋根で覆われていた。

周の町邯鄲の竜のテラス(B.C.4-B.C.3世紀)は430×280 mの大きさで、段状の土壇の上に建てられ、南の防壁に開く主門を通る軸の上にのっていた。上部構造は2階建であったと考えられている。

咸陽(シェンヤン)の秦の宮殿(p.106A)は柱廊のある三層の建物として再建されたが、瓦葺きの切妻屋根を持つ軸組構造で、建物の中心部分はおそらく土壇であった。壁と床の内側は漆喰塗り、フレスコ仕上げであった。

墓

安陽の西北岡(シーペイカン)には殷の墓がいくつか残っている(p.106D)。王族の遺体は、最大で面積が14×19 m、深さが10mほどの竪穴墓に埋葬された。斜路が十字形に配置され、主要な入口は南にあった。墓室は接合した木材を二重に張ってつくられていた。例外的によく保存された墓では、墓室は壁画と象眼の施された木製の天蓋で覆われていた。

洛陽にある周の初期の墓は、殷の竪穴墓と同様である。河北省にある唐山(タンシャン)の墓は、薄い石板を周囲に立てた箱の形をしていて、木製の棺を収めるのに十分な広さを持つ。石棺を収めた同じような墓は、吉林の近くにある辺境の四団山(シツァンシャン)の遺跡にもみられる。河南省の固囲村(クウェイツン)にある周の後期の墓(p.106B)は、長さ200mで、北と南から中央の穴に下る幅の広い斜路を持つ。南の斜路は北よりもかなり長くて広く、典礼用の入口となっていた。下都(シァトウ)にある周の墓は墳丘によってのみその存在を示している。

陝西省の西安(シーアン)の東にある驪山(リシャン)の始皇帝陵は、全周1.4 km、高さ46 mの巨大な正方形の版築丘によって覆われている。丘は南北に軸を持つ長方形の壁で二重に守られている。田園風の外観となるように丘の上には草木が植えられ、参道は両側に高さ4mの動物の石像が並べられた。墓は秦王朝が倒れた後に略奪された。付近にある地下室からは兵士や馬の等身大の陶製の像が出土した。

訳／飯田喜四郎

エジプト、古代近東、アジア、ギリシア、ヘレニズム王国の建築

第 6 章

ギリシア

先史時代の建築

先史時代のエーゲ海域には、青銅器時代初期の住居にはっきりと認められる、2つの異なる建築的伝統があった。その1つは1室だけの独立小屋を標準的住居とし、他の1つは行き当たりばったりに、非対称でつくられた部屋の集まりを複数の住居とする。この相異は著しく地域的で、前者はギリシア本土と東北地域、特に青銅器時代初期のトロイに認められ、後者は小アジアとクレタ島に認められる。当時は、壮大な建物はほとんどないが、**トロイ城塞**の建物は例外である。それはほぼ正方形の1室と、その側壁を延長してつくられた深い玄関からなる長方形の大広間（建物ⅡA）——これが古典ギリシア神殿の基礎になる、いわゆるメガロン形式である——を含むものであった。

紀元前2千年期にクレタの密集建築に大きな発展があった。東地中海の各地との海上交易がクレタ島に富をもたらし、それが町を支配する有力者の邸宅、すなわち「宮殿」に反映された。この建物は邸宅の他に行政機関を収容しており、また工房や貯蔵施設を備えていた。近東やエジプトから取り入れた本質的な特徴は、中庭の周りに（当時はまだ全く非対称に）多くの部屋を配列したことで、中庭は部屋で完全に囲まれていたかもしれない。最初の宮殿は紀元前19世紀につくられたが、一連の大地震により紀元前1625年頃壊滅した。これらの宮殿は以前よりも豪華に再建されたが、紀元前15世紀中期に（田園の邸宅や集落とともに）全て破壊された。その唯一の例外は最大のクノッソス宮殿で、紀元前1375年頃まで存続しており、その末期にはギリシア語を話す人々が住んでいた。クレタ島西部に未発掘の宮殿があるかもしれないので、クノッソスがクレタ島全域を統治したか否かは確かではないが、東半分を支配したことは明らかである。

クノッソス宮殿(p.111)は、0.3036 m を1尺とする「ミノス」尺で測って 170×82.5 尺の中庭を囲んで配置され、その規模は 122 m 四方（約 1.6 ha）に及んだ。宮殿の西側にもう1つの舗装された前庭（西広庭）があった。ミノス建築の特色である路面を高くした歩道がこの前庭を横切り、南端に主玄関のある壮大な西正面が前庭を見下ろして立ち上がっていた。ミノス建築の特徴だが、この玄関から西儀式室にいたる通路は、まっすぐではなく、急折していた。宮殿は少なくとも2階建であった。1階は大部分が貯蔵室で西翼の貯蔵室は油壺を収容し、北側はたぶん穀物倉庫であった。西翼の1階にある最も重要な部屋は、いわゆる玉座室で、中庭よりも低い位置にある前室を経て入るが、前室は4対の折りたたみ戸で中庭に開かれていた。玉座室は暗く神秘的で、北側の壁に寄せかけて石造の玉座があり、その両側に長椅子が設けられ、壁面はフレスコで装飾された。この部屋は国王の世俗行事よりも宗教行事用である。

西翼の主階（2階）は広々とした儀式室であった。復原された主階は、宮殿内の部屋が左右対称よりも、機能（ここでは明らかに儀式）に応じて配置されたことを示している。大中庭の北側には、宮殿の外にある「劇場地区」から宮殿に入る別の玄関があった。その東側は工房であった。東翼中央の2階に別の儀式室があった。大中庭の東南隅付近に、3階建の王室居住区のための斜路が設けられた。その最上階は大中庭と同じレベルだが、1-2階はそれ以下にあり、段状に造成された庭園に東面していた。居住区内の部屋は相互に連絡しているが、大中庭からは隔離されていた。通路は涼しく、居住区は3つの光庭で採光されていた。これらの部屋は一連の両開き戸で出入りするので、扉を全面的に開放したり、部分的に閉じたままにすることができた。涼しい空気が吹き通り、クレタの夏の厳しい暑さを防ぐように、全てが設計されていた。階段と光庭

エジプト、古代近東、アジア、ギリシア、ヘレニズム王国の建築

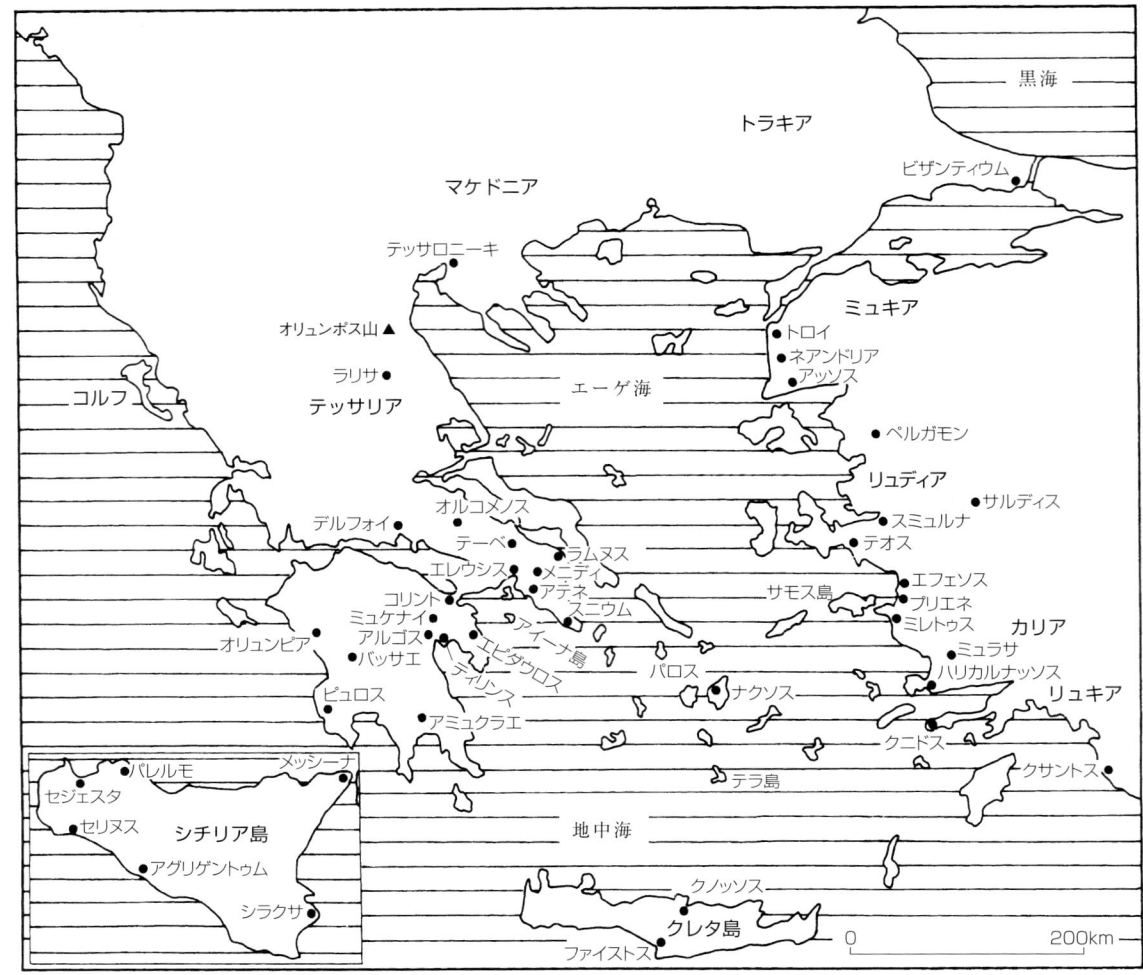

ギリシア世界の中心部

とイトスギ製の下細り円柱の柱廊は、精巧で発達した衛生・排水設備とともに、ミノス建築の特色であった。特に宮殿の平面は一見したところ混沌としているようにみえるが、その配置は有機的な発展の成果であった。このことは宮殿の内部、特にアーサー・エヴァンス卿がその性質を正しく理解させるために修復した王室居住区に、極めてよく認められる。ファイストス、マリア、ザクロなど、その他のクレタの宮殿は、クノッソスより小さいが、同じ形式であった。

ミノス建築の最も一般的な住居は、クレタ島西南の**ピュルゴス**にある**住宅**で代表される。これは石膏石でつくられており、玄関の上に(3本のミノス式円柱を持つ)ベランダがある。この住宅は、宮殿内の王室居住区を小規模にしたような印象を与える。テラ島(旧称サントリーニ島)の**アクロティリ**にある紀元前15世紀の噴火で埋没した**町屋**は、特によく保存されている。これらの町屋も、大きな窓とバルコニーを持つ部屋が不規則に密集している点が特色である。

ミノス期のクレタ島の墓は壮大なものではなく、数室に細分された長方形の構造物か、単純な岩窟墓である。

ギリシア本土における紀元前2千年期初期の建物は、メガロン式の独立住宅であった。紀元前2千年期後半、クレタの影響と政治的発展によって宮殿建築は発達し、中庭が導入された。しかしこれらの宮殿では、その他の部屋がある時でも、メガロンは依然としてその主な特色であった。

ティリンス城塞(p.113)は、先史時代には海ぎわにあった、岩だらけの低い城山の上にある。ここには(焼成レンガ造の謎の円形構築物を含めて)青銅器時代初期の建物の痕跡が残るが、はっきりした遺跡は青銅器時代末期である。城山の上にある城塞は、古典時代のギリシア人が巨石積みと名付けた不規則な組積法により、紀元前14世紀後半に建造された。その後その北側に

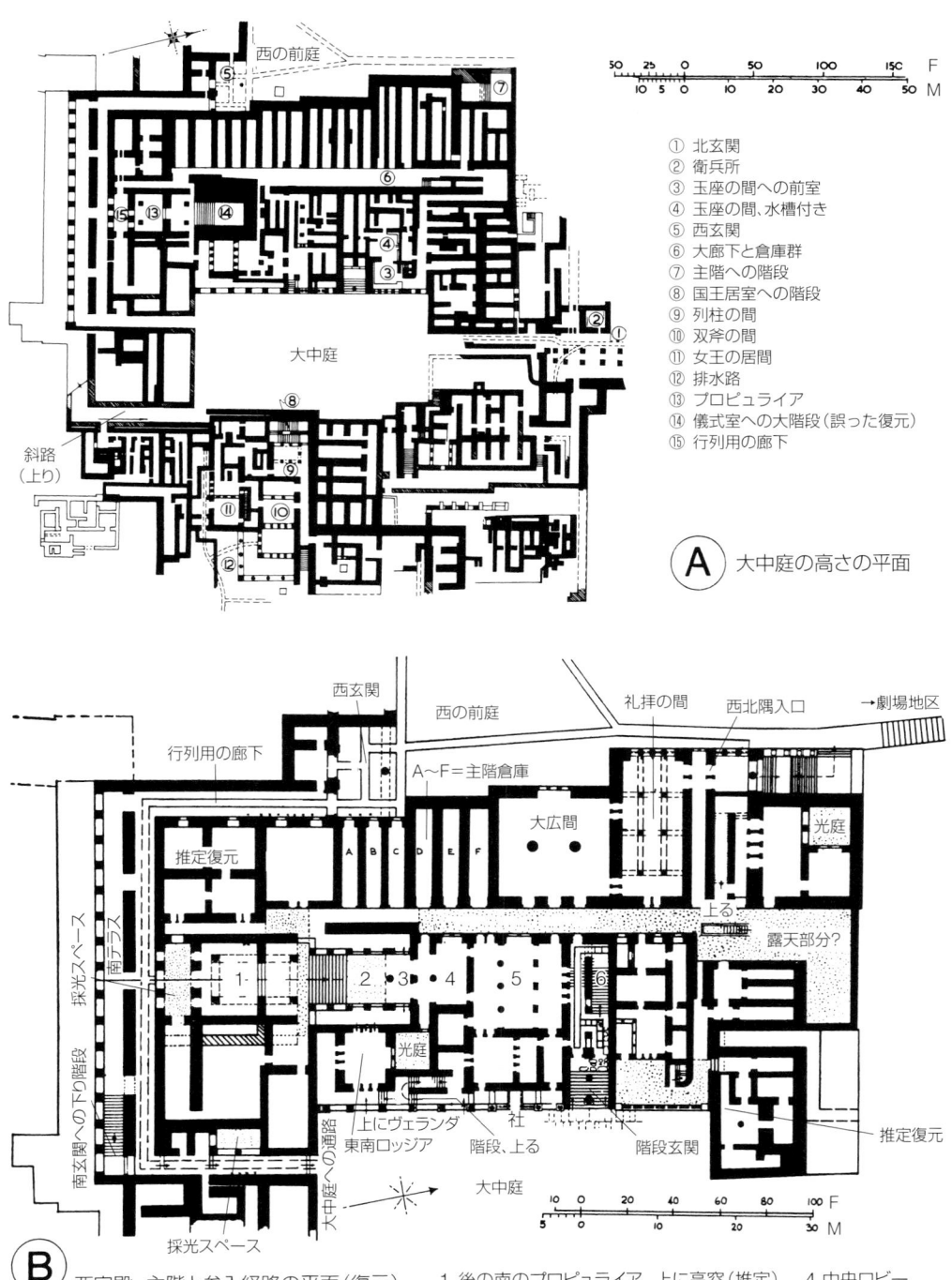

ミノス王の宮殿（クノッソス宮殿）、クノッソス、クレタ島

あるやや低い台地を囲む城壁と、その東側にある緊急時に閉鎖できる2つの門を備えた細長い通路沿いの城壁が建設された。紀元前13世紀末頃、北側にあるもう1つの台地を城壁内に取り込んで、城塞の面積は2倍になった。このような防御施設は、開放的なミノス王の宮殿と全く対照的である。

ティリンス城塞は城山の上部にある。城塞が強化された時、城塞の東側にあったもとの城門は、1つだけ入口をあけた壁の正面と背面に、通路を挟んで各一対の円柱を配置したH形平面の装飾的なプロピュライアに変えられた。正門の前は、外側の城壁に沿って柱廊がある前庭で、城壁の内側には大形の石材でつくられ、持送り構造のヴォールト天井を頂く1列の倉庫が設けられたが、これに似た倉庫群は城塞の南端にもつくられた。正門を抜けると外庭に入る。その北側には内庭へ通じる、最初の正門と同じ形式の第2の正門があった。内庭の東側と南側と西側には木柱の柱廊があり、北側の中央に大メガロンの柱廊玄関があった。この玄関と前室との間には、ミノス王の宮殿に類似する、3つの出入口が設けられていた。前室の奥は主室で、ここにはたぶん採光塔を支持する4本1組の円柱の中央に、装飾された円形の大きな炉が設けられていた。主室の床は漆喰塗・塗装仕上げで、主室の東側はたぶん玉座を配置できる広さであった。前室の壁はその下部を、縦に三分された長方形の鏡板の間に2枚の半円形鏡板を背中合せに配置した模様のアラバスター製フリーズで装飾された。このフリーズのデザインは、ドリス式オーダーのトリグリフとメトープの源泉ではないかといわれている。

ミュケナイ宮殿はティリンスと本質的に似ている。この広大な城塞は近隣のティリンスと同じ時期に、たぶん同じ工人たちにより、確実に同じ様式で建設された。主な特徴は入口で、その側面を稜堡で守られている。門は入口の最も奥にあり、高さ3.1mの大きな石材を立て、幅3mの開口の上に長さ4.9m、高さ1.06cm、奥行2.4mの巨大な梁を架け渡している。梁の上には持送り構造の三角形の開口があり、ここには下細りの円柱に向かって後足立ちの2頭の獅子を浮彫で刻んだ1枚の板石を嵌め込む。これがその浮彫から名付けられた**獅子門**(p.113C、p.114H)である。城内に入ると門のそばに、連続して配置された竪石の上に水平に板石を架けた、内外2列の環状柵で形成される円形の囲いがある。この柵は、この城塞が建設される前にここを支配していた国王たちの竪穴墓を取り巻いていた（第2環状柵墓は城塞の中に取り込まれなかった）。城内のもっと奥に住居群があり、その中に神殿があった。「偶像の家」と呼ばれるこの神殿は、女神の壁画で名高く、テラコッタ製の偶像を備えていた。城塞の頂上にある宮殿はティリンス城塞より単純で、漆喰塗の中庭を通ってメガロンにいくが、後者は玄関と1つの出入口を持つ前室と13×12mの主室で構成される。

ピュロスの宮殿はメガロンの玄関に通じる中庭を持つが、炉と円柱のある主室は、ミノス王の宮殿のように、片側に寄せて配置された。その東には主メガロンに通じるもう1つの小さな中庭がある。このメガロンは通常のように一直線配列で、中央に入口を持つ前室があった。この宮殿の防御施設は軽微なものであった。

ギリシア青銅器時代末期（B.C. 1600頃）の最も印象的で、かなりの規模の墓は、「トロス」である。これは丘腹に切り込んでつくられた円形平面の墓室で、石で外装した露天の通路「羨道」を備える。墓室には古風な持送り構造の蜂巣型石造天井が架けられ、その頂部は地上に突出し、塚で覆われていた。埋葬が終わると羨道は土で埋められた。

最も立派なトロスはミュケナイにあるいわゆる**アトレウスの宝庫**、すなわち**アガメムノンの墓**である(p.114)。これらの名は古典時代につけられたもので、建造されたのは紀元前1350年以後、紀元前1250年以前であった。この墓の仕上げは全て上質の組積造である。羨道は幅約6m、長さ36mで、その側壁は、墓室入口で高さ13.7mに及ぶ。墓室は直径14.5m、高さ13.2mで、34段の環状石層でつくられており、工事中にその内側は曲面に仕上げられ、頂部は一本石で覆われた。この壁面には金属製と思われる装飾を取り付けた痕跡がはっきり残っている。墓室の横にある部屋は本当の埋葬室である。高さ5.8m、8.2m四方の規模で、もとは石材で仕上げられていたらしい。高さ5.4mの出入口を持つ墓室の正面は、高さ10.3m以上に及ぶ。入口の奥行は5.4mで、その上を2本の巨大な石灰岩の楣で覆うが、そのうちの1本は重さ100t以上に達する。入口の両側には緑色石灰岩製の2本の半円柱があった（その大部分は、大英博物館に保管されている）。これは例の下細りの柱で、山形飾りの浮彫帯で飾られている。楣の上の三角形の部分には濃赤色の板石がはめられ、その表面には無地の水平帯で区画された巻波文が刻まれていた。楣の上には、1列の円盤飾りの上に高い巻波文とトリグリフ・メトープ状の模様を刻んだ細長い緑石を取り付ける。その他の重要なトロス型墳墓には、扉に溝彫の柱身がある**ミュケナイの「クリュテムネストラの墓」**と、ボエオティア地方の**オルコメノス**にある「**ミニュアス**」**の宝庫**がある。

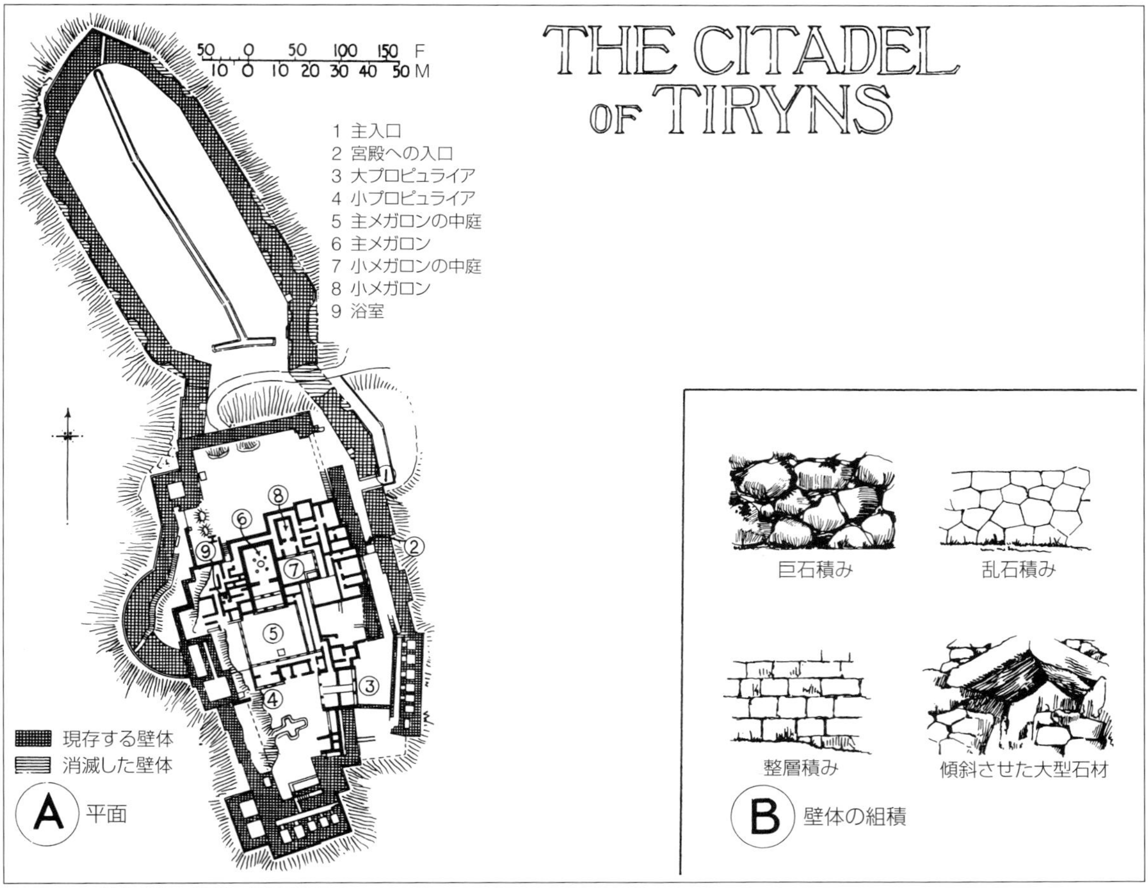
THE CITADEL OF TIRYNS
50 0 50 100 150 F
10 0 10 20 30 40 50 M
1 主入口
2 宮殿への入口
3 大プロピュライア
4 小プロピュライア
5 主メガロンの中庭
6 主メガロン
7 小メガロンの中庭
8 小メガロン
9 浴室
現存する壁体
消滅した壁体
A 平面
巨石積み
乱石積み
整層積み
傾斜させた大型石材
B 壁体の組積

ティリンス城塞(Ⓐ)。壁体の組積(Ⓑ)

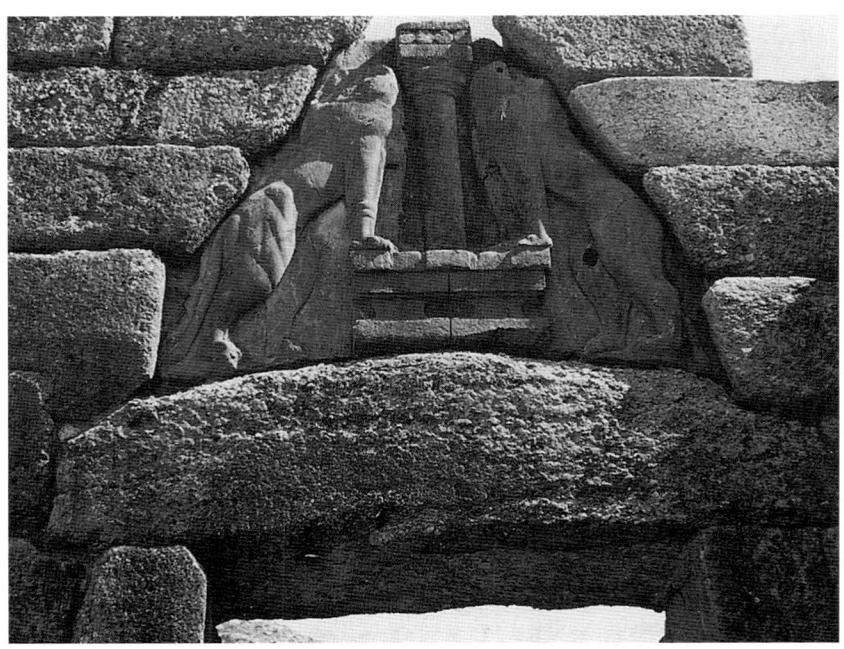

C 獅子門、ミュケナイ(B.C. 1250 頃)　p.112

114 | エジプト、古代近東、アジア、ギリシア、ヘレニズム王国の建築

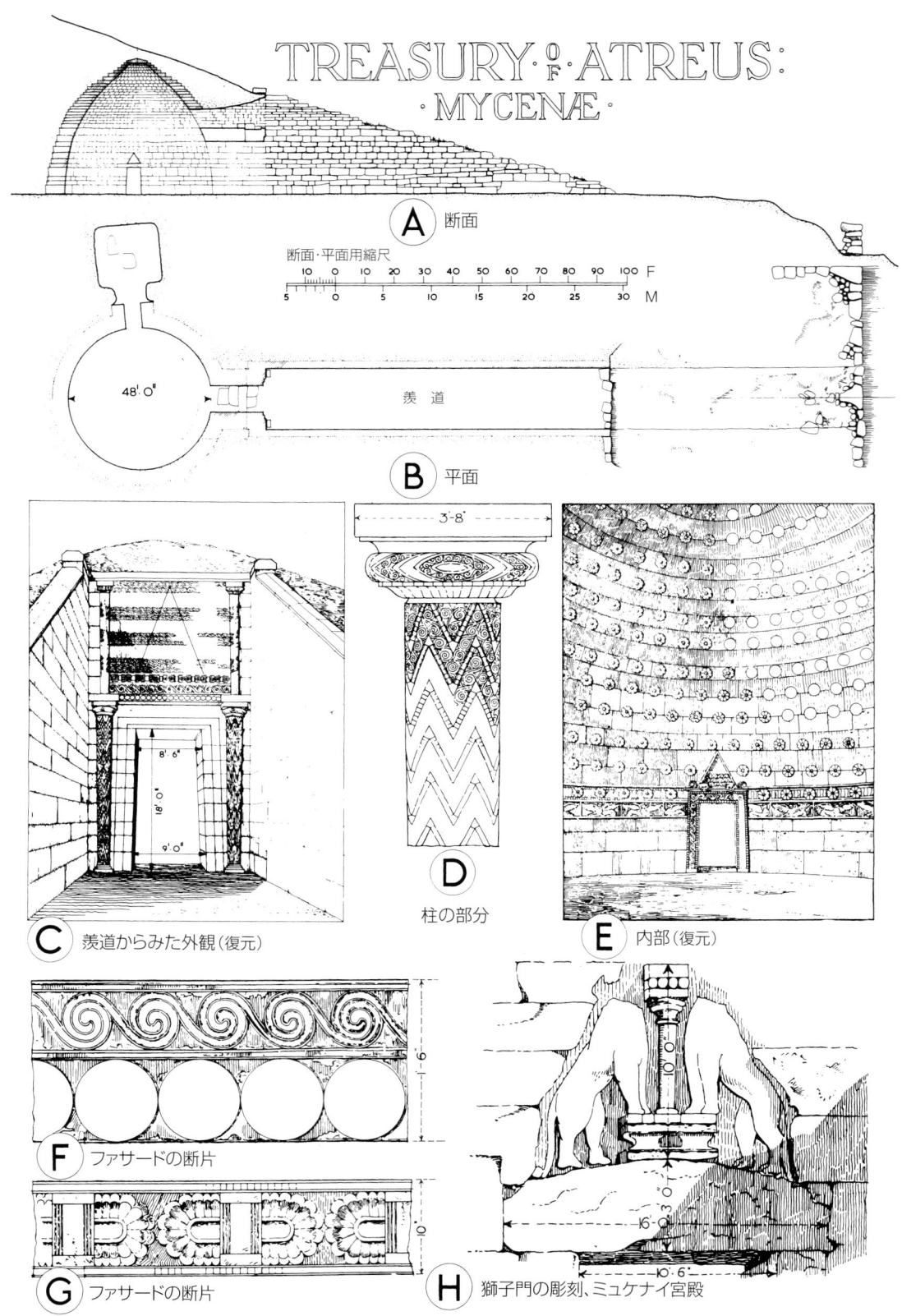

アトレウスの宝庫（アガメムノンの墓）、ミュケナイ

暗黒時代

青銅器時代末期の諸国家の崩壊に続く暗黒時代につくられた、現在知られている唯一の重要な建物は、**レフカンディ**にある紀元前 10 世紀の**ヘロオン**である。これは幅 10 m、奥行 45 m 以上の規模を持つアプス型平面の日干レンガの構造物で、木柱の柱廊をめぐらしていた。後世の神殿に似ているが、これは墓の上につくられた葬祭記念建造物であり、短命だったので後世の建物に影響を与えた見込みはない。この他には、神殿と認められる紀元前 8 世紀以前の建物は発見されていない。発見された建物は、コリントス近傍のペラコラにあるように荒石の基礎の上に日干レンガでつくられたか、エレトリアにあるように木製土台の上に木骨土壁構造でつくられた、一端に玄関を持つ馬蹄形平面の簡単な建物で、いずれも草葺屋根であった。

古典時代

ギリシア古典建築の主要なオーダーであるドリス式とイオニア式は、まず神殿に用いられた。

ドリス式オーダー

ドリス式の円柱（p.116）は、柱礎なしでクレピス（またはクレピドーマ）の上に直接立ち上がる。クレピスは神殿では通常 3 段だが、たとえばストアのような神殿以外の建物では、1 段だけのことがある。

最も初期の円柱は著しくほっそりしているが、その後、過度に太くなり、その高さは底部の直径のわずか 4 倍になった。紀元前 5 世紀には軽快になって、高さは直径の 5.5-5.7 倍になり、ヘレニズム時代には直径の 7 倍以上のものもみられる。

柱身は上細りで、頂部の直径は底部のそれの 4 分の 3 から 3 分の 2 になる。その表面には、12 本か 16 本か 18 本、またパエストゥム（p.117C）のように 24 本のこともあるが、通常は 20 本の浅い溝彫を刻み、溝は鋭い稜で相互に隔てられる。柱身は一般にエンタシスと呼ばれる、わずかに膨らんだ輪郭を持ち、完全な円筒形の時に円柱がくびれてみえるのを防止する（p.118）。柱身の頂部はアルカイック期には通常 3 本、その後は 1 本の細い水平の条溝で形作られるヒュポトラケリオンで終わる。そのすぐ上にトラケリオンまたはネッキングと呼ばれる、溝彫付き柱身の延長部があるが、これは柱頭を形成する部材の一部である。ドリス式特有

の柱頭は、アバクスとエキヌスからなる。エキヌスの底部に、アニュレットと呼ばれる 3-5 本の水平条溝があり、柱身の稜線と溝彫の垂直線はここで終わる。エキヌスの形は建物の年代によって変わる。パエストゥムの初期の神殿（p.117B, C）では、エキヌスはかなり突出し、輪郭はふっくらしているが、パルテノンのように完成したものでは（p.117F）、突出量は少なくなり、輪郭はもっと微妙になる。円柱がさらにほっそりするヘレニズムのドリス式では、柱頭全体は偏平で幅が狭くなり、エキヌスの曲線は直線に近づく。柱頭の上部を形成するアバクスは、無装飾の正方形の厚板であるが、ヘレニズム時代にはその頂部に、時として細い刳形（くり）形を加えた。

ドリス式のエンタブラチュア（p.116）は、次の 3 つの部分からなる。

① アーキトレーヴ（大梁）は、大規模な神殿では通常 2 枚か 3 枚の板石を、厚さの方向に前後に並べてつくり、外側の板石は全て同一垂直面にする。その上端にはタエニアと呼ぶ 1 本の突出した細い平らな水平帯があり、タエニアの下にはトリグリフのある位置に、レグラと呼ばれる細長い水平帯が付き、レグラの下に 6 個の小円錐型の装飾グッタエを取り付ける。

② フリーズは中央に 2 本、両端に半本ずつ、合計 3 本の縦溝（グリフ）を持つトリグリフと、メトープと呼ばれる正方形の部材を交互に並べてつくられる。メトープはパルテノンにみられるように（p.116、p.129）、時として美しい浮彫で飾られる。トリグリフは円柱の真上と柱間の中央に 1 つずつ配置される。しかし神殿の出隅（ですみ）では、2 つのトリグリフは斜めに交わる。ドリス式フリーズはその端部をトリグリフで終わらせるのが原則なので、端部のトリグリフは隅の円柱の中心から外側にずらして配置される。そのために隅の円柱とそれに隣接する円柱との柱間は、その他の柱間よりも狭くする。

③ コーニス（またはゲイソン）はエンタブラチュアの最上部である。その下面は屋根に近い勾配に傾斜しており、垂木の鼻を暗示するムトゥルスという扁平な部材を取り付けている。ムトゥルスはトリグリフとメトープの上に 1 つずつ配置され、通常 6 個ずつ 3 列、合計 18 個のグッタエで装飾される。コーニスの垂直面すなわちコロナは、その下端に突き出た水切りを持つ。その上端には時として連続するキュマティウム、すなわち軒樋（のきどい）（たとえばオリュンピアのゼウス神殿）がのるが、これはしばしば（パルテノンにみられるように）省略される。キュマティウムのない場合、男瓦の先端はアンテフィクサでふさがれる。ペディメントの傾斜コーニスは、その上に必ずキュマティウムを付ける。この

116 | エジプト、古代近東、アジア、ギリシア、ヘレニズム王国の建築

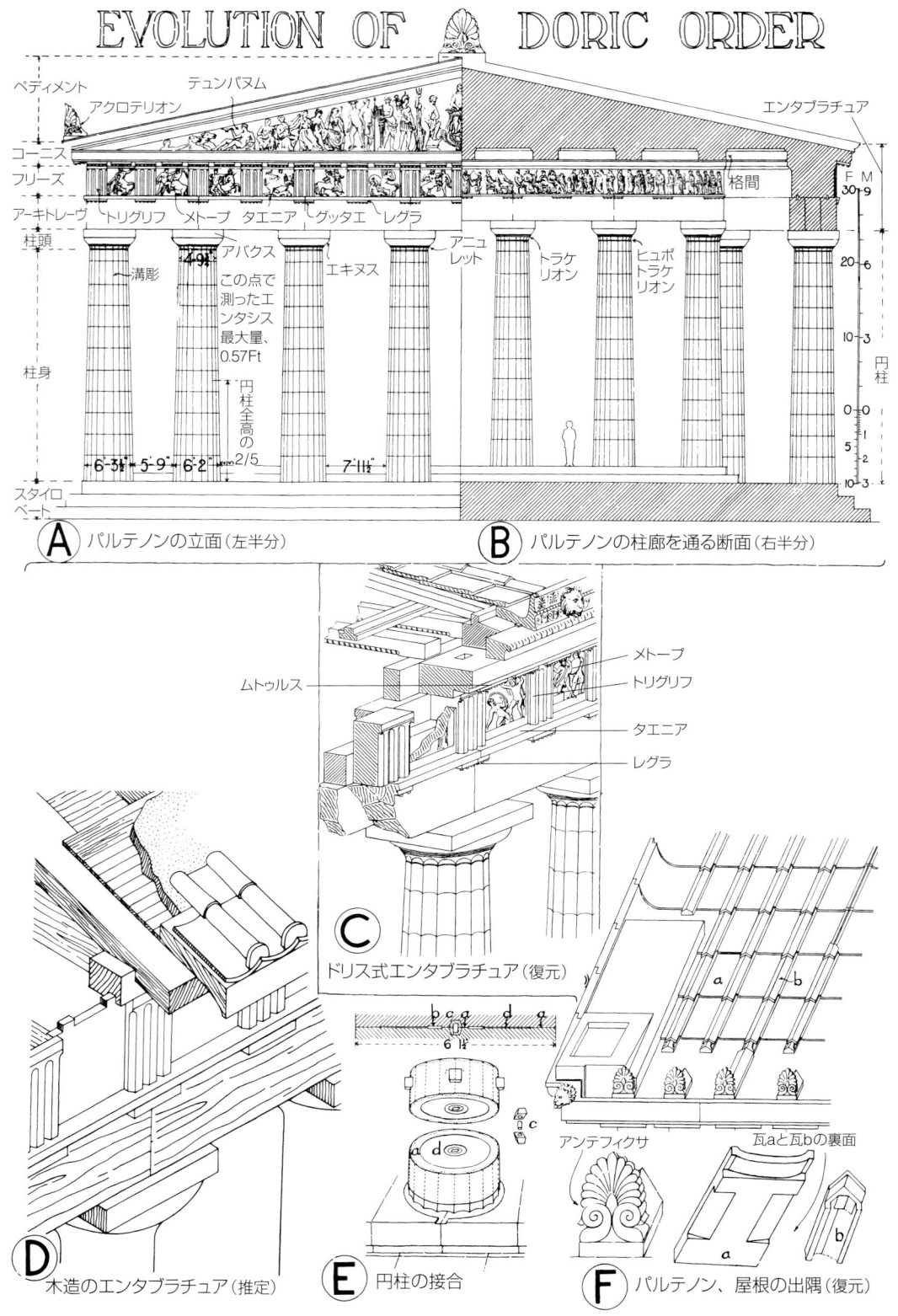

ドリス式オーダーの変遷

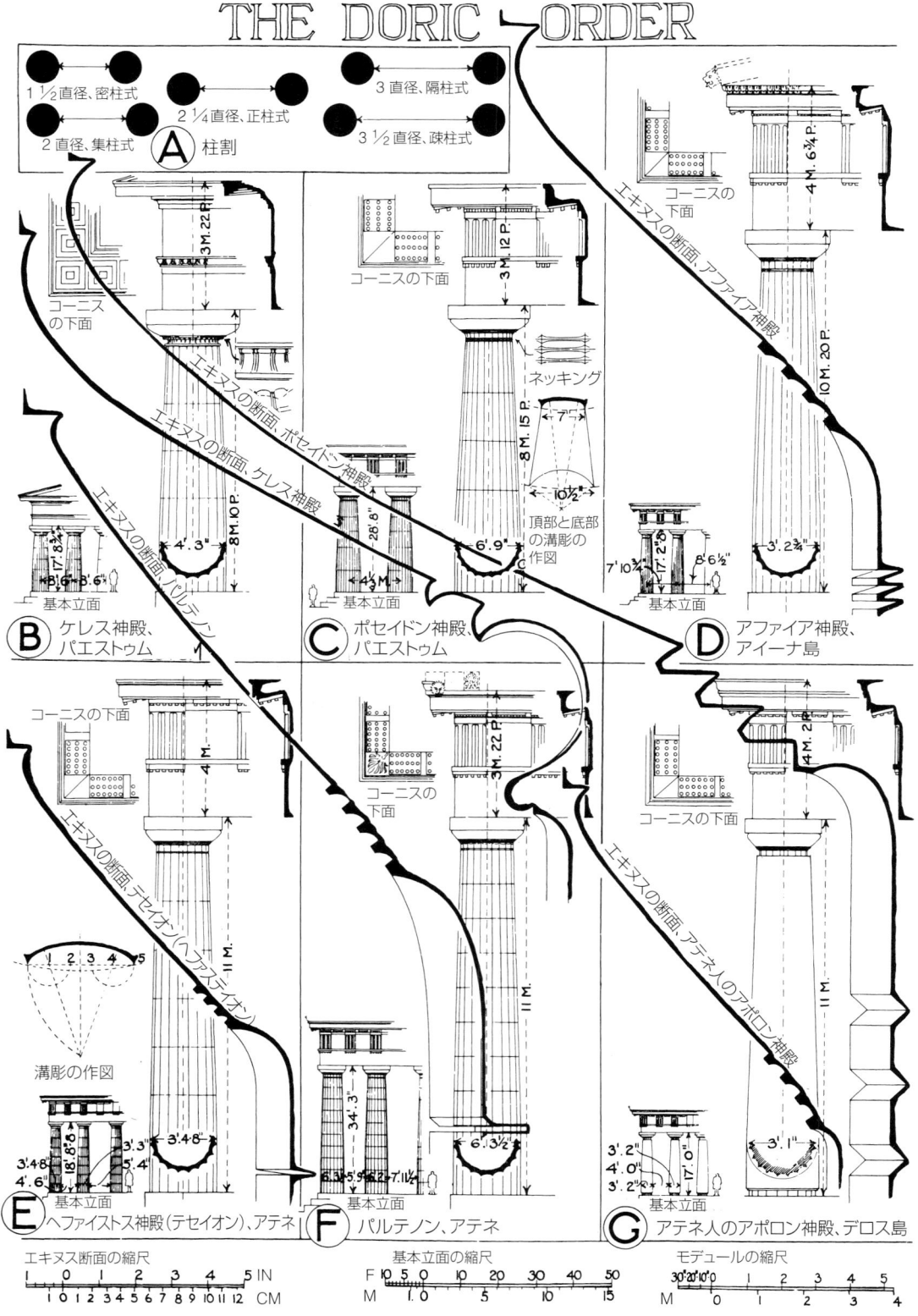

ドリス式オーダー

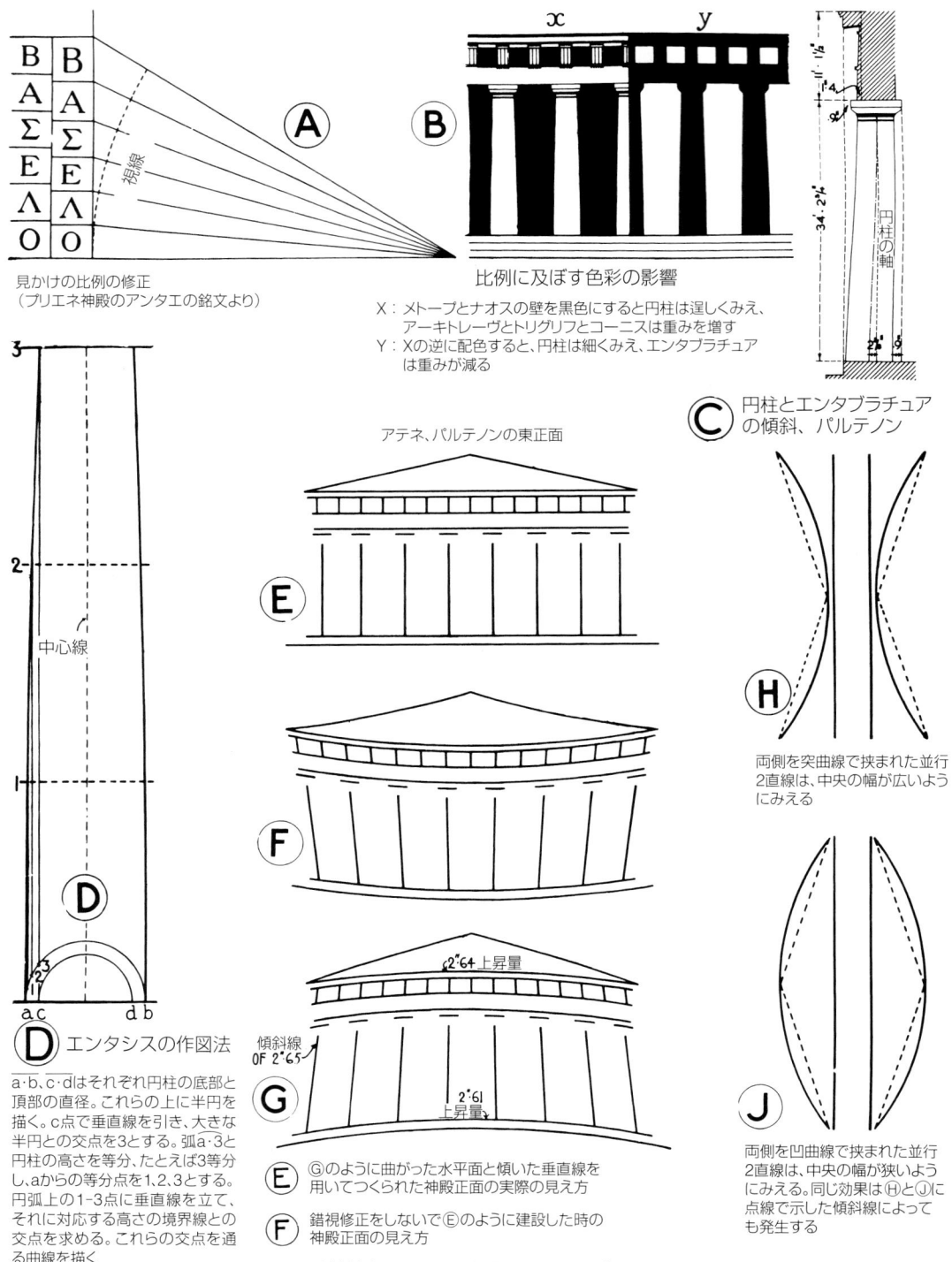

コーニスにはムトゥルスがなく、イオニア式のコーニスと同じ断面である。建築用語としてイオニア式という言葉が最初に記録に用いられたのは、エレウシスにあるテレステリオンの紀元前4世紀中期のドリス式ポーチの仕様を記録した銘刻において、その傾斜コーニスを叙述するためである。

イオニア式オーダー

　柱頭と柱礎を含めてイオニア式円柱は、一般に底部の直径の9-10倍の高さで、細い平らな稜で隔てられた24本の溝彫を持つ。しかし初期の円柱は、鋭い稜で隔てられた浅い溝彫を、40本か44本か48本も持っていた。ギリシア本土南部(ペロポネソス半島)のイオニア式円柱の溝彫は通常20本で、その稜は平らな面を持つ。柱礎には色々の形があり、主なものはギリシア東部で用いられたものと、アテネで紀元前5世紀に発達したもので、後者はやがて東部の形態を圧倒するにいたった。

　柱頭はその正面と背面に、円柱直径の約3分の2の高さの渦巻一対を備えており、渦巻の側面は中央がくぼんだ枕のような形の部材で連結される。この部材は無装飾のこともあるが、一般に多数の溝彫や平縁や玉縁で飾られる。渦巻は、側面に卵簇(卵舌)模様を刻まれ、下端に玉縁を持つ円形平面のエキヌスの上にのり、エキヌスが渦巻の下に隠れるところに、通常、連続パルメット飾りを取り付ける(p.120R, S)。渦巻の上には、薄いアバクスがのる。イオニア式柱頭は長方形の建物の出隅が難しく、ここには斜方向の渦巻を用いる(p.121)。バッサイにある神殿のオーダーのような、ペロポネソス半島にみられる四方正面のイオニア式柱頭は、ヘレニズム時代にますます普及したが、古典時代のギリシアでは例外的である。

　イオニア式のエンタブラチュア(p.120)は、さまざまな発展段階を経た。ギリシア東部で発達したイオニア式エンタブラチュアはアーキトレーヴとコーニスの2つの主要部分だけで構成され、コーニスは大型の歯形飾りのフリーズで支持された。エフェソスにあったアルカイック期のアルテミス神殿のように、フリーズのような彫刻装飾を持つ高い垂直な「胸壁」状のキュマティウムを付加した神殿もあったが、イオニア式のエンタブラチュアは一般に極めて軽快で、その高さは円柱のわずか6分の1にすぎなかった。フリーズとコーニスの下の歯形飾りとを持つ成の高いエンタブラチュアは、紀元前340年頃(サモトラケの「聖域」で)初めて用いられたが、紀元前3世紀もかなりたつまで普及しなかった。

　イオニア式はまもなく本土でも採用されたが、最初はギリシア東部諸都市がデルフォイに建造した宝庫(p.149B)や、スパルタ近郊のアミュクラエにある「玉座」(本当は装飾祭壇)のような特殊な建造物に限られた。紀元前5世紀に(アテネをイオニア人の母国と主張する)アテネ市民は、エレクテイオン(p.131)とアテナ・ニケ神殿(p.149A)にイオニア式を採用したが、これらの神殿はイオニア式の最も美しい作例である。一般に本土ではエンタブラチュアにフリーズを組み込んだが、歯形飾りは省略した。イオニア式のアーキトレーヴは通常3本のファスキア(帯状面)を持ち、ヘルモゲネスの時代まで、低い玉縁(アストラガル)と高い大玉縁(オヴォロ)各1本からなる刳形を頂いていた。フリーズがある時、フリーズはしばしば連続彫刻帯で飾られた。イオニア式神殿は桁行側にアンテフィクサがなく、そのかわりに妻の傾斜コーニスのキュマティウムは、桁行側のコーニスの上にも連続しており、しばしばアカンサスの渦巻で装飾される。間隔をおいて配置される獅子頭は、屋根の雨水の吐水口に用いられる。

コリント式オーダー

　コリント式はイオニア式の装飾的な変種として、紀元前5世紀のギリシア建築に初めて現れたもので、イオニア式との違いは、そのほとんどが柱頭にある。初めは建物内部の列柱(バッサイ、エピダウロス、デルフォイの円堂)か、風変わりな建造物(アテネ、リュシクラテス合唱隊記念碑)に用いられた。コリント式オーダーを外部の柱廊に用いたのは、ヘレニズム時代である。その特色である柱頭は、イオニア式よりも成が高い。当初の高さはまちまちであったが、円柱の直径の約3分の4倍の比率に落ち着いた(p.123)。

　ウィトルウィウスは、アテネの青銅彫刻の名手カリマコスが、コリントスの乙女の墓に供えられた、瓦で蓋をした供物籠からヒントを得て、この柱頭を発明したという伝説を伝えている(『建築十書(De Architectura)』第4巻 第1章)。この籠はたまたまアカンサスの根の上に置かれていたので、そこから伸びた茎と葉が、瓦の隅で曲がって渦巻型になったといわれる。完成したコリント式柱頭は成の高い倒立した鐘型で、その下部は各8枚からなる上下2段のアカンサスの葉で囲まれ、上段の葉の間から8本の茎(カウリス)が伸び上がる。この茎はそれぞれ1つの萼(がく)を頂き、この萼から渦巻型のつるが立ち上がって、アバクス中央の葉形飾りとアバクスの隅を支持する。刳形を施されたアバクスの各側面は、隅に向かって外側に湾曲し1点に交わるか、角を切り落とされる。

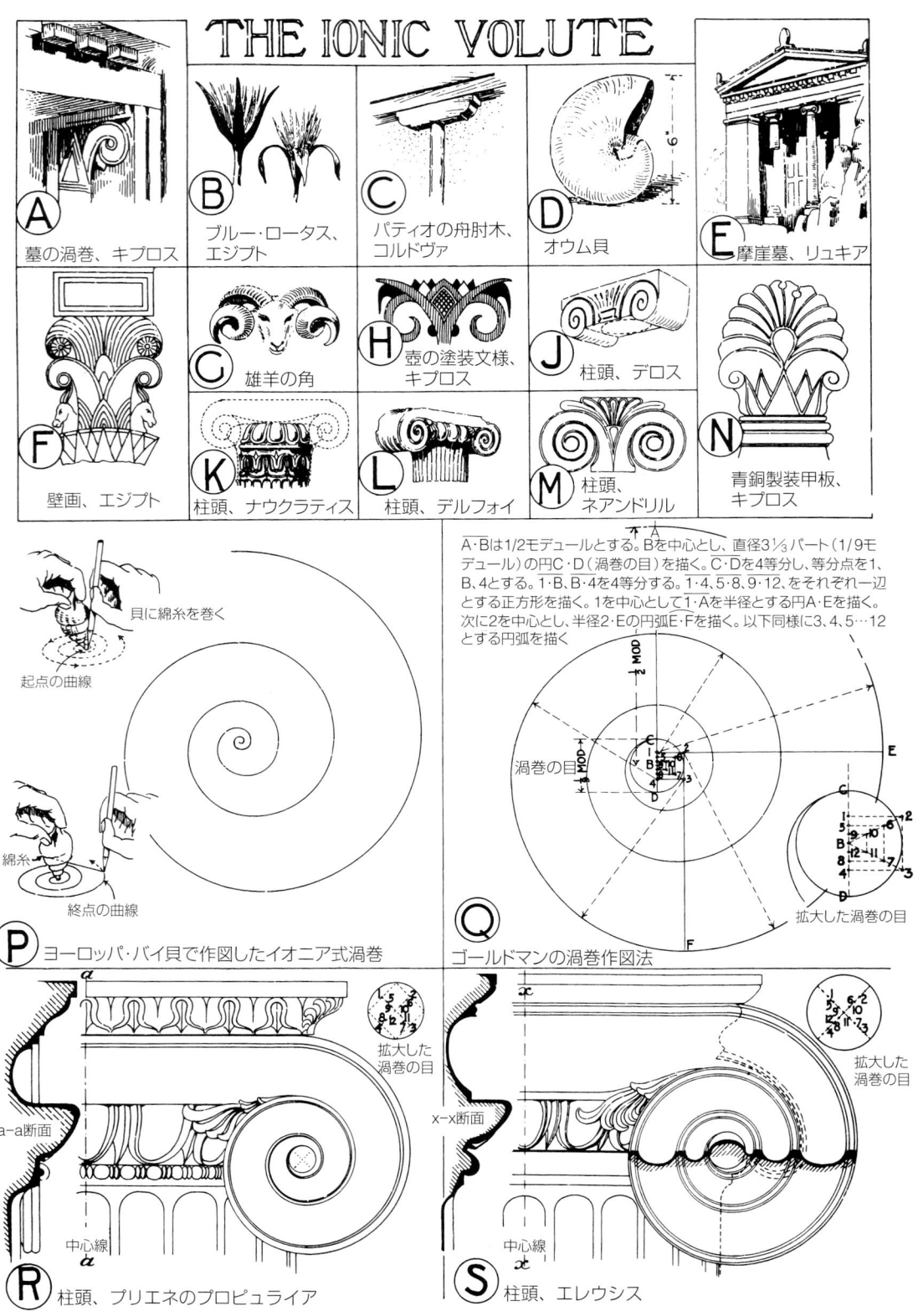

イオニア式渦巻

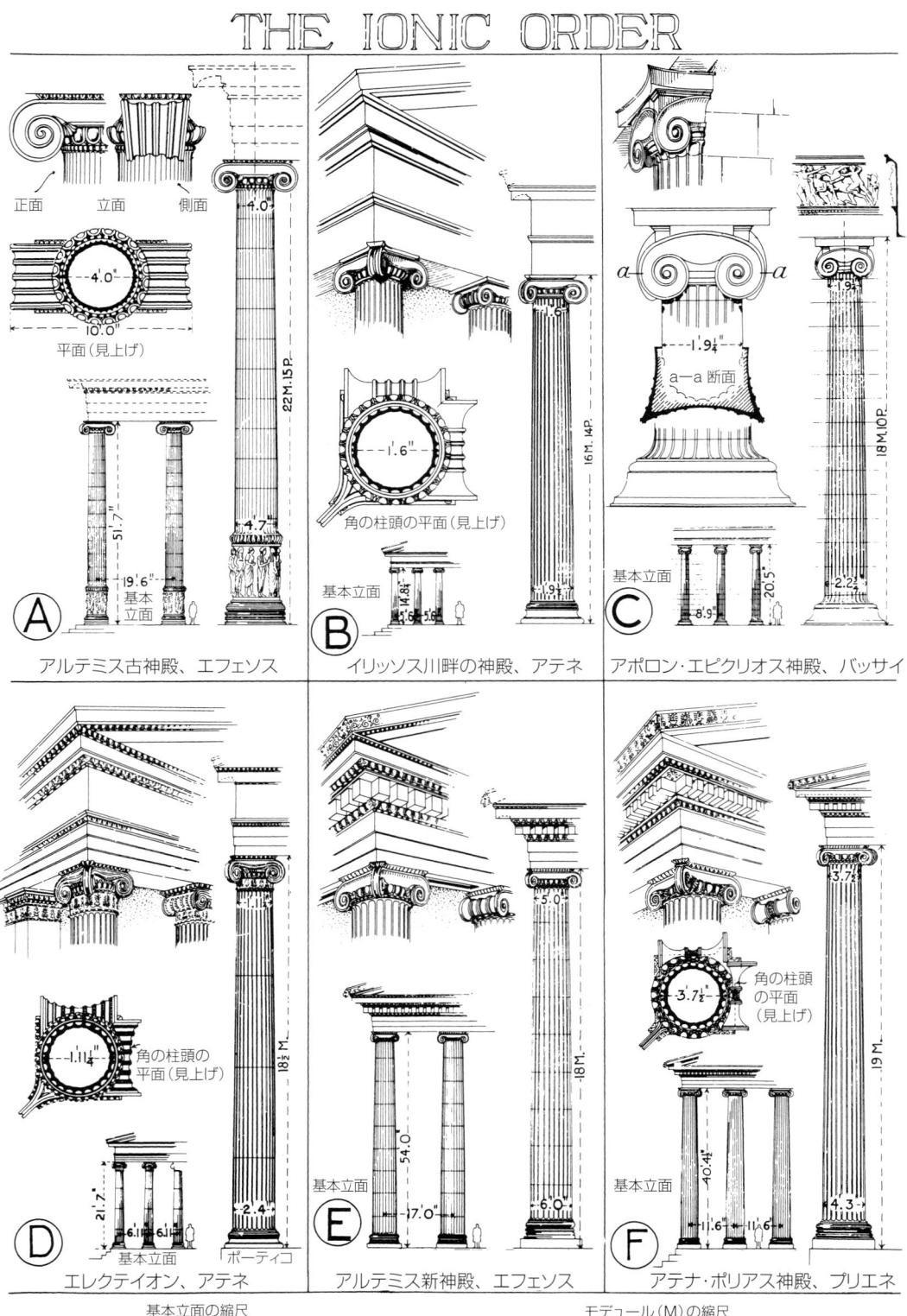

第6章 ギリシア

イオニア式オーダー

ヘレニズム末期までコリント式のエンタブラチュアは、発達したイオニア式のそれと区別できない。最古のコリント式はバッサイのアポロン・エピクリオス神殿の内部にあり、コリント式とイオニア式の円柱が同じエンタブラチュアを共有している。

オーダーの進化

古典ギリシアのオーダーを進化させることになる建築の発展は、紀元前7世紀に始まった。それ以前よりも耐久的な形態で、もっと念入りに装飾された大規模な神殿が建設された。その契機は、ギリシア人が交易していたレヴァントの都市にたぶん求められる。オーダーは当時のギリシア世界の地理的区分を反映しており、ドリス式は本土の地域共同体で、イオニア式は東ギリシア領のエーゲ海諸島と小アジア沿岸で進化した。構造は改良され、円柱と壁体の基礎には、規則正しく裁断された石材がますます盛んに使用され、瓦と外装にテラコッタが採用された。そのために屋根が重くなり、屋根を支持するには石造の壁体か、太い木造軸組を持つ壁体が必要になった。そこで木造部分はそれまでより頑丈になり、玄関の柱廊も建物を取り巻く柱廊も、堅固な木造になった。神殿の平面は本土と東ギリシアでは類似する。

東ギリシアの建築を本土の建築から区別するのは、円柱とエンタブラチュアの形態である。東ギリシアのもの（p.120、p.121）は、明らかにレヴァントの原型、特に2つの外巻きの渦を持つ柱頭（ギリシアに導入されるはるか以前に、ユダヤやフェニキアの建築にみられた「ユリの花型柱頭」）と関係がある。これを石材に翻案したものは、ギリシアでは紀元前6世紀まで発見されないが、それ以前のものは木製であったのかもしれない。石造のものには2つの変種がある。その1つは北部エーゲ海と沿岸地方のもの（アイオリス式）で、オリエントの原型にいっそう類似しており、渦巻は別々の茎から立ち上がる。もう1つは南部エーゲ海、キュクラデス群島および隣接する沿岸地方のもので、2つの渦巻は連結している（イオニア式）。アイオリス式柱頭は紀元前5世紀に消滅した。

ドリス式の起源は、イオニア式よりもはっきりしない。アテネのような本土の非ドリス人都市でもドリス式は伝統的であったが、ドリス式はオーダーにその名を与えたドリス人のコリントスで、たぶん発達したものである。下細りの柱身の物証はなく、また少なくとも当時整理され、よく知られていたアトレウスの宝庫のようなトロス型墳墓の正面にある石造の例を除いて、紀元前8世紀から紀元前7世紀に青銅器時代の円柱が残存していたことは疑わしいが、ドリス式柱頭は青銅器時代の形式を反映している。トリグリフとメトープからなるフリーズを持つエンタブラチュアは、アトレウスの宝庫を含めて先史時代の構造物に用いられた装飾形式を反映しているが、類似の形式は彩色壺のようなその他の物品の装飾に用いられており、シリアでつくられた象牙製品にもみられる。これらのもののどれかが、ドリス式オーダーの着想源となったのかもしれない。ドリス式オーダーは着想源の点では、構造的というよりむしろ装飾的であることを強調するのは重要である。これら初期の装飾体系は、明らかに木造で考え出されたものであった。コリントスに近いイスミアにあるポセイドン神殿は、石造の柱礎と（木骨レンガ造を模倣した）石造の壁体を持つが、おそらく木造であったと思われる円柱やエンタブラチュアは全く残っていない。ここには切妻よりも寄棟屋根をつくるように整えられた焼成瓦があったが、この神殿は紀元前7世紀前半に遡る。紀元前620年頃建造のテルモンのアポロン神殿は、塗装されたテラコッタ製のメトープを用いていた。これら初期の神殿は、端部が矩形のメガロン型の神室を持ち、長方形の柱廊で囲まれた平面である。本土と（たとえばサモス島の初期のヘラ神殿のような）東ギリシアの作例は、幅が狭くて奥行は長く、青銅器時代のメガロンの主室のように正方形に近い形ではない。両者の間に直接のつながりがあるとは思われないが、メガロンは依然として暗黒時代のギリシアの伝統的住居形式であった。

ドリス式オーダーは7世紀末頃、木造から石造に転換した。スミュルナには当時のアイオリス式神殿が1棟あるが、この世紀の最後の10年間に破壊され、未完成に終わった。木造から石造に転換した最古のイオニア式神殿はデロス島にあり（「ナクソス人のオイコス」、たぶん同地で最初のアポロン神殿）、紀元前6世紀初めに改装され、改良された。ドリス式オーダーの細部は明らかに木造の原型を示唆するが、特にアーキトレーヴの上端に突出する水平帯の下にある細長くて短い水平帯（レグラ）とその下のグッタエは、トリグリフとメトープを固定するのに用いた釘や栓を確実に表している。もっと幅は広いがこれに似た部材（ムトゥルス）がコーニスの下にあり、屋根を堅固にするためコーニスに釘止めされている。

最古の石造ドリス式神殿は、デルフォイのアテナ神殿とコルフ島のアルテミス神殿で、それぞれ紀元前600年頃と紀元前590年頃に建造された。オリュンピアにある同時代のヘラ神殿は、いまだに日干レンガ壁と木製円柱の建物で、木柱は徐々に石柱に取り替えられた。

EVOLUTION OF THE CORINTHIAN CAPITAL

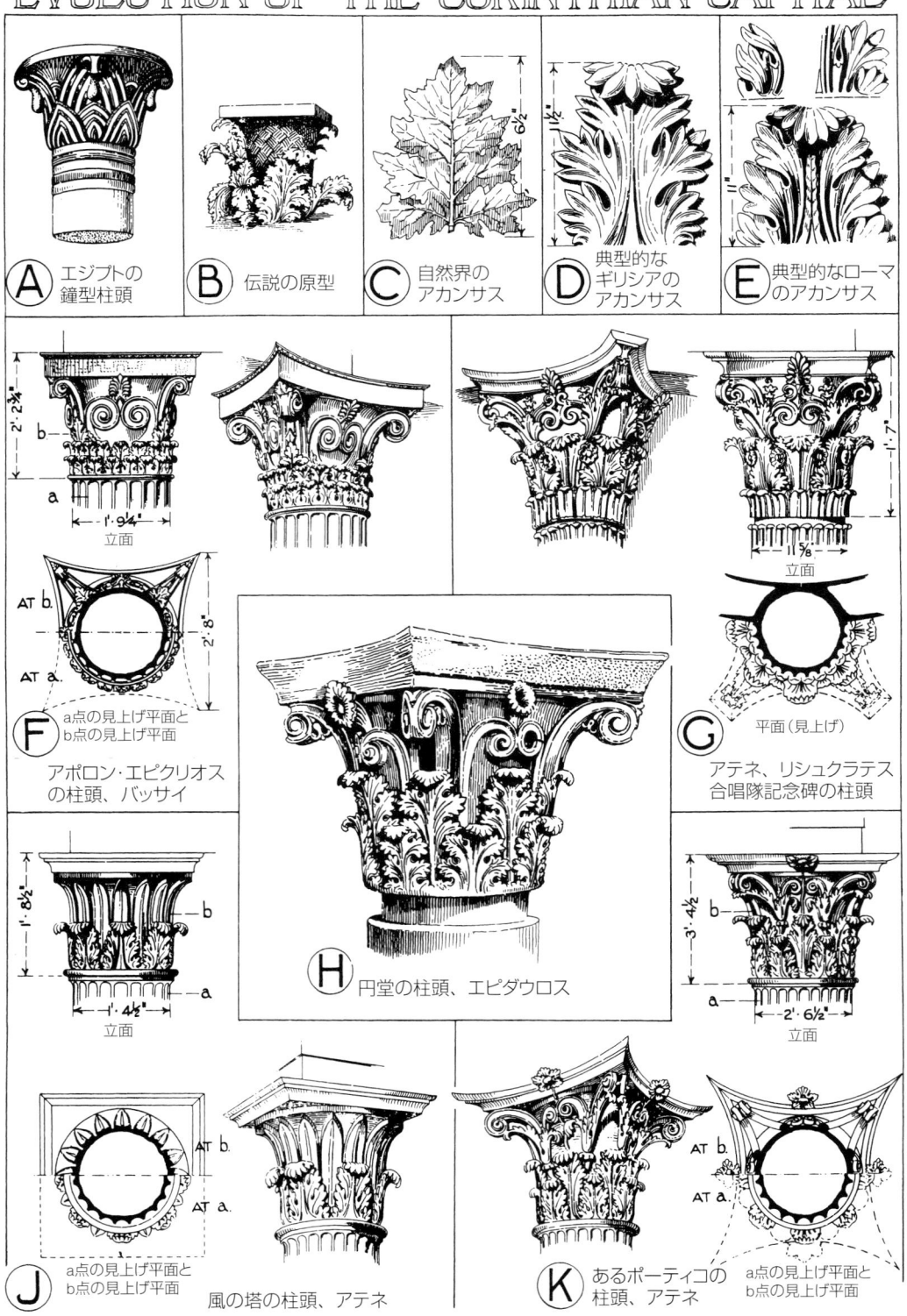

Ⓐ エジプトの鐘型柱頭
Ⓑ 伝説の原型
Ⓒ 自然界のアカンサス
Ⓓ 典型的なギリシアのアカンサス
Ⓔ 典型的なローマのアカンサス
Ⓕ a点の見上げ平面とb点の見上げ平面　アポロン・エピクリオスの柱頭、バッサイ
Ⓖ 平面（見上げ）　アテネ、リシュクラテス合唱隊記念碑の柱頭
Ⓗ 円堂の柱頭、エピダウロス
Ⓙ a点の見上げ平面とb点の見上げ平面　風の塔の柱頭、アテネ
Ⓚ あるポーティコの柱頭、アテネ　a点の見上げ平面とb点の見上げ平面

コリント式柱頭の変遷

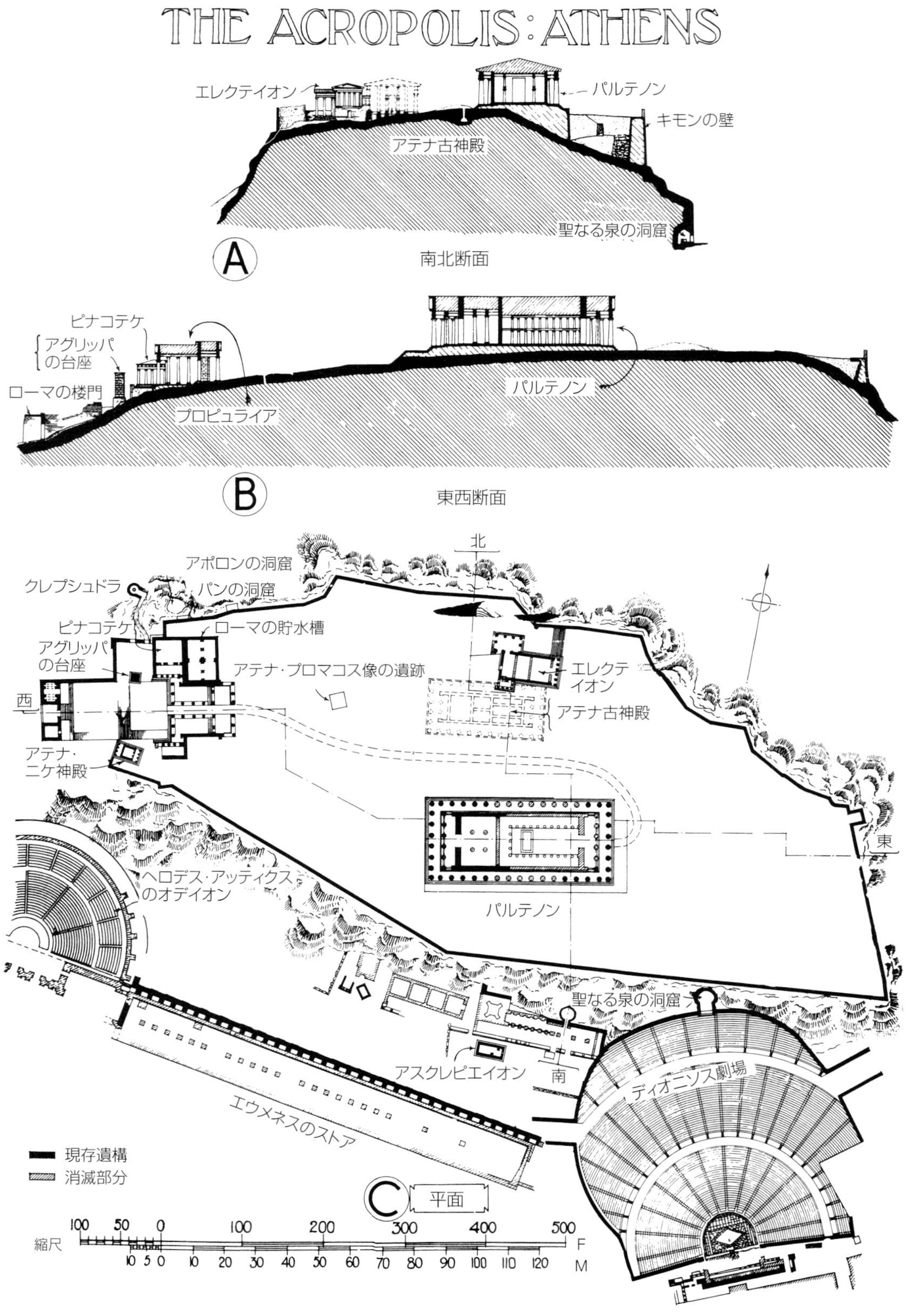

124　エジプト、古代近東、アジア、ギリシア、ヘレニズム王国の建築

THE ACROPOLIS: ATHENS

エレクテイオン　パルテノン
キモンの壁
アテナ古神殿
聖なる泉の洞窟

Ⓐ　南北断面

ピナコテケ
アグリッパの台座
ローマの楼門
プロピュライア
パルテノン

Ⓑ　東西断面

アポロンの洞窟
クレプシュドラ
パンの洞窟
ピナコテケ
ローマの貯水槽
アグリッパの台座
アテナ・プロマコス像の遺跡
エレクテイオン
アテナ古神殿
西
アテナ・ニケ神殿
東
ヘロデス・アッティクスのオデイオン
パルテノン
聖なる泉の洞窟
アスクレピエイオン
南
エウメネスのストア
ディオニソス劇場

■ 現存遺構
▨ 消滅部分

Ⓒ　平面

縮尺　100 50 0　100　200　300　400　500 F
　　　10 5 0 10 20 30 40 50 60 70 80 90 100 110 120 M

アクロポリス、アテネ

聖域と神殿

　ギリシア人は町や村の中や田園にある特定の区域を、神に捧げた聖域として認めた。そのうちのいくつかは青銅器時代末期に居住された遺跡上にあり、そこにはおそらく古い城壁の遺構があったり、若干の宗教儀式さえ継承されていたこともあって、宗教上の用途を与えられることになった。泉に近いというような自然の特色によって選ばれた聖域もあった。ギリシア東部では、一部の低地にある聖域（サモス島のヘラ神殿、エフェソスのアルテミス神殿）は、ギリシアの移民がたぶん先住民から継承した宗教儀式に使われた場所であった。若干の都市では主な聖域は市内に１つもなく、市外の田園にあった（たとえばアルゴスとサモス島のヘラの神域）が、町の中にあるいくつかの聖域は、城壁に囲まれた城塞の中に設けられた。城塞内に設置されたのでなければ聖域に城壁をめぐらすことはまれで、格式ばった出入口は驚くほど少ない。

　宗教儀式に絶対必要ということではなかったが、ある程度以上の聖域は全て、神殿を１つ備えていた。ほとんど全ての神殿は本質的に、神像を収容する単純な長方形の建物であったが、古典時代までにこれらの神殿は細部が変化した。神像は神室（ナオスまたはケッラ）に安置された。室内に列柱を立てて拡大することはできたが、神室の幅は屋根用木材の寸法で限定された。神殿の側壁は通常、前方に延ばされてポーチを形成したので、伝統のメガロン形式は存続した。ごく小規模な神殿を除き、全ての神殿のポーチは円柱で飾られた。これらの円柱は側壁の端部の間に配置する形式（イン・アンティス）か、その前面に１列に配置する形式（前柱式）がとられた。

　円柱の数の慣用的な表記法は、ギリシア数字にギリシア語の円柱に相当する言葉（ステュロス、英語ではスタイル）を加える方法による。たとえば英語の場合は、ディスタイル（正面二柱）、テトラスタイル（正面四柱）、ヘクサスタイル（正面六柱）、オクタスタイル（正面八柱）およびデカスタイル（正面10柱）である。正面三柱（トリスタイル）、正面五柱（ペンタスタイル）、正面七柱（ヘプタスタイル）、正面九柱（エンネアスタイル）という奇数の円柱はまれで、主として紀元前６世紀に遡る初期の建物にみられる。最も普通の簡単な神殿（単なる無装飾の部屋を神殿とするものを除く）は、ディスタイル・イン・アンティスである。同じ用語は周柱式神殿、すなわち神室が円柱で囲まれている神殿のファサードを形成する円柱についても用いられる。周柱式神殿では側面の円柱数は変化する。紀元前５世紀のドリス式神殿では、側面の柱数は正面の柱数の２倍に１を加えた数だが、余分の部屋や背面に偽ポーチがある時は、神殿の長さはその内部の配列を反映する。

　神殿は神室を囲む列柱を二重にしたり（ディプテラル）、正面と背面の列柱を三重にする（トリプテラル）ことにより、その外観を大きくし、より印象的にすることができる。外側の列柱は、内側の列柱が実際には省略されているのに、それがあるかのように柱廊の幅を広げることもできる（擬ディプテラル）。周柱式でない神殿では、柱廊を持つ偽ポーチはまれで、前柱式神殿だけにみられる。柱廊付きの偽ポーチを持つ後者の神殿はアンフィプロスタイル（両前柱式）と呼ばれ、正面四柱（アテネ、アクロポリスのアテナ・ニケ神殿）か、正面六柱（デルフォイの紀元前４世紀のアテナ神殿）である。

　神域は１つ以上の神殿を持つことがある。主な神殿よりも重要でない神殿（例：エピダウロスにあるアスクレピオスの聖域のアルテミス神殿）や、異なる時期に建設されたが明らかに主神殿と同格の神殿を含む（例：シチリアのセリヌス）こともある。祭壇はしばしば壮麗なものであった。それは一般に長方形で、トリグリフとメトープからなるフリーズや列柱スクリーンのような建築的モチーフや刻形で装飾された。たとえ神殿がなくても、聖域には全て祭壇があった。ギリシア全都市の支持を受けた聖域（オリュンピアのゼウス神殿、デルフォイのアポロン神殿）では、各都市は非周柱式小神殿に類似する「宝庫」と呼ばれる建物を神に奉納することがあった。これは単なる貯蔵庫ではなく、まぎれもない奉納物で、しばしば豪華な彫刻で飾られており、一般に戦勝（**デルフォイにあるアテネ人の宝庫、p.149C**）や大きな銀鉱脈の発見（同じくデルフォイにあるシフノス人の宝庫）のように重要な事件を記念するものであった。建物は個々の信仰に特有なものであったかもしれない。たとえばエピダウロスにある（神格を得た人間と考えられていた）アスクレピオスの聖域につくられた円形建物テュメレは、空墓として使われたらしい。というのはギリシア建築の円形建物は神殿としてではなく、記念的用途に使われているからである。デルフォイにあるトロスやオリュンピアにあるフィリッペイオンもその例である。全ての堂内はコリント式列柱で飾られていた。聖域には病人が神の奇跡的な来訪による平癒を願って聖域内で夜を過ごすための、アバトンと呼ばれる参籠堂もあった。大部分の聖域は、念入りにつくられた高い基壇上にしばしば据えられた記念物と彫像その他の奉納物や、エクセドラ（周壁沿いに腰掛を持つ長方形か半円形のくぼんだ壁）で満ち溢れた。多くの聖域は神殿と祭壇に近い最も神聖な区

域と、礼拝と儀式に参加する人々のための、それよりも神聖でない周辺区域とに分けられる。後者の区域には宗教劇用劇場、運動競技や戦車競走用の競技場や戦車競技場と、練習場としてのパラエストラや体育館（しばしば競技場に併設されるか、その近くに設けられた）のような建物がみられる。また、特権を持つ信徒たちが、ギリシア風に臥台［訳註：食事用の寝椅子］に横になり、分け与えられた犠牲の肉を食する神聖な宴会用の特殊な建物もあった。

アテネのアクロポリス（p.124）は、ギリシア聖域の最高の実例である。ここは青銅器時代末期の城塞で、ティリンスやミュケナイのように堅固な城壁を備え、西側にある城門は、ミュケナイの獅子門（p.113C, p.114H）のように突出堡で固められていた。これらの防御施設は紀元前 6 世紀まで使用された。アクロポリスの頂上には明らかに宮殿があったが、暗黒時代の初期に破壊されたらしい。紀元前 8 世紀まではそれしかわからない。紀元前 8 世紀にはアクロポリスの最も高い地点に祭壇が 1 つあったが、アテナに捧げた特色のない簡単な神殿もあったらしい。この神殿は幾度か再建され、改造された。その中心部は二重神室になり、一方は東面し、もう一方は奥に隣接する 2 室を持つ控の間で西面していた。神殿の正面と背面には四柱式玄関があり、たぶん紀元前 7 世紀末までにこの神殿は、ドリス式柱廊をめぐらした。この「古神殿」は紀元前 525 年頃同じ平面で再建されたが、紀元前 480 年ペルシア軍により焼き払われた。そこで西室は修理されて貯蔵室になり、エンタブラチュアの一部は修復されたアクロポリスの北壁にたぶん戦争の記念物として取り付けられた。

紀元前 5 世紀初めに（おそらく紀元前 490 年のマラトンでの勝利を祝って）、アクロポリスにいくつかの新しい建物の増築が決定した。青銅器時代の古い門は取り壊され、新しいプロピュライアが設計された。それは H 字型平面で、正面を横切る壁体にたぶん 5 つの開口を設け、その正面と背面には、側壁の端部につくられる壁端柱の間に 4 本の円柱を配置した。「古神殿」の南に、同じくアテナに捧げられたもっと大規模なドリス式神殿が着工されたが、これもペルシア軍に焼き払われ、未完成に終わった。

アテネ市民はペルシア軍が撤退した時、廃墟をかたづけただけであった。紀元前 449 年にペルシアが講和を受け入れざるをえなくなって初めて、工事は再開された。古い正門は**プロピュライア**（プロピュロンの複数形で、簡単なプロピュロン以上の門であることを示す）と呼ばれる、もっと複雑な建造物につくり替えられた（p.127）。建築家はムネシクレスであった。その中心的要素は、またもや H 型の平面の建物で、今度はアクロポリスの東西軸線上に方位を決められた。プロピュライアの中の広間は 1 段高い位置にあり、5 つの開口を持つ横断壁は正面よりも背面に接近している。プロピュライアの前には 7 段の階段があるが、中央の（最も幅の広い）開口部だけは、行列や犠牲の動物のために斜路とする。プロピュライアは正面も背面も、前柱式正面六柱のドリス式である。横断壁の前後にある広間には、異なる高さに屋根を架けた。正面側の屋根は、中央斜路の両側に沿って配置された、3 本ずつ 2 列のイオニア式円柱で支持された。天井は（エレウシス産石灰岩を用いた目立つ要素を除いて、その他の部分と同様に）大理石でつくられ、格間には金色の星が散りばめられていた。プロピュライアの正面はその両側に、広間の側壁から南と北に伸びる壁体に接触して配置された翼屋を従えている。これらの翼屋はいずれも、壁端柱の間に 3 円柱を立てたドリス式だか、円柱はプロピュライアの円柱よりも小さい。北翼の背後には四角い部屋がある。その正面の出入口は偏心して設けられており、その両側には窓が開く。これはその部屋が、壁沿いに臥台を置き、公式の食堂として使われたことを示している。その壁はパネル画で飾られていたので、この部屋は絵画館（ピナコテケ）と呼ばれる。南翼は切り詰めてつくられ、列柱の背後には 1 枚の壁しかなかった。それは先行する正門の脇にあり、ニケの突出堡への通路であった同じ形の空地に対応しているのである。

ムネシクレスのプロピュライアの特色は、異なる高さの屋根を頂くいくつかの建物——西正面の 2 翼屋、正面側の広間と背面側の広間——のマッスから、プロピュライアをつくりあげた方法と、先行する正門に配置されていた個別の諸要素（門、食堂、門内の広間、L 形の空地）を、もっと緊密な構成にまとめあげた手法である。プロピュライアは紀元前 436 年に着工されたが、紀元前 431 年にペロポネソス戦争の発生で未完成に終わった。

アクロポリスの最も主要な建物は、紀元前 447 年に着工し、紀元前 436 年に完成して再生した、アテナへ捧げられた大神殿**パルテノン**である（p.124A, B、p.128、p.129）。現存する南側の堅固な基礎は再利用されたが、神殿はアクロポリスの中心方向に拡大された。正面は六柱から八柱になり、側面は 17 柱で、これは紀元前 5 世紀に認められた比率であった。建築家はイクティノスとカリクラテスだが、それぞれの役割は明らかでない。フェイディアスは首席彫刻家で、アクロポリスにおける工事の全般的指揮をとったらしい。

神殿は伝統的な 3 段の基壇上に建つ。その下は旧神殿用につくられた基礎で、現在の建物の東側と西側と南側にみることができる。3 段目の上面は 30.9×69.5

第 6 章 ギリシア 127

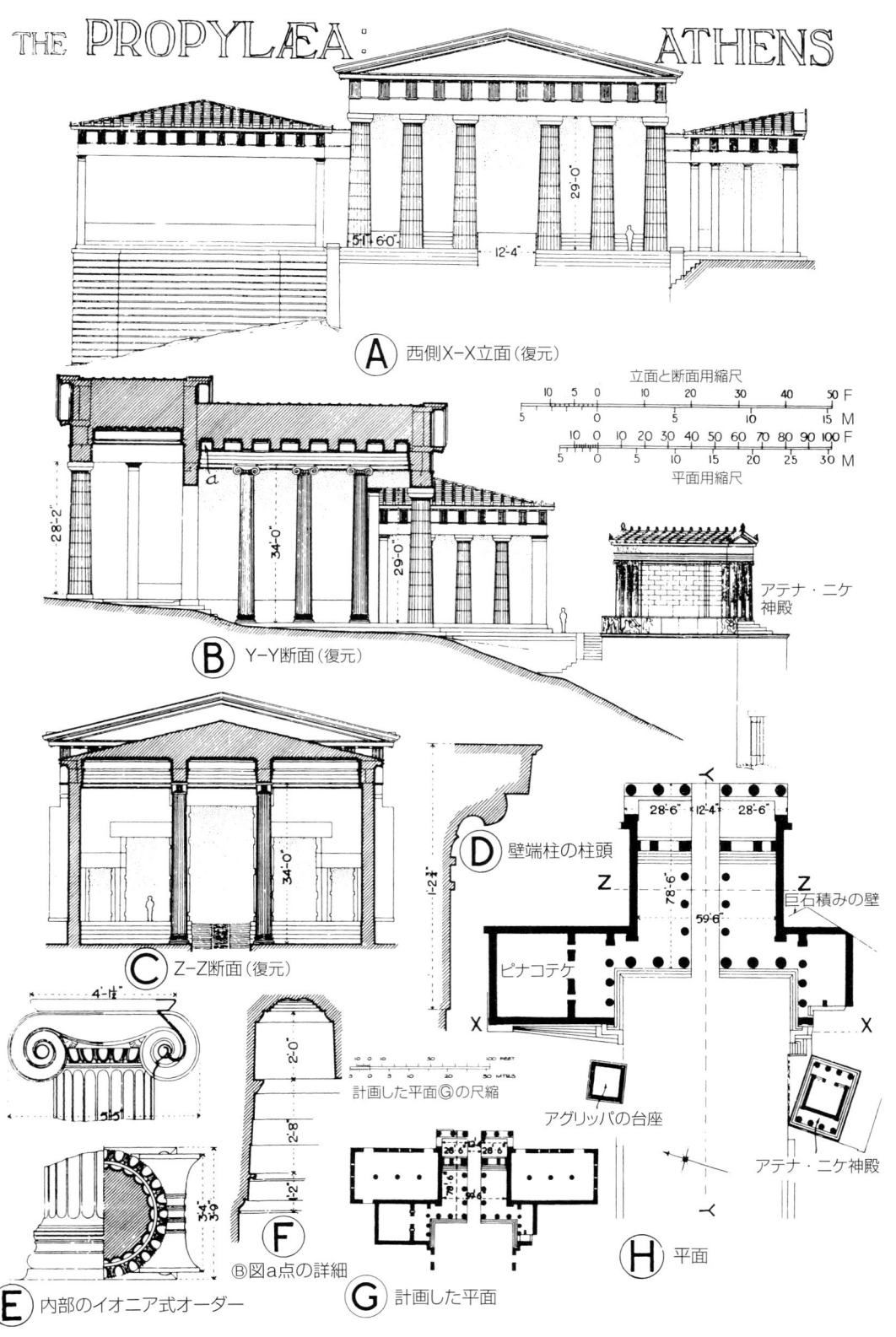

プロピュライア、アテネ

128　エジプト、古代近東、アジア、ギリシア、ヘレニズム王国の建築

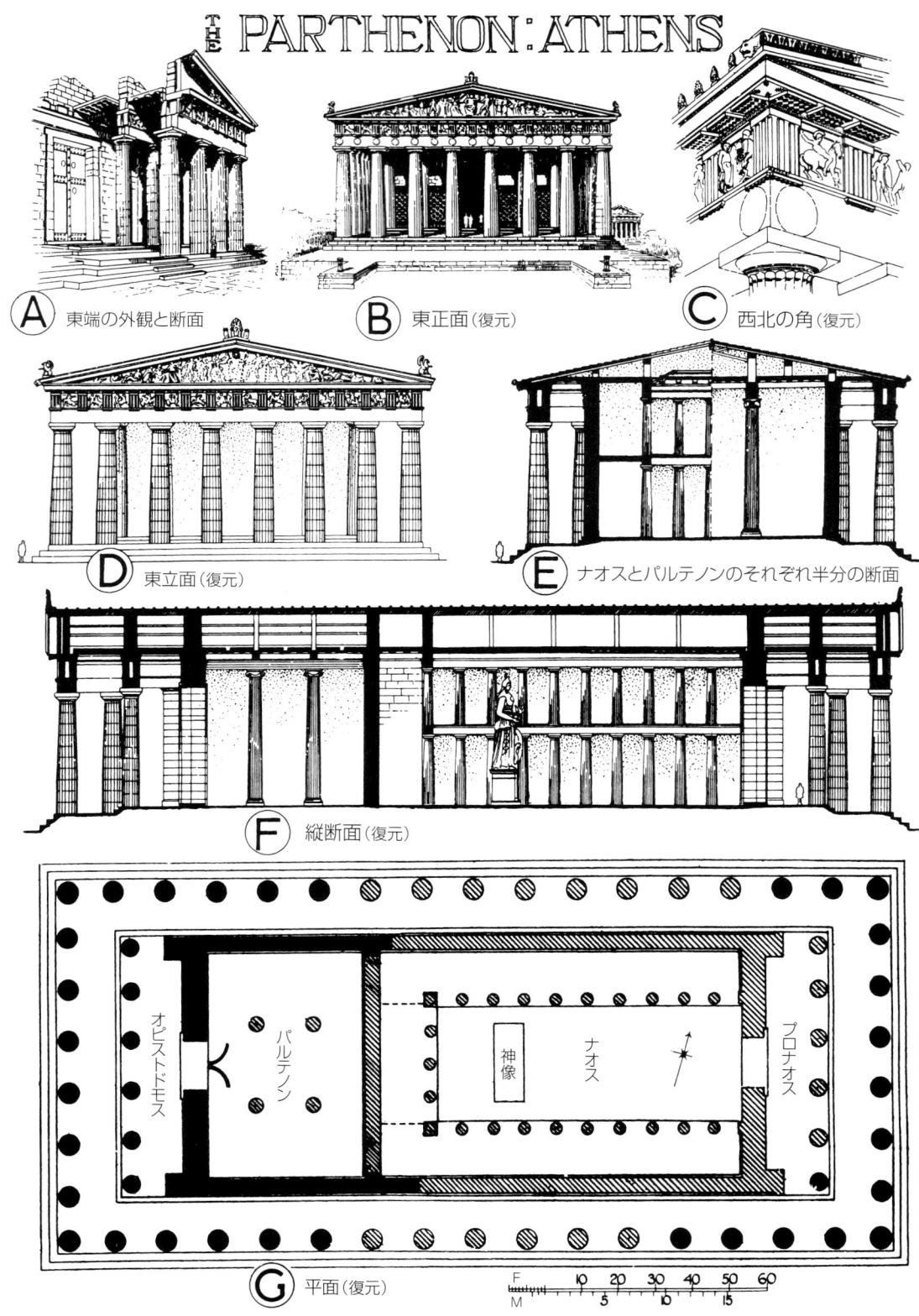

Ⓐ 東端の外観と断面　Ⓑ 東正面（復元）　Ⓒ 西北の角（復元）
Ⓓ 東立面（復元）　Ⓔ ナオスとパルテノンのそれぞれ半分の断面
Ⓕ 縦断面（復元）
Ⓖ 平面（復元）

パルテノン、アテネ

A パルテノン、アテネ（B.C. 447-B.C. 436）　p.126 参照

B　隅角部の外観、パルテノン

C　南柱廊、パルテノン

mの規模で、段の高さは508 mmである。この段は昇降には高すぎるので、各短辺のそれぞれ中央で各段の間に1段ずつ中間の石段が加えられた。神室は背中合せの2室からなり、それぞれ前柱式正面六柱のポーチを持つ。東室は幅19.2 m、奥行29.8 mで、木造屋根を支持するため、2列のドリス式列柱を配置した。列柱の奥まったところには槍を手にして兜をかぶり、アイギス[訳註：ゼウスがアテナに与えた神盾]と盾で身を固め、差し出した右手に勝利の女神像を持ち、聖蛇を従えたフェイディアス作の黄金象牙製アテナ像が立っていた。天井は木造で、塗装され金箔で飾られていた。神室内は普通のギリシア神殿のように、扉が開けられている時はここだけから採光した。専用のポーチを持つ西室は、パルテノンまたは乙女の部屋と呼ばれる四角い部屋で、貴重な供物の保管所であった。この部屋の屋根は、4本1組のイオニア式円柱で支持されていたと思われる。東西両端にある壁端柱と円柱との間は、金属製格子で閉ざされていた。

外周のドリス式円柱は直径1.9 m、高さはそのほぼ5.5倍の10.4 mである。隅の円柱は直径がやや大きく、フリーズの角をトリグリフで終わらせるという規則を守るため、その柱間は狭められた。

パルテノンはギリシア神殿建築において、錯視の修正を試みた最良の作品である。円柱のエンタシスは別として、スタイロベートやアーキトレーヴやコーニスのような長い水平の部材は、本当に水平になっていると、ギリシア人にはその中央が下がってみえたので、中央をやや引き上げた。パルテノンの基壇は東西の正面では中央60 mm、側面では110 mm、それぞれ反り上がっている。垂直の部材もまた、外側に倒れるようにみえるのを修正するため、内側に傾けてつくられた。隅の円柱の軸線は、内側に60 mm傾いており、円柱の軸線を上方に延長すると、基壇の上方2.4 kmのところで交わることになる。コーニス上の大理石瓦の継目は、彫刻されたアンテフィクサによってその位置を示されたが、後者は神殿側面の頂部装飾になった。樋はペディメントの上だけにあり、その下端は折れ曲がって神殿側面に少し延び、獅子頭を象った(吐水孔のない)偽りの樋口で飾られた。柱廊の大理石製格天井は、大理石の梁で支持された。ペディメントはその頂点と下端の角に、植物を象った大きなアクロテリアを取り付けた。東のペディメントはアテナ誕生の彫刻、西のペディメントはアテネ市の守護神の座をめぐって争うアテナとポセイドンの彫刻で飾られた。彫刻装飾は非常に豊富であった。全部で92箇所に及ぶメトープは、格闘の情景を描いた高浮彫で飾られており、神々と巨人たちは東側、ギリシア人とアマゾン族[訳註：ギリシア神話に出てくる女性だけの部族]たちは西側、ケンタウロスは南側、トロイ戦争は北側に配置された。これらの浮彫は全て、ペルシア人に対するギリシア人の勝利の戦いを寓意的に象徴する。ポーティコのアーキトレーヴは、通常ドリス式フリーズの下に設けられるレグラとグッタエを備えているが、そのフリーズは浅浮彫を刻んだイオニア式連続フリーズであった。それは構想とできばえの点からみて卓越した作品で、オリュンポス山上の住居に鎮座する神々と行列で進行する人々を描いている。

6世紀末にパルテノンはキリスト教の教会堂に転用されて「神の英知」に捧げられ、それによってアテナ神の特性は永続することになった。その東端にアプスがつくられたが、そのために彫刻は損傷を受けた。フランク人がアテネを支配していた1204年頃から、パルテノンはローマ・カトリックの教会堂になったが、トルコの征服者により、1458年からモスクに転用された。1687年のヴェネツィア軍によるアテネの包囲攻撃の時、火薬庫の1つが爆発して大きな損害を与えた。しかしその時まで残っていた彫刻は、幸いにもすでに素描されていた。北側の柱廊は1921年から1929年に復元されたが、補強に用いた鋼材の腐食と、現在のアテネ市の全般的な大気汚染のため、新しい大規模な保存処置を必要としている。

アクロポリスにあるその他の神殿はイオニア式である。**アテナ・ニケ(ニケ・アプテロス)神殿**は、プロピュライアの外側の突出堡上にある(p.124、p.127、p.149A)。両面前柱式正面四柱でフリーズは連続し、歯形飾りはなく、その規模は8.2×5.2 mにすぎない。紋切型のポーティコではなく、神室の正面は壁端柱の間に2本の角柱を立て、壁端柱と角柱との間は出入口付き壁ではなく、格子で閉ざされる。背面の柱廊を省略すれば、通常のポーティコに必要なもっと大きい空間をとることができたであろう。しかし西向きのこの背面は、アクロポリスに近づく時に目につく立面である。この神殿は、カリクラテスがアテネの市民集会から改造工事の実施を委託された紀元前450年の少し後に建設された、単純な矩形の建物に取って代わっている。イオニア式神殿はアテネ・スパルタ戦争の第1期末の紀元前421年頃建設された。その後神殿は突出堡の北と西と南側を手摺で囲まれた。

その次のイオニア式神殿である**エレクテイオン**(p.124、p.131、p.132、p.133A, B)は、アテナ「古」神殿に代わって建設されたもので、ペルシア軍が侵入した時、難を避けてサラミスに移された由緒あるアテナの木像を祭っていた。現在の新しい神殿が、古神殿の基礎の上ではなく、そのすぐ北に隣接する敷地に移さ

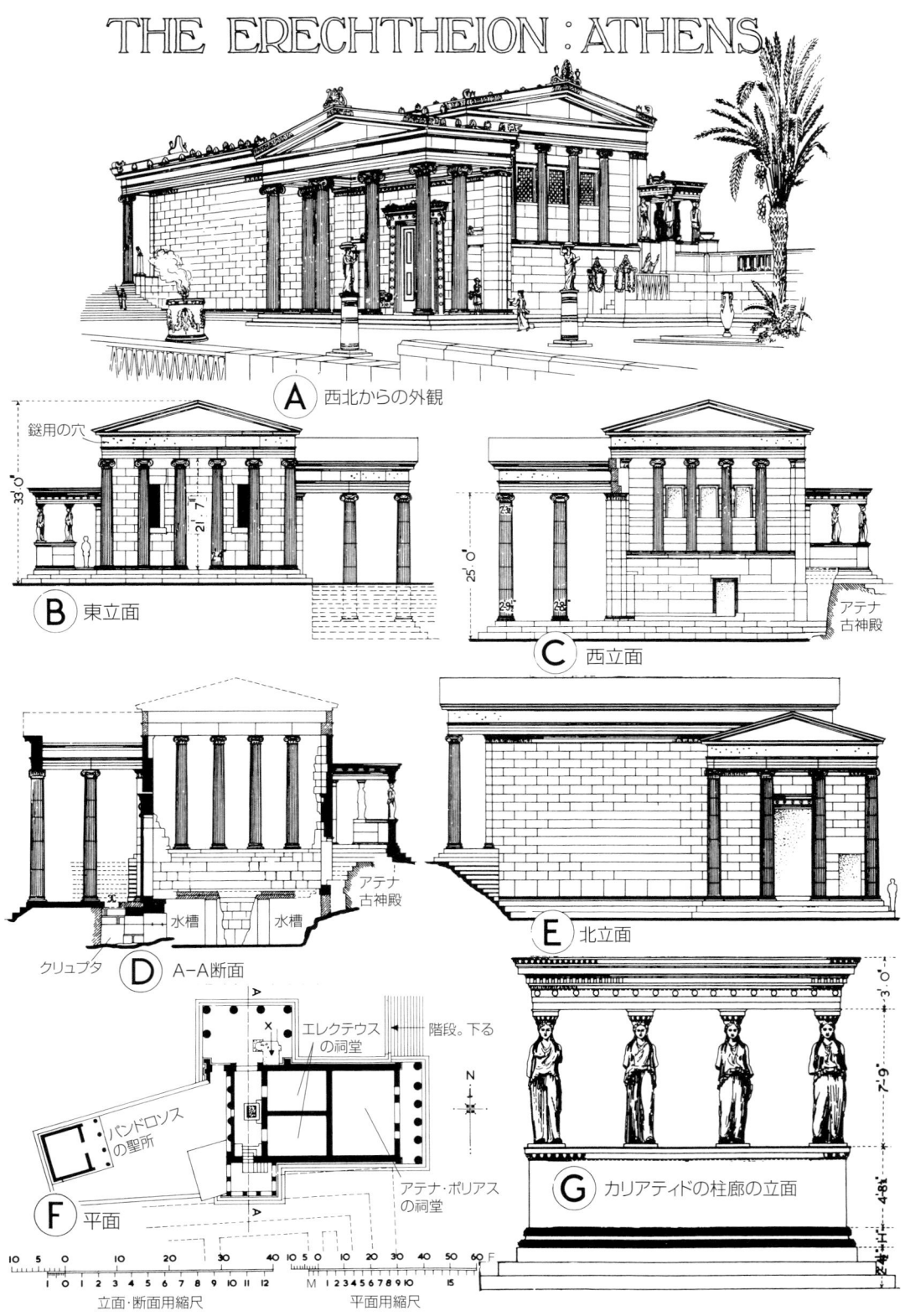

エレクテイオン、アテネ

132 | エジプト、古代近東、アジア、ギリシア、ヘレニズム王国の建築

A エレクテイオン、アテネ(B.C. 421-B.C. 406) p.130 参照

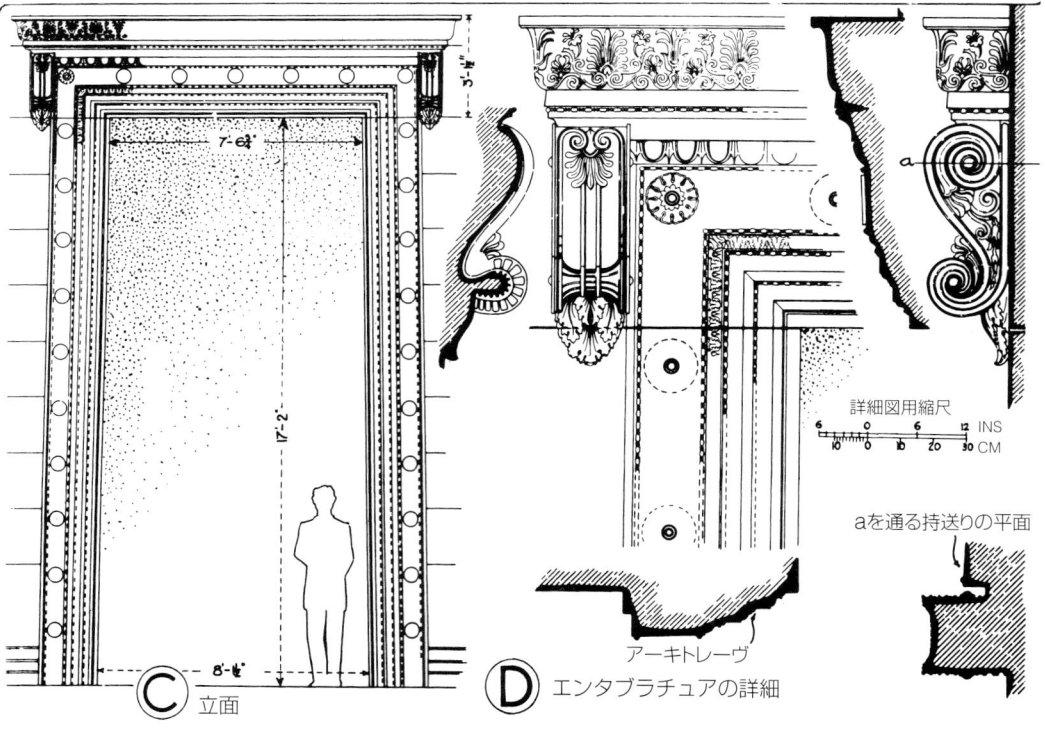

エレクテイオン、北柱廊の入口、アテネ

第6章　ギリシア　133

A　エレクテイオン、カリアティドの柱廊（復元工事以前の写真、1990年頃）、アテネ　p.130 参照

B　エレクテイオン（東南から）、アテネ

C　ヘファイストス神殿（ヘファステイオン、通称テセイオン B.C. 449 起工）、アテネ　p.137、p.145 参照

れたことについては、3つの理由が推定される。第1の理由は、神に奉献されたが異邦人によって破壊された神殿を再建するのは、適切と考えられなかったためである。第2の理由は、神殿を北へ移動すれば、南側にあるそれより広大なパルテノンとよく釣合がとれるためである。第3の理由は、新しい建物に多数の記念物と神聖な地点を取り込むためである。これらの記念物や神聖な地点は塩水の泉（ポセイドンが三叉の矛をアクロポリスに突き立てた場所に出現した）や、アテネの伝説上の王エレクテウスの墓を含んでおり、「人気のある」エレクテウスの名が新しい神殿に与えられることになった。できあがった建物の平面は異常で不規則だが、プロピュライアの設計に用いられたのと同じ原理、すなわち多数の要素を1つの複雑だが緊密な配列にまとめあげる原理に基づいていることがわかる。これは「古」神殿に類似する当初のプランが次第に修正されたというよりも、プロピュライアにヒントを得て、意識的に練り上げられたものだろう。これを設計した建築家は不明で（銘文はその後の建物管理者たちの名だけを記録している）、ムネシクレス自身ではないとすれば、彼の教えを受けた建築家であることは確実である。この神殿はおそらく紀元前421年に着工され、紀元前406年に完成された。

　神殿の敷地は平らではないが、神聖な場所なので一様の高さに造成することはできなかった。神室は2つのレベル、すなわち東の部分は高いレベルに、西の部分は低いレベルにつくられた。古神殿のように、西の部分は前室とその奥にある横並びの2室を収容した。高いレベルにある東正面は高さ6.586 mの円柱を用いた前柱式正面六柱である。暗色石灰岩に大理石の影像を取り付けた連続フリーズを持つエンタブラチュアは、神室の側面に沿って延び、さらにその西正面を横断する。これは西正面の円柱が東正面の円柱に似た寸法になることを保証した。そこで西正面の円柱は低いレベルから立ち上がるポーティコではなく、高いレベルまで立ち上げた壁体の上にのる列柱スクリーンになっている。

　東の神室はパルテノンよりも低い位置にあって、両側に窓がある入口を通って入る。西の神室の仕切壁は、列柱スクリーンがその上にのる壁体よりも上に立ち上がっていたようにはみえず、したがって西の神室は全ての部分が、円柱の間の開口から入る光で照明されていた。神殿南側の西端の高いレベルの敷地には低いポーティコが突出しているが、これは新しい神殿のうちで、古神殿の基礎の上にのる唯一の部分である。このポーティコは円柱ではなく、少女の影像を柱としており、正面には4体、隅の影像の背後にそれぞれ1体ずつ配置する。この影像はしばしばカリアティドと呼ばれるが、この言葉を使うのは正しくない。少女の影像は低い腰壁の上に立つ。この腰壁には東側後列の影像と神室の壁体との間に開口があり、L字型階段を経由して西の前室に通じている。少女たちは不釣合にも頭上にエンタブラチュアをのせる。エンタブラチュアはイオニア式だが、歯形飾りのフリーズを持ち、板石を並べた平らな屋根を支持する。この柱廊の反対側の低いレベルの敷地には、類似する平面だが高さ7.6 mのイオニア式円柱を備えた大きな北ポーティコがある。その西面は南ポーティコの西面のように神殿西壁と一直線上になく、それよりも西にずれている。それが北ポーティコに2つの入口、すなわちその抱きと楣を精巧なイオニア式の細部で飾られた中央入口と、パンドロソスの聖所に通じる小さな西入口とを持てるようにしている。パンドロソスの聖所は、エレクテイオンの西正面の前の低いレベルの敷地にあり、そこには守護者の座をめぐってポセイドンと争った時、アテナがアテネ市民に与えた神聖なオリーブの木があった。このオリーブはペルシア人によって打ち砕かれたが、その退去後、奇跡的によみがえった。北ポーティコのこの突出部は神室の西北の壁端柱の美しい柱頭に、非常にぎごちない形で取り付けられている。主屋と同様に北ポーティコは、白色の影像を取り付けた暗色石灰岩製のフリーズをめぐらしていた。北玄関の床には、ポセイドンが三叉の矛を岩に突き立てた跡があり、その上の屋根に天窓が開けられている。この窓はたぶん、ポセイドンが再びここに矛を突き立てようとする時、建物が損傷するのを避けるためだろう。もう1つの見苦しい納まりは、アテネの英雄王ケクロプスの墓が原因になった。その墓は神殿の南西隅にあるので、そこに神殿の基礎をつくることも壁体の下部をつくることもできなかった。しかし設計上のこれらの難問により、すばらしい装飾と見事なできばえによる最高の効果を減殺されることはなかった。

　この神殿は紀元前1世紀に激しい火災に見舞われたが、修復された。型通りの変遷をたどった後、遺構は19世紀に障害物を除去されて再建された。しかしこの再建工事は恒久的でないことが明らかになったので、エレクテイオンの大部分は解体され、再建された。少女像は現代のアテネの大気汚染と酸性雨で甚大な被害を受けたために（エルギンが持ち去った一体を除き）撤去され、鋳造した立像に取り替えられた。

　アクロポリスの上にあるその他の建物は、保存状態があまりよくない。プロピュライアの近くにある、**アルテミスの聖所**はその1つで、これはブラウロンにおけるアルテミスの地方信仰から派生した。この聖所と

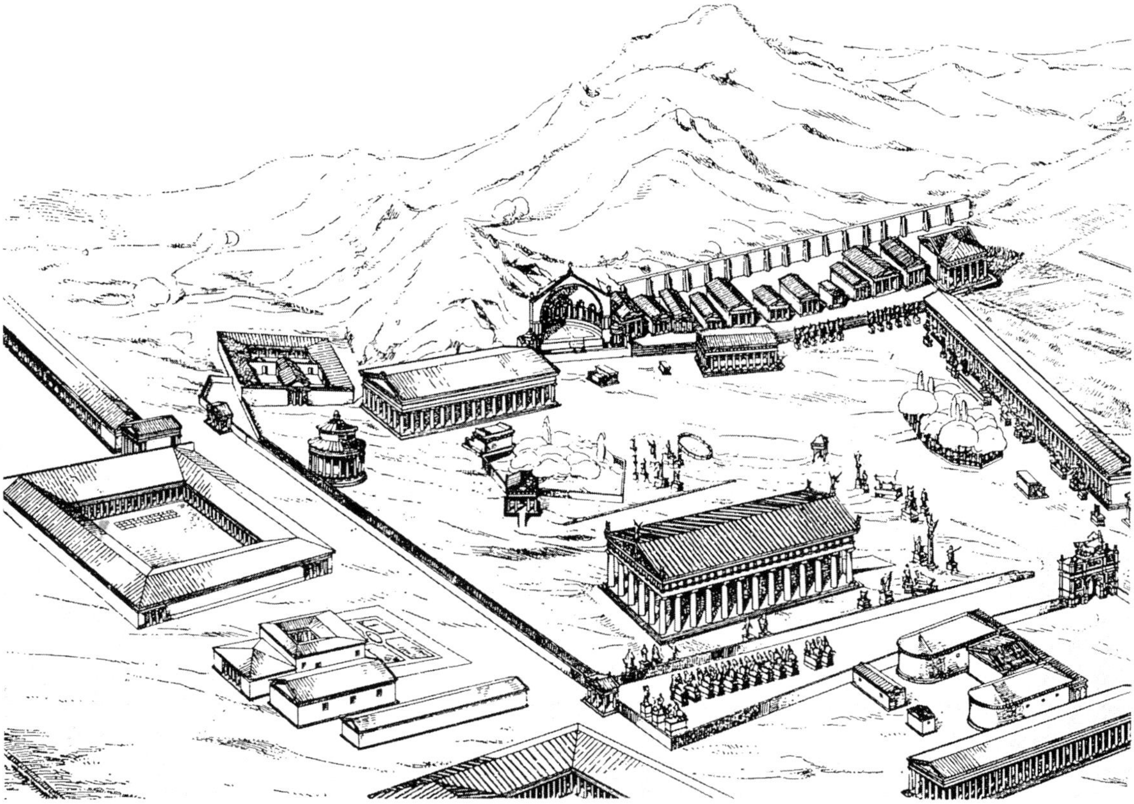

第6章　ギリシア　135

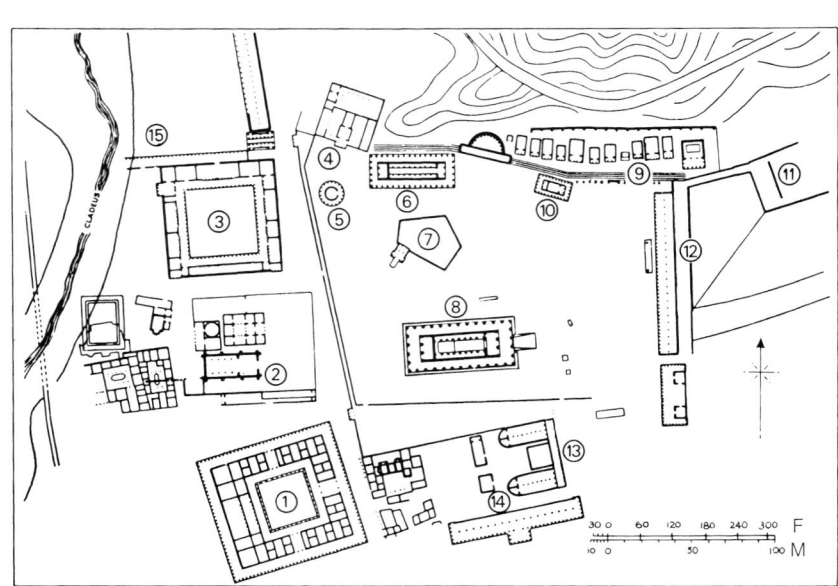

A　オリュンピア（復元）、アルティス（聖域）　p.137 参照

1　レオニダイオン
2　フェイディアスの工房
3　レスリング場（パラエストラ）
4　プリュタネイオン
5　フィリッペイオン
6　ヘライオン（ヘラ神殿）
7　ペロピオン
8　ゼウス神殿
9　宝庫群
10　メトローン（メテル神殿）
11　競技場（スタディウム）
12　エコのストア
13　ブーレウテリオン
14　南ストア
15　体育館（ギムナジウム）

B　聖域の平面、オリュンピア（A.D. 2 世紀）

A アテネ人のストア。背後は乱石積壁とアポロン第6神殿、デルフォイ（B.C. 510頃）　p.137 参照

B 聖域の平面 P. de la Coste-Messelière による復元）、デルフォイ（B.C. 150 年頃）　p.137 参照

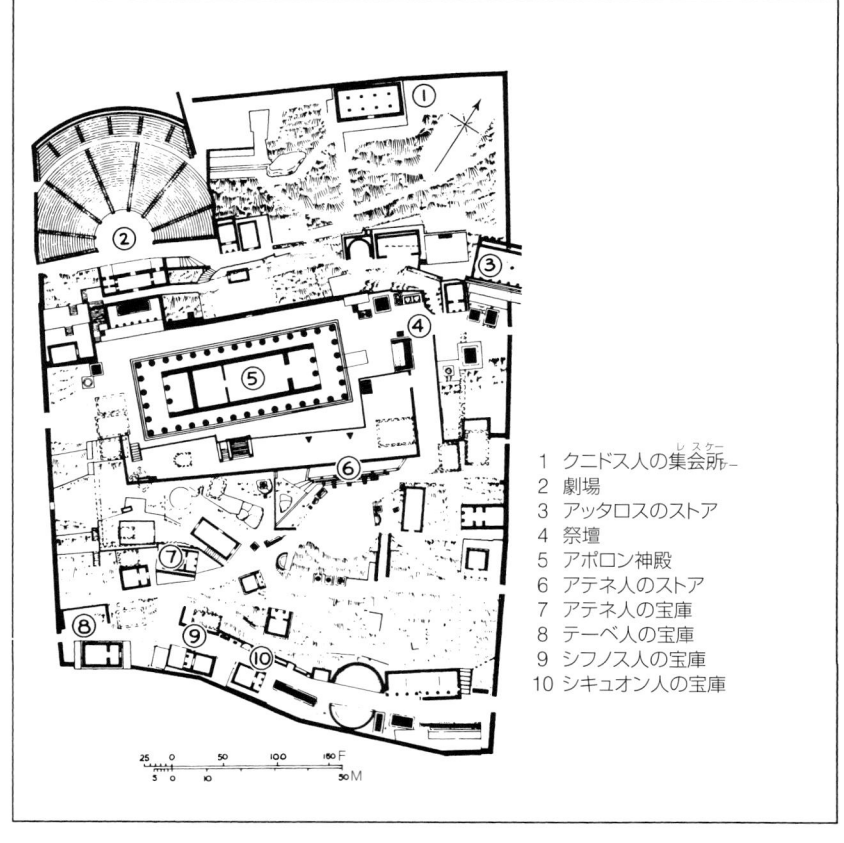

1　クニドス人の集会所（レスケー）
2　劇場
3　アッタロスのストア
4　祭壇
5　アポロン神殿
6　アテネ人のストア
7　アテネ人の宝庫
8　テーベ人の宝庫
9　シフノス人の宝庫
10　シキュオン人の宝庫

パルテノンとの間に、**兵器庫**があった。これは前庭と、背後に非常に大きな1室を持つドリス式ストアで構成されていた。ここには祭典の時にアテネへの奉納物として、アテネに従属する同盟国（理論的にはその植民都市）に要求された青銅製のそろいの鎧が保管されていた。この他の建物は、さらに重要度が低い。アクロポリスの北側にあるアテネの少女司祭たちが儀式の時に住んだ、アッレフォロイと呼ばれる部屋はその1つである。

すでに挙げた**オリュンピア**(p.135)、**デルフォイ**(p.136B)と**エピダウロス**以外の、本土にある重要な聖域として**アルゴス**の**ヘラ聖域**、遠く離れた西北ギリシアの**ドドナ**の**ゼウス神託聖域**がある。東ギリシアにはイオニアの大聖域として、**サモス島**の**ヘラ**、**エフェソス**の**アルテミス**およびミレトス領の**ディデュマ**の**アポロン**の各聖域がある。

やや異なる聖域としては、アテネ近郊のエレウシスにある**デメテル・コレ聖域**、北部エーゲ海のサモトラケ島にある**カベイロイ**（もとトラキアの神々であった）**聖域**がある。エレウシスには、テレステリオンと呼ばれる屋根付き大広間があり、ここでは世俗の人々の目を避けて秘密の儀式が行われた。これらの建物は、ギリシア聖域における唯一の集会所的性格の建築である。

その他のドリス式神殿

主要なドリス式神殿は、ギリシアとシチリアと南イタリアにあった。すでに述べたパルテノン以外の主な神殿を、以下に列挙する。

ギリシアのドリス式神殿

B.C. 590年頃　オリュンピアのヘライオン（ヘラ神殿、p.135、p.140C, F）
B.C. 540年頃　コリントスのアポロン神殿
B.C. 510年頃　デルフォイのアポロン神殿(p.136)
B.C. 500年頃　アイーナ島のアファイア神殿(p.138、p.139)
B.C. 460年頃　オリュンピアのゼウス神殿(p.135、p.150A)
B.C. 449年起工　アテネのヘファイストス神殿（「テセイオン」）(p.133C、p.142)
B.C. 444-B.C. 400年　スニオンのポセイドン神殿
B.C. 435-B.C. 432年　ラムヌスのネメシス神殿
B.C. 426年　デロス島、アテネ人のアポロン神殿(p.117G)
B.C. 425年頃以前、バッサイのアポロン・エピクリオス神殿(p.143)
B.C. 370年頃　エピダウロスのアスクレピオス神殿
B.C. 350年以後　テゲアのアテナ・アレア神殿
B.C. 336年頃　ネメアのゼウス神殿

シチリアと南イタリアのドリス式神殿

B.C. 565年頃　シラクザのアポロン神殿
B.C. 550年-B.C. 530年頃　セリヌスのC神殿
B.C. 530年頃　パエストゥムの「バシリカ」(p.140E, H, p.144K)
B.C. 520年-B.C. 450年頃　セリヌスのアポロン大神殿(p.144L)
B.C. 510年頃　パエストゥムの「ケレス」（デーメーテール）神殿(p.117B)
B.C. 510-B.C. 409年頃　アグリゲントゥム（現アグリジェント）のゼウス・オリュンピオス神殿(p.140J, K, L)
B.C. 480年　シラクサのアテナ神殿
B.C. 460年頃　パエストゥムのポセイドン神殿(p.117C、p.140A, B, D, G、p.141)
B.C. 424年-B.C. 416年　シチリア、セジェスタの神殿

オリュンピアの**ヘライオン**（ヘラ神殿、p.135、140C, F）はヘラに捧げた神殿で、神殿が木造から石造へ変わる過程を例証している。神殿は51.2×19.6 mの2段の基壇上に建つ。初期の神殿で普通だったように、幅の割に長さが大きい。神室の厚い壁体は、1.1 mの高さまでは切石造だが、それ以上は木造軸組で補強した日干レンガ造であった。神殿内外の円柱は、もとは木柱であったが、何世紀もかけて次第に石柱に取り替えられた。したがって円柱は細部に大きな違いがあり、一本石であったり、ドラムを積み上げてつくられており、ドラムの数も異なる。エンタブラチュアは依然として木造で、壁端柱も入口の枠も木造であった。

パエストゥムの**「バシリカ」**（B.C. 530頃、p.140E, H, p.144K）は、本当はアルゴスのヘラ神殿で、珍しい正面九柱式である。神室内にある8本の列柱の中心線は神殿全体の幅を4等分し、木造小屋組を支持する。そのために側面の柱廊も幅が広く、擬二重周柱式のようにみえる。円柱は著しく上細りで、エンタシスを持ち、柱頭は鈍重で大きく広がる。この神殿とその近くにある**ケレス神殿**（本当はアテナ神殿、B.C. 510頃）の特色は、トラケリオンの装飾的な扱いで、イオニア式の影響が認められる。

アグリゲントゥムの**ゼウス・オリュンピオス神殿**(B.C. 510-B.C. 409、p.140J, K, L)も、正面七柱偽周柱式の類例のない風変わりなデザインで、中央の神室の両側に、それよりやや幅の狭い部屋を1室ずつ従える。神室は

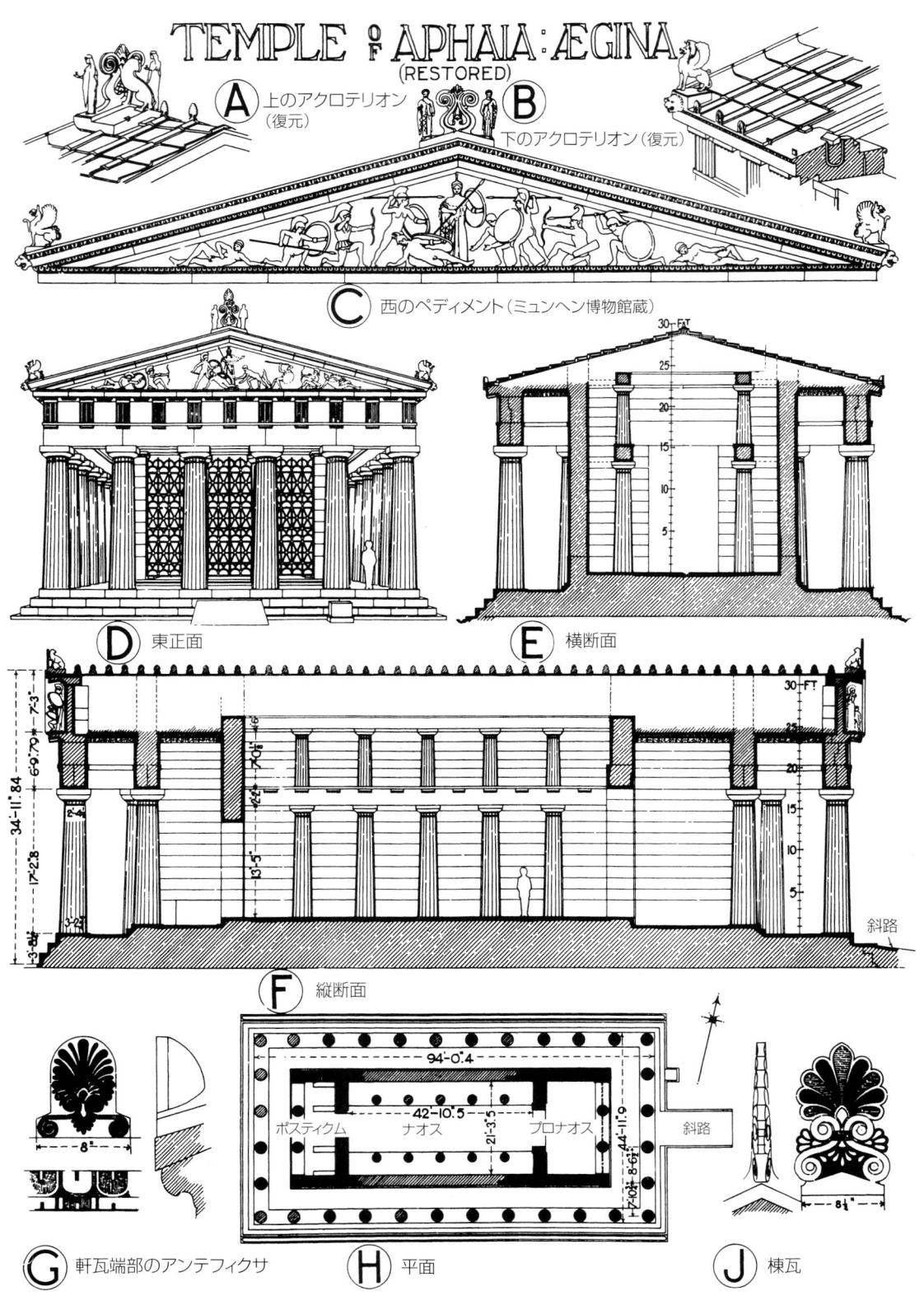

アファイア神殿(復元)、アイーナ島

A アファイア神殿、アイーナ島（B.C. 500頃）　p.137、p.145 参照

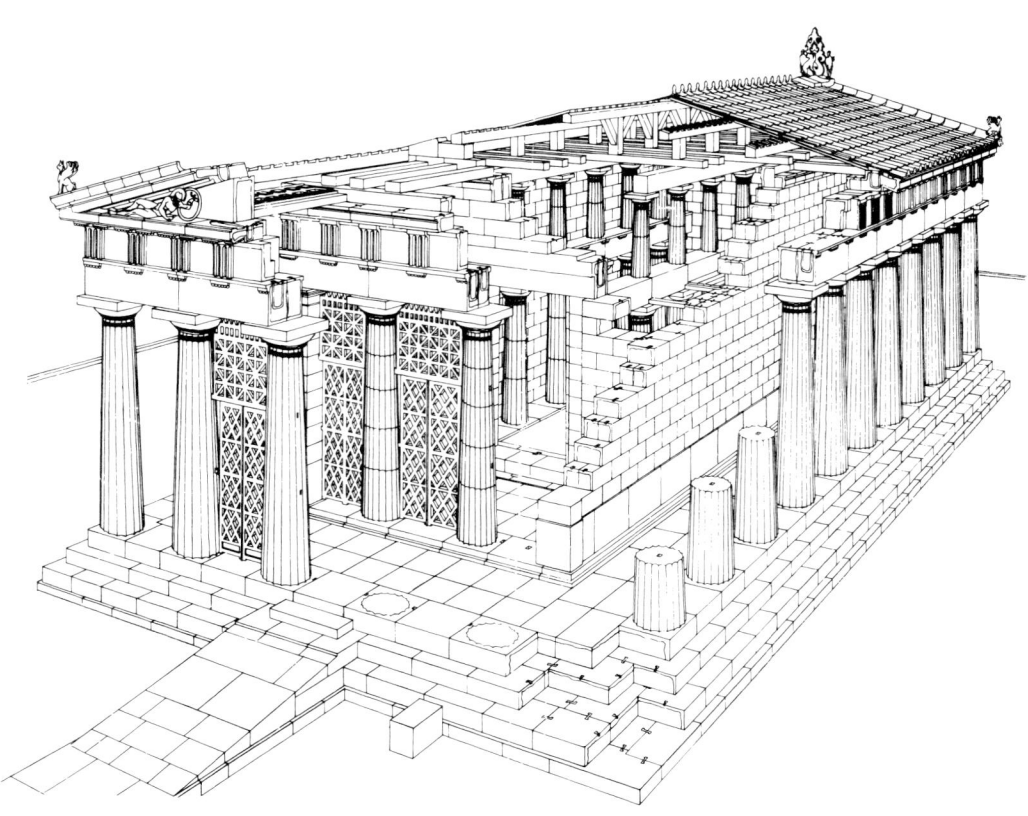

B アファイアの神殿、断面兼外観（復元）、アイーナ島

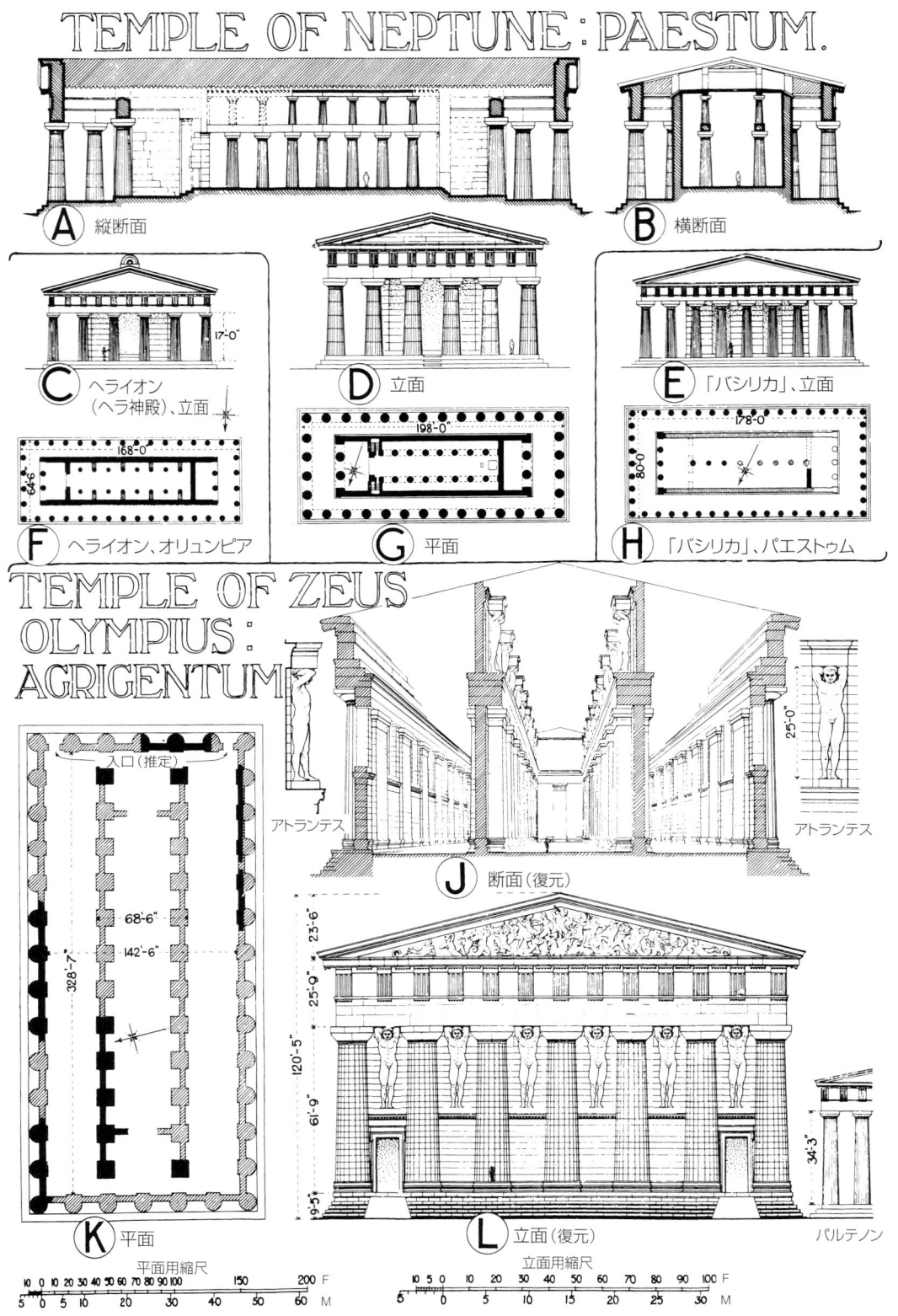

ポセイドン神殿、パエストゥム（上）。ゼウス・オリュンピオス神殿、アグリゲントゥム（下）

A ポセイドン神殿、パエストゥム（B.C. 460頃）　p.145参照

B ポセイドン神殿、重層列柱、パエストゥム

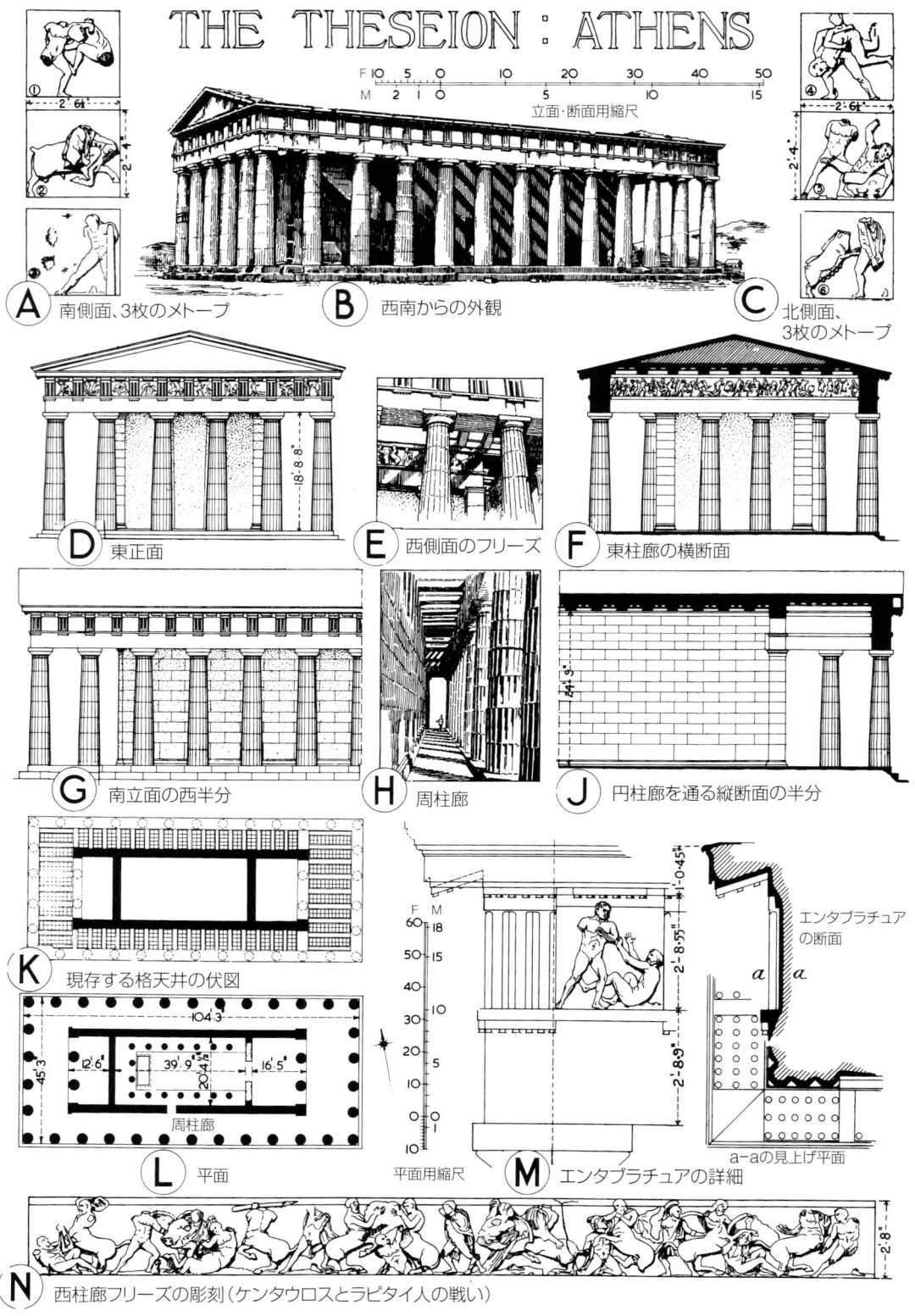

ヘファイストス神殿（ヘファステイオン、通称テセイオン）、アテネ

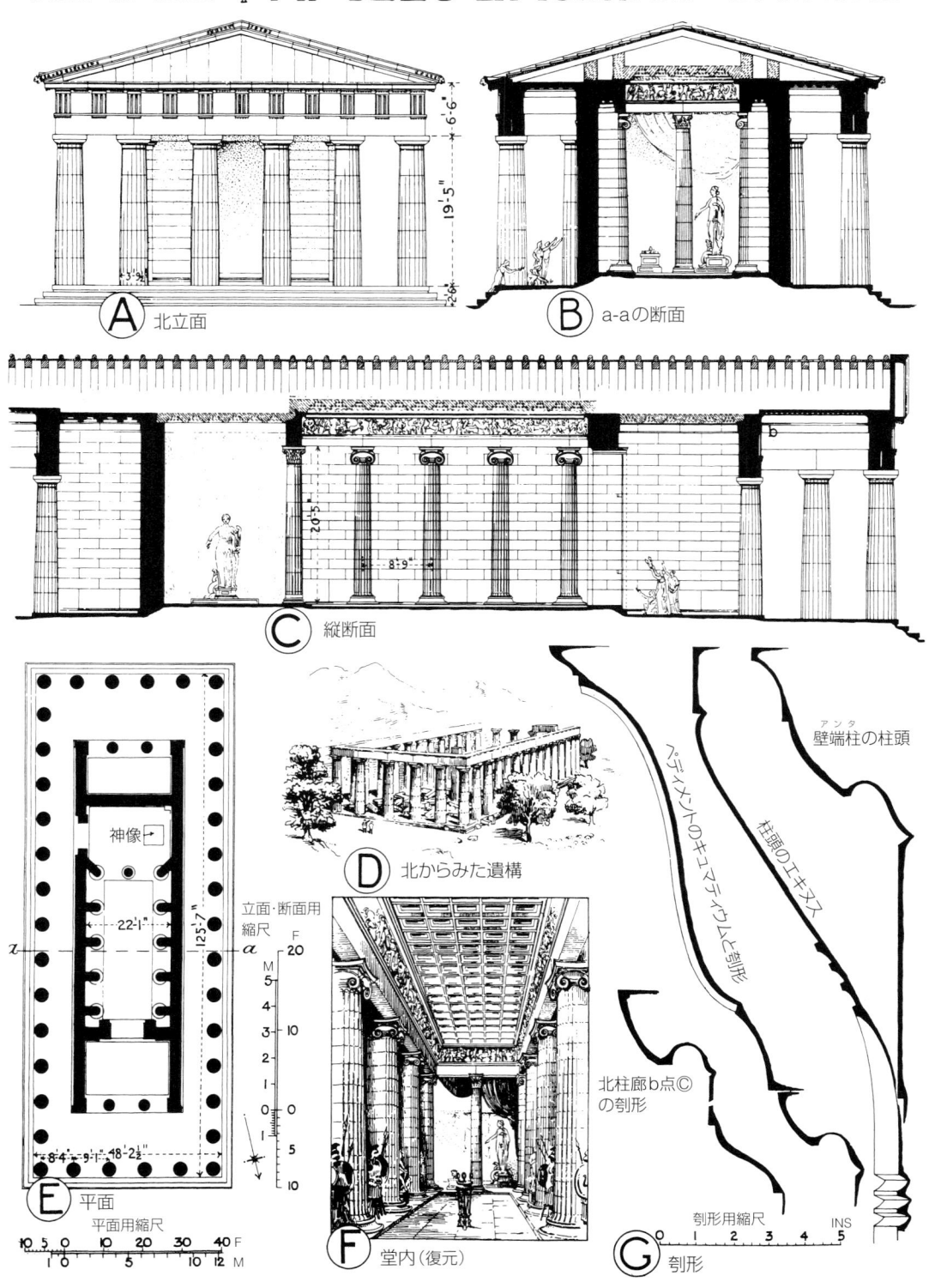

アポロン・エピクリオス神殿、バッサイ

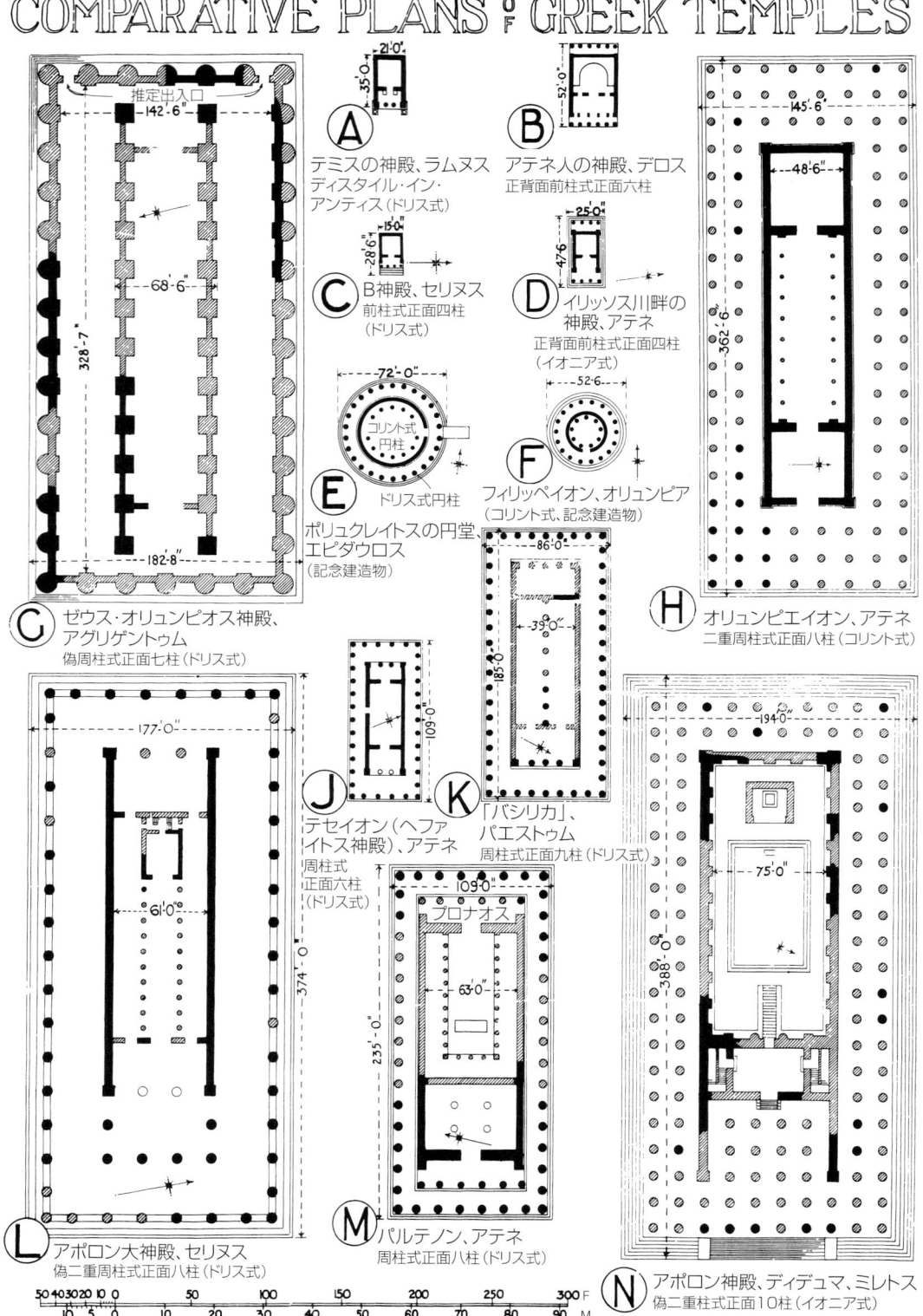

ギリシア神殿平面の比較

西端でその一部が切り離されて、至聖所を形成する。現在この神殿は廃墟である。神殿両端にペディメントのあったことは、古い記述と現存する断片から明らかである。外壁に取り付けられた直径 4 m、高さ 17 m を超える巨大な円柱は、柱礎の剖形にイオニア式の影響を示している。この円柱の間の障壁の上部には、高さ 7.6 m のアトラスの巨大な彫像があり、重厚なエンタブラチュアを円柱の中間で支持していた。粗い石材の表面は、大理石微粉末の化粧漆喰で薄く塗り上げられた。

アテナイから約 40 km 離れた**アイーナ島**にある**アファイア神殿**(B.C. 500 頃、p.138、p.139)は、テッサロニキ湾岸にある一群の神殿、すなわちアテネのアテナ「古」神殿(最後の古神殿、B.C. 525 頃)、アイーナの町のアポロン神殿(B.C. 510 頃)、パロス島のカラウリアにあるポセイドン神殿とヘルミオネのポセイドン神殿など、幅と長さの比が約 1 対 2 の神殿群の 1 つである。アファイア神殿は正面六柱だが、側面はわずか 12 柱で、神室内にはアーキトレーヴだけで上下 2 層に分けられた列柱を配置する。外周の円柱は全て一本石だが、北側にある隣接する 3 本だけは、神室の完成後にドラムを積み上げてつくられた。ペディメントの彫刻、念入りに刻まれたアクロテリオン、アンテフィクサおよびペディメントの上と軒先の瓦はパロス島産の白大理石で、その他の瓦はテラコッタであった。ペディメントには神殿と同様に、アルカイック美術の最終段階に属する紀元前 500 年頃の見事な彫刻があった。神殿は大部分が土地産の石灰岩でつくられ、大理石の化粧漆喰で仕上げられた。

エリスのリボンにより設計された**オリュンピア**の**ゼウス神殿**(B.C. 470 頃、p.135、p.150A)は、紀元前 5 世紀のギリシア本土の発達した段階の神殿である。ドリス式神殿における原型の踏襲と形態的構成は、たぶんその最も見事な作品といえるこの神殿で達成された。その配列は正統であり、最高神とその聖地にふさわしい雄大な規模で、基壇は 27.7×62.3 m であった。円柱の高さと柱間の 2 対 1 という比率は、パルテノンより単純だが、オーダーはそれより著しく重厚である。この神殿も大部分がきめの粗い石灰岩でつくられ、大理石粉末の漆喰で仕上げられたが、ペディメントの彫刻は内側のポーチの彫刻されたメトープやキュマティウムや屋根瓦と同様、パロス島産の大理石であった。ペディメントの彫刻は、至高・不滅の晴朗さと平静さを達成した。しかし外周のメトープは彫刻されなかった。紀元前 431 年頃、この神殿は、アテネから追放されたフェイディアスが制作した黄金象牙製の巨大な彫像を配置された。神室の列柱はここでも重層だった。神室上部の採光のために楕円形の孔をあけた大理石製の大型の瓦の断片が、神殿の敷地で発見されている。5 世紀にこの神殿は地震で破壊された。

パエストゥムの**ポセイドン神殿**(本当はヘラに献堂された。B.C. 460 頃、p.117C、p.140A, B, D, G、p.141)は、全てのギリシア神殿のうちで最も保存の良いものの 1 つである。ドリス人の西方領土にある前記の 3 神殿——そのうちの 2 つはパエストゥム、もう 1 つはアグリゲントゥムにある——よりも発達しているが、平面はまだ細長く、オーダーは重苦しい。円柱の高さは約 8.8 m で、下部の直径 2 m の 4.3 倍である。正面六柱側面十四柱の周柱式で、標準的な 3 段のクレピドーマと、プロナオス、ナオス、オピストドモスを備える。入口のそばに側廊階上へ上る階段があった。ほぼ完全に現存する神室内の円柱は、上下 2 層につくられており、上層の列柱は完全にそろったエンタブラチュアではなく、通常のようにアーキトレーヴだけで下層の列柱と隔てられる。

紀元前 449 年に起工した**アテネ**の**ヘファイストス神殿**(ヘファステイオン、通称**テセイオン**。p.133C、p.142)は、外観を極めてよく保存している。この神殿はビザンティン時代のギリシア人により教会堂に転用されたが、その時に神室内部を取り壊し、東端にアプスを設け、天井に現在のコンクリートのヴォールトを架けた。その平面は独特の配列で、東ポーティコは側面の 3 番目の円柱と一直線上にある。パルテノンのようにポーティコのドリス式フリーズは、イオニア式の連続フリーズに替えられた。アーキトレーヴはその頂部にレグラとグッタエではなく、もっと適切な連続剖形を取り付けている。建物はほぼ全面的にペンテリコン産大理石でつくられたが、3 段のクレピドーマのうち、最下段は石灰岩である。東正面のメトープとそれに続く側面の最初のメトープには、テセウスの功業を語る情景が刻まれていた(そのために神殿にテセイオンという誤った通称が付けられた)。神殿の平面は建設中に変更され、神室背後の壁体は移動され、神室内に装飾的な列柱が加えられた。神室には、ヘファイストスとアテナの 2 つの神像のための大きな台座が 1 つあった。

スニオンの**ポセイドン神殿**と**ラムヌス**の**ネメシス神殿**は、(もとアテナイ北方のアカルナイ村にあったが、**アレス神殿**とともに紀元前 1 世紀にアテネのアゴラに移された)ヘファイストス神殿と同様のデザイン上の特色を持つ。これら 4 神殿は、全てペルシア戦争に関係する。1 人の建築家によりつくられたのではないとしても、4 神殿は確実に 1 つの伝統に属しており、紀元前 449 年からペロポネソス戦争が勃発するまでの間に、次々に、あるいは同時に建設されたらしい。ポセイド

ン神殿とアレス神殿は、ヘファイストス神殿に似た規模で、正面六柱側面十三柱だが、ネメシス神殿はそれより小さく、21.4×10 m で、正面六柱側面 12 柱である。神室に列柱はない。全て大理石造だが、ポセイドンとネメシスの両神殿は、ペンテリコン産ではなく、土地産の大理石を用いた。後者の大理石はいずれも、ペンテリコン産のものよりも材質が劣り、濃いしみがある。おそらく質の劣る大理石を使用したため、ポセイドン神殿の円柱はエンタシスがなく、溝彫は 16 本しかない。

デロス島にあるアテネ人の**アポロン神殿**(p.117G)は、ペロポネソス戦争の初年にアテネで猛威を振るった流行病に対する償いに、アテネ市民が(古い墓地を移動して)この島を「浄化」した後、紀元前 426 年に建造された。この神殿は、紀元前 6 世紀の古神殿とペルシア戦争後に起工された神殿(デロス同盟の本部が紀元前 454 年にアテネに移されたため、この神殿は放棄された)との間にあり、紀元前 3 世紀初めに完成した。敷地が制約されていたので、神殿は両面前柱式正面六柱で、周柱式ではなかった。背面の壁体には後方の円柱に呼応する面白い一連のピラスター(片蓋柱)が組み込まれている。内部には馬蹄形の風変わりな神像用台座があり、その上に 7 体以上の彫像が据えられていた。全ての神像が屋外の聖域をほどほどに眺められるよう、入口の両側に窓がつくられていた。台座中央にのるアポロンの大彫像に、より高い空間を与えるためと思われるが、神殿には平天井を張らず、両流屋根の下面を露出させた。

アルカディアにある**バッサイ**の**アポロン・エピクリオス神殿**(p.143)は、紀元前 5 世紀に着工されたが、たぶん紀元前 4 世紀まで完成しなかった。パウサニアス[訳註：2 世紀のギリシアの歴史家]はイクティノスをその建築家としているが、これは疑わしい。この神殿の注目すべき特色は、ギリシアの 3 オーダーを全て使用した点で、ドリス式は外部、イオニア式とコリント式は内部に用いられた。周柱式正面六柱側面 15 柱で、円柱は全てドラムでつくられた。石材は大部分、粒子が細かい灰色の硬質石灰岩だが、プロナオスとオピストドモスの天井や正面と背面の柱廊の天井などを含めて装飾的部分と彫刻には、大理石が用いられた。この神殿にはその他にも特色がある。この神殿は(先行の神殿と同様に)東面せずに北を正面とし、アポロンの彫像は列柱のスクリーンで神室から隔てられた奥内陣に安置され、東の壁体に設けられた大きな入口から採光した。神室の両側には室内に突出する短いバットレスに取り付けたイオニア式半円柱があり、バットレスと神室の壁体によって形成されるニッチ状の部分には、石造格天井を架けた。奥内陣と神室との間には、コリント式柱頭(p.123)を頂く 1 本の独立円柱があったが、隅のバットレスに取り付けた半円柱もコリント式であったかもしれない。エンタブラチュアはイオニア式で、神室の両側にある 4 本のイオニア式半円柱のエンタブラチュアに連続していた。後者の半円柱の柱頭は、対角線方向の渦巻を持つ変わったデザインで、柱礎は成が高く、下に向かって広がる朝顔形であった。現在大英博物館にある、半円柱の上にのる有名な大理石製のフリーズは、わずかな光しか受けていなかったに違いない。このフリーズは高さ 611 mm、長さ 30.5 m で、ケンタウロスとラピタイ人、ギリシア人とアマゾン族の戦いが刻まれている。

エピダウロスの**アスクレピオス神殿**は、紀元前 5 世紀になって初めて発展し、急速に大きな人気を集めた宗教的崇拝のために、ギリシア全土から拠出された寄付金でつくられた。紀元前 370 年頃完成したもので、碑文にその建設契約が完全に残っている点で重要な建物である。外観は紋切型の、どちらかといえば退屈な正面六柱側面 11 柱の石灰岩造の神殿で、背面にポーティコはない。立った状態で現存する上部構造はない。

テゲアの**アテナ・アレア神殿**(B.C. 350 頃)は、4 世紀の彫刻家スコパスの設計とされる。大理石造で、そのプロポーションは、紀元前 384 年に破壊された旧神殿を想起させる。

ネメアの**ゼウス神殿**はその約 10 年後に建設された。同じく旧神殿に取って代わった建物である。6×12 柱で、円柱の高さは直径の $6\frac{3}{8}$ 倍で、著しく小さな柱頭を頂く。多孔質の石灰岩でつくられ、神室内はコリント式の列柱を備える。

その他のイオニア式神殿

イオニア式の主要な神殿は、小アジアとギリシア本土にあった。すでに述べたものを除き、主要なものを以下に列挙する。

小アジアのイオニア式神殿
 B.C. 575 年頃 サモスのヘラ神殿
 B.C. 560 年頃 エフェソスのアルテミス古神殿(p.121A、p.147)
 B.C. 356 年頃 エフェソスのアルテミス新神殿(p.147)
 B.C. 334 年頃 プリエネのアテナ・ポリアス神殿(p.121F)

ギリシアのイオニア式神殿
 B.C. 449 年頃 アテネのイリッソス川畔の神殿(アル

第6章 ギリシア　147

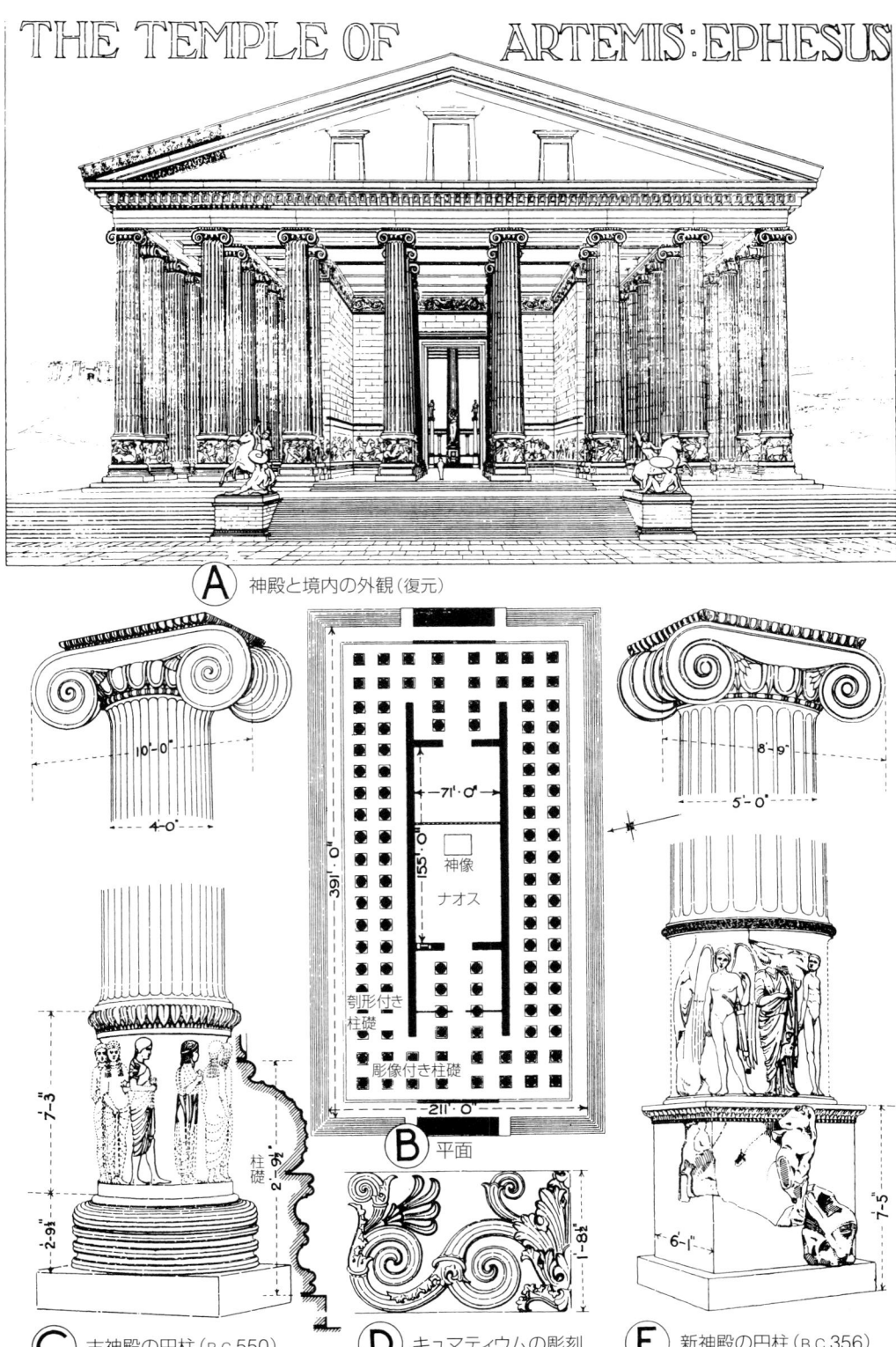

Ⓐ 神殿と境内の外観（復元）
Ⓑ 平面
Ⓒ 古神殿の円柱（B.C.550）
Ⓓ キュマティウムの彫刻
Ⓔ 新神殿の円柱（B.C.356）

アルテミス神殿、エフェソス

テミス・アグロテラ神殿、p.149A-F）

サモス島の**ヘラ神殿**は初期の周柱式神殿で、それ以前ではないとしても、紀元前7世紀に初めて建造されたが、建築家ロイコスにより紀元前6世紀に建て替えられた。背面は10柱だが正面は八柱の二重周柱式で、奥行の深いポーティコを備えていた。完成して間もなく炎上し、54.6×112.2 mのさらに大きな建物に変わった。正面は八柱だが背面は九柱で、側面は1列24柱の二重柱列を持つ。正面と背面は第3の列柱を加えられて三重柱廊になったが、この巨大な建物は未完成に終わった。

エフェソスのアルテミス新神殿(p.147)は、この著名な場所に相次いで建設された5番目の建物で、最古の神殿は比較的小規模であった。新神殿は先行する古神殿(B.C. 560頃)が紀元前356年に炎上したため、同じ基礎の上に、同じ平面だがもっと華麗な様式で再建された。新・古両神殿の主要な違いはその細部と、古神殿が2段の基壇の上につくられたのに対して、新神殿は高さ約2.7 mの段状基壇上に建造された点だけであった。しかし現存する遺構が極めて少ないので、平面の配列について曖昧な点があり、多少違った復原案がいくつも提案されている。この神殿は二重周柱式正面八柱だが、サモスの神殿と同様に背面は九柱だったかもしれない。背面の柱を1本増やしたのは、例外的に広い中央柱間に梁を架け渡す難問を避けるためであったろう。神殿正面では中央柱間を特に大きくすることが好まれて伝統になったが、背面では不可欠のことではなかった。正面の柱間は中央が最も大きく、両端に向かうにつれて次第に狭められた。中央のスパンは8.5 m以上に及び、約1.2 mの成の大理石の梁を必要とした。この神殿は大規模だが、イオニア地方における最大の神殿ではない。エンタブラチュアはアジアの通常の形式に従って成が小さく、アーキトレーヴと歯形飾り付きのコーニスからなり、フリーズはない。幾組もの対の円柱を持つ奥行の深いプロナオスと浅いオピストドモスもこの神殿の特色で、オピストドモスはたぶん古神殿にはなかった。古神殿と新神殿はいずれも、神室に屋根がなかったともいわれる。この神殿の内部の配列について、明確なことはわからない。伝統的な理由から、神殿は東ではなく西を正面としたので、方位は異例である。円柱は全部で117本（異説あり）、そのうちの36本は下部に彫刻を刻まれていた。先行の神殿も同様の彫刻をもっており、両神殿の彫刻断片は、それぞれ対応する柱頭や柱身とともに、エフェソスにおける早い時期の作品と遅い時期の作品の比較を可能にしている(p.121A, E)。新しい神殿の建築工事はヘレニズム時代にかなり持ち越された。先行の古神殿のように、新しい神殿も古代世界の七不思議の1つに数えられた。当初の設計者はエフェソスのデメトリオスとパエオニウスで、たぶんディノクラテスもその1人であった。なおディノクラテスは後にアレキサンドリアの都市設計を担当した。この神殿の装飾にはスコパスをはじめ著名な彫刻家が雇われた。

プリエネのアテナ・ポリアス神殿(p.121F)は、見事なプロポーションだが、平面と規模はむしろつつましい作品である。その建築家ピュテオスはこの神殿について一書を著した。スタイロベート上面の規模は19.5×37 mの周柱式で、正面に六柱、側面に11柱を配置しており、幅と長さの比はほぼ1対2である。プロナオスは広く、オピストドモスは奥行が浅く、柱礎は今では珍しくなくなった柱台を持つ。エンタブラチュアはいまだにフリーズを欠き、アーキトレーヴとコーニスのみからなる。列柱は神室の壁体に接近して配置され、天井は1列の大きな格間で構成されたが、この格間は下から見あげた時遠近感を出すよう、念入りに設計された。

アテネのイリッソス川畔の神殿(p.149)は両面前柱式正面四柱で3段の基壇上に建つ、約6.1×12.8 mのペンテリコン産大理石造の小神殿で、アルテミス・アグロテラに奉献された。アクロポリスのアテナ・ニケ神殿に類似するが、それ以前、たぶん紀元前449年頃に建設された。しかしこの神殿は壁端柱の間に2本の円柱を持つ正規のポーティコを備えていた。後に教会堂に転用され、18世紀にスチュアートとリヴェットにより実測されたが、それに続いて取り壊された。

ミレトス近郊、**ディデュマのアポロン神殿**は、紀元前6世紀末に建設され、紀元前494年にペルシア軍により破壊された。エフェソスのアルテミス神殿と同様、神室に屋根はなかったらしい。この神殿はその後、類似するがやや拡大した平面により、少し位置をずらして再建された。この新しい神殿は第7章で説明する。

都市の建築

古典時代のギリシア都市は、先史時代から始まって暗黒時代とアルカイック期を通じて連続して成長したものか、植民による定住の結果として短期間に創造されたものである。前者の街路は日常の生活道路から始まったもので、障害物を避けたり、勾配を和らげる必要がある時は曲がったり折れたりした。しかし後者の都市は一般に格子状平面で、障害物を無視して街路は直交しており、勾配が強すぎるところでは街路は階段になった。このような違いはあるが、若干の配列上の

第6章 ギリシア　149

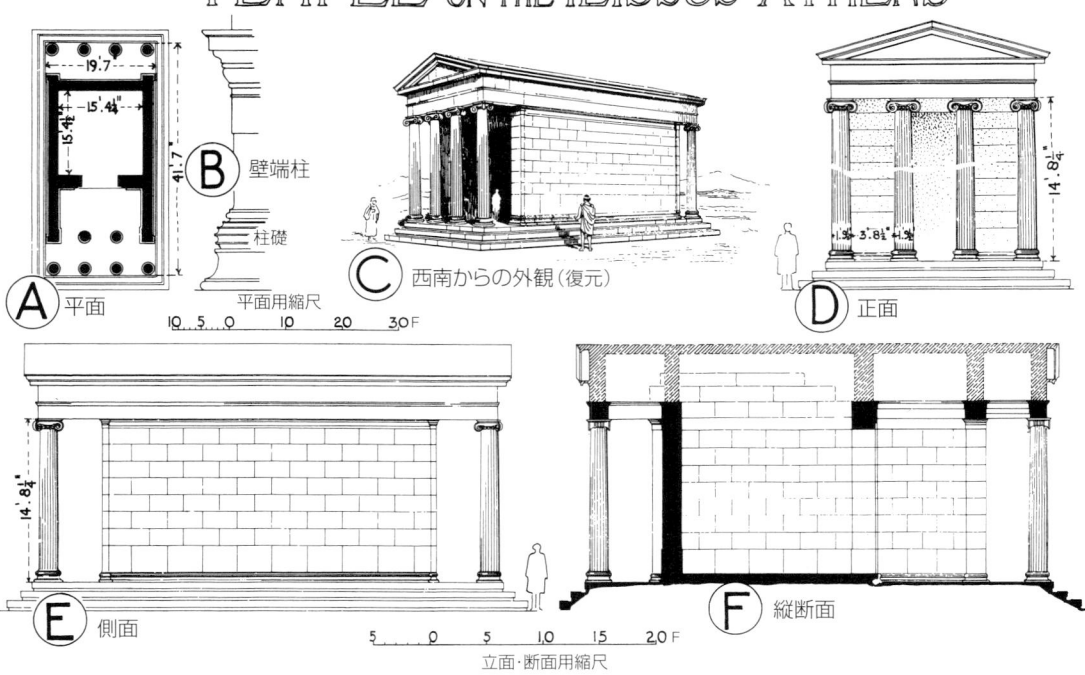

イリッソス川畔の神殿、アテネ

A アテナ・ニケ神殿（B.C. 424）　p.130 参照

B アテネ人の宝庫、デルフォイ（B.C. 510）　p.125 参照

150 | エジプト、古代近東、アジア、ギリシア、ヘレニズム王国の建築

A ゼウス神殿(復元、B.C. 470頃)、オリュンピア　p.137、p.145 参照

B ネレイデス・モニュメント(B.C. 400頃)、クサントス　p.153 参照

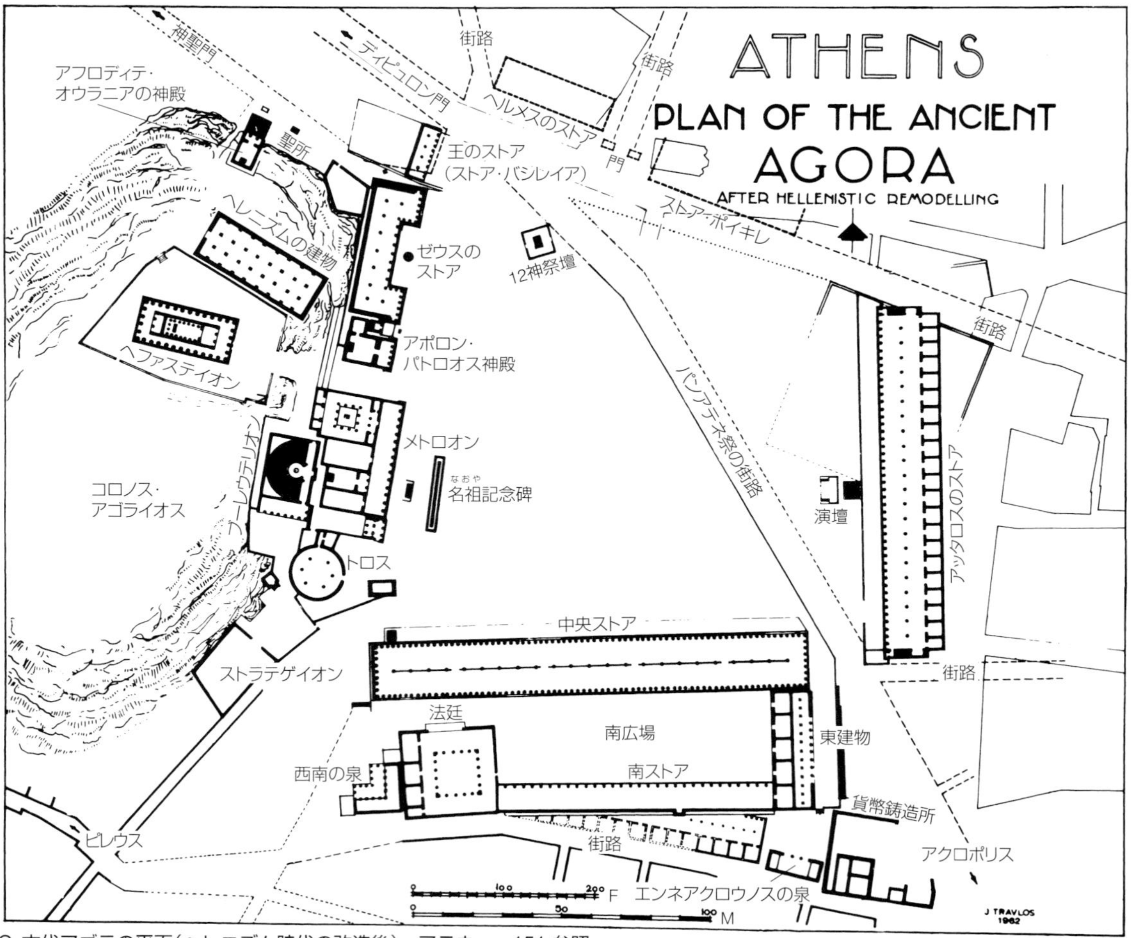

C 古代アゴラの平面(ヘレニズム時代の改造後)、アテネ　p.151 参照

特色と原理は両者に共通する。

　都市は常に一定の境界線を持っていた。すでに紀元前6世紀に一部の都市は城壁をめぐらした。城壁はその後ますます頻繁に建設されたが、城壁のない時でも、都市の内外の境界ははっきりしていた。神殿のような建物が市外に設けられることもあるが、大きな特権を持つ人を除き墓は必ず市外にあり、しばしば町から遠ざかる道路沿いに設けられた。時には郊外住宅や田舎の農家もあったが、一般にギリシア人は主要な都市内ではないとしても、村落内における集団的居住の安全と仲間付き合いを好んだ。

　大部分のギリシアの町では、利用できる土地の多くは個人用よりも公共用にあてられた。重要な集合場所はアゴラで、それは連絡に便利で、どの方向からでも行けるよう、平地に設けられた。サモスやタソスのような沿岸都市では当然のことだが、アゴラを港のそばに設ける傾向があったが、一般にアゴラは市心に配置された。

　アテネのアゴラ(p.150C)は、アルカイック期初期に市内に取り込まれたアクロポリス北方の低湿地にあった。市の中心部として発展する主要な段階は、効果的な排水路をここに設けたことであった。見事な乱石積みでつくられた排水路は、アゴラの西の境界付近を通っている。アゴラの周辺に行政用と宗教用の建物が次第に建設されていった。これらの建物のうち、紀元前6世紀につくられたものは大部分、建築的には特色のない建物で、紀元前479年にペルシア軍によって破壊された。破壊を免がれた唯一の建物は、**王のストア**（ストア・バシレイア）であった。これは 17.7×7.2 m のドリス式建築で、バシレイオス（歴史時代のアテネで毎年選ばれた王）はこのストアで宗教上と司法上の公務を行った。

　ストアはアゴラに有用な建物であることがわかった。ストアは日除け、雨除けになり、多くの目的に使えたが、柱廊の背後に部屋がある時は特に役にたった。さらに、広場に面して配置されるストアは、アゴラの縁を飾る具体的な手段であった。初期のストアは孤立した自己充足型の建物だが、時間がたつにつれて柱廊をめぐらした中庭という外観をアゴラに与えることになった。アテネでは、大部分のストアはペルシア軍の撃退後に建設された。北側の**彩色ストア**（ストア・ポイキレ）は王のストアと同じく、側壁と背壁を持つ柱廊で、内部に屋根棟を支える列柱があった。このストアは政治家キモンのため紀元前460年に建設されたもので、マラトンの勝利を描き、キモンの父ミルティアデスの役割をたたえる一連の著名な壁画で飾られていた。アゴラの西側にあるもう1つのドリス式ストアは**ゼウスのストア**で、紀元前5世紀末の建物である。これは2廊式で、両端に突出する翼屋を備えており、内部の列柱はイオニア式であった。このストアは隣の丘コロノス・アゴライオスの上に建てられたヘファイストス神殿と外観上呼応するものだったらしい。イオニア式円柱はドリス式円柱よりも高くつくり、石ではなく木製の梁を広い柱間で支持できるので、ストア内部の列柱に広く用いられた。平屋建ストアは通常、天井を張らなかった。

　古典時代のアテネのアゴラにある3番目の重要なストアは、紀元前5世紀末にアゴラの南辺に建設された。詳細はわからないがドリス式列柱を持つ 80.5×14.9 m のストアで、内部にはおそらくドリス式列柱の2倍の柱間のイオニア式列柱があった。列柱廊の背後にはそれぞれ 4.9 m 四方の部屋が 15 室並んでいた。各室は中心をずらして出入口を設けており、7台の食事用臥台を置くため壁沿いに幅木をめぐらしていた。上部構造は日干レンガ造で、室内の床と列柱廊の床は踏み固めた土であった。このような費用のかからない構造はストアにしばしば見受けられるもので、ストアがまれにしか良く保存されないことと関係がある。

　その他の行政用の建物は特定の用途を持っていた。アゴラの西側には、**ブーレウテリオン**（市会議場）と**トロス**があった。市会議場は非公開の会議に集まる 500 人の議員を収容した。当初の建物は正方形平面で、おそらく平らな壁の高いところに窓があり、方形屋根を頂いていた。その内部は前室と会議場に分けられ、議場にはたぶん側壁と背壁に沿ってまっすぐに数列の座席が配置されていた。このブーレウテリオンはアテネからペルシア人を駆逐した直後に建設されたが、同世紀末に改築されて、ほぼ半円形に座席を配列した議場に切妻屋根を架けた長方形の建物に変わった。これらの建物は基礎以外は何も残っていない。

　その名の通り、トロスは円形の建物であった。公用建築だが、その壁体は日干レンガ造であった。市議会の常任委員である政府高官（プリュタネイス）は、在職中はこの建物で、公費の食事をとった。円形の建物の中にどのようにして 50 脚の食事用臥台を配置できたかはわかっていない。高官たちは古い（ホメロス時代の）やり方に従って、椅子に着席したのかもしれない。屋根の支柱（木造であった）は、予想されるように円環状ではなく、楕円状に配置された。屋根は円錐形で鱗型の瓦を葺いていた。この建物は紀元前465年頃建設された。

　アゴラのそばにある中庭を囲む2つの建物は、南が**ヘリアイア**（陪審法廷の集会所）、東が**テセウス廟**である。後者は壁をめぐらした囲い地で、キモンは紀元前472年にスキュロス島で発見されたアテネの伝説上の開設者テセウスのものといわれる遺骨を、ここに埋葬した。

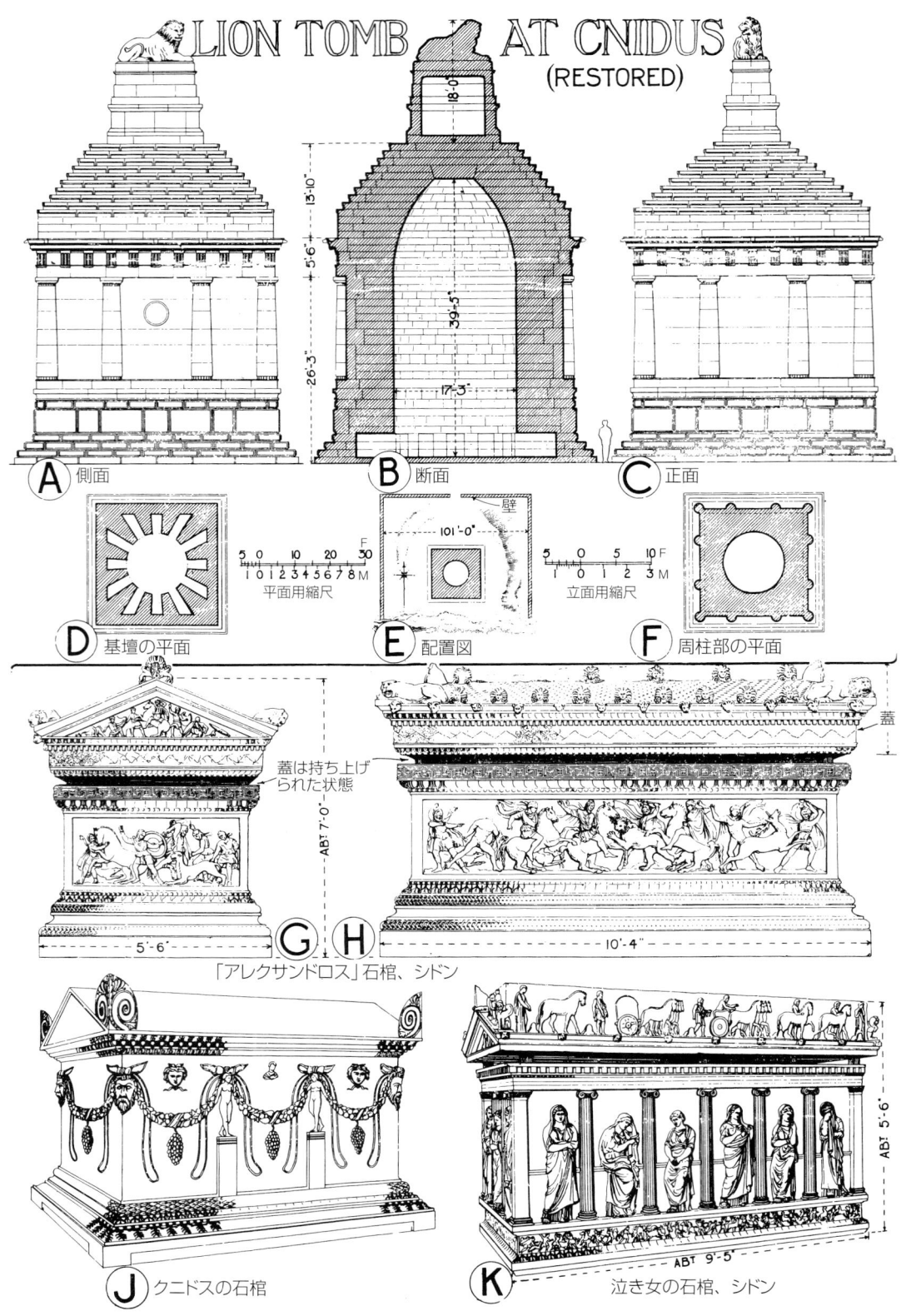

クニドスの獅子墓(復元、上)、石棺(下)

ここには有名な壁画があったので、それを保護するため、廟は部分的に屋根を架けられていたに違いない(たぶん柱廊をめぐらした中庭であった)。

アゴラの南側にあるその他の柱廊付き建物は**水汲場**で、柱廊は水を汲む人々を保護し、水が温まるのを防いだ。その他に神殿(たとえばアポロン・パトロオス神殿やヘカテ神殿)や造幣所のような公共建築があった。

アゴラの中央部には一般に建物をつくらない。しかし旧市会議場に面して大暗渠の近くに、クレイステネスが創設した新民主制度の基礎をなす新しい部族に、その名を与えた英雄たちに捧げた長い名祖記念碑が設けられた。また北の方にはオリュンポス山の12神に捧げられた祭壇が1つあり、これは壁ではなく、柵で囲まれていた。アテネのアゴラは極めて徹底的に発掘され、したがって最もよく知られた古典時代からのアゴラで、自然のままに成長した都市にみられるアゴラの典型といえよう。アルゴスのアゴラには、おそらく紀元前4世紀初めに遡る、それぞれ北向き、東向き、西向きの3翼からなるストアがあった。

古典時代のギリシア都市にはその他の公共建築として、体育館(ギュムナシオン)と競技場(スタディオン)ならびに演劇とそれに関連する興行を見物するための施設があった。最後に挙げた演劇関連興行は一般に宗教儀式の一部をなしており、その施設は通常聖域に付属していた。これらの公共建築は紀元前4世紀に発達しはじめるが、古典時代には立派なものはまれであった。この建築については第7章で検討する。

個人住宅は古典時代にはそれ以前よりも頑丈になり、中庭式が普通であった。文献は裕福な住宅の石造柱廊に触れているが、住宅の標準的材料は木材で、壁体は日干レンガ造であった。部屋の配列は一般に非対称で、町屋でも、既知の少数の田舎屋でも2階建が普通であった。アゴラのすぐ南に隣接する地区で発見された住宅は、アテネの典型的な住宅である。それらの平面は驚くほど多様で、明らかにしばしば不規則な敷地の形に対応している。紀元前420年頃建設された**デマ住宅**は、制約を受けない敷地につくられた田園住宅なので、もっと整然とした平面である。これは前庭を高い壁で囲んだ農家で、主な部屋は前庭を隔てた主屋の1～2階に配置され、正式の食堂は1階に設けられた。これらの住宅の出入口は、できるだけ外から見通されないようにつくられた。

古典時代の最も広大な住宅群は、紀元前5世紀末から紀元前4世紀初めに著しく発展したエーゲ海北部の**オリュントス**で発掘された。その新市街は規則正しい格子状平面で計画され、各住宅は正方形の標準的な敷地を割り当てられた。敷地の所有者はそこに好むままに建築できた。住宅は全て中庭式で、バルカン半島の冬期の冷たい風を避けるために、中庭の北側に南面して主な部屋を配置しているが、同じ平面の住宅はない。その他の点ではアテネにある住宅の配列や、シチリアのヒメラのような西ギリシア都市で発見された中庭式住宅と異なるところはない。

古典時代の墓は必ずしも立派ではなかった。アテネの墓はしばしば一族の墓域に集められている。これらの墓域はまれには円形もあるが、普通は正方形平面の壁をめぐらした塚があり、死者の遺骨はここに納められ、塚の上には墓石が立てられた。紀元前5世紀の墓石は幅の狭い直立した板石で、おそらくその上にアクロテリオンをのせていたが、紀元前4世紀の墓石は幅が広くなって彫刻で装飾され(これはパルテノンの工房から始まった伝統である)、周囲に準建築的な枠組をめぐらした。

壮麗な墳墓は小アジア南部のリュキア諸都市の支配者たち——最も有名なマウソロスは、ミレトスに隣接する非ギリシア地区カリアの支配者であった——のような外国君主のものであった。主要なギリシア都市に近接する非ギリシア系共同体は、紀元前4世紀までに次第にギリシア化した。マウソロスは紀元前4世紀の第2四半世紀に強大になって隣接するギリシア都市を支配し、ハリカルナッソス(現ボドルム)を首都に定めてこの町を計画し直した。紀元前353年にマウソロスが死去した時、妻のアルテミシアにより、彼の墓**マウソレウム**が首都の市心より上にある傾斜地の広々とした墓域に白大理石でつくられた。それは墓室を内蔵する高い基壇の上に、段状ピラミッド型の屋根を支持する列柱を立て、屋根上に四頭立戦車の彫像をのせたものであった。この墳墓は墓室を内蔵するフリュギアやリュディアの王たちの古来の大墳丘と、少し以前につくられた**クサントスのネレイデス・モニュメント**(p.150B)のような高い基壇を持つリュキア諸王の墳墓で代表される、壮麗な墳墓を建設するアジアの伝統に由来する。マウソロスは名儀上ペルシア王の地方総督だったので、ペルシア帝国の始祖キュロス大王の墓からの影響も考えられる。マウソレウムは聖ヨハネ騎士団がハリカルナッソスに築城した時、その材料にするため1402年に取り壊された。最近の研究によれば、基壇底部の寸法は38.4×32 mで、3段で縮小して最上段は32×26 mになり、最上段の下のフリーズを含めて各段は彫刻で装飾されていた。円柱はイオニア式で、歯形飾りを持つが連続フリーズのない東ギリシアの典型的なエンタブラチュアを頂いていた。屋根は順次縮小する24段の段状で、その上に巨大な戦車彫刻群を

154 エジプト、古代近東、アジア、ギリシア、ヘレニズム王国の建築

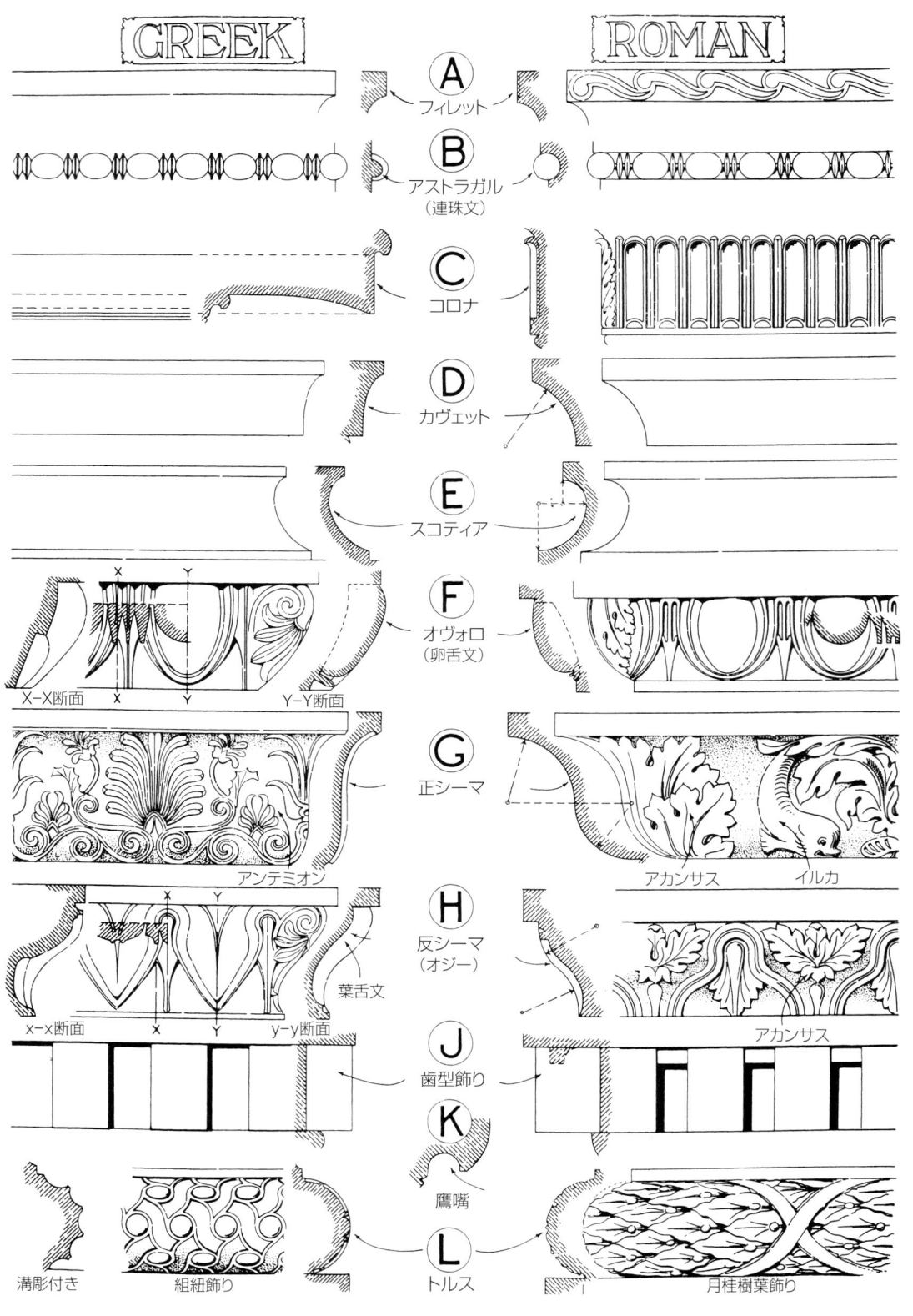

ギリシアとローマの刳形

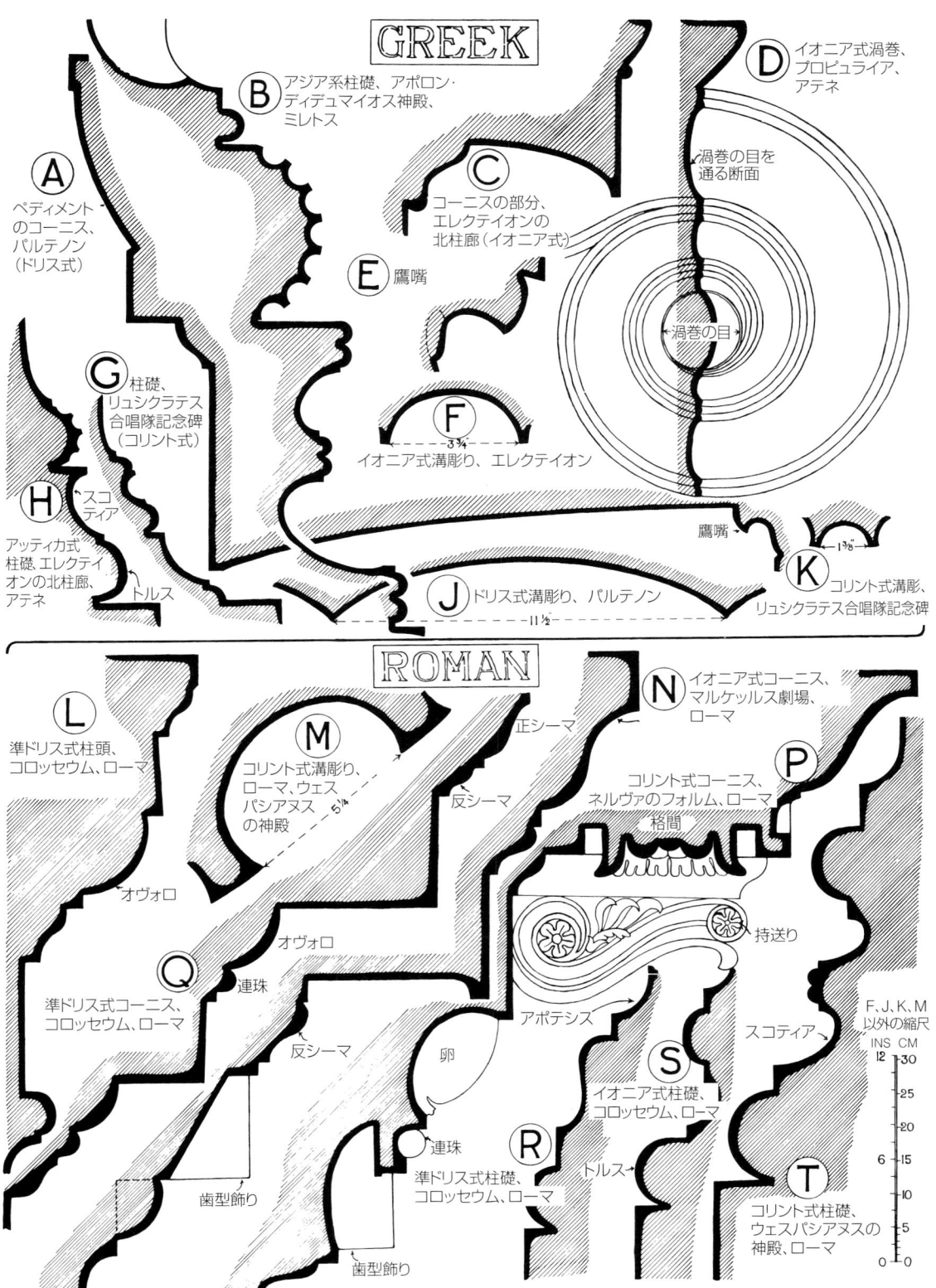

ギリシアのプロフィール(上)とローマのプロフィール(下)

のせる。この彫刻群は多分マウソロスとアルテミシアか、アポロンの彫像を含んでいた。しばしば「マウソロスとアルテミシア」と称される大英博物館蔵の彫像は、イオニア式円柱の間に立っていたもので、たぶんマウソロス家の先祖たちの彫像の一部である。この趣向はネレイデス・モニュメントから学んだもので、後にシドンにある王室墓地の石棺で再び用いられた。屋根を架けたイオニア式建物の形につくられた「泣き女の石棺」(p.152K)がそれで、ここでも列柱の下にフリーズがある。マウソレウムはピュテオスがサテュロスと協力して建造したもので、ピュテオスはその後、プリエネにあるアテナ・ポリアス神殿の建築家になった。マウソレウムの彫刻装飾は紀元前4世紀の彫刻家スコパス、ブリュアクシス、ティモテオスならびにレオカレスの作であった。

　マウソレウムは壮麗な墳墓の一般的名称になっただけではなく、後世の模倣者の派生作品に霊感を与えた。ハリカルナッソスの隣接地域にはヘレニズム時代の2つの重要な作例がある。紀元前2世紀の建造とされる**クニドスの獅子墓**(p.152A–F)と、エフェソス領の**ベレヴィ**にある紀元前3世紀の**マウソレウム**がそれである。カリアの首都であったミュラサには、小規模だが依然として壮麗なローマ時代初期の作品がある。

　マウソレウムからヒントを得たと思われるもう1つの墳墓群は、外観が著しく異なる。それはマケドニアを支配したアルゲアダイ王朝の人々のためにつくられたもので、古代マケドニアの中心地アエゲアエ（現ヴェルギナ）にある。マウソレウムの墓室は基壇の奥深くに設けられた。天井の形は、はっきりしないが、たぶん持送り構造のヴォールトで、これは獅子墓でも用いられたらしい。マケドニアの初期の墳墓は、石や木で仕上げられた縦坑の上を木の枝で覆い、その上に小さな塚を盛り上げたものであった。もちろん木はすぐに腐蝕した。しかし紀元前4世紀前半に哲学者デモクリトスは要石構造のヴォールトの原理を説明しており、マケドニアの国王たちは縦穴墓の屋根を耐久的にするためにヴォールトを採用した。それは半円柱とエンタブラチュアを持つオーダーという形のファサードを墓室に加えることによって、ギリシアの柱梁式建築の伝統と組み合わされた。1978年、アンドロニコス教授が発見した盗掘されてない墳墓は、その初期の例である。これはほぼ疑いなく**フィリッポス2世の墓**で、墓室は2室からなり、そのヴォールトは1列に続いているが、それぞれ別につくられた。墓室の前のファサードは、壁端柱の間に2本のドリス式半円柱を立て、その上に一式そろったエンタブラチュアを置く。しかしヴォールトの前面にあたるエンタブラチュアの上には、ペディメントではなく、塗料で描いたフリーズの形の長方形の仕切壁をのせる。その後の墳墓はやや非論理的だが、ヴォールト天井と仕切壁としてのペディメントを組み合わせている。この墓と、これらの王墓から派生した後世のかなりの数のマケドニアの墳墓は、マケドニアの建築家がヴォールトやアーチの建設に長じていたことを実証している。地下に埋められているので、これらの墳墓はギリシアのオーダーに通常施される塗装による装飾を、当初のままの色調でほぼ完全に保持している。

訳／飯田喜四郎

エジプト、古代近東、アジア、ギリシア、ヘレニズム王国の建築

第 7 章
ヘレニズム王国

建築の特色

　アレクサンドロスの帝国統治政策の1つは、エジプトからバクトリアにいたる戦略上や経済上の重要地点に、ギリシア都市を創設することであった。これは父フィリッポス王がバルカン半島征服の時に取り始めた政策で、アレクサンドロスの死後、その大帝国からそれぞれの王国をつくりあげたマケドニアの将軍たちによって引き継がれた。たとえばシリアのアンティオキア、ティグリス川畔のセレウキアとアパメア（セレウコス1世の妃の名）は、セレウコス朝が開設した重要都市である。エジプトを統治したプトレマイオス朝は、この王権の行使に消極的で、創設した都市は上エジプトのプトレマイオスだけであり、キレナイカのプトレマイオスは、既存の都市の改名であった。プトレマイオス朝の宮殿はアレクサンドリアにあり、セレウコス朝の国王はアンティオキアから統治した。これらの王朝が新設または改名したギリシア都市は、実質的に国王の支配下にあったが、全てギリシア都市の制度を与えられていたらしい。これらの都市は建築においても、古典時代のギリシア都市を模範としたが、王室とつながりを持ち、王威の高揚に役立ったので、その美化には他の都市よりもはるかに多くの資金を入手できた。都市の美化は、おそらくより古いギリシア都市に対する競争によって広まった。古い都市ではそうした建築による美化を行うことができるか、あるいは国王からの財政支援を要求できた。

　広い意味でヘレニズム時代は、政治的境界を越えた文化的統一性を示しているが、さまざまな国や地域の間には大きな違いがある。ギリシア人とマケドニア人は、たとえギリシア語とギリシアの生活様式を採用した非ギリシア系の人々を加えても、常に少数派であった。被征服国が主体性の意識を失わなかったところ、たとえばエジプトやセレウコス王国では、その地方特有の建築様式が続いた。その他の地域、とりわけアレクサンドロスの征服以前に開設されたギリシア都市に隣接するか、すでにギリシアの影響を直接受けていた地域は、いっそう徹底的にギリシア化された。これは、シドンの国王たちによりすでにギリシア化されていたフェニキアと、特にリュキアとカリアの支配者たちの先例にならった小アジア全域で目立つ。このようにヘレニズム世界では、ギリシアらしさの普及度はさまざまであったが、ギリシア建築の普及度も、各地の色々な形の伝統や豊かさの度合に応じて異なる。ヘレニズム時代の建物の保存（と発見）の状況が、たまたま地域によって著しく異なるため、この時代に関する知識には地域差が大きい。アレクサンドリアやアンティオキアのような重要都市は、完全に廃墟になり、大部分消滅している。その他の地域、特に小アジアの沿岸は、はるかによく保存されていたので、極めて徹底的に調査された。このような事情に基づいて起こる事実の曲解を酌量する必要があり、不十分な裏付けに基づく一般論は、誤った印象を与えるおそれがある。

実 例

神殿とそれに関連する記念建造物

　アレクサンドロスはギリシア人の擁護者として、ギリシア人同盟者とともにペルシア帝国を攻撃したが、その征服事業は大部分、マケドニア人が遂行したのであった。彼の後継の王たちはマケドニア人であり、マケドニアの伝統はその宮廷で維持された。このことが生み出した建築への影響は本質的に、紀元前4世紀末にアルケラーオス王が発達させ、フィリッポス王が強化したマケドニアの影響であった。それはギリシア本

土の伝統の一部であり、したがってドリス式オーダーを強調した。サモトラケには、たとえば紀元前340年のいわゆるテメノス(聖域)や墳墓の中に、若干のイオニア式建築がある。**オリュンピア**にある円形の**フィリッペイオン**(p.135)は、マケドニアの重要なイオニア式建築である。これは紀元前336年にアレクサンドロスが完成した大理石造の円堂で、連続フリーズに重層の歯形装飾を組み合わせたエンタブラチュアを支持する、18本のイオニア式円柱の柱廊をめぐらす。この形式のエンタブラチュアは、フィリッポスが建造させたサモトラケのテメノスでも用いられたらしい。オリュンピアでは連続フリーズにアンテミオンが施されていて、浅い刳形の上にのるこの装飾は、アーキトレーヴの上段のファスキアに取って代わっている。もっと後のヘレニズムのイオニア建築は、3本のファスキアを持つ完全な形のアーキトレーヴを用いる一方で、一般に2種類のフリーズを組み合わせる。ペロポネソス半島(南ギリシア)のイオニア式オーダーの溝彫は24本が基準だが、フィリッペイオンのそれは20本しかない。これはマケドニア王室の記念建築で、一族の彫像を収容していた。この特色あるイオニア式オーダーは、紀元前3世紀のある時期に、アエゲアエ(現ヴェルギナ)にあるマケドニアの墳墓に繰り返して用いられた。

しかしながら、新しい征服地のマケドニア人の建築では、ドリス式が優越したらしい。ドリス式はアレクサンドリアの墳墓と、ゼフィリオン岬とアンティオキアの港であるオロンテス川畔のセレウキアにある神殿にみられる。後継のリュシマコス王が奉献した**トロイ**にある**アテナ神殿**は、ヘレニズム初期のドリス式であった(年代は未解決)。正面六柱側面12柱で、柱頭のエキヌスは直線を含む低い輪郭のものであった。この形のエキヌスは紀元前4世紀に発達したもので(円柱の高さと比率は不明)、紀元前300年頃のリュシマコス時代の年代とよく一致する。小アジアの**ペルガモン**にある**アテナ・ポリアス神殿**もドリス式で、たぶんリュシマコスのために建てられたものである。正面六柱側面11柱で、円柱の高さは直径の7倍で柱間は広く、各柱間に3組のトリグリフとメトープを置く。ペルガモンにあるもう1つのドリス式神殿は、おそらくアスクレピオスに献げられたもので、紀元前2世紀に破壊され、イオニア式で再建された(この変更はおそらく、紀元前2世紀の重要な建築家ヘルモゲネスが、ドリス式は神殿に不向きであるとする厳しい批評に従ったものであろう)。イオニアの都市プリエネには、**デメテルに奉献した小さいドリス式神殿**がある。西北ギリシアのストラトスにあるゼウス神殿のように、伝統的なドリス地方ではドリス式神殿はヘレニズム時代にももちろん従前通り建設された。そのうちで最も目覚ましいものは、**ボエオティア県の**レバデイアにあった巨大なドリス式神殿らしい。この神殿についてはよくわかっていないが、興味深い建築碑文が現存する。この神殿はセレウコス朝のアンティオコス4世が贈与したもので、紀元前175年頃、ゼウス・バシレオスに奉献された。その建設計画は昔の建築の意図的復活の一例であることを、碑文が示唆している。

ヘレニズム時代の神殿建築では、イオニア式がドリス式よりも重要になったようにみえるが、それは伝統的なイオニア地方である小アジアの神殿について、より多くの情報があることによるのかもしれない。

イオニア式への弾みは、アレクサンドロス以前の時代に着工され、ヘレニズム時代まで続いたエフェソスのアルテミス神殿の再建と、ラブランダにあるカリア王国のゼウス神域にマウソロス王と後継のイドリス王がつくった建築と、アレクサンドロスが奉献した——大王は神殿に奉献の碑文を刻むことを許された——プリエネのアテナ神殿とともに始まった。この慣行はサモトラケにある昔のマケドニア建築にも関連しており、ヘレニズム時代には普通のことになった。ヘレニズム時代の最も重要なイオニア式の復興は、ミレトスに近い**ディデュマのアポロン神殿**(p.144N、p.160 J-P)である。この工事はたぶんアレクサンドロス以前に始まったが、アルカイック期の神殿を破壊したダレイオス王がペルシアに持ち去った神像を取り戻した、アレクサンドロスの後継者セレウコス王によって特に支援された。これは例外的な建物だが、例外的なところはまだ理解できる程度に残っていた、6世紀の古い神殿から写しとったものらしい。51.1×109.3 m の極めて大規模な、唯一の正面10柱式ギリシア神殿で、側面は21柱の二重周柱式である。円柱は高さ28.8 mで、7段の基壇上に立つ。各段は日常の昇降には高すぎるので、神室正面で段数を2倍にし、この昇降階段の両端に、ローマ神殿の基壇のパロティド[訳註：正面階段の両端にある袖壁。基壇と同じ高さで、基壇の端部から階段の先端まで突出する]に似た側壁が設けられた。神室は伝統的なイオニア型で、奥行の深いポーティコを持つが、背面に偽のポーティコはない。しかし平面図ではポーティコと神室との間に前室が1つあるようにみえ、誤った印象を与える。すなわち大きな正面入口が前室に向かって開いているが、その敷居はポーティコの床から約1.5 mの高さにあるので、この入口はポーティコから前室へ入る開口ではない。そのかわりに、ポーティコの両脇に小さな出入口が1つずつあり、ここから傾斜したヴォールトを頂く狭い廊下へ入る。この廊下は神室に直通するが、神室の床は普通の神室の床のように基壇

と同じ高さか、やや高い位置ではなく、神殿のもとの地盤と同じ高さである。神室の壁体は基壇の高さで胴蛇腹により飾られており、その上に壁体に組み込んだ角柱を立てる。神室には屋根はなかったが、これも古い神殿から継承した特色で、たぶんエフェソスのアルテミス神殿も同様であった。神像は神室内にあった正面四柱式のイオニア式小神殿に安置された。神室の東端には幅の広い見事な階段が前室まで上っており（この大階段だけが前室への唯一の通路である）、コリント式半円柱を取り付けた入口を通って前室へ入る。この特異な配列は、この神域の神託所という機能と関連するらしい。おそらくこの配列は古い神殿のものを繰り返したものと思われるが、もしそうだとすれば、これは宗教上の必要によるものであったに違いない。前室の両側には丁寧な造りの装飾された階段が1つずつある。荒れ果てているこの階段は、現存する建物の上まで通じているが、用途はわからない。ヘレニズム時代のエジプト国王たちがこの神殿の建設に貢献したことがわかっているので、これらの階段はエジプトの影響かもしれない。神殿の建設工事は紀元前3世紀初めには間欠的に行われた。工事はローマ時代にも続行されたが、完成にいたらなかった。

　未完成に終わったもう1つのイオニア式大神殿は、**リュディア**の**サルディス**にある**アルテミス神殿**である。その信仰は、儀式が神殿内ではなく殿外の祭壇で行われていた、リュディアの独立時代に遡る。初めて公表された時の神殿の平面は混乱していたが、この神殿はかつて考えられたように紀元前3世紀以前ではなく、紀元前3世紀であることが明らかになった。創建当初の紀元前281年頃、神室は西向きの1室であったが、紀元前223年以後に横断壁で2分され、それまで開口のなかった東側の壁体に入口がつくられた。

　メアンダー川畔の**マグネシア**にある**アルテミス・レウコフリュネ神殿**は、建築家ヘルモゲネスの傑作であった。彼はヘレニズム時代のイオニア式復興の立役者で、建築論を著した。ウィトルウィウスはたぶんその著書中のギリシア建築に関する部分に、ヘルモゲネスの建築論を利用した。ヘルモゲネスの活躍した年代についてはやや異論があり、一部の研究者は彼を紀元前2世紀初期とするが、マグネシアの神殿の細部は紀元前150年頃を示唆している。この神殿は正面八柱・偽二重周柱式で、中央の柱間が広い。エフェソスにある再建されたアルテミス神殿ではもちろん中央柱間は広いが、プリエネの神殿では広くないので、マグネシアにおける広い中央柱間の採用は、イオニア式復興を意味する。ウィトルウィウスはこの配列を、ヘルモゲネスの発明とするが、ここではむしろ昔の構想の再生である。側面は15柱で、神殿全体の規模は58×32 mだが、円柱の高さはわからない。このような細部よりも重要なのは、この神殿の環境である。神殿は、完全に囲まれた中庭につくられている。その方位は神殿の方位と同様に、この町の格子状平面の方位と一致しない。しかしこの方位の食い違いは、神域の前方（ここでは西方）にある、アゴラを囲む柱廊に組み込まれたプロピュライアによって隠されている。神殿が神域全体の面積に占める割合は、それ以前のギリシア神域のそれよりもずっと大きく、神殿はその周壁（これは完成しなかったかもしれない）を見下ろしてそびえ建つ。神殿は神域の中央ではなく、奥の方に配置されており、その正面に壮麗な祭壇がある。ヘルモゲネスの建築の典型的な細部は、アーキトレーブの上端の二重刳形で、オヴォロ（大王縁）の表面を卵簇（卵舌）模様で飾り、その上に反シーマをおく。この刳形は、イオニア式とコリント式の双方でローマ建築に引き続いて用いられた。しかし後世の建築に最も大きな影響を与えたのは、柱廊をめぐらした比較的小さな中庭に神殿を配置する構想である。これは適宜、形を変えて、首都ローマの帝立フォルムと西ローマ諸都市の標準的な神殿・フォルムの配列に繰り返して用いられた。

　後のローマ建築にとってそれと同様に重要なことは、ヘレニズム建築がコリント式オーダーを神殿の外部に用いたことであった。コリント式はセレウコス朝のアンティオコス2世の妃ラーオディケアが、紀元前3世紀に**ミレトス**に与えた**ストア**で用いられた。しかし神殿へのその使用が最初に証明されるのは、アンティオコス4世が後援した紀元前2世紀の2つの神殿、キリキアのウズンジャブルシェのオルバにあるゼウス・オルビウス神殿とアテネにあるゼウス・オリュンピウス神殿で、後者はローマのアウグストゥス帝とハドリアヌス帝により完成された。**オルバ神殿**は正面六柱側面12柱、ほぼ22×44 mの規模で、その柱身は上部だけに溝彫があり、下部は多角柱である。**アテネの神殿**は、僭主ヒッピアスがおそらく紀元前6世紀末につくらせた古い神殿の基礎を利用した。この神殿は、小アジアのアルカイック期のイオニア式巨大神殿に比肩するドリス式大神殿として計画されたらしいが、僭主の失脚により工事は放棄された。新しい神殿は正面八柱、側面20柱の二重（正面と背面は三重）周柱式で、規模は41×108 mであった。ポーティコの奥行は深く、神室内の列柱は壁体に接近して配置され、神室西端に小祠があった。ウィトルウィウスによれば、建築家はコスティウスというローマ市民といわれるが、彼は明らかにヘレニズム建築の伝統の中で仕事をしていた。

　もう1つの重要な神殿は、紀元前3世紀後半にプト

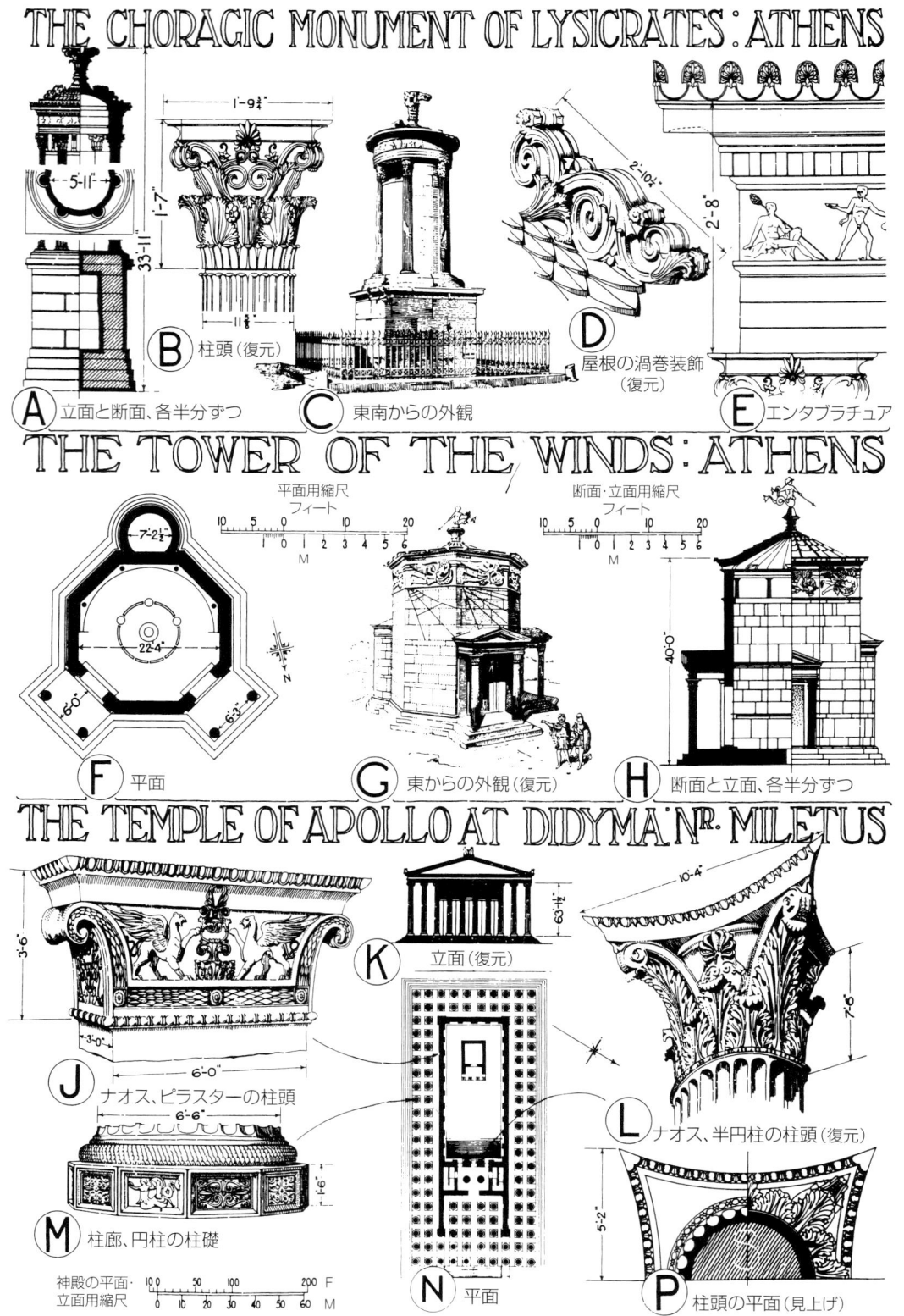

リュシクラテス合唱隊記念碑、アテネ（上）。風の塔、アテネ（中）。アポロン神殿、ディデュマ、ミレトス近傍（下）

第 7 章　ヘレニズム王国　　161

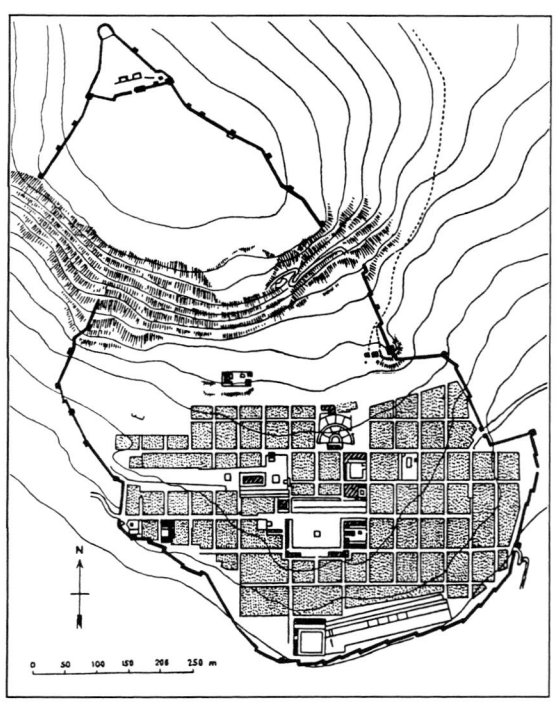

A　プリエネ、市街の平面　p.162 参照

B　アッタロスのストア（B.C. 2 世紀）、アテネ　p.162 参照

C　ブーレウテリオン（市議会場、B.C. 170 頃）、ミレトス　p.164 参照

レマイオス3世が奉献した**アレクサンドリアのセラピス神殿**であった。これはローマ時代に全面的に再建され、中世に建築材料をはぎとられてしまった。アレクサンドリアで鋳造されたあるローマ硬貨は、ヘレニズム時代のこの神殿を描いており、それがコリント式であったことを示しているといわれる。もしそうだとすれば、セラピス神殿はアンティオコス4世のコリント式神殿に先行することになるが、この硬貨による裏付けはじりじりするほど薄弱である。しかし中部エジプトのヘルモポリス・マグナにある神殿は、プトレマイオス3世時代に建設された。この神殿は決定的にコリント式で、アレクサンドリアにも明確な形のコリント式柱頭の作例が多数ある。

ストアか神殿かにかかわらず、建物の外部へのコリント式の使用は、セレウコス王国とエジプトにおける地域的影響を反映しているらしい。非ギリシア的美意識の人々にとって、マケドニア人がもたらしたドリス式オーダーはあまりに簡素すぎたが、イオニア式は東方にあるその原型よりも形態的に発達していた。植物装飾をあしらった成の高いコリント式柱頭は、それより古いエジプトの柱頭を反映していたが、発達した形のコリント式は完全にギリシア的であり、したがってギリシア的美意識の人々にも受け入れられるものであった。エジプト人を本来対象とせずにギリシア人の居住地に建てられた宗教建築は、記念性はもっと少ないが、エジプトの影響をはるかに強く示している。**ソクノパイオウ・ネソス**にある神殿がその例で、この種類の建物はファイユーム地区にみられる。

都市建築

ヘレニズム時代に都市建築は、それまでよりも充実したものになった。アレクサンドロスとその後継者のために開設された格子状都市が都市建築を支配した。破壊された町を再建したり、(古典時代にもみられたが)それまで分散していた住民を新しい市心に融合させることによって、開設し直した格子状都市もあった。ヘレニズム時代のアンティオキアとアレクサンドリアが失われてしまったので、これらの都市は都市建築の最も完全な情報源である。最もよく知られているのは、19世紀以来大規模に発掘されてきた小アジアのプリエネ、ミレトス、マグネシア、ペルガモンである。

プリエネ(p.161A)は全てのギリシア都市のうちで、最も完全に調査された都市である。この都市が開設し直されたのは、紀元前350年代にマウソロスによるのか、紀元前330年代のアレクサンドロスによるのかが論争の種になっているが、その建築は本質的にヘレニズム時代のものである。市壁内の土地が全て市街化したのではなかった。この町は険しい山の崖下の傾斜地にあり、山頂には城塞があった。町はこの岩棚に限られており、崖の真下にある強い傾斜地には建物はなかった。**アゴラ**は格子状市街の中心にあり、格子割の2街区、市街地の約15分の1を占めていた。十分な広さの平地を得るため、町の南側では若干の段状造成工事が必要であった。幹線道路は町の西門からアゴラに向かい、その北側を横切っていた(伝統的なローマのフォルムのように、道路が広場を貫通するのはギリシアのアゴラの特色で、これはアテネでも認められる)。アゴラは**ストア**で完全に縁取られていた。幹線道路の北側にあるストアは独立した建物だが、東と南と西側のストアは連続しており、アゴラの外側の2本の南北道路が、このストアの背後を通っていた。これらのストアはおそらく紀元前3世紀の建造である。イオニア地方のものを含めてヘレニズムのストアで通例だったが、プリエネのストアもドリス式で、柱間ごとに3組のトリグリフとメトープを必要とする広い柱間につくられた。北ストアは西側と南側のストアのように、たぶんその背後に部屋があった。北ストアは破壊されたため、2世紀に再びドリス式だが、もっと大きな2廊式に建て替えられた。このストアは隣接する街区に沿って東に延びるが、背後の部屋はアゴラの本来の規模である2街区分の長さしかない。その規模は背後の部屋を含めて116.5×16.8 m、柱廊だけの奥行は11.8 mである。外側の列柱は普通の柱間のドリス式だが、内側の列柱はイオニア式で、ドリス式の柱よりも高い。細部は機械的、反復的な傾向が認められるが、これらのストアは全て石灰岩を用いた丁寧な造りで、床はたたき土である。**ミレトス**の**南アゴラ**はこれよりずっと大きく、東側に189.2×22.7 mの長大なストアがある。このストアは2列の部屋を備えており、1列はアゴラから、もう1列はアゴラの東の外側を通る道路から出入りする。その北と南に、相互の間(および東ストアとの間)に隙間をとったL形平面の2棟のストアがある。プリエネのようにここでも幹線道路はアゴラを貫通するが、ヘレニズム時代末期にこの道路は、東ストアと隣接ストアとの間に建造された門によって、その両端を遮断された。

紀元前2世紀にペルガモンの国王の援助により、アテネの古いアゴラに大規模な改良工事が加えられた。これは明らかに不整形なアゴラを整形にすることを目的とした工事で、そのために3棟のストアが建設された。東側の**アッタロスのストア**(p.161B)は、2階建116×19.4 mの規模で、1階はドリス式列柱、2階は手摺を取り込んだイオニア式列柱とする。ファサー

第 7 章　ヘレニズム王国　163

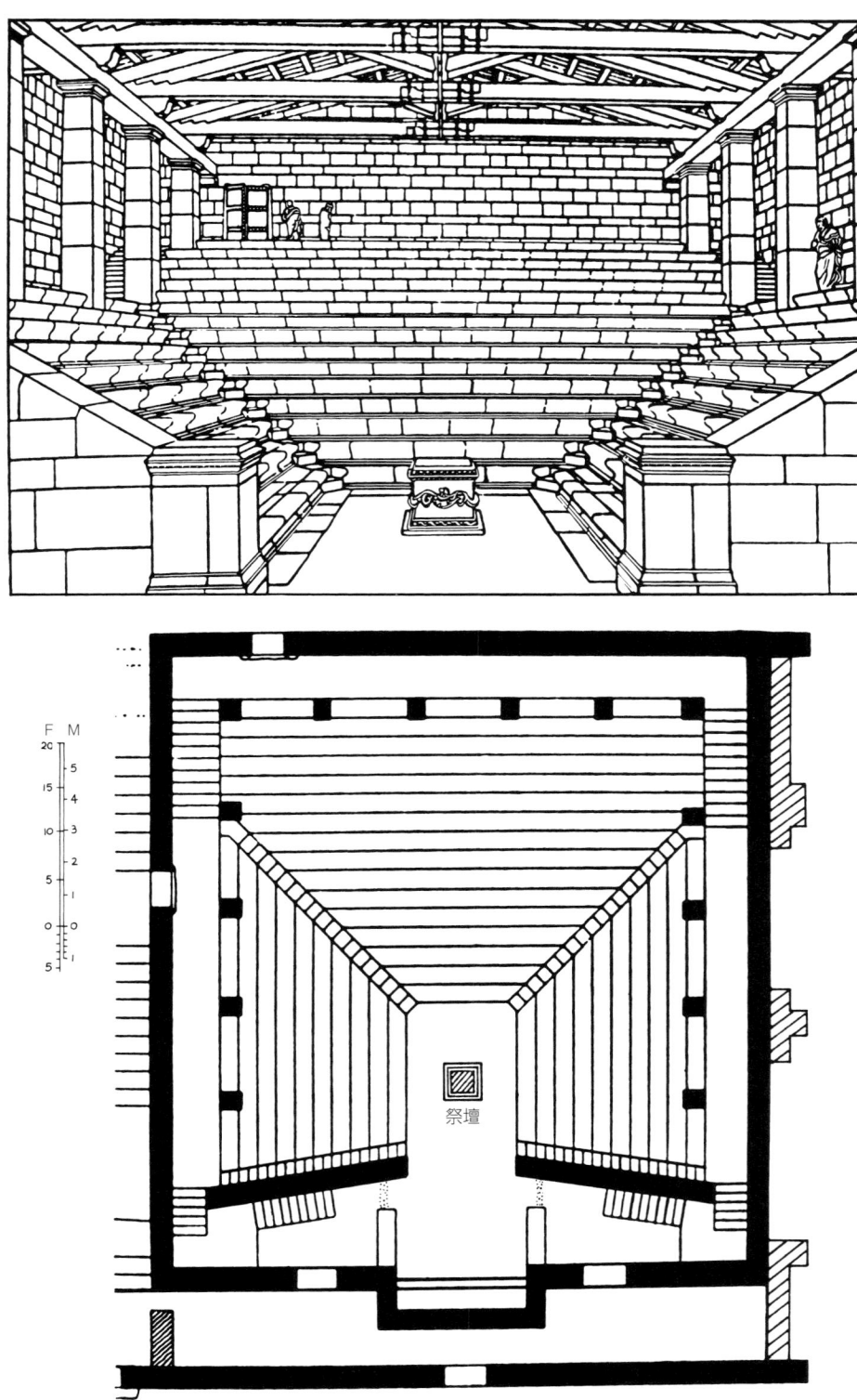

エクレジアステリオン（集会場、B.C. 200 頃）、復元した堂内と平面、プリエネ　p.164 参照

ドは全て大理石造で、1階の内側には外側の列柱と同じ高さの列柱を立てて2階の床を支持するが、この列柱はイオニア式で、柱間は外側列柱の柱間の2倍とする。2階の内側列柱は、ペルガモンで発達したシュロの葉のデザインの柱頭を頂く。柱廊の背後には1-2階ともに1列の部屋を設ける。アテネの古典建築に比べると、細部は不満足であるが、それより重要なことは、ストアによってアゴラを整形のプランに締め切る手法である。この手法は、古い南ストアに代わってアッタロスのストアと直角につくられた、93.6×8.5 mの**新しい南ストア**と、長軸方向の中心壁の両側に柱廊を設けた 146.6×19.9 mの**中央ストア**で特に著しい。

ペルガモンとその支配下の都市では、ストアは広場や中庭を限定するためだけではなく、それらをつくりだすのを助長するためにも使われた。この原理はプリエネの南ストアにすでに認められる。この南ストアは、アゴラに必要な平地を得るための擁壁上に、それに沿って建設されている。プリエネの**北ストア**の背後には**集会所（エクレジアステリオン、p.163）**がある。これは壁体を石灰岩でつくった堅固な建物で、約640人用の石造の座席を、その3辺に沿ってまっすぐに配置する。この建物は市議会場というよりもむしろ、小さな町の特定の人々のための集会所だが、その形式はアテネやミレトスにある典型的な市議会場に通じる。ミレトスの市議会場は、プリエネの集会所と同じく紀元前2世紀の建築である。プリエネでは出入口と南側の壁体にあるアーチを頂く開口以外に、建築的装飾はない。この集会所は構造上興味深い建物で、当初の14.5 mのスパンは過大であったため屋根が崩壊したので、支柱を屋内に2 m移設した。**ミレトスの市議会場（ブーレウテリオン、p.161C）**は、セレウコス朝のアンティオコス4世のもう1つの贈与建物で、紀元前170年頃建設された。その座席は、アテネの新市議会場のように、長方形の建物の中に円形に配置された。外部では壁体上部をドリス式半円柱の付柱で飾るが、イオニア式エンタブラチュアを支持する柱頭のエキヌスには、イオニア風に卵簇模様が刻まれていた。古典の規範からのこのような逸脱と装飾的な偽周柱式の採用は、その後のヘレニズム建築の特徴である。

ヘレニズム時代に演劇用と体育用の建物は著しく改良された。屋根なしの**ギリシア劇場**は、観客席（カウェアまたはコイロン）とオルケストラ（舞踊場）、舞台建築（スケーネ）の3部で構成された。観客席は、大多数の劇場で数千人を数える観客に座席を提供した。オルケストラは各戯曲の合唱歌舞団（コロス）が歌い踊る場所で、これは紀元前5世紀には演劇に不可欠であった。俳優はオルケストラの背後にその場所を決められていた。そこは、多分まだ舞台のように高くなかったが、後ろに背景幕の代わりになる仮設建物（舞台建築）があった。この建物には、現存する大部分の古代戯曲で必要と考えられる、適切な時期に所作を演じる俳優のための出入口があったに違いない。舞台建築はその両側にある通路（複数形はパラドイ）により、観客席と隔てられていた。

一般にヘレニズム時代の劇場は、石造の恒久的な観客席（カウェア）と舞台建築を備えていた。大まかな形の石造座席は、すでに紀元前5世紀に東部アッティカ地方のトリコスにある劇場で用いられていた。その観客席は不規則な形で、座席の列は中央が一直線で、両端が丸く曲がっていた。アクロポリスの南斜面のディオニソス神域にある**アテネのディオニソス劇場（p.124C）**は、紀元前5世紀と紀元前4世紀初期には木造座席であったが、その正確な配列についてはまだ結論を得ていない。石造座席になったのは紀元前346年であった。観客席は円形のオルケストラを囲んでおり、客席の両端は半円以上に延びている。ここでも当時の配列は確定してないが、舞台建築は耐久的な建物であった。隣接する既存の構造物のため、座席の形は不完全で、対称形ではない。

ギリシアで最も保存のよい観客席は、紀元前4世紀中期のやや後に建設された、**エピダウロスにあるアスクレピオス神域**のもの**(p.165)**で、その年代は碑文で裏付けられている。階段によって扇状に分割された座席は、観客席の下半分に34列、上半分に21列あり、上下の観客席は環状歩廊（ディアゾマ）により隔てられる。上半分の観客席は、下半分のものほどには大きく広がっていない。オルケストラの直径は20.4 mである。舞台建築は完全に廃墟だが、高い舞台とその背後にそれより高い部屋があり、オルケストラへの通路からこれらの部屋に向かう斜路が設けられていた。この通路の入口には、後に仕切りがつくられた。

ヘレニズム時代の劇場では円形のオルケストラは、劇場のデザインの本質的要素であった。ローマ時代になって初めてオルケストラは半円形に縮小され、座席として使われた。プリエネの劇場は、ヘレニズム時代の好例で、町の北端の丘腹にある(p.161A)。上方の座席の多くは近年発掘されたものだが、観客席は比較的よく保存されている。しかし舞台建築が極めてよく残っている点は、特に重要である。舞台は高く、その正面はドリス式半円柱とエンタブラチュアで飾られている。舞台背後の建物は、さらに高く立ち上がっていた。この建物には出入口が3つあった痕跡がある。アレクサンドロス時代のプリエネに劇場があったことを裏付ける碑文が残っているが、現在の観客席と舞台建築は、

第 7 章　ヘレニズム王国　　165

A　エピダウロスの劇場（B.C. 350 頃）　p.164 参照

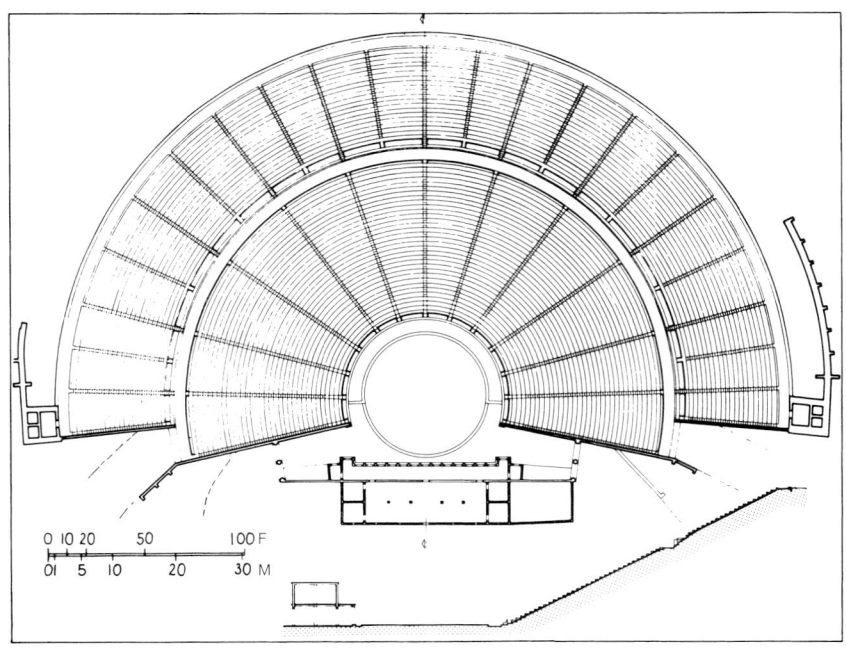

B　エピダウロスの劇場、平面と断面

たぶん紀元前2世紀に建設された。ギリシア都市でしばしばみられたようにこの劇場は、大多数の市民が集まることのできる政治的集会場としても利用された。

プリエネの劇場では舞台背後の建物の壁体は、無装飾だったらしい。しかしヘレニズム時代末期にこの建物は、以前よりも高くつくられ、その正面は円柱によりいっそう装飾されるようになった。若干の観客席は、半円以上にはほとんど広がらなかった（ミレトスの劇場はその好例である）。小アジアにある保存のよい劇場で、観客席が半円で止まっているもののうち、少なくともそのいくつかはヘレニズム時代末期に建造されたようである。このようにギリシア世界の劇場には、ローマ帝国の新しい劇場で使われる形に変わっていくはっきりした傾向が認められる。

競技場もヘレニズム時代に改良された。**エピダウロスの競技場**は、細長い自然のくぼ地に設けられたもので、紀元前4世紀にはこれで十分であった。その配置を改良するため紀元前3世紀にいくらか人手を加えて段状に成形し、石造座席を加えた。スタディオンとは長さの単位（約180 m）で、大部分の競技場はこの長さにつくられている。**ネメア**のゼウス神域で近年行われた発掘により、石造座席を持つ発達した**競技場**が紀元前325年頃建造されたことが判明した。この競技場の観客席の下には、場外から競走用トラックへ向けてトンネル・ヴォールトを頂く通路がつくられた。エピダウロスとオリュンピアにあるヴォールト天井を架けた同様の通路は、一般にローマ時代のものとされるが、ネメアの証拠は決定的で、これらの通路はヘレニズム時代とするのが妥当である。トンネル・ヴォールトの概念は、王墓にこのヴォールトをすでに使用していたマケドニアから南ギリシアにもたらされたのであろう。ヴォールト天井を架けた通路は、シキュオンの劇場の観客席を貫通して建設されたが、この劇場は紀元前300年頃、マケドニアのデメトリウス王がこの町を再開発した時に建設されたものである。

その他の運動は体育館で行われたが、体育館もヘレニズム時代に、もっとはっきりした建築的性格を持つことになった。体育館は柱廊をめぐらした中庭が中心的要素になる、もう1つの型の建築である。隣接するクラデウス川により部分的に浸食されているので、全体の大きさは測定できないが、**オリュンピアの体育館**（p.135）のように、著しく大規模なものもある。ここには北側と東側（東側のストアは2廊式）にドリス式の長いストアの遺構と、独立した**門**の遺構がある。その南側にあるそれより小さい建物は、その配列がウィトルウィウスの記述とぴったり一致することから、伝統的にレスリング場と呼ばれる。しかしながらこの建物は、体育館であったことが知られているプリエネの競技場のそばの建物（p.161A）に、規模の点でも形の点でも類似する。この2つの建物はいずれもドリス式柱廊をめぐらした中庭式である。オリュンピアの中庭は41.5 m四方で、各辺に19本の円柱があり、プリエネの中庭は約35 m四方で、各辺に16本の円柱を持つ周柱式で、どちらも柱廊の背後に部屋を設けている。オリュンピアとは違って、**プリエネの体育館**は学校としての役割を果たした。北側にある屋根のないホールの壁には、そこに着席した生徒の名が刻まれている。また、ここには保存状態のよい洗い場があり、獅子の頭の形につくられた吐水口で給水される石造の洗面器が、壁を1周して設けられている。

エピダウロスにある中庭を持つ33 m四方の建物も、体育館と考えられた。しかし大部分の部屋の配列は、この建物は明らかに体育用よりも祝宴用であったことを示している。エピダウロスにあるその他の建物と同様にこの建物は、たぶん行列が威儀を正して進めるよう、階段ではなく斜路を入口に設けていた。

住宅には中庭式が引き続いて使用された。ヘレニズム時代の住宅は、古典時代の中庭式住宅には容易にみられないほどの華麗さと高い水準の質に達した。たとえばたぶん紀元前4世紀末につくられた、**ヴェルギナ（古代名アエゲアエ）にあるマケドニア王の宮殿**がそれである。ここには、各辺に16本ずつのドリス式円柱を立てた約42 m四方の周柱式中庭がある。柱廊の奥にはそれぞれ部屋が設けられており、その多くは食事用の臥台を配置するようにつくられている。見事なモザイクで床を仕上げられた南側の2室は、専用の玄関間を持ち、敷居は大理石造である。その他の部屋はもっと多数の臥台を収容し、装飾は簡素であった。上部構造は主として日干レンガ造である。

ペルガモン王宮のようなその他の王室関係の建物は、マケドニア王宮ほど華麗ではなく、簡素な住居だが、装飾の質は高く、城塞都市の中の高い場所に敷地を選んでつくられた。現在は完全に消滅し、記録だけで知られているアレクサンドリアの宮域は、はるかに豪華であったに違いない。習慣的に王宮と呼ばれているが、これは、おそらくアレクサンドリアの3分の1にも及ぶ大きな面積を占める、分離された区域内にある建築群であった。それは王室居館の他に宗教・行政・儀式や守備隊関係の建物を含んでおり、大庭園には博物館や図書館が配置されていた。特に名高いのは饗宴所であった。これは厳密な意味では、建物というよりもむしろ天幕で、100台の臥台を収容し、極めて豪華に装飾されていた。

ヘレニズム時代の普通の**住宅**は、多数存在する。プ

第 7 章　ヘレニズム王国

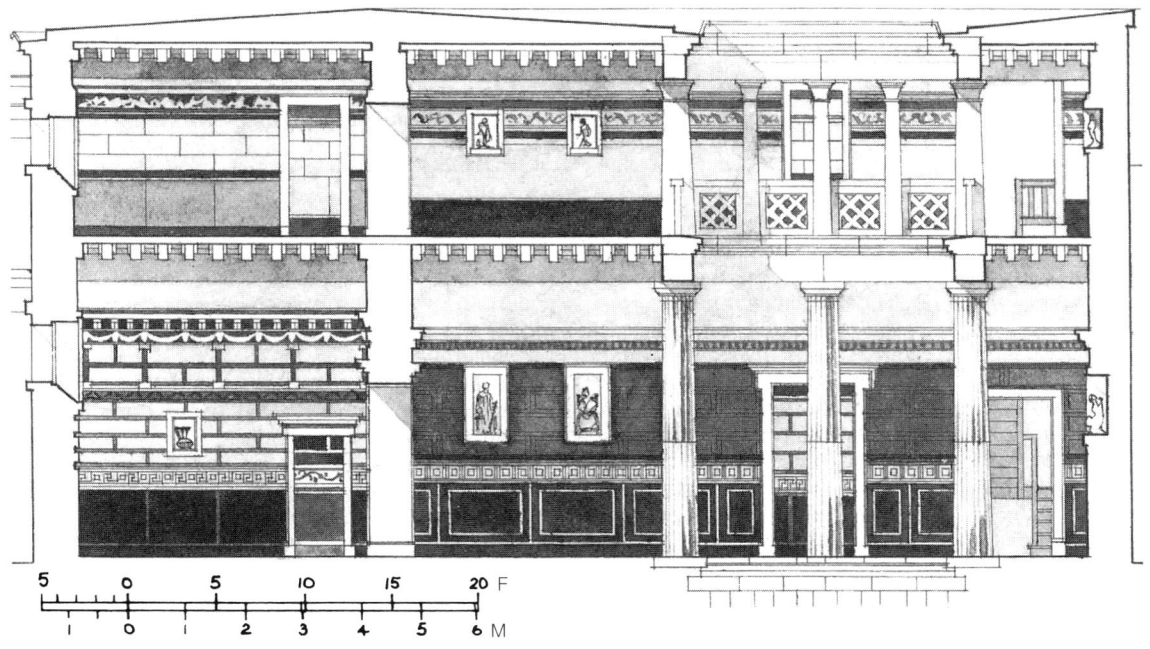

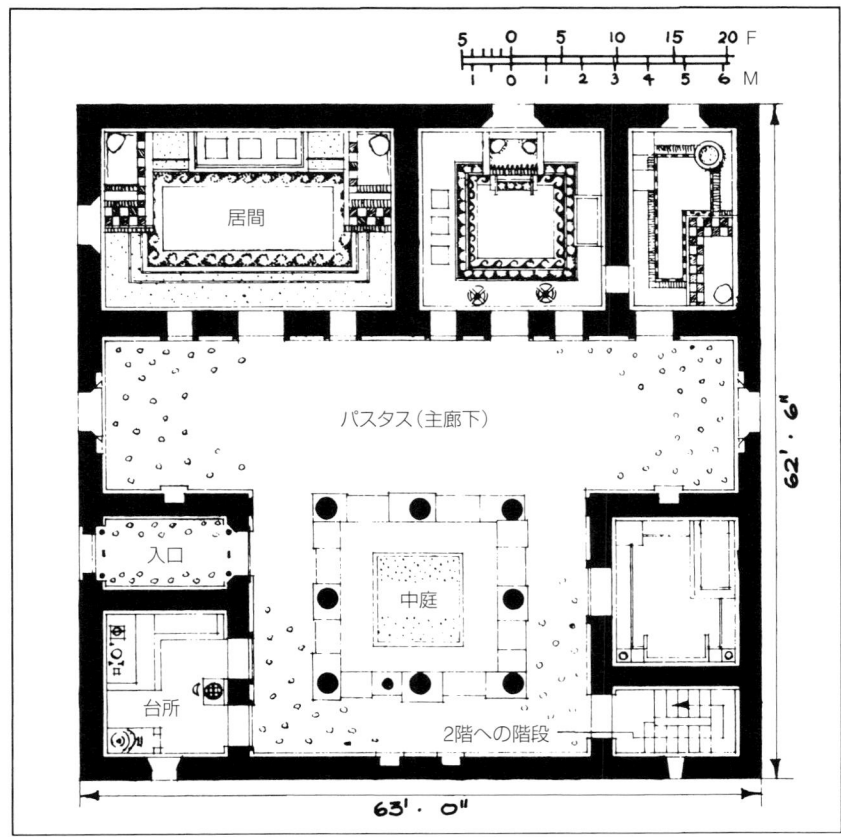

丘の家（B.C. 2 世紀）、デロス島、断面と平面（復元）　p.168 参照

リエネの住宅（p.161A）には、しばしば主室としてメガロンがあるが、これは珍しいことで、**デロス島の住宅**（p.167）にはみられない。プリエネの住宅もデロス島の住宅も中庭は、その起点となった古典時代の中庭のように、戸外から直接出入りすることはできない。デロス島には木材がないため、石造の円柱がよく用いられている。住宅は一般に2階建だが、敷地の傾斜を利用した数階建もある。アレクサンドリアには普通の住宅の遺構は乏しいが、最近の発掘により、ローマ時代の数階建・賃貸住宅は、ヘレニズム時代の基礎の上に再建されていることが明らかになった。このことはヘレニズム都市の極めて多数の市民を収容するため、この形式の住宅がローマ時代以前にすでにつくられていたことを示している。

ヘレニズム時代の**葬祭建築**は多様である。すでに述べたマウソレウム（p.153 参照）の他に、多数の重要な岩窟墓があるが、とりわけキュレネの岩窟墓は重要である。それは崖などの垂直面に掘り込んだ墓で、正規の建築的ファサードを持っており、そこから入って石棺用ニッチ（ロクリ）のある墓室にいたるか、ファサードにあるいくつもの開口から直接ニッチにいく。アレクサンドリアの墓地には、通路用の階段と平らな岩盤に掘り込んだ中庭から入る複数の墓室を持つ昇降階段付き岩窟墓がある。この町の東にあるムスタファ・パシャの墓地では、ドリス式半円柱のようなギリシア建築の要素が用いられており、紀元前2世紀初期の建造と考えられている。ファロス島のもののようなその他の墓地は、エジプトのモチーフで装飾されている。

ヘレニズム時代のもう1つの重要な建築は、都市を保護し限定する**城壁**である。古典時代にも石灰乳を塗った日干レンガ造の防御施設は、都市の装飾とみなされた。包囲攻撃術の発達と、ますます強力な攻城兵器の製造は、城壁の構造を改良させることになった。ヘレニズム時代の城壁は、外装が局部的に破壊されても、城壁全体が崩壊しないように各種の充填物を詰め、城壁頂部まで石で外装するのが普通であった。堅固な城壁という印象を与えるため、ごく粗面に仕上げた切石を外装に使用した。ヘレニズム時代末期には、昔の乱石積みが計画的に再び用いられた。城壁の塔は防御軍の射撃隊を配置するため、一段と高くつくられた。城壁上の武者走りは、鋸壁よりも連続する胸壁でしばしば保護された。城壁は一般に、遠隔地にあるあまり重要でない都市で非常によく保存されている。ミレトスに近いヘラクレイアには、粗面仕上げ切石造の見事な城壁があり、リュキアには古代のキュドナと確認された遺跡に、再生した乱石積みの城壁が極めて良好な状態で残っている。

末期ヘレニズム建築

これまで述べた建物は主として、アレクサンドロスの征服以前すでにギリシア都市であった町の建物で、古典時代からの連続性は明らかである。これらの建物は、その大部分が紀元前5世紀に存在した種類の建物の改良である。それ以外のヘレニズム世界の建物は、それとは異なる発展を遂げたことを示している。アフガニスタン北部の**アイ・ハヌム**で行われた発掘により、格子状平面で計画された**ヘレニズム時代のギリシア都市**が出土した。これまでに調査されたプロピュライアのような建物は、伝統的なギリシア形式と非ギリシア的要素の混合を示唆しており、後者の要素は特に建設方法に認められ、ペルシア帝国の建築からの強い影響がうかがわれる。コリント式オーダーの発展をもたらしたもっと華麗な建築、また壁体に接近するかそれに密着する非構造的なスクリーンに用いられる装飾としての付柱や円柱を重視するもっと華麗な建築は、伝統的にギリシアではない地域で特に好まれた。後世の建築で明確な意味を持つ術語を使うのは適切ではないが、この建築は「バロック」と名付けられた。しかしこの術語は、この建築の持つ形態的風味をかなりよく表している。

ヘレニズム時代の顕著な特色の1つは、古典建築の主要なオーダーに認められる地域的分布が完全に消滅したことである。プリエネやミレトスのようなイオニア都市では、イオニア式大神殿と並んで、ドリス式柱廊の中庭が優位を占めた。4世紀、カリアの支配者はすでに、イオニア式円柱にドリス式エンタブラチュアを重ねたが、これはヘレニズム末期に再び行われた。イオニア式とドリス式の円柱は類似したプロポーションになり、イオニア式はややずんぐりとなり、ドリス式は明らかにより細身になった。このヘレニズム末期にコリント式エンタブラチュアは、新しい形態を発達させた。華やかなコリント式円柱は、ヘレニズム時代のイオニア式の完全なエンタブラチュアを与えられた。それは3つのファスキアに分かれたアーキトレーヴと、適切な刳形を付けた連続フリーズの上に歯形飾りをのせたエンタブラチュアで、玉縁（連珠紋付）をファスキアの間に加えて刳形の数は増加した。コーニスは持送りを加えて洗練された。

末期ヘレニズムの形態はたぶん、主要な王国であるプトレマイオス朝のエジプトとセレウコス朝のシリアで発展した。しかし最も保存のよい末期ヘレニズム都市は、疑いもなく**ペルガモン**である。この都市は、権力と影響力の増大に伴って王国を自称した王朝の首都として紀元前3世紀に（全くこれといった特徴のない町

から）浮かび上がり、古い歴史を持つ王国の首都に比肩することになった。ペルガモンは、カイクス川流域を見下ろす丘という印象的な場所にあり、市街はその斜面の頂上まで建設された。このような敷地では格子状計画は不可能で、平らな所はない。そこで大規模な擁壁を建造して、段状に平地をつくらねばならない。この擁壁は視覚上非常に重要なものであり、おそらくアーケード構造のバットレス（控 壁）で支持された、補足の細長い水平壁や柱廊でしばしば強調された。このような所では、古典建築にとって極めて重要なオーダーは、細部よりも全体的な効果の方が重要である。その結果、異なるオーダーの細部の組合せや、末期へレニズム建築に特有の、コーニスの下の渦巻型持送りのような新しい要素が生まれたが、これらのものは、ローマの建築家に採用され、模倣された。

　これらの形態が発展するにつれて、ヘレニズム世界は政治的、経済的に没落していった。しかし、この形態的伝統は強固に確立され、ローマの征服者によって（建築家や職人とともに）引き継がれた。ヘレニズム時代の最後の影響は、アウグストゥス帝時代の首都ローマの若干の建物、特にアラ・パキス・アウグスタエのような記念建造物にはっきり認められる。

訳／飯田喜四郎

2

ルネサンスまでのヨーロッパと地中海周辺の建築

ルネサンスまでのヨーロッパと地中海周辺の建築

第 8 章
背　景

はじめに

　考古学者によれば、先史ヨーロッパは旧石器時代、中石器時代、新石器時代、青銅器時代、そして鉄器時代の5つの時代に分けられる。中石器時代は最後の氷河期の終わり(B.C.1万年頃)から農業の開始まで、新石器時代(B.C.6800-B.C.2500頃)は農業の開始から金属器の普及までの期間にそれぞれ対応し、青銅器時代(B.C.2500-B.C.1250頃)と鉄器時代(B.C.1250-A.D.1)がこれに続く。そしてこれら各々の時代に建築の大きな発達があったが、それについては第9章でそれぞれの小見出しのもとに年代順に論じられる。

　青銅器時代末期から鉄器時代初期(B.C.1200-B.C.1100年頃)にかけて、北方からの侵入民族が、ミュケナイのギリシア人の文明を破壊した。紀元前1100年までにドーリア人によるギリシア西部とペロポネソス半島の征服が完了し、紀元前11世紀にはイオニア人が東エーゲ海とアナトリアに定着した。

　これによって難民となった人々は西へ、そのうちの一部はイタリアに移動し、紀元前9世紀から8世紀以降、新たな場所に新たな社会的まとまり(エトルリアはそのうちの1つ)が生まれた。これは、領土と通商に飢えたギリシアの都市国家が、地中海の北部沿岸地域と南イタリア、およびシチリア島(マグナ・グラエキア)に彼らの植民地を建設しつつあったのと時を同じくする。イタリアでは、かつて難民だった人々の文化が発展して、ついにはローマの建国にいたる。そしてこのローマにおいて、初めはギリシアの様式的影響の下ではあるが、後にビザンティン様式、ロマネスク様式、そしてゴシック様式へと発展することになる新しい建築が姿を現した。

　7世紀の最後の四半期に成立したブルガリア帝国は、スラヴ人とセルビア人を支配下におきながら、キエフ・ロシア、ノヴゴロト連合を経て、17世紀のモスクワ大公国にまでつながる持続的な発展を開始した。特に教会建築はこの発展を体現した。

自然環境

ヨーロッパ

　旧石器時代は、地質時代でいえば更新世に対応する。この時代のヨーロッパの地理は、現在とはかなり違ったものであった。スカンジナビア半島全体とイギリス(ブリテン)諸島の大部分、ドイツ北部、ポーランド、そしてロシア北西部は広大な氷床に覆われていた。また、海面がかなり低かったので、ブリテン島はヨーロッパ大陸に、シチリア島はイタリアにまだつながったままであり、黒海は湖であった。氷河地帯の外側の北部ヨーロッパは永久凍土の層に覆われていたが、イベリア半島と地中海沿岸では、凍土の状態はそれほど厳しくはなかった。

　この時代は、生態学的変化が繰り返された時代でもある。氷床の拡大と縮小、海面の上昇と下降、そして気候の変化に伴う動植物相の移動は、初期の人類が屈服せざるを得なかった自然条件を定期的に変動させた。このような情況が、技術と文化の発展にはずみを与えたように思われる。特に天然のシェルターの存在しなかった東ヨーロッパでは、酷寒の気候が住居の形をした人工のシェルターをつくらせた。そしてこのうちのあるものは真の建築へと発展した。

　更新世の次の完新世(B.C.1万2000-B.C.1万年頃)時代には、気候はより穏やかになり、ヨーロッパ人にとって現在なじみの深い地理や地形、そして動植物類をつくりだした。氷床の縮小と消滅は、北ヨーロッパのほとんど全域で居住のための新しい土地を開き、極寒の

ツンドラを森林に変え、かくして人類を定住へと向かわせた。

中石器時代の気候は、全般的に今日よりも温暖かつ湿潤であった。食糧資源はより多様になり、またより確保しやすくなる一方で、より季節性の強いものとなった。その結果、中石器時代の人々にとっては、特に夏の間は、恒久のシェルターよりも季節的な移動の方が、重要な意味を持つようになった。中石器時代の定住地は、湖のほとりや河辺、あるいは砂質の沖積平野や氾濫原、あるいはまた川を見渡せるような土手の上や台地や高地に選ばれた。

一方、新石器時代、青銅器時代および鉄器時代の人々が定着した地域の気候と地理と生態系は、中石器時代とは反対に非常に変わりやすかったことが、考古学者によって力説されてきた。新石器時代における農業の風習は、他の地方よりも条件の整ったギリシアとバルカン半島において始まり（第6章、第7章参照）、まず地中海の沿岸地域に広まった後、本格的に中央ヨーロッパに浸透していったようである。これに伴い、家屋の形態と陶器類にみる文化表現は、以前よりも均一化していった。環境条件の緩和はまた、家屋の建築方法にも変革をもたらし、本書第2部の主題である建築の発展を招来することとなった。

青銅器時代の人々は効率よく混合農業を営んだので、定住地の規模は大きくなり、また密度も高くなりはしたが、建築の複合化は全体としてあまり進まなかった。定住地は、自然の地形を防御に利用して要塞化できる場合を除いて、水辺に近い低地に営まれた。

鉄器時代には、農業の効率はさらに高まり、大きな農地がヨーロッパ各地に広がった。そして、防御施設を備えた居住地が農地と結合された。ヨーロッパ大陸では要塞化された集落や村落が多かったが、イギリスでは防護柵をめぐらせた程度の小集落や農園が一般的であった。

このように紀元前1千年期における民族の移動が、小アジアの沿岸地域やギリシア、イタリア、シチリア島など、南方や西方に向かったのは、気候や地形上の理由とともに、防衛や経済上の理由があったからである。イタリアでは特にエトルリアに鉱物資源が豊富で、エトルリア文明が興ったのも、エルバ島の鉄、および隣接する本土の銅と錫のおかげである。これら鉱物資源は、経済活動によって生み出される製品や工芸品や美術品の主材料であり、経済転換の手段となった。

ローマは、はじめはエトルリアの支配に従属しながら牧畜を営む定住民であったが、初めてカルタゴと衝突した紀元前264年までに勢力をのばし、イタリアの大部分を統一した。その50-60年後、そして結局3次にわたる一連のポエニ戦争が終わった時には、アフリカからスペインにまでまたがる大帝国となっていた。ローマ帝国は、ヨーロッパ全体を支配下に収めるまで当然のごとく発展し、そして紀元4世紀に最終的に東ローマ帝国を生み出すまで、北西部はダキアから南東部はエジプトとパレスティナにまで版図を広げ、さらにマケドニア全体と黒海沿岸までの小アジアを吸収した。ローマ帝国が衰退の道をたどり崩壊した後は、ゲルマン人とフランク人の勢力が拡大した。10世紀末までには、スペインのおよそ半分、現在のフランスの全体、エルベ川以西のドイツ、そしてオーストリア、イタリア、イングランドがキリスト教圏となった。

ローマ人は地形に従う下僕としてよりも、むしろこれを克服しようとする主人としてふるまった。上下水道や橋、そして道路や要塞が、建築学と工学の質の高さを証言している。地形という自然の持つ特徴を無視しようとする態度は、これほどまでに拡大し、それゆえに交通と防衛に大いに依存していたローマ帝国にとっては、おそらく必須のものであった。

とはいえ、東ローマ帝国のビザンティン建築、そして西ヨーロッパに現れたロマネスク建築は、ともにそれらが成長してきた土地の風土——東部の亜熱帯的な晴天と高温の環境から、北部と西部のより曇りがちで寒冷な環境まで——を反映している。一般に南方では、屋根は勾配がゆるいか、あるいは時に陸屋根となることもあり、窓は小さく数が少ない。また、日中の強い日差しの影響を弱めるために、壁は厚くなる。これに対して、北方では窓は大きく、また雨や雪に対処しなければならないので、屋根の勾配はより急である。ゴシック建築が流れを発するのは、北部ヨーロッパの風土と地形的条件のもとで発展してきたロマネスク建築の中からである。

その土地その土地の地形による障害にうち勝ってきたローマ人の能力は別として、ヨーロッパ建築の発展における地形的条件の重要性は、フランスにおいて、たとえば知識の伝播が、ローヌ川とソーヌ川、そしてセーヌ川とガロンヌ川など、地中海を大西洋とドーヴァー海峡に結びつける大河の流域に沿って起こった事実によって、はっきりと証明することができる。ある国における地方差は、ロマネスクの時代を例にとっても、さまざまな地理的な条件によってある程度左右された。それは建築の特徴の中にはっきりと現れている。ローマ文明はローヌ川に沿って広まったので、ローマ建築の影響はその流域のいたる所に認めることができる。これよりもやや遅れて、ヴェネツィアと東方からの影響が、地中海からガロンヌ川流域に沿う交易ルートを通り、フランスの西南部を横切って、アキテーヌ

地方のペリグーにまで及んだ。実際ペリグーを中心とした地域には、ヴェネツィアとキプロス島まではっきりとたどることのできる東地中海的な発想を示す教会堂が、多くみられる。ロワール川の北側では、ライン川流域からブリテン島までの地域を席巻したフランク人の影響とともに、海を渡ってやってきたスカンジナビア人の影響も明らかに認めることができる。

　ゴシック様式は、12世紀の中頃から末期にかけて、北フランスにおいて初めて姿を現し、そこからフランスの建築家の移動によるか、あるいはフランスの建築作品の模倣によるかして、中世ヨーロッパのあらゆる地域に広まった。そして13世紀と14世紀には、ヨーロッパ全体に共通の建築様式となった。イタリアでは、15世紀に次第に拒絶されるようになったものの、他の地域では16世紀に入ってからもなお優勢を保ち続けた。なかには、ボヘミアやオクスフォードのように、18世紀においてもこの様式を忘れることのなかったところもある。それ以来、おそらくイングランドにおいて最も熱心に、ゴシック様式の復興が企てられた。実際、多くの最上級のゴシック建築が、19世紀に事実上完成された。そして中には、新しく建てられるものさえあった。

バルカン半島と初期ロシア

　西ヨーロッパと時を同じくしてキリスト教建築が発展した領域は、現在のギリシア北部、ユーゴスラヴィア、ブルガリアとルーマニアから、南は黒海とカスピ海周辺の広大な地域、北はバルト海とフィンランド湾に挟まれた広大な地域にまで及ぶ。気候についていえば、セルビア、ブルガリア、ワラキアは中部および南部イタリアとだいたい同緯度であり、キエフ・ロシアはブリテン諸島や北ヨーロッパと同緯度である。一方、モスクワ大公国はロシア北西部の寒帯の気候に属する。

　ロシアの地理は、この地域の支配の歴史に影響を与えている大きな要素の1つであり、それゆえ建築の発展にもかかわっている。森林が広がる中央部および北部の地域は、東アジアからヨーロッパに波のように押し寄せてきた侵入者が通った、樹木のない荒涼とした草原地帯と、鋭い対照をなしている。たとえば、南方のスラヴ人たちは、8世紀に南部平原を支配していたペチェネグ人を避けるために、現在の西中央ロシアへ北上し、そこで北方からの別の侵入者と次第に融和していった。

　広大な無人の大平原における最も容易な交通路は、この地方の巨大な河川網を利用することであった。キエフが8世紀頃にはハザール人のもとですでに要塞都市に、そして交易の中心地になっていたということはありうることである。9世紀初頭にはハザール人の勢力は衰え始め、キエフは、東スラヴで最も強大なポリャーニン族の支配下に入った。このように、河川貿易路の要衝としてのキエフの台頭と、同じく9世紀におけるヴァリャーグ人、すなわちスウェーデン・ヴァイキングの商人たちの進出は、この地域の地形が重要な役割を演じていたことを示唆している。バルカン半島とロシアにおけるその後の歴史と文化の発展は、その地域の社会規模と自然条件に直接関係している。たとえば、モンゴル人の侵入と諸ハン国の成立がそうであるように。モンゴル人の侵入は、建築の正常な発展を阻害する一方で、定住する人口を増やし、モスクワ公国の広範な建築活動を誘導する助けとなった。

　バルカン半島において、黒海西岸の平地の地中海性の風土は、西をカルパチア山脈とトランシルヴァニア山脈とハンガリーによって限られ、南をビザンティン帝国（そして後にオスマン・トルコ）によって限られていた。ここでも同様に、政治発展の地理的および民族的基盤が、たとえばビザンティンの建築と美術の影響のもとで、ローマ・ダキア文化とスラヴ人の活力とが結びつけられたように、独特で創造性にあふれた建築を生み出す助けとなったことは疑いの余地がない。

　イスラム建築でもそうだが、地理的に近接していることと、海や河川の交通路を利用できることが、専門の職人たちの往来を促した。なかでも、コンスタンティノポリスや他所からの石工の移動が著しい。その結果、ある程度普遍的な性格を持つ記念碑的建築が浸透するようになった。しかし、ロシアの中央勢力が北方へ移動したことで、より高度に発展した文化から遠ざかることになり、その結果、孤立化の傾向が増した。ルネサンスが中央および西ヨーロッパの諸都市を変貌させた後の数世紀においても、ロシアの文化は基本的には中世のままであった。しかし、材料が入手しやすかったことと、特に北方では木材が豊富であったこととが、ロシアの建築形態に大きな効果をもたらした。

歴史的背景

先史時代

　旧石器時代に、社会のしくみが入り組んだ複雑なものになってくると、それに伴って早くも、貯蔵用の竪穴や特定の活動のための場を持つ、今までよりも恒久的で大規模な建物が現れた。狩猟隊は、西ヨーロッパの21-25人程度の小さなものから、東ヨーロッパの一

部の 100 人を優に超すものまで、いろいろな規模のものが認められている。

　住居群の構成については、今のところ推定の域を出ない。未加工の原材料と加工された工芸品の、文化集団同士の局地的な物々交換は、いくらか行われていた。遺跡から発見された多くの象徴的な価値のある文物や地位を表す工芸品から、この初期の発展段階においても、すでに人々の間に役割と身分の区別があったらしいことが知られる。

　中石器時代には、ヨーロッパ全体の人口密度は増加したが、地域集団の規模はむしろ押さえられた。経済が以前よりも多様化するにつれて、環境を損なわない程度に季節に応じて土地を利用するような、半遊牧民的な生活を営むものが多くなった。家屋の形態と集落の構成、そして埋葬儀礼とそれに関連した工芸品の中に、地方ごとの特徴が認められるようになった。工芸品や原材料の物々交換は、かなりの遠隔地同士の間でも行われた。そして地域集団の内部では、貧富の差が以前よりもはっきりとしてきた。

　新石器時代における経済の変化は、狩猟と採集から耕作あるいは牧畜農業への転換、そしてそれに伴う人口の増加とこれに続く社会構造の変化を意味することが多い。考古学者の主張によれば、大規模な記念的建築物の出現は、社会的不平等の発生の証拠である。

　遠隔地同士の交易は、すでに新石器時代においてもさかんに行われていたが、青銅器時代にはさらに規模が大きくなり、地理的範囲も拡大した。このことは、人々が馬を乗りこなして牽引力として利用するようになったこと、車輪付きの荷車を利用するようになったこと、舟の建造技術が進歩したこと、そして人馬に踏みならされて道ができたことを示す。この頃には、地方による文化の相違が顕著になり、ある 1 つの社会形態が広く普及するか、あるいは別の社会形態にとってかわられるようなことが次第に多くなった。そして貧富の差がますます拡大したようである。後期青銅器時代の特徴は、周囲に柵をめぐらした丘の上の防御集落の出現である。このような集落は、紀元前 1000 年頃に始まり、緊張した社会情勢と結びついて要塞建築のいくつかの形式を生んだ。とはいえ、それらの多くは、戦略的あるいは象徴的な意味が強かったのではないかと思われる。

　鉄器時代には、最上位の支配者としての王、軍人貴族、そして儀式や手工業の専門職を含む高度に階層化された種族社会が、ヨーロッパ全体に現れた。製鉄や金属の加工あるいは製塩など、物品の製造を担う地域が存在する一方で、物品の流通の中心となる地域も成立した。鉄器時代のヨーロッパ内陸部の社会は、このような地域自らの成長、そして地中海世界と接触して受けた技術的・文化的な刺激の両方によって、生活のテンポを早めた。ケルト人の社会は、鉄器時代後期に属していた古典古代人の社会とは、政治形態の点では比較的異なっていたものの、技術、特に農業と手工業の面において、よく似た発展段階にあった。

エトルリア

　エトルリア人は早くからイタリア中西部に定着していたが、彼らの来歴について確実なことは知られていない。ヘロドトスの残した紀元前 5 世紀の記述によれば、彼らは小アジアのリディアからの移民であったらしい。起源はともかくとして、彼らは紀元前 8 世紀までには、まず沿岸地域において、都市文明と呼べるようなものをすでに確立し始めていた。紀元前 7 世紀には、エトルリアの都市文明はもっと内陸部の主要な地域にまで広まり、海軍力も (海賊行為などを行いながらも) 西地中海のギリシア海軍と肩を並べるまでに成長した。

　エトルリアの勢力は紀元前 6 世紀に頂点に達し、支配下にある都市との緩い同盟関係は、イタリア北部のポー川流域から南部はナポリ湾の彼方にまで及んだ。これ以外の地域では、北部はリグリア人、東部はピケヌム人、中南部はサムニウム人とラテン人、そして南部の沿岸地域とシチリア島はギリシアからの入植民など、多様な民族に占領されていた。当時ローマ (伝説によれば B.C.753 年頃に建国された) は、エトルリア南部の小都市よりもさらに小さく、エトルリアの王によって統治され、民衆議会がこれを補佐する形態をとっていた。しかし、紀元前 6 世紀の末に、エトルリアの覇権は衰え始めた。

　紀元前 510 年に、ローマ人はエトルリア王に対して反乱を起こして独立し、都市共和政を打ち立てた。そして、テヴェレ川の渡河を支配することにより、エトルリアを南部の領土から切り離した。エトルリアの北部平原の支配権は、もっと北の方からやってきたガリア人の手に落ち、また海軍は、南部最古のギリシア植民地クマエと同盟を結んだシラクザ軍に破れた。ローマの影響と支配は次第に強くなりつつあり、それがエトルリアの衰退にさらなる拍車をかけた。特に、紀元前 397 年のローマによる主要都市ウェイイの陥落は決定的で、紀元前 250 年頃までには、エトルリアは実質的に滅亡した。

共和政ローマの興隆

ラテン人の居住地は互いに同盟を結んで、より内陸の丘陵地を領土とする諸種族――これら種族は紀元前348年の同盟解消時にローマの支配下に入ることになる――に対抗していたが、ローマは、エトルリアの王を排斥して以来、次第にこの同盟の盟主の役割を果たすようになった。ローマ人の優れた点は、他の地域共同体を併合する時に、彼らを自分たちとほとんど同等の仲間とみなし、彼らに義務と同時に権利をも与えたことである。ローマ人のこの特質は、領土拡張政策、そして農民兵士のごとく質実で忍耐強い彼ら自身の性格と結び付いて、紀元前273年頃までに、イタリアの中部と南部全域をやすやすと支配下に治めることを可能にした。

ローマの勢力の拡大はカルタゴとの衝突を生み、これが第1次ポエニ戦争(B.C.264–B.C.241)に発展した。戦争は、シチリア島がローマ最初の海外領土として併合され、ひとまず終結した。第2次ポエニ戦争(B.C.218–B.C.201)は、両者の存亡を賭けたより熾烈な戦いとなった。カルタゴの名将ハンニバルは、今やエトルリア海軍に取って替わったローマ海軍を欺くためにスペインを経由し、アルプスを越えて北からイタリアに侵入した。ハンニバルはローマ軍を撃破し、しばらくの間イタリアを荒らしまわったが、カルタゴ本国がスキピオに率いられたローマ軍の逆襲を受けたので、これと交戦するため本国に召還された。ザマの戦い(B.C.202)では、スキピオが勝利を収め、カルタゴの勢力は打ち砕かれた。カルタゴはその後立ち直りをみせたが、このことはローマをしてカルタゴを完全に滅ぼさんとする努力に駆りたてる結果となった。結局、第3次ポエニ戦争(B.C.149–B.C.146)によってローマのもくろみは成し遂げられ、カルタゴは属領もろともローマ領アフリカに帰した。

マケドニア(B.C.168)とギリシア(B.C.146)の征服は、成長しつつあるローマ帝国にさらに2つの属州を付け加えただけでなく、小アジアのヘレニズム諸国と東地中海世界を同化するための布石の役割をも果たした。事実、紀元前133年までにその大部分がローマ領アジアとして併合され、残りの部分も、続く1世紀半の間に次々とローマに吸収されていった。スペインの征服とその後紀元前64年のシリア征服によって、ローマの支配は、西は大西洋から東はユーフラテス川にまで広がった。

しかしながら、このような長期にわたる、時として死力を尽くした戦争と、その成果としての征服は、ローマにかえって悪い影響を与えた。人的資源の消耗によってヨーロッパの初期農業経済は寸断され、ハンニバルがその被害について記しているように、穀物をアフリカから輸入しなければならない状態であった。避難民や奴隷、そして土地を失った者が首都にあふれる一方で、立場を利用して新たに富を獲得する者も現れ、社会的不均衡が増大した。しかも、ローマは大量の常備軍を故国を遠く離れて維持していかなければならず、これが状態をさらに悪化させた。常備軍の維持のためには、市民兵を正規軍に組み入れる必要があった。このような軍隊は効果的な統制という点で問題があり、はじめは政府を大いに憤慨させ、そして結局のところ古い共和政の国家を挫折に追いこむこととなった。

うち続く内乱は、軍の独裁を継続させる結果を招き、特にユリウス・カエサル(B.C.49–B.C.44)の時に軍の力は最強となった。カエサルの華々しいガリア遠征(B.C.58–B.C.49)は、国境をさらにライン川とドーヴァー海峡沿いの北辺にまで広げた。しかし、国家組織を再編制しようとするカエサルのもくろみは、暗殺によって無に帰した。カエサルの死後も混乱と内乱の時代は続いた。マルクス・アントニウス、ガイウス・オクタウィアヌス(カエサル指名の後継者)、そしてマルクス・アエミリウス・レピドゥスによる三頭政治は、共和政復活の企てを敗北に導いた。オクタウィアヌスは覇権を幾度か争った後、紀元前31年アクティウムの戦いでアントニウスを破り、次いでエジプトを帝国に加えた。

帝政ローマ

秩序を立て直し、帝国を能率よく統治していくために必要な改革を成し遂げたのは、オクタウィアヌスである。彼はインペラトールとアウグストゥスの2つの称号を受けたが、彼が今日よく知られているのはアウグストゥスの称号によってである。その長い治世(B.C.27–A.D.14)――アウグストゥス時代――は、古代ギリシアのペリクレス時代と比較できるかもしれない。この時代の特徴は、非常に多くの新しい建築に表れた国家活力の回復と、「ローマの平和」として知られる国家平和の確立である。

アウグストゥスはあらゆる権力を自ら行使できたにもかかわらず、元首政を正式には確立しなかった。しかし半世紀の後、いまや確立された帝国の玉座に対して一種の世襲権を要求できる者が、彼の後を継いだ。ティベリウス(14–37)、カリグラ(37–41)、クラウディウス(41–54)、およびネロ(54–68)である。宮廷内での権力の乱用がいかに不正に満ちていたとしても、アウグストゥスの置いた礎は領土の継続的発展を可能と

し、国家にとって次第に大きな役割を果たすようになった。しかし、国境の主な拡張としては、クラウディウスの時に征服が開始されたブリテン島の吸収があっただけである。ネロの治世における、建築にとって特に重要な出来事は、9日以上にわたって燃え続け、ローマ市の大部分を破壊した64年の大火である。

ネロの自殺後の1年間は、後継者が明確でなかったため内乱状態に陥り、3人の皇帝が入れ替わった。最終的に、軍の司令官であったウェスパシアヌスが秩序を回復させ、フラウィウス朝を創始した。ウェスパシアヌス(69-79)と息子のティトゥス(79-81)およびドミティアヌス(81-96)の治世の間に、国境はブリテン島とイリュリクム(ほぼ現在のユーゴスラヴィアに該当)において、わずかではあるが拡張された。そして、70年のエルサレム攻略によって、ユダヤ人の反乱が鎮圧された。ポンペイとヘルクラネウム(現エルコラーノ)がヴェスヴィオ火山の爆発によって壊滅したのは、この9年後である。

ドミティアヌスの謀殺によって、元首政は終わった。これ以降、皇帝は、元老院によって、たとえローマの出身でなくとも最適と考えられる者の中から選ばれることとなった(現皇帝の選択を単に追認するだけのことも時にはあったが)。ネルウァ(96-98)、トラヤヌス(98-117)、ハドリアヌス(117-38)、アントニヌス・ピウス(138-61)、そしてマルクス・アウレリウス(161-80)の治世は、総称してアントニヌス時代と呼ばれるように、新しい活力に満ち、属州にも大きな比重が与えられた時代である。スペイン出身のトラヤヌスは最初の非イタリア人皇帝で、ハドリアヌスもまたスペインの出身、そしてアントニヌス・ピウスはプロヴァンスのニームからの移民の出であった。トラヤヌスとハドリアヌスは、アウグストゥス以来のおそらく最も優れた皇帝に数えられる。トラヤヌスの時に、ダキアとパルティアの征服により帝国の領土は最大となり、ハドリアヌスの時(p. 181A)には、東部国境での撤退が幾分あったものの、種々の方策により属州同士の結び付きが強化された。この結果実現した帝国の安定は、建築活動に新しい息吹を大いに与えた。しかし、マルクス・アウレリウスの治世の末年には、疫病の流行と蛮族による最初のドナウ川国境侵入によって帝国は弱体化した。マルクス・アウレリウスの不肖の息子コンモドゥス(180-92)の帝位継承とそれに続く暗殺によって、この時代は幕を閉じた。

西ローマ帝国の衰退とコンスタンティノポリスの建設

3世紀は政治的混乱の時代であり、内乱と蛮族侵入の時代であった。そして大量の軍隊の維持に必要な出費が原因の一部となって、経済が安定しなかった時代でもある。皇帝がもう1度めまぐるしく交替した後、北アフリカ出身のセプティミウス・セウェルス(193-211)と息子のカラカラ(211-17)の時に、帝国は再び比較的安定した状態を回復した。しかし、この状態は長くは続かず、カラカラの暗殺によって中断した。230年以降は、蛮族による国境の圧迫が激しく、国事は大きな影響を受けた。帝位の継承が前線において軍の承認によって行われる、いわゆる軍人皇帝の時代がしばらく続いた。軍人皇帝のほとんどはほんの数年統治しただけだが、その間国家経済は衰退を続け、社会生活は次第に破綻していった。衰退は、イリュリア出身のディオクレティアヌス(283-305)の徹底的な改革によってくい止められた。この改革は、ディオクレティアヌスが独裁的権力を掌握し、また新しく生まれた冷徹な官僚組織を通じて、その権力を行使することによって成し遂げられたものである。この改革によって、権力の地方分権化がかなり図られ、ニコメディア、シルミウム、テッサロニケ、ミラノ、トリーアに新しく首府を開いたため、ローマの力は大いに弱められることになった。ディオクレティアヌスはニコメディアから帝国の東半分を自ら統治する一方、西半分を統治するもう1人の皇帝をミラノにおき、さらにシルミウムあるいはテッサロニケとトリーアには皇帝を補佐する副帝(カエサルとして知られる皇帝の後継者候補)をそれぞれおいた。しかし、四分統治と呼ばれるこの体制は、ディオクレティアヌスの退位とともに崩壊した。そして、後継者同士の争いが生じ、これが再び内乱に発展した。この内乱の中から、コンスタンティヌスが——312年に西帝国のマクセンティウスを、そして324年には東帝国のリキニウスを破り——勝利者として登場した。こうして、324年からコンスタンティヌスの死の337年までは、再び皇帝が単独となった。今や全ての権力を手中に収め、この権力を西ローマの伝統的なやり方ではなく、より東方的なやり方で行使する者が新しい王朝を興したのである。

コンスタンティヌスの行政組織は、ディオクレティアヌスが導入した、帝国を4つの地方に分割して統治する地方分権化の方式を引き継いだものである。コンスタンティヌスはまた、それが時宜を得たものであることがやがて証明されることになる2つの決定を行った。1つは、313年にキリスト教を他の宗教と対等の

ものとして公認し、彼自らキリスト教を支持し始めたことである。第2は、324年に東方を拠点として帝国の統治を行うことを決め、その首都としてニコメディアではなくビザンティウムを選んだことである。この地は、330年に新ローマすなわちコンスタンティノポリス（コンスタンティヌスの都の意）として、公式に開設された。

　コンスタンティヌスの創始した行政組織もまた、彼の死後そのままの形では長く存続することはなかった。辺境における蛮族の侵入は、特に西方においてはますます大きな問題となりつつあり、単独の皇帝による効果的な統治はもはや現実的ではないことが明らかとなった。最初の帝国の分離は、ウァレンティニアヌスが西方の、そしてその弟のウァレンスが東方の、それぞれ皇帝となった364年に起きた。テオドシウス大帝（379-95）は、帝国全体を単独で治めようと試みた最後の皇帝となった。そして、テオドシウスの死後、西ローマは、今や格段に富み人口の多い東ローマから次第に見放されるようになった。407年、蛮族がライン川の国境を突破してガリアを占領したので、ブリテン島との交通が途絶えた。408年には、ローマ軍はブリテン島から撤退、410年にはアラリックに率いられたゴート族がイタリアに侵入した。ローマはこれより早く、蛮族侵入の危険が初めて認識された271年にアウレリアヌスが建設工事を始めた強力な市壁によって防御を固めていたにもかかわらず、蛮族の略奪を免れることができなかった。続く数十年の間に西ローマの属州（北アフリカを含む）は次々と侵略され、ゴート族の手に落ちた。ローマは455年と476年にも略奪を受け、西ローマ最後の皇帝ロムルス・アウグストゥルスは、ゴート人オドアケルによって廃位に処された。

　こうして、西ローマは公式に消滅した。確かに、西ローマはもはや統一体としては存在しない。だが、イタリア自身の破壊は、この帝国消滅の事実が示すほどには劇的でもなければ、完全でもなかった。すなわち、日常生活のレベルにおいてはそれほど大きな変化はなかった。オドアケルとさらに卓越した後継者であった東ゴート人テオドリック（490-526）は、いずれも自らをローマ帝国の流れを引き継ぐものとみなしていた。このことは、彼らが、テオドシウスによって391年に唯一の国教と定められたキリスト教を、帝国を滅ぼす前にすでに受け入れていた事実によっても裏づけられる。実際、テオドリックは東ローマ帝国皇帝ゼノンの支持と激励によってオドアケルを追放したのであり、ラヴェンナを首都に選んだのも、過去とのつながりの上に立ってのことである。というのも、404年にホノリウスがラヴェンナを首都に制定した時に、この都市

は、単なる象徴的な中心としての意味しかほとんど持たなくなったローマとミラノにとってかわる位置を、確実に占めていたからである。

　以下、最後の段階についてより詳しく説明しよう。まず、コンスタンティノポリスを東方の拠点として、帝国を再び統合しようとするユスティニアヌスの試みがあった。続いて、イタリアのかなりの部分がランゴバルト族の支配下に入り、長い中断があった後、シャルルマーニュによる神聖ローマ帝国の名を冠した形式的な復興があった。この復興は、800年にシャルルマーニュがローマにおいて、教皇レオ3世から戴冠を受けた事実に注目すべき点がある。この出来事が象徴するように、1度は帝国の政治の中心たることを放棄したものの、ローマの重要性は依然として変わりなく、キリスト教西方における教皇庁サン・ピエトロの特権は次第に高まりつつあった。教皇庁は、1つの権威が崩壊した跡地に足を踏み入れることによって、富と世俗権力を増大させ、特権を強化したのである。

テオドシウスからユスティニアヌスまでの東ローマ帝国

　東方における新ローマ（コンスタンティノポリス）の重要性が増し、やがてローマ自身に取って替わるであろうことを、コンスタンティヌスが予想していたとは思われない。コンスタンティノポリスの本来占めるべき地位は、4世紀の大部分を通じてあまりはっきりしなかったが、395年のローマ帝国の最終的な東西分離によって明確となり、5世紀にはゆるがぬものとなった。コンスタンティノポリスは、非常に小規模な都市に起源を発するにもかかわらず、6世紀の初めには、ことによると50万の人口を擁するまでに成長していた。これは、数世紀前の最盛期にはほぼ100万あった人口が当時20万まで減少していたローマを、はるかにしのぐものである。

　東西分離後の東ローマ帝国は、かつてのギリシア語の都市名ビザンティウムにちなんで、今日では一般的にビザンティン帝国と呼ばれる。しかし、この呼び方によって、何世紀も前に誕生し、ヘレニズム諸国をすでに同化吸収していたローマの東方帝国との疑いのない連続性が、不明瞭なものとなってはならない。

　その東方帝国は、領土に飢えた北方からの蛮族の圧力にさらされることが少なかった点で、西方帝国よりも幸運であった。確かに、蛮族の圧力はバルカン半島にもある程度認められる。しかし、主たる脅威となったのは、北辺にアルメニアのキリスト教半独立国が緩衝地帯としてあったにもかかわらず、東のペルシア帝

国であった。ペルシアとの戦いは、不安定な休戦により時折中断された。6世紀初期、ビザンティン帝国の最も卓越した皇帝ユスティニアヌス(527-65)は、それでもなお、西方の再征服によって帝国全体の再統一を実現するに、十分な力があると考えた。ユスティニアヌスのもくろみはほぼ成功を収め、北アフリカ全体と南スペイン、そしてイタリアを取り戻すことができた。しかし、このために国費がかさみ、特にイタリアでの長期にわたる戦闘で失った犠牲は大きく、経済全体が打撃を受けた。そして彼の治世の後半には、これに追い討ちをかけて、腺ペストの突発的流行があり、多くの生命が奪われた。

ユスティニアヌス以後のビザンティン帝国

　ユスティニアヌスの後継者たちは、次第に帝国東部とバルカン半島の国境防衛に力を注がざるをえなくなった。その結果まもなく、北部と中部イタリア(ラヴェンナとその周辺は除く)、南スペイン、そして北アフリカの大部分が、再度ランゴバルト族、西ゴート族、そしてベルベル族の手に落ちた。ヘラクレイオス(610-41)は、無能な帝位強奪者フォカスを追放した後、新たな情勢に対処するために改革を実行した。この改革は、傭兵の代わりに地方土着の兵力を活用した軍隊を創設し、ディオクレティアヌス以来保持されてきた文武両権力の間の明確な区別を撤廃するものであった。ヘラクレイオスは、ササン朝ペルシアをうち破るのには成功したものの、アラビア人の攻撃によりバルカン半島の直接的な支配権の大部分を放棄せざるをえなかった。アラビア人の攻撃は、632年のモハメットの死後数年の間に迅速に展開され、635年にはダマスクスが陥落、その後まもなくシリアとエルサレムが失われた。そして、北部ではアルメニアが、また南部ではエジプト全体がアラビア人の手に落ちた。アラビア人は小アジアの奥深くに侵攻した(第15章参照)。ヘラクレイオスはこのようにして、帝国が最終的にはユスティニアヌスの時に達せられた大きさの半分近くにまで縮小するのを、目のあたりにしたわけである。

　最も豊かで最も人口の多い属州を失ったビザンティン帝国は、それ以前の状態に戻ることはなかった。その運命はゆれ動いた。アラビア人は、まもなく北アフリカとスペインにおいて、寛大な征服に転換した。しかし、都市は荒廃し、ラヴェンナが751年に陥落、トラキアの国境に対して以前よりも激しい攻撃が繰り返された。バシレイオス1世(867-86)と彼の創始したマケドニア王朝の時に、勢力の一時的な挽回があり、それは新しい建築活動の中に反映された。しかしこの後、東からトルコ人が度々来襲し、13世紀には十字軍により略奪された。

　ローマが長らくローマ帝国の中心だったのと同様、コンスタンティノポリスはビザンティン帝国の中心であった。したがって、コンスタンティノポリスが1204年にラテン十字軍によって陥落したのは、致命的な出来事だったといってよい。とはいえ、帝国はニカエアに本拠を移し、1261年にはミカエル・パレオロゴスが再びコンスタンティノポリスを奪回した。この見事な回復にもかかわらず、トルコ人の進出をくい止めることはできなかった。13世紀の大半と14世紀の前半に、強勢を誇るオスマン帝国のスルタンは、小アジアの大部分を占領し、トラキアを経由してコンスタンティノポリスを包囲した。1453年、若きスルタンのメフメト2世によって、コンスタンティノポリスはついに陥落した。

　これが政治的統一体としてのビザンティン帝国の終末である。しかし、これは正教会——キリスト教会とほとんど同義となっていたその分派——の終わりを意味するものではない。正教会は、バルカン半島と小アジアの一部において、トルコ人の占領下の数世紀間を生きのびた。そしてロシアにおいては、もっと強力な勢力を最近まで保った。

バルカン半島と初期ロシア

　4世紀の終わり頃に、フン族が現在のイランに向けて南方に向きを変え、ゴート人を追い出してローマ帝国のほとんどの領土を襲った。この一連の侵攻の発端をつくったのは、おそらくフン族自身が中国を含む他の極東の民族からの圧迫を受けてのことであったと思われる。極東の民族は、この時期までに、何世紀にもわたって南アジアの遊牧民の通り道を越えて移動してきていた。いわゆる「フン族の嵐」が過ぎた後、異民族間の混合が行われ、スラヴ民族を抑圧していた民族は西方に押し出された。ヴォルガ川中流域にその一部が定住したブルガル族もまた、バルカン半島南東のスラヴ人を征服し、ビザンティン帝国の外で最初の東ヨーロッパの国家を形成した。これが第1次ブルガリア帝国(681〜1018)である。6世紀から7世紀のうちに、コンスタンティノポリスは、侵攻してきたスラヴ人に対してバルカン半島の大部分を譲り渡すことを、余儀なくされていた。その後、カスピ海とアゾフ海の周辺のトルコ系のブルガル族が到来して軍事上の覇権を握った時、昔のトラキアとギリシアの一部の住民が同化して、1つの国家が形成された。

第 8 章 背 景　　181

A ハドリアヌスの城壁　p.178 参照

B サン・ジミニャーノ、塔を望む　p.189 参照

C 裁判所、ルアン（1493-1508）　p.189 参照

ブルガリアとビザンティン帝国の間では、平和の時期と争いの時期が交互に繰り返された。ブルガリアは、ビザンティン帝国とカロリング朝帝国との間の緊張をうまく利用して、第3の強国にのしあがり、その国境をアドリア海とカルパチア山脈にまで拡大した。865年頃、ブルガリアのボリス1世(852-89)は、コンスタンティノポリスの圧力を受けて東方正教を導入したが、ビザンティンの指導にさからって、スラヴ語を奉神礼に使用した。これはスラヴ国家の中で、異民族的統合が終結したことを示している。しかし、独立した総主教座を設立できるようになるのは、10世紀に入ってからである。6世紀から7世紀、すなわちキリスト教化される以前に破壊されたバシリカ式教会堂は、この時期にビザンティンの石工たちの助けに依存しながら、修復ないし再建された。

ブルガリアは、内政上の危機とハンガリー人、ペチェネグ人、ロシア人の攻撃によって次第に衰え、1018年から1186年の間にビザンティンの支配下に再び戻り、ブルガリアの輝かしい時代は終わった。バルカン諸国の西部にただ1つ生き残ったスラヴ国家であるブルガリアは、サムエル帝(987-1018)のもとに首都をオフリドと定めたが、1014年、「ブルガル人殺し」のビザンティン帝国皇帝バシレイオス2世に決定的な敗北を喫した。ビザンティン帝国の勢力が、国力の衰微やセルジューク・トルコと十字軍による略奪の結果、再び衰えるには、この時期からまだ150年以上もの年月があった。この時期には、ブルガリアの建物の新築と既存建築物の修復の両方が、コンスタンティノポリスの影響と直接的な指導下にあった。12世紀の終わり頃にブルガリア北部のタルノヴォの町で反乱が勃発し、スラヴ人の領域に広がった。これが第2次ブルガリア帝国の始まりであり、この帝国は2世紀以上存続する(1186-1396)。独立した総主教座の設立に続いて文化の再興が行われたが、内政の強化は、家臣の不和、農民の不穏な状態、タタール人の侵略などによって妨げられた。ローマとコンスタンティノポリスの間を巧妙に立ち回ることによって、教会組織の地位は上がった。これに加えて、カロヤン帝(1167-1207)とイヴァン・アセン2世(1218-41)は帝国の以前の境界線を優に越えて領土を拡大した。この時代には建築の性格が変わっただけでなく、下層の貴族が次第に施主としてかかわるにつれて、建物の規模も変化した。

しかし、長期的にみれば、ブルガリアの皇帝たちは国内の南部のスラヴ人を統合することに失敗したし、彼らの利益はビザンティンやフランク王国の皇帝たちの利益ともくい違っていた。13世紀の終わり頃に、第2次ブルガリア帝国はすでにいくつかの封建的な諸公国に分裂し始め、14世紀の終わり頃には、その後ほぼ500年もの間続くオスマン・トルコの支配が始まった。

9世紀後半に東方正教とスラヴ人の奉神礼を受け入れたセルビア人は、彼ら自身の独立を強めるために、これらの闘争を再三にわたり利用した。それにもかかわらず、11世紀の初めから12世紀中頃まで、ビザンティンの支配下に落ちたのである。この地域は初期キリスト教時代より、東西両方からローマ帝国の政治上・文化上のさまざまな影響を受けてきた。その結果、ステファン・ネマーニャ(1159-1195)のもとで独立したセルビア人の王国、「ラス」または「ラシュカ」がつくられた時、両方のローマの影響が活気に満ちた新しい建築流派の中に結合される傾向にあった。この王国は歴代の君主のもとで拡大され、13世紀の初めには、ロシアがモンゴルの侵攻に、ビザンティンが十字軍に、それぞれ心を砕いていたために、ラシュカの建築流派は文化的重要性を担うことになった。

ドナウ川の北部、現在ルーマニアとなっているところに、トラキアの部族の連合から離れ、ローマの属州の臣民として言語も文化もローマの流儀で消化したダキア人がいた。異民族の混合の結果、文化上2つの地域が形成された。それは、西のトランシルヴァニアと、東のヴァラキア(オルテニア)とモルダヴィアである。トランシルヴァニアはハンガリーの支配下で誕生し、住民の大多数が東方正教を信仰しているにもかかわらず、ローマ・カトリックに帰依した君主たちのもとで、ロマネスクやゴシック様式を指向していた。この地では14世紀にいたるまで、ロマネスクの伝統の方がゴシックの刷新よりも強かった。ヴァラキアとモルダヴィアは、14世紀にハンガリー支配を覆し、コンスタンティノポリスの監督下に自らの府主教を任命した正教派の君主たちによって統治された。モルダヴィアのシュテファン大公(1457-1504)の努力にもかかわらず、両国の太守たちは彼の死後まもなく、オスマン・トルコの家臣となってしまう。ただし、歴代の太守はかなりの権限を与えられ、その結果、彼ら自身の文化を発展させ、アトス山とシナイの修道院と同様に、コンスタンティノポリスの総主教座を17世紀まで援助することができた。

キエフ・ロシアは東スラヴの初期の封建国家であるが、ウラジーミル1世(980-1015)の改宗により東方キリスト教を受け入れた。国家を統一するにあたって、ウラジーミル公はビザンティン皇帝バシレイオス2世の妹と結婚し、988年にキエフの住民をドニエプル川で受洗させた。宮廷文化は完全にコンスタンティノポリスを指向し、ブルガリアの総主教座の影響は衰えた。

首都キエフの府主教座は、コンスタンティノポリスの総主教座の直接の管轄圏に入り、モンゴルの侵攻に遭遇するまでは、ギリシア人の高位聖職者が府主教に任命されるのが通例になっていた。政治的な力のない支配者たちは、大貴族会議や民会に対してかつて彼らがそうしたのと同様に、府主教に対して多大な敬意を払わなければならなかった。それゆえ、ビザンティン建築の影響がはっきりとみられる建物の建設も、さまざまな利害の間を複雑に均衡をとって行われた。ウラジーミルの後を継いだのは彼の息子ヤロスラフ(1016-54)である。彼はノヴゴロドで統治を始め、キエフの勢力を西と東の両方に拡大した。彼の子どもたちは、イギリスやフランスを含むヨーロッパの数々の王室と婚姻を結んだ。ヤロスラフの死後、一方では外国との戦争を遂行しつつ、国内では王子たちが権力争いをする、不安定な時期を迎える。そして、首都以外の都市が発展し始めたのは、ようやく 1096 年になってリューリク家の全ての王子たちがリュベチの合意に署名した時であった。この時期に発展した都市は、チェルニゴフ、ペレヤスラフ、ノヴゴロド、ポロツク、ヴォリュニア、ガリシアであり、加えて、キエフの権威を認めた 2-3 の辺境公国であった。南ロシアではクマン人の侵攻に頭を痛めていたために、1169 年にウラジーミル・スズダリ公国のアンドレイ・ボゴリュプスキーがキエフを襲うまで、北東部におけるその勢力台頭に気がつかなかった。彼はキエフを小公国に降格させて、自らを大公と宣言した。しかし、自分は北の都ウラジーミルにとどまったので、権力の中枢は南ロシアから中央ロシアに移った。

しかし、ウラジーミル・スズダリ公国はキエフ・ロシアが握っていたような絶対的な地位を獲得することができなかった。もちろん、この公国の都市ロストフは頭角を現してはいたが、12 世紀および 13 世紀の主導的な都市国家といえば、スモレンスク、ガリシア、ノヴゴロドであった。ノヴゴロトは勢力拡大の時期に入り、14 世紀から 15 世紀初めにかけてその頂点に達する。この時期は、世俗社会も教会も発展し、また特にノヴゴロドのような交易の中心地が発展した生産的な時代であった。またこの時期は、最初のモンゴル人の侵攻を受けた時期でもある。そのために、1230 年代から 2 世紀にわたって、新たな苦難の時代(タタールの軛(くびき))を経験する。しかし、ノヴゴロドは他の都市や公国に比べて、モンゴルの支配下であまり苦しまなかった。そして、キプチャク・ハン国への人頭税納入を除いては、リトアニア人と戦いを交えながらも、13 世紀を通じて発展を続けた。リトアニアの勢力と影響力もまた、この時代には大きくなったのである。モンゴル人の支配がもたらしたもののうち、重要なことの 1 つは、宗教に干渉しない侵略者の政策を反映して、軍事上、政治上、財政上最も厳しい抑圧を受けた時期にも、教会だけは勢力を増大していったことである。

キプチャク・ハン国による税徴収の強化は、ウラジーミル・スズダリ公国にロシア諸国を統一する力を与えた。ウラジーミルを首都として統治した最後の大公アレクサンドル・ネフスキーの息子ダニイルは、それまであまり重要でなかったスズダリの町モスクワに最終的に中心を移した。キプチャク・ハン国のための徴税機関であるヤルリクは、モスクワ大公国時代になってからも、ほんの一時期中断したことを除いて存続した。14 世紀から 15 世紀のモスクワ大公国の大公たちの全ての業績を合わせても、イヴァン 3 世(1462-1505)のそれに比較すれば物の数ではない。イヴァン 3 世が公位を継承した時に幅が数百マイル程度だった領土は、彼が死を迎えた時には、北極海とウラル山脈、ドン川とデスナ川の上流、ドニエプル川の中流域にまで達していた。彼はノヴゴロド、ヴャズマ、チェルニゴフ、セヴェルスクを獲得し、行政と司法の中央集権化を図り、キプチャク・ハン国への納税の誓約を破棄した。そしてついには、ツァー(皇帝)を自称し、ロシア全土の唯一の支配者となった。1448 年と 1459 年の宗教会議で行われたモスクワの主教たちによる総主教権限の独立の宣言と、ビザンティン帝国自身の滅亡は、イヴァン 3 世にロシア正教会における神権政治的な権威と東方教会における首位を与えた。ビザンティン帝国最後の皇帝の姪、ソフィア・パレオロゴスとの結婚は、モスクワを第 3 のローマとする彼の主張を正当化するのに利用された。また、伝統的な教会堂建築の規範に従うことが明言されていたにもかかわらず、このことが建設活動の興盛や新様式の発展の基盤となった。その後のツァーたち、たとえばヴァシーリー 3 世(1505-33)やイヴァン 4 世(雷帝)、および伸長を続けるモスクワ大公国は、新旧の貴族階級、商人、教会組織の政治上および社会上の利益の間でバランスを保った。

前期中世の時代

西方(ローマ)教会の増大しつつある影響力、そしてそれとともにあったロマネスク様式の発展の歴史的撚糸(ねんし)をたぐるためには、ビザンティン帝国の政治力に陰りが生じた時期から時間を遡り、西ローマ帝国が衰退しヨーロッパに独立国家が誕生した時期に目を移す必要がある。

シャルルマーニュが 800 年に(西)ローマ皇帝として戴冠した事件は、新しい時代の開幕を告げるものであっ

た。キリスト教と世俗権力の両方のきずなによってローマに結び付けられ、政治的に操られてはいたものの、ここに初めて、中部ヨーロッパの国々がまがりなりにも成立したのである。カロリング・ルネサンスは、後期ローマの伝統と結合したゲルマン文化の上に成り立っていた。非常に多くの修道院が、経済の回復、ラテン人とゲルマン人の地域共同体の融合、そしてローマ法の吸収などと強く結び付きながら、(西)ローマ帝国の保護の下で創立され、各地に広まった。ここにおいて、新しい建築上の課題は宗教建築に向けられることとなり、修道院が様式と技術の変革に主導的役割を果たすことが多くなった。ヨーロッパの国々の多くは、10世紀までに国家誕生の陣痛をすでに体験していた。11世紀末までには、スカンジナビアとノルマン化されたイギリスに安定したキリスト教国が成立する一方、十字軍が見通しの甘いまま聖地に国家を建設した。

イタリア
中部イタリア

教皇は、わずかな世俗領土しか所有していなかったものの、イタリアの政治に徐々に影響を与え始めた。フランク族の王ピピンは、ランゴバルト族に抗して教皇ステファヌス2世と友好関係を結び、総督領の中心都市ラヴェンナを教皇に寄進した。755年には中部イタリアが教皇領として独立、これによって教皇庁の世俗権力が公認された。774年には、シャルルマーニュが教皇ハドリアヌス1世(772-95)の請願によりイタリアに侵攻、ランゴバルト族を討ってローマに入城した。次いでシャルルマーニュはスポレート公領をハドリアヌスに寄進したので、教会の富は急速に増大し、教皇はコンスタンティノポリスの束縛から解放された。

ピサは、北のジェノヴァ、そして南のアマルフィと同様、商船団を東ローマ(ビザンティン)帝国の首都であるコンスタンティノポリスに送っていたので、東方の芸術とはすでに接触があった。11世紀の初頭には、ピサは、商業と海軍力においてヴェネツィアとジェノヴァの強敵となり、1025年と1030年、そして1089年にはイスラム軍を打ち破るなど、異教徒との戦いでは主導的な役割を果たした。1062年にはパレルモを占領、その結果イスラムおよびビザンティン芸術とのつながりがいっそう強まった。ピサの建築における縞状大理石の特徴的な用法は、おそらくこのパレルモ占領によって説明できよう。しかし、1284年にジェノヴァに破れたのを機に、ピサは衰退した。フィレンツェの隆興は、破滅した都市フィエーゾレの住民がフィレンツェに移住した1125年から始まり、13世紀には商業の面でピサと競い合うまでになった。この時期のもう1つの重要な都市であるルッカは、教皇支持派のゲルフ党と皇帝支持派のギベリン党の抗争によって分断された。

北イタリア

アルプスという障壁にもかかわらず、北イタリアとアルプス以北のヨーロッパとの間には、商業と文化の活発な交流があった。5世紀と6世紀におけるゴート族の北イタリア平原への侵入は、ヴェネツィアに次第に繁栄をもたらすようになった。土着の商人たちは、潟(かた)に浮かぶ島々に新たに居留地を建設した。危険な攻撃から身を守ることができるこの場所で、彼らは初め共和制の政治形態をとったが、後に総督を最高権力者とする寡頭政治に移行した。ヴェネツィア人は商業と芸術に特に強い関心を持っていた。ヴェネツィアは、コンスタンティノポリスとの強い結び付きによって商業が非常に栄え、貿易圏は11世紀の末までに、西地中海はもとよりダルマティアとイストリア沿岸から黒海にまで達した。

南イタリアとシチリア島

827年、イスラム教徒はビザンティン帝国の一部となっていたシチリア島に上陸し、徐々に侵略を開始した。10世紀後半はイスラム時代のうちで最も繁栄した時期であったが、この後、凄惨な宗教戦争を経て、イスラム王朝は断絶した。1061年から1090年にかけて、ロベール・ギスカールとロジェー・ギスカールに率いられたノルマン人がシチリア島の征服にのりだし、1130年にロジェーの孫がパレルモで王位についた。これ以後の数年間、シチリア島は再び繁栄を取り戻し、その艦隊は、ペルシア軍とビザンティン軍を撃破するほど強力になった。シチリアの繁栄は、この時期の建築が良質でしかも数が豊富なことからも知ることができる。

フランス

フランスは、シャルルマーニュ(768-814)とルイ敬虔王(814-40)の時にはカロリング朝帝国の一部であった。ルイ敬虔王は帝国を3人の息子に残した。ヴェルダン条約(843)によってこの帝国は3つに分割され、そのうちのフランスに相当する領土を、シャルル禿頭王が王として引き継いだ。ついでメルセン条約(870)により、中部王国がフランスとドイツの間で分割され、後者は神聖ローマ帝国の称号を保有することになった。カロリング朝帝国の、後にフランスと呼ばれることになる部分は、ルイ5世の死の987年まで、カロリング朝の王によって引き続き統治された。この後、ユーグ・カペーが国王に選出されてカペー朝が創立され、

カロリング朝とのつながりは絶えた。北はパリと南はオルレアンに挟まれた地域（イール・ド・フランス）がカペー家の王領である。フランス王の権威は、11世紀の中頃まではこの王領以外にはほとんど及ばず、フランスの大部分はアキテーヌ、オーヴェルニュ、プロヴァンス、アンジュー、ブルゴーニュ、ノルマンディー、ブルターニュの諸侯によって領有されていた。

11世紀は、世間からひきこもって修道院生活に入ることを願う人々が、非常に多く現れた時代である。その結果たくさんの宗教施設が建てられ（p.193-197参照）、これがさらに建築に刺激を与え、芸術と学問を育成した。しかし、信仰心の高まりは、修道院の囲いの中だけに限られていたのではない。それは、1096年に始まりルイ7世の時(1147)に再び興された十字軍がそうであったように、世俗の信仰とも強く結び付いていた。十字軍を率いた国王ルイ(1137-80)は、サン・ドニの大修道院長シュジェールの補佐を得て、自らの信仰心を教会堂の建設という形でも表明した。他方、ルイ7世はアキテーヌのアリエノールと離婚(1152)、そのアリエノールがアンジュー伯のアンリすなわち後のイギリス王ヘンリー2世と結婚したため、フランスの半分近くがイギリス王の支配を受けることになり、フランスの国力は弱まった。フィリップ・オーギュスト(1180-1223)は、封建諸侯を鎮圧してヘンリー2世に攻撃をしかけるほど強力になり、フランスは再び勢力を盛り返した。ゴシックの最初の大聖堂が多く建てられ始めたのは、まさにフィリップ・オーギュストの時代においてである（p.447-469参照）。

中部ヨーロッパ

ローマの影響のもとで、キリスト教が南ドイツとラインラント地方に根づいた時、他の地方はまだ異教徒の土地のままであった。早くも6世紀には、トリーアとケルンの司教は教会堂の建立を奨励することにおいて、他に抜きん出ていた。シャルルマーニュは、中部ドイツと北フランスを治め、南フランスと北イタリアに対してもフランクの支配権を確立し、最初の（西）ローマ帝国皇帝となった。シャルルマーニュは、西ヨーロッパの大部分において文明を復興し、建築のパトロンとなった。

814年にシャルルマーニュが没し、その後継者で息子のルイ敬虔王が没した後の843年に帝国は分割され、その結果、独立国家としてのドイツ王国が生まれた。ドイツの諸侯は君主を選出する権利を要求し、コンラート1世(911-19)がドイツ王として国を統治した。オットー朝最初の王となったハインリヒ捕鳥王(919-36)は、ザクセンからマジャール人を撃退し、ボヘミアおよびエルベ川とオーデル川の間の諸族を征してドイツを統一した。ハインリヒの後、オットー大帝(936-73)がアーヘンで戴冠した。ロンバルディアの征服(951)を含む諸戦役により、オットーはヨーロッパで最も卓越した君主となり、961年にはローマで神聖ローマ皇帝の帝位を授けられた。

1024年にコンラート2世がドイツ王になった時、北ではデンマークがクヌート大王のもとで、また東ではポーランドとハンガリーが勢力をのばしていた。コンラート2世はこれらの世俗諸侯とともに教会諸侯の権力をも制約して、大帝国の時代を画した。コンラート2世の後継者争いの後、1138年にコンラート3世がホーエンシュタウフェン朝(1138-1254)を開始した。そして、コンラート3世の後を継いだフリードリヒ赤髭王(1152-90)もまた、ローマで戴冠した。フリードリヒはデンマークとポーランドを討つ一方、ハンガリーと同盟し、フランス、イギリスとも和約を結んだ。しかし、フリードリヒの教皇派への干渉は、グレゴリウス8世の時に皇帝と教皇が和解するまで、災いをもたらした。聡明な王フリードリヒ2世(1218-50)の時、神聖ローマ帝国は再びヨーロッパに領土の所有権を主張し、フリードリヒ2世自らが神聖ローマ帝国皇帝であると同時に、ドイツ、シチリア、ロンバルディア、ブルゴーニュ、そしてエルサレムの王を兼ねた。ホーエンシュタウフェン朝の皇帝（シュヴァーベン大公）とロンバルディアとの政治的結び付きは、この時代後期の両国の建築の類似性によく表れている。

スペインとポルトガル

5世紀に、西ゴート族がピレネー山脈を越えて侵入し、北方民族のヴァンダル族とスエビ族を追い払った。そして、711年から718年にイスラム教徒がアストゥリアス地方を除く全域を征服するまでの300年間、西ゴート族はイベリア半島をほぼ完全に占領した。イスラム教徒の南西ヨーロッパへの侵入は、732年、カール・マルテルによりポワティエにおいて阻止された。これ以降のスペイン中世の歴史は、キリスト教勢力の継続的な伸長と、15世紀最末年の領土の奪回によって規定される。

この時代のスペインは、最も近い隣国のフランスとだけでなく、王族間の婚姻を通じてイギリスとも結び付いていた。さらにイタリアとは教皇による監督を通じて、そしてアンジュー家とはナポリとシチリアの争奪を通じて交流があったし、またアフリカから侵入したムーア人とも交流があった。このような状況もまた、スペインの歴史上見逃すことはできない。カスティーリャ、レオン、ナバラ、アラゴン、そしてポルトガル

のキリスト教国家が時を同じくして成長し、次第にイスラム教徒をアンダルシア地方に追いつめた。イスラム教徒は一時的な敗北を幾度も重ねた後、トロサの戦い(1212)で決定的に劣勢に転じた。これを契機に、ゴシック建築が国境を越えてフランスからスペインに直接もたらされることとなった。こうして、カタルーニャ地方で最もゴシック建築が発展したのである。アラゴンの国王ハイメ1世(1213-76)はスペイン東部に勢力をのばし、ついにグラナダ王国がイスラム教徒最後の拠点となった。

スペインの社会状況について言うならば、自由都市の市民を含めて、人口のごく少数が自由民だったにすぎない。つまり、農民は中世を通じて土地に縛りつけられていたのであり、このような抑圧が15世紀と16世紀に農民一揆となって表れた。社会は大公と聖職者の支配下にあった。すなわち、教会堂と修道院が建築の代表で、世俗の建築には、貴族の邸宅を除いてほとんどみるべきものがなかった。

イギリス

キリスト教がイギリスに渡来したのは、イギリスがローマ帝国の領土だった時である。しかし、5世紀中期以降のアングロ・サクソン族定住の時期に、歴史的に重要な教会堂が建てられたのはアイルランドだけであった。209年にアルバヌスがイギリス最初の殉教者となり、314年にヨークとロンドンとリンカーンの司教がアルルの宗教会議に参加したことが記録に残っている。しかし、イギリスでは、宗教的影響が建築の上に表れるようになったのは、アウグスティヌスが597年にイングランドに上陸して、ケント王国のエセルバート王と他のアングロ・サクソン七王国の国王をキリスト教に改宗させ、ベネディクト修道会の組織をイギリスに導入してからのことである。七王国は、ジュート族がケントに、サクソン族がサセックス、ウェセックス、エセックスに、そしてアングル族がマーシア、東アングリア、ノーサンブリアに移動して、それぞれ建国したものである。アングロ・サクソンの王たちとその国民のキリスト教への改宗は、7世紀と8世紀の現存する多くの教会堂と塔、そして十字架によって証明される。

七王国以降、すなわち9世紀のデーン人の侵入から、エセルスタン王の先導による諸王国の統一(927)をへて、ノルマン征服にいたるまでの間は、ベネディクト修道会の修道院改革と10世紀末の信仰復興運動によって特徴づけられる。このような運動を先頭に立って支持したのは、エドガー王(959-75)と960年にグラストンバリの大修道院長となった聖ダンスタン、そして963年にウィンチェスターの司教となったエセルウォルドである。

1042年、イギリス王エセルレッドの後を受けて、息子のエドワードが王位についた。エドワードは、ノルマンディーで教育を受け、その地に慣れ親しんでいたので、国を固めるに際しノルマンディー出身者を宮廷と教会に大勢迎え入れて寵愛した。このため、ノルマンディーの影響は、ノルマン征服以前のイギリスにおいてすでに大きなものとなっていた。エドワードは、1051年にジュミエージュの大修道院長ロベールをカンタベリーの大司教に任命する一方、1050年、当時のノルマンディーの様式で計画されたウェストミンスター・アベイの建立に着手した。

1066年のノルマン征服は、イギリスをヨーロッパ大陸に結びつけ、よく発達した封建制度をイギリスにもたらした。とはいえ、全ての国土は王に帰属していたので、イギリス王はヨーロッパで最も効率的な中央集権国家を確立することができた。

これよりちょうど1世紀後、サンスのウィリアムがカンタベリー大聖堂の内陣を再建し、ここに、ロマネスクからゴシックへの移行が本格的に始まった。

13世紀の前半に大陸より修道会が大挙して押しよせ、その結果広い内部空間を持った教会堂が新たに数多く建てられた。その一方で、13世紀末から14世紀初めの世紀の変わり目には内戦状態が続き、要塞と城郭建築が発達した。

スカンジナビア

中世初期数百年間のスカンジナビアの社会史はあまりはっきりしていないが、デンマークとノルウェーにまず王国が成立し、1000年頃までにスウェーデンがスヴェア王国の一部として統一されたことは明らかである。9世紀におけるヴァイキングの進出は、初期デーン人のイングランド東部への定着、ノルマンディーの植民地化、そしてラトヴィアにおけるスヴェア人植民地の建設などを含め、全てヨーロッパの発展にとって大きな影響力を、北方から及ぼすものであった。

北方民族のキリスト教への改宗は、フランク人の宣教師アンガーによって、826年にデンマークのヘデビーで始められ、12世紀末になってようやく完了した。スカンジナビアの中世における建築の大きな発展は、この改宗後に訪れる。貿易により、北ドイツからの影響が大きくなりはしたが、ノルウェーの教会そのものはイギリス人の手によって設立された。こうして、キリスト教は10世紀末までに、ノルウェー、グリーンランド、そしてアイスランドに公式に定着した。980年にデンマーク王ハーラルは国民をキリスト教に改宗さ

せ、イギリスから司教を招いた。そして11世紀には、クヌートとその後継者たちは帝国の領土をイングランドにまで広げた。ノルウェーのキリスト教王オラフ・ハラルソンは、1030年に戦死した後聖人に列せられた。トロンハイムの大聖堂が、オラフの聖遺物を納めるために建てられた。11世紀の間に、スウェーデンよりも北のルンド、スカラ、シグトゥナに大聖堂がつぎつぎと創設され、旧ウプサラには、12世紀初めに異教徒の寺院をうち壊した後の1130年に、司教管区が制定された。

スカンジナビア中世の歴史の流れは、デンマークとスウェーデンの絶え間ない衝突によって特徴づけられる。デンマークの安定は、農民の一揆と封建領主の間の争いによって、早くに崩れた。13世紀中頃までに、北ドイツのハンザ同盟諸都市はバルト海沿岸、さらにはノルウェーの大西洋岸にまで勢力をのばすことができた。バルト海南沿岸では、商人たちはあまねくハンザ同盟から利益を得ていたが、封建的農地経営は、特にスウェーデンでは、国王と封建領主の同盟の上に成り立っていた。デンマークは、近隣および同盟諸都市との戦争により、実質的な地の利をドイツ貴族に譲った。その結果、貴族の富は分散し、世俗建築あるいは軍事建築における表現の機会が、他の北ヨーロッパの地域よりも減ることになった。

聖 地

聖地におけるラテン帝国の建設は、1095年に教皇ウルバヌス2世の提唱によりキリスト教ヨーロッパが組織した第1次十字軍の、直接の成果である。当初、遠征は未熟で統一性がなく、大きな犠牲を伴ったが、ウルバヌスの号令により、1097年には15万を数える兵力がコンスタンティノポリスに集結した。この数年後、兵力の一部がトロス山脈への重要な入口であるキリキア山峡を通過した。しかしエルサレムが陥落した1099年には、十字軍の兵力は、2年前にコンスタンティノポリスから出発した兵力の10分の1にも満たなかったと思われる。ボードゥアンの治世末年の1115年までに、ラテン帝国は確実に成立していた。しかし、ヨーロッパからの継続的な援助にもかかわらず、慢性的な兵力不足に苦しみ、これを要塞の強化で補うということが各所で行われた。

イスラム教徒の勢力がザンギーとヌール・アッディーンの統合司令部のもとに結集されると、脅威は東部砂漠地帯の辺縁部の都市からではなく、メソポタミアからのものとなった。1144年のエデッサの陥落により、アルメニアのキリスト教地域共同体から供給される穀類と援軍の両方が断たれることとなり、ラテン帝国は深刻な影響を被った。1148年の第2回十字軍は、この損失を償うほどの効果はなかった。1187年のハッティーンの戦いにおけるサラディンの勝利により、聖地における十字軍の勢力は、二度と立ち直ることができないほど徹底的に打ち砕かれた。リチャード1世が1191年と1192年にヤッファ、アッコン、そしてアシュケロンを奪いはしたものの、また十字軍の防御がいっそう固められ、この後百年の間に運がめぐってくることもありはしたものの、最後の結末は避けられなかった。すなわち、聖地のラテン帝国最後の人々が、1292年にシャステル・ペレランからキプロス島へ向けて出帆した。

ゴシックの時代

イール・ド・フランス地方においてゴシック様式を生んだフランスの、政治的・歴史的背景は重要である。フランスの大諸侯領に対するカペー朝の宗主権は、たとえばルイ7世とアキテーヌの後継妃アリエノールとの結婚がそうであるように、婚姻関係を結ぶことによって次第に強化され拡張された。しかし、その一方で大諸侯間の婚姻による縁組が、カペー朝を脅かす危険な力となることもあった。ブロワ家とシャンパーニュ家の縁組は、カペー朝をほとんど凌駕するところであった。しかしアンリ・プランタジュネが、父方よりアンジューを、母方よりノルマンディーを引き継ぎ、さらにルイ7世と離婚したばかりのアキテーヌのアリエノールと結婚することによって、カペー朝の最大の敵となった。こうしてアンリは数年の間に、イギリス海峡からピレネー山脈にいたるフランス西沿岸全体を統一した。他方で、アンリはイギリス王をも兼ねていたので、カペー朝はフランスの宗主権を主張することはできても、実質的に優位に立つことはできなかった。

いわゆるアンジュー帝国は、規模が大きすぎて統制がうまくとれず、常に分解の危機をはらんでいた。とはいえ、アンジュー帝国は財政が豊かだったので、支配力が最もよく浸透していた地域であるイングランドとノルマンディーにおいては、行政組織は効率よく機能し、12世紀後半にカペー朝で行われていた平和を維持するための、未熟で時に無力な行政組織をはるかに超えるレベルに達していた。しかし、カペー朝に自らの家政を立て直させ、中央集権的な色合いの比較的強い支配力をフランス各地に及ぼす活力を与えたのは、実のところプランタジュネの脅威であった。

優れた人物が続いたのが幸運となり、カペー朝に全盛時代が到来した。フィリップ・オーギュスト(1180-1223)は慎重かつ頑強、機敏な人物で、まさにカペー

朝繁栄の立役者であった。彼は、西部フランスにおけるアンジュー家の束縛を断ち切り、1204年にはノルマンディーに加えて、アキテーヌを除くイギリス領を征服した。1214年には、ブーヴィーヌの戦いでドイツ軍、イギリス軍、そしてフランドル軍を破り、財政力に富みよく組織されたフランドル伯領を、直接の支配下に治めた。フィリップ・オーギュストはまた、短命だった息子のルイ8世が、当時フランス南部を制し異端の宣告を受けたばかりのアルビジョア派を討伐するという口実で十字軍を派遣し、王権を南部――ラングドック地方は特に言語、トルバドゥール（吟遊詩人）文化、風習において非常に特異な存在であった――に伸展させるのを容認した。それとともにフィリップは、強敵アングロ・ノルマンの進んだ政治形態をフランスに採り入れる基礎をつくった。フィリップの孫のルイ9世もまた、引き続きより効率的で集権化された政治機構をめざしたが、善良で公明正大かつ敬虔な王としての名声も高く、1297年に聖人に列せられた。

教会は、12世紀までに、ヨーロッパ社会における自らの優越性を主張してこれを確立し、芸術と建築の分野に新しい指示を下す態勢を整えた。芸術と建築は、キリスト教の宣伝のために、根本的な修正を受けることとなったのである。教会建築は次第に洗練の度を高めた。教会の財源の多くが新しい建物の建設につぎこまれ、これはさらに慈善と遺贈という世俗の資金によっても賄われた。修繕と修復を何度も必要とする既存の大聖堂に加えて、新しく建立される大聖堂の数もおびただしく、その奔流は13世紀に入ってもとどまるところを知らず、のちに緩やかになりはしたものの、中世末まで決して止むことはなかった。シトー会の修道士、修道参事会員、そして托鉢修道士がヨーロッパ大陸の隅々にまで散らばり、そこに大修道院と小修道院、女子修道院を建てた。全ての村々には少なくとも1つの教区教会堂があり、なかには10以上の教会堂を持つ大きな町もあった。世俗・教会を問わず全ての組織は、自身の宗教生活を営むために、集団で礼拝するための礼拝堂あるいは専用の場所を教会堂の中に必要とした。有力な家は全て専用の礼拝堂を持ち、王家はもとより貴族から成金の商人までが、死後の精神の安らぎを幾世代にもわたって満たすために、住居の近くに宗教施設を創設したり増設したりする行為が、一般的に認められていた。宗教は日々の生活行為の中に一体のものとして統合されていたので、教会に関係する建築には恒常的に資金が入ってくることとなった。

中世末にはヨーロッパは、敬虔な気持ちを以前に増して派手に表現するようになり、宗教は、建物とその調度の中に自らを表現するという点において、まさしく組織化された。しかし、宗教儀式の最も重要な関心事は、次第に個人的、私的になった。すなわち、宗教儀式は個人の死後の運命にかかわる関心から発するものとなった。これらの信心の唱導者は社会のあらゆる階層に現れたが、彼らは聖職者であるよりも俗人であることの方が圧倒的に多かった。

政治的に最も高い地位にある世俗の支配者は、自らキリスト教徒としての模範を庶民に示すことが、得策であることを発見した。すでに13世紀に、フランスの聖王ルイがその模範を示すとともに、建築の形の中に敬虔な信仰心を見事に表現していた。西欧の安定した国家では、王家と貴族の上層階級は、礼拝堂を新たに建設するかあるいは宮廷や居城の中に増築した。やや遅れて、カルトゥジオ修道会の規律を理解した王たちの間で、その修道院を設立するのが流行した。ヨーロッパの東縁部では、進取の精神に富んだ支配者たちが国土の境界を新たに拡張しつつあり、ウィーンのハプスブルク家、プラハのルクセンブルク家、そしてポーランドのカジミェシュ大王は、彼らの都市に、西部ヨーロッパの大聖堂に匹敵するような大規模な教会堂を建てた。

西部ヨーロッパでは、百年戦争（1453終結）と黒死病の大流行によって1つの時代が画される。利害の衝突と社会変化の激しかったこの時代の後には、世俗と教会とを問わず、都市拡張の始まりの時代にふさわしい多くの種類の新しい建築を建てる必要が生まれた。社会的階級の低い市民層は、彼らの精神の展望を切に気遣うようになった。自らのために教会堂を建立できるほど富めるものはほとんどいなかったが、そのかわり彼らは、集団で教区教会堂や托鉢修道会の教会堂にたくさんの喜捨をし、そこで礼拝をした。そして教会堂の中にあっては、煉獄で罪を償っている霊魂に対してミサを捧げるために、祭室にも寄進をした。現存する後期ゴシックの作品の中でおそらく最もよくみられるのは、このような教会堂であろう。

そのような教会堂が、バルト海からトスカーナ地方にいたるまで、そしてイングランドとオランダとベルギーからロシアの国境にいたるまで、ヨーロッパのあらゆる都市に建てられ、急速に数を増した。構造的には大聖堂に比べてそれほど野心的とはいえないが、それでも、ヴェネツィア、リューベック、バルセロナ（たとえばサンタ・マリア・デル・マール聖堂）のような遠隔地では、規模において大聖堂と肩を並べるかこれを上回るものさえ珍しくなかった。これらの教会堂に関して真に重要なのは、そこに、建築の関係者が常に携わったことによる一貫した水準が示されている点である。しかし、卓越していても教会堂は絵の片側を

表すものでしかない。後期ゴシックの時代は、教会が建築の最大の後援者であったことに変わりはないが、建築の対象が多様化し、建築が教会の後援だけに依存していた状態から脱却した時代であった。世俗の建築依頼は、中世初期には宮殿と城に限られていたが、今や田園の上流階級の邸宅や民家、そして都市の住居や商業と産業のための建物にまで、範囲が広がった（p.181C参照）。それだけでなく、市の中心にある公共建築や、公共精神に富んだ市民の寄付で建てられた大学や病院などの文化施設は、純粋に宗教的な作品と比べてあらゆる点で遜色のない、独自の趣味に基づくデザイン技法を要求した。現在そのままの姿で残っている都市の例はほとんどない——ヴェネツィアは最も注目すべき例外——が、そのようにしてつくられた都市の全体が、後期ゴシックの建設者たちの最大の業績であろう（p.181B参照）。

建築が世俗化していく大すじの過程を通じて、ルネサンスを受け入れる態勢が準備されたことは確かである。しかし、それを推し進めた力は美的なものではなく、むしろ社会的なものであった。特に北部ヨーロッパでは、様式の根本的な変革が問題となるかなり前から、建築の世俗化は進行していた。にもかかわらず、都市建築と住宅建築の要求にこたえるためには、ゴシックの建築家は、キリスト教起源の要素を様式の上から消すことにかなりの努力をはらわなければならなかった。実際ゴシックと呼べるような、ヴェネツィアの商人の邸宅やローテンブルクの市民階級の住宅は、それほど多くはないのであり、「ゴシック」という用語は、世俗建築に関しては便宜的なものにすぎない。

文　化

先史時代

ヨーロッパ全体を通じて、旧石器時代の芸術には3つの基本形態があったようである。すなわち、持ち運びのできるような女性像と動物の彫刻、洞穴の壁と天井に描かれた絵画、そして工芸品にみられる幾何学模様の装飾がそれである。

中石器時代には、道具類が幅広い目的のためにつくられ、芸術は引き続き発展した。表現芸術は、食物の採取や狩猟、建設、闘いなどの日常的な生活を描写した。旧石器時代よりも抽象的で様式化された表現が非常に多く生まれ、彫刻文様も発見されている。

陶器は、ひき臼や研磨石の斧などとともに、新石器時代の発明である。またさまざまの新石器時代人が、実に多くの種類の陶器と装飾手法を発達させた。集団埋葬のための石造の墓、儀式のための施設、そして重厚な土塁が建築と芸術の対象になった。

青銅器時代の特徴は、冶金術の発達にある。その一方で、陶器、ガラス、宝石、骨、織物、そして有機物など、広範囲の材料を用いて加工品がつくられた。火葬の風習がもたらした新しい埋葬形式によって、新石器時代の入念な建築表現は不必要となった。墓における貧富の差は、埋葬場所の建築的扱いの程度によって表された。この期に建てられた儀式用の建築物で、手の込んだものは極めて少数である。環状列石と立石がヨーロッパ大陸の大西洋側に立てられ、また寺院に似た小規模な建物が大西洋側を除くヨーロッパ中の遺跡から発見されているだけである。

鉄器時代後期の社会は、さまざまな手工業を発達させた。陶器は、ろくろを用いて職業的に生産された。たとえばエトルリア人が使用していたような、金属細工の作業場に似た施設が、ヨーロッパでは普通になった。大工仕事、皮革と織物の生産、そして車輪の製造もまたさかんになった。特にラ・テーヌ期においては、芸術は、自然の形象や曲線の形態、そして波状の幾何学パターンの様式で表現され、身分を表す工芸品や個人の装身具を飾った。なかには木や石で彫刻をつくっていたところもあった。埋葬の習慣と宗教は、依然として社会的には重要であったものの、建築表現の中心ではなくなった。墓は社会的身分の違いを示すことにおいて変わりはなく、環状列石や儀式的意味を持つ石柱、そして共同墓地と聖所も、鉄器時代を通じて立てられ続けた。ケルト世界と地中海世界の最大の文化的相違は、おそらく前者が口述による伝承を保持したのに対して、後者は文字による伝承へ急速に移行しつつあったことである。

エトルリア

エトルリアでは、国力が増すにつれて社会の階層化が進行し、貴族階級の人口が膨張した。貴族階級は、畜産と農業よりも、蓄えた銅や鉄、銀などを運用することによって富を維持した。この富の中から彼らは、ギリシアと東方からの影響を受けながら、道路や他の公共事業はもとより、それまでイタリアではみることのできなかったような住居や寺院の建設に資金を投じた。原初的なアニミズムに発するエトルリアの宗教は、ギリシアの影響の下で、これとおおむねよく似た八百万の神々の信仰に発展した。エトルリアの宗教がギリシアの宗教と区別される点は、神の意志に対するより宿命的な服従の態度にある。この態度が、占術による神

の意志の決定と犠牲によるその懐柔に、大きな意味を持たせることになった。儀式を正確にとり行うことは、戒律を厳格に守ることが死者の来世にとって重要であるのと同じように、極めて重要なこととして遵守された。死者は都市郊外の共同墓地に埋葬されたが、身分の高い者は、独立した墓に埋葬された。それらの墓が、主要な記念建造物として今日まで残り、当時の現世の家屋の特徴を最もよく表す証拠となっている。

共和政ローマと帝政初期ローマ

　ウェルギリウスなどラテン人の著作者が叙述した初期ローマ人の簡素な生活の様子は、考古学者によって裏付けられている。ローマ人は基本的に農民であり、生活を快適にする物は、ギリシアとの接触によってエトルリアの社会にもたらされるまでは、ほとんど何も知らなかった。ローマ人は特に宗教的だったわけではなく、宗教儀礼はエトルリア人を含めて彼らの接触した他の部族から取り入れたようである。おそらく占術と犠牲の儀式はエトルリアに由来するものであろう。その結果、ローマ人の初期の聖域と神殿は、エトルリア人のそれによく似たものとなった。それぞれの家屋には、家族の神々のための小祠が置かれた。

　初期ローマの社会は厳格な家長制に基づいていたが、これは、かまどの女神であるウェスタ神の崇拝と、強い義務感、そして享楽的なものに対する嫌悪という3者のバランスの上に成り立っていた。娯楽の催しは、南部のカンパーニア地方ではかなり以前から行われていたものの、首都で受け入れられたのは、やっと紀元前1世紀の中頃になってからのことである。都市の中心はフォルムである。フォルムは大衆が集まる最も大切な場所で、商取引と政治の議論が行われるだけでなく、上で述べたような娯楽や見世物が催された。

　このような生活の習慣は、ローマの力が伸長するにしたがって、ある程度変化を受けた。ポエニ戦争が始まると、都市外部の田園における定住のパターンに著しい変化が起こった。独立の小規模な土地所有者にかわって、雇用労働者と奴隷が耕作する大規模な土地を所有する成金が現れたのである。首都は、戦争捕虜、奴隷、土地を失った小農民を含む非ローマ人の流入により、人口が急激に膨張した。これらの人々を収容するために、高密度の新しい住居形態とその他の主要な公共施設が必要となった。多くの異文化と接触することによって、別の変化——新しい宗教崇拝と宗教儀礼の輸入から多くのヘレニズムの生活様式と芸術の採用にいたるまで——も生じた。一方、アウグストゥスによって整備された政治形態の変革は、少数の純粋な市民と、ほとんど権利を持たないに等しい大多数の都市無産階級という、互いに橋渡しのできない両極を生んだ。この無産階級を適度に幸福にしておくために、食糧と娯楽（パンとサーカス）には不自由させないという政策がとられた。特にローマ的な娯楽の形態は、円形闘技場で行われた2輪戦車競技と格闘技である（p.255参照）。これらはもともと死者の冥福のために、人間の犠牲を捧げる必要のあった葬式の祭儀に起源を持つものであった。変化を締めくくるのは、放蕩癖のある何人かのアウグストゥスの後継者（アウグストゥス自身は簡素な趣味の倹約家であった）、帝国の力の新しい派手な表現、そして皇帝の荘厳趣味である。死後、皇帝を神として崇め、その名誉のために新しい神殿を建てるという習慣は、このうちの荘厳趣味に属する。

帝政ローマ後期

　後期ローマ帝国については、領土があまりにも拡大しすぎたため、包括的に述べるのはそれほど容易なことではない。その土地固有の文化がローマよりも遅れている地方と、もともとローマよりも高いレベルにあった地方とでは、事情は大いに異なる。新しい支配者としてのローマ人は、家臣に彼ら自身の方法で職務を遂行させる方を好んだ。彼らは、ただいくらかの義務を果たし、地方行政官の監督を行えばよいだけであった。このような状況だったので、地方の宗教的慣習も、それがローマを明らかに脅かすものでない限りは存続が容認され、地方の神々のために大規模な神殿が新しく建てられることさえあったと思われる。このような方針は、軍隊、貿易商、捕虜、奴隷の移動に伴って、新しい宗教がローマにもたらされる結果を招いた。皇帝の座でさえ、ついにはローマ人でない者の手に渡った。

　宗教に対して一貫した公的態度がある場合、宗教は二重の性格を持つ。ローマでは、エトルリアの運命論的な信仰が一部生き長らえていた。国家の将来は、究極的に神の手にゆだねられているので、聖職者が司る特別の儀式によって保護されねばならないとする信仰がそれである。そのため、歴代皇帝は、自ら選んだ神のために新しい神殿を建てることには、惜しみなく資金を投じた。一方、人間としての幸福は、国家の意志と衝突しない限り、個人の問題であった。そのような次第で、他の宗教、特に東方からの一神教的性格の強い宗教が広まり、発展する素地は十分にあった。3世紀に、それらの宗教の中でも太陽崇拝が最も重要なものとなり、何人かの皇帝によって公式に取り入れられた。このような経緯をへた後、キリスト教を受け入れる道がコンスタンティヌスによって開かれた。キリス

ト教は、まず主としてユダヤ人の商人たちが集まる商業の中心地で、恵まれない人々の間に広まったが、2世紀の初めまでには、社会のほとんどの層に支持者が現れ、3世紀までには、時として深刻な脅威とみなされるほどに信者の数を増やした。その結果が、デキウス、ウァレリウス、そしてディオクレティアヌスによる、実際にはあまり効果のなかった迫害である。コンスタンティヌスがキリスト教に改宗したことの持つ重要性は、彼がキリスト教の神を国家の新しい保護者とみなしたことにある。建築の面からみると、これは新しい教会堂の建設を爆発的に促進することになったが、一方で、異教の崇拝も391年までは違法ではなかった。

世俗の施設である公共浴場について、ここでふれておく必要があろう。公共浴場の起源は共和政時代に遡ることができる。ローマ最初のものは、アウグストゥス時代にアグリッパによって建てられ、これがおそらくポンペイ、ヘルクラネウム、バイアなどの初期の浴場の模範となったと考えられる。しかし、現存する大規模な浴場は帝国後期に属し、通常初期のバルネアエと区別してテルマエと呼ばれる。浴場は、その名が今日示すものをはるかに超えるものであった。それは、ギリシアのギムナジウムの理想を具体化したもので、ぜいたくな入浴だけでなく、社交や各種のレクリエーション——肉体と精神両方の——のための場でもあった。

コンスタンティノポリスとビザンティン帝国

ビザンティン帝国と東方の初期ローマ帝国との連続性については、すでに強調した——事実このことはビザンティンの人々自身によって強調されていたことでもある。しかし、帝国自身が変質した時に、この連続性が生活パターンの変化と、そしてその核心たる新しい公認宗教の性格の変化を妨げることはなかった。

少なくとも6世紀の末までは、コンスタンティノポリスと帝国内の他の都市における生活のパターンは、制度を含めてローマのそれとよく似たものであった。両者の違いは、ただ程度の問題であった。たとえば円形闘技場と関連の深い血なまぐさい競技は、東方では重視されることは決してなかった。一般大衆がいかなる形でも政治にかかわることはもはやなくなったので、フォルムは大衆の集合の場としての意味を減じた。一方、公共浴場の重要性は変わらず、競技場での二輪戦車競技は、半ば公的な性格を帯びた党派がその主要チームを支持するなど、最も人気ある大衆娯楽となった。コンスタンティノポリスでは、かつてのローマがそうであったように、皇帝がそれらの娯楽をとりしきるとともに、食糧の配分も初期のローマの慣習にならって行われた。

宗教の教義をより優れたものに高めようとする不断の努力は、おそらく次のような背景から生まれたものであろう。それは、定義できないものを定義しようとする東方の哲学的な態度であり、物事を正しく理解することがこの上なく重要であるという確信であった。そしてもう1つは、宗教が、自由な社会であればより自由な政治的立場で表現できたはずの理想を表現するための、はけ口となったという事実である。知識階層出身のキリスト教改宗者が、自らの信仰を明確にすべく努力を始めると、教義の違いによる衝突がまもなく起こった。

これらの教義の相違点は主として、キリストの本質、およびキリストと神の関係に集約される。アレクサンドリアに発しキリストの人性を唱えるアリウス派は、325年にコンスタンティヌスにより召集されたニカエアの宗教会議で、異端の宣告を受けた。しかし、イタリアでは、ラヴェンナから帝国を統治したゴート人の皇帝がアリウス派を支持していたことからわかるように、アリウス派は2世紀後においても公認教義に反抗する大きな勢力であった。当時東方での主たる争点は、キリストが単性かあるいは両性かという点に関するものであった。シリアとエジプトでは、前者を支持する者が多数派をなしたのに対し、コンスタンティノポリスでは後者が公認の正教であった。教義の違いは、異教徒の皇帝による初期のキリスト教徒迫害に匹敵するような単性論者の迫害を生むとともに、人々の間に互いの反目を生んだ。この反目は、その後この地が、アラビア人による征服をやすやすと受けてしまったことの実質的な一因となったと思われる。

8世紀にはまた、教会の建物の中に聖なる人物の肖像（イコン＝聖像）を持ちこむことの是非に関する論争がもちあがった。その結果、レオ3世（717-41）が聖像を禁止したので、聖像破壊運動（イコノクラスム）が起こり、聖像復興の始まる843年まで流行した。しかしその後も、聖像表現が容認されたのは、絵画やモザイクなど平面的なものに限られた。西方では聖像が彫像の形態をとることも多かったのに対し、東方ではそのようなことはまずなかった。

そして、キリスト教の変質を反映して、教会堂の平面構成の細部にも実際に変化が起こった。しかしそれは、アラビア人に征服された土地で教会堂建築が事実上終末を迎えたのに比べれば、建築上それほど大きな変化とはいえない。また、7世紀初期以降ビザンティン帝国が全体的に弱体化し、古代に起源を持つ都市で

さえ衰退が明白となった——この衰退は11世紀にほんの限られた間だけ好転に向かった——時に、あらゆる建築が規模をかなり縮小させたのと比べても、たいした変化ではなかった。世俗建築に関しては、あまりに少ない数の建物しか残されていないので、セルジューク・トルコとオスマン・トルコの影響による変化が、衣服の変化などに比べて、どれほどであったのかを示すことはできない。

バルカン半島と初期ロシア

　スラヴ人の君主たちは、国家という概念や政府が行う儀式や戦略を、コンスタンティノポリスの宮廷に学んだ。スラヴ人の君主たちはビザンティンの皇帝と同様に、彼らの神聖な権力を正当化するために、自らを使徒になぞらえた。ただし、ビザンティン帝国滅亡後のロシア皇帝は例外だが、スラブ人の君主たちは世界の覇権を握るローマの後継者たらんと欲したわけではなかった。コンスタンティノポリスの総主教は、並ぶ者のない優位性を享受し、聖職者の叙任権を行使した。この叙任権は政治的状況によって行使されたのだが、スラヴ人の一君主が任命した主教に公式認可を与えることから、ギリシア人の高位聖職者を府主教の管区に叙任することまで、さまざまであった。修道院の中心はアトス山にあり、ここではコンスタンティノポリスのストゥディオス修道院の厳しい戒律が守られていた。スラヴ人教会の礼拝はビザンティンの礼拝をもとに構成され、古いスラヴ語の文献はギリシア語の文献からの翻訳を基盤とする。しかし、スラヴ語の典礼を導入した聖キュリロスと聖メトディオス（後述）は、教会関係国法集の翻訳からビザンティンの法律を省いており、同様に、その後のスラヴ語の翻訳家たちも、常にギリシア語の文献から取捨選択を行った。

　ビザンティンの残した遺産は、定形化した模範だけでなく、何よりも1つの方法であった。古典的価値の復興は、その土地固有の伝統を再発見する契機となった。さらに、宗教や政治における正統主義は、思考や知覚の特殊な「流儀（スタイル）」を植えつける。この「流儀」とは、いいかえれば、アナロジーが最も重要とされる文化的「掟（コード）」ともいえるだろう。ビザンティン帝国は神の国を地上に再現したものとみなされ、教会堂での典礼は、キリストが天使や使徒たちを従えて行う天上の典礼を地上で繰り返すものとみなされていた。肉のイメージであるイコンは、霊のイメージを写し出したものと解釈され、交差部の上に架かるドームは地上に架かる天空にたとえられ、ドームを持つ教会堂は宇宙になぞらえられた。アナロジーは、新プラトン主義的意味で「同一でない同一性」として解釈された。典礼の核となる不変の性格、絵画の形式としての図像の定式化、建築上の規範の長命さなどは全て、この文化的「掟」と結び付いている。そしてアナロジーは、必ずしも原型と写しとの完全な同一性を要求しないので、ある程度の自由があった。とはいえ、標準化ということがアナロジーの中に本質的に存在していた。標準化されたしきたりが、東方正教を信奉する封建国家の宗教、イデオロギー、社会の仕組みの安定化に役立ち、教会堂建築も同様の目的に利用された。

　9世紀後半に東部のスラヴ人諸国の管理をめぐってカロリング朝とビザンティン帝国との間の争いが始まった。フランク王国の優勢に歯止めをかけるために、聖キュリロスと聖メトディオスが、コンスタンティノポリスの総主教の命を受けてモラヴィアに派遣された。しかし、彼らはその後ローマ教会に支持されることになった。彼らの真の意図は今でも謎のままであるが、古代スラヴ文字、すなわちグラゴル文字の発明に加えて、彼らの業績の1つに聖書の翻訳とスラヴ教会の典礼の整備があり、これが南スラヴ族と東スラヴ族が東方教会に帰依する要因となった。一方西スラヴ族はラテン典礼を行うローマ・カトリック教会に帰依し、他のスラヴ人諸国との宗教上の分裂は、教会堂建築の発展の方向をも分かつことになった。ほぼ東ローマ帝国の領土に属してきたブルガリア、セルビア、マケドニア、ワラキア、モルダヴィアと、バルト海からドニエプル川下流にいたるまでのロシア諸国は全て、建築においても宗教と同様にビザンティンを手本とした。これに対して、ボヘミア、大モラヴィア、ポーランド、ハンガリー、クロアチア、トランシルヴァニアはローマを選び、したがって建築においてもロマネスク、次いでゴシック様式を選びとることになった。

　中世におけるビザンティンの外側の社会構造は、ビザンティンそのものの社会構造と同じであった。この社会の構造の特徴を挙げれば、厳しい徴税者である中央君主国と細分化された領地との併存、教会や修道院による土地所有の拡大、都市における社会的流動性の喪失と政治的独立性の欠如、国家宗教である東方正教と政府の戦略、異端のボゴミル派やストリゴルニク派などによる礼拝や典礼に対する批判的な動きなどであった。スラヴ人の君主たちは、ビザンティンの文化上の至高性に対抗することはなかったが、ビザンティンから政治と教会の独立を保持しようとし、時にはビザンティン皇帝に並び、打倒しようとさえしたのである。ブルガリア皇帝シメオンとセルビア国王ステファン・ドゥシャンは、彼らの称号の中にギリシア人に対する主権を明示しようとするほどであった。ロシア皇帝イ

ヴァン3世はビザンティンの滅亡後、自らをローマ帝国の玉座を継ぐ者と宣言した。これら3人のいずれの場合にも、ビザンティン皇帝と張り合うために、宮殿建築と教会堂建築が重要な役割を果たすコンスタンティノポリスの宮廷儀式を取り入れることになった。その結果、権威を象徴する建築が必要になった。建築の象徴化は、政治や宗教においてと同様、芸術においても、ビザンティンからの独立を獲得するか、あるいはビザンティンの規範に従うかのどちらかの方法によって達成された。どちらのやり方をとっても、「野蛮な」なりあがりのスラヴ人国家と、ローマ帝国の栄光との間の距離を橋渡す手段としては有効であった。どちらを選択するかは、それぞれのスラヴ人の支配者が個々に、彼らを取り巻く状況によって判断を下した。すなわち、別の政治勢力とかかわる必要がある場合とか、土着の伝統の影響力の強さの度合いとか、水準の高い美術工芸の工房の存在の有無などによって決定が下されたのである。

東スラヴ族によるキエフ・ロシアの台頭とヴァリャーグ人の来襲は、10世紀末頃まで数々の戦争を引き起こした。キエフにはそれより、1世紀ほど前からキリスト教の教会堂が存在していたが、ロシア文化の転回点となったのは、キエフ大公ウラジーミル1世の勝利と、彼の東方正教への早期の改宗である。改宗後しばらくは、個々の町への宣教にブルガリアの主教たちが訪れたが、彼らは南スラヴ族の典礼を行い、キリル文字を用いた。キリル文字は書き言葉としてのロシア語の始まりとなった。スラヴ人によるビザンティン文化の融合の成果は、ヤロスラフの時代にみることができる。教育と法のための機関が設立されたが、ここではスラヴ文化の独自性が強調され、ロシアの歴史は東方正教の発展として解釈された。ウラジーミル・スズダリ公国の台頭と形骸化の後、勢力の中心は南のペチェネグ人に押されて次第に北へ移動していった（最初はノヴゴロト、次いでモスクワへ）。この変化は、キエフ・ロシアからモスクワ大公国にいたる歴史の中でも文化的に重要な段階の1つである。しかし、文化上および政治上の重要な変化はまだ進行中であった。セルジューク・トルコはすでに小アジアをイスラムに改宗させつつあり、1071年のマンジケルトの戦いではビザンティンに圧倒的な敗北を負わせ、その領土をトルコ人に開かせた。そして、スラヴ・ヨーロッパがその頂点に達した後、1世紀もたたぬうちに政治と文化はまたも新たな変化を強いられた。その原因は、1204年の十字軍によるコンスタンティノポリスの陥落と、そのしばらく後に起こったモンゴルによるキエフの急襲である。モンゴルが最終的に衰退し、オスマン・トルコがビザンティンに対して最終的な勝利を得るまでの、その後の2世紀半の間にさえ、地方の技術にかなりの影響を受けた装飾美術は、ロシアの新興の町々においてさかんな発展を続けた。そして15世紀の前半に早くも移入された外国のデザインや技術を取り込んでいった。しかし、ビザンティンの規範への忠実さは、コンスタンティノポリスがもはや東方正教組織と権力の中心でなくなった後にさえも、芸術の発展に寄与していた。

前期中世の文化

エルベ川西岸までのヨーロッパは、ローマ帝国崩壊後の数百年間、東方のビザンティン帝国に比べて政治的、文化的に重要な位置を占めることはなかった。建築は、ヨーロッパの政治的統一と領土支配の中心が失われるとともに、衰退した。政治的統一が失われた結果、ヨーロッパの東部はブルガリアの介入によってコンスタンティノポリスから切り離され、また南部と南西部はイスラムからの圧迫を受けることとなった。こうして、西ヨーロッパは孤立した。このことは、ヨーロッパ大陸の文化の基盤が、混乱と衝突という環境の中に置かれたことを意味する。したがって、文化の発展が再び始まり、イタリアがビザンティンを模範とする様式をさらに発展させた時、そこにイスラムの影響の痕跡がみられたとしても、それは何ら驚くべきことではない。この頃ビザンティン教会からの直接の影響が存続していたところでは（第16章参照）、二千年紀の中頃まで、その影響下での建築様式の発展があった。一方ヨーロッパでは、ローマのバシリカに起源を発するロマネスク様式が発達し、さらにこの様式は、西部および北部ヨーロッパで、ゴシック様式に急速に移行した。

キリスト教と修道院の影響が大きくなるのに伴い、教育と文化が普及した。その効果は、教会だけでなく世俗にも及んだ。というのは、教会堂あるいは修道院の建設は、町の開設の要となることが多かったからである。そしてまた、必要とあらば市民の自治と競合し、時には支配する、そのような教会の伸張しつつある力を示すさらに確実な証明ともなったからである。司教と大修道院長は封土を所有していたので、軍隊の司令官として自ら戦場に赴くこともあった。あらゆるところで教会の力と特権が伸展した。そして宗教的な熱狂と信仰の高まりは、その物質的表現を、大聖堂と修道院の建築の中に見出した。そのため大聖堂と修道院は、この時期の封建領主の城よりも重要な位置を占めることとなった。

この宗教的情熱が一方で、パレスティナと聖地を占領したイスラム教徒に対する十字軍を生んだ。西方のキリスト教徒と東方のイスラム教徒との間の間欠的な戦争（1096-1291）は、西方の芸術に少なからず影響を与えた。修道院共同体は 4 世紀に起源を発する。800 年には、シャルルマーニュをはじめとする世俗の支配者が、ベネディクト会の修道院に対する援助を行っていた。11 世紀は修道院組織の発達が特に著しかった時代で、修道院が新しい農業の技術を開発し、建築にも大きな影響を及ぼした。事実、中世末までは修道院が科学、文学、芸術そして文化を独占していたのである。修道院に付属した学校で、宗教に奉仕する若者を教育しており、修道士とその弟子はしばしば教会堂を設計した。

主な修道会としては次のものが挙げられる。

1）**ベネディクト修道会**：6 世紀初期に、ヌルシアの聖ベネディクトゥスにより南イタリアのモンテ・カッシーノに創設された。財産は共有だが、清貧の誓約を特に持たなかったので、慈善奉仕と農事企業をやりやすかった。修道院の建物は町の中にあるのが普通で、教会堂の一部が一般信徒用に提供された。

2）**クリュニー修道会**：910 年、やはり聖ベネディクトゥスの規律に従って、大修道院長オドンによりブルゴーニュ地方のクリュニーの地に創立された。12 世紀には、ヨーロッパで最も力のある組織の 1 つとなっていた。

3）**カルトゥジオ修道会**：1086 年、聖ブルーノがグルノーブルに近いグランド・シャルトルーズ山塊に設立した修道会で、当時ゆるみつつあった隠者的、禁欲的な規律を立て直した。修道会が公認されたのは 1142 年になってからである。修道院は遠隔の地に置かれることが多い。普通、教会堂の平面は単純で、回廊のある中庭の周りに修道士の独房が配置される。修道院の建物は無装飾で簡素である。

4）**シトー修道会（白修道士会）**：1098 年にシトーの地に、そしてこれよりやや遅れてクレルヴォーの地に創立された。1134 年以降、シトー会の全ての教会堂は聖母に捧げられたので、聖母祭室を別に持つことはなかった。シトー修道会の禁欲の志は、当初単純で簡素な建築を生んだ。

5）**在俗参事会**：主として大聖堂と参事会教会堂に奉仕した。彼らは 750 年頃の聖クローデガングの規律に従って生活した。

6）**アウグスティヌス修道参事会（黒修道参事会）**：1050 年頃に設立された。修道院の平面は、ベネディクト会のそれによく似る。参事会員は、都市部に位置することの多い修道院の中で、修道士と司祭の義務を果たした。

7）**プレモントレー修道参事会（白修道参事会）**：1120 年に、聖ノルベルトによって北フランスのプレモントレーに設立された。

8）**ギルバート修道参事会**：イギリスだけに限られた修道院で、1131 年にセンプリンガムの聖ギルバートによって設立された。長軸方向の壁で仕切られた教会堂と、この教会堂に附属する建物に、アウグスティヌスの規律に従う参事会員の住宅と、シトー会の規律に従う修道女の住宅を結合するのが普通である。

9）**テンプル騎士団**：1119 年にパレスティナと聖地を防衛し、エルサレムへの巡礼路の安全を確保するために設立された。騎士団の教会堂は、エルサレムの聖墳墓聖堂を模範として建てられた。

10）**聖ヨハネ騎士団**：1113 年頃、アウグスティヌスの規律に従って（エルサレムの聖ヨハネの騎士団として）、組織された。この修道会は、ヨーロッパに大きな財産を所有したが、それ自身の固有の建築形式を発達させるにはいたらなかった。

11）**托鉢修道会**：13 世紀に設立され、フランシスコ会とドミニコ会に率いられた。祈りに重きを置く修道士のための教会堂は、独特の平面構成を要求した。しかし、このような平面を持つ教会堂は、ヨーロッパの大部分でゴシック建築がすでにロマネスクを引き継いだ後に発展した。通常、施設は都市部にあり、修道士はそこで祈るとともに、一般大衆の間にあって慈善活動を行った。そのうちのあるものは、ヨーロッパにおける大学の発生に重要な役割を果たした。

修道院の平面構成と建設ほど、ロマネスクのヨーロッパにおける修道院の組織と文化の力強い発展をみせてくれるものは他にない。中世の修道院のよく発達した平面の典型は、正方形または長方形の回廊が教会堂の南面に接続し、突出したトランセプトの腕がその東縁部を画するというものである。回廊は、長方形の中庭の周囲を屋根付きの歩廊が取り囲む形式で、各歩廊は、内側をアーケード、外側を修道院の最も重要な建物の壁で画される。回廊の東側、すなわちトランセプトの南側には、修道院共同体の運営に関する公式の会議を開くための参事会堂がある。そのさらに南側には、1 階をヴォールト天井室とし、2 階を共同寝室とする。回廊の南側には、フレイターすなわち大食堂と厨房がある。フレイターは、食事の時に朗読を行う説教壇を

備えることが多い。西側の区画には、大修道院長の邸館、貴賓用宿泊所、そして食糧の貯蔵庫がある。他に施療所、醸造室、製パン室、馬小屋、そして農舎などの建物が敷地の中に配置される。回廊には、洗濯のために新鮮な水が常に供給される。

修道院教会堂は、一般的に2つに分割される。この場合、東側の部分が修道士の専用となり、西側の部分は一般信徒に開放される。隔壁あるいは衝立は通常、交差部から2-3ベイ西側に置かれる。この衝立は説教壇を含み、そのすぐ西側には外陣の祭壇が置かれる。説教壇のすぐ東側から交差部の下にかけて、修道士の座席が並べられる。大祭壇は、中央のアプスに置かれ、側廊、トランセプト、そしてギャラリーには副次的な祭室が配置される。修道院の建物は全て、楼門を備えた周壁の中に営まれる。参事会堂は、11世紀には基本的な建物であった。9世紀初期につくられたスイスのザンクト・ガレン修道院の理想平面は、参事会堂を持たないことを除いて、上記のような模範的な配置を示している（p.196-197参照）。

しかしながら、全ての修道院がこのような配置に厳密に一致していたわけではなく、修道会によっては、特殊な条件のためにこれと異なるものもあった。特にシトー会の修道院の場合には、直接経営の慣例に従って、大勢の助修士（コンヴェルシ）が修道院財産の運営を行ったので、彼らが寝泊まりするための共同宿泊所を提供しなければならなかった。彼らは、専用の食堂を備えた西側の一角に寄宿し、教会堂の中にあっては、修道士専用の内陣から分離された外陣で礼拝を行った。イギリスでは、大聖堂は司教とともにベネディクト会の修道院によって運営されることも多かった。イギリス以外のヨーロッパの国々では、大聖堂は司教と司教自身が所属する在俗の参事会によって管理された。これに対して、修道院は司教の監督を受けることなく、しばしば司教に対しで批判的でさえあった。

巡礼路教会堂

巡礼は、中世を通じて最もよく行われた宗教的献身の形態である。キリスト教の情熱が、無数の人々の魂を鼓舞して、ヨーロッパと中近東の隅々にまで存在する多数の聖遺物と聖なる場所を巡る旅をさせたのである。たとえば、スペイン北西部のサンティアゴ・デ・コンポステーラは、聖ヤコブ（サンティアゴ）の遺骸によって巡礼の一大中心地となり、遠くイギリスやドイツからも巡礼者を集めた。巡礼路上にある教会堂と修道院は、巡礼者に宿泊施設や礼拝施設を提供することによって、かなりの物質的利益を得ることができた。11世紀と12世紀には、巡礼路が生んだ富のおかげで、宗教共同体は大規模な新しい教会堂を建てることができるようになった。石工と彫刻師は、常に需要があったので、当然のことながらこのルートに集まり、「イール・ド・フランス」からサンティアゴ・デ・コンポステーラにいたる巡礼路に沿って、新しいロマネスク様式を広めた。

主な巡礼路教会堂としては、トゥールのサン・マルタン聖堂（997年以降に工事が始まりフランス革命で大部分が破壊された）、コンクのサント・フォワ聖堂（1050頃-1130頃）、トゥルーズのサン・セルナン聖堂（1077-1119）、そしてサンティアゴ・デ・コンポステーラ大聖堂（1078-1122）を挙げることができる。これらの教会堂は盛期ロマネスクの様式に属し、いずれも周歩廊、複合柱、そしてトリビューン――全てロマネスクの重要な要素である――を備える。西南フランスと北部スペインをカバーする建築彫刻の流派は、巡礼路教会堂の構造とデザインに結び付いて発達した。

イタリア
中部イタリア

建築の成果においていずれ劣らぬピサ、ルッカ、あるいはピストイアなどの独立武装都市の開設を促進したのは、産業人口の増加と、商業の発達、そして支配者としての有力な家系の登場である。これらの都市国家間の激しい敵対関係は、城と要塞の狭間胸壁などの建築的特徴にみることができる。11世紀のトスカーナ地方においては、芸術的活力は、主として建築に表現された。そして建築はさらに、絵画と彫刻のための舞台背景を提供した。

北イタリア

コンスタンティノポリスとの同盟の結果、ヴェネツィアには、建築を飾るための貴重な要素が、海を越えて東方からもたらされた。このように、西方における東方の勝利は、アドリア海の女王（ヴェネツィア）の建築に影響を与えたのである。一方、ミラノ、パヴィア、ヴェローナ、そしてジェノヴァなどの北イタリアの自由都市は、互いに公共建築の美を競い合い、この競争心が、イタリア全土の建築のめざましい発展に力を与えた。

南イタリアとシチリア島

シチリア島は、イスラム教徒支配下にあって人物像の宗教的表現を禁じられていたので、教会堂のファサードでさえも幾何学的パターンによって装飾された。イスラムと初期ビザンティンの影響は、1061年のノルマン人による征服の後にも残存した。装飾にモザイクを

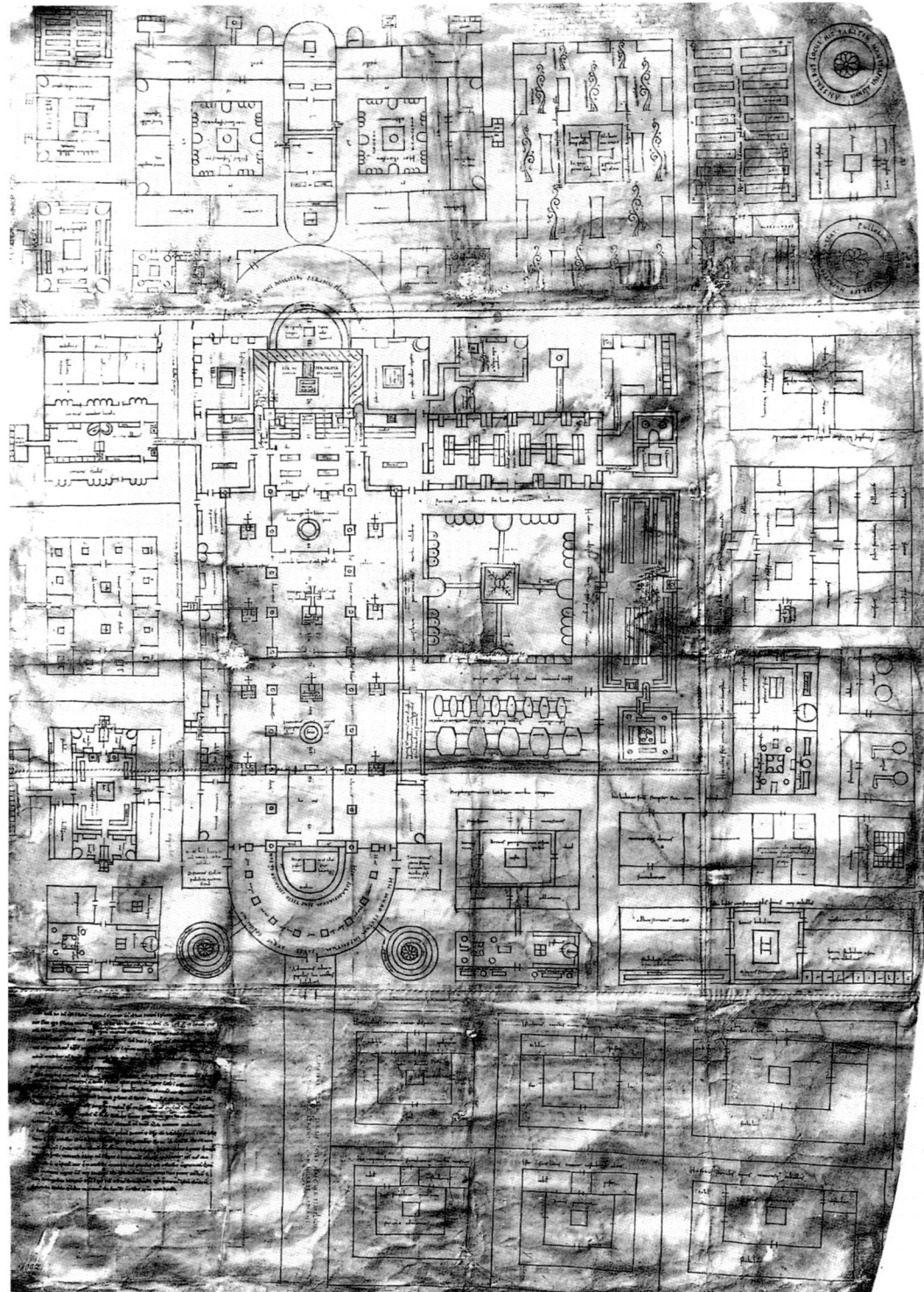

ザンクト・ガレン修道院（820頃）、オリジナル平面図　p.197および右頁図参照

第 8 章 背 景

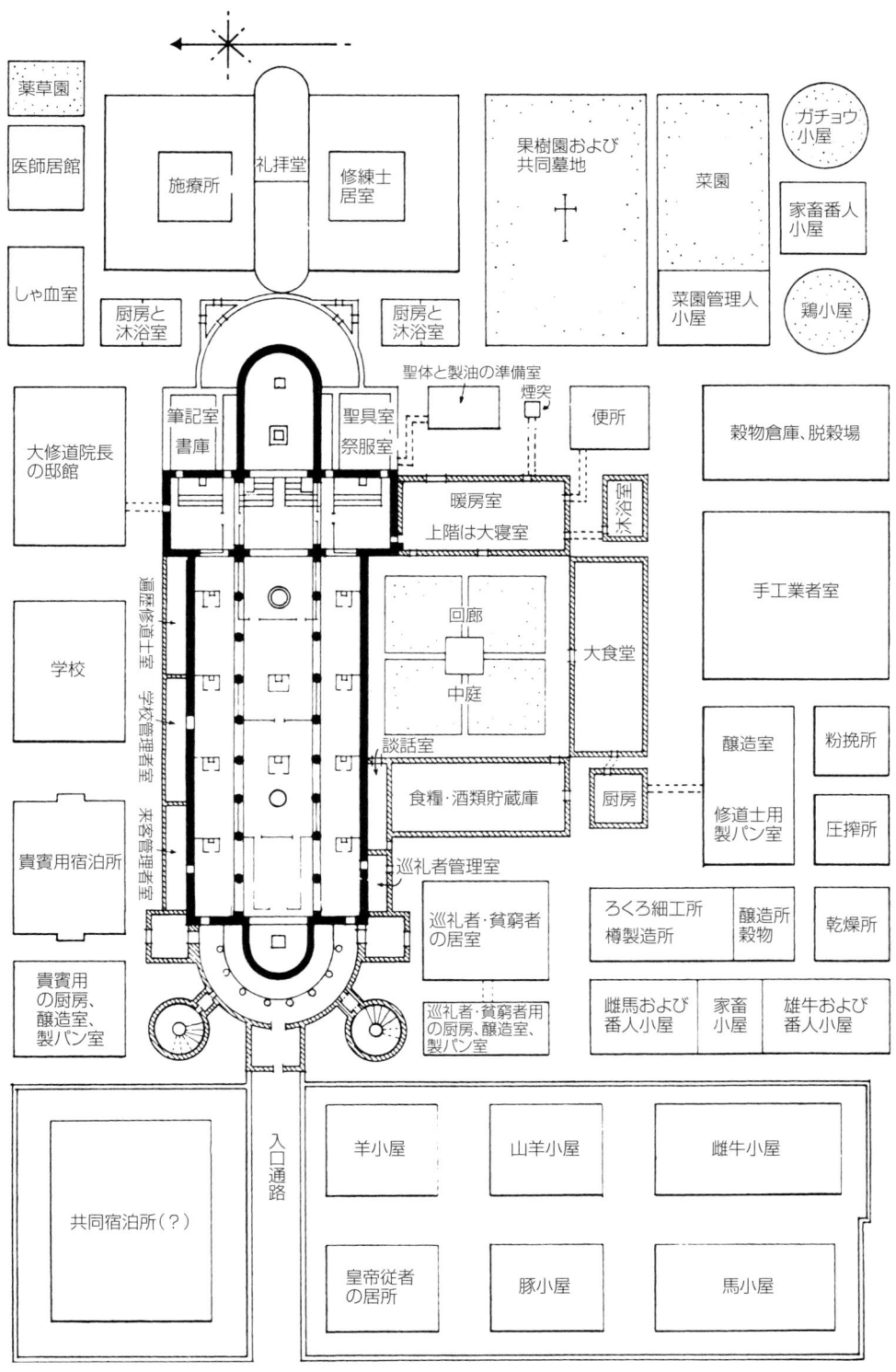

ザンクト・ガレン修道院、左頁の平面図の図解

用いる伝統は、ノルマン人の王によって育成され、パレルモにはモザイクの学校が設立された。南イタリアは、シチリア島と常に密接な関係を保ちながら、東方帝国との強い結び付きをも維持していたので、イスラムの影響をそれほど受けずにすんだ。

フランス

クリュニー、カルトゥジオ、そしてシトーなど、主な修道会の多くはフランスで設立された（p.194 参照）。フランスは、十字軍において指導的な役割を果たすとともに、東方ラテン帝国の建設と統治においても、帝国が衰退し消滅する 13 世紀末まで、中心的な役割を演じた。ヨーロッパ北部の文化は、フランスの地方ロマネスクの芸術と建築から大きな影響を受けた。パリ大学は、もともと大聖堂付属の学校として発足したが、12 世紀にその名声はあまねく知れわたり、有力な教師を引き寄せた。中世フランスは知性の面で抜きん出ていたが、ゆるがぬ文化的統一を決して一夜にして成し遂げたものではない。建築だけでなく、彫刻や詩など他のジャンルの芸術も、ともにカペー朝の王の下で徐々に成長し、今日知られているようなフランスの伝統を生んだのである。建築と文学の最も重要なテーマは、封建的忠誠心とキリスト教の信仰であった。キリストに仕えることに自らを捧げた騎士の神秘主義的理想は、この両方のテーマと密接にかかわる。

ロマネスク様式は、ヴェズレー、アルル、そしてアングレームにおいて、構造の分節と建築彫刻に関してほとんど完璧の域に達した。彫刻されたテュンパヌムを持ち、段状に後退する特徴的な扉口は、壮麗な彫刻で飾られたゴシックの扉口の先駆をなす。

スペインとポルトガル

スペインは、近隣諸国だけでなく、イギリス、イタリアとも交流があり、それが、イベリア半島の建築にさまざまな影響を与えた。一方、奇妙な構造と活力に満ちた細部に、イスラムの影響をはっきりと認めることができる。北部のキリスト教圏においてさえ、イスラムの職人の高い技術力が必要とされ、しばしばその影響が表れた。イスラムの特徴は、モサラベ――イスラムの支配下にある地域で黙認されていたキリスト教徒――の教会堂に最もよく表れている。

キリスト教徒が、1212 年にトロサの戦いでイスラム軍に圧勝して以後、キリスト教芸術は、敵対するイスラム芸術からの略奪による成果も加えて、大きく飛躍した。

キリスト教は、2 世紀にイベリア半島に伝わり、その後の 200 年間でほぼ定着した。民族間の、というよりもむしろ異なる宗教間の定常的な戦争を経て、イベリア半島はキリスト教国家としての統一をみた。中世を通じて教会は最大の力を保持し、イスラム教徒に対する抗争においても、常に統一的な力を発揮した。その結果、教会は世俗に対する大きな権力と財産を手に入れた。これに加えて、スペインでは劇的な儀式と典礼が好まれたので、大聖堂と教会堂は、貴族の家族専用の大きな祭室を備えた平面と広い内陣を採用した。イスラム教では、彫刻と装飾において人物表現が禁止され、幾何学的なパターンが推奨されたが、この教義の影響は、キリスト教の教会堂の豊饒で複雑な表面装飾の上にもみることができる。その理由は、表面装飾には、イスラムの伝統を持つ職人が雇用されることが多かったからである。

イギリス

これまでヨーロッパ大陸の建築は、イギリスではわずかヨークのセント・ウィルフリッドの流派に属する北部の建築と、7 世紀のケント王国の建築に影響を与えていたにすぎない。大陸の建築の特徴が本格的にイギリスに流入するようになったのは、10 世紀の修道院改革の後である。

ノルマンディーのウィリアムの登場以後、彼を含めてイギリスの征服者は、防備を強化するために城を建てた。修道院と城の周囲に町が成長して商業と交易の中心となり、その中から生まれた商人ギルドによって、都市の自治の基礎が固められた。しかし村は、依然として未発達な住居の単なる集合体のままであった。自治を確立した都市は、学問の習得を奨励したが、12 世紀と 13 世紀にそれを担ったのは、修道院学校と 2 つの大学であった。宮廷では、13 世紀までフランス語が共通言語として用いられた。

1096 年に教皇ウルバヌス 2 世と隠者ピエールによって、第 1 次十字軍が請願された。以後、十字軍によって東方と西方の間での知識の交流が生まれ、イギリスにも国際化の波が押しよせてきた。アキテーヌのアリエノールとヘンリー 2 世の息子であるリチャード 1 世は、第 3 次十字軍に従軍した後ノルマンディーのレザンドリーにゲイヤール城を建設し、軍事建築の 1 つの型を確立した。十字軍は、学問の進歩に弾みを与える一方、修道騎士団の設立（1113-19）にも刺激を与えた。その後中世後期になって、修道騎士団は教会建築に影響を与えることになる。1128 年にシトー修道会が、サリー州のウェーヴァリーにイギリス最初の修道院を建て、1175 年にはサンス出身のウィリアムが、カンタベリー大聖堂の内陣を新しいゴシック様式で再建する工事に着手した。

スカンジナビア

　スカンジナビア半島とヨーロッパの結び付きを強めるのに、修道院が大きな役割を果たした。デンマークとノルウェーのベネディクト修道会の教会建築は、修道院の慣例に厳格に従った。またデンマークとスウェーデンではシトー会の修道院が、フォントネーとポンティニーの平面にならっていくつか建てられ、単純だが力強いブルゴーニュの特質を表現した。中世のスカンジナビア半島では、小規模な教会堂は14世紀という遅い時期においてなお、単純なロマネスクの形態で建てられた。さらに遠隔の地では、建築がより初期の様式で建てられるのは普通であった。たとえばフィンランドでは、東バルト海においてスウェーデンの勢力が伸長した13世紀初期以降、石造の教会堂建築が発達したが、そこにはロマネスクの様式的特徴が支配的にみられる。

聖　地

　聖地では、フランク族の兵士は彼ら自身の陣地においてさえ少数派であった。したがって本格的な軍事建築では、外敵の脅威だけでなく内部の反乱に対しても安全を確保する必要があり、そこからいくつかの建築的特徴が導かれた。12世紀を通じて聖戦が継続された結果、1つの建築の形態が生まれた。その形態は純粋に軍事的な意味で重要なだけでなく、後にヨーロッパの城郭建築に大きな影響を与えたという意味でも重要である。

　建築における十字軍の先駆性は、宗教的施設についても当然あてはまる。ここでは、それらの施設が他の施設と複合するケースが多かったことを、強調しておかなければならない。たとえば、パレスティナの修道騎士団の宿営施設は、要塞化された教会堂を内部に含むのが一般的であった。完全な例は残っていないが、ピレネー山脈のフランス側のルツに、これに類似した遅い例（1260）が残る。内陸の大きな城は、必ずといっていいほど礼拝堂を持ち、なかにはトルトーサのように大聖堂を有するものもあった。多くの聖なる土地では、新たに教会堂を建てるよりも、むしろ現存する建物を教会堂に転用することの方が多かった。一方、政治の中心と商業交通網も城に基盤を置いていた。当時の記述によれば、周辺の土地を耕作することで生活を支えていた農民層にとって、城が安全地帯として重要な意味を持っていたことは明らかである。というのも彼らは、城を拠点として封土を支配し防衛する封建領主に、忠誠の義務によって従属していたからである。

ゴシックの文化

　13世紀には十字軍が衰退し、東方ラテン帝国が解体する一方、北部ヨーロッパでフランク族の建築の力強い発達があった。すなわち、北部ヨーロッパでは、ロマネスクの建築を母体として、そこから1つの新しい建築が生まれた。その建築は、ロマネスク建築に由来する平面を持ち、幅の広い身廊とトランセプトの天井を覆うことのできる石造のヴォールトと尖頭アーチを備えていた。

　ゴシック建築は、基本的にキリスト教の教会堂の一様式であることを理解しておく必要がある。しかしこのことは、ゴシックの建築家が城や住宅を建てなかったということを意味するものではない。とはいえ、ゴシック様式の特徴を十分に理解したうえで、それを最良の方法で世俗建築に適用した例は珍しい。城の中では、礼拝堂は他よりゴシック的な外観を持つのが常であった。ゴシック様式は、ヴォールトを架ける広いホールにはよく適するが、小さい部屋、特に複数階の床を持つ建物の小部屋には適さないからである。ヴォールトを架けるホールを、上下に重ねて建てることは不可能ではない。その優れた例を、マイセンのアルブレヒト城とプラハのフラッチャニ城にみることできる。しかし、そのような方法は、費用がかかり、使いづらいので、あまり適用されることはなかった。管理のために、部屋を長い廊下と立派な階段で連絡してまとめる必要が出てくると、そろそろゴシックの時代は終わりである。逆に19世紀に、鉄道の駅舎のための大きな空間が要求された時に、ゴシック様式は多くの構造技術者をひきつけた。

　教会堂が特別な意味を持つと考えられていたことをはっきりと示すような当時の文献記録は、何も残っていない。他方、形象的証拠はたくさん残る。ゴシック建築の発展が、彫刻やステンドグラス、そして絵画などの形象芸術の発展と歩みをともにしたのは、これらの形象芸術が教会堂の永遠の居住者としても、教会堂と共通の精神を分かち持っていたからである。それらの形象芸術から、大聖堂が天上のエルサレム、すなわち教会の勝利のシンボルと考えられていたことがわかる。厳密に機能的な意味では、大聖堂は祭壇の集合体である。それぞれの祭壇が聖人に捧げられたものであることは、聖人の残した聖遺物によって表された。それらの聖人との縁をとりなすために、儀式は終わることなく繰り返された。このことから敷衍して、教会堂自身が記念碑的な意味を持つ一種の聖遺物箱であった、とみることもできよう。おおまかにいって、全てこれらの図像学的意図は、形態と空間から崇敬の念と聖な

るものの生々しい感覚を引き出すための探求にあったと思われる。

　だが、このような図像学的構想が絶対的であった、すなわち、厳密に字義通りに適用されたと考える必要はない。しかし、図像学的構想は、その意図が厳格にとりあげられたか否かにかかわらず、ゴシック建築を構造以外の何物でもないとする、ヴィオレ=ル=デュク等の解釈の影響を受けた見方を正すのに役立つ。構造技術がいかに重要で特別のものであったとしても、建築は最終的には宗教と美学の問題に従属すべきものであった。構造技術は、それ自身で自己完結するものではない。たとえば後期ゴシックの偉容を誇る都市の尖塔群は、構造技術によって人々の感動を最も強く呼び起こしたが、これらの尖塔でさえ、そのねらいは、都市とその周辺数マイルの田園地帯の上空に、何か視覚的に人をひきつける特異な姿をしたものを突出させることにあった。とはいえ、ゴシックのいかなる偉業も、当時の職人の到達した優れた職業的能力なしには、おそらく不可能であったに違いない。

資　源

先史時代

　旧石器時代は、氷河の前進と後退があったために、洞穴と岩のシェルターを除いてほとんど遺構が残っていない。それだけでなく、旧石器時代人が建設に用いた材料は限られていた。西ヨーロッパでは、木材、そだ、石、獣皮、獣骨などの材料を外装として住居をつくった。東ヨーロッパの過酷な氷河周辺の地方では、西ヨーロッパよりも立派な建築物が多く発見されている。それは、旧石器時代の氷河期の狩猟民が、家屋を建てるためにマンモスの骨を組織的に採集していたからである。

　中石器時代に、建築材料が組織的に開発された形跡はないが、新石器時代には鉱業が著しく発達した。火成岩と燧石（すいせき）が積極的に活用され、未加工材料の交換が遠隔地の間で行われた。住居は主にその地方産の材料でつくられたが、記念建造物の建立には、その地方に産しない材料も用いられた。新石器時代には、人力が主たる建設手段であった。大きな記念建造物では、試算によればのべ数百万人時間もの仕事量が費やされた。このような状況は、青銅器時代に入っても変わらなかったようである。もっとも、青銅器時代には、遠隔地から材料と生産物を運んできて使う機会が、確実に増加していた。

　鉄器時代には、各種の天産物の利用法が開発された。鉱石は露天掘りと坑道掘削によって得られた。鉄の溶融と大規模な防御施設の建設には、質の高い木材の大量の伐採が必要であった。建設材料が、かなりの遠隔地から運ばれてくることも珍しくはなかった。

エトルリアとローマ時代初期

　中部イタリアは、ギリシア人が建築に用いたような入手しやすくしかも質の優れた大理石に、それほど恵まれていたわけではない。石材が用いられたのは、神殿の基壇や墳墓、あるいはもっと後の防御壁などのように、強度と耐久性が要求されるところに限られていた。ただし、神殿の基壇と墳墓は、それが容易な時には、岩山から直接掘り出されることも多かった。一方、良質のレンガ用の粘土は存在した。かなり後の時代まで、焼成しない粘土レンガが編垣と塗壁にかわるものとして普通に用いられた。素焼きのテラコッタが用いられたのは、屋根など耐久性が必要な箇所か、あるいは装飾的な美しい細部が要求される箇所に限られていた。良質の木材もまた手に入りやすく、柱、梁、そして屋根材として用いられた。

共和政ローマ後期と帝政ローマ初期

　共和政後期と帝政初期ローマの建築材料に起きた最も大きな変化は、第1に焼成レンガの導入、第2に石灰と砂に天然の火山灰を加えてできる高品質モルタルの発明、そして第3にカッラーラ産大理石の最初の本格的使用と外国産大理石の輸入である。

　現地で入手できる石材は、以前にも増して広く用いられた。ローマの周辺では、多孔質の火山岩の一種で、各種の強度を持った次のような凝灰岩がこれにあたる。ティボリ近郊から得られる丈夫で美しい石灰岩の1種のトラバーチン、そしてアルバーニ丘陵に産する火山性の石材ペペリーノがそれである。ただ、これらの石材はいずれも、質と強度の点でギリシア産大理石には及ばなかった。レンガは当初からタイル状の形態を持っていた。すなわち、厚さ約40 mm、1辺600 mm（2ローマフィート）の正方形のバイペダルと呼ばれる形状のものであった。レンガの生産は、後の大理石の柱などの部材がそうであったように、まもなく高度に組織化され、規格化された。

　外国征服の戦利品による財源の拡大もまた、重要であった。勝利を得た将軍は、公共建築と公共事業のスポンサーとなるのが普通で、アウグストゥス以降、これまでよりも一段と大きなスケールで建築物を新しく

建てるのが慣例となった。富裕な将軍は、公共建築だけでなく私的建築のスポンサーとなることをも依頼された。ギリシアの古典世界および東方ヘレニズム世界との接触により、新たな建築技術の導入があった。ウィトルウィウスは、保守的な姿勢で建築に臨み、また古来の伝統の維持を主張する一方で、それらの技術の導入についても述べている。大規模な建築工事では、熟練した職人とそうでない職人が混在する大きな集団が、明らかに存在した。残されている記録によれば、紀元1世紀以降、それらの集団は組織化され、多くの専門職に分化した。そして、そのような専門職は次第に世襲化していった。この頃には、表層にレンガを用いるコンクリート構造が普及していたが、それが、熟練労働者の必要性を大いに減じ、逆に未熟練労働者の割合を増加させることになった。

属州を含むローマ帝国

　ローマ帝国のイタリア以外の地方では、少なくとも初めのうちは地方間に大きな格差が存在した。早くからヘレニズム化されていた国がローマに吸収された場合には、この政治的な変動で、使用する建築材料に大きな変化が起こるようなことはなかった。たとえば、東方と北アフリカの大部分では、重要な建物には化粧石材が引き続いて普通に用いられた。しかし、もともと良質の石材があまり多くなく、日干レンガが以前から用いられていた地方では、焼成レンガが導入され、壁体とヴォールトがつくられた。そして、焼きの足りない焼成レンガを砕いたものを混入することにより、天然のイタリア産ポゾラナからつくられるモルタルと同等の性質を持ったモルタルが得られた。一方それほど古い建築の伝統のなかったアルプス以北の地方では、新しい建築材料が使用されるようになった。これらの材料は、運搬にかかる高いコストを節約するために、可能な限りその地方産のものが用いられた。それらのうち、紀元1世紀頃以降最も重要となったのは、表層にレンガを用いたローマのコンクリート構造に類似のものをつくるために用いられた材料である。

　優れた建築の長い伝統があり、なお発展しつつあった地方では、意匠の技法と建設技術はそのまま存続した。その場合、ローマの支配により変わったことがあったとすれば、それは、建築家と高い技術を持った職人が容易に場所を移動できるようになり、そしてそれにより最も腕のいい建築家——たとえばトラヤヌスの主任建築家であったダマスクスのアポロドロスなど——が皇帝に仕える傾向が出てきた、という点であろう。古い伝統のなかったところでは、初めは必要な技術を輸入しなければならなかった。すなわち、そのようなところでは、技術に覚えのある職人が、少数の核となって労働者を指導するために招かれた。

　建築とスポンサーの関係は、共和政後期および帝政初期ローマと同じ状況であったが、貧弱と重要性の地方差による建築の規模の違いはあった。セプティミウス・セウェルスのような非イタリア人皇帝が、自分の出身地に大規模な建築事業を興すこともあった。この他、後のトリーアのように、皇帝の居住地となった都市にも大規模な建築が建てられた。ローマ帝国末期の建築に関して意外に思われるのは、帝国の力がすでに衰弱し、経済が破綻をきたしていたにもかかわらず、特にローマでは大規模な建築が建設されていた、という事実である。しかしながら、過去の建物から円柱や柱頭あるいはフリーズ装飾などの意匠をこらした石造部分を剥ぎとり、それらを新しい建物に再利用することが多くなっていたという事実は、ローマのひっぱくした状況を示している。

初期キリスト教時代と
ビザンティン帝国

　ローマ帝国では、4世紀にキリスト教化が進み、それに伴って教会のパトロネージも次第に高まった。やがて教会は、寄進によって土地とその他の富を大量に手に入れることになる。

　しかし、ローマがなおひっぱくした状況にあったことは、たとえば次の事実によって示される。コンスタンティヌス帝のキリスト教改宗とこれに続く334年と337年の勅令の後に多くの新しい教会堂が建てられたが、これらの教会堂では、経験に富んだ優れた建築家と職人の不足を補うために、他の建物から剥ぎとった大理石の円柱を再利用するのが一般的であった。またこの時代の別の証拠によれば、技術を持った建築家と職人が各地を移動する一方、建築家に適任者がいない場合には、新たに建てる建物の平面図が別の場所から取り寄せられた。紀元1世紀にウィトルウィウスが博識のある理想的な建築家像について楽天的な記述を残している他、4世紀にアレクサンドリアのパップスが建築実技に関するより実際的な記述を残している。この記述は、指導的な立場にある建築家にとって、最新の力学理論を身につけることがいかに必要であるかを力説している。このことは、当時職業的な専門技術が、実質的に最高度のレベルにあったことを物語っている。

　後にコンスタンティノポリスのハギア・ソフィア大聖堂の建設に際して、ユスティニアヌス帝が任命した建築家が、そのような理論を身につけた人物であった。

ハギア・ソフィアの建設工事の大きさと、宮廷歴史家プロコピウスが記しているユスティニアヌスの他の建物の規模からわかるように、東方では6世紀初期には、もはや人的、物的両方の面でいかなる資源の不足もなかった。これに対し、西方の地位は低下の一途をたどっていた。ローマ帝国に大理石を供給していた石切場のうち、すでに生産を停止したものもいくつかあったが、多くはまだ生産を続けていた。特にマルマラ海のプロコネソス諸島の石切場からは、仕上げ加工のされた大理石部材が大量に生産された。また、数世紀前ローマで用いられていたのと同様のタイプの焼成レンガも、豊富に供給された。そして早くも、これまでになく幅広い鉄の使用が始まっていた。

しかし、このような状況が長くは続かなかったこともまた明らかである。6世紀の後期以降は、全ての建築がそれまでよりもかなり小さな規模で建てられた。たとえば、教会堂が再建される必要がある時には、ことごとく規模が縮小された。この変化は、教会堂がかつてのように多くの人々を収容する必要がなくなったという事実だけでは、説明できない。ビザンティン帝国後期には、新たに加わった建築材料として重要なものは何もなかった。逆に、材料選択の幅は次第に狭くなった。すなわち、以前からの森林の開拓の結果、長くて、真っすぐな木材はすでに希少なものとなっていたし、大理石はかつての生産地の多くからは入手できなくなっていた。石切場はもはや生産を停止し、過去の建物から切り出された石材に依存することが次第に多くなった。

バルカン半島と初期のロシア

この地方の地理的な位置と自然の特質は、伝統的な建築の発展、および外国文化の影響の普及と吸収に、大きく影響した。北の境界をなす北部ロシアは、広大な森林地帯である。ほとんどが針葉樹で、西部ではカバの木となるが、カシやシデ、カエデ、ライムなどもみられる。この森林地帯の南側には大きな平原が広がる。ステップを横断するヴォルガ川に沿って南から、ドニエプル川に沿って南西ヨーロッパから、そしてヴィスワ川を通って北西ヨーロッパから、商人や物や文化がロシアに流れ込んだ。

上質の建築石材は、バルカン半島ではすでに使用されていたが、ロシアでは供給が不足していた。ロシアが加工性と耐久性に優れた石材資源を獲得したのは、バルト海と黒海を征服してからのことである。ビザンティンの影響の遺産であるレンガは薄いもので、通常は塗料か漆喰が塗られるが、16世紀までには重要な公共建築、城塞、修道院や邸宅などに、広く用いられるようになった。しかし、ロシアの伝統的な建築を特徴づけることになったのは、木材（一般的に使用できる唯一の経済的建築資源である）の使用である。

黒海に接するポントス地方のコルキス人は、木材を水平に重ね、その隙間を木片と粘土でふさいで家を建てる、とウィトルウィウスが早くも紀元前1世紀に述べている。この方式は、黒海周辺と北部ロシアでは続く2千年の間、伝統的な木造建築の方式として、基本的には変化しなかった。松やモミ（カシも含む）のようなほぼまっすぐの針葉樹の丸太を用いて、鋸や鉄釘を使わず、斧を使って大工仕事が行われた。丸太は水平に置かれ、隅の部分はかみ合わせにされた。それぞれの丸太は、下の丸太との接合をよくするために、底面をわずかにくぼませ、隙間にコケ類やオーカムなどが詰められた。ほとんど乾燥していない丸太を水平に上下に重ねることは、乾燥と収縮の過程で丸太の重さが、個々の部材の捩れや割れの防止に有効に働いたことを意味する。丸太の外部表面は、通常丸いまま残された（そして建物の気密性と防水性を高めるために、露出部分に粘土を塗ることもあった）が、内部の表面は斧の荒削りにより平らにされ、塗装された。

土着の建築材料と技術は、その土地の気候とあいまって、ロシアとバルカン半島にもたらされた建築の着想に、非常に大きな影響を与えた。たとえば、ビザンティンの形態、特に暖かい地中海の気候の中で発達した半球ドームは、雪の多いロシアでは、球根状のクーポラに発展した。

ロマネスクの時代

ロマネスクの時代、特に11世紀と12世紀の経済が繁栄し始めた時代に、大聖堂と修道院教会堂がバシリカ式の平面を採用したことは、組積造の意匠と施工技術が向上し、建築に適した石材が入手しやすくなったことと無関係ではない。しかし、だからといって、他の材料と技術が重要でないということではない。たとえば、イタリア北西部では、レンガ造もまた盛んに行われていた（ミラノのサンタンブロージョ聖堂はレンガ造である）。また、交差ヴォールトのシステムが発達して、側廊だけでなく身廊にもヴォールトを架けることができるようになった時期において、なお木材が天井架構材として使用され、供給されていた。天井を石造にする主たる動機は、偶発的な原因と軍隊の攻撃による火災の危険であった。しかし、その一方で、施工時の仮設材のシステムを単純にし、そしてブルゴーニュ地方の教会堂で試みられていたように、

石造天井の荷重をなんとか減じる必要があった。

　過渡期には、いくつかの地方で、各種の技術と材料が結び付いた興味深い建物が生まれた。たとえば、11世紀の第1四半期に着工されたフィレンツェのサン・ミニアート・アル・モンテ聖堂は、大理石の円柱を持つ身廊に木造の化粧小屋組を架ける。この教会堂では、トルチェッロなどで使われているような木製あるいは金属製のタイバーを用いずに、補強用の横断アーチによって身廊を3つの区画に分割した。

　特に古典古代あるいはビザンティンの伝統と直接の接触があった地域では、モザイクと壁画が存続した。南イタリアとシチリア島のように、ブロンズ製のパネルが、ピラスター（片蓋柱）の化粧材や壁面の装飾材として生産され続けていたところもある。

　9世紀以前にガラスを建築に使用した例は、ほんのわずかしかない。しかしそれでも、セーヌ川からライン川にいたる地方では、それよりも1世紀以上も前に、教会堂にガラスを用いたいという欲求により、ガラス製造の重心が家庭用品から窓ガラスに移行し始めていたのである。膨らまして引き伸ばしたいわゆる「クラウンガラス」あるいは「ビュリオンガラス」は、ローマ帝国時代はシリア人の職人によって製造されていた。その後、シリア人の技術はヴェネツィアに渡り、それがさらに、ヨーロッパを横切ってヴェネツィアからノルマンディーとイギリスに伝わった。ステインドグラスがコンスタンティノポリスで用いられていたという証拠がある。ただ、その発展は北部ヨーロッパとの連携を保っていたので、最古の実例は、もっと後のロマネスクの教会堂の中に見出せる。

　しかし、ロマネスクの成し遂げた主たる偉業は、むしろ、建物の中にデザインされ統合された具象と非具象の彫刻にある。ある国、ある地方で用いられる装飾の技法と施工の方法は、建築材料の入手のしやすさによって決定される。特に、石材の入手の難易は、建築の様式にとって最重要であった。

イタリア
中部イタリア
　トスカーナ地方は、鉱物資源が非常に豊富で石材を多く産する。ローマでは各種の建築材料が用いられた。たとえば、凝灰岩すなわちペペリーノ、ティボリ産のトラバーチン、そしてカッラーラやギリシアのパロス島をはじめとする島々に産する大理石がそれである。古典古代の建築遺跡からもまた、多くの材料が運び出された。

北イタリア
　ロンバルディア地方は、低地平原から供給される粘土からレンガをつくり、これを丘陵部に産する大理石と併用して、独特の建築を生んだ。ヴェネツィアは商船によって大理石を輸入した。

南イタリアとシチリア島
　南イタリアの山岳地帯とシチリア島は、豊富な種類の大理石とともに、石灰質、貝殻質の石灰岩を産する。また特にシチリア島の硫黄鉱山は、建築事業の繁栄に一役買った。

フランス
　フランスは、あらゆるタイプの建築に適した加工しやすい良質の石材を、豊富に産する。北部のノルマンディー各地では、石目の美しいカン石が用いられた。火山地帯に位置するオーヴェルニュ地方では、色付きの軽石と凝灰岩が、壁や象眼装飾に用いられただけでなく、非常に軽量だったので、大きなブロックのままヴォールト天井に用いられた。

中部ヨーロッパ
　ライン川流域沿いの地方では、山岳地帯に産する石材が、建築材料として用いられた。バルト海沿岸と中央および南ドイツでは、木材の生産が盛んであった。北部平原は木材も石材も産しなかったので、ほぼエルベ川の東側の地方に限ってレンガが用いられ、他の地方とは異なる様式が生まれた。

スペインとポルトガル
　イベリア半島はそれ自身が巨大な岩石塊で、北部はカスティーリャのシエラス山地、中部はトレドの山岳地帯、南部はシエラ・モレナ山脈を含む。建築用石材は、北部に御影石を、南部とエブロ川流域に石灰岩を、そしてピレネー山脈とアンダルシア地方に赤色砂岩を産する他、各地から火山岩と疑似大理石が供給された。建築は、多くの場合これらの石材資源を利用して建てられた。壁の水平層と隅石を組積レンガとし、これに、割ぐり石の火山岩を併用する方法は、イスラムからの影響を受けたもので、その仕上がりは、トレドの町の塔や市内にみられるように、良好である。しかし、バリャドリードでは、ローマ的なレンガを厚いモルタル層にはさむ。スペインには森林が少なく、建築に適した木材がほとんどないために、他の国よりも石材の優位が顕著である。

聖地

大規模な城郭と小規模な教会堂に適した石材が豊富だが、木材は、十字軍の母国であるヨーロッパほどには多くない。

イギリス

イギリスは、地質学的構造が変化に富んでいるため、建築用の材料も多岐にわたる。また初期にはローマ時代の建築が残っていたので、ローマ時代のさまざまな材料の用い方を知ることができた。ローマ時代の建築そのものが、建築材料の再利用のための供給源となることもあった。イギリスの、特に北西部と南東部の堅木広葉樹の森林は、大規模な建築の小屋組と小規模だが全体が木造の建物のために、木材を供給した。国産の建築用石材は、軍事建築と宗教建築の両方に用いられた。石材の長距離輸送が困難であったという単純な理由によってではあるが、初期には地方的に特色のある石造建築が発達した。たとえば、燧石による壁は、東アングリアと南部の白亜の丘陵地帯にほぼ限られる（これらの地方では隅石に適した石材が少ないため、建物の平面が円形となることが多い）。ノルマンディー地方のカン石が、海を越え川を遡って運ばれ、王室関係の建築工事に用いられることもあった。最初期にローマ時代のレンガが単発的に再利用されたのを別とすれば、レンガが建築材料として再び盛んに用いられるようになったのは、様式がロマネスクからゴシックへ移行した後のことである。

ゴシック様式

尖頭アーチを利用したヴォールトが、長方形平面に対する架構法としてヨーロッパに導入され定着するまでには、長い年月を要した。このため、ゴシックの開始年代を決定するのは困難であり、またある意味では不必要なことでもある。しかし、様式の開花と天上的な特質の洗練は、当時の石工棟梁によるところが大きい。

石工の技量の基礎は、石材の切り出しと加工の能力にあった。ゴシック期には、卓越した能力を有する大工も存在した。特にイギリスでは、落葉樹林に堅木広葉樹が豊富であったため、大工が石工と競い合う条件が整っていた。また、ベルギーからリトアニアにいたる北ヨーロッパ一帯では、石の代わりにレンガがよく用いられ、見事な成果が生まれた。しかし、様式の本質は石造建築の中にある。実際ゴシックの最も優れた建築は、フリーストーンと呼ばれる加工しやすい良質の軟石が豊富に供給されるところに生まれた。

最上級の石切場の多くは、ジュラ紀の石灰岩地帯と関連がある。この石灰岩地帯は、ヨークシャー地方からイギリスを縦断してドーセット海岸にいたり、さらにイギリス海峡を越えてカンの付近に再び現れる。カンからさらに南下し、ル・マンとアンジュー地方を経てポワティエにいたる。そこから今度は東に向きを変えてブールジュを通過した後、再び北上してシャンパーニュ地方を抜ける。石灰岩以外の石材も当然用いられた。イギリス西部およびオランダからバーゼルにいたるライン川流域に産する、この区域に特有の赤色砂岩は、建築用材として全く申し分ない。白亜を産する地域では、クランチと呼ばれる硬質白亜が壁材に適すると考えられた。そして燧石を多く産するケント地方とノーフォーク地方では、これを建物に用いる特殊な技術が発達した。しかし、建築材料は建築の質を決める基本的な条件である。ゴシック様式がいかに石切り職人の技術に依存したものであるかを理解するためには、ブルターニュ地方の御影石あるいはオーヴェルニュ地方の火成岩でつくられた作品と、東部から北部にかけて産する石灰岩でつくられた作品とを比較してみればよい。

地域に産する建築材料の開発は、経済的必要性による。それは、石材を運搬するのは時間がかかり、費用も高くつくからである。特に陸上輸送によらなければならない時には、運送費は非常に高くなる。大量の石材を遠隔地まで運ぶ唯一の有効な手段は、河川と海上を含む水上輸送である。カン産の石材が中世を通じてイギリスに市場を見出しえたのは、この理由による。大聖堂と修道院は石材の第1の大量消費者であり、聖職者にとって、石切場の確保とその運用は最も大きな関心事であった。教会堂建設の経済は、長い間、教会自身の手に委ねられていたからである。このことは、建築事業の規模と速度を制限することになった。ヘンリー3世の建築勘定書からうかがい知ることができるように、ドーヴァー城のような巨大な事業においてさえ、工事の遂行はその日その日の一時仕事であった。数百トン、時には数千トンの石材が必要とされたに違いないのだが、日々使用する荷車分しか発注されなかった。材料の必要量の見積りは、仮にあったとしても初歩的なものだったことは確かである。しかし、やがて建設産業が多様化するにしたがい、石工が石材供給の全ての問題を扱い、事実上工事の統括者となるのが好都合となってきた。たとえばイギリスの石工ヘンリー・イェーヴェルが、ロンドンの町で名声を得ることができたのは、このような状況があったからである。

工事の監督は、石工が賃金を得るいくつかの道の1つであった。しかし、その社会的信望が、石工という

職業を現代の建築家的な職業へ移行させる端緒を開いた。このことは、ゴシックの歴史が建物の設計者としての建築家の出現に影響を与えた、という意味で重要である。初期の建築家が設計をしなかったというのは、おそらく誇張であろう。ロマネスクの石工が仕事を始める前に、なすべき事柄について自分の考えを持っていたことは明らかである。そして、ゴシックの教会堂のほとんどは、明らかに工事期間中に設計が変更になったことを示す痕跡を残す。そのような変更は、程度と複雑さの問題である。ダラムのような比較的洗練されたロマネスクの教会堂でさえ、テザインを全体にわたって統制しようとする意識は希薄であったのに対し、ランやブールジュでは、建設に数世代を要し、複数の建築家が工事を担当していたにもかかわらず、そのような意識が顕著である。ゴシックの石工は、礎石が置かれる前に、小さな細部の段階まで考えをまとめていた。これに比べれば、ダラムはいきあたりばったりの作品とさえいうことができよう。

建設技術と工法

先史時代

　旧石器時代の建物は、テント状の小屋か、木あるいは獣骨で組み立てられた長円形の小屋が基本的形態であった。住居を部分的に地中に掘り下げることによって、保護性をいっそう高めたところもある。

　中石器時代に建てられた家屋の大部分は、木造の軽い構造物であったため、現在まで残るものはほとんどない。だが、仕上げと装飾形態の面では大きな発展があり、また、夏と冬の住居にそれぞれ別の技術を適用するという進歩があったようである。

　新石器時代の家屋は、破風付きの傾斜屋根を持つ木造骨組の独立住宅であった。このような家屋は、ヨーロッパの広い地域にわたって建てられたが、平面の形式と地方に産する材料の種類に応じて、変化に富んだ技術と工法が適用された。網代下地の塗土が壁などの充填材として一般的に用いられ、葦や藁などが屋根葺き材として用いられた。モルタルを用いずに石造の住居を建てたところもある。新石器時代人は石の加工技術を持ち、母岩の性質を正確に知り、石の切り出し方と仕上げの方法を大いに発展させた。巨石建造物は、石材を層状に積んで壁をつくる方法と、石材を持送りにする方法を含む一連の切石造技術を用いて建設された。ヨーロッパのいくつかの地方では、銅の精錬が行われた。

深い竪抗の掘削、精錬と鋳造、そして冷熱加工などの金属加工技術は、いずれも青銅器時代に発達した。建築の発展は、自然の地形上の軍事拠点と土塁を複合した施設にほとんど結び付いていた。

　鉄器時代の末には、建築技術はいっそう洗練されたものになった。ろくろ、2人引き鋸、そして質の高い手斧などの新しい道具類の登場によって、次第に複雑な大工仕事と建具仕事が可能となった。防衛システムを以前よりも強固にする必要から、木工技術が改良され、レンガなどの新材料が採用された。それらのうちのいくつかは、ギリシアおよび古代近東からもたらされたと考えられている。

エトルリアとローマ時代初期

　エトルリア人とローマ人は、はじめのうちは、その地方に産する材料を用い、各地の原始的な建物に共通の方法に従って、建物を建てた。紀元前7世紀までに、ギリシアなどではかなり以前から普通に用いられていた技術が導入された。木材は、独立円柱、開口部の横架材、そして壁と屋根の骨組に用いられた。重要な建物では、外気にさらされる部分の木材を、タイルやテラコッタの外装を施すことによって保護した。日干レンガと不整形の石は、木造骨組の壁の充填材として用いられたり、あるいは構造材として用いられた。しかし、木材や日干レンガは何らかの保護策が講じられたとしても耐久性が十分ではないため、当時の建設技術について直接知ることができるのは、ほとんどが石造の場合に限られる。

　石の用い方は、石材の性質によってさまざまである。ローマの周辺に産する軟らかい凝灰岩は、長方形のブロックに切り出すのが容易だったため、早くから長方形に整形された切石積み——整層積みとして知られるようになった——として用いられた。ただ、他の場所でも広くみられるもっと硬質の石灰岩をこの方法で切り出すのは、それほど容易ではなかった。したがって、そのような石灰岩は、初めのうちは、不整形の割ぐり石として用いるか、あるいは市壁のように最大限の強度が要求されるような場所では、ブロックの面と面を密着させるために、壁の表層となる部分だけを多角形に整形して用いた。切石造の場合、あるいはこの種の多角形石材を密着させて積む場合には、モルタルは用いなかった。ただし、多角形石材の接合部の背後の隙間には、土と小石を詰めるのが普通であった。特に壁体が一段と高くなったテラスあるいは基壇の事実上の仕上げ面となる場合には、背後の空隙はこの方法で完全に埋められた。小さな割ぐり石を用いる時には、結

合材としてのモルタルが必要となる。すでに、石灰と砂を単純に混ぜただけのモルタルは、紀元前3世紀初期頃には、南イタリアのギリシア植民地からもたらされていたようである。

　石造の壁の場合でも、開口部には木造の梁または楣（まぐさ）を架けるのが一般的だったと思われる。初期の厚い防御壁で、今日まで当初の高さのまま残る例は非常に少ない。しかし、現存する防御壁から、紀元前3世紀頃までは、開口部の両側から石材を少しずつ持ち出して上部を閉じる方法がとられたことがわかる。かつて、これ以前に迫持アーチ（せりもち）［訳註：石材を弧状に並べて接合したアーチ］がエトルリア人によってつくられ、たとえば紀元前6世紀頃ローマのクロアカ・マクシマやヴォルテッラの「アーチの門」で用いられたと考えられたこともある。しかし実際には、クロアカ・マクシマのテヴェレ川のアーチ形放水口とヴォルテッラのアーチは、かなり後の時代に再建されたものである。

　中部イタリアに残る最も早期の迫持アーチの年代は、紀元前3世紀後半、すなわちエトルリアがすでにローマに圧倒されつつあった頃にまでしか遡らない。このように石造の迫持アーチは、南部のギリシア植民地かあるいはギリシア本土から直接イタリアにもたらされたとするのがおそらく正しい。これらの地域では、イタリアよりも幾分早い時期に石造の迫持アーチが現れていたが、それはおそらく、エジプトとアッシリアで古くから知られていたレンガ造のアーチから、着想を得たものであろう。石造の迫持アーチは、紀元前3世紀の後半頃から、道路橋や、トンネル・ヴォールトの形で小規模な地下墳墓や地下水路などの天井に、用いられ始めた。

共和政後期と帝政初期のローマおよびイタリア

　紀元前2世紀と1世紀における石造迫持アーチの主な発展は、アーチの足元が外に開くのを防ぐための石造部分や、地盤による周辺補強がない状況で起こった。

　アーチおよびトンネル・ヴォールトの発展の初期において、ローマ人がなした真に重要な貢献は、独立支柱によってアーチを支持させたことである。初期の失敗例を無視して、この発展の全ての道程をたどることはできない。ただ、独立支柱に支持されるアーチという構造は、非常に短くて太い柱の上にアーチを架ける必要のあった橋梁や水道橋に着想の原点があったと推定するのは妥当である。ここで、アーチの外形が常に半円形であった点に注意しなければならない（p.260参照）。半円アーチは、迫石の切り出しが容易であり、アーチを立ち上げるための木造の仮枠の建設が楽であった。アーチの弧はスパンとの関係によって実質的に決まることと、その立ち上がり部分は常に上部の石材の荷重を受けることを考えると、アーチの半円形の輪郭は、少なくとも他のどの形態にも劣らず構造的に効果的であった。アーチの安定性は、実際にはその輪郭よりもむしろ支持体の堅牢性に大きく依存する。しかし、アーチの輪が薄く、起拱点から頂部までの間（迫腰（せりごし））を石材で補強してない時には、アーチの輪郭が重要な意味を持つ。

　しかし、半円形の輪郭が必ずしも普遍的ではないことを示す例外があることを、ここで述べておこう。これは、厳密な意味でのアーチではないが、広いスパンにアーキトレーヴを架ける時に、ギリシア産大理石などの良材の不足を乗り切るための1つの方法である。それは、円柱の上に両端部を斜めにカットしたブロックを置き、このブロックの間をやはり両端部を適当に切りそろえたブロックで埋めていく方法である。この方法をつきつめると、多くの迫石から構成される平らな楣状のアーチにいきつく。

　共和政ローマでは、石造の迫持アーチの発展と並んで、さらに3つの構造上の発展があった。その第1は、かつて木、割ぐり石、あるいは日干レンガが用いられていたところに、切石を幅広く使用したことである。これは、何世紀か前にギリシアと小アジアで、そしてもっと以前にはエジプトで起こったのと同様の発展である。この発展があったのは、ローマの領土が拡大してギリシアおよびヘレニズム世界との接触が強まった時期だったので、実際にギリシアから直接もたらされたものではないにしても、その影響を受けたことは十分に考えられる。事実この時期のローマの切石造には、やはりそれ以前に東方で用いられていた、石のブロックあるいは鉄の鎹（かすがい）と太柄（だぼ）で、切石を相互に留める方法が同時に認められる。第2と第3の発展は、結果的には第1の発展にとってかわるもので、建築的にはより大きな意味を持つ。それは、モルタルを改良して、現代のコンクリートによく似た建築材料をつくったこと、そしてこれに関連して、従来の日干レンガにかわってタイル状のプロポーションを持つ焼成レンガを採用したことである。

　天然のポゾラナは当時、川砂および海砂と区別して「ピット・サンド」と呼ばれていた。このポゾラナを混入して改良したモルタルについては、すでにふれた。ポゾラナを加えた高性能のモルタルが実現する以前は、ポゾラナは川砂や海砂の単なる代用物とみなされていたらしい。それまで割ぐり石の壁に用いられていた単純な石灰・砂モルタルのかわりに、この改良モルタル

を使うことによって、完全に硬化した後にはほとんど一体と化す量塊をつくることが可能となった。しかも、空気に触れることなく硬化するので、大きな量塊の中心部や水中でも強度を発揮する。このようなモルタルは、その性質のゆえに一般的に「水硬性モルタル」と呼ばれる。

基礎や壁をつくる時に、石とモルタルは、交互に層をなすように、手押し車から別々に打ち込まれる。今日のように、石とモルタルをあらかじめ混合することはなかった。しかし、小石や砕いたレンガの小片（「骨材」と呼ばれた）と大量のモルタルを使用するのが一般化してからは特に、打ち込まれた量塊の流動を抑える一種の封じこめが必要となった。基礎のコンクリートは通常、垂直の小柱に木の板を固定してつくられた型枠の間に打ち込まれた。しかし、地上の壁体については、より恒久的な外装を用いることの方が多かった。

最初期のコンクリートの壁体の外装は、従来の切石積みおよび多角形石材による組積造によく似るが、個々の石材はもっとずっと小さいもの（さしわたし100 mm［4インチ］程度）が用いられた。当初これらの石材は、外側の面だけに仕上げが施されていたので、壁は小さな多角形石材による粗い組積造の外観を呈した。そのため、この積み方は、以後「乱石積み」（オプス・インケルトゥム）と呼ばれるようになった。この方法に続いて、軟らかい凝灰岩の前面を整形して同一の大きさの正方形にし、さらに背後のコンクリートに貫入させて接着をよくするために、後方を角錐形にカットする方法が生まれた。これらの石材は、壁の表面が網状のパターンとなるように菱形模様に配列された。そこで、このような方法は「網目積み」（オプス・レティクラトゥム）と呼ばれるようになった。乱石積みと網目積みでは、強度を大きくするために、隅の部分だけは、正方形の大きめの石のブロックを通常の切石積みの方法で積んだ（p.205）。

「レンガ積み」（オプス・テスタケウム）と「混合積み」（オプス・ミクストゥム）において、外装の焼成レンガは後に、網目状に配列された凝灰岩に置き換えられるか、あるいはこれと混合して用いられるようになった。ただ、いずれの場合も、隅の部分だけは石ではなくレンガが用いられた。レンガは、コンクリートとの噛み合わせをよくするために、ほとんどの場合三角形にカットされ、頂点を後方にしてコンクリートの中に貫入された。そして、一定の高さごとに、レンガの層が壁の厚さ全体にわたって挿入された。これはおそらく、モルタルが硬化するまで壁の両側の外装を結合させておくための工夫であり、また、新しく打ち込まれたモルタルの上端部を印すものでもあったと思われる。さらには、工事が進行した時に、職人がのる足場を支えるために組み込まれる短い支柱のすわりをよくするためのものであったと思われる。

このようなさまざまな外装の方法の重要性を、過大に評価する傾向がかつてあった。その理由は、それらの外装が、現存するローマのモニュメントの際立った特徴であるということと、また、それらの外装が年代的に相前後しながら約2世紀にわたって存在したため、それらの種類によって構造物の概略の年代が推定できるということにあった。しかし、一度モルタルが硬化した後では、建築の構造にとって、外装の種類はあまり重要ではない。外装を施された壁体の強度は主としてコンクリートによって決まることを、まず強調すべきである。また、これらの外装の表面がいかに良好で装飾的であったとしても、それが最終的な表面仕上げとなることはまれであった。壁の両側のこの外装の上には、さらにスタッコが塗られるか、あるいは大理石が貼られるのが一般的であった。

コンクリートを導入したことによる最も大きな成果は、それが刺激となってあらゆる種類のヴォールトが発展したことである。この発展の跡を、天然ポゾラナがナポリの周辺部で初めて使用された紀元前2世紀初期からほぼ帝政末期にいたるまで、たどることができる（p.208）。

全てのアーチと同様、ほとんどのヴォールトは、建設の期間中、一時的な支持を必要とする。切石を使用するか、コンクリートを使用するかにかかわらず、仮枠の必要性はほとんど変わらない。ただ、コンクリートの流動性が初期に大きければ大きいほど、内面全体にわたって連続的に支持する必要性が増す。この必要を満たすために、木の型枠が最もよく用いられた。硬化したばかりのコンクリートはほとんどモノリス状の性質を持つので、型枠を使えばセメントを迫石状に固めていく必要がなくなる、ということが初めのうちはよく理解されていなかった。このことが理解されると、セメントとモルタルは、壁をつくる時と同じように、単純に型枠の上に水平に打ち込まれるようになった。この結果、ヴォールトは段状の外観を持つか、あるいは単に両サイドが垂直に立ち上がり頂部だけが偏平な円筒形に近い形で残る外観を呈することになる。したがって、ヴォールト内面の傾斜がゆるくなり、外面が型枠なしに内面と同じ傾斜で仕上げが可能な高さとなるまでは、外側を垂直の板か恒久的なレンガの外装によって支持しなければならない。ヴォールトが両側から伸びて閉じるまで、コンクリートの層は段状に後退することになるので、材料と労力の節約が大いに可能となった。

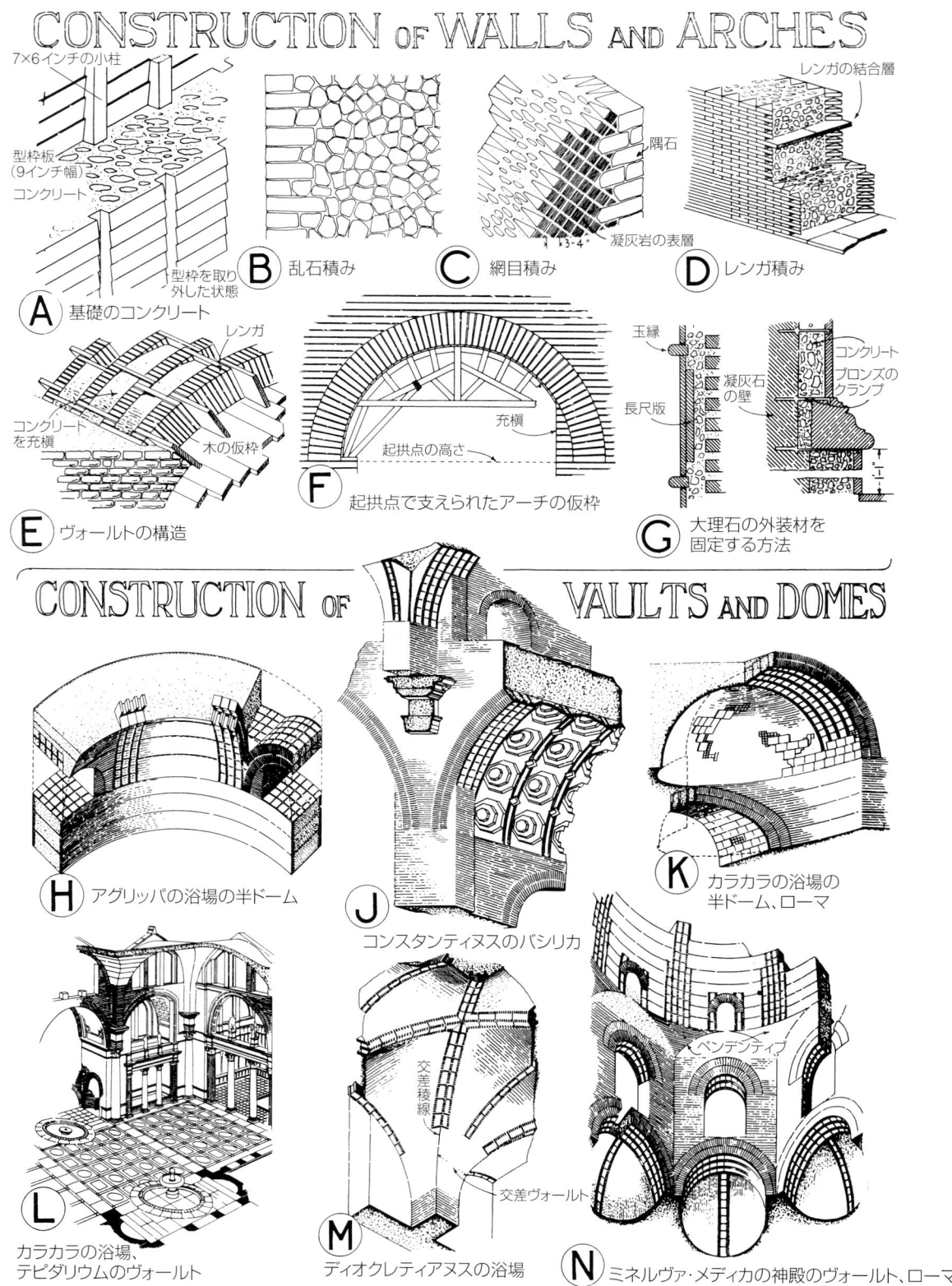

壁とアーチの建設方法（上）。ヴォールトとドームの建設方法（下）

ヘレニズムの建築で用いられた単純な交差ヴォールトでさえ、交差部分を形成する石のブロックには、複雑な整形が必要であった。しかし、ヴォールト架構にコンクリートを使用することによって、石材の複雑な加工が不要となり、ヴォールトの形態をより自由に選択できるようになったことは重要である。すなわち、このことは、コンクリートは木の型枠によって決められるいかなる形態をもとることができる、ということを意味する。また、当時理解されていたかどうかはともかくとして、ヴォールトの起拱点を垂直に立ち上げ、この部分を十分厚くつくることによって、ヴォールト内面の幾何学形態がヴォールトの強度にほとんど影響を与えないようにすることも可能である。ということは、今やコンクリート構造は、大工技術の制約を大きく受けるようになったことを意味する。

　ドームは、これまでもそうであったが、石造天井のうちで建設が最も容易な形態であり、また最大のスパンを可能とする形態であった(p.263 参照)。しかし、これはヴォールトについてもあてはまることだが、ドーム内側の面が水平に近くなるにつれて、仮設材で十分に支持するのが難しくなる。この理由から、最初期のドームは半球形よりもむしろ円錐形に近い形態をとることが多かった。そして後のドームでは、頂部を剿口部として残しておくことで、最も難しい頂部を閉じる工事を避けるのが一般的となった。

　アーチについては、もっと簡単に述べる。焼成レンガの導入は、当然のことながら、エジプトとメソポタミアの初期の日干レンガによるアーチと類似の構造を生んだ。しかし、レンガを外装とする「レンガ積み」においては、アーチはかなりの部分が壁にとりこまれてしまう。つまり、アーチのレンガ層のうち、壁の厚さ全体を貫通するのは、少数のものだけである。一度モルタルが硬化した後は、主としてコンクリートが機能を引き継ぐことになる。小さな出入口や窓の開口部には、半円形よりも偏平な円弧による下心アーチが用いられたり、かつての石造水平アーチの楣に相当する、完全に水平な下端を持つアーチが用いられることさえあった。とはいえ、半円形が一般的な形態であったことにかわりはない。しかし一方では、建設者の態度が概して保守的で常に経験的であったために、かつて切石造の「整層積み」で用いられた方法がそのまま受け継がれる、というようなこともあった。強度が不十分であることがわかった後で、楣状の水平アーチの上方に第 2 の半円アーチを挿入して荷重を分散させる、という方法がそれである。

　最後に構造上の発展の第 4 は、詳細はあまり知られていないが、木造トラスに関するものである。これによって、コンクリートのヴォールトが必要とする壁よりも薄い壁に、より大きなスパンの屋根を架けることが可能となった。木造トラスによる初期の屋根がいかなる形態を持っていたかについては、現存するものがなく、文献記録も不十分なため、正確なことはわからない。紀元前 1 世紀のウィトルウィウスの記述から、2 本の斜めの垂木の足もとを水平の木材で結合する原理が、少なくとも当時知られていたことがわかる。

帝政ローマにおける後期の発展

　紀元 1 世紀後半の現存する遺構に、木造の屋根トラスを除く上述の構造のほとんどをみることができる。2 世紀初期には、レンガの外装を持つコンクリートは、壁、そして非常に大きな荷重を受ける場合は別として、ピアにもほぼ普遍的に用いられていた。レンガの外装を持つコンクリートには、さらにスタッコまたは大理石の仕上げが施された。この場合、大理石は結合をよくするために、外装レンガの間のモルタルの中に埋め込まれた釘によって固定された。ヴォールトは全てコンクリート構造であった。時として、一番内側の面を形成するレンガを、木造の型枠の上に平らに並べて施工することもあった。工事の進行にしたがって、テラコッタあるいは鉛製の煙道や排水管、水道管などがコンクリートの中に埋設された。

　コンクリートの混合比は後に次第に変化して、レンガの小片を多く、モルタルを少なくするようになった。ヴォールトを軽くするため、腰固めの中に空の壺を埋めこみ、意図的に空隙をつくった。そして、レンガによるリブ状の構造をコンクリートの中に埋め込み、コンクリート自身にも軽量セメントを用いる進んだ方法が導入された。このリブは、第 1 に予想される場所(交差ヴォールトの稜線に沿った部分)に使われただけでなく、単純なトンネル・ヴォールトにおいても一定間隔で横断方向に挿入され、またドームにおいても放射方向と同心円方向に挿入された(p.208E, H–K, M, N)。この種のリブは時に、かなり後のゴシックのヴォールトのリブと比較されることがあり、また、周辺のコンクリートが落下した後も生き残ったケースが時々みられるが、実際には、両者は全く別のものである。それは、ローマのこの種のリブは、コンクリートに先がけてつくられるのではなく、コンクリートと一体的に立ち上げられるからであり、また、その正確な形態についてもほとんど注意が払われないからである。このリブはまた、ヴォールトとドームの下面に格間をつくることによって生じるリブ状の表面パターンとも区別すべきである。この格間は適当な型枠によって容易につ

くることができる。またリブ状に突出した部分は、これ以外の部分と一体的にコンクリートが打ちこまれ、両者の間には、コンクリートの混合比やセメントの硬化において何ら区別がない。

この時期の建物は、考えうるほとんど全てのヴォールトの形態をみせてくれる。とりわけ、内部表面が交互に凹凸を繰り返すドーム状のヴォールトや、類似する多数の花弁形断面からなるドーム状のヴォールトがそれである。このヴォールトは、下部に三角形の小間を介在させることによって平面を八角形や十角形に変換し、その辺上の壁あるいはアーチから立ち上がることも多い。ドームが非常に小さな場合には、正方形のベースの上に直接架けられることもあった。しかし、大きな正方形または長方形の部屋あるいはベイには、交差ヴォールトが架けられるのが普通であった。

コンクリートのヴォールトは、当初いかに一体的に施工されたとしても、他の材料でつくられたヴォールトの場合と同じく、破壊の力を免れることはできない。すなわち、亀裂が生じ、そして石造ヴォールトと同じように、外に向かう推力が生じる。この推力に対してどれだけの補強が必要であるかを、ローマ人がいかなる試行錯誤によって学んだのか、我々は多くを知らない。ただ、現存する構造物が、ローマ人の経験の豊かさを物語っている。推力に対し重量と嵩によって抵抗する、あるいは嵩よりも形態によって抵抗する強力な支持システムが、それを示している。半ドームを架けた外側に湾曲する壁は後者のカテゴリーに属する。支壁の壁線から突出したピアは、両方のカテゴリーに属する。このピアは、床がふさがれるのを避けるために、アーチによって開口されることもある。

ローマの施工法には、現代の施工法に共通する少なくともいくつかの特徴がある。それは、標準化と組織化の推進である。標準サイズのレンガのような小さな単位だけでなく、大きな大理石の円柱でさえ大量生産されていたことを示す、多くの証拠が残されている。一方、ほとんどの構造物にコンクリートが使用されたということは、高度の技術がそれほど必要ではなくなったことを意味する。高い技術を要する仕事は、基礎工事と、大きなアーチとヴォールトの型枠を支える木造の仮設工事、そして仕上げ工事であった。大規模な構造物では、仮設材を繰り返し再利用できるかどうかに関心が払われたようである。コンクリートが十分硬化した後で仮設材を取り払うのに都合のよい工夫が、必要とされたと思われる。

属州を含むローマ帝国

ローマとその近郊以外の場所では、その土地の慣習的な工法にローマの建設技術を適用させる必要があった。ただ、東部地域と北アフリカは、以前からの伝統的な工法をほとんどそのまま用いることができた。

ガリア西部とブリテン島では、ローマからの技術の導入によって、多層菓子のようなタイプの石・レンガ造が発展した。それは、モルタルで結合された割ぐり石の層とレンガの水平層が交互に重なるものである。このレンガの層は、モルタルで固めた割ぐりコンクリートの強度が十分でない時に、壁全体の耐力を補う。適当な石材を産するところでは、整形された石材による切石積が、イタリアで廃れた後も長期間存続した。それほど一般的なことではないが、バルカン半島と小アジアの一部では、通常のローマ・レンガと同じプロポーションの扁平なレンガを用いて、壁全体がつくられた。

ヴォールトの架構は、ローマと同じ規模では試みられなかったようである。コンクリートの使用もかなり限られていた。そのかわり、レンガと切石が広く用いられた。レンガ・ヴォールトはローマとは別の方法で架けられた。特に、ローマのコンクリート・ヴォールトに特有の、ヴォールトの迫元を厚くする方法はとられなかった。すなわち、ヴォールトは、建設の進んだ段階で迫元に加わる荷重に見合った厚さで、均一につくられた。時には、仮設材を節約したり不要とするために、独創的なパターンのレンガ積みの方法が工夫されることもあった。中空の円筒を連結して、頂部に向って閉じるように螺旋状に配列していく方法は、そのさらなる進歩であった。建設方法におけるこのような違いはあったにしても、ヴォールトの内輪の曲面形状が単純な円筒形あるいは球面から逸脱する自由度は、非常に少なかった。

初期キリスト教時代とビザンティン帝国

初期キリスト教時代は、建築資源に限りがあったため、技術的発展としてはあまりみるべきものはなかった。後述の理由により、この時代の最も一般的で新しい建物のタイプは、かなり以前から存在していたバシリカから生まれた。それは、側廊付きの長方形のホールで、木造屋根を架けるのが普通であった。この種の建築の最大規模のものには近い年代の先例がなかったので、トラスによる木造小屋組が発達したと考えられる。切石造が一般的な技術として存続した地方を除けば、壁全体をレンガでつくることが、むしろ多かった。

ユスティニアヌスの時代になって、帝政時代のローマの偉業に匹敵する建築事業が企てられた時、かつてテッサロニケやローマ自身、そして小アジアのローマ時代のモニュメントで用いられた技術のいくつかは、まだ生き長らえていたか、あるいは再発見されて再び用いられていた。ローマ・コンクリートはもはや存在しなかったが、そのかわり、大きな荷重を受けるピアには整形された切石が、またその他の場所には、天然のポゾラナの不足を補うためにレンガの破砕片を混入したモルタルが用いられた。いずれの場合も以前と同様、仕上げとしてスタッコ、大理石、あるいはモザイクの外装が施された。ローマ時代のピア、ヴォールト、そしてバットレスの形態もまた用いられた。最終的にビザンティンの建築家が、これらの構造形態の種類を増やし、その用法を発展させた。すなわち、ペンデンティヴを発達させ、半ドームをかつてないほど大々的に用い、そして上方からの推力を処理する方法を発達させた。

これらの刷新は、コンスタンティノポリスのハギア・ソフィア大聖堂の建設において試みられた。それについては後で詳しく述べる。しかし、ペンデンティヴは、ハギア・ソフィアよりも規模は小さいが後期ビザンティン建築の大きな特徴となったので、ここでふれておかなければならない。ローマ時代には、多角形のベースの上にドームをすえる手段として、小さな三角形の小間を利用した。また、正方形のベースの上に直接ドームをすえる時に、ドームの下部を正方形のコーナーに拡張すると、やはり独立した三角形の小間ができる。ペンデンティヴは、これらの三角形の小間のどちらかが発達したものである。各ペンデンティヴは通常レンガでつくられ、外向きの推力に抵抗するために頑丈な裏込めを伴う。最後に形成された円の上に、通常は石のコーニスがすえられ、その上にドームが立ち上げられる(p.326B, C)。

ビザンティンのドームとヴォールトは、ほとんどの場合レンガでつくられ、レンガは仮設材を省略あるいは節約するような方法ですえられることが多かった。アーチとドームの輪郭は半円形が普通である。ただ、あまり顕著ではない尖頭形が小規模なものに用いられたり、あるいは半円形では迫高が大きすぎて都合が悪い場合に、偏平な下心アーチがもっと規模の大きなものに用いられることもあった。鉄のタイバーとこれによく似た木のタイバーを、アーチの起拱点と起拱点の間に目にみえる形で用いることは、よく行われた。この場合、木のタイバーは筋交い以上とはいかないまでも、これと同程度の効果を発揮する。おそらく当初は、建設を容易にするために用いられたものと思われる。最後に、おそらく9世紀あるいは10世紀には、後にゴシック建築の大きな特徴となったフライング・バットレスが、初めて使用された。

バルカン半島と初期のロシア

東ヨーロッパの記念碑的建築は、絵画と同様に、「工房が土地に根をおろしていたかどうかはともかく、非常にさまざまな存続期間と影響力をもって活動していた種々の工房のネットワークの中から出現した」(アンドレ・グラバール『東ヨーロッパの中世美術〔*Die Mittelalterliche Kunst Osteuropas*〕』)。

工房の力量はさまざまであった。たとえばキエフのウラジーミル1世はビザンティンの石工たちを呼び寄せた。彼らはスラヴ人の工匠たちと共同で働き、スラヴ人の工匠はこの経験を木造建築に生かした。キエフの聖ソフィア大聖堂では、「オプス・ミクストゥム」の手法(レンガと石の交互積み。中期ビザンティンを通じて使われた)と、「レンガの引込積み」の手法(コンスタンティノポリスに起源を持つ)と、木製の杭からなる基礎が用いられている。ボゴリュプスキー大公は「あらゆる国々から」、そして「ゲルマン人の中から」も職人をウラジーミルに呼び寄せたと年代記に記録が残っている。西ヨーロッパとカフカスの石工は地方の工匠とともに働いたが、地方の工匠は、最終的には彼らから仕事を完全に引き継ぐようになる。ファサードを形作っているレンガと石の交互積みとそれに伴う分節と彫刻装飾がどこからきたかという問題に関しては、意見が分かれている。しかし、その技術が外から輸入されたものだという点では、意見が一致している。たとえば、12世紀末のセルビア王ステファン・ネマニャの命じた工事は、ギリシアやダルマツィアの建設技術者によって実施されており、彼らによってアドリア海沿岸のロマネスク建築の技術、形態、装飾が伝えられている。ステファンが早い時期に建てたクルスムリヤの近くの聖ニコラス聖堂には、相変わらずレンガの引込積みの手法が用いられている。しかし、そのすぐ後の、たとえばストゥデニツァの聖母聖堂など別の建築例では切石積みが用いられ、外壁は大理石板やレンガで覆われている。入口、アプスの窓、持送りのフリーズは純粋にロマネスクに由来すると考えられ、レンガで築かれたドームだけがビザンティンの工匠の仕事らしい。以上のことは、建物の主要部分の平面と空間デザインがビザンティンを模範とする多くの主要な教会堂にあてはまる(第11章参照)。

スラヴの君主とビザンティンの皇女との結婚(たとえば、キエフのウラジーミル1世や、ブルガリアのピョー

トル帝、セルビア王のミルティンなど）は、宮廷にビザンティンの習慣を受け入れ、ビザンティンの石工たちの流入を促進した。そして国外に遠征する際には、占領地から建築工匠とともに建築技術を持ち帰るのが習わしであった。「モルダヴィア・ドーム」は、他の多くの東ヨーロッパのモチーフや形態と同様に、この地方独自の創造である。これを発明したのがトルコからの難民なのか、ゴシックの建築家なのか、あるいは同国人なのか、外国人なのか、明らかではない。工房の工匠たちがどこの出身であるかを示す歴史的証拠を得るのは難しい。一般的にいえるのは、その土地の工匠が次第に外国人の工匠にとってかわるようになったということである。外国人の工匠はコンスタンティノポリスやギリシア北部、西ヨーロッパから来たばかりではなく、移民の波と徒弟奉公制度のおかげで、アルメニアやグルジアやビザンティンの東の属州からも来ていた。これらの職人が絵画の工房のように特定の見本帳に従って仕事をしていたのかどうか、していたとしたらどの程度までだったかは、やはり明らかではない。東ヨーロッパの全ての国々にとって、コンスタンティノポリス、より広い意味でいえば、ビザンティン帝国は常に示唆を与える源泉であった。ところが、これに対してそれと逆の方向に与えられた影響は、おそらくセルビアがモルダヴィアとロシアに与えた影響を除けば、極めてわずかであった。ビザンティンの影響が長く続いた理由は、スラヴ人の君主たちの文化上の野望として説明できる。彼らの建設の意志なしには、記念碑的建物は1つもこの地域に建てられなかったであろうから。

中世初期とロマネスク

800年頃から一千年紀にいたる時代には、設計などの技術は、全てではないにしても多くを、ローマの模範に負っていた。またこの時代には、バシリカ式の平面が、イタリアでそうであったのと同様、北部と中部ヨーロッパにおいても、平信徒の礼拝や集会のための建築形態として有用であることが立証された。ローマ人によって植民された地域では、ローマの衰退以後、熟練度は落ちたものの、建設技術そのものはよく理解されていた。この技術は、10世紀の末までに再び用いられ、発達することとなった。それはたとえば、コモの石工棟梁の仕事や、各地を遍歴した職人集団、なかでもフランスの巡礼路教会堂に高い技量を示した職人や彫刻師などの仕事にみることができる。ローマから直接影響を受けるか、あるいは商人を通じて東方へレニズムの地域から影響を受けるか、あるいはスペインのイスラム教徒の工匠から影響を受けるかして、地方ごとに各種の技法が発達した。西南部のドームを架ける単廊式の教会堂から、オーヴェルニュ地方とブルゴーニュ地方のロマネスクの教会堂にいたるまで、構造に関してはほとんど新しい発展はなかった。しかし、壁面の分節化に関しては、ゴシックの幾何学的革新に直接つながる著しい進展がみられた。

荒石の壁に大理石の外装を施す方法、そしてモザイクや壁画による外装の方法を含めて、ローマとビザンティンの多くの装飾技法もまた復活した。彫刻は、大理石よりも優美さの点で劣る石を用いながらも、持送り棚や段状に後退するアーチ周りの幾何学的な帯の中や、あるいはテュンパヌムや柱頭のレリーフの中で宗教性を吹き込まれ、感情を奮い起こすような新しい場面を展開した。この彫刻はやがて、ヨーロッパ北部において盛期ゴシックの壮麗な彫刻に発展することになる。

北部では、天井は、当初ローマの方法を受け継いで、主に木造の化粧小屋組を架けた。薄い壁の上にのる天井を石造化する方向に向かわせたのは、天井を北の侵入者から守るために耐火構造にしたいという欲求であったのではないかと思われる。それがひいては尖頭アーチの発達を促し、ゴシックの開幕を招来した。ロマネスク建築がヴォールトの発展においてなした最大の貢献は、移行期におけるリブ・ヴォールトの発明である。それは、交差ヴォールトの稜線部分を突出したリブが支持あるいは補強するヴォールトである。この場合、正方形の対角線は辺よりも長いので、対角アーチすなわちリブは他よりも大きなスパンを持つ。したがって、ヴォールトの頂点を各辺のアーチよりも高くしないと、対角アーチは偏平な円弧となってしまう。

11世紀にロンバルディア地方の建築家は、交差ヴォールトをドーム状にすることによってこれを克服しようとした。たとえばコモのサンタボンディオ聖堂の内陣のヴォールトでは、稜線部分を半円とするので、稜線の迫高が周辺アーチの迫高よりも大きい。このため、ヴォールトはドームに非常によく似た形態となる。ミラノのサンタンブロージョ聖堂のように、稜線部分を補強するため長方形断面の太いリブを用いることもあった。しかし、ロンバルディアのリブ・ヴォールトはあまり首尾のよいものではなかった。この種のリブ・ヴォールトは、特にフランスでは、身廊の連続ベイよりもむしろ塔の単独のベイなどに用いられた。

頂部の平らなリブ・ヴォールトは、ダラム大聖堂（1093-1133）で初めて用いられた。それは最初、教会堂の東端部で試行された。東端部の身廊ヴォールトは落下してしまったが、生き残った側廊のヴォールトは、

周辺アーチを上心アーチに、リブを下心アーチにすることで目的を達成した。しかし、最終的な解決方法は、皮肉にも、当初はヴォールト架構を予定されていなかった外陣で見出された。頂部が滑らかに連続する外陣のリブ・ヴォールトは、2つの重要な刷新によって首尾よく建設することができた。その刷新とは、長方形ベイと尖頭アーチの使用である。すなわち、長方形ベイを用い、身廊壁側の1辺を短くすることによって、対角線と長辺のスパンの差をかなり小さくすることができる。そのため、半円形の対角アーチは長辺アーチよりも、わずかしか高くならない。ダラムではこのわずかの差も、半円アーチよりも迫高が高いだけでなく推力をも減じる尖頭形の横断アーチを導入することにより、完全に解消した。尖頭アーチそのものは、ヨーロッパではすでによく知られていた。ダラムでの刷新は、尖頭アーチの使用そのものにあったのではなく、それをヴォールト全体の形態と関連させたところにある。さらにこれ以上のリブ・ヴォールトの発展は、ゴシックの時代に属する。ビザンティンでは、正方形の平面にドームを架ける問題を、ペンデンティヴによって解決した。しかし、ロマネスクでは、ペンデンティヴ・ドームはフランス西南部にしかみられない。これはおそらく、フランス西南部と東ローマ帝国との強い文化的結び付きによって説明できるであろう。一方、ロマネスク時代の他のヨーロッパでは、ドームの架構は、ペンデンティヴよりも技術的に劣るスクィンチ——正方形ベイの隅部に小さなアーチもしくはヴォールトを架ける方法——によった。4つのスクィンチにより、正方形のベイは八角形となるが、ドームの基礎としてはこれで十分であった。このような理由から、ドームは、円よりも八角形の平面となることが多かった。またドームは、西南フランスの教会堂は例外として、交差部に用いられるのが普通であった。

ゴシックの時代

　ダラム大聖堂のところで述べたように、ヴォールトの問題の核心はアーチの設計にある。ゴシック建築にとってアーチは構造の単位であるが、ロマネスク以前にはアーチの設計が問題となるようなことはなかった。ロマネスクのその場限りのアーチの設計方法を組織化し、秩序づけたことが、ゴシックの最初の業績である。それを理論と呼ぶこともできよう。

　最初のキリスト教の教会堂、すなわちローマのバシリカでは、建築の規模がいくら大きくても、建設自体がはなはだしく困難ということはなかった。アーケードには円柱を必要な数だけ配列することができるので、技術上の問題は、十分に強固で安定した壁をいかにつくるか、ということだけであった。そのために必要とされたのは、建物の荷重を受ける基礎をいかにしてつくるかという知識であり、また、レンガあるいは割ぐり石と結合して堅固な量塊をつくるために、いかにして最も適した流動性を持つモルタルを混合するかという知識であった。アーチは、外陣の終端部にある勝利門、大アーケード、そして窓と扉口のフレームだけであった。これらのアーチは、相互にぶつかりあうことがなく、例外なく半円形であったので、その寸法の決定は初歩的な計算の問題であった。数学的に決められなければならないのは、建築骨組の寸法だけであった (p.217)。

　同様のことは、集中式の平面にヴォールトを架けた特殊な礼拝堂と記念堂を除く、全てのプレ・ロマネスクの教会堂についてもあてはまる。多くの大規模なロマネスクの教会堂、特に野心的な教会堂に足を踏み入れた時即座に感じるのは、アーチが大々的に、しかも見事な収まりで使用され、展開されているという印象である。ロマネスクの身廊は、連続的な広い壁のかわりに、ローマの水道橋のごとくアーチを上下に重ねることが多い。木造トラスの屋根の下に石造ヴォールトを架ける場合もまた、ローマの先例を想起させる。ロマネスクの建築家の用いた技術は、多くが試行錯誤を繰り返しながら独学で学んだものであろう。しかし、その基礎となる何らかの知識の大きな源流が背後にあったとするならば、それはローマでありビザンティンであり、あるいは時にはアルメニアの知識であった。

　ゴシック建築を、過去の建築からはっきりと断絶したもの、すなわち何か全く新しい出発と考える、いかなる理由も存在しない。ゴシック建築では、全体がアーチの骨組として構想され、アーチは、壁の構造的機能を最小にすべく、整然とした構造組織のなかに組みこまれている (p.214、p.462-463)。それが可能であるためには、アーチが高さとスパンの関係において、半円アーチよりもはるかに高い自由度を持っていなければならない。

　ローマとビザンティンの建築家が、半円形以外のアーチを時々用いたという証拠がある (p.219)。城門にみられる馬蹄形アーチは、ヒッタイト帝国にまで遡ることができる。尖頭アーチは、中東では少なくとも紀元前はるか第一千年紀の初期には、すでに知られていた。これらの地方から、直接的な伝播があったかどうかはともかくとして、尖頭アーチはイスラム教徒に採用された後、北アフリカを経由して西欧のキリスト教圏に到達した。しかし、スペインのイスラム教徒は馬蹄形アーチを好んだ。このアーチは、外見こそ異なるもの

214 | ルネサンスまでのヨーロッパと地中海周辺の建築

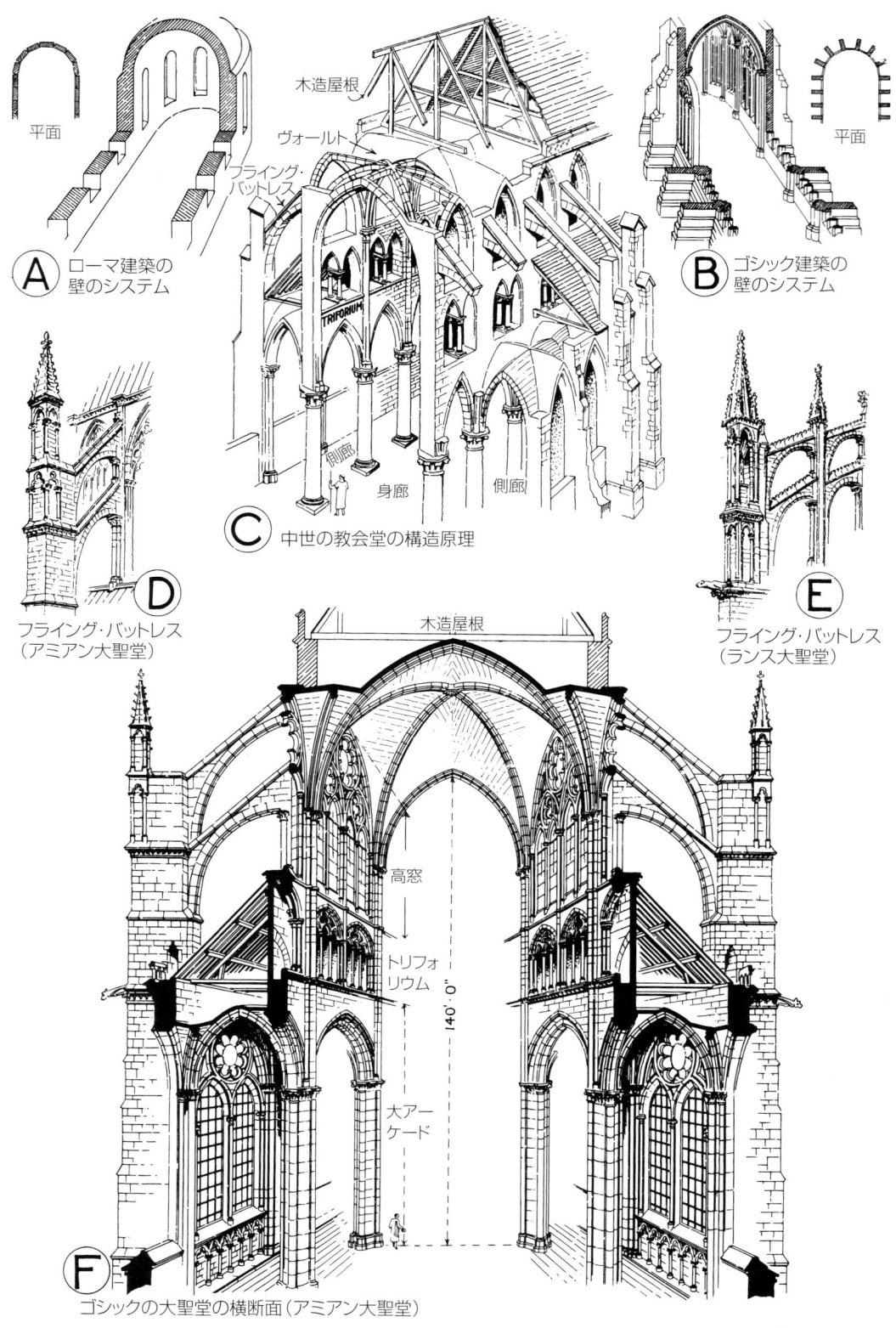

A ローマ建築の壁のシステム

B ゴシック建築の壁のシステム

C 中世の教会堂の構造原理

D フライング・バットレス（アミアン大聖堂）

E フライング・バットレス（ランス大聖堂）

F ゴシックの大聖堂の横断面（アミアン大聖堂）

ゴシック教会堂の構造

の、幾何学的な性質は尖頭アーチと基本的に同一である。尖頭アーチが他の発明とともにアルメニアの教会堂から西方への伝播の道を見出すのに、なんの障害もなかった。ともかく、全体の構造組織が複雑となり、尖頭アーチを適用しなければならなくなったまさにその時に、西欧の建築家の関心が尖頭アーチに向けられたのである。

尖頭アーチの優越性は、幾何学の点からはほぼ完全に理解され、表現された(p.218)。尖頭アーチは、高さとスパンの間に一定の比率を持たず、ある限度内では、いかなる比率もとることができる。ロマネスク建築は、上心アーチと下心アーチによりこの方向を模索した。そして、クリュニーとダラムでは、半円アーチとともに尖頭アーチが用いられた。その一方で半円アーチは、13世紀以降も、たとえばブールジュなどで、ゴシックのリブ・ヴォールトの特徴の1つとして生き残った。突然の転換、あるいは完全な転換というようなことは、存在しないのである。

このことは、尖頭アーチの力学的な優越性、すなわち大きな荷重を効果的に受ける能力が必ずしもよく理解されておらず、おそらく正しく評価されていなかったことを物語る。もし、中世の建築家が構造物の力学的挙動に対して何らかの洞察力を持っていたとしたならば、それは理論的というよりもむしろ直感的なものだったであろう。彼らが、重いヴォールトをのせた天井の高い建築物は不安定を免れ得ないことを、生き生きとした想像力を通して熟知していたことは確実である。ただし、ある建物の耐力と別の建物の耐力を比較するために、彼らが使いこなすことのできた唯一の定量的な手段は、建物の寸法であった。

しかし、この寸法は、決して行きあたりばったりに決められたわけではなく、数学的に関連づけられた全体の体系の中で決められた。そして、そのような体系は、経験による試行をへて獲得されたものである。いかなるゴシックの大聖堂も、正確に同一寸法のものが存在しないことはいうまでもない。しかしここでさらに重要なのは、それらの寸法体系は、経験豊富な正方形や正三角形などの図形や断面図を中心として、形成されることが多かったということである。この真に革新的な試行の時代は、50年以上も続いた(1190頃-1250頃)。前例のない試みが行われる時、建築家は未知の事柄の中に少しずつ注意深く分け入ったのではない。建築家は、全体を支配する1つの比例関係から別の比例関係に跳躍するような仕方で、試みを実行したのである。

もしゴシックの石工が科学を持っていたとするならば、それは幾何学である。このことは、ヴィラール・ド・オヌクールの画帳(13世紀)や、15世紀末から16世紀の間に幾人かのドイツの石工によって書き継がれた石工技術に関する一連の手引書から推察することができる。ランスのサン・ニケーズの建築家であったユーグ・リベルジェー(1262)の墓石には、職業を示す検尺と曲尺とコンパスを携えたユーグ自身の姿が表されている。ユーグが携えている道具は、石を加工する道具ではない。ここから引き出されるのは、工匠ユーグは高い職業的地位についており、それは幾何学的な正確さが全てに優先する特別な製図法に深くかかわる職業であった、という推論である。

石工技術にかかわる数学の質と特徴と程度を、過大に評価するべきではない。それは本質的には、実用的な目的のために、迅速で信頼性の高い見積り方法として古代で用いられた一種の経験則の名残である。この数学が、限られた小数の比例(p.220)といくつかの正多角形以外に、拡張して適用されることはなかった。ゴシックの時代には、今日ではすでに忘れられてしまった神秘主義的な秘密の不文律が存在したという考え方は、後の時代の根拠のない偏った見方である。ゴシックの建築家は、貧弱とはいえ、古代から引き継いだ知識を持ち合わせていた。彼らはその知識を増やすことなく、ただ彼ら特有の仕方で用いただけである。しかも、構造物の形態の決定に、石工の幾何学が果たした役割は部分的でしかなかった。真の構造理論は存在しなかったのである。中世では、単純な比例を持つ形態の中に示されているように、全く最小限のガイドラインでこと足りたのである。このことは、16世紀のスペインの建築家ホアン・ヒル・デ・オンタニョーンの著作からも推察することができる。この著作の中で彼は、バットレスの面積(体積あるいは容積ではなく)を、線で表現されたヴォールトのスパンと関係づけている。同じような誤りは、ミラノの14世紀の論争の中にも記録されており、もしこれが中世末の力学知識の程度を表すものならば、これ以前の世代がこれよりも高い知識を持っていたとは考えられない。

設計の方法

ゴシックの図面の真の目的は、それを自在に用いて、鐘塔や尖塔などの複雑な建築部分、あるいはヴォールトや窓のトレーサリーなどの複雑なパターンを構想するためのものであった。このような図面には、2種類あった。1つは、罫書き床の上に描かれた、窓の外形や刳形の輪郭をとるための実寸大の型板(テンプレート)で、その実例をヨークやウェールズに今でもみることができる。これは、実際の石材加工に直接関連したものといってよい。もう1つは、紙や羊皮紙の上に非常に小さく描かれた

図面である。縮尺の概念が、設計の段階で何らかの意味を持っていたかどうかは、非常に疑問である。極めて小数の例外を除いて——それらは全てかなり後のものである——現存する図面の中には、縮尺を示すようなものは見出せない。そのことが、これらの図面の真の意味を評価するのを困難にしている。実際に建てられた建物になるほどよく似た図面も多くあるが、正確に一致するものはほとんどない。これらの図面は、予備的なスケッチ、あるいは施主にみせて説明するためのスケッチのようなもの、とするのが最も妥当な説明であろう。それらの図面は、必然的に全て平面的なものであり、ヴォールトを描いたものも、投影図以上のものではない。それにもかかわらず、15世紀にはゴシックの建築家が図面を描くために多くの時間を費やすようになったことは、確かである。そのことはまた、建築家という職業が変化していく方向を明らかに示唆している。

しかし少なくとも確かにいえるのは、紙の上で建築全体を設計することはなかった、ということである。基礎がすえられた後で、平面図が地面の上に描かれたこともほぼ確実である。そして、この平面図から立面図を案出するための定式が確立されていた。1459年にレーゲンスブルクで作成された石工の職業に関する規約がある。この規約に署名のあるドイツ人の石工は、経験の未熟な者にその定式について秘密を漏らさないことを約束している。ここに書かれているのは、要するに建築の骨組の決定方法である。1390年代にミラノの石工たちが、「正方形」に基づいて建てるべきか、あるいは「正三角形」に従って建てるべきかという論争を行ったのは、この種の問題についてであった。ミラノ人の決定をいかにして実行するかについて、数学者の手ほどきが必要ではあったが、図形そのものは標準的なものであった。それらの図形は、おそらく初期キリスト教のバシリカの時代から教会建築の特徴であったと思われる。幾何学は、他の法則とともに、彼らが受け入れることのできた規範なのである。それが何らかの美学的な意味で望ましいものかどうかについては、おそらく議論されることはなかったであろう。中世の実用的比例を美と調和の理論に転換する仕事は、アルベルティとイタリア・ルネサンスの建築家の手に委ねられたのである。

訳／佐藤達生

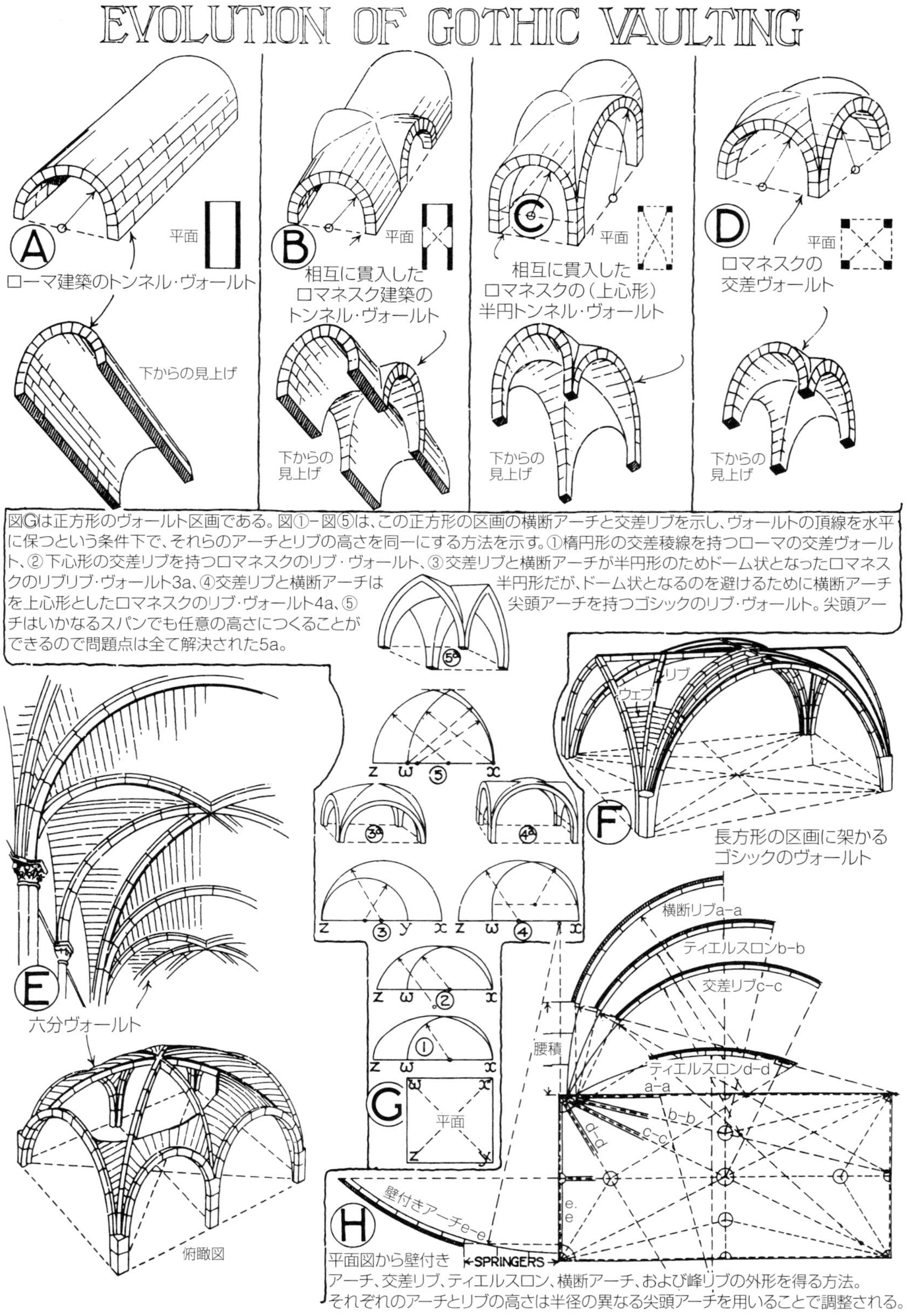

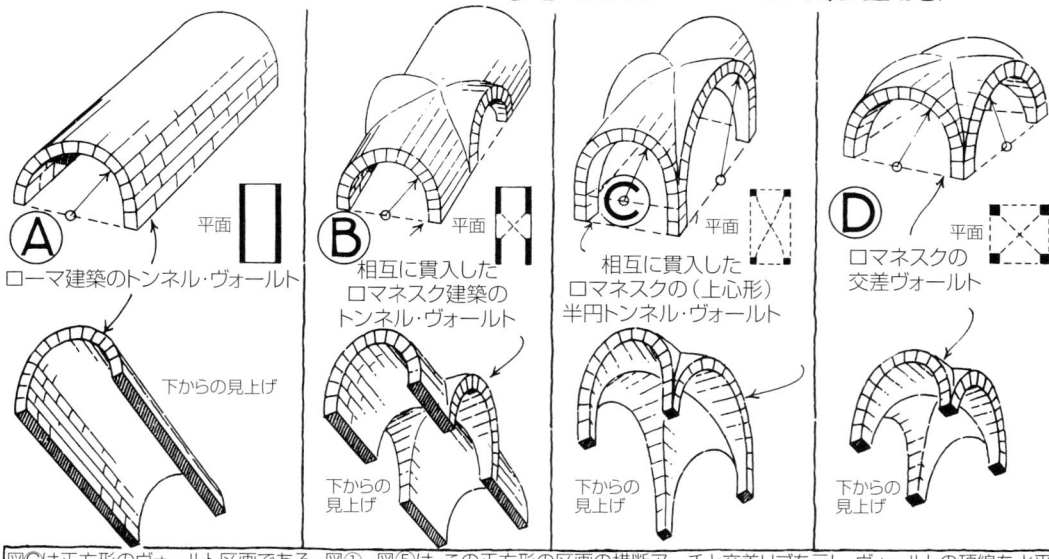

EVOLUTION OF GOTHIC VAULTING
A
平面
ローマ建築のトンネル・ヴォールト
下からの見上げ
B
平面
相互に貫入した
ロマネスク建築の
トンネル・ヴォールト
下からの
見上げ
C
平面
相互に貫入した
ロマネスクの（上心形）
半円トンネル・ヴォールト
下からの
見上げ
D
平面
ロマネスクの
交差ヴォールト
下からの
見上げ
図Ⓖは正方形のヴォールト区画である。図①－図⑤は、この正方形の区画の横断アーチと交差リブを示し、ヴォールトの頂線を水平に保つという条件下で、それらのアーチとリブの高さを同一にする方法を示す。①楕円形の交差稜線を持つローマの交差ヴォールト、② 下心形の交差リブを持つロマネスクのリブ・ヴォールト、③ 交差リブと横断アーチが半円形のためドーム状となったロマネスクのリブリブ・ヴォールト3a、④交差リブと横断アーチは半円形だが、ドーム状となるのを避けるために横断アーチを上心形としたロマネスクのリブ・ヴォールト4a、⑤尖頭アーチを持つゴシックのリブ・ヴォールト。尖頭アーチはいかなるスパンでも任意の高さにつくることができるので問題点は全て解決された5a。
5a
リブ
ウェブ
F
長方形の区画に架かる
ゴシックのヴォールト
E
六分ヴォールト
俯瞰図
z ω ⑤ x
3a
4a
z ③ y x
z ω ④ x
z ω ② x
z ω ① x
G
平面
横断リブa−a
ティエルスロンb−b
交差リブc−c
腰積
ティエルスロンd−d
a−a
b−b
c−c
d−d
e.
e
壁付きアーチe−e
SPRINGERS
H
平面図から壁付きアーチ、交差リブ、ティエルスロン、横断アーチ、および峰リブの外形を得る方法。
それぞれのアーチとリブの高さは半径の異なる尖頭アーチを用いることで調整される。

ゴシックのヴォールトの変遷

218 ルネサンスまでのヨーロッパと地中海周辺の建築

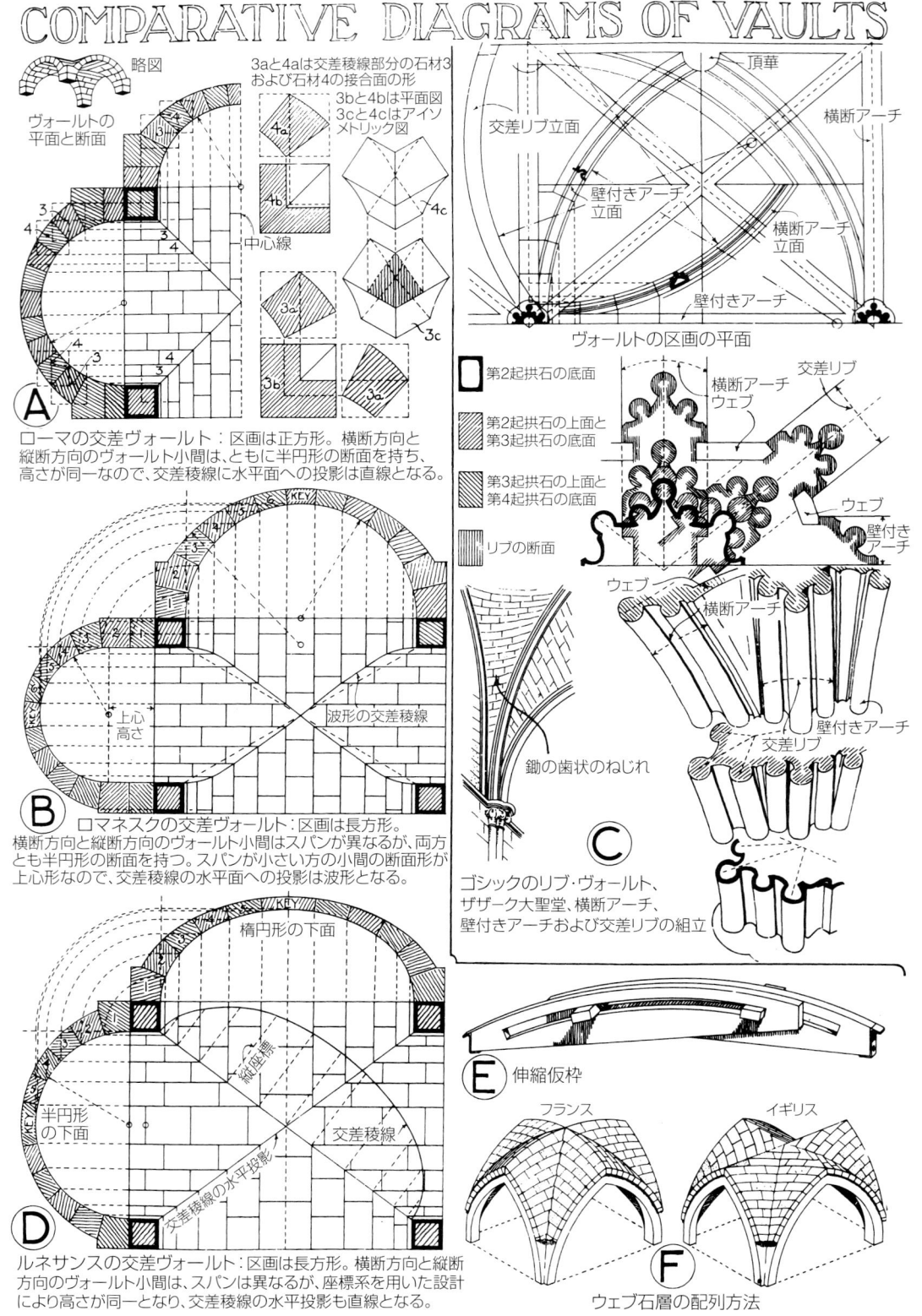

各種ヴォールトの図解と比較

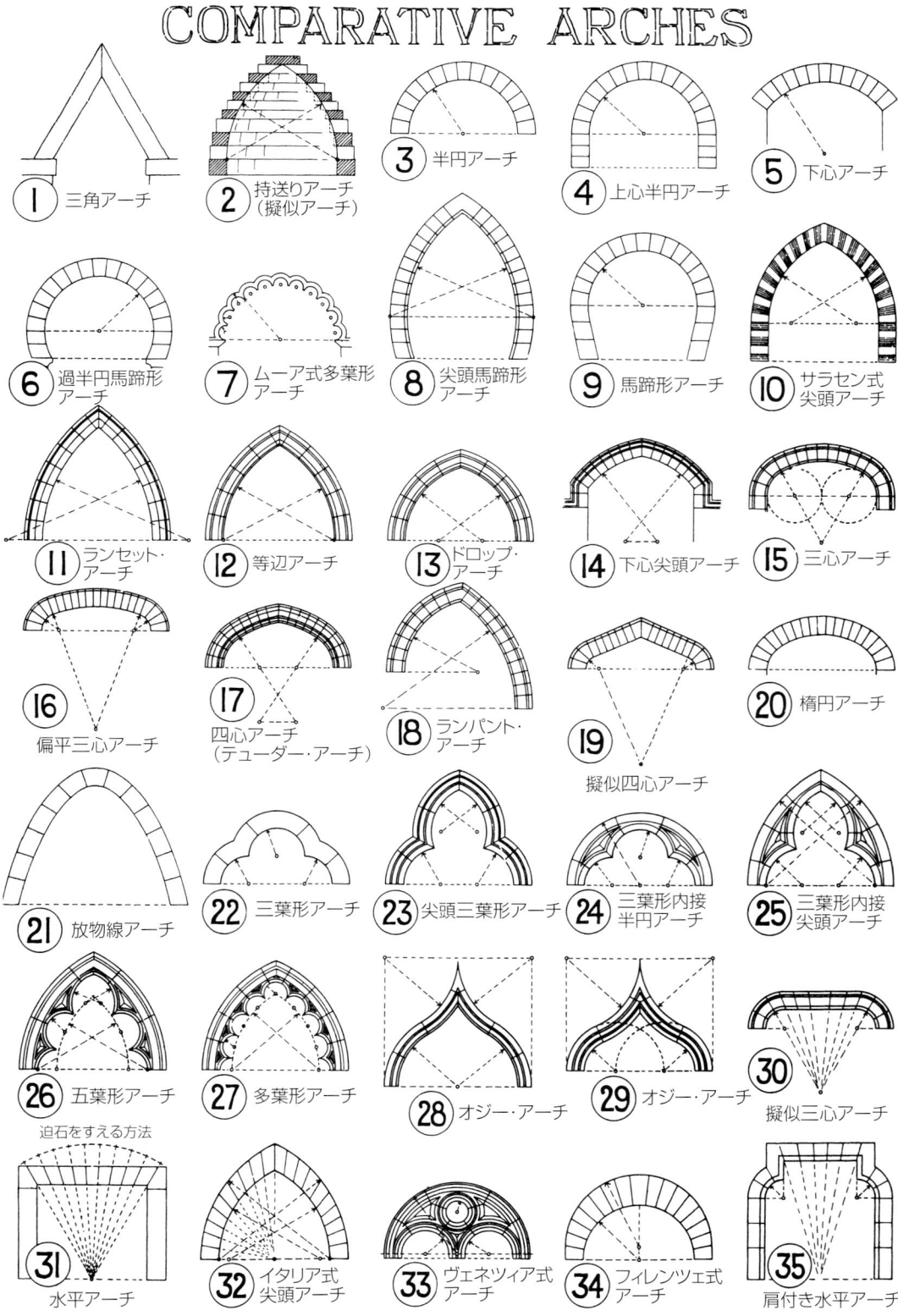

アーチの種類

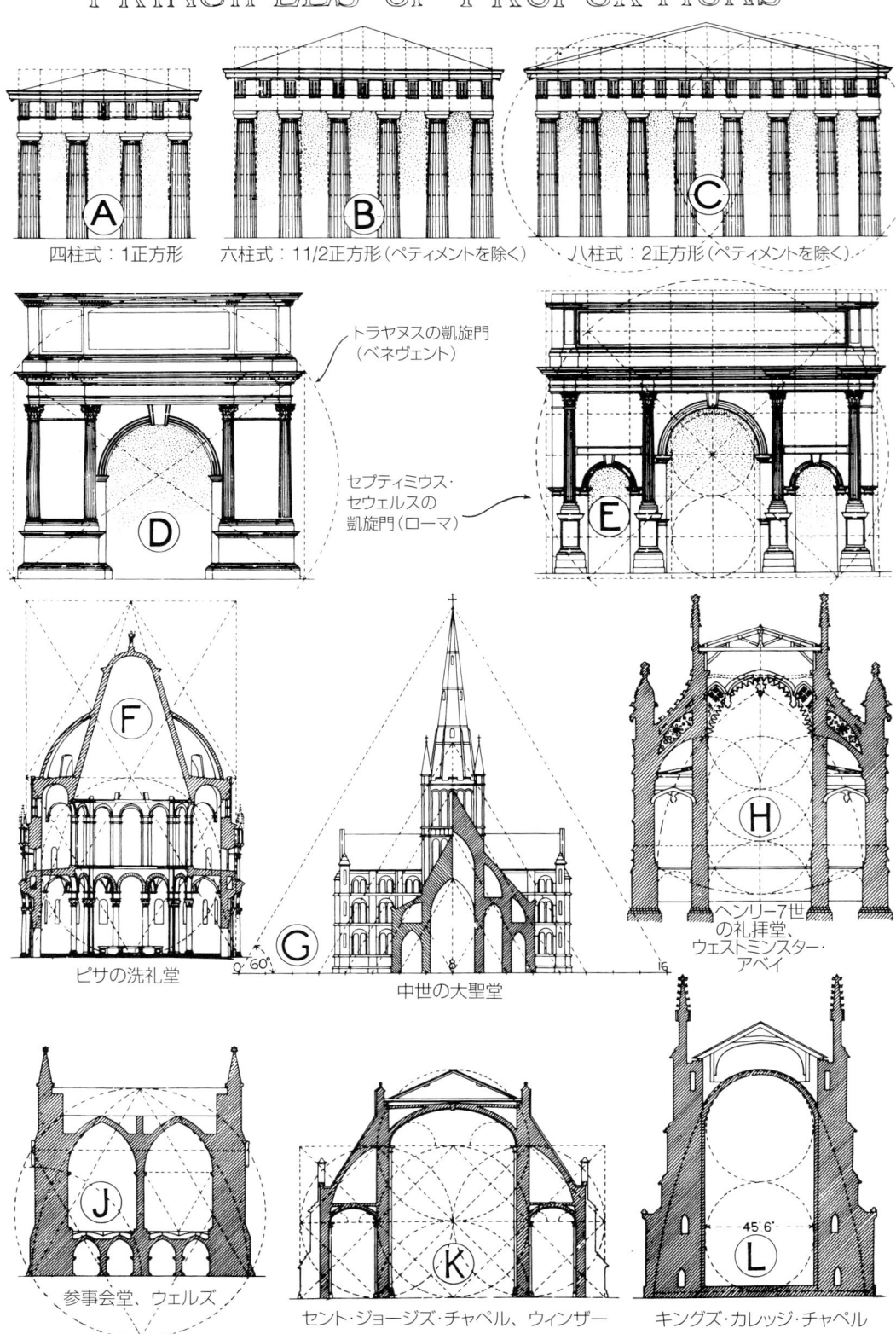

プロポーションの原理

ルネサンスまでのヨーロッパと地中海周辺の建築

第 9 章
先史時代

建築の特色

　建築技術の発展は旧石器時代の初期から始まる。古代の人々は木と石で建物をつくり、火を使った。それには多くの場合、しつらえた炉が用いられた。決まった場所で働き、眠った。この時代には特殊な目的でつくられた建物の明確な遺構は存在せず、建物は全て住居であったと考えられている。

　中石器時代のよく残っている遺構からは集落も組織的に配置されていたことが知られている。住居は列をなして並び、平面も以前より形が整ってくる。住居内に工芸品をすえることもより一般化する。

　新石器時代には、農耕の発展の第一段階に入る。このことを示すのは、ギリシアとバルカン半島の全域にみられる、多数の小さな独立住居が積み重なってできた集落の丘、すなわち遺丘の形成である。個々の住居は、木造の骨組の間を編枝土塗壁で埋めた、正方形ないし長方形の単室の小屋である。これとは対照的に、地中海地方では、円形ないし楕円形の複合住居が多数集まり、時には深い溝がその周りにめぐらされていた。中央ヨーロッパの集落は、内部を長方形ないし台形に区画された長屋型住居（ロングハウス）で構成されるのが一般的である。内部では太い柱が編枝粘土塗壁の枠組みを支えていた。これらの中央および東ヨーロッパの共同社会の集落には、住居や倉庫以外の建物、たとえば神殿や集落の神社として確定できる建物はなかったようである。しかし、ヨーロッパ北西部に農耕が普及する最後の時期には、木ないし石で建てられた住居は独立した小村落にまとめられていた。この時期になると、共同墓地や祭祀用の神殿が発展するようになる。

　新石器時代の葬祭用の建物は大規模な共用施設の形をとっていた。その中の最も重要なタイプをいくつかあげる。巨石の羨道墓(megalithic passage grave)は、墓の中にはっきり認められる狭い通路があり、内部の円形ないしは多角形の墓室に通じている。巨石の通廊墓(megalithic gallery grave)は、整った形の入口が広い長方形の墓室に通じている。土の長塚(earthen longbarrow)は、木造軸組で築かれた大規模な共用の埋葬所で、盛り土で覆われていた。ディッセ(dysse)［訳註：北欧の巨石墓］のような小規模で簡素な墓、あるいは閉じた石造の小墓室もある。前室付き石塚(court cairn)は、台形状の石積みに半円形の前室が付く。内部では廊下状の通路に沿って個々の墓室が並んでいる。楔型の墓(wedge grave)の内部には、間に小さな石が詰められた二重の石板によって単一の墓室がつくられ、上は盛土で覆われていた。ドルメン(dolmen)は、石板でつくられた単純な墓室で、その上に蓋石がのせられる。

　葬祭とかかわらない新石器時代の祭祀用の建物は、神殿と戸外の祭祀場とに分類される。後者の中で最も重要なものをいくつか挙げる。カーサス(cursus earthwork)は、土塁をめぐらした祭祀用の囲い地である。幅 150 m、長さは 10 km にまで達するものがあり、土手と溝で仕切られていた。土手道の付いた囲い地(enclosure with causeway)は、中央の円形または楕円形の囲い地を単一ないし複数の堤と溝からなる同心円の輪で取り巻いたもので、これらの輪に土手道が間隔をおいて交差する。環状列石(henge)は、堤と溝の囲いの中に石ないし木を並べた円環と、直立した石がある。巨石の記念碑はヨーロッパ北西部の全域にみられるが、独立した土塁と環状列石はブリテン島にしかみられない。

　青銅器時代の住居は、全体的に新石器時代のものに比較して小さく、つくりが貧弱である。中央および東ヨーロッパでは、メガロン型の住居が木材と粘土を用いて建てられたようである。しかし、これらの住居はギリシアのように、記念碑的で様式的に整ったメガロンに発展することはなかった。フランス東部、スイス、

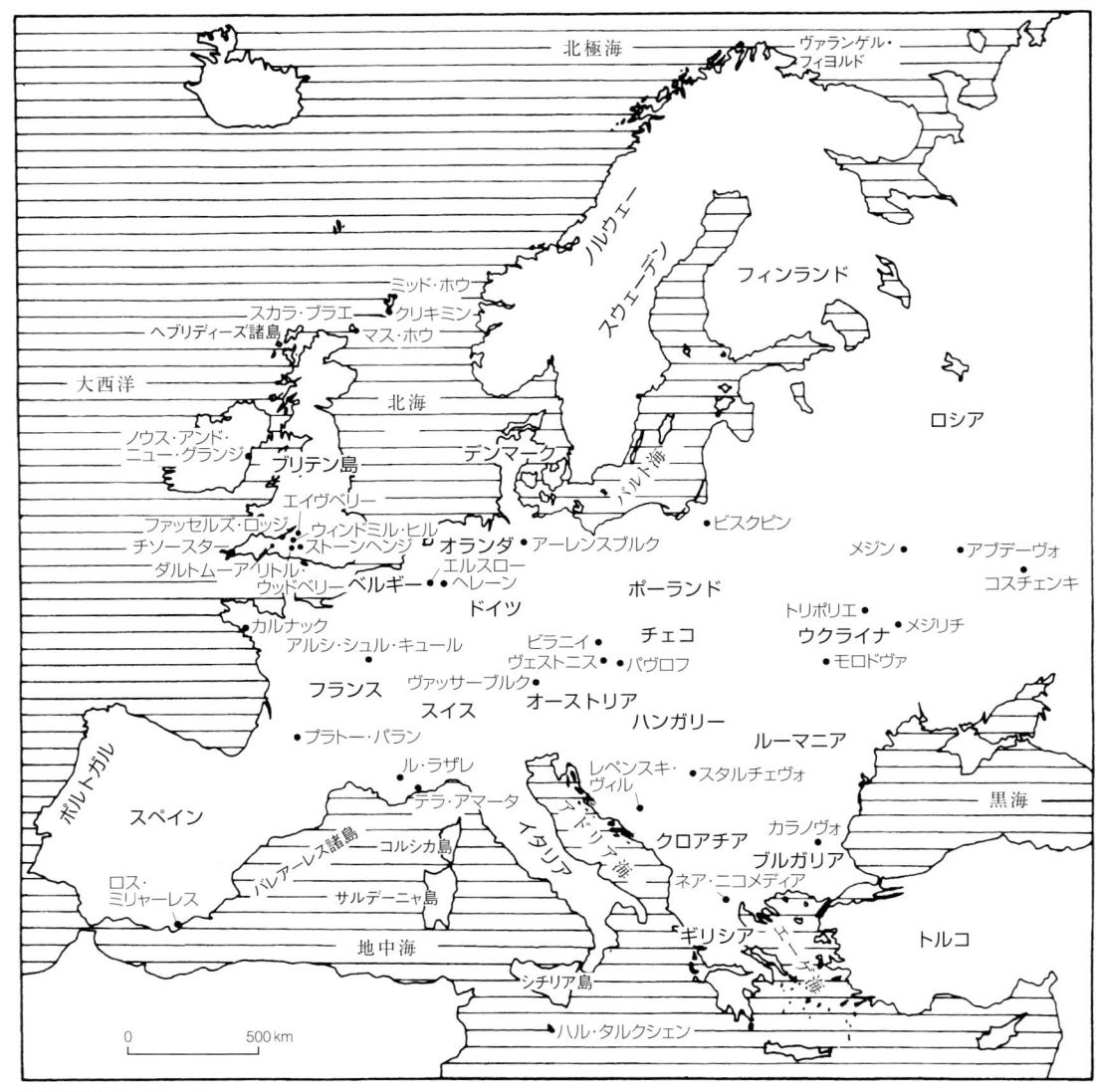

先史時代のヨーロッパ

北イタリアでは、長方形の木造軸組の住居からなる青銅器時代の湖岸の集落が発掘されている。地中海沿岸とブリテン諸島の一部では空積み（モルタルを用いない石積み）の住居がみられる。

青銅器時代初期の葬祭用の建築は、個人の墓を納めた円形の塚や土まんじゅうであり、場合によっては墓は木造ないし石造の墓室に納められることもあった。青銅器時代後期には、遺体は火葬され、骨壺が墓地に納められるようになった。葬祭とかかわらない祭祀用の建物は、ヨーロッパのほとんどの地域において小規模な神殿風の建物に限られていた。ただし、イギリスでは青銅器時代に入っても相変わらず環状列石が使用され続け、ストーンヘンジなどでは、石の数が増やされた。

これとは対照的に、防御用の建築は新石器時代後期から青銅器時代初期にかけて発展し始める。これは2種類に分類される。すなわち、ヨーロッパ全域にみられる、集落や農場を守るための土塁や防壁と、コルシカ島、サルデーニャ島、バレアーレス諸島だけに存在する防御用の塔建築である。

鉄器時代にはヨーロッパ大陸全体で、木と石で建てた長方形ないし楕円形の住居をまとめて、防壁で囲む形式がとられた。住居の配置は不規則に並べた小集落から、ポルトガルのギマレアスのシタニア（B.C.2–B.C.1世紀）、フランスのオータン近郊のビブラクテ（B.C.1世紀）、バイエルン地方のマンシング（B.C.1世紀）などの大規模な集落までさまざまであった。後者には幅がおよそ10 mの規則的な街路が敷かれ、木造軸組の住宅、

納屋、店舗が立ち並び、仕事場や「バザール」のある特別な街路も含まれていた。これに対して、イギリスは、丘の砦の中に密集した伝統的な集落とともに、柵で囲まれた孤立した住居の伝統も守り続けたが、後者は建築的にはより複雑な構造になっている。

　鉄器時代の祭祀と葬祭用の建築は儀式の行われる場所に限られている。儀式用の縦穴、神殿、聖所からなる儀式の場所は、ヨーロッパ全域で、とりわけラ・テーヌの後期の時代に多くみられる。鉄器時代にも古墳があるが、特に身分の高い人はしばしば馬車や戦車の中に埋葬されている。この時代には丘の砦や防壁も大規模に築かれた。しかし、多重の壁体が初期の一重の壁体に取って替わる傾向があり、また、しばしば立派な門が加えられている。ブリテン島北部では要塞化した塔建築が一般的にみられるようになる。

実　例

旧石器時代

住　居

　旧石器時代の住居は次の4つの形式に分類される。すなわち、小屋、差しかけ小屋、テント、竪穴住居である。

小　屋

　考古学上知られる限りで最も古い建物の遺構は、フランス南部の町ニースの旧石器時代の遺跡**テラ・アマータ**（30万年前、p.224A）にみられる。楕円形の小屋の跡が発掘によって明らかになっている。長さは8-15 m、幅は4-6 m近くあり、当時の海岸線に近い砂浜に建てられていた。小屋の壁は直径75 mmほどの杭を柵のように砂の中に埋め込んでつくられ、その外周は1列に並べられた石によって補強されていた。それぞれの小屋の長軸に沿って、直径がおよそ300 mmの太い柱が数本立てられた。しかし、屋根の形を知る手がかりは残っていない。小屋の床は有機物と灰を厚く積み重ねてつくられていた。それぞれの小屋には中央に炉がある。これは、それまで世界中で発見された中で最も古い炉の1つである。炉には表面に小石が敷かれているものと、砂を掘ってつくられた直径300-600 mmの浅い穴の2種類があった。どちらの形式の炉も、小石を積んだ風除けで隙間風を防いでいた。考古学者によると、小屋の内部には道具をつくる作業場としての場所が他と区別される。これらの小屋は、テラ・アマータを春に訪れる習慣になっていた放浪の狩猟民によっ て、同じ敷地に毎年建て替えられたと考えられている。

　モロドヴァⅠ（4万4000年前、p.224B）はウクライナのドネステル川沿いのモロドヴァ村の近くで発見された、テラ・アマータよりずっと後の、より洗練された小屋である。小屋の大きさは内法でおよそ8×5 mである。動物の皮をかぶせた木の骨組からなり、ほぼ楕円形に置かれたマンモスの骨で固定され、内部の15カ所に炉の跡があった。

　フランスのヨンヌ県のアルシ・シュル・キュールにある「**レンヌの洞穴**」として知られる洞窟（3万年前）の入口には、柱を差し込んだ穴がおよそ2×5 mの大きさの粗雑な楕円形に並び、炉と、そこにある残骸物を囲んでいる。柱はマンモスの牙であったと考えられる。旧石器時代の後期の美術には、同様の小屋の描写がみられる。

　モラヴァ（別名モラヴィア、チェコ共和国）の遺跡**ドリニ・ヴィエストニツェ**（2万7000年前）にはマンモスの骨と牙の柵によって囲まれた多くの小屋がある。マンモスの骨と牙が地面に差し込まれ、その間は明らかに小枝や泥炭で埋められていた。これらの小屋のうち、最も重要なのは粗雑な楕円形の大きな建物で、だいたい16×10 mほどの大きさである。この建物には5つの炉があり、それらの炉のほとんどは付近の石灰岩の大きな粗石でつくられている。建物の壁は石灰岩で築かれている。考古学者たちは、これらの建物は屋根のない夏用のものであったかもしれないと考えている。2番目の建物は円形で、直径がおよそ6 mある。上を土のドームで覆われている中央の炉は、陶製の人形をつくるのに用いられた。この小屋は呪術師のものであったかもしれない。この場所には常時5-6戸の住居が建ち、それぞれの住居は20-25人の人間を収容したと推定されていて、特にマンモスの狩猟を行う人々の小屋であったようである。

　ウクライナのドニエプル川沿いの**メジリチ**（2万2000年前）のマンモスの骨の小屋はとりわけ保存状態がよい。壁の下の方はマンモスの顎と長い骨によって建てられ、その上に頭蓋骨がのる。屋根は木の枝でつくられ、その上に牙がのせられた。同時代の同様の例がポーランドのクラクフの近くで発見されている。

差しかけ小屋

　フランスのニースの**ル・ラザレ**（15万年前）には差しかけ小屋の早期の例がある。これは12×4 mの大きさで、小屋の片側が洞窟の壁に立てかけてつくられている。下には石が並べられていて、小屋の輪郭がわかるが、おそらく柱も並んでいたと思われる。皮のカーテンと屋根が柱にかけられていた。この差しかけ小屋は、

224 | ルネサンスまでのヨーロッパと地中海周辺の建築

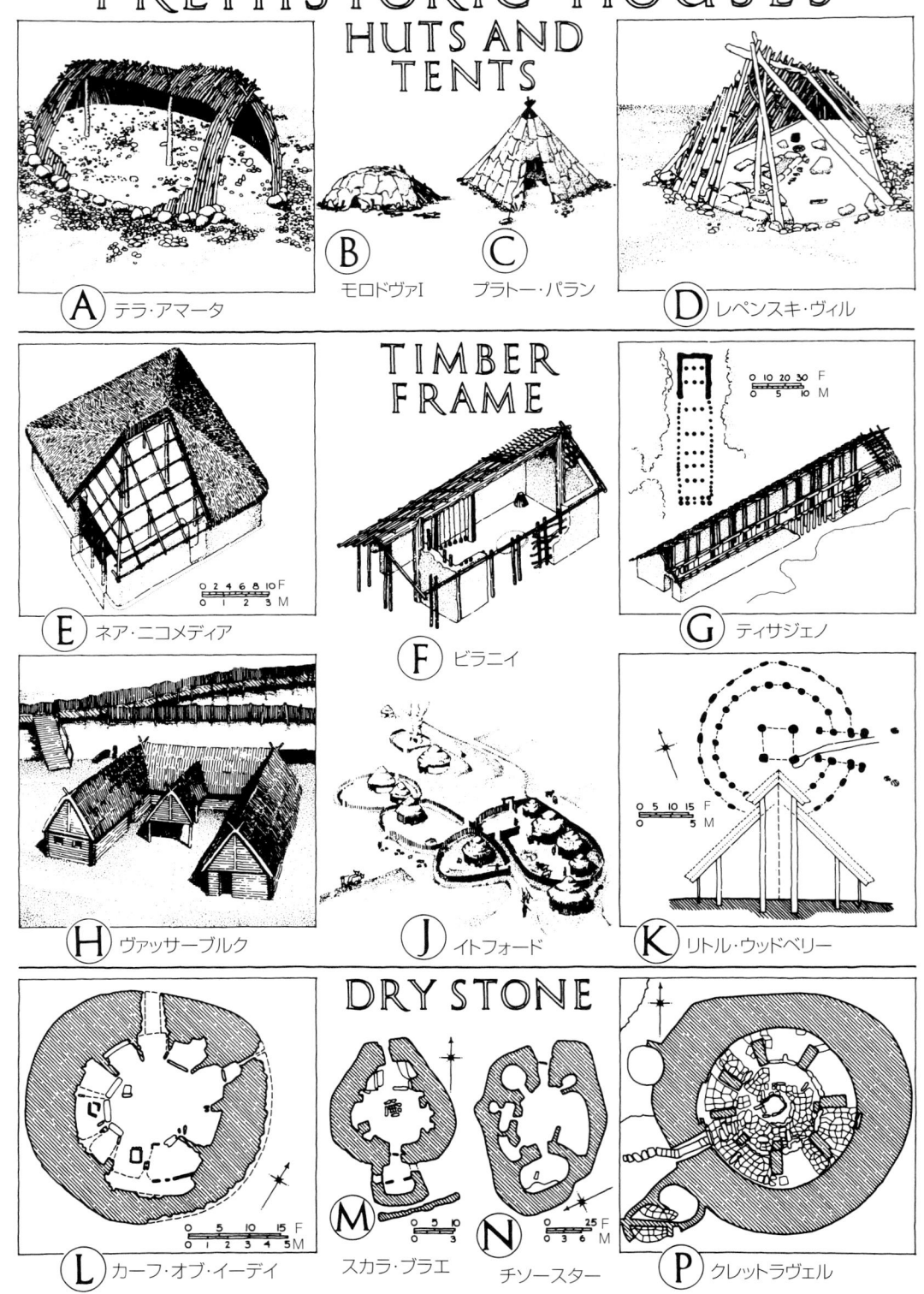

先史時代の住居、小屋とテント（上）。木造軸組（中）。石造（空積、下）

内部で2に仕切られていた可能性がある。仕切られた2つの部分のそれぞれは長辺に入口を持ち、大きい方には2つの炉があった。

テント

テントは、氷河期末のヨーロッパにおいても、非常によくみられる住居形態であったに違いない。ティーピー[訳注：数本の棒に獣皮を張った、アメリカ先住民の円錐状のテント小屋]状のテントの遺跡は、チェコの**パヴロフ**（2万3000年前）、ドイツのライン川畔の**フェルトキルヒェン・ゴナースドルフ**（1万3000年前）、フランスのドルドーニュ県の**プラトー・パラン**（1万5000年前、p.224 C）のように非常に離れた地域で発見されている。プラトー・パランのテントの床部分は3×3mほどの大きさであった。テントの裾は小石で重しをされていた。内部は舗装された狭い部屋で、外部には道具をつくるためのたくさんの作業場があった。フランス南西部の**コルビアック**（2万年前）のテント状の構造物は、戸外に炉が設けられている点で特殊である。

ウクライナの**モロドヴァV**（1万3000年前）はティーピー状の構造で、大きさはおよそ4×5mである。地中に打ち込まれた木の柱に皮がかぶせられ、太い木製の釘で固定されていた。中には大きな単一の炉があった。同じ遺跡にある、もっと後の例で2つの炉を含む25m²ほどの円形のテントにおいても、皮はトナカイの枝角で止められている。同様の遺跡がウクライナの**メジン**（2万年前）で発見され、その他にも、氷河期末期の例として、ドイツのハンブルクの近くの**アーレンスブルク**（1万500年前）の遺跡などがある。

竪穴住居

竪穴住居は、特に気候が厳しい東ヨーロッパの方で、より一般的であったようである。チェコの**バルカ**では、楕円形や台形や梨型の例（3万7000年から3万年前）がみられる。大きさは幅が2.5-3.5m、長さが5-18mの間である。中央の柱の穴は屋根があったことを示している。同じ遺跡のもっと後の時代の例は、より整った十字形やH形をしており、竪穴の内部では、個々の作業に対する場所が決められていた。

ロシアのドン川沿いの**コスチェンキ**（2万2000年前）では、もっと入念につくられた住居がみられる。ここでは地面に浅い穴を掘り、その周囲をマンモスの骨と牙で囲み、その上を生皮で覆っている。一部の住居はかなり大きい。その1つは35×15mの規模で、長軸上に並んだ9つの炉があるので、数家族がともに冬を過ごした住居であるかもしれない。この建物は単一の屋根で覆われていたとは考えにくい。コスチェンキの

住居群には、さまざまな装飾的な作品が残されている。その中には女性の彫像やチョークで描いた動物の絵などがある。

ロシアの**アヴデーヴォ**（2万年前）や**プシカリ**には、マンモスの狩猟民の集団が、少なくとも季節的に、同様の竪穴住居からなる集落を営んでいた。この住居はそれぞれおよそ3×5mの大きさで、下層土を一部掘り下げ、マンモスの骨と牙でつくった骨組の上に生皮を広げて屋根としていた。

中石器時代

住　居

中石器時代の遺跡をみると、住居の形式の幅は旧石器時代とほとんど同じであることがわかる。保存状態のよいわずかな遺構には、旧石器時代のものより耐久性のある、冬用の住まいとして建てられた小屋や竪穴住居がみられる。

小　屋

中石器時代の最も重要な住居は、ドナウ川沿いのセルビアの**レペンスキ・ヴィル**の遺跡（B.C.5410-B.C.4610、p.224D）で発見されている。住居は河岸の段丘に、およそ20ほどが列をなしている。これらの住居は平面が台形で、大きさはだいたい5.5-30m²の間である。全ての住居は内部の構成と建物各部の比例関係が同じであり、入口を含む広い方の端部が川に面していた。床は硬い石灰の漆喰で、表面が磨かれて薄い赤や白色に仕上げられ、周囲は石で補強された柱によって囲まれ、その上に木造の堅固な屋根がのっていた。地面に掘った長い炉は石灰岩で囲まれ、しばしばその周りに薄い赤色の砂岩を並べて模様をつくっていた。ほとんど全ての家に、川底の石灰岩を彫ったものが入口の反対側の炉の近くに置かれていた。この彫刻は人間か魚を表しているといわれている。

竪穴住居

ウクライナのドネステル川流域の**ソロキ**（B.C.5500-B.C.5400）では、長さが6-9mで、幅が2-5mある浅い楕円形の竪穴に、炉と、石材を加工する場所がみられる。屋根はおそらく軽量の木造屋根であろう。同様の例はチェコの**タソヴィス**、ドイツの**タンシュトック**と**ユーンスドルフ＝アウトバーン**、スイスの**ショッツ**、イギリスの**ファーナム**にみられる。

新石器時代

住　居

　新石器時代には、木材や石を用いたもっと堅固な住居がヨーロッパ全土に建てられるようになる。木造軸組の住居は、正方形ないし長方形の1家族用の住居か、あるいは大家族ないし複数の家族用のロングハウスのどちらかである。またあるところでは、単一ないし複数の部屋を持つ、家族用の空積の石造住居が建てられている。

木造軸組の住居

　ギリシア北部のマケドニア地方の**ネア・ニコメディア**（B.C.6220頃、p.224E）はヨーロッパにおける新石器時代の最古の集落の1つである。ここには、平面がおよそ7.5×7.5mで、周囲を土の壁がめぐる多くの正方形の住居がある。この壁は、地中に深さ1mほど差し込んだカシの若木をおよそ1mの間隔で配置し、その間をアシの束を立て並べて埋め、その内側には土ともみ殻を混ぜたものが、外側には白い粘土が塗られていた。これらの住居は深い軒のある草葺きの傾斜屋根を持っていたと思われる。内部の片側には少し高くなった漆喰の壇があり、その壇には小さな炉と貯蔵用の穴が設けられていた。その他の同時代の例が、ギリシアのテッサリア地方の**オチャキ・マグラ**と**ツァングリ**で発見されている。

　同様に、標準の平面が8×4mで、1室型の住居が、ブルガリアの**アズマク**と**カラノヴォ**（B.C.5600-B.C.3800）で発見されている。ここでは、細い木の柱を狭い間隔で並べた骨組に粘土ともみ殻を混ぜたものを塗って厚い壁を築く方法がとられていたようである。カラノヴォの住居は互いに独立しているが、丸太が敷かれていた可能性のある街路を挟んで、密集して並んでいた。他には、ハンガリーの**ティサジェノ**（p.224G）では、同様の大きさの住居がみられる。ここでは、太めの直立柱数本で軸組がつくられ、その間を小枝を編んだ木舞で埋め、粘土を塗っている。これらの2戸の住居では、壁が赤と白に塗られ、床は叩きになっていた。ほとんどの住居には円形の炉があり、たいてい入口の反対側に位置していた。アズマクとカラノヴォにおける後の時代の住居（B.C.3800-B.C.3000）も構法は同じであるが、平面には発展がみられ、小さな玄関部分あるいは前室のようなものが端部に加えられている。陶製の模型から推量すると、これらの住居は粘土を塗った木の屋根か、あるいは草葺きの屋根であり、動物の頭が入口の上に飾られることもあった。内部には、石やスレートでしっかりと土台を築かれた長方形の土製のかまどがあった。

ロングハウス

　チェコの**ビラニイ**（p.224F）は、新石器時代中期（B.C.4200頃）の集落である。住居はロングハウスで、1カ所に集まり、北西から南東の方向を向いていた。平面は長方形で、幅は常におよそ6mで、長さは8-45mまで変化する。太いカシの柱が、粘土で埋めた木舞壁の骨組を支えている。平面には3つの形式が見出せる。1つは、内部が3分割された平面で、南東を向いた入口、中央の居室、床の低い貯蔵室に分けられていた。2つめは2分割型の平面で、ここでは前の形式の入口と居室とが合体している。3つめは、居室だけからなる単一空間の住居である。同様の住居はオランダの**エルスロー**（B.C.4500-B.C.4105）でも発掘されでいる。

　ウクライナの**ヴラジミロフカ**と**コロミーシチナ**のトリポリエ文化のロングハウス（B.C.3500-B.C.3000）はこれより規模が小さく、内部中央に並んだ柱が切妻の屋根を支えている。編枝土塗壁の内部の仕切り壁が構造的な役割の一部を担っている。この遺跡で発見された模型によると、破風の壁は剝形で飾られ、内部と外部の壁は色が塗られていた。床は丸太を敷いた上に粘土を厚く重ねてつくられていた。

空積の石造住居

　新石器時代の、モルタルを用いない空積みの石造住居の最も驚くべき遺跡の1つがスコットランドの北東海岸の沖にあるオークニー諸島の**スカラ・ブラエ**の集落（B.C.2500-B.C.1700頃、p.224M、p.229A）にある。中心の住居群は堅固な石積みで築かれ、二重構造の壁の厚さはどこも3mあった。内側と外側のそれぞれの壁は、1m以上の厚さがあり、2枚の壁の隙間は生活廃棄物で埋められていた。これらの住居の平面は長方形で、隅の部分は丸く、丸みは最大で直径7mまであった。中へはトンネル状の通路を通って入る。入口は扉によって閉じられ、横に棒をかうことによって錠がかけられた。屋根は芝生か草葺きで覆われていた。中央の炉の上部の煙穴は1辺1mの正方形で、その角は低い縁石で処理されていた。内部には立派な石の家具がある。同様の例はオークニー諸島の**リンヨー**とシェトランド諸島の**ヨクシー**で発掘されている。

共同墓地

　西ヨーロッパの新石器時代の集落の顕著な建築的特徴は、広大な共同墓地の建設であった。西部の地中海沿岸、イベリア半島、フランス、オランダ、ドイツ北

PREHISTORIC MONUMENTS

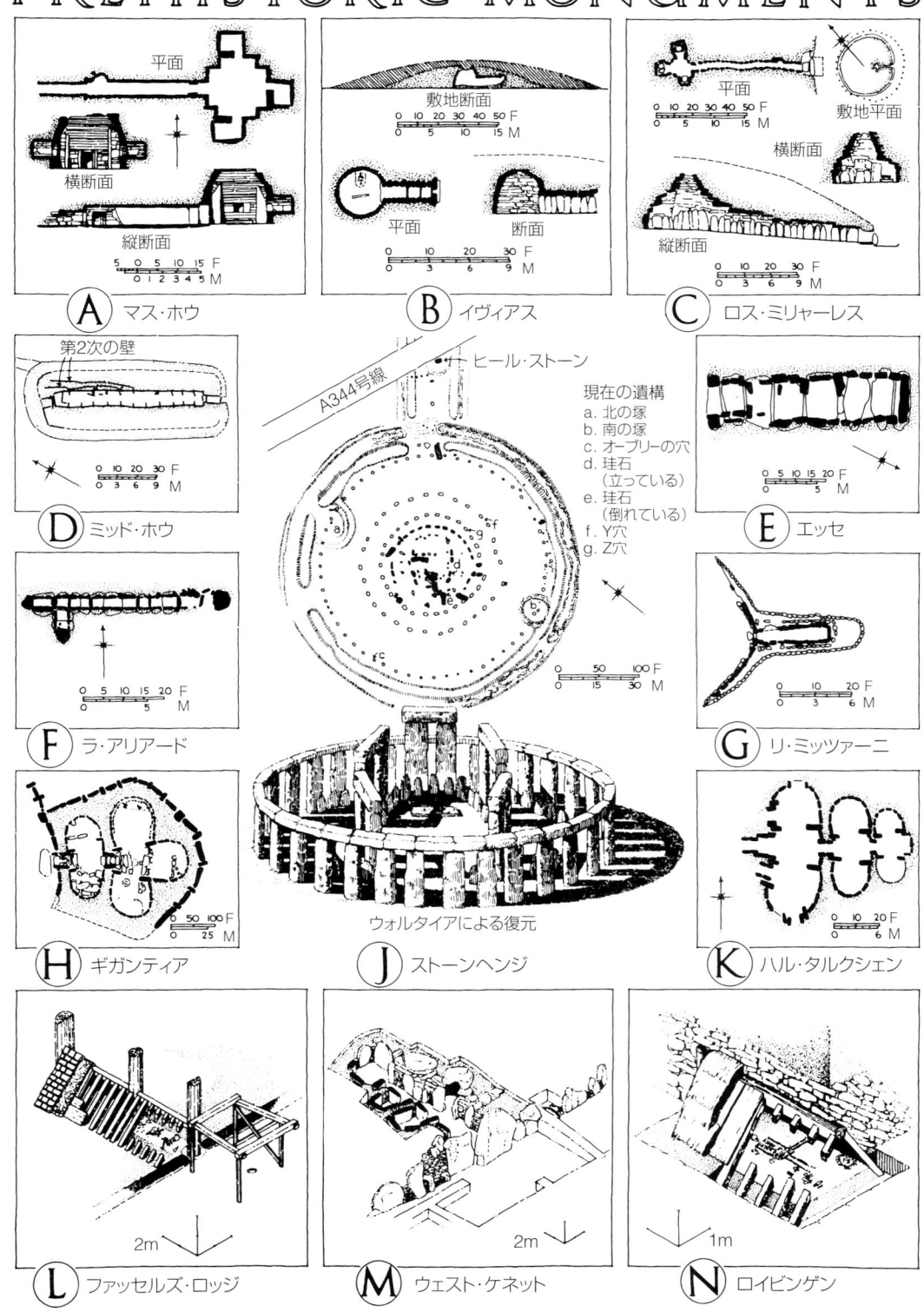

先史時代の記念碑的建造物

部とスカンジナビアに渡って4-5万の数の、大きくて整った巨石墓がみられる。これらの墓は羨道墓と通廊墓とに分類される。ただし、その平面や建設方法には地方ごとに無数の形式がみられる。このような墓の建設は紀元前4500年から紀元前1500年にかけて始まったと考えられる。これらの建築が死者を葬るためのものであることは明らかである。しかし、それが唯一の目的であったとは考えられないし、また、全てが同じ役割を持っていたわけではない。このような巨石建築の分布は、人口の変動に関係していたかもしれない。また墓の形と配置は住居の形態に結び付いていたかもしれない。木造の墓室を土の長塚の下に設ける形式の墓は、巨石時代のイギリスに最もよくみられる。

巨石の羨道墓

オークニー諸島の**マス・ホウ**では、38×32mの墳丘（p.227A）が広い土地で囲まれ、その周囲を幅の広い堀がめぐっている。墓室に通じる羨道は幅が1mで高さが1.5mあり、その壁は入口近くでは水平の石積みによって、羨道の奥では板石を積んで築かれている。墓室は墳丘の中を15mほど進んだところにあり、1辺5mの正方形で、隅の部分をバットレス（扶壁）が支えている。内傾した壁は石造の持送りヴォールトを支えている。このヴォールトの高さはもともとはおよそ5mであった。壁体の表面はなめらかで、長方形の切石の接合は丁寧に行われている。墓室の3面には小室が接続し、中心の墓室よりも床が1mほど高くなっていた。その入口は窓のような開口部になっていて、石板でふさぐことができるようになっていた。同様に空積みの石造の壁と持送りヴォールトを持つ例は、スペインの**ロス・ミリャーレス**（p.227C）で発見された。円形の墓室、水平な石積みの壁、持送りヴォールトを持つ同様の、より単純化された形式は**ブルターニュ地方のイヴィアス**（p.227B）でみられる。その他の優れた羨道墓の例は、アイルランドの**ニュー・グランジ、ダウス、ノウス**にある（B.C.2500-B.C.1700）。これらの墓には壁画がみられ、石の表面を刻んだり、たたいたり、切りこんだりして、幾何学的、曲線的、ジグザグ、菱形などの模様がつくりだされている。

巨石の通廊墓

シェトランド諸島の**ミッド・ホウ**には優れた通廊墓（p.227D）がある。墓室は12に仕切られ、長さは全体でおよそ23mであり、平面がおよそ33×13mの長方形の墳丘で覆われている。フランスでは、完全に区画された通廊墓が発見されている。たとえば、南西部の**ラ・アリアード**（p.227F）では、墳丘はおよそ21mの長さで、12mを少し超える長さの墓を覆っていた。この墓は入口が通廊に対して直角にとられている。そして通廊は8室の独立した部屋に分割されている。もっと典型的な例が**ブルターニュ地方のエッセ**（p.227E）にみられる。ここでは長さ6mの墓が、ミッド・ホウでのように、入口玄関と、3枚の仕切板を持つ通廊とに分割されていた。

もっと複雑なトランセプト付きの通廊墓はイギリス南西部の**ウェスト・ケネット**（p.227M）にみられ、丸石で築かれた内部を、草に覆われた白亜の墳丘が覆っている。長さ12.2mの墓室は東の端に置かれ、サーセン石（大砂岩）の直立した巨石で構成された平坦なファサードがあり、その中央に入口をふさぐ石が置かれる。このファサードの背後に半円形の前庭があり、この前庭に対して墓室が開いている。中央の通廊は両側にトランセプトのように配置された部屋が左右に2室ずつ並び、奥には部屋が1室ある。これらの部屋の周囲は巨大な板石で囲まれていた。板石の間の隙間は空積みの壁で埋められ、部屋の天井は、石を粗雑に持送りに積んだ上を大きな蓋石で閉じている。この墓は当初50人の遺体を安置していたと推定されている。

サルデーニャ島の**リ・ミッツァーニ**（B.C.1900頃、p.227G）は、洗練された小さな通廊墓の後期の例である。墓の入口は、半円形の前庭を囲む中央のファサードに設けられている。6.5×1.5mの大きさの墓室は巨石で築かれ、天井には板石を渡してある。墓を覆う墳丘は、入口のある方の端で、ファサードの背後の中央の丘から2つに分かれて2本の角のように延びていた。

土の長塚

イギリスのウィルトシャー州にある**ファッセルズ・ロッジ**（B.C.3230、p.227L）は、長さがおよそ40mで幅が6-12m（入口部分）ある台形の墳丘を持つ。この墓には4本の柱で支えられた玄関があったようである。土の墳丘は、深さ1m以上で、幅0.5mの溝で囲まれていた。墳丘の中にはおよそ2m高さの木造の堅固な支持壁がある。墓室は入口のすぐ背後にある。直径およそ600mmの木の幹を割った3本の柱が7mの間隔をおいて立てられ、これによって棟木を支えている。この棟木に垂木が架けられ、高さ1.5mで底辺の幅が2.4-3mの三角形の枠組みが形成される。この枠組みは木製の厚板で覆われ、その上にすい石の小片の層がかぶせられていたようである。墓室全体は泥炭を積んで仕上げられた。ここには50人以上の遺体が4つのグループに分けて埋葬されていたといわれている。同様の長塚の例はイギリスにおいて、**ヨークシャー州のウィラビー・ウォールドとイースト・ヘスラートン**やリ

A 空積みの石造住居、スカラ・ブラエ(B.C.2500-B.C.1700頃)　p.226参照

B 新石器時代の神殿、ハル・タルクシェン、マルタ島(B.C.2000)　p.230参照

ンカーンシャー州のジャイアンツ・ヒルにみられる。

神殿と儀式用建物

　墓に比較して数は少ないが、新石器時代の神殿も発見されている。これらの神殿は、特別の機能を持つ建物としてはヨーロッパにおける最も早い例である。

神　殿

　マルタ島の**ギガンティア**（B.C.2700、p.227H）と**ハル・タルクシェン**（B.C.2000、p.227K、p.229B）は、巨石で築かれた三葉形平面の神殿であり、石で表面を覆った土の壁で築かれている。神殿は左右対称の平面で、壮麗な凹面のファサードを持っていた。入口は、2つの直立した巨石の上部に1つの石をのせた三石門形式の通路である。通路の両側と一番奥に開く3組の部屋は、のみで仕上げられた直立する巨石で築かれている。奥の部屋は扉で閉じることができた。水平に積む石材を少しずつ持送りにして、頂部の開口の幅を狭めてから、梁を渡して草で覆っていた。これはこの種の構造の知られるうちで最も早いものである。これと同時代のテラコッタ製の模型とファサードの彫刻は、神殿の建設に先立ってその概要を示すためにつくられたと考えられている。石の一部は渦巻形の浮彫で飾られている。神殿の内部にはおそらく漆喰が塗られ、その上に彩色されていたと思われる。

　神殿を別にすれば、新石器時代には戸外の儀式用構造物は大きく2種類に分けられる。1つは長い形で、1つはほぼ円形のものである。前者は、イギリス南西部のダートムーアの**メリヴェイル**や**ストルドン・ダウン**にみられるような、後期の新石器時代と青銅器時代の、直立した石を並べた小規模なものから、**ドーセット・カーサス**のような巨大なカーサスや、フランスの**ブルターニュ地方のカルナック**のように巨石を直線状に数列並べたものまである。イギリスには円形のものにも同様にさまざまな形式がある。ダートムーアの**スカーヒル**のような小さな円形から、**サマセット州のスタントン・ドルー**、**カンブリア州のロング・メグ・アンド・ハー・ドーターズ**などのもっと複雑な形へ、さらに土手を伴った広大な囲い地（B.C.3300-B.C.2500）や環状列石（B.C.2500-B.C.1500）まである。これらの遺跡の中央には、石や木の円環、石塚、墓、縦穴、列をはずれた石や木柱などがみられる。これらはイギリス以外には全くみられない。

土手道を伴った囲い地

　ウィルトシャー州のウィンドミル・ヒル（B.C.2960-B.C.2570）は、この種のもので最大である。三重の囲いの輪は、ほぼ一定の間隔をおいた規則的な楕円形である。内側の楕円は大きさがおよそ84×76 mである。2番目の囲いはその外側に、46-96 m離れている。そして最も外側の囲いは同様の間隔をおいて、全体の大きさがおよそ400×305 mである。囲いの輪を形成する堀は底が平らで、幅が2-3 mあった。しかし、当初の堀の高さは正確にはわからない。このような囲いは他に、単一の囲いでは、**ウィルトシャー州のホワイトシート・ヒル**、二重の囲いでは、やはり**ウィルトシャー州のロビン・フッズ・ボール**、そして四重の囲いでは、**サセックス州のホワイトホーク**に例がみられる。

環状列石（ヘンジ）

　ウィルトシャー州にある**エイヴベリー**の環状列石の遺跡は、およそ11.5 haの円形の土地が、内径およそ348 mの堀で囲まれ、その外側は直径427 mの土手で囲まれている。4つの土手道が4方位上に設けられて、中央の円形部分に導いていた。中央部分には、2つの円がある。29個の石からなる南側の円は直径が50 m以上ある。その中央にはおよそ6 m高さの石柱が立っていた。北側の円は直径が49 mで、最初は27個の石からなる円の内側に12個の石からなる円があった。この北側の円の中央では、3つの巨大なサーセン石（大砂岩）が三角形の囲いを形成していた。この環状列石の南側の入口から15 m間隔に、3 mの高さのサーセン石を2本ずつ100組並べた道が2.4 km走っていた。これらの石はその形によって組み合わされたらしく、高い石や幅の狭い石が、低い石や菱形の石と交互に並べられている。イギリスの**ダービーシャー州のアーバー・ロウ**には小規模な環状列石の傑出した例がある。そしてさらにもっと単純な例では、明らかに堀がなく、中央に何もない環状列石がオークニー諸島の**リング・オブ・ブロドガー**で発見されている。

　木柱の環状遺跡もまた、同心円を描いて並ぶ木柱の柱穴から存在を確認されている。木柱はおそらく屋根を支持するために用いられたのであろう。**ウィルトシャー州のウッドヘンジ**では、全体の直径が82 mを超える堀と外側の土手で囲いがつくられ、ただ1つの入口は北東に向いていた。中には6つの同心円状に並んだ木柱の柱穴が残っている。円の直径は、最も外側が44 mで、最も内側が12 mである。最も有名な復原では、中央の部分だけ開口した円形の屋根をのせているが、屋根を支えない独立した木柱が同心円状に配置されたと考える学者もいる。同じような形式は**ウィルトシャー州のダーリントン・ウォールズとマーデン**、**ドーセット州のマウント・プレザント**にみられる。

青銅器時代

住　居

　ヨーロッパの青銅器時代の住居の多くは、炊事と貯蔵が行われる粗末な小屋の域を出ない。しかし、とりわけ、周囲を土塁や柵で囲んだ集落では、集落全体の形態がもっと重要な意味を持つようになる。ブリテン島の一部では、個人の木造住居や農場の空積の建物の周りにも土塁がめぐらされている。

木造軸組の住居

　南ドイツのフェーデルゼー湖畔の**ヴァッサーブルク**では、丸太で建てた堅固な住居の集落の珍しい遺構が発見されている(B.C.10-9 世紀、p.224H)。それぞれの住居は中央の広間と側面の翼棟からなっている。この中で最大のものは、規模と比例と配置の点で、中世の小さな広間型住居に近い。ここでは、6 室の部屋のうち 5 室に炉が備えられ、中央の広間の大きさは 10×5 m である。丸太は端の近くに切欠を入れて接合されている。ポーランドの**ビスクピン**(B.C.1660-B.C.500、p.233C)でも丸太小屋が発見されている。これらは大きさと内部の扱いがヴァッサーブルクの丸太小屋に驚くほどよく似ている。住居は 1 辺が 9 m の正方形で、道に面した 1 辺に玄関が設けられ、居住空間と屋根裏を持つ。屋根裏へは梯子で上がるようになっていた。入口の左側には石の炉があり、家族用のベッドが南側の壁に接して設けられていた。床は木でつくられ、屋根は草葺きであった。これらの住居はまとまって列をなし、ほぼ東西の方向を向いていた。ドイツの**ホイネブルク**の近くの首長の家の遺跡(B.C.600)は長方形の平面で、4 室の部屋で構成されている。それは、炉とかまどのある炊事場、炉が 2 つある中央広間、寝室として使用されていたと思われる炉のない 2 室の部屋である。

　青銅器時代の円形の住居はイギリス南部の**イトフォード・ヒル**にも発見されている(B.C.10 世紀頃、p.224J)。これは、土塁の囲いと小屋の基壇が結合した集落で、全体の規模はおよそ 134×55 m である。中心部分は木製の柵で囲まれ、4 棟の円形の小屋を含んでいる。最大の小屋の直径はおよそ 7 m あり、250 mm の木製の直立柱が円形に並んで草葺き屋根を支えていた。そしてその外側には独立した軽量の外壁がある。入口の前面には小さな玄関があったと考えられている。他の 3 棟の小屋は大きさが直径で 4.8-6 m あり、大きい小屋と同様に建てられていたが、玄関はなかった。これらは屋根付きの家畜小屋であったと考えられている。残りの 3 つの柵の囲いには合わせて 4 棟の小屋があり、囲いの外側にさらに 5 棟の小屋があった。これらの小屋のうち 4 棟だけが住居であったようで、その残りは付属建物として機能していた。同様の配置を持つやや小さな住居群が、ソールズベリーの**ソーニー・ダウン**と**プランプトン・プレイン**にみられる。両方ともイギリスにある。

古　墳

　青銅器時代の初期の特徴は、個人用の単一の墓を円形の盛土の下に初めて設けたことである。そしてその外形、内部の扱い、墓の配置などは非常にさまざまである。最も単純な形は、土や石だけでつくられた墳丘である。もっと複雑な例では、墳丘だけでなく、遺体を納める木製の墓室や石の棺が加えられる。

　ドイツの**ロイビンゲンの古墳**(B.C.1500 頃、p.227N)は、直径が 34 m で高さが 8.5 m である。中央の石塚は直径およそ 20 m の環状の堀によって仕切られている。石塚の内部には 18 本の柱を 3.9×2.1 m の長方形に配置した、草葺き屋根で樫材の墓室があった。墓室は断面が三角形で、側面の柱は斜めに立てられ、中央の棟木とは切欠で結合されている。側面の柱も下に切欠を入れられて、木製の床を受けている。墓室そのものは樫の厚板でつくられ、屋根は草で葺かれている。ここには 1 つの墓しかない。同じ時期の、やはりドイツにある**ヘルムスドルフ**の墓は同じ大きさの石塚の下に設けられている。しかし、棟木はなく、石の外装が墓室の側面を支えている。墓室の床は、北側が砂岩で舗装され、南側は葦が敷かれていた。石塚はさらに石積の壁で囲まれていた。

神殿と儀式用建物

　青銅器時代の神殿の遺跡は、新石器時代の巨石建造物と比較してつくりが貧弱である。小規模な神殿状の建物はデンマークの**トストルプ**(B.C.2500 頃)と、カルパチア盆地にあるロシアの**サラセア**で発掘されている。後者は 3 室の部屋があり、全体の大きさはおよそ 8.8×5.2 m であった。メガロンのような玄関を入ると、吊り祭壇のある部屋に出る。そしてここから大きな長方形の部屋に導かれる。ここには、側面の壁に接して 2 枚の漆喰のフリーズで飾られた祭壇が粘土製の基壇の上に固定されている。床にある 6 つの柱穴は葦葺きの屋根を支えていた柱のものであったかもしれない。同様に、オランダの**バルヘロースターヴェルド**の遺跡(B.C.1050 頃)も屋根のない神殿あるいは小さな神社のようなものであったことが示唆されている。

　環状列石と戸外の儀式の場は青銅器時代のブリテン島において相変わらずつくられていた。イギリスの環状列石で最も有名なものは**ウィルトシャー州のストーン**

ヘンジ (p.227J) である。最初の構造物の洗練度やその後行われた多くの改修をみると、その設計者が非常にしっかりした建築的伝統に根ざして設計を行っていたことがわかるのだが、これは典型的な例というよりもむしろ特異なものである。新石器時代後期から青銅器時代初期にかけての第 1 期の建設段階 (B.C.2600 頃) では、多くの直立した石と、これらの石を 30.5 m 離れて囲む低い土手、外側の堀、土塁、用途のわからない木造建築物がつくられていた。建設の第 2 期 (青銅器時代、B.C.2100 頃) には、直径が 22.5 m と 26 m の 2 つの同心円の石の輪が設けられた。ここにはそれぞれの輪にウェールズ南部のペンブロークシャーから運ばれた 38 個の輝緑岩いわゆる青石（ブルーストーン）が、内側と外側の石がそれぞれ 1 つずつ組になって放射状に並ぶように配置されていた。青銅器時代の中期と後期にあたる最後の段階では、中央部分の石が撤去清掃され、全く新しい石が 82 個立てられた。このサーセン石の石塊の重さは 1 つで平均 26 t 以上あり、32 km 北にあるマールバラ・ダウンズから運ばれている。これらの石が円形と馬蹄形に直立して配置され、今日まで残っている。石は互いに柄（ほぞ）でつながれ、直立の石とも柄で接合された。直立の石は遠近による視覚上のゆがみを緩和するために注意深く整形されている。石の内側と外側は曲線に仕上げられ、環状に連なってほとんど完全な円を形成するようになっている。馬蹄形に配置された石は、5 基の三石門の形で建設されている。サーセン石を配置した馬蹄形の軸は、夏至の日の出の方向を示している。工事の途中の段階では、一度取り除かれた青石が、サーセン石を並べた馬蹄形の内側と外側に、楕円形の配置で再びすえられた。しかし、紀元前 1800 年頃に最終的な配置が決められ、結局 60 個の青石がサーセン石の馬蹄形と外側の円形の輪の間に、円形に並べられた。一方 19 個の青石からなる馬蹄形が、サーセン石の三石門の内側の中央部分に、高さを増してすえられた。

防御用の建物

青銅器時代後期のヨーロッパで最も注目すべき建物の形式の 1 つは、砦ないし防御柵である。この形式の構造物は、柵で囲まれた平地の砦から、低い丘の砦や、険しい絶壁の上の山の砦までさまざまな種類があった。険しい斜面の上にある砦は通常、最も攻撃を受けやすい部分のみに防壁が施されていた。また時には、防壁が多重に設けられることもあった。なだらかな斜面の防御は普通、円形の防壁の形態をとる。平地の砦では、重厚な防壁がほぼ円形か、ほぼ楕円形にめぐらされた。防壁の建設方法は 4 種類に分類されている。

最も一般的な方法は、2 枚の板壁を 2-3 m 離して建て、その間に繋ぎ梁を入れる方法であり、板壁の間の隙間は土や砕石で埋められる。第 2 の形式は、普通、高台にみられ、前者の木材が石材にかわる。第 3 の形式は、比較的年代が早く、木製の格子からなっている。すなわち、互いに平行に並べられた木材からなる層を、直交させながら次々に重ねていき、その隙間を木片や土や石で埋め、全体の表面を木の厚板で仕上げている。第 4 の、年代的に遅い形式は、砕石で埋められた箱型の防壁である。

青銅器時代にはある程度洗練された防御用の建築の発展もみられる。すなわち、地中海の島々にみられるトッレやヌラーゲ、タヤロット塔などである。

砦

新石器時代末期と青銅器時代初期の砦の早い例はイベリア半島、スペインの**ロス・ミリャーレス**（B.C.2340 頃）にみられる。ここでは集落が、半円形の稜堡を持つ石造の壁体で囲まれている。同様の例がポルトガルのリスボンの近くの**ヴィラ・ノヴァ・デ・サン・ペドロ**にみられる。ここでは、首長の小さな城が稜堡付きの壁体で防御されている。これと同様の例が、やはりポルトガルの**ザンブジャル**にある。

防壁をめぐらしたポーランドの**ビスクピン**の集落（B.C.1660-B.C.500, p.233C）は、整った木製の柵で防備した砦である。ここでは、柵が燃えるのを防ぐために外側に粘土が塗られている。そして内側は太い木材で補強されていた。防御柵の高さは最初 5-6 m あったと考えられている。その上部には壁で守られた通路と矢狭間が設けられていた。ビスクピンに入るには、土手道と塔門を通った。同様の集落はドイツのラウジッツの周辺地域に発見されている (p.233A)。

石造の塔

コルシカ島で発見されたトッレと呼ばれる円形の塔は、紀元前 2000 年以降の最初の数世紀の間のものである。これらの円形の塔は直径が 10-15 m あり、空積みで築かれている。その中の一部は高さが 3 m ほどで、内部に廊下がある。その他のものは 7 m 近くまで立ち上がり、持送りに似せた方法で屋根を架けた主室があった。これらの塔は防御と儀式の両方の目的に使用されたといわれている。最も有名なトッレは**フィリトーザ**にあり、ここでは戦士の形をした直立した石が建物の中に組み入れられている。しかし、**フォーチェ** (p.233D) や**バレストラ**のトッレの方がもっと典型的といえる。

ヌラーゲと呼ばれる円形の防御用の石造の塔は、サルデーニャ島で紀元前 1800 年以降のものが発見されて

第 9 章 先史時代 233

PREHISTORIC DEFENCES

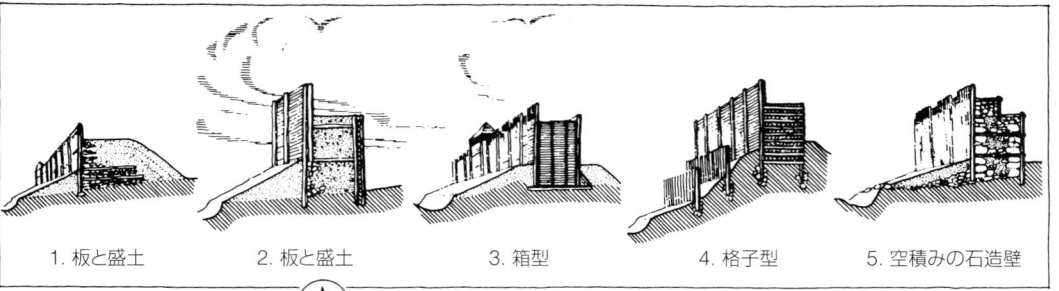

1. 板と盛土　　2. 板と盛土　　3. 箱型　　4. 格子型　　5. 空積みの石造壁

Ⓐ ラウジッツの防壁

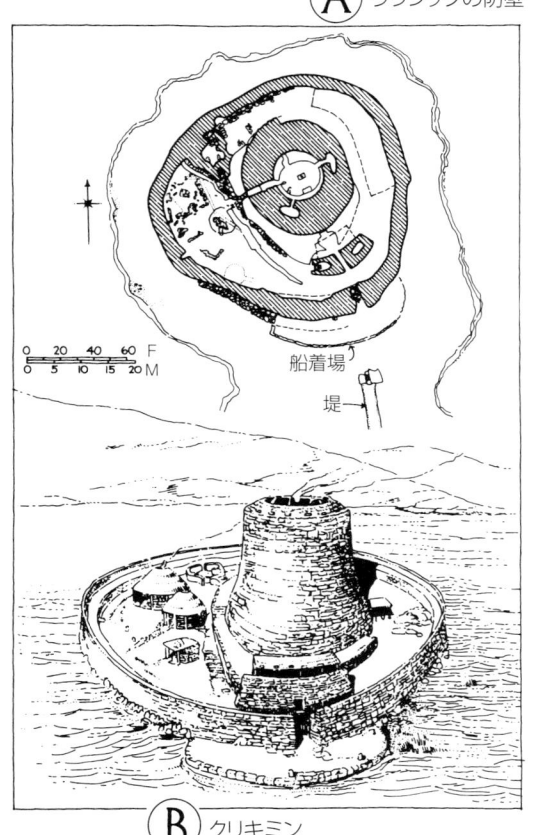

船着場
堤

Ⓑ クリキミン

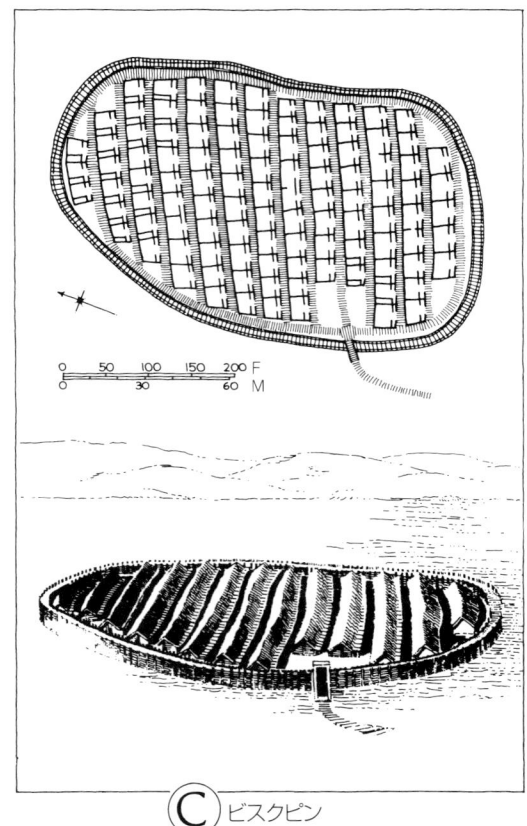

Ⓒ ビスクピン

サ・コア・フィリゴーザ　　フォーチェ　　サンタンティネ　　プラナ・ダルバルカ　　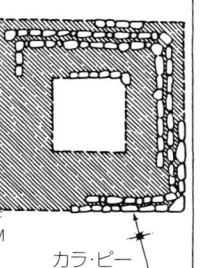カラ・ピー

Ⓓ 石造の塔

先史時代の防御用建築

いる。これらの塔は、単一の塔から、戦略上の意味を持つ副次的な塔や非耐力壁を伴う複合建築まで種類はさまざまであった。初期の塔には単一の部屋しかなかったが、その後、就寝用のニッチを壁の中に設けた3層の宿舎を収容するようになる。**ムラルトゥ**や**サ・コア・フィリゴーザ**(p.233D)などのヌラーゲはこの時代の典型的なものである。これに対して、**サンタンティネの塔**(p.233D)は後期の例で、中央の塔と、壁体の角の部分に3基の防御用の塔を備えた、より発展した例である。全体は矢や投石機の攻撃や破城槌に耐えるように築かれていた。

バレアーレス諸島にみられる正方形と円形のタヤロット塔は紀元前1400年頃のものである。これらの塔は石造で、直径はおよそ10 mである。その中の一部は完全に中まで石が積まれているが、その他のものには地上レベルかそれより上のレベルに内部の部屋が設けられている。後者の部屋には外側の斜路か内部の階段によってアプローチした。典型的な例はメノルカ島の**サン・アグスティ・ヴェル**、ユチマヨルの**カラ・ピー**(p.233D)、マヨルカ島の**ソン・ユチ**、エスクーラの**プラナ・ダルバルカ**(p.233D)である。

鉄器時代

住　居

鉄器時代の住居は相変わらず、青銅器時代にみられた2種の構法、すなわち木造軸組構造と空積みとを用いている。建築的に洗練された住居はヨーロッパ大陸ではほとんどみられない。しかし、ブリテン島では住居建築が発展し、一軒家形式の農家の伝統がこの時代を通じて維持されている。

木造軸組の住居

先史時代で最も知られている住居はおそらく**ソールズベリー**の近くの**リトル・ウッドベリー**(B.C.300-B.C.100頃、p.224K)であろう。中心建物は、1棟の円形の木造家屋で、直径は15 m以上あり、木製の柵をめぐらした120×90 mの楕円形の囲いの中に置かれている。柵は2 m高さの直立した杭からなり、杭は互いにぴったり合わされて並び、300 mmの深さの溝に埋め込まれている。中心の住居では、柱穴が4つのグループに分類される。これらのうち外側の円環をなす柱穴のグループには、450×300 mmの断面を持つ楕円形の柱が差し込まれ、外壁を支持していた。中央の屋根は、おそらく直径が300-375 mmの内側の円環状に並んだ柱のグループと、直径が600 mmの中央の4本の柱のグループによって支えられていたと考えられる。これらの両方の組の柱は連続した梁でつながれ、その上に傾斜した垂木がのっていたようである。垂木の上には、より軽い水平材がのせられ、これを屋根の葺き下地として、おそらく草葺きで仕上げられたと思われる。屋根は頂部に小屋根をあげて、建物内の煙を排気したと推測される。柱穴の4番目のグループは、長さが5 mほどで幅が2 m以上ある、入念に仕上げられた玄関あるいは入口通路の跡を示している。またこの家の中央に屋根裏のスペースがあったことも考えられる。同じ囲いの中から付属建物や貯蔵用の穴などが多く発見されている。同様の住居がみられるのは、イギリス南西部では、**ウィルトシャー州**の**ロングブリッジ・デヴリル**と、**ドーセット州**の**ピンパーン**である。イギリス北部では、**ダーラム州**の**ウェスト・ブランドン**と、スコットランドの**ウェスト・プリーン**に例がみられる。

空積みの住居

イギリスの南西端にあるコーンウォールの**チソースター**(p.224N)では、例外的に保存状態のよい鉄器時代の優れた空積みの住居が発見されている。これは新石器時代にスコットランドで発見された住居に似ているが、中庭には屋根が架かっていない場合が多い。チソースターの住居は15 mほど離して4戸ずつが2列に配列されている。住居の平面は楕円形で、大きさは最大で27×21 mである。東側の入口から中庭に入り、中庭には3室かそれ以上の数の部屋が面している。それぞれの中庭の奥には入口と反対側に、中心となる居間が位置していた。居間は普通、床が舗装され、どの住居でも部屋の長さが10 m近くある。居間の左側には、屋根はあるが屋外に広く開いている部屋があった。そして右側には長く狭い部屋がある。これはおそらく貯蔵室として使用されたのであろう。一部の住居にはさらに別の部屋があり、その多くは排水溝と戸外の平らな地面を持っているが、おそらく野菜畑であったと思われる。

スコットランドでは通路付きの空積の円形住居や車輪型住居が相当に複雑な内部空間をつくりあげている。**アウター・ヘブリディーズ**の**クレットラヴェル**の通路付き円形住居(p.224P)は内径が8.5 m、外径が14 mの円形である。壁は空積みの2枚の壁体で構成され、間の空隙は泥炭と粗石で埋められていた。上のギャラリーは8本の独立した石造のピアで支えられている。これらのピアは、さらに堅固なつくりの屋根を支えていた。これらのピアは、住居の周壁内側に幅2 mほどの通路をつくるとともに、中央には高さが幅の2倍の空間を残す。ジャールスホフの車輪型住居は円形平面で、全体の直径は10-12 m、壁の厚さは約1 mである。内部

は、中央に近いほど断面が薄くなる複数の放射状の壁体で仕切られ、たくさんの小部屋がつくりだされている。これらの小部屋は石の板で、中央の部分は持送り積みで屋根が架けられている。同様の住居が**シェトランド諸島のクリキミン**と**オークニー諸島のカーフ・オブ・イーデイ**(p.224L)にみられる。

葬祭用の建物

葬祭用や儀式の建物は鉄器時代に建設されなくなった。儀式の行われる場所は以下の3種類に分類される。

1. 人口的に掘った縦穴(この例は紀元前1世紀のバイエルン地方の**ホルツハウゼン**に発見されている)や、その他の儀式用の井戸。深さは12-40mあり、中から生け贄の獣や人骨、捧げものなどが発見されている。
2. 小さな二重正方形の神殿。この例は、イギリスの**ヒースロー**やフランスの**マルヌ県のエキュリ=ル=ルポ**と**ファン・デキュリ**で発掘されている。ここでは、溝と土塁によって、木造建物を支えていた柱の穴の跡を含む10×10mの平面を囲んでいる。
3. 「聖なる場所」は、平行な2本の直線、あるいは長い楕円形からなり、溝と土塁で囲まれている。この例は、フランスの**マルヌ県のオーネイ=オ=プランシュ**(B.C.1100-B.C.1000頃)や、チェコの**リベニス**(B.C.300頃)にみられる。これらの遺跡は直立する石と柱穴と炉で構成されている。これら全ては、ヨーロッパ文化が急速に発展しつつあり、集落の発達した形態が広い地域に及んでいたことを物語っている。

防御用の建物

これとは対照的に、青銅器時代に中央ヨーロッパにおいてすでに十分な発達を遂げていた砦の建築は、北西ヨーロッパにまで広がったので、およそ紀元前1000年以降ケルト人社会において最も一般的な記念碑的建物となった丘の砦のヨーロッパでの数は、少なくとも1万をくだらないほどであった。防壁の構造は、時には内側を石で固めた三角形断面の単純な傾斜面の堀付きの土塁(イギリス南西部のメイデン・キャッスル)から、敵に対して垂直の壁を建てる木造または空積みの構造物までさまざまであった。もっと手の込んだ形式の防壁では、矢狭間、胸壁、通路、階段などが加えられる。ヨーロッパの鉄器時代の一般的な砦の形式は、箱型の防壁と木材を組んだ防壁である。両方とも、石造の砦の壁を木材で補強している。これらの壁体には、石材をガラス化して融合させるために、火がかけられることもあった。スコットランドの北部と西部では丘の砦はあまりみられない。しかし、ダン(石造の小さな円形の城)やブロッホ(石造の円形の塔)と呼ばれる防御用の建築が一般的にみられた。

丘の砦

メイデン・キャッスルは鉄器時代の丘の砦にみられる典型的な発展の様子を示している。この砦の工事は4つの段階に渡っている。最初の工事は紀元前350年頃で、丘は一重の防壁と堀で囲まれた。防壁は木材で仕上げられ、その後外側の堀から切り出した石灰岩で建てられた。この段階では、囲いの東側と西側に門があった。約1世紀後、東の門は鉤爪状の拡張が加えられて漏斗形になり、砦に出入りする人や車を通している。同時に砦の区域は西側に拡張された。第3段階(B.C.150頃)では防壁がさらに拡大された。防壁はこの時に石で補強され、入口はさらに防御上の強化がされた。最後の段階(B.C.100-B.C.75頃)においてこの入口はさらに手が加えられた。

城塞

スコットランドのシェトランド諸島の**クリキミン**(p.233B)には、ブロッホ(防御円塔)とダン(武装丘陵)の両方がみられる。クリキミンのブロッホは横幅がおよそ20mで、壁の厚さは下部において5m以上あり、直径およそ10mの中央の中庭を囲んでいた。入口通路は西面に設けられている。中庭から狭い出入口によって通じている楕円形をした城内の2室の部屋には、持送りの屋根が架けられていた。木製の中2階の部屋が内壁に面して設けられ、ここから壁体内部に設けられた螺旋階段によって、塔の頂部にある防壁の歩廊に行くことができた。この塔はおよそ10-15mの間の高さであったと推定される。同様によく保存された砦の建物の例は**シェトランド諸島のマウサ、オークニー諸島のガーネスとミッド・ホウ**にみられる。クリキミンのダンは同じ大きさで、中2階の宿泊設備が内壁に沿って建てられ、ここから防壁に連絡していた。スコットランドのマル・オブ・キンタイヤにある**ダン・キルダロイグとボーガデル・ウォーター**はよく似た変型であるが、ここには中2階はなかった。

訳/辻本敬子

ルネサンスまでのヨーロッパと地中海周辺の建築

第 10 章
ローマとローマ帝国——蛮族の侵攻まで——

建築の特色

エトルリアと初期のローマ

　紀元前7世紀にいたるまでイタリア中央部には建築的に重要な建物はみられない。考古学上の遺構からも後の時代の文献からも、青銅器時代後期と鉄器時代初期の住居は原始的な小屋（第9章参照）以上に発展しなかったことが知られている。そして神殿でさえも、戸外に単純な祭壇を置いた神聖な囲い地でしかなかった。実際、「テンプルム」という言葉は、もともと予言を得るために設けられた、地上あるいは空中の区画された空間を意味していた。チェルヴェテリの岩窟墓、いわゆる「草葺き屋根の墓」はおそらく紀元前7世紀初期のものであるが、典型的な小屋の形である。低い壁はおそらくワトル・アンド・ドーブ（編枝土塗構造）で、その周囲に土または粗石で築かれた低い腰かけが置かれ、屋根は、名前が示しているように草葺きであった。

　紀元前6世紀には、ギリシアと他の地中海沿岸東部からの商人の影響を受けて、ギリシアのメガロン形式の住宅が現れたようである。次いで、中庭すなわちアトリウムを持つ、さらに大きな住宅が建てられるようになった。集落の中でも富裕な人々の住宅では、居室はアトリウムに面している。建築材料の大部分は相変わらず木材と日干レンガであったため、これらの住宅は長もちしなかった。しかし、その形式は、市壁外のエトルリア人の大きな墓地にある、岩を切り出した墓に残されている。これらの墓は、時には格間や複雑な彫刻が施された水平ないし傾斜した天井や、彫刻された扉枠を持ち、壁の周囲には彩色された腰羽目がみられる。大きな墓では、屋根と天井の梁は中間を支柱で支持されていた。これらの支柱の断面は正方形、多角形、円形と多様であり、時には溝彫が施され、柱頭も多様で、粗雑ながらドリス式とイオニア式も含まれていた。後期の墓のいくつかにはアトリウムがみられ、このアトリウムの屋根は内側に傾斜し、雨水を中央の開口部から下の貯水池に落とすようになっている。

　神殿にはギリシアの影響が及び始め、囲い地の中に神像や崇拝の対象物を納めるための建物を建設するようになる。この建物の本来の呼び名は単純にアエデス、すなわち「建物」というものであった。しかし、この神殿建築とギリシア神殿との類似は一面的でしかない。すなわち、平面は長方形で、ポディウム（基壇）の上に建てられ、軒を深く伸ばした屋根は一部を外部の円柱で支えられている。しかし、同時代のギリシアのドリス式神殿との類似性はこれだけで、以下に示すように、平面と形態における相違点がいくつかみられる。

1　神殿は周壁に背を向けて建ち、周壁の入口に正面を向ける。神殿の背面の壁には開口がない。戸外の祭壇は残っていて、囲い地の入口と神殿の正面の間の軸線上に置かれる。
2　ポディウムはギリシア神殿のスタイロベートよりも相当高くなって神殿のレベルを上げ、神殿へ上がる階段を、祭壇に面した正面にのみ設けることで軸線方向を強調する。
3　通常、円柱列は玄関の屋根を支えるために神殿の前面のみに置かれる。時には側面にも配されることがあるが、建物の周囲全体を円柱列がめぐることはない。
4　ケッラは単純な長方形の部屋である。ただし、3体の神像を祭るために3室のケッラを並べて配置することもあった。ケッラが1室の時には側面に吹放しの翼廊を配して前者とよく似た平面になることもある。ギリシア神殿に比べてずっと奥行が浅く、全体の平面はより正方形に近い。

　その他の相違点はポディウム以外の全てが木やレンガ、テラコッタで建てられていることに由来している。

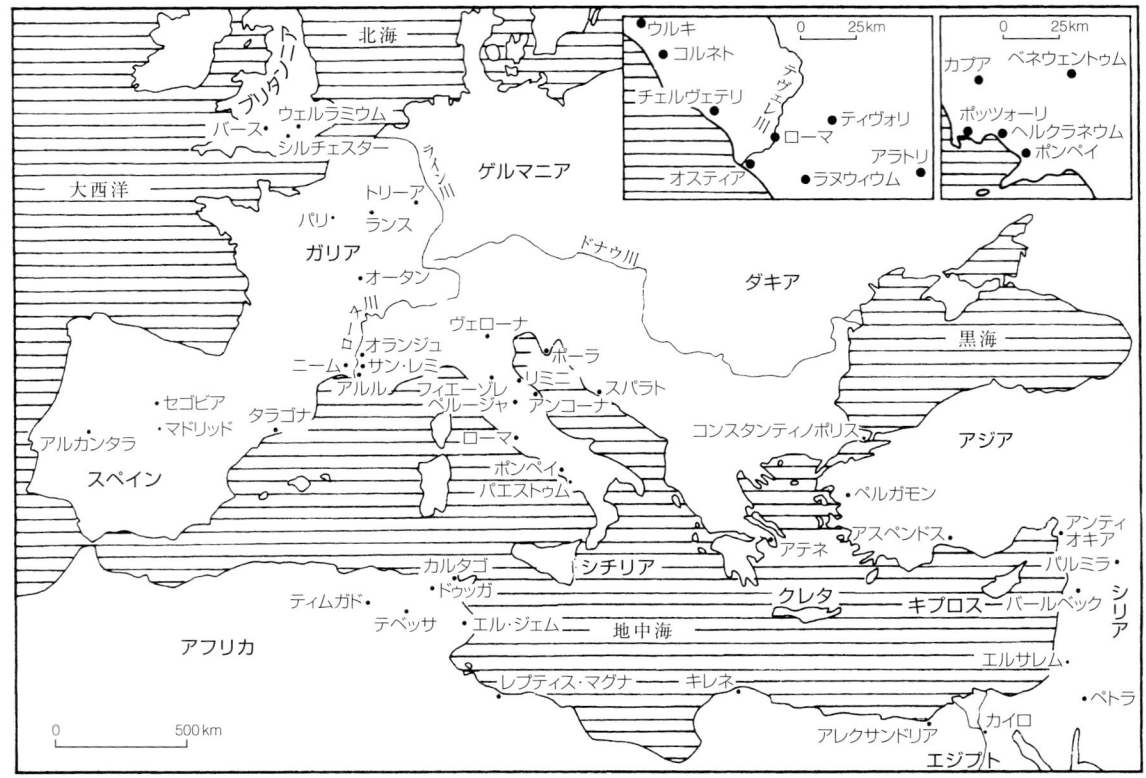

ローマ帝国

大理石や別の種類の石材のかわりにこれらの材料を使うことによって、全体の比例や細部に相違が生まれる。屋根の深い軒は日干レンガの壁に雨がかかるのを防ぐのに必要であった。円柱とアーキトレーヴは保護のためにテラコッタで覆われている場合でさえ、ギリシアよりも細く、柱間は広い。テラコッタが用いられた細部の形式は、ギリシアの精巧な石の彫刻とは異なる。ウィトルウィウスは後世に、理想的なエトルリアの形式を明確にしようと試み、トスカナ式オーダーというものを規定した。それは単純化したドリス式のようなもので、その後ドリス式に進化するものであった。しかし、このオーダーが彼が規定したような姿で実際に現れるのは、かなり後の時代になってからである。

エトルリアの初期の都市について知られているのは、それらがおそらく自然な成長の産物にすぎないということである。意識的な平面計画が最初にみられるのは、神殿の配置である。しかし、紀元前500年頃には、ほとんど平坦な敷地に建設された新しい都市に規則的な格子状の配置が現れるようになる。墓地は以前にもまして重要になっていたが、ここにもやや遅れて規則的な配置が導入されて同様の形式になっている。すでに墓の一部には墓台帳が記録され、記録された墓のうち多くが残っている。最も早い墓は円錐形の盛土で石の墓室を覆う形式であった。ほとんどの墓は岩を単純に切り出し、それに下り階段を付けている。岩の表面に水平に切りこんで入口を設けることができる時には、墓のファサードに簡単な彫刻が施された。一部の墓は同時代の住宅形態を表していると同時に、葬式やその種の光景を描いた壁画で装飾されている。

規模の大きな町では、排水設備に非常な注意が払われていたようである。ただし、ローマの有名で主要な下水道、クロアカ・マクシマは、そのほとんどの部分が長い間蓋のない溝にすぎなかった。多角形ないしは長方形の石積みの端正な防壁は、これらの初期の町の主要な遺構である。しかし、その年代は、ローマが勢力を増し、堅固な防御がますます必要となってきた時代に入ってからのものである。すなわち、そのほとんどが紀元前4世紀以降に建設されている。この時代の橋は、橋脚が石造であることもあったが、一般に単純な木造であったようである。

共和政末期と帝政初期のローマ

紀元前2世紀初期以降、著しい変化が起こった。変化の原因は、ヘレニズムの東方とすでにヘレニズム化されていたカンパーニア地方からの影響を直接受け

たこと、地方のトラヴァーティンや凝灰岩の開発、外国の大理石の輸入などにある。しかし、別の面からみれば、この変化の刺激となり、支えともなったのは、新しいコンクリート技術の発達である。また、この変化は、住宅や神殿などの以前から存在していたタイプの建築だけでなく、公共浴場やバシリカ、公共の娯楽施設などの、新たに創造された多くのタイプの建築においてもはっきりみることができる。

この建築の変化は以下のように要約することができる。すなわち、異なる材料を統合するための新しい比例関係の導入、古典的なギリシアのオーダー（とりわけコリント式オーダー）の適用、これらのオーダーとアーチ構造との結合、さらにヴォールトやドームの形態の広範な使用である。

最初の2つは神殿建築に最もよく表れている。保守的傾向の強い神殿建築では、通常、初期の平面形態が維持されていた。共和政時代と帝政初期の時代の神殿は相変わらず高いポディウムの上にのり、正面の階段でのみ上がることができた。この時代の階段は、ポディウムから突出し、彫像の台としての役割も果たす厚い壁で両側を囲まれている。神室はたいてい、相変わらず単純な長方形のケッラで、その前面に円柱列があった。そして時には円柱や半円柱の付柱が側面にも並んだ。しかし、背面まで円柱がめぐることはほとんどない。神殿の屋根はやはり木造で、時には格間の吊り天井が設けられた。しかし、円柱やアーキトレーヴに石材を用いるようになった結果、円柱の柱間は小さくなり、またケッラを石造にすることによって、以前のような深い軒の屋根は不要になった。ギリシアの3つのオーダー全てが紀元前2世紀から紀元前1世紀の初めの神殿に用いられている。ただし、ローマのドリス式は原型のギリシアのオーダーよりも著しく細くなっている。イタリアの伝統的な長方形平面に対する唯一の例外は、ギリシアの円形平面が時折用いられていることである。円形平面は通常、原型にほとんど変化を加えずに用いられた。

重要な神殿は、以前のように自らの神域の中に孤立して建てられることもあったが、そうでなければ、通常は町のフォルムと関連して眺めのいい場所に置かれた。前者の場合には、祭壇は入口の階段のすぐ前か、あるいは階段の途中に組み入れられていた。後者の場合はローマの神殿建築の軸線上の配置がいっそう強調されていた。その顕著な例は、パレストリナのフォルトゥナ・プリミゲニア神殿とティヴォリのヘラクレス・ウィクトル神殿である。これらの神殿では、長方形の神殿敷地が列柱廊付きの店舗で囲まれており、神殿の前面の半円形の階段は、劇の上演の際の座席としても用いられた。

ギリシアのアゴラに相当するフォルムは、もともとは不定形な戸外空間で、市場や一般の会合場所、政治上の議論や示威運動の場として機能していた。共和政末期の時代でさえも、相変わらず無秩序に集まった住宅、店舗、作業場などによって周囲を取り囲まれた多目的空間としてのフォルムが存在していたかもしれない。しかし、フォルムは一般的にはもっと左右対称に整った長方形で、一方の端に神殿が配置されており、神殿の拡張した神域として効果的な空間となっていた。フォルムの他の3方向はほとんど列柱廊や、市場やバシリカなどの公共建物で囲まれた。

これらの建築を含む公共建築の一部に、アーチとオーダーを結び付けたローマ独特の組合せが姿を現す。ただし、その試行的な実験はもう少し早く行われていたかもしれない（特にキウージで発見された年代不詳の骨壺に描かれた絵などの資料が残っている）。石が木材にかわって主要な建築材料となると、広い柱間を渡す楣に適した石材が不足していたために、次第にアーチを組み入れることが多くなっていった。開口部を設ける必要がある時は、幅を小さくとり、アーチが架けられた。そして、開口部を含む壁体の前面に半円柱が配置された。この半円柱の間、アーチの上に、見かけ上のエンタブラチュアが壁体から切石のブロックを前に突出させて積まれ、壁に設けられたアーチ型開口は円柱とエンタブラチュアによって枠取りされる。このようにしてオーダーは純粋に、とまではいえなくても、主として壁面装飾として用いられるようになった。

アーチとヴォールトは、たとえば倉庫などの実用的なさまざまな建物や基礎構造物において、すでに以前より広く利用されていた。アーチとヴォールトが最も頻繁に用いられたのは、トンネル・ヴォールトの架かったベイの連続としてである。ローマよりずっと以前のテーベのラメッセウムにあるレンガ・ヴォールト造の倉庫がそれである。同様にヴォールトの架かったベイは、平面がわずかに先細りになっているが、初期の劇場の座席を支える構造物にも使用されていた。ドームもまた、もっと限られた範囲内であるが、主として公共浴場のフリギダリウム（中央広間）において使用されていた。

バシリカは、外部よりも内部に優位性を置くローマ建築における、最初の大規模な建築類型の1つである。バシリカは、ある意味では、自らの列柱廊またはストアで囲まれた小規模な屋内のフォルムであるといえる。その中央の空間は、通常フォルムのように長方形で、木造の両流れ屋根を持ち、支柱列を隔てて低い側廊に面していた。採光はしばしば円柱列の上の高窓から行

われ、側廊の上にはトリビューンがあることもある。バシリカの特殊な使用法の1つは、裁判を行うことであり、そのためにしばしば中心となる長方形の一方の長辺、あるいは一方の短辺にアプスが設けられていた。最も保存状態がよい初期のバシリカの例はポンペイにある。このことは、バシリカの形態がカンパーニア地方からローマに伝えられた可能性を示唆している。

いずれにせよ、公共浴場や劇場が最初にナポリ周辺のこの海岸地方に出現したことは疑いの余地がない。この地方は他よりずっと長い間ギリシアの影響にさらされていたばかりでなく、バイアには天然の温泉もあったからである。

ローマの劇場がギリシアの劇場と比較して異なっているのは、主として、天然の窪地に座席を配するかわりに、平らな地面に建設している点である。ギリシアの劇場の座席は半円形に限られ、その前面にすえられた高い舞台の背後には、劇場の端から端まで延びる高い構造物が建っていた。ローマの円形闘技場も構造的には同じである。しかし、その名が示しているように、それは「円の中の劇場」であって、その座席は完全に中央のアレーナを囲いこんでいた。その巨大な躯体ゆえに、劇場も円形闘技場もその周辺建物から高くそびえていた。ギリシアにはローマの浴場に匹敵するようなものはない。浴場建築は本来、入浴の過程に沿った用途を反映したさまざまな形態の空間が集まったものである。入浴は冷水のプールから始まり、微温浴室、熱浴室へと続く。これらの部屋は1つに密集してまとめられるが、これによって建築効果の優れた複合体を形成する意図は最初はなかったようである。

これらの建物にみられる放縦さは、南部地方の住宅建築にも反映している。そして、79年のヴェスヴィオ火山の噴火によって多くの例が保存されているおかげで、富裕な人々の住宅がこの時代に獲得した新しいぜいたくさをはっきりと目の当たりにすることができる。住宅のアトリウムへは相変わらず街路から狭い通路を抜けて入るようになっている。街路に面した部屋が店舗として貸された場合を除けば、街路に面する壁には入口以外に開口部はなかった。ただし、この時代になるとアトリウムの周囲は以前のように平屋建ではなくて2階建になっていることもある。アトリウムのさらに奥には屋根のない別の中庭があり、庭園として用いられていた。この中庭は、列柱廊（このためこの中庭はペリステュリウムと呼ばれる）と私的な居室によって囲まれている。田舎と海岸地方ではプライバシーを守る必要がなく、眺望が開けているので、もっと開放的な平面が用いられた。いわゆるポーティコ・ヴィラと呼ばれるもので、この時代のたくさんの壁画の中にその姿が描かれている。ここでは眺望を楽しむために主要な居室が1列にならび、1階ないし2階建の列柱廊すなわちポーティコがその前面を覆っている。

これらの住宅やヴィラにおいて、大理石を円柱やその他の化粧部材に用いたり、さらに10 mmを少し超える厚さの板石を壁の仕上げや舗床に用いたりして、輸入大理石が初めて大量に使用された。大理石製円柱の柱身は一般にフルーティングのない単石であり、石目を美しくみせるために磨かれる。これに対する壁面は、何回か塗り重ねられたスタッコの上にフレスコ画で装飾された。

このフレスコ画では、2世紀ほどの間に異なった絵画様式が次々に用いられた。最初の様式は色付きの大理石を模倣した単純なものであった。建築上最も興味深いのは第2様式で、紀元前1世紀の初期から中頃までの年代のものである。絵画は内部空間を拡張し、硬い壁面を、ペリステュリウムの中庭を囲むのと同じ吹放しの柱廊へと変化させた。通常の直線のエンタブラチュアに混じって、アーチが角柱よりもむしろ独立円柱に直接のった姿で絵画の中に描かれている。この形式はその後非常に重要になるが、この形式で実際に建設された早期の例の遺構は、約1世紀後にヘルクラネウムの郊外の浴場の玄関廊にみられる。しかし、初期の実験的な試みであるために、今日残っている大部分のものよりは構造的に現実味がない。その後の絵画の様式では建築の形態はますます細く、幻想的なものに変化する。これらのヴィラには、ギリシアから輸入された多くの古典的な彫刻作品も置かれていた。

しかし、もちろん、大部分の人々の住宅はこれとは異なっていた。ローマでは、すでに共和政末期にフォルム周辺の中心部はたいへんに密集していた。人々は木造軸組に日干レンガ壁の数階建の密集した安アパートにすしづめに住んでいた。火事や倒壊は日常茶飯事であったようであるが、紀元後64年の大火以降は、もう少し堅固に再建されるようになった。

最後に、この時代には他の種類の大規模な建設が行われた。あるいは少なくとも開始された。すなわち、街道、橋梁、水道、新しい都市の防壁、大帝国と密集した大人口に必要なその他の施設の建設である。これらの建設事業の中で橋梁、水道橋、市門は建築的にも興味深い。橋と水道橋はローマの偉大な技術的達成の1つでもある。ローマの技術者は水を、水道管を通じて谷を下らせ、さらに上にあげて遠方に運ぶ技術に習熟していたが、傾斜の最下点で加わる圧力に耐えるように鉛管をつくり、維持するのが困難であったため、水道管を開いた水路にかえ、わずかな下り勾配を保って給水所まで送水する方を好んだ。橋も水道橋もこの

時代には切石を用いて単純なアーチ構造で巧みに建てられていた。アーチ構造は普通は何の装飾も持たずにその構造美を示していたが、時には、壁面に装飾が施されることもあった。

帝政後期のローマ

次の1世紀、すなわちほぼネロ帝からハドリアヌス帝の治世まで（A.D.54-138）の時代における特徴は空間のデザインの発展であり、これはヴォールトを架けるためのコンクリートを用いた建設技術の完成によって可能になった。

内部空間を持つ建築がこの時代に始まったというのは誇張であろう。なぜなら、先に述べた住宅建築は外部よりも内部の設計の方をずっと考慮しているし、田舎のヴィラは内部と景観との間の新しい関係を創造する試みさえしているのである。実際、最初の刷新がみられるのはこのヴィラのデザインにおいてなのである。内部に第一の重要性をおくことは、すでにバシリカにおいて行われていた。そしてこのバシリカのような空間は、ギリシアのブーレウテリオンや集会広間、あるいはアケメネス朝ペルシアの玉座の間のような建物にすでにみられるのである。これらの建物はバシリカの原型の1つに数えられる。しかし、内部空間はこの時代に初めて、次のようにもっと広い意味で重要になったのである。それは、ハドリアヌス帝のパンテオンとアテネのパルテノンとを比較してみるとわかりやすい。すなわち、パルテノンにおいてはほとんど全ての注意が外部に向けられるのに対して、パンテオンの外部は、広大なドームの架かった内部に比較してほとんど重要性を持たない。そしてこれこそ、4枚の壁や屋根に規定されない新しい種類の内部空間なのである。

この変化において中心的役割を果たすのはドームである。ドームは壁と屋根との区別を消失させ、中間の支持柱なしに広い空間を覆う手段を与えた。最初ヴォールトの使用は平面に厳しい制約を課したが、ドームの下の空間をさまざまな手法で拡張することにより、以前より自由がきくようになった。さらに別の種類の大規模なヴォールトの並行した発展によっても自由度が増した。また、内部空間の関係についてもいっそうの追求がみられる。すなわち、一方の空間から他方へと、複数の空間が計算された連なりとなるように設計する手法が追求された。

この変化の先駆けとなったのは皇帝のヴィラや宮殿であるが、ほとんどの人々がこの種の新しい建築空間を体験したのは、主として歴代の皇帝によって建てられた首都ローマの巨大な公共浴場においてであった。

現在かなり完全な形で残っている最も初期のものはカラカラの浴場である。しかし、トラヤヌスの浴場のよく残っている遺跡やティトゥスの浴場を描いたパッラーディオのスケッチから、浴場のこの形式が紀元後1世紀にはすでに完成していたことがわかる。これらの建物は厳格な左右対称性（大部分は中央軸の左右に同じ部屋を配置することで達成されている）を持つので、後期のいくつかのヴィラのように、軸線を変えることでもたらされる意外性は少なかったであろう。しかし、異なった空間を互いに開いて連ねることによって、深い印象を与えたに違いない。すなわち、ある空間には交差ヴォールトが、ある空間にはドームが架かり、ある空間はそれ自体でパンテオンのような圧倒的効果を持ち、そしてある空間は小さくつくられて、他の空間との規模の相違を際立たせていた。

しかし、今日では当時の人々に与えた印象を完全に視覚化することは難しい。我々が目にしているのはほとんど、廃墟と化した残骸にすぎない。最も内部がよく保存されているパンテオンでさえ、当初のものにかなり改変が加えられている。また、その一部がサンタ・マリア・デッリ・アンジェリ聖堂に改変されたディオクレティアヌスの浴場の場合は、さらに変化が著しい。我々がこれらの建物の当時の姿を想像するには、帝政初期の最も美しい典型的なヴィラと同じ豪華絢爛な装飾を加えてみなければならない。すなわち、壁の大部分は色大理石で覆われ、ヴォールトや天井には惜しみなく金箔が貼られ、あるいはモザイクや絵画で装飾されていたのである。壁体の表面はおよそ平らとはいいがたく、描かれた円柱ではない、色大理石の半円柱の付柱や古典的彫刻をすえたニッチなどによって分割されていた。建物が使用されていた当時、浴場の広間は様々な人々でもっと活気があふれていたであろうし、大理石や青銅でつくられたライオンの口から絶えず湯水がほとばしりでて、大理石の水盤に落ちていたであろう。

外部は内部に比較してさらに損なわれている。先に述べたオーダーの装飾的な使用は、ある種の建物において外部にも続けられたが、内部の方に力点が置かれる建物においてはあまり使用されなくなっていた。外部は普通、比較的に平坦で無装飾であり、スタッコや大理石などの仕上げはされなかった。たとえば、パンテオンの外側はポーティコの部分を除けば、完全に平坦な壁面になっている。そして浴場建築の外部も、アクセントを加えるために窓の列で壁面の一部が分断される程度で、同様であった。しかし、ドームの下の半円形空間の突出など、外部が直接に内部の複雑な形態を反映する時、あるいは初期のポーティコ・ヴィラの

ように、外の景観と内部とのつながりを演出する時、外部は新しい造形美を獲得することになる。

　ローマ建築とその装飾的細部の中に、17世紀のバロック建築との非常な類似性を探ることができる。この類似性は、絶え間なく流れる曲線を持つ複雑な形の平面と、ヴォールトの複雑な形態の使用に起因している。表面の装飾でバロックに呼応する傾向は、すでに共和政時代の壁画にみられる。そして、それはその少し後に実際の建築においてブロークン・ペディメントのような細部に現れる。

　これらの発展に並行して、都市計画と住宅にもさらに変化がみられる。その発端はローマに新しいフォルム（コロッセオ）を建設したアウグストゥスであったが、次いでネロ帝や、特にトラヤヌス帝によって、ほとんどコロッセウムからカピトリヌス丘（カピトリーノの丘）の麓まで広がる広大な公共空間に関連性と統一性を与える事業が遂行された。トラヤヌス帝の業績の1つに、ローマで最も大きなバシリカと最も美しい市場の複合建築がある。このうち、バシリカ・ウルピアは、規模を除けば、その時代にしては全ての点で保守的である。しかし、それに付随する市場建築はそうではない。現在も建っている市場建築は、フォルムの北側へ向かう上り坂にテラスや店舗の並んだ街路がさまざまなレベルで設けられ、非常に異なる2つの大きなヴォールト付き広間が含まれている。一部の重い荷重を受けるピアを除いて、あらゆる部分がレンガ仕上げのコンクリートで築かれており、この複合建築は全体としての一体感を保つように計画されている。

　庶民用の住宅の発展は市場建築の発展状況と密接に関連している。市場建築のデザインと構造が64年の大火の後の住宅建設における大きな変化を背景に計画されていたことは疑いの余地がない。まず、この機会をとらえて、まっすぐで幅の広い街路で広い地域が再計画されることになり、これによって、インスラと呼ばれる長方形の街区がつくられた。同じような火災が将来起こるのを防ぐために木材の使用は実質的に禁止された。少なくとも主要な壁と床は、コンクリートで建てられた。また、消火活動を容易にするためのバルコニーあるいは外部の列柱廊の建設が義務づけられた。その結果生まれた住宅の平面は、今日では見捨てられた港町オスティアに最もよくみることができる。その建築例については以下の節で説明する。ここで言及すべき1つの特徴は、これらの建物においてアーケードの使用が増えていることである。アーケードのアーチは高く細いピアによって支えられていた。これに対して、もっと富裕な人々の住宅の中庭では、アーチが独立円柱の上にのるアーケードも現れている。その遺構はおよそ300年頃からみられる。

　首都ローマの建築の最後の段階は、初期の形態の一時的な復活と、属州から入ってきた別の形態の使用、そしてローマにおける最後の巨大なバシリカの建設によって特徴づけられる。このバシリカ・ノウァはマクセンティウス帝によって始められ、コンスタンティヌス帝によって完成された、極めて重要な建築である。このバシリカは交差ヴォールトの架かった広大な長方形の広間が完全に独立した構造物として建てられているが、このような空間は以前は大浴場の複合建築の中央広間（すなわちフリギダリウム）として用いられていたものである。実際、未曾有の規模の建物であった。外部では上部にオーダーを配する以外に飾りがなく、ほとんど全ての注意が窓の配置に注がれている。この窓の配置は以前よりも内部空間の構成を反映している。直接の関係はないが、この建築が後の東方における建築発展の前兆ではないかと考えずにはいられない。

属州の建築

　当然考えられるように、属州における建築は、地方の材料や伝統、あるいは異なる気候、文化、宗教を反映しているために、ローマやイタリア半島の建築とは異なっていた。また、これらの相違の程度は時代によっても変化する。

　西方の属州では、ローマの伝統や文化に匹敵するような地方的伝統や文化があまりなかったので、ローマの形態が輸入され、実質的な変化が加えられないまま、その土地の工匠によって建設された。特別にローマの恩恵を受けた都市を除いて、西方では建物の規模はローマよりも縮小されている。ニームのメゾン・カレや円形闘技場、オランジュの劇場、「ガールの水道橋」などの建物は、ローマやその近辺で建てられていたのとほぼ同時代に建てられたのかもしれない。たとえば、異なった形態の神殿のように、何か新しい形態が用いられるのは、異なる要求に対応してのことであった。四分統治の時代まで西方の属州に欠けていた主なものは、ヴォールトの架かったローマの大建築物に真に匹敵するものである。

　東方と北アフリカの大部分においては、長い間培われていたヘレニズム文化の伝統が根強く残り、しばしばローマ以前の時代の建築と明確に区別がつかないことがある。しかし、ともかく違いは表れていた。その違いの1つは、神殿において以前にもまして高さを強調するようになったことである。バールベックのユピテル（ゼウス）神殿のような大神殿は、ギリシアやヘレニズムの最も巨大な神殿に広さの点で完全に比肩しう

第 10 章　ローマとローマ帝国——蛮族の侵攻まで——　243

A　ユノ・ソスピタ神殿の模型、ラヌウィウム（B.C.5 世紀）　p.244 参照

B　フォルム・ボアリウムのフォルトゥナ・ウィリリス神殿（B.C.2 世紀末）と円形神殿（B.C.1 世紀）、ローマ　p.249、p.252 参照

るわけではないが、高さの点では凌いでいる。さらに、地方の儀式的要求が違う場所では、純粋にローマからきたとはいえない形態がみられる。やや規模が小さいものの、首都ローマのヴォールトの架かった大建築に匹敵するものは、いくつかみられるが、バルカン半島と小アジアに限られている。その主な理由はこの地方の気候であろう。この地域の主要な記念碑的建築物は神殿から劇場へと変遷したが、劇場は演壇の上の突き出した屋根や日除けを除けば、常に屋根を持たなかった。その後の数世紀のローマと比較して最も異なる点は、小アジアの大部分、シリア全土、北アフリカの北部の大部分において切石積みが長い間用いられていたことである。この切石積みはヘレニズム的形態を永続させ、ヘレニズム的形態がバロック的傾向に向かうほとんど独立した発展と結び付いていた。

　この時代の終り、すなわち、四分統治の時代とその後には、帝国全土を通じてよりいっそうの統一化に向かう気運が感じられる。あるいは、少なくとも、最新の建築がみられる属州の新しい首都の間ではそうであった。この気運が最もよく観察できるのは、コンスタンティヌスの時代の彼の首都トリーアにおける建築である。トリーアの建築は規模を除けば、ローマの建築といかなる点においても相違がない。

実　例

エトルリアと初期のローマ

聖所と神殿建築

　ウィトルウィウスによって説明された**エトルリアの神殿**（『建築十書（De architectura）』、第 4 書第 7 章）については前に述べた。ここで彼は何か特定の建築について述べているのではなく、おそらく、紀元前 1 世紀末に彼が実際にみた神殿の諸例に基づき、彼が正しいと考えた建物の比例を規定したと思われる。前頁の写真の模型は、現存するテラコッタの細部と初期の骨壺を参考にして、ウィトルウィウスが記述した神殿を、試みに具体化したものである（p.243A）。中央のケッラの両側の空間は、それぞれ全体の幅の 10 分の 3 を占めているが、これらは副次的なケッラか、あるいは開放された翼廊かもしれないとウィトルウィウスは述べている。模型ではこれらの空間を副次的なケッラとして示している。驚くべき特徴は玄関の円柱列が支える正面のペディメントの大きな突出である。しかし、これは別の資料によっても確かめられている。

　現在発掘されたおびただしい数の神殿の中で、一部の神殿の平面はウィトルウィウスの規定に合致し、また別の神殿は全く異なる平面を示している。実際、彼が特定したケッラの幅は一般性があるとはいえ、彼の規定した円柱の数や、円柱の高さが神殿の幅の 3 分の 1 でなければならないとする規則もあてはまらない。これは、柱と梁が木造であるために柱間と柱の大きさに制約があることから、全体の平面の規模が増大するにつれて、比例上、柱の高さと柱間を小さく抑えたまま円柱の数を増やすことが必要となったためと推察される。

　タルクィニアの「**アラ・デッラ・レジーナ**」神殿は、ウィトルウィウスのモデルと異なる平面を持つ例である。この神殿は単一のケッラとその両側に翼廊を持つ。しかし、その 77.5 m という長さは、ウィトルウィウスによれば、幅よりほんの 5 分の 1 だけ大きくなるはずだが、幅の 2 倍以上ある。そして、他の点でも異なっていたに違いない。

　ウェイイの**ポルトナッチオ神殿**とオルヴィエートの**ベルヴェデーレ神殿**（B.C.5 世紀）の平面は、ウィトゥルウィウスの比例に近い。後者ではポーティコの両側の壁が前に伸びて、前面の長方形の区域を囲んでいた。**ファレリイの大規模な神殿**（B.C.4 世紀あるいはB.C.3 世紀）には 3 つのケッラがあり、同様の囲いを形成する壁を背にして建っている。この壁は現在もケッラの背面の壁として残っている。

　ローマにある**カピトリヌス丘の神殿**（B.C.6 世紀末）はユピテル（ゼウス）とユノ（ヘラ）とミネルヴァに捧げられ、「**最善最高のユピテル（ユピテル・オプティムス・マクシムス）神殿**」とも呼ばれる。この神殿は現在知られている中で最も大規模なエトルリア神殿である。3 柱の神に捧げられた 3 つのケッラ、ケッラの後ろに突出している背面の壁、外側のケッラの横の翼廊を囲む側面の円柱列、ケッラと同じ奥行を持つポーティコの屋根を支える 6 本×3 列の円柱などを備えていた。切石積みで築かれたポディウム（現在もその一部が残っている）は、高さ約 4 m で、長さが 62 m、幅が 53 m であった。ウィトルウィウスの比例に近く、その幅は最も大きなギリシアの神殿に匹敵する。この神殿は紀元前 83 年に火災にあったが、非常に重要な神殿であったので、ほぼ同一の平面によって再建されている。しかし、プリニウスによると、この神殿は木製の円柱ではなく、アテネのオリュンピエイオンから運ばれた大理石の円柱を用いて再建されたという。現在残っている遺構をもとにすると、円柱の高さは 17 m に近く、最初の神殿におけるものよりも高かったようである。円柱のこの高さがウィトルウィウスの比例にほとんど一致するという事実は、再建された神殿を彼が主なよりどころ

第 10 章　ローマとローマ帝国――蛮族の侵攻まで――　　245

A　バンディタッチャ墓地、チェルヴェテリ（B.C.500 頃）　p.248 参照

B　ポルタ・アッラルコ、ヴォルテッラ（B.C.1 世紀）　p.248 参照

C　ヘラクレス神殿、コリ（B.C.2 世紀末）　p.249 参照

A 「コーニスの墓」、バンディタッチャ墓地、チェルヴェテリ（B.C.5世紀） p.248参照

B 「浮彫の墓」、バンディタッチャ墓地、チェルヴェテリ（B.C.4世紀） p.248参照

A ポルタ・サラチェーナ、セーニ（B.C.4 世紀） p.248 参照

B ポルタ・ディ・ジョーヴェ、ファレリイ・ノウィ（B.C.3 世紀） p.249 参照

としたことを示唆している。ただし、彼はもっと小さな規模の普通の神殿建築を念頭において、円柱の数をこれよりも少なく規定している。また、円柱付きの翼廊を省き、この規模において適度と思われる軒よりも深く突き出した軒が必要であるとしている。

墓地と墓

　初期の墓は部分的に岩を切り出して設けられ、そして平らな石を持送り積にすることで天井を架けている。このヴォールト建設法は、古くはミケーネのティリュンスの城塞の回廊からマヤ遺跡のティカルのような内部階段や玄関廊まで、古代の石造建築に多くの例が見出される。**チェルヴェテリのレゴリーニ・ガラッシの墓**（B.C.650頃）では2つの長方形の部屋にこの方法で天井が架けられている。**カザーレ・マリッティモの墓**（現在はフィレンツェの考古学博物館に再建されている）や**クィント・フィオレンティーノ**のいくつかの墓（全てB.C.600頃）は同様の天井を持つ円形の墓室である。これらの墓室はミケーネの巨大な円形地下墳墓よりもかなり規模が小さく、その直径は5mを超えない。しかし、それにもかかわらず、これらの墓はヴォールトの頂部を支えるために中央にピアを配している。また、切石積みの内側は、ミケーネでは表面を削って平滑にされていたが、ここではされていない。

　岩を切り出した墓の最も大きな集まりは**チェルヴェテリのバンディタッチャ墓地**にみられる。その内部はこの時代の比較的大きな住宅の内部に似ている。そのうちの多くはまとまって、その中央に低い石の外壁で支えられた大きな円錐形の古墳（p.245A）を持つ。その中には「**コーニスの墓**」（B.C.5世紀、p.246A）や「**浮彫の墓**」（B.C.4世紀、p.246B）などがみられる。後者は、壁面と付柱が、台所道具や家具、武器、その他の日常生活に関連した個人の持ちものを表した浮彫彫刻で飾られているために、その名がある。

　タルクィニアの広大な共同墓地は、主として、岩を切り出した壁画のある墓が多数あることで重要である。壁画には日常生活や葬式、葬式の会食などの情景が描かれていた。これらの墓の墓室はほとんど単純な長方形で、建築的な興味はほとんどない。しかし、やや後の時代の墓の1つ、**メルカレッチャの墓**（おそらくB.C.3世紀頃）には、木造屋根が中央の開口部に向かって傾斜している外部の部屋を持つ。これはウィトルウィウスが述べているようなこの時代の住宅のアトリウムを再現している。壁の周囲には浮彫の施されたフリーズがみられるが、現在はあまり保存状態がよくない。

住　宅

　ポンペイの「**外科医の家**」（B.C.4-3世紀）は、南部地方のこの時代における住宅の中でも大規模なものの1つだったに違いない。そしてエトルリアの住宅よりもずっと堅固に建てられていた。ほぼ正方形のアトリウムが中央に位置し、街路から比較的狭い通路を通って入るようになっていた。街路に面しては後に店舗が設けられるようになった。アトリウムに面し、入口の反対側には主要な応接室があり、その他の部屋はアトリウムの側面に開いていた。アトリウムの中央、屋根の開口部の真下の床部分には貯水池があった。

橋

　ローマの**スブリキウス橋**は、記録によると、テヴェレ川に最初に架けられた橋であり、エトルリアの王アンクス・マルキウスが建設したといわれている。その名前が示しているように、木の杭を用いた構造である。後にカエサルは、行軍中にライン川に架けた橋について記述しているが、それと同じような橋だったのかもしれない。この橋は何回か再建されているが、遺構は何もない。

防壁と市門

　セーニの壁といわゆる**ポルタ・サラチェーナ**（B.C.4世紀頃、p.247A）は、ローマがエトルリアに対して大きな脅威となっていた時代に建てられた初期の防壁の優れた例である。セーニはローマの南東にある石灰岩の産地である。それゆえ、壁体は大きな多角形の美しい乱石積みである。そして門は、下の幅が約3mで、側面が内側に傾斜した典型的なものである。これは、上部に単石の楣を渡すことができるように、下の幅と楣の長さの差を縮めるためである。同様の防壁は、たとえばフィエーゾレ（B.C.3世紀）のような別のエトルリアの町にも残っている。

　現存するエトルリアの最後の防壁、**ヴォルテッラの防壁**（B.C.4世紀）は荒く加工した付近の石を用いて築かれている。主要な入口の1つには当初のピアがみられ、現在の**ポルタ・アッラルコ**（p.245B）の両側に収まっている。先に述べたように、アーチは明らかに後の時代に再建されたもので、おそらく紀元前1世紀のものにすぎず、アーチの迫石には壁体とは異なった石が用いられている。ただし、風雨にあたってひどく損なわれた彫刻付きの要石が組み入れられている。この要石はエトルリアのものと考えられ、これよりも前のアーチに用いられていたものかもしれない。ペルージャにある**ポルタ・マルツィアとアウグストゥスの門**もまた、現在の形はエトルリアより後のものである。

ファレリイ・ノウィの**防壁**(B.C.3世紀後半)は以前のファリスキ族の町ファレリイがローマ人によって紀元前241年に破壊された時に建設された。そして新しい防壁が古いものにかわって少し離れた平らな土地に建設された。壁体は長方形の凝灰岩の切石で築かれている。そして、なかでも同年代の優美なアーチの架かった**ポルタ・ディ・ジョーヴェ**(p.247B)が最も重要である。この門はおそらくイタリアに現存する最も古い迫石積みの石造アーチである。異常に奥行のある迫石は壁体に使われている凝灰岩とは別の産地の凝灰岩でつくられている。アーチは迫元の刳形(くりかた)の上にのっている。そして同じような刳形がアーチの外側をめぐり、要石の上部に刳形から突出した形でユピテルの小さな頭部がある。

共和政末期と帝政初期のローマ
聖域、フォルム、神殿建築

ローマの一部の神殿が自らの聖域の中に位置し、また別の神殿はフォルムの頭部に位置していたことは先に述べた。しかし、これらの配置の区別は厳密なものではない。というのは、非宗教的な用途はフォルムとは異なっていたが、神殿の聖域はフォルムと同様、単に宗教上の儀式のみに使用されたわけではないからである。それゆえ、これら2つの配置形式の神殿建築を一緒に論じる方が都合がよい。

パレストリナ(古代名プラエネステ)の**フォルトゥナ・プリミゲニアの聖域と神殿**(B.C.2世紀末かもしれないが、おそらくB.C.80頃)は、この形式の最も美しい共和政時代の例である。これより古い**ガビイ**(パレストリナとローマの間)の例では、神殿が平地に近い広大な長方形の聖域の中に建っている。この聖域の両側には店舗の列があり、中央に位置する神殿に相対して劇場の舞台と階段状の座席があった。**ティヴォリ**のその後の例(B.C.50頃)でも同様の構成がみられるが、聖域全体は広く水平な基壇で、丘陵の側面にヴォールトで基礎構造物を設けたその上にあった。これに対して、**パレストリナ**では、聖域は急な丘の斜面につくられたいくつかのテラスの上に設けられて、バシリカと元老院を見下ろしている。ただし、これら2つの建物と直接のつながりはない。全部で7つのテラスがあり、そのほとんどは急な階段で相互に結ばれていたが、第3と第4のテラスの間は長い傾斜路が両側から上り、中央で出会うようになっていた。第5と第6のテラスは前面に列柱廊が設けられており、かつては店舗が入っていた。そして第6のテラスは、それより下の狭いテラスと違ってずっと奥行があり、背面と両側面に列柱廊を備えていた。背面の列柱廊の中央から階段によって最上部の小さな半円形のテラスに上がることができる。このテラスは演劇の際のオルケストラとして使われた。そしてギリシアの劇場のように階段状の座席で周囲を囲まれている。最後に、座席の最上部には半円形の二重の列柱廊が円形神殿を囲んでいる。この円形神殿がこの広大な構成全体のクライマックスである。

コリのいわゆる**ヘラクレス神殿**(B.C.2世紀末、p.245C)もまた、見晴らしのよい丘の上に建つ共和政初期のドリス式の例である。単一のケッラの前には深いポーティコがあり、前面に4本の円柱と、さらに両側面に2本の円柱が加えられていた。エトルリアあるいは初期のローマの神殿としてはかなり正統的な平面で、ウィトルウィウスが考えていた神殿よりは規模が小さくなっている。オーダーはヘレニズム化されているが、長く伸びたプロポーション、木造の名残などから、決してギリシアのドリス式と見誤ることはない。ポディウム前面に設けられた階段は失われている。

ローマのいわゆる**フォルトゥナ・ウィリリス神殿**(B.C.2世紀末、p.243B)は、同様の共和政初期のドリス式の形態をヘレニズム的に再構成した例で、こちらの方がずっと保存状態がよい。ここではドリス式のかわりにイオニア式オーダーが用いられ、ケッラの周囲に半円柱の付柱がめぐらされている。

ニームの**メゾン・カレ**(A.D.1-10、p.250A-C)は、全てのローマ神殿の中で最もよく保存されている例であろう。ヘレニズム的解釈がみられる第3の、そして時代のくだった例であるが、ここではコリント式オーダーが用いられている。専門用語でいえば、この神殿は、擬似周柱式の前柱式正面六柱である。その意味は、この神殿がフォルトゥナ・ウィリリス神殿のように半円柱の付柱がケッラの周りをめぐっているということであり、正面に並ぶ円柱がフォルトゥナ・ウィリリスでは4本であったが、ここでは6本であることを意味している。壮麗なエンタブラチュアとモディリオン付きのコーニスの早い例を含む細部は、マルス・ウルトル神殿(p.252参照)の細部とよく似ている。このことから、この建物の一部がローマから送られた工匠によって建設されたことを暗示している。もともとこの神殿は列柱廊によって囲まれたフォルムの中に位置するポディウムの上に建っていた。

これに対して、**ティヴォリ**にある円形の**ウェスタ神殿**(B.C.1世紀初期)は、そのポディウムと、入口の軸線上のみにケッラへの階段が設けられていることと、その建設手法とを除けば、純粋なギリシアからの輸入品といえる。ケッラの壁体は大部分がオプス・インケルトゥム(乱石積み)で建てられている。高さ7mの18

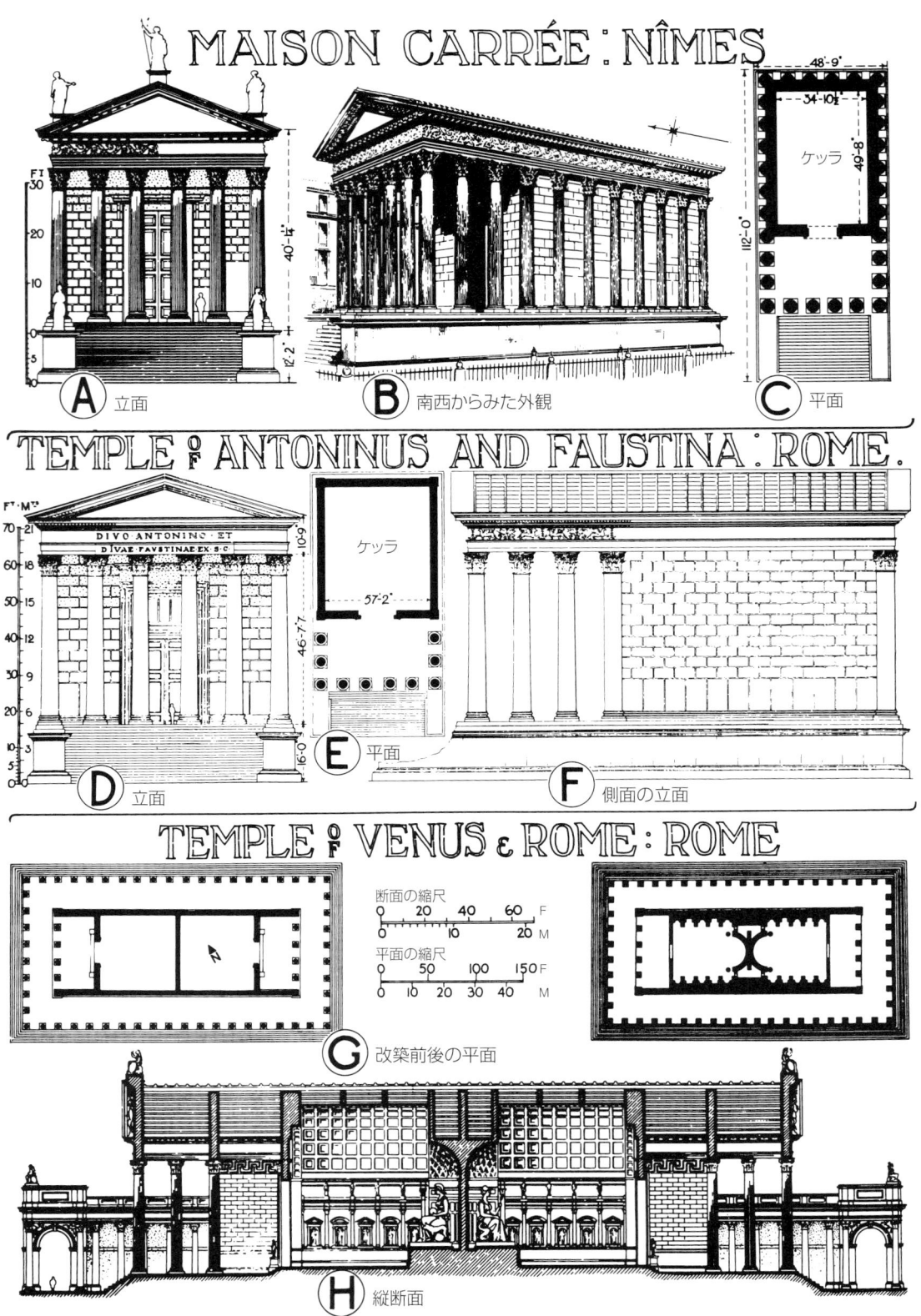

メゾン・カレ、ニーム（上）。アントニヌスとファウスティナの神殿、ローマ（中）。ウェヌスとローマの神殿、ローマ（下）

IMPERIAL FORA: ROME

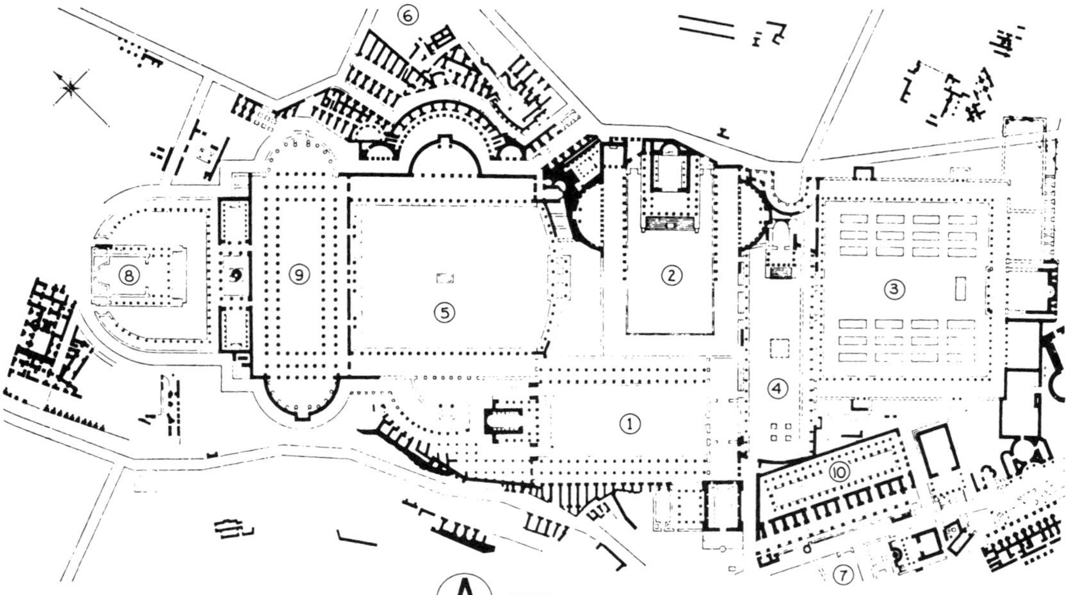

Ⓐ 平面

① カエサルのフォルム（フォルム・ユリウム）
② アウグストゥスのフォルム（フォルム・アウグストゥム）
③ 平和の神殿
④ ネルウァのフォルム
⑤ トラヤヌスのフォルム
⑥ トラヤヌスの市場
⑦ フォルム・ロマヌムの北東角
⑧ トラヤヌス神殿
⑨ バシリカ・ウルピア
⑩ バシリカ・アエミリア

 アウグストゥスのフォルム（復元）

皇帝のフォルム、ローマ

本のコリント式円柱があり、その上には花綱飾りと牛の頭部を組み合わせた装飾のあるフリーズがのっていた。柱頭は珍しく大きな6枚花弁の花が各面に彫られ、「アカンサス・モリス」の縮れた葉をさまざまに変形した葉の装飾がみられる。

ローマのフォルム・ボアリウムの円形神殿（B.C.1世紀、p.243B）はほぼ同様の神殿で、わずかに大きく、より完成度が高い。ただし、帝政後期の時代に修復を受け、その際エンタブラチュアが除かれている。ケッラの壁体を含めてパロス島産の大理石で築かれ、20本のコリント式円柱は高さが10.5 mである。柱頭の処理の仕方はギリシア人の工匠によることを示唆している。ティヴォリでのように、ここでも当初の屋根がどうなっていたかを示す証拠は残っていない。おそらく、同時代の長方形の神殿のように木造であったのだろう。

ローマにある**カエサルのフォルムとウェヌス・ゲネトリクス神殿**（B.C.51着工、B.C.46に献堂、フォルムはアウグストゥスの治世に最終的に完成。p.251A）は、ローマの中心部に、整然とした威厳のある姿を与える最初の試みの1つである。長い長方形のフォルムは、二重の列柱廊が側面に並び、その背後に店舗が配置されている。カエサルの祖先である女神（ウェヌス）に捧げられた神殿がその中央奥に配置されている。

ローマの**ロストラ・アウグスティ**は古いフォルムに置かれた演説用の基壇で、紀元前44年にカエサルによって再建され、アウグストゥスによって完成された。ここは戦利品の船の舳先を飾るために用いられ、ロストラの名前はその舳先に由来する。その舳先のいくつかは基壇の下の壁にすえられ、他の舳先は記念円柱に取り付けられていた。さらに彫像を支える円柱も立っていた。

ローマにある**アウグストゥスのフォルムとマルス・ウルトル神殿**（B.C.1世紀末–A.D.1世紀初、ただし、A.D.2年に未完成のまま献堂。p.251A, B, p.253A）は、カエサルによって始められた中央地域の再開発を継続したものである。フォルムはカエサルのフォルムに直角に配置されている。頭部にやはり神殿を置いているが、ここでは幾分規模が大きい。敷地は完全に左右対称ではないが、これは明らかに土地の接収が困難だったためであろう。しかし、平面では軸線が非常に強く強調されていて、左右対称性の欠如は、側面の列柱廊を真近にみなければわからないほど非常に巧みに隠されていた（ギリシアの建築家であれば左右対称性の欠如をむしろ活用し、隠すことはしなかったであろう）。円柱の並んだ列柱廊の上にはカリアティドが並ぶエンタブラチュアがのっていた。それぞれの列柱廊の外側には、神殿に上がる幅の広い階段にそろえて、ほぼ半円形の中庭が置かれていた。階段の下段近くの中央に（復元図には示されていないが）祭壇が置かれていた。神殿そのもの（p.253A）はほぼ四角形の単純なケッラで、奥にアプス状のくぼみがある。これはこの種の建築においてアプスを使用した早い例である。内部の円柱とピラスター（片蓋柱）は屋根のスパンを減じる役目をしている。ケッラの側面には比較的狭い翼廊が付随している。この翼廊は奥行の深いポーティコの側面に沿った最も外側の円柱列を延長することによって形成されている。ポーティコそのものはオクタステュロス、すなわち正面に八本の柱が並ぶ正面八柱式である。ケッラの壁体とフォルムの外壁はペペリーノ産の凝灰岩を用い、表面はルーナの大理石の薄い板で仕上げられた。この板は一定の間隔をおいて高いところで大理石の水平な石積みに結合していた。ポディウムは大理石のもっと厚い板で仕上げられ、17.5 mの高さのコリント式円柱もまた大理石製であった。

この神殿は、カエサル殺害に復讐する紀元前42年のフィリッピの戦いの際に誓約されて、復讐の神マルスに捧げられた。しかし、当初神殿とフォルムを飾っていた影像から知られるところでは、この計画全体もやはり、ローマとアウグストゥス自身と彼の一族の業績を宣伝するものであったことが明らかである。今日この神殿を認識するには二重の困難がある。それは、影像が全部なくなっているばかりでなく、フォルムのほとんど半分がフォーリ・インペリアーリ通りの幅の広い道路の下に横たわっているからである。残っているのは、背面の壁、半円形の中庭の曲線の壁体の一部、ポディウムと神殿への階段、数本の円柱のみである。立てられた当時、この神殿は、「私はローマをレンガの街として受け継ぎ、大理石の都として残すのだ」というアウグストゥスの自負を支える主要な証拠の1つであった。

バシリカとそれに関連する建築

ポンペイのバシリカ（B.C.2世紀）はフォルムにおいて神殿の反対側に位置していた。しかし、神殿が、先に述べた最後の2つのローマ神殿がそうであったように、フォルム全体を見下ろしていたのに対して、バシリカの方はその長辺の1つをフォルムに直交させていた。この建物は紀元62年の地震の被害を受けており、その18年後にヴェスヴィオ火山が噴火した時にもまだ修復が終わっていなかった。それゆえ、このバシリカは、バシリカの形態の中でも非常に時代の早い例である。長さ62m、幅25mの長方形の広間で、アプスはないが、奥に突出した法廷がある。イオニア式のみの高い円柱（ここではレンガ造）が内部の周囲をめぐり、おそ

第 10 章　ローマとローマ帝国——蛮族の侵攻まで——　253

A　マルス・ウルトル神殿、ローマ（1 世紀）　p.252 参照

B　マルケッルス劇場、ローマ（B.C.23-13）　p.255 参照

C　ティベリウスの凱旋門、オランジュ（B.C.1 世紀末）　p.255 参照

らく木造屋根を支えていたと思われる。側廊の上部にトリビューンがあったかどうかは明らかではない。フォルムに隣接する側面は開放的な列柱廊になっていて、バシリカ内部とフォルムとを直接につないでいた。

互いに向かい合って建つ、**ローマのバシリカ・ユリアとバシリカ・アエミリア**は、ローマのバシリカの初期の例である。バシリカ・アエミリアの方が早い建立であるが、紀元前179年頃に建てられた当初の建築はほとんど残っていない。このバシリカは紀元前78年に修復され、紀元前55年から紀元前34年にかけて再建された。再建以前に発行された1つの貨幣が2階建の列柱廊を持つ立面を表している。それによると、上の階は下の階ほど高くない。建物はやはり長方形の広間で、長さが90mで幅が27mある。バシリカ・ユリアはユリウス・カエサルによって建設が開始され、紀元前12年頃の火災によって被害をこうむった。その後アウグストゥスにより再建され、紀元12年に再献堂された。そしてさらに、305年と416年に修復を受けた。バシリカ・アエミリアよりかなり大きく、長さ105m、幅45mである。構造的にはこのバシリカは、2つの短辺側と1つの長辺側を長方形のピアに支えられた、2階建の3列のアーケードによって構成されている。残りの長辺側のアーケードは2列であり、その背後に店舗が並んでいた。これと反対側の長辺は隣接するフォルムに対して開き、2つの短辺も開放されていた。このようにして各辺に形成された二重の側廊はヴォールトが架けられ、比較的狭い中央の空間には普通の木造屋根が架けられていた。ポンペイと同じく、どちらのバシリカにもアプスはない。バシリカ・ユリアでは、中央空間の一部は裁判に際して幕で仕切られたようである。

バシリカ・ユリアは、オーダーを用いた装飾とアーチとの、ローマ独特の組合せをみせる初期の例の1つである。そして、このバシリカの近くにある**ローマのタブラリウム**(B.C.78)は、この組合せを持つ建築で残っている最古のものである。この建物は公文書館として建てられ、フォルム・ロマヌムに面したそのファサードは、今でもカピトリヌス丘に建つ現在のパラッツォ・セナトーリオの正面の一部を形成している。

レプティス・マグナの市場(B.C.8頃およびA.D.31-37)は、公衆用の建築形態の初期のものである。広い長方形の中庭は周囲を列柱廊で囲まれている。中央に2つのアーケード付きの円形パヴィリオンがあり、薄いエンタブラチュアがのった八角形の列柱廊がめぐっている。これより時代が後のポンペイやポッツォーリの市場では、中央に1つしかパヴィリオンがなかった。

浴室と共同浴場

ポンペイのスタビア通りの浴場(B.C.2世紀、一部B.C.1世紀初期に改築)と**フォルムの浴場**(B.C.80頃)は、浴場そのものとパラエストラと呼ばれる体操場とを組み合わせた公共浴場の最初のものである。そのどちらも男女別の浴場に分かれ、入口も異なっていた。男女のそれぞれの浴場では玄関広間からまずアポデュテリウム(脱衣室)に入る。ここにはフリギダリウム(冷浴室)とテピダリウム(微温浴室)が開いている。最後にテピダリウムからカルダリウム(熱浴室)に入る。これらの浴室の形や大きさは、その機能や男女の別によってさまざまであった。男性用の諸室は女性用のものよりも建築的に優れている。すなわち、男性用のフリギダリウムは円形で、周囲の壁には4つの小さなニッチが設けられている。その天井はコンクリート造のドームとして最初に知られている例である。これらの部屋に加えて、小さな個人用の浴室や便所などがあった。スタビア通りの浴場の建設の最後の段階では、パラエストラに直接開くナタティオと呼ばれる水泳プールが建設された。

これらの浴場の設計では、水や熱の供給と利便性に配慮しつつ、与えられた空間を最大限に活用することだけが考えられていたように思われる。たとえば、男女のカルダリウムは中央に置かれたただ1つの窯の両側に配置されている。ただし、スタビア通りの浴場の暖房設備は最初、木炭こんろを使用し、紀元前1世紀初期に導入された、床下に熱気を通す形式ではなかった。両方の浴場において主要な部屋はパラエストラの周りに配置され、その外側は廊下や店舗で囲まれていた。しかし、そのことを除けば、2つの平面には共通するところがあまりない。街路に面する部分がほとんど店舗になっていたので、浴場施設の機能を外側に示すものはほとんどなかった。

これらの浴場の全ての部屋は規模が小さく、その幅あるいは直径は5mを超えず、長さは20mを超えない。**バイアの浴場**では、イギリスの浴場のように天然の温泉を引き込み、ポンペイよりも大きないくつかのドーム付きの広間が建てられている。これらの中で最も早いのは、いわゆる**メルクリウス神殿**であり、最もよく保存されている。この建物は内径が21.5mで、パンテオンのほぼ半分であり、紀元前1世紀の後半の建設段階に建てられたと思われる。

ローマのアグリッパの浴場(B.C.1世紀末)は、首都ローマで初めての公共浴場である。この浴場は紀元80年の大火で倒壊した。しかし、この浴場が大規模で、列柱廊や人工池のある庭園の中に配置され、バイアの浴場と同様に、ポンペイの初期の公共浴場よりももっと

開放的に設計されていたことは明らかである。

劇　場

　ポンペイの**大劇場**(B.C.2世紀、その後拡張)は、イタリア半島のローマ建築の中で最古の劇場である。この建物は、ギリシアの劇場と後のローマの劇場との中間的な形態を示している。座席の一部は自然の窪地に設けられ、馬蹄形のオルケストラを囲んでいる。

　ローマのマルケッルス劇場(B.C.23-13、p.253B、p.256A)は、首都ローマで最初の恒久的な劇場建築である。テヴェレ川の近くの平らな土地に建てられ、座席を支えるアーケードとヴォールトからなる基礎構造物には、放射状の斜路と円弧に沿った廊下が巧みに組み入れられて、各座席へ導いている。座席の列は半円形で、舞台は座席の前面の端から端までを占めており、その背後には高い囲い壁があった。外部に残っているファサードの下の方の2階分には、先に述べたタブラリウムやバシリカ・ユリアと同様に、アーケードと層状に重ねたオーダーとの結合がみられる。ここでは下階のオーダーがドリス式で、その上階はイオニア式であった。

円形闘技場と競技場（キルクス）

　ポンペイの円形闘技場(B.C.80頃、後に増改築)もまた、首都ローマにおける同種の建物のどれよりも時代的にかなり先行している。平面は楕円形で、その大きさは150×105 mである。この建物もやはり、ギリシアでこれに最も対応するスタディウムと後のローマの円形闘技場との間の過渡的な形態を示している。座席(最初はおそらく木製の座席だけであった)は土を盛った斜面の上にすえられ、ヴォールトの基礎構造物は用いられなかった。また、アレーナ(闘技が行われる砂を敷いた部分)の下に地下構造物はなかった。土の斜面を維持するために、外側に厚いコンクリートの壁体が築かれ、短い間隔で置かれたアーケードを支持するピアで補強されていた。座席の大部分には、頂部をめぐるテラスに通じる外部の斜路でアプローチする。

　ローマのキルクス・マクシムス(p.256C-E)はローマで最も古い競技場で、長い期間にわたって拡張、改築、改装を受けた。この建物はパラティヌス丘とアウェンティヌス丘の間の谷間に建っている。最初はおそらく走路と中央の区分帯(スピナ)と出発の門(カルケレス)だけで構成されていたと考えられる。その後、木製の席が何列か加えられ、円錐形の円柱がスピナの突端に転回点を示すために立てられた。後の皇帝たちが改装を繰り返しているものの、キルクスの平面は紀元前1世紀末までに、だいたいにおいて後世に残る形になっていたと思われる。長さはおよそ600 m、幅は200 mであり、復原のスケッチにみられる紀元4世紀のキルクスの外観とほとんど変わりがなかったであろう。そうだとすれば、3列の座席と12のカルケレスがあったことになる。ただし、4台を超える数の戦車が一度に競争することはなかったといわれている。1回の競技は7周で、およそ3.6 kmの距離に相当する。浮彫によって競技中のクァドリガ(四頭立て二輪馬車)の様子がありありと伝えられ、また、ランプの浮彫には競技の勝利者が描かれている。

凱旋門

　記念碑的な凱旋門は、この時代に初めて建造されたと思われるが、建築というよりもむしろ、大規模な彫刻と表現した方が適切かもしれない。しかし、その基本的な形態はローマ建築独特の構成要素であるアーチである。ここでアーチは独立したピアの上にのり、層状に重ねたオーダーで装飾され、さらに、戦勝を記念する浮彫と彫像で飾られた。

　オランジュにある、通称**ティベリウスの凱旋門**(B.C.1世紀末、p.253C)は、最初ガリア征服における第二歩兵軍団の業績を記念して建てられた。しかし、その後碑銘はティベリウス帝をたたえるものに変えられた。3連のアーチからなる門で、アーチの間と、2つの側面、そして外側の角のところにコリント式の4分の3円柱が配置されている。2層の屋階があり、下の壁と同様に窓がなく、軍隊や戦勝記念品を描いた過剰なほどの浮彫がみられる。注目すべきは、このような早い時期に、側面の円柱の上にのったエンタブラチュアが中央の1組の円柱の間で分断され、アーチ型のくぼみがその上に伸び、正面中央のペディメントに対応する小さなペディメントをのせていることである。

市　門

　現在は一部改築されているが、**オータンのサンタンドレの門**(p.274H)は、後に市門の定型として小規模な形で繰り返される、かなり典型的な市門の型を示している。ここでは、かつてあった長方形の内庭と、両側の2本の塔が失われている。

墓

　ローマの法によって市内に埋葬することが禁じられていたため、墓地は市門の外の街道に沿って並んだ。この時代には土葬も火葬も行われていたが、遺体を石棺に納めようと、灰を骨壺に納めようと、そのことは墓の構造形式にほとんど影響を与えていない。規模の大きい墓のデザインには、最初はヘレニズムやもっと

256 | ルネサンスまでのヨーロッパと地中海周辺の建築

THEATRES AND CIRCUSES: ROME

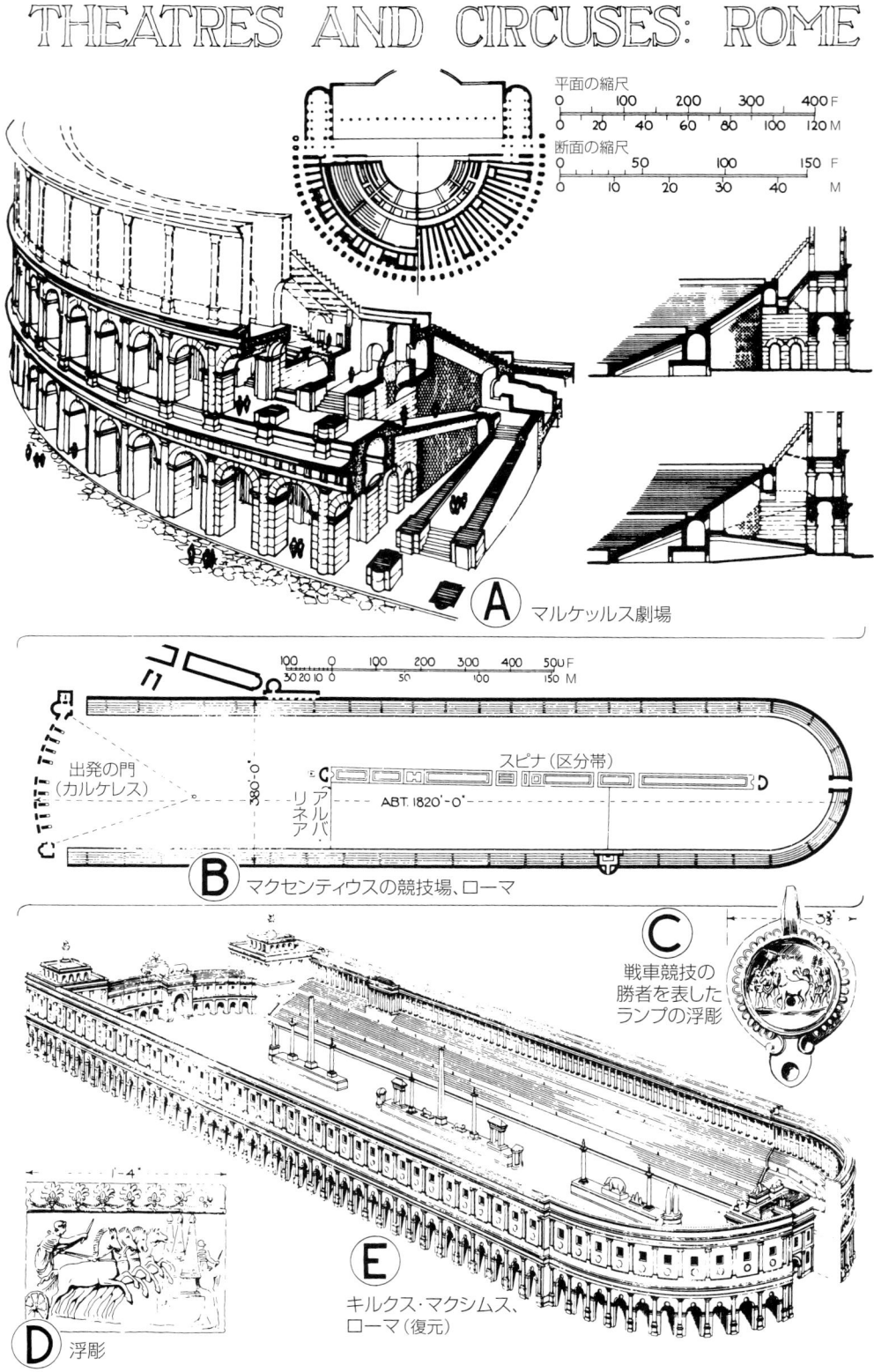

A マルケッルス劇場

B マクセンティウスの競技場、ローマ

出発の門（カルケレス）
スピナ（区分帯）
アルバ・リネア

C 戦車競技の勝者を表したランプの浮彫

D 浮彫

E キルクス・マクシムス、ローマ（復元）

劇場と競技場（キルクス）、ローマ

A ウズンカブルク近郊の墓　p.259 参照

B ケスティウスのピラミッドとアウレリアヌスの市壁に開くポルタ・オスティエンシス、ローマ　p.259、p.296 参照

C カエキリア・メテッラの墓、ローマ（B.C.20 頃）　p.259 参照

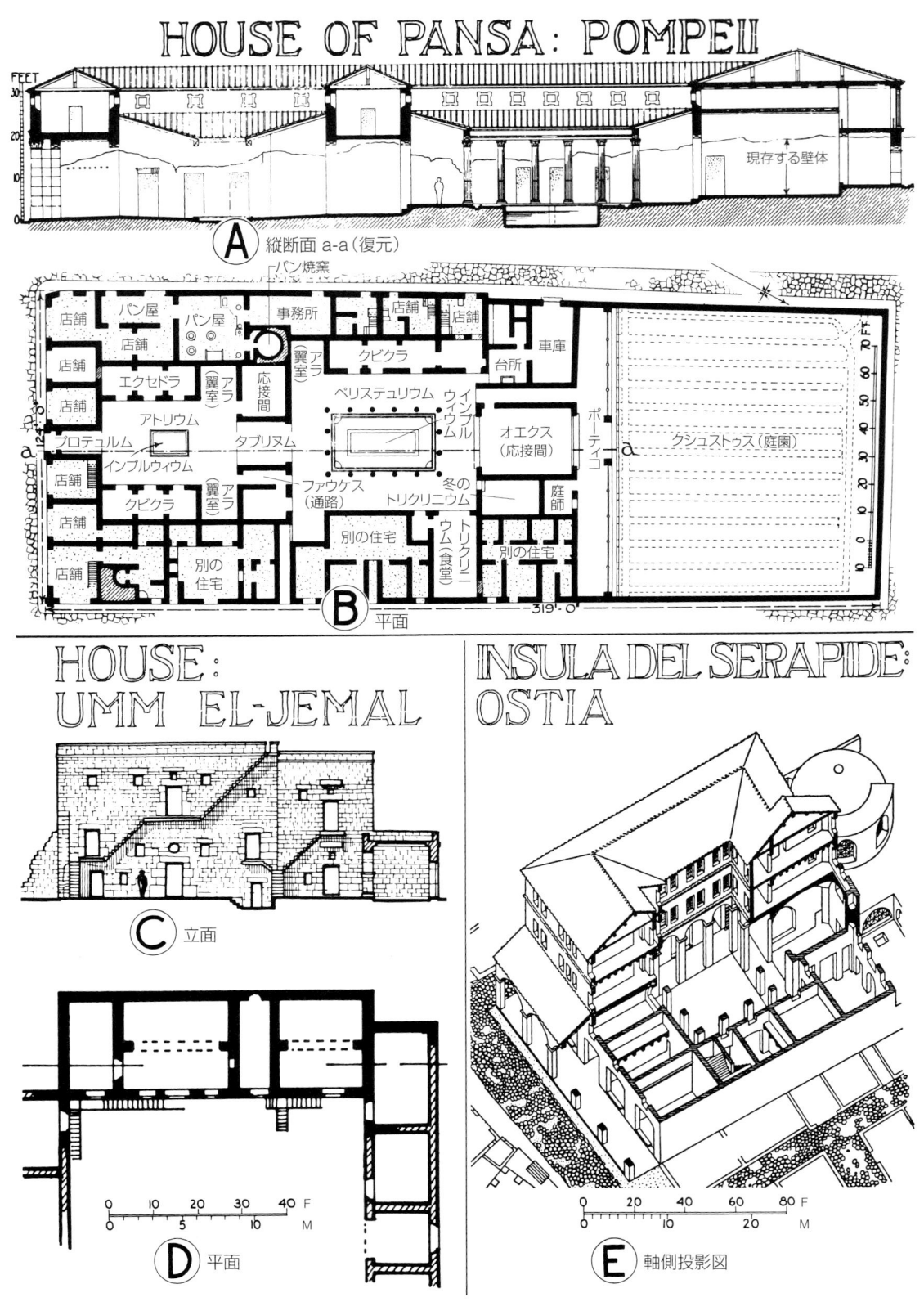

パンサの家、ポンペイ（上）。住宅、ウム・エル・ジェマル、ヨルダン（下左）。セラピデの家、オスティア（下右）

昔の例にならう保守的傾向がみられる。プロヴァンスの**サン・レミのユリイの墓**(B.C.40 頃、p.276H)は 3 つの層で構成されたセノタフである。一番下は浮彫で飾られた基礎の部分で、この上にアーチ形開口が貫通したペデスタルがのる。ペデスタルの 4 つの角には、コリント式円柱の付柱がみられる。一番上は円形平面で、下の層より小さなコリント式円柱とエンタブラチュアを持つ。頂部は円錐形の石造屋根が架かっている。ユリイはローマの市民権を得た富裕なガリア人であったようであるが、浮彫の主題はギリシア神話の情景からとられている。

昔のオルバ、後のディオカエサリアである**ウズンカブルク近郊**のいくつかの墓(p.257A)は、基本的にはローマ建築であるにもかかわらず、強いヘレニズムの影響を受けており、時には 2 層で、神殿の形をしていることもある。

ローマのアウグストゥスの墓廟(B.C.28-23)はアウグストゥスの一族の墓として、アウグストゥスによって建てられたが、その基本の形態としてエトルリアの古墳を模範としている。ただし、ここでは市域内の埋葬を禁じた伝統的規則が破られている。後のハドリアヌスの墓廟のように、この建物は直径 88 m の巨大な円筒を基本としていた。外壁はコンクリートで、トラバーチンのオプス・クワドラトゥム(整層積み)で仕上げられている。この背後に、同様にコンクリートで築かれ、ただし、仕上げはほとんどオプス・レティクラトゥム(網目積み)である 4 つの同心円の壁体と多数の放射状の壁体からなる複雑な構造が、内部を同心円形の部屋に分割している。しかし、墓室とそれに導く通路を除けば、これらの部屋は単純に土で埋められていた。これらの壁体は、高さが地上 44 m になる、常緑樹の植えられた頂部の盛土の山を支えていた。そして、中心にはアウグストゥスの青銅製の像が立っている。周囲はさらに木で囲まれていた。最初の埋葬は紀元前 23 年に行われ、最後の埋葬(これはネルウァ帝の埋葬である)は紀元 98 年に行われた。この墓廟は 12 世紀には城塞に転用され、さらにその後、演奏会場も含めてさまざまな用途に用いられている。現在は外側のみが残り、内部は空である。

アッピア街道沿いの**ローマのカエキリア・メテッラの墓**(B.C.20 頃、p.257C)は、同様な形式の小規模な例である。1 辺 30 m の正方形のポディウムの上に、ポディウムよりわずかに小さな直径の、円筒形の主要構造物が建っている。その中には墓室があり、そこに納められていた石棺は現在パラッツォ・ファルネーゼにある。外部はやはりトラバーチンで仕上げられ、牛の頭骨と花綱飾りで飾られたフリーズ付きのエンタブラチュアをのせている。

オスティア街道沿いの**ローマのケスティウスのピラミッド**(B.C.12 頃、p.257B)は、非常に古い墓の形式を復活させている。この建物はコンクリート造で、白い大理石で仕上げられている。ピラミッドの内側では、墓室のヴォールトと壁に人物の絵が描かれている。

住宅とヴィラ

ポンペイのパンサの家(B.C.2 世紀、p.258A、B)は、高度に発達した家族用の大邸宅で、庭も含めるとインスラと呼ばれる 1 つの街区全部を占めている。この邸宅は大きく 2 つの部分に分けることができる。すなわち、ふだんの使用の他、公式の行事に用いられる街路側のアトリウムの部分と、もっと私的な生活の場である奥のペリステュリウムの部分からなっていた。この時代より前には、「外科医の家」にみられるように、アトリウムが住宅全体の中心となっていた。ところが、紀元前 2 世紀に入ると、円柱をめぐらしたペリステュリウムを加えることが一般的になる。

この邸宅ではアトリウムの部分においても、プライバシーに対する配慮が行き届いている。窓ガラスがないため、内側を向いた居室のほとんどは高い入口から採光するが、この入口はカーテンや金属格子付きの扉で閉じることができた。アトリウムの中には、一族の神を祭った祭壇があり、インプルウィウム(屋根の開口の下の貯水池)のそばには、昔の伝統的な饗宴の名残である、大理石のテーブルが置かれていた。タブリヌムと呼ばれる開放的な居室は、アトリウムとペリステュリウムの間にあって、カーテンで仕切られ、一方の側面は通路(ファウケス)と接していた。ペリステュリウムでは、16 本の大理石のイオニア式円柱が、周囲の屋根の内側の縁を支えている。庭は花壇や彫刻、泉水や水盤などで美しく飾られていた。クビクルムと呼ばれる寝室、夏と冬では趣が異なるトリクリニウムと呼ばれる(主人と客のための 3 台の寝椅子が壁に沿って置かれていたためにそう呼ばれた)食堂、オエクスと呼ばれる接客室、私的な会話のための翼室などがペリステュリウムの周りに配置されていた。部屋の床はモザイクが施され、壁はフレスコ画で飾られていた。入口から最も遠く、側面の通りから入るのに便利な場所に、台所と食料品置場がある。アトリウムとペリステュリウムの両方の周囲には小さな 2 階の部屋が並んでいる。2 つの長辺側に並び、邸宅から隔絶されている家や店舗は、後の所有者による改築の結果である。

ポンペイの「ファウヌスの家」(B.C.2 世紀)は、同様な性格を持つ、さらに豪華な邸宅である。ここからは、その名が由来している、踊るファウヌスの楽しげなブ

A ファブリキウス橋、ローマ（B.C.62、A.D.19 に修築） p.261 参照

B ティベリウスの橋、リミニ（1 世紀初期） p.261 参照

ロンズ像だけでなく、アレクサンドロス大王とペルシアとの戦いを描いた優れた床モザイク（現在はナポリの国立美術館に収められている）が発見されている。この邸宅にはこの時代のもう1つの刷新がみられる。それは、アトリウムの屋根の中央の開口部の縁を支えるために、4本の円柱が導入されていることである。

ローマのパラティヌス丘にあるリウィアの家（B.C.1世紀中頃）は、アウグストゥスが皇帝の位についた後に住んだ家であるといわれ、ローマ皇帝の最初の宮殿と考えることもできる。現在発掘からわかっている限りでは、それ以前の、先に説明したポンペイの2つの住宅よりも質素な建物であり、あるいはそれよりさらに前の、アトリウムとそれに開いた接客用の部屋からなる「外科医の家」に似てさえいる。壁には同時代の様式によるフレスコ画が描かれていた。

水道橋と橋

ローマに水を供給するために、紀元前4世紀末以来、おびただしい数の水道が設けられた。しかし、この時代に建設された**ニーム付近の「ガールの水道橋」**（B.C.1世紀末あるいはA.D.1世紀初期）の壮大さに匹敵するものはない。この水道橋はユゼスの近くからニームまで送水するために建てられた。ガール川峡谷に高くそびえる3層のアーケードによってほとんど50 mの高さまで水道が引き上げられている。下の2層のアーケードはほぼ同じ大きさで、川を渡る中央部分で最大スパンが24 mある。2層目のアーチは厚みが6 mあるが、これはあらかじめぴったり合うように正確に切られた巨大な石材で組み立てられたアーチを三重にしてつくられている。ピアの上に突き出している石は木造の仮枠を支える役目を果たしていた。水路が通る一番上の層は、下のアーケードより低く、4 mを超えないスパンの35個のアーチで構成されている。全体は全く装飾されていない。17世紀に第2層のピアの一部が、道路を通すために切除された。そして1747年にはこの水道橋に沿って新しい橋が建設されている。

ローマのファブリキウス橋（B.C.62、A.D.19修復、p.260A）は、首都に残る最も古い橋である。後世に新しい車道と胸壁が設けられ、橋脚を水流から守るための水切りが拡張されているが、基本的には最初の姿を保っている。アーチの表面に彫られた銘文は、この橋の建設と修復を記録している。中央に1本だけ橋脚を持つ2連アーチの構成は、時にはデザイン上美しくないといわれることもあるが、橋脚の上の小さなアーチが氾濫の時に水流を逃がすことができるようになっており、やはり優れた設計といえる。ピラネージの銅版画には同様の小さなアーチが両端にも描かれているが、現在ではその部分は、川の堤と連続した橋台になっている。この銅版画には、大きなアーチの弧が水面下にまで続いて完全な円形の石積みになっていることが示されているが、実際にそうであったことを確証する資料はない。この橋はテヴェレ川の支流の1つに渡されているにすぎず、これと同時代に、テヴェレ川の対岸に達するため島の反対側に架けられた第2の橋ポンス・ケスティウスは、19世紀に完全に再建されてしまった。

リミニのティベリウスの橋（1世紀初期、p.260B）は、5連のアーチによってマレッキア川をもっと容易に渡している。アーチのスパンは中央の4.2 mから端の5.1 mまで変化している。ここでは、橋脚の奥行と、アーチのスパン方向の幅がほぼ同じである。かなりよく保存されていた装飾の細部は、パッラーディオによって記録され、その後のいくつかの橋のデザインに影響を与えた。

帝政時代のローマ、ティベリウス帝からハドリアヌス帝まで

神殿

以下の建築例をみると、神殿とその関連の建築に適用された形態が、この時代には驚くほど多様であったことがわかる。その中にはヘレニズム化された東方に起源を持つ形態や、ガリア特有の形態もみられる。

バールベックのユピテル神殿（おそらく大部分は1世紀中頃、p.267G, H）は、最も大規模なローマ神殿の1つである。ただし、その87×50 mという大きさは、ギリシア神殿の最大のものに比較するとかなり小さい感じがする。この神殿は、ギリシア神殿をローマ風に改造する第一段階を経たものである。そのポディウムの高さ、高さ20 mの円柱、ポディウムの下からペディメントの頂部までの40 m近い高さが、ギリシアの周柱式を基本とする建物にローマ的な雰囲気を与えている。このポディウムは硬い石灰岩の大きな切石で築かれている。その上部構造の石積みには、フルーティングのない円柱の柱身も含めて、まさに巨人キュクロプスのしわざとでも表現すべき巨石が用いられている。それぞれの側面には19本の円柱が2列に並び、奥行の深いポーティコには横に10本、奥行方向に3本並んでいる。

ローマのトラヤヌス神殿（ハドリアヌス帝によって118頃完成）は、残っていない。建物はほとんどマルス・ウルトル神殿を大規模に模倣したものであったと考えられている。この神殿はトラヤヌスのフォルムの最も奥に建っていた（フォルムについてはp.268参照）。

その規模は、残っている円柱の高さがほとんど 18 m 近いことから推し量ることができる。

エフェソスのハドリアヌス神殿（118 頃献堂、p.270A）は、街路に面した小規模な神殿で、それゆえ、軸線上の雄大なアプローチによって印象を深めるようなデザインではない。そのポーティコは、水平なアーキトレーヴと中央アーチとの組合せと、角の部分の正方形断面のピアが独特である。

ローマのパンテオン（118-128 頃、p.263、p.264、p.265A）は、技術上の達成度と影響力を判断の規準とするならば、他の追随を許さない最も重要な神殿である。ユスティニアヌス帝の建てたコンスタンティノポリスのハギア・ソフィアは、さまざまな点でパンテオンを凌いだといえるが、パンテオンの最大の特徴は、なんといっても 43.2 m のスパンを持つ大ドームである。この規模は、1420 年から 1436 年にかけてブルネッレスキがフィレンツェの大聖堂の交差部に、ごくわずかに上回る大きさのドームを架ける時まで凌駕されることはなかった。

いくつかの点においてパンテオンの形態は謎である。ここでは巨大なポーティコと、それよりさらに大きい、ドームを頂いた円堂（ロトンダ）とが結び付けられている。このポーティコは円堂に通じているが、両者の間にはそれ以上のつながりは見出せない。確かにこれは、それ以前の神殿にみられるポーティコとケッラとの関係とは異なっている。この建物の建設者をアグリッパに帰する正面の碑銘、そしてこの同じ敷地にアグリッパによって建てられた神殿（80 年に焼失）があったという事実から、このポーティコは最初の神殿の遺構であり、その背後の円堂だけが新築であると長い間考えられていた。しかしその後、建物の全ての部分がハドリアヌス帝の再建当時のものであることが決定的となった。神殿と周囲の環境とを結び付けるために伝統的な種類のポーティコが必要であると、この時代にも相変わらず考えられていた可能性はある。そして、確かに周囲の環境は今日のそれとは、ずいぶん違っていたはずである。もともとこの神殿は、列柱廊で囲まれた長方形の広場の奥に建っており、地面のレベルは現在の広場のそれよりも相当に低かった。アウグストゥスのフォルムの後ろの壁と側面の列柱廊がマルス・ウルトル神殿のポーティコを囲んでいたように、この広場の反対側の壁と列柱廊がパンテオンのポーティコを囲んでいたと思われる。

さらに難しいのは、なぜこのように巨大なドームを頂いた円形のケッラが、前面のポーティコの幅を超えない伝統的な長方形のケッラにかわって建てられたのかという問題である。円形平面については、先に述べたように先例はある。ローマでこれに最も近いものはおそらくフォルム・ロマヌムの近くのウェスタ神殿であろう。何回も再建されたこの神殿については後で説明するが、この神殿は普通の神殿と同様の機能を持っていたわけではない。その点ではおそらくパンテオンも同じである。マルス・ウルトル神殿の場合にアウグストゥスの特別に個人的な意図が働いていたと考えられるように、パンテオンの建設には、宗教上よりもむしろ政治的および個人的な意図が隠されていたといわれている。われわれは、この神殿で行われた儀式については何も知らない。知っているのはただ、この建物が、ポーティコのアウグストゥスとアグリッパの 2 人の影像、内部のユリウス・カエサル、マルス、ウェヌスの影像などをはじめとして、多くの影像で飾られていたということである。そしてまた、確かに、天空とドームとの相似性がその後まもなく認識されるようになるのだが、だからといって、そのことが建設の当初から意図されていたということにはならない。

ポーティコは円柱 8 本分の幅があり、3 本分の奥行がある。エジプト産の花崗岩を用いた単石のフルーティングのない円柱は高さが 14 m ある。最下部で 1.5 m の直径が最上部で 1.3 m に減らされ、ペンテリコンの白大理石製のコリント式柱頭（p.264A）がのっている。これらの円柱が、先に述べた碑銘の刻まれているエンタブラチュアと、当初は青銅製のワシの浮彫が取り付けられていた（残っている取り付け穴の並び方から推測される）ペディメントとを支えている。ポーティコの奥の壁には、ロトンダの入口の両側に深いニッチがあり、ここにアウグストゥスとアグリッパの影像がすえられていた。屋根はもはや当初のものではない。しかし、16 世紀のスケッチと記録によると、一部が木造で、一部が鋲打ちの青銅板でつくられたトラス構造の屋根であった。ロトンダの壁体は、3 層に立ち上がっている。コンクリート造の外表面はレンガで仕上げられ、石の胴蛇腹により区分されている。現在それぞれの階の表面には、荷重負担を軽減するレンガのアーチが壁の周囲をめぐっている様子が露呈している。これらのレンガ積は最初、全て大理石とスタッコで覆われていた。しかし、ほとんどの劇場や円形闘技場で用いられた、オーダーによる装飾などは、全くなかった。ドームはずっと離れた地点からでなければその姿全体をみることはできないが、第 8 章でローマに特徴的なものとして述べたような、階段状の浅い断面を持っている。

ひとたび中に入ると、外部のことはすぐに忘れられてしまう（p.265A）。幾何学的には、内部は巨大な球形で、球の下半分だけが外側に膨らんで円筒形になっている。この円筒は外部で 3 層に分割されているのに対

第10章 ローマとローマ帝国——蛮族の侵攻まで——　263

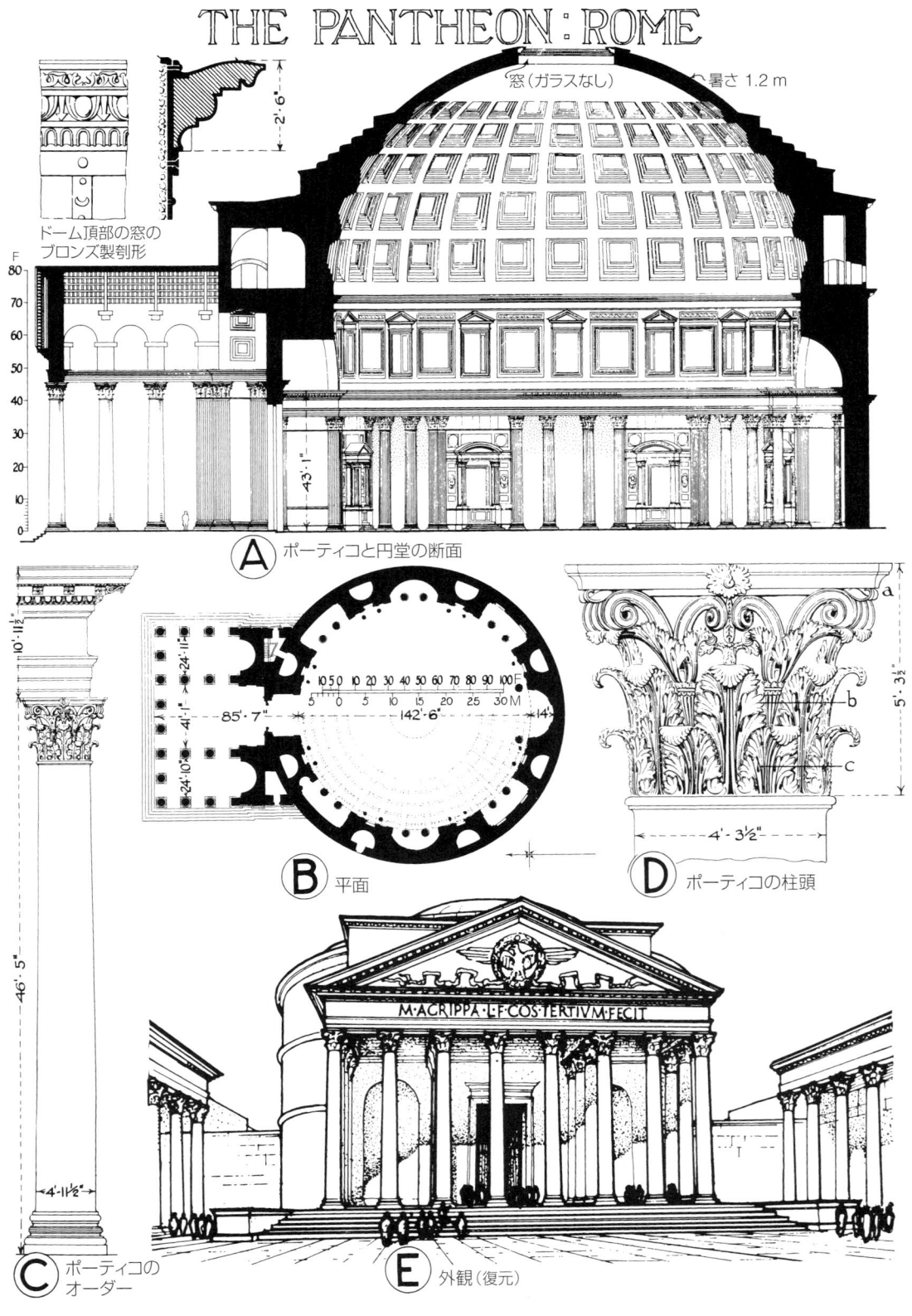

パンテオン、ローマ

A パンテオン、ローマ（118-28頃） p.262 参照

B パンテオン、入口から内部をみる

C パンテオン、第2層が復元された内部

第 10 章　ローマとローマ帝国——蛮族の侵攻まで——　265

A　パンテオン、ピラネージによる内部のスケッチ　p.262 参照

B　ヤヌス神殿、オータン　p.266 参照

C　ケルススの図書館、エフェソス（117-120）　p.268 参照

して、それに相当する内部の円筒部分は低く、しかも2層にしか分割されていない。断面図にみられるように、これは内側の円筒部分が外側の下2層分にしか相当しないからである。外側の一番上の層はドームの起拱点より上にある。内部では下の層の方が高く、その周壁に8つのくぼみが、長方形平面と円形平面を交互に繰り返して並んでいる。これらのくぼみは、ドームの下の主要空間から、2本の異なる色の単石の大理石円柱によって隔てられている。円柱の柱身は下の方には胡麻殻剝形が、上の方にはフルーティングが施されている。コリント式の柱頭の上には上下2層を分けるエンタブラチュアがのっている。上の層の上にはドームが立ち上がり、ドーム頂部の窓ガラスのない大きな円形窓は、青銅製の入口の扉を閉めてしまえば、唯一の採光源となる。ドームの表面には正方形の格間が上にいくほど小さくなって5段に並んでいる。驚くべきことは、この格間が1段28個であることで、この数は下の周壁を8つに分割していることと一致しない。この格間は、床レベルで中央に立ってみた時、全てのくぼみ、全ての方向において均等に減衰していくようにみえるように設計されている。

パンテオンがローマ建築の全ての巨大な内部空間の中で最もよく保存されていることに間違いはないが(p.264B)、内部の全てが当初のままというわけではない。格間はおそらくスタッコで縁に剝形をつけて仕上げられ、鍍金された青銅製の大きな花飾りがそれぞれの中央に付いていたと思われる。壁と床の大理石仕上げの大部分は比較的最近のものである。たとえば、屋階は1747年に前とは異なるデザインで改装されている。しかし、その断面は以前の形に修復されている。そして当初の大理石製のピラスターの6つの柱頭は大英博物館でみることができる(p.264C)。その浅い浮彫彫刻は一部が錐で仕上げられており、ビザンティンの後期の作品に非常に似ているところがある(p.320A)。

最後に構造に目を向けてみると、形態の基本的な単純性と、はるかに複雑な構造組織とが著しい対照をなしていることは一目で明らかである。それについて詳しく述べることはここではしないが、まず注意すべきことの第一は、上にドームをのせる厚さ6mの円筒形のドラムの壁体には、前に述べたくぼみの他にもっと多くの空隙があることである。これらの空隙は第2層である屋階の背後まで伸びている。そして、隠された空隙は他にも、その上部とその間にも存在する。実際、このドラム全体を、建物の外側に露呈している3層の構造アーチで成り立っているとみなす方が正しいかもしれない。ピアは、深さ4.5mの重厚な円形の基礎の上に立っている。外側の軒蛇腹のレベルより上では、

ドームは中まで密実な躯体になっている。ドームの厚さは最終的に、円形窓のところでおよそ1.2mにまで減じられる。しかし、ここではさらに、上にいくほどコンクリートの比重を小さくするために、その質を漸進的に変化させている。すなわち、建物の下部のトラバーチンと凝灰岩の水平積みの層がまず凝灰岩とレンガの層にかわり、そして頂部では凝灰岩と軽石になっている。

ペルガモンのアスクレピオス・ソテル神殿(130頃以降)は、パンテオンを小規模に模倣した早い例であり、アスクレピオスの聖域の広い中庭の一辺の中央に位置している。内径がおよそ21mで、レンガのドームを頂いている。現在は切石積みで端正に築かれたドラムの基礎部分だけが残っている。

ローマのウェヌスとローマの神殿(135献堂、p.250G, H)は、ハドリアヌス帝自身の設計によるといわれている。これによって、ギリシアの古典的神殿をヘレニズム風に解釈した神殿がローマに出現した。ローマの伝統的なケッラが、前面に奥行のあるポーティコを配し、高いポディウムから1方向しか見渡せないのに対して、この神殿では2つのケッラを背中あわせに配置し、それぞれのケッラは、ローマ市民の神話上の祖先であるウェヌスと、ローマ自身とに捧げられた。そして、円柱の並ぶポーティコを別々に設けるかわりに、前面に10本、側面に20本の円柱で2つのケッラの全体を囲んだ。神殿は高いポディウムの上ではなく、周囲に階段がめぐる低い基壇の上に建つ。さらに、この神殿の両側面には、少し離れて列柱廊が設けられていた。283年に木造屋根が焼失し、大規模な再建が行われたが、これについては後で述べる。

ニームのいわゆる、**ディアナ神殿**(130頃、p.267A-F)は、小さな建物で、その使用目的ははっきりわからない。ニームの町の名が由来する、この地方の水の神ネマウススの聖域にある。建物全体は精巧に加工された切石積みで築かれている。この種の石積みは、フランスのこの地方のロマネスク建築において、ほとんど本質的な変化もなく再び現れるのだが、この神殿はその中で最も保存状態がよい点で建築的に重要である。中央に架かる半円形断面のトンネル・ヴォールトは、一定の間隔で設けられた下方に突出するリブによって補強されている。そしてヴォールトの推力の一部は側面の通路の外壁によって負担されている。

ニームでは、神殿そのものは失われている。これに対して、**オータン**のいわゆる**ヤヌス神殿**(p.265B)は、保存状態はあまりよくないが、被征服民の求めに応じて建てられた神殿形式の1つを知るうえで役に立つ。この時代になっても、神殿配置はその全体の性質にお

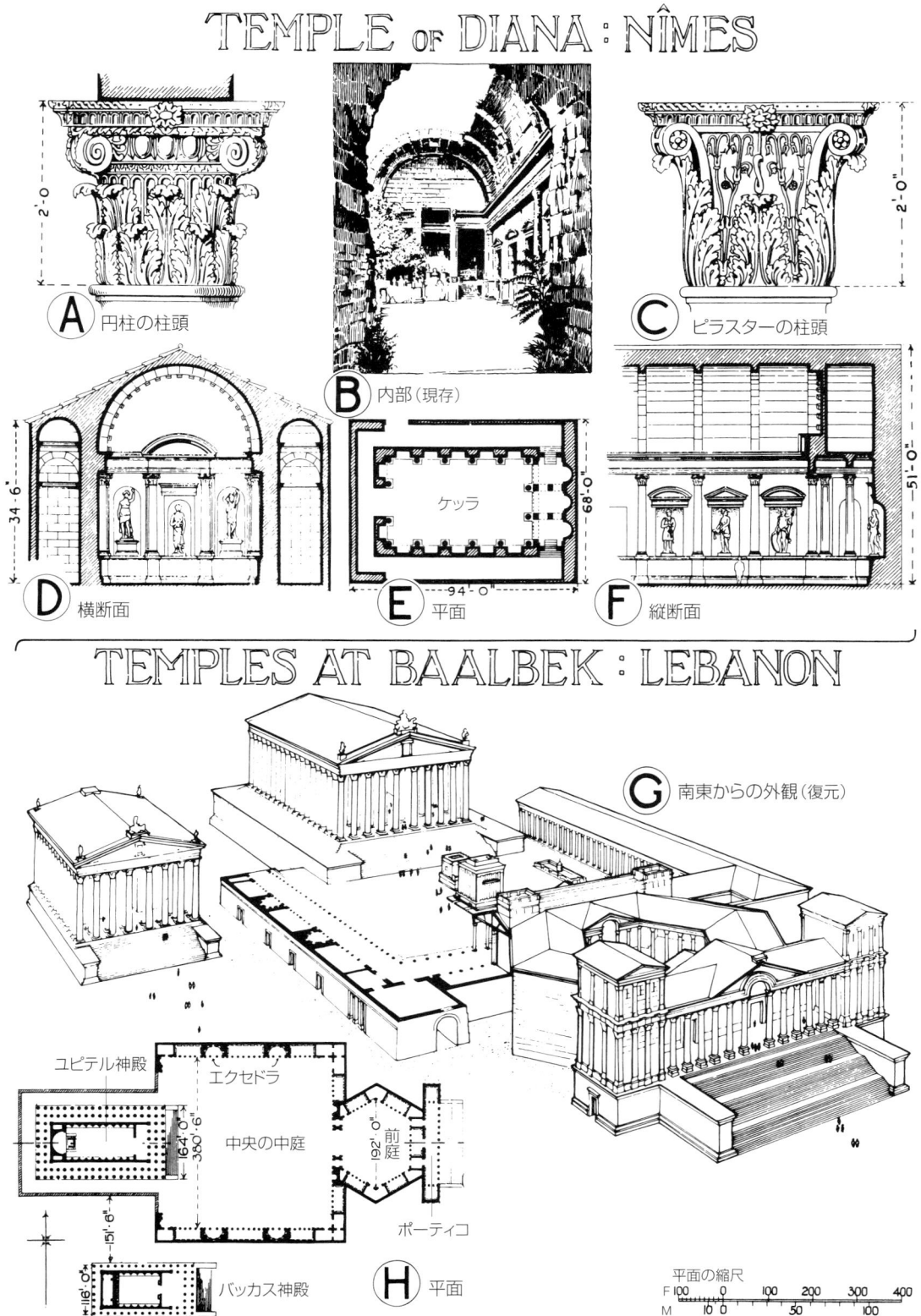

ディアナ神殿、ニーム（上）。バールベックの神殿、レバノン（下）

いて、前の節で説明した初期の聖域とほとんど変わっていない。普通、この時代の神殿そのものは、正方形や円形や八角形の高いケッラであった。そしてそのケッラの周りに、差しかけ屋根を架けたポーティコがめぐる。オータンでは正方形のケッラのみが残っている。

フォルム、バシリカおよび関連の建築

ローマのトラヤヌスのフォルム、バシリカ、市場（100-112頃、p.251A）は、ダマスクスのアポロドロスによって設計されたが、この時代の主要な建築に数えられる。このバシリカはどちらかといえば月並みであるが、ことによるとその後の数世紀にわたって全てのローマの建築物の中で最も高く評価されていたかもしれない。そしてトラヤヌス帝の市場は、建築材料として当時使用され始めていたコンクリートを見事に駆使し、先に述べた初期の形式の市場とは鋭い対比をなしている。

トラヤヌスのフォルムとその近くの**アウグストゥスのフォルム**とは非常によく似ている。両者は空間的にもつながっている。やはり中央軸が支配的で、アウグストゥスのフォルムの軸と正確に直交している。フォルムの両側は、同様に列柱廊が配され、その背後に半円形の中庭が開いている。そして建築上の細部もよく似ている。主な違いは奥の部分で、フォルムから直接に神殿に導かれるのではなく、バシリカがその間に介在している。バシリカの背後には、記念円柱（以下に述べる）が建ち、その両脇に同じ形の図書館が配置されている。市場はクィリナリス丘の斜面を北に上る形で建てられていた。しかし、北の境の壁によって隔てられていたために、フォルムから市場をみることはほとんどできなかったと考えられる。フォルム、バシリカ、図書館、神殿を建てる平らな敷地を得るために、クィリナリス丘の斜面から膨大な量の土が削りとられた。

バシリカ・ウルピア（p.269A、p.270B）として知られているトラヤヌスのフォルムのバシリカは、フォルムの幅120mにわたって横方向に置かれている。幅25mの広大な長方形の身廊は、全ての面を二重の列柱廊で囲まれている。両端部の列柱廊の外側には半円形のアプスが設けられ、アプスの内部は付柱のオーダーで装飾されている。

側廊のうちの1つ、あるいは2つの上部におそらくトリビューンが設けられ、中央身廊には両流れの木造屋根が架けられていたと思われる。そのスパンは4世紀のバシリカ式教会堂、サン・ピエトロのものとほぼ同じであるので、バシリカ・ウルピアの屋根がサン・ピエトロの屋根を架ける際の模範となったことも考えられる。天井は鍍金された青銅板が張られ、壁は多色の大理石板で覆われていたことが知られている。

トラヤヌスのフォルムの**市場**（p.270C, D, E）はその大部分が、多くの規格化された店舗で構成されていた。店舗はヴォールトの架かった長方形の単純な部屋で、前面に開き、木造で中2階の床が設けられるほどの高さがあった。店舗はさまざまなレベルの直線や曲線の街路に沿って並んでいる。街路は、丘の麓ではフォルムの北側の境の壁の曲線に沿って走り、もっと高いレベルでは丘の輪郭に合わせていた。最も高いレベルには広大で天井の高い建物があり、連続した交差ヴォールトで覆われている。この中央広間（p.270C）の構造は、皇帝の建てた大浴場のテピダリウムに近い。他の店舗はこの広間に向いていた。この建物は、中間の高さにバルコニーを持ち、この建物の西側を下る街路に面して4階建のファサードをみせていた（p.270E）。

バシリカの背後の図書館はほとんど何も残っていないが、**エフェソスのケルススの図書館**（117-120、p.265C）は、ずっと保存状態がよく、そのファサードは最近になって再建された。長方形の建物で、高さよりも幅があり、およそ17×11mの大きさである。内部には本や巻物を収納するために、奥が正方形の浅いニッチが3段設けられ、柱間の小さな円柱列の上にのった狭いギャラリーがニッチへのアクセスをになっている。別の特徴は、これらのニッチを含む壁体が外壁ではないということである。この壁体の外側に狭い周歩廊を隔てて外壁が築かれ、周歩廊の中にギャラリーに通じる階段を収め、建物を保護している。これはいわば、空洞構造の初期の例といえる。ファサードは円柱付きの2層のアエディクラによって装飾され、下層では直線のエンタブラチュアを2本の円柱によって支え、上層では別の2本の円柱が弓形と三角形のペディメントを交互に支えている。

浴　場

ローマのティトゥスの浴場（80）は何も残っていない。しかし、パッラーディオのスケッチによると、この浴場は、その後の皇帝の浴場に典型的な配置形式が最初に用いられたものであったといえる。

ローマのトラヤヌスの浴場は、非常に大規模で、遺構もかなり残っている。これはネロ帝のドムス・アウレア（黄金宮殿）が紀元104年に火災にあった後、その一部の上に建てられた。浴場は紀元109年に落成式が行われた。ここには、集会場、講義室、その他非常に幅広い社会活動のための広大な諸施設によって外側を囲むという、後の浴場に特徴的な点がみられる。この特徴については、後にふれるカラカラの浴場において詳しく説明する。

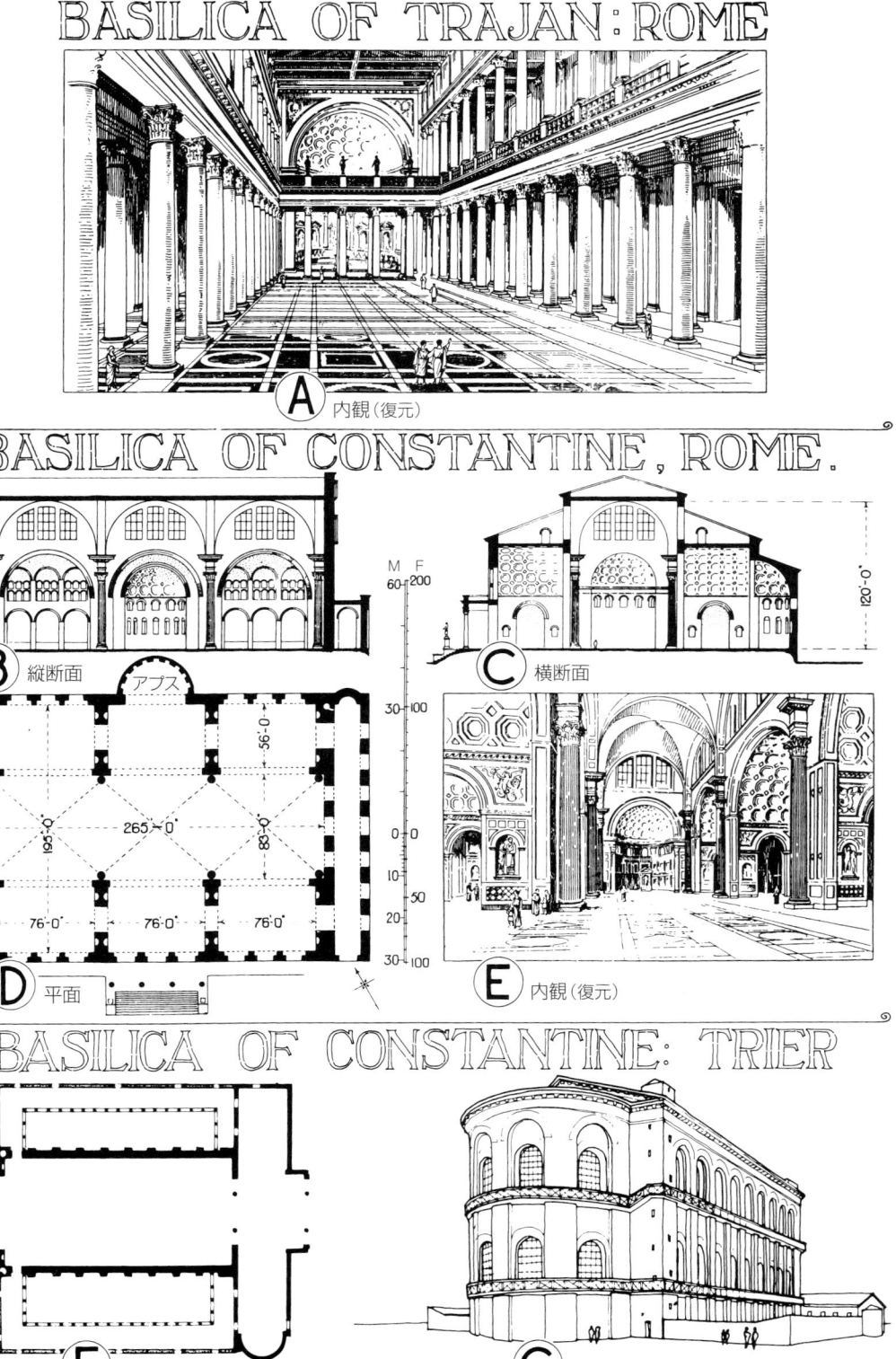

トラヤヌスのバシリカ(バシリカ・ウルピア)、ローマ(上)。コンスタンティヌスのバシリカ(バシリカ・ノウァ)、ローマ(中)。コンスタンティヌスのバシリカ、トリーア(下)

ルネサンスまでのヨーロッパと地中海周辺の建築

A ハドリアヌス神殿、エフェソス（118頃献堂） p.262参照

B トラヤヌスのフォルム、バシリカ・ウルピアのコロネードを通してトラヤヌスの記念円柱を望む、ローマ p.268、p.275参照

C トラヤヌスの市場、中央広間 p.268参照

D トラヤヌスのフォルム、北側の半円形の中庭から半円形の市場建築を望む

E トラヤヌスの市場、中央広間の西側

F ハドリアヌスの墓廟に導くアエリウス橋、ローマ(135-139) p.275、p.283参照

劇場

　オランジュの**劇場**（50頃）は、西方の属州における劇場の初期の好例である。丘の斜面に建てられ、その座席の大部分は、自然の斜面に設けられている。舞台の背後の壁体の保存状態がよいことは注目に値する。この壁体は長さがおよそ100mで、高さが35mである。

円形闘技場

　ローマのコロッセウム、すなわち**フラウィウス円形闘技場**（p.272、p.273A, B）は、紀元70年にウェスパシアヌス帝によって建設が開始され、紀元80年にティトゥス帝によって落成式が行われた。しかし、実際に完成したのはその少し後のドミティアヌス帝の時代である。エスクィリヌス丘とカエリウス丘の間の谷間に位置し、ここには、その少し前に、広大な庭園を持つネロ帝のドムス・アウレアの一部として人工池がつくられていた。最初の恒久的な首都の円形闘技場として、この闘技場は、5万人ほどの観客を収容するように設計されている。設計の際の重要な関心事は、大観衆を座席に導くための動線処理という実際的な問題であった。設計されたシステムは、もっと小規模なマルケルス劇場においてすでに用いられていた方法と本質的には変わらない。すなわち、放射状に配置された斜路と階段によって劇場の周囲をめぐる環状通路に導くシステムである。放射状の隔壁および楕円の弧に沿って隔壁の間に架けられたヴォールトが、何段もの座席と斜路、および通路の一部を支えていた。

　平面は巨大な楕円形で、外側で188×156mである。放射状の壁が80枚並び、そして全周にわたって独立した入口がほぼ同じ数だけある。これらの壁に対応して、外側は3階分のアーケードがめぐっている。これらのアーケードは1-2階において三重、3階において二重になっており、コロッセウムの外周をめぐるヴォールトを支え、全てのレベルで二重の周歩廊をつくりだしている。この周歩廊から直接に下の2層の座席に入ることができる。下の2層の座席は騎士階級か、あるいは他の一般のローマ市民の座席であった。一方、3階の周歩廊から階段を上がると第3層の座席に入ることができる。第3層の座席は他の座席層とは高い円形壁体で隔てられていた。この壁体は、3階の内側の周歩廊の壁になっている。さらにアレーナの下には、複雑な通路と、猛獣の檻や見世物の準備用の設備などを組み入れた地下構造物がみられる。ここで、この建物の目的である、手に汗を握る見世物を行うための用意がなされた。

　当初の大理石製や木製の座席と同様に、アレーナの床は残っていない。しかし、数世紀にわたって石が切り出されて持ち去られているにもかかわらず、外側の躯体はよく保存されている。3層に重ねられたアーケードは、すでに前節の初期の建物のところで触れた手法により、4分の3円柱とエンタブラチュアによって装飾されている。1階はドリス式で、2階はイオニア式、3階はコリント式である。その上には高い屋階があり、ここには、浅いコリント式のピラスターと、1ベイおきに設けられた小さな正方形の窓があった。この窓は、前面に連続したコロネードがあったと考えられる最上階の座席に採光するためのものである。窓のないベイには、大きな青銅製の楯形があった。頂部には日陰をつくるためにウェラリウムと呼ばれる天蓋が吊られた。この天蓋を吊る梼柱のための軸受けと腕木が残っている。

　優れた計画力と組織力によって達成されたこのような大事業は、ローマ人の能力をよく示している。この大建築の建設を可能にした理由の1つは、さまざまな形式の構造を注意深く組み合わせていることである。深さ12mの基礎はコンクリートで、ピアとアーケードはトラバーチンを用いたオプス・クワドラトゥム（整層積）で築かれている。下の2層の放射状の壁を完成するために、これらのピアの間は凝灰岩で充填されている。ヴォールトの大部分の建設と、上層のピアの間の充填は、レンガ積みを捨型枠とするコンクリートによって行われている。

　ニームと**アルル**の**円形闘技場**（おそらく1世紀末）は、その後、コロッセウムの規模を縮小し、基本的には同一のプランで建てられた数多くの円形闘技場のうちの2つの例にすぎない。ほとんど切石で築かれていることと、外壁の細部とが、コロッセウムと異なっている。コロッセウムでは、エンタブラチュアを途切れることなく全周にめぐらすことで、水平の線を強調していたが、これらの建物ではともに円柱を前面に出し、エンタブラチュアを円柱の上で折り曲げることによって、円柱の垂直的連続性に力点をおいている。

凱旋門と記念円柱

　ローマの**ティトゥスの凱旋門**（81以降、p.274A-C）は、ティトゥス帝の死後に、主としてエルサレム掌握を記念して建てられた。単一のアーチで開口し、外側の各面に初期のコンポジット式柱頭を持つ円柱の付柱をつくる。アーチの内輪の格間とその下の壁には、皇帝の浮彫とエルサレムの神殿からの転用材がみられる。ピアの外側の表面は19世紀の模範的な修復の結果で、この凱旋門が取り込まれた中世の城塞を破壊した後、1821年に行われた。この修復では何のごまかしもせずに、破壊されていた部分をつくり直している。

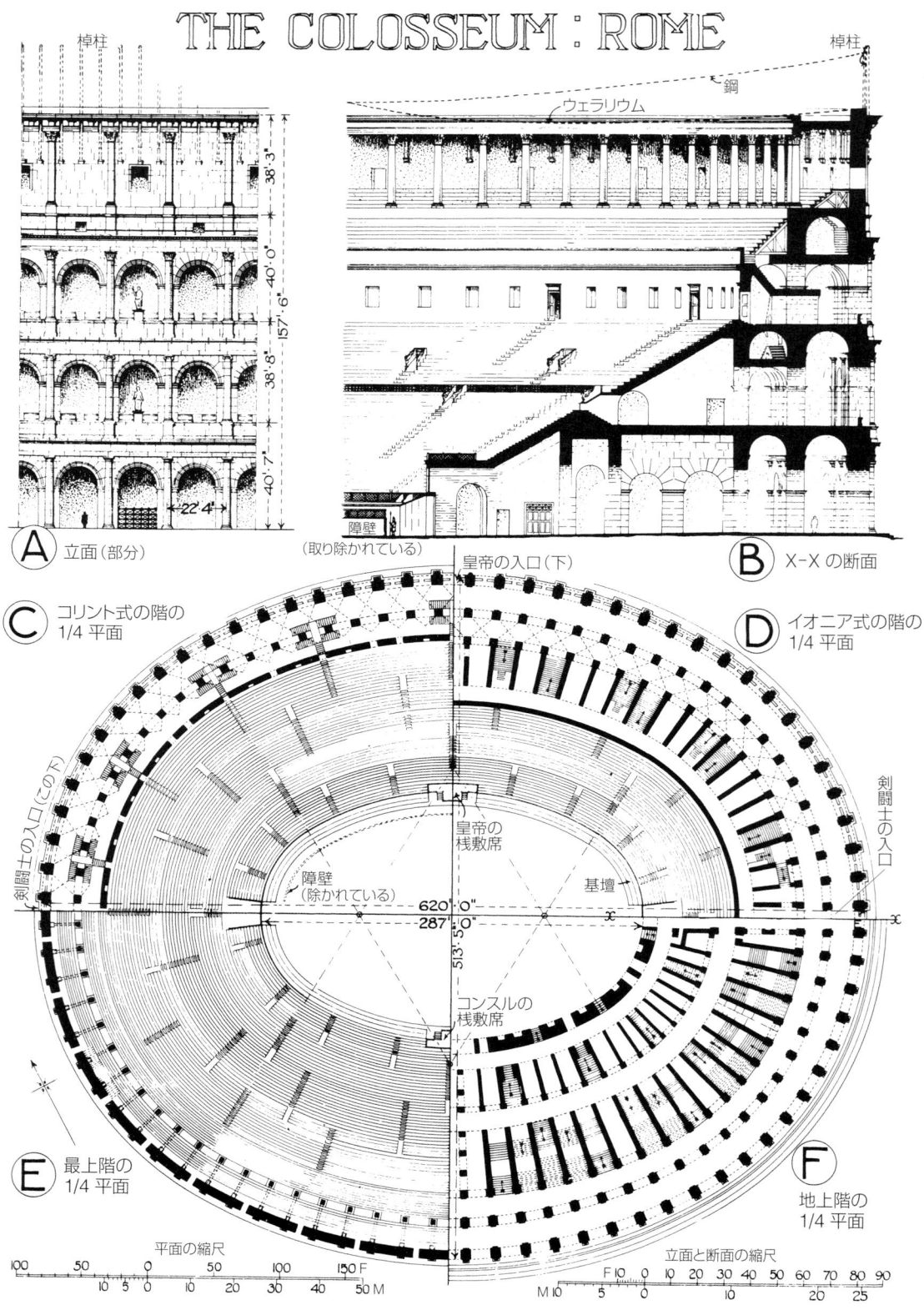

コロッセウム、ローマ

A コロッセウム、ローマ(70-82)　p.271 参照

B コロッセウム、アレーナと観客席、ローマ

C トラヤヌスの凱旋門、ベネウェントゥム(115 頃)
p.275 参照

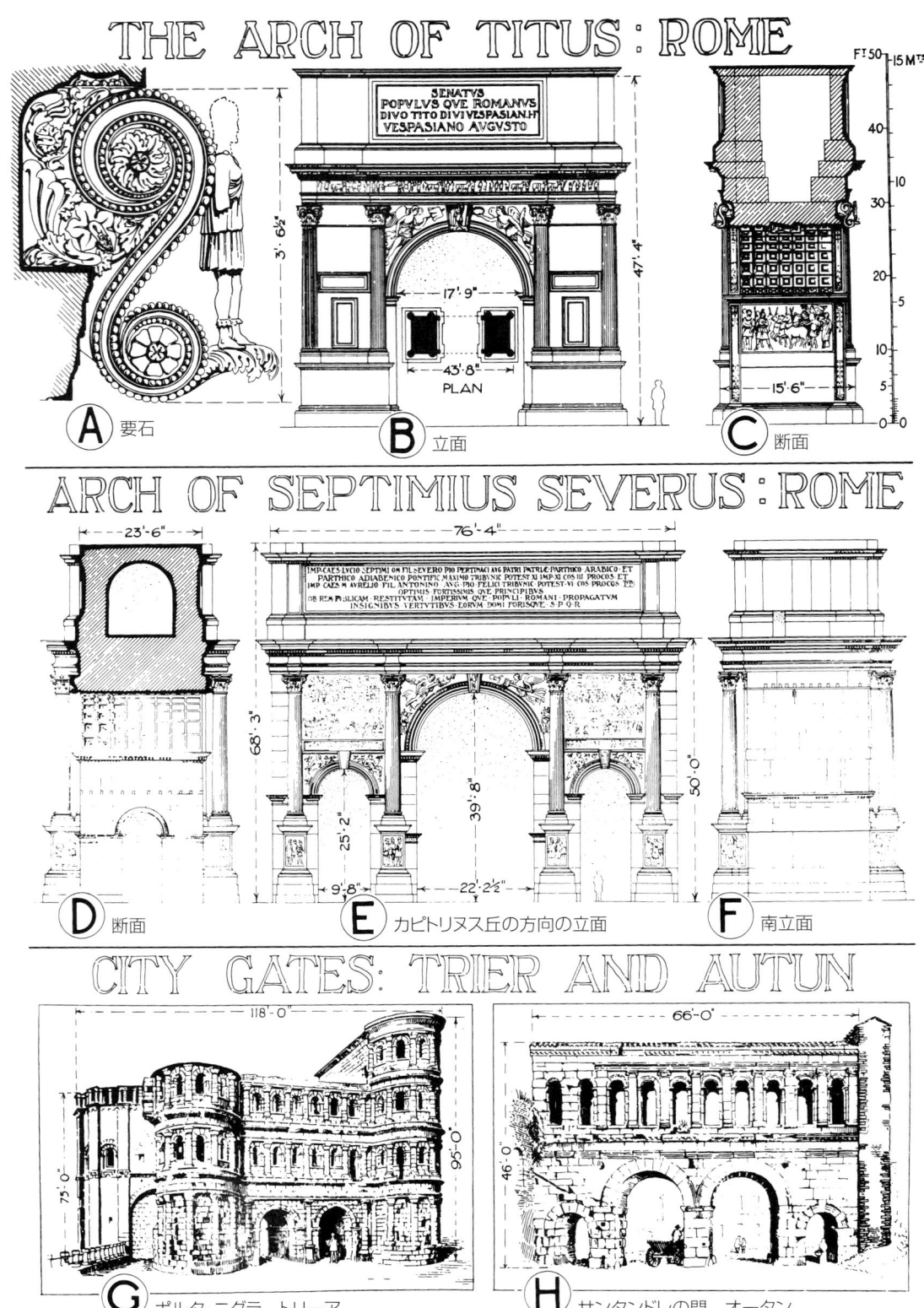

ティトゥスの凱旋門、ローマ(上)。セプティミウス・セウェルスの凱旋門、ローマ(中)。市門、トリーアとオータン(下)

ベネウェントゥム(ベネヴェント)の**トラヤヌスの凱旋門**(115頃、p.273C)は、保存状態がよく、同様の形式であるが、ほとんど過剰といえるほどの浮彫装飾がある。

ローマのトラヤヌスの記念円柱(112頃、p.270B、p.276A-F)は、その配置についてはすでにトラヤヌスのフォルムの説明のところでふれた。この円柱は凱旋門と同様に記念碑としての性格を持ち、**マルクス・アウレリウスの記念円柱**(174)などのその後の数本の記念円柱の模範となった。形式的にはドリス式に最も近いが、それよりもその35mという高さ、トラヤヌス帝のダキア遠征を物語るらせん状の連続したフリーズによる装飾、青銅製のワシ、皇帝の彫像(当初立っていたこの彫像は、現在では聖ペテロの像になっている)などの方が、もっと重要な特徴である。この円柱の両側面に付属していた建物からでさえ、円柱に表された全ての物語を読み取るのは容易ではなかったであろう。しかし、現在では、これらの物語は実物大の鋳造でロンドンのヴィクトリア・アンド・アルバート博物館でみることができる。

市　門

トリノの**ポルタ・パラティーナ**とヴェローナの**ボルサーリの門**(両者とも1世紀)は、すでにオータンでみたような、儀式と防御の両方の機能を持つ。市門と同形式のもので、やや時代は下る。ここでは、道に開くアーチの上部に2層のギャラリーがのっている。ギャラリーのアーチで開口の小さい方は、オーダーやエンタブラチュア、そしてペディメントさえも加えて装飾されていた。

墓

ペトラにある**エル・カズネ**(宝庫、通称**カズネ・ファラウン**〔ファラオの宝庫〕、p.276J)と、これに似ていて、しかももっと大きな**エル・デイル**(修道院)——両方とも1世紀末——は、墓か神殿であったと考えられる。その大きさと後者の位置から考えると、神殿であった可能性が強い。しかし、カズネは本書の前の版では墓として分類されていたので、これら2つの建物はここでも墓の項に入れておく。これらの建物は、墓や神殿建築を岩から掘り出す、非常に古い東地中海の伝統の中から生まれた。この種の建築ではほとんど全ての力点がファサードに集中し、ファサードにはたいてい同時代の建築の特徴が取り入れられた。ペトラでは、どちらかといえばカズネの方が古典的な性格を持っている。しかし、両者の間の様式上の相違は大きくない。2階は1階に比べると、ずっと立体的である。これらの建物をみていると、ポンペイの壁画の建築モチーフのいくつかを思わせるが、しかし、これらの神殿がこの地方のヘレニズム建築の直接的な発展の産物であることは間違いない。規模はアブ・シンベル神殿(第3章参照)さえ凌いでいる。カズネのファサードは幅が27mで、高さが39mである。そして、デイルのファサードは幅45mで、高さ40mである。しかし、ファサードの背後の単純な長方形の空間はエジプト神殿の内部に比較すれば、興味深いものではない。

ローマのハドリアヌスの墓廟(135-39、p.270F、p.276L)は、明らかにアウグストゥスの墓廟をモデルにしている。両者は形も大きさも非常に似ている。この墓廟は中世に入って教皇のサンタンジェロ城となった。もともとはパロス島産の大理石で仕上げられ、ドラムの周囲には彫像が並び、円筒形の塔が頂上にのっていた。円塔の上には大きな四頭立て二輪戦車の彫刻があった。内部には放射状と円弧状の壁体があり、この壁体の間に1本の通路が設けられ、斑岩製の石棺を納めた中央のトンネル・ヴォールトの架かる墓室に上がることができる。

ヴィラと宮殿

ローマのドムス・アウレア(黄金宮殿、64-68およびそれ以降)は、紀元64年の大火災の後、ネロ帝によって建設が開始された。これは宮殿というより、一連の小規模な建物と、居間と応接間を含む長い建物とで構成され、全ての建物は、中心に人工池を持つ、美しく造園された広大な庭園の中に配置されていた。この池があった場所には、現在コロッセウムが建っていて、建物はほとんど失われている。主要な建築的興味は、「エスクィリヌスの翼棟」として知られている、上述の長い建物にある。この建物は人工池より少し北に位置し、その後トラヤヌスの浴場の囲い壁を建てるために埋められてしまった。この翼棟に最も似ているのは、カンパーニア地方の田舎や海辺のポーティコ・ヴィラであり、人工池とその向こうの景観に対して開かれていた。西側の部分は確かにネロ帝の時代の建設であり、ファサードの背後にはペリステュリウムがあった。ファサードの中央部は凹型に後退し、八角形の3辺と2つの半分の辺の輪郭を持つ。この右側にある東側部分は西側ほど設計が型にはまっておらず、ここに非常に独創的で重要な建築部分がある(p.277C、p.278A)。それは八角形の広間で、コンクリートのドームが架かっている。角から角への差し渡しは14.7mあり、全ての面が庭園や周囲の小さな部屋に対して開いていた。この種の新しい内部空間の概念は、知られている限りでは、この建物で初めて表れ、その後の半世紀にわたっ

トラヤヌスの記念円柱、ローマ(左)。ローマの墓(右)

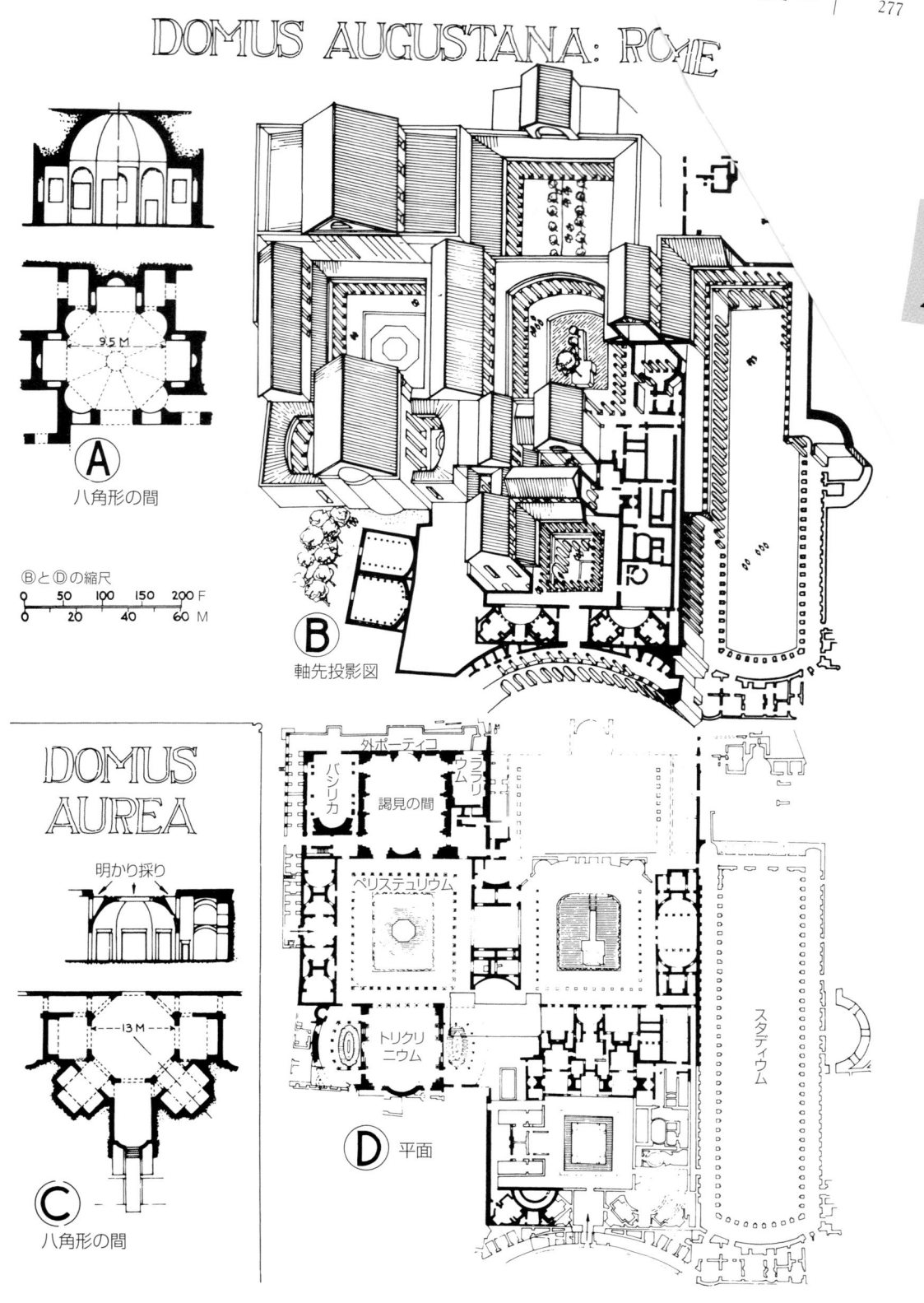

ドムス・アウグスタナ、ローマ（上）。ドムス・アウレア（下左）

A 八角形の間、ドムス・アウレア、ローマ　p.275 参照

B 私的な領域の中庭、ドムス・アウグスタナ、ローマ
p.280 参照

C カノープス、ハドリアヌスのヴィラ、ティヴォリ　p.280 参照

第 10 章　ローマとローマ帝国——蛮族の侵攻まで——　279

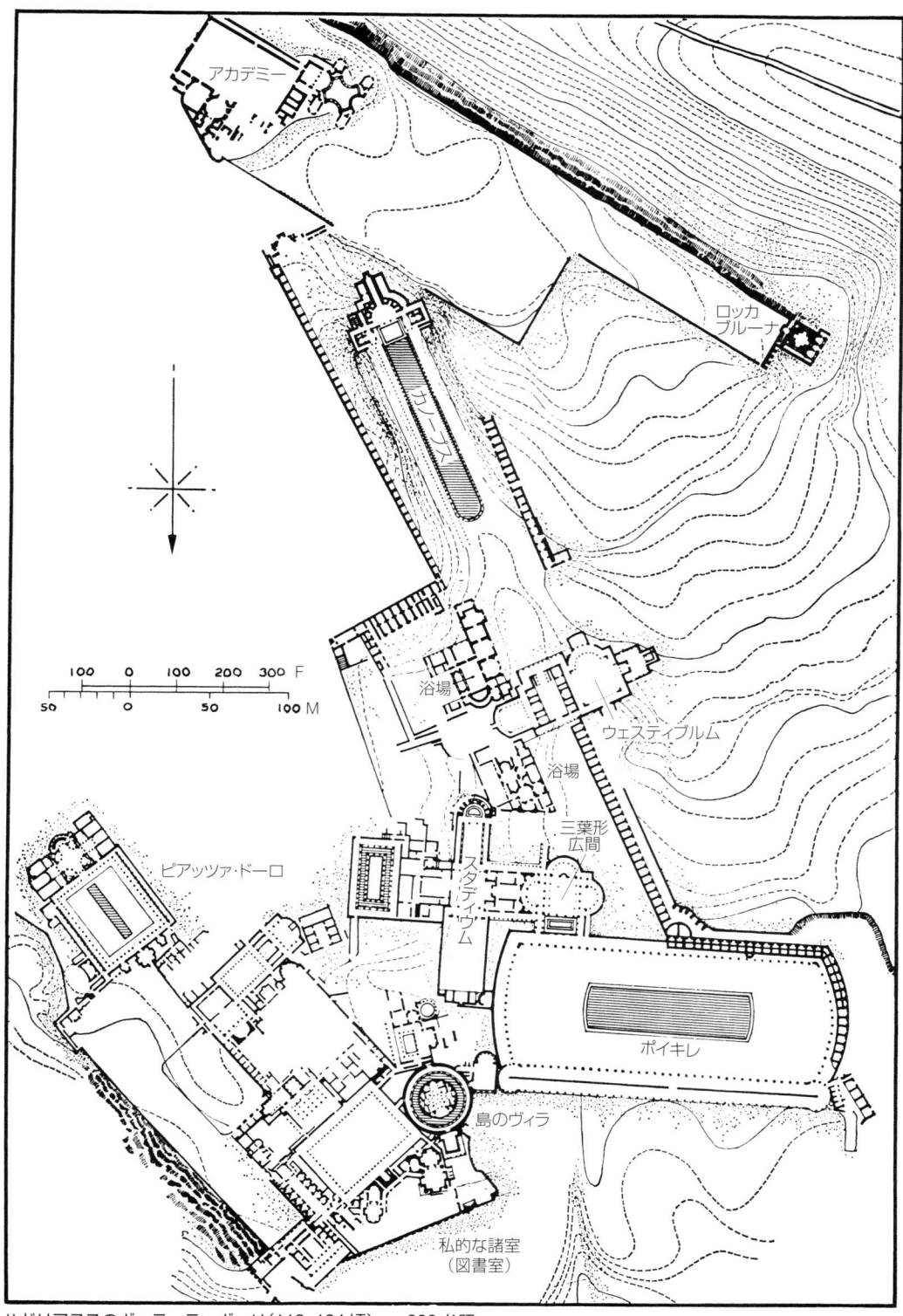

ハドリアヌスのヴィラ、ティヴォリ（118-134 頃）　p.280 参照

てますます明確に姿を現すようになる。この宮殿が完成されなかったということは本当かもしれない。しかし、宮殿の完成していた部分の装飾は、並はずれてぜいたくなものであったといわれている。残っていた壁画の一部がルネサンス時代に発見された時、ラファエロはこれに霊感を受けて、ヴァティカン宮殿の一部の装飾を行ったという。

ローマのドムス・フラウィア（現代名**ドムス・アウグスタナ**、92 落成、その後増築。p.277A、B、D、p.278B）は、パラティヌス丘の頂上のほとんどを占めていたが、ドムス・アウレアよりも密集した形式で建てられていた。より多くの空間を得るために、主要な部分は、ヴォールトで支えられた基礎構造物の上に建てられた。建築的に重要なのは、宮殿の西側のペリステュリウムの周囲にまとめられた、公的な広間である。そして、この公用の棟と、その反対の東側にあるスタディウムの形の長いサンクン・ガーデンとの間に私的な棟があるが、その中では、小さな中庭に面している一対の部屋が重要である。

　主要な公的な広間の用途について詳しいことはわからない。平面図でバシリカと呼ばれている部屋は、現在はコンクリートのヴォールトであるが、かつてはニームのいわゆるディアナ神殿とよく似た方法でヴォールトが架かっていたかもしれない。しかし、謁見（えっけん）の間については、かつてトンネル・ヴォールトを伴う復原がなされたが、ヴォールトが架かっていた可能性はもっと低い。私的な棟は、厳格な左右対称の設計を特徴としている。先に指摘した一対の部屋は、中庭の北側の面に位置していて、互いに鏡に映した像のようである（p.278B 中心軸の左右）。ドムス・アウレアの八角形の間のようにヴォールトが架けられていたが、その下の平面は異なっている。ここでは正方形平面であり、その角の部分には、対角線上に置かれたアプスが収まっている。これらのアプスの上部の半ドームは、その後の建築においてスクィンチがするように、平面の正方形を上部で八角形に変えている（p.277A）。

ティヴォリのハドリアヌスのヴィラ（118-34 頃、p.278C、p.279、p.281）は市中ではなくて田舎の別荘として建てられているが、ドムス・アウレアに匹敵するものである。今日でも、ヴィラの周囲を一巡してみると、建築形態や配置の多様性や、ハドリアヌス帝と彼の建築家が工夫をこらして、軸線を交差させたり、角を曲がった時の意外性を用意したり、見晴らしのよい眺望をつくったりした巧みな手法の一部を体験することができる。ここでは、新しい形態や形式で自由に設計する実験が可能であった。そしてその結果の一部は島のヴィラ、ピアッツァ・ドーロの北の玄関間（ウェスティブルム）、小浴場、カノープスなどにみることができる。最も注目すべき特徴は、以前のほとんどの建物で用いられていた直線的形態にかわって、曲線や反転曲線がいたるところに自由に現れていることである。島のヴィラ（p.281B）は円形の外壁に囲まれて、列柱廊と堀、そして中央の泉水の中庭を中心にした半円形、凸形、凹形の部屋が人を惑わせるように配置されている。ピアッツァ・ドーロのドームの架かった北側の玄関間は、先に述べたばかりのドムス・アウグスタナの一対の部屋に形が類似している。しかし、ここでは八角形のほとんどの面にアプスが開いていて、これらのアプスは外側に突出して内部に新しい空間表現をつくりだしている（p.281A）。南側の中央の部屋はもっと平面が複雑で、アプスと、内側に張り出した円柱の曲線状のスクリーンとが交互に並んでいる。この部屋にヴォールトを架けることはほとんど不可能であろう（もし架けたとしても、長くはもたなかったに違いない）。しかし、小浴場の玄関間は、壁体がこれと同一の平面で、同じような曲線状の内壁の上部にヴォールトが架けられていた。そして、カノープスの奥には、同様に複雑な平面のパヴィリオンがある。このパヴィリオンは前面に開き、背面から滝が流れ込むようになっていた（p.278C）。

水道橋と橋

ローマのクラウディア水道（38-52、その後幾度となく修復、p.282A）は、首都の容貌が整ったローマに 66 km 離れた水源から水を供給する主要な水路の 1 つであった。この水路は、ローマの外側の長い距離を当時の地表面からほぼ 20 m の高さで、高大なアーケードに支えられて水を運んだ。アーチは、一部はオプス・クワドラトゥム（整層積み）で、一部はコンクリートで築かれていた。

トゥルヌ・セヴェリンのトラヤヌスのドナウ川の橋（104-105）は、トラヤヌスのフォルムを設計したダマスクスのアポロドロスの手によるものと考えられている。この橋は、橋脚の基礎部分の遺構と文献記録、そしてトラヤヌスの円柱の浮彫のみによって知られている。ここでは、木造の橋の遅い時代の例として挙げておく。木造のアーチが 20 本の石造の橋脚の上にのり、全長 1100 m にわたって伸びていた。個々のアーチのスパンは 35 m から 38 m の間である。

アルカンタラのトラヤヌス橋（105-06、p.282B）は、この種のローマの橋の中で最も印象的な遺構である。高い橋脚と大スパンのアーチを持つ。この橋は深い谷の上を渡している。中央のアーチのスパンは 27.3 m と 28.5 m で、タホ川の上を通る道路を水面から 48 m 上

第 10 章　ローマとローマ帝国——蛮族の侵攻まで——　281

A　ピアッツァ・ドーロの北の玄関間、ハドリアヌスのヴィラ、ティヴォリ　p.280 参照

B　列柱廊、島のヴィラ、ハドリアヌスのヴィラ

ルネサンスまでのヨーロッパと地中海周辺の建築

A　クラウディア水道の水道橋、ローマ(38-52)　p.280 参照

B　トラヤヌス橋、アルカンタラ(105-06)　p.280 参照

で支えている。中央の橋脚の上に記念アーチが立ち上がり、碑文には、C. ユリウス・ラケルという建築家の名前が刻まれている。いくつかのアーチに数回修復が行われている。

ローマの**アエリウス橋**(現在のサンタンジェロ橋、134完成、p.270F)は、ハドリアヌスの墓廟に道を通すために建設された。中央の3つのアーチはハドリアヌス帝時代のものであるが、その装飾はベルニーニによる天使の彫像も含めてほとんど16世紀から17世紀のものである。両端にあった小さな一対のアーチは、19世紀に入って現在のテヴェレ川の護岸が築かれた際に、端から端まで道路を同一のレベルにするために単一のアーチで再建された。

帝政時代、アントニヌス・ピウス帝からコンスタンティヌス帝まで

ローマの**アントニヌスとファウスティナの神殿**(141開始、p.250D-F)は、アントニヌス帝によって彼の亡くなった妻を祭るために建てられた。この神殿は単純な、ローマの伝統的な形態で建てられている。すなわち、高いポディウムの上に建ち、奥行のあるポーティコの奥にポーティコと同じ幅の広いケッラが置かれていた。

バールベックの**ユピテル・ヘリオポリタヌスの神域**(p.267G、H、p.285A)については、神殿の項ですでに説明したが、工事は3世紀中頃まで続けられた。その他の主要な構成要素は、中に2つの高い祭壇を置く中央の中庭と、六角形の前庭、その前にある両端に塔を備えた壮大なプロピュラエウムすなわちポーティコである。中庭の両側面に沿って円柱の並ぶ列柱廊が建てられ、円柱の背後には、長方形と半円形のエクセドラが交互に配置されている。半円形エクセドラの一部はさらに、赤と灰色の花崗岩の円柱で飾られていた(p.285A)。前庭とプロピュラエウムは保存状態が中庭ほどよくないので、細部ははっきりわからない。しかし、注目すべきことは、ここでもやはり、プロピュラエウム正面の水平なアーキトレーヴを破ってアーチが突き出ていることである。

バールベックの**バッカス神殿**(2世紀中頃、p.267G、H、p.284)は、聖域の左側に少し離れて建っている。その規模はユピテル神殿にそれほど劣らない。広いケッラと、ケッラの一番奥に別の神殿状の構造物がある。これはアデュトンあるいは至聖所と呼ばれる(p.284A)。第2の神殿がユピテル神殿のこれほど近くに建てられていることから、この神殿が1つの新しい神秘宗教の信者が使用するためのものであったと推測される。この神殿建築の細部は豊かであり(p.284B)、その中には2層のアエディクラがみられる。アエディクラは内部の円柱の背後の壁面を分割している。ケッラの壁体と外側の円柱列との間を渡っている石造の天井板の下面にも同様に豊かな装飾がみられる。

バールベックの**ウェヌス神殿**(3世紀、p.285B、p.286D-F)は、やはりユピテル神殿のそばにあるがずっと小規模で、中央神域の入口に向かって建っている。円形のケッラと前面の長方形のポーティコがつなげられ、ポーティコの幅が広いので、ポーティコの外側の円柱はケッラの周囲をめぐる円柱と途切れずにつながっている。ここでは、円柱の柱礎と柱頭の平面は5辺形で、ポディウムとエンタブラチュアは、柱間ごとにバロック式に内側に湾曲している。

ペルガモンの**セラペウム**(3世紀)にはもっとはっきり東方の特徴がみられる。中央の建物は大きなレンガ造の長方形の建物で、身廊、側廊、トリビューン、端部のアプスなどを備えていた。アプスの厚い壁体と、身廊の円柱列の同様に厚い基礎は、現在も大部分が残っている。広大な長方形の神域の中に建ち、この建物は、列柱廊で囲まれた左右対称の中庭で両側を挟まれていた。それぞれの中庭には儀式の水浴のための池と、池の端にドームがのった高い円堂があった。

ローマのフォルム・ロマヌム(フォロ・ロマーノ)の**ウェスタ神殿**(かなり古い建物を3世紀初期に再建、p.286A-C)は、すでに他のいくつかの神殿でみてきたような単純な円形平面を保っている。この建物は、その前身である原始的な円形の小屋が直接の起源であるのかもしれない。この神殿は近隣に住むウェスタの巫女によって守られている聖なる火が燃える場所であり、ローマの他の大部分の神殿とは機能を異にする。現在部分的に復原されているものは、浮彫や貨幣に描かれた神殿の姿や、発掘成果に基づいている。

アウレリアヌス帝の建立であるローマの**「太陽の神殿」**(275-80)は、非常に東方的な形式をローマにもたらした。それは、たとえばパルミュラのベルの神域にみられるような形式であるが、いくつかの特徴はむしろバールベックの神域を思い起こさせる。この神殿は主としてパッラーディオのスケッチによって知られるが、それには円形の中央神殿が長方形の大きな中庭の中に配置され、中庭には両端が半円形で終わる別の小さな長方形の中庭を通って入るようになっている。

ローマの**ウェヌスとローマの神殿**(p.250G、H、p.285C)は、307年から312年にかけてマクセンティウス帝によって修復された際に、ハドリアヌス帝時代の木造屋根のケッラの残っていた壁体の中に、新しいケッラが建てられた。前より厚い新しい壁体は、円柱を用いたアエディクラで装飾され、大理石で仕上げられ、格間

A ケッラの内観（復元）、バッカス神殿、バールベック　p.283 参照

B 内部のディテール、バッカス神殿、バールベック

A 中央の中庭のエクセドラ、ユピテル・ヘリオポリタヌスの神域、バールベック　p.283 参照

B ウェヌス神殿、バールベック（3世紀）　p.283 参照

C ウェヌスとローマの神殿、アプス（マクセンティウス帝の改修、307-12）、ローマ　p.283 参照

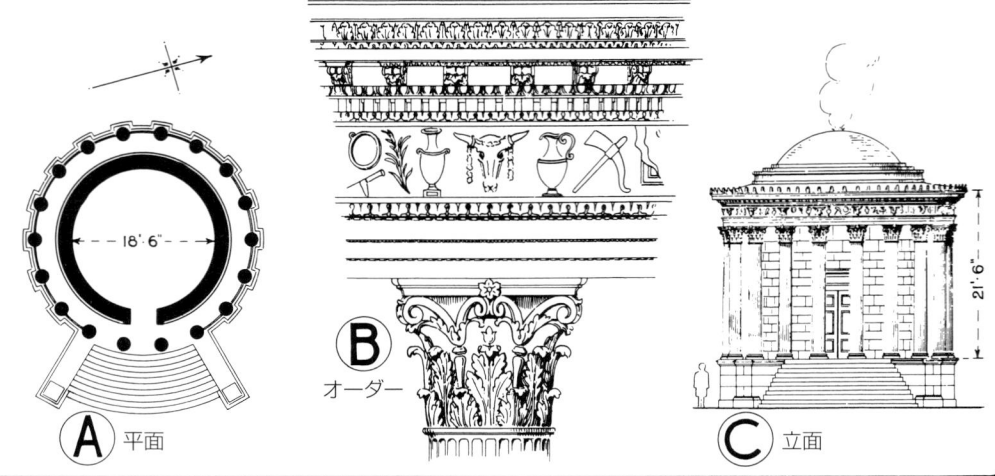

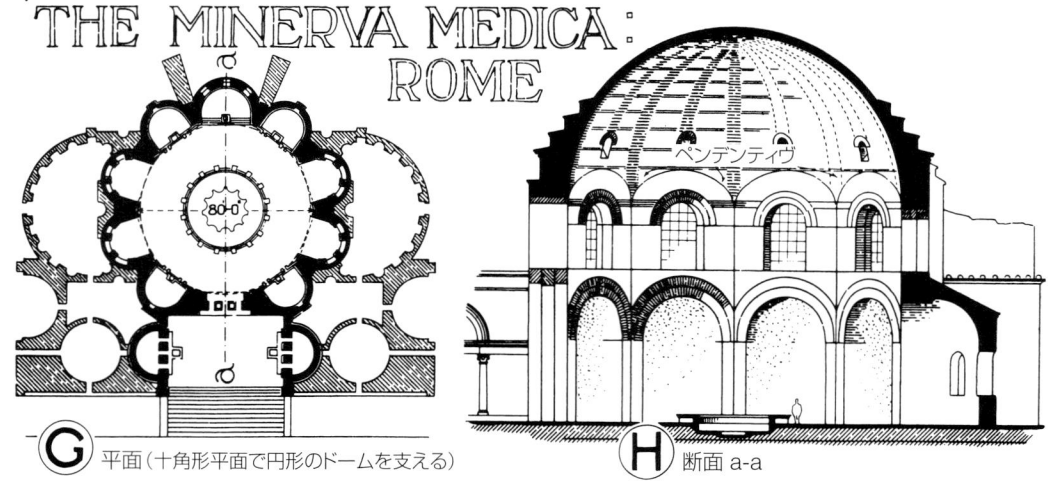

ウェスタ神殿、ローマ(復元、上)。ウェヌス神殿、バールベック(復元、中)。ミネルウァ・メディカ神殿、ローマ(下)

A 内部の復元、コンスタンティヌスのバシリカ（バシリカ・ノウァ）、ローマ（307-12 およびそれ以降）　p.288 参照

B 体操場からみた浴場のファサード、サルディス　p.288 参照

天井のヴォールトを支えた。また、以前の長方形の端部が、コンクリートの半ドームを持つ背中合せのアプスにかえられた。半ドームの内側は、上にいくほど小さくなる菱形の格間で変化がつけられた(p.285C)。

バシリカ

　レプティス・マグナの**バシリカ**の平面(216 献堂)は、同形のアプスをそれぞれの端部に持つことを除けば、ペルガモンのセラペウムの中央建物の平面に驚くほどよく似ている。壁体は全て石造で築かれている。2層のコロネードが身廊を側廊とトリビューンから仕切り、アプスの内側をめぐる円柱列へと視覚的につながっている。

　トリーアの**コンスタンティヌスのバシリカ**(4世紀初め、p.269F, G)は、アプスが一方の端部にしかない、側廊のない長方形の広間である。この地方では、全ての壁体部分が例外的にレンガで築かれていた。窓は半円アーチ形で、2層に配置され、外側では、それぞれ高いブラインドアーチで、縁取られている。その結果、簡潔な壮大さが立面に与えられる。これは、ローマのサンタ・サビーナ聖堂などの後のキリスト教バシリカの壁面の扱いの先駆けである。これらのキリスト教バシリカにおいてあまりみられない特徴として、アプスを実際よりも大きく深くみせるためにアプスの窓の大きさを巧みに変化させている点が挙げられる。

　ローマの**コンスタンティヌスのバシリカ**(307-12 およびそれ以降、p.269B-E、p.287A)は、**バシリカ・ノウァ**とも呼ばれている。マクセンティウス帝によって工事が開始され、コンスタンティヌス帝によって完成され、一部改築された。そのデザインは後期の皇帝の浴場の中央広間に由来する。しかし、このバシリカの方がこれらの浴場のどの広間よりも大規模で、浴場の広間を囲んでいた諸室などを伴わずに、単独で建っていた。中央身廊は長さ80 m、幅25 mで、コンクリート造の3つの交差ヴォールトが床面から35 mの高さに架けられた。浴場の同形式のヴォールトのように、ヴォールトのスパンをわずかでも減らすため、単石の円柱(ここではプロポンティス島産の大理石)に支えられたエンタブラチュアの突出部分にヴォールトの起拱点がある。身廊の両側には横方向に開く3つの低いベイが並び、それぞれは重厚なピアで隔てられ、格間で飾られたトンネル・ヴォールトが架けられた。現在では、北側の3つのベイが残っている以外は、ほとんど立っているものはない。それにもかかわらず、残る3つのベイは、大理石の仕上げを施した豪華さは無理としても、内部の規模を想像する手がかりを与えてくれる。このバシリカには2つのアプスと、一方の短辺にナルテクス風の玄関間があり、南側の長辺に中央玄関があった。このうち、東側短辺のナルテクスと西側短辺のアプスは当初から計画されたものである。その後、コンスタンティヌス帝は、北の長辺にアプスを、南の長辺に玄関を加えることによって、建物の主軸を90°転換した。高い身廊のヴォールトの推力をバットレス(控壁)で受ける方法は、後にユスティニアヌス帝のハギア・ソフィアにおいて主軸と直交する方向に適用される方法と同一であり、そして原則的には、一部のロマネスクとほとんどのゴシックの教会堂で用いられた。

浴　場

　サルディスの**浴場**と**体操場**(2世紀および3世紀初期、p.287B)は東方のローマにおける、ローマの浴場とギリシアの体操場との最終的な融合である。浴場の建物は列柱廊で囲まれた長方形の体操場の奥に建ち、浴場の前面は、体操場を見渡す、列柱廊で囲まれた東方的性格の中庭に面していた。

　ローマの**カラカラの浴場**(212-16、p.289)は、完成の域に達した皇帝の浴揚の配置を現在最もよく伝えている。一部は崩壊しているものの、どの部分の上にも後世に別の建物が建てられることはなかった。主軸を中心にした完全に左右対称な平面、浴場の全ての諸室を単一の建物に凝集した設計、この建物を中央にすえて美しく造園された広大な庭、庭の周囲を囲む店舗やサーヴィス部分や別用途の建物など、遺構の平面からはっきり読み取ることができる。中央の建物だけでさえ、カルダリウムの突出部分を含めずに225×115 mの大きさがある。この建物の主軸に沿って連なっているのは、屋外の水泳プール(ナタティオ)、中央広間あるいはフリギダリウム(冷浴室。これら2つは主軸に対して横方向にのびていた)、やや小さなテピダリウム(微温浴室)、そして最後にドームの架かった円形のカルダリウム(熱浴室)である。この最後のカルダリウムはドラムに設けられた大きな窓によって採光されるが、中央広間は主としてヴォールトのすぐ下の高窓から採光された。他の諸室はこれらの主要空間の両側に、同一の部屋を正確に左右対称に繰り返して配置され、その両端部はパラエストラと呼ばれる体操場になっていた。建物の南側を除く外壁面は、比較的小さな窓が開いた長大な壁体が続いている。しかし、南側のカルダリウム両側にある部屋はずっと大きな開口を持ち、庭を見渡すことができた。

　ローマの**ディオクレティアヌスの浴場**(298-306頃)は、カラカラの浴場よりさらに大規模に建てられ、やはり大部分が残っている。全体の配置はカラカラの浴場と同じであるが、中心建物の設計は幾分整理され、

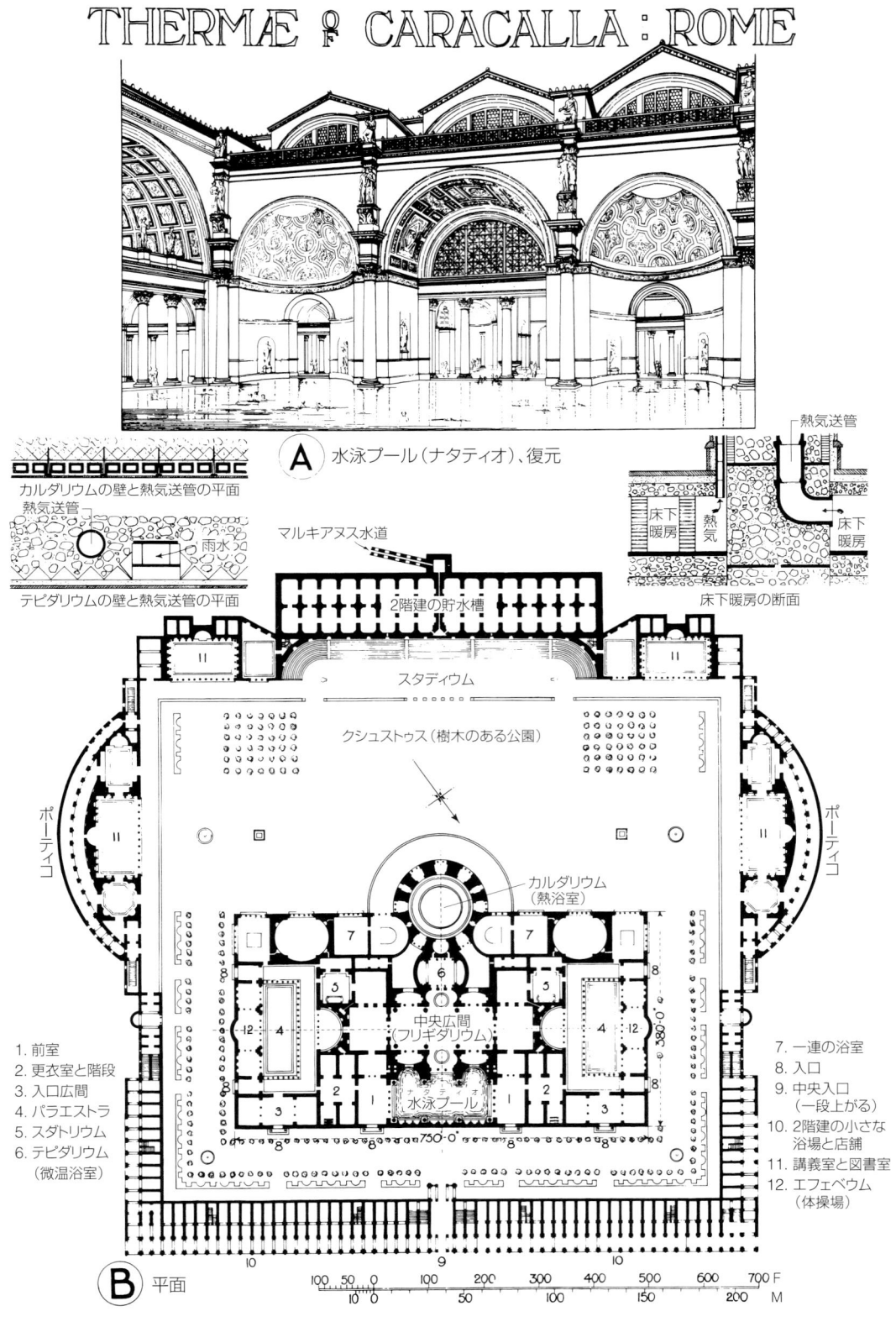

カラカラの浴場、ローマ

カルダリウムは円形平面にドームの架かった空間ではなく、中央広間を小規模にしてその4つの面の中央にアプスを付け加えた形式に変えられている。すでに述べたように、中央広間は現在ではサンタ・マリア・デッリ・アンジェリ聖堂になっている。この聖堂への最初の改築はミケランジェロの計画に従い、ヴァンヴィテッリが修正を加えて行った。

トリーアの「**皇帝浴場**」(4世紀初期)は四分統治の首都にふさわしく、このローマの浴場の平面をいくらか縮小した形式である。ここでは、列柱廊で囲まれた長方形のパラエストラが1つの大きな独立した部分となり、浴場建物は、サルディスのようにパラエストラの1辺に面していた。独創的といえるのは、主要な諸室が主軸の上に左右対称に置かれているだけでなく、円形のテピダリウムを中心とし、ナタティオが省かれて、直交軸に対してもほとんど対称になっていることである。

劇場、円形闘技場、競技場

アスペンドスの**劇場**(161-180、p.291A)の基本設計には、帝政初期の時代と比較して大きな変化はみられない。しかし、観覧席に面していた2層のアエディクラの円柱と、アエディクラに収められていたはずの彫像が失われていることを除けば、舞台の構造物はほとんどそのまま残っている。その結果、この劇場は現在の他のどの遺構よりも、ローマの劇場の当時の外観をよく伝えている。

ヴェローナとエル・ジェムの**円形闘技場**(3世紀初期)はコロッセウムに似ているが、規模は小さい。外側の装飾オーダーはそれほど強調されていないため、アーケードの印象が強くなっている。

ローマの**マクセンティウスの競技場**(4世紀初期、p.256B、p.292A)は、キルクス・マクシムスに似ていたが、アッピア街道沿いのマクセンティウスの宮殿に隣接した平らな土地に建設された。それゆえ、大理石の3層の座席部分は、ほとんどの円形闘技場のように、斜めのコンクリートのヴォールトで支持され、周囲を壁で囲まれていた。出発点の両側には高い塔が建っていた。

凱旋門、記念円柱、コロネード

ローマの**マルクス・アウレリウスの記念円柱**(174)は、トラヤヌスの記念円柱に大変よく似ている。やはり同様に、この皇帝に捧げられた神殿の前に建っていた。現在、皇帝の彫像は聖パウロの像にかえられている。

ローマの**セプティミウス・セウェルスの凱旋門**(203、p.274D-F)は、皇帝のパルティア遠征を記念している。白大理石を用い、3連アーチで開口する伝統的形態で建てられているが、浮彫には新しい自由な様式が用いられている。

ローマの**コンスタンティヌスの凱旋門**(312頃-15、p.291B)は、ローマにおける凱旋門の最後のものである。ここでもやはり、伝統的形態が守られている。全体の均整は整っているが、詳細に観察すると、浮彫装飾のほとんどは古い建物から取って再利用したものであることがわかる。

この時代には属州においても同様の凱旋門が建てられた。しかし、ここでは東方、特にシリアやアラビアの属州で用いられていた、凱旋門のもっと普及した形式についてふれる方が重要である。この形式は凱旋門よりも先に述べた市門の方に似ており、都市の主要街路の交差点に建っていた。現在でも市中に建っている保存状態のよい例としては、**ジェラシュ(ゲラサ)** や**パルミュラ**のものがある。これらの凱旋門は、東方に独特なもう1つの形態、すなわち列柱街路とともに建てられた。そしてこの列柱街路は、その後まもなく市場の新しい形態として発展する。

墓

ローマの**ヴァティカン墓地**(現在のサン・ピエトロの地下の発掘で明らかにされた。大半は2世紀)や、**オスティアのイゾラ・サクラ墓地**(2-4世紀)、ローマの**アッピア街道**と**ラティーナ街道**沿いの墓地は、先に述べたエトルリアの墓地に匹敵するものである。エトルリアの墓地のように、これらの墓地はその時代の住宅建築を反映している。ただし、こちらの方がもっと簡略化された形で、レンガ仕上げのコンクリートを用いて築かれている。**ヴァティカン墓地のカエテンニイの墓**(2世紀中頃)は、豪華な墓の1つである。ファサードの入口扉と窓の上部はスタッコで装飾されている。内部は単一の長方形の部屋で、円柱とペディメントを配したニッチやその他のアエディクラが、石棺を収めるためのくぼみを伴って壁の周囲をめぐっている。

ローマの**マクセンティウスの墓廟**(310頃)と、これより保存状態のよい**ローマのトル・デ・スキアーウィ**(300頃、p.276K)は、基本的にはパンテオンの小規模な模倣である。しかし、パンテオンとは比例関係や細部に相違がみられ、ポーティコと円堂の間に緊密な関係がある点、円堂の屋階に窓がある点でも異なっている。屋階は内部においてやはりドームの立ち上がる基部となっている。これらの墓はまた、ポディウムの上に単独で建っていた点でもパンテオンと異なっている。

スパラトの**ディオクレティアヌスの宮殿**とテッサロニーキの**ガレリウスの宮殿**の中にあって、おそらく皇帝の墓廟として意図されていたと思われる**ロトンダ**も、

第10章　ローマとローマ帝国——蛮族の侵攻まで——　　291

A　劇場、アスペンドス（161-80）　p.290 参照

B　コンスタンティヌスの凱旋門、ローマ（312 頃-15）　p.290 参照

A　カルケレスと端部の塔、マクセンティウスの競技場、ローマ　p.290 参照

B　ミネルウァ・メディカ神殿、1790頃の姿、ローマ（3世紀中頃）　p.293 参照

パンテオンから派生した形態の同時期の例である。ただし、テッサロニーキの宮殿の方のロトンダはカラカラの浴場のカルダリウムの形態にずっと近い。これらの2つのロトンダは後に、それぞれ大聖堂と聖ゲオルギオス聖堂となった。

宮殿、ヴィラ、庭園のパヴィリオン

ローマのいわゆる**ミネルウァ・メディカ神殿**（3世紀中頃、p.286G, H、p.292B）は、実際はガリエヌス帝のヴィラの中にあるパヴィリオンであった。ティヴォリのハドリアヌスのヴィラのいくつかのパヴィリオンによって開拓された可能性が、ここでさらに展開され、次の世紀に現れる初期の集中式の教会堂のいくつかの先駆けとなっている。中央の十角形は、入口の面を除く全ての面でアプスにより拡張されている。これらのアプスのうちの4つの境界は最初は硬い壁ではなくて、円柱列によって仕切られていた。その上の十角形のドラムに大きな窓があり、ドラムの上にはドームがのっている。ドームの表面には、円弧状と放射状のリブのようなレンガ造の帯がコンクリートの中を通っている。しかし、当初の設計はあまりに大胆であったようで、後に両側に2つの大きな半円形と2つの突出したバットレスとが外側に付け加えられた。

スパラトのディオクレティアヌスの宮殿（300-6頃、p.294B、p.295A, D）はアドリア海の東岸にディオクレティアヌス帝の退位後の宮殿として建設された。宮殿が都市の中にある場合にはそのような配慮は無用だが、この宮殿はある程度自給自足的に営まれるように設計され、基本的な格子状の平面と防御用の周壁を備えた東方の辺境都市の様相を呈している。コンクリートと同様に大量の切石が用いられていること、列柱道路の存在、建築上の細部の多くなどから、この宮殿の建築家がシリアかアラビアの出身であることが強くうかがわれる。

現在、宮殿の敷地は、後に宮殿の周壁の中に成長した町（現在ではスプリトと呼ばれている）がいまだに大部分を占めている。しかし、海側に集中している皇帝の住居は残っていて、宮殿の平面はかなりはっきりと読み取ることができる。皇帝の住居へはドームの架かった円形の玄関間から入った。この玄関間は全体平面を通る中央軸の上にのっていて、ポーティコのすぐ後ろに位置していた。ペリステュリウム（p.295A, D）の両側には中庭があり、一方の中庭には、トンネル・ヴォールトが架かったケッラと2つの小さなロトンダを備えた小神殿があり、もう一方の中庭には、先に述べたように現在は大聖堂になっている、墓廟と考えられるロトンダがあった。宮殿の残りの辺の周囲には多くの小さな部屋が並んでいるが、おそらく皇帝の家族や兵士の宿舎であったと思われる。宮殿の門として3つの壮大な門がある。門の両側はそれぞれ八角形の塔で守られ、また、正方形断面の塔が八角形の塔の間の周壁をめぐって配置されていた。門と周壁は、ペリステュリウムのアーケードを反映した、主として開口のないアーケードによって装飾されていた。

「皇帝のヴィラ」と呼ばれる壮大な**ピアッツァ・アルメリーナ**（4世紀初期から中頃、p.294A）は、ディオクレティアヌスの宮殿と鋭い対比をなしている。遠隔の地シチリア島の谷間にあって、比較的に防備はゆるくなっている。一群の1階建の建物と中庭とが、景観の中に明らかに対称性を崩して配置されていた。この宮殿は、むしろティヴォリのハドリアヌスのヴィラにずっとよく似ている。最初はディオクレティアヌス帝の共同統治者であるマクシミアヌス帝の田舎の隠居所と考えられていた（その根拠の1つは、床の大規模なモザイクである）。しかし、ハドリアヌスのヴィラと比較すると、はるかに強い凝集性と著しい内向性が感じられる。ティヴォリでのように、ピアッツァ・アルメリーナの建物は、さまざまな用途に従って明確に分類され、それぞれの軸線上にまとめられた数グループの建築で構成されている。すなわち、公的な諸室、私的な住居、浴場というようにである。しかし、これらのグループの間には十分な間隔がなく、その結果、軸線の変化はティヴォリよりも唐突である。ここにはまた、ハドリアヌスのヴィラにはみられず、この時代あるいはその前の世紀になって初めて導入され、そしてその後の建築に相当の重要性を持つことになる形態がいくつかみられる。その中の1つ、多数のアプスを伴ったロトンダについては、すでにいわゆるミネルウァ・メディカの神殿で取り上げた。その他の形態には、3つのアプスが付いた広間、すなわち三葉形広間や、これらの部屋の玄関となる湾曲したポーティコ、すなわちシグマなどがある。シグマの名はその平面がギリシア文字シグマの大文字（当時はラテン語の大文字Cで書かれた）に似ているところからつけられた。

住宅建築

イタリア半島におけるその後の住宅建築の発展は、ローマの外港オスティアにおいてたどることができる。この町は2世紀初期の頃からかなり建物が密集していた。その中の最も一般的なタイプは、1つないしそれ以上の数の中庭を持つ、さまざまな職業の人々が住む数階建の建物である。普通は4階建で、レンガ仕上げのコンクリート造の壁体が、2階ごとの床になるコンクリート造のヴォールトを支持している。その間の階

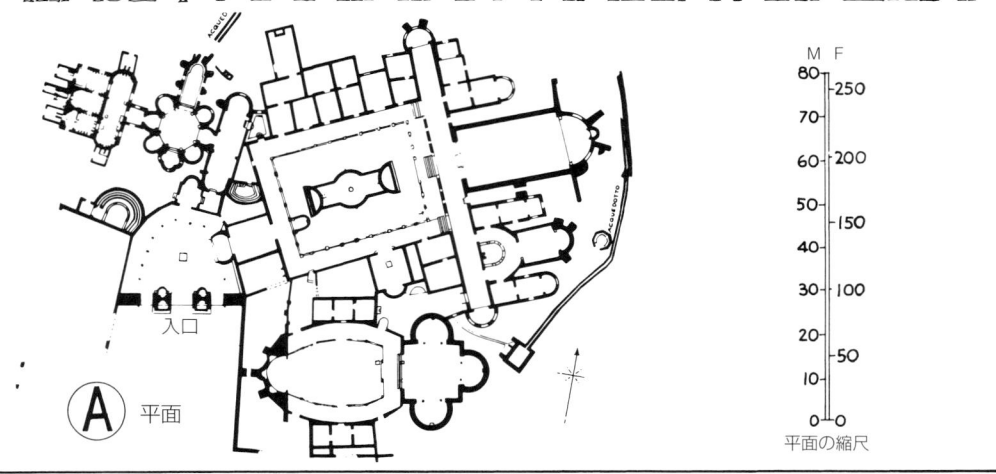

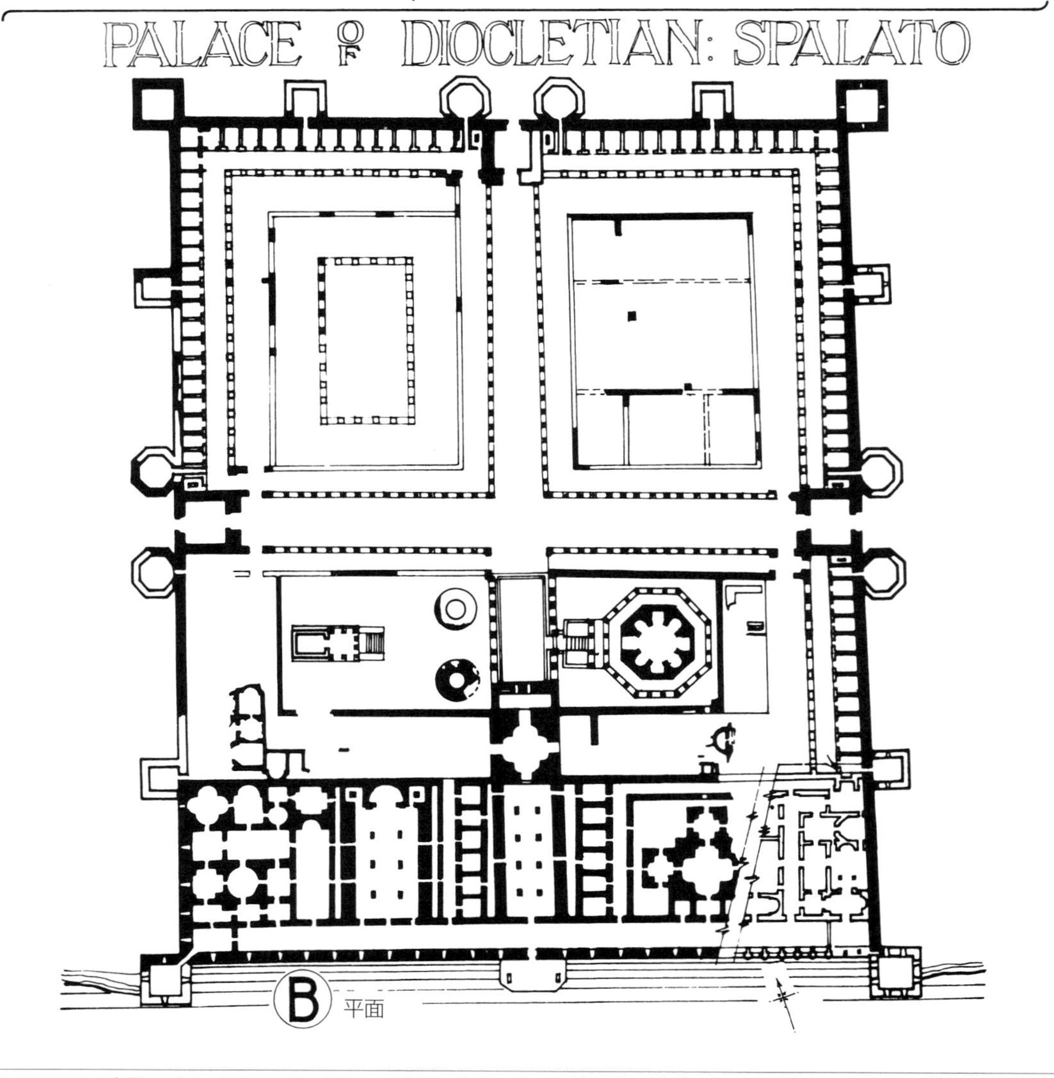

マクシミアヌスの宮殿、ピアッツァ・アルメリーナ(上)。ディオクレティアヌスの宮殿、スパラト(下)

A　ペリステュリウム、ディオクレティアヌスの宮殿、スパラト（300頃-6）　p.293参照

D　ペリステュリウムのアーケードのディテール、墓廟のロトンダを望む、ディオクレティアヌスの宮殿、スパラト

B　ディアナの家、オスティア（左側）　p.296参照

C　ホレア・エパガティアーナの家のファサード、オスティア（145頃-50）　p.296参照

E　キューピッドとプシュケの家のアーケード、オスティア（300頃）　p.296参照

の床は木造になっていた。

オスティアの「ディアナの家」(2世紀中頃、p.295B)は、街路に面した住宅の典型的な外観を持っている。街路に面した部屋は店舗で占められていた。バルコニーのすぐ下の小さな窓が木造床の中2階を採光していた。中2階は内部の木造階段で出入りすることができる。コンクリート造の階段はそれより上の階の2カ所へ導いていた。「ホレア・エパガティアーナ」(145頃-50、p.295C)は、下に大きな倉庫と店舗があり、上が住宅になっている。町の中心部にあり、「ディアナの家」よりも正面の入口が洗練されている。「セラピデの家」(2世紀末、p.258E)は、公共浴場の隣りにあって、典型的な内向型の設計になっている。

おそらくコンクリートの耐久性により建物の寿命が長かったことから、これらの建物は庶民用の賃貸し住宅のデザインの伝統を確立し、イタリアとその近隣の国々において今世紀初頭にいたるまで、実質的に途切れることなく続いている。

しかし、オスティアの繁栄に影がさし始めると、その後の建物のほとんどは以前より小規模になった。その例が「キューピッドとプシュケの家」(300頃、p.295E)である。ここには、泉水のある中庭の周囲に、ディオクレティアヌスの宮殿の壮大な規模のアーケードに類似した円柱のアーケードがみられる。

建築技術の水準と気候にそれほどローマと差がない属州では、住宅建築には、オスティアにみられるような形式が広く用いられたようである。しかし、シリアやアラビアでは、異なった建築技術と非常に異なった気候が異なった建築形態をつくりだした。ウム・エル・ジェマルの住宅(3世紀あるいは4世紀、p.258C,D)は、オスティアの大きな高層住宅に匹敵するアラビア(現在のヨルダン)の集合住宅である。ここでは窓がオスティアよりも小さく、床を含む全ての構造体が切石で築かれている。単一石材の梁で渡すのに広すぎる部屋では、中間の位置に部屋を横切るアーチを渡してスパンを減らしている。陸屋根は屋外で寝る時に用いられた。

水道橋と橋

この時代の水道橋と橋のデザインは以前とそれほど変わりがない。しかし、アスペンドスの水道橋(3世紀)では、橋脚やアーチの建設量を減らすため町の近くの谷を渡る長大な水道橋部分に圧力管を使用した。すなわち、谷の両端近くに塔を建て、ここで水を自然の水位にして、圧力管内の水圧を制御した。

防壁と市門

トリーアのポルタ・ニグラ(おそらく4世紀初期、p.274G)は、トリノのポルタ・パラティーナの市門に相当する後期の例である。すなわち、入口の2連のアーチ、アーケード付きの2層のギャラリー、2層に重ねられたオーダーの装飾、前面が円形になった両側の塔などの特徴がみられる。ただし、ここではアーケード付きのギャラリーは塔の部分までめぐっている。2つの塔のうち1つだけが当初計画されていた高さに達していたと思われる。

ローマのアウレリアヌスの市壁(270-80頃)は、この時代に建設された主要な防御施設である。全長がおよそ19kmあり、380基あまりの長方形の塔が100ローマ・フィートの間隔をおいて配置され、14の大きな市門が設けられていた。これらの門の中で、ポルタ・オスティエンシス(現ポルタ・サン・パウロ、p.257B)は今でも当初の面影を残している。入口のアーチ開口とその上のアーケード付きのギャラリーの両側に、前面が円形の塔がすえられている。いくつかの市門は入口が2連のアーチになっているが、どの市門にもトリノやトリーアにみられたような装飾はなかったようである。

訳／辻本敬子

ルネサンスまでのヨーロッパと地中海周辺の建築

第 11 章
ビザンティン帝国

建築の特色

初期キリスト教建築

　初期キリスト教建築は、後期ローマ帝国の建築に含まれ、これからは切り離すことのできない一部分をなす。キリスト教の教会による建築が開始されたのは、コンスタンティヌス帝のキリスト教の公認以降である。しかし、それによって大規模な世俗建築が終わりを迎えたわけではない。たとえばローマでは、コンスタンティヌスは、最初の大規模な新しい教会堂の建設を推し進める一方で、マクセンティウスが始めたバシリカ・ノウァの完成にも力を注いでいたし、2つの記念アーチ（凱旋門）など、歴代の皇帝にならったいくつかの建築プロジェクトをも進めていた。コンスタンティノポリスでは、さらに多くの世俗建築の建設を行い、後継者もまたそれにならった。しかし、形態における唯一新しい創造がなされたのは、教会のための新しい建築——礼拝の場と記念建築物と洗礼のための施設——においてであった。以後数世紀にわたって発展がみられたのも、主としてこれらの建築形態においてであった。コンスタンティヌス以降の時代でまず興味をひくのは、それらの建築である。

　最初のキリスト教徒は、シナゴーグを礼拝の場としていたが、きたるべき世界の終末を信じていたので、それで十分であった。その終末への待望が後退し、信徒の数が増え、ユダヤ教からの束縛が断ち切られた時に、キリスト教徒は、使える部屋であれば信徒が提供するどんなところにでも集まり、集団の中核となる礼拝行為——これは次第に発達して聖餐の儀式に形式化された——を行い、祈りを捧げた。ほとんどの異教徒がそうであったように、彼らは死体を埋葬し、共同墓地で記念の会食を行った。ローマとその他の少数の地域では、これらの共同墓地は、ほとんどが地下のカタコンベにあった。しかし、そのことに特別な意味があったわけではない。それは、地価が高かったことや、地表面下の岩に簡単に穴を掘ることができ、かなりの深さまで埋葬を重ねることが可能であったことなど、都合のよい条件がそろっていたからである。会食に参加する人々を収容するために、近くに簡単な建物が建てられた。

　3世紀までには、キリスト教固有の目的のために、教会堂が建てられるか、あるいは既存の建物が教会堂に転用されるようになっていた。しかし、コンスタンティヌスの建築家——国家宗教に厚かましく挑戦しないだけの慎しみ深さを備えていた——が雛形（ひながた）とするには、それらはあまりに小さく、建築的に重要でもなかった。また、異教徒の神殿を模範とすることもできなかった。キリスト教の用途に合った、これまでとは決定的に違う建物が必要とされていたのである。神殿の儀式に多くの人々が参加する場合、儀式は、外部の露天でとり行われた。これに対し、キリスト教の聖餐式では、別の種類の参加の形態が求められた。露天での聖餐式は新参者だけに許された参加形態であり、参加者全員のために十分な部屋が準備されなければならなかった。洗礼は当時、体全体を水に浸すことによって行われていたので、そのためにも特殊な機能が要求された。共同墓地の墓とその他の施設だけが、新しい機能を加える必要がなかった。

　しかし、新しいタイプの建物が一夜にしてできあがったわけではない。意匠と構造の実技を修得するためには、今日以上に経験に依存する部分が大きかったので、それは当然のことであった。コンスタンティヌスは、教会堂を新たに発願することによって、大衆に直接影響を与えたいと考えた。そしてキリスト教が新しく公認されたことに乗じようと目論んでいた教会関係者も同様の思いであった。そこで、教会堂として選択され

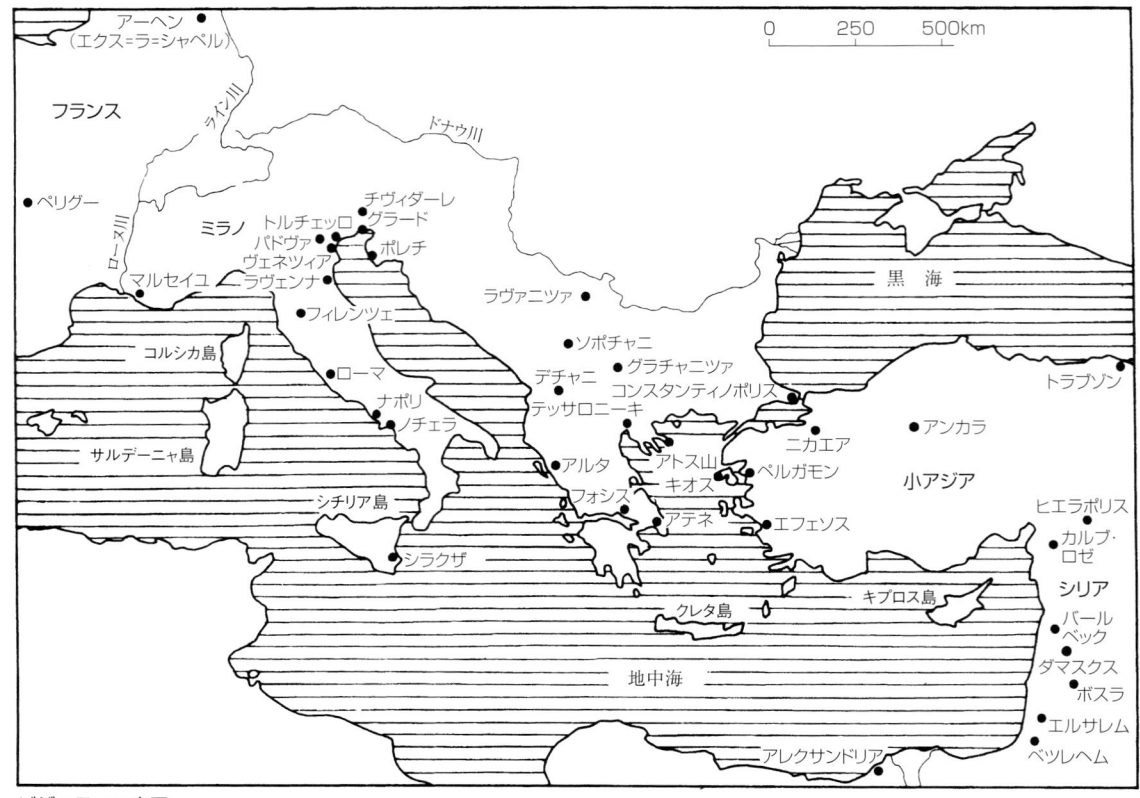

ビザンティン帝国

た建築の形態は、実質的に大きな変更を行わなくともキリスト教の目的に適合し、従来の用途からキリスト教に不適切な意味をほとんど暗示することがなく、しかも比較的低いコストで迅速に建うるものであった。それがバシリカであった。この形態は、マクセンティウスがバシリカ・ノウァ——木造屋根を架けた長方形のホールで、列柱廊のある中央の空間と、これに従う側廊、そしておそらくその上にあったと思われるギャラリーからなっていた——で、新しい解釈を示して以来、一般的によく知られるようになっていた。その主空間は、側廊のギャラリーよりも天井が高く、高窓から採光し、裁判のための1つあるいは複数のアプスを備えていた。この形態は、規模と細部の変更が容易で、すでにそうしたヴァリエーションを持つものも多く現れていた。ただ、中央空間の幅には限界があり、これを木造屋根の既存の許容スパン内に収める必要があった。アプスには、かつて置かれていた行政官とその補佐官のための座席のかわりに聖職者の座席が置かれ、その前面には、それまで置かれていた小さな神酒の祭壇のかわりに、キリストの祭壇を置くことができた。

このように、初期の教会堂に(そしてたとえば、サルディスのような同時代のシナゴーグにも)共通する最も一般的な形態は、木造屋根を架けた長方形のホールであった。そして、その中央の身廊は、両側にそれぞれ1本または2本の側廊を伴い、主要な入口に対面する反対側の終端部にアプスを備えるのが慣例であった。神殿がその前面に聖なる囲い地を設けたのに似て、また典型的な初期のローマ住宅がアトリウムを備えていたように、中央に泉を持つアトリウム状の中庭を設けることも多かった。アプスの壁には、聖職者のための座席が1列あるいは複数列半円形に並べられ、その中央には、1段高い司教座が置かれた。司教座の前面には、内陣を身廊の残りの部分から隔てるために、堂内を見通せる内陣仕切が置かれ、この仕切の内側には祭壇がすえられた。さらに、祭壇を強調して威厳を高めるために、その周囲に配置された4本あるいはそれ以上の円柱が、バルダッキーノまたはキボリウムの名で知られるカノピー(天蓋)を支えていた。

今日これらの教会堂の内部空間から受ける印象は、現存するがあまり保存状態のよくないローマ建築と比べて、非常に豪華である。身廊を長手方向に見渡すと、大理石の円柱の長い列が目に入る。列柱は、水平のエンタブラチュアまたはアーチの列を支える。列柱とその上方の高窓の間にある壁は大理石の外装を持つが、それが時に色ガラスのテッセラでできたモザイクの外装となることもある。身廊本体の終端部を画する「勝

利門」と、その後方に開けられたアプスの半ドームには、虹色に輝くもっと色鮮やかなモザイクがみられることもある。これらのモザイクがもし当時から残っているものであれば、それはほとんどの場合、聖書の内容を物語る場面か、あるいは金地もしくは様式化された風景を背景とする単独の人物像かのどちらかである。身廊の天井には、銅板または金箔が貼られていたらしい。一方、床の舗装は、灰白色と黒の大理石に、色大理石を幾何学的なパターンで嵌め込んだ。

ただ、現在目にすることのできるそれらの多くは、後の改修を受けている。たとえば、天井はバロックの改装後のもの、大理石の舗装も 11 世紀もしくは 12 世紀以降のものであることが多い。壁の外装の多くもまた、比較的近年のものであろう。当初の造作類が残されているケースは、極めてまれである。しかし、バロックの重厚さを差し引いて眺めたうえで受ける豪華さの印象は、当時の豪華さと遠くかけ離れたものではないであろう。コンスタンティヌスの時代に、小屋組を金箔を施した格天井で隠した教会堂がすでに存在した、という証拠がある。最近発掘されたアクイレイアとゲラサ（ジェラシュ）のように、大理石のかわりにモザイクで床を舗装した教会堂もあったようである。外壁の表面の多くは、大理石、スタッコ、そしてモザイクによって覆われていたと思われる。そして、祭壇やキボリウムや内陣仕切などの設備には、金箔が贅沢に貼られ、時には宝石が嵌め込まれることさえあったことは疑いない。

事実、コンスタンティヌスが、彼の新しい教会堂に他の建築と全く同じような壮麗さを与えたいと、当初から望んだことは明らかである。壮麗さの点で劣る建物は、新しい信仰を彼の望みどおりに宣言するものではなかったであろう。コンスタンティヌスの教会堂がそれ以前のローマ建築に及ばなかったとしたならば、それは主として、円柱やこれに類する造作を、過去に建てられた建物から調和をあまり考えずに再利用したからであるが、皮肉にも、そのような独特の表現が、より生き生きとした感覚を建物に与えた。新しい教会堂では、円柱列にアーチを架けることが非常に多かった。ただ、水平のエンタブラチュアは、意識的に捨てられたのではなく、依然として望ましい形態ではあった。アーキトレーヴに利用できるだけの大きさの石のブロックが不足がちだったことが、アーチの使用を促進したのである。

地方によってさまざまに異なる建築の材料と伝統を反映して、多様な建築が生まれた。シリアでは、切石の伝統が見事に生き残っていたので、たとえば細部の彫刻装飾や建物外部の表現に力点が置かれた。このような建築は、他の地方では当時ほとんどみることができなかった。中部アナトリア地方とアルメニアでは、おそらく早くから、木造天井のかわりに石造ヴォールトが用いられていた。帝国全土で典礼・儀式がさまざまな形で発達して、その特殊な要求を満たすために、平面構成の細部において、さまざまな解決が試みられた。それには、入口と内部の障壁、そして従属空間をいかに配置するか、という問題が含まれた。

ところで、長方形のバシリカだけが、教会堂に適用された唯一の形態ではなかった。長手方向の水平軸よりも中央の垂直軸に焦点を置く、集中性の強い平面が採用される場合もあった。その理由は、種々の議論があるが、1 つだけではなかろう。ともかく、ローマ建築の中に、その種の平面の 2 つの原型を見出すことができそうである。1 つは円形神殿（パンテオンのような）であり、もう 1 つは後にローマの宮殿の典型となった集中式の謁見広間、すなわちパヴィリオン（いわゆるミネルヴァ・メディカのような）である。第 2 のものの方が、教会堂の形式として採用された可能性がより高い。というのは、この建物が持つ「王の家」という含意は、神の家すなわち「ドムス・エックレーシア」にとって、全く相いれないものではなかったであろうし、事実、そのようなパヴィリオンを教会堂に転用した初期の例が、少なくとも 1 例（テッサロニーキに）存在するからである。集中式平面は、完全な円から、八角形または正方形に丸い突出部を付けた（通常は四葉形すなわち突出部が 4 カ所ある）、より複雑な形態まで、変化に富む。

完全な円形平面を持つ、新築された教会堂の大規模な例が、ただ 1 つだけ残る。ローマのサント・ステファノ・ロトンド聖堂がそれである。細部意匠の点からみると、この教会堂は当時の通常のバシリカに似ている。しかし、円形平面の有効性については、かなり問題があったと思われる。実際、この教会堂に追随するものがなかったということは、その選択が間違いであったという認識があったからに他ならない。四葉形平面とそれから派生した平面を持つ教会堂の例はもっと多い。この平面はおそらくアンティオキアの黄金八角堂に始まり、ミラノのサン・ロレンツォ聖堂が少し遅れてこれに続いた。サン・ロレンツォでは、中央の主空間が、連続する周歩廊と半円形のエクセドラ［訳註：半円形に窪んだスペース］によって拡張されている。そしてここには、長手方向の入口から祭壇に向かう第 2 の軸が存在する。このような四葉形平面とは別の仕方で中央部の垂直性を強調した例として、5 世紀末から 6 世紀初期の少数のバシリカを加えなければならない。それは、アプスに面する正方形のベイに低い塔を立ち上げることによっ

教会堂に比べて、洗礼堂の要求する機能は単純だった。すなわち、洗礼を受ける人間が中に浸る洗礼盤が中央にあって、その周りに洗礼をとり行う聖職者のための空間を十分にとることができれば、それでよかったからである。単純な円、八角形、その他の集中式平面がこの目的のために選ばれたのは、自然でありかつ普遍性があった。建物が十分に大きく、可能な場合には、中央の空間の周りに周歩廊が設けられた。中央部分には普通ドームが架けられ、そのドームは、洗礼を受けるキリストの場面を描いたモザイクによって装飾された。

　個人の墓は、先例のあるローマの型を引き継いだ。これらの墓は、主として装飾に表されている主題によって、ローマの墓から区別できる。とはいえ、その建物が当初からキリスト教のものであったのか、あるいは異教のものであったのか、疑問がわくほどに不明瞭な場合(たとえばかつてのコンスタンティヌスの娘コンスタンティーナの廟堂として建てられ、今日サンタ・コスタンツァ廟堂となっている建物のように)がないわけではない。有蓋墓地は、もう1つの新しい建築の形態であった。ただし、有蓋墓地は、もし現存する例を確実な証拠とするならば、短命でしかもローマに限られていた。その全体的な平面は、ほとんどの場合、バシリカ式教会堂の形態を単純化したものとみなしてもよいであろう。すなわち、身廊とその両側に側廊を1本ずつ従えた細長い長方形で、終端部のアプスの周りを側廊が取り巻き周歩廊を形成する。どのような装飾が一般的に用いられていたかについては、ほとんど知られていない。床はやがて、埋葬者で埋めつくされてしまうので、重要な埋葬者のために、周囲の一郭に独立した廟堂を建てるのが慣例となった。

　この種の新しい建築のグループは、一般的に記念建築物と呼ばれる。全てではないが、多くは、殉教者の墓の上に建てられた建築物という厳密な意味での殉教記念堂(マルティリウム)である。最も早期のそして最も重要なものの1つが、聖人ペテロのものと信じられている墓の上に建てられた、ローマのコンスタンティヌス時代のサン・ピエトロのバシリカである。この他、コンスタンティヌスの時代に創立されたこの種の建築の重要なものとして、キリストの誕生と伝道そして死と復活にかかわった主要な場所に建てられた記念建築物が、聖地に存在する。カラト・セマーンの聖シメオン・ステュリテスの円柱の周りに建てられたサン・シメオン聖堂は、後期の重要な例である。これら記念建築物の形態は非常に多様である。というのは、純粋に記念的な意味の他に、巡礼集団のために、普通の教会堂の機能をも果たすのが慣例で、自分の思慕する聖人のそばに埋葬されたいと願う人々のための、有蓋墓地の役割も同時に持っていたからである。普通の教会堂において祭壇の下に聖人の遺物を納めるという習慣が発達したのは、この記念建築物にならったからである。これまで述べてきた形態に加えて、4本の腕を持つ十字形平面も用いられた。この平面が採用されたのはおそらく、十字形がキリスト教を象徴するという理由だけでなく、中心に置かれた聖遺物などの記念物を焦点として大規模な集会やその他の行為を行うことができる、という理由にもよる。

6 世紀における変化

　6世紀のキリスト教建築は、コンスタンティノポリスにあるユスティニアヌスのハギア・ソフィア大聖堂(ハギア・ソフィア＝聖なる叡知)ただ1つによって代表される。実際、ハギア・ソフィアは、これに続く全てのビザンティンの教会堂建築に大きな影響を及ぼし、10世紀に新しく生まれたロシアにまでその感化がみられるほどの衝撃力を持っていた。

　ハギア・ソフィアは、中間の支柱なしに石造天井を架けた空間として空前の規模を持っていただけでなく、ビザンティン帝国の歴史全体を通じて最大であった。堂内に足を踏みいれた者はみな、頭上高く浮かぶ中央ドーム——宮廷歴史家プロコピオスがホメロスの言葉を借りて表現したように、それはあたかも「天から黄金の鎖によって吊り下げられている」ようにみえた——に圧倒された。こうして、ドームの使用はビザンティン建築に不可欠のものとなった。その当然の帰結として、垂直の中心軸が強調されることになった。ハギア・ソフィアはまた、この垂直軸をいかにしてそれと同等の重要性を持つ長手方向の軸に結合したかを示す。しかし小規模な建築では、バシリカ式の平面と初期の四葉形平面をうまく融合させるのは容易でなかったので、後期ビザンティンの教会堂の建築家は、ハギア・ソフィアと同時代のハギイ・セルギオス・ケ・バッコス聖堂で行われたように、長手方向の軸よりも中心軸を優越させることで満足した。

　ハギア・ソフィアは、あまりに強い印象を与えたこともあり、15世紀に他の教会堂がトルコ人の征服者によって破壊された時にも、破壊の運命を免れた。そして、その後大きな改変を被ったとはいえ、今日まで存続し、6世紀創建当時の印象を眼前に浮かび上がらせてくれる。囲われた空間の効果を感じることのできる人間であれば誰でも、ハギア・ソフィアの比類なき空間があらゆるものを支配しているように感じたであろ

う。
　ハギア・ソフィアでは、2方向の軸の強調が完全に両立しているだけでなく、それが、空間の境界を不明瞭にしたまま達成されている。それだけでなく、空間を包む面は、ドームとその他のヴォールトを支持するピアの重厚な感覚を全て払拭している。壁とピアは、初期キリスト教建築に適用されたローマの技術を反映して、大理石の外装が施された。そして、ピアとピアの間は、上下で柱の間隔が異なる2層の円柱列――この方法は非古典的である――が挿入され、背後に開かれる。創建当時は、純粋に非形象的なモチーフの金のモザイクが、全てのヴォールト面と、そしておそらくは最上層の窓間の壁面を覆っていた。大きな窓（今日よりももっと大きかった）から注ぎ込まれた光が堂内全体に満ちあふれ、大理石とモザイクがあたかも内部から発する光によって輝いているような印象を与える。失われて久しい祭壇とキボリウム、そして内陣仕切、その他の設備類には金と銀がかぶせられ、燦然と輝くモザイクの色彩を一段と際立たせていた。加えてここには、彫刻装飾の新しい展開がみられる。古典・古代の形態は、その正確な解釈と制作技法は変質したものの、5世紀末まではまだ使用されていた。たとえば、迫元石のブロックと一体化した柱頭の表面全体が、薄肉彫と透かし彫の技法による植物の葉や、籠細工、その他のモチーフで装飾される。ただ、これらの技法は他の同時代の教会堂にはあまりみられず、ハギア・ソフィアだけにほぼ限られる。
　しかし、ユスティニアヌスの発願による教会堂は、決してハギア・ソフィアだけではなかった。プロコピオスは、ユスティニアヌスが建設を命じた教会堂を、コンスタンティノポリスだけで30以上挙げている。その中で最も重要なものは、聖使徒聖堂の再建であった。この聖堂とエフェソスのハギオス・ヨアンニス・オ・テオロゴス聖堂の再建では、身廊とトランセプト（翼廊）と東側の腕を正方形のベイに分割し、それぞれのベイにドームを架ける十字形平面が採用された。ハギア・ソフィアと同様、これらの教会堂は、各ベイを区画する4本のアーチの上にドームをのせるために、ペンデンティヴを用いた。他の場所では、ユスティニアヌス以外の後ろだてによって別の種類のドーム・バシリカが試みられたが、それらが全て首尾よくいったわけではない。四葉形を適用した形態が比較的多かったが、なかでもハギア・ソフィアと対照的に人物像のモザイク画が描かれたラヴェンナのサン・ヴィターレ聖堂が、注目すべき作例である。

ビザンティン帝国後期の教会堂

　以後のビザンティン建築の歴史を、下降の歴史とみないわけにはいかない。創造が終わったわけではないが、後期の教会堂は、ハギア・ソフィア大聖堂やその前後の作例および後継作の持っていた力強さと雄大さと生気に欠ける。新しく建てられた建物の活力と規模の減衰は、ビザンティン帝国の力の衰退を反映している。すなわち目標の縮小と、外部への顕示性よりも修道院共同体の穏やかな要求を満足させる方を好む傾向が、それであった。
　ドームがほとんど普遍的に使用され、そしてそれに結び付いて集中式の平面が採用されたことについては、すでに述べた。初期の平面のうち、円形と四葉形平面は、帝国の東側の辺縁部、特にアルメニアではしばらくの間用いられた。しかしながら、全般的には、平面全体を正方形の中にまとめて中央部にドームを架ける教会堂が趨勢であり、その場合も、端部が長方形かあるいは半円形で終わる4本の十字形の腕を内接するのが普通であった。
　平面の扱い方には初め、正方形の隅部に残った空間をどのように埋めるか、そしてこの空間と中央部の主空間をどのように関係づけるか、という点に関して違いがみられた。通常、正方形から突出するのは、祭壇を含む主アプスだけであった。ただ、聖職者専用のパストフォリアと呼ばれる付属部分を含む空間が、主アプスの両側から小さく突出することもなくはなかった。しかし、アラビア人による征服後もキリスト教圏として存続していたもっと東部の地方では、全体をまとめる正方形はそれほど強調されなかった。アルメニアとグルジアでは、より簡明な十字形平面もまた採用された。最後に、ギリシアとコンスタンティノポリスでは、ドームを支持するピアは単一の円柱に縮小され、それまでピアが受けていた推力は全て外壁に向かって流れるようになった。この結果、隅部の空間は、中央の空間と十字形の腕に統合された。しかし、ほぼ同じ頃、東側のアプスにある内陣と、従来よりも頑丈になった内陣仕切すなわちイコノスタシスと、その背後にある2つのパストフォリアを壁で囲うのが慣例となった。この変化は典礼の執行に起きた変化を反映したものだが、それによって新たな空間の分節が生まれた。
　平面の規模が縮小した代償の一部として、高さの比率が増加した。高さ方向の拡大は、中央ドームを高いドラムの上にのせることによって実行された。その結果、ハギア・ソフィアの広々としたドームがつくりだした空間とは全く異なる印象を持った空間が生まれた。内部の空間の高さを強調することとなった要因の1つ

と考えられるのが、外部の建築表現である。すなわち、外部に突出した中央ドームとそれを囲む一群のヴォールトの強調、そしてレンガあるいは石造の壁面の装飾的な扱いである。

ハギア・ソフィアは、内部の空間性に加えて、表面を覆う大理石とまばゆく輝く非形象的な金のモザイクゆえに、ほとんど地上における神の国とみえたに違いない。だからこそ、形象的な装飾は一切必要なかったのである。後期の教会堂で、建築的な手段のみによってハギア・ソフィアに匹敵するような空間の印象をつくりだしたものは存在しない。しかしその一方で、後期の教会堂は、壁そして特にヴォールトとドームの湾曲面を下地とするフレスコとモザイクによって、図像学的な天上世界を創出した。

9世紀と10世紀の修道院教会堂は、聖像破壊時代が843年に終わった後、いかに人物表現の可能性が開拓しつくされたかを示している。中央ドームとアプスの半ドームには、キリストと聖母の像が、17世紀と18世紀の幻影的な装飾とは全く別種のリアリズムによって、ある時は昇天の場面の中に、またある時は金地の背景の中に、威厳ある単独の姿で表現された。ペンデンティヴとその他の主要なヴォールトの曲面の上には、「受胎告知」や「キリストの洗礼」や「キリストの変容」といったキリストの生涯における主な出来事が、あたかもその空間の中で実際に起こっているかのように描かれた。その下方の壁、すなわち地上に近い壁には、聖人に列せられた先人たちの像が描かれた。

ビザンティン帝国の最後の数世紀に建てられたかあるいは装飾された教会堂では、これほど厳格な階層構成は捨てられ、より説話的な内容で、同時期の西欧の教会堂のそれに近い、全面的な装飾に移行する傾向があった。しかし、その一方で、それまでのモザイクの大胆で超俗的な表現にかわって、やはりこの時期の西欧の絵画と共通する新しい洗練と人間性の表現が表れてきた。

後期の最後の特色として、すでに存在する教会堂あるいは礼拝堂に新しい教会堂と礼拝堂を付け加えた事例が、頻繁にみられる。それは、おそらくそこに仕える聖職者の数をあまり増やさずに、教会組織を効率的に運営するためであったと考えられる。この傾向はコンスタンティノポリスで特に顕著であった。コンスタンティノポリスでは、年代的に数世紀も隔たりのある2-3の教会堂が結合してグループをつくり、ドームを架けた単独の教会堂が持つ統一的なヴォリュームとは非常に異なる外観をつくりだしていた。

西方におけるビザンティン後期の教会堂建築

これまで考察してきた建築は基本的に、コンスタンティヌス帝以降東西分裂までのローマ帝国の建築、そしてユスティニアヌスの時代とそれ以降の東方すなわちビザンティン帝国の建築であった。ビザンティン帝国の時代の西欧には、初期キリスト教時代の建築かあるいはその後の東方の建築のどちらかに密接に関連した、3つのタイプの教会堂建築が存在した。

第1は、ローマの教会堂のタイプである。このタイプは、13世紀までみられたが、おそらくその源泉が限られていたためもあって、他に例をみないほど保守的である。したがってこのタイプは単純に「初期キリスト教」建築の範疇に含めてもよい。この保守性のゆえに、ここでその特徴について改めて論ずる必要はない。そのかわり、後で代表的な実例を取り上げた時に、再びふれることになろう。

第2は、ビザンティン帝国の植民地および帝国と緊密な関係を保っていた地域の教会堂建築で、これにはラヴェンナとヴェネツィア、そして南イタリアとシチリア島の建築が含まれる。特にラヴェンナのサン・ヴィターレ聖堂とヴェネツィアのサン・マルコ聖堂などの教会堂には、コンスタンティノポリスの建築からの強い影響が認められる。そしてそれは、コンスタンティノポリスではすでに失われてしまった建築の姿を再現する、1つの手助けにもなる。南イタリアとシチリア島では、コンスタンティノポリスの影響よりも他の地域——ノルマンディー、ロンバルディア、さらには西欧イスラム圏——からの影響の方が支配的であったために、モザイクなどの細部装飾を除けば、コンスタンティノポリスの建築の様式的特徴をほとんどとどめない。

第3は、コンスタンティノポリスの建築から直接あるいは間接的に影響を受けたアルプス以北の教会堂建築である。これについては、後の章で論ずる。

世俗建築

コンスタンティヌスがローマとコンスタンティノポリスに建てた世俗建築が、同じく彼の手になる教会堂建築よりも大きな規模を持っていたことはほぼ間違いない。ユスティニアヌスもまた、教会堂の建設よりも世俗建築の建設に力を入れた。その大きな部分を占めたのが防御施設である。6世紀以後、都市の活力が全般的に低下したのに伴い、キリスト教に関連しない建物の工事は、大幅に減少したはずである。そしてこれ

はおそらく、教会堂の新築工事の減少を上回るものであった。しかし、建設そのものがなくなったわけではなく、宮殿と多くの修道院が、新たに建てられた。

ユスティニアヌスの時代でさえ、ローマ時代の後期に比べれば世俗建築にはみるべき発展がほとんどなく、ここで付け加えるべきものは何もない。ただ、いくつかの形態が用いられなくなる一方で、教会堂建築とその祖型となった世俗建築との類似性は、設備類の明らかな相違を除けば、緊密なままであった。

ビザンティン帝国では、劇場を使うことはほとんどなく、円形闘技場を使うこともさらに少なかったことは、すでに述べた。大衆の娯楽の主たる場は、ローマのキルクス(競技場)に相当するヒッポドロモスと呼ばれる戦車競技場であった。この競技場は大衆の集合する第1の場所であり、特に首都においては、皇帝が特別席から人々に姿をみせる場所でもあった。浴場もそれまでとほぼ同じ方法で建てられ続けた。そして、ずっと後のトルコ人の征服者もまた、ローマの模範にならって新しく浴場を建てた。水道橋や貯水池のような土木構造物も、同じくローマの先行例にならっている。しかし、コンスタンティノポリスでは、これまでの都市よりも多くの地下貯水池が建設された。そして、そのために、幾列にも並んだ円柱の上にレンガの交差ヴォールト天井を架ける特殊な構造物が発達した。

ビザンティンの住宅建築についての研究は、ローマとその属州の研究に比べるとはるかに少ない。しかし、ビザンティンの住宅建築が後者のそれと大きく異なるとしたら、それは設備と構造の水準が後退したためであろう。ビザンティンにはローマや、オスティア、ヘルクラネウム、そしてポンペイにみられる独立住宅や共同住宅に比較できるような例は存在しない。しかし、これは大規模な破壊があったからではない。古い修道院をみると、居住区が定期的に建て替えられるか、あるいは少なくとも大規模な修理を受けたために、初期の建物がほとんど残らなかったことがわかる。一般住宅よりも恒久的に建てられたもっと後の宮殿建築は、今でこそ遺跡となっているが、西欧からかなりの影響があったことを示している。

実　例

初期キリスト教時代の宗教建築

ここでは、主として初期キリスト教時代の実例を扱ったが、便宜上ユスティニアヌスの時代とこれ以降のものでも、同様の形態が用いられ続けたものについては、ここに含めた。記念堂と有蓋墳墓は教会堂のカテゴリーに含め、廟堂と洗礼堂はこれとは区別して述べた。

教会堂、記念建築物、有蓋墓地

ローマの**ラテラーノ・バシリカ**(サン・ジョヴァンニ・イン・ラテラーノ聖堂、313頃-20、p.304B)は、コンスタンティヌスが建てたローマで最初の教会堂である。この教会堂は、市郊外のかつて軍隊の兵舎があった跡地に、ローマ司教の司教座聖堂すなわち大聖堂として建てられた。以後、数回の改築を受けたが、なかでも17世紀のボッロミーニによる改築と19世紀の改築により、大きく姿が変わった。4世紀の教会堂は、基礎と初期の記録の中に当初の姿がよく残されているので、正確な復元が可能である。それは、端部がアプスで終わる幅の広い身廊と、その両側にそれぞれ2本の側廊(内側のものの方が天井が高い)を備えたバシリカであった。そして今日と同じく聖具の安置場所だったと考えられる幅の狭い腕が、外側の側廊の端部から突出していた。天井の高い身廊の円柱列が水平のエンタブラチュアを支え、天井の低い側廊の円柱列はアーケードを支える。ギャラリーはない。初期の記録によれば、円柱と壁が色大理石であった他、天井には金箔を貼り、銀製の祭壇と金銀の燭台を備えていた。外部がおそらく非常に簡素であったのに比べると、全く対照的であった。

いずれも発掘によって知られているだけであるが、ラテラーノ・バシリカと年代の近い、新しく建てられた司教座聖堂(大聖堂)が多く存在した。そのうち、**ティール大聖堂**(316または317に献堂)は、当時、コンスタンティヌス統治下の帝国の支配域の外側に位置していたにもかかわらず、ラテラーノ・バシリカによく似た形態を採用した。エウセビオスによれば、この教会堂には側廊が2つしかなかったが、中央に泉を持つアトリウムがあり、このアトリウムにはモニュメンタルなプロピュライアを通って入ることができた。

エウセビオスの力のこもった記述に従えば、**エルサレムの聖墳墓聖堂**(p.304E)は、コンスタンティヌスが設立した東方の教会堂のうちでも、最も重要な教会堂であった。今日の姿は、幾度かの大きな改築と増築を経た結果である。特に、12世紀に十字軍がゴシックの内陣を建て、片側に軒の高い入口のファサードを付け加えたことにより、大きく姿を変えた。最近の発掘によって、4世紀末近くまで工事が完成しなかったこの教会堂の当初の姿が、かなり明らかになった。当初の教会堂は、いくつかの関連した建物が複合したものであった。すなわち、聖墳墓の上に**アナスタシスの円堂**

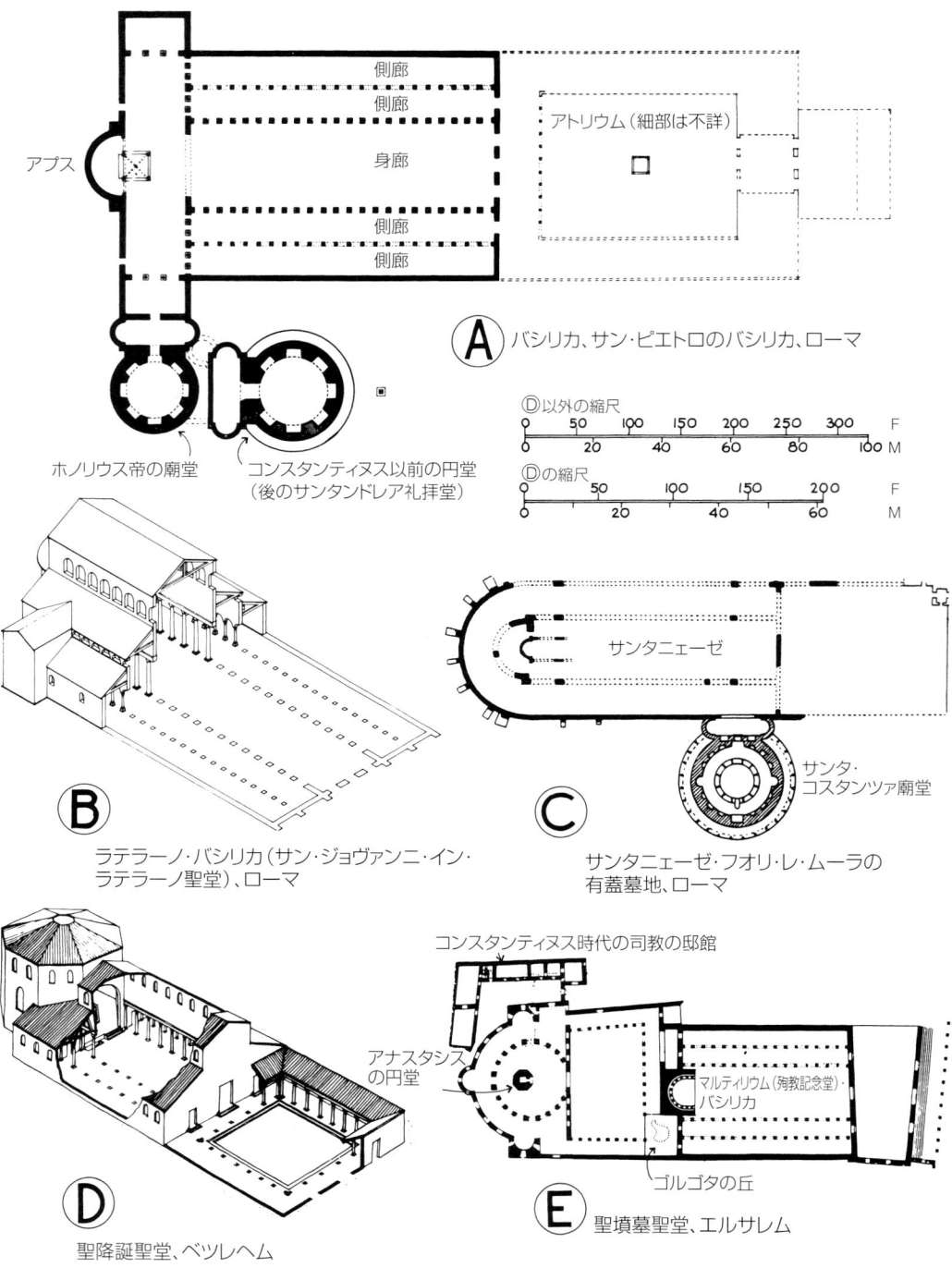

初期キリスト教のバシリカ、ローマと聖地

が建ち、これに付属したポーティコが、ゴルゴタの丘を片隅に取り込んだ中庭を囲う。ポーティコの反対側には、大聖堂の役割をも果たす**マルティリウム（殉教記念堂）・バシリカ**が接続し、さらに、この外側にアトリウムがつく。このアトリウム——敷地の状況とそこにすでに存在していた建物のために不規則な形状となる——には、ティールと同じようにプロピュライアを通って入ることができた。バシリカは、その幅の割には長さが短く、両側に二重の側廊とギャラリーを有していた。祭壇の置かれた端部の正確な形態については、まだ明らかにされていない。エウセビオスが記述の中で、この部分が「12本の円柱に取り囲まれている」と述べていることから、レプティス・マグナのバシリカのアプスと同じように、アプスの湾曲した壁にかなり接近して円柱が配置されていたと思われる。もう1つの可能性としては、円柱は祭壇のキボリウム（天蓋）にあったとも考えられる。

　同じ頃やはりコンスタンティヌスによって設立された**ベツレヘムの聖降誕聖堂（p.304D）**は、聖墳墓聖堂によく似るが、囲い込まれた聖所が1カ所だけのより単純な形態をとる。現在のバシリカは、基本的に16世紀に再建されたものである。終端部は大きな三葉形で、それが中央のアプスとアプス状のトランセプトの両腕を構成し、その地下は「降誕の洞窟」となっている。当初のバシリカの身廊と側廊は、現在のものとそれほどかけ離れたものではなかったと思われる。ただ当初は、終端部の洞窟の上には、三葉形の建物ではなく、円錐形の屋根をのせた八角堂が、開口部を通して身廊および側廊に連なっていた。

　ローマに話を戻すならば、コンスタンティヌスが、キリストの第1の使徒を記念し、その墓を崇敬するために、この種の建築としては最大規模の工事を行った。**サン・ピエトロのバシリカ（320頃-330、p.304A）**がそれである。今日みる教会堂は、その後再建されたものである。この再建は、当初とは全く異なる規模と設計で実施された。しかし、当初の教会堂は、15世紀末までは大きな変化を被ることなく存続しており、外陣は16世紀末まで存在した。現在床下にたくさん残されている当初の基礎とともに、16世紀の数多くの絵画によって、当時の姿をかなり正確に知ることができる（p.306A）。ただ、アトリウムの詳細については確実ではない。

　教会堂は、初期のキルクスの一方の側に沿って広がる共同墓地の上に建てられた。この敷地には大きな傾斜があったので、聖堂は、一端を墓地の墓の上にのりあげ、他端を丘の中に掘り込んで建てられた。聖ペテロの墓と信じられている墓の上には、キボリウム状のカノピーが置かれた。その飴のようにねじれた円柱は、今はミケランジェロのドームを支える太いピアの中にすえられている。カノピーの両側からは、幅の広い高床の壇すなわちベーマが伸び、背後はアプスとなって（敷地の形態的理由により西側に）突出する。前方は、両側に二重の側廊を擁する幅64mのバシリカとなって展開される。その長さは、ベーマとアプスを含めないで90mに達する。さまざまな色と大きさの柱頭を持つ古代的な22本の長大な円柱列が、ラテラーノ・バシリカと同様の仕方で、水平のエンタブラチュアとその上の壁を支持していた。側廊と側廊の間では、同じ数のもっと短い円柱列がアーケードを支えていた。

　サン・ピエトロは当初、固定された祭壇を持っていなかったという点で、これまで述べた教会堂とは異なるように思われる。その理由は、サン・ピエトロは、その規模が物語っているように、第2の機能として有蓋墓地の役割を持っていたことにある。ベーマは、巡礼と自分自身の死後の冥福を祈るために集まってきた人々のために、身廊および側廊とともに慣例に従って開放された。床は墓石で覆われ、記録によれば400年の遅きまで、その上で葬儀の会食が行われていた。この建物の葬祭的な性格は、片側に付属して建てられた大きな廟堂によっても裏づけられる。

　ローマのサンタニェーゼ・フオリ・レ・ムーラ（340頃以降、p.304C）は、一般的な姿を持つ有蓋墓地の1つである。その一部が、同じ名前の6世紀の教会堂と、**サンタ・コスタンツァ廟堂**の間に残っており、近年の発掘によって、以前よりもはっきりとした平面——すでに述べたような典型的な形を持つ——が現れた。この他、同種の建築としては、**サン・セバスティアーノ（313頃着工）**が最も年代が早いように思われる。この有蓋墓地の外部には、独立した廟堂が非常に高い密度で建てられている。これらの廟堂はカタコンベの上に建てられた。カタコンベはある特別の墓を含んでいたので、敷地は非常に重要な意味を持っていた。しかし、その墓の上に直接建物が建てられていたわけではなく、墓には独立した入口が設けられていた。そしてこの入口を改善して、より多くの巡礼を収容する必要が生じた時に、墓が発掘によって露出され、その上にバシリカが新たに建てられた。バシリカの身廊の床が地面よりも低いところでは、後の**サンタニェーゼ・フオリ・レ・ムーラ聖堂（625-638）**と**サン・ロレンツォ・フオリ・レ・ムーラ聖堂（579-90、p.306B）**のように、ギャラリーが設けられた。

　記録と当初の建物を模範としてつくられた聖堂だけからではあるが、コンスタンティヌスの創立になる建築が、さらに2つ知られている。その1つ、**コンスタ**

A サン・ピエトロのバシリカ、6世紀の様子、ローマ　p.305 参照

B サン・ロレンツォ・フオリ・レ・ムーラ聖堂、13世紀の外陣から聖人の墓の上に建てられた6世紀の聖堂をみる、ローマ
p.305、p.313 参照

第 11 章　ビザンティン帝国

A　サンタ・サビーナ聖堂、ローマ（422-32）　p.309 参照

B　サンタ・サビーナ聖堂内部、ローマ

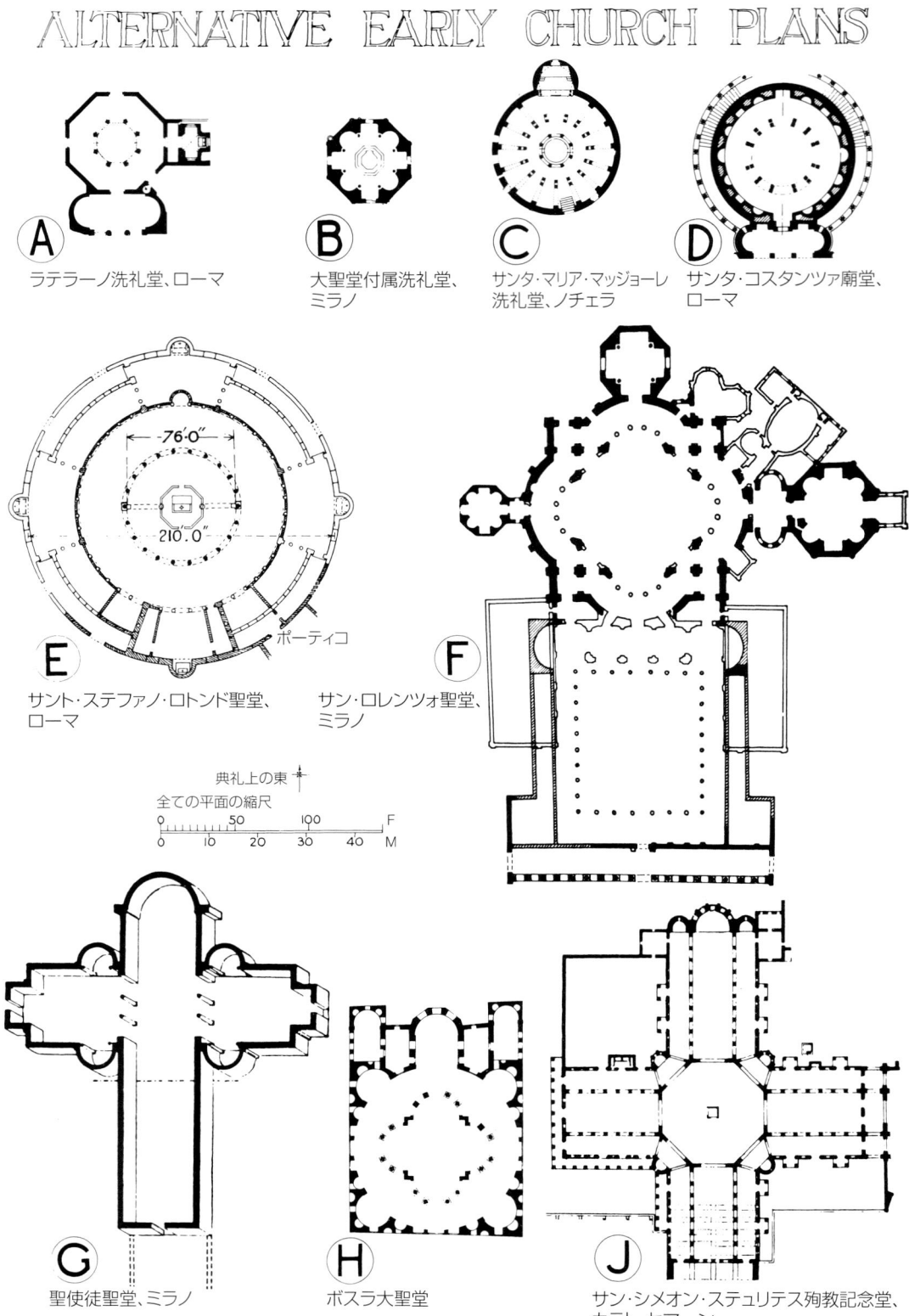

初期教会が選択した平面

ンティノポリスの**聖使徒聖堂**(335頃)は、コンスタンティヌス帝が自らの廟堂として建てたと考えられている。しかしもう1つの見方として、皇帝は、ローマと聖地の殉教記念堂に対抗する意味で、自らの新しい首都に自分自身の殉教記念堂を加えようとしたのではないかとも思われる。この建物は十字形の平面を持ち、4本の腕が集まって交差するところには、使徒を表す象徴的な墓石が立てられた。建物は大きな中庭の中にあった。**アンティオキアの黄金八角堂**(330頃)は、エルサレムに次ぐ帝国のキリスト教の中心となっていたこの都市の大聖堂であった。平面が八角形である他、2層の連続的な周歩廊とエクセドラを持っていたことが知られている。教会堂は、その名の示すごとく、内部とそしておそらく外部にも金箔の貼られた角錐形の木造屋根を中央の八角堂に架けていた。ただし、エクセドラが、この中央の八角堂に直接開口されていたかどうかは、定かではない。

ローマのサント・ステファノ・ロトンド聖堂(468-83、p.308E、p.311A)は、長方形のバシリカから逸脱して建てられたローマ最後の大規模な教会堂である。この教会堂については、すでに簡単にではあるが述べてある。中央部分には、おそらく円錐形の軽い屋根がのっていたと考えられている。下部の円柱列が、重いドームを支えていたということはありえない。というのは、横断アーチは、後にこの部分を安定させる必要が生じた時に挿入されたものだからである。今日、内部の外装は大部分がはげ落ちてしまっているが、壁にはかつて贅沢な大理石の外装が存在したことを示す証拠が残されている。

この他のローマの5世紀の教会堂は、長方形のバシリカ式平面を温存しながら、意匠的には、新たなより古典的な洗練を行った。後に改築を受けたために、当初の壁面装飾の多くが失われてしまってはいるものの、アヴェンティーノの丘に建つ**サンタ・サビーナ聖堂**(422-32、p.307)と、そしてとりわけ、**サンタ・マリア・マッジョーレ聖堂**(432頃-40、p.312A)に、今日その例をみることができる。サンタ・サビーナはコリント式、サンタ・マリア・マッジョーレはイオニア式の柱頭を持つが、いずれも円柱と柱頭の調和はよく保たれている。特にサンタ・マリア・マッジョーレでは、円柱列が水平のエンタブラチュアを支え、その上方には、旧約聖書の場面を描いた当初の美しいモザイク画が残る。アプスのアーチの上にある幼児キリストのモザイク画がこれに加わり、全体を完結させる。描写の手法には、より初期の凱旋門と記念柱に彫刻されたフリーズの手法を思わせるものがある。年代的にはアプス、祭壇を覆うキボリウム、身廊の天井、そして外部全体は、かなり後のものである。一方、サンタ・サビーナの外部は、当初の特徴をよくとどめる。窓の律動的な配列によって印象の和らげられた平滑なレンガの壁は、トリーアのコンスタンティヌスのバシリカを思い起こさせる。

ミラノ——当時、西方の有力な首都の機能を果たしていた——の**サン・ロレンツォ聖堂**(378頃、p.308F)は、コンスタンティヌスによるアンティオキアの黄金八角堂に相当する、西方最初の建築とみなしてもよいであろう。平面は基本的に正方形で、そこからエクセドラが外に膨らみ、全体が2層の周歩廊によって取り囲まれる。12世紀と16世紀の改造を受けたが当初の構造がかなり残されており、これから外側の正方形の4隅には最初から塔があったことがわかる。このことは、当初、中央の正方形には交差ヴォールトが架けられていた可能性を示すものである。当初のナルテクスの前方にはアトリウムが付属し、ここには、現在も残る列柱廊を通って入ることができた。教会堂の周囲には、いくつかの八角形の建物が付属し、ここだけは当初の大理石とモザイクの装飾が保持されている。

ミラノのサン・ナザーロ聖堂は、はじめ**聖使徒聖堂**(382頃、p.308G)として、コンスタンティヌスによるコンスタンティノポリスの同名の教会堂を意識し、これに対抗して建てられたものである。ミラノのサン・ナザーロが後者と異なるのは、側廊を持たない長い身廊から、コロネードにより半ば仕切られながら2本の腕が突出し、十字形が構成されるという点にある。聖遺物を納めた祭壇が十字の交点に置かれ、空間の焦点をなす。

この十字形平面は、さまざまな地方的変化を伴いながら、サン・ナザーロと同様の対抗意識をもって各地に建てられた。ラヴェンナの**サンタ・クローチェ第一聖堂**(425頃)、エフェソスの**ハギオス・ヨアンニス・オ・テオロゴス第一聖堂**(450頃)、壮大な**カラト・セマーンのサン・シメオン・ステュリテス殉教記念堂**(480頃-90、p.308J)などがその例である。ただし、サン・シメオンの交差部は、ミラノのサン・ロレンツォ聖堂とは異なる仕方で正方形を拡大した。すなわち正方形の隅の部分を拡大した形態というよりも、むしろ八角形に近い形態を持っていた。その八角形のちょうど中心には聖人を記念する円柱があり、この部分は当初から露天のままだったと思われる。十字の各腕は側廊を伴うため幅が大きく、東の腕は3つのアプスで終わる。殉教記念堂の周りには、巡礼を受け入れるためと洗礼のために、大きな一群の建物が建てられた。躯体は、地中海東岸に典型的な整形された切石積みでつくられ、豊かな彫刻装飾が、内部と外部を問わず、アーチ、出

入口、円柱あるいはピラスター(片蓋柱)の輪郭を強調する。

この特徴は、この地方の多くの単純なバシリカ式教会堂についてもあてはまる。**カルブ・ロゼの聖堂**(5世紀末)がそのよい例である。ビザンティン帝国の他の地方では、バシリカの身廊と側廊はコロネードによって分かたれるのが常だが、ここでは、両側に3本ずつ配置された太いピアとそれが支える頑丈なアーケードによって分かたれる。

ヒエラポリス(現パムッカレ)**の聖フィリップ殉教記念堂**(5世紀初期、p.311B)は、同じく大規模なもっと初期の例である。この建物は、八角形のコアを持つが、その8つの辺は、放射する腕を形成すべく、全て同一の方法で外に広がる。その結果生まれた星型は、巡礼を収容する部屋を含む大きな正方形の中に包含される。放射状の腕の間に残された角の丸い小さな三角形の空間は、祭室に用いられたと思われる。

6世紀初期のアラビア、シリア、そしてメソポタミアには、ミラノのサン・ロレンツォ聖堂と同じように、エクセドラの膨らみと周歩廊が中央の正方形を囲うタイプの、集中性の強い大聖堂と殉教記念堂が多くみられる。**ボスラ大聖堂**(512、p.308H)は、その1つである。ボスラ大聖堂は、周歩廊からもエクセドラ状の空間が突出する点で他の教会堂と異なるが、全体は正方形の周壁に囲まれる。ただ、東側は3つのアプスが突出することにより、周壁の連続性が中断されている。ギャラリーはなかったようである。また、中央の空間の屋根については不明である。

キリキア地方のバシリカ式教会堂には、身廊東側のアプスに面した正方形のベイを特に強調するものが多い。**アラハン修道院の東聖堂**(5世紀末、p.311C)はその中で最もよく残っているものの1つである。正方形のベイは、身廊の屋根の高さを超えて、塔のように立ち上がる。屋根の高さのところにある隅部のスクインチは、この正方形ベイに八角形の角錐形の木造屋根が架かっていたことを示す。しかし、細部の形態よりも重要なのは、縦長の平面と、ほとんど中央塔と呼んでもいいような構造との結合である。この構造はなんらかの儀式上の主要行為を保護する意図をもって建てられているのだが、結果的に、水平軸に対抗する第2の主軸である強い垂直軸を生み出している。

テッサロニーキのハギオス・ディミトリオス聖堂(当初の建物は5世紀末)、**ラヴェンナのサンタポリナーレ・ヌォーヴォ聖堂**(5世紀末)、同じく**ラヴェンナのサンタポリナーレ・イン・クラッセ聖堂**(534頃-49、p.311D、p.312B)は、アラハンと同年代およびやや後の年代の単純なバシリカ式教会堂の例である。テッサロニーキの例は、トランセプト状の東端部の地下にローマ時代の浴場の一部をクリプト(地下礼拝堂)として取り込んで建てられた殉教記念堂であった。それはともかくとして、この教会堂は、規模と建築的細部を除けば、二重側廊とギャラリーを備えたエルサレムのマルティリウム(殉教記念堂)・バシリカと同型である。身廊アーケードの柱頭のいくつか(2度の大きな火災の後の再建を生き残った)は、風にそよぐアカンサスの葉のタイプの早い例である。モザイクも、ごくわずかではあるがまだ残っている。ただし、これは当初の教会堂よりも後のものである。ラヴェンナの2つの教会堂は、初期のモザイクによって特に有名な三廊式のバシリカであるが、イタリアの一般的な慣例に従ってギャラリーを持たない。サンタポリナーレ・ヌォーヴォでは、アーケード上方の身廊壁に男女の諸聖人と諸殉教者の像が配置され、それらの行列は、アプスの手前にある玉座のキリスト像と聖母子像にそれぞれ向かう。そのさらに上方、すなわち窓と窓の間には、キリストの生涯を物語ったモザイク画が描かれている。サンタポリナーレ・イン・クラッセの内部はとても広々として、調和がとれている。ただし、後にアプスの床を高くしてクリプトをつくったために、当初の姿とは少し異なる。ここでも見事なモザイクがアプスとその前面のアーチの上に残る。そして外部には、上層にいくにしたがって窓の数が増す美しい鐘塔が独立して建つ。

さらに多くの例がビザンティン帝国全体に見出される。遠隔の地になればなるほど、地方的な伝統が前面に出てくるのは当然のことで、**シナイ山にある聖カテリーナ修道院聖母聖堂**(540頃以降、p.315A)など、帝国の後ろ立てのあった教会堂においてさえそうであった。要塞の中に建てられたこの教会堂は、最も単純な石造建築の部類に属する。しかし、この教会堂には、他の場所で製造されたと思われる現存最古の木造トラスの屋根が架けられている。当初の姿を完全にとどめるこの教会堂のアプスには、まぎれもなくコンスタンティノポリスから来た職人によって制作されたと思われる、「キリストの変容」を描いた最上級のモザイクが残る。もっとずっと南の、**アスワンのサン・シメオン修道院**(4世紀以降、p.311E)もまた、その周壁によって事実上要塞と化している。この修道院は大部分が日干レンガでつくられており、数千年前のエジプトの建築にみられるのとほとんど同一のヴォールトが残る。

以上のまぎれもない初期キリスト教の建築から、その後のバシリカ式の建築に目を転ずる前に、以前からあった別の用途の建物を教会堂に転用することが5世紀初期以降次第に多くなった、という事実を述べておく必要があろう。これらの建物は、初めは教会堂では

第 11 章　ビザンティン帝国　　311

A　サント・ステファノ・ロトンド聖堂、内部、ローマ(468-83)
p.309 参照

C　東聖堂、アラハン修道院(5世紀末)　p.310 参照

B　聖フィリップ殉教記念堂、ヒエラポリス(5世紀初頭)
p.310 参照

D　サンタポリナーレ・イン・クラッセ聖堂、ラヴェンナ
(534頃-49)　p.310 参照

E　サン・シメオン修道院、アスワン(4世紀以降)　p.310 参照

A サンタ・マリア・マッジョーレ聖堂、ローマ（432 頃-40 およびその後の改築）　p.309 参照

B サンタポリナーレ・イン・クラッセ聖堂、身廊から東側をみる、ラヴェンナ　p.310 参照

なかったが、異教信仰が禁止されて以後、神殿を取り込んで教会堂となったものである。たとえば、ローマのパンテオンは、建築上の変更を加えることなく610年に教会堂に転用され、サンタ・マリア・アド・マルティーレ聖堂となった。テッサロニーキのガレーリウス宮の円堂は、5世紀初期に教会堂に転用され、それが後にハギオス・ゲオルギオス聖堂として知られるようになった。転用された時に、東側の壁を打ち抜いてアプスが開けられ、全体を囲む周歩廊とナルテクスが付け加えられた。そしてドームは、建築的枠組みに従いモザイク画によって装飾された。長方形の平面を持つ通常の神殿のケッラは、パンテオンと同様、教会堂への転用が容易であった。この場合、ケッラの中により小さな構造物を建てる方法の他に、もう1つの方法があった。ペリステュリウムの周りに新しい壁をつくって円柱列を中に取り込み、ケッラの壁を全て取り払って、新しいより大きな側廊付きの内部空間を生み出す方法である。640年に、シラクザのアテナ神殿でこの工事が行われ、現在の大聖堂が誕生した。

　ローマでは、初期バシリカ式がロマネスクの時代にまで引き続いて用いられた例が多くみられる。なかでも、ローマのサン・クレメンテ聖堂（12世紀初期、p.314）は、最も興味をひく例である。現在の教会堂は、再建時にその幅を縮小されはしたが、先行する教会堂（380頃）の平面――そのプロポーションは床下にまだみることができる――をほぼそのまま踏襲している。美しい大理石の床とモザイクを含む細部のほとんどは、もちろん初期キリスト教時代のものではありえないが、先行教会堂から受け継いだ造作はおどろくほど完全に残っており、そのまま再利用されている。これらは、当初の造作の特徴を今日最もよく伝えてくれるものの1つである。

　ローマのサン・ロレンツォ・フオリ・レ・ムーラ聖堂（p.306B）は、6世紀末に聖人の墓の上に建てられた教会堂である。この教会堂は、13世紀初期に、再建された、というよりもむしろ正確には拡張された。この拡張工事では、アプスが取り壊され、そこにバシリカ式の新しい外陣が付け加えられた。これによって、以前からあった教会堂全体が内陣となった。そして、床の高低差をはっきりさせるために、下にクリプトを収容するために、古い教会堂のかつて外陣だった部分を高くして新しい床を設けた。ギャラリーは、存在理由が失われてしまったが、そのまま残された。

　トルチェッロの大聖堂（大部分は1008頃、ただし最終的な姿は1250頃、p.333B）は、幾度かの拡張・再建を経て生き残ったバシリカ式の例である。その見事な内部空間は、非常に単純な手段によって達成されている。内陣を横切る上質の大理石の仕切と、身廊と側廊を横断する繋ぎ梁がスケール感を与える。空間の質は、クリアストーリー（高窓）と側廊の窓を透過してくる大量の光の遊戯と色彩によって、いっそう高められる。アプスは使徒の列の上に立つ聖母子像のモザイク画によって一線が画され、その下には1段高い司教の椅子が置かれる。西側の壁は、全体が「最後の審判」の壮大なモザイク画で埋められる。

　オールド・カイロのハギイ・セルギオス・ケ・バッコス聖堂（クリプトはおそらく5世紀または6世紀、現在の教会堂は初期の平面に基づいて11世紀に大々的に改築された。p.315B）は、長い間イスラム教徒支配下にありながら、バシリカ式が絶えることなく用いられたことを示す例である。この教会堂は通常の三廊式バシリカで、ナルテクスとその上にギャラリーを備える。この教会堂はまた、装飾にイスラムの影響がかなりみられる点と、より後の年代の形式を持つ高い重厚な内陣仕切、すなわちイコノスタシスを持つ点で興味深い。このイコノスタシスは身廊と側廊をまたいで横切り、集会のために開放されている区画を、聖所とパストフォリアから完全に分けている。この内陣仕切の背後に、祭壇の上に架かるキボリウムのドームを望むことができる。イスラムによる征服後、上エジプトの教会堂には、当時のモスクと同じように、複数のドームが架けられたものが多くみられる。

廟堂

　ローマのサンタ・コスタンツァ廟堂（350頃、p.308D、p.317A）は、後に教会堂に転用されたが、もともとはコンスタンティヌス帝の娘のコンスタンティーナの廟堂として建てられたものである。この廟堂は、トンネル・ヴォールトを架けた周歩廊がドームをのせる中央の空間の周囲を環状に取り囲む点を除けば、初期のなじみ深い丸い形態を持つ。ドームは双円柱のアーケードによって支えられ、双円柱のコリント式の柱頭は厚い迫元石で連結される。側廊のヴォールトには、全体にわたってモザイク装飾が残る。そのモティーフの大部分は、からみ合った葡萄の葉と幾何学模様である。石棺に隣接したニッチとドームには、当初、もっとキリスト教的な題材の明確なモザイクがあった。他の箇所には、色大理石の外装が慣例に従って用いられている。

　ラヴェンナの小さなガッラ・プラチディアの廟堂（425頃）は、前出の当初のサンタ・クローチェ第一聖堂のナルテクスの一端に接続して建てられた。この建物はサンタ・クローチェと同様、十字形の平面を持つ。交差部には低い正方形の塔が立ち上がり、その頂では、

S. CLEMENTE : ROME

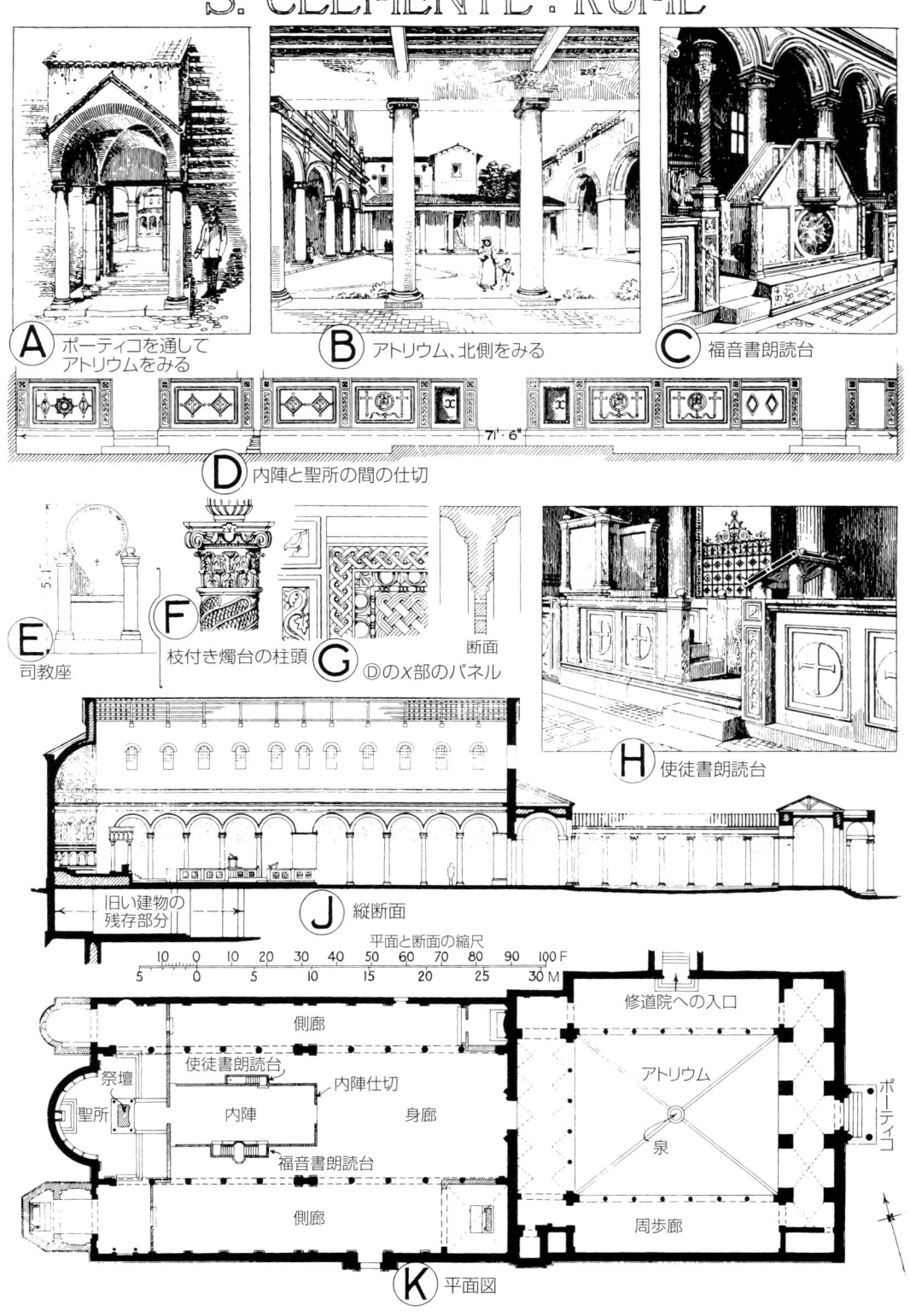

Ⓐ ポーティコを通してアトリウムをみる
Ⓑ アトリウム、北側をみる
Ⓒ 福音書朗読台
Ⓓ 内陣と聖所の間の仕切
Ⓔ 司教座
Ⓕ 枝付き燭台の柱頭
Ⓖ ⒹのX部のパネル
Ⓗ 使徒書朗読台
Ⓙ 縦断面
Ⓚ 平面図

サン・クレメンテ聖堂、ローマ

A 聖カテリーナ修道院、シナイ山（6世紀中頃）　p.310 参照

B ハギイ・セルギオス・ケ・バッコス聖堂、聖金曜日の礼拝の様子、オールド・カイロ　p.313 参照

C ハギオス・ポリエウクトス聖堂（コンスタンティノポリス）の柱。現在はサン・マルコ大聖堂（ヴェネツィア）の外部にある
p.316 参照

ペンデンティヴの縁がドームを支える (p.326A)。ヴォールトは、表面全体がモザイクで覆われ、その下方の壁には大理石の外装がかぶせられる。十字形の3本の短い腕には、石棺がまだすえられたまま残る。

ラヴェンナのテオドリックの廟堂 (526頃) は2階建の建築である。下階 (外形は事実上十角形) はクリプトとなり、整形された切石積みの十字形のヴォールトを架ける。主階の内側は円形で、単一の石版からなる独特の天井を持つ。石版の下面は浅いドーム型にカットされ、そこにモザイクの十字架の痕跡が残る。

洗礼堂

ローマの今日の**ラテラーノ洗礼堂** (432頃-440、p.308A) は、当初コンスタンティヌス時代のバシリカに付属していた建物を改築したものだが、16世紀と17世紀にも改装を受けた。洗礼堂は、当初の八角形の平面を温存する。中央の円柱に囲われた部分に洗礼盤が置かれ、円柱列はおそらく木造天井を支えていた。

ミラノの**大聖堂付属洗礼堂** (350頃または380頃、p.308B) も、やはり八角堂である。ここでは、八角形の各辺に対応してそれぞれニッチが付けられ、内部全体が洗礼盤を中心に展開されている。

ラヴェンナの**正教徒洗礼堂** (400頃と450頃) は、八角形の外壁からドーム (中空の円筒レンガでつくられた) が直接立ち上がるもっと小規模な建物で、洗礼盤の周囲には何もない。この洗礼堂は、内部にほぼ完全に残る大理石の装飾とフレスコ画、そしてモザイクによって有名である。

ノチェラの**サンタ・マリア・マッジョーレ洗礼堂** (おそらく6世紀、p.308C) もまた、中央に洗礼盤を置くが、別の意味でサンタ・コスタンツァ廟堂との形態的類似性が強い。すなわち、中央のドームを支える環伏に配置された双円柱の列がそれである。

ビザンティン帝国ユスティニアヌスの時代の宗教建築

初期のビザンティン建築形成期においても、引き続き八角形のベイにドームが架けられた。しかし、この時期で重要なのは、正方形のベイにドームを架ける試みがなされたことである。ここではその例を示す。

コンスタンティノポリスの**ハギオス・ポリエウクトス聖堂** (524-27) は、身廊にドームを架けた最初の大規模教会堂の例ではないかと思われる。この教会堂は、東側の正方形ベイを強調する点でアラハン修道院の東聖堂によく似ているといってもよい。教会堂が建っていた基壇の最初の発掘からは、上部構造についての情報は不幸にして何も得られなかった。この発掘によってわかったのは、教会堂は、1辺52mの正方形の平面を持つ側廊付きのバシリカであったということと、その前面にはナルテクスが付いており、ナルテクスには教会堂の創立者であるアニキア・ユリアーナの宮殿の方向から幅の広い階段を通って入ることができた、ということだけであった。現存する大理石の柱 (p.315C) とコーニスなどの、装飾モチーフの多様性については、すでに述べた。

コンスタンティノポリスの**ハギイ・セルギオス・ケ・バッコス聖堂** (おそらく527頃着工、536以前に完成、p.325E) は、これよりもかなり小規模な建物だが、当初の状態をよくとどめる。ただ、ドームについては、当初のものである可能性は非常に少ない。平面は、遠くミラノやボスラなどでみられたような、全体を周歩廊が取り囲む四葉形を発達させたものであり、アンティオキアの黄金八角堂にその先駆をみることができるかもしれない。八角形のコアの4隅の部分は、外に膨らんでエクセドラとなり、東側と西側の面は、それぞれ内陣とナルテクスに開く。周歩廊の上はギャラリーとなる。この教会堂は、ユスティニアヌスが、帝位につく以前にいた宮殿の傍らに建てさせたもので、ハギア・ソフィアの設計に一部分が模範として取り入れられた可能性が非常に高い。躯体は、顕著な幾何学的不整形を示す。これは、敷地の形状と、この教会堂に隣接して別の建物がすでに存在していたことによる。内部には、トルコ人の塗った水漆喰の下に、柱頭とフリーズの美しい細部が残されている。今日この建物はモスクとして使用されており、その設備類もモスクの目的に合わせたものである。

コンスタンティノポリスの**ハギア・ソフィア大聖堂** (532-37、後の再建と増築を含む、p.317B-321) の建設は、ユスティニアヌスの発令による最大の事業であった。メガレ・エックレーシア (偉大なる教会) の名で知られるハギア・ソフィア (聖なる叡智を意味する) は、真の意味でキリストに捧げられた教会堂である。この教会堂は、先行する2つの教会堂と同じ敷地跡に建てられた。その場所は、市の主要広場 (アウグステオン) に沿った帝国の宮殿にほど近い古代のアクロポリスの一端に位置する。最初の教会堂はコンスタンティヌスによって創立され、360年に献堂された。404年にこの教会堂が焼失した後、テオドシウス2世の下で再建が行われ、415年に第二教会堂が献堂された。しかし、この教会堂も、532年1月に起こったニカの乱で、再び焼け落ちてしまった。第一教会堂と第二教会堂は、エルサレムのマルティリウム (殉教記念堂)・バシリカとテッサロニーキのハギオス・ディミトリオス聖堂に

第 11 章　ビザンティン帝国　317

A　サンタ・コスタンツァ廟堂、ローマ（ピラネージによる。350 頃）　p.313 参照

B　ハギア・ソフィア大聖堂（532-37）。南西から望む、ミナレットはトルコ時代の付加、コンスタンティノポリス
p.316、p.323 参照

ハギア・ソフィア大聖堂、アプスの方をみた内観、コンスタンティノポリス　p.316、p.323 参照

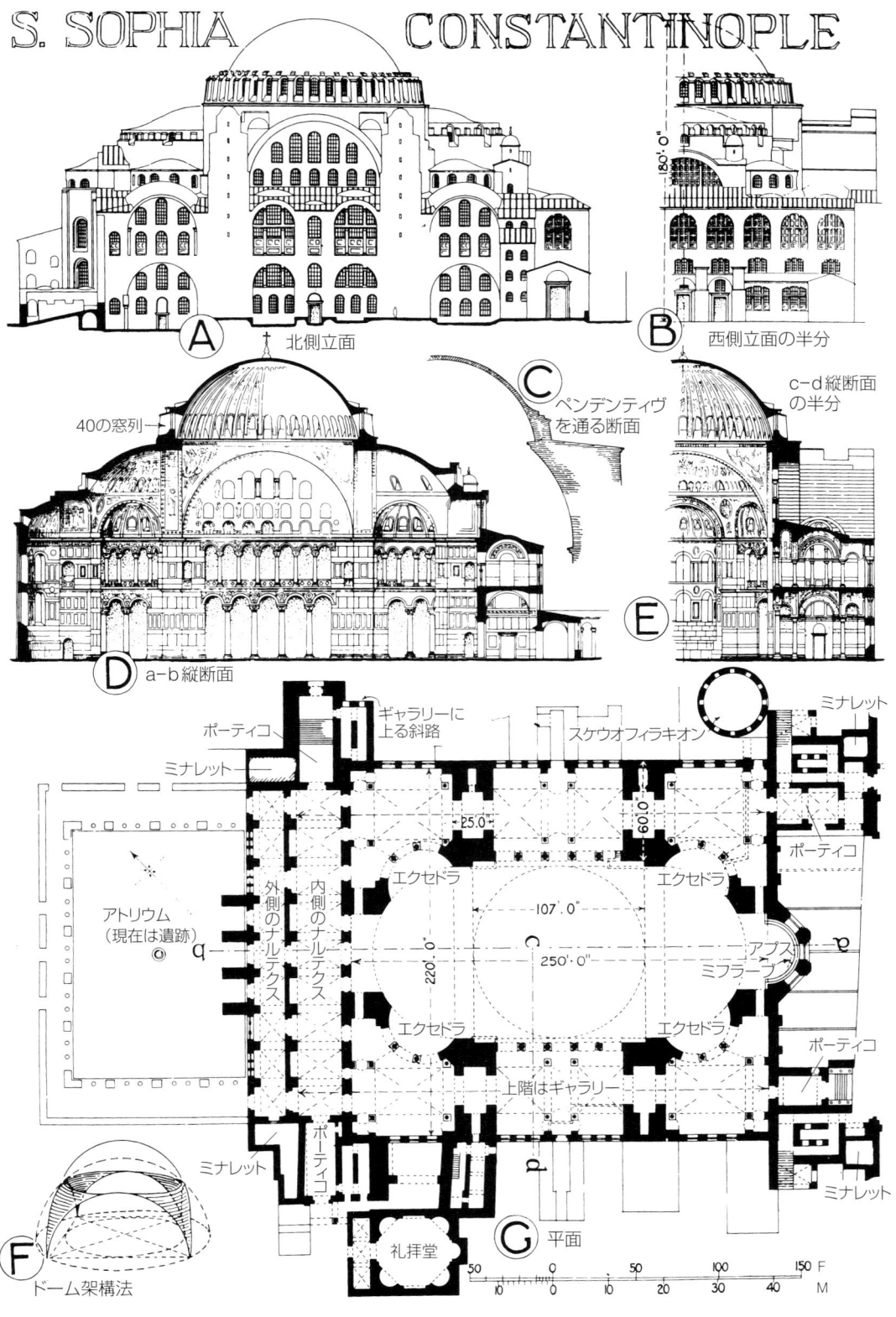

ハギア・ソフィア大聖堂、コンスタンティノポリス

A ハギア・ソフィア大聖堂、柱の柱頭、ピラスターの柱頭、アーチの下面装飾、コンスタンティノポリス　p.316、p.323 参照

B ハギア・ソフィア大聖堂、身廊北側

第 11 章 ビザンティン帝国

ハギア・ソフィア大聖堂、北側側廊、東側をみる、コンスタンティノポリス　p.316、p.322 参照

似るが、それらの教会堂よりも規模が大きく、二重側廊とギャラリーを擁するバシリカであったことはほぼ確実である。少なくとも、第二教会堂はアトリウムを前面に備え、アトリウムには堂々たるプロピュライアを通って中に入ることができた。コンスタンティノポリスの重要性が増し、この都市の主教が東方教会の大部分を配下に治める総主教となった時に、ハギア・ソフィアは単なる大聖堂から総主教区大聖堂となった。

ユスティニアヌスの大聖堂は、トラレス出身のアンテミオスとミレトス出身のイシドロスによって設計された。彼らは、普通の建築家ではなく、当時の力学の科学を究めたメヘャニコイあるいはメヘャノポイオイと呼ばれる人であった。しかし、当時でいう科学は、むしろ今日でいう幾何学に近いもので、現代の技術者の科学とは異なる。力学の科学とは、空間とこれを覆うヴォールトを見事な幾何学的体系にまとめあげることであった。このことは、彼らの設計を子細に検討してみれば、すぐに明らかとなろう。しかしその設計は、静力学的には完璧なものではなかった。というのは、工事完成のわずか20年後にドームが部分的に崩壊し、形を変更してドームが再建されたからである。この崩壊の原因の少なくとも一部は、後の例と比べても早すぎるほどの建設工事の速度と、その間のまれにみる一連の地震に帰することができる。ただ設計が、経験的に証明されていた当時の慣例をはるかに超えるものであったことは、心に止めておく必要がある。

教会堂の主要部は、幅約70m、長さ約75mの長方形の中にまとめられる。この長方形の東側からアプスが突出し、西側にはアトリウムを前面に備えた二重のナルテクスが付属する。主要部の中心は、1辺が正確に100ビザンティン・フィート（31.2m）の正方形で、この上にドームがのる。すなわち、正方形にちょうど外接して立つ主ピアの上から発する半円形の大アーチの間にペンデンティヴが形成され、このペンデンティヴがドームを支える。ドームの推力に抵抗するために、南北方向では、側廊をまたいでこのピアと向き合う位置に、別のピアが配置される。東西方向ではこれとは異なる方法がとられるが、この方法は、正方形を円に転換するペンデンティヴよりもさらに新しい方法であった。すなわち、主ドームと同じ直径の2つの半ドームが横断アーチを受け止め、その荷重の一部を、東西の外壁に面してすえられた副ピアが支持する。このピアは、最終的には東西方向の推力を受けるが、それは、潜在的に危険度の少ない下部においてである。半ドームの下では、大きな半円形が身廊の空間を東西方向に拡張する。この大半円形の主ピアと副ピアの間から、小さな半円形のエクセドラが、初期の四葉形教会堂のそれに似た仕方で膨らむ。東西の両端部を結ぶ単一の側廊は、ピアの主要躯体とそこからさらに内側に突出した出っぱり部分によって狭められる（p.321）。この出っぱりは、当初の設計に基づいて進められた工事の後半に、上部で生じた水平力がピアにとって危険になった時に、付加されたと考えられている。大半円形とエクセドラが東西にあるために、身廊と側廊の境界面は非常に変化に富む。この境界面は、西側で内側のナルテクスに接続する。そして、側廊とナルテクスの上には、ギャラリーが配置される。

側廊とギャラリーのヴォールトを支えるのが理由の1つであるが、身廊を囲うピアの間にはアーチをのせる円柱列がめぐらされ、側廊とギャラリーの内部にも円柱が挿入される。これらの円柱は全て、一本石の柱身を持ち、頭と足もとにはブロンズの環が取り付けられる。この環は、古典古代の円柱であれば、柱身と一体化した突出となっていたはずである。側廊とギャラリーの内部の円柱は白色のプロコネソス産大理石でできている。身廊に面する円柱は、緑色のテッサリア産大理石または赤色斑岩でできている。ただし、赤色斑岩の円柱は1階のエクセドラだけに限られる。これらの円柱が頂く見事な柱頭は、いくつかの異なった意匠を持つが、全て迫元の石のブロックと一体化されている。これらの柱頭は、彫刻の施されたコーニスおよびそれに類する部分とともに、明らかにこの建物の意匠のために刻まれたものである。このことは、先の時代の神殿から取り外して持ってきた柱身の起源に関する伝聞の多様さとサイズの多様さにもかかわらず、大部分の柱身についてもあてはまる。しかし、斑岩の柱身は、他の柱身に比べてサイズのばらつきが大きいので、再利用されたものかもしれない。1階と2階の構成は全体的によく似るものの、円柱列——身廊の直線の部分とエクセドラの曲線部分の両方を含む——だけは例外で、ギャラリーのレベルの円柱列は、1階のそれよりも高さが低く、したがって当然のことながら円柱同士の間隔が狭い。

教会堂の全周を中断することなくめぐる第2コーニスの上からはアーチが立ち上がり、それらが大きな半ドームとエクセドラの小さな半ドーム、そして主ドームを支える。半ドームはいずれも、当初は4分の1球であったが、西側のそれは頂部が平らなため、立ち上がりが急である。そして、当初はそれぞれ5つの窓を持っていたが、そのうちのいくつかは今は塞がれてしまっている。南北の大アーチの下には、窓の並んだテュンパヌムと呼ばれる壁がある。テュンパヌムの壁の一部は改築を受けており、窓の面積は当初はもっと大きかった——すなわち上部には単一の大きな窓が開けら

れていた。ドームには当初40の窓が開けられていたが、そのうちの4つは今は塞がれている。

　躯体の主要部は、一部はきちんとすられた石灰岩と花崗岩のブロックで、そしてまた一部は、ローマで普通にみられる偏平なプロポーションを持ったレンガでつくられている。すなわち、ピアの下部では切石積みが用いられているが、ピアの上部と、1階を含めて全てのヴォールトは、レンガによっている。レンガ積みで注目すべき特徴は、モルタルの目地がレンガと同じ厚さを持っている点にある。この事実は、建設工事中の大きな変形と、工事完成後のドームの部分的な崩壊に大いに関連があると思われる。

　平面の最も注目すべき点は、バシリカの長手方向の強調と、ドームの求心性の強調とが結び付いているところにある。空間の構成を子細に検討してみれば、両者がいかにうまく両立しているかがわかる。しかしながら、デザインの全てが、それに見合うほどよく考えられているとはいえない。ピアから突出する予定になかった補強用の出っぱりについては、すでに述べた。側廊とギャラリーのヴォールト、特に身廊に隣接する不整形のヴォールトには、やっつけ仕事の痕跡が明らかである。その最もよい例は身廊を取り巻く円柱列で、当初の意図に反して、1階のレベルとギャラリーのレベルで位置が対応していない。

　この教会堂に足を踏み入れると（ビザンティン帝国第一の教会堂として9世紀以上、モスクとしてさらに5世紀ほどの年月を経て、現在は博物館となっている）、想像を超えたはかりしれない空間に出会う（p.318）。身廊からみえるピアの表面には、色彩豊かな大理石の外装がほぼ当時のままの形で残り、側廊とナルテクスのヴォールトには当初の金地のモザイクが多く残る。しかし、これよりも上の高さでは、状態の悪い変色した19世紀のプラスター塗がみられる。内部空間を満たしていたであろう自然の光は、窓の充填と外壁に取り付けられた中空のバットレスによって、かなりの量が遮られてしまった。夜ハギア・ソフィアを明るくしたであろう照明具類は、金と銀をかぶせ宝石を散りばめた当初の設備類とともに、はるか昔に全て失われてしまった。

　身廊の内部を支配するのは、壁面と円柱列とヴォールトを包みこむ単一の連続した面の印象である。円柱列とコーニスによって水平の帯に分割されるこの面は、時として姿がみえなくなることがあるが、決して見通せないものではない。しかし、一方でこの面は、ドームを実際に支えているピアの大きな量塊を、ほとんど意識させない（p.320）。側廊はベイの形が多様で、ここには変化に富んだ色彩と高さとタイプを持つ円柱が配置される。しかも、円柱の間から垣間みえる身廊の姿が、人の動きにつれて変化し、光のコントラストにも変化が生じるので、身廊に比べて複雑な印象を与える。東側のエクセドラの間、前方に大きく張り出した内陣仕切の背後には、カノピー付きの祭壇が置かれ、空間の焦点をなしていた。さらに前方のドームの下には大きな読経台があり、仕切付きの通路によって内陣と結ばれていた。しかし、それらについて想像するのは、今日では非常に困難なことである。また、そこでとり行われたであろう神聖なる儀式——大きな祭礼の時には皇帝自ら公式の役割を演じた——の色彩と動きと聖歌、そして香についても同様である。しかし、聖像破壊運動が終わった9世紀以降に加えられた見事なモザイク画像が、内ナルテクスの南側の扉口の上と、身廊に入る中央の扉口の上と、アプスの半ドーム、そしてギャラリーを含む上部壁面のいろいろな箇所に今日まで残り、その困難さを埋め合わせてくれる。

　ガラスの大きな面を持ち、少なくとも壁の一部が大理石の外装で覆われていた当初の外観を想像するには、さらに多くのものを取り払わなければならない（p.317B）。当初のドームは現在のものよりも低く、ドームがのる正方形のベースの立ち上がりも現在ほど高くはなかった。2つの半ドームは数世紀後に再建された（西側の半ドームは10世紀、東側は14世紀）が、この時西側の半ドームの形態は、前述のような変更を受けた。

　外部に付加された多くの構造物については、注意を要する。その第1は、ドームと高所のヴォールトに対応したバットレスの付加である。ついで16世紀以降、モスクとして使用するために多くの装備が施された。第1の付加工事には、教会堂の西南隅に南面して建てられた総主教の邸館と、外側のナルテクスの壁から発し屋根をまたいで西側ギャラリーの壁にぶつかるフライング・バットレスが含まれる。工事の年代は正確には確定されていないが、おそらく9世紀か10世紀である。この年代は、西欧のゴシック建築にフライング・バットレスが用いられる、かなり以前のことである。教会堂が初めて完成した当初は、ドームを補強する巨大な腕として北側と南側のギャラリーの屋根の上に付けられたピアの垂直性は、現在よりももっと明瞭だったであろう。

　付加工事はさておき、失われてしまったものも多い。たとえばアトリウムは、大部分が消失して、現在は博物館の庭園となっている。それでも、外ナルテクスに一歩足を踏みいれれば、天井の高い内ナルテクスから大きな扉口を通り身廊の中に入っていく時の緊張感を、当時と同じように体験することができる——これらの

扉口のほとんどは、なぜか前後の軸線がそろっていない。

最後に、教会堂の中にパストフォリアがなかった点は、注目に値する。アプスに隣接した区画が、パストフォリアを構成する聖具室(ディアコニコン)と準備室(プロテシス)であったとする説は間違いであることがわかっている。このような施設を教会堂の内部に設けることは当時一般的であったが、ハギア・ソフィアではその必要がなかった。なぜならば聖職者は、アトリウムとナルテクスを通って教会堂の中に会衆を導き入れる入場ミサの前に、祭服をまとった。そして、聖餐式で奉献される聖餐材料は、教会堂から独立した別の建物、すなわちスケウオフィラキオンで準備されたからである。教会堂のすぐ北側にあるこの建物は、テオドシウス2世の教会堂以来生き残ってきた最も重要な建物である。

ラヴェンナのサン・ヴィターレ聖堂(540頃-48建設、p.325D)は、521年から532年の間に建設の命がくだった。しかし、この時期イタリアは東ゴート人の治下にあり、建設工事は進行しなかった。工事が始まったのは、540年にラヴェンナがユスティニアヌスの手に落ちて以降である。これ以前にもラヴェンナはコンスタンティノポリスと緊密な関係にあったので、サン・ヴィターレにビザンティンの特徴が顕著にみられても、それは決して意外ではない。特にハギイ・セルギオス・ケ・バッコス聖堂(p.325E)との類似性は明らかである。しかし、両者の内部空間の印象は同一ではない。それは、主として高さと幅の関係の違いによる。また、シャルルマーニュによって創建され、現在は大聖堂となっているアーヘン(エクス＝ラ＝シャペル)の大聖堂(旧宮廷礼拝堂、p.401参照)との間にも、同様の対比が可能である。この礼拝堂は、サン・ヴィターレよりも後の時代に属し、プロポーションも縦長であるが、同じ系統に属する。

サン・ヴィターレは、ハギイ・セルギオス・ケ・バッコスと同様、ドームを架ける八角堂で、ギャラリー付きの周歩廊が全体を取り囲む。コアの直径は、サン・ヴィターレの方が1mたらずだが大きい。しかし、ドームの頂点の高さは約6m高く、しかも高さの印象は、ピアの垂直性の強調によって強められている。これは、ハギイ・セルギオス・ケ・バッコスにおいては、幅の厚いコーニスが、ギャラリーの高さでピアの表面を横切り、中断することなく全体をめぐることによって、水平の連続性を強調するのとは対照的である。中央の空間がエクセドラの膨らみを持つ点もハギイ・セルギオス・ケ・バッコスと同様であるが、サン・ヴィターレでは、全てのピアの間にエクセドラが挿入される。ただし、東側の柱間だけはより深い開口を持ち、外部に突出するアプスとなって終わる。周歩廊の外壁は八角形であるが、これはおそらく、この形式の方がより論理的であることと、ハギイ・セルギオス・ケ・バッコスの場合のように近接して建っていた既存の建物による制約がなかった、という理由によるものであろう。

ハギイ・セルギオス・ケ・バッコスとのもう1つの対比は構造と装飾にある。構造上の大きな相違はドームにみられる。サン・ヴィターレのドームは、すでに述べた正教徒洗礼堂と同様、円筒レンガによって形成され、この上に瓦葺きの木造屋根がのる。これに対し、コンスタンティノポリスでは、ヴォールトとドームのレンガの構造体の上に、直接鉛をかぶせるのが一般的だったので、ドームの形が外部にはっきりと表れる。したがって、背の高い外観を与えるには、ドームをドラムの上にのせる以外に方法がなかった。サン・ヴィターレは今日まで教会堂であり続けたので、内部の壁体上部と内陣のヴォールトに、当初のモザイクの大部分をそのまま残すことができた。これらのモザイクには、ユスティニアヌスとその非凡な配偶者テオドラの姿が、等身大で表現されている。すなわち、ユスティニアヌスは、献堂式に臨むべく主教とその他の聖職者および側近を従え、教会堂の中に足を踏み入れた姿で描かれ、テオドラは、宮廷の女官を従えてアトリウムから教会堂に入ろうとしている姿で描かれている。

コンスタンティノポリスのハギア・イレーネ聖堂(532年あるいはこの直後に着工されたが、740年以降広範囲にわたって再建された)は、ハギア・ソフィアの第一教会堂が建てられるまでは大聖堂だった。現在のハギア・イレーネは、この時の教会堂が532年の火災で大きな被害を受けた後、再建されたものである。この教会堂はハギア・ソフィアの近くにあり、ハギア・ソフィアの聖職者によって運営されていた。現在、壁体の下部だけがユスティニアヌスの再建時のものに属する。ギャラリーとヴォールトが740年の地震によって被害を被った後に再建されたのをはじめ、さらにいくつかの改築を経て今日にいたっている。ユスティニアヌスの教会堂は、アプスに隣接した正方形の主ベイに単一のドームを架け、その西側にはトンネル・ヴォールトを渡していた可能性が高い。したがって、アラハン修道院にヴォールトを架けた形態に相当するが、これよりも規模が大きくかつギャラリーを備える点が異なる。今日興味をひくのは、アプスの半ドームにみられる聖像破壊運動時代のモザイクと、その下によく残っているシュントロノン(聖職者のための段状の座席)である。この教会堂は、兵器庫として長期間使用されたため、今日では内部のほとんどの外装がはがされ、壁

第 11 章 ビザンティン帝国 | 325

FULLY CENTRALISED STRUCTURES COMPARED

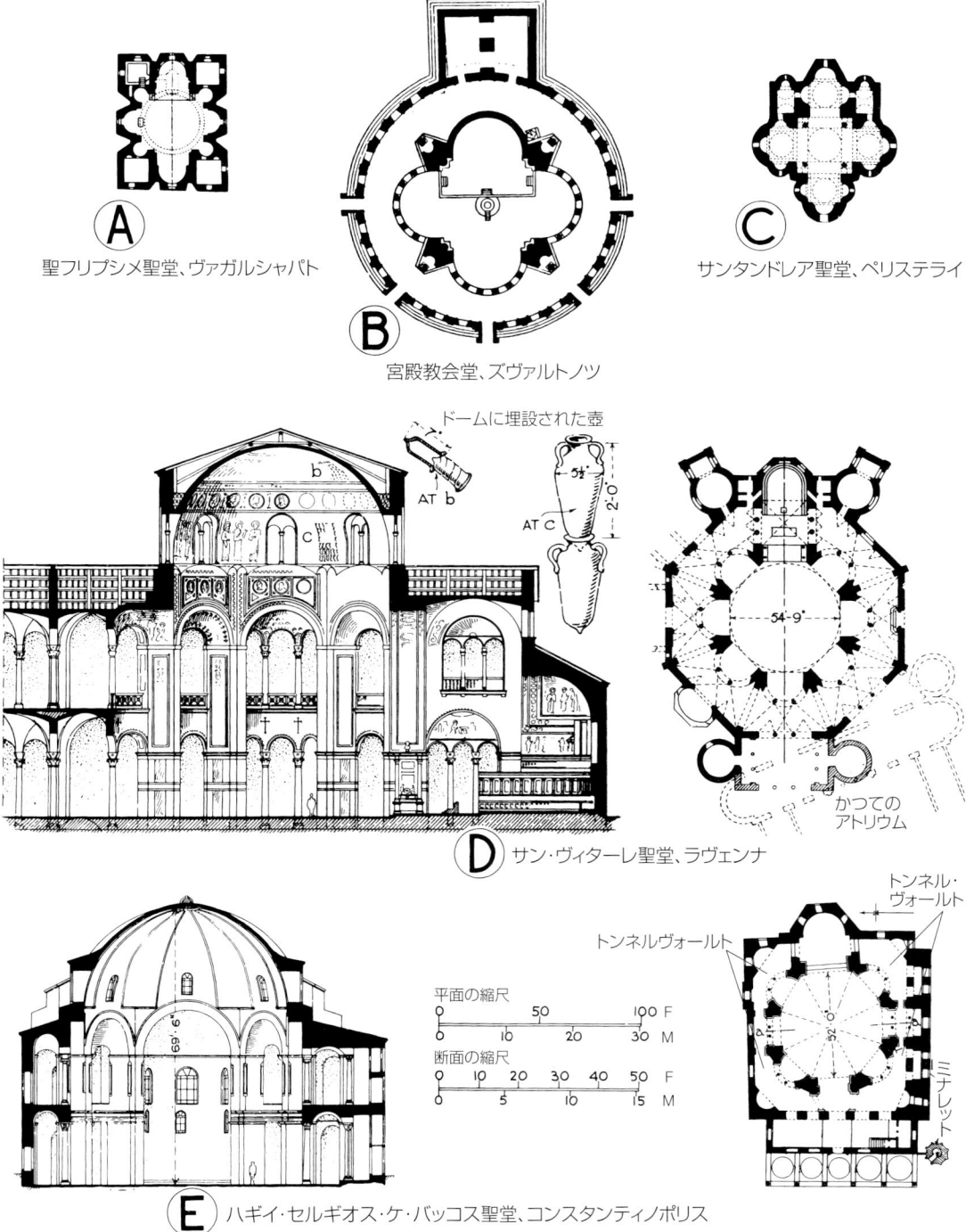

Ⓐ 聖フリプシメ聖堂、ヴァガルシャパト

Ⓑ 宮殿教会堂、ズヴァルトノツ

Ⓒ サンタンドレア聖堂、ペリステライ

ドームに埋設された壺
AT b
AT C

Ⓓ サン・ヴィターレ聖堂、ラヴェンナ

かつてのアトリウム

トンネル・ヴォールト
トンネルヴォールト
ミナレット

平面の縮尺
断面の縮尺

Ⓔ ハギイ・セルギオス・ケ・バッコス聖堂、コンスタンティノポリス

集中式教会堂の発展

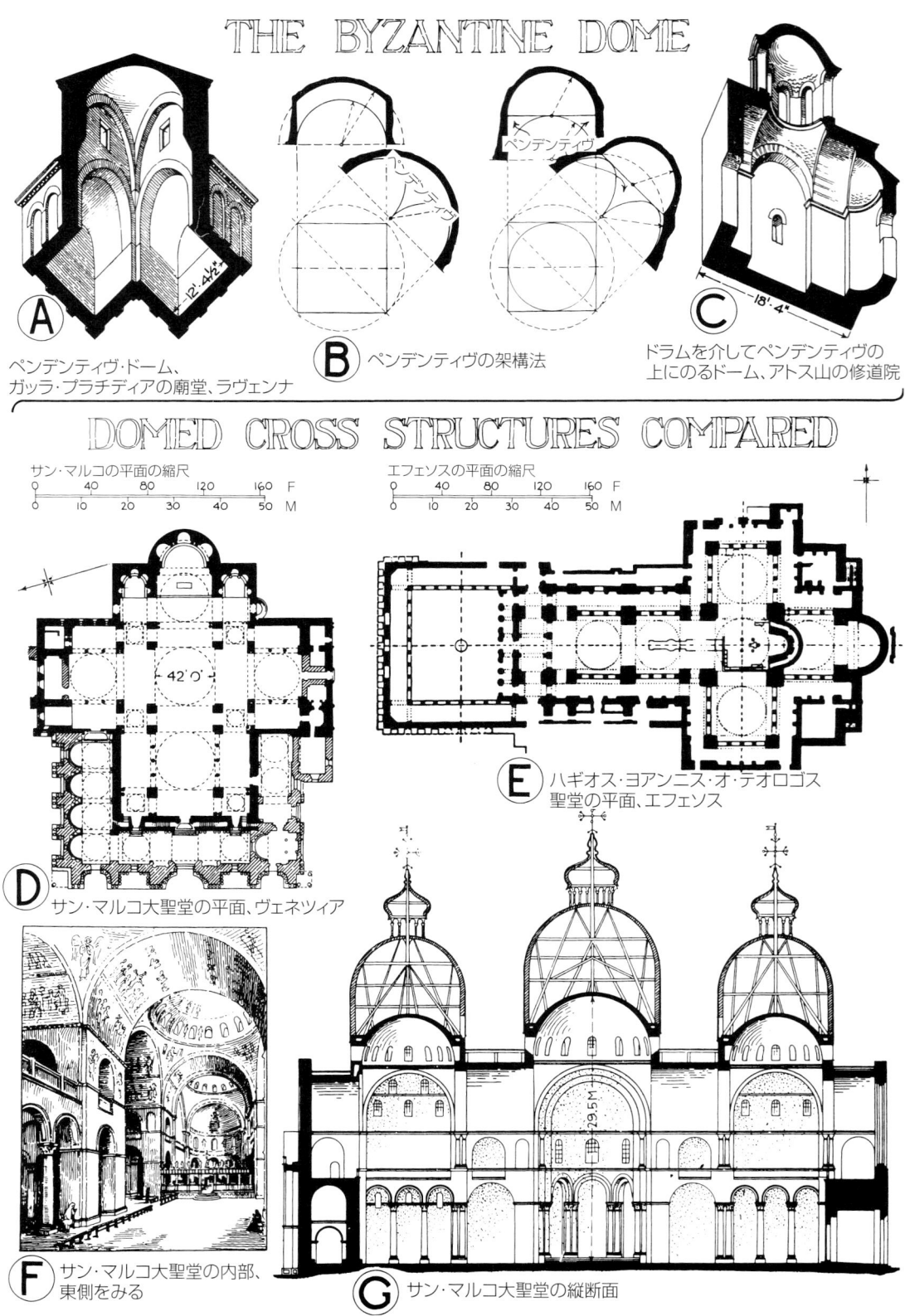

THE BYZANTINE DOME

A ペンデンティヴ・ドーム、ガッラ・プラチディアの廟堂、ラヴェンナ
B ペンデンティヴの架構法
C ドラムを介してペンデンティヴの上にのるドーム、アトス山の修道院

DOMED CROSS STRUCTURES COMPARED

サン・マルコの平面の縮尺
エフェソスの平面の縮尺

D サン・マルコ大聖堂の平面、ヴェネツィア
E ハギオス・ヨアンニス・オ・テオロゴス聖堂の平面、エフェソス
F サン・マルコ大聖堂の内部、東側をみる
G サン・マルコ大聖堂の縦断面

ビザンティン建築のドーム(上)。十字形平面にドームを架けた建築(下)

がむきだしになっている。

コンスタンティノポリスの聖使徒聖堂(536頃-65)は、コンスタンティヌスが建てた教会堂をユスティニアヌスが再建したものである。以後、何度かの部分的な再建と改装を経たが、オスマン帝国による征服後、ファティーの第一モスクを建てるために取り壊された。したがって、この教会堂については、記述と彩色写本およびその後の復写本に描かれた図によってしか、知ることができない。

エフェソスのハギオス・ヨアンニス・オ・テオロゴス聖堂(548-65以前、p.326E)は、ユスティニアヌスが再建したもう1つの大規模な教会堂である。再建にあたって規模が拡大され、聖使徒聖堂と同じく一連のドームが架けられた。聖使徒聖堂との主な違いは、西側の腕が他の腕よりも長く、ここに2つのドームを架ける点である。発掘された(そして今日一部が復元された)遺物から、整形された切石積みのピアとレンガ造のアーチおよびヴォールトを含めて、建設方法がハギア・ソフィアのそれとよく似ていることがわかる。

フィリッピーのバシリカB(540頃、p.328B)は、前の3つの例とは対照的に、身廊の東端部を幅の広いトランセプト状の腕が横切る複雑な平面に、ヴォールト架構を試みた例である。身廊とトランセプトが出会う正方形のベイにドームを架け、残りの部分には、半円トンネル・ヴォールトと交差ヴォールトを架ける。ハギア・ソフィアおよびハギオス・ヨアンニス・オ・テオロゴスと同様、よく考えられた構造だったにもかかわらず、東側のピアはドームの推力に抵抗するには耐力が不十分であった。ドームの崩壊がそれを証明している。ドーム崩壊後、この建物は資金不足のために放棄されたようである。西側の2本のピアだけが、もとの高さのまま現在も残る。

ユスティニアヌス帝以後のビザンティンの宗教建築

ユスティニアヌス治世の数十年間にわたる様式形成期以後の長い時代から引用される作例は、必然的により精選されたものとなる。ここでは、次第に分割が進む帝国の内部と辺縁部の建築を、それぞれがたどった発達の道筋が反映されるように、地方別にグループ化するのが便利であろう。ロシアの作例は別に叙述する。

コンスタンティノポリスとギリシア

ゴルテューンのハギオス・ティトス聖堂(6世紀末の可能性もあるが、おそらくそれ以降、p.328A、p.329A)は、これまで述べてきたようなドームの使用につながる作例で、特にフィリッピーのバシリカBとの類似性が強い。奥行の深い内陣は、トランセプトを十字形の腕として際立たせる。そして、トランセプトの両端部にある2つのアプスと東端部のアプスは、ローマの三葉形教会堂を思い起こさせる一方で、構成の中心がドームに移動する傾向を表している。現存する遺跡は、建物の全体が整形された切石積みでできていたことを示す。テッサロニーキの現在のハギア・ソフィア聖堂(おそらく8世紀初期、p.328C)は、先行するより大きなバシリカを建て替えたもので、上記の傾向をもっとよく表している。トンネル状の穴が開けられたマッシブな正方形のピアは、中央のドームを支えるとともに、十字形の短い腕の境界をなす。側廊とナルテクスがこの十字形を三方から囲み、内陣とその両側に付属したパストフォリアが、残りの面を占有する。多くは失われてしまったものの、美しいモザイクの一部がアプスとドームに現在も残る。

ペリステライのサンタンドレア聖堂(870頃、p.325C)は、西端部に後の増築部分を加えたもっとずっと小さな建築である。ここでは、ドームの架かる十字形は、東端部の側祭室を除けば、隅部を充塡していない。

コンスタンティノポリスのコンスタンティノス・リポス修道院(フェナリ・イサ・ジャミイ、908献堂、p.328E)の北聖堂では、中央のドームを受けるピアが単円柱に縮小されている。その結果、十字形の隅部に接した正方形のベイが主空間と融合して、十字形を内接した正方形平面が形成されている。北聖堂は、このような内接十字形平面を持つ初期の例である。同じ建物の南聖堂、およびこれより少し後のものであるが、やはり南側に付属した側堂とナルテクスは、いずれも14世紀初期の増築である。

オシオス・ルーカス修道院のテオトコス聖堂(10世紀、p.328D)は、同様の形を持つギリシアの例である。テオトコス聖堂に隣接する主聖堂(11世紀初期)はもっと大規模で、もっと複雑な平面を持つ。すなわち、ドームを支える8本のピアの間には、スクィンチ状のアーチが、正方形の隅を斜めに横切るように架かる。ナルテクスの上部と、中央の正方形を取り囲むベイの上部は、ギャラリーとなる。この教会堂は、壁とピアに残る見事な大理石の外装、大理石の窓格子、そしてヴォールトのモザイクの完全な図柄(いくらかの補修はあるが)によって、特に有名である。そのため、聖像破壊運動後の数世紀間における教会堂の内部空間の特徴を代表する、今日最も印象的な建築となっている。

アトス山にある、メギスティ・ラヴラ修道院の主聖堂(10世紀末あるいは11世紀初頭、p.329B)は、アトス山に現存する教会堂の中で最も古く、他の模範となっ

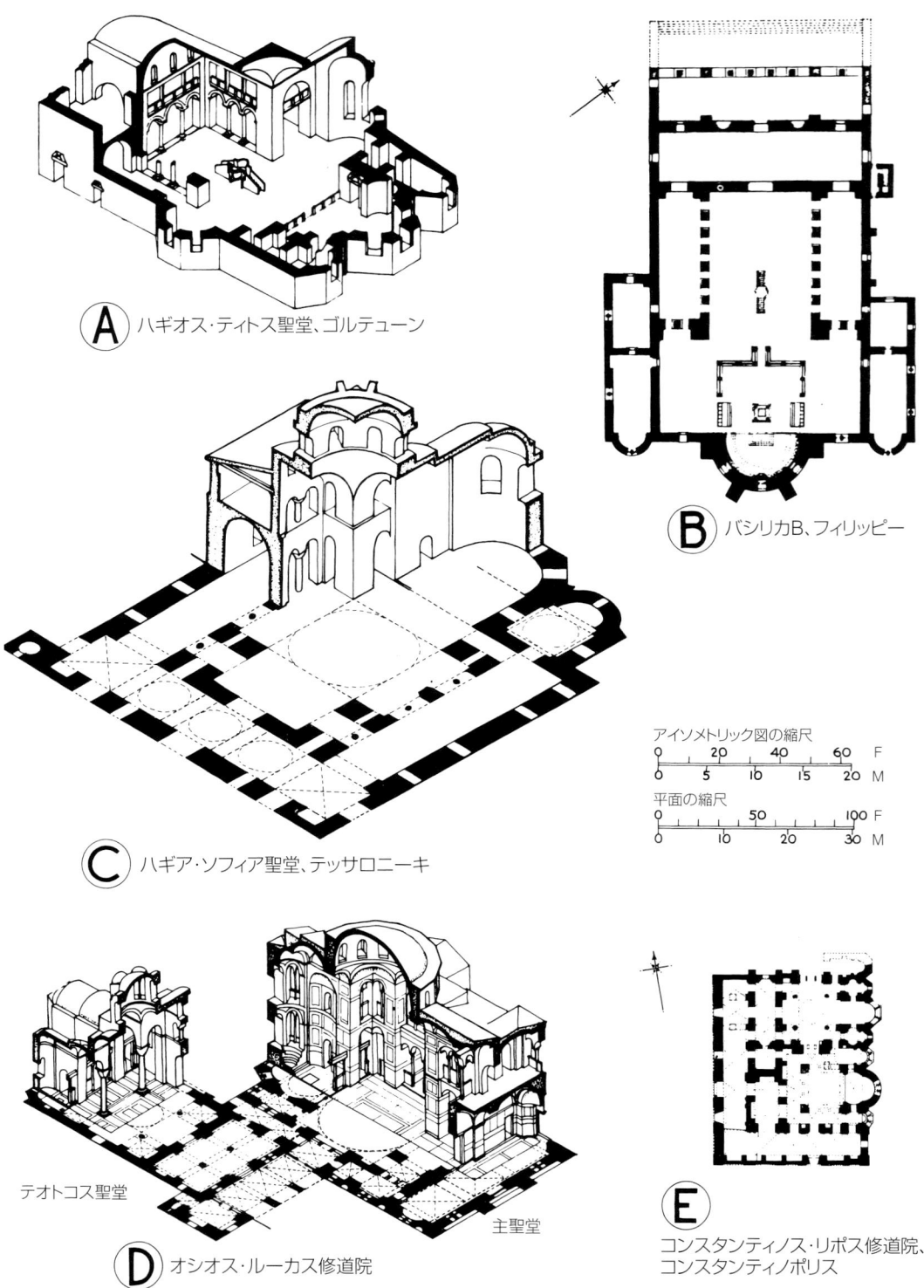

後期ビザンティンの教会堂

A ハギオス・ティトス聖堂、ゴルテューン（おそらく6世紀末あるいはそれ以降）　p.327 参照

B メギスティ・ラヴラ修道院の主聖堂、北西からの外観、アトス山（10世紀末あるいは11世紀初頭）　p.327 参照

A パントクラトールのモザイク、ダフニ修道院聖堂のドーム（1080頃） p.331 参照

B エルマル・キリセ、ゲレメ、カッパドキア（おそらく11世紀） p.331 参照

C グラチャニツァ修道院聖母聖堂、南東からの外観（14世紀初頭） p.331 参照

た教会堂でもある。この教会堂は、内接十字形を内包する正方形平面のもう1つの例である。ハギオス・ティトスと同じく、十字形の両腕にはアプスの突出部が付き、西側のナルテクスに接して側祭室を備える。**ダフニ修道院聖堂**(1080頃、p.330A)は、オシオス・ルーカス修道院の主聖堂に似るが、ギャラリーを持たない。また、保存状態はオシオス・ルーカス修道院よりもよくはないが、ドームに残るパントクラトール(万物の支配者としてのキリスト)の壮麗なモザイク他、多くのモザイクを保存する。

中部アナトリアでは、岩石が軟らかい火山性のため、岩を洞穴状に掘って教会堂と住居にすることが容易であった。**カッパドキアのギョレメ**にある**エルマル・キリセ**(おそらく11世紀、p.330B)は、このような数多い洞窟修道院のうちの1つである。内接十字形の平面は、この形式が当時持っていた強い影響力をよく伝えている。

テッサロニーキの聖使徒聖堂(1310-14)は、内接十字形平面を持つもっと後の例である。この教会堂は、隅のベイに小さなドームを架け、しかもより印象的な外観を得るために全てのドームを高いドラムの上にのせるなど、この時代後期の趣向を代表している。また、外部のレンガ壁の装飾的な扱いに対する当時の好みも示している。内部にモザイクが残る。

コンスタンティノポリスのコーラ修道院聖堂(現カハリエ・ジャミイ)の側堂と外ナルテクス(1303頃-20)は、ドームを架けた初期の単純な十字形平面の教会堂に増築された部分で、コンスタンティノス・リポス修道院聖堂における増築と同様、建築的にはそれほど興味をひくものではない。しかし、この建物は、完全な姿で保存されている図像装飾によって有名である。内ナルテクスと外ナルテクスにあるモザイク、そして側堂のフレスコ画がそれである。モザイクは、ヴェネツィアのサン・マルコ大聖堂のナルテクスにあるモザイクに似る。フレスコ画は、たとえばパドヴァのアレーナ礼拝堂にあるジョットのフレスコ画に似ており、後期ビザンティン絵画の現存する最も優れた作例である。

セルビアとマケドニア

グラチャニツァ修道院聖母聖堂(14世紀初頭、p.330C)は、ギリシアの後期ビザンティンの教会堂と類縁性のあるこの地方の教会堂の1つである。平面は基本的に内接十字形であるが、中央の空間は比較的小さい。十字形の交差部は、単円柱ではなくピア群となる。そして、テッサロニーキの聖使徒聖堂と同様、中央の空間だけではなく4隅の小さなベイにもドームを架ける。これらのドームは全てドラムの上にのる。ここには、中央ドームをめざして高まる、より力強い形態の盛り上がりがみられる。この高まりは、ドームの周りの空間を覆うトンネル・ヴォールトの上に突き出たアーチ型の破風の繰り返しによって、強められている。

アルメニアとグルジア

アルメニアは、ローマ帝国本土よりも早くからキリスト教が公認されていたことから、ドームを架ける集中式教会堂といくつかのタイプのヴォールトの発祥地とみなされてきた。しかし、この主張を支持するような初期の例は見出されていないし、また、これまで例証として挙げられてきた状況証拠は、むしろ別の解釈をするのに都合がよい。ここで引用する例は、この地方における発展の最良の成果と考えられる建築である。それらは、これまで述べてきた地方の建築の、より初期かあるいは同時期の発展に、当然のことながら依存すると考えられる。

ズヴァルトノツの宮殿教会堂(641-652頃、p.325B)は、最も早いとされる例ではないが、アルメニアにおいて四葉形平面が長期にわたって存続したことを示すために、最初に取り上げる。この教会堂は、完全な円形と結合した新しい平面を持つ。四葉形のエクセドラは、外側をめぐる円形の周歩廊の中に膨らむ。地表には、円柱の柱礎と数メートルの高さのピアと外壁以外は何も残っていないので、立面を確定するのは難しい。もっと後のこの地方の円形教会堂をもとに考察すると、バギイ・セルギオス・ケ・バッコスおよび、サン・ヴィターレよりも背の高いプロポーションを持っていたようである。

ヴァガルシャパトの聖フリプシメ聖堂(618頃、p.325A、p.333A)は、より一般的な形態を持つ、保存状態の良い最も初期の例である。集中性が強く、中央の正方形からは端部にアプスを持つ4本の腕が伸び、その腕と腕の間には小さなニッチ状の空間が開けられる。4隅には独立した部屋が配置されて、全体が長方形にまとめられる。内接十字形の形態は、内部よりもむしろ外部において明瞭である。それは、屋根の高さで破風を同一面内に収めるために、アプスの両脇の凹部にアーチを渡しているからである。内部では、ドームを架けた中央の空間と、そこから発する4本の主要な腕が注目される。腕と腕の間にあるニッチ状の空間は、小さすぎてピアの表面を分解するにはいたっていない。また、隅の部屋は、内部の主要部分との結び付きが極めて弱い。躯体は、他のアルメニアの教会堂と同様、整形された切石積みである。西側のポーティコは後の増築である。

アグタマールの聖十字架聖堂(915-21、p.332A)は、

A 聖十字架聖堂、アグタマール（915-21） p.331 参照

B モンレアーレ大聖堂（1174-82） p.335 参照

C サムタヴィシの教会堂（1030 頃） p.334 参照

D ジェラティ修道院の主聖堂（12 世紀初頭） p.334 参照

第11章　ビザンティン帝国 | 333

A　聖フリプシメ聖堂、ヴァガルシャパト（618頃）　p.331参照

B　サンタ・フォスカ聖堂（右、1100頃）とバシリカ式大聖堂（左）と鐘塔、トルチェッロ　p.313、p.334参照

基本的にはヴァガルシャパトと同一のタイプに属するもっと後の例である。ただし、ほとんど孤立しながらも平面全体を長方形にまとめていた4隅の部屋は、より鮮明に十字の形態を表現するために、ここでは省略されている。そしてそのかわりに、後の時代に他の場所でもみられるように相対的な高さの増大が認められる。また、ここでは、外壁の周囲とフリーズ上の浮彫装飾に表れているように、外部形態の強調も明白である。その彫刻の技法は、素朴な生命力に満ちている。内部は、フレスコ画が描かれるが、現在まで残っているものは少ない。

サムタヴィシの教会堂（1030頃、p.332C）は、内接十字形平面のグルジア的解釈の例である。その源流が聖フリプシメ聖堂であることは、両者の比較によって明らかである。ただ、十字形の部分が高さを増しているためと、外壁全体を取り巻く盲アーケードが外部のニッチの効果を弱めているために、外観は西欧のロマネスク建築に近い印象を与える。しかし、大胆な十字形のモチーフと、壁の表面を活気づけるその他のモティーフは、西欧のロマネスクにはみられない特徴である。また、高いドラムを持つドームとその上にのる円錐形の屋根についても同様である。内部はフレスコ画が施されているが、西欧のロマネスクとの類似性は少ない。

ジェラティ修道院の主聖堂（12世紀初期、p.332D）は、いっそうグルジア的な趣きの強い例であるが、北側と南側に祭室を備え、西側にナルテクスを持つ点が異なる。北側の祭室は年代が下るが、南側の祭室とナルテクスは、東側を除いた全周に周歩廊をめぐらせる目的のために、当初から予定されていたようである。アプスの半ドームには、コンスタンティノポリスのハギア・ソフィアのものに似た見事な聖母子像のモザイクがあり、フレスコ画もよく残っている。

イタリアとシチリア島

ヴェネツィアのサン・マルコ大聖堂（1063頃-73およびこれ以降、p.326D, F, G）の旧教会堂は、アレクサンドリアから運ばれてきた使徒マルコの遺物を受け入れるために830年頃建てられたもので、十字形の平面を持っていた。現在の大聖堂は、少なくともこの旧教会堂を建て替えたものである。この時、コンスタンティノポリスのユスティニアヌスによる聖使徒聖堂が模範としてすでに存在していたと考えるのは自然なことである。聖使徒聖堂は1063年までに部分的に改築を受けていたから、サン・マルコの再建の手本となったのは、改築後の教会堂である。

サン・マルコでは、4本が1組となったピアが5つのドームを支える。十字形の南側の腕のギャラリーにあるモザイクが示すように、当初の屋根の外装は、コンスタンティノポリスの慣例に従って、鉛で葺いただけの簡単なものであった。しかし、西側の扉口の上にある別のモザイクによれば、13世紀の中頃までには木造小屋組を持つ外殻ドームが加えられ、教会堂はさらに印象的な外観を獲得していたことがわかる。年代はまだ不確定であるが、ナルテクスが身廊の周囲に拡張され、南側には洗礼堂が付け加えられた。これによって側廊が暗くなりすぎたためと思われるが、側廊の上にあったギャラリーを、円柱列の上にのる単なる通路に縮小した。

現在の教会堂の内部は、オシオス・ルーカス修道院の主聖堂に勝るスケールで、ビザンティンの主要な教会堂にはすでに一般化していた壁面と造作の華麗な雰囲気を、よく伝えてくれる。だが、装飾は決して均質ではない。アーチとヴォールトとドームを覆うモザイクは、12世紀から16世紀まで年代がさまざまである。初期のモザイクは建築を完全に補完するのに対して、後期のものは建築の内部すなわち周囲の状況に適合しているとはいいがたい。他のビザンティンの教会堂と比べてさらに特異なのは、内部と同じくらい華麗な外観の扱いである。それは、1204年にコンスタンティノポリスを略奪した際に強奪してきた戦利品をはじめとする、13世紀初期以降の付加物によるところが大きい。たとえば、西側ギャラリーの中央の大窓に面してすえられた4騎の古代のブロンズ製の馬像が、これに含まれる。この像は、ギャラリーの下の一番北側のモザイクにも、その姿をみることができる。また、さまざまな色彩の数多くの大理石の円柱が、ポーティコの傍らにまとめて配置されたり、あるいはしばしば建築の論理とはほとんど関係なく、気まぐれに壁やその近くにすえられている。ヴェネツィアがビザンティン東方の前哨地であると同時に西方の一部でもあるという事実を反映して、後期ゴシックのカノピー付きのニッチや、オジー・アーチ、拳葉飾りのあるピナクル、あるいは聖人と天使の影像などがふんだんに用いられている。

トルチェッロのサンタ・フォスカ聖堂（1100頃、p.333B）は、単一のドームを架けた十字形の教会堂の一種である。東側を除いて十字形の腕が非常に短いために、ドームそのものが内部と外部で支配的である——というよりも、もしドームが木造の屋根に架け替えられずに残っていたならば支配的だったであろう。現在は、8本の円柱が形成する不整形な八角形と、その隅部に架かる奥行の浅い2段のスクィンチからなるドームの下部しか残らない。東側を除いて、聖堂は八角形のポーティコによって囲まれる。

シチリアは、西欧のロマネスクとイスラムからの影

響に加えて、ビザンティンの特徴が複雑に入り混じった教会堂が分布するもう1つの地域である。**モンレアーレ大聖堂**(1174-82、p.332B)は、その1つである。バシリカ式の単純な形態はビザンティン的というよりもむしろ西欧的であるが、細部の多くはビザンティン的で、おそらくビザンティンの職人の手になるものであろう。特に、身廊壁と内陣のモザイク装飾は見事で、アプスの半ドームから教会堂を見下ろすキリスト・パントクラトールのまったくビザンティン的な図像も、これに含まれる。この図像には、ダフニ修道院聖堂のドームにある図像と並ぶほどの高い評価が与えられている。

エチオピア

ティグレの**洞窟教会堂群**(ほとんどがおそらく11世紀から15世紀のもの)もまた、ビザンティン帝国本土に含まれない地方——事実この地方は7世紀のアラビア人による北アフリカ占領により政治的に孤立していた——において、コンスタンティノポリスの建築の影響がいかに広範囲に及んだかをみせてくれる。カッパドキアと同じように、初期のバシリカ式平面を持つ教会堂もいくつか存在する。それらの中で平面が十字形となるものは少なく、内接十字形平面から派生した平面が最も多い。これらの教会堂がカッパドキアの教会堂と異なるのは、次の点である。すなわち、天井はレンガ造あるいは石造のドームよりも、この地方の伝統的な木造屋根を表現したものが多い。また、多数の同一のベイを含むモスクからの影響を暗示させるものとも思われるが、特定のベイだけを強調するのではなく、全てのベイをできるだけ同等に扱おうとしているものが多くみられる。

世俗建築

コンスタンティノポリスの世俗建築について知ることにより、後期ローマ帝国の建築とビザンティン帝国の建築との連続性と同一性が明瞭になる。

ヒッポドロモス(200頃着工、326頃-30と379頃-95に拡張、後の付加を含む)の大体の輪郭は、アフメト1世のモスクに面した現在の長い広場に残されている。しかし、今日みることのできるのは、次の部分だけである。その1つはレンガ造の半円トンネル・ヴォールトからなる構造体(高さ20 m)の一部で、天然の断崖を越えて突出する西南端の湾曲した部分である。もう1つは、この構造体をひきたたせていたいくつかの付属物である。これには、エジプトのオベリスクと、デルフォイから持ってきたからみ合ったヘビのブロンズ製の3脚台が含まれる。意匠は、多くの点でローマのキルクス・マクシムスに似る。発馬門(スターティング・ゲート)の地点には、かつて4騎のブロンズ製の馬像があった。後にヴェネツィアに運ばれサン・マルコ大聖堂にすえられたのが、この馬像であったか、あるいは、日輪の二輪戦車を引いていたといわれる別の馬像であったかは、今のところわかっていない。傾斜観覧席の最上部の壁の周りには、円柱のアーケードがあった。

オベリスクの台の浮彫に表されている皇帝の観覧席は東南部の中央にあり、そこにはすぐ背後に位置していた宮殿から直接入ることができた。**大宮殿**(4-10世紀)のあった敷地は現在アフメト1世のモスクとその付属建物によって占められており、大宮殿そのものについては、今日みることのできるものはほとんどなにも残されていない。現存する宮廷儀式の記録によるところが大きいのだが、大宮殿についてわかっていることは、単一の建物ではなく、多くのさまざまな建物からなる一群の建築であった——ティボリやピアッツァ・アルメリーナのような初期ローマの宮殿やより後のグラナダのアルハンブラ宮殿あるいはオスマン帝国のトプカプ宮殿のように——ということである。大広間や小広間、教会堂、礼拝堂、そしてコロネード付きのポーティコが、中庭と池と噴水を取り囲んで、1つの大きな囲いの中にまとめられていた。「19の寝椅子の広間」の名で知られる第1の大食堂は、一端に皇帝のためのアプスを備え、両側に賓客のための寝椅子を並べた細長い広間として想像することができよう。もう1つの儀式用の広間であるゴールデン・ホールは、ドームをのせた八角堂であった。記録によれば、大規模な教会堂にみられるような大理石とモザイクによる豊かな装飾が施されていた。ゴールデン・ホールの南側に位置する大きな中庭のポーティコから発掘されたモザイク舗床の一部(現在はモザイク博物館に収蔵されている)は、ピアッツァ・アルメリーナ宮殿の舗床を思い起こさせるが、制作技術はこれよりも優れている。

ラウソスの宮殿と**アンティオコスの宮殿**(5世紀初期)の平面については、最近の発掘のおかげで、もっと多くのことを知ることができる。両方の宮殿とも、コロネード付きの半円形のポーティコ、すなわちシグマがあって、ここに迎賓室の入口が開いていた。ラウソスの宮殿では、焦点となる部屋は円形で、相対する入口と入口の間に8つのニッチがあった。この建物は、より小規模ではあるが、いわゆるミネルヴァ・メディカの神殿に似ていたと思われる。もう1つの入口が、各側に3つのニッチしか持たないが大宮殿の「19の寝椅子の広間」に似た細長い広間に連絡していた。アンティオコスの宮殿では、中心となる部屋は六角形で、その

A ポルフィロゲニトスの宮殿（テクフール・サライ）、コンスタンティノポリス（おそらく 13 世紀末）　p.337 参照

B バシリカ・シスターン（イェレバタン・サライ〔地下宮殿〕）、コンスタンティノポリス（532 頃）　p.337 参照

側壁には大きなニッチが開けられていた。この部屋は、後にハギア・エウフェミアの教会堂に転用された。この部屋には小さな丸い部屋が付属していた。

　形態に大きな変化が起こったのは、ビザンティン帝国時代の末期になってからである。いわゆる**ポルフィロゲニトスの宮殿**(テクフール・サライ、おそらく13世紀末、p.336A)は、単純な長方形の平面を持つ3階建の建築である。面積がそれほど広くないので、2階の床をのせるヴォールトあるいは3階の床をのせる木造の梁を支えるために、中間に支柱を挿入する必要がなかった。大部分が整形された切石積みでつくられたファサードの、色彩豊かな装飾的な扱いを別とすれば、ほぼ同時代に属する**ミストラの宮殿**と同様、どちらかというと西欧的な特徴を持つ。この宮殿は、驚くべきことにテオドシウスの市壁の線上に立てられている。近くにある、これよりもわずかに年代の早い**ブラヘルネの宮殿**は、カトリックによる占領(ラテン帝国)以後帝国の第一宮殿であったが、この宮殿もまた市壁の線上に建てられていた。

　テオドシウスの市壁(408-13と447)は、後年外側に壁を加えることによって、ローマのアウレリウスの市壁よりもはるかに進んだものとなった。この市壁は、96基の2階建の塔を備えた主壁と、同じ数の塔を持つ外側の壁からなり、さらにその前面には攻撃時に水をはる濠がめぐらされていた。構造は、レンガの層と切石積みの外装を持つコンクリートの層を、交互に重ねる方法がとられている。

　テオドシウスのフォルム(393に改築)は最大のフォルムで、別名**フォルム・タウリ**の名称は、そこに立っていた牡牛のブロンズ像に由来する。このフォルムは、記念柱の他、これまで述べたものとはやや趣きの異なる凱旋門すなわち**テオドシウスのアーチ**(393)を含む。凱旋門には、アーチ型の3本の通路があるが、中央の通路が両側のものよりも幅が広くて高い。それぞれの通路は、4本が1組となった4組の円柱群によって支えられる。円柱は、コリント式の柱頭を持つが、柱身は慣例的な方法に従わない。すなわち、表面には、涙滴が流れるような、あるいは糸杉の幹に似たような文様が刻まれる。商店の並んだ幅の広い列柱道路**メーセ通り**が、フォルムと市の別の区域とを連結する。

　バシリカ・シスターン(イェレバタン・サライ〔**地下宮殿**〕、532頃の可能性もあるがおそらくこれ以前、p.336B)は、ポーティコのある公共広場の下につくられたためにこの名前がある。地下貯水池は全て、市の北の森の中にある露天の貯水池から水道によって水を引いているが、バシリカ・シスターンはその中で最大のものである。長方形の区画には各列28本の円柱からなる12列の円柱列が並び、それが400以上のレンガ造の浅いドーム状ヴォールトを支える。円柱の中には、おそらく大理石置場の余剰部材だったと思われる5世紀のアカンサスの葉の柱頭を持つものもあるが、他の円柱は、この建物のためにつくられたように思われる簡素なブロック柱頭を持つ。内部空間は、薄暗がりの中で限界を見極めることが困難で、人にみられることを意図していない。それにもかかわらず空間の印象は、たとえばカイロやコルドバやイスファハンにある、初期の大規模なモスクの多数のベイからなる礼拝室の内部空間、あるいは19世紀のロンドン・タバコ・ドックのスキン・フロアーに匹敵する。

訳／佐藤達生

ルネサンスまでのヨーロッパと地中海周辺の建築

第 12 章
初期ロシア

建築の特色

　第一次ブルガリア帝国(681-1018)に9世紀半ばに東方正教を導入したボリス1世は、新しい宮殿とプリスカの大主教区のバシリカ(870-80)を含む7つの主教座大聖堂の建設を行った。ブルガリアの研究者は、初期キリスト教の三廊式バシリカを大規模に復活させたことは、コンスタンティノポリスに対する独立の主張として解釈すべきであると考えている。しかし、この形態は10世紀にいたるまでカストリアやスパルタなどのビザンティンの一部の地方においてもみられるのである。首都をプレスラフに移したシメオンの時代には、キュリロスとメトディオスの弟子たちがかなり広範な活動を行った。すなわち、初期のスラヴ文学の「黄金時代」において彼らはギリシア語からの新しい翻訳を行っただけでなく、彼ら独自の作品を生み出した。

　10世紀の初めに、いわゆる「ブルガリア・ルネサンス」の影響が教会堂建築にも及んだ。プレスラフの「黄金の聖堂」や「円形の聖堂」は、周囲にニッチや周歩廊を伴う、ドームの架かった初期キリスト教の円堂(ロトンダ)を復活させた。キューマ、パルメット、アカンサス、ブドウ唐草など、その装飾は主としてヘレニズムの例にならっている。この時代の建物は形態的に洗練されたものもあれば稚拙なものもあるが、この多様性こそがこの時代のバルカン半島一帯の特色である。これは、地方の伝統と中期ビザンティンの影響が混じり合った結果である。このようなわけで、木造小屋組あるいはトンネル・ヴォールトを持つ三廊式バシリカ(たとえばプレスパ湖のアキレオス島のハギア・アキレオスやオホリド、ネッセバルの教会堂)や広間式教会堂と並行して、内接十字式教会堂も主としてプレスラフやプリスカの周辺地域に存在し、さらにヴィニツァやオホリドにみられるようなドーム付きの複雑な集中式平面の教会堂

も存在した。シメオンがコンスタンティノポリスで教育を受けたことと、彼の後継者であるピョートルとビザンティン皇女との結婚が、ビザンティン文化への同化の要因となったのかもしれない。この同化は具体的にアヴラダク修道院にみられる。2つの首都(プレスラフとプリスカ)の二重の市壁や宮殿、重要な教会堂のはっきりした特徴である長方形の切石積みは、伝統建築の中にも、ヘレニズムあるいはブルガリア以前の建築技術にも起源を見出すことができる。中期ビザンティンの「オプス・ミクストゥム(レンガと石の交互積み)」もみられ、単純な教会堂は、粘土モルタルを使用した野石積みで築かれた。しかし、第一次ブルガリア帝国の建築は廃墟でしか残っていない。

　初期キリスト教・初期ビザンティンの伝統がこの地方においてどのように定着したのかという点については対立する種々の意見がある。その中には、南スラヴ人と原ブルガリア人は「野蛮な遊牧民」であったので記念碑的な建物をつくる伝統は皆無であったとする意見、200年の不毛の期間の後、石工を(コンスタンティノポリスやビザンティンの東の属州から)呼び寄せて、土着の建築形式を再創造する必要があったとする説明、あるいはヴォルガ川下流域の原ブルガリア人はアルメニア、ササン朝ペルシア、そしてヘレニズムのオリエントの建築をすでに学んでいたとする主張、さらに初期ビザンティンの伝統はローマ化あるいはヘレニズム化された沿岸地方の諸都市においても生き残っていて、それが新たに定住し始めたスラヴ人や原ブルガリア人に受け継がれたとする説などがある。

　ブルガリアの勢力が衰えてこの地域が11世紀の初め頃から再びビザンティンの支配下に戻ると、ギリシア人の大主教がブルガリア人の総主教に取って替わり、サミュエルが首都としたオホリドの聖ソフィア聖堂は、バシリカ式からドームの架かった十字式平面に変えられた。ほとんどの主教と修道院長の地位はギリシア人

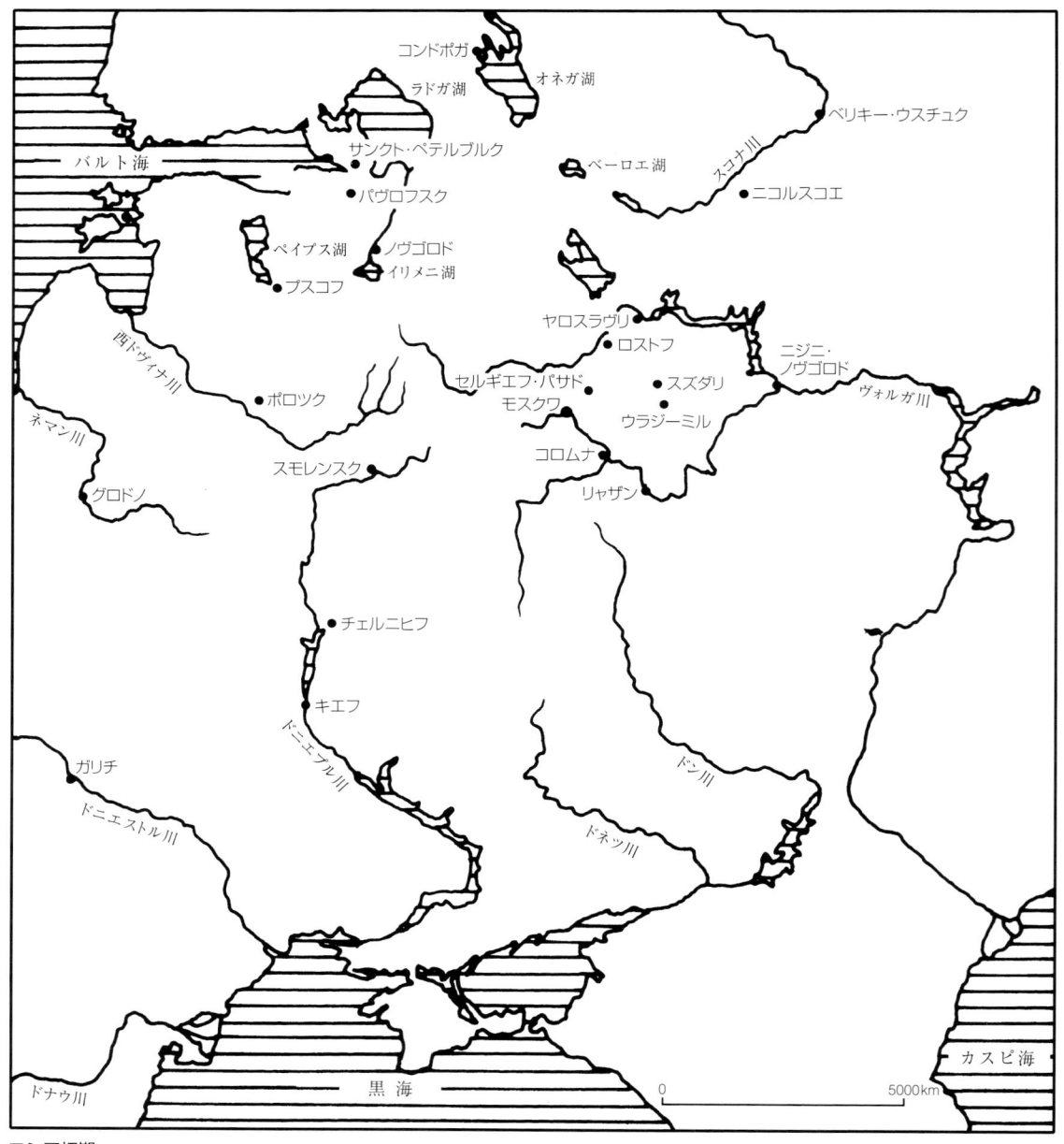

ロシア初期

によって占められ、ギリシア語が公式の典礼用の言葉とされ、広大な地所がアトス山の修道院に譲られた。新しい貴族とビザンティンの駐在官吏が出した規定書によって、建築は中期ビザンティンの様式で修復された。この時代には2つのタイプの建築が特に好まれていた。すなわち、5つのドームと交差部に2本ないしは4本の支柱のある内接十字式平面（例としてはカロサ、ネレズィ〔1164〕）と、側廊のないドーム付きの教会堂である。後者のタイプには、トランセプトの部分がボジャナ聖堂のように壁体の中に収まっているものと、ヴェリュサ聖堂（1080）のように四葉形に突き出て

いるものとがある。ドームは隅のピラスター（片蓋柱）で支持されていた。グレゴリオス・パコウリアノス（生まれはグルジアかアルメニア）はロドピ山地に1083年にバコヴォ修道院を設立し、現在でもその単室型の墓地付属礼拝堂が残っている。

コンスタンティノポリスの勢力が衰えてから形成された第二次ブルガリア帝国（1186-1396）は、首都をタルノヴォに構え、独立した大主教座としての地位を手に入れた。その後、ほとんど新しい首都においてのみではあったが、文化が復興された。いわゆる「大タルノヴォ派」は早くも12世紀に、彫刻された陶片による

装飾（皿、円盤、花）で埋めつくした多彩色のファサードを生み出した。フレスコ画の様式は線画的なものから色彩に富んだものに変化した。13世紀には陶片の嵌め込みがより精巧になり、水平な帯状になって、極めて多様なレンガの装飾帯や、へこんだブラインドアーチの層とともに、交互に水平に積み重ねられて、ファサードの装飾に用いられるようになる。「パレオロゴス朝ルネサンス」の影響を受けて他の地方でも同様の傾向がみられるが、ネッセバルの建築にみられるようにとりわけヘレニズム化した南部に顕著である。オプス・ミクストゥムでは、石灰岩と凝灰岩の整った切石の層とレンガの層とが水平に重なりあっていた。

　下層貴族や中産階級が建築の施主としてかかわる度合いが増してくると、その結果、新築の教会堂の密度が高まったばかりでなく（ネッセバルでは小さな半島にいたるまで40以上もの教会堂がひしめいていた）、建物の規模の縮小化が進み、その内部空間も親しみやすいものになった。最も普及したタイプは、ドームあるいはトンネル・ヴォールトが架かった広間式教会堂（タルノヴォの聖ディミトリ聖堂〔1180〕、アセノヴグラト、ネッセバル）と、トランセプトの腕が突き出たドーム付き教会堂（ボバシェヴォ、タルノヴォ）であった。4本の独立ピアを持つ内接十字式教会堂も存続し続けた（タルノヴォの聖ペテロと聖パウロ聖堂、ネッセバルのパントクラトール聖堂と聖ヨハネス・アレイトゥルゲトス聖堂、p.343A）。修道院建築においてはアトス修道院式の平面（第11章参照）からの派生型が重要性を増した。その例としてトランの大天使聖堂が挙げられる。トランセプトの腕は半円形のアプス（コンチ）で終わり、合唱隊の席が置かれ（それゆえトリコンチ〔三葉形内陣〕の言葉がある）、内側のナルテクス（リティ）は修道士たちの深夜の礼拝用に広々とした部屋になっている。ナルテクスの上部には次第に鐘塔が現れるようになる。これは西欧の建築からの借用である。第一次ブルガリア帝国の伝統が国家的象徴として保持されていた地域では、初期キリスト教の彫刻や浮彫の強奪品や模造品がどこにでもみられる。イヴァン・アセン2世はクロコトニツァでの勝利の後、彼の「40人の殉教者」に捧げた宮廷修道院の主聖堂を、三廊のバシリカ式で建てた。

　12世紀後半に建国された独立のセルビア王国は、ビザンティンとロマネスクの2つの様式を統合したものを受け継いだ。単純な方形の部屋の隅にピラスターを配し、これによってドームとドラム、ペンデンティヴ、横断アーチ、区画アーチを支えるが（これはコムネノス朝時代に起源を持つ建築形式である）、これにトンネル・ヴォールトを持つロマネスクの広間式教会堂の平面が結び付けられた。西側にはナルテクスが配置され、しばしば鐘塔を1基伴っているが、ナオスの北側と南側にはトリビューン付きの方形の側室が配置された。ステファン・ネマニャの建てた教会堂は、いわゆるラシュカ派の始まりを示している。クルスムリヤの聖ニコラス聖堂（1168頃）の後にはストゥデニツァの聖母聖堂（1190頃）が建てられる。この教会堂は王室の墓所の役割を果たし、13世紀の初頭にラドスラフ王によって、コンスタンティノポリス風に側面にアプスの付いた外ナルテクスが付け加えられた。その後、おそらくギリシア人の石工たちは次第にダルマティアの石工たちと同じ工房で働くことになったと考えられる。外壁と彫刻装飾はロマネスクの影響が強まりつつあることを示しているが、平面には変化がみられない。1270年より、ソポチャニ（1290頃）にある聖三位一体聖堂のように、より高く、より細いプロポーションを持つ傾向がみられる。13世紀の前半に、ビザンティンとロシアが、それぞれ十字軍とタタール人の侵攻によって文化的発展を阻害されると、ラシュカ派は東方キリスト教国の全ての芸術上の中心となった。

　14世紀前半にミルティン（1282-1321）とステファン・ドゥシャン（1331-55）の2人の王は、セルビア帝国をマケドニアまで拡大した。しかし、文化的影響力は逆の方向に働いた。すなわち、ビザンティン建築と張り合うセルビアの新しい建築流派は、ビザンティンの内接十字式平面を発見したのである。プリズレンのレエヴィシュカ聖堂（1306-7）とスタロ・ナゴリーチノの聖ゲオルギオス聖堂（1312-13）は、ミルティンによって建てられたもので、5つのドーム、交差部の独立したピア、3つのアプスがみられる。これらの教会堂の平面はもっと前のバシリカ式の改造であるし、トランセプトの腕の広い切妻壁とドラムの基部とが、教会堂の四角い本体から高くそびえたっている。また、この建物の石積みはギリシア人の石工がかかわっていることを示している。

　一方、ミルティンが建てた最後の建物はグラチャニツァ修道院聖母聖堂（1320頃、p.330C）である。この教会堂は南スラヴ人の工匠による作品で、躍動的で垂直方向が強調されている。トランセプトの半円形切妻壁、内陣、身廊、角のベイは、外側で互いに後退しつつ、中央のベイにのる背の高いドラムとドームに向かって立ち上がっている。内部は2組の細い双円柱によってまとめられている。角のベイには4つの小ドームがのっている。レンガと象眼で縁取られた砂岩の切石を用いた装飾的な石積みは、この地方独特のものである（第11章も参照）。デチャニの修道院聖堂（1327-35）は、ステファン・ドゥシャンと彼の父親ウロシュの墓

所として建てられたが、ここには独特の手法がみられる。建築家はダルマティア出身のフランシスコ会修道士で、五廊で十字式平面のドーム付きの建物に、さらに三廊のナルテクスを加えて拡張し、ファサードは2色の大理石板で覆い、後期ロマネスクのトスカナ様式の彫刻で豊かに飾った(円柱の並ぶ入口、フリーズ、窓もトスカナ風につくられていた)。そして初期ゴシックのリブ・ヴォールトを用いた。アトス山のヒランダリウ修道院の主聖堂(1303)は、アトス式の三葉形平面を持つが、これもまたミルティンによって建てられた。

14世紀の後半にセルビア王国はいくつかの公国に分裂し、勢い盛んなトルコの属国となる。モラヴァ川流域だけが15世紀中頃まで独立を保ち続ける。モラヴァ派は以前のセルビアの2つの流派の遺産を受け継いだ。モラヴァ派は、一方では、アトス式の三葉形平面を4本の独立ピアを持つ内接十字式平面を核として発展させ、5つのドームを配した。この形式の例はラヴァニツァ(1377)、リュボスティニャ(1387)、マナシヤ(1410頃)の教会堂である。また、他方では、三葉形平面がラシュカ風ドームののった広間式教会堂に採用された。この例はクルセヴァク(1377-78)とカレニチ(1415頃)の教会堂である。広大なアトス式の内ナルテクスはたいてい縮小され、上部に鐘塔をつくった。オプス・ミクストゥムはブラインドアーチ列とレンガの装飾帯と陶片の嵌め込みからなっていたが、それにバラ窓、玄関やアーキヴォルトの浮彫彫刻、窓周りの彫刻装飾などが加えられて、外観はいっそう美しくなった。モチーフには組紐飾りや葉飾り、神話上の動物などが用いられた。また、彩色によって装飾的効果が高められている。ワラキアとモルダヴィアは14世紀の中頃にそれぞれ独立した「デザイン」の流派を発展させていたにもかかわらず、モラヴァ派の影響はその建築に特に明らかである。さらにこの両国は、共通の遺産、すなわち「パレオロゴス朝ルネサンス」の影響をわかちあっていた。この時代、セルビア・ビザンティンのモラヴァ派はコンスタンティノポリスの流派よりも大きな威光を放っていたが、ビザンティンや南スラヴからの難民は彼ら自身の経験をセルビアにもたらした。

アトス山出身のセルビア人修道士ニコデムスは数多くの修道院を設立したが、その中で三葉形平面を導入したとされている。トルコから逃げてきた石工はオプス・ミクストゥムと装飾的なファサードを伝え、トルコの画家は外壁画と後期ビザンティンのイコンを伝えた。一方で軍事建築の専門家が、トランシルヴァニア、ハンガリー、ボヘミア、ポーランドから城塞を建設するために招かれた。彼らが用いたロマネスクおよびゴシック様式と建築技術は教会堂建築にも影響を及ぼした。

ワラキアに現れた教会堂の最初のタイプはクルテア・デ・アルジェシュ(1340頃)の聖ニコラス聖堂のような、4本の独立支柱を持つ内接十字式教会堂であった。まもなくこれにかわってアトス式の三葉形平面を持つドーム付きの広間式教会堂が、モラヴァ派の作品であるクロツィア修道院(1386)にならって建てられるようになった。このクロツィア修道院はナルテクスが他から切り離されて方形の部屋となり、15世紀の終わりに付け加えられたその他の部分では、垂直性を求める傾向と外壁装飾の強調がより明確になっている。方形の基礎部分と高いドラムの上にのった2つのドームが、ナルテクスの角につくられた。美しいコーニスがファサードを2層に分け、それぞれにブラインドアーチ列と装飾的な窓がみられる。これらのモチーフは、デアル修道院(1502)、クルテア・デ・アルジェシュの教区修道院聖堂(1517)、ティルゴヴィシュテ修道院(1517)などにもみられ、カフカスとイスラムの影響がうかがわれる。

ドーム付きで三葉形平面の広間式教会堂は、モルダヴィア派の建築家たちによってさらに修正が加えられる。モルダヴィア派は、地方の木造建築の伝統と西ヨーロッパ文化との両方に密接にかかわっていた。厚い隔壁と狭い通路を持つ閉じたベイが、まるで丸太で家を建てるように並べられている。ベイとベイの間を仕切る内壁や横断アーチは、しばしば東西でフライング・バットレス(飛梁)によって支えられている。平面は、アプスの前に通常ベイが1つ挿入され、また、ナルテクスとナオスの間に墓室が付け加えられて、軸方向に引き伸ばされている。ナオス上部のドームは、シレット(1380頃)やアルボレ(1502)のように軒の深い、険しいゴシックの両流れ屋根の下に消えてしまうか、あるいは時として、プトナ(1467頃)、ネアムツ(1497)、ヴォロネツ(1488、p.344A)のように、屋根を突き抜けた細いドラムの上のドーム屋根で覆われていた。本来は、後の改修にみられるよりは屋根がもっと力強く表現されていた。

ナオスとその他のベイには、いわゆるモルダヴィア・ヴォールトが架けられている。これはビザンティン様式とゴシック様式、さらに、ヴォールト支持に一般に用いられる角のピラスターを省く構造方針とが統合されたものである。横断アーチと、それに直交する、身廊と側廊とを隔てるアーチは、壁から壁に架けられている。そしてペンデンティヴがドームの基礎となっている。2層目のアーチとペンデンティヴは、1層目の上に、1層目の対角線方向に立ち上がる。すなわち、全体はピラミッド状の構造を形成し、上部の円形をさ

A 聖ヨハネス・アレイトゥルゲトス聖堂、ネッセバル、ブルガリア　p.341 参照

B モルダヴィア・ドーム、聖ゲオルギウス聖堂、スチャヴァ、ルーマニア(1514-22)　p.345 参照

A 修道院聖堂、ヴォロネツ、ルーマニア（1488、外の壁画は 1547 頃） p.342、p.345 参照

B ネルリの聖母庇護聖堂、ボゴリュボヴォ（1165 頃） p.350 参照

C 救世主聖堂、ネレディスタ、ノヴゴロド（1198） p.350 参照

D リプナの聖ニコラス聖堂、ノヴゴロド（1292） p.350 参照

らに狭めている。開口のない小ドームが直接この上にのることもあるし、あるいはドラムがドームとの間に挿入されることもあった(p.343B)。この特殊な形態のヴォールトは、15世紀にルーマニアで発展した独創的な解法である。カフカスやイスラムの建築にはこれに類するものが見当たらないことが報告されている。

モルダヴィア派はシュテファン大公の治世(1466-81)に生まれた。シュテファン大公はプトナやモルドヴィツァのような多くの城塞に加え、24の教会堂と修道院を建てた。建築活動は16世紀に入ってからさらに活気を帯び、人物を主題とした外壁のフレスコ画が特徴となった。その例としては、スチャヴァ(1530頃)、フモール(1530)、モルドヴィツァ(1537)、アルボレ(1541)、ヴォロネツ(1547頃、p.344A)などがある。イコノグラフィーは、ほとんど全ての教会堂で同じであり、2つの大きな主題の場面が描かれる。すなわち、「神の顕現」が東側に描かれ、「最後の審判」が西側に描かれる。建物の外壁を壁画で飾ることはビザンティン美術では新しいことではないが、この地域ほどイコノグラフィー的に豊富で質が高いところは他にはない。教会堂の内側も外側も東方教会の聖障壁(イコノスタシス)となっている。

ウラジーミル1世が989年にキリスト教に改宗する以前は、キエフ・ロシアは木造建築を主体としていた。中世後期になってさえも、木造の教会堂は数の上で石造の教会堂にまさっていた。丸太による建築構法に込められた社会的および技術・美学的な伝統の精神が、ごく単純な形態から同様の形態の複雑な組合せへと継続的に発展することを可能とした。重要な様式の変化は大規模な建築で起こった。最初ウラジーミル1世は廃墟と化していた異教の神殿にかえて木造の教会堂を建設したが、まもなく石工を呼び寄せるためビザンティンに使節を送った。自らの君主としての威光を保つために、彼は大規模な宮廷教会堂と石造の宮殿を建設する必要にせまられたのである。

石工たちはオプス・ミクストゥムとレンガの引込積みで建てられた中期ビザンティンの内接十字式の教会堂をキエフ・ロシアに導入した。このように建てられた新しい石造建築の中では、キエフの聖ソフィア大聖堂が最もよく残っている(p.354参照)。ウラジーミルが建てた聖母マリアの被昇天の宮廷聖堂は、デシュアティンナ聖堂(989-96)としても知られているが、この教会堂については基礎の部分しか残っていない。

ヤロスラフ賢公(1019-54)は、キエフに聖ソフィア大聖堂という重要な教会堂を建設するにあたって、ビザンティン帝国の皇帝ユスティニアヌスを強く意識し、ハギア・ソフィアの献堂の政治的重要性と雄大なプロポーションを継承した(p.346B、p.347、p.352F)。内接十字式平面は普通、小さな教区教会堂に適用されるのだが、ここでは広い回廊で囲まれた5廊の身廊と広大な3面のトリビューンを内包するように拡張された。しかし、ヤロスラフは形態的には明快なものを好んだ。すなわち、交差部の東側のピアはアプスの隔壁と一体化し、中央のドームの下は、唯一明るくて、高さのある空間になっている。一方、1階の周囲には天井が低く暗い、トンネル・ヴォールトの架かった小部屋が並んでいた。ここは会衆が座るところで、大公とその側近はトリビューンに座った。また、トリビューンは君主の権力の示威にも用いられた。高いドラムの上にのった13基のドームと、先の丸い切妻壁がピラミッド状に連なり、さらに西側入口のドームを頂く2基の階段塔が外観を際立たせている。このようなピラミッド状の外観が成立した要因としては、会衆の集まる場所としての教会堂の機能や、王のトリビューンにより多くの光を採り込む必要性や、あるいは、もっと単純に丸太による伝統的な建築形態からの影響などが挙げられている。父親のウラジーミルが呼び寄せたビザンティンの石工たちをヤロスラフがまだ使っていたかどうか、あるいはロシアの石工をどの程度使っていたかどうかはわかっていない。建築様式は新しかったが、「非ビザンティン」の様式ではなかった。副アプスに残っているギリシア人の銘は、ビザンティンの石工や芸術家がかかわっていたことを物語っている。石積みに用いられているレンガの引込積みの技法と装飾的なニッチといくつかのモチーフは、コンスタンティノポリスで用いられているものである。その他の特徴は、ビザンティンの東の属州やカフカス、西欧のロマネスク建築などの影響を示している。イコノグラフィーはその性格からいえばビザンティン中期に属し、フレスコ画とモザイクからなっている。複数の工房が共同で作業を行ったと考えられるが、このような大規模な建物を建てるにはロシアの石工の協力が不可欠であったであろう。ヤロスラフは彼の首都キエフを6倍に拡張し、「黄金の門」を建設し、さらにコンスタンティノポリスの教会堂を模倣したいくつかの教会堂を建てた。

ノヴゴロドとポロックにある2つの聖ソフィア大聖堂(ともに1050頃)は、そのモデルである同名のキエフの大聖堂と同じ5廊の平面を持っているが、構造はより単純で、ドームの数を少なくしている。一方、チェルニヒフにある救世主変容大聖堂(1036)は3廊で、交差部に独立した4本のピアがみられる。アーケードで開口した隔壁が、ドームののる交差部と側廊とを隔てている。隅のベイは4つの小ドームによって採光される。キエフをはじめとする3つの聖ソフィア大聖

346 | ルネサンスまでのヨーロッパと地中海周辺の建築

A 切子面宮殿（グラノヴィタヤ・パラタ）、クレムリン、モスクワ（1487-91）　p.353 参照

B 聖ソフィア大聖堂、東側外観、創建当時の石積みがみえる、キエフ（1037-61）　p.345、p.354 参照

C クレムリン内の聖ソフィア大聖堂、ノヴゴロド（1045-52）　p.354 参照

聖ソフィア大聖堂、トランセプトの北の部分、2層になった3連アーチの開口、キエフ（1045-52） p.345、p.354 参照

堂と違って、ナルテクスはナオスから切り離されて独立した横長の部屋になっている。同じように西側のナルテクスを隔絶した例は、キエフの洞窟修道院のウスペンスキー大聖堂（1037-78）にみられる。これを建てた石工たちは特別にコンスタンティノポリスから呼ばれている。この大聖堂は公子スヴャトスラフと修道院長フェオドシーにより、交差部に2本の独立したピアを持つ単一のドームの架かった、3廊の内接十字式平面の教会堂として計画された。平坦な付柱がファサードを4つの面に分割し、屋根曲線を形作る「ザコマリ」のピラスターに続いていた。

洞窟修道院はその大聖堂とともに建築の新しい模範となった。諸修道院の衰亡はヤロスラフの死後の領土の分裂の過程と一致しており、この世紀の前半のような大規模な建物を建てることは不可能になっていた。当然ながら、キエフのこの修道院の主聖堂を模範として地方的な種々の派生型が生まれた。すなわち、階段塔、側面の部屋、ドームの数、あるいは装飾の様式などが模倣された。しかし、ナルテクスの分離は模倣されなかった。横長の部屋はしばしばナオスをバシリカ風に拡張したものに姿を変え、ふつうはノヴゴロドのアントニエフ修道院やユリエフ修道院、チェルニヒフの聖ボリス・聖グレープ大聖堂、ウラジーミルの最初のウスペンスキー大聖堂、ウラジーミル・ヴォリンスクのウスペンスキー大聖堂（以上全て12世紀）のように2本のピアに支えられたトリビューンを備えていた。また、周歩廊がしばしばナルテクスの機能を引き継いでいた。

ロストフ・ウラジーミル・スズダリ、ウラジーミル・ヴォリンスク（ヴォリュニア）、スモレンスク、ガーリツィ（ガリーシア）など、地方に独立した公国が形成されたことは、独立した主教区や建築流派の成立とかかわっている。しかし、これらの地方的な流派を超越して、「ザコマリ」とともに三葉形の屋根が第二の屋根の形式として流行した。この三葉形の屋根は、切妻壁の中央部分が内部のトンネル・ヴォールトを反映して半円形になり、その両側が四半円になっている。例としてスモレンスクのアルハンゲリスキー（大天使ミカエル）大聖堂（1191-94）が挙げられる。この2つの屋根の形式は12世紀の中期以降一般的となった。この頃にはいっそう単純化が進み、バシリカ式教会堂の西側の部分が排除された。内接十字式は中央のドームとそれを囲む8つのベイにまで縮小され、ピアのうち西側の1組は完全に独立しているか、トリビューンを支えるかどちらかであった。ファサードはピラスターによって3つのベイに分割され、ベイの頂部は丸くなっていた。一方、アーチで縁取られた切妻壁とブラインドアーケー

ドは、重厚な壁の印象を損なうことなく支柱の骨組を強調している。

ロシアの初期の建築においては、推力を受けるために、しばしば厚い壁体が築かれた。単一のドームを頂く単純化された形態は、キエフの修道院建築において最初に現れたが、まもなく市街の建物や大公の宮殿にも採用されるようになった。というのは、領土の分裂が進むにつれて、広い空間が必要とされなくなったためである。同種の形式で三葉形の屋根を持つものは、ウラジーミル・スズダリの荘厳な宮廷様式にも、またノヴゴロドの飾り気のない市民様式にも見出される。屋根を階段状に連ねたピラミッド形の輪郭は、南ロシアにおいて13世紀の初頭に現れた。例を挙げると、チェルニヒフのパラスケヴァ・ピャトニツァ聖堂や、ノヴゴロド、コヴァルジェヴォ、ヴォロトヴォ、そしてさらに顕著なのは後のモスクワである。この形態はまた地域や時代とともに変化する。この時代のロシア建築に特徴的なことは、交差部の東側のピアがアプスの壁体と融合することと、西側のベイの再構成、そしてヴォールトを架けることである。

北東の公国ウラジーミル・スズダリの繁栄は、12世紀半ば頃、大公アンドレイ・ボゴリュプスキー（1157-74）による1169年のキエフ占領とともに始まった。ウラジーミル・スズダリの建築はロシアの他の地域の建築と様式的に異なり、粗石積みに石の化粧張りが施される。灰白色の小さな石灰岩の切石が非常に薄いモルタルを用いて水平に積まれ、化粧材との隙間はモルタルと粗石で埋められた。この技術から分節の新しいシステムが生み出され、また、彫刻装飾の使用を促した。

大公アンドレイ・ボゴリュプスキーは北にとどまり、キエフを模範として首都ウラジーミルを建設した。とりわけ、象徴的な彫刻の施された「黄金の門」（1164、p.349B）には特別の重要性が与えられた。しかし、ロシアに第2の府主教区を成立させようとする彼の努力は実らなかった。府主教のために建てられたウスペンスキー（聖母就寝）大聖堂は、キエフの洞窟修道院のウスペンスキー大聖堂の形式で建てられており、キエフの宮廷から奪ってきた、あの奇跡譚の多い「ウラジーミルの聖母子」のイコンが納められた。西側にある2基の階段塔は、1158年から1164年に首都の外に建てられた大公アンドレイの宮殿ボゴリュボヴォと同じである。ボゴリュボヴォのこの宮廷教会堂は2本の独立柱を持つ単純な内接十字式平面と同種の形式で、バシリカ式の西側部分を持たない。その反面、豊かに飾られており、その後単純な内接十字式と華麗な装飾という組合せは、ロマネスクの影響を多分に受けたウラジー

第 12 章　初期ロシア　349

A　聖ゲオルギー大聖堂、ユリエフ修道院、ノヴゴロド(1119-90)　p.350、p.353、p.357 参照

B　「黄金の門」東側。門の上には奇蹟のヴェール聖堂(15-19世紀)がある、ウラジーミル(1164)　p.348、p.353、p.357 参照

C　聖テオドール・ストラティラータ聖堂(1360-61)、南西の外観、鐘楼と増築部分(17世紀)、ノヴゴロド　p.350、p.357 参照

ミル・スズダリの勢い盛んな建築の明確な特徴となる。装飾的な小円柱の上にのったブラインドアーチの帯が各階を区分けしている。ファサードは、円柱で飾られた深い入口、半円柱が付いたピラスター、コリント風の葉飾りの付いた柱頭、刳形（くりかた）で縁取られた窓、ファサードと持送りの人物彫刻などによって構成されていた。カフカスの建築とロマネスク建築のどちらにも、このウラジーミル・スズダリの外壁装飾に類するものはみられない。ウラジーミル近郊ボゴリュボヴォの近くのネルリ川の岸辺に、大公アンドレイがビザンティンに対抗して聖母の庇護に捧げた教会堂（1165頃、p.344B）が建っている。この教会堂は宮廷教会堂と同じつくりで、貴賓席のトリビューンがある。

ウラジーミルの聖ドミトリー大聖堂（p.352E、p.355）は大公フセヴォロド（1176-1212）によって建てられた。ここでは、聖母庇護聖堂の細く優美なプロポーションが堂々とした荘厳さに変わっている。スズダリの1185年の火災の後、ウスペンスキー大聖堂もフセヴォロドによって、四隅に小ドームのある形で大規模に再建された。13世紀の初めのウラジーミル・スズダリの衰退の時期の建物は2棟残っている。それは、スズダリにある6本のピアと5つのドームを持つロジェストヴェンスキー大聖堂と、4本のピアと単一のドームを持つユリエフ・ポリスキーの聖ゲオルギー大聖堂（p.349A）である。アプスのある東側以外の3面にそれぞれ四角い外玄関を設けることは、これより少し前に、キエフ、スモレンスク、ノヴゴロドにおいて、南スラヴあるいはグルジアの影響を受けて出現した際立った特徴である。

ノヴゴロドは、1136年に民衆の反乱によってノヴゴロド公を退け、ヴェーチェ（民会）の共和国を成立させた。その後、ノヴゴロドの地方様式が現れる。土地の所有権、貿易の資本、政治上の優位は全て貴族階級の手に握られた。貴族階級は、時には平民と妥協しなければならないこともあったが、それでも大貴族の会議に代表を送り、国の首長の役割を果たす大主教の任命について最終決定の権限を持っていた。ノヴゴロドの自治都市制は、北ロシアの植民地や、プスコフ、旧ラドガ、イスボルスクのような町を建設することによって経済的に支えられた。このような社会の変化は、ノヴゴロド公による最後の建物の簡素なデザインにはっきりとみてとれる。それは、ノヴゴロドのネレディスタの丘の救世主聖堂（1198、p.344C）である。この教会堂は、単一ドームの単純な内接十字式平面で、2本の独立柱と曲線の屋根を持っている。規模は小さく、装飾的なニッチや彫刻装飾も用いていない。しかし、この教会堂にはノヴゴロドの建築に特有の性格が現れて

いる。それは、側面のファサードの東側のベイが西側のベイよりも狭いことと、3つのアプスが外側に膨らんでいることである。西側には、閉鎖的な付属礼拝室があるトリビューンを備えていた。一方の貴族や商人などの施主もまた同様の建築を好んだ。たとえば、プスコフのミロジュスキー修道院（1156）やアルカジュの聖堂（1179）がそれである。これらの地方の工房も、レンガと切石、粗石をさまざまに組み合わせたオプス・ミクストゥムを用いていた。

規模、屋根の構造、ファサードの扱いは絶えず修正が加えられていった。13世紀の初めには屋根の三葉形の曲線は、ピャトニツァ聖堂やロジェストヴェンスキー聖堂にみられるように、ザコマリ型の屋根に対して優勢になった。1238年のモンゴルの侵攻によって、最初は建築活動が衰退したが、14世紀に入るとバルト海貿易の繁栄に起因する経済的発展がノヴゴロドにおける建築と絵画の「黄金時代」をもたらした。中産階級の気質、いわゆるパレオロゴス朝ルネサンスの影響と、ビザンティンのデザインの南スラヴ化の効果が、ノヴゴロドの建築にいっそうの力強さと豊かな装飾をもたらした。3つの曲線を組み合わせた屋根を持つ教会堂の躯体は、最初はリプナの聖ニコラス聖堂（1292、p.344D）のように、簡潔さと重厚さを保っていた。しかしその後、高さを強調するプロポーションになり、壁は内側に傾斜し、ドラムは高く、開口部は狭く、幾何学的装飾が惜しみなく施されるようになる。レンガを交互に向きを変えて斜めに積んで三角形の穴をつくる地方的な「ベグネット」の手法が外観に活気を与え、また、アーチや歯状刳形のフリーズと石の十字がファサードに嵌め込まれる。しかし、アプスは1つしかなく、パストフォリアは東方の形式を踏襲している。西側のトリビューンの両側の小部屋は、私的な礼拝室として使われたり、時には、たとえば聖テオドール・ストラティラータ聖堂（1360頃、p.349C）や変容聖堂（1375頃）におけるように、商談の場として用いられることもあった。

有力会衆用の教会堂も依然として建てられており、コチェヴニキの聖ペテロ・聖パウロ聖堂（1406）のより派手な様式や、ヴラッシ聖堂（1407）のようにもっと簡素な様式や、あるいは聖ドミトリー聖堂（1381）のようないわゆる「倉庫教会堂」の形式などで建てられた。聖ドミトリー聖堂では、建物の外側から小さな窓によってそれとわかる地下室があり、倉庫として用いられていた。また三葉形の屋根にかわって、各面に単一の三角形の切妻壁を配した屋根が用いられるようになる。15世紀の中頃、モスクワへの対抗意識から、ノヴゴロドの府主教は、繁栄の始まった12世紀に建てられた

教会堂のうちの多くについて、再建ないし改修を行った。たとえば「岩の上の」聖ヨハネ聖堂の場合がそれである。また、ラヴィネの聖使徒聖堂のように、多くの小さな私的礼拝堂も伝統的な形態と様式で建てられた。

ノヴゴロドの伝統はプスコフに受け継がれた。この町は1348年にノヴゴロドの連合体から脱退しており、町の政治権力は商人と職人が握っていた。ノヴゴロドに比べると、建物の壁体は厚く、プロポーションはずんぐりとしていて、装飾は控えめである。2本の独立柱を含む内接十字式の教会堂は、奥行のある西玄関や、付属礼拝室、周歩廊、倉庫などによって、通例は非対称に囲まれている。地下室も備え、倉庫として使われていた。破風鐘楼（プスコフのキリストの公現聖堂、p.360A）や鐘壁が通常西側の入口の上部に設けられた。施主たちはトリビューンは設けなかったが、そのかわりにノヴゴロドでは省かれていた側面の副アプスが再び用いられるようになった。最初、十字形の腕の部分には切妻屋根が架けられ、隅のベイには差しかけ屋根が架けられたが、まもなく建物全体が切妻屋根で覆われるようになった。地方の工房は、オプス・ミクストゥムに地方で産出する二畳紀の板石を使用するようになり、ベグネットでさえ、石でつくられた。

彼らが採用したヴォールトの構造はメリョトヴォのウスペンスキー聖堂（1462）のように、アーチをピラミッド状に積み重ねたものであった。最初は「丘の上の」聖ヴァシリー聖堂の礼拝堂（パレクレシオン）（1413）で、その後「石壁の」聖ニコラス聖堂（15世紀頃）のような小規模な教会堂において、彼らはピアを全く用いずに建設した。すなわち、両軸方向の壁体から直接立ち上がる一連のアーチが階段状に重なって中央に向かって伸び、方形の基部を形成する。この基部がペンデンティヴを介して小さなドラムとドームを支えている。プスコフの建築家たちはこの独創的な構造技術によってロシア全土で名声を得、15世紀および16世紀には皇帝たちによってモスクワに再三召喚された。

最初のモンゴル侵攻（1237-40）後、半世紀ほどしてキプチャク・ハン国が困難を来し始めると、モスクワ大公国は東方教会の支援を受けて勢力をのばし始めた。府主教はモスクワ大公国の大公位継承の要求を認可し、1325年に彼の主教区をモスクワのクレムリンに移した。この複雑な城塞クレムリンは、大公の住居と行政本部であり、14世紀に石灰岩の切石を用いた壁と塔によって防備され、ウラジーミル・スズダリ様式の教会堂が建てられていた。この城塞はまもなく他の地域でも模倣されるようになる。その結果、ドミトリー・ドンスコイ（1362-89）がモンゴルに攻撃をかける軍隊への参加を諸公に呼びかけた時、各部隊は安全に参集することができた。最初の勝利は1380年にクリコヴォにおいて多大な犠牲を払って勝ち取られた。これによって完全な開放を得ることはできなかったが、恐怖は一掃され、建築活動が再開された。

それに続く、多数の「ロシア」に分裂した時代には、新しい中央のロシア様式が生み出された。モスクワは他の地域からのさまざまな影響が混ざり合うつぼとなったが、それでも、モスクワの形態とモチーフを他の地域に浸透させることに成功した。ここでは、新しい要素と古い要素が混ざり合っている。すなわち、モンゴル以前の伝統、とりわけウラジーミル・スズダリの伝統の発展、セルビア、ブルガリアを含むパレオロゴス朝時代のビザンティン建築の影響、ロシアに共通の言語と文学の誕生、北方の植民地化と結び付いた隠修士的な傾向、教会と国家の共生の復活、時には防壁がめぐらされる大規模な修道院共同体の設立などである。その結果としての発展は、一方では地方流派の消滅を、他方では未来のツァーの帝国を予告している。

この過渡的様式がみられる主な作品例としては、ズヴェニゴロドの城塞にあるウスペンスキー大聖堂（1399）、セルギエフ・パサド（旧ザゴルスク）にある三位一体セルギー修道院の三位一体大聖堂（1422、p.352H、p.356A）、モスクワのアンドロニコフ修道院の救世主大聖堂（15世紀初め、p.356B）がある。ボゴリュボヴォの聖母庇護聖堂、ウラジーミルの聖ドミトリー大聖堂（p.355）、チェルニヒフのピャトニツァ聖堂、セルビアのグラチャニツァの聖母聖堂とこれらの建築とを比較すると、その特徴がよくわかる。すなわち、ウラジーミルの上品な単一ドームの形態が、粗石積みに化粧石張り仕上げを施した、より単純な形態で用いられている。同時に、ピラミッド形が、ヴォールトや切妻の連なりと高いポディウムとともに出現し始める。半円アーチが尖頭アーチに変わっていくにつれて、葱花型の屋根が発展した。また、この過渡様式と結び付いて、イコノスタシスのロシア的形態が登場する。

イヴァン3世（1462-1505）はモスクワを基盤にロシアの最終的な統一を行い、ノヴゴロドを征服し、中央集権の組織をつくり、キプチャク・ハン国への進貢を中止した。また、自らの帝位継承を正当化するため、パレオロゴス朝最後の皇帝の姪ソフィアとの結婚を利用した。この結婚は後に「モスクワは第3のローマ」というイデオロギーを生み出すもととなる。宮廷の儀式は後期のビザンティンの規範に従ったが、建築に関してはイヴァン3世はイタリア・ルネサンスを指向していた。彼は1470年代の初めには、イタリア北部やヨーロッパ南東部から呼んだ建築家を抱えていた。ロシア人たちは、外国人を全てそう呼んでいたように、これ

352　ルネサンスまでのヨーロッパと地中海周辺の建築

COMPARATIVE CHURCH PLANS

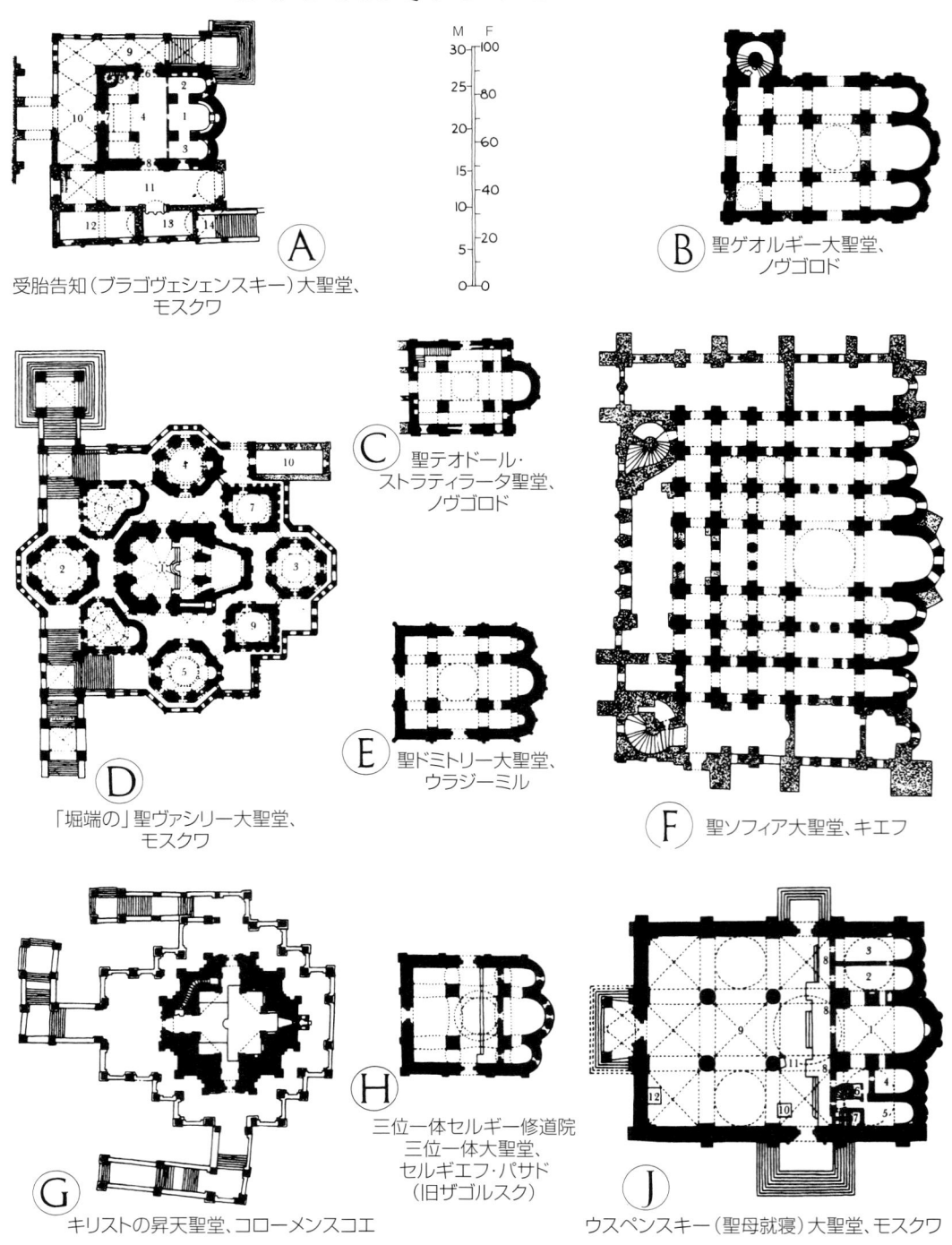

Ⓐ 受胎告知（ブラゴヴェシェンスキー）大聖堂、モスクワ

Ⓑ 聖ゲオルギー大聖堂、ノヴゴロド

Ⓒ 聖テオドール・ストラティラータ聖堂、ノヴゴロド

Ⓓ 「堀端の」聖ヴァシリー大聖堂、モスクワ

Ⓔ 聖ドミトリー大聖堂、ウラジーミル

Ⓕ 聖ソフィア大聖堂、キエフ

Ⓖ キリストの昇天聖堂、コローメンスコエ

Ⓗ 三位一体セルギー修道院　三位一体大聖堂、セルギエフ・パサド（旧ザゴルスク）

Ⓙ ウスペンスキー（聖母就寝）大聖堂、モスクワ

教会堂の平面の比較

らの建築家を「フリャーシ」、つまりフランク人と呼んだ。ロシア人の建築家（イェルモリン）たちはモスクワのクレムリンにおいて、このフリャーシとともに、もっと安価でもっと粗雑なレンガ積みを用いて新たな様式をつくり始めた。

　ロシア宮廷の建築は個々のデザインの多様性を特徴とするが、歴史主義的に説明すれば、これらのデザインの間には様式的な関連があるとされる。皇帝の即位式や府主教の就任式と葬儀に用いられたモスクワのクレムリンの、5つのドームを頂くウスペンスキー（聖母就寝）大聖堂（聖母被昇天大聖堂、1475-79、p.352J、p.356D）は、その典型的な例である。同時代の年代記作者でさえ、ボローニャの建築家アリストテレ・フィオラヴァンティの設計によるこの建物内部の簡潔な美しさ、プロポーション、軽快さを熱烈に賛美している。アルハンゲリスキー（大天使ミカエル）大聖堂（1505-8、p.359C）は別のイタリア人建築家アロヴィジオ・ノーヴォ（アレーヴィジオ・ノーヴィ）の設計で、ルネサンスの宮殿の古典的な壁面分節が施されているが、その内部は、皇帝一族の墓所として伝統的な内接十字式を完全に守っている。マルコ・ボーノとペトロク・マリの2人のイタリア人はそれぞれ、八角形の「イヴァン大帝の鐘塔」（1505-8）と北側の堂々とした鐘壁（1532）を設計した。鐘壁は一種の鐘籠の周りに建てる形式で、ノヴゴロドとプスコフ地方において14世紀後半に用いられるようになった。マルコ・ルッフォとピエトロ・アントニオ・ソラーロは、切子面宮殿（グラノヴィタヤ・パラタ、1487-91、p.346A）を、表面をダイヤモンド形に整形した石灰岩の切石を用いてルネサンス様式で建てた。しかし彼らが2階にある玉座の間「聖なる広間」のモデルとしたのは、木造建築によくみられる応接間であった。クレムリンにある宮廷の受胎告知大聖堂はもともと3つのドームがのっていたが、後に相当な改変を受けている。プスコフの建築家によってレンガで建てられ、初期のモスクワの修道院の教会堂を模倣している。イヴァン3世は、ユリエフ・ポリスキーの聖ゲオルギー大聖堂（1471、p.349A）とウラジーミルの「黄金の門」（1469、p.349B）を、正しい様式で修復するためにクレムリンの新しい様式を用いた。

　聖母被昇天に捧げられたモスクワの中心的な大聖堂は、行政委員会によって建てられた主要な町の大聖堂や諸修道院の主聖堂の模範となった。これらの中にはモスクワのノヴォジェヴィチー女子修道院や三位一体聖セルギー修道院などがある。時には、5つのドームを配置する形式が、ノヴゴロドとモジャイスクでのようにバシリカ式の西側の部分を省いたもっと単純な内接十字式に適用されることもあった。パストフォリアの上部に小ドームを配した3ドームの形式もスズダリやヴォロカムスク、ヤロスラフの修道院で用いられた。

　しかし、15世紀から16世紀にかけて建てられた、これよりもはるかに数多くの普通の教区教会堂や修道院教会堂は、単一のドームを持つ単純な形式を採用している。とりわけ、新しい郊外やロシアの中央の大修道院とつながりのある北ロシアの小教会堂の場合がそうである。装飾には石灰岩の方が好まれてはいたが、レンガ積みが圧倒的に多かった。内部ではヴォールトが中央のドラムとドームに向かって階段状に順次立ち上がるが、一方、隅のベイにはトンネル・ヴォールトと交差ヴォールトが架けられた。例としては、フェラポントフ修道院、キリロ・ベロゼルスキー修道院とモスクワのロジェストヴェンスキー修道院が挙げられる。「クレシュカティ」・ヴォールトは内部にピアを必要としない。十字形の腕の部分には偏平なトンネル・ヴォールトか階段状のアーチが架かり、隅のベイにはリュネットがある。すなわち、全てモスクワの例であるが、聖アンナ聖堂、聖トリフォン聖堂、ドンスコイ修道院の旧大聖堂がそうである。屋根は三葉形か、装飾的な破風をピラミッド状に配するか、切妻屋根であった。ファサードは内部のピアやヴォールトを反映するようにバットレスやピラスター、胴蛇腹や軒蛇腹によって分節されている。装飾はノヴゴロド・プスコフの装飾とルネサンスのモチーフとが融合したものであった。基礎階、テラス、周歩廊、付属礼拝堂は、これらの建物に親しみと素朴さを与える。建設の財源が主として個々の小教区から得られていたため、「ポサド（郊外）建築」という言葉が使われるようになった。地方様式はほとんど見分けることができない。たとえば、ノヴゴロドの「倉庫教会堂」は、ノヴゴロド特有の建築的特徴を無視して、富裕なモスクワ商人によって16世紀前半に建てられている。具体例は、「香油を運ぶ女たちの」聖堂と聖プロコピウス聖堂（p.360B）である。

　この時代には、公式の帝国様式というべきものが国土全体を通じて建築を支配し始めた。地方の建築工匠の交流がこの発展の中で1つの役割を演じたと考えられ、1583年以降、国家の建設事業は石造建築監察官によって監督された。

　モスクワの尖塔型やテント型の教会堂は、しばしば初期のロシア建築の最も独創的で印象深い産物とみなされている。この形式の教会堂の建設は全国的な現象となった。この独特の形式は、国家の再生と中央集権化がなければ、軍事建築の影響が及ばなければ、そして木造建築の語彙がなければ、創造されなかったであろう。これらの尖塔型やテント型の建物がピラミッド化と集中化を進める過程で、内接十字式平面がのみ込

まれていった。しかし、建築全体の発展の中でみれば、これらの建物は歴史の挿話の1つにすぎない。コローメンスコエのキリストの昇天聖堂(1530-32)、ディヤコヴォの洗礼者ヨハネ教会堂(1547)、赤の広場の聖ヴァシリー大聖堂(1555-60、p.361C)と、それからわずか後のオストロフ、アレクサンドロフ、ペレスラブリ・ザレスキー、クラスナヤのいくつかの建物をみれば、この新様式がすでに実質上活力を失っていることがわかる。その結果、新様式はそれが本来持っていた機能に追いやられた。すなわち、大修道院の中の鐘塔と、教会堂付きの食堂広間である。

尖塔型やテント型の教会堂は、共通の特殊な性格を持っている。それは、重要な国家的行事を記念する目的を持つこと、八角形の基部の上に八面のテント型屋根をのせること、ピアがなくて狭く、垂直方向が強調された内部の統一性、ベーマ(至聖所)の縮小、周歩廊を伴う高い基壇、伝統的なロシア装飾とイタリア・ルネサンス建築に由来する新しいモチーフとの結合などである。聖ヴァシリー大聖堂はフィラレーテやレオナルドのデザインと比較されてきた。しかし、この建築の革命は永続的な結果をもたらさなかった。絵画、文学、神学にもうかがわれるのだが、古い伝統に執着する傾向はロシア文化を支配する要素の1つであり、これが建築の様式的発展を17世紀にいたるまで、中世初期の伝統に縛りつけていた。このことは決して沈滞を引き起こしたり芸術的な質を落とすことを意味しなかったが、とはいえ、これは発展の見通しのない袋小路だったのである。

ビザンティンの外側の東ヨーロッパ各国は、政治や社会と同様、芸術と文化においても独自の道を進んだ。これらの国々では、中世は17および18世紀までだらだらと続いた。バルカン半島の国々ではオスマン・トルコの指導者が、各国の独立の教会をコンスタンティノポリスの総主教の管轄下に戻し、ビザンティン様式の復古的発展を促した。しかし、ロシア皇帝がローマ皇帝の継承者であることを主張し、東方教会の政治上の主導者(宗教上の主権は相変わらずコンスタンティノポリスの総主教の手にあった)としての自らの役割を教会に支持されているロシアでは、ビザンティンの伝統との完全な断絶が行われた。両方の地域において、西ヨーロッパのゴシック、ルネサンス、バロックの建築との出会いは重要な変化をもたらした。しかし、思考と知覚の手段としてのイメージに基づく神学は、教会堂建築ともかかわりを持ち、全ての東方教会の国々において、伝統的な規範を固持させる影響力を及ぼした。

実 例

キエフの聖ソフィア大聖堂(1037-61、p.346B、p.347、p.352F)は、「ロシアの教会堂の母」としてヤロスラフにより建設された。中心部は5廊の内接十字式平面で、12本の十字形のピアと、5つのアプス、13のドームを持つ。中央の身廊は幅が7.5mあり、側廊の幅の2倍である。ドームはその頂点まで25mの高さに達する。この中心部分は3面を周歩廊で囲まれている(当初は周歩廊に開放されていた)。周歩廊は11世紀末にヴォールトの推力を地面に伝える助けとして上に階が加えられている。その後、最初のものより幅の広い第2の周歩廊が、まず南西側に、次いで北西側に2基の階段塔とともに加えられた。トリビューンが3側面を囲み、十字形の腕の部分は2層の3連アーチで構成されている(p.347)。側廊と内側のトリビューンには主としてドームが架けられ、周歩廊にはクロイスター・ヴォールトが架けられている。外観は周歩廊と身廊を覆う屋根の階段状の重なりによって形作られている。個々の屋根はそれぞれ、交差部の上のドラムにのる中央ドームに向かって少しずつ高くなっている。中央ドームの他には束ね柱に支えられたドラムにのる小ドームがあり、それぞれ4つずつ、西側の左右の部分と、東側のパストフォリアの上にのっている。現在の建物はウクライナ・バロック様式で改装されているため、当初の外観はかなり損なわれている。ファサードは本来スタッコで白く仕上げられるか、あるいはオプス・ミクストゥムやレンガの引込積み、ブラインドアーチ列、ビザンティン風フリーズなどで絵画的な効果をあげていた(p.346B)。堂内のおよそ250m²を占めるモザイクと2000m²を占めるフレスコ画にはさまざまな聖像が描かれ、この時代の中世ビザンティン装飾の代表例となっている。

ノヴゴロドの聖ソフィア大聖堂(1045-52、p.346C)は、ヤロスラフの息子ウラジーミルにより、キエフの聖ソフィア大聖堂を模範として建てられた。建物の大部分は多角形積みで建てられ、ピア、ヴォールト、彫刻装飾、入口と窓の周囲のみがレンガ造であった。3つのアプスと5つのドラム付きのドーム(小ドームが隅のベイのそれぞれにのる)と南西の隅に階段塔が1基ある。キエフと同様に、十字の腕の部分の三面をトリビューンが囲む。パストフォリア上部のドラム付きドームの方形の基部は、東の壁と同じ高さに建っている。側廊の東側のベイはアプスがなく、半分のトンネル・ヴォールトが架けられており、そのため破風は四半円の形をしている。ファサードのピラスターの配置は内部構成

聖ドミトリー大聖堂、ウラジーミル（1194-97）　p.350、p.351、p.357 参照

ルネサンスまでのヨーロッパと地中海周辺の建築

A 三位一体大聖堂、三位一体セルギー修道院、セルギエフ・パサド（1422） p.358 参照

B 救世主大聖堂、アンドロニコフ修道院、モスクワ（1410-27 の間） p.351、p.358 参照

C 聖霊聖堂、三位一体セルギー修道院、セルギエフ・パサド（1476） p.358 参照

D ウスペンスキー（聖母就寝）大聖堂、大聖堂広場からみた南面、クレムリン、モスクワ（1475-79） p.353、p.358 参照

と一致し、円形破風と三角形破風が交互に並ぶ。北側と南側の周歩廊と西側の周歩廊とが交わる部分は、中心部と関連して、非対称の形になっている。ドラムのコーニスは、犬歯飾りのついたロマネスク風のアーチ装飾を持つが、これはノヴゴロドの地方流派に特徴的なものとなった。

ノヴゴロドのユリエフ修道院の聖ゲオルギー大聖堂(1119-90、p.349A、p.352B)は、キエフのペチェルスカヤ大修道院(洞窟修道院)のウスペンスキー大聖堂の設計に基づいて建築家ピョートルにより建てられた。オプス・ミクストゥムで建てられた3廊のバシリカ式の内接十字式平面で、3つのドーム、3つのアプスと6本の十字形ピアを持つ。交差部の東側のピアはアプスの壁と融合し、独立した西側のピアは中央ドームを支えている。他の1組のピアはトリビューンを支える。トリビューンは西側の部分にのみあり、その南端に小ドームが1つのる。この小ドームは、北西の隅の非対称の位置にある階段塔の上のドームの仲間である。側面のファサードはピラスターによって4つの、西ファサードは3つの壁面に分割されており、これらのピラスターは、最初曲線破風を縁取るアーチにつながっていた。装飾は、窓と、縁が二重になったニッチだけである。窓とニッチの縦長のアーチは建物全体の垂直性を強調している。ドームの下にある突出したフリーズも同様に二重の縁になっている。

チェルニヒフ(チェルニゴフ)のパラスケヴァ・ピャトニツァ聖堂(12世紀)は今世紀に、P. D. バラノフスキーによって再建されたが、最初は女子修道院の主聖堂であり、レンガで建てられていた。単一ドームで、3つのアプスと4本の十字形ピアを持つ内接十字式教会堂である。東側の1組のピアはアプスの壁と融合している。交差部の4本のアーチは十字形の腕の部分のトンネル・ヴォールトよりも高く築かれ、またこのヴォールトはファサードの円形破風よりも高くなっているので、屋根は中心のドラムとドームに向かって階段状にせり上がっている。この構造は14世紀から15世紀にモスクワとプスコフで流行した。3つの曲線からなる屋根の輪郭は、中央のベイに架かるトンネル・ヴォールトと隅のベイの上の四半円のヴォールトと一致する。ファサードは半円柱の付柱を持つピラスターによって3つに分割される。「ピクチャレスクな」装飾は、アーキヴォルト、後退したパネル、半円と尖頭のアーチ、玉縁、レンガの格子積み、さまざまなフリーズ(アーチ、歯状割形、ベグネット(p.350 参照)、メアンダー文など)によって構成される。

ウラジーミルの聖ドミトリー大聖堂(1194-97、p.352E、p.355)は、城塞の中の宮廷教会堂として、フ セヴォロドによって建立された。粗石積みの表面を切石で仕上げられている。単一ドームの内接十字式で、西トリビューン、高い隅のベイ、3つのアプスと4本の十字形ピアを伴っていた。東側のピアはアプスの壁と融合している。平面は主軸方向に引き伸ばされていて、アプスを別にすると、14.9×16.2 m の大きさである。3面にある奥まったロマネスク様式の入口は円柱で飾られているが、テュンパヌムはない。ファサードは半円柱と組み合わされた壁付柱と歯状割形のフリーズ、ブラインドアーチ列、装飾用小円柱などによって分節されている。3つの半円形破風が並び、その中で中央の破風がわずかに他より高くなっている。ファサードの上半分とアーケードは、全面に薄肉彫彫刻が施されている。浮彫の図像は下地の石灰岩の切石の継ぎ目に従っている。人物と動物と植物の彫刻で構成された図像は、優美な宇宙や楽園のモチーフによって支配されている。ダビデ王が全ての3つの中央のペディメントに巻物を手にした説教者の姿で表されている。ファサードのコリント式柱頭と内部のライオンの頭の柱頭もまた王の栄光を象徴している。ファサードの下半分には装飾がない。これはおそらく、当初は回廊がめぐっていたためと考えられる。

ウラジーミルの「黄金の門」(1164、p.349B)は、この時代で残っている唯一の市門である。粗石積みの表面を切石で仕上げてあるが、広範な改変を受けている。15世紀と18世紀に改修された門の礼拝室の屋根はもともと金箔が貼られていた。アーチ開口の高さは14 mあり、ピア・アーチが連なって中央のトンネル・ヴォールトを支え、門の通路を形成する。これらのアーチとトンネル・ヴォールトの下には、かつて木造の見張台があった。また、別の胸壁付きの見張台が礼拝室の周囲に設けられていた。

ノヴゴロドの聖テオドール・ストラティラータ聖堂(1360-61、p.349C、p.352C)は、市長セミョン・アンドレーエヴィチによって建てられた、地方の中産市民階級の様式の古典的な例である。単一ドームの内接十字式で、1つのアプスと4本のピアを持ち、そのうち、東側の1組のピアは小さなパストフォリアの内壁の一部となっている。東側のベイはトリビューンのある西側のベイの約半分の奥行しかない。トリビューンは3つに区画され、ナオスとは完全に切り離されている。屋根の三葉形の曲線は、隅のベイの上部の四半円のヴォールトの形と一致する。それぞれのファサードはピラスターによって3つの壁面に分割され、中央の分割面はその両側よりも幅広く、また、南北のファサードでは西側よりも東側の分割面の方が狭くなっている。

装飾はアプスとドラムの周囲に集中している。外壁

には、鋸歯飾りで縁取られた装飾アーチ、歯状剣形のフリーズ、アーキヴォルト、ベグネット、剣形付きの付柱、ブラインドアーチや石の十字架などの装飾がみられる。簡素な奥まった玄関口はオジー・アーチになっている。

セルギエフ・パサド(旧ザゴルスク)の三位一体セルギー修道院の三位一体大聖堂(1422、p.352H、p.356A)は、修道院長ニーコンの命により、列聖された彼の先任者であり、この修道院の創設者であるラドネジのセルギウスの墓所として、帝国の援助を受けて建設された。モスクワの歴代の大公たちは15世紀から16世紀にここで洗礼を受けた。建物は単一ドームの内接十字式で、3つのアプスと4本の独立したピアを持っている。建物全体は階段で上る基壇の上に建っていた。東側のベイは短くされ、その結果ドームははっきりみてとれるほど東側に片寄っている。十字形の腕は階段状のヴォールトを持っている。南側の面には円柱で飾られた奥まった玄関口があり、オジー・アーチのアーキヴォルトとアニュレットがある。ピラスターと幅広のオジー・アーチがファサードを3つに分割しているが、これは内部のヴォールトや支柱とは一致していない。ココシニキ(装飾的なオジー・アーチの破風)がドームの方形の台座の4つの角の部分に対角線上に配置されている。粗石積みの表面が切石積みで仕上げられ、ファサードは、絡み合う葉模様と十字架をモチーフとした、3層の石灰岩の薄肉彫フリーズの広い帯によって水平方向に分割されている。同様のフリーズは軒のコーニスにもみられる。1411年から1422年にかけて、三位一体セルギー修道院の修道士、アンドレイ・ルブリョーフは有名な「聖三位一体」のイコンを制作し、1425年から1427年にかけては壁画と聖障壁を製作した。

モスクワのアンドロニコフ修道院の救世主大聖堂(1410-27の間、p.356B)は、商家であるイェルモリン家の出資により、モスクワの初期の修道院教会堂の過渡的な平面と様式で建てられた。中心部分の伝統的な立方体の形態は、隅のベイ、十字形の腕の部分、交差部を階段状に積み上げることによって完全に分解されている。ドラムとドームは背の高い台座の上に立ち上がり、オジー・アーチの破風が動的な印象を与える。この建物は、14世紀後半に三位一体聖セルギー修道院の系列の修道院として設立されたが、今日ではロシアの伝統美術のためのルブリョーフ美術館となっている。それは、修道士画家のルブリョーフがこの大聖堂に壁画を描き、ここに埋葬されたと信じられているからである。

セルギエフ・パサドの三位一体セルギー修道院の聖霊聖堂(1476、p.356C)は、プスコフの建築家によって鐘塔教会堂の形態で建てられた。レンガ造であるが、基壇と奥まった玄関口は石灰岩でつくられている。4本のピアと3つのアプスのある内接十字式平面の高く、ほっそりした建物である。アーチで構成された鐘楼は交差部から立ち上がり、その上に背の高いドラムとドームをのせている。ロシアでは初めて、美しい陶タイルが、この教会堂の外壁の装飾に用いられた。

イヴァン3世は、モスクワのクレムリンにあるウスペンスキー(聖母就寝)大聖堂(聖母被昇天大聖堂、1475-79、p.352J、p.356D)をウラジーミルのウスペンスキー大聖堂を模範として設計するよう、ボローニャ出身の建築家ロドルフォ(通称はアリストーテレ)・フィオラヴァンティに委ねた。この建物は最も重要な国の儀式を行う場所として意図されていた。5つのドームを持つ内接十字式で、平面は6本のピアによって3廊に分けられ、大きさの等しい12の方形のベイに分割されている。内部は広々としていて高さは均一である。外部への突出が小さい5つのアプスを持つが、トリビューンはない。この新しい教会堂は元来1472年にモスクワの建築家によって工事が始められていたが、1474年の地震で崩壊した。イヴァン3世は、ヴェネツィア駐在のロシア大使の仲介によって経験豊かなこのイタリア人建築家と契約を結び、その結果、建築家は廃墟となった教会堂の全面的な破壊を命じた。そして、「モスクワの建築家のやり方に従わずに、フィオラヴァンティ自身の判断によって」、基礎を4mの深さまで掘らせ、硬質の焼成レンガの生産を始めた。特別に粘性の強いモルタルを用い、レンガ造のピアやピラスターの間に鉄製の繋ぎ材を挿入した。内部のデザインは新しい。つまり、ナオスには4本の細い独立円柱があり、十字形の腕の部分と身廊の西の部分には高さが等しい偏平な交差ヴォールトが架けられている。東側の2本のピアは主アプスの壁と石造の祭壇胸壁に融合している。側廊は内陣において2つの狭い礼拝室を形成している。内部のベイが全て等しい方形なので、5つのドームは直径も等しくなるはずであった。しかし、伝統的に、中央のドームのドラムは他よりも大きいのが定式であるので、フィオラヴァンティは中央ドームのドラムを円形の台座の上に据え、その直径を増やせるようにした。外観のプロポーションは黄金分割に基づいているが、その形は主としてウラジーミル・スズダリの様式から借用されている。建物の表面には石灰岩の切石が積まれ、装飾的円柱の上にのったブラインドアーチ列と「ザコマリ」のピラスターによって分節され、円柱付きの奥まった入口がある。建物全体は基壇の上に建っている。基壇は当初地面から3.2mの高さがあっ

A 受胎告知(ブラゴヴェシェンスキー)大聖堂、中央ドーム内観と中央アプスの持送りアーチ、クレムリン、モスクワ(1484-89) p.362 参照

B 受胎告知(ブラゴヴェシェンスキー)大聖堂、北東の外観、クレムリン、モスクワ

C アルハンゲリスキー(大天使ミカエル)大聖堂、クレムリン、モスクワ(1505-8)　p.353、p.362 参照

D 「イヴァン大帝の鐘塔」、クレムリン、モスクワ(1505-1624) p.362 参照

A　キリストの公現聖堂、ザプスコヴェ、プスコフ（1496）　p.351、p.363 参照

B　ヤロスラフの宮廷跡、聖プロコピウス聖堂（左、1529）と「香油を運ぶ女たちの」聖堂（右、1510）、東側外観、ノヴゴロド
p.353、p.363 参照

A 「角の」聖アンナご懐妊聖堂、モスクワ（1478-83）
p.363 参照

B キリストの昇天聖堂、コローメンスコエ、モスクワ（1530-33） p.363 参照

C 「堀端の」聖ヴァシリー大聖堂、モスクワ（1555-61） p.354、p.364 参照

D 「堀端の」聖ヴァシリー大聖堂、中央の塔屋のテント型屋根とドームの内観

たので、東、西、南の各入口に達するために長い階段が必要とされた。大聖堂広場に面した南側のファサードは特に念入りに装飾されている。後の拡張と改築はこの大聖堂の当初の姿をほとんど損ねてはいない。17世紀の初め、ヴォールトに亀裂が生じた時、弱い部分にはさらに鉄製の繋ぎ材を入れて補強されたが、その際、コリント式柱頭が取り除かれた。最も古いフレスコ画は15世紀の末であり、石造の祭壇胸壁と両脇の礼拝室の中に見出される。これらのフレスコ画はディオニーシィと彼の工房、およびルブリョーフの弟子たちの手によるものとされている。17世紀の中頃に壁画は図像を変えることなく修復された。

イヴァン3世の宮廷教会堂である、**モスクワのクレムリンの受胎告知(ブラゴヴェシェンスキー)大聖堂**(1484-89、p.352A、p.359A,B)は、プスコフの建築家たちによってレンガ造でつくられた14世紀および15世紀の2つの先行する建物の基礎の上に建てられている。当初は3つのドームののった内接十字式で、3つのアプスを持ち、アプスの壁は東側の一対のピアと融合していた。西側のピアは、通路によって宮殿と連絡しているトリビューンを支えている。パストフォリアの上には小ドームが、十字形の腕の部分には階段状アーチが架けられている。ファサードは最初ピラスターとブラインドアーチによって分節されていた。「ココシニキ」の列がヴォールトを覆い、中央ドームの八角形の台座の上にさらに第2段目のココシニキがある。周囲をめぐるテラスは、すでに16世紀には周歩廊に改変されたと思われる。1562年から1566年に、イヴァン4世すなわち「雷帝」によって若干の改築が行われた。それは、東側の一対のドームと均衡をとるために、西側にもドームを一対付け加えたことである。これらのドームは、西側の隅のベイの方が大きかったために、直径が東側より大きいが、建物内部には開いていない。トリビューン階のレベルに4つの隅に対称に加えられていた単一ドームを頂く4つの小さな礼拝室をつなぐために、テラス状の屋根が周歩廊のヴォールトの上部に架けられた。さらにアルハンゲリスキー大聖堂のように、みせかけの破風と格間状の壁面分節が装飾として加えられた。オジーがここでは支配的なモチーフとなっている。伝統的なかぶと型ドームさえ、葱花型のドームに取り替えられた。ギリシア人テオファネスとアンドレイ・ルブリョーフの作品を含む聖障壁は初期の建物にあったものが用いられている。イヴァン4世は周歩廊の北側と西側のそれぞれに精巧なルネサンス様式の玄関口を加え、床を碧玉で敷きかえた。

モスクワのクレムリンにあるアルハンゲリスキー(大天使ミカエル)大聖堂(1505-8、p.359C)はイヴァン3世の命により、アロヴィジオ・ノーヴォによって建てられた。この教会堂は古い墓廟聖堂(1333)にかわるものとして、皇族の墓所の役割を持つものであった。5つのドームのある内接十字式で、6本のピアのうち、東側の一対はアプスの壁体と融合している。内部は均一の高さであるが、十字形の腕の部分の幅は広く、伝統的手法に従ってトンネル・ヴォールトが架かっている。ピアとピラスターがのる高い台座と、それらをつなぐアーチが結び付いて、側廊の幅を減じている。アロヴィジオは皇族の女性用に高くしたトリビューンを、仕切られた玄関教会堂の中に設けた。その結果、中心部分は東側に移り、内陣部分が狭くなった。小ドームの大きさは、それぞれ小さい東側のパストフォリアと広い西側のベイによって規定される。この大きさの相違は、もしもファサードとドラムの分節によって埋め合わされなかったら、建物の対称性を壊していたことだろう。ここでは、分節の伝統的な手法が放棄されている。ルネサンスの精神は古典的オーダーの採用にも明らかである。アカンサスの葉とヴォリュート(渦巻)と花(施工においては個々に変化する)で飾られたコリント式柱頭や、ファサードを水平に分割するコーニスがある。コーニスの下にはブラインドアーチが連なり、上にはひっ込んだ長方形の壁面パネルがある。そして「ザコマリ」(ここでは半円形のペディメントを形成しているが)を支える重厚なエンタブラチュアがみられる。ペディメントのそれぞれには貝殻形の彫刻が施されている。トンネル・ヴォールトの上の屋根は曲線の破風の輪郭に従って波打っている。破風には最初イオニア式のアクロテリオン[訳註：破風の頂や隅を飾る彫刻。p.116参照]があった。本来、この建物は3面を周歩廊で囲まれていて、大聖堂前の広場で行われる国家の儀式の際には、北側の周歩廊が貴賓席として用いられたと思われる。ファサードにはスタッコ仕上げはされていなかったと考えられる。すなわち、躯体には特別な赤いレンガ(いわゆる「アロヴィジオ」)が用いられ、それが石灰岩積みの基壇や石の彫刻装飾と対比をなしていた。西側の入口部分の特徴は、開放的なポーチに収まったルネサンス式の玄関と、中央の破風の中の丸窓である。この装飾はロシアで広く模倣された。この建物はその後多くの改変を受けた。内部の絵画は17世紀半ばのものである。ディアコニコンのフレスコ画のわずかな断片のみがそれより古い。

モスクワのクレムリンの「イヴァン大帝の鐘塔」(1505-1624、p.359D)は、イヴァン3世の命によりマルコ・ボーノ(ボン・フリアツィン)によって、先行する建物、すなわち聖ヨハネ・クリマコス聖堂(1329)を模範として、それにかえて建てられた。この先行する教会堂で

はドラムの基部が開放アーケードの付いた鐘室として改造されていた。新しい鐘塔は2階建の八角形の塔として始められ、上の階は下の階より狭くなっており、1階には礼拝室があった。1600年、皇帝ボリス・ゴドゥノフの時代に、さらに上に3階とドラムとドームを加えて81mの高さになった。10m深さの基礎、基壇、外壁の装飾は全て石灰岩でつくられ、壁体とヴォールトはレンガ造である。壁体の厚さは1階でおよそ5m、2階で2.5m、3階で0.9mである。1階では外壁の中に階段室が収められている。2階では中央にらせん階段が設けられ、3階では壁の内周に沿ってらせん階段がめぐっている。この鐘塔の北側に建てられている壮大な鐘壁がペトロク・マリによって建てられたのか（1532-43）、それともプスコフのキリストの復活聖堂を模範として17世紀になってようやく建てられたのかについては、研究者の意見は一致していない。1624年に総主教フィラレーテは、さらに別の鐘壁をその北側に建てた。「イヴァン大帝の鐘塔」は21個の鐘を持ち、そのうちで最大の鐘は66tの重さである。

モスクワの「**角の」聖アンナご懐妊聖堂**（1478-83、p.361A）は、郊外の主教区の共同体により建てられた。これはこの時代にこのように建てられた多くの教会堂の中でも典型的なものである。聖アンナ聖堂はキタイゴロドの市壁の角にあって、石灰岩の切石の壁、支柱のないレンガ造の「クレシュカティ」・ヴォールト、十字形の腕の上部のトンネル・ヴォールトあるいは階段状のアーチ、隅のベイの四半円ヴォールトなどがみられる。低い半円形のアプスの前に石造の祭壇の柵があり、ヴォールトと一致した三葉形の屋根を持つ四角いナオスがある。ファサードはピラスターによって垂直方向に3つの壁面に分節され、水平方向には壁面の中程と屋根の下を走るコーニスによって分節される。また、地下室がある。

プスコフのキリストの公現聖堂（1496、p.360A）もまた、「エンド（末端）」と呼ばれる地域の教区住民によって設立された。単一ドームの内接十字式で、3つのアプスと4本のピアを持つ。ピアのうちの2本は独立柱である。北西角の4つのアーチで構成された鐘壁をはじめとして、何度も拡張が行われた。鐘壁の柱の太さとアーチのスパンは、鐘の大きさと重さによって決められている。

ノヴゴロドの「**香油を運ぶ女たちの」聖堂**（1510、p.360B）はモスクワ商人J.シュルコフによって建てられた。単一ドームで3つのアプスを持つ内接十字式教会堂で、レンガ造である。これはいわゆる「倉庫教会堂」で、内部は3層になっている。すなわち、地下階と1階には倉庫があり、2階は個人用のあるいは教区の教会堂として機能した。角のベイはトンネル・ヴォールトの架かった十字形の腕の部分と同じ天井高であり、他方、交差部のアーチは1段高くなっている。内陣の区域とそれに対応する側面の外壁の東の部分は、ノヴゴロドで一般的に行われていたように短くつめられてはいない。ナルテクスは分割され、2層になっている。装飾はこの地方の伝統に由来する形態（ニッチ）とモスクワに由来する形態（オジー・アーチ）とを組み合わせている。2つのアーチのある破風鐘楼が西ファサードの中央のベイの上にそびえたつ。

塔型でテント型屋根を持つ新しい形式の教会堂は、しばらくの間内接十字式平面を追いやったが、**コローメンスコエのキリストの昇天聖堂**（1530-33、p.352G、p.361B）は、その中でも最も早い教会堂である。この聖堂は皇帝ヴァシーリ3世の命により、世継ぎ、すなわち後のイヴァン4世の誕生を祝してモスクワ川の高い土手にあるコローメンスコエの木造の夏宮殿の近くに建設された。建物はレンガ造で、縁取りや細部に白い石が用いられている。1533年という年代がアラビア数字で1つの柱頭に刻まれているが、この時代にはロシアではまだこれらの数字や年代記法が使用されていなかったことから、西欧の石工がかかわっていたことがわかる。あるロシアの年代記作者は、この教会堂は「木造の方法」で建てられたと記している。柱のない内部は64m²ほどの広さで、建物の全面積の3分の1は最大3m厚さの壁体で占められている。平面は中央の正方形広間を基本とし、そこから十字形の腕として小さな長方形が突出し、東側の突出部はアプスになっている。台座にのったピラスターがコーニスを支え、そこから立ち上がるアーチとヴォールトは、鉄製の繋ぎ材の輪で補強された八角形部分を支える。テント型の屋根の構築は、レンガの各水平層を下の層より迫り出して積む方法で行われ、リブは構造的役割を担っている。テント型屋根にまであけられた窓は、光のピラミッドをつくりだす。8つの曲面三角形で構成されたヴォールトは、塔屋の下から3分の2のところ、床面から41mのところで内部空間を閉じている。建物は外側からみると4つの層になっている。すなわち、一番下は広いテラスに囲まれた基壇がさまざまな方向に枝を伸ばしている。このテラスはその後、屋根を加えられて周歩廊の形になった。その上はベイが張り出した重厚な主階、その上に断面が八角形に縮小された階がのり、さらにその上に28mの高さのテント型屋根がのる。頂点には小さなドラムとドームがのり、以前は見晴らし台になっていた。3段の柱頭を持つ20本の角のピラスター、狭い窓の上の矢の形の装飾、水平方向の推力を伝えると同時に八角形の基部を隠す、3

段の大きなオジー・アーチの破風、テント型屋根の表面を覆う菱形のリブの網、これらは全てピラミッド状の造形を強調し、川の土手の風景に有機的に溶け込んでいる。装飾は、伝統的モチーフと、アルハンゲリスキー大聖堂にならったイタリア・ルネサンスのモチーフによって構成されている。テラスには教会堂の東面に背を向け、オジー・アーチのトンネル形屋根の下に、石灰岩を切り出してつくった「皇帝の玉座」がある。皇帝はここから周囲の田園風景を眺めることができる。

モスクワの赤の広場にある**「堀端の」聖ヴァシリー大聖堂**（1555-61、p.352D、p.361C,D）はイヴァン4世すなわち「雷帝」の命により、首都の主要な教区教会堂としてプスコフの建築家バルマとポスニクによって建てられた。この大聖堂はテント型屋根を持つ教会堂で、ドームをのせた塔型の8つの礼拝室に囲まれ、石で仕上げをしたレンガ造である。モンゴルの最後の拠点であるカザン・ハン国との戦いを記念する祝典に続いて献堂された。後にこの教会堂に名を冠することになった聖ヴァシリーは、1588年に建物の北東にある付属礼拝室に埋葬されている。平面は八芒星の形で、その中央部分は長方形の部屋と台形のアプスからなる。直交する2本の主軸の上には八角形のベイが並び、4隅にはハート型のベイがある。これらのベイは内側と外側の円環状の廊下と「空間」によってつながっている（外側の廊下は本来外に対して開放されていた）。建物は高い基壇の上にのっており、西側に左右対称に配置された2つの階段でアプローチする。全体の平面、輪郭、形態において八角形が支配的であるが、装飾においては、伝統的建築およびイタリア・ルネサンス建築に由来するモチーフが幅広く用いられている。ただし、リブや切子模様で飾られた葱花型のドーム、周歩廊や階段に架かるピクチャレスクな屋根、ファサードの多彩色などの、奇妙で幻想的な過剰部分は、17世紀になって加えられたものである。文献によると、この八角形の建物は新しいエルサレム、ロシア帝国、典礼を体現したものであるという。

訳／辻本敬子

ルネサンスまでのヨーロッパと地中海周辺の建築

第 13 章

中世初期とロマネスク

はじめに

　この概説では、便宜的に紀元千年以前の2世紀間（ここではプレ・ロマネスクと呼ぶ）とこれ以降の2世紀間を区別して扱う。

プレ・ロマネスク

　この時代ヨーロッパ各地に建てられた建築に共通のものは、ほとんど着想のよりどころだけであった。この時代の最も重要な地域は、カロリング朝の本拠地（北フランスとラインラント）、北スペインのアストゥリアス地方、北イタリア、そしてアングロ・サクソンのイングランドである。この中で第1に挙げた地方が最も意欲に富み、ロマネスク様式の誕生にも大きな影響を与えた。シャルルマーニュは、ローマ帝国の再興に熱意を燃やしていたので、建築の規範をローマに求めた。アーヘン（エクス＝ラ＝シャペル）にあるシャルルマーニュの宮廷礼拝堂（現大聖堂、p.386K、p.397A）は、東ローマ帝国の創作になるラヴェンナのサン・ヴィターレ聖堂（p.325D）に多くを依存しているし、フルダの大修道院聖堂は、ローマ皇帝コンスタンティヌスの建てた教会堂であるローマのサン・ピエトロのバシリカ（p.304A）の文字通りの再現であった。フルダにみるように、バシリカ式の平面は、修道院教会堂と大聖堂の両方にとって最も実用的であることが証明された。カロリング朝では、たとえばコルヴァイ大修道院聖堂のように、外陣に機能的にも美学的にもそれとは独立した西構えを導入することによって、バシリカ式の平面を特殊な典礼・儀式上の要求と記念性の要求に適合させた。サン・リキエ大修道院では、教会堂の東側にも塔を導入し、これが交差部の塔の先駆となった。また、行列が教会堂の主祭壇の下にある最も重要な聖遺物の周りを容易に循環できるようにするために、ブリクスワース（p.420C、p.422A）にみるような、教会堂東側の内陣の外壁に沿って片流れ屋根を架けた通路型のクリプトが導入された。このクリプトの形態は、7世紀に教皇グレゴリウスがサン・ピエトロに加えた内側環状クリプトから派生したものである。

　その他の点でも、バシリカ式教会堂は初期キリスト教の模範にならった。すなわち側廊を持ち、アーケードの支柱は円柱かあるいはシュタインバッハにみられるような長方形断面のピアとなる。天井には木造の化粧小屋組が架けられた。アーケードの上方には、単純なアーチ形の窓と塗装による彩色装飾以外は何も構成要素を持たない平滑な壁面が、分節されずに広がる。この様子を最もよく表している現存の例は、初期キリスト教の教会堂であるラヴェンナのサンタポリナーレ・イン・クラッセ聖堂である（p.311D、p.312B）。トランセプトもやはり、サン・ピエトロで最初に用いられた後、フルダやサン・ドニなどカロリング朝のいくつかの建物で模倣された。

ロマネスク

　ロマネスク建築を特徴づけるのは、統一的な構成を生むために、あらゆる構造要素の輪郭を強調し、分節を明瞭にしようとする傾向である。初期キリスト教とカロリング朝の教会堂の内部にみられた平滑な壁面と均一な円柱列は、多くの場合受け入れられず、かわって、ベイを分節して区分するさまざまな方法が発達した。カロリング朝の教会堂では分離した部分——西構え、トランセプトと外クリプト——は、全体との調和を保ちながら次第に1つに融合された。すなわち、西構えは塔を持つファサードに変化し、トランセプトは交差部が形成される過程で全体に吸収され、外クリプトは、側廊をそのまま内陣の周りに延長してできる周

歩廊の形態をとるようになった。

　建築におけるこの新しい動きの最初の徴候は、ヨーロッパ各地でほぼ同じ頃（1000年前後）に表れたが、構造の分節化は地域によりさまざまな方法で追求された。最も大きな変化は、ピアの形態の発達、トリビューン［訳註：ギャラリーともいう階上廊のこと］の導入、正規の交差部の形成、壁内通路と放射状祭室付きの周歩廊の包含、外部の量塊構成の新しい概念の展開、そして建築彫刻の成熟であった。

　ピアの複合化は、ベイ区分を明瞭にし、内部立面を分節する効果的な方法であることが、理解された。それはまず、ピアの単純な要素が壁面を越えて突出し、上部全体に延びることから始まった。最も単純な形態は、サン・マルタン・デュ・カニグの修道院聖堂（p.408A）にみられる。ここでは、十字形断面の一対のピアがピラスター（片蓋柱）を支持し、後者のピラスターは、上方に延びて横断アーチに姿を変え、トンネル・ヴォールトを補強する。やがて、全てのピアがこの方法で構成されるようになり、そしてピアの構成要素、すなわちオーダーの数も、カルドーナ（p.408B）にみられるように増えていった。これ以後の発展で最も大きなものの1つは、サンティアゴ・デ・コンポステーラ大聖堂（p.405A、p.409A, B）にみられるような半円柱の導入であった。そしてもう1つは、これより遅れるが、カンのサンテティエンヌ聖堂（p.392, p.393D）の大アーケードにみられるように、アーチの外側の縁を支えるためにピアの入隅部にシャフト、すなわち小円柱を導入したことである。ドイツでは、初期キリスト教の円柱列が相変わらずよく用いられた。しかし、円柱とピアを交互に配置することによって壁面を分節し、それによって新たな道が開かれた。ヒルデスハイムのザンクト・ミヒャエル聖堂（p.397C）は、円柱と強い対比をなす正方形断面のピアによってベイ区分を強調し、身廊を3つの区画に分割する。

　トリビューン（側廊の上階）は、西欧ではゲルンローデのザンクト・ツィリヤクス参事会聖堂（p.396H、p.397B）で初めて用いられた。しかし、ドイツでは一般化せず、むしろフランスで発達した。トリビューンは、内部の身廊壁面で次第に大きな役割を果たすようになり、ベルネ修道院の小さな双アーチから始まって、カンのサンテティエンヌ聖堂（p.392、p.393D）では、1階の大アーケードの寸法をひき写してそれ自身1つのアーケードとなるまでに発達した。トリビューンのアーケードは、ピーターバラ大聖堂（p.427）のように、再分割されることも多い。トリビューンは、ロマネスクの追求した造形手法、すなわち平滑な壁面を分節し、それによって建築をある単位に分割・変換する手法の発展に、大きな役割を果たした。

　トランセプトは、初期キリスト教とカロリング朝の時代には2つの形態があった。1つはシュタインバッハにみられるような、内陣の南北両サイドに付けられた部屋で、もう1つはローマのサン・ピエトロのバシリカ式大聖堂（p.304A）、フルダの大修道院聖堂、そしてパリのサン・ドニ大修道院聖堂にみられるような、身廊の東端部を横切る実質的に独立した構造物（連続トランセプト）であった。ロマネスクの時代になると、正規の交差部がつくりだされ、それによって、トランセプトは教会堂の中に統一された。すなわち、ヒルデスハイムのザンクト・ミヒャエル聖堂（p.397C）にみられるように、大きさの等しいアーチで周囲を縁取ることによって正方形かこれに近い長方形のベイを形成し、このベイがトランセプトと身廊の4本の腕を統合する。交差部の上には塔をのせるのが普通であった。

　壁の厚みの中に収められた壁内通路は、ドイツ、イタリア、ブリテン島、そしてノルマンディーで一般的にみられる。その主たる目的は、通路の片側に円柱とアーチなどの小さな建築構成要素を置くことによって、壁面を分節することにある。壁内通路は、壁量の損失が構造体の安定にそれほど影響しない最上層部に限られるのが普通である。壁内通路は、ドイツとイタリアではシュパイヤー大聖堂（p.397E）のように、建物の外部に置かれて外壁を飾るのに対し、イギリスとノルマンディーでは、ピーターバラ大聖堂（p.427、p.488D）の高窓の前面を通る通路のように、建物の内部にとられる。

　周歩廊は、側廊を延ばして内陣のアプスの外周をめぐらせ、環状に連続する1つの通路としたものである。周歩廊には、サンティアゴ・デ・コンポステーラ大聖堂（p.405A、p.409A, B）やコンクのサント・フォワ聖堂のように、いくつかの祭室が付くのが普通である。この種の周歩廊は、相互に依存するさまざまな形態を単一の構成体の中に調和よく取り込むという、ロマネスクの特徴を見事に示す革新の1例である。

　ロマネスクの時代における建築外部の量塊の扱い方の特徴は、構成要素を強調して形態をわかりやすくするところにある。したがって、教会堂の外観を1度眺めただけで、身廊、側廊、トランセプト、交差部、付属祭室、そして階段小塔さえも、すぐにそれと識別できる。たとえば、ケルンのザンクト・アポステルン聖堂（p.398）が三葉形の東端部、側廊付きの身廊、西側のトランセプト、そして西塔を持つことは、誰でもただちにみてとることができる。ここでは2基の塔が東側の交差部と西側の端部を強調し、階段小塔が内陣の両側面を固める。

ロマネスクの時代には、建築彫刻のめざましい発達があった。技法は地方によって大きく異なるが、彫刻の1つの定性が現れた。それは、彫刻が建築の中で果たす本来の役割に関係していた。すなわちロマネスクでは、彫刻装飾と刳形は、建築の特色を強調するために用いられ、追求する表現を分節によって要約するものであった。したがって彫刻が施されるのは、普通柱頭、扉口、窓、そしてアーケードに限られる。段状にくぼんだ入隅に付加される細長い円柱形(p.392A、E)は、1060年代にカンのサンテティエンヌ聖堂で初めて用いられて以来、アーチのあるところには普通にみられるようになり、シャフト付きのピアとアーチとの連続性を生み出した。扉口は、生き生きとした装飾が施されることが多く、時に彫刻されたテュンパヌムを伴うこともある(p.385、p.386、p.389、p.396、p.409B)。柱頭は、古代のコリント式柱頭に由来するものがほとんどで(p.385、p.386)、さまざまな方法と程度で細部彫刻が挿入される。方円形の、すなわち立方体と球を結合した純粋に幾何学的な形態のブロック柱頭は、ゲルマン人の創造になるもので、ノルマン征服の時にはブリテン島とノルマンディーに広まっていた(p.427J)。

ロマネスク時代の精神は教会によって支配されていたので、この時代の建築の発展を、キリスト教建築の範囲内で論じるのは全く便宜にかなったものである。このことはしかし、他の種類の建築が建てられなかったことを意味するものではない。マナー・ハウス、町家、そして農家で現存するものはほとんどないが、城とキープに代表される軍事建築は、より恒久性をもって建てられたので、現存するものも比較的多くみられる。その形態については、この章の「建築の特色」の中で簡単に説明し、かなりの数の作品を「実例」の中でとりあげた。

イタリア：建築の特色

中部イタリア

この時期の教会堂はバシリカ式に強く固執した。イタリア人は、建築に新しいシステムを取り入れることには積極的でなく、むしろ装飾的細部の美しさと優雅さに関心があった。その一方で、古典古代の伝統に大きく依存した建築の諸特徴を保持し続けた。ファサードの最も顕著な特徴は、上下に重なる装飾的な壁内通路で、それは時として破風にまで挿入されることもある(p.372A、p.375A)。イタリアのロマネスク建築が西欧の他の地域の建築と異なる点は、大理石の外装を持つ壁面である。大部分の教会堂は、明るく彩飾された単純な化粧小屋組を架ける。身廊はほとんどの場合、古代的な円柱によって側廊から分かたれる(p.372C)。内陣は、時にクリプトの上に床を持ち上げて設けられることがあり、その場合には、身廊とは階段によって連絡される。

陽光に恵まれた気候のおかげで、アーケードは普遍的にみられるが、扉口と窓は小さく、あまり重要でない。扉口と窓は、段状に後退する「抱き」、すなわちそこに小さなシャフト(柱身)が挿入される配列を持ち、古典古代のアーキトレーヴとは対照的に半円形のアーチをのせる(p.369B、C)。イタリアの多くの地方では、窓にトレーサリーを用いることがなく、バラ窓でさえ未熟なパターンしか持たない。身廊の木造天井は単純で、露出した垂木と小屋梁が化粧小屋組を形成する。垂木と小屋梁は、装飾効果をねらって彩色されることも多い(p.376A)。一方側廊は、スパンの小さな交差ヴォールを架けることがある。この場合、側廊は横断アーチによって区画されることになる。

新しく建てられた教会堂には、古代ローマの神殿から抜きとられたおびただしい数の円柱が用いられた(p.372C、p.376A)。このため、新しいタイプの円柱は、ローマから遠く離れた地方では導入されたものの、中部イタリアではあまり発達しなかった。ローマのサン・ジョヴァンニ・イン・ラテラーノ聖堂とサン・パオロ・フオリ・レ・ムーラ聖堂の回廊にみられる美しい彫りの細ねじれた円柱は、古代のタイプの円柱を微妙に変形させたものである(p.369H)。古代の刳形の粗雑な模倣がある一方、精巧でロマネスク的な特徴の顕著な刳形が、扉口と窓の段状に後退する面の中で用いられた(p.369B-E)。

古代の建築部材を再利用して建てた建築では、つじつまを合わせるために、古典古代に先例のある装飾を用いることもあった(p.370D、J)。ピストイアにみられるような、扉口の楣の上に配置された使徒の列は、ビザンティンの象牙細工の様式に似ている。キリスト教の象徴主義が、イタリア全域の彫刻装飾とモザイクに浸透した。組合せ文字で表されたキリスト、木や鳥や魚や動物の姿で表現された福音書記者と聖人、そして象徴の体系全体、それら全てが装飾的な構図の中に描かれた。トゥスカニアのサンタ・マリア・マッジョーレ聖堂の主祭壇とサン・ピエトロ聖堂のモザイク舗床(p.370C、K)は、この地方の、そしてこの時代の特徴をよく表している。ビザンティンからの影響が強かったピサとラヴェンナでは、独特の様式が発達した。カンパニーレと呼ばれる鐘塔は、6世紀に初めて現れたように思われるが、これ以降キリスト教建築の1つの特

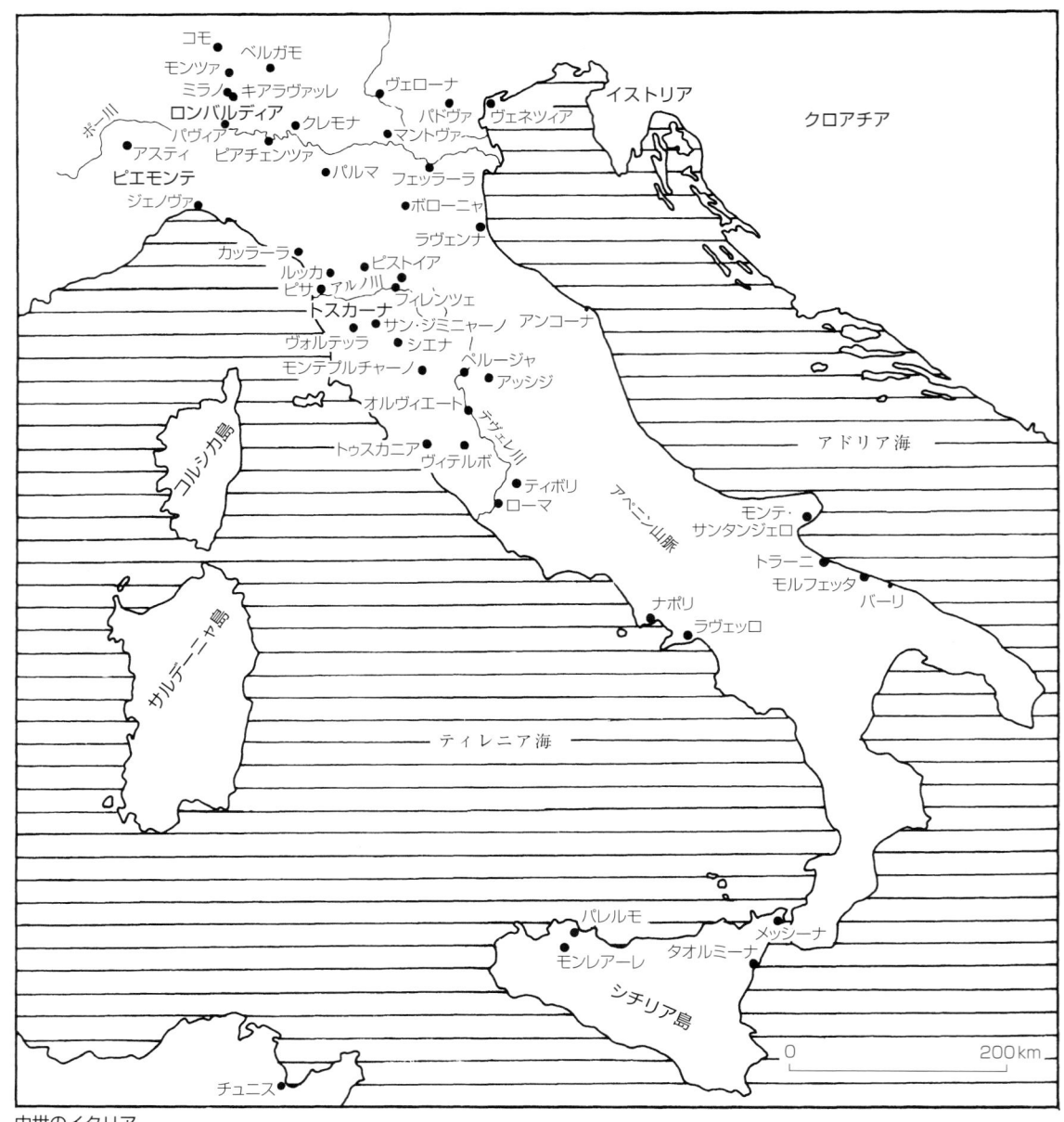

中世のイタリア

徴となった（p.372A、p.373A−D）。

北イタリア

　北イタリアで最も大きな進展がみられたのは、ロンバルディア地方である。その主たる革新は、リブ・ヴォールトの発達、建物外部の壁内通路、そしてアーチ列の付いた持送り棚であった。リブ・ヴォールトは短命であったが、外部の壁内通路（初めはニッチにすぎなかった）とアーチ列の付いた持送り棚は、10世紀に単純な形態として発生した後、スペイン北部、イタリア中部、ブルゴーニュ地方、そして神聖ローマ帝国のドイツにも急速に広まった。この持送り棚は、アーチが相互に連結した持送りからなる一種の軒飾りである（p.370H）。

　北イタリアの教会堂はバシリカ式で、身廊と側廊にはヴォールト天井を架け、その上に木造の屋根をのせる。側廊は2階を持つことが多い。側祭室の間の壁は厚く、それがヴォールトの推力に抵抗するバットレスとして働く。平滑だが厳格なファサードは、教会堂の全幅を覆い、身廊と側廊の分割を外観に示す。中央部が突出したポーティコとなることもあり、この場合に

イタリア・ロマネスクの細部 1

イタリア・ロマネスクの細部 2

は、うずくまった四足獣の背中の上に立つ円柱と、身廊に採光するためのバラ窓を上部に持つ。破風は、アーチ列の付いた持送り棚で縁取られるのが特徴である。この持送り棚が、アプス外周の軒下でアーケードを形成することもある。大理石以外の石材とレンガを用いるので、全体的にはあまり洗練されていないが、装飾は古典古代からの脱却を示す。コモで始まった建築家と彫刻家の特権ギルドであるコマチーニの工匠は、11世紀に、北イタリアだけでなくイタリアの他の場所においても、装飾に特徴のある教会堂を建設した。

　数多く存在する洗礼堂は、ノヴァラの洗礼堂のように、八角形または円形の平面を持つのが一般的である。ノヴァラの洗礼堂は、ミラノのサンタンブロージョ聖堂の有名な洗礼堂と同様、アトリウムを介して大聖堂と連絡される。建物の外観をひきたたせるのは、アプスや八角形の採光塔などの周囲に付けられた壁内通路である（p.369E, G）。塔は、時にヴェローナのようにまっすぐのシャフトとなって独立して建つことがあり（p.379A）、またバットレスと尖頂屋根を持たないこともある（p.369F, p.375C, p.376C）。ファサードの構成を支配するのは、コモのサンタボンディオ聖堂のような、地上から延びて持送り棚で終わるピラスター状の単純な帯状装飾である（p.369F）。内部では、半円柱を表面に付けた頑丈なピアが、古代的な円柱に取って代わり、重い石のヴォールト天井を支持する（p.377B, D）。身廊側の半円柱は、ヴォールトを支えるためのシャフトとして上方に延びる。このシャフトは、やがてゴシックの時代においてピアの姿を一変させることになるシステムの始まりでもあった。

　彫刻装飾は荒削りで、人間と獣、そして活力に満ちた狩猟や日常生活の出来事の場面が、グロテスクな姿で刻まれる。突出するポーティコの円柱や持送り棚（p.370H）、あるいは司教座（p.370A）や洗礼盤（p.370L）のような内部の設備などを支える、うずくまった四足獣はどこにでもみられる。

南イタリアとシチリア島

　建築表現の多様性は、ビザンティンとイスラム、そしてノルマンによる支配の中にたどることができる。相前後して訪れた支配は、それ以後の時代にそれぞれ何らかの形で影響を与えた。たとえば、内部のモザイク装飾の中には、ビザンティンの影響が明らかに認められる。パレルモのマルトラーナ聖堂では、平面においてもビザンティンの影響が優越している。すなわちここでは、中央の正方形の空間に架かるドームは、4本の円柱によって支持される。イスラムの影響は、色大理石を縞模様に配列する手法と上心尖頭アーチの使用に、明らかに認められる。ノルマンの影響は、たとえばモンレアーレ大聖堂の平面構成と構造に表れている。すなわち、この大聖堂はモザイク装飾を持ち、身廊アーケードのアーチを上心の尖頭形とするが、全体の平面は十字形である。イタリア南部では、ヴォールトよりもドームを架けることが多かった。しかし、イスラムの影響下にあったシチリア島では、木造屋根が原則で、その下に色彩と意匠に富んだスタラクタイトの天井が架けられた。

　側壁は、アーチの付いた持送り棚を介して相互に連結された平らなピラスターの帯によって、飾られることが多い。バラ窓は、パレルモのいくつかの教会堂のように、大理石の板を丹念に刳り抜いてつくったものも多くみられる。ビザンティンとイスラム、そしてノルマンの影響が相次いであったために、円柱と柱頭は非常に変化に富む。モンレアーレ大聖堂の身廊アーケードと回廊の双円柱に、それがよく示されている（p.370E, F, p.380A）。

　手の込んだブロンズ製の扉は、イタリア南部の特徴である。パレルモでは色モザイクが、教会堂の内部空間の美しさをさらに高めている。またイタリア南部、特にシチリア島では、教会堂内部の装飾は、色彩による幾何学的な意匠が卓越する一方で、ブロンズ製のピラスター（p.370D, G）が古代の伝統の息の長さを示している。

イタリア：実例

中部イタリア

　ピサ大聖堂（1063-1118、1261-72、p.372、p.373）は、その洗礼堂、鐘塔、そしてカンポ・サントと呼ばれる共同墓地とともに、世界で最も有名な建築群の1つを構成している。特に大聖堂は、ロマネスク時代の最も美しい教会堂の1つであり、また極めて個性的でもある。平面は初期のバシリカ式の教会堂に近く、アーチで結合された長い円柱列、二重側廊、そして中部イタリアでは一般的な木造天井を架けた身廊を持つ。外部は赤と白の大理石の帯を持ち、第1層目の壁面にはアーケード装飾が施される。入口のファサードは、上下に重なりながら破風にまで広がる壁内通路の層によって、全体が一種の浮彫と化している。端部にアプスを備えたトランセプトは、単純なバシリカ式の平面に比べるとかなり発達した形態を持つ。交差部に架かる楕円形のドームは、年代がくだる。建築上の関心は、北

372 | ルネサンスまでのヨーロッパと地中海周辺の建築

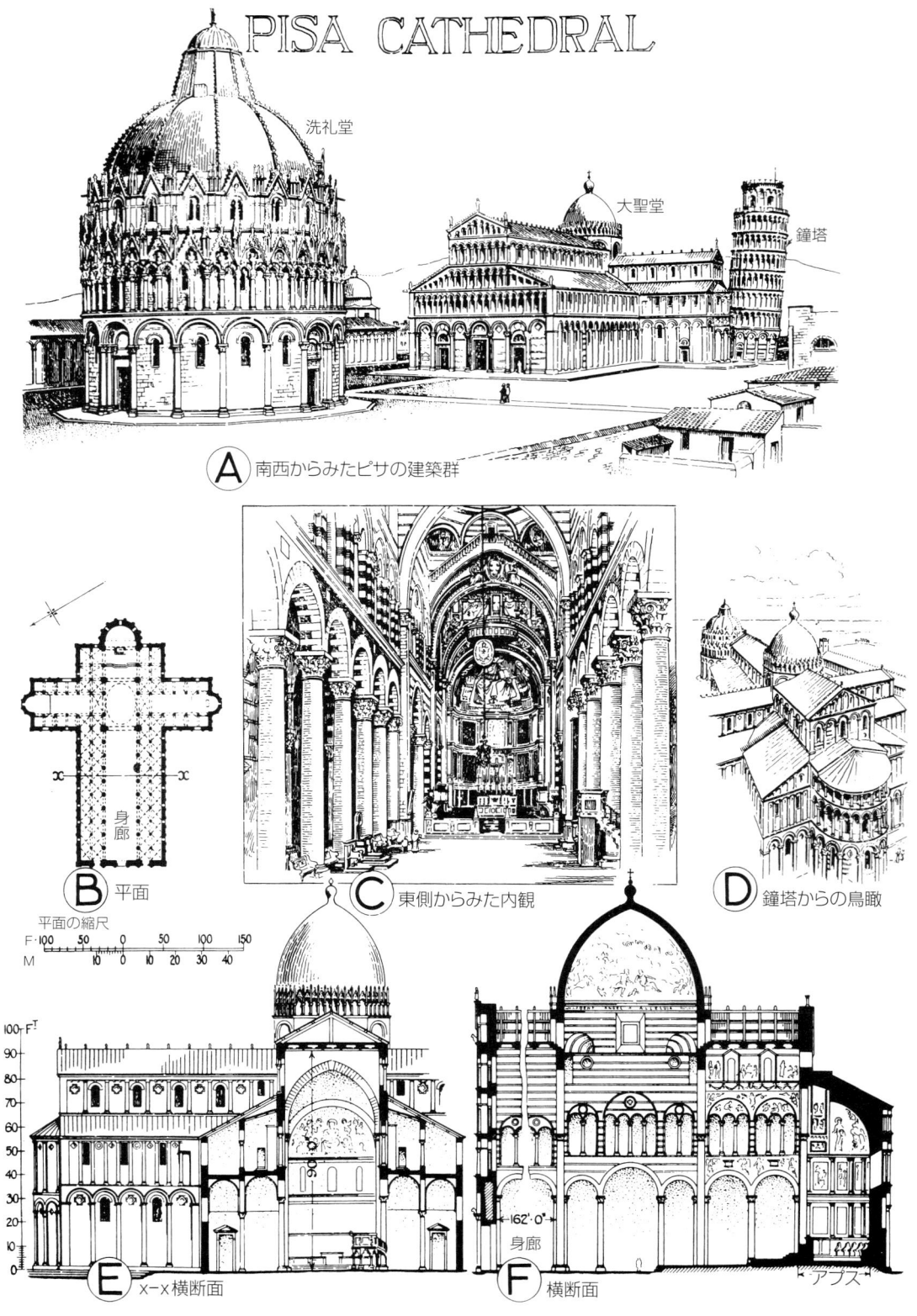

PISA CATHEDRAL

A 南西からみたピサの建築群
B 平面
C 東側からみた内観
D 鐘塔からの鳥瞰
E x-x 横断面
F 横断面

ピサ大聖堂

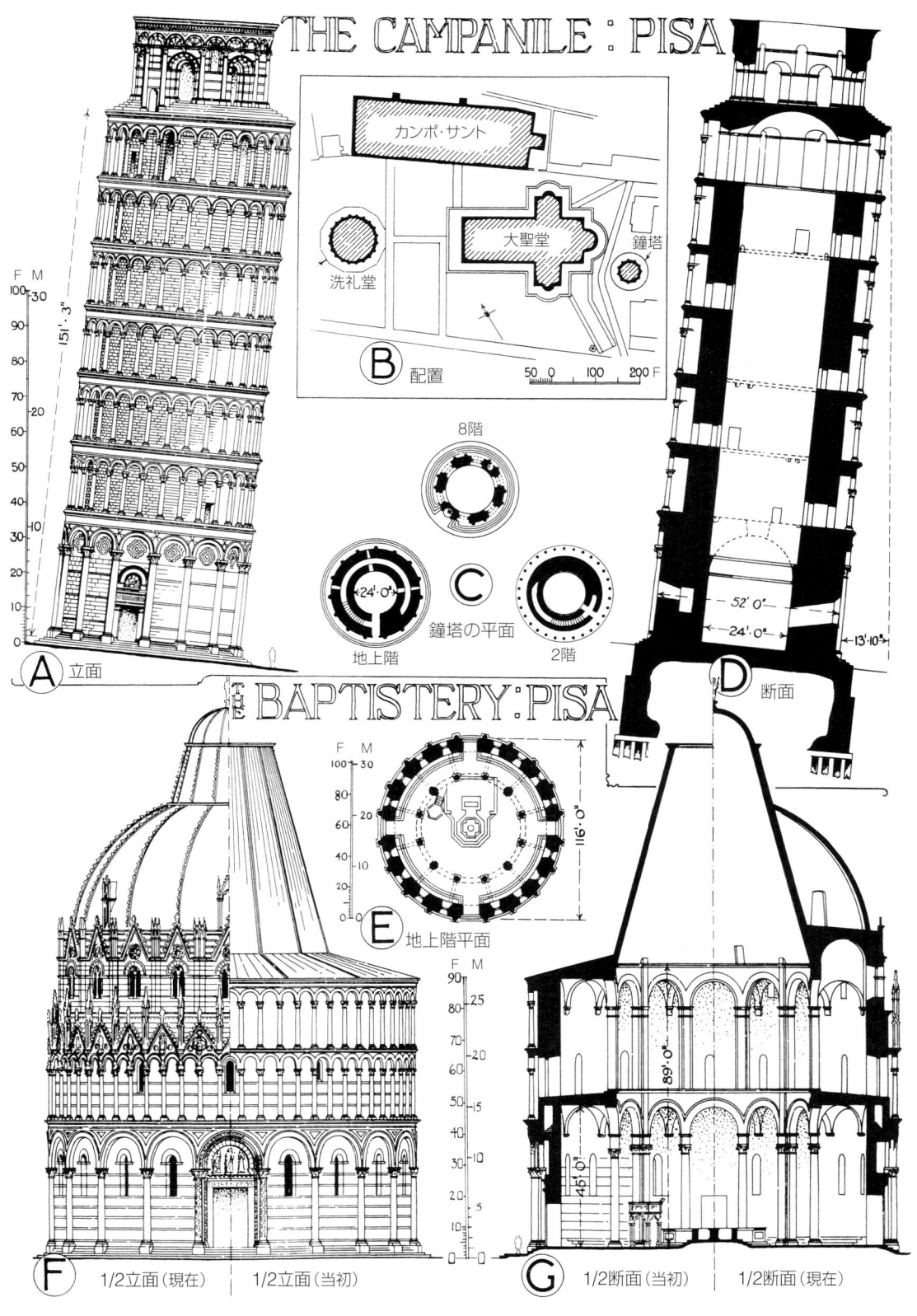

ピサ大聖堂の鐘塔(上)。ピサ大聖堂の洗礼堂(下)

イタリアでみられるような新しい構造の展開よりも、むしろ全体的なプロポーションと装飾の優美な扱いに向けられている。

ピサの鐘塔（1174-1271、p.372A、p.373A-D）は、直径16mの円筒状の塔で、外周をめぐるアーケードの層が八重に積み重ねられる。ピサの建築群の中でも特に目をひく、この世界的に有名な斜塔の傾斜は、議論の対象となることも多いが、基礎の沈下が原因で生じたのは明らかである。塔の上部は現在、最下部より4.2mも張り出し、非常に不安定な外観を呈している。鐘楼部分は1350年に増築されたものである。

ピサの洗礼堂（1153-1265、p.372A、p.373B、E-G）は、ディオティ・サルヴィの設計によるものである。直径18.3mの中央の空間は、これを取り囲む2階建の側廊から4本のピアと8本の円柱によって分けられる。側廊を含めると、円堂全体の直径は約39.3mとなる。外部の最下層は、半円アーチで結合された半円柱の列が取り囲み、そのうちの1つのアーチの下に、扉の付いた入口が開けられる（p.369K）。この上の層は、独立した小円柱のアーケードがめぐらされる。この層のさらに上部は、14世紀の改築によりゴシックの外装が施されたため、当初のデザインは失われてしまった。建物の上部には半球形の屋根がのる。内部の空間を覆うのは、頂部に小ドームをのせた円錐形の屋根であるが、この円錐形が半球形の屋根を貫通して外に現れる（p.373F、G）。

ルッカのサン・マルティーノ聖堂（ファサード1204）とサン・ミケーレ聖堂（1143およびこれ以降）——ファサード（1288）は単なる衝立となる——は、ピサの建築群とよく似た様式を持つが、これは当時ルッカがピサの勢力下にあったためである。

ピストイア大聖堂（13世紀、p.375A）もまた、ピサの流派の影響を受けている。ただし、ポーティコとアーケードを付け、白と黒の大理石を張ったファサードは、サンタンドレア聖堂とサン・ジョヴァンニ・フオル・チヴィタス聖堂（12世紀末）など、この都市の他の教会堂の様式を受け継いだものである。

ローマのサン・ジョヴァンニ・イン・ラテラーノ聖堂の回廊（1234）とサン・パオロ・フオリ・レ・ムーラ聖堂の回廊（1200頃、p.369H）は、特に興味深い作例である。それは、古典古代の影響を色濃く残す一方で、ローマでは極めて珍しいことに、ロマネスクの進んだ特徴をも併せ持っているからである。教会堂は、古代ローマ建築の部材を用いることによって、バシリカの性格をなお保持している。嵌め込まれたガラス・モザイクが美しい模様をつくる優美にねじれた双円柱は、この回廊の傑作で、職人の勝利を表している。双円柱は、一定間隔に配置されたピアの間で、5ないし6、あるいはそれ以上の半円アーチの列を支え、回廊の4辺をめぐるアーケードを形成する。

フィレンツェのサン・ミニアート・アル・モンテ聖堂（1018-62、p.376A）は、いくらかの革新を示す。すなわち教会堂は、四葉形断面のピアと隔壁付きの横断アーチによって、長手方向に大きく3つの区画に分割される。そのうちの東側の区画は床が一段高くなっており、床の下には聖人の墓を納めたクリプトがある。クリプトは、身廊につながる。身廊の複合柱に挟まれた部分のアーケードを支持するのは、2本の円柱である。この分割は、身廊の区画にヴォールトを架ける発想の前触れであると同時に、円柱とアーチが連綿とつらなるバシリカ型からの脱却でもあった。外部と内部の壁面において、白と黒の大理石を縞模様に張る新しい外装の方法は、イタリアではゴシックの時代まで用いられ続けた。内陣の窓には、ガラスのかわりに光を透過させる性質のある大理石が嵌められた。化粧小屋組には、鮮やかな色彩が施された。

北イタリア

アリアーテのサン・ピエトロ聖堂（11世紀初期、p.375B）は、ロンバルディア地方の初期の教会堂である。この教会堂は野石を層状に積んでつくられており、外部はピラスターによる簡単な分節を持つ。主アプスのヴォールトの上方、軒の高さのところに、ニッチの列が挿入される。このニッチの列は、後に発達してアーケード付きの壁内通路となった装飾形態である。

ミラノのサンタンブロージョ聖堂（1080頃-1128、p.375C）は、大聖人アンブロシウスが4世紀に創立した教会堂である。現在の平面は850年頃に固まったが、12世紀に部分的に再建され、ヴォールトとドームが架けられた。輝かしい歴史を有するこの教会堂は、ロンバルディア地方の教会堂の模範となった。それはあたかも、創立者の聖アンブロシウスが、ミサの典礼文の歌唱旋律を含めて、ロンバルディアの典礼形式を確立したのに似ている。聖アウグスティヌスはここで洗礼を受け、皇帝テオドシウスはここで破門を宣告され、そしてロンバルト王とドイツ皇帝はここで戴冠した。教会堂はレンガ造である。平面は次の部分から構成される。すなわち、ロンバルディア地方で唯一現存するアトリウム、両脇に塔を備えたナルテクス、ヴォールトの架かる身廊と側廊、八角形のドームをのせる交差部、トリビューン、そしてクリプトの上に持ち上げられた内陣とアプスからなる。内部は厳格にして簡明、強い印象を与える。6世紀の石棺の上に建てられた説

第 13 章　中世初期とロマネスク　　375

A　ピストイア大聖堂（13世紀）　p.374 参照

B　サン・ピエトロ聖堂、アリアーテ（11世紀初頭）　p.374 参照

C　サンタンブロージョ聖堂、アトリウムをみる、ミラノ（1080頃-1128）　p.374 参照

A サン・ミニアート・アル・モンテ聖堂、外陣から東側をみる、フィレンツェ（1018-62） p.374 参照

B 洗礼堂、クレモナ（1167） p.378 参照

C トッレ・アシネッリ（1109、右）とトッレ・ガリゼンダ（1100、左）、ボローニャ p.378 参照

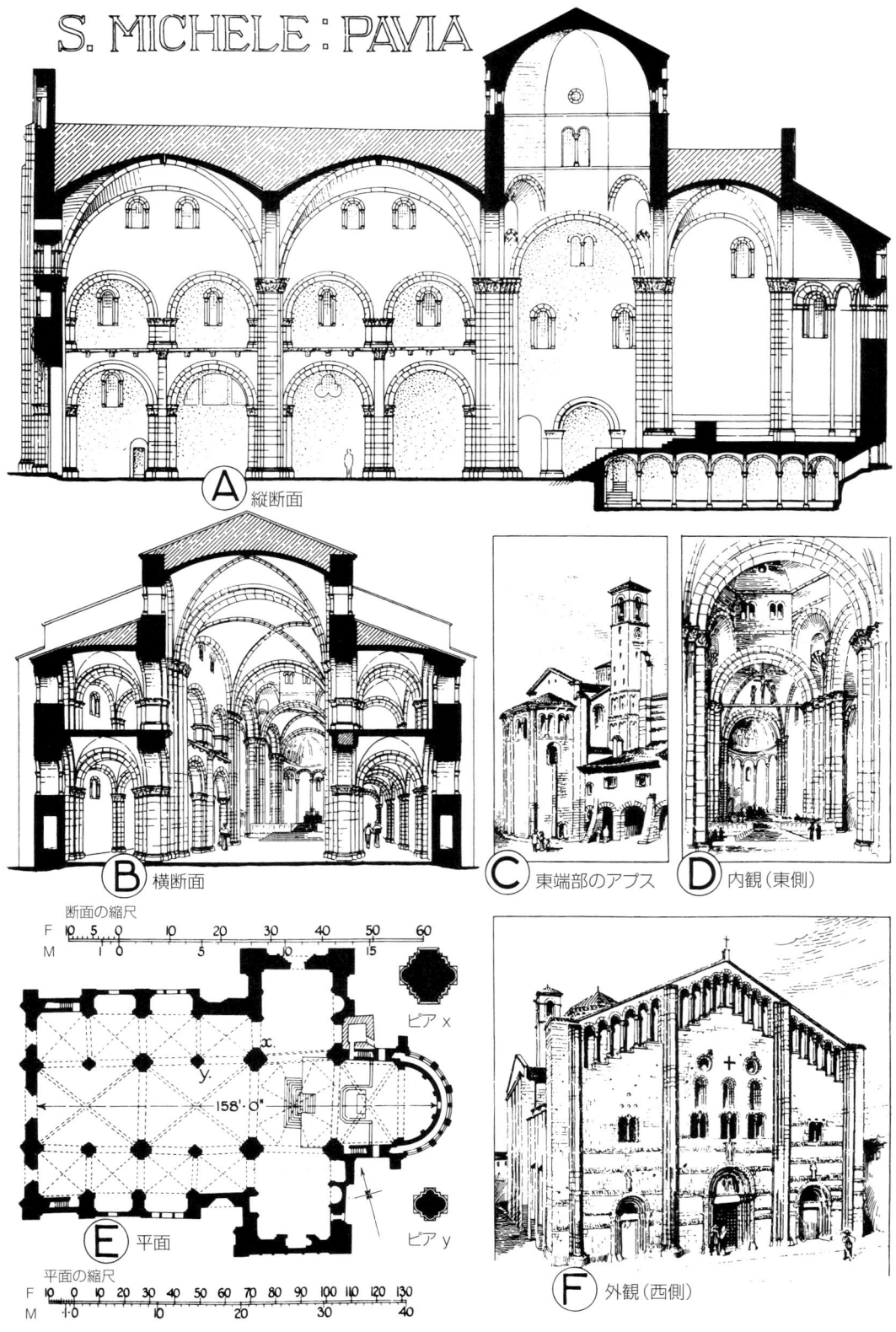

サン・ミケーレ聖堂、パヴィア

教壇は、ロンバルディア地方に特有の鳥獣の彫刻が施されたアーケードを持つ。

パヴィアの**サン・ミケーレ聖堂**(12世紀、p.377)は、サンタンブロージョ聖堂と同じ構造システムを持つが、このシステムは、ピアと横断アーチによって分割が示されるサン・ミニアート・アル・モンテ聖堂のシステムを発展させ、全体を石造としたものである。ここでは、横断アーチが身廊を正方形の区画に分割するだけでなく、ヴォールトのリブを受けるために、ピアが束ね柱の形態をとる。ただし、身廊のヴォールトそのものは、後に再建されたものである。教会堂は明瞭に突出したトランセプトを備え、平面は十字形となる。トランセプトの下は、ヴォールト天井を持つクリプトとなる。側廊は2階建で、身廊と同じように正方形の区画に分割される。その結果、側廊の2区画が、身廊のヴォールトを架けた1ベイに対応することになる。光と影の効果をほとんど示さない平滑なファサードは、段状に奥まる単純な3つの扉口と、地面から破風まで延びるほとんどバットレスとみまがう垂直のピラスターを4本備える。身廊と側廊を横切って大きく広がる破風は、アーケード付きの傾斜した壁内通路によって強調され、特徴づけられる。

ヴェローナの**サン・ゼーノ・マッジョーレ聖堂**(1123頃およびこれ以降、p.379A)は、簡明にして厳格なファサードを持つ。ファサードからは、2本の独立円柱を持った控えめなポーティコが突出する。それらの円柱は、うずくまった四足獣の背中にのり、半円形のヴォールトを支える。その上には切妻屋根が架かる。ファサードの上部に開けられた身廊採光用の大きなバラ窓は、イタリアでは最も早いものの1つである。ファサード全体は、中央の破風と両側の差しかけ屋根の斜辺に沿って付けられた持送り棚、そして、それに結合した細長いピラスターによって、ひきしめられる。教会堂内部では、柱頭に彫刻を持たない複合柱が身廊のアーケードを構成する。それらの複合柱のシャフトは、あたかもヴォールトを支えるかのごとく、壁面に沿って上昇する。中間の円柱は、彫刻の施された柱頭を介して半円形のアーチを支える。アーチ上部の壁は、赤いレンガと石材による帯状のパターンを持つ。トリフォリウムはないが、高窓が設けられ、その上方に三葉形断面の天井が架けられる。内陣は、身廊よりも床の高さが2.1m高く、14世紀に尖頭形のヴォールトが架けられた。内陣のアプスの下は、7本の通路からなるクリプトとなり、聖ゼーノの聖遺物箱が納められる。この内陣は、巡礼路教会堂によくみられる、クリプトの上に内陣を持ち上げる伝統的な構成を発展させたもので、その流れは、サンタンブロージョ聖堂(p.375C)、アリアーテのサン・ピエトロ聖堂(11世紀初頭、p.375B)、ラヴェンナのサンタポリナーレ・イン・クラッセ聖堂(p.311D、p.312B)、そしてローマのサン・ピエトロ大聖堂の7世紀に増築された東端部にまで遡ることができる。鐘塔は、イタリアの慣例に従い、独立して建つ。バットレスを備えず、大理石とレンガの層を交互に重ねた外装を持つ。上部に鐘室のためのアーケードを開け、4隅に小尖塔を置き、傾斜の強い屋根をのせて終わる。ファサードの北東にある頑丈な塔は、中世にドイツ皇帝が居城として使用したもので、そのためにギベリン党(皇帝派)に特有の狭間胸壁を備える。

洗礼堂は、イタリア建築の1つの特色である。洗礼式が儀式上特に重要だったキリスト教の時代を反映して、独立した大きな建物として建てられた。**クレモナの洗礼堂**(1167、p.376B)は八角堂で、突き出たポーティコを持ち、慣例的な細長いピラスター、持送り棚、そしてアーケードを備える。**アスティの洗礼堂**(1060)と**パルマの洗礼堂**(1196-1270)は、ローマのラテラーノ洗礼堂(p.308A)を模範とした八角堂である。

カンパニーレすなわち鐘塔は、この時期に創始されたものだが、イギリスやフランス、そしてドイツの教会堂の塔とは異なり、教会堂から独立して建つのが普通である。鐘塔は回廊と結合することもある。北イタリアの町では、鐘塔は教会堂の一部であるよりは、むしろ都市のモニュメントであった。そして、それはベルギーの都市の塔(p.544)のように、力の象徴であると同時に、見張り塔の役割も果たした。平面は正方形で、アルプス以北とは異なり、バットレスは持たない。意匠は概して単純で、内部の階段もしくは斜路に、採光用の窓を開けるだけである。塔の上部ほど窓が多く、頂部にロッジアの開口部が形成されることもある。このロッジアを通して、中につられている鐘をみることができる。また、頂部全体に角錐型の屋根がのることも珍しくない。たとえば、ヴェネツィアのサン・マルコの鐘塔と、ヴェローナの**サン・ゼーノ・マッジョーレ聖堂の鐘塔**(p.379A)がそうである。前者は888年の創建だが、後に再建されたもので、後者は1172年の創建時のものである。

ボローニャの**トッレ・アシネッリ**(1109、p.376C)は高さ69mの、**トッレ・ガリゼンダ**(1100、p.376C)は高さ40mの塔で、都市内の抗争が激しかった時代に建てられた。これらの傾斜した塔については、ダンテが記述を残している。

ヴェネツィアの大運河に面して建つ12世紀の商館**フォンダコ・デイ・トゥルキ**(p.379B)は、ヴェネツィアが東方貿易で得た成果の1つとしての住宅建築の質の高さを示している。**パラッツォ・ファルセッティ**と、

第 13 章　中世初期とロマネスク　379

A　サン・ゼーノ・マッジョーレ聖堂、ヴェローナ（1123 頃およびこれ以降）　p.378 参照

B　フォンダコ・デイ・トゥルキ、ヴェネツィア（12 世紀、ただし大部分が後の再建）　p.378 参照

ルネサンスまでのヨーロッパと地中海周辺の建築

A モンレアーレ大聖堂、回廊（1172-82） p.383 参照

B カペッラ・パラティーナ、内部、パレルモ（1129-43）
p.383 参照

C ラ・ツィーザ、パレルモ（1154-66） p.383 参照

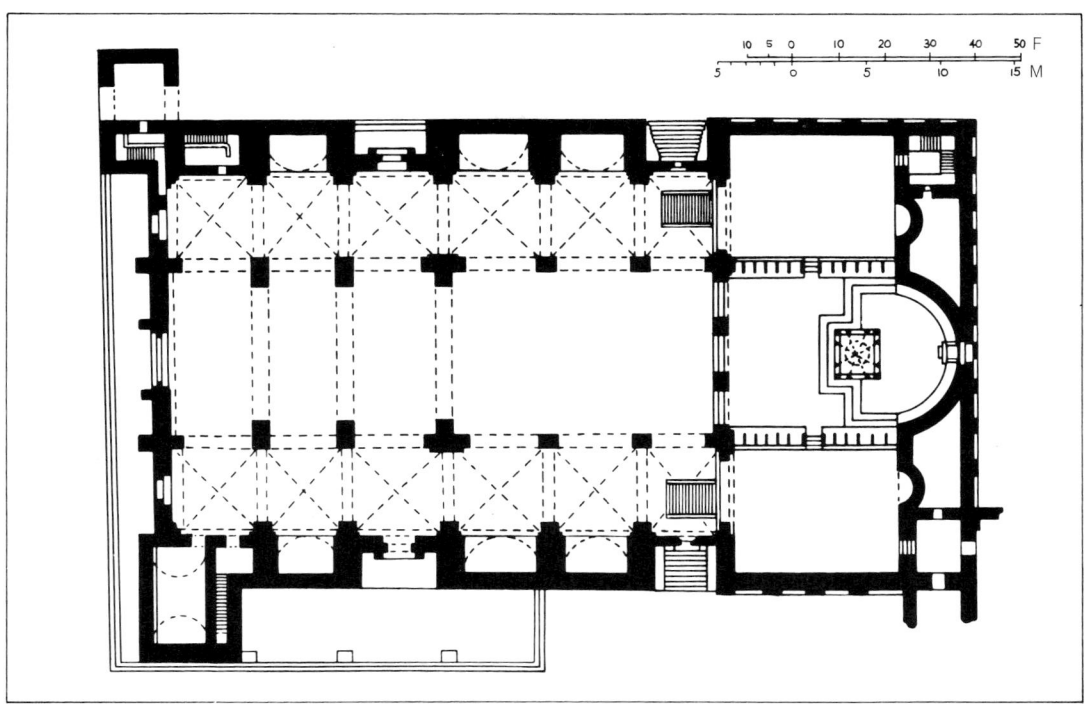

A サン・ニコラ聖堂、平面、バーリ（1085 頃-1132） p.383 参照

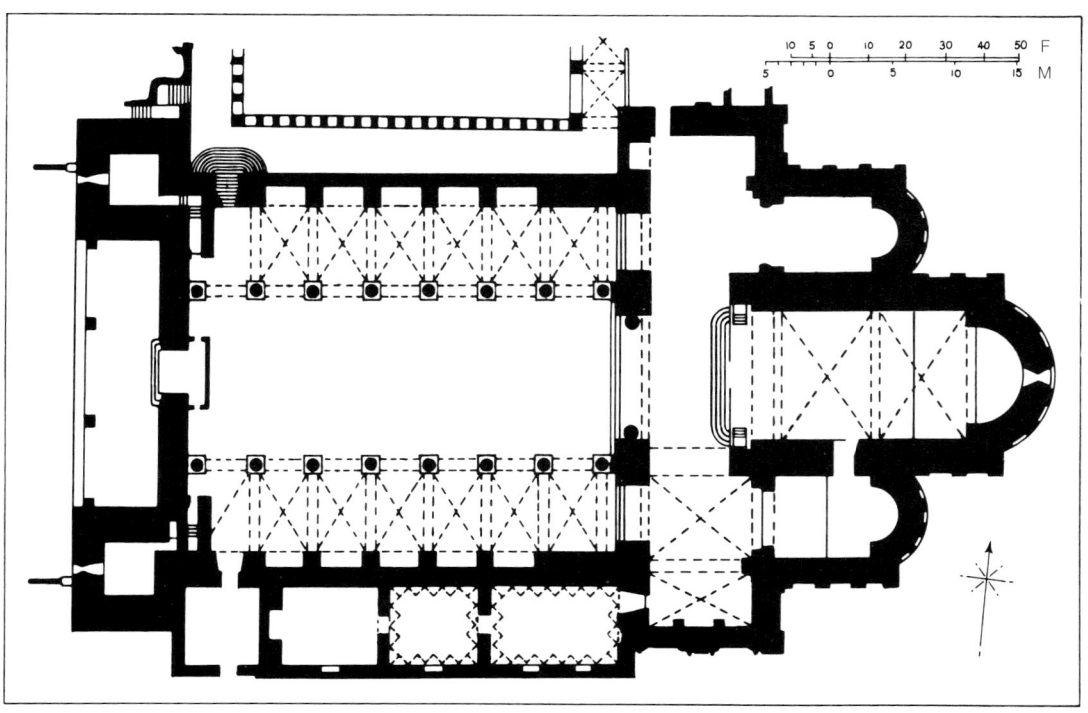

B チェファルー大聖堂、平面（1131-1240） p.383 参照

A サン・ニコラ聖堂、内部(1085頃-1132)、バーリ　p.383 参照

B チェファルー大聖堂、南東からの外観(1131-1240)　p.383 参照

パラッツォ・ロレダン(12世紀)は互いに同一の様式を持ち、立方形の柱頭が半円形のアーチを支える。半円アーチの一部は上心アーチとなる。

南イタリアとシチリア島

　バーリの**サン・ニコラ聖堂**(1085頃-1132、p.381A、p.382A)は、ベネディクト修道会の教会堂で、プーリア地方における11世紀後期と12世紀のロマネスクの教会堂の原型となった。この教会堂は、身廊と側廊からなる外陣とトランセプトを持ち、東端部に3つのアプスと西側に2基の塔を備える。最も顕著な、そして他に強い影響を及ぼした特徴は、ピアと集合円柱の上にのるアーケード、そしておおらかなプロポーションを持つトリフォリウムと高窓がみせる、身廊の有機的な構成である。身廊には後に、隔壁付きの横断アーチと木造の平天井が付け加えられた。側廊の交差ヴォールトがトリビューンを支える。突き出たポーティコ、バラ窓、そしてギリシアの伝統に由来する洗練された彫刻装飾など、優れた石造の細部は、この教会堂を模範とした他のプーリア地方の教会堂(ほとんどが大聖堂)にも共通してみられる。その中には、**バーリ大聖堂**(1160頃およびこれ以降)の他トラーニ(1139頃およびこれ以降)、ビテット(12世紀初期)、ルーヴォ(12世紀)、ビトント(1175-1200)の各大聖堂が含まれる。このうち、トラーニの大聖堂はバシリカ式の外陣を持つ巡礼路教会堂で、大きなクリプトとロンバルディア地方特有の細部を持つ。

　チェファルー大聖堂(1131-1240、p.381B、p.382B)は、ノルマン伯ロジェール(シチリア王ロジェール2世)が王立パンテオンとして創立し、アウグスティヌス修道参事会が奉仕した。外部は、シチリアにおけるロマネスク教会堂の特徴が顕著である。交差ヴォールトを架けた側廊を伴うバシリカ式の身廊、円柱のアーケード、天井の高いトランセプト、そして3アプス式の東端部を持つ。プレスビテリと南側トランセプトには、後にリブ・ヴォールトが架けられた。西側の双塔はミナレットに似たプロポーションを持ち、円柱のあるポーティコを挟む。

　モンレアーレ大聖堂(1174-82、p.332B、p.380A)は、パレルモの南西部にある高台に建つ。この教会堂は、ノルマン支配下のシチリア島で建てられたモニュメントのうちで、最も壮麗なものである。平面の西側部分はバシリカ式だが、東側部分はよりビザンティン的で、内陣は外陣よりも床が高く、東端部にアプスを伴う。身廊の円柱は、モザイクを散りばめた副柱頭を備えたビザンティン的な柱頭を介して、尖頭アーチを支える。このアーチは、北部のロマネスク建築とは異なり、面が段状に後退しない。側廊にも尖頭形の窓があけられている(この建物はビザンティン建築の概要を述べた第11章でも扱っている)。木造の化粧小屋組は、複雑な意匠を持ち、イスラム的な明るい色彩で彩色される。中央部の低い長方形の採光塔と古代的なブロンズ製の扉が、この有名な教会堂の美と品格をいっそう高めている。ベネディクト会の修道院としては唯一の遺構である回廊(1172-89、p.380A)は、とりわけ美しい様式を持つ。この回廊は、尖頭アーチを支える双円柱からなり、そのうちのいくつかはガラス・モザイクが散りばめられている。柱頭は美しいコリント式(p.370E、F)のような形式で、そのうちの1つには、シチリアのウィリアム1世がこの教会堂を聖母に捧げている場面が表現されている。

　パレルモの**カペッラ・パラティーナ**(1129-43、p.380B)、すなわち宮廷礼拝堂は、金地と彩色地のモザイクで装飾され、ビザンティン起源の直径5.5mのドームを架ける。しかし、スタラクタイト(鐘乳石飾り)の天井、説教壇、枝付き燭台、そしてパイプオルガンのあるトリビューンは、イスラムの職人の手になるものである。

　パレルモの**サン・ジョヴァンニ・デッリ・エレミーティ聖堂**(1148)、ラ・マルトラーナ(サンタ・マリア・デッランミラーリオ聖堂、1143-51)、そして**サン・カタルド聖堂**(1161)もまた、ドームの構成と装飾の特徴において、やはりイスラムとビザンティンの影響が混在する。

　パレルモの**ラ・ツィーザ**(アラビア語でエル・アジザすなわち歓びの宮殿、1154-66、p.380C)は、狭間胸壁を備えた3階建のノルマン人の城で、イスラム芸術の影響を多く受けている。入口の間は、大理石の円柱と色付きタイルが鮮やかで、アルコーヴにあるスタラクタイトのヴォールトは、グラナダのアルハンブラ宮殿の壮麗さを思い起こさせる。

フランス：建築の特色

　フランスの南部では、教会堂の平面は十字形が一般的であり、身廊には半円トンネル・ヴォールトを架けることが多かった。アルルのサン・トロフィーム聖堂(p.385E)にみられるように、回廊の造作に最も力を入れるのが、この時期の多くの教会堂の特徴である。円形の教会堂はまれであるが、半円形の東端部が放射状祭室付きの周歩廊として発達したのは、北部と南部両方の地域に共通している。

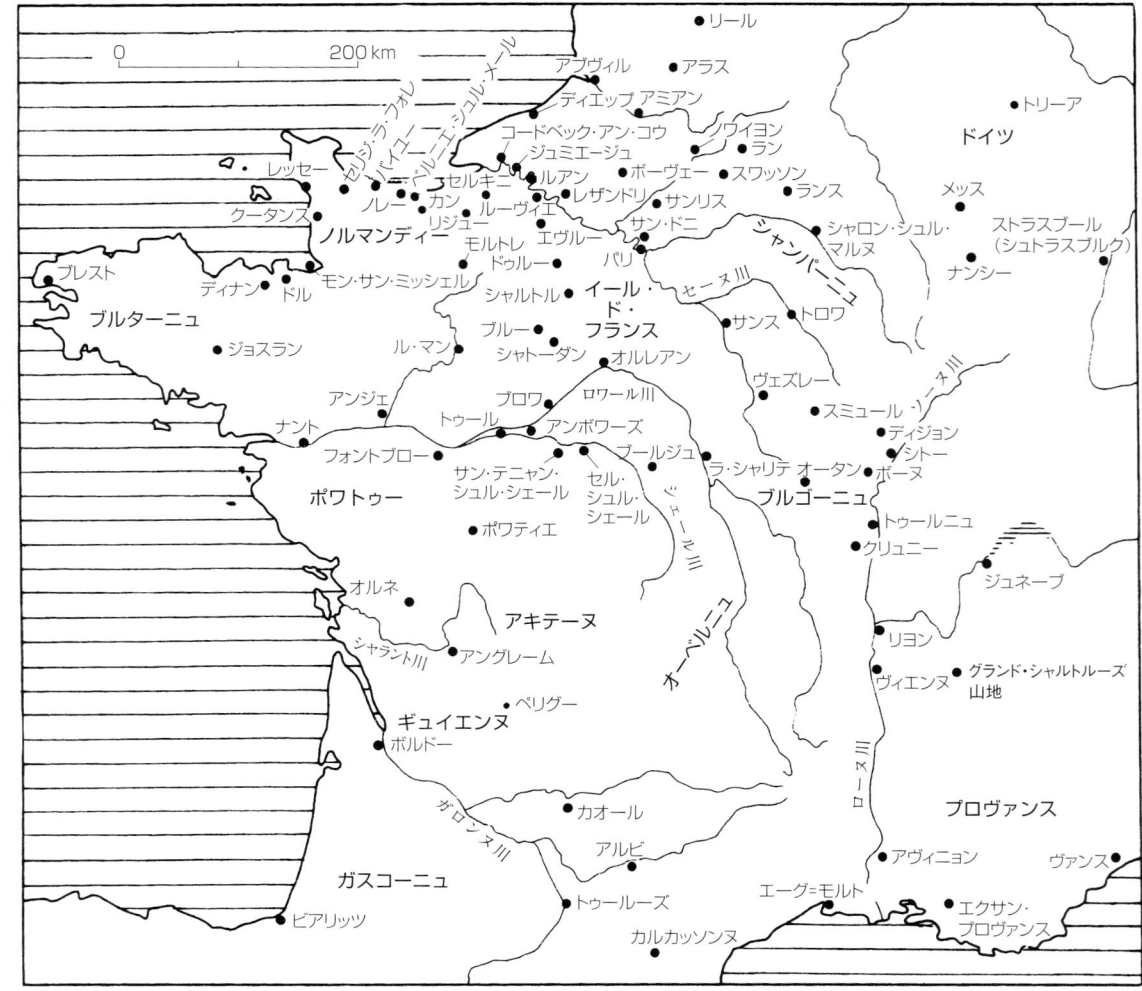

中世のフランス

　南部では、豊かに飾られたファサードと優美な回廊、そして新しい意味を付与されたと思われるかつてのローマ建築の細部を用いる点が、注目に値する。アルルやニーム、あるいはオランジュその他のローヌ川流域に存在していたローマ建築が、プロヴァンス地方全域に大きな影響を与えたのは、自然なことである。祭室を取り込んだ厚い壁の量塊だけでヴォールトを支える構造は、ローマ浴場の大広間を思わせる。南部ではまた、早くからヴォールト架構が発達した（第8章 p.208-220参照）。身廊には半円トンネル・ヴォールトを架けることが多い。その推力を側廊の4分の1円トンネル・ヴォールトが受けるので、高窓は、クレルモン＝フェランのノートル・ダム・デュ・ポール聖堂にみられるように、圧縮された。側廊のない教会堂は、身廊壁に盲アーケードを持つことが多い（p.391A, B, F）。一方、回廊のアーケードは、壁厚の中に収まる双円柱と、スパンの短い半円アーチを支える彫刻された柱頭により、入念につくられている（p.385E）。なおこのアーケードは、イタリアのようにガラスを嵌められていなかった。アルルのサン・トロフィーム聖堂（p.385J）や、サン・ジル・デュ・ガールの聖堂（p.389A）などの西側扉口は、ローマ建築の円柱と水平のエンタブラチュアを思い起こさせる。しかし、段状に後退する抱きを持つ扉口が、むしろ一般的であった（p.385H, K）。頭部が半円形の狭い開口しか持たない窓でも、側壁の幅の広い隅切によって、特に南部では十分な光を採り入れることができた（p.385F）。

　北部は、ローマ建築の遺構が少なかったために、南部よりも自由に新しい様式を発達させることができた。特にノルマンディー地方は、教会堂の西側ファサードの両側に2基の塔を加えた点が注目される。偏平なバットレスを備えた平明で重厚な側壁は、ファサードの豊かな造形を強調する。身廊は、12世紀にリブ・ヴォールトが導入されるまでは、木造天井が一般的であった。

第 13 章　中世初期とロマネスク　385

Ⓐ サンテテフの聖堂
Ⓑ 暖炉と煙突、サン・ジル・デュ・ガールの聖堂
Ⓒ 西正面、エシレの聖堂
Ⓓ 修道院の厨房、フォントヴロー修道院
Ⓔ 回廊、サン・トロフィーム聖堂、アルル
Ⓕ アプス、サン・ピエール聖堂、オルネ
Ⓖ 外陣のピア、レッセー大修道院聖堂
Ⓗ 扉口、セルキニの聖堂
Ⓙ 玄関、サン・トロフィーム聖堂、アルル
Ⓚ 扉口、フォンゴンボーの聖堂
Ⓛ 初期の身廊ピア
Ⓜ セリジ・ラ・フォレの聖堂
Ⓝ サン・ジル・デュ・ガールの聖堂　身廊のピア
Ⓟ アベイ=オ=ダム、カン
Ⓠ ベルニエ・シュル・メールの聖堂

フランス・ロマネスクの細部 1

386 | ルネサンスまでのヨーロッパと地中海周辺の建築

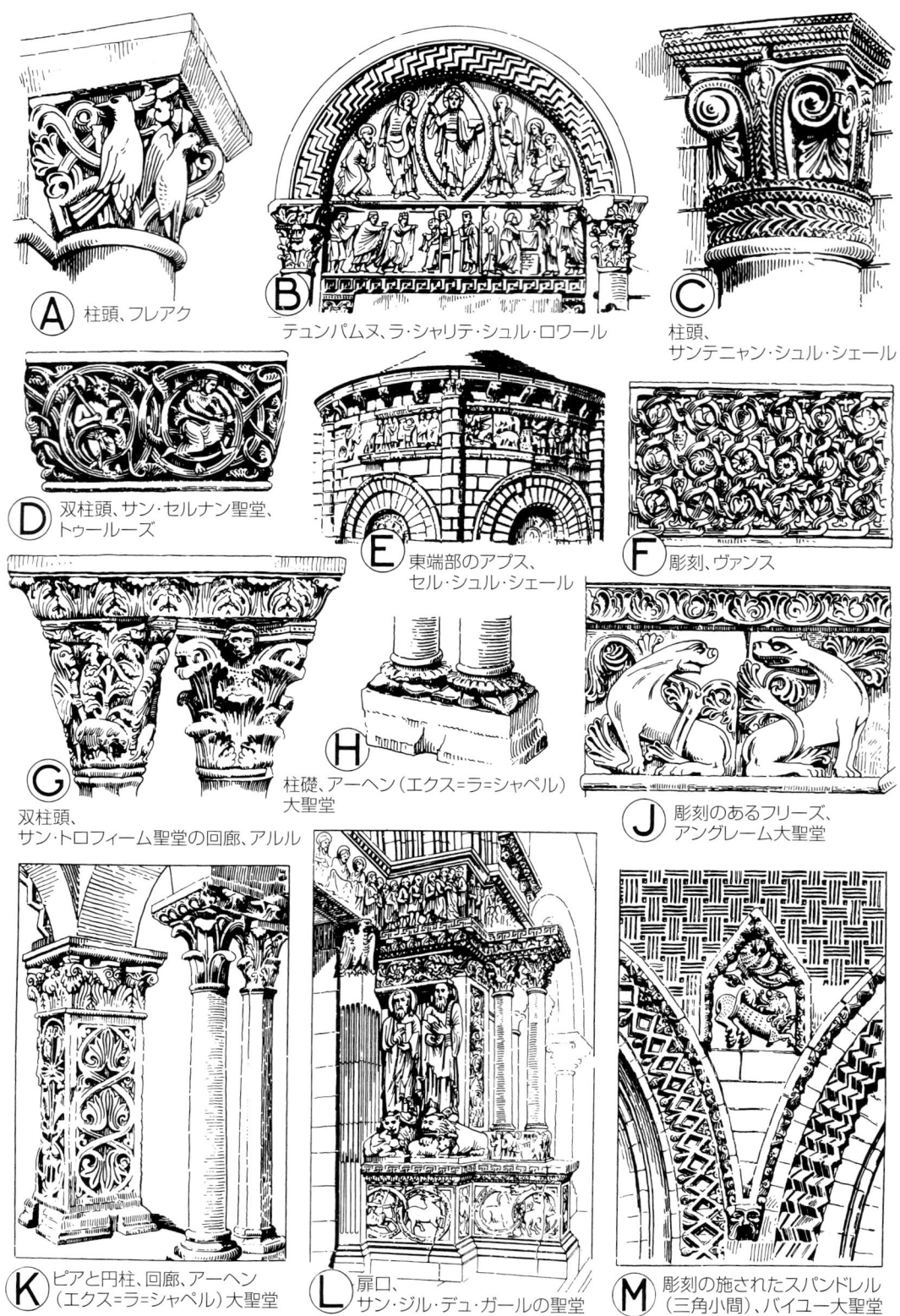

Ⓐ 柱頭、フレアク
Ⓑ テュンパヌム、ラ・シャリテ・シュル・ロワール
Ⓒ 柱頭、サンテニャン・シュル・シェール
Ⓓ 双柱頭、サン・セルナン聖堂、トゥールーズ
Ⓔ 東端部のアプス、セル・シュル・シェール
Ⓕ 彫刻、ヴァンス
Ⓖ 双柱頭、サン・トロフィーム聖堂の回廊、アルル
Ⓗ 柱礎、アーヘン（エクス=ラ=シャペル）大聖堂
Ⓙ 彫刻のあるフリーズ、アングレーム大聖堂
Ⓚ ピアと円柱、回廊、アーヘン（エクス=ラ=シャペル）大聖堂
Ⓛ 扉口、サン・ジル・デュ・ガールの聖堂
Ⓜ 彫刻の施されたスパンドレル（三角小間）、バイユー大聖堂

フランス・ロマネスクの細部 2

正方形の核の周囲に 4 本の半円柱を付けてできる複合柱(p.385N)もまた、北部フランスで発達し、オーセール大聖堂で 1023 年の火災後に採用された。このピアから派生したタイプのピアは、11 世紀末までフランス全体を通して共通にみられる。

フランス：実例

教会建築

フランス南部にはアキテーヌ、オーヴェルニュ、プロヴァンス、アンジュー、そしてブルゴーニュの各地方が含まれ、それぞれ特有の建築がみられる。

トゥールニュの**サン・フィリベール聖堂**(950 頃-1120 頃、p.388A)は、後にヴォールトとトランセプトと塔が加えられた初期ロマネスクの修道院教会堂である。東端部の放射状祭室付き周歩廊は、最初期の例の 1 つである(クリプトの献堂は 979)。この教会堂はまた、3 ベイからなる西構え、すなわち、外部に持送り棚のある 2 階建のナルテクスを持つ。身廊ヴォールトは、隔壁付きの横断アーチの上に半円トンネル・ヴォールトを横に架ける特異な方法をとる。

アキテーヌ地方、トゥールーズの**サン・セルナン聖堂**(1077-1119 およびこれ以降、p.388C)は、二重側廊を従えた身廊とトランセプトを持つ十字形平面の教会堂である。身廊には単純な正方形断面の横断アーチを備えた半円トンネル・ヴォールトが架かり、その上部には直接屋根が葺かれる。また、丈の高いトリフォリウムは外壁に身廊採光用の窓を持ち、高窓の欠如を補う。尖頂屋根(1478)を頂く高さ 66 m の中央の八角塔(1250)は、ゴシックの時代に建てられた。サン・セルナン聖堂は、スペインのサンティアゴ・デ・コンポステーラ大聖堂と多くの共通点を持つ。それは、両者がともに主要な巡礼路教会堂だからである。

アキテーヌ地方の**アングレーム大聖堂**(1105 頃-28 およびこれ以降、p.391)は、側廊を伴わない幅 15.2 m の長い身廊と、側祭室を備えたトランセプト、そして 4 つの祭室を備えたアプス状の内陣を持ち、平面はラテン十字形となる。身廊はペンデンティヴに支持された 3 つの石造のドームを持ち、交差部には二重殻ドームが架かる。この二重殻ドームは、16 の窓が付いたドラムの上にのり、頂華を頂く。南北のトランセプトも当初は塔を持っていたが、南塔は 1568 年に破壊された。西側のファサード(p.391D)では、重層するアーケードの層を長いシャフトが 5 つに分割する。入口のずっと上方には、彫刻の縁取りを持つ窓が 1 つとられる。ファサードの両側を 2 基の塔が固める。

クレルモン=フェランの**ノートル・ダム・デュ・ポール聖堂**、イソワールの**サントーストルモワーヌ聖堂**、そして**ル・ピュイ大聖堂**は、いずれもオーヴェルニュ地方の 12 世紀の教会堂で、ピュイ・ド・ドーム地方に産する火山岩でできている。軽量ヴォールトとさまざまな色彩を散りばめた装飾は、この地方の教会堂の特徴である。

アヴィニョンの**ノートル・ダム聖堂**(1100 頃)は、尖頭トンネル・ヴォールトを架けるが、古典古代からの影響も示す。このような教会堂は、11 世紀と 12 世紀のプロヴァンス地方には数多くみられる。

アルルの**サン・トロフィーム聖堂**(1150)は、彫刻の施された 2 連の柱頭を備えた回廊(p.385E)と、見事な玄関(p.385J)を持つ。この玄関はローマ時代の凱旋門の形態に基づいているが、獅子の上にのる円柱とその背後の聖人、そして奥深く後退する抱きは、独自の変形である。エンタブラチュアの上には彫像が配置され、テュンパヌムの彫刻は「最後の審判」のキリストを表現する。

アルルの近くにある**サン・ジル・デュ・ガールの聖堂**(1135 頃-95)は、ヴェネツィアのサン・マルコ大聖堂を暗示させるような、コロネードで連結された 3 つの玄関を持つ。このファサードは、フランス南部でおそらく最も手の込んだ彫刻を施された作品と思われる(p.386L、p.389A)。

アンジュー地方のポワティエにある**ノートル・ダム・ラ・グランド聖堂**(1130 頃-45、p.389C)も、見事な彫刻を施された西側ファサードを持ち、交差部には堂々たる錐形ドームをのせる。内部は、トリフォリウムと高窓を持たないが、刳形のない突出の大きな横断アーチを備えたトンネル・ヴォールトを架ける。

アンジュー地方の**フォントヴロー大修道院聖堂**(1100 頃-19 およびこれ以降、p.393A)は、身廊と全体の構成はアングレーム大聖堂に似るが、東端部は放射状祭室付きの典型的な周歩廊を持つ。

クリュニー大修道院(1088-1130)は、ヨーロッパで最も重要な修道院の 1 つである。修道院聖堂は、現在片側のトランセプトしか残らないが、かつてヨーロッパ最大の長さを持っていた。二重側廊と二重トランセプト、放射状祭室付きの周歩廊、そしてトンネル・ヴォールトを架けた身廊を有していた。ブルゴーニュ地方とプロヴァンス地方の慣習に従い、身廊アーケードには、そしておそらくヴォールトにも、尖頭アーチが用いられていた。

ブルゴーニュ地方のもう 1 つの教会堂、**オータン大聖堂**(1120 頃-32 およびこれ以降、p.388B)は、身廊

A サン・フィリーベル聖堂、外陣、トゥールニュ（950頃-1120頃） p.387参照

B オータン大聖堂、内陣の方をみた内観（1120頃-32） p.387参照

C サン・セルナン聖堂、南西からみた外観、トゥールーズ（1077-1119およびこれ以降） p.387参照

第 13 章　中世初期とロマネスク　　389

A　サン・ジル・デュ・ガールの聖堂、西正面、アルル近郊（1135 頃-95）　p.387 参照

B　ラ・マドレーヌ聖堂、ナルテクス（1132 頃）、ヴェズレー（1104 頃-32 およびこれ以降）　p.394、p.466 参照

C　ノートル・ダム・ラ・グランド聖堂、ポワティエ（1130 頃-45）　p.387 参照

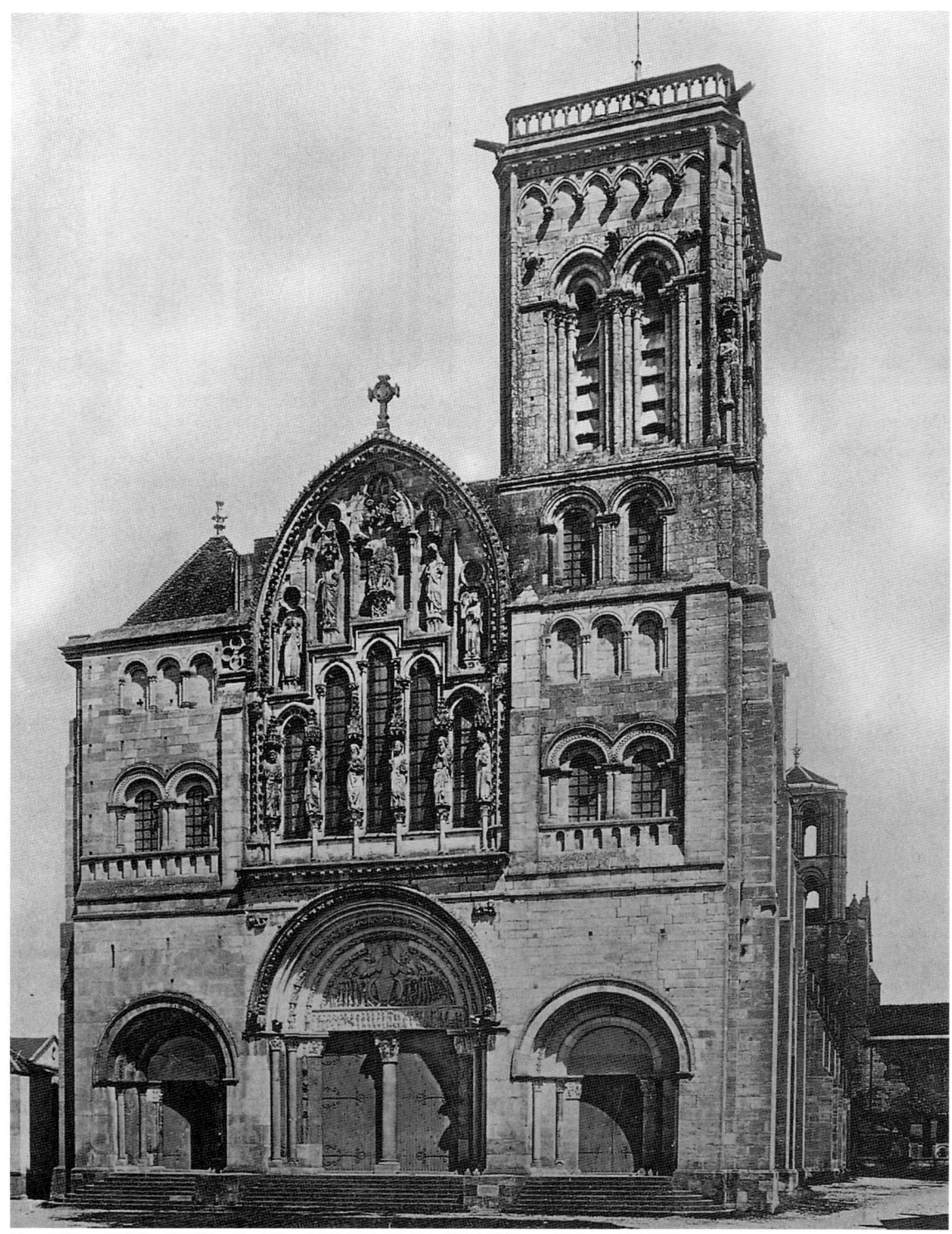

ラ・マドレーヌ聖堂、西正面、ヴェズレー（1104 頃-32 およびこれ以降）　p.394、p.466 参照

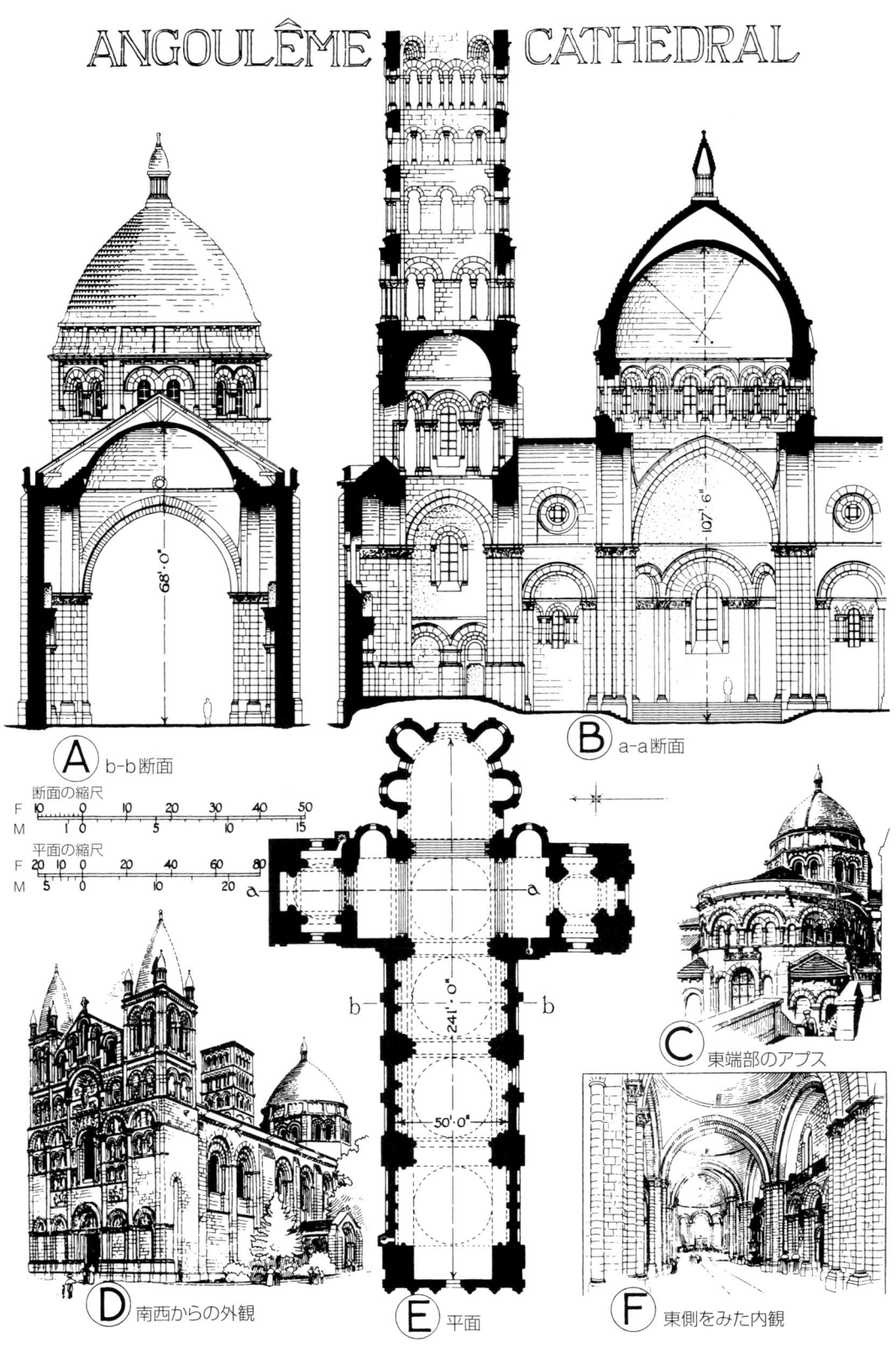

アングレーム大聖堂

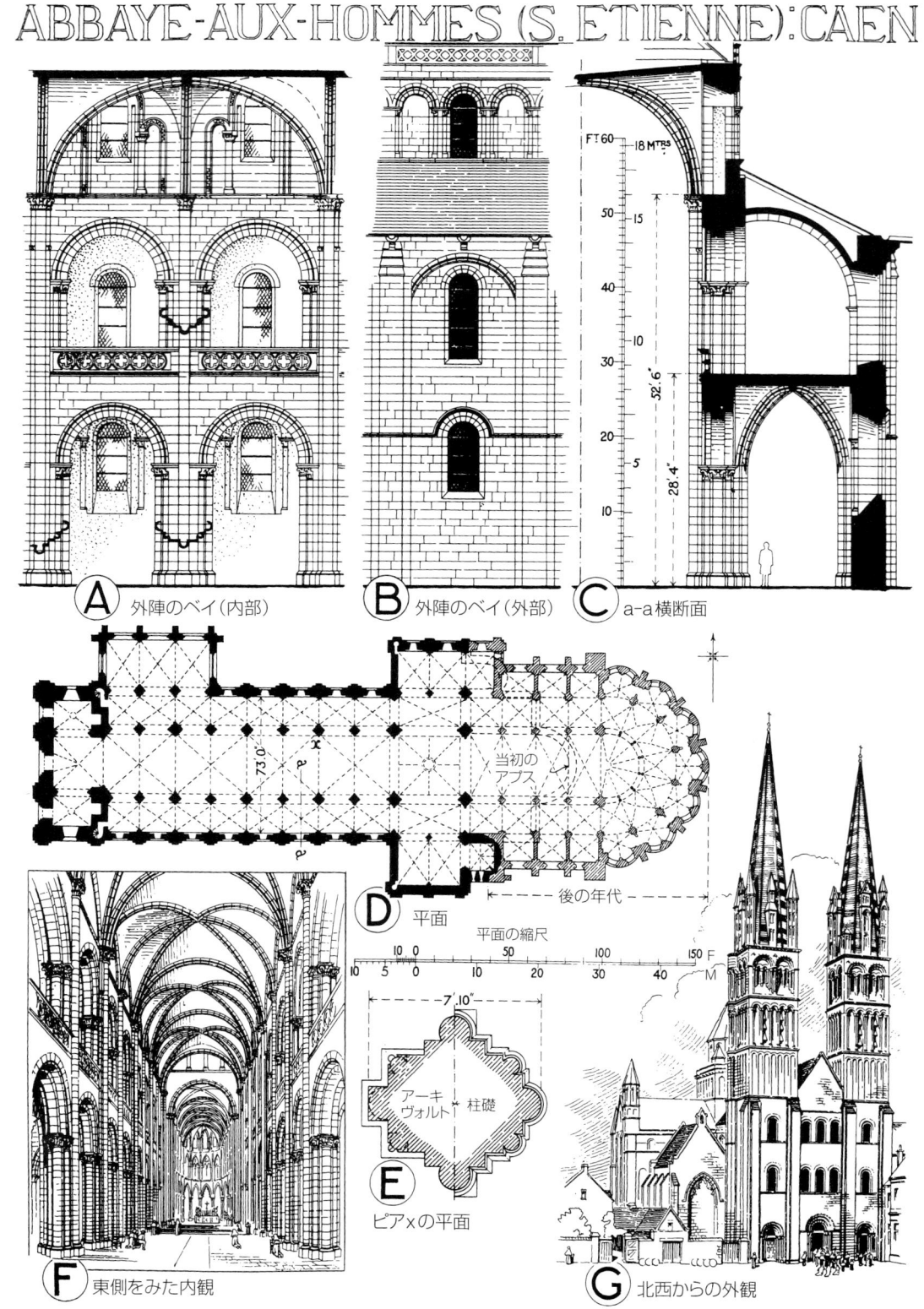

アベイ=オーゾム（サンテティエンヌ聖堂）、カン

第 13 章　中世初期とロマネスク

A　フォントブロー大修道院聖堂、北東からの外観（1100 頃-19 および これ以降）　p.387 参照

B　ジュミエージュ大修道院聖堂、身廊と複合柱と円柱の支柱交替（1040 頃-67）　p.394 参照

C　アベイ=オ=ダム（ラ・トリニテ聖堂）、カン（1062-1130 頃）　p.394 参照

D　アベイ=オーゾム（サンテティエンヌ聖堂）、西正面、カン（1060 頃-81）　p.394、p.466 参照

E　サン・ドニ大修道院聖堂、ナルテクスの南西ベイ、パリ近郊（1135 頃-44）　p.394 参照

に横断アーチを備えた尖頭トンネル・ヴォールトを架ける。高窓と盲トリフォリウムを含む3層構成の身廊壁面は、おそらくクリュニーに由来する。この建物は質の高い彫刻を持つ。

ヴェズレーのラ・マドレーヌ聖堂（1104頃-32およびこれ以降、p.389B、p.390）は、身廊と側廊を備えた注目すべきナルテクス（1132頃）を持つ。このナルテクスを通って、やはり身廊と側廊を備えた教会堂本体に導かれる。トランセプトと内陣とその東端部は、1170年頃に完成した。身廊は、小さな高窓があるだけで、トリフォリウムを持たない。また、身廊は、主空間としては珍しく交差ヴォールトを架け、交互に色分けされた横断アーチによって分割される。ファサード中央の扉口（p.390）は、コリント式の円柱によって2つに分割され、「最後の審判」の浮彫を刻んだ大きな半円アーチを上にのせる。中央の扉口の左右両側には別の扉口が、また中央扉口の上には豊かに彫刻された大きな5つの採光用の窓がある。ファサードの両端部には塔を建てるが、左側の塔は身廊と同じ高さで終わる。

フランス北部には、ノルマンディー、イール・ド・フランス、ブルターニュ、そしてシャンパーニュの各地方が含まれる（サン・リキエ大修道院については「中部ヨーロッパ」の項を、サン・マルタン・デュ・カニグ修道院については「スペイン」の項を参照）。

ベルネの**大修道院聖堂**（11世紀前半）は、ノルマンディー地方でおそらく最初の大規模な教会堂である。7ベイ——そのうちの5ベイはそのまま残る——からなる身廊は、アーケード、トリフォリウム、そして高窓の層に分割される。内陣と側廊は、それぞれ再建されたアプスで終わり、トランセプトと正式の交差部を持つ。

ノルマンディー地方の**ジュミエージュ大修道院聖堂**（1040頃-67、p.393B）では、半円柱を付けた簡単な複合柱と単円柱による交替性支柱列が、身廊のアーケードを支える。このシステムは、ノルマン人征服後のイギリスで発達することになる。トランセプトは内側に壁内通路を持つ。

カンの、サンテティエンヌの名で知られる**アベイ=オ=ゾム（男子大修道院）の聖堂**（サンテティエンヌ聖堂、1060頃-81、p.392、p.393D）は、この時期のノルマンディー公の力と繁栄が生み出した、質の高い数多くの教会堂のうちの1つである。ウィリアム征服王の創建になるこの教会堂は、これ以後の建築の発展に影響を与えたいくつかの革新的な特徴を持っている。すなわち、八角形の尖頭屋根を頂く正方形の塔を両側にすえた西側のファサードは、後のゴシックのファサードの原型となった。ただし、尖頭屋根と隅部の小尖塔そのものは、13世紀に付け加えられたものである。身廊ヴォールトは、後年、当初の木造天井を架けかえたものである。しかし、高窓前面の壁内通路は当初のものであり、この種のものとしては早期の例に属する。ここにはまた、4分の1円トンネル・ヴォールトの架かるよく発達したトリビューンがある。大アーケードのアーチの入隅に、初めてシャフトが用いられた。

カンのアベイ=オ=ダム（女子大修道院）の聖堂（ラ・トリニテ聖堂、1062-1130頃、p.393C）は、ウィリアム征服王の妻マティルダが設立した修道院の付属教会堂で、正方形の塔を2基すえた美しい西側のファサードを持つ。塔はアーケードの層に分割され、隅の部分が偏平なバットレスによって補強される。塔の頂部には、かつて尖頭屋根がのっていた。わずかに突出したバットレスを伴う身廊と側廊の重厚な壁体、そして交差部の正方形の塔が全体の均一なデザインを完全なものにしている。内部は、大きな修復を受けてはいるが、偽六分ヴォールトを架ける点が注目される。このヴォールトは、1つのヴォールト区画に2つのベイを含み、半円形の対角リブと横断リブ、そして隔壁付の横断中間リブを持つ。

イール・ド・フランス地方のパリの近郊にある**サン・ドニ大修道院聖堂**（1135頃-44、p.393E）は、大修道院長シュジェールによって建てられた。この修道院聖堂は、歴代フランス王の埋葬場所として非常に重要なところであった。東端部は、ロマネスク的な特徴を多く残してはいるが、おそらく最初の真のゴシック建築であろう（第14章参照）。

世俗建築

世俗建築の遺構はあまり多くない。というのは、これらの建築は、人為的な攻撃に対して決して神聖不可侵ではなく、しかも軍事目的で建てられたものが多かったために、破壊されやすく、また、火災や用途の変更による破壊も受けやすかったからである。この時期の世俗建築の様子をうかがわせてくれる遺構として、次の例を挙げることができる。ローマ時代に創立された**カルカッソンヌ**のような**要塞都市**、フレール=ポンティフすなわち橋梁工匠の専門ギルドが建てた**アヴィニョン橋**（1177-85）のような橋、**シャトー・ド・シャトーダン**のような**城**、および**モン・サン=ミッシェルの要塞化された大修道院**（p.471C）、そして**クリュニー**などに今日まだみられる12世紀の石造家屋。これらは、いずれもロマネスク様式で工事が始まったが、ゴシックの時代に大きく改変されたか拡張された建築物である。さらに**フォントヴロー修道院**の美しい屋根を持つ**厨房**

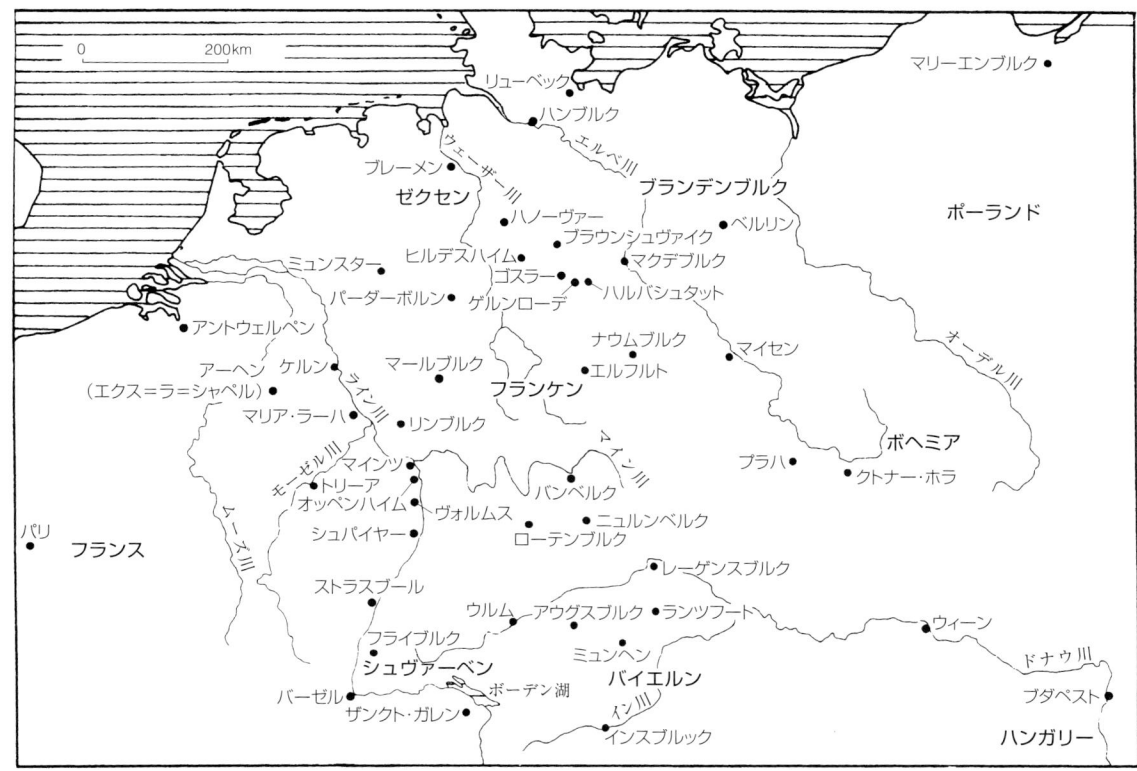

中世の中部ヨーロッパ

(1115 頃、p.385D)、そして**サン・ジル・デュ・ガールの聖堂**の暖炉と煙突(p.385B)を挙げることができる。

中部ヨーロッパ：建築の特色

中部ヨーロッパのロマネスク建築は、カロリング朝の伝統とロンバルディアの影響との絶えざる結合を示す。後期の大規模な例では、そのような結合は、他のヨーロッパ諸地域の大規模なロマネスク建築と同様、建物外部の量塊と形態の構成の上に顕著に表れている。しかし、ブルゴーニュ、ノルマンディーそしてロンバルディア各地方において大きく発展した構造は、ドイツでは積極的には受け入れられず、尖頭アーチのアーケードとリブ・ヴォールトの出現も遅れた。

修道院教会堂では、特にカロリング朝の平面構成上の主要な特徴が強く残存した。たとえば西端部にも内陣を持ち、ここにもアプスを備えることが多い(p.397D、p.399A, J)。そして西端部は、トランセプトあるいはトリビューンを備えた長方形の構造となることもある(p.398D)。西内陣は、ロンバルディアの床の高い内陣の方法にならって、クリプトの上につくられるのが一般的である。フランスではこのような構成はまれで、カロリング朝時代の基礎の上に再建された場合に限られる。ドイツでは、西構えに伝統的なナルテクスを付加することがあり(p.397D)、また東西のトランセプトには、交差部の塔(当初は木造であったが、後に次第に減少した)と円筒形の階段塔を備えることも多い(p.399F)。11 世紀後期と 12 世紀における、ラインラント低地およびモーゼル川とマイン川流域の建築の大きな特徴は、3 つのアプスを持つ三葉形平面である(p.398D)。身廊アーケードは剋形を持たないことが多く、半円形アーチがピア(p.399B)あるいは円柱の上にのる。交替性支柱列が用いられることもある。回廊は、3 連アーチを支える小さな円柱から構成されることが多い(p.396P)。アプス、塔、および側廊の外部に一般的にみられるアーケード付きの壁内通路は、明らかにロンバルディアに由来する(p.369E)。この壁内通路は、シュパイヤー大聖堂のように、教会堂の全周を取り巻くことも珍しくない(p.397E)

身廊には通常、ゲルンローデの参事会聖堂のように木造天井が架けられる(p.397B)。剋形の帯によって水平の層に分割される正方形の塔は、上部に 4 つの破風をのせ、この破風の頂点から隅棟が発する。つまり屋根面は、菱形の 4 つの面がこの隅棟で接合し、角錐形の「かぶと屋根」となる(p.396K)。多角形の塔も同様の

ドイツ・ロマネスクの細部 1

A　アーヘン（エクス＝ラ＝シャペル）大聖堂（792-805）
p.401、p.535 参照

B　ザンクト・ツィリヤクス参事会聖堂、ゲルンローデ
（959-63 着工）　p.401 参照

C　ザンクト・ミヒャエル聖堂、ヒルデスハイム（1010-33）
p.401 参照

D　マリア・ラーハ大修道院聖堂、北西からの外観（1093-1156）
p.402 参照

E　シュパイヤー大聖堂、北東からの外観（1030 頃-61 および
これ以降）　p.401 参照

398 | ルネサンスまでのヨーロッパと地中海周辺の建築

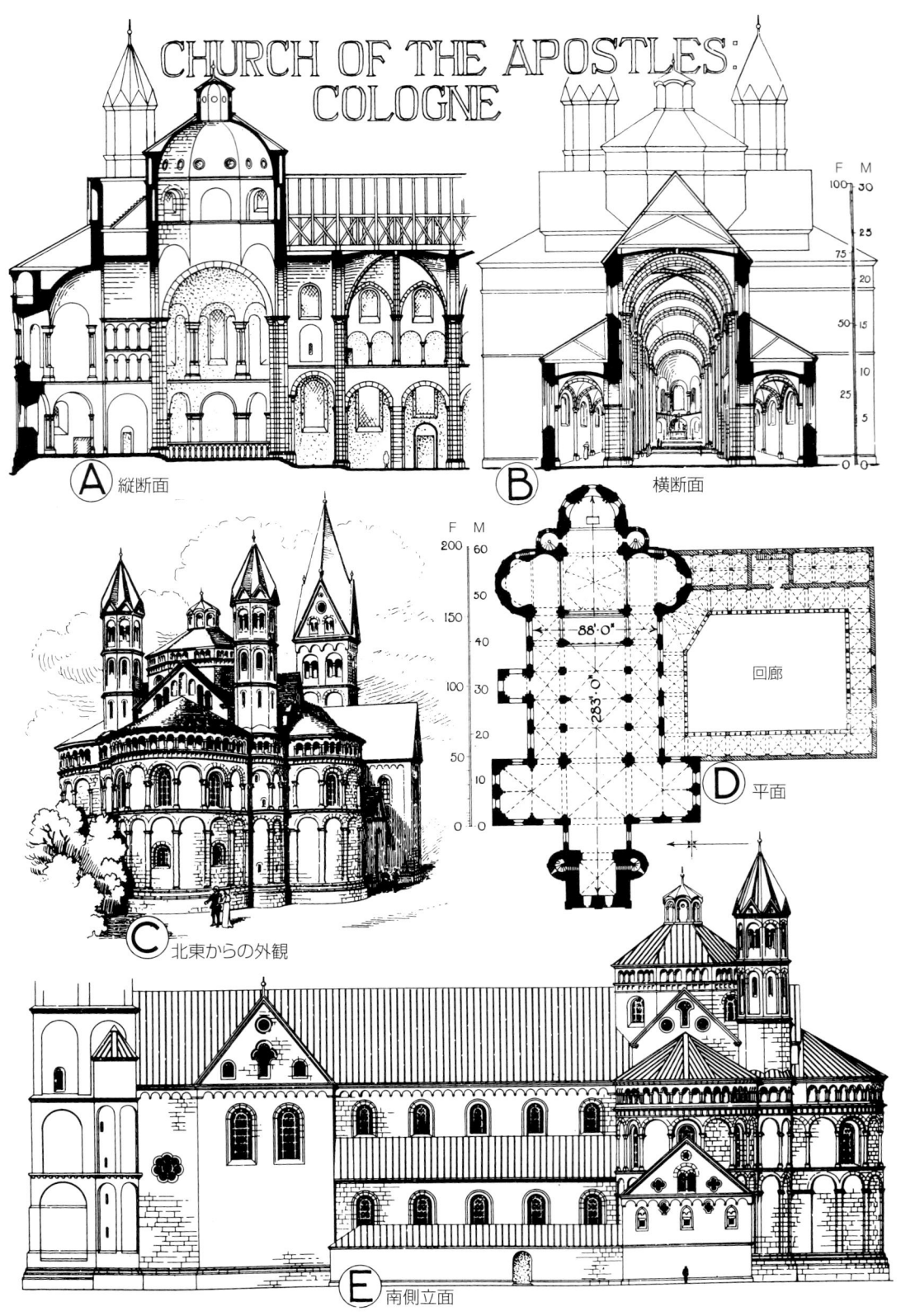

Ⓐ 縦断面
Ⓑ 横断面
Ⓒ 北東からの外観
Ⓓ 平面
Ⓔ 南側立面

ザンクト・アポステルン聖堂、ケルン　p.401 参照

第 13 章 中世初期とロマネスク

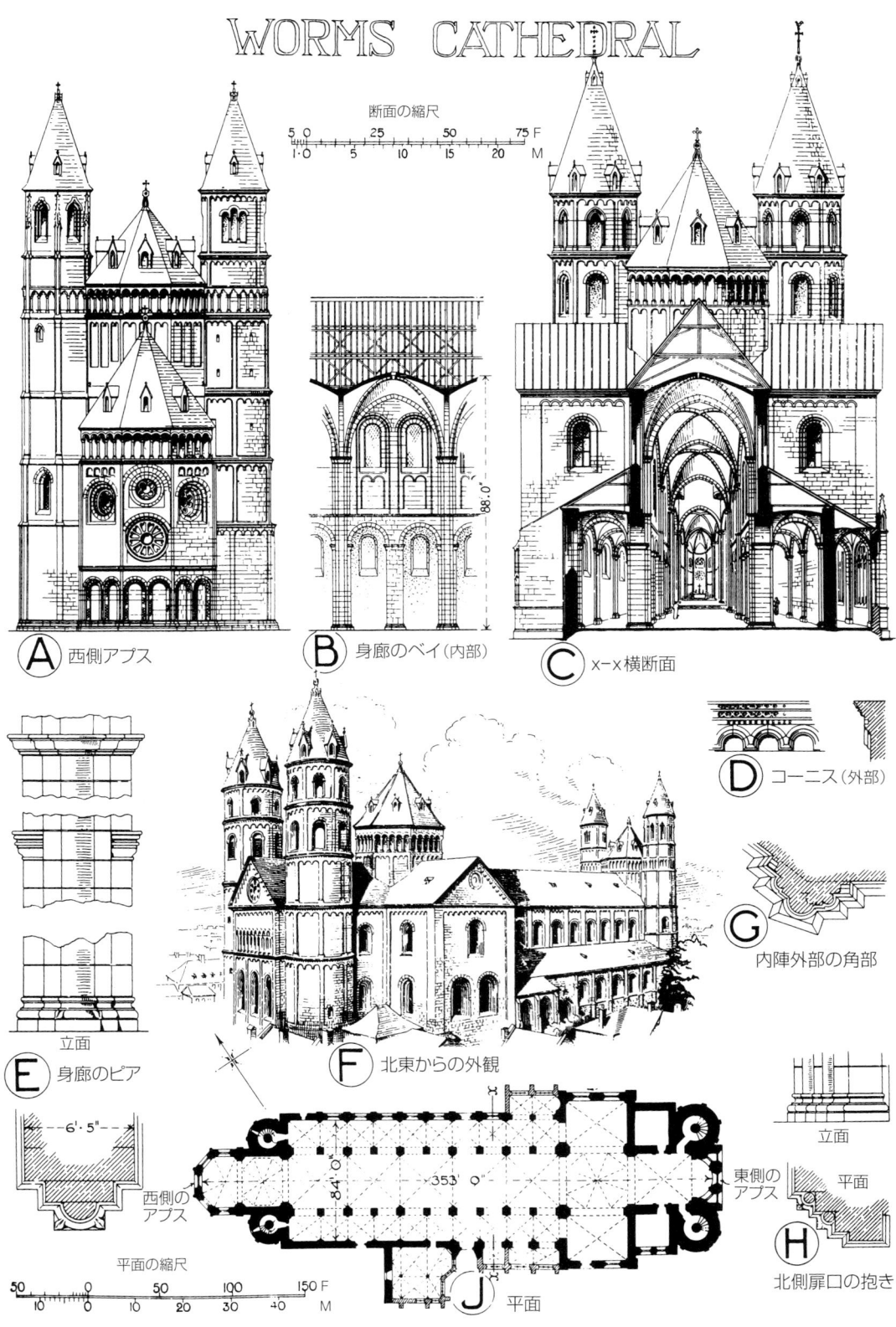

ヴォルムス大聖堂　p.402 参照

A ザンクト・マルティン聖堂、身廊、ケルン（1185 およびこれ以降） p.402 参照

B マインツ大聖堂、南西からの外観（1109、1181 およびこれ以降） p.402 参照

C トリーア大聖堂（1016-47 およびこれ以降）とリープフラウエンキルヒェ（1242-53）、西側からの外観　p.402 参照

屋根を持つが、この場合には、破風の間に谷が形成される (p.398)。

持送り上のアーチ列によって結合された縦長のピラスターが、平滑な外壁に精彩を与える。アーチ列をのせた持送りは、小さいので刳形の施された胴蛇腹のようにみえる (p.396K、p.398C、p.399F)。扉口は、西正面あるいはトランセプトのかわりに側廊に設けられることも多い。扉口そのものは、段状に後退する面内の入隅部にシャフトを伴う (p.396R–T)。窓は通常単独だが、いくつかをまとめたり (p.396M)、中央に方立シャフトを持つこともある (p.396H, Q)。ブロック柱頭は最もよくみられるタイプで、後の時代になると手の込んだ彫刻が施されるようになる。

内部の平滑な壁は、当初は塗装されていたが、今日では全体的に無装飾の印象を与える。内部には特徴的な彫刻帯が用いられ (p.396G)、また北部の地方ではレンガの線が外部に表れて色彩を添える。彫刻の仕上がりは良好である (p.396N)。この時期の職人の技量の高さは、ヒルデスハイム大聖堂 (1015) の、ブロンズ製の扉に細部まで見事に表現された「天地創造」、「人間の堕落」、そして「キリストの贖い」の場面に認めることができる。

中部ヨーロッパ：実例

アーヘン（エクス=ラ=シャペル）大聖堂（旧宮廷礼拝堂、792–805、p.397A）は、カール大帝（シャルルマーニュ）が自らの墓所として建てた教会堂で、ラヴェンナのサン・ヴィターレ聖堂 (p.325D) に似る。階段塔を両脇に付けた入口を通って、直径 32 m の 16 角形の堂内に入る。16 の角が、2 つずつ 8 本のピアに集合し、八角形が形成される。こうして 8 本のピアが、2 階建の側廊の上方に直径 14.5 m のドームを支持する。建物は、カール大帝以来、幾多の改変を経て、今日みる姿となった。すなわち、内陣 (1353–1413) はゴシックの時代の増築、破風は 13 世紀、八角形の高い屋根は 17 世紀の作である。また、周囲の祭室は 14 世紀と 15 世紀の作で、西側の尖塔は近年加えられた。この教会堂は、ドイツの他の教会堂の原型となったという意味において、歴史的な重要性を持つ。それは、あたかも、ここが神聖ローマ皇帝の戴冠場所であったという歴史的事実と符合するかのようである。

コルヴァイ大修道院聖堂 (873–885) の中で、カロリング朝時代の教会堂に属するのは、西構えだけである。西構えはほぼ正方形の平面を持つ。1 階では、彫刻された柱頭のある円柱とピアがヴォールトを支持する。2 階と 3 階の中央の空間は連続しており、2 階建の側廊のアーケードが中央の空間を取り囲む。12 世紀に、塔と正面のギャラリーが上部に増築された。

サン・リキエ大修道院聖堂（790 頃–99）は、カール大帝の重臣であった大修道院長アンギルベルトによって再建された。この重要な教会堂については、17 世紀の版画が残るだけである。版画と古文書を総合すると、1 基の木造の塔をのせた西構え、側廊と身廊、そして東側にも 1 基の木造の塔があったことがわかる。東側の塔は、差しかけ屋根の架かる 2-3 階建の建物（西構えの腕の部分と同様）が両側を固めていた。主内陣はアプスにあったが、おそらく 10 世紀に、この外周に外クリプトが加えられた。

ザンクト・ガレンの理想平面（820 頃、p.196–97）は、816 年のインデンの宗教会議のために準備された平面の写しであり、カール大帝の顧問であったアインハルトが関係していたと思われる。これは理想的な修道院の配置図を示すもので、直線に基づいた構成により、農業と宗教のあらゆる活動のための立案がなされている。最も重要な建物は、南側に回廊を付属させた教会堂である。回廊の周囲には、主要な修道院の建物が、これ以後ヨーロッパ全土で標準となった方法に従って配置される。

ゲルンローデのザンクト・ツィリヤクス参事会聖堂（959–63 年の間に着工、p.397B）は、トリビューンを備えた西欧最初の建物であり、交替性支柱列を持つ現存最古の例である。

ヒルデスハイムのザンクト・ミヒャエル聖堂（1010–33、p.397C）は、真にロマネスク的な建築の早期の例である。この教会堂は、正式の交差部を 2 カ所に持ち、それぞれに塔をのせる。身廊は、2 本の円柱と正方形のピアが交替する支柱列によって、3 つの正方形の区画に分割される。

シュパイヤー大聖堂（1030 頃–61 およびこれ以降、p.397E）は、神聖ローマ帝国の重要な教会堂である。大アーケードのピアの内側の面には、上方に延びて高窓（クリアストーリー）の上でアーチを受けるために半円柱が付けられる——複合柱の初期の例である。11 世紀末に、木造天井を交差ヴォールトに架けかえる工事が行われたが、この時に、ヴォールトの横断アーチを受けるため、ピアの断面を 1 本置きに太くした。建物の外部では、塔の構成が注目に値する。建物全体を、壁内通路が取り巻く。

ケルンのザンクト・アポステルン聖堂（1190 頃およびこれ以降、p.398）は、この都市の一連の三葉形教会堂のうちの 1 つである。この教会堂は、幅の広い身廊とその半分の幅の側廊、西側トランセプト、そして 3 つ

のアプスを備えた内陣を持つ。交差部には低い八角形の塔をのせ、外観の群塔構成に高い格調を与えている。北側の玄関が入口となる。すなわち、フランスのように西正面には大きな入口はとらず、階段小塔を両側に従えた1基の塔を置く。この塔には、傾斜の急な破風から隅棟が発するラインラント地方に特有のかぶと屋根を架ける。三葉形の東端部は、2層の盲アーケードが取り巻き、その上部には特徴的な壁内通路が付く。南側は回廊に接する。

ザンクト・マリア・イム・カピトール聖堂(1040頃-65)と**ザンクト・マルティン聖堂**(1185およびこれ以降、p.400A)もまた三葉形の平面を持つケルンの教会堂である。**ノイス、ルーモント**および**ボン**にもこの種の例が存在する。

ヴォルムス大聖堂(主要部は11世紀末と12世紀、p.399)と**マインツ大聖堂**(1009、1181およびこれ以降、p.400B)は、この時期の代表的な大規模教会堂の例である。ヴォルムスは、東西両端部に八角形のアプスを持ち、その両側に円形の階段小塔をすえる。身廊は、リブ・ヴォールトを架ける1ベイに側廊の2ベイが対応するシステムを持つ(p.399B, J)。身廊とトランセプトの交差部には、尖頂屋根を頂く低い八角形の塔をのせる。入口を側廊にとる形式は、ドイツとイギリスではよくみられる。外壁は、特有の平らなピラスターで分割され、それらの間に半円形の頭部を持つ窓が配置される。

マリア・ラーハ大修道院(1093-1156、p.397D)は、ケルンの南に位置するベネディクト会の修道院である。修道院聖堂の平面は、現存するアトリウムの回廊から出入りするために入口を西側アプスの両側に持つ点で、他の教会堂と異なる。なお、西側アプスは廟堂として使われる。東端部には3つのアプスがある。身廊と側廊のヴォールトは同一の長さを持ち、ゴシックのシステムに向かう前進を示す。教会堂は、主としてこの地方産の火山岩でできており、6基の群塔、二重トランセプト、そして東西にそれぞれアプスを持つ。

トリーア大聖堂(1016-47およびこれ以降、p.400C)は、この都市が、古くは4世紀にローマ皇帝の居住地の1つとして重要な位置を占めていたことをしのばせてくれる。大聖堂は、フランク人とノルマン人に破壊されたバシリカ式の教会堂を建て替えたものである。

スペイン：建築の特色

西ローマ帝国の滅亡とゲルマン民族の移動の結果、スペインに西ゴート族の王国が建国された。この王国は、8世紀の初年にイスラム教徒が侵入するまで、300年間存続した。有形物として残るものは非常に少ないが、それらの少ない遺物から、西ゴート芸術は、ムーア人の影響が及ぶかなり以前から、東西地中海の文化を吸収していたことが知られる。この時期の教会堂の意匠には、スペインの盛期ロマネスク建築に固有の特徴を、すでに予期させる特徴がみられる。その中で最も重要なものは、馬蹄形アーチである。この時代の極めて少ない確実な例が示すように、教会堂平面に一定の型はなく、バシリカ式とギリシア十字形の両方の例がみられる。装飾上の発明には、綱形刳形やその他比較的未熟な薄肉彫のモチーフ「円花飾(円に内接する星形)」が含まれる。細部は、しばしば古代ローマの材料の再利用があったことを示す。

キリスト教徒のスペインは、711年のイスラム教徒の侵入により718年までにアストゥリアス地方の西ゴート王国に縮小されてしまったが、その後カトリック王アルフォンソ時代初期の再征服によって、ガリシア地方を加えた。780年頃までに、教会堂建築、絵画そして彫刻の領域に、この国特有の流派が形成された。そしてこれらの流派は、9世紀と10世紀には、ほとんど自力で、同時代のロンバルディア地方あるいはサクソン人のイギリスと肩を並べる水準に到達した。アストゥリアス地方の教会堂に最も典型的な平面は、突出した側祭室が一種のトランセプトを形成するバシリカ式である。東端部は内陣と両側に正方形の祭室を組み入れるが、アプスは知られていない。初期の例では、レンガ造の半円アーチが、西ゴート的な円柱からではなくピアから発しており、彫刻装飾は内陣だけに限られていた。後の例では、彫刻装飾はもっと手の込んだものとなるが、工作の質は同時期のイスラム教徒の作例に比べると劣る。

寛容なムーア人の統制のもとで、キリスト教徒の集会のための教会堂は、基本的にモスク建築の伝統に基づいて建てられた。その後9世紀中頃のアブドゥル・ラフマーン2世とムハンマド1世の迫害を逃れた難民のための教会堂を含めて、これらモサラベ[訳註：イスラム教徒の支配下で、文化的にイスラム化したスペインのキリスト教徒]の教会堂は、アストゥリアス地方とガリシア地方の教会堂がロマネスク様式の発展に貢献したのとは事情を異にする。変化はあるものの、これらモサラベの教会堂に共通なのは、西ゴートの馬蹄形アーチへの回帰、古代の材料の再利用、そして、装飾的で時に精巧な彫刻を持つが柱礎のない古典古代あるいはビザンティンの形態の使用である。

アンドラとカタルーニャ地方そしてピレネー山脈の両側では、10世紀中頃以降、これらのモサラベ建築

第 13 章　中世初期とロマネスク　　403

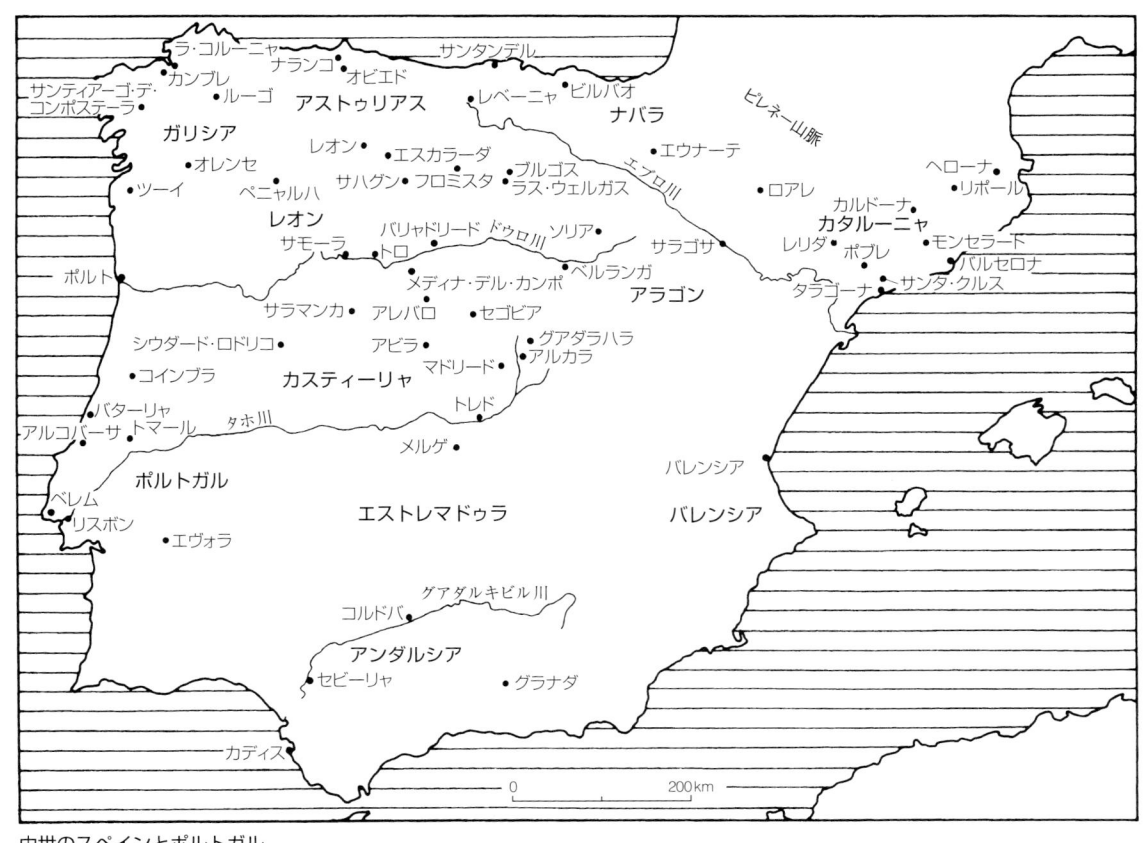

中世のスペインとポルトガル

は、ロンバルディア地方で 900 年代の最初期に始まった真にヨーロッパ的なロマネスク様式に地位を譲った。この様式は、8 世紀末にこの地方からムーア人が駆逐された後、地中海貿易と東方貿易がさかんになった時に、陸路と海路を通って、カタルーニャの修道院建築に移植された。最初期の例は全て、身廊と側廊にトンネル・ヴォールトを架ける。これらの建築が現れた地域に隣接していた地域では、すでにローマ建築の地方的模範作に基づいて教会堂にヴォールトを架けていた、という事実は重要である。ヴォールトを支持するのに必要な量塊は、側廊のある教会堂では、円柱のかわりに太い長方形断面のピアを用いることで対処した。それに加えて 11 世紀以降は、横断アーチが採用された。平面はバシリカ式となるのが普通で、トランセプトを何らかの形で伴うことが多かった。

　リポール大修道院聖堂 (1020 頃-32) は、当時のスペインには前例のない大規模な建築で、初期カタルーニャ・ロマネスクの傑作である。この教会堂は、多くの修復を受けてはいるが、カタルーニャのこの時期の建築の特徴をよく示す一方、ロンバルディアの初期ロマネスクからの影響もはっきりと示している。ロンバルディア的な特徴としては、東側のアプス (リポール では 7 つ) とその軒下にあるアーケード付きの壁内通路、そしてアプスと側廊の壁面に付けられた盲アーケードとピラスターを挙げることができる。修道院教会堂のほとんどは、正方形平面の量塊的な鐘塔を持つ。これらの塔は、ロンバルディア地方とピエモンテ地方の塔の特徴を、細部にいたるまで再現している。

　初期のカタルーニャの教会堂は、ヴォールトの上に直接石造の屋根を葺くことが多い。11 世紀の十字形平面の教会堂の中には、スクィンチ・アーチに支持されたドームを交差部に持つものや、十字形のピアに支えられた横断アーチ付きの交差ヴォールトを側廊に持つものがある。彫像や彫刻装飾は、最初期のカタルーニャのロマネスク建築にはほとんどみられなかったが、それらは次第に発達して 12 世紀には高い水準に到達した。アーケードに円柱を用いる場合には、先行するモサラベの標準形に似せて疑似コリント式の柱頭がつくられた。建築の彫刻的細部と回廊の独立彫刻は特に見事で、モチーフの多くにはイスラム的な着想が表れている。

　カタルーニャでは、ロンバルディア的な色彩の強い初期ロマネスクの伝統は、ゴシック様式に取って代わられるまで存続した。しかし、スペインの北西部と中

部では、1050年頃以降フランスの形態が流入し、あたかもノルマンディー建築がイギリスを占領したのと同じように、土着の建築を事実上排除した。こうして、フランス系のスペイン・ロマネスクが発展し、成熟した。これらフランスの形態は、サンティアゴ・デ・コンポステーラへの巡礼、クリュニーの修道士（スペイン北部では大きな影響力を持っていた）、そしてフランスの遍歴職人たちによって、ピレネー山脈を越えてもたらされたものである。

スペインにおけるロマネスク建築の発展の、偶発的ではあるが重要な局面は、新たにキリスト教の支配を回復したカスティーリャ地方とアラゴン地方の一部の教会堂建築が媒体となって展開された。北部の職人の伝統的な技術と意匠は、モサラベの系統をひくキリスト教徒の石工と、この地に住むイスラム教徒の両方に取り入れられた。ムデハル［訳註：キリスト教徒支配下のスペインにとどまったイスラム教徒］の活躍によって生み出された教会堂の大部分は、側廊を持たず、内陣にトンネル・ヴォールト（他は木造天井となる）を架け、東端部に通常は多角形平面のアプスを備えた単純なものである。ムデハルは彼らの祖先の技術を全て受け継いでいたので、それらの小規模な教区教会堂は、ほとんどがレンガ造で、経済的かつ巧みにつくられた。カスティーリャの後期ムデハルの例は、カタルーニャで用いられたもっと早期のロンバルディアの模範をレンガ造に翻案したものを、多く含む。すなわち、平面は東側にアプスを持つバシリカ式で、外部は馬蹄形の盲アーケードをムーア的なパネルに収める。13世紀の初期以降、アーケードのアーチはカスプの付いた尖頭形となるが、建築そのものはまだロマネスクの特徴が支配的である。アラゴンでは、ムデハル様式は中世を通じて発展を続け、14世紀においてもなお、その起源がロマネスクの時代にあることを伝えている。

スペインで最初にヴォールトを架けた盛期ロマネスクの教会堂は、11世紀の中頃より少し後に、レオンに現れた。それ以降、ヴォールト架構は、主にサンティアーゴ・デ・コンポステーラに向かう巡礼路沿いの教会堂で発達した。フランスからの影響の経路は、ロワール川流域（トゥレーヌ地方とポワトゥー地方）、アンジュー地方、ブルゴーニュ地方、そしてラングドック地方まで遡ることができる。小規模な教会堂で、変化を受けることなくそのまま残っているものはごくわずかだが、一般的な形態は、トンネル・ヴォールトを架けた身廊と、トンネル・ヴォールトもしくは交差ヴォールトを架けた側廊からなる。高窓は持たないか、あっても非常に小さい。トンネル・ヴォールトを架けたトランセプトを持つことも多く、東端部にはアプスを並列に配置するのが普通である。

スペインには、中世の軍事建築が豊富に残るが、なかでもカスティーリャ地方には大きな城郭が数多くみられる。現存する遺構の大半は、14世紀と15世紀の封建貴族の城である。ロマネスクの年代と特徴を持つ要塞は極めて少数だが、強い印象を与える。年代の最も早い城郭と市壁は、アンダルシア地方にみられるが、これらはモロッコのムーア人が関与したものである。初期のキリスト教徒によるものは、これに非常によく似るが、野石積みとする点が異なる。野石積みでは隅石（すみいし）に難点が残るので、城壁は隅に円い塔を備える。狭間胸壁は、通常イスラムの方法に従って、雨水から保護するために角錐形のブロックを凸壁の上にのせる。スペインの最も見事なロマネスクの城は、アラゴン地方のロアレ城（p.410A）である。この城は、アウグスティヌス修道会の教会堂を中に含む。カスティーリャ中部にあるアビラの市壁（1088-91、p.410B）は、花崗岩でできた保存状態の非常に良好な遺構で、ヨーロッパにおける軍事建築のかなり有名な例の1つである。ブルゴーニュのレイモンがブルゴーニュの職人を使って建てたものだが、設計はローマ人の手になる。86基の半円形の同一の塔と10の市門を持つ。大聖堂の武装された東側のアプスは、後の時代に市壁に組み込まれたものである。

スペイン：実例

宗教建築

王家の設立になる**サン・ホアン・デ・バーニョス・デ・セラート聖堂**（661、p.405E、p.406A）は、西ゴートの現存する教会堂の中で、最も見事な遺構である。4ベイの身廊を含む三廊式のバシリカ式平面を持ち、当初存在したトランセプトは、終端部の東側に祭室を備えていた。また、外陣側廊の外側にはコロネード（列柱廊）があって、それが西側のナルテクスに結合していた。このようなコロネードがもっと後のスペイン・ロマネスクの教会堂で一般化したのは、これによく似た構造が多くみられるシリアとアルメニアからの影響があったからではないかと思われる。身廊のアーケードは、疑似コリント式の円柱から発する馬蹄形アーチを持つ。アーチ型の窓開口は小さく、頭部はやはり馬蹄形となる。

オビエド近郊のサン・フーリャン・デ・ロス・プラードス聖堂（サントゥリャーノ、830頃）は、スペイン内乱の少し前に多少の改修を受けたが、アストゥリアス地

第 13 章　中世初期とロマネスク　　405

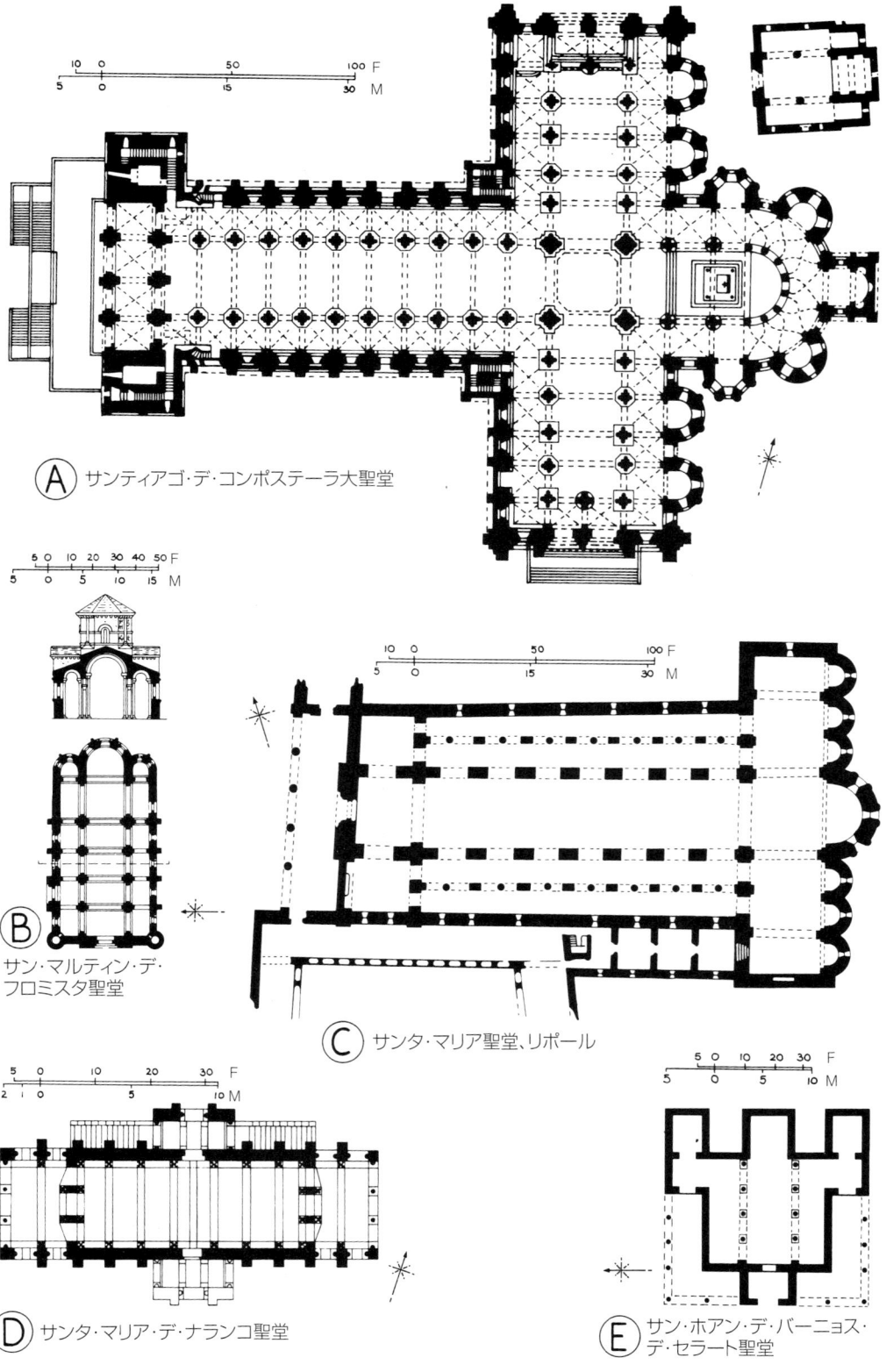

Ⓐ サンティアゴ・デ・コンポステーラ大聖堂
Ⓑ サン・マルティン・デ・フロミスタ聖堂
Ⓒ サンタ・マリア聖堂、リポール
Ⓓ サンタ・マリア・デ・ナランコ聖堂
Ⓔ サン・ホアン・デ・バーニョス・デ・セラート聖堂

スペイン・ロマネスクの教会堂平面

A サン・ホアン・デ・バーニョス・デ・セラート聖堂、至聖所（661） p.404 参照

B サンタ・マリア・デ・ナランコ聖堂（848） p.407 参照

C サン・ミゲル・デ・ラ・エスカラーダ聖堂、交差部と至聖所、レオン近郊（913） p.407 参照

方では最も保存状態のよい初期の例に属する。この教会堂は、典型的なバシリカ式の平面を持ち、幅の広い横断方向のベイが一種のトランセプトを形成し、その両端部に側祭室を備える。内陣の両脇に祭室を伴い、西側にはナルテクスを備えていた。ヴォールトを架けるのは東側の祭室だけで、それ以外は木造天井となる。木造天井には、装飾の施された当初の梁が残る。

オビエド近郊にある**サンタ・マリア・デ・ナランコ聖堂**(848、p.405D、p.406B)は、ラミロ1世が、宮殿に隣接して建てた教会堂である。この教会堂は、アストゥリアスの西ゴート王国において教会堂建築の構造が進歩したことを示している。建物は縦長の長方形の身廊で、内外に開口されたトリビューンを両端に備え、その全体はクリプトの上にのる。トリビューンと身廊は、横断アーチを備えたトンネル・ヴォールトを架け、外部をバットレスで補強する。アーチの持送りは、生気にあふれた彫刻で飾られる。同様の装飾は、トリビューンの円柱の柱頭にもみられる。この建物は、主として宮廷の神聖な儀式に使用するためのものであったらしい。いかなる形態にせよ、内陣が存在した形跡はない。

サンタ・クリスティーナ・デ・レーナ聖堂(905頃)は、全体にヴォールトを架けたサンタ・マリア・デ・ナランコの形態からの発展を示す。身廊と正方形の内陣は、横断アーチ付きのトンネル・ヴォールトを架ける。横断アーチは、装飾帯にある持送りの下方まで延長される。身廊に接続する2つの側祭室にも、同様のヴォールトが架かる。西側の幅の狭いポーティコ(柱廊玄関)もヴォールトを架けるが、横断アーチはない。壁体は、外部に突出したピアで補強される。幾何学的な内陣仕切格子と、なめらかな疑似コリント式の円柱にのる装飾の見事な3連アーチのイコノスタシスを除き、全体の石積みの層は粗っぽい。

レオン近郊のサン・ミゲル・デ・ラ・エスカラーダ聖堂(913、p.406C)は、モサラベの教会堂の中で最も見事かつ大規模なものである。この教会堂は、コルドバからの難民によって設立されたもので、コルドバのモスクの技術的伝統にある程度依存している。平面はバシリカ式で、身廊は5ベイからなる。古代的な円柱(おそらく同じ敷地にあるローマ時代後期もしくは西ゴートの教会堂から持ってきたもの)にのる馬蹄形アーチは、方向を変え、イコノスタシスの仕切となって身廊を横切る。東端部の3つのアプスは、馬蹄形の平面を持ち、ドーム状のロウブド・ヴォールト[訳註:内部表面で湾曲と稜が交替しながら放射状に配されるヴォールト]を架け、全体を単一の石造の量塊によって囲む。身廊の木造天井は、後の年代のもので、ムデハルの技法で装飾が施されている。高窓は小さく、頭部は馬蹄形となる。930年頃の南側のポーティコは、身廊アーケードによく似たアーチによって12のベイに分割される。

レオン周辺部におけるモサラベの教会堂の重要なものとしては、他に次の例を挙げることができる。**サンティアゴ・デ・ペニャルバ聖堂**(919)は、2ベイからなる身廊を持ち、そのうちの東側のベイにはロウブド・ドームを架ける。そして身廊の東西の両端部にあるアプスにはロウブド・ヴォールトを、トランセプトにはトンネル・ヴォールトを架ける。サンタンデル近郊の**サンタ・マリア・デ・レベーニャ聖堂**(924)は、アストゥリアス地方に固有の特徴をいくつか持つが、アーケードのアーチは馬蹄形で、その細部はコルドバの伝統によっている。**トレド近郊のサンタ・マリア・デ・メルケ聖堂**は小さな十字形の教会堂で、アーチと窓の頭部とアプスの平面はいずれも馬蹄形だが、装飾の構成は不明である。この教会堂は、コルドバからキリスト教徒が逃亡する以前の900年頃に建てられたと思われる。

カタルーニャのフランス側(ルシヨン)にある**サン・マルタン・デュ・カニグの修道院聖堂**(1007-26、p.408A)は、ホール式の教会堂で、トンネル・ヴォールトを架ける身廊と側廊は、クリプトのヴォールトの上にのる。単純な円柱列のアーケードの柱間は広く、中央に複合柱を持つ。高窓はなく、自然光は教会堂の端部から入るだけである。

リポールのサンタ・マリア聖堂(1020頃-32、p.405C、p.408C)は、大きな改修を受けているが、11世紀の初期ロマネスクの教会堂のうちでも最上級の遺構に属する。この教会堂は、二重の側廊と7ベイを含む身廊からなるバシリカである。外側のアーケードは、ロンバルディア地方の教会堂のように交替性を持ち、外側の側廊を2つ1組のベイに分割する。堂々たるトランセプトは、東側に7つのアプスを有する。外部には、模範作に直接由来する形態を含めて、ロンバルディアの特徴が多くみられる。アーケードを備えた壁内通路、壁付きの盲アーケードとピラスター、そして西正面の破風にある壁内通路などがそれである。

カルドーナのサン・ヴィセンテ聖堂(1019-40、p.408B)は、ロンバルディア地方で創案された多くの特徴を吸収同化している。ただし、身廊は高窓を持ち、側廊は交差ヴォールトを架け、横断アーチはアーケードのピアに付けられたピラスターから発する。交差部は、スクィンチの上にドームをのせる。トランセプトの突出は小さく、東端部は3つのアプスを持つ。そのうち中央のものは、トンネル・ヴォールトを架けた奥行の深いベイを伴って前方に突出する。

サハグンのサン・ティルソ聖堂(1145頃)は、ムデハルのレンガ造教会堂の最初期の例である。カタルー

A サン・マルタン・デュ・カニグ修道院(1007-26)
p.407 参照

B サン・ヴィセンテ聖堂、カルドーナ(1019-40)
p.407 参照

C サンタ・マリア聖堂、リポール(1020頃-32) p.407 参照

D サン・マルティン・デ・フロミスタ聖堂(1066頃) p.411 参照

E 参事会聖堂、トロ(1162-1240) p.411 参照

2

A サンティアゴ・デ・コンポステーラ大聖堂、外陣（1078-1122 あるいは 1124、後の建築を含む） p.411 参照

B サンティアゴ・デ・コンポステーラ大聖堂、栄光の門（1168-88） p.411 参照

C ラ・ルガレーハ聖堂、アレバロ（13 世紀） p.411 参照

D サン・ヴィセンテ聖堂、主扉口（13 世紀）、アビラ p.412 参照

A ロアレ城、外観(1070頃、1095頃) p.412参照

B アビラの城と市壁(1088-91) p.412参照

ニャ・ロマネスクの 11 世紀の特徴を数多く持つ一方、長方形のパネルの中に収まる盲アーケードにみられるように、ムーア的な特徴が支配的である。

アレバロのラ・ルガレーハ聖堂(13 世紀、p.409C)は、ムデハルのレンガ造建築の最も美しい例である。シトー修道会のこの教会堂は、ロンバルディア起源の特徴を多く持つ。豪壮な中央の塔の中には、ペンデンティヴに支えられたランタン・ドーム[訳註：ドームをのせた採光塔]がある。

サン・マルティン・デ・フロミスタ聖堂(1066 頃、p.405B、p.408D)はスペイン唯一の巡礼路型の完全な遺構で、4 ベイからなる身廊と突出の小さいトランセプト、そして並列に並んだ 3 つのアプスを有する。ピアは全て分節の進んだ十字形の断面を持ち、トンネル・ヴォールトを支える。しかし、全体の形態は、サン・マルタン・デュ・カニグと同様ホール式教会堂に近い。すなわち側廊のヴォールトが身廊のヴォールトとほぼ同じ高さから発するため、高窓はない。交差部には背の高い八角形の採光塔がのる。この採光塔は、大きな改修を受けている。

レオンのサン・イシドロ聖堂(1054-67、1101)は、カスティーリャのフェルナンド 1 世とその妻サンチャが建てた教会堂だが、当時の建築で現存するのは西側のナルテクス、すなわち 2 面にポーティコが隣接するいわゆるパンテオン・デ・ロス・レジェスだけである。埋葬用のこのポーティコは、円柱上にドーム状のヴォールトを架けた 6 つの区画からなる。その様式はフランス的だが、柱頭の彫刻と 1175 年頃のフレスコの絵画装飾は、スペインの初期ロマネスクの作品の中でも傑出した例に含まれる。この教会堂の躯体は、その後フランスの建築家によって改築が進められ、現在、トンネル・ヴォールトを架けた身廊とトランセプト、交差ヴォールトを架けた側廊、そして元に戻された 3 アプス式の東端部を保有する。トランセプトの交差部のアーチはカスプ(人字形の突起)を持ち、ゆったりした高窓の高さまで立ち上がる。

巡礼路の終点に位置する**サンティアゴ・デ・コンポステーラ大聖堂**(1078-1122 あるいは 1124、p.405A、p.409A, B)は、当時のスペインにおいて並ぶもののない壮大さと完成度を誇った。813 年に、ゼベダイの子聖ヤコブの墓であることが公認された。9 世紀の中頃までにベネディクト会の修道院がコンポステーラの地に設立され、9 世紀末以前にすでに世界各地からの巡礼が定着していた。平面は十字形で、側廊とトリビューンが建物全体をめぐる。当時のスペインでは、周歩廊と放射状祭室を備えた唯一の教会堂であった。身廊は横断アーチ付きのトンネル・ヴォールトを架け、側廊は交差ヴォールトを架ける。トリビューンは、身廊ヴォールトに抵抗するために 4 分の 1 円トンネル・ヴォールトを架け、隔壁付きの横断アーチによってベイに分割される。構造技術は進歩しており、信頼性も高く、特に浮彫彫刻などの装飾の質の高さとも、釣合がとれている。身廊の東端部にあった 12 世紀の「コロ」が失われ、内陣にバロックの造作と家具が持ち込まれたことを除けば、内部はあまり改変を受けていない。外部では、東端部の大半が隠蔽されてしまい、また当初の唯一のファサードである南側トランセプトのファサード「銀細工師の門」(1103)も 1116 年の火災後に改修を受けた。西正面の玄関の間に「栄光の門」(p.409B)が増築された(1168-88)。これは、ヴェズレーのラ・マドレーヌ聖堂のナルテクスにある内玄関(p.389B)を模範とした、中世キリスト教圏では最も美しい作例の 1 つである。

サンティアゴ・デ・コンポステーラ大聖堂の栄光の門は、**オレンセ大聖堂**の 13 世紀のポーティコをはじめとして、**コンポステーラのサン・ヘロニモ聖堂、カルボエリオのサン・フーリャン・デ・モライメ聖堂**、ポルトガルの**エヴォラ**、および**サン・マルティン・デ・ノヤ聖堂**など、より小規模で派生的な教会堂において、遅くは 15 世紀まで模倣された。サンティアゴ・デ・コンポステーラの構造と平面の主要な特徴もまた、この地の大規模な教会堂に取り入れられた。すなわち**オレンセ大聖堂**(1132-94)は、トリビューンと多くのブルゴーニュ的な特徴を持つ。ポンテヴェドラ地方の**ツーイ大聖堂**(1150-80)は、身廊とトランセプトの両方にトリビューンを有するが、トリフォリウムの層は盲アーケードとなる。また、**ルーゴ大聖堂**(1129)は、トリビューンに、横断隔壁付きの 4 分の 1 円トンネル・ヴォールトのかわりに半円トンネル・ヴォールトを架ける。ポルトガルの**コインブラ旧大聖堂**(セ・ヴェーリャ、1162)は、高窓を持たないもう 1 つの例で、東端部には 3 つのアプスを並列に配置する。このクリュニー型のシュヴェ(教会堂頭部)は、カルボエリオのサン・フーリャン聖堂と**ラ・コルーニャのサンタ・マリア・デ・カンブレ聖堂**でも採用された。

サラマンカ周辺の 12 世紀の教会堂のグループには、**サモラ大聖堂**(1152-74)、**トロの参事会聖堂**(1162-1240、p.408E)、**サラマンカ旧大聖堂**(1160、p.557B)、**シウダード・ロドリゴ大聖堂**(1165-1230)、そして**サン・マルティン・デ・カスタネーダの大修道院聖堂**が含まれる。サン・マルティンを除いて、これらの教会堂は全て、交差部のペンデンティヴ上にランタン・ドームを備え(サラマンカとトロでは採光窓が 2 段に並ぶ)、アンジュー型のドーム状リブ・ヴォールトと、尖頭形

のアーケードを持つ。また、身廊には尖頭形のトンネル・ヴォールトを架け（サモラとトロの場合はトランセプト）、ロマネスクの伝統的な3アプシス式の平面と、イスラム的な装飾が支配的な重厚な切石積の躯体を持つ。**アビラのサン・ヴィセンテ聖堂**（1109およびこれ以降）も同種の特徴的な平面を持ち、側廊には交差ヴォールトを、身廊には交差リブ・ヴォールトを架け、交差部には正方形の塔を立ち上げる。西側の独特の扉口（p.409D）は、ブルゴーニュとポワトゥーの両地方から多くの影響を受けているように思われる。

軍事建築

　スペインで最も見事なロマネスクの城は、**ロアレ城**（1070頃、1095頃、p.410A）である。周壁に円形の塔を結合し、アウグスティヌス修道会の教会堂を内に含むこの城は、ガリェゴ谷を見晴らす突出部に位置する。**カスティーリャのアビラの防御施設**（1088-91、p.410B）は、長さ2.5 kmの市壁と86基の独立した円形の塔によって、守りを固める。この施設は、ブルゴーニュのレイモンがフランスの石造技術を大いに活用して、花崗岩で建設したものである。市壁には、2基の塔に挟まれたアーチ形の入口を持つ10の市門がある。この建造物には、イスラムの影響はほとんどみられない。また、保存状態が非常に良好なこともあって、中世の軍事建築の中でも最も大規模かつ著名な遺構となっている。**ソーリャ地方のベルランガ・デ・ドゥエロ**にも、円形の塔を備えた市壁が広範囲に渡って残り、また、カスティーリャ地方の**アルモナシッド**には同様の塔を備えた二重の城壁が残る。ただし、後者は狭間を欠き、構造が粗略である。

聖地：建築の特色

軍事建築

　十字軍の城には3種類があり、それぞれ地理的条件により固有の機能をもつ。

巡礼の城塞

　この城塞は沿岸の港から主としてヤッファ（テルアヴィヴ）とアシュケロンを経由して、エルサレムに向かう街道を保護するのに都合のよい場所に建てられ、一般的に、「カストルム」と呼ばれる古代ローマ軍の陣営地の流れをひくビザンティンの方式に基づいて設計された。防御施設は、突出の小さい長方形の塔を隅に備えた周壁と、大きな堀割り、そしてその外側に土塁を持つ。中央に最後の拠点となる砦を持つこともある。これらの城塞は、格別大きな強度を持っているわけではなく、どちらかといえばむしろ、豊富な兵力に多くを依存していた。1128年以降、テンプル騎士団がこれら巡礼路上の城砦を守備し、発達させた。

沿岸要塞

　レヴァント地方の沿岸部の港は、西方との海上交通の安全を保障するために要塞化された。アシュケロン、ヤッファ、ティール、シドン（サイダ）、ベイルート、トルトーサなどがそれである。これらの要塞は、城の保護下に市民が定住する都市をおく、いわゆる「武装都市（バスティード・タウン）」の形態をとる場合と、シャステル・ペレランのように、都市を保護下に持たない沿岸城塞の形態をとる場合とがあった。また武装都市は、ビブロスのように陸地と直接往来できる場合と、シドンのように突堤を切り離すことによって海からしかアプローチできない場合とがある。シャステル・ペレランは、半島の狭い頸部を通る極めて限られた進入路しか持たない。

内陸部の戦略的な城

　この城の第1の機能は、たとえばシリアのバニヤスの北部にあるマルガット城のように沿岸の道路を保護することであり、またホムス峠を監視下におくクラック・デ・シュヴァリエやサフィータ城のように山岳路を保護することであった。そして、リタニ川を見下ろすボーフォール城のように河川の交通路を保護することであった。あるいはヘルモン山の斜面にあってダマスクスからティールとガリラヤにいたる街道を眼下に収めるスベイベ城のように、またダマスクスとエジプトを結ぶ隊商ルートとアラバ・ワジを経由してアラビアから外に向かう古代の香料ルートを支配するイドマヤのボールドウィンズ・モンレアル城のように、東部の辺境を横断して聖地にいたる街道に睨みをきかせることであった。ボールドウィンズ・モンレアル城などは、メディナとメッカに向かうハジの巡礼路のまさに目と鼻の先に位置していた。

　十字軍の城の戦略上の強さは、伝書鳩と視覚信号による城相互間の緊密な連携網によるところが大きかった。この通信技術は、おそらく両方とも起源は東方にあり、アラビアとビザンティンからの借用であろう。

　大規模な城の全体的な形態は、大きくは2つのタイプに分けることができる。1つは、戦略が首尾よく拡大の一途をたどったハッティーンの戦い（1187）の頃までの12世紀のタイプで、要塞の主目的は攻撃であった。

第 13 章　中世初期とロマネスク　413

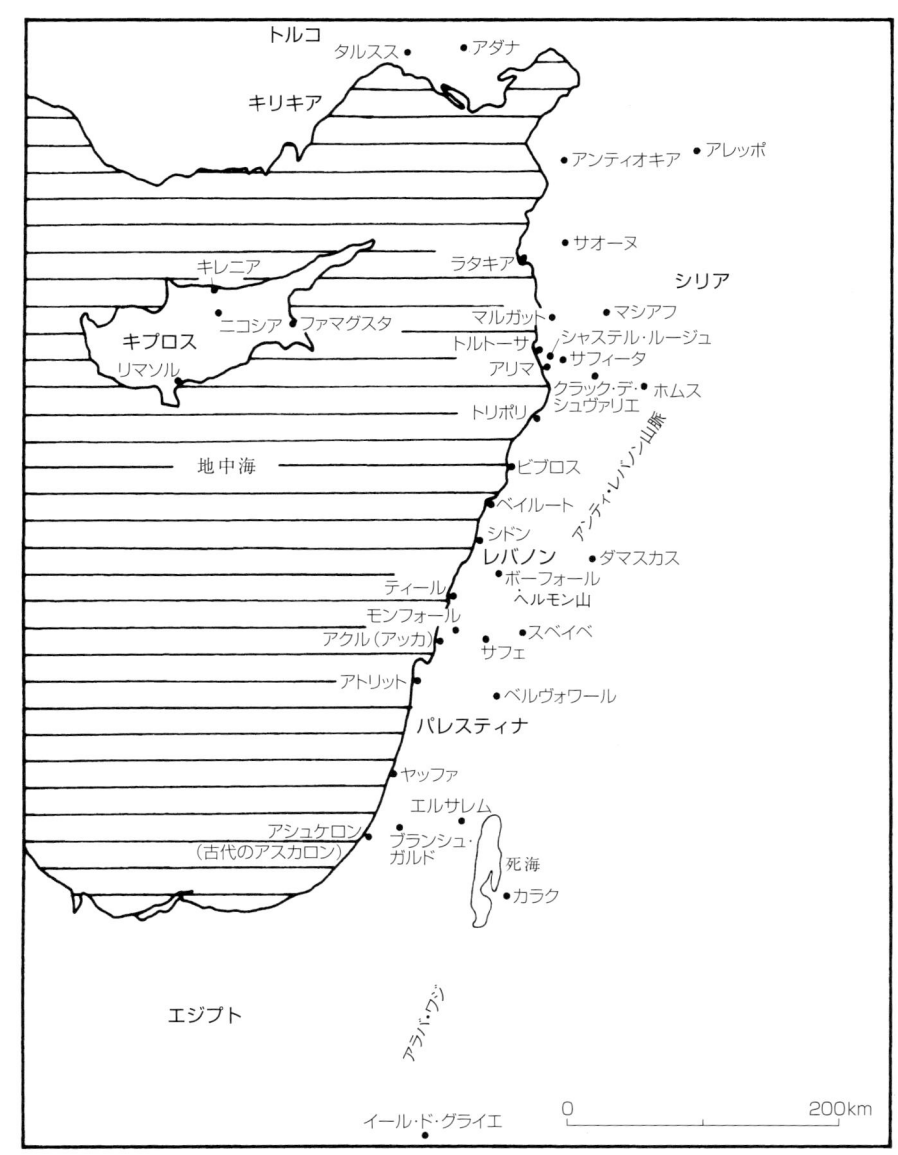

十字軍時代の聖地

新たに建てられた城は比較的単純な形態が普通で、ほとんどの場合、まだイスラム教徒の支配下にあった港や東方ヨルダンの彼方にある城を獲得して、内陸の交易路に攻撃を加えやすくするための拠点であった。新しく建てない場合には、フランク人とアルメニア人が武力によってビザンティンとアラビアから奪取した既存の城と武装都市を利用した。

新しく建てられたこの種の城のほとんどに共通するのは、塔状キープ（天守）であった。これはもっぱら、鎧に身を固めた騎士が避難して最後の防衛拠点とするためのもので、主としてノルマンディーから聖地にもたらされたものである。ただしノルマンディー本国では、この時期まだ十分には発達していなかった。第 1 次十字軍の時には、このノルマンディーのタイプの城は、イングランドではロンドン（p.432）とコルチェスターの 2 カ所にしかなかった。したがって、十字軍の 12 世紀初期のキープは、比較的単純な例を手本にしたものであり、それらはシリアの陣地に適用された。このキープは、（それまで 2 階に設けられていた入口にかわり）地上レベルに常に 1 つの入口をとり、普通 3 階までしかなかった。キープの上階の床は、当時の西欧の城では木造の梁で支持されたのに対し、聖地では太い木材が手に入りにくかったため、ヴォールトによって支持された。

キープは、常に城の最も攻撃を受けやすい場所に配置され、防御に威力を発揮したが、沿岸部の平地にあ

る城では、ベイリーと呼ばれる郭内とその周囲の防御施設全体をカバーするために、ベイリーの中央に建てられることもあった。これらの城は、頂部を「アルール」と呼ばれる歩廊を備えるために持ち出し、あまり大きく突出しない塔を一定間隔に配置した城壁を持っていた。城壁の塔は、時代がくだるとともに数を増し、突出も大きくなった。初期の例では、城壁の塔の平面は、実際には変化はあるものの、円よりもむしろ正方形となることが多い。地形的な理由で、敵の攻撃が1カ所に集中しやすいところでは、堀がつくられた。しかし場合によっては、堀は、岩盤を掘削してまで大規模につくらなければならないほど、防御にとって本質的な要素となることもあった。

城の第2のタイプは、ほとんどがハッティーンの戦いのほぼ百年後の時期に属し、兵力の枯渇を補うために防御力を高める必要性が次第に大きくなったことを示している。大規模なものとしては、新たに4つの城が建てられただけで(シャステル・ペレラン、モンフォール、マルガット、サフェ)、そのうちの2つは古くからの敷地に建てられた。これらの現存する実例とその他の復原案は、十字軍の軍事建築のうちで最も重要で影響力の大きかった特徴を説明している。これらのいくつかは、用意周到に計画された同心型の形態を持ち、おそらくビザンティンとアラビアの武装都市から着想を得たと思われる二重の城壁を有する。進んだ同心型では、大きく突出した円形の塔を城門のところにまとめて配置し、ここを郭内の避難場所、すなわち傭兵守備隊の反乱から安全を確保するための本丸とした。

城壁と塔は、ともに傾斜のついた典型的な「斜堤」を持つことが多かった。壁の足もとに傾斜をつけて壁を厚くすることによって、投てき物の方向を変えるとともに、城壁の掘削を阻止しようとしたのである。発達したもう1つの非常に巧妙な仕掛けは、屈曲進入路である。この仕掛けにより限定された経路を迂回することを強いられた包囲軍は、その間、側面からの射撃および城門のヴォールトの上と城壁内の通路に開けられた狭間からの反撃の危険に、身を曝すことになる。また、屈曲進入路はその平面構成のゆえに、破城槌の搬入を阻止した。この仕掛けは、アレッポの大城門やエルサレムのスレイマンの城壁にあるダマスクス門など、サラセンの都市防御施設から着想を得たことはほぼ確かである。

12世紀の末以降、防御機能の向上に伴い、弓の果たす役割が次第に大きくなった。これは主として、塔を大きく突出させることで側面からの射撃が威力を発揮するようになったのに伴い、城壁の頂部の狭間胸壁から指揮する戦闘が少なくなったことと関係がある。ノルマン系のキープの矢狭間は比較的少なかったが、後期の城では、広範囲を射程に入れるために、内側に大きな隅切りを持つ縦長の巧妙な狭間を備えるようになった。

全般的に木材が不足していたので、城壁と塔の頂部に、ヨーロッパの城には普通にみられる突出した張出狭間と防御柵を備えるのは困難であった。そのかわり、後期の十字軍の城では、サラセンの市壁にみられた石造の箱形のマチコレーション(石落し)を発達させた。最も効果的な攻城の手段の1つは兵糧攻めだったので、大規模な城では、地下に巨大な容積の食料庫と貯水槽を持つこともあった。マルガット城は、千人の兵が5年の長きにわたって攻城に抵抗するだけの食糧を、常時蓄えていた。また、サオーヌ城のヴォールトを架けた貯水槽は、1300万 l (300万ガロン)の水を蓄え、クラック・デ・シュヴァリエは風車、巨大な穀倉、油しぼり機、そして水道橋と井戸を有していた。

宗教建築

エルサレムの聖墳墓聖堂(p.304E)はその起源と機能のゆえにキリスト教圏で最も神聖なる教会堂であり、この聖なる場所は十字軍の最終目的地であった。聖墳墓聖堂は、サンティアゴ・デ・コンポステーラへの巡礼路の芸術と、プロヴァンス、ポワトゥー、ブルゴーニュ、そしてラングドックに源流を持ち、レヴァント特有の外観をまとっていたが、十字軍の教会堂にとって最高の美と熱望の象徴であったのは当然のことである。

ラテン王国のこれよりも小規模な教会堂は、石造技術が優れており堅牢であったため、保存状態の良好なものがいくつか残る。身廊には横断アーチで補強されたトンネル・ヴォールトを架けるのが慣例で、側廊には交差ヴォールトも用いられた。ベイルート大聖堂には3アプス式の東端部がみられるが、トルトーサ大聖堂は、ビザンティンの形態であるパストフォリアを持つ。アプスは、長方形の重厚な石造躯体の中に収められることが非常に多い。十字軍は、教会堂に改造した数多くの建物の中に、彼らの芸術の痕跡を残した。たとえば岩のドームは、エルサレムのハラムにあるアル・アクサ・モスクとともに、当時テンプル騎士団の監督の下でキリスト教の教会堂となっていた。岩のドームの装飾の施された鉄製の手摺は、十字軍の手になる代表的な例である。武装修道会の保護下にある城の中に建てられた礼拝堂の装飾は、創造力にあふれており、モザイク工芸や図案化された模様タイルや石造彫刻の

A シャトー・ド・メール、東側の周壁と城門、シドン（1288）
p.416 参照

B サオーヌ城、東側の周壁　p.416 参照

C サンタンヌ聖堂、内観、エルサレム（1142）　p.417 参照

D クラック・デ・シュヴァリエ、鳥瞰（大部分は 1200 頃）　p.417 参照

見事な作品を持つことも珍しくない。

聖地：実例

軍事建築

　レバノンのシドンにあるシャトー・ド・メール（1228、p.415A）は、十字軍の沿岸要塞の中で最もよく残る遺構である。この城は、後につくられた堤道によってしか渡ることのできない海水路によって、都市から独立する。都市が敵に包囲された後も、もし海からの支援が可能であれば、この城は独立した防御が可能であった。2階建のキープ、彫刻装飾を施した箱形のマチコレーションを備えた厳めしい陸側の城門、そして城郭内には巨大な貯蔵庫と居住用の建物が遺構として残る。ここには、城壁の石造躯体の結合材として古代の円柱の柱身が用いられていた痕跡がある。シドンは、十字軍が聖地の領土を失うほとんど最後の時まで、フランク人の拠点であった。

　フェニキア人の港ビブロスにあるジブレト城は、12世紀に要塞が大幅に強化された。古い防御施設は、正方形の塔と堅固な2階建のキープを備えた周壁に、新しく建てかえられた。

　アトリットのシャステル・ペレラン（巡礼の城）は、ドイツ騎士団の援助とこの城の名の由来となった多くの巡礼の援助を受けたテンプル騎士団によって、1218年に建てられた。現在大部分が廃墟となっているが、平面は明瞭に識別できる。この城は半島に建ち、海岸とパレスティナの内陸部を結ぶ主要街道への入口を監視する。主たる防御施設は陸地側に置かれ、これには石造の斜堤、海とつなげられる堀、そして岬の幅全体にわたる二重の城壁が含まれる。城壁はいずれも正方形の塔を備え、それぞれの射撃範囲を補いあっていた。海側は重厚な城壁が防備を固めていたが、現在はほとんど残らない。内部の建物には、おそらくテンプル騎士団の慣例的な平面を持っていたと思われる教会堂が1つ存在した。この城とトルトーサ城だけは、ついに陥落することがなかった。

　マルガット城は、レバノン山脈の北に連なるジェベル・アラウィ山の海側、すなわちラタキアの南にあって、海岸沿いのバニヤス平地の狭い頸部を支配する。イスラム教徒アサッシン派（イスマイル派）の拠点カドマスとマシアフを後方支援した。1186年に、聖ヨハネ騎士団がマズワール南家から手に入れたもので、以後その指揮下で十字軍最大の城となった。同心型の二重の城壁が広い区域を囲み、西側の一番外側の区画は狭いベイリーとなる。外側の城壁は2段になった斜堤と箱形のマチコレーションを備える。ここにすえられた円形の塔よりも高く、1基の巨大な円形のタワー・キープが立ち上がる。1288年にスルタン・カラーウーンが攻撃を加え、外側の城壁に坑道を掘るのに成功した。坑道が貫通した後も、キープが襲撃に抵抗し、聖ヨハネ騎士団がアクルに撤退するまでもちこたえた。

　ボーフォール城はレバノン山脈を通過する街道を守る城である。この城はリタニ川の狭谷の入口に建つ。隣接の台地からはここに近づくことができない。というのは、岩山を掘削してつくった浅い堀が、城と台地を隔てているからである。城壁の内側に正方形のキープが建てられ、天然の斜堤は西側では人工の急斜面によって補強される。

　モアブのケラック城は、死海の東側の高原地帯にある2つの渇れ谷が合流する山の突端部に建つ城で、東部の防衛前線の一部を担う。城は、付属の集落に対する北側からの襲撃を防ぎ、かつビザンティンに慣例的な方法で岩山を掘削してボーフォール城によく似た堀をつくり、これによって、集落と敵の両方からの独立を図る。城は、この堀によって全体が城壁に囲まれたキープとなり、敵が接近する可能性が最も高いルートを監視する。

　サオーヌ城（p.415B）は、ジェベル・アラウィ山の北端に位置する城で、ここにはかつてギリシア人がビザンティンの方式によって建てた城があった。この城は、わずかに突出する長方形の塔をすえた薄い周壁と、城壁の最も攻撃を受けやすい箇所を守るキープからなっていた。この城は、第1次十字軍が南方に進出した時に占領され、以後アンティオキア公の支配下に入った。十字軍による主要な工事は1120年の直後に完成した。ラテン人の国家における初期の城郭建築としては、最も良好な遺構の1つである。城は、敷地の2つの側面が急斜面となって落ちる三角形の突端部に建つ。第3の側面には、長さ約800 mにわたって岩山を削った幅20 mの巨大な峡谷のような外塁があって、城を隔離する。この人工の谷に、裏城門の塔が張り出す。谷をつくるために掘削された岩床は、17万トンに達した。この谷をまたぐのに単一の橋では不可能なので、掘削にあたって、中間の中継点が小塔状に削り残された。この堀の上方に、単一の入口と3基の円形の塔を備えた2階建のキープが立ち上がる。3基の塔のうちの2基は、おそらくこの種の形態を持つ十字軍の塔としては最も早期のものであろう。巨大な堀に面した裏城門は、2基の円形の塔からなる。周壁の他の場所にある塔は、正方形で突出が小さく、狭間を持たないが、最上部には歩廊を持つ。これは12世紀という初期の年代にお

いては一般的な方法であった。南側の主城門の側面には、郭外から郭内に直接通じる通路の入口が1つだけとられた。これはおそらく、ラテン人による「屈曲進入路」の、東地中海における最初の使用であろう。

クラック・デ・シュヴァリエ(主要部は1200頃、p.415D)は、T. E. ローレンスの記述によれば、「世界で最も保存状態の良好な、最も優れた城」で、ホムス峠を守るために配置された5つの城の鎖の、一番東側に位置する。クラック・デ・シュヴァリエはリタニ谷(ラ・ボッケ)の北端にあるアッカール、およびもっと海に近いサフィータ、シャステル・ルージュ、そしてアリマの各城と視覚信号による通信を行っていた。城はジェベル・アラウィ山の南側の突出部、イスラム教徒の「クルド人の城」があった場所に建つ。クルド人の城は、1142年にトリポリ伯レイモンの手に落ち、聖ヨハネ騎士団に与えられた。その後50年の間にこの城を改築し、当時の最も有名な軍事建築にまで発展させたのは、聖ヨハネ騎士団である。

クラック・デ・シュヴァリエは、同心状の2つの防御線、すなわち外側の城壁と、これを常に見下ろす高さで近接して建つ内側の城壁を備える。11世紀当初の城は単一の郭からなっていた。この部分は後の内郭の範囲にほぼ一致し、丘の頂上に以前からあった初期の遺構も、現在の構造物の中に吸収されている。外側の城壁は、北側と西側に8基の円形の塔を備える。そのうちの1基は十字軍による占領よりも後に設けられたものであり、また北側の城門を形成する2基の塔も後の年代のものである。塔の胸壁には狭間が周到に配置される。そして外城壁の歩哨路には、その全長に渡って、狭間と凸壁を上部に持つマチコレーションが配置される。主要な出入口は東面にある。ここを通ってヴォールトの架かる長い傾斜路の屈曲進入路に入ろうとする敵は、まず城門のところで堀と跳ね橋によって進入が妨げられる。そしてさらに、外城壁上部のマチコレーションと4つの門、そして少なくとも1カ所の落し格子門を突破しなければならない。ヴォールトの架かる傾斜路自身も、天井に狭間が開けられ、ここに入った敵は3カ所で外郭からの側面攻撃にさらされる。内側の防御施設の大部分は、12世紀と13世紀初期以降のものである。ただし礼拝堂(アプスが外郭の上部に突出して塔を形成する)は、聖ヨハネ騎士団以前にラテン人が占領した時のものである。内郭の最も目立った特徴は、西側と南側の巨大な斜堤である。アラビアン人が「山」と呼んだこの斜面は、大貯水槽と外郭の上方に威圧的な姿で立ち上がり、底部では25m以上の厚さを持つ。内郭の南端部は、3基の大きな円形の塔からなり、最後の防衛の拠点となる。この3基の塔は、二重のヴォールトの上にのる歩哨路によって相互に連結され、居住区として最良の空間を含む。こうして塔は、包囲軍だけでなく傭兵の反乱からも身を守るための避難場所となる。上部中庭のヴォールトの架かるロッジアは、初期ゴシックの増築によるもので、洗練された様式を持つ。

クラック・デ・シュヴァリエは、12回に渡る攻撃を耐え抜いたが、ついに1271年の3月、スルタン・バイバルス(「豹」)の攻撃が開始され、その年の4月に、偽造命令書によって騎士が城から退去させられた。威風堂々たるこの城は、以来、第1次世界大戦の一時期を除いて、アラビア人の所有となっている。

宗教建築

十字軍の教会堂建築は、シトー修道会の様式とブルゴーニュ地方の様式に従った伝統的なロマネスクの平面を持つものが一般的であるが、移行期の半ゴシック的な特徴を備えたものも多い。**トルトーサ大聖堂**は、テンプル騎士団の本営となった要塞の内側に建てられた教会堂で、ブルゴーニュに特徴的なトンネル・ヴォールトの架かる身廊、交差ヴォールトの架かる側廊、そして葉形飾りの施された柱頭のある複合柱を持つ。しかし、内陣の平面はビザンティン的で、パストフォリア型の祭室を持つ。**ベイルート大聖堂**は、今日モスクとなっているが、同様の構成をとる。ただし、高窓を持ち、東端部は3アプス式となる点が異なる。**ティール、サマリア**(現セバスティー)、そして**カエサレア**の十字軍の教会堂は十字形の平面を持ち、**ナザレとラムレフ**の教会堂は正方形の平面を持つ。十字軍の小規模な教会堂のうちで最もよく残っているものの1つに、**エルサレムのサンタンヌ聖堂**(1142、p.415C)がある。この教会堂は、聖母の両親の家があった場所、すなわち聖母生誕の場所を保存し、記念するためのものであり、ボードワン1世の王妃によって、ベネディクト会の女子修道院として建てられた。1878年以降、白修道士による見事な修復を受け、現在その所有となっている。平面は典型的なベネディクト会型である。身廊は、交差ヴォールトを架け、側廊を伴う。トランセプトの突出は小さく、東端部は3アプスで終わる。またあまり一般的ではないが、交差部にはペリゴール地方と同じ種類のペンデンティヴ・ドームがのる。アーチは全般的に尖頭形となる。西正面の、美しいプロポーションを持つ中央の扉は、13世紀の犬歯飾りを予見させるような刳形によって装飾され、ほとんどゴシックの様相を呈する(p.415C)。エルサレムにある聖墳墓聖堂の、十字軍が手を加えた部分については第11章に述べら

中世のイングランドと
ウェールズ

れている。

イギリス：建築の特色

ローマ時代

　イギリスのローマ建築は、ヨーロッパの他の地域のローマ建築と同様の特徴を持つ。現存するものも多く、遺構としてはハドリアヌスの城壁の他、シルチェスター、バース、チェスター、コーストピトゥム（コルブリッジ）、ヴィロコニウム（ロクシター）、ヴェルラミウム（セント・オールバンズ近郊）の都市建築などを挙げることができる。これまでに、フォルム、バシリカ、公共浴場、劇場（ヴェルラミウム）、アクアエ・スリス（バース）とロンディニウム（ロンドン市）の神殿、集落（ヴェルラミウム）、そして宮殿（フィッシュバーン）が発掘されている。モザイクの床、陶器類、および彫刻類は、ローマ人が住居や公共建築に与えた配慮の深さを表している。ローマ建築の伝統は非常に根強かったので、後のアングロ・サクソンとロマネスクの建築がその影響を受けたのは当然のことであった。

　ローマによる統治が終わる以前のイギリスにおけるキリスト教の教会堂の形態は、シルチェスターにみることができる。この教会堂は、小規模な教会堂ではあるが、バシリカ式の平面を持つ。おそらく4世紀初期の建立と思われる。西側にアプスを持つのは、当時の典礼儀式では、司祭が祭壇の向こうで東面しなければならなかったからである。また、ここには、ビザンティンのパストフォリア（内陣に入口のある聖具安置所

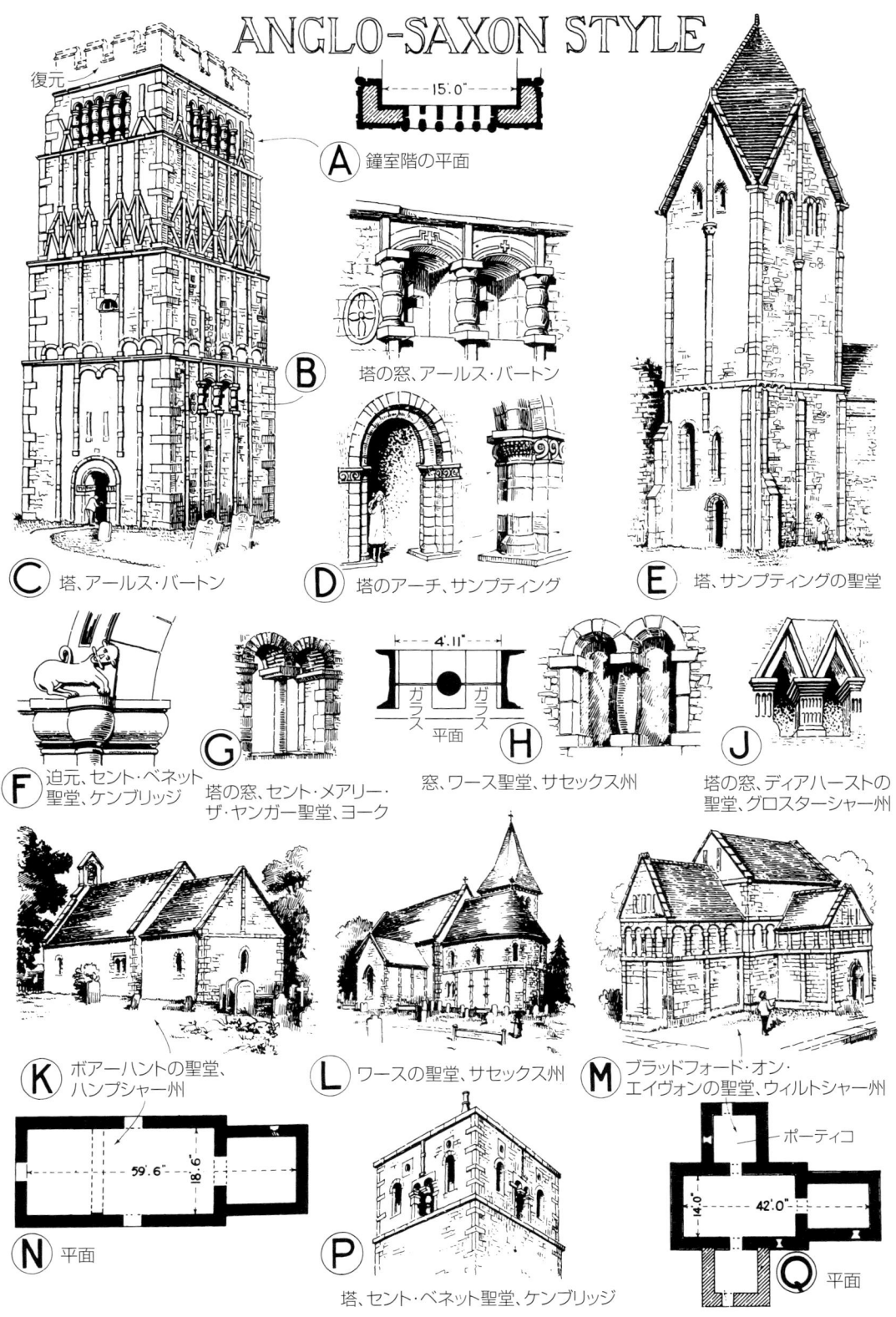

アングロ・サクソン様式

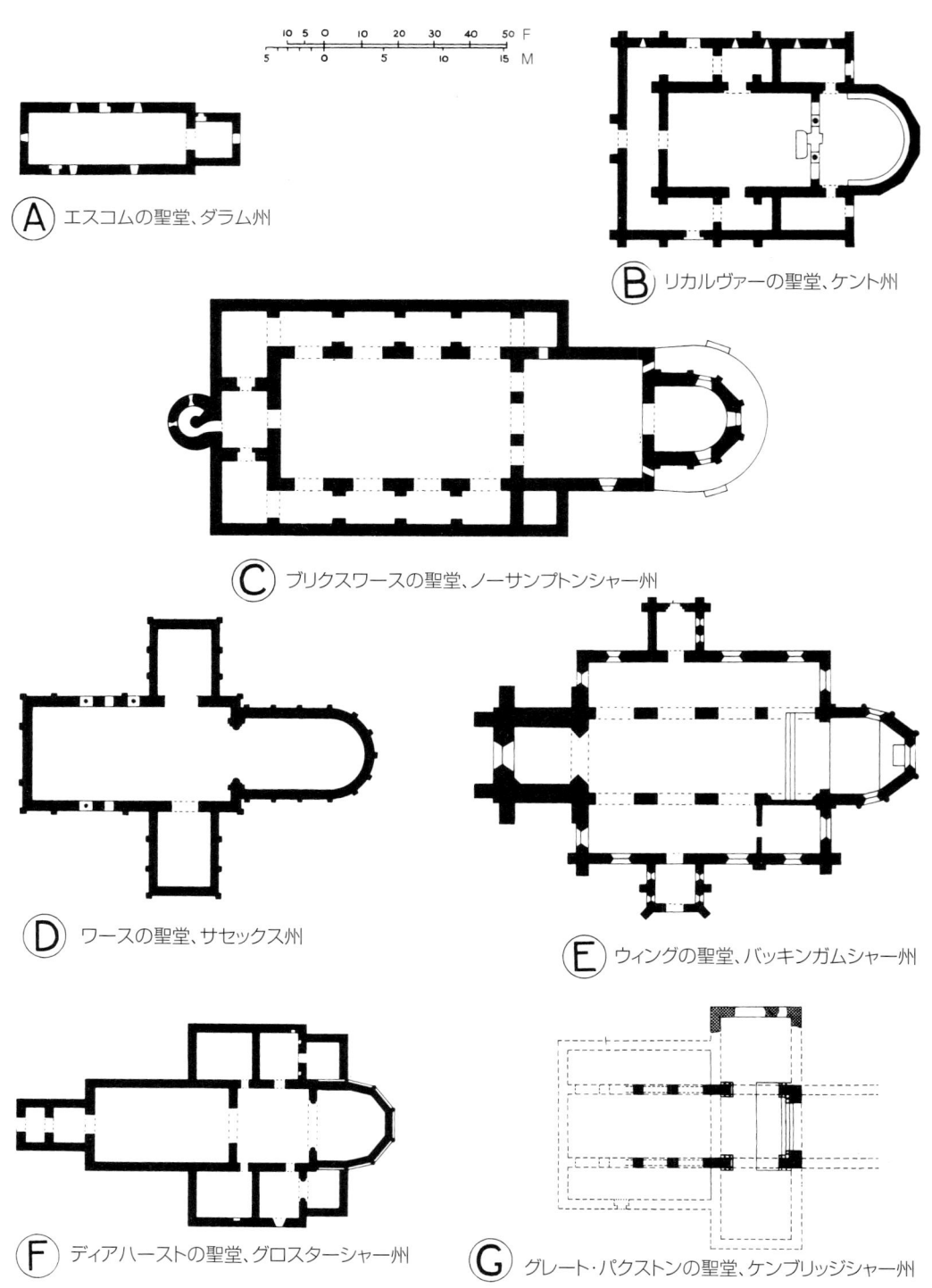

アングロ・サクソン様式の教会堂の平面

としてのディアコニコンと外陣に入口のある奉献所としてのプロテシス）の形態を持つトランセプト状の突出部がみられる。そしてローマの慣例に直接従った勝利門が、内陣仕切となる。

アングロ・サクソン時代

七王国時代の教会堂建築には、ケント王国とノーサンブリア王国に発する2つの主要な流れがあった。ケント王国の例は、5世紀と6世紀のラヴェンナの教会堂建築に源流を持つ。ケント州のリカルヴァーの聖堂（p.420B）はその代表的な遺構である。699年創立のこの教会堂は、幅の広い長方形の平面を持ち、東側にアプスと2つのパストフォリアを、北側と南側に埋葬用祭室としてのポーティコを、そして西側にはポーティコとナルテクスを備え、3連アーチのイコノスタシスによって内陣を仕切る。ノーサンブリア王国の教会堂は、ローマの技術とゲルマンの意匠の両方の影響を示す。7世紀末のエスコムの聖堂（p.420A）がその代表的な例である。ノーサンバーランド州のモンクウィアマウス（673）とジャロー（684/85）の修道院は、部分的にしか残らず、他の部分が発掘されたところであるが、いずれも重要な遺構である。ジャローは尊者ベーダの本拠があったところでもある。マーシア王国のブリクスワースの修道院聖堂もまた、前デーン王朝時代（おそらく9世紀初期）に属する。側廊というよりも一連のポーティコを伴い、独立した内陣の空間と外クリプトを備えたバシリカ式の平面は、カロリング朝の建築と共通である。

アングロ・サクソン様式の後期の建築（10、11世紀）は、西側と中央部の塔の採用によって特徴づけられる。その他、建築技術および装飾上の大きな特徴として、長短積みの隅石（p.419C、P）、帯状飾り（時にアールス・バートンにみられるような装飾的なパターンをなす幅の狭いピラスター、p.419C）、中央に方立を持ち、時として頭部が三角形となる2連開口（p.419C、H、J、P）、そして単純な長方形か（p.419H）あるいは球根状のやや複雑な断面を持つ（p.419F）太い刳形などがある。壁の両面に隅切りを持つ窓（p.419Q）と、巨石を用いた構造も特色である。ノルマン征服以前に、塔を備えた正式の交差部のようなロマネスクの要素も、すでに用いられていた（たとえばリンカーンシャー州のストウ、1034頃-55）。ノルマン征服以前の最も成熟したロマネスク建築は、エドワード懺悔王のウェストミンスター・アベイで、この大修道院聖堂は、側廊付の十字形の平面と、ジュミエージュ大修道院聖堂に似た交替性支柱列を持つ。同様に洗練されたものとしては、小規模ではあるが、ノルマン征服以前の成熟したロマネスク建築で唯一現存するものとして、ケンブリッジシャー州のグレート・パクストンの聖堂（p.420G、p.422B）を挙げることができる。側廊を伴う十字形平面の教会堂で、塔のない交差部と、2層のアーチを支える複合柱の交替性支柱列を持つ。

ノルマン時代

ノルマン人は、軍事建築の1つの模範とともにキリスト教建築の1つの模範を導入したが、それは新しい秩序の象徴となるべきものであった。最初の大規模な事業（1070）は、聖アウグスティヌスの創立になるイングランドで最も多くの崇拝を集めたカンタベリーの2つの教会堂を、それらが破壊された跡地に、それぞれ大きな教会堂に新しく建て替えることであった。建物の規模は重要な要素であった。ウィンチェスター大聖堂は内部の全長157mという驚くべき長さを達成したが、これはヨーロッパ最長の建物であるクリュニー大修道院聖堂の全長に等しい。新しい建築は、明らかにノルマンディーの建築の中から出発したのだが、以後急速に発展し、やがてノルマンディー公国の最も壮大な建築をも凌駕するにいたった。大きな刷新として、次のものを挙げることができる。まず、多くの半円柱と入隅部のシャフトが結合・上昇して壁面全体を分節する複合柱の発達があった（p.385Q、p.423、p.427H）。高窓層に壁内通路をとり、これに面した身廊側の壁面を、円柱とその上にのる3連アーチによって3分割した（p.427E、F）。この方法はウィンチェスターで初めて用いられた。ブロック柱頭が採用された。これはノルマン征服以前には、ノルマンディーでは知られていなかった。建築彫刻の導入があった。すなわち、1100年頃までに、アングロ・サクソン人の彫刻師の手になる上質の彫刻が柱頭と扉口に用いられはじめ、山形刳形と嘴頭装飾のような新しいモチーフが現れた（p.422C、p.423）。そしてリブ・ヴォールトの導入があった（第8章参照）。

イギリス諸島：実例

アングロ・サクソン様式

エセックス州のブラッドウェル・ネクスト・ザ・シー（669以降）は、ケント王国の流派の中で最も保存状態のよい教会堂である。身廊は全高にわたって残り、平滑なバットレスと隅切りのある窓を持つ。当初、東端部はアプスとその両側にポーティコを備え、外陣からは3連のアーケードで分かたれていた。

A　ブリクスワースの聖堂、ノーサンプトンシャー州（9世紀初期）　p.424 参照

B　グレート・パクストンの聖堂、ケンブリッジシャー州（11世紀中頃）　p.424 参照

C　カンタベリー大聖堂、東トランセプト南側にあるノルマン様式の塔（1096頃-1125）p.425 参照

第 13 章　中世初期とロマネスク　　423

ダラム大聖堂、外陣（1110 頃-33）から東側をみる　p.425、p.493 参照

ケント州のリカルヴァーの聖堂(669、p.420B)の建物は19世紀に破壊されたので、壁体の下部しか残っていない。内陣仕切の3連アーチに転用されていたローマ時代の円柱は、現在、カンタベリー大聖堂のクリプトにある。

ダラム州のエスコムの聖堂(7世紀末、p.420A)は、正方形の内陣と天井の高い縦長の外陣を残す。躯体は、ローマ時代の石材を再利用したもので、内陣アーチの抱きには長短積みの手法が用いられている。アーチ自身はローマ時代のものと思われる。内陣の西側と北側からは、ポーティコが発掘されている。

ダラム州のモンクウィアマウス(674)には、西側に塔を持つ単純な長方形の教会堂の遺構がある。やはり7世紀のものと思われる塔の下層部は、ポーティコとなる。発掘によって明らかになった修道院の建物の中で最も興味深い部分は、教会堂からまっすぐ南にくだる長い通路である。

ダラム州のジャローの聖堂(684)は、尊者ベーダの本拠があったところで、モンクウィアマウスの姉妹修道院でもあった。当初2棟あった教会堂のうちの一方が、現在、後に建てられた別の教会堂の内陣として存続している。教会堂の南側からは、大規模な女子修道院の建物が発掘されている。

ノーサンプトンシャー州のブリクスワースの聖堂(9世紀初期、p.420C、p.422A)は、4ベイの外陣を持つ大きなバシリカ式の教会堂である。身廊のアーチは、ローマ時代のレンガを再利用したもので、太い長方形のピアの上にのる。すでに破壊されてしまったが、側廊のかわりにポーティコがあった。西側の塔は、当初はトリビューンを含めて2階までしかなかった。長方形の内陣は、内陣仕切によって外陣から分かたれ、再建されたアプスと外クリプトを持つ。

バッキンガムシャー州のウィングの聖堂(9世紀初期、p.420E)は、バシリカ式の平面を持つ点でブリクスワースに似る。当初の多角形のアプスは、現在クリプトの高さまでが残るだけで、他の部分は、11世紀に帯状装飾を持つ意匠で再建された。クリプトのヴォールトは、不規則な支柱を持つ。西側の塔と再建された側廊の年代は中世末に属する。

グロスターシャー州のディアハーストの聖堂(8-11世紀、p.420F)は、ポーティコを両脇に備えた初期の建物に、11世紀に多角形のアプスの一部と内陣仕切アーチを結合した複雑な建物である。塔の2階の東側の壁に出入口があり、かつてここに壇があったことがわかる。この同じ壁には、縦溝彫のある長方形のシャフトと受け柱が三角形のアーチを支える、非常に手の込んだ2連開口がある(p.419J)。

ウィルトシャー州のブラッドフォード・オン・エイヴォンの聖堂(11世紀初期、p.419M, Q)は、きれいに接合された切石積みによる小さな教会堂である。天井の高い外陣の東側は内陣となる。外陣の両側面にはポーティコが対で付属していたが、現在はそのうちの片方だけが残る。外部は、ロマネスクのタイプのピラスターと盲アーケードで飾られる。出入口は、ピラスターによって取り囲まれ、単純な正方形断面の迫元を持つ。この教会堂は、表面の装飾によって分節され、完全なプロポーションを備えた、ロマネスク初期の建物である。

ノーサンプトンシャー州のアールス・バートンの聖堂(11世紀初期、p.419A-C)は、当初は、東側に内陣を結合した単独の塔しかなかった。教会堂の平面としては極めて珍しい。塔は、この地方の最も際立った特徴である帯状装飾によって、にぎやかに飾られる。鐘室開口部のアーチを支えるのは、典型的な球根形のシャフトである。出入口は、帯状装飾が取り囲み、浅彫のアーケード装飾を施した正方形断面の迫元を持つ。

ハンプシャー州のボアーハントの聖堂(11世紀、p.419K, N)。アングロ・サクソン人の手になる外部の唯一の目印は、内陣の破風にある帯状装飾である。内陣の北側には、すでに塞がれてしまってはいるが、壁の両面に隅切りのある窓のあとが残る。内部には、多重丸剝形のある迫元を持ち、帯状装飾で囲まれた美しい内陣アーチがある。外陣の西側部分は、当初は壁で仕切られ独立した区画を形成していた。

サセックス州のワースの聖堂(11世紀中頃、p.420D)は、ポーティコと1871年に再建された細長いアプスによって、十字形の平面が形成される。外部は、垂直の帯状装飾で飾られ、球根形の方立を持つ特徴的な2連のアーチ窓が3カ所に開けられる。内部の主要な3つのアーチは帯状装飾に取り囲まれ、ポーティコ入口のアーチは筋状装飾のある正方形の大きな迫元を持つ。内陣仕切アーチは特に印象的で、粗く整形された柱頭を持つ太い半円柱の上にのる。

サセックス州のサンプティングの聖堂(11世紀末、p.419D, E)は、現存するかぶと屋根が特に重要である。塔には、下端に丸剝形を付けた見事なアーチがある。アーチは彫刻の施された柱頭の上にのり、半円柱が丸剝形を支える。

ケンブリッジシャー州のグレート・パクストンの聖堂(11世紀中頃、p.420G、p.422B)。当初4ベイからなっていた側廊付きの外陣のうち、2ベイが現存する。各ピアは、正方形の核の周りに半円柱を対角線方向に配置している。一番東側の1対のピアでは、突出した正方形の角が丸められているので、それによって支柱列

に交替性が生じている。交差部の東側のピアは、L字形の断面を持つ。また西側のピアは、当初は十字形の断面を持っていたが、南北両側の造形要素が切除されてしまった。ピアの表面は、半円柱が波状に配置され、壁体は長短積でつくられている。両面に隅切のある当初の高窓のいくつかは、現在もみられる。

ノルマン様式

カンタベリーのベネディクト会修道院大聖堂(p.422C、p.489B、p.496A)。大司教ランフランクの時の大聖堂(1070-77)は、カンのサンテティエンヌ聖堂を模してつくられた。この時の内陣は、その後、広いクリプトを吸収して拡張、再建された(1096-1126)。しかし火災で被害を受けたので、1174年から1185年に、サンス出身のウィリアムとそのイギリス人の後継者が、放射状祭室を備えるために幅を絞った平面に基づいて残存部分の上に再建し、東側に拡張した。

カーライルのアウグスティヌス会修道院聖堂(1102頃創立、p.491B)。ノルマン様式の2つのベイが残る。

チチェスター大聖堂(1091-1184、p.490G)。ノルマン時代の外陣と移行期の奥内陣が残る。

ダラムのベネディクト会修道院大聖堂(1093-1133、p.423、p.489E)。ノルマン時代に属する内陣のトランセプトと西側の塔は、イングランドで最も見事な建築作品に含まれる。内陣のヴォールトは、おそらくイタリア以外でのリブ・ヴォールトの試みの最も早い例であり、外陣のそれは尖頭形の横断アーチを組み入れた最初のものである。複合柱と円形のピアが交替して配置される。円形のピアには特徴的な溝状装飾が施される。

イーリのベネディクト会修道院大聖堂(1083-1179、p.488A)。ノルマン時代の遺構としては、木造天井を架けた外陣とトランセプト、そして西正面下部(ナルテクスの背後)の南側が現存する。

エクセター大聖堂(1090頃、p.490E)。ノルマン時代のもので唯一残るトランセプトの2基の塔は、ブリテン島では特異な存在である。

ヨークシャー州のファウンテンズ大修道院(1137-1200頃、p.426)は、盛期ロマネスクの修道院建築の大規模かつ代表的な例である。この修道院は、シトー修道会が、リーヴォルズ修道院(1131)の直後、カークストール修道院(1152)の前に設立したこの州最初の修道院である。この修道院の名は、スケル川流域にわきでる泉に由来すると考えられている。遺跡の注意深い発掘のおかげで、修道院の当時の姿を容易に想い描くことができる。まず、楼門を通って前庭に入る。前庭の南側には客舎と「コンヴェルシ」すなわち助修士の施療所がある。そして東側には長さが90mにも及ぶセラリウムと呼ばれる建物がある。この建物の下階は倉庫と助修士のための食堂を含み、上階は彼らの共同寝室を含む。楼門に向かい合って、修道院教会堂が建つ。修道院教会堂の外陣とトランセプトは最初期の建物に属するが、内陣は1203年から1247年の間に拡張され、この時「9祭壇の祭室」が建てられた。大修道院長ハビー(1495-1526)による塔は、現在もこの美しい谷の風景を支配している。外陣の南東の角にある扉を通って、回廊のある中庭に出る。この回廊の周りには修道院参事会堂、修道士の共同寝室と貯蔵倉、カレファクトリー、すなわち暖房設備のある広間、修道士の大食堂、そして2つの大きなかまどを備えた厨房が配置される。厨房の傍らには洗濯場があって、その一部は現在も残る。そのさらに東側には、宗規に違反した修道士のための独房と、大修道院長の邸館がある。この邸館の北側にある廊下は施療所の広間に通じ、ここには礼拝堂と、ぶどう酒の貯蔵倉と厨房が付属する。参事会堂は長方形の平面を持つ。ヴォールト天井はすでに失われてしまったが、壁を背にして、修道士が座るための石造の長椅子が上下にすえられる。修道院の建物は、大修道院長ウィリアム・サークス(1526-36)の時にはまだ完全な姿で存在していたはずであるが、その後、土地・建物がリチャード・グレシャム卿に売却され(1540)、その後継者が病院と石造の周壁を取り壊して、1611年にファウンテンズ・ホールを建てた(p.426B)。

グロスターのベネディクト会大修道院(1089-1130頃)。ノルマン様式の内陣は、14世紀初期に別の様式で全体が覆われてしまった。

ヘリフォード大聖堂(1090頃)。ノルマン様式の大規模な遺構を外陣、内陣、そして南側トランセプトの内部にみることができる。

ノリッジのベネディクト会修道院大聖堂(1096-1145、p.489D)。細長い外陣、側廊を伴わないトランセプト、放射状祭室と周歩廊を備えた内陣が、ノルマン時代に属する。

オックスフォードのアウグスティヌス会修道院聖堂(1158-80)。ノルマン時代の建物は、外陣と内陣を含み、その壁面は大オーダーによる大アーケードとその中に収められたギャラリーを持つ。

ピーターバラのベネディクト会大修道院大聖堂(1118-44、p.427、p.488D、p.499C)。ノルマン時代の見事な内部が残る。すなわち当初の身廊天井と、15世紀末の様式で外周を囲んだ内陣のアプスが含まれる。西側のトランセプトは変遷期の様式だが、当初は予定されていなかった。

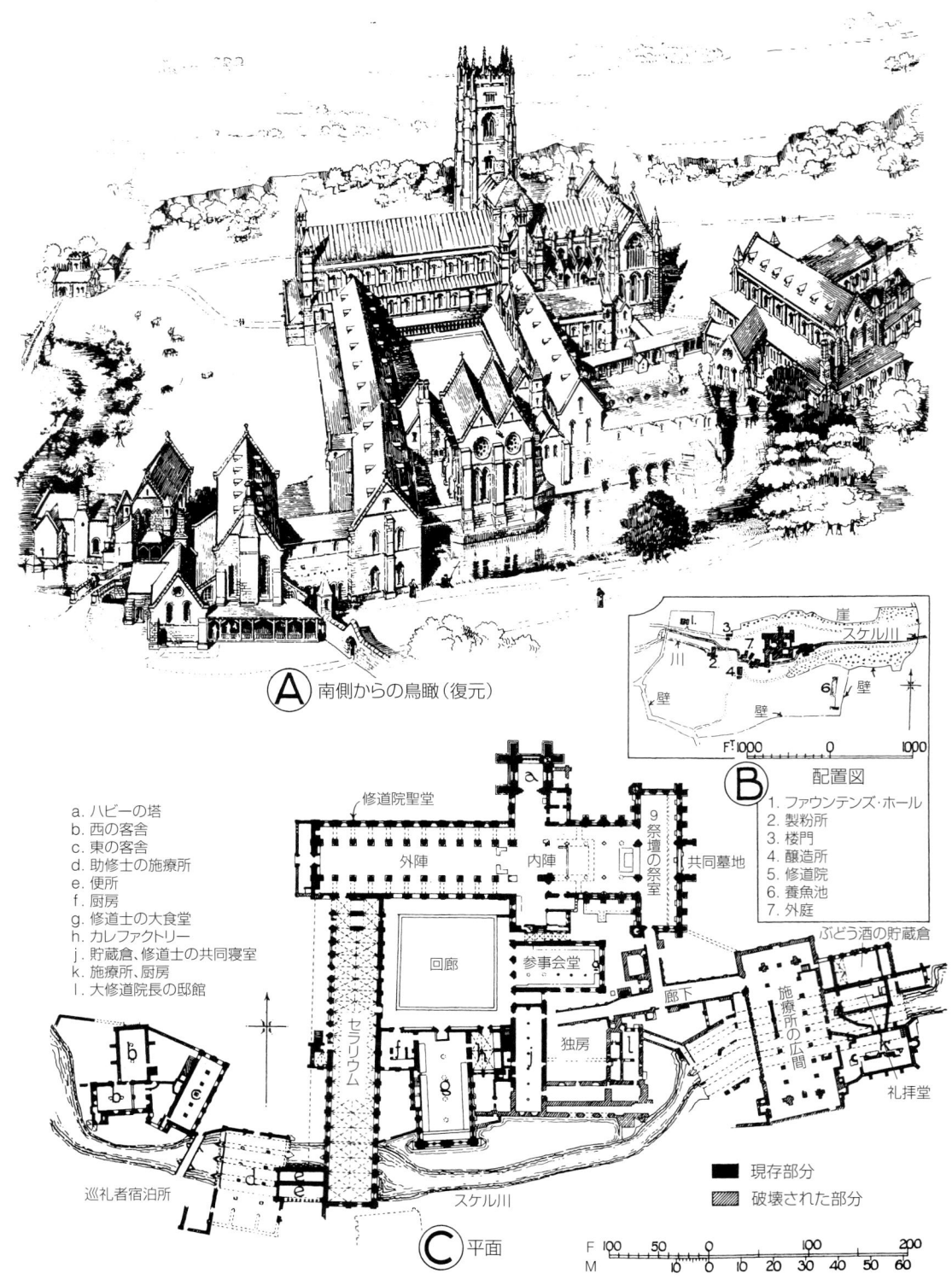

Ⓐ 南側からの鳥瞰（復元）

Ⓑ 配置図
1. ファウンテンズ・ホール
2. 製粉所
3. 楼門
4. 醸造所
5. 修道院
6. 養魚池
7. 外庭

a. ハビーの塔
b. 西の客舎
c. 東の客舎
d. 助修士の施療所
e. 使所
f. 厨房
g. 修道士の大食堂
h. カレファクトリー
j. 貯蔵倉、修道士の共同寝室
k. 施療所、厨房
l. 大修道院長の邸館

Ⓒ 平面

ファウンテンズ大修道院、ヨークシャー州

PETERBOROUGH CATHEDRAL

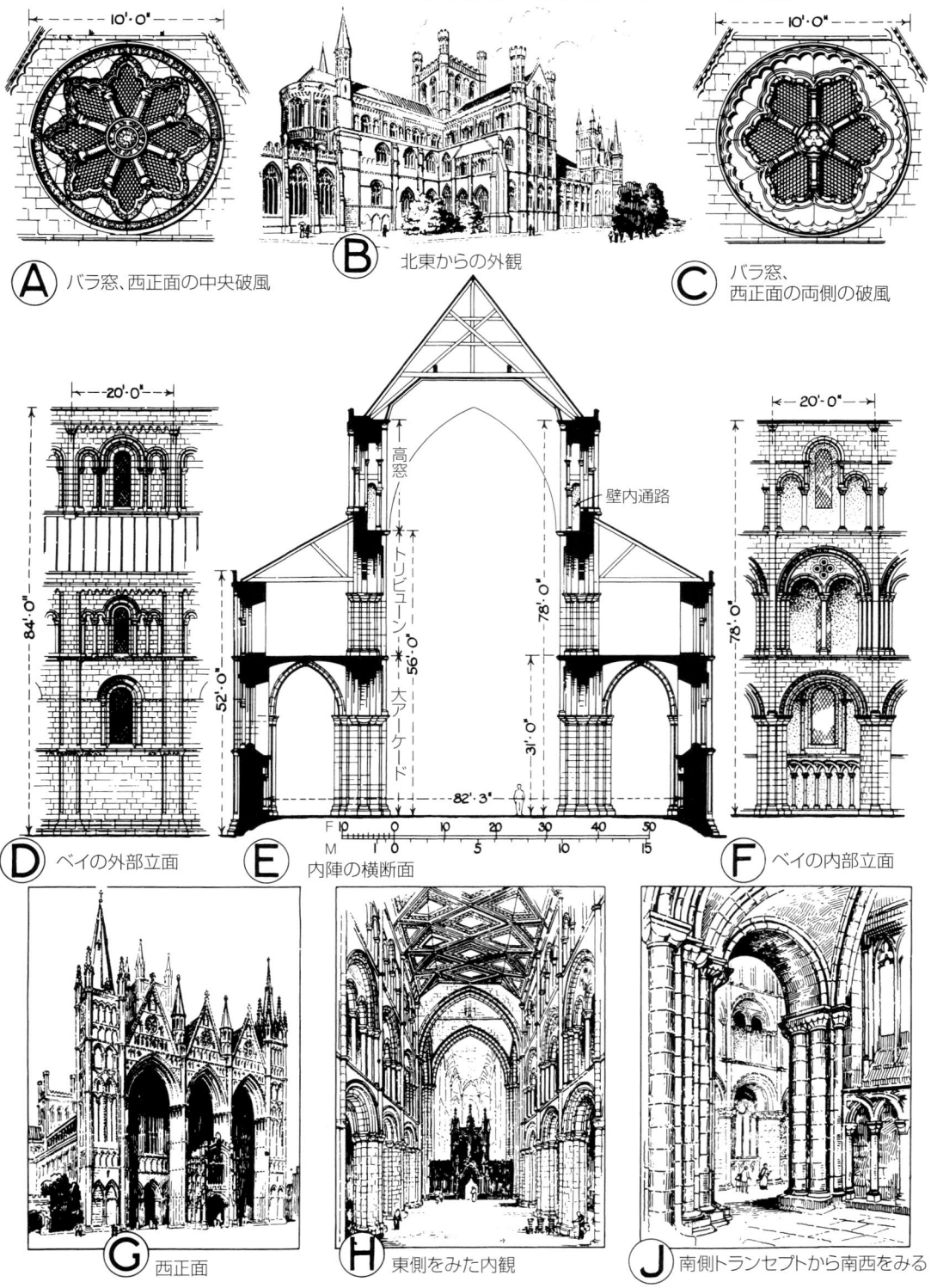

Ⓐ バラ窓、西正面の中央破風
Ⓑ 北東からの外観
Ⓒ バラ窓、西正面の両側の破風
Ⓓ ベイの外部立面
Ⓔ 内陣の横断面
Ⓕ ベイの内部立面
Ⓖ 西正面
Ⓗ 東側をみた内観
Ⓙ 南側トランセプトから南西をみる

ピーターバラ大聖堂

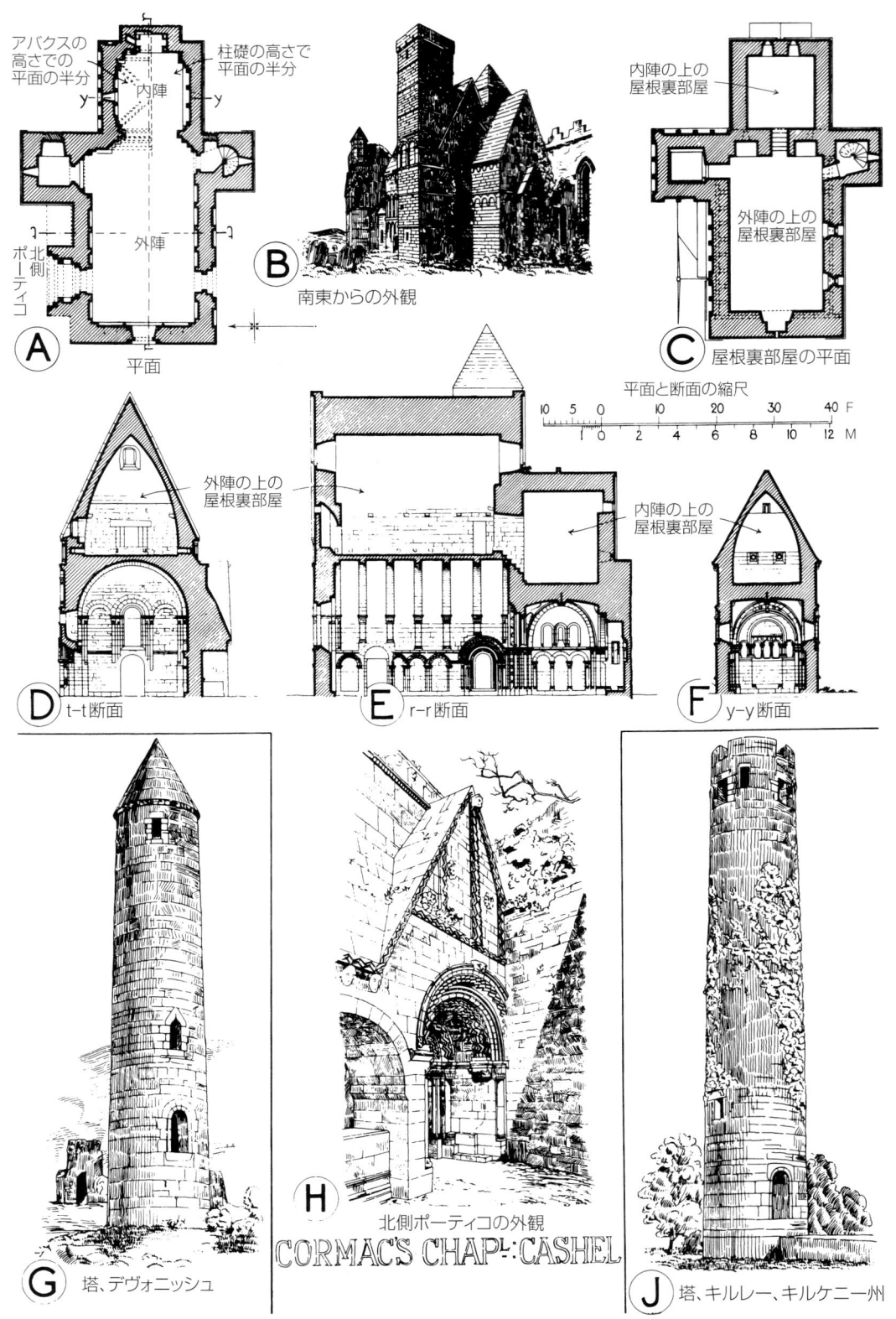

コーマック礼拝堂、キャッシェル（Ⓐ-Ⓕ、Ⓗ）。デヴォニッシュとキルレーの塔（ⒼⒿ）

ロチェスターのベネディクト会修道院聖堂（1080 頃-1124、p.490H）。ノルマン時代のクリプト、外陣、西正面の扉口が残る。

ベネディクト修道会のセント・オールバンズ大修道院聖堂（1077-88、p.490F）。外陣、トランセプト、内陣および中央塔がノルマン様式の遺構である。これらは、ローマ時代のレンガを再利用し、切石積みをごくわずかだけ用いてつくられているので、内部はどちらかといえば簡潔である。

サウスウェルの聖堂（1108-50、p.490K）。外陣とトランセプトと塔がノルマン様式の遺構である。西正面は、この国のロマネスクの双塔式ファサードの様子を、最もよく表現している。

ウィンチェスターのベネディクト会修道院大聖堂（1079-93、p.488C）。トランセプトと広いクリプトが、ノルマン様式の遺構である。当初の外陣のピアは、中世末に部分的に切除され、一部が残るだけである。

ウースターのベネディクト会修道院大聖堂（1084-1095 頃、p.489A）。ノルマン様式の遺構としては、広いクリプトとトランセプトの両腕が残る。修道院参事会堂は円形の特殊な平面を持つ。

アイルランド

キャッシェルのコーマック礼拝堂（1127-34、p.428A-F, H）は、アイルランド古来の技術と結合したアングロ・ノルマン様式の影響を示す。盲アーケードと装飾、そしてリブ・ヴォールトの架かる内陣は、明らかにアングロ・ノルマン的である。上階の持送り式でつくられた尖頭形のヴォールトは、ケリー県のディングルにあるガレルスの祈祷堂（おそらく 8 世紀、p.430A）にみるような修道院の独房に源流をたどることができる。

デヴォニッシュとキルレーの円形の塔（10-12 世紀、p.428G, J）は、アイルランドに存在するこの種の 100 以上の塔の代表的な例である。これらの塔は、整形された切石積みでできており、鐘塔であると同時に避難所の役割も果たした。出入口は、防御のために地上より高いところに設けられ、最上層には鐘室の開口部がとられる。

城郭建築

イングランドに存在する 1500 内外の城のうち、1200 以上が 11 世紀と 12 世紀に基礎がすえられた。しかし、最重要の部類に属する城でも、当初から石造のキープ（天守）を持っていたものは少ない。モット、すなわち築山は、通常天然の部分と人工の部分からなり、側面は、足もとを取り囲む堀の水面下に下降する。平らにならされた頂部は、木造の家屋を収容するのに十分な広さを持つこともある。そうでない場合は、おそらく防御用の木造の櫓を建てただけの砦となる。家屋とこれに付属した建物は、ベイリーに置かれる。ベイリーは、モットの足もとに環状に広がる区域で、堀と土塁によって境界づけられる。危急時に、従者や農民や家畜の避難場所となるだけの十分な広さを持つ。モットと土塁の頂部は、密に並べられた野角の防御柵か、時には粗略な石の壁で縁取られる。

ノーフォーク州の高さ 24.4 m のテットフォード城は現存する数百のモットの中でもよく整った形態を持つ。

北アイルランドのドロモア城（1180 頃、p.430B）のモット・アンド・ベイリーは、ノルマンディーがアイルランドを支配下に治めた 1171 年以後の遺構で、全く素朴な形態を持つ。

朽ちやすい木の防御柵にかわって、やがて石の「周壁」が用いられるようになり、また 12 世紀の特に後半には、モットはいわゆる「シェル・キープ」の形態をとるようになった。シェル・キープの名は、頂部の高い周壁が中空の環のようにみえることに由来する。ベイリーの石の壁は、土塁の上に立ち上がってシェル・キープの壁と連結した。ウィンザー城（p.431A）は、1170 年頃のシェル・キープ（上半分と窓は 19 世紀）とその両側につながる細長いベイリーを持つ。その他 12 世紀の例としては、ワイト島のカリスブルック城（1140 頃-50、p.431C）、1240 年頃に円形のキープが中に建てられたローンセストン城、レストーメル城（p.430C）、そしてトレマトン城を挙げることができる。後 3 者はコーンウォール州に属する。

この時期の最大級の城は石造のキープを持っていた。ロンドン塔（1086 頃-97、p.432）は、幾人かの城主が交替した後に初めて、幾重にも防御線を持つ「同心型」の城郭の形態を呈するにいたった。高さ 28 m、3 階建の長方形のキープ――最上階は後に 2 層に分けられた――が、内側のベイリーの中央に建つ。キープを囲んで 13 基の塔を備えた城壁があり、この城壁はさらにその外側を、ベイリーと、8 基の塔を備えた城壁、そして環状の堀に取り囲まれる。その他、約 50 の例が存在するが、その中には、コルチェスター城（1090 頃）、ドーセット州のコーフェ城（1125 頃）、ノーフォーク州のキャッスル・ライジング城（1140 頃）、ロチェスター城（1126-39）、エセックス州のヘディンガム城（1140 頃、p.430D）などが含まれる。ケント州のチラム城（1160 頃）、サフォーク州のオーフォード城（1166-72、p.430E）、そしてヨークシャー州のコニスバラ城（1185-90、p.431B）は、後期の八角形または円形の発達したキープを持つ。城壁の強度が増大するにつれて、キー

ルネサンスまでのヨーロッパと地中海周辺の建築

A ガレルスの祈祷堂、ディングル、ケリー県（おそらく8世紀）
p.429 参照

B ドロモア城、北アイルランド（1180頃） p.429 参照

C レストーメル城、コーンウォール州（12世紀およびこれ以降）
p.429 参照

D ヘディンガム城、キープ（1140頃）、エセックス州 p.429 参照

E オーフォード城、キープ（1166-72）、サフォーク州
p.429、p.507 参照

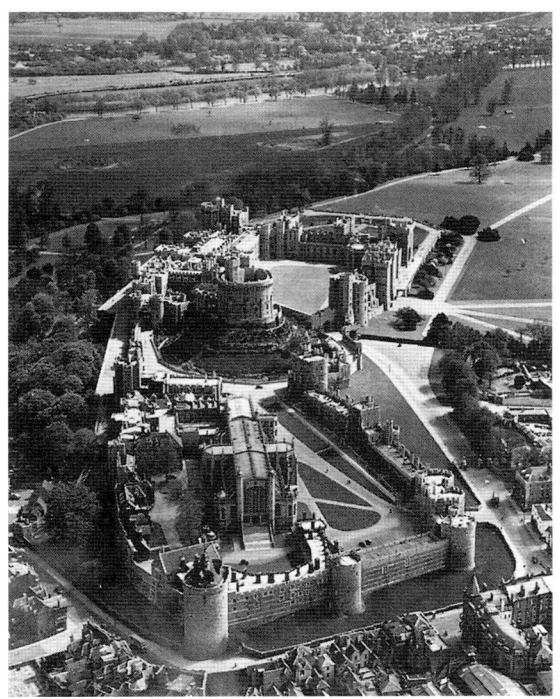

A ウィンザー城、西側からの鳥瞰　p.429 参照

B コニスバラ城、キープ(1185-90)、ヨークシャー州
p.429、p.507 参照

C カリスブルック城、鳥瞰、ワイト島(1140 頃-50)　p.429 参照

THE TOWER OF LONDON

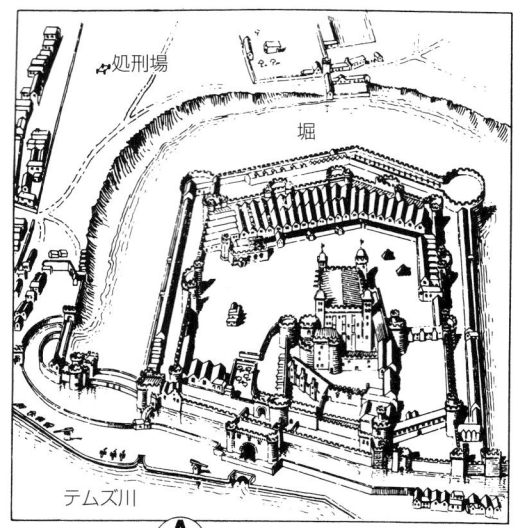

Ⓐ 1597年

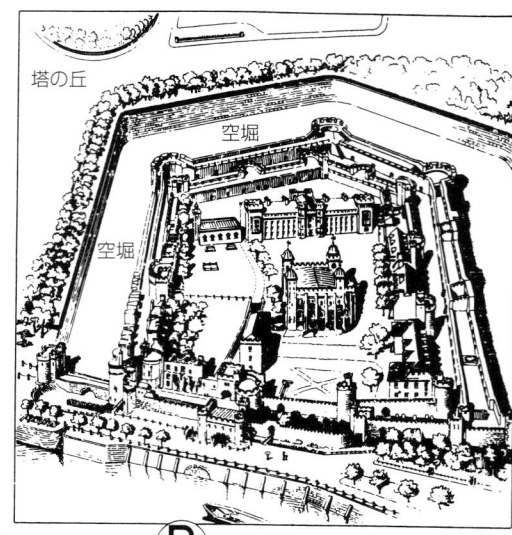

Ⓑ 1918年

鳥瞰図

Ⓒ セント・ジョンズ礼拝堂の内部東側をみる

Ⓓ 南東からみたホワイト・タワー

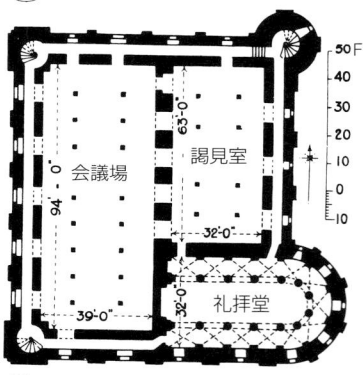

Ⓔ ホワイト・タワー4階平面

Ⓕ バイワード・タワーの内部

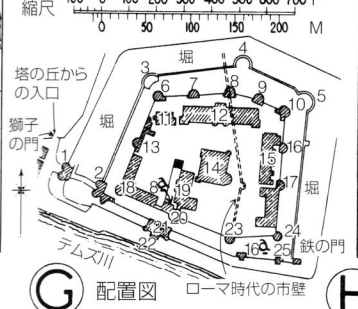

1.ミドル・タワー 2.バイワード・タワー 3.レッグス・マウント 4.北側稜堡 5.ブラス・マウント 6.ドゥブロー・タワー 7.フリント・タワー 8.ボイヤー・タワー 8a.ブラディー・タワー 9.ブリック・タワー 10.マーティン・タワー 11.セント・ピーターズ聖堂 12.ウォータールー・バンクス 13.ボーシャン・タワー 14.ホワイト・タワー 15.兵舎 16.コンスタブル・タワー 16a.クレイドル・タワー 17.ブロード・アロー・タワー 18.ベル・タワー 19.衛兵所 20.ウェイクフィールド・タワー 21.セント・トーマス・タワー 22.トレイターズ・ゲイト 23.ランソーン・タワー 24.ソルト・タワー 25.ウェル・タワー

Ⓖ 配置図

Ⓗ ブラディー・タワーの通路を通してトレイターズ・ゲイトをみる

ロンドン塔

MEDIÆVAL MANOR HOUSES

Ⓐ ノルマン・ハウス、クライストチャーチ（ノルマン）

Ⓑ セント・メアリーズ・ギルト、リンカーン（ノルマン）

Ⓒ ブースビー・パグネル（ノルマン）

CHARNEY-BASSET : BERKS （初期イギリス式）

Ⓔ ソーラー

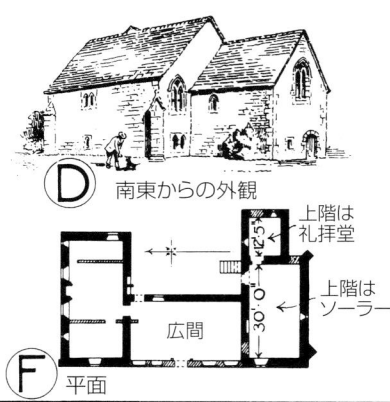

Ⓓ 南東からの外観

Ⓕ 平面

Ⓖ 礼拝堂

LITTLE WENHAM HALL : SUFFOLK （初期イギリス式）

Ⓗ 広間　窓　礼拝堂

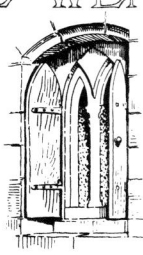

Ⓚ 広間

Ⓛ 礼拝堂への入口

Ⓙ 北西からの外観

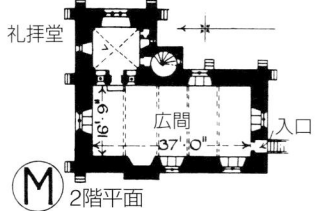

Ⓜ 2階平面

Ⓝ 礼拝堂と塔の階段

中世のマナー・ハウス（上）。チャーニー・ベセット、バークシャー州（中）。リトル・ウェンハム・ホール、サフォーク州（下）

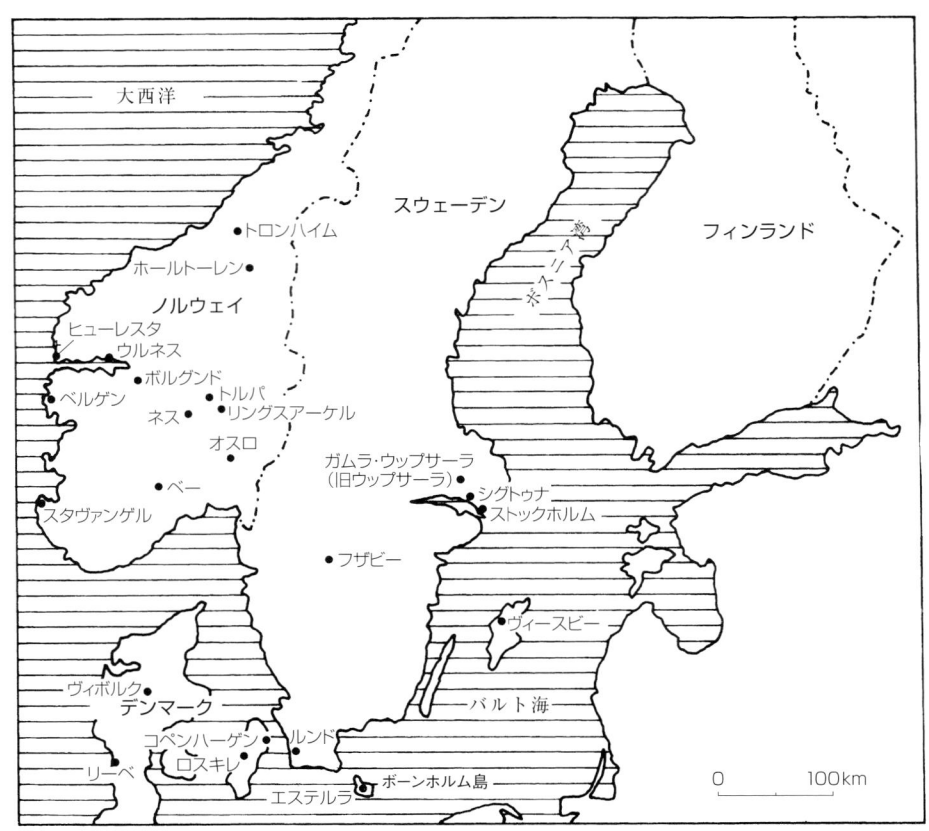

中世のスカンジナビア

壮大さが失われる傾向が生じた。

マナー・ハウス

遺構として残る小数の例は、そのほとんどが南東部のものである。これらは、さまざまな形で著しい改修を被ってきた。大半は石造で、日常生活の機能は 2 階にあげられ、下階は「アンダークロフト」すなわち貯蔵用の蔵となる。**リンカーンシャー州のブースビー・パグネル**(p.433C)、**リンカーンのセント・メアリーズ・ギルド**(p.433B)、**ドーセット州のクライストチャーチにあるノルマン・ハウス**(p.433A)がその好例である。2 階は、広間がせいぜい 1 部屋あるだけか、あるいはこれに付属して、小さな個室、すなわち「ソーラー」が入口の反対側にとられる程度である。炊事はおそらく戸外で行われたと考えられる。補助的な設備は、囲い地の別の場所にある簡単な小屋の中に備えられた。第 2 のタイプは、非常に単純な教会堂に似た、身廊と側廊からなる 1 階建の建物で、木造のこともある。補助的な設備は、最初のタイプと同じく、全て主屋とは別に設けられた。屋根は南東部では普通、棟木を欠く典型的な「トラス垂木」となる。北西部では、主材を建物の長手方向に一定間隔にかけ渡し、母屋と重い棟木を支えるのがふつうである。

スカンジナビア：建築の特色

スカンジナビアでは、11 世紀中頃、イギリスとヨーロッパ大陸の影響が、石造の教会堂建築の上に顕著にみられるようになって初めて、真にロマネスク的な特徴を持った建築が現れた。ノルウェーでは、初期の木造技術の伝統が特に強かったので、12 世紀の初頭までは、石造建築で重要なものは非常に少なかった。木造建築の伝統（10 世紀以前）は、この地方に特有の建築を発達させた。現存する多くの例が、十分開花したその美しい姿をみせてくれる。また、初期の証拠も多く存在する。**スティーヴ・チャーチ**[訳註：軸組構造・羽目板（縦張りの外装板材）張りの木造教会堂]の最も発達した例は、内部に木造の円柱列と高窓（盲高窓）を備えたバシリカ式の断面構成を持つ。屋根は傾斜の急な鋏型トラスとなる。

教会堂建築の石造技術は、初めはイギリスとノルマンディーの先例に多くを依存していたことを示す。フ

第 13 章　中世初期とロマネスク　　435

A　ボルグンドの聖堂、ソグネ・フィヨルド、ノルウェー（1150 頃）　p.438 参照

B　フザビーの聖堂、スカラーボリ地方、スウェーデン（12 世紀）p.434 参照

C　ウルネスの聖堂、扉口の詳細、ソグネ・フィヨルド、ノルウェー（12 世紀初期）　p.438 参照

D　ヒューレスタの聖堂、扉口の詳細、セテスダーレン地方、ノルウェー（1200 頃）　p.438 参照

A　エステルラーの聖堂、ボーンホルム島、デンマーク（12世紀）　p.439 参照

B　ルンド大聖堂、西正面、スウェーデン（1103 頃着工）
p.439 参照

C　ルンド大聖堂、扉口の詳細、スウェーデン

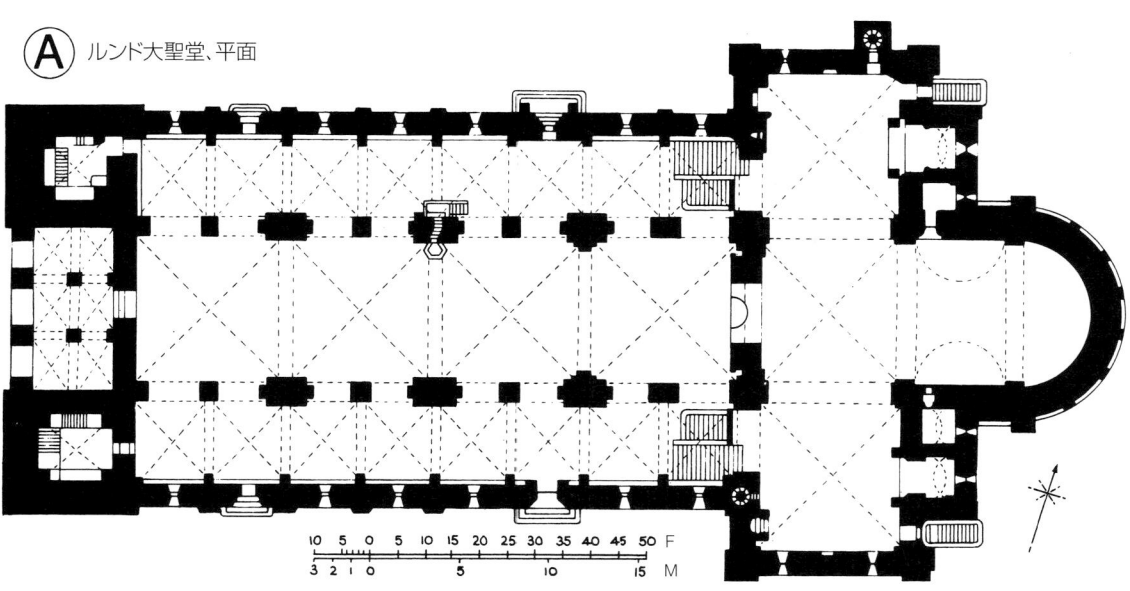

Ⓐ ルンド大聖堂、平面

Ⓑ セント・ピーター聖堂、平面、シグトゥナ

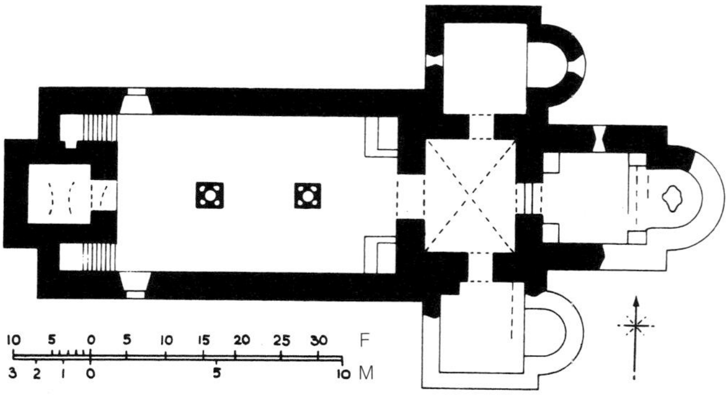

Ⓒ ボルグンドの聖堂、平面

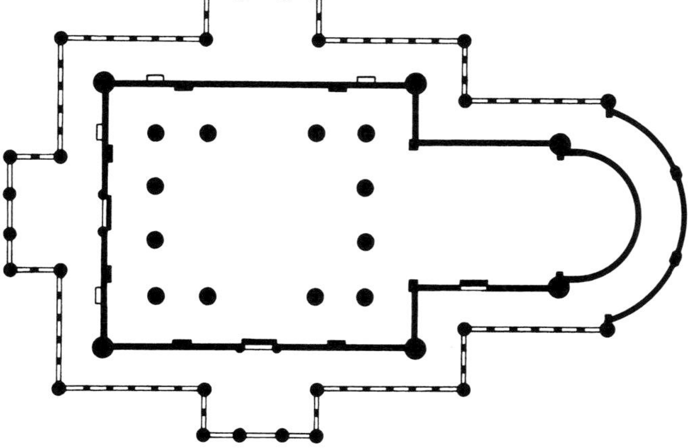

Ⓓ 住宅、平面と断面、テュネルソ

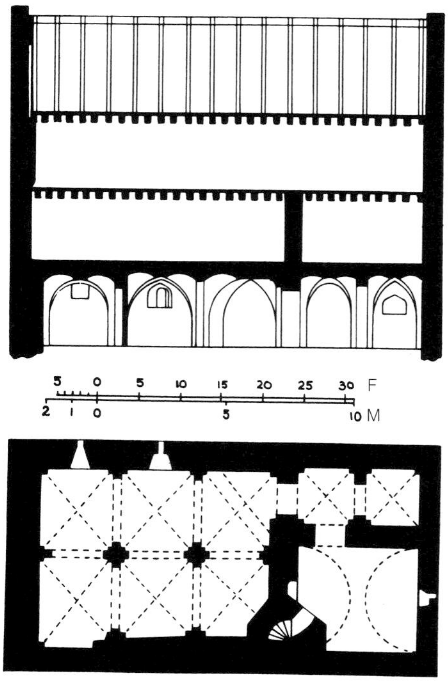

スカンディナヴィアのロマネスク教会堂の平面

ザビー(p.435B)とシグトゥナ(p.437B)の聖堂は、中心軸上に塔とアプスを持ち、トンネル・ヴォールトあるいは交差ヴォールトを架ける。ボーンホルム島にみられる一群の円形の教会堂は、デーン人の建築が盛期ロマネスクに向かう発展過程での、偶発的な側面をみせてくれる。これは、シーグル王の1107年から1111年のエルサレム巡礼から生まれた着想を反映したものらしい。ボーンホルム島の例は全て12世紀のもので、中央部にヴォールトを支えるピアを持ち、アプス状の突出部と太い平滑なバットレスを備える(p.436A)。

スカンジナビアの12世紀の大聖堂は、全体にヴォールトを架ける建築をめざして発展したノルマンディーとドイツの石造技術と意匠を吸収・同化しており、以前よりも進んだ盛期ロマネスクの特徴を示す。デンマークのロスキレにある初期の先例は、側廊を備えた単純な外陣、側廊を持たない内陣、そして2基の塔の間から突出する正方形の西端部からなる。ルンド大聖堂(1103)は、ライン・ロンバルディア的な顕著な特徴を示す。後に増築された西端部は、この特徴をいっそう強調している。ノルウェーのスタヴァンゲル(1130)の例とオークニー諸島のカークウォールの例は、北方アングロ・ノルマン式の穏当な解釈を示す。ドイツとデンマークに浸透したクリュニーの影響は、ノルウェーの南部と東部に最も著しく、現在は遺跡となっているオスロとハーマルの例によく表れている。クリュニーの影響はまたリングスアーケルの例にも明らかにみられる。リングスアーケルの例は、大部分が1113年から1130年の間に工事が行われ、トンネル・ヴォールトを架けた身廊、4分の1円トンネル・ヴォールトを架けた側廊、狭くて細長いトランセプト、そして大きな交差部の塔を持つ。ユトランド半島のリーベとビボアの大聖堂は、スカンジナビアの盛期ロマネスク建築がドイツから絶え間なく影響を受けたことを示している。ルンド大聖堂にみられるような豊饒な彫刻装飾は、スカンジナビアの盛期ロマネスクの大きな教会堂では、あまり一般的ではない。

スカンジナビア：実例

宗教建築

スティーヴ・チャーチは、中世初期におけるスカンジナビアの建築に固有の特徴を最もよく表している。この種の教会堂は、ノルウェーに一番多くみられるが、スウェーデンとデンマークにも重要な例が存在する。

発掘によって明らかになったスウェーデンの**ルンド**にある**サンクタ・マリア・ミノール聖堂**(1020頃)は、おそらくスティーヴ・チャーチの最初期の例であろう。最も単純なタイプに属するこの教会堂は、バシリカ式に近い平面を持ち、2つの小室を備える。エセックス州のグリーンステッドのそれに非常によく似た、半割り丸太の矢来壁[訳註：杭による防護柵(矢来という)のように、板や丸太などを縦に並べてつくられた壁]で外周を囲む。

トロンハイムのフォルク博物館にあるゴールダのいわゆる**ホールトーレン**の聖堂は、古来からある多くのこの種の小規模なスティーヴ・チャーチのうちで、最も典型的な例である。11世紀末のこの教会堂は、2小室型の平面を持ち、隅にすえられた太い木の円柱が骨組を形成する。円柱の頭は梁によってつながれ、その上に勾配の急なトラス式の屋根がのる。この教会堂では、矢来壁に凹凸がつけられている。

ベルゲン近郊のソグネ・フィヨルドにある一群の教会堂に代表される後期の例は、内部に木造の円柱列を持ち、バシリカ式の断面構成をとる。**ボルグンドの聖堂**(1150頃、p.435A、p.437C)は最も有名な例で、スティーヴ・チャーチの構造と意匠の発展の頂点を示す。内陣の東側には、年代がくだるアプスを持ち、破風の上部には、異教時代の船首像を想起させる龍頭の彫刻を備える。内部装飾は、主要な円柱の柱頭として用いられる人頭形の彫刻、および側廊の壁の上にある筋違いに彫られた葉飾りに限られる。このグループのもう1つの教会堂で、ソグネ・フィヨルドの入口にある**ウルネスの聖堂**(p.435C)は、西正面の特に扉口に適用されることの多い、特徴的な木彫の活力に満ちた彫刻装飾の例をみせてくれる。この彫刻は、同じ敷地にあったより初期の1060年頃の教会堂に施されていたものであるが、その後この教会堂の後に建てられた現在の12世紀の教会堂に再利用されたものである。ウルネスは、金属細工に主として多くの例が残るヴァイキングの装飾の様式名称ともなっている。**セテスダーレン地方のヒューレスタの聖堂**(p.435D)にあった後期の彫刻装飾は、1200年頃の作例で、からみ合ったぶどう蔓と人物像を、異教時代に起源を持つ寓話的な構図の中に収める。一方細部は、アルカイックな面を多く残し、古来からの工芸の伝統はまだ生命力を保っている。

スカンジナビアにおける石造の教会堂建築は、特に12世紀中頃以降、ノルマンディーとアングロ・ノルマンのベネディクト修道会の方式から、最も多くの影響を受けた。しかし、なかにはたとえば**スカラーボリ地方のフザビーの聖堂**(1150頃、p.435B)のように、階段小塔を側面に付けた中心軸上の塔や、中央に方立のある窓など、ドイツ的な特徴を反映するものもある。

メーラル湖の**シグトゥナ**にある、おそらく11世紀の

セント・ピーター聖堂(p.437B)は、大部分が遺跡となってはいるが、中央に方立を入れた窓を持つ。全体は、中心軸上の交差部と西端部の両方に塔を持つ平面構成で、外陣は、中央の円柱列によって2廊に分割される。東端部とトランセプトのアプスは、簡略化されてはいるが、純粋にノルマン的である。

12世紀の最初期の例のいくつかは、**エステルラーの聖堂**(p.436A)に代表されるボーンホルム島のグループを含む。このグループは、テンプル騎士団の教会堂の集中式平面を持つものが多いが、ヴォールトを支えるために、環状の円柱列のかわりに、中央に1本の円柱を立てるのが慣例である。これはおそらく、エルサレムの原形に由来するものと考えられる。

当時はデンマーク、今日はスウェーデン領となっている**ルンド大聖堂**(p.436B、C、p.437A)は、おそらくロンバルディアの建築家であったと思われるドナートゥスの拡張設計に基づいて、1103年以降に建てられた。平面は、ダブル・ベイ・システムを基本にまとめられた。トリビューンと塔を備える西正面は、1150年頃工事が始まったが、かなり最近の修復により、ロンバルディアの様式で完成された。アーケード付きの壁内通路を持つ東側のアプスは、ロンバルディア的な性格が非常に強い。豊かな装飾を持つ柱頭とアーチ、テンパヌムは、北欧の伝統が絶えることなく連綿と続いてきたことを示すとともに、時として古典古代に源を発する南方からの着想に対して、次第に関心が高まったことをも示している。

ノルウェーの**スタヴァンゲル**にある**セント・スウィジン大聖堂**(1130頃)は、ダラムのそれに似た重厚な円形のピアを持つが、ヴォールトは架けられていない。したがって、アーケードの太いアーチの頂部ではなく、ピアの上の壁に小さな高窓を開ける。

スタヴァンゲルより少し後に建てられた、オークニー諸島の**カークウォール**の**セント・マグヌス大聖堂**は、ノルウェーのロマネスク建築からの流れを受け継いだ作品である。ただし、内陣と外陣のやはり円形のピアに支えられたアーケードの上には完全なトリフォリウムがあり、トランセプトの東側に正方形の祭室を備える点が異なる。

世俗建築

スカンジナビアの中世初期の小規模な住宅は、概して木造建築の強い伝統に従うが、現存する遺構は極めて少ない。伝統的な形態そのものは、かなり容易にそれと識別できる。建築の技術は明らかに多くの点で似かよっている。石造の住居は、ヨーロッパ大陸部の慣習に従っており、イングランドのノルマン時代のマナー・ハウスと共通する面が多い。たとえば、**テュネルソ**(p.437D)の例は、リンカーンやブースビー・パグネル(p.433B, C)の例と比較できよう。下階は、おそらく貯蔵庫として、そして時には家畜小屋として使われる部屋となり、交差ヴォールトを架ける。2階は広間と小室に使用される。スウェーデンでは、この種の住居の形態は、イギリスの例よりも野心的である。すなわち、テュネルソでは、儀式用の広間が3階のレベルに設けられる。**ヴェステルゲートラント**の**トルパ**にある別の例では、家屋は基礎階とその上に2階と3階の床を持ち、タワー・キープの規模と形態を取り始めている。

訳／佐藤達生

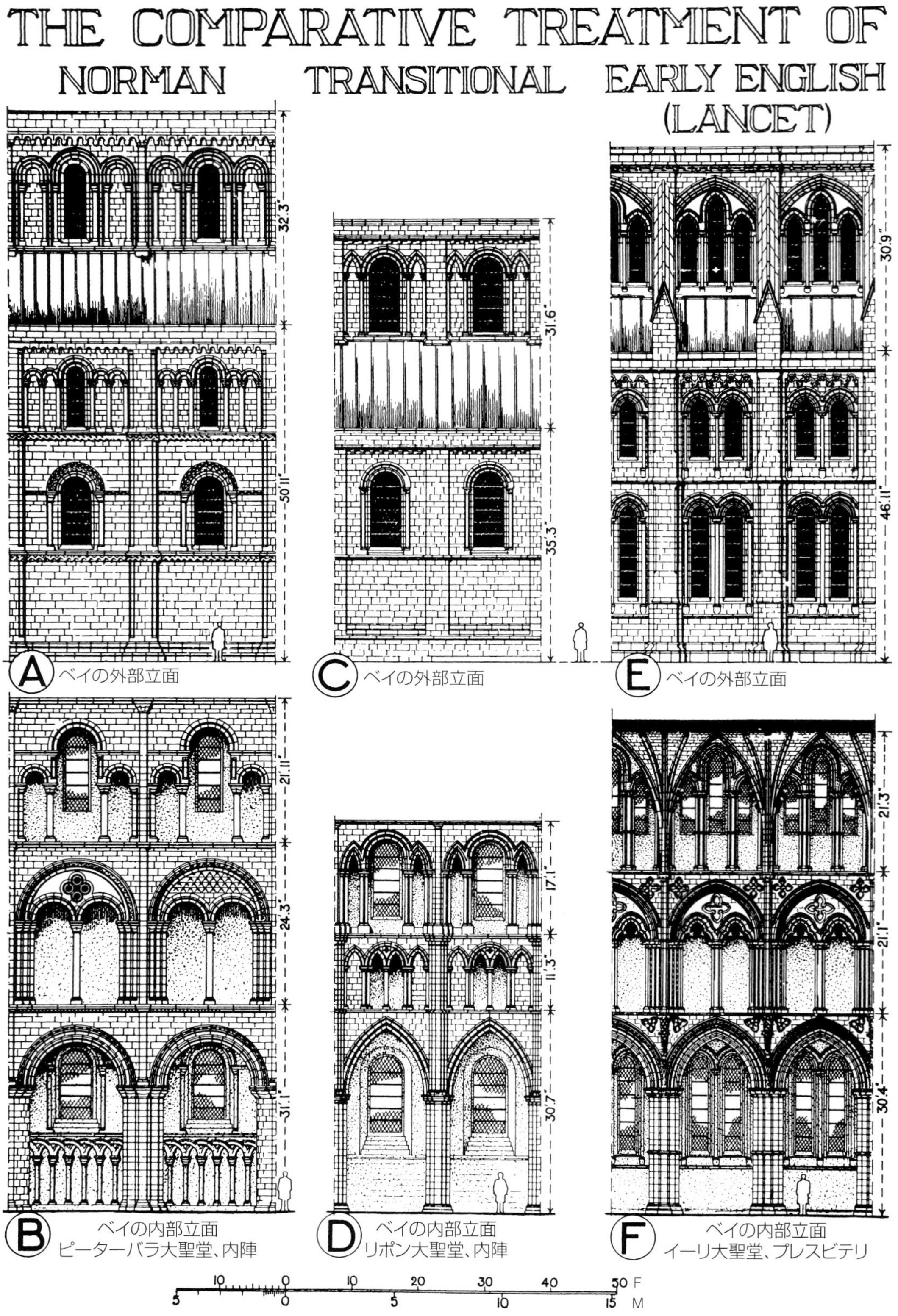

THE COMPARATIVE TREATMENT OF
NORMAN
TRANSITIONAL
EARLY ENGLISH (LANCET)
32'3"
50'11"
31'6"
35'3"
30'9"
46'11"
A ベイの外部立面
C ベイの外部立面
E ベイの外部立面
21'11"
24'3"
31'1"
17'1"
11'3"
30'7"
21'3"
21'1"
30'4"
B ベイの内部立面 ピーターバラ大聖堂、内陣
D ベイの内部立面 リポン大聖堂、内陣
F ベイの内部立面 イーリ大聖堂、プレスビテリ
10 0 10 20 30 40 50 F
5 0 5 10 15 M

中世イギリスの大聖堂の立面構成の様式変化。ノルマン式(Ⓐ Ⓑ)。変遷期(Ⓒ Ⓓ)。初期イギリス式(ランセット式、Ⓔ Ⓕ)

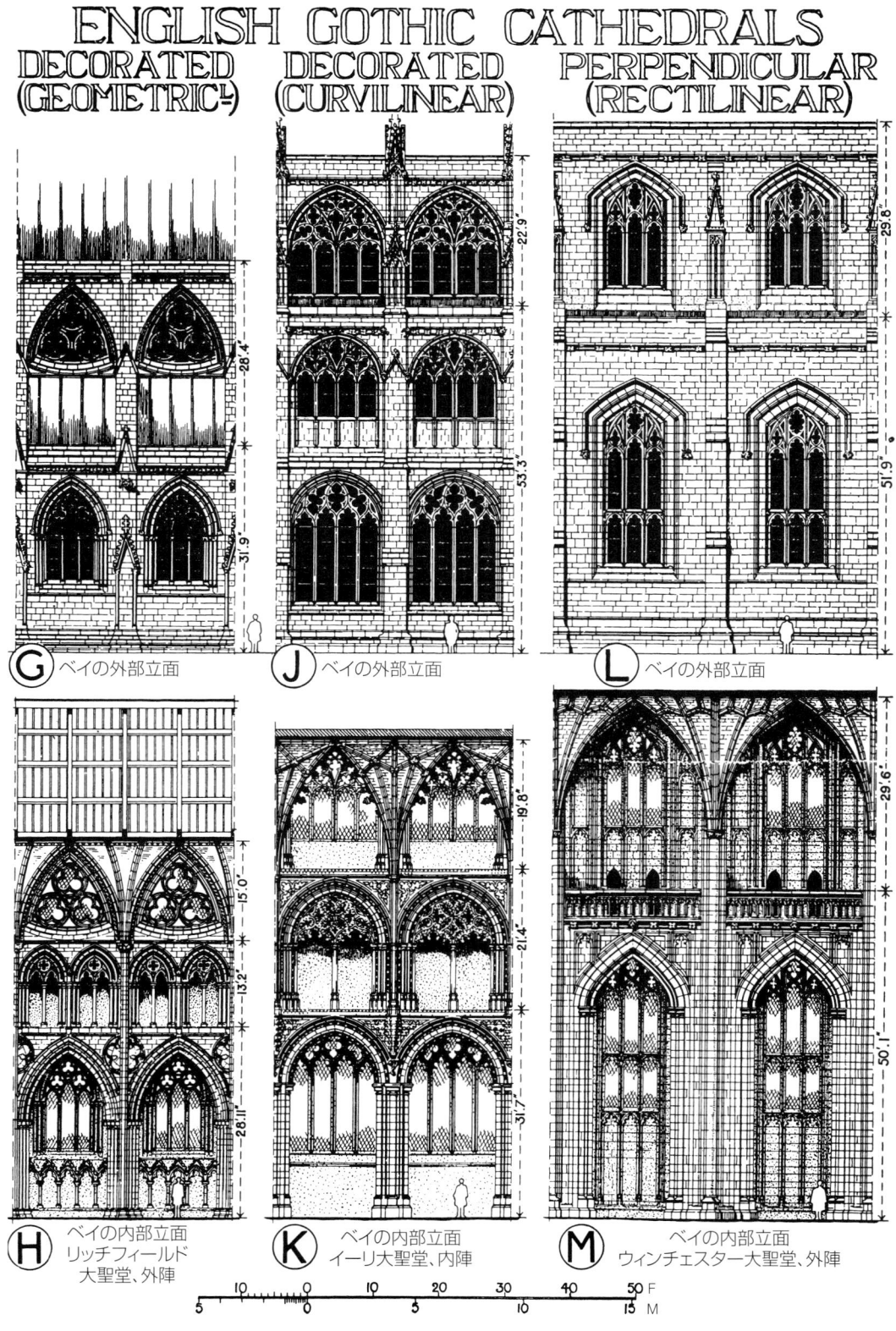

装飾式(幾何学式、GH)。装飾式(曲線式、JK)。垂直式(直線式、LM)

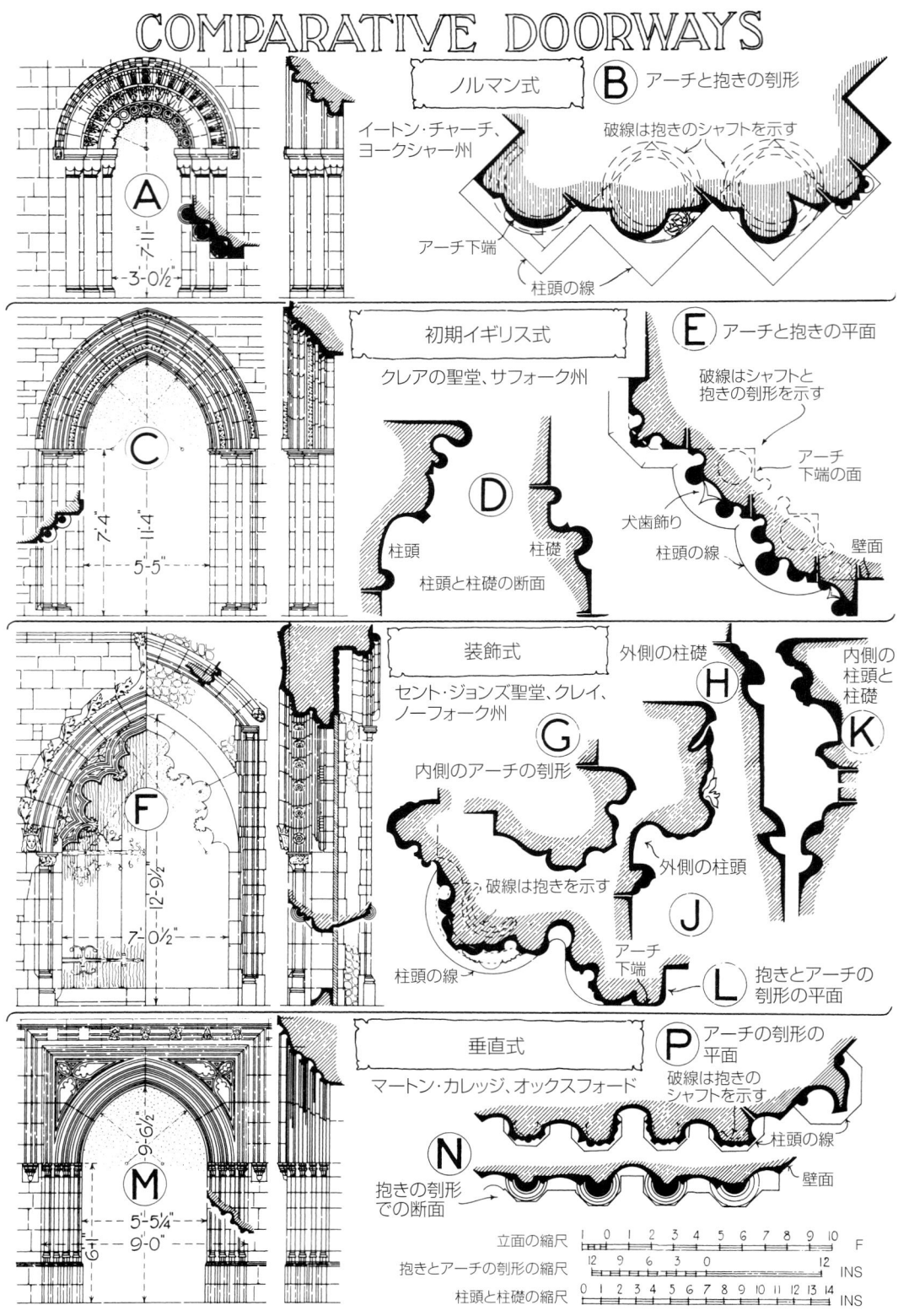

扉口の様式比較

第 13 章 中世初期とロマネスク | 443

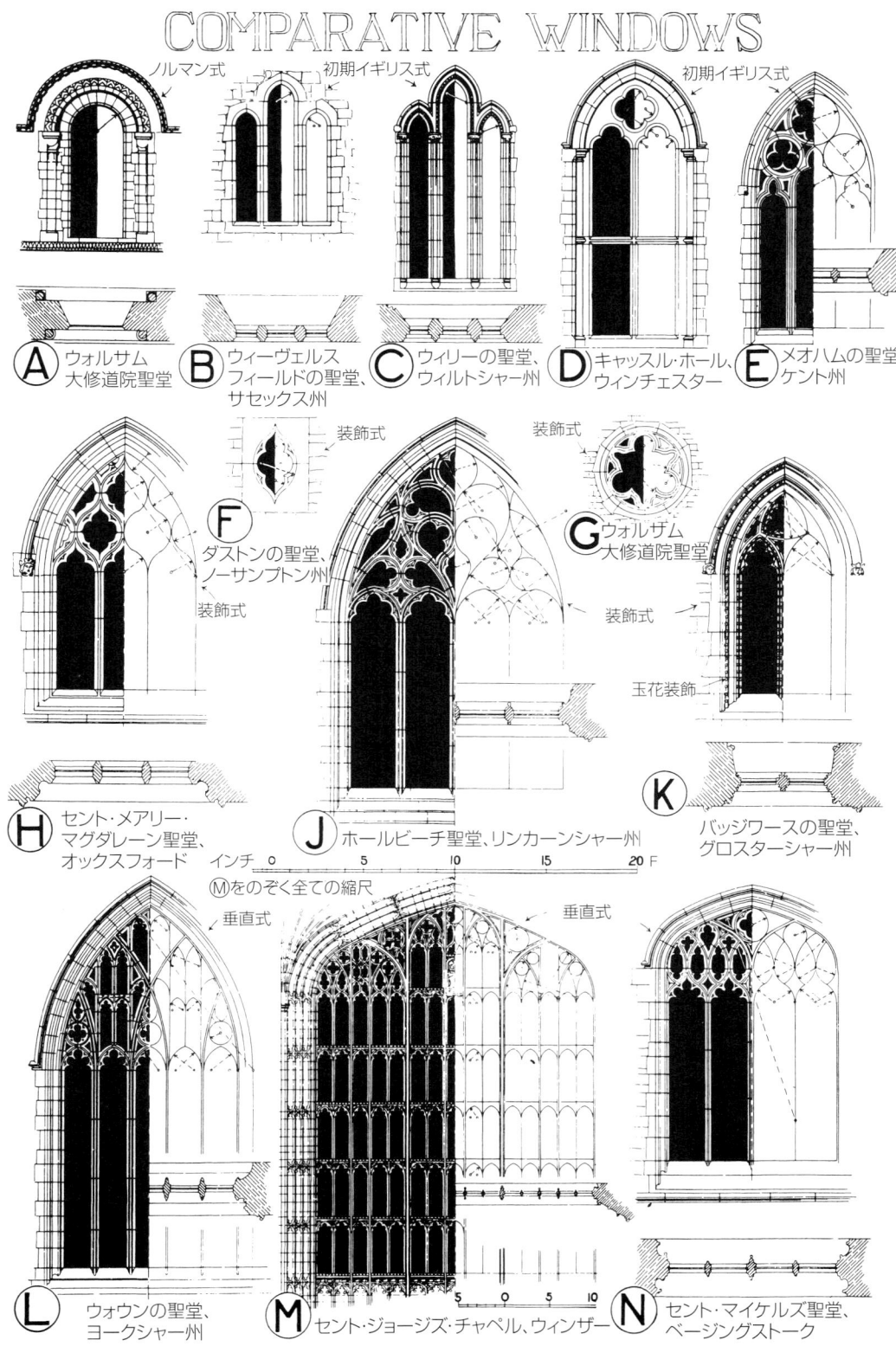

窓の様式比較

COMPARATIVE CARVED CAPITALS

NORMAN ノルマン式

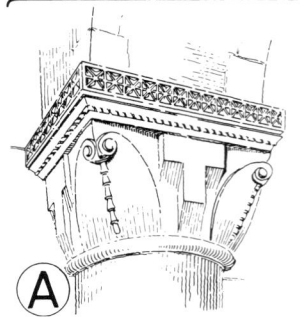
A セント・ジョンズ礼拝堂、ロンドン塔

B セント・ピーター聖堂、ノーサンプトン

C ナルテクス、ダラム大聖堂

EARLY ENGLISH 初期イギリス式

D ナルテクス、イーリ大聖堂

E ブリリントン修道院、ヨークシャー州

F 参事会堂、ソールズベリ大聖堂

DECORATED 装飾式

G ビヴァリー参事会聖堂、ヨークシャー州

H 参事会堂、サウスウェル参事会聖堂

J レディー・チャペル、イーリ大聖堂

PERPENDICULAR 垂直式

K ピドルトン、ドーセット州

L ウォルバラ、デヴォンシャー州

M ケントン、デヴォンシャー州

柱頭の様式比較

第 13 章　中世初期とロマネスク　445

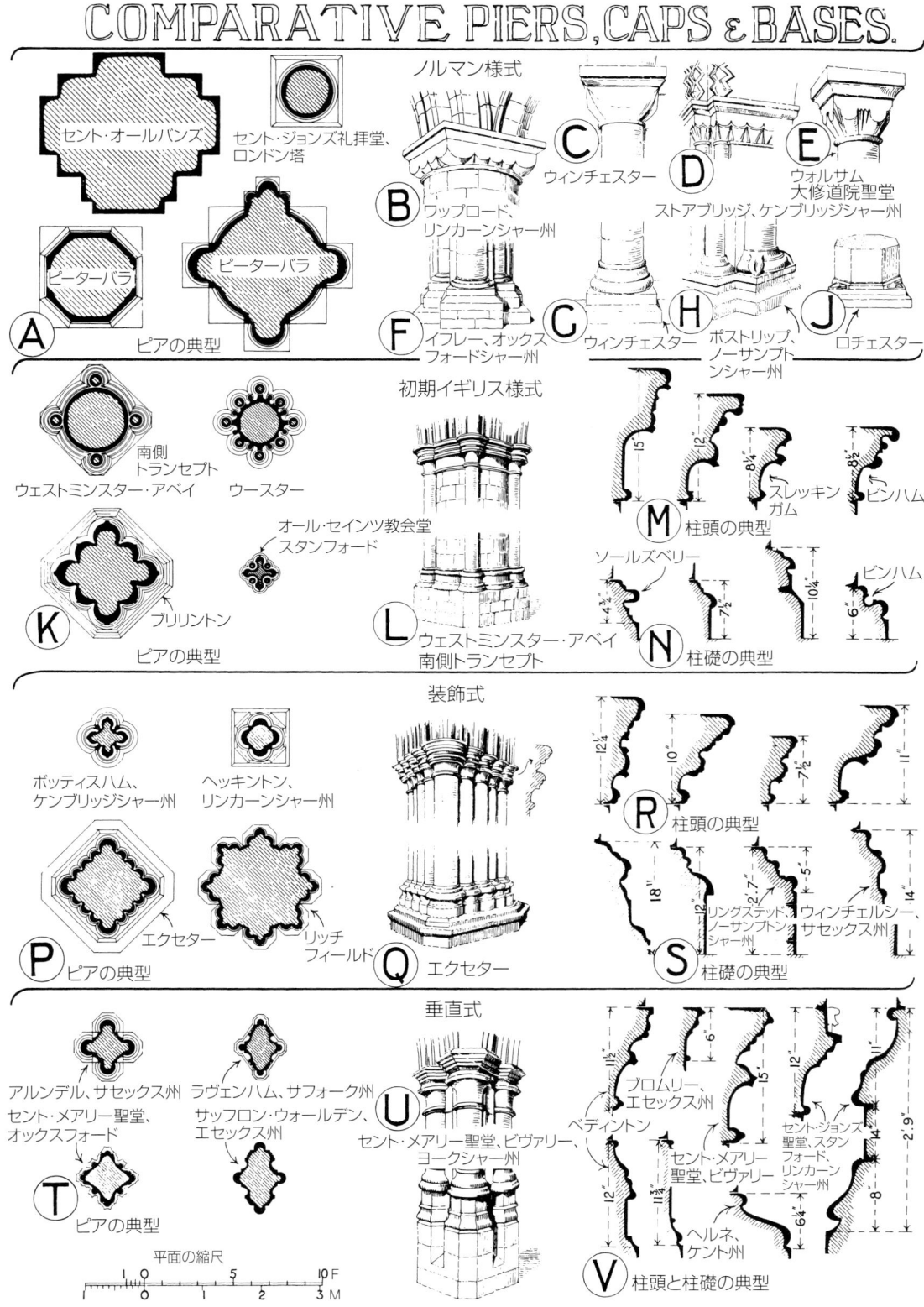

ピア、柱頭および柱礎の様式比較

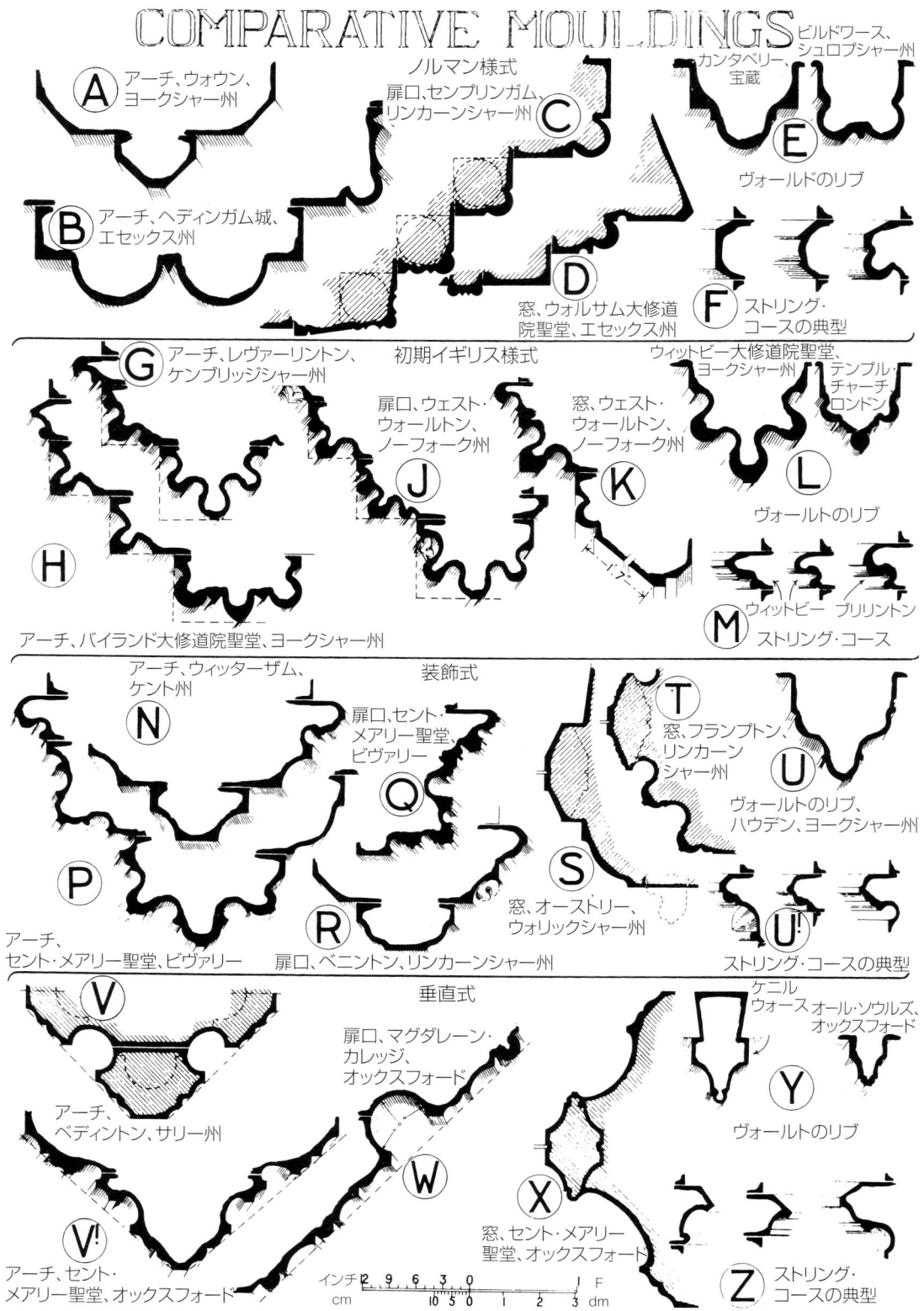

刳形の様式比較

ルネサンスまでのヨーロッパと地中海周辺の建築

第 14 章
ゴシック

はじめに

　ゴシックの形態は多様であり、1つの定義でその全てを包括することは困難である。しかし、建物のタイプと建設の方法に関する知識を共有し蓄えることは、ゴシック建築の流れをたどるための、厳密ではないにしても簡便な手段となる。確かめうる限りでは、ゴシック建築を完全に説明できる建築理論はいまだ存在しない。とはいえ、実際に建てられた建築は、美的にも技術的にも綿密な法則に支配されたものであった。そして、工事を行った職人にとっては、それが全てであった。職人の経験は、幾世代にもわたって親方から徒弟に、それもしばしば同一の家系の中で、受け継がれることによって集積した。ゴシック建築は、専門職人のそのような経験から生まれた様式である。

　ゴシック建築は、ギリシア、ローマの建築遺産からの断絶を示す点で特異である。19世紀にゴシック建築の再興が意図された時、それは、古典古代の伝統が表象するあらゆるものの対極とみなされた。すなわち、ゴシックの様式概念は、それがバロックやロココであろうと、あるいはパッラーディオ式や厳格なギリシア様式であろうと、当時あまねく行われていた古典系の建築の全ての相に取って代わる資格を備えていた。しかし、ゴシック様式を生み出した人々が、いかなる形にしろ、そのような古典建築に対する広い意味での拒絶の態度を持っていたかどうかは、極めて疑問である。それよりもむしろ、12世紀のノートル・ダム派が古典の音階を操作しながら全く新しい音楽を生み出したのに似て、過去から受けとったものをその時代の要求に対して自由に改変することができた、というのが真相に近いであろう。

　その最大の原動力となったのが、建築家自身ではなく、彼らのパトロン、すなわち高位聖職者であったことは、ほぼ間違いない。ゴシック建築は、崇高なる教会の主題について、絶えることなく思いめぐらされた、ひたむきな想念の産物であった。すなわち、そのような主題にふさわしい教会堂の形態とはいったい何か、という問いに対する解答であった。構造と意匠の面で新しい形態を追求するたゆまざる試みを鼓舞したのは、技術の進歩と美的価値観の変化であり、信心深いキリスト教徒の会衆を啓発し感動させなければならないという聖職者の義務感であった。パトロネージ[訳註：パトロン（経済的支援者・組織）による庇護]は、ゴシックの発展期を通じて本質的な要素であり続けたが、ロマネスクの時代に比べるとその重心は、聖職者から次第に宗教心が高まりつつあった一般信徒の方に、幾分か移動した。

　ゴシックの石工の技術と技能は、400年以上の長きにわたって中断することなく進歩を続けた。ゴシックと呼ぶにふさわしい様式表現に最初に到達したのは、パリ郊外にあるサン・ドニ大修道院聖堂の院長シュジェールが、1144年までの10年間に再建した部分であった。シュジェール個人の果たした役割を明確にするのは難しいにしても、新しい様式の創造に教会のパトロネージが決定的に介在したことを、シュジェールは記述している。シュジェールの指示が何であったかはともかく、サン・ドニの新しい内陣は、近隣諸地方の重厚でモニュメンタルなロマネスク様式とは、視覚的に全く似つかないものであった。それは、古代の大理石と同種の美しい石材を用いた、極めて明るく開放的な構造の建物であった。そこでは、周歩廊の祭室と高窓の両方のほとんど切れ目のないよく目立つステンドグラスの層が、典礼・儀式の中心となる豪華な祭壇を背後から包み込む光の領域を形成する。石の構造体は、最小限の骨組に還元されている。その骨組は、窓のための枠組みを提供し、基本的な統一性を失うことなく空間の構成を決定している。

サン・ドニは特に大きな教会堂ではないが、ここにはは盛期ゴシックの大聖堂の特徴となる要素のほとんどが、すでに予見されている。シャルトル大聖堂は、サン・ドニを拡大したものだが、そこにいたるまでには長い一連の試みが必要であった。その中には、今日現存するサンス、サンリス、ノワイヨン、ランの大聖堂、そしてパリのノートル・ダム大聖堂が含まれる。基本的な問題は、サン・ドニの様式をいかにしてより大規模な建物に、そして大聖堂という、修道院教会堂とは幾分異なったキリスト教の目的に適合させるか、ということであった。特に身廊の高さは、ヴォールトの支持の問題に直接結び付くので、光と色彩以上ではないにしても、それと同等に重要であった。その第1の解決方法は、ヴォールトを支えるために側廊の上にトリビューン［訳註：ギャラリーともいう］をのせるという、基本的にはロマネスクの着想を翻案したものであった。その結果生まれたのが4層構成の身廊壁面である。この構成は、12世紀を通じて北フランスで盛んに用いられた。

しかし、トリビューンはそれ自身問題を抱えていた。すなわち、もしトリビューンにステンドグラスが嵌められないままであれば、高窓と側廊の窓の層の中間に、幅の広い暗い部分が横たわることになる。もし、ステンドグラスが嵌められたとしても、窓そのものはみえない。ゴシックの発展における偉大な創造の瞬間は、12世紀末に、トリビューンを廃止し、同時に大聖堂の規模を全体的に思いきって拡大する決断がなされた時に訪れた。この決断は、フライング・バットレスという、トリビューンと同じ構造的機能を有するが壁と屋根を持たない建築要素の創造によって、可能となった。この発明は、遠大な2つの発展の道を開いた。まず、トリビューンの消失によって内部空間が再編成され、大いに単純化された。そして、それによって空間の統一性の追求がこれまで以上に可能となった。

革新的な2つの記念碑的な建築として、シャルトルとブールジュの大聖堂を挙げることができる。ブールジュは、将来のホール式教会堂に向かうような、高度の空間的な統一性を獲得した。シャルトルは真に記念碑的な最初の高窓が道標となって、アミアン、ボーヴェー、そしてケルン大聖堂の、ガラスの箱がつくる目もくらむような高さの空間が生み出された。両方の形式は、主としてフランスにおいて繰り返し用いられ、洗練された。ただ、この驚異的な構成が実現した後は、フランスの大部分は、バー・トレーサリーの持つ装飾的な可能性を追求することで満足した。こうして、盛期ゴシックは、自然な流れとしてレイヨナン式に移行した（p.469 参照）。

フランスの典型を凌駕するような大規模な例がフランス以外の国に現れたとしても、それは極めてまれで特別な場合である。たとえば、ドイツのケルン大聖堂とイタリアのミラノ大聖堂、あるいはスペインのバルセロナとセビーリャの大聖堂などがそうである。

盛期ゴシックの大聖堂は、純粋な建築として劇的な偉業を成し遂げた。そして建築工事の責任を一身に負った建築家は、社会的な特権を享受した。彼らが大学でリベラル・アーツ（自由学芸）を学ぶ恩恵に浴することがなかったからといって、彼らを身分の低い肉体労働者とみなすのは間違いである。13世紀以降、建築家の特権が次第に増加し維持された事実が、おそらくそのことを証明する。とはいえ、建築家の中でも最も偉大な、シャルトルとブールジュの建設に責任者として携わった2人の建築家の名は知られていない。15世紀のイングランドで垂直式の教区教会堂を建てた石工の名前がほとんど全て知られているにもかかわらず、この2人の建築家の名を特定できない事実は、いかに歴史が気まぐれであるかを嘆かわしくも思い起こさせてくれる。

ゴシックは北フランスの生誕地からヨーロッパ各地に広まったが、その広まり方は間歇的で、フランスの典型に従わないことも多かった。特にイングランドはその傾向が強かった。ゴシックは、いまだ形成段階にあった時に、カンタベリー大聖堂にもたらされた。そして、この閉鎖的な島国の環境の中で、13世紀後半まで独自の発展を遂げた。実際、当時はフランス人がイングランドに来ることは滅多になく、イギリス人が外国に出かけることはこれよりさらに少なかった。しかしながら、自国から離れたことのない建築家であっても、大規模な教会堂の持つべき姿について、着想に欠けるようなことは決してなかった。イギリスの聖職者は、極端な高さを追究することはなく、またフランスのように、単一の天蓋のもとに大聖堂参事会員が一般信徒と共存するような、空間的な統一性に共鳴することもなかった。イギリスの聖職者は常に、外陣にいる社会的に下位の人々から安全な距離を保ち、大聖堂の長い東側の縁に自らを閉じこめておく方を好んだ。彼らは、ステンドグラスの表現を嫌いはしなかったが、他の全てがその表現に従うようなシャルトルのスケールにまで、それを推し進めることはしなかった。イギリスのキリスト教会がめざしたのは、非常に異なった種類のゴシックであった。低く長い見通しは、ぜいたくな材料の外装を強調してみせ、そこでは豊穣なパターンが構造の主張によって抑制されることはめったにない。イギリスの大聖堂は主祭壇を焦点とする集中的な平面のアプスを持つかわりに、主祭壇を局所で儀

式の行われる奥内陣から区別する傾向があった。イギリスではまた、祭壇を東面して配置することに特に注意が払われた。

これらの傾向は、1170年の聖トマスの殉教の余韻の中、カンタベリー大聖堂において統合され、イギリスの初期ゴシックの特質をほぼ決定づけた。イギリスの建築家がフランスのバー・トレーサリーの技法を受け入れる果敢な努力をし、大陸の進んだ様式に同調するようになったのは、ウェストミンスター・アベイとヨーク・ミンスターの外陣が、盛期ゴシックとレイヨナン式の着想をいわば再輸入して以降のことである。その結果、トレーサリー、ヴォールト、そして正多角形の参事会堂を含む一群の早熟な意匠が生まれた。いわゆる装飾式である。

イギリスの装飾式は、ある意味でフランス的なゴシックの概念がヨーロッパ各地に華々しく広まる前兆であったが、その一方で、様式変革の主導権がフランスの手を離れ始めたことを物語るものでもあった。フランスでは、壮麗で美しいゴシック建築が、16世紀に入ってもなお建てられ続けた。しかし、ゴシック建築の新しい可能性が探求されたのは、その生誕地以外の場所においてである。すなわち、イングランドとカタルーニャで、またイタリアの各地で、しばらくの間その可能性が追究されたが、最も継続的で実りの大きかったのは、中部ヨーロッパのドイツの支配下にある地方においてであった。

後期ゴシックは、重点の多様な変化によってそれ以前のものから区別できるが、その変化の一部が様式にかかわる。後期ゴシックは、イギリスの垂直式、ドイツのゾンダーゴシック、フランスのフランボワイヤン式など、多様な様式を総称する名称である。これらは個別性が強く、国による美的価値観の相違は重要な要素であった。しかし後期ゴシックはまた、パトロネージの変化と、それに伴って増大した新しい要求に対処するための建築家の努力の結果ともみることができる。

フランス：建築の特色

ゴシックの最初の実験がなされた1140年頃のフランスは、1つの国家としてよりもむしろ、地理的にまとまった1つの範囲としてみた方が実状に合う。パリを領土の中心とするカペー家は、不安定な支配権をまだ打ち立てたばかりの一地方豪族であった。1297年にルイ9世が聖人に列せられ、これによってカペー家の権力と威信が絶頂に達するまでには、まだ百年近くの年月が必要であった（第8章、第13章も参照）。

この出来事は、政治的には実に重要な意味を持っていた。それは、この事件によってフランスが1つの国家として統合されたからである。フィリップ・オーギュストの征服によっても、ルイ8世の征服によっても成し遂げることのできなかったこの統一により、ルイ9世（ある意味でフランス）は、皇帝と教皇が抗争する状況の中にあって、ヨーロッパの調停者の役を担うことになった。西欧の中心にフランスが位置するという地理的な条件は、フランスにとって不利な条件ではなく利点になった。パリはフランスの政治と文化の中心となり、パリ大学における教育は、教会であろうと国家であろうと、その中で高い地位を得ようと望むあらゆる人々にとって不可欠のものとなった。こうして、パリの文化は西欧全体の目標となったのである。

フランスの早期における国家基盤の強化は、中世を通じて最も急速な経済の発展を背景として起こった。人口が増大して、インフレーションが繰り返され、都市が成長し、交易が拡大した。特に1180年頃からその傾向が強まったが、1230年頃には成長率は下がり始めた。

このように、ゴシック建築の実験が行われた偉大な時代は、フランスの政治と経済が拡大した世紀に一致する。最初の発展は、1130年代のイール・ド・フランス地方で、建築家がこの地方の慣習であった薄い壁体にヴォールトを架ける試みを行った時に始まり、シュジェールがサン・ドニの内陣で新しい光輝性と空間の広がりを獲得した時に完了した。政治的にそうであったのと同様、建築的にも後進であったカペー朝のイール・ド・フランスは、フランスの大部分の地方が経験したロマネスクの隆盛を経験していなかったので、初期ゴシックは、いわばイール・ド・フランスのロマネスクとみることもできよう。事実、初期ゴシックは、ノルマンディー地方とブルゴーニュ地方の進歩した技術や、西南部の豊穣な装飾技法など、フランス各地の豊かなロマネスクの成果から多くのものを受け継いだ。

サン・ドニ大修道院聖堂とサンスの大聖堂は、ゴシックの特質を確実に備えた建築の、最初の大規模な建設事業であった。サン・ドニは小さくて優美な教会堂であったが、この先駆作の後を追ったサンリスとノワイヨンの大聖堂、あるいはサン・ジェルマン・デ・プレ聖堂など、大部分の教会堂もまたそうであった。しかし、サンス大聖堂は相当の幅と高さを有し、ゴシックの意匠を左右する基本的な要素としての規模を確立した。サンスは、エーヌ谷のラン大聖堂やパリのノートル・ダム大聖堂など次世代の建築、すなわち盛期ゴシックの名にふさわしい壮麗な構想に基づいた建築への道を開いた。ランとパリとともに三幅対をなす第3の教

会堂はアラス大聖堂であるが、現在は破壊されてしまって描画でしかみることができない。フランスの北東部全体、すなわちフランドルとシャンパーニュ、そしてとりわけこの2つの地方に挟まれたエーヌ谷は、1180年から1200年にかけて、建築の構想の際立った豊かさを示す。なかでも、さまざまな形態の壁内通路の導入は重要であった。

12世紀の末年には、建物の規模がさらに大型化した。ブールジュ大聖堂はパリの型から、シャルトル大聖堂はエーヌ谷の建築から、多くを引き継いだ。ブールジュはおそらく、中世の全ての教会堂のうちで最も雄大な構想を持った建築であろう。しかし、もっと受けのよいデザインで、大規模な大聖堂の手本となったのはシャルトルの型である。ランスとアミアンの大聖堂は、この型をほとんど忠実に、しかもさらに大きな規模で受け継いだ。しかしブールジュの型は、ル・マンやクータンスの大聖堂など、ブールジュのグループに属するいくつかの野心的な教会堂で採用されただけである。他方、ボーヴェー大聖堂は、シャルトルとブールジュの両方の型を結合したものである。

ボーヴェー大聖堂は、盛期ゴシックの記念碑的な教会堂の最後の作品でもあった。美的価値観は、少しずつではあったが確実に、レイヨナン式と呼ばれる様式概念へと変化していた。サン・ドニ、トロワのサンテュルバン聖堂や、サント・シャペルは、巨大なスケールを持たず、間近で鑑賞されることを意図したトレーサリーや華麗な装飾で覆われ、より親近感のある意匠となっている。レイヨナン式はパリで成長し、首都の様式としての権威を持って各地に急速に広まった。そして、聖王ルイとその宮廷にある程度結び付くことによって、繁栄するブルゴーニュとノルマンディーの地方ゴシックを抹消しながら広まった。これは、非常に大きな建物にしか適合しにくい盛期ゴシックの様式が、成し遂げることのできなかったことである。新しい様式は、南部においてさえ、アルビジョア十字軍の後を追って成立した。

美的価値観の変化は、2つの歴史的な流れに時期的に一致し、それと確かに結び付いていた。12世紀に起こった経済の急激な拡大は、1230年頃から陰りをみせ始めた。このような状況は、14世紀の初期までは深刻なものとはならなかったが、それでも嵩の大きな盛期ゴシックの大聖堂は、ボーヴェー大聖堂の60数年間続いた建築工事が示すように、経費がかかりすぎた。同時に、パトロネージの変化も認められる。ロマネスクの時代には、大規模な建築事業のほとんどは修道院が担っていた。しかし、初期ゴシックの時代の大規模な教会堂には、都市自身が建てた大聖堂が多かった。

都市はかつてないほど隆盛を極め、勅許状で保護された特権を持つコミューンとなり、専門ギルドを組織した。たとえばシャルトルでは、各種のギルドが自分たちの職業の守護聖人を表現したステンドグラス窓のために資金を供給した。

王家と聖俗両界の有力者からの資金の贈与はまだ盛んにあったものの、大聖堂はこれまでとは違って、都市共同体の誇りの表現となり、そのパトロネージの成果となった。しかし13世紀が過ぎていく中で、パトロネージの変化が再び現れた。富める都市のほとんどは、すでに新しい壮麗な大聖堂を手にいれ、また経済が沈滞したこともあって、レイヨナン式の時代には、私的なパトロンが大勢を占めるようになった。この時代の典型的な建築は、サント・シャペルやサン・ジェルマン・アン・レイなどの宮廷礼拝堂か、教皇ウルバヌス4世によるトロワのサンテュルバン聖堂のように豪華な私的な参事会教会堂であった。そして、これらの末端には、壮麗な大聖堂と大修道院教会堂の側面に、12世紀末から急速に数を増やし始めた、数多くの私設小礼拝堂があった。

1328年にカペー朝が断絶した後、フランスの王位継承問題をめぐって、ヴァロワ家はイギリス王エドワード3世から抗争を挑まれ、1337年にいわゆる百年戦争が起こった。1380年から1415年までの間は、教養のある並はずれて有能なシャルル5世によって実質的に平和であったものの、この衝突は1453年まで終息しなかった。この時代はまた凶作と経済の破綻の時代であり、さらに1348年には黒死病の流行もあって、フランスの社会はこれを契機に大きく転換することとなった。1380年から1415年までの平和の時代と戦争終結以後、特に北部と東部の地方において、破壊されるか損害を受けるかしたおびただしい数の建築が、当然のことながら再建された。16世紀の末は決して安定していたとはいえない。この時代には、プロテスタントとの対立によって国内は実質的な内乱状態となり、再び破壊と再建が繰り返された。

新しく現れたフランボワイヤン式が、トレーサリーの華麗で装飾的なパターンをイギリスの装飾式と垂直式から借りてきたのは、皮肉なことかもしれない。多くの場合、フランボワイヤン式はロマネスクと初期ゴシックをしのばせる地方的な性格の強いものであった。それは、フランスの政治的な状況を反映していたようにも思われる。すなわちフランスは、13世紀のパリを中心とした政治の後、再び大諸侯によって分割されることとなった。そしてパリは、フランボワイヤン式の時代には、もはやレイヨナン式の時代に演じたような大きな役割は演じなくなっていた。

あらゆる社会不安と破壊にもかかわらず、フランスは基本的にはヨーロッパで最も恵まれた国であり続けた。そして15世紀末には、広々とした平面と大オーダーによる壮大な効果をねらった建築が、盛期ゴシックを想起させるような規模で、再び建てられるようになった。この傾向は、パリのサントゥスタッシュ聖堂で頂点に達した。しかし、16世紀には、古典主義的な細部意匠が、ルネサンスのイタリアからアルプスを越えてじわじわと押しよせ、ゴシックの時代は終りを告げた。サントゥスタッシュは、ルネサンスが新しい様式として完全には定着しておらず、まだ浸透の段階にあったことを示している。この教会堂は、ゴシック建築の伝統的な荘重さを持ってはいるが、細部は全て古典主義的である。

フランス：実例

1135年頃、パリの近郊にある**サン・ドニ大修道院聖堂**の精力的な院長シュジェールは、古色蒼然として神々しいが、もはや新しい時代に合わなくなったカロリング朝のバシリカを、ゴシックの手法によって建て替える工事に着手した(p.393E、p.452A)。シュジェールは西端部から工事にとりかかり、トリビューンを備えたナルテクスと双塔式の西正面を、既存のバシリカに加えた。西正面は、3連の扉口に人像円柱を結合した最初の例であったと考えられる。内陣は1144年に工事が完了し、聖別された。この時の内陣は、13世紀に上部が再建されてしまったが(p.469「レイヨナン式」の項参照)、周歩廊と祭室は当時のまま残る。二重の周歩廊の外周には、奥行の浅い放射状祭室が環状に連なる。外側のアーケードのピアは、その上のトリビューンを支持できそうもないほどに細い。放射状祭室は、広々としたステンドグラスの窓を透過してきた光によって照らし出される。サン・ドニは、シュジェールがイタリアの初期キリスト教のバシリカに強い感銘を受け、これに匹敵するものをつくろうと望んだ、いわば折衷的なものであった。しかし、その結果は全く新しいものであった。こうしてサン・ドニは、まさにゴシック様式の発祥の地となった。西正面と内陣の影響力は極めて大きかった。

サンス大聖堂(p.452B)は、サン・ドニとほぼ同時代の建立である。工事は1140年頃内陣から始まり、西に向かって進行した。西正面と扉口の年代は、1200年頃である。平面は、一重の側廊、そして間隔をおいて祭室を配置した周歩廊を持つが、当初はトランセプトはなかった。

身廊の幅の広さは異例である。複合柱と双円柱が交替する支柱列のダブル・ベイに六分ヴォールトを架ける。身廊壁面は、交替性を持つ大アーケードと、側廊屋根裏に貫通する装飾的な開口部、そしてその上部に開けられた高窓からなる。現在のフライング・バットレスは、13世紀に高窓が拡張された時のものだが、当初からフライング・バットレスは用いられていた。サンスは、ノルマンディーの六分ヴォールトを採用した最初のゴシック建築と考えられる。六分ヴォールトを採用した理由が、身廊の大きな幅にあることはほぼ確実であろう。六分ヴォールト、支柱交替、そして円柱は、次世代のゴシック建築で一般的となった。

パリのノートル・ダム大聖堂(p.452C、p.453、p.459C, E, F)は、1163年頃、司教モーリス・ド・シュリーによって工事が開始され、1250年に西正面の塔が完成して工事は終了した。当初の平面は、二重の側廊と二重の周歩廊を含み、中心軸が途中で屈折する。トランセプトは、側廊の外壁の位置よりも外側に突出しない。これはパリ地方に時々みられる形式である。身廊壁面は当初、次の4層から構成されていた。まず円形ピアのアーケードがあり、その上にトリビューンがのる。トリビューンは、当初トンネル・ヴォールトを架け、丸窓から採光していた。トリビューンの屋根裏には装飾的な円花形の開口が開けられ、その上部に小さな高窓があった。身廊は、ダブル・ベイごとに六分ヴォールトを架ける。ヴォールト天井は非常に高く30mを超えるが、これを支持する壁は非常に薄く、(表面にすえられた)縦節理石材の非常に細いシャフト[訳註：丸棒形の縦材]によって分節される。側廊の2つのスパンに架かるフライング・バットレスが、身廊ヴォールトを支える。今日では、もっと初期の、たとえばサンス大聖堂などが、フライング・バットレスを持っていたことは明らかであるにもかかわらず、パリのこのフライング・バットレスが最初の例とされることが多い。13世紀に、内部を明るくするために、第3層目の装飾的な円花形の開口を吸収する形で高窓を下方に拡大する工事が行われた。トリビューンは改築されて窓が大きくなり、並通の4分ヴォールトに改められた。

ラン大聖堂(p.454、p.459G)は、1160年頃に工事が始まった。トランセプトと最初の内陣は1180年頃までに、外陣は1200年頃までに完成した。内陣は1205年に再建され、東側に8ベイ分拡張された。西側の塔とトランセプトの塔は、1230年頃までに完成した。1160年頃の当初の内陣はアプス型であったが、大々的な拡張によって長方形となった。このような内陣は、シトー修道会に属さない大規模な教会堂では珍しい。大きく突出したトランセプトは3ベイの奥行を持ち、

A サン・ドニ大修道院聖堂、パリ近郊（1135頃-44）
p.451 参照

B サンス大聖堂（1140頃）　p.451 参照

C ノートル・ダム大聖堂、パリ（1163頃-1250）　p.451 参照

第 14 章 ゴシック | 453

NOTRE DAME : PARIS

Ⓐ 内陣とトランセプトの会合部分
Ⓑ 南東からの外観
Ⓒ バットレスとピナクル、東端部
Ⓓ 外陣のベイ（外部）
Ⓔ 横断面の半分
Ⓕ 外陣のベイ
Ⓖ 平面

ノートル・ダム大聖堂、パリ

ラン大聖堂(1160頃-1230頃)、西正面　p.451 参照

三方に側廊を備える。身廊壁面は4層構成となり、六分ヴォールトを架ける。シャフトの大部分は縦節理石材で、太い柱身環を持つ。上部は、トリフォリウム背後の「ミュール・ブータン(控 壁(ひかえかべ))」とフライング・バットレスの両方によって支持される。豪華なバラ窓が3カ所に設けられている。1190年頃の北側トランセプトのバラ窓は、壁を打ち抜いたプレート・トレーサリーである。西側と東側のバラ窓は、1210年頃のもので、石の幅とアーチに支えられた大きなガラス面を持つ。外部では、両トランセプトにそれぞれ2基(全てが完成したわけではないが)、西正面に2基、そして交差部に1基の、計7基もの塔が全体の構想を決定する。西正面とトランセプトの塔は、八角形を基本とした開放的な構造を持ち、牡牛の影像で飾られる。西正面には壮麗な3連の扉口があり、その前面には、破風と小尖塔を頂き当初は開口部によって相互に連絡されていたポーチが、大きく突出する。

　ラン大聖堂は非常に大きな影響を与えた。ランは、シャルトル大聖堂に建築家(したがってその基本設計)を供給したのをはじめ、ランスを含むフランス東部、そして、たとえばバンベルクとリンブルク・アン・デア・ラーンなど、ドイツにも大きな影響を与えた。

　ランスのサン・レミ大修道院聖堂の内陣(p.456A)は、1170年頃から1190年にかけて建てられた。身廊壁面の主要部は標準的である。すなわち、円柱のアーケード、ヴォールトの架かるトリビューン、トリフォリウムの通路、そして高窓からなる4層構成である。身廊の四分ヴォールトは、2つのスパンに架かる重厚なフライング・バットレスに支持される。注目すべき特徴は、周歩廊の祭室にある。この祭室は奥行が非常に深く、窓の前面を壁内通路が走る。いわゆるランス型あるいはシャンパーニュ型と呼ばれる通路の最初の出現である。周歩廊から祭室への入口には、2本の細い補足の円柱が立ち、空間を仕切る。ランス型通路、そして祭室入口を仕切る円柱は、両方とも各地に影響を与えた。ランス型通路は、特にシャンパーニュとブルゴーニュとノルマンディーで好んで用いられ、祭室の入口の円柱は、オーセール大聖堂、同じくオーセールのサン・ジェルマン聖堂、サン・カンタン聖堂、そしてマインツ大聖堂で再び採用された。

　スワッソン大聖堂(p.456B)の最も早い部分は、1190年頃完成した南側のトランセプトである。残りの部分は、これとはかなり異なった設計で、1300年頃に完成した。南トランセプトと他の部分との顕著な相違は、12世紀末における建築発展の速さを物語っている。南トランセプトはアプス型で、ノワイヨンやトゥールネ、およびカンブレーの大聖堂など、北フランス北東部のいくつかの教会堂のトランセプトと同形である。トランセプトは、側廊とトリビューンを伴い、東側には2階建の祭室を備える。内部壁面は、トリビューン上にトリフォリウムを持つので、4層構成となる。大部分が3幅対のアーチと窓、そして東側祭室の入口にある縦節理石材のシャフトを束ねた複合柱などにみられるように、意匠は全般的に洗練されている。一方、内陣と外陣および北側トランセプトの壁面は3層構成で、アーケードの円柱列、その上のトリフォリウム、そしてヴォールト起拱点にある柱頭の下方まで拡大された大きな高窓からなる。窓は、2連のランセットの上に大きな円花形を配置したプレート・トレーサリーを持つ。全体にスワッソン大聖堂の意匠は、ほぼ同時期のシャルトル大聖堂に極めて近い。

　シャルトル大聖堂(p.456C、p.457E、p.458A)は、1194年の火災後に再建工事が始まり、旧大聖堂の使用可能な残存部分を統合して、1220年頃完成した。焼け残った大きなクリプト(9-12世紀)は、上にのる新内陣を支持するためにわずかに拡張された。初期ゴシックの年代(1135頃-60)を持つ外陣西端部のベイ、そして西正面の大部分と双塔は、被害を受けなかったので、現在の建物の中に残された。建設資金は、シャルトルの所有物のうち最も価値の高い聖母の肌着を拝みに群れをなして訪れた巡礼によってもたらされた。

　シャルトルは巡礼路教会堂として設計された。巡礼の循環がうまくいくように、幅の広い側廊が内陣では二重になる。また、側廊を伴う巨大なトランセプトは、3つの扉口とポーティコを備えて、西正面と競い合う。側廊の高さは同一で、ブールジュのように段状にはならない。ヴォールトは全て四分ヴォールトで、身廊は約37mの天井の高さを持つ。ピリエ・カントネ(円柱周囲に4本のシャフトを配したピア)は、円形と八角形の核が交互に入れかわる。アーケードの上にはトリフォリウムの層がある。さらにその上の高窓は、ヴォールト起拱点の下まで下降し、アーケードとほぼ同じくらいの高さを持つ。窓は、2連のランセットの上に円花形をのせたプレート・トレーサリーからなる。実際、シャルトルは、窓を中心として設計されているといってもよい。西正面と南北トランセプトの2つの正面を飾るのは、大きなバラ窓である。窓をうめるステンドグラスは、中世で最も見事な作品の1つである。外部は、当初の設計通りであれば、交差部の塔を含めて7基の塔を持っていたはずである(p.459B)。広大な窓の面積を支持するために、シャルトルは、バラ窓の一部のような幅を持った堅牢なフライング・バットレスによって、強固につくられている(p.460B)。シャルトルにはエーヌ谷の教会堂、特にラン大聖堂からの明らか

A サン・レミ大修道院聖堂、ランス（1170 頃-90）
p.455 参照

B スワッソン大聖堂（1300 頃） p.455 参照

C シャルトル大聖堂、西側をみた内観 p.455 参照

D ブールジュ大聖堂（1190 頃-1275）、東側をみた内観
p.461 参照

第 14 章 ゴシック | 457

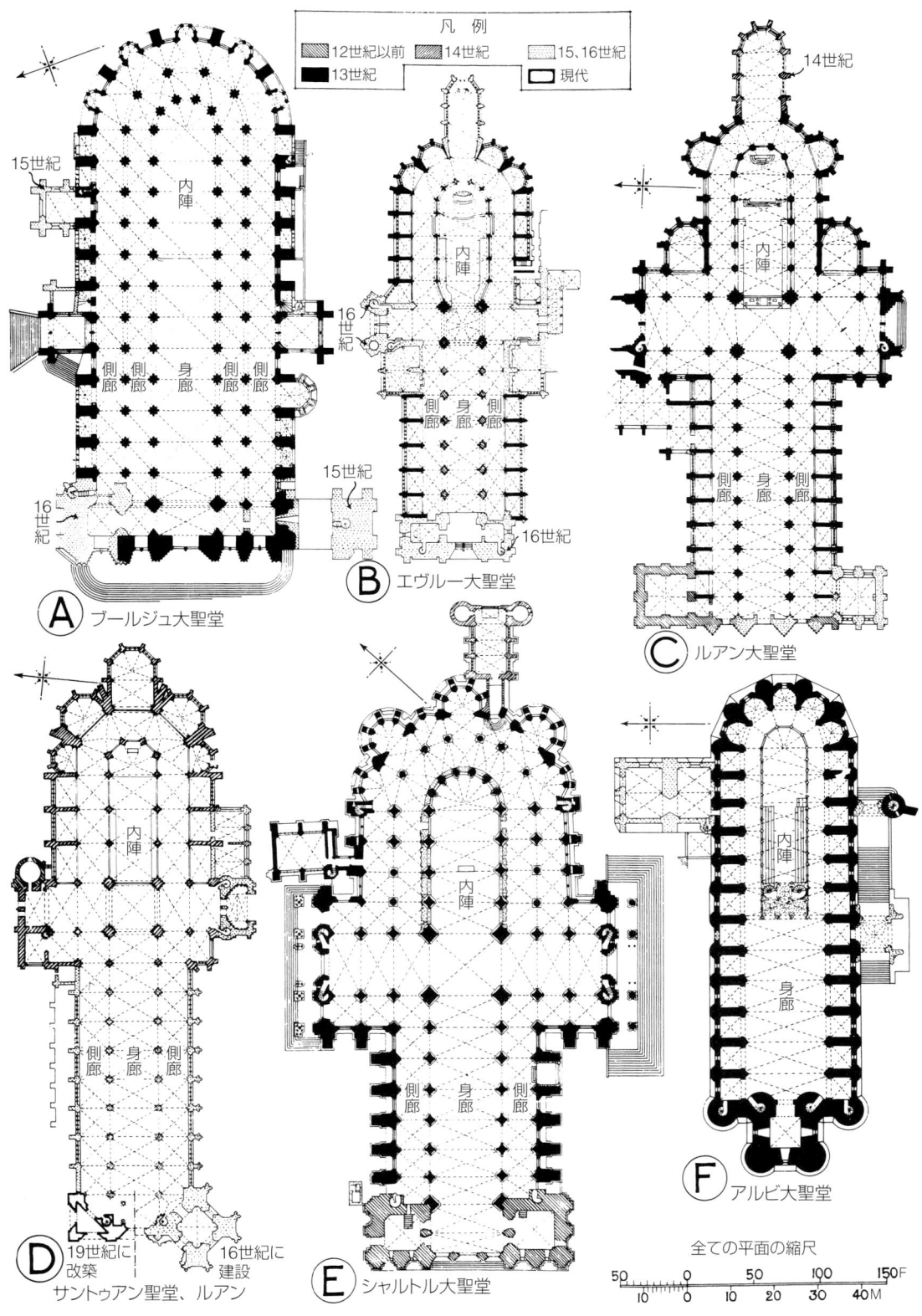

フランスの大聖堂の比較平面

A シャルトル大聖堂、北西からの外観(1194-1220 頃) p.455 参照

B ル・マン大聖堂、南東からの外観(外陣 12 世紀、南側トランセプト 14 世紀、内陣 1217-54) p.466 参照

C ブールジュ大聖堂、西正面　p.461 参照

第14章 ゴシック 459

A 南西の塔、アミアン大聖堂
B 南西の尖塔、シャルトル大聖堂
C 北西の塔、ノートル・ダム大聖堂、パリ
D 窓、サント・マリー聖堂、ディナン
E バラ窓、ノートル・ダム大聖堂、パリ
F 石造の説教壇と階段、ノートル・ダム大聖堂、パリ
G 祭室、ラン大聖堂
H バラ窓、サントゥアン聖堂、ルアン
J 内陣の祭室、ノレー

フランス・ゴシックの細部1

フランス・ゴシックの細部 2

な影響が各所に認められる。一方シャルトル自身も、ランスやアミアンのような大規模で荘重な大聖堂に、単純ではあるが極めて効果的な意匠を提供するなど、はかりしれないほどの影響を与えた。

ブールジュのロマネスクの**大聖堂**(p.456D、p.457A、p.458C)を再建する工事が、1190年頃、司教アンリ・ド・シュリーによって始められた。工事は東から西に向かって進行した。ロマネスクの旧大聖堂外陣の北側と南側にあった扉口が、それぞれ1つずつ残された。大きな二重側廊を持つクリプトの上に内陣がのる。クリプトが必要とされたのは、教会堂の東側で地盤が急傾斜で下降するためである。クリプト上の建物も二重側廊の平面を持ち、5つの小さな放射状祭室が外側の周歩廊に開けられる。主空間は、トランセプトを持たず連続する。身廊の壁面は3層構成で、高大なアーケードと、横断アーチ下のトリフォリウム、そしてプレート・トレーサリーを持つ背の高い高窓からなる。天井の高さは38 mで、六分ヴォールトが架かる。2つの側廊は高さが異なる。内側の側廊は、天井が高いので、身廊の立面に呼応してそれ自身3層構成の立面となる。身廊と側廊ではともに、壁面から浮き出したシャフトが柱礎からヴォールトまで中断することなく上昇して、大オーダーを形成し、壁面を分節する。2つの側廊の上方に、傾斜の急な2段のフライング・バットレスが架かり、それが壁面上部を支える。ブールジュは、平面と全体のプロポーション、そして細部を含めて、パリのノートル・ダムに多くを負っている。一方、ブールジュ自身は、フランスでは**トゥール**の**サン・マルタン聖堂**、ル・マンおよびクータンスの大聖堂に、スペインではブルゴス、トレド、およびパルマの大聖堂に、そしてイタリアではミラノ大聖堂に、さまざまな度合いで影響を与えた。

ランス大聖堂(p.463、p.464)は、1211年に着工された。躯体工事と装飾を含む仕上げ工事は、13世紀を通じて続行された。建設史は複雑で、いまだ議論の対象となっているが、工事は基本的には東から西に向かって進行し、1260年頃には西正面に達した。全体の設計はシャルトルに由来する。東側部分(1241完成)は、シャルトルと同じく二重側廊なので西側部分よりも幅が広いが、ここではその幅の中にトランセプトを完全に収めてしまった。こうして、フランス王の戴冠式のための空間が確保された。一方、奥行の深い放射状祭室は、ランスのサン・レミ大修道院聖堂に源流を持つランス型通路を備える。窓は全て広大である。壁体をくり抜いて窓をつくるのではなく、棒状の石材を斜めや縦やアーチ形に組み合わせて窓をつくるバー・トレーサリーは、ランスの放射状祭室において創案され、この建物全体にわたって用いられた。西正面とトランセプトの南北両正面は、いずれも大きなバラ窓によって統一され、西正面扉口のテュンパヌムもまたバラ窓に占有される。ランス大聖堂はフランス王戴冠式場にふさわしく、内外ともに彫像が極めて豊富である。アーケードのピアは雄大であり、しばしば写実的な割形の柱頭を持つ。西正面は高さ全体にわたって彫像が配置され、扉口は彫像で覆われる。トランセプトの南北両正面にも装飾豊かな扉口がある。

アミアン大聖堂(p.459A、p.460C, H、p.465B、p.467A, B)の工事は、1220年に、異例なことではあるが、西側から始まった。外陣は1236年までに完成し、内陣とトランセプトも1270年までには完成した。建築家の名は全て知られている。外陣の建築家はロベール・ド・リュザルシュである。内陣の工事はトマ・ド・コルモンによって開始され、その息子のルニョーによって完成された。西正面の上部は、双塔とフランボワイヤン式のバラ窓を含めて、主要部が完成した後、少なくとも1世紀間は工事が継続された。同じ頃、外陣側廊の南側に、豊かに装飾された一連の祭室が加えられた。アミアンは非常に天井が高く(ヴォールトまでの高さ42 m)かつ極めて広大である。内陣は二重の側廊と7つの放射状祭室を持ち、トランセプトも側廊を備える。壁面は全て3層構成で、ピリエ・カントネ[訳註：円筒形の核の周囲に通常4本のシャフトを付けた支柱]による高大なアーケード、トリフォリウム、そしてトレーサリーに分割された大きな高窓からなる。整然と配置された見事なフライング・バットレスが四分ヴォールトを支持する。内陣と外陣は同一の構造を持ち、建築家の交代による変更は、特にトレーサリーなどの細部の意匠にしか表れていない。アミアンは、建築と彫刻の両方において、ランス同様、シャルトルで確立された型に従う。しかし、アミアンのトレーサリーはさらに発達した形態で、レイヨナン式の発展において大きな役割を果たした。内陣の下部には、同一の建築家によるのではないかといわれるほど、パリのサント・シャペルによく似た意匠をみることができる。また、鋭く切りたった内陣上部は、ドイツのケルン大聖堂に強い類似性が認められる。

ボーヴェ大聖堂(p.462)の内陣は、1220年頃に工事が始まった。巨大な幅と高さ(ヴォールトの高さ48 m)を持つこの大聖堂の工事は、非常にゆっくりと進行し、1240年までに周歩廊と祭室が完成しただけであった。1284年に、架けられたばかりの内陣のヴォールトのいくつかが落下したので、内陣はピアの数を増やして、強化・再建された。16世紀になってトランセプトが建てられたが、1573年に高さ150 mの交差部の塔が崩

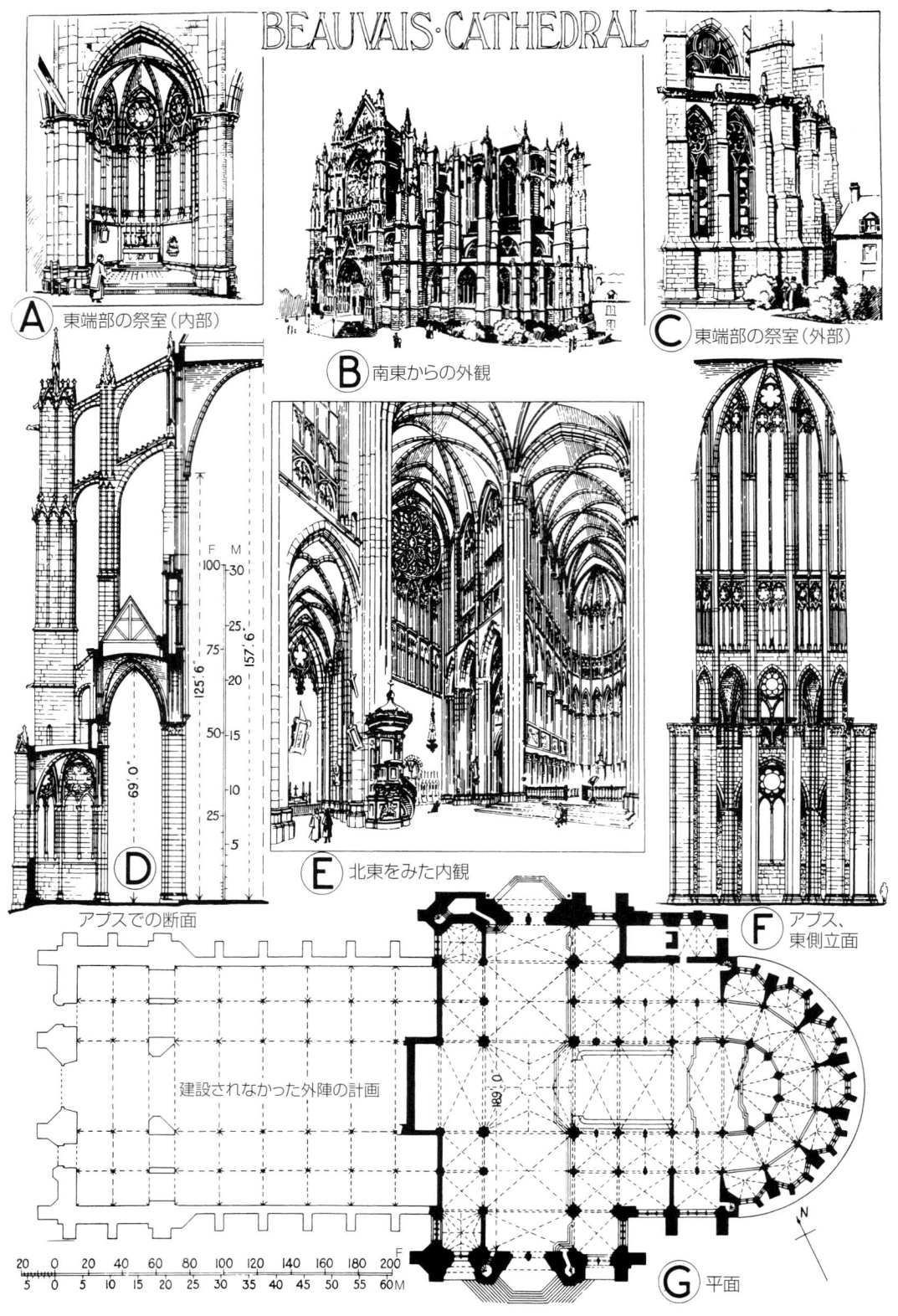

BEAUVAIS・CATHEDRAL

A 東端部の祭室（内部）
B 南東からの外観
C 東端部の祭室（外部）
D アプスでの断面
E 北東をみた内観
F アプス、東側立面
G 平面

建設されなかった外陣の計画

ボーヴェー大聖堂

第 14 章 ゴシック | 463

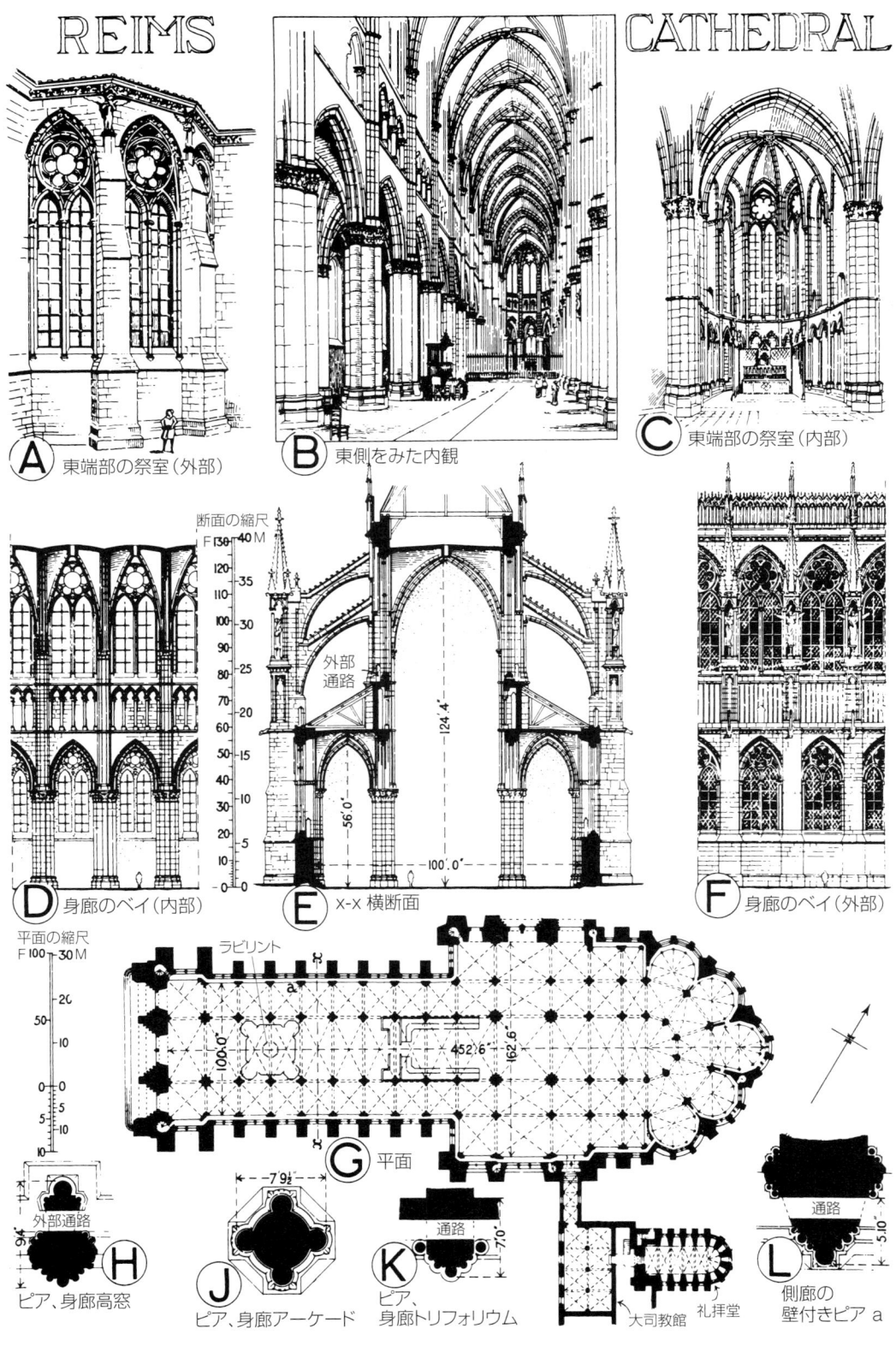

REIMS CATHEDRAL

A 東端部の祭室（外部）
B 東側をみた内観
C 東端部の祭室（内部）
D 身廊のベイ（内部）
E x-x 横断面
F 身廊のベイ（外部）
G 平面
H ピア、身廊高窓
J ピア、身廊アーケード
K ピア、身廊トリフォリウム
L 側廊の壁付きピア a

ランス大聖堂

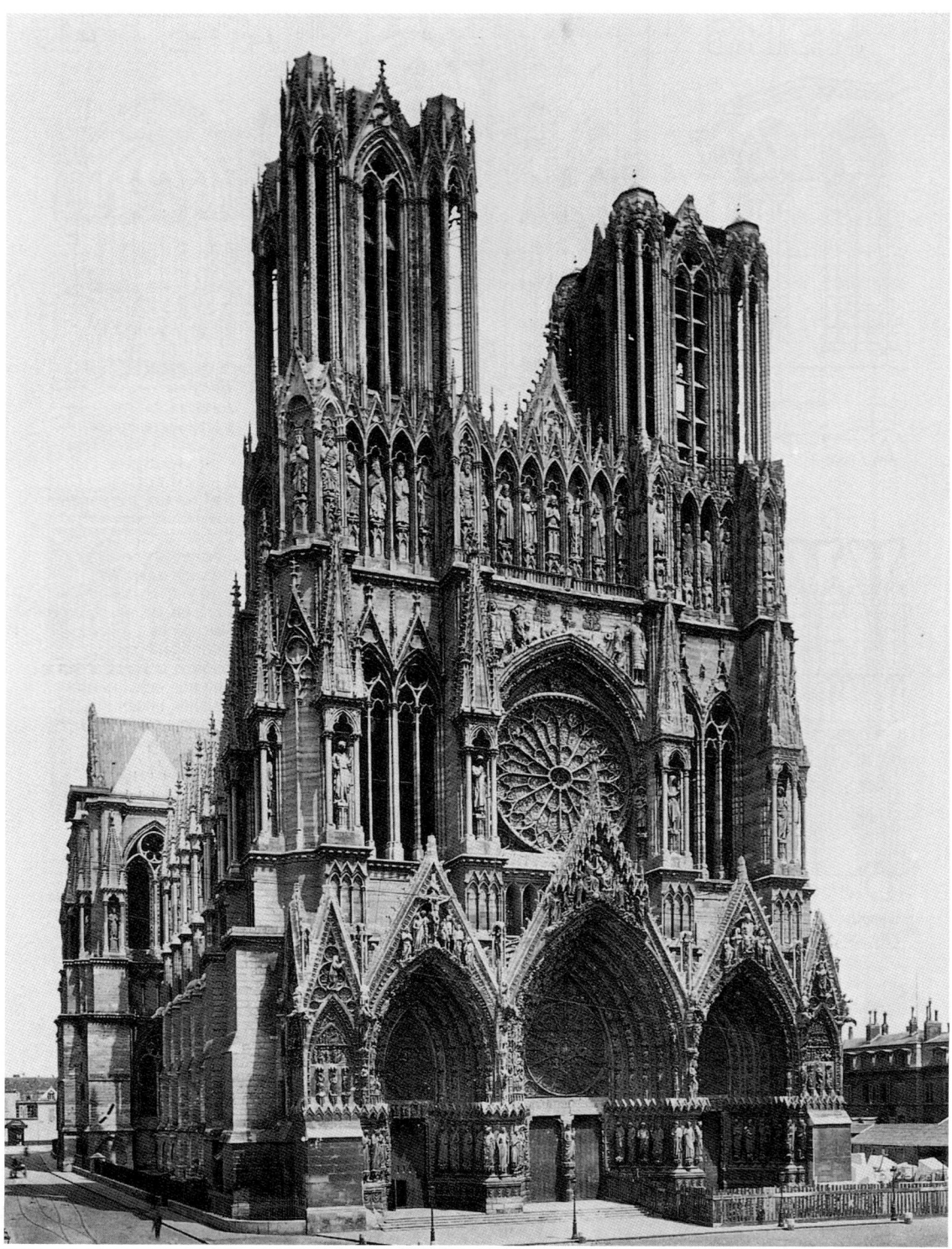

西側からみたランス大聖堂（1211-13世紀末）　p.461 参照

TYPICAL ENGLISH & FRENCH GOTHIC PLANS

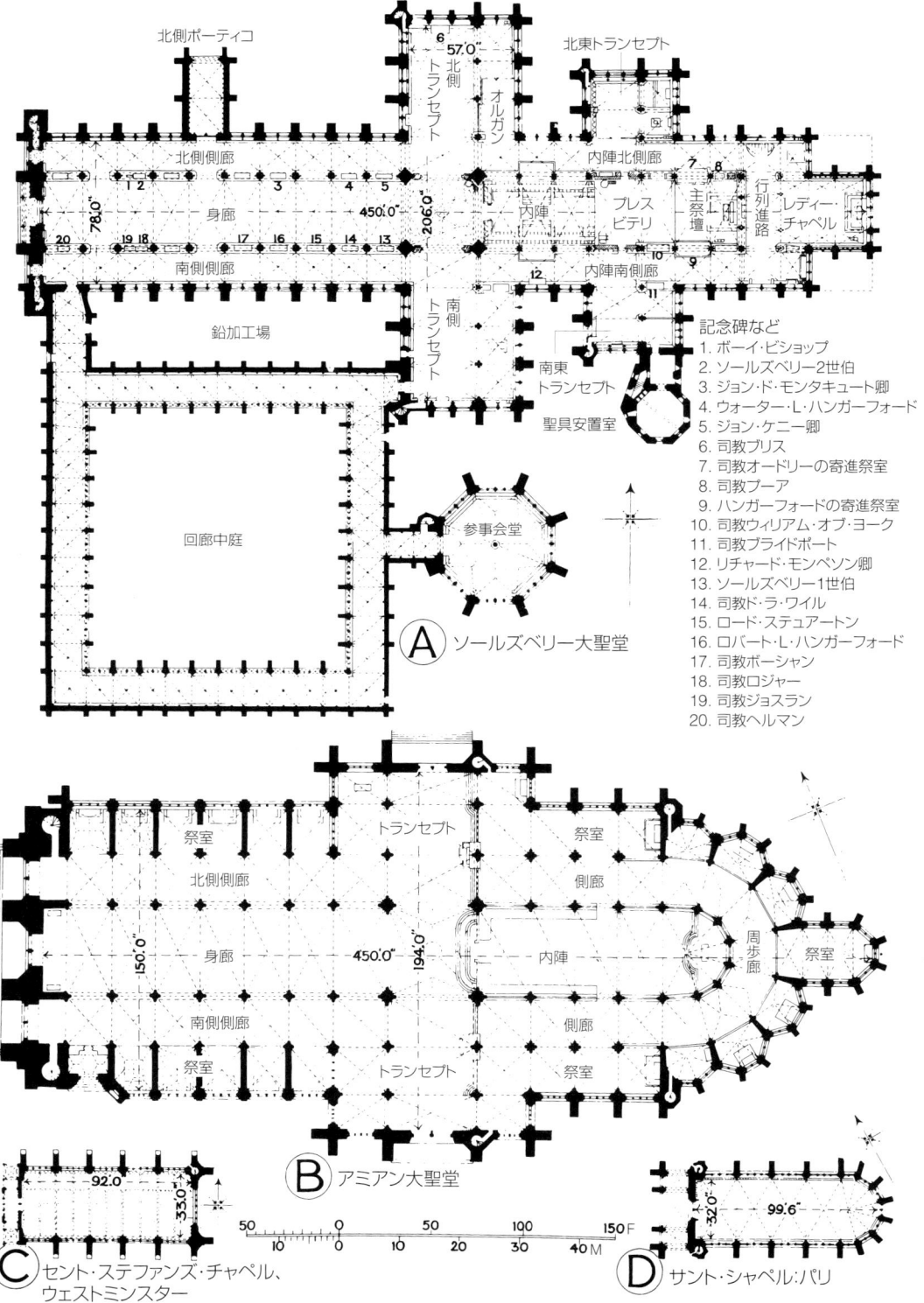

イギリスおよびフランスの典型的なゴシック教会堂の平面

壊した。外陣は結局建てられず、巨大な東端部は、「バス・ウーヴル」の名で知られる10世紀の古大聖堂の外陣に結合したままである。内陣は、段状に構成された二重の側廊と、これを取り囲む7つの放射状祭室を持つ(p.462G)。身廊の内部壁面は、長大なピリエ・カントネによるアーケード、ガラスの嵌められたトリフォリウム、そしてその上のトレーサリーに分割された巨大な高窓の、3層から構成される(p.462E, F)。ボーヴェーは多くの点で、シャルトルとブールジュの大きな流れを統合すると同時に、上部のガラスの嵌められたトリフォリウムとトレーサリーの層に、新しいレイヨナン式の要素を導入している。ボーヴェーは、フランスの盛期ゴシック最大の大聖堂として計画されたが、結局、盛期ゴシック最後の大聖堂となった。

　ル・マン大聖堂(p.458B, p.460G)の内陣は、1217年から1254年の間に再建された。全体の構想はブールジュに由来し、著しく突出した13の祭室を伴う二重の周歩廊と、段状に低くなる断面、そして複雑なシステムのフライング・バットレスを持つ。しかしこの建物は、3人の異なる建築家(工匠)の痕跡がみられる点で異例である。外側の側廊と祭室は、エーヌ谷で修業を積んだ工匠が担当した。内側の側廊と大アーケードはノルマンディー地方出身の工匠の手によるもので、ノルマンディーに典型的にみられる群葉装飾と華麗な刳形をふんだんに用いている。しかし、バー・トレーサリーで分割された大きな窓は、パリで修業した工匠によるレイヨナン式である。

ノルマンディー地方

　ノルマンディーの初期ゴシック建築は非常に保守的で、鈍重な複合柱が、高窓前面に通路のある厚い壁を支持する。壁面はトリビューンを伴う3層構成で、ヴォールトは全て四分ヴォールトである。**フェカン大修道院聖堂**(1168-1218、p.467C)は、このような特徴を集約的に示す。小数の建築、なかでも**リジュー大聖堂**の外陣(1166頃-80)は、ランやパリのノートル・ダムなど、イール・ド・フランスの同時期の様式をよく反映している。3基の美しい塔を持つ**ルアン大聖堂**(1200頃-30、p.457C)は、フェカンのタイプに4層構成の壁面を適用したもので、床のない珍しいトリビューンを持つが、イール・ド・フランスの盛期ゴシックからの影響をも示す。

　カンの**サンテティエンヌ聖堂**(アベイ=オーゾム、p.392、p.393D)の内陣(1190頃-1200)は、複合柱とリブの刳形を陰影の強い小波形にするなど、より想像力に富んだ手法を適用している。そして、厚い壁の中の通路をこれまでよりも優美にするとともに、相互に往来のできる広々とした放射状祭室を採用している。壁面には、幾何学形あるいは花弁形を内包する円窓、もしくはパテラと呼ばれる同様の形の円形装飾が散りばめられる。この方法は効果的で、かつ受け入れやすかったので、**バイユー大聖堂**の内陣(1230頃-40、p.467D)と**クータンス大聖堂**(p.468A)の内陣(1220頃-40)でも用いられた。クータンスはまた、ブールジュとル・マンのグループに属し、段状の断面構成を持つ二重の側廊を従える。クータンスが誇る交差部の八角形の塔は、フランスで最も壮麗な塔の1つである。

　ノルマンディー地方は中世の教会堂が多いことで有名である。よく知られた例としては、以上の他カンの**サン・ピエール聖堂**(1308-1521)、リジューの**サン・ピエール聖堂**(1170-1235)などを挙げることができる。

ブルゴーニュ地方

　12世紀のブルゴーニュの建築にみられる一貫性は、この地に数多く存在するシトー修道会の重要な大修道院によるものである。その特徴は、**ポンティニーの大修道院聖堂**(外陣1160頃、内陣1180-1200)に典型的にみることができる。ポンティニーのこの教会堂は、全体に優美ではあるが、構造は保守的で体積が小さく、身廊壁面は2層構成である。細部装飾はより豊かだが構造的にポンティニーと同様の保守性を示すものとして、**ラングル大聖堂**(1160頃)を挙げることができる。**ヴェズレーのラ・マドレーヌ聖堂**(p.389B、p.390、p.460J)の内陣(1180頃-1200)は、それまでで最もイール・ド・フランスのゴシックの発展に同調した建物で、3層構成の壁面と相互に通じる広々とした祭室は、ともにサン・ドニにならう。

　オーセール大聖堂(1215頃-33)もまた、引き続いてフランス・ゴシックの発展に関心を示しており、ランスからはランス型通路を、シャルトルからは、トリフォリウムを持つ3層構成の壁面と、トレーサリーで分割された大きな高窓、そして2つのスパンを持つフライング・バットレスを借用している。これまでになかった空間の広々とした開放性は、**リヨン大聖堂**(1230頃)の外陣とその他のブルゴーニュの教会堂、たとえば**ディジョンのノートル・ダム聖堂**(1220頃)や**スミュール=アン=オーソワのノートル・ダム聖堂**(1230頃、p.468C)などに、優美な雰囲気を与えるとともに、新しい型を提供している。なお、スミュール=アン=オーソワではその後、外陣を当時流行の2層構成に改めた。

A アミアン大聖堂、南東からの外観（1220-70） p.461 参照

B アミアン大聖堂、内観−交差部の北東部分をみる

C フェカン大修道院聖堂、内陣（1168-1218） p.466 参照

D バイユー大聖堂内陣、北側立面（1230頃-40） p.466 参照

A クータンス大聖堂、西正面（1220頃-91）　p.466参照

B トロワ大聖堂、西正面（1208-1429）　p.469参照

C ノートル・ダム聖堂、スミュール=アン=オーソワ（1230頃）
p.466参照

D アンジェー大聖堂、外陣から東側をみる（1160頃-1220）
p.469参照

フランス西部

　フランス西部のゴシック建築は、ロマネスク建築から、高さよりも幅を重視する構成を受け継ぐ一方、ホール式教会堂と単廊式教会堂に対する好みを引き継いだ。たとえば**ポワティエ大聖堂**(1160 頃-1200)はホール式で、また**アンジェー大聖堂**(1160 頃-1220、p.468D)は単廊式で建てられた。特に、フランスの西南部では単廊式が好まれ、**トゥールーズとボルドーの大聖堂**にその例をみることができる。いずれの形式の教会堂も、外壁のどちらかというと高所に窓を開け、その内側に壁内通路をとる。南部では、大きな身廊の空間から、建物の長手方向に沿って小さな長方形の祭室を突出させる型が発達した。**トゥールーズのドミニコ修道会聖堂**(p.470A)がその例である。特にアンジュー地方とポワトゥー地方では、ロマネスク以来の正方形ベイと正方形の四分ヴォールトが用い続けられ、それがドーム状の、いわゆるアンジュー・ヴォールトに発展した。このヴォールトは、**アンジェーのサン・セルジュ聖堂**(1215 頃-20)にみるように、多くの優雅なリブを持ち、極めて細い円柱に支持される。

　アルビ大聖堂(1282-1390、p.457F、p.470C)は、城塞のような特異な外観を持つ、フランスで最も広い幅 18 m のヴォールトを架けたレンガ造の単廊式教会堂である。この教会堂では、堂内に現れた控壁が、アプス型の東端部を含めて外周に連続して配置された側祭室を相互に仕切る。

レイヨナン式

　1230 年頃から、壮麗な盛期ゴシックの大聖堂の巨大な規模に対する反動が現れた。構造の考え方にほとんど変化はなく、レイヨナン式の最も顕著な特徴である窓の複雑なトレーサリーも、盛期ゴシックのランスとアミアンの流れからは逸脱していない。しかし、規模の縮小は、親密感を新たに生み出すとともに複雑な細部を増加させた。

　新しい様式は、1231 年に再建工事の始まったサン・ドニに現れたと考えられる。トリフォリウムを含む 3 層構成の壁面は盛期ゴシックの建築に由来するものの、高窓は棒状の石材を組み合わせたバー・トレーサリーで満たされ、トリフォリウムの背後の壁は、高窓層と同じガラス面の効果をつくりだすために開口される。高窓とトリフォリウムは、分岐した何本かの方立によって以前よりも緊密に結合され、壁面全体は複合柱と中断することなく上昇するヴォールト・シャフトによって統合される。このような意匠は、**トロワ大聖堂**(1208-1429、p.468B)、**ストラスブール(シュトラスブルク)大聖堂**(1245 頃-75、p.470B, D)、そして**アミアン大聖堂**の内陣(1236 頃-69)にもみられる。ストラスブールでは、下降する方立と二重のトレーサリーを持ち、段状に後退するやや年代の下る扉口が、壮麗なレイヨナン式の西正面に結合する。2 層の壁面構成は、3 連のポーティコを持つ**トロワのサンテュルバン聖堂**(1262 頃-70)において論理的な帰結をみた。レイヨナン式の装飾的な性格は、特に宮廷礼拝堂のような小規模な建築において、理想的な姿で表現された。その最も見事な例は、**パリのサント・シャペル**(p.471A)である。この礼拝堂は、キリストの聖遺物である茨の冠を納めるために、1242 年から 1248 年の間に聖王ルイによって建てられた。手の込んだ小尖塔と破風の華麗な装飾は、この種の建築を金属細工の聖遺物箱のようにみせる。

　イール・ド・フランスとシャンパーニュで発達したレイヨナン式は、13 世紀の後半にはノルマンディーに広まり、**エヴルー大聖堂**(1250 頃-1350、p.457B)、**セー大聖堂**の内陣(1270 頃、p.472A)がこの様式で建てられた。また、南部に到達して、**クレルモン＝フェラン大聖堂**(1250 頃-86)、**ナルボンヌ大聖堂**(1272 着工)、そして**カルカッソンヌのサン・ナゼール聖堂**(1270 頃-1325)が建てられた。レイヨナン式は、盛期ゴシックが成し遂げることのなかった勢いでフランス全土に広まり、13 世紀の初期に開花した地方ゴシックを追放してしまった。

フランボワイヤン式

　百年戦争の後に再建が必要となった建築は、特にフランス北部では相当な数にのぼり、これが建築の発展に新鮮な刺激を与えた。とはいえ、フランボワイヤン式は、14 世紀のうちに、たとえば1318 年に工事の始まった**ルアンのサントゥアン聖堂**(p.457D、p.459H、p.472B)などにおいて、すでに表れていた。トレーサリーのパターンは今や、ヴォールトを含むあらゆる面の上に広がる。ヴォールト自身は、**サン・ニコラ・デュ・ポール聖堂**(1495 頃-1574)にみられるように、小さい補助的なリブであるティエルスロンやリエルヌを加えることによって、複雑な星型のパターンとなる。その効果は、たとえば**ブール＝アン＝ブレスのブル聖堂**(1506-32)や、1446 年に工事の始まった**モン・サン・ミッシェル大修道院聖堂**(p.471C)にみられるように、柱頭を廃止し、連続した刳形を用いることでさらに高められた。

　トレーサリーのパターンは、相反する 2 つの方向に発展したように思われる。1 つは、イギリスの装飾式

A ドミニコ修道会聖堂、東側をみた内観、トゥールーズ
p.469 参照

B ストラスブール大聖堂、外陣を東側からみる（1245 頃-75）
p.469、p.528 参照

C アルビ大聖堂、東側からの外観（1282-1390）　p.469 参照

D ストラスブール大聖堂、西正面

A サント・シャペル、北東からの外観、パリ（1242-48）
p.469 参照

B サン・ヴュルフラン聖堂、西正面、アブヴィル（1488）
p.473 参照

C 南側からみたモン・サン・ミッシェル大修道院（教会堂、ロマネスクの外陣 1122-35、ゴシックの内陣 1446-）　p.469 参照

A　セー大聖堂、内陣（1270頃）　p.469参照

B　サントゥアン聖堂、南東からの外観、ルーアン（1318-）
p.469参照

C　オルレアン大聖堂、内観（15世紀末）　p.473参照

D　ノートル・ダム聖堂、南側の扉口、ルーヴィエ（15世紀後期）
p.473参照

からの影響を受けて、華麗な火炎状の形態に向かう流れであり、これは、たとえば**ヴァンドームのラ・トリニテ聖堂**の西正面（1450頃-1500）や**アブヴィルのサン・ヴュルフラン聖堂**（1488、p.471B）にみることができる。もう1つは、イギリスの垂直式の意匠の影響を受けて、**オルレアン大聖堂**（15世紀末、p.472C）にみられるような厳格なパネル状の形態に向かう流れである。レイヨナン式の表現の鋭角性は、刳形と柱礎をプリズム状の断面で強調することによって、さらに前面に押し出される。たとえば、いずれもマルタン・シャンビージュの手になる作例だが、サンス大聖堂（1494頃）やボーヴェー大聖堂（1499頃）のトランセプトのファサード、あるいはトロワ大聖堂の西正面（1506頃）を挙げることができる。

事実、外部意匠はかつてよりもずっと華麗になった。**ルーヴィエのノートル・ダム聖堂**の南側の側面全体（15世紀後期、p.472D）、特に南側扉口の金銀細工の透かし彫のような外装が、その好例である。アプスとポーティコの平面は、12世紀末以来一定の型に落ちついていたのだが、ここにきて三角形の形態に新たに関心が向けられるようになった。**コードベック=アン=コウの聖堂**（1426頃、p.460D）のアプス、ルアンの**サン・マクル聖堂**の西側ポーティコ（1436頃-1520）がその例である。特に後者は、フランボワイヤン式の全ての建築のうちでおそらく最も華麗な作品である。サン・ニコラ・デュ・ポール聖堂と**パリのサンテティエンヌ・デュ・モン聖堂**（1452-1540）にみられるように、大オーダーに対する関心も再び高まってきた。そして最後に、**パリのサントゥスタッシュ聖堂**（1532-1640）は、細部はほとんどルネサンスに従いながらも、ブールジュの建築家が追究した壮大な二重側廊と段状の断面構成に立ち戻っている。

フォントネのシトー会大修道院の回廊（p.474A）は、12世紀の中頃の修道院の中でも、ほぼ完全な姿で残る傑出した例で、優美な「縦節理石材」のシャフトとハート形葉飾りの柱頭を持つ。絶景を誇る**モン・サン・ミッシェルのベネディクト会大修道院**（1215頃-28）にあるヴォールトを架けた2つのホールの壮麗さは、華麗な彫刻を持つ回廊とともに、同時期の宮殿にも匹敵したに違いない。

世俗建築

ゲイヤール城（現在は廃墟）は、おそらくフランスで最も見事な城郭であろう。この城は、イングランドのリチャード1世が、カペー家からノルマンディーを防衛するために、1196年から1198年に建設したもので、重厚なキープ（天守）の周囲に死角をつくらないための緻密な計算がなされている。13世紀には、フランスの大規模な城のほとんどは、隅に塔を持つ長方形の城壁内に守備隊を収容するようになった。そして、**カルカッソンヌ城**（1240-85、p.475A）にみるように、武装した城門が次第に重要な役割を果たすようになった。それは、この種の城門は、移動の容易さを損うことなしに効果的な防御が可能だったからである。**アンボワーズ城**（1434着工）は、そのもう1つの例であるが、大部分はルネサンス様式に改修された。城と同じ原理が、都市全体の防御にも拡張された。その例として、**カルカッソンヌとエーグ=モルト**（1271-1300）を挙げることができる。しかしながら百年戦争の恐怖を経て、城郭は、**アヴィニョンの教皇宮**（1316-64、p.474D）にみるような、防御を固めた宮殿となることも事実上多かった。防御の中心を再びキープに移したものもみられる。このような城は、例えば**ヴァンセンヌ城**（1364-73、p.474B）のように、四隅に塔を備えた長方形平面となるのがふつうであった。

封建制度の下では、都市の自治が成立しにくかったので、市庁舎が建てられることは非常に少なかった。**アラスの市庁舎**（1510、p.477A）は、街路に面してアーケードを持ち、高大な鐘塔を備える。**コンピエーニュの市庁舎**（15世紀初期、p.477B）のように1914年から1918年の戦争で損傷を受け、その後復興されたものもある。**ブールジュの市庁舎**（15世紀、p.476C, F）はフランボワイヤン式の塔を持ち、**ドゥルーの市庁舎**（1502-37、p.477C）は小尖塔のある塔を隅部に置き、傾斜の急なピラミッド型の屋根をのせる。

田園邸宅

火薬の導入と、15世紀の新しい社会秩序の発展により、田園の邸宅が、従来の防御を固めた城塞に取って代わった。ただこれらの邸宅も未だ「シャトー」と呼ばれていたことに変わりはない。**モルトレーのシャトー・ド**（p.476A）、および**シャトー・ド・シャトーダン**（1441再建）はともに、城というよりもむしろ堂々たる邸宅である。**ブロワの城館**（東翼1498-1504、p.476E）は、13世紀の大広間と、中庭に入る城門を持ち、後年この周りに建物が増築された。ルイ12世のゴシック様式のらせん階段は、おそらく、初期ルネサンスのフランソワ1世の見事な階段の手本となった。**ブルターニュ地方のシャトー・ド・ジョスラン**（p.475B）は12世紀まで遡るが、16世紀初期に再建された。円形の塔、玉葱形の入口の頭部、マリオンのある窓、トレーサリーの施されたパラペット、そして屋根窓を備えた急傾斜の屋根を持つ。この建物は、フランス各地にみられる

A シトー会大修道院、フォントネ（12世紀中頃） p.473 参照

B ヴァンセンヌ城、キープ（1364-73） p.473 参照

C ジャック・クェールの邸館、ブールジュ（1442-53）
p.478 参照

D アヴィニョン、南側からの鳥瞰、教皇宮（1316-64）を望む p.473 参照

A　カルカッソンヌ城、堀に架かる橋を通って城の中に入る（1240-85）　p.473 参照

B　シャトー・ド・ジョスラン、ブルターニュ地方（16世紀初頭に再建）　p.473 参照

476 | ルネサンスまでのヨーロッパと地中海周辺の建築

Ⓐ シャトー・ドー、モルトレー
Ⓑ 裁判所、ルアン
Ⓒ 市庁舎、ブールジュ
Ⓓ 木骨造住宅、カン
Ⓔ ルイ12世の階段、ブロワの城館
Ⓕ マントルピース、ブールジュの市庁舎
Ⓖ 木骨造住宅、ボーヴェー
Ⓗ クリュニー邸、パリ
Ⓙ ハーフ・ティンバーの住宅、サン・ロー

フランス・ゴシックの世俗建築

A 市庁舎、アラス（1510） p.473 参照

B 市庁舎、コンピエーニュ（15世紀初期） p.473 参照

C 市庁舎、ドゥルー（1502-37） p.473 参照

D クリュニーの邸館、パリ（1485-98） p.478 参照

この時代の邸宅の典型である。

都市住宅

15世紀に、フランスの貴族が武装した城に住む封建領主であることをやめ、今日「オテル」と呼ばれる住宅を建てた時に、「高級住宅(メゾン・ノーブル)」が始まった。この住宅は田園邸宅と同じく中庭を囲んだ平面で、街路に面したファサードの意匠にこる。**ブールジュのジャック・クェールの邸館**(1442-53, p.474C)は、疑いなくフランスの最も美しい中世都市邸宅に属する。豪商の建てたこの邸宅は、中庭を囲み、一部を市壁の上にのせかけて建てたもので、7基の階段小塔を備える。**ルアンのブールテルルドの邸館**(1475頃)もまたこのタイプの邸宅の好例で、中庭に面した建物のファサードは、この町の裁判所と共通の要素を持つ。中庭に面して1501年から1537年に建てられた初期ルネサンス様式の部分がこのファサードに隣接してあり、そこにはフランソワ1世とイングランドのヘンリー8世が1520年にいわゆる「金帳陣営」で会見した時の模様を描いた薄肉彫がある。これらのファサードは、1944年に大きな被害を受けた。**ディジョンのシャンベランの邸館**(15世紀)は、この時期の大規模都市邸宅の例である。中庭にはらせん階段の小塔があり、その心柱は頂部で分岐して華麗な彫刻となる。また街路に面したファサードには、木製の彫像がある。**パリのクリュニーの邸館**(1485-98, p.477D)——現在は博物館となっている——は、後期ゴシックの美しい例で、中世の特徴をよくとどめる。アーケードの上には礼拝堂があり、そこに付けられたフランボワイヤン式のトレーサリーと拳葉飾り(クロケット)と頂華(フィニアル)を持つ。心地よいプロポーションの出窓を、アーケードの中央の柱が受ける。**パリのサンスの邸館**(1485)の外壁は、対称に配置された大きな窓がうがたれ、建築手法の大きな変化を示すと同時に、より安定した都市社会を先取りしている。

現存する小規模な町屋もある。たとえば、クリュニーには戸口と窓が後期ロマネスクに属する町屋が残るし、サン・ロー(p.476J)、リジュー、カン(p.476D)、シャルトル、ボーヴェー(p.476G)、そしてルアンには、彫刻の施された破風板を持ち、上階が持送りになった町屋が残る。しかし大部分の町屋は、風雪による破壊と火災に打ち勝つことができなかった。現存するこれらの町屋の年代は、全般的に15世紀よりも遡ることはない。

イギリス：建築の特色

フランス以外のヨーロッパで、ゴシックが最も長期間存続し、かつ変化に富んだ歴史を展開したのはイギリスである。フランスの手本に対するイギリスの姿勢は、多くの理由から曖昧で一貫性がなく、かつ批判的でさえあった。ドイツとは反対に、イギリスはいかなる場合も、フランス人に対して弟子の立場をとることはなかった。この独立性の強さと敬意の欠如という点では、イギリスのゴシック期の建築家は、ドイツよりもむしろイタリアの建築家にはるかに近かった。しかし、イギリスの建築家は、イタリアの建築家が成功しなかった独自の方法で自らのゴシック建築を生み出した。ジョン・ハーヴェイが垂直式をイギリスの国家様式と呼んだ時に、彼自身、愛国心で我を忘れていたのかもしれない。しかし、この命名に対して本気で批判を加える者はいない。

ゴシックは、フランスで揺籃期を過ぎる以前に、イギリスにもたらされた。すでに1160年代に、イングランド北部の建築家が、フランスの教会堂に現れ始めた意匠に関心を示していた。ヨーロッパの他の地域と同じように、シトー修道会が模範を示したとも考えられるが、イングランド北部におけるゴシックの流派全体の源流となった要の建築は、おそらくヨーク大聖堂の内陣(後に再建された)である。これよりも少し後、西部でもやはり早熟だが同じく皮相的な試みがなされ、ウェルズとグラストンバリに傑作を生んだ。この北部と西部の初期ゴシックは、構造よりもむしろ表面意匠の現象であった。すなわち、アングロ・ノルマン時代の基本的な特徴を多く残した壁体に、ゴシックの化粧を施したものであった。外見に対するこの気配りは、以後、イギリス・ゴシックの最後まで一貫した特徴であり続けた。そして、フランスの建築家ならばゴシックとは呼ばないであろうような骨組に、ゴシックの細部と装飾を接ぎ木するこのような試みは、イギリスが選び得た批判的な試行の結果であり、かつ好みの真の表現でもあった。

しかし、このような姿勢は不変ではなく、大きな例外もあった。カンタベリー大聖堂の新しい内陣(1174)は、建築家がフランス人であったという事実からも推察されるように、先行する建物から引き継いだ平面であったにもかかわらず、構造的にもみかけの上からもゴシックであった。同じことがリンカーン大聖堂(1192)についてもあてはまる。ただリンカーンの場合は、おそらくいかなる先例にも従うことのない新奇性に対する偏向を初めから示している。これらの教会堂

は、フランスの初期ゴシックに対応するイギリスの例である。もう1世代後のウェストミンスター・アベイ（1245）と、条件つきではあるがソールズベリー大聖堂（1220）は、フランスの盛期ゴシックに対応するイギリスの例である。

論証を進めるために、リンカーンを東南部に含めることが許されるならば、この地方はイギリスにおいてゴシックを進んで試みた第3の地方となる。この地方はともかくフランスに近く、無差別に様式を受け入れたわけではないにしても、大陸の着想と流行に対しては開放的であった。とはいえ結果的には、フランスで展開されたものとは決して似つかない美的構想が生み出された。高く上昇する空間と背の高いステンドグラス窓のかわりに、イギリスは華麗な刳形と、磨かれたパーベック大理石などのシャフトによる豊穣な外装表現を好んだ。ヴォールトは、最大規模の建物には使用されたが、盲目的に崇拝されることはなかった。しかし、それがさまざまのパターンをつくりだす可能性をはらんでいることに気がついた時、彼らはヴォールトに関心を向け始めた。そして全く同じ理由から、木造小屋組に対しても、ヨーロッパの他の国々にはみられないような好奇心を示した。

他の地方よりも南部と東部においてゴシックの発展が先行していたという事実は、その後の歴史にも影響を及ぼした。それが決定的になったのは、ロンドンが国家の首都として台頭してきた時である。ロンドンのゴシックは、サウスワーク大聖堂とテンプル・チャーチにおいてかなり控えめに始まった。しかし、13世紀後半には、ロンドンはイギリスの建築の中心地の中でも特に抜きんでた地位を占めるようになっていた。その萌芽となった建物が、ウェストミンスター・アベイとセント・ポール大聖堂である。

ウェストミンスターは、その価値に見合う以上の過大の評価を受けてきた。文献資料がたまたま例外的に豊富であるという偶然によって、ウェストミンスターの歴史的な重要性が誇張される結果となったのである。ウェストミンスターは、王室の支援を受けた最初の大きな教会堂ではない。にもかかわらず、盛期ゴシックをイギリスに移植する際にみられたあまり熱心とはいえないウェストミンスターの努力が、イギリスの建築史上の転換点として誇張されてきた。そしてその一方で、ウェストミンスターは、王室との結び付きから、宮廷様式と呼ぶべきものの源泉として位置づけられてきた。イギリスに限らず、王室が1つの様式の創造に積極的にかかわったなどと考えるのは誤りである。様式はパトロンによって生み出されるのではなく、パトロンを喜ばそうと努力した建築家によってつくりだされるものだからである。

王室は、ここではロンドンと読み替えるべきである。13世紀は、建築工事の数、そしてその範囲と種類が、ともに著しく拡大した時代である。1200年には、1人の熟練した石工が同時に1つの手間仕事だけに従事し、雇い主である1つの教会堂から賃金の支払いを受けることによって、職人としての人生の大半が賄われるのが、おそらくまだ普通であった。1300年までに、建築家は同時に複数の仕事をこなすようになっていた。建築家は細部の意匠を案出するとともに、コンサルタントとしても活動した。1400年までには、建築工事の請負契約を行う者も現れた。ただ、このような規模で、建築家を継続して雇用できる大都市は、イギリス国内にはそれほどなかった。ブリストル、ヨーク、ノリッジはそれが可能であった。そして、ロンドンはこれらの都市をはるかに凌いでいた。ロンドンには、王室を含む最良のパトロンが集まる傾向があった。ロンドンでは、パトロンが建築家を必要とした時に、有能な人材を見出せる可能性が大きかった。その一方で、ディック・ウィッティントンのように、地方の建築現場で成功した野心的な石工が出世の道を求めてロンドンにやってきた。ウィリアム・ラムゼイはイングランド東部から、またヘンリー・イェーヴェルはおそらくダービーシャー州からロンドンにやってきた。

要するに、1250年頃までは、イギリスの建築家は放任され、ゴシックについては自由な考えでいられたのである。彼らには、フランスの様式的規範に従うべき圧力は何もなかった。彼らの大部分は、フランスで進行していた事柄に、おそらく何も気がついていなかったであろう。しかし、その後の百年間に事情は一変した。消息通のパトロンはフランスをよく知っており、フランスの趣味を気取るのが当世風となったのである。その結果、イギリス・ゴシックは、フランス・ゴシックに同調するというよりも、むしろ地方的に孤立した状態から抜け出し、創造の第一線に立つことになった。後期ゴシックがフランスのレイヨナン式が提起したテーマの多様な表現形式の集合全体であるとするならば、イギリスが一時期それを先導したといってもよいであろう。形態の変革は海外から細部意匠を直接取り入れることによって行われることもあったが、それよりもむしろゴシックの意匠の本質を知識としてマスターし、それをフランスがまだ追究したことのないような建築表現にまで拡張して適用することによって行われた。イギリスがなした最大の貢献は、三次元における表面パターンの巧みな扱いにある。たとえば、トレーサリーのパターンは、窓が眺められる空間を考慮して構成され、多角形の平面構成は空間の効果を高めるために活

用された。同じように、リブのパターンも、もはやヴォールトの輪郭にとらわれることはない。リブとシェル（曲面板）の概念の分離は、文字通り遠大な影響を及ぼした。

ブリストルの側廊、ウェルズの奥内陣、そしてイーリの八角塔は、それぞれの手法において、あらゆる時代を通して最も洗練された建築の構想を実現した例である。また、これらの例は例外的なので、歴史書の中でも特に際立っている。したがって、創造的な実験の時代は長くは続かず、卓越した作品の数も多くはなかったということを、はっきりと理解しておくことが重要である。しかも、興奮が静まり、様式が落ち着くところに落ち着いた時には、同じ実験が再び繰り返されることはなかった。

次の200年間は、初期と同じく、イギリス・ゴシックは島国的にほとんど孤立した状態にあった。しかし、今やゴシックの最良の意匠は、ほとんど全て、細くて線的な刳形と鏡板を嵌めたトレーサリー格子によって案出される（p.498B）。ファン・ヴォールト（扇状ヴォールト）にみるように、ヴォールトでさえトレーサリー化する傾向にあった。内部空間全体の均一化をめざす明らかな願望が、ここにはある。この願望は、特殊な空間に向けられることももちろんありはしたが、一般的には側廊付きの教会堂よりも単一の広間からなる礼拝堂において、より理想的な形で実現された。それを最も完全な形で、しかも壮大なスケールで実現したのは、ケンブリッジのキングズ・カレッジ・チャペルである。そして、キングズ・カレッジほどのスケールではないにしても、個々のパトロンが彼ら自身の鎮魂ミサを捧げるために寄進した、数えきれないほど多くの礼拝堂で実現された。

以上、3つの小項目に分けで説明したゴシックの大まかな分類は、それぞれ初期イギリス式、装飾式、垂直式という慣例的な様式分類にほぼ対応する。この様式分類については、イギリス・ロマネスク（ノルマン式）の例にならって、内外の立面、扉口、窓、円柱の柱頭と柱礎、そして刳形など、建築の細部の比較と説明がなされている（p.440-446）。しかしながら、リックマンをはじめとする19世紀の手引書（「参考文献」参照）にみられるような、初期イギリス式と装飾式と垂直式の諸特徴が、これらの様式相を十分に明らかにしていると考えるのは誤りである。それらの特徴は、文書資料のない時に建物のだいたいの年代を推定する場合や、そしておそらく工房によってグループ分けする場合には、十分かもしれない。しかし、それらはあらゆるものを同じレベルに引き下ろしてしまう危険性がある。実際、このような特徴は大聖堂や大修道院よりも教区教会堂によくあてはまる。それは、教区教会堂が大聖堂よりも建築としてずっと単純だからである。しかし中世後期には、教区教会堂さえも自らにふさわしい芸術の形態を身につけるようになったので、これらの教会堂を単なる細部の寄せ集めとみなすのは、失礼であろう（p.481、p.482）。

なじみの深いイギリス・ゴシックの名称と期間は、トーマス・リックマンに負っているが、分類自体は、彼にとって最も都合のよい根拠、すなわち当時まだ日常的に使われていたキリスト教建築に基づいてなされたものである。これらの建築の大部分は今日でも使われており、建築職人の最高の成果を示している。しかし、それらは実際に建てられたもののごく一部でしかない。残りのほとんど全ては、消失したか、廃墟となったか、あるいは原形をとどめないほどの改修を受けた。現存する教会建築のみを対象とし、他を顧みないような不平等な見方をするならば、ゴシック建築が教会の要望を満たすために建てられたという事実を確認することはできても、教会堂以外の建築に関する限り、中世建築はいかなる意味においてももはやゴシックではなくなり、様式の範囲を見誤ることになろう。中世建築で、姿を的確に思い浮かべることのできる教会堂以外の重要なものは城である。当時の姿のままで現存する城はほとんどない。しかし、廃墟や改修を受けた城をみただけでも、建築家は教会堂にはふんだんにみられる様式的空想を楽しまず、また様式的空想がある場合にもそのほとんどは、たとえばボーマリス城のように、礼拝堂の中に限られることを容易に確認できる。城の本質的な機能は軍事にあり、したがってもし意匠に凝ったとしても、それはそこに住む人の住居としての快適性を考慮してのことである。それゆえ、城においては小数の尖頭アーチ以外にゴシックの意匠が多用されることはめったになかった。

重要な城郭建築は、そのほとんどが王室の所有であり、したがって教会堂の建設よりも城の建設の方が王家を建築産業に接触させるのにはるかに貢献した。まれではあるが、緊急措置が必要な場合には、たとえばウェールズにあるエドワードI世の城のように、国王が必要な石工を全て徴用することもあった。

城郭建築に費やされた思考と、大聖堂の創造に費やされた思考は全く別の種類のものである。城では想像力よりも知力の方が勝る。この意味で、北ウェールズの城は、聖地以外のどこよりもおそらく強い印象を与える。ボーマリス城はアングルシー島を監視する武装化された橋頭堡であった。ハーレック城は警備の拠点であった。コンウェイ城（とカーナヴォン城）は城であると同時に王室の住居でもあった。そして、これらの城は、ウェールズ人の抵抗の究極の要塞であるスノー

第 14 章 ゴシック 481

A ティルティーの聖堂、エセックス州（13世紀および14世紀）　p.480 参照

B セント・トーマス・オブ・カンタベリー聖堂、内陣仕切アーチの上に描かれた「最後の審判」、ソールズベリー、ウィルトシャー州（16世紀初期）　p.480 参照

A サウスイーズの聖堂、サセックス州(15世紀) p.480 参照

B セント・アンドリュー聖堂、南西からの外観、ヘッキントン(14世紀) p.480 参照

C ホーリー・トリニティー聖堂、外陣から東側をみる、ブリスバーグ、サフォーク州 p.480 参照

D デニントンの聖堂、内陣正面仕切桟敷、サフォーク州 p.480 参照

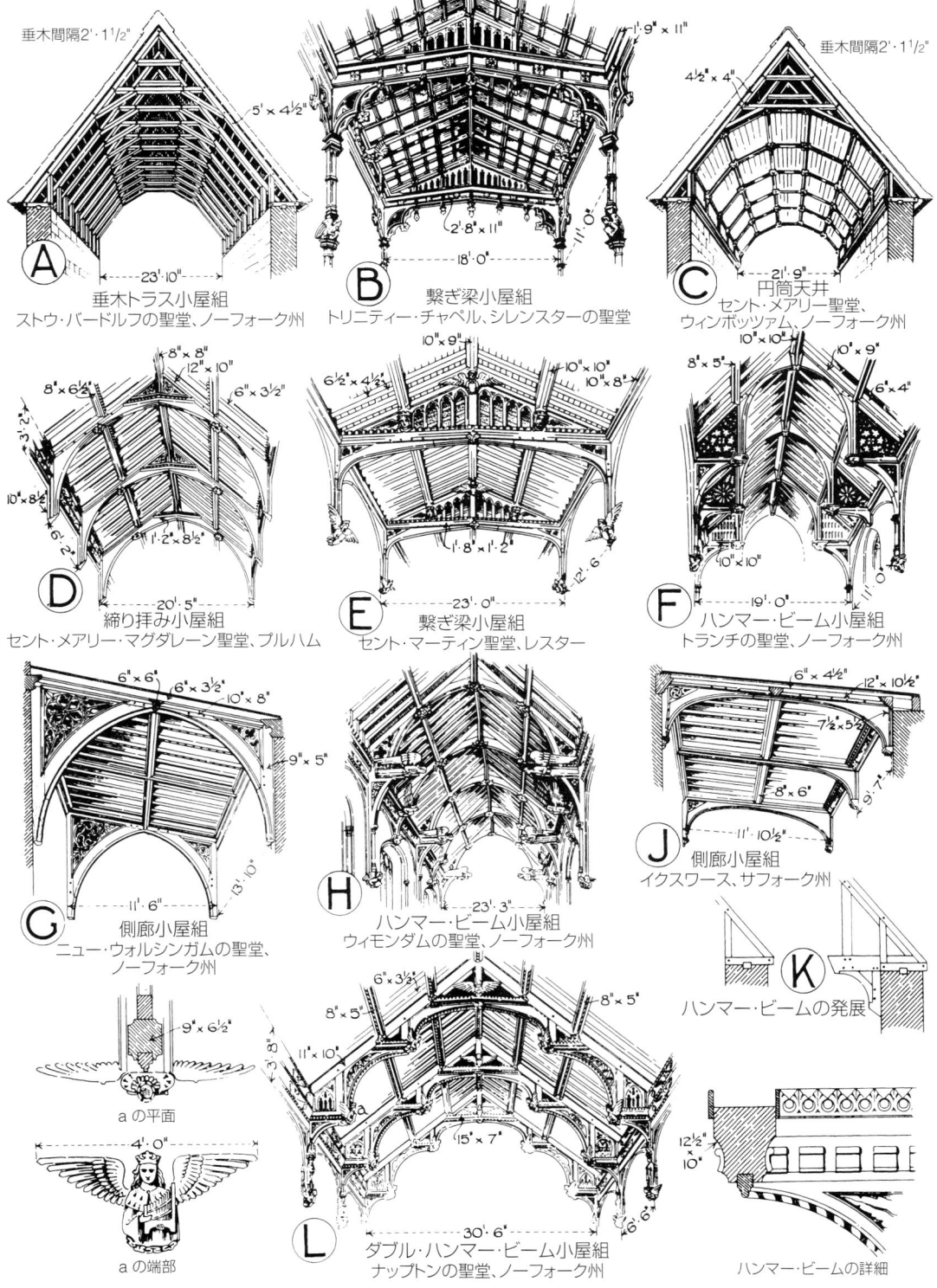

第14章 ゴシック 483

木造教会堂の小屋組

ドン山を包囲する。しかし、城には実利的な意味と同時に心理的にも大きな意味があった。城は、近寄りがたいシルエットを形作る集落であった。城は、力のイメージとして、どの点からみても荘厳な教会堂と同じく雄弁だったであろう。

城には、軍事的な機能と居住の機能の間に、常に潜在的な対立があった。生活上の便宜は、防御のためにある程度犠牲にならざるをえなかった。しかし、やがて法律に対する信頼が高まり、戦闘手段の発達によって城が時代遅れになった時、平和な個人生活に適した住宅に価値を見出して城を捨てる傾向が、はっきりと表れた。

壮麗な教会堂や巨大なプロポーションの城とは異なり、中世の大邸宅は、生活様式の変化に適合しきれずに、そのほとんどが消失してしまった。しかし、建て替えるかわりに改装を施したものも小数あった。そして中には、建て替えるにはあまりに貧窮化していたか、あるいは中世後の世界において中世の邸宅を所有していることを、社交界におけるステータス・シンボルと考えるようになったか、どちらかの理由によって、邸宅を何とか当時のまま維持してきた例もある。

ノルマン征服から宗教改革までの間にイギリスに起こった大きな社会変動は、住宅建築に否応なしに反映された。最初の頃は、比較的裕福な人々だけが住宅と呼べるような建物を持つことができた。それは、各荘園の物理的な中心であった。荘園の領主は周辺領民の中心にいて、生活の大半を公衆の中で過ごした。そして、それに欠くことのできない場が住宅のホールであった。私生活はホールに付属した唯一最小限の部屋で営まれた。住宅の発展は2つの方向、すなわち外方向と上方向に起こった。礼拝堂や、厨房、食糧庫などの特定の機能を持つ部屋は、より広い司教館などの場合と同じように、ホールのそばに建てられるか、あるいは、数階建の塔状の建物の中にコンパクトにまとめられるか、そのどちらかであった。建築的には、後者の方が意欲的であり、結局は大きな成果を生むことになった。塔状の住宅は機能上階段が必要で、特定の部屋に特別に階段を設ける必要もしばしば生じたことから、いろいろな工夫がなされた。

住宅の平面構成は配置計画にみることができる。住居を共同住宅として中庭の周囲にまとめて配置し、ファサードの中心に堂々たる楼門を置いて意匠上の焦点とする構成は、ルネサンスの創案ではなく、中世に生まれたものである。イギリス中世の建築のこのような特徴を今日最もよく伝えているのは、古い歴史を持つ大学のカレッジである。そのうちの最も質の高いものがオックスフォードとケンブリッジにみられるとはいえ、

カレッジは学校だけに限られるのではない。カレッジは、その原型となった修道院からあらゆる階層の社会組織にまで広まった共同生活の理想の、建築的な表現であった。そのほとんどの組織では慈善行為によって財政が賄われた。ここでその恩恵にあずかる人々は、ある一定の形式に従い、共同で規則正しい食事をし、礼拝をしたのである。その結果、このような組織では、常にホールと礼拝堂が最も重要な存在となった（p.485A、p.486A）。とはいえ、ハンプトン・コート・パレスのような大規模邸宅と、ケンブリッジのセント・ジョンズのような大規模なカレッジの間には、明確な区別はない。

ハンプトン・コート・パレス（1520頃着工、p.485B、p.514）は、いかなる基準に照らしても例外的な存在である。この建物が建った時には、教会堂はともかくとして、少なくとも大規模住宅においては、レンガが石材にかわる建築材料としてすでに定着していた。しかし、住宅建築の大半は木造であった。そして、そのような状況は、中世が形式的に終りを告げた後も長く続いた。

木造建築の最初の形態は、ベールに包まれていて不明瞭である。ただ、考古学的な発掘によって明らかになった掘立柱の穴の配列から、推定できるだけである。年代が確定できる現存の建物は、いずれも13世紀以降のものである。この年代以降、木造建築が地方ごとに固有の形式を発展させていくのをみることができる。その形式は、地方によって異なり、年代的に重複はするものの、全て新しく現れた社会階層の多様な要求に応えるために工夫されたものである。新興階級が、彼らよりも上層の階級を真似ることに熱意を燃やす限り、すでに確立された上層階級のパターンが、住宅にも反映されることになる。発展の核となったのは、サービス用の区画と寝室を伴う、何らかの意味でホールと呼ぶことのできるような空間であった。発展にはかなりの一貫性があって、上階に部屋を付け加え、煙突を備えた暖炉の周りを取り囲む、という発展のパターンが一般的であった。しかし、中世を代表する中層階級の生活はより質素だったので、富裕階級の邸宅を不完全かつ不十分にしか反映させることができなかった。

地方の建築は自らの勢いによって発展し、その地方固有のデザインの論理は、日常生活の実用性に厳密に一致するものであった。それはまた、木造建築の技術の問題によっても条件づけられた。木造骨組の強度は、荷重を受ける部材の有効性と接合部によって決まった。木造の専門技術は非常に特殊であったので、ゴシックの石造技術との接点はほとんどなかった。木造建築には彫像を施す余地がほとんどなく、したがって装飾は

A イートン・カレッジ(1440)、鳥瞰。1. 入口、2. 礼拝堂、3. カレッジ・ホール、4. 高等科、5. ウェストンズ・ヤード、6. 学寮長宿舎、7. 校長住宅　p.484 参照

B ハンプトン・コート・パレス、西楼門(1520 頃-)　p.484、p.512 参照

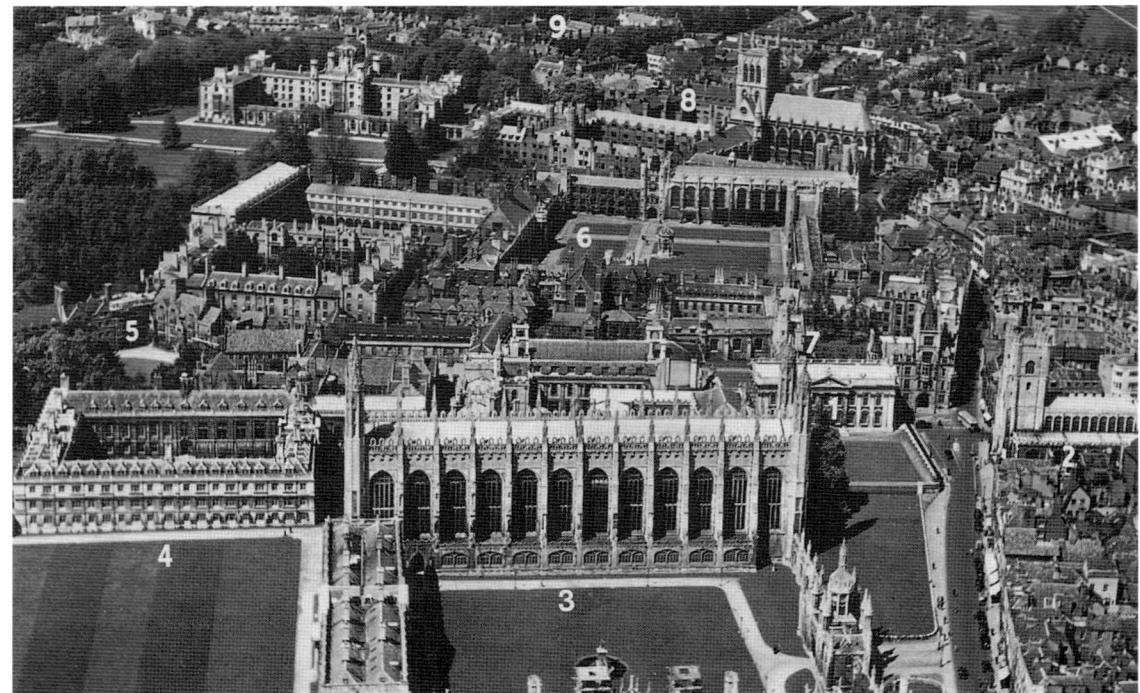

A ケンブリッジ、南側からの鳥瞰。1. 評議員会館、2. セント・メアリー聖堂、3. キングズ・カレッジ、4. クレアー・カレッジ、5. トリニティ・ホール、6. トリニティ・カレッジ、7. ゴンヴィル・アンド・カイウス・カレッジ、8. セント・ジョンズ聖堂、9. マグダレーン・カレッジ　p.484、p.493 参照

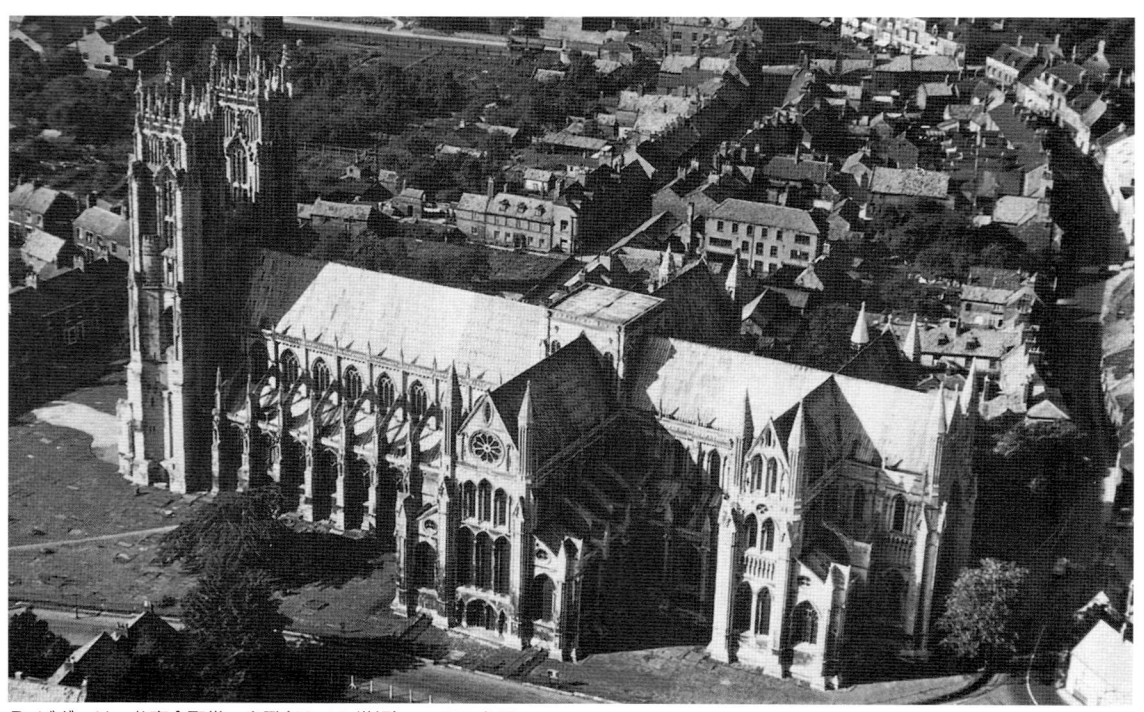

B ビヴァリー参事会聖堂、鳥瞰（13-15 世紀）　p.487 参照

表面的で一貫性がないか、あるいは教会建築とは関係なく全く独自に発案されるかのどちらかであった。木造技術と石造技術は、互いに全く独立したものであった。

しかしこのことは、石工と大工の間に全く交流がなかったことを意味するものではない。ただ、どの程度影響を与え合ったかを特定するのは難しい。それは、1つには、現存する証拠は標準からはずれた例外に焦点をあてがちであり、他方、研究者自身がどちらかの分野の専門家であることが多く、公正な判断のできる立場にいるものが極めて少ないからである。しかし、石工と大工が共同することがあった、ということについては反論はない。ヴォールトの有無にかかわらず、教会堂は全て木造の屋根を架ける（p.483）。なかにはヨーク大聖堂のように、石造にみせかけてつくった木造のヴォールトを持つものもある。地方の建築にみられるクラック［訳註：木造の小屋組と軸組を構成する左右一対の大きく湾曲した合掌材、p.515B参照］が、このような木造ヴォールトの湾曲したリブから着想を得ていることは、確かである。逆に、ウェストミンスター・ホール（1399、p.509A）の、石造のトレーサリーの装飾を思わせるような外観を持つハンマー・ビームの小屋組は、芸術作品のレベルにまで到達した純然たる木造の構造物である。イギリスの後期ゴシックに石造ヴォールトが少ないのは、意匠を凝らしたこの種の小屋組があったからだともいえる。石の墓、あるいは金銀細工の聖遺物箱や聖体顕示台（たとえばチェスター大聖堂内陣の聖職者席）と同様に精巧な天蓋を全て木でつくることのできる大工の棟梁もいた。このことは、ゴシック芸術の作品を別の材料でつくる専門職人のためのパターン・ブックや工作技法の手引きを利用できる者がいたことを、暗示させる。このような知識の伝授は、決して一方通行とは限らなかった。大きな疑問は、木骨造住宅の設計に、教会堂の設計と同一の幾何学的方法が用いられたのかどうか、ということである。もしそうであるならば、常にそうであったのか、またその慣習はいつ始まったのか。もしそうでなかったならば、他にどのような方法を用いたのであろうか。今のところ決定的な解答は見出されていない。

しかし、少なくとも次のことは確かである。すなわち、建築産業の重心が、ゴシックの初期には石工の領分である大規模教会堂の側にあったが、末期には世俗の側に大きく偏心した。このことは、木造技術と石造技術の統合があった、ということをある程度意味する。世俗の建築工事の数がかなり多かったにしても、重心の移動は単に統計学の問題ではなかった。さらに重要なのは、社会がより複雑で高度なレベルに移行するのに伴って、建築産業に対する要求が次第に多様化しており、それらの多様な要求を満たすためには、教会建築のゴシックはあまりに専門的で、1つの特殊な意匠のタイプに執着しすぎていたということである。後期ゴシックは、ゴシックから少しずつ脱却することによって、社会の多様化しつつあった要求に応えようとしたのである。

教会と世俗の対比を強調しすぎるのは間違いかもしれないが、このような対比は15世紀の歴史的状況を説明するのに都合がよい。宗教改革が、教会堂の建設とそれに伴う教会のパトロネージの全ての形式を終了させた時、建築家は、4世紀以上にわたって形作られてきた様式の最後の痕跡を、ぬぐい去らざるをえないことに気がついた。そして、それに取って代わるべき様式の追究が、避けられない課題となったのである。

イギリス：実例

教会堂

イギリス、特に地理的歴史的事情から、イングランドにおけるゴシック様式の発展を示すために、まず教会堂から説明を始める。これらの教会堂の多くについては、以下一連の比較平面図（p.488-491）および、立面と細部の比較図面（p.440-446）に基づいて、説明がなされる。これら大小の教会堂は参照しやすいようにアルファベット順に配列した。

ビヴァリー参事会聖堂（p.486B）。13世紀の第1四半期に着工。13世紀の中頃までに内陣と南北両トランセプトが完成。全体の構想はリンカーンに依存するが、細部の多くはファウンテンズ大修道院の同時代の内陣によく似る。14世紀の外陣は、内陣の構想を基本的に踏襲しているが、細部意匠は当時最新のものである。西正面（1380頃-1430頃）は、先行して建てられたヨーク大聖堂の西正面を手本とする。

ブリストル大聖堂（旧大修道院聖堂、p.491K）。アウグスティヌス修道会参事会堂（1150頃）の、壁にある複雑に交切するアーケードは、ウースターの参事会堂と関連がある。エルダー・レディー・チャペル（1218頃-34）は、ウェルズ出身の工匠アダム・ロックの作と思われる。ストリートの手になる外陣（19世紀）は、ホール式の内陣（1298-1332、p.498A）と調和を保つ。ホール式教会堂の形態は、イングランドでは珍しい（p.506「ロンドンのテンプル・チャーチ」参照）。多くの細部は、大陸の着想から何らかの影響を受けていることを示している。

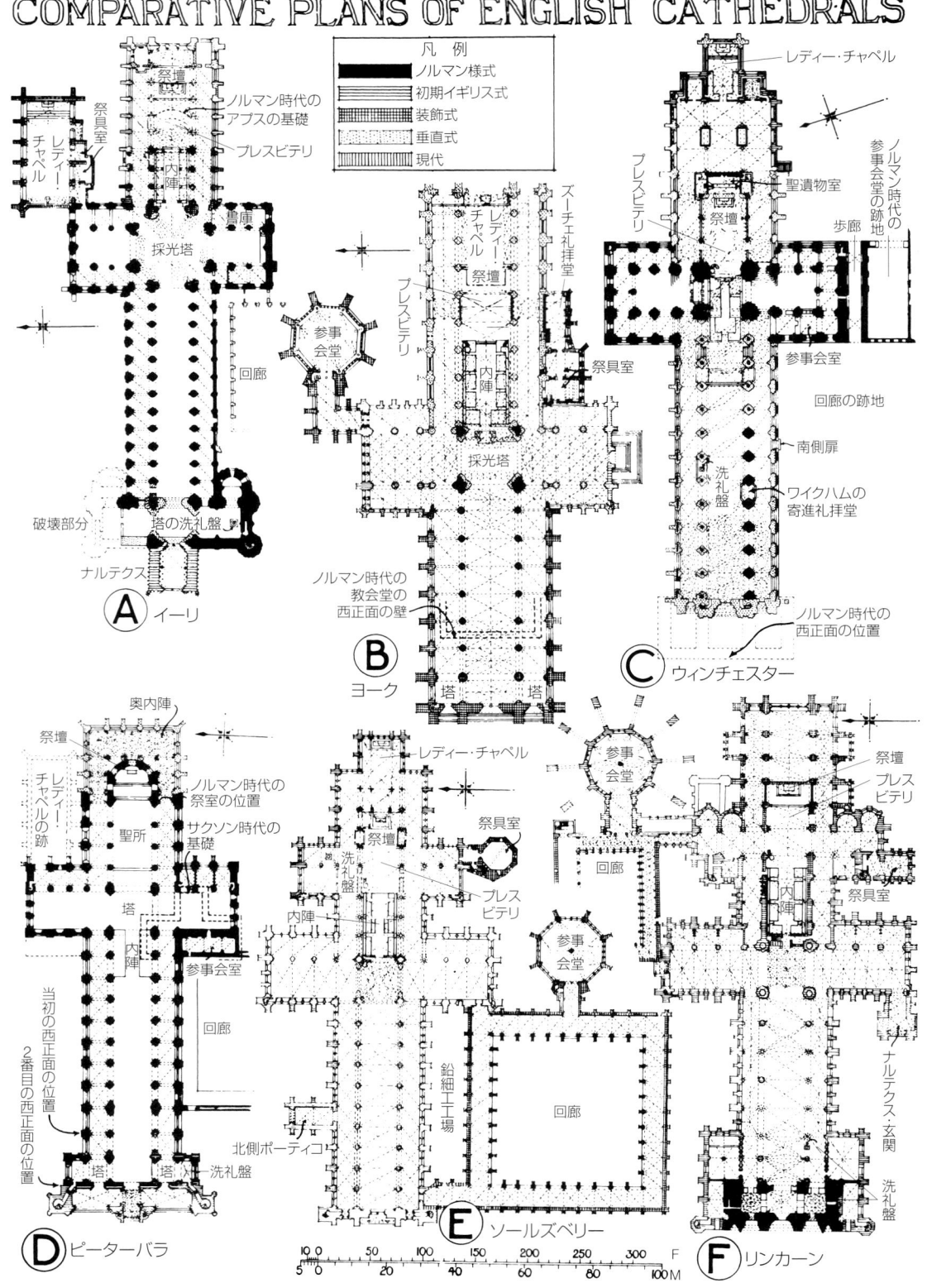

イギリスの大聖堂の比較平面 1

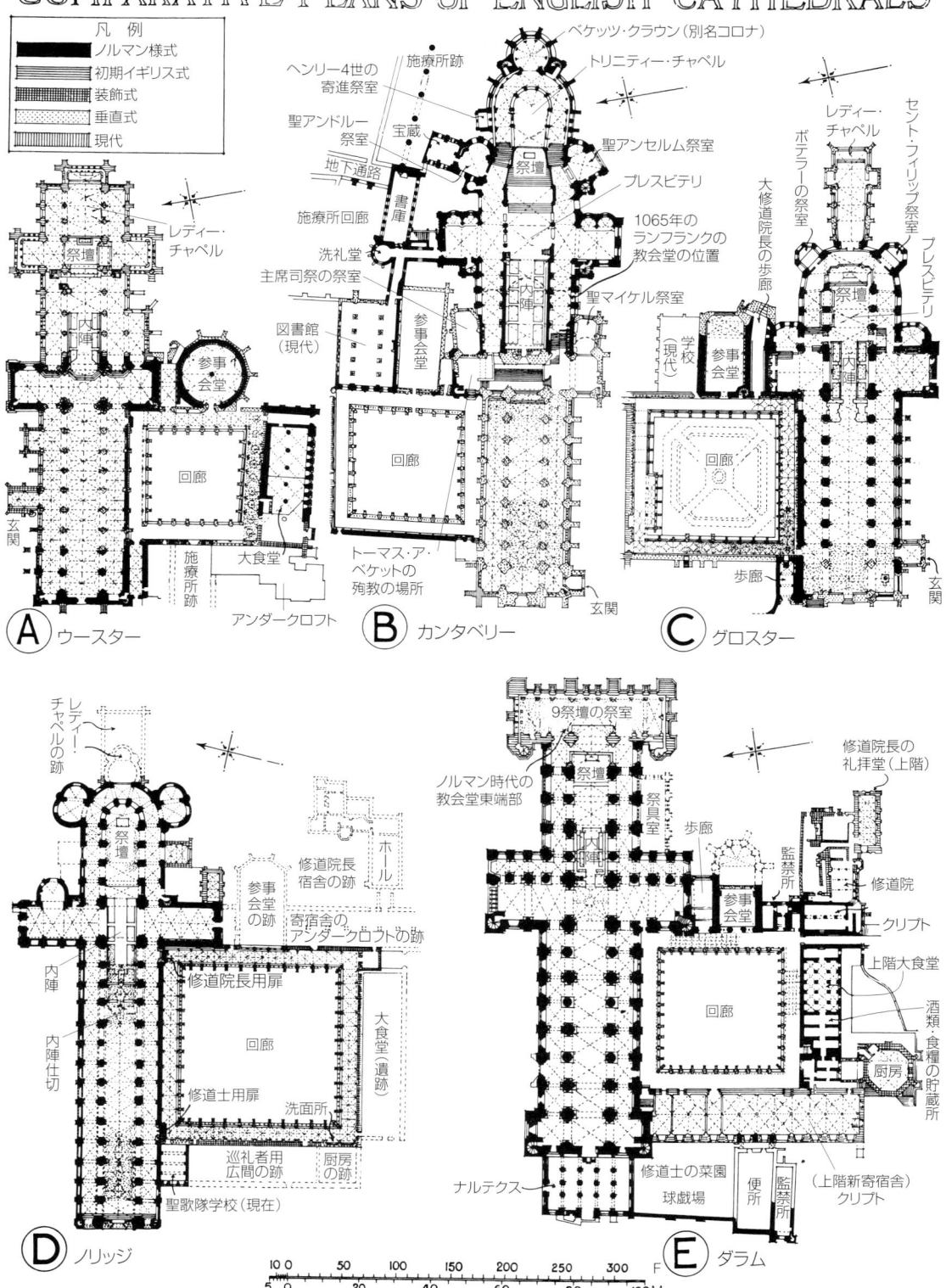

イギリスの大聖堂の比較平面 2

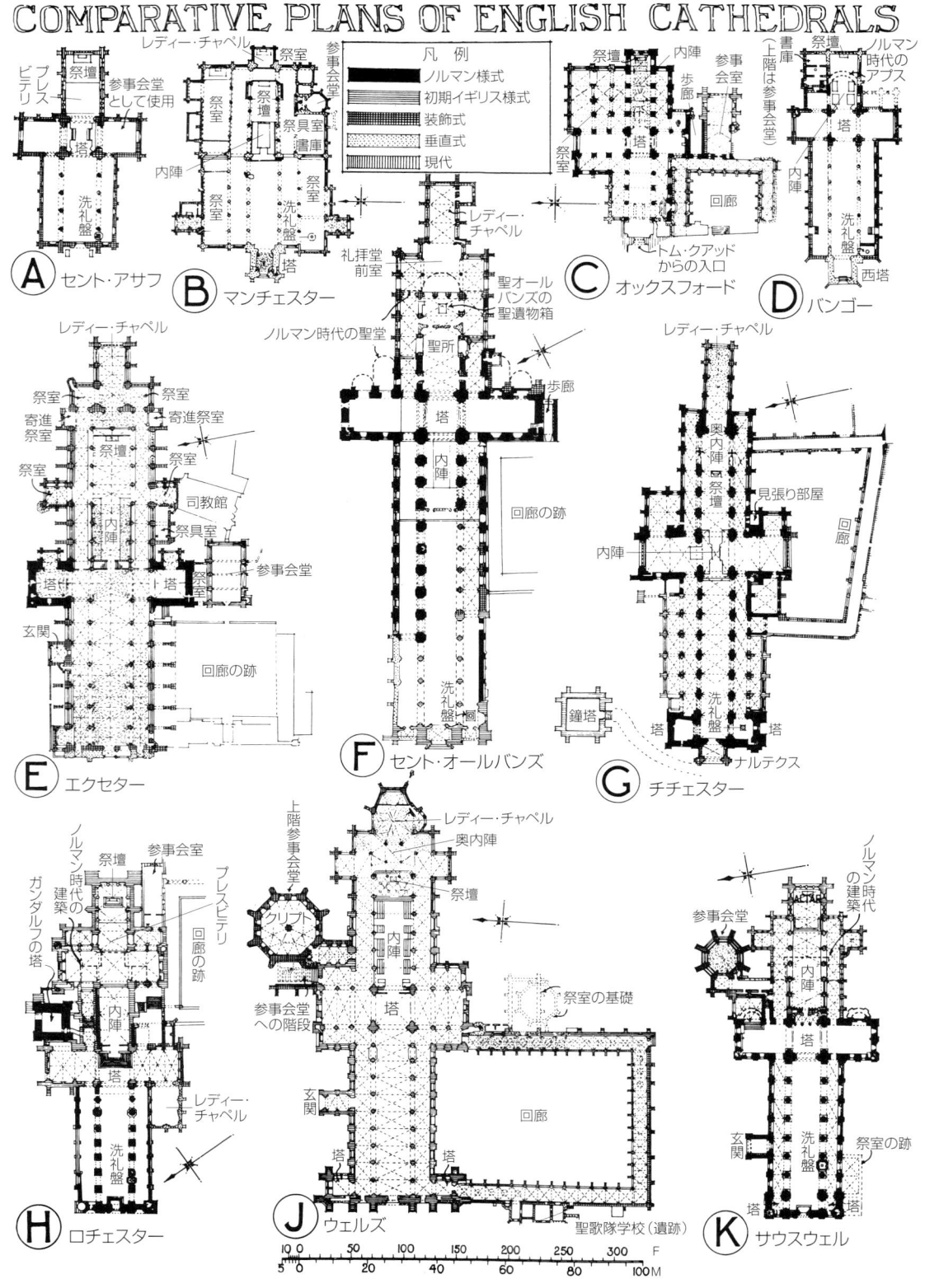

イギリスの大聖堂の比較平面 3

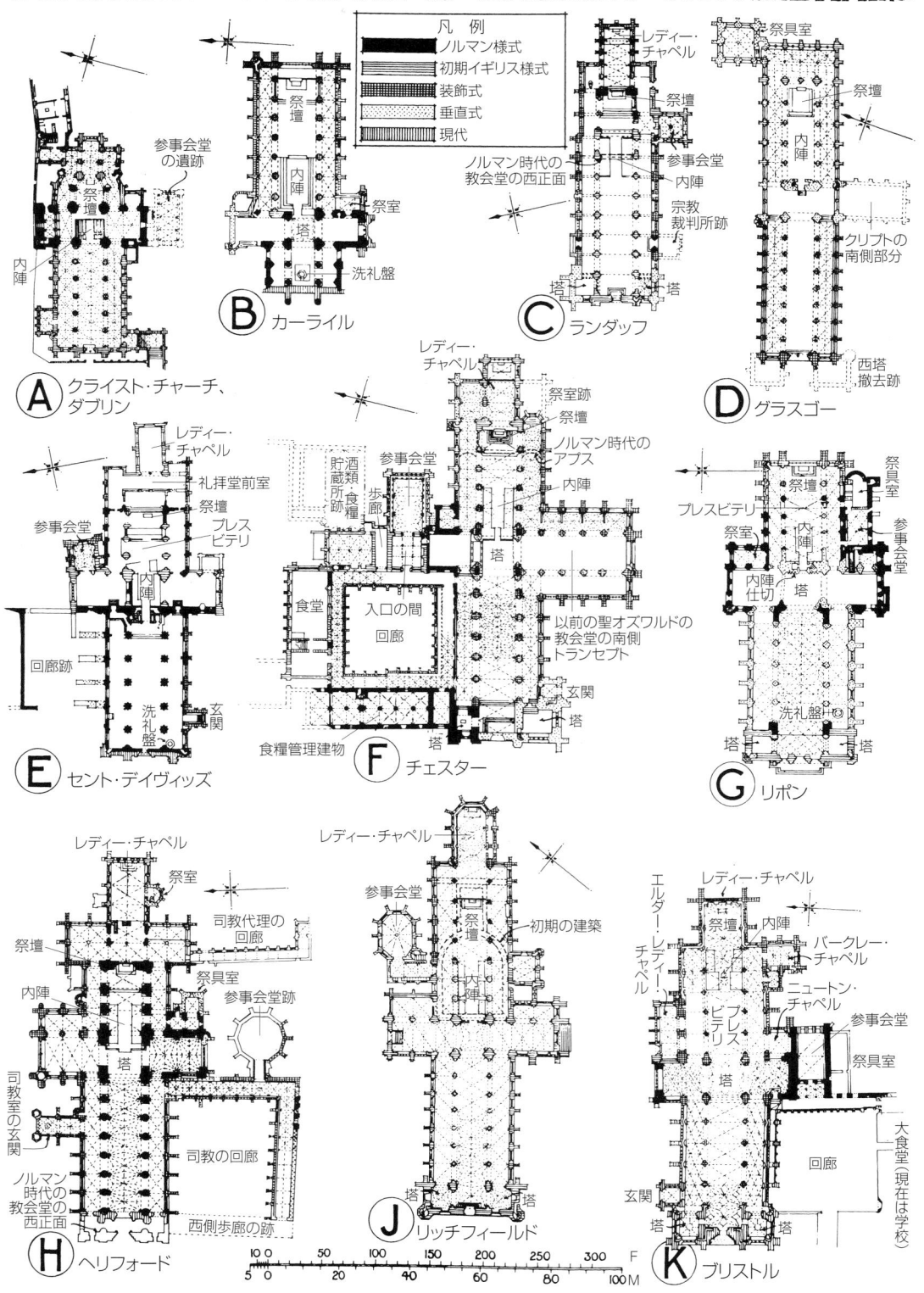

イギリスの大聖堂の比較平面 4

キングズ・カレッジ・チャペル、外陣、ケンブリッジ（1446-1515） p.493 参照

ケンブリッジのキングズ・カレッジ・チャペル(p.486A、p.492)。工事は 3 期に分かれ(1446-61、1477-85、1508-15)、第 3 期はジョン・ワステル(p.495「ピーターバラ大聖堂」参照)の手になるファン・ヴォールトの建設工事であった。24.4×12.2 m の長方形の平面を持ち、独立して建つ天井の高い礼拝堂は、巨大な垂直式の窓を透過してくる光によって明るく照らされる。側廊はないが、高さの低い祭室が、南北両側面に沿って 1 列に配置される。堂内の表面は、ヴォールトを含めて全て一様にパネルとして扱われる。これは、グロスターで最初に試みられた垂直式の論理的な帰結である。

カンタベリー大聖堂(旧大修道院聖堂 p.489B、p.496A)。1070 年にノルマンディー出身の最初の大司教ランフランクによって、再建工事が始まった。この時の建物の一部がクリプトに残り、それが疑似コリント式の柱頭から判別できる。入念に彫刻された方円形のブロック柱頭のある部分は、1096 年以降に内陣が拡大、再建された(1130 年献堂)時のものである。クリプトのこれ以外の部分は、1175 年から 1184 年の工事に属する。東端部は 1174 年の火災の後再建された(1184 完成)。工匠はサンス出身のウィリアム、およびイギリス人のウィリアムであった。この建築はトマス・ア・ベケットの聖遺物を納めるために構想されたものである。東端部は、全体がゴシックで建てられたイギリス最初の建築となった。その 3 層構成の内部壁面は、1170 年代の北フランスの形態にならっている。カンタベリーは、建築史的には、当時の北フランスで進行していた様式的環境に属する。残された旧内陣の下部構造から、ピアの形態が決められた。二重トランセプトは、イングランドで最も初期に属するもので、その後イングランドでは非常によく用いられた。外陣は、王室の主任建築家で 1400 年に没したヘンリー・イェーヴェルによって再建された(1379-1405)。この外陣は、主要部の全体が垂直式で建てられた初期の作品である。上層部分は統一的に処理されているが、高窓のガラス面が小さいので、ヴォールトが暗くみえ、光に満たされた大アーケードとのコントラストが神秘的な効果を高めている。

カーライル大聖堂(旧大修道院聖堂、p.491B)。内陣は、1292 年の火災の後再建工事が始まり、1322 年には工事はまだ進行中であった。装飾式最末期の曲線的なトレーサリーの表現が見事である。

チェスター大聖堂(旧大修道院聖堂、p.491F)。内陣は 1283 年以前に工事が始まり、1315 年に、おそらくリチャード・レンジナーが完成させた。立面にはっきりとみられるフランスの影響は、国王が城を建てるためにに雇ったフランスのサヴォワとガスコーニュ地方の職人によるものである。

チチェスター大聖堂(p.490G)。内陣(1091 頃)は、1108 年の献堂式の時におそらく完成した。外陣は 1140 年頃までに完成した。ノルマン様式の半円形のアプスは、1187 年の火災の後、長方形に建て替えられた。その後、完成したばかりのカンタベリーの様式にならって祭室が付け加えられた。チチェスターの奥内陣は、ウィンチェスター、ソールズベリー、エクセター、そしてウェルズの大聖堂でさらに発展することになったこの種の内陣の、最初期の例である。

ダラム大聖堂(旧大修道院聖堂、p.423、p489E)。内陣は 1093 年から 1104 年の間に、トランセプトは 1100 年頃から 1110 年の間に建てられた。外陣は 1110 年頃から 1128 年の間に建てられ、ヴォールトが 1128 年から 1133 年の間に架けられた。全体にリブ・ヴォールトを架けるが、当初は内陣にだけヴォールトを架けることが予定されていた。現在の内陣のヴォールトは 13 世紀のものだが、当初のヴォールトは、教会堂の身廊に架けられたヨーロッパ最初のリブ・ヴォールトであった。リブ・ヴォールトは、イギリスではすぐに成果を生むことはなかったが、ダラムで開拓された新しい装飾形態は、この地方の石工の間に急速に浸透した(たとえば山形刻形の装飾を持つピアや刻形加工したアーチがそうである)。西端部にあるナルテクスの祭室(1175 頃)は、装飾をこらした過渡期の地方様式に従って建てられた。東側のトランセプト(1242 頃-90)には 9 祭壇の祭室がある。平面はファウンテンズ大修道院聖堂に原型を持つ。

イーリ大聖堂(旧大修道院聖堂、p.440E, F、p.441J, K、p.488A、p.496B、p.498B)。ノルマン様式の教会堂は、ウィンチェスターの司教ウェイクリンの兄弟であるシメオンによって、1080 年代に工事が始まった。トランセプトの年代は 1080 年頃から 1110 年に属する。外陣は、1100 年頃から 1150 年の間に工事が行われた。高さをほぼ 3 等分した身廊壁面は、イーリよりもわずかに年代の早いウィンチェスターに由来する。イーリは、ノリッジとピーターバラに影響を与えるなど、東アングリア・ロマネスクの中核であった。西側のトランセプトは、1170 年頃から 1230 年の間に完成した。そして内陣は、1235 年頃から 1252 年までの間に、リンカーン大聖堂の外陣を模範とした長方形の端部を持つ華麗なプレスビテリを増築することによって、拡張した。この時リンカーンからは、放射状リブを持つヴォールトも借用した。レディー・チャペルは 1321 年に工事が始まったが、1349 年にはまだ完成しておらず、ヴォールトが架けられたのは 15 世紀ではないか

と思われる。内部は、装飾式の建築の中では最も意匠をこらし、想像力に富む。1322 年に交差部の塔が倒壊したので、これにかわって、新たに八角形の木造の採光塔が建てられた。

エクセター大聖堂（p.490E、p.498C）。ノルマン時代の部分で実質的に残るのは、トランセプトの上にのる塔だけであり、その年代は 12 世紀前半に属する。1270 年頃、装飾式に基づいて東端部の再建が始まった。1311 年までに、内陣とトランセプトが完成した。内陣の東側のベイは、2 層構成の壁面として工事が始められ、厚みのある上層には、ティンターンとネトリーに似た方式に従って、壁内通路がとられた。しかし、内部の他の部分との調和を考慮して、後に偽トリフォリウムが挿入された。意匠をこらした内陣の造作は、1311 年から 1325 年頃のものである。内陣の構想は外陣（1328 頃-48）に引き継がれている。西正面の年代は 1340 年頃から 1370 年に属する。

グラストンバリ大修道院聖堂。1184 年の 5 月 25 日の火災で旧教会堂が倒壊した。火災後再建工事が始まり、1186 年には新しいレディー・チャペルが完成した。この建物は、構造的にも装飾的にもウェルズ大聖堂を超えるものではないが、西部の地方様式の特徴を持つ例として重要である。南側トランセプトの東側の壁に残る部分（12 世紀末あるいは 13 世紀初期）は、西部地方様式の特徴を持つ重要な例である。大オーダーを基本とした壁面構成は、他ではあまりみられない。

グロスター大聖堂（旧大修道院聖堂、p.489C、p.497A、p.498D）。内陣（1089-1100）は、4 層構成の身廊壁面と石造のヴォールトを持っていたと思われる。下部の 2 層分は、14 世紀に内陣が改築された時にそのまま残された。外陣の年代は 1100 年頃から 1150 年の間に属する。トリビューンは、外陣が建てられた時に、巨大な大アーケードをつくるために除去された。ヴォールトは 1245 年頃のものである。南側のトランセプト（1331 頃-37）のノルマン時代の躯体は、意匠をこらしたトレーサリーの外装に包みこまれた。1337 年頃から 1377 年の間に、同様の工事が内陣でも行われた。これは、現存する垂直式の最も早い例である。北側のトランセプトは、1368 年から 1374 年の間に建てられた。回廊の 4 つの歩廊（1351-1412）は垂直式の実験を引き継ぎながら、初期のファン・ヴォールトを架ける。

ヘリフォード大聖堂（p.491H）。内陣は 11 世紀の第 4 四半期に属する。増築された東側トランセプト（1186-99）の様式は、西部地方で発達した最新の様式と関連する。しかし、北側トランセプト（1250-70 頃）は、ウェストミンスターを経由して各地に広まったフランスの新しい着想の最初の例である。破壊された参事会堂（1350 頃-70）は、最初の本格的なファン・ヴォールトを持っていたと考えられる。

リッチフィールド大聖堂（p.491J）。工事は東から西へ進行した（1195 頃以降）。外陣（13 世紀後半）は、ヘリフォードの北側トランセプトとの類似性を示す。プレスビテリは、初期垂直式の先駆的建築家であるウィリアム・ラムゼイによって、おそらく再建（1337 頃-49）されたものである。

リンカーン大聖堂（p.488F、p.497B）。ノルマン様式の教会堂は 1073 年頃工事が始まったが、この時の建物で今日まで残るのは西正面の下部だけである。3 つの扉口と浮彫（1140 年代）は、パリのサン・ドニ大修道院聖堂を熟知していた彫刻師の手になる。西正面は地震（1185）の後に再建された。聖ユーグの内陣および東側トランセプトと当初の多角形のアプスが 1200 年頃までに、西側トランセプトが 1200 年頃から 1220 年の間に、そして外陣が 1220 年頃から 1240 年の間に完成した。ここでは、カンタベリーに由来する多くのテーマとモチーフ（たとえばピア、パーベック大理石、壁面構成、ヴォールトのタイプ、そして二重トランセプト）を採用し、展開している。ヴォールトの実験は、外陣において完璧な放射リブ付きヴォールトを生んだ。リンカーンは、真正のイギリス・ゴシック最初の建物として大きな影響を与え、続くウースター、イーリ、ヨーク、ビヴァリーなどの大聖堂および教会堂の原型となった。エンジェル・クワイア（1256-80 頃）は、リンカーンの聖人ユーグの聖遺物箱として構想されたものである。壁面を壮麗に飾るトレーサリーは、フランスからウェストミンスターを経由してもたらされた最新の影響を示す。

ランダッフ大聖堂（1120 着工、p.491C）。ノルマン様式の内陣の入口にあった意匠をこらしたアーチが、現在の内陣とレディー・チャペルの間に残る。再建教会堂（1190 頃）の様式は、ウェルズとの強い関連性を示す。

ノリッジ大聖堂（旧大修道院聖堂 p.489D、p.499A）。ノルマン時代の大聖堂は 1096 年に工事が始まった。1119 年までに内陣、トランセプト、そして外陣の東側ベイが完成、1120 年から 1150 年頃の間に外陣の西側のベイが完成した。身廊壁面の、ほぼ 3 等分の高さに分割された壁面構成とその細部は、イーリを手本としたものである。ラムゼイ家の工匠は回廊の東翼と南翼（1299-1325）、およびカーナリー・チャペル（1310-25）を担当した。ウィリアム・ラムゼイは後に、旧セント・ポール、そしておそらくはリッチフィールドとグロスターの大聖堂の工事に携わった。

オックスフォード大聖堂（旧小修道院聖堂、p.490C、p.499B）。内陣は 1150 年頃から 1160 年の間に工事が

始まり、1180年に献堂された。外陣の工事は13世紀まで続いた。大アーケードと縮小されたトリフォリウムが1つの大アーチの中に統合され、その上に高窓が開けられる。同様の構成はグラストンバリ、ダンスタブル、ロムズィー、およびジェドバラにもみられる。

ピーターバラ大聖堂(旧大修道院聖堂、p.440A, B、p.488D、p.499C)。1117年の着工、1175年頃までに内陣、トランセプト、そして外陣の東側6ベイが完成、内部は1195年頃に完成した。12世紀末においてなお、身廊壁面の形式は、かつて1080年代にイーリで創案された形式を発展させたものである。西正面は、12世紀後期と13世紀初期に属する。ここにみられる大アーチは、リンカーン大聖堂のノルマン様式のファサードを原型とする。東側の祭室は15世紀中頃に工事が始まり、16世紀の第1四半期にジョン・ワステルが完成させた。

リポン大聖堂(旧参事会聖堂、p.440C, D、p.491G、p.502A)。痕跡が残るだけの外陣は、ポン・レベック出身のロジャーがヨークの大司教(1154-81)だった時に建てられたもので、彼が建てたヨークの内陣とおそらく関連があったと思われる。西正面は13世紀の第4四半期に属する。内陣は1286-88年頃に工事が始まり、1330年頃に完成した。トレーサリーはヨークの大聖堂との近縁性を物語る。

ロチェスター大聖堂(旧大修道院聖堂、p.490H)。外陣は12世紀の第2四半期と第3四半期に建てられた。トリビューンは、床を持たず異例である。西正面は1165年頃から1175年に属する。彫像は、同時代のケントと北フランスの作品との類縁性を示す。1179年頃から1200年の間に内陣が改築され、北側トランセプトが再建された。東側トランセプトとプレスビテリは、1217年から1227年頃のものである。カンタベリー大聖堂の二重トランセプトを採用した早い例でもある。北側トランセプトは1240年頃から1250年の間に改装された。

セント・オールバンズ大聖堂(旧大修道院聖堂、p.490F)。1077年に工事が始まり、1115年までには完成したと考えられる。分節されない力強い内部は、近くにある古代ローマ時代の都市ウェルラミウムのレンガを大々的に再利用したものである。西正面と外陣西側のベイは1195年頃に工事が始まり、1235年頃に完成した。内陣の東側への拡張(1260-1326頃)は、同時代のウェストミンスターと旧セント・ポールの拡張工事と関連がある。

セント・デイヴィッズ大聖堂(p.491E)。1180年頃、外陣西端部から工事が始まり、13世紀中頃までに完了した。外陣の全体構想と細部意匠は、ウェルズ大聖堂とウースター大修道院に関連する。身廊の意匠をこらした天井は1472年から1509年の間に架けられた。

ソールズベリー大聖堂(p.465A、p.488E、p.501)。1220年に工事が始まり、1266年までに完成した。全体が1つの基本構想に基づいて建てられた、イギリス・ゴシックの数少ない例である。身廊壁面の水平層への分割は非常に明瞭である。パーベック大理石を多く用いることによって、色彩の効果を大いに高めている。参事会堂と回廊は、1263年から1284年の間に工事が行われた。このうち参事会堂は、これより少し年代の早いウェストミンスターを模範とし、ここから多くを受け継いでいる。

セルビー大修道院聖堂(p.505A)。内陣は1280年から1350年の間に建てられた。曲線を多用したトレーサリーは初期の例であり、東側の意匠をこらした窓において最高潮に達する。この教会堂は、装飾式建築の中核となる重要な遺構である。

サザーク(**セント・セイヴィアー**あるいは**セント・メアリー・オヴェリー**)**大聖堂**(旧大修道院聖堂、p.218C)。内陣は1213年から1238年の間に建てられた。プロポーションは、ノルマン時代の教会堂の壁面構成を反映しているようにもみえるが、細部は、同時代のフランスで進行していた様式の発展に決して無関心ではなかったことを物語っている。トランセプトは13世紀末の作であり、外陣は19世紀に再建されたものである。

サウスウェル聖堂(旧参事会聖堂、p.490K)。外陣、トランセプト、および3基の塔は12世紀に属する。上下に関連性を持たない3層構成の身廊壁面は、ローマ時代の水道橋を思わせる。内陣は1230年頃から1240年に建てられた。中心に円柱を持たない多角形の参事会堂(1290年代)は、ヨーク大聖堂の参事会堂を手本にしたと考えられる。ここには、写実主義的な華麗な表現の彫刻が残る。

ウェルズ大聖堂(p.490J、p.504A, C)。1175年頃から1180年の間に工事が開始された。1190年頃までに内陣とトランセプトの東側が完成、続いて1190年頃から1206年までに、トランセプトの残りの部分と外陣の東側半分が完成した。外陣の西側のベイと西正面は、1215年頃から1239年の年代を持つ。カンタベリー大聖堂とほぼ同時代であるにもかかわらず、ウェルズは、ケントにもたらされたフランスの新しい着想にはほとんど無関心だったようにみえる。初期の地方的形態に多くを依存してはいるが、他に類をみないほど造形性に富んだ内部空間を生み出している。西正面は、手のこんだ彫刻で覆われ、外陣よりも幅の広い一種の衝立となる。ウェルズの西正面は、後の衝立型のファサードの原型となったが、規模と複雑さにおいてこれ

A 南西からみたカンタベリー大聖堂　p.425、p.493 参照

B イーリ大聖堂、南西からの鳥瞰　p.493 参照

A 南東からみたグロスター大聖堂　p.494 参照

B リンカーン大聖堂(11-13世紀)　p.494 参照

A ブリストル大聖堂、内陣、東側をみる(1298-1332)
p.487 参照

B イーリ大聖堂、司教ウェストの寄進礼拝堂(1533)
p.493 参照

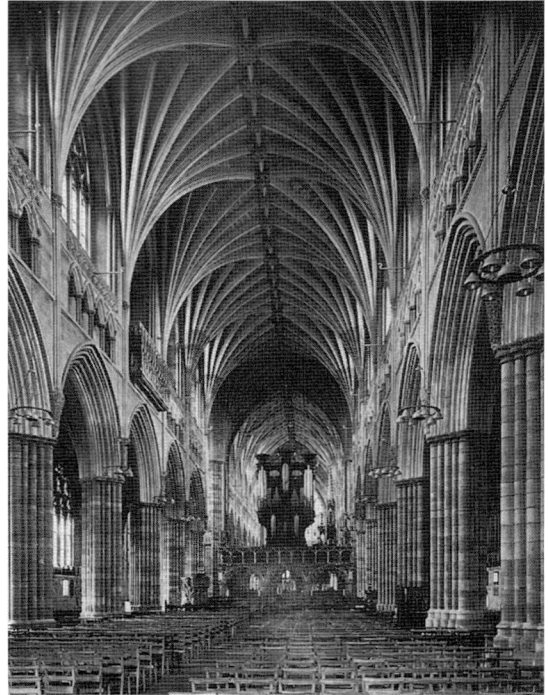

C エクセター大聖堂、外陣から東側をみる(1328頃-48)
p.494 参照

D グロスター大聖堂、レディー・チャペルから西側をみる
p.494 参照

第 14 章　ゴシック　　499

A　ノリッジ大聖堂、プレスビテリとアプス(11-14 世紀) p.494 参照

B　オックスフォード大聖堂（クライスト・チャーチ）、東側をみた内観(1160 頃-80)　p.494 参照

C　ピーターバラ大聖堂、西正面(12 世紀後期、13 世紀初頭)　p.495 参照

に勝るものは現れなかった。参事会堂は1300年頃から1320年の間に建てられた。全体形式と細部意匠は、エクセターから来た石工が工事を担当したことを物語っている。1310年頃に内陣の拡張工事が始まった。初期ゴシックの3ベイからなる内陣は、東側の壁を取り払って拡張され、同時に拡張部分の意匠と調和させるために改装された。東側部分をさらに延長して建てた細長い八角形平面のレディー・チャペルは、1310年頃から1319年の作になる精巧なネット・ヴォールトを持つ。工匠は、同時代の作であるエクセター大聖堂に精通していることから、ウィットニーのトーマスであったとも考えられる。内陣は1330年頃から1340年の間に建てられた。交差部にある鋏形のアーチは1338年に増築されたものである。このような補強手段は、ソールズベリー大聖堂にもみられる。またおそらく当初のグラストンバリ大修道院聖堂にもあったと思われる。

ウェストミンスター・アベイ（p.502B、C、p.503）。ノルマン様式の大修道院聖堂（1045頃-65）は、ノルマンの影響がイギリスに表れた最も早期の例に属すると思われる。これは、エドワード懺悔王がノルマン人の顧問で側近を固めた1066年よりも前のことである。発掘の結果から、全体構想はジュミエージュ大修道院聖堂に基づいていたと考えられる。1220年にヘンリー3世が新しいレディー・チャペルの礎石を置き、1245年に教会堂建設の財源確保の責任を引き受けた。1269年までに3人の建築家、すなわちヘンリー・ド・ランス（1245-53）、グロスターのジョン（1253-61）、そしてビヴァリーのロバート（1261-84）が、内陣、トランセプト、参事会堂、および外陣の東側ベイを完成させた。ヘンリー3世は、聖人国王たるエドワード懺悔王の聖遺物を納めるための教会堂を建てることを意図したのである。指名を受けた建築家ヘンリー・ド・ランスはランスの出身ではなくイギリス人であったが、それまでの30年間にわたるフランスの様式発展に精通していたことは確かである。ウェストミンスターの天井が高くて幅の比較的狭い内部空間と平面、そして多くの細部意匠の源泉は、パリ（ノートル・ダム、サント・シャペル、サン・ドニ）の他、アミアン、ランス、そしてスワッソンの建築現場であった。いくつかの細部（たとえばトリフォリウムの二重トレーサリーとパーベック大理石の多用など）は、建築家がイギリス人であったことを示している。1503年から1519年に建てられたヘンリー7世の礼拝堂は、垂直式の最も華麗な内部空間を持つ。内外の全ての表面が装飾的な技巧で覆われたこの礼拝堂は、国王の私的な使用のために建てられたものである。

ウェストミンスターに隣接した宮殿には、中世の主要な2つの建築が、19世紀に再建された姿で残る。ウェストミンスター・ホール（1394-1400、p.509A）には、国王の大工ヒュー・ハーランドが考案したハンマー・ビームが残る。このハンマー・ビームは、現存するハンマー・ビームの小屋組の中でも最も見事な例である。他にはセント・スティーヴンス・チャペル（1292-97）の地下室が残る。破壊されてしまったが、階上の礼拝堂（1292-1348）は、垂直式の形成につながるフランスの着想を、イギリスに移植したように思われる。

ウィンチェスター大聖堂（旧大修道院聖堂、p.441L、M、p.488C、p.504B）。1089年に工事が始まり、1093年に献堂式が執り行われた。この年までにはクリプトと内陣が完成していたと思われる。交差部の塔が崩壊した1107年には、トランセプトは完成間近であった。12世紀の内陣は、東側の端部付近にその一部が残る。この教会堂は、イギリスに現存するもののうちノルマンディーの先駆教会堂に最も近い意匠を持つが、これに先行して建てられたノルマン様式の建築も存在する（たとえばイーリ大聖堂や旧セント・ポール大聖堂）。聖スウィージンの聖遺物を納めるための教会堂として建てられた奥内陣（1200頃-30）は、同様の目的で実施されたカンタベリーの東側の拡張工事の平面をかすかに反映する。この奥内陣は、盛期イギリス・ゴシックの最も早い例に属する。現在の外陣の大部分は、1394年から1410年頃の間に工事が行われた。この時の工事は、ノルマン時代の躯体を残し、これを削って垂直式のパネルの外装を加えたために、量塊性と可塑性の両方の表現を持つこととなった。

ウィンザーのセント・ジョージズ・チャペル（p.220K）。工事は、1474年に始まり、東から西に進行した。16世紀中頃までに、聖ジョージとヨーク王朝を称えて献堂された。グロスターの内陣以来の、最も完成された垂直式とされるこの教会堂の内部は、それぞれのパネルのプロポーションが壁面全体の形態を反映しており、全体が論理的な整合性のもとに決定されている印象を与える。建築家は、本当のリエルヌ・ヴォールトともあるいはファン・ヴォールトともいえないようなヴォールトを採用した。

ウースター大聖堂（旧大修道院聖堂、p.489A）。1084年に工事が始まり、おそらく1092年までにクリプトと内陣が完成していた。この時のアプス型の東端部は、ウィンチェスターに由来する。内陣側廊と西側トランセプトの間に、当時のアーチが残る。1130年頃から1150年の間に属する円形の参事会堂は、やがてイギリスの参事会堂の標準となった集中式平面の最も早期の例である。外陣の西側のベイは、ノルマン時代の外陣を完成させるかあるいは拡張するために、1165年頃か

第 14 章　ゴシック　501

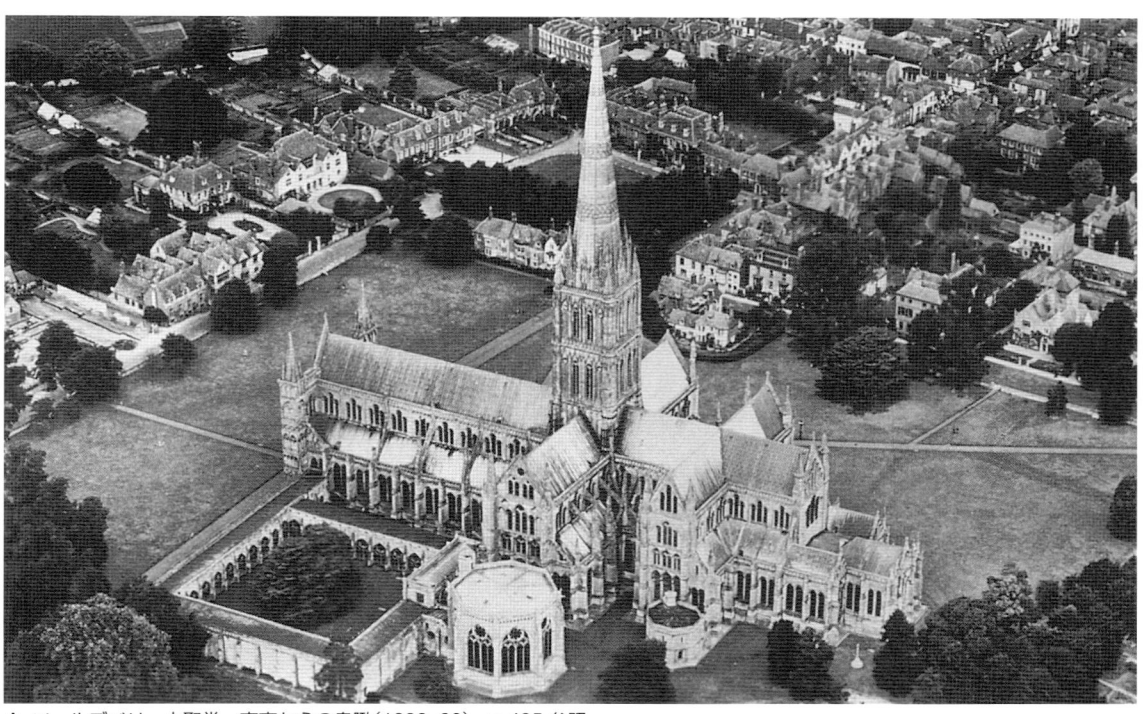

A　ソールズベリー大聖堂、南東からの鳥瞰（1220-66）　p.495 参照

B　ソールズベリー大聖堂、外陣から東側をみる

C　ソールズベリー大聖堂、参事会堂（1263-84）

A　リポン大聖堂、西正面（1233 頃）　p.495 参照

B　ウェストミンスター・アベイ、外陣から東側をみる
p.500 参照

C　南東からみたウェストミンスター・アベイ、右手はヘンリー 7 世の礼拝堂（1503-19）

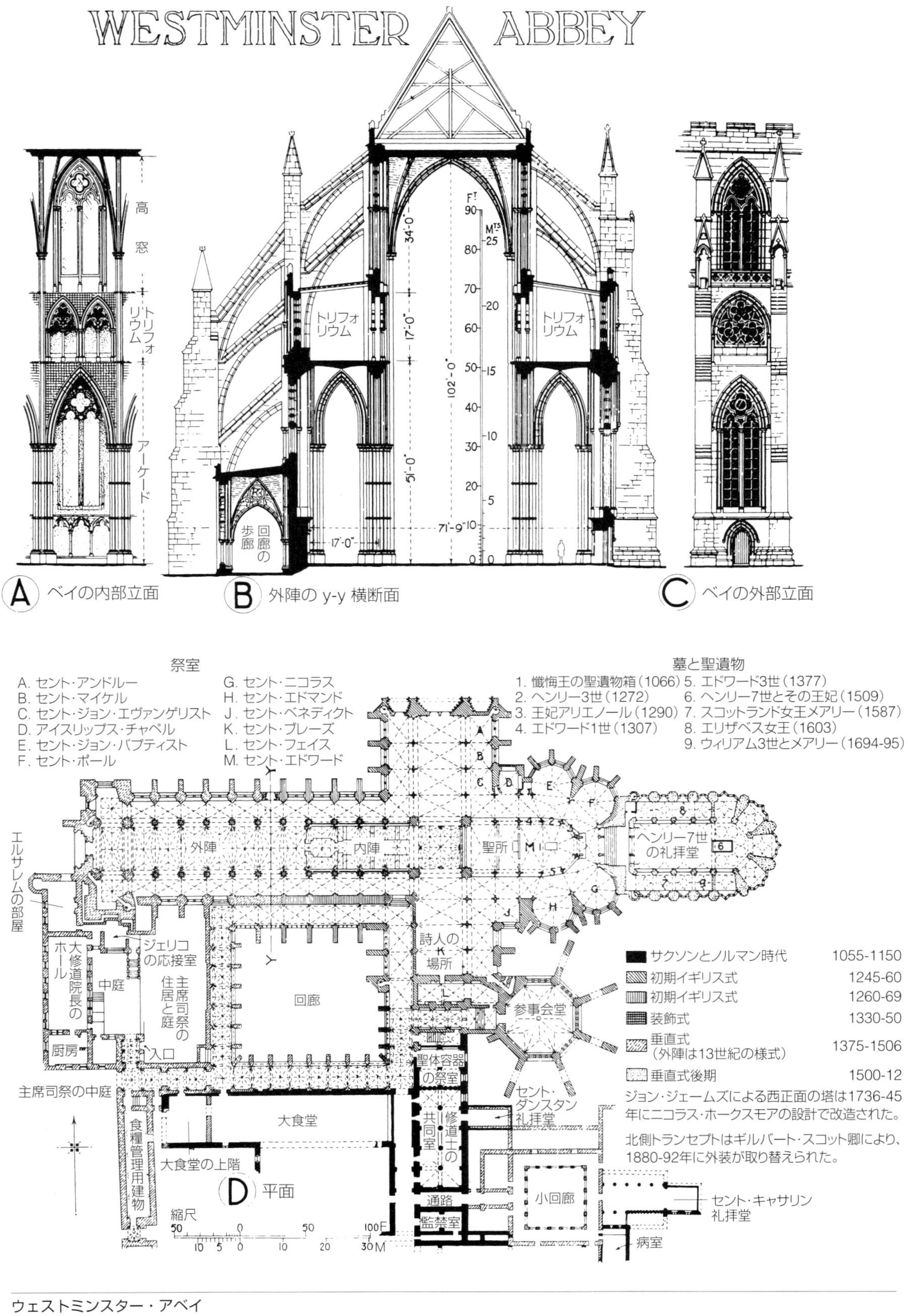

WESTMINSTER ABBEY
高窓
トリフォリウム
アーケード
A ベイの内部立面
トリフォリウム
トリフォリウム
回廊の歩廊
34'-0"
17'-0"
102'-0"
51'-0"
71'-9"
17'-0"
FT
MTS
B 外陣の y-y 横断面
C ベイの外部立面
祭室
A. セント・アンドルー
B. セント・マイケル
C. セント・ジョン・エヴァンゲリスト
D. アイスリップス・チャペル
E. セント・ジョン・バプティスト
F. セント・ポール
G. セント・ニコラス
H. セント・エドマンド
J. セント・ベネディクト
K. セント・ブレーズ
L. セント・フェイス
M. セント・エドワード
墓と聖遺物
1. 懺悔王の聖遺物箱（1066）
2. ヘンリー3世（1272）
3. 王妃アリエノール（1290）
4. エドワード1世（1307）
5. エドワード3世（1377）
6. ヘンリー7世とその王妃（1509）
7. スコットランド女王メアリー（1587）
8. エリザベス女王（1603）
9. ウィリアム3世とメアリー（1694-95）
エルサレムの部屋
外陣
内陣
聖所
ヘンリー7世の礼拝堂
大修道院長のホール
ジェリコの応接室
中庭
主席司祭の住居と庭
回廊
詩人の場所
参事会堂
厨房
入口
聖体容器の祭室
主席司祭の中庭
セント・ダンスタン礼拝堂
大食堂
共同室
修道士の
食糧管理用建物
大食堂の上階
D 平面
小回廊
通路
監禁室
セント・キャサリン礼拝堂
病室
縮尺
サクソンとノルマン時代　1055-1150
初期イギリス式　1245-60
初期イギリス式　1260-69
装飾式　1330-50
垂直式（外陣は13世紀の様式）　1375-1506
垂直式後期　1500-12
ジョン・ジェームズによる西正面の塔は1736-45年にニコラス・ホークスモアの設計で改造された。
北側トランセプトはギルバート・スコット卿により、1880-92年に外装が取り替えられた。

ウェストミンスター・アベイ

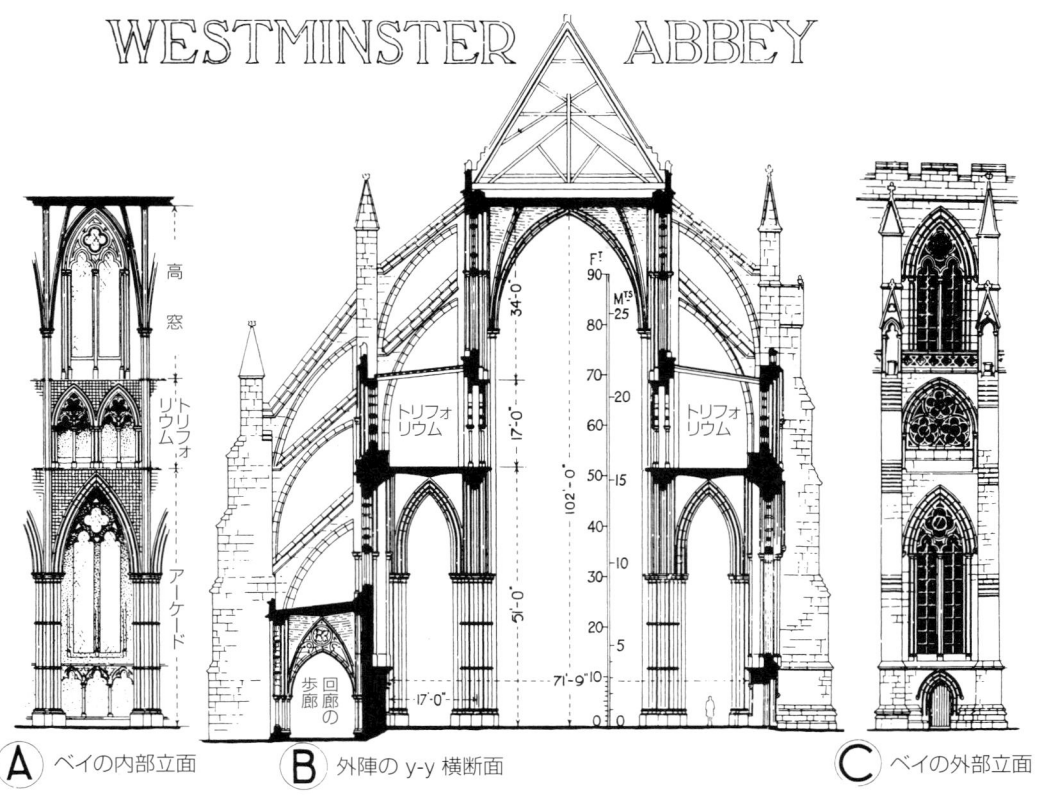

A ウェルズ大聖堂、外陣から東側をみる。交差部の塔の下にある補強アーチは14世紀　p.495 参照

B ウィンチェスター大聖堂　p.500 参照

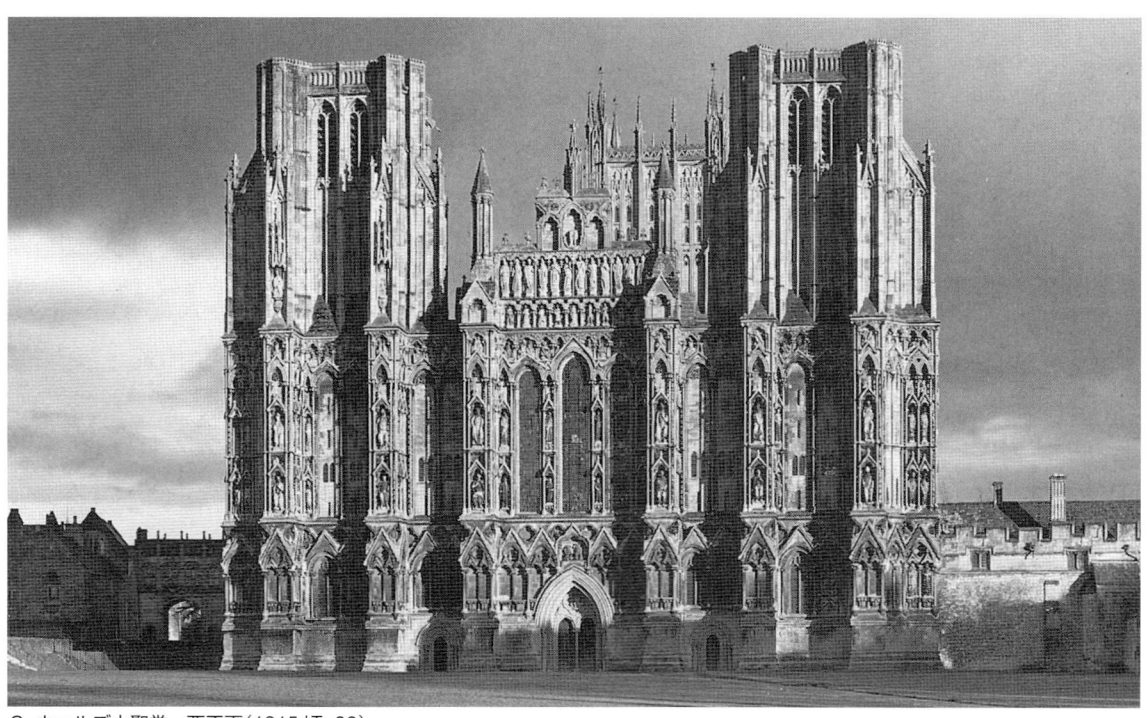

C ウェルズ大聖堂、西正面(1215頃-39)

A　セルビー大修道院聖堂、北東からみた内陣（1280-1350）　p.495 参照

B　南側からみたヨーク大聖堂（12-14 世紀）　p.506 参照

ら 1175 年の間に建てられた。1175 年に中央の塔が倒壊したため、西側トランセプトの再建と再装飾が必要となった。これは、イングランド西部における最も早期のゴシックの作品となり、参事会堂に早くもみられた特徴を引き継ぐとともに、北フランスの建築との接触をも示している。奥内陣は、1202 年の火災の後に工事が始まり、1218 年から 1240 年頃の間に献堂された。奥内陣にはリンカーン大聖堂の影響が明らかである。

ヨーク大聖堂(p.488B, p.505B)。クリプト(1154-81)は、ポン・レベックのロジャーが建てた内陣のうちで、目にみえる形で残る唯一の部分である。これは、12 世紀末のイングランド北部における重要な遺構と思われる。1220 年頃から 1250 年の間に属するトランセプトの背の低い高窓と背の高いトリフォリウムは、おそらく 12 世紀の内陣の構成を反映したものであろう。ヴォールトは、計画されてはいたが、ついに建設されなかった。参事会堂は 1280 年頃から 1307 年に建てられた。1291 年に工事の始まった外陣には、パリとロンドンの最新の様式と接触した痕跡が明らかにみられる。ステンドグラスはユニークで、西正面の窓は、1338 年にガラスが嵌められた。1361 年以降に、東側の拡張工事が行われた。1375 年頃までにプレスビテリが完成、1380 年頃から 1400 年の間に内陣が完成、東端部の窓は 1405 年から 1408 年の間にガラスが嵌められた。これは、イギリスの大聖堂における東側への最後の拡張工事となった。この部分には身廊の全体的な構成が適用されたが、細部意匠は最新のものである。

以上の他重要な遺構として、次の例を挙げることができる。

ヘリフォードシャー州ドールのシトー会大修道院聖堂。修道院は、1147 年 4 月 26 日に創立された。トランセプト(1175 頃)には、同時代の北フランスのシトー修道会建築との接触が明らかに認められる。内陣(1200 頃)は、この修道院を分院として設立したフランスのモリモン修道院との類似点が多く認められる。

サセックス州のボックスグローヴ小修道院聖堂。内陣(1220 頃-30)は、各ベイに 2 連の大アーケードを持つ珍しい例である。細部のいくつかは、同時代のノルマンディーの建築とつながりがある。

エイヴォン川に臨むブリストルの**セント・メアリー・レッドクリフ小修道院聖堂**(p.509B)。外陣(1325 頃)の北西の隅には、六角形のポーティコがある。意匠をこらした葉飾りとオジー・アーチのある扉口、および装飾で満たされたポーティコの内部空間は、装飾式の作品に顕著にみられる非常に空想的な要素を前面に押し出している。教会堂の大部分は 15 世紀とそれ以降に属し、背の高い繊細な垂直式の内部空間は、地方的なタイプのヴォールトであるネット・ヴォールトで覆われる。

ヨークシャー州のバイランド大修道院聖堂(p.446H)。シトー修道会に属する。1134 年に修道院が創立され、修道士がこの地に移った 1177 年までには、教会堂の一部が完成していた。ロッシュよりも進んだ 3 層構成の身廊壁面の様式は、同時代のこの地方の建築との強い類似性を示す。より軽量な構造とするため、身廊にはヴォールトを架けなかった。

ウースターシャー州のグレート・マルヴァーン小修道院聖堂。ノルマン時代の教会堂は 1084 年頃に工事が始まった。高窓は後のものだが、この時の外陣が現在まで残る。1450 年頃から 1480 年に再建された部分は、グロスターの系統に属する。

ノーサンバーランド州の、アウグスティヌス修道会に属する**ヘクサム大修道院聖堂**。内陣は 1180 年頃から 1210 年に建てられた。トランセプトは 1215 年頃から 1230 年の間に属する。この教会堂は、イングランド北部とスコットランドの、よく発達した最初期のゴシック建築のグループの中で、最も重要な遺構である。ヘクサム以外ではジェドバラ、アーブロース、そしてブリンクバーンの聖堂がこのグループに属する。

ヨークシャー州のホーデン参事会聖堂。13 世紀末の、背が高く幅の広い大アーケードと小さな高窓を持つ身廊は、大陸の托鉢修道会の教会堂の構想がイングランドにも深く浸透したことを物語る。通路を伴う 2 連アーチの高窓は、イギリスの特徴である。参事会堂(1380 頃-1400)は、地方における垂直式の装飾豊かな例である。

ロンドンのセント・エゼルドレーダズ・ホルボーン聖堂。おそらく 1280 年代の作と思われる。内部の意匠はパリのノートル・ダム大聖堂内陣祭室の外部を想起させる。トレーサリーのパターンはフランスの最も新しい着想を採用し、イギリス流に発展させたものである(たとえば Y 型トレーサリーや奇数個の開口部からなる窓)。

ロンドンのテンプル・チャーチ(p.446L)。円形の外陣は、1175 年頃に工事が始まり、1185 年に献堂された。19 世紀初期と 1945 年以降に再建された。身廊壁面と細部は、同時代の北フランスの建築とつながりがある。内陣は 1240 年頃の年代に属し、ホール式の形態をとる。この形態は時として大聖堂の奥内陣(たとえばソールズベリー)にみられることもあるが、イギリスでは珍しい形式である(p.487「ブリストル大聖堂」の項を参照)。

デヴォンシャー州、オッテリーのセント・メアリー参事会聖堂。外陣と内陣(1337 頃-60)の、特にネット・

ヴォールトの使用は、ウェルズとブリストルにおける新しい発展との密接なつながりを示すものである。

ヨークシャー州のリーヴォルズ大修道院聖堂。1132年創設。トランセプトと外陣は、イングランドにおけるシトー修道会建築の最も早期の部分を残す。内陣は、1225年から1249年頃の間に地方様式（p.446L, M「ウィットビー」、p.478「ヨーク」のトランセプト参照）で再建された。12世紀とは異なり、シトー会に固有の建築はほとんど残らない。

ヨークシャー州のロッシュ大修道院聖堂。1147年創立のシトー会修道院。教会堂が構想されたのは、おそらく1160年代である。トリフォリウムを導入し、全面的にヴォールトを架けたイギリス最初のシトー修道会の教会堂である。カンタベリー以前にフランス・ゴシックの意匠がイギリスにもたらされたことを示す重要な遺構である。

ドーセット州のシャーボーン大修道院聖堂。身廊のファン・ヴォールトは、15世紀の第4四半期に属する。脆弱で構造的にはあまり効果的ではないこの種のヴォールトを教会堂の主要部に架けた、おそらく最も早期の例である。

グロスターシャー州のチュークスベリのベネディクト会大修道院聖堂。ノルマン時代の内陣は1102年に完成した。14世紀の第2四半期に改築された時に精巧なリエルヌ・ヴォールトを架けた。南側トランセプトには、トゥールネ大聖堂の身廊およびトゥールネと関連のある北フランスのゴシックの教会堂よりも前に、4層構成の壁面が存在したという証拠がある。巨大な円形のピアは、外陣の東側部分の12世紀前半に建てられた低い大アーケードとトリビューンを建て替えたもので、グロスター大聖堂にも影響を与えた。

モンマウスシャー州のティンターン大修道院聖堂。1131年創立のシトー会修道院。1269年に教会堂の全面的な再建が始まった。1288年までにプレスビテリ、南側トランセプト、外陣の2ベイが完成した。外陣の残りのベイと北側トランセプトは、14世紀の中頃までに完成した。背の高い高窓を持つ2層構成の身廊壁面の早期の例である（p.494「エクセター大聖堂」の内陣東側ベイを参照）。大規模教会堂の正統である3層構成の身廊壁面から目を転じた重要な遺構の1つである。

ハンプシャー州、ウィンチェスターのセント・クロス聖堂。1160年頃に工事が始まり、1175年頃から1185年の間に内陣が完成した。1185年頃から1200年の間にトランセプトの工事が行われた。重厚なロマネスクの躯体にもかかわらず、多くの細部は早くも北フランスの建築との接触を示す。

ヨークの、ベネディクト会に属するセント・メアリーズ大修道院聖堂。身廊壁面のプロポーションと全体的な形態は、ヨーク大聖堂のトランセプトに原型を持つ。ロンドンとフランスのトレーサリーの発展をいち早く取り入れた最新の意匠が、多くみられる。

城　郭

ノルマン時代のモットとベイリー形式の城の防御力の強さは、主としてシェル・キープもしくはベイリー内の「ドンジョン（天守）」にあった。しかし、13世紀初期以降、外側の周壁はこれまでよりも厚く高くつくられるようになり、防御力がさらに強化された。この周壁によって、城全体が1つの防御単位として緊密に結合された。この場合、古いキープがそのまま用いられることも、少なくなかった。たとえば**ヘリフォードシャー州のグッドリッチ城**では、古いキープは後で建てられた周壁の中に取り込まれ、**ヨークシャー州のヘルムズリー城**では、城壁に備えられた一連の塔のうちの1基として残された。**サフォーク州のフラムリンガム城**（1200頃）では、城壁の塔は長方形であるが、**サフォーク州のオーフォード城**（1166-72、p.430E）や**ヨークシャー州のコニスバラ城**（1190頃、p.431B）のようにもっと後の時代のキープでは、掘削攻撃の危険に対して防御力を高めるために、塔は通常多角形か円形であった。

1277年に、エドワード1世のウェールズにおける築城計画が開始された。その工事の大半を指揮したのは、王室建築家でセント・ジョージ出身のマスター・ジェームズである。彼は、この時最新の要塞技術を大陸から取り入れた。周壁の防御力は、主として壁の強度それ自身にかかっていたので、城門と入口部分の構造は極めて重要であった。そのため2基の塔が近接して建てられ、そこに数枚の扉を持つ入口と跳ね橋、落し穴、出丸を設けた。**デンバイ城**、**チェプストー城**、そして**ペンブローク城**の城門は特によく考えられており、それ自身がかつてのキープに匹敵するほどの重厚さを持つ。可能な場合には、塔の中に主要な居住区が何とか工面されることもあったが、通常は城内の中庭に、大きな住居用の部屋と大ホールそして馬小屋が、周壁に寄せかけて建てられた。ここからは全長にわたって城壁の上部と連絡がとれるようになっている。

大規模な城壁は防御の3つの原則に従って構想された。第1に、下部に付けられた斜堤と段壁、そして可能な場合にはこれに水をはった堀が加わるが、攻撃側はまずこれらによって周壁の足元から遠ざけられる。第2に、城壁の防御力は、周壁から大きく前方に突出した塔と、外側に持ち出された狭間胸壁によって最大

限に発揮される。狭間胸壁は最初は板囲いを持つ木造のギャラリーであったが、後には石造のマチコレーション（石落し）となった。第3に、塔と塔の間にある周壁はそれぞれ独立した防御能力を持つことが必要であった。塔は階段によって入ることができる。そして、周壁あるいは階を独立させるために、塔の各階には扉が設けられた。塔（周壁よりも高い）の上部にさらに隅櫓を付け、頂部をいっそう強化した。時には内部を限定して防御するこのような原則は、しばしば拡大して適用され、郭内が強力な門を持つ、ある程度独立した防御区画に細分されることもあった。

コンウェイ城（1283-89、p.509C）と**カーナヴォン城**（1283-1323）はこの種の城の最も洗練されたタイプである。周壁から大きく突出した合計8基の塔が環状に連なり、全体が天然の岩床の上にのる。川に近い4基の塔は緊密に結合され（上部にそれぞれ隅櫓をのせる）、この区画にはかつて川辺から城門と出丸を通って入ることができた。これらの外側にある二次的な塔と市壁の塔は、それが城壁を奪取しようとする攻撃側の手に落ちても、城の内部に向かっては威力を発揮しないよう、背後が欠落した半円形の平面となっている。カーナヴォン城は、多角形の塔の間の周壁内にギャラリーを何層も重ねることで、さらに防御力を強化した。これによって周壁の南面から集中攻撃を加えることが可能となった。コンウェイ城とカーナヴォン城はともに、当初はそれ自身で完結した防御能力を有する2つの区画に分けられていた。その防御力の強さと壮観は異例であって、この他の多くの城は、古い城壁の外側に二次的な防御線をめぐらすことで防御力を強化した。

この方式に基づいて、いわゆる「同心型」の原理が発達した。この型は、**カーフィリー城**（1267-77）、**ハーレック城**（1283-90、p.510A）、そして**ボーマリス城**（1283-1323、p.510B）において、より整然とした対称形に到達した。ボーマリス城では、大きな2つの城門（それぞれ大小2基ずつ計4基の塔からなる）が周壁の中心軸上に相対して配置される。この他6基の主要な塔が円周の4分の3ほど突出して周壁に結合される。この外側を狭い外郭が取り巻き、それをさらに、主城壁よりも低い城壁が囲う。当初は水路によって海につながっていた幅の広い堀があって、強力な市壁と結合した城門がこの堀をまたぐ。

城に隣接して計画された都市内への定住は、特権と特典によって促進された。このような「バスティード」と呼ばれる武装都市の完全な例は、**フリント**、**コンウェイ**、**カーナヴォン**、**ボーマリス**、**ルドゥロー**、そして**チェプストー**にみられる。ここには、当初の格子状の街路パターンが、後の侵蝕にもかかわらず、はっきり

と認められる。中世末の他の都市、特にヨーク、チェスター、ノリッジ、サウザンプトンなど財源に恵まれた商業都市は、自らの防衛のために市壁を拡張した。**チェスター**では、都市を完全に取り囲む市壁は約3.7mの高さに整然とそろっている。しかし古い市門は全て失われてしまった。**ヨーク**では、主に14世紀中頃に建設された市壁が、ウーズ川の両岸に4km残る。多くの塔とともに、**ブーサン・バー**、**ミクルゲート・バー**、そして**ウォルムゲート**の3つの市門が残る。このうち最後に挙げた市門は、周到に設計された出丸をほぼ完全な形で保存している。

14世紀末までには、戦争の性格が変化したため、城の軍事的な重要性は失われた。以前よりも礼儀正しくなった社会は、快適な生活水準を求めたので、防御を固めたマナー・ハウスが古い城にかわって一般的となった。要塞の中には、建て直されたかあるいは全面的に改築されたものもある。**ウォリックシャー州のケニルウォース城**は、多くの時代にまたがる構造を残す例である。ノルマン時代のキープ（1160-80）に、広い水面を持つ堀を外側にめぐらした大きな外郭が加えられた（1200-60）。1571年に、レスター伯によって、新しい楼門と当時流行の共同住居の1棟が増築された。この城は、これよりもはるかに壮麗な**モンマウスシャー州のラグラン城**（1430頃-60、p.510C）のように、内乱の時には防御力の低下した状態で包囲攻撃に抵抗した。ラグラン城は、堀で囲まれ周壁と結合した塔が、古くから存在した防御施設であった。16世紀には新しい共同住居が増築され、窓が拡大され、装飾豊かな新しい楼門が建てられ、そして堀の上には2階建の橋が架けわたされた。このような改築を受けたラグラン城は、中世末の城の外観をほぼ正確に表現している。奇妙なことではあるが、この時代に封建主義的騎士道に対する関心が再び甦った。この風潮の最も奇怪な表現の例を、**ダービーシャー州のボルソヴァー城**（1612-21）にみることできる。

1400年以降、旧式の城は急速にうち捨てられた。しかし、16世紀になっても、新たに建設される城も小数だが存在した。なかでも南部の沿岸地帯に建てられた、大砲を備えた一連の堡塁は重要である。ケント州の2つの例、**ディール城**と**ウォルマー城**はともに1540年以降に着工されたもので、広い砲台と弾薬庫を持ち、矢狭間にかわって銃眼が付けられている。大砲のための丈夫な土台とするために、古い塔を低く切り詰めて内部を塞ぐことによって、時代の要求に対処したものもいくつかあった。周壁をめぐらした土塁の端部を、大陸のもっと野心的な要塞の方法にならって形成した例を、**ワイト島のカリスブルック城**などにみることができ

第 14 章　ゴシック　　509

A　ウェストミンスター・ホール(1399)　p.500 参照

B　セント・メアリー・レッドクリフ小修道院聖堂、外陣から東側をみる、ブリストル　p.506 参照

C　コンウェイ城、カーナヴォンシャー州(1283-89)　p.508 参照

510 | ルネサンスまでのヨーロッパと地中海周辺の建築

A ハーレック城(1283-90) p.508 参照

B ボーマリス城、アングルシー島(1283-1323) p.508 参照

C ラグラン城(1430頃-60) p.508 参照

A ストークセイ城、シュロップシャー州（1285-1305） p.512 参照

B ブラモール・ホール、中庭、ジョセフ・ナッシュによる19世紀のリトグラフより、チェシャー州（15世紀-） p.512 参照

る。これらの城は、周囲を古い伝統的な周壁で囲み、一部を同心型にするなど、かつてのモットとシェル・キープに回帰したかのようである。以上が5世紀にわたる城の歴史である。

　住居としての通常のマナー・ハウスは、中庭を囲んで安全を確保するように計画され、せいぜい強力な楼門を持つ程度であるが、このマナー・ハウスの範疇を越えるような防御設備を備えた一群の建築も存在した。しかし、それらは厳密な意味では城と呼ぶことはできない。**シュロップシャー州**の**ストークセイ城**(1285-1305, p.511A)はその例である。その平面は基本的には住宅で、急速に一般化し始めた大きなホールを備えるが、狭間胸壁のある多角形の塔と、堀に囲まれた周壁と城門(城門は1620頃-25再建)による防御が、控えめながら確保されている。13世紀に建てられた北側の塔は、1285年から1305年の間に増築された、持ち出しになった木骨造の上階を持つ。これ以外のよい例としては、**ウォリックシャー州**の**マックストーク城**(1346)、**ダービーシャー州**の**ウィングフィールド城**(1441-55)を挙げることができる。**リンカーンシャー州**の**タッターズホール城**(1436-46)は、高さ約34mの5階建の塔状住居で、角に隅櫓を備えた長方形の平面を持つ優れたレンガ造建築である。部屋を全て圧縮して詰めこんだ、キープを思わせるようなこの単一の建物は、堀に囲まれた13世紀の城の内郭の縁に建つ。

　16世紀に入ってかなりの年月が過ぎるまでは、入口をまたいでそそりたつ塔が、自家用や団体用の建築における疑似軍事的な特徴であった。たとえば、**エセックス州**の**レイヤー・マーニー・タワー**(1520)、**ケンブリッジ**の**セント・ジョンズ・カレッジ**(1511)、**ロンドン**の**セント・ジェームズ・パレス**などがその例である。

マナー・ハウス

　13世紀の初期には、まだ防御的な性格をいくらか残しておく必要があったので、ヘンリー3世によって狭間胸壁を持つこと、すなわち防備を固めることが認められたマナー・ハウスが多く存在した。この中には**サフォーク州**の**リトル・ウェンハム・ホール**(1270-80頃, p.433)、**バークシャー州**の**チャーニー・ベセットのマナー・ハウス**(1280頃, p.433)、そして**ケント州**の**ペンズハースト・プレイス**(1341-48, p.513)が含まれる。最初の例は、この時期の保存状態の最もよい例である。

　15世紀には社会的環境が改善され、商業が繁栄したので、マナー・ハウスはより居住性に富んだものとなった。窓は拡大され、平面構成はプライバシーと快適性を考慮したものとなった。その例として、**ダービーシャー州**の**ハッドン・ホール**(p.513)、**チェシャー州**の**ブラモール・ホール**(15世紀, p.511B)、**ケント州**の**ハーバー・キャッスル**(1462再建)、**ウォリックシャー州**の**コンプトン・ウィニエーツ**(1520)、そして**ハンプトン・コート・パレス**(p.485B, p.514)を挙げることができる。ハーバー・キャッスルは堀と跳ね橋を持つ。コンプトン・ウィニエーツはテューダー様式の最も美しい邸宅の1つであり、一方枢機卿ウォルセー(1472-1530)のために、ヘンリー・ランドマンのデザインで建てられたハンプトン・コート・パレスはこの時期の最大の邸宅である。

小規模住宅

　ドゥームズデイ・ブックのリストにのる荘園の中心には、おそらくその領主のホールがあったであろう。そのようなホールは数千を数えた。それらがどのような姿をしており、場所によってどのような違いがあったのか、そして経済が拡大して社会の仕組みがこれまでよりも複雑になるにしたがって、それらはどのように発展したのか、これらの疑問についてはまだ推定の域をでない。小作人の住まいについては、それに建築という言葉を冠して考察するには、おそらくあまりに原初的すぎたであろう。しかし、商人と職人が、次第に地方的、地縁的なヒエラルキーに縛られない階層を形成するようになった都市においては、事情は異なっていたはずである。すなわち、社会的地位は低いがお金のある人々が存在した(p.515C)。自作農民の登場についても、同様のことがいえる。そのような人々は、富とともに、社会的な功名心を満たすような住宅を欲した。その傾向は常に上方指向であった。彼らは、小紳士となるや、規模においては比べものにならないまでも、貴族の方法にならって石造の住宅を建てたいと望んだ。石材に手が届かない時には、良質の木材に頼った。後には、そのような場合にはレンガを用いるようになった。商人と自作農は、自らの先例にならって、居住性とともに彼らに固有の要求を満足させた。その一方で、ホールを住宅の本質的な空間として存続させるなど、強い保守性がみられた。他方、家庭生活がよりプライベートなものとなり、特定の生活行為のために独立した空間が要求されるようになると、多くのより小さな部屋が必要となった。このような歴史的流れの中では、ホールの最後の痕跡が除去されて初めて、中世という時代は終わったといえるであろう。地方によっては、それが17世紀まで存続したところもあった。

　教会堂や宮殿などの美的な建築の建設に携わる人々が存在する一方で、安全な社会の平凡で実用的な建物

第14章　ゴシック

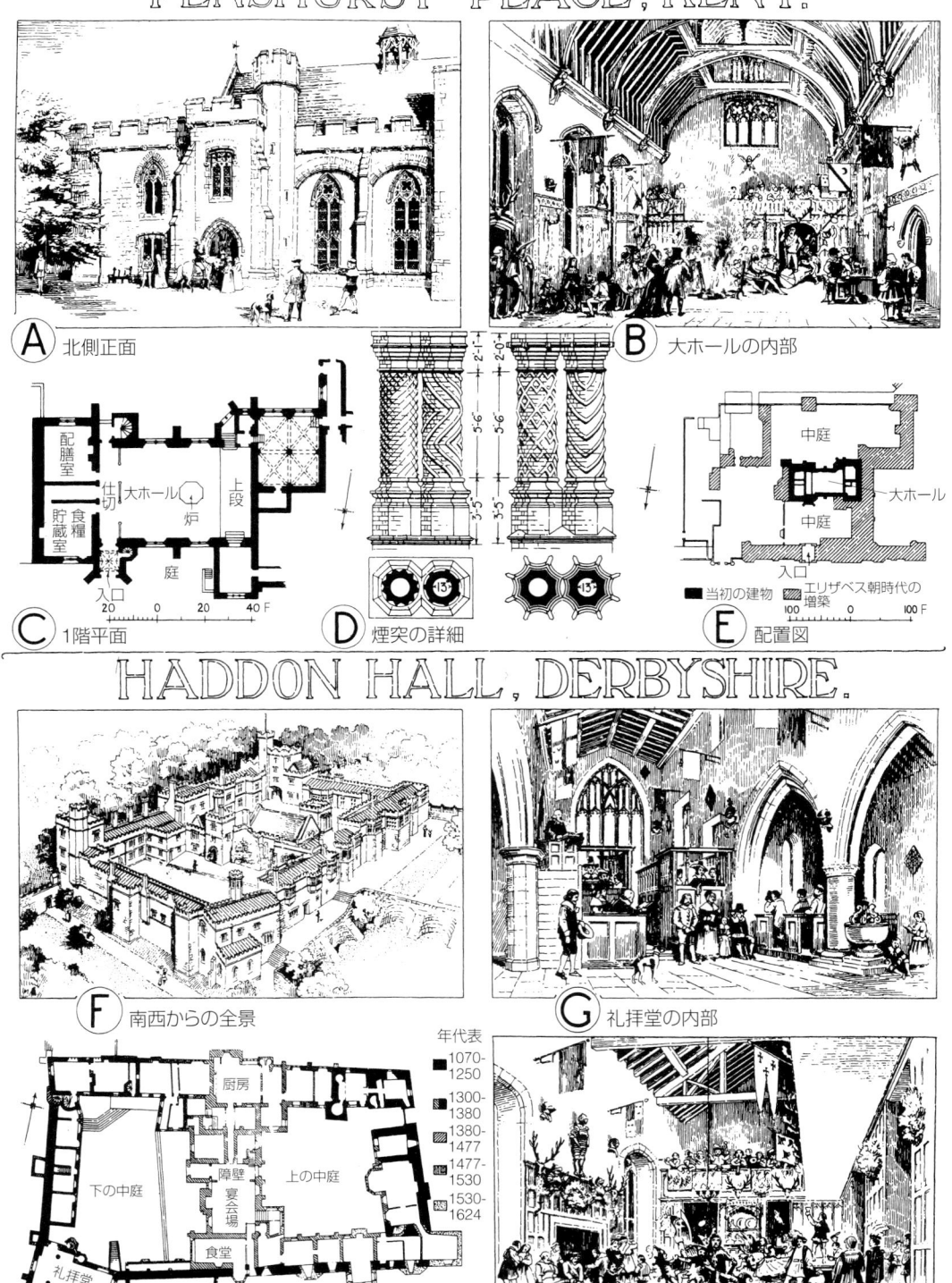

ペンズハースト・プレイス、ケント州（上）。ハッドン・ホール、ダービーシャー州（下）

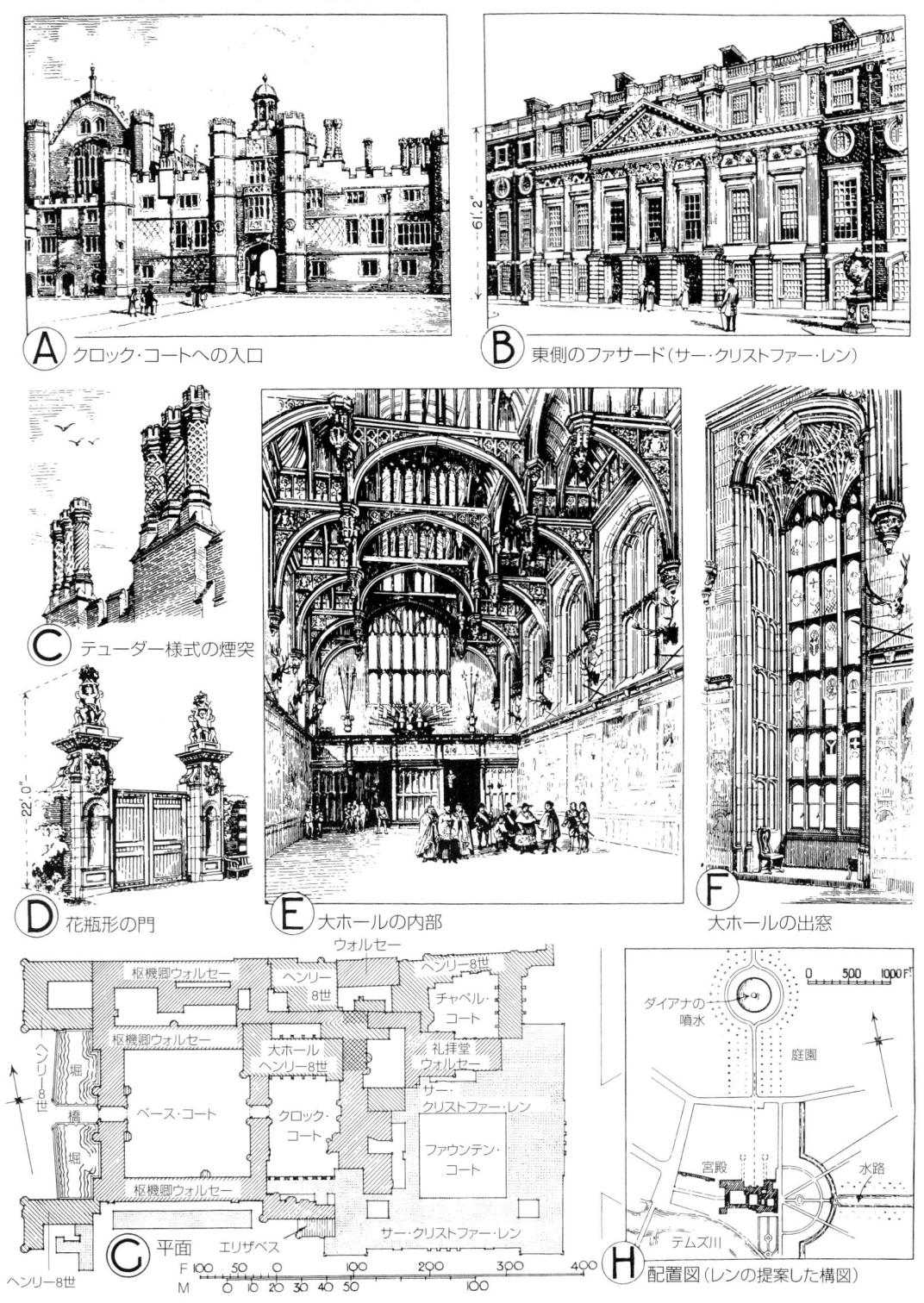

ハンプトン・コート・パレス

A アビー・ドールの農園、ヘリフォードシャー州（14世紀以降）
p.516 参照

B クラックを用いた小住宅、プトリー、ヘリフォードシャー州
p.516 参照

C ハイ・ストリートにある中世後期の住宅、リュイス　p.512 参照

の建設に従事する人々が存在した。彼らは互いに相手の技術を用いることはほとんどなかったが、この2つのグループが全く別々の仕事をしたわけではい。たとえば屋根の問題は両者に共通であった。また住宅の構想が基本的な経済条件を満たしてあまりある時には、芸術的技量を示す要素が細部に現れるのが普通であった。美の基準は、一方だけに限られていたわけではないのである。

しかし、両者は類似よりも相違の方がはるかに大きかった。まず、基本的な材料について述べよう。教会堂に使われる側廊付きのホールと、人が住まう側廊付きのホールの基本的な違いは、規模の問題とはあまり関係なく、むしろ前者が石造、それもその多くが切石積みであったのに対して、後者はほとんどの場合木造であったという事実にある。切石積みが住宅建築に用いられることはほとんどなかった。身分の高い人々の城と小作人の小屋の中間に存在する家屋は全て、角材の間に最も手に入れやすい種類の充填物を詰めた、さまざまな形態の木骨造が基本であった。木造建築の伝統は、何世紀も前から途切れることなく続いてきたもので、それはたとえば、ノルマン征服以前の考古学の発掘現場にみられる柱の穴によって確かめることができる。いかなる形態にしろ、それは石造建築よりも古い。

材料の性質から、木造建築は柱-楣（まぐさ）のタイプとなる。大工技術が石造技術から区別されるのは、まさにこの点である（p.515A）。しかし、中世の木造建築にも、石造のアーチに対応するようなものがあった。元来、家屋あるいは納屋の壁と屋根を支えるために用いられる、クラックと呼ばれる湾曲した1組の木の部材がそれである（p.515B）。その起源ははっきりせず、これまで多くの推測がなされたが、想像の域を出ないものも多かった。13世紀以前のものは現存しない。ただ、大聖堂の建築が木造のリブを用いて石造のヴォールトを模造することは、13世紀以前にすでに知られていた。そして、それら13世紀以前の木造リブとクラックとの間には類似性があったはずである。しかし、両者の間に何らかの結び付きがあったのか、もしあったとしたならば、どちらがどちらに影響を与えたのかを知ることはできない。クラックはイギリス特有の部材である。イギリス海峡の向こう側で全く知られていなかったわけではないが、極めてまれなので、その地で発生したものではないことは確実である。クラックをつくるには、幹のある高さから適当な角度で延びるちょうどよい太さの枝が必要であった。このような木は、西欧の落葉樹の森にしかみることができず、特にイギリスには豊富であった。しかし、イギリスの西部の高原地帯にクラックが集中してみられるのは、おそらく地理的な理由とともに歴史的な理由にもよるものであろう。

現存する中世の木造の住宅の数は、かつて考えられていたよりもずっと多い。その多くは、1度も取り壊されたことがない。ただ、中世以後の新しい時代の衣装の背後に骨組が隠されてしまっただけなのである。1階建のホールは、便宜的に中間に床を挿入することによって2階建の住宅に改築された。しかし、原則として屋根に手を加えることはなかった。屋根は、全面的に架けかえられるか、さもなければそのまま残された。したがって、屋根は住宅の歴史と年代を特定する最も有効な手がかりとなる。もし、屋根に中世の木造部分が存在すれば、その住宅は中世に起源を持つ。幸いにも、中世の良質の屋根を見出すのは困難なことではない。実際、現存するものは良質のものが多い。部材の構成と部材の継ぎ手は、非常にレベルの高い特殊技術を示す。教会堂の屋根は優れた見本であるが、それは氷山の一角にすぎない。木造の大多数は納屋と、とりわけ住宅にみられる。まだ数千棟も残るそれらの遺構は、中世イギリスの職人のなした最高の仕事と認めるに足る価値を持っている。

ドイツと中部ヨーロッパ：建築の特色

1213年のブーヴィーヌの戦いで、イギリス王ジョンとその同盟者であるゲルフ党（教皇党）のドイツ皇帝オットー4世は、フランスのフィリップ・オーギュストに敗れた。この結果は、ドイツに後々まで影響を与えることとなった。まず、オットーにかわって、ホーエンシュタウフェン家のフリードリヒ2世が皇帝の位についた。しかしフリードリヒは、帝位容認の代償として、ドイツを事実上治めていた封建諸侯に、ほとんど自治に等しいほどの特権を与えた。こうして国家の細分化状態が19世紀まで続いた。ドイツの国力の低下と、それに呼応するフランスの優勢は、シャルトルとブールジュにおける盛期ゴシックの登場に符合する。このような状況下では、ドイツの建築家によるゴシックの慎重な吸収・同化は、ドイツの文化的植民地化のようにみえやすい。

しかしながら、ゴシックの浸透は、ペースはゆっくりであったが、決して不本意に進行したのではない。ドイツは、自らの意志によって2つの道を選択した。一方では、ケルンとストラスブール（シュトラスブルク）において、フランスの建築の全ての様式的特徴と細部を忠実に取り入れること——要するにドイツの土地にフランスの大聖堂を建てること——を意図した。ドイ

ツの石工の1世代が、この建築現場で徒弟として年季をつとめ、そこから新しい様式を携えてドイツ各地に散っていった。そしてその一方で、ゴシックの外見的な特徴にあれこれ手を加えることで満足することも多かった。彼らは、シトー修道会とプレモントレ修道会の平明な趣味に合う、簡潔な様式を創案した。この様式は、やがて托鉢修道会によってとりあげられ、レンガ造の建物にも同じように適用できることが証明された。レンガはドイツ北部の平野ではどこにでもみられる建築資材であった。そして、とりわけ彼らは、ホール式の教会堂の形態を独自のものとした。

ドイツにおいては、パトロネージは独特の仕方で展開した。帝国建築と呼べるような概念は存在しなかった。プラハにおけるルクセンブルク家のカールや、ウィーンにおけるハプスブルク家のように、皇帝が大規模な建築事業を企てた場合でさえ、皇帝は、自らの地方王朝の利益を追求しただけなのである。そのような状況だったので、実際の力と、したがって有力なパトロネージは、諸侯と自由都市の手中にあった。諸侯には2つのグループがあった。西部には、古くからキリスト教化の進んでいたケルン、マインツ、そしてトリーアの大司教区があった。フランスの影響が最も強かったのは、当然のことながらこれらの地方である。これと釣り合うかのように、東部では3人の世俗の諸侯がブランデンブルクとボヘミアとオーストリアに割拠していた。これらの地方は辺境ではあったが次第に勢力を増しつつあり、ライン川に沿った地方の洗練された趣味に比べて、どちらかというと細部にとらわれないおおらかさをもっていた。かつての公国ではバイエルンだけが存続していた。たとえばマイセンのヴェティナー家など、弱小の君主はより大きな盟友の例を模倣しようとした。君主の階層全体が、緊密に結合された社会集団を形成していた。

帝国の自由都市は、実質的に自治と呼べるような特権を享受した。これらの都市は、規模が小さく政治的な立場も弱かったが、当時の標準に比べて著しく富裕であることも珍しくなかった。

リューベックを中心としバルト海沿岸からスカンジナビアを横切ってロンドンの西にまで進出したハンザ同盟のように、いくつかの交易都市がゆるやかな連合体を組織した。商業活動がゴシックの拡散に直接どの程度かかわったかは、未解決の問題である。ゴシックはまさに時代の様式であった。ハンザ同盟諸都市の富と言語と文化は、ゴシック様式の普及に惜しみない刺激を与えた。十字軍の修道騎士団の1つであるドイツ騎士団は、その絶頂に達した14世紀に、近隣諸地域でエキゾチックな成果に結び付くいくつかの建築上の

新機軸を生み出した。初めの試行期間の13世紀が過ぎると、ドイツ・ゴシックは、もともと反対の方向から来た異なる2つの道に沿って発展を開始した。

ドイツ人が「オプス・フランキゲヌム（フランス建築）」と呼ぶレイヨナン・ゴシックは、ライン川流域のケルンとストラスブールにおいて、確実に定着した。しかし、ケルン大聖堂の内陣とストラスブール大聖堂の外陣がフランスの模範をコピーすることで満足したのに対し、それらのファサードは、フランスの先例から大胆に逸脱した。ゲーテが述べて以来、ストラスブールの西正面を、ドイツの創造的才能がフランスの保護から開放された転換点とみなす考え方が主流となった。フライブルクやウルムにみるような後期ゴシックの塔と尖頭屋根は、全てストラスブールとケルンに源流を持つ。

13世紀にライン川の東側の地方でもてはやされていた単純化されたゴシックを変質させたのは、この2つの中心地で腕を磨いた石工たちの仕事であった。特に、南ドイツは良質の建築用石材を産する地方であり、14世紀中頃以降、建築職人の家系が現れ、どんな姿かたちの教会堂にも、生気に満ちた刳形と名人芸的なパターンのトレーサリーを施した。

発展のもう1つの道は、東からのもので、ヴォールト架構に関係するものであった。フランスのレイヨナン式は、アンジューのような例外的な地方もあったが、基本的にはヴォールトの不必要な複雑化には関心がなかった。またイギリスでは、ほとんど最初から、たとえばリンカーン大聖堂のように、奇妙な配置を持ったリブが完全に容認された。しかし、この2つにはリブに基本的な区別があった。1つは、アーチとして考えられ、ヴォールトのシェル、すなわちウェブの上にあってその輪郭を決定するリブであり、もう1つは、事実上シェルの表面に施されたパターンで、その幾何学的輪郭はいかなるリブのパターンからも独立して、しかも優先的に決められるリブである。フランスにおけるゴシックの主流派は、第1のリブの範疇を越えることはなかった。第2の範疇に属するリブは、イギリスでは1300年までにヴォールトの特徴として確立された。そして、ドイツがイギリスの装飾式から着想を得たか否かにかかわらず、イギリスの姿勢は、ポメラニア、東プロイセン、ポーランド、シレジア、ボヘミア、オーストリアなどドイツ圏東縁部の中核都市において、熱狂的に受け入れられた。

これに続く200年の間、ヴォールトはドイツの特技の観を呈した。ドイツでは、ヴォールトは西欧の他の国々とは全く異なった仕方で発展した。たとえばネット・ヴォールトは、平行な何組かのリブが交差して形

成される。また、ネット・ヴォールトのリブの間の面がピラミッド状にくぼんだセル・ヴォールトが生まれた。そして、「飛びリブ（フライングリブ）」も考案された。リブの曲線は波打つように反転して、巨大な花弁状のパターンをつくりだす。リブはヴォールト面からわきだして、密集し、上下に重なり合う。このように、競って創案されたヴォールトは、最終的にはドイツの隅々にまで広まった。しかしこの事実は、少なくとも統計的には、奇想なヴォールトに対する趣味が西部よりも東部で歓迎されたことを、示している。

このような発展の 2 つの潮流は、1350 年代のプラハにおいて、ペーター・パルラーの作品の中で統合された。パルラーは、シュヴェービッシュ・グミュントのハイリゲンクロイツキルヒェの内陣を担当したケルン出身の石工の息子で、早くから頭角を現した。このような出自が、彼のレイヨナン的な系統を説明する。パルラーがイギリスの地を踏んだことがあるか、あるいはヨークやウェルズなどのイギリス・ゴシックの意匠に精通していたかどうかについては、これまで多くの議論がなされてきた。しかし、彼がプラハ大聖堂の内陣で真のネット・ヴォールトを初めて創案したことは、疑いがない。また彼が、後にドイツの石工によって石工という職能の始祖とみなされたことも、確かである。パルラー 1 人の権威で、家系のメンバーのために、当時最高の建築工事のいくつかを十分に確保できた。パルラーの名は、14 世紀の後半には、南ドイツ、スイス、そしてミラノにいたるまで、あらゆる場所に見出せる。

パルラー一族は、これに続く他の工匠の手本となったが、石造建築の設計術において一族を超えるものは現れなかった。建築家としてのパルラー一族の偉業は、バルト海沿岸のロストク、シュタルガルト、およびダンツィッヒ（グダニスク）から、シレジアのブレスロー（ブロツワフ）、ボヘミアのクトナー・ホラ（クッテンベルク）を通り、南部のニュルンベルク、インゴルシュタット、ランツフート、そしてザルツブルクにいたるまで、ドイツを縦断して各地に存在する都市の壮麗な教会堂にみることができる。ホール式の教会堂は、一族の手によって独自の芸術形式となった。背の高いピアまたは円柱がヴォールトの中へと立ち上がり、そこではリブがあらゆる方向に分岐する。壁面の高さ全体にわたって窓がうち抜かれ、家族用の祭室が側面を縁取る。今ではそのほとんどが失われてしまったが、かつてこれらの祭室には祭壇が備えられていた。精妙に考えられた区分け、すなわち装飾のない壁面、というよりも空虚な空間を背景とする視覚上の焦点の配分が、フランスの盛期ゴシックの大聖堂に劣らず印象的で、しかもそれとは全く別種の特質を、これらの建物に与えている。垂直式がイギリスの、またフランボワイヤン式がフランスの様式であるのと同様、**ゾンダーゴティク**と呼ばれる後期ゴシックは、正真正銘ドイツの様式である。

ドイツの後期ゴシックは、建築史家の注意をさらに促す。それは、中世の石工の仕事の仕方に関する、ほとんど全ての証拠が、たまたまドイツから発見されているからである。1 つの国で首尾よく保存されてきたものが、他の国々では破棄されてしまった経緯については、歴史の気まぐれによるところが大きい。しかし、ドイツの石工が、フランスとイギリスの石工に比べてより高度に組織化されていたのは確かである。彼らは 4 つの半恒久的な組合に属し、それらの組合は中世が終わった後も長い間平穏に存続した。組合が最終的に解散された時にも、数多くの図面が保存され、その多くはウィーンで帝室コレクションに加えられた。塔の完全な立面図を含む小数の展示用の逸品を除けば、コレクションのほとんどは、ヴォールトや窓のトレーサリーのパターンのような細部である。しかしこれらの図面には、一定の縮尺に従って描かれた形跡がみられず、そのことが図面の実用的な価値を制限している。ただ、そのことについて 1 ついえるのは、それらは石工のひいた他の全ての図面と同じ方法に従って描かれたということである。すなわちこれらの図面は、建物を設計する基本的なプロセスを、推察させてくれるのである。

中世最末期のドイツには、印刷物を出版する小数の石工もいた。彼らのマニュアルは、限られた範囲ではあるが、図面を解明する大きな手がかりを与えてくれる。したがって、それらのマニュアルは、図面との関連において読まれなければならない。これらのマニュアルによって、建築という職業が、中世末にはどのようであったかについて、はっきりとしたイメージを持つことができる。それは、ワーグナー作の『マイスタージンガー』の中で語られるものにいくぶん類似した、結合の固い団体の手中にあった。彼らは、自らの職業、そしておそらく職業秘密とされたその基本となる理論的知識に対して、誇りを持っていた。平面図から立面図を得る方法は、職能の秘密を伝授されていないいかなる者に対しても漏らさないよう義務づけられていた。我々からみると、彼らの科学は非常に貧弱なように思われる。

計算および幾何学的作図の実用的規則は、記述されなくとも、経験の中に記憶として蓄積され、確実に保持された。建築を成し遂げる基礎となる能力は 2 つあった。1 つは、石材を、それがいかに複雑であろうと、

抽象的な幾何学形態の構成要素に還元して考える能力である。もう1つは、そのような石材を、要求される精度に従って1つずつ刻むことのできる技術的な能力である。あとはそれらの組み立ての問題である。これらの能力によって彼らは、人間の想像力と技術力の最もすばらしい偉業のいくつかを実現することができたのである。

中世建築を終焉させたルネサンスと比較して論じる時に、ゴシックの考え方はあまりにも不明瞭とみなされ、その理論的な部分は無視できるように思われやすいので、以上のことを述べておく必要があった。特にいうまでもないが、実際には、後期ゴシックのドイツにおける石工の幾何学は、他の国々においても跡をたどることができるし、またもっと早い時代にまで遡ることもできる。その本質は、中世が古典古代から受け継いだものなのである。そして、そのようなゴシックの石工の幾何学が、中部ヨーロッパのバロックにある種の実りをもたらしたといってもよい。

ドイツと中部ヨーロッパ：実例

ローテンブルクは、中世ドイツにおける都市発展のパターンを、ほぼ完全に示す例である。出発点は**ホーエンローエのローテンブルク伯の城**であった。この城は狭い山脚を占有し、三方をタウバー川の流れに囲まれる。陸地側にある城門の外側に、城の保護を受けて、居住地が形成された。最初の教会堂は城の中に建てられたが、町の住民はすぐに彼ら自身の教会堂を欲し、**ザンクト・ヤーコプ教区聖堂**を建てた。そして、ホーエンシュタウフェン家の皇帝の援助の下で、悩みの種であった城の封建的な支配から独立した。城からの独立は、ローテンブルクが神聖ローマ帝国公認の自由都市となった1274年に、決定的となった。1204年には塔を備えた防御壁(p.520B)が建てられた。市の中心部には市場の広場があり、その一角には**市庁舎**(1240、p.522A)があった。教区教会堂は市庁舎に接近して建っていた。この教会堂は、1373年から1471年の間に、広々としたホール式の教会堂として再建され、この町の傑出したモニュメントとして今日まで残る。14世紀までにローテンブルクは当初の市壁を越えて広がったので、そのかなり外側に第2の市壁が建てられた。さまざまの宗派に属する教会堂がこれまで以上に創建され、なかには第2の市壁の外側に建てられたものさえあった。**シュピタールキルヒェ**は、そのうちの1つであるが、共益施設が付属し、周辺に居住地を伴っていたので、ここに真の意味での郊外、**カッペンツィプフェル**が形成された。カッペンツィプフェルは、別の市壁によって町の中に取り込まれた(1380)。市の人口は、黒死病流行(1348)の時にはピークに達していたはずである。この地方の様式で多く建物が再建されたにもかかわらず、ローテンブルクの町は中世の特質を決して失わなかった。

レーゲンスブルク大聖堂(p.522C, D)は、バイエルン最大のゴシックの教会堂であるが、この地よりももっと遠隔の地にあってレーゲンスブルクと競合する大聖堂や、その他大聖堂以外の教会堂のせいで、これまでいくぶん影が薄かった。レーゲンスブルクの建設工事は、1273年に始まった。この年代は、ケルンとストラスブールの大聖堂以後の世代にほぼ該当するが、レーゲンスブルクがフランスの模範に依存していることは、なお明白である。最も興味をひくデザイン上の特徴はアプスにある。すなわち、ステンドグラスとトレーサリーを最大に展開させるために、周歩廊と放射状祭室を省略したことである。当時の年代記作者であるブルクハルト・フォン・ホールはそのような建築を「オプス・フランキゲヌム（フランス建築）」と呼んだ。トリフォリウムがかろうじて高窓から区別される身廊壁面の先行例はフランスにあり、その先行例は同時代のヨーク大聖堂の身廊の手本ともなった。西正面の工事は1340年までに始まり、14世紀を通じてロリッツァー家が3世代にわたって工事を担当した。そして最終的に、正統な双塔式のファサードとして姿を現した。小さいけれども風変わりな三角形のポーティコが、ファサードの表現を引きしめる。双塔の上部は、ケルンから大きな影響を受け、1859年から1869年の間にようやく完成した。

レーゲンスブルク大聖堂のすぐ東隣の、大聖堂複合体の一角に、**ザンクト・ウルリヒ教区聖堂**(p.522B)がある。この教会堂の外陣はヴォールトを架けないが、西端部にはヴォールトを架けた珍しいギャラリーがある。レーゲンスブルクにある初期ゴシックのもう1つの重要な教会堂は、1246年に工事が始まった**ドミニコ修道会の教会堂**である。

エルフルトの町は、ペータースベルク要塞を起源とし、中核として成立した。**ザンクト・ゼーフェリ大聖堂**(p.521G, J)は、この下の台地にあって、威風堂々たる1つの建築群をなす。この大聖堂の建設の歴史は複雑である。当初、ロマネスクの内陣(1154)にゴシックの外陣(13世紀中頃)が接続していた。古い東端部は、14世紀に現在の優美な祭室を持つ内陣に建て替えられたが、敷地条件によりいかなる拡張も不可能であった。外陣は1452年に崩壊した後、ホール式に改築された。

ザンクト・ゼーフェリの再建は1278年頃始まった。それは、5廊からなる異例のホール式の教会堂で、ホー

ドイツと中部ヨーロッパの世俗建築

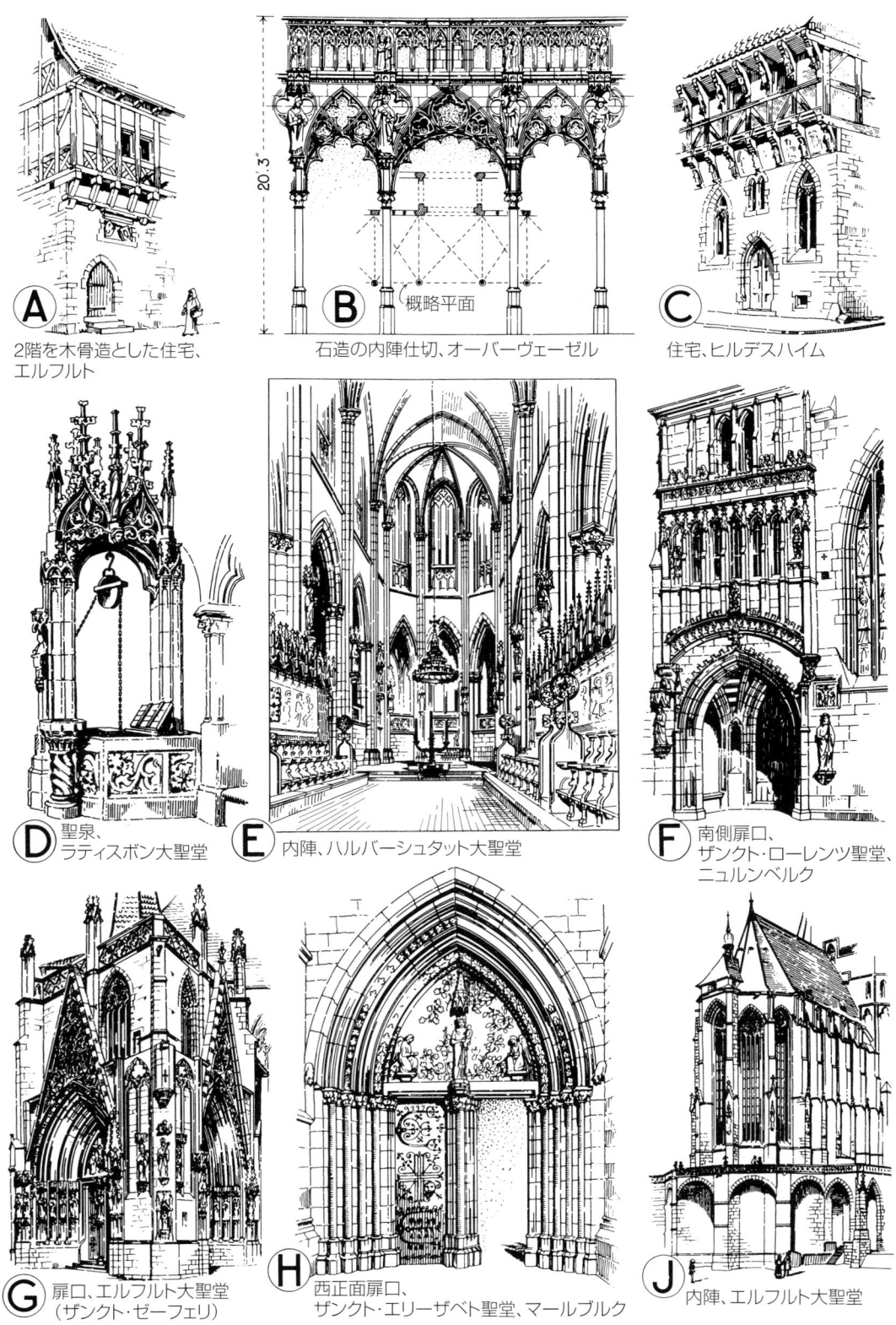

A 2階を木骨造とした住宅、エルフルト
B 石造の内陣仕切、オーバーヴェーゼル
C 住宅、ヒルデスハイム
D 聖泉、ラティスボン大聖堂
E 内陣、ハルバーシュタット大聖堂
F 南側扉口、ザンクト・ローレンツ聖堂、ニュルンベルク
G 扉口、エルフルト大聖堂（ザンクト・ゼーフェリ）
H 西正面扉口、ザンクト・エリーザベト聖堂、マールブルク
J 内陣、エルフルト大聖堂

ドイツ・ゴシックの細部

A 市庁舎、ローテンブルク(1240)　p.519 参照

B ザンクト・ウルリヒ教区聖堂、レーゲンスブルク
p.519 参照

C レーゲンスブルク大聖堂、身廊(1273-15世紀)　p.519 参照

D レーゲンスブルク大聖堂

第 14 章　ゴシック　　523

A　フラウエンキルヒェ、祭室のヴォールト、インゴルシュタット（1520 年代）　p.524 参照

B　ザンクト・マルティン聖堂、ランツフート（15 世紀）
p.524 参照

C　ノイエッティングの聖堂　p.524 参照

D　マリーエンブルク（マルボルク）城、ポーランド（14 世紀）
p.524 参照

ル式の形態から最大の効果を引き出した教会堂でもあった。エルフルトからそう遠くないミュールハウゼンのマリーエンキルヒェ(1318頃)に、もう1つの例をみることができる。エルフルトにはまた、13世紀の托鉢修道士教会堂が2棟残る。バルフーセル聖堂(フランシスコ会)とプレディゲル聖堂(ドミニコ会)である。托鉢修道士の教会堂は、中世ドイツの多くの都市の特徴となっている。

インゴルシュタットのフラウエンキルヒェ(p.523A)は、レンガ造の後期ゴシックの教会堂である。その全体構想は、西正面の双塔の斜めの配置を除けば特に言及するほどのものではない。このような塔の配置は、中世建築家の最後の世代が、整然とした正常な構成から離れて、形態をねじ曲げる方向に急速に傾倒していく兆候を示すものとも考えられる(ルアンのサントゥアン聖堂の西正面と比較できよう)。しかし、身廊側面に並んだ祭室には、かつてつくられたヴォールトのうちで最も奇妙なヴォールトが架かる。これらは、もはや構造を明示するような外観はとらず、それ自身独立した1つの表現芸術となり、いばらの冠、昆虫の怪物、あるいは有毒植物、などといったイメージを抱かせる。このようなイメージは、1520年代という、宗教戦争と農民戦争による起伏の激しい時代の産物である。建築家の名はウルリヒ・ハイデンライヒとされている。

1408年に、ハンス・フォン・ブルクハウゼンは、オーストリアのザルツブルクにあるフランシスコ会の教会堂の新しい内陣の工事を始めた。この工事は1452年までに完了した。現在建っている教会堂の2つの部分は、劇的な対比をみせるが、それは偶然のなせる技である。外陣は、後期ロマネスクに属する平凡な作品で、天井が低く、重厚で暗い。これに対し、広々とした内陣の空間は、光に満たされ、宙に浮かぶような軽快さを持つ。ある意味でこの内陣は、ドイツの全てのホール式教会堂のうちで最も革新的である。アプスの外壁は簡素な壁面を持つ。内部の円柱列は、2方向に分岐するといってもいいような仕方で配置される。いかなるリブあるいはアーチも、円柱から円柱に、あるいは円柱から柱形に架け渡されることはない。ベイ区分の感覚は完全に失われている。ベイを形成するかわりに、リブが広がって全体を1つの天蓋の形にまとめ、その中心部に円柱が立つのである。空間的な統一性は、内部の全ての支柱を排除する以外、これ以上追究することはほとんど不可能である。

アンナベルクの町は、1492年に銀の豊富な鉱床が近くに発見された時に始まる。町は、1496年にザクセン選帝侯によって開設された。アンナベルクの聖堂(1499着工)は、ザクセン選帝侯領の南縁部に沿って建つ一群の、壮麗な後期ゴシックのホール式教会堂のうちの1つである。アンナベルクの他には、ツウィッカウの聖堂、ピルナの聖堂、そしてフライベルク・イン・ザクセンの聖堂がある。しかし、アンナベルクのヴォールトは、エルツ山脈のボヘミア側の特徴である花弁形のパターンを持つ。教会堂を実際に建てたのはその土地の職人であるが、建築家はベネディクト・リートとシュヴァインフルト出身のヤーコプ・ハイルマンであった。ヤーコプは、ボヘミアのモスト(ブリュクス)の聖堂で非常によく似たヴォールトを用いており、ベネディクトの親密な同僚でありかつ彼の後任をつとめた建築家である。

ランツフートのザンクト・マルティン聖堂(p.523B)の壁の碑文には、建築家の名としてハンス・フォン・ブルクハウゼンの名が刻まれている。彼の作とされている教会堂には、他にランツフートのシュピタルキルヒェ、ザルツブルクの聖堂、ノイエッティングの聖堂(p.523C)、シュトラウビングの聖堂、そしてヴァッセンブルクの聖堂がある。大きな改築を受けたものもあるが、これらの全てが今日まで残る。しかし、いずれもホール式であることを別とすれば、互いによく似た教会堂は2つとなく、銘文の明白な証言がなければ、これらの教会堂が同一の建築家の手になるものとは、とても思われない。ブルクハウゼンは、ザンクト・マルティンが完成する前の1432年にランツフートで没した。彼のデザインの特徴は、非常に背の高い平明な支柱と、その上部から発する単純なネット・ヴォールトにある。このヴォールトの形式は、窓のトレーサリーの要素にも反映される。その効果は、高さと奥行の相互作用によって圧倒的なものとなる。高さ133 mの塔が完成したのは、1498年になってからである。

ランツフートのシュピタルキルヒェは、ザンクト・マルティンと全く同時期に工事が行われた教会堂で、平面、ピアの形態、ヴォールトのパターン、そしてプロポーションは互いに異なるものの、空間の効果は同質である。シュトラウビングとノイエッティングは、それほど際立った存在ではない。ヴァッセルブルクのヴォールトは後の年代に属する。

1309年に、ドイツ騎士団の団長が、ウィーンからポーランドのマリーエンブルク(マルボルク)城(p.523D)に居を移した。この建物は一部が城で、一部が修道院であった。この城で騎士たちは、排他的な貴族共同体をつくった。この共同体の活動のために計画された主要な居住区は、礼拝堂、参事会堂、そして季節ごとの食堂を含んでいた。これらの建物は、14世紀の間に少しずつ建設されたが、共通の特徴によって統一されている。特にヴォールトは、リブと三放射形による漏斗形を効果

的に用いる。漏斗形は、イギリスの参事会堂あるいはウェルズ大聖堂の奥内陣を思い起こさせる。

シュヴェービッシュ・グミュントの**ハイリゲンクロイツキルヒェ**(p.527A)は、13世紀に帝国公認の自由都市となったこの町第一の教区教会堂である。最初に外陣が、次いで内陣が建てられた。内陣と外陣ともにホール式である。ヴォールトは14世紀のものではない。この教会堂(1351着工)が名高いのは、パルラー一族の始祖で工匠のハインリッヒ・パルラーが、1330年頃工事の中断したケルンから南部に来て、内陣の建築家となったからである。ドイツの後期ゴシックは、ハイリゲンクロイツキルヒェで始まったとする説が幾度となく唱えられてきたが、パルラーの名なくしてその理由を考えることは困難である。引き続いて、弱冠21歳のペーター・パルラーが、プラハで建築家に登用されたのは、ハインリッヒの威光によるものと考えられる。しかし、ペーターによるプラハの作品の方が、ハインリッヒによるグミュントの作品に比べて、新奇さに満ちているのは大変興味深い。

ニュルンベルク(p.520D, E)は、他の中世の多くの町と同様、城に保護された市場として始まった。今でも町を見下ろして建っている**ニュルンベルク城**は、大部分が皇帝フリードリヒ1世赤髭王[バルバロッサ][訳註：1125頃-90]の時のもので、今日まで慎重に保存されてきた。町は、1219年に帝国公認の自由都市となり、重要な教会堂はこの後の3世紀間に建てられた。ペグニッツ川によって市は二分され、後にそれぞれの地区は、最大の教区教会堂の名によって、**ザンクト・ゼーバルト聖堂**および**ザンクト・ローレンツ聖堂**(p.521F)と呼ばれるようになった。両教会堂の外陣は、ともに13世紀に属する。ザンクト・ゼーバルトは、3層構成の身廊壁面を、ザンクト・ローレンツは2層構成の身廊壁面を持つ。内陣は、両教会堂とも再建された。ザンクト・ゼーバルトの内陣は、1361年から1379年に工事が行われた。内部はホール式であり、これよりも優美さの点で劣るもののより力強い表現を持つゾーストのヴィーゼンキルヒェの方法に従う。また、パリのサント・シャペルを拡大したような外観を持つ。このような印象はほぼ間違いなく計画的なものであった。内陣は、聖ゼーバルトの遺物を納めるための聖遺物箱として構想されたが、完成したのは16世紀になってからである。ザンクト・ローレンツの内陣(1439-77)もまたホール式であるが、別の手本に従う。窓は、パルラーによるシュヴェービッシュ・グミュントの聖堂と同じく、2段に配置される。ヴォールトは、ザンクト・ゼーバルトには全くみられない後期ゴシックの気ままで複雑な意匠を持つ。

市場の広場に面して建つ、ニュルンベルクで3番目に重要な教会堂の**フラウエンキルヒェ**(p.527B, C)は、皇帝カール4世が礼拝堂として建てたもので、城の中に建つホーエンシュタウフェン家の礼拝堂と同じ系統に属する。1352年以前に工事が始まり、1358年にはほぼ完成していた。この教会堂は、この地方で最初のゴシックのホール式教会堂であり、パルラー一族の初期の作品でもある。

ウィーンの重要性は、ハプスブルク家が1276年にこの地に到着し、1278年にマルヒフェルトの戦いで勝利を収め、オーストリア公国を支配下においた時に高まった。**ザンクト・シュテファン聖堂**(p.526)は、当時、後期ロマネスク様式で再建されたばかりであった。彫刻を豊かに施した扉口、いわゆる「巨大な入口」を持つ西正面は、現在の建物に組み込まれた。これは、おそらく西正面の再建に要する費用が大きすぎると考えられたためであろう。通常は西正面に置かれる塔が、トランセプトの位置に置かれる。ゴシック様式による建築工事は1304年に始まった。1340年に献堂式が執り行われたが、このことは、その時までに内陣がすでに完成していたことを物語るものである。外陣を拡張し、そしておそらく南側の塔を建てる工事の開始を示す基礎石が、1359年にルドルフ4世によって置かれた。南側の塔は、プラハのペーター・パルラーによる聖具室のそれによく似たペンダント・ヴォールトを用いる。

ウルムとともに、ザンクト・シュテファンは、この塔によって特異な存在となっている。この塔は、単にその位置が特異なだけではない。南側の塔は、1433年までに完成した。これは、年代的にストラスブールよりも早いが、高さでは及ばない。対をなす北側の塔は、1450年に工事が始まったが、16世紀に未完成のまま中断された。塔の設計者はハンス・プックスバウムで、彼は1446年までに外陣にヴォールトを架けた。西正面でなく外陣の側面に塔をすえるという決定により、ザンクト・シュテファンは、身廊の天井を高くせざるを得なかったウルムの問題を避けることができた。したがって、身廊は低いままである——側廊よりもわずかに高いが高窓はない。このような身廊であれば、古い西正面と矛盾することはない。同時に、巨大な木造屋根を架けることによって、ホール状の内部空間の効果を失うことなく、塔との釣合を保つに十分な容積の外観をつくりあげることができた。遠くから眺めた時に、ザンクト・シュテファンは屋根そのものである。そしてこの屋根が、以前にはなかった特異な都市のスカイラインを形成し、今日にいたっている。これが、実際よりも大きくみえる教区教会堂を生み出した興味深い方法である。皇帝たちがウィーンに居住したにもかかわらず、ウィーンは帝国公認の自由都市の特権、

S. STEPHEN : VIENNA

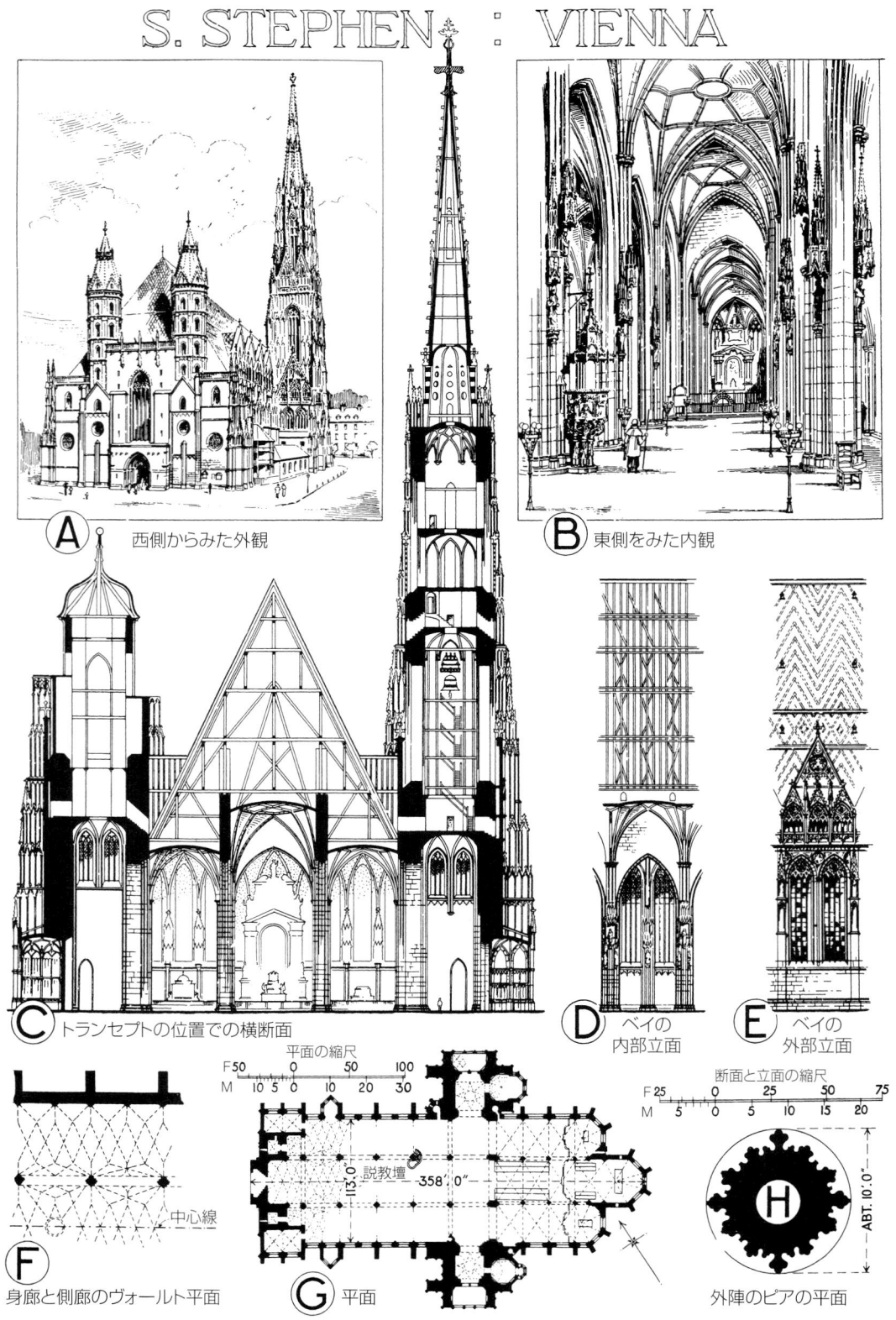

A 西側からみた外観
B 東側をみた内観
C トランセプトの位置での横断面
D ベイの内部立面
E ベイの外部立面
F 身廊と側廊のヴォールト平面
G 平面
H 外陣のピアの平面

ザンクト・シュテファン聖堂、ウィーン

A ハイリゲンクロイツキルヒェ、シュヴェービッシュ・グミュント（1351着工）　p.525 参照

B フラウエンキルヒェ、ニュルンベルク（14世紀中頃）　p.525 参照

C フラウエンキルヒェ、ニュルンベルク、東側をみた内観

D ウルム大聖堂（14-16世紀、八角形の塔身と尖頂屋根は19世紀）　p.528 参照

そしてとりわけ富には縁がなかった。このことは、中世の大規模な1つの教会堂に反映されている。

ウルムの教区聖堂は、1377年まで市壁の外側にあった。この古い建物の一部が市内に取り込まれ、新しい**ウルム大聖堂**(p.527D)に統合された。最初の3人の建築家は全てパルラー一族の出であった。一族が計画したのは、ウィーンと同じく、身廊と同一の幅の側廊を持つホール式の教会堂だったが、アプスは1つであった。しかし、この構想に基づいて建てられたのは内陣だけであった。1391年までに、巨大な塔を得意とするウルリヒ・フォン・エンジンゲンが工事を引き継いだ。ウルリヒがフライブルクの西正面の塔を手本にして構想したウルムの塔は、ケルンのそれをしのぐものであったが、そのような塔に対して、パルラーの構想したホール式教会堂はうまく釣合がとれなかった。そこでウルリヒは、外陣を、高さ41mの身廊を持つバシリカとして構想し直したのである。15世紀の間は、ほとんど3世代にわたるエンジンゲン一族のもとで、計画に従って工事が進められた。これに続いてマテーウス・ベブリンガーが塔の上部を手直しし、ブルクハルト・オイゲルベルクが教会堂を五廊式のバシリカに変更した。1543年には、巨大な塔だけが未完成であった。この時から、ケルンの完成の見通しがウルムを刺激する1844年までの間は、たいした工事は行われなかった。1890年までに、それまで保存されていたベブリンガーの図面に従って、八角塔の上部と尖頂屋根が完成された。これによって塔の高さは160mに達し、遅まきながらウルムはヨーロッパ最大の高さを持つ中世建築となった。

ストラスブールは、1681年にフランス領となる前は、神聖ローマ帝国の自由都市であった。自由都市の特権は1262年に獲得されたもので、これ以前は、司教と市民ギルドの間に権力争いがあった。**ストラスブール大聖堂**(p.470B, D)は、建設に250年以上の年月を要したため、様式が4つの相に明瞭に分かれる。第1は東端部で、この部分は1176年から1190年の間に再建工事が始まり、後期ロマネスクの様式で完成された。第2はトランセプトで、この部分は13世紀の第2四半期に加えられたものである。北側のトランセプトは、南側のトランセプト(1290頃)よりも年代が早い。様式は、年代が下るにしたがいフランス的かつゴシック的な色彩が強くなる。第3の外陣は、当時最新の様式であったフランスのレイヨナン式に、純粋に従っている。外陣は13世紀の第3四半期に属するが、基礎は先行教会堂のものを引き継いだため、プロポーションはその影響を受けている。第4は西正面である。工事が開始された1277年は、ストラスブールが自由都市になってからまもない頃だったので、西正面は、市民の誇りをいかんなく表すモニュメントとなった。1383年から1388年の間に、正面の2つの塔が鐘室で連結されたので、大聖堂のその他の部分のプロポーションから全く逸脱したブロックが生じた。次いで、ウルムで巨大な西正面の塔を発案したウルリヒ・フォン・エンジンゲンが、北側の塔にさらに大きな八角形の部分を増築する工事を1399年に始めた。1439年に、ケルン出身のヨハネス・ヒュルツが尖頂屋根を完成させた。その高さは140mに達する。南側の塔にも同様の計画が企てられたが、図面が描かれただけである。

ストラスブールは、フランス以外の国におけるゴシック様式の受容と同化の壮大なケース・スタディーとなった。トランセプトで試験的に採用した後、外陣で本格的にゴシックを導入した。このストラスブールの外陣の工事で、徒弟は修業を積み、ゴシックの工匠になったのである。最後に西正面で、ドイツの石工は、フランスのゴシックではほとんど構想されないようなことをやってのけた。しかし、西正面のその後の運命は、建築の節度がパトロネージの好みによって歪曲されてしまう可能性があることを物語っている。ケルンとの競争心がパトロンの節度を失わせたのは、ほぼ確実である。そして、この競争は、一度始まるや各地に広まった。ストラスブールの塔は、中世の間に完成された唯一の摩天楼ではないが、最高の高さを持ち、世界の不思議の1つに数えられていた。

リンブルク・アン・デア・ラーンの**ザンクト・ゲオルク聖堂**(p.396E-G, K)は、城に隣接して建つ。そして、建築の特色のなさを補うかのように流れる川の上方に、城とともに非常に絵画的な風景の建築群を構成する。現在の建物は1220年頃のものである。この教会堂は、全くロマネスク的な感覚を持った建築家の手になるもので、初期ゴシックと呼ぶのはあまり適切でない。4層構成の身廊壁面は、ノワイヨン大聖堂を漠然と想起させるが、軽快で優美なフランスの模範に比べると鈍重で、ぎこちなさが残る。同じことは、西正面についてもいえる。バラ窓を備えた双塔式のファサードはラン大聖堂を手本にしたものだが、ゴシック的な感覚はどこにもみあたらない。この教会堂は、ボンとノイスの教会堂、そしてケルンのザンクト・ゲオルクなどライン川流域の多くの教会堂とともに、過渡期の建築とするのが正しい。

マイセンの**アルブレヒト城**は、大聖堂とともにエルベ川に臨む同じ台地の上にある。この城は、ヴェストファーレンの出身ということ以外は知られていない建築家アルノルトの設計に基づき、1471年から1485年の間に再建された。それは、中世後期の観念である優

雅な生活を要塞に取り入れた、野心的な試みであった。居住部分は4階分あり、上階へのアクセスは、中庭に突出した見事ならせん階段による。これは、レーモン・デュ・タンプルが、パリの14世紀の旧ルーヴル城で行った方法の最新の翻案であった。主階にある主な部屋は、天井は比較的低いものの、ヴォールトによって完全にまとめられている。リブは床からそれほど高くないところから立ち上がり、リブの間のパネルはくぼみながら後退する。これは、十分な効果をもって使用された最初のセル・ヴォールトの例と考えられる。このセル・ヴォールトは、ボヘミアからバルト海沿岸にいたるヨーロッパ東部で一般的となり、南部では、遠くオーストリアにまでみることができる。たとえば、ドナウ川に臨む**グラインベルク城**(1488-93)では、驚くほど現代的な効果を生んでおり、マイセンとは好対照をなす。

ゾーストのヴィーゼンキルヒェは、建築家ヨハネス・ショイデラーの作で、着工年代は1314年または1331年のどちらかと考えられているが、後者の可能性が高い。ショイデラーの名は、他の作品では知られていない。ヴィーゼンキルヒェは、ホール式教会堂の設計の歴史において、形態がレイヨナン式の華麗さに移行する転回点を示す。すなわち、ここには、13世紀にはあまり明瞭ではなかった垂直性への関心がみられる。そして、内部空間の統一性は、床から天井まで中断せずに立ち上がる窓とピアによって、強調される。ピアには柱頭はない。ヴォールトのアーチは、ピアの輪郭の中にそのまま融解してしまう。これは、それまでの長方形のベイの隅を画する支柱という概念から、漏斗状に配置されたリブの中核をなす支柱という概念への移行を示す第一歩である。とはいえ、ヴィーゼンキルヒェでは、ベイを囲むアーチはまだ対角線リブよりも目立って太い。

チェコ共和国、**クトナ・ホラのザンクト・バールバラ聖堂**(p.534A)は、1388年にペーター・パルラーが工事を始めた教会堂である。この教会堂は、放射状祭室付きの周歩廊を持った大聖堂として構想された。工事は、あまり進行しないまま1401年に中断し、15世紀の末に、ボヘミアのこの地方出身の工匠が工事を引き継いで活動するまで、新たな工事はほとんど行われなかった。内陣は、1499年にヴォールトが架けられた。1512年に、ベネディクト・リートが顧問建築家に任命され、その後20年間、工事は順調に進んだ。リートは1534年に没したが、外陣をホール式に変更する決定をし、ヴォールトの設計を行った。ペーター・パルラーのバシリカの一部である側廊の上に、リートの天井の高いトリビューンをのせた結果、中世の教会堂建築の中で

もユニークな空間が生まれた。ヴォールトは、2列の漏斗形となって各支柱列に連続する。リブは支柱かららせん状に発して、リートの様式の特徴でもある花弁形のパターンをつくる。しかし、リブは立ち上がりのところで、見た目には混乱した状態で腰固めを飛び越える。

チェコ共和国の**プラハ城**(フラッチャニ城)の中にある住居用の建物、いわゆる**ヴラディスラフの広間**(1493-1502)は、大聖堂と城塞の南側の城壁に挟まれた斜面に位置し、かつ大聖堂の内陣に接続する。この広間は最上層すなわち3階を占める。これはベネディクト・リートの作で、彼は城塞を当世風に改築する工事も行っている。広間は壮大なスケールの、想像力に富んだ建築である。広間は馬上試合に使用されたので、馬が上りやすいように、段の付いた斜路によって中に導かれる。16mを超えるヴォールトのスパンは、中世の世俗建築としては最大である。ヴォールトは、円錐と浅いドームを合成したもので、その表面を覆うように、曲がりくねったリブがもつれあいながら広がる。平面上では、リブは全て同一の半径を持った単一の円弧を連続したもので、リートの好みのモチーフである花弁形のパターンをなす。しかし、空間の中で実現された形態は、2方向に曲率を持っているようにみえる。ベネディクト・リートは、アルプス以北のヨーロッパで初めてイタリア・ルネサンスの細部を用いた建築家でもある。彼は、ルネサンスの要素を、ゴシックの形態と同じような気ままな感覚で扱った。ピラスター(片蓋柱)とコンソール(渦巻形持送り)、そしてエンタブラチュアが、純粋なゴシックのバットレスと交互に配置される。ピラスターの中には、背後の面に対して45°の角度で配置されたものもある。そして広間の扉の抱きのところにあるピラスターは、上昇するにつれてねじれ、90°回転する。これは、イタリアでマニエリスムが始まる20年以上も前のことである。

14世紀までボヘミアはマインツ大司教区の一部であった。1344年に、ボヘミア王で後の神聖ローマ皇帝カール4世が、ボヘミアをマインツ大司教区から分離するよう教皇を説得した結果、プラハが独立した大司教区として設立された。この出来事は、フス派の活動とそれに伴うチェコ人のナショナリズムの高揚の第一歩となった。この新しい権威にふさわしい規模で、**プラハ大聖堂**(p.534B)の工事が開始された。アプスと祭室は、フランスのアラス出身で南フランスの大聖堂、特にナルボンヌ大聖堂で経験を積んだマチューによって設計された。しかし、マチューは、工事がそれほど進行しない1352年に死亡した。マチューの後を継いだのは、経験の浅い若年ドイツ人建築家、シュヴェー

ビッシュ・グミュント出身のペーター・パルラーであった。パルラーは、1397 年に没するまで、内陣と南側トランセプトの大部分を完成させた。1385 年には内陣の献堂式が行われた。工事は、15 世紀のフス派の反乱の間一時中断した。外陣全体と西正面は 19 世紀に属する。パルラーの内陣は、1 つの時代を画する作品である。この内陣は、中部ヨーロッパの大聖堂建築に、ペンダント・ヴォールト、平行なリブと 3 放射型リブを持ったネット・ヴォールトなど、多くの新機軸をもたらした。これらのモチーフの源流は、定かではない。しかし、14 世紀の末には南ドイツの各地にパルラー一族がいて、一族間での影響関係は、ヨーロッパのこの地域に特有の後期ゴシックの様式を確立するのに、大きな役割を果たした。

ヴァーツラフの祭室と南側ファサードのモザイク装飾など、プラハ大聖堂の異国的な特徴は、おそらく、競争相手であるウィーンのハプスブルク家の教会堂を凌駕せんと望んだ皇帝の、個人的な趣味を反映したものと思われる。

リューベックは、1143 年に新たな敷地に開設し直された。この出来事は、バルト海沿岸におけるドイツ植民都市の、新たな幕開けを告げるものであった。ハインリヒ・デア・レーヴェ公（ハインリヒ獅子公）は、1163 年に司教座をオルデンブルクからリューベックに移し、この町に特許状を与えた。リューベックは、これに続くさらに東部の植民都市の模範となり、最終的にはハンザ同盟の本拠となった。第 2 次世界大戦でほとんどが破壊されるまでは、この町には中世の建物が多く残っていた。特に市庁舎、病院、2 つの市門、そして多くの家屋と 5 つの主要な教会堂が、これに含まれる。これらのうち、**大聖堂**の外陣はホール式のヴェストファーレンにおける過渡期のタイプで、これよりも年代の遅い内陣（1266 着工）は、**マリーエンキルヒェ**を手本とする。マリーエンキルヒェは教区教会堂ではあるが、この町最大級の教会堂である。これは、一般的な序列とは逆に、帝国公認の、そして特にバルト海沿岸の自由都市という性格が優先されたためである。レンガ造のマリーエンキルヒェは次第に規模を大きくし、大聖堂の形態をとるにいたった。こうして、高さ 36 m を超える教会堂となったのである。13 世紀初期に、西正面に巨大な塔を持つ控えめなバシリカとして工事が始まったが、外陣は後にホール式に変更された（1251 頃）。そして、1260 年から 1280 年の間に「大聖堂」形式の内陣が増築された。14 世紀末に、ホール式の外陣が内陣に合わせて新たに建て替えられ、西正面もこの時双塔式のファサードに取って代わられた。教会堂は尖頭アーチを全面的に用いる。

もう 1 つの興味深い教会堂は、**ザンクト・ペーター**で、この教会堂は 5 廊からなるホール式教会堂の珍しい例である。リューベックの教会堂、特にマリーエンキルヒェは、忠実さの程度はさまざまだが、シュヴェリン、ヴィスマル、ロストック、そしてシュトラルズントで模倣された。さらにリューベックの「レンガ・ゴシック」の影響は、ドイツの植民都市全体に認められる。

チューリンゲン伯の未亡人であったハンガリー生まれのエリーザベトが、1231 年にマールブルクで亡くなり、1235 年に聖人に列せられた。エリーザベトへの崇拝は、一般民衆と上流階級の両方の間に広まった。**マールブルクのザンクト・エリーザベト聖堂（p.531）**の礎石がこの同じ年に置かれ、翌年、皇帝フリードリヒ 2 世自ら、聖女の遺骸をここに遷移する儀式に参加した。1283 年には教会堂の献堂の準備が整った。この教会堂は大きく 2 つの部分に分かれる。集中式の平面の東端部は、聖遺物箱を納める記念堂として構想されており、1 部はチューリンゲンとヘッセンの諸侯の埋葬用祭室にもなった。他は、ホール式の外陣である。東端部の平面は、2 層構成の壁面にみるように、同時代の作品であるトリーアのリープフラウエンキルヒェと関連がある。13 世紀後半のドイツのホール式教会堂の多くは、マールブルクの構想を何らかの形で受け継いでいる。

ミンデン大聖堂は、ヴェストファーレンのホール式教会堂のグループの中で最初期のものではないが（身廊 1267-90）、最も強い印象を与える。その源流は、フランスのおそらくポワティエ大聖堂まで遡ると考えられるが、中間にいくつかのドイツの教会堂が介在する。特にパーダーボルンの大聖堂（1225-60）は、ゴシックと呼ぶにはまだ早すぎるが、重要な教会堂である。ヴェストファーレンのグループは、ホール式の形態を本格的にとりあげたドイツで最初のグループである。この形式は、後期ゴシックを通じて、特に大聖堂よりも下位の教会堂の間に、またたくまに広まった。

フライブルク・イム・ブライスガウの教区聖堂は、ツァーリンゲン公の埋葬用教会堂として、ライン上流域のロマネスク様式によって、1200 年頃工事が始まった。1218 年に最後の公爵が亡くなった後、教会堂完成の任務を町が引き継いだ。実際には教区教会堂でしかなかったが、次第に建築的野心が表れるようになった。外陣はストラスブールのそれを単純化した形式であるが、西正面の単一の鐘塔玄関の上にのる八角塔身と尖頂屋根は、手本としたストラスブールからの単なる派生ではなく、それよりもさらに発展した形態を持つ。工事が始まったのは 1300 年頃だが、この種の塔としてはドイツで最初に完成した。また完成度において、

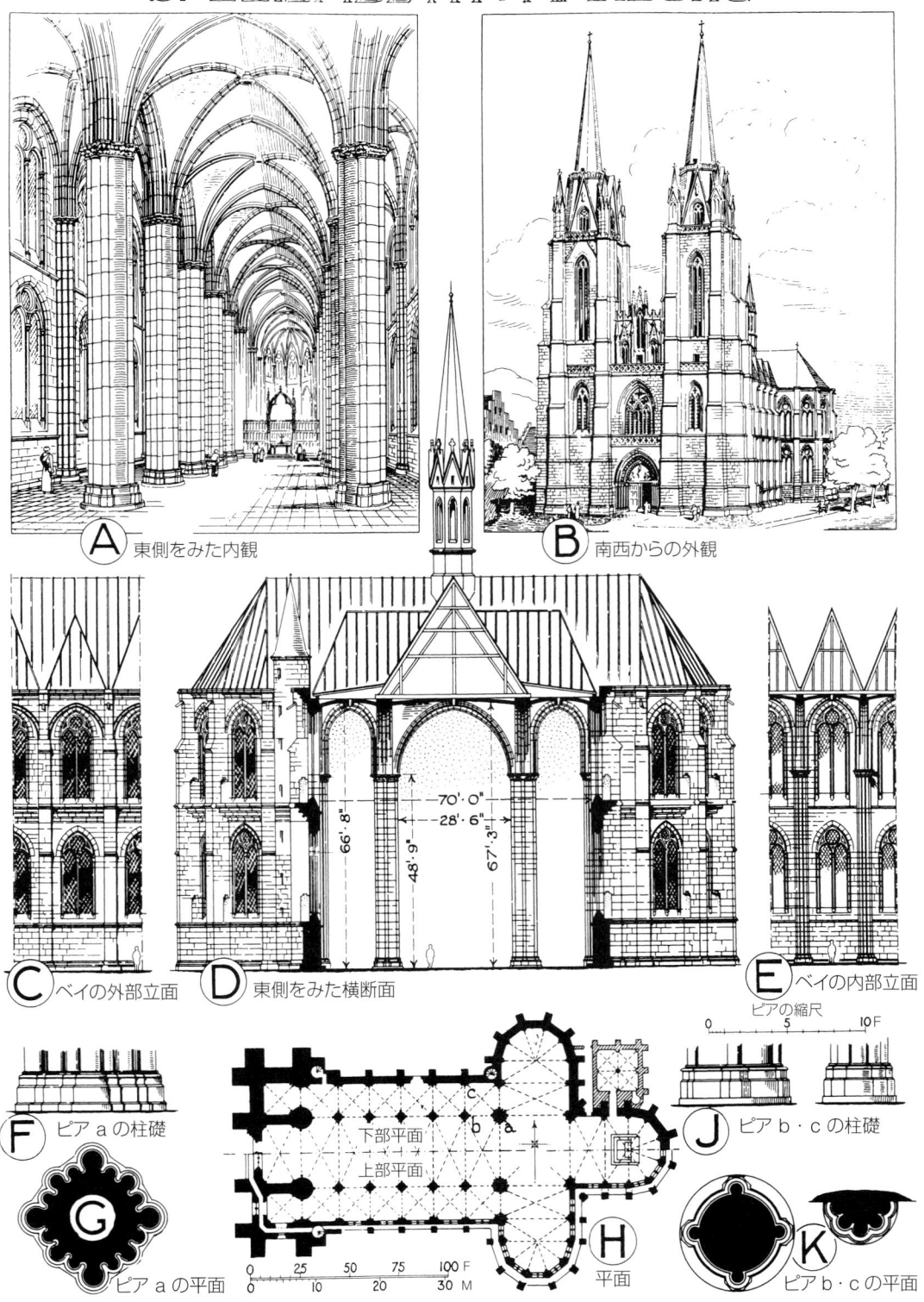

ザンクト・エリーザベト聖堂、マールブルク

532 | ルネサンスまでのヨーロッパと地中海周辺の建築

ケルン大聖堂(1248 着工、1842-80 完成) p.535 参照

第 14 章 ゴシック 533

ケルン大聖堂、身廊　p.535 参照

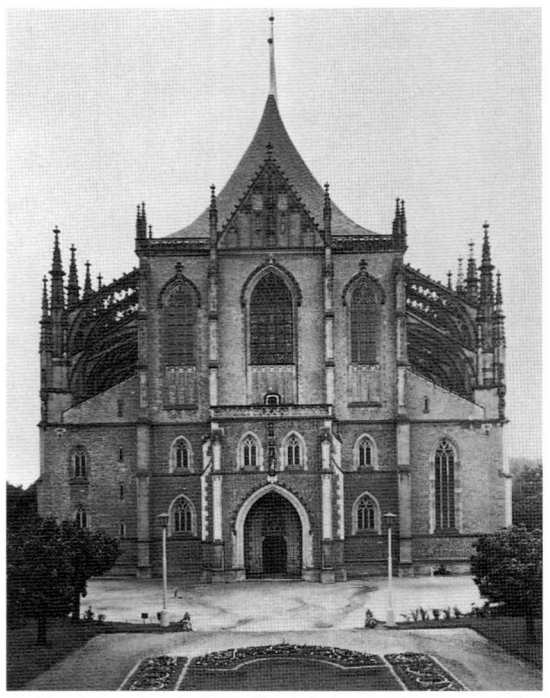

A　ザンクト・バールバラ聖堂、クトナ・ホラ（1388-1534）
p.529 参照

B　プラハ大聖堂（14-15 世紀、外陣、19 世紀）　p.529 参照

C　リープフラウエンキルヒェ、トリーア（1235-60）
p.535 参照

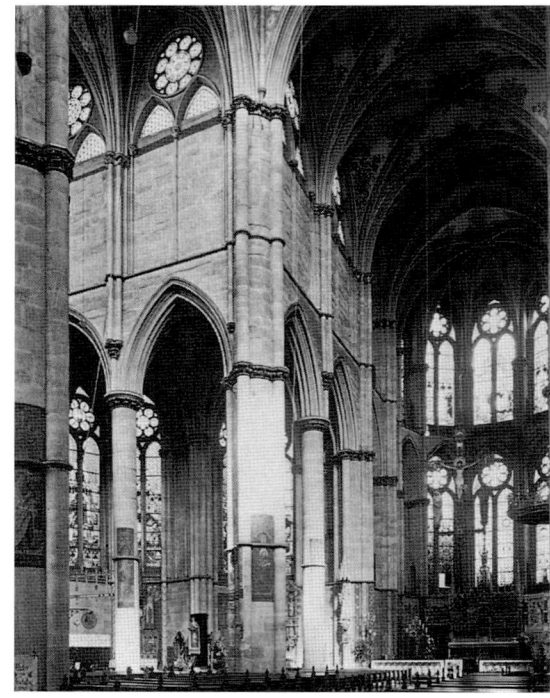

D　リープフラウエンキルヒェ、内陣、トリーア

この塔と並ぶものはない。八角塔身と尖頂屋根はケルンの手本となり、その影響は、ドイツの後期ゴシックを通じて、間接的にではあるが、遠くイタリアにまで認めることができる。

　カール大帝（シャルルマーニュ）は814年に没した後、1165年に聖人に列せられた。その廟堂である**アーヘン（エクス＝ラ＝シャペル）大聖堂**(p.397A)は、フリードリヒ2世が戴冠した1215年に完成した。しかし、この聖人国王にふさわしい聖遺物礼拝堂を準備するのは、カール4世に残された仕事であった。礼拝堂は1355年から1414年の間に建てられ、現在は大聖堂の内陣となっている。構想は明らかにパリのサント・シャペルによっているが、これよりも天井高が高く、また東端部はより集中性の強い平面となっている。

　13世紀当時、ライン川下流域では、過渡期のゴシックの地方流派が発展していたが、**ケルン**の大司教は、1248年に工事が始まった新しい**大聖堂**(p.532, p.533)のために、これまでにない何か全く別のものを望んだ。構想は工匠ゲルハルトによる。ゲルハルトは間違いなくドイツ人であったが、当時のフランス・ゴシック、特にアミアンのトマ・ド・コルモンの仕事とサント・シャペルに精通していた。大聖堂は1322年に献堂されたが、この時までに西正面の設計がすでに準備されていた。しかし、西正面の工事は1330年頃中断し、その後1560年まで間歇的に、しかもゆっくりと進行し、これ以降は未完成のまま放置された。未完成の塔は、ナポレオン戦争の時にもかろうじて破壊を免れ、最終的に、国粋主義の高揚のもと、1842年から1880年の間に中世の設計で完成された。

　建物のデザインは大きく2つの部分に分かれる。内陣、そして当然外陣も、フランスの盛期ゴシックとレイヨナン式を忠実に実現したものである。この工事現場で、ドイツ人の石工は2世代以上にわたって経験を積み、技術の奥義を修得した。

　14世紀には、ケルンからきた石工がドイツ圏の遠隔地にまでこの様式をもたらし、やがてフランスとは全く違った方向にゴシックを発展させることとなった。西正面はそのような発展のよい例である。ここでは、アミアンのみせかけのファサードのかわりに、本物の塔と尖頂屋根に、内部空間にみあった高さを与えんとする挑戦を受け入れたのである。その結果、尖頂屋根の高さは150mにも達した。その手本となったのはフライブルクと、これよりも程度は少ないがストラスブールの塔であった。ケルンは、中世を通じて未完成ではあったが、並みはずれた偉容を誇る塔と尖頂屋根という全く新しいカテゴリーを、ドイツおよびネーデルランドに浸透させた。

　トリーアのコンスタンティヌス時代の大聖堂は、並列に並んだ2棟の教会堂からなっていた。このうち北側の教会堂が、大きな改変を受け拡大されて、今日の大聖堂として存続してきた。南側の教会堂、すなわち**リープフラウエンキルヒェ**(p.534C, D)は、13世紀に再建を余儀なくされた。この教会堂は、聖母崇拝に特に結び付けられるようになり、模範的なレディー・チャペル（聖母礼拝堂）の役割を果たした。新しい教会堂の工事は、1235年頃始まり、1260年までに完了した。平面は、マールブルクのザンクト・エリーザベト聖堂と同じように、あたかも記念堂として建てられたかのごとく、集中式で、外陣を持たない。この教会堂の最もたたえるべき特徴は、交差部の4本のピアのそれぞれ対応した位置に、中心軸から45°傾けて2つ1組の祭室を配置したことである。この構想の源泉は、究極的にはブレーヌのサンティーヴ聖堂である。しかし、ここにはブルゴーニュの特徴も認められ、より直接的な着想はディジョンのサント・シャペルから得たことがわかる。幾分独断的な論理にもかかわらず、リープフラウエンキルヒェは、ゴシック様式の可能性を真に看破したドイツ最初の教会堂の1つである。

オランダとベルギー：建築の特色

　オランダとベルギーは、ゴシックの発祥地を含むフランスの北方、そして、後期においてゴシックを極めて法外に華々しく展開させたドイツの西方に位置する。そのため、この地方の中世建築は、誤った印象を持たれやすい。この地方はまず最初、一方からある特徴を受け入れ、次いでもう一方の隣国から別の特徴を取り入れたとみられている。このような見方は、全く間違いとはいえないが、誤解を招く。ブルッヘ（ブリュージュ）のシント・ドナース聖堂、ヘントのシント・ピーテル聖堂、リエージュのサン・ランベール聖堂、そしてルーヴェン（ルーヴァン）の聖堂西正面など、いくつかの重要な建築作品が失われてしまっているので、歴史的な状況がかなり歪められている。もしこれらの建築が残っていたならば、フランドル地方は、ほとんど北フランスと同じくらいに、ゴシックの形成に深く関わっていたことが明らかになるであろうし、またもっと後の時代に発揮された並はずれた才能と想像力は、決してドイツに依存するものではなかったこともはっきりするであろう。

　建築の発展は、富の蓄積の度合いに必ずしも正確に一致するものではない。むしろ新しい試みには、気前がよくて顕示欲の強いパトロネージが必要不可欠であっ

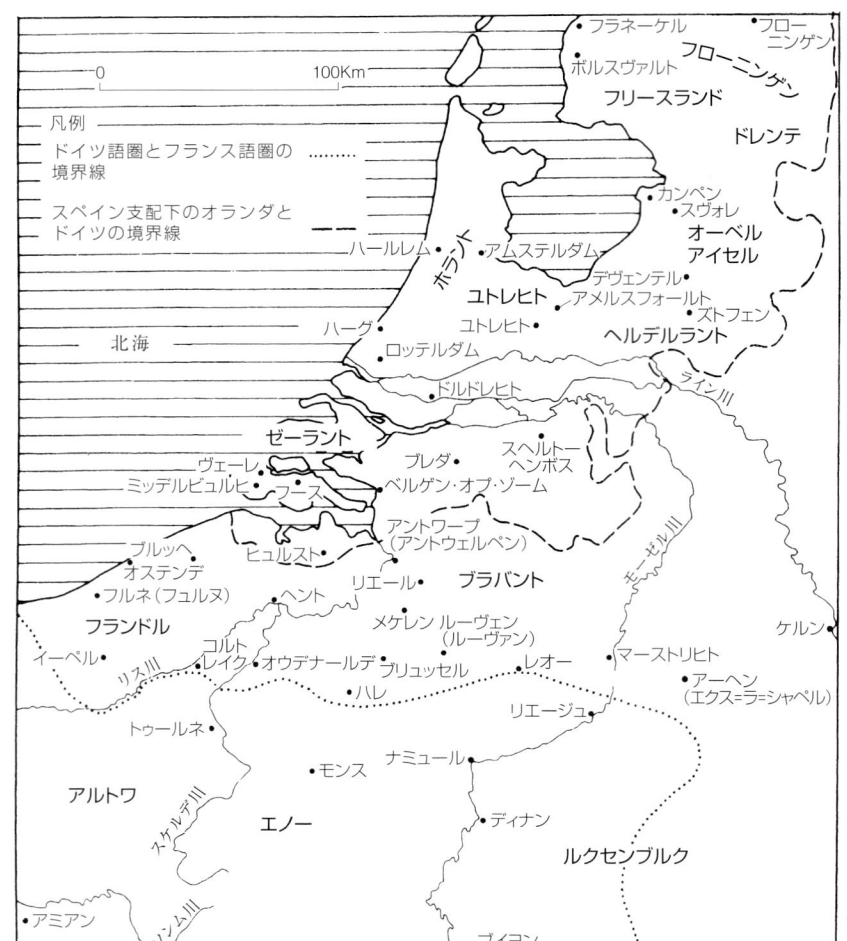

16世紀のオランダ・ベルギーとその周辺

た。しかもオランダとベルギーは、中世において、どこよりも工業経済に接近したヨーロッパ唯一の地方であった。この事実は、大建築の建立にあたって、少なくとも財源に関しては全く問題がなかったということを意味する。もう1つの要因は、強い郷土愛と都市間の競争意識であった。実際、ルーヴェンでは、この町の大教会堂の尖塔が半径数キロメートル圏内で一番の高さを持つべく計画され、特に敬虔ともいえないこの事業に莫大な資金が投じられた。

巨大な塔は、オランダとベルギーの特産物の観を呈したが、歴史はそれほど寛容ではなかった。最も野心的な塔が、失敗したか、あるいは完成しなかった。オランダ、ゼーラント州、ジーリクゼーのシント・リーヴェンス聖堂の独立して建つ塔を描いた17世紀の絵画がある。ロンバウト・ケルダーマンス様式の八角形の塔身を持つこの塔は、高さ200mを超えるものであったことがわかっている。これは、おそらく一種の燈台とみなされていたように思われる。しかし、これが単なる空想的な絵以上のものであったという証拠は存在しない。

市民の誇りをもっともよく表明した建築は、イーペルの織物取引所やブリュッセルとルーヴェンの市庁舎など、一群の美しい公共建築である。この点に関しては、オランダとベルギーは北イタリアに幾分類似していた。

ロマネスクの時代にオランダとベルギーが得意とした芸術は、主として金属細工であった。この名声の基礎となった細工師の技術は失われなかった。ミューズ川流域のゴシックの聖遺物箱職人は、雛形建築——実際の教会堂の形態と特徴をミニチュアのスケールで再現した金属製品——で腕を磨いた。実際ニヴェルの聖ジェルトリュードの聖遺物箱（1272）は、バラ窓と彫像の並んだ扉口を完備したレイヨナン式大聖堂の雛形であった（1940破壊）。構造上の問題がなかったので、これらの意匠には、実際の石造建築の限界を超える繊細さと、一段と手の込んだ奇想性が許された。金属細工の作品が、建築家の創意を刺激し、そしてそれに競争心が加わった結果、後期ゴシックの石造の塔と尖頂屋根に、名人芸的な作品がたくさん生まれた。

ゴシックの教会堂が、実際どれほど聖遺物箱として意味づけされていたかについては、議論が多い。しかし、石工と金属細工師が同一のデザイン手法を分かち合っていたことは確かである。それについては、15世紀末の文献証拠がドイツに存在する。しかし、2つの芸術分野における類似性は、ドイツ、フランスあるいはイタリアよりも前に、オランダとベルギーに現れていた可能性が非常に高い。このことは、ゴシック建築の歴史においてオランダとベルギーがなした主たる貢献を示しているように思われる。これに関連して、曲線式トレーサリーは、石工が容易に思いつく種類のものではなく、金属の細かい細工に携わる人物の方が着想を生みやすかったのではないか、ということを指摘しておこう。石の曲線式トレーサリーは、14世紀前半のイギリスで発生し、1世紀後には、フランスのフランボワイヤン式固有の様式的特徴となった。それがどのようにして伝播したかという問題は、依然として未解決である。百年戦争の時にフランスに大勢駐留していたイギリス軍兵士が、その解答であるとは思われない。オランダとベルギーから伝わってきた可能性が極めて高いのである。

問題の解決の糸口を与えてくれるような建物は、全て失われてしまった。したがって、オランダとベルギーに固有のゴシック建築が存在したかどうかは不明である。トゥールネ、アントワープ(アントウェルペン)、そしてスヘルトーヘンボスの大聖堂をみる限り、他のヨーロッパ諸国と同様、意欲的である。しかし、我々がもっとよく知りたいのは、都市の教会堂についてである。

オランダとベルギーの都市は、かなりの自治を獲得していたにもかかわらず、中世のもっと大きな政治的枠組からそれほど独立していたわけではない。織物工業は、イギリスとの羊毛貿易に多くを依存していた。その製品は、シャンパーニュ地方の定期市を通じて南部に、そして東部はラインラント地方にまで、販路を持っていた。勢力の強い支配者間の関係が、それら諸都市の歴史を形作ってきた。14世紀の有名な結婚によって、フランドルはブルゴーニュ公国と結び付いた。しかし、15世紀のもう1つの結婚によって、フランドルはハプスブルク家の支配下に入った。このハプスブルク家との結合の結果、フランドルの数多くの石工と職人が、芸術と建築に莫大な資金を投じていたスペインに雇用の機会を見出したのは、予想外の出来事であった。16世紀のフランドル人の手になる実に多くの最良の作品を、スペインに見出すことができるのである。アストルガはその1つの例である。他方、オランダとベルギーの後期ゴシック最末期の教会堂、たとえば

エージュのサン・ジャック聖堂などに、明らかにスペイン的な豊穣さが認められる。

オランダとベルギー：実例

トングルのノートル・ダム聖堂(p.540A)は、レイヨナン式とブルゴーニュ地方の様式との混合様式により、13世紀に工事が始まった。14世紀に、アプスは高い内陣祭室窓を持つアプスに建て替えられ、15世紀に外陣が完成した。西正面の単独の塔に、天にそびえる尖頂屋根が加えられていたら、並はずれた外観となっていたであろうが、結局尖頂屋根はのせられなかった。しかし、多角形のポーティコがそれを償っている。

トゥールネ大聖堂(p.538B)は、1112年に司教区が分割された(残りの半分はノワイヨン司教区となった)後で再建された。教会堂は2つの部分に分かれる。4層構成の外陣に、端部がアプスで終わるトランセプトがつながる。そして交差部に1基、両トランセプトにそれぞれ2基、計5基の群塔が、特徴的な外観をつくりだしている(ラン大聖堂と比較せよ)。トランセプトは外陣よりも後期に属するが、どちらも本質的にはロマネスクである。内陣(1247頃着工)は規模が全く異なる。この部分はおそらくカンブレー(取壊された)を原型とするもので、カンブレー自身はアミアンに多くを依存していた。トゥールネとカンブレーはともに、フランスからのゴシックの到達を意味するものだが、同時に盛期ゴシックからレイヨナン式への移行をも示しており、それはたとえばガラスの嵌められたトリフォリウムと高窓上部の破風などに現れている。

ブリュッセルのシント・ヒュデューレ聖堂(p.539、1226内陣着工)は、**イーペルのシント・マルテンス聖堂**、および**オウデナールデのノートル・ダム・ド・ラ・パムル聖堂**とともに、ベルギーに残るゴシックの最も初期の遺構である。同時代のフランスの標準形に比べると、素朴で旧式ではあるが、完成までに長い年月を要したので、多くの様式変化を含む。双塔式の西正面は16世紀になってやっと完成した。

メケレンのシント・ロンバウツ大聖堂(p.540C)は、後期ゴシックの西正面を持つ14世紀の教会堂である。塔の高さは90mを超える。

1425年に工事の始まった**ルーヴェンのシント・ピーテル参事会聖堂**(p.540B)には、おそらく美しさの点で最高に際立ったファサードがあった。それは3つの塔を持ち、中央の塔は高さ150mを超えていた。この塔は1606年の暴風で倒壊した。

モンスのサン・ヴォードリュ参事会聖堂(p.540D)は、

538　ルネサンスまでのヨーロッパと地中海周辺の建築

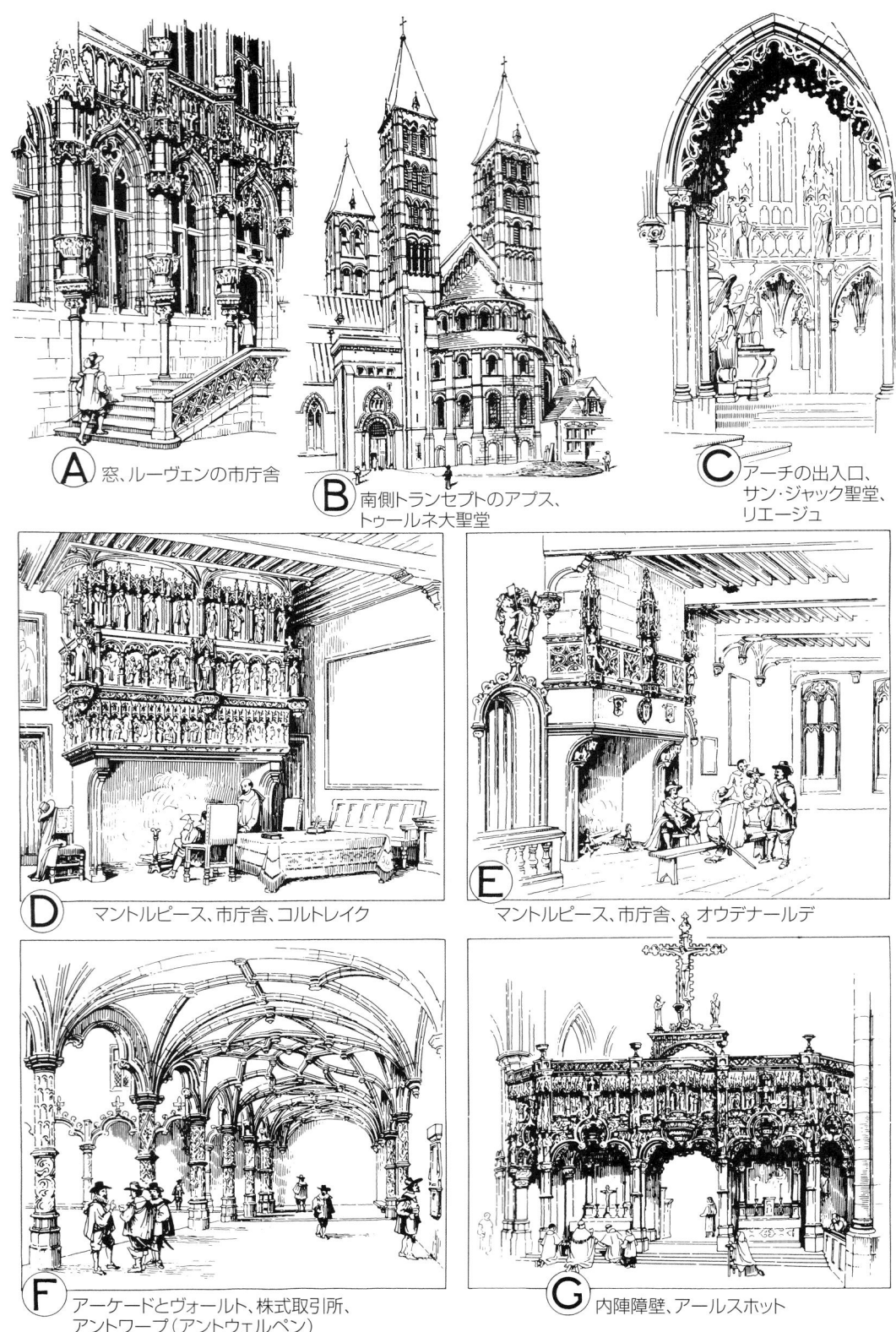

Ⓐ 窓、ルーヴェンの市庁舎
Ⓑ 南側トランセプトのアプス、トゥールネ大聖堂
Ⓒ アーチの出入口、サン・ジャック聖堂、リエージュ
Ⓓ マントルピース、市庁舎、コルトレイク
Ⓔ マントルピース、市庁舎、オウデナールデ
Ⓕ アーケードとヴォールト、株式取引所、アントワープ（アントウェルペン）
Ⓖ 内陣障壁、アールスホット

オランダとベルギー・ゴシックの細部

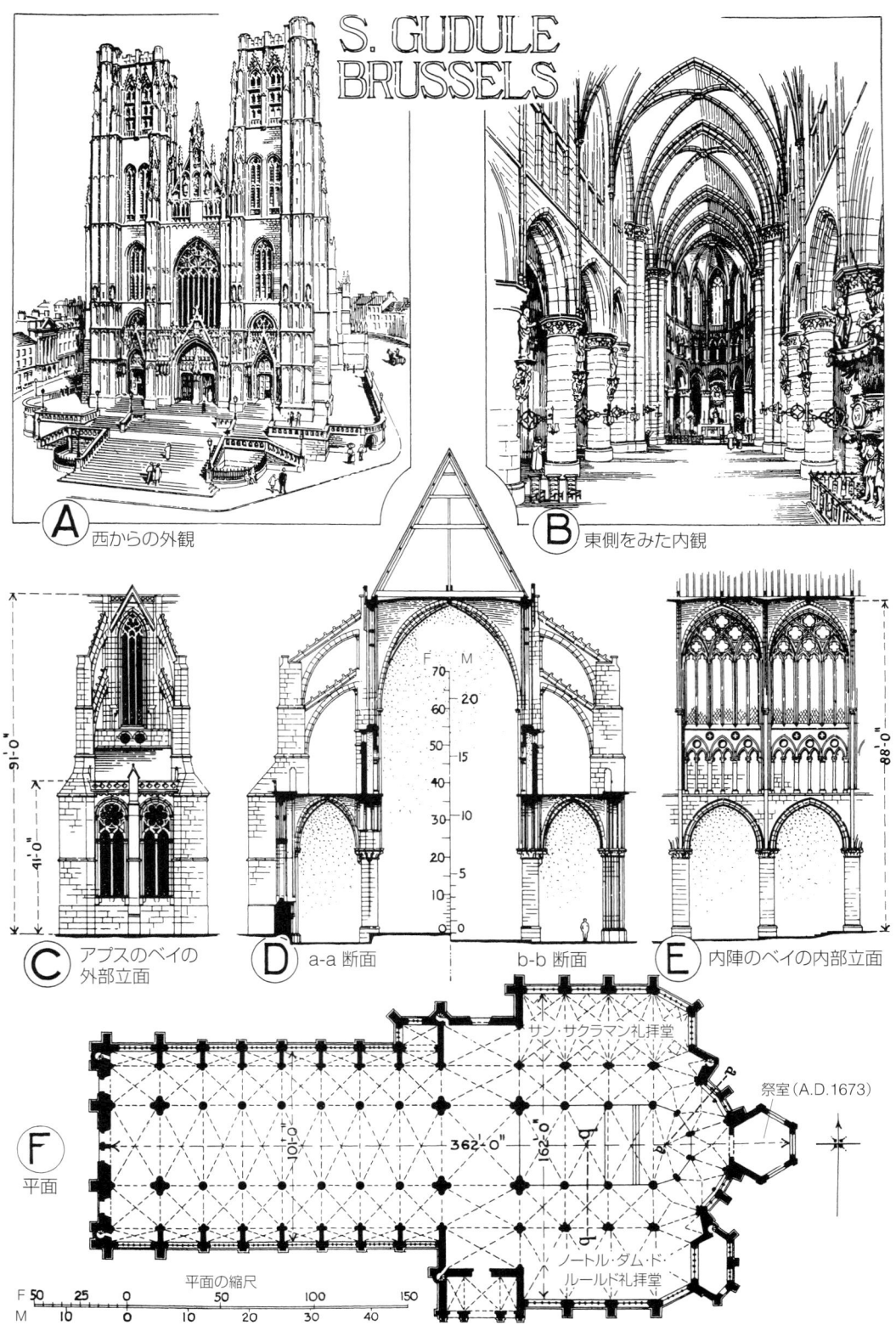

シント・ヒュデューレ聖堂、ブリュッセル

ルネサンスまでのヨーロッパと地中海周辺の建築

A　ノートル・ダム聖堂、トングル（13-14世紀）　p.537 参照

C　シント・ロンバウツ大聖堂、メケレン（14世紀）
p.537 参照

D　サン・ヴォードリュ参事会聖堂、モンス（1450-1621）
p.537 参照

B　シント・ピーテル参事会聖堂、ルーヴェン（1425-、ファサードは1606に破壊された）　p.537 参照

E　ドルドレヒトの大教会堂（1339-16世紀）　p.546 参照

ANTWERP CATHEDRAL

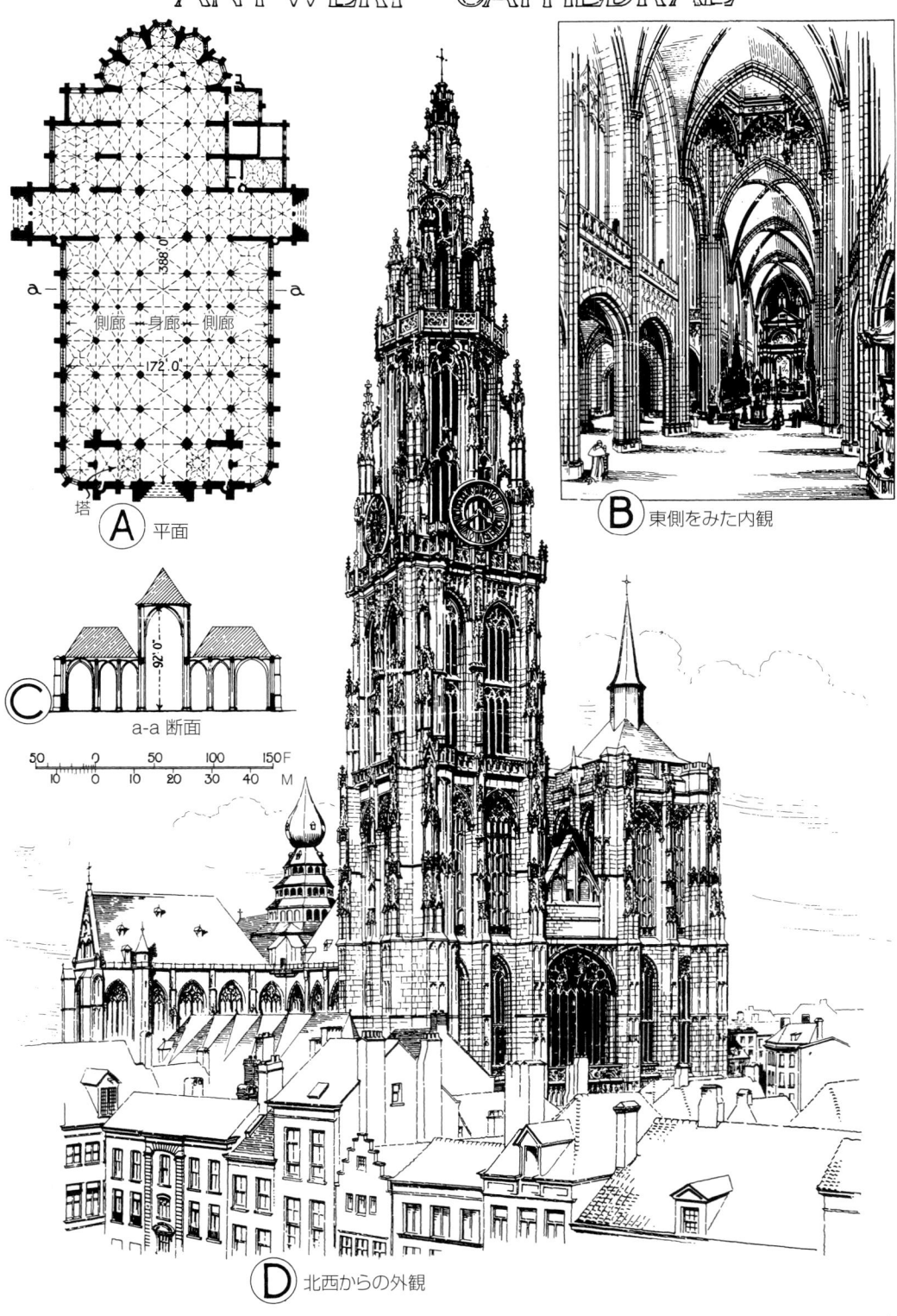

Ⓐ 平面
Ⓑ 東側をみた内観
Ⓒ a-a 断面
Ⓓ 北西からの外観

アントワープ（アントウェルペン）大聖堂

A ノートル・ダム参事会聖堂、ユイ（14世紀） p.546 参照

B ザンクト・マルティン大聖堂、内陣（1254-67）、ユトレヒト p.546 参照

C ザンクト・マルティン大聖堂、大聖堂から独立して建つ西正面の塔、ユトレヒト

D シント・ヤン聖堂、内陣、スヘルトーヘンボス（1370-1415） p.546 参照

第 14 章 ゴシック 543

A 教会堂と市庁舎、フース　p.546 参照

B ラボト城、ヘント（1488）　p.547 参照

C 市庁舎、ヘント（1515-28 およびこれ以降）　p.547 参照

544　ルネサンスまでのヨーロッパと地中海周辺の建築

Ⓐ 市庁舎、オウデナールデ
Ⓑ メゾン・デ・フラン・バトリエ、ヘント
Ⓒ 鐘塔のある織物取引所、ブルッヘ
Ⓓ 古い都市住宅、メケレン
Ⓔ 市庁舎、ブリュッセル
Ⓕ 市庁舎、ブルッヘ
Ⓖ 市庁舎、ルーヴェン

オランダとベルギーの世俗建築

A ムイデン城、アムステルダム近郊（13世紀） p.547 参照

B 織物取引所、イーペル（第1次世界大戦後再建） p.547 参照

後期ゴシックの教会堂で、工事は1450年に始まったが、1621年には放棄されてしまった。大聖堂の規模を持つこの教会堂では、巨大な塔の中でも最も驚異的な高さ(180 mを超えたと考えられる)を持つ塔が計画された。しかし、基礎がつくられただけであった。

14世紀に建てられた**ユイのノートル・ダム参事会聖堂**(p.542A)は、アプス形式の内陣——周歩廊を持たず床から天井まで立ち上がる窓によって取り囲まれる——を持つ。内陣は、2基の塔を側面に伴う。このような塔の配置形式はロマネスクの特徴だが、細部は全てゴシックである。参事会員の回廊の入口には、珍しく扉口彫刻が残されている。いわゆるベツレヘムと呼ばれる彫刻(14世紀末)である。

アントワープ(アントウェルペン)のノートル・ダム大聖堂(p.541)は、ベルギーで最も後期に属するゴシックの教会堂で、1352年に工事が始まった。身廊の両側にそれぞれ3本もの側廊を伴うのは異例である。ただし、一番外側の側廊は祭室の役割を果たす。際立った特徴は西正面にあり、特に北側の塔は高さ120 mを超える。この塔は、ストラスブール大聖堂の塔を意識し、これに張り合って建てられたものだが、細部意匠は全く異なり、装飾性がはるかに強い。これは、ベルギーで計画された一連の巨大な塔の最初のもので、今日まで生き残った唯一のものでもある。

ユトレヒトのザンクト・マルティン大聖堂(p.542B,C)は、1253年にロマネスクの教会堂が火災で焼け落ち、その翌年に工事が始まった。1674年に外陣が崩壊したので、西正面の単独の塔が内陣とトランセプトから分離してしまった。内陣はケルン大聖堂を単純化したものである。これは、ザンクト・マルティン建設当時の下ラインラントへのケルンの影響力の強さを物語る。14世紀の塔は、フライブルク・イム・ブライスガウに初めて現れた(1300頃)八角形の透かし彫状の骨組を持ち、ケルンの西正面の塔の原型ともなった。高さ115 mのユトレヒトの塔は、オランダとベルギーの人々にあまねく賞賛された。ヘントにあるファン・エイクの絵画《神秘の子羊》にもこの塔が認められる。

スヘルトーヘンボス(ボワ・ル・デュック)のシント・ヤン聖堂(p.542D)は、北部ブラバントでは最も重要な教会堂である。教区教会堂として設立されたが、1366年に参事会教会堂となり、1559年に大聖堂となった。14世紀末に再建工事が始まり、15世紀を通して続行された。最大級の規模を持つものではないが、極めて装飾にこっており、内陣聖職者席一式は特に見事である。

カンペンのシント・ニコラス聖堂の主要な部分は14世紀に属し、港の隆盛を反映したものだが、港は15世紀に泥の堆積により埋まってしまった。最も興味をひくのは、内陣のネット・ヴォールトで、これは明らかにドイツの模範を原型とするものである。建築家、カンペン出身のルッツァは、1370年代にペーター・パルラーのもとで仕事をし、その娘はペーターの甥と結婚した。

リエージュのサン・ジャック聖堂(p.538C)は、1513年から1538年の間に建てられた教会堂で、ベルギーの教会堂としては最末期のかつ最も装飾的な作品である。ヴォールトは非常に複雑で、リエルヌのパターンは、スペイン後期ゴシックの多くの教会堂にみられるヴォールトに類似する。意匠は基本的にはゴシックであるが、装飾の多く、特にガラスはすでにルネサンスの特徴を持つ。

オウデナールデのノートル・ダム・ド・ラ・パムル聖堂(1234以降)は、トゥールネ産の暗青色の石灰岩でつくられている。アルノー・ド・ヴァンシュの手になるこの教会堂には、この直後にゼーラントに定着した地方的なスケルデ・ゴシックの様式が部分的にみられる。

平滑で高い塔を持つ**ブルッヘ(ブリュージュ)のノートル・ダム聖堂**(1239-97)、および**ヘントのサン・バヴォン聖堂**(内陣1274-1300)は、レンガ造の初期フランドル・ゴシックの典型である。

レンガと石材からなる、**ドルドレヒトの大教会堂**(1339-16世紀、p.540E)および**ハールレムの大教会堂**(1400-90)は、オランダ的な色彩がもっと強く、空間は広々として平明である。両者とも単純なブラバントの様式で、ハールレムの方はデメル・ゴシックと呼ばれるアールスホットの地方様式に属する。ドルドレヒトはレンガ造のヴォールトを架けるが、ハールレムの身廊は木造天井である。ゼーラント州では、**ミッデルビュルヒ**、**フース**(p.543A)、**ヒュルスト**、**ヴェーレ**などの聖堂が、スケルデ川とフランドル・ブラバント沿海地方の伝統に従う。**ズヴォレのザンクト・ミカエル聖堂**(1350頃-1450)は、ドイツに源流のあるホール式教会堂である。ホール式教会堂は、オランダの東部と中部では普通にみられるが、ベルギーではまれにしかみられない。フランドル西部のダンメはその例外である。

ヴィレールの大修道院聖堂(ベルギーのリュクサンブール州、1216-67)および**マーストリヒトのドミニコ会の聖堂**(1260以降)は、盲アーケードのトリフォリウムと群葉形の柱頭を持ち、マース川(ミューズ川)流域の初期ゴシックの特徴を示す。もっと華麗な表現を持つ**メールセンの聖堂**(14世紀)は、これよりも後期に属する。このマース川の様式は、地上2-3 m以内のところから立ち上がる幅が狭く背の高い窓を備えたアプスが特徴的である。

ボルスヴァルト、フラネーケル、フローニンゲンなどオランダの北東部には、主流から派生した地方的な様式がみられる。これらの町の教区教会堂は、レンガ造の単純な形態をしており、身廊にはドーム状ヴォールトを架け、各所にアーケード付きの壁内通路を備える。これはオランダの他の地域の教会堂、たとえば**ステードゥム**や**ゼイトブルーク**などとは大いに異なる。

世俗建築

15世紀に**カンペン**につくられた、鋭い円錐形の屋根を頂く白色の3つの市門は、中世オランダの城壁で囲まれた町の姿を想起させてくれる。また、**ヘントのラボト城**(1488, p.543B)には、**シャトー・デ・コント**(12世紀)と防御施設が残る。**ブイヨン**には、田園に典型的な城が残る。オランダのアムステルダム近郊の**ムイデン城**(13世紀, p.545A)は、防御の多くを水に頼っている。ハーグにあるオランダ伯の居館ビネンホフには、この地方に典型的な大きなアーチで補強された屋根を架ける騎士のホール(1250)がある。

ヘントの病院ベイローケ(13世紀以降)、および**ベギン会修道院**は、地区計画と群建築の例である。ベギン会修道院は、13世紀にブラバントの地で設立された女子のための活動的な修道会である。この修道会はオランダ特有のもので、修道女は貧者の中に自らの役割を見出し、礼拝堂を含む中庭の周囲に配置された住居で寝起きする。**アムステルダム**のベギン会修道院は今では使われていないが、**ブルッヘ**、**コルトレイク**、そして**ブレダ**にあるベギン会修道院はまだ使われている。しかし、これらの施設には中世の遺構はほとんど残っていない。

ベルギーには、そしてベルギーほどではないがオランダにも、都市の繁栄を象徴する中世の市庁舎が数多く残る。**ブルッヘ**の**市庁舎**(1376-, p.544F)、マチュー・デ・ライエンスの作になる**ルーヴェン**の**市庁舎**(1448-63, p.544G)、ヴァン・ヴァーゲマケレの作になる**ヘント**の**市庁舎**(1515-28およびこれ以降, p.543C)、ヤン・ファン・ペーデの作になる**オウデナールデ**の**市庁舎**(1525-30, p.544A)、そしてヤン・ファン・ロイスブルックの塔(1448-63)を持ち、ヤーコプ・ファン・ティーネンの作になる**ブリュッセル**の**市庁舎**(1402-, p.544E)は、堂々たる華麗な建築である。ブルッヘ近くの**ダンメ**の**市庁舎**(16世紀)はよりシンプルである。オランダにはフランドル・ブラバント様式の例として、**ヴェーレ**の**市庁舎**(1474-1599)、およびメケレン(市庁舎は1945以降の再建)のケルダーマン一族の作になる**ミッデルビュルヒ**の**市庁舎**(1412-1599)を挙げることが

できる。計量所もまたオランダに特有の建物である。デーベンターの計量所は、レンガと石による後期ゴシックの作品である。

織物取引所のうちで最大のものは**イーペル**(1202-1304, p.545B)にある。この建物は、長さ134mというその規模の大きさのためだけでなく、簡潔にして威風堂々たるその姿のゆえに、他から区別される。1915年に破壊され、現在のものは複製である。高さ80mの塔(1282年の作で後にランタンを加えた)を持つ**ブルッヘ**の**織物取引所**(p.544C)は、フランドルに典型的なレンガと石の都市建築である。**アントワープ**のいわゆるグラン・プラスにある同業組合会館(p.1066C)は16世紀の作であるが、古典的な細部は少ない。しかし、**ブリュッセル**の同業組合会館(p.1067A)は初期ルネサンスに属する。**ヘントのメゾン・デ・フラン・バトリエ**(「船長」会館、1531, p.544B)、そして**アントウェルペン**の**ヴィエイユ・ブシュリ**(肉屋のギルド・ハウス、1501)もまた同業組合会館の例である。

リエージュのメゾン・アヴァール(1594)、および**ミッデルビュルヒ**の**セント・ピーターズ・ハウス**(16世紀)は、非常に数少ない現存する木骨構造の家屋の例である。**メケレン**(p.544D)にみられるような、上流階級や商人の石造家屋、あるいはレンガ造の家屋はもっと多くが残る。**ユトレヒト**の**ゾウデンバルヒ・ハウス**(1467)、および**ヴェーレ**の**ヘット・ランメチェ**(スコットランド人商人の家、16世紀中頃)は、これとは全く別のタイプの石造家屋である。典型的なレンガ造の家屋は、**フールネ**と**フース**にフランドル様式のものがみられるし、オランダ東部の**ズトフェン**にも見出される。

スペイン：建築の特色

初期ゴシック

イベリア半島にゴシック建築の原初的な形態を持ち込んだのはシトー修道会である。その形態は、標準化された平面、装飾の抑制、トンネル・ヴォールトにかわるリブ・ヴォールトの使用、そしてロマネスク的な重厚な壁によって特徴づけられる。シトー修道会最初の修道院であるモレリュエラ(サモーラ県、1131創立)は、絵画的な廃墟である。しかし、シトー会最大の修道院であるアルコバーサ(ポルトガル)は現存する。

成熟したゴシック建築は、12世紀末から13世紀にかけて北フランスからもたらされた。この様式は、洗練された平面、群葉形の柱頭、およびリブ・ヴォールトの使用によって区別される。新様式の導入によって

建築の規模は大きくなり、内部空間は明るくなった。最初は影響がみられる程度であったが、まもなく大聖堂全体が新様式によって建てられるようになった。アビラ大聖堂はその例である。しかし、年代的には、最初のゴシック建築であるパリのサン・ドニ大修道院聖堂（1140年代）からそれほど遅れるものではない。

初期ゴシックは、ロマネスクおよびイスラム化したスペインの両方と、疎遠なままであった。実際、初期ゴシックは、カスティーリャのアルフォンソ8世（1158-1214）のような国王や、トレドの大司教ロドリーゴ（1247没）のような高位聖職者が、それら既存の様式に対抗する様式として、意図的に導入したものである。トレド大聖堂の内側の周歩廊にみられる三葉形のトリフォリウムは、トレドのサンタ・マリア・ラ・ブランカ聖堂にあるムデハル様式のシナゴーグに由来するもので、一種の逸脱である。レオンとパンプローナはともに完全にフランス化されている。アギラル・デ・カンポーのサン・ミゲルの学堂（1346）などで様式の統合が始まった時に、ブルゴスの輸入様式は、大教会堂の伝統的で単純な平面と巨大な規模とを結合した。

後期ゴシック

後期ゴシックは、初期ゴシックと同様、北方の建築家の招聘によって始まった。1442年に、ブルゴスの司教アロンソ・デ・カルタヘナが、大聖堂を改装するために、ケルン出身のラインラント人建築家ハンス（ホアン・デ・コローニア）をスペインにつれ帰った。しかし、初期ゴシックの大きな成果が全くフランス的であったのに対し、後期ゴシックの成果は、本質的にはスペイン独自のものとなった。

後期ゴシックは2つの様式からなる。イサベル式は、カトリック両王であったフェルナンドとイサベル（1474-1516）の時代の建築である。それは石のプロパガンダである。平面は伝統的であるが、顕示に対する好みは新しい。マヌエル式は、これに対応するポルトガルの様式である。もう1つの様式であるプラテレスコ式は、その語[訳註：金銀細工（プラテリア）という語からの派生語]が示すように銀細工のようである。この類推は、1539年にクリストバル・デ・ビリャロンがレオン大聖堂を記述した時に初めて用いた。しかし当時の人々は、プラテレスコ式の特徴を「ア・ラ・ロマーノ」、すなわち「古代ローマ風」のものとみていた。サラマンカ大学のファサードは、金属細工という言葉が適切であるが、グラナダ大聖堂は、当時の言葉ア・ラ・ロマーノという言葉により即した建築である。これらの様式には明確な相違がある——イサベル式はゴシックの、そしてプラテレスコ式はルネサンスの細部を持つ——が、決して相反するものではない。たとえば、最も注目すべき発明である祭壇衝立のようなファサードは、イサベル式の建築家が宣伝願望を満たすために発明したものだが、プラテレスコ式の設計者もこれを大いに利用した。このことが示すように、後期ゴシック全体を、1つのまとまった様式としてみることができる。

このような全体的な視点に立つことによって、スペイン的な特質を把握することができる。たとえば、ブルゴスとトレドにみられたようなイスラム芸術の復興がそれである。イスラム芸術は、ブルゴスのラ・カピーリャ・デル・コンデスタブレのような完璧なゴシック建築にさえ、異国的な雰囲気を与えた。北方の建築家は、壁を覆いつくすイスラム的なパターンの装飾が自らの趣味に合うことを悟り、パトロンは、キリスト教建築の新しい解釈を受け入れたように思われる。そして一方では、中世末の壮大な大聖堂、特に1429年になってやっと完成したトレド大聖堂などは、イベリア半島の先例に依存している。すなわち、ゴシックであれプラテレスコであれ、土地固有の建物形態を採用したということである。そのようなわけで、レコンキスタを謳いあげるために輸入された1つの建築のタイプが、新世界の富のおかげで、グラナダにおいて依然として用いられた。この一貫性が、スペインのゴシックを特異な存在にしているのである。

カタルーニャ・ゴシック

カタルーニャ・ゴシックは、後期ゴシックに属するスペインの国家様式である。その形態は、アラゴン・カタルーニャ連合王国の歴史を反映している。カタルーニャ・ゴシックは、アラゴンとカタルーニャ両王国が合併し（1137）、ハイメ1世（1213-76）とその後継者の時にカペー朝に対抗する地中海の一大勢力となった、まさにその時に、フランス・ゴシックと競合すべく生まれたのである。それどころか、カタルーニャの影響力はフランスの建築の上にも及ぶようになった。たとえば、ラ・シェーズ・デュー（オート・ロワール県）の大修道院聖堂は、マンレーサ大聖堂からの影響を受けている。

この様式は、内部バットレスの発達によって特徴づけられる。これは、カタルーニャ・ゴシックの趣味の顕著な表れであり、決定的な多様性の追求でもある。バルセロナ大聖堂の東端部で初めて用いられた内部バットレスは、南フランスのゴシック建築に由来する。しかし、カタルーニャでは、以前から木造屋根（リリアの聖堂）とリブ・ヴォールト（バルセロナ県カタリナの

第 14 章　ゴシック　　549

聖堂）を支えるために内部バットレスが多く用いられていた。大規模な建築におけるカタルーニャ様式の成功と発展は、この地の古くからの伝統の強さによって説明できる。たとえば、バルセロナ大聖堂外陣のトリビューンの間の通路は、同じくバルセロナにあるドミニコ会修道院聖堂（1245-75）の側祭室をつなぐ通路の影響を受けており、この同じ伝統は、大きなスケールで実現されたバルセロナのサンタ・マリア・デル・マール聖堂にみられるような趣味を生んだ。ハティバのサン・フェリックス聖堂のようなプリミティブな建築では、内部バットレスが、視線を引きつけ、その組積造の平明な表現によって空間を支配するが、サンタ・マリア・デル・マールのような三廊式の空間では、バットレスの効果はそれほどではない。フランス・ゴシックの骨組構造に対して、ここでは壁体の優位が明白である。カタルーニャでは、空間は内に包含されて分割されるが、光に照らし出されて、くっきりと姿を現すことはない。

　カタルーニャの教会堂の構想の多様性は、フランスの遺産である規模の問題と合わせて考察することができる。結局、ヘローナとバルセロナの 2 つの大聖堂の東端部の原型となったナルボンヌ大聖堂は、段状の内部立面——すなわちバシリカ式とホール式の中間的なもの——を持っていた。しかし、カタルーニャの建築家は、この構想を採用するにあたって、フランスの手本の釣合のとれた形態を排除してしまった。それだけでなく、フランスの建築家がバシリカ式を選んだ時にも、カタルーニャの建築家は多様性を追求した。あたかもカタルーニャの建築家は、フランスの方法を拒否して孤立するか、またはそれを受け入れてフランスに同化するか、これら 2 つの道の中間を選んだように思われる。そのようなわけで、スペインではバルセロナのサンタ・マリア・デル・マール聖堂や大聖堂の外陣のような、分解寸前にあるバシリカ式の建築、あるいはマンレーサのような、バシリカ式を再導入しようと試みた建築が見出されるのである。ヘローナ大聖堂は、そのような調停の試みを放棄し、最大のホールを建てる方を選んだ。そして、パルマ・デ・マヨルカの大聖堂は、両方の世界の最上のものを求めたのである。

スペイン：実例

初期ゴシック

　タラゴーナ大聖堂（p.550A）は、ゴシック建築が導入される以前のスペインの、代表的な大教会堂である。この教会堂は、首都大聖堂として、2 つの工期にまたがって建設された（1171-1331）。初め、主要部は 14 m の幅で、トンネル・ヴォールトの架かる重厚で比較的暗い建築として構想された。そのねらいは、ローマ時代に遡るこの都市の栄誉をたたえ、古代の遺物を手本とすることにあった。実際、この教会堂はジュピター神殿のあった敷地に建てられた。そしてそれを実現するために、フランスのロマネスクから着想を借用した。横断アーチを支えるために、両脇に小円柱を従えた 2 本 1 組の付加円柱が考案された。これらの柱形は、ペリグーのサンテティエンヌ・ド・ラ・シテ聖堂などの建物に由来すると考えられるが、一方でローマ的な厚みを持つ。同様に、古代的なスケールを得るために、トランセプトから突出する祭室を付加してベネディクト会の平面を修正した。

　1180 年頃に別の構想が実現可能となった。すなわち、リブ・ヴォールトと、これにうまく結合された高窓である。東端部では、窓を設けるために柱形が延長され、両脇の小円柱の役割はリブを支えるためのものに変わった。その結果生まれたのは、以前よりも明るく、かつ重厚さの点でも以前に劣ることのない建築である。実際に、身廊の高さは 26 m に達し、建物は大きくなった。スペイン北東部において模倣され、みがきがかけられたのは、この線が太く、洞穴のような大聖堂であった。ただし、トゥデラの聖堂（1204 年献堂）はより明るく、マタリャーナの聖堂（1228 着工）はより複雑なピアを持つ。

　アビラ大聖堂（p.550B）は、スペインにおける最初のゴシック建築に属し、内陣の工事は 1180 年頃フルチェルによって始められた。スペイン的なのはその敷地だけで、建物はあたかも、ブリエウガ（グアダラハラ県）の大司教ロドリーゴの城の中にある礼拝堂のような様相を呈する。外壁は、アビラの町の市壁（大部分が 1091-1135 年頃に建設された）の一部をなす。しかし狭間胸壁付きの外壁は、イベリア半島には前例のない広々として光に満ちあふれた東端部を、背後に隠してしまう。

　平面はサン・ドニ大修道院聖堂に由来する。すなわち東端部は、サン・ドニと同一で、二重の周歩廊とこれを環状に取り囲む奥行の浅い祭室を持つ。内陣の奇妙な構成を含めて、身廊の壁面構成はヴェズレー（1185-90 着工）に基づく。しかし細部には、12 世紀末にスペイン北西部に存在したブルゴーニュ・ロマネスクの彫刻の非常に強い伝統の影響が認められる。特にシトー修道会の影響は顕著である。内側の周歩廊における、端部の尖ったリブと刳形の施された柱頭の使用が、それを証明している。用いられている技法は、フランスのものだが折衷的である。このような、平面と建物に

A　タラゴーナ大聖堂（1117-1331）
p.549 参照

B　アビラ大聖堂（1180頃着工）　p.549 参照

C　南西からみたトレド大聖堂（1227-1493）　p.551 参照

D　レオン大聖堂、内部（1255-1303）　p.551 参照

みられる諸特徴の由来の違い、そしてそれらの特徴の折衷的な性格は、他のスペインの大聖堂にも共通の特色である。幸運にもアビラでは、それらの混合が成功している。内陣は、フランスの大聖堂といっていいほど天井が高く(28 m)、周歩廊は親しみやすく、全体的に暖かみがあり、厳格すぎることはない。

884年に、キリスト教圏の辺境における前哨地として創設されたブルゴスの町は、12世紀末までにはカスティーリャの非公式の首都にまで成長し、ロマネスク様式の大聖堂を持つにいたった。大聖堂は、1219年にここで執り行われたフェルナンド3世の婚礼の場としては、不釣合でみすぼらしくみえたに違いない。ともあれ、1221年から1260年の間に、**ブルゴス大聖堂**(p.552B-E)は、フランス風に再建された。この大聖堂は、ゴシック建築の3つの異なった相からなる。内部は、ブールジュ大聖堂からの影響が最も著しいが、高窓とヴォールトには、ノルマン・ゴシックの影響もみられる。外観を支配するのは、ランスの風格である。シュヴェ(教会堂頭部)より13年後に建てられたトランセプトと外陣には、シュヴェと同一の壁面構成が採用された。しかも、再開された工事を担当したアンリ(1277没)と呼ばれる建築家は、より進んだ壁面構成を持つランス大聖堂で修業を積んでいたにもかかわらず、そうしたのである。

平面はシトー会のポンティニーを原型とする。全体は、13世紀初期イール・ド・フランス地方のトリビューン状のトリフォリウムを持つ3層構成の壁面によって統一される。しかし、当初の建築の姿を把握するのは現在では難しい。シンボリオ(1539-68)の付加によって、内部空間が劇的に改変されたからである。

イベリア半島のイスラム勢力が、ラス・ナヴァス・デ・トロサの戦い(1212)で最終的に屈服した時、イスラム芸術はその地位を失った。そしてキリスト教芸術が、レコンキスタをたたえるために選ばれた。こうして1227年に、フェルナンド3世と大司教ロドリーゴが、**トレド大聖堂**(p.550C、p.553D、p.554B)の建立を企てた時、象徴的にも大モスクの敷地を一掃して建設すべく、フランスの手本に基づいた建築を立案した。1227年と1234年に建築家マルタンが指名された。彼の職人はブールジュ大聖堂(1195着工)で修業を積んだ者たちであった。

トレドは特殊な趣きを持つ。段状の壁面構成のプロポーションはブールジュとは異なるし、ブールジュの内側の周歩廊のそそり立つような高さも捨てられている。そのかわり、周歩廊の幅が大きくとられ、東端部の幅はブールジュの40 mに対して55 mにも及ぶ。要するに、空間の垂直方向への高まりが、水平方向への広がりにとってかわられているのである。それは、あたかも建築家が東端部を集中式の平面として考えたかのようであり、内陣は、内側の周歩廊の取り巻きによって姿を露にする。これは、特色のある先駆的な成果である。

1255年に司教マルティン・フェルナンデスによって工事が始められた**レオン大聖堂**(p.550D)は、スペインにおける最初にして最も見事なレイヨナン式の建築である。その構想は、ヘンリー3世のウェストミンスター・アベイの場合と同様、アルフォンソ10世(1252-84)が政治的な理由によって推し進めたものである。すなわち、スペインの王都レオンの大聖堂を、権威あるカペー朝の様式で再建したのは、アルフォンソこそが王冠を頂くにふさわしいということを宣伝するためであった。

この建築は、当時の最も進んだ様式を取り入れようとした努力の跡を示している。平面は実際、ランス大聖堂を3分の1だけ縮小したものである。ブルゴス大聖堂の建築家アンリがレオンの責任者になったことを考えると、これは別段驚くことではない。アンリを建築家に任命したことは、当然のことながら、聖王ルイの首都の建築から最も進んだ特徴を採用することを意味した。そのようなわけで、外陣側廊の壁内通路は、パリ近郊のサン・ジェルマン・アン・レイの礼拝堂(1238頃)を手本とし、また内陣の半円形部に続く長方形ベイのトレーサリーは、やはりパリのサント・シャペル(1242-48)など、パリを中心とした地方の1240年代の意匠に基づく。

大聖堂は、ステンドグラス――スペインの13世紀末と14世紀の窓の中でも最高のものがここに集まっている――と、扉口にある13世紀の彫刻群によって有名である。建築そのものとは異なり、これらの彫刻はレイヨナン式の初期ではなく、末期の様式に属する。たとえば、西正面の3連の扉口は、シャルトル大聖堂のトランセプトの構成(1205-15)を発展させたものであるのに対して、中央扉口の中柱の上の彫刻はアミアン大聖堂(1220着工)に由来する。とはいえ、この大聖堂は統一を保ち、彫刻による装飾的効果は、アルフォンソ10世とアンリが建てようと望んだフランスの大聖堂の本質的な特徴を、よく取り入れている。

パンプローナ大聖堂はかつてのナバラ王国の首都にある。パンプローナの町は、1234年以降シャンパーニュ伯の支配下にあったロンスヴォー峠を越えた後、旅行者が最初に泊まるところであった。この町には、当時の最も進んだフランス建築の例が多くみられ、なかでも大聖堂は有名である。大聖堂の工事は、カルロス3世(1387-1425)によって1397年に始められ、1525年

Ⓐ ラ・カピーリャ・デル・コンデスタブレ

Ⓑ トランセプトとシンボリオ

Ⓒ 南東からの外観

Ⓓ 平面

Ⓔ 西側からの外観

ブルゴス大聖堂

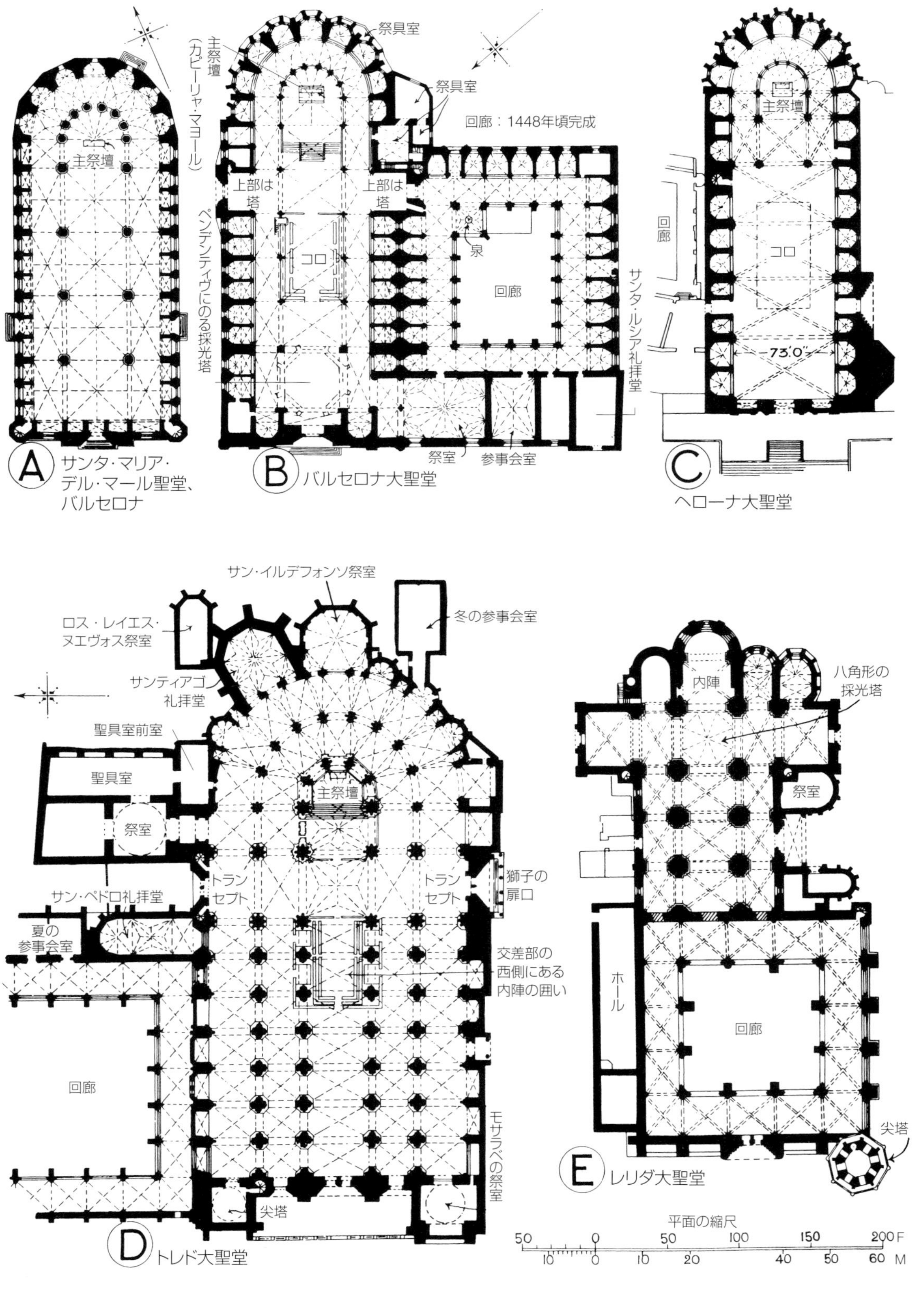

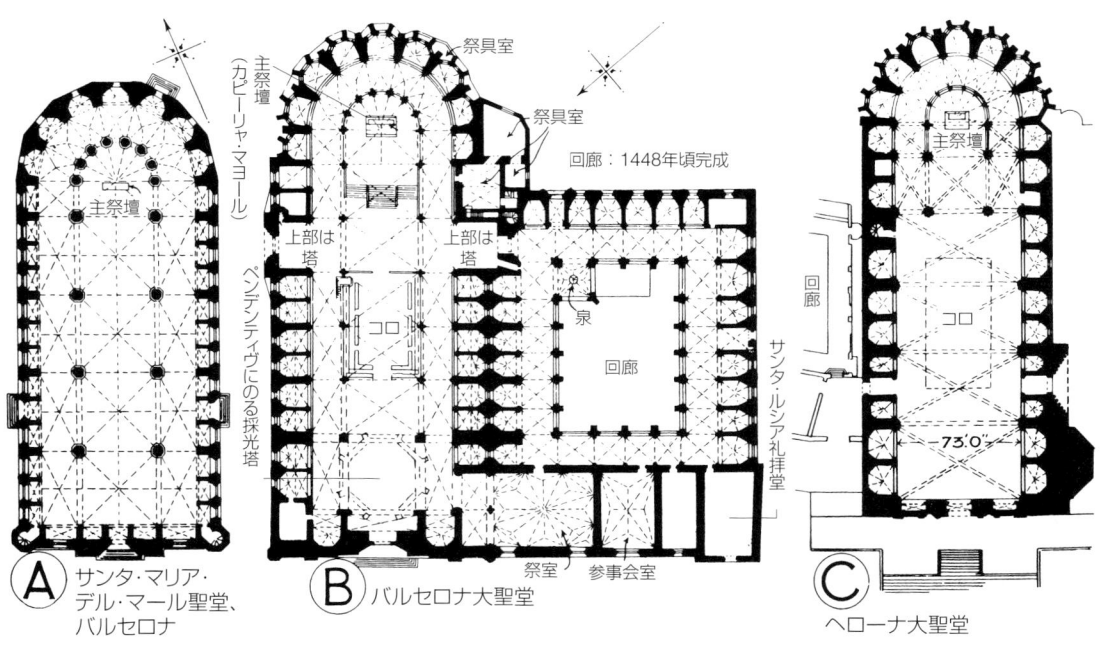

スペイン・ゴシックの教会堂平面

Ⓐ 主祭壇、サラゴサ大聖堂

Ⓑ サンティアーゴ礼拝堂、トレド大聖堂

Ⓒ 回廊、サン・ホアン・デ・ロス・レイエス聖堂、トレド

Ⓓ カピーリャ・デ・ロス・レイエスに通じる扉口、グラナダ大聖堂

スペイン・ゴシックの細部

頃完成した。1439年にトゥールネ出身のジャン・ド・ロムが大聖堂の建築家となった。この大聖堂は成熟したフランボワイヤン式の建築である。内陣はコードベックなど15世紀ノルマンディーの教会堂の影響を受ける一方、周歩廊と祭室を1組のヴォールトの下にまとめる手法は、スワッソン大聖堂に由来する。パンプローナは、洗練された中世末のフランス建築の良質の作例そのものといってもよく、それはパトロンのフランス贔屓によってのみ説明できる。

フランスの影響を示す他の大聖堂としては、**バレンシア大聖堂**(1262頃-1356)と**レリダ大聖堂**(1203-78、p.553E)が挙げられる。レリダは、ヴォールトの上に直接屋根を葺いた八角形のシンボリオを備えた、初期の見事な遺構である。またこれより小規模な興味深い例としては、バリャドリードの**サン・パブロ聖堂**(1276-1492、p.556C)や、バルセロナの**サン・フスト・イ・パストル**(1345)や**サンタ・マリア・デル・ピニョ**(1453)などの聖堂がある。

後期ゴシック

ブルゴス大聖堂の**ラ・カピーリャ・デル・コンデスタブレ**(p.552A、p.556D)は、カスティーリャの総指令官であったペドロ・フェルナンデス・デ・ベラスコ(1492没)のために、シモン・デ・コローニアが、1482年から1494年の間に建てた八角形の埋葬用の礼拝堂である。この礼拝堂は、輪郭のはっきりした中世末期のスペインの建築タイプに属し、後期ゴシックの扉口と紋章表現によって名高い。すなわち、総指令官の紋章付きの盾が、トリビューンの手摺の前面に立つ蛮人の手で支えられ、またその下方の壁にも同様の盾が斜めに吊られているのがみられる。しかし、とりわけ重要なのはヴォールトである。リブはラ・カピーリャ・デ・カタリーナ(1316-54)におけるのと同様に八芒星を表現するが、中央に同じ形の透けたパネルを残す。透かしヴォールトはイスラムの着想だが、シモン・デ・コローニアは独自の方法でこれを用いた。すなわち、リブ間を埋めるトレーサリーは、彼の父であるホアン・デ・コローニアが1442年から1457年に建てたブルゴス大聖堂の西側の塔を想起させる。

トレドのフランシスコ会女子修道院**サン・ホアン・デ・ロス・レイエス聖堂**(p.554C、p.556A)は、カトリック両王が、トロの戦いでポルトガルのアルフォンソ5世を破ったのを神に感謝するために、1477年に設立した修道院である。この建築は、中世末の最も刺激的な建築家ホアン・グァス(1496没)の傑作であるだけでなく、イサベル式の最高の例でもある。

教会堂は、内部バットレスと側祭室を備えた単一の空間からなる。内陣は多角形で、トランセプトは側面から突出しないものの、交差部は採光塔によって明確に区別される。この構成は、スペイン中部の古くからの伝統で、ビヤムリエル・デ・セラト(パレンシア州)は、その13世紀の例である。サン・ホアン・デ・ロス・レイエスの気負いのない構造は、イサベル様式がいかに広範囲に根づいていたかを示している。この様式の政治的な性格は、構造以外のところで十分に引き出されている。たとえば、トランセプトの外壁には、カトリック両王が1487年にマラガを再占領した時に解放した、鎖につながれた姿のキリスト教徒と、王国を祝福する言葉を伝える聖人の姿が表現されている。ここでは、フェルナンドとイサベルを称えるあらゆる趣向がこらされている。

採光塔のヴォールトのリブは、コルドバにある大モスク(961-65)の支配者の専用席に初めて現れたイスラムの意匠にならって、構成されている。現在の教会堂は、1506年から1532年に建てられたブールガン・ブレス(フランス、エン県)のブルー聖堂によく似た、背の高い高窓と手摺付きの壁内通路を備えた身廊壁面を持つ。グァスは、絢爛たる混成物をつくるために、ゴシックの手法とともにイスラムの技法をも追究した。

バリャドリードの聖グレゴリオ学堂のファサード(p.556B)。15世紀末と16世紀初期のスペインのファサードは、あたかも祭壇衝立のように、紋章や光景が嵌め込まれた複雑な構図によって特徴づけられる。石のファサードは木の祭壇衝立のように部分的に着色されている。カスティーリャのイサベルお抱えの告解聴聞師フライ・アロンソ・デ・ブルゴスが1480年に設立したこの学堂のファサードは、イサベル式の最も優れた遺構である。

建築の中にみられる樹木を思わせるような形態は印象的である。たとえば、扉口の外側のアーチは根であり、これが上部では、キューピッドが枝で遊ぶ樹木となって広がる。同じような形態は、ヒル・デ・シロエが**ラ・カルトゥーハ・デ・ミラフロレス**(1496-99)で彼自身の祭壇衝立に用いていることから、彼がこのファサードをデザインしたことがわかる。

このファサードの意味については、多くの議論がなされてきた。グラナダを象徴する木の上に、聖ヨハネの鷲に支えられた王室の盾を置き、その両脇に獅子を従えているのは、この都市の奪回を、カトリック両王の偉大なる勝利として高らかに宣言するためであると思われる。

セビーリャ大聖堂(1402-1519、p.557A)は巨大な規模を持つ。身廊の高さ40mと幅13.9mは最大ではない

A サン・ホアン・デ・ロス・レイエス聖堂、回廊、トレド　p.555 参照

B 聖グレゴリオ学堂、ファサード、バリャドリード　p.555 参照

C サン・パブロ聖堂、主扉口（1486-92）、バリャドリード　p.555 参照

D ラ・カピーリャ・デル・コンデスタブレ（1482-94）、ブルゴス大聖堂　p.555 参照

第14章 ゴシック

A 南西からみたセビーリャ大聖堂（1402-1519） p.555参照

B サラマンカの旧大聖堂（手前、1120-78）と新大聖堂（後ろ、1513-） p.411、p.559参照

ルネサンスまでのヨーロッパと地中海周辺の建築

ナ大聖堂(1298-1448頃)　p.559 参照

B　マンレーサ大聖堂(1328-1596)　p.560 参照

C　パルマ・デ・マヨルカ大聖堂(1314-)　p.560 参照

にしても、4 側廊を従え、祭室で囲まれた 1 万 1020 m² に及ぶ長方形平面の全体は、中世の大聖堂中最大である。この大聖堂は、スペインと外来の特徴を合わせ持つ。平面と規模は、アルモハド・モスクの敷地を覆うという象徴的な必要性によって決められた。内部バットレスの間の側祭室はカタルーニャから来たもので、当初の内陣はセビーリャのサン・フランシスコ聖堂を手本としている。5 本の空間は、トレド大聖堂で用いられた方法によって構成される。しかし、もっと進んだゴシックの特徴も表れており、セビーリャ大聖堂は、その大きさと細部によって、スペイン中部の建築の姿を一変させた。

サラマンカの新大聖堂(p.557B)。人口の増加と大学の権威の上昇によって、16 世紀にはサラマンカ大聖堂は手狭になった。そこで、1510 年にトレドのアントン・エガスとセビーリャのアルフォンソ・ロドリゲスが、新しい大聖堂の平面を描くよう要請された。しかし、大聖堂参事会は 1512 年にホアン・ヒル・デ・オンタニョーンを建築家に任命した。最初の石が 1513 年の 5 月 12 日に置かれた。この大聖堂は、トレドから、段状の断面構成と外部に突出しないトランセプトの形態を受け継ぎ、セビーリャからは側祭室と高窓前面の手摺り付き壁内通路を取り入れた。ここにみられる最も大きな発展は、古典的な形態の増加である。すぐに古典的な要素とわかるのは、イタリア的な手摺とスパンドレルのメダイヨンだけだが、この他交差部にはホアキン・デ・チュリゲーラ(1714-25)のバロックのシンボリオがある。このシンボリオは、色彩豊かで明るく活動的な雰囲気を持ち、大聖堂の大きな特徴となっている。

グラナダ大聖堂(1523 着工、p.554 D、p.1023A、B)は、ディエゴ・デ・シロエ(1495 頃-1563)の傑作である。しかし、最初の設計者でありトレド大聖堂の建築家でもあったエンリケ・エガスの面影をも残す。実際この大聖堂は、トレド大聖堂を改変したものとするのが、一番納得がいく。両大聖堂とも、三角形と長方形のベイに交互に分割された周歩廊を持ち、身廊は 4 本の側廊を従える。しかも、そのような特徴を持つ他の教会堂とは異なり、突出しないトランセプトを有する。しかし、1528 年に建築家に任命されたディエゴ・デ・シロエは、内陣を徹底的に改変した。トレドの五角形の内陣は、グラナダでは十角形となり、内側の周歩廊はドームを支えるために放射状に配された分厚いピアを貫通する単なる通路となった。要するに、広大なゴシックの東端部は円堂となり、外陣の 2 本の側廊は同一の高さで建てられた。ただし、ディエゴ・デ・シロエは天井の低い側祭室を加えたので、段状の断面構成は残った。

ディエゴ・デ・シロエは「古代ローマ風」に建てることを望んだ。そのため内陣には、ミラノのサンタ・マリア・プレッソ・サン・サーティロ聖堂(1486 直後に着工)にあるブラマンテの洗礼堂のような、15 世紀末と 16 世紀のロンバルディアのドームを頂いた天井の高い円堂からの影響がみられる。というのも、ロンバルディアのこれらの円堂は、さらにローマのサンタ・コスタンツァ聖堂などの円堂を基礎にしているからである。しかし、そのような動機にもかかわらず、ディエゴ・デ・シロエはプラテレスコ様式の最も典型的な、かつ最大の大聖堂を建てたのである。ここでは、ゴシック建築の幻影がまとわりついているので、ローマの建物を説明したルネサンスの挿絵を基礎としたにもかかわらず、身廊のピアでさえ、ゴシックのピアの上昇感のある構成を示している。

カタルーニャ・ゴシック

カタルーニャの主要な建築のうちで、フランスの盛期ゴシックの模範に最も近いのは、**ヘローナ大聖堂**の東端部(1312 頃-47、p.553C)である。平面はナルボンヌ大聖堂(1272 着工)の平面を用いる。身廊壁面は、ノルマンディーのアンビーにあるシトー会聖堂に比較できよう。両方の教会堂とも段状の断面構成をとり、周歩廊の高窓と内陣の高窓には同等の重要性が与えられている。また両方とも、内陣の中間層は、壁内通路で結合されない暗い開口部の列となる。さらに、ここにはフランス的な特徴がみられる。たとえば窓(窓として使える面積を全て窓としているのではない)は、ジャン・デシャンによるクレルモン=フェラン(1248 着工)など、南フランスの大聖堂に由来する。エンリケ、そして 1321 年以降は、彼の後継者でナルボンヌ大聖堂からきたジャック・ファヴランが、光に満ちた小規模な教会堂を設計した。しかし外陣(1417-1598)は、ヨーロッパ最大の幅 22 m のヴォールトを持つ。奥行 6 m の内部バットレスが、ヴォールトの推力に対抗するために、天井まで立ち上がる。

バルセロナ大聖堂(p.553B、p.558A)は特に見事な教会堂で、その東端部(1298-1329)と外陣(1420 完成)は、南フランスのゴシック建築に源流がある。東端部の平面はやはりナルボンヌに類似し、トリフォリウムはリモージュと同じく、ピアを貫通せずに背後を通る。外陣の側祭室は、クレルモン=フェランと同様、長方形と五角形のベイに分割される。全体はアルビ大聖堂を思わせる。しかし、バルセロナ大聖堂は、その原型とは異なった特徴を持ち、構想の両義性から脱却してい

る。この教会堂は、バシリカ式とホール式の教会堂の中間にあるように思われる。ヘローナ大聖堂の東端部で用いられた、調和のとれた段状の断面構成を破棄し、ホール式の教会堂により近い空間を指向している。内陣の壁面は、ヴォールト直下にある、二辺を円弧とする三角形の側壁に丸窓があるだけで、採光はもっぱら周歩廊からなされるため、内陣と周歩廊が一体となっているように感じられる。トレド大聖堂の内側周歩廊と同様、高くて暗いトリフォリウムの上につくられたこの暗い丸窓だけが、バシリカ式であることを思い出させてくれる。身廊のほとんど正方形に近いベイと、側廊の長方形のベイにヴォールトが架かる。そのためピアの間隔は、たとえばランス大聖堂の 8 m に対して 14 m もある。回廊は 1448 年頃に完成し、22 の祭室を持つ。

バルセロナの**サンタ・マリア・デル・マール聖堂** (1329-83, p.553A) は、数多くの遠大な新機軸を含んだ教区教会堂で、平面と壁面構成はバルセロナ大聖堂に基づく。祭室の外壁は、連続した壁面を形成するために、内部バットレスの堂外側の末端まで後退する。突出しないトランセプトとトリフォリウムは、ここでは放棄されている。別のいい方をすれば、構造が明瞭に表現されているのである。そして身廊では、ピアの数が減らされ、長方形の側廊ベイを従えた巨大な正方形の身廊ベイが形成されている。ピアとは逆に祭室の数は増加し、西正面の内側にも 4 つの祭室が配置される。その結果生まれたのは、完全な都市型教会堂である。群衆のための、妨げるもののない広々としたスペースを、私的礼拝者のための祭室が、完全に取り囲む。このように、大聖堂よりも大きく厳格な様式——支柱は複合柱ではなく平滑な八角形のシャフトとなる——を持つサンタ・マリア・デル・マールは、これを建立した裕福な商人たちの誇りと、信仰心にふさわしい壮麗さを表しているように思われる。

マンレーサ大聖堂 (p.558B) の設計者ベレンゲル・デ・モンタグは、バルセロナのサンタ・カテリーナ聖堂のような単廊式の教会堂を手本に選んだ。建築家はこの手本を拡大 (身廊幅 23 m) し、正方形の側祭室を内陣の周囲にも配置して便宜をよくした。しかし彼はまた、フランスの着想と先例に照らして変更を行った。第 1 に、祭室と祭室を隔てる内部バットレスに開口をとり、側廊を形成した。ただし、ヴォールトは祭室のヴォールトのままとした。その結果外陣には、ナルボンヌ大聖堂内陣に似た側祭室が生まれた。また、重層するフライング・バットレスを、やはりナルボンヌと同じように用いることによって、ナルボンヌと同様の大きなガラス面を持った上部構造が再現された。

しかし、マンレーサはフランスの大聖堂のようにはみえない。壁の存在感——内部バットレスと八角形のピアを含む——と構想の多様性が、それをはっきりと示している。

パルマ・デ・マヨルカ大聖堂 (p.558C) は 3 つの部分からなる。すなわち、東側にあるマヨルカのハイメ 1 世の埋葬祭室 (1306 年に建設の依頼がなされた)、内陣 (1314-27)、そして外陣 (14 世紀の第 2 四半期に着工) である。内陣と側祭室の両方に、偽ペンデンティヴ——ペルピニャンの王室礼拝堂 (1309 完成) に由来——を用い、ヘローナのように東端部の入口の上部にバラ窓を置くことによって、全体の統一を保った。

身廊は、カタルーニャ・ゴシック最大の 121 × 15 m の規模で、高さは 44 m、側廊の高さは 30 m である。身廊は、カタルーニャの主要な教会堂一般とは異なり、明るく採光される。これは、祭室と側廊と身廊の全てに窓がとられていることによる。特に身廊の高窓のためには、内部バットレスに加えて、フライング・バットレスを用いる必要があった。下方の港から大聖堂を望む時、巨大な内部バットレスとそこから立ち上がるフライング・バットレス、そしてそのために小さくみえる祭室のバットレスの群構成が見事である。

ポルトガル

イベリア半島には、中世のシトー会修道院の中で最も印象的で大きな敷地を持った修道院の建物が、いくつか残る。たとえば、ポルトガルの**アルコバーサの修道院** (1153 創立) は、教会堂 (1178-1252) の他、回廊、参事会堂、共同寝室、食堂、厨房、便所を含む。

なかでも教会堂は興味深い。教会堂は、母修道院であるクレルヴォーの第 2 教会堂 (1135 着工) の平面に従って、工事が進められた。1195 年にアルモハド軍の略奪を受けた後、当初の基礎の上に現在の聖堂が建てられた。しかし、この時の平面は、クレルヴォーの第 3 教会堂 (1153 着工) に従った。そのため、平らな東端部は放射状祭室付きの周歩廊に置き換えられ、外陣とトランセプトは拡大された。

この教会堂は、側廊の窓だけで直接採光をするホール式である。すなわち、身廊と側廊のヴォールト (高さはそれぞれ 20.1 m と 18.7 m) は同じ高さから立ち上がる。幅の狭い側廊と重厚なピアが、ポワティエ大聖堂 (1162-1350) を思わせる広大でかつ壮麗な印象を与えるのに、一役買っている。

ベレムの**サンタ・マリア修道院聖堂** (p.561A) は、ヴァスコ・ダ・ガマが 1497 年にインドへ向けて出帆したのを記念して、ドン・マヌエル 1 世 (1495-1521) により、

第 14 章 ゴシック

A サンタ・マリア修道院聖堂、ベレム、リスボン（1502-）
p.560 参照

B 修道騎士団聖堂、トマール（1510-14 再建） p.562 参照

C カペラス・インペルフェイタス、バターリャ（1434-）
p.562 参照

D ラ・ロンハ・デル・マール、パルマ・デ・マヨルカ
（1426-1451 頃） p.565 参照

1502年に工事が始められた。ヴァスコ・ダ・ガマの航海によりポルトガルは大きな富を得、それがマヌエル式の開花の基礎となった。ディオゴ・ボイタック(1490-1525活動)がコーニスの高さまで工事を進めた。次いでホアン・デ・カスティーリョ(1515-52活動)が、外陣のピアおよび外陣とトランセプトのヴォールトの工事を行った(1519以降)。

平面は、やはりボイタックの手になるセトゥーバルの聖堂(1494-98)に似ており、トレドのサン・ホアン・デ・ロス・レイエス聖堂をも想起させる。ヴォールトは、後期のホール式教会堂の15世紀の流派(セオ、サラゴサ)および公共建築(パルマ・デ・マヨルカのラ・ロンハ・デル・マール)と関連を持つ。外陣の3廊のヴォールトは25mの高さに架かる。トランセプトでは、ピアは廃止され、ヴォールトは27mの高さに達する。ボイタックの装飾に限らず全体が、ポルトガルの新天地発見の航海について、何かを発言しているように思われる。

トマールの**修道騎士団聖堂**(p.561B)は、ディオゴ・デ・アルーダ(1508-31活動)が1510年から1514年の間に、ドン・マヌエル1世のために再建した。この工事は、かつての騎士団の八角形の教会堂をアプスに改装し、それに身廊と参事会堂、そしてコロアルト[訳注：スペイン、ポルトガルによくみられるギャラリー上の内陣]を含む単一の空間を結合することであった。この教会堂は、1320年にドン・ジニス(1279-1325)が設立した修道騎士団の本部で、ポルトガルでは、除隊した騎士の安息所の役割を果たした。ポルトガル帝国では、この騎士団が征服者・行政官として大きな役割を演じたので、騎士団とその主人でありパトロンでもあるドン・マヌエル1世の勝利が、たぐいまれな精巧さと想像力をもって細部にわたり表現されている。マヌエル1世は、石の中に自らの自負心を表したのである。

バターリャの**カペラス・インペルフェイタス**(p.561C)、すなわちサンタ・マリア・ダ・ヴィトーリア聖堂のドミニコ会修道院の未完成の礼拝堂は、マヌエル式の頂点をなす。7つの放射状祭室を伴うこの八角形の埋葬礼拝堂は、ドン・ドゥアルテ(1433-38)のためにオゲーテが1434年に設計したもので、教会堂内陣の東側に配置される。この礼拝堂は、創設者の死によって未完のまま放置され、その後マヌエル1世によって工事が再開された。しかし、ヴォールトは残念ながら架けられなかった。

この礼拝堂は、プラハのカールスホフキルヒェ(1371-77)とともに、ヨーロッパで最も奇抜な集中式の建物とされ、扉口(1509)はマヌエル様式の驚異ともいわれる。アーキヴォルトの装飾帯がほとんど中断せずに流れて側柱に結合する技法と、オジー・アーチが多数重層する意匠は、ブリストルのセント・メアリー・レッドクリフの北側扉口に類似する。この類似が、両国の政治的および商業的結びつきと無関係とは考えられない。とはいえ、装飾はマテウス・フェルナンデス(1490頃-1515にバターリャで活動)の手になるもので、純粋にポルトガル的である。

世俗建築

グアダラハラの**エル・パラシオ・デル・インファンタード**は、インファンタード公2世のためにホアン・グァスによって建てられた。この建物は、1809年に略奪を受け、1936年に火災にあった。しかし、幸いにもファサード(1480)とパティオ(1483)が残り、当初のデザインの華麗さを偲ばせてくれる。

ファサードは、片側に扉口が開けられ、小面取りのされた突出する石の列が交互に並ぶ背の高い壁面と、その上にのる2人の蛮人に支えられたメンドーサ家の盾から構成される。吹放しのギャラリーが頂部を通り、途中7つの半円形のバルコニーによって中断される。当初は盾はもっと低い位置にあった。盾の位置の変更は、インファンタード公5世が窓列を挿入した時に行われた。この設計において、ホアン・グァスは、トレドのサン・ホアン・デ・ロス・レイエス聖堂でそうだったように、イスラム芸術に熱中した。ゴシックの唯一の特徴は、扉口のテュンパヌムのトレーサリーである。

パティオは、別のイサベル式の建物に、より直接的な関連を持つ。ピナクルで縁取られた上層部のアーチのモチーフは、サン・ホアン・デ・ロス・レイエス聖堂(p.556A)の回廊にもみられる。とりわけパティオは、バリャドリードの聖グレゴリオ学堂と同様、紋章表現の場として考えられている。しかし、この建物を非常に特徴的で快活にしているのは、彫刻装飾の豊富さであり、その奥行と質感の不断の変化である。

サラマンカの**「ラ・カーサ・デ・ラス・コンチャス」**(p.563A)は、サラマンカ大学の教授にしてサンティアゴ騎士団の団長であり、フランスとポルトガル大使であったタラヴェラ・マルドナードが、1475年から1483年の間に再建した自邸である。この建物は、中世カスティーリャの都市邸宅のうちで最も保存のよい遺構であり、かつイサベル式建築の美しい例でもある。

この邸宅の名は、外壁を覆う交互に配された貝殻の列に由来し、さらに所有者が所属する騎士団の貝の徽章にも関連がある。パターンはムデハル建築から採られている。壁に活気を与え、日光を散乱させるこの貝

第 14 章　ゴシック　　563

A　ラ・カーサ・デ・ラス・コンチャス、サラマンカ（1475-83）
p.562 参照

B　ラ・モータ城、メディナ・デル・カンポ（1440-79）
p.566 参照

C　アルカサル、セゴビア（15 世紀、1882 修復）　p.566 参照

564 | ルネサンスまでのヨーロッパと地中海周辺の建築

Ⓐ 公爵の城館、中庭、グアダラハラ
Ⓑ パラシオ・デラ・アウディエンシア、中庭、バルセロナ
Ⓒ 捨て子養育院、扉口、コルドバ
Ⓓ ラ・ロンハ・デ・ラ・セーダ、バレンシア
Ⓔ ラ・モータ城、メディナ・デル・カンポ
Ⓕ セラーノス門、バレンシア
Ⓖ 司教館の窓、アルカラ
Ⓗ ソル門、トレド

スペイン・ゴシックの世俗建築

殻装飾は、むきだしの石造の壁にまぶしく照り返る光にさらされた目には、魅力的ですがすがしく感じられる。

イサベル的な表現に対する愛好が、邸宅の随所にみられる。4つの2連窓が特徴的なファサードの扉口には、2頭の獅子が百合の花を支える紋章を刻んだ、盾形の装飾が施されている。パティオは2つのレベルに分かれ、階段で結ばれるが、邸宅の生活の中心となるよう、伝統的な方法にならって構成されている。パティオの周囲に部屋が配置される。中2階には、厨房の食糧貯蔵室とワインの貯蔵庫の他に使用人の区画があり、主階には居室群と居間がある。

カスティーリャ王エンリケ3世（1390-1406）の妻、ランカスター出身のキャサリンは、1413年に**サラマンカ大学**（p.1020A）を創設した。建設は1415年から1433年にかけて行われた。全体の構成は典型的である。すなわち、中央のパティオから講義室（西側）と礼拝堂（東側）に入り、またここから階段を上って図書館（南側）に入る。街路には2つの出入口が通じる。狭間胸壁付きの壁が建築群を取り囲む。

ラス・エスクエラス広場にある階段と出入口には、人目をひくものがある。階段（16世紀）には、狩猟と闘牛のシーンで飾られた手摺がある。出入口（1516年以前に始まり1529年に完成）——プラテレスコ様式の傑作——は、バリャドリードの聖グレゴリオ学堂のファサードと同じ衝立状の外観を持つ。彫刻は、あたかもファサードが金属細工にみえるほどに質が高い。

マヨルカの**ベルベル城**は、パルマからポルト・ピ港にいたる道を見下ろす戦略的に重要な丘の上に建ち、中央平野のすばらしい眺めを楽しませてくれる。ベルベル城は、1300年にマヨルカのハイメ1世が工事を始め、1314年に息子のサンチョ1世（1311-24）がここを拠点として戦った時には、完璧な防御力を発揮した。

平面は、敷地と同様、ここが要塞であると同時に、田園の別荘としても計画されたことを物語っている。5層からなる丸い塔が、主要部から離れて建つ。主要部は円形のパティオとこれを取り囲む部屋からなり、その丸い外壁の要所要所には、3基の塔と4基の張り出し櫓の小塔が配置される。堀が壁と主要部を囲む。塔と外壁には当初は狭間がつけられていた。このように、この建築複合体の守りは十分であるが、独立した塔の中の守備隊は、中心にパティオを持つ。王室の居住部分からは切り離されたままである。このような平面は、エーグ＝モルト（1241着工）のコンスタンス塔などの、南フランスの要塞建築に由来する。ベルベル城の洗練された平面は、建設工事はこの地方の職人が行ったとしても、設計は経験の豊富な建築家によるものであることを示している。

1392年の4月6日に、ペドロ・ベラグエルによって工事が始められた**バレンシアの市門、セラーノス門**（p.564F）は、中世カタルーニャにおける都市防御施設の堂々たる見事な実例である。当初は堀の背後にあって、市壁と結合していた。この市門は、2基の多角形の塔と、これに挟まれた出入口からなる。出入口の上部には、トレドのソル門にみられるような盲アーケードの帯がある。最も目立った特徴は、塔と出入口に付けられた吹放しのギャラリーで、ここから、門の町側にあるスパンの大きなアーチを通して町を見下ろす。このような吹放しのギャラリーは、1300年頃の作であるマドリガル・デ・ラス・アルタス・トーレス（サモーラ県）にもみられる。これは市門が敵の手に落ちた時に、敵が砦とするのを妨げるための工夫である。

パルマ・デ・マヨルカのラ・ロンハ・デル・マール（p.561D）は、スペインで最も美しい公共建築であろう。これは取引所の建物で、1426年にギリェム・サグレーラが工事を始め、1451年にアルノ・ピリスが完成させた。

この建物は、中世のホール建築の標準的なタイプに属し（たとえば**バレンシアのラ・ロンハ・デ・ラ・セーダ**と比較できる、p.564D）、24×30mの規模の3廊からなる長方形の箱である。しかしそのヴォールトは、6本のらせん状の円柱から、柱頭によって中断することなく広がり出る。同様に、リブは壁の中に融解する。このように、ホールは単なる箱ではなく、頭上を覆う樹木に満たされているようにみえる。らせん状にねじれた円柱は、かなり以前から装飾的に用いられていた。しかしサグレーラは、これを大きなヴォールトを架けた空間に用い、隅櫓としての八角形のバットレスと壁付きバットレスに結合した最初の建築家である。

城　郭

ゴシック時代のスペインは、レコンキスタによって創造された。しかし、**ゴルマス（ソーリャ県）のイスラム教徒の城**や**アビラの市壁**のような驚くべき作例を別とすれば、最もスペイン的で見事な城が建てられたのは、15世紀の激しいカスティーリャ内戦の時であった。とはいえ、用いられた技術は保守的である。キープと中庭の城から、武装された城門の城への移行は、スペインでは起こらなかった。

15世紀における城郭建築の主たる発展は、城と結合した宮殿の出現であった。パトロンは贅沢な住居を欲し、難攻不落の要塞よりも、人目をひくような城を望んだのである。技術者よりもむしろ芸術家が重用され、

それがムデハルの職人であることも多かった。ペナフィエル城（バリャドリード県）が、カラトラバ騎士団の団長であったドン・ペドロ・ヒロンによって15世紀の中頃に再建されたのに続き、1509年から1512年にラ・カラオーラ城（グラナダ県）がドン・ロドリゴ・デ・ビバール・イ・メンドーサによって要塞として建設された。人目をひく巨大なラ・カラオーラ城の城壁の中には、ジェノヴァ出身のミケーレ・カルローネのイタリア風の優雅な宮殿が保護されている。

セゴビアのアルカサル（アラビア語で要塞化された宮殿を意味する、p.563C）は、「カスティーリョス・ロケロス（岩の上に築かれた城）」のタイプに属する。すなわち、人を寄せつけない丘の上に建ち、自然の地形がこの城を難攻不落にしているのである。この城は、町がある尾根の西端のエレスマ川とクラモレス川の合流点を見下ろす高所にあって、おとぎ話のような小塔のスレート葺きの尖頂屋根（フェリペ2世が加えた）と結合して、忘れがたい印象をつくりだしている。ホアン2世（1406-14）はこの宮殿に、今日みるような外観を与え、自分の名を冠した塔を建てた。装飾的な石工事を施されたこの塔は、天蓋付きの窓、張り出し櫓の小塔、そして狭間胸壁を備える。1862年に火災で内部が破壊されてしまったが、1882年には修復工事が始まった。

15世紀の記録から、アラバスター（雪花石膏）のパティオが2つあったことと、ラ・サーラ・ロス・レイエス（アルフォンソ10世が着工）にはカスティーリャ王の金の座像が34体あったことが知られている。

バリャドリード県のメディナ・デル・カンポにある**ラ・モータ城**（p.563B、p.564E）は、この重要な貿易都市への東側の進入路を守るべく、町を見下ろす高所に位置する。ラ・モータの要塞は、2つの時期に属する。内郭の南側、東側、そして西側の城壁は、おそらく13世紀のものである。壁の一部はマンポステリア（セメントで固めた小石）でできており、隅部の正方形の塔は狭い矢狭間を持つ。北側の城壁とオメナーへの塔（キープ）は、1440年頃にホアン2世のために城の再建を始めたフェルナンド・デ・カレーノの作とされる。1475年にカトリック両王が、戴冠の祝いとしてラ・モータ城を手に入れ、1479年に、アロンソ・ニエトがこの両王のために城を完成させた。材料に用いられたレンガは、ムデハルの職人が働いたことを物語っているが、イスラムの影響を示すような軍事技術は見出せない。

ムデハルの城郭建築の最高の例であり、かつ15世紀の城と結合した宮殿の中で最も見事な**コカ城（セゴビア県）**は、セビーリャの大司教にして伝説的な富豪ドン・アロンソ・デ・フォンセカが、力を誇示するために建てた城である。コカ城はレンガ造であるが、装飾的な部分もある。ムデハルの職人は城壁を建設するだけでなく、これを美しく飾ることを知っていたのである。狭間付きの胸壁は、暗赤色のレンガの使用と、籠細工に似たレンガ積みのパターンによって引き立てられた。壁体は、これよりも明るい赤レンガの濃度の異なる層を、交互に重ねてつくられている。要するに、コカ城が安全のためだけでなく、楽しみのためにも設計されたことは明らかである。

カタルーニャには、これ以外にも有名な世俗建築が、バルセロナその他の都市に存在する。**バルセロナのパラシオ・デラ・アウディエンシア**（p.564B）は、絵画的なたたずまいの外部階段を伴い、見事な中庭を囲んで建てられている。そして、これよりもほんのわずかに質は落ちるが、**カーサ・デル・アユンタミエント**（1373-）が、バルセロナに残る。この他、**トレドのソル門**（p.564H）と**アルカンターラ門**（1258）、そして**サラマンカのクラヴェーロの塔**（1480）、そして**ブルゴスのサンタ・マリア門**を挙げなくてはならない。

イタリア：建築の特色

ゴシックは、イタリアには他の国々よりも遅れて到着した。そして、200年以上にわたって行われたにもかかわらず、アルプス以北の国々のように定着することはなかった。イタリアでは、ゴシックは成熟したロマネスクの伝統と、さらには定着した初期キリスト教の記憶と争わねばならなかっただけではなく、イタリアにとって本質的に外来のもの、そぐわないものとして認識されるようになった。ルネサンスを、真にイタリア的な建築様式を創造するための努力とみなす、1つの考え方があった。教養あるイタリア人は、古典古代はイタリアの古代であったということをよく承知していた。彼らはアルプス以北のゴシックを野蛮で無作法なものとみなす傾向があり、イタリアの建築をこれから区別して浄化するために、特別の建築史観とそれに付随した建築の価値観をつくりあげた。当時と同じ信念をもってこれを支持する歴史家は現在ではほとんどいなくなったが、そのような見解は熱心な支持者を集め続けてきた。

教会によって一般的に是認された建築様式であるという単純な理由で、ゴシックがイタリアに疑問なく受け入れられた時代が、実際には1200年から1400年まで続いたのだが、ルネサンスはこの事実を隠す傾向がある。12世紀の末に、ゴシック様式の1つが、シ

トー修道会によってイタリアにもたらされた。シトー会は、しばらくの間ゴシックかどうかを判定する基準に用いられたように思われる。フランシスコ会とドミニコ会がパトロネージとしての本格的な役割を果たすようになるとすぐに、すなわち12世紀の中頃以降、シトー会の影響が、フランシスコ会とドミニコ会のしばしば非常に大規模でかつ単純平明なゴシックの教会堂に、認められることが多くなった。

イタリアの都市生活の中で托鉢修道会の教会堂の果たす役割が大きくなると、それらの教会堂が、ゴシックの意味するあらゆるものを、ほとんどのイタリア人に伝えることになった。イタリアの大聖堂は、ゴシックの時代よりもむしろロマネスクの時代に大々的に再建された。巨大で壮麗なゴシックの大聖堂がイタリアにもいくつかみられるが、全体としてみるならば、それらはむしろ例外的である。托鉢修道会の教会堂は、特殊なカテゴリーをなすとはいえ、イタリアの都市の活力と密接に結び付き、それを反映しているという印象を強くいだかせる。

パトロネージの点からすると、中世のイタリアは北部と南部の2つに分かれる。その境界は、教皇領、すなわちローマから半島を斜めに横断してラヴェンナにいたる地域に一致すると考えてもさしつかえない。これよりも北の地域は、コミューンと都市国家、あるいは都市の支配下にある小国に分割される。これらの都市は不安定で、野心的でかつ闘争的であった。非常に富裕な都市もいくつかあり、なかでも4つの都市が他に抜きんでていた。ヴェネツィア、フィレンツェ、シエナ、そしてミラノがそれである。これらの都市は、地方的なゴシック建築をそれぞれに創造した。

ローマ自身の立場は、奇妙なことに曖昧であった。ローマは、西欧キリスト教圏の宗教上の首都であり、かつ1307年まで教皇政治の中心であったのだから、本質的に教会とかかわりのある建築の動向に対して何らかの作用を及ぼした、と考えたいところである。しかしローマには、小規模なゴシック建築がただ1棟存在するだけである。ローマにはこれ以上教会堂を建てる必要がなかった、というのがその理由である。初期キリスト教時代に必要以上の教会堂をつくったので、古代ローマの断片にすぎない中世のローマは、ともかくその遺産で十分であった。もし、教皇の都市ローマが建築様式を認識していたとすれば、それは初期キリスト教のバシリカであった。しかも、教皇がアヴィニョンに移住した時に、パトロネージの源泉も枯渇してしまったのである。

南部はかなり状況が異なる。ノルマン人による征服後は、全体が単一の両シチリア王国となった。これに

よって、アルプス以北のヨーロッパとの文化的なつながりがいくらかでき、その影響はプーリア地方のロマネスク建築の中に反映された。その他の点では、南部の建築は、ビザンティンとアラビアの影響を伴った地中海の遺産であった。1195年に、それまでのノルマン人にかわり、ドイツのホーエンシュタウフェン朝の支配下に入ったため、趣味の変化が起こった。フリードリヒ2世(1196-1250)は、フランスの支持を得てドイツ皇帝となったので、当時の流行にかかわるものは全てフランスと分かち合った。プーリア地方のフリードリヒの城には、一般的によく知られている古典的な細部とともに、ゴシックの特徴も多くみられる。しかし、真にフランス的なレイヨナン式がナポリに到達したといえるのは、アンジュー伯シャルルが、教皇からホーエンシュタウフェン朝の最後の痕跡を一掃するよう支持を求められた時(1264)である。とはいっても、レイヨナン式は王国全体に浸透したわけではない。「シチリアの晩祷」(1282)の後、シチリアは本土の王国から切り離され、次第にアラゴンの勢力範囲に入るようになった。そしてシチリアは、かなり遅まきながら、15世紀になって、スペインのゴシック建築を散発的に受け入れた。

フリードリヒ2世は多くの城を建てたが、教会堂は建てていない。これは、この時代の君主としては珍しいことで、フリードリヒの特色である。このような顕著な傾向は、フリードリヒをルネサンスの世俗の王の前触れのように思わせる。しかし別の意味で、事実上警察署のような建物への強い関心は、行政に都合のよい建築を考えてのことであった。それはまた、イタリアの全ての都市国家が威風堂々たる市庁舎の建築に資金をつぎこんだことと同列である。市庁舎は、壮麗な教会堂と同じくらい、ゴシック時代のイタリアでは大きな特色である。大規模な都市住宅もまた、同様に目立った特色である。よく残っているのはヴェネツィアだけだが、それらによって中世の都市の様子を知ることができる。

イタリアの石工は、アルプス以北の同業者と共通の実際的な知識と専門技術を分かち持っていたはずであるが、異なる面もいくらかあった。1390年代のミラノでロンバルディアの石工がフランスおよびドイツの石工と論争した時の記録から、彼らは互いに必ずしも見解が一致しておらず、互いに相手を十分に理解していたわけではないことがわかる。イタリア人のとった確固とした態度の中には、片意地なところもあるように思われる。ミラノ大聖堂は規模が大きすぎたために特別なケースとなったのかもしれない。ミラノはともかく、石造建築に対するイタリア人の趣味は、彼らをア

ルプス以北のゴシックの主流からはずれたところに孤立させた。彼らは、どちらかというと華麗で装飾的な彫刻に熱意を燃やす傾向にあり、大理石によって可能となった色彩効果のある平滑な壁面を好んだ。フランスやドイツやイギリスでは、ゴシックの教会堂に多くの資金を投入し、教会堂を生気づけるために外装に趣向をこらしたが、イタリア人はそのような外装の扱いにはあまり関心を示さなかった。石造の面は厳格なまでに平滑で、壁画を描くために意図的に平滑にされることも多かった。

信望の序列からすると、石工はおそらく画家の下、彫刻家のずっと下であった。ジョットのような画家やアルノルフォ・ディ・カンビオのような彫刻家が、大規模な建築を任せられることもあった。ジョットがパドヴァのアレーナ礼拝堂の設計に携わったことはほぼ確実だが、この建物は、彼のフレスコ画のための額縁以上のものではなかった。アルプスの北側では、特に優れたデザイナーは、石工と同じ形態のレパートリーを扱い、石工と同じ方法で形を決める金属細工師であったのに対し、イタリアではこれとは別の点が重視された。すなわち、イタリアではデザインの能力とは芸術的な才能のことであり、そのために、ある程度素人であるような人物が、建築を設計したようである。しかし、記録によって、正確な事実が明らかにされることはめったにない。ブルネッレスキがフィレンツェ大聖堂の建設を請け負った時、彫刻家のギベルティが工事の監督を命ぜられた——1人の素人がもう1人の素人を監視するために配置されていたのである。中世的な意味では決して専門の石工ではないブルネッレスキやアルベルティが、当時の専門家である建築家の提案に疑問と反論を唱えることを許したのは、本質的にこのような社会状況である。

しかし、ブルネッレスキとアルベルティの述べた見解は、ほとんどの革命家と同様、当時においては小数意見であったということを、強調しておく必要がある。ゴシック建築は、あらゆる場所で簡単に姿を消したのではない。ミラノ大聖堂やボローニャのサン・ペトローニオ聖堂のような大プロジェクトは、16世紀と17世紀までゴシックを存続させた。そして、ゴシックに対する一部の共感は、バロックの形態の中に遅まきの変形した表現を見出した。結局のところボッロミーニは、ミラノの石工の現場から修業を始めたのである。

イタリア：実例

ミラノ大聖堂（p.569、p.570、p.571A）。古い双大聖堂を大規模な単一の建物に建てかえるという決定がなされたのは、ミラノ公国の勢力が高まった1386年の数年前のことである。当初からこの建設工事は、工事に携わったこの地の建築家と石工の経験をはるかに超えるものであった。そのため困難な事態が続出し、当初の設計が変更されることも一度ならずあった。工事中にさまざまな契約当事者間でなされた論争をきちんと書きとめた記録が残っており、この記録から、中世の建築現場における石工の仕事の方法をかろうじて垣間みることができる。

設計に関する最も初期の史料は、ボローニャのサン・ペトローニオの建築家、アントニオ・ディ・ヴィチェンツォが1390年頃に描いた平面図と断面図である。これらは単なるスケッチだが、それほど不正確なものでないとすれば、これらのスケッチから、身廊ヴォールトの高さは116ミラノ・ブラッチャ（67 m）前後になる予定であったことが知られる。これほど抜きん出て高いヴォールトがそれまで建設に成功したことはもちろん、計画されたことすらない。1393年までに、この計画の実現可能性について疑問が出されたことは明らかである。国外の専門家が招請され、より現実的な提案がなされた。そして、1392年には、正方形に基づいて建てるべきか、あるいは三角形に基づいて建てるべきか、論争が行われた。すなわち、高さを幅と同一（96ブラッチャ）にすべきか、あるいは断面の形態を正三角形に基づいて決定すべきかが論争されたのである。結果として正三角形が選ばれた。これによって、高さは84ブラッチャ（約48 m）に減じられた。高さは、その後再び減じられで76ブラッチャ（約43 m）となった。

しかし、高さは減少したものの基本的な構想は変わらず、5つの廊は段状の断面形で構成された。これは、初期キリスト教時代の構成方法であり、ミラノのかつての大聖堂サン・テクラで採用されていた可能性が高い。特に断面形状が正三角形によって決定されていたならば、初期ゴシックの大聖堂の中ではフランスのブールジュがその最も適切な模範となっていたであろう。しかし、ミラノは規模が大きすぎて、ブールジュの段状の空間の効果は発揮できない。ピアの立ち並ぶミラノの空間はどの点からみても、高さが不確かで一様でなく、広大である。この不確かさは、採光に対する無関心によってさらに強められている。このような教会堂の中では、普通の柱頭では視界から見失われてしまうであろう。そこで、実物大の彫像を嵌め込んだニッチをフリーズとして円柱の周りに配置し、それを柱頭とすることによって正常な柱頭の印象を取り戻すという、大胆な努力がなされた。しかしながら、装飾的効

Ⓐ 南西からの外観

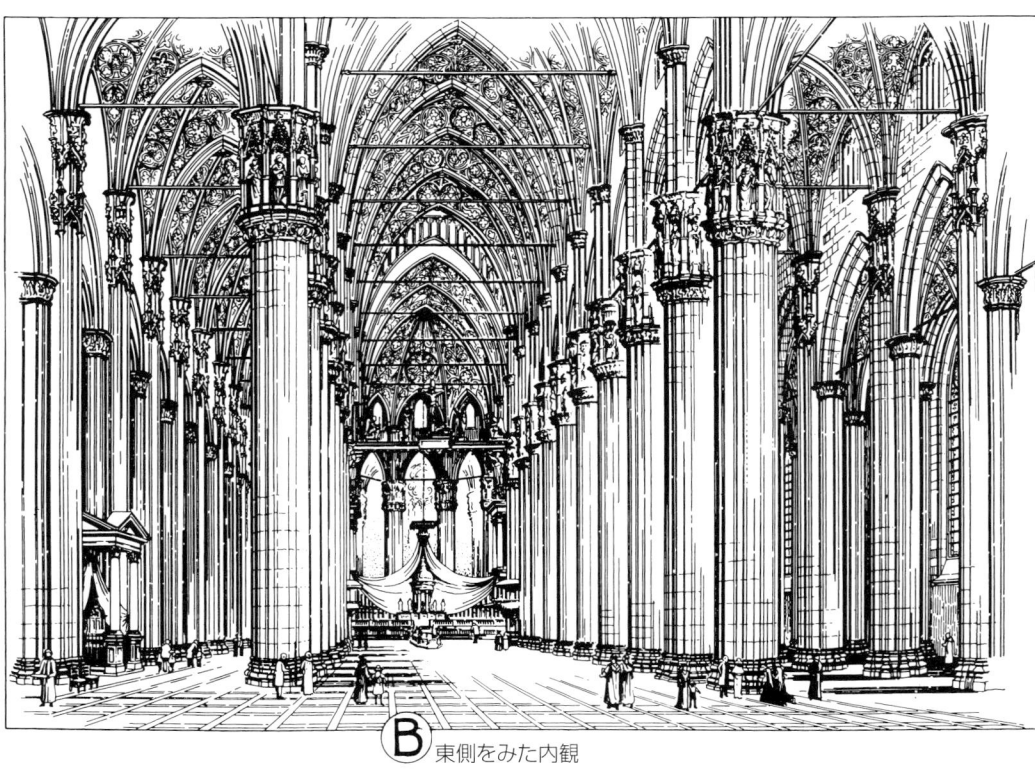

Ⓑ 東側をみた内観

ミラノ大聖堂

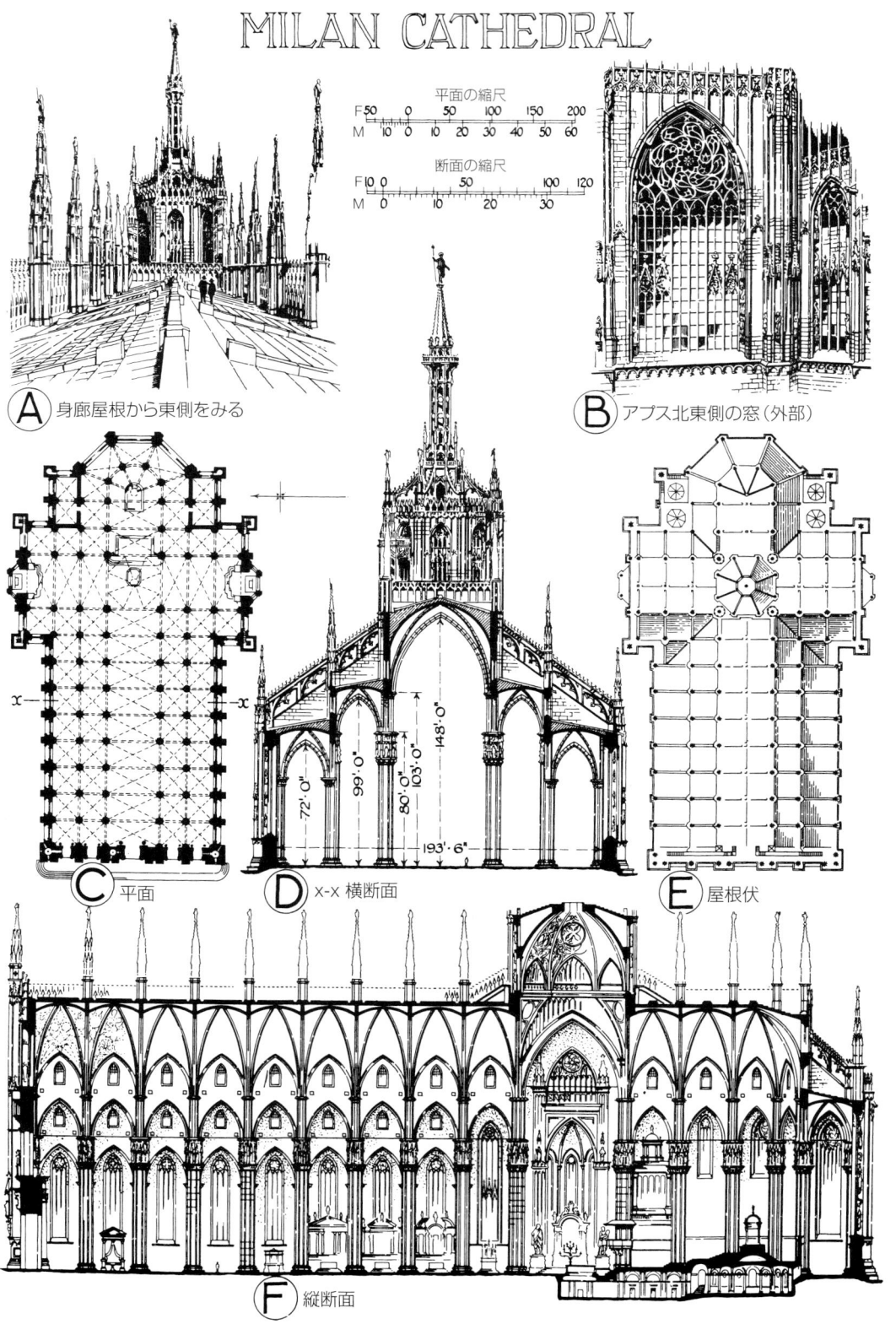

MILAN CATHEDRAL

Ⓐ 身廊屋根から東側をみる
Ⓑ アプス北東側の窓（外部）
Ⓒ 平面
Ⓓ x-x 横断面
Ⓔ 屋根伏
Ⓕ 縦断面

ミラノ大聖堂

A 北西からみたミラノ大聖堂（1385頃-1485）　p.568 参照

B アレッツォ大聖堂（1277頃-）　p.572 参照

C サン・フランチェスコ聖堂、上部聖堂、アッシジ
p.572 参照

果は主として外部に発揮されている。実際、ミラノ大聖堂の外観は、ゴシックの建築装飾が大々的に展開されているイタリアで唯一の場所である。その多くは、中世が終わった後に実現したものである。しかしそれらの装飾は、全ヨーロッパに通用する特質を持つ。それが言いすぎであるとしても、ミラノが初めて汎ヨーロッパ的な経験的知識を受け入れたことを考慮するならば、大聖堂の外観は、アルプス以北の特質をつかみそこなっているとは決していえない。

外部は、トレーサリーのある背の高い窓、パネルで飾られたバットレスと、フライング・バットレス、そして彫像を頂いたピナクルを持ち、全体は白大理石の光沢ある量塊をなし、レースのように込み入った上昇感のある意匠に結実している（p.571A）。アプスにある 20.7 × 8.5 m の 3 つの巨大なトレーサリー窓は、イタリアで最も見事なものである（p.570B）。傾斜のゆるい屋根は、ヴォールトの上に置かれた厚い大理石の版でできており（p.570A）、また交差部には、地上 65.5 m の高さにドーム状のヴォールトが架かる。ファサード（p.569A）の輪郭は、ロマネスク的ななだらかに広がる破風の線によってまとめられる。このファサードは、19 世紀の初期になってやっと完成した。

アレッツォ大聖堂（1277 頃-、p.571B）は、フィレンツェのサンタ・マリア・ノヴェッラ聖堂の外陣の影響を受けている。サンタ・マリア・ノヴェッラに比べると優雅さと空間的な広がりの点でやや劣るが、これから派生した同時代の建築である。アルプス以北のヨーロッパでは、このような設計が大聖堂にふさわしいとは考えられなかったであろう。アレッツォ大聖堂は、托鉢修道会がイタリアで得た信望を示すと同時に、大聖堂参事会のつつましい経済事情をも物語る。最も目立った特徴は、多角形のアプスにある背の高い 3 つの窓である。この窓は、建物の床から天井まで立ち上がって、ホールのような内部空間の統一性を強調する。

チェルトーザ・ディ・パヴィア（1396-1497、p.582D-F）は、有名なカルトゥジオ会の修道院である。ジョヴァンニ・ガレアッツォ・ヴィスコンティによって工事が始められた修道院聖堂は、ミラノ公国の壮麗な記念碑となっている。平面はラテン十字形で、内陣とトランセプトを三葉形にまとめるドイツの多くの教会堂と類似性がある。しかし外陣は、イタリア的な方法に従い、身廊の正方形のベイに側廊の長方形のベイが対応する。教会堂の南側には、テラコッタで装飾された 2 つの回廊がある。アーケードとテラコッタの装飾を持つ外部は、ルネサンスへの移行期にあるロンバルディア・ゴシックの美しい作例となっている。しかし、モニュメンタルなファサード（1473-1540 頃）は、完全にルネサンスの特徴を備える（p.907C）。

パドヴァのサンタントーニオ聖堂（1232-1307、p.574B）は、7 つのドームを架ける巡礼路教会堂で、全体構想はヴェネツィアのサン・マルコ大聖堂に似る。外陣は、ペンデンティヴ・ドームの架かる正方形のベイに分割される。ペンデンティヴ・ドームは、交差部とトランセプトと内陣にも架けられ、内陣の向こう側には、同時代のフランスの教会堂に類似した 7 つの放射状祭室付きのアプスがある。外部には、尖頭アーチのアーケードがあり、その上に、ロンバルディアのロマネスク教会堂に似たアーケード付きのギャラリーがのる。

アッジジのサン・フランチェスコ聖堂（p.571C、p.573C）。聖フランチェスコは 1226 年に没し、1228 年に聖人に列せられた。聖フランチェスコの遺骸が埋葬された敷地は、建築が困難な場所だったにもかかわらず、巡礼のために教会堂の工事が始められた。1239 年までに大部分が完成し、残りの部分も 1253 年までには終了した。完成した教会堂は一般的なタイプではなく、また他のフランシスコ会の主流の教会堂を模倣したものでもない。基本的には、側廊を持たない単廊式の 2 つの教会堂を上下に重ねたもので、両者の対比が注意深く考慮されている。下部教会堂は、重厚なリブ・ヴォールトを伴った洞穴のような暗い空間であるが、上部教会堂は、天井が高く広々として、光に満ちている。建築細部の多くは、フランスからの最新のものである。設計が目的に沿ったものかどうかはさておき、両方の教会堂とも、大きなスケールの絵画装飾に驚くほどよく適合している。この絵画装飾は主として 13 世紀の末か、それ以降に施されたものである。それでもサン・フランチェスコは、フレスコ画で飾られた教会堂と礼拝堂の、イタリアにおける長い歴史の最先端に位置する。

フォッサノーヴァ（南ラツィオ）のシトー会修道院聖堂（1170 頃着工、p.573B）。ブルゴーニュ地方のシトー修道会が好んだ原ゴシックで、同修道会がイタリアにもたらした原ゴシックの一連の教会堂の中で最初の、かつ最も保存状態のよい遺構である。ゴシックの細部はほとんどみられず、発達したゴシックの構造の考え方も採用されていない。しかし、内部は尖頭アーチと交差ヴォールトによって全て形成されているので、いかなる種類のイタリア・ロマネスクの教会堂とも明らかに異なる。このタイプに属するものとしては他に、**シエナ近郊の現在は遺跡となっているサン・ガルガノの修道院聖堂**（1224-）、および**カサマリの修道院聖堂（南ラツィオ、1203-）**を挙げることができる。

堂々たるプロポーションを持つヴェネツィアのサン・

第 14 章　ゴシック　　573

A　サンタナスタシア聖堂、ヴェローナ（1261-）　p.576 参照

B　シトー会修道院聖堂、フォッサノーヴァ（1170 頃）
p.572 参照

C　サン・フランチェスコ聖堂、アッシジ（1226-53）　p.572 参照

A サン・ペトローニオ聖堂、ボローニャ（1390-1659） p.576 参照

B サンタントーニオ聖堂、北西からの外観、パドヴァ（1232-1307、ドームは1424年に高くされた） p.572 参照

A　サン・ジョヴァンニ・エ・パオロ聖堂、ヴェネツィア（1260-1385）　p.572 参照

B　ポンテ・ディ・カステル・ヴェッキオ（スカリージェロ橋）、ヴェローナ（1335）　p.580 参照

ジョヴァンニ・エ・パオロ聖堂(1260-1385、p.575A)は、総督の墓を含む歴史的に重要なドミニコ会の教会堂である。東側に祭室を備えたトランセプトの明瞭な突出と、内陣の多角形のアプスによって、ラテン十字形の平面が入念に形作られている。広い間隔で配置されるピア、身廊のヴォールトをのせる正方形のベイ、そしてこれに対応する側廊の長方形のベイにみられるように、内部は全くイタリア的である。そして外部に現れるフライング・バットレスのかわりに、木のタイバーが内部に用いられる。外部は美しいレンガ造で、尖頭形の窓と刳形の施されたコーニスを備える。高窓はイタリアの通常の教会堂よりも縦長である。交差部には後にドームが架けられた。

ヴェネツィアの**サンタ・マリア・グロリオーザ・デイ・フラーリ聖堂**(1250-1338、p.577E-G)は、ニコラ・ピサーノが設計したフランシスコ会の教会堂で、トランセプトは東側に6つの祭室を備える。内部には、木の梁で相互につながれた円筒形の長大な石造のピアがあり、このピアが、尖頭アーチのアーケードと正方形ベイ上のレンガ造ヴォールトを支える。ヴォールトのリブは重厚で、ピアの柱頭の上にのるシャフトの柱頭から発する。外部は、美しい色彩のレンガ造である。正方形の鐘塔は、垂直のパネルとアーチの開けられた鐘室を持ち、八角形の頂塔を頂く。アプスは、上下2層の尖頭形のトレーサリー窓を備え、両脇に、トランセプトの東側から突出した祭室を従える。教会堂は、このアプスによって大きな賞賛の的となっている。

ヴェローナの**サンタナスタシア聖堂**(1261-、p.573A)は、楽しげな扉口とレンガ造の鐘塔を持つイタリア・ゴシックの美しい作品である。**ヴェルチェッリのサンタンドレア聖堂**は、パリから来たサン・ヴィクトル律修修道会修道士の共同体のために、教皇の枢機卿が1219年に創立した教会堂で、フランス・ゴシックの原型に基づいた多くの特徴を持つ。たとえば、東端部はラン大聖堂東端部のひき写しである。しかし全体的にみると、ゴシックの構造をほとんど理解していないし、ゴシックの構造にそれほど共鳴もしていない。ここには、トリビューンもなければトリフォリウムもない。窓は相変わらず小さく、大きく広がった平滑な壁面が、全体の印象を支配している。外部の角ばった塔、軒の高さにある外部ギャラリー、そして初歩的なフライング・バットレスまでもが、ゴシックというよりもむしろロマネスクの様相を呈している。

1390年に着工された**ボローニャのサン・ペトローニオ聖堂**(p.574A)は、1659年に外陣が完成しただけで、後の工事は放棄されてしまった。もし完成していたならば、全長は180m、トランセプトを含めた全幅は135mを超えていた。建築家はアントニオ・ディ・ヴィチェンツォで、彼の作成した建築摘要は、同時代のミラノおよびフィレンツェの大聖堂と競合し、これらを凌がんとするものであった。アントニオは、大聖堂建設の準備のためにミラノにおもむき、その地でミラノ大聖堂の平面図と断面図を描いている。彼がまた、フィレンツェの教会堂に精通していたことも、サン・ペトローニオそのものから明らかである。断面形状はおおむねミラノと一致するが、内部壁面はサンタ・マリア・ノヴェッラ聖堂のそれを拡大したものである。また、細部の多くはフィレンツェ大聖堂からとられている。しかしサン・ペトローニオは、その大きさゆえに、中世最大級の教会堂として、そして特にイタリアのレンガ造教会堂としても、独自の位置を占める。

ヴェネツィアの**総督宮**(p.579)は、ジョヴァンニ・ブオンとバルトロメオ・ブオンが設計し、1309年から1424年の間に建てられたファサードを持つ。9世紀に建設が始まり、数度の再建を経てルネサンスの時代に完成したこの総督宮は、続く数世紀の間に実施された壮大な都市計画の一部をなすものである。全長約152mのファサードは、外部に面したアーケードを2段に重ねる。第3層目は、16世紀の火災の後、上方に拡大され再建された。この上層部分は、白色と桃色の大理石で外装され、レンガ造に似たパターンを持つ。そして、大きな装飾的な窓が設けられ、東洋の棟飾り形のレースのようなパラペットが全体をひきしめる。アーケードの円柱は、当初3段のスタイロベートの上に立っていたが、現在は柱礎を介さず地面から直接立ち上がる。第2層目のアーケードの、頑丈な造りの連続トレーサリーは、アーチの開口部に力強さを与える。円柱の柱頭、とりわけラスキンが『ヴェニスの石』の中で賞賛した隅の柱頭は、浅浮彫の繊細な彫刻によって世に知られる。円柱と尖頭アーチのアーケード、彫刻を施した柱頭、そして水平に長く連なるトレーサリーの透かしを組み合わせた全体構成は、ヴェネツィア・ゴシックに特有のものである。

クレモナの**パラッツォ・プブリコ**(1206-45)、ピアチェンツァの**パラッツォ・プブリコ**(1281-)、そしてボローニャの**ロッジア・デイ・メルカンツィア**(1382-84、p.578G)は、尖頭アーケードと上層階を持つ点で総督宮に似る。突出した「リンギエラ」すなわちトリビューンは珍しいものではなく、二又に分かれた狭間胸壁もよくみられるものである。

ヴェネツィアの**パラッツォ・カ・ドーロ**(1424-36、p.589C)は、総督宮の建築家たちが設計したもう1つの美しい建物である。窓を中心としてファサードをまとめるのがヴェネツィアの一般的な方法であるが、こ

Ⓐ バラ窓、カッラーラ大聖堂
Ⓑ 窓、総督宮、ヴェネツィア
Ⓒ オルヴィエート大聖堂、東側をみた内観
Ⓓ 鐘塔、市庁舎、ヴェローナ
Ⓔ サンタ・マリア・グロリオーザ・デイ・フラーリ聖堂、アプス、ヴェネツィア
Ⓕ 東側をみた内観 ― サンタ・マリア・グロリオーザ・デイ・フラーリ聖堂、ヴェネツィア
Ⓖ 西側をみた外観

イタリア・ゴシックの細部 1

578　ルネサンスまでのヨーロッパと地中海周辺の建築

Ⓐ ガッテスキの噴水、ヴィテルボ

Ⓑ スカリージェロの墓、ヴェローナ

Ⓒ 隅窓、ヴェネツィア

Ⓓ カルトゥジオ会修道院、キアラヴァッレ

Ⓔ ポーティコ、サンタ・マリア・マッジョーレ聖堂、ベルガモ

Ⓕ ポーティコ、フェッラーラ大聖堂

Ⓖ ロッジア・デイ・メルカンツィア、ボローニャ

Ⓗ ファサード、サンタゴスティーノ聖堂、ベルガモ

イタリア・ゴシックの細部 2

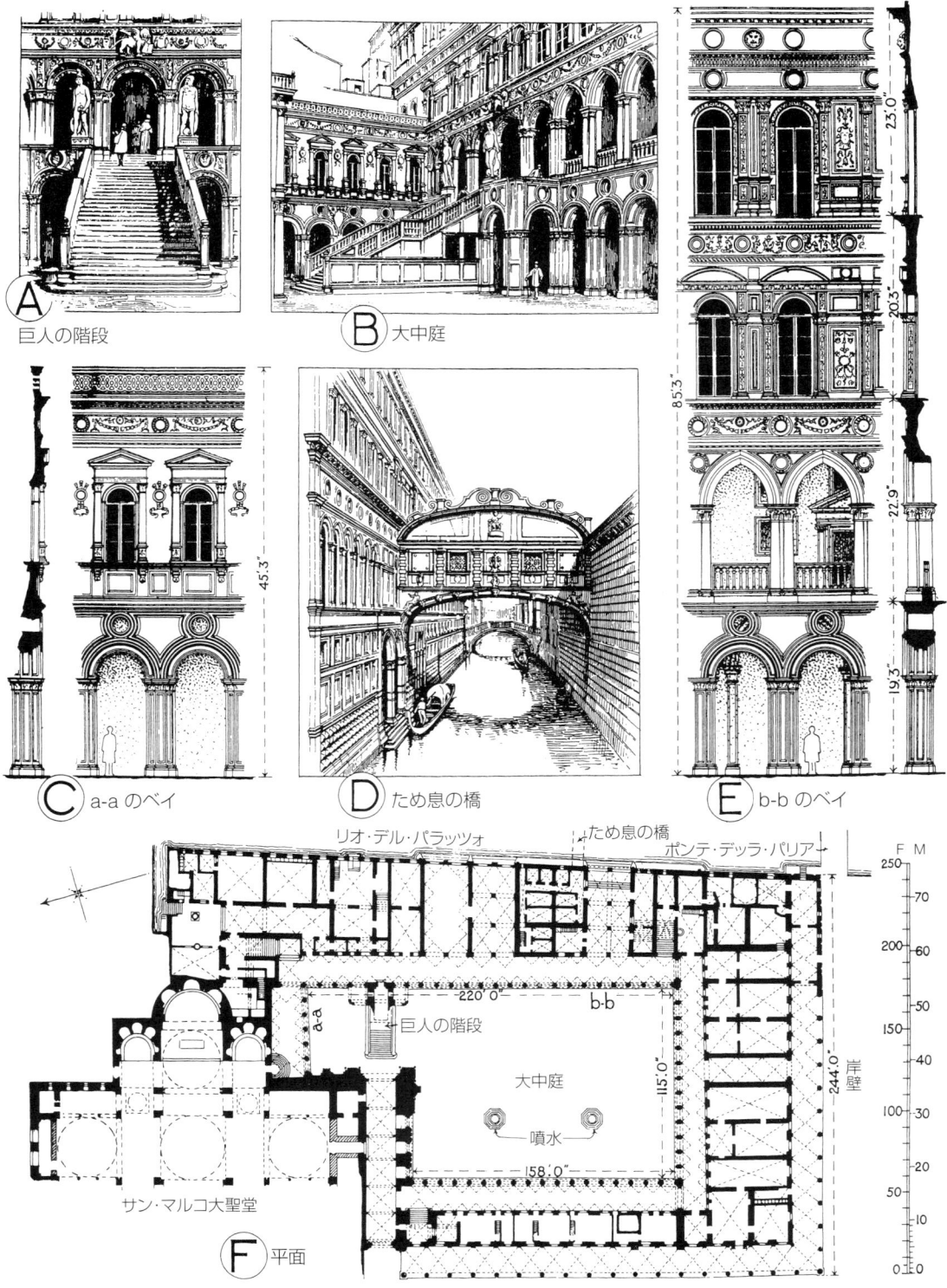

総督宮、ヴェネツィア

こでは翼部の片方を省略したものと思われる。5連のアーケードを持つ入口が、奥行の深い中央の広間に光を導く。このアーケードの上に、ヴェネツィア特有のトレーサリーで満たされた6連の開口部からなるアーケードがのる。

パラッツォ・フォスカリ(15世紀)、**パラッツォ・コンタリーニ・ファサン**(14世紀)、**パラッツォ・カヴァッリ**(15世紀)、**パラッツォ・ピサーニ**(15世紀、p.589B)が「大運河」に面して建つ。これらは、広間に光を入れるために、トレーサリーの施された開口部を中央にとり、その両側に平滑で堅固な翼部を置く。

ヴェローナの**ポンテ・ディ・カステル・ヴェッキオ**、すなわち**スカリージェロ橋**(1335、p.575B)は、第2次世界大戦で完全に破壊されてしまった。橋は、相互往来の手段として極めて重要であったため、中世では神聖視されていたが、スカリージェロ橋は、それらの多くの橋の中の1つであった。アディジェ川を横断する武装されたこの橋は、両岸に塔を建て、八角形の低い塔を備えた橋脚を上心アーチでつなぐ。上部が二又に分かれたギベリン型の狭間胸壁が、橋の全長にわたって取り付けられていた。

ヴェローナの**市庁舎の鐘塔**(1172、p.577D)は、自治都市の市民を召集する鐘塔として、また火事や敵に対する監視塔としての役割を果たした塔である。石とレンガの層を交互に帯状に重ねた正方形の塔身は、4面に3連の採光窓を開けた鐘室を持つ。ヴェローナがヴェネツィアからの独立を失った1404年以降に、八角形の小塔が加えられ、全体の高さは83mになった。

この時期の有名な塔としては、他に**クレモナのトラッツォ**(1261-84)とヴェネツィアの**サン・マルコの鐘塔**を挙げることができる。クレモナの塔はイタリアで最高の122mの高さである。また、世に名高いサン・マルコの塔は、1902年に崩壊した後、再建されたものである。

フィレンツェ大聖堂(サンタ・マリア・デル・フィオーレ大聖堂、p.581、p.583A, B)。ブルネッレスキのドームのおかげで、大聖堂はルネサンスの始まりを告げる至高のモニュメントとみなされるようになった。建設方法を明示できる者が誰もいなかったとはいえ、1360年にはすでにドームの概要が決定されていた、という事実を心に留めておく必要がある。そして、それが、1294年頃まで遡るアルノルフォ・ディ・カンビオによる新しい大聖堂の最初の設計の特徴であったことも、ほぼ確実である。13世紀末においては、広々とした集中式の東端部は、初期キリスト教の記念堂と同じ建築的意味を持っていた。1294年の設計が、ヴォールトの架かる身廊を予定していたかどうかは確実でない。

アルノルフォに帰せられるフィレンツェのもう1つの作品、サンタ・クローチェ聖堂は、幅の広いアーケードと薄い壁、そして木造天井を持つ。これらの特徴は全て、当時フィレンツェと競合した2つの大聖堂、すなわちオルヴィエートと未完のシエナの大聖堂にもみることができる。このことから引き出される結論は、アルノルフォが計画した大聖堂は、基本的には初期キリスト教の2つのタイプ、すなわちバシリカと記念堂を合成したものであった、ということである。奇妙なことであるが、真のゴシックに対する関心の最初のまぎれもない徴候は、ジョットの鐘塔の頂部に計画された八角形の小塔であった。しかし、この小塔は実際には建設されず、描画だけが残る。現存する形態についていえば、サンタ・マリア・ノヴェッラ聖堂とサンタ・クローチェ聖堂を混合したように思われる、頑丈なピアと重厚なリブ・ヴォールトを持つ外陣は、1350年から1366年まで大聖堂の仕事に携わったフランチェスコ・タレンティの構想によるものである。サンタ・マリア・ノヴェッラのスペイン祭室(1365頃)に、彼の意図したこの大聖堂の描画が残る。

フィレンツェの鐘塔(1334-59、p.581A、p.583A)は、1辺の長さ14m高さ84mの正方形の塔で、初期の塔(888)があった同じ場所に建つ。ジョットの設計によるこの塔は、彼が最下部を完成させて没した後、まずアンドレア・ピサーノが、次いでフランチェスコ・タレンティが変更を加えた。バットレスの補強なしに舗石の上から真っすぐに立ち上がるこの塔の4面は、全て色大理石の鏡板が嵌められ、浮彫彫刻と大理石の象眼で飾られる。全体は4層に分割され、最上部は、ジョットが意図した八角形の小塔のかわりに鐘室となる。

フィレンツェの洗礼堂は、5世紀に教会堂として創設されたが、11世紀の中頃に現在の用途に変更され、13世紀に各種の装飾が加えられたと考えられる。直径27mの八角堂の内部には、おそらくパンテオンを模したと思われるドームが、31mの高さに架かる。ファサードは暗緑色と白色の大理石によって3層に分割され、頂部には傾斜屋根と採光塔がのる。洗礼堂は、アンドレア・ピサーノとロレンツォ・ギベルティが14世紀(1330-36)と15世紀(1403-24と1425-52)に制作し、ここに加えたブロンズの扉によって、世に名高い。ドームの崩壊を避けるため、1514年にミケランジェロがドームの基部に鉄の鎖を埋めこんだ。

シエナ大聖堂(p.582A-C、p.583C)。サン・ガルガノから来たシトー修道会の修道士が13世紀にこの大聖堂の建設に積極的に関わったという事実は、この建物がすでに原ゴシックの意匠を持っていたであろうことを物語る。しかし別の証拠は、この建物が高窓と呼べる

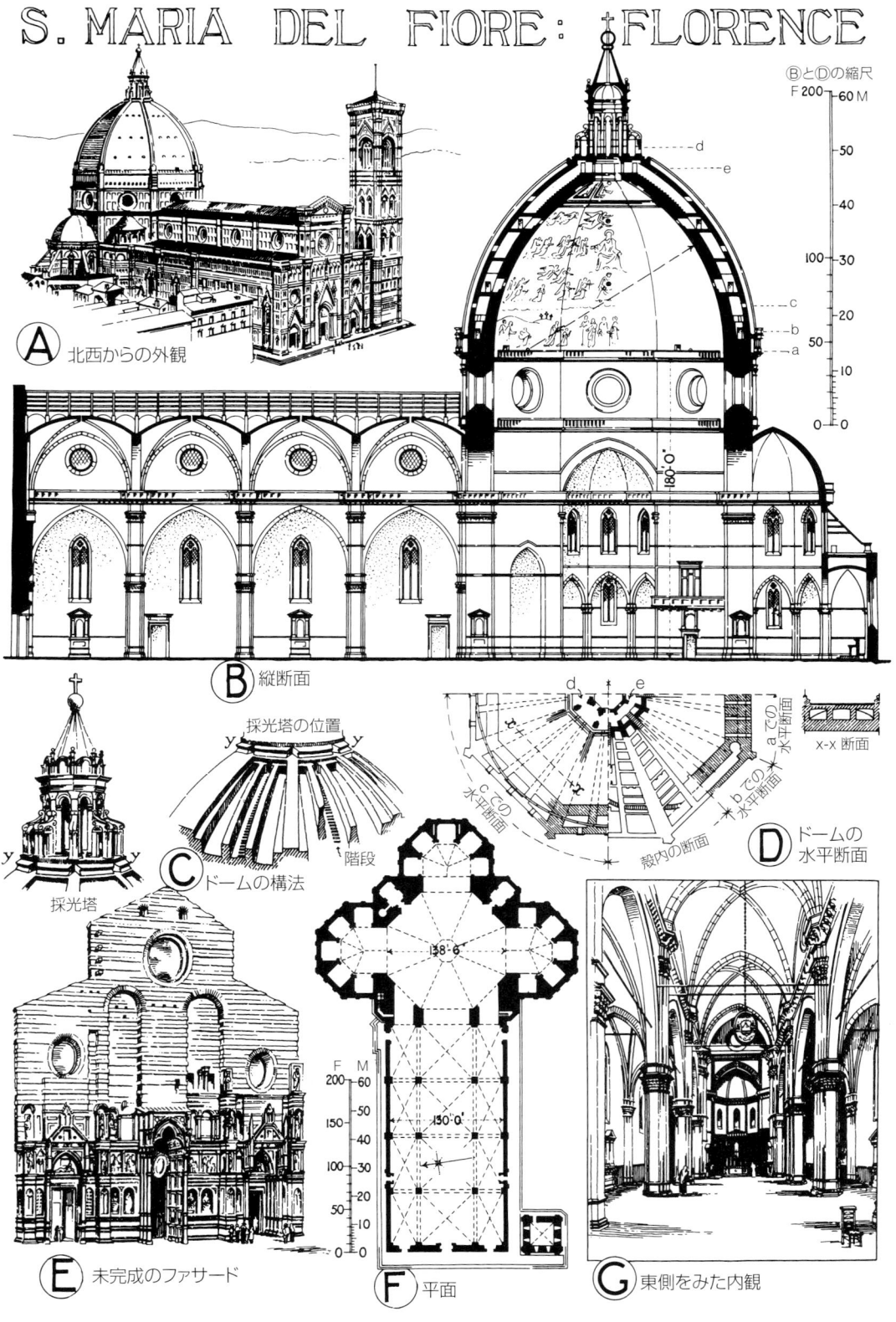

フィレンツェ大聖堂(サンタ・マリア・デル・フィオーレ大聖堂)、フィレンツェ

582 | ルネサンスまでのヨーロッパと地中海周辺の建築

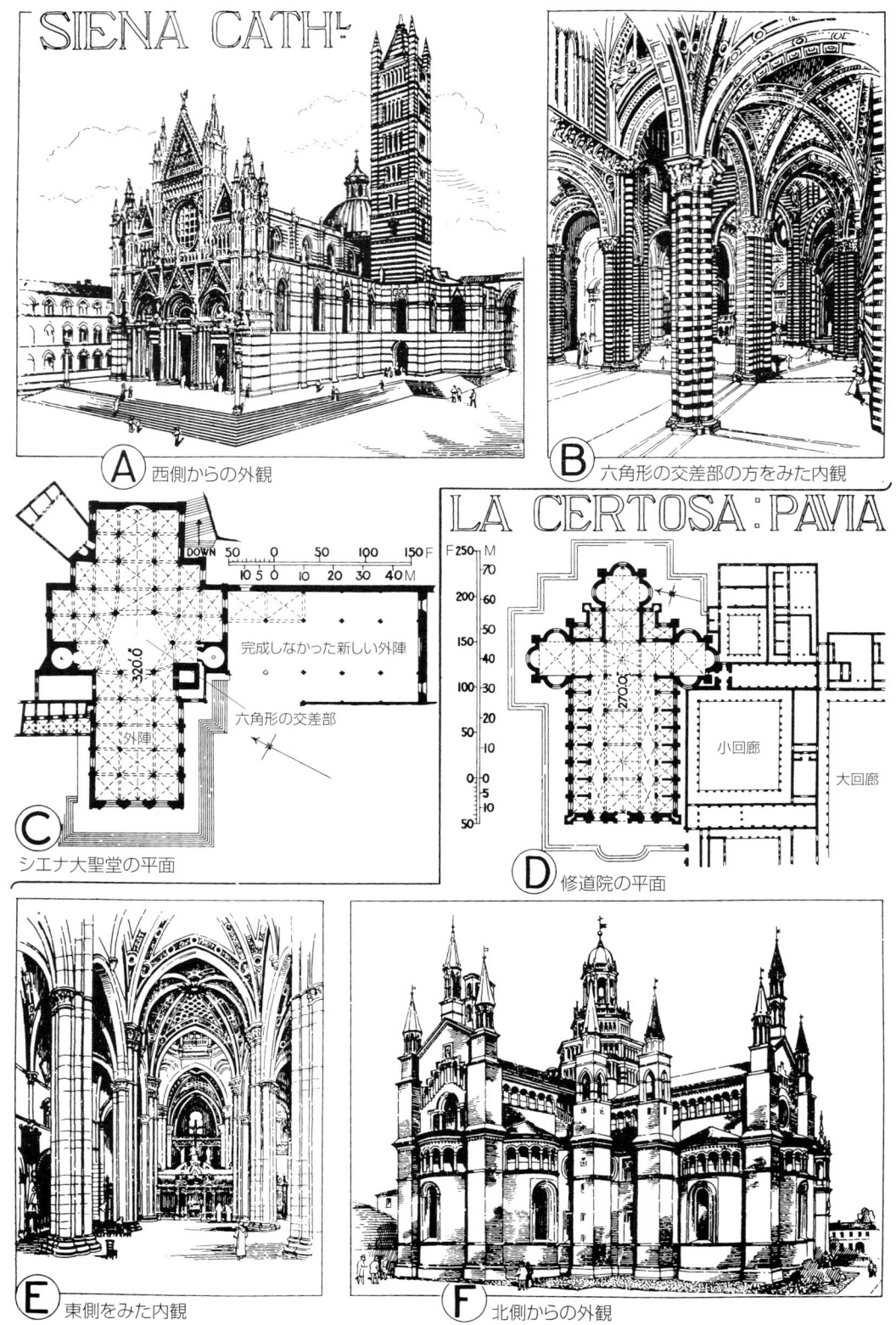

A 西側からの外観
B 六角形の交差部の方をみた内観
C シエナ大聖堂の平面
D 修道院の平面
E 東側をみた内観
F 北側からの外観

シエナ大聖堂（上・中左）。チェルトーザ・ディ・パヴィア（パヴィアのカルトゥジオ会修道院）（中右・下）

A 南東からみたフィレンツェ大聖堂（1296-1462、鐘塔 1334-59） p.580 参照

B フィレンツェ大聖堂、外陣から東側をみる

C シエナ大聖堂、外観（1260 頃-1360 頃） p.580 参照

ようなものは持たず、トンネル・ヴォールトを架けたロマネスクのホール式の教会堂により近いものであったことを示すようにも思われる。1260年までに外陣が完成し、その直後に交差部のドームも完成した。ジョヴァンニ・ピサーノが彫刻を刻んだファサードは、1280年代に工事が始まった。

14世紀にこの建物に起こった出来事は、興味深い。すなわち、巨大な高さをめざして新たに着工されたオルヴィエートとフィレンツェ両大聖堂に対するおそらく巻き返しとして、1316年に、南北軸を中心軸とする新しい外陣の工事が、既存の大聖堂の南側で始まった。シエナはオルヴィエートとは異なり、全体にヴォールトを架ける予定であった。しかし、身廊ヴォールトの安定性はかなり疑わしいものであった。もし、この部分が完成していたならば、既存の教会堂は、もっとずっと大きな大聖堂のトランセプトの下層部を形成していたはずである。しかし、1322年までに、このプロジェクトの続行は困難になっていた。ロレンツォ・マイターニの先導の下に審査委員会が構成されたが、その時の報告が残っている。この報告は、建築に対する中世の考え方について知ることのできる数少ない文献資料の1つである。この報告は工事の中止を勧告している。しかし、それにもかかわらず、工事は14世紀の中頃まで続行された。工事が最終的に放棄されたのは、黒死病の流行の後であった。結局、13世紀の大聖堂には高窓が加えられ、これに合わせるために既存のファサードの中央部が高くされた。この改築工事は1360年頃に完成した。

シエナの最終的な姿は、色彩と彫刻の華麗な装飾によって有名である。しかし、未完で残された部分は、巨大なスケールの試みとして、すなわちオルヴィエート大聖堂よりも大胆で、ミラノ大聖堂とボローニャのサン・ペトローニオ聖堂の先駆となる試みとして、記憶するだけの価値がある。内部と外部の壁は大理石の縞模様で覆われる。同様の縞模様を持つ鐘塔(13世紀)は、上にいくに従って高さと数を増す6層の窓列を持つ。

オルヴィエート大聖堂(1290着工、p.577C)は、ボルセナの奇跡と1264年に行われた聖体祝祭の公式の発足とを起源とする。この大聖堂は、ファサードに限るとはいえ、ゴシック様式の受容に対するイタリアの建築家と(あるいは)教会の不本意を、よく表している。内部空間は、アーケードの半円アーチと木造露出小屋組のゆえに、初期キリスト教のバシリカにかなり類似しており、ローマのサンタ・マリア・マッジョーレ聖堂を手本にしたものと推定される。装飾上の主要な特徴は、2種類の石材を交互に重ねた水平の帯である。も

う1つの特異な点は、身廊アーケードに対して側祭室が偏心していることである。一方、ファサード(1310頃-30)は、ゴシックと呼ぶことのできる唯一の部分である。オペラ・デル・ドゥオモ(大聖堂付属博物館)にその描画が残る。堂々たる衝立をなすこのファサードは、町の中央の広場に面し、広場を画するように設計されているが、教会堂内部とはほとんど関連性を持たない。構想はまぎれもなくゴシックであっても、ファサードの効果は色大理石とモザイクによるところが大きい。そして、一部がシエナ出身のロレンツォ・マイターニの指導と製作による有名な浮彫彫刻は、建築的というよりも、むしろ絵画的な構成をとる。

ローマの**サンタ・マリア・ソプラ・ミネルヴァ聖堂**(p.585A)は、1280年には建設工事が始まっていた。アレッツォ大聖堂と同様、フィレンツェのサンタ・マリア・ノヴェッラの全体構想に従い、アレッツォと同一のドミニコ会の建築家によって、建設された。この教会堂は、ローマにおける唯一のゴシックの教会堂である。南イタリアの中世の多くのモニュメントと同様、17世紀と18世紀にバロックのプラスターの下に塗りこめられてしまったが、1847年に当初の姿に復元された。

教皇とホーエンシュタウフェン家との不和は、1266年にアンジュー家のシャルル1世によるホーエンシュタウフェン朝の断絶によって終止符が打たれたが、その結果、**ナポリ**がシチリア王国の恒久的な首都となった。フランスの石工がナポリにたどり着いたという史料があり、事実**サン・ロレンツォ聖堂**の内陣(1270頃-84)には、フランスの細部意匠がみられる。フランスとの結び付きのゆえに、ナポリはイタリアにおけるレイヨナン・ゴシックの中心となったであろう、と推定したいところである。しかし実際には、完全にフランス的な教会堂は、**サンタ・マリア・ドンナ・レジーナ聖堂**(1307)ただ1棟しか存在しない。1世代のうちに、建築工事は、外来様式にほとんど熱意を示すことのない地元職人の手に逆戻りしたのである。**サンタ・キアラ聖堂**(1310)では、すでに技法は完全にイタリア的なものになってしまった。13世紀の第4四半期にシャルル1世が建てた**カステッロ・ヌオヴォ**は、マチコレーション(はね出し狭間)のある塔と、後にルネサンス様式の窓が開けられた周壁とを持つ。

以前イスラムのモスクがあった場所にたつ**パレルモ大聖堂**(1170-85、p.585B)は、シチリアのウィリアム善良王によって建設が開始された。バシリカ式の平面を持つこの教会堂は、数度の改造を受けた。上心尖頭アーチを支える細い円柱が並ぶ吹放しのポーティコ(1480頃)は、グラナダのアルハンブラ宮殿を思い起こ

A　サンタ・マリア・ソプラ・ミネルヴァ聖堂、ローマ（1280頃、1847に修復）　p.584参照

B　南側からみたパレルモ大聖堂（1170-85、ドーム 1781-1801）　p.584参照

586　ルネサンスまでのヨーロッパと地中海周辺の建築

A　パラッツォ・サン・ステファノ、タオルミーナ（1330）
p.587 参照

B　パラッツォ・アルチヴェスコヴィーレの窓、パレルモ
（15世紀）　p.587 参照

C　サンタ・クローチェ聖堂、外陣、フィレンツェ（1294-1442）　p.587 参照

させる。一方、屋根の胸壁は総督宮のそれを思わせる。大聖堂の西端部は、2つの尖頭アーチによって大司教館の塔と結合される。西端部の両側にある2本の細いミナレットのような塔は、東側のそれに類似し、これらの塔全体のスカイラインが北方ゴシックを思わせる。ドームは、1781年から1801年の間に加えられた。

タオルミーナの**パラッツォ・サン・ステファノ**(1330、p.586A)と**パレルモ**の**パラッツォ・アルチヴェスコヴィーレ**(p.586B)は、典型的な中世の世俗建築である。パラッツォ・サン・ステファノは、往古の懸崖都市にある多くの邸宅のうちの1つで、頭部が三葉形の尖頭2連窓とマチコレーションのコーニスを持つ。パラッツォ・アルチヴェスコヴィーレは、フランボワイヤン式のトレーサリー窓(15世紀)を持つ。

フィレンツェの**サンタ・クローチェ聖堂**(p.586C)。フランシスコ会は、1225年にはフィレンツェに教会堂を所有していた。1294年に着工された現在の教会堂は、大聖堂と同じくアルノルフォ・ディ・カンビオの設計である。フィレンツェが全ての芸術と建築に期待する質の高さを維持するのはもちろんのこと、フランシスコ会がフィレンツェで獲得した権威と影響力を損なわずに、なおかつフランシスコ会の要求である単純性を満足させるのは、容易な仕事ではなかった。13世紀の末に、サンタ・クローチェは私的な祈祷のための一大中心地の1つとなっていたので、影響力のある世俗のパトロンのために10以上の祭室をトランセプトに沿って配置しなければならなかった。これらの祭室には、祭壇の置かれる中心軸上の祭室とともに、ヴォールトが架けられ、最終的には当時のフィレンツェの画家の指導のもとに、全体が一連のフレスコ画で覆われた。教会堂の他の部分には、ヴォールトは架けられなかった。構造的に大きな問題がなかったので、石造部分は最小限にとどめられ、天井が高く広々とした、明るい内部空間が生まれた。バシリカの形態をとり、細部は、十分消化されているとはいえないが、全てゴシックでまとめられている。したがって、教会堂全体が、当時最新の建築であったということもできよう。しかし、同時にこの教会堂は、フィレンツェの主流(サン・ミニアート・アル・モンテと比較されたい)にも忠実であった。実際この教会堂は、最急進派を除く当時の全てのフランシスコ会の基準を満足させるような初期キリスト教時代の純粋性を喚起させることによって、古い形態を肯定的に受け入れている。

フィレンツェの**サンタ・マリア・ノヴェッラ聖堂**(p.588A)は、ドミニコ会に属する。托鉢修道士のための修道院は、1221年に設立されており、1246年には教会堂がすでに使用されていた。しかし現在の建物は、1279年の少し前には建設途中だった。東端部の構想は純粋なベルナール型平面で、トランセプトの祭室の用い方は異なるにしても、ドミニコ会が教会堂の設計の着想をどの程度シトー会に負っていたかを示している。外陣は、内陣ほどにはシトー会に依存していないが、影響力はより大きかった。この教会堂は、真のバシリカ式でも、また真のホール式でもなく、両者を混合したものである。アーケードの幅は広く高さもあるが、これは明らかに説教をしやすくするためである。高窓(けんがい)は、無装飾の壁に開けられた一連の丸窓に縮小されている。これは、フィレンツェ内外でよくみられる方法であるが、これほど美的に成功した例は他にはない。その効果は、材料の良さと抑制された視覚的なパターンによるところが大きい。それがブルネッレスキに深い影響を与えたことは明らかである。しかし、身廊の美しさは最終的にはプロポーションの完全さによっている。この完全さは、単に数学的な比率の問題ではなく、この身廊を見習おうとしたどんな建築家にもわからなかった。アルベルティによるルネサンスのファサードは、背後にあるゴシックの建物との有機的な、あるいは様式的な結び付きを何も持たない。これは純粋に1つの独立した建築正面であり、全体との結び付きは問題ではない。この点に関していえば、サンタ・マリア・ノヴェッラはオルヴィエート大聖堂の直系である。

フィレンツェの**バルジェッロ**(1255-)すなわち、**パラッツォ・デル・ポデスタ**、同じく**フィレンツェ**の**パラッツォ・ヴェッキオ**(1298-1314、p.588B)、**シエナ**の**パラッツォ・プブリコ**(1289-1309、p.589D)、**ペルージャ**の**パラッツォ・デル・ムニチーピオ**(1281-)、そして**モンテプルチャーノ**の**パラッツォ・プブリコ**(14世紀末、p.589H)は、高い監視塔と防御的なファサードをもち、中世都市の活力と独立心を表している。

ヴォルテッラの**パラッツォ・デイ・プリオリ**(1208-57、p.589F)は、現在は不規則な形になってしまったが、二分された窓を持つ4層の建物である。重厚な狭間胸壁を持ち、正面の壁の上に建つ正方形の塔は、頂部に鐘室を備える。

フィレンツェの**ビガッロ**(1352-58、p.589A)は繊細なアーケードのある小さなロッジアで、捨て子のための保護施設として設計された。

フィレンツェの**ロッジア・デイ・ランツィ**(1376-82、p.588B)は、完成はしなかったが、大胆な半円アーチと複合柱によってピアッツァ・デッラ・シニョーリアを囲む計画の一翼を担う。

トレーサリー窓と1階にアーケードを持つ**ヴィテルボ**の**中世の家**(p.589G)は、この時期の小規模な都市住宅の代表的な遺構である。

A サンタ・マリア・ノヴェッラ聖堂、フィレンツェ（1278-1350、ファサード 1456-70） p.587 参照

B パラッツォ・ヴェッキオ（1298-1314）とピアッツァ・デッラ・シニョーリアおよびロッジア・デイ・ランツィ（1376-82、右手）、フィレンツェ　p.587 参照

Ⓐ ビガッロ、フィレンツェ
Ⓑ パラッツォ・ピサーニ、ヴェネツィア
← 拡張計画 →
Ⓒ パラッツォ・カ・ドーロ、ヴェネツィア
Ⓓ パラッツォ・ププリコ、シエナ
Ⓔ バルコニー、ヴェネツィア
Ⓕ パラッツォ・デイ・プリオリ、ヴォルテッラ
Ⓖ 中世の住宅、ヴィテルボ
Ⓗ パラッツォ・ププリコ、モンテプルチャーノ

イタリア・ゴシックの世俗建築

A ヴォルテッラ城(1343)　p.591 参照

B ポンテ・ヴェッキオ、フィレンツェ(1345)　p.591 参照

C カステル・デル・モンテ、プーリア州(1240 頃)　p.591 参照

岩盤の上にそびえる**ヴォルテッラ城**（1343、p.590A）は、中世の典型的な城塞で、重厚な壁、小さな窓、中央の丸いキープ、そしてマチコレーションの構成が印象的である。

丘の頂上に立つ**サン・ジミニャーノ**には、主として10世紀と11世紀に互いに反目する家門（ギベリン党支持派とゲルフ党支持派）が建てた13の塔が今日も残る。これらの塔は、絵のように美しいこの丘陵都市に、異様な中世的な外観を与えるのに一役買っている。

タッデオ・ガッディによる**ポンテ・ヴェッキオ**（1345、p.590B）は、フィレンツェ最古の橋である。アルプスの雪解けによって増水したアルノ川の流れに抵抗する太い橋脚には、力強い3つの下心アーチが架かる。橋の両側には金銀細工師の小さな店が並ぶ。

プーリア州の**カステル・デル・モンテ**（p.590C）。フリードリヒ2世の城のほとんどは、居住性を二の次にしか考えない軍事施設であった。せわしない沿岸平野からかなり奥まったプーリアのレ・ムルジェ山脈に、狩猟用のロッジとして建てられたカステル・デル・モンテは、皇帝の休暇のための個人的な住居として構想されている点で、他の城と異なる。世間からの隔離という意味では、よく考えられている。1240年頃に着工されたこの城は、フリードリヒの皇帝趣味と原ルネサンス的な気性とを反映してのことと思われるが、小数の古典的な特徴によって有名である。しかし実際には、カステル・デル・モンテは、古典的であるよりもずっとゴシック的である。ここで重要なのは、少なくともイタリアでは、起源が全く異なる様式を混合することに何の矛盾も感じなかったということである。

この城は、単調なほどの点対称である。八角形の中庭を囲む八角形の周壁の角部には、八角形の塔が備わる。1階と2階はそれぞれ、視覚的に同一の8つの台形の部屋に分割される。全ての部屋は、リブ・ヴォールトを架け、暗くて小さい。にもかかわらず、この建物がどのように使われたかについて、多くの考察がなされた。暖炉あるいは納戸を持つ部屋は限られており、両方を持つ部屋はごく小数である。ある部屋は階段に直接連絡し、他の部屋は広い続き部屋を構成する。扉の中には、内開きのものと外開きのものがあり、それに応じて施錠し、閂（かんぬき）をかける。そして、目立たない避難用の裏階段が1つある。

訳／佐藤達生

3

イスラム世界の建築

イスラム世界の建築

第 15 章

背　景

イスラムとその先行文化

　本章は、紀元前2世紀以来の西洋建築の歴史と平行に行われていた、建築の連続した1つの営みを扱う。ギリシアおよびローマの古典建築は東方において、アケメネス朝、パルティア、ササン朝、およびヘレニズムの地方様式のヴァリエーションと融合したが、これが、アジア、アフリカ、さらにはヨーロッパにも広がる、およそ千年も続く建築的創造の基礎となった。

　イスラム建築を除けば、1つの宗教と結び付けて命名された建築様式はない。イスラム建築がそのように呼ばれるのは、イスラム教が広大な地理的範囲にわたって、首尾一貫した生活様式をつくりあげたという特別な理由からである。その根本的要因は、この宗教が要求する条件、それに由来する日常習慣、アラビア語というイスラム世界を通じて理解される生きた言語にある。その結果、とりわけサウディアラビア西部ヘジャズ地方のメッカへの毎年の巡礼によって、1つの中心性が創造された。とはいえ、イスラム世界における様式の多様性は明確である。それゆえ、多くのイスラム研究者をしてイスラム建築なるものは存在しないと断言せしめるほど、共有する様式像は不明確になっている。これらの多様化した様式は、それらが結び付く部族や王朝などを軸として発展した。

　イスラム建築は2つの発展の流れが生み出した偉大な産物といえるかもしれない。すなわち、地中海地方の発展と中央アジア南部の発展である。この2つの流れが合流するのは、紀元前300年から紀元後800年にかけての時期で、これよりもずっと長い時間をかけて広がっていたさまざまな影響も加わった。最初、2つの非常に異なる伝統が存在した。地中海では、ギリシア建築がペリクレス時代のアテネで極めて高度な完成の域に到達し、その後長い間西方に大きな影響を与え、手本となった。東方では、アケメネス朝ペルシアの伝統がペルセポリスの大宮殿において頂点に達し、ギリシアとは独立に発展した楣式構造の力強い形式を出現させた。この2つの流れが交じり合ったのは、アレクサンドロス大王の遠征がきっかけとなって、ギリシア文化が東方にもたらされた時である。アレクサンドロスはマケドニアの王子で、紀元前332年までにこの広大な地域の諸王朝を征服し、自分が通過したあらゆる場所にギリシア式統治の都市を新たに建設した。彼の緩やかな統治の帝国は、「プトレマイオス」や「セレウコス」の総称で知られる彼の将軍たちが受け継ぎ、現在中東と呼ばれている地域を統括あるいは支配した。ギリシア文化の融合は意図的であると同時に必然的なものであったが、プトレマイオス朝やセレウコス朝が建設した都市の最終的な融合と統合は、後に強大な帝国が次々に台頭する中で、純粋に地元の住民が選んだものである。

　これらの偉大な都市の中には、ナイル・デルタの西端にあるアレクサンドリアや、現在のバグダードに近いティグリス川沿いのセレウキアがある。これらの都市のうち、多くのものは当時の建築の痕跡を地上に何も残していない。東方に導入されたギリシアのデザインの最も印象深い建築記念物は、現在のイラクにある砂漠都市ハトラの宮殿の中心部分である（第16章参照）。しかし、これらの東の果ての地方へギリシア文化の浸透が及んでいたことは、たとえば北インドのガンダーラの仏教王国のギリシア風の彫像のように、碑銘や美術作品にもみることができる。

　セレウコス朝の侵略は、その地方本来の様式の発展を数百年の間停止させた。イラン高原に再び強い地方的伝統が現れるのはようやくキリストの時代になってからである。この地においてパルティア王国が民族意識を強めた結果、東方は再び小アジアで西方と交戦する。その後、ローマがメソポタミアとペルシアに侵入

イスラム世界の建築

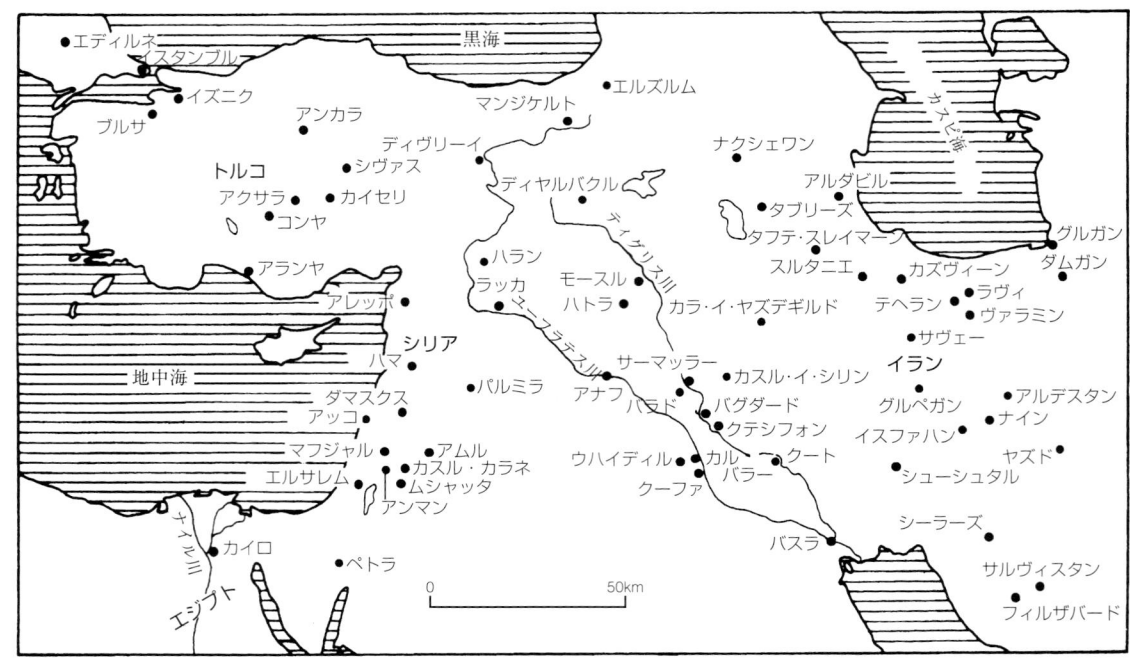

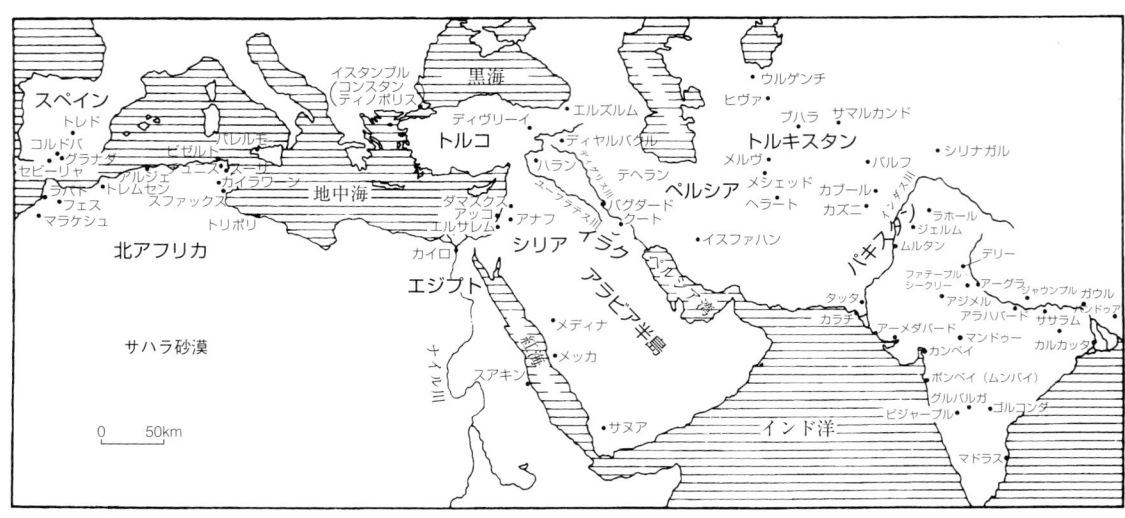

イスラム世界

する。ローマ人の捕虜は石造建築や橋梁の架構技術を伝え、いくつかの永続的な作品を残した。ひょっとしたらパルティアに初期のドーム建築までもたらしたかもしれない。ローマとパルティアの長い戦いは、この地方全体に人的交流や文化的影響の跡を残した。ローマ人捕虜がペルシアで働くようになり、その一方で、ペルシア式の砦がエジプトに建造された。ビザンティンの建築家はユーフラテス川沿いに都市を建設し、オロンテス川に橋を架けた。交易路が各地方に通じ、敵対する帝国の間を、技術を持った人々が行き来した。また、普及がめざましい新宗教、すなわちキリスト教の中に、文化的影響の重要な伝達経路が生まれた。最

初、使徒たちは南方や東方への布教に最も成功した。キリスト教の布教は既存権力に対する脅威とみなされたため、ローマ帝国中心部への布教は4世紀になるまで阻まれていた。東に向かう人の流れがパレスティナで広く普及していた古典様式をどの程度まで伝えたかは、まだこれから十分に検討されねばならないが、教会堂のデザインの面でいえば、南方への布教活動と、ナイル流域の一神教の初期教会（ファラオ信仰を継承するコプト教会は、来世の観念と唯一神の信仰を容易に受け入れた）において、古典様式の影響は明確にみることができる。初期キリスト教会は様式的にはギリシア・ローマの神殿やバシリカの形態を採用し、その影

響は信徒の移動とともに次第に東方に伝えられた。

　同時代のパルティアの宮殿建築は、復元が可能な程度に遺構が残っている。サルヴィスタンとフィルザバードの大宮殿にみられる建築的発展は、イスラム建築に継承されていく1つの重要な基盤(特にドームとイワーン)を与えることになる。正方形の下部構造をスクィンチによって円形に移行させる解決法は3世紀までにみられるようになり、イワーン(前面を開放した空間で、祝祭や居住に用いられる)も、その頃までに記念碑的な規模を獲得するようになった。どちらも、平面の形に決定的な影響を与えた。

　東方では、3世紀に強大な王朝ササン朝ペルシアがパールス地方(ペルシア南部)に起こり、イスラムの侵略を受ける7世紀まで支配した。7世紀、消耗したヤズデギルド2世は、イスラム軍の侵入を前に逃亡し、部下によって殺された。

　このササン朝は、ティグリス河畔に繁栄するセレウコス朝が建設した都市セレウキアから1マイルも離れていない対岸に、冬の首都としてクテシフォンを建設した。ほとんどのササン朝の建築は、明確な建物の形では残っていないが、宮殿建築複合体のうちの多くは、的確な復元ができるほど十分な遺構が残っており、クテシフォンにはホスロー2世に帰されてきたことから、タク・イ・キスラとして知られる、この王朝で最も偉大な王宮のイワーンと翼棟の1つが残っている。ペルシア帝国はホスロー2世のもとで、古代における最大の領土を獲得した。ユスティニアヌス1世などのビザンティン皇帝たちは、西方の勢力に対抗する必要から、東方の国境では活動を抑制された。その結果、ホスロー2世とその後継者たちは、西はシリア、パレスティナ、下エジプトにまで領土を広げ、維持することができた。これらの地域はかつて長い間ローマ帝国の属州であり、優れた古典様式の建築が広く普及していた。さらに、キリスト教建築はこの地域全体に分布していた。ササン朝の王家が信奉したのは拝火教(ゾロアスター教)であったが、ギリシア正教であれネストリウス派であれ、東方のキリスト教は広く浸透し、影響力を持っていた。

　ビザンティン帝国は、東部および南部の属州において建築の地方様式を生み出した。その中では、コンスタンティノポリスから来た建築家たちによる偶発的な作品がひときわ目立っている。ビザンティン帝国東部のこれらの地域では破壊行為が非常に頻繁に行われたので、初期キリスト教時代にこの地域の建築上の重要性がどの程度であったかは謎に包まれている。戦争、略奪、農業変革に加えて失政や搾取が続き、この地域のほとんどは荒廃したまま放置され、建物は外装を剥ぎ取られた。シリア北部の「死んだ都市」の巨大な廃墟は、かつてはここに多数の住民が高度に発達した建築様式とともに暮らしていたことを示している。同じ運命をたどった都市の例は、地中海沿岸からシナイ半島とエジプトまでの広い範囲にたくさんある。カイロやいくつかの砂漠の都市、またナイル川沿いの廃墟化したコプト教会の都市では、これらの豊かで広い地域的広がりを持つ文化についての情報を若干ながら得ることができる。しかし、大都市が存続したところ(極端な例はアレクサンドリアである)では、バシリカ、大浴場、図書館、港が全て完全に姿を消してしまったので、推測と文献記録以外その様子を知る手だてはない。ローマ帝国のこれら東方の辺境地域には、本来ギリシア・ローマ的背景を持つ建築的伝統が存在していた。しかし、その表現は偏狭な地方性を脱せず、帝国の主要事業とほとんど関連していなかったために、その作品の大部分は建築史的にあまり評価されていない。しかし、キリスト教会は、イスラム化する前のこの数世紀において1つの主要な影響力を持ち、ゾロアスター教神殿やイシス崇拝など多様な目的に転用されていたローマ神殿や集会所を再構成し、その構造とデザインを新しい礼拝に適合させた。

　東方のこれらの地域は、第3部で扱う時代の最初の数世紀には、ペルシア帝国やローマ帝国の広大な領土の範囲内に多くの地方部族、属国、属州を擁していたが、建築はこの中で創意に富んだ著しい発展を遂げた。小アジアの北東ではグルジアとアルメニアが集中式建築を発展させ、最初のキリスト教国であるエデッサ伯国(現在のウルファ)のユーフラテス川流域にも影響を伝えた。同様に、メソポタミア北部でも初期の教会堂建築が開花した。アラビア砂漠の両側の草原地帯では、キリスト教徒のアラブ人部族、ラキミド族やガッサニド族がローマの伝統を受け継ぎ、この地方全体に散在する砦や町を残している。シリア北部の砂漠化した町ルザファは、よく知られた遺跡の1つである。北シリアの海岸に近い地域では、アンティオキアやダマスクスを中心として豊かな建築遺産が形成され、現在は廃墟と化した町をいくつも残した。アレッポと海岸との間に位置するこの地域と、ハウラン地方のボスラに近い南シリアでは、洗練された大規模な石造建築の創意に富んだ伝統が生まれた。この建築は高度に発達した社会構造を示し、カラト・セマーンのような大きなドーム付き教会堂、巨大バシリカや立派な住宅が絡み合う蛇腹で包まれ、他でみられない豪華な彫刻で装飾されていた。これらの都市群はデカポリスとして知られ、その中でジェラシュは最も重要な遺構である。壮大なスケールの点では古典建築の伝統に基づいているが、より力強く、形態はかなり変化している。これらの影

響は南方に伝わり、ナバタエア王国ではペトラのバロック的な豊穣さが赤と黄色の砂岩に刻まれた断崖の形で、古典建築の驚くべきメッセージを今も伝えている。影響はさらにここを通過してサヌア（現在のイエメンの首都）にまで達した。とうの昔に荒廃したサヌアの大聖堂には、ドーム付き教会堂をモザイクで覆うシリアの伝統がうかがわれる。

　キリスト教の単性論の勢力はこの地方で強く、また、コプト人が使徒マルコの到来後すぐにキリスト教を受け入れていたナイル川流域で最も強かった。ナイル川流域の古い教会堂は、三連のアプスを持つ東端部の前面に横断方向の広い空間を有するバシリカ式である。エジプトのこれらの非常に早い教会堂のいくつかは、キリスト教建築の全ての遺構の中で最古のものであるかもしれない。4世紀から5世紀に修道生活の伝統が始まったのもやはりエジプトであった。修道院制度はキリスト教公認後、ここからローマ帝国を介して西方に伝わった。ローマのキリスト教会はディオクレティアヌス帝治下で激しい迫害を受けたので、この皇帝の支配がいまだにコプト教徒たちによって彼らの時代の始まりの起点として用いられている。6世紀にはユスティニアヌス帝の奨励によってビザンティン式の教会堂が普及し始めたが、一方で皇后テオドラは単性論とコプト教会を支持していた。たとえば古代のカイロ（デイル・バブルン）で残っているこれらの教会堂は、ビザンティン建築とは建築的な源泉が異なっている。原初の教会堂はカイロの他、今は廃墟と化したナイル上流域の諸修道院に、あるいは存続しているものは、紅海沿岸やワディ・ナトルン修道院にみられる。この地域の南部からメソポタミア北部、さらには中央アジアに及ぶ範囲に、3つの独立した聖所が横断型の廊に開いた教会堂東部の形式がみられ、時にはバシリカ式と結び付いたものもある。

　7世紀の初め、ペルシア王は、カフカスからナイルデルタにいたる地域を支配していたが、これらの地域は、ヘラクレイオス帝の果敢な遠征により、再びビザンティン帝国の領土となった。彼はササン朝の軍を本拠地のクテシフォンにおいて破り、628年にエルサレムを奪回した。ヘラクレイオス帝が極めて精力的な軍事および政治活動を行っていたのと同じ頃、預言者マホメット（ムハンマド）も活動を続けていた。マホメットはキリスト教の修道士たちと神学問答を交わしつつ、メッカからパレスティナへ隊商用道路を旅し、後年、啓示を受け、新しい一神教の最初の信者たちを導いた。ヘラクレイオスはコンスタンティノポリスで戴冠したが、これらの出来事の重要性を見誤り、唯一神を崇拝するこの新しい表現を調査したり対処する努力を怠った。

　イスラムとは服従を意味し、イスラム教徒とは、預言者マホメットによって示された神の意思に服従する者である。本来イスラム教は、キリスト教とその前身であるユダヤ教とに関連した宗教であるが、その事実は憎しみによって曖昧にされている。キリスト教神学からイスラム教が派生した事実は、ユダヤ教からキリスト教が派生したことと重要な対比をなしている。イスラム教徒が、イスラム教より早く成立したこれらの宗教を信仰する人々を寛大に扱い、「啓典の民」として保護を与えたことは、イスラム教にとって本質的な意味を持っている。このイスラム教の宗教観は、建築の面では、イスラム教という新宗教の環境に適合する既存建物を自然に受け入れるという結果をもたらした。20世紀の我々の観点からすれば、イスラム教の勃興は革命的なものに映るが、実際には、それは神学上、哲学上、建築上の漸進的変化であった。

　マホメットは壮年期に啓示を受け、イスラム教徒はその啓示を神の言葉として受容した。ヘジャズ地方（アラビア半島西部）の有数の都市メッカの住民マホメットがこのような啓示を受けたのは、天地がひっくり返るような出来事であった。この町はその当時も巡礼の往来を基盤とする商売に依存し、偶像崇拝はまさに商売道具であったからである。それゆえ、イスラム教徒はヤスリブに避難し（ヒジュラ）、これが、イスラム暦の紀元となった。

メソポタミアとペルシア

　レンガや粗石の組積造はセレウコス朝の東部、パルティア、ササン朝ペルシアにおいて主要な建築的特徴であった。注意したいのは、ほとんどの場合、屋根はこれらの材料を用いずに、木造であったことである。おそらく束と垂木を組み、柴やシュロの葉で覆い、泥を塗って仕上げられたであろう。もっと大きな建物では、ヴォールトやアーチが用いられ、東方で初めてのドーム構造も現れた。そのため、焼成レンガを用いて、スクィンチ、アーチ、ドームが建てられ、独特な建設技術が発展した。石膏モルタル（焼き石膏）の速い硬化を利用するために、平らな焼成レンガが迫石として放射状に積まれたが、レンガの長軸は形成されるアーチの線に沿っていた。その結果、接着する面積が大きいので、センタリングがなくても、迫石は積んでから数分のうちに正しい位置に固定される。このようなヴォールト（アーチの場合もある）では、下層の石積みは5分の1の高さまで持送りで積まれ、その後は「リング・

アーチ」構造のアーチによって積まれる。窓や扉のような開口部の上には、薄く軽い木造のリンテル（楣）がのり、そこがアーチの起拱点となる。その上に日干レンガの仮設センタリングを設け、おそらく楣の幅いっぱいの（すなわち下の開口部より広い）アーチを建設し、その後日干レンガを取り除いて、パルティアやササン朝特有の鍵穴アーチが完成する。この時代のアーチの形態は、最も一般的な半円アーチから、垂直の半楕円アーチ、極めて尖った形を与えるブロークン・セグメント・アーチまで、多様であった。トンネル・ヴォールトは、この地域全体と上エジプトにおいて最も普及した構造である。その建設には、木造センタリングの使用を避けるため、まず最初に端部の壁にもたせて、傾いたアーチをつくる。これに次々にアーチを重ねてヴォールトを築くので、下方の迫石の方が上方の迫石部分よりも数層分早く積まれることになる。

この時代にスクィンチ（入隅に架けるアーチないしは小さなヴォールト）が初めて現れた。パルティアやササン朝の宮殿の大広間の上には大きなドームがのっていた。ここにもタラール（開放的なベランダ）とイワーンが出現した。これらの空間の起源は、考古学的には、住宅や祝祭用建物の中の屋根の架からない前面空間としてたどることが可能である。これらは、中東において建築ヴォキャブラリーの重要な部分を形成した。これは、定形化された洞窟のような開口であり、アーチあるいは円柱で囲まれ、時には高く大きな中央開口に、同様の小さな開口が両脇に添えられることもあった。時には、互いに向かい合った2ないしは4つの開口が組をなしていた。

膨大な種類の装飾エレメントの誕生は、この時代と結び付いている。ファサードは規則的なブラインド・アーチで活気づけられ、しばしば2本1組、時には3本1組の小円柱によって支えられた。スタッコ装飾の貼り付けは、腰羽目、フリーズ、開口部の縁取り、スパンドレルの円形飾り、蛇腹、棟飾りなどに広く用いられた。古典建築のオーダーは、セレウコス朝の支配下でもそれ以後もギリシアの影響が存続した地域を除けば、全く存在しなかった。はっきりした狭間胸壁が用いられ、それぞれ3段か4段の段がついて鋸状の形をつくりだす。この形はフリーズとしても用いられるようになる。スタッコは、彫刻と型押しによって規則的な模様をつくりだし、彩色して豊かにされた。石像に加えて大きな塑像もつくられた。装飾模様や彫刻を目立たせるために鮮やかな顔料が規則的に使用された。

都市計画では、まっすぐな格子状の道路を計画するギリシア人が導入したコンセプトと、完全に有機的で、タフト・イ・スレイマンのように円形に近い外形を生み出す伝統的な都市発展とが、鋭い対比をなしている。

シリアとエジプト

古代ギリシアの影響は地中海沿岸に浸透し、さらに小アジア西部、アラブ人のガッサニド族の住むシリアのステップ地帯、アラブ人のナバタエア王国、デルタ地帯より上流のナイル川流域に達した。大規模建物の主流は楣式の端正な石造建築であり、盛んに用いられたコリント式オーダーには、風にそよぐアカンサスの葉や籠形柱頭のようなヴァリエーションが生まれた。建築的にいえば、この地域は、独自の古典様式を発展させるほどに十分に「常軌」を逸した創造的な土地であった。エルサレムからディヤルバクルまで、デカポリスとアンティオキア周辺に現存する優れた組積造の大規模建物の遺構は、どこよりもすばらしい、力強く流麗なデザインの、複雑で洗練された装飾をみせている。精巧な線状モールディングが縄のように窓の周囲をめぐり、最も洗練された建物では、重厚な大玉縁が、雷文とともに深く刻まれている。大部分の建築は扉板や窓の鎧戸まで含めて全体が石造で、床と屋根は長い石板でつくられていた。木材は広範囲で用いられ、組積造の遺構には、明らかに大きな木造ドームの台座と考えられるものもある。これよりずっと東の地域と対照的に、アーチの形は常に半円形であった。ただし、時には中央部分がわずかに強調されることがあった。石造のプレート・トレイサリーは一般に用いられ、ヴォールトの横圧力はバットレス（控壁）で支持された。また、これらの控壁は原始的なフライング・バットレスのように分離することもあった。焼成レンガはほとんど用いられなかったが、用いられているところは、大都市の影響を受けた場合が多い。

さらに南ではナバタエア王国の建物が、ブロークン・ペディメント、人目をひく尖塔の上の様式化した壺飾りなどを備え、バロックとしか呼びようのないほどの豊穣さへと発展した。エジプトの地中海沿岸にはこの時代のものは何も残されていないが、デルタが終わる地域とナイル上流には、コプト教会の多くの建物が残っている。これらの教会堂は、3つのハイカル（礼拝室）が付随する幅広の横断内陣を持つバシリカ形式の主要な遺構をなしている。側廊と身廊とは、コリント式円柱のコロネードで分割されている。このコロネードの上には重厚な木造のエンタブラチュアがのり、屋根は常に木造であった。

これまで発見・発掘されたものは、捨てられた町で

ある場合が多い。エジプトのアレクサンドリアのように後世にも存続した町は、新たに発展する過程において、この時代の遺跡は深く埋められるか破壊されてしまった。

セレウコス朝からパルティア王国への移行は、侵入してきたギリシア人に対して土着の民族が勢力を挽回したことによる。この時からローマ帝国は、そしてその後のビザンティン帝国は、この地域では敵となった。

イスラムの歴史

6世紀末、預言者マホメットがまだ若かった頃(彼の生年は不明)、ササン朝ペルシアは、地中海沿岸からインダス川まで、アラル海からインド洋までの領域を支配していた。7世紀の最初の20年間、最後の偉大な王ホスロー2世は、かつての盟友であり、王位簒奪者に殺されたビザンティン皇帝マウリキウスの死に復讐するために戦った。彼はシリアを横断して615年にエルサレムを奪い、その数年後にはエジプトに侵入した。彼の軍隊はコンスタンティノポリスそのものにさえ迫った。ビザンティン帝国の心臓部に迫るこのペルシア軍の脅威は、ローマ人が西ゴート族によって最終的にスペインを奪われた(616)のとほぼ同時期に起こった。ビザンティンはヘラクリウスによって救われた。彼は軍人皇帝としてササン朝の領土に深く侵攻し、628年にクテシフォンを略奪して「真の十字架」を奪い返し、エルサレムに凱旋した。

イスラム初期の背景を複雑化している要素が他に2つある。すなわち、宗教的要素と世俗的要素である。一時期、公的に許されていたギリシア正教は、ゾロアスター教のペルシアではほとんど避けられていたが、マニ教(ユダヤ教とキリスト教とペルシアの神秘主義を結び付けたもの)とネストリウス派のキリスト教は両方とも受け入れられていた。後者が受け入れられたのは、ローマによって禁止されたからである。東方や中央アジアからの侵略を受けながら、多くの民族が次々と西方への移動を続けていたが、この移動はすでに一千年以上も前に始まっていた。これらの侵略者はサマルカンド、ブハラ、メルヴ、ヒヴァなどのオアシス都市の数を減らし、西に移動して巧みにその時その時の権力と結び付いた。7世紀の最初の四半世紀には、まずアヴァール族がフン族にかわり、ついでトルコ人(ハザールなど)がかわった。トルコ人の領土はパミール高原からオクサス川まで広がった。

ローマ帝国のアラビア諸属州の東側境界線は確定していなかった。パレスティナでは、ユダヤ人が戦闘によって制圧され、あるいは追放されたが、ローマ帝国の辺境においてはこの戦闘の影響はみられず、ナバタエア王国をはじめとする国々は、ローマ皇帝の支配にとっては末梢的な事柄でしかなかった。文化と建築様式は、ローマ化されたアラビアの交易路に沿って、ビザンティンやローマの支配領域を越えて広がり、文化的影響はさらに遠くに伝わった。

イスラム教の創始者である預言者マホメットは、6世紀の末にアラビア西部の山岳都市メッカの名家(クライシュ族)に生まれた。彼は商人として、当時キリスト教が活況を呈していたローマのアラビア属州を旅行した。彼は、長い伝統を持つ土着の宗教や複雑な礼拝儀式と、キリスト教の一神教の理論とを対比して、哲学者や聖職者と論争したといわれている。

マホメットは壮年期に啓示を受けたが、これがイスラム教徒にとっての「神の言葉」である。マホメットの活動がメッカの宗教生活に脅威を与えたため、彼はわずかな人数の帰依者とともに622年にメッカから追放された。彼が避難したのは北方の町ヤスリブである。ヤスリブはこの時から、「預言者の町」、あるいは単純に「アル・メディナ」、すなわち「町」と呼ばれるようになった。メッカからの逃避、すなわち「ヒジュラ」はイスラム暦の元日である。信者は団結を強め、エルサレムに向かって礼拝を行った。しかし、やがてメッカと和解すると、メッカに向かって跪礼を行うようになる。マホメット自身は632年に亡くなるまでメディナにとどまり、この宗教の枠組みを整え、信仰を広めるための軍隊の組織を開始した。

イスラムの爆発的な膨張により、北東へはメソポタミアに、西方へはエジプトとそれを越えた地域に、さらに地中海沿岸の肥沃な地域(現在のイスラエル、レバノン、ヨルダン、シリア)に信仰が広められた。1つの重要な目標はビザンティン皇帝を倒して改宗させることであった。コンスタンティノポリスの皇帝ヘラクレイオスは、イスラムの脅威を過小評価し、実際の危機に直面しても驚くほど無関心であった。アラブ人の軍隊は最初エルサレムをめざした。その後ダマスクスに向かい、ついにコンスタンティノポリスに迫ったが、不首尾に終わる。イスラムの北への進軍は東方向にそらされ、軍隊は小アジアの山の裾野に入り、やがて勢力を失った。

これと同時期に別のイスラム軍が北東方向に向かい、ティグリス・ユーフラテス川流域のササン朝帝国の中心を攻撃した。カーディシーヤでの最初の交戦では敗北を喫したが、641年にニハーヴァンドでササン朝に勝利した。これに対し、西方ではエルサレムが長い抵抗の末ついに降伏する。ビザンティン帝国は、小アジ

アの山中にイスラムとの間の一貫性のない境界線を設けていた。また、アラブ人はコンスタンティノポリスに海上から直接に大胆な攻撃をしかけたが、攻略することはできなかった。

　北東方向に危険なほど伸張し、北西方向をビザンティン帝国によって止められたアラブ人は、アフリカ沿岸を西方に向かう征服活動に新たな活路を見出した。640年にエジプトを制圧し、その後30年のうちに北アフリカの地中海沿岸全域を手中に収めた。711年までに南スペインに定住し、その50年後にはイベリア半島のほぼ全域を征服した。732年にポワティエでカール・マルテルにより打ち負かされてその勢力が押しとどめられるまで、アラブ人は驚くほど深くフランス南部に侵入していた。カール・マルテルはこの功績により「ヨーロッパの救世主」と呼ばれ、ポワティエは西方ヨーロッパにおいて、アラブ人の勢力伸張の限界となった。

　イラン高原を抜けて中央アジア、さらには中国まで達した軍隊が完全にペルシアの影響を受けていたのと対照的に、パレスティナを本拠としたウマイヤ朝のカリフ政権は、かなりヘレニズム化されていた。やがてウマイヤ朝に対抗する勢力が増大してアッバース朝の旗の下に集まり、亀裂が生じる。

　イスラムの最初の世紀はビザンティン的な雰囲気に彩られている。その建築はシリア、パレスティナ、下エジプトの快活なヘレニズム文化の影響が強い。750年にアッバース朝はこの影響力を一掃した。アッバース朝はウマイヤ朝の王族をほとんど根絶やしにし、パレスティナは2世紀あるいはそれ以上、文化的な空白状態になる。シリアにいたウマイヤ朝の一部の指導者とその廷臣たちは西方に向かい、同王朝の新たな都コルドバに到達し、アッバース朝の脅威の及ばないスペインにおいて、シリアから持ち込んだ独特の文化を浸透させる。

　アッバース朝カリフの本拠地は、最初、しばらくの間、人口の多い北メソポタミアに移されたが、その後762年に「平安の都」(現在のバグダードの近くのカーディマイン)に移動し、その後832年にサーマッラーに移った。ここでアッバース朝は60年間独裁政治を行った。彼らは巨大な勢力を誇り、その物質的繁栄の規模においては、先のウマイヤ朝をはるかに上回った。彼らは、9世紀末にバグダードに戻り、衰退しつつある帝国を統治する。アッバース朝カリフはイスラム教徒の指導者としての優位性を保っていたが、以前のような広大な領土を支配することは二度となかった。アフガニスタンからシリアまでの地域の支配権は、関連した王朝であるセルジューク朝とザンギー朝が握った。これらの王朝の建築は多様性と創造性に富んでいた。

アッバース朝カリフの力が衰えるにつれて、彼らの権威は中央アジア、アフガニスタン、小アジア、シリア、エジプトで奪われていった。エジプトでは、トゥールーン朝とファーティマ朝が勢力を振るった。

　12世紀以降、パレスティナの大部分は西方からの侵攻の的になっていた。十字軍は、小アジア、パレスティナ、そして13世紀にはエジプトに、ビザンティン軍よりも恐ろしい新たな敵を運んできた。ラテン人の諸王国がシリア、パレスティナ、ユーフラテス川上流に建てられたが、ビザンティン帝国のアジアにおける属州はトルコ人侵入者によって粉砕された。トルコ人は地中海のイオニア沿岸に到達した。はるか東方ではトルコ系民族が12世紀半ばにインド北部にゴール朝というイスラム国を建設した。一方、スペインのイスラム諸王国は、キリスト教勢力によって北側から次第に激しく圧迫されるようになり、聖地における十字軍の足がかりは、ますます不安定になっていった(ただし、エデッサ、ウートルメア、エルサレムは13世紀に入るまで存続する)。1291年アクル(アッコ)が陥落し、フランク人騎士の勢力はくじかれた(第13章も参照)。

　エジプトでは10世紀にファーティマ朝がトゥールーン朝を最終的に引き継ぎ、さらにこれを、この王朝のマムルーク(小アジアやロシア出身の奴隷)が引き継いだ。マムルーク朝は十字軍を聖地から追い出し、その後シリアにおいてモンゴルの侵攻をうまく退け、その後長く続く政治支配を確固たるものとした。彼らは最後には1517年にオスマン朝に征服される。これ以降、エジプトはトルコ人の統治に委ねられる。

　紀元前1000年間の中頃にスキタイ人の侵入を受けて以来(スキタイ人は、紀元前141年になってもなお、セレウコス朝から独立したバクトリア王国を侵略している)、さらにフン族とアヴァール族の侵入を経てその後のトルコ人のモンゴルからの移動にいたるまで、中央アジア南部を通る回廊は、東方の蛮族を中央アジアのオアシス都市にひきつけ、さらに北ペルシアを介して小アジアへと導いた。この流れはチンギス・ハンと彼の後継者たちのもとで13世紀初めにすさまじい奔流へと変化した。彼の孫フラグは中央アジアから一気に進んでペルシア、シリア、小アジアを平定すると、恐ろしい略奪を行いながら西方に向かい、ヨーロッパに迫った。1258年にバグダードはモンゴル軍に破壊され、彼らに反抗する者は皆殺しにすると布告された。それから1世紀後、ティムール(モンゴル=テュルク系のハン)の時代に、さらなる破壊行為が続いた。1370年にティムールはサマルカンドを彼の帝国の首都と定め、その10年後にペルシアを侵略し、さらに10年たたないうちに小アジアに達した。彼はデリー・スルタ

ン朝を破り、バグダードを1393年に、その数年後にダマスクスを占領した。ティムールは戦いに負けたことがなく、15世紀に入る頃には、中央アジアからナイル川までと、北インドからボスポラス海峡までを支配し、デリー・スルタン朝を弱体化させた。彼はイスラム教に帰依し、彼の領土全域に信仰を宣言した。サマルカンドは彼の治世に建築的発展の中心地となり、その影響はティムールの支配領域に広く及んだ。ティムールが1402年に、急速に台頭していたオスマン朝を破ったことは、ビザンティン皇帝に一時の休息期間を与えたものの、その半世紀後にビザンティン帝国は滅亡を迎える。

ティムール自身はレヴァント地方全域とアラル海からデリーまで建設事業を行った。残念ながらヘラート、メルヴ、タシケント、ブハラ、そして特にサマルカンドの地域のティムール朝建築は、荒廃した形でしか残っていない。しかし、その影響は、インドのムガル朝やサファヴィー朝ペルシアにみることができる。

ティムール朝はセルジューク朝の建築家の独創的な手腕を集結して、活発な建築活動を行った。そのうちのわずかなものがアフガニスタンやトルキスタンに残っている。ティムール朝はこの時代に楽園を模した大規模な庭園を創造し、完成させた。この庭園はペルシア建築やインド建築で非常に重要な特徴となり、美術やタイル装飾の技術、三次元の表面装飾を発展させた。

ペルシアと北インドにおけるモンゴルの王朝も、彼らがかつて破壊したところで、創造することを始めた。ティムール朝の創造のエネルギーは14世紀、15世紀を通じて存続し、その首都サマルカンドに影響力のある力強い建築を生み出した。しかし、中央アジアにおけるティムール朝の支配力が弱まるにつれ、小さな王朝が、メルヴ、ヒヴァ、コーカンド、ブハラのような都市の周辺に成立した。アフガニスタンと北インドでは、一連の独立した公国が出現し、ジョドプール、アーメダバード、ゴール、グルバルガ、ゴルコンダ、ビジャープルなどを首都とした。

ヨーロッパの南西端では、オスマン朝が1453年にコンスタンティノポリスを攻略し、西側のイスラム世界全体を百年間支配した。彼らはその勢力をウィーンの市門からアフリカ北部沿岸まで、エジプトとアラビア半島西部からクリミア半島まで伸ばし、東ではメソポタミアまで達し、その後16世紀初めにはバグダードに到達した。尖塔のミナレット、鉛板葺きのドーム、整然とした切石積みの壁を備えた独特の建築様式は、エジプトやバルカン半島、トルコ、シリアに見出される。トラキア、イスタンブール、小アジア西部が彼らの本拠地であり、ここではオスマン帝国の最も偉大なスルタンや高官たちの要求により、このうえない質の建築を生み出した。

16世紀と17世紀は帝国の建築活動の偉大な時代である。オスマン朝に加え、2つの偉大な王朝が台頭して、周辺の小国を支配した。サファヴィー朝ペルシアは国内を統一し、その支配域は高原を越えて、時にはロシア南部に届くまでになった。16世紀の終わりにはムガル帝国がインド北部と西北部を制圧した。ムガル帝国の宮廷はデリー、アグラ、ファテープル・シークリー、ラホールにあった。ここではイスラムの形態が、赤い砂岩を用いて発展した。これらの石は彫刻を施した大理石で縁取りと装飾を施された。やがて富と自信が増大するにつれ、砂岩は大理石に変わる。以前より美しい石材を用いて、さらに手の込んだ形が創造された。穴のあいたスクリーンや軽く枠に入った構造物などである。象眼も用いられ、ピエトラ・ドゥーラ[訳註：ローマのオプス・セクティレに起源を持ち、大理石や貴石を用いたモザイク画で、イタリア・ルネサンスで発展し、ムガル朝のインドでも用いられた]の手法を応用して、準貴石から貴石までが大理石に嵌め込まれた。

これらの後期のイスラム世界の三強、すなわち、オスマン朝、サファヴィー朝、ムガル帝国は同時期に勢力を伸張し、やがて緩やかにその力を衰えさせていった。それほどの劇的変化はないが、イスラムの最西端マグリブ（アフリカ北西部）の諸王朝も、やはり同様の経過をたどる。これらの王朝は比較的安定していたので、チュニジア、アルジェリア、モロッコには、ヨーロッパの進出や植民地主義に対抗した、かなりの数の建築作品がみられる。フェス（フェズ）の町では創造的な建築が驚くほど穏やかに継続し、その小宇宙は成熟したイスラムが現代にまで持続している証である。

イスラム建築には、その土地その土地の資源を利用する傾向があったが、場所の如何にかかわらず、同様の職人技術を要する一連の共通する特徴が発展した。とはいえ、地方的な影響は気候も含めて非常に変化に富み、建物の形態と構造に重要な影響を及ぼした。山がちなイエメンやオアシス都市のネジド（サウジアラビア北部）のような小さな地方や、さらには、ヒマラヤ、インドネシア、中国中央北部、ザンジバルまでの東アフリカ、サハラ砂漠南側のティンブクトゥまでの西アフリカにいたるイスラム教徒の共同体では、全く独特の様式が生み出された。

現代の地理的枠組み（ただし、概略化は避けられないが）では、次に挙げる国々がイスラムの統治者によって支配されたことがあり、イスラム教徒の人口が多い。

・ヨーロッパ側トルコ、ブルガリア、ギリシア、

- ユーゴスラヴィア南部：15-16 世紀
- シチリア：8-11 世紀
- スペイン中央部と南部：8-16 世紀
- キプロス：16-20 世紀
- 北アフリカ：15 世紀以降
- アジア側トルコ：11-12 世紀以降
- シリア、パレスティナ、ペルシャ湾岸諸国、イラク、イラン、アフガニスタン、南部中央ロシア：8 世紀以降
- インド北部：12 世紀以降
- 東アフリカ：14 世紀以降
- インドネシア：17 世紀以降

これ以外に、これらの地域から孤立してあちこちに形成されたイスラム共同体の重要なものとして、ザンジバル、マダガスカル、中国西部が挙げられる。また、20 世紀社会の流動性は世界中の辺境地域にイスラム教を広め、シドニーやサウスシールズなどの遠隔地にも重要な建築がつくられた。

イスラム建築は最初、中東の暑く乾燥した気候の中で発展した。太陽光線が強いので、日中は日差しを遮る日陰の中庭や涼しく薄暗い空間を、夜間は日中に蓄えた熱を保ち、放射する重厚な壁体が必要となった。イスラム教が世界中に伝播するにつれ、気候条件は実にさまざまになったが、暑く乾燥した中東や西アジアで発展した形態が保たれた。いくつかの場合（たとえばインドのモンスーン地帯）には、多湿の気候への対処に不可欠な換気促進の妥協策がとられた。それでも、温暖な気候帯にある伝統的形態の多くは、機能よりも礼拝の方が優先された。インドネシアの島々や中央アフリカのジャングルのような場所では、当然行われるはずの正しい地域馴化に逆行するヴァリエーションがみられるのはそのためである。

思想と生活様式

イスラムは、セム系民族から生まれた歴史上第 3 の主要な一神教である。信者にとってイスラム教は、ユダヤ教とキリスト教から自然に派生したものであり、この二宗教と同様に、共通の預言者や父祖を崇敬する。イスラム教の創始は、基本的には、確立された礼拝形式を純化する試みであり、異教を排除し、偶像崇拝にとらわれない一神教の基盤を与えるものであった。

「イスラム」とは、宗教そのものを指し、「ムスリム」は、信仰告白をした者を指す言葉である。彼らは、610 年から 622 年の間に預言者マホメットに与えられた啓示を拠り所とした。この時期に、啓示が書物にまとめられ、宗教の基本的性格が定まった。ムスリムの生活を規定する教えは、信者のための建物の要件を暗示している。毎年の巡礼（ハジ）により、ムスリム世界の全地域の信者はメッカにやってくる。アジア、アフリカに広く普及し、さまざまな気候、王国、そして一千年以上もの時を経た一連の様式を包括するイスラム建築という 1 つの独立したカテゴリーの存在は、この巡礼がもたらす結束性によって正当化される。このカテゴリーには、かつてサラセン建築、ムーア建築、マホメット建築などと呼ばれているものが含まれる。

ムスリムの思想は 3 つの書物にまとめられている。そのうちの 1 つ、「コーラン」は預言者マホメットを介した神の啓示とみなされている。「ハディース」はマホメットの言質や命令であり、コーランほど重要ではない。これに対して「法」は、マホメットの教えや、慣習、具体例からの抜粋である。イスラム世界の思想基盤全体は、これらの基本的な書物に基づいている。イスラム信仰は、続く世代に生活の方針と態度を生み出し、彼らの建築にも大きな影響を及ぼした。これは、イスラム支配の受容、イスラムの啓示の不変性、偶像崇拝の嫌悪に要約されるかもしれない。これらの信仰がイスラム建築に及ぼした影響は、次のような特質にみられる。直接宗教に関わる建物とその他の建物との間に大きな技術上の差別化は存在しない。建築の力点は通常社会的あるいは地域的目的を持つ建物（礼拝用の建物も含む）に置かれる。装飾は抽象化に向かう傾向にあり、幾何学模様、カリグラフィー、植物文様などを使用する。モティーフとして焦点的に用いるよりも、一様な装飾面を形成する方を好む。装飾面は枠組みで統制され、内在する保守主義が刷新を阻害し、既存の形態が好まれた。

イスラムの思考システムは、共通言語でありコーランの唯一の言語であるアラビア語の使用に依存している面がある。この共通言語がもたらす文化的求心性は、イスラムの人々の哲学を統一し、生活を律し、建築を統合するうえで大きく貢献した。イスラムの最初の 4 世紀には、さまざまな状況下において、1 つの哲学、1 つの宗教の力のもとに、征服された多くの民族が持つ様式が統合されて、1 つの文化的達成が成し遂げられた。礼拝を基本とする建築もその達成の小さな一分野である。この種の建築の中心はモスクであり、瞑想と祈りを主目的とする内向的な建物である。祈りの空間は世俗の雑事から切り離されているが、特に気分を高揚させたり、歓喜の感情を生み出すようには意図されていない。また、明確な崇拝の対象は存在しない。モスクはもっぱら信者が集会をする、地域活動に適し

イスラム世界の建築

A イスラムのドームの構造、スクィンチとペンデンティヴの組合せ　p.607 参照

B イスラムのムカルナスの構造　p.607 参照

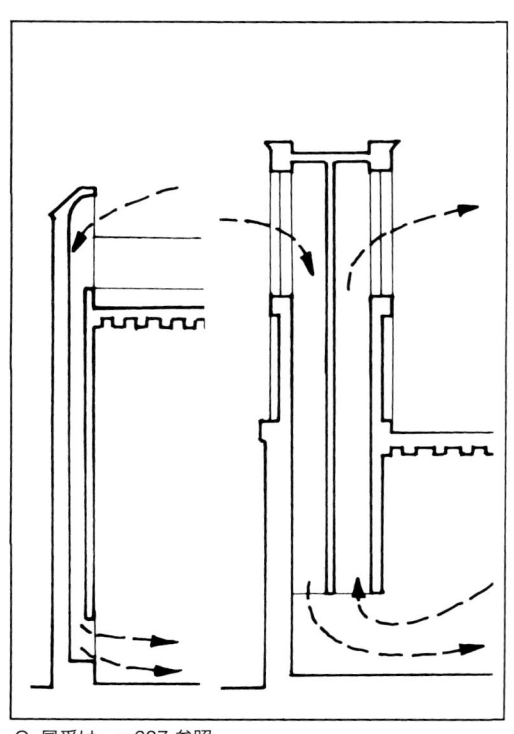

C 風受け　p.607 参照

D 風受け（外側）　p.607 参照

た場所である。したがってモスクは、とりわけ際立った造形とはいえないが、イスラム建築の様式や手法を具現化した一種の手本となった。ただし、これらの様式や手法はもともと他の民族が発展させたものをモスクやそれに関連する記念碑的な建築物において体系化し、定式化したものである。

モスクの最大の特徴はその民主性である。モスクの中では全ての人々が同等の権利を持ち、その建物は礼拝だけでなくさまざまな用途に用いられる。今もなお学校としての用途はところによっては残っており、かつては商談が行われたり、財宝が収められたりした。政令が発布され、会議も行われた。しかし、現代社会の複雑な状況下では、モスクが伝統的に持っていた重要な機能はすでに他の場所に移されている。モスクの図書館は、他の図書館に圧倒されてしまった。かつてモスクは町に到着したばかりの旅行者や貧者に対して宿や食事を提供していたが、現代では、町に到着した旅人が真っ先にその町のモスクと付属施設を訪れるという習慣は失われている。

現在ではモスクを含む複合施設で沐浴し、食事し、眠り、議論し、授業を受けることが地域社会の中で以前ほど行われなくなったが、それでもやはり、モスクはイスラム教徒の生活の焦点であり続けており、公共広場と礼拝堂の中間のような存在である。モスクは地域社会において長い間このような中心的役割を担ってきたので、重要な建物となり、その形は他の機能を持つ建物にも反映された。モスクは常にメッカの方向に向いた1本の軸線をもとに計画される。最初期のモスクを例外として、この軸は常にモスクの内側、ミフラーブまで到達していた。ミフラーブは多くの場合ニッチの形で、会衆のリーダーが祈りを捧げる場所である。跪拝を含むこのリーダーの所作が、礼拝室の各部分からみえなければならないので、横方向の見通しが重要になる。会衆は主軸を横断して横に並び、リーダーあるいはリーダーを観察できるよう横列の中央に着席する信徒から合図を受ける。多くの柱と横断廊からなる広間はこのような条件を満たしている。柱がないのが理想的なので、ドームが好まれた。ミフラーブそのものには絶対的な神聖さはないので、しばしば副次的なミフラーブが、小さな会衆や個人用として便利なところに設けられる。礼拝空間に備えられているのはミンバル(説教壇)だけで、このミンバルから正式な発表が行われる。ただし、貴族や支配者、ムアッジン(祈祷時刻告知係)や女性などによる特別な使用のために、礼拝空間の一部が囲まれたり、バルコニーが付くこともある。また、時には造り付けの書見台や説教台も備えられる。

さまざまな繊細な形態や、幅広い装飾手法を展開した建物以外にも、イスラム文化は絨毯や陶器などの多くの日常生活用品を生み出した。しかし、イスラムの最も偉大な文化的媒体は、話され、書かれる言葉であると考えられている。イスラムの最初期のものはほとんど残っていないが、その文献の膨大な量(大部分は科学に関するものであり、西洋の研究者に知られていないことが多い)がそれを示している。実際、一部の写本はいまだに読まれてすらいない。

共通語としてのアラビア語は、イスラムによる文化的達成の本質的統合を可能にした。ギリシア哲学と科学はアラビア語を介して伝えられ、ヘレニズム、キリスト教、ユダヤ教、ゾロアスター教、ヒンドゥー教の各思想により、これにさらに知的な活気が与えられて、中世には科学、数学、歴史、地理などの分野がめざましく発展した。

アラビア数字はイスラム的な創造方法の重要な例である。この方法は、他所に源(この場合はインド)を持つ思想に対して実際的な情況の中でシステム化され適用されたものである。別の分野の例として、医学、天文学、商業は、イスラム教徒による研究と実践に非常に多くを負っている。

建築の特色

イスラムが最初に勢力を拡大した時に侵略した国々には、すでに豊かな建築の伝統が存在し、建築工事用の天然資源を開発する技術や建築材料の交易もずっと前から行われていた。レンガの製造と日干レンガやピゼによる壁体は、沖積平野のほとんどどこでもつくられていた。石材を産出する地域では、石を選んで切り出す技術が非常に発達していた。大理石は、地元で産出しなくても、交易品としてだいたいどこででも手に入れることができた。モルタルや漆喰の材料である石灰と石膏は、通常容易に求めることができた。小アジア・エジプトからインドにいたるまでの地域では、豊富な種類の石材が見出され、これらを加工し、建築に用いる技術はイスラムが登場する以前から高度な発展を遂げていた。古代の巨石建築は存続していたし、ローマ人が開いたバールベックの採石場からは、大型の石材が採掘されていた。これらの地域の建築では共通して、板石でつくられた床と屋根、雨戸、扉から、石造ドームの根元を構造的に連結する石材同士を嚙み合わせた輪までつくられていた。装飾的な大理石板、格子、プレート・トレーサリー、モザイクはよくみられる。主要な石造建築物には、アーチ、ヴォールト、

窓に架けられたムカルナスのアーチ、アルハンブラ宮殿　p.608 参照

ドームなどの形態が用いられたが(p.604A)、これはローマやビザンティン建築の伝統を継承したものである。カーブのある形には本物の迫石が用いられ、噛み合った迫石が地震に対しての防御になった。ガラス工芸も発達していたので窓ガラスが嵌められ、陶器の生産も長い伝統があった。セメント、漆喰、スタッコが薄肉彫に用いられ、極めて精緻な装飾のムカルナスの技術がドーム、ヴォールト、アーチに用いられた(p.604B)。外壁の彩色は最初モザイクで行われたが、中世における窯業の発展により、釉薬をかけた陶器で輝くような色彩を生み出すことが可能になった。このようなタイルは、最初限られた部分に象眼で用いられた。初期の時代には、複雑な模様は単色のタイルを必要な形に切ってつくられた。

ティムール帝国の建築家は、個々の色に応じた温度でタイルを焼成した。15世紀には焼成技術がさらに発展して、模様が描かれた規格サイズのタイルが生産されるようになった。これにより、以前より広い面積をタイルで覆うことが可能になり、模様の考案は、モザイク職人やタイルを切る職人ではなく、陶工の仕事となった。

鉛加工、青銅鋳造、鉄の使用などは、イスラム建築において十分発達した技術である。ドーム、屋根、尖塔はしばしば鉛で葺かれ、鉄材はタイバー、格子、鎹(かすがい)などに広く用いられた。

木材加工と木構造は、早い時期から、初期のドームを含む屋根構造に用いられてきた。扉、窓、建具、家具などの木製の部材は、高価な木材、真珠貝、金属、象牙、さまざまな石などと幾何学的に絡み合うように組み立てられた。もっと質素で単純な建物では、平らな木造屋根が用いられることが非常に多く、木造の軸組み構造が、壁や上階の床をつくるのに用いられた。建物が木造化するのは、インドネシアやマレー半島などの森林のある地域では必然であった。しかし、バルカン半島から小アジア、カフカス、イラン高原を越えてヒマラヤ、北インドにいたる地域でも、木造建築は重要な位置を占めている。

イスラムの建築史をたどるうえでは、日干レンガやそれ以外の土を用いた建築の広範な使用を見過ごすことはできない。石灰と石膏は時には日干レンガを強固にするために用いられたし、リブ付きやリブなしのドームやヴォールトを建設する際には、焼成レンガと土を一緒に用いることもあった。イスラム諸国の建物で圧倒的に巨大なものは、土の壁体を使用していた。

全体的にみると、イスラム建築は、第一にアーチ構造を用いた石造建築としてみるべきであり、その職人は極めて高い施工精度と創造性を発揮している。イスラム世界の中心地域の大部分に地震が頻発していたため、それに対する石造の創意工夫がとりわけ重要となり、特別な構造技術を用いる結果になった。

最後に気候条件に適応するために用いられた構造技術(たいていは単純なものである)が、建物の特徴を形成する上で重要な役割を果たしたことに触れておく。厚い壁に小さな窓を開けることから、屋内に空気を取り入れるための手の込んだ風受け(p.604C, D)まで、中東の暑く乾燥した気候を技術的に制御することは、建築史の面で特筆すべき達成である。

いかなる様式においても、その本質は形態、空間、量塊の特有の扱いにあり、さまざまな特徴を組み合わせたり、建築各部の個々の要素を装飾したり抑揚を与えることにある。しかるに、イスラム建築では、多くの個々の要素を他の様式から借用したり、逆に与えたりして共有しているために、イスラム建築であることを特定するには、これらの要素がいかに組み合わされて総体をつくりだしているかをみなければならない。

一般に認められているイスラム建築の顕著な特徴の1つに、尖頭アーチと馬蹄形アーチ(下の円弧が通常の起拱点より下から発している)がある。これら2つのアーチの起源はイスラム以前の時代、ビザンティン帝国の東側の領土とササン朝ペルシアに遡ると考えられる。尖頭アーチそのものは最初期の重要なイスラム建築に現れており、両方とも8世紀にイスラム教徒によって、地中海の西部に伝えられた。その後、尖頭アーチは、ゴシック建築におけるのと同様に、イスラム建築の典型的な特色となる。西方では馬蹄形アーチの頂点はしばしば丸くなるが、東方では9世紀以降に四心アーチが発展すると、半円アーチはほとんど使用されなくなった。

それほど目立たない特徴としては、カスプや、柱の角に挿入された小円柱すなわち隅柱(すみばしら)(ヌークシャフト)がある。多弁形は、6世紀のシリアの教会堂建築にイスラム以前からみられたが、それがアーチの装飾的な連続突起として常用されるようになったのは、8世紀後半のイラクである。隅柱は、5世紀と6世紀にコプトやヘレニズムのキリスト教教会堂で用いられていたことが確認されている。隅柱は断続的に全ての時代に現れるが、イスラム建築で広く用いられるようになったのは、重要な玄関の開口部に広範に用いられるようになった9世紀以降であることが確かめられている。

11世紀までにいくつかの別の重要な装飾要素が確立されるが、その中には、イスラム独特のムカルナスすなわち、鍾乳石状の持送りがある。ムカルナスは持送りを重ね合わせたもので、下の持送りの稜線が、その上に重なる2つの持送りの外郭線と一致するように配

置される。10世紀から15世紀にかけて、ムカルナスは驚くほど多様で精緻なものに発展し、その水晶のような輝きを持つ想像力豊かなパターンは、イスラム建築の最も際立つ特徴(p.606)になった。もともと色彩はモザイクの使用や、時には四つ割の大理石パネルによって与えられていたが、やがてモザイクに代えて釉薬を用いた彩色陶器が用いられるようになる。

イスラムの図像に人物や動物が用いられないことは、多くの誤解を生み、ほとんど論じられてこなかった。人物や動物の図像の禁止は、預言者マホメットが直接禁止令を下したわけではなく、生き物の姿を創造するという神の役割を奪おうとする人間の間違いについて彼が述べた言葉から来ている。初期イスラムは、確立していたキリスト教の教会と敵対関係にあり、それは聖像破壊運動(イコノクラム)が頂点に達していたころであった。教会の教えが初期のイスラム教改宗者の考えに影響を与えた結果、カリグラフィと文様が人物画・動物画に取って代わるようになった。

しかし、このような極めて包括的な特徴は、統一感のある建築を形成していない。建築は形態と空間の扱い方だけに由来する。非常に特徴的なこととして、イスラム建築では、いくつかの空間や量塊を1つの大きなまとまりに統合し、それに単一のファサードを与えるという試みは行われなかった。それぞれの建物部分が個別に認識され、関連する一連の建物群の一部であることが示される。根本的な原則は、個々の建物部分の調和とバランスである。ドーム、イワーン、回廊、門はそれぞれの場所で、適宜強調されたり、抑制されたりする。そしてそれぞれの建物部分は、基本的な構造形態を表現する諸要素を含んでいる。

建物の基本的な様相には、ある程度使用方法と生活様式が影響を与えている。モスクの実際の形態は礼拝に特化したものである。また、モスク付属のマドラサ(メドレッセ)すなわち学校・大学も同様である。プライバシーの強調と公の場での男女の分離は、入口、覆い付きの窓、通りに面したファサードなど、住宅に特別な形式を生み出した。多くの住居の高さが統一されているのは、寝室のプライバシーを守るためである。街路の複雑な構造が各住居へのアクセスのプライバシーを守っている。大モスクの姿は町中ではほとんどみることができない。なぜなら、町並みが完全にそれをのみ込んでいるからである。外側に立派なファサードを設けることはあまりなく、公式の都市空間も同様にまれである。

訳/辻本敬子

イスラム世界の建築

第 16 章
セレウコス朝、パルティア、ササン朝

　アレクサンドロス大王と彼のセレウコス朝の後継者たちが建てた集落や居留地は、目にみえる状態では全く何も残っていない。ただ、発掘によって、これらの居留地の多くがギリシアの植民市建設の手法に沿って設計され建設された、かなり大きな町であったことがわかっており、その広大さからかつての壮麗さが偲ばれる。中央アジアのオクサス川沿いにある、現在**アイ・カヌム**として知られている町は、アレクサンドロス自身が建てた町**アレクサンドリア・オクシアナ**であったと推定されている。円柱の並ぶ137×108 mの中庭の周囲に行政関係室があり、中庭の副軸線上にポーティコが向かい合って配置されている。これが本当にアレクサンドリア・オクシアナであるとすれば、その年代は紀元前328年前後ということになる。主要な道路はまっすぐで、町を四分する。公的建築物は神殿、体育館、浴場、宮殿、墓廟付き墓地などがある。大広間はコリント式円柱を伴う多柱式で、内部は漆喰の絵画で装飾されていた。

　現在マリと呼ばれているセレウコス朝の町**メルヴ**（アイ・カヌムからはるか西で同緯度に位置する）は、アイ・カヌムと同様にまっすぐな道路を持つ格子状プランで、長方形の周壁を持つ。この町はアレクサンドロスの後継者アンティオコス1世により建設された。ここには、劇場、アゴラ、神殿、行政のための建物があった。

　さらに別の主要都市が、ティグリス川沿いの、現在のバグダードより少し下流の**セレウキア**にあった。この町も格子状で、他のギリシア都市と同様にかなり立派な防壁に守られていた。同様の公共建築物の配置はギリシア風の生活が営まれていたことを示している。セレウキアからそう遠くない南西方向に位置するユーフラテス川沿いの**バビロン**では、かなり大きな劇場と体育館のあるギリシア都市が発掘され、一方、イスファハン近くの**クルハ**では、イオニア式のギリシア神殿の円柱が数本立っている。この神殿はかつて存在した大きな町の遺構の一部である。

　ユーフラテス上流の東西交易の要衝には、発掘が進んだ**ドゥーラ・エウロポス**の町がある。この町は城壁で囲まれ、格子状に道路がつくられていた。発掘により明らかにされたこの町の人々の暮しの中には、初期のシナゴーグや初期キリスト教の建物が含まれていた。ギリシア建築と東方の伝統が融合したこの時代の遺構の中で最もすばらしい建築は、**イラクのハトラ**（p.611A）である。

　セレウコス朝はやがてパルティアに滅ぼされる。パルティアの台頭は、地方の伝統への回帰を意味している。パルティアの町で知られている最古のもの（紀元前2世紀）は、アシガバートの近くの**ニサ**である。中心部に宮殿の複合建築があるこの町は、パルティアの初期の首都であったといわれている。宮殿の中では3つの部屋が重要である。それは、アケメネス朝様式の天井を四弁形断面の円柱が支える矩形の部屋、外側が矩形で内側が直径17 mの円形をした、石積みの中につくりだされた部屋（四角い部屋の上にドームを築くスクィンチの技法を石工がまだ知らないことを示している）、4本の円柱が天井を支える、前面が開放されたイワーンである。同時代の発掘現場**サクサナキル**では、同様のイワーンがみられ、後世のタラールのように円柱を伴っている。これらのイワーンは前面開放型のイワーンの発展の始まりで、その後のイスラム建築で極めて重要な形態となる。ニサの建築は、内側には漆喰が塗られ、絵が描かれ、仕上げに装飾用のテラコッタのフリーズが加えられていた。この時期、多柱式の広間が相変わらず主流をなしている。ドーム付きの構造が試みられ、稚拙な形ながら最初のイワーンが登場した。

　紀元前3世紀後半、パルティアは**ヘカトンピュロス**（現在の**ダムガン**近郊の**シャイル・イ・クミス**）に都を移

した。この町は面積が広く、一部の建物は2階まで残っている。ここでは尖頭アーチが、圧倒的とはいわないまでも組織的に使用されている。

　このパルティア第1期の終わりには、ローマとの戦争が続いていた。この戦争は紀元前92年に始まり、紀元前54年のクラッススの敗北で頂点に達し、1万人のローマ人捕虜が中央アジアのメルヴに連れ去られた。紀元前40年には、パルティアはパレスティナと小アジアを制圧する。技術的に熟練したローマ軍人の到着により、パルティア建築は新しい段階に入ったといえるかもしれない。ニネヴェの南方の**ラバネ(アッシュール)** の町はティグリス川沿いにあり、紀元後1、2世紀に繁栄した。ローマ人の略奪を受けたこともあるが、ササン朝に征服されるまで存続した。ここでは、豊かなレンガのファサードがブラインド・アーケードや装飾フリーズによって階層を区切られており、その背後にヴォールトが架かった重厚なレンガ造のイワーンが初めて姿を現している。パルティア式の独特な垂直のレンガ壁はここでは、垂直のレンガ積みの間に水平の層を入れている。すなわち、水平の2層を破る形で垂直の2層が伸びている。ヴォールトの発展は、4本の円柱を含む矩形の部屋に、木造天井ではなくトンネル・ヴォールトが架けられている点にうかがわれる。かつて顕著だったヘレニズムの影響に加え、このパルティア第2期においては、ローマの構造とディテールがみられるようになったが、伝統的な建築手法に比べれば常に従属的でしかなかった。両者の組合せはハトラにみられる。ハトラはティグリス川の西側のわずかな草で覆われた草原地帯に位置し、アラブ人が建てた属国の首都であり、矩形の塔で補強された円形に近い壁で囲まれている。この町は116年のトラヤヌス帝、198年のセプティミウス・セウェルス帝の攻撃にも持ちこたえた。周壁の内側には、複雑で繊細な王侯・貴族の中庭式住居があった。その中心には大きな矩形の中庭があって、美しい石積みの3つのイワーンに面しており、その背後に宮殿があった。これらのイワーンは卵鏃模様（エッグ・アンド・ダート）のフリーズで縁取られていた。ファサードは4本の巨大なコリント式の付柱に支配されており、その上部はペディメントだったかもしれない。人物の胸像が装飾として建築に組み入れられており、砂漠の西側にある同等の交易都市パルミラを想起させる。

　パルティアの末期には、立方体状の建物の上にドームをのせた最初の例がみられ、スキンチを利用して円形に適合させている。**ミアネー** の近くの**カラ・イ・ゾハク** には、パルティア式垂直積みレンガ造の矩形の建物にのった非常に力強いヴォールトの例がみられる。

メソポタミア平野がイラン高原に向かって高くなる山岳地域に位置する、2世紀初めにつくられた丘の上の城塞都市**カラ・イ・ヤズデギルド** では、この時代の彫刻技術を示す多くの遺構が出土しており、強い東方的性格が感じられる。これらの末期のパルティアの建物は有翼の犬、卍形、ロゼットの縁取りなどを備え、たくましい独立の精神をうかがわせるが、この精神は224年にパルティアがササン朝に滅ぼされることで、突然潰えてしまう。征服者アルデシールは、南ペルシアのファールス地方出身で、**アルデシール・グーラ** を首都として建設した。この町はやがてグルと短く名前を変え、現在では**フィルーザーバード**（p.611C）となっている。アルデシールの宮殿は平面が104×55mで、パルティア伝統の3つの連続要素からなっていた。すなわち、公的ゾーン、謁見ゾーン、私的ゾーンが1つの大きな建物にまとめられていた。ブラインド・アーケードで装飾されたファサードには、トンネル・ヴォールトの架かる高いイワーンが開き、円形の池と正対していた。イワーンの両側にはトンネル・ヴォールトの架かる部屋が並び、イワーンの背後には、軸線を横切る形で3つの大きなドームが並んでいた。建物は、緑の庭園に囲まれた丘の斜面に建てられていた。ドームの架かった謁見の間の背後には、2つのイワーンに囲まれた大きな中庭があり、ここから私的な中庭に通じていた。付柱とブラインド・アーケードが付いた平らなファサードの外側の浮彫は、内側の石膏彫刻に対応している。この宮殿に伴う町は正確な円形プランで、宮殿の近くの平原にあった。

　この時代の土木工事としては、主要な道路の建設、地下貯水池、墓などがある。ローマ皇帝フィリップス・アラブスの敗北により、技術を持った捕虜がササン朝の領域に流入した。カルン川の2つの橋（この川はシャット・アル・アラブに流れていく）は彼らによって建設されたことが、その様式上の証拠から推定されている。1つの橋は**シューシュタル**、もう1つの橋は**ギル** にある。それぞれ40本ほどの橋脚とアーチからなる。さらにずっと北、北方の領土に通じる重要な道路と小ザブ川が交差する地点に、スパンが20mほどで高さも同様の高いアーチ橋があり、前者よりおそらく時代は後であろうが、ほぼ同じ時代と思われる。しかし、ほとんどのササン朝の建物は南部の諸州にある。シーラーズ西の**ビーシャープール** の町は、260年頃シャープール1世によって建設された。この町は10世紀になってもまだ人が住んでいて、他の人工的に計画された多くの都市よりも長く寿命を保った。その周壁は矩形で、支配者の宮殿が中心にあった。中庭は一辺7mの正方形で、4つのイワーンに囲まれていた。

A ハトラ、神殿の複合体　p.609 参照

B カスル、アンマン、ヨルダン（7 世紀初め）
p.613 参照

C　アルデシールの宮殿、フィルーザーバード　p.610 参照

イスラム世界の建築

A ササン朝の宮殿、サルヴィスタン p.613 参照

B カスル・カラネ、ヨルダン(7世紀初め) p.614 参照

C エル・デイル、ペトラ p.614 参照

これらのイワーンは考古学者によると、高い双曲線ドームがのっていたという。ローマ式デザインのモザイクの床と、壁に組み込まれたパルミラ風の正面を向いた人頭は、これらの職人がどこから来たかを明確に示している。2つの主要道路は直角に交わり、266年にその土地の支配者が王を記念してコリント式円柱のトリパイロンを立てた。シャープール2世は、**スーサ**の近くの**イワン・イ・ケルカ**を、彼が350年のキリスト教徒の反乱に略奪を行った後、5×1.2 kmの広さで再建した。用途のわからないある建物は、中央のベイにスクィンチ・ドームをのせ、その両側にトンネル・ヴォールトの架かる翼棟を持つ。内部はこのトンネル・ヴォールトの端部から採光されていた。これは、このすぐ後に**サルヴィスタン**の**宮殿**(p.612A)にも見出される巧妙な構造の最初の例である。サルヴィスタンの宮殿は中期のササン朝の全ての建物のうちで最も保存状態のよいものである。この宮殿は4世紀とされているが確かではなく、イスラム時代にも使われ続けていたため、もっと後という説(アッバース朝説すらある)もある。内部は本来スタッコ彫刻で覆われていた。その構造面での重要性は、中央ドームを支えるスクィンチと、側面の部屋において壁から離れて交差アーチを支える双円柱である。これらのアーチはスサの近くのイワン・イ・ケルカの翼棟のように、横断方向のヴォールトを支えている。

ヴォールトの長辺に沿って並ぶ同様の双円柱は、**キルクーク**の近くの**マル・タマズゲルド**の**マルティリウム**(殉教記念堂)にもみられる。この重要な建物は、1916年に爆破される前の記録が残されているが、この地方のキリスト教建築の遺構として最も重要なものの1つであり、5世紀初めと推定されている。キリスト教に帰依したマギは446年に殉教した。このマルティリウムはこの事件の後まもなく建てられた。やはりキルクークで同時代のものとして**アル・アドラ(聖母)聖堂**があり、ササン朝時代に東方の教団が採用した、バシリカ式に分類される形式を示している。

ペルシアの北西にある、**シズの町**はタフテ・スレイマーンとして知られ、火山活動で生じた円形の湖の周辺に建設された。この町は半円形の塔を伴う円形の周壁で囲まれている。周壁の石積みの一部は矩形の切石で、長い石と短い石がパルティアの手法に従って交互に積まれている。神殿の複合体は軸線に沿ってまとめられ、最後は湖に面する巨大なイワーンで終わる。参道を進むと矩形の拝火神殿に導かれ、その背後に小さな中庭がある。この神殿域はセレウコス朝時代から用いられ、建物全体はホスロー2世(パルヴィーズ)によって、6世紀あるいは7世紀に改造された。非常に活動的なこの王は、北方のザグロス山脈の西斜面にも**カスル・イ・シリン**として知られている大宮殿を建設した。この宮殿は300×100 mで、高さ9 mほどの高い基壇の上に建っていた。双翼の階段を上ると、3連のイワーンが威圧する大祭儀場に出る。イワーンを抜けると2つの翼棟を備えたドーム付きの謁見広間に出る。この背後には、定式化したパターンで軸線上に並ぶ中庭群があり、住居用の小中庭が付随し、そのどれにも専用の東向きのイワーンが付いている。王の住まいの近くには最大の拝火教(ゾロアスター教)神殿の1つが建てられていた。これらの神殿には全てドームがあり、そのドームは、スクィンチ付きで側面をアーチで構成された立方体の基部によって支えられていた。

クテシフォンの大宮殿を建てたのがホスロー2世(在位591-628)だったのか、それ以前の王、たとえばホスロー1世(在位531-578)だったのかは、いまだにわかっていないが、バグダードからわずかに南にあるこの巨大なレンガ造の双曲線ヴォールトは、ササン朝の末期の作品であることを示唆している。この時期に彼らの領土はパレスティナやエジプト(619年に征服)にまで広がっており、ササン朝は富と経験の頂点にあった。この大建築物は20世紀初めまで破壊されずに残っていたが、洪水によって北翼棟が崩れてしまった。巨大なレンガ造のバットレス(控壁)が南ファサードを崩壊から守るために加えられ、北ファサードは崩れ落ちたレンガ積みを利用して再建された。大ヴォールトはスパンが25 mで、高さがほぼ34 mであった。断面は放物線を描き、前面から背面までの長さはおよそ50 mである。カスプのある巨大なフリーズが大アーチをめぐり、側面に付く翼棟には5層のブラインド・アーケードがみられる。壁はおそらくさらに2つの低い層の分だけ高くなっていたであろう。このアーチは、補強物のないレンガ造として知られる限り最大のヴォールトである。

クテシフォンとエルサレムを結ぶ、砂漠を横断する隊商路には、別の2つの建物がみられ、7世紀の最初の第一四半世紀のものと考えられる。すなわち、628年にビザンティン帝国のヘラクレイオス帝がパレスティナを再びビザンティンの属州に取り戻す以前である。ペルシア人は**アンマン**の要塞で発見したローマの宮殿の前面に、イワーンのある構造物を建てたと思われ、現在**カスル**として知られている(p.611B)。中央の高い中庭はおそらく屋根が架けられることはなく(ドームが架かっていたとする研究者もいるが)、2つの軸線上に相対するイワーンで囲まれていた。ブラインド・アーケード、ジグザグのフリーズ、双円柱、ペンデンティヴに刻まれた垂直方向の放物線などのディテールをみ

れば、これがイラン起源の建築であることが強く感じられる。モスクは発見されておらず、謁見の間が祭儀場に面し、その背後に私的な中庭群に通じる道を軸線上に設ける平面構成は、ペルシアの祭礼に適応するものである。

アンマンから東に行くと、最初にぶつかる砂漠の端、アズラックの井戸に向かう方向に、**カスル・カラネ**(p.612B)として知られる、中庭を囲んだ城塞建築がある。ここにはモスクがなく、複数の双円柱を組み合わせたものや放物線アーチなど、ペルシア色の濃いディテールから、この建物がササン朝の王が地中海沿岸に対して支配権を有していた短い時期のものである可能性を非常に高くしている。これら2つの建物に関しては、ペルシアの大王が地元の職人を雇っていたことの有力な証拠が存在する。

シリアとパレスティナの別の場所では、同時代の建物にローマの影響しかうかがわれない。ローマ帝国後期とヘレニズム時代初期には、パレスティナとシリアは繁栄し、ヘレニズムのデザインが支配的であり、極めて地方的な様式が発展するほどに創造力にあふれていた。**パルミラやジェラシュ**のような町は、非常に強い古典的性格を保ち、列柱街路や古典的ディテールをみせるが、その一方で、パルミラの塔の墓やジェラシュの巨大な楕円形フォルムなどの独自のデザインも発展させた。塔の墓は3-4階の高さで、各階には故人それぞれが生前好んだものを刻んだ石棺が納められている。この種の塔状の墓は砂漠の周辺の町、特にハウラン地方の玄武岩地区にみられる。この地区の**カナワト、シャブハ、エズラア**のような町では石造建築が完全に発達しており、玄武岩の板石で床や屋根をつくり、丈夫な玄武岩製の回転軸付き扉や鎧戸が用いられた。窓は石の格子によって閉じられ、工夫に富んだシステムは、荷重を受ける楣(リンテル)を伴う、迫石がかみ合うアーチ、また、ドームの横圧力に対抗するための石材がかみ合うリング構造を含む。たとえば、**エズラアの聖ゲオルギオス聖堂**では、中央ドラムの中に垂直にかみ合う石材によってリングが形成され、中央の高いドームの横圧力を抑えている。また、その周囲は玄武岩の先細り板を放射状に架けた屋根を持つ八角形の周歩廊によって囲まれている。この教会堂は、ドームを除けばほとんど完全な状態で残っており、ビザンティン帝国の辺境に6世紀に極めて独創的な構造形態が用いられたことを示しており、イスラム教徒に吸収された最も早い建物の1つである。円形の平面は今は破壊された**ボスラ大聖堂**にも用いられており、エズラアの聖ゲオルギオス聖堂をより大きな規模で繰り返しているように思われる。ローマ帝国の支配下ですら、これらの

「アラビア・デセルタ(砂漠)」の属州はほとんど独立といってもいい関係を保っていたが、それは、それ以前にナバタエア人の王のもとで自由な地位を得ていたことに由来している。

ナバタエア王国の交易都市**ペトラ**は、ヨルダン南部の丘陵地帯の、周囲を崖に囲まれワジ・ムーサの川によって二分される窪地につくられた。この地方の特異な様式で建てられた建物が現在もなお保存されているが、それは、主要な建築のほとんどが、建てられるというよりも硬い岩から削り出されているからである。様式的基盤は古典建築のオーダーにあり、現在みられる大部分の建物は、世俗建築か葬祭用建築である。円柱の並んだローマ式の街路と円形劇場を伴う本来の町並みは大部分が失われてしまった。確立されたパターンを恣意的に扱っている点で、この建築はバロックである。繰り返し用いられている構成の1つは、エンタブラチュアとペディメントをのせた円柱付きポーティコの上に、付柱に支えられた巨大なブロークン・ペディメントをのせるものである。その中央には円錐形の屋根を持つ円形のエディクラがあり、さらにその上には壺形装飾がある。このタイプの最も大型の2つの例は、**エル・カズネ(カズネ・ファラウン)**という空想的な名前がついている高さ約34mのものと、ペトラの上の谷に立つ巨大な**エル・デイル**である。後者は岩を切り出してつくった高さ45m、幅50mの接見の間(おそらく3世紀末)で(p.612C、第10章参照)、入口の扉は8mの高さがある。これらの建物やその他たくさんの端正につくられた遺構は、この交易都市の最盛期3世紀から4世紀のものと考えられる。

また、建築の流派として明確に認識できる存在としては他に、ナイル川流域のコプト教徒の建築がある。彼らはエジプトのファラオ時代の臣民の末裔で、1世紀にキリスト教を進んで受け入れた。ローマによる抑圧(特にディオクレティアヌス帝の時代)にもかかわらず、彼らのキリスト単性論の教会は急速に勢力を増した。コプトの最古の教会堂に適用されたタイプは、その土地の伝統とローマの影響の組合せであり、それにおそらく東方の教会堂からの派生的影響も含まれている。修道院教会堂の中には、**聖アントニウス聖堂**とワディ・ナトルンの初期の**教会堂**、すなわちデイル・アブ・マカル(**聖マカリオス**)、デイル・バラムス、デイル・アンブ・ビショイが最も早い。カイロにある最も重要な古代の教会堂はアブ・スフェイン、ハラト・ズウェイラの**アル・アドラ**、デイル・バブルン(古代の城壁で囲まれた町)にある**シット・バルバラ、アブ・サルガ、アル・ムアラカ**である。これら全ての教会堂では、至聖所を配置する東端部分は分厚い壁で建てられ、中央の大き

なベイとその両側に区切られた2つの礼拝室（ハイカル）からなっていた。その前面には会衆用の横断方向の空間がある。このトランセプトは、教会堂全体を効果的に横切り、その西側にはローマのバシリカに由来する側廊付きの身廊があった。身廊は水平の木の梁を支えるコリント式のコロネードによって側廊と仕切られていた。これより後の時代の新築あるいは改築の例では、コリント式円柱にかわってずんぐりした石造のピアが用いられるようになる。屋根は木造であった。

これらの建築用語にはドーム付きのビザンティン教会堂は見出されず、コプト教会の教会堂がビザンティン建築とは別の発展の流れであることは、その装飾美術をみても明らかである。イブン・アル・アスが指揮するアラブ人の軍隊が642年にエジプトに侵入した時、海岸沿いのギリシア植民市以外で彼らが出会った建築は、活発な伝統文化がローマ化されたものであった。

訳／辻本敬子

イスラム世界の建築

第 17 章
ウマイヤ朝とアッバース朝のカリフ政権

メッカには立方体の形をした**カーバ神殿**がある。ここにはイスラム教徒にとって根本的な意味を持つ黒い石が納められている。ただし、巡礼が行進する空間の中央にそびえる石造の小神殿(立方体の形で、布で覆われている)はイスラム以前から存在するが、常に修復されてきた。その神秘的な意味ははかりしれないが、それに反して建築の原型としては重要ではない。というのも、この建築は決して模倣されなかったからである。

預言者ムハンマド(マホメット)と彼の最初の弟子たちは、中で礼拝ができる建物を求めず、信者に対しては、どんな場所にいようとも日に5回の礼拝を行うことを義務づけた。この伝統は今も受け継がれ、イスラム世界には戸外に多くの礼拝場所がある。最初、ムハンマドはメディナにおいて、エルサレムの方向を向いて礼拝を行った。しかし、メディナ郊外の小さなモスクでは、彼はメッカの方向に向きを変え、その後もこれが慣習となった。このモスクは今では著しく改築されているが、今もなお**キブラタイン**すなわち「2つの方向のモスク」として知られている。

「預言者の家」は最初の信者たちの集会モスクである。このモスクのつくりは単純で、中庭の最もエルサレムに近い(後にメッカの方向に改築された)一端に礼拝のための屋根付きの柱廊があり、その反対側には住居が付随している。礼拝への呼びかけは、この住居の壁から行われた。この建物の単純さは、その後まもなくつくられたモスクに反映されている。この時代にモスクを建設する上で、この家以外に参考になるものがなく、また、いまだにモスク建築がこうあらねばならないという規範もなかったため、この「預言者の家」は格好の模範となった。

建築の形式としてのモスクの性格の決定づけには、偶然の要素が多分に働いている。たとえば、メソポタミアの最も初期のモスクの規模は、この国で最初のモスクであるクーファのモスクの先例に従っている。このモスクはイスラムによる征服の直後に建てられ、その大きさは、四方に矢を放って決定された。シリアではキリスト教の教会堂がモスクに転用されたが、メッカの方向が南であったため、信徒たちは身廊と側廊の軸線に直角に向くことを余儀なくされた。これが主軸に直交するアーケードの先例となり、アラビア砂漠の西側の集会モスクの多くにこの直交するアーケードが用いられることになる。

カリフの宮殿と宝物庫をモスクのキブラの壁に接して建てる初期の慣習は、宝物庫に泥棒が入った後に生まれた。カリフは、モスクに出入りする人々が「昼夜の見張り番」となるように、モスクと宝物庫とを一緒に建てることを指示したのである。

ペルシアではイスラム以前の建築を再利用した結果、最初のモスクの一部が多柱式広間を引き継ぐことになった。その例は、文献証拠から推察するならば、ペルセポリスの**イサクル**と**カズヴィーン**である。

メッカとメディナのアラブ人が、7世紀に自国以外の建築について知り、影響を受けていたかどうかについては、なんの資料もない。残っている唯一の文献は、極めて単純な建物であるメッカのカーバ神殿について述べているだけである。アラブ人は、征服地において宗教上および行政上の必要を満たすために、そして彼らの支配的立場を確立するために、その地の工匠たちを使って建物を建設させた。彼らは、自らの確固とした様式を持たなかったので、様式を押しつけることはなく、その結果、それぞれの地域の伝統や技術が存続した。ただし、彼らの居留地は新たに建設された。

ムハンマドの死後数年を経ずして建設された新しいクーファの町は、ティグリス川とユーフラテス川の耕作地と砂漠地帯が接するところに位置する。クーファのモスクと宮殿は使用された期間が短かったが、1つの建築タイプを確立した点と、その地方の影響を取り

込んでいる点で重要である。**クーファ**の**大モスク**(638)は、最初は中庭が堀で囲まれただけの素朴な建物であった。その南側つまりキブラ側の前面に、屋根の架かった列柱廊が延びている。ミフラーブはない。これに付随する**ダール・アル・イマーラ**、すなわち君主の居館は中庭を囲む建物で、半円形断面の塔が外壁に付き、ローマ帝国辺境の長方形平面の要塞を想起させる。中庭の奥には、側廊付きの広間とそれに続いてドーム付きの部屋が配置されていた。このように、ごく初期の時代にも、ドームは建物の焦点として用いられていた。**クートのアル・ワリードのモスクと宮殿**(703)も同様であった。

エルサレム、神殿の丘のアル・アクサのモスクは711年頃、カリフ、アル・ワリードによって、中庭式平面のモスクの最初の一形式として再建された。このモスクには広い礼拝用広間があり、キブラの軸線上の中央身廊は高いアーケードで仕切られ、特に際立っている。このモスクの特徴は、建設に際してパレスティナやコプトのキリスト教徒を雇用したことに由来するかもしれない。現在の建物はほとんどが後世の改築(十字軍時代のものも含めて)だが、最近まで、最初のアーケードの一部が残っていた。アッバース朝のカリフ、アル・マフディーが地震の被害を受けた後に改築し、ファーティマ朝のカリフ、アル・ザヒールが改築し、サラディンのもとでマムルークが改装した後は、このモスクには修復のみ(幾分やりすぎの面もあるが)が行われてきた。つい最近になって(1988)、このモスクは極めて徹底的で綿密な総改修が行われた。したがって、ウマイヤ朝の作品で残っている部分は断片的でしかない。しかし、このモスクの重要性は、非常に古い平面を残していることと、当時首都であったエルサレムの最高のモスクとして、そのアーケード構造がはるか遠くにまで影響を及ぼした点にある。

エルサレムの「**岩のドーム**」(p.619)は、イスラム建築の全歴史上、中心的で決定的な位置を占める建物であり、「神殿の丘」の中央に建っている。建設の開始は688年であり、預言者のモスク、カーバ神殿と並ぶ、最も重要なイスラム教の神殿である。この岩のドームは、これと同じ時期で同様の形態を持つ付属寺院である「**鎖のドーム**」とともに、モリア山の頂上、すなわち「遠隔の聖所」を覆っている。ムハンマドが根本的な啓示を受けるために天に向かう夜の旅の出発点となったと信じられているのがこの頂上である。高い木造ドームは、コリント式円柱と大理石張りのピアとが交互になった尖頭アーチの石造アーケードによって支持されている。その周りの側廊の平面は、外側が八角形である。内部は建設当初からガラスモザイクや四つ割り大理石などによって華やかに仕上げられていた。現在は透かし彫の大理石板や半円形のタイルが窓を埋めているが、以前は鉄製の装飾格子(トレーサリー)が嵌まっていた。かつて外壁面全体は輝くモザイクで覆われていた。もし今も内部に残っているモザイクのパターンが外壁にも使われていたとしたら、それは緑色の地に金のテッセラを自由に交えて植物文の渦巻(うずまき)を描いた、豊かなヘレニズム風モザイクであったであろう。この外壁モザイクは、16世紀にオスマン朝により、イズニク産あるいはダマスクス産のタイルに変えられ、さらに最近新しくされた。

ドームは木造の二重殻構造で、おそらく北シリアの柱上聖者シメオンの教会堂のドーム(計画のみに終わった可能性もあるが)に酷似していたと思われる。このドームはこれまで幾度もの改修を経て、1967年に耐食アルミニウムを張った軽量の構造物に変えられ、その後また伝統的な建築材料で更新された。この建物は小円柱と尖頭アーチで飾られ、薄肉彫(うすにくぼり)を施した平らな大理石板を嵌めたミフラーブがある洞穴を対象とする巡礼の中心であった。その細部には、ヘレニズムとササン朝の影響がうかがわれる。これは現存する最も古いミフラーブであろう。

凹面のミフラーブはそのわずか数年後に導入される。それは、カリフ、アル・ワリード1世の命により、**メディナ**の**預言者のモスク**の大規模な拡張と改築が行われた時(707)である。文献によると、この工事にはコプトの工匠が働いていたが、このことが、主軸の奥にニッチが配置されたことを説明する。なぜなら、主軸上のアプスは、コプト教会の教会堂で広く用いられているからである。この預言者のモスクには、ミナレットも導入されたかもしれない。なぜなら、同じカリフによって行われたカイロのアムル・モスクの改築・拡張の際に導入されているからである。しかし、イスラムのミナレットで知られる限り最も早いものは、おそらく**ダマスクス**の**大モスク**(706-15、p.620A)となった「大神殿」の塔である。

イスラムに抵抗した町の主要な教会堂を集会モスクに転用することは、イスラムの初期の慣習であり、象徴的な意味があった。ダマスクスは部分的に征服され、イスラム教徒の支配下に入った。そして、この町の最高位の教会堂はキリスト教徒のために残されたが、その建物の一部はイスラム教徒の礼拝に転用された。705年にキリスト教徒が追い出され、教会堂を含む巨大な複合建物はイスラムの目的に適合させるため、アル・ワリードの建築家たちによって、いくつもの改変が加えられたが、これがウマイヤ朝イスラム建築の規範となった。この建物群の南側全体はモスクの礼拝室に転用され、外壁に沿ったアーケードがこれに加えられた。

第 17 章　ウマイヤ朝とアッバース朝のカリフ政権　　619

「岩のドーム」、エルサレム（688–）　p.618 参照

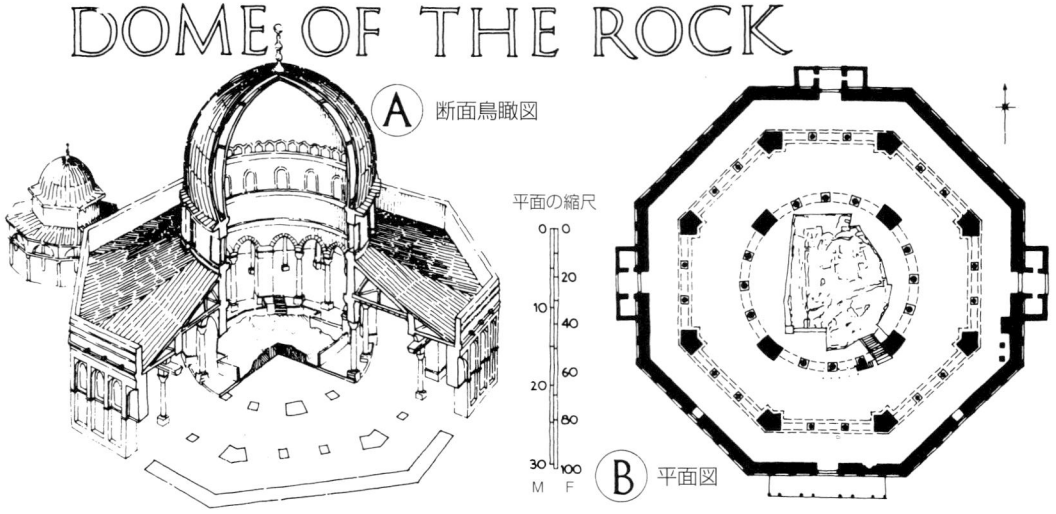

DOME OF THE ROCK

Ⓐ 断面鳥瞰図

平面の縮尺

Ⓑ 平面図

A 大モスク、ダマスクス、礼拝室内部を東方向にみる（706-15）　p.618 参照

B アルハンブラ宮殿、グラナダ　p.637 参照

南の入口はふさがれ、その跡にミフラーブが設けられた。建物の北面の中央にはさらにもう1つのミナレットが建設され、礼拝室には2段のアーケードを持つ側廊付きの高い身廊が直交していた。これによって、このモスクは1つの模範例を確立し、中央身廊に直交する横断廊はダマスクスの、したがってウマイヤ朝の目印となり、他の都市のモスクに影響を与えた。壁の上方の表面は大部分が美しいモザイクで覆われており、これをみると、この時代にすでに人物や動物モチーフが宗教的建物において避けられるようになっていたことが明らかである。

ウマイヤ朝とその臣下たちの大部分は、砂漠の伝統文化の中で長い間暮らしてきた。彼らは、退屈な都市生活からひと時逃れ、気晴らしをする目的で、征服地の周辺の砂漠に一連の「避難所」を建設した。これらの砂漠の宮殿は、アラビア・デセルタの東の境を警備するために建てられたローマの城塞の形態を手本としている。実際、いくつかのウマイヤ朝の宮殿は、これらのローマの城塞の廃墟を利用して建てられていることもある。しかし、ローマの城塞との類似は外壁だけにとどまっている。その内部は、たいてい定式に従って3つの空間に分割され、1つあるいは複数の中庭が全体平面を支配していた。

ハマーム・アス・サラクとして知られている浴場（720-30頃）は、おそらく現存するウマイヤ朝の浴場の中で最も洗練されたものである。パレスティナの地中海沿岸地方特有の端正な石積みで建てられ、カルダリウム（熱浴室）の上に架けられた最初のドームは円弧リブを用いて整った形をし、球面三角形のペンデンティヴに支えられていた。このドームは巧みに築かれた2つの半ドームで支えられており、コンスタンティノポリスのハギア・ソフィアのヴォールト構造のミニチュア版であった。集会室あるいは更衣室として使われていた入口の広間は、3つの平行なトンネル・ヴォールトが架けられている。これらのヴォールトは、スパンの大きい尖頭アーチによって接合部を支持されていた。建物全体は非常にさまざまな主題の人物や動物モチーフの壁画で飾られていた。

ハマーム・アス・サラクの上手の丘の上には、ローマの辺境城塞をウマイヤ朝の王子の宮殿に改修した建物の跡がある。これがヨルダンの**カスル・アル・ハッラバト**（推定725年頃）である。考古学者は倒壊した遺跡からモスクを見分けている。その礼拝室には浴場と同じように、中間を2つの尖頭アーチで支持された平行な3つのトンネル・ヴォールトが架けられていた。これに驚くほどよく似た建物が、ここから数時間ほど南東にいった浅い涸谷（ワジ）にある。ヨルダンの**カスル・アム ルの浴場**である。この浴場はカスル・アル・ハッラバトと同じ形態であるが、大きな粗石で建てられているため、施工の精度はかなり劣っている。しかし、ここには壁画が残っており、その一部からこの建物の年代がおよそ712年から715年であることがかなり確実に推論される。これらの壁画はウマイヤ朝の王子たちの生活の様子に光をあて、彼らの草原での過ごし方、特に春の放牧時の過ごし方をうかがわせる。その重厚なつくりと比較的孤立した状況により保存状態はよく、ドームやヴォールトはほとんどそのまま残っている。ヘレニズムの影響がみられる壁画は、ギリシア人の画家によって描かれており、現存するウマイヤ朝の絵画では最も広範囲にわたって残っている。壁画のほとんどは象徴的で、日常生活の情景や野性動物、狩りの場面、踊る少女たち、黄道十二宮、さらにはカリフが征服した敵の肖像まであった。

アル・ミニヤの**宮殿**（8世紀）の建物は0.5haあまりの面積を占めており、中央に中庭を配置する。カスル・カラネのように2階建で、玄関は、円形断面の塔を2つに割って切り離した間に設けられ、ドームが架けられている。モスクは慣習的な位置、すなわち玄関に近いところにある。これは礼拝のみに訪れる者の利便のためである。大広間へは中庭を経て長辺方向から直接入るようになっていた。外壁にはササン朝様式の狭間胸壁が設けられている。

シリアにはウマイヤ朝の生活様式を知る上で役に立つ宮殿が周囲施設を含めて2つ残っている。**カスル・アル・ヘイル・アル・シャルキ**（728-29）と**カスル・アル・ヘイル・アル・ガルビ**（8世紀初期）である。アル・ガルビは幾何学文様のスタッコ彫刻で豊かに飾られた巨大な入口で有名である。再建した建物にはササン朝ペルシアとヘレニズムのモチーフがみられる。高い円形の塔を持つアル・シャルキのキャラバンサライは、パルミラの北東に延びるまばらな草原の中に建っている。門の上の石落としは、水平アーチにみられるかみ合う迫石と同様に、シリアの確立した伝統を受け継いでいる。これらは後にイスラムの装飾モチーフとして重要になるが、その最初の例であろう。

この時代の最も完成度の高い宮殿は、ヨルダンの**ヒルバト・アル・マフジャール**（推定743-48、p.622A, B）である。この宮殿が拡張されていった様子は、平面からみてとることができる。最初の長方形の宮殿の壁は外側に中庭を加えて拡張され、その後壮大な浴場広間を囲み込むことになる。この宮殿を建てたのは、ウマイヤ朝のカリフの中でも最も享楽的なアル・ワリード2世といわれている。ペルシア風の衣装をまとった彼の彫像が、大浴場の入口上部のニッチの中に立てられ

イスラム世界の建築

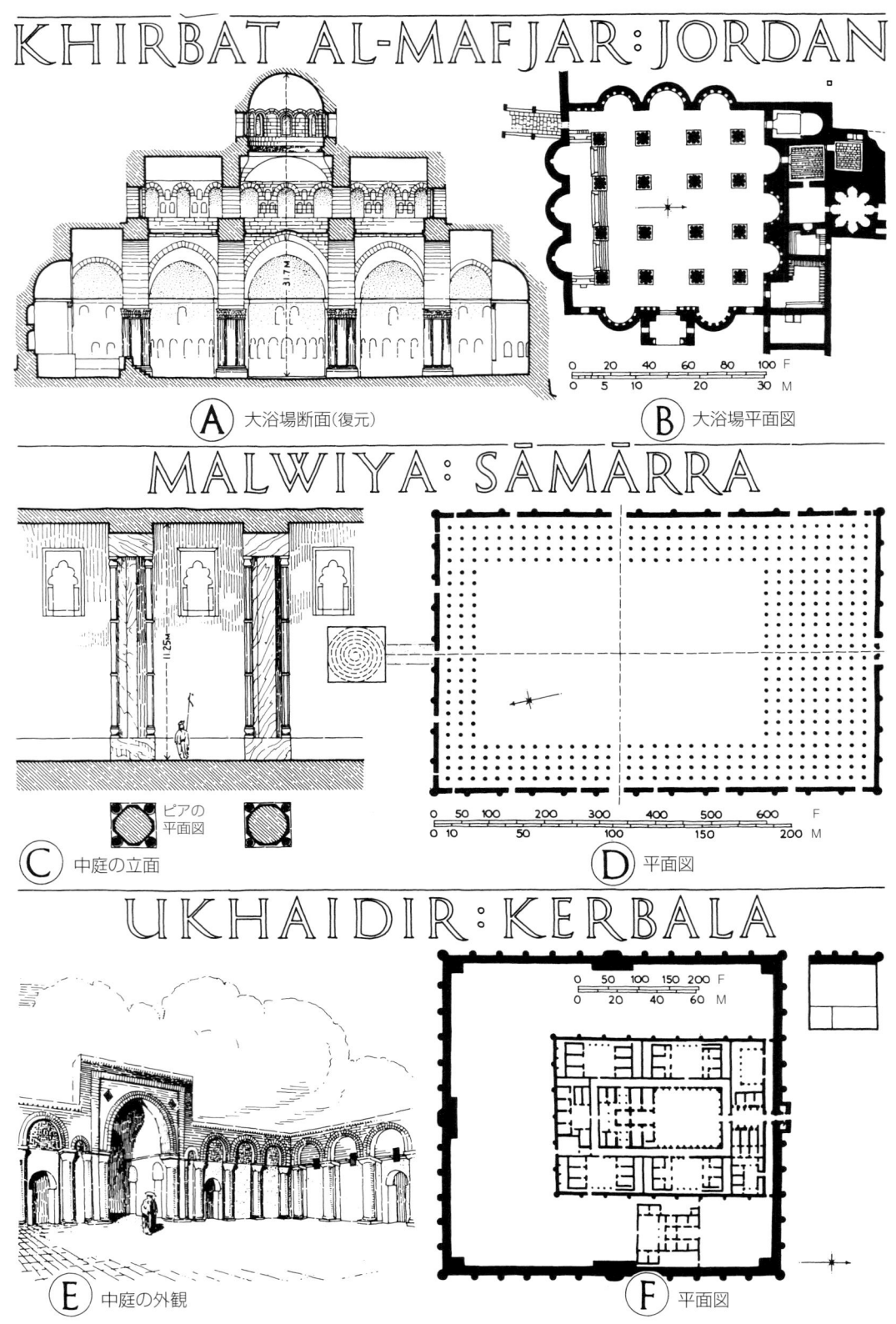

ヒルバト・アル・マフジャール、ヨルダン（上）。マルウィーヤ、サーマッラー（中）。ウハイディル、カルバラー（下）。

ていた。構造形態と細部にはササン朝ペルシアとシリアの伝統が見事に統合されている。

シリアとパレスティナのモスクは、ダマスクスのカリフの大モスクを模倣した。すなわち、方形平面の高いミナレット、軸線方向に延びる中央身廊と、それに直交する側廊付き横断廊などが繰り返されている。アレッポ、アンマン、ハマ、マラアト・エン・ヌマン、デラア、ディヤルバクル、ボスラのモスクもこの形式であり、そのデザインは西方においてもアナトリア地方やペルシア北部と同様、チュニジアのカイラワーンやスペインのコルドバに対して影響を与えた。これらの初期の例の中で最も当初の形態を保っているのは、デラアとボスラのモスクである。とりわけデラアのモスク(720頃)はダマスクスの先例に非常によく似ているので、同じ工匠のグループによって建てられた可能性もある。

ウマイヤ朝時代の重要な単室型のモスクの例が2つ、小規模ながらシリアのボスラに残っている。**アル・キドルのモスクとアル・ファトマのモスク**(8世紀)である。これらの小さなモスクは方形断面の高い先細りの塔を持ち、塔の上部にはこの地方の6世紀の教会堂や修道院の形式に従って二連の窓が開いている。同じボスラの**ウマル・モスク**も同時代であるが、その手本はダマスクスの大モスクである。

ウマイヤ朝建築の最後の段階はメソポタミア建築にいっそう近づいている。その明確な例は、ヨルダンの**カスル・ムシャッタとカスル・アル・トゥーバ**(8世紀)の宮殿である。これらの宮殿は真のイスラム建築の創造に向かう重要な一歩を踏み出している。カスル・ムシャッタの敷地を囲む壁は、ヘレニズムとササン朝ペルシアのモチーフで繊細な彫刻を施した奥行のあるフリーズで豊かに装飾されていた。しかし、フリーズのほとんどがオスマン朝時代にベルリンに持ち去られたため、現在の建物にはあまり重要でないものしか残っていない。敷地を囲む巨大な壁は半円形の塔で補強され、主軸上に壮麗な門が設けられている。モスクは中央玄関の東側に隣接している。カリフの謁見(えっけん)の間は三葉形平面で、凱旋門の下をくぐってアプローチするようになっており、玉座のカリフに特別な演出効果が与えられていた。この建物は完成にいたらなかった。

ウマイヤ朝の最後のカリフ、マルワン2世は北シリアのユーフラテス河畔のハランにモスクを建てたが、これはほとんど残っていない。しかし、その平面をみると、最後の最後までダマスクスが模範であったことがわかる。750年のウマイヤ朝の滅亡により、東地中海沿岸地方を例外として、イスラム建築におけるヘレニズムの影響が絶たれた。他の地方ではメソポタミアとペルシアの伝統が支配的となり、イスラムの建築家たちは初期のイスラムの伝統に新しいレパートリーを組み合わせて新しい建築を創造した。建設方法としては、粗石と日干レンガ(時には焼成レンガ)で築き、型押しや彫刻のスタッコで仕上げられた。

アッバース朝はイスラム世界の重心をシリアとパレスティナからイラクに移した。ペルシア・アラブの影響が彼らの社会に浸透し、この変化とともに根本的な亀裂が生じた。この亀裂は、それ以来イスラム世界全体を揺さぶり、優れた建築を生み出す契機となった。シーア派の信仰は、ムハンマドの直系の子孫であるイマームに特別の崇敬と指導者になる権利を与える点において、正統的なイスラム信仰と異なっている。

アッバース朝カリフ、アル・マンスールは767年以降、衰微していたササン朝ペルシアの都クテシフォンの北方数マイルの場所に、新しい町バグダードを建設した。アル・マンスールの町の名は「平和の都」であったが、一般には「円形都市」として知られた。町の直径はおよそ2750mで、主軸上に4つの門が設けられ、その周囲は高さ18mの厚い日干レンガ造の塔付きの周壁(数重の壁体と堀からなる)で囲まれていた。外側の円環の中には居住区が形成され、中心部にはカリフの宮殿と集会モスクを配置した円形の広い区域がある。宮殿の高い銅葺きのドームは首都の象徴となった。イスラムの新しい町の多くと同様に、この都市の住民は君主の側近とその生活を支える警備兵・使用人からなり、一般民衆は市壁の外に住んでいた。しかし、現在では、この都市の痕跡は地上に何も残っていない。

現在のイラクにある**ウハイディル**の遺構(多分780頃、p.622E, F、p.624A)は宮殿、城塞などさまざまに解釈されているが、おそらくその両方を併せ持つものであろう。この荘厳な廃墟はアラビア砂漠の東の縁にある小さな涸谷の近くに建っており、同じように隔絶された別の2つの廃墟と関連しているように思われる。

1つは**ミナル・ムジエ**として知られている塔であり、もう1つはレンガ造のキャラバンサライである**カン・アトシャン**である。これら2つの建物はユーフラテス川沿いにクーファの町まで延びている街道に位置していた。この2つの関連性は、ウハイディルの起源を示すものとして重要である。ウハイディルはバットレス(控壁)の付いた1辺165mを超える正方形平面の城壁で、低い壁の建物に囲まれて建っている(p.624A)。外壁の中に中庭式の宮殿が建っている。入口の軸線は、大広間と接客用の中庭の中心を通っている。中庭からは個々の部屋の並び(ベイト)につながる回廊が始まる。モスクは玄関に接している。建物全体は野石積みで築かれ、楕円形や尖頭のヴォールトが架けられている。

A 城塞宮殿、ウハイディル、イラク(多分 780 頃) p.623 参照

B 大モスク、サーマッラー、イラク(848-) p.625 参照

C アブー・ドゥラフのモスク、サーマッラー、イラク(860-61) p.625 参照

棒状飾り、斜めに交差するリブ、犬歯飾り、幾何学的な組合せ文様などの快活な装飾によって飾られている。ササン朝ペルシアのモチーフはここでも、犬歯飾り、くぼんだ円盤、柱頭も柱礎もない二連の柱型などに繰り返し用いられている。モスクのアーケードのカスプは、イスラム建築における最初の例である。

イラクの都市**サーマッラー**(836-)はカリフ、アル・ムータシムによってティグリス川の東岸に建設された。広大で非対称な平面を持つ。この町は3回にわたって拡張が行われたが、アッバース朝の宮廷が892年にバグダードに戻ると放棄された。現在、この敷地の中央には、市壁に囲まれた中世の小さな町がある。サーマッラーの廃墟は10世紀以降のイスラム建築の発展にとって極めて重要な意味を持っている。残っている建物には四心アーチの発展が認められる。スタッコに深く刻まれた第一期の装飾は、クテシフォンのイスラム初期の時代のスタッコ装飾と非常によく似ている。過渡的な第二期は流れる線とやわらかな輪郭を特徴とする。第三期では、初期の自然主義にかわって抽象的な刳形が発展した。第三段階の新しい形式は最終的には、後期のイスラム建築にとって非常に重要な特徴である、波うつアラベスク文様をつくりだす。最初のイスラムの墓廟がつくられたのもこのサーマッラーであった。

新しい都市サーマッラーの中心は、巨大な**バルクワラーの宮殿**であった。住居の区域と行政の区域がそれぞれ中庭や庭園に囲まれ、交差する軸線上に配置されている。建物の大部分が日干レンガで建てられていたため、ティグリス川の崖の縁に立つ焼成レンガ造の3つのイワーンの貧弱な廃墟を除けば、ほとんど何も残っていない。この3つのイワーンの部屋は、メイダン（行進のための広場）を見渡す典礼用の部屋であった。このバルクワラーの宮殿全体では、大理石やスタッコの腰羽目、彩色された漆喰装飾の跡が重要で、これらはがれきの中に埋もれて発見された。

サーマッラーの大モスクあるいは**マルウィーヤ**(848-、p.622C, D、p.624B)は、この時代最大のモスクであった。カリフ、アル・ムタワッキルの前のカリフによって建設が開始されたと思われるが、一般にはアル・ムタワッキルの建設とされている。アル・ムタワッキルは近隣のアブー・ドゥラフのモスクも建てている。マルウィーヤは広大な中庭を壁で囲むつくりで、2対3の比率、すなわち 155 × 238 m で計画されている。南面を除く三方は四重の柱廊で囲まれ、南面は礼拝室を形成するために柱廊の数が9に増やされている。日干レンガ造のピアと木造屋根はとうの昔に失われたが、外側の厚いレンガの壁体は残っている。この壁体は約16 m の間隔で配置された半円形の塔で補強されている。

この建物に劇的で強烈な印象を与えているのは、北端にある巨大ならせん形のミナレットである。このミナレットは建物から離れて建つが、主軸上にある。メソポタミアのジッグラトはこの時代まで数多く残っているが、このように、重厚な中心躯体の周りをらせん状の斜路がのぼる形式は、この種の建物の中でも独創的であったと考えられる。ただし、バグダードにこの塔の先例となるものが存在していたかもしれない。バットレス付き外壁の頂部は、皿型にへこんだ幅の広いパネルのフリーズで飾られ、壁体自体は外側の囲い壁で囲まれていた。大きな長方形のミフラーブ（現在再建されている）の両側には、大理石の円柱が配置されていた。

マルウィーヤのミナレットの形態は、別の同系統の建物で繰り返されている。それは**サーマッラー**の北部の郊外にある**アブー・ドゥラフのモスク**(860-61、p.624C)である。現在は焼成レンガ造の内部のアーケードだけが建っている。多くのアーチが倒壊しているが、当初の形態は十分に正確に復元することができる。その結果、サーマッラーの建築家がカイロのアフマド・イブン・トゥールーンのモスク(p.630)でこの形態を繰り返し用いたことがわかる。イブン・トゥールーンのモスクの方は、現在修復された状態で残っている。イブン・トゥールーンの建物を根拠とすると、サーマッラーのこの2つの大モスクには、外壁全体に狭間胸壁が設けられていたと考えられる。

知られる限りでイスラムの最初の墓廟であるサーマッラーの**クバト・アス・スライビヤ**(863)は、ドームが架かった方形平面の部屋で、その周りを八角形の周歩廊がめぐる。当初のドームも周歩廊の屋根も残っていないが、この建物は近年再建された。クバトの重要性は、それが後世の墓廟のモデルとなったことである。この形式はエジプト、ペルシア、中央アジアの南部、インドへと伝わったので、イスラムのドーム付き墓廟の長い歴史はこの小さな建物から始まったことになる。クバトは川の西岸の不毛な小さな丘の上に建っている。ちょうどその北には城のような建物、**カスル・アル・アシク**が建っている。岩だらけの尾根に築かれた長方形の高い基壇は、バットレス付きの厚いレンガ壁で囲まれ、北端の入口は、屋根付きの斜路を複雑に配置することで防御を強化していた。基礎部分は比較的よく残っているが、上部構造は北西角の外壁の一部を除いて全て破壊されている。バットレスの間に渡されている外側のアーチは、ウハイディルのそれとよく似ているが、ここでは四心の輪郭を持つ多弁形の装飾的なアーチに形を変えている。サーマッラーが放棄されたのは、このアル・アシクの建物が建てられてまもなくのこと

A ムスタンシリエ・マドラサ、バグダード(1233)
p.627 参照

B 大モスク、カイラワーン、内部　p.628 参照

C 大モスク、カイラワーン、チュニジア(836-)、中庭で北東方向をみる

であった。サーマッラーの町の遺構は、初期イスラムの住宅の重要な例となっている。住宅は中庭を持ち、平面には2：3の比率が多く適用されている。通りに面した壁には窓がなく、主室は入口から最も遠い奥にあるタラール（開放的なベランダ）であった。住宅は日干レンガで建てられ、梁を渡した陸屋根は、ヤシの葉の上に土が敷き詰められていた。もっと高級な住宅では装飾的な漆喰仕上げがみられ、床にはモザイクや絨毯にみせかけた多彩色の模様が描かれていた。

第2のバグダードの町は、川の反対側（東側）の岸の下流に建設された。アッバース朝の城塞のうち、主要な門の1つ、**バブ・アル・ワシタニ**（12世紀）が、堀の上を渡す防壁付きの橋と外側の警備兵詰所として残っている。この門は焼成レンガ造で四心アーチを用いており、凹面のパネルと文字文のフリーズで装飾されていた。

川岸に建つ2つの中庭式建物の遺構は、この時代の技術を示している。両方とも繊細なムカルナス装飾と、驚くほど複雑な幾何学模様のレンガ彫刻との組合せがみられる。「**アッバース朝の宮殿**」（1180頃-1230）は入口のポーティコと、中庭の二面がそのまま残っている。建物は2階建で、両階ともに中庭に対してアーケードで開いており、また対置されたイワーンがあった。**ムスタンシリエ**（1233、p.626A）はマドラサ、すなわち学校で、アーケードはなく、そのかわり直交軸上にイワーンが配置されていた。入口はキブラを通る主軸上に配置された礼拝室と向かい合っている。これらの建物は、バグダード産のやわらかな黄色いレンガにその場で刻まれた精巧なレンガ装飾でよく知られ、アッバース朝がモンゴルの侵入を受ける頃には、1つの洗練された様式が確立していたことを示している。

ユーフラテス川の岸に位置するシリアのラッカには、**バグダード門**（10世紀あるいは11世紀）という別の門の外壁の一部が残っている。これは主たる周壁の外側にある構築物の一部で、大きな円形の稜堡の下、首都に向かう道沿いに立ち、接待所や警備兵の詰所の機能を果たしていた。四心で多弁形のブラインド・アーチが建物の頂部をめぐるフリーズを形成している。この門と同時代の宮殿の断片もわずかながら残っており、豊かな内部装飾を示している。

アッバース朝の末期には、北シリアにおける半独立のセルジューク朝の君主たちやザンギー朝の家臣たちが独自の様式を発展させた。それは基本的には石造建築で、初期のムカルナスの持送りがみられる。ムカルナスの持送りは11世紀には広く普及し、成熟の域に達していたが、それに先立つ長い発展期間があったことを示唆している。このセルジュークの建築をアッバース朝に結び付ける重要な建物がある。それは**サーマッラーのイマーム・ドゥルのモスクと墓廟**（ムスリム・イブン・クレイシュ、1085）である。最初のモスク（現存せず）は墓廟に対する前庭となっていた。墓廟は天井の高い正方形平面のレンガ造の墓室からなり、周りをわずかに傾斜した壁で囲まれ、上部は複雑な形の小塔になっている。この塔はスクィンチあるいはムカルナスを重ねたもので構成され、段階的に上にいくほど細くなっている。この構造は塔の外側にはっきり現れ、内側は線形の模様で調整されている。この形式のもう少し後の例には、たとえば**モスル**の**イマーム・ヤフヤーの墓廟**（1229）のように円錐形の尖塔を持つものもある。

セルジューク朝の墓廟は他にも多くがペルシアとトルコとイラクで発見されている。バグダードでイマーム・ドゥルの墓廟を直接に引き継いでいるのは、有名な**シット・ズベイダの墓廟**（1180頃）である。しかし、ムカルナスで外側を飾ることは長く続かなかった。セルジューク朝とザンギー朝の建築の重要性は、むしろ、建築形態の論理性と明晰性、そして細部の正確さにある。新しい型の建築、とりわけマドラサと呼ばれる学校建築が発展を始め、イスラム建築に普通にみられる要素となった。**ダマスクスのアル・ヌリヤ・アル・クブラのマドラサ**（これを建てたヌル・アル・ディンの墓が付随している）は重要な初期の例であり、これが発展してアレッポの**アル・フィルダウス**（1235-36）のような完成した形のマドラサになる。一方、北シリアのザンギー朝の建築の特徴を最もよく表している例は、**アレッポの集会モスク**（1090頃）に建てられた正方形平面のミナレットである。ミナレットの各層は、多弁形のブラインド・アーチで飾られ、頂部にムカルナス装飾付きのバルコニーを持ち、最上部にはドームがのっている。モスクそのものはダマスクスと同じ形式で、現在はヴォールトを架けた形で再建されているが、ダマスクスの平面を維持している。

エジプト、北アフリカ東部と中部

ナイル川下流と北アフリカの沿岸を征服した後、イスラムの侵攻はゆっくりと南に向かって進んでいた。当然ながら、重要な初期の建物のほとんど全ては地中海に近い地域にある。なかでもカイロは建築の発展が最もめざましく、中世の建物の膨大な遺産によって、歴史的重要性の極めて高い町の1つとなっている。カイロの町はナイル川のデルタ地帯の起点にあって、石造建築の長い伝統を有していた。ただし、イスラムの

侵攻を受けた時代には、厚い防壁で囲まれたビザンティンのバビロン要塞よりもわずかに大きい程度の町であり、ムカッタムの丘陵から対岸のギーザの大ピラミッド（第3章参照）を望んでいた。7世紀中頃、この要塞都市から少し北と東に、アラブ人の将軍アムル・ビン・アル・アスが野営地を設けたため、ここがエジプトにおける最初のイスラム都市となった。

イスラムの侵攻に対して抗戦した都市では、その都市の中心的なキリスト教の教会堂が主要なモスクに転用されることが慣習であった。しかし、カイロで最も重要なモスクは既存のキリスト教教会堂のどれかを改変したものではなく、勝利者の野営地に建てた集会モスクであった。既存の教会堂が転用されなかったのは、おそらく教会堂の規模が小さすぎたという単純な理由であろう。その結果、このカイロのフスタートのアムルのモスク（643-）は、キリスト教建築からは全く影響を受けておらず、おそらくメディナの預言者の家を模範とした初期のモスクの流れを汲むものであったであろう。このモスクはほとんど残っていないが、当初の建物は、シリアの流儀に従って、キブラの壁に対し平行にアーケードが走り（現在では壁に垂直に走っているが）、礼拝室の前には中庭があった。アル・ワリードのもとで8世紀初めに最初の改築が行われ、ミナレットが加えられた。これはおそらくイスラム世界で明確な目的で建てられたミナレットの最初のものの1つである。現在のモスクは、ほとんどの部分が13、14、18世紀の建物であり、さらに近年、全体にわたって徹底的な改修を受けている。

フスタート（初期のカイロ）はファーティマ朝の軍隊の面前で焼かれた。ファーティマ朝はその北側に新しい都市を建設した。したがって、この新しい町には、フスタートから得られた初期イスラム時代の都市生活の情報が生かされている。住宅はイワーン付きで、中庭式の不整形な建物である。ここには、組織的な都市計画が行われた形跡はみられない。すなわち、1階建と2階建が入り混じった不整形の日干レンガ造の住宅（たいていは中庭を囲む）がぎっしりと並び、その間を、狭く曲がりくねった街路が走っている。

アラブ人が西へ移動していくにつれて、アフリカの地中海沿岸にその征服の印が残された。それは、ビセルタ、スファックス、トリポリ、モナスティル、スーサなどのチュニジアにおける一連の小規模な城塞である。**スーサのリバト**（810-21頃）は塔を伴った形に修復されて残っている。全体は、半円形の小塔で補強された正方形の城塞であり、その南東角の正方形の稜堡の上に塔が立っている。

チュニジアのカイラワーンの大モスク（836-、総督ヤジド・ビン・ハキムのもとで再建、p.626B, C）はアグラブ朝の主要な建物で、ウマイヤ朝やアッバース朝の首都のモスクと強いかかわりをもっている。その方形のミナレットは、建物の中央軸線上に建っている。8世紀初期に建てられた最初の建物は、9世紀の再建に飲み込まれてしまった。礼拝室の中庭側にさらに多くのベイが付け加えられ、中央ドーム（その後再建）が礼拝室の上に建てられている。この時期には見事なラスター・タイルのミフラーブも設けられた。これはイスラム建築におけるこの種のものの最も早い例といえるだろう。ラスター・タイルはイラクあるいはシリアから輸入されていたようである。この建物では、わずかに先の尖った馬蹄形アーチが、コリント風の柱頭の上にのっている。傘型ドームはカスプを持つスクィンチによって支持されている。礼拝室はキブラの壁に沿って走る横断廊が中央身廊と直交するT字型平面で、ここで1つの形式として確立された。上にいくにつれて階ごとに細くなる巨大なミナレットと、建物そのものが慣習に反して南方向を向いていることは、8世紀のシリアに起源を持つことを示している。このモスクは**チュニスのザイトゥナ・モスク**（大モスク、860頃）の模範となった。ここでもやはりT字型の平面、中央身廊にのったドーム、中央軸上に配された単一の方形断面のミナレットなどがみられる。

スファックスの大モスク（849）は、規模は小さいが同形式の建物である。当初は方形断面のミナレットが中央にあり、礼拝室は6廊分の奥行を持っていた。ミナレットのバルコニーの装飾がいくらか残っていて、穴のあいた狭間胸壁や、ぎざぎざの持送り、クーファ書体の銘刻文、円盤のフリーズなどがみられる。**カイラワーンの「3つの扉のモスク」**（866）は都市の小規模なモスクの重要な例であり、シリアの単室型のモスクに相当する。この建物で残っている重要な部分は、わずかに尖頭でわずかに馬蹄形のアーチを用いた3連アーチで開く玄関である。この玄関の上には持送り付きのコーニスの下にクーファ書体の銘刻文が4段にわたって彫られていた。

アッバース朝のカリフ政権はやや遠いカイロの保有権を維持していたが、この時代で残っている重要な建物はただ1つだけである。それはナイル川のローダ島の南端に位置する他に類のないナイル川水位測量所**ナイロメーター**（861、p.629A）である。これは、カリフ、アル・ムタワッキルによって建てられたもので、四角い石造の深い井戸の中央に測量用の柱がすえられていた。この井戸はらせん状の階段で下に降りられるようになっていた。川に通じるトンネルが井戸とぶつかる壁面は、刳形付きの庇と円柱を持つ尖頭の二心アー

第 17 章　ウマイヤ朝とアッバース朝のカリフ政権

A　ナイロメーター（861）　p.628 参照

B　スルタン・カラーウーンのマドラサ、カイロ（1283-5）
p.633 参照

C　イブン・トゥールーンのモスク、カイロ（876-79）　p.630 参照

D　バブ・ズワイラ、カイロ　p.630 参照

チによって開いている。明らかにゴシック風の様相を示しているが、ここにみられる尖頭アーチは、ヨーロッパのどの例よりも3世紀近くも早いものである。

アフマド・イブン・トゥールーンによって建てられた新しい**カイロのイブン・トゥールーンのモスク**(876-79、p.629C、p.631A、B)は、彼の故郷であるサーマッラーの先例をモデルとしている。このモスクは、幾度か改修されているにもかかわらず、当初の性格を保っている。レンガ造の表面はスタッコで仕上げられ、フリーズはスタッコに刻み込まれている。装飾の細部はいくつかの形態を組み合わせているが、個々の形態はサーマッラーに見出される。このことから、イブン・トゥールーンのモスクは本質的にイラク建築であるばかりでなく、アッバース朝の首都から来た工匠たちがこの建物を建てたのは、エジプトに到着して比較的短い時間の後であったということがわかる。

バサティンの**水道**(880頃)はアフマド・イブン・トゥールーンによる世俗建築の中でその原形をとどめている唯一のものである。この水道はカイロの上流の水源から新しい首都に送水するものであった。焼成レンガで築かれた二心アーチは、エジプトよりもむしろイラクの工匠によるものであることを示唆している。

10世紀の半ば、ファーティマ朝はチュニジアからエジプトに侵攻し、首都の名前をアル・カーヒラ(アラビア語で勝利)と変えた。この名前はその後、ラテン語化されて「カイロ」となる。工匠たちはカイロの北の郊外に移って、新都市の建設に取りかかった。この都市は、アイユーブ朝やマムルーク朝の後継者たちのもとで、中世の名高い国際都市となる。ファーティマ朝の建てた最初の集会モスクは中心躯体のみが残っているが、その後の多くの増築と部分的な改築によって外観上はわからなくなってしまった。この**アル・アズハル・モスク**(970-1131およびそれ以後)は長い間イスラムの教育の第一の中心であり、現存する世界最古の神学大学でもある。このモスクは多柱式の礼拝室で、横断廊は、ミフラーブの前でドームに終わる中央廊によって分断されている。他に2つのドームが、キブラの壁に沿って延びる横断廊の端部にのっていた。中央中庭の各面に広いリワク(回廊)があり、補助的な教室として機能していた。屋根は、コプト教会の教会堂の伝統に従って、コリント式オーダーの二心アーチのアーケードで支持されている。

カイロのアル・ハーキムのモスク(1013)はアル・アズハル・モスクと同じ全体計画に従っている。陸屋根の架かった礼拝室は、イブン・トゥールーンのモスクに由来する重厚なピアの骨組で満たされている。そして中庭も全ての面がアーケードによって囲まれている。

ミナレットは突出した稜堡の上に建つ。このモスクは使われていない。

これよりわずかに時代が下る**カイロのアル・グユシのモスク**(1085)は、一般信徒を収容するように意図されたものではなく、礼拝室はずっと小規模でドームが架かっている。一連の方形平面の階が重ねられてドームで終わるミナレットと、ムカルナスを施したペンデンティヴは、カイロに残るファーティマ朝建築の特色として最初にみられる例である。これらの要素はその後の建物の重要な先例となる。

カイロのファーティマ朝の城塞は11世紀末のもので、トルコのディヤルバクルの城壁とともに、この時代の最も重要な軍事建築である。この2つは深いかかわりを持っている。なぜなら、カイロの城塞の工匠たちは、小アジアから来たアルメニア人あるいはシリア人だったからである。工事の第一段階は宰相アルジャマーリーによって、1087-92年にかけて行われた。**バブ・フトゥ、バブ・アン・ナスル、バブ・ズワイラ**(p.629D)の市門および砦の門には組積とヴォールトが用いられている。この技術と市門はその後の建築にとって重要な手本となった。ファーティマ朝のカリフ、とりわけアル・ムスタンシルは、それまでの土と粗石で築かれた町の防壁の大部分を、極めて整然と積まれた切石造のものに建て直した。

ファーティマ朝の後期の時代では、2つの重要なモスクが残っている。それは**アル・アクマルのモスク**(1125)と**アス・サリフ・タライのモスク**(1160)である。2つとも円熟したファーティマ朝の様式で、竜骨アーチ、ムカルナスのペンデンティヴ、傘型のドーム、筋の入った円盤などの特色がみられる。アル・アクマルのファサードは、キブラの方向と街路の方向とのずれを修正するために、平面に三角形の調整部分を加えている多くの建築例の中で最初のものである。このファサードはまた、街路に面した壁面全体に装飾を施す形式としても最初のものであり、元来左右対称形で、入口部分の両側にブラインド・アーチが設けられていた。2つのモスクとも多柱式の礼拝室で、キブラの壁に沿って幅が広く柱のない横断廊が延びている。アス・サリフ・タライのモスクはバブ・ズワイラの市壁の外側にあり、そのファサードは、ファーティマ朝のアーチを用いたコリント式アーケードの背後に、奥行のあるポルティコを備えている。

ファーティマ朝は、1171年サラディンに権力を譲った。彼はアイユーブ朝を開く。この王朝は十字軍の脅威に対処するため、その勢力範囲をパレスティナやシリアに拡大し、エルサレム、ダマスクス、アレッポにエジプトの影響をもたらした。**アレッポ**では、城塞に

第17章　ウマイヤ朝とアッバース朝のカリフ政権　631

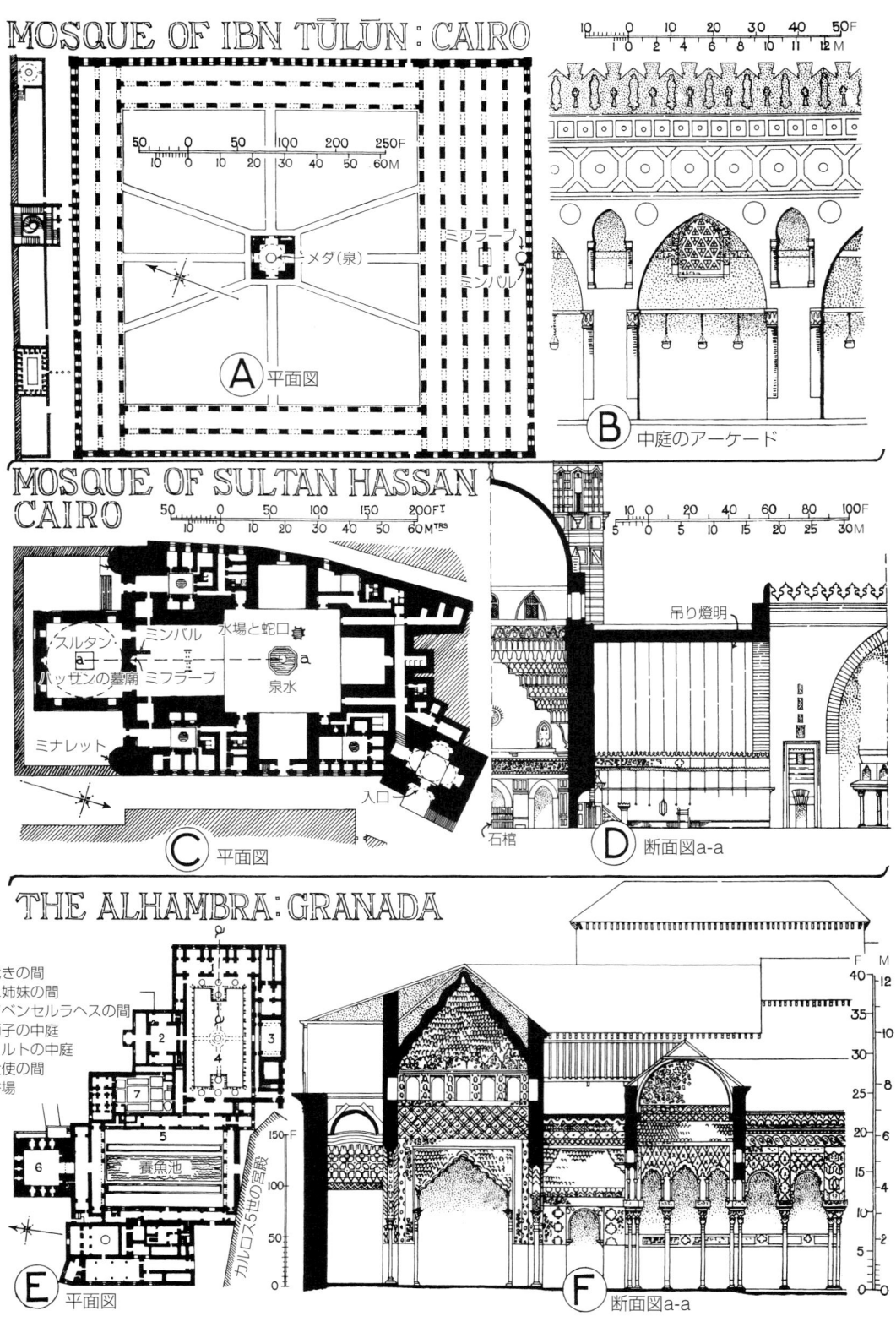

イブン・トゥールーンのモスク、カイロ（上）。スルタン・ハッサンのモスク、カイロ（中）。アルハンブラ宮殿、グラナダ（下）

イスラム世界の建築

カーイト・ベイのマドラサ、カイロ（1472-74）　p.635 参照

付随する複雑な**外堡**が、太守アル・ザーヒル・ガジによって最新の防衛技術を駆使して壮麗に建てられた(1209-10)。彼が城塞内に建てた宮殿については、基礎部分とアブラクの技法を用いた門以外にはほとんど残っていない。

　1250年にアイユーブ朝を継いだのはマムルーク朝である。マムルーク朝のスルタン・バイバルスは、カイロの市域をまたもや北に移し、「総督」イブン・トゥールーンとアル・ハーキムのモスクに比肩する規模で、新たに巨大な中庭式のモスクを建設し、王朝の威信を高めた。この**バイバルスのモスク**(1260頃建設開始)は、多柱式で長方形の壁で囲まれている。礼拝室とその周りのアーケードは、ピアとコリント式円柱によって支持されている。輔線上の入口は、アル・ハーキムのモスクと同じように前方に突き出している。ミフラーブの前のドームは、視覚的に圧倒的効果を与えるために規模がかなり拡大されている。

　強大な権勢を誇るスルタン・カラーウーンは、極めて短い間に、集会モスクを収容できるほどに大きいマドラサ、病院(マリスタン)、非常に大きなドーム付き墓廟と巨大なミナレットなどを含む大規模な複合建築を建てた。この全体は**カイロのスルタン・カラーウーンの墓廟とマドラサ**(1283-85、p.629B)として知られている。この中のマリスタンはほぼ完全に破壊されたが、その他はまだ損なわれずに残っている。礼拝空間としてのイワーンは側廊を伴った身廊を設けることによりかなり規模が拡大され、その結果、それ自体で実際上1つのモスクのようになっている。また、このイワーンに対応する深いイワーンが中庭を挟んで配置されている。墓室の平面は八角形が内接する正方形で、八角形の上部にはドームがのる。ドームは当初は木造であった。内部全体は、幾何学的な象眼や豊かなスタッコ装飾などで細部まで華やかに装飾され、ドームの内側は浮彫に金をかぶせたフリーズに、さらに象眼が加えられていた。豪華に仕上げられ、感動的である。

　カラーウーンのマドラサのすぐ隣に立っている**アル・ナーシル・ムハンマドのマドラサ**は、スルタン・アーディル・キトブガーが1295年に着工し、1303年に完成した。表玄関はパレスティナのアッコンにある十字軍の教会堂のものが移建され、様式的な互換性を明確に証明している。キブラのイワーンとミナレットには繊細なスタッコ細工が残っている。美しい装飾が施されたミナレットは、方形平面の塔が上部で八角形平面になり、ドームで終わるという伝統的形式を保持している。市壁の中にはやはりアル・ナーシル・ムハンマドによって建てられた簡素な**集会モスク**(1318-34)がある。このモスクでは、バイバルスのモスクでのように、ドームと多柱式の広間が結合されている。ミナレットの表面は、外国の影響を示すモザイクで覆われている。

　その後ほとんど間をおかずに(1303-4)建てられた重要な二連の墓廟は、ミナレットの完全な発展を示している。**サラルとサンジャル・アル・ジャワリのアミールの墓廟**は一対のドームを持つ建物で、ドームの上に高くそびえる方形平面のミナレットを持つ。ミナレットの中心部分は途中で細い八角形平面に変わり、バルコニーの上部に窓が設けられている。そしてその先の頂部は小さなドームで終わっていた。高いドラムの上に築かれた一対のドームは縁にぎざぎざのあるリブを持つが、これはその後、カイロの葬祭建築に頻繁に用いられるモチーフとなった。

　カイロでは様式上の成熟期に入ると、大規模なモスクには2つの形式が用いられるようになる。第1の形式は、ミフラーブの前に大きなドームを持つ多柱式の礼拝室で、アーケードで囲まれた長方形の中庭に面し、中庭は直接に街路に通じている。第2の形式は、マドラサ型モスクで、街路に面して美しく装飾されたファサードを持ち、街路から中庭への入口は間接的である。中庭には向かい合うイワーンと礼拝室がある。礼拝室そのものも、通常はイワーンを横方向に拡張したものであり、時にはアーケードが加えられることもある。

　第2の形式の最も優れた例の1つは、1356年から1363年に建てられた**スルタン・ハッサンのマドラサとモスク**(p.631C,D)である。ドームの架かった浄めの泉水とミナレットは再建されており、玄関の扉は他所に持ち去られてはいるが、その大部分は当初のまま残されている。ムカルナスで上部を飾られた美しい開口が、ドームの架かった荘厳な玄関広間に導いている。この広間から曲がりくねった通路を通って中央の中庭に斜めに出ることができる。高さおよそ30mの壁体の中に築かれた重量感のあるイワーンは、周囲から隔絶されたこの中庭空間に力強い緊張感を生み出し、この感覚が規模の大きさと均衡を保っている。建設者の墓が建物の軸線上、ミフラーブの背後にあり、中庭中央の深い軒の付いた複雑なつくりのドーム付きの泉水は、これがこの時代に連れてこられたシリアの、あるいは他の北方の工匠の手によるものであることを示している。中庭の周りの建物の輪郭線は、ユリの花型の狭間胸壁によって飾られている。このユリの花型の狭間胸壁は、これ以降カイロにおいて、ササン朝起源の階段状の胸壁にかわって用いられるようになる。

　カイロはブルジー系マムルーク朝のスルタンのもとで、巨大な商業都市として繁栄の頂点に達した。スルタン・バルクークは城壁内にモスクとともにマドラサ

イスラム世界の建築

A　カーイト・ベイのマドラサ、内部　p.635 参照

B　モスク、コルドバ(785)、ヴィラヴィシオサの礼拝室
p.636 参照

C　モスク、コルドバ、アーケード

D　アルハンブラ宮殿、グラナダ(1338-90)、獅子の中庭
p.637 参照

とモスク（1386）を建て、幾何学的な大理石の象眼で豊かに装飾した。バルクークの息子、スルタン・ファラジュは、父親のために二連ドームの墓廟をこれよりずっと大きなスケールで北の墓地の中に建てた。これは**バルクークのカナカーと墓**（1399-1411）として知られている。形は巨大な正方形で、その2つの角のところに全く同じドーム付きの墓廟が、別の2つの角に建つ2本のほっそりと美しいミナレットに対置されている。礼拝室は広い面積を多数のドームで覆うペルシアの慣習をカイロに導入した。

カイロでは大型の集会モスクとして、さらに**ムアッディエ・モスク**（1415-21）がスルタン・ムアイヤド・シャイフによって建てられた。このスルタンは、バブ・ズワイラの隣の牢獄につながれていた時に、彼が投獄されていたこの場所に将来モスクを建てる誓いを立てた。彼は、門を形成する稜堡の上に双子のミナレットを建て、スルタン・ハッサンのモスクから大扉を運んで建物にすえた。彼の墓廟の高いリブ付きドームは優美なムカルナスで支えられ、モスクの広い礼拝室の真横にそびえている。モスクの広大な中庭は、現在は庭園になっている。ドームのない多柱式の礼拝室は、初期の集会モスクとマドラサ－墓室型モスクを1つの建物の中に統合した形式であり、中世のカイロの一連の大規模な集会モスクの最後を飾るものとしてふさわしい。

後期のマムルーク朝は建設活動が盛んで、豊かな伝統を育んだカイロでは高い水準が維持されていた。貴人用の大墓地は北側に拡張を続けていた。その中の有名な例として、1453年に即位したスルタン・イナールは、墓室、修道院、大規模な礼拝室付き**マドラサ**を建てた。ここには優美なミナレットが付いていて、山形飾りや、全てにムカルナスの持送りが付いたバルコニー、ブラインド・アーケードと模様をつけたパネルからなる中間帯などで構成されていた。ドームは迫縁（せりごし）の表面を山形飾りで覆っている。この形はバルクークの墓廟で確立され、その後すぐに1506年に建てられたイスラム修道院や墓廟で繰り返されている。これらを含むこの時代の建物では、対照的な色合いの石層を積む手法（アブラク）が普及した。石造技術はますます高度になり、壁やドームの外表面は装飾を施すために輪郭線が決定された。

マムルーク朝で最も在位期間の長いスルタン・カーイト・ベイは、カイロに非常に優れた建築を建てた。その中に、2つのキャラバンサライがある。1つは**アル・アズハル**（1477）のそれで、もう1つは**バブ・アン・ナスル**（1481）の近くにある。1475年に建てられたカーイト・ベイの集会モスクは、複雑な繊細さに目を見張るものがあるが、これはカーイト・ベイの建てた墓廟の特徴である。両方の建物ともマドラサを含んでおり、そのうち有名な方、すなわち**カーイト・ベイのマドラサ**（1472-74、p.632、p.634A）はカイロの建築発展の究極の到達点である。このマドラサは建物全体が残っており、完全に修復されている。細いミナレットは平面が途中で方形から八角形にかわり、さらに円形に縮小する。その上に開放された円形の柱廊がのり、さらにその上に高い支持台を持つドームがのる。このドームの形は、墓室の上部のドームに繰り返される。非対称で絵画的な外観は、縞模様の外壁によって、いっそうひきたてられ、同様の色の変化は、アーチ、フリーズ、棟飾りなどの端正に組み入れられた装飾部分にも用いられている。ドームの外表面はリブが刻み込まれ、花模様のアラベスクと組み合わされている。

墓室の内部は装飾が少なく、切石を積んだ簡素な表面で上部は複雑なムカルナスで立ち上がってドームを支えるのに対し、モスクの内部は屋根の架かった中庭に4つのイワーンが対置され、ファサードと同様に細かい象眼や彫刻が施されている。この時代のカイロは、ほとんどのイスラム都市と同様、主要な道路を壮麗に飾る手段として、街路に面したファサードを発展させた。

後期のマムルーク朝時代の都市につくられた最も優れた建物の1つに**クイジマス・アル・イシャキのモスク**（1480-81）がある。クイジマス・アル・イシャキはカーイト・ベイの馬丁であった。このモスクは島にあり、街路を狭んで向かい合う学校と、橋によってつながれていた。モスクの内部は大理石の嵌め込み細工で床も壁も華やかに装飾され、上部にはスタッコの窓格子にステンドグラスが嵌められていた。

中世都市のカイロの中心にある主要な交差路に**スルタン・カーンスーフ・アル・ガウリーのモスクと墓**（1505-15）がある。彼は実質的に統治を行ったマムルーク朝最後のスルタンであった。キャラバンサライ（ワクラあるいはカン）は、この一連の建物のうちの最も重要で風変わりな建物の1つである。この建物は中庭を囲む6階建である。下の2階はアーケードに統合されている。上の階は精巧なムシャラビエ、すなわちイスラム世界のいたるところでみられる日除けが付いた優美な張出窓を持つ。付属のマドラサは4イワーン型で、礼拝室が集会モスクに発展する最後の段階を示している。ここでは、礼拝室の建物全体の幅が中庭の幅のほとんど3倍になるほど拡大されている。細かい豊かな装飾を持つ印象的な都市建築の1つである。街路の反対側には巨大な墓廟が建っている。このドームは不運にも3度落下し、現在では屋根がない。その隣に

は別のマドラサの礼拝室が建っていて、1つの深いイワーンがミフラーブの壁と対置されている。広い庇と窓を持った、魅力的な泉水建物が街路に向かって突き出している。

1517年にオスマン朝によってマムルーク朝最後のスルタンが処刑されたが、その後、マムルーク朝建築は完全に衰えてしまったわけではない。しかし、イスタンブルに貢納の義務を課され、またヨーロッパ人が東方への新しい貿易路を見出したために、エジプト人の才能は商業以外に向けられ、偉大なパトロンはいなくなった。

スペインと北アフリカ西部（マグレブ）

8世紀半ば、ウマイヤ朝指導者の1人アブド・アッラフマーン1世はアッバース朝の暗殺者の手を逃れるためにシリアを脱出し、最初はチュニジアへ、次いでスペインへ逃れた。彼はシリアの宮廷から多数の臣下を連れていた。彼らが西方に到来したことにより、それまで辺鄙で重要性の薄かった領地が、知的で創造的なエネルギーの中心地へと変貌し、自らをカリフ国として主張するにいたる。8世紀末にアッバース朝はチュニジアを征服し、その勢力範囲をチュニスやビセルタまで広げた。一方ウマイヤ朝は北アフリカ西部の残りとスペインを確保した。

後ウマイヤ朝のスペインでの最初の優れた建物は、**コルドバのモスク**である（785、p.634B, C）。モスクの最初の段階の建物は、現在でもその後の増築の中に取り込まれていて、活力に満ちた建築様式をみせている。その後大きく分けて3回の拡張が848年（アブド・アッラフマーン2世）、961年および968年（アル・ハーキム）、987年（アル・マンスール）により行われたが、最初の建物がこれらの拡張の際の模範となっている。これらの拡張によってこのモスクは規模の点でサーマッラーのマルウィーヤ（p.622C, D）やアブー・ドゥラフ・モスクに並ぶほどになり、屋根の架かった礼拝室の面積でいえば、このどちらをも凌いでいる。最初のモスクの建築様式は、簡素ではあるが独特の様式を示している。重厚なバットレスの付いた石造の外壁が建物全体をめぐり、キブラ側（南側）を含む半分が礼拝室になっていた。屋根で覆われた礼拝室にはアーケードが主軸に平行に走る。建物が南向きで、カイラワーンと同様に正しい方向（メッカの方向）を向いていないことから、この建物の建築家がシリア人であったことがわかる。アーケードの低い方のアーチは馬蹄形で、交互に色を変えて迫石が積まれ、高い方の脚高のアーチとの間の隙間の下の輪郭線を形成している。レンガと石とを交互に積む手法や馬蹄形の先例となるものは、ウマイヤ朝時代およびそれ以前の北シリアにも、またスペイン自体にも見出すことができる。3つのドームがマクスーラ［訳註：ミフラーブの前に設けられる貴人用の囲い］の上に架けられ、また別のドームがミフラーブそのものの上に架けられているので、礼拝の焦点となる場所が一種の至聖所となっている。これは、モスクにおけるこの種の最初の試みである。西側の壁体の一部と内部のアーケードはそのまま残っている。そして、中心部にゴシック式礼拝室が挿入されていることを除けば、このモスクは10世紀とほぼ同じ状態で残っているといえる。

このコルドバの大モスクを縮小した形で再現したモスクが、アブド・アッラフマーン3世が建てた宮殿にある。この宮殿は**メディナ・アル・サウラ**（936-45）と呼ばれている。宮殿のモスクはバットレス付きの外壁を持ち、主軸に対して平行なアーケードと主軸上の入口近くに四角いミナレットがあった。宮殿自体は現在再建されたもので、コリント式オーダーの円柱にのった幅広のドスレットの上に、円弧を使用した馬蹄形アーチが架けられている。この宮殿は、シリアでの敗北から2世紀をへた後に、ウマイヤ朝が西方のイスラム世界において権勢と富を得ていたことを示している。この広大な矩形の建物は水路が通る傾斜地に建ち、段状のテラスに中庭やパヴィリオンを不規則に配していた。しかし、この町が略奪を受けると工事が中断され、宮廷はコルドバに戻った。

マグレブ西部におけるイスラム勢力の中心は山岳都市フェス（フェズ）である。**カラウィーン・モスク**（859、956、1136およびそれ以後）はこの町の集会モスクであり、カイロのアル・アズハル・モスクのように神学校の中心であった。長い期間に行われた増築や拡張工事により、最初の建物は規模がかなり拡大されているが、当初は多柱式の礼拝室で、中央身廊により二分されていた。中央身廊の屋根は他の部分の屋根よりも1段高くなっていた。

中部スペインのトレドにあるサン・クリスト・デ・ラ・ルースは、正確にいえば、**バブ・マルドゥンのモスク**（960頃）である。このモスクは、単純な方形の空間で、内部の4本の独立柱とアーチによって9つのドームを支え、全体を1つの瓦葺きの傾斜屋根で覆っている。コルドバと同じように、ミフラーブを形成するかなり大きな空間が一方の面に突出している。レンガ造の建物で、多弁形アーチを持つ外部アーケード、馬蹄形の交差アーチ、多弁形の窓や幾何学模様のフリー

ズなどがみられる。様式的にみれば、この建物は一種の謎である。プロポーションと装飾は東方の先例を想起させる。

後ウマイヤ朝は1031年に衰退し、その領土は最終的にはムラービト朝の支配下になる。この王朝のもとで、地方の小王朝フドード家は**トレド**に**アル・ジェフェリヤ・サラゴサ宮殿**（1050）を建てた。この宮殿が建てられているのは、およそ86×73mの長方形の外壁の中である。外壁は半円形の塔で補強され、シリアのウマイヤ朝の建築のように3分割されていた。多弁形アーチを支えるコリント式の双円柱がみられ、アーチは時にはコルドバのように交差アーチを形成している。この地方様式は1118年にコルドバがキリスト教勢力の手に落ちるまで存続した。

ムラービト朝は11世紀に南方から移ってきて、1060年を過ぎてまもなくマラケシュに、次いで20年後にトレムセンに、その後まもなくアルジェに首都を営んだ。彼らはどの町でも大規模な集会モスクを建てている。**トレムセンのモスク**には、中央軸線上の方形のミナレットと、当初のままに残るアーケードがある。この建物はカイラワーンのモスクを模倣しているが、キブラの壁に沿った横断廊はない。壮麗な中央部分では、重厚な多弁形を施した円弧の馬蹄形アーチが支配している。これら全ての北アフリカのモスクは平らな木造屋根を架けていた。ミフラーブの前にあるドームでは、スタッコ仕上げの内側の殻は交差するリブの間を繊細なアラベスクの透かし彫で埋めている。ドームを支えるスクィンチには多弁形が用いられ、透かし彫で飾られている。そのモチーフにはヘレニズムのシリアやサ サン朝のイラクなどの影響が混じり合っている。11世紀末に完成した**アルジェのモスク**は、トレムセンのものと構造がほとんど同じである。

ムラービト朝の支配下では、高度な職人技術と結び付いた複雑なパターン模様や装飾が施された独創的な建築が、アンダルシアから北アフリカにわたる地域で開花した。その例としては**ティンマル**にある**集会モスク**（1153）や、同時代の**フェス**の**カラウィーン・モスク**、**マラケシュ**の**クトゥビヤ・モスク**（1147）などが挙げられる。マラケシュの例は、石造のミナレットを誇っている。それは巨大な方形の塔で、カスプがある枠付き開口部、円弧の馬蹄形の窓、交差アーチなどを伴い、頂部には階段状の狭間胸壁と小ドームがのる。この塔はユースフ1世が**セビーリャ**の**大モスク**（1172-82）の一部として建てた巨大なレンガ造のミナレットの先駆けとなるものである。セビーリャの大モスクでは、中庭と巨大な塔、すなわちヒラルダの塔だけが残っている。広大な礼拝室は、全てのゴシック式教会堂の中で最も

大規模なキリスト教の教会堂を建てるために取り除かれてしまった。現在のミナレットはルネサンス様式で手直しされて様相が変わってしまったが、複雑な幾何学模様が豊かに施された区画壁面はそのままに残っている。

ラバトの広大な**スルタン・ハッサンのモスク**（1191着工、1199未完成のまま中断）は壮大で重厚な塔を持っていた。この塔は工事が中断される前には、計画された高さの3分の2までが築かれていた。塔は、全体の軸線上、一辺約137mの正方形平面の礼拝室の入口のところに、そして中庭の背後に、幅の広いリワクに囲まれて建っていた。このモスクは北アフリカで計画されたモスクの中では最も大きく、2つの新しい特徴を導入している。それは礼拝室自体の中に中庭を設けること、そしてキブラの壁面に対して三重の側廊を設けることである。

フェス（旧市街）の**ムワッヒド朝の大モスク**と、**新フェスの大モスク**（1276-1307）において、これよりも時代の早い（11世紀末）トレムセンのモスクの網目模様のドームがさらに繊細さを増して繰り返されている。そしてトレムセンの町自体においても、**マンスーラのモスク**（1303-6、1336）でこのドームが繰り返された。トレムセンでは軸線上のミナレットと軸線上の入口が結合されており、もしこの建物が完成されていたならば、この時代の最高傑作となったかもしれない。この建物のプロポーションは的確に決定され、マグレブの諸王朝が自ら生み出した明快な特徴を体現している。

マグレブの墓廟建築は世俗君主よりもむしろ聖人のためのものであったので、カイロでみられるような形式の葬祭用の建物はあまり知られていない。14世紀に相当数のマドラサが建てられたが、マドラサですら、建築形式として一般的ではなかった。14世紀のマドラサの中で最も洗練され、精巧な装飾が施されているのは、**フェスのブー・イナニヤ**（1350-55）として知られているマドラサである。精密な装飾模様のパネルで飾られた細い柱とピラスターは、フリーズやスパンドレル、ブラインド・アーチや枠を通り抜け、ムカルナスのペンデンティヴと多弁形アーチにまで延びていた。

キリスト教徒の君主ペドロ1世のために再建された、**セビーリャ**の**アルカサル**（城郭宮殿、1364）は、比較的規模が小さい、中央中庭を中心に計画された2階建の宮殿である。細部の全てがイスラム的で、フリーズにはアラビア語の銘刻文まである。壁の上部はスタッコで華やかに飾られ、陶タイルのモザイクを施した下部と対照をなしている。セビーリャはキリスト教の圏内に入っていたが、イスラムの小王朝、ナスル朝はスペインに1492年まで存続していた。**グラナダのアルハン**

ブラ宮殿(主として 1338-90、p.631E, F、p.634D)はこのナスル朝によって建てられた。この宮殿はイスラムの宮殿中最も手の込んだ華麗な装飾が施されている。宮殿は、両側に険しい斜面があり、眼下に肥沃な平野を望む突出した丘の上に建っている。輝く水路や宝石のような東屋を配した植物の生い茂るテラスは、11 世紀の城塞風の宮殿を「天上の楽園」へと変貌させている。その最も中心となる部分は 14 世紀後半の建物である。尾根の北側の息をのむような絶壁の上のテラスに、一連の東屋が並べられている。全体計画は、軸線が直交する 2 つの大きな中庭が支配している。そのうちの 1 つ「獅子の中庭」(ライオン)(p.634D)は細い円柱のアーケードで囲まれているが、その円柱が支えているアーチは、極めて繊細に穴があけられ、織られているようで、金線細工の印象を与える。壁面にはスタッコ彫刻により、絡み合って無限に続くアラベスク模様が施され、さらに小型の円柱、ブラインド・アーチ、交差アラベスク、銘刻文のフリーズが巧みに加えられている。

　小さな噴水で活気を与えられた水路が、デザイン上の焦点として効果を上げている。水路の水は低い方へ導かれ、飛沫をたてて水盤を越え、さらに別の水面に落ちていく。もう 1 つの「ミルトの中庭」はこれよりも少し都会的な雰囲気で、中央の大きな池の水面に、すらりとしたアーケードや、狭間胸壁付きの「コマレスの塔」を映している。「コマレスの塔」の下には、多角形ドームののったほとんど立方体に近い「大使の間」がある。ここには、惜しみなく装飾された壁に 3 連の開口部があり、町をはるか下に望むバルコニーに面している。

訳／辻本敬子

イスラム世界の建築

第 18 章
中央イスラム世界各地の王朝とムガル朝以前のインド

ペルシアにおける最古のイスラム建築の遺構は、カスピ海南東の端に近いペルシア北部のダムガンにある**ターリク・ハーネ・モスク**(8世紀初期)である。当初の礼拝室には、主軸に平行に走るアーケードの上にヴォールトが架けられていた(現在はドームに変わっている)が、その中庭式平面は本来アラビアのものである。レンガを放射状に積んだ太い円柱は、ササン朝ペルシアの宮殿で用いられていた建築技術を踏襲している。この礼拝室はもともと、キブラの軸に沿って走る、広い中央身廊と両側のアーケードで構成されていたが、この平面はアル・アクサ・モスクからの影響を示唆している。このモスクにおそらく最初ミフラーブがなかったことは、その建設時期が非常に早いことの証拠である。

オクサス川より北にあるブハラは、もともと710年にウマイヤ朝によって征服されたが、9世紀および10世紀はサーマーン朝のもとで繁栄した。ブハラにある**サーマーン朝のイスマイルの(ものといわれる)墓廟**(905-10頃、p.640A)は、比較的小さなドーム付きの墓廟で、内外ともに美しい装飾が施されたレンガ造である。整形・切断されたレンガはレリーフによって複雑なパターン模様をつくりだしている。この建物は、外側に傾斜がついたほぼ完全な立方体で、その上に半球形の石造ドームがのる。この建物は、日干レンガ造で耐久性が低いことに加え、モンゴルの破壊を受け大部分が失われてしまった一群の建築を代表する遺構である。この建物ですら、たまたま埋まっていたために保存されたにすぎない。このイスマイルの墓廟は、焼成レンガが使用され始めた時代に建てられ、西南アジアの大規模な墓廟建築の時代を開く先駆的建物である。

11世紀初めにペルシア北部において一連の墓塔が建てられたが、その中で最もすばらしいのはカブス・イブン・バシュムギルによって建てられた、グルガンの**グンバド・イ・カブスの墓**(1006-7、p.640B)である。グルガンはダムガンのちょうど北、カスピ海の湖岸に位置する。塔の高さはおよそ50mで、円錐形の頂部を持つ。先細りの円筒形の躯体は全てレンガ造で、周囲にリブが付いて星形の断面になっている。クーファ書体の銘刻文の他には何の装飾もない。同様の墓塔は他に**ピル・イ・アランデル**(1021)と**チヒルプクタラン**(1058)にあった。両方ともダムガンの近くである。ヴァラミンの**アラー・ア・ディン**(1287)、ビスタムの**ベヤジット**(1313)、ダマヴェンドの**グンバド・アブドゥラー**(12世紀)、ラヴィの**ドグルルの墓**(1139)などは、全て時代が後のもので、カスピ海南側の同じ地域にある。これらを含めても、高さと印象の強さにおいてグンバド・イ・カブスが最も優れている。

これらの力強い形態の残響が西方のセルジューク朝の建築に見出される。小アジアの墓塔はそれほど壮大ではないが、優美なものが多い。その中でも、アナトリアのカイセリの**ドネル・キュンベット**(1276頃)は最も有名なものである。その12角形の塔身は全ての面がブラインド・アーチで囲まれ、同じモティーフは円錐形の頂部にも繰り返されている。浅いムカルナスのコーニスが塔身を2つに分けている。下の部分は、方形の四隅のところでトルコ式ペンデンティヴによって面取りされ、方形平面の基部から多面形の塔身への移行を無理のないものにしている。装飾されたフリーズ、浮彫、装飾パネル、ムカルナスで上部を飾られた扉と、アルメニアから着想を得た浮彫彫刻などが、この小さな建築をこの種の建築の最高傑作にしている。この種の建築では他に、カイセリの**マフペリ・クハトゥンの墓**(1237)や、これに似ているが時代の早いディヴリーイの**シッテ・メリク・グンバド**(1196)がある。

多数のドームを架けるペルシア式のモスクは、西はアナフの**メシェッド・モスク**から東はバルフまで数多くみられる。バルフの**ノ・グンバド・モスク**(9世紀末)は最近になってそれと確定されたばかりである。これら

イスラム世界の建築

A サーマーン朝のイスマイルの墓廟、ブハラ（905-10 頃）
p.639 参照

B グンバド・イ・カブスの墓、グルガン（1006-7）
p.639 参照

C 星形ミナレット、バフラムシャーのモスク、
ガズニ（12 世紀半ば）　p.641 参照

D チフテ・ミナーレ・マドラサ、シヴァス（1271-72）
p.644 参照

のモスクはこの時代に一般に日干レンガや粗石に泥モルタルで建設されていたが、ほとんどがセルジューク朝やモンゴルの時代に再建された。したがって、非常に普及していたにもかかわらず、本来の建築材料と形態のまま残っている例はほとんどない。しかし、そのような例であるヤズド近郊の**ファラジ**の**金曜モスク**（9または10世紀）は、中庭をめぐる単純な日干レンガ造のアーケード、2ベイからなる礼拝室、非常に早い年代の円筒形ミナレットで構成されている。砂漠の南端に位置するこのファラジの遺構と、都市的環境に建てられたモスク、**ナイン**の**マスジッド・イ・ジャーミ**（おそらく960頃以前）を比較することができる。後者は早い年代のミナレットを持っている点で重要である。なぜなら、このミナレットは重厚な正方形断面のシリアの先例から細い塔身を持つペルシア形式への移行を示しているからである。10世紀中頃から末にかけて再建されたモスクのミフラーブの周辺は、豊かで感動的なスタッコのアラベスク模様で飾られている。その奔放な豊かさと素朴な不規則性の中には、サーマッラーで発展した形態も見出される。

現存するセルジューク朝時代のモスクの中で重要なものには、ペルシアでは、**ザヴァレフ**（1135-36）、**アルデスタン**（11-12世紀）、そして特に**イスファハン**の**大モスク**（11世紀）がある。イスファハンの大モスクは他の建物同様、イスラム以前の神殿であり、7世紀からモスクとして使用されていた。この時代の集会モスクは、ペルシアに伝統的な4イワーン型平面で建てられ、礼拝用イワーンの背後にドームの架かった礼拝室が配置されている。このようなドームを架けた礼拝堂への発展は11世紀のイラン高原で起こったと思われる。冬期の礼拝者にとって屋根のある空間が好ましいことは強調するまでもない。イスファハンではこの形式が完全に発達している。現在のモスクはいくつかの異なる時代の建設の総体であるが、なかでもセルジューク朝の石工の仕事は傑出しており、**グンバド・イ・カルカ**においてその頂点に達している。これは君主のための接見の広間として建てられたドーム付きの部屋である。ミフラーブはなく、1088年から1089年の年代が与えられている。内部はさまざまな模様で積まれたレンガと部分的に挿入されたスタッコ彫刻で装飾されている。正方形の部屋はカスプのあるスキンチによって上部で八角形のドラムに移行し、さらに張り出したスキンチの輪によって最終的に円形へ置き換えられる。直線のリブの複雑な模様は、ドームの五芒星形のリブに収束する。中庭に面したムカルナス付きの4つのイワーンは、2階建のアーケードで結合されている。礼拝広間となっているイワーンは、ミフラーブの前に

あるドーム付きの礼拝室に対して開いている。セルジューク朝時代には、イワーンと長方形の周壁との間は多柱式広間で埋められていた。その後このモスクは北側に拡張され、西側のオルジェイトゥのミフラーブを含めて、繊細なアラベスクの浮彫スタッコで装飾された重要な部屋がつくられた。建物全体はトンネル・ヴォールトや交差ヴォールト、ドームの架かった部屋で構成され、120×90 mの広さを占めている。ほぼ11世紀から12世紀にかけて、全体がレンガで建てられている。セルジューク朝の工匠は、二心および四心のアーチ構造、構造体としてのムカルナス、スキンチ、ドーム、交差ヴォールトなどを見事に使いこなしている。**グルペガン**の**金曜モスク**（1105-18）の優美な礼拝室も同様の特徴を持っており、この形式の代表といえよう。

アジアに点在した多くのセルジューク朝のキャラバンサライの遺構の1つ、**リバート・イ・シャラフ**（1114および1155）は、ペルシア北部と中央アジアを結ぶ道路上に残っている。中央の中庭には4つのイワーンがあり、建物はスタッコとレンガ彫刻で豊かに装飾されていた。入口は、力強いクーファ書体の銘刻文のフリーズで縁取られた、手の込んだ幾何学模様の重厚な枠組みで囲まれている。

アフガニスタン南部の**ラシュカリ・バザール**にあるガズナ朝の宮殿（12-13世紀）は、同様の文脈で読み取ることができる。当初の形は、周囲を厚いバットレスの付いた壁で囲まれ、中心に中庭があった。中庭は軸線で二分され、この軸線の両端に外向きと内向きのイワーンがそれぞれ配置されていた。2層のブラインド・アーケードが中庭を取り囲み、接見の広間は、イワーンの背後にドームを持つセルジューク朝の大規模なモスクの形式を反映している。

セルジューク朝はアジアの広い地域に注目すべき一連の塔を建設した。12世紀半ばの星形のミナレットが**ガズニ**の**バフラムシャーのモスク**（p.640C）に残っている。上部は破壊されているが、塔の下方の波打つ表面には複雑ですばらしい幾何学装飾をみることができる。**ジャーム**の**ゴール朝のミナレット**（p.642A、1191-98）は同じ時代のもので、アフガニスタン中央部の岩の多い谷に孤立して建ち、よい状態で残っている。高さはおよそ60 mで、先細りの円筒形の塔身が、現在も一部埋もれている八角形の基礎部分の上に建っている。ミナレットの塔身の装飾は、レンガによる銘刻文の浮彫と幾何学模様とが交互に配されている。ブハラでは、後の**カリャン・モスク**（1514, p.642B）に、1127年に建てられた同じ名前のミナレットが残されている。これは、装飾された先細りの円筒形の建物である。高さは

A ゴール朝のミナレット、ジャーム(1191-98)　p.641 参照

B ミナレット、カリャン・モスク、ブハラ(1127)　p.641 参照

第 18 章　中央イスラム世界各地の王朝とムガル朝以前のインド　　643

A　インジェ・ミナーレ・マドラサ、コンヤ（1260-5 頃）
p.644 参照

B　カワト・アル・イスラムのモスク、デリー（1197-1225）
p.645 参照

C　アラ・イ・ダルワザ（1305）、イルトゥトミシュの墓廟、
デリー　p.645 参照

D　ルクン・イ・アラム（1320-24）、ムルタン　p.645 参照

46 mほどで、保存状態はよく、大規模建築のうちでモンゴルの侵攻後も残った唯一のものである。**サヴェースの金曜モスク**(1110)の塔は、下の部分しか残っていないが、カリヤン・モスクのミナレットによく似ている。しかし、レンガの装飾帯はもっと精巧なつくりであったようだ。**バグダードのクハリフィエ**のミナレットもこれに類似した例である(1289)。かつてこれらの塔を備えていたモスクは今は存在しない。現代に建てられた**モースルのヌル・エド・ディン・モスク**に付随しているミナレット(1170-72)もまた重要である。レンガ造の円形の塔身は傾いているが、近年になって補強された。表面はさまざまな水平帯や装飾で飾られている。

スルタン・サンジャル(1118-57)のもとで、東方のセルジューク朝の勢力は**メルヴ**(マリ)に集中し、スルタンはここに自ら**スルタン・サンジャルの墓廟**(1157)を建設した。現在はその葬祭建築のうち、ドームの上部が失われた墓廟のみが残っている。レンガ造の重厚な基部は、深いくぼみを持つ尖頭アーチのアーケードで覆われていた。ドームの高さは37 mで、外側の表面は緑青色のタイルで仕上げられている。内側にはいずれも彫刻されたレンガとスタッコの装飾帯があり、スタッコの一部にはレンガの嵌め込み細工が施されている。

カズヴィーンのハイダリヤ(12世紀)は、ペルシアにいくつか残っている初期のマドラサの1つである。その高い小礼拝室は、周りを取り囲む小部屋から劇的に突出して中庭の景観を支配している。中庭の軸線上には、イワーンが小礼拝室に対置され、側面には入口があった。

ところで、小アジアでのセルジューク朝建築の豊かな遺産には、マドラサ、キャラバンサライ、モスク、墓廟の他、民間建築も含まれている。南岸のアランヤでは、城塞の壁の下方に、アレッポ出身の建築家によって建てられたヴォールトの架かった**造船所**(1226)がある。隊商の通る街道沿いには**スルタン・ハン**(1232-36)や**アグジグハラハン**などに大きなキャラバンサライがみられる。後者はムカルナスで装飾された玄関を持ち、中央の複数の中庭には独立した複数の小さな礼拝室が設けられていた。これらの中庭は、洞窟のような石造天井が架けられた人間と家畜用の宿所で囲まれている。交易路沿いのこれほど大規模でないキャラバンサライでも、洗練された優美な装飾の礼拝室と壮麗で高い玄関を備えている場合が多い。アーチで開口するササン朝起源のイワーンは、この時代に建物入口を縁取る高いファサードを形成する構造物に定式化され、その規模と装飾によって、背後に存在する建物に権威を与えていた。セルジューク朝時代の小アジアでは、玄関に2本のミナレットが設けられたが、この形式はその後ペルシアと結び付けて考えられるようになる。**シヴァスのギョク・マドラサ**(1271)はこのような2本のミナレットを、ムカルナスで頂部を飾ったた大きな入口の両側に配している。入口全体はフリーズと刳形によって重々しく囲まれている。この形態は絡み合う陰影の深い壁面装飾によって強調されている。**チフテ・ミナーレ・マドラサ**(1271-76、p.640D)と**ギョク・マドラサ**は、ともにシヴァスに1271年に建てられ、互いによく似ている。この伝統を表現する建物は、他の場所でも建てられた。特に**エルズルムのチフテ・ミナーレ・マドラサ**(1273)は同様の例である。この伝統は他の地域の建物でも繰り返されている。**コンヤのインジェ・ミナーレ・マドラサ**(1260頃-65、p.643A)では、豊かな装飾のある非常に高いミナレット(現在はかなり破壊されている)がモスクに付随している。ここでは、マドラサはもっと小型に凝縮され、元来屋外であるべき中庭はドームで覆いうるほどに小さい。この建物は極めて印象的な玄関の装飾で有名である。節のある刳形や渦巻形は、小アジアのセルジューク朝の建築家の独創性を表す風変わりな表現である。彼らの建てた民間建築はほとんど残っていないが、**ディヴリーイ**にあるモスクと病院の複合建築(1229-)は例外的に残っている。単純な外壁の中にモスクと病院が隣接して建てられている。入口の浮彫は他に類をみないほど豊穣で、派手な造形のこの地方でもこれほどのものはない。また、この建築はイスラムの建物の通常の構成とは異なっている。このモスクは全体に屋根が架かっており、25個のヴォールトないしドームが礼拝広間の16本の円柱によって支えられている。ミフラーブが設けられた壁の背後には小さな庭があり、イワーン対置型の平面を繰り返している。その間の空間には入院患者のための小部屋がある。大規模な実用建築としては、1147年に建設された**バトマン・ス**の橋がある。これは18 mの高さの巨大なアーチが30 m近いスパンを渡している。当初は衛兵の詰所とキャラバンサライも付随していた。

セルジューク朝時代、インド北部には絶えず外部からの侵略が続いていた。すでに8世紀前半から西のシンド地方(現在のパキスタン南部)にアラブ人が侵攻していたが、ガズナ朝は、10世紀末からおよそ200年間、パキスタンのラホールにいたるまでの領域を支配した(アッバース朝の宗主権下ではあるが)。インドに侵入する全てのイスラム勢力は、ペルシアからアフガニスタンを経由した。ガズナ朝は北西インドのヒンドゥー教の諸王国を蹂躙しながらも、彼らの領土内では、あまり創造的な活動は行わなかった。ゴール朝の**マフムード・アル・ゴーリ**(シハーブッディーン・

ムハンマド）がガズナ朝に反旗を翻し、12世紀末までにラージプートの諸侯を倒して、その将軍クトゥブ・アッディーン・アイバクが1206年デリー・スルタン朝を開いた。これは中央アジアと南西アジアへの最初のモンゴルの侵攻（チンギスハンは1219年にサマルカンドとブハラを征服した）の10年ほど前である。イスラムはインド北部と西部で十分にその支配を確立し、その後2世紀間、モンゴルの力がこの地方に広く及ぶまで発展を続けた。ティムールの侵攻とそれに続くヒンドゥー教徒の虐殺は非常に過酷であったが、比較的に短期間にとどまり、1世紀あまり後に、ムガル帝国の建国者バーブルがアフガニスタンから南東部に進軍してくる。バーブルがイスラム信仰に帰依したことは16世紀半ば以降、ほぼインド亜大陸全域の建築の発展に影響を与えることになる。

デリーにある**ムハンマドの墓**（1231頃）は、モンゴル侵攻以前の建物で残っているわずかなものの1つである。デリーの平原に小さな要塞のように建ち、角にある小塔が方形の墓壇に変化をつけている。壁の内側にはアーケードが設けられている。シハーブッディーン・ムハンマドの征服において最も活躍した将軍アイバクは、デリーの近くのヒンドゥー教寺院を改築して、**カワト・アル・イスラムのモスク**（1197-1225、p.643B）とした。このモスクのミナレット［訳註：クトゥブ・ミナール］の上層は1396年に再建されているが、この塔がガズナ朝のミナレットから影響を受けたことは、その星形の平面から明白である。一方、外部から工匠を導入したことは、ムカルナス付きの4層のバルコニーが示している。アラビア文字の装飾帯が幾何学模様や花模様と交互に配されている。このミナレットは長方形のモスクの建築群の外に建ち、モスクの比較的小さな礼拝広間は複数の低いドームで覆われていた。モスク全体は25年のうちに、列柱廊付きの中庭によって囲まれた。この列柱廊はモスクと同様、既存の建物の部材を用いて建てられている。建設の第2期のものとして**イルトゥトミシュの墓廟**（1235頃）がある。これは大規模に拡張されたモスクにシャムス・アッディーン・イルトゥトミシュが付け加えた墓廟で、その内部では壁付きアーチが持送り積みのドームを支えている。その重要性は内部のすばらしい装飾にあり、ヒンドゥーのモチーフとイスラムのデザインが結び付いて組み模様を形成している。モスクの拡張工事はハルジー朝の時代にも続き、最初のミナレットよりさらに大きなミナレットの工事すら開始されたが、唯一完成した主要建物は**アラ・イ・ダルワザの門**（1305、p.643C）のみであった。この門はペルシアやアフガニスタンのイスラム美術の影響力がインド北部で増大しつつあったことを物語ってい

る。

トゥグルク1世［訳註：トゥグルク朝の創始者ギヤース・ウッディーン・トゥグルク1世］は、トルコ人とモンゴル人の混血の家系で、パンジャブ低地の支配者として台頭した。彼はこの地方の**ムルタン**に現在**ルクン・イ・アラム**（1320-24、p.643D）として知られている墓廟を建てた。彼はスルタン即位の際にムルタンを離れ、首都デリーに居を移した。この建物は彼の霊的指導者ルクン・イ・アラムに献上された。八角形の高い2階建の建物で、半球形の高いドームをのせる。下の階では、わずかに縦勾配をつけられた壁体の角の部分に、先細りの円形のバットレスが立ち上がって変化をつけている。また、2階の垂直性が全体の構成の演出効果を高めている。2階は青色を主としたタイル装飾に繊細なフリーズと棟飾りが組み合わされ、平滑ないし彫刻された黄色いレンガ積みと対比をなしている。ペルシアの影響はこの墓廟の他に、ムルタンあるいはインダス川流域の別の場所にあるこの時代の墓廟にもみられる。

1321年、ギヤース・アッディーン・トゥグルクはデリーに新しい都を建設した。その市壁はほとんど崩壊しているが、現在のデリー郊外に残っている。数世紀にわたって採石場と化してしまったが、都の建物は簡素な美しさを持ち、アーチ構造の原理を確実に使いこなしている点は中央アジアの影響を物語る。唯一残る遺構は町の外の、かつて湖だった岩だらけの丘陵にある。この多角形の**ギヤース・ウッディーン・トゥグルクの墓**を納めた城塞（1325）に行くには、土手道（現在は湖ではなく野を横切っている）を通ってアプローチする。側面がかなり内傾した基部の上に直接低い八角形がのり、尖頭のドームを支える。1つ1つの扉口は、赤い砂岩に白大理石の象眼が施されたフリーズで縁取りされている。この2つの材料の組合せは、その後の数世紀の間インド中心部の重要な建築に使用されることになる。

デリーの近くの**ベガンプリ・モスク**（1370頃）は、これと同時代のモスクである。大きな基壇の上に建てられ、軸線上に3つの入口を持つ。中庭では大きなイワーンがそれぞれの面の入口を形成する。最も大きなイワーンはドームの架かった礼拝広間に通じているが、ドームそのものはイワーンの背後に隠れてみえない。ここでは圧倒的なイワーンと、3連アーチを持つ礼拝広間との間にデザイン上の葛藤がみられる。

デリーの**ヒルキー・モスク**（1374頃）はこれと対照的な例である。ここでは方形の囲い壁が基壇の上に立ち上がり、同様に軸線上の3つの方向に入口が設けられ、角は小塔で飾られている。しかし、内部は対称に区画

され、4つの中庭を除いて全体に屋根が架けられている。ミフラーブの前の一群のドームは、礼拝室の焦点を特に強調している。

ティムールは、オスマン帝国に対して北方と西方に向けて軍隊を送る前に、デリーを1398年に略奪した。ティムール朝の支配のもとで、インドはティムール朝の首都サマルカンドとペルシア建築の影響を強く受けるようになった。その間、イスラム教はヒマラヤ地方にまで浸透し、**シリナゲルの大モスク**(1398-1400)が建てられた。このモスクはこの地方固有の木造建築とイスラムに伝統的な中庭式平面とを統合している。当初の建物は外壁も含めて完全に木造であったと考えられている。中庭の四面のアーケードはほとんど奥行が同じであるが、主要な礼拝室の一部には、パゴダ風の傾斜屋根を持つ地方的な形態のドームがのっていた。

グルバルガの**大モスク**(1367)では、5000人の信者を収容できる礼拝空間全体に、石造の尖頭アーチで支持された多数の小ドームが架けられている。外側の廊には尖頭トンネル・ヴォールトが架けられている。ミフラーブの前の大ドームは小さな9つのベイを覆い、隅の部分には小ドームが架けられた。このデザインはインドでは他に例がなく、ペルシアの影響が及んでいるのかもしれない。

インドの西海岸グジャラート州の**カンベイの大モスク**(1325)は、大きな3連アーチのパヴィリオンとしての礼拝堂を確立した。この礼拝堂は、周囲を囲むアーケードの上に高くそびえ、そこから突出している。グジャラート様式にはっきりみられるアラビアの影響(とりわけ1411年に建設された首都のアーメダバードで顕著である)は、他のイスラム世界と海を介して直接接触していたためかもしれない。**アーメダバードのサイド・アラムのモスク**(1412)はカンベイのデザインを繰り返しており、一方その10年後の**アフマド・シャーの金曜モスク**(1423)は3ベイで構成されたポーティコから3廊の建物に導かれる。このモスクの中央廊は他の廊より高く、全体は凱旋門を思わせる。この建物はグジャラートの礼拝広間の形式として後世に影響を与えた。

礼拝室の中央のアーチを強調することはグジャラート州や西ベンガル州のガウルで発展したが、**ジャウンプルのアタラ・モスク**(1408)では、さらに次の段階へ進んでいる。重厚なアーチで開口する玄関は23mの高さで、1組の先細りの塔を持つ。塔の間には大きなイワーンがあって、ドーム付きの中央の礼拝室への入口を隠している。中央部分のこのような強調は、西方のデリーのトゥグルク朝の影響と、東方のガウルにおいて発展した様式とを結び付ける試みであったのかもしれない。イスラムの正統的な形態を採用しようとする新たな傾向が、**マンドゥの金曜モスク**(1440-54)に認められる。マンドゥは1398年にアルプ・ハンによって建設された山岳地帯の首都である。中庭をめぐるアーケードは一群の小ドームで覆われている。一段と高い腰高の大ドームは、突出した玄関広間の上部と、礼拝室のミフラーブの前面の上部とにそれぞれ用いられている。すばらしい「**マンドゥの城壁**」にも、ティムール朝の城壁の影響がうかがわれる。15世紀の終わりにロディ朝がティムール朝を継ぎ、デリーに小規模ではあるが重要な**モトキ・マスジッド**(1505)として知られるモスクを残した。このモスクは3つのドームが架かった礼拝室を持つが、この形式はその後インドのモスクで一般的となる。それぞれのドームがそれぞれのミフラーブを持ち、中央のベイはドームをわずかに拡大することによってのみ強調されている。伝統文化の影響も受けているが、銘刻文のフリーズ、ムカルナスのペンデンティヴ、彩釉タイル、彫刻スタッコなどは、イスラムの中央世界を想起させる。さらに、14世紀初期の重要な建物で広く用いられていた、白大理石を象眼した赤い砂岩の使用が復活している。

イスラムの創造活動の中心地域は、8世紀にはシリア、9世紀から12世紀にはメソポタミアであったといえるが、その後はセルジューク朝とともに小アジアとペルシアに、さらにティムール朝とともに南部中央アジアに移った。モンゴルの時代が過ぎると、エジプトとシリア、スペインとモロッコの影響は地方的なものにとどまり、イスラム様式の発展の重心はペルシアとティムール帝国に移る。帝国の首都サマルカンドはアッバース朝のバグダードにかわって世界の注目を浴び、発展の中心地となる。

モンゴル人によるすさまじい破壊活動にもかかわらず、メソポタミアは回復した。その中で残っているすばらしい遺構の1つに**バグダードのカーン・ミルジャン**(1357-60)がある。このカーン[訳註：都市のキャラバンサライ]はマドラサを支援するワクフ(喜捨組織)で、現在ミナレットと玄関部分が残っている。このカーンの中庭は、一連の巨大なレンガ造のアーチと、その間に挿入された横方向のヴォールトで覆われている。そして、この横方向のヴォールトが階段状になっているために、例外的に屋根から採光されている。玄関の区域と通路は、線状の幾何学模様が刻まれたレンガ彫刻によって華やかに飾られている。中庭に面するバルコニーは、力強いムカルナスによって支えられているが、このムカルナスは内部にも一様にめぐっている。

建物の内外の表面を装飾する彩釉タイルの使用は12世紀から顕著に増大し、西アジア(トルキスタン)のサマルカンドの南西にある**メルヴのサンジャルの墓廟**

第 18 章　中央イスラム世界各地の王朝とムガル朝以前のインド　　647

A　シャーヒ・ジンダ、サマルカンド（13-15 世紀）　p.649 参照

B　グーリ・アミール、サマルカンド（1404）　p.649 参照

648 | イスラム世界の建築

オルジェイトゥの墓廟、スルタニエ(1300頃-7)。この墓廟のドームは二重殻である　p.649参照

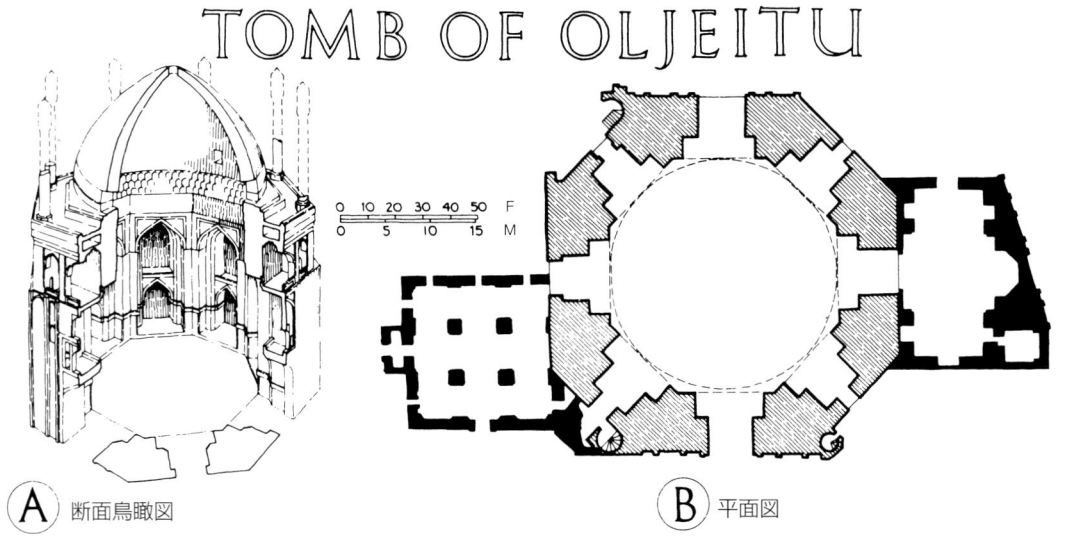

Ⓐ 断面鳥瞰図　　　　　　　　　　Ⓑ 平面図

オルジェイトゥの墓廟

(1157-60)では、ドームの表面が全てタイルで覆われている。

中央アジアの建築様式の特別な痕跡が**サマルカンドのシャーヒ・ジンダ**(13-15世紀、p.647A)の墓地にみられる。ここには以前、預言者マホメットの従兄弟にあたる人物が低い丘の頂上に埋葬されており、その墓に建てられた小堂は、1220年のチンギス・ハンの破壊を免れたらしく、13世紀末から14世紀中頃に修復が行われた。その後この周辺は共同墓地となり、14世紀末から15世紀中頃のティムール帝国の貴族の墓を加えて拡張され、スルタンのウルグ・ベクによって効果的に墓地を仕切る門が建設された。この共同墓地は墓でひしめいていたが、現在ではそのうちさまざまな外形と仕上げを持った墓が20棟以上残っている。高いドラムにのったリブ付きのドーム、陶タイルのモザイク仕上げ、模様を描くレンガ彫刻の大胆な使用など、あらゆる建築形態がこの実験的な機会を捉えて用いられている。ドーム付きで立方体の典型的な墓廟は、入口として奥行の浅いイワーンを持っていた。青緑色、濃青色、緑などの色の陶タイルが効果的に用いられているが、その後の建物においてはこれに黄色と黒が加えられる。

ペルシア西部にある**スルタニエのオルジェイトゥの墓廟**(1300-7頃、p.648)は、モンゴル帝国の首都として建設された新都市の唯一の名残りである。緑青色のタイルで仕上げられた尖頭の二重ドームは50mを超える高さで、アーケードで開く八角形の基礎の上に立ち上がっている。内部は彫刻と彩色を施されたスタッコによって装飾されていた。今は下の部分しか残っていないが、8本のミナレットが、巨大なレンガ造の八角形の建物のそれぞれの角に建っていた。セルジューク朝の建物の中で一級の価値を持つこの建物は、近年、部分的な修復と保存活動によって、風化に歯止めがかけられている。

14世紀の終わりにティムールは、北方のイスラム圏を略奪して首都サマルカンドの財政を潤し、大規模な建設事業に取りかかった。彼が建設を開始したのは、サマルカンドの巨大な**ビビ・ハヌム・モスク**(1399-1404)である。内側の中庭はおよそ87×63mの大きさで、主門は高さが40mある。480本の円柱で多数のドームを支える空間が、中庭を取り囲んでいた。計画では8本のミナレットが立つはずであった。陶タイルをかぶせたレンガを用いて、細かいパターン模様のパネルがびっしり並べられていたが、現在でもその大部分が残っていて、修復の手掛かりとなっている。ティムールが没した時、このモスクは未完成であった。彼は**サマルカンドのグーリ・アミール**として知られる葬祭用の複合建築(1404、p.647B)の中に葬られた。彼の墓廟は、墓、マドラサ、キャラバンサライを含むこの複合建築の中心的な建物である。異常に高いドラムの上には高くそびえる葱花型のドームがのっているが、このドームは、感銘を与えるほどの高さを要求した皇帝を満足させるために建て直されたといわれている。壁体の表面は陶タイルと大理石で覆われ、ヴォールト自体は金と青の組合せ模様の象眼により、幻想的かつ完璧に仕上げられていた。外側は頂部が失われているが、ややひょろ長く、プロポーションが不安定である。本来のドームは複雑で高い下部構造の中から立ち上がっており、階段状のメルロンの付いたパラペットを備えていた。

ティムールの後継者たちは、巨大建築狂ともいうべきティムールの情熱を受け継がなかった。それでも彼らの建てた建築はすばらしく、多様性に富んでいる。15世紀初めに、**サマルカンドにウルグ・ベクの天文台**が建設された。円形にアーケードを配したこの建物には、巨大な石造の六分儀と他の補助的な道具、そして天体の動きを示した精巧な図表があった。町の中心には**ウルグ・ベクのマドラサ**(1417-20)が中央広場(レギスタン)にそびえている。それぞれのイワーンは高い印象的なアーチで縁取られている。ほっそりしたミナレットがバットレスから立ち上がるかのように、それぞれの角から立ち上がっている。

これより少し早く、同じ施主によって**ブハラ**にこれより小さなマドラサが建てられた。この2つのマドラサにおいて伝統的な中庭式平面は、四隅に十字形の小部屋を加えて拡張されている。時間の中にほとんど置き去りにされて、**チェシュメ・アユーブ**(アユーブの泉: この墓には有名な泉が湧いている)として知られるアユーブの大学と墓(1380)がある。尖塔を備えた墓廟は、採光塔のあるドーム付きの空間を次々と軸線上に並べた一番奥にあり、この地域のセルジューク朝時代の建物では唯一のものとなっている。ブハラはモンゴルの時代においても偉大なカリャン・モスクとミール・アラブ・マドラサを擁する中央アジアで最も豊かな町であり続けた。このマドラサには、これより時代の早いカリャン・ミナレット(p.641参照)が付随している。ただし、これら2つの建物は現在16世紀初めのものにかわっている。ブハラは浴場や市場など他の世俗建物も豊富である。市場建物としては、多数の店舗を持つ16世紀の**タキ・ザルガラン**(高い中央ドームは道路の交差点の上に位置する)や、ヴォールトが架かる多角形の**タキ・ティルパク・フルンシャン**などがある。ブハラの町の外には**チャル・バクル**の完全な建物群がある。これは1560年から1566年にかけて建てられた、大学、墓、モスク、図書館、浴場、修道院、

宮殿規模の住居群を含むものであり、巨大な門を入口としている。これを建てたのはアブド・アラー・ハーンであった。

イチャン・カラ（城壁の内側）を含む町**ヒヴァ**は16世紀末に、ブハラやサマルカンドをモデルとして建設された。ここには、**イスラム・カワジャ**と**シェル・ガザ・ハン**の2つの**マドラサ**、カリヤン・モスクをモデルとしたミナレットが付随する大モスク、高いドームを持つ**パフラヴァン・マフムードの墓廟**、いくつかの浴場や市場があった。

14世紀に建てられた**ウルゲンチ**の**テュラベク・ハヌムの墓廟**（1330頃、あるいはそれ以前）はスーフィー朝による建立である。実際は六角形であるが、外側はそれぞれの面に深く嵌め込まれたムカルナス付きの窓によって12角形になっている。高い円錐状の尖頭ドームは、外側の青い陶タイルがかなり失われているが、内側はこの時代のおそらく最も優れた幾何学模様のタイル・モザイクを残している。

イラン砂漠の南側の**ヤズド**の**金曜モスク**は1375年に工事が開始されたが、15世紀に入るまで延々と断続的に続けられた。最も早い部分はミフラーブとドームの架かる部屋である。これはアーケードで囲まれた長方形の中庭に面した大きなイワーンの背後に位置していた。中庭の側面の入口は、礼拝用のイワーンのすぐ近くにあった。その他の開口は礼拝室にはみられない。礼拝室は天井が高く、レンガ壁の表面には彫刻したレンガを挿入した簡素な装飾がみられる。広々とした入口と極めて高く細い2本のミナレットがある。モスク全体は陶タイルのモザイクとテラコッタの刳形で装飾されている。

サマルカンドの勢力が衰退し始めると、その地位は現在アフガニスタンにある**ヘラート**に奪われた。ヘラートの建物はその後の侵略によって大部分が破壊されてしまった。数少ない遺構の1つは、**ガウハル・シャードのマドラサ**（1417-32）である。高いドラムの上に腰高の尖頭ドームがのり、現在は当初意図されていたよりも露出している。ミナレットは1本だけ残っている。タイル・モザイクはかなりの部分が残っており、濃青色や紫色を用いたモザイク・パネルの間に鋭い対比をなす仕切りとしての白大理石を挿入しているのが特徴である。内部のムカルナスは細かく発達し、三角形や放射状パネルを持つ複雑な網状組織を形成している。一方、壁体の表面はタイル・モザイクで覆われて輝いている。ドームの外殻はティムールの墓廟と同じように、陶タイルで表面を覆われた円形断面のリブを持ち、ムカルナスの持送りで終わっている。残念ながら最近の戦闘により、この建物はさらなる被害を被った。

後期のティムール朝の建物の中で、**バルフ**の**アブー・ナスル・パルサの廟**（1461頃）は、使用目的が不明のドーム付き建物だが、デザインは円熟して力に満ちている。大きならせん形の複数の小円柱に囲まれた玄関の両脇には1組のミナレットが建っている。ドームの力強い丸いリブはタイルを用いたムカルナスの持送りで終わり、その下にはカリグラフィのフリーズで飾られたドラムがある。

訳／辻本敬子

イスラム世界の建築

第 19 章
サファヴィー朝ペルシア、オスマン帝国、ムガル朝のインド

サファヴィー朝ペルシア

16世紀末、ペルシアの知的・芸術的な活動の全重心はサファヴィー朝の首都イスファハンに集中した。ここでは中世の町の南側に新しい町が建設された。その中心は有名な**メイダン**(広場)であり、イスラム君主が使用した外部空間で改変されずに残っている数少ない1つの例である。メイダンは民衆が集まる場所というよりは、球技場としてつくられた。長軸の端はスークの主要道路とつながり、その反対の端には王のモスクが位置していた。新しい町全体は一連の集中式平面の庭園を組み入れ、軸線に沿った計画がなされている。

イスファハンのアリ・カプ(1598)として知られているパヴィリオンは、前の時代の建物の上に、メイダンを見渡す形でつくられている。柱の立ち並ぶ高いバルコニーの背後には、天井の高い中央広間を含む複雑な8階建の建物が隠されている。注意深く修復された彫刻、彩色を施されたスタッコ天井、貝殻形ムカルナスのヴォールトに、この特異なペルシア式細部の発達の頂点がみられる。このパヴィリオンの反対側にある小さな**シェイフ・ロトゥフォッラーのモスク**(1601-17)は、陶タイルのアラベスクで覆われた低いドームをのせ、タイル張り仕上げのファサードは、メイダンの2階建のアーケードの一部をなし、少し後退している。ファサードの焦点は、豊かなタイル仕上げのムカルナスを持つ玄関である。当初のタイル・モザイクは内部に残っている。

イスファハンの宮殿は、左右対称に計画された庭園の中に点在する多数の独立した建物からなる。そのうちの1つである**チェヘル・シトゥン**(1645頃)は、高く風通しのよい建物で、柱の並ぶ縦長の広間に夏の涼風が取り込まれるように設計されている。幅広く高いベランダは20本の細い円柱で支えられ、その下に夏の風を楽しむ居所と周囲に涼を与える池がある。

イスファハンのメイダンの支配的な建物は**マスジッド・イ・シャー**すなわち「王のモスク」(1612-38、p.652A、現在はマスジッド・イ・イマームと呼ばれる)である。このモスクは軸線の変化に巧みに適応している。その玄関の両脇には33mの高さのミナレットが立ち、巨大な門を形成している。訪問者は最初に深いベイに入り、ここを通って低いドームの架かった暗い空間にいたり、ここを抜けるとキブラの軸線上に出る。タイルは圧倒的に青が多く、青緑色の渦巻模様の刳形で効果を高められている。大きな尖頭のドームはイワーンの横に配される1組のミナレットによってひきたてられている。

これらのイスファハンのサファヴィー朝建築の輝かしさと豊かさは、イランとイラクの両方に影響を及ぼしている。しかし、現在では政情安定の時期でさえ、これらの主要な聖所を訪れるのは、極めて困難である場合が多い。**メシェッドのイマーム・レザの墓廟**(9世紀以降)は、キャラバンサライ、礼拝室、図書館、宿舎、マドラサ、モスクおよび多くの副次的な建物を内包している。神秘的雰囲気と美しい色が浸透し、建築を創造的で活気に満ちたものとしている。それぞれの廟の間での競争が、地方的な派生型を生み出す原動力となった。たとえば、クム、ナジャフ、カルバラー、カーディマイン、サーマッラーなどの、さらに西方の都市においてである。しかし、地方ごとの独創性にもかかわらず、これらの派生型の中にはシーア派の信仰とペルシア趣味の象徴となる、明確な性格的統一性が存在する。**バグダードのカーディマインの墓廟**(9世紀、16世紀およびそれ以降)は二連ドームの墓廟に低いドームの架かる礼拝室が組み合わされ、サファヴィー朝ペルシアを想起させる双子のミナレットで飾られている。

サファヴィー朝は、道路と緊密に結び付いた橋梁構造物も発展させた。たとえば、**イスファハンのプル・**

A マスジッド・イ・シャー、イスファハン(1612-38)
p.651 参照

B マーダル・イ・シャーのマドラサ、イスファハン(1706-14)
p.653 参照

C イェシル・モスク、イズニク(1378-92)　p.653 参照

D ユチ・シェレフェリ・モスク、エディルネ(1438-47)
p.653 参照

イ・クハジ（1650 頃）は、上がアーケードで下は階段状のテラスであるが、川を渡る橋として、アーケード付き渡り廊下として、ダムとして、そして水辺の散歩道としての機能を持っていた。中央の八角形のパヴィリオンは、橋の両端にある八角形の半分の建物に対応している。全体はヴォールト、アーケード、水除け、バットレスが複雑に組み合わされた 2 層の構造物で、アーチの下端やスパンドレルには装飾が施されている。これより時代の早い、やはりイスファハンにあるアッラー・ヴェルディ・ハーンの橋（1600 頃）も同様である。

イスファハンのマーダル・イ・シャーのマドラサ（1706-14, p.652B）は、4 イワーン型の伝統的なマドラサの遅い例である。ここでは、シャー・アッバース時代の腰高の尖頭ドームの形態と、広い庭園の周囲を囲む奥行の深い 2 階建アーケードを結び付けている。この庭園は軸線上を水路が走っていたが、これは古典的なパラダイス・ガーデンである。

オスマン帝国の時代

13 世紀から、トルコ系の諸部族は小アジアを通って西方に急速に移動し、ビザンティンの抵抗に直面しつつ、彼らが定住した環境から多くを学んで建築を発展させた。200 年の間に彼らは独自の様式を発展して定着させ、現代まで存続させた。彼らがつくりだした様式は、その後まもなく**イズニクのイェシル・モスク**（1378-92, p.652C）にみられる。これは、アナトリアの辺境にオスマン朝が最初に建てた小規模なモスクの典型的な例である。玄関部分は礼拝室の躯体と同じ高さを持つ。礼拝室は正方形平面でドームが架けられている。ミナレットの仕上げには緑色の釉薬をかけたレンガが用いられ、表面に単純でリズミカルなパターン模様をつくりだしている。それぞれの建築部分に単一のドームがのる。鈍重な典型的プロポーションで、ビザンティンの模倣を断固として拒絶する意志をみせている。このモスクは、オスマン朝の建物としては建築家の名（ハジ・ビン・ムサ）が特定される最初のものである。**ブルサの大モスク、ウル・ジャーミ**（1395-99）では、20 個のドームが 5 つずつ 4 列に並び、大きな礼拝広間を覆っている。さらに、**ブルサのイェシル・モスク**（1421）では、これとは別の形式がみられる。それは対置したイワーンを持つマドラサに起源を持つ形式だが、ここでは、中庭に大きなドームが架けられている。中央ドームの下に位置する泉水はこの建物の起源を思い起こさせ、大理石の格子でつくられたバルコニーの手摺は南西のイワーンを独立した礼拝空間として分離している。ブルサの他のモスクで幾分時代が早く建築的により単純なものとしては、**ムラド**（1366）、**イルディリム・バヤジット**（1391）、また**アマシヤのバヤジット・パシャのモスク**（1414-20）が挙げられる。

しかし、典型的なオスマン朝の建築様式が出現するのはヨーロッパである。ビザンティン帝国との戦争において、オスマン朝のスルタンはヨーロッパ側のトルコへ進軍した。コンスタンティノポリスが陥落する前に、彼らはトラキアのアドリアノポリス（現エディルネ）に首都を建設した。そして**エディルネのユチ・シェレフェリ・モスク**（1438-47, p.652D）は真のオスマン朝様式を持つ最初の大規模な建築で、それ以前のベイリク時代の特徴も保持している。交互に色違いに積まれた噛み合う迫石、二心アーチの多用、ムカルナスで装飾された柱頭と扉の上部、ゆるやかに膨らんだ鉛板葺きのドームなど、このモスクにおいて、これら全ての特徴が発達した端正な形をみせている。ミナレットは 4 本あり、そのうちの 1 本は高さが 67 m で、近隣の建物を圧している。このミナレットを飾る 3 段のバルコニー（ユチ・シェレフェリ）は、モスクの名前の由来となっている。また、このミナレットはオスマン朝独特の鉛筆形である。中央空間全体は高さ 20 m の六角形のドームで覆われている。礼拝空間の側面への延長部分は、それぞれ 2 つのドームが架けられている。

コンスタンティノポリスが陥落する直前、オスマン帝国は**イスタンブルのボスフォラス海峡の岸辺にルメリ・ヒサール**（1451-52）と呼ばれる大規模な要塞を建設した。この要塞は他のオスマン朝の要塞と同じように、円形の塔で補強された狭間胸壁付きの巨大な壁体からなる単純なもので、塔のいくつかは砦とするために拡張されている。ルメリ・ヒサールには 3 つの大きな塔がある。この 3 つの塔は、起伏のある入り組んだ海岸に沿って延びる壁体によって互いに結ばれている。もともとこれらの塔は、コンスタンティノポリスの北部郊外にジェノヴァ人が建てた、これより時代の早いガラタ塔に今でもみられるような円錐形の屋根を持っていた。

イスタンブルのファーティフ・モスク（1463-71）はアポストレイオン（聖使徒聖堂）に代えて建てられた、コンスタンティノポリスを征服したオスマン朝の最初の建物である。メフメト・ファーティフ（メフメト 2 世。ファーティフは征服者の意）による征服から 10 年とたたないうちに工事が始められたが、18 世紀に地震の被害を受け、建て替えられてしまった。このモスクはいくつかの学校や慈善施設によって囲まれ、オスマン朝の初期の世俗建築の中で最も規模の大きい建築群となっている。最初に建てられた礼拝室では、ミフラーブの

上の半ドームが中央ドームの推力を支えていた。これはドームと半ドームを構造上組み合わせるオスマン朝建築の初期の例として重要である。この構造形式は後にトルコの建築家が広く用いるようになるが、その起源は偉大なハギア・ソフィア大聖堂である。ハギア・ソフィアはオスマン朝のコンスタンティノポリス征服後、ただちにモスクに転用されていた。

イスタンブルの風変わりな**チニリ・キオスク**（1472、p.655A）は、ペルシアのパヴィリオンに多分に影響を受けている。十字形の中央部には低いドームがのり、その腕を形作る4室はタイルで装飾され、円柱の並ぶベランダとバルコニーで終わっている。十字形の腕と十字形に外接する方形との間は、独立した一連の部屋になっている。その集中式平面は後代に他の宮殿パヴィリオンや、ボスフォラス海峡、マルマラ海、黒海などの岸辺の住居（ヤリ）にも採用された。

エディルネの**バヤジット2世の優美な建物群**（1486-88）はトゥンカ川沿いに中庭を連ね、庶民や慈善目的の用に供されていた。マドラサ、病院、貧者用の厨房、食堂の上には、低い灰色のドーム群がのり、その上にモスクのドームと双子のミナレットがそびえている。マドラサは基本的には中世の大学であり、中庭の周囲には18個の学生用居室が並んでいた。また、病院は病室の並びに回廊が付き、ドーム付きの六角形の建物が居住域となっていた。オスマン建築が最初にその成熟と古典的形態を伴ってみられるのは、ビザンティン帝国から奪ったヨーロッパの土地に建つこの建物である。

イスタンブルの**バヤジットのモスク**（1501-8、p.655B）は、オスマン朝の皇帝が首都に建てたモスクのうち、現存する最初のものである。4本の太いピアが中央のドームを支えている。ドームの推力は、長軸上の2つの相対する半ドームが受けている。側廊はそれぞれ4つの小ドームが架かり、中央の礼拝空間と緊密に結合されている。身を清めるための中庭は、ドームの架かった定式の列柱廊で四面を囲まれている。しかし、モスクの前面にある遅れてきた礼拝者のための空間が拡張されて、2つの目立つ翼棟を形成している。翼棟の端部にはかなり離れて建つ塔があり、これに高く細いミナレットが建っている。この翼棟は接客用あるいは宿泊用の施設であったかもしれない。

イスタンブルの**シェフザーデ・モスク**（1544-48）は、建築家シナンによってスルタンであるスレイマン大帝のために建てられたもので、オスマン朝モスクを構成する諸要素の完璧な古典的関係を実現している。すなわち、浄めの泉のある方形の中庭がドーム付きのアーケード回廊によって囲まれ、中庭にはドームの架かった礼拝室が面している。礼拝室の西側の南北の角には細いミナレットが2本建っている。礼拝室の背後、ほぼ庭園の中心にあたるところにスルタン・スレイマンの世継ぎ**シェフザーデ皇子の墓**がある。石の嵌め込み装飾が例外的に施された八角形の塔にはリブ付きドームがのる。このドームは中央アジアの伝統を反映している。シェフザーデ・モスクでは中央ドームを四方から半ドームで支えている礼拝室の対称性が注目に値する。一方、4つの小ドームが方形平面の残りのスペースを埋めている。

イスタンブルの**スレイマニエ・モスク**（スレイマン1世のモスク、1551-58、p.656A、p.658D, E）は、スルタン建立の他のモスクと同様、一群の都市建築の中心になっている。このモスクの周りには、浴場、学校、大学、病院、店舗、公共食堂、墓地、役人や聖職者が住む住居などが建っていた。これらの建物全部が建築家シナンによって設計され、10年より短い期間で建てられた。その中には、斜面となっているこの区域にまず、モスクのための大きく水平な基壇をつくることも含まれる。シナンはこのモスクにおいて、近くのバヤジット・モスクやハギア・ソフィア大聖堂の先例にみられる構造に立ち戻っている。定位置にある2本のミナレットに加えて、浄めの中庭の西端にこれよりも低い2本のミナレットを建てた。スレイマン1世のモスクは大きな建物である（ドームは直径26mで、高さが52m）。ゆるやかな曲線を描く力強い鉛板葺きのドームは、外側に湾曲する軒で終わっている。この軒は、驚くほど細いミナレットの優美さと著しい対比を生み出している。内部では、陶タイルのパネルは少ないが、すばらしい。青地に白い装飾書体の銘文は繊細な縁飾りで囲まれ、色ガラスの輝く大きな窓は、オスマン朝に典型的なスタッコ製の格子に嵌められている。

スルタン・スレイマンと彼の妃ロクセラーナは八角形のドームの架かった小さな墓廟に葬られた。后妃の墓廟の内壁にはイズニク産のタイルにより、青地の上に様式化した白い花を配したまばゆいばかりの豊かな装飾が施されている。一方、スルタンの墓廟の壁には、繊細な細部を持ち、豊かであるが地味な色合いの装飾が施されている。この建築群では、構造と装飾が一体化したシステムが、全ての建物に適用されている。そして、時には、マドラサの中庭の大理石の池や泉水のように際立った要素が加えられている。

リュレブルガズの**ソクルル（ソコルル）・メフメト・パシャのモスク**（推定1560-65）は典型的な地方の建築群によって囲まれている。これらの建築は軸線に従って配置され、その中心は、東南端の頂点に置かれた図書館と、北西に位置する交差ヴォールトの架かった屋内

A チニリ・キオスク、イスタンブル(1472) p.654 参照

B バヤジットのモスク、イスタンブル(1501-8) p.654 参照

C セリミエ・モスク、エディルネ(1569-74) p.657 参照

イスラム世界の建築

A スレイマニエ・モスク(スレイマン1世のモスク)、イスタンブル(1551-58) p.654 参照

B ソクルル・メフメト・パシャのモスク(1570-74)
p.657 参照

C ソクルル・メフメト・パシャのモスク、内部

のバザールである。モスクそのものは、街道沿いの比較的大きな建築群に典型的なもので、直径が 12 m を超えるドームを持っている。マドラサと浄めの中庭は合体しているので、学生用の小房がモスクの前面で中庭を囲んでいる。これはよくみられる手法である。

スルタン・スレイマン自身によって建設された**ダマスクスのテッケ・モスク**（1560 頃）は、極めて絶妙な均衡を達成している。このモスクはメッカに向かう交易路沿いにあり、メッカ巡礼の大規模なキャラバンの集合場所であった。テッケとして知られる聖職者の集団によって使用され、市街地からやや離れたバラダ川の岸辺の緑の草原の中に建っている。一連の小房と付属の建物は、池のある中央中庭の周りに配置されている。この池は囲いのある通常の浄めの泉水のかわりである。皇帝による建立のため、このモスクは 2 本のミナレットを持ち、層の色を交互に変えた石積みで建てられている。この石積みは「アブラク」と呼ばれるエジプト起源の手法で、トルコではあまりみられない。**ゲブゼのキャラバン・モスク**（1528-）も同様の手法で仕上げられている。

急成長中の 16 世紀のオスマン帝国では、貯水池、倉庫、ダム、波止場、水道、橋梁などの建設が多く行われた。そしてその中で**エディルネ**の近くの優雅な**アルプルのアーチ橋**が残っている。橋は当初架けられていたはずの川からずれてしまったが、中央のアーチは幅が 20 m で高さが 10 m ある。このアーチにもっと小さなアーチが連なって橋を形成し、長い斜路によって地上のレベルにつながっている。水除けは半円アーチで開口し、持送りの付いたバルコニーが中央アーチの胸壁から突出している。イスタンブルとエディルネの間にある**ビュユック・チェクメジャ**では、一連のアーチ橋が入江を横切って島々を結ぶ西の幹線道路を構成している。これらの橋は 1567 年に完成した。

イスタンブルの近郊、マグロヴァにある一部水没している**水道橋**（1564）は、高さ 20 m の 2 層のアーチ列であり、谷間を横切る約 300 m ほどの水路を支えている。この水道橋は、それ以前にここで用いられていたというローマの水道橋に匹敵する性能と規模を持っている。これはアユヴァドの高地のダム（1565）から水を供給する数多くの水道橋の 1 つにすぎず、なかにはこれよりもずっと長いものもある。

イスタンブルのトプカプ・サライ（1550 頃）として知られているスルタンの宮殿を改築するにあたり、建築家シナンは同一の厨房が並ぶ施設を建て直した。各厨房は方形平面の大きな部屋で、鉛板葺きの円錐形石造屋根が架けられ、屋根の頂点には中央通気口と蓋が設けられている。この宮殿でシナンが行ったすばらしい仕事として他に、1578 年に完成したスルタン、ムラト 3 世のための一連の居室がある。**イスタンブルのハッセキ・フレムの浴場**（1556）は、ムラト 3 世の妃がハギア・ソフィアの近くに寄進したものである。これはイスタンブルに数多くある浴場の中で最も洗練されたものの 1 つであり、4 つのドームが 1 列に並んでいる。この浴場も、次に挙げる 4 つのモスクと同様にシナンの設計である。

宰相が建てたイスタンブルの多くのモスクの中で、**ルステム・パシャのモスク**（1560）はそのタイル仕上げの豊かさに特筆すべきものがある。このモスクはイスタンブルの最もにぎやかなバザールの一角を占め、1 階に店舗や倉庫を収めた 2 階部分に巧みに建てられている。モスクのドームはバザールの建物から突き出している。モスクは 2 階に設けられていても、内部の比例になんら影響を与えていない。ドームは礼拝室の上部に高く立ち上がり、内壁の表面は図案化されたタイル模様で豊かに覆われている。

イスタンブル、トプカプ宮殿のミフリマールのモスク（1562 頃）は皇室の第 2 モスクである。単一のドームが礼拝室の 4 枚の外壁で直接支持され、それぞれの壁は巨大な石造アーチの下に多数の窓を設けている。これらの窓は内部を非常に明るくしている。これと同じ効果は、**イスタンブルの近くのエユップにある宰相ザル・マフムト・パシャのモスク**（1580 頃）にもみられる。

ヒッポドロモス（戦車競技場）の近くの険しい斜面に、シナンはスレイマンの大宰相のために敷地の制約を見事に解決してモスクとマドラサを建てた。これが**ソクルル・メフメト・パシャのモスク**（1570-74、p.656B、C）である。モスクに入るには、建物の軸線上にあるマドラサの小礼拝室の下を通る階段を上って 2 階の中庭に出る。中庭中央には、小ドームの架かった浄めの泉水がある。中庭の反対側に、細いミナレットとともに高くそびえるモスクのドームが姿を現している。この建物では豊穣さと抑制が組み合わされており、たとえば、ミフラーブの壁だけが詩情豊かなアラベスク模様のタイルで覆われ、その周囲の簡素な扱いによっていっそうひきたてられている。このモスクには、スレイマニエ・モスク以外ではこの時代の最も美しいステンドグラスの窓がある。

一般にシナンの、そしてオスマン朝の最も優れた作品であるといわれているのは、**エディルネのセリム 2 世のモスク**、**セリミエ・モスク**（1569-74、p.655C、p.658F, G）である。このモスクは丘の上の高台に荘厳な姿をみせている。2 つの低いマドラサが加わって 1 つのまとまりをなし、その下には石造天井の大きなバザールが 1 つの側面を占めている。直径 31 m、高さ

DOME SUPPORTS

A ムカルナスとペンデンティヴ（セリミエ・モスク）
B スクゥインチ・ドーム（アフメディエ・モスク）
C トルコ式ペンデンティヴ（バヤジット・パシャのモスク）

SULEYMANIYE: ISTANBUL

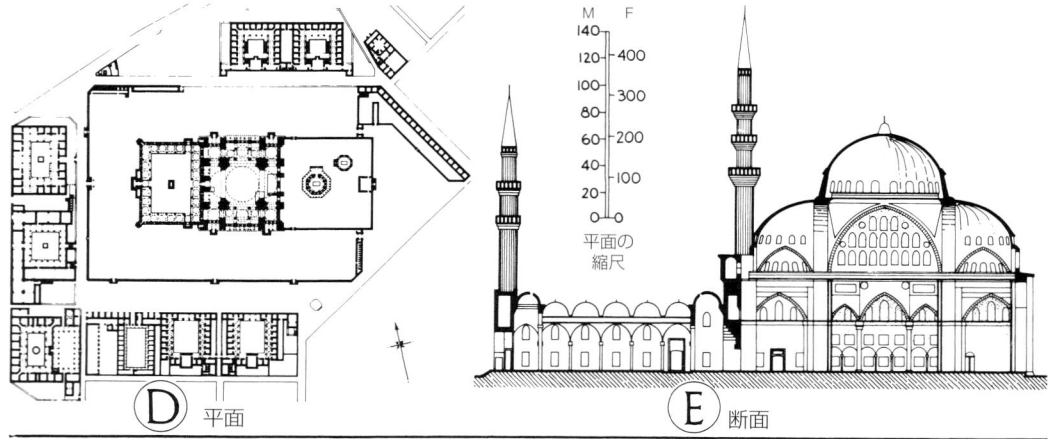

D 平面　E 断面

SELIMIYE CAMI: EDIRNE

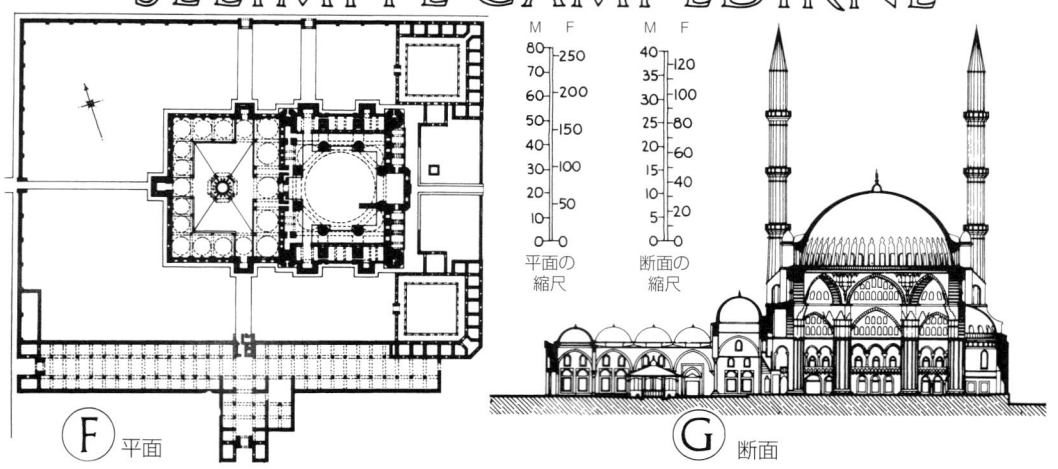

F 平面　G 断面

ドームの支持形式（上）。スレイマニエ・モスク（スレイマン1世のモスク）、イスタンブル（中）。セリミエ・モスク、エディルネ（下）。

第 19 章　サファヴィー朝ペルシア、オスマン帝国、ムガル朝のインド

A　アフメト1世のモスク、イスタンブル（1610-16）　p.660 参照

B　フマーユーンの墓廟、デリー（1556-66）　p.661 参照

42mのオスマン朝最大のドームは、8本の重厚なピアによって支えられている。このドームがのる長方形の礼拝堂の建物の四隅には、高さ82.9mのミナレットが建つ。その塔身は直径を4mに満たないほどにしぼられ、大胆に区画され、優美で複雑なムカルナスで支えられるバルコニーを持つ。各ミナレットの3つのバルコニーへは内部の独立したらせん階段によって地上と連絡している。ミフラーブは区画された矩形のベイに収められ、独立の半ドームが架けられている。

イスタンブルのスルタン、アフメト1世のモスク（**アフメディエ・モスク**、1610-16、p.659A）にはミナレットが6本あり、複数のバルコニーを備えている。構造の仕組みはシェフザーデ・モスク（p.654参照）のそれに似ている。すなわち、4つの小さな半ドームが中央ドームを支持し、四方の隅にドームを架けることによって方形平面の全体の屋根が完成する。4本の中心のピアは過度に太く、それぞれの頂部に小ドームをのせている。この4本のピアから送り出される中央ドームの推力は、一連の鉛板葺きの屋根と小ドームを滝のように下方に伝わっていく。外部の輪郭はおそらくオスマン朝の全ての大規模なモスクの中で最も成功したピラミッド状の構成である。

オスマン朝は4イワーン式のマドラサをほとんど採用しなかった。オスマン朝の典型的なマドラサは単一の礼拝空間を用い、それをドーム付きの小部屋が並ぶ左右対称の回廊付き中庭に配置する。この形態は、病院などの別の用途にも用いられ、バヤジット1世の建築からスレイマン1世の建築の山ほどの模倣例にいたるまで、オスマン帝国全土で見出される。

18世紀になるとオスマン帝国の宮廷は他のイスラムの王朝に比して、ヨーロッパ趣味の影響を多大に受けた。オーストリア・ハンガリー帝国、イタリア、フランスとの接触により、バロックの古典様式が導入され、伝統建築と融合した折衷建築を生み出した。**イスタンブルのヌル・オスマニエ・モスク**（1748-55）は浄めの泉水を配置した丸みのある中庭の背後に建ち、ミフラーブのベイには丸みのある平面が用いられている。ディテールはほとんどロココに近いが、礼拝室を支える巨大アーチはシナンのミフリマールのモスク（p.657参照）の形態と活力を保持している。

イスタンブルの他の皇帝のモスクもこの様式を受け継いだ。**ラレリ・モスク**（1759-64）はヌル・オスマニエ・モスクのすぐ後に建てられたが、伝統的な平面の変形はそれほど顕著ではない。無骨な矩形の輪郭は基本的にオスマン朝のもので、バロック的な要素は曲線状の古典的ディテールに限られている。この時期、ミナレットの葱花型の屋根は華奢な尖塔にかわっているが、これはオスマン・バロックの明確なしるしである。オスマン・バロックの例としては、横断方向の楕円形平面を持つ1825年の**クチュク・エフェンディ・モスク**や1826年の**ヌスレティエの複合建築**がある。後者では、建物の低い部分から円形平面の中心部分が立ち上がり、その周囲を波打つ庇と湾曲した蛇腹がめぐっている。

ムガル朝のインド

1526年にティムールの子孫のバーブル・シャーはパンジャブ地方に進軍し、デリーのスルタン、イブラヒムを打ち破ってムガル朝がインドの広範な領域を支配する道を開く。彼の息子フマーユーンは、ムガル朝で盛んな建設活動を行った最初の人物である。ただし、彼の建てた建築の大半は失われている。それゆえ、現在残っている初期のムガル建築の遺構は、彼の位を簒奪したスルタン、シェル・シャーが建てたものである。シェル・シャーはスール朝を開いてデリーのスルタンの位を手に入れ、バーブルの家系の者たちを15年の間追放した。フマーユーン自身はペルシアに逃れた。1540年に権力を握ったシェル・シャーの最初の事業は、デリーの古い城塞プラナキラを新しい首都の中心として補強することであった。この城塞で現在残っているのは、壁体の一部と2つの門とモスクだけである。**デリーのバラ・ダルワザ**、すなわち「**大きな門**」（1542頃）は、赤い砂岩の頑丈な建物で、白い大理石の嵌め込みがある。**キラ・イ・クーナ・マスジッド**（1544）は、ムガル朝様式の誕生を示す重要な作品である。これは私的なモスクで、それゆえ比較的小さく、ミナレットもない。単純な前庭の背後に建つ多数のドームで覆われた礼拝室は、5つのベイにわたって延び、中央に低い簡素なドームを置く。それぞれのベイは浅いイワーンを持つ。

シェル・シャーは彼の領土を固めるために、領土の周囲に堡塁の建設を命じた。彼は、パンジャブ地方のジェルムの近くに**ロータスの城塞**（1545頃）を建てた。この城塞の12の門は、厚さ10mの壁体に設けられている。首都デリーと同様に、門とその周囲の構造物は、建築作品としても考えられている。すなわち、デザインと施工に優れ、規模も大きい。最も完全な例は、高さおよそ22mのソハル門である。

シェル・シャーの建てた建築で最も有名なものは、彼の息子によって完成された。**ササラムにあるシェル・シャーの墓廟**（1540-45）は人工の湖の島に建っている。彩色された当時の色はもはやほとんどみえないが、もともとは豊かに彩られており、そのタイル仕上げのパ

ネルは今も残っている。墓廟の建物とその周りをめぐるアーケードの他に一連の小さなパヴィリオンが加えられている。中心建物の周囲に小さなパヴィリオンを加える複雑な外観は、その後のムガル朝建築の特色となるが、この建物はその最初の例である。

しかし、ムガル帝国の建築が威光を放つのは、フマーユーンの息子アクバルの即位後の時代である。ペルシアの建築家の指導のもとにインド人の工匠たちが建てた**デリーのフマーユーンの墓廟**（1556-66、p.659B）は、水路と小路によって格子状に区切られた左右対称の庭園に据えられており、それぞれの軸線上に華やかな入口が設けられていた。墓廟そのものは赤い砂岩の巨大な基壇の上に建ち、開口しない深いイワーンが並んで力強いアーケードを形成していた。連続したアーチは白い大理石の嵌め込みで縁取りされている。白い大理石はピア、スパンドレル、開口部などの縁取りに用いられたり、カルトゥーシュが並ぶ軒のフリーズを形成する。基壇に建つ墓廟は、4基の八角形の塔が、ドームを頂く中央空間を囲むように構成されている。ドームは、白い大理石造の二重殻ドームである。このドームは、外側の輪郭がそれまでのドームより腰高で、高いドラムの上にのっているので、中央アジアのドームを想起させる。壮大な高さ、明快な造形、ファサードの構成など、この墓廟は初期のムガル朝様式を確立する上で多大な貢献をしている。墓廟は庭園の中心に配置されている。庭園の軸線は建物を越えて周囲の景観にまで及び、楽園を模したペルシアの理想の庭園を大規模に実現している。

デリーはアクバル大帝の父フマーユーンが失い、再び取り戻した町であったが、アクバルは首都をデリーから南のアーグラに移した。彼はその治世の初期にヤムナー川の岸辺にある**アーグラの「赤い城」**（1564-80）の再建事業に着手した。幅10mの堀で囲まれ、川の水面からの高さが20mある赤い砂岩の城壁の長さは1.6kmを超える。多機能で洗練された2つの城門が入口になっている。これらの城門の内部は宮殿の内装が施されているが、城塞にとどまっている。宮殿の中心建物はヤムナー川を見渡す東側面にある。多角形の塔は、嵌め込みパネル、胴蛇腹、ドーム付きのパヴィリオンによって装飾され、頂部には、堅固な狭間胸壁が整然と設けられている。

アクバルの**ラホールの城塞**は外壁に陶タイルやモザイクのパネルが嵌められている。デリーでは、「赤い城」の砂岩の壁体に白大理石が嵌められていた。アーグラの「赤い城」の内部には**ジャハーンギール・マハル**という、アクバルが息子のために建てた宮殿がよい状態で残っている。この宮殿は広大な中庭を中心とし、その主要な居室群（精緻な装飾を施された図書館を含む）は、川に面した崖の上に配置されている。

アクバルの建築活動の頂点は新しい町、**ファテープル・シークリー**（1569-80頃）の建設である。この町は現在も建てられた当時の姿で残っている。なぜならば、丘の上の町の多数の住民に対し、水の供給がうまくいかなかったため、宮廷がこの町をまもなく放棄してしまったからである。町は、突き出した岩だらけの丘の上に建設された。この丘は当時は沼か湖で、現在は平原になっている。丘のふもとには本来の町が繁栄していたが、丘の頂にアクバルが建設した町は、建物が不規則に配置され、他の先例と同様に、宮殿と野営地に集会モスクが組み合わされていた。この宮殿はムガル朝建築の中でも優れたもので、ほとんど改変を受けずに残っており、「石の指物」とでもいえるような建築技術をみせている。ここに運ばれた砂岩や大理石は、厚板、床板、梁、円柱などに加工され、全くモルタルを用いずに、あるいは最小限のセメントを用いて接合された。優秀な職人はあらゆる輪郭をつくり、窓や障壁用の繊細な石の格子を切り出すことができた。これらの技術を基盤として、かつてないほど軽快な石造建築が生み出された。この宮殿建築は複数のパヴィリオンからなる。下の階は深い軒を持ち、上の階は細い円柱が床板を支持するだけの吹きさらしである。その上にさらに床板が重ねられ、最後に深い軒を持つドーム付きの屋根がのる。

パンチ・マハル（p.662A）は開口部の大きな5層の建物である。階は上に行くほど小さくなっている。孤立して立つ**ディワーン・イ・ハース**（p.662B）は独特な立方体の玉座の間である。その中の2階では、周囲から隔絶された床が一本石の柱に支えられている。この床は、対角線方向の空中歩廊によって、内周をめぐる周歩廊とつながっている。この周歩廊へは角の小塔のらせん階段から上ることができた。これは他に例のない新しい形態である。装飾用の池と中庭が不規則に配置され、客室、浴場、衛兵詰所、厩、宝物倉、ハレム、公的および私的な謁見の間、モスクをつないでいる。

ファテープル・シークリーの大モスク（1571-96）は、中央のパヴィリオンに大きな3つのドームを配するムガル朝の定式に従って設計されている。全体を囲む長方形のアーケードは、入口や教室により分断され、西側には多柱式の礼拝室がある。礼拝室中央のドームは中央の高いイワーンに隠されている。両側の小さいドームは、アーケードの連なりを分断する石造の支持物で支えられている。モスクの中庭の大きさはおよそ110×130mで、チャトリを連続してのせたアーケードによって囲まれる。礼拝室の大きなイワーンは白大理石で仕

A パンチ・マハル、ファテープル・シークリー p.661 参照

B ディワーン・イ・ハース、ファテープル・シークリー
P.661 参照

C ブランド・ダルワザ、ファテープル・シークリー (1596)
p.664 参照

第 19 章　サファヴィー朝ペルシア、オスマン帝国、ムガル朝のインド

A　シェイク・サリム・チスティーの墓廟、ファテープル・シークリー（1580 頃、1610 頃）　p.664 参照

B　アクバル大帝の墓廟、シカンドラ（1604-12）　p.664 参照

C　アクバル大帝の墓廟への門、シカンドラ

上げられ、砂岩の下地は狭い帯の部分にしかみられない。主軸上に開く南の門は戦勝記念碑としてアクバルによって再建され、**ブランド・ダルワザ**（1596、p.662C）と呼ばれている。これはモスクの他のどの部分よりも、また近隣のどの建物よりも高い。この門の巨大なイワーンは壮麗なピラミッド状の階段の頂上に建っており、階段の下には町に下る険しい街路が続いている。入口のイワーンは、八角形の半分の形の平面で開口し、モスクの中庭に面する天井高のある長方形の広間に通じている。モスクの外壁は大理石の嵌め込みによって白地に赤の線状のデザインになっているが、内部は赤い砂岩の色が支配的である。

ところで、このモスク全体の焦点は、通常の形式とは異なって中庭の真ん中に建っている墓廟である。この例外的な配置は、アクバルの霊的指導者が示唆したものであるが、今日みられる非凡な建物はアクバルの孫であるシャー・ジャハーンによって再建されている。この**シェイク・サリム・チスティーの墓廟**（1580頃と1610頃、p.663A、p.665C-F）の現在の姿は、洗練された細部を持ち、方形の平面で、単純な形のドームをのせている。その外壁は、大理石の細い柱の間に嵌められた、極めて繊細な透かし彫の大理石パネルで構成されている。墓室は周歩廊で囲まれ、その全体は大理石の格子で囲まれている。大理石の軒は独特の蛇のような形の腕木で支えられている。

ファテープル・シークリーの装飾は、そのほとんどがイスラムに起源を持っているが、高度に様式化されている。深い軒の使用、格子や彫刻を施された手摺、パネル化された壁面などが卓越している。**ディワーン・イ・アーム**（公的謁見の広間）にみられるように、ある種の建物は厳格なほど簡素であり、一方で、**トルコ人皇妃ラジャー・ブルバルの住居**や、**私的な謁見の間**では、石の壁面を極めて複雑で繊細な浮彫が覆っている。また、モスクのミフラーブの部屋では、彫刻した大理石の象眼模様は、その数年後、アクバル自身の墓において達成される精緻さをすでにうかがわせている。

アーグラの近くにある**シカンドラ**の**アクバル大帝の墓廟**（1604-12、p.663B、C）は、水路が交錯する庭園の中に建っている。入口は4本のミナレットで飾られた壮大な門で、大理石や貴石の象眼で花や幾何学模様が豊かに描かれていた。この門は、やや型にはまった感もあるが、ファテープル・シークリーのテラス付きのパヴィリオンを先例とする独創的な墓廟の美しい前奏曲となっている。上にいくほど規模を縮小した4層のテラスは、上部が平らなピラミッドの形になり、上層部全体は大理石格子で覆われている。下層部分は砂岩でつくられ、高いアーケード付きの基壇の上に建っている。細い円柱に支えられた石造のパヴィリオンを何層も積み重ね、その頂部の全てに繊細なつくりのチャトリをのせることによって華やかな効果が生み出されている。装飾技術の中には大理石と石の象眼ばかりでなく、陶タイルのモザイクもみられる。墓の内部では石とスタッコによる浮彫に彩色が施され、はっきりペルシア起源とわかるデザインが併用されている。白大理石造の最も高いテラスは空に開き、このテラスを囲む回廊の全体には、繊細な大理石の透かし彫パネルが嵌められている。

アーグラの**イティマド・ウッダウラー**（1628）は、アクバルの息子、ジャハーンギールによって建てられた。ジャハーンギールはあまり多くの建設は行わなかったが、彼の父親の墓廟を完成すると、このヤムナー川の岸にある庭園に、彼の妃の父親に捧げた壮大な霊廟の建設にとりかかった。十字形の内部構成と各角にミナレットを持つ方形プランは、彼自身の墓廟の試作品でもあった。墓室は中央で高く立ち上がり、深い軒の付いた低いドームをのせている。

モニュメンタルな建築や宮殿建築の仕上げ材の、砂岩から白大理石への移行は、17世紀初期に行われた。この時代には、ピエトラ・ドゥーラ（貴石）の象眼が非常に一貫して華やかに用いられるようになった。そのため、この技術はおそらくヨーロッパから着想を得たものでありながら、ムガル朝の創造であると考えられるようになった。**ビジャープル**の**集会モスク**（ジャーミ・マスジド、1626-60、p.665G、H）は、ムガル朝から実質的に独立していたアディル・シャヒ王朝による一連の巨大建築の建設活動の最初の建物である。建設者アディル・シャー1世の子孫は彼以上の野心家であった。**ゴル・グンバズ**（スルタン、ムハンマド・アディル・シャーの墓、1627-57）は、それまで建てられた単一ドームの墓廟として最大のものの1つであり、巨大な都市の複合建築の中心であった。

ラホールの**ジャハーンギールの墓廟**（1627-30）は、パンジャブ地方のラーヴィー川の岸に楽園を出現させている。周囲を壁で囲んだ中に、焦点としてパヴィリオン型の墓廟を配している。ここでは、低く広い、平屋建ての建物が墓廟にふさわしいと考えられ、ミナレットは墓廟そのものの角に配置されている。ミナレットは実際、インド建築においてほとんど重要な役割を持たず、カイロ、イスタンブル、イスファハンなどの都市に比較するべき発展もみられない。インドに導入されて以来、ミナレットは必ずしも常に用いられるわけではなく、そのつくりは洗練されていない。その使用に一貫した発展がみられるのはアクバルとジャハーンギールの霊廟においてのみである。それゆえ、ジャハー

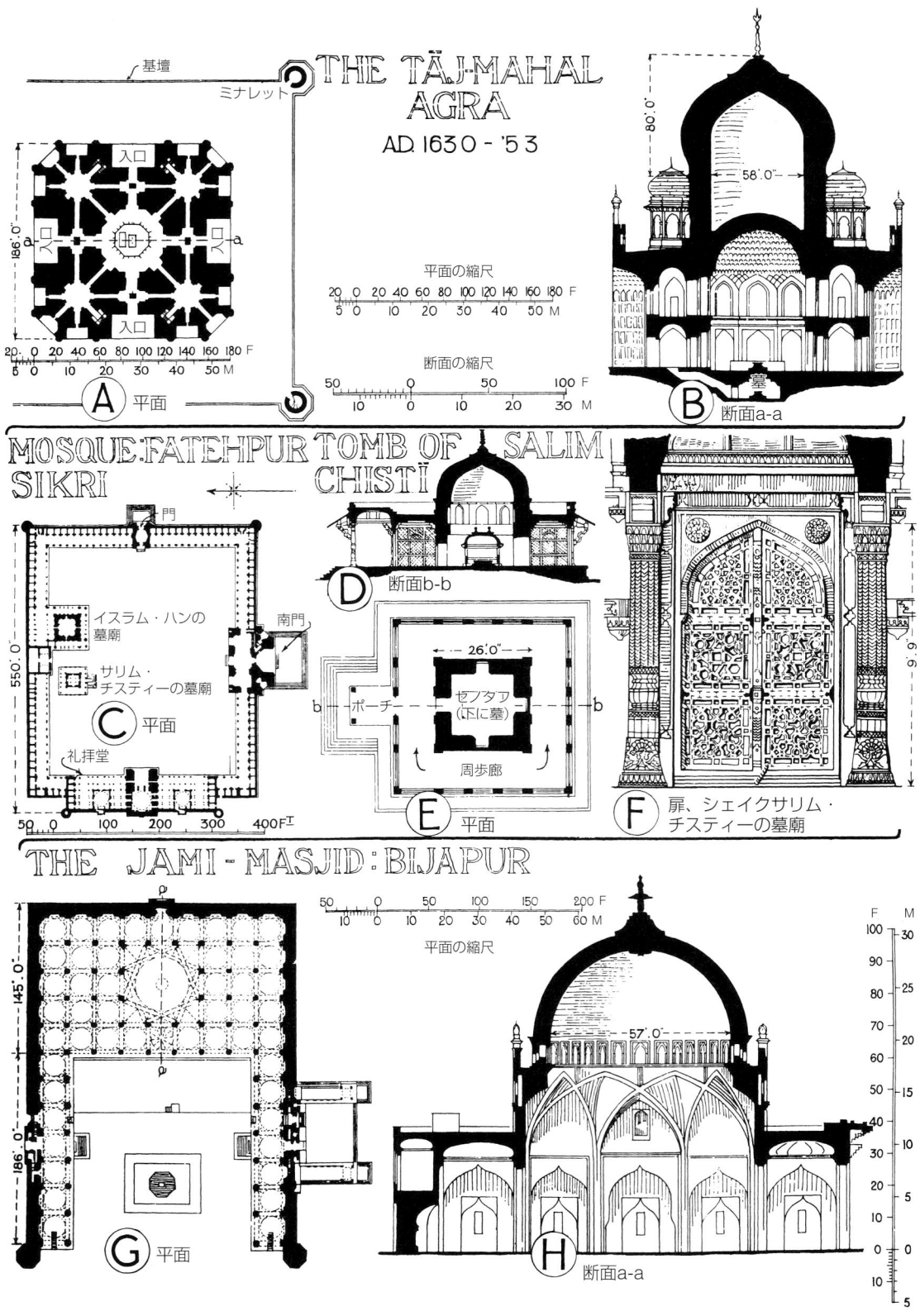

アーグラのタージ・マハル(1630-53、上)。モスクおよびシェイク・サリム・チスティーの墓廟、ファテープル・シークリー(中)。集会モスク(ジャーミ・マスジド)、ビジャープル(下)

666 | イスラム世界の建築

A　ディワーン・イ・アーム、「赤い城」、アーグラ（1628-58）　p.669 参照

B　タージ・マハル、門、アーグラ　p.669 参照

第 19 章　サファヴィー朝ペルシア、オスマン帝国、ムガル朝のインド　667

A　タージ・マハル、アーグラ（1630-53）　p.669 参照

B　タージ・マハル、アーグラ、大理石の障壁　p.669 参照

ンギールの墓廟のミナレット（比較的細く、帯飾りが付き、頂部に8本の円柱を介してのる小さなドームがある）は、その単純な外観から考えうる以上に大きな重要性を帯びている。霊廟自体は水路と軸線上の小路を持つ幾何学式庭園に置かれていた。水路と小路の眺望は門によって閉じられていた。

フマーユーンはペルシアから幾何学式庭園の好みを持ち帰ったといわれている。この好みはインド人の柔軟な受容力によって定着したようである。**ラホールのシャリマル庭園**（1633-45）では、3つの独立したテラスがそれぞれ水路によって4つに分割されている。中央テラスの長軸は庭園全体の主軸と直交し、デザインのあらゆる部分にみられる幾何学的な遊びを強調している。パヴィリオンは焦点となる箇所や軸の末端に置かれている。大理石の歩道がたくさんの噴水を配置した池を横切って石の島に続いている。繊細な大理石格子は水面に姿を映すことで視覚的効果をあげている（第20章も参照）。

ラホール城（16世紀および17世紀）はムガル帝国の城塞で、既存の壁体の上に建設された。スルタン、シャー・ジャハーンは上部のテラスにおいて彼の父親の建設工事を継承した。すなわち、公的な区域に謁見用の一連のパヴィリオンと玉座の間を建設し、私的な区域に美しいパヴィリオンと中庭を数多く建てた。3つのドームを持つ白大理石造の小さな宮殿付属のモスクが中庭の1つを飾り、また別の中庭においては、深い庇を持つベンガル屋根のゆるやかな曲線を描く軒が、大理石格子の障壁で支えられているかのようにみえる。この障壁は空間を囲んではいるが、光と風を通している。また、当時流行していたベンガル屋根がこの西の果てにまで浸透していたことがわかる。城塞の外壁の一部には、レンガの枠組の中に嵌められたタイル・モザイクのパネルがみられる。これは16世紀後半から17世紀初めにかけてラホールで完成された技術である。白、黄色、オレンジ、緑、青緑、紺、黒紫などの色が主として用いられ、作品の例としては、**シャー・ジャハーンの乳母の墓廟**（1640頃）のような小さな建物や、この町の同時代のモスクが挙げられる。これらのモスクは、その美しさがほとんど損なわれずに残っている。

ラホールのワジル・カーン・モスク（1634完成）は幾何学模様や花模様のアラベスク、カリグラフィなどのタイル・モザイクで豪華に飾られている。モザイクは構造形態を考慮に入れて注意深く配置されている。ややずんぐりした形の4本のミナレットがあり、中庭式建物の近くに建っている。入口の大きなイワーンを通るとドームの架かった玄関広間に出る。屋根付きのバザールが、この玄関間を通って横に延びているが、こ

こでの収益によって建物が維持されていた。したがって、このバザールはモスクが現代まで存続したことにかなり貢献しているかもしれない。礼拝室は5つの小ドームで覆われ、中庭に対して5連アーチのアーケードで開いている。ここには、シャー・ジャハーンのムガル朝のインドよりもティムール朝の中央アジアに近いように思われるものが多分にみられる。シャー・ジャハーンの治世は「大理石の御世」と呼ばれた。

デリーの「赤い城」（レッド・フォート）と宮殿（1639-48およびそれ以降）は、シャー・ジャハーンの治世のムガル帝国における、目をくらませるような技術と莫大な建設エネルギーを示している。この城塞内の宮殿の面積はおよそ490×980mで、アクバルが建設した城塞を水路で囲んだ面積に比べるとかなり小さい。2つの門はそれぞれ、赤い砂岩の厚い壁体で前面を囲まれ、先細りの八角形の塔で固められた高い楼門になっている。門をくぐるとヴォールトの架かった低いバザールの空間があり、入口の広場まで続いている。この広場から、高所にある公的な謁見の区域へと導かれる。公的謁見のための**ディワーン・イ・アーム**と呼ばれる玉座の間は主軸の上にのっている。その多数のアーケードで飾られた内部には、皇帝が姿をみせる飾りたてたバルコニーがあった。その背後にはさらに高い左右対称のテラスが、川に面した城塞の周壁までの空間を占めている。城塞の壁に沿って走る大理石の水路は、一連のパヴィリオンのそれぞれに水を送っていた。これらの建築作品にみられる洗練された上品さと精緻さは、**ラング・マハル**においてその頂点に達する。ここでは、噴水で噴き上げられた水が床に嵌め込まれた大理石の蓮形の水盤にこぼれている。カスプ付きアーチ、レース状の透かし彫障壁、深い軒があらゆるところで組み合わされており、水面にその姿を反映している。ドームの付いたチャトリは細い円柱にのっている。その効果はさらに、葱花型のドーム、蓮形の頂華（ちょうげ）、美しく石が嵌め込まれた床、貴石（時には宝石も）の象眼された格天井などによって高められている。

デリーの大モスク（ジャーミ・マスジッド、1644-58）もまた皇帝シャー・ジャハーンによって、バザール街の端部に多数の一般信者のために建てられた。このモスクは高い基壇の上に立ち、3つのピラミッド形の階段によってアプローチする。非常に高い中庭を囲む外壁は、外に対してアーケードで開くので、ここから町を一望することができる。2本の細い多面のミナレットは、礼拝室の前面の角に建っている。礼拝室の主要入口は、高い葱花型の中央ドームをほとんど隠しているイワーンにより、際立って強調されている。**アーグラのモティー・マスジッド**（1646-54）は、「赤い城」の宮

殿の中に大理石で建てられている。3つのドームをのせた優美な建築で、1辺45mの方形の中庭に面している。モスクの礼拝室の前面には、デリーの城塞のアーチに似たカスプ付き尖頭アーチのアーケードがある。礼拝室の上の3つのドームは葱花型で、一連のチャトリが中庭の前面に活気を与えている。十分な仕上げはされているが、皇帝による宮廷建築の多くのものほど細部は豊かではない。**ディワーン・イ・アーム**(p.666A)は多数の柱が並ぶ謁見の間で、63×23mの大きさを持つ。様式的には前者と同じであるが、ドームはない。シャー・ジャハーンはまた、ハレムにモスクを建て、**ディワーン・イ・ハース**(1637)として知られている私的な謁見用広間を付け加えた。

アーグラの**タージ・マハルの墓廟**(1630-53、p.665A、B、p.666B、p.667A)は、壁で囲まれた左右対称形の庭園の中に建っている。入口は主軸上に配置されたパヴィリオンを通る。墓廟は基壇の上に高く立ち上がり、完全に白い大理石で覆われた姿を中央の水路に映し出している。しかし、主軸と直交する軸線上に墓廟を挟んで配置された2つのモスクは赤い砂岩で建てられている。墓廟の周りに対称に配置された4本のミナレットは、わずかに葱花型になっている中央ドームの支配的効果を高めるために高さを抑えられている。全体構成の均衡をとるためにのみ建てられた2つのモスクは、墓廟から十分な間隔を置かれているので、墓廟の外枠のような存在になっている。本来、川岸にあるこの施設全体は、中央に墓廟を据えたモスクの中庭と考えるべきものである。ドームの架かった中央の部屋を含む壮麗な入口の門(p.666B)は、長い水路の終点に位置するが、これだけを取り出して別の状況下においてもそれ自体が持つ華麗さは失われないであろう。

タージ・マハルの墓廟は1辺57mの方形平面で、フマーユーンの墓廟の形式を踏襲している。しかし、そのプロポーションと造形は完璧に近い。複雑ではあるが、基本的には、八角形の4つの塔がこれらの塔の間の空間を覆う大ドームを支持するために連結されている。それぞれの塔の頂部には小ドームののったパヴィリオンがある。そして円形で先細りのミナレットが基壇の角に配置されている。中央ドームの内側の殻は24.5mの高さで直径が17.7mだが、その外側の殻は高さが61m近くある。ドームの下の中央のセノタフ(記念墓)は、信じがたいほどの優美さと繊細さを持つ大理石の障壁(p.667B)で囲まれている。この障壁には貴石の象眼がふんだんに、しかも調和的に施されている。大理石の格子窓によって採光された建物の内部は薄暗く、極めて巧みな大理石彫刻で飾られている。建物の外側は大理石の仕上げによって軽く美しい印象を与え、光と気候の変化に対して極めて微妙に反応する。

ラホールの**バードシャイ・モスク**(1674完成)は非常に大きな集会モスクである。構想は明快で、細部は厳格である。デリーの金曜モスク(ジャーミ・マスジッド)のように、基壇の上に建っている。3つのドームが架かった礼拝室は中庭に張り出している。重厚な玄関は礼拝室の眺望を縁取る。礼拝室の上には、わずかに葱花型になった3つの白い大理石仕上げのドームがのっている。かつては四隅に4本のミナレットがあったが、それに代えて先細りで多面の高いミナレットが中庭の西の端の角に建てられた。このモスクはアウラングゼーブ帝のために「兵器長」によって建てられたもので、威厳のある力強さと円熟した堅牢さを持っている。この力強さは、デリーの「赤い城」の宮殿内に、アウラングゼーブが私用の礼拝室として建てた、小規模な3ドーム型のモスクの過度に洗練された柔弱さとは著しい対比をなしている。この優美な仕上げがなされたデリーの**モティー・マスジッド**(1659)は、誇張された曲線的な装飾をみせている。このような装飾は、その後長い間廃れてしまう。

訳/辻本敬子

イスラム世界の建築

第20章
世俗建築とパラダイス・ガーデン

　イスラム教徒の世俗建築として典型的な複雑な都市建築は、彼らが発展させてきた結束の強い社会とその地方の気候とを反映している。これらの居住地の典型的なものは、狭く不規則な街路が高い壁で区切られ、その背後に中庭式住居がひしめいている。商売が盛んな道はショッピング・アーケードをつくるために屋根が架けられる（バザールあるいはスーク）。都市の中では、モスク、学校、浴場が中心とされる傾向があり、それらの周りの中庭が拡張されて工房や市場が建てられている。

　中世には、ヨーロッパの都市とイスラムの都市との間に構造的な差異はなかった。しかし、ヨーロッパが公共空間の形成や外部ファサードの表現においてルネサンスの計画原理に支配されたのに対して、イスラムにはそのような哲学の浸透はなかった。イスラム世界に表現や主張が欠けていたわけではないが、そのようなものは、イスラムの平等性と謙譲の思想によれば、一般市民にとって重要な意味を持たなかった。支配者の宮殿と偉人の墓は特別な階層の人間のみのものであり、普通の人間が求めるべきではなかった。イスラムの地域社会の安定性とともに保守的傾向が生まれたが、これがすでに確立された住空間の形態を保持する要因となった。

　モロッコ南部のドラー川流域の**アムズルフ**のような孤立した町区（カスル）の多くにみられる密集した住居の集合体は、より大きな都市構造の中にも見出される。すなわち、**チュニス、アレッポ、フェス（フェズ）、カーディマイン、シーラーズ、イスファハン、ブハラ、ラホール**などである。密集した中庭式住居によってもたらされる緊密な集住の利点は、特に清潔な水（たいてい人によって運ばれた）を得るにあたり歩く距離が少ないこと、防御できる範囲内に最大の人数を詰め込めること、そして地区全体の屋根で太陽光線を遮ることにより微気候が改善されることである。このような利点のために、人々は高密度の生活に喜んでお金を払ったのである。その結果、個人のプライバシーを守るための規則をつくる必要が生じた。これらは煩雑になり、その結果は、完全に発展した町の集塊状の様相にみてとることができる。たとえば、屋上で寝ることが一般的である地域では、どの家も隣の家よりも高くなってはいけない。したがって、屋根の形は上の輪郭が均一になった。女性はしばしば家の中でも地域社会でもその行動が制限されたので、家庭内でのプライバシーの確保は重要であった。その結果、住宅の外側と内側はそれぞれ公的空間、私的空間として仕切られた。住宅の入口は小さな袋小路に設けられ、他人から邪魔されなかった。同じ小路に出入口を開く一群の家は1つのコミュニティ単位を形成する。おそらくそのようなコミュニティ単位が12ばかり集まれば、専用のモスクが必要となったであろう。モスク自体は一般に学校、浴場、そしてしばしば水を供給する。さらにこのようなコミュニティを集めた地域、あるいは町全体にさえ利用される大きなモスクには宿泊所、図書館、病院、大学、慈善用の厨房も付随した。商行為はにぎやかな通りに集中し、これらは時には屋根が付いてバザールとなる。長く存続している多くのコミュニティにおいて、バザール自体は時にはモスクと一体化し、その収入はワクフと呼ばれる寄進財産制度を通じて、モスクとその付属施設に還元された。住宅は互いに隣接し、また市壁やモスクそのものと隣接した。その結果、その都市全体が1つの固まりになった。どのユニットを修繕するにしろ、あるいは建て替えるにしろ、それは1つ1つ順番に行われた。したがって、都市構造体は常に同じ平面を保ってきた。中庭式住宅には、空間を装飾する上で絶好の機会が与えられた。すなわち、庭、泉、タイル仕上げ、鏡、絵画、漆喰装飾、木造格子のスクリーン、洗練された建具などで住居は美しく整えられた。多くの遺構の中で、**イスファハン**の富裕な商

人ハキキの家（18世紀）は、左右対称の上流階級の住宅例として挙げられる。ここでは広い中庭に大きなイワーンが配され、2つの副次的イワーンが中庭の両端に対置されていた。ペルシア湾岸では、商人の家族のための海辺の家が、商談所という特別な用途に使われた。住宅と仕事の機能を結び付けた同様のものとしては、**クウェートのバイル・アル・ガニム**（19世紀）が残っている。左右対称の2層の建物が中庭を囲み、海岸に向かって開いているが、建物の背後に第2の中庭がある。各地で生まれた独創的な建築形態として注目すべきものは、**アルジェリアやモロッコの城塞のようなカスバ**（p.673A）、**アラビア半島南部のシバム**（p.673B）などの塔でできた町、バルカン半島やカシミールの上階が前面に張り出した住宅、そして、北シリアのドーム屋根の村（p.674A）などである。

塔を用いた建築は多種あるが、その中でイエメンは、ジッダ、メッカ、その他の紅海沿岸の町でみられる密集居住や内部交通の問題を、その高さにおいて表現している。紅海沿岸の町**スアキン**は、19世紀には重要な港であったが今は捨てられている。ここでは**シェリファ・ミリアムの家**が窮屈な3階建の住居の典型を示している。もっと大きなスケールで、アラビア全域の建築の典型的なものとして、**スアキンのバイト・アル・バシャ**があり、ベランダと私的な居室は中庭に面し、表向きの客室は屋根付きの小さな入口の庭に開いている。イスラム世界の住宅は、たとえ外に向かって開くことが可能である時にも内部に庭園を取り込むことを好み、庭園の中に住宅を配することはしないのが普通である。これは、庭園というものは人がつくりだす空間であると考えられていることを示している。

パラダイス・ガーデン

外界から隔絶された庭園という理念、水が流れ、植物が茂り、人間が整備する庭園という理念は、イスラム世界の文学や美術に潤いを与えてきた。織物に織られ、タイルに描かれ、詩人に賞賛された地上の楽園は、建物の中の空間と同様に重要なテーマである。その幾何学的な対称性、囲いがもたらす平安は、庭園を外界の厳しい現実から引き離す。

スペインの**コルドバ**に近い**メディナ・アサーラ**の王宮都市の瓦礫や石の中から、古い庭園が発掘されている。この町はアブド・アッ・ラフマーン3世によって、936年に、選りすぐった土地に建設された。ここでは山を水源とする水が、まるで平野を潤すように散歩道やテラスに流れていた。全体のパヴィリオンと水路の配置は左右対称で、緑で囲まれ、周壁によって安全を確保し、一種の楽園を形成していた。この町は1010年にベルベル人の軍隊によって略奪を受けた。

イベリア半島には他に、これより長く存続した大庭園がある。**グラナダ城**（アルハンブラ宮殿）は山間から突出した台地に立っている。ナスル朝がこの城を異国情緒豊かに拡張するずっと以前から、肥沃な土地と豊富な水にめぐまれたこの城の住人は、テラスでの生活を楽しんでいた。この宮殿には専用の庭園**ヘネラリーフェ**がある。この庭園は一種の離宮のようなもので、宮殿とは峡谷によって隔てられていたが、やがて橋でつながれた。幾何学的配置の庭園の中心は、中央テラスを走る長い水路で、その端にパヴィリオンがある。このパヴィリオンからの宮殿の眺めは壮観であった。ここは継続して使用されたが、ナスル朝時代にはヨーロッパの影響を受けてかなり改変された。

文献とムガル朝を訪れた旅行者の報告によると、ペルシアの左右対称の庭園がサファヴィー朝時代よりずっと以前から発展していたことがわかる。これらの庭園のいくつかは残っている。中世のイスファハンと川の間に新しい都市を形成する直線的レイアウトの庭は、明らかにサファヴィー朝のものである。これらの庭園全てに共通して言えることは、直交する軸線に沿った石造水路のシステムがあり、軸線の端がパヴィリオンで終わることである。

イスラム庭園は成熟の域に達すると、上のテラス、横長の中間のテラス、下のテラスというように、三分された構成を採用する。下のテラスには拡張部分があり、端部あるいは中央にパヴィリオンあるいは主要な建物が配置された。このデザインはムガル朝のインドに導入され、ラホールの**シャリマル**（p.674B）に庭園が残っている。ジャハーンギールの治世には**ヴェリナグ**、**アチャバル**、**ニシャト**、カシミール地方の**シャリマル**などに庭園がつくられた。これらの地方の庭園は、音を立てて流れる豊富な水や豊かな緑など、これまでとは違った状況の下でつくられている。しかし、お決まりのパターンは残っている。すなわち、花壇、テラス、石造の水路、大理石の水盤、パヴィリオンを抜けて流れる水、池に落ちる滝、ぎっしり並んだ噴水である。また、植栽の管理と花を豊かに配することが重要であった。アーグラ、デリー、ラホールの城塞の式典用の大宮殿や大きな霊廟は全て同様のパラダイス・ガーデンで飾られ、偉大な建物の領域がより豊かで落ち着いたものになっている。**タージ・マハル**の庭園では、正方形の敷地が四分され、さらにそれぞれが軸線上の2本の水路によって四分される。ここでは門と大規模な霊廟そのものが全体を支配しているので、主軸を強調す

A カスバ、アイト・ベン・ハッドゥー、モロッコ　p.672 参照

B シバム、アラビア半島南部　p.672 参照

A アレッポ近郊の「蜂の巣」村、シリア　p.672 参照

B シャリマル庭園、ラホール（1633-45）　p.672 参照

る必要は全くない。

　もっと時代が下っても、ペルシア人は左右対称の閉じた庭園をつくり続けた。ケルマンの近くの**マハン**にある19世紀の**カジャル・シャズデフ庭園**では、中央軸上を水が滝のように流れ落ち、両脇の庭園に浸透していく水音で満たされている。テラスは樹木でいっぱいである。柱廊玄関の入口から入り、噴水がぎっしり並ぶ中央水路を目でたどると、終点のパヴィリオンの向こうに雪を頂く山頂がみえる。水はこの山から、最もペルシアらしい装置(カナート)により、この庭園の池に導かれている。

訳／辻本敬子

4

植民地時代以前のヨーロッパ以外の建築

植民地時代以前のヨーロッパ以外の建築

第21章
背　景

はじめに

　第1部と第2部では、地中海地域(エジプトおよびナイル渓谷を含む)、古代近東およびヨーロッパ(新興ロシアを含む)の建築の発展について扱い、第3部ではイスラム世界を扱ってきた。これらの地域における建築は、軍事的征服に続く結果とか、あるいはキリスト教やイスラム教の献身的な教徒たちの伝導活動の結果などにより、自律的に発展してきたものと思われる。この第4部では、初期の非ヨーロッパ文化の建築の発展をある時点まで述べるが、その時点とは、ヨーロッパの建築家たちがギリシアおよびローマのモデルを熱心に復活させ始め——すなわちルネサンス——、それと関連する科学と技術の革新が、そのようなモデルを海外へ輸出し、最初は貿易港へ、後には世界中の拡大を続けるヨーロッパ植民地において、新らしく、そしてしばしば創造的な方法で確立していった時点と一致している。

　多くの意外な建築的状況をもたらした明白な文化交流の影響は、むろん、西アジア、アフリカそしてヨーロッパと同様に、インド、スリランカ、マレーシア半島諸国、中国そして日本においても明らかである。建築は上に述べたのと同様な過程で発展するのだが、ただしエジプト、近東およびヨーロッパの宗教に、バラモン教、ヒンドゥー教、ジャイナ教そして仏教、神道その他の宗教を加えなければならない。仏教は極東と南アジアおよび東南アジア一帯に広まったが、インド半島自体においては結局ヒンドゥー教にその地をあけわたし、比較的後期にはむしろイスラム教が力を持つようになった。おそらく中央および南アメリカ文明のみが、16世紀初期のスペイン人の到来まで、同時代における外部の文化の影響から免れていたものと思われる。

概　説

アフリカ

　最初の道具をつくりだしたヒトが出現したのは、約300万年前のアフリカであった。実際、この時期の全ての遺物は、たとえば道具や生活地面が発見された北タンザニアのオルドワイ渓谷の遺跡など、東アフリカで見出されたものである。また早い時期の人類の遺物は南アフリカの石灰岩洞窟でも発見されている。新石器および中石器時代を通じて、アフリカの人々は狩猟および採取生活を営んでいた。人工的なシェルターは、北ケープ地方のオレンジ自由州において5万年前のものが見出されており、そこでは半円形に並んだ石組が径2-3mの6つの小屋を形成し、開口部は全て西に向いていた。しかし紀元前4千年紀の西アフリカからケープホーンにいたる線上では、たいていは洞窟か岩のシェルターに住んでおり、これは農耕への移行が始まった後も続いた。北アフリカはその約3千年後、まずフェニキア人、ついでローマ人の到来とともに地中海世界に組み込まれ、この時点から、その歴史はサハラ以南のアフリカのそれと分かれたのである。

　明確な青銅器あるいは銅器時代は存在せず、サハラ以南のアフリカの大部分では紀元前200年頃、中央ナイジェリアのノク文化とともに、食糧の生産と鉄器の製作が同時に起こっている。同じ頃、古代ヌビアの独立王国メロウェ(B.C.750-A.D.300頃)やエチオピアのアクスム(200-600頃)は、モニュメンタルな建築や墓をつくりだしていた。7世紀には、北アフリカはイスラム世界に組み込まれた(第3部参照)。貿易商人たちはサハラを横切って西アフリカへ達するルートを確立し、そこに都市文化を持ついくつかの小王国が興った。

　植民時代以前のアフリカは、その最後の千年間に、

遠距離貿易の発展によって形成された。西アフリカでは、それは王国や都市国家の急増を伴っており、それらのうち最も重要なものは、古ガーナ（1200-1300頃）、マリ（1300-1400頃）、そしてソンガイ（1400-1600頃）であった。16世紀までにサハラ越えの貿易の焦点は、通商路にはいくつかの小さな独立王国を残してはいたが、東方のハウサやボルヌーへと移った。10世紀頃からアラブの商人たちは東アフリカを訪れ、海岸貿易都市の連鎖をつくりあげた。13世紀から東アフリカはショナ王国に支配され、その王国の中心にはグレート・ジンバブエとそのモニュメンタルな石の空積みの建物があった。キリスト教国エチオピア（900-1400）は孤立していたが、アクスムの遺産の影響のもとに教会堂を建てており、その形跡は彫刻された石碑の形で残っている。西アフリカの権力的空白は、18世紀になってヨルバとアシャンティ両王国によって埋められた。

アメリカ大陸

　北および南アメリカの初期土着民たちは、簡単な臨時のシェルターや巧妙な運搬可能な住居から、共同体の全員を収容する大規模で恒久的な大構造物まで、極めて多様な建物を建てていた。それらの多くは印象的ではあるが、手仕事に基づくバナキュラーな伝統から意識して象徴的に構成された建築への移行は、わずかな地域でしか起こらなかった。北アメリカでは、力強いモニュメンタルな建築は東ウッドランドとして知られる地域、すなわちフロリダ州から五大湖地方、さらにカナダの南オンタリオ州にいたる大ミシシッピ川とミズーリ川の流域において発展した。しかしアメリカにおいて植民時代以前の建築および都市が最も豊富にみられるところはメソアメリカと呼ばれる地帯で、まず大陸部では現在のメキシコシティの北から南メキシコ、ユカタン、グァテマラ、そしてエルサルバドルにいたる地域、2番目はホンジュラスの北部、ニカラグアそしてコスタリカの地域、そして3番目の南アメリカにおける主要地域、すなわち現代のペルー、ボリビアおよびエクアドルの一部からなっている。

中　国

　中国における住居の建設は、紀元前2千年紀の夏王朝に遡る。木構造に基づく建築形式が徐々に形成され、それが社会的需要に結び付いて多くの建築形態を生み出していった。この形式は、建物のさまざまな機能にも、また異なった地理的、気候的条件にも適用することが可能であった。歴史を通じ、その技術は住宅や庭園とともに宮殿、寺院その他の宗教建築の建造に広く適用されていった。初期のユニークな中国様式の発展は南および東南アジアの国々の建築に影響を与え、さらにヨーロッパとより良い交流が確立されると、それは建築全般に及んだ。

　早くも1世紀ないし2世紀には、建築の総合的システムが確立され、さらに外来文化の影響のもとに、3世紀から5世紀にいたるまで発展を続けた。6世紀の後期には中国建築は成熟期に入り、その期間を通じて高い芸術的水準に到達した。第24章はこれらの期間と、さらに14世紀までを取り扱うが、14世紀にはなお、伝統的な木構造を住宅や庭園に適用させながら、さらに多様な建物の種類がつくりだされていたのである。このような時代は19世紀における中国建築発展の衰退と、西洋建築およびその技術導入とともに終わりを告げた。

朝鮮半島

　朝鮮半島の建築を評価することは、初期の日本建築の発展史を補うためにも必要である。これについては日本建築のすぐ前に、それぞれの見出しのもとに別個に取り扱われる。

日　本

　第25章は、日本の建築に関して、先史時代から初期歴史時代および朝鮮半島を通じてもたらされた中国の影響に始まり、その影響の9世紀における衰退と13世紀の禅宗伝来による再導入、さらに中世の将軍政治の興亡と前近代大名の相剋の時代にわたって述べる。また初代徳川将軍は、17世紀初めに首都を江戸（東京）に移し、封建時代は1867年の王政復古まで続いたが、この時期もまた第4部に含めている。

南アジア：アフガニスタン、バングラデシュ、インド、ネパール、パキスタン、スリランカ

　インダス文明（ハラッパーとモヘンジョ・ダロ）については先史時代の中国文化とともに第5章で取り扱ったが、第26章ではヴェーダ文化の衰退とゴータマの誕生に引き続く、バラモン教、ヒンドゥー教および仏教の南方への伝播のために発展した、極めて多様な宗教建築について検証する。しかし、ここでもまたイスラムの思想が覆い重なり、宗教および世俗の建物へのイスラム建築の導入によって発展の連続性は断ち切ら

れ、改変が加えられたが、同時にそれによって豊かにもなった。

　西欧の影響は極めて広範囲に広がったが、それ自体の導入は北西部に限られ、そこでは紀元前4世紀末のアレクサンドロス大王の侵攻により、グレコ・バクトリアの工芸がインダス川を越えて南西へもたらされ、ギリシアの建築的および技術的知識が初期仏教建築に役立てられた。13世紀から14世紀にもティムールの軍隊とともに、北あるいは北西の影響がある程度もたらされたが、しかし15世紀末期から16世紀初期に西欧の植民時代が始まるまで、土着の工人たちは、インダスからネパールへ、ガンジスからケーララ、アヌラーダプラそしてポロンナルワへいたるまで独自の建物をつくってきており、さらにそれはポルトガル、オランダそしてイギリスによるあいつぐ植民地活動の最中においても、18世紀さらに19世紀まで続いた。

東南アジア：ビルマ（ミャンマー）、カンボジア、インドネシア、タイ

　この地域の初期の建築史も、仏教およびヒンドゥー教の伝播と密接に関連している。インド亜大陸と同様、これらの地域では、前パガン期ビルマの最後の世紀から、ビルマでは19世紀の後半まで、カンボジア（インドシナ）ではその少し前のフランス保護領の始まりまでの長い期間にわたって、宗教の目的以外の建物はほとんど残っていない。インドネシア、特にジャワでは、西欧の初期植民的侵入以前の15世紀におけるイスラムの影響とその後の政治的支配により、事情はもう少し複雑となっている。

自然環境

アフリカ

　サハラ以南のアフリカはその歴史の大部分を通じ、特に紀元前3千年直後のサハラの乾燥化以後は、サハラ砂漠の存在によって、北アフリカ、近東および地中海世界との接触を絶たれてきた。東アフリカは、北のエチオピア高地からケニア高地を通って南ケープのドラケンスベルグ山脈にいたるまで、いくつかの山脈の連なりによって支配されている。サハラの南縁に沿っては小さな山脈群が走り、歴史的に人々の東西の移動に使われたサバンナと熱帯草原帯のサヘル回廊を分断している。南ではザイール盆地に熱帯雨林が横たわり、さらに南は同様に不快感なカラハリ砂漠である。降水量は雨林の年間4000 mm以上から乾燥した半砂漠地帯での年間100 mm以下まで、変化が大きい。森林地帯では気温は高いが安定している。その一方で、半砂漠地帯や高地では、日間および年間の極端な温度差に悩まされる。大河はわずかな距離しか航行できない。サハラ以南のより湿潤な地帯でも、密林ややせた土壌、不安定な降雨が、村落以上の定住地の形成を困難にしている。ある地域では長い梅雨となり、また他の地域ではモンスーン的気候をもたらす極端な湿度と降雨、あるいは日中には日陰を、夜には採暖を必要とさせる極端な温度差は、多くの建築材料の脆い性質とともに、アフリカの建築に厳しい技術的条件を課している。

アメリカ大陸

　アメリカ合衆国東部には、広範囲な河川の水系、広大な面積の落葉樹林（現在は大きく減少している）、うねり連なる丘陵とかなり深い渓谷が存在している。地域を通じての気候は、湿潤亜熱帯性あるいは湿潤大陸性から、比較的寒い北部3分の1の亜寒帯的状況まださまざまである。

　中央アメリカでは、2つの明確に異なった地帯がある。すなわち現在のメキシコシティの高い台地やオアハカ渓谷およびグァテマラ高地の降雨の望める春のような気候の地帯と、4月と5月の短い乾燥した季節がかろうじて農業を成立させている、ユカタンとマヤ文明の中心であった北部グァテマラの湿潤な熱帯低地とである。森林地帯の地表から生活床面を持ち上げるための装置としてのピラミッド状の基壇は、低地における高湿度と植物の繁茂という条件への対応としてよく理解できる。広い舗装面は儀式の舞台としてだけではなく、雨水を流して集めるためのものでもあった。舗装した基壇は、建物の中と周囲の湿度を低下させる局部的気候効果をつくりだした。

　アンデス山脈の沿岸側の地方は、極端な砂漠的条件から植物の茂った水流豊かな渓谷へと極めて唐突に変化する、最も強烈な気候的対比をみせる。沿岸地帯全域では、その少ない降水量が日干レンガ構造を可能にしている。一方、ペルーの高地では、複雑な山岳的地勢しかなく、その高い草地高原は居住を拒んでいる。肥沃で生産的（ただし薄い）土壌を持つ高地の渓谷のみが、現在と同様に古代においても定住の適地とされていた。

中　国

　中国の面積は960万 km²ある。その33％は主とし

て西部の山地で、平均の高度が海抜 4000 m のチベット・青海高原を含んでいる。北西部は黄土台地で、南中国中央部ではその大部分を丘陵地が占め、東沿岸部は平野となる。東・南沿岸部には 5000 以上の島々があり、そのうち最大のものは台湾と海南島である。

無数の川が中国を貫流している。そのうち 1000 km² 以上の集水地域を持つ川が 1500 以上もある。長江（楊子江）と黄河水系が最大で、中国古代文明の揺籃の地となった。7 世紀に建設された 1794 km の大運河が長江、黄河を含む 5 つの主要水系を結び付け、古代中国の経済発展に主要な役割を果たすとともに、首都の占地に直接的影響を与えた。

中国の大部分はモンスーン気候である。9 月あるいは 10 月から 3 月ないし 4 月まで北よりの冬の季節風がシベリアおよびモンゴル高原から中国を吹き抜け、南に行くに従って弱まる。その結果、冬の気候は寒く乾燥している。中国の気温は 5～18℃で、同緯度の他の国よりも低い。4 月から 9 月までの南東季節風は大洋から湿った空気をもたらし、中央、東、東南そして西南中国の気候は暑く、降水量が多い。それに対し最北部の黒龍江地方は北極圏の気候に近く、ほとんど夏はなく、またチベット・青海山地は 1 年中雪に覆われているが、一方、雲南・貴州高原は年中春のような気候が続き、海南島は 1 年中亜熱帯の夏が続く。西北部の後背地は典型的な大陸性気候で、その影響は中国の建築にみられる。たとえば、北部では建物は太陽に向けて南面させるが、南部では、熱帯のモンスーン気候の地域で一般的であるように、日陰をつくりかつ自然換気を促すように設計されている。

朝鮮半島

朝鮮半島はアジア大陸の北東沿岸にある半島で、北緯 33°と 43°、東経 124°と 132°の間に位置している。北は鴨緑江と豆満江に沿ってマンチューリア（満州）とロシアに境を接し、西は黄海を隔てて中国に、また東と南は日本海と朝鮮海峡を隔て日本に接している。

その地理的位置によって、朝鮮半島は常に戦略的重要性を持ち続けてきた。中国とは陸路および海路によって頻繁な文化的交流を持ち、また朝鮮半島から日本の対馬さらに九州地方へのルートが開けると、中国と日本との間の文化的導管の役割をも果たした。こうして日本は朝鮮半島を通じて中国の文化を吸収した。

朝鮮半島の約 3 分の 2 は山地で、主として花崗岩からなっている。南部地方は沖積層で、農業に適した肥沃な土地がある。山地は岩が多く、川は澄んでいる。気候は温和であるが、やや大陸性に傾いている。明確な四季があり、そのうち夏と冬が最も長く、夏は季節風のもたらす雨の季節である。四季の間にはかなりの温度差がある。

朝鮮半島には、旧石器時代の初期から人が住んでいたと考えられている。紀元前 3000 年から紀元前 2000 年の間に、人々は半地下の竪穴住居を、そして後には丸太あるいは他の材料による床面を上げた住居をつくり始めた。また、床下の煙道による「オンドル」採暖法が発達した。

紀元前 1 世紀から部族国家が形成され、4 世紀の終わりまでには、朝鮮半島には 3 つの王国——高句麗、百済そして新羅——が存在していた。高句麗は中国に影響された宮殿建築をはじめ、中国を通じて仏教を受け入れた。木材、花崗岩、土を組み合わせた建築が発展した。仏塔、墓塔、仏像、石窟そして石碑が花崗岩によってつくられ、またレンガ造の墳墓は独自の様式で使われていた。

日 本

日本は、ブリテン島とヨーロッパ大陸との距離以上にアジア大陸から離れた島々の連なりからなっている。最端部でみると、日本は北緯 45°から 20°まで、東経 153°から 123°に広がっている。4 つの主要な島である北海道、本州、四国そして九州が、北東から南西へこの順序で走り、無数の小さな島々がその海岸線に変化を与えている。ずっと小さな南端部の琉球諸島は沖縄を含んでいる。オホーツク海が北東に位置し、そこから反時計回りに、日本海、東シナ海、太平洋がある。日本海と東シナ海の間の対馬海峡および朝鮮海峡は比較的狭く、飛び石のように島々が北九州と南朝鮮を結び付けている。日本の総面積 37 万 8000 km² はアメリカ合衆国本土の約 25 分の 1 である。

日本列島は、アジア自体の東を縁取る太陸棚と太平洋の大洋性地殻の間に横たわっている。地質学的にみると、日本は経緯方向の糸魚川・静岡断層により、東北と西南の 2 つの主要な地域に分けられる。もう 1 つの大断層は中央構造線で、西南日本を緯線方向に伊那山脈から大分県まで走っている。火山の噴火と大小の地震は日本では普通であり、これは進行する地殻の不安定さと関連している。土地の 3 分の 2 に達する険しい山地は、急流の川によって刻まれた深い渓谷を抱えている。川岸に沿った狭い平地は豊かな稲作に供され、山腹の台地は他のさまざまな作物を育成する。また、関東地方や新潟地方などのように、いくつかの広い平野がある。

気候条件は、亜寒帯的北部から亜熱帯的南部まで大

きな差があるが、国の大部分は温和な地帯にある。この島々は、冬はアジア大陸からの冷たい空気、夏は南太平洋からの暖かい空気に支配されて、明確な季節的変化を示している。冬には北から南に走る高い山脈が日本の太平洋沿岸側を西沿岸側（日本海）の厳しい寒気と大雪から保護し、また黒潮が太平洋沿岸地域に暖気をもたらす。多量の降雨は暑く湿った夏と結び付いて、大量の良好な木材を含めた豊富な植物を生産する。伝統的建築の形態は、大雨と強風を防ぐために払われた意識的な努力を示唆している。

インド亜大陸

インドとパキスタンは、アフガニスタン、ネパール、チベット、バングラデシュ、スリランカおよびモルディブが、本書でインド亜大陸とした地理的地域を構成している。北側は、西のヒンドゥークシュからパミール、カラコルム、ヒマラヤを通じ北東の中国四川の山地へいたる高い山並によって限られ、東・南・西側は海（西はアラビア海、東はベンガル湾）で限られている。極めて早い時期から、陸路交通は北西および北東の峠越えでなされており、特にアフガニスタン経由のペルシアおよび（ギリシア・ローマ系の）西アジアからの交通が目立っている。海路交通の発達は緩慢であったが、1世紀までにはローマ帝国との盛んな海上貿易がなりたっていた。北部の大河、インダスとガンジスとその支流は水運に供され、多くの重要な都市はそれらに沿って建設された。

気候と自然状況は、赤道地帯の珊瑚礁から雪を頂くヒマラヤ山地まで変化に富む。地域の大部分は北回帰線の南にある。この回帰線はインド亜大陸をインダス・デルタおよびガンジス・デルタの間で横切る。ベンガル湾の沿岸地帯では夏と冬の温度差がほとんどなく、強いモンスーン季節（5-8月）と年間を通じての適度な降雨がある。気候は暖かく湿潤だが、極度に暑いということはない。半島の大部分では気温は1年中あまり変わらないが、乾期と雨期の差は明確である。北の平野部では、気温は夏期（5-7月）に高まり、冬には顕著に低下する。雨期は一般に遅くかつ短い。全般的に気候は乾燥しており冬は涼しい。北西部では、暑い季節と寒い季節は同じくらい続く。暑い季節には気温は50℃ほどにも達し、冬はしばしば夜霜やみぞれをもたらす。全地域を通じる高い角度の太陽と、モンスーン地帯における激しくかつ連続的な降雨は、いずれも建築の形態に影響を与えている。

歴史的にみると、南アジアでは場所によっては気候の大きな変化が起こったらしい。モヘンジョ・ダロの発掘は、現在は大部分半砂漠であるインダス渓谷下流部が、かつては熱帯密林と結び付いた豊かな農村を維持していたことを示している［訳註：この説は、現在では必ずしも受け入れられていない］。このことは、後代に建築材料として木が石に置き換わったことの部分的説明となろう。

東南アジア

ビルマ（ミャンマー）は、北西側をインド・パキスタン亜大陸と、南東および東側は中国、ラオスおよびタイと接していて、北緯28°から15°の間に位置し、さらに狭い舌状の土地が南に北緯10°まで延びている。その初期（B.C.1世紀-A.D.1世紀頃）の歴史は中央ビルマのいくつかの河谷によって規制された。すなわち、1450km以上も航行可能なイラワディ川と、サルウィン川、シッタン川およびチンドウィン川は、高地ビルマでは150mからほぼ2000mの高さの丘陵地を分割し、南ではベンガル湾とインド洋に向かってデルタ地帯を形成しており、そこからインド文化と仏教が導入された。また、高地ビルマを横切るインドから中国への陸のルートも存在しており、人々の移住にも使われたに違いない。気候は熱帯性で、夏には南西季節風による降雨がある。

カンボジアはメコン川デルタとシナ海を南側に、北緯10°から15°付近の中西部メコン地帯を含み、西側はタイ（シャム）湾に接し、東側は東モイ高地によって古い時代のベトナムから隔てられ、そして北側は中央ラオスの山脈によって分離されている。初期の歴史（扶南期、3-7世紀）はデルタ地域に集中していたが、その後、歴史の焦点はさらに内陸部メコン川中流のバサック、さらにロイ・エト高地へ移った（クメール期、7-14世紀）。これらの出来事はいずれもクメール帝国の後期における優れた灌漑施設の発達に寄与したに違いない。南西季節風の涼しい雨と風が、熱帯の湿った気候条件からの唯一の救いである。

タイは、北と西側をビルマと、北東と東側をラオスとカンボジアと接し、北緯20°からマレー半島まで南へ約1600km、赤道より5°北まで広がっている。北へ上がると、中部タイには丘陵があり、また雨期（6-10月）には洪水で覆われる沖積平野がある。北東部は盆地の形をとる砂岩台地であり、南部では、西側のビルマ、南のマレーシアとともに半島を分かち持つ。気候は熱帯モンスーン型であるが、さらに南に位置するため、ビルマより季節間の温度差は少ない。

マレー半島は、北は南タイに、西と南はスマトラ島を隔てるマラッカ海峡に接し、そのスマトラ島はそ

南東を狭いスンダ海峡によってジャワ島から分離されている。ジャワ島は東へ延びる列島の最初の島である。さらにバリ島、ロンボク島、スンバワ島、フロレス島、スンバ島そしてティモール島が連なり、そこから先は小さな島々がニューギニア近くまで続いている。もう1つの島々のグループは、ジャワ海を越えてスマトラの東、ジャワの北に横たわっている。この群島の最大の島はボルネオ（カリマンタン）島で、マカッサル海峡で東のセレベス（スラウェシ）島と隔てられている。ボルネオ島とセレベス島の北にフィリピンがある。その広大で多様な地域の多くは山地である。活火山や死火山のある長い湾曲した火山帯が、スマトラ島、ジャワ島、バリ島を通っている。

インドネシアは赤道をまたいでおり、熱帯気候で気温の季節差は大きくない。気候もまた一般に湿潤であり、両方の季節風の影響を受ける。

歴　史

アフリカ

植民時代以前のアフリカの社会を形成した主要な原動力は、鉄器のもたらした影響と貿易による進んだ社会との接触であった。アフリカにおける鉄器の製造は、フェニキア人によって確立された（B.C.814 頃）。古代エジプト人はその製造技術を知っていたが、広く用いるようになったのはエジプトが紀元前 662 年にアッシリア帝国に編入されてからであり、その時スーダンにも伝わった。そこでは鉄がメロウェ[訳註：古代エチオピアの首都]の経済の重要な要素となり、この王朝に近隣に対する経済的・軍事的優位性を与え、裕福な宮廷を維持し、都市を支え、またモニュメンタルな寺院や葬祭用の建物を実現することを可能にした。紀元後 200 年頃からメロウェの優位性は、紅海とナイル渓谷との間の貿易を支配することで力を得た、強力な商業国家であるアクスムの儀礼的中心の出現によってゆらぎ始めた。鉄器はサバンナを越えてノク文化にまで広がり、そこから以後 7 世紀にわたって、バントゥ語を話す人々により東方および南方に伝えられた。その結果として、石器時代の生活様式を持つピグミーやブッシュマンたちは、さらに辺境の雨林や南アフリカへと追いやられた。鉄器時代の農民たちが定住した地域の外側では、ごく最近まで石器の技術が続いていた。紀元後 500 年頃から鉄の金属加工に貴金属の使用が加わったが、そのうち最も重要なものは金であった。初期の鉄器を使用した共同体では、円型の小屋からなる開放的な村落に、20-30 家族の人々が住んでいた。村人たちは同じ地区を規則的にめぐる移動耕作（交代休閑方式）を行っていた。

600 年頃から、金属（特に金）の遠距離貿易が西アフリカと北アフリカ沿岸との接触をもたらした。この貿易による富は、結果的にサハラの南縁に沿って国家に近い共同体の発達を促し、セネガルとガンビア川の地域における文化的発展の要因となったとみられるが、そこでは 750 年頃、巨石を用いた建設活動が盛んであった。多くの手工芸の専門化や富と権力の集中化が、墳丘の大きさや内容から推察される。ニジェール川とセネガル川の上流の渓谷に位置したガーナ王国は 500 年頃に現れ、1000 年までにはクンビを首都とする強大な国となっていた。この古い首都は 2 つの地区に分けられていた。1 つは宮殿を囲む地区で、アフリカ様式の土でつくられた円型の家が建ち、もう 1 つはイスラム商人や北アフリカからの移住者が住む地区で、石造の家が建てられ、モスクも含まれていた。この分裂は異なった文化を持つグループ間の経済的・宗教的・社会的軋轢を反映していた。

その後に続く数世紀に、西アフリカでは急速な都市化と多くの原始的な国家のイスラム化をみた。モスクの存在は西アフリカの都市では普通となった。13 世紀にはマリが金貿易を支配することによって権力を得たが、15 世紀にはソンガイに引き継がれた。前者の権力は最終的にはサハラ以南の西アフリカの大部分に及び、その力と富はティンブクトゥやジェンネのような大都市に集中されていた。ソンガイはニジェール川岸のガオの町を本拠地とする国で、1340 年頃拡大を始めた。極めて軍国主義的で、かつてマリの支配下にあった地に進出したが、1591 年のベルベル人の侵入によってソンガイもまた崩壊した。16 世紀までには、遠距離貿易の焦点は東方のハウサの国々やボルヌーへと移った。次の 3 世紀以上にわたり、サヘル回廊の線に沿って小さな王国の鎖がつくりあげられ、フラニやシュワ・ヨルバの遊牧民たちとの交渉がもたれた。ナイジェリア沿岸では、1700 年頃、高度に中央集権化されたヨルバ王国が、より小さな、儀式によって組織された近隣部族たちから、ヨーロッパの物品と奴隷の交換の中心的仲介者としての地位を奪った。最後に、クマーシに本拠を置いたアシャンティ帝国がアフリカとヨーロッパとの貿易を支配し、この王家は最高首長制によって地方の支配を維持した。

11 世紀から 15 世紀の間に、アラブの商人たちが東アフリカの海岸に沿って貿易の町を建設していった。ジンバブエで採掘された金は、タンザニアにあるキルワのアラブ人の町で取引された。このショナ王国との

貿易は、たとえばグレート・ジンバブエにおけるような、鉄器時代のアフリカにおける最も印象的な建築のいくつかをもたらした。そこではペルシア、中国そして近東からの数多くの工芸品が発見されている。貿易は牛の畜産経済によって補われ、それは南アフリカの部族の経済の重要な要素となり、そこに「クラール」[訳註：垣をめぐらした村落]のさまざまな形態を生み出した。

アメリカ大陸

人々のアメリカ大陸への最初の移住の時期については、なお研究と議論の対象となっているが、紀元前1万1500年頃には放浪的な大猟獣ハンターの小グループが両大陸を通じて散在していた。北アメリカでは、狩猟、漁業、採取などさまざまな経済に基づいて、より大きな共同体が出現し、紀元前8000年頃以後には、建物の建設に必須の社会構造と技能の専門化を発展させていた。紀元前5000年頃からの農業への転換は安定した生活方式を確立させ、恒久的な建物へのより大きな投資を可能とし、さらに紀元前2000年頃までには、記念的・儀礼的建築が現れ始めた。メソアメリカの文化的工芸品の歴史は、一般に3つの大きな時期に分けられている。すなわち、前古典期（形成期、B.C.2000-A.D.200）、古典期（200-900）、後古典期（900-1500）である。記念的な建築と都市計画の伝統が成熟した古典期は、さらに200年から600年の前期古典期と、最も偉大なマヤの発展期である600年から900年の後期古典期に分けられる。前古典期の特色を持つ工芸品は広くメソアメリカを通じて分布しているが、そのことが政治的統一を示すのか、あるいは文化的広がりを示すのか、明確でない。前期古典期の間に、主要な権力の中心がメキシコ渓谷のテオティワカンに出現し、その影響はメソアメリカ全域で認められる。古典期マヤの都市の崩壊に続き、ミシュテカとトルテカの国々がメキシコの高地に出現したが、それらはヨーロッパ人が到来して前植民時代の歴史を終焉させる約1世紀前に、アステカの権勢のもとで滅んでいった。

南アメリカでは、農耕はより早く、紀元前8000年頃に始まっている。記念的な建造物は早くも紀元前3000年に現れたが、村は小さくまた広く分散していた。都市は紀元前200年頃以後の初期過渡期に発達し、これらの中心地からティアワナコやワリなど領土拡大主義の国々が出現し（600-900頃）、その後チムーなど地方の王国が、1476年にインカ帝国が権力を握るまで繁栄したが、そのインカもまた1532年に今度はスペイン人によって滅ぼされる運命にあった。

中 国

中国の歴史時代の始まりに先立ち、黄帝（中国人の半伝説的祖先）や炎帝に率いられた部族らが黄河渓谷に住みついたといわれている。紀元前21世紀に始まる中国の奴隷制社会は、夏、商、周および春秋時代の各王朝を通じて続いた。文字による記録は周王朝（B.C.1600-B.C.1028）の後期からみられ、建築の発展にも重要な役割を果たした。

封建社会は紀元前457年に始まり、1911年の清朝の終わりまで続いた。（「はじめに」の編年表を参照。）

中国の封建社会の第1段階は、紀元前475年から紀元後220年までの間である。紀元前221年、秦の始皇帝が国を統一し、中国の歴史上初めての中央集権的封建帝国を創始した。漢王朝（B.C.206-A.D.220）の時代までに中国は前例のないほど強大な国家となり、中央アジアに使節を送って、中国とヨーロッパの間に古いシルクロードに沿った貿易路を開いた。

第2段階は220年から581年の間で、中国にさまざまな地方権力が互いに相接して存在していた。中国の中央部は戦乱により荒廃し、結果としてその経済の発展は遅々としていた。581年の隋朝の創建は、南北地域間の抗争に終焉をもたらした。

第3段階（581-907）の間、特に618年の唐朝の創建後、中国の封建制社会はその頂点に達した。政治的ルールは安定し、経済と文化はかつてなく繁栄した。強力で影響力のある国家として、中国はペルシア、東ローマ（ビザンティン）帝国、日本、朝鮮と外交関係を樹立し、貿易を営み、文化の交流を行った。しかし唐朝の末期には、中国は再び敵対する政権間の血生臭い争いの渦中に陥った。

ほぼヨーロッパの中世にあたる第4段階は、907年から1368年まで続いた。960年に建てられた宋朝は、中国の中心部と長江の南部地域を統一したが、一方で、北部中国には遼、金、西夏、元の政権が同時に存在していた。中国は元朝（1279-1368）を建てたモンゴル人によってようやく統一された。宋の治政下にあった地域では生産技術が進み、経済が急速に発展し、特に都市経済は非常な繁栄期を享受した。新しい海上貿易路が開設され、多くの港がつくられた。手工業製品の貿易が盛んとなり、科学と技術の成果は高水準に達した。しばしば中国の三大発明として挙げられる羅針盤、火薬、印刷術は、中央アジアを経由してヨーロッパに伝えられ、航海、戦争、知識の普及といった分野の発展に大きく貢献した。圧政的な元朝は1368年に倒された。

明朝（1368-1644）の創立は、中国封建社会の第5の、そして最後の段階の始まりとなった。堕落した封建制

度はこの時期を通じて衰退し、資本主義の胎児が中国で形を取り始めた。1840年以後、中国は帝国主義権力の侵入により、半植民地的・半封建的社会へ陥った。1911年、清朝は倒された。

封建社会全体を通じて、小規模な農民経済が極めて重要な位置を占め、それは木構造の発展に寄与した。小さな家は、材料を自給可能で、必要な労力も石造に比べて極めて少なかった。その結果、この種の建物が伝統的なものとなり、たいへん長い期間にわたって使われた。その一方で、中央集権的封建権力は、人力と材料を国家的規模で動員し、大規模な建設プロジェクトに従事させることを可能にした。その1例が万里の長城である。多くの宮殿やその他の主要な建物も首都につくられたが、それらは新しい支配者による破壊後、再び建て直されねばならなかった。それらの例は、秦朝の首都であった咸陽、隋朝の大興、元朝の大都などである。封建制の首都では、封建君主の集中的支配の思想を体現して、いわゆる「坊制」がとられた。隋朝の首都大興（この名称は唐朝に長安と変えられた）で使われた方式は典型的である。すなわち、坊壁がブロック状の敷地を囲んで道の縁に沿って築かれた。晩鐘の後は、民衆は壁の内側に引きこもらねばならず、さもなければ巡回の兵士に逮捕されるおそれがあった。政府によって任命された専門家の官僚が、設計や技術的仕事にあたるべく命じられた。建設工事のための作業所が設けられ、建設の品質を保証し、作業所の管理を効率化するため、官僚たちは建設材料の消費に関しての量と配分の基準を定めた。宋王朝の技術監督官である李誡によって編修された『営造法式』と清の技術・建設官僚たちによって編集された『工程做法』は、この管理システムから来たこの種の典型的なものである。このような建設工事に関する公的な発展は中国建築の形態の標準化を促進した。

朝鮮半島

伝説によると、朝鮮の国は紀元前12世紀の終わり近く、中国からの亡命者グループのリーダーである箕子によって創始されたという。彼はそれを「チョーソン」と呼び、その後千年にわたって彼の子孫が朝鮮半島に善政を施したといわれる。この時期の末頃、征服されるよりはいいという考えから、楽浪として知られる植民地として漢帝国に合併されることを選んだと伝えられる。西暦の最初の3世紀ほどの間に、楽浪郡は漢帝国の中でも比類のない極めて洗練された文化をつくりあげた。4世紀には北方からの侵入者に屈服し、彼らはほどなくその地区に高句麗として知られる王国を築き、強固にした。

それ以前に、半島の南東部において新羅王国が、そして西部には百済の王国が形成されていた。こうして三国時代が始まり、それは唐朝の勃興とともに大同江の南が新羅によって統一され、中国のゆるやかな宗主権のもとに入る668年まで続いた。唐文化が咲き誇ったが、頽廃した新羅は10世紀の初めに反乱を起こした将軍によって倒され、新しい王国、高麗が樹立された。

仏教は、384年にインド僧によって朝鮮半島にもたらされた。10世紀までには支配的となり、中国の政治的・文化的影響が衰えてくると、仏教僧侶たちが権力と影響力を増していった。仏教、儒教および武人貴族の間の内紛は、大規模な奴隷の導入とともに、13世紀の前半から続いて起こった外国からの一連の侵入に抵抗する能力を高麗国から奪い、1260年までにはモンゴルの1つの州の地位に落ちていた。フビライ・ハンは、13世紀の末頃、日本に対する失敗に終わった遠征への支援をこの同盟国に強制し、このことが倭寇の沿岸地方に対する来襲とともに、結局不安定な高麗国を終焉せしめることになるが、その時、李成桂はモンゴル人と日本人を打ち破り、1392年、自ら漢陽（現ソウル）に首都を置く新王国「朝鮮」の君主となった。

これらの出来事に引き続く15世紀および16世紀には、朝鮮の黄金時代がみられるが、その時期は中国での自民族（明）王朝の成立と、文化的・芸術的発展を促したその博愛主義的宗主制と合致していた。それも1592年の秀吉のもとでの日本人の侵攻と、長い年月にわたる北からの満州部族の侵入によって終わりを告げた。その後200年にわたる外部からの完全な孤立が続いた。

日 本

最近の発掘調査の結果は、日本列島に紀元前3万年から紀元前2万年の間に人が住んでいたことの確証をもたらしたが、列島の広い範囲にわたって狩猟・採取民が住みついたのは、やっと紀元前1万年から紀元前300年（縄文時代）であることを遺物が示唆している。多くの竪穴住居跡が出土している共同体の中心地には大規模な貝塚があるが、農耕社会の証拠は見出せない。

紀元前400年から紀元前300年の間に、モンゴロイド系の移住者たちが、水稲文化と鉄および銅を彼らとともにもたらし、竪穴住居と高床倉庫を持った共同体として定住した。最も有名な遺跡は登呂（静岡県）で、そこには建物の上部構造が、青銅鏡の裏面を飾る4つの家屋の薄肉彫、銅鐸上の彫刻、土器片の線刻画など

にみられるような形に復元されている。モンゴロイド人の到来は、弥生時代（B.C.300-A.D.300）と呼ばれる新時代を開始させた。

300年から538-52年の間は先史時代で、アジア大陸との接触が増し、社会はより強く組織された。『古事記』（712）と『日本書紀』（720）はこの時期の出来事を記録しているが、その内容は、中国と対抗しようとする意図に強く影響されており、したがってかなりの程度は事実というより伝説として受け取る必要がある。天皇が太陽神の子孫であるという神話は、その神聖性に保証を与え、天皇が決して退位させられないことを強調している。神話は日本の3つの主要な地域を回って展開する。すなわち出雲、北九州そして大和（奈良地方）である。この最後の地域が初期歴史時代における日本の発展の中心となった。社会制度は神政主義的で、太陽神と他の多くの下位の神々への信仰に基づき、天皇が最高の祭主であった。

天皇は死去すると神格化され、その遺体を納めるために巨大な墳墓が築かれた。この時期が古墳時代と呼ばれるのはこの墳墓による。これらの墳墓から発見されたさまざまな形式の建物の土の模型（埴輪）は、この時期の建築について多くのことを物語ってくれる。群馬県赤堀遺跡の茶臼山古墳で出土した多くの埴輪群は、建築の技術や機能についてのある程度の推定さえ可能にしている。

歴史時代は、6世紀半ばの朝鮮半島からの仏教の導入とともに始まる。それとともに中国の言葉、政府の官僚制度そして建物の新しい技術や様式が入ってきた。この新しい宗教は、最初は土着の神道宗教の保守的支持者たちの強い抵抗を受けたが、まもなく強固なものとなった。仏像の安置、読経そして増加する多くの僧尼を入れるための建物が必要となり、その要求に応えるため、全面的に新しい建築技術を会得しなければならなかった。

摂政聖徳太子の仏教に対する熱心な保護と、日本の文明の水準を引き上げるための非常な努力にもかかわらず、622年の彼の死去後は内乱が激しく、日本は強固には統一されなかった。645年の中国の政治制度に基づく大化の改新は、恒久的な首都を建設する計画を含んでいた。以前にも多くのいわゆる「首都」はあったのだが、神道によるとそれらは天皇の死去によって穢れたものとなり、したがって新しい首都が異なった場所につくられねばならなかった。その結果、宮殿や官庁の建物は恒久的なものとしてつくられることはなかった。

宮廷が平城（奈良）に移ったのは710年であり、そこでは新首都が長安における唐朝の首都にならった格子状の平面で計画された。新首都は宮城と七大寺を含んでいた。8世紀は中国の影響がその頂点に達したにもかかわらず、日本は文化のあらゆる面で驚異的な進展を示し、建築においてもしばしばこの世紀を日本の古典時代といわれるほどの完成を成し遂げている。しかしながら、経済的緊迫、アイヌの反乱、朝鮮遠征の失敗、さらに僧侶の過度な権勢などは、784年の平城京の放棄と京都に近い長岡京への移転に導いた。不運が相次ぎ、794年には首都は再び今度は平安京（京都）へ移された。

平安時代（794-1185）の初期以後、中国との交流は減少し、ついには全く途絶えてしまった。日本化の新しい時代が始まった。それは、先立つ2世紀半に得た知識と技能の融合に傾注した努力によって性格づけられる。日本人は選択的となり、中国の文化のうち彼らに有益で好みにあった要素のみをまとめあげた。以前の政治の官僚形態は、皇后を出し続けた藤原氏による摂政制に取って代わられた。特別に定められた寺院への天皇の早い引退が一般的となり、玉座の背後にいる藤原氏の政治権力の永続を保証した。平安時代は――少なくとも京都では――はかない美と美的インスピレーションがなによりも優先された貴族の時代であった。貴族の寝殿造の宮殿は現存してはいないが、当時の絵画や驚嘆すべき文学作品の記述によってある程度復原することができる。しかし住民の大多数、すなわち庶民の世界は貴族のそれにはほど遠く、風俗的な場面の描写は12世紀および13世紀のわずかな絵巻にみられるのみであり、それらは極めて粗末な形式の住居の建つ道端の情景を描いている。

9世紀に真言と天台という2つの新しい仏教の宗派が、日本僧により中国からもたらされた。これらの密教的形式の仏教は、特殊な儀式のための特別な建物を必要とした。これらの宗派によって好まれた離れた山地の険しい地形は、寺院の中での建物の配置に根本的な変化を余儀なくさせた。またこの時代には仏教と神道のある種の混交が起こった。寺院に付属する小さな神社や、あるいは仏教の建築様式によく似た神社建築を見出すこともまれではない。

京都で貴族たちが美の崇拝と芸術に心を奪われている間、地方に存在した彼らの名義の土地は行政官（地頭）の手に委ねられていたが、地頭たちは多くの場合、辺境の生活により、あるいは侵攻してくるアイヌや敵対する氏族との戦闘によって鍛えられた者たちと遠縁関係にあった。同時に仏教の僧侶たちも、京都の上流の人々に働きかけて自分たちの要求をかなえさせるだけの力を持つようになった。

12世紀末、地方武士である源頼朝は、京都の平清盛

から政権を奪い、京都の衰弱した影響から遠く離れた鎌倉に軍事政府を樹立し(1185-1333)、天皇に強要して将軍の称号を受けた。かくして武士道の規範に基づく武家封建時代が始まった。また中国の影響の第2の波が、禅宗、建築の新様式、そして茶をもたらしたが、茶は茶会の儀式の中心として用いられ、そのための数寄屋造という独特の日本建築が発展した。

1868年まで続いた封建時代は、中世(1185-1568)と前近代(近世、1568-1868)に分けることができる。打ち続く内乱の結果、強い氏族が次々に将軍職を獲得した。源氏と北条氏(鎌倉時代)および足利将軍(室町時代)による統治が敷かれてはいたが、遠方の大名たちは自らの領地を強力に支配していたのである。

1392年、足利将軍は政治的首都を京都へ戻し、そこで彼らは、建築、美術および禅宗教団全体の保護者として知られるようになった。日本と中国の交流は拡大され、足利時代の文化再興のあらゆる面において中国の影響が顕著となった。しかしながら、美術への深い傾倒は、強い中央集権政府を維持するために不可欠な政治的必須条件から注意をそらせることとなった。京都は共倒れの戦いによってついに荒廃し、領国大名は事実上独立した。

徐々に衰微していった足利将軍の中央権力は、足利氏に密接に結び付いた2つの貴族の間の争いによって引き起こされた応仁の乱(1467-77)とともに、京都において終わりを告げた。将軍の力は、敵対する徒党を調停し、あるいは戦いをはばむにはあまりにも弱体化しており、この戦いは京都の人口を減少させ、無数の古い記念物の破壊をもたらした。1477年の応仁の乱の終結とともに、大名間の戦いが日常的となる日本の「百年戦争」が始まった。それは中央政権のない封建制の1世紀であった。遠隔地に対する行政権を維持していた、古来からの天皇制によるシステムさえも消滅した。

権力は全て各大名に帰し、それぞれの領国内において行使された。このような混乱した状況は経済発展を阻害したと思われるに違いない。しかし、逆に大名はそれぞれの封建領地の中で、農業の発展と村民たちが日常用いる品物の生産を奨励した。その結果、生産が地域の需要を上まわり、余剰品を交換したり売ったりする新しい市場の創設につながった。大阪(堺)や博多のような港に新しい中心が起こり、土地よりもむしろ商品を獲得することによって富をなす商人階級の勃興をみた。16世紀中頃までに、日本の商品は日本の船によって輸出されるようになり、またポルトガルの船が南九州に着いて、日本人がヨーロッパ人と初めて接触したのはこの時期であった。すでにアジア大陸で基礎を固めていたキリスト教宣教師が、商人たちの後に続いた。日本人はその特徴である新しいものへの関心を示し、彼らとの商業によって得られる有益さと利益をただちに認識した。

応仁の乱の終結からの1世紀は、絶え間ない争いと急速な経済的発展というパラドックスのうちに、ついに1568-76年頃終結を迎え、それは中世の終わりともなった。

日本の歴史に関する最も短い要約でも、3人の傑出した支配者の名前を落とすことはできない。すなわち、将軍職による大名たちのより巧みな支配の基礎を敷いた織田信長(1534-82)、農家から権力の座に登って内乱の時代を終結させ、建築や美術の保護者となった豊臣秀吉(1536-98)、秀吉の生存中はその支持者であったが、1598年の彼の死後、秀吉に忠誠心を残す大名たちと天下分け目の戦いを行った徳川家康(1542-1616)である。1616年、大阪城は秀吉の息子である後継者とともに破壊された。家康は初代の徳川将軍となり、江戸(東京)を政治的首都として確立した。

天才的な家康は、彼に従う大名たちを全面的に支配する計画を立てた。彼は大名とその家臣、農民、工人そして商人という階梯的社会階層を確立し、個人的行動、衣服そして住居形式などに関する厳格な規範によって支配した。厳しい法令により新しい城郭の建設は禁止されたが、古いものを修理する資金も欠乏していた。各地方の大名は江戸に住居を構えることが要求され、大名が自分の領地を監督するため大勢の従者をひき連れて帰国する時は、家族が事実上の人質としてとどまった。このシステムは、1968年の明治維新まで徳川氏の支配権を固めるものとなった。

1638年に日本は外国との交流を閉ざし、ヨーロッパ人の侵略が切迫しているとして、キリスト教を排斥した。オランダ人と中国人のみが、長崎港の人工島である出島に限って、極めて制限された貿易を続けることが許された。しかし、鎖国主義政策にもかかわらず、日本は沈滞はしなかった。外からの問題に煩わされない平和な200年以上の年月は、日本人が独自の社会・政治システムを展開させ、特色ある経済的・文化的形式を発展させることを可能にした。しかし、19世紀初期に始まった内的および外的圧力は中央政府の力を弱め、1867年、ついに徳川将軍は辞任した。短期間の内戦の後、天皇は王権を復し、封建制の時代は終焉した。

インド亜大陸

インダス文明(第5章参照)は最終的に、紀元前1500年頃から数世紀にわたって侵入した西・中央アジアからの遊牧アーリヤ人の部族たちによって取って代わら

れた。これらのアーリヤ人移住者たちの侵入は、彼らが創始したヒンドゥー教の古い聖なる文学である『ヴェーダ』から名をとって、ヴェーダ期と呼ばれる時代に起こった（文化の項も参照）。彼らは東のガンジス川流域へと移動し、やがて先住民であったダシュと混血し、またその慣習を取り入れたが、この時期からカーストに基づく社会制度が始まった。ダシュは、それ以前において同じように西北方から流入し、その多くはアーリヤ人の侵入により南へ追われたドラヴィダ人と結び付いたらしい。やがてヒンドゥーの人々が出現するのは、このアーリヤとダシュの統合からであり、その萌芽期の文明が東漸し、ガンジスが彼らの聖なる川となるのもこの時期である。紀元前6世紀には、ヒンドゥー教はバラモン（最高位カースト）だけに知られた秘儀の複合体となり、このことが仏教およびジャイナ教のプロテスタント的運動を引き起こした。ゴータマ（ブッダ）は紀元前563年頃生まれ、紀元前483年に死去するまで45年間、北インドで教えを説き、アジアにおける第2の大宗教の基礎を築いた。

　ダレイオス大王は紀元前516年にパンジャーブ地方をペルシア帝国の20番目の属州（サトラップ）とした。これは、アレクサンドロス大王がこの地方を彼の帝国に併合してペルシア征服を完成させるべく、紀元前327年にインドへ遠征してくるまで200年近く続いた。彼は紀元前326年2月にインダス川を渡ってタキシラに入り、インダス川の河口近くに海軍の基地を築き、紀元前324年3月にマクラーンをへてスーサに帰還した。

マウリヤ帝国

　その1年あまり後、アレクサンドロスがバビロンで死去すると、ギリシア人はパータリプトラ（現パトナ）のチャンドラグプタ・マウリヤ（アレクサンドロスのギリシア人歴史家にはサンドロコッツスと呼ばれている）によってパンジャーブから追い払われた。彼はまたサトラップを廃し、かわって自ら統治者となった。彼はマウリヤ帝国を創始し、紀元前4世紀末までにはインドを横切って沿岸から沿岸まで達する大国となった。彼の孫で仏教に改宗したアショーカ（B.C.274頃-B.C.232）の治政下に帝国はさらに拡大し、仏教は当時の彼の帝国全体を通じての支配的な宗教となったが、その帝国は紀元前3世紀半ばまでに最南端部（ケーララとカルナティック）を除く半島全体に及んでいた。彼は多くの近隣諸国に仏教使節を送っている。彼の仏教への改宗は、仏教を漠然とした宗教的セクトから大帝国の公的な宗教へと転じ、その使節がそれを国外（エジプト、シリアを含む）へ広め、多くの東および東南アジアの国々でその確立を促したことにおいても、極めて重大な行為であった。後年におけるアショーカ王は、軍事によらず精神的な説得によって彼の帝国を拡大した。スリランカは顕著な例である。すなわちデーヴァーナンピヤティッサ王はアショーカの息子によって改宗され、アヌラーダプラに3千人の僧のための僧院を計画して建設し、また聖なる菩提樹がアショーカの娘の尼僧によりボードガヤーからもたらされた。紀元前232年にアショーカが死んだ時、マウリヤ帝国は傾き始め、紀元前185年、マウリヤ王は彼の司令官であるプシャミトラ・シュンガによって殺された。北西から再び侵略を受ける道が開け、また中央および南インドにおいて一連の過渡的な王朝が政権を握ることとなった。

北西部のバクトリア王国

　紀元前3世紀中頃、セレウコス帝国から離脱したバクトリアのギリシア人およびパルティア人たちは、サカ人（スキタイ人）に追われ、オクサス川の対岸からヒンドゥークシュを越えて南に侵入した。彼らを率い、パンジャーブ（ガンダーラはその東北のカシミール山麓の低い丘陵地にある）に王国を築いたギリシア王、サーガラのメナンドロス（ミリンダ）は仏教に改宗したが、彼の意図したマウリヤ帝国の首都への攻撃を果たせずに、紀元前160年、スキタイ人との戦いにおいて殺された。当時の文献である『ミリンダ・パントラ（ミリンダ王の問い）』は、この時代の都市について触れ、濠と砦、市場と広場、商店、公園と湖などについて記述している。パルティアのミトリダテス1世は、紀元前138年頃タキシラの王国を奪い、グジャラートと南はナーシクに及ぶ範囲までが、スキタイの属州となった。スリランカでは、パンドゥカバーヤ王がアヌラーダプラの西門のところに、北西からの商人であるヤヴァナ人のために土地を確保しているが、彼らはヨーナ人とも呼ばれ、おそらくギリシアの歴史におけるイオニア人に他ならないであろう。ギリシアとインドの文化の魅惑的な混成物が形成されたのは、この時期の北西部においてであり、それは紀元前2世紀の国際都市タキシラの発掘品に最もよくみることができる。

クシャーン帝国

　北西部の国々は、中央アジアからの後の侵入者であるクシャーン人によって併合され、その最も偉大な王であるカニシュカ（120-162）はペシャワールに都を建設した。クシャーン帝国は、ガンダーラ地方、カシミール地方とインダスおよびガンジス川流域を含み、各地方は副王によって統治された。アショーカ王と同

様、カニシュカ王も仏教に改宗し、クシャーン朝の王たちは、西はローマ、パルミラそしてアレクサンドリア、北はササン朝ペルシアと中央アジア、東は中国との貿易および文化的交流を維持し発展させた。仏教が初めて中国に達したのは、クシャーン朝の影響のもとであった。マトゥラー（デリーの近く）のような重要な美術の中心地では、初めての仏像とやや時代の下る石窟祠堂をつくりだした。シルカップ（タキシラ）には発掘された遺跡があり、バーミヤンには石窟祠堂群、さらにたとえばオクサス川畔のアイ・ハヌムなどでは、ギリシア人の遺跡がみられる（第7章参照）。この最後の2つは北アフガニスタンにある。中国の巡礼僧・法顕は、ペシャワールにおいてカニシュカが建てたストゥーパについて記している。それは3つの部分、すなわち45 mの高さの基壇、13層の木製上部構造そして25の金色の「傘蓋（さんがい）」を持つ塔頂飾りからなり、おそらく全高で120 mほどもあったとみられる。

グプタ帝国

ガンジス・ジャムナ平原の征服後、チャンドラグプタ（以前の帝国を築いたチャンドラグプタ・マウリヤとは別人）が新しい領地群の統治者となり、320年、完全に正統なバラモン教の儀式によって王位についた。彼の息子サムドラグプタが後を継ぎ、グプタ帝国を北インドの大部分に拡大させ、クシャーン帝国の解体後に形成されていた小国や残っていた西部のサカ（スキタイ）の属州を併合した。グプタ王家はヒンドゥー教徒であったが、彼らは領地内の他の宗派と同様、仏教徒やジャイナ教徒を自由主義の立場で保護した。彼らは征服や同盟によってその影響力を拡大した。スリランカは、紀元前4世紀のアヌラーダプラ期の初めからインドの統治者たちとつながりを持っていたが、グプタ帝国とも宗教的・文化的交流を持ち、当時の文化的・芸術的ルネサンスを分かち合った。

ヒンドゥー寺院が形を取り始めたのはこの時期であった。古くからの岩石を掘削した馬蹄形寺院が、アジャンターにおけるように、さらに精巧な形態を発展させ続けたが、一方、5世紀にはサーンチーやチェザルラに地上の構築的建物が現れ始めた。これらは、列柱のポーティコを持つ単純な方形のものか、アイホーレのドゥルガ寺院のように、上層を持ついくらか後期のやや精巧なものであった。ストゥーパは、シンドのミールプール・ハース（4世紀）やサールナートのダーメク・ストゥーパ（6世紀）のように、インド本土においても、またアヌラーダプラのジェータヴァナ・ストゥーパ（4世紀）のように、スリランカでもつくり続けられた。

グプタ帝国は5世紀の最後の4半世紀に、白フン族によって滅ぼされた。白フン族の侵入後は、ターネーサルのハルシャがデリーの北のガンジス渓谷において国を統治し、最後にラクナウ近くのカナウジに都を移したが、その短い期間を除いては混乱の時代が続き、9世紀に混乱から脱した時には、この国は大きく変化していた。仏教はベンガルを除いて急速に姿を消して、正統なヒンドゥー教やジャイナ教に道を譲りつつあり、ラージプート部族がパンジャーブ地方において形成され、自ら「ヒンドゥースタンの剣（右腕）」としての役割をとりつつあった。彼らは絶え間なく互いに戦いを続け、それぞれ異なった宗派を支持・保護したが、バラモンの聖職の力は増大し、多くの正統ヒンドゥー教の行事が制定された。これが11世紀のイスラムの侵略によって彼らが一掃される時の状況であった。彼らは多くのすばらしい建物を建てたが、その中には、カジュラーホのシヴァ寺院やアーブー山のディルワラ（ジャイナ）寺院などがある。

サータヴァーハナ朝

シュンガ朝は紀元前185年頃マウリヤ帝国を亡ぼし、1世紀以上にわたって中央インド西部を支配したが、紀元前70年、デカンにおいて紀元前230年頃から強力になってきたアーンドラ朝に取って代わられた。アーンドラ朝は3世紀にいたるまで、よくそこで支配力を保持し続けた。アーンドラ朝の王たちは、ナーシクを主都とするサータヴァーハナ朝に属し、その支配地はクリシュナ川からゴーダーヴァリー川にいたる海から海までの地域に拡大した。アショーカ王もかつては彼らに使節を送っており、またシュンガ王もアーンドラ王もともに正統なヒンドゥー教徒ではあったが、4世紀にいたるこの時期の仏教およびジャイナ教のモニュメントの発展から判断すると、彼らの他宗教に対する態度は寛容であった。バラーバル、ナーシクおよびアジャンターの石窟、プーナ近くのカールリーのチャイティヤ窟、サーンチーやバールフトおよびボードガヤーの見事な欄楯（らんじゅん）と門、そしてアマラーヴァティーの装飾に富んだ3世紀のストゥーパは、この時代のものである。西沿岸の港であるソーパーラ、ターナ、カリャンはアーンドラ朝の領地内にあり、貿易風の規則性の発見によって、西方、特にアレクサンドリアとの通商が極めて促進された。

南インドのヒンドゥー王国

サータヴァーハナ朝の後を継いだデカンの多くの王国の中では、チャールキャ朝を挙げるべきで、その都はバーダーミ（現在のマイソールのビジャプール地区）

であった。彼らの後はラーシュトラクータ朝に継がれたが、そのクリシュナ1世はエローラのカイラーサナータ寺院をつくらせ、また同じ系統の他の王たちも、その地にジャイナ教およびヒンドゥー教の寺院をつくっている。この時期のもう1つの王朝であるマイソールのホイサラ朝は、ハレービードに豊富に彫刻が施された寺院を、またオリッサのソーマヴィー朝やガンガー朝の王たちは、たとえばブバネーシュワルにおけるような、曲線のシカラ屋根を持つ寺院を建てている。6世紀から9世紀にかけて権力を維持していたカーンチープラムのパッラヴァ王は、代々チャールキャ王の敵であった。7世紀末にかけ、ナルシンハヴァルマン1世はマドラス近くのマーマッラプラム(別名マハーバリプラム)に、1つの岩石から彫り上げたラタ寺院群(7つのパゴダ)をつくり、同名の後継者はカーンチープラムに大規模なカイラーサナータ寺院を建てた。インドのドラヴィダ(ほぼタミル地方)的南部は、ジャイナ教およびバラモン教の伝道に影響はされても、言語、文学、芸術において、アーリヤ的な北部とは大きく異なっていた。その繁栄は、早くからマラバル(インド半島西沿岸に付けられた名称)より紅海やペルシア湾周辺の沿岸へ、大量に輸出されていた香辛料や宝石に基づくものであった。これらの商品は、たとえばローマにおいては1世紀以来常に大きな需要があった。この地域は、西のチェーラ朝、南のパーンディヤ朝、東のチョーラ朝の各王朝に分けられていた。現在のクランガーノルであるムージリスは主要な港で、ローマ人の居留地がつくられ、アウグストゥスの寺院が建っていた。ストラボンは、インドの統治者パンディオン(パーンディヤ)が、紀元前25年、アウグストゥスに同盟を提案する大使を送ったと述べている。

初期のパーンディヤ王国は、カヤル港(13世紀末に訪れたマルコ・ポーロによって記録されている)近くのコルカイに都を置いていたようであるが、同時期の、少なくとも12世紀以後は政府の所在地はマドゥライに移され、最後に国が併合される18世紀まで続いた。その間には、パーンディヤが近隣の強力なトリチノポリーのチョーラ朝に攻撃されたり、あるいは支配されたりした長い時期が、断続的に存在した。

10世紀から13世紀まで、チョーラ朝はマドラス地方の大部分、スリランカの北部とモルディヴ諸島の一部を支配した。パーンディヤは10世紀にスリランカと同盟し、マドゥライにおいてチョーラを打ち破った。チョーラ王は熱狂的なヒンドゥー教徒で、ジャイナ教を迫害し、タンジョールとラメシュワラムの大寺院と巨大なゴープラを持つ周壁、チダムバラムの13世紀の東ゴープラ、その他多くの建物を建設している。またラージャラージャ1世は、スリランカにおいて、たとえばポロンナルワのシヴァ・デヴァーレ No.2(988頃、p.692A)など、シヴァやヴィシュヌの祠堂を建てた。

パーンディヤの最も偉大な王はジャタヴァルマン・スンダラ・パーンディヤ1世で、13世紀における彼の領地は、トラヴァンコールから現マドラスのすぐ南にあるカーンチープラムまで広がっていた。チダムバラムとシュリーランガムの大寺院の一部は彼によるものである。後期(17世紀および18世紀)パーンディヤン・ナーヤカ王朝はマドゥライにあって、平面と細部にイスラム建築の影響を多く受けたマドゥライ宮殿を含む、多数の建物を建てた。

ヴィジャヤナガルは、1336年、5人の兄弟によって中央マイソールのトゥンガバドラ川岸に建設されたが、彼らはホイサラ王国がイスラムによって攻撃された時、そこから逃れてきたといわれる。ハリハラ1世は後の14世紀、その王国を南方へはトリチノポリー、北方へはゴーダーヴァリーまで拡大した。王国はクリシュナデーヴァ・ラーヤ王(1509-25)のもとで繁栄と影響力の頂点に達し、王は人種や宗教に関係なく全ての旅行者を首都に歓迎した。16世紀初頭のポルトガルの旅行者ドミンゴ・パエスは、この都市は周囲が97km、中心道は端から端まで13kmもあったという驚くべき記述を残している。いくらかイスラムの影響を示す宮殿は、優雅に装飾され、壁は彫刻された象牙で縁取られていたといわれる。ヴィジャヤナガル朝の王たちは、自らをビジャープルのイスラムのバフマニー朝スルタンとその後継者たちの天敵と考えたが、ヒンドゥーの同盟修復の努力にもかかわらず、クリシュナ川畔のターリコータにおける1564年の絶望的な戦いにおいて、連合したスルタンたちはついにヒンドゥー軍を打ち破った。3日後、イスラム軍はこの都市に入って組織的に略奪し、当時の記録を信じると、徹底的に破壊しつくしたという。

スリランカでは、アヌラーダプラ期が紀元前4世紀から紀元後10世紀まで続いたが、その間に政治的、社会的、芸術的伝統の基盤が形成され、ほとんど損なわれずに何世紀も続くこととなった。この時代に大建築事業を行ったことで知られる何人かのシンハラ朝の王たちの中で、カッサパ1世(6世紀)が他に抜きん出ていた。彼はアヌラーダプラを離れて、シーギリヤの巨大な岩山の上とその周囲にユニークな都市を創設した。千年紀の後期におけるセイロンの発展とその富は、多くの侵略に耐えることを可能にし、さらには南インドへの逆侵略も可能なほどであった。

ポロンナルワ期(11-13世紀)は、数年にわたる南イ

A シヴァ・デヴァーレ No.2、ポロンナルワ（988頃）　p.691参照

B 仏教僧院、五台山　p.697参照

ンドのチョーラ朝の侵入と占拠、そしてアヌラーダプラ略奪の後、首都がポロンナルワに移された時から始まった。首都の移転はおそらくその地が主要道路と商業ルートを抑える要地であったからであろう。この都市の建設が、再び全土に主権を確立したパラークラマ・バーフ大王(12世紀)の主要な建築事業であった。宮殿、僧院、寺院、公園、湖そして灌漑設備を持ったポロンナルワの栄光は、しかし13世紀までしか続かず、外国からの絶え間ない侵入者によって廃墟となってしまった。宮廷は再び、ヤーパフワ、ダンバデニヤ、コッテなど一連の地に一時的に移された(13-15世紀)。

カンデー期(15-19世紀)には、国はいくつかの王国に分割され、その最も重要な都はカンデー(カンディヌワラの転訛、丘の町)で、当初この地は外国の干渉から免れていた。しかし近接する海岸地域は、16世紀にポルトガル、17世紀にはオランダ、最後にイギリスによって占領された。イギリスは1815年にはカンデー王国を併合することに成功した。

インドのイスラム

イスラム教のインドへの侵入、ティムールの遠征とデリーの大虐殺については第3部で扱われている。ただし次のことは述べておくべきであろう。すなわちイスラム教徒は、13世紀末まではインドの北部にとどまることで満足していたが、デリーのスルタンの位を持つアラ・ウッ・ディン(1296-1316)は南進することを決意し、1310年にかつて奴隷であったヒンドゥーの将軍マリク・カフールによって攻撃が行われた。彼はタミールを南に押し進み、ヒンドゥー支配の最後の砦を一掃したのである。

インドのムガル朝

ムガル時代とアクバルのもとにおけるその最盛期についても、第3部で扱われている。ムガル朝の没落は、しかしながら、1605年のジャハーンギールの帝位継承とともにすでに始まっていた。ポルトガルは1510年、アルブケルケ総督のもとに植民地ゴアを建設した。最初のイングランド人ラルフ・フィッチとトーマス・ニューベリーは、1585年に女王エリザベス1世の書簡をたずさえて来印し、また初めての東インド会社の船「ヘクター」は、ジェームズ1世よりジャハーンギール宛ての、通商の権利を求める書簡をたずさえたウィリアム・ホーキンスを乗せて、1608年インドに着いている。ヨーロッパ植民時代が始まり、ムガル朝の徐々なる衰退と平行して進んだ。最後の偉大なムガルの統治者であるアウラングゼーブ帝が、20年前にデカン地方を支配する時に征服したマラータ人により、ゲリラ戦法によって翻弄され打ち破られた時、18世紀のマラータ支配の時代への道が開けた。しかし最後にマラータ人がパニパットのイスラム王アフマード・シャーによって1761年に征服された時、それはイギリスによるインド支配開始の先触れともなった。

アフガニスタン

紀元前4世紀には、アフガニスタンはダレイオスのアケメネス帝国の一部であった。次いでアレクサンドロス大王の軍隊によって占領され(B.C.356-B.C.323)、バクトリア・ギリシアの植民者たちがその後に続き、バルフ(北アフガニスタン)にギリシア植民都市国家が創設された。ここには、アジアのギリシア人植民地を通じて、ギリシアやペルシア、そして紀元前1世紀までにはインドとの絶え間ない文化的接触が存在した。次いで起こったスキタイ人の侵入(クシャーン朝。前出)は永続する影響を残した。クシャーン朝の首都であったカピシ(現ベグラーム)は有名な大乗仏教の地であり、また極東からの主要な貿易ルートの国際的な合流地であった。4世紀ないし5世紀に、クシャーン帝国はこの地をササン朝に占領され、そのことが中国にまでいたる東方全体に大きな文化的影響を及ぼした。中国の巡礼僧・法顕(5世紀)と玄奘(7世紀)は、華麗な宮殿や僧院が存在したこの時代のアフガニスタンについて記述している。

650年以後、イスラムの侵略が相次いだが、そのうち最もよく知られているのはガズニー朝のマフムードによるもので(993-1030)、また13世紀と14世紀のモンゴル時代を通じ、この国はモンゴル、アラブおよびトルコ、あるいはヒンドゥー系の王によって支配された。バーブルは、東進して1525年にインドにムガル帝国を建てる前は、カブールを彼の首都としており、アフガニスタンは、1741年にナーディル・シャー治下のペルシアによって再び侵略される18世紀中頃まで、ムガル帝国の一部としてとどまっていた。1747年、ナーディルの護衛が彼を暗殺し、自らアフガニスタン王を名乗ってカンダハールを首都とした。

ネパール

ネパールの住民の大部分はネワール人とグルカ人(チベット・モンゴル系)で、非常に早い時期からネパールに定住して美術と建築に固有の様式を確立しており、インドからの絶え間ない移住や侵略も、それを実質的に変えることはなかった。芸術は、特にマッラ王朝期(13-18世紀)に、より的確には14世紀、15世紀および18世紀初期に栄えた。1768年にグルカ人の王が国を把握し、以後グルカ王朝がこの国を支配したが、養

子縁組や通婚によってヒンドゥーとなり、自らラージプートと称した。しかしながら実際の権力は、1世紀以上にわたって、世襲の宰相の手に握られていた。

東南アジア

ビルマ(ミャンマー)

ビルマの歴史には4つの主要な時期が認められ、その第1は前パガン期(B.C.1世紀-A.D.8世紀)として知られる。最も早い住民は、上ビルマに住みついたチベット・ビルマ系のピュー族であったと思われる。クメール起源のモン・タライン族は、高度に発展した文化を持ち、下ビルマのタトン周辺とさらに南のドヴァーラヴァティー(後にはタイの一部)に住みついた。8世紀に彼らはピューを征服し、イラワディ川畔のパガンに首都を建設した。またインド人の居留地もつくられた。

パガン期(9-13世紀)も、アノーラター王(1044-77)とその後継者の時代までは、統一された社会へ進むいかなるものも生み出さなかったが、その治政下に美術と建築の古典期をもたらしたビルマ人国家がつくられた。しかしこれら全ては、フビライ・ハンのもとでの中国のモンゴルによるビルマ侵略とともに、13世紀に終わりを告げた。

後パガン期(14-17世紀)は、シャン、モン、タイ、ラオス、中国、クメールの各種族間の血生臭い権力抗争の混乱した様相を示している。その間、シャン・ビルマ都市のアヴァ、強力なバインナウン王のもとで国の威信が取り戻された時期に建てられた壮麗なペグー(16世紀)など、いくつかの新しい首都が陽光を浴びている。その後さらに分裂は進行し続けたが、アラウンパヤー王のもとで再び一時的に止まった。彼は1755年にラングーンの港(1773年に中国人によって略奪された)を築いている。この間にイギリスの植民地化は着々と進行しており、1886年のビルマ併合によって頂点に達し、ビルマはインド帝国の1州となった。最後のビルマ人王の1人であるミンドン王(1852-78)が、マンダレイに彼の首都を建設したが、それはラングーン・マンダレイ期(18-19世紀)の最後の表明であった。

カンボジア

扶南期(3-6世紀)。初期のインドシナは小さな国々からなっていたが、それらは最終的にカンボジア、ラオスそしてベトナムの3国にまとまった。3国のうち最古のものはカンボジアで、ほぼ扶南に相当し、中国の記録によれば、2世紀頃チャンダン王またはカウディニヤ王によって建てられたが、彼らはおそらくインド・スキタイ系(彼らの王の呼称はチャンダン)のクシャーン人で、それが顕著にみられるスキタイ・ペルシアの影響の形跡を説明するものと思われる。扶南の帝国は、6世紀末の最盛期には真臘の大部分、インドシナ、そしてマレーの一部を含んでいた。中国の記録は、扶南とインドおよび中国の間に存在した密接な関係、この国の高い文化水準、経済力と印象的な社会組織について述べている。

扶南後期およびクメール初期(7-8世紀)。この時期は政治的混乱と戦いで特徴づけられる。隣国の真臘が扶南に対する宗主権を獲得し、ここで初めてクメール王たちとその人々による政権について言及されるようになり、その(真臘・扶南の)首都はサンボールのカンポン・トムの付近にあって、プレイ・クックが前アンコール期の印象的な廃虚群の中に残っている。しかしながら、東南アジアにおける支配的な力は、ジャワおよびマレーのシュリーヴィジャヤ朝およびシャイレーンドラ朝が握っていた。

初期古典クメール期(9世紀)。この時期にクメール社会における建築の根源的な役割が明白になってくる。ジャヤヴァルマン2世(800-50)は、ジャワの束縛からカンボジアを解放して、統一されたアンコール王国を建設し、プノム・クレンにアンコールの最初の都市を建設した。彼の後継者の中では、インドラヴァルマン1世(877-99)が初めての壮大な様式の石造寺院バコンを建て、また灌漑の精巧なシステムを導入したが、これはその後の建築の計画において不可欠なものとなっただけではなく、国の経済的・社会的生活の重要な要素となった。このシステムの崩壊が、16世紀のアンコールの最終的放棄の原因となったのである。インドラヴァルマンの子ヤショーヴァルマン1世は、第2のアンコール市を建設して栄光の時代の幕を上げたが、この時期のアンコール文明は、神・王のもとに貴族・知識階級による寡頭政治形態をとり、芸術家・職人の中産階級、下層の労働者階級が存在していた。

過渡的古典クメール期(10-11世紀)。この時期には王朝間の争いと他の都の建設といった幕間がみられた。しかし、教養人であり、また疲れを知らぬ建設者であったラージェンドラヴァルマン王(944-68)は、アンコールに復帰し、領域全体にわたってクメールの権力を拡大し確立した。彼の息子である後継者ジャヤヴァルマン5世の治政下に、王の個人教師であるバラモンのヤジュニヴァラーハは、最も美しいクメール寺院の1つであり、以前の様式を見事に折衷したバンテアイ・スレイ(女の砦)を建てた。彼を継いだスーリヤヴァルマン1世(1002-50)は、砂岩で建てられた最初の寺院であるタ・ケオを完成させた。続く数十年間の不安定な状況にもかかわらず、壮麗な金色のバプオン寺院山(テ

ンプル・マウンテン）が、彼の後継者であるウダヤーディティヤヴァルマン 2 世の治政下につくられた。

古典クメール期 (12-13 世紀)。 この時期は、徐々に衰退へ向かう直前の、華麗と栄光の 100 年間であった。カンボジア王の中で最も力があり、外交にたけ、戦いにも強かったスーリヤヴァルマン 2 世 (1112-52) は、偉大な寺院都市であるアンコール・ワットの建設によってもっぱら知られており、それはクメールの才能の最高の成果であり、また神王思想の建築的表現であった。彼はアンコール・トムも建てたが、そのほとんど直後の 1177 年にチャム人の侵略によって破壊された。その後、ジャヤヴァルマン 7 世 (1180-1218) により再建されたが、その計画は、規模、費用、速度において比類がなく、大勢の石工、彫刻師、装飾師そして労働者が動員された。この王は密教的大乗仏教徒ではあったが、その活動は寺院や宮殿の建設にとどまらなかった。彼は軍事的卓越性により、安南、ヴィエンチャン、ビルマ、南マレーへと彼の帝国を拡大していった。実際、彼の治政の末期には、戦争や大規模な寺院建設事業によって国は疲弊し、壮麗な建築や大げさな儀式を必要とせず、また簡素さの徳を説き、神王のイメージを否定するテーラヴァーダ（上座部）仏教を歓迎するようになっていた。この宗教的・理念的態勢の変化は、古典クメール期に終止符を打ち、帝国の衰亡の前奏曲となり、ついにタイによるカンボジアの征服となった。アンコールはタイ人によって 1437 年に占領され、貯水池と水利施設の破壊により 16 世紀末までにはアンコールでの生活は不可能なものとなり、またこの時期までに国の大部分はタイ人の手に渡っていた。ただ南においてカンボジアの飛び地が生き残り、そのメコン河畔の首都プノンペンは、インドシナの大部分が 19 世紀にフランスの保護領となった時、カンボジアの主要都市として続いていた。

タイ

6 世紀において、下ビルマからのモン人（仏教徒）が現在のタイ中央部に勢力を及ぼし、ドヴァーラヴァティー王国を建てたとみられている。11 世紀初期、クメールがドヴァーラヴァティーを併合し、その影響は中央タイにおいて絶対的なものとなったが、ドヴァーラヴァティーの仏教正統派のセンターとしての威信はほとんど損なわれなかった。西南中国からのタイ・シャム移住者がチェンセーンに都を置いて半独立的国家を建てていた北部においては、モン人およびタイ人との徐々なる融合が南方への侵出につながり、13 世紀にはクメール人の排除、スコータイ王国の建設とその確立をみた。しかし、重心はさらに南へ移動し続けた。14 世紀にはアユタヤが首都となり、海への直接的アプローチとカンボジアとの貿易ルートによって、その都市の富と栄華はインドシナ世界全域に名声を得ることとなったが、1767 年にはビルマ人によって破壊され、今はわびしい廃墟となっている。それはビルマによるタイへの最初の侵入ではなかった。1555 年にもアユタヤは短期間ビルマの手に落ちたが、外国による支配は常に短命であり、第 2 次世界大戦中の日本による占領は別として、タイはその歴史を通じて極めて長く独立を保ったという点で、東南アジア諸国の中でも特異な存在である。16 世紀からのポルトガル、オランダ、フランスそしてイギリスの商業的侵入にもかかわらず、タイはヨーロッパ人の意図に対して常に警戒的であり、植民地的占拠を避けることに成功した。現在の首都バンコクは、北の近距離にあるアユタヤにかわって、1782 年に建設されたものである。

インドネシア

インドの文化的・宗教的影響と実例のもとに発展したスマトラおよびジャワの文明では、社会は宮廷と小農階級に分かれていた。文学、彫刻および建築は「クラトン」すなわち宮廷の特権であった。小農民は農業共同体を形成しており、その祭儀、習慣および起源は新石器時代に遡り、彼らの生活はほとんど宮廷文化の影響は受けなかった。この文明形態を示す最初の重要なインドネシアの王国は、シュリーヴィジャヤ朝であったとみられる（7-13 世紀）。シュリーヴィジャヤはマレー半島、ボルネオおよび西ジャワに支配を及ぼす強大な政権として現れ、商業的関係をペルシアにまで広げていた。残念ながら建築に関する記録は残っていない。スマトラにおけるシュリーヴィジャヤ支配の初期と同時期に、2 つの主要な王朝がジャワを治めていた。すなわち、中心部におけるヒンドゥーのサンジャヤ朝 (7 世紀中期-10 世紀) と、やや東の仏教徒のシャイレーンドラ朝である。両者とも印象的な建築的遺物を残している。シャイレーンドラ王の系統は、840 年頃に娘の 1 人がサンジャヤ王ラクリヤン・ピカタンと結婚するとともに途絶えたらしい。以後スマトラのシュリーヴィジャヤ王国の歴史は、ジャワの覇権をめぐる戦い、サンジャヤ朝の衰退、そして最後には東ジャワの王朝シンガサーリとマジャパヒトによる敗北 (1220 頃) にかかわることとなるが、前者は 14 世紀のジャワ美術と建築の最初の隆盛を、後者はその最後のルネサンスを導いた。その間にイスラムの影響がインドネシア全域に広がり、15 世紀末にはジャワ人であるイスラム統治者バレン・パタが、マジャパヒト国を含むジャワ全域の支配権を握った。それに続くインドネシアの展開は、

ヨーロッパ人の植民地勢力、すなわちポルトガル、イギリス、そして3世紀半にわたるオランダの活動に織り込まれた。1945年、独立したインドネシア共和国が出現し、1954年にはオランダ・インドネシア連合をつなぎ止めていた最後の細糸が断ち切られた。

文 化

アフリカ

　その歴史の大部分を通じてアフリカは、主として口伝を伝統とし、手仕事を基礎とした社会であった。都市中心部においては労働の専業化が存在したが、農村部では年齢と性別による区別の他、それはほとんど存在しなかった。これは建物でも同様であり、再建がしばしば行われたので、大部分の人々が建築の直接的経験を持っていた。

　最も古いアフリカの美術は岩面の絵画と線彫であるが、後には三次元的なものとなった。持ち運び可能な美術品は、現地の堅木の彫刻やテラコッタでつくられた祭儀用のマスクや像に限らず、籠や鉢のような日用品にも見出される。より大きな工芸品の多くは、メロウェやアクスムの等身大の像や浮彫からヨルバの彫刻扉や柱まで、建物とともにみられるようデザインされている。装飾も、建物、特に入口や内壁、屋根などにしばしば使われた。家庭の神殿、穀倉そして女部屋などは、首長の住居や聖なる建物とともに好んで装飾の場とされた。650年頃から、イスラムの教義が北東アフリカに足がかりを得て、徐々に東方および南方へ広がり、1400年頃までには、岩山から彫り出したキリスト教会堂群のあるエチオピアを除き、サヘル回廊以北の人々の間に確立された。イスラムはまたアフリカ東海岸でも根をおろしたが、ここでは西アフリカとは対照的に、モスクはミナレットを欠き、イスラムの儀式と並んでアニミズムの祭儀が盛んに続けられた。さらに南では土着の宗教が行われ、聖地が確立され、ある地域では神殿や寺院が建てられたが、大規模な建築はあまりつくられなかった。葬祭用建築は、メロウェとアクスムを除き、植民時代以前のアフリカでは一般的ではなかったが、北および西アフリカの一部と東海岸においては、巨石墓、墳丘および支柱墓が見出されている。

アメリカ大陸

　メソアメリカと南アメリカの高度な文明は、世襲のエリートによって支配された小農民からなっていたが、支配者の権力の基礎は、彼らが支配するために生まれ、神に接することができると信じられていたことにあった。エリートだけが農民たちのために神に願うことができ、その願いは義務が誠実に果たされた時にのみ叶えられるものであった。彼らは、神が人間の運命や自然現象を支配することができ、いかなる企てにも神の協力が不可欠であると信じていた。かくして宗教的儀式はある種の取引と考えられ、ある企てに対する良い予言は、必要な代価、すなわち供物、犠牲、儀礼の執行によってのみ得られるのであった。このシステムのもとでは、世俗的制度と宗教的制度は密接に結び付いていた。寺院は宗教的目的と同様に政治的目的に使われ、図像は神的であるともに王家的であった。北アメリカの社会はそれほど階層的ではなかったが、人間および地球上の出来事の超自然的な力の調停については同様な信仰を持っていた。植民地時代以前のアメリカ社会において儀式のための建築に大きな資力が費やされたのは、このような信仰によるものであった。

　建築に強力な影響を与えた文化の一様相は、超自然力が特定のある場所に文字通り存在するという信仰であり、それが儀式用の建物の敷地を決定した。そして神は建物の構造体の中に住んでいると信じられた。この理由により、植民地時代以前の寺院では囲まれた空間はほとんど意味がなかった。神は部屋の中ではなく、構造体の中に住んでいたのである。このことはまた、なぜ人々があのような巨大な建築計画を好んで企て、また、なぜ後の寺院を、部分的に破壊された寺院、あるいは全くそのままの古い寺院の上に建てたのかを説明している。新しい寺院は、神を住まわせる新しい構造体を用意するが、しかし神の存在が知られている古い寺院のあった場所に建てられねばならなかったのである。

中 国

　中国の文化は絶え間ない発展の長い歴史を持ち、極めて独特な性格を備えている。聖人であり哲学者である孔子(B.C.551-B.C.479)は「仁」と「礼」を強調した。中国において指導的地位を占めていた儒教は、一連の倫理的理念と人間の関係における道徳的規範を含み、年長者と年少者、上流階級と下層階級との相互尊敬を奨励するものであった。たとえば、中国の住居の中庭式の建物配置は、この種の封建的礼儀を体現している。先祖と家門の崇拝が形として現れ、その結果、献身的な祭儀を行い先祖を供養するための寺院が、たとえば周王朝(B.C.1027-B.C.770)の首都や、明王朝(1368-

1644)の首都北京などのような都市の配置において、極めて重要な要素であった。

　初期の道教の思想は2つの書物に具現化されている。一方は「道」を、他方は「徳」を扱い、老子と荘子によって書かれたが、彼らは伝説的人物で、その名は書物の名と混同されているのかもしれない。道教はキリスト紀元前4世紀ないし5世紀にわたって発展し、漢王朝のもとでは、儒教を支援する政府によって弾圧されたが、魏(220-265)および晋(265-420)王朝下に再興した。道教の信者は、現象世界の全てに影響を及ぼす隠された統一体の存在を信じる無抵抗主義者であり、自然の基本法則に調和することが道教の教義の第一歩であった。これは中国の文化の重要な変換点をつくりだした。風景詩と風景画が自然を賛美し、中国の庭園造型の発展をもたらした。造園の理想は、人工物を介しての自然の効果の追及であり、丘や森、川、流れ、そして湖を、自然のままに模倣することであった。たとえば、大湖の岩石庭園さえも自然の形態を模倣してデザインされた。独特な造園システムが発展し始め、17世紀初期に出版された『園冶』と題する理論的な本に結実している。

　仏教はインドから導入され、最初は68年頃東漢王朝に好意的に受け入れられたが、政府による排斥の時期が続き、晋王朝の勅令が教団を許可(355)するまで確立されなかった。しかし、その数年後には朝鮮半島にも広がった。仏教の導入は、中国の建築に新しい形式の建物をもたらしたが、それらの形態は伝統的木構造の基礎の上に展開し、建築の発展の上で、新しい文化を吸収しながらも中国の文化的独立性を維持した。

　仏教、道教、儒教の同時進行とそれらの間の交流は、建築の発展にも影響を与えた。仏教的礼拝のための部屋が多くの家々にみられるようになり、それぞれ独自の特徴を保持した装飾の主題以外は、道教と仏教の建物の相違は小さくなっていった。道教の自然への志向もまた仏教寺院に影響を与えた。両者ともその聖なる建物のために名勝の地を選んだ。五台山(p.692B)、峨眉山、九華山、普陀山は仏教寺院の選地の例で、一方、道教寺院は泰山、華山、恒山、武当山、青城山をめぐってつくられている。

　陰陽道派(B.C.305頃創始)の人々は、王朝は5つの要素、すなわち火、水、土、金、木のうちの1つの力によって国を治めるものと主張した。彼らの『変化の書』(易経)は、陰と陽(本来は暗と明)のシンボリズムを解釈し、宇宙における全てのものは、互いに対立するがしかし依存しあっている2つの様相、たとえば天と地、太陽と月、寒と暖、男と女、奇数と偶数などに分けることができると示唆している。ここで天、太陽、暖、男、奇数は陽のカテゴリーのもとに、その対立物は陰のカテゴリーに分類される。たとえば、宮殿建築群では謁見の行われる開放的中庭は陽のカテゴリーで、またホールは奇数で存在するが、ホールそのものは内部の空間として陰のカテゴリーに属している。一方、「五要素」(五行)説では、多くの自然現象や物は5つのカテゴリーのもとに置かれている。下に挙げたのは、建築と関連するいくつかの項目である。

五要素——木、火、土、金、水
位置——東、南、中央、西、北
天候——涼、暑、湿、乾、寒
色——緑、赤、黄、白、黒
生物の進化——誕生、成長、変化、衰弱、隠棲
象徴的重要事項——繁栄、富と名誉、権力、静寂、死

　建築のデザインにこのシンボリズムをあてはめるには、いささか困難があったことは明白である。唐(618-907)と明・清(1368-1911)の時期には、皇太子の宮殿は新しい誕生を表す東に位置しており、一方、皇太后の建物は老齢の弱い性格を象徴して西に置かれていた。皇帝が用いる建物は権威を象徴する黄色瑠璃瓦で葺かれ、皇太子の用いる建物は、新しい誕生と繁栄を示す緑色瑠璃瓦で葺かれていた。

朝鮮半島

　朝鮮半島人はいくつかのモンゴル系部族群の後裔で、先史持代にマンチューリア(満州)より移住してきたが、早くから独立した単一同質の人種へと融合していた。人類学的には朝鮮半島の人々はモンゴロイドで、その言語はアルタイ語系から出たものである。この国の宗教の起源は明確ではないが、おそらくシベリアのどこかでみられるアニミズム的信仰と似たものであったと思われる。しかし、歴史的には朝鮮半島の建築は、儒教、道教、陰陽道、五要素、地勢占い(風水)や占星術など、中国の信仰によって影響された。

　仏教は4世紀末に朝鮮半島にもたらされ、668年に朝鮮半島を統一した新羅時代の7世紀に、その最盛期に達した。その間、多くの建築および彫刻の優れた作品がつくられた。しかしながら、10世紀に新羅に代わった新王国高麗(918-1392)では、仏教は徐々に影響力を失っていき、さらに1392年に高麗に取って代わった李王朝朝鮮国(1392-1910)の、儒教を志向する宮廷によって抑圧された。

　北アジアとその外の世界に挟まれた戦略的位置によって、朝鮮半島は何度も外国勢力の侵入を経験した。13

世紀のモンゴルの侵略と16世紀の日本の侵略は最も破滅的で、その結果、三国時代から初期朝鮮時代にかけての木造建築のほとんど全てが破壊された。したがってこの時期の建築を年代的に分類することは難しい。

朝鮮半島の伝統的建築は、16世紀の日本の侵略以前の特徴であった美学的・芸術的感受性を再び取り戻すことはなかった。17世紀と18世紀には、朝鮮は西欧文化に初めて接し、実学派、すなわち実利的な学問と全ての人々のための福祉向上に専念する学者グループの出現をみた。

日 本

日本の政治的・社会的歴史とその文化との密接な関係は、上記の歴史の項で明らかであろう。朝鮮半島を通じて中国から仏教が伝来（6世紀中期）する以前の原史時代には、神権政治的社会が、主神の太陽神と、多くの下位の神々の多神教的アニミズムの上に確立されていた。神道は明確に規定された道徳的規範は持たなかったが、祖先と自然に対する崇拝に大きな力を注いでいた。その教義には立派な像や神殿は必要でなかった。宗教的慣習は、徐々に「自然の霊」に対する信仰を、仏教の1、2の宗派と結び付けるようになった。この宗教の習合は、真言宗および天台宗が中国から導入された9世紀ないし10世紀に、京都における平安時代の耽美主義への反動として始まった。

さらに重要な出来事は12世紀の禅宗の導入で、軍事的な鎌倉幕府の設立と同時期であった。禅宗は中国から12世紀末期に導入され、仏教における瞑想的側面を重視し、いわゆる封建騎士である武家にアピールしたため、日本の文化に大きな影響を与えた。それは弓道、茶道、華道など、世俗的なものの追求を通じて悟りを得る方法を示した。それはまた、その非主知主義と悟りは日常生活から自然に育つという信仰によってアピールした。真宗と日蓮宗もまた日本に根づいた。仏教と神道が結び付いた家庭的儀礼は、公的あるいは神秘的な宗教理論に資することはなかったが、非公式（しばしば家庭的）な宗教行為に心を集中させ、また聖なる神社への巡礼を理想とする観念を植え付けた。

仏教の神秘的シンボリズムは日本人の芸術的気質を刺激し、あらゆるサイズの、そして幻想的な形の、無数の像がつくられた。僧侶たちは道や橋の建設においてでさえも、国の発展に大きく貢献し、しばしば孤立した地域間の交通を改良することによって国の統一を助長した。

キリスト教は1549年に聖フランシスコ・ザビエルによってもたらされたが、この伝道の努力は多くの争いをもたらした。日本の使節が、1582年にヨーロッパを訪れた。朝鮮半島は1592年に日本によって侵略された。外の世界とのこのような接触の試みがあったにもかかわらず、日本は孤立主義に立ち戻り、1614年に全ての外国人聖職者は放逐された。スペイン人は1624年に、ポルトガル人は1638年に追放された。キリスト教はついにポルトガル人の退去とともに禁止され、そして以後ほぼ200年の間、日本は外の世界に対して閉ざされたのである。

インド亜大陸

インド亜大陸の宗教については、この章の歴史の項と第26章においてやや詳しく述べているが、それは他の地域以上に建築の発展が聖なる建物——一般に残存する唯一の恒久的構造物——の建造と密接に関連しているとみられるからである。バラモン教とヒンドゥー教の起源は、アーリヤ人の侵入者が土着のドラヴィダ人に彼らの規範を押しつけた時期にある。この時期はヴェーダ時代（B.C.1500頃－B.C.500頃）と呼ばれているが、これは4つの重要なサンスクリットの書物（ヴェーダ）から名づけられたもので、それらに『ブラーフマナ』（ヴェーダの註解書）と、やや遅れて（B.C.600頃）ヒンドゥー教の基本的法典を含む哲学的注解書である『ウパニシャッド』が加えられた。ドラヴィダの「バクティ」（神の化身への献身）礼賛はアーリヤの抽象的原理への献身と結び付こくとで、『ブラーフマナ』と『ウパニシャッド』に基づく祭儀と宗教的慣習の極めて複雑なシステムである紀元前6世紀中頃のバラモン教から、ヒンドゥー教の基礎をつくりだしたものと思われる。キリスト教紀元の初めまでには、ヴェーダ時代の多神教は、宇宙の創造者としてのブラフマンまたはブラフマー、破壊者シヴァ、そして保存者ヴィシュヌ（クリシュナやラーマはその化身）という、時に三神信仰という言葉で説明されるようなヒンドゥーの神学体系へ道を譲っていた。シヴァとヴィシュヌは主要なヒンドゥー祭儀の中心的存在であり、多くの寺院が彼らに捧げられた。ヒンドゥー教徒にとっては、自然律であるカルマが生活における個人の位置を決定するもので、それは前生における行為の結果と考えられた。そして現生の義務に従うことが極めて重要であり、献身と一連の再生を通じて「モクシャ」すなわち個人的意識を捨て、全宇宙的・開放的存在に達することができるのである。このように宗教的信仰は、社会の基礎となっていたカースト制を強化した。

多くの考え、動物、個人が、時には6世紀のサンスクリットの詩人カーリダーサなどの書物を通じて、シ

ヴァやヴィシュヌの崇拝と関連づけられた。カーリダーサは僧侶のような説教、あるいはまた新しい世俗的な考えを通じてシヴァ崇拝を勧めている。

仏教はシッダールタ・ゴータマ（B.C.563頃-483頃）の教えから広がった。彼は王子としてクシャトリヤ（王族・武士）の生まれであり、仏教はバラモン（僧侶）カーストの増大する影響力に対する反抗でもあったに違いないが、一方で、バラモン教の増大した複雑さや冗長さを簡単化・明確化する改革運動を始めることにもなった。彼は6年間の黙想のすえ、ある啓示を授かり、それ以後は「覚者」すなわちブッダ（仏陀）と呼ばれ、その死までの45年間、北インド中に教えを説いた。仏教は再生を受け入れるが、カースト制を否定し、西欧的意味での神は持っていない。仏教僧は冥想的生活の道を自ら示す。仏教は大乗と小乗の2派に大別され、両者の中では大乗がより大きかった。

初期のテーラヴァーダ（上座部）仏教の教義は極めて抽象的で、一般信者たちの参入はほとんど許されなかったが、紀元前3世紀にアショーカ王のもとで行われた第3結集の後、大般若波羅蜜多経のような経典が広く公開された。彼らは遺骨の埋葬所の上に、信者の礼拝、儀式、献花のためのストゥーパ建立を勧めた。またブッダの誕生、悟り、初めての説法そして死の四聖地を巡礼することが奨励された。このような巡礼は価値をもたらし、また来世への旅に益するとみられた。信者は全てブッダとなることができると考えられ、この目的に向かって努めるべきであるとされたのである。

また信者たちの熱望に答えるため、最初は仏教の象徴、後には仏像そのものが、1世紀に大乗仏教によって認められた。このことは仏教世界全体において、仏像のための建物の大規模な建設計画を引き起こした。仏教の宗教的建物と結び付いた他の崇拝の形式には、ストゥーパや菩提樹の祠堂およびその周辺で行われるものが含まれていた。これは祠堂で供養を行ったり、ストゥーパを瞑想しながら巡るという形をとった。説法のためのホールも公衆の参加のために建てられた。ここで僧侶は信者に会い、瞑想の精神的経験を公衆に伝えた。

仏教は7世紀以後インドでは衰退したが、スリランカ、東南アジアそして極東において存続した。

ジャイナ教は、彼自身バラモンであったマハーヴィーラ（ゴータマとほぼ同時代）によって創始されたと伝えられている。24人のティールタンカラ「存在の流れを横切る渡しづくりの人」もまた、人々にジャイナ教の教義を説き、宗教としては当初からイコンへのヒンドゥー的愛着を維持しており、マハーヴィーラ像とともに諸像の万神殿がジャイナ教寺院を飾った。インド亜大陸の最も古い人物像のいくつかはジャイナ教起源のものであり、時代はマウリヤ期およびシュンガ期に遡る。ジャイナ教はその初期の起源の地である北インドからデカンへ広がったが、そこではチャールキヤの宮廷がその中心となり砦ともなった。この宗教の目標は、ヒンドゥー教と同様、継続的再生を通じての救済であり、その理想的手段は厳格な禁欲主義であり、全ての生き物の保護であり、また人工の物および価値に対する自然の物と価値の養成であった。彼らの建物の中には、おそらく逆説的に、彫刻的装飾の驚くべき豊富さと複雑さによって際立っているものもある。

アフガニスタンには多くの宗教的展開があった。アケメネス朝、パルティア、ササン朝（ゾロアスター教）、インド仏教、ギリシア・ヘレニズム（アレクサンドロス大王とともに）、そしてスキタイである。しかし大乗仏教の影響がそれ以前の仏教を凌駕して強い影響を及ぼしたが、8世紀にはイスラム教が入り込んでトルコ系のガズニー朝が建てられ、それ以後アフガニスタンはイスラム教国となった。

アショーカ王はネパールの渓谷に仏教をもたらし、彼の伝道を記念するため多くのストゥーパを建立した。5世紀そして7世紀にも、再び仏教およびヒンドゥー教徒の居留地がつくられ、改宗が行われ、僧院が設置されたことが知られている。以来、ヒンドゥー教と仏教は、チベットのタントリズムの影響のもとに、隣り合って存在してきた。チベットの影響は、この国の雄大な山脈と孤高によって啓示された神秘主義と象徴主義の中に明らかに認められる。

東南アジア

ビルマ（ミャンマー）

ビルマでは美術と建築は仏教への献身の反映であった。『マワヴァンサ』によれば、アショーカ王（B.C.3世紀頃）がインドから法を広めるために2人の僧を送り、5世紀までには仏教が広く確立されたという。後に移住者たちがナッ信仰（水・木の精霊や蛇崇拝の多神教）をもたらしたが、彼らは最後には仏教に改宗した。しかしナッ信仰はなお広く行われた。

カンボジア

前クメール期においては、聖なる山、ナーガ女神（水の精）、祖先崇拝など、庶民の土着的アニミズム信仰が、王や宮廷、学者などのインド宗教と混和していた。ヒンドゥー教が優位にあり、大乗仏教がそれに次いだ。ハリハラ（シヴァとヴィシュヌの混合神、4つの顔と、時に8本の手を持つ）の信仰が特徴的であった。クメー

ル期の9世紀から、シヴァの形をとって礼拝されるデーヴァラージャ、すなわち神王の崇拝が発展し始め、アンコール地域の偉大なピラミッド寺院・都市の形式に影響を与えた。13世紀に大きな変革が起こり、テーラヴァーダ仏教への改宗の進展が民衆的運動の契機となった。この独特の教義は、おおげさな儀礼を持たず、その伝道僧は自己否定と質素な生活を説いた。

タイ

この地域には、早くから仏教がスリランカおよびビルマを経由して伝来し、土着のアニミズムの上に重なり、以後1500年にわたって美術と建築に広範な影響を与えた。

インドネシアおよびマレー諸島

相互に作用する2つの動きが、インドネシアの美術と建築を形作った。古い土着の農民文化のアニミズム的神話や祖先崇拝と、この地域、特にジャワに4世紀からインドの移住者によってもたらされたヒンドゥー教・仏教で、彼らは7世紀までにスマトラ島とジャワ島に宗教的学問と巡礼の中心地をつくっていた。かなり後になって、イスラム教がやはりインドから北スマトラとマレーに入り、15世紀までにはヒンドゥー教や仏教や祖先霊の信仰を放逐してジャワ全域に広がった。これらの信仰はバリ島に永続する安息地を見出した。

インドおよびその他の南・東南アジア文化へ与えたイスラムの影響は、第3部で扱われている。インド半島自体においては、それは仏教とヒンドゥー教の南方への移動の原因となったが、それによる社会および政治構造の変化については、この章の歴史の項で概説した。

資 源

アフリカ

ナイル渓谷の古代文明、北アフリカ沿岸のギリシア人・ローマ人の居留地、7-8世紀以後のイスラムの建物の建設に用いられた資源については、第1部、第2部および第3部の背景に関する章(第1、8、15章)において述べられている。

サハラ以南のアフリカでは、主な建築材料は土、植物、石であった。日干レンガはスーダンやハウサランドで用いられ、焼成レンガはサヘル回廊に沿って見出される。森林地帯ではレンガ用の粘土は少なく、可塑性の材料としては泥土が使われた。葦、草、竹、ヤシの葉が広い範囲で入手でき、たいていは急傾斜で、多くの異なった独特の形を持つ優美な屋根をつくっていた。石造の建物も、特に山岳地帯で広くみられるが、ほとんどの建物は仮設的な性格を持ち、その土地の材料を用い、協同的・奉仕的手作業によるものであった。泥土と木材の建物は、定期的に配慮することによって何世代も持続した。

アメリカ大陸

北アメリカの東部森林地帯においては、土と木が建物のための最も便利な自然の資源であった。メソアメリカでは木材も広く用いられ、精巧に彫刻された建具類などが主要な建物を飾っていたが、石と粘土がより重要性を持っていた。粘土、石灰および泥土のモルタルとプラスターが発達し、しばしば耐久性を持っていた。非常な硬さを持つ石灰プラスターは、低地マヤの建物の外面を、熱帯地方の忌むべき雨、カビ、植物、動物や昆虫の害などから守ってきた。中央アメリカでは鉱物性の顔料が建物を塗装するのに広く使われ、通常は赤色(鏡鉄鉱)、時には暗い青灰色、あるいは多元色を彫刻や内壁に用いた。マヤ低地で広く得られる石灰石は、一般に用いられていた燧石、チャート、ひすいなどとともに、切削具による加工によく適していた。これらの石灰石の多くは、切り出された時は比較的軟らかく、露出されると硬化した。ユカタンの軟らかく白い泥灰土は化学的に極めて純粋で、優れたモルタルをつくりだした。アンデス地方では、モルタルとしては純粋な粘土に頼り、あるいは密着させる石切技術の正確さにその堅牢さを託した。またここでは、より硬い石を扱うために銅器を利用できた。建物をつくるために必要な大量の人的資源は、極めて強制的な社会システムにより提供された。

マヤの場合、新しい道具や技術の発明よりも労働の高度な組織が、わずかな大建築だけを徐々につくっていた前代に比べて、後期古典期における大量の建設工事を可能にしたのである。

中国

古代の中国には森林が多く、大部分の場所で石材よりも木材の方が簡単に手に入った。北東部の大・小興安嶺と長白山脈、北西部の天山山脈とアルタイ山脈、南西部および南東部の丘陵地帯は、全て重要な森林地帯であった。松と中国樅が主要な建築材料であり、楠、紫檀、花梨のようないくつかの貴重な材は宮殿などで使われた。

黄河中流域の、極めて早い時代（B.C.2千年紀後期）の建物は、黄土を突き固めた基壇の上に建てられ、野石の礎石が木柱を支えており、また洞窟あるいは半洞窟の住居は、梁を架けた木構造へ発展した。長江下流の沼沢地では、葦でつくった鳥の巣状の住居が高床上に架けられた草葺き屋根の形態に発展した。編まれた竹は屋根や壁に用いられ、江南地方のある地域では、家は全て竹でつくられた。

瓦は初期の周朝時代（B.C.770-B.C.265）に初めて生産された。戦国時代（B.C.475-B.C.221）には、画像磚と大きな中空の磚が現れ始め、漢朝（B.C.206-A.D.220）までにはいくつかの墓室が磚でつくられた。しかしながら、磚が地上においてある程度建築に使われるようになるのは、元の時代（1271-1368）からである。17世紀の明朝（1368-1644）になって初めて磚が大量に生産されるようになった。

釉薬をかけた瓦や磚は高級な建築材料とみられていた。釉薬瓦は北魏（386-534）の宮殿建築に初めて使われた。宋朝（960-1279）の時代に彩色瓦の製造技術が向上し、以後いくつかの仏塔で、表面全体が釉薬磚で覆われた。明・清時代（1368-1911）には、さまざまな種類の釉薬をかけた製品がつくられ、モザイクのような模様をつくるために組み合わされる多色のデザインのものもあった。

ほとんどの場合、石は木構造の基礎として用いられた。橋、墓、仏塔といったわずかな種類の構造物のみ、全体が石のブロックでつくられた。石造の家は山岳地帯でたまにつくられることがあった。

宋朝（960-1279）から以後、木構造の扉や窓は、ますます優秀になってゆく職人技術によって製作された。紙の他に、絹や木綿の幕、雲母板、貝殻などが半透明な材料として用いられた。

金属は、扉の釘やノッカー、仏塔の尖頭など装飾として広く使われた。鋳鉄製の部材も、石や木の建物を補強するのに使われた。

朝鮮半島

朝鮮半島は、落葉樹と針葉樹の混じり合った温和な森林地帯を持っていたが、そのかなりの部分は、焼畑農業、すなわち既存の野生植物を焼き払うことによって新しい農地を準備する方法によって破壊された。しかしながら建築の歴史的発展は、中国と同様、主として木造の枠組構造に基礎を置いていた。

日　本

その火山活動を考えると、日本では建築に適する大量の石材の存在が期待される。しかし、変成岩の豊富さにもかかわらず、それらは、絶えまない地震活動により、一般に破砕が激しい。花崗岩、片麻岩、斑岩の岩床は存在するが、城壁や化粧以外に使うためには、必要な性能に欠けている。砂岩と凝灰岩も豊富だが、ある程度の大きさの建物に使うには軟らかすぎる。さらに、たとえ良質の石材が得られたとしても、地震の頻発が石造建築をつくる意欲を奪った。

すでに記したように、日本では極めて雨が多く、大量の良質な木材を産出した。このことは細やかな木構造技術の発展を促したが、その例については第25章に述べられている。また、この章の建設技術と工法の項においても簡単に説明されよう。地震の危険はまた重い材料を使用する妨げとなっており、柱の礎石や基壇にのみ、豊富に得られる花崗岩、斑岩、火山岩を用いている。また金属の鋳造瓦や焼成瓦を利用することができた。

仕事は専門化されるようになり、特殊な技術を持った職人たちは、構成員の権利が強く保護されるしばしば世襲制のギルド（座）を組織した。建築に関係するものとしては、石工、木挽、大工、瓦師、左官、鍛冶屋の座があった。彼らは、貴族、神社、寺院などから保護を受け、その低い身分にもかかわらず、特に情熱的で創造的な江戸初期においては高い尊敬を勝ち得た。また、彫刻、漆塗、彫金などの装飾をつくる才能を持った著名な絵師や職人たちは、大工棟梁たちとともに、日光の壮麗さを完成させるために協力したのである。

インド亜大陸

インダス川とガンジス川に沿う地域に建築用石材が少ないことと、山地から流下させて容易に木材が得られることが、極めて古くからこの地域の建築に影響を与えた。石造建築の伝統はその建築表現を木工技術にその起源を置いていた。ラージャスターンには良質の白大理石があり、建築に広く使われ、またアグラの近くでは、きめの細かい赤色およびクリーム色の砂岩が採れる。しかし一般的にいえば、これらは主として内部の粗石積みの壁の表面仕上げ材として使われた。中央および南部では、デカンの玄武岩や花崗岩および南カルナータカの緑泥片岩が、その地方色を発展させるのに貢献した。西部の段丘では、垂直の崖の水平の岩層が、カールリー（p.793B）、アジャンター（p.796B）、

植民地時代以前のヨーロッパ以外の建築

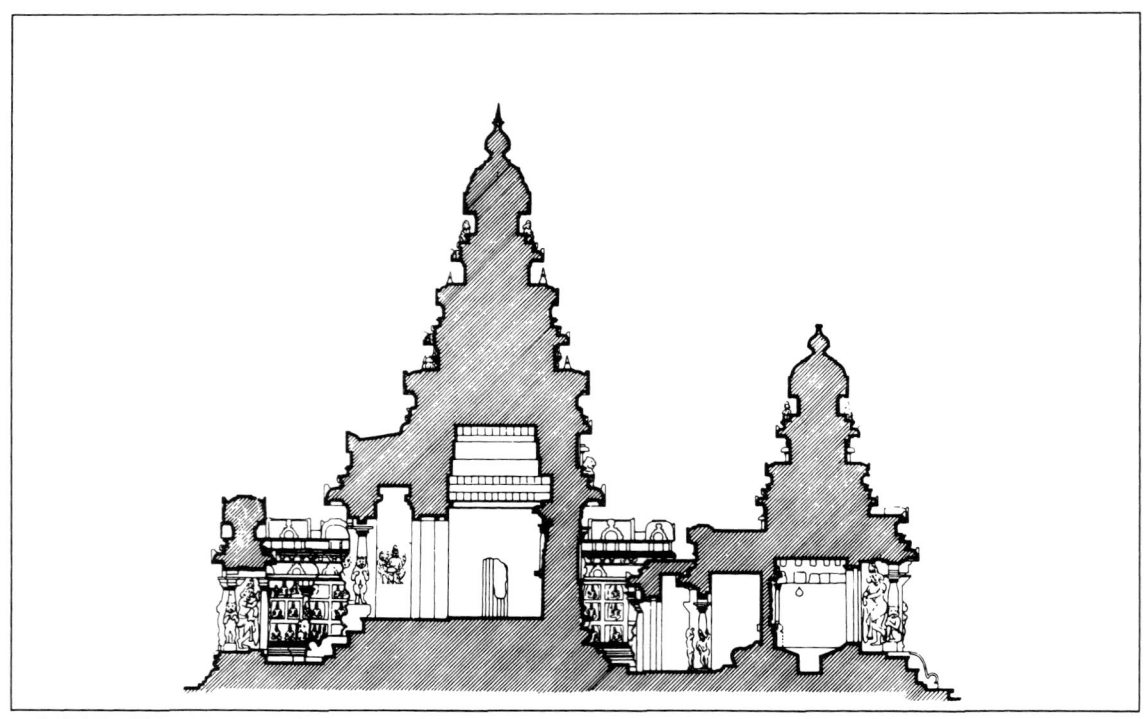

A 海岸寺院、断面、マーマッラプラム　p.708 参照

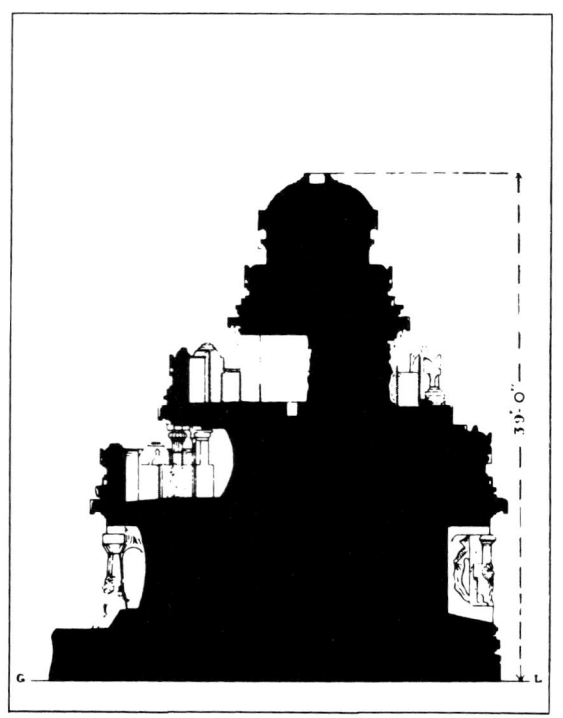

B ダルマラージャ・ラタ、断面、マーマッラプラム
パッラヴァ王朝(600〜900)時代　p.708 参照

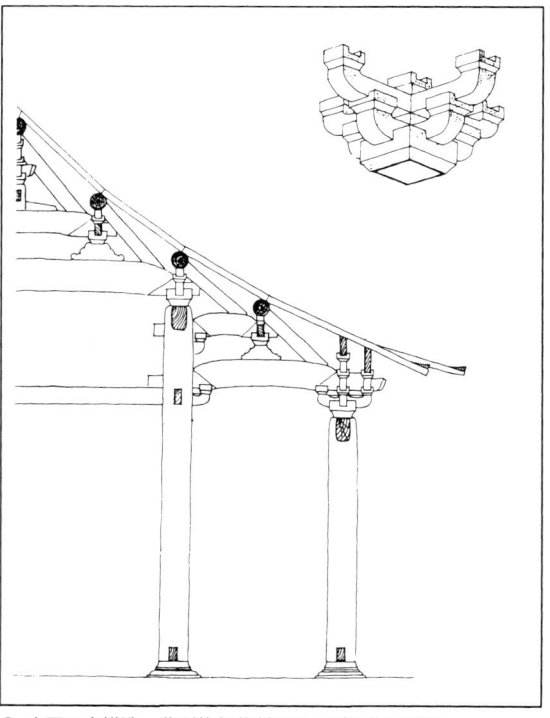

C 中国の木構造、典型的部分断面および組物の詳細
p.705 参照

エレファンタ、エローラ(p.796C)の石窟の聖域を可能ならしめた。南のマーマッラプラムの岩石寺院は花崗岩から彫り出された。材木に関しては、硬いチークがビルマと東および西沿岸の山地で見出される。また良質な軟木のヒマラヤスギは北部の山脈で豊富にみられる。チークにわずかに劣る堅木であるシッソノキは、北部の河川の渓谷ではどこにでも生えている。河川平野であるベンガル、ウッタル・プラデーシュ、パンジャーブでは、堆積土が良質なレンガをつくりだし、過去もそしてまた現在もこれらの地方で広く使われている。テラコッタは最も古い時期から使われており、焼成する前に塑性の粘土を型に押しつけたり彫ったりすることの容易さが、(木彫の伝統とともに)その後の建築装飾の繁栄を促したものと思われる。建物に使う石灰は、石灰岩や貝殻、あるいは河川渓谷で見出される塊状の不純な石灰であるカンカールを焼くことで得られた。

スリランカでは花崗岩、石灰岩、ラテライト、砂岩が使われ、しばしばアヌラーダプラやポロンナルワの多くの建物のように、上に木造建築をのせる最下階部分に用いられた。ここでもまた、石はしばしば木材と同じようなサイズで使われている。レンガ、瓦、壺用の粘土も得られ、焼成レンガが広く使われた。しかしスリランカはその土地の多くを熱帯性の森林およびジャングルで覆われており、屋根や筵に使う竹や草と同様、硬木も軟木も急速に成長する。ココヤシの幹は柱や小屋材に、またその葉は屋根葺材や編んで壁材に使われた。

アフガニスタンとネパールほど、材料入手の可能性が建築の性格に影響を与えたところはない。アフガニスタンでは石造建築の技術が早くからバーミヤンで発達しており、彫刻された崖面ではなく、方形の部屋にスクィンチ・アーチを隅に入れたドーム屋根、ランタン天井(ラテルネンデッケ)、格間付きドームが架けられていた。一方、ネパールではレンガと木の建築がみられ、レンガはストゥーパの表面や繞道となる基壇を形成し、また木材は大部分の住宅建築の主要な枠組材料に用いられる。

東南アジア

ビルマは木材、鉱物、宝石が豊富であるが、チークとレンガが建物に多く使われている。気候は夏に南西の貿易風雨のある熱帯性である。ビルマのレンガの寸法は、ほぼ305×203×76 mmで、泥あるいは接着モルタルを用いて積む。ビルマでは、放射状の迫石を使った半尖頭トンネル・ヴォールトを形成する真性アーチ——インドでは決して開発されなかった——を多く用いた(アーナンダ寺院のポーティコの大アーチと比較せよ)。

カンボジアでは、木材がデルタ地帯の主要な建築材料であり、後背地ではそれにラテライト、砂岩、テラコッタレンガが加わった。

タイは、チークや黒檀を含めて、あらゆる種類の建築に適した構造用あるいは装飾用木材に富んでいる。その他の主要な建築材料はレンガで、石は基礎部分とクメール影響下の期間を除いてほとんど使われなかった。

火山岩(凝固した溶岩)は、インドネシアでは建設に広く使われてきた。噴火は建物を崩壊させたが、時には重要な建築モニュメントを、当初の無傷の石材でそのまま復原することを可能にさせた。このことは、ジャワの9世紀の傑作ボロブドゥールのある部分について確実にあてはまる。木材は豊富で種類も多く、常にほとんどの建築、特に住宅に使われてきた。伝統的な住居はロングハウスで、一般に杭の上に建ち、しばしば一族の者全てが住んでいる。その建築的に最も優れた例は、南中央スマトラのメナンカバウの家で、彫刻された装飾的木柱の上に建ち、正面は白、黒、赤の絡み合った花の色模様で飾られ、両端に水牛の角を飾った高い破風と中央の凹んだ棟(「鞍型」)を持つ屋根がある。

建設技術と工法

アフリカ

建築技術は、その地域において入手できる材料と、それと関連する熟練度によって大きく変わってくる(「資源」の項参照)。

建物の上部構造が比較的脆弱なサハラ以南の多くの地域では、基礎は虫害を避けるために石でつくられた。壁は木で大まかに枠取られ、その間に割り木や草その他の植物で編んだ筵を入れて塞いでいた。ある場所では、壁は土あるいは石で築かれ、さまざまなパターンの板を張ったり、土やレンガで層をつけたり、あるいは野石を泥モルタルで積むか、入念に仕上げた石を空積みにしたりした。石壁には、野石の核のあるものや、木材で補強したものもあった。屋根は軽く、蜂の巣あるいはテントのような形をとり、丸太と粗朶、竹、あるいは草や葦の束でつくり、周囲を地面につけるかあるいは木の杭で支え、ある場合は構造壁の上で支えていた。より一般的な陸屋根は、木の骨組と筵の上に土を置いてつくられ、またわずかながら土や石でヴォー

704　植民地時代以前のヨーロッパ以外の建築

A　入母屋屋根　p.706 参照

B　胸壁付き切妻屋根　p.706 参照

C　グレコ・バクトリアの石積、アクロポリス、シルカップ
p.707 参照

D　二重寄棟屋根　p.706 参照

E　グレコ・バクトリア石積細部、シルカップ　p.707 参照

ルトやドーム屋根を築くところもある。外気にさらされる屋根面は、葦や木の葉などの草葺から、皮や筵までさまざまである。

アメリカ大陸

　北アメリカ全体を通じて多くの建築技術が発展した。カナダ北西部の縁飾り板でつくった共同小屋、曲がった若木を用いたイロコワイ族のロングハウス、木造の屋根を持ち地面に半分掘り込んだ土造の小屋、さらにアメリカ南西部の、木の床と屋根を持った粗石造・数階建のインディアンの集団住宅などである。しかし北アメリカで最も印象的な構造物である東部ウッドランドの土造基壇の寺院は、1籠ずつ土を運んで積み上げるという、最も原始的な手段でつくられた。

　中央アメリカでは、マヤのヴォールトが植民時代以前の全アメリカにおける構法の最も高度な発展を示しており、それはまた最も広く誤解されている。一般にそれは持送り式ヴォールトとされているが、前期古典期のヴォールトで持送り式のものはほとんどない（たとえばエツナーの五層神殿、p.726A）。最もよく知られている後期古典期のヴォールトは、その安定性をモルタルの接着性能によっており、一石造のように作用した。北部ユカタンのブーツ型のヴォールト迫石（たとえばウシュマルの尼僧院複合体、p.731A）は、その構造的意図を最も明確に表している。これらの石材は、ヴォールトの核のモルタルができるだけ引張力の集中する内面に近くくるように、端部を切り取っている。表面の石材は仕上げられて整形面となり、また工事中は恒久的型枠の役割を果たすが、ヴォールトの最終的な構造の耐力にはあまり寄与しなかった。ティカルの後期古典期のヴォールト（たとえばマーラーの宮殿、p.730A）は、それぞれ半分ずつが別々に建てられたことが知られており、互いに支え合うため寄りかかることなく、要石は2つの独立した半分の間の狭い隙間を単に覆うものであった。マヤは迫持のアーチやヴォールトとは全く異なった構造的理念を追及したのである。

　マヤの建築のマッシヴな構造体はそれだけで安定しており、外部の表面は雨を流し、あるいは意味のある形を与えるための単なる皮膜であって、構造を維持する壁としては不必要なものであるという考えのもとに、ピラミッド状の下部構造の核あるいは中心はつくられている。石組の目地にパターンが欠けていることは、マヤ人たちが、表面の石組は中心の材料を保持するものではないと理解していたことを示唆している。

　アンデス地域の構造は、これらの理念をいくらか共有していたが、その程度は限定されていた。大部分のインカあるいはプレ・インカの構造物は、マヤの構造物に比較できるような明確に識別できる中心石積みは持っていなかった。南アメリカでは、内部にもまた外部にも、同じ種類の石積みとモルタルが使われた。南アメリカでは、母屋と垂木を架けた傾斜屋根に、それがほとんど存在しない北よりもずっと大きな関心が持たれていた。真の持送りは、アンデス地方において、木造の床や屋根を支えるために広く使われた。モルタルなしでぴったりと密着させている有名なインカの多角形石積み（たとえばサクサワマン、p.734D）は、植民時代以前の建設構法の中でもユニークであるが、それぞれの石をそれぞれ特定の場所に適合させるよう仕上げる石切り技術は、たいへん広範囲にみられるものであった。マヤの後期古典期の石工事はほとんどがこの種のものである。例外は、北ユカタンのトルテカ・マヤのものであるプーク（コズ・ポープ、カバー、p.728B）のマスク用に切られた石と、オアハカ渓谷のミトラの宮殿（p.733A）の複雑な石のモザイク仕上げである。

中　国

　古代中国に関連する建築様式の歴史的発展は、木材の骨組構造と密接に結び付いている。標準的には、それは3つの部分、基礎、柱、屋根からなっている。基礎は突き固められた土の層で、通常はたいへん浅い。柱は、磚あるいは石のベース上に置いた切石ブロックの上に立っていた。床は土を突き固め、磚で舗装した。木柱（一般に円形断面）には建物の立面と平行する主桁を支えるため仕口がつくられた。次いで持送りシステム（斗栱）が各柱の上に組まれた（p.702C）。この組物とも呼ばれるものは、「栱」といわれる4つの弓型あるいはクランク状のアームを互いに直角に重ねたセットからなっており、上の長いそれぞれのセットが、切り欠きのあるブロック「斗」を介して、下のセットに支えられる。一番上の持送りは、必要であれば帯状の部材を介して鼻母屋を直接支え、また直交する小屋梁を支えた。屋根が凹形をなすように適切な場所に配された桁を支えるために、屋根梁の長さは減じられた。組物は、短い梁をのせるため、もしくは直接桁を支えるために、楣と横断する梁の両者の上のスパンの中間、もしくはその他の部分にも配されるが、直接桁を支える場合には、面取りされて段状となったブロック（蟇股）を、最も下の持送りと接合するための切り欠きを施して挟んだ。母屋は垂木を支え、垂木の上に板を張って、土で固定された瓦を葺いた。棟瓦が2つの傾斜面の合わせ目にのせられ、隅瓦が適切に置かれた木の部材に釘で留められた。この釘はさまざまなサイズの動物を

主題とした装飾的彫刻で覆われ、多くの中国建築の屋根を特徴づけている。

異なった形態と規模の建物は、それぞれ異なった方式で屋根が葺かれた。寄棟屋根（第24章参照）、切妻屋根、入母屋屋根（p.704A）、胸墻付き切妻屋根（きょうしょう）（p.704B）、二重寄棟屋根（p.704D）などである。また異なったカテゴリーのものがさまざまに組み合わされ、そのいくつかは図にみることができる。

朝鮮半島

朝鮮半島には中国から2つの木構造形式が導入され、いずれも柱と、組み込まれる床および屋根の骨組との結合方式に関連している。第1の方式は、柱頭と柱上のブロック（斗）がコーニスのようなもので補強される柱頭持送り方式（柱心包系）で、腕木（肘木）の下端は波状に彫られ、柱の間には短い束が桁に沿って置かれ、肘木が天井の枠の中に入り込むことはない。もう1つは多包式持送り方式（多包系）で、厚く頑丈な楣を繋ぎ材の上に置いて、柱の間の持送りのための空間を設け、持送りは縦横に組んだ肘木の基本的ユニットを、2段、3段、4段と重ねることによって高さを獲得し、壁の両側で次々に斗を支えながら天井の枠組の中に入ってしまう。肘木は一般に弧状に仕上げられている。

これらの中国からもたらされ、朝鮮半島で適用された2つの様式に加えて、翼に似た持送りを用いた方式（翼工系）が柱心包系を簡略化するために発達し、多くの公共的・記念的建物に用いられた。

時間とともに、これら3つの様式は徐々に改変されていった。柱心包系の装飾的要素はコーニスが消滅するとともに強調され、肘木の下端の波状曲線はより明瞭化されるようになり、垂直に断ち切られていただけの先端は斜めに整えられた。多包系では、壁から斜め下方へ突出したずんぐりとした腕木がより長くまた上方へ反るようになり、一方、建物の内部へ突き出る肘木は雲形の彫刻によって飾られ、調和のとれた房状の群を形成した。

柱心包系は、初期朝鮮時代の寺院の主堂に最も多くみられる。それは中期朝鮮時代には徐々に姿を消した。多包系に対する朝鮮人の強い好みは、重要な宮殿建築、公共的なモニュメント、初期のわずかな寺院と中期の朝鮮時代の大部分の寺院の主堂にこの方式が用いられていることから明らかである。簡単な翼工系は副次的宮殿建築や政庁に、また当時の禁欲的な儒教思想に適合するので、儒教の学堂のような教育施設に用いられた。

実学派（「文化」の項参照）の影響により、朝鮮半島の建築家は西欧の技術に関心を抱き始めた。19世紀初期に建てられた水原城の城壁建設には、クレーンや滑車といった近代的装置が使われ、詳細な工事記録が建設期間を通じて作成された。また建設材料や賃金が規格化され、レンガが初めて用いられた。

日 本

日本の歴史的寺院建築に用いられた建造技術を、第25章に示した構造図を参照しながら下に述べる。

日本の伝統建築は木造であり、柱梁方式（はしらはり）のみが用いられた。基本的平面は、中心部分（身舎）（もや）に、1間の側廊のような付加部分（庇）（ひさし）が、1面、2面、3面あるいは4面に付いた形式となっていた。時には、さらに側廊のような付加部分（孫庇）（まごひさし）が建物の前面に付くこともあった。内部空間をより広くするために、さらに1間のさしかけ屋根（裳階）を庇の周り、あるいは庇を付けずに身舎の周りに付けることもある。木の構造体は、土を硬く突き固めて表面を化粧石板で覆った基壇、または自然石の基壇、あるいは漆喰で覆った土盛りの上に建てられ、最後の場合は木造の床が張られる。礎石上に置かれた柱の列は外観の枠組を画し、また身舎、庇、裳階を分離し、桁行方向と梁行方向の柱間数を明確に示している（p.773C）。

持送り方式（斗栱、組物）は、1本の舟肘木から6段の構造（六手先）まであるが、一般に柱の頂上に置かれ、持送りをつなぐ材と軒桁（のきげた）を支え、横断梁の先端と尾垂木（おだるき）を受けている。最も一般的な方式は、大きなブロック（大斗）、それが支える持送り腕木（肘木）、その上に置かれた3つの小さなブロック（斗）からなっている（p.773B）。蛙の足のような支持材（蟇股）、斗を付けた束（間斗束）、あるいは付加的な組物が、柱上の組物の間に置かれることになる。

屋根の構造をつくるのに2つの方法がある。1つは蟇股を持つ持送り式の横断虹梁（こうりょう）（上の虹梁の中央に置かれた蟇股が、棟を支える斗をあげた肘木を受ける。二重虹梁蟇股）、2つめは1本の梁の中央で斜材（扠首）（さす）によって強化された束を受ける方式（1つの斗が頂点に置かれ棟を支える。扠首組）である（p.773A）。

2組の垂木を用いる巧妙なシステムである隠された屋根（野屋根）は、平安時代初期から一般的に使われるようになった。現された地垂木（じだるき）は、上部の隠された一連の垂木（野垂木）を支える二次的な片持ちの枠組を隠している（p.777B）。これは野垂木を雨水の流れや雪の除去に適切な勾配とし、一方露出した垂木（化粧垂木）はより緩やかな勾配として日光を最大限に採り入れることを可能とする。野屋根の発達により、身舎に天井

を張ることが普通になった。天井の形式は、厚板あるいは薄板、竿縁天井から最も複雑な格天井までさまざまである。庇の上の露出した垂木の部分には、さらに天井を付加する必要はなかった(p.776B)。

軒は1軒(一列の地垂木からなり、その上に軒を支える茅負という水平材が置かれる)か、2軒(飛檐垂木と呼ばれる比較的短い垂木が地垂木に付加され、飛檐垂木を支える木負によって支えられる)である(p.773A)。飛檐垂木は内から外へ延びて軒の出を増加させる。したがって軒の支持材が、軒を支える飛檐垂木の端部に沿って置かれる。軒は隅でやや反り上げられるので、その材は下方への力に対抗している。

垂木は一般に平行に配され、入母屋屋根の隅木に取り付く場合は長さが段々短くなる。中世から、垂木はしばしば隅にいくに従い放射状に置かれるようになった。これらは扇垂木と呼ばれる。

軒の下には、狭い格子天井、格子天井に曲線リブ(支輪)を付けたもの、支輪を平行に2段重ねたもの、あるいは支輪を菱形模様に重ねたものなどがある。内部では支輪は折上げとなる。

屋根には切妻屋根、寄棟屋根(p.776A)、宝形屋根、入母屋屋根(p.782A)の4つの形式がある。最後のものが最も一般的である。屋根葺材は、瓦、桧皮(p.781B)、薄い割り木を重ねたこけら、また最近では野地板の上に張られた銅板などである。垂木を母屋・桁に固定するために打ち付ける金属の釘を除いて、他の全ての部材は太柄を含むさまざまな接合技術によって組み合わされている。

南アジアおよび東南アジア

この章ですでに述べた歴史的、文化的理由によって、これらの地域に現存するこの時代の建築は、主として重要な宗教と結び付き、他の地域の同時代のものに比べて、技術的な革新よりもむしろそのシンボリズムと形態において際立っている。これは技術的成果を欠いていたということではなく、イスラムの宮殿や廟の繊細なレースのような大理石から、スリランカ、カンボジア、タイそしてビルマの巨大な仏教のストゥーパあるいは南インドの彫刻に埋まってそびえ立つゴープラまで、しばしば最も顕著な種類のものが認められる。

仏教の集会堂とストゥーパは、大きな集会への参加のために意図されたものであるが、それらは構造も建設も比較的簡単なものであった。しかし、それらが規模的に巨大である場合は、さまざまな意味で顕著な偉業であるといえる。初期の石窟祠堂のいくつかには木造の原型の形態が残されており、また木造建築の遺構はないが、アジャンターの壁画や古い中国人旅行者の記述などは、それらが草で葺かれた急傾斜の屋根を持ち、カシミールに今でも残っている方形平面でピラミッド状の石造屋根の建物と似たものであったことを示している(その建物自身、木造原型の模倣とみられている)。アフガニスタンなど他の石窟では、以前の建物の影響はより少なく、合理的な石窟形態を発展させているように思われ、内転びの入口脇柱や壁が、ほぼ半円形のアーチやヴォールトを受けている。

スリランカのアヌラーダプラとポロンナルワには、大きな1階ホールの、密に建てられた石柱だけが残っている。これらは骨組構造の高い洗練度を示しており(上階と屋根は荷重を減ずるため木造とされた)、石窟をつくった石工の妙技に匹敵する。

仏教世界の巨大なシンボルであるストゥーパは、要するに記念的な墳墓であり、多かれ少なかれ恒久的な石あるいはレンガで表面を覆われ、しばしばスタッコで仕上げるか白く塗られていた。基壇は墳丘のための重要な支壁となり、基壇上に儀式のための高い繞道をとるため、墳丘はややひっこんでいる。ストゥーパの形は極めて多様であるが、土を支持核とした環状の構造は、純粋に規模の問題以外にはほとんど技術上の難しさはない。レンガあるいは石の表面はしばしば途中のレベルに持送りが付けられ、全構造体は「傘蓋」あるいは他の頂上飾りを頂いているが、普通はその地方の材料の伝統的な使用と関連して、特徴的な外形を示している。

地中海文明からの初期の影響は、インド亜大陸の西北部で明らかである。石造壁の洗練された例(p.704C, E)は、ヘレニズムの技術とその使用の影響を、やや程度は落ちるが、古典古代をしのばせる形態の中に示している。しかしそれも一般にはシルカップ(タキシラ)におけるように、構造上の問題のない建物においてであった。

仏教のチャイティヤ・ホールと同様、初期のジャイナ教寺院には石窟もあり、木造草屋根建物の岩石への正確なコピーで、その壁は鏡のように磨きあげられていた。後のジャイナ教寺院(1000年頃以降)は、同時代のヒンドゥー建築と同様に、平ドーム屋根が架けられ、石造部分は建築技法を完全に隠してしまうほど豊富に彫刻されているが、順次大きさを減じてゆく石の層からなっている。平ドームを形成するには、石の層を水平持送りにし(石を斜に置くか、より一般的には放射状の輪のように置いた)、最後の中心開口部は1石の蓋石で覆われたが、時には垂飾り彫刻のような形に発展することもあった。

ヒンドゥー寺院は、大多数の西欧建築と比べると、

構築的というよりはその性格においてむしろ彫刻的である（ただし、ギリシア神殿における建設後の彫刻に関する第2章の記述参照）。内部および外部ギャラリーでさえ、地上にある場合でも、石の実際の塊かあるいは層状に積んだ石から彫り出したものがある。マーマッラプラムでは、ダルマラージャ・ラタ（650頃、p.702B）が岩石の塊から彫り出す技術を示し、海岸寺院（p.702A）は同様な規模の層状に積んだものの例で、同様な特徴は、外観の彫刻的シンボリズムに比べて最小限の貧弱な内部空間しか持たない17世紀の大規模なゴープラもその典型である。

アフガニスタンのバーミヤンにみられるドーム天井のような、より一般的でない構造形態もこの地域にはみられる。ここでは部屋の隅にスクィンチ・アーチが用いられ（ササンの拝火神殿を思わせる）、また風変わりなランタン屋根、格間ドームおよび中央の八角形に六角形や三角形を複雑に配したものなどがある。

木構造はその複雑さにおいて多様であり、レンガ、編み枝、木格子パネルと組み合わせて住居に用いられた単純な骨組束立構造の技術から、前述した中国の複雑な方法にまで及ぶ。後者の例はネパールやタイの寺院や宮殿の屋根にもみられる。カンボジアのメコン・デルタのような地方における単純な木造建物は、アンコールやピメアナカスの量感ある石積建築と奇妙な対照をなしていたに違いない。

この地域のイスラムの建物に使われた建築技術は、第15章に述べられている。

訳／野々垣 篤

植民地時代以前のヨーロッパ以外の建築

第 22 章
アフリカ

建築の特色

現在アフリカには、それぞれ独自の物質文化を持った千以上の異なる種族が住んでいる。多くの伝統的な社会にとって、建築は文化的独自性を示す主要な手段であり、それは建物の間取りや構造、装飾の方法だけではなく、建物群の配置の仕方にも示されている。多くの共同体では1つ以上の住居形式があり、性や地位の違いを表している。それに加えて、3つの特別な目的の建物形式がみられる。すなわち、首長の宮殿あるいは住居と、神殿、寺院、モスク、教会堂といった宗教建物、そして葬祭その他の記念建造物である。

メロウェの建築は、エジプトの建築形態を継承している。重要な建物では軸を持つ平面形式が一般的であり、部屋は連続して配列され、あるいは小さな部屋がより大きな部屋の中に配置された。多くの建物は周辺の者たちに対するメロウェの勝利を物語る銘文あるいは浮彫によって飾られた。アクスムでは平面は形式的で、中庭を囲む部屋群が反復された。平らなあるいは分節された石造壁が立ち、多層の建物も多かった。東アフリカ沿岸ではイスラムの影響が明白で、ここでも表の客用応接スペースが、街路からさらに奥まった私的な部屋群へ連続する配置が基本とされていた。入口や窓などの開口部や装飾はイスラムの主題に基づき、それに適応させている。西アフリカの宮殿建築は、一般人の住居と同じ方法で計画・建設されたが、大きな建物が必要な場合は、1つの住居を形成する基本的配置が繰り返された。しばしば宮殿は開放的な中庭を囲んで配置された。西アフリカの王家のイスラムへの改宗は、この地域の建築様式に影響を与えたが、石材あるいは大きな材木がなく、日干レンガと木材による蟻塚に似た土着の建築様式が発展した。アフリカの植民地時代以前の建築の性質を総括することは難しいが、アフリカの建物が、決して他の文化のものの直接的模倣ではないことは明らかである。配置、構築法、装飾の形態はアフリカ独自のものであった。

実 例

世俗建築

大部分の伝統的住居はもろい性質の材料によってつくられていたので、植民地時代以前の住宅の現存する例はまれである。

レンガ造の**メロウェ**の**住居**の例は、古代ヌビアの**ガミナルティ島**にみられる。メロウェの住居は2つの部屋からなっており、大きい方の居間・寝室は平面約 3×5 m で、料理用の壺と炉を備えており、倉庫に使われたより小さな正方形の部屋に続いていた。この2部屋の単位群が大きな複合体をつくるように配置され、小さな共同体あるいは大きな家族を収用したものと考えられている。

エチオピアのアクスムの**住居**は、たった1つの長方形または円形の部屋からなり、石造であった。アクスムの近くで発掘された粘土の模型は、約 400 年頃の家屋を示している。また2階建の円形家屋も、玄武岩の基礎上に砂岩で建てられていた。いずれの形式のものも木材で補強されていた。似たような住居は現在でもティグレで見出される。

古代ガーナ王国の**住居**は、王と廷臣たちが住んでいた**エル・ガーバ**でみつかっている。この町は、砦とアカシアの木でつくられたドーム状の小屋からなり、城壁で囲まれていた。約 10 km 北には**クンビ・サレー**の町があり、イスラムの商人たちが 11 世紀から頑丈な石造の住居に住んでいた。街路に接する部屋には上階に上がる階段があり、そこから家の幅いっぱいに配さ

710 植民地時代以前のヨーロッパ以外の建築

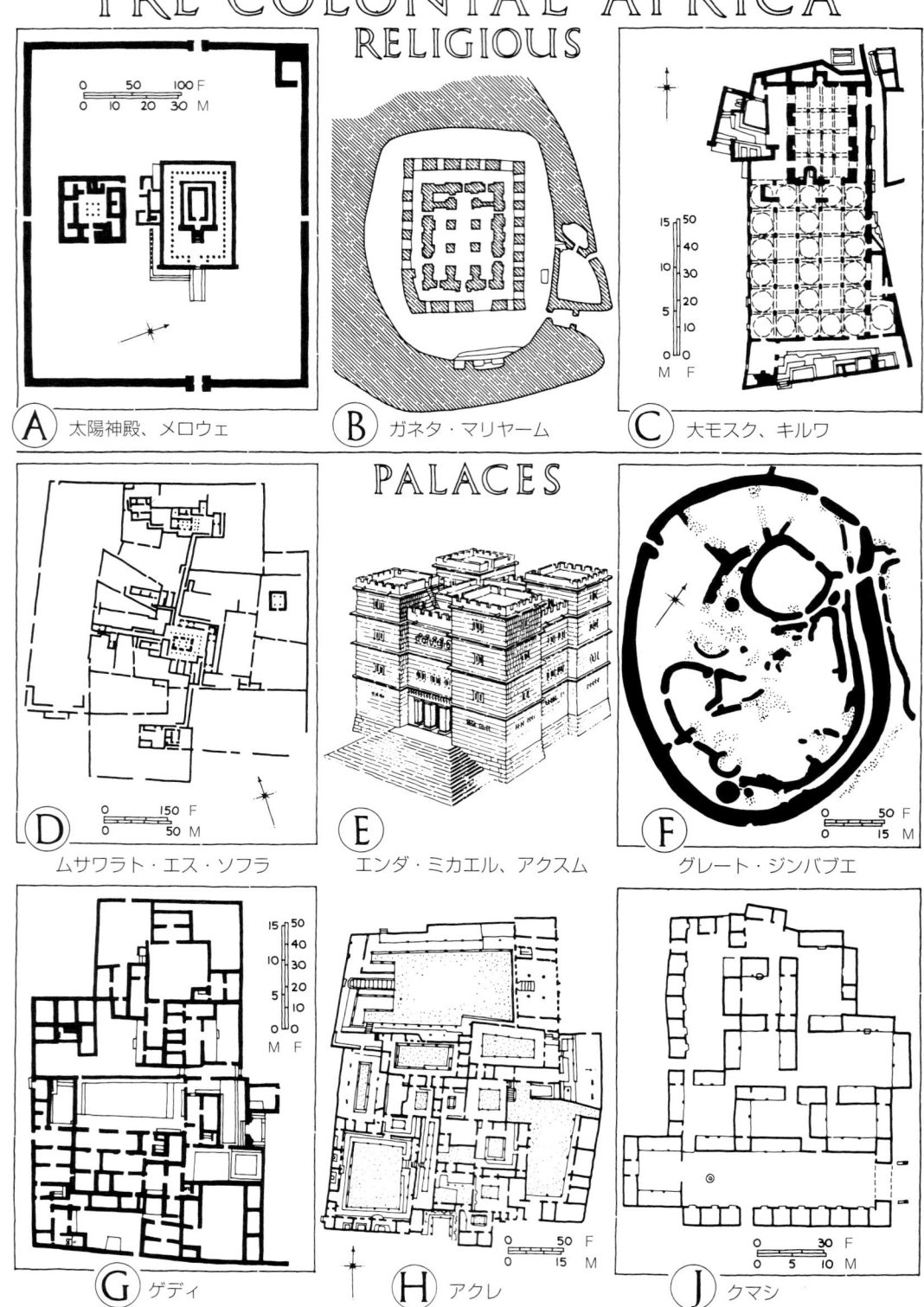

植民時代以前のアフリカの宗教建物(上)と宮殿(下)

れた一連の狭い部屋が続いていた。それらの部屋の奥行は約1.5 mで、幅は10 mまでであった。街路に接する壁は、その厚みの中にアルコーヴを持っており、また漆喰を塗って彩色された内部の部屋にも多くの小さなニッチがあった。

　街路側から空間を継続的に配置するのは、ケニアの**ゲディ**の町の**スワヒリの住居**（1300頃）にもみられる。これらは房状に小さな群をなしている。大きな入口が私的な中庭に導き、そこからクンビ・サレーと同様な規模の連続する狭い部屋が連なっていた。前庭には通常中央に低くなった部分があり、その周りの三方に腰掛けが設けられていた。大きな家は珊瑚石灰石で建てられ、珊瑚を焼いた石灰をモルタルと上塗りに用いていた。典型として、入口は一般に四角い凹部の中にあけられた幅の広い尖頭アーチで、両側にオイル・ランプを入れる小さなニッチがあった。これらの住居は本来平屋であったが、多くは15世紀ないし16世紀に上階が加えられた。下階に窓はないが、上階には中庭を見下ろす窓が設けられた。2階へは木の梯子で上がったらしい。「宝貝の家」では、小さな入口が細長い中庭へと導き、そこが客の応接のための部屋への通路ともなっていた。この家はマングローヴの柱に支えられた陸屋根（ろく）形式で、外側の部屋は瓦葺きであったが、裏の部屋は赤土を固めた屋根であった。15世紀の同様な**スワヒリの住居**がタンザニアのソンゴ・ムナラに見出される。

　ザンジバルの16世紀の**ムヴレニの住居**は、壁をめぐらした敷地内に孤立して建てられた。ゲディのものに似た細長い部屋のある中央ブロックは、ヴェランダと外壁に囲まれ、頑丈なバットレスを備えたその外壁は上階と陸屋根を支えていた。

記念的建築

宮殿および首長の住居

　ヌビアの**ファラス**にある**メロウェの西宮殿**（100頃）は、約40×45 mの日干レンガの四角い建物であった。小さな部屋の列に取り巻かれた列柱のある中庭が、中央の建物を囲んでいた。

　現代のエチオピアの**アクスム**にあった**タアカ・マリアム**のアクスム王宮は、石造のモニュメンタルな多層の建築群で、120×80 mの閉ざされた長方形をなしている。そこには2つの大きな中庭と、高さの異なるいくつかの小さな中庭、数百の部屋と数十の階段があった。中央には隅に塔を持つ8階建の建物があり、これが王の住居とみられている。これは24×25 mの方形平面で、ポーティコに導く石の階段によって入るようになっていた。同様な塔は、**アクスムのエンダ・ミカエル**（p.710E）や**ドングール**でも発掘されており、ドングールでは600年頃の3000 m²に達する不規則な方形の宮殿複合体が発見されている。その主建物は、4つの内庭と多くの部屋を持つ大小さまざまな建物からなる閉ざされた輪の中央に位置していた。部屋は4つの主要なブロックに分かれ、さらに4つの中庭が主建物と周囲の建物の間に設けられていた。アクスムの宮殿は、城の性格に別荘の豪華さを合わせたものであった。木材の梁や骨組は、一石造のパネル、柱、スラブ、大きな磨かれた石ブロックなどと結合され、「モンキー・ヘッド」として知られる混合構造の形式をとっていた。アーチはアクスムの建設者には知られていなかった。宮殿は木彫のフリーズで装飾され、床には玄武岩、花崗岩、大理石、石灰石などが敷き込まれていた。

　ジンバブエにある**グレート・ジンバブエ**の鉄器時代の遺跡（B.C. 1000頃-B.C.1500、p.710F）は、アフリカで最も印象的なものである。それらは3つの主要な群をなしている。**グレート・エンクロージャー**は、独立した量感のある外側の壁が内側のより小さな未完成の壁を囲み、内側の壁の南の端には中実の円錐形の塔がある。ここはおそらく首長の住居であったと思われる。外の壁は高さ約10 m、厚さ約3 mで、おおよそ90×65 mの楕円形を取り囲んでいる。この囲いの中に円形の家屋群が建っていた。これらは柱と編み枝と泥土でつくられ、草葺きの円錐形屋根と突き固められた土の床があった。囲いの中には謁見壇と一本石の柱もあった。その北方には、空積みの壁とテラスで要塞化された花崗岩の小丘である**アクロポリス**がある。両者の間には、迷路のような壁、牛囲い、小さな石の囲いなどからなる**渓谷遺跡**があり、石材は土地の花崗岩の野石積みで、しっかりと積まれていた。基礎は粗雑で、しばしば存在しない。アクロポリスの壁は、自然の岩塊にみえるように巧みに組み合わされていた。グレート・エンクロージャーは曲線をなし、入口の開口部も曲線の形を取っていた。山形模様、市松模様、犬歯模様、矢はず模様で飾られた部分もあり、また白雲石のブロックの層を挟むこともあった。大部分の遺構は紀元前15世紀かそれ以後のものである。類似したより小さな多くの遺跡が、ブーラワーヨ付近の**ハミ地区**で見出されており、そこには市松模様の基壇、石の詰まった傾斜壁、柱とダーガ（シソ科の植物）でつくった7棟の草葺き小屋などの遺構があり、また**ドロ・ドロ**、**マプングブウェ**、**イニヤンガ**などでも、テラスや牛囲いの遺構がみつかっている。

　タンザニア東海岸、キルワの西の岬には、キルワの

スルタンによって 1245 年頃建てられた**フスニ・クブワの宮殿**がある。150×75 m の規模で、百以上の部屋がある。石灰モルタルで積まれた珊瑚石灰石でつくられ、化粧石材による入口とヴォールトがある。また砂岩の板が階段および腰掛けに使われていた。天井高は 3 m 以上あり、窓がないので内部は暗かった。屋根は方形の珊瑚石ブロックを密に並べた木材の上に置いたもので、また白い漆喰の床が土の上に直接つくられたが、中庭は舗装されていなかった。建物は 2 つの大きな中庭の周囲に、軸線に従って配置された。他の部屋が主室群を取り巻いていたが、性格的に簡素なものであった。主なアプローチは海岸側から崖に切り込まれた階段により上がってくるもので、北端に部屋のある接見用の中庭を特徴づけている。これらの部屋にはトンネル・ヴォールトの屋根が架けられ、装飾石積みで飾られていた。西には回廊で囲まれた八角形の野外水浴プールがあり、北には集会のための中庭があった。その中庭は高い壁で縁取られ、その東端は 9 つの席のある幅 14 m の土盛りとなっていた。その向かいには 2 つの部屋が並び、それぞれ 3 つの入口があった。フスニ・クブワの東方の遠くないところに、**フスニ・ンノゴ**として知られている砦のような囲壁がある。

ケニアの**ゲディ**にある 15 世紀の**スワヒリの宮殿**（p.710G）は 18 ha を占め、町の広場から入るようになっていた。主入口は尖頭アーチの門であった。それを通ると 1 段低い待合用の中庭があり、長手方向の両側にベンチが備えられ、ここから謁見用の中庭に入った。謁見用中庭に面する王の居住区は、外側の部屋と内側の私的な部屋群からなっており、後者は 2 つの群に分かれていた。最も奥の部分の 1 つには金庫室があり、壁の中の隠戸から入るようになっていた。宮殿と狭い道を隔てて付属建物があり、それぞれ前室、後室、化粧室、中庭を備える 4 つの小さな部屋群からなっていた。2 つの建物の間の道には、六角形の支柱墓を含むいくつかの墓があった。応接室はニッチで飾られ、オイル・ランプを置くくぼみや、壁掛けやカーペットのための掛け釘があった。

タンザニア、**キルワのスワヒリの宮殿**は、約 20×30 m の長方形中庭の三方を囲む 2 階建の建物であった。中庭の北と南には、2 つの部屋が順次並ぶ部屋のグループが設けられていた。南西の隅には傾斜した壁を持つ方形の塔が建ち、主中庭から直接出入口が通じていた。宮殿は広さ約 2 ha の壁をめぐらした囲いの中にあり、モスクも含まれていた。建物は一時期につくられたものではないが、18 世紀より古いものはない。

ヨルバ、アシャンティ、ベニンのエドなど、西アフリカの宮殿の年代は正確にはわからない。19 世紀の旅行者が記録している多くの例は、植民地時代以前のもののようである。ヨルバランドでは、宮殿はヤシ油を混ぜてこねた泥で建てられ、屋根はヤシの葉の筵で葺かれていた。周囲には建物群を囲み込む高い泥の壁と、広い森林があった。**ヨルバの宮殿**は、個々の中庭住居の集合であり、それぞれヴェランダを持つ 4 つの矩形の部屋が中央の中庭を囲んでいた。ヴェランダの屋根はイロコ樹の柱で支えられ、それぞれの建物は雨水を集め貯蔵するためのインプルウィウム（貯水槽）を持ち、さらに水を外へ導く排水溝を備えていた。これらの宮殿の中には百以上の中庭を持つものもあり、そのうちのいくつかは小規模で屋根が架かり、一方、人々の集会に使えるほど大きいものもあって、それぞれ異なる用途に供された。小屋束と扉は 1 木から巧みに彫り出され、宮殿の屋根は前へ高く突出した破風を備えていた。また中庭のいくつかは石英の小石と陶片で舗装されていた。**アクレの宮殿**（p.710H）は、最もよく保存されている現存例の 1 つである。

ベニンの町は、イギリスによる占領後、1879 年の火災によって壊滅した。16 世紀以降の旅行者の記述によると、その宮殿は層状に積んだ土によるベニンの一般家屋の大規模な複合体であった。これらはヨルバの家とは違って矩形で、祭壇を備えた入口の中庭、インプルウィウムを持った待合用中庭、その背後の私的な部屋群とインプルウィウムのある他の中庭群という一連のつながりを基礎としていた。部屋の間口は狭く、長さは家の全体の幅を占めていたが、それぞれの単位がいかに配置されていたかは明確でない。建物は寄棟屋根で柿板かヤシの葉で葺かれ、またそのいくつかは柿板で覆われた塔を備え、青銅の鳥が飾られていた。宮殿は一般の人々の家よりかなり高くつくられた。

クマシのアシャンティの宮殿（p.710J）も、19 世紀末にイギリスによって破壊されたが、その後、伝統的な形に従って再建された。この宮殿はいくつかの中庭を囲んで建てられていた。壁は泥漆喰で成型され、異なった色の土で彩色された浮彫で飾られていた。

宗教建築

土着の宗教は、記念的建築を多くはつくりださなかった。ほとんどの祭儀は野外の聖地で行われた。祠堂をつくる種族もあったが、それを周期的に用いることよりも、むしろ建てること自体に重要性があることが多かった。恒久的な祠堂や神殿は、祭儀の専門職が出現したところでのみ建てられたようである。神殿はメロウェとアクスムの信心深い生活を顕著に特徴づけていた。さらにモスクがイスラムの商人とともにもたらされ、また木や石あるいは岩を彫り抜いた教会堂が、バ

シリカ式または正方形中の十字形プランに基づき、エチオピアのコプト派キリスト教徒によってつくられた。

祠堂

　ガーナの**ボウジウィアシィのアシャンティの祠堂**は、おそらく19世紀末か20世紀初頭に建てられたものではあるが、平面は極めて古い形式である。木造骨組に編枝土塗構造で、4つの分離した矩形の部屋からなっており、それぞれ約5×3mの大きさで、中庭の周りに配されていた。それらは壁でつながれて閉ざされた広場を形成している。外壁は動物の主題で装飾され、屋根はヤシの葉で葺き、層状に切りそろえられていた。内部では、3室の部屋が中庭に開かれていたが、聖所にあたる4番目の部屋は豊かな装飾透かし彫のあるスクリーンにより視線が遮られていた。

神殿

　メロウェの神殿は、スーダンの現在のドンゴラの町付近の**カワ**を含め、多くの遺跡に残っている。大部分の遺構は新王朝時代のものだが、**東宮殿**は純粋にメロウェのものであり、獅子神アペデマックに献じられたものであった。これは紀元前1世紀のレンガ造の方形建物で、赤砂岩のうずくまる獅子像を両脇に置いた石造の入口を備えていた。

　古代のヌビアにある**メロウェのアモン神殿**は、約150mの長さで、小さなキオスクあるいは祠堂を通って入るようになっていた。キオスクから神殿自体までの道の両側には、4頭の石の雄羊が置かれていた。神殿は焼成レンガで建てられ、その表面、入口、パイロンそして円柱に化粧砂岩が使われていた。神殿は、中央に石造祠堂のある外側のペリスタイルを持ち、一方、西側には段のついた石造の上段すなわち説教壇があった。主ホールの奥には小さな部屋が並び、最後に宗教的場面で飾られた祭壇を持つ聖所にいたる。西には「柱の間」があり、白いスタッコの地に、主として青色で塗られていた。この部屋の目的はわかっていない。

　メロウェの太陽神殿(p.710A)は、石張りの入口のある赤レンガの壁に囲まれ、その中には聖所を囲む列柱廊へ通じる斜路があり、聖所は2つの入れ子式の部屋からなっている。外壁はメロウェによる征服を表す浮彫で飾られ、内部の床と壁は青い彩釉タイルで覆われている。この神殿は紀元前600年頃建てられ、紀元後1世紀に修復されたものとみられている。メロウェの他の重要な神殿には、**獅子神殿**、**イシスの神殿**、**アプスの祠堂**がある。ジェベル・バルカルの遺跡には、新王朝によって始められ、メロウェの為政者によって修復された重要な神殿とピラミッドが含まれている。ナカには、アペデマックに捧げられた**獅子神殿**をはじめ多くの神殿があった。

　ムサウワラト・エス・ソフラのグレート・エンクロージャー(p.710D)も古代ヌビア(100頃)のもので、建物群と4万m²の土地を囲む大周壁からなっており、メロウェにある太陽神殿と似たデザインの神殿を取り囲んでいた。神殿からは列柱廊が、建物群のさまざまな部分を結ぶ道や斜路への導入部としてつくられており、その機能は明確ではないが、軍象の訓練に使われたのかもしれない。象は壁を飾る浮彫に多く表されている。

　エチオピア、イエハの**前アクスム時代の神殿**は、外壁に窓のない方形の多層塔で、アクスムの王宮の大きさやプロポーションに準じてつくられている。出入りはポーティコへ通じる階段によっていた。

モスク

　タンザニア、**キルワの大モスク**(p.710C)は12世紀のもので、それぞれドーム屋根の架かる方形のベイに分節され、ドームは化粧珊瑚石の八角柱上の四角い柱頭で支えられていた。ミフラーブも化粧珊瑚石で、壁は珊瑚石の粗石と石灰セメントであった。当初のモスクは15世紀に著しく拡張され、4列の柱列が加えられて、東アフリカにおける最大のモスクの1つとなった。

　古代マリの**ティンブクトゥのサンコレ・モスク**は土で建てられ、定期的な修理を可能にする恒久的な木造の足場があった。この種の建物では最も古い現存例で、14世紀初期に遡る。同様な練り土と木材による**モスク**は**ジェンネ**にも建てられ、バットレスと小尖塔が付いていた。これは日干レンガの基壇の上に建ち、階段を通って入る。当初のモスクは1830年に破壊されたが、同じ様式で再建されている。

　ケニヤのゲディにある**スワヒリのモスク**は、15世紀中期のものである。それは矩形の集会モスクで、北壁にミフラーブとその右手に3段のミンバルがあった。陸屋根が6本3列の角柱に支えられおり、後ろの3つのベイは壁で遮られていたが、おそらく女性用の場所を画するものであろう。周囲の壁にはオイル・ランプを置く四角いニッチの付いた付柱があった。ミフラーブは尖頭上心アーチで、磁器の鉢で飾られた長方形の枠の中に収められている。長手の壁にはそれぞれ3つの扉があった。西には、後に吹放ちの壇とされた前室、東にはヴェランダと、井戸、導水管、貯水槽、化粧室を備えた中庭があり、一方、北端には倉庫と屋上に上がる階段があって、そこから礼拝者への信仰の呼びかけがなされた。このモスクの屋根は、石灰モルタルで取り付けられた珊瑚石の瓦で葺かれていた。

教会堂

　エチオピアにある古代ザグエの首都ラリベラには、12世紀および13世紀の間に、全て岩から彫り出された11の教会堂が、6基、4基、1基の3つのグループに分かれて存在している。その多くはアクスムの建築にまで追跡できる特徴を持っている。岩石から彫り抜いた最も優雅な教会堂の1つは、孤立した**ビエト・ギヨルギス聖堂**である。これは岩に彫り込まれた狭い曲がりくねった溝によって到達される。教会堂は十字の形に彫られた12mの正六面体で、その陸屋根には三重の十字が彫られている。基壇の上に建ち、短い階段から入る。主扉には重々しい三重の枠が付き、1階には9つの偽窓がある。上階には薄肉彫の葉で飾られた12の尖頭アーチの窓があり、上部の窓を支える石の梁は木を模倣して彫られ、アカンサスの葉で飾られている。教会堂の内部には3つの側面を持つ4本の柱があり、聖所の天井はドームの形に彫られている。

　ラリベラから数マイルのところにある**ガネタ・マリヤーム聖堂**(p.710B)も、岩から鑿で彫り出されたもので、上に述べた教会堂群よりも約1世紀下るものと考えられている。唯一の入口が、彫り下げられた中庭と、さらに教会堂が彫り出されている四角い独立したブロックへと導く。ガネタ・マリヤームは傾斜屋根を持ち、外周に列柱を持つ高い基壇の上に建っている。岩をくり抜いてつくられた2つの側廊と1つの身廊があり、両者は柱列で分けられ、身廊はトンネル・ヴォールトの天井を持ち、内部は聖書の場面を表す彩色フリーズで装飾されている。ティグレにも、これほど立派ではないが、同様な岩窟教会がある。

葬祭用およびその他のモニュメント

　ヌビアの**メロウェの王室墓地**には、古代メロウェ王朝の多くの王たちのピラミッド墓がある。小さくて鋭く尖ったメロウェのピラミッドは、粗石の核の上に砂岩の化粧ブロックを積んでつくられている。その東面に対面して、入口にパイロンを持つ礼拝堂が建てられ、礼拝堂の壁は浮彫と銘文で覆われていた。埋葬室は礼拝堂の下の岩に彫り込まれ、礼拝堂の東にある階段から入るようになっていた。メロウェの**ピラミッド**は、ヌーリ、ジェベル・バルカル、エル・クルルでも発見されている。

　アクスムの墓は、エチオピアの**アクスムのネファス・モウチャ**で発見されており、巨大な花崗岩の板が、中央の部屋とその周囲の多くの部屋を形成するやや小さな石板の下部構造によって支えられていた。「**偽扉の墓**」は化粧花崗岩の板でつくった地下埋葬室で、神殿あるいは宮殿建築を模倣した地上建物と連結されており、埋葬室には石棺を納めていた。**アクスム**では、1つの岩から彫り出された33mの高さまでの巨大な石柱あるいは**石碑**が、町の境界の墓地に建てられ、そのいくつかは多層建築の様式を表現していた。

　ナイジェリアの**イグボ・ウクウ**では、900年から1100年に比定される墓が1基発見されている。地下式で、内部は鉄の鎹と釘で接合された木の板で張られ、床には筵が敷かれていた。遺体は隅に寄せかけた椅子に座り、腕を銅の持送りで支えられた形で葬られていた。墓には木造の屋根が架かり、その上には奴隷たちの遺体が並べられ、近くの2つの貯蔵用竪穴には埋葬用の品物が収められていた。

　15世紀の間に、東アフリカの海岸沿いの数多くの地点で、テーパーの付いた多数の支柱墓が建てられた。最も立派なものは、タンザニアの**カオレ**、ケニア沿岸の**マリンディ**と**ムナラニ**などにある。初期の柱は珊瑚礫でつくられているが、後には石となっている。この高い柱は、一般に板石による低い墓の一方の端に立ち上がっていた。ケニアの**マンブルイ**のものはやや後(16世紀)のもので、よりずんぐりとした形になっている。

　西アフリカの**クロス・リヴァー・モノリス**は、高さ1mないし1.5mの、人物あるいは幾何学模様で装飾された立石で、16世紀のものである。いくつかは男根の特徴を持っているようにみえる。立石はマリでも**トンディダロー**でみられ、セネガルとエチオピアに広く分布している。立石は埋葬と結び付いていることもある。またあるものは、特徴的なアフリカのデザイン、主として短剣、帯、円そして人物像などで飾られている。

訳／野々垣 篤

植民地時代以前のヨーロッパ以外の建築

第 23 章
アメリカ

建築の特色

アメリカ前植民時代の建築の歴史は数千年にわたっており、数えきれないほどの建物が含まれている（第21章参照）。ここでは高度な文明を持った地域において卓越し、そして建築の発展に最も重要な媒体としての役割を果たした神殿と宮殿に焦点を当てる。

神殿は、ほぼ垂直でピラミッド状の形態をとり、ほぼ正方形の平面で、内部空間は限られ、一般には狭くて暗い少数の部屋からなっていた。かなり大きな神殿でも、内部空間を全く持たないものも多かった。これらの例には、カホキア、ラ・ベンタ、シウダーデラ（テオティワカン）、太陽の神殿（モチェ）などがある。一方、宮殿はその下部構造の規模に比して広い面積を囲い込んでおり、たとえばティカルのマーラーの宮殿のように、普通は互いに接した細長い部屋の群からなっていた。

北アメリカ

前植民地時代のモニュメンタルな建築としては、土で築かれ、先端の切られたピラミッドがアメリカ東部を通じてみられ、しばしば祭祀広場の周囲あるいは境内に群をなしている。そのピラミッドは表面仕上げ材がなく、段状成形や表面の分節もない大きく単純な形態であったと考えられる。長方形または正方形の平面形態が支配的であるが、円形のものもわずかにあり、また他には蛇あるいはトーテム像をかたどったものもある。大きさは数百 m³ から、カホキアのもののようにほとんど百万 m³ に達するものまであり、そのうちごくわずかのものが、その一部に柱や草葺きの建物を持っていたことが知られている。今日、これらの神殿の遺跡はほとんど人工物とは認めがたい状態で、それらの極めて多くがこの数十年の間に破壊されてしまった。

アメリカ西南部では、印象的な共同体建造物がプエブロ・ボニート、メーサ・ベルデ、チャコ・キャニオンその他の場所に、アナサジやプエブロ文化によって建てられている。これらの建物は、部屋の直交的配置システムの中で、神殿と宮殿の機能を合体させており、部屋はさまざまな目的に用いられ、祭祀の場として使われる円形のキヴァによって強調されていた。これらの建造物には、秘伝を授けられたものだけが知ることのできる祭祀建築の幾何学が秘められていたが、これは祭祀の形をできるだけ顕著にするメソアメリカの高度な文化とは全く対立するものであった。

メソアメリカ

北アメリカの共通点の乏しい建築形態とは対照的に、メソアメリカの高い文明（オルメカ、マヤ、サポテカ、トルテカ、アステカ）のモニュメンタルな祭祀建築は、基本的に1つのモデルに従っており、場所や時代によって細部がわずかに異なっているにすぎない。それは上部構造と下部構造との明確な分離に基づいていた（p.717）。現在でも田舎のマヤ人の間で用いられている構成手法である。現在建てられている典型的なマヤ人の土着の民家は、野石を積み上げた基壇を持ち、その上に編枝土塗壁や木柱そして草葺きの屋根をあげている。

低地マヤの建設者たちは、神殿の建物にヴォールトを架け（p.717）、上部帯として知られる水平の帯によってそれを外観において強調しており、彩色された浮彫による際立った象徴的な像が付されている。ヴォールトは、以前に墳墓で使われたことによる象徴的な意味を持っていたと思われる。

下部構造の基壇もまた象徴性を持っていた。南メキ

植民地時代以前のヨーロッパ以外の建築

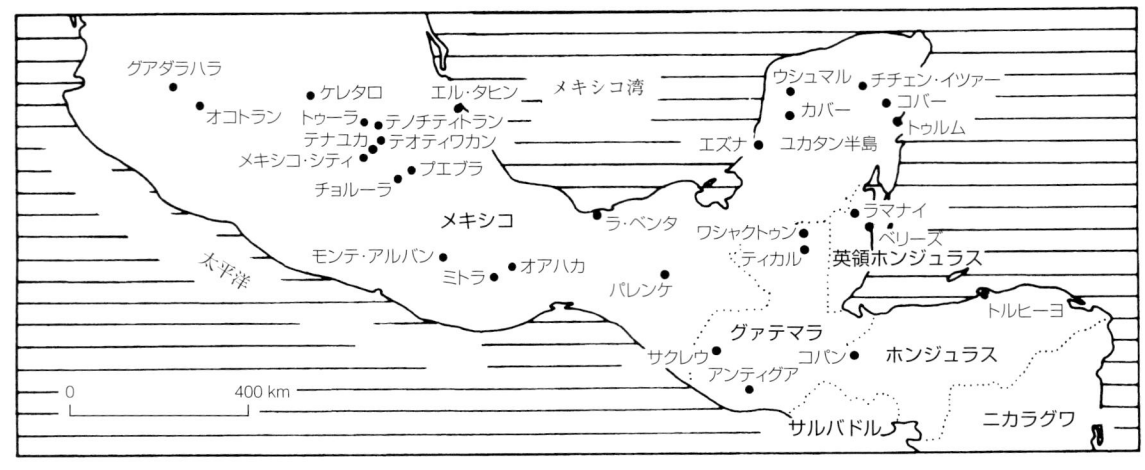

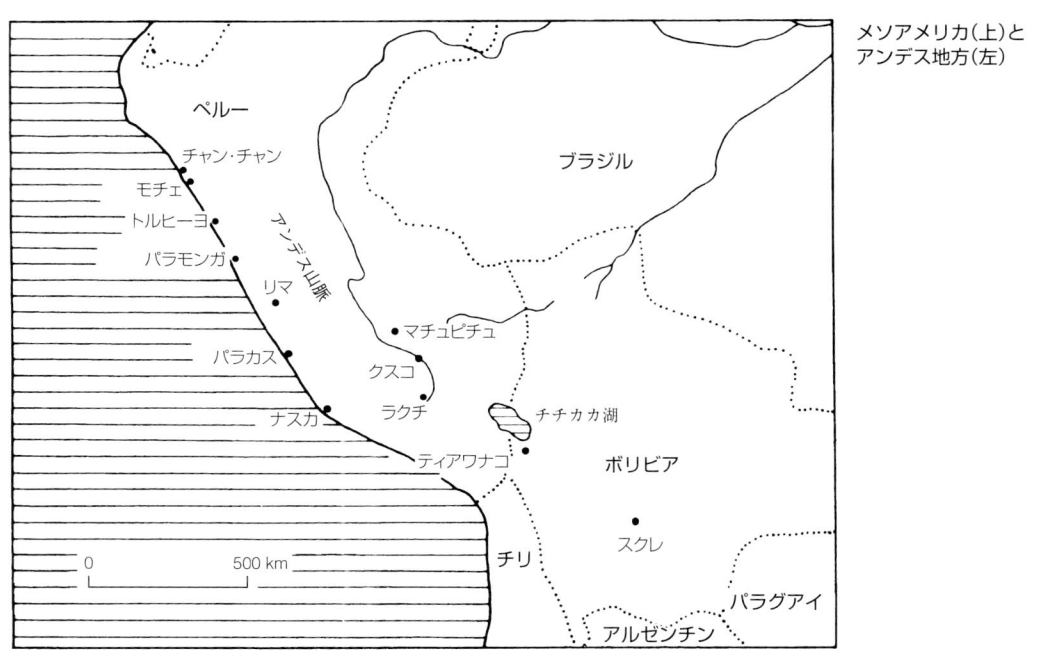

メソアメリカ(上)と
アンデス地方(左)

シコとグァテマラの最盛期のマヤ神殿では、巨大な下部構造が、個別的で三次元的に認められる物体の付加的集合体として形成されており、それはある程度標準化されていた。たとえば、6つの構成要素——基壇（プラットフォーム）、ピラミッド、付加的基壇、建物の基壇、建物、櫛飾り——を持つ形式のグァテマラのティカルの神殿I(p.728A)に関する記述は、800年以上にわたって建てられた100以上の神殿に同じように当てはまるのである。他の場所では、祭祀建築はそれほど標準化されていなかったかもしれないが、しかし同様な構成要素を、ティカルにみられる組合せとは必ずしも同じでなくても、明確にみわけることができる。

テラス、階段、凹部、突出部、さらに彫刻パネル

が、神殿の各要素の表面を分節していた。北グァテマラのマヤ地域の低地、ベリーズおよび南ユカタンでは、エプロンの断面(p.717)がテラスの表面を強調する主要な要素となっていた。タブレロ・タルー(p.717)として知られるかなり異質な断面が高地において使われたが、低地ではまれにしか現れなかった。凹部と突出部は、階段の脇、隅部、側面、背面の中央などで、下部構造表面の分節として使われた。場合によって、ティカルの建造物5D-22、第1期(p.719)のように、突出部の断面はテラスの断面を踏襲し、またアルトゥン・ハの建造物B-4、第2期A(p.726B)の階段脇の突出部のように、階段に独自の異なった断面が与えられることもあった。

第23章 アメリカ

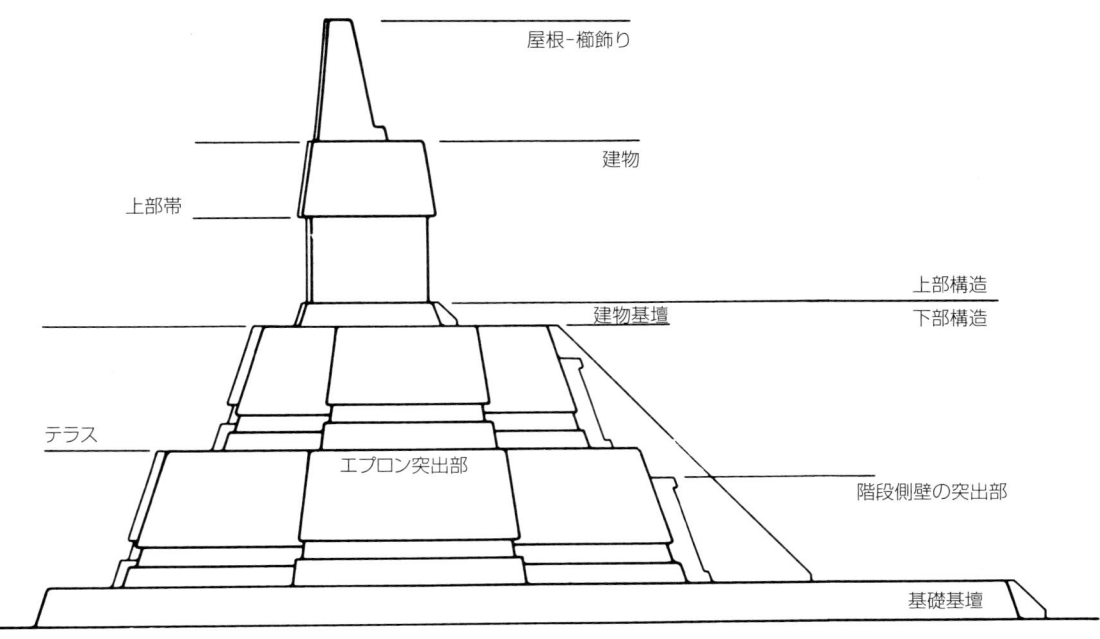

マヤ神殿模式図

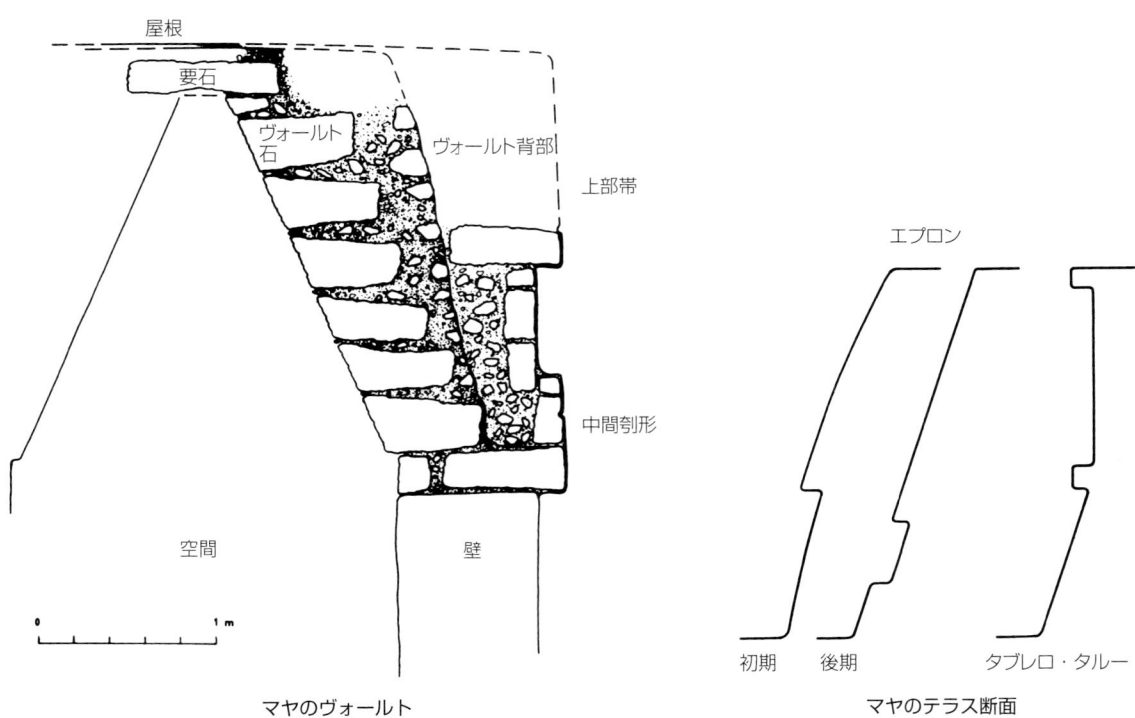

マヤのヴォールト　　　マヤのテラス断面

下部構造はいわば「土地形態」言語を構成しており、自然の地形の建築的拡張部として、言語的また図形的方式によって神殿を土地に結び付けていた。中央アメリカとアンデス地方では、建設当初には組積構造はプラスターで覆われ、赤く塗られるか、またより多くは塗らずに白く磨かれていた。同様なプラスター仕上げは神殿の前の広場の舗装にもみられ、したがって全境内を通じて表面の仕上げに連続性が保たれていた。このような連続するプラスター仕上げは、近年の復原では試みられていないが、その建築的性格を現在我々が知っているものとは劇的に異なったものとするに違いない。我々は神殿を、公園のような環境の中の強力な要素としてみているが、もし広場の表面が本来のようにプラスターで舗装されていたら、この神域は、一体的な土地から立ち上がるさまざまな形態を持った、風景に不可欠な部分とみえるであろう。磨かれ、反射する面への強烈な太陽の効果は、香の煙や犠牲の血の匂いとともに、神殿の境内を儀礼の圧倒的な力と影響の場にしたに違いない。

前植民地時代の神殿と宮殿のデザインにおいては、数が神秘的な重要性を持っていた。マヤの宇宙論では、9は黄泉の国における主要な王の数であり、13は天上の神の数であるとともに日の名称の数であった。4という数は太陽神と結び付けられ、宇宙は4つの側面を持っていた。5は地の神である「イミックス」と、3は炉の石と関連づけられていた。1から13までの全ての数と20の倍数には神秘的な意味が与えられ、しばしばそれらの数の組合せにより、意味は極めて複雑となっていた。儀礼的建築においては、たとえばテラス、部屋、正面の入口、神殿形態の主要素の数など、数に付された意味が深い重要性を持っていた。

中央アメリカの儀礼的建築の本質的な要素は、前古典期(B.C.200–A.D.200)の神殿において確立された。クイクイルコとテオティワカン(p.722C)の巨大な下部構造は、それらが支える比較的粗末な建物をさらに小さくみせている。上層に4つの建物が別々にあるラマナイの建造物N10–43(p.721A)でさえも、下部構造が支配的な要素となっていた。その広大な表面には、エプロンの輪郭、突出部、入隅部、階段、階段脇突出部、彫刻などの全ての細部が示されている。古典期(200–900)を通じてのその後の展開は、ラマナイで発展した初期の成熟を洗練させたにすぎなかった。

いまやヴォールト(必ずしも持送りヴォールトではない)を架けるのが一般的となった上部構造をさらに強調し、そして小さくはなったが、より精巧となった下部構造を持つ新しい種類の神殿は、前期古典期(200–600)に出現した。前期古典期のマヤ神殿の最もよく知られた例は、ティカルの北アクロポリスの建造物5D-22、第1期(p.719)や、その近くの遺跡である北グァテマラのワシャクトゥンのものである。これらの神殿にみられる混合形式は、以前の時期のものよりももっと分離した要素からつくられていた。それらは下部構造と上部構造のいずれにおいても明確な前方部と後方部を持っており、後方部がより高く、表象的で神聖な象徴を散りばめた櫛飾りをあげていた。南部の低地、たとえばティカルでは、上部の彫刻は建物の前方部に限られ、下部構造のマスクは前面にのみみられた。厳格な左右対称性は、同様に前後の強い非対称性と結び付いていた。

前期古典期の下部構造のテラスは、ティカルの5D-22、第1期(p.725B)のように、凸状のエプロン断面と、2ないしそれ以上のテラスにわたる高いエプロン突出部を持っていた。その下部構造の石積みは、一般にきれいに切られた方形ブロックで平らに仕上げられており、ヴォールト天井の上部構造における小さな粗くかたどられた石と際立った対照を示していた。この石積みの性格の相違は、下部構造に帰せられた本質的に異なった重要性を反映しており、それが支える建物に付されたものとは全く別のものであった。

マヤの場合、後期古典期(600–900)において、神殿の形態に第3の大きな発展があった。この変化は、ティカルの神殿I(p.728A)が最もよい例であるが、多数の人々と観衆を入れる広い祭祀の広場と行列道の発展に結び付いていた。下部構造は極めて高くなり、一方、ヴォールト構造の建物はむしろ規模的には小さくなった。

いくつかの建築的属性が後期古典期において変化した。石積みはより正確になり、石は積まれた後に直線の断面を得るため仕上げられた。プラスターの厚さは劇的に薄くなり、下部構造と上部構造の相違は残っていたが、内部の表面は(櫛飾り内の入れない部屋でさえ)外部と同じ程度に仕上げられた。エプロンの断面は、テラスの面に彫り込まれた狭い水平の陰影帯に変わり、全ての突出部や刳形の深さは小さくなっていき、階段は全面的に張り出すようになった。後期古典期においてヴォールトの技術は進歩したが、驚くべきことに、それは神殿の部屋の規模にはほとんど影響を与えなかった。後期古典期の神殿はしばしば、前期古典期のものに比して、より厚い壁、より高いヴォールト、そしてより狭い部屋を持っていた。

後期古典期は、建築的には低地マヤ地域が最も重要であるが、メソアメリカにおける他の地域、たとえばメキシコ湾岸のエル・タヒン、メキシコ台地の西斜面にあるショチカルコなどのいくつかの建造物も、この

北アクロポリス透視図、ティカル　p.716、p.718参照

時代の末期において特有の建築的性格を示していた。この2つの場所における神殿は、高地と低地の形態を融合させ、下部構造と上部構造の間の差を不明確なものとしていた。

マヤパン、チチェン・イツァー(p.734A)、トゥルム、コバーその他の北ユカタンの遺跡の古典期以後の神殿では、ウシュマルの総督の館(p.731B)にみられるような石造ヴォールトや、3要素の刳形(くりかた)といった古典期の形式が続けて使われたが、やや形は変わり、技能的にも劣っていた。エプロンの断面、彫刻を持つ上部帯、櫛飾りなどの他の特色は、一般に廃れてしまった。高地と低地を通じて、後古典期における下部構造のテラスは、より浅い突出部、より少ない刳形、より急勾配のほとんど垂直に近い断面を持っていた。階段はより広く、さほど急ではなくなり、スペイン語で「アルファルダス」として知られる広い階段脇の斜路が両側に付けられた。独立柱と梁とモルタルによる屋根という方式が極めて広く使われるようになり、トゥーラ(p.733B)におけるように、多くの神殿にみられる。

後古典期の末期において、アステカ人はテナユカやテノチティトランにあるような双神殿を建てた。対になった上部構造はそれぞれ異なった神に献げられ、共通の下部構造に支えられて、それぞれ2つの階段が設けられていた。征服の時代の記録から発見されたアステカの神殿に関する図面と記述は、後古典期の傾向が続いていたことを示している。建物がヴォールト構造でなくなり、その上部要素や神聖な象徴を表すようにデザインされた屋根延長部が木でつくられるようになっても、地形の形態学は維持された。

メソアメリカの宮殿建築は、それ以前にも存在はしていたが、ほとんど後期古典期と後古典期の建物しか知られていない。ティカルの「マーラーの宮殿」(p.730A)は、しばしばマヤ宮殿建築の原型とみなされている。宮殿は、たとえばウシュマルのいわゆる「尼僧院」(p.731A)のように、たいてい中庭の周りの群建築として建てられていた。この場合は、多くの別々のブロックが広場の周りに、多くの部屋の複合体を形成するように結合されていた。各宮殿の独立性は、祭祀建物の全体配置における各神殿の独自性と同様な厳格さをもって維持されていた。このことは、ヴォールト構造によるほとんど全てのマヤ宮殿にあてはまる。パレンケの宮殿は、多くの部屋が中庭周囲に密集的に配されているという点で例外であるが、ここでもいくつかの個々の建物は別々の独自性を保っていた。メキシコのテオティワカンとヤグールでは、梁とモルタルによる陸屋根が、中庭の周りの相接する部屋の多い建物を覆うために用いられた。ミトラの宮殿(p.733A)は、上に述べた配置の両者を結合しているように思われる。

南アメリカ

紀元前900年頃以前においては、建築的理念はその生まれた地域に限定されたままであったが、その後一連の地域的様式がアンデス地帯を通じてより広範に広がっていった。切石とともに礫(れき)や野石がチャビンの神殿に使われ、また石彫刻およびスタッコ彫刻が装飾に用いられた。チャビンの伝播に続く時代(B.C.200頃-A.D.600頃)は、モチェの太陽および月のピラミッドや、他の多くの南と中央沿岸地帯におけるもののように、大規模な日干レンガの壇状神殿の建設で注目すべきであるが、それらは必ずしも集落を伴わなかった。600年から1000年にかけて、ティアワナコとワリの町を首都として新しい帝国が出現し、格子状平面の極めて厳格で形に配慮した建築がその特徴となっていた。トルヒーヨに近いチャン・チャンと高地のワマチューコに近いビラコチャパンパは、いずれもこの記念碑的なプレ・インカ期の建築を例示しており、それらは使用形態における世俗的様式と宗教的様式を結合させていた。

インカ帝国は官僚的で、制度化された建築形態を、以前の国家組織よりもむしろ強調して存続させた。インカ人は、礫を土のモルタルで積むことから、たとえばサクサワマン(p.734D)のように、巨大な規模と正確さと仕上げをもって多角形の石を空積みにすることまで、多様な建設技術を用いていた。

実 例

北アメリカ

カホキアのモンクス・マウンド(900-1200)は、270×210mで、30mの高さの基壇を持ち、単体のものとしては植民地時代以前の北アメリカで最大の儀礼的建造物であった。その先端の切られたピラミッドの巨大な壇は、全て土で築かれた4つの非対称のレベルを持ち、柵をめぐらせた儀式のための聖域を望んでいた。モンクス・マウンドをその一部とする遺跡は、ミシシッピ渓谷の特に肥沃(ひよく)な部分にあって、13km²の広さを持ち、約120のさまざまな規模のピラミッド状マウンドを含んでいた。

第 23 章　アメリカ

A　建造物 N10-43、ラマナイ（B.C.200 頃）　p.723 参照

B　建造物 E-Ⅶ下層、ワシャクトゥン（B.C.200 頃）　p.723 参照

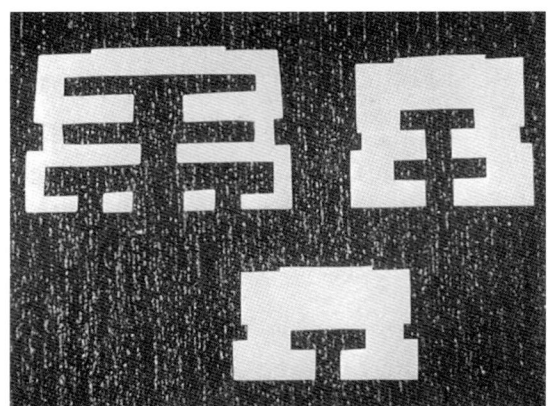

A マヤ神殿平面図、建造物 5D-95、5D-96、5D-22、ティカル

B 7つの人形の神殿、チビルチャルトゥン(500 頃) p.723 参照

C 太陽のピラミッド、テオティワカン(50 頃)　p.723 参照

D 城塞、テオティワカン(200 頃)　p.723 参照

中央アメリカ

前古典期

ラ・ベンタ（B.C.800頃）はメキシコ湾端部のトナラ川デルタの島にあるオルメカの祭祀センターで、この地域で最も古い儀礼的中心地の1つである。全体が粘土で舗装された聖域には、先端の切られたピラミッドの基壇とともに、数多くの象徴的な石の頭像、埋もれたモザイク舗装があった。全ては南北軸に対して対称的に配されていた。現在は基部の径130m、高さ30mの裂片のある円錐形となっている主神殿は、いかなる種類の建物にもあてはまらない。この形態は山を表すものとみられている。しかし、この解釈は発掘によって検証されたわけではなく、雨の多いこの地帯では大きな侵食作用が考えられるので、現在の形が前古典期における外観をとどめているとは考えにくい。

直径150m、高さ約20mであったクイクイルコの神殿ピラミッド（B.C.400頃）は、現在メキシコシティ郊外の公園にある。この神殿ピラミッドは紀元前200年頃の火山の噴火堆積物によって埋もれていた。当初は先端を切られた円錐状のピラミッドであった神殿は、西向きの2つのテラスを持ち、そのうち上部のテラスには多くの野外祭壇があった。後の増築がその方位を逆転させ、テラスの数は4つに増やされ、当時は頂上に非恒久的な建物をのせていた。構造は日干レンガで、一度に築き上げられるべき量を定めるために玉石を使っていた。外側のテラスの表面仕上げは消滅しているが、日干レンガによる一部の芯積みユニットの軽石枠組は、今なおみることができる。

ワシャクトゥンの建造物 E-VII下層（B.C.200頃、p.721B）として知られている建造物は、基部で25m四方、高さは草葺きの建物を含めずに7mあり、ごく最近までは唯一のよく知られた前古典期のマヤ神殿であった。その下部構造は3つの2軸対称の要素からなり、スタッコでつくられたマスクのパネルの間を昇る階段が四方に付いている。当初は木造建物をのせていた装飾のない上部の壇は3つのレベルを持っており、後の古典期の神殿建築に特徴的な3室形式の兆候を示している。厚いスタッコの仕上げとテラスの隅の丸みは、前古典期および前期古典期に典型的な特徴である。

ラマナイの建造物 N10-43（B.C.200頃、p.721A）は基部で50×55m、高さは30mあった。これは現在知られている後期の前古典期のマヤのものでは、建築的に最も進んだもので、また、アルトゥン・ハの建造物 B-4、第2期A（p.726B）やラマナイのN10-9（p.725A）のような「ラナマイ神殿」として知られている中では最も古い例である。この神殿は下部構造に3つの主要部分を持ち、正面には頂上まで昇る3つの階段が付いていた。頂上には2つの建物が中心軸に面して建ち、後にさらに2つの建物が加えられた。大きいが、現在、極めて保存の悪いマスクが階段の両側にあった。下部構造の上部のテラスは、エプロンの刳形と、軟らかな白石灰岩の四角い切石ブロックでつくられた2層の高さのエプロン突出部を持つが、それは神殿が使われていた間にひどく磨滅した。表面は厚い灰色のプラスターによって覆われ、赤一色で塗られていた。神殿が建設されて約7世紀後、それは全く異なった形態の新しい構造によって完全に包み込まれた。

テオティワカンの太陽のピラミッド（50頃、p.722C）は都市化の第一期（ツァクアリ期）を示している。これは主軸である「死者の道」のすぐ東に位置しており、この大都市全体を通じてその後の発展を支配した祭祀的方位、すなわち北東15°30′に従っている。現在みられるピラミッドは、5つの要素を持つ巨大な下部構造で、今はひどく壊れている6番目の壇上に、かつては建物をのせていた。ピラミッドは基部で217m四方、高さは57mまで残っている。テラスの高さはそれぞれ同じではなく、刳形はない。階段がわずかに突き出ているのは前古典期の典型である。基部の西（正面）に接して小さな壇「プラタフォルマ・アボサード」があり、それはタブレロ・タルー式テラスを持っていた。それは、日干レンガあるいは練土を籠で運んで積み、石（軽石）で表面を覆い、さらにコンクリートのような厚いスタッコで仕上げられていた。このピラミッドは以前に存在した建造物を覆っており、この建造物もさらにより以前のものの上につくられていた。

前期古典期

テオティワカンの城塞（200頃、p.722D）は、約375m四方、内部の平均の高さは約6mで、北および南アメリカにおける前植民地時代の最大の神殿であった。その内部には多くの人々を収容する195×265mの低く掘り込まれた中庭を持っていた。この建築複合体は、テオティワカンの東西および南北の主軸が交差する正確な中央に位置していた。中庭の中には、それ自身大きな建造物であるケツァルコアトルの神殿があった。それはタブレロ・タルー式の断面の6つのテラスを持ち、そのニッチには羽のある蛇とさまざまな海の動物の彫像が置かれていた。この神殿は後に単純なタブレロ・タルー式の断面を持つ、より大きな神殿ピラミッドの内部に包み込まれた。

北ユタカンの初期または中期古典時代のマヤ神殿であるチビルチャルトゥンの7つの人形の神殿（500頃、p.722B）は、基部で約29m四方、高さ約15mで、前

古典期の主要な神殿に較べると小規模である。野石積みと厚いスタッコの浮彫は前期古典期の典型であるが、2軸対称の平面、下部構造のテラスの配置、広い窓と宝形の屋根構造は極めて異例である。

ラマナイの建造物N10-9(500頃、p.725A)は高さ20m、基部で54m四方あり、ヴォールトの架かった建物を、ピラミッドの頂上ではなく下部構造の正面(北)側の途中に置くラマナイ形式の神殿の例である。この配置はラマナイでは古典期を通じて固執され、またアルトゥン・ハの後期古典期、たとえば建造物B-4、第2期A(p.726B)にも使われている。ここでは先端を切られたピラミッドを下部構造と考えることはできず、それ自体を重要な建造物とみなすべきである。剝形のないテラスは丸まった入隅を持ち、一方、上部と基部の剝形が階段側面の突出部を飾っている。オルメカ様式のジャガーのマスクが基壇に現れ、神殿ピラミッドの全体は赤一色に塗られていた。この建造物N10-9の出来は劣っており、テラスの表面は平らでなく、核の石積みはもろい土と黒い泥で積まれた野石からなっていた。壊された古い建造物の上に建てられており、北面は後期古典期と後古典期に大きく改変されている。

ティカルの北アクロポリスの上に建つ主要な神殿は、建造物5D-22、第1期(550頃、p.725B)である。基部で23×25mの大きさで、高さは23mあり、階段は7m突き出ている。この神殿は、北グァテマラの低地ペテン地域にある主要なこの遺跡の、最も重要な儀礼建築の1つであり、前期古典期のマヤ神殿の最終的な発展形態とみなされている。建物は、荒っぽいヴォールト天井の、それぞれ規模の異なった3つの狭い部屋からなり、建物の南側にある3つの入口から入るようになっている。下部構造のテラスに付いているエプロンは凸状曲線の断面を持ち、また大きな突出エプロンが、側面と背面の中央に頂部から基部まで延び、前面の階段の両側には神のマスクが飾られ、現在はほとんど崩壊している櫛飾りが上部帯の上に建っていた。外部は全体に赤一色で塗られていた。この神殿のデザインは2つの「家」の形態で、それぞれ基壇上に建ち、前後に並べて置かれている。この構成は、ティカルの主要な神殿、たとえば**神殿Ⅰ**(p.728A)にみられるように、後期古典期を通じて固執され、「ティカル神殿」の特色となっている。広い正面の階段は最近再建されたが、下部構造の西側表面は発掘されたままの状態で置かれ、古いいくつかの神殿が重なった姿の一部が現れているが、東側については未発掘のままである。

後期古典期

エツナーの五層神殿(600頃、p.726A)は、基部で53m四方、高さは32mあり、この地では「大神殿」として知られ、メキシコのカンペチェにおける古典期の大規模なマヤ居住地の祭祀センターを支配していた。そのピラミッド状の形態は、4層のテラスの各層に建つヴォールト構造の建物からなっていた。透かし彫の高い櫛飾りを付け、異例の5部屋で2つの正面を持つ建物が、全体の頂上を飾っていた。ここでは、マヤの大部分の祭祀センターをつくりあげている神殿と宮殿という2つの建築形式が結合されている。しかしこの神殿は一時期の仕事とは認められず、ある部分は後の時代に加えられ、あるいは改造されている。上部の建物のヴォールトは典型的な前期古典期の持送り式であり、一方、下部のテラスの他のヴォールトは、より進んだ後期古典期の非持送り式の形態となっている(第21章参照)。壁の仕上げの一部も後の時代のものである。建造物の西面(正面)は掘り出され復原されているが、他の3面は崩壊したままに残され、礫に覆われている。

アルトゥン・ハの建造物B-4、第2期A(600頃、p.726B)は高さ17m、基部の大きさは前面の壇を含め441m四方である。これは建造物N10-9(p.725A)や建造物N10-43(p.721A)のようなラマナイ神殿に特徴的な建築的形態を示しているが、ヴォールト構造の建物が、ピラミッドの前の離れた位置にある壇の上に建っているという点で異なっている。このヴォールトは異例で、通常の方式では各部屋に別々に架けるのだが、ここでは2つの長い部屋に端部でつながったヴォールトが架けられている。この建物には9つの入口があり、その平面配置は神殿よりも宮殿に典型的なものである。このことは、2つの建築形式が機能的に矛盾せず、互いに相反するものではなかったことを示唆している。テラスの断面や組積造の特徴は後期古典期を示唆しているが、上部帯の彫刻は前期古典期に典型的な厚いスタッコ技法でつくられていた。ベリーズのマヤのものに典型的な入隅はこのピラミッドにはみられず、また建物を支える壇にある入隅は、その位置に特別な象徴的意味を持っていたことは明らかである。

シュプイルの建造物Ⅰ(600頃、p.727A)は43×16mの規模で、3つの垂直な塔の間に12のヴォールト天井の部屋を支える低い下部構造を持ち、塔はピラミッド神殿に似せてつくられ、浅くて使用不可能な階段、入口状のニッチ、内部空間のない「建物」と櫛飾りを持っていた。この種の建物に擬似神殿を組み込むことは、この神殿形式に広く適用できる象徴的目的を示唆しているが、おそらく他の場所ではこれほど明確に示されることはほとんどなかったであろう。

マヤ後期古典期における大神殿の最も傑出したものは、**ティカルの神殿Ⅰ(ジャイアント・ジャガー神殿)**

A 建造物 N10-9、ラマナイ（500 頃）　p.724 参照

B 建造物 5D-22、第 1 期（後景のもの、550 頃）、建造物 5D-21（前景のもの）、ティカル　p.724 参照

A 五層神殿、エツナー（600 頃）　p.724 参照

B 建造物 B-4、第 2 期 A、アルトゥン・ハ（600 頃）　p.724 参照

A 建造物Ⅰ、シュプイル(600頃)　p.724 参照

B 銘文の神殿、パレンケ(700-800)　p.729 参照

植民地時代以前のヨーロッパ以外の建築

A 神殿Ⅰ（ジャイアント・ジャガー神殿）、ティカル（730） p.724 参照

B コズ・ポープ、カバー（850 頃） p.729 参照

C 神殿Ⅰ、サクレウ（900-1200 頃） p.729 参照

(730、p.728A)である。これは高さ44m、基部は36×32mで、前期古典期のティカルの神殿である建造物5D-22、第1期(p.725B)のような、6世紀中期の建物からの展開を明示している。以前のデザインは、後期古典期において、神殿Ⅰのような大きな規模と高さを得るために組織的に改変されている。テラスの断面は、狭い水平の影線となってしまったエプロンの刳形で今や直線となり、9層のテラスの全ての隅で同じ形式の規則的な入隅が設けられた。彫刻的な扱いは正面の上部帯と櫛飾りに限られ、それは両側に蛇のモチーフを持つ王座についた人物を表していた。この際立った建物は、以前にあった神殿の敷地の、ヴォールト天井を持つ支配者の精巧な墓の頂上に建てられた。6番目のテラスまで上がっている南および北側の二次的な階段は、建物のヴォールト天井の部屋と外部の下部構造が、定期的に用いられたことを示唆している。ピラミッドの石積みは1960年代初期に大幅に復原されたが、建物自体と櫛飾りは大部分当初の状態のままである。

パレンケの**銘文の神殿**(700-800、p.727B)は、基部で56×40m、高さ35mで、後期古典期の一本石造りのようにみえるヴォールト天井の墓室を持ち、建物の後室から導かれる階段トンネルによって入ることができる。当初のピラミッドは単純な方形であったが、後期古典期のマヤ神殿に極めて典型的な入隅部をつくるため、後にテラスの突出部が加えられた。パレンケのこの建物や他の建物においてヴォールト工法は異例な洗練度に達しているが、それはこの地域で採れる優れた建築石材を用いることで可能となったものである。第1の部屋の壁には、時代と王朝の歴史を示す銘文の刻まれた大きな石のパネルがある。ピラミッドのテラスは大部分復原されている。

ティカルの中央アクロポリスにおける後期古典期の最も印象的な建物の1つは、**マーラーの宮殿**(750頃、p.730A)である。長さ35m、幅10mほどで、当初は北向きの9部屋を持つ平屋の建物として建てられ、南向きの2階が後に加えられた。下階はよく保存されており、木造ヴォールトの彫刻のある梁と彫刻のない楣がなお残っている。豊富な彫刻を持つ上部帯は、下階では全体にめぐらされているが、上階ではヴォールトとともに崩壊している。

コパンの**球戯場**(775頃、p.730B)はコートが30×7mあり、1つの神殿と考えることができよう。球戯場は祭祀センターにしばしば存在し、競技の結果に基づく占いに関連する儀式の目的に使われた。コパンの球戯場は後の構造物の下に保存されてきたもので、大広場の一方の端の、アクロポリスの麓という人目につきやすい場所を占めている。端部の開かれたコートを見下ろす上部の位置には、ヴォールト天井の建物の2つのブロックが建っている。

カバーの**コズ・ポープ**(850頃、p.728B)は、壇の基部で80m四方、方形平面の後期古典期の宮殿建築であった。西ファサードは雨の神を表すマスクで完全に覆われており、他に例のない驚くべき効果をつくりだしている。マスクは壁の表面から約半メートル突出した反復する石の要素としてつくられていた。建物に入る者は、まず高肉彫によって壁に表された神の占めている空間を通る。この建物は明確に宮殿のカテゴリーに属してはいるが、強烈に神を喚起するその性格は、その機能の全てが必ずしも世俗的なものではないことを示唆している。

ウシュマルの**尼僧院**(900頃、p.731A)はアメリカの前植民地時代の建築家によって到達することのできた最高の洗練度を示している。世界の偉大な都市空間の1つであるこの建築複合体は、住民の中のある個人の建築的才能を反映したものに違いない。空間の取扱いから石の切り方や接合まで、あらゆる面においてここで達成されている正確さのレベルは、アメリカの前植民地時代の建築のいかなる遺構よりもまさっている。尼僧院とは歴史時代に空想的につけられた名称であるが、ここでは複雑な図像学的模様にかたどられた石のモザイクによる装飾が中庭の周りの4つの壁面に施され、それは東の建物から出発し、より高く、より精巧な北のブロックにおいて頂点に達するようになっていた。

ウシュマルの**総督の館**(900頃、p.731B)は、もう1つの印象的な後期古典期の宮殿建築である。この建物は広大な下部構造(図ではみえない)の上に建っているが、その下部構造の周縁部には小さな建物群が建ち、中央には祭壇があった。規模は基壇の周囲で180×150m、建物のレベルで長さ96m、幅11mである。3つの要素を持つ刳形によって分離された高い上部帯は、石彫のモザイクの精巧な浮彫によって埋められ、一連の主題が建物の端から端まで、波のようにうねりつつ織り込まれている。急傾斜のヴォールト・アーチによって3つの部分に分割された東正面は、入口の配置に基づいて巧妙に構成されている。ヴォールトは後期古典期のモノリスあるいは非持送り形式であった(第21章参照)。ファサードは大幅に復原されているが、その細部は20世紀の初めまでそのまま残っていた遺構に基づいている。

後古典期

サクレウの**神殿Ⅰ**(900-1200頃、p.728C)は、基部で40×32m、高さは約15mあり、グアテマラ高地の

A マーラーの宮殿、ティカル（750頃）　p.729参照

B 球戯場、コパン（775頃）　p.729参照

A 尼僧院、ウシュマル(900頃)　p.729 参照

B 総督の館、ウシュマル(900頃)　p.729 参照

防御的建物群の中の主要な構造物で、マヤの人々によって古典期から征服の時代まで、宗教的中心、王朝の中心、そして避難所として使われた。この地区には少なくとも7つの建物があり、そのうちの神殿Iは後古典期の初期のものである。この神殿では、ヴォールト天井ではない部屋や、1940年代に大幅に復原された垂直のテラスを現在みることができる。サクレウはプラスターの復原まで行った唯一の遺跡であり、表面の連続性の効果を、ある程度まで追体験することができる。

ミトラの列柱宮殿(1000頃、p.733A)は、基部で55×45m、高さは8mあり、征服の時代までオアハカの渓谷におけるミステク・サポテック族の王朝および宗教の中心であった。この建物は、広場の周囲に建ついくつかの建物群の中の1つの中心建築で、中庭の周りに配された平屋の非ヴォールトの部屋からなり、高さ2.5mの基壇の上にのっていた。基壇および内外の壁面は、全て軟らかな石灰岩から極めて正確な寸法で切り取られた基準寸法の石を繰り返し用い、精巧な幾何学模様で覆われていた。ミトラの宮殿の楣石は、植民時代以前に用いられた最も大きなモノリスのブロックであった。

チチェン・イツァーの戦士の神殿(1000頃-1100、p.734A)は、42m四方で高さ11mの下部構造を持っていた。現在は崩落しているヴォールトを含む全体の高さは23mと推定される。この神殿は中央広場の東側、有名な「犠牲の泉」のすぐ南の位置を占めていた。西の入口の蛇の柱でよく知られている四角い建物は、木の梁の上にヴォールトを架けた2つの部屋を持ち、梁自体は組積造の柱にのっていた。木の損傷が建物の上部帯を含めた全体の崩壊をもたらした。下部構造のテラスは、一般にグァテマラとメキシコの高地と結び付いているタブレロ・タルー形式であった(p.717)。マヤ低地においては、後古典期は一般に社会的・技術的衰退を表すと考えられているが、この建造物は古典期の品質を保っている。下部構造はそれ以前の同様な建物の上に重ねられていた。

トゥーラのトラウイスカルパンテクートゥリ神殿(1000-1100、p.733B)は最終的なトルテカ神殿である。基部で43m四方、高さ9mの下部構造を持っている。その5つのテラスには、タブレロ・タルー形式のパネルに、ジャガー、コヨーテ、人の心臓を食う鷲、金星(トラウイスカルパンテクートゥリ)が描かれていた。建物は1つの大きな部屋を持ち、トルテカの戦士をかたどった石柱の上に木の梁をのせ、屋根を架けていた。この構造物は、12世紀に、チチメカとして知られている北からの侵入者によって、乱暴に破壊された。

テナユカのシウコアトル神殿(1200-1500)は、基部67×75m、下部構造の高さ19mのアステカの神殿である。下部構造には2つの階段があり、2つの主神に献げられた2つの建物をのせていた。ここでは1200年から1500年の3世紀の間に、ほぼ同じ8つの建物が、それぞれ先行する建物の上に建てられてきた。それぞれの再建は、聖暦の52年周期に一致すると考えられているが、定説とはなっていない。

カスティヨ(城塞)と呼ばれる遺構(1400頃、p.735A)は、北ユカタンの東海岸における後古典期の重要なマヤ遺跡である**トゥルム**の主神殿であった。基部は28×16mで、階段が5m突出していた。その2つのヴォールト天井の部屋は、それ以前の梁とモルタルの屋根の建物の上に建てられていた。カスティヨは後古典期を古典期から区別している多くの建築的特徴を持っていた。すなわち、全体の構造は比較的小さく、上部帯は存在せず、石積みは野石で荒々しいのである。トゥルムの建物は、征服の時代にもなお使用されており、最小限の復原しか必要としなかった。

南アメリカ

モチェの太陽の神殿(200頃-600)は、136×228mで、高さ41mの基壇を持ち、5つのテラスの方形下部壇と、それが支える別の7つのテラスのピラミッド状の壇からなっている。全体が日干レンガでつくられ、表面仕上げは全く残っていない。風化のため当初の形態はほとんど確認できないが、単体では南アメリカにおける最も大きな祭祀建造物の1つである。

チャン・チャンの都市(1200頃-1470)は21km²の広さで、6km²の祭祀センターを含んでいた。これはインカ人によって征服されるまで、チモール王国の首都であった。町は9つの大きな矩形の囲壁の中に組み込まれており、そのいくつかでは数百の部屋が見分けられ、それらには何もない部屋やピラミッド状の壇のある部屋などがあった。構造は日干レンガで、その表面の多くは高肉彫による装飾模様で仕上げられていた。この遺跡は略奪によってひどく破壊されている。

パラモンガの**城塞**(1200頃-1400、p.734B)は日干レンガ構造の極めて印象的な例で、築城法の原理に対する高度な理解を示している。上のレベルのテラスと壁は、下の段を防御するように配置され、一方、突き出た隅の堡塁は主壁面を援護していた。チモール帝国の重要な前哨地として、この複合体は城塞であるとともに神殿でもあった。

ティアワナコの太陽の門(600頃-1000、p.734C)は、高さ3m、幅3.8mで、ティアワナコの都市の祭祀センターにおいて見出される一連の石門の中で最も華麗な

A 列柱宮殿、ミトラ（1000 頃）　p.732 参照

B トラウイスカルパンテクートゥリ神殿、トゥーラ（1000-1100）　p.732 参照

植民地時代以前のヨーロッパ以外の建築

A 戦士の神殿、チチェン・イツァー(1000頃-1100) p.732参照

B 城塞、パラモンガ(1200頃-1400) p.732参照

C 太陽の門、ティアワナコ(600頃-1000) p.732参照

D 城塞、サクサワマン(1520頃完成) p.736参照

第23章 アメリカ　735

A　カスティヨ（城塞）、トゥルム（1400頃）　p.732参照

B　マチュ・ピチュ（1500頃）　p.736参照

ものである。日干レンガの壁に付けられたこのような門は、主要な建物への入口であったが、建物はすっかり消滅し、門だけが独立したモニュメントとして残っている。

サクサワマン（1520頃完成、p.734D）は、一般に城塞とされており、インカ帝国の首都クスコと密接な関係にあった。自然の尾根にまたがって400×250mほどの地区にわたっており、不規則な形の平坦にされた大きな広場を見下ろしていた。この建物は、現在は国家的および宗教的目的に使われたものと考えられている。近辺から切出された下部堡塁の巨大な石は、非常な精密さで刻まれている。

マチュ・ピチュ（1500頃、p.735B）は後期のインカの町で、2つの山の鞍部に劇的に位置しており、900m下を湾曲して流れるウルバンバ川を見下ろしている。建物は全てこの土地の石でつくられ、層状の切石積みから粗野に仕上げた粗石積みまでさまざまな形式の壁を用い、特徴的な梯形の入口を付けている。屋内側に四角いニッチを持つ壁もある。石積みの破風が今なお建っており、いくつかの建物は梯形の窓を持っている。敷地の急な斜面は庭の土を保持するための石積み擁壁によってテラス状にされ、町のさまざまなレベルは石の階段によって結ばれている。

ラクチのウィラコチャ神殿（1400頃-1500）は、辺地の小さな居住地にある主要なインカ神殿で、長さ92m、幅25m、屋根の架かった面積が2323 m^{2}あり、その形態はインカ・カランカ、すなわち多目的市民ホールであった。内部では、屋根の棟のちょうど下を全長にわたって走る背びれのような壁が、建物を2つの細長い部屋に分け、それぞれはさらに11本の柱の列によって分割されていたが、その柱は、2mの高さまで粗石を積み、その上に12mの高さまで日干レンガを積んでつくられていた。両流れの屋根は草葺きであった。

訳／野々垣 篤

植民地時代以前のヨーロッパ以外の建築

第24章
中国

建築の特色

柱の頂部と梁の間に挿入される持送りのシステムである斗栱(ときょう)(それぞれの持送りは「栱」と呼ばれる弓型の2つの腕木(うでき)が両端にのる「斗」と呼ばれる木のブロックを支えて構成される)は、西周時代(B.C.1027-B.C.770)に出現し、「重 梁(じゅうりょう) 方式」の建物に広く用いられた。しかし中国の木造建築の特徴である凹曲面の屋根は、この初期の時代にはほとんどみられない。この時期の建築様式は、荒削りで単純で簡素であった。

中国は東漢時代(25-220)から独自の明確な建築的特色を発展させ始めた。この時期までには、一般に使われる構造技術に「重梁方式」[訳注：畳 梁式構造(じょうりょう)]と「柱貫(はしらぬき)方式」[訳注：穿斗式構造(せんとう)]が使われるようになっており、いずれも堅固な基壇、あるいは束に支えられる床と組み合わせることができた。より簡素な「丸太小屋」方式[訳注：井幹(せいかん)式構造、校倉(あぜくら)造]も、依然として森林地帯では使われていた。

しかしながら、中国の建築が初めて注目すべき発展をしたのは、三国時代から南北朝時代までの時期(220-589)であった。仏教の隆盛の結果、仏塔(パゴダ)と石窟寺院が中国の多くの場所に出現し、インド、ペルシア、ギリシアの様式が導入された。

唐代および宋代(618-1279)において、中国の建築方法は急速な成熟をみた。この時期の建築技術を知る実例としては、唐代に建てられた大明宮の主要殿舎で、118本の柱を持っていた麟徳殿、そして遼代に建てられた木造で高さ67mある応県仏宮寺釈迦塔が挙げられる。宋代から、建築での色彩や装飾の使用はますます凝ったものとなっていった。

時代が下って明代および清代(1368-1911)には、建物群の組合せや配置において高度な技術が発展した。

これらの時代の結果として浮かび上がる中国建築の5つの特徴は次の通りである。

建築芸術と構造の統合。これは装飾を付加するのではなく、構造部材そのものを美しくすることによって得られた。たとえば反りを持った屋根の場合には柱が栲型(ひ)(胴張形)とされ、梁が円弧状にされたが、これもデザインと構造との調和を得るためであった。

優れた耐震性。木造建築の構造部材は柄(ほぞ)と柄穴で結合されており、そのことにより地震の時、各部材は建物を崩壊させることなく動くことができた。同様の技法は柱と基礎との結合部にも適用された。中国の木造建築の柱は基礎が深く据えられてはいなかったために、地震が起こった時に柱は移動することができ、そのため多くの古い建物が何回もの地震にさらされた後でも、なお建ち続けている。

高度な標準化。建物は、一種の屋根トラスを形成する曲線状の持送りを伴った柱の上にのる梁群により構成されるか、あるいは同様な目的を果たす一連の垂直材の枠組みの上に支えられている。そのような2組の梁の間の空間は「間」と呼ばれる。直線で構成される建物のほとんどにこの2つの構造方式が使われた。構造部材の寸法は標準モジュールに基づいている。たとえば宋代の建物は基本的モジュールとして「材」を用いた。これは「斗栱」の栱、あるいは高さと幅の比が3：2の部材である「枋(ほう)」の断面垂直寸法であった。『営造方式』[訳注：宋時代の建築技術書]は「材」の意味と寸法の決め方について詳しく述べているが、許される寸法は8種であった。清代に使われたモジュールは「斗口(かい)」—栱の幅—で、補助的モジュールは柱の径であった。「斗口」には11種の寸法があったが、主要な建物をひきたたせるため、建物群の中でそれぞれの建物の寸法を調節するには十分であった。

明るい色彩。風化や虫害を防ぎ、装飾的効果を得るため、木造建築に塗装をすることは春秋時代(B.C.722-B.C.481)初期に始まった。やがて中国人は、建物の性

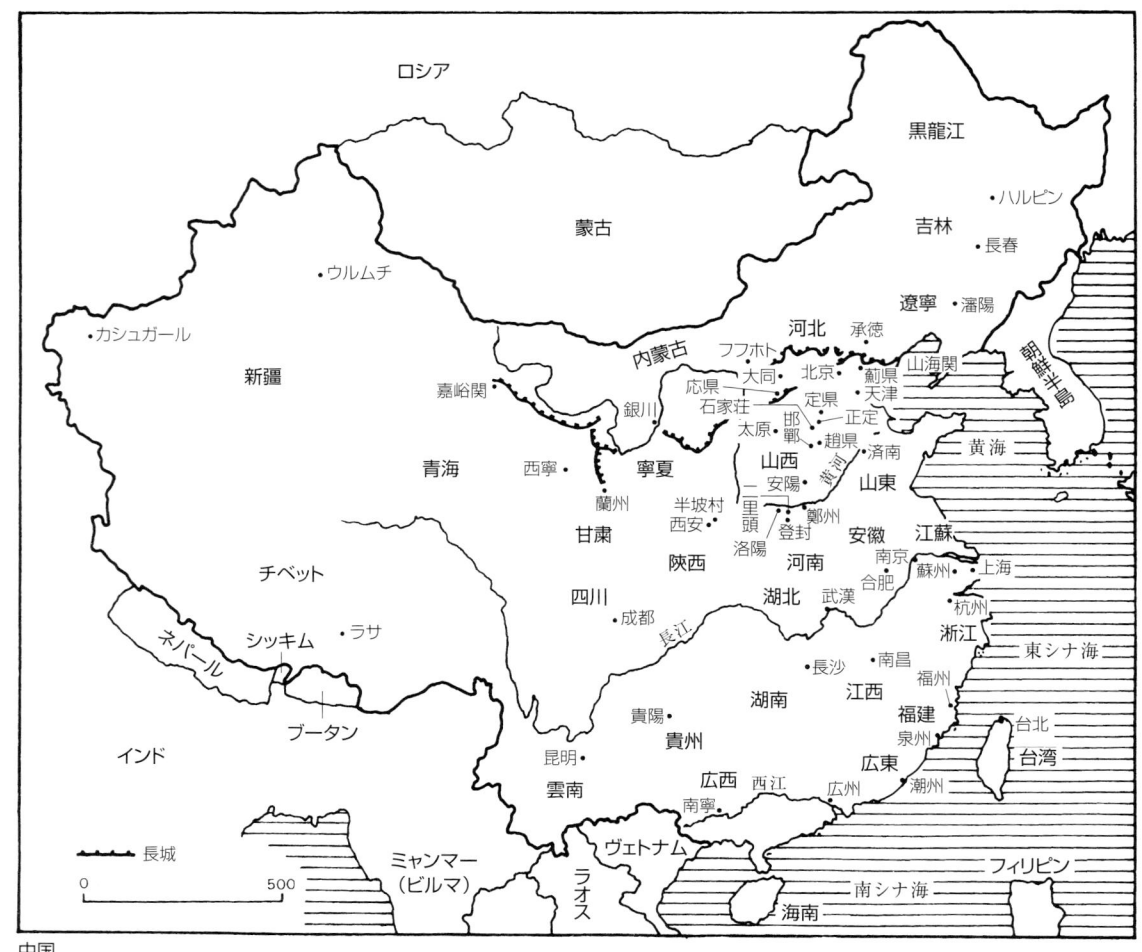
中国

質や用いられた要素により、ふさわしい色彩を用いることを学んだ。たとえば、宮殿や寺院では、壁、柱、扉や窓枠は赤く塗られ、一方、屋根は黄色であった。冷たい色は軒の下に使われており、多くの場合それは青や緑であった。

建物の組織的配置。中国の伝統的な配置方法は、中庭の周りにそれぞれ独立した建物をつくり、その中庭を建物の群を構成する単位とするものであった。大規模になると、平行な複数の軸線や他の副次的な軸に沿って配された多くの中庭によって構成された。独立して建つ殿堂が、中庭の中に、あるいは周囲の建物と廊や側室で連結されて置かれることもあった。この種の複合した配置は、宮殿、壇廟、寺院、陵墓、僧院などにみられる。それほどまで形式的ではないが、なお軸性を維持している配置が、公園の園亭群や庭園の建物にも用いられた。

実　例

宮殿と別荘

中国皇帝の豪勢な宮殿の大部分は、その王朝が没落するとともに破壊されてしまった。ただ明朝および清朝によって建てられた**北京**の**紫禁城**（p.739、p.745A）だけが、そのまま保存されている。建設は 1406 年に始まった。銃眼胸壁の付いた周壁の長さは、東西 760 m、南北 960 m に及び、73 ha の地区を囲んでいる。

皇宮は外朝と内廷に分かれていた。外朝には、太和殿、中和殿、保和殿、文華殿、武英殿があった。文華殿は皇太子の書斎、武英殿は皇帝が大臣たちと会う場所として使われ、その他の建物は皇帝の謁見、執務、重要な儀礼などに用いられた。内廷には乾清宮、皇帝と皇后の寝室のある坤寧宮の他、妃や女官たちの住んでいた東六宮や西六宮などがあった。また皇太子や皇

A 紫禁城、北京(1406-)　p.738 参照

B 紫禁城、天安門(1406-)、宮城への正門
p.743 参照

C 紫禁城、午門(1406-)　p.743 参照

D 紫禁城、太和殿(1406-20)　p.743 参照

740 | 植民地時代以前のヨーロッパ以外の建築

A 紫禁城、太和殿(1406-20)、木造天井(藻井) p.743 参照

B 頤和園、北京(1750、1888、1903) p.743 参照

第24章 中国　741

A　頤和園、典型的な建物　p.743 参照

B　頤和園、仏光閣と排雲殿

C　頤和園、長廊

D　頤和園、昆明湖と西堤

A 天壇、圜丘壇(明・清朝)　p.743 参照

B 天壇、祈年殿(明・清朝)

太后の寝室、小さな舞台、仏陀の礼拝堂もあった。

紫禁城の建物群は、南北8kmに及んで北京を東西に二分する南北軸の両側に2列に配置される（p.739A）。子午線として知られるこの軸は13の建物を貫通し、宮殿の周壁内では、建物群はその軸の両側に対称的に配置されている。また、この軸線上にはさまざまな大きさの中庭がある。その最初は、南端に大清門として知られる北京の内城への門が開き、その背後、**天安門**（p.739B）前まで広がるT型の広場である。天安門は紫禁城を取り囲む宮城域の正門である。天安門の背後は方形の中庭となって、その北には端門があり、さらにもう1つの方形の広場がある。紫禁城自体の正門である**午門**（p.739C）はこの広場に面してすぐ北にある。

紫禁城の内部では、子午線上に8つの中庭があり、そのうちの2番目、太和殿の前にある中庭が最も大きい（面積約4ha）。

紫禁城の主殿である**太和殿**（p.739D）は、高さ27m、幅64m、奥行37mである。屋根は重層で、龍や鳳凰の彫刻で飾られ（p.740A）、その大部分には金箔が押されている。この建物は、大理石の手摺をめぐらせた高さ8mの3層の基壇上に建ち、一方、この中庭の周りの他の建物は、太和殿の壮麗さをひきたたせるために低くされている。

赤色の壁と柱、黄釉瑠璃瓦、龍や鳳凰や幾何学紋様による暗緑色の意匠で飾られた斗栱や梁などは、北京の灰色の背景に対して際立っている。紫禁城は永楽帝（明朝）の治世の4年目にあたる1406年に建設が始まり、14年後に完成したが、清代に部分的に建て替えがなされた。紫禁城には24人の皇帝が住み、ほぼ500年にわたってここから中国を統治した。

皇帝はまた郊外に別荘を建て、それらを風景式庭園の中に配した。現存するそれらの大部分は清代のもので、最も有名な事例は、北京の西北近郊にある**頤和園**（行宮）である（p.740B、p.741、p.745D）。1750年に造営が始められ、1888年と1903年に復旧がなされている。庭園の主要な見所は万寿山と昆明湖であり、庭園は2900haの面積を占めるが、その4分の3は水面である。

頤和園そのものは4つの地区に分かれている。第1の地区は東宮門に最も近く、皇帝と皇后が住み、国務を行ったところである。この部分の中庭群は対称的に配置されている。屋根は瑠璃瓦ではないが、建物の断面は皇宮の特徴を示している（p.741A）。第2の地区は昆明湖を見下ろす万寿山の南斜面にあり、基壇上に建つ高さ37mの八角堂である**仏香閣**（p.741B）を含んでいる。仏香閣はこの庭園の象徴であり、その前には宮廷が祝宴を行う**排雲殿**（p.741B）がある。両殿は万寿山の南斜面中腹にあって軸を構成し、その両側には10群を超える小建物群が配されている。長さ760mの長廊（p.741C）が排雲殿から東西に走って、散在する全ての建物をつないでおり、この部分を庭園の中で最も美しいものとしている。

万寿山の北斜面が、小川を伴った第3の地区である。ここでは宗教関係の建物群を除く全ての建物は地区の中央部に建ち、南中国の住宅庭園にならった風景の中に埋もれている。

第4の地区は、昆明湖、南湖、西湖とその島からなっている。水面は東西1700m、南北2000mある。湖は堰堤で分割されており、その最長のものは西堤で、南中国浙江省杭州の蘇堤にならったものである。西堤にはそれぞれ異なった形式の6つの橋が架かっており、頤和園を外の世界と結び付けていた。昆明湖の東岸からみると、西堤は頤和園の内と外の景観を結び付け、遠くに丘と仏塔が望まれる（p.741D）。その風景は中国の伝統的な山水画のようである。

壇　廟

古代中国において、壇廟は神に対するとともに、祖先や有名な歴史上の人物の供養をするためのものであった。最も有名なものは**北京**南部の**天壇**として知られる建物群である。面積は280haに及び、明清朝の皇帝のために建てられた。天を崇拝するための**圜丘壇**と豊穣を祈るための**祈年壇**という2つの建物群がある。さらに**斎宮**と名付けられた建物群もある。

圜丘壇の建物群に含まれる**皇穹宇**には皇帝の位牌が納められている。圜丘壇そのものは、3層円形の大理石の基壇で（p.742A）、最上層の直径は26m、最下層は55mある。3つの壇の高さは5mで、各層には大理石の欄干がめぐらされている。敷石と手摺子は、天の神が住んでいるとされる9番目の天宮を象徴して9の倍数となっている。圜丘壇は二重の周壁に囲まれるが、平面は外側の壁が方形、内側は円形である。周壁には4つの入口が開けられ、北の入口が皇穹宇に面している。皇穹宇は高さ約20m、直径16mの単層屋根の円形構造で、円形の中庭内に置かれている。

圜丘壇（p.742A）の北には、長さ400m、幅30mのレンガ舗装が祈年壇に続いている。祈年壇の主建物は高さ32m、直径24mの円形で木造の祈年殿（礼拝殿、p.742B）である。この建物は紺青の瑠璃瓦で葺かれた三重円錐形の屋根で、頂上には黄金板を張った大きな球を飾り、また柱や扉、窓枠を赤色、斗栱と梁を暗緑色としている。高さ7mで最大直径90mある3層の円形基壇上に建ち、壇には白大理石の欄干がめぐる。

中国では、天は円形で地は方形とされていた。したがって方形の中庭が地上に天宮を配するために用いられ、一方、建物のための高い基壇は、比較的低い周壁の背後に置かれることで、建物が天空に近いという印象を与えることとなった。アプローチの路面は南から北へのスロープとなり、また遠近感を強調するため松と柏（イトスギ）が植えられることで、道路面は上り続け、祈年壇などの建物を天上に建っているかのようにみせていた。

天壇は明代に完成されたが、その後何度も建て直されており、たとえば現在の圜丘壇は1749年に、祈年壇は1890年に再建されたものである。

陵　墓

前近代の中国の支配者たちには、手厚い葬儀とぜいたくな墓が用意された。皇帝の墓には地上と地下の2つの種類がある。地下のものは通常、皇帝の棺を納める墓室しかなく、最初は木郭構造であったが、東漢時代（25-220）以後は石またはレンガで築かれた。より後の時代の陵墓は地上につくられるか、地下の墓室群と地上の記念的建物とが結合した形態となっている。

北京の北方、天寿山麓にある昌平県の**十三陵**は、明の13人の皇帝と皇后を埋葬したものである。石造の牌楼（バイロウ）（p.747A）がその入口を示しており、その奥の道の両脇に文官、武将、馬、駱駝の巨像が立ち並んでいる。13の陵墓のデザインや配置にはわずかな違いしかないが、おそらく長陵が最も印象的なものと思われる。これは明朝の成祖永楽帝の墓で、1424年に建てられた。地上の建物は葬祭殿、方城明楼、宝頂からなっている。葬祭殿の**稜恩殿**（りょうおんでん）（p.747B）は現在中国にある最も大きな木造古建築の1つである。堂の中には32本の楠の柱が立ち、最も大きな4本は直径1.17m、高さ23mに達する（p.748A）。この供犠を捧げる殿堂の背後に重厚なレンガの壁で囲まれた墳丘（宝頂）がある。墳丘の下にある巨大な墓室は、地下宮殿として知られている。方城明楼は石造の位牌を安置する建物である。

同じく明の皇帝（神宗万暦帝）の陵墓である**定陵の地下宮殿**（p.745C）は、全面的に発掘された唯一のもので、3つの室と主埋葬室に達する長い通路を持っている。この地下宮殿は16世紀末に建造されたもので、全てが石造アーチ構造で建造されている。

しかし中国の古建築の遺構はたいてい宗教と結び付いたものである。仏教の寺院や僧院や石窟、イスラム教のモスク、道観（道教僧院）などがある。

仏教寺院

仏教寺院には2つの形式がある。第1は、背の高い象徴的な造形物（仏舎利塔〔ストゥーパ〕または仏塔〔パゴダ〕）と仏殿とを兼ね備えたもので、より新しい第2の形式は、中庭の周りに配置された建物からなるものである。第1の形式の最も古い例は東漢時代（1世紀）にインドから導入された仏舎利塔を持つ寺院であった。仏舎利塔は通常は寺院建築群の中心にあって仏陀の遺骨を納めたものとされ、それは彼の弟子たちの崇拝対象であった。北魏朝までに、仏殿が仏塔とともに兼備されることとなった。この種の寺院は4世紀から6世紀に建てられ、後に朝鮮半島を通じて日本にも伝えられた（第25章参照）。

東晋朝（317-420）の南中国において、寺院の中庭に2つの仏塔を対称的に配置する形式が発展した。唐代（618-907）を通じて仏塔のための独立した中庭があったが、宋代（960-1279）以後、仏塔は寺院の後方に位置するようになり、明および清朝になるとまれにしか建てられなくなった。

仏舎利塔または仏塔のない第2の形式の寺院は、1世紀から2世紀かけて、中国の多くの場所で発展した。官僚や貴族、そして皇帝は、彼らの宮殿や大邸宅を寺院とするために寄進したが、これらの建物は一般に多くの中庭を持っていたので、同様な平面配置が新築の建物にも用いられた。唐代（618-907）の大寺院は数多くの中庭を持ち、元代（1271-1368）以後には仏教寺院は主軸に沿って左右対称に配置された。天王殿、大雄宝殿、経蔵の伝統的な位置は定まっていて、各寺院は鐘楼と鼓楼を持っていた。

中国の仏教寺院を特徴づけているものが仏塔である。現存するものの大部分はレンガ（塼）造、または石造で、2千基以上もあるが、木構造の仏塔で残っているのはただ1基である。仏塔は6つの形式に分類することができる。

密檐式塔（みつえん）

この形式で最も早い時期の遺構例は、520年に建てられ、現存最古となる河南省嵩山（すうざん）の**嵩岳寺仏塔**（すうがくじ）（p.748C）である。平面は外形が12角形であるが内部は八角形である。高さ41m、基部における直径14m、基礎の壁厚2.5mで、その長くほっそりした塔身には、4つの扉と8つの偽窓があった。上部には15層の軒（檐）があり、全体の輪郭は長い放物線形をなしている。頂上には塼の尖塔があり、内部には階段があった。しかしながら、現在は壊れて残っていない。

唐代を通じてこの檐塔は好まれ、方形平面が発展し

第 24 章　中　国

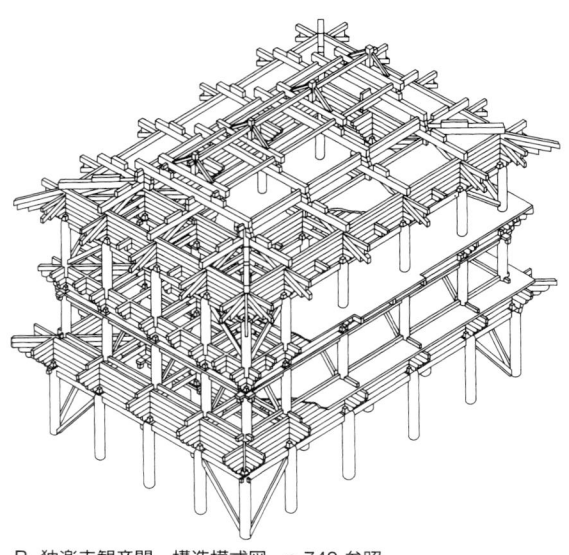

B　独楽寺観音閣、構造模式図　p.749 参照

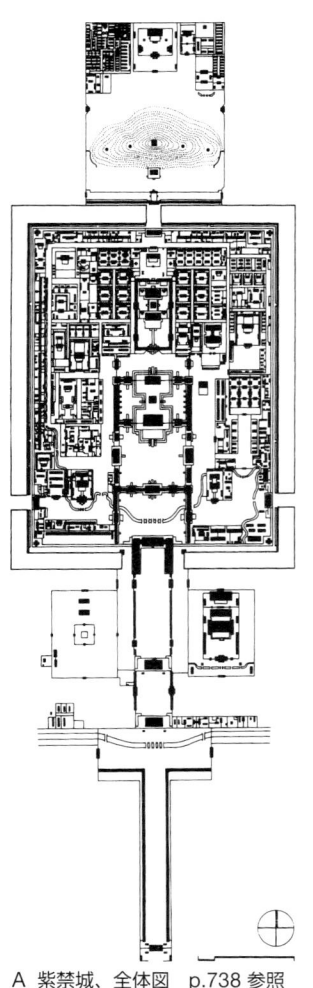

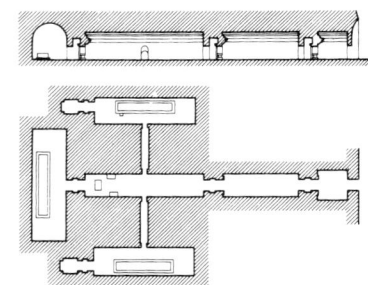

C　定陵の地下宮殿、平面図と断面図
p.744 参照

A　紫禁城、全体図　p.738 参照

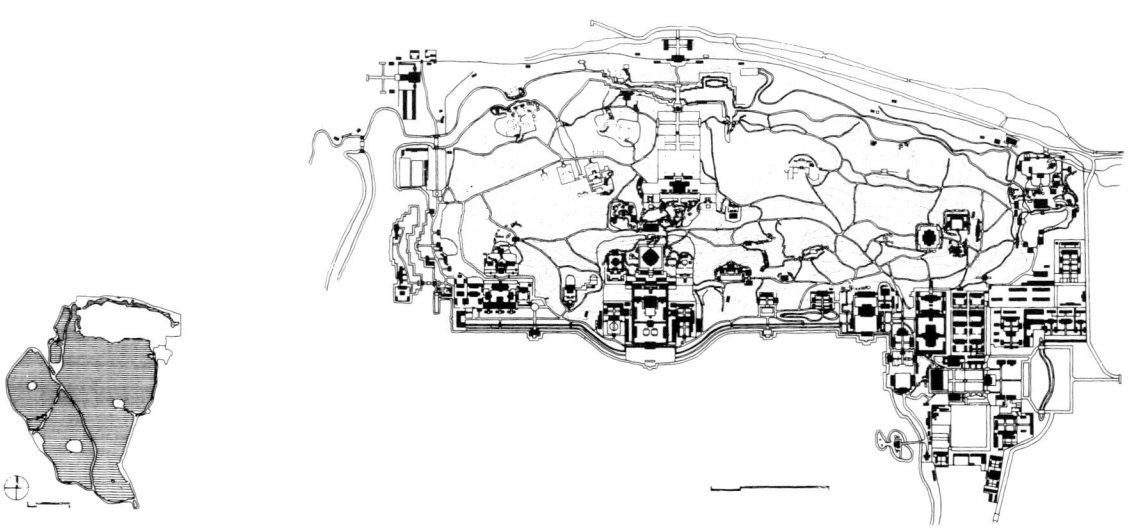

D　頤和園の全体図と万寿山建物配置図　p.743 参照

746 | 植民地時代以前のヨーロッパ以外の建築

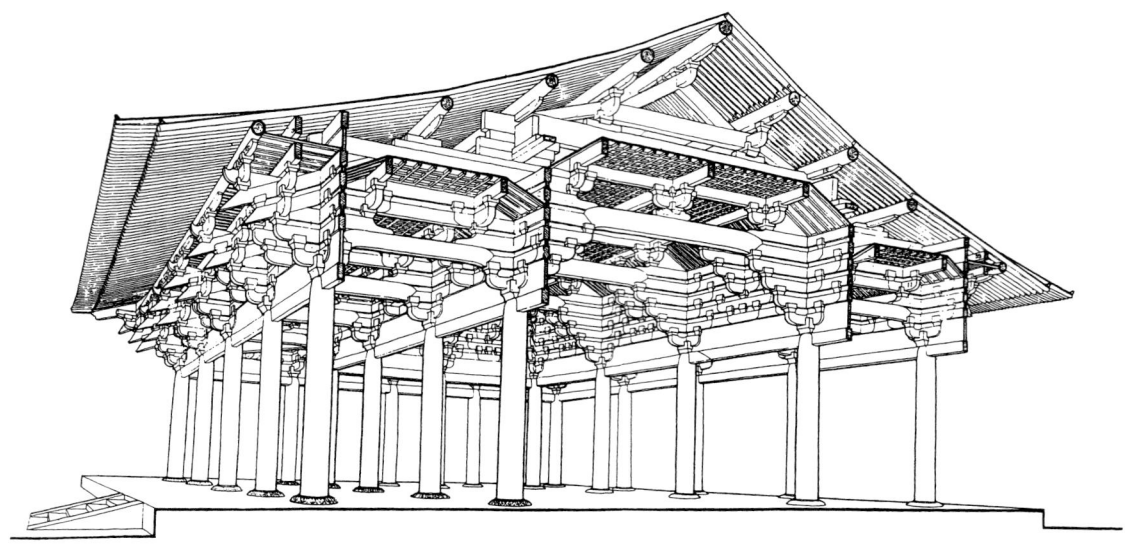

A 仏光寺大殿、構造模式図　p.749 参照

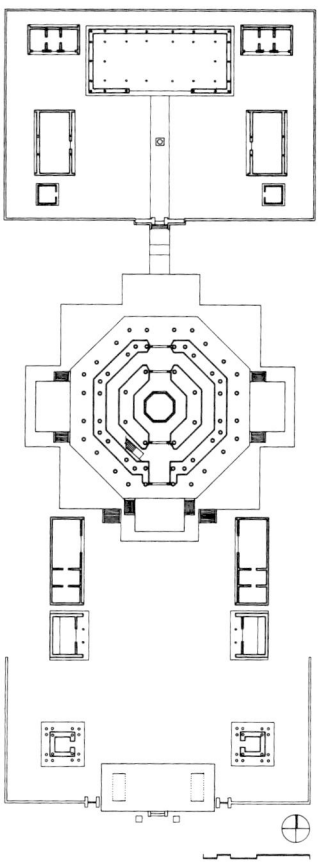

B 仏宮寺、全体図　p.749 参照

C 仏宮寺釈迦塔、断面図　p.749 参照

A 十三陵、牌楼、昌平県、北京近郊　p.744 参照

B 長陵、稜恩殿(1424)　p.744 参照

A 長陵、稜恩殿、内部　p.744 参照

B 小雁塔、西安、陝西省（唐朝）　p.749 参照

C 嵩岳寺、河南省（520）　p.744 参照

D 天寧寺塔、北京（遼朝）　p.749 参照

た。陝西省西安の小雁塔(p.748B)は方形塔の一例である。遼代には八角形平面がより好まれ、軒の線はもはや放物線形ではなくなった。北京の天寧寺塔(p.748D)はこの種のもので、木造建築の様式を模してつくられている。

楼閣式塔

中国の楼閣建築は、仏塔の形態をインドのストゥーパの形態と結び付けた。現存する最も初期の楼閣式塔は唐代に建てられ、平面は方形であるが(一例は西安の大雁塔)、10世紀から13世紀にかけてのより一般的な平面は八角形である。それらのいくつかは、1241年から1252年までの間に建てられた石造である泉州の開元寺塔(p.750A)のように、それ以前の木造の塔に似ていた。その他、たとえば河北省定県の高さ82mの開元寺塔(p.750B)などは、より装飾性に乏しい。いくつかの塼造の塔は、外部に木造の廊をめぐらしている。1131年から1162年に建てられた蘇州の報恩寺塔(p.750C)は、この形式のものである。塼造の塔は多様な構造形態を持っている。あるものは1本の塼の管としてつくられ、また他のものは二重の管状に、あるいは塼が充填されていて、一続きとなったらせん階段の余地だけを残すものもある。この形式の塔は千年以上にわたって好まれ続けた。

瓶形塔

ストゥーパから直接発展したもので、最初は唐代末期に建てられたが、ようやく元朝以後になってラマ教寺院で多くつくられるようになった。北京の妙応寺白塔(p.750D)は、1271年にネパールの工匠の指導のもとに建てられたもので、高さは56mある。これらの塔は一般に群として建てられ、時には5つまたはそれ以上が一列に、あるいは主要な建物の周りに対称的に配された。仏塔の表面は釉薬をかけた塼で覆われている。

金剛宝座塔

明および清代に一般的となった形式で、インドのボドガヤーの寺院建築複合体(第26章)を模倣したものである。普通5つの塔が方形のテラスの対角線上に配され、彫像で飾られていた。それぞれの塔は密檐式で、外形はピラミッド形であった。事例としては北京の真覚寺金剛宝座塔(p.751A)がある。

単層塔

僧や尼僧の墓として建てられた。方形、八角形、円形、六角形である。それらはしばしば寺院に隣接して、群あるいは列をなしている。河南省少林寺や山東省霊岩寺に、このような塔群の遺構がある。

楼閣式木造塔

3世紀以来、建てられてきたが、1056年頃に建造された山西省の仏宮寺釈迦塔(p.751B)が、中国ではこの種の建物の唯一の遺構である。高さ67m、基部の直径は26mである。外観での5つの層それぞれの間には、内部にみえない階がある。各層の階高は上層にいくにしたがって逓減している。塔の外部は木造の軸組構造で、層間のみえない階はトラス構造である。らせん階段が塔の縁に沿って配されている。7回の地震あるいは爆撃に耐え、この塔は約900年にもわたって残ってきた(p.746B, C)。

仏殿、楼閣、僧院

山西省の五台山仏光寺大殿(857)は、中国で現存する最も古い木造建築の1つである(p.751D)。正面は7間で、長さ34m、奥行17.3m、高さ13.6mある。前面両端間と後壁に枠付きの窓がある。正面に5ヵ所の扉があるが、他所にはない。柱は短く、約5mの高さだが、各柱の上には軒を支える大きな斗栱がある。斗栱による持送りの出は柱長さの半分に達する(p.746A)。この大殿は唐の様式で、同時代の彫刻、絵画、壁画で建物内部が飾られている。

河北省薊県の独楽寺観音閣(984、p.745B、p.751C)は中国の最も古い楼閣遺構の1つである。建物は正面5間で、長さ20m、奥行14m、高さ22mである。屋根は一重の庇を伴い、寄棟と切妻の要素からなる。建物の中には高さ16mの遼代の観音像が安置されている。構造は耐震性にすぐれ、28回の地震に被害もなく耐えてきた。

河北省正定県の隆興寺は宋代(960-1127)の仏教寺院の重要な現存例である。寺院には明確な軸線があって、それに沿って仏殿、楼閣、中庭が並ぶ。仏殿や楼閣は極めて多様な形態をとっている。僧たちの居住区画は厩とともに東側に置かれた。摩尼殿、慈氏閣、転輪蔵閣などが現存する主要な建物である。摩尼殿(p.753A)は1052年の建造で、十字形の平面を持っている。屋根は洗練された構造で、軽快な形態を持ち、巧みにつくられている。

1645年から1695年に建てられたチベットのラサ(拉薩)のポタラ宮殿(p.753B)は、大規模なラマ教僧院である。白宮と紅宮からなり、丘の斜面に沿って200mにわたり立ち上がっている。宮殿の内部は木造と石造で9階建になっている。紅宮のうち金色の瓦を葺いた3つの

植民地時代以前のヨーロッパ以外の建築

A 開元寺塔、泉州(1241-52)　p.749 参照

B 開元寺塔、定県、河北省(13世紀)　p.749 参照

C 報恩寺塔、蘇州(1131-62)　p.749 参照

D 白塔、妙応寺、北京(1271)　p.749 参照

A 真覚寺金剛宝座塔、北京　p.749 参照

B 仏宮寺釈迦塔、山西省（1056頃）　p.749 参照

C 独楽寺観音閣、薊県、河北省（984）　p.749 参照

D 仏光寺大殿、山西省（857）　p.749 参照

木造屋根の部分は黄金宮と呼ばれてきており、そのそばに金箔に覆われた5つの瓶形塔が建っている。それらは赤と白の壁面を背景として、色彩に富んだすばらしい景観を形成している。

漢およびチベット両方の建築的特徴を持つ建物群として河北省承徳市の普寧寺がある。2つの区域に分かれ、その1つは漢様式を採用して中庭群の周りに建物が配され、もう1つの区域はラマ教の教義に従って高さ9mの壇上に建てられた。建築群の中心となるのが大乗閣(p.754A)で、T型平面を持つ長さ24m、奥行20mの5層の建物である。内部空間は中心で24mの高さがあり、高さ23mの観音像を祭っている。屋根は黄色の瑠璃瓦葺きで5つの部分に分れており、それぞれの尖塔には金色の宝頂がのっている。この大乗閣の周囲には、いくつかの小堂、色彩豊かな瓶形塔、赤と白の台(壇)がある。

石窟寺院

仏教の石窟寺院はインドから中国へ伝えられた。それらは崖面や洞窟内部に彫り込まれた祠堂である。中国で最も古いものは、甘粛省敦煌の鳴沙山石窟(353)と、同じく4世紀に穿たれた新疆ウイグル自治区のキジル石窟である。石窟の開窟は、5世紀中頃から10世紀初頭までの、南北朝、隋、唐時代に最も盛んになった。6世紀のものは、入口に巨大な柱を持ち、天井はしばしば木造架構を模して彫られていた。よく知られた石窟として、甘粛省敦煌の莫高窟、山西省大同の雲崗石窟(p.754B, C)、河南省洛陽の龍門石窟がある。

中国における石窟寺院の発展は、中国と外国の文化的理念の歴史的融合の例である。北魏時代(386-534)に穿たれた雲崗の石窟は、時代とともに変化している。自然の崖面に彫られた仏龕は大規模で装飾はない。それらは最初の時期に属するもので、巨大な仏陀の表情や衣服はインドや中央アジアの影響を示している。第2の時期は、中心柱(塔柱)を持つ方形窟で特徴づけられる。中心の柱には仏像のための龕が彫り込まれることもあり、また中心柱が仏塔の形に彫り出されることもあった。この時期の石窟には、インド、ペルシア、ギリシアに由来する多様な意匠がみられる。たとえば火焔装飾の獅子、背中合せの双頭の獣、イオニア式柱頭などである。

イスラム教建築

中国に現存するイスラム教の建物の大部分は、14世紀末以後に建てられたものである。それらには2つの種類があり、第1は中央アジアのイスラム様式から発展したものである。新疆ウイグル自治区カシュガールのアルバヘジャーマはこの範疇に入り、モスクと礼拝堂、聖者の墓廟からなっている。中国の伝統的な建築様式とイスラム教の理念とを結び付け、それを発展させた様式もある。994年に建設され1442年に改修された北京の牛街礼拝堂はそのような事例の1つで、講堂、沐浴室、教長室、礼拝堂などからなる。東西軸で配置され、中庭がある。モスクの構造は主として中国(漢)様式であるが、礼拝堂の装飾に中央アジアの特徴である蔓巻模様、尖頭アーチ、アラビア文字の銘文などが取り入れられている(p.755A)。

道教寺院(道観)と宮殿(道宮)

古い道教寺院の遺構は数少ない。最も古いのは1262年に建てられた山西省永済県の永楽宮である。その主要な建物は3棟の殿堂と大きな門で、軸線上に並び立つ。いずれも伝統的な仏教建築様式によっている点で類似する。貯水池(三門峡ダム)建設のため、1950年に芮城県に移築された。

現存する道教建築の多くは、明、清朝のもので、それらは主として美しい山岳地域に建てられ、自由な建築様式を採用している。四川省都江堰市青城山の道教寺院(p.755B)は、この地方の土着の様式によっている。

住宅と私有庭園(私家園林)

さまざまな地域における、経済的、地理的、気候的条件と生活慣習の多様さによって、中国の住宅は様式的に大きな相違があり、それぞれが長い歴史を持っている。明代の住宅はごくわずかしか残っておらず、最も古い遺構の大部分は清代のものである。それらは正式なものから土着的なものまでさまざまで、次のような種類がある。すなわち、北京の「四合院」(中庭の周りに建物を配する邸宅、p.755C)、長江(楊子江)以南(江南)の住宅や邸宅(p.756A)、長江以南の山岳地方の住宅(吊脚楼、p.756B)、洞窟住宅[訳注：窰洞]、包[訳注：蒙古のゲル]、チベットのブロック造住宅、雲南省と貴州省の高床(干欄式)住宅や竹製住宅、福建の土楼住宅(p.756C)、新疆の陸屋根住宅などである。

北京や江南の高官や富商たちは、最も良質な建築材料を用いて邸宅を建設した。このような邸宅は古い中国の厳格な家長制度を反映している。「四合院」は南北の軸を持ち、部屋はその両側に規則正しく配置されていた。軸上にあって南面している主室は家長のためのもので、両翼の居室群は彼の兄弟や子供のものであっ

A 隆興寺摩尼殿、正定県、河北省(1052)　p.749 参照

B ポタラ宮殿、ラサ、チベット(1645-95)　p.749 参照

754 植民地時代以前のヨーロッパ以外の建築

A 普寧寺大乗閣、承徳市、河北省　p.752 参照

B 雲崗石窟内の仏塔

C 雲崗石窟、大同、山西省(6-10世紀)　p.752 参照

第24章 中国　755

A　牛街礼拝堂、内部（1442改修）、北京　p.752参照

B　天師洞道観、都江堰市、四川省　p.752参照

C　四合院、中庭式住宅、北京（清朝）　p.752参照

植民地時代以前のヨーロッパ以外の建築

A 徽州（安徽省）の住宅、江南　p.752 参照

B 四川山岳地方の住宅（吊脚楼）、江南　p.752 参照

C 福建の土楼住宅　p.752 参照

第 24 章 中 国   757

A 安済橋、趙県、河北省(605-17)　p.758 参照

B 網師園(明・清朝)、蘇州　p.758 参照

C アーチ橋、頤和園、北京　p.758 参照

D 長城(B.C.7-B.C.5 世紀)　p.758 参照

た。四合院の中には、接客のための表側の一郭と、家族の私的生活の一郭からなるものもあった。

明清朝の南中国の官人や富商たちは、豪壮な住宅を建てた。その中には2から3の軸線を持ち、1ダースもの中庭を持つものもあり、また2階以上の建物があるものもあった。南中国の熱帯気候を和らげるために、日影や換気を得るための小さな中庭が設けられた。

多くの私有庭園が南中国でつくられ、北方では主として北京につくられた。蘇州の庭園は南方の典型的なもので、**拙政園**（せっせいえん）、**留園**（りゅうえん）、**獅子林**（ししえん）、**網師園**（もうしえん）（p.757B）、**滄浪亭**（そうろうてい）などは最も有名である。

橋　梁

中国には橋梁建設の長い歴史があり、数万の橋がなお現存している。それらは多様な形態と構造方式を採用していて、さまざまな形式の木橋、石造アーチ橋、桁橋（石造橋脚の上に木桁を架けたものを含む）、竹や藤や鋼の索橋などがある。現存する古代の橋の大部分は石造のものであり、橋梁建造技術が高い水準にあったことを示している（p.757C）。

河北省**趙**県（ちょう）の**安済橋**（せっせいきょう）（p.757A）は隋代（605-17）に建造された世界で最も古いオープン・スパンドレル・アーチ橋で、ヨーロッパにおけるこの種の橋の初例より700年も早くつくられている。この橋のスパンは37m、アーチの高さ7m、全長は51mである。橋の両端は中央よりも幅が広く、端部が9.6mあり、中央では9mに狭まっている。この橋は28の石造アーチで構成されている。

福建省**泉州**の**万安橋**（ばんあんきょう）は、11世紀末につくられた長さ540m、48スパンの石造桁橋で、深く水流の速い洛陽江に架かっている。この橋の建設者は、基礎の石塊をさらに緊結するため牡蠣（かき）を養殖したといわれているが、これは近代の橋梁設計の筏基礎と似ており、その理論の確立する800年も前に建造されたものである。

広東省**潮州**の**広済橋**は、宋代（960-1279）につくられた世界で最も古い開閉式の橋である。幅5m、長さ518mで、3つの部分からなっている。中央部分は長さ93mの浮橋で、両端の石橋に綱でつながれた多くの木舟でできている。

長城は6000kmの長さがある。紀元前7世紀から紀元前5世紀の間［訳註：春秋時代］に諸国で城壁の部分的建設が始まった。紀元前4世紀になって、燕、趙、秦の国々が、北方からの遊牧民の侵入を防ぐため、別々の部分を建設したが、城壁をつないで現在の長城にまで拡張したのは帝国を統一した秦であった（紀元前3世紀末、p.757D）。

城壁は明代にいたるまで絶え間なく強化延長され、明代には東の部分で石やレンガによる表面の補修がなされた。一般に長城の高さは7-8mであったが、軍事的に重要な場所では14mに達した。壁の厚さは基部で6-7m、頂部では5mである。長城の上には兵舎と武器庫が建てられ、連絡のための蜂火台（のろし）があった。嘉峪関（よくかん）、平型関（へいけいかん）、居庸関（きょうかん）など守備隊の町が、長城に配備する軍隊とその武器を収容するために建設された。長城の規模は城塞建築史上で比類のないものである。

訳／溝口正人

植民地時代以前のヨーロッパ以外の建築

第25章
日本と朝鮮半島

　初期の日本建築の性格は、他の芸術と同様、朝鮮半島と類似している。初期の中国の影響のほとんどは、朝鮮半島から日本にもたらされたものである。その形態的な特質の多くは、構造および伝統的規範との厳格な適合に関するものである。

　日本と朝鮮半島の建築的発展は並行的であり、両者とも多くを中国とモンゴルに負っているが、この章ではまず朝鮮半島をとりあげる。両国における発展の一致した性質が明らかとなろう。朝鮮半島の建築の主分類は建物の種類によることとし、それぞれの分類ごとに、建築的性格を時代順にとりあげる。

朝鮮半島の建築：三国時代から朝鮮時代末まで

　朝鮮半島の建築の概要は、日本建築の発展を理解するためにも極めて重要である。それは中国の建築形態における古典的伝統と、その日本における独特な変容とをつなぐものなのである。

三国時代(B.C.57-668)

　朝鮮半島が3つの王国(高句麗、百済、新羅)に分かれていた時代の木造建築物は残っておらず、ただ百済の2基、新羅の1基の仏塔を含む、わずかな石造建造物が残るのみである。また新羅時代後期では天文台である瞻星台(チョムソンデ)(後述)がある。

木造建築

　高句麗(B.C.57-A.D.668)の建物は、城壁を描いている三室塚、遼東城塚、薬水里や、住宅を描いている双楹塚(ヨンチョン)(p.761A)、安岳1号墳、通溝12号墳などの古墳壁画から推定できよう。舞踊塚、亀甲塚、安岳1号墳などの墓室の壁の隅に描かれた柱や梁は、当時の建築技法を推察させる情報を提供している。これらの資料から、高句麗の建築はしばしばエンタシスを持った円柱を用い、簡単な斗栱(トキョウ)を用いていたと推測することができる。斗を持った短い束あるいは逆V字形のトラス[訳註：人字形割束]が梁または母屋桁の上に置かれ、寄棟や切妻屋根の小屋組を支えていた。壁画に描かれた家屋の大部分は瓦屋根である。おそらく高句麗の建築は、中国の後漢(25-219)および北魏(386-534)の影響を受けたものと思われる。

　百済(B.C.18-A.D.660)の創始者たちは、高句麗の統治者たちと血縁関係にあり、建築もおそらく同様なものであっただろう。百済の版図は半島の南西部に広がっていたが、その建築は疑いなく中国南部の建築の影響を受けていた。当時の建築の実例を欠いているので、それは百済から強く影響を受けて建造された日本の法隆寺(p.769 参照)と似ていたのではないかと推察されるにとどまっている。

　新羅(B.C.57-A.D.935)の木造建築についてもほとんどわからないが、新羅の首都慶州(キョンジュ)の皇龍寺(ファンヨンサ)の発掘結果は、高句麗の影響を示唆している。

石造建築

　百済時代の2基の仏塔が残っている。1つは全羅北道益山(イクサン)にあって、武王(600-641)の治政下の創建とされている弥勒寺(ミルクサ)境内にあり、もう1つは忠清南道の扶余(ブヨ)の定林寺(チョンニムサ)境内にある5層のものである(p.761B)。弥勒寺の仏塔は、石造の例として知られている中では最も古く、6層分だけしか残っていないが、もとは7層または9層であったと考えられている。それぞれの部材は別々の石から刻み出され、あたかも木造であるかのように組まれている。定林寺の仏塔は、不十分であった弥勒寺仏塔の建設技術を改善する過程において現れた。それは、簡素な二重の基壇と優雅な5層の主

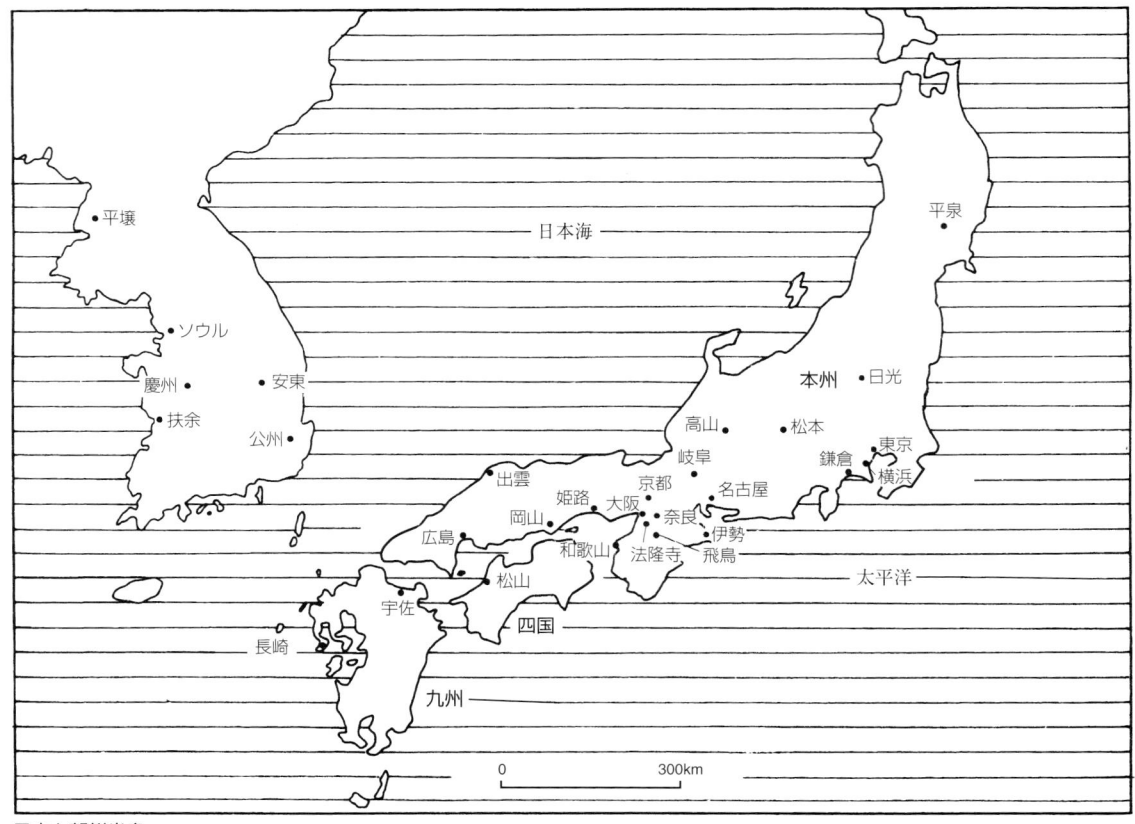

日本と朝鮮半島

体部の理想的な組合せとして、以後の百済の仏塔の原形となった。

慶州には、新羅が百済と高句麗を打ち破って半島を統一する以前の、主要な石造建造物が2つある。その1つ、**瞻星台**(チョムソンデ)(p.761C)という天文観測台は、ほとんど原形のまま保たれている。円筒状の構築物で輪郭はわずかに膨らんでおり、丁寧に層状に積み上げられ、高いところに方形の窓がある。

同時期のものに**芬皇寺**(プンファンサ)境内の仏塔がある。レンガの形と寸法に合わせた切石によってつくられ、塼塔(せんとう)に似ている。当初の9層のうち3層だけが残っている。基壇の四隅には動物の石像、また塔身の壁龕(へきがん)の両脇には寺院の守護神である仁王像が配されている。

統一新羅時代(668-935)

木造建築

建築部材とみられるいくつかの木片が、慶州雁鴨池(アナプチ)の発掘調査で発見されているが、この時代の木造建造物は現存しない。ただし、多くの石造建造物は木構造を模倣しており、これらから当時の木造建築が推測できる。他の情報源は12世紀に書かれた『三国史記』であり、当時の建造の様相についての推定を可能にさせている。これによれば、上流階級の家の屋根は瓦葺きで、軒先は軒瓦で飾られ、棟の両端に鳥の尾のような形の飾り瓦を載せ、さらに降り棟の端部にグロテスクな面(鬼瓦)が置かれていた。また破風には魚に似せた垂れ飾りが付き、軒は二軒(ふたのき)で柱上の斗栱で支えられ、木部は彩色されて、金銀の飾り金具で豪華に覆われていた。このように新羅の建築は、密接な外交および文化的関係を持っていた唐代中国の影響によるものと考えることができる。

石造建築

新羅の最も重要な石造建造物は、8世紀中期につくられた人工的な石窟である**石窟庵**(ソックラム)である。長方形の前室とアーチ状の円堂からなっており、円堂の中央に坐仏がある。壁面は菩薩と仏教の守護神の浮彫で覆われている。

弥勒寺の仏塔をもとにして実践を通して展開された新羅の仏塔の発展については上述した。新羅の仏塔の大部分は3層で、最も早いものは慶尚北道**月城郡感恩寺**(ウォルソングンガムンサ)の双塔であるが、おそらく最も美しいのは**慶州**(キョンジュ)の**仏国寺**(ブルグクサ)にある**釈迦塔**(ソッカタプ)と呼ばれる三層塔(p.762A)で、柱型

第 25 章　日本と朝鮮半島　｜　761

A　双楹塚の壁画（高句麗時代）に描かれた家屋（5-6 世紀）　p.759 参照

B　定林寺仏塔、百済（6-7 世紀）　p.759 参照

C　瞻星台、新羅（7 世紀）　p.760 参照

A 仏国寺釈迦塔、新羅（8世紀）　p.760 参照

B 仏国寺多宝塔、新羅（8世紀）　p.764 参照

C 浮石寺無量寿殿、高麗（13世紀）　p.764 参照

第 25 章　日本と朝鮮半島

A　双峰寺澈鑒禅師墓塔、新羅（9 世紀）　p.764 参照

B　月精寺九層塔、高麗（11 世紀）　p.764 参照

C　仏国寺弘法大禅師墓塔、高麗（11 世紀）　p.764 参照

D　鳳停寺大雄殿、斗栱と軒まわり、朝鮮時代（13-14 世紀）
　p.764 参照

が彫り出された方形基壇上に建っている。それぞれの階と屋根は各々1つの石から彫り出されている。

また、同じ仏国寺の多宝塔(p.762B)や月城郡(慶州市)浄恵寺の十三層石塔のように、三層塔の原形からの興味深い変形も生じた。全羅南道求礼郡の華厳寺仏塔は4頭のうずくまる獅子像からなる基壇を持ち、特筆に値する。さらに慶尚北道の安東地域には、統一新羅時代の5層の塼塔が数例残る。

舎利(尊者の遺骨)や高僧の遺物を納める墓塔(浮屠)は、仏教建築の重要な一部門である。これらは第26章において、形態別に分類されている。

新羅の墓塔の大部分は八角形で、最も古いのは高僧廉居和尚のためのもので、844年頃に建てられた。この墓塔の塔身は獅子、アプサラス(天女)、仏教の四天王の浮彫で飾られている。屋根石は木造瓦葺き屋根を模倣し、瓦、垂木その他の細部を忠実に表している。その装飾の豊かさを凌駕するのは、868年頃に建てられた全羅南道和順郡の双峰寺にある澈鑒禅師墓塔(p.763A)のみである。

高麗時代(918-1392)

木造建築

高麗時代の木造建造物としては、いずれも建造年代が13世紀である安東郡の鳳停寺極楽殿(涅槃堂)と栄州市の浮石寺無量寿殿(阿弥陀堂、p.762C)、14世紀末に建てられた禮山修徳寺の大雄殿(釈迦堂)がある。これらは、極楽殿を除くと新羅建築から連続するものではなく、高麗時代の中期および後期において、中国の影響が及んで新しい様式が生まれてきたことを示している。柱頭に斗栱を置き、曲線状の肘木を用いる江南の建築様式が、南宋(1127-79)との頻繁な交流によって朝鮮半島に導入された。朝鮮半島では新しい斗栱の様式に発展したが、それは中国の原型とはかなり違ったものであった。この新しい様式は、浮石寺に無量寿殿が建設される頃には確固たるものとなって、修徳寺の大雄殿や北朝鮮の成仏寺の応真殿(羅漢殿)などでは小さな変更があったものの、以後の高麗時代を通じ、さらに朝鮮時代まで盛んに使われた。

14世紀には、元(モンゴル)王朝時代の中国北部に新しい様式が導入され、朝鮮半島にも伝わった。この様式は柱上とその中間の台輪上にも斗栱を置くもので[訳註:多包系構造]、それ以前に中国から導入された様式に比べて、より重厚なものであった。この多包系斗栱はすぐに広まった。代表例として、いずれも北朝鮮にある心源寺の普光殿(毘盧舎那仏殿)や釈王寺の応真殿がある。この様式は、朝鮮時代にはより一般的となった。

石造建築

統一新羅時代に発展した仏塔の様式は、高麗時代にも受け継がれた。全羅南道求礼郡の鷲谷寺三層塔は、新羅の伝統形式で建てられた高麗の仏塔の典型である。新羅時代に始まった菩薩の浮彫装飾も続けられ、全羅南道光陽市の中興山城の三層塔がその事例である。

かつての百済の版図であった地域では、いくつかの百済様式の事例も残っている。忠清南道扶余郡長蝦里の三層塔は、高麗時代に建てられたものではあるが、百済時代の建造である定林寺の塔と、様式も構造も全く同じである。

宋および遼朝(960-1279)の中国からの影響は、全羅北道金堤市の金山寺六角塔や江原道平昌郡の月精寺の八角九層塔(p.763B)などの多角塔において明らかである。現在ソウルにある敬天寺の十層塔は、木造建築を模倣して詳細に彫られた石塔であり、元(1271-1368)の強い影響を示している。

高麗時代における仏教の隆盛とともに、数多くの精緻な墓塔が建てられた。主たる形態は八角形であるが、末期には鐘型の墓塔が現れ始め、また八角形の塔身には豊富な彫刻装飾が施され、屋根石の大きさは減少した。慶尚北道聞慶郡の鳳岩寺にある静真大師の遺物を納める墓塔はこの形式の1つである。京畿道驪州郡の高達寺境内の墓塔は、基壇に施された龍と亀の際立った彫刻でよく知られている。

独特な墓塔として、仏国寺にある弘法王師(弘法大禅師)のランプ形の墓塔(p.763C)と法住寺の智光王師の駕篭のような形の墓塔がある。前者の塔身には蓮の葉のような形の屋根がのっており、後者は技巧を凝らした彫刻で覆われている。

朝鮮(李朝)時代(1392-1910)

木造建築

全羅南道康津郡の無為寺極楽殿、京畿道江華郡の浄水寺の法堂、全羅南道順天市の松廣寺国師殿は、15世紀の柱心包系[訳註:柱頭に斗栱を置く形式]建築の例である。慶尚北道安東郡鳳停寺(p.763D)、慶尚南道昌寧郡観龍寺、忠清南道瑞山市開心寺、それぞれの釈迦堂(大雄殿)は、初期朝鮮様式の多包系建築であり、一方、全羅北道扶安郡の来蘇寺、高敞郡禅雲寺の大雄殿は中期朝鮮様式である。朝鮮時代後期に建てられた多包系様式の寺院は全国に極めて多い。

ソウル市の古い城門である南大門(p.765C)と東大門は、多包系様式で建てられた同規模の重層屋根の建造物である。南大門の基壇上の屋根の架かった建造物は、朝鮮時代初期の1448年に、東大門のそれは1869年

A 水鍾寺八角五層石塔、朝鮮時代（15世紀）　p.766 参照

B 昌慶宮明政殿、朝鮮時代（1616再建）　p.766 参照

C 南大門、朝鮮時代（15世紀）、ソウル　p.764 参照

に建てられた。

ソウルには4つの古い宮殿がある。景福宮、昌慶宮、昌徳宮、徳寿宮で、全て比較的よく保存されている。昌慶宮の正殿である明政殿(p.765B)は現存する宮殿建築では最も古いもので、1616年に建てられた。景福宮の建物は、正殿である勤政殿を含めて19世紀に建てられた。

石造建築

朝鮮時代には、儒教への傾倒による仏教に対する弾圧によって、石造仏塔と墓塔は数も質も大きく衰退した。大多数の朝鮮の工人たちは、独自の様式をつくりだすよりも、古い伝統を踏襲した仏塔を建て続けた。多くの変化はあるにしても、江原道襄陽郡の洛山寺七層石塔は典型的な新羅形式である。伝統的な様式からの変化は、京畿道楊州の水鍾寺八角五層塔(p.765A)、また高麗時代の敬天寺石塔の忠実な模倣であるソウルの円覚寺十層塔に見出せる。おそらく朝鮮時代の最も特徴的な例は、京畿道驪州郡神勒寺の多層塔である。

鐘型の墓塔は朝鮮時代も引き続きつくられた。大部分の朝鮮時代の墓塔には、ソウル近郊の檜巖寺址のものを除き、注目すべき彫刻装飾はない。檜巖寺の墓塔は基壇に石造欄干をめぐらせ、台座には蓮、唐草、花模様、鐘型の塔身には雲龍模様が華麗に彫られている。

仏塔と墓塔の他には、地下氷庫がこの時代に最も多くつくられた石造建造物であったが、慶州、安東、清道、昌寧、梁山など慶尚道地域にしか残っていない。四角い石が多くのアーチを形成し、そのアーチの間には、円筒型貯蔵室の枠組を保つための荷重を支える石が嵌め込まれた。冬に川から切出された氷が、夏期に用いるため貯蔵された。

日本の建築：飛鳥時代から江戸時代末まで(552-1868)

神社建築

神社建築は、他のいかなる建築にもまして、伝統に対する日本人の尊敬を具現化したものである。それらは、一般的には建築が対立する自然景観にむしろ寄与し、また自然環境の精霊への畏敬の念を反映している。その精霊の気まぐれが収穫の質と量を決定すると信じられていたのである。

紀元前3世紀頃からの日本への農業の伝来は、定住的村落の成立を促し、そこでは毎年定まった時期に、豊作への感謝とさらに雨と将来の収穫を祈る祭りが行われた。おそらく最初は、簡易な塀(玉垣)と入口の門(鳥居)——採用された最初の建築的要素——によって聖なる場所が区別され、祭祀が発展するにつれて自然の力を象徴する神性が、祭祀を行う広場の中央の木柱のような、物理的な形を与えられるようになった。

このような象徴が建築的形態をとるのは、さらにずっと発展した段階においてであった。この段階での神社は一時的に地上に降りてくる神を迎えるために建てられた。神はこの世界に滞在するためにただ1度だけ使われる仮設の建物に招き入れられたのである。

神社が仏教寺院と比較できるような記念物としての地位を獲得したのは、伊勢神宮の神が皇室の祖先神および国神として崇拝されるようになってからである。伊勢神宮は7世紀から現在にいたるまで日本の主要な神社であり続け、他の神社建築の形態に影響を与えてきた。伊勢神宮の第1の建築的特徴は、高床倉庫という原型を洗練させることによってその卓越さを獲得したことである。伊勢では、他では一般的であるような礎石の上に立てるかわりに、全ての社殿の柱は地中に掘立てている。式年遷宮(定められた祭礼年に新しい神社へ移す)として知られる、神社の形態を後世に伝える伝統的な方法が確立され、神宮の全ての建物を20年ごとに建て替えることが慣習化された。そのため同形、同大の隣接した一対の敷地が、それぞれ、ひとそろいの建物のために必要とされた。そのような慣習を考え出すことにより、1世代に1度ずつ同じ建築活動を繰り返し、建築形態とともに古い宗教祭祀を後世に伝えることが可能となった。現在の伊勢の神社建築は1973年に造替されたもので、7世紀に初めてつくられたものとほとんど変わっていない[訳註：その後1993年に遷宮が行われている]。

「鳥居」は神社境内の入口の門であり、主として2本の柱と2本の水平梁からなっている。両柱は普通、直接地中に埋められている。神明鳥居(例：伊勢神宮)は最も単純な形式(p.768A)で、明神鳥居(例：賀茂神社)には寺院建築の軒に似た曲線を持つ二重の楣[訳註：笠木と島木のこと]がある(p.768B)。

8世紀初頭までには、祭祀は国家により催されるようになった。その結果、伊勢神宮(p.770A)は広大な御料地を持つようになり、伊勢はこの地区の多くの神社からなるグループの包括的な名称となった。これらは2つの群に分けられた。皇室の祖先神を祀る内宮と、この地方の神に捧げられた外宮である。それに加え伊勢市の内外には、いずれかの主宮へ従属する120以上もの小さい神社がある。20年ごとの再建の慣習[訳註：遷宮]は7世紀末に始まり、以後、内外宮両方において続いてきている。

内宮は檜で建てられ、幅10.9 m、奥行5.5 mである。柱は直接地面に掘立てられ、床は高く張られ、周囲に縁がめぐっている。階段が入口に付き、中央の扉の他には、厚い板壁に開口部はない。厚い茅葺き屋根の棟には10本の棒片（堅魚木）が置かれ、破風板は屋根を貫いて上へ伸び、棟の両端で二股状の屋根飾り（千木）を形成している。棟を両端で支える独立柱（棟持柱）は、伊勢神宮のもう1つの特徴である。

　伊勢神宮の特色は、日本に仏教建築が伝来する以前の建築形式を現在に残しているということにある。堅魚木、千木、棟持柱は、原始的な倉の要素が様式化されたものであり、さらに高床や内部の閉鎖性は、神社の原型が住居よりもむしろ倉であることを示唆している。

　地域による文化的特徴は、今なお神社建築にしばしば見出すことができる。しかし全て切妻屋根で、茅葺きか檜皮葺きであり、高床、板壁である。神社の建築形態は、すでに仏教建築が日本全国に建てられつつあった7世紀から9世紀の間に成立したにせよ、それ以前の建築を原型とするものであり、仏教建築の要素は拒絶する指向があったと推論してよい。実際、それぞれの神社は周期的な建て替えによって、その独特な性格を維持することに専念し、後世に変わらぬ形態を伝えようとした。

　伊勢と同じように古い神社は、強力な地方の豪族に崇拝され、多くはそれぞれ独自の形態を持っている。たとえば、島根県の出雲大社、大阪の住吉大社、九州の宇佐神宮、京都の賀茂神社、奈良の春日大社である。最後の2つの例は、移動可能な社殿という古い形態をなお保っている。

　仏教建築から構造的、装飾的要素を取り入れることで、多くの地方性が徐々に生じた。それらには礎石建、斗栱、屋根の曲線、彩色の採用などがあった。周期的な建て替えによって古い形態を維持することから、恒久的な建物を建てることへと、伝統は徐々に取って代わった。中世に建てられた神社の中には、独特なデザインの事例がみられる。宮島の海辺に建つ厳島神社や、華麗な社殿が仏教建築と同様な記念性を示す岡山県の吉備津神社などである。

　多くの霊廟も神社とみなされている。その最初は権現造で建てられた京都の**北野天満宮**である。優れた政治家であった菅原道真（845-903）を祀るため、10世紀に創建された。戦乱の後、16世紀末に、豊臣秀吉は自らのために同様の形式の神社（豊国廟、後に破却された）を建てた。徳川将軍家も同じ慣習を引き継ぎ、創始者の家康を祀る有名な日光の東照宮をはじめ、徳川家一族の霊廟を多く建てている。

　出雲大社（p.770B）。出雲族は強大な豪族で、出雲大社は昔からその巨大さで有名であった。11、12世紀にはしばしば倒壊したと記録されているが、おそらくその構造が、最初期には48 mもあったとされる巨大な高さを支えきれなかったからだろう。現在の建物は、1744年に再建されたより小さな形式のもので、地面から千木の先端まで24 mの高さがある。平面は10.9 m四方で、各面の柱間は2間になっている。切妻屋根は檜皮葺きで、わずかな曲線を描き、棟には両端に独立した千木［訳註：置千木］、3本の堅魚木をのせている。

　住吉大社本殿（p.771A）。大阪の南のかつては美しい海岸であったところに西面して4つの社殿が建っている。4柱の神を祀るために、同じ形と大きさの独立した建物が建立された。そのうち3つは直線上に前後に並び、4番目はその横にあって、L字型の配置となっている。それぞれの社殿は幅2間で総長4.8 m、奥行4間で総長8 m、内部は2つの部屋に分けられている。外部は鮮やかに塗られているが、内部は素木のままである。さらに屋根には曲線がない。現在の建物は1810年に再建されたものであるが、8世紀から15世紀まで、式年造替の長い歴史を有していた。

　春日大社（p.768E）は、奈良の市街地東境にある三笠山（春日山）の麓にある。4つの本殿は、それぞれ1.83 m×2.64 mの規模で隣接して建ち、隅柱は地面に置かれた格子状の枠組［訳註：土台］の上に建っている。屋根は檜皮葺きで、2本の堅魚木がのる。現在の建物は1863年の最後の造替時のものであるが、千木の形式や、前面階段上の差掛け屋根と主屋根をつなぐ部分の巧みな曲線から、この形態は平安時代（794-1192）に確立したものと推定される。この建物は、小規模で土台上に建つという点で、原型的なものである。

　賀茂別雷神社（上賀茂神社）の本殿（p.768C）は、1864年に造替された。京都の賀茂川べりにあって、謎めいた伝説と神秘的な祭儀を暗示している。境内の最も奥に隣接して南面する一対の建物がある。東側の建物が本殿で、西側の建物は本殿が再建あるいは修理の際に使われる一時的な社殿であるが、そのような時に付随して行われる祭儀は極めて重要なものである。建物は春日大社と同様に土台の上に建てられているが、規模は5.9 m×7.2 mあり、かなり大きい。

　九州の**宇佐神宮**（p.768D）は1855年から1861年の再建であるが、特異な形態である。3つの本殿は、それぞれ前後に並べた2つの切妻屋根の建物からなり、その間の谷部分には大きな雨樋を備えている。内部は連続的な空間ではあるが、2つの部屋に分けられ、それぞれに神座がある。したがって、仏教寺院でそうであるように、前方の場を礼拝に使われる部屋［訳註：拝

SHRINES

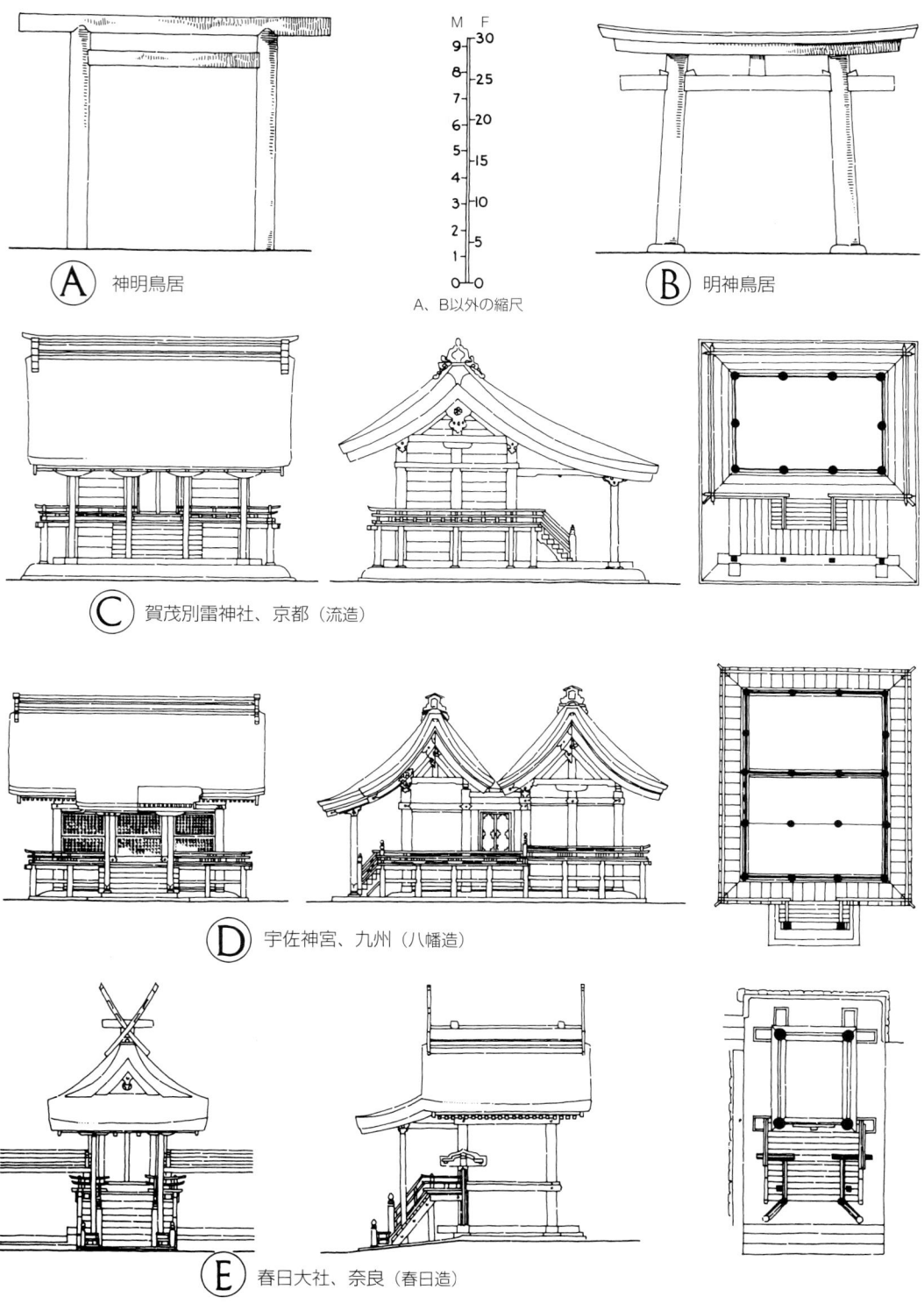

Ⓐ 神明鳥居
A、B以外の縮尺
Ⓑ 明神鳥居
Ⓒ 賀茂別雷神社、京都（流造）
Ⓓ 宇佐神宮、九州（八幡造）
Ⓔ 春日大社、奈良（春日造）

殿あるいは礼堂]とみることはできない。奈良や京都から遠く離れているにもかかわらず、この神社は8世紀から朝廷に崇拝されてきており、おそらく仏教の影響のもとで成立した形式であろう。

厳島神社の建物群は、瀬戸内海の島の岸辺に建てられており、満潮の時には島を背景として海の上に浮かんでいるようにみえる。実際、大鳥居は他の建物からかなり離れて海の中に立っている。互いに直角に配された2つの中心的な本殿、さまざまな付属屋、小社殿、これらをつないでいる吹放ちの回廊から構成されている。社殿は1168年に創建され、2回の火災の後、1241年に、今日みられるものとほぼ同じ形態で全面的に再建された。

吉備津神社の本殿(1425, p.771B)は、日本の神社建築の中で最大で、間口14.5 m、奥行17.9 mある。対になった切妻破風を両側に持つ大きな屋根[訳註：比翼入母屋]、深く突出した軒、高い基壇、といったいくつかの珍しい要素で構成されている。この建物の独特な平面は、前例のないほどの規模を必要とした。中心に主聖所[訳註：内々陣]があり、それを多くの側廊が取り巻くが、それらの床と天井は外から内へ向かうにしたがって高くなっている。

日光の**東照宮**は、1636年に建て替えられた徳川将軍家の始祖である家康の廟で、豊かに装飾された数多くの建物の複合体である。主要部は、唐門を通って入る権現造の本殿と拝殿、前庭と聖域を分け隔てている有名な**陽明門**(p.772A)を含んでいる。彫刻、漆塗り、絵画、金工の全てが装飾に一役かっており、構造部材と壁面には彫刻が施され、黒漆と豊かな赤および緑の上塗りは飾り金具の金色でひきたてられている。

寺院建築
初期歴史時代(6世紀から12世紀)
飛鳥時代および白鳳時代(552-710)

仏教が伝来してから1世代足らず、外来の宗教に対する抵抗が排除された頃、崇峻天皇の宰相で深く仏教に帰依していた蘇我馬子は、588年に奈良の法興寺(飛鳥寺)を建立した。それに続いて7世紀には、四天王寺(大阪)や奈良の山田寺、川原寺、法隆寺など他の寺院の建立が続いた。

古代においては、仏教寺院の伽藍配置は厳格に定められていた。主門[訳註：総門]が南面し、その背後にやや離れて中門があり、屋根が架かって外周を壁で閉じた回廊が取り付いて、聖遺物(仏舎利)を納める建物(塔)と仏像を祀る堂(金堂)へ導く最も聖なる場所を囲い込んでいた。後には2基の塔がこの聖域内に配された。

講堂は回廊の背後に接続されるか、あるいは聖域の外側に離して建てられた。鐘楼と経蔵が講堂の近くに建てられ、さらに食堂、僧房、浴室が、基本的な必要施設として備わっていた。

7世紀の寺院は、現在は法隆寺しか残っていないが、他の寺院の伽藍の発掘調査により、建物群の配置における相当な多様性が明らかになっている。法興寺は高句麗王朝期の清岩里廃寺で発掘されたものとよく類似しており、一方、四天王寺と山田寺の配置は、明らかに百済の系統である(後述)。川原寺や法隆寺などいくつかの寺院は、金堂と塔を横軸上に並置しているが、中国や朝鮮半島ではこれに対応するような遺跡はまだ見つかっていない。

1983年と1984年に山田寺で行われた発掘では、643年創建である寺院の回廊の木材の一部が、極めてよい保存状態で出土した。構造材、特に縦格子の窓[訳註：蓮子窓]を含む外壁部分の発見は、法隆寺の回廊との比較を可能にしている。両者の数多くの相違は、最も古い法隆寺の建物が、必ずしも純粋な飛鳥様式の代表例ではないことを示唆している。

世界で最も古い木造建築である**法隆寺**の金堂(p.772C)と塔は、創建時の法隆寺が670年に焼失した後に建てられた。現在の金堂は、正面9間、奥行7間で、裳階を含めて18.5 m×15.2 mあり、般若波羅蜜多経の招来を祝う国家的儀式が行われた693年までには完成されていた。塔は約10年後に完成している。法隆寺の金堂、塔、中門、玉虫厨子、近くの法輪寺の塔(1944年に焼失し1975年に再建)および法起寺の塔(7世紀末から8世紀初期に建造)など、これらの建物の特徴は、軒を支える組物の雲形斗栱である。その原型は今のところまだ大陸では発見されていない。これらの建物のもう1つの特徴に、柱の明確なエンタシスがある。また柱の頂部と大斗との間に板のブロック(皿斗)がある。逆V字形の人字形割束と通常の組物で交互に支えられた高欄は、装飾的な卍崩し模様で強調されている。裳階が金堂と塔の下層部を囲み、その覆い屋根は厚い板で葺かれている。その他の全ての屋根は、交互に置かれた凹型と凸型の瓦で覆われ[訳註：本瓦葺き]、軒の端部の瓦は蓮と唐草模様で飾られている。

五重塔(金堂と同じ様式)は尖塔飾り[訳註：相輪]を頂いている。初重を取り巻く裳階を除くと3間×3間、裳階を含めると5間×5間で10.85 m四方である。地中深く掘り込んで立てられた心柱は、屋根の上へ高く立ち上がって相輪の芯となり、その上に金属製の被いと象徴的な装飾が付けられている。後の時代になると、塔の心柱が地上あるいは初重の天井の上に立てられるようになるが、その場合も同様な様式化された尖塔飾

A 伊勢内宮、正殿、伊勢市（写真は 1973 年の造替のもの）　p.766 参照

B 出雲大社、本殿、島根県（1744 再建）　p.767 参照

A 住吉大社、第二殿と第四殿（左）の背面妻、大阪市（1810再建）　p.767参照

B 吉備津神社、本殿（1425）と拝殿（右）、岡山県　p.769参照

A 東照宮、陽明門、日光市（1636） p.769 参照

B 薬師寺三重塔（8世紀初期）、奈良市 p.774 参照

C 法隆寺金堂（7世紀末）、斑鳩町 p.769 参照

第 25 章 日本と朝鮮半島 | 773

TEMPLES

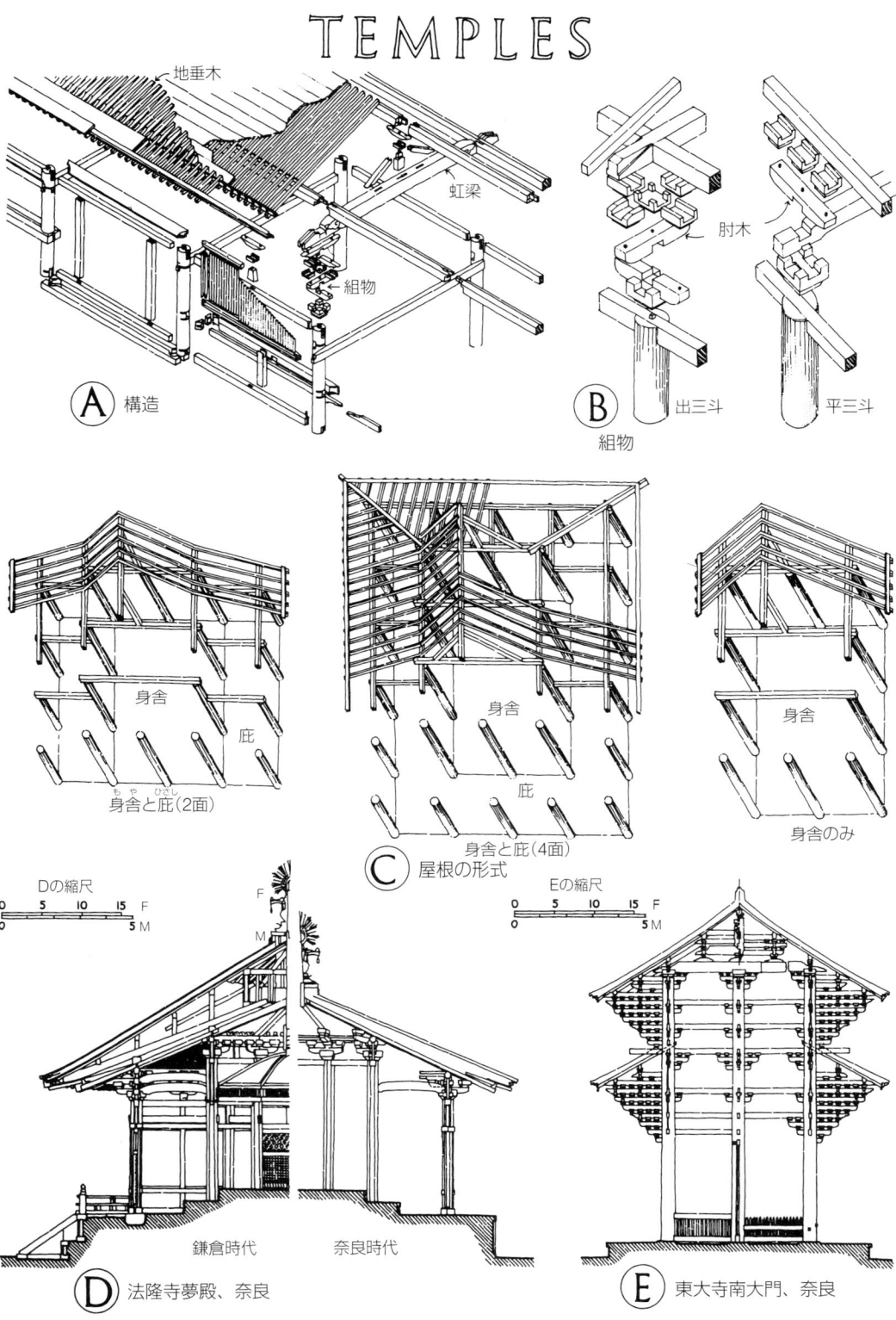

Ⓐ 構造

Ⓑ 組物 — 出三斗、平三斗、肘木

Ⓒ 屋根の形式 — 身舎と庇(2面)、身舎と庇(4面)、身舎のみ

Ⓓ 法隆寺夢殿、奈良 — 鎌倉時代、奈良時代

Ⓔ 東大寺南大門、奈良

寺院

り(相輪)をみることができる。

　最初の恒久的な首都である奈良の平城京(710)の成立とともに、**薬師寺**は、藤原京(694-710)に建てられた当初のものにならって平城京にも建てられた(730)。ここでは、金堂が中心軸上に配され、2基の塔が南東と南西の隅近くに配された。この配置の変化は中国の唐代における新しい様式の影響を示しており、慶州の四天王寺の発掘成果が示すように、すでにその様式を取り入れていた朝鮮半島からもたらされたものであろう。

　薬師寺三重東塔(p.772B)は、8世紀初期から残っている唯一の建物である。裳階を含めて5間×5間、10.51m四方という規模は、法隆寺の五重塔に近いが、様式や構造手法はかなり異なっている。各層の主屋根の下に、簡素な高欄を持つ狭い縁をめぐらした裳階が付けられた。軒下に取り付けられた小さな格子天井、軒を支える尾垂木付きの2段の三手先組物は、8世紀中期のさらに成熟した様式への移行を示している。一方で、円形の地垂木と角形の飛檐垂木という古い形式は保たれている。

奈良(天平)時代(710-785)

　単層の八角堂が、本来は記念堂として、古代寺院のいくつかに建てられた。最も有名なのは**法隆寺**東院の中央にある**夢殿**(p.773D)で、各柱間は4.17mある。鎌倉時代に宝形の屋根が修理された時、軒の出をより深くするために、それぞれの斗栱に持送り[訳註：肘木]を加え、桔木と野垂木の付加で、屋根はより急勾配となった。

　唐招提寺の**金堂**(p.776A)は、なお当初に近い形態を保っており、8世紀中期の唯一の現存遺構で[訳註：平成12年からの解体修理により延暦年間(782-806)の建立と考えられている]、日本建築の古典時代の好例でもある。唐招提寺は中国僧の鑑真の創設で、貴族の支援によって建てられた小さな私寺であった。

　金堂は単層の建物で、大きさ7間×4間(27.9m×14.6m)、正面の庇は全面にわたり吹放ちとしている。三手先組物と間斗束、円形地垂木、角形飛檐垂木、尾垂木は、おおむね薬師寺三重塔と同様な手法が用いられている。しかしながら、いくつかの相違点がある。斗栱は構造的により発展しており、肘木は上面での凹形曲線[訳註：笹刳]を持たないが、垂木は上方へゆるやかに反っている。狭い格天井が、壁付の桁[訳註：通肘木]と2段目の持送り[訳註：二手先]の間には残されているが、薬師寺とは異なって軒桁までの移行部分は曲線のリブ[訳註：支輪]で形作っている。

　「身舎」は細かく組まれた格天井で覆われるが、天井を受ける梁から母屋までを折上げ支輪とし、それを柱上の斗栱が支える。江戸時代の修理では構造的に改造して屋根を2.5mほど高めている。屋根は瓦葺きで、棟の両端は鴟尾で飾られている。

　これまで述べてきた様式的特徴は全く持たないが、倉も重要な古い建築類型である。最も有名な例は、奈良の**東大寺正倉院**で、聖武天皇(724-49)の遺品である宝物を納めている。建物は108.4m×30.5mの大きさで、太い束柱で地面から高く持ち上げられ、3つの区画に分けられている。両端の区画は、その端部を交差させて隅から突き出すようにして、材を刻んで積み上げた「校倉」形式で建てられている。中央の区画は厚い板で囲われ、3つの区画はそれぞれ中央部に板戸を設けている。屋根は、当初は束で支えられた三重梁形式で組み立てられていたが、現在は西洋式のトラスに変えられている。全体は瓦葺きの寄棟屋根で覆われる。

平安時代(785-1185)

　法隆寺の**大講堂**(p.776B)が990年に再建された時、外周を閉じた回廊が延長され、聖域に経楼と鐘楼が取り込まれた。大講堂は正面9間、奥行4間(33.8m×16.5m)で、外観では古典的な8世紀の様式を踏襲しているが、内部では小屋組の架構において革新的な変化がみられる。この建物は野屋根方式の現存する最も古い建物であるが、ここでは地垂木が露出する「庇」部分に限られている。身舎部分に張られた比較的低い格天井が通常の小屋組を隠している。瓦葺き屋根は入母屋形式で、妻側では構造部材がみえている。

　10世紀末から、天台宗におけるある僧侶たちが、西方の極楽を治める阿弥陀仏を崇拝することで、全ての人に浄土が保証されるという、極めて平易な救済の教義を説いた。12世紀末までにその宗派は確立され、貴族たちは阿弥陀仏を中心とした西方浄土の再現を意図した寺院を建立した。それらは阿弥陀堂として知られている。

　それらの寺院で最も有名なものの1つは京都に近い宇治にある**平等院鳳凰堂**(p.777A)である。もとは別荘であったものを寺院に改めたもので、創建当初のものは鳳凰堂(1053)しか残っていない。鳳凰堂は大きな池に面しているが、それは平安時代の庭園の特徴であり、また想像上の極楽浄土を体感させるものであった。

　中堂には、蓮の台座の上に座った大きな金色の阿弥陀像を安置し、その上には木の繊細な透かし彫に金箔を押した天蓋がある。壁の上部は彫刻で埋められ、全ての木部の表面は豊かに装飾されている。

　5間×4間(14.2m×11.8m)の中堂は、身舎と裳階からなり、正面および両側面の裳階は吹放ちとなってい

る。高く巧妙に組まれた格天井は、支輪でつなげられて2段に張られる。

　構造手法は8世紀中期と同様であるが、隅部の斗栱の連結手法はそれから徐々に改良されて、鳳凰堂で完成にいたった。中堂の入母屋屋根は、野屋根形式の小屋組が支えている。中堂の両側から伸びているL字型の翼廊は、純粋に装飾的なものである。

　9躯の阿弥陀像を祀る仏堂形式（九躰寺とも呼ばれる）が、平安時代後期には非常に流行した。現存する唯一の例は、京都府にある**浄瑠璃寺**の寄棟瓦葺きの本堂（1107）である。正面11間、奥行4間、（33.8m×16.5m）で、身舎は奥行2間、長さ9間で1間の庇が身舎の周りを取り囲んでいる。身舎の9つの間は、各間に阿弥陀像を安置する段の付いた仏壇を置く。より大きな中尊を安置するため中央の柱間は広げられ、地垂木を露出した高い舟底天井[訳註：化粧屋根裏]が張られている。

　立面の高さは低く、隅部にだけ限定して簡単な舟肘木が用いられる。地垂木と飛檐垂木はいずれも角断面である。前面両端の柱間には古い形式の縦格子窓[訳註：連子窓]が入り、残りの9つの柱間は、裏に板を張った格子戸（蔀戸）とする。

　阿弥陀崇拝は平安後期から盛んになり、現代まで続いているが、しかし密教も確固たるものとなって影響を及ぼし続け、密教による建物が建て続けられた。

　平安時代の密教建築の例には、奈良県の**当麻寺**本堂（曼陀羅堂）がある。正面7間、奥行6間（21m×18m）で、現在の形態は3回目の改造がなされた1161年のものである。内陣の中には、密教において聖なる無数の界を表す曼陀羅の極めて大きなものが安置される。この建物は、1つの屋根に納められた奥行の深い仏堂の、現存最古のものである。かつては内陣と外陣におのおの両流れの屋根が架かっていたが、棟をそれぞれの屋根の頂きから延ばされた位置として、建物全体を覆う野屋根が架けられた。

中世（12-16世紀）

鎌倉時代（1185-1333）

[和様]　平安時代末までの寺院建築の標準的な様式と手法は、鎌倉時代に導入された新しい様式と区別するため、中世初頭以降、和様すなわち「日本」様式と呼ばれるようになった。鎌倉時代より前に建てられた建築には、和様という用語は使われない。むろん和様建築も元々は大陸に由来するものであるが、平安時代末までには日本化したものとなった。この様式は、特に密教寺院において、時には新しい様式の要素を取り入れながら、伝統的な建築では時代を通じて使われ続けた。密教寺院は一般に山地か、村落に近い丘の上に建立された。眺望や自然環境は重要な要素であり、寺院境内の岩や滝などがしばしば神聖視された。

　本堂は密教寺院における中心であり、三重塔、五重塔、あるいは大日如来か法華経そのものを安置する独特な構造物である多宝塔が、一方の側に配されていた。主要な進入路には俗と聖を隔てる象徴として門が設けられた。この門は独立して建ち、いかなる種類の塀も取り付けられていなかった。

　中世の寺院においては、本堂はもはや単に仏を納める堂ではなくなり、その内部が外観よりも重要になっていった。中世では信者たちは建物の中に入って祈るようになったのである。

　本堂は、間口が5、7あるいは9間で、奥行も同じくらいの間数があった。内部は礼拝者たちのための場所（外陣）と、格子の引戸で隔てられた奥にある薄暗い神秘的な聖所（内陣）に分けられていた。僧侶だけが入ることができた内陣には、多くの仏像と祭祀用の仏具が収められる。格子の引戸の上は欄間で、菱形の格子が一面に入れられた。古代の堂の多くでは内陣は土間であったが、後には板床が張られるようになった。

　これらの仏堂では、身舎とそれを取り巻く庇という基本的な平面は保持されてはいたが、建物全体に架けわたす野屋根の採用により、複雑な空間構成の変化を成し遂げることができた。空間的に必要とされる場所を広げるため、いくつかの柱を省いたり、本来の柱列から移動させることも可能となった。

　庇では露出した垂木が天井として用いられた[訳註：化粧屋根裏]が、一方、外陣と内陣ではさまざまな形式の天井が使われた。しばしば、天井は外陣では低く、内陣では等身大以上の仏像を安置するためにより高い。

　滋賀県にある**石山寺**の多宝塔（1194）は、現存最古の和様の多宝塔の事例である。約6m四方で、各面3間、裳階の外周を取り巻く狭い縁を設けた木製の壇上に建つ。床から立ち上げた祭壇[訳註：須弥壇]が四天柱によって限られた方形の内陣を占めている。天井は折り上げて格縁を組み、細かい格子を入れる[訳註：折上小組格天井]。裳階の差し掛け屋根の上の白漆喰塗りの円胴部[訳註：亀腹]は、四手先の斗栱で支えられた宝形屋根で保護されている。

　同じく滋賀県にある鎌倉時代中期に建てられた**西明寺**三重塔も、純粋な和様を示している。4.2m四方、3間×3間で、木製の縁をめぐらせた上に建つ。初重の平面や内部は石山寺多宝塔とよく似ているが、西明寺では長押、板壁、柱、天井などに文様や仏画が描かれている。

A 唐招提寺金堂、奈良市（8世紀末期） p.774 参照

B 法隆寺大講堂、斑鳩町（990） p.774 参照

第 25 章 日本と朝鮮半島 | 777

A 平等院鳳凰堂、宇治市（1053） p.774 参照

B 金剛輪寺本堂、断面模型、滋賀県（1288） p.778 参照

斗栱は三手先で、初重と二重には間斗束が入り、各層は曲線の尾垂木、地垂木および飛檐垂木を持ち、檜皮葺きである。屋根は全て野垂木を入れ、最上層の屋根は他よりもずっと急勾配である。

滋賀県の**金剛輪寺本堂**(p.777B)は規模が大きく、間口奥行ともに7間(21 m×20.7 m)あって、建造年代は1288年である。外陣は太い柱の列によって外周の1間の庇から明確に区画されているが、これは13世紀末の新しい傾向である。格子の引戸の入った結界が内陣と外陣を分離し、さらに側面の庇も同じ柱筋で前後に分けられている。天井にはさまざまな形式、露出した垂木[訳註：化粧屋根裏]、板と角材[訳註：竿縁天井]、化粧梁の入った舟底天井がある。この時期までには野屋根構造は一般的なものとなり、化粧垂木と野垂木の間に桔木が挿入されるようになった。

屋根は入母屋造、檜皮葺きで、前面の7間全てには、格子を表面に組んだ板戸[訳註：蔀戸]が上下2段に入る。上の部分は上方外側にはねあげ、軒下に鉤で吊られる。下の部分は必要に応じて持ち上げて取り外すことができる。

愛媛県にある**太山寺本堂**(1305)は最大の密教の仏堂で、7間×9間(16.4 m×21 m)に達する。正面では簡素な斗栱[訳註：出組]の間に装飾的な本蟇股が入るが、一方、側面と背面ではかわりに間斗束が入る。瓦葺きの屋根は入母屋造である。19世紀に修理された時、大きな妻壁部分に二重虹梁蟇股と太瓶束(後者は新様式からの導入)が入れられた。

[**大仏様**] 1185年の平氏に対する源氏の勝利で、平安時代は終わりを告げた。権力闘争の間に、多くの寺院が破壊された。その1つに8世紀の奈良で最高の地位にあった東大寺がある。南中国へ3度訪れたことのある僧の重源(1121-1206)が東大寺の再建を指揮した。彼の選択した様式は、宋朝(960-1279)の南中国で一般的であったものの1つを基礎としたもので、保守的な和様と正反対であった。新様式である大仏様(天竺様)で彼が建てた当初の建物は、現在では2つしか残っていない。古い方が、兵庫県の浄土寺浄土堂(阿弥陀堂、1192)で、東大寺の南大門(1199)がそれに続く。これらの建物は大仏様に共通する特徴を示している。

浄土寺浄土堂(阿弥陀堂)は正方形の建物で、3間四方で、大きさが18 mあり、宝形屋根が架かっている。軸づりで回転する簡素な板張りの扉が、上下の繋ぎ材から突き出た軸受(藁座)に嵌め込まれている。

最も特徴的なのは、蟇股のかわりに太瓶束を用いて重ねて組み上げられた、端部が曲線をなす虹梁をはじめとして、量感のある部材である。小梁の内側の端は身舎の柱に直接差し込まれ、外側の端は順次持ち出されて屋根の勾配を生み出している。

天井はなく、構造部材が全て露出している。持送り腕木(肘木)もまた柱に挿し込まれ、そのうちのいくつかは母屋桁を支える。柱を貫通した繋ぎ材(貫)は、和様における一般的な貫通しない繋ぎ材(長押)と比べて、より大きな安定性を与えている。一重の軒は、垂木の先端を鼻隠板で覆っていて、垂木は一般的な場所では平行に並べられているが、隅部では扇状になっている[訳註：隅扇垂木]。

この建物は外観は比較的小さくみえるが(壁の高さは低く屋根は曲線を持たない)、内部空間はその高さと構造部材の寸法によって、視覚的に圧倒的に大きい。

重層で平面は5間×2間の**東大寺南大門**(p.773E、p.779A)は巨大な規模で、大きさは29 m×11 mある。柱は約20 m立ち上がって虹梁を支え、大屋根と腰屋根の軒は六手先の斗栱で支えられている。しかしながら浄土堂の斗栱と比べると、小さな斗の配置と積み上げ方に、和様を思い起こさせるようなほぼ完全な規則性を示している。

[**禅宗様**] 禅宗様(唐様)は禅宗で好まれたもので、13世紀の初頭に導入されたもう1つの重要な新様式である。その特徴は東大寺の鐘楼、永保寺開山堂、円覚寺舎利殿を詳しくみることにより最もよく理解することができる。

東大寺鐘楼(p.782A)は、柱間が7.6 mある一間四方の広大な吹放ちの構造物で、大仏様から禅宗様への移行を示す事例とみることができる。1207年から1211年の間に建造され、典型的な大仏様の軸組構造であるが、直接柱の上に置かれた四手先の斗栱、長い軒の際立った曲線、屋根の大きな反りなどは、全て禅宗様への指向を示している。

東大寺造営における重源の後継者である栄西(1141-1215)は、日本における禅宗の確立に道筋をつけた人であったから、すでにこの鐘楼に禅宗様の要素が見出されても不思議ではない。日本の僧は引き続き中国に渡って禅を研究し、帰国後新しい様式で禅宗寺院を創設した。不幸にも13世紀に建てられた建物は失われたが、現存最古の図である鎌倉の**建長寺**の配置図(1331)は、仏教の新しい宗派の目的にかなうように、建物が中心軸にそって配されていることを示している。しかし、ただちに気が付くのは塔を欠くことで、後の禅宗寺院では塔が建てられたとしても、それらは伽藍の離れた位置に追いやられたのであった。

南北朝時代(1333-92)

岐阜県の**永保寺開山堂**(1352)は寺の開祖の堂で、外陣、中間の広い連結部(合間)、三方に裳階のある内陣

第 25 章　日本と朝鮮半島　779

A　東大寺南大門(1199)、細部　p.778 参照

B　鶴林寺本堂(1397)、正面、兵庫県　p.780 参照

C　円覚寺舎利殿(15 世紀)、室内細部、鎌倉市　p.780 参照

からなっている。禅宗建築は通常が正方形であり、この開山堂の平面は典型とはいいがたいが、構造そのものは禅宗様の特徴を示している。

鎌倉の**円覚寺舎利殿**は、おそらく禅宗様の最も代表的な仏堂である。円覚寺は 1563 年に焼亡したが、現在の堂はそれより 100 年以上古い禅宗様の形式であり、この建物が他の寺院から移築されたことを示唆する記録は正しいのだろう。

禅宗様の建物は、床は土間で、そこに上下端を丸めたほっそりした柱が、礎石上に置かれた石造または木造の礎盤(そばん)上に据えられた。台輪や柱頭を繋ぐ材(頭貫(かしらぬき))の先端(木鼻(きばな))は隅柱から突出し、刳形彫刻で仕上げられた。

舎利殿の斗栱は三手先であるが、最上部の肘木は 5 つの斗がのるように延びて、柱間でも台輪上に 1 組ないし 2 組の斗栱が配されるので、房状にみえる。上端部が曲線となった二重の尾垂木は、梁、斗栱、垂木が入り組んだ中で露出していて、虹梁は太瓶束で支えられている。身舎は平らな板張りの天井[訳註:鏡天井]である(p.779C)。

裳階は禅宗建築では一般的で、裳階内部の海老形の繋ぎ梁(海老虹梁)は誇張した曲線を描いている。裳階上部の垂木は、大屋根で扇垂木が用いられるのとは対照的に、常に平行に置かれている。片流れの屋根は、大屋根の著しい曲線に比べると反りはわずかである。大屋根は通常は薄板を何枚も重ねて葺かれている[訳註:柿(こけら)葺き]。扉は板張で、軸木が装飾的に突出した軸受(藁座)に嵌め込まれている。窓は上部の曲線(火灯曲線)にいばら状の突起をそなえている[訳註:花頭窓(かとうまど)]。

室町時代(1392-1568)

兵庫県の**鶴林寺本堂**(1397)は折衷様——主として和様であるが、容易に認めうる禅宗様および大仏様の要素を含む——の壮麗な事例である。7 間×6 間(17 m×15.2 m)で、簡素な和様の二手先の斗栱を持つが、その間には禅宗様風に小さな蟇股が配されていて、蟇股の斗はその上の肘木とさらにその上に置かれた双斗(ふたつど)を支えている。瓦葺きの屋根は入母屋造りで、和様の虹梁と太瓶束(後者は禅宗様および大仏様の特徴)が妻面に表されている。正面の柱間 7 間全て(p.779B)と側面の 5 間および背面の 4 間には、禅宗様の板張りの扉が入っている。後部の隅の間は横板壁で閉じられている。

尾垂木端部の曲線、頭貫の装飾木鼻、内部から外部へ突出した部材端部の刳形は、前面の庇に使われている海老虹梁とともに、強い禅宗様の影響を示している。大仏様に基づいて、内外陣上部にはほとんど円形断面の大きな虹梁が架けられ、肘木が柱に直接挿されている。しかし内部を分ける格子の引戸の扱いは、密教寺院の和様形式である。

近世(前近代、16-19 世紀)
桃山および江戸時代(1568-1867)

寺院建築は、中世末までにはその頂点に達していた。構造技法は完成され、建築形式は様式化された。標準化による体系化(木割)への指向は始まっていたが、近世までは慣習的にはなっていなかった。建設工事の効率化や高速化は達成されたが、標準化には建築を台無しにする逆の効果もあった。精巧な彫刻の細部の付加、必要に応じて用いる波形にうねる破風(唐破風(からはふ))、そして圧倒的な規模のみが、近世初期の仏教建築を様式的に型にはまった単調さから救っていた。

数多くの新しい大工道具が出現したが、その中には、新しい、極度に洗練された、さまざまな種類の建具類を生み出す上で大きな発展をもたらしたいくつかの種類の鉋がある。しかし残念ながら、複雑な継手や仕口は、建物の大修理を行う時でもなければ、ほとんどみることはできない。

桃山建築の様式的な壮麗さを示す優れた事例は、滋賀県の**宝厳寺観音堂**に付属する**唐門**(p.781A)である。この門はおそらく 1603 年に、観音堂の優美な門にするため豊臣秀吉の霊廟[訳註:豊国廟]から移築されたとみられている。狭い 1 間の門で(3.3 m×6.1 m)、唐破風型である。彫刻や透かし彫の装飾が楣(まぐさ)と虹梁の間を埋め、側板や扉は牡丹唐草模様で飾られている。蟇股は花の彫刻を枠取るだけではなく、周囲が鳥や花の彫刻で囲まれている。飾り金具もまた豊富である。

清水寺本堂(1633、p.781B)は江戸時代の壮大さへの志向を表している。京都の東の山腹に建てられ、大きさは 11 間×8 間(33.5 m×32.2 m)で、密教建築の意匠の極致を示している。この堂は険しい岩山と伝統的に結び付けられてきた観音菩薩を祀ったものである。簡単な斗栱と間斗束、二軒の平行垂木、檜皮葺きの寄棟屋根の採用に、和様であることが明らかである。裳階は東、西および北の一部にめぐり、巨大な大屋根から入母屋の屋根が前へ突出し、開放された舞台の両側の翼廊を覆っている。翼廊と舞台は険しい斜面の上にさしかけられ、無数の柱と貫の構造で支えられている。

東大寺金堂(大仏殿) は世界でも最も大きい木造建築の 1 つである。最初は 8 世紀の中期に建てられたが、平安時代末に焼失した。重源によって 12 世紀末に再建された建物が 1565 年に再び焼失し、以後 1709 年まで再建されなかった。現在は 7 間×7 間(57 m×50 m)の大きさで、以前の 2 度の建物より小さいが、同様な高さ(47.5 m)を保っている。大仏様の要素があるとは

A 宝厳寺、唐門(16世紀末)、滋賀県　p.780 参照

B 清水寺本堂(1633)、京都市　p.780 参照

782 | 植民地時代以前のヨーロッパ以外の建築

A 東大寺鐘楼(1207-11)、奈良市　p.778 参照

B 京都御所、紫宸殿(1855 再建)　p.783 参照

いえ、かなり変更も多く、例えば正面入口では裳階屋根を切断して唐破風を架ける点、大屋根の下に斗栱を並べる点は、禅宗様を思わせる。また小組格天井は和様をしのばせる。

住宅、都市および城郭
初期歴史時代（6-12 世紀）
飛鳥および奈良時代（552-785）

中国の建築技術および都市計画の手法は、日本の生活様式と住居の意匠に重要な影響を与えた。7 世紀の中頃から 8 世紀末まで、宮城を核として道路を格子状に配する計画手法が発達した。この方式は中国の唐の首都である長安をモデルとしたもので、652 年の難波京、694 年の藤原京［訳註：藤原京は長安とは異なることが明らかになっている。］、710 年の平城京（奈良）、794 年の平安京（京都）といった日本の古代首都に適用された。これらは長安よりかなり小さく、城壁で囲まれることもなかった。

古代奈良の都である平城京の発掘によると、中国の方式によっている建物は、仏教寺院を除くと、大極殿、朝堂院、正門などを含む宮城の中の一画に限られており、それらは全て礎石上に建てられ、瓦葺きであった。天皇の住まいや官庁を含むその他の建物は、柱を地中に直接掘立てる構造で、檜皮、板、茅で葺かれていた。

南北中心軸線に沿って建物を対称的に配置する中国の方式は日本に大きな影響を与えた。宮殿や官庁と同様に貴族住宅でも、一群の建物が必要とされる場合、この方式で計画された。

平安時代（785-1185）

794 年に建設された**平安京（京都）**は、長安をモデルとした日本における最後の古代都市で、南北 5.3 km、東西 4.5 km の規模であった。宮城は北辺の中央に位置し、南北軸を構成する特別に広い 85 m 幅の朱雀大路によって、都市は左京すなわち東区と右京すなわち西区に分けられた。朱雀大路は南の市壁にある羅城門まで達していた。平安京は南面にのみ市壁を持っており、このことは、それが要塞としてというよりは天皇の威厳を強調するためのものと考えられていたことを示している。

市域は東西南北に通された 24 m もしくは 12 m 幅の格子状街路によって 120 m 四方の敷地に分けられていた。2 つの寺院（東寺と西寺）が 2 つの市場とともに、朱雀大路の東西に対称的に配置された。

[**寝殿造**]　貴族住宅の様式である寝殿造は、11 世紀から 12 世紀にかけて平安京において成熟に達した。寝殿が中央にあって、廊で東および西の付属棟［訳註：対］に連結され、「中門廊」が一方あるいは両方の対から南へ延びていた。この建物群が、南庭を限っていたが、南庭には池と北から南へ流れる小川が設けられた。寝殿と対には内部に固定された隔壁はなく、そのかわりに、さまざまな種類の衝立、カーテン［訳註：壁代］、畳、ござ、棚といった移動可能な家具が、内部空間を仕切り、平常時あるいは儀式の時の生活行為に伴う要求を満たしていた。外部では、柱間に肘金具で吊られた可動の格子［訳註：蔀］が、外部から内部への空間の連続的な流れを可能とし、室内と庭との一体性を生み出していた。

東三条殿は、藤原氏の最も有名な邸宅の 1 つで、多くの重要な儀式の中心施設であった。この建物は 1043 年から 1166 年まで存在しており、敷地は東西 120 m、南北 240 m あった。邸宅の中心には、中央の寝殿と東対の 2 つの大きな建物があり、梁間 2 間、6 m 幅の廊（渡殿）と、1 間幅の狭い廊で囲まれていた。広い廊は居住空間として使われ、一方、狭い廊は単なる通路で、南庭など近接する外部空間を区切っていた。各々の建物の配置には、対称性を厳格に維持しようとする姿勢はあまり示されていない。

京都の宮城が 1227 年に焼失した後、天皇の私的住区である内裏は、貴族の邸宅あるいは天皇の別宅へ移された。現代まで残る内裏の位置は、1331 年に定まった。建物の形式は、むろん時代とともに変わっていったが、18 世紀の末、紫宸殿と清涼殿を平安時代の形式で再建する取り組みがなされた。ただし現在の建物は 1855 年の建造である。

現在の**紫宸殿**（p.782B）は、中核部分となる正面 9 間、奥行 3 間の身舎と、その四周を囲む庇からなっており、天皇の玉座は、身舎の中央の高くあげられた床［訳註：高御座］に置かれている。行政や儀礼の中心である朝堂院が 1177 年の火災の後は再建されなかったので、以後、紫宸殿が即位式を含む儀式の場として使われた。**清涼殿**は住まいの場で、必要に応じて空間を細分化することを可能とするように、さまざまな種類の可動間仕切があった。

朝堂院は 230 m×160 m の広さで主な政庁群を内包し、朱雀大路に面する宮城の中心に位置していた。朝堂院は 1227 年の火災後は再建されなかった。建築形式は極めて早い時代に確立されたもので、建物は礎石の上に建ち、木部は朱塗り、屋根は瓦葺きであった。朝堂院は 3 つの部分からなっていて、全ての建物は回廊で囲まれていた。天皇のための殿堂である大極殿を中央端部に置き、中央部では 12 棟の建物を対峙させ、南端の囲い込まれた中に 2 つの副次的建物があった。

中世（12-16世紀）

貴族の日常生活に密接な関係を持っていた儀礼が、戦乱や政治的混乱により徐々に衰退するにしたがって、住宅の構成に変化が現れ始めた。左右対称な配置や南庭を囲む空間構成は重要視されなくなり、かわって便利さへのより強い力が主たる要因となる傾向を示してきた。13世紀から15世紀の間に、寝殿の大きな1つの空間は「襖」の間仕切によって小さな部屋に分割され、床には「畳」が敷き詰められるようになり、板張りの引き戸、あるいは透光性のある紙を張った引き戸「障子」が、それまで建物の外周の柱間に肘金物でつられた格子戸（蔀）に代わって使われるようになった。柱間寸法は畳の大きさに合わせてつくられるようになり、畳の寸法が徐々に長さと広さの標準単位となった。1間の長さは1枚の畳の長さと等しく、1.97mに定まった。15世紀の末になると、居室の床には居住者の社会的地位にかかわりなく畳が敷き詰められるようになった。鎌倉時代（1185-1333）および南北朝時代（1333-92）、いずれの時代の住宅も残っていない。

室町時代（1392-1568）

15世紀の住宅では、中国から輸入された掛軸や陶磁器を、慎重に選ばれた場所に装飾として置くことが流行となった。

15世紀末、足利義政は別荘**東山殿**の造営を命じた。それは居所（常御所）、接客の建物（会所）、銀閣という楼閣、東求堂（持仏堂）、その他多くの付属屋からなっていた。会所は1487年に完成し、私的な会合や社会的交流に用いられた。全ての部屋には畳が敷かれていた。絵入りの史料によると、会所には造り付けの狭い板張りの壁龕（押板）、段違いの飾棚のある壁龕（違棚）、造り付けられた書斎（付書院）を備えていたと推測される。これらは、確固たる美的規範に基づいて配された装飾物を展示する場所となった。東山殿は現在は慈照寺という寺院となり、銀閣と東求堂と庭園のみが残っている。

大仙院方丈（1513、p.785A）は、住職の私邸の代表であり、また禅宗寺院の大徳寺に付属する子院でもあった。このような私的な住宅（方丈）の平面は武家住宅の会所に似ていた。中央の2つの部屋には創始者あるいは後援者の像や位牌を安置し、一方、東の2つの畳敷きの部屋は住職の私室、西の2室は後援者のためのものであった。室町時代におけるこの種の住宅の一般的特徴は、床が畳敷、板張り天井、絵が描かれた引き違いの襖戸、漆喰壁あるいは開放的な欄間とする長押と天井の間の狭い小壁である。建物の北東に隣接する繊細にデザインされた小さな庭が、北東隅にある書院から望むことができる。

後に日本の住宅のデザインに影響を与えた茶道の建築は、16世紀の間に成熟した。部屋の大きさは2畳から4畳半の範囲であった。この緊密な空間の中で、主人と客は一緒に座り、談話や喫茶や茶道具の取合せを楽しんだ。茶道に用いられる部屋の建築形態の背後には、禅の考えに関連した特別な哲学や美的観念がひそんでおり、それ自身、茶道すなわち「茶の湯」を性格付けるもので、特に武家、貴族、裕福な商人などをひきつけた。茶室に見出される美の性質は、主として自然の材料の心細やかな使用、いかなる特別な要素であっても過度な強調を避けること、そして全体の調和をつくりだすことに由来する。**妙喜庵茶室**（p.785B）は1582年頃の建造とされ、有名な茶の宗匠である千利休によってデザインされたものと考えられている。2畳敷きで2m×2mの部屋と「床の間」からなっている。客は床の間の反対側に設けられた「躙口」と呼ばれる高さ788mm、幅715mmの開口部を潜って入った。高さや様式の異なる3種類の天井や、異なった高さに開けられた異なった寸法の窓が、独特な幻想的空間を生み出している。

中世の農家の、現存する極めて稀少な例の1つに兵庫県の**古井家住宅**（16世紀頃）がある。その特徴は、低い軒、ほとんど開口部のない外壁、細い柱と梁である。簡単な間仕切で、板や竹の床を張った3つの部屋に区切られていて、また全体面積の半分は土間である。この家は、空間の分割が農家の機能的要求によって生じたことを示している。屋根を支える柱は外壁から屋中に入ったところに独立して立っている。部屋は一枚板の引き戸や、鴨居の高さまでの板壁によって仕切られ、鴨居と天井の間を塞ぐ試みはみられない。

近世（16-19世紀）

桃山時代および江戸時代（1568-1867）

信長と秀吉による日本の再統一後、城下町が興り、家臣や職人や商人などが城下に定住した。好例は岡山の**城下町**である。格子状の街路を基本として、各階層の居住区が定められ、身分の高い者ほど濠と城壁で防御された城郭近くに配された。多くの城郭が16世紀末から17世紀初頭にかけて建設され、建設技術は急速に発展した。城郭の内部は3つの部分に分けられていた。主要な郭の中心には天守と櫓があり、2番目の郭は領主とその家族の住居を含み、さらに3番目の郭には蔵や最上級の家臣たちの住居があった。天守は普通5層の建物で、木部はすべてに白い漆喰で厚く塗り覆われていた。天守は都市のランドマークとなっていた。銃眼（狭間）が矢や鉄砲を放つために設けられ、は

A 大仙院方丈(1513)、内部、京都　p.784 参照

B 妙喜庵茶室(1582頃)、内部、京都　p.784 参照

C 姫路城、天守(1608-9)、姫路市　p.788 参照

A 二条城、二の丸御殿、京都（1603） p.788 参照

B 桂離宮、書院、京都（17 世紀初期−中期） p.788 参照

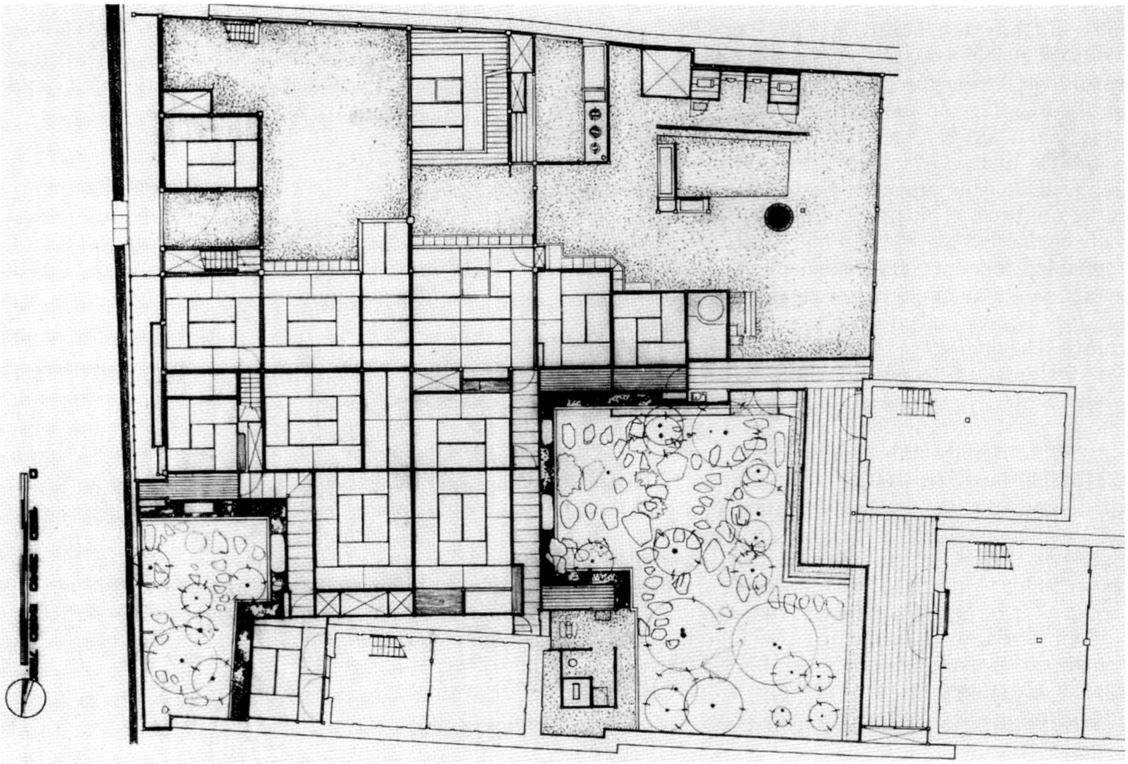

第 25 章　日本と朝鮮半島 | 787

A　吉島家住宅、高山市、平面（1907）　p.788 参照

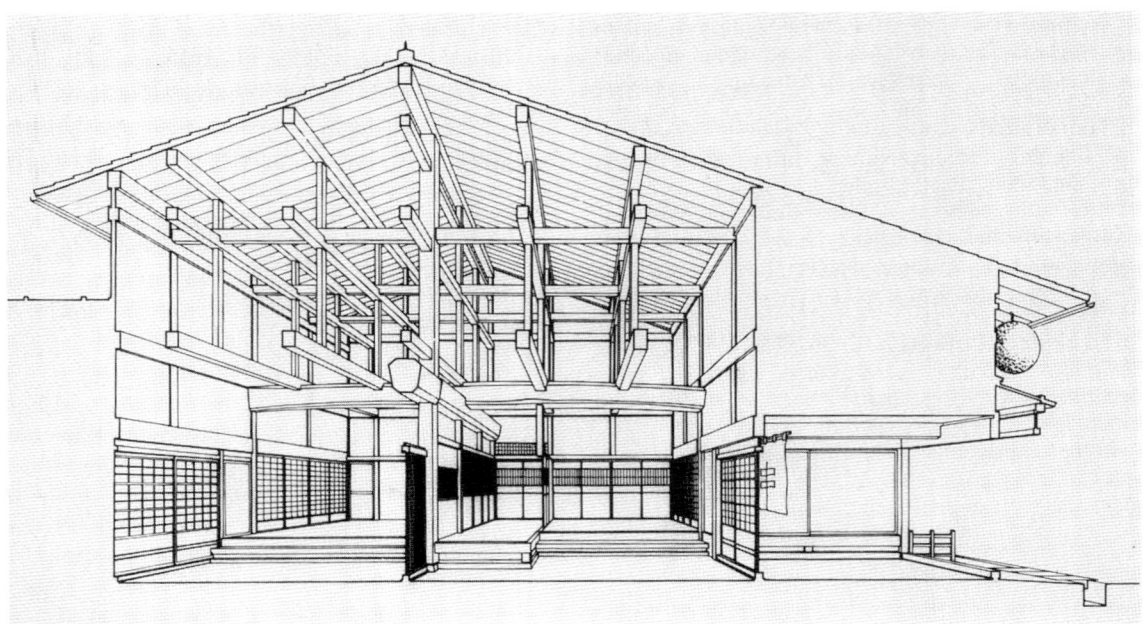

B　吉島家住宅、断面

ねだしの石落としも設けられた。

姫路城(p.785C)は1601年から1614年にかけて建設され、日本の城郭建築における最高の到達点を示している。この城は天守に加えて、その他のほとんど全ての建物が現在でも残っている唯一の例である。通常の郭に加えて、櫓、櫓門、土塁が城郭内につくられた。しかし天守は一般のものより高く6階建で、差し掛けた屋根が積重なり、波打つ破風[訳註：唐破風]と装飾的な屋根窓[訳註：千鳥破風]が付いていた。3つの小さな天守(小天守)が各櫓をつなぐ回廊で連結されている。防御を目的として門は複雑に配置され、敵を混乱させる複雑な迷路のような空間となった。

二条城(京都、p.786A)は、徳川家康が天皇を表敬する時に利用するため、1603年に建てられた。二の丸御殿は、1624年に部分的ではあるが大規模に改造された。御殿は池に面し、雁行状に配置された6つの部分からなっており、そこに幕府の武家や来客のための室が設けられている。最も重要な建築は、建築群の中心にある壮大な建物(大広間)、非公式的な謁見の建物(黒書院)、将軍の私的な居住区(白書院)である。これらそれぞれの建物に、将軍のための床を高くした上段の間があり、そこには床の間、違棚、付書院がある。壁、襖、天井には金箔が押され、絵画や文様や飾り金具で飾られた。

17世紀における京都の貴族や教養のある武家たちは、彼らがくつろぐことのできる、茶室の要素を多く取り入れた別荘の一形式を発展させた。**桂離宮**(p.786B)は建物を雁行配置としたそのような別荘の例で、書院の他に茶室群と、橋、石灯籠、池、小川、築山のある庭園がある。この離宮のデザインは、厳格な規範でつくられた武家住宅とは対照的に、より形式張らない様式[訳註：数寄屋風]となっている。

商人や職人の都市住宅(町家)は一般に、狭い間口で奥行は極めて深い限られた広さの敷地に建てられた。前面は道に開放されて店とされた。土間が建物の一方の側に沿って通り、道路から裏庭までの通路となっていた。部屋もまたこの通路に沿って並び、小さな中庭が、主要な部屋に背後から新鮮な空気と光をもたらした。

17世紀以降には、農家も町家も規模が大きくなり、地域経済の発展した地域では構造も洗練された。防火のため構造体全体が漆喰で塗り込められ、また座敷に畳を使うことは一般的となった。民家においても特徴的な形態が生み出され、特に土間上部の空間に表された構造に発展がみられた。構造体は丈夫な柱で支えられる手斧削りの梁で組み上げられた。

高山はもともとは城下町であったが、18世紀以後、商工業都市へと発展した。**吉島家**は19世紀に繁栄し、その子孫が1905年の大火後、1907年に居宅(p.787A, B)を再建した。この建物はより古い文化的伝統を保持している。主屋は27m×66mの敷地に建ち、道に面している。内部には長い土間の通路があり、それに沿って2列に10室が並んでいるが、奥の部屋に達する個別の通路は設けられていない。

吉村家は大阪市の南に位置する地方の農家で、16世紀のこの地域における最大の農家の1つである。吉村家は18ヵ村の長[訳註：大庄屋]を務めていた。古い図面では、主屋、入口の門、漆喰塗りの倉庫(土蔵)、その他の付属屋が広い敷地に配された、大規模な農家として描かれている。当初の主屋は1615年に焼け、1620年代に再建された。この再建後の建物には大きな土間といくつかの部屋があり、それに武家住宅様式の座敷部分が付け加えられた。最も特徴的なのは、巨大な横断梁の架かる大きな土間である。その土間に接して、各部屋への入口となる小さな板の間部分がある。

訳／溝口正人

植民地時代以前のヨーロッパ以外の建築

第 26 章
インド亜大陸

仏教建築

ブッダが紀元前563年に生まれた時、バラモン教(ヒンドゥー教の初期の姿に与えられた名称)はすでにおそらく千年もの時を経て発展していた。しかし、最初期のインド亜大陸の残存建築は、インダス文明の古代遺跡をのぞけば、仏教のものである。ヴェーダの生贄の儀式、そしてウパニシャッドの賢人の神秘的な儀式でさえも、永続的な記念碑建築の建立を必要とはしなかったのである。マウリヤ朝の王アショーカ(B.C.269頃-B.C.232)は、仏教を彼の偉大でかつインドの基準での中央集権国家における国教とした人物であるが、彼は仏教の記念碑建築物の成立発展に対して最初の大きなきっかけを与えた。しかし、南アジアでは石造構造物よりも消滅する素材である木、竹、茅、レンガによる建物の方がはるかに多かったということは覚えておかねばならないであろう。

ブッダの死後、まずはブッダに関連する対象やブッダと彼の弟子の遺物周辺に巡礼地が生まれた。巡礼地はしばしば通商路沿いにあり、商人たちが巡礼者そして後援者としての重要な役割を担った。そうした場所は仏教僧院の中心ともなった。そうした僧院の中には大学となるものもあり、有名なものとしては**ビハール州**の**ナーランダ**があり、そこはアジア全域の学者たちを惹きつけた。

東インドはインドにおける最後の仏教拠点となったところであり、ナーランダは13世紀まで存続した。その他の場所では、7世紀までには、仏教がヒンドゥー教の一部としてほぼ同化されてしまった。この時までに仏教は極東で十分定着していた。インド亜大陸の範囲では、仏教はスリランカやヒマラヤ渓谷において栄え続けた。

ストゥーパ

仏教で最も聖なる記念碑はストゥーパであり、その基本的な形は頂上に傘を有した、ドーム状に築かれた塚である。その成立起源には少なくとも2つある。1つは墓の塚からの派生で、初期のストゥーパはブッダ自身や彼の弟子、聖人たちの遺骨を含んでいた。アショーカ王がブッダの遺骨を多くの場所に分配し、それを納めるためのレンガ造のストゥーパを建てたといわれている。それらの中には、後のストゥーパの核部分として遺っているものもある。成立起源の2つ目は、ストゥーパの形態が、アクシス・ムンディすなわち世界軸を表象する垂直軸を持った、宇宙的意味を暗示するものである点である。多くの初期のストゥーパは、実際にその全体の高さに及ぶ木造の柱を含むものであり、その頂部が傘として現れているのである。

壁画や説話の場面を表す浮彫においてブッダもしくはブッダに関連した聖なるものに日陰をつくるものとして描かれる高貴さを示す傘は、ブッダに関連した王にふさわしい象徴のひとつであるが、それはブッダが皇太子としての人生を捨てた人物であったからである。ストゥーパが暗示する象徴の1つは、宇宙法則の支配者としての皇帝であるダルマチャクラヴァーティンに関係するものである。

ストゥーパは実際の舎利の容れ物で、瞑想のための補助物としてみなされたり、または悟りのシンボルとしてみなされたりするが、いずれにしても仏教徒にとっては主なる崇拝対象となった。聖地は数え切れない小さな奉献ストゥーパで満たされた。

より記念碑的なストゥーパは、おそらくヴェーダの祭壇を取り巻く柵に由来すると思われる柵(ヴェディカー)によって囲まれ、その柵の基本方位には門(トーラナ)を設けている。現在カルカッタ(現コルカタ)のインド博物館にある柵と門は、**マディヤ・プラデーシュ**

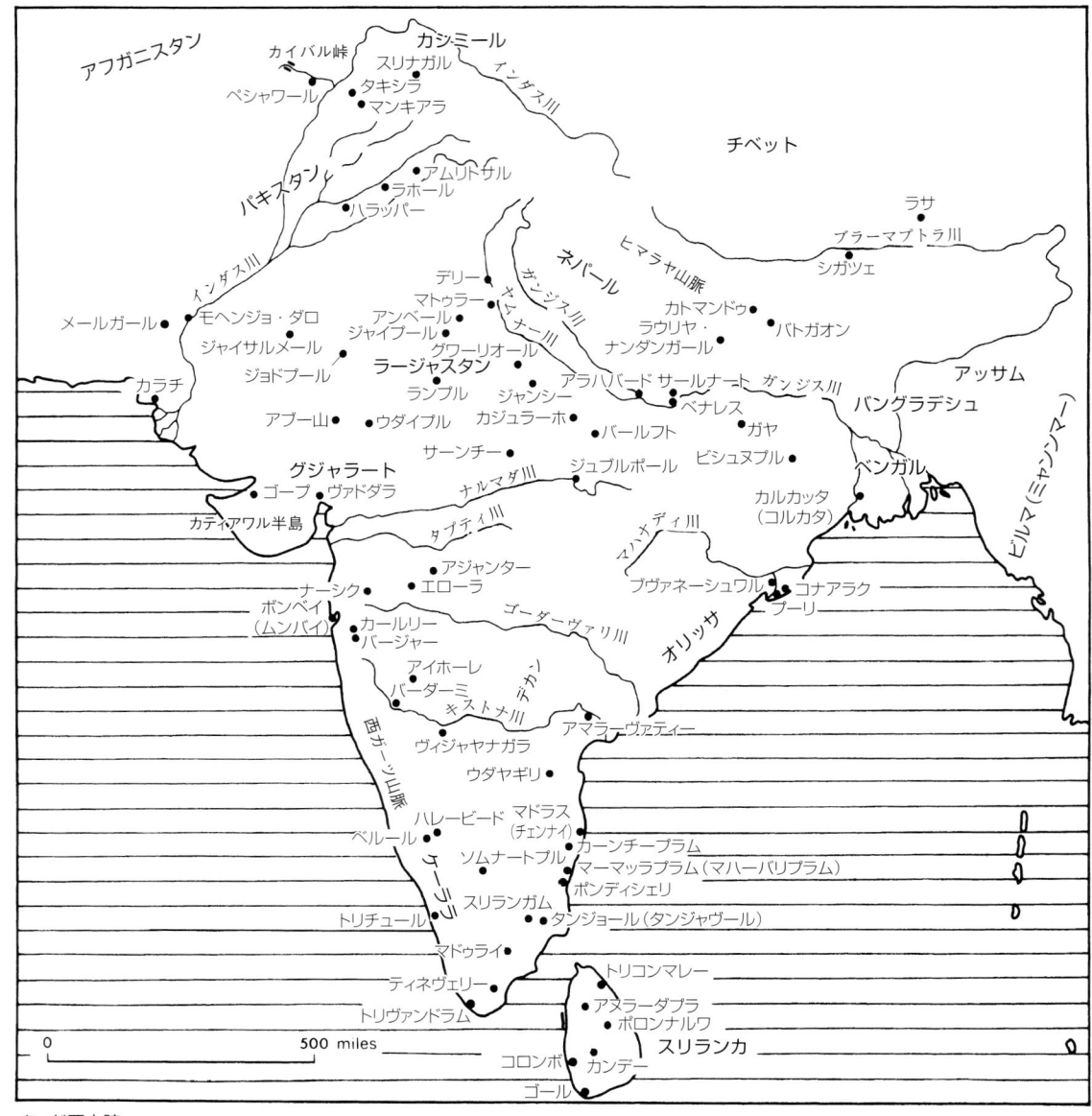

インド亜大陸

州バールフト由来のもので、紀元前2世紀に比定されている。2mをわずかに超える高さの豊かに装飾された柵が、最初期の典型例である。それらは重厚で石造であるにもかかわらず、木構造の写しがみられ、凸レンズ形断面の水平材が垂直材にあけられた柄穴に嵌め込まれたものとなっている。

もう1つの中央インドの例、**サーンチーの大ストゥーパ**（第1ストゥーパ）は、イギリス人による発掘により破壊され、後に再建されてはいるが、初期の記念碑的ストゥーパの最も完全な姿を示している（p.791A）。主にサータヴァーハナ期（1世紀）に比定されているが、その核の部分は紀元前3世紀にアショーカ王によって建立されたレンガ造のストゥーパの1つである。半球形のドーム（アンダ）は、2つの階段（ソーパナ）によって上ることのできる直径40mほどの円形基壇（メディ）上にのる。基壇の周囲を取り巻く柵や地上位置での柵は、それぞれ上方、下方での右回りでの礼拝儀式（プラダクシーナ）のための通路とされている。頂点では柵によって囲まれた正方形の台座（ハルミカー）があり、宇宙軸（ヤシュティ）にのる三重の傘を持つ。基本方位には大きな門があるが、8.5mの高さで、美しい浮彫で満たされ（p.791B）、無装飾な柵やストゥーパそれ自体の示す厳格な姿とは対照的である。

アショーカ王はアーンドラ地方のような南の地域に

A 大ストゥーパ（第1ストゥーパ）、サーンチー（B.C. 1世紀頃）　p.790 参照

B 大ストゥーパの門の浮彫、サーンチー　p.790、p.797 参照

C スワヤンブー・ストゥーパ、カトマンズ　p.792 参照

もストゥーパを建立したことが知られており、その記念碑的なストゥーパは、サータヴァーハナ朝やイクシュヴァーク朝のもとで、紀元後4世紀まで建立され続けた。この地域で最も重要なものは**アマラーヴァティー**にあるもの(2世紀頃)である。ストゥーパ自体は遺っていないが、インドで最も大きく、最も生き生きとした説話を表現した浮彫を含んだ数多くの彫刻が、マドラス(現チェンナイ)の政府博物館やロンドンの大英博物館で保存されている。

ガンダーラの大きなストゥーパの遺構は、**グルダラ**のもの(2-4世紀)のように、多層状の基部を持ち、しばしばコリント式から派生した柱形(ピラスター)を有する。(B.C.326年にアレクサンダー大王によって侵略され、ギリシア・ローマ世界との接触が継続的に行われてきた地域であることを想起すべきである。)この地域のより小さなストゥーパは、半球形から球根形へと、ドーム状ストゥーパの「塚」の変形を示している。こうした発展とともに、南アジアにおけるこの地域やその他の地域では、ストゥーパの全体形は縦長のプロポーションになっていった。こうした傾向は、ストゥーパの鎮座する基壇や傘蓋の多層化により(後には基部のモールディングの採用により)加速された。

ネパールは仏教の拠点であり続け、最も古いストゥーパはたびたび改築されており、正確な成立年代は不明だが、レンガ造で、低い「アショーカ王の」ドームの形を引き継いでおり、目の描かれた巨大な箱形のハルミカーをのせている。最も重要な例は**カトマンズ**の**スワヤンブー・ストゥーパ**(p.791C)である。頂部を飾る傘が金属細工である点は、カトマンドゥ渓谷の典型である。

巨大なレンガ造のストゥーパが**スリランカ**の**アヌラーダプラ**に遺っている。その1つである**ルワンウェリセーヤ・ストゥーパ**はもともと紀元前2世紀のものであり、たびたび改築されているが、高さは90mである。**ジェタヴァナ・ストゥーパ**(4世紀頃)では高さが120mにまで達した。内側にストゥーパを収める円形の祠堂はスリランカ独特のものであり、その最も美しい例は12世紀建立の**ポロンナルワ**の**ワタダーゲ**(p.793A)である。この完成時には、中央の円錐状の屋根とその周囲を取り巻く一段低い位置の庇(ひさし)屋根は、環状に並べられた石の柱で支えられ、上下の屋根の間には光を採り込む高窓(クリアストーリー)が設けられていた。4つの階段入口へは「ムーンストーン」と呼ばれる半円形の敷居を通る。それらの巨大な欄干や脇を固める守門神像は、南インドの同時代のヒンドゥー寺院でみられる特徴に類似している。

仏教祠堂と石窟像

ストゥーパの他には、祭壇や屋根のない祠堂、そして木造で草葺きの構造物を含めたさまざまな種類の聖なる構築物や祠堂が大ストゥーパの浮彫に表現されている。**ガンタサーラ**出土の浮彫(200頃)は現在パリのギメ美術館に所蔵されているが、それは南インドのヒンドゥー寺院でみられる階段状のピラミッドの形を予示する点で特に興味深い。バールフトのストゥーパ(B.C.1世紀初め)からは、ブッダがその下で悟りを開いたとされる**ボドガヤー**の菩提樹を祭った複数層の囲みを示した浮彫が発見されている。これはたぶんアショーカ王によって聖地に建立された寺院を表しており、現在のマハーボディー寺院の前身建物であろう。そのマハーボディー寺院は巨大なレンガ造の構築物で、北インドのヒンドゥー寺院におぼろげながら関係したものである。しかし、その現在の姿は主に19世紀になってからのもので、多くの補修が最近のものである。

ネパールでは2層もしくは順次大きさの縮小するより多くの層を有する木造祠堂があり、「パゴダ寺院」として知られている。最も多く残存しているのは18世紀から19世紀のものである。それぞれの層は彫刻が施された斜めの支えによって支えられた傾斜の急な屋根を有している。

巨大なブッダ像がいくつかの僧院でみられる。**アフガニスタン**の**バーミヤン僧院**(5世紀)は、明らかにペルシアや中央アジアの影響を受けている地域であるが、2体の大仏がみられる[訳註:2001年にタリバーンにより大部分が破壊された]。これらは中国や日本の大仏崇拝の原型である。これらの像は大まかに削られた後、表情や服の襞(ひだ)は藁を混ぜた泥土で形作られ、漆喰で覆った上に彩色や金箔を施されて仕上げられた。ブッダの1体は54mの高さである。**スリランカ**の**ポロンナルワ**近くの**ガル・ヴィハーラ**には14mの横になった像があるが、これは入滅するブッダ(涅槃仏)の最も有名な姿であろう。

チャイティヤ・ホール

マウリヤ朝と同じぐらい古い時代に、単純な形のさまざまな「石窟寺院」が崖や丘の斜面の自然岩から彫り出されていた。これらは主に仏教にかかわるものであるが、**ビハール州ナーガールジュニー丘**にあるものは、雨期の間、アージーヴィカ教団の苦行者を保護する目的で彫られた石窟である。ビハール州バラーバル丘の**ローマス・リシ窟**は円形の部屋が突き出した矩形の部屋からなるが、円形の部屋はおそらく小さなストゥーパや

第26章　インド亜大陸

A　ストゥーパ祠堂、ワタダーゲー、ポロンナルワ（12世紀）　p.792 参照

B　堂内のストゥーパ、カールリーのチャイティヤ窟（B.C. 1世紀）　p.794、p.799 参照

その他の崇拝物を納めることを意図したものであろう。両方の部屋はともに荒く彫られた円い天井を有している。後の時代のものと異なるのは、その石窟が崖に平行につくられていることであり、そのため側面に入口を有している。その小さな入口正面は母屋の突出した端部を有した半円筒形の草葺き木造屋根の妻面を表現している（p.795A）。これらはほぼ半円形の破風を支えているが、頂部装飾によって玉葱形となっている。こうした木構造の姿を石に置き換えることは、インドの石窟建築での典型である。

ローマス・リシ窟は「チャイティヤ・ホール」の初期の例といえるであろう。「チャイティヤ」とは聖なる場所や物のことを意味しており、「チャイティヤ・ホール」という語は、集会礼拝を行うための場を伴ったストゥーパを収めた石窟形式の至聖所のことを指すようになった [訳註：チャイティヤ・ホールには石窟形式以外にも、石造、レンガ造りのものもある。石窟形式のものは、慣例的に「チャイティヤ窟」と表現されるため、ここでは原則その語をあてた]。これらの空間は平天井の矩形平面であるかもしれないが、時には（**アーンドラ州グントゥッパッリ**のもののように）円形で、ドーム状天井もある。しかし、典型的な形は奥がアプス状であり、列柱が円筒形ヴォールト状天井の身廊と半円筒形ヴォールト状天井の狭い側廊とに分けている。ストゥーパは身廊のアプスに置かれ、側廊がその背後にも丸くまわりこみ、繞道（にょうどう）となっている。

このアプス状の形は当時幅広く建てられていた草葺きの木造建造物に由来するもので、宗教的な役割のみならず、世俗的な役割をも含めたさまざまな用途に使われていた。そのような建物の多くの姿は、側廊があるかないかの違いはあるが、初期の説話を表した浮彫や描写にみられる。**サーンチー**や**アーンドラ州ナーガールジュナコンダ**の3世紀後半から4世紀初めにかけての僧院でみられるように、レンガ造のチャイティヤ・ホールの基礎が遺っているが、後者では側廊のない2組のアプス状の構造物が互いに向き合い、一方はストゥーパを含み、他方はブッダ像を含んでいる。

はるかに多い数の石窟形式のチャイティヤ・ホールが現在のマハーラーシュトラ州で発見されているが、特にそれらは紀元前2世紀から紀元後2世紀にかけての「小乗」期に属するものである。これらは概して仏教僧院と関係し、通商路に位置していた。美しい初期の例は**バージャー、ピッタルコーラ**（第3窟）と**コンダーネー**のものである。支柱のための穴は、これらが後には当たり前となる石から彫ったファサードではなく、木造の障壁を備えていたことを示す。典型的なチャイティヤ・ホールの天井には、大きな環状に曲がった梁が長手方向の母屋桁とともに石に刻み出され、崖の面に直接もしくはヴェランダを介してあいた巨大な馬蹄形破風の明かり窓に表れている（p.796A, B）。この馬蹄形アーチの破風の形は、先例としてローマス・リシ窟で示されたもので、インドでは、聖なる建築ではほぼどこでもみられるモチーフとなっている。円筒形屋根を示す天井に刻まれた曲がった梁は、時に本物の木材でつくられており、**マハーラーシュトラ州カールリー**の巨大なチャイティヤ窟（50-70頃）は現在もみられる例である。そこでは明かり窓部分に木造の障壁も遺っている（p.793B）。

マハーラーシュトラ州エローラの「**ヴィシュヴァカルマ**」**窟**（第10窟、p.796C）は、インドにおける最後のチャイティヤ・ホールで、7世紀半ば頃のものである。その列柱による前庭は上層を持ち、ホール前面の楽団用のギャラリーにつながっている。

僧院

初期仏教僧院の最も大規模な遺構が遺るのはガンダーラであり、たとえば**パキスタン**の**タキシラ**にある**ダルマラージカ僧院**と**カラワンの僧院**が挙げられる。これらの僧院はレンガ造で、主なるストゥーパや小さなストゥーパ、そして僧たちの居室が中庭周囲に並ぶ居住区域としてのヴィハーラとで構成されている。

タクティ・バーイ（2-4世紀頃）では、ヴィハーラの中庭は形式上「ストゥーパの中庭」に関係している（p.795E）。ここでは、ストゥーパの基壇がある中庭は、相互につながった祠堂と、それぞれの間にあるより小さな部屋で構成されている。祠堂にはかつてブッダ像と小ストゥーパが交互に祭られていたであろう。これらの祠堂は形を類推するに十分な程度に遺っている。それぞれは正方形の小房からなり、中庭側に開き、天井の位置で曲面を持つ覆いとなるレンガ造の天蓋または丸みのあるコーニスを持ち、上部の小建造物を支えている。その小建造物は2種類ある。1つはドーム状の屋根を持つ円形の「小屋」であり、もう1つは背後をアプス状にしたかまぼこ形の屋根を持つものである。後者の小建造物の下方では、レンガ造の天蓋が祠堂正面を横切らない。そのかわりに、正面にはかまぼこ形屋根のアーチ状破風を上方に伴った2つの半切妻破風端とみなせる立面が強調され、チャイティヤ・ホールの断面との類似が生じている。これらのタイプの祠堂はインドの寺院建築で繰り返しみられる2つの形の原型であり、本来、木造や草葺き屋根におけるアイデアを石造用に変えたものである。

構築的なヴィハーラに加え、「石窟」として彫り出されたものがあった。1世紀初めに位置づけられている

第 26 章 インド亜大陸

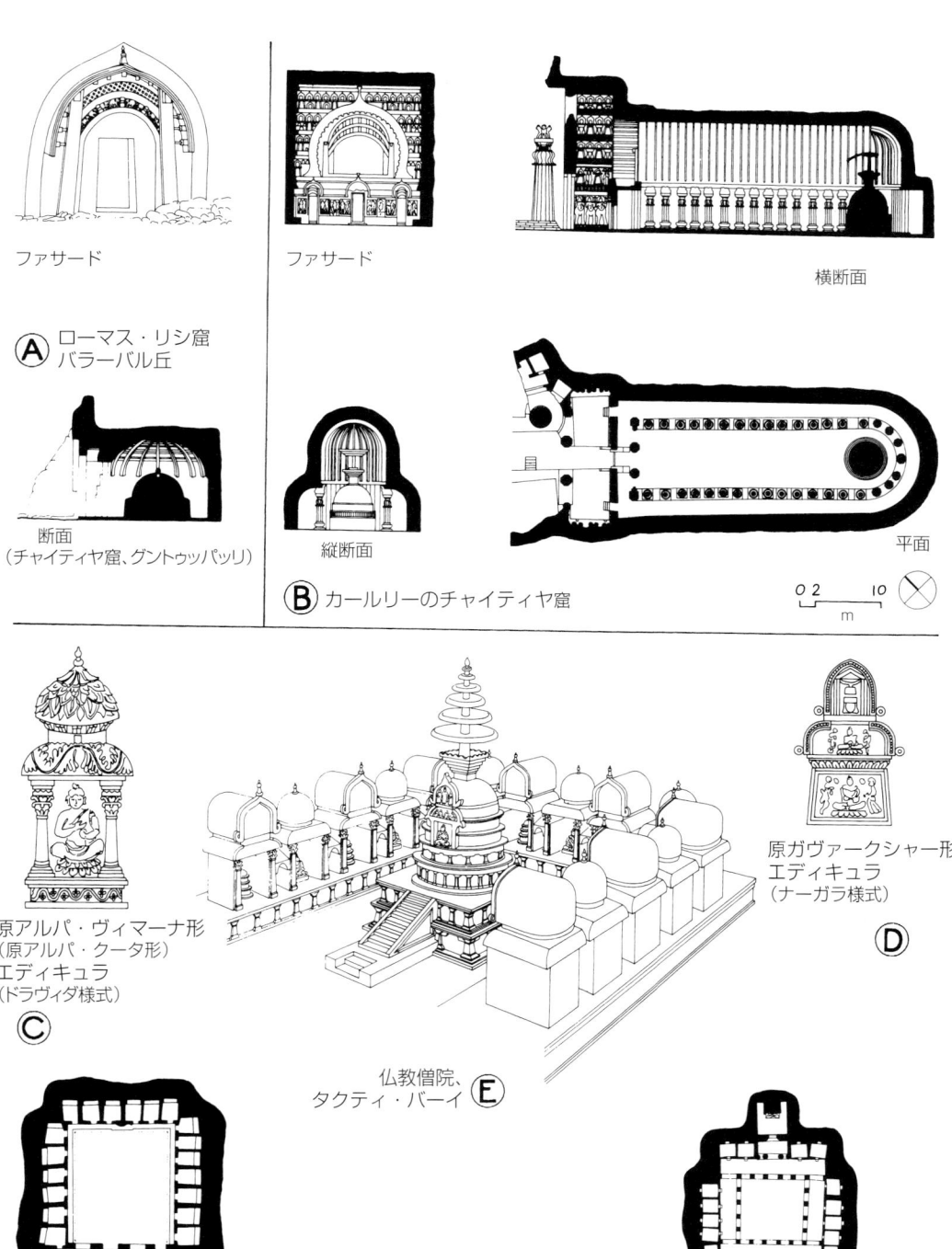

ファサード　　　ファサード　　　　　　　　　横断面

Ⓐ ローマス・リシ窟
　　バラーバル丘

断面　　　　　　縦断面　　　　　　　　　　　平面
（チャイティヤ窟、グントゥッパッリ）

Ⓑ カールリーのチャイティヤ窟

原アルパ・ヴィマーナ形
（原アルパ・クータ形）
エディキュラ
（ドラヴィダ様式）
Ⓒ

仏教僧院、
タクティ・バーイ Ⓔ

原ガヴァークシャー形
エディキュラ
（ナーガラ様式）
Ⓓ

ヴィハーラ第3窟
（ガウタミープトラ窟）、
ナーシク
Ⓕ

アジャンター第1窟の平面 Ⓖ

A 「パンドゥレニャ」のチャイティヤ窟第18窟(B.C.1世紀)とヴィハーラ第20窟(2世紀頃)、ナーシク　p.794、p.799参照

B チャイティヤ窟のファサード第19窟、アジャンター(5世紀後半)　p.794、p.799参照

C ヴィシュヴァカルマ窟、チャイティヤ・ホール第10窟のファサード、エローラ　p.794参照

マディヤ・プラデーシュ州のウダヤギリ、オリッサ州のカンダギリとウダヤギリでみられる石窟形式の僧院は仏教のものではなく、おそらくジャイナ教のものであっただろう。これらのうち最も保存状態の良いものは**オリッサ州ウダヤギリ**のラーニー・グンパーで、2層分の囲まれた巨大な中庭からなる。**マハーラーシュトラ州ナーシク**にある2世紀の**ガウタミープトラ窟**（第3窟）は、石窟形式のヴィハーラの典型的な構成を示している（p.795F）。それは正方形の広間（構築的な例においては中央中庭に相当する）と、その側壁および奥壁に沿って房室をあけたもので、通常は正面側にヴェランダを設けている。ガウタミープトラ窟の奥壁にはストゥーパの浮彫が刻まれている。この年代までにすでに、ヴィハーラは日々の生活のための施設というよりも僧院付属の寺院のようになっており、修行僧たちによる礼拝同様に、世俗信者のコミュニティによる礼拝にも使われていたのである。

紀元2世紀以降、石窟形式の建築はほとんど支援されなかったが、5世紀になってヴァーカータカ朝の支配者のもと、**マハーラーシュトラ州アジャンター**に、ヴィハーラ窟とチャイティヤ窟の両方が含まれた非常に多くの仏教石窟がつくりだされた。紀元初期の5つの石窟は感動的な馬蹄形の峡谷の側壁にすでに刻まれていた。アジャンターにおけるヴィハーラ窟の典型的な平面では、広間の中央に正方形に並べられた列柱が導入され、広間の奥壁中央にはしばしば前室を伴ったブッダ像の祠堂が配される（p.795G）。入口と祠堂とを結ぶ奥行方向の軸は、階段や敷居、戸口や柱列によって明示された幾重もの層を経て、強烈な太陽光の世界から暗い深みにある薄暗く照らされたブッダ像に向いているのである。平らな天井の中央部に描かれた蓮華を中心に配したマンダラ状のパターンは、多くのヒンドゥー寺院でみられる、彫刻されたり、しばしば持送りによる蓮華を表現した天井を予示している。

アジャンターは美しい説話の壁画で著名であるが、彩色はこれらのみではない。残存しているところでは、彫刻された面、平坦な面の両方ともに彩色が施されている。建築、彫刻、彩色は1つの完全な、ほとんど催眠作用のある経験を生み出すが、かつては儀式や反響する読経も伴っていたものであろう。

アジャンターの南西100 kmにある**マハーラーシュトラ州アウランガーバード**にはアジャンターでの着想をいくつか発展させたものを含む多くの仏教石窟がある。6世紀の第6窟と第7窟では、ブッダ像を収めた祠堂が広間の中心に配され、その地域の同時代のヒンドゥー教石窟において模倣された1つの概念である巡回通路を設けている。近くの**エローラ**では6世紀後半から8世紀初めにかけてのヴィハーラ窟の平面形の変種といえるものが実現しており、その中には2層、3層のヴィハーラ窟（第11窟と第12窟で、それぞれ「ドゥ・タール」、「ティン・タール」と呼ばれている）も含まれている。

建築言語

記念碑的な組積造の形態にみられるインドの宗教建築の本質的な様相は、その具象的な特徴である。レンガもしくは石造に使われた形式的で象徴的な言語は、木や草によりつくられた建物から由来した姿で構成されている。初期のストゥーパの欄楯（らんじゅん）や初期のチャイティヤ窟の内部空間が木造の原型にきちんと従っている一方、文字通りの写しではない形式化された言語が初期において発展し始めていたのである。

ストゥーパの入口や欄楯にみられる浮彫が、組積造の建築の中に数世紀にわたって長らく参照されてきた木造建築の類を示している。**サーンチー**の**大ストゥーパ**の門（西門）にあるブッダの母であるマーヤーの夢を表した浮彫は典型的であり、そこには複数階の宮殿すなわち「ハルミャ」によるにぎやかな町並みがみられる（p.791B）。インドの叙事詩の中に表れる超高層の宮殿の詩的な光景を表現した、おそらく理想化された姿であろうが、これらのハルミャの構造がよくわかる。その典型は頂部装飾を一列に並べた草葺き屋根が、端部で馬蹄形の破風となり、突き出した屋根窓のある（チャイティヤ・ホールと同様な）「半円筒ヴォールト」である。木造バルコニーが上層周りを取り囲むが、堂々とした見慣れた欄楯を有し、腕木（うでき）を頂く支柱を備えている。これらしばしば丸みのある草葺きの庇を支えるが、それは石造の丸刳形のコーニス（カポータ）やその他の庇状の刳形（くりかた）の起源である。

インド建築の表象的な性質には、構成要素としての小建築の象徴であるエディキュラ（小祠形）の重要性も加わる。このことは特にヒンドゥー寺院建築でみられることであるが、この特徴の根源は仏教の記念物に認められる。**タクティ・バーイ**の僧院（p.795E）のところですでに記した2つの祠堂の形式は、後述するようにその後の祠堂とエディキュラ・タイプの基本である。両者ともガンダーラの浮彫の中に描かれている。1つの形式は、たとえばロンドンの大英博物館に現在所蔵されている2世紀頃のある浮彫（p.795C）に、ブッダを祭っているものとして示されている。コリント式風の柱が庇と上部構造を支えているが、そのどちらも群葉で葺かれている。数世紀後、この形はドラヴィダのアルパ・ヴィマーナやクータ・エディキュラとして再登

植民地時代以前のヨーロッパ以外の建築

A ラーヴァナカーカイ窟(第14窟)、エローラ(7世紀初)　p.801 参照

B アルジュナの苦行の浮彫、マハーバリプラム(7世紀半ば)
p.797、p.814 参照

C 石窟、マハーバリプラム(7世紀後半)　p.799、p.801、p.814

場する（p.798B、p.810A、p.811G）が、一方、チャイティヤ・ホールの断面形を頂くタイプ（p.795D）はヴァーラービーという寺院形式やそれに対応するニッチ形式となった（p.806E、p.811B、p.825C）。

ガンダーラ地方のストゥーパの基壇には、後者の種類のニッチを有する場合がある。**パキスタン、タキシラ地方のシルカップ**にある「**双頭の鷲の祠堂**」（B.C.1世紀頃-A.D.1世紀）として知られるストゥーパの基壇は、この地方の折衷的な様相を反映し、尖頭形の「チャイティヤ・アーチ」のあるもの、サーンチーのトーラナ（門）に似た形のもの、そして三角形のヨーロッパのペディメントという、3つの形式のエディキュラ形式のニッチを有している。

チャイティヤ窟のファサードを初期のものと後期のもの（p.796A、B）とを比較すると、馬蹄形アーチの変形がみられ、その輪郭の曲線の美しさがますます強調され、構造に由来する表現からは隔たりをみせる。モチーフの小さな変種が、細長い欄楯パターンや階段状の傘のパターンとともに、初期のチャイティヤ・ホールのファサードやヴェランダの壁面を飾っている。多層の宮殿建築が表現される場合もあるが、すでに正確な表現では全くない。**ナーシクのパンドゥレニャ**（p.796A）でさえ、完全にふさがった列柱が刻まれており、欄楯のパターンは機能的な論理性を欠き、破風やストゥーパによって分断されている。

仏教における「偶像を用いない」段階があったのかどうかは議論の余地があるが、大乗仏教の繁栄に関連して、グプタ時代に過去および未来のブッダ像が、菩薩（聖人）の像とともに増殖したことは明らかである。その後、5世紀の**アジャンター**のチャイティヤ窟（第19窟、第26窟）では、巨大なブッダ像が豊かに飾られたストゥーパの正面につくられるとともに、身廊の列柱と半円筒ヴォールト天井との間の「ギャラリー」に小さな像が並んで表されている。そしてそれはチャイティヤ窟のファサード全体でも同様である。建築はそれに応じて発展している。これらのファサードは、数え切れない像を祭るための枠組を提供するために、規則的に繰り返される複層の宮殿を表現した浮彫により構成されている。相互につながって列をなすブッダを収める半円筒屋根の小建築（シャーラー）は、その後間もなく南インドで発展することになった寺院建築の言語の兆候を示すものであるが、第19窟のファサードの最上部に沿って並び、また、ヴィハーラである第1窟のヴェランダの列柱の上にも並ぶ。仏教建築のみならず、ヒンドゥー教建築においても小建築物の連なり（ハーラ）の趣向が広がりをみせ、石窟のファサード（p.798C）の上部や入口の上部にみられたり、一種のふさがった高窓層として表された。

柱

独立した石柱、すなわち「ラス」の断片が広範囲にわたって残されているが、最初期のものはアショーカ王の時代（B.C.3世紀）まで遡り、なかには彼の勅命を刻んだものもある。そうした柱の起源はしばしばペルシアと考えられているが、それがどうであれ、そのような柱は仏教にかかわる場所に関連づけられるようになった。柱は、約14mの高さに及ぶものもあるが、平滑な単一石の柱身を持ち、房飾りのような倒立した鐘形とその上にのるアバクスからなる磨かれた柱頭の上を動物像（ライオンや雄牛、象）で飾られる。**ウッタル・プラデーシュ州サールナート**出土の**ライオン柱**は、インド共和国のエンブレムとして使用されており、最も知られたものである。**ビハール州ラウリヤ・ナンダンガールのライオン柱**（p.828B）は昔日のままである。

この柱の類例は、小乗期の岩から切り出されたチャイティヤ窟やヴィハーラ窟でも用いられるようになった（p.793B、p.796A）。**マハーラーシュトラ州カールリーのチャイティヤ窟**（p.793B）でみられるものであるが、同種の柱は一本石で独立した姿で石窟の前に立っている。倒立の鐘もしくは房飾りは、その後、柱の構成要素のみならず、さまざまな建築の刳形に関係して表れる、潜在能力のシンボルである壺や瓶の形に融合されることになった。さらに明らかに壺である形が、柱の足元に表されることもしばしばである。「アショーカ王柱」のオーダーでみられるアバクスに代わり、縦溝のあるクッションの形すなわちアーマラカが現れるが、しばしば側面の開いた箱で枠取られ、倒立した階段ピラミッド状のものが上にのり、ストゥーパにのるハルミカーより上の部分に似た形となっている。

先例のない豊かさや種類の柱や柱形のデザインはグプタ期に出現し、実際に**マハーラーシュトラ州アジャンター**の5世紀の石窟でみることができる。鏡に映ったような、上下に円形のモチーフを有したタイプは、蓮華のメダイヨンで飾られた初期のストゥーパでみられる欄楯にまで遡って関係づけられる。あふれるばかりの壺（プールナガタ）の柱頭を持つタイプは、通常は無装飾なアバクスと持送りで上部を飾られるが、北インドの寺院建築の伝統に無数のタイプを派生させた。クッション形の柱頭（ガタ、すなわち「壺」、ここでは縦溝のあるアーマラカとして扱う）を備え、しばしばシーマや蓮華刳形を頂くタイプは、ドラヴィダすなわち南の寺院において標準となった形の基礎である。事実、ドラヴィダ寺院の外壁で普遍的にみられる細長い柱形

は、アジャンター第19窟のファサードで十分に成熟した形のものをみることができる。

ヒンドゥー寺院建築

紀元直前の千年の間、「ブラフマニズム」または「ヒンドゥーイズム」として知られる範囲の広い宗教的様相が、像として表された神々の崇拝を含んでいたことは確かである。そうした神々を収めるための初期のものは、現在でもインドのどの地方でも建っている粗末な祠のように、永続性のない材料によってつくられていたに違いない。組織された宗教において像崇拝の重要性が増すにつれて記念碑的な石・レンガ造の寺院が建てられ始め、レンガ造の建造物は紀元後初期のものが遺る。最初期の堅固な遺構は5世紀頃のもので、グプタ帝国の文化的環境のもとで成立したが、最初期の石窟形式のヒンドゥー教の祠堂も同時期に位置づけられている。寺院建設が大きく発展して華やかになるのは7世紀から13世紀にかけてである。それ以降はイスラムの侵入により多くの地域でそれらの伝統が混乱させられたが、14世紀から16世紀にかけてのヴィジャヤナガラ帝国や、そのさらに2世紀後にまで及ぶナーヤカ朝の支配者たちは、南インドにおいて非常に巨大な寺院複合体を後援した。その他の地域においても存続と復興がさまざまな時期に起こり、今日においても寺院は伝統的な手法で建設されている。

ジャイナ教徒（広い意味では自らをヒンドゥー教徒とみなしている）の寺院建築は、特定の時期や地域のものは基本的にはヒンドゥー寺院建築と異なるものではなく、しばしば同じ建築家や職人によってつくられ、さらには同じ支配者により後援されている。違いは造形や様式ではなく、むしろ図像の問題である。同様のことがヒンドゥー教の異なる宗派、すなわち最高神としてシヴァを信仰する宗派とヴィシュヌが最高位を占める宗派においても当てはまる。シーク教の寺院（グルドワラ）もここで取り上げる必要があろう。17世紀のシーク教創立以降、パンジャーブ州を中心にその信仰のために建設された。

主なる建築家（シュタパティ）は規準書（シャーストラ）に精通し、さまざまな階層の職人の全てを率いた。寺院の後援は、宗教的な功徳をもたらした。より重要な寺院の多くは王や女王によって創建されたが、その他の重要もしくは裕福な人々も後援者となり、時には商人や職人の組合が後援する場合もあった。いったん創立されると、寺院は土地を含めた敬虔な贈り物や財産を提供する対象となり、暮らしの中で社会的、経済的に極めて強大な役割を獲得したであろう。おそらく教育的および慈善的な機能を果たしていただろうし、聖職者や管理者から石工や踊り手、料理人や陶工にいたる数多くの従事者を抱えていただろう。

建築的、象徴的そして儀式的に最も重要なのは、祠堂それ自体、すなわち外壁と上部構造を有した至聖所である。至聖所は暗い立方体の小室で、「胎内室」を意味するガルバグリハと呼ばれ、神格を示す主なる像（ムールティー）を収めている。祠堂は神の住処としてシェルターを提供するためのみならず、その中で神の存在を明示し、神の世界に入ることを実現させる機能も有している。象徴的には、祠堂は神の住処であるとともに神の身体であり、多くのサンスクリット語による建築要素の表現はこのことを示す。具現化された神格は、その力を内部から発散させて、建築的な表現が主に示される外部表現に顕現するのである。同時に宇宙的象徴が祠堂の軸構成に明らかである。強調されるのは基本方位の軸であり、それらの交差する点からは至聖所の中心と上部構造の頂部装飾上の点とをつなぐ垂直軸（世界軸）が立ち上がる。この宇宙的象徴性を強めるために、マンダラすなわちヴァーストゥプルシャマンダラとして知られる宇宙図が、新しい寺院が建てられる土地の上に儀式として描かれるのである。

神学上の階層がヴァーストゥプルシャマンダラの格子に当てはめられているが、これは寺院に祭られている彫刻された神々の階層とは同じではない。主神格の中心的な像は、祠堂の基本方位軸上に表される。彫像の増加により、いくつかの中世の寺院では神話にかかわる像、神像、半神半人像、人物像そして動物像の騒然とした集合体になっている。伝統の中には官能的な天女が表され、時には愛し合う男女の天人が表される場合もある。人間としては王や賢人が描かれるのが普通だが、あまり重要な位置は占めていない。台座のような建築要素に説話を表現した装飾帯を含むことがあるが、しばしば叙事詩またはクリシュナの一生に関係した内容である。

こうした彫像はさておき、インドの寺院建築の全体的特徴は、その主要な種類において、彫刻的である。この特徴は、自然のままの石から祠堂を彫り出す初期の慣例から来ているものであるが、梁や持送り積みや水平層の積み上げに基づいた石造寺院で使われる構造技術に適している。同様な原則は素材がレンガの場合にも適用され、あるべき位置で刻まれ、下塗りされ、彩色が施されれば、概して同じ手法が用いられる石造での仕上げと区別がつかない。構造手段は全く「表現」されていないし、石やレンガを使って創造される木造草葺きの建物の表現における載荷や支持の論理に極め

て厳密に注意を払うことも同様に無意味である。それは本質的には形象であり、表現なのである。石やレンガの構築物は木造建物の姿でつくられ、組積造の言語に翻訳されたものである。描写は、ありのままで「築造」的であるよりむしろ、形式的で象徴的なものであり、木造の原型をさらに抽象的に表現したものである。

この表現の本質はエディキュラ的である。全体形はエディキュラすなわち祠堂の姿からなり、その相互関係は（物質的ではなく）形式的な構造物を基礎としている。最も簡単なものは除き、至聖所と塔は天空の多層の宮殿の考えを描いたものであるが、この神の宮殿は多くの住居を有している。神のための巨大な家は、さまざまな種類や規模の小さな家の集合体からなり、一神格に対する信仰を多くの姿や表現によって反映している。寺院の壁にあるそれぞれ彫刻された神格は、中央に祭られている絶対的な具体物の統合された姿を表すように、全ての祠堂の姿は部分的な神の家の全体形を映している。

構成におけるエディキュラの要素が「表面装飾」ではないということを理解することは重要である。それらは形式的にも象徴的にも重要であるのみならず、それらが三次元的に構成されて、背景に嵌め込まれ、もしくは背景から出現したりするのである。さまざまな伝統は、祠堂全体が成長やダイナミズムの表現を増加するように吹き込まれる形で発展しているのである。相互に貫通する形は、放射状に出現したり拡大してみえるように形作られる。こうして寺院というものは、連続するプロセスとしての神性の表出を鮮明に象徴したものとして理解され、それにより絶対的存在が世界に大量に生み出されるにつれ多様性の中に統一が現れるのである。

7世紀の初めまでに、インドの寺院建築はナーガラとドラヴィダとして文献上分類される2つの主なる流れに区別されるようになった。前者は北インドと関係し、後者は南インドに関係するが、どちらも地域に完全に限定されたものではない。ナーガラ様式の祠堂は曲面を有する尖塔すなわちシカラによりすぐに識別可能であり、ドラヴィダ様式のものは層状ピラミッドの形によりすぐに識別可能である。ナーガラ様式とドラヴィダ様式はしばしば北部と南部の「様式」として言及されるが、おそらく建築的な「言語」という方がより妥当な表現であろう。それぞれはあるひとつのボキャブラリー、ある範囲の要素、そしてこれらをともに言い表すある一定の法則を規定する。主として、これらの言語はエディキュラの形式やこれらが組み合わされる方法により特徴づけられている。建築的な「オーダー」の基本的な要素とみられるのは、エディキュラであって柱ではない。特徴的な柱の形式はナーガラとドラヴィダのどちらかに関連しているが、それだけということはなく、また全体の構成の鍵とは決してならない。

石窟寺院

マディヤ・プラデーシュ州ウダヤギリの5世紀のグプタ石窟は、その建築よりも刻まれた神話の場面の方がより重要である。ヒンドゥー石窟の建築としての繁栄は次の世紀以降であり、北西デカンや隣接するコンカンの海岸沿いの地域において、アジャンターやアウランガーバードの仏教石窟で発達した伝統が引き継がれたのである。

こうした建築の経験に固有なのは、至聖所自体の内部はもちろん、**エローラのラーヴァナカーカイ窟**（p.798A）でみられるように、壁面の全ての区画を満たす複雑な神話世界のパネルにおける彫刻の圧倒的な存在感である。迫力のある彫刻パネルは、6世紀前半の**ボンベイ（現ムンバイ）のエレファンタのシヴァ石窟**でみられる。広大な多柱ホールでは梁形が東西方向を強調し、長手方向の軸が四面に入口のある至聖所に向かっている。その交差する軸は南壁面のマヘシュヴァラ像に向かっている。

6世紀後半の**エローラのラメシュヴァラ窟**（第21窟、p.803B）の平面は、この地のヒンドゥー石窟の最初期の特徴を示している。同じ時代のもので、様式的にも関連を持つものとしては、初期チャールキャ朝の都**カルナータカ州のバーダーミ**や近くの**アイホーレ**にある、同王朝にかかわる美しいヒンドゥーとジャイナの石窟がある。**アイホーレのラーヴァラ・ファーディ窟**（p.816A）は、石窟的な至聖所の上にのる構築的な寺院の塔のように、神の山の考えを喚起するために、地表から露出した岩の下方に配されている。

6世紀末頃、石窟を刻む伝統がアーンドラ・プラデーシュ州やタミル・ナードゥ州において確立された。これらの密接に関係した伝統は、仏教建築およびアーンドラ地方における説話的な彫刻の遺産を引き継ぎ、そして両者はこれらの地域の構築的な寺院建築を予見させる細部を示している。たとえば、丸軒蛇腹（カポータ）の上にのる小建築の列（ハーラ）は、その様式化されたものがアジャンターでみられるが、**アーンドラ・プラデーシュ州ウンダヴァッリ**の3層の石窟複合体のファサードや、後述の**タミル・ナードゥ州マハーバリプラム（マーマッラプラム）**にある（7-8世紀の）パッラヴァ朝の石窟群（p.798C）に表れている。海岸沿いにある一本石彫りの「ラタ」群は、ドラヴィダ様式の寺院建築との関係を議論されるだろう。マハーバリプラムの

ヴァーラハ窟上方の花崗岩の丘は、「天然の上部構造」でもある。**アーンドラ・プラデーシュ州ヴィジャヤワダのアッカンナー・マダンナ窟**の上方には、岩から彫り出されたプロト・ドラヴィダ様式（「原南型」）の上部構造の一部が遺っている。

エローラでは8世紀にラーシュトラクータ朝のもとで石窟建築の第2期を迎えたが、石窟の平面が構築的な寺院の平面に近い形をとることが多くなった。たとえば**インドラサバー**（第32窟）という、その前庭に、一本石彫りの独立柱や象とともに、ドラヴィダ様式の姿の一本石彫りのヴィマーナ（祠堂）を有するジャイナ教の2層の石窟のように、南型寺院の建築的伝統との接触により、多くのドラヴィダ様式的特徴がみられる。

インドラサバーの前庭の独立柱は、それより数十年前に完成したエローラで最も有名な複合体でもみられる特徴である。これはインドの単一石彫り寺院の中でも最も偉大なものの中心にあり、シヴァ神の住処である山の名にちなんで**カイラーサ**と名づけられている（p.817C）。寺院は幅約40mで、丘の奥に80mほど大きく掘られたピットの中に刻み出されており、そのピットの周囲には列柱や石窟祠堂が彫られている。等身大の象による支えの表現を含んだ8mの高さの基壇の上に寺院があり、中庭面からの高さ33mに及ぶ塔は、**カルナータカ州パッタダカル**にある偉大なドラヴィダ様式の建築（p.816B）からの発展である。

寺院配置

祠堂そのものを構成している内陣と上部構造とをあわせて、ドラヴィダの言葉ではヴィマーナ（サンスクリット起源のmaすなわち「計ること」に由来）と呼び、ナーガラ様式に対してはムーラプラサーダ（主なるプラサーダすなわち主寺院を意味しており、プラサーダは「座」や「宮殿」を意味する）と呼んでいる。時に内部のプラダクシーナパタ（繞道）が聖室の周囲に設けられる。

個々の礼拝者たちはダルシャナ、すなわち神を「観る」ために祠堂を訪れ、聖職者の助けを得ながら内陣内の神像の前に奉納する。ヒンドゥーの礼拝は基本的には集会を伴ったものではなく、寺院の唯一の本質は、通常東面する象徴的な敷居や戸口を有した祠堂そのものである。しかしながら、最も基本的な寺院以外の全てにおいて、少なくともポーチといったその他の要素が備わり、祠堂前室（アンタラーラ）や広間（マンダパ）が備わることもしばしばである。

マンダパは、特に北インドの伝統では平らに屋根が葺かれるか、もしくはピラミッド状の上部構造を有し、時には、ムーラプラサーダの上部構造と同じように複雑な構成を持つ場合もある。マンダパの天井は梁とスラブの構造から始まり、それが基本構法であり続けた。三角形のスラブが隅部を渡すために連続的に用いられ、入れ子状正方形による徐々に小さくなるパターンをつくりだしている。天井のデザインの多くはマンダラやヤントラ——瞑想用の宇宙を表現したダイヤグラム——のようにみえるだろう。最も印象的なのは中世に発達した蓮華状デザインのドームで、持送り式の石積みによる求心的な輪が雄しべのようなペンダントの形をした最頂部の石材まで持ち上がるものである。**ラージャスターン州アーブー山**のディルワラにある12世紀の白大理石によるジャイナ寺院（p.804）は、レース状の複雑さの極致に達したものである。

中世期を通じて、神話にかかわる聖なる音楽やダンス、説法や吟唱を行うための付加的な構造物に対する必要性が生じてきた。開放的な列柱広間が閉鎖的なマンダパのかわりか、もしくは閉鎖的なマンダパと軸線をそろえた正面に置かれるが、それらはしばしば周縁にパラペット状の背もたれのある腰掛け（カクシャーサナ）を有している（p.819A）。中央インドで有名な**マディヤ・プラデーシュ州カジュラーホ**（p.803E）では、主なるマンダパは2つの連続するポーチを前方に備え、明から暗、俗から聖への方向性が内へ向かって段階的に強調されている。ポーチの上部構造は、マンダパの上部構造とともに、祠堂それ自体の上部構造の「山頂」から次第に低くなっている（p.812B）。副次的な本殿すなわちプラサーダは、さまざまな方法で寺院のデザインの中で統合されている。多くの寺院、特にナーガラ様式のものでは、寺院全体が建つモールディングのある基礎や土台に加え、巡回する基壇（ジャガティ）の上にのせられており、時にはその隅部に小さな副次的な祠堂も配される。そのように形作られる5つの祠堂（パンチャーヤータナ）の配置は、**マディヤ・プラデーシュ州デオガル**の**ダシャヴァターラ**という6世紀のグプタ寺院ですでにみられる。シヴァを祭った寺院はシヴァの乗り物である雄牛ナンディの像を収める独立した堂を正面に持つことがある。

重要な寺院は、プラカーラと呼ばれる壁による囲みの中に置かれることがあるが、場合によっては、8世紀の最初の四半世紀にパッラヴァ王ラージャシンハにより建てられた、**タミル・ナードゥ州カーンチープラムのカイラーサナータ寺院**（ラージャシンヘシュヴァラ寺院、p.803D）のように、小さな祠堂の列によって囲まれる場合もある。北方で最も着目すべき寺院の囲みは、**グジャラート州クンバリアやラージャスターン州ディルワラの11世紀から12世紀の寺院群**をはじめとする西インドのジャイナ寺院のもので、**ラージャスターン**

第 26 章 インド亜大陸 803

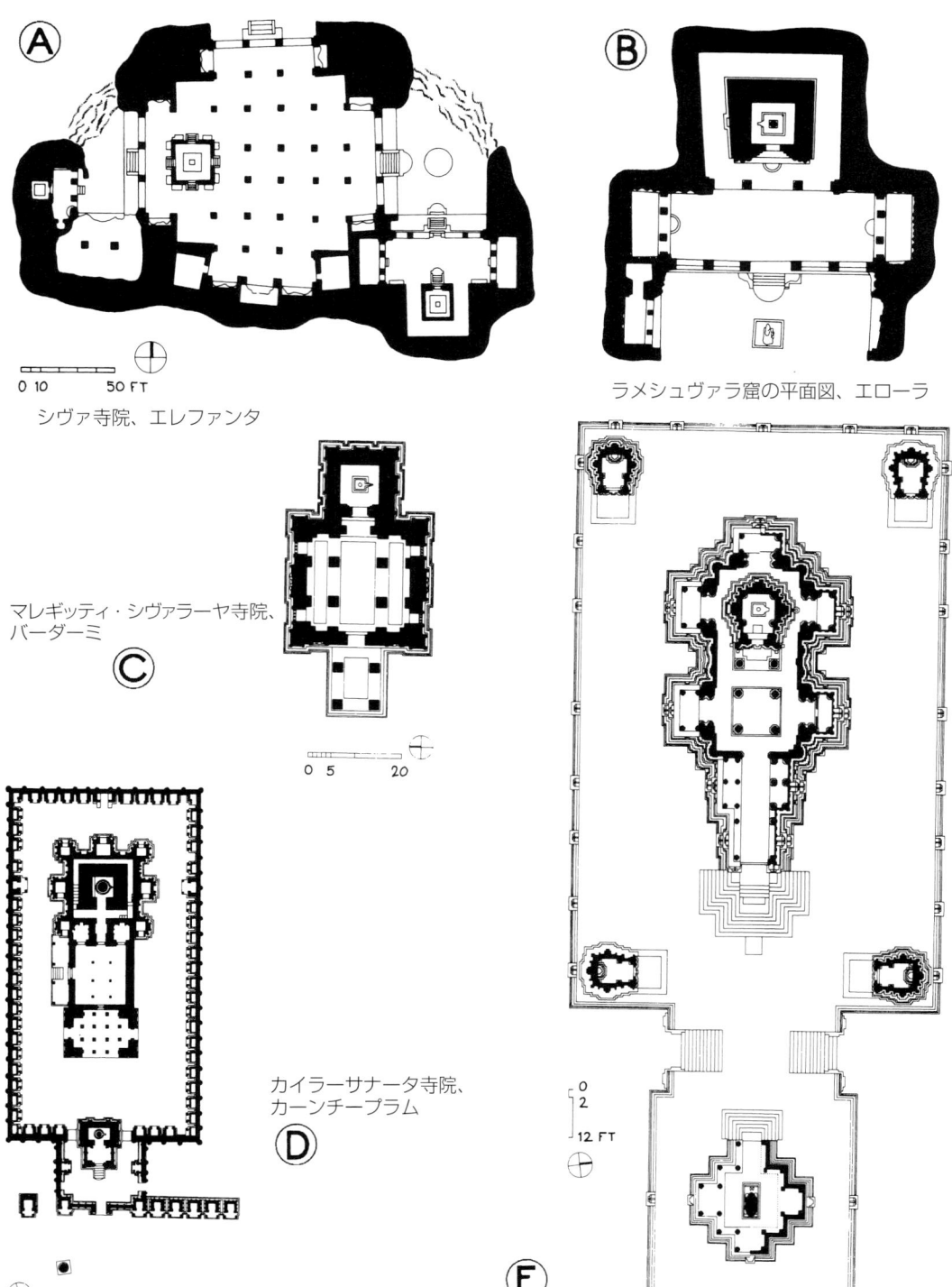

A シヴァ寺院、エレファンタ

B ラメシュヴァラ窟の平面図、エローラ

C マレギッティ・シヴァラーヤ寺院、バーダーミ

D カイラーサナータ寺院、カーンチープラム

E ヴィシュヴァナータ寺院およびナンディ寺院、カジュラーホ

アーディナータ（ヴィマラ・ヴァサイ）寺院、マンダパ内観（12世紀）、ディルワラ、アーブー山　p.802 参照

州ラーナクプルの**アーディナータ寺院**で頂点を極めた。初期の寺院の囲みは矩形であったが、後者のものは正方形で、84 の塔のある小寺院で周囲を縁取り、主なる中央の祠堂の 4 つの基本方位軸上にある 3 層の玄関ホールを通って入るのである。西の玄関ホールは最も重要で、東西軸の優位性を示している。囲みの中の 4 つの副次的な祠堂が、寺院にパンチャーヤタナの構成を与えている。白大理石による列柱のマンダパは、16 の主なるドームの架かった開放的な上層部分から採光している。

　寺院はアーチ門（トーラナ）を前方に配することがあり、**オリッサ州、ブバネーシュワルのムクテシュヴァラ寺院**はそうした例である。トーラナは、囲みの壁に組み込まれるよりもむしろ独立して立てられることが普通である。南インドでは寺院の囲みには塔状の門（ゴープラ）を通って入るのが一般的である。ゴープラのデザインはドラヴィダ寺院に関係しており、以下にて扱う。

　南インドの後世の「寺院都市」は、最も大規模な複合体である。それらの継続的に建設された求心的なプラカーラは、貯水池や数多くの祠堂、「千柱広間」や教育施設、居住区域、ダイニング・ホール、穀倉やその他の貯蔵庫を囲んでいる。追加されるプラカーラがある場合、1 つもしくは複数のゴープラは、それ以前に建てられたゴープラよりも背が高く、こうした遠心的な拡張が、個々の祠堂において感じられるのと同じような神の力の放射の表現となっている。**タミル・ナードゥ州チダムバラムのナタラージャ寺院**は最初期（主に 12-13 世紀）のこうした巨大複合体であり、それ以降の例としては、大部分が 16 世紀に属する**タミル・ナードゥ州カーンチープラムのエーカンバレーシュヴァラ寺院**（p.822A）や、主に 17 世紀から 18 世紀に属する**タミル・ナードゥ州マドゥライ**の**大寺院**（ミナクシー寺院、p.823A）がある。マドゥライの複合体のプードゥー・マンダパは、タミル・ナードゥ州における優れた 17 世紀の列柱式建造物の 1 つであり、他にも**タミル・ナードゥ州ラメシュワラム**の巨大なチョッカッタムの柱廊や**タミル・ナードゥ州シュリーランガムのランガナータ寺院**にある、柱に後ろ足で立つ巨大な馬を表した 17 世紀の「馬のマンダパ」がある。シュリーランガムの複合体は、ティルチラパッリ近くにあるが、63 ha の規模で、7 つのプラカーラを有する規準上で完全なものである。最も外側のプラカーラに設けられた南のゴープラは、世界で最も高いものであるが、最近完成したばかりである。

貯水池および階段井戸

　寺院が水と関係していることは常に重要であり、副次的な構造物で最も印象的なものがおそらく貯水池であろう。それらの周囲は普通階段状につくられ、**グジャラート州モデーラ**にある 11 世紀の**スーリヤ寺院**の前に設けられている巨大な貯水池でみられるように、小さな祠堂で縁取られるものもある。

　寺院とは異なるが、しかし利便性の高さとともに神聖さを重要とするものは、グジャラート州に建てられた壮大なものやラージャスターン州のいくらか規模の小さなものがある中世の階段井戸であり、それらはヒンドゥーとムスリムの両支配下で創造された。井戸は円柱と梁による開放的な建造物の中を降りていく一続きの階段によって到達される。これらの井戸の中で最も記念碑的なものは、最近発掘された 11 世紀後半の**グジャラート州パータンのラーニー・ヴァヴ**（女王の井戸）であり、寺院同様に彫像や装飾で豊かに飾られている。

　寺院内外でみられる水源に対するこうした概念は**カルナータカ州スーディ**の 11 世紀初期の貯水池によって明快に表現されている。

ナーガラ様式の寺院

　中インドにおけるグプタ朝を背景とした文化的環境は、**ウッタル・プラデーシュ州のビータルガオン**の 5 世紀のレンガ造寺院のような、原ナーガラ様式の記念建築物を生み出した。ナーガラ様式を表現する「言語」を規定する形態のひとまとまりが確定した途端、このひとまとまりの形がさまざまにアレンジされ、単純なシカラ（塔）を持つ初期のラティナ型に付加される形で、さまざまな組合せによる形式が生み出された。ヴァーラービー式、シェーカーリー式、そしてブーミジャー式が有名で、これらについては後述する。

　共通の建築言語が共有されるけれども、大きく変化した様式的特徴もみられるようになった。たとえば、グジャラート州やオリッサ州における同時代の寺院は、その構成としては非常に類似しているが、プロポーションや刳形の形状、嵌め込まれる装飾、そして彫刻手法の「作風」の違いのため、全く異なった感じを受ける。非常に大ざっぱにいえば、ナーガラ様式の建築の全般的な様式上の領域は 7 世紀頃から出現したとみられる。最も重要なのは西インドと密接に関連する中インド、そして東インド（主にオリッサ州）、そしてデカン（マハーラーシュトラ州、カルナータカ州、アーンドラ州）という地域である。

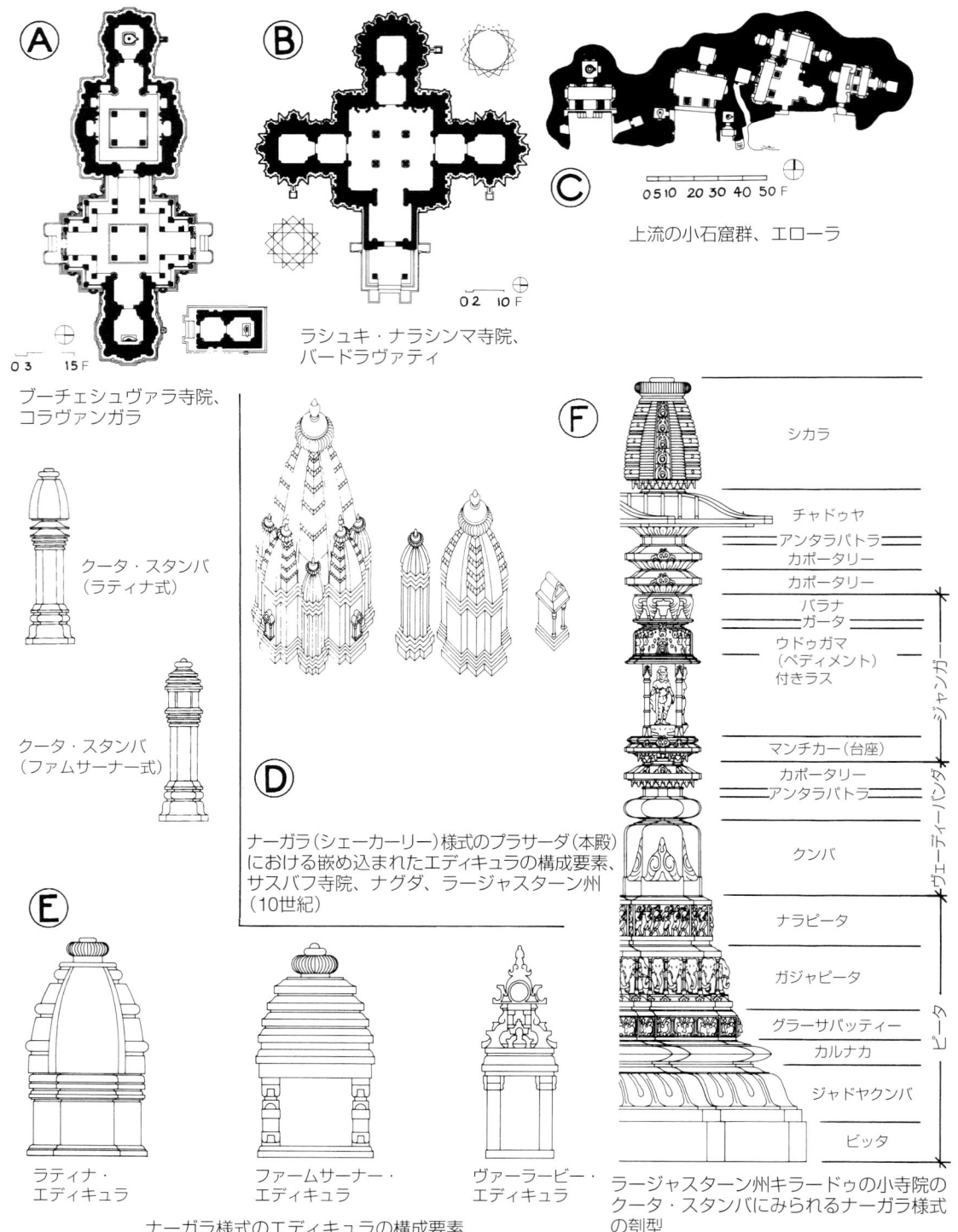

A ブーチェシュヴァラ寺院、コラヴァンガラ

B ラシュキ・ナラシンマ寺院、バードラヴァティ

C 上流の小石窟群、エローラ

クータ・スタンバ（ラティナ式）

クータ・スタンバ（ファムサーナー式）

D ナーガラ（シェーカーリー）様式のプラサーダ（本殿）における嵌め込まれたエディキュラの構成要素、サスバフ寺院、ナグダ、ラージャスターン州（10世紀）

E ラティナ・エディキュラ／ファームサーナー・エディキュラ／ヴァーラービー・エディキュラ

ナーガラ様式のエディキュラの構成要素

F シカラ／チャドゥヤ／アンタラパトラ／カポータリー／カポータリー／バラナ／ガータ／ウドゥガマ（ペディメント）付きラス／マンチカー（台座）／カポータリー／アンタラパトラ／クンバ／ナラピータ／ガジャピータ／グラーサパッティー／カルナカ／ジャドヤクンバ／ピッタ／ジャンガー／ヴェーディーバンダ／ピータ

ラージャスターン州キラードゥの小寺院のクータ・スタンバにみられるナーガラ様式の刻型

第 26 章　インド亜大陸　807

A　ラクシュマナ寺院、シルプル（7 世紀初頃）　p.808 参照

B　ガラガナータ寺院、シカラ（8 世紀半ば）、パッタダカル
p.809 参照

C　ガーテシュヴァラ寺院、バドリー（10 世紀）　p.808 参照

水平の刳形層の形式やその積み重なりは、異なる流派や異なる様式の地域のナーガラ様式の寺院建築であってもほぼ共通である。概して、各刳形は石積み層に一致し、建築的な機能とともに、象徴的な意味を有している。**ラージャスターン州キラードゥ**のより小さな**シヴァ寺院**(p.806F)は、地表面から塔の基部まで刳形を有する。これが発展した 11 世紀の祠堂は、その時代に存在した刳形のほぼ全てを有している。あまり装飾的でない寺院は刳形の施された 2 段目の基礎(ピータ)を持たないが、最初期から本来の基礎(ヴェディーバンダ)要素は普遍的なものであり(p.807C、p.812A、p.815B)、カポータリー(張り出した屋根を表現したもの)、しばしば切り離されたアンタラパトラ(凹み)、カラシャ(「瓶」の意味で、クッション状の要素)、クンバ(「壺」の意味)、クラ(「亀」の意味。クンバの下にあり、しばしばクンバとクラはひとまとまりで扱われる)がみられる。例に示されたように、壁の部分(ジャンガー、「太もも」の意)は柱の装飾列を表すように象られている。

柱のデザインに関しては、これこそナーガラ様式の「オーダー」と呼べるものはないが、多くのタイプはプールナガタ(「あふれるばかりの壺」)の形をした柱頭を有している。

ラティナ式

ラティナ式(p.811A)は、それ以上分割できないもので、組合せではない。すなわち、その形はその他の形式とは異なり、本質的にはエディキュラの集合体ではないのである。ひとまとまりであるシカラ(尖塔)の各側面は水平方向の刳形で形成されているが、層をなす神々の宮殿の張り出した草葺きの軒の表現であり、初期の例では、疑似的な列柱廊を囲んでいる場合もある。頂部の台(スカンダ、「肩」の意)の上では垂直軸を表す円筒形の柱状要素(グリーヴァ、「首」の意)が「歯の付いた車輪」すなわちアーマラカ(「ミロバランの実」の意)を支えている。その上にはカラシャ(壺状の頂部装飾)が垂直軸の頂点を特徴づけている。

シカラの角部の軒状の層は、数層ごとに、アーマラカ状の要素によってアクセントがつけられている。これらの頂部を飾る要素がこの位置でみられるのは、一体的な姿へ変わる前の初期段階、たとえば**マディヤ・プラデーシュ州**の**シルプル**にある**ラクシュマナ寺院**(p.807A)でみられるような、多数のエディキュラのある「プロト・ラティナ」の形の名残である。

カルナータカ州アイホーレやデカンのその他の場所で、初期チャールキヤ朝によって 7 世紀から 8 世紀の間に建立されたラティナ式の寺院は、ドラヴィダ様式やその他の種類の寺院と並んで、最初期の十分に発達したこれらの例である。西インドでは**グジャラート州のローダー**や**ラージャスターン州のオーシアン**といった地域を中心に、ラティナ式が 8 世紀から 10 世紀にかけて全盛期を迎える。**ラージャスターン州のバドリー**(バロリー)の 10 世紀に比定される**ガーテシュヴァラ寺院**(p.807C)は、手の込んだ一例である。この後まもなく、ラティナ式は、その地域において、派手な寺院に使われるようになったシェーカーリー式より劣るとみなされ始めた。

オリッサ地域の石工は、しかしながら、ラティナ式に対して忠実であり続けた。ともに**ブバネーシュワル**にある質実剛健な**パラシュラメシュヴァラ寺院**(600 頃)から繊細優雅な**ムクテシュヴァラ寺院**(9-10 世紀)への発展をたどることができる。後のオリッサ地域のものにはラティナ式の中でも最も著名な 3 つのモニュメントが含まれているが、それらは**ブバネーシュワルのリンガラージャ寺院**(11 世紀後半)、**プーリーのジャガンナータ寺院**(12 世紀)、そして**コナーラク**にある豊かに彫刻された**太陽寺院**(太陽神であるスーリヤの寺院、13 世紀)である。コナーラクの寺院のシカラはもはや建っていない。リンガラージャ寺院とジャガンナータ寺院のものは、それぞれ 37 m と 57 m の高さでそびえている。

ラティナ式のプラサーダのより発展した形は、壁面を突出させるもので、ひとつの壁面に数にして 3、5 のものから 7 のものさえあり、それはシカラの部分にまで連続し、そして基本方位軸に沿って次第に膨らんだ(p.807C)。全体として祠堂はひとまとまりではあるけれども、二次的な小祠形が壁の突出やシカラの凹みにみられ、各壁面中央の壁の突出は最も重要で、外側における主要な崇拝対象を祭っている。

この種類の寺院の形態生成の重要な役割は、ここでガヴァークシャ(「雄牛の目」)と呼んでいる馬蹄形のアーチのモチーフによって演じられている。これはシカラにみられる層状の軒においては屋根窓として現れ、そして小祠形のより小さなもののペディメントやアンタラーラ(前室)の上にあたる塔の前面に突き出したスーカナーサ(「オウムの嘴」)にも現れる。このモチーフは窓や太陽や蓮華の連想を伴い、内的世界と外的世界との移り変わりを示す強い象徴性を有し、さらにそれが編まれたようなパターンにより補強される。広く使われる配列は半分のガヴァークシャを 2 つ置いた上に、完全なガヴァークシャをのせたものであるが、すでに記したものである。2 つに分けられたガヴァークシャのアイディアの出現の過程については、エローラの第 10 窟に関連して知ることができる。この概念は

アーンドラ・プラデーシュ州アーランプルや**カルナータ
カ州パッタダカル**(p.807B)における初期チャールキャ
朝のラティナ式の建築の、特に彫刻手法において発展
した。

ヴァーラービー式

　ナーガラ様式の中には、ラティナ式とは別に、ヴァ
ラービー式(p.811B)がもう１つの最初期の形式として
存在し、基本的な構成物としてラティナ式シカラを含
まない唯一のものである。そのかわりに、ガヴァーク
シャのパターンによって頂部を飾るエディキュラの構
成要素から成り立っている。

　ひとつのガヴァークシャと半分のガヴァークシャの
組合せの発展の過程は、すでに記した通り、同様な配
列のより小さなものをその内側に収めるというもので、
それよりもさらに小さなものをその内側に反復させる
こともある。これは平面を矩形とし、至聖所へ入る向
きに対して垂直に置かれたトンネル・ヴォールト屋根
状の上部構造を持つ。その長手方向の両端は、次第に
縮小されるガヴァークシャのパターンに基づいた立面
の扱われ方で、１つの中にもう１つを内接させ、前方
に次第に突き出していき、二分した要素が左右に離れ
ていくのと同時に、外側に向けて順次飛び出していく
ような印象を与える。

　この種の寺院の例は主に８世紀に属しており、最も
著名なものには**マディヤ・プラデーシュ州グワーリオー
ル**にある**テリ・カ・マンディール**や、**オリッサ州ブバネー
シュワル**の**ヴァイタール・デウル**がある。簡素なものは、
ヒマラヤ山脈の麓の丘陵地帯にある、**ジャーゲーシュ
ヴァラ**(p.825C)でみられる。ここでは、この形は、ラ
ティナ式の寺院のスーカナーサにおいても認められ、
ラティナ式シカラの正面以外の３つの側面にある祠堂
のイメージが著しく大胆に現れ出たようである。

シェーカーリー式

　ナーガラ様式のシェーカーリー式が10世紀に西お
よび中インドで現れ、それらの地域では、その後の数
世紀にわたり、より雄大な寺院では支配的なタイプで
あり続けた。オリッサ州ではラティナ式が祠堂の主な
る形式としてあり続けたが、シェーカーリー式が知ら
れていないわけではない（11世紀の**ブバネーシュワル**の
ラージャラーニ寺院）。

　シェーカーリー式の本殿の中でも最も基本的な形
(p.806D)は、３つの突き出しが千鳥状にされた正方形
平面を基本とし、中央のラティナ式の本殿形は、マン
ダパの接続している側面を除いた三側面のそれぞれを、
半分のより小さなラティナ式本殿形によって中央で支
持されている。概念的には、これらの半分の本殿形は、
祠堂の基本方位軸に沿って出現する、半分埋め込まれ
た完全な本殿形なのである。隅部では４分の１だけ埋
め込まれたものでクータ・スタンバといい、ラティナ
式のシカラを冠した柱形となる。

　960年に献堂された**ラージャスターン州ジャガト**にあ
る非常に美しい小さな**アンバマタ寺院**(p.812A)は、根
本的には最も基本的な姿のシェーカーリー式であり、
各壁面中央の突出部に３つの二次的なエディキュラの
構成物が付加されているが、その突出部は小さなマン
ダパ（ホール）によって頂部を飾り、その両脇は２本の
ほっそりとしたクータ・スタンバの形をとっている。

　特徴として、この形式の発展は放射状に展開するが、
構成の最も基本となる型が上部構造の上方部分であり、
そこから下に向かって、いわば、増殖して全体形とな
る。これは**マディヤ・プラデーシュ州カジュラーホ**にあ
る**ラクシュマナ寺院とヴィシュヴァナータ寺院**(それぞ
れ建設年は954と1002、p.812B)のムーラプラサーダ
に示される。両者のケースは、シェーカーリー式の基
本形が５つの突出部の最下層の上にのり、隅部と中間
の突出部をクータ・スタンバとする一方で、クータ・
スタンバを両側に押しのけて重ねている中央の突出部
はガヴァークシャのあるペディメントを伴うバルコ
ニー状のポーチとし、至聖所周囲の繞道に採光してい
る。

　規模は小さいが、基本的には同様の構成が**グジャラー
ト州アソーダ**にある**ジャスマルナータ・マハーデーヴァ
寺院**(p.812C)の副祠堂においてみられる。ここでの主
祠堂は、上方部分はシェーカーリー式の基本形の姿を
保っているが、さらなる複雑さの度合いを示している。
付加的に取り囲むシカラが各側面から連続的に出現し、
半シカラの脇には４分の１シカラが寄り添っているの
である。概念的には４分の３が取り囲まれた本殿の形
に属し、基本方位軸に沿ってそれ自体を複写する形を
有するという全体のパターンが部分部分で繰り返され
ているのである。

　カジュラーホにある11世紀の**カンダーリヤー・マ
ハーデーヴァ寺院**は(p.811D、p.812D)は、基本方位軸
上に出現する４つの中央のシカラ群（すなわち、中央
のシカラを含んで５つのシカラによる形）を有し、４分
の１シカラやクータ・スタンバを冠したシカラを付加
させている。後者は部分的に重なる正方形に基づいた
ものであるが、平面が著しく発展し、中央部分がさら
に前方に押し出され、隅部はその他の突出部と一緒に
なってしまっている。そのため、平面形は段状になっ
たダイヤモンド型である。

810 | 植民地時代以前のヨーロッパ以外の建築

Ⓐ

クータ・エディキュラ

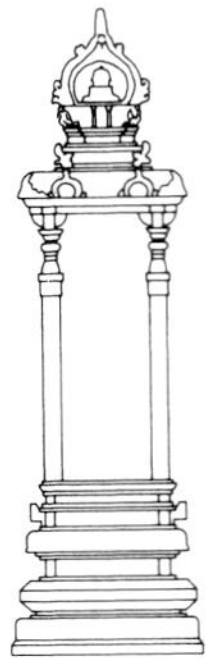

パンジャーラー・エディキュラ

シャーラー・エディキュラ

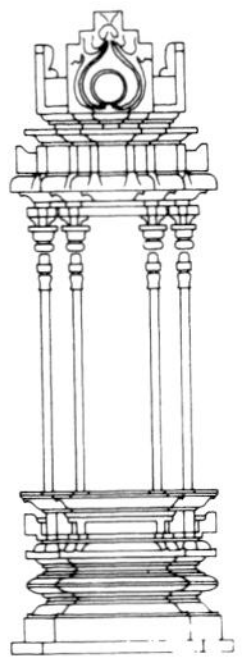

千鳥形のエディキュラ

Ⓑ

シカラ
グリーヴァ
ヴェーディー
ヴィヤーラマーラー
カポータ

ヴェーディー
ヴィヤーラマーラー
カポータ
ガラ
クムダ
ジャガティー
ウパーナ

プラシュタラ
パーダ
アディスターナ

カルナータカ州パッタダカルのマリカルジュナ寺院の
パンジャーラー・エディキュラにみられるドラヴィダ
様式の刳形

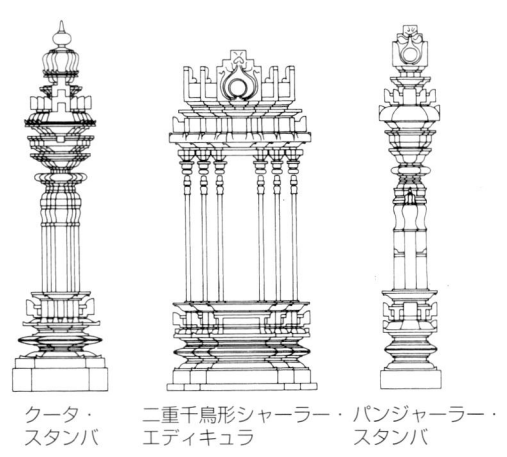

クータ・スタンバ

二重千鳥形シャーラー・エディキュラ

パンジャーラー・スタンバ

ドラヴィダ様式のエディキュラ形構成要素

ドラヴィダ様式のヴィマーナ(本殿)における嵌め込まれた
エディキュラの構成要素、アーンドラ・プラデーシュ州
バヴァナシ・サンガムのブージャンゲシュヴァラ寺院

Ⓒ

第 26 章　インド亜大陸　　811

ナーガラ様式

ラティナ式
クラコタケシュヴァラ寺院、
ナレサル、マディヤ・
プラデーシュ州（8世紀）

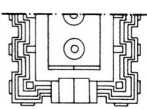

ヴァーラービー式
ヴァタール・デウル、
ブヴァネーシュワル、
オリッサ州（8世紀）

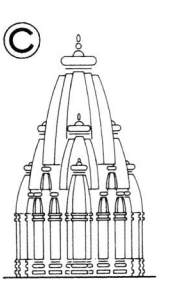

シェーカーリー式
（拡張した正方形プラン）
バイジャナータ・
マハーデーヴァ寺院、
バドナヴァル、マディヤ・
プラデーシュ州（1100年頃）

シェーカーリー式
（段状ダイヤモンド形プラン）
カンダーリヤ・
マハーデーヴァ寺院、
カジュラーホ、マディヤ・
プラデーシュ州（11世紀）

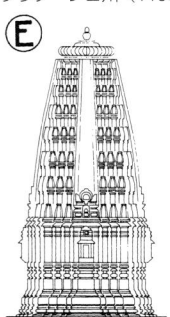

ブーミジャー式
（拡張した正方形プラン）
ゴンデシュヴァラ寺院、
シンナール、
マハーラーシュトラ州（12世紀）

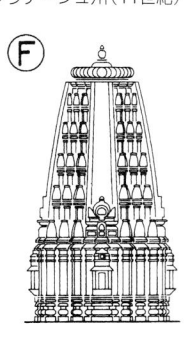

ブーミジャー式
（星形プラン）第2マハー
カレーシュヴァラ寺院、
ウン、マディヤ・
プラデーシュ州（11世紀）

ドラヴィダ様式

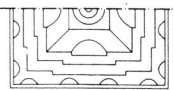

アルパ・ヴィマーナ
シヴァ寺院、エナディ、
タミル・ナードゥ州（10世紀）

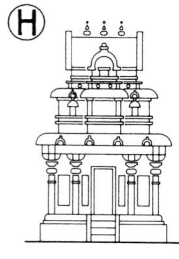
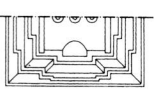

シャーラーを頂部にのせた
サドゥヴァルガ式アルパ・ヴィマーナ
カイラーサ寺院の副祠堂、エローラ、
マハーラーシュトラ州（8世紀）

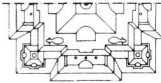

2層式ドラヴィダ様式
アガシュティーシュヴァラ寺院、
キライユール、タミル・ナードゥ州
（9世紀）

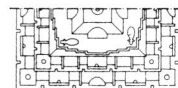

3層式ドラヴィダ様式
ボーガナンディーシュヴァラ寺院、
ナンディ、カルナータカ州（9世紀）

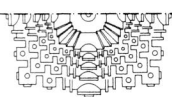

後期カルナータカ・ドラヴィダ様式
（拡張正方形プラン）
マハーデーヴァ寺院、イッタギ、
カルナータカ州（12世紀）

後期カルナータカ・ドラヴィダ様式
（星形プラン）
ケーシャヴァ寺院、ソームナートプル、
カルナータカ州（13世紀）

A アンバマタ寺院、ジャガト（960） p.809 参照

B ヴィシュヴァナータ寺院、カジュラーホ（1002）
p.802、p.809 参照

C ジャスマルナータ・マハーデーヴァ寺院、アソーダ（12 世紀）
p.809 参照

D カンダーリヤー・マハーデーヴァ寺院、
カジュラーホ（11 世紀半ば） p.809 参照

ブーミジャー式

　シェーカーリー式ほどは広まらなかったけれども、ブーミジャー式は 11 世紀に中インドで起こった形式である。シェーカーリー式と同様、ブーミジャーはラティナ式の発展とみなすことができる（p.811E, F、p.815A, B）。シカラの中央の背骨部分はそのままであるが、中間部や隅部の区分は、対応する壁の突出部にあわせながら、クータ・スタンバが垂直方向でつながったものになっている。中央の突出部は、柱状というには幅がありすぎるが、他の突出部のスタンバの刳形を延長したもので、背骨の部分の基部は、巨大なガヴァークシャによって飾られている。

　互い違いに配された正方形プランは、（時に階段状になったダイヤモンド形のものあるが）5 つまたは 7 つの突出部を有しており、したがって、隣接する 2 つの面の中央の突出部の間に 3 つまたは 5 つのクータ・スタンバが垂直につなげられたものとなっている。この形式は星形の平面形になりがちで、クータ・スタンバが回転する正方形の原理で配され（p.806B）ているが、シカラにおける背骨により直交する中央の突出部を保っている。

　古代マールワー（マディヤ・プラデーシュ州東部）やセウナデーシャ（マハーラーシュトラ州西部）がブーミジャー式の真の発祥地であり、最初期の例でかつ巨大なものとしては、**マディヤ・プラデーシュ州ウダヤプルのウダイェシュヴァラ寺院**（p.815A）があり、1059 年から 1080 年の間の建設で、32 の突出した先端部のある星形プランに基づいている。マハーラーシュトラ州にある 12 世紀の直交する例は、**シンナールのゴンデシュヴァラ寺院やジョードゥガのマハーデーヴァ寺院**（p.815B）である。重要なブーミジャー式の建築は、**メナルのマハーナレシュヴァラ寺院**（11 世紀後半）のようなラージャスターン州のものや、カルナータカ州やアーンドラ・プラデーシュ州まで南下したところでみられる 2、3 の変種がある。**カルナータカ州ベルールのチェンナケーシャヴァ寺院**（1117）は、上部構造が残らないために、すぐに判別できないけれども、ブーミジャー式の構成である。

ドラヴィダ様式の寺院

　南インドのドラヴィダ様式の寺院建築の初期の全インド的な伝統からの出現は、アジャンターやアーンドラ・プラデーシュ州の仏教の伝統から南における 6 世紀の石窟建築にかけてたどりうる。7 世紀や 8 世紀前半を通して、構築的な寺院に対するドラヴィダ様式の「建築言語」の十分な発達は、初期チャールキャ朝の都であるカルナータカ州北部のバーダーミ周辺の地域でみることができ、その後、アーンドラ・プラデーシュ州では関連した発達へとつながった。それに平行して、タミル式のドラヴィダ様式は多くの相互作用をへてパッラヴァ朝により達成された。

　ドラヴィダ様式の寺院建築は、ケーララ州や、9 世紀から 13 世紀の間タミル・ナードゥ州において支配的な王朝であったチョーラ朝のもとでスリランカにまで広まった。タミル・ドラヴィダの伝統は、前例のない巨大さや寺院複合体の計画の込み入った複雑さを獲得する一方で、建築形や詳細においては保守的であった。

　しかし、カルナータカ州においては、北インドの伝統でみられたのと同様な発展を示した。11 世紀初めまでに、ドラヴィダ様式は、もはやすぐにドラヴィダ様式とは認められないほどにまで変形していたのである。そのため、後期カルナータカ・ドラヴィダ様式を、ナーガラ様式、ドラヴィダ様式とともに建築規準書において言及される不明確な第 3 番目の主なるカテゴリー、ヴェーサラ様式であると、学者たちは示唆してきた。後期カルナータカ・ドラヴィダの伝統はアーンドラ・プラデーシュ州に広まり、マハーラーシュトラ州で知られた。イスラムの侵略の後、14 世紀初めまでにそれは廃れた。1336 年から 200 年間、南インドではヴィジャヤナガラ朝がヒンドゥー支配を再興した。後の複雑さのためにきめの細かい片岩による完全な材料を見出したカルナータカの地域的な表現の再興というよりもむしろ、ヴィジャヤナガラ朝は花崗岩でより塊状につくられるタミルの伝統へ主に転換したのである。

　ドラヴィダ様式の寺院の基本形は、ガンダーラ地方の仏教の小祠堂形（p.795C、p.811G）にまでルーツを遡ることのできるアルパ・ヴィマーナ（「小さな祠堂」）である。木造草葺きの原型から由来したこのタイプは、組積造で表現される際には、刳形のある基礎、正方形の至聖所を囲む（通常は柱形のある）壁面、張り出した庇すなわち丸刳形（カポタ）、そして最上部には通常正方形平面のドームのある小堂（クータ）を有している。別の形のアルパ・ヴィマーナの形は矩形平面で、円筒形ヴォールト状の小堂（シャーラー）によって上部を飾るものや、馬蹄形平面（ガジャプリシュタ、すなわち「象の背中」）で、馬蹄形平面のシャーラーで飾るものがある。

　クータを頂部にのせたアルパ・ヴィマーナの初期の例は、7 世紀の初め頃に建てられたものであるが、**カルナータカ州アイホーレのラーヴァラ・ファーディ石窟寺院**の南の、正面にポーチのある砂岩による小さな祠堂（p.816A）である。木造草葺きの形の表現はすでに、本質的には組積造の手法を通して、積み上げられた刳

形の確立された配列のあるものになっている。石窟の両側の浮彫によるエディキュラも同じ形で表されている。円形のクータによって頂部を飾られたアルパ・ヴィマーナは p.819B に示されている。アルパ・ヴィマーナの馬蹄形の例は、おそらくアイホーレの祠堂よりかなり古いが、上部構造における同様な刳形を持つもので、**マハーラーシュトラ州のテール**および**アーンドラ・プラデーシュ州チェザルラ**でみられる。両者ともレンガ造で、おそらく元来は仏教の建築であったであろう。

基本的なアルパ・ヴィマーナの形式は上部構造、すなわち、より手の込んだ祠堂の「上方寺院」となった。最も単純な場合には、アルパ・ヴィマーナはかなり圧縮され、地上層の丸刳形（カポタ）の上に直接のり、全体として概念上の単一のエディキュラを保持している。シャーラーを頂部にのせたこの種のヴィマーナは、それぞれ8世紀初期と、8世紀中・後期のものであるが、**カーンチープラムのカイラーサナータ寺院**にある**マヘンドラヴァルメシュヴァラ堂**や**エローラのカイラーサ寺院**の軸線上の副祠堂(p.811H、p.817C)である。より複雑な概念では、アルパ・ヴィマーナは最上層で通常の形を維持している。**タミル・ナードゥ州マハーバリープラム**の**海岸寺院**(8世紀初、p.817A)のヴィマーナの最上層、または**タミル・ナードゥ州コドゥンバルール**の**ムーヴァルコーヴィル**(9世紀)の最上層は、それぞれ八角形や正方形のドームを持つクータで頂部を飾ったアルパ・ヴィマーナに一致する。完全に円形のアルパ・ヴィマーナは9世紀の**ナールッタマライ**の**ヴィジャヤ・チョーリーシュヴァラ寺院**(p.819B)の第3層および最上層を形成している。

彫像（雄牛やこびと）が、先の3つの例の「首」すなわちグリーヴァにのる。しばしばこれらの位置には、クータとシャーラーの形の小堂の列であるハーラの形をしたパラペットがある。**マハーバリプラム**の「5つのラタ」は、7世紀中頃、固い花崗岩から刻み出されたものであるが、さまざまな祠堂の形のカタログのようである。アプス状のナクラ・サーハデーヴァ・ラタでは「上方寺院」がアプス状のアルパ・ヴィマーナで、ハーラの首飾りを有している。アルジュナのラタは正方形の2層のヴィマーナであるが、上部はハーラを有し、ドームが八角形である正方形平面のアルパ・ヴィマーナとなっている。下の層は（西側のポーチは別として）パラペットのクータとシャーラーに一致する部分が壁の突出となるが、これは正方形で3層のヴィマーナであるダルマラージャ・ラタの上2層と同様である。

パラペットの小堂と壁の突出との一致は、実際、ドラヴィダ様式の寺院では通常であり、複数のエディキュラの概念と構成を理解するために認知される必要がある。突出部分は、角に柱形を有し、頂部にはクータもしくはシャーラーをのせており、ほっそりとしたアルパ・ヴィマーナのイメージである。これらの突出部分のアルパ・ヴィマーナは、ガンダーラの祠堂(p.795C)から引き継がれたもので、しばしば説話的な浮彫彫刻の中で表されているが、そこでは草葺き屋根や上部の小堂を支えるための各角部の装飾的な支柱のある木造の祠堂を表していると考えられている。この形の祠堂は、ヴィシュヌ像を収めており、**マハーバリプラム**にある巨大な岩に刻まれた**アルジュナの苦行の浮彫**(7世紀半ば、p.798B)にみられる。ここでは木造の詳細はすでに刳形として抽象的に扱われ、組積造の寺院でこの時代までに確立した手法へとかわり、木造建築における角部の支柱が細長い柱形によって表されているのである（一般的なドラヴィダ様式の柱形は、その姿や刳形の組合せの様子において、最も広くドラヴィダ寺院で使われている柱の形式を反映している。p.798C）。構成単位としての祠堂のイメージもしくはエディキュラの最も初期のタイプは、クータもしくはシャーラーを頂部にのせたアルパ・ヴィマーナに一致する。それらはそれぞれ「クータ・エディキュラ」と「シャーラー・エディキュラ」として言及してもよいであろう(p.810A)。やや遅れて現れたものは「パンジャーラー・エディキュラ」である。これらの構成要素は、ピラミッド状のドラヴィダ様式の祠堂の各層（ターラ）周囲の「回廊」において相互連結され、まるで壁の中に埋め込まれたように、表されている(p.810C)。p.810 と p.811 をみれば、例示された寺院のエディキュラの構成を理解するのは、難しくはないであろう。時にパラペットの小堂は下方の壁を考慮しておらず、完全なエディキュラ形となる(p.817A, B)。パラペットは「サドゥヴァルガ」（「7つの区画の」）と呼ばれている。

ドラヴィダ様式の寺院の主なるエディキュラには、壁の中に二次的なエディキュラが設けられ、そこにはしばしば神格のための彫刻されたニッチを含んでいる場合がある。**カルナータカ州パッタダカル**にある偉大な8世紀の**ヴィルパークシャ寺院**(p.816B)のようなモニュメントでは、さまざまな大きさで、さまざまなエディキュラ形の全種類を含んでいる。刳形の並びは確立され、p.810B に示される通りであるが、パラペットでは、シカラの刳形は草葺き屋根、グリーヴァ（「首」）は住むのに適したヴェランダ、ヴェーディーは手摺、ヴィヤーラマーラ（架空の動物であるヴィヤーラやマカラによる装飾帯）は草葺きの庇であるカポタの上の母屋の端部の表現である。加工された台基でみられる刳形の並びは、カルナータカ地方における標準となった(p.816B、p.819A、p.821B)が、タミル・ナードゥで

A ウダイェシュヴァラ寺院、ウダヤプル（1059-80）
p.813 参照

B マハーデーヴァ寺院、ジョードゥガ（12世紀） p.813 参照

C スーリヤ寺院、ラナークプル（15世紀） p.824 参照

A ラーヴァラ・ファーディ窟、アイホーレ(6世紀後半)と前庭の小さなドラヴィダ様式の祠堂(7世紀初期)
p.801、p.813 参照

B ヴィルパークシャ寺院、パッタダカル(740頃)　p.802、p.814 参照

第 26 章 インド亜大陸

A 海岸寺院、マハーバリプラム（8世紀） p.814 参照

B アイラヴァーテーシュヴァラ寺院、ダーラスラム（12世紀） p.818 参照

C カイラーサ寺院、エローラ（8世紀半ばから後半） p.802、p.814 参照

はさまざまなタイプがみられる。

　チョーラ朝の王たちは最も巨大なヴィマーナを建設したが、その中には**タミル・ナードゥ州タンジョール（タンジャヴール）のブリハデーシュヴァラ寺院**（1010、p.820B）や同じく**タミル・ナードゥ州ガンガイコンダチョーラプラム**の寺院（11世紀半ば）、そして**ダーラスラムのアイラヴァーテシュヴァラ寺院**（12世紀半ば、p.817B）が含まれている。タンジョールのヴィマーナは約66mの高さである。それは2つのゴープラ（タミル語ではゴープラム）が建っているが、それらは東向きの軸線上に配列された寺院の境内への入口である（p.822A、p.823B）。ゴープラの形は、サーンチーのレリーフなどに描かれた初期インドの半円筒ヴォールト状屋根のある門にその起源を持つが、南インドでは長手方向の側面中央に通路を設け、シャーラーを頂部にのせた祠堂の形が本質である。**ラッディガム**の10世紀後半のもののような最も単純なゴープラ（p.822E）は、シャーラーを頂部にのせたアルパ・ヴィマーナそのもので、多層化構成の最上層をなしている。

　カルナータカ州のドラヴィダの伝統において、そしてアーンドラ・プラデーシュ州でその伝統の影響を受けた寺院において、すでにパッタダカルの初期チャールキャ朝の例においてみられた傾向は、その後3世紀にわたって継続された結果、ドラヴィダ様式の祠堂の形は時に「ヴェーサラ様式」と呼ばれる形へと変化した。「ヴェーサラ」という語は「雑種」という意味で、後期のカルナータカ州のドラヴィダ様式の祠堂が、まさに、見た目がいくらかナーガラ様式のような特徴を示している。これは、軸線上の突出をますます突き出し、構成要素を増殖や分解するという、同様な発展の仕方をしたからである。下に横たわる層状のピラミッドとエディキュラや刳形の形式はドラヴィダ様式のままではあるが、かなり変形されている。

　ますます段状となって突き出した壁は、個々の構成要素の中での段状化の増加を伴っている。特に互い違いに並べられたシャーラーのエディキュラは、9世紀頃発展を遂げたものであるが、それがさらに二重の互い違いに配された形へと変形している（p.819A、p.821B）。中央に位置しているこれらの要素は、後期のカルナータカ・ドラヴィダ様式のヴィマーナの複雑で力強い特徴には不可欠なものである。概念的には5つのエディキュラの配列であるが、パンジャーラ・エディキュラ（すなわち、先端を前向きにしたシャーラー・エディキュラ）を中央に、2つのシャーラー・エディキュラがそれぞれの脇から互いに出現する形をなす。この「二重に互い違いになったシャーラー・エディキュラ」は、11世紀が終わる頃にはすでに使われていたが、多くの独創的な複合形や相貫形の中でも、最初でかつ最も普及したものであった。

　エディキュラの複合によるもうひとつのタイプ、ドラヴィダ・クータ・スタンバ（p.810C左）はここで扱おう。スタンバ（すなわち柱）の頂部を飾るクータで構成されたものであるが、ともにカルナータカ州の**ベルガヴェのケダレーシュヴァラ寺院**（p.819A左）の西ヴィマーナや**カルーナタカ州イッタギのマハーデーヴァ寺院**（p.811K）でみられるように、主に中間にある突出部のために使われている。これらでは、4つの全く同じ層において、クータ・スタンバが角のクータ・エディキュラと中央の二重に左右互い違いに配列されたシャーラー・エディキュラとの間にある。後者においては、各中央のナーシー（馬蹄形屋根窓）から出た環状になったトーラナ（アーチ）が上部構造の表面に滝のような状況をつくりだしている。

　12世紀初めからカルナータカのドラヴィダ寺院の複雑さは、南カルナータカのホイサラ朝のもとにおいて、緑泥片岩、すなわち「石けん石」に刻まれた装飾により、さらに増した。ホイサラ朝は、正方形を回転させる手法で、星形平面のヴィマーナを多様化した（p.806B、p.821A,B）。最も普通の形は、**カルナータカ州ソームナートプル**にある13世紀の**ケーシャヴァ寺院**（p.821A）の3つのヴィマーナでみられるが、各ヴィマーナは16の頂点を有する星形を基本とした4層の構成で、クータ・エディキュラを隅から隅まで使用したものである。**カルナータカ州ハレービード**にある2つのヴィマーナを有する巨大な**ホイサレシュヴァラ寺院**（1121創建）も星形であるが、基本方位軸上に直交方向の突出部を有してる。上部構造は現存しない。

　デカンのかなり南に位置するこの地域においてさえ、ナーガラ様式の形態は知られており、時には実際の建築としてつくられる場合もあった。**ベルールのケーシャヴァ寺院**は、すでに記したように（p.813）、実際にブーミジャー式であり、また、この縮小形がドラヴィダ様式やその他の様式とともに、祠堂のマンダパに導く階段に沿って並ぶのがみられる（p.820A）。縮小形によるその他のナーガラ様式の実験は、ドラヴィダ様式やその他の様式とともに、カルナータカ州のドラヴィダ様式の寺院の壁面において、ニッチの天蓋や副次的なエディキュラとして使われる、次第に複雑になる祠堂の「モデル」の中にみられる（p.819A、p.821B）。

その他の形式、混成のものや地方独特なもの

　7世紀初め、初期チャールキャ朝やその後継者たち

第 26 章 インド亜大陸 | 819

A ケダレーシュヴァラ寺院、ベルガヴェ（12世紀初め頃）　p.818 参照

B ヴィジャヤ・チョーリーシュヴァラ寺院、ナールッタマライ（9世紀）　p.814 参照

A ケーシャヴァ寺院、ベルール、マンダパへの階段（12世紀）　p.813、p.818 参照

B ブリハデーシュヴァラ寺院、タンジョール（タンジャヴール）（11世紀）　p.818 参照

A ケーシャヴァ寺院、ソームナートプル（13世紀） p.818 参照

B ブーチェーシュヴァラ寺院、コーラヴァンガラ（1173） p.814、p.818 参照

植民地時代以前のヨーロッパ以外の建築

A エーカンバレーシュヴァラ寺院、カーンチープラム、南ゴープラ(1509) p.805、p.818 参照

B チェルガオン寺院、チャンバ p.824 参照

C ヴィシャヴァーダの古寺院(7世紀) p.824 参照

D 黄金寺院、アムリトサル(1766) p.826 参照

E 東ゴープラ、ニーラカンテーシュヴァラ寺院、ラッディガム(10世紀) p.818 参照

第26章　インド亜大陸　823

A　大寺院、マドゥライ（17世紀半ば頃）　p.805参照

B　ブリハデーシュヴァラ寺院、内側のゴープラ、タンジャヴール（タンジョール）（11世紀、上部構造の漆喰仕上げは後世のもの）
p.818参照

は、**カルナータカ州アイホーレ**に非常に多くのどっしりとした「ホール寺院」を、ナーガラ様式やドラヴィダ様式の祠堂とともに建立した。至聖所は矩形平面の列柱ホールの中に配される。これらのうち、最もよく知られたものは**ラド・カーン寺院**である。この地および周辺にはアプス形平面の祠堂があり、その著名なものは**アイホーレのドゥルガー寺院**（700頃）であるが、これは内部空間のプラダクシーナパタに加えて、外に開いた巡回のためのベランダを有している。

　これはナーガラ様式の塔を有し、全体を通してナーガラ様式とドラヴィダ様式の要素の混成したものであるが、計画的混成の初期の例である。混成や統合のさまざまな経験が、それ以降の世紀にわたってデカンでなされたが、おそらく12世紀の**ラクシュメシュヴァラのソメシュヴァラ寺院**は最も巧みなものであり、単独のナーガラ様式の細部を使うことなしに、ナーガラ（シェーカーリー）の手法にカルナータカ・ドラヴィダの要素を盛り込んでいる。北方の伝統の中にも、ともに**ラージャスターン州**の**ジャールラーパタン**（11世紀後半）や**ラナークプル**（15世紀）のスーリヤ寺院にみられるシェーカーリー式とブーミジャー様式との組合せのように、ナーガラ様式の異なった形式が混成されていたようである。両寺院はブーミジャー様式の特徴である放射状に配列されたクータ・スタンバの列を有するが、主なる突出部としてシェーカーリー式の「半シカラ」を有する。**ラナークプルの寺院**は、概念的には、通常4つである主なる突出部分を8つ有し、基本方位軸上と同様に対角線軸上にも生じている（p.815C）。

　広まったその他の形式は、ファームサーナーというピラミッド状の上部構造が庇状の刳形で構成されたものである。石窟での表現は、その起源の早期さを証明している。デカンから北はヒマラヤ（p.822C）、グジャラート州からオリッサ州にかけて発見されており、ファームサーナー形式の祠堂は場所と時代によってナーガラ様式またはドラヴィダ様式の特徴を示している。この形式は6世紀から8世紀にかけてグジャラート州サウラーシュトラ地域で支配的であった。それらの例には**ゴープ**や**ヴィシャヴァーダ**の寺院（p.822C）がある。**ラクシュメシュヴァラ**にあるジャイナ教の**アナンタナータ寺院**（1200頃）は、デカンにおいていかにファームサーナー様式がドラヴィダ様式に対する控えめな代替物であるのかを例証している。そのドーム、中央の背骨、付柱や台座はカルナータカ・ドラヴィダ様式であるが、ナーガラ様式の周壁の祠堂を示す。ピラミッド状のファームサーナーの形式は、祠堂としてよりも、マンダパ（広間）の形を単体あるいはファームサーナー形式のエディキュラかクータ・スタンバの

集合体としての普通の形状という、北インドの伝統への採用を通してなじみがある（p.807C、p.812B）。

　ファームサーナー形式に関係のある祠堂の形は、7世紀10世紀にかけてカシミール州で発展したが、西洋の古典建築と接触した遺産の雰囲気がある。**ジャンムー・カシミール州**の**マルタンド**の**スーリヤ寺院**（725頃-50）は記念建築的な初期の例であり、一方、**パンドレータンのシヴァ寺院**（p.825A）は小さな貯水池の真ん中に配されたものであるが、2世紀ほど下った保存状態のよい祠堂である。尖った三葉形を含んだ急傾斜の破風のあるエディキュラの形——古代の「ガンダーラのチャイティヤ・ホールの断面」（p.795D）——は、カシミールの記念建築に不思議なゴシック的雰囲気を与えている。

　オリッサ州ではドラヴィダ様式の地域的変種として分類されうる一形式がみられるが、それは矩形で、南インドの方法によりターラ（層）で組織化され、クータ・スタンバやパンジャーラー・スタンバやシャーラー・スタンバ、そしてシャーラー状の頂部を有したドームを有している。そのよい例は**オリッサ州チャウラシ**にある10世紀後半の**ヴァラーヒー寺院**（p.825B）である。**ブバネーシュワルのムクテシュヴァラ寺院のムーラプラサーダの中央の突出部は、チャウラシ・タイプの祠堂の美しい端部を表現している。

　急傾斜の瓦葺き屋根のある寺院は、多雨で木材の豊富な地域で発展した。ケーララ州やカルナータカ州の沿岸地域では、ドラヴィダ様式系の石造建造物が、しばしば複数層の木造屋根を持つ。ケーララ州の例は円錐形の屋根のある円形平面の寺院を含んでおり、**ネーマン**の**ニーラマンカラ寺院**（1050頃-1100）や、**ケーララ州トリチュール**の**ヴァダックンナータ寺院**（12世紀およびそれ以降）の境内にある2つの祠堂がそれらの例である。瓦屋根の木造の寺院はヒマラヤ地域の特徴でもある。ここでは、至聖所上の高い屋根は、**ヒマチャル・プラデーシュ州チャンバのチェルガオン寺院**（p.822B）や**ヒマチャル・プラデーシュ州のベーナにあるマハーデーヴァ寺院**（16-17世紀）のように、しばしば円錐形となる。これらの寺院は、すでに言及した仏教の祠堂同様に、ヒンドゥー教に対して使われるタイプのネパールの「パゴダ寺院」に総合的には関連がある。

　16世紀には、2世紀にわたるイスラム支配を経て、ベンガル地方でヒンドゥー教の再興が、テラコッタによる装飾を持つレンガ造寺院という、新しく多様な寺院タイプを生み出した。例は**西ベンガル州ビシュヌプルのシャーマ・ラーマ寺院**（1643）や**西ベンガル州バンスベリアのヴァースデーヴァ寺院**（1679）である。これらの建造物は、この地域の世俗的な草葺き屋根に由来す

第 26 章　インド亜大陸　825

A　シヴァ寺院、パンドレータン、カシミール州（10 世紀）
p.824 参照

B　ヴァラーヒー寺院、チャウラシ（10 世紀後半）
p.824 参照

C　ジャーゲーシュヴァラ寺院複合体（8 世紀頃）　p.809 参照

る形に、イスラム建築の構造技術(アーチ、ヴォールト、ドーム)を組み合わせたもので、最も著しい特徴は屋根の棟や庇がアーチ状の曲線となった形である。

土着の職人がインド・イスラム建築の多様さに貢献したが、イスラムの影響がヒンドゥー寺院建築に影響したのは、特にムガル朝支配の間は、決してベンガル地域だけではない。ドームや尖頭アーチは、「真性アーチ」(放射状に配列された迫石を使ったもの)であれ、持送りアーチであれ、1枚スラブに穴をあけたアーチであれ、いずれも最も顕著なイスラムからの借り物である。多葉形アーチは18世紀までには多くの記念建築で常に繰り返される形となった。この形はインドにおいては長い発展の歴史があり、「チャイティヤ・ホールの断面」形状に由来し、多葉形のトーラナ(アーチ)状のモチーフを経て、「イスラム」の尖頭アーチに無理なく同質化された。多葉形の尖頭アーチはウッタル・プラデーシュ州ヴリンダーバンのゴーヴィンデシュヴァラ寺院やその他の16世紀の赤砂岩による寺院でみられる。

イスラムの伝統との接触を通じて、エディキュラの新たな形がインド建築の演出の1つに加わった。細い石の支柱とチャジャ(平らな板石による天蓋)のあるドームの架かった東屋は、デリー奴隷王朝(13世紀と14世紀)の霊廟建築のドームの周りにすでにまとまって使われている。ムガル王朝やラージプート族は、自らの宮殿建築において、柱と柱の間にスラブに刳り抜いたアーチの形を嵌め込み始めた。ペルシャとの接触を通して、ドームは球根状になった。その他のエディキュラのタイプは、湾曲したベンガル地方の屋根「バンガルダール」屋根から引き出された。ヒンドゥーの寺院建設者は、そうしたエディキュラを理解し、彼らのつくるものの中に目新しさを無理なく組み込んでいったのである。

ムガル王朝やラージプート族の後期の建築に極めて近い記念建築として、**パンジャーブ州アムリトサル**にある**黄金寺院**(18世紀後半以降)があるが、これはシーク教徒の本山寺院である(p.822D)。

世俗建築

都市計画

伝統的なインドの都市計画理論には、俗と聖との間にその用途や形態においての明確な区別は存在しない。古代の理論書であるシャーストラ(法)はさまざまな種類のマンダラ、すなわち、寺院同様、都市計画に対する基本としての格子状で求心的なダイヤグラムを規定している。カーストや職能による地区の割り当てを伴った社会的な階層が、宇宙論的・神学的な階層の上に重ね合わされている。寺院と同様に、そのモデルは言葉そのままのものというよりも隠喩的なもののようにみえるが、通りにより示された基本方位軸が特徴で、中央位置を寺院や王宮が占め、街区には特定の職能集団が住んでいた。

しかしながら、理論と実践との比較可能な対象はほとんど遺っていなが、カルナータカ州のハンピと呼ばれる現在の村の周辺の丘や花崗岩の巨礫の壮観な景色の中に広がる**ヴィジャヤナガラ**の大都市遺構はその最も古い例である。ヴィジャヤナガラ(「勝利の町」の意)の帝国は14世紀末に成立した。その首都の国際的な性格は残された遺構にみられるヒンドゥーとイスラムの形態の中にみられるが、その遺構には象小屋の印象的な列が含まれている。1520年代のポルトガル人の訪問者はその首都を「世界で最も整備された都市」であると結論づけたが、1565年イスラム同盟軍に対する破滅的な戦争のために、その都市は略奪され、帝国は急速に傾いたのである。

近年の発掘によって、ヴィジャヤナガラの都市計画が、厳密に幾何学には従っていないながらも、いかにマンダラとして意図されていたのかが明らかにされた。たくさんの城塞が取り巻いた市の中心には、いくつかの重要な寺院の建つ独立した聖なる中心や、王宮区画を含んだ城壁に囲まれた都市の核がある。全体の中央、南北の軸線上の王宮区画の真ん中には、ラーマチャンドラ寺院があった。王たちは自らを宇宙の法則の支持者もしくは繁栄の保証人として、叙事詩『ラーマーヤナ』の英雄であるラーマにしばしばたとえていた。神話を意識した配置がその市街や景観に広く行きわたっており、さまざまな場所や自然にみられる特徴は、『ラーマーヤナ』の物語やその他の神話に関係づけられている。

典型的なインドの都市としてしばしば示される場所は**ラージャスターン州**の**ジャイプール**である。事実、一度で計画され建設された都市としては唯一のものである。比較できるほどに計画された居住地で遺るものは、格子状のマンダラに基づいた、バラモンのために建設された2、3の村である。ラージプートの王、アンベールのジャイ・シン(1699-1743)は、1727年に近くのアンベールから都を移した。シャーストラの指示の意識的な再解釈において、9つの正方形のマンダラが主要な通りによる格子によって定義され、各正方形が一街区を構成し、それらはより小さな通りによる格子で分筆される。中央の正方形は王宮により占められている。

地形上や防御上の理由から、「完全な」マンダラは、建設前の素描で示されるように、改変されて適用された。北西隅の正方形は省略され、かわりに南東に正方形が付け加えられた。豪華で、ほとんど演劇化されたジャイプールの建築は、部分的には計画上の規則の操作を通して、統一した様式が与えられている。国は商店をそれら規則に従わせ、日陰をつくる列柱を提供させ、その屋根は王族たちの行列を観覧するための公共のテラスとして役だった。統一感は統一した材料によっても強調され、もともとは近くのアンベールの宮殿のようにクリーム色であったであろうが、砂岩を真似るために荒くピンクに彩色された。街区には、伝統的な方式で、ジャーティーすなわち職業単位で人が住み、今日でも、一定の地区の商店は同じ商品を売っている。

ジャイプールが機能したのは、その計画された形がすでに成立して久しい文化の型にはまっていたためである。豊かに重ねられた空間的な序列は、社会的な序列を具現化しているが、この空間的序列は、ジャイプールとは対照的に、漸進的で有機的な方法で成長した北インドやパキスタンの多くの都市で明らかである。数世紀にわたって繊維貿易中心で栄えていた都市**グジャラート州アーメダバード**は完璧な例である。この州の都は近代的な大都市であるが、城壁に囲まれた旧市街は、現在も複雑に絡み合ったヒンドゥー、ジャイナ、イスラムのコミュニティーを含んだ生きた社会的現実であり、廃れた文化の囲いではない。金曜モスクや城塞を含む都市の主要なモニュメントは、15世紀にイスラムの支配者により建立された一方で、古代のヒンドゥーによる構成は基本方位に関係した4つの主要道路に従うものであり、地区はカーストや職業に従って割り当てられていた。階層的な通りのパターンは4つの主要なバザールの通りからより小規模なバザールの通りや居住区の通りへとつながり、最終的にはポルもしくはマハッラとして知られる入り組んだ孤立地域に到達するのである。

アーメダバードのポルのそれぞれは、伝統的には同じジャーティーすなわち職業の人々が居住しており、ただ1つの防御的な門を通ってのみ入ることができる。このことにより樹状の小道による階層が生まれ、上階が覆い被さる木造の高い建物により全て陰となる路地や狭い通路に枝分かれしている。大きなポルは時に第2の門を有することのあるサブ・ポルを含む。ポルにある小さな広場、すなわちチョークには、祠堂や鳩小屋などの地域の交流施設が含まれる。家庭生活は高い基壇状のヴェランダ(オトロ)という、個々の家庭のプライバシーとの緩衝空間にはみ出している。家々の中心となる中庭は、彫刻の施された戸口を通して垣間見ることができる。

宮殿と城塞

宮殿建築は古代インドの文学において顕著な場所を占めていた。宮殿の理想化された表現は、アジャンターの仏教の説話の彫刻や壁画でみられる。インドの宮殿は、ギリシアの公使であったメガステネスによってパータリプトラのアショーカ王の宮殿(B.C.3世紀)が称賛されたように、外国の訪問者により賞賛的に記述されている。宮殿のイメージは、神々の住処として考えられている寺院の建築に統合されている。しかし、初期の宮殿はほとんど残っていない。なぜなら宮殿は主に耐久性のない材料によってつくられていたためであり、また、寺院とは異なり、一時的な状態の存在で、保存する価値がないと考えられていたためでもあろう。

最初期の宮殿のいくつかはスリランカに遺っている。5世紀の**シーギリヤ**の城塞宮殿は、優美な壁画(様式的にはアジャンターのものと関連している)で著名であるが、120mの高さの花崗岩の丘の上にレンガ造で建てられた。アクセスはレンガ造でスタッコ仕上げの巨大なライオンの足の間の階段を経由し、そこからは崖面の梯子で登る。防御を考えた岩の上の城塞の下方には楽しむための段庭や池、そして滝が配されるが、それら全ては城壁の内側にある。後のスリランカの山岳城塞は13世紀から14世紀の**ヤパフワ**の岩の城塞(p.828A)である。その保存状態の良い劇的な階段や玄関は、「世俗」目的で使われたドラヴィダ様式の建築言語のまれな遺構である。**カンデー(キャンディー)**の宮殿(16-19世紀)の中で最もおもしろい残存遺構は謁見ホールで、身廊-側廊の断面を有する豊かに彫刻された木造の建造物である。

南インドの宮殿建築には**マドゥライ**や**タンジョール**のナーヤカ朝の宮殿が含まれるが、その両者とも**タミール・ナードゥ州**にある(17-18世紀)。**ケーララ州のパドマナバプラム**の王宮(主に18世紀)は、木造で急傾斜の屋根のある壮大な複合体である(p.828C)。

最も記念碑的なインドの宮殿建築は、ムガル皇帝(第19章参照)やラージプトの王によって15世紀から18世紀にかけて建てられたものである。両者に対して同じ職人が同時に働くこともあり、建築的な伝統に関しては、ムガルとラージプトとの相互影響が常に存在した。しかし彼らの宮殿は区別できる特徴がある。**ウッタル・プラデーシュ州デリー**や**アーグラ**の赤い城(レッド・フォート)のようなムガルの宮殿は、城塞の囲みの内側の水平な地面に分離した建物で構成される一方、ラージプトのガール・パレス(城塞宮殿)は丘の上で、城壁と宮殿が組み

828 | 植民地時代以前のヨーロッパ以外の建築

A ヤパフワの岩の城塞、階段および入口（14世紀） p.827参照

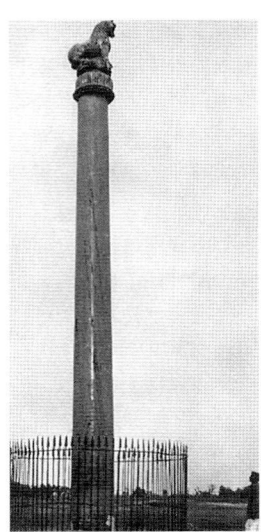

B ラス（ライオン柱）、ラウリヤ・ナンダンガール（B.C. 243） p.799参照

C 王宮、パドマナバプラム、ケーララ州、女性の居住区（主に18世紀） p.827参照

第26章　インド亜大陸

A　マン・マンディール、南正面（1486-1516）　p.830 参照

B　シティー・パレス、ウダイプル（1567-72 およびそれ以降）
p.830 参照

C　謁見の間とシーシュ・マハルの門、アンベール　p.830 参照

合わさった連続した集合体になる傾向がある。典型的には、それらは非対称でかつ劇的に不規則であるが、それはしばしば徐々に拡張されたためであるが、複雑さや曖昧さ、神秘さの感覚に対する欲求のためでもあろう。

ムガル宮殿のように、ラージプートの宮殿は男性の空間（マルダナ）と女性のそれ（ゼナナ）とに分かれており、そして公的な謁見ホール（ディーワニーアーム）と私的な謁見ホール（ディーワニーカース）を含んでいる。しかしながら、ほとんどの部屋は特定の役割を持たない。かわりに内部の部屋から、開放的な多柱式のホール、列柱廊やキオスク、そして屋根のない中庭まで、大きさや閉鎖の度合いのさまざまな、多目的な用途の空間の列が設けられた。

ラージプート宮殿の建築言語は、ヒンドゥー寺院建築のように、エディキュラを使ったデザインの繰り返しや変種を、形式ばらず、絵画的な処方で、多く使っている。ドームや曲がったバンガルダールの屋根は典型であり、しばしばチャッジャの上にのっている。開放的なキオスクは——寺院の充実したエディキュラではないが——パラペットまたは頂部の小塔で、スカイラインに突き出している。縮小形のものもあるが、人が住むことのできるフルサイズのものもあり、屋根の高さにあるものや地上に独立したものもある。壁面にはさまざまなジャローカ、すなわち突き出したエディキュラ型のバルコニーが設けられるが、時々複数層でつながった出窓構造となり、屋根の位置に小塔がのる場合もある。特にゼナナ（女性のための区画）では、ジャローカと列柱はジャーリー（有孔の衝立）で開口部が塞がれる。柱、腕木、持送り積みという寺院の伝統から由来する形は次第にアーチ構造に置き換えられ、18世紀までには多弁形のアーチが遍在するようになった。イスラム的な矩形の中にアーチを組み込むモチーフが窓や扉、ニッチや壁面分割の手法に対して広がった。

最初期のラージプートの城塞宮殿は、1526年のムガール朝の成立以前に建てられたもので、**アンドラ・プラデーシュ州チットール**にある**ラーナー・クンバの宮殿（1433-68）**や、**マッディヤ・プラデーシュ州グワーリオール**の**ラージャー・キルティ・シンの宮殿（1454-79）**、そしてグワーリオールの4つの宮殿のうち、最も大きな**マン・マンディール**として知られるマン・シン・トマールの宮殿（1486-1516、p.829A）が含まれる。後者は、印象的な崖状の南の壁面にキオスクののった小円塔を有し、独特な色彩の焼成タイルによる装飾が施されている。その後の宮殿は16世紀後半から18世紀にかけて建てられ、**ラージャスターン州ウダイプル（p.829B）**や**アンベール（p.829C）**、**ジャイサルメール**、**ビカネール**、**ジョドプール**、**ブンディ**、**コーター**そして**ジャイプール**といった、ラージャスターン州の全ての宮殿が含まれる。ジャイプールにある宮殿の中には、いわゆるハワ・マハルすなわち「風の宮殿」（1799起工）がある。その東正面は奥のゼナナに対するプルダと呼ばれる障壁としての役割を持つが、だんだんと縮小する面で層が重なり、非常に多くの互いに貫き合うジャローカを有したりする様は、ラージプートやムガルのエディキュラの形をしてではあるが、平らに伸ばされたヒンドゥー寺院がファサード上に展開されたようである。

マディヤ・プラデーシュ州ジャンシー近くの**オルチャ**や**ダティア**には1530年頃から1605年の間に一連の宮殿がブンデラの支配者により建設された。他のラージプートの宮殿と異なり、これらは一度に建設されたもので、中心のある左右対称の強い構成となっている。ジャイプールの都市計画の場合と同様に、これらの建築の創造者はマンダラのような古代のシャーストラ（法）のアイデアを再解釈したようにみえる。

これらの主な城塞宮殿とは異なり、ラージプートの支配者は小さな娯楽用の宮殿を建設したが、**ラージャスターン州ウダイプル**の湖にある島にともに建てられた**モハン・マンディール（1628-52）**や、現在はホテルとなっている**ジャグ・ニワス（1734-51）**はその例である。**ウッタル・プラデーシュ州ベナレスのマン・シンの小宮殿**は、美しいバルコニーを有するが、主に宗教的な修養場として使われていたであろう。

住居建築

パキスタンの**モヘンジョダロ**や**ハラッパー**で発掘された中庭式住居は、圧倒的に熱く乾燥した亜大陸のこれらの地域において、互いに背中合わせで建てられ、または、狭い道によって分離されていた。北インドやパキスタンの中庭式住居、特に規模の大きな都市住居は、ハヴェリーとして知られている。伝統的にはハヴェリーは複合家族によって住まわれていたが、現在はその種の建物に固有の融通性により、いくつかの核家族が生活できるように分割使用されている。ラージプートの宮殿のように、空間は1つの活動のためのものではなく、多機能的である。中央の中庭、すなわちチョークは家庭の中心であり、座ったり、眠ったり、衣服を洗濯したり、衣服を干したり、または、家畜を飼ったりするために使われている。ヒンドゥー教徒のハヴェリーにはプージャー（崇拝）のための部屋がある。通り側には商店や作業場がある。陸屋根が普通の地域では、ハヴェリーの屋上は、より慎ましい家屋の屋上と同様に、付加的な生活の場となり、しばしば睡眠のために使わ

れる。

　一般にヒンドゥーのハヴェリーは、イスラームのハヴェリーと比較して高く、井戸のような中庭を持ち、女性の場所は、奥よりもむしろ低い階に設けられる。**マハーラーシュトラ州**の中庭式住居は、18世紀と19世紀初めに裕福なマラーター族によって建てられたもので、「ワーダ」として知られており、奥行のある平面は2箇所から14箇所ほどの連続した中庭を含んでいる。

　遺っているハヴェリーに17世紀より前に遡るものはほとんどないため、それらは様式的にはムガルやラージプートの建築に関連したものとなる傾向にあり、しばしば多弁形のアーチやジャーリーの障壁のあるジャローカ（エディキュラ形のバルコニー）を有している。地域別で種類が多い。おそらく最も記念碑的なものは**ラージャスターン州ジャイサルメール**の砂漠都市にある、裕福な商人たちによって建てられた石造の家であり、とりわけ19世紀初めのパトゥアのハヴェリーの複合建築が有名である。グジャラート州は木造のハヴェリーの伝統があり、**アーメダバード**や**バローダ**（ヴァドダラ）や**ブローチ**（バルーチ）のような都市においてみられるように、マラバール海岸もしくはビルマのような遠い場所から輸入したチーク材を豊かに彫刻して飾っている。

亜大陸内において、グジャラートの木工彫刻と比較できるのは、**ネパール**の**カトマンズ渓谷**のもののみであり、主に18世紀とそれ以降のものではあるが、それよりも古い構成や図像を示している。寺院（前述した「パゴダ寺院」）や僧院、宮殿、住居はその建築様式を共有している。レンガで建てられるが、有孔の障壁のある装飾された戸口や窓は木造である。楣と敷居は脇柱よりさらに左右に突き出し、しばしば像が刻まれる、翼のような側板は、上端で楣に接するように曲線をなす。

　ここまで議論してきた住居建築は土着として記述されてきたけれども、大部分は都市的なものであり、専門的な技術者によって建設されたものである。インド亜大陸にみられる非常に多くのさまざまな村落の土着の伝統——原住民であってもなくても、そして遊牧民であっても定住民であっても、自らのための建物や装飾の伝統——について、ここではごく簡潔にしか述べられていない。さまざまな度合いで危機に晒されているけれども、そのような建築の伝統の多くは有用さと装飾とを兼ね備えた技巧とともに、現在も生きているのである。

訳／野々垣　篤

植民地時代以前のヨーロッパ以外の建築

第 27 章
東南アジア

建築の特色

ビルマ(ミャンマー)

　ビルマ建築の発展は4つの歴史的時代に従っている(第21章 p.694参照)。西暦初期のもので注目すべき建物はほとんど残っていない。ビルマの重要な建築的モニュメントの大多数はパガン期(9-13世紀)のものであり、主要なほとんど全ての建物は宗教的なものである。ストゥーパ(ビルマではゼーディとしても知られる)は、インドやスリランカにおけるのと同様、ドーム状の外観を持つ量感のあるレンガによる構造体で、3段または5段の縮小してゆくテラスの基壇上に建つ。寺院は一般に方形平面で、組積造の中実の核を取り巻く狭いヴォールト天井の回廊をレンガ壁が囲んでおり、中心核には各側面の中央に仏像を安置する仏龕があり、壁はフレスコまたは浅浮彫で装飾されていた。中心核は上階が順次縮小しながら立ち上り、傾斜のついたシカラ型の頂華をのせていた。この両方の宗教的建物は、パゴダ(パヤー)とも呼ばれていた。

　僧のための僧院(チャウン)と戒壇院(テイン)は木造建築の原型に由来し、また仏教の聖典を納める経蔵(ピタカ・テイク)はより簡単な寺院のデザインに似せた。

　パガン期には、首都の領域内に5千のストゥーパと寺院があったといわれている(p.837A)。後パガン期には、ビルマは政治的にも、また建築的にも衰退した。17世紀から19世紀の建築を特徴づける「パゴダ」様式の出現には、中国の影響が貢献している。それぞれの機能とは無関係に、全ての建物は、構造的にも美的にも、同様な方法で扱われた。豊かで複雑な芸術性に対するビルマ人の感覚の典型として、この木彫と漆塗りと鍍金の建築は、本質的に民族芸術であり、民衆の想像力や生命力、技能の熟練を表している。

カンボジア

　記録で残るカンボジアの最も古い首都(5世紀頃)は、メコン川下流のヴィアダプラ(アンコール・ボレイ)で、海とオク・エオの港から200km離れていた。それは小さな運河で結ばれた木造の杭上住居の集まりで、その運河は海へ出る舟が通行できる大きな水路につながっていた。後期扶南と初期クメールの建築的発展(7世紀および8世紀)の中心は、コンポン・トムに近い森の中のサンボールとプレイ・クックで、サイゴン(現ホーチミン)からアンコールへの道筋の、後のアンコール王朝の首都にほど近いところにあった。木造の建物は、その原型を模倣したより頑丈なレンガまたは石造に変えられたが、それは土着の要素に加えられたインド的形態と、木彫に由来する豊富な装飾的彫刻との融合を示している(華麗なアンコール装飾芸術の前兆)。崩壊した状況ではあるが、メコン河畔のタット・パノム(サンボール)やプノム・バヤンに、寺院や祠堂がなお存在している。

　初期古典クメール期の始まりにおいて、前アンコール期から初期アンコールへの移行を示す3つの重要な建築的出来事が起こった。その第1は、800年にアンコールとトンレ・サップ湖に近いプノム・クレンの丘上に都市と寺院山が創建されたことであった。第2(年代的には3番目)は、プノム・クレン近くの、プノム・バケンの寺院山の丘の上とその周りにもう1つの首都が建設されたこと(893)である。寺院山には5層のピラミッド状にテラスがつくられ、最上層には独立した塔、下の層には小さな塔があった。両都市とも典型的なクメール都市計画の前兆を示し、市壁で囲まれた正方形平面で、堀のある囲いの四辺の門に向かって放射する主道の中央交点に寺院、東向きに主門を置く。第3の出来事は、年代的には2番目だが、アンコールのロルオスにクメールの原型的都市灌漑システムが建設

東南アジア

されたことであった。長さ約 3 km、幅 800 m の巨大な人工湖「バレイ」ロレイは土の堤でつくられ、水濠と水路網に流すススストゥン・ロルオス川の水を貯えていた。この湖は全共同体の需要に備えていたが、最終的な目標は水田の灌漑であった。このようなシステムは、高度に中央集権化された権力のもとでのみ可能であり、ここでいえば、それは神王や万能の統治者によるものであった。

過渡的古典クメール期（10世紀と11世紀）において、寺院山は、初めて石（ラテライト）によって平地にピラミッド状テラスの形に建てあげられたアンコールのバクセイ・チャンクロン（911頃）や、流れを堰き止めてつくった人工湖上に建てられアンコールの北東 64 km のコー・ケル（921）などで発展し続けた。後者では、通常の都市の東西軸は湖にそろえて変えられているが、おそらくそれは宗教に基づく象徴的形態よりも、灌漑システムの実際的必要性がより重要であると考えられた証拠かと思われる。しかし、原則として宗教的軸性は尊重された。発展過程の次の段階はタ・ケウ（1010頃完成）で、ここでは古典的な5つのテラスと5つの巨大な塔が導入され、さらにもう1つのバプオン（1050頃）においては、寺院山の様式と規模が公式化された。今やクメールの建築芸術は頂点を迎えようとしていたのである。

古典クメール期（12世紀および13世紀初期）は、2つの偉大な建築的成果によって支配されている。スーリヤヴァルマン2世（1113-50）の寺院都市であるアンコール・ワットの建設と、ジャヤヴァルマン7世（1180-1218）の再建首都であるアンコール・トムの建設であり、後者は傾きつつある文明の幻想的、バロック的表現であった。クメール建築は、これらのものに示されているように、構想の壮大さ、華麗な景観構成、厳格な形態的意味での比類のない都市計画、壮大な規模ながら美しく洗練された豊富な彫刻的装飾によって特徴づけられる。しかしながら、建造技術は洗練されずにとどまった。石は木材のように用いられ、石壁は

しばしば穴をあけて差し込まれた木の梁によって補強されており、木が腐って石塊が落ちることがあった。持送り式ヴォールト工法は修正されることなく、狭い空間にしか架けることができなかった。そのため各「部屋」は狭く、大規模な印象を生み出すために、多くのそのような単位空間をまとめることや、それらを廊下で相互に連結させた。不変である山のテーマの垂直性を強調するため、これらの回廊でつながれた建物群は、中央のピラミッドの周りと上に配されている（早い例である889年のタ・ケウと比較せよ）。モルタルは用いられておらず、組積造の構造は垂直方向のマスによって安定させられており、屋根の細かな接合部は、数百年の放置の後でも防水機能を維持するほど完全に合わさっていた。あらゆる部分で、彫刻的装飾は建築の線を突き破り、しばしば全壁面に広がっている。アンコール・トムにおいては、この彫刻による建築の支配はアンコール・ワットよりも顕著である。

タイ

タイの建築には、仏教の国々の影響と、タイが2千年にわたって組み込まれ、また提携してきたさまざまなグループの影響が反映している。結果としての複雑な様相は、4つの時期に分けられよう。

ドヴァーラヴァティ期（6-10世紀）は中央タイにおけるもので、ビルマ仏教の形態を特徴としており、たとえばランプーンとハリプンジャヤの、厳密にいえばドヴァーラヴァティ期を下る建物にしかその形態は残っていない。それ以外には建築遺構はなく、知られている中で最も古い首都であるナコン・パトム（後のロップリー）の建物の平面をある程度推定させる基礎構造の断片的遺跡があるが、その様式を知ることはできない。これらの基壇はレンガと石で築かれ、第1千年紀にスリランカから北インドまで使われていたものに似た刳形を持ち、柱の柄穴のある花崗岩の礎石があって、木造の上部構造を支えていたに違いない。

クメール・ロップリー期（または**モン・クメール期**、10-13世紀）は中央および東タイにおけるもので、建築のクメール＝アンコール様式の地方的表出とみられてきたが、それはまた、パガンの建築的反響をたずさえてきた南ビルマのモン族およびタライン族の古い建築伝統も反映している。その建物のほとんどは崩壊した状態にあるが、よく保存された遺構はロップリーとスコータイでみることができる。クメールは、伝統的な植物性接着剤によって結合されたレンガまたは礫石のかわりに、石材の使用をもたらした。

タイ期（13-17世紀）はさらに、①スコータイ様式、②アユタヤ様式、③北チェンマイ様式に分けられることがあるが、それは明白な違いというよりはむしろ便宜上である。スコータイの美術と建築は独創的ではなく、むしろ調和した折衷であり、インド、モン＝ドラヴィダ、モン＝パガン、シンハリ、クメールのモチーフを用いていた。この多様性の中から、普通テラスの上に建てられる典型的な仏教寺院複合体（ワット）に明らかな、独特なタイの特徴が出現した。これらは高い壁によって囲われた巨大な仏像を納めた中心聖所を持っていた。壁にはアーチの架かった狭い窓があり、それを通して仏像がみられ、また礼拝された。（列柱ホールを通って到達することになる）聖所の上には、傾斜した側面を持つ塔が立ち上がるが、それはミナレットに似ていなくもない。取り巻いているストゥーパは一般に正方形で、同様な細長い頂華を持っているが、アユタヤ様式では、ストゥーパは、スリランカにおけるように通常円形平面で環状基部を持ち、ベル型であった。北方のチェンマイの方式においては、国際的な影響はあまり顕著ではないが、宗教的敬虔さの自覚を促すものとして外国で尊ばれた建築を写す慣習は、ここでもいくつかの優れた建築を生み出すこととなった（たとえばワット・チェット・ヨート）。タイ建築の全ての時代相において、彫刻と、内部では壁画が果たした役割は重要である。

バンコク様式は18世紀末期から19世紀に生み出された。この新しい首都は、破壊されたアユタヤの都市を模倣してつくられた。多くの宗教建築や宮殿は、亡命者によってタイにもたらされた中国の装飾が、伝統的形態の上に被せられた形式で建てられた。表面はしばしば磁器タイルによって仕上げられた。時にはレンガ壁が白いスタッコで塗られ、多層に重なった木造屋根の明るい色の釉薬瓦と対比をなしている。破風と破風板はアンコール＝ヒンドゥーの図像、「ナーガ」、「ガルーダ」（神話の鳥）に乗ったヴィシュヌ、牡牛に乗ったシヴァなどで、飾られている。ドアや窓の建具は木彫に黒と金色に塗られたり、あるいは守護神、魔法の森、シダや花、静物などの主題を表す絵や、螺鈿の象眼が施される。

インドネシアとマレー諸島

すでに述べたように（第21章参照）、スマトラ、マレー、ボルネオにおいては、シュリーヴィジャヤ帝国時代の重要な建築的遺構は残っていないが、中部ジャワにおける同時期のサンジャヤとシャイレーンドラ王朝時代の極めて独特な多くの建物が、ディエン高原やケデュー平野などの高い台地になお存在している。そ

れらは主として 8 世紀と 9 世紀のもので、ヒンドゥー・インドネシアの特徴と仏教・インドネシアの特徴との統合を例示している。この強固な石造壁と持送り式アーチを持ち、荷重を支える柱を持たない建築は、ボロブドゥールのストゥーパとプランバナンの寺院で頂点を迎えるが、人口の集中した中心地ではなく、常に孤立した宗教的共同体と結び付いていたように思われる。5 世紀および 6 世紀のグプタ（インド）様式やサーンチーとバールフトのストゥーパの浮彫からの明白な影響は、この時代に、インドからシナ海沿岸諸国への仏教美術の広範な動きがあったことを示唆している。

インドの影響が薄れ、土着のインドネシアの伝統が顕在化することに特徴づけられる新しい発展は、11 世紀の東ジャワへの勢力の移動とともに始まった。それはジャワの「ワヤン」操り人形劇の民俗芸術にその徴候を示す、彫刻芸術に反映された。この傾向はさらにマジャパイト期によりよく示された（パナタランの寺院群を比較せよ）。イスラムの到来は、インドネシアにおけるヒンドゥー教・仏教の建築的伝統を、それが民俗美術として存続したバリ以外においては終焉させたが、一方で、オランダ人の到来はヨーロッパの要素をもたらすことになった。

実 例

ビルマ（ミャンマー）

前パガン期のストゥーパとしては、**パガンに近いビル・パヤ**におそらく 3 世紀のものがあり、また**プローム**には 7、8 世紀の**バンバンヂー、パヤーヂー、パヤーマー**の**パゴダ**があった。これらの全ては凸曲線のドーム型輪郭を持っているが、この形は 11 世紀に始まったビルマの大建設期において、今日この地域で特徴的とされている凹曲線のベル型ストゥーパの形に取って代わられた。

パガンのミンガラゼーディ・ストゥーパ（1274）には、3 段のテラス状の高い正方形の基壇があり、各側面の中央に壇上に達する階段が付き、壇上から円形ベル型の主構造体が立ち上がる。正方形の各角にはストゥーパの小さな複製がある。このデザインはジャワに先例がある（たとえばボロブドゥールのストゥーパ）。

ラングーン（ヤンゴン）のシュウェー・ダゴン・パゴダ（ストゥーパ）（16、17 世紀、p.837B）は古い基礎の上に建てられ、さらに何回にもわたって増広されたもので、ビルマのインドと中国との文化的つながりを反映する一方、ビルマ芸術の後期段階の華麗さを表現している。形態的には、ストゥーパの伝統的な円墳形式が今や高いほっそりとした構造に発展し、この場合は何度もの付加により、祭儀行列を行うプラットフォーム上から 113 m の高さまで立ち上がっている。支えている基壇は多角形で、その多くの角には小ストゥーパが建ち、行列を行うプラットフォームには、彫刻で飾られた金色または漆塗りの祠堂や小尖塔が群集している。

その他の特色のある宗教建築は方形の寺院で、さまざまな場所に多くの実例があった。レンガの迫持アーチとヴォールトはビルマ全土で建物に用いられ、その視覚的性質に重要な影響を与えた（第 21 章 p.703 も参照）。寺院の平面は、重厚な中実の組積造の核——各建物の上にのるストゥーパの基礎——とそれを取り巻くヴォールト天井の通路、そしてかなり小さな部屋または前室からなり、それらは通常対称的に置かれ、また 1 体以上の仏像を拝むことができるように配されている。これらの方形の求心的平面の寺院は、ビルマ建築の古典期を代表している。**パガン南方のアベーヤダナー寺院**（p.837C）は、おそらく 11 世紀に起工された比較的小規模の簡素な方形寺院で、前室への入口は一重の迫持アーチとなっている。レンガ造の建物はスタッコで上塗りされ、付柱（ピラスター）が隅を補強し、また窓はプラスター塗の竪枠、装飾的なペディメント、開口部をふさぐ規則的に穿孔された石またはレンガのパネルなどで特徴づけられる。浅いオジー形の屋根は方形寺院の典型である。同じく**パガン南方**にある**ナン・パヤー寺院の窓**（p.839A）は、ペディメントや付柱にやや異なった彫刻様式を誇示しており、中国またはカンボジアの影響を表している。

ナン・パヤー寺院は、ビルマの古典建築の最高傑作である**パガンのアーナンダ寺院**（12 世紀、p.838A, B）の原型となったものの 1 つとみられている。アーナンダ寺院は巨大なレンガ造の白い建物で、美しく段階的に縮小する層状の屋根と、各側面に突出して豊富に飾られた入口ポーティコがあって、寺院の平面をギリシア十字形としている。傾斜した側面を持つ金色の尖塔が中央ストゥーパの上に立ち上がり、さらに小さな金色の頂華をのせている。内部には二重の同心状の回廊があり、内側のものは、組積造の核の各側面の仏龕に安置された高さ 9 m の 4 体の仏像の前を通っている。

タッピンニュー寺院と**スーラーマニ寺院**（p.839B）は同じく**パガン**にある同時代のもので、中央に仏像を収めた堂と回廊を持つ上階がある。

迫持アーチの使用がビルマ建築の性格に与えた影響は、おそらく**パガン北方のチャウクー寺院**（11 世紀、p.839C）に最も明確に示されている。1 階のアーチは、連

第 27 章 東南アジア　837

A ストゥーパと寺院の遺跡、パガン、ビルマ　p.833 参照

B シュウェー・ダゴン・パゴダ、ラングーン、ビルマ（16、17 世紀）　p.836 参照

C アベーヤダナー寺院、パガン南方（11 世紀頃）　p.836 参照

4

838 | 植民地時代以前のヨーロッパ以外の建築

A アーナンダ寺院、パガン、ビルマ（12世紀） p.836 参照

B アーナンダ寺院、パガン

第 27 章　東南アジア

A　ナン・パヤー寺院の窓、パガン南方、ビルマ　p.836 参照

B　スーラーマニ寺院、パガン、上層ポーチ（12 世紀）
p.836 参照

C　チャウクー寺院、パガン北方（11 世紀）　p.836 参照

続したフリーズまで立ち上がる幅広い付柱とともにその上の層にいたる独特な基壇を形成し、その上の層はストゥーパの中央の構造体まで次々に立ち上がっている。同じく**パガンに近いティツァワダ寺院**は、より古い可能性がある(11 世紀、p.841A)はより小規模で、1 階では主入口(アーチ)を除いて開口部のない付柱のある壁体をみせており、同時期の南インドのドラヴィダ寺院にやや似ている。しかしながら、小さな規模と急勾配のテラス状上層部は、ずっと後のヨーロッパの集中式教会堂に似た輪郭をつくりだしている。

窓のある高い 1 階と 5 層の上部構造を持ち規則的に後退するオジー形屋根の架かる**パガンの聖典書庫**(経蔵、11 世紀)は別として、他の建物は僧院を含めて全て木造であった。その大多数はパゴダ状屋根のもので、さまざまな階数を持ち、彫刻や頂華で豊富に飾られていた。

ミンドン王の首都**マンダレイ**は、1857 年にようやく建造されたにすぎないが、その平面計画は 13 世紀のフビライ・ハンの北京の特色の多くを体現していた。配置はそれぞれ周壁を備えた同心状の方形囲繞からなっており、宮殿は中央の囲いを占め、ほぼ 1.8 m の高さのレンガ造基壇の上に建つ多数の平屋木造建築を包み込み、それらは無数の柱に支えられて広がり、その最も長い側面は約 300 m に達していた。全ての建物は金工、彫刻、漆などで惜しみなく装飾され、屋根、破風、パラペット、パゴダの細い頂華などによる幻想的なパノラマを呈していた。マンダレイは第 2 次世界大戦の間に、はかり知れない破壊をこうむった。

カンボジア

後期扶南時代の多くの寺院と祠堂が残っており、それらには、**タット・パノム**(サンボール)にある 6 世紀または 7 世紀の、インド的性格を明確に示すテラコッタレンガ造仏教建築や、同じくレンガ造の方形平面で龍骨状屋根を持ち、上部が縮小する 3 層の建物である**プノム・バヤンのシヴァ寺院**(7 世紀初期)や、**プレイ・クック**の小さな砂岩の祠堂がある。

プレア・コー寺院(894、p.841B)はインドラヴァルマン 1 世によって建てられた 2 つの重要な寺院のうちの 1 つである。同じ王によってつくられた都市・水路複合体の中に建ち、一重のテラス構造で(つまり、まだ寺院山となっていない)、6 つの塔とジャワの強い影響を示す豊富な彫刻を有する。

インドラヴァルマン 1 世による第 2 の重要な寺院である**ロルオス**(アンコール)の**バコン寺院**(881、p.841C)は、クメールの寺院山理念の発生を象徴している。建築的には簡単な石のピラミッドで、ほぼ方形の最下層の 1 辺 70 m から、地上 14 m 高の頂上の 1 辺 21 m にまで縮小する 5 層のテラスからなっている。ボロブドゥール(ジャワ)との類似性は明白である。

ピラミッド状上部構造を例示する初期古典クメール期の他の寺院は、**アンコール**に近いロルオス湖中の**ロレイ**(893)と、それと同時期の、バコンの型に大きく従っている**アンコールのバケン**などである。

頂上に 5 つの塔を持つ、赤と薄いピンクの 3 段のピラミッドである**プレ・ルプ**は、約 70 年後に登場し、アンコールから 20 km のところに建てられた、比較的小規模で繊細で優雅で絶妙なプロポーションを持つ**バンテアイ・スレイ**(967)と同様、過渡期に属している。プレ・ルプとバンテアイ・スレイの数年後、**ピメアナカスの寺院山**(p.842A)が、おそらく 978 年に、ジャヤヴァルマン 5 世のアンコールの中心に完成した。これは、第 3 のテラスの長い石造の部屋が連続した屋根付きの回廊になった点で、以前の形態と異なっていた。

タ・ケウ寺院(970-1010)は、クメールの寺院山の発展結果の集約といえるという点で、より基本的な重要性を持つ。最下部は 103×122 m、頂上で 48 m と大規模で、5 つのテラスを持ち、最高点は地上 40 m、5 つの巨大な石造の塔をあげている(プレ・ルプと比較せよ)。

バプオン寺院山(1050 頃)はアンコール・ワットと同規模で、多くの点でその前触れであった。ヴォールト屋根の石造回廊は、今や第 3 テラスだけではなく、第 1 および第 2 テラスにも回っている。

ネアク・ペアン祠堂(12 世紀、p.842B)は原始の海に浮かぶ象徴的楽園で、適合する的確なカテゴリーはない。方形の水盤に円形の基壇が立ち上がり、獅子、馬、象、人頭の落し口から流れ出た水が 4 つの対称的に配されたプール(現在干あがっている)に注ぎ、さらにそこから運河を通じて川に流れるという、魅惑的な構想である。

アンコール・ワットの都市(12 世紀、p.843A, B)は、アンコール・トムとともに、クメール文明の古典期における最終段階の驚異的なモニュメントである。スーリヤヴァルマン 2 世(1112-52)により、神王像のための寺院として、また彼自身の記念碑として、さらに彼自身の墳墓として建てられた。平面は長さ 4 km の濠で囲まれた巨大な長方形であり、形態的にはよくみられた段状ピラミッドで、内部の聖所を支える 3 番目で最後の層は大きな中央の円錐状の塔をあげ、また同様なデザインの 4 つの小塔が、回廊のある大きな壇の四隅に建っている。アンコール・ワットの寺院山へは舗装された参道が設けられ、第 1 のテラスを囲む列柱お

第27章　東南アジア　841

A　ティツァワダ寺院、パガン（11世紀）　p.840 参照

B　プレア・コー寺院、カンボジア（894）
p.840 参照

C　バコン寺院、ロルオス（アンコール）、カンボジア（881）　p.840 参照

A 王宮、ピメアナカス、カンボジア（978 頃）　p.840 参照

B ネアク・ペアン祠堂、アンコール、カンボジア（12 世紀）　p.840 参照

A アンコール・ワットの寺院、カンボジア（12世紀） p.840 参照

B 中央の塔、アンコール・ワットの寺院

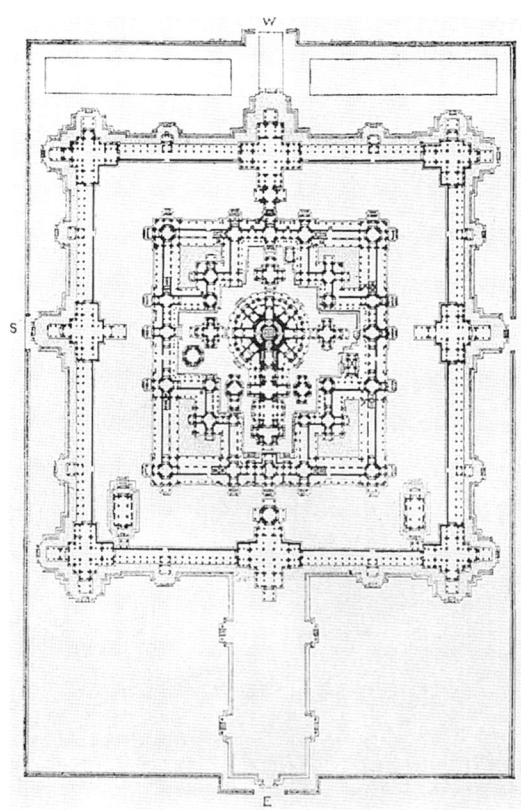

C バイヨン、アンコール・トム 平面図 p.845 参照

A バイヨン、アンコール・トム、カンボジア（13世紀初期） p.845 参照

B 玉座の間、王宮、バンコク、タイ p.845 参照

よびアーケード廊へ導く重々しいポーティコから中に入る。この回廊のほぼ800mの壁は、インドの叙事詩『マハーバーラタ』と『ラーマーヤナ』からの寓意的な物語と伝説的な出来事を描写する薄肉彫によって装飾されている。

アンコール・トムは、カンボジアの再建首都であり、ジャヤヴァルマン7世(1180-1218)によって計画され、アンコール・ワットの少し北に位置している。ほぼ正方形の平面として計画され、各辺3km以上の長さがあって、90m幅の濠と高さ約6.7mのラテライトの石壁によって守られており、以前のバプオンとピメアナカスの2つの寺院山を取り込んでいる。濠を越えて、5つの塔状玄関に達するには5つの石造の参道があり、それぞれ「ナーガ」(象徴的蛇)を持つ石造巨人像の並ぶ胸壁・欄干を両側に備えていた。王は都市の中心に彼自身の寺院山バイヨンを建てた。ピメアナカスの近くにあった彼の宮殿は完全に消滅している。

アンコール・トムのバイヨン(13世紀初期、p.843C、p.844A)は神王崇拝を象徴し、当初はヴォールト屋根の回廊のシステムと十字形に配置された小祠堂からなっていた。後に同様な回廊が隅部に付加されて長方形となり、ついでそれは外側の回廊によって囲まれ、内側の建物群と16の祠堂によって結合されたが、その後破壊された。中心の台座はジャヤヴァルマン、すなわちデーヴァ・ラージャと同一視されるフード状のナーガの頭部を有するブッダの像を安置する祠堂を支えている。この主題は、祠堂や小建物の上に立ち上がり、各面に4つのブッダの頭部が彫られた54の塔にも反映されていた。

タイ

ランプーンの**ワット・ククット寺院**(12世紀初期。地震後1218年に再建)はドヴァーラヴァーティ様式の最終段階を(時代的には後れているが)代表している。1辺23mの高い正方形基壇から、高さ28mの縮小してゆく5層のほっそりとしたレンガ造のピラミッドが立ち上がっている。各層の各側面には3体ずつのテラコッタ製仏像が置かれ、全部で60体となる。

ロップリーの**ワット・マハダートゥ寺院**(12世紀頃)は15世紀に復原されたもので、クメール=アンコール形式の建物である。壁に囲まれた中庭に配され、刳形のある高い基壇上に立ち上がる聖所の塔(シカラ)とそれに付くポーティコ(マンダパ)からなっている。特に注目すべきは開口部の上の重厚なアーチのテュンパヌムで、アンコールを思い起こさせる。

チェンマイ近郊の**ワット・チェット・ヨート寺院**(1455頃)は、明らかにブッダの死後2千年忌を記念するために建てられたもので、インドのボドガヤーのマハーボーディー寺院(聖遺物祠堂、第26章参照)の小規模な複製であるが、ブッダに敬意をはらう天人たちのスタッコ浮彫が加えられている。他の複製形式の例には、**チェンマイのチェディ・シー・リエム**(「ブッダを思い起こさせる四角い建物」、1300頃)や**スコータイのワット・マハータート**(大聖遺物僧院、14世紀)がある。

アユタヤの遺跡をみると、一般に小ストゥーパあるいは同様な形態の祠堂によって囲まれるタイの「ベル」型ストゥーパ、すなわち「プラ・チェーディ」の発展の、ある程度の印象を得ることができる。仏教の伝統では、このような構造体は聖者の遺物を納めたのだが、アユタヤでは明らかに王たちの埋葬モニュメントとして建てられた。ストゥーパの内部には、フレスコで飾られ奉献品で満たされた秘密の部屋があった。例としては**ワット・プラ・ラーム**(1369頃)、**ワット・プラ・マハタート**(1374頃)、**ワット・ラート・ブーラナ**(1424頃)、そして最も完全で感銘的な**ワット・プラ・スリ・サラペット**(1500頃、p.846A)がある。

後年のバンコク「パゴダ」形式は、宗教的な建物とともに宮殿にも適用された形態で、その典型は**バンコク王宮**の玉座の間(p.844B)であり、そこでは2つの主屋根が直角に交わり(つまり十字形平面)、交差部に尖塔が立ち上がっている。この様式は他の種類の建物にも用いられ、**ワット・プラ・ケオ**のような比較的最近の宗教建物にも、その細長い柱と周囲を取り囲むプラ・チェーディとともに使われている。

インドネシアおよびマレー諸島

ディエンの**チャンディ・ビーマ**(700頃、p.846B)は、中央ジャワにサンジャヤ・シャイレーンドラ王朝時代から残っている多くの小規模なヒンドゥー寺院および「チャンディ」(墓廟)の1つである。この建物は単純な1室の祠堂からなり、方形平面でピラミッド状の塔をあげ、突出したポーチから入る。塔の各層にはブッダの像を収めるニッチがある。祠堂とポーチの基台の刳形は同じレベルでめぐるが、ポーチの低いコーニスは祠堂のコーニスの下に無様にぶつかっている。基台の刳形は入口で断ち切られている。

もう1つの、少し後の例である**チャンディ・アルジュナ**(p.846D)は、古典との類似性をやや多く引きずっている。入口は短い階段によって基台のレベルにまで上げられ、ポーチの屋根は主コーニスのアーチを架けた入口の下に、もう少しうまく収まっている。

さらにやや南の**カラサン**には、シャイレーンドラ王

846 | 植民地時代以前のヨーロッパ以外の建築

A ワット・プラ・スリ・サラペット、アユタヤ、タイ（1500頃） p.845参照

B チャンディ・ビーマ、ディエン、ジャワ（700頃） p.845参照

C 仏教寺院、カラサン、ジャワ（770頃）、側祭室へのポーティコ p.845参照

D チャンディ・アルジュナ（8世紀末期） p.845参照

第27章　東南アジア　847

A　チャンディ・メドゥート、ジャワ（9世紀）　p.848参照

B　ストゥーパ、ボロブドゥール、ジャワ（8-9世紀）　鳥瞰
p.848参照

C　ストゥーパ、ボロブドゥール、ギャラリーの薄肉彫
p.848参照

D　ストゥーパ、ボロブドゥール

E　シヴァ寺院、ロロ・ジョングラン、プランバナン、ジャワ
（900頃）　p.848参照

朝の王子の妃の遺骨を祭るために建てられた仏教祠堂(770頃)があり、ギリシア十字の平面で、翼部は側祭室を形成し、そのそれぞれは、後にジャワ彫刻で極めて典型的なものとなる怪物面「キールティームカ」が付いた華麗なペディメントを持つポーティコから入る(p.846C)。明らかにチャンディ・ビーマの発展形である一方、カラサンはインドネシアの様式を予兆する施工上の成熟を示している。ここでは、地上約10mの高さのコーニスは同じレベルでポーチと中央の方形建物を回る。その上に3段の後退する層があって、全体で約21mの高さに達していた。

同じ地方の**チャンディ・セウ**(9世紀)はもう1つの仏教祠堂であるが、はるかに廃墟的状況にある。構想はカラサンに似ている。4列の小さな祠堂(全部で約249)に囲まれ、かつてはボロブドゥールかアンコールのような壮大さを持っていたに違いない。同時期の**チャンディ・メドゥート**(p.847A)は、上記の2つの建物のような全体平面と構造を持つが、内部を優美に飾る有名な仏陀三尊像を含む、保存のよい彫刻が注目に値する。

噴煙をあげる火山を背景として、ジャワの平原に劇的に位置する**ボロブドゥール**の**ストゥーパ**(8-9世紀、p.847B, D)は、インドネシア芸術の最高の表現であり、シャイレーンドラ王朝の建築的傑作である。石で覆われた緩やかな丘の形態をとるこの驚くべき建物は、インド宇宙観における宇宙山(須弥山)と、大乗仏教の宇宙システムである涅槃にいたるための9段階(9段のテラスがある)を象徴している。平面は各辺でわずかに階段状になった5つの面(上層部では3つに減少する)を持つ1辺150mの正方形で、5つの方形の閉鎖的な回廊と、3つの円形の開放的なテラス(テラスは72のベル型ストゥーパを持つ)を通じて中央頂上のストゥーパに達する。回廊には、仏伝や仏教の聖典からの伝説を表現する約1300の彫刻パネル(p.847C)が飾られている。ボロブドゥールのデザイン上の全ての細部および構想は、建築的というよりは宗教的原理に従うものであるが、しかし結果は壮麗な建築となっている。

プランバナンには、大きな2層のテラスに並べられた150の祠堂の注目すべき複合体があり、9世紀および10世紀における大乗仏教の衰退とヒンドゥー教の神々への復帰を反映している。祠堂の大多数は廃墟化しているが、**ロロ・ジョングラン**の**シヴァ寺院**(900頃、p.847E)は、プランバナンの主要建築物であり、かなりの程度に復原されている。平面は十字形で正方形の基壇上に立ち、4つの広い正式の階段と中心堂を備え、『ラーマーヤナ』の叙事詩を描く42の薄肉彫のある回廊を含めて、多数の優れた彫刻を持っている。

パナタランの**寺院群**(1370頃)は、東ジャワにおいて連続してきたヒンドゥー文化(マジャパイト王朝)の最後の表出である。シヴァ「チャンディ(寺院)」が特に興味深く、またよく保存されており、1つの立方体のような堂と上部にのるピラミッドという伝統的形式は維持されているが、扱い方は全くジャワ的である。とりわけ特徴的なのは入口の上の大きなキールティームカの面で、それは数世紀後のワヤン操り人形劇に用いられた技術を先取りしている。

訳／野々垣 篤

5

ルネサンスおよびそれ以後の
ヨーロッパとロシアの建築

ルネサンスおよびそれ以後のヨーロッパとロシアの建築

第 28 章
背　景

はじめに

　1420年頃（イタリアにおいて）から1830年にかけてのヨーロッパとロシアの建築を包括するために第5部の見出しで使用した「ルネサンス」という幅広い用語は、現在の用語法でいうところのルネサンス様式が、1630年頃までにはバロックに、あるいは1520年頃までにはすでにマニエリスムに道を譲ってしまったとされているにもかかわらず、これまでずっと生き続けてきた。この用語を幅広い意味で用いることの意義は（それはギリシア・ローマ様式の意識的な復興を含意するが）、それが古代というものを常に様式的規範や手本として認識していることである。こうした信奉は、時には若干のバロック建築家たちのゴシック的傾向によってゆらぎはしたが、非ヨーロッパ的様式や中世様式の復興によってもたらされた18世紀末の折衷主義にいたるまで、根底から覆されることはなく、ローマのモデルに対して積極的に異論を唱えることは、A. W. N. ピュージン（1812-52）の時代より以前にはほとんどみかけられない。したがって、ヨーロッパ中の国々に広まり、非常に長く多岐にわたったこの建設活動期間には、何らかの凝集性が指摘できるのである（ヨーロッパ以外のルネサンス建築については第6部で取りあげる）。ロシアにおけるルネサンス的形態の導入は、延々と続いたビザンティン時代と重なっている（第12章参照）。

　その時代が始まった頃には、ローマ建築が圧倒的な影響力を持っていて、古代ギリシアの建物が本格的に研究されてギリシア建築の優越を信じる新古典主義的な考え方が生まれたのは、ようやく18世紀になってからのことであった。19世紀初めまでには、「古典的」という言葉は、調和、比例、合理性、均衡といったギリシア的な特質を示唆する近代的な意味合いを帯び始めていた。そしてそれは、いかに不合理であろうと奇異であろうと、不適切な拡大解釈によってギリシア・ローマ世界のあらゆる現象に適用されるようになった。したがって本書のこの部分では、「古典的」という言葉は、歴史的時代区分を示すためには使われていない。ギリシア、ヘレニズム、ローマのモデルを示す時には、より中立的な「古代的」という言葉が使われている。「古典的」という言葉が使われる場合は、大まかではあるが、ウィトルウィウスの理論書に最初に登場し、後にギリシア建築の造形に関してかなり研究し直された、ある建築的価値観へのこだわりを意味している。多くのローマ建築は、この意味において「古典的」ではなかったが、ルネサンス建築には等しく影響を及ぼしたのである。

　その時代全体の中には、異なった様式的様相が認められる。ただし、それらは異なる時期に異なる地域で生じており、相互の移行が突然に起こることはまれである。

　ここで使われている用語は、初期ルネサンス、盛期ルネサンスおよびマニエリスム、バロックおよびロココ、そして新古典主義である。

　これらの用語の様式的適用については、各章の「建築の特色」の中でさらに詳しく考察されている。ただ、初期ルネサンスと新古典主義だけは、先行する様式に反発した意識的な運動として評価することができるが、その他は様式の発展的な進化を表しており、古典主義的な傾向を持つさまざまな時代の評論家からは「マニエリスム（型にはまった）」とか「バロック（ゆがんだ真珠）」とか「ロココ（ごつごつした岩や貝殻）」といった軽蔑的な烙印を押された。

　芸術のルネサンスは、古代ギリシア・ローマ文化のより広い復興の一貫としてイタリアに始まった。初期ルネサンスの建築様式は、15世紀半ばにフィレンツェ（1420頃）から他のイタリアの主要都市へと広まり、半島一円に速やかに受け入れられた。イタリア以外で15世紀ルネサンスの名建築があるのはロシアとハンガリー

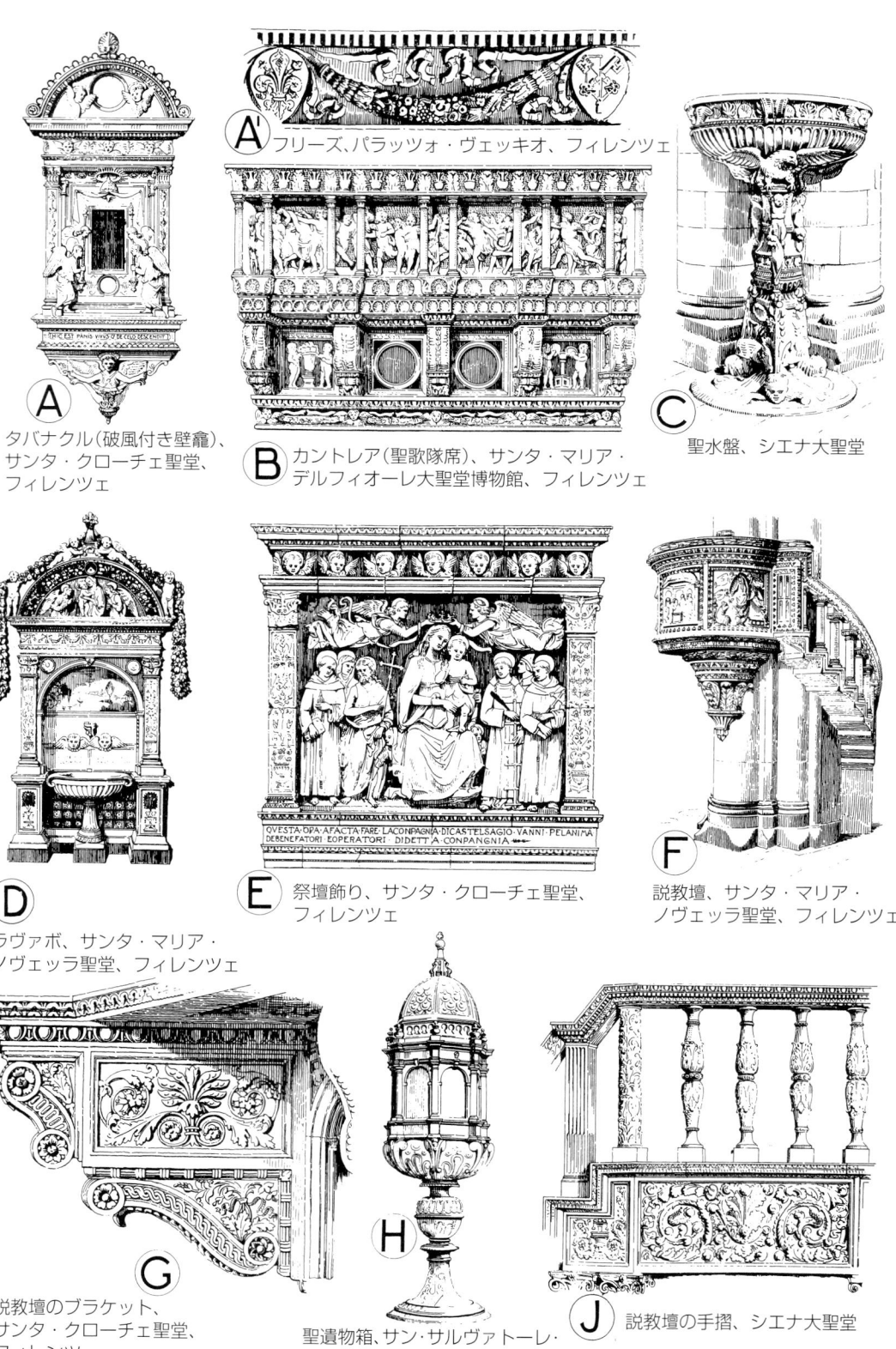

ルネサンス様式の細部装飾、フィレンツェとシエナ

第28章 背景 | 853

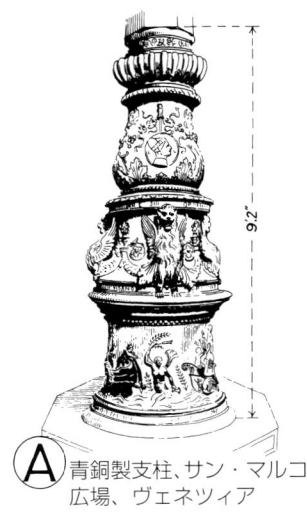
Ⓐ 青銅製支柱、サン・マルコ広場、ヴェネツィア

Ⓑ 柱頭、サンタ・マリア・デイ・ミラーコリ聖堂、ヴェネツィア

Ⓒ 青銅製燭台、サンタントニオ聖堂、パドヴァ

Ⓓ ピエトロ・ベルナルドの記念墓、サンタ・マリア・グロリオーザ・デイ・フラーリ聖堂、ヴェネツィア

Ⓔ 羽目板、サンタ・マリア・デイ・ミラーコリ聖堂、ヴェネツィア

Ⓕ 聖ヤコブの祭壇、サン・マルコ大聖堂、ヴェネツィア

Ⓖ 出入口部分、オルファーニ・アイ・ジェズアーティ、ヴェネツィア

Ⓗ 手摺、サンタ・マリア・デイ・ミラーコリ聖堂、ヴェネツィア

Ⓙ ヴェンドラミン総督の記念墓の一部、サンティ・ジョヴァンニ・エ・パオロ聖堂、ヴェネツィア

ルネサンス様式の細部装飾、ヴェネツィア

854 | ルネサンスおよびそれ以後のヨーロッパとロシアの建築

ルネサンス様式の細部装飾、北イタリア

第28章 背景　855

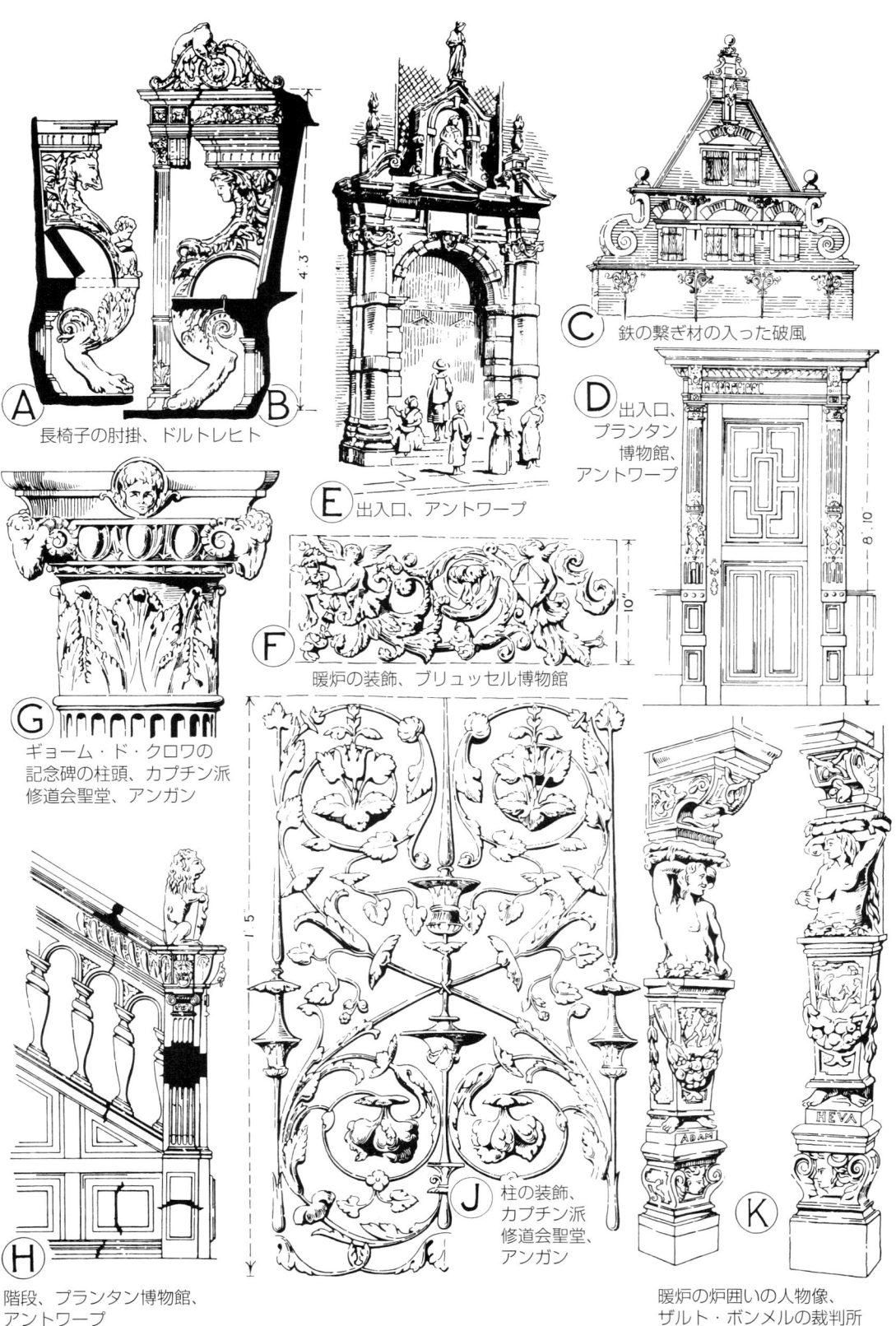

Ⓐ 長椅子の肘掛、ドルトレヒト
Ⓒ 鉄の繋ぎ材の入った破風
Ⓓ 出入口、プランタン博物館、アントワープ
Ⓔ 出入口、アントワープ
Ⓕ 暖炉の装飾、ブリュッセル博物館
Ⓖ ギョーム・ド・クロワの記念碑の柱頭、カプチン派修道会聖堂、アンガン
Ⓗ 階段、プランタン博物館、アントワープ
Ⓙ 柱の装飾、カプチン派修道会聖堂、アンガン
Ⓚ 暖炉の炉囲いの人物像、ザルト・ボンメルの裁判所

ルネサンス様式の細部表現、アルプス以北

のみである。

しかし、16世紀初頭までに、ルネサンスの形態はヨーロッパ中の国々に伝わった。イタリアでは、この盛期ルネサンスの時代は、古代建築の原理や実際の遺構をよりよく理解した時代と考えられるが、その他の国々では、ルネサンスとは模倣と伝播の過程でかなり歪曲されたイタリア風モチーフ(p.852-854)の採用を意味することが多かった。そのため、1520年代のイタリアで、ラファエッロやジュリオ・ロマーノやペルッツィといった建築家たちが、源泉の範囲を広げていった一方で、彼らの語彙や、特にあまり古代ローマを基調としないミケランジェロの新機軸が、スペインやフランスやフランドルの職人たち(p.855)の手にかかると、古代の造形とは全くかけ離れているようにみえたのである。フォンテーヌブロー派の版画作品は、そうした「グロテスク」様式の伝播に特別な役割を果たし、さらにハンス・フレーデマン・デ・フリースやヴェンデル・ディッターリンの図案集に助けられて、16世紀末の一種の国際的「マニエリスム」様式を生み出すにいたった。

17世紀から18世紀初期にかけてのヨーロッパの国々の流行様式は極めて多様で、バロック時代というような呼称は、特に誤解を招きやすい。ローマとピエモンテ地方のバロックの特徴——幻想主義、曲線的躍動感、空間的実験、奇想的ディテール——が完全に受け入れられたのは、オーストリアとボヘミアと南ドイツだけであった。新教国のイギリスとオランダは、世紀末にバロックの影響が認められた時でさえ、非常に明快で単純な形を生み出すパラディアン・リヴァイヴァル様式を貫いていた。フランスは、合理的な幾何学と円柱を多用したファサードと石材の明快な取り扱いを基盤にした、いわゆるフランス古典主義として知られる独特の国内様式を発展させた。

同様に、本質的にはバロック最後の華である18世紀初頭のロココは、より曲線的な傾向を持ち、非対称な表面装飾を伴うもので、国によって浸透の度合いはかなり異なっていた。フランスでは、これは基本的に住宅内部の様式であって、外観や教会堂建築には影響を及ぼさなかった。オーストリアや南ドイツでは、より広範囲にわたって徹底し、その地方のバロック的傾向を受け継いでいた。一方、イギリスでは、室内や家具に関する場合を除き、新たな反バロック的パラディアン・リヴァイヴァルが1720年代に始まり、ロココの芽を摘み取ってしまった。18世紀半ばのフランス、イタリア、ドイツにおける新古典主義運動は、方向そのものが反ロココ的であった。

新古典主義は、単にギリシア様式の復興にとどまらず、加えて異国風の古代様式の復興でもあった。建築的には、合理的な構造原理への回帰や建物によるそれらの表現と結び付いていた。この点に関して、新古典主義はローマよりゴシック的な手法に肩入れすることがあり、シンケルやスフローのような建築家がゴシック建築——トレーサリーや装飾ではなくその構造的成果——を賞賛したのも決して気紛れではなかった。

フランス革命で頂点を迎えた社会変革とナポレオンによって押しつけられた一時的な国際覇権主義は、新古典主義の造形的規律から脱却する主な要因となった。「ルネサンス以後」という見出しは、この時代にあてはめたもので、ヨーロッパ植民地主義の建築を論ずる前に、おおよそ19世紀末までのヨーロッパ建築の変革を提示するために第5部に含めておいた。そして、植民地主義建築の末期の状況においては、当時の技術的発展とともに19世紀の折衷主義が重要な役割を果たした。引き続く人口の急激な増加と工業化や都市化の急速な進展は全て、ギリシアやローマからどれほどへだたっていようとも、古代の造形やモチーフの象徴的な権威の失墜を促した。

この章では、ヨーロッパとロシアにおけるルネサンスおよびルネサンス以後の政治的、社会的、文化的歴史に重点が置かれている。ただし、国ごとに分けてあるのは便宜上にすぎないことを断っておく必要がある。ルネサンス様式の形成期には、特に中南部ヨーロッパ諸国は、それぞれ独立もしくは半独立の都市国家や公国などに分かれ、政治同盟も頻繁に変更されていた。政治経済の状況は、建築類型の変化や転換にも影響を及ぼし、ルネサンスの建築家たちに広く多くの仕事を供給し、それがやがて旧世界のいたるところにルネサンスの造形をもたらす発展に続いていくことを保証した(第6部参照)。ルネサンス以後の多様性については、東西ヨーロッパを一括して第34章で取りあげるが、この「背景」の章では、「歴史」と「資源と建設技術」の節が、いずれも全ヨーロッパのルネサンス以後に関する1節でしめくくられている。

ヨーロッパ一帯の地理的・気候的条件は、こうした諸様式の国際的普及を助けたが、それら諸様式のモデルは、すでにヨーロッパにおいて、同一ではないにせよ同じような条件の下で試されてきたものであった。ヨーロッパの中では、物理的な条件が建物の造形や外観にかなりの影響を及ぼした。ゆるい勾配の瓦屋根のやわらかな赤色やイタリア、フランス地中海沿岸地方のパステル・カラーの広場から、青灰色の高くて四角い屋根の上品さ、そして北フランス、イギリス、スカンジナビアのさらに角ばった輪郭にいたるまで、ルネサンス時代の建築家は、自らのモデルをその土地の材料と気候に合わせた。19世紀の多彩な様式や工場、交

Ⓐ 階段室、アシュバーナム・ハウス、ロンドン

Ⓑ 暖炉、ストーク・ホール、ダービーシャー州

Ⓒ 食堂、ベルトン・ハウス、グランザム、リンカーンシャー州

イギリス・ルネサンス様式の室内装飾

通施設、公衆衛生施設、住宅といった開発途上の建築は、ルネサンス以後から実に20世紀にいたるまで、こうした普及過程を繰り返したのである。

歴　史

建築様式や建築類型の変化は、その時代の歴史的変化と密接に結び付いている。新しい様式は、力のある芸術擁護者同士の結び付きを通して、あるいは戦争や征服、印刷術の発明、職を探し求める建築家たちの移動によって、そしてもっと一般的には、政治的・社会的立場を強化するために建築言語が支配者の一団や支配階級に独占されることによって普及していった。オーダーの古典的言語に本来備わっている規律は、社会の階層のために力強い視覚的隠喩を提供しており、その成功の多くはこれに起因しているようである。

15世紀には、とりわけパトロン同士のつながりから新しいイタリアの建築言語が広まっていった。たとえば、ハンガリー国王マティアス・コルヴィヌスの宮廷のイタリア化された気風は、彼とナポリのベアトリーチェ・ダラゴーナとの結婚によってさらに強められ、ブタペストに早くからルネサンスの形態を登場させるに及んだ。特定の王家の間のつながりは常に、建築理念の普及にとって大きな歴史的要因と同じくらいに重要であった。

イタリア戦争（1494-1530）は、フランス国王やハプスブルク家の皇帝のイタリア建築好みを助長し、イタリア諸国はまるで古代ギリシアのように、独立の放棄とひきかえに文化的主導権を握ったのである。17世紀後半になってようやく、ルイ14世のフランスが建築モデルの主要発信地としてイタリアに取って代わったが、それらのモデルは小さなイタリア宮廷の時代よりも、まさに絶対君主の時代にふさわしいように思われた。17世紀から18世紀にヨーロッパで行われた戦争は、建築相互の関係をいっそう地域的なものにした（後述する国別の歴史を扱った節を参照）が、この時代にヨーロッパの政治・文化の伝統に最も永続的な痕跡を残したのは、ナポレオンのヨーロッパ侵略戦争であった。

ダンテ（1265-1321）とペトラルカ（1314-74）に始まった古典学問の復活は、必然的に古代の視覚的遺産に対する関心につながり、15世紀イタリアの人文主義者や考古学者らがこれをはぐくんだ。中世にはほんの一部分しか理解されていなかったウィトルウィウスの建築論の本は、アルベルティによってローマ時代の建造物と比較され、古典派の考古学者たちによって編集された。15世紀の木版画、銅版画ならびに活版印刷術の発明は、建築理論や視覚的モデルをヨーロッパ中に伝えるのに重要であった。アルベルティ（1485）とウィトルウィウス（1486）の印刷版や、そして特にセルリオ（1537-）やヴィニョーラ（1562）、パッラーディオ（1570）の挿絵入りの著作品は、イタリアを訪れることなしに新しい様式で建物をつくることを可能にした。建築書の出版については、後で各国別に概観する。

マルティン・ルター（1483-1546）が始めた改革運動の結果起こった西欧キリスト教会内の宗教変革は、教会堂建築に重要な影響を与え、平明な形と整然とした堂内を生み出すことになった。対抗宗教改革として知られるカトリック教会内部の変革の動きは、新しい修道会によって先導され、特にイエズス会の宣教師たちは、16世紀ローマの教会堂形式をヨーロッパ中にもたらした。対抗宗教改革派の教会堂形式は1つに限定されてはいないが、修道院や参事会制の教会堂には、祭壇の後ろに設けられた聖歌隊席と側祭室を備えた単廊式の教会堂が特に好まれた。1470年代から奉献教会堂や記念教会堂で流行した円形もしくはギリシア十字形を基本とした集中式平面は、カトリック世界ではその時期を通して使われ続けた。それらはまた、主祭壇のみに焦点を集める必要のないプロテスタントの教会堂にも適していることがわかった。

イタリアの都市宮殿や田園地帯のヴィラ（p.859A, B）は、ヨーロッパの他地域の異なった政治的・社会的・経済的状況に順応させられた。しかし、君主や貴族などパトロンたちが、塔や胸壁など権力の証となるものを放棄し、古典的オーダーによって示される優越を表すいっそう繊細な語彙を受け入れるまでには、1世紀以上を費やした。ヴェルサイユ宮殿やシェーンブルン宮殿のように、絶対権力行使のための建築的装置の開発は、フランスとオーストリアに委ねられた。市庁舎、同業組合会館、病院、福祉施設など世俗の公共建築は、独立した都市国家の特徴であった。17世紀から18世紀の国王のイニシアティヴは、パリのオテル・デザンヴァリッドや、イギリスのグリニッジやチェルシーの病院のように、しばしば軍事教練や従軍褒賞に関連していた。18世紀ヨーロッパの社会変革の動きは、公共建築に新たな光を投げかけ、さらに18世紀末ないし19世紀初頭は、病院、監獄、博物館などの公共教育施設、そして劇場やオペラ・ハウスなどの娯楽施設の建設にみるべきものがある。

黒色火薬砲と金属製砲弾の使用は、高い壁と塔からなる中世末期の防御策を時代遅れにしてしまった。15世紀末のイタリアでは、ところどころにやじりのような形の稜堡を配した低い壁を用いる新しい防衛システ

A ボボリ庭園、フィレンツェ（16世紀） p.858 参照

B ヴィラ・ガンベライア、セッティニャーノ（1550頃） p.858 参照

ムが開発され、攻撃性能をあげると同時に、側面砲火によって城壁の防御範囲をも拡大した。イタリアの軍事技術者と防衛システムの理論書は、16世紀になってこうした考え方をヨーロッパ中に広め、18世紀まで都市防衛施設のデザインに影響を与えた。

放射状の街路システムと集中的平面に基づくルネサンスの都市計画理念は、まさに軍事的要請と連動していた。それらはヴェネツィア人の街パルマノーヴァ(1593)や、カールスルーエ(1715)など、新しい要塞都市の建設に際してごく一般的に実践された。既存の街の中では、道路が拡幅され、直線化され、あるいは重要な記念建造物や噴水やオベリスクに焦点を合わせ、幾何学的原理に基づいて新たに計画されたりした。ルネサンスおよびバロック時代の教皇たちがローマそのものを拡張し、整理するためにつぎつぎと打ち出した構想は、ヨーロッパ中の多くのバロック君主たちに1つのモデルを提供した。軍事統制の必要性と四輪馬車や4頭立馬車の使用頻度が増すと、より広い街路が必要とされるようになった。そして、都市計画はテラス・ハウスのような画一的な建築の発展する機会を提供するとともに、投機的建築の発端となった。

イタリア

キリスト教会の宗教的・思想的統一は、パドヴァのマルシリオ(1342没)やジョン・ウィクリフ(1348没)、ジョン・フス(1415没)らが教会の世俗的な権力や富を攻撃した14世紀には、すでに崩れ始めていた。1309年以来、フランス国王によってアヴィニョンに幽囚されていた教皇位は、1377年にローマに戻ったが、半世紀以上にわたってそれぞれ同盟国に支持された2人ないし3人の対立教皇の間で争奪戦が繰り広げられることになった。教会を再建し、一連の公会議を通じて教皇たちを統制しようとした調停工作は、1449年に失敗に終わり、教皇位に独立権を取り戻させることになったユリウス2世(1503-13)の在位中は、中部イタリアを横断して比較的強力な状態で教皇領を確立していた。他方、そのヨーロッパを通じての精神的権威は、放蕩なアレクサンドル6世や好戦的なユリウス2世、唯美主義者レオ10世(1521没)の下で新たな深みへと落ち込んでいった。

15世紀イタリアの政治史は、完全な統一を成し遂げていない無数の都市国家間のめまぐるしい同盟関係の変化と小規模な地域紛争で特徴づけられる。フランスがナポリの王位継承権を主張したことが1494年のフランスのイタリア侵攻の発端となったが、これはイタリア戦争を引き起こし、その間、半島はフランスとハプスブルク家の皇帝の戦場と化した。そうした侵略戦争の最中に、北方の支配者たちはイタリア芸術に傾倒するようになり、さらに1527年の皇帝カール5世と彼のルター派教徒軍によるローマ劫略は、盛期ルネサンスの建築家たちが他の拠点へ離散するきっかけとなった。

1530年代までには1つの権力構造ができあがり、ナポレオン戦争の時まで維持された。スペインのハプスブルク家は、今やミラノ、ナポリ、シチリア、ジェノヴァを直轄し、メディチ家のトスカーナ大公国とトリノのサヴォワ公たちに大きな影響を与えた。ヴェネツィアは独立した共和国のまま残り、海洋帝国は縮小したものの、大陸の領土(パドヴァ、ヴィチェンツァ、ヴェローナおよび西はベルガモから東はトリエステまで)は確保していた。ローマはフォッサノーヴァからリミニ、ボローニャ、モデナにいたる教皇領を確実に掌握していた。貴族は、宮殿の中に帝王のような宮廷を構え、互いに洗練された贅を競いあっていた。教皇たちは市外からの収入をあげることに躍起になり、それを市内でさんざん浪費したあげく、巨大な債務を抱えることになった。ユリウス2世時代もしくはそれ以降に、こうしたことが教皇の事実上の権力下に置かれる前までは、教皇領の北方の都市の中には、リミニのマラテスタ家やウルビーノのモンテフェルトロ家、フェッラーラのエステ家のように、都市を治める一族の当主たちの小規模ながらすばらしい宮廷を擁するところがいくつかあった。それゆえ、そうした都市の建築では、ローマにおける発展よりもむしろ地方的な要因に敏感な時期もあった。17世紀の間、トスカーナ大公は刻々と変わる運命に身を委ね、またヴェネツィア人は断続的にトルコとの戦争を繰り返していた。

建築は対抗宗教改革に伴う宣伝活動に大きな役割を果たした。ブルボン家はイタリアのスペイン統治領を含むスペイン帝国の継承を主張したが、オーストリア、イギリス、オランダの抵抗にあい、ユトレヒト条約(1713)によってミラノとナポリがオーストリア人に譲渡され、サヴォイア公国は1つの王国となった。1718年にヴェネツィアがアドリア海沿岸の領土を失い、また1737年にはメディチ家が断絶し、公国はオーストリア領になった。

ナポレオンの侵攻(1796-97、1800)は、ヴェネツィア共和国の終焉を招いたが、オーストリア支配からの一部開放とピエモンテ地方からアドリア海沿岸にいたる北部地域の初めての統一を意味していた。ウィーン会議(1814-15)で半島は再び8つの国々に分割され、1848年の革命まではオーストリア支配が続くこととなった。

中世末期イタリアの経済的繁栄は、早くからの都市化や銀行業務および繊維産業の早期発展（特にロンバルディアとトスカーナ）、海洋貿易（ジェノヴァとヴェネツィア）、そして教会の収益（ローマ）によるものであった。ローマ以南では経済発展が遅れていたが、巨大な農耕地が不在地主の貴族社会を支えていた。しかしながら、中北部イタリアの都市国家は、早くも15世紀末から16世紀にはすでにヨーロッパにおける経済的優位を失い始め、都市支配層が徐々に田園に回帰する現象がみられた。これは、外国の宮廷への依存とともに、商人階層を基盤とした貴族社会の成立を促した。

14世紀にペトラルカが先鞭をつけた古代文学の人文主義的復興は、古代の物理的な遺産に対する関心を高め、1420年までにこうした興味は建築へと拡大していた。フィレンツェは、トスカーナ方言を文学的言語に変えながら、その復興の先頭に立っていたが、ギリシア文化に踏み込んでいた教皇庁とヴェネツィアも、やはり新しい学問の重要な拠点であった。また、小さな都市国家の啓蒙的な独裁者たちも、自らの宮廷に芸術家や学者を雇い入れていた。15世紀半ばにドイツから印刷術が伝わって理論書が出版できるようになり、建築家たちが銅版画や木版画による情報伝達の草分けとなった。

北方のプロテスタンティズムの挑戦とトレントの公会議（1545年とさらに16世紀半ばに数回にわたって開催された）によって軌道にのった対抗宗教改革は、人文主義文化の隆盛を徐々に侵食するようになった。その1つの変化がコロッセオを羊毛工場に転用するというシクストゥス5世（1585-90）の提案に象徴されている。しかし、これは古典建築の言語に対する反動を意味しているわけではなく、バロックの建築家は依然としてローマ建築からヒントを得ていたのである。イタリアはアルプス以北の芸術家や作家の心をひきつけてやまなかった。たとえば、ゲーテの来訪やヴィンケルマンの長年にわたる滞在は、新古典主義の動向に大きな影響を与えた。

教会堂の計画は、建築家や施主の美的趣味とともに象徴主義や典礼の変化、あるいは改革運動や新しい修道会から影響を受けた。「礼節」は、ルネサンス文化の根幹をなす原則であり、教会堂の機能は計画を決定づける要因であった。円、正方形、ギリシア十字形に基づく集中式平面は、象徴的な完璧さを評価されたが、大聖堂や修道院付属教会堂には不向きであると判断されることもしばしばあった。実際には、奇跡や疫病の終息や殉教などにかかわる記念建造物が、救世主の墓にちなんだエルサレムの聖墳墓記念聖堂を先例とするドーム付き集中式平面を使用する機会を与えた。長堂式の身廊をドームの付いた集中式の交差部につなげる複合式平面は、1つの満足のいく妥協策で、ここでは、行列の機能と伝統的なラテン十字形の象徴性が重視された。後には、楕円形平面が、集中式を基本とした平面に方向性のある軸線をもたらした。

中世イタリアの修道院付属教会堂には、身廊を横切って堅固な内陣障壁があり、信徒を聖職者聖歌隊席と至聖所から隔てていた。15世紀の新しい教会堂ではこの習慣がすたれ、聖歌隊席は主祭壇の後ろの祭室に移された。トレントの公会議以降、説教とミサへの参加に重点が置かれるようになり、これに合わせて障壁は組織的に廃止された。イエズス会、バルナバ会、オラトリオ会といった16世紀後半の新しい修道会は、しばしば相互に連結された側祭室を持つ単廊式平面を採用するようになり、翼廊や各部の明確な分離を省略した。

都市貴族の大規模な都市宮殿は、1530年代まで共通した装飾言語を持つ傾向にあったが、それでも地方によってかなり異なった手法をみせている。共通の特徴は、3階建の四角いブロックと中央の列柱式中庭、そして街路に面した2階（ピアノ・ノービレ）の主室の配置である。また、ヴォールトを架けた1階部分は（16世紀までは）店舗や夏の居室や厩舎にあてられ、一方、子どもや奉公人の部屋は3階に、ワインや油や燃料の貯蔵庫は地下にある。居室は大きな広間から小さな部屋まで次第に小さくなる一連の続き間からなりたっている。廊下はほとんどなく、部屋の機能は、舗設ではなく大きさによって自由に決められる。部屋数は、15世紀の商人の邸館においては比較的少なく、高位聖職者や小君主たちだけが大きな世帯を維持していた。17世紀まで使用人の数はどんどん増え続け、馬車の使用によって大きなサーヴィス空間と広い入口のある厩舎が必要になった。15世紀初めから対称的な平面が一般的になったが、バロック時代には、複数軸線や劇的な階段、あるいは連続した中庭に重きをおくことが多くなった。

フィレンツェでは、14世紀によくみられた1階の店舗が、邸館のファサードから姿を消すようになったが、それでもルスティカ仕上げの石積みを用いて、狭間胸壁を持つようないかめしい外観を維持した。邸館の基礎階の周囲にめぐらされた石造の公共ベンチは、フィレンツェ独特の特徴であった。16世紀には、ルスティカ仕上げの使用は隅石と迫石に限られることが多くなり、1階には持送りに支えられたペディメント付きの大きな窓（跪座の窓）が現れた。1581年にモンテーニュは、ガラスのかわりに油をしみこませたリンネルや紙を窓に使っているのをみて驚いているが、ガラスは17世紀まではめったにみられなかった。

ローマでは、枢機卿の邸館が比較的大きく、最初はかなりゆったりと計画され、日影と空気を最大限に取り入れるために上層階にはロッジアが付いていた。パラッツォ・デッラ・カンチェッレリーアがウルビーノのパラッツォ・ドゥカーレに似た平面と装飾を採用する16世紀末までは、隅塔と十字形の仕切りのある窓（グエルフィ窓）が普及していた。パラッツォ・ファルネーゼは16世紀の大邸館の模範で、列柱式の玄関間とモニュメンタルな中庭、そして庭園との軸線的なつながりを持っていた。比較的小規模な邸館が、肥大した教皇庁官僚制のメンバーのために発達したが、規模のわりにはファサードや階段室や中庭の立派さは度を越していた。こうした邸館は、17世紀には不都合なほど小さかったようである。

　ヴェネツィアの邸館に特有の平面形状は、水辺に立地することと商業を営む保守的な住人に関係があった。三分割されたファサードの中央に集まった開口部は、商品を荷揚げするための横に長い玄関ホールと上階の吹き抜けの大広間に対応していた。敷地は中部イタリアよりも長くて狭く、中庭はもっと小さくて、邸館は家族の構成員の間で上下に使いわけられていることが多かった。ヴィチェンツァやヴェローナなど、ヴェネト地方の大陸側の街でも同じような3部構成のものがみられ、中庭はしばしば庭園に置き換えられている。パッラーディオは、ヴィチェンツァの邸館デザインに四柱式アトリウムのような独自のウィトルウィウス的要素を導入した。

　ヴィラは、古代末期に消滅して以来、独立した建築類型としてルネサンス期に再登場してきた。ヴィラは目的（農場の拠点、狩猟小屋、郊外の保養所）や地域、施主、建築家によってかなり異なるので、外側のロッジアなど、ほんの2、3の共通点しか認められない。土地の開墾、農業の改良、財産権の強化は、トスカーナ地方やヴェネト地方のヴィラ建設に先行した。パッラーディオはヴェネト地方の伝統を引き継ぎ、農場経営者のための特に機能的で融通性のあるヴィラをつぎつぎとつくりだした。それらはペディメントの付いた正面を中心にして階層的にまとめられた建築群に、納屋、保管用ロッジア、穀物倉庫を組み込んでいた。ローマでは、文献に書かれた古代ヴィラの記述を模範とした郊外型のヴィラが、娯楽好きな教皇庁のメンバーたちに人気があった。ブラマンテのコルティーレ・デル・ベルヴェデーレ（1503-13）やラファエッロのヴィラ・マダーマ（1516着工）に影響された長大な透視画的眺望と階段斜路、そしてニッチ付きエクセドラと洞窟は、16世紀の造園計画の特徴となったが、さらに水が次第に重要な役割を果たすようになり、噴水に供給されたり、食卓を冷したり、巧みな自動装置の動力源となったりした。

フランス

　百年戦争が終結し、1453年にイギリス軍を駆逐した後のフランスは、封建制の王国というよりもむしろ中央集権化と絶対制へと邁進する近代的な君主国の色合いを濃くしていた。ヴァロワ家の王たちは、1515年に政権を握り、すでにアンリ・ド・ナヴァールを承認していたアンリ3世が1589年に暗殺されるまで統治し、2世紀後の革命まで権力の座に収まり続けることになるブルボン朝に道を譲った。ヴァロワ朝の時代に、王国は版図を広げてブルターニュを併合し、東はライン川まで拡大した。また、フランドルの国境も後ろへ押しやられた。

　フランソワ1世（1515-47）とアンリ2世（1547-59）の下で進められた王権の中央集権化は、1570年代と1580年代の宗教戦争で大きくゆらいだ。ナヴァールのアンリ4世（1589-1610）は、1593年にパリに入城し、後にルイ13世（1610-43）とルイ14世に受け継がれた国威回復と政治の中央集権化の戦いに乗り出した。1661年にマザランが他界し、ルイ14世が政治の実権を握った時には、フランスはすでにヨーロッパで一番人口が多くて豊かで、おそらく最も統制のとれた国になっていた。ルイ14世は、半世紀以上にわたって絶対的な権力を持って統治した。彼の軍隊がフランスの覇権を確立したといってもよく、ただ1度だけ、破滅的なスペイン継承戦争（1704-13）で、ヨーロッパの連合勢力に阻止されたくらいであった。ルイの有能な大臣ジャン・バティスト・コルベールは、フランスの商工業を改善するために不眠不休で働き続けたものの、政治に関してはほとんど影響力を持たず、ブルボン家の後継者ルイ15世（1715-74）とルイ16世（1774-93）はすぐに、ヨーロッパ、北アメリカ、インドにおける金のかかる戦争と18世紀の一般的なインフレ傾向によって新たな増収が最も重要であると感じた。1789年までに国はほとんど破産状態に陥り、うっ積した不満が三部会の開催と革命を促し、行政機構を単純・合理化して、支配力を83の省庁——財政的な問題は、教会財産の国有化と払い下げで解決する——に分散することになった。ナポレオンがフランスの新しい支配者（皇帝在位1804-14）として台頭し、ワーテルローで敗退するまで15年間にわたり軍事力をもって大陸に君臨した。

　プロヴァンス地方にはすばらしいローマ建築が数多く残っていたが、フランスの建築家がイタリアの例にならって古代の学習に専心するようになったのは、

1494年と1508年のフランスのイタリア侵攻からであった。シャルル8世はイタリアから帰ると、フランス最初の王宮で、もともと大部分が15世紀に建設されたロワール川沿いのアンボワーズ城（p.864A）へ戻った。彼はイタリアの芸術家や職人を国につれて帰り、16世紀の最初の4半世紀に属する作品の多いロワール川沿いの城館建設幕開けの先陣を切った。フランス・イタリア様式は、まさにこれらの城館で花開いたのである。それらは国王が立ち入りやすい狩猟地の中にあったが、1660年代に最終的に宮廷がヴェルサイユに統合されるまでは、国賓（および同行の高官たち）の気をひきつける手段として狩りが重要であったことから、必然的に城館は最高の建築類型であり続けた。

16世紀末から、王室と国の仕事の比重が次第にパリへと移行し、国王は業務の遂行を世襲の貴族ではなくむしろ自ら指名した公僕に任せるようになった。その結果、1600年から1660年にかけて、パリにはりっぱな個人の邸館（オテル）が数多く建設され、ヨーロッパ中の住宅計画に影響を与える独特の建築類型となった。城館も邸館も、ランブイエ侯妃（1588-1665）が流行させたある種のイタリア的手法を取り入れ、設計手法がかなり洗練された。生活の大半が大広間で営まれた一元的な封建世帯から脱却し、フランスの流行は、個人の社会活動のために小さな部屋を数多くつくる方向へと向かった。これらは通常、3部屋か4部屋ごとにまとめられていた。すなわち控えの間（アンティシャンブル）、主人がベッドにくつろいだまま公的な接見が普通に行われた公室（シャンブル）、特別な友人が接待され、よく高価な陳列品が展示されたもっと私的な部屋——私室（カビネ）、そして面積に余裕がある場合に設けられた衣装部屋（ガルドローブ）がこれにあたる。

社会生活の洗練とともに、家の中の粗雑な部分を隠そうとする欲求が生まれた。厩舎は、可能であれば別のサーヴィス・コートへとおいやられ、奉公人の居住区は、裏廊下や裏階段によって中央の居住棟に連絡された。パリ近郊のシャトー・ド・メゾン（1542-46）には、食物や薪などの必需品を人目にふれないように運ぶためにトンネルがつくられた。

施主の要求がますます複雑になるにつれ、パリ市内には開発に利用できる土地が少なくなり、いっそう制限されていった。建築家たちは、限られた不整形の敷地に必要な部屋を割りあてることに才能を発揮せざるをえなかった。17世紀で最も印象的な作例は、パリのフランソワ・ミロン通りにあるアントワーヌ・ル・ポートルのボーヴェーの邸館（1656）である。城館も邸館もヴェルサイユに宮廷が移ってからは建設が下火になったが、住宅計画におけるこうした傾向は、1715年にパリに摂政が戻った後の18世紀のパリの私邸に受け継がれた。

教会堂建築に関しては、宗教改革はほとんど影響を与えなかった。1598年のナント勅令から1685年にルイ14世がこれを取り消すまでの間、公には黙認されていたものの、ユグノーたちはサロモン・ド・ブロス設計のシャラントンの教会堂以外には重要な建物をほとんど発注しなかった。一方、新たな対抗宗教改革は、特に17世紀前半のローマ・カトリックの教会堂に大きな影響を与えた。ヨーロッパの他の地域と同様に、最初は単廊式で2-3層のファサードを持つ16世紀末ローマの教会堂形式が主流であったが、17世紀末から18世紀にかけては、バシリカ式平面への回帰がみられ、半円形のスクリーンとしてアプスの周囲まで続く身廊の列柱が好んで用いられた。ナポレオンの時代には、一時期、パリのマドレーヌ聖堂（1806着工）のような古代神殿の形態が好まれたことがあった。

王権の比類なき中央集権化は、フランスでの独自性はとどめたとしても、ヨーロッパ中で模倣される一典型を確立した建物をヴェルサイユに生んだ。延々と連なる見事に装飾された接待用の部屋は、そうした建設計画への国庫支出に新たな基準を確立し、またファサードのけたはずれな長さは、新しい建築尺度を生み出し、あるいは、もっと正確には、尺度の概念を全て放棄して得られる効果を証明した。そして、王室の人々がそのような大げさな生活に飽きてトリアノンに移ると、彼らはまたしても私生活のくつろぎのための流行を生み出し、それがヨーロッパ大陸で広く模倣されたのである。ヴェルサイユはまた、住宅に併設された庭園の最高の例でもある。それは、住宅の軸線上に配置され、その中心線は周辺の広大な田園地帯を貫いて続いている。アンドレ・ル・ノートルによって発案されたような庭園は、建築的構想に不可欠の要素である。

16世紀半ばのパリの王宮計画から200年後のルドゥーの革命的な計画案にいたるまで、都市空間の組織化は常にフランス建築家の関心の的であった。コヴェント・ガーデンその他で模倣されたアンリ4世の大計画、ドーファン広場とヴォージュ広場は、ディジョン、ボルドー、ナンシー他、数多くの都市に及んでいる公共の大広場の伝統に先鞭をつけた。

18世紀後半には、公共建築の新しい類型が登場した。たとえば、しばしば斬新な構造技術を試みる機会を提供した市場や、1770年代以降、多くの地方都市にみられるようになった額縁舞台とU字形の観客席を持つ劇場がそれである。ナポレオンは、パリの金融取引所や中央郵便局、外務省など、公共建築の大事業計画に着手したが、これはさらに王政復古時代や第二帝政時代

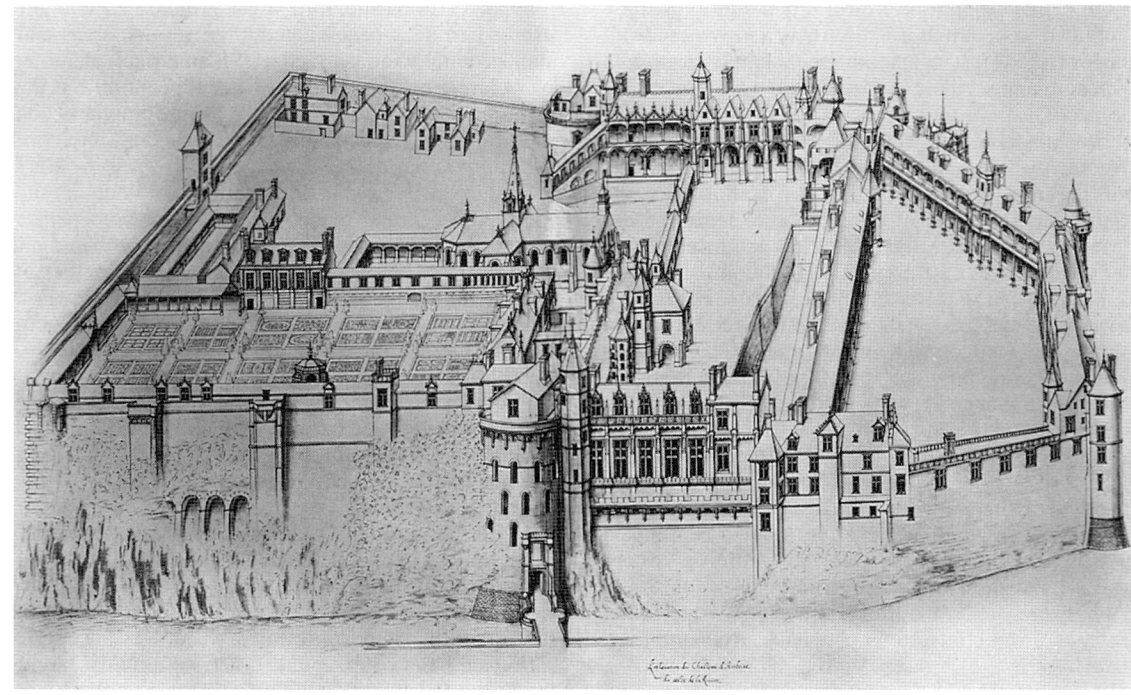

A　アンボワーズ城、北よりの眺望（1434 以後、16 世紀の J. A. デュ・セルソーの図）　p.863 参照

B　エル・エスコリアル宮殿、南立面、マドリード近郊（1562-82）　p.865 参照

にも続けられた。

スペインとポルトガル

　15世紀、イベリア半島は異なる言語と宗教を持ついくつかの小国に分かれていた。南部には、西ヨーロッパの地に最後まで残ったイスラムの拠点、グラナダ王国があった。この周囲をポルトガル、カスティーリャ、アラゴンのキリスト教王国が囲み、さらにナヴァールの小さな王国がフランスと国境を接していた。15世紀後期には、カスティーリャ家のイサベル1世(1504没)とアラゴン家のフェルナンド5世(1516没)の結婚に伴って統一が行われた。その後、彼らは協力してグラナダに十字軍を送り、1492年にこれを陥落させ、1512年にはナヴァールを併合し、スペインとポルトガルに現在の国境を定めた。

　トルコが東地中海の交易路を制したことが、スペインとポルトガルのより広大な海洋への冒険心を刺激したが、このことはトマールの救世主修道院(第14章参照)の建築的象徴主義に色濃く反映されている。スペインによる別航路の探索は、ディアスの喜望峰の発見(1487)とコロンブスのアメリカ大陸発見(1492)に結び付いた。ポルトガルもまた勢力を拡大し、ヴァスコ・ダ・ガマが東インド諸国との貿易に乗り出す(1497)一方で、ブラジルは最大の海外植民地となった。領土の拡大は、スペイン・ポルトガルの建築様式を新世界へ普及する前触れとなった。

　1520年、ハプスブルク家出身でアラゴン・カスティーリャの国王カルロス1世は、神聖ローマ皇帝カール5世となった。この出来事は、スペインを初めてヨーロッパ政治のひのき舞台に押し上げ、オランダ、サルデーニャ、シチリア、ナポリ、ミラノ、ドイツにスペイン支配をもたらした。そしてカールは、1556年に退位するまでに、カール大帝以来のいかなる国よりも大きなこのヨーロッパ帝国に、さらにメキシコ、ペルー、チリ、中央アメリカを征服して付け加えたのである。

　統治時代に、ヨーロッパ最大の宮殿の1つ、エル・エスコリアル宮殿(p.864B)を建設したフェリペ2世(1556-98)は、この巨大な帝国の諸問題を受け継いだ。第1の問題は、フランスというヨーロッパ政治における急進勢力との敵対関係であった。第2の問題は、イングランドにあおられたネーデルランドの不満であったが、これは結局、無謀な計画を押した無敵艦隊の敗退につながった。これが徐々にスペイン財政を疲弊させる原因になったが、1580年にフェリペがポルトガルの王位継承戦争に成功したのが唯一の埋めあわせで、ポルトガル王位は1640年までスペインの手中にあった。フェリペはカトリック信仰の純潔を守ろうとして、非常に厳しい宗教政策をとった。そのための手段であるスペイン宗教裁判所が1487年に設立され、1502年までにスペイン国内のイスラム教徒とユダヤ教徒は、改宗か追放のいずれかを迫られた。1609年には、改宗したイスラム教徒、つまりムーア人ですら追放された。その結果、多くの優れた建築職人が失われた。

　三十年戦争中のスペインの悩みの種は資金の流失であったが、さらにイタリアに対する支配力も低下した。貿易と産業は衰退の一途をたどり、スペインは1700年まで、ハプスブルク家最後の王の死に際して、自分の孫をフェリペ5世としてスペイン国王に据えたルイ14世の保護下に入った。この出来事はスペイン継承戦争(1701-13)の発端となり、ナポリ、サルデーニャ、ミラノ、オーストリアを失うことにつながった。18世紀末期は建築や美術がはぐくまれた時代で、比較的平和で繁栄していたが、これも19世紀初頭のナポレオンの侵攻で終わりを告げた。ウェリントン率いるイギリス軍の強力な後押しのおかげで、1813年、フランスはついにスペインから撤退した。この半島戦役の時代から、アメリカ大陸の植民地は反乱を起こしてスペインとポルトガルの衰退にいっそう拍車をかけ、やがて独立を勝ち取った。

オーストリア、ドイツ、中部ヨーロッパ

　ここで扱う地域は、現在のドイツ、オーストリア、スイス、チェコスロヴァキアおよびポーランドとハンガリーの一部である。1450年から1830年まで、このあたりは政治的忠誠の不確かな多くの独立あるいは非独立の国家と都市に分かれていた。

　ルネサンス文化がイタリア以外で初めて本格的に開花したのは、ハンガリーのマティアス・コルヴィヌス(1458-90)の開けた人文主義の宮廷においてである。イタリアとの密接なつながりは、14世紀以来のハンガリー文化の特徴で、マティアスの革新的治世は、ハンガリーを中部ヨーロッパ最大の勢力に押し上げ、イタリア芸術家の流入をみた。その後は、しばらくの間、ハンガリーとポーランドを含む帝国を支配したボヘミアのヤゲロ王朝に権力が移り、ルネサンスの影響はプラハやクラクフまで広がった。ハンガリーのルネサンスは、トルコの侵入(1526)とその後の国土分割で終局を迎え、ポーランドのヤゲロ王朝も1572年に終わった。

　1520年、カール5世(スペインのカルロス1世)の下

でスペイン、ブルゴーニュ、ネーデルランドの領土が神聖ローマ帝国に加えられた。宗教改革に伴う最初の宗教戦争は、各領主が自分の領国の宗派を決めることを許されたアウグスブルクの和議によって終息した。広く南ドイツ、オーストリア（プロテスタントが始まった時から）、ラインラントがカトリックを継続したが、北ドイツはルター主義を受け入れた。ハプスブルク家の領土は、一方にスペイン、他方にオーストリア、ボヘミアを中心とした旧帝国というように分かれた。政治的・宗教的な分裂は、16世紀にはルネサンス的形態の受け入れが偶発的でしかも局所的であったことを意味するが、ニュルンベルクやアウグスブルクなどの自由都市とオーストリアや南ドイツの改宗を推進するイエズス会士がこれを先導した。また、トルコとの戦いは常に悩みの種であった。

カトリック君主とプロテスタント君主との間の三十年戦争（1610-48）は、建設事業を中断させ、その復興はヴェストファーレンの和議以降も遅々として進まなかった。オーストリア帝国がドイツに与える影響力は、17世紀後半になって薄れ、君主たちはそれぞれの独立国家を建設した。プロシアは北方で勢力を伸ばし始め、1701年にフリードリッヒ1世がプロシア王となった。

オーストリアとプロシアの確執は、18世紀のスペイン継承戦争（1740-48）と7年戦争（1756-63）で頂点に達した。フリードリッヒ2世（大王、1740-86）は、プロシアをドイツ諸国筆頭の地位に押しあげ、首都ベルリンを宮殿や公共建築で豊かに飾った。オーストリアでは、創造的な建築活動の推進で有名なヨーゼフ1世の統治（1705-11）の後、マリア・テレジア（1722-80）の改革時代が続いたが、彼女の子ヨーゼフ2世（1780-90）は、啓蒙思想の徹底を図った。

ナポレオンの侵攻は神聖ローマ帝国を終わらせ、何十もの自由都市と教会領を撤廃した。ヨーロッパの他の地域と同様に、ナポレオンは自由への期待を目覚めさせると同時に、自分の新しい臣民たちを民族主義的な反感でまとまらせてしまった。ウィーン会議（1815）では、中部ヨーロッパの地図が塗りかえられた。ルネサンス期のドイツに300あまりもあって、ハプスブルク家、ホーエンツォッレルン家、ヴィッテルスバッハ家、ヴェッティン家の宗主権の下に置かれていた侯爵領、選帝侯領、選挙侯領、公爵領、教会領と皇帝都市は、オーストリアのみに帰属する39の領国に減らされた。

ルター派の宗教改革によってもたらされ、偶像と聖人の崇拝を拒否したプロテスタントの教義は、極めて簡素な教会堂デザインを好んだ。実際に建設された数少ないプロテスタントの教会堂は、広間のような単純な室内と、より多くの会衆を収容するためのギャラリーを備え、時には聖餐台と説教壇が中心軸上に並べられた。16世紀後半にプロテスタントの教義との論争を始めたイエズス会は、ローマの作例を意識的に模倣した教会堂（たとえばミュンヘンのザンクト・ミハエル、1583）を好んだ。ドイツとオーストリアのバロックとロココは、1680年から1780年にかけて富裕な大修道院や力のある司教によってつくられた幾百というカトリックの教会堂と地方の修道院の流行様式であった。しばしば眺めのよい丘の上に建てられたそれらの建物の多くは、巡礼地となった。

この時代には封建主義の衰退がみられ、実戦では傭兵が封建領主の軍隊に取って代わった。また、ハンザ同盟の大きな交易都市が力を持つようになり、市政におけるギルドの地位が向上し、あるいは自由を確保するために農民運動がなされるなど、国内的な影響もあった。主な要因は、人文主義運動の拠点となっていたハイデルベルクを代表とする大学の影響力が増したことにあった。これは印刷術の発明と古代ギリシアの美術や建築への興味を促す著作品の出版によってさらに強化された。

市政の重要性が増すと、公共建築の発注数はますます増えた。古くは、商人の政府が市庁舎や市民のための建物を建設したニュルンベルクやアウグスブルクの自由都市にその例がみられた。17世紀末期から18世紀にかけて、ドイツの無数の小領主たちは、音楽や劇場を保護するとともに、フランスやオーストリアの宮廷と張りあう贅沢な宮殿建築を建てて領有権を主張した。プロシアの野望は、ベルリンの一連の公共建築によく表れているが、そこでは新古典主義の理念が早くから芽生え、市門、監獄、劇場、学園、博物館の他、19世紀初期の建物に広がり続けた。

オランダとベルギー

1384年にフランドルに初めて確立されたブルゴーニュ公国の支配は、15世紀の間に北海沿岸のオランダとベルギー（現在のベネルクス諸国）の大部分に拡大され、オーストリアのマクシミリアンとブルゴーニュのマリアの結婚（1482）によってハプスブルク家の皇帝の手に移った。カール5世の退位（1556）を機に、この地方はスペインのフェリペ2世（1556-98）の厳しい支配下に入った。沈黙公、すなわちオレンジ公ウィリアムに率いられた宗教的・政治的反駁を含む長くて激しい反乱は、枢機卿グランヴェルとアルバ公の冷酷な抵抗にあい、スペインは1590年までに、ほぼ現在のベルギーに相当する南部10州を取り戻した。しかし、北部7

州は独立を勝ち取り、1581年にオランダ共和国となった。カルヴィン派の新教主義は、オランダ改革派教会の基盤となったが、一方、ベルギー諸州はカトリックのままにとどまった。

　三十年戦争は、1648年にヴェストファーレンの講和をもって終結し、北部の独立が承認され、アントワープ（アントウェルペン）港は通商を禁じられた。その結果、ベルギーの貿易は大打撃を被り、しかもフランスとの戦争がその財産をいっそう先細りさせた。17世紀末期の建築の停滞は、こうした衰退を反映している。

　対照的にオランダ共和国は、同じように戦乱に苦しんではいたものの、強大な海軍力を擁する海洋貿易国家に成長し、17世紀の黄金期には海外の植民地を手に入れた。オレンジ王家の君主たちは依然としてハーグに宮廷を構えていたが、経済力はホーラントやゼーラントの大貿易都市の市民が握っており、彼らは豊かに飾られ、設備の整った住宅を建設し、「出来合い」の絵画作品に対する未曾有の需要を生み出した。

　1688年、オレンジ公ウィリアムとその妻メアリーがイングランドの国王および王妃となり、オランダ建築はすでにその国に及ぼしていた強い影響力をさらに増した。連合州の繁栄は、18世紀の大きなヨーロッパ戦争や1790年代の中産階級の反乱にもかかわらず長く続いた。

　ベルギーは、18世紀初頭にフランスに支配されていた時期（1700-6）があったが、さらにユトレヒト条約（1713）に従ってオーストリアに譲渡された。1789年、内乱が勃発し、フランスの革命勢力による占領（1794）が、オランダとともにベルギーがナポレオン帝国に併合される発端となった。ウィーン会議は、一時的に2つの国をネーデルランド王国に統合した（1815）が、同国はベルギーとともにルクセンブルクが独立する1830年までしか存続しなかった。

　ルターとカルヴィンの信仰は、早くからオランダとベルギーに受け入れられたが、彼らの信奉者たちはスペインの支配者からひどい迫害を受けた。最終的に南部のカトリックのベルギーと北部のプロテスタントの連合州とに分かれたことは、17世紀にかなり異なった教会堂建築の伝統を生み出す要因となった。オランダのオランダ改革派とルター派の教会堂は、ドイツに早くから確立されたルター派の形式（質素さを旨とし、堂内は中央の説教壇を焦点としている）を踏襲したが、オランダの教会堂はギャラリーをあまり使わず、洗礼盤に重要な役割を与えている。また、強い軸性を必要としないため、集中式平面に数多くの試みがなされた。アムステルダムの宗教的寛容さを証明する建築が、ポルトガル系ユダヤ人のシナゴーグ（1671）であるが、これはピラスター（片蓋柱）付きの外壁と、内部に同形の3つのトンネル・ヴォールトを架けた空間を備えた興味深い建造物である。

　17世紀ベルギーの数多くの新しい教会堂は、大半がイエズス会を代表とする修道会や協会によって建てられたが、集中式平面を持った巡礼聖堂や、在俗の女性慈善団体であるベルギー・ベギン会修道会の独特の教会堂も含まれている。

　オランダとベルギーの市庁舎やギルド会館や商人の住まいは、競争原理の働いた豊かな都市文化を証明している。1613年以降、アムステルダムの街は、放射状運河と環状運河の網の目をもって旧市街の周りに大きく半円状に拡張され、商人たちはその運河の岸に沿って自邸を建設した。ヤコブ・ファン・カンペン（1595-1657）のパッラーディオ様式（後の建築家にとってオランダらしさの象徴となった）は、ヴェネツィアの場合と同じく建設する上で構造的な難しさがないだけでなく、ヴェネツィアが商人による共和制の模範を示していたわけであるから、ハーグやアムステルダムにはよく合っていた。半ば君主制的性格を帯びていたオレンジ王家の支配者たちの宮廷は、概してオランダとは違ってフランスに規範を求めていた。

　ベルギーの世俗建築は、壮麗な宮殿や城館を特徴としてはいないが、それでも18世紀初めからは、フランスやオーストリアの影響が優勢になった。フランスとの近接とその外交政策、そしてベルギー東南部との言語的なつながりは、重要な要因であった。ブリュッセルのロワイヤル広場は、1775年にフランス人建築家によって建て直されたもので、ほとんど、ランスのロワイヤル広場の複製である。

イギリス

　君主制が建築の発展に及ぼす直接・間接の影響は、テューダー朝、ステュアート朝、ハノーヴァー朝と入れかわる間に相当変化した。ヘンリー8世が完全に王権を掌握（1502-47）したことで、早くからヨーロッパの君主たちとの接触が可能になったが、その最も有名な出来事が、1520年の「金の帳の陣営」でのフランソワ1世との会見である。ヘンリーが王宮で働く職人をイタリア、フランス、フランドルから意欲的に招き入れたことによって、ルネサンス様式の導入は一気に実現した。ローマ・カトリックとの断絶と新教主義の採用（1534）が建築にもたらした影響は、教会堂の平面計画にとってはあまり重要なことではなく、むしろ修道院の地所を個人所有に切りかえたために田園住宅の建設が促進されたことに重要性があった。エドワード6世

(1547-53)の下で、ラテン語の典礼文が一般祈祷書に置き換えられたが、スペインのフェリペ2世と結婚したメアリーの統治時代(1553-58)に、一時的に旧教主義に戻されたことがあった。しかし、彼女の妹のエリザベス1世(1558-1603)の即位によって、新しく国王至上法(1559)が施行され、国王を最高の統治者とするイギリス国教会が復活した。スペインの無敵艦隊の撃退は、イングランドの独立した地位を確固たるものにし、貿易と外洋探検を容易にして国家意識を高揚させた。エリザベスは偉大なる建設者としてはあまりに倹約的であったが、しかし統治権の間接的な表現として、廷臣たちには田園住宅の建設を大いに奨励した。1707年の合併法成立までは依然として独立した国家であったスコットランドでは、「古いつながり」という言葉は、不安定な政治状況のために依然として機能上必要だった城館建築にフランス建築の特徴が色濃く出ていることを意味していた。

　ステュアート朝の王たちは、大陸に広まっていた絶対主義の理念にひかれ、これを表現するために建築を利用した。ジェームズ1世(1603-25)の芸術保護活動によって、イニゴー・ジョーンズはイングランドにパッラーディオ建築を導入し、また初期のステュアート朝の人々に好まれた、手のこんだ宮廷仮面劇を制作することができた。ジェームズ1世とその子の統治時代に、イギリス植民地政策は貿易を拡大させ、それに伴って多くの人々を富裕階層にしたが、彼らは国王と競うようにして田園住宅を建設した。チャールズ1世はでたらめな外交・国内政策をとったが、そのかたわら芸術についてはかなり洗練された趣味を持っていた。彼は無類の絵画コレクションを収集し、イニゴー・ジョーンズを重用し続けた。ジョーンズは、ホワイトホールの宮殿のために壮大な計画案を作成したが、これはついに実現されなかった。内乱(1642-49)とクロムウェルの治める共和国時代(1649-60)の間は、ほとんど建設活動は休止した。

　ルイ14世の宮廷に亡命していたチャールズ2世の王政復古(1660)によって、フランス風の中央集権的な王権の表現として建築が改めて重視されるようになった。合理的方針に基づいた都市再開発計画は採用されなかったが、ロンドン大火(1666)は、クリストファー・レン卿に中世以後停滞していた教会堂建築を手がけるまたとない機会を与えた。ジェームズ2世の統治(1685-88)は、評判の悪い宗教政策のおかげですぐに終わった。オレンジ公ウィリアムとジェームズ2世の娘にあたる彼の妻メアリーの名誉革命は、すでにイギリス建築にみられたオランダからの影響をさらに助長することになった。アン女王の統治時代(1702-14)に50棟新設教会法(1711)が施行され、イギリス・バロック最高の建築がいくつか生まれた。この復興期には、街にも田舎にも個性的なすばらしい小建築が数多く建設された(p.869-871)。

　ジョージ4世(1820-30)は、特にその摂政時代(1811以降)に建設活動の積極的な支援者であったが、ジョージ1世(1714-27)の即位以後、君主政体は建築の主導者であることをやめてしまった。土地持ちの貴族は、多くが素人建築家で、田園住宅の建築でパッラーディオ主義と新古典主義を促進し、賃貸用の建物によってロンドンの自分たちの地所を開発した。海軍力の覇権と植民地の拡大、国内および海外の交易、そして農業改革を礎(いしずえ)にした繁栄は、住宅に対するよりいっそう大きな欲求と投機的な建物に対する潜在需要を生んだ。家庭用品製造業は、イギリスの繁栄にとって次第に重要になってきた。イギリス諸島の人口は、それまでの250年間には半世紀につき平均100万人ずつ増えていたのに対し、1750年から1800年にかけてはおよそ600万人増え、合計で1600万人に達した。このことと、さらに産業革命による新しい素材や技術の導入は、交通手段の改善とともに都市化を促進し、建設活動の未曾有の増大をもたらした。18世紀末には、ロンドンは約100万人の人口を抱え、規模においても政治的影響力においても他の都市をはるかにしのいでいた。織物と銀行業のさかんなノリッジや西インド貿易で栄えたブリストルは、首都についで重要な街であった。

　1500年から1830年にかけて田園住宅の計画手法にみられる変化は、外国のモデルに対応した変化とともに、家事や家族構成の変化をも反映している。この間のイングランドは、造形手法に関してはほとんどフランスやイタリアに追随して形式を優先させたが、それでも18世紀半ばには形式にこだわらない手法を開発し、イギリスの田園住宅が新しい感性を示した。

　16世紀の計画は、大きな領主の家が封建的権力の拠点となり、大家族の生活の場になっていた頃からずっと受け継がれてきた特質を備えていた。大寝室に通じる表階段を備えた大広間は、大陸的なつくりの玄関間にかわったが、次第にプライヴァシーが重視されるようになって、広間から食堂の機能がはずされた。エリザベス時代の対称的な家屋のファサードは、大広間が一方によせられた内部の非対称性を包み隠していることが多い。ギャラリー(大きな窓のある天井付きの屋内通路)は、エリザベス時代の家屋の重要な特徴となり、フランスやイタリアのように絵画や彫刻の展示に使われ始めた。階段は石ではなく木でつくられるようになった。

　パッラーディオの集中式住宅平面の影響とそのヨー

第28章 背景 | 869

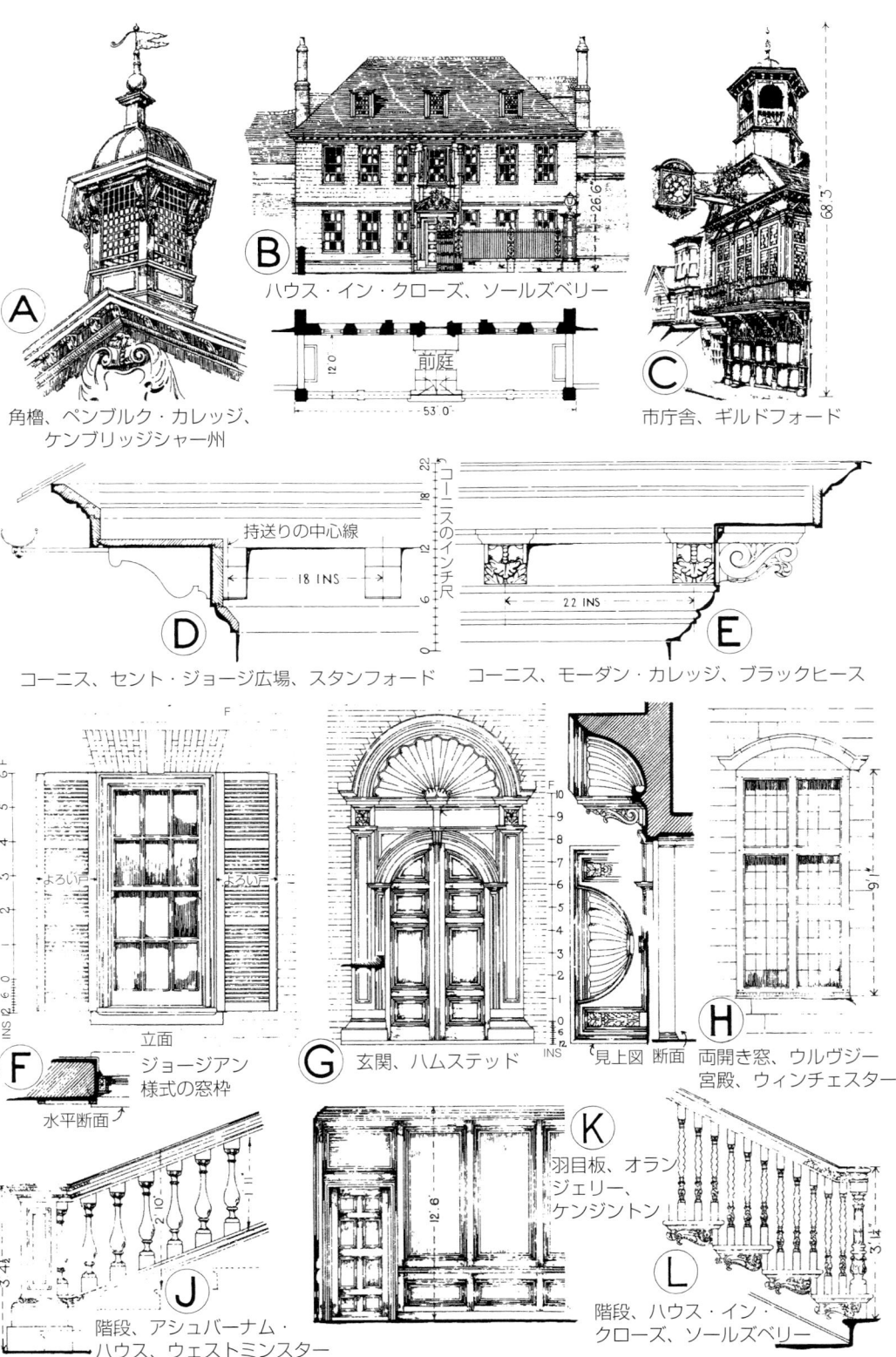

A 角櫓、ペンブルク・カレッジ、ケンブリッジシャー州

B ハウス・イン・クローズ、ソールズベリー

C 市庁舎、ギルドフォード

D コーニス、セント・ジョージ広場、スタンフォード

E コーニス、モーダン・カレッジ、ブラックヒース

F 立面 ジョージアン様式の窓枠 / 水平断面

G 玄関、ハムステッド / 見上図 断面

H 両開き窓、ウルヴジー宮殿、ウィンチェスター

J 階段、アシュバーナム・ハウス、ウェストミンスター

K 羽目板、オランジェリー、ケンジントン

L 階段、ハウス・イン・クローズ、ソールズベリー

イギリス・ルネサンス建築 1

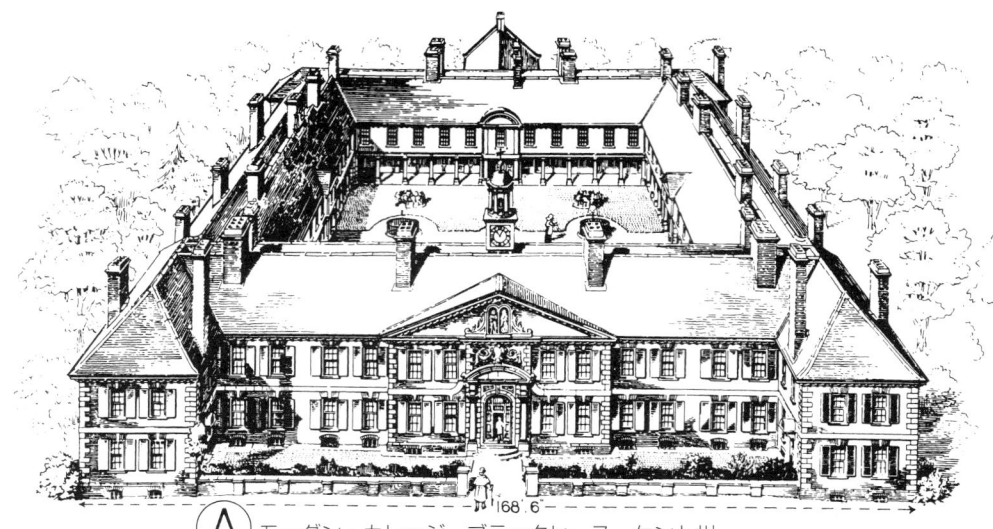
Ⓐ モーダン・カレッジ、ブラックヒース、ケント州

Ⓑ バター市場、バーナード・キャッスル、ダーラム州

Ⓒ 園亭、パウディスフォード、サマーセットシャー州

Ⓓ バター市場、バンギー、サフォーク州

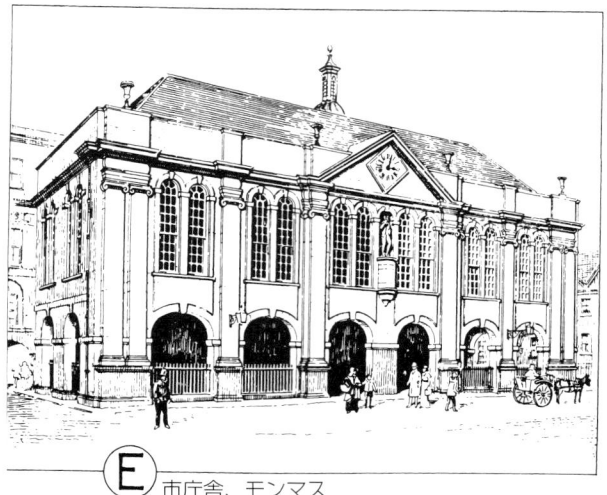
Ⓔ 市庁舎、モンマス

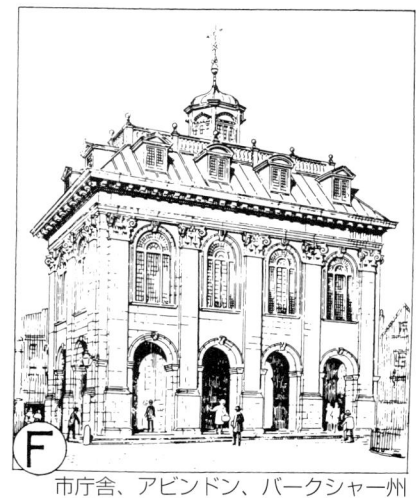
Ⓕ 市庁舎、アビンドン、バークシャー州

イギリス・ルネサンス建築 2

第 28 章 背 景　　871

Ⓐ スワン・ハウス、チチェスター

Ⓓ 玄関、ローレンス・パントニー・ヒル、ロンドン

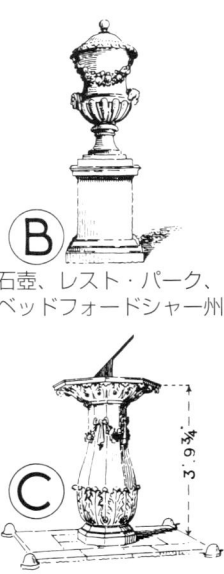

Ⓑ 石壺、レスト・パーク、ベッドフォードシャー州

Ⓒ 日時計、レスト・パーク、ベッドフォードシャー州

Ⓔ 玄関、レイナム・ホール、ノーフォーク州

イギリス・ルネサンス建築とその細部装飾

ロッパへの普及は、17世紀から18世紀初期の平面計画にかなりの定型化をもたらした。広間と客間は1階の中央に置かれ、社交室が上階の大寝室に取って代わった。徐々に小さくなる対称的な続き間——奥の間、主室、衣装部屋——は、中央の部屋に向かって開口した。

18世紀のパラディアン・リヴァイヴァルは、この平面形式を踏襲し、サーヴィス空間をルスティカ仕上げの地階に退け、外階段によって中央玄関を広間の位置まで押し上げた。居室は翼屋にして中央棟の両側に配置することができた。その住棟システムは、18世紀後半になって初めて崩れ、応接間が中央階段室の周りに配置された。その場合、居室は家屋の裏側かもしくは上階へ移すことができた。住宅の共用部分においてより多くの時間が過ごされ、居室は小さくなった。18世紀末までには、格式張らないことや家屋と田園のよりよい関係が求められ、さらにゆるやかな平面配置が生まれた。使用人たちは翼屋へ移され、主室は眺望や十分な陽光を確保するために1階に非対称に配置された。すなわち、絵画的な感性がパッラーディオの定式を打破したのである。

わずかな例外はあるにせよ、この間のイングランドの教会堂建築は、ロンドン大火（1666）後のシティの教会堂の再建や1711年の50棟新設教会法、1818年の教会建設法など、一連の国家的介入の所産であった。いずれの法律も、人口急増地区で非国教教会に対して民衆の支持が高まってきたことに対する行政上の懸念を反映していた。

イギリスのプロテスタント主義の穏健な性格のために、宗教改革以後の国教教会堂のデザインには比較的変化が少なかった。特にクロムウェルの時代には、時に図像が破壊され、石の祭壇が木の祭壇にかえられることはあったが、内陣障壁（スクリーン）は破壊されなかった。集団礼拝や説教、福音書朗読において祈祷書が重視されたため、身廊には聖書台と説教壇が設けられ、優れた音響が第1条件とされた。高教会派超越主義のローディアン・リヴァイヴァル［訳註：中世ゴシックとルネサンスの混交様式］は、1630年代と1640年代の教会堂建築に一時的な中世主義をもたらし、祭壇を守るために前面に柵が設けられた。ルター派の考案したものでオランダではよく用いられた補助席用のギャラリーは、17世紀に初めて登場し、建築家には不評であったものの、ゴシック・リヴァイヴァルまで教会堂デザインの一貫した特徴となった。シティの教会堂におけるレンの集中式平面の実験は、礼拝上の都合からというよりもむしろ敷地の制約と大陸の影響から余儀なくされたものであった。1711年の50棟新設教会法は、圧倒的な規模や材料のすばらしさを広々とした室内と組み合わせ、優れた視認性と音響を与えるのが目的であった。ホークスムアは、当時の幾人かの理論家たちとともに、原始キリスト教の配列を復活させることに興味を持った。18世紀の教会堂内部には、高い升型の座席や多段式の説教壇や古典的な障壁が備わっていたが、それらの大半はゴシック・リヴァイヴァルの時代に取り払われ、失われてしまった。1818年の法律に基づく任官教会堂［訳註：教会建設法の基金で建設された政策的教会堂］は、デザイン的には目新しくはなかった（第34章参照）。

ロシア

14-15世紀のモスクワ（第8章参照）の勢力拡大は、イワン大帝（1462-1505）の下でのロシア統一で頂点に達した。彼の帝国主義的野望は、国外に目を向けた文化政策とイタリア人建築家の登用につながった。雷帝イワン4世（1533-84）は、ロシアの国境をはるかシベリアまで押し広げ、モスクワに冷酷な独裁政府を樹立した。これに続いて、より伝統的な（ビザンティンの）文化目標を追求して建築の発展が内向する時代が訪れた。延々と内紛が続いた後、1613年にはロマノフ朝の創始者ミハイル・ロマノフが皇帝に即位し、さらに彼の孫ピョートル大帝（1682-1725）がロシア社会を根底から変えていった。スウェーデンとの大北方戦争（1700-21）の後、彼はもっと来訪しやすい新都をサンクト・ペテルブルクに建設してロシアの孤立状態を改善しようとした。今や「皇帝の」宮廷はここへ移り、その建物を設計するためにイタリアの建築家が招かれた。ピョートルの娘エリザベータ（1741-61）と大帝エカテリーナ2世（1762-96）のもとで、この都市はヨーロッパ最大の文化的拠点の1つとなった。ロシアは、アウステルリッツ（1805）とフリートラント（1807）で軍事的敗退を喫し、アレクサンドル1世の統治時代（1801-25）、1812年にナポレオンが侵攻してきた時にモスクワはフランスの手に落ちたが、ロシアはすぐにヨーロッパ政治の最前線に復帰した。

ロシア正教会はギリシア正教会の一宗派として始まったので、教会堂の計画はビザンティンのモデルを踏襲していた（第8章、第12章参照）。総主教ニコン（1652即位）は、原始正教の礼拝式の復活に意欲をもやすようになり、天幕型屋根のようなロシア固有の建築要素までも排斥したほどで、そうした姿勢は、モスクワの聖十二使徒聖堂の単純さやイストラの新エルサレム修道院のモデルに聖墳墓聖堂を使ったことに表れている。天幕型屋根を頂く八角形の塔を備えた奉献教会堂は、16世紀以降に登場した。

民間建築が西欧志向になるのはピョートル大帝の時

であった。パリやローマのみならず近隣のストックホルムも、計画的に建設された最初の近代的首都サンクト・ペテルブルクのモデルとなった。宮廷の生活は、彼の娘、女帝エリザベータの王宮のモデルとされたヴェルサイユ宮殿のような様相を呈した。

スカンジナビア

ルネサンス期のスカンジナビア史は、デンマークとスウェーデンの両王国に支配されている。カルマル同盟（1397）によって、北欧3王国（デンマーク、スウェーデン、ノルウェー）はデンマークの覇権のもとに統一された。デンマークでは、1416年にコペンハーゲンが首都に定められ、1448年のクリスティアン1世の即位によって、今日まで王位を継承しているオルデンブルク朝が創始された。16世紀から17世紀のデンマークの歴史は、スウェーデンとの戦争（1513-23、1563-70、1613-15、1643-45、1675-1720）の繰り返しであった。当時は、宗教改革やドイツとの戦争（1625-29）もある不穏な時代であったが、それがクリスティアン4世（1588-1648）の大規模な公共事業計画の着手を妨げることにはならず、そうした事業はさらに1720年から1801年にいたる平和な時代に更新された。1801年から1814年までの間、デンマークはナポレオンの対イングランド戦争に巻き込まれたが、その後、ノルウェーはスウェーデンに割譲された。

スウェーデンはグスタフ1世（1523-60）のもとでデンマークの支配から脱したが、彼は世襲君主制を確立し、スウェーデンにプロテスタント主義を導入した（1527）。17世紀の国王権力の伸長は、ストックホルムを中心に壮大な建物が建設された時期と重なっていた。その時代を通して、そして特にクリスティナ女王（1632-54）の統治時代には、スウェーデンはヨーロッパの一大勢力となった。しかし、デンマークとロシアの両国を相手にした世紀末の戦争は、スウェーデンの威信とその君主の影響力をもとの状態に押しとどめる結果となった。ウィーン会議（1814）の後、スウェーデンはノルウェーを手に入れたが、14世紀以来スウェーデンの属州となっていたフィンランドを失ってしまった。18世紀、スウェーデンとロシアが戦争を繰り返すたびに国土は荒れ、1809年にスウェーデンは半独立の大公国としてロシア帝国に併合された。ノルウェーやフィンランドが誇った豊かさは、鉄と木材に代表される原材料の供給に基づいていた。

デンマークやスウェーデンの王侯貴族の間で富と権力の表現として好まれていた城郭のような住まいは、次第に田園住宅に取って代わられた。田園住宅の多くは17世紀から18世紀に建てられたが、しばしば森林地帯に木造で建てられた。

コペンハーゲンとストックホルムの都市景観は、17世紀に宮廷生活の集中化の増進と両首都の間の競合関係を反映している。コペンハーゲンはクリスティアン4世の下で近代化され、一方、ストックホルムは17世紀末になってほぼ今日の特徴を備えた。

スカンジナビアでのルター派の改革は、デンマーク、スウェーデン、ノルウェーの教会堂デザインに深い影響を及ぼした。この点については、多くの住宅建築と同様に、スカンジナビアはプロテスタントのオランダから刺激を受けていた。象徴的な尖塔は、スカンジナビアの宗教（および世俗）建築に特有の特徴として受け継がれ、また教会堂には集中式平面がしばしば好んで用いられた。

18世紀の間に、2つの都は次第に新興のサンクト・ペテルブルクの影に隠れてしまった。コペンハーゲンは1721年に火災で被害を受け、パリの初期新古典主義に刺激されて新たな都市開発に乗り出した。1800年以降、フィンランドの首都ヘルシンキの建築家たちは、サンクト・ペテルブルクとナポレオン時代のパリにならったが、一方、オスロ（当時はクリスティアニアと呼ばれ、まだスウェーデンの支配下にあった）は、シンケルのベルリンに理想を求めていた。

スカンジナビアは、都市計画の豊かな歴史を持っている。新設都市の初期の例には、クリスティアン4世の下で格子状配置に基づいてデザインされたクリスティアンシュタート（デンマーク）がある他、オスロ（1624）とストックホルム（1625頃）もまた広大な格子状の街路網を備えている。

さらに、コペンハーゲンで発生した大火（1794、1795）は、街の大部分の再建を余儀なくさせたが、そのためにこの街は驚くほど統一のとれた新古典主義的な性格を帯びているのである。多くの公共建築が再建されたが、それらは復興に対するデンマークの理知的な姿勢を表している。

1812年、フィンランドの首都は、スウェーデン語を話す知識階級の拠点であったトゥルクからヘルシンキという漁村へ移された。ヘルシンキのC. L. エンゲルは、僚友であったクリスティアニア（現代名オスロ）のC. H. グローシュと同じように、政府の庁舎に使う広範な種類の建物を受注した。

ルネサンス以後のヨーロッパ

ヨーロッパは1789年のフランス革命とナポレオン帝国から決定的な影響を受けた。1810年の絶頂期の帝

国は、フランス全土とベルギー、オランダ、そしてドイツ、イタリア、ダルマチア沿岸地方の一部を領有していた。しかし、ナポレオンの影響はこれにとどまらず、ヨーロッパ大陸の大半に及んでおり、彼の支配下に入らずに同盟関係にもいたらなかった区域は、ポルトガル、イギリス、スウェーデン、ロシア、オスマン帝国、サルデーニャ、シチリアといった周辺地域にすぎなかった。したがって、当然ながらヨーロッパ人の生活に与えたフランスの影響はかなり大きく、多くのヨーロッパ諸国で近代法の基礎となったナポレオン法典は、とりわけ重要な要素であった。

ナポレオンの失脚に伴い、ウィーン会議（1814-15）は、ヨーロッパにかつての政治機構を押しつけ、新しい民族主義の気運を無視して王家の支配者たちを復帰させようともくろんだが、自由と博愛と平等の理想に酔いしれた1789年の記憶を消し去ることはできなかった。ウィーン会議の立役者は、後のオーストリア宰相クレメンス・メッテルニヒ侯（1773-1859）で、彼はヨーロッパの政治変革を鎮静化させようとしていたが、1830年にはポルトガルからポーランドにいたるまで革命の火の手があがった。フランスでは、復活した王政がゆらいでいたが、比較的自由主義を重んじたルイ・フィリップのもとで短期間、かろうじて生きながらえていた。ベルギーは民族的結束をかため、オランダから独立を勝ち取った。何世紀もの間、オスマン帝国の一部となっていたギリシアは、1829年に再び自由を獲得した。イギリスの社会不安は、1832年に第1次選挙制度改正法を通過させる原動力となった。その後、幾年かの間には、ヨーロッパの各政府――復古政権も革命政権も――自らの権威を誇示するように、かなり多くの公共的建設事業を行った。

メッテルニヒの巧みな政策が大いに功を奏し、1830年以後は大方の地域で表向き平穏であったが、1848年にはヨーロッパは再び革命の混乱の中にあった。その結果、デンマーク、オランダ、ベルギー、スイスでは憲法上の自由が強化され、オーストリア帝国とドイツ連邦では小作農が解放され、第2共和制の始まったフランスでは普通選挙（男子のみ）が行われるようになった。同じ年、カール・マルクス（1818-83）とフリードリッヒ・エンゲルス（1820-95）の『共産党宣言』が出版された。フランスの第2共和制は1852年までしか続かず、当初は抑圧的であったナポレオン3世の第2帝国へと受け継がれた。オーストリアでは、1848年にフランツ・ヨーゼフが王位を継承し、反動的な保守主義に彩られた彼の長い統治時代は1916年まで続いた。

1848年以降、ナポレオン時代（場合によってはそれより早く）にまかれた民族主義の種は、いくつもの国々で実を結んだ。英雄的な愛国者ジュゼッペ・ガリバルディ（1807-82）によって戦われたイタリア統一は、1859年から1870年にかけて徐々に進められ、ドイツ連邦は、プロシアの宰相オットー・フォン・ビスマルク（1815-98）の高潔な便宜主義によって、1866年から1870年の間に1つの集約的な形へとまとまっていった。同時に、大きな政治的枠組の中に取り込まれた民族集団の方には、独立の気運が広まりつつあった。ハンガリーは、オーストリア帝国が二重君主制に移行した1867年に部分的な自治を獲得した。また、セルビアとブルガリアは、1878年にトルコからの完全独立を達成し、ノルウェーは1905年にスウェーデンから離脱した。しかし、全ての民族主義運動がそのようにうまくいったわけではなく、ポーランドの暴動は1863年にロシアによって鎮圧され、また歴代のイギリス政府は、アイルランドの国内法の施行を棚上げにした。

1830年から1870年にかけてのヨーロッパは、自由主義と民族主義の運動に染まり、また1870年以降のヨーロッパは、主にフランスとドイツの経済的な競合関係に基づく覇権政策に徐々に支配されるようになったといってよい。1870年の短くて発端の悪い普仏戦争が、フランスの第2帝国に終止符をうち、さらに第2次世界大戦まで存続する第3共和国の始まりを画した。1871年には、プロシアの支配するドイツ帝国（第2帝国）が生まれ、1918年の帝政ドイツ崩壊まで続いた。しかし、普仏間の敵対関係は、ヨーロッパにはびこる不信感の複雑なしくみの一端にしかすぎず、第1次世界大戦のきっかけとなったのは、実際にはオーストリアのセルビア併合であった。この大戦で、オーストリアはドイツと盟約を結び、東方戦線でロシアと、西方戦線でフランス、ベルギー、イギリス、イタリアと対峙した。

ヨーロッパ列強の勢力拡大と小国の自主独立要求との間の摩擦は、19世紀末期の公共建築に反映されている。ローマとベルリンが帝国主義的野望を現す都市としてパリやロンドンに肩を並べ、ウィーンの建設計画は依然として衰えることなく、またプラハの公共建築への投資は、ボヘミアがオーストリア帝国の中で何らかの自治を獲得するにつれて次第に膨れ上がっていった。スカンジナビアの場合のように、独立した小国家の主要都市では、公共建設は国家の活力の現れとして促進された。

ヨーロッパ諸国間の敵対関係は、19世紀の間に産業革命によってますます先鋭化した。18世紀後半の冶金技術および綿工業の大革新と蒸気機関の発達は、19世紀のさらに急激な変化の基盤となった。イギリスは「世界の工場」としてこれらの変革を率先し、すでに1826年

には、イギリスを訪れたドイツの建築家 K. F. シンケルが、ベルリンの王宮ほどもあろうかという倉庫や工場の数の多さと煙をあげる何千本という工場の煙突に驚嘆したほどであった。1840 年代初期には、イギリスは毎年 4000 万トンの石炭と 130 万トンの鉄を産出し、年間 7 億 3400 万ヤールの綿布を輸出していた。ベルギー、フランス、ドイツは、19 世紀半ばまでに急速な発展を遂げ、その後はポーランド、オーストリア、スカンジナビア、スペイン、イタリアの各地で工業力が整備された。

19 世紀後半に生産高は格段に伸び、ヨーロッパ大陸が産業的に興隆してくると、イギリスは工業製品と資本投下のはけ口をその帝国に求めた。こうしてイギリスは主導的立場を維持し、1900 年代の初めには年に 50 億ヤール以上の綿布を輸出し、2 億トンの石炭を産出していた。1856 年にヘンリー・ベッセマー(1813-98)の発明した精錬法によってようやく製造が安価になった鋼は、もろさが少ないために多くの機械や鉄道、蒸気船に適した材料として徐々に鋳鉄に取って代わった。鉄と鋼の生産におけるイギリスの優位は、1890 年代まで続いたが、その頃になるとアメリカ合衆国のみならずドイツにも追い抜かれてしまった。

19 世紀の産業変革は、交通機関の発達に反映されていた。交易の主要幹線であったヨーロッパの河川は、依然として死活にかかわるほどの重要性を持ち続け、1830 年代から蒸気船が下流とともに上流への積荷の大量輸送を容易にするにつれ、ますます多くの物資を運ぶようになった。産業革命が勢いを増すに従って、河川には運河がつけられるようになり、18 世紀末のイギリスでは、運河網が建設されて内陸地と北部工業地帯やロンドンとを結んだ。1838 年から 1853 年のライン・マルヌ運河のように、19 世紀の間に、ヨーロッパ大陸の主要な河川系統は相互に連結されるようになった。

しかし、鉄道の登場によって運河の拡張は下火になった。この方面で再び先行したイギリスは、1850 年までに、約 1 万 1000 km を建設していた。最初、鉄道はマンチェスターとリヴァプール(1830)、あるいはブリュッセルとアントワープ(1836)といった近隣都市を結んでいたが、たちまちのうちに国内線や国際線が開設され、世紀後半にはアルプスを越えてイタリアとオーストリア(ブレンナー峠経由、1864-67)、フランス(モン・スニ・トンネル、1857-71)、ドイツ(ザンクト・ゴットハルト・トンネル、1872-82)が結ばれた。支線の小さな駅舎から大都会のターミナル駅にいたるまで、鉄道駅の施設は 19 世紀の交通革命の広がりを端的に現すものであった。

出生率の上昇と幼児死亡率の低下は、19 世紀を通じて着実な人口増加を引き起こした。ヨーロッパの総人口は、1800 年の 1 億 8000 万人から、1850 年には 2 億 7400 万人、1900 年には 4 億人へと増加した。そして、その増え方は、特に工業化の進んだ国々で著しかった。イングランドとウェールズでは、1801 年の 900 万人強から 1851 年の約 1800 万人、1901 年の 3300 万人へと人口が増し、また 1851 年から 1901 年の間に、ドイツの人口は 3400 万人から 5600 万人へと増えた。イギリスでの増加は、圧倒的に都市部に集中しており、1851 年までに農村人口は全人口の半分足らずになり、さらに 1901 年までにわずか 4 分の 1 に減ってしまった。その他の地域では、天秤はもっとゆっくりと変動していき、1900 年までに都市人口の方が優勢になった主要国は、他にはドイツしかなかった。それでもやはり、都市の成長はヨーロッパの大部分ではっきりと認められる現象であった。人口の多い 2 大中心地はロンドンとパリで、それぞれ 19 世紀の間に 100 万人弱から約 500 万人、50 万人から約 300 万人へと増えた。しかし、他の多くの都市が驚異的に拡大しており、なかでも 1800 年から 1900 年の間に人口が 10 倍に増えたのが、ベルリンとワルシャワとグラスゴーであった。

ヨーロッパの都市は、激増する数字に対処するだけの十分な備えはできていなかった。たとえば、ベルリンの市門の外では、一時しのぎの小屋や納屋に人が住み、たいていどこの都市にも相当な過密状態で密集して建てられた借家(あるいはイングランドでは一般的にテラス・ハウス)の街区があった。それらは投機目的で建設されたもので、一般に職場に近接しており、換気や日照、衛生状態は不十分であった。1830 年代、1840 年代のコレラの発生は、改善の必要性に目を向けさせ、住宅検査システムの確立と衛生状態の最低水準確保が公的機関の共通認識となった。たとえば、イギリスでは、1848 年の公衆衛生法が下水処理と廃棄物の収集および水の供給を地方自治体の責務とした。古い街路システムの改善もなされ、オースマン(1809-91)のパリやウィーンの環状道路の場合のように、時には社会的統制の有効性を保証した。都市交通の発達が進み、1909 年頃には乗合バス、市電、地下鉄の出現によって最高潮に達した。同時に、都市計画に対するよりいっそう大胆なアプローチがなされたが、1898 年にエベネザー・ハワード(1850-1928)によって進められた田園都市構想や 1904 年にトニー・ガルニエ(1869-1948)によって提案された工業都市計画が特に有名である。

都市労働者階級の増大が 19 世紀の最も顕著な特徴の 1 つであったとしても、工業そのものと同様に貿易、金融、法律、行政(地方と国)によって支えられていた

都市ブルジョワジーの興隆も、これに劣らず重要であった。店舗、事務所、公共建築は、はっきりとわかる繁栄のしるしであり、世紀末が近づくにつれてますます立派になり、これに合わせて豊かな住宅街も発達した。中産階級の最も裕福な人々と昔からの貴族たちの間の区別は曖昧になった。農業資産の相対的沈下は、古い権力基盤——一部の地主貴族は、自分の土地に石炭やその他の資源がみつかって利益を得たが——を弱体化させたが、多くの新興資産家にとっては、田舎に屋敷を建てたり取得したりすることが、依然として成功の象徴であった。

宗教に関しては、19世紀は一般に寛容さを特徴としていた。特に西ヨーロッパにおいては、宗教上の少数派が徐々に市民権を回復し、これはフランスのユグノー教徒やイギリスのカトリック教徒、プロテスタント非国教徒といったキリスト教徒のみならずユダヤ教徒にも及んだ。こうした寛容さは、既存の教会の組織力をゆるめることになったが、教会堂建築におけるゴシック・リヴァイヴァルの成功は、他の公共建築を支配している古典的形態とは違った宗教的な建築言語を追求したものととらえることもできよう。宗派間の区別もまた重要になり、シナゴーグに広くロマネスク様式が採用されたことや、ピュージンの設計したカトリックの教会堂に中世の典礼形態が復活したことは、19世紀の宗教的多様性の中に宗派の位置づけを求めようとする意図を反映している。

同世紀前半には、特にイギリスやその他西ヨーロッパ各地の新しい都市コミュニティーで改宗目的の分派が急増したが、1850年頃からはそうした進取の活動は下火になった。論争の的となったダーヴィト・シュトラウスの『イエス伝』(1835-36)やチャールズ・ダーウィンの『種の起源』(1859)は、多くの宗教上の前提に挑み、プロテスタント教徒は次第に2つのグループ——近代的な学説に反して聖書を文字通りの事実として受け入れた原理主義者とキリスト教信仰を現代科学の見解に適合させようとした者——に分かれることとなった。カトリック教会では、ますますローマに権威が集中するようになり、1870年のヴァティカン宗教会議で教皇不可謬説が採択され、同じ年、イタリアの最終的統一に伴って教皇権の世俗的権力に終止符が打たれた。したがって、1895年から1903年のウェストミンスター大聖堂のような大規模な大聖堂の建設は、蔓延する世俗主義に対抗する宗教的アイデンティティの確認行為とみることができる。

19世紀になって宗教の発展が幾分停滞したとしても、知識の探究はとどまるところをしらなかった。パリの図書館(1859-67)のような大きな国立図書館は、あらゆる人知が蓄えられている銀行のようなもので、その巨大な読書室は借り手と預金者のためのホールのようであった。博物館——科学館も美術館も——は、19世紀特有のもう1つの特徴で、それまでの一般的な私設コレクションよりもはるかに大規模で入りやすいものであった。科学的・技術的知識の拡大は、プラハ、ウィーン、ストックホルム、チューリッヒ他、多くのドイツの都市の工科大学の模範となった、フランスの理工科学校(1794設立)に始まる広範囲にわたる新しい教育施設の設立に反映された。ヨーロッパの生活の工業的・商業的基盤が整備されるにつれ、全ての階層に対する教育の機会の拡充がさらに望まれるようになった。一般初等教育は、1800年代までには中西部ヨーロッパの大半の国でみられるようになり、公共図書館や成人教育センターなどさまざまな補助施設が存在した。

19世紀は有益な知識だけでなく芸術に対する欲求も示し、ヨーロッパのほとんどの主要都市が文化の発信所を備えていた。これらの立派なコンサート・ホールやオペラ・ハウス、劇場、美術館は、増大する中産階級の聴衆のために娯楽を提供し、それまでは大聖堂や宮殿に限られていたような壮麗さをもって建設された。

資源と建設技術

この時代には建築家の修業や役割、社会的地位に変化が起きているが、これについては以下に国ごとに論じられている。すでに15世紀にデザイナー的建築家が規範となり、アルベルティが建築書に先鞭をつけていたイタリアが、やはりその最初のモデルを提供した。16世紀後半から、アカデミーの設立が建築家の知的立場を高めたが、後発のフランスの建築アカデミー(1671設立)は、系統的なデザイン教育の提供に関して、長年にわたって独自性を保っていた。建築家の経済状態は、専門化が進むにつれて改善されるようになり、17世紀から18世紀には投機的な契約をもとに一財産を築く者も多かった。しかし、専門性の高まりにもかかわらず、身分の高い建築愛好家は、この間ずっと影響を与え続けていた。

ルネサンス建築は、構造上の革新についてはあまりみるべきものがない。おそらくこの時代の最大の業績は、フィレンツェ大聖堂やローマのサン・ピエトロ大聖堂、ロンドンのセント・ポール大聖堂などの巨大なドームであろう。これらはいずれも二重殻構造である。フィレンツェのドーム(サンタ・マリア・デル・フィオーレ大聖堂、p.581)を仮枠なしで建設したブルネッレスキの名高い業績は、古代ローマのモデルというよ

りもイスラムのドームに近い技術（渦巻状の層をなすレンガ積み）に裏付けられていた。サン・ピエトロ大聖堂のドーム（p.918-921）は、フィレンツェの大聖堂と同じ技術を球面状の殻に応用しているが、レンのセント・ポール大聖堂（p.1098）のドームは、石造の内側ドームとレンガ造の中間円錐殻と木造の屋根の複合体で、パリのレザンヴァリッド（p.1005）などフランスの作例から影響を受けていた。

イタリア・ルネサンスの建築家たちは、古代ローマの石造技術の復活を試みていたが、ローマのコンクリート工法は、ほとんど模倣されなかった。スタッコはローマ時代の製法を使って再び用いられるようになり、内部を装飾し外部の石積みを模造するために、ヨーロッパ中で広く取り入れられた。

建設の手順や建設業の経済機構は、その間さしたる変化もなく続いていた。しかし、建築図面の洗練や体系化（後節で詳しくふれる）が進み、建設現場から建築家が離れる度合はますます大きくなった。

イタリア

アルプスの南に位置するポー川流域は、トリノからパドヴァにかけて広がる広大な北部平野を形成し、ロンバルディア地方とヴェネト地方の都市を数多く抱えている。このあたりではミラノがレンガ造建築の中心地となっており、ルネサンスの造形がレンガやスタッコで表現され、あるいは刳形を施したテラコッタで覆われている。ヴェネツィアは干潟の中にあって、本土の森林から木材を、近くのヴェローナから赤大理石を、そして帝国領のイストリアから石材を運んでいた。加工の容易なイストリア産の石材は、空気にふれると硬化し、細かい彫刻的ディテールによくなじむようになる（p.893）。

フィレンツェは、街の南にある採石場で、粗野ながら豊富な砂質石灰岩を産出する一方、フィエーゾレとセッティニャーノの灰色砂岩は、新しい建築に必要な細かいディテールを彫刻できるうえ、単体の石柱にも利用できた。白大理石はカッラーラと、メディチ家が新しく採石場を切り開いて16世紀末に高い評価を受ける色大理石までも捜しあてたセラヴェッツァで採石された。フィレンツェの南に位置するシエナは、多くはレンガで建物をつくったが、他のトスカーナの丘陵都市と同様に、トゥーフォ（凝灰岩）やトラヴァーティン（石灰華）も手に入った。

ローマの町は中世に7つの丘からテヴェレ川畔の低地帯へと後退していた。丘陵地帯への再入植——歴代教皇たちの政策——には、古代の水道施設の改修と利用が必要とされた。ローマのルネサンス建築の代表的な建材は、優れたレンガとティヴォリ近郊の採石場から切り出されるトラヴァーティンであったが、火山性のペペリーノ（胡椒石）やトゥーフォも使われ、特に後者は軽量のヴォールト用石材に利用された。白と色つきの大理石は、依然として古代遺跡から略奪されていた。

南イタリアとシチリアは、半島北中部より開発が遅れていた。それでもナポリは重要な拠点となっていた。ナポリの石は、壁体に使われる黄色いトゥーフォから切石の細部に使われる暗灰色のペペリーノにいたるまで全て火山岩である。シチリアはバロック時代に建築の花を開かせたが、石灰質のトゥーフォと柔らかい石灰岩がよく使われた。

イタリア各地の多様な気候は、建築類型にも影響を及ぼした。涼しくて雨の多い北部の街は、アーケード付きの街路を備えていることが多い。ポー川に注ぎ込む流域河川は、ヴェネト地方に多くのヴィラの需要をもたらした。ヴェネツィアでは敷地が限られ、庭園や中庭を欠いていたので、見晴らし台やバルコニー、多連窓の付いた背の高い邸館が発達した。熱くて乾燥した気候のローマでは、邸館はロッジアの付いた大きな中庭を備え、水がヴィラのデザインに大きな役割を果たした。イタリアではどこでも北ヨーロッパに比べて窓が小さく、日影をつくりだすために開放的なアーケードが設けられた。雨がほとんど降らないので、屋根勾配をゆるやかにすることができ、コーニスや手摺を取り付けるのに都合がよかった。

15世紀から16世紀には、イタリアの建築家は、大工、石工はもとより絵画、彫刻、金細工などデザイン的に近い関係にあるさまざまな分野から身を起こしていた。アントニオ・ダ・サンガッロ・イル・ジョーヴァネ（1484-1546）やミケーレ・サンミケーリ（1484-1559）、アンドレア・パッラーディオ（1508-80）は、建設業界で育った数少ない盛期ルネサンスの建築家であった。建築書に親しんだ教養の深いパトロンは、15世紀の建築家と同等にデザインに強い影響を及ぼした。伝統的なギルドの重要性が失われるにつれ、建築家は芸術家の地位向上に一役買い、1563年にフィレンツェのアカデミア・デル・ディゼーニョが設立される基盤となった3つのデザイン芸術に画家や彫刻家とともに加わった。ローマにもアカデミア・ディ・サン・ルーカが設立されたが、まだ正規の教育システムはなかった。建築界の有力家門やローマのサン・ピエトロ大聖堂のような工事現場が、デザインと建設知識を継承していたのである。

バロック時代のローマでは、建築への進路にはロン

バルディアの石工の伝統的な進路と並んで文学や法律や教会職を経由する進路までも含まれていた。大工職は斬新なディテールや多種多様な造形の宝庫とみられていたし、スタッコ細工の新しい職業も熟練した建築家を輩出した。幾何学の研究は、バロックの複雑な空間創作にとっては特に重要であった。18世紀には、1671年にフランスで確立されたような建築訓練の定式化をめざす動きがあった。建築の奨学金制度は、1702年にローマのアカデミア・ディ・サン・ルーカで確立され、またパドヴァでは民間建築講座が開設された。

15世紀には、どの建築家も設計図を提供するだけで生きていくことはできなかった。他の芸術分野で継続的な活動をするか、建設部局かそれとも宮廷の公職につくか、あるいは建築現場の監督を引き受けるか、それが建築家の生計にとっては必須の条件であった。1530年まで給金付きの役職などほとんどなく、宮廷もなかったフィレンツェは、他の拠点都市に建築家を送り出す、まさに輸出国となった。共和国都市や王国・公国の宮廷では、建築家は土木工事の担当と要塞の設計・施工に従事するよう求められた。

経済的報酬が16世紀から17世紀に改善され、建築家たちの自負は彼らの肖像画や自邸に反映されるようになる。外国の君主たちが競って彼らの赴任を求めたため、ベルニーニの経歴にもみられるように、地元での彼らの市場価値は高まった。一流の建築家は教皇庁において爵位や固定給に加えて、相当な報償を期待できるまでになった。要塞の設計はますます専門色の強い仕事となり、軍事技師に任せられるようになった。

建築図面の技法は、ルネサンス時代に飛躍的に進歩した。ブルネッレスキによる透視図法の発明は、建築家が自らのデザインと彼らが研究した古代建築を正確に表現できるようにした。フランチェスコ・ディ・ジョルジョとレオナルドは、鳥瞰図や断面透視図を工夫した。しかし、透視図法で描かれた図面は、すでにアルベルティが『建築論(De Re Aedificatoria)』(1452)の中で平面、立面、断面の必要性に重点をおいて考察したように、建築の工程にはほとんど役に立たなかった。ラファエッロは1519年頃に書いた『レオ10世への手紙(Lettera a Leone X)』でその主張を繰り返しており、サン・ピエトロ大聖堂の彼の工房には、同一縮尺で三方向から描かれた正投影図法に関する最初の記録が見出される。建築家の多くは日々現場で監督するのを好んだが、作図法の標準化は、建築家を現場から解放することになった。

ペルッツィは透視画法の可能性を追求し続け、珍しい断面図や遠近感のある不等角投影図を製作した。チョークで何度も描き直されて手あかにまみれたミケランジェロのドローイングは、ペンとインクで精緻に描かれたパッラーディオのそれと同時代のものである。ミケランジェロ的な伝統は、石墨という新しい画材を使ってブオンタレンティやベルニーニ、ボッロミーニに引き継がれた。ボッロミーニのドローイングは、複雑な構造幾何学の証となっている。

木製模型の利用は、中世以降の史料によって証明されている。そして、ルネサンス期には、図面に不慣れな施主に建築家の考えを説明し、図面より長持ちする記録を整備するのに役立った。アントニオ・ダ・サンガッロのサン・ピエトロ大聖堂の模型は、ミケランジェロに強く批判された。全体計画用の模型はしばしばディテールを欠いていたが、一方、原寸大の木製の柱頭の雛形がつくられることも多かった。ミケランジェロは、原寸大の木製模型を使ってパラッツォ・ファルネーゼのコーニスのデザインを確認しており、またラウレンツィアーナ図書館の階段のような複雑な造形には、粘土模型も利用していた。輪郭をかたどる金属性の型板は、普通に用いられていた。

建設業の組織は、この時期を通してあまり変化なく、大規模な工事契約はやや増える傾向にあったが、飛躍的な技術の進歩はなかった。15世紀には、歩合給と日雇い労働が一般的で、建物全体を対象とした大口契約はまれであった。それぞれの職人に対して別々の契約が取りかわされ、支払勘定は調達掛か施主に委ねられていた。同業者組合の領分が固く守られていたヴェネツィアでは、2つ以上の業種にまたがる契約は法律で禁止されていた。大規模な現場では、切石職人、レンガ職人、左官、木細工師は全て別々の棟梁を持っていた。石工の棟梁であるということは、しばしば建築家であるということと同じであった。レンガ職人の仕事は、一般に最も実入りがよかったが、熟練した設計手腕をほとんど持ちあわせていなかったので、そうした人々が建築家になるのはまれであった。

16世紀の独裁的な公国支配は、ギルドの領分の解体をさらに促し、より大規模な集中管理が行われ、公国建築のためには労働の徴発まで行われるようになった。教皇庁のローマでも、建築家は建築家としてよりも工事請負人として活発に活動しており、街が拡大するときには投機的な建設もいくらか行った。

フランス

大きな窓、勾配のきつい屋根、高い煙突、これらはフランスの気候に合わせて発達したものであるが、イタリアの建築言語を同化する上では障害になった。壁面に対する窓の比率は、依然としてフランスの方がイ

タリアよりも大きく、1650年頃までは、1つの建物の中の各要素は別々の単位に分けて、通常スレート葺きの屋根が架けられていた。煙突は、古典的デザインに組み込むことが難しく、しばしば抽象的で風変わりなデザインを持っていた。

フランスは河川で運べる建築石材やスレートには恵まれていた。石材は記念建造物や大規模な都市建築に古くから使われた材料であったが、1630年代までは、貴族のパトロンにとってもレンガが一般的であった。木材と漆喰は民家に広く用いられていたが、こうした材料で建てられた建物はほとんど残っていない。

長く続いたフランスの繁栄は、17世紀から18世紀にかけてランスからブザンソン、ボルドー、エクサン・プロヴァンスにいたるまで、国中に一流の建築をつくらせた。それらはパリ周辺の建築に比べると影響力が少ないかもしれないが、多くの場合、決して見劣りするものではない。

ジュリアーノ・ダ・サンガッロ、フラ・ジョコンド、レオナルド・ダ・ヴィンチ、プリマティッチョ、ヴィニョーラ、セルリオ、ベルニーニは、皆フランスを訪れたが、フランスの建築家がイタリアの同業者たちの地位を享受できるようになるまでには、長い時間がかかった。16世紀初めには、フランスの建築家はたいてい石工や工事負請人であり、その社会的地位向上の背景には、フィリベール・ド・ロルムやジャン・ビュランなどによる理論書の出版があったことは確かである。両者はいずれもイタリアを旅したという強み——地位を獲得するための重要な助けとなる——も持っていた。

フランソワ・マンサールもルイ・ル・ヴォーも理論書を書いておらず、しかも知られている限りではイタリアへも行ったことがなかったが、彼らが16世紀の建築家とは全く異なる社会的水準に達していたことは明らかである。たとえば、ヴォー・ル・ヴィコントでは、ル・ヴォーは工事が進められている間、館の主屋に複数の部屋を提供されていたのである。こうした地位の改善は、1671年の王立建築アカデミーの設立によって確実になったが、アカデミーは建築家を職人階層から切り離し、彼らに芸術家や知識人の地位を与えたのであった。それでもなお、建築家たちは工事請負によって稼ぎ続け、アルドゥアン・マンサールやボフラン、ガブリエルは、いずれも18世紀パリの投機的開発によって一財産を築いた。革命後にようやく報酬が法律によって決められるようになったが、ルイ15世の時は5％の手数料が標準となった。1794年に設立されたナポレオンの理工科学校は、建築教育への姿勢に決定的な変化を印すもので、そこでは建築は科学と技術のカリキュラムの中でジャン=ニコラ=ルイ・デュラン（1760-1834）によって教えられていた。

ゴシックは、その時期に完全に消滅するどころか1700年頃まで生きた造形として残っていて、その後しばらくしてから再び意図的に取り上げられた。古くからゴシックの切石の幾何学的な複雑さが注目され、截石法の技法書がいくつか出版されたが、おそらく一番重要なものは、ドゥランの『ヴォールト建築（Architecture des voûtes）』(1643)であろう。また、木とスタッコの建物も1600年までには時代遅れに思われたが、ル・ミュエは著書『優れた建築方法（Manière de bien bastir）』(1623)の中で木造建築にかなり紙数をさいている。

スペインとポルトガル

イベリア半島の変化に富んだ気候（湿潤で温暖な北部、寒暖差の激しい中部平原、亜熱帯の南部）にもかかわらず、その建築は概して暑い気候に特に適しているようである。傾斜のゆるやかな屋根や小さな窓は、屋外階段や室内換気のための中庭同様、広く使われている。

特に半島北部では、古くから花崗岩が主要な建設材料であった。スペインでは灰色でポルトガルでは緑灰色である。その深い色合いは時として冷たい外観を生み出したが、よくある白いスタッコとの組合せは、ある程度、軽快な印象を与えた。さらに南方のタグス川とモンデーゴ川以南では、石灰岩と砂岩がより一般的であった。このあたりでは、建設材料はイスラムのムデハル建築の伝統のなごりから影響を受けていた。ムスリムの主要な建築材料であるレンガは、しばしば複雑に入り組んだスタッコ装飾や特にポルトガルでは釉薬タイルと組み合わされた。また、広く使われていたレジャスという装飾用鉄格子のために、スペイン全土で豊かな鉄鋼石の鉱床が採掘された。木材は比較的乏しかったが、それでも17世紀から18世紀には礼拝堂を飾る豪華な建築彫刻によく用いられた。

16世紀、17世紀の新世界の探検と征服によってもたらされたローマ・カトリックの隆盛と経済力は、三十年戦争とフランス支配の始まるまで、聖俗両建築に活気ある背景を用意した。

オーストリア、ドイツ、中部ヨーロッパ

ドイツ北部は平坦な沖積平野であるが、ここでは成型レンガが、さまざまな形で使われ続けていた。バイエルンの高原地帯やその他の山岳地方、あるいはラインラントの低い平野は、いずれも建築石材を産出する。

ヨーロッパでも特に山の多い地方の1つである旧オーストリア領から、アルプス地方をボヘミアやモラヴィアから隔てているドナウ川を横切って、さらにドイツ低地地方にいたる地域では、気候の変化が激しいものの、かなり多雨な傾向がみられる。そのためフランスやイギリスと同じように、大きな窓と勾配のきつい屋根、高い煙突が建物につくられるようになった。

ギルドの退潮にもかかわらず、建築における職人的な伝統は生き続けていた。初めの頃には、画家を兼ねた建築家というのも知られていなくはなかったが、一般には建築家はほとんど建設業もしくは彫刻から身をおこした。バロック時代になると、スタッコ職人が活躍するようになったが、さらにバロック末期には、同族集団や時には兄弟が、装飾も全て含めて1つの教会堂を完成させるために協力して働くのが特色になっている。たとえば、建築家であり優秀なフレスコ画家でもあったコスマス・ダミアン・アザム（1686-1739）とエーギット・クヴィリン・アザム（1692-1750）の兄弟、そしてドミニクス・ツィンマーマンとヨハン・バプティスト・ツィンマーマン（後者は1680-1758）兄弟、ドミニクスの子フランツ・ドミニクスとヨハンの子ヨーゼフ等、ツィンマーマン一族がいる。ヨーゼフ1世から授与されたフィッシャー・フォン・エルラッハ（1656-1723）のナイトの爵位は、建築家の地位の目覚ましい向上ぶりを示している。中部ヨーロッパで特徴的なのは、ヨハン・ルーカス・フォン・ヒルデブラントやゲオルグ・ヴェンツェスラウス・フォン・クノーベルスドルフ、バルタザール・ノイマンなど一流の建築家がしばしば軍人出身であるということである。

貴族の芸術保護活動は、様式の発展にとってかなり重要であった。そして、一般教養教育は建築の学習を含むとされていたので、パトロンが旅行するのは、新しい理念を導入するための建築家の旅と同じくらい重要な意味を持つ。17世紀末にはアカデミーが設立され、イタリアやフランスを訪れることが、若い建築家の教育の一部となった。宮廷建築家という公職は出世の王道であったが、新古典主義時代になると、ベルリンの公共事業省の官長職についていたシンケルの例のように、かなり広範囲な責務を伴うようになった。

オランダとベルギー

オランダはライン川、ムーズ川、スヘルデ川の河口周辺に広がる低海抜地域の中で最も低い部分である。地盤沈下やわき水は、国土の大部分が海面下にあることの証であった。堤防と運河の網の目の中に土地を囲い込んで排水し、埋め立てる作業は、16世紀に排水ポンプを動かすための回転式の塔型風車小屋が導入されたおかげで、17世紀にはかなり進展した。流動性のある地盤は、軽量で開放的な構造を最適とし、アムステルダムの運河都市では、ヴェネツィアにも比肩する建築的な処理が考えられた。建築石材の不足は、レンガ造の技術の早期発達につながった。フランドル積みというレンガ積みの方法は、よく知られるところである。木構造は、民家や教会堂の塔やヴォールト、そして風車小屋に重要な役割を果たし続けた。

ベルギーでは、フランドルの平坦な土地が、木材をはじめフリーストーンや石灰岩、スレートを産出する東部アルデンヌの森の高原地帯とバランスを保っていた。低海抜地域全体の寒冷多雨な気候は、他の北ヨーロッパ諸国と同様に、勾配のきつい屋根と大きな窓という独特の特徴をもたらした。

画家のトンマーゾ・ヴィンチドールや金細工師のアレッサンドロ・パスクァリーニなど、16世紀オランダにいたイタリアの建築家たちの多彩な本業は、画家と素人愛好家が石工と同じくらいに重要であった、形成途上のオランダの伝統に反映された。コルネリス・フロリス、リーフェン・デ・ケイ、ヘンドリック・デ・ケイゼルは、いずれも石を相手に働いたが、ヤコブ・ファン・カンペンやヴェンセスラス・コーベルヘラ（1560頃-）、ヤコブ・フランカール（1583-1651）は、画家として修業しており、特に後者は長年にわたってイタリアに滞在していた。17世紀ベルギーでは、特にピーテル・ハイセンス（1577-1637）やウィルヘルム・ヘシウスのようなイエズス会の知識人など、素人建築家が多くあふれていた。また、尼僧アルデゴンデ・デスマウリンスは、1666年にリエージュのベネディクト修道院教会堂を設計した。ルーベンスが建築に興味を示していたことは、重要な一例である。オランダでもまた、パッラーディオ派の活動の中心人物は、教養の深い政治家で美術品に目のきくコンスタンティン・ホイヘンスで、彼はファン・カンペンを「ゴシックのばかげた大建築を打破した人物」であると記している。

イギリス

ブリテン諸島が大陸から地理的に切り離されているために、イングランドはルネサンスの影響下に入るのが遅れ、フランスとオランダを経由してこれを受け入れた。しかし17世紀初めから、建築家とパトロンの外国旅行は、ナポレオン戦争の一時期を除いて、ますます切望されるようになった。18世紀から19世紀初期にかけて、道路の整備や運河建設に伴って国内の交通機関が改善され、資材の運搬が容易になった。その

結果、末期には材料による地方差が、全くではないにせよ、かなり少なくなった。

　石やレンガは安定性、耐久性、信頼性のある構造を提供し、しかも密集した市街地で火災に強いので、木材は次第に主要な建築資材としては使われなくなった。しかし、16 世紀には、木造軸組の露出は依然として一般的であり、石材がたやすく利用できない地方の田舎屋では、スタッコやタイル壁などの被覆材に覆われて使われ続けた。石材は 17 世紀には宗教建築はもとより重要な世俗建築の外装にも普通に用いられるようになった。まぶしい白色をしたきめの細かい魚卵状石灰岩ポートランド石は、イニゴー・ジョーンズによってロンドンの建物に最初に使われ、その後も重要な教会堂や公共建築に利用され続けた。その他たくさんの種類の石——無数に種類の分かれる石灰岩をはじめ、赤色と灰色の花崗岩、フリーストーン、スレート——が入手でき、あるいはでき始めるようになった。仕上げ用レンガは住宅建築でよく使われるようになり、17 世紀中頃からはフランドル積みがイギリス積みに取って代わった。レンガ下地のスタッコは、チズウィック・ハウス(p.1112B)のように廉価な石材の代用として使われ、18 世紀後半には都市住宅に広まった。1769 年から 1840 年頃にかけてコード一族によって製造された新建材コード石は、装飾ディテール用石材の格好の代用品であった。屋根葺き用の薄いスレートは、18 世紀中頃から次第に多く使われるようになった。構造材としての鋳鉄——産業革命の初期の産物——は、1800 年以前にもかなりみかけられた。

　フランスやオランダと同様、寒冷多湿のイギリスの気候は、イタリアのルネサンス様式を窓や勾配のきつい屋根によっていくらか変貌させることになった。しかし、より厳密なパッラーディオ主義ほど、より小さな窓を使う傾向にあった。チャールズ 1 世の時代には燃料として石炭が広く普及し、室内をより快適に保てるようになり、部屋ごとに暖炉が設けられ、煙突にまつわるデザイン上の問題も持ち上がった。

　この時代末期までは、建設業から完全に分離し、独自の職業組織や教育システム、あるいは支払いのしくみを持つ専門的職業としての建築が存在していたとはいいがたい。16 世紀から 18 世紀の間に、建築家の立場は、中世的な石工頭梁から職業デザイナーへと徐々に発展していった。16 世紀には、たとえばエリザベス朝の大邸宅などの設計は、断片的に行われることが多く、それぞれの個性に任せていたようである。建築図面は稚拙で、外国の原本がそのまま模写されていた。ロバート・スミッソンのような優れたデザイナーでも、国際的な評価はまるで得られなかった。イニゴー・ジョーンズはおそらくイギリスで最初に認められたデザイナー型の建築家であろう。彼は画家として修業し、イタリア建築にじかに接し、イギリス建築に新たな知的権威を与えるとともに王室造営局の監督官職に芸術的色彩を添えた。

　ジョーンズの作例やイタリア的手法への敬愛、そして上流階級に広まった建築熱は、市民戦争で中断されたにもかかわらず、17 世紀には建築デザインに対する欲求を宮廷社交界の外まで拡大した。石工出身の建築家が依然として一般的であったが、たとえば軍事技術者(ウィリアム・ウインド)や自然科学者(クリストファー・レンやロバート・ホーク)など、他の階層から建築への転身は、ますます一般的で多様になった。素人愛好家の建築熱は、ロジャー・プラット卿のように実際の仕事に加わったり、ロジャー・ノース、ジョン・イーヴリン、ヘンリー・ウォットンのように理論的興味を本にまとめたりと広範囲にわたっていた。一流の人物でたたき上げの建築家として挙げられるのは、ジョーンズの甥ジョン・ウェッブくらいである。

　王室造営局の事務所は、17 世紀から 18 世紀の専門的職能の発展にとって非常に重要なところで、最高水準の訓練のための唯一本格的な機会を提供していた。ニコラス・ホークスムアは、おそらく外国を旅した経験を持たずにここで教育を受けた最も偉大なイギリス人建築家であろう。しかし、流行の建築様式がどのようなものであれ素人愛好家の重要性に変わりないことは、ジョン・ヴァンブラ卿とバーリントン伯リチャード・ボイルという非常に傾向の異なった人物に示されている。

　18 世紀後半までには、有名な建築家に弟子入りするのが 1 つの可能性となっていた。ロバート・テイラーやジェームズ・ペインは、いずれも 5-6 年の見習い期間が続く弟子を受け入れていたが、このシステムは 20 世紀に入っても十分に機能していた。ロイヤル・アカデミーの設立(1768)は、選ばれた少数者を学術的に認知したが、アカデミーで行われた建築の授業は、ロンドンで修業する若い建築家にとっては、単にお飾り程度の勉強にすぎなかった。イタリア旅行は建築教育における根幹であり続けたが、18 世紀後半になると、建築家たちはさらにギリシアの遺跡探訪に出かけた。1790 年代以降、建築家の協同組織の設立が何度も試みられていたにもかかわらず、建築家協会ができたのは、ようやく 1835 年になってからのことで、これは 1837 年の勅許状によって法人組織化された。

　19 世紀まで、建物の設計や監理だけで生計を立てる建築家はほとんどなく、専門家はあらゆる手段を講じて収入を補わなくてはならなかった。建築家は自分の

設計した建物を請負い(ナッシュの時代には忌避された行為である)、でき上った建物を見積る(「鑑定人」という言葉はここからきている)などの他、しばしば投機的な開発を通じて金を稼いだ(バースのジョン・ウッドの例がある)。固定給は王立造営局の鑑定官職や事務官職、慈善団体や組合の役職に就任することによって、受け取ることができた。1792年には、建築家クラブは設計料および監理料としての通常料金5%に加えて、見積料として2.5%を徴収することに合意した。

中世のような建設にかかわる職人間の区別(石工、レンガ職人、大工、指物師、左官)は残っており、この時代が終わろうとする19世紀初期に、建築業者が必要な職人の供給を全て請け負う大規模な請負契約(たとえばロンドンのクピド家が行ったような)が日常化するまでは、パトロンや鑑定人とそれぞれの職人とが個別に契約を行うのが普通であった。請負契約は、17世紀末ロンドンのニコラス・バーボンの時代から都市住宅の一般的な供給方法となっていた投機的建設から自然に発展したものと考えてよい。

建築図面が残っていない状況で、建築家と職人の正確な関係を正しく指摘するのは困難である。16世紀にジョン・トルペとロバート・スミッソンの残した画帖は、施工図というより図案集といった趣が強い。スミッソンの図面は、平面の独創性に富んでいるが、イニゴー・ジョーンズがパッラーディオのドローイング・コレクション(現在の王立英国建築家協会のドローイング・コレクションの核)を手本にしてイギリス建築に導入した製図法にみられる古典的な正確さはない。この伝統はジョーンズの甥のウェッブに受け継がれた。一般にイギリス・バロックは、正確な細部にこだわったパッラーディオ作品に比べ、かなりの部分を個々の職人の創造性に委ねていたと思われているが、レンとホークスムアの時代からは豊富な図面が残っていて、全体の造形はもちろん、建築家がディテールまでもチェックしていたことを証明している。木製模型は、ジョーンズの時代からホークスムアやギブスの時代にいたるまで、デザインを表現し、保存し、その耐久性を確かめる方法として使われた。レンのつくったセント・ポール大聖堂のグレート・モデルがたどった運命は、あまりに完璧な模型をつくることの危険性を物語っている。ヨーロッパのどこも同じであるが、イギリスでもこの時代は、構造手法上の大きな飛躍の時期ではなかった。レンのセント・ポール大聖堂のドームは、おそらく当時最高の構造的偉業であるが、レンは主にフランスに目を向けていた。この時代の末には、産業革命が専門の構造技術者の需要を生み出し、それが鉄道の発達によってさらに強められることになった。なお、1793年には土木技師協会が設立された。

ロシア

ロシアには山が少なく、ルネサンスの建築家が使えそうな建築石材はほとんどなかった。陸上輸送は極めて困難で、航行可能な内陸水路も限られていたうえ、1年のうち大半は凍結していることが多かった。したがって、北ロシアの豊富な木材が、ほとんど全てを木材に頼る中世建築を生み出した。18世紀になっても、重要な建造物に木材が使われており、たとえ石材でつくられた場合でも、天幕型屋根のような従来の特徴が、木造を起源としていることを明らかにしていた。南ロシアではレンガが主要な建築材料であり続けたが、石材を望む傾向が強まってもなお、18世紀から19世紀にサンクト・ペテルブルクで建てられた建物でさえ、一般にスタッコで被覆されたレンガでできていた。

建築に熱心な皇帝が、日頃からイタリアやフランスをはじめとする外国の専門家に仕事を依頼したため、ロシアでは地元の建築専門家の進歩が遅れた。ロシアの建築家は、西欧の事情に詳しいことが望まれ、サンクト・ペテルブルクの美術アカデミー(1757)は、これを念頭において構想された。アレクサンドル1世の統治時代にはヴィニョーラのロシア語版とトーマス・デ・トモンの2つの版画集しか出版されなかったが、それ以前には地元出身の建築家も外国からきた建築家も、独自の理論や論文執筆にかかわることはなかった。

木構造やあるいは伝統的なロシアの造形を石に置き換えたものは、実際にはかなり優れた技巧や熟練した技術を伴っていた。それとは反対に、外国の様式が輸入された場合には、構造的な関心はかなり犠牲にされ、デザインに対するもっと表面的な姿勢が前面に押し出された。ロシアの建築は、19世紀初めにデザイン上・平面計画上の新たな変革によって盛り返しはしたが、その圧倒的な規模のわりには構造的にみるべきものを持たない。

スカンジナビア

ノルウェーとスウェーデンは、半島を二分する大きな山脈の西と東に位置し、その海岸線は無数の河川とフィヨルドに切りこまれている。南スウェーデンとフィンランド、デンマークは平坦で土地が低く、たくさんの水路と湖を持つ。スウェーデンには非常に重要な鉄と銅の鉱床があり、いずれも建設業よりもむしろ国家経済の安定に役立っている。スウェーデンはまた花崗岩や大理石も産出し、南部にはレンガに適した粘土が

ある。デンマークの地層は、スコーネ地方や北ドイツと同じく、主に漂礫土[訳註：氷河によって運ばれた巨礫を含む粘土層]で、これらの地方ではどこでもレンガが主要な建材となっているのもうなずける。ノルウェー、スウェーデン、フィンランドは広大な森林地帯を擁しており、これら3国では木材が地方建築の基本となっている。1666年には、ノルウェーが大火後のロンドンの再建のために木材を供給している。

スカンジナビアは全体に海に近く、メキシコ湾流と西および南西から吹く偏西風の影響もあるため、冬は常に長くて厳しいものの、同じ緯度にある東の国々に比べるとだいたいどこの気候もそれほど過酷ではない。優れた断熱性と耐候性を備えた木材の幅広い利用と高度な木造技術の早期発達は、長くて冷たい季節の日常生活の厳しさを幾分なりともやわらげた。

純粋にスウェーデンで発達し、スカンジナビアの他の地域に広まったものとして、セテリ屋根（領主館屋根あるいはイタリア屋根）がある。これは基本的に2層の屋根からなり、その間に小さな隙間か採光窓を備えていて、下層の屋根は一般に断面が反っている。これはストックホルムのリッダルフスの中央棟に初めて登場する。

ルネサンス以後のヨーロッパ

建築が専門職になったといえるのは、ようやく19世紀になってからのことである。徒弟契約に基づく奉公人には、依然としてたくさんの修業の場があったが、より正式な教育課程の修得も次第に一般的になった。技能教育と土木工学に関しては、おそらくフランスが最も伝統的であり、18世紀のエコール・デ・ポンゼショセー（土木学校）に始まり、最初の工科大学であるエコール・ポリテクニーク（理工科学校）に引き継がれた。エコール・ポリテクニークは、大学のカリキュラムがかなり限られていた時代に、中部ヨーロッパ一円の理工系学校のモデルとなった。1819年から、学術的色彩の濃い建築教育は、パリのエコール・デ・ボザール（美術学校）で行われるようになり、やがてコペンハーゲンとウィーンの美術アカデミーやベルリン、その他の建築アカデミーに同じような組織ができた。イギリスの教育姿勢は、より実用本位であった。1841年からロンドンに大学の建築課程が設けられ、王立英国建築家協会（RIBA）がその専門的な地位を保護したが、これはやがて法律に基づいてイギリス建築家登録委員会（Architects Registration Council of the United Kingdom）に道を譲った。1882年になって初めて、王立英国建築家協会の会員資格取得が試験に委ねられることになった。

18世紀末から第1次世界大戦にかけて、建設材料と施工技術はかつてない飛躍的な発展をとげた。鉄構造の可能性は、1779年に鋳造技師エイブラハム・ダービー3世（1750-91）が、おそらく建築家トーマス・ファーノルズ・プリチャード（1723-77）の設計に基づいて建設したサロップのコールブルックデール鉄橋で極めて劇的に示された。鋳鉄はすぐに構造材として大々的に使われるようになり、1790年代にはウィリアム・ストラット（1756-1830）が、ダービーシャー州のベルパーに室内の一部を鋳鉄製の円柱で支えた紡績工場をいくつか建設した。内部に全面的に鋳鉄製の柱梁システム（かつては工場の床は太い木材の梁で支えられていた）を使ったとされる最初の建物は、シュルーズベリのベニヨン・ベイジェ・アンド・マーシャル亜麻工場（1796-97）である。この構造はわずかな床面積しか必要とせず、ベイ・システムによってデザイン上の自由度を高め、石材のみでつくられた場合より階数を増やすことができ、しかも床梁の間に渡した浅いレンガ・アーチ（いわゆるジャック・アーチ）の上に床を張れば耐火性も向上させられたので、その利点はかなり大きかった。8-9階建の高さでつくられ、昔ながらのレンガもしくは石の外壁を持ったこの種の工場は、1830年代頃のイギリスの繊維産業の町では珍しくなかった。1799年から1801年にかけてランカシャー州のサルフォードにつくられたフィリップス・ウッド・アンド・リー工場は、かなり近代化の進んだ例で、ブルトンとワットの蒸気機関で駆動され、鋳鉄製の中空円柱の中を通る蒸気で温められた。ガス灯は、1805年になって登場した。

19世紀の早い時期に、鉄はかなり広く円柱や屋根の支持部材や階段に使われるようになり、時にはロンドンのカールトン・ハウス（1811-12）の温室のように、建物全体に使われることもあった。フォンテーヌによるパリのオルレアン公のギャラリー（1829-31）で巧みに使われたガラスと鉄の組合せは、豊かな自然光が望まれるところでは魅力的であり、ショッピング・アーケードや温室、市場、展示場、鉄道駅など、特に目をひく新しい形をした建物によく選ばれるようになった。ダービーシャー州のチャッツワースの温室（1836-40）が先駆けとなった薄板ガラスの大パネル——厚板ガラスよりも薄くて安い——の使用は画期的な進歩であり、また1820年頃から比較的安価な錬鉄が利用できるようになったが、錬鉄の伸長性が繋ぎ材やボルトやトラスといった鋳鉄ではもろすぎる部分に適していたので、これは重要なことであった。それら新しい材料は、パリのサント・ジュヌヴィエーヴ図書館（1839-50）や

オックスフォード大学博物館(1854-60)のように、時には伝統的な石材の持つモニュメンタルな効果とうまく融合されていたが、ロンドンの水晶宮(1850-51)やパリの中央市場(レ・アール)(1853)などの建物で構造上の新たな可能性が示された。鉄とガラスの構造は、近代的な輸送システムによって現場に運ばれた部材から手早く立ち上げることができたし、また1851年に水晶宮で使われた技術を受け継ぐ鉄道駅や数多くの万国博覧会などに適した構造で、先端技術を具現していた。また、プレファブリケーションの鉄骨建築も製造され、世界中に輸出された。

1880年代は、構造用鉄材の発展において新しい局面を迎えた。1889年のパリ万国博覧会のために、ギュスターヴ・エッフェル(1832-1923)は、自分の名前をつけた世界一の高さを誇る300mの有名な塔を建て、また機械館の方は、奇跡的とでもいうべきやすさで、114mに及ぶ未曾有のスパンを完成させた。この頃、形鋼梁が量産されて、大スパン建築の建設で錬鉄に取って代わるようになり、最終的にはロンドンのコダック・ハウス(1910-11)のように完全な鋼構造物——防火対策として石材で被覆されてはいるが——へ到達した。その間、鉄とガラスの流麗な性格は、ブリュッセルの「人民の家」(1896-98)やパリの地下鉄出入口(1900)など、アール・ヌーヴォーの作品で表現豊かに開発されつつあった。

1909年前後の鉄筋コンクリートの出現は、鋼と同じくらい大きな圧縮力と引張力に耐えられ、しかも鋼よりもはるかに耐火性に優れた大きな利点を備えた材料をもたらした。コンクリート(セメントと砕石あるいは砂利を水と一緒に混ぜたもの)は、19世紀の間に、強力なポルトランド・セメントの導入と発達に伴って信頼性の高い材料となり、圧縮耐力が特に要求される基礎や床にかなり広く使われた。しかし、コンクリートが多くの複雑な建造物に安全に使えるようになるまでは、引張りに対する弱さを克服するために何らかの形の補強が必要で、そのために多くの方法が試された。フランソワ・コワニエ(1814-88)は、1856年に鉄の張力筋システムの特許をとり、さらに1877年にはジョセフ・モニエ(1823-1906)がセメントと鉄筋に関する特許をとったが、これは1887年に『モニエ・システム(Das System Monier)』という重要な論文を出版したヴァイスのゲルマン商会によってさらに改良された。決定的な作品は、鉄のかわりに鋼を用い、補強筋のための鉤形の接合部を発明(1892)したベルギー人フランソワ・エンヌビク(1842-1921)によって実現された。エンヌビク・システムを特に見事に現した初期作品の1つが、パリのプティ・パレの階段(1897-1900)であった。

19世紀の間に建築の材料と技術におきた大きな進歩は、1904年から1906年のウィーン郵便貯金局に集約された。そこでは鋼製の支柱やガラスの吊り天井、鉄筋コンクリート、ガラスの床スラブ、セントラル・ヒーティング、アルミニウム製のディテールが、まさに近代的な雰囲気づくりに役立っている。しかし、19世紀には普通の建物に使われる材料についてもかなりの変化があった。手づくりのレンガは、次第に針金で切断し機械でプレスした規格の整ったレンガに取って代わり、1858年にフリードリッヒ・ホフマンが考案したような連続炉で効率よく焼かれることもあった。世紀半ばから安価な薄板ガラスが利用されるようになり、比較的小規模な建物に大型の窓を設けることが可能になった。装飾が必要なところには、レンガやテラコッタで大量生産されたさまざまなパネルや梁や彫刻が利用できた。鋳鉄製のバルコニー、柵、頂華[訳註：屋根の先端装飾]も普及した。交通システムが改善され、天然、人造を問わず同じ種類の材料がヨーロッパのほとんどの地域で利用できるようになり、地元の伝統は次第に脇へおいやられていった。

構造の進歩は、建設技術に極めて劇的な変化をもたらしたが、生活物資の供給事業もまた19世紀の建築に重大な意味を持っていた。ガス灯は、1840年代にはすでに住宅に導入されるほど十分に改良されたが、世紀の変わるころには電気に取って代わられ始めた。1880年には、イギリス人開拓者ジョセフ・スワンによってノーサンバーランド州クラッグサイドに電灯がともされ、さらに1900年頃には基幹電力が大都市に供給された。下水道や衛生設備の進歩によって、都会の生活もまた大きく改善された。水洗便所(特に1870年頃の水噴式便器)と効果的な基幹排水設備および浄水供給設備の導入は、住宅設計上の文化的要素であるばかりでなく、大規模商業建築の発展にとって必須の条件でもあった。大きな建物の暖房と換気の問題は、多くの実験対象になっていて、しばしば温水放熱器や温風ダクトがこれに含まれていた。その1つの選択枝が、グラスゴー美術学校(1897-1909)で使われた類の、弱い圧力をかけて建物を温かい(冷たい)空気で満たすプレナム・システムであった。また、1880年代までの電話の登場は、大規模な商業建築が発展するもう1つの要因であった。

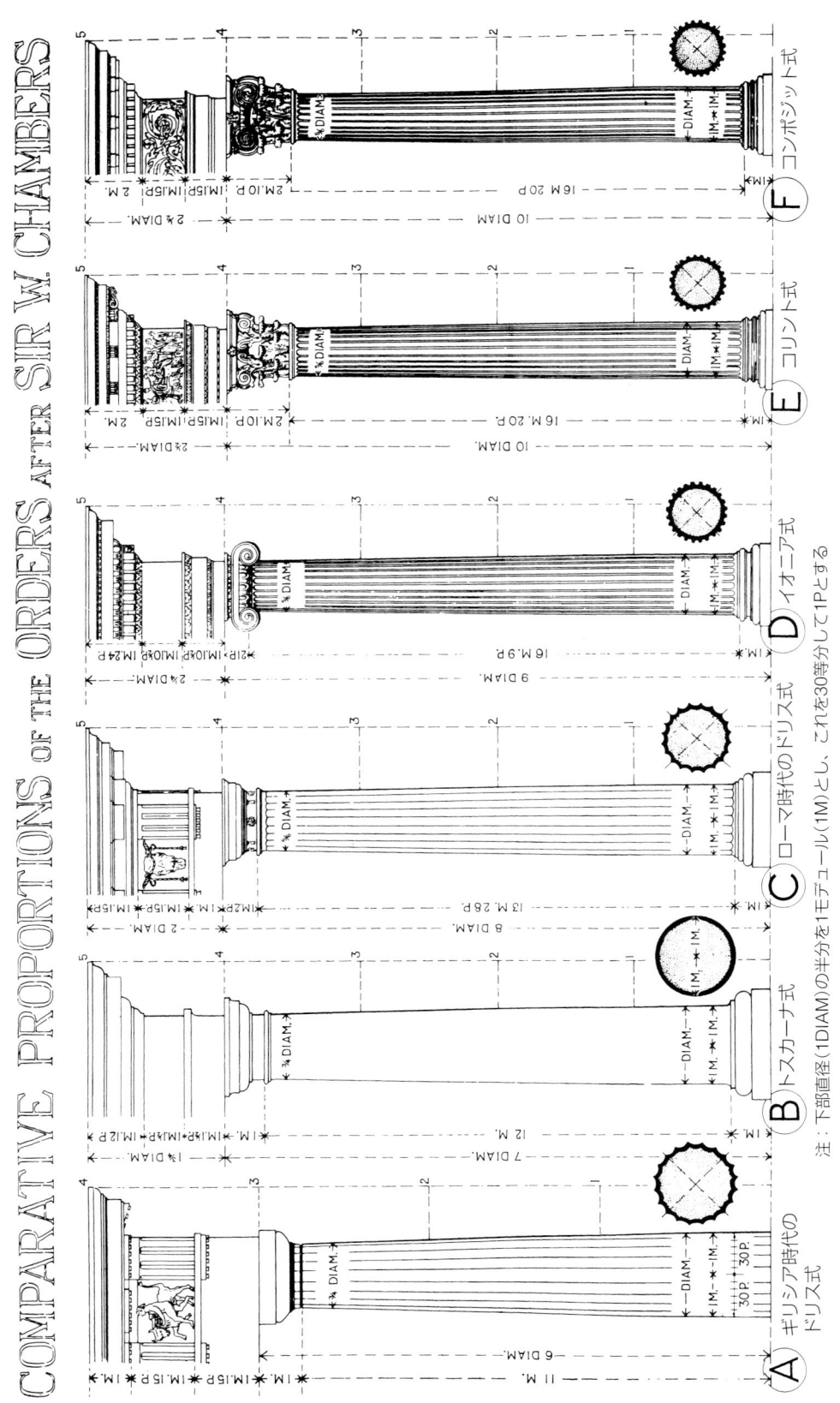

ウィリアム・チェンバース卿によるオーダーの比例比較

建築書の出版

イタリア

　論文の執筆はルネサンス期のイタリアに始まったが、最初は手稿の形をとり、やがて印刷された書物となった。古代以来、最初の建築書となったレオン・バッティスタ・アルベルティの『建築論(De Re Aedificatoria)』(1452執筆、1485か1486に出版)は、挿絵は含んでいなかったが、ルネサンス建築に充実した理論的基盤を与えた。理想都市を描いたアントニオ・フィラレーテの『建築論(Trattato d'architettura)』(1465)とフランチェスコ・ディ・ジョルジョの2つの『建築論(Trattato d'architettura)』(1470年代と1490年代)は、手稿の形で流布した。後者は、特に要塞のデザインと欄外の挿絵によって影響を及ぼした。

　ウィトルウィウスのテキストはこの時期、熱心に研究され、最初の印刷版が1486年に出された。続いて挿絵入りの研究書(フラ・ジョコンド、1511)が出され、さらに解説付きのイタリア語訳(チェザリアーノ、1523)が出されたが、最良の版はパッラーディオの挿絵の付いたダニエレ・バルバロの版(1556)である。

　古典オーダーの規則に関する挿絵入りの手引書は、セバスティアーノ・セルリオ(『建築書』第4書、1537)とジャーコモ・バロッツィ・ダ・ヴィニョーラ(1562)が先鞭をつけた。アンドレア・パッラーディオは、多大な影響力を持った『建築四書(I quattro libri dell'architettura)』(1570)によって、系統的な規則と古代作品とそして彼自身の建築例を併せて出版した最初の人物であった。ヴィンチェンツォ・スカモッツィの百科全書的な『普遍的建築の概念(L'idea dell'architettura universale)』(1615)は、オーダーを扱った第6書を中心に特にオランダとイギリスで高く評価された。バロック時代には、オラトリオ会祈祷堂のデザインについて扱ったフランチェスコ・ボッロミーニの『建築作品(Opus architectonicum)』(1725)が彼の死後に出版された他、グァリーノ・グァリーニ(『市民建築 Architettura civile』1737)とベルナルド・ヴィットーネ(1760-66)は、自らの作品を一般論に結び付けた。新古典主義にとって重要なカルロ・ロドーリの機能主義的な理念は、フランチェスコ・アルガロッティの『建築に関する論考(Saggio sopra l'architettura)』(1756)とアンドレア・メンモの『ロドーリの建築要素(Elementi d'architettura Lodoliana)』(1786)によって伝えられた。フランチェスコ・ミリーツィアの『市民建築の原則(Principi dell'architettura civile)』は、より経験的な新古典主義を支持していたが、一方で彼の建築家列伝は、ジョルジョ・ヴァザーリ(1550、1568)やフランチェスコ・バルディヌッチの重要な伝統を受け継いでいた。

　アルベルティの提唱した古代作品の図集は、ルネサンス様式の伝播に欠かせないものであった。最初に出版された目録は、セルリオ(『第3書』、1540)とアントニオ・ラバッコ(『建築書(Libro……)』、1552他)のものである。G. B. モンターノによる古代建築の幻想的な復元図(1624他)は、ローマ・バロックに影響を与えたが、一方、ジョヴァンニ・バッティスタ・ピラネージの版画と論争的な論文(1761、1765他)は、むしろ古代作品についての新古典主義の概念形成に寄与した。

フランス

　フランスは、建築図書に関してはおそらく一番豊富であり、確実に伝統的に理論的傾向が最も強く、これらを一瞥しただけで正しく評価することは不可能である。

　ウィトルウィウスの著作は、建築家ギョーム・フィランドリエ(フィランデ)によって編纂(1544、1550)され、さらに1547年には、アルベルティとセルリオの編纂を準備したジャン・マルタンによって翻訳された。セルリオは、フランスへ移った後に『建築書』の第1書(1545)、第2書(1545)、第3書(1547)をパリで、『建築書番外論(Libro straordinario di architettura)』(1551)をリヨンで出版した。住宅建築を扱った第6書は、最近まで未刊のままであったが、大ジャック・アンドルーエ・デュ・セルソーの3つの『建築書(Livres d'architecture)』(1559-72)に影響を与えた。彼の『フランス名建築集(Les plus excellents bâstiments de France)』(1576-79)は、16世紀の大規模な宮殿の貴重な記録を伝えており、フランス建築紹介書の長い伝統を切り開いている。

　フランスにおける理論書の執筆は、ローマの古物研究に基づくジャン・ビュランの『建築の原則(Reigle générale d'architecture)』(1568)をもって始まる。フィリベール・ド・ロルムの『(建築概論 Le Premier tome de l'architecture)』(1567)は、フランス式オーダーの導入に明らかな狂信的国粋主義とともに、截石法の議論にとっても非常に重要である。彼が実用幾何学に精通していたことは、『実用新建築構造(Nouvelles Inventions pour bien bastir et……)』(1561)にも示されている。16世紀後期フランス建築のグロテスクな傾向は、ユーグ・サンバンの『胸像柱のさまざまな作品(Oeuvre de la diversité des Termes)』(1572)に代表される。都市住宅のための比較的穏健なデザインは、1623年のル・ミュエの『優れた建築方法(Manière de bien bastir)』に

示されている。

　フランス人のオーダーへの執着は、17世紀に頂点に達する。フレアール・ド・シャンブレの『古代建築と近代建築の比較（Parallèle de l'architecture antique et de la moderne）』(1650)は、最初の3つの古代オーダーの優位性を説いたが、一方、オーダー比例の絶対的規律を信奉することには、建築美について合理的基盤よりもむしろ慣習的基盤を重視したクロード・ペローによって異議が唱えられた。ペローのウィトルウィウスの翻訳(1673)は定本となったが、彼の『5種類の柱のオーダー（Ordonnance des cinq espèces de colonnes）』(1683)も影響を与えた。

　王立建築アカデミーでの講義は、『建築講義（Cours d'architecture）』といった新しい種類の出版物を生み出したが、フランソワ・ブロンデルの『講義（Cours）』(1675、1683)のように、最も力点が置かれているのはやはりオーダーであった。ダヴィレの『講義（Cours）』(1691)はやや異質で、ヴィニョーラとミケランジェロに関する議論や語彙事典を含んでいた。建築のより実用的で日常的な側面については、L. サロの『フランス建築（Architecture françoise）』(1642)やP. ブレーの『実用建築論（L'Architecture pratique）』(1691)などの書物で取りあげられており、またアンドルーエ・デュ・セルソー方式の自費出版の伝統は、アントワーヌ・ル・ポートルの『いくつかの宮殿計画（Dessins de plusieurs palais）』(1652-53)によって受け継がれた。『大マロ（Le grand Marot）』(1665頃)と『小マロ（Le petit Marot）』(1655頃-60)として知られるジャン・マロのコレクションは、同時代の建物のデザインを広く応用できるようにした。

　新古典主義およびゴシック・リヴァイヴァルへとつながる合理主義の傾向は、構造の実直さに裏付けられた真四角な建築を提唱したド・コルドモワ師の『新説（Nouveau traité）』(1706)にすでに現れている。ロージエ師は、1755年の『建築試論（Essai sur l'architecture）』の中で、原始的な小屋の建築としての重要性について語った有名な話の他に、こうした考え方についても繰り返し記述した。18世紀に特によく読まれた一般手引書は、偏見のない包括的な作品であるジャック・フランソワ・ブロンデルの『建築講義（Cours d'architecture）』(1771-77)であった。ジェルマン・ボフランの『建築書（Livre d'architecture）』(1754)は、彼自身の作品の図版を収めた評論集で、「ボン・グー」の美学を信奉している。ブロンデルと同様に、ボフランも全ての建築類型がオーダーよりもむしろ全体構成から得られた適切な特性を持つべきであると考えていた。こうした考え方は、ル・カミュ・ド・メジエール（『建築工学（Le Génie de l'architecture）』1780)によってさらに推し進められた。ショーの理想郷の建物について書かれたクロード・ニコラ・ルドゥの『建築（L'architecture）』(1804)においては、「特性」がかなり象徴的な側面をみせている。

　室内の快適な間取りについては、ジャック・フランソワ・ブロンデルの『別荘の間取り（La distribution des maisons de plaisance）』(1737)やC.E. ブリズーの『田園住宅の建築術（L'art de bâtir des maisons de campagne）』(1743)など、住宅建築に関する数多くの手引書の中で詳しく解説された。

　理想的な幾何学的計画案を載せたエティエンヌ＝ルイ・ブレーの『芸術試論（Essai sur l'art）』は、今世紀にいたるまで刊行されずにいた。彼の門下であるジャン＝ニコラ＝ルイ・デュランは、新古典主義運動に関して最も影響力のあった建築書『建築教程提要（Précis des leçons d'architecture）』(1802-5)を書き上げた。ここでは、建築は構造要素（垂直構成材）と機能的類型によって整理されており、特に公共建築をはじめとしてそこに列挙された膨大な作例は、次世代のヨーロッパ中の建築家にモデルを提供した。

オランダとベルギー

　セルリオの『建築書』第4書の最初の訳本は、16世紀の建築書の中心地アントワープで1539年に出版された。ピーテル・クックによる凱旋門の図版(1549)、コルネリス・フロリスの装飾図集(1556、1557)、そして特にハンス・フレーデマン・デ・フリースの著書は、地元の建築に影響を及ぼすとともにヨーロッパにも広く普及した。フレーデマンの『建築（Architectura）』(1577-81)は、紐状装飾を使ったグロテスクな北方ルネサンスの特徴を広めた。また、彼の『さまざまな建築造形（Variae architecturae formae）』(1601)は、空想的な街並みを集めた図集である。ジェノヴァの宮殿の版画を集めたルーベンスの『ジェノヴァの宮殿（Palazzi di Genova）』(1622)は、都会に住むパトロンたちの競争意識を鼓舞することを目的としていた。

　「オランダ・パッラーディオ主義」の本質は、1640年から1715年にかけてスカモッツィの理論書が22版出されたにもかかわらず、17世紀にパッラーディオのオランダ語訳が存在しなかったことによく現れている。スカモッツィ関係の本にはシモン・ボスブームなどのオーダーに関する短い手引書が含まれている。デ・ケイセルのアムステルダムでの作品に関する情報は、サロモン・デ・ブライの『近代建築（Architectura moderna）』(1631)と1648年に出版されたフィリップ・フィンクボーンズの自作版画集を通じて広められた。

イギリス

　イタリア、フランス、オランダとベルギーから輸入された建築書や資料集は、16世紀初めからイギリス・ルネサンス建築の発想の源泉であった。地元で最初に出された建築関係の出版物は、セルリオのオーダー解説を基本に据えたジョン・シュートの『建築の初歩と基本(First and Chief Grounds of Architecture)』(1563)であった。挿絵の付いていないヘンリー・ウォットンの『建築要素(Elements of Architecture)』は、ウィトルウィウスをはじめ、アルベルティやフィリベール・ド・ロルムについて概観し、ヴェネト地方の建築状況に関する私見を盛り込んだ広範囲にわたる評論である。素人愛好家の出版物には、他にフレアールの『古代建築と近代建築の比較』(1665)の、ジョン・イーヴリンによる翻訳があった。

　17世紀後期および18世紀は、外国の論文の翻訳や古代・近代建築の実測調査、あるいはイギリスの建築家の自選作品集など、古典主義を志向する極めて多種多様な英語の建築関連書が生まれた重要な時期であった。イギリス人が理屈ばかりの理論を敬遠し、建築アカデミーもなかったために、ペローやブロンデル、デュランのような系統的に合理化された理論書は存在しなかった。

　セルリオ(1611)、アルベルティ(1723、レオーニ版)、パッラーディオ(1716；レオーニ版、1738；ウェアー版)、ヴィニョーラ(1659)の訳本は、やがて利用できるようになった。ウィトルウィウスの完全な翻訳は、1771年になってようやく出されたが、彼やその他の著述家のオーダーに関する研究成果(スカモッツィなど)については、一般に広く知られていた。コリン・キャンベルが自分の設計案とイニゴー・ジョーンズの設計案を載せた『ウィトルウィウス・ブリタニクス(Vitruvius Britannicus)』(1715-25)の出版は、パッラーディオ主義の復活に多大な影響を与えた。ロード・バーリントンは、パッラーディオによるローマ浴場の図面(1730)を出版し、その後出された古代関係の書物、たとえばウッドの『パルミュラ(Palmyra)』(1753)、ステュアートとレヴェットの『アテネの古代遺跡(Antiquities of Athens)』(1762)、ロバート・アダムの『スパラト(Spalato)』(1764)は、新古典主義建築に大きな刺激を与えた。

　ジェームズ・ギッブスの『建築書(Book of Architecture)』(1728)は、基本的に彼自身の設計案を集大成したもので、図案集として広く利用された。サー・ウィリアム・チェンバースの『公共建築論(Treatise on Civil Architecture)』(1759、1768、1791)は、おそらく最も意欲的で包括的な英語の理論書である。職業建築家層に古典様式を特によく広めた書物は、高度なデザイン水準で極めて簡単な平屋根をつくれるようにしたバティ・ラングレーの『建築家の最良なる助手(Builder's Compleat Assistant)』(1738)や『建築家の宝(The Builder's Jewel)』(1757)のような手引書であった。

　農村住宅、小住宅、別荘のための専門のひな形本は、ピクチャレスク様式の流行を特徴づけるものであり、異国の様式は、チェンバースの『中国建築(Chinese Buildings)』(1757)のような本を通して知られるようになった。最終的には、古建築研究書の中でゴシック建築が真剣に研究され始めたが、そのうち最も重要なものは、初期イギリス式、装飾式、垂直式といった永続する用語を創造したトーマス・リックマンの『イギリス建築の様式分類のための試論(Attempt to Discriminate the Styles of English Architecture)』(1817)である。

スカンジナビア

　建築家エリック・ダールベルク(1625-1703)のドローイングに基づく一連の版画集『過去と現在のスウェーデン(Suecia Antiqua et Hodierna)』(1693-1714)は、17世紀のスウェーデンで建てられた豊富な田舎屋を描いている。ラウリッツ・トゥーラの豪華本『デンマークのウィトルウィウス(Danske Vitruvius)』全2巻(1746-49)は、彼自身の作品の挿図も含んでいたが、実はオルデンバーグの人々の豊かさと評判のよい趣味への上品な賛辞とみるべきである。C. F. ハンセンの『公・私設建築図集(Samling af forskjellige offentlige og private Bygninger)』(1847)が出版されるまで、イギリスのアダム兄弟が始めたように、自分自身の作品を本にしたスカンジナビアの建築家はみられなかった。しかし、ハンセンはおそらくカール・フリードリヒ・シンケルの『建築設計図集(Sammlung architektonischer Entwurfe)』(1825-)の出版に刺激を受けたのであろう。

訳／河辺泰宏

ルネサンスおよびそれ以後のヨーロッパとロシアの建築

第29章
イタリア

建築の特色

1400年から1830年にかけてイタリアで生まれた建築は、大まかに4つの時代に分けられる。

初期ルネサンス——15世紀
盛期ルネサンスおよびマニエリスム——16世紀
バロックおよびロココ——17世紀および18世紀初期
新古典主義——18世紀中頃から19世紀初期

初期ルネサンス

古代の建築原理の再生復興は、フィリッポ・ブルネッレスキ(1377-1446)の作品をもってフィレンツェに始まったが、彼は初期ルネサンス様式に長く影響を及ぼし続けた。彼の建築は、基本寸法の単純な比例関係と明快な造形、そして白い漆喰壁に対比された灰色の一本石の円柱とピラスター(片蓋柱(かたふたばしら))という共通の建築言語を基本としている。彼の造形は、細部においては古代ローマの建築よりもむしろ古代の遺構と信じられていたフィレンツェの洗礼堂を代表とするトスカーナ・ロマネスクの建築に依拠している。円柱に支えられたアーチの使用は、サンティ・アポストリ聖堂のようなロマネスクの教会堂を規範としており、また彼が好んで用いたペンデンティヴ・ヴォールトは、ほとんどローマ建築を踏まえていない。対照的に、レオン・バッティスタ・アルベルティ(1404-72)の古代へのアプローチは、はるかに考古学的である。彼はローマの建築をウィトルウィウスのテキストに照らし合わせ、凱旋門や神殿正面など独特の古代的な特徴を自らの教会堂に導入した。彼はウィトルウィウスのオーダー論を理解していたものの、これにとらわれることはなく、ローマ時代の方法によってアーチを角柱に、円柱をまっすぐなエンタブラチュアに組み合わせることに留意していた。アルベルティの足跡は多方面に及んでおり、新しい建築を求める彼の熱意は、ローマ、フェッラーラ、マントヴァ、リミニ、そしてウルビーノのパトロンたちに伝わった。15世紀末には、ジュリアーノ・ダ・サンガッロやフランチェスコ・ディ・ジョルジョといった建築家たちが、広く古代建築を扱った画集を作成し、時には初期ルネサンスらしい手法でそれらの遺構を復元していた。

盛期ルネサンスとマニエリスム

ローマにおけるブラマンテの作品(1500頃-14)は、盛期ルネサンス様式の始まりを画している。その主眼は、たとえ小規模であってもモニュメンタリティを追求し、帝政ローマ建築の量塊的な空間効果に挑み、そしてオーダーの要素をよりウィトルウィウス的に使用することにあった。ラファエッロ(1483-1520)は、ブラマンテ建築の無骨さに反駁し、ルネサンス建築家の中にあっては最も古代建築の装飾的な豊かさや多様性に肉薄(はんぱく)したが、古典言語に対するそうした創造的かつ非教条主義的な取組み方は、ペルッツィ(1481-1536)やジュリオ・ロマーノ(1499頃-1564)に受け継がれた。一方、アントニオ・ダ・サンガッロ・イル・ジョーヴァネは、多様に混乱した古代の遺構の中からウィトルウィウス的要素を探し出そうとした。こうして16世紀の建築様式に2つの主題が登場するための下地が整えられた。1つは、規律の正しさと定型化を求める傾向(サンガッロ、ヴィニョーラ)であり、もう1つは奇抜さを求める独創的傾向(ミケランジェロ、リゴーリオ、アレッシ)である。後者はよくマニエリストと呼ばれているが、しばしば古典的原則を逸脱することがあっても、それは古代の範例の否定を意味していないことを理解する必要がある。

5

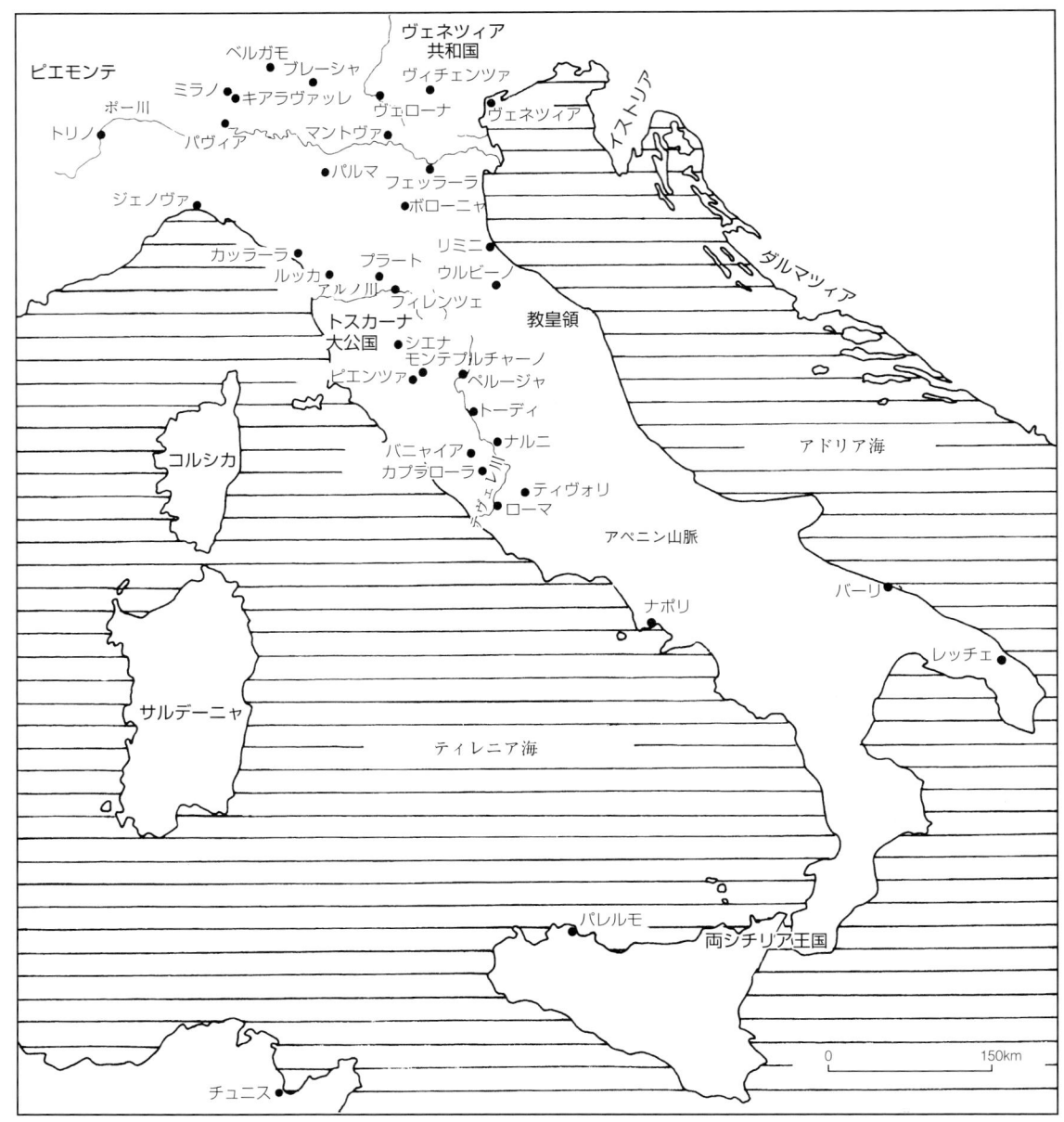

16世紀のイタリア

　ローマから他の拠点へパトロンや建築家が移動し、建築書や版画が出版されて、盛期ルネサンスの造形はイタリアからさらにヨーロッパ一円に急速に広まることとなった。サンソヴィーノ(1486-1570)とサンミケーリ(1484-1559)はヴェネト地方に新しい建築言語をもたらし、他方、ジュリオ・ロマーノはマントヴァにおいてさらなる幻想性を極めようとした。世紀半ばで最も影響力の大きかった2人の建築家、ミケランジェロ(1475-1564)とパッラーディオ(1508-80)は、16世紀世界の両極端に位置するように思われる。ミケランジェロの壁体に対する彫塑的なアプローチや新しい空間的試み、幻想に満ちた彫刻的ディテールはバロックへの道を切り開いており、一方、パッラーディオの明快で均整のとれたプロポーションや、厳選されほぼ規格化された古代形態の熟達した使いこなし方、そして規則を体系的に定式化しようとする傾向は、彼の建築をヨーロッパ中の古典主義建築家のモデルにした。ただし、ミケランジェロは明快な構造的枠組みやシンメトリーの原則に固執したが、パッラーディオは、特に後期の建築において、奇妙な配置の仕方をしたり、風変わりなディテールを使ったりすることも辞さなかった。

フィレンツェ・ルネサンス様式による柱頭および開口部の装飾

892 | ルネサンスおよびそれ以後のヨーロッパとロシアの建築

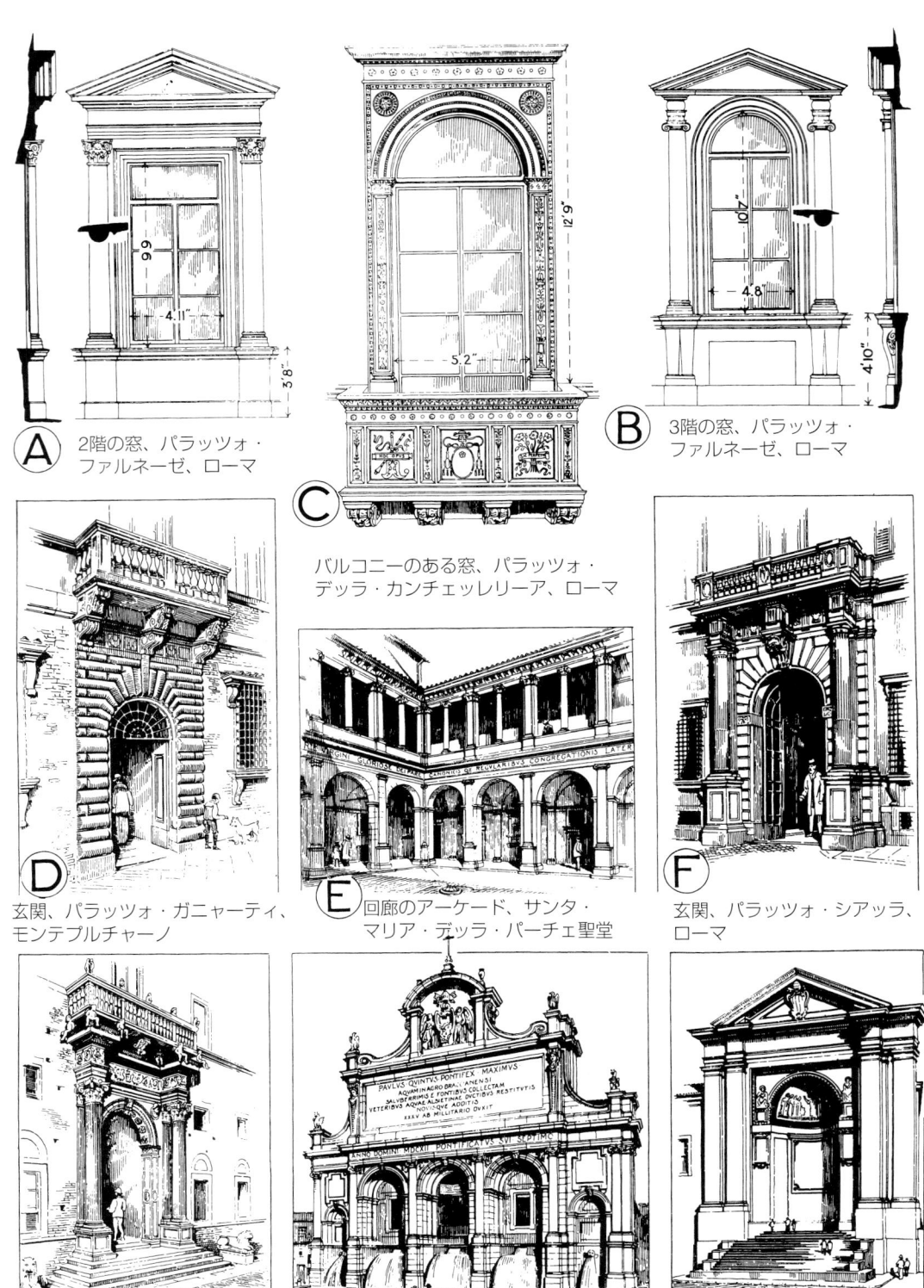

A 2階の窓、パラッツォ・ファルネーゼ、ローマ
B 3階の窓、パラッツォ・ファルネーゼ、ローマ
C バルコニーのある窓、パラッツォ・デッラ・カンチェッレリーア、ローマ
D 玄関、パラッツォ・ガニャーティ、モンテプルチャーノ
E 回廊のアーケード、サンタ・マリア・デッラ・パーチェ聖堂
F 玄関、パラッツォ・シアッラ、ローマ
G 玄関、パラッツォ・サクラーティ、フェッラーラ
H パウルス5世の泉、ローマ
J レオ3世のトリクリニウム、ローマ

ローマ・ルネサンス様式による開口部の装飾

第 29 章　イタリア　893

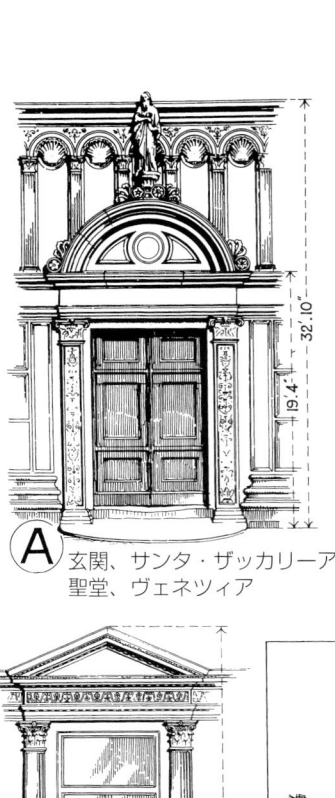

Ⓐ 玄関、サンタ・ザッカリーア
聖堂、ヴェネツィア

Ⓑ バルコニー、パラッツォ・
フランキーニ、ヴェローナ

Ⓒ 玄関、スクオーラ・ディ・
サン・ロッコ、ヴェネツィア

Ⓓ 窓、パラッツォ・
レージョ、ヴェネツィア

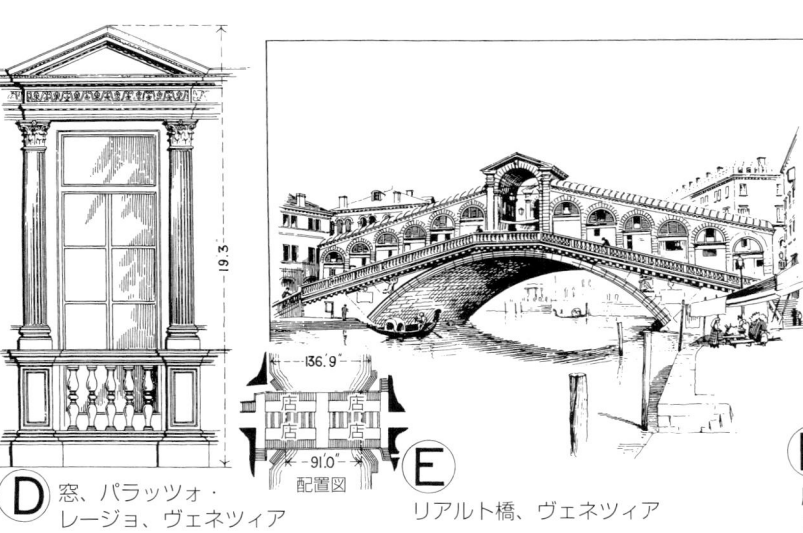

Ⓔ リアルト橋、ヴェネツィア

Ⓕ 彫像とニッチ、パラッツォ・
コルナーロ、ヴェネツィア

Ⓖ コッレオーニ将軍の騎馬像、
ヴェネツィア

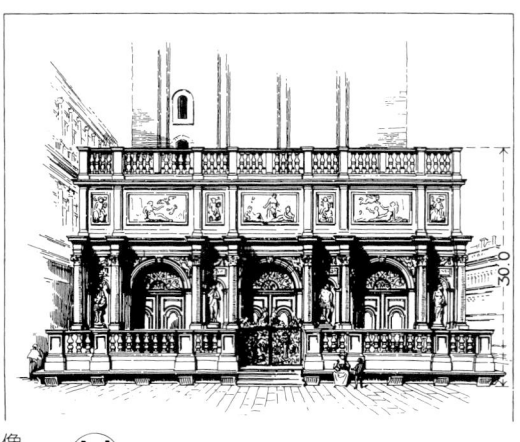

Ⓗ ロッジェッタ、ヴェネツィア

Ⓙ 暖炉、パラッツォ・
ドゥカーレ、ヴェネツィア

ヴェネツィア・ルネサンス様式による細部表現

バロックとロココ

バロックにまつわる躍動感や新しい空間的試み、劇的効果やディテールの自由さは、ある意味ではミケランジェロの業績に追随したものである。ベルニーニ(1598-1680)はローマ・バロックの劇場的、興行的側面を代表しており、絵画・彫刻・建築の諸芸術を融合してスペクタクル風の総合的な効果をあげている。ピエトロ・ダ・コルトーナ(1596-1669)は、大変力感にあふれたデザイナーで、力強い円柱を多用した建築に傾倒し、劇的な陰影を特徴とした。

しかし、ローマ3人組のうち最も革新的な代表格はフランチェスコ・ボッロミーニ(1599-1667)である。彼はイタリアで最後にバロックが開花したピエモンテ地方のグァリーノ・グァリーニ(1624-83)とフィリッポ・ユヴァラ(1678-1736)のみが比肩しうる、複雑な空間と大胆な曲面の極みに到達した。18世紀初頭のローマでは、スペイン階段(p.971A)のように、いくつかの建築的、都市的デザインがロココとも呼べる曲線的な優美さと快活さを備えていたが、フェルディナンド・フーガ(1699-1782)やアレッサンドロ・ガリレイ(1691-1737)のような建築家の作品にみられる飾り気のないモニュメンタルな作風が、新古典主義的な風潮へと道を開いた。

新古典主義

パッラーディオ・スカモッツィ風の古典主義は、ヴェネト地方から完全に消え失せることはなく、アンドレア・ティラーリ(1657-1737)やG. A. スカルファロット(1690-1764)、ジョルジョ・マッサーリ(1687-1766)などの18世紀初期のヴェネツィア作品に再び鮮やかに甦った。1786年に講話集が出版されたヴェネツィア生まれのフランチェスコ派の理論家カルロ・ロドーリ(1690-1761)は、新古典主義思想の中でも合理的な機能主義路線のパイオニアであった。しかし、グリーク・リヴァイヴァル(古代ギリシア復古)様式はこれといった理由もなくイタリアではほとんど顧みられず、ピラネージは古典主義の本質にかかわる当時の論争でローマ側を代表する熱烈な論客であった。ピラネージの古代建築の版画や「牢獄」集に表現されているローマ建築に対する誇大妄想的な見方は、ロココの浅薄さに対してかなりの重みを持った対極思想であった。1780年代までにはさらに厳格な古典様式がイタリアにしっかりと根をおろし、ナポレオン時代には、ミラノをはじめとする各地の壮大な都市建設計画にみられるような、フランス生まれの新古典主義的な公共事業の風が吹き荒れた。しかし、イタリアの新古典主義はどこか脆弱で派生的な傾向を帯びていた。というのも、当時のイタリアは、ヨーロッパ諸地域に様式的刺激を与えるより、むしろ流行を享受する立場にあったからである。

実　例

初期ルネサンス

フィレンツェ

当時は古代の建築手法を再生したとされていたフィリッポ・ブルネッレスキ(1377-1446)は、多くの作品を未完のままにして他界したにもかかわらず、フィレンツェとその他イタリア全土にわたる建築の様相を変えた。

フィレンツェ大聖堂のドーム(1420-34、p.581、p.583A)は、ブルネッレスキが足場で支えられた仮枠(センタリング)を使わずに架構したもので、彼の最大の業績である。八角形のドラムと尖頭形の輪郭および二重殻は、ブルネッレスキが設計競技に勝つ以前から決まっていたことであるが、彼は杉綾積みレンガを渦巻状に積み上げることや石材の層を傾斜させること、さらにそうした工事を可能にするための巻き上げ機を考案した。2つの殻はいずれも八角形であるが、レンガの積み方は円形の幾何学形態にそっている。隅部と中間のリブは殻を連結する役割を果たし、ゴシック構造におけるような主要な支持部材にはなっていない。また、石と木材のリングも使われた。ブルネッレスキはドラムの基部に双半円柱とニッチの付いた半円形のエクセドラを設け(1438-)、さらに2つの渦巻が連なった持送り装飾のある優美な大理石のランタンを取り付けたが、これはミケロッツォとベルナルド・ロッセッリーノが完成させている(1436-67)。杉綾積みレンガ造はフィレンツェの諸ドームで引き続き使われ、二重殻構造はローマのサン・ピエトロ大聖堂他、後世のヨーロッパの数多くのドームに影響を与えた。

フィレンツェの捨子養育院(オスペダーレ・デッリ・インノチェンティ、1419-、p.900A)は、ブルネッレスキの最初期の建物であるが、すでに彼の合理的で体系的なデザイン原理を体現している。ロッジア(当初は9ベイ)は、灰色の単円柱と半円形アーチの上に帆形ヴォールト(セール)をのせた単位要素の繰り返しを基本としている。建築言語は、おそらく古代的な印象をねらっているのであろうが、サン・ミニアート・アル・モンテ聖堂(p.376A)やサンティ・アポストリ聖堂、そして特

PAZZI CHAPEL: FLORENCE

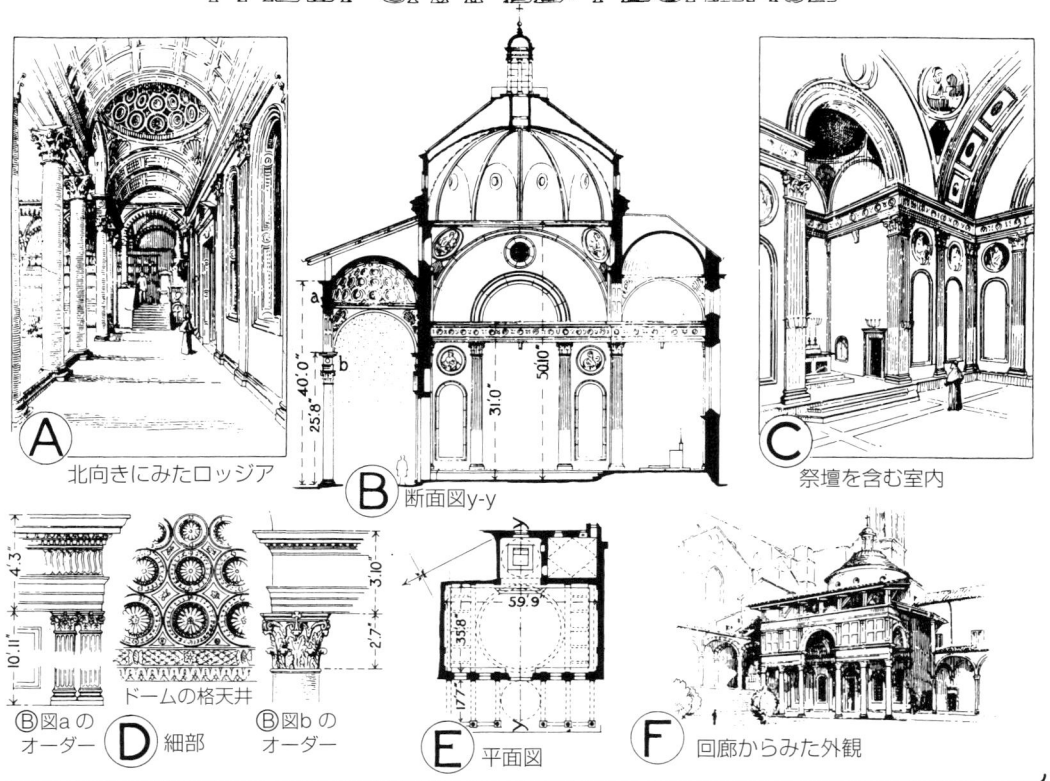

A 北向きにみたロッジア
B 断面図 y-y
C 祭壇を含む室内
D B図aのオーダー / ドームの格天井 細部 / B図bのオーダー
E 平面図
F 回廊からみた外観

S. LORENZO: FLORENCE

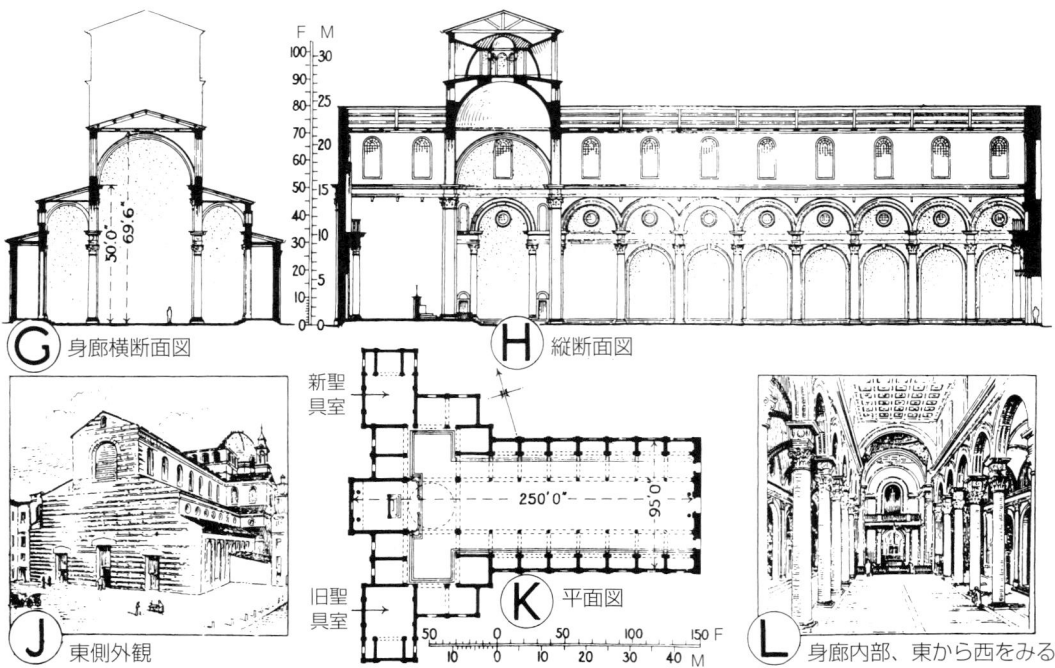

G 身廊横断面図
H 縦断面図
J 東側外観
K 平面図（新聖具室／旧聖具室）
L 身廊内部、東から西をみる

パッツィ家礼拝堂、フィレンツェ（上）。サン・ロレンツォ聖堂、フィレンツェ（下）

に当時はローマ建築と考えられていたサン・ジョヴァンニ洗礼堂などのトスカーナ・ロマネスク建築に近い。2つの回廊に教会堂と共同寝室を備えた背後の病院の平面は、基本寸法にのっとった数学的な比例関係に支配されており、左右対称性をはずしながらも、おおよその集中性を備えている。中心となる病院とファサード両端のベイは、ブルネッレスキによって建設されたものではない。

フィレンツェのサン・ロレンツォ聖堂(1421-、p.895G-L)は、ブルネッレスキの意図のみならず修道院長や教区民あるいはメディチ家の影響までも受けた複雑な計画と建設の歴史を持っている。最初に着工されたのは、ドーム付きの交差部とトランセプト(交差廊)周辺の帆形ヴォールトで覆われた正方形の祭室と聖具室を含む西側(典礼上の東側)の部分である。メディチ家の埋葬礼拝堂を兼ねた旧聖具室は立方体を基本としており、ペンデンティヴに支えられた半球状の傘形ドームで覆われ、ニッチのある小ドーム付きの祭室を備えている。

ドナテッロは付属室に通じるペディメント付きの出入口を付け加え、ブルネッレスキのデザインした白地に灰色の明快な壁面構成を損なうような彫塑的で色鮮やかな彫刻装飾を完成させた。教会堂本体(1442-)はほとんどブルネッレスキの死後につくられたもので、バシリカ式をしており、アーケードが並ぶ平天井の身廊空間は、帆形ヴォールトで覆われた側廊と1463年以後に加えられた浅くて暗い側祭室に挟まれている。身廊は高窓と側廊の円形窓によって明るく照らされており、ブルネッレスキ特有の控えめなディテールを持っている(ミケランジェロの新聖具室と回廊の図書館については p.940 参照)。

彼のもう1つのバシリカ式教会堂である**フィレンツェのサント・スピリト聖堂**(1436-、p.897A-E)をサン・ロレンツォ聖堂と比べてみると、本人自ら「自分の意図を満たしている」と記したこの計画においては、ブルネッレスキの作風がさらに熟していることがわかる。こちらは帆形ヴォールトで覆われた正方形の側廊ベイと半円形の側祭室が、集中式の交差部の周囲を完全に取り囲んでいて、サン・ロレンツォ聖堂にはみられない原則的な統一性を平面にもたらしている。もともと外側にふくらんでいた側祭室を壁の中に塗り込めてしまい、さらにブルネッレスキの4つの入口を伝統的な3つの入口のついたファサードに置き換えるという後世の決定によって、内部と外部の対応は、損なわれてしまった(聖具室については p.902 参照)。

フィレンツェのサンタ・クローチェ聖堂付属パッツィ家礼拝堂(1429-61、p.895A-F)は、大半が彼の死後に建てられたが、多くの点で完全なブルネッレスキ様式である。平面は、旧聖具室の正方形を、参事会室としての条件にあわせてトンネル・ヴォールトを頂く2つのベイによって拡張したものである。内部の灰色と白の壁面構成、くっきりと際立った各要素、そして光沢のあるテラコッタ製の円形装飾(ルカ・デッラ・ロッビア他の作品)は、ブルネッレスキの美的感覚によくあっている。中央アーチとパネル型の上層部を持つ繊細な列柱廊式ポーチが、ブルネッレスキのデザインをどのような形で反映しているのかは定かでない。

フィレンツェのサンタ・マリア・デッリ・アンジェリ祈祷堂(1434-37)は、上部が未完成の状態であるにもかかわらず、最も影響力のあったブルネッレスキの建築の1つである。八角形の内部が、相互に連絡するアプス付きの正方形の祭室に囲まれているため、外観はニッチを穿たれた16角形をしている。フィレンツェ大聖堂の14世紀の交差廊との関連性はすでに指摘されているが、壁体に対するかなり彫塑的なアプローチは、古代ローマ建築の新しい影響を感じさせる。この未完の建造物は、1930年代に強引に復元されてしまった。

フィレンツェのパラッツォ・ディ・パルテ・グエルファの大広間(1430頃-)は、唯一残っているブルネッレスキの純粋な世俗建築であるが、これも未完成である。内装にピラスターが使われている点は注目に値する。

コジモ・デ・メディチ(1389-1464)の寵愛を受けた建築家ミケロッツォ・ディ・バルトロメオ(1396-1472)は、ブルネッレスキよりも若かったが、ゴシックと古代の要素を1つの建築様式に混在させ続けており、一種の「暗示的対比」を特徴としている。彼は多角形のピアや交差ヴォールトと組み合わせて、ブルネッレスキの場合よりもさらに意識的にローマの作例に基づいた柱頭や刳形を使った。彼は大聖堂の仕事を解雇された後、ラグーサ(ドゥブロヴニク)で働いた。**フィレンツェのサン・マルコ聖堂**(1437-)では、ミケロッツォはコジモ・デ・メディチの要請にこたえて、教会堂とドメニコ会原始会則派の修道院の大部分を設計し直した。教会堂(18世紀改築)は、交差ヴォールトで覆われた祭室の付いた、側廊のない簡素な広間式で、修道士のための内陣席として部屋の中央を障壁で区切ってあった。全体に単純化されたブルネッレスキ様式でつくられた修道院建築の中で特に注目される部分は、図書館(1457-)である。これは広々としたイオニア式アーケードとトンネル・ヴォールトを架けた狭い身廊、そして交差ヴォールトで覆われた書見台用の側廊を備えている。

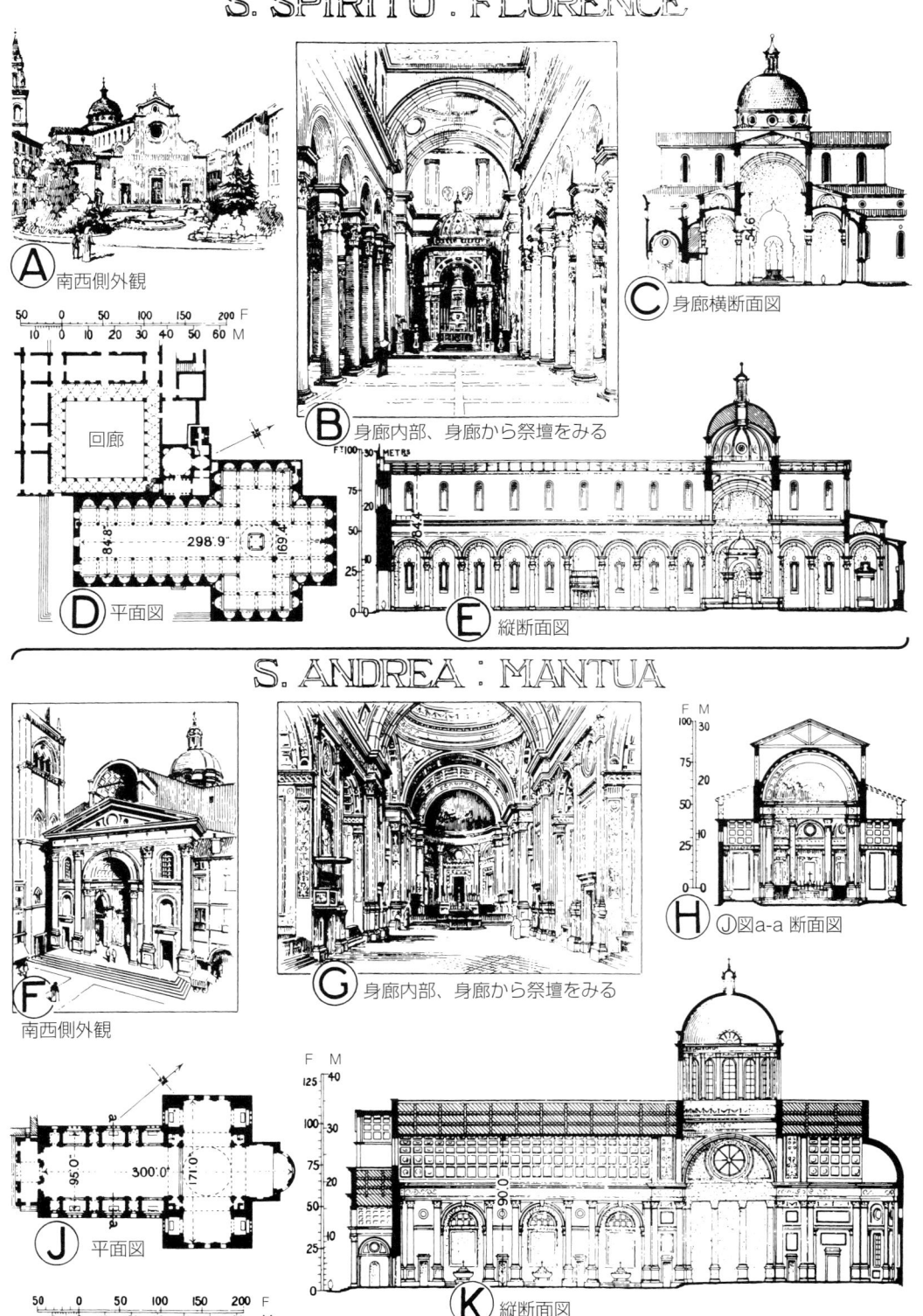

サント・スピリト聖堂、フィレンツェ（上）。サンタンドレア聖堂、マントヴァ（下）

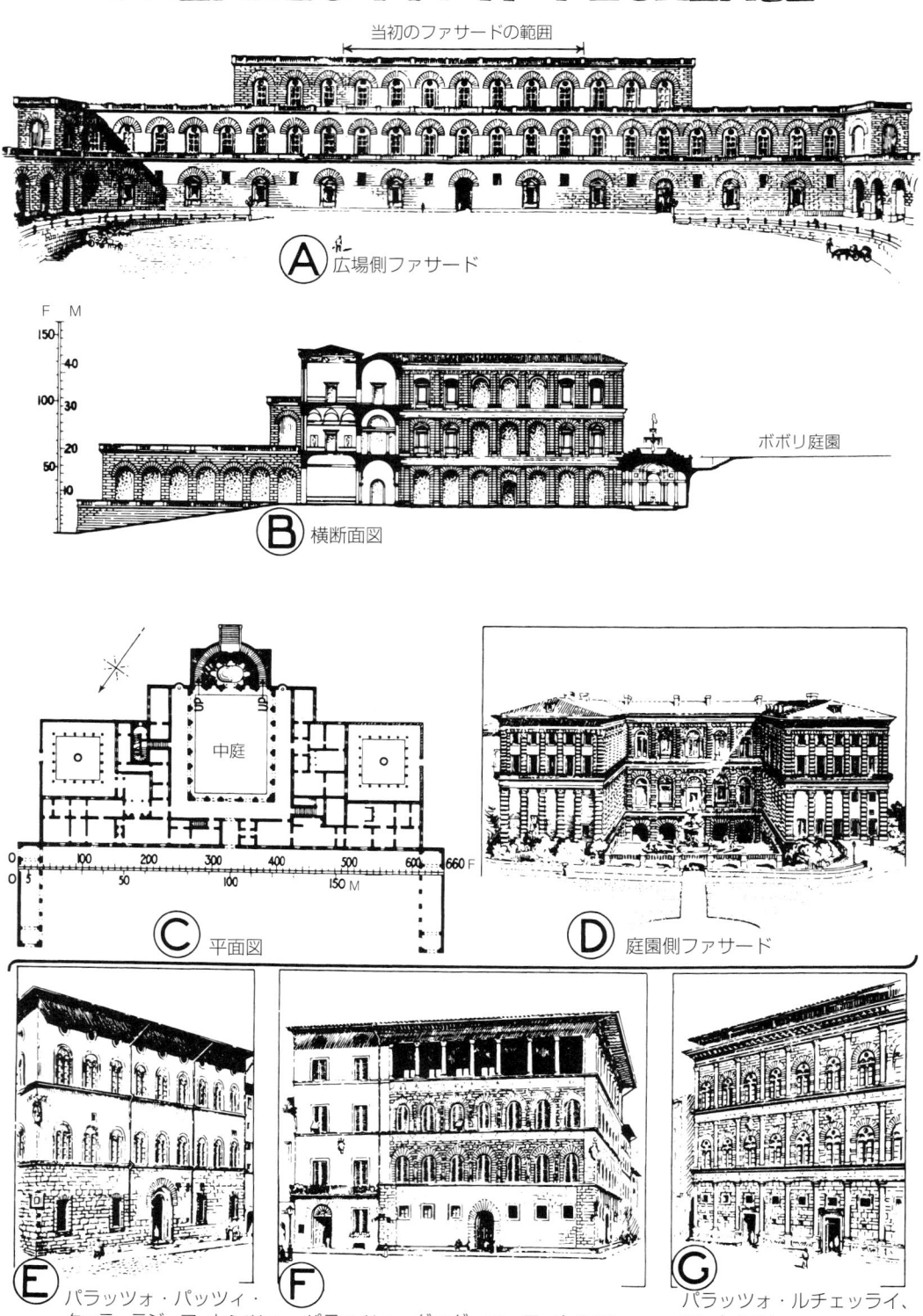

パラッツォ・ピッティ、フィレンツェ

パラッツォ・メディチ（パラッツォ・リッカルディ）、フィレンツェ

A オスペダーレ・デッリ・インノチェンティ(捨子養育院)、ロッジア、フィレンツェ(1419-) p.894 参照

B パラッツォ・ドゥカーレ、中庭、ウルビーノ(第1期工事 1450-、第2期工事 1465-) p.905 参照

C サンタ・マリア・デル・カルチナーイオ聖堂、コルトーナ(1484-) p.906 参照

D サンタ・マリア・デッレ・カルチェリ聖堂、ファサード、プラート(1485-) p.902 参照

ミケロッツォによる**フィレンツェのパラッツォ・メディチ**（パラッツォ・リッカルディ、1444-、p.899）は、15世紀トスカーナ地方の邸館デザインの典型を確立した。平面は完全に左右対称というわけではないが、ブルネッレスキ様式に手を加えたアーケード式の中庭を囲むように配置されており、背後には庭園を備えている。中庭から入る内階段は2階の主住区へと上っていくが、この階は次第に小さくなる続き間を持った居室群として構成されている。3階と屋階は、子どもや奉公人などのために使われていた。外壁は石材で仕上げられており、1階の重々しいルスティカ仕上げから3階の平滑切石積みまで段階的に変化がつけられ、さらに頂部には住宅建築では初めて古代風のコーニスがのせられている。円柱で分割された2連窓は、パラッツォ・デッラ・シニョーリアの窓のルネサンス版である。1階のロッジアを埋めてつくられた「跪座の窓」（1516-17）は、ミケランジェロによるもので、後のトスカーナ地方の窓のデザインに大きな影響を与えた。邸館は1680年にリッカルディ家によって増築され、当初の11個に加えて6個の窓が追加された。

ミケロッツォはまた**トレッビオ、カレッジ、カファジョーロ**の田舎屋をメディチ家のためのヴィラにつくりかえた。これらはいずれも塔屋や石落し、八角形ピアなどの中世的要素を残しているが、カレッジのヴィラはルネサンス風のアーケード式ロッジアを備えていて、背後の田園地帯に向かって開かれている。**フィエーゾレのヴィラ・メディチ**（1458-61、かなりの改築を受けている）は、前後にロッジアとテラスを設けて傾斜地をうまく活用しており、ヴィラの歴史に影響を与えた。

フィレンツェのサンティッシマ・アヌンツィアータ聖堂（1444-）の円形のトリビューン（祭室で囲まれた修道士用の内陣）は、ミケロッツォの最も古代色の強い設計で、ローマのいわゆるミネルヴァ・メディカの神殿（オルティ・リチニアーニ）に比べることができる。これはアルベルティの監督の下で変更を加えられ、完成された。

博識な学者から建築家に転向したレオン・バッティスタ・アルベルティ（1404-72）は、ウィトルウィウス以来初めての大部の建築書を書きあげた（執筆は1452以前、出版は1485-86）。彼は建築家の活動基盤を社会的、政治的コンテクストの中にはっきりと位置づけ、実用的な情報を豊富に提供し、そして特にオーダーとプロポーションに基づく建築美学を提唱し、ピタゴラスの音楽的整数比を視覚芸術にまで拡大した。アルベルティはウィトルウィウスのオーダーを理解した最初の人物で、彼自身が古代建築を観察してそれらにイタリア（コンポジット）式を追加した。

彼の最初期の建築で、一般にテンピオ・マラテスティアーノと呼ばれている**リミニのサン・フランチェスコ聖堂**（1450頃-、p.904A）では、アルベルティ自身は外殻だけを設計し、現場建築家のマッテオ・デ・パスティがゴシックの内部に手を加えた。その未完のファサードは、リミニのアウグストゥスの凱旋門から着想されており、またピアに支えられた側壁のアーケードも明らかにローマ的な造形をしている。アルベルティは交差部にパンテオン型のドームをのせることを考えていたが、実施工事は施主のシジスモンド・マラテスタが亡くなる前に放棄された。シジスモンドはギリシアの新プラトン主義哲学者ゲミストス・プレトンの遺骨を他の宮廷の人物と一緒に側壁の凹所に埋葬するために移していた。

アルベルティは、生地フィレンツェでは、古典オーダー──1階はドリス式、上階は2種類のコリント式──で壁面分割された最初の邸宅建築となった**パラッツォ・ルチェッライ**（1453頃-、p.898G）のファサードを設計した。当初5ベイであった邸館は、施主が財をなすにつれて拡張され、未完成のまま残された。石積みを下地として、フリーズに施主の紋章が付いた繊細で洗練されたピラスター・オーダーの格子は、実際の石材の構造には対応しておらず純粋に装飾的なものである。現場建築家はおそらくベルナルド・ロッセッリーノで、アルベルティは平面計画や内部の設計には関与していなかった。

同じ施主ジョヴァンニ・ルチェッライのために、アルベルティは、**フィレンツェのサンタ・マリア・ノヴェッラ聖堂**の多色大理石のファサード（1456-70、P.588A）を、既存の中世の建築要素を取り込みながら完成させた。ここではリミニのサン・フランチェスコ聖堂で計画された渦巻装飾が側廊の屋根を隠すために初めて使われている（アルベルティのマントヴァの教会堂についてはp.905参照）。この処理の仕方は後世に多大な影響を及ぼした。

フィレンツェのパラッツォ・ピッティ（1458-66、p.898A-D）は、コジモ・デ・メディチの政敵ルカ・ピッティのためにルカ・ファンチェッリと、そして死後の建設になるがおそらくブルネッレスキを含む幾人かの手によって設計された。当初の7ベイの構造は、量感あふれるルスティカ仕上げや窓と扉の規則的な配列、あるいは連続する欄干を境に後退していく各階層にみるべきものがある。邸館の前には大きな私設広場が開かれた。建物は1549年にメディチ家に買収され、アンマナーティ（1558-70）によって増築されたが、彼はこれに中庭を付け加え、ジュリオ・ロマーノやセルリオによって広められたルスティカ式オーダーを使っ

て豪壮な雰囲気を踏襲した。アンマナーティの室内計画は公爵家一族の相当複雑な要求にこたえていたが、要望が膨れ上がるにつれてジュリオおよびアルフォンソ・パリージ父子による再増築（1620-40）を余儀なくされ、さらに外側の翼屋がF.ルッギエーリによって付け加えられた。背後にあるボボリの庭園もまた、メディチ家によってブロックや噴水、彫像、草地の円形劇場が設けられて見事に整備された。

フィレンツェ近郊の**バディア・フィエゾラーナ**（フィエーゾレ修道院）は、世紀半ばの最も興味深い建物の1つである。その教会堂（1461-）は伝統的にブルネッレスキの作品とされてきたが、全体計画はアルベルティによるマントヴァのサンタンドレア聖堂に似ており、採光窓のないトンネル・ヴォールトを架けた単廊式の身廊と暗い側祭室を備え、光は交差部と東端部に集められている。しかし、装飾はまばらで、ともかくブルネッレスキ的である。修道院本体は施主であるコジモ・デ・メディチから綿密な指示を受けているが、これもやはり建築家はわかっていない。

ジュリアーノ・ダ・マイアーノ（1432-90）は、フィレンツェ・ルネサンスの木工細工師兼建築家の1人であった。**パラッツォ・パッツィ・クァラーテジ**（1460頃-69、p.898E）は、ブルネッレスキ（屋階の円形窓）やパラッツォ・ピッティからの影響とウルビーノのパラッツォ・ドゥカーレを思わせる洗練された装飾的ディテールを併せ持っており、背後を壁で閉ざした独創的な中庭と屋上庭園を備えている。

ジュリアーノ・ダ・マイアーノはシエナの**パラッツォ・スパンノッキ**（1473-）も設計しており、パラッツォ・メディチの2連窓と古代風のコーニスおよびパラッツォ・ルチェッライの溝の付いた平滑な石積みをフィレンツェの競争相手であるトスカーナの都市にもたらした。彼の**ファエンツァ大聖堂**（1474-）は、幅の広い側廊および側祭室と帆形ヴォールトで覆われた大きな正方形のベイが連なる身廊を備えた、かなり水平性の強い鈍重な建造物である（マイアーノのナポリの作例についてはp.916参照）。

ジュリアーノ・ダ・サンガッロ（1443-1516）は、15世紀後半のフィレンツェで最も優れた建築家であった。やはり木工細工師として修業を積んだ彼は、弟のアントニオとともに建築模型の専門家であったが、彼らは城塞建築の分野でも協力した。サンガッロはロレンツォ・デ・メディチ（1449-92）によって、この「豪華王」の特別な建築趣味に具体的な形を与えるために登用された。ロレンツォの推薦によって、彼は奇跡の像を祭るために建てられた新しい教会堂、**プラートのサンタ・マリア・デッレ・カルチェリ聖堂**（1485-、p.900D）の契約を請けおった。それはルネサンス期のその種の他の教会堂と同じく、ドームを頂き、集中式である。ギリシア十字形をした平面は、アルベルティのサン・セバスティアーノ聖堂から取り入れられている。内部のピラスターの柱頭は特に風変わりで華麗である。サンガッロがローマで描いた古代の装飾柱頭をもとにした同種の柱頭は、**フィレンツェのサント・スピリト聖堂聖具室**（1489-）にもみられる。こちらの建物は明らかに洗礼堂を基盤にしているものの、平面はジュリアーノの好んだ古代建築のいわゆる「ヴィテルボの浴場」によく似ている。石造のトンネル・ヴォールトを架けられて横手方向に配置された列柱式の前室は、初期キリスト教時代のナルテックスを思わせるが、理念的にはそれよりはるかにモニュメンタルである。

フィレンツェの**サンタ・マリア・マッダレーナ・デイ・パッツィ聖堂**（1488-、p.904D）では、サンガッロは回廊（1491-）に円柱と梁の組合せを使い、隅部と入口アーチは角柱で支えて、アルベルティの原則を意識していることを示した。渦巻きが垂れ下がったイオニア式の柱頭は、現存するフィエーゾレのローマ時代の作例に基づいている。

ロレンツォの私的な利用に供するため、サンガッロはウィトルウィウスとアルベルティの原則をヴィラのデザインに適用した最初の試みとなる**ポッジョ・ア・カイアーノのヴィラ・メディチ**（1485-）を計画した。平面は正方形でしかも完全に左右対称で、4つの隅部居住棟、——前後の翼屋がトンネル・ヴォールトを架けた2層分吹抜けの広間——でつながれている（この配置はグリニッジにあるイニゴー・ジョーンズのクイーンズ・ハウスに影響を与えることになった）。建物全体はアーケード式の基壇にのせられており、当初、直線的な中折階段（現在の湾曲した階段は19世紀につくられた）の付いていた入口の玄関間は、住宅建築に初めて現れたモチーフである神殿正面風の埋め込み型の三角形ペディメントをのせている。サンガッロはフィレンツェの自宅（**パラッツォ・パンチャティーキ・クシメネス**、1490-）や**パラッツェット・スカーラ**（1472-80）と同様に、ここでもローマ風のデザインの型枠成型による漆喰ヴォールトを試した。

フィレンツェの**パラッツォ・ゴンディ**（1490-1501、p.891A）では、迫石を巧みに周囲のブロックに組み込んだ極めて洗練された平滑なルスティカ仕上げがファサードに使われている。装飾は非常に質が高く、またフィレンツェでは珍しいことであるが、階段が中庭のアーケードの中につくりつけられている。同邸館は19世紀にジョヴァンニ・ポッジによって増築された。

サンガッロは、フィレンツェの**パラッツォ・ストロッ**

第29章 イタリア 903

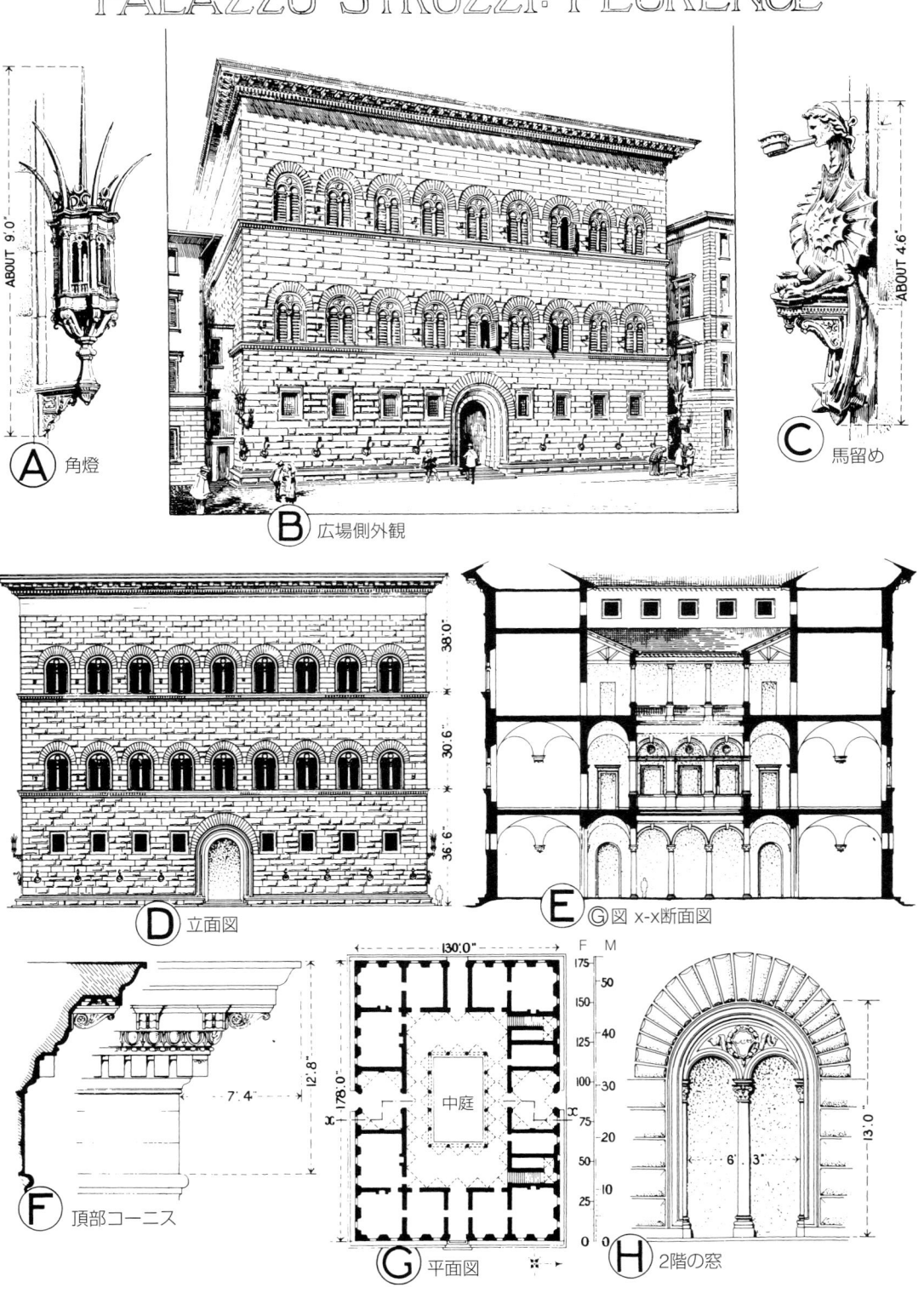

パラッツォ・ストロッツィ、フィレンツェ

ルネサンスおよびそれ以後のヨーロッパとロシアの建築

A サン・フランチェスコ聖堂、リミニ（1450頃-）
p.901 参照

B パラッツォ・ピッコローミニ、ピエンツァ（1460頃）
p.905 参照

C パラッツォ・ヴェネツィア、ローマ（1455-）　p.910 参照

D サンタ・マリア・マッダレーナ・デイ・パッツィ聖堂、
回廊、フィレンツェ（1488-）　p.902 参照

E パラッツォ・ドゥカーレ、理想都市図（おそらくピエロ・デッラ・フランチェスカ作）、ウルビーノ　p.905 参照

ツィ(1489-、p.903)のための木製模型を製作したが、これは現在も建物の中に保管されている。パラッツォ・ストロッツィは15世紀のフィレンツェの邸館の中でもとりわけ意欲的なもので、完全な対称形平面を持っており、その半分ずつが別々の兄弟のためにあてられている。実際の邸館は上階部分にヴォールトを架構したために模型よりも高くなっている。工事は石工出身の建築家イル・クロナーカ(シモーネ・デル・ポッライウォーロ、1457-1508)が監督したが、彼はトラヤヌスのフォルムからローマの作例を参照して見事な中庭と頂部コーニスを設計した。ファサードは幾分単調であるが、カパッラの美しい鉄細工によってひきたてられている。

イル・クロナーカの**パラッツォ・グァダーニ**(1504-6、p.898F)は、石積みをルスティカ仕上げの迫石と隅石だけに限定して、16世紀フィレンツェの比較的簡素な邸館のための形式を確立した。日陰と外気を求めてつくられた屋上のロッジアもまた特徴的である。

マントヴァ

アルベルティがルドヴィーコ・ゴンツァーガ侯爵のために設計したマントヴァの教会堂は、古代の術語を使って教会堂建築を再解釈したものである。**サン・セバスティアーノ聖堂**(1460-)は、ピアの林立する高い地下祭室の上に建つギリシア十字形の奉献教会堂である。ファサード(階段は最近のもの)は、4本のピラスターで区切られた平坦な神殿正面型のもので、中央の窓がペディメントの中に割り込んでいる。これはなかなか理解の難しい建物で、ついに完成されることなく20世紀になってからの修復で損なわれてしまった。

アルベルティが「エトルリア式神殿」と記述した**マントヴァのサンタンドレア聖堂**(1470-、p.897F-K)は、大部分が彼の死後に建てられているが、宗教建築に関する彼の理念を数多く満たしている。現場建築家は、サン・セバスティアーノ聖堂と同様、ルドヴィーコ・ゴンツァーガの宮廷建築家でフィレンツェ出身のルカ・ファンチェッリであった。奥行のある玄関柱廊は、身廊の区割りを反映しているが、ファサード全体を覆ってはおらず、凱旋門と神殿正面を一体化したもので、ピラスターで区切られている。壮大なトンネル・ヴォールトの架かった身廊は、小室を擁したピアと交互に並ぶトンネル・ヴォールト式の大きな側祭室が穿たれた非常に厚い側壁で支えられていて、それまでのいかなるルネサンス建築よりも重厚なローマ的雰囲気をたたえている。ドーム(1763完成)はユヴァッラによるものであるが、18世紀の翼廊と内陣がどの程度アルベルティの理念を反映しているかは定かではない。

もともとフィレンツェの彫刻家で、フィレンツェの**サンタ・クローチェ聖堂**内にある極めて建築的な**ブルーニの墓碑**(1445)を設計したベルナルド・ロッセッリーノ(1407/9-63)は、確かにフィレンツェのパラッツォ・ルチェッライでアルベルティの現場建築家をつとめていた。彼はアルベルティの建築論を献呈された教皇ニコラウス5世の依頼で、ローマのサン・ピエトロ大聖堂に計画された新しい交差部(1450-)の工事を担当した。

教皇ピウス2世が故郷の村の中心部を小さなルネサンス都市に変えた**ピエンツァ**で、ロッセッリーノはピウスが旅先で感銘を受けたドイツの広間式教会堂のイタリア版ともいうべき**大聖堂**(1459-)を建設した。そのファサードには、幅広いバットレス状のピアの両側に円柱を配して上下に重ねるという非原則的で独創的な円柱の使用法がみられる。**パラッツォ・ピッコローミニ**(1460頃、p.904B)のファサードは、パラッツォ・ルチェッライを間延びさせたもので、下階のピラスターだけにルスティカ仕上げが施されている。しかし、室内計画の方はなかなかおもしろく、庭園側ファサードの積層ロッジアが渓谷とアミアータ山を一望している。ロッセッリーノが再設計した**パラッツォ・コムナーレ**(市庁舎)と改造した**パラッツォ・ヴェスコヴィーレ**(司教館)は、いずれも調和のとれた都市広場に面している。

パラッツォ・ピッコローミニから強い影響を受けたのが、同世紀の第3四半世紀を代表する名建築である**ウルビーノ**の**パラッツォ・ドゥカーレ**(公爵邸)の第2期工事区画(第1期1450-、第2期1465-、p.900B、p.904E)であった。フェデリーコ・ダ・モンテフェルトロは、お抱え建築家ルチアーノ・ラウラーナ(1420/5-79)を使って、別々に建っていた住まいを1つの大きな建築群にまとめ、さらにブルネッレスキ的基本構想に基づきながら隅部をたばね柱にかえた落ちつきのある堂々たる中庭によってこれを統合した。都市広場に面した邸館の表側立面は、石造のファサードで豪華に構築される予定であった。また、谷側に面した私的な居住棟は、寄木細工を張り詰めた書斎を含み、風景を楽しむようにつくられた。ここでは、優美な積層ロッジアがロマンティックな中世風の円塔に挟まれている。大きな階段室と居住棟を形成する連続した続き間を含む室内計画は、パラッツォ・カンチェッレリーアのようなローマの邸館に示唆を与え、窓や扉の額縁あるいは暖炉やヴォールトの石造装飾は、ここにおいて比類なき洗練の頂点を極めている。

シエナ出身の画家で青銅彫刻家のフランチェスコ・ディ・ジョルジョ(1439-1501)は、15世紀で最も有能な要塞の設計家かつ理論家となり、さらに故郷のシエ

ナの他、ウルビーノやナポリで働きながら極めて影響力の大きい建築家となった。彼は建築と要塞に関する挿絵付きの理論書を2巻書きあげ、古代建築の数多くのスケッチを残した。

ウルビーノでは、フランチェスコは公爵邸の工事を受け継ぎ、中庭を完成させた他、街路側のファサードを担当し、さらに厩舎とらせん状斜路の階段塔を付け加えた。彼の大聖堂のデザインは、今ではヴァラディエールの改築によって埋もれてしまっている。**サン・ベルナルディーノ聖堂**(1482-)は、ウルビーノで最も完全な状態で残っているフランチェスコの建築である。これはフェデリーコ・ダ・モンテフェルトロの霊廟として建てられたもので、単一のトンネル・ヴォールトを架けた身廊に続いて4本の独立円柱がペンデンティヴを支える正方形のドーム付き交差部を備えている。もともと交差部の3つの翼部は全てアプス状であったが、後に主祭室が拡張されている。ローマ文字によるウルビーノらしい碑文が15世紀イタリアにおいて最も明快に分節された空間の1つである堂内のフリーズをめぐっている。

ある奇跡を記念して建てられた**コルトーナのサンタ・マリア・デル・カルチナーイオ聖堂**(1484-、p.900C)は、単純な単廊式のラテン十字形をしており、スキンチにのった八角形ドームと、トンネル・ヴォールトを架けた身廊を備えている。壁体はヴォールトを支えるために分厚くなっており、その厚みからえぐり取られた半円形の側祭室を持っている。堂内をめぐる連続した刳(くりかた)形のごく控えめな使い方は、内部に強い凝縮感を与えている。

同じような特徴は、**サッソコルヴァーロのサン・レオ要塞**(p.907A)などフランチェスコがフェデリーコ・ダ・モンテフェルトロのためにつくった要塞にもみられるが、それらは砲撃に対処するための先駆的な防御と、前衛的だが気品に満ちた遅さを備えたデザインとを両立させている。

ミラノ

フィレンツェの建築造形は、15世紀後半にミラノに伝わった。**サンテウストルジョ聖堂付属ポルティナーリ礼拝堂**(1460年代)は、基本的にはフィレンツェのサン・ロレンツォ聖堂内のブルネッレスキの旧聖具室に基づいているが、あふれんばかりの幻想的な絵と浮彫で飾られており、外側には胡椒入れのような小塔と背の高いランタンを備えている。

アントニオ・アヴェルリーノ、通称フィラレーテ(1400頃-69)は、故郷のフィレンツェでロレンツォ・ギベルティ(1378-1455)について金細工師および彫刻家として最初の修業を積んだ。彼の代表的な彫刻作品であるローマのサン・ピエトロ大聖堂の青銅製の扉は、1445年に完成された。彼は1451年までミラノに住み、そこでフランチェスコ・スフォルツァ公(1401-66)の建設事業に携わるかたわら、スフォルツィンダという空想都市の建物を記述した極めて独創的な『建築論』(1460頃-64)を著した。

1456年に着工され、18世紀まで完成されなかった**ミラノの病院オスペダーレ・マッジョーレ**(p.908F-H)は、フィラレーテ最大の業績で、『建築論』(第11書、fol. 79r以降)の中にも記述してある。おそらく施主のフランチェスコ・スフォルツァが彼を見学にやらせたフィレンツェのサンタ・マリア・ヌオーヴァ病院から影響を受けたのであろうが、フィラレーテは広大な中央回廊で分けられた2つの大きな十字形病棟を設計した。それぞれの病棟のドームを頂く交差部の下には祭壇が置かれていたので、全ての患者がミサをみられたはずである。病棟の翼屋の間にある回廊は、陽光と外気をもたらすとともに、建物に各部間の全体的な統一感を与えていた。

後にローマで盛期ルネサンス建築様式の先駆者となるドナート・ブラマンテ(1444-1514)は、20年間にわたってミラノのスフォルツァ公の建築家として働いた(1477頃-99)。ウルビーノ近郊に生まれ、画家として修業を積んだ彼が若い頃から幻想的な透視画を得意としていたことが、彼の建築的経歴の全てを特徴づけた。

ギリシア十字形をした9世紀のサン・サーティロ祈祷堂にあった奇跡の像を記念するためにこれに隣接して設立された**ミラノのサンタ・マリア・プレッソ・サン・サーティロ聖堂**(1476-)は、ブラマンテが透視画法的効果のために利用した狭い敷地の上に建っている。短いトンネル・ヴォールトを架けた側廊付きの身廊は、大きさのわりには堂々とした印象を与え、ブルネッレスキのパッツィ家礼拝堂を延長したようなドーム付きの長い翼廊に続いている。そして、この翼廊が15世紀の造形様式によって改装されたサン・サーティロ聖堂へと導いている。トンネル・ヴォールトを架けたようにみえる主祭室は、実は全くの偽装である。その装飾は、ミラノではよくあるように、全てテラコッタ製である。聖具室(1488)は、平面がフィレンツェのサン・スピリト聖堂聖具室に似ており、階上ギャラリーを備え、アゴスティーノ・ディ・フォンドゥーティによるテラコッタ装飾で豊かに飾られている。

ミラノのサンタ・マリア・デッレ・グラーツィエ聖堂(p.908A-E)では、ブラマンテはグィーニフォルテ・ソラーリによってほとんどゴシックの造形様式でつくられた外陣(1463-)に内陣(ドームを架けた交差部と聖歌

第 29 章　イタリア　907

A　サン・レオ要塞、サッソコルヴァーロ（15 世紀末）　p.906 参照

B　サンタ・マリア・デッラ・パーチェ聖堂、回廊、ローマ（1478-83）　p.912 参照

C　チェルトーザ・ディ・パヴィア、北西側より望む（1396-、西ファサードは 1491-）　p.910 参照

5

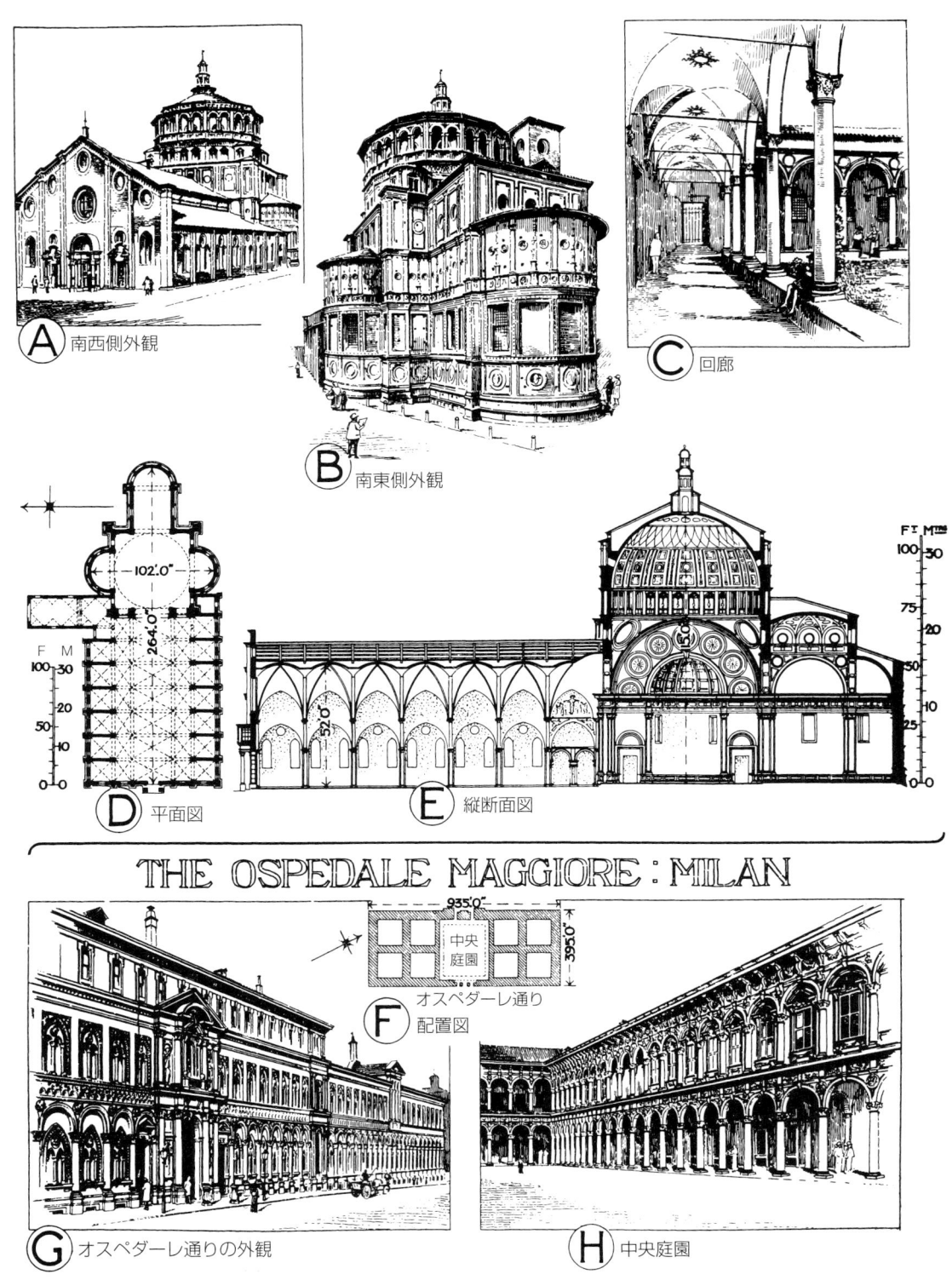

サンタ・マリア・デッレ・グラーツィエ聖堂、ミラノ（上）。オスペダーレ・マッジョーレ、ミラノ（下）

第29章 イタリア | 909

コッレオーニ家礼拝堂、ベルガモ（1470-73） p.910 参照

隊席、1493-)を付け加えた。スフォルツァ公の霊廟として意図された正方形の交差部の内観は、ブルネッレスキの旧聖具室の主祭室を大きく拡大したような形をしており、側壁は半ドームを頂く半円形の翼部に向かって開いている。ドラムはパンテオンの屋階を思わせるが、平坦で幻想に満ちたその装飾は、性格的には1400年代そのものである。傘形ヴォールトで覆われた内陣翼部は、半ドームのアプス上にある円窓から採光している。この建物では、ブルネッレスキの空間効果が極限まで高められている。外部については、ドラム部分が歩廊付きの16面体構造でつくられていて、ドームはロンバルディア風に円錐形の屋根の下に隠され、全体がロンバルディア製のテラコッタ仕上げで覆われている。

ブラマンテは**パヴィア大聖堂**(1488-)のためにフィレンツェにあるブルネッレスキのサント・スピリト聖堂を大型にしたかなり大規模な設計案を作成し、量塊を寄せ集める手法を使って大胆に構想した。ミラノの**サンタンブロージョ聖堂**では、1490年代にドリス式とイオニア式の回廊を付け加え、ウィトルウィウスの解釈について新たな見識を示したが、一方、司祭館ではオーダーの起源を暗示する木の幹の形をした奇抜な円柱を使っている。ここにみられる凱旋門モチーフは、**サンタ・マリア・イン・アッビアーテグラッソ聖堂**(1497)やブラマンテが幻覚的な壁画で覆われた連続アーケードをめぐらせた広大な都市広場、**ヴィジェーヴァノのピアッツァ・ドゥカーレ**(1490年代半ば)にも現れている。

G. バッタージョによる**クレーマ近郊のサンタ・マリア・デッラ・クローチェ聖堂**(1493-)は、ロンバルディア地方にある興味深い集中式教会堂の1つである。これは単純だが巨大な円形ドームをのせた教会堂で、ギリシア十字のように配置された4本の付属的な翼部を備えている。上下に重なったギャラリーが、独創的なテラコッタ装飾の付いた外側のドラムの中を通っている。

チェルトーザ・ディ・パヴィア(1396-、p.907C)は、ロンバルディア・ロマネスク形式の平面に従ってゴシック様式でつくり始められたが、より体系的な幾何学的比例によって再構成された。ギャラリーがめぐる交差部上のクーポラは、ミラノ大聖堂のゴシック式ランタンを初期ルネサンスの語法に置き換えたものである。アマーデオ(1447-1502)によって設計された西立面(1491-)は、15世紀で最も手の込んだ大理石のファサードで、全体のコンセプトよりも精巧な彫刻的ディテールによっていっそう注目を集めるところである。

アマーデオの初期の建物である**ベルガモのコッレオーニ家礼拝堂**(1470-73、p.909)は、有名な傭兵隊長バルトロメオ・コッレオーニの埋葬礼拝堂である。ミラノやヴェネツィアの装飾技法と外壁の色鮮やかな装飾群が一体となっていることが、建築形態をはっきりと分節するのではなくむしろ曖昧にしているが、装飾的な語彙の幅広さには目をみはるものがある。

ローマ

初期ルネサンス建築は、ローマでは教皇ニコラウス5世(在位1446-55)によって始められたが、彼の都市計画は古い教会堂の修復の他、サン・ピエトロ大聖堂内陣の改築や水道の改修、アウレリウスの市壁に含まれる居住区の拡大を含んでいた。都市開発を目的としたこうした大まかな青写真は、後続の教皇たちによって完成され、シクストゥス5世の事業で頂点を極めた。

ローマの**パラッツォ・ヴェネツィア**(1455-、p.904C)とそこに組み込まれている**サン・マルコ名義聖堂**(1460頃-50)は、サン・ピエトロ大聖堂の古い**祝福のロッジア**(1461-)と並んでローマ・ルネサンス建築最初の注目すべき作例であった。パラッツォ・ヴェネツィアの隅塔、L字形の平面、十字形の仕切りの付いた窓は、15世紀の枢機卿宮殿の特徴であり、保守性がうかがわれる。しかし、未完の中庭やサン・マルコ聖堂のファサードは、梁を渡した半円柱とアーチをのせたピアを重ねた古代ローマ的な構造をしている(コロッセウムやマルケッルス劇場など。第10章参照)。当初は建物の角に隣接していた壁に囲まれた美しい庭園は、1930年代に広場の側面へ移築された。この部分と祝福のロッジアの実際の工事を担当した建築家はフランチェスコ・デル・ボルゴであった。

ブルネッレスキのフィレンツェのバシリカとは異なり、ローマの15世紀の教会堂は一般的に交差ヴォールトで覆われた身廊を持っている。わけても印象深いのはシクストゥス4世(教皇在位1471-89)の建設した**サンタ・マリア・デル・ポポロ聖堂**(1472-)で、これはゴシックのバシリカ式にローマ風の語彙を与えている。半円柱の付いたずんぐりした太いピアは、17世紀にベルニーニによって豪華に飾りつけられた身廊のアーケードを支えている。祭壇の後ろの四角い祭室とアプス状の聖歌隊席は、ブラマンテによって付け加えられたもの(1507-)で、彼の構想したサン・ピエトロ大聖堂内陣のイメージを伝えている。

ローマの**サント・スピリト病院**(1474-82)は、シクストゥス4世の依頼を受けた未詳の建築家が設計した、バランスのとれた作品である。病棟は中央の礼拝堂の両側に延びている。そして、後ろ側に延びているもう1本の病棟は、後世になってつくられたものだが、お

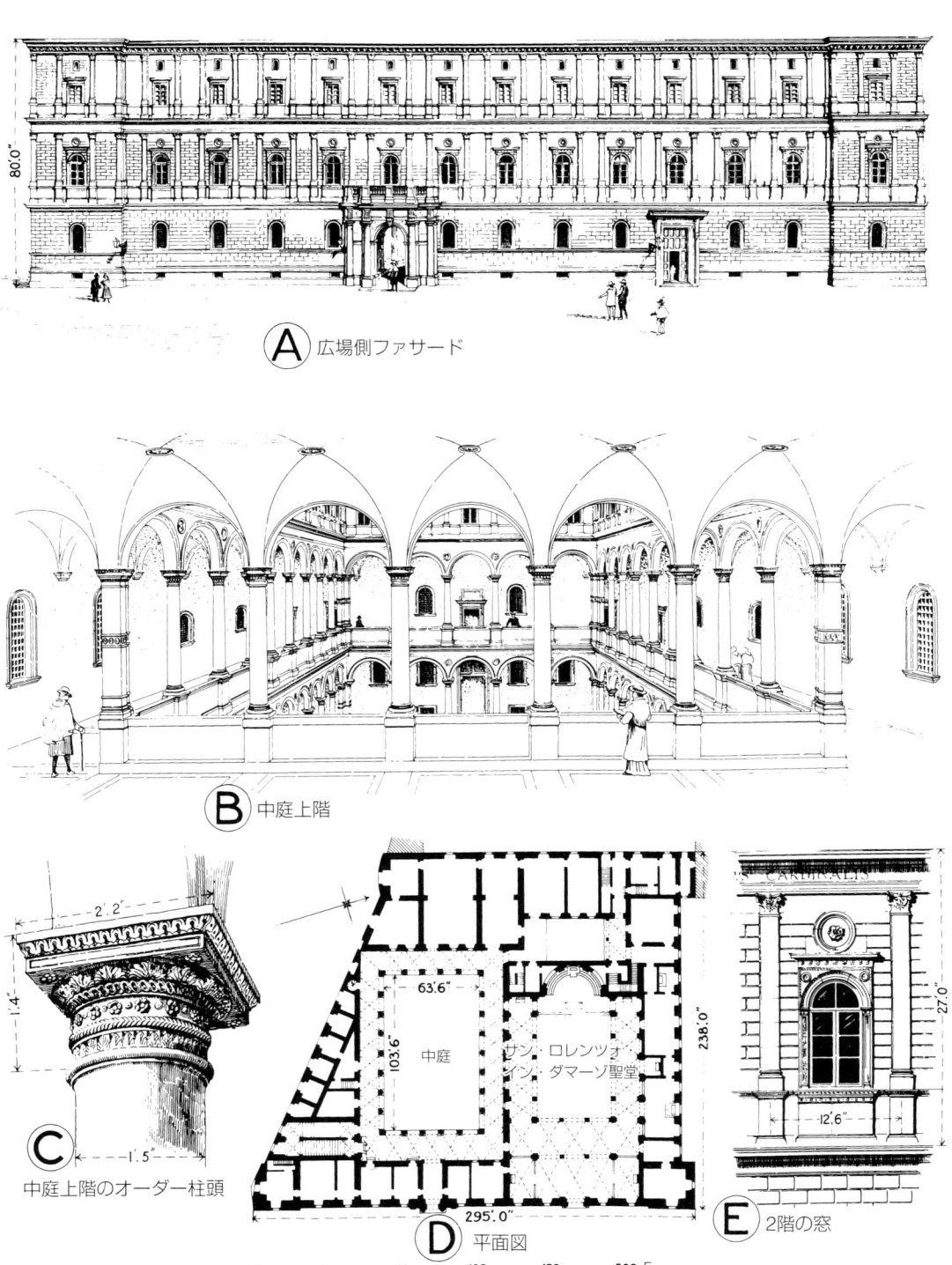

パラッツォ・デッラ・カンチェッレリーア、ローマ

そらく当初の計画の一部で、フィレンツェのサンタ・マリア・ヌオーヴァ病院のようなロンバルディア地方やトスカーナ地方の十字形病棟を参考にしたことを示している。正面に長大なロッジアを構え、簡素に慎ましく仕上げられた外観は、ルネサンスの形態を八角形のピアや尖頭形のトレーサリーといったゴシックの形態と併せて使っている。

ヤーコポ・ダ・ピエトラサンタによって建てられた**ローマのサンタゴスティーノ聖堂**(1479-83)は、大きな高窓のある非常に背の高い身廊を持っている。そして、1つおきのピアが分節の節目となり、これに半円柱とその上にのって交差ヴォールトを支える小オーダーがつけられている。半円形の側祭室は、当初は外形に現れていた。ファサードには巨大な花柄の渦巻装飾があって、身廊と側廊を結んでいる。

ローマのサンタ・マリア・デッラ・パーチェ聖堂(1478-83, p.907B)は、シクストゥス4世の援助で建てられた巡礼教会堂で、側祭室の付いた短い2ベイの単廊式身廊があり、その身廊と同様に壁体の厚みの中につくられた祭室で囲まれた八角形のドーム付き内陣へと続いている。半円形の玄関柱廊とファサードおよび進入路はピエトロ・ダ・コルトーナによるもので、イオニア式およびコリント式の正方形の中庭(1501-4)は、ブラマンテのローマにおける初期作品の1つである。

ローマで最も影響力の大きかった15世紀末の宮殿は、おそらくかつてウルビーノで働き、当時はローマで要塞(代表作はオスティアの要塞)を設計していたフィレンツェ人建築家バッチョ・ポンテッリ(1450-92/4)によってつくられた**パラッツォ・デッラ・カンチェッレリーア**(1485頃-, p.911)であった。その広大な楔形の敷地には、やはり施主ラファエッレ・リアーリオによってすっかりたて直された**サン・ロレンツォ・イン・ダマーゾ聖堂**が取り込まれている。側面のファサードには店舗が並び、伝統的なローマ風の隅塔はわずかな張り出しにかわっている。外装はきれいに縁取りされたトラバーチンで、上階はコリント式のピラスターにより凱旋門のリズムに従って分節されており、長いラテン語の銘文が取り付けてある。入口は後世のもので、左側がドメニコ・フォンターナ作(1589)である。大きな長方形の中庭は、隅部にピアを配した装飾付きドリス式の開放的な2つのアーケードとウルビーノの上階のように壁で閉じられたアーケードを備えており、さらにピアノ・ノービレ(2階)の居室用続き間の平面計画や教会堂との結び付きもまたウルビーノを連想させる。ディテールの質は、極めて洗練されている。

ヴェネツィア

ヴェネツィアではゴシックの建築手法が15世紀半ばまで生き残っていた。古代にならった最初の建造物は、ローマ時代のポーラの凱旋門をもとにした**アルセナーレ門**(1460)である。

バルトロメオ・ブオンによると思われる未完の邸館**カ・デル・ドゥーカ**(1445-61)は、ミラノ公のために着工されたもので、ダイヤモンド形のルスティカ仕上げと隅柱を備えているが、これは明らかにヴェネツィアに現代的な造形を紹介しようとする試みである。

サン・ジョッベ聖堂の内陣聖職者席は、1460年代にこの新しいフランチェスコ会の教会堂(1450-)に付け加えられたもので、ブルネッレスキの空間的な趣を取り入れている。

15世紀最大のヴェネツィアの建築家は、マウロ・コドゥッシ(1440頃-1504)であった。彼はヴェネト・ビザンティン様式の造形を尊重しながら、これを技術的な着想やアルベルティの作品に関する知識とうまく結合させた。

ヴェネツィアのサン・ザッカリーア聖堂(p.913A)は、1444年に着工された教会堂(主にK.ガンベッロによる)をコドゥッシが完成させた(1483-)もので、高い多角形の柱礎にのった風変わりな身廊の列柱を持ち、ゴシック式の内陣の周りには周歩廊を備えている。それに比べるとはるかに大胆で構築的なオーダー操作を特徴としているファサードの上半分は、外部でコドゥッチの担当した箇所である。中央部の窓の集まりはヴェネツィアの宮殿ファサードから引用されており、くっきりとした凹凸と強い陰影効果は、引き続き16世紀のヴェネツィア建築を特徴づけることになる。

サン・ミケーレ・イン・イーゾラ聖堂(1478完成)は、西端部に内陣ギャラリーを持つ修道院付属教会堂で、平坦で明るい真っ白なイストリア産の石材を用い、大きなピラスターを横切って目地が彫られた石造のファサードを備えている。頂部を飾る渦巻装飾付きの半円形ペディメントは、側廊の屋根を隠す弓形の破風(サン・ザッカリーア聖堂と同様)と対応している。向かって左側にある可愛らしい六角形の礼拝堂は、1527年から1543年にかけてグリエルモ・デイ・グリージによって建てられた。

コドゥッシのその他の教会堂は、サン・マルコ大聖堂にみられるビザンティンの五の目型平面(中央ドームに4つの隅ドームが付く)を再現したもので、ドーム状の空間がヴェネツィア・ルネサンスの証となっている。コドゥッシによって再建された**ヴェネツィアのサンタ・マリア・フォルモーザ聖堂**(1492-1504)は、部分的に11世紀の伝統的な平面を踏襲しているが、それ

A サン・ザッカリーア聖堂、ヴェネツィア（1483-）
p.912 参照

B パラッツォ・デッラ・ロッジア、ブレーシャ（1492-）
p.915 参照

C スクオーラ・ディ・サン・マルコ、南側外観、ヴェネツィア（1488-95）　p.915 参照

サンタ・マリア・デイ・ミラーコリ聖堂、ヴェネツィア（上）。サン・ジョルジョ・デイ・グレーチ聖堂、ヴェネツィア（下）

をドーム付き交差部と三葉形アプスを持つ短いラテン十字形にかえている。内部はそれぞれヴォールト架構された空間がゆったりと連結され、今日では円窓（後世の作）で明るく照らしだされている。

ヴェネツィアのサン・ジョヴァンニ・クリソストモ聖堂(1497-1504)は、たてこんだ敷地に建つ小さな教区教会堂で、五の目型平面をよりコンパクトにした形式で、東側に3つの付属礼拝堂を備えている。ピアは奇妙に上下に分割されており、上部の迫元からは副ドームが立ち上がっている。

ジョルジョ・スパヴェントの壮大で広々とした**ヴェネツィアのサン・サルヴァトーレ聖堂**(1506-)は、同じ大きさのドームを頂く3つの五の目型単位が組み合わされて、身廊と側廊を備えた長堂式教会堂を形成している。その創意工夫に満ちた平面は、統制のとれた内部壁面の構成論理によってまとめられている。

ヴェネツィアのサンタ・マリア・デイ・ミラーコリ聖堂(1481-89、p.914A-E)は、ピエトロ・ロンバルドによるもので、女子修道院付属教会堂の機能と奇跡の像を記念する性格とを兼ね備えている。これは木造のトンネル・ヴォールトで覆われた側祭室のない身廊とペンデンティヴ・ドームを架けた高い内陣を備えている。内外装ともに豊かな色彩の大理石パネルで覆われている。同じような大理石装飾は、銘文に街の守り神ゲニオ・ウルビスに捧げられたと記されている**カ・ダーリオ**(1488頃)にもみられる。ねじれ柱と古代の斑岩から切り取った円形装飾がファサードを飾り、広間を照らしている連続窓は非対称に一方へ寄せられている。

ヴェネツィアのスクオーラ・ディ・サン・マルコ(1488-95、慈善団体のホールとして建てられ、現在では病院となっている)のファサード(p.913C)は、ジョヴァンニ・アントニオ・ブオラ、ピエトロ・ロンバルド、そしてコドゥッシ(活気に満ちた最上階を付け加えた)によって次々に設計された。色大理石による絵画的な構成が効果をあげており、さらに2つの玄関を囲む透視画の背景がこれを高めている。**スクオーラ・ディ・サン・ジョヴァンニ・エヴァンジェリスタ**においては、コドゥッシは滑らかなトンネル・ヴォールトの架けられた階段と独立した隅柱に支えられたドーム付きの踊り場がある、15世紀の現存作品では最も劇的な階段室(1498)をつくった。

ヴェネツィアのパラッツォ・コルネル・スピネッリ(1485頃-90)は、コドゥッシ作とされており、1400年代のヴェネツィアの宮殿で最も魅力的で一貫したデザインを施されたものである。1階は対位法的に配置された狭い窓によって強調された目地入りの石積みで仕上げられており、上階は広間と寝室を照らすために中央に一対の2連窓、左右に単独の2連窓を使っている。建物は、垂直方向は上下に重ねられた隅柱によって、水平方向は幅広の胴蛇腹のように連続した欄干とバルコニーによってまとめられている。ピアノ・ノービレ(2階)の両側のバルコニーの三葉形の曲線は、とりわけ優雅な印象を醸し出している。

パラッツォ・ヴェンドラミン・カレルジ(1500頃-8)もやはりコドゥッシ作とされ、彼の業績の頂点をなすもので、1400年代の語彙をもって盛期ルネサンス的な明快なデザインを達成している。大きくて、しかも非常に彫塑的なファサードは、中央に集まった窓と両側のベイを区切るコリント式の双半円柱からなる3部構成の格子構造になっている。その凱旋門風の外見がピアノ・ノービレの柱頭を結ぶ花綱飾りによって強調されている一方、重厚な頂部エンタブラチュアは、円柱の延長線上にある浮彫彫刻によって句読点をつけられている。

1400年代のヴェネツィアで発達した大規模な絵画的効果は、サン・マルコ広場の左側面に統一的な外観を与えているバルトロメオ・ブオンの旧行政庁**プロクラティエ・ヴェッキエ**(1514-)とピクチャレスクの手法で小サン・マルコ広場の景観を閉じている**トッレ・デッロロロージョ**(時計塔、1496-99、おそらくコドゥッシ作)に集約されている。

ヴェローナのパラッツォ・デル・コンシリオ(1476-92、p.932H)は、建築家はわかっていないが、この街で最も注目される15世紀の建築である。8ベイの列柱式ロッジアは中央に位置するピラスターに対して左右対称で、両隅にもさらにピラスターを備えている(向かって左側の付属アーチは、アルベルティの提唱した手法による凱旋門型玄関のような印象を与えている)。壁で閉じられた上階は、ピラスターで区切られた4つの幅広の2連窓を備え、そのうち2つは、1階のアーケードのスパンドレルにある持送り形柱頭に支えられている。かなり一貫性はあるものの非正統的なそのデザインは、ヴェネツィアのコドゥッシの作品をしのばせる。

ブレーシャのパラッツォ・デッラ・ロッジア(1492-、p.913B)は、ヴィチェンツァにある16世紀のパッラーディオのバシリカにのみ比肩できるイタリア・ルネサンスの中でも際立った公共建築の1つである。その気球のような木造屋根(再建)は、14世紀のパドヴァのパラッツォ・デッラ・ラジョーネをモデルにしている。どっしりとした下階は、ローマのコロッセオ型アーケードの手法を完全に消化しながら、ディテールに対する細かい配慮をも両立させている。火災の後で改造された上階(1550-60)は、立派な矩形窓(パッラーディオ作)

と燭台飾りを持つピラスターや頂部に彫像を備えており、この洗練された作風を引き継いでいる。

ボローニャのパラッツォ・ベーヴィラクア(1480頃-)は、ダイヤモンド形のルスティカ仕上げと中庭のフルーティング付き円柱が特筆に値する。**ボローニャのパラッツォ・デル・ポデスタ**(1485-1500)は、アーケードのピアにはかなり珍しい薔薇の花弁形をしたルスティカ仕上げを、そして上階にはピラスターで分割されたルスティカ仕上げの窓を備えている。

フェッラーラは15世紀に、まずボルソ・デステ公(1413-71)の建設した西側の市域、次にエルコーレ公(1471-1505)のもとで加えられた市の北側全域(1492)と、2度にわたって拡張されている。

ビアージョ・ロッセッティ(1447-1516)は公爵付きの建築家で、修道院教会堂や教区教会堂からテラス・ハウスまであらゆる建物を計画した。**サン・フランチェスコ聖堂**(p.919A)、**サン・ベネデット聖堂**、**サン・クリストーフォロ聖堂**など、彼の教会堂はドームやドーム状ヴォールトを多用して明快に計画されており、地味で折衷主義的である。新市街で最も興味深い邸館は、**パラッツォ・デイ・ディアマンティ**(1493-)であるが、これは角地に建っていて、垂直の基壇とバルコニーの付いた装飾豊かな隅柱、そしてダイヤモンド形に尖ったルスティカ仕上げで覆われた2つのファサードを備えている(これをまねた16世紀末の作品については、**ヴェローナのパラッツォ・デイ・ディアマンティ**〔1580〕の項およびp.932Gを参照)。ロッセッティの自宅であるフェッラーラの**カーザ・ロッセッティ**は、テラコッタ装飾のあるエミリア風の家並み1軒分を拡大したものである。

ナポリ

アラゴン家の支配下にあった15世紀のナポリは、人文主義文化の重要な拠点であった。

カステル・ヌオーヴォのアラゴン家の凱旋門(1452)は、アルフォンソ1世の入城を記念したナポリ初のルネサンス式記念建築である。縦に積まれた凱旋門は彫刻帯を挟んで上下に重なり、勝利を収めたアルフォンソと彼の支配の功徳を示している。後世の市門**ポルタ・カプアーナ**(1485、ジュリアーノ・ダ・マイアーノ作)も、着想はやはり古代にあった。

ナポリの15世紀の建物の大半は失われてしまっているが、その中にはロレンツォ・デ・メディチの助言を受けたジュリアーノ・ダ・マイアーノが設計(1487-)し、多大な影響を及ぼした**ポッジョ・レアーレのヴィラ**も含まれている。これには劇場風の階段席に囲まれた列柱式の低い中庭を備えた4塔型の主屋があり、養魚池を見下ろす古代風の水浴場のあるテラス式庭園へと続いていた。この建物に基づいた設計案をセルリオが出版した他、そのテラスと庭園の配置は、ローマのヴィラ・マダーマに影響を与えた。

盛期ルネサンスとマニエリスム

ローマ(1500-40)

盛期ルネサンスは、ローマのブラマンテの作品から始まる。

ローマのサン・ピエトロ・イン・モントーリオ聖堂の回廊にある**テンピエット**(1502、p.917A-C)は、ルネサンス建築に新たに簡潔さと好古趣味を付け加えた小規模ながらも印象的な建物である。半球ドームの架かったその礼拝堂は、聖ペテロが殉教した由緒ある場所を記念しており、床の穴を通して地下のクリプト(1628改築)をみることができる。高く立ち上がったドラムや半球形のドームは、重要なキリスト教記念堂にふさわしいが、かなり正確なドリス式エンタブラチュアをのせた厳格なドリス式列柱が外周を取り巻いており、この点はローマの周柱式神殿に似ている。装飾を控えた壁面は、ピラスターと貝殻形ニッチの配置によって古代風で彫塑的に処理されている。テンピエットはたちまちにして現代の古典としての地位を築いた。サン・ピエトロ・イン・モントーリオ聖堂(1490頃)そのものはバッチョ・ポンテッリ作とされ、ゆったりとした東側部分を持つ重要な単廊式教会堂である。

ローマ、ヴァティカンのコルティーレ・デル・ベルヴェデーレ(1505年着工後、後継の建築家たちによってかなり変更された)は、教皇ユリウス2世のためにブラマンテによって設計された。これは15世紀の教皇宮殿とインノケンティウス8世のベルヴェデーレ荘(1485-87)およびユリウス2世の彫刻庭園を結ぶ、長さ300mを超える長大な囲いで、残念ながら現在は別々の中庭に区切られてしまっているが、徐々に高くなる3段のテラスでベルヴェデーレ荘と彫刻庭園まで続いていた。低い方の大きなテラス(後に観衆の座る場所を確保するために半円形の階段席が設けられた)から上方のテラスおよび庭園へは、幅の広い階段とニンファエウムを挟んだ中折れ斜路によって到達する。最奥には半円形のエクセドラがあり、かつては独創的な凹凸形の円形階段が付いていた。これがパレストリーナのフォルトゥーナ神殿のようなローマ時代の複合建築にもみられるように、教皇の居室からみた眺望の焦点となっていた。中庭を囲んでいる屋根付きの通廊(現在のヴァティカン美術館)は、3層から1層へと奥に向かって低減し(1561年以後、ピッロ・リゴーリオの下

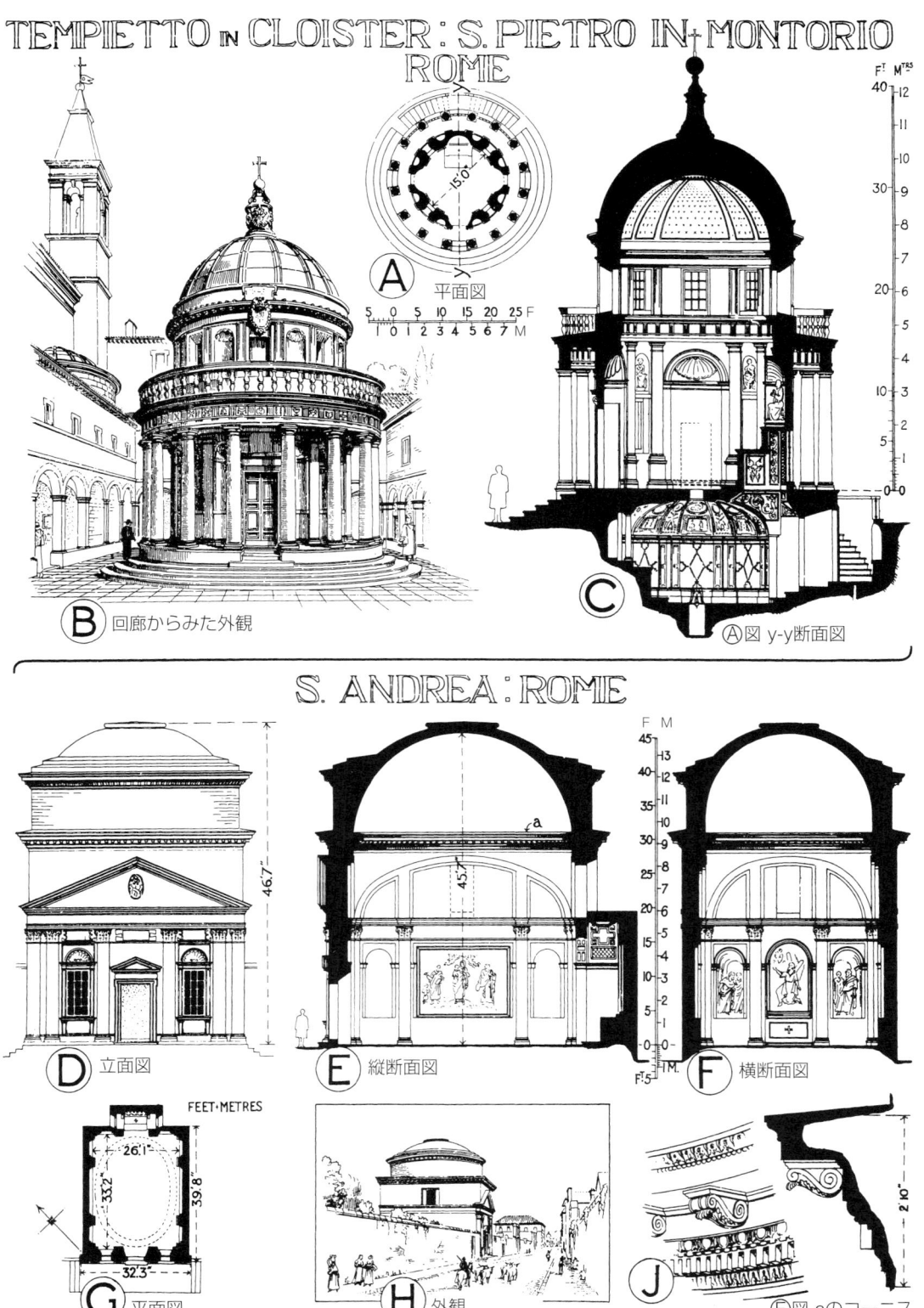

サン・ピエトロ・イン・モントーリオ聖堂回廊のテンピエット、ローマ（上）。サンタンドレア聖堂、ローマ（下）

で増築された)、それによって屋根の線をそろえている。レンガと漆喰でつくられたファサードはさまざまに構成され、パラッツォ・カンチェッレリーアを思わせる上庭の凱旋門風のリズムは、後に大きな影響を及ぼすことになり、また下庭には、古代以来初めて下層のドリス式から上層のコリント式へと重なるピラスターが使われた。彫刻庭園に直接入るためにつくられたブラマンテのらせん階段では、円柱がこれと同じように下から上へと変化している。

ブラマンテの革新的な作品、**ローマのパラッツォ・カプリーニ**(1501-2)は、1600年までに取り壊されてしまったものの、16世紀で最も影響を及ぼした邸館ファサードを備えていた。ドリス式の双半円柱が、店舗にあてられたルスティカ仕上げのアーケード式基壇にのってピアノ・ノービレの破風付き窓を囲み、さらにその上には完全なドリス式のフリーズが付けられている。3本の半円柱の束が隅部を美しく処理しており、ヴァティカン宮殿に向かう道にあって特に目立っていた。ルスティカ仕上げを施した基壇と古典的に秩序立てられた2階部分との間の表現上の区別は、やがてヨーロッパ中の邸宅建築で採用されることとなった。

ローマのサン・ピエトロ大聖堂(1506着工、1626献堂。p.919C、p.920、p.921、p.954C、p.958)は、ルネサンスの最大かつ最重要の建物で、数多くの建築家がその工事に携わることになったが、基本となる設計はブラマンテが行っている。古代のバシリカを完全につくりかえることが突如として決まったのは、内陣(1450頃、ニコラウス5世によって建設され始めた)に自分の巨大な墓を設けようとしたユリウス2世の気紛れからであった。ブラマンテは新しい建物のためにさまざまな設計案を作成したが、いずれも聖ペテロの墓の真上にパンテオンとほぼ同じ大きさの巨大なドームを持ち上げて4本の太い交差部ピアで支えるという意図のもとに描かれていた。いわゆる「羊皮紙の図面」(フィレンツェ、ウッフィーツィ美術館所蔵)と1506年の定礎記念メダルは、4つの副ドームと隅塔、そして4つの翼部先端に半ドームを備えた、正方形に内接するギリシア十字形平面を示している。こうしたデザインは集中式平面に対する理念的な傾向を表しているが、さらには古代の霊廟の他、ヴェネツィアのサン・マルコ大聖堂のような重要な埋葬教会堂からも着想を得ている。しかし、それだけの規模にもかかわらず、ギリシア十字形の平面は旧バジリカの敷地を埋めつくすにはいたらず、集会や行列のための条件にもそぐわなかったため、最終的には長く伸びた東翼部を持つラテン十字形平面(p.921G)が選ばれた。

ブラマンテの建物は比較的簡素な外観をしていて、幾何学的な形態が大小寄り集まって量塊をなしているような印象(どちらかといえば、パヴィアの大聖堂のための彼の初期の計画案のような)を与えたことであろう。ドームは記念メダルとセルリオの建築書の木版画からうかがい知ることができるが、単殻の半球形をしていて、おそらくコンクリート製で、パンテオンをまねた階段状の輪郭を持っていたようである。そして、このドームは列柱をめぐらしたドラム上に立ち上げられ、頂部にランタンをのせることになっていた(p.920B)。建物の内部については、ブラマンテは高い台座に支えられたコリント式の双円柱を使う予定であった(後にサンガッロによって床高が上げられた)。極めて独創的で影響力のあった隅切りされた交差部ピアは、後にかなり太くされたが、完成された建物に今も生かされており、交差部のところで身廊とトランセプトを広くできるようにし、ピアからペンデンティヴへの移行を円滑にしている。全般に、ピアや壁体に対するブラマンテの彫塑的アプローチは、ローマ建築に着想を得たものであるが、かなり重要な新しい空間概念を表している。

ユリウスの死(1513)後、レオ10世はフラ・ジョコンドと年老いたジュリアーノ・ダ・サンガッロを補助建築家として指名したが、ブラマンテ本人の死去(1514)に伴ってラファエッロが主任建築家となった。

この時期、工事の続行に関して数多くの提案がなされた。ラファエッロ自身の設計案は、交差部のピアが拡大されたものの、ドームを含むブラマンテの構想の多くを受け継いだラテン十字形であった。ラファエッロは交差部の3本の短い翼部の端に周歩廊をめぐらすことを提案し、さらに入念に飾りたてた塔の間にモニュメンタルなポーティコ型のファサードを設け、小オーダーをつなぐジャイアント・オーダーを取り付けることを考えた。ラファエッロが他界(1520)すると、ペルッツィを助手としてアントニオ・ダ・サンガッロ・イル・ジョーヴァネが主任建築家に選ばれた。ペルッツィは数多くの設計案を提案し、その中にはギリシア十字形案に回帰するものも含まれていたが、1539年に委託されたサンガッロの最終模型は、基本的にラファエッロ案を改訂し、拡張したものであった。サンガッロの計画案(p.920D, G)は、そのゴシック的性格や不十分な採光のために、後を継いだミケランジェロにかなり酷評された。模型にみられる明らかな統一感の欠如は、建物が途方もない規模でつくられることで相殺され、また非常に多くの部材が凝集することによって補われたことであろう。模型の西側部分(典礼上は東端部)は3つの周歩廊を備えたギリシア十字形であるが、ファサードの棟と結び付ける小ドームの架かった連結棟が

A サン・フランチェスコ聖堂、フェッラーラ（15世紀末） p.916参照

B マドンナ・ディ・サン・ビアージョ聖堂、モンテプルチャーノ（1518-64） p.922参照

C サン・ピエトロ大聖堂、ピラネージによる内観図、ローマ（1506-1626） p.918参照

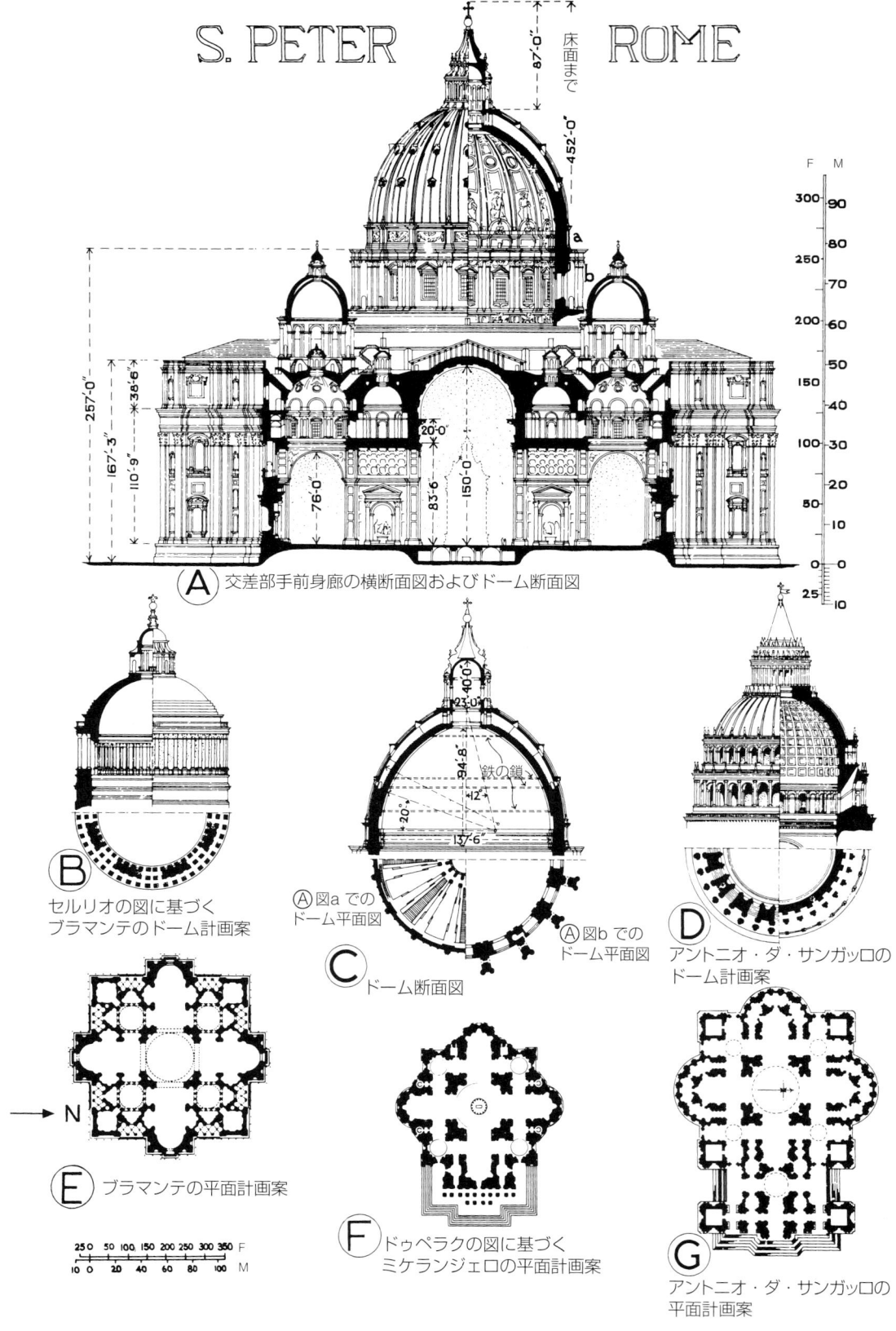

サン・ピエトロ大聖堂、ローマ

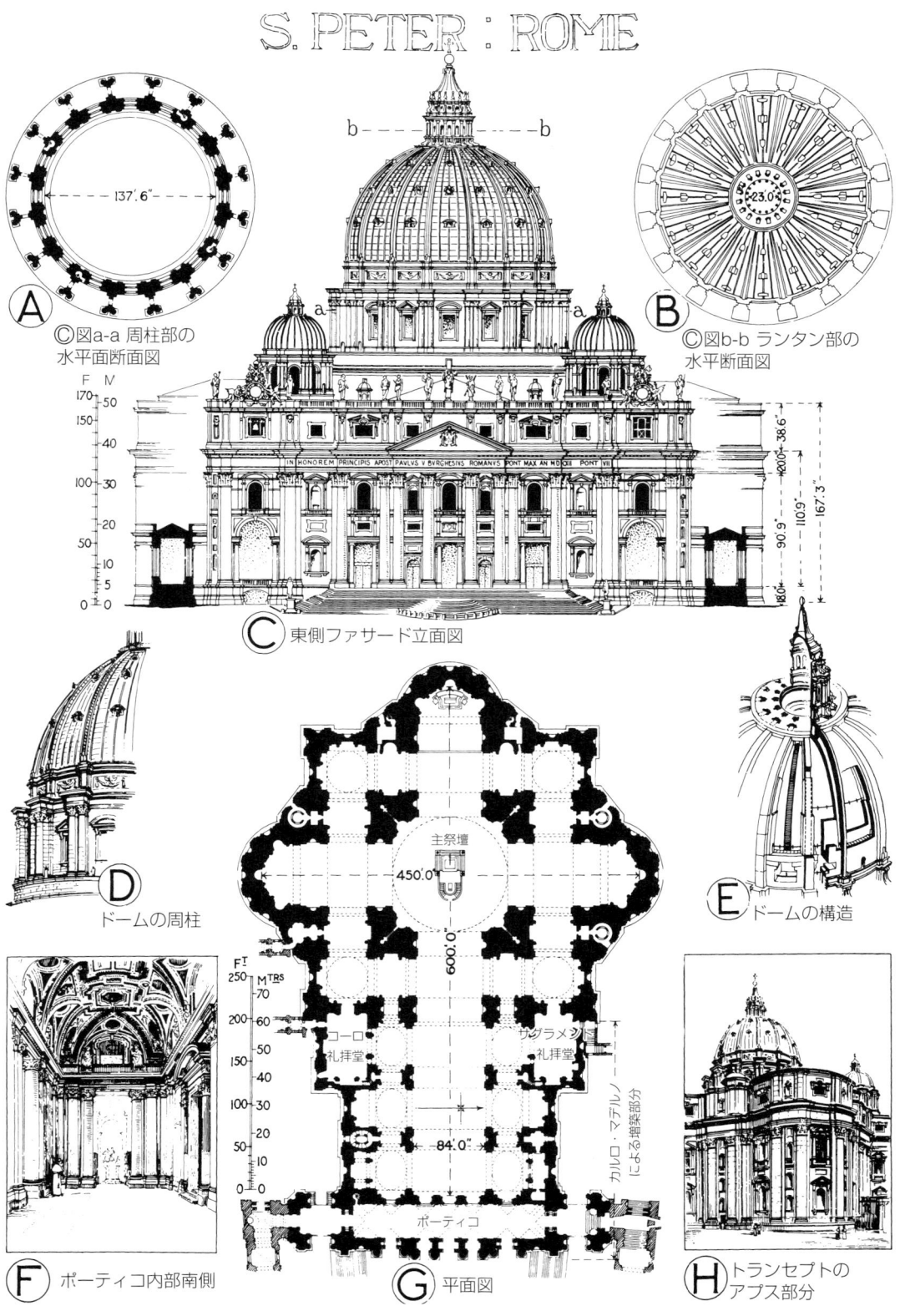

サン・ピエトロ大聖堂、ローマ

付け加えられたことによって、平面はラテン十字形になっている。塔の間で狭くまとまった2階建ファサードの壁面は、かつてない彫塑性を備えていて、中央玄関のところで張り出していた。

1546年にミケランジェロがサンガッロの後継者に指名されると、彼はラファエッロやサンガッロのつくった南側の周歩廊の取壊しを含めて急進的な新しい計画にのりだした。ミケランジェロが亡くなる(1564)までに、彼の計画は完成を目前にするところまでこぎつけ、彼のドームのデザインは基本的にその後も受け継がれた。ブラマンテの大聖堂の復元だと批判されたミケランジェロのサン・ピエトロ大聖堂は、確かにサンガッロから受け継いだ中核部分から見事に変貌を遂げ、縮小・単純化されたギリシア十字形(p.920F)をしている。周歩廊の廃止は、経費をかなり節減しながら、よりよい採光状態とまとまりのある内部空間をもたらした。外壁は、剝形のない垂直の柱型をのせてリズミカルに配置された巨大なコリント式ピラスターで分節されている。入隅の部分が面取りされているので、ピラスター壁は大きなカーテンのように建物を取り巻いている。ヴォールトの大部分を隠している屋階の上には、ミケランジェロの壮大なドーム(ジャコモ・デッラ・ポルタにより1588-91年に建造された)がそびえており、これにはピラスター型の双円柱で補強されたドラムが付いていて、ドーム表面のリブを経て、さらにランタンの双円柱へと達している。ドームの尖頭形の輪郭(ミケランジェロの意図よりかなり急になっているが)は、レンガ造で二重殻にする方法とともにフィレンツェの大聖堂を思い起こさせる。これによって、内殻よりも外殻をかなり高くすることが可能になり、4つの小ドームとともに、外壁のあらゆる分節要素の垂直性によって統一感を高めるピラミッド形の構図を形成することができるようになった。王冠のようなランタンと合わせると、建物の全高は137.5mに達する。このように、規模を縮小したにもかかわらず、ミケランジェロの建築はやはり巨大で、ドームの直径は42mに達し、パンテオンよりわずか1.5m小さいにすぎない。

ミケランジェロの設計案は、ヴィニョーラ(1564立案)、リゴーリオ(1565)、ジャコモ・デッラ・ポルタ(1572)、ドメニコ・フォンターナ(1585)に引き継がれた。カルロ・マデルノは身廊を延長し、教会堂をラテン十字形(総延長194m、p.921G)に変更し、独自のファサード(1606-12)を設計したが、これはミケランジェロのジャイアント・オーダーを踏襲しながらラファエッロやサンガッロの設計案に逆戻りしたようにみえる。マデルノの行った増築は、当然ながらミケランジェロのドームの大部分をベルニーニの広場からも隠してしまった。

豪華な内部装飾は、1629年に主任建築家としてマデルノの後を受け継いだベルニーニのもとで17世紀に大方完成された。聖ペテロの墓の上にある有名な青銅製の天蓋(バルダッキーノ、1624-33)と西側アプスを埋め、聖使徒の架空の玉座を収める壮麗なペテロの司教座(カテドラ・ペトリ、1656-65)もまたベルニーニによるものである。

トーディのサンタ・マリア・デッラ・コンソラツィオーネ聖堂(1508-1607、p.946A-C)は、コーラ・ダ・カプラローラの監督下で着工されたものの、設計者がはっきりしていない巡礼教会堂で、2年前に着工されたブラマンテのサン・ピエトロ大聖堂に関係があるようであり、またレオナルドの理想的な教会堂設計案をも思い起こさせる。幾何学的に構成された集中式の建物は、おそらく論理的に望ましい形式をした最も完璧で妥協のない作例であろう。ドームを頂いた正方形の交差部は、半ドームを架けた4つのアプスに接しており、そのうち祭壇を含んだ1つのアプスが半円形で、他の3つは多角形をしている。内部は珍しく交差部のところでピラスターの2層分をジャイアント・オーダーによってつないでいる。

モンテプルチャーノのマドンナ・ディ・サン・ビアージョ聖堂(1518-64、p.919B)は、ジュリアーノの弟にあたるアントニオ・ダ・サンガッロ・イル・ヴェッキオ(1455-1534)によって設計された。これはトーディの教会堂と同じく、街のすぐ外にある巡礼の拠点で、サン・ピエトロ大聖堂とも関連がある。こちらの方は、平面は型通りのギリシア十字形で、ドームを頂く交差部とトンネル・ヴォールトの翼部を備えているが、後ろ側の翼部(聖具室にあてられている)は長くなっていて、さらに正面の両脇には一対の塔(片方のみ完成)が建っている。大部分が石でつくられた堂内は、ドリス式の半円柱と突出したピラスターを用いていっそう彫塑的になっており、小祭壇を収めるための、アーチで開口したアルコーヴを備えている。

フィレンツェのサンティッシマ・アヌンツィアータ広場は、アントニオ・ダ・サンガッロ・イル・ヴェッキオとバッチョ・ダーニョロによって受け継がれ、ブルネッレスキのオスペダーレ・デッリ・インノチェンティに対面してほぼ正確にその形を写した第2のロッジア(1517着工)が建設された。これによってヴィア・デイ・セルヴィからサンティッシマ・アヌンツィアータ聖堂の入口にいたる軸を中心とした左右対称形の広場が完成され、さらに同教会堂には17世紀初頭に同じようなロッジアが取り付けられた。

ラファエッロ・サンツィオ(1483-1520)は、教皇ユ

リウス2世の仕事をするため1508年に新進の画家としてローマへやってきた。1514年にレオ10世が彼をサン・ピエトロ大聖堂の主任建築家に指名したが、その後、彼はローマの主要な建設事業のほとんどを監督した。レオ10世に宛てた彼の有名な手紙(1519)に示されているとおり、ラファエッロはローマ建築の豪華さを甦らせることを考えていたので、ネロの黄金宮殿などの遺構から着想したぜいたくな室内装飾は、彼にとってデザインの基本となっていた。彼は古代ローマの実測調査を依頼され、古代に対してより深く幅広い興味を示し、それを自らの建築に色濃く反映させた。

ローマの**サンタ・マリア・デル・ポポロ聖堂**にある**キージ家礼拝堂**(1513頃-)は、隅部に斜めに取り付けられたニッチが明らかにサン・ピエトロ大聖堂の交差部のピアから着想されているが、しかしブラマンテの建築からは重要な進化を遂げている。斜めのニッチのここでの目的は、波打つ壁面を用いて教会堂本体から分離した自律的な空間を提供することにある。盲アーチの下にある2つのピラミッド型の墓碑が礼拝堂の側壁を埋めているが、礼拝堂はドラムの窓から十分に採光されており、さらに多彩な装飾で覆われている。また、ニッチの彫像や青銅の浮彫、色大理石、絵画、モザイクは、礼拝堂に施主(教皇お抱えの銀行家アゴスティーノ・キージ)の富と、そしてローマ建築の壮麗さに肉薄しようとするラファエッロの野望にふさわしい豊潤な印象を与えている。16世紀に未完のまま放置された礼拝堂は、若干の変更を伴ってベルニーニによって完成された。

ローマの**ヴィラ・マダーマ**(1516頃-, p.945J)は、ついに完成にはいたらなかったが、16世紀の最も革新的で影響力のあった作品の1つである。それは枢機卿ジュリオ・デ・メディチ(後のクレメンス7世)と彼の従兄であるレオ10世のために、街はずれのモンテ・マリオの山腹に教皇の隠遁所として設計された。大きな円形の中庭は、山腹に張り出した2つの翼屋を分かつことになっていた(中庭の半分と後ろの翼屋だけが建設された)。中庭の裏の方では、古代風の半円形劇場が丘を切り取っていたようである。また、後ろの翼屋(夏用)は、低い養魚池の上につくられたテラス式庭園に面しており、手前の翼屋(冬用)へは、側面に円塔がある閉鎖的な前庭から階段によって入っていったようである。テラスのつくり方は、ブラマンテのコルティーレ・デル・ベルヴェデーレに似ていなくもないが、養魚池や庭園の下の地下ニンファエウムのように、ラファエッロが古代ローマのヴィラから着想したものである。また、発想の点でとりわけローマ的なのは、庭園に出る3ベイのヴォールト式ロッジアで、これにはさまざ

まな種類のヴォールトと凹所の設けられた壁面、そして美しく彩色され、剝形を施されたスタッコ装飾がある。建設された棟の外壁は、当時としては珍しいイオニア式ピラスターのジャイアント・オーダーで区切られている。

ローマの**パラッツォ・ブランコーニオ・デッラークイラ**(1518-20、現存せず)は、ルネサンスで最も祝祭的な邸館ファサードの1つで、サン・ピエトロ大聖堂へ向かう幹線道路に面していた。下階はトスカーナ風のドリス式半円柱の付いた盲アーケードで、店舗のための空間を提供していた。高いピアノ・ノービレ(2階)は、かつてない複雑さを備えていて、三角形と弓形のペディメントを交互に取り付けたタバナクル型の窓の間には彫像を収めるニッチがあり、下のオーダーとの対応を同時に肯定も否定もしている。さらにこの上には中間階の窓が彩色スタッコの円形装飾や花綱飾りと交互に付いていた。比較的抑制された4階部分は、最後に、突出したコーニスと優美な屋上欄干を頂いていた。

ジュリアーノおよびアントニオ・イル・ヴェッキオの甥であるアントニオ・ダ・サンガッロ・イル・ジョーヴァネ(1484-1546)は、16世紀の建築家であるが、これまでに正当に評価されず、誤解されてきた。彼はフィレンツェに生まれ、大工として世に出で、ブラマンテのサン・ピエトロ大聖堂の仮枠をつくったが、1516年にはそこでラファエッロの助手に任命され、さらに1520年から亡くなるまで主任建築家をつとめた。献身的で几帳面な考古学者であった彼は、教皇庁付き建築家として、教皇領の諸要塞をはじめローマの主要建築のほとんどを監督した。彼の無数の作品には、ローマの優雅な宮殿**パラッツォ・バルダッシーニ**(1516-25)や同じくローマの**教皇庁造幣局**すなわち**ゼッカ**(1525-27)、かなりの影響を及ぼした**サント・スピリト・イン・サッシア聖堂**(1538-90)などがある。今はほとんど残っていないが、**カストロ**の街の大半は、アントニオがピエル・ルイージ・ファルネーゼのために設計したものである。

ローマの**パラッツォ・ファルネーゼ**(1517着工、1534および1541設計変更、1546以降ミケランジェロの下で再変更、1589完成。p.892A, B、p.924)は、16世紀イタリアで最も印象的な宮殿である。56mに及ぶファサード(1541-)は、ゆったりとした広場の長手側面を占めており、3階分の高さ(フィレンツェの邸館を思わせる)と13ベイの幅を持つ。それは力強い隅石を備えたレンガ造で、重厚なルスティカ仕上げを施された扉口を持っている。各階にはそれぞれに異なった窓枠(ピアノ・ノービレには交替式ペディメントがあ

PALAZZO FARNESE : ROME

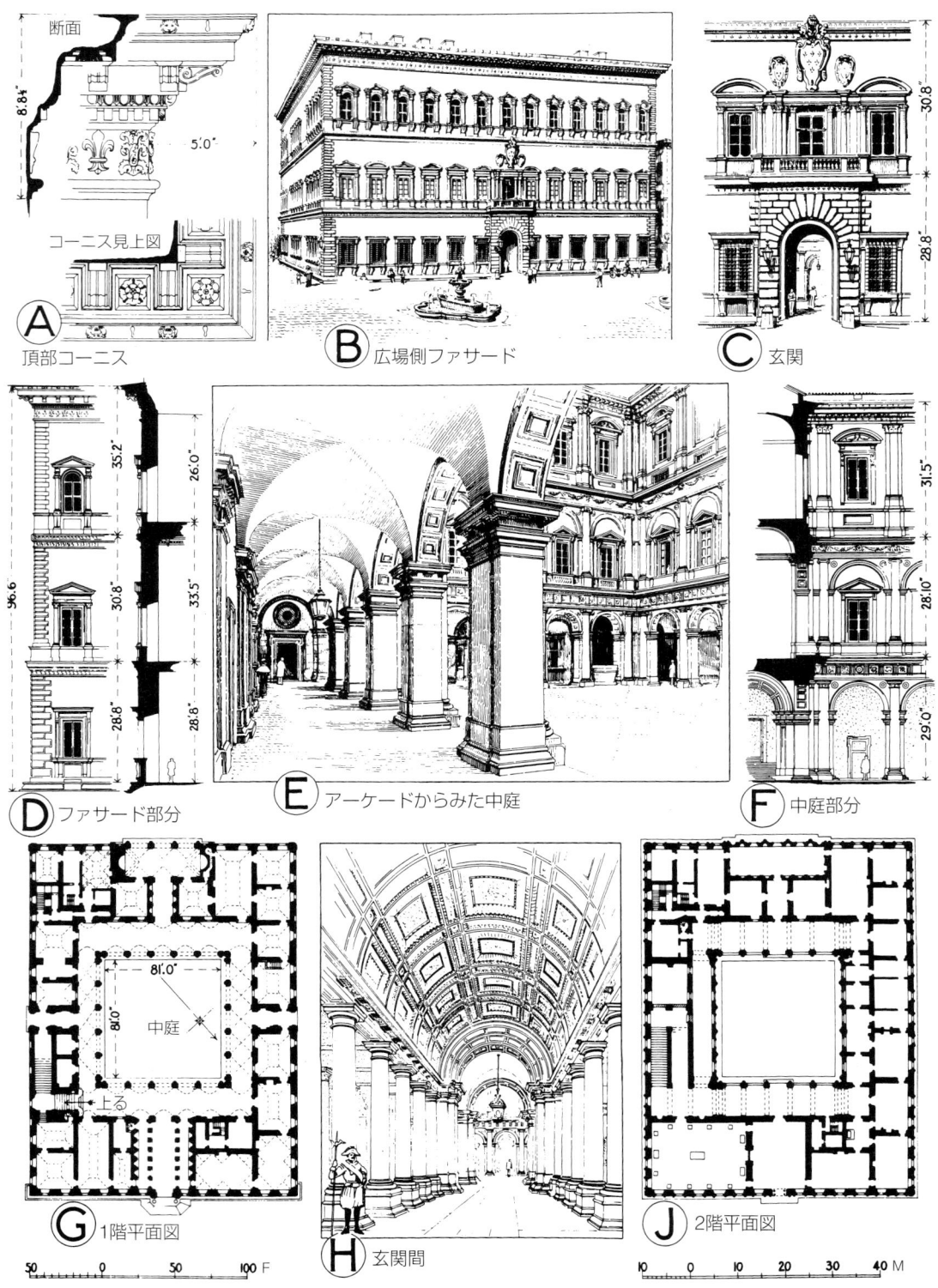

- Ⓐ 頂部コーニス
- Ⓑ 広場側ファサード
- Ⓒ 玄関
- Ⓓ ファサード部分
- Ⓔ アーケードからみた中庭
- Ⓕ 中庭部分
- Ⓖ 1階平面図
- Ⓗ 玄関間
- Ⓙ 2階平面図

パラッツォ・ファルネーゼ、ローマ

PALAZZO PIETRO MASSIMI : ROME

Ⓐ 入口廊

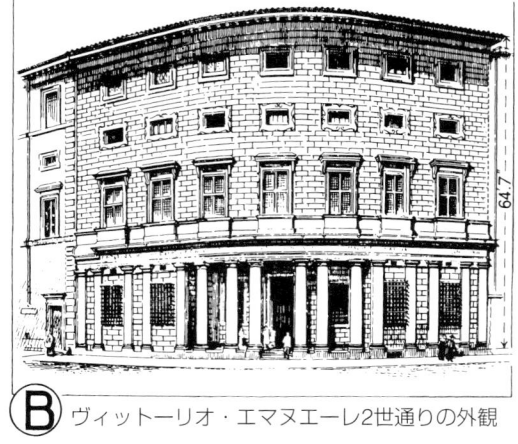
Ⓑ ヴィットーリオ・エマヌエーレ2世通りの外観

Ⓒ 玄関間

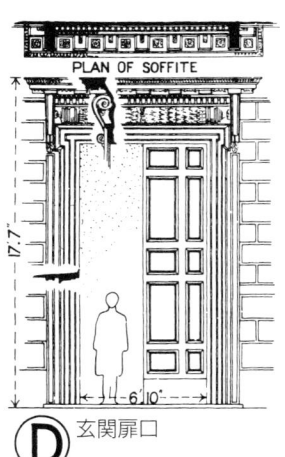
Ⓓ 玄関扉口

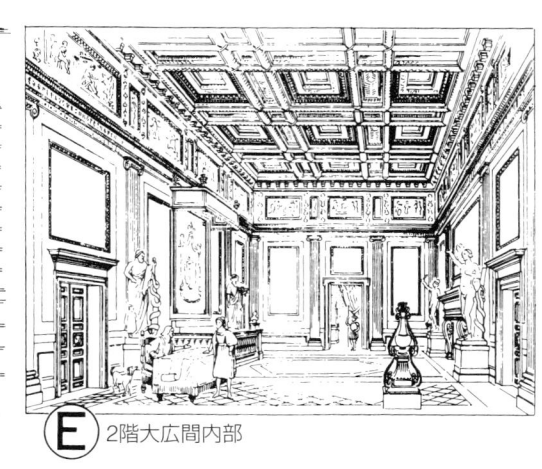
Ⓔ 2階大広間内部

Ⓕ 上階のロッジア

Ⓖ 中庭

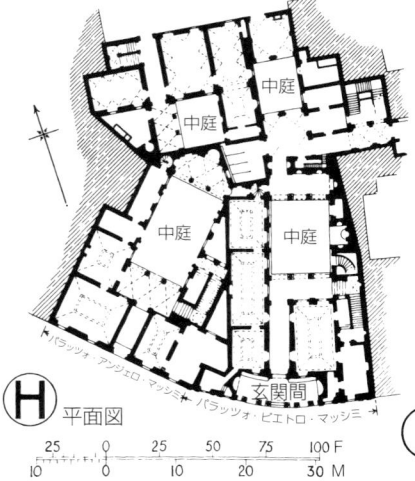
Ⓗ 平面図

Ⓙ 中庭のポーティコ

パラッツォ・マッシミ・アッレ・コロンネ、ローマ

る)が平坦で無表情な壁面に間隔を詰めて配置されており、それがスケール感を高めている。頂部コーニスはミケランジェロ(彼は玄関の上の窓も設計している)によって徹底的に大型化され、サンガッロの考案したものよりもはるかに重厚な影をファサードに落としている。サンガッロの劇的な 3 廊式の玄関間(1520 頃-)は、ローマ時代のニンファエウムなどから発想されたもので、中央にドリス式円柱で支えられたトンネル・ヴォールトを備えており、表面の彫塑的な性格は特筆に値する。内部の部屋は対称的に配置されてはいないが、コロッセウムのように下階から上階へドリス式、イオニア式、コリント式と重なる円柱が 3 層 5 ベイの正方形の中庭の周囲に配されている。細部まで明快に処理されて半円柱が取り付けられた下の 2 階はサンガッロによるものであるが、一方、高くてほとんど重々しさを感じさせないピラスター付きの上階は、風変わりな窓も含めてミケランジェロの制作である。それは確かに美しいが、サンガッロのデザインにあまりよくなじんではいない。後ろの棟は 1589 年まで完成されなかった。

　ローマの**サント・スピリト門**(1543-44、未完成)は、16 世紀の城塞を通過してヴァティカン地区へ入る進入路になっている。ファサードはコンスタンティヌス帝の凱旋門にヒントを得ているが、極めて珍しいことに、ゆるやかに凹曲面を描いている(サンガッロのゼッカと同様)。全て石造のファサードの細部処理は、この分野におけるサンガッロの専門知識の高さを示す好例である。

　バルダッサーレ・ペルッツィ(1481-1536)はシエナに生まれ、1505 年頃にローマへ移住するまで画家として修業していた。彼の経歴の大半はブラマンテとラファエッロのもとで費やされており、せいぜいサン・ピエトロ大聖堂でサンガッロの助手となったくらいである。ローマ劫略(1527)以後、ペルッツィは晩年をほとんどシエナと北イタリアで過ごした。彼の代表的建築や現存するたくさんの計画案のスケッチからは、当時の多くの人々ほどには教条主義的でない、独創的で柔軟な精神がかいまみえる。彼のさまざまな構想は、セルリオの建築書に影響を及ぼした。

　ローマの**ヴィラ・ファルネジーナ**(1505-、p.945H)は、ペルッツィと同郷のシエナ出身のアゴスティーノ・キージのために設計されたごく初期の都市近郊型ヴィラである。その U 字形の 1 階平面には、ペルッツィやラファエッロ等によってフレスコ装飾されたヴォールトを架けたロッジアが 2 つ含まれていて、1 つは正面に張り出した両翼屋の間にあり、もう 1 つはテヴェレ川に面している。2 階の堂々たる大広間は、虚構の円柱を通してみただまし絵の風景画で飾られている。4 つのレンガ造のファサードは、かつては鮮やかに彩色されていて、いずれも大きな長方形の窓やロッジアのアーチを区切る 2 層のドリス式ピラスターを備えている。頂部エンタブラチュアのすばらしいテラコッタ製のフリーズは、屋階の窓を取り込み、燭台やキューピットや花綱飾りによって活気づけられている。

　ペルッツィによる**ローマのパラッツォ・マッシミ・アッレ・コロンネ**(1532-、p.925)は、極めて独創的で斬新な形をした盛期ルネサンス邸館である。難しい敷地を利用したその計画はかなり経済的にできており、全体のシンメトリーよりもむしろ各部の相対的なシンメトリーを用いている。大胆に弧を描いた外壁は街路の曲線をなぞっており、左側へファサードを広げるために隣りの宮殿の一部を利用し、それによって向かい側の道路の軸線に沿って入るアプローチを可能にしている。中央の玄関間のドリス式双円柱は、両端でピラスターにかわり、中央の柱間は、ひときわ広くなっている。上部では、ピアノ・ノービレの矩形の窓が平坦なルスティカ仕上げを施した無柱の壁面を貫き、さらに小さくて優美な 2 層の屋階窓へと続いている。中庭のファサードの絶妙な変化は、失われてしまったラファエッロのパラッツォ・ブランコーニオ・デッラークイラを思わせる。

北イタリア(1520-1600)

　ジュリオ・ロマーノ(1499 頃-1546)は、ラファエッロの工房で修業を始め、彼の主任助手になった。ラファエッロの死後(1520)、ジュリオは 1524 年にマントヴァのゴンツァーガ家の宮廷芸術家に召されるまで、ローマで画家および建築家として働いた。そして、マントヴァでは亡くなるまであらゆる芸術活動に従事し続けた。マントヴァにある彼の建物は、レンガとスタッコを中心とした地元の材料でできているが、当時のローマに匹敵する壮麗さを備え、奇趣すれすれの独創性がある。彼の建物の多くはひどい改修を受けているか、あるいは跡形もなく失われてしまっているが、**マントヴァ大聖堂(1545-47)**とその近くの修道院付属**サン・ベネデット・ポー聖堂(1539-)**は、スタッコ仕上げされた立面を持つ**マントヴァのジュリオ・ロマーノ自邸(1538-46、p.927A)**と並んで現存している優れた作例である。後者には風変わりな破風付きの玄関があり、これがルスティカ仕上げのアーチを備えた上階のピアノ・ノービレに食い込んでいる。

　マントヴァのパラッツォ・デル・テ(1525-)は、現在残っているジュリオの最高傑作である。これは市壁のすぐ外側のかつては島であった場所にあり、ゴンツァー

第 29 章 イタリア 927

A ジュリオ・ロマーノ自邸、マントヴァ（1538-46） p.926 参照

B パリオ門、ヴェローナ（1545 頃以後） p.930 参照

ガ公の静養のための別荘にあてられ、段階的に建設されていった。街の方に面するルスティカ仕上げの北側翼屋は、古い建造物を取り込んでおり、このことが開口部の間隔とファサード両端で詰まってくるドリス式ピラスターの区割りの不規則さの原因となっている。西側の棟の幻想的な4本の円柱の立つアトリウムは、パラッツォ・ファルネーゼの玄関間を下敷きにしているが、スタッコでできたルスティカ仕上げに覆われた奇妙なドリス式円柱を備えている。中庭のファサードはさらに彫塑的であるが、外観に比べるとはるかに非伝統的で、ブロークン・ペディメントが窓の上の迫石とつながっている。東と西のファサードのいくつかのトリグリフは、フリーズの本来の位置からずれ落ちてしまっているようにみえる。最後に建設された東側翼屋の外部ファサードは、中央の3連アーチのロッジアを頂点として、ピラスターと円柱とアーチの複雑な組合せによってセルリアーナ・モチーフの変種を形成している。このファサードの手前には堀のような養魚池があり、塀で囲まれた長大な装飾庭園にいたる橋が架けられている。豪華な外観の建築（当初は彩色されていた）は、内装をジュリオの工房で制作された見事な装飾で仕上げられている。

ペーザロのヴィラ・インペリアーレ（1530-）は、この時代の数ある壮麗なヴィラの1つに数えられる。これは亡命したウルビーノ公フランチェスコ・マリア・デッラ・ローヴェレのために、画家であり建築家でもあったジローラモ・ジェンガ（1476-1551）によって建てられたもので、15世紀の住宅部分を取り込み、これにラファエッロのヴィラ・マダーマに触発された一連の中庭とテラス式庭園が付け加えられている。前庭に面する立派なレンガ造のファサードは、マクセンティウスのバシリカの遺構を忠実にまねており、またその背後にある層状の壁面を持つ印象的な中庭は、徐々にリズムの変化する高いイオニア式のピラスター・オーダーを備えている。

ジョヴァンニ・マリア・ファルコネット（1468-1535）は、かなりの年齢になってから建築家になり、友人でありパトロンでもあったアルヴィーゼ・コルナーロと組んで仕事をした。ヴェローナに生まれた彼は、当地とローマで古代作品を研究しており、ヴェネト地方においては徹底した古典主義様式の先駆者の1人であった。

パドヴァのロッジア・コルナーロとオデオ・コルナーロは、アルヴィーゼ・コルナーロ邸の庭園のために設計された。ロッジア（1524-）は特徴的な古典主義の作品で、演劇などの出し物のための背景を形作っていた。ドリス式アーケードにのったイオニア式のピラスターが交替式ペディメントの付いた窓を囲み、ローマの新しい建築を彷彿させている。園亭オデオ（1553頃-）は、古代ローマの広間を思わせるヴォールト天井を架けた八角形の中央広間を備えているが、一方、全体の部屋配置は当時ヴァッロのヴィラとされていた建物に密接な関係があるように思われる。

パドヴァ近郊ルヴィリアーノのヴィラ・デイ・ヴェスコヴィ（1530年代）は、パドヴァの司教のために設計されたもので、劇的な丘の上に建つ正方形の平屋建の建物である。優美なドリス式ピラスター・オーダーを備えた2つのアーケードのある正面へは、重厚なルスティカ仕上げの施された基壇状の基礎階を上る中折式階段（コルティーレ・デル・ベルヴェデーレから着想）でアプローチする。

ヤコポ・サンソヴィーノ（1486-1570）はフィレンツェに生まれ、当地とローマで彫刻家として働いたが、ローマではサン・ジョヴァンニ・デイ・フィオレンティーニ聖堂のための建築設計競技に優勝した。1527年のローマ劫略以後はヴェネツィアへ赴き、そこで事実上、市の公認建築家になった。サンソヴィーノはヴェネツィアへ盛期ルネサンス建築を紹介する重要な役割を果たした。彼の代表的建築は、同時代のものから多大な影響を受けているが、ただ美しいばかりでなく、創意工夫に富んでいる。

ヴェネツィアのサン・マルコ図書館（1537-、p.929）は、街でも特に優れた古典建築で、ヴェネツィアの高官のための宿泊施設として着手されたが、その後すぐに図書館となった。3ベイの白い石のファサード（スカモッツィによって1583-88に完成）が干潟を見下ろす一方、21ベイのファサードが小広場に沿って連なり、総督宮に対峙して、その大切な儀式用広場の外観を美しく飾っている。1階のアーケードには完全なドリス式オーダーの半円柱が付けられているが、ここでサンソヴィーノはウィトルウィウスの奨めに従い、ピアにかぶせたピラスターと端部の半円柱を対にして、出隅のところに半メトープを使った。上階のイオニア式オーダーは、イオニア式の独立小円柱から立ち上がるアーチ形の窓を囲み、一種の縦長のセルリアーナ・モチーフを形作っている。スパンドレルには、上に勝利の像と下に海の神々が彫られている。幅広の豪華なフリーズには楕円形の窓が穿たれ、屋上の欄干には立像とオベリスクがのる。サンソヴィーノの図書館は、サン・マルコ広場の南側を再開発する包括的な計画の一部をなし、スカモッツィによってプロクラティエ・ヌオーヴェ（1586-）へと延長された。図書館によって決定づけられた広場の軒線の変更は、サン・マルコ大聖堂の眺めをよくする重要な意味を持っており、劇的でより

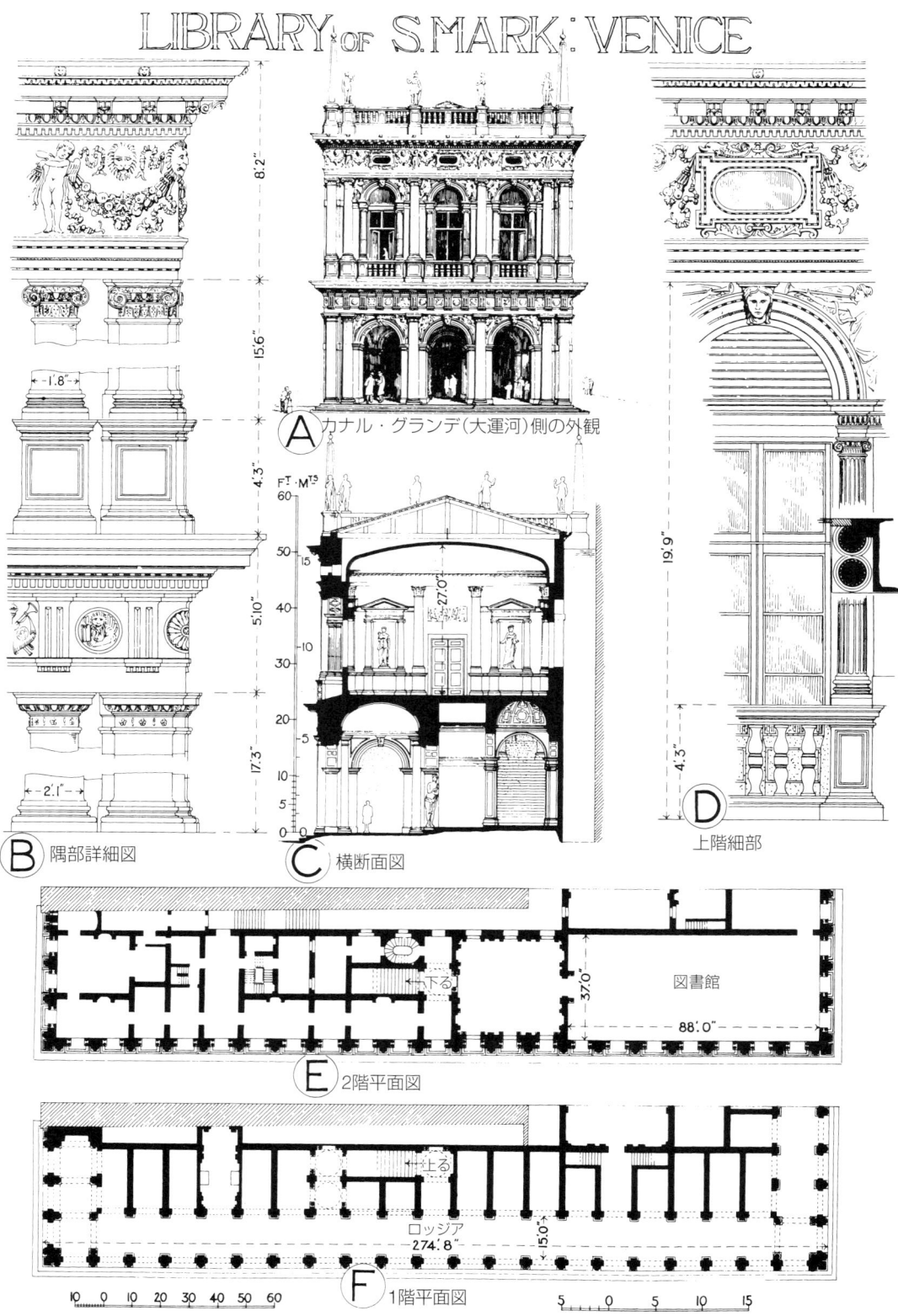

サン・マルコ図書館、ヴェネツィア

調和的な効果を生み出した。

ヴェネツィアの**ゼッカ**、すなわち**造幣局**(1536-)は、用途に合わせた、いかめしい外観をしている。ルスティカ仕上げを施した基礎階の上にはドリス式の半円柱が取り付けられ、その間の窓は持送りブロックに支えられて張り出した重々しいエンタブラチュアを備えている。ファサードは対照的な図書館の干潟側の立面に接するが、さまざまなコーニスの線はそろっていない。後で付け足された3階部分(1560頃)は、サンソヴィーノのデザインを高めるまでにはいたらなかった。

総督宮の入口に向かいあって鐘楼の足もとにある**ロッジェッタ**(1537-、p.893H)は、貴人たちの集会所として計画された。ファサードはコンポジット式の独立円柱を備えた3連の凱旋門アーチで、セウェルス帝の凱旋門をヒントにしている。色大理石仕上げやニッチの彫像あるいは屋階とスパンドレルの浮彫彫刻は、この小さな建物をヴェネツィアで最も装飾的で祝祭的な建物にしている。

ヴェネツィアの**パラッツォ・コルナーロ**(1545-、p.893F)は、大運河に面する最も印象的な邸館の1つである。ルスティカ仕上げを施した高い基礎階の上に、イオニア式とコリント式の双半円柱の付いた2層の居住階がある。広間を特徴づける密集した3つの中央ベイは、ヴェネツィアの伝統を踏襲して3分割構成のファサードをつくりだしている。この構成は下にある重厚な3連アーチの玄関によってさらに強調されている。そして、この玄関を帯飾りの付いたドリス式円柱と扁平なペディメントを持つ風変わりな窓が挟み、長く延びたミケランジェロ風の渦巻装飾がその上の中2階の窓を取り囲んでいる。こうしたかなり彫塑的な印象は、スパンドレルのトロフィー装飾によって一段と高められている。

ヴェローナ生まれの**ミケーレ・サンミケーリ**(1484-1559)は、新進の石工としてローマへ赴き、そこでブラマンテの一派と交際するようになった。彼は1509年から1520年代初めまでオルヴィエートの大聖堂の主任建築家をつとめ、1526年にはサンガッロ・イル・ジョーヴァネとともに教皇領の要塞施設を視察した。ヴェネト地方へ戻った彼は、1530年以前から亡くなるまでヴェネツィアの防衛施設の建築主任になっていたが、彼の非軍事作品の大半は生まれ故郷のヴェローナの貴族たちのためのものであった。彼は特に石造ファサードの難しい細部処理にたけていた。

ヴェローナの**パラッツォ・ベーヴィラクア**(1530頃、p.932J)は、7ベイの石造ファサードを持っているが、これは一方へ延長される予定であった。交互に変わるベイの幅や実に多彩なディテールは、極めて複雑なリズムを生み出している。ピアノ・ノービレの大きなベイは、交互に垂直とらせんのフルーティングを施されたコリント式半円柱に区切られ、また河神と勝利の像がスパンドレルを飾り、小ベイの窓の上には弓形と三角形のペディメントが交互に付いている。上下階を分けている長いバルコニーは、下のドリス式オーダーのトリグリフを変形させた持送りに支えられており、下階では皇帝の胸像をかたどった要石(かなめいし)とライオンの足形の窓台持送りが、いかめしいルスティカ仕上げに活気を与えている。

ヴェローナの**パラッツォ・ポンペイ**(1550頃、p.932A-C)は、ブラマンテのパラッツォ・カプリーニから着想したもので、ルスティカ仕上げの基礎階の上にフルーティングを施したドリス式半円柱のオーダーを備えている。広くなった中央ベイ、隅部に取り付けられて視覚的な力強さを補強しているピラスター、ルスティカ仕上げを施された下層の窓台と持送りの単純化など、細かい特徴は数多くある。

ヴェネツィアの**パラッツォ・グリマーニ**(1556頃-、p.931)は、大運河に面した極めて壮麗な邸館である。ピラスターの上にコリント式の円柱を使い、傍のベイでオーダーを対にしている点は、パラッツォ・ヴェンドラミン・カレルジを思い起こさせるが、パラッツォ・グリマーニのファサードの方が、強く強調された水平コーニスのためにはるかに格子状的性格が強い。3つの階は上へ行くほど階高が低くなり、ヴェネツィア的なベイの区分けは、統一された格子状構造の枠内で最大限の変化を可能にしている。3廊に分かれた列柱式の玄関間は、ローマのパラッツォ・ファルネーゼに基づいている。

ヴェローナの**パリオ門**(1545頃-、p.927B)は、サンミケーリの3つの市門の1つである。3ベイからなる外側のファサードはドリス式で、隅部にだけピラスターを取り付けた双半円柱を用いている。特にルスティカ仕上げのパターンや突出した巨大な要石など、石積みのデザインがここでは大変丁寧に仕上げられている。3つの入口は四角いくぼみの中へひっこんでいて、サンミケーリが行ったヴェローナの古代ローマ劇場の研究成果がよく出ているが、一方、ルスティカ仕上げを施したドリス式は、要塞化された城門に適しているだけでなく、市内のローマ時代の遺構の特徴とも共通している。

ヴェローナの**マドンナ・ディ・カンパーニャ聖堂**(1559-)は、中世の街区からややはずれたところにある巡礼教会堂で、16世紀で最も前衛的な集中式である。これは巨大なドームの架かったロトンダと奥に祭壇を収めた小ドームの間から成り立っている。ロトンダの

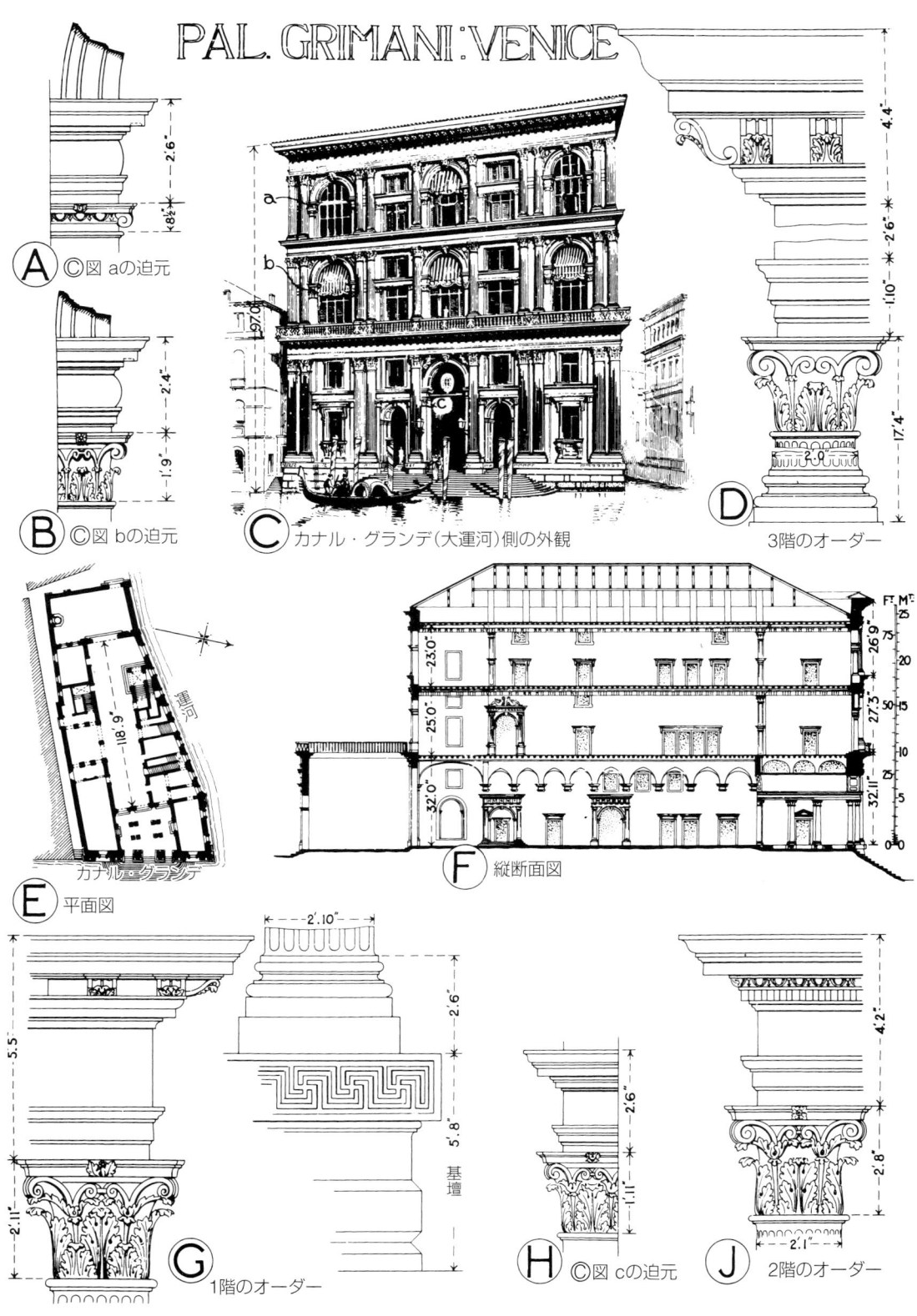

パラッツォ・グリマーニ、ヴェネツィア

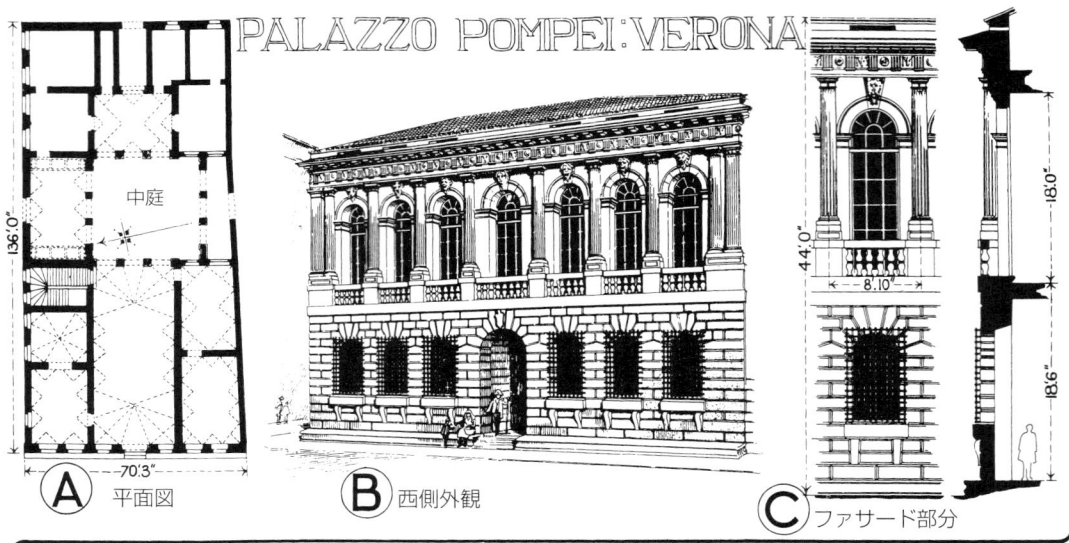

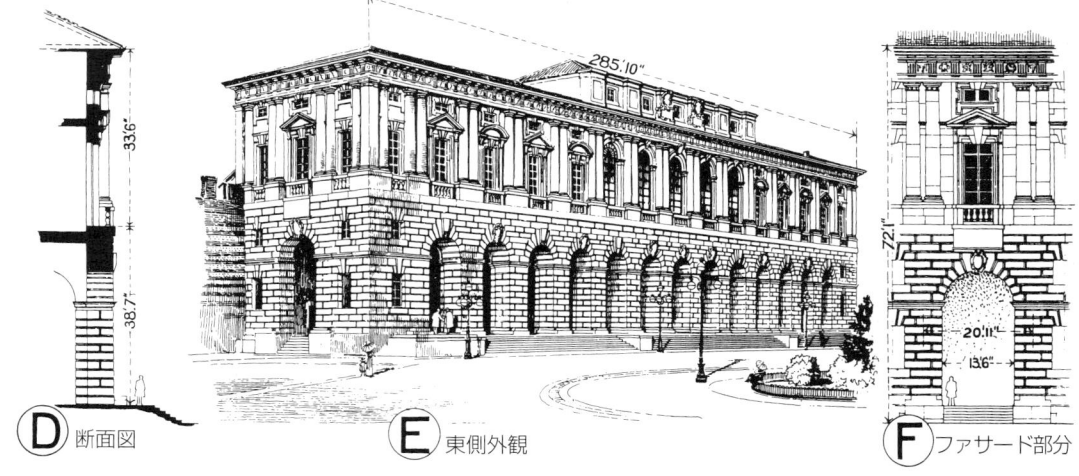

パラッツォ・ポンペイ、パラッツォ・デッラ・ヴェローナ(上)。パラッツォ・デッラ・グラン・グァルディア、ヴェローナ(中)。ヴェローナのその他のパラッツォ(下)

周囲は周柱式のトスカーナ風ドリス式列柱が取り巻き、また八角形の内部にはコンポジット式の2層分の階がある。

サンミケーリのその他の代表的な宗教建築に、パンテオンとラファエッロのキージ家礼拝堂から着想した美しい2層の内装を持つ**ヴェローナのサン・ベルナルディーノ聖堂付属ペッレグリーニ礼拝堂**(1527頃-)がある。そのリズミカルで複雑な壁面構成や繊細でぜいたくな装飾的ディテールには、パラッツォ・ベーヴィラクアに通じるところがある。

サンミケーリの弟子ドメニコ・タルトーニによってつくられた非常に大規模な**ヴェローナのパラッツォ・デッラ・グラン・グァルディア**(1610-14、1819-53完成、p.932D-F)は、19世紀まで一貫して続いたヴェローナのサンミケーリ様式の最高の作例である。

アンドレア・パッラーディオ(1508-80)は、おそらくルネサンス時代で最も有名な建築家であろう。パドヴァの貧しい家に生まれた彼は、石工として修業を積み、1524年にヴィチェンツァに移り住んだ。そこで博学なジャン・ジョルジョ・トリッシーノにすすめられ、古代遺跡を研究するためにローマをたびたび訪れ、建築の仕事を学んだ。彼の初期作品は主にヴィチェンツァのパトロンたちのための宮殿やヴィラであるが、1555年頃からは徐々にヴェネツィアの施主のために仕事をするようになった。彼の徹底した古代建築研究と体系づけられた設計手法は、結果として土着の材料と伝統に十分になじみ、限られた予算で立派なものを提供できる非常に順応性の高い古典様式へといきついた。彼の巨大な影響力は、好ましい設計の手引書となった『建築四書(I Quattro libri dell'architettura)』(1570)を通じて自分の設計規範を公開したことに負うところが大きい。

現在**ヴィチェンツァのバシリカ**(p.934)として知られる集会場のゴシック式アーケードを新しいものに置き換えるというパッラーディオの計画は、1549年に他の建築家たちの設計案を退けて採用された。新しい石造のファサードは、建物の三方(『建築四書』の図面では四方)を取り巻き、下にドリス式、上にイオニア式の2層から成り立っている。セルリアーナ型の開口部(いわゆるパッラディアン・モチーフ)は、隅部で二重にされた半円柱で縁取られている。両脇のセルリアーナ型の開口部は意識的に広くしたり狭くしたりできるため、この極めて柔軟な処理によれば、敷地の制約や背後にあるゴシック時代の建物の不規則なベイの幅も解消することができる。穏やかで堂々たるこのファサードの上には、彫像によって強調された欄干がのっている。

ヴィチェンツァのパラッツォ・ティエーネ(1542-、p.937A)は、ジュリオ・ロマーノから多く影響を受けたルスティカ仕上げの手法でつくられた初期の邸館である。ルスティカ仕上げのレンガ造の基礎階の上には、ピアノ・ノービレのコリント式ピラスターがある。これらは角のベイで対になっており、石塊の列に閉じこめられたイオニア式小円柱に支えられ三角形と弓形のペディメントが交互に付いたタバナクル型の窓を区切っている。現存していないジュリオ・ロマーノのローマの自邸から着想したこれらの特徴は、イギリスのパッラーディオ主義建築に長い歴史を残すこととなった。

ヴィチェンツァのパラッツォ・キエリカーティ(1551-)は、奥行が浅くて幅の広い不便な敷地に対し、かなり奇抜な解決策をもって対処している。11ベイのファサード(左側4ベイのみがパッラーディオによって建設され、残りの部分は17世紀末に完成された)のうちピアノ・ノービレの中央の5ベイを除いた全てが、2層の楣式ポーティコとなって開け放たれ、広場を見下ろしている。壁で閉じられたベイには、大広間の窓がつくられている。

ヴィチェンツァのパラッツォ・ヴァルマラーナ(1565-、p.935D)は、パッラーディオが7ベイのファサードのうち中央の5ベイに巨大なコンポジット式のピラスター・オーダーを使った後期の邸館である。下階の窓は小さなコリント式オーダーが区切っている。外側のベイでは、ジャイアント・オーダーは下半分がコリント式ピラスター、上半分が兵士の浮彫像という奇妙な2層構成に置き換えられて、大エンタブラチュアの両端を支えている。この非常に独創的なファサードは、スタッコ装飾の多様さの点でも注目され、いくつかの層が重なっているような印象を与えている。大変彫塑的で装飾的な**ヴィチェンツァのパラッツォ・バルバラーノ**(1570-75)の場合は、パッラーディオはイオニア式とコリント式の半円柱を積み重ねている。また、盛期ルネサンス時代の邸館ファサードのもう1つのヴァリエーションは、ヴィチェンツァの未完の邸館**パラッツォ・ポルト・ブレガンツェ**、すなわち「**カーサ・デル・ディアーヴォロ(悪魔の家)**」(1570年代、p.935G)であるが、これは巨大なコンポジット式半円柱を備えていて、完成していれば7ベイの幅になっていたはずである。

ヴィチェンツァのロッジア・デル・カピタニャート(1571-72)は、あるヴェネツィア政府高官の邸宅の前にある集会場で、広場に面してコンポジット式のジャイアント・オーダーを擁した3ベイのファサードを持っている。アーチ式ロッジアの上にある集会室の高い窓はアーキトレーヴを断ち切っており、下からミケ

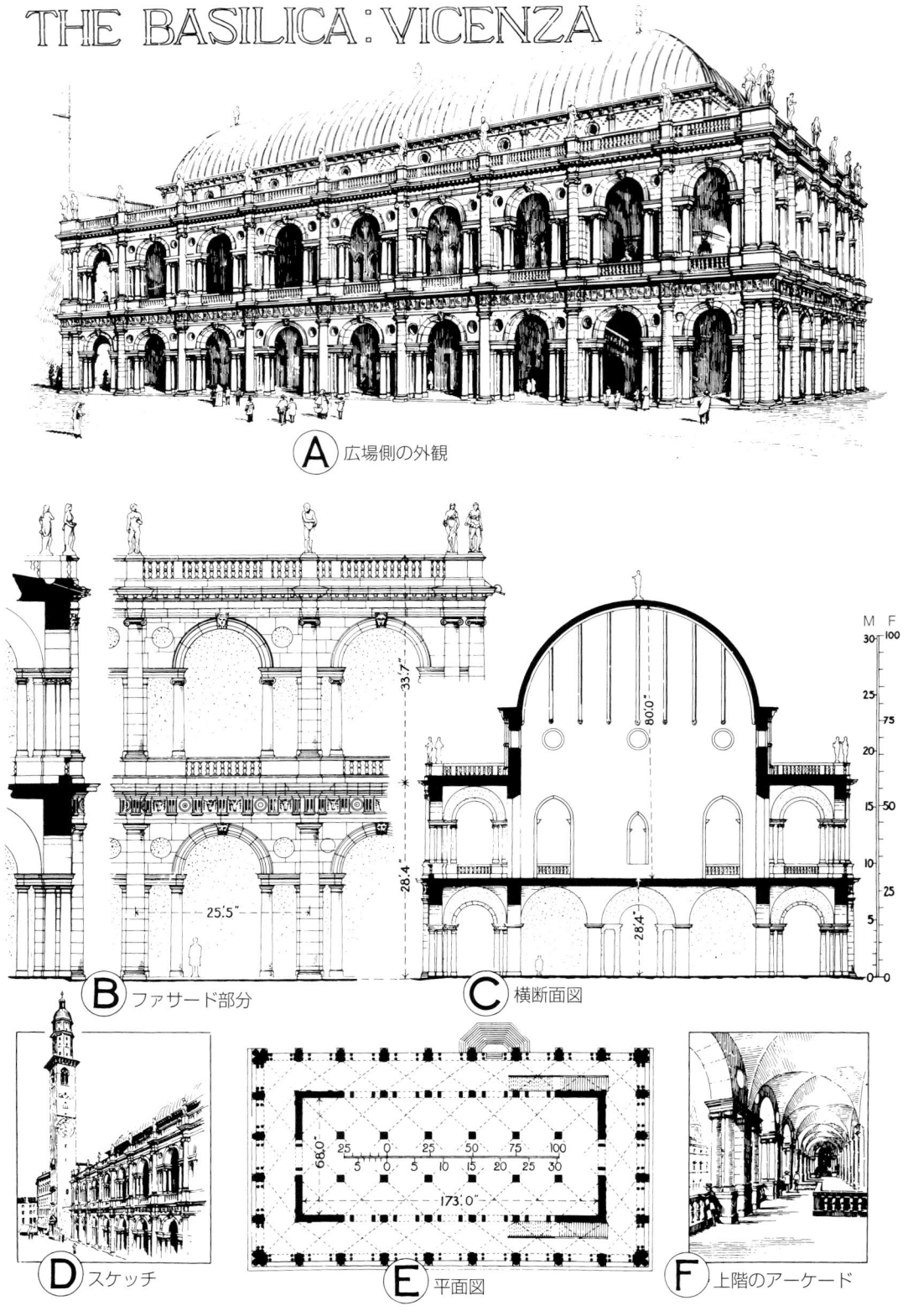

バシリカ、ヴィチェンツァ

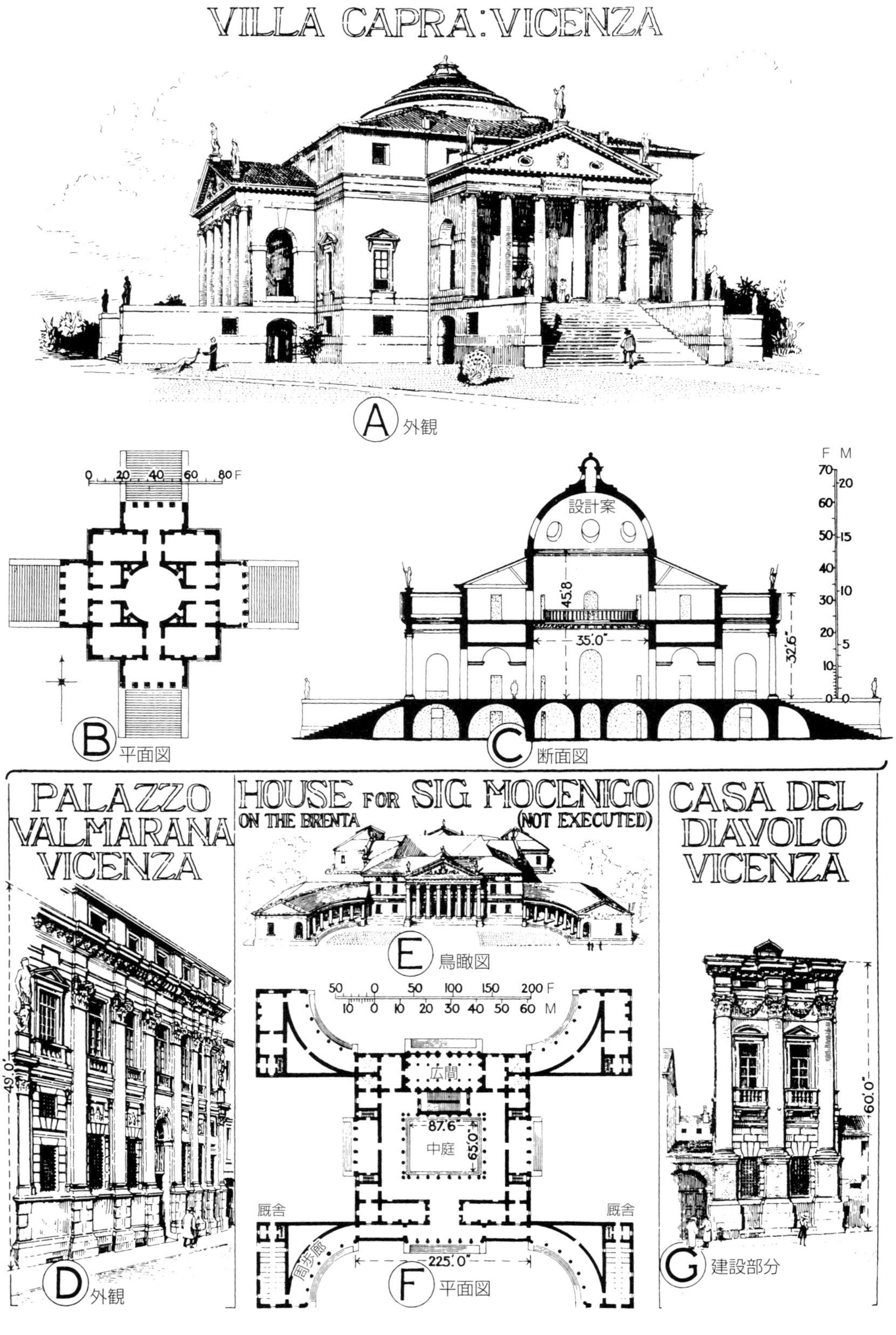
VILLA CAPRA:VICENZA
A 外観
0 20 40 60 80 F
設計案
45.8
35'0"
32'6"
F M
B 平面図
C 断面図
PALAZZO VALMARANA VICENZA
49'0"
D 外観
HOUSE FOR SIG MOCENIGO ON THE BRENTA (NOT EXECUTED)
E 鳥瞰図
50 0 50 100 150 200 F
10 0 10 20 30 40 50 60 M
広間
87'6"
65'0"
中庭
厩舎
厩舎
周歩廊
225'0"
F 平面図
CASA DEL DIAVOLO VICENZA
60'0"
G 建設部分

ヴィラ・アルメリコ・カプラ(ヴィラ・カプラ、ラ・ロトンダ)、ヴィチェンツァ(上)。パラッツォ・ヴァルマラーナ、ヴィチェンツァ(下左)。ヴィラ・モチェニーゴ(モチェニーゴ卿の家、実現せず)、ブレンタ(下中)。カーサ・デル・ディアーヴォロ(下右)

ランジェロ風の奇妙なブロックで支えられている。
　ヴィチェンツァの**テアトロ・オリンピコ**(1580-、p.941B)は、古代以来初めてつくられた恒久的な劇場であった。古代劇場にならった座席部分は、実際には既存の構造体に合わせるために半楕円形となっているが、精巧につくられた(木造の)舞台背景は「スカエナエ・フロンス」に似ている。先すぼまりになった街路ファサードを持つ背後の透視画の風景は、スカモッツィによって付け加えられた(1584-85)。
　ポイアーナ・マッジョーレの**ヴィラ・ポイアーナ**(1549頃)は、パッラーディオの初期の典型的な農場経営用ヴィラで、その他の好例としては**バニョーロのヴィラ・ピサーニ**(1541-44)や**フィナーレ・ディ・アグッリアーロのヴィラ・サラチェーノ**(1545完成)がある。いずれの場合も、3つの異なった広さの部屋からなる2つの居住棟がロッジアと長方形の広間を挟んでいるが、この平面形はパッラーディオが好んだヴィラ形式を踏襲したものである。ヴィラ・ポイアーナの平屋建ファサードの構成要素は、セルリアーナ型の玄関をはじめとして著しく単純化されている。上の屋階は農産物の倉庫であるが、ペディメントを形作るように、玄関の上で切妻状になっている。
　ヴィチェンツァ近郊にある**ラ・ロトンダ**、すなわち**ヴィラ・アルメリコ・カプラ**(1569完成、P.935A-C)は、農場のヴィラではなく、都会から逃れた豪華な隠遁所である。ドームを架けた中央広間の丸い形がヴィラの名の由来となっている。パッラーディオの後期のヴィラの大半がそうであるように、やはりペディメントをのせた神殿正面のモチーフを使っているが、建物に集中式の正方形平面に等しく張り出した4つのポーティコが付いていて、周囲の景色を見下ろしているという点が特徴的である。こうした特殊なデザインは、特に18世紀のイギリスで流行した(第32章参照)。
　マゼールの**ヴィラ・バールバロ**(1550年代半ば)は、田園邸宅を農作業用の建物と組み合わせたもので、大きな影響を与えたモニュメンタルな構成を形作っている。間をつなぐ納屋の端部は、ペディメントをのせた鳩小屋で強調されている。中央棟の全幅を占めて取り付けられている神殿正面ファサードは、パッラーディオが多用する通常の形式に取って代わる面白い対案である。**モンタニャーナのヴィラ・ピサーニ**(1552)と**ピオンビーノ・デーゼのヴィラ・コルナーロ**(1552-53)は、どちらも2層の付属ポーティコを備えており、別のヴァリエーションをも生み出している。また、**マルコンテンタのヴィラ・フォスカリ**(1560以前)は、破風の付いた付加的な屋階を備えている。実現はされなかったが**ブレンタ河畔のヴィラ・モチェニーゴ**(モチェニーゴ卿の家、1570以前の設計、p.935E, F)は、パッラーディオの最も野心的な設計案の1つで、弧を描いた4本の列柱式翼屋が、中庭を含むペディメント付きの中央の建築ブロックから放射状に延びている。これより単純な**フラッタ・ポレジーネのヴィラ・バドエル**(1556)は、曲線状の翼屋を持った実施例である。
　ヴェネツィアの**サン・ジョルジョ・マッジョーレ聖堂**(1565-、p.937C、p.938A-E)は、短い身廊とドーム架構した交差部を備えたラテン十字形平面をしている。これはベネディクト会の重要な教会堂として修道僧の要求を満たしており、側廊や深いアプス状のトランセプトと祭壇後方の聖職者席(16世紀のヴェネツィアでは一般的)を備えている。束になったコリント式ピラスターが側廊を分節し、身廊は交差部でピラスターと組み合わされた台座付きの巨大なコンポジット式半円柱で区画されている。白い石と漆喰による内部は、ヴォールトの中の大きな浴場窓を通して高窓の高さから十分に採光され、パッラーディオが教会堂にふさわしいと考えた素朴な明快さを備えている。ファサードの処理は、古くからある2層構成から出発している。ここでは巨大なコンポジット式半円柱とコリント式ピラスターが、堂内の構成を反映している。中央部の4本の半円柱は、高い基台の上に立ち上げられ、神殿正面のペディメントを頂いている。小さい方のオーダーは、ファサードの全幅にわたって広がり、両側で半ペディメントを支えている。
　パッラーディオ最高の教会堂である**ヴェネツィアのイル・レデントーレ聖堂**(1577-、p.938F-J)は、激しい疫病の終焉を記念してヴェネツィア政府が建立したものである。単廊式の平面は三葉形の交差部を持ち、祭壇の後ろに円弧状の列柱障壁があり、修道士用の簡素な内陣へと導く。浴場窓に照らされたヴォールト天井の身廊の両側には、互いに連結された側祭室が並んでいる。近くにあるサン・ジョルジョ聖堂と同じように、ファサードは大小のオーダーの組合せから成り立っているが、ここではそれらが同じ高さから立ち上がっている。水上から眺めると、ドームと隅塔と突き出したバットレスがファサードと一体化して、複雑だが力強くまとまった構図を形作っている。
　ロニーゴの**ロッカ・ピサーニ**(1576)とは、ヴィンチェンツォ・スカモッツィ(1552-1616)の設計した珠玉のヴィラに与えられた名称である。スカモッツィはパッラーディオの最大の後継者で、大変著名な理論書『普遍的建築の理念について(Dell'idea dell'architettura universale)』(1615)を出版した。そのヴィラは大きな丘の上に単独で建っており、パッラーディオのロトンダを小型にしてポーティコを1つにし、円形ではなく

A パラッツォ・ティエーネ、ヴィチェンツァ（1542-）
p.933 参照

B サンタ・マリア・ディ・カリニャーノ聖堂、ジェノヴァ
（1549-1603） p.939 参照

C サン・ジョルジョ・マッジョーレ聖堂、ヴェネツィア（1565-） p.936 参照

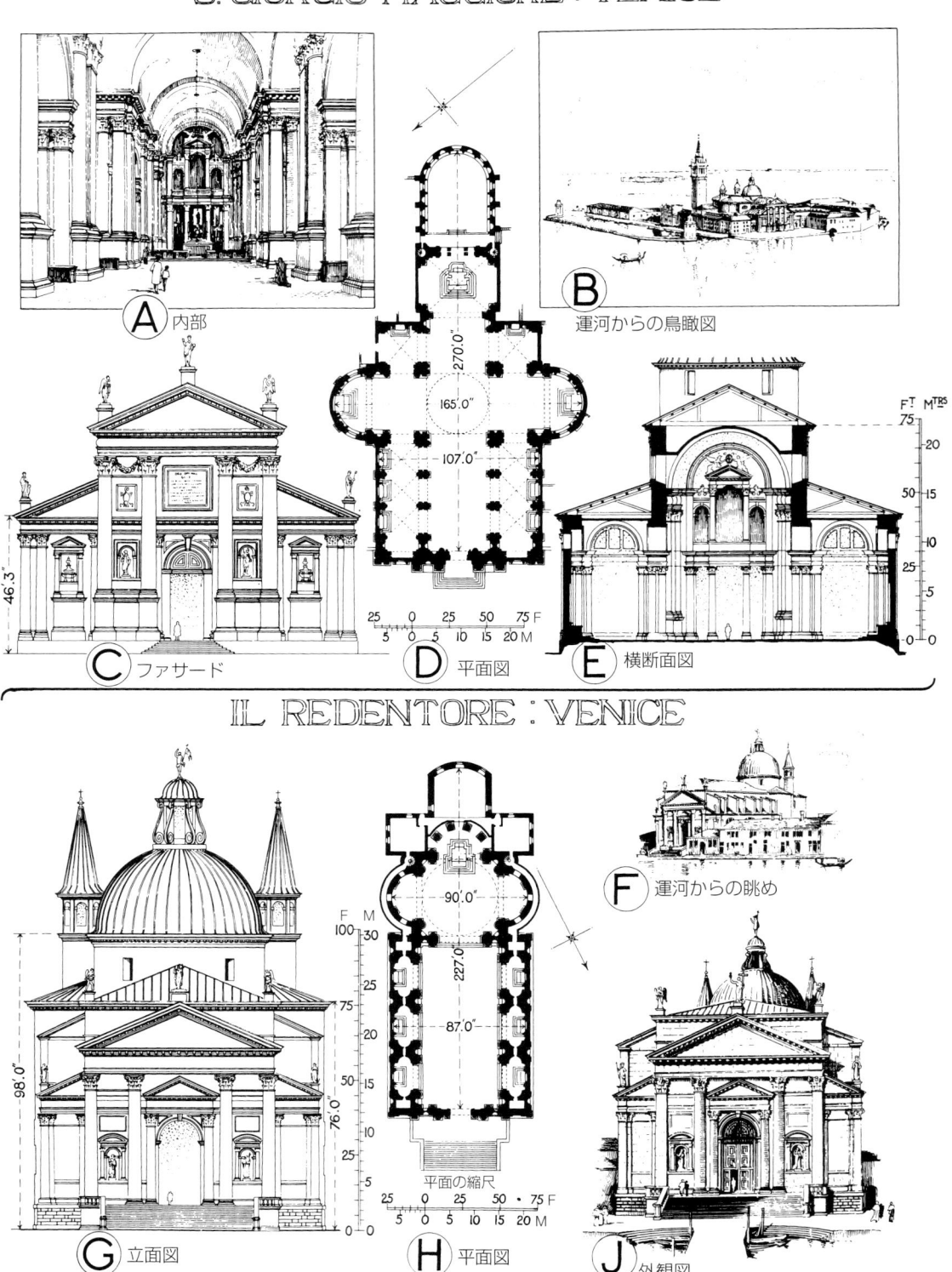

サン・ジョルジョ・マッジョーレ聖堂、ヴェネツィア（上）。イル・レデントーレ聖堂、ヴェネツィア（下）

八角形の広間を備えた変形版である。広い白壁には比較的小さな窓が適切に配置され、落ちついた幾何学的印象を与えている。

ガレアッツォ・アレッシ(1512-72)は、高貴な家系に生まれ、ローマで修業した後、まず故郷のペルージャで働き、その後、ジェノヴァ(1548)からミラノ(1557)へと移り住んだ。同時代の人の手が相当入っているとはいえ、彼の無数の作品はやはり非常に独創的である。特に彼は規範からはずれた古代風の細部処理やスタッコ装飾には並々ならぬ感性を持っていた。ジェノヴァにある数々の住宅建築は、丘の多い街の難しい地形を利用し、新しい高低差のつけ方を実現している。

ジェノヴァのサンタ・マリア・ディ・カリニャーノ聖堂(1549-72、1603完成、p.937B)は、丘の頂きに建設されており、ブラマンテのサン・ピエトロ大聖堂に大変よく似た平面、つまり中央ドームと対角線上に4つの小ドームをのせた、正方形に内接するギリシア十字形平面を持っている。やや扁平なペディメントをのせたファサードは、ピラスター・オーダーのコーニスから立ち上がる2つの隅塔に挟まれている。外壁の平坦さは、概して非常に手の込んだ建築要素、特に四角い小窓とは好対照をなしている。

ジェノヴァのヴィラ・カンビアーゾ(1548-)は、街の上の高い土地に建っており、パッラーディオのヴィラに通じるところもあって、玄関ロッジアの後ろの建物の中央に広間を備えたほぼ正方形の単純な平面を持っている。ファサードは、彫刻的な処理と建築部材の複雑さにかなりの違いはあるものの、ローマにあるペルッツィのヴィラ・ファルネジーナを思わせる。このファサードはぜいたくな飾りを散りばめた上階のロッジアの圧倒的な装飾の前触れとなっている。

ジェノヴァのストラーダ・ヌオーヴァ(新道、1550-)は、ジェノヴァの貴族たちの新しい宮殿のために便宜を図る目的で、ほぼ全面的にアレッシによって計画されたものである。街路の北側の宮殿は、背後の険しい丘の斜面に棚状に取り付いており、最初の角にあるアレッシ作の**パラッツォ・カンビアーゾ**(1558-60)は、装飾の多い典型的なファサードを持っている。最大の邸館**パラッツォ・ドーリア・トゥルシ**は、アレッシの助手ロッコ・ルラーゴによって監督された。玄関間は、モニュメンタルな上り階段が、印象的な中庭(パラッツォの両側にあるテラスと同じ高さにある)へと導いている。その奥にはもう1つの階段があって洞窟へ導き、さらにその先の階段は最上壇まで上っている。同じような大胆な上下階のつながりは、ジェノヴァにあるアレッシの**ヴィラ・サウリ**(1550頃、ほとんど残っていない)にもみられた。

ミラノの**パラッツォ・マリーノ**(1558-70頃、p.942B)は、自らテッラヌオーヴァ公の称号を名乗ったジェノヴァ人 T. マリーノのためにアレッシが設計したものである。建物はそれ相応に誇大妄想的で、周囲から独立した広大な敷地に建っている。主ファサードは、高さが3層、幅が11ベイ(東側は15ベイ)あり、ミケランジェロやジュリオ・ロマーノから引用したモチーフを使って執拗で風変わりな手法で濃厚に飾りたてられている。中庭はそれよりも控えめな大きさであるが、あまりにぜいたくである。たとえば、下層のドリス式のセルリアーナ風要素の上には、ヘルメス柱像やニッチや手の込んだパネルがあって、上階のアーケードを覆いつくしている。

ボローニャ出身の画家兼建築家ペッレグリーノ・ティバルディ、通称ペッレグリーニ(1527-96)は、改革派枢機卿サン・カルロ・ボッロメオによってミラノへ招聘され、その地で主任建築家となってアレッシの後を継いだ。彼の建物は概してダイナミックな力感に満ちており、とりわけ**パヴィアのコッレージョ・ボッロメオ**(1564-)は、力強い印象的な窓割りを持っている。その他印象に残るものとして、**サロンノのサントゥアーリオ**(巡礼聖所)の改修とミラノの円形の**サン・セバスティアーノ奉献聖堂**(1577-)がある。イエズス会の教会堂、**ミラノのサン・フェデーレ聖堂**(1569-、東端部は改築)は、アレッシの初期の教会堂であるミラノの**サンティ・パオロ・エ・バルナーバ聖堂**(1561-67)に似ていて、それを小型にしたようなものである。身廊は2つの正方形ベイと独立円柱で支えられたドーム状ヴォールトからなっている。ドームの架かった交差部の奥にはアプスがあるが、トランセプトの方は実際には身廊よりも幅が狭い。輝くように明るい堂内は絵画で飾られていない。

ヴィコフォルテ・ディ・モンドヴィの**サンタ・マリア聖堂**、通称マドンナ・ディ・ヴィコ(1596-)は、トリノを中心に活躍したオルヴィエート出身の建築家アスカニオ・ヴィトッツィ(1539頃-1615)の傑作である。平面は楕円形で、16世紀で最も大きい集中堂である。中央に奇跡の像を置き、中央玄関と主祭壇が中心軸上に並び、さらに2つの脇玄関間と対角線上の4つの祭室、そしてアレッシのサンタ・マリア・ディ・カリニャーノ聖堂を思わせる4つの隅塔を備える。同教会堂の公爵建立の奉献教会堂らしさは、内装のぜいたくなスタッコ装飾によって裏づけられている。

フィレンツェとローマ(1540-1600)

ミケランジェロ・ブオナッローティ(1475-1564)は、人生の半ばにして建築家となったが、初期の絵画

の傑作、システィーナ礼拝堂天井画(1508-12)には、彼の建築的な傾向がすでに表れている。ルネサンスの建築家の中でとび抜けて独創的な存在であった彼は、16世紀末にとどまらずバロック時代にいたるまで深い影響を与えた。彼は建物を視覚的に統一する確かな感性を備え、デザインをまとめるためにジャイアント・オーダーや力強い水平コーニスを多用したが、さらに彫刻的ディテールに対しては、わざと常道からはずれた、場合によっては奇妙なアプローチをすることもあった。彼の長い建築的経歴にふさわしい頂点であるローマのサン・ピエトロ大聖堂には、そのいずれの特質もみられる。

フィレンツェにある**新聖具室**(1519-、p.941A)は、サン・ロレンツォ聖堂第2の家族霊廟として枢機卿ジュリオ・デ・メディチ、すなわち後の教皇クレメンス7世によって依頼された。平面は反対側にあるブルネッレスキの旧聖具室を反映しており、内部の灰色の石材と白い漆喰も共通しているが、ただし(ジュリアーノ・ダ・サンガッロのサント・スピリト聖堂聖具室を思わせる)屋階部分が付け加えられている。落ちついた灰色の石材ピエトラ・セレーナの分節部材とはまさに対照的に、側壁の中央にはカッラーラ産の白大理石を丹念に磨いてつくられた風変わりな墓碑が置かれている。角のベイには、上方の特大ニッチの台を兼ねる板のようなコーニスの付いた大理石の扉口があり、またそれらの凹所は上や外へとはみだして、頂部の弓形ペディメントの中まで入り込んでいる。格間付ドームの下方では、極端に傾斜した窓枠を持つ4つの特殊な窓が聖具室を照らしている。

フィレンツェのラウレンツィアーナ図書館(1524-、p.942A)は、サン・ロレンツォ聖堂の回廊内に設けられている。図書室そのものは書見台付きの長い部屋で、天井の梁に対応するピラスターの間の窓の列から十分に採光されている(1550年代完成)。静謐で明快に分節された図書室の手前には、これより背の高い方形のモニュメンタルな前室があり、風変わりな階段(1559-、ミケランジェロのデザインに基づいてアンマナーティが製作)がそのほとんどを占有している。階段は図書室のドアからおりてきて3つの昇降路に枝分かれしているが、その外側の2列はほとんど実用に供しえない。前室の壁は特にかわっていて、宙に浮いた渦巻装飾の上に立ち上がった双円柱は、白漆喰の壁の奥にめり込んでおり、その壁面からは、柱頭に向かって幅の広くなったピラスターが付いたタバナクル形のニッチが張り出している。

ローマのカンピドーリオ広場(1539頃-、p.943)は、16世紀で最も統一された計画に基づく建築群を形成しており、その街の伝統ある心臓部にふさわしい装置となっている。3つの宮殿は**パラッツォ・デル・セナトーレ**(1600完成)に向かって広くなった台形の広場の周りに対称的に配置されている。この宮殿とその向かって右手にある**パラッツォ・デイ・コンセルヴァトーリ**(1561-84)は、立面を改装したものであったが、さらにこれに合わせたファサードを持つ新しい建物**パラッツォ・ヌオーヴォ**(現カピトリーノ美術館、1603-54)が、3体構成を完成させるために建設された。広場へは急な坂を上る階段状のモニュメンタルな斜路によって入るが、その頂上の胸壁には、転用されたローマ時代の彫刻がのせられている。広場そのものには、大きな楕円形の盛土の中央にある長円形の基台の上にローマ時代のマルクス・アウレリウス帝の青銅製騎馬像(p.943C)がそびえている。広場にはミケランジェロの計画案を描いたドゥペラクの版画(1569)に従って付設物が設けられたが、その最後のものが12角形の編み合わせ模様の舗床(1946)であった。パラッツォ・デル・セナトーレのファサードについては、両流れ階段のみがミケランジェロによって建設され、残りはマルティーノ・ロンギによってかなり期待外れなスタッコ造の分節部材を使って完成された。それとは対照的に、パラッツォ・デイ・コンセルヴァトーリは、ミケランジェロの提案をわずかに変更しただけの石造の立面が設けられており、彼の最も成功したデザインの1つとなっている(パラッツォ・ヌオーヴォは、ほぼ正確にこれを踏襲している)。ピアの上に取り付けられた巨大なコリント式ピラスターは、手摺をのせ、彫像で節目をつけられた厚いコーニスを支えている。下の階は、ピアに寄り添う円柱とこれに支えられた太い石梁からなる楣式のロッジアとなっている。抑制された構造的なオーダーからくる全体の感じとは裏腹に、彫刻的なディテールは斬新な個性を備えている。最も大きな中央の開口部は、ジャコモ・デッラ・ポルタによるものである。

ローマのピア門(1561-64、後に変更して完成された)は、教皇ピウス4世の建設した新しい街路の端にあり、ローマ時代の市門にかわるものであった。その扉口は、ミケランジェロの最も個性的で奇想に満ちた工夫の1つである。特に注目されるのは、角ばったアーチや巨大なトリグリフに似せたエンタブラチュア部分とその間にある浴場窓を模した弧状の造形、そして花綱飾りをつるす美しい渦巻装飾を先端に付けた弓形のブロークン・ペディメントの部分である。

ローマのサンタ・マリア・マッジョーレ聖堂付属スフォルツァ家礼拝堂(1560-73)は、ほとんどボッロミーニや17世紀バロックを予言するような作品である。

第29章 イタリア 941

A サン・ロレンツォ聖堂、新聖具室、メディチ家礼拝堂、フィレンツェ（1519-）　p.940 参照

B テアトロ・オリンピコ内部、ヴィチェンツァ（1580-）　p.936 参照

C ウッフィーツィ中庭、フィレンツェ（1560 頃-80 頃）　p.944 参照

A ラウレンツィアーナ図書館前室、フィレンツェ（1524-、階段は 1559） p.940 参照

B パラッツォ・マリーノ、中庭、ミラノ（1558-70 頃）
p.939 参照

C ピウス 4 世のカシーノ（園亭）、ローマ（1558-61）
p.947 参照

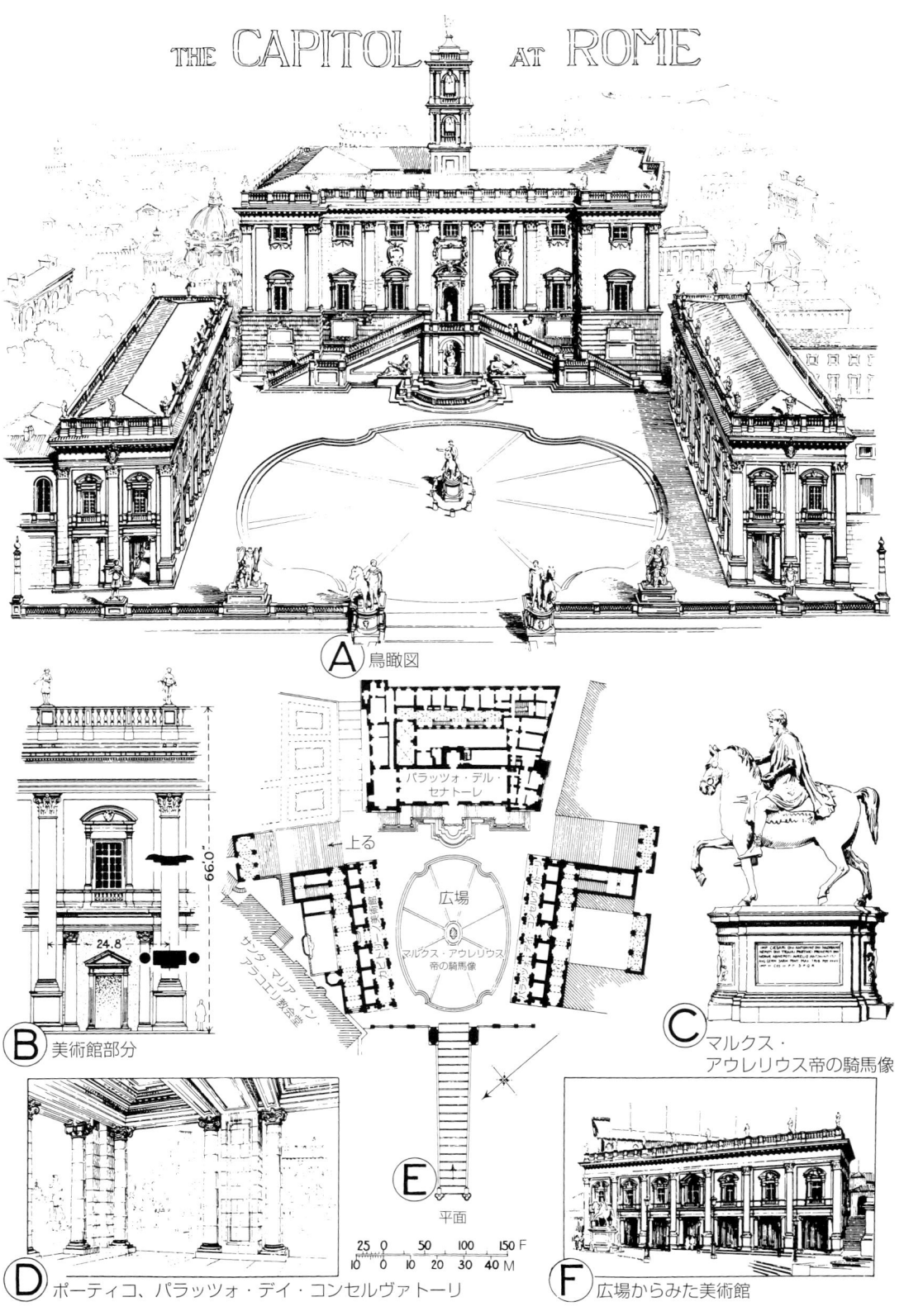

カンピドーリオ広場、ローマ

中央の空間は、45度の角度で中心を向いた4本の独立円柱で区画されていて、その向こうに祭壇域が張り出している。しかし、両側にはゆるやかに湾曲した後背壁を持つ十分な凹所があり、その上のヴォールトには珍しい台形窓が付いている。

ミケランジェロのその他の宗教的プロジェクトは、いかにも伝統から逸脱している。彼はローマの**サンタ・マリア・デッリ・アンジェリ聖堂**(1561-)のためにディオクレティアヌス帝の浴場のテピダリウム(温浴室)を教会堂につくりかえたが、しかしその主軸は広間の短辺方向に設定している。**ローマのサン・ジョヴァンニ・デイ・フィオレンティーニ聖堂**のための彼の最終計画案(1560)は、長方形と楕円形が交互に入れ替わる8つの前室と祭室を備えたドーム付きの円形空間を提案していた。計画案はすでに1518年以来、代表的な建築家たちから提出されていたが、結局ジャコモ・デラ・ポルタによって伝統的なラテン十字形の教会堂が建てられ、1620年にマデルノによって完成され、さらに1734年にガリレイによってファサードが完成された。

芸術家の伝記で有名なジョルジョ・ヴァザーリ(1511-74)もまた、多作の画家であり、有能な建築家であったが、主にフィレンツェでメディチ家の公爵コジモ1世のためと、そして故郷であるアレッツォで働いた。

フィレンツェのウッフィーツィ(1560頃着工、1580年を過ぎてすぐにアルフォンソ・パリージとベルナルド・ブオンタレンティによって完成された。p.941C)は、当初、フィレンツェの13の行政庁と同業組合を1カ所に収容するためにつくられたもので、パラッツォ・ヴェッキオとアルノ川との間に長いU字形を形成し、その短辺が川面を見下ろしている。長さ140mに及ぶ閉鎖的な広場の周りには、中2階を含むロッジアとピアノ・ノービレ、そして上には屋階がある。その長大なロッジアは、彫像を入れたニッチを含むピアの間にそれぞれ一対の円柱を収め、セルリアーナ型開口部を持つ最奥部の狭い立面に向かって収斂し、シニョリーア広場からの劇的な眺望を形作っている。ブオンタレンティによって付け加えられた特筆すべき特徴は、2つに分割して裏返しにしたペディメントを持つ有名な**ポルタ・デッレ・スップリケ**(1574以降)である。ウッフィーツィはまたアルノ川を横切ってパラッツォ・ヴェキオとパラッツォ・ピッティを結ぶ公爵のための屋根付き渡り廊下、すなわち**ヴァザーリの回廊**の一部をも取り込んでいる。1581年、ブオンタレンティはウッフィーツィの上階を公爵の画廊(現在の美術館の前身)に変え、そこに収集品の中核をなすものを収める特別豪華な八角形の部屋、有名な**トリブーナ**(1584-)を建設した。

バルトロメオ・アンマナーティ(1511-92)とベルナルド・ブオンタレンティ(1531-1608)は、同世紀後半を代表するフィレンツェの建築家であった。ブオンタレンティはフィレンツェの郊外にメディチ家のための**ヴィラ**をいくつか建設したが、なかでも**プラトリーノのヴィラ**(1569-、崩壊)とポッジョ・ア・カイアーノの拡大版である**アルティミーノのヴィラ**(1594)は特筆に値する。彼はまた劇的なスペクタクルの演出や庭園の設計、そして現在も**フィレンツェのボボリ庭園**(1583-88)の洞穴を覆っている鍾乳石のような装飾でも有名である。フィレンツェにあるアンマナーティの代表作は、ルスティカ仕上げで重々しく入念に処理されたパラッツォ・ピッティの中庭側ファサードであるが、彼はまたパドヴァやルッカ、ローマ、その他でも広く活躍した。アンマナーティの**コッレージョ・ロマーノ**(1581-85)は、ローマに建設された最も古い神学校の1つで、来るべき世紀を予見させる規模を持っている。いかめしいレンガ造のファサードは3つの部分に分けられており、さまざまなグループに分けられた大きさの異なる窓や入口の配置は、おもしろい構成上の効果を生み出している。

ルッカの市壁(1504-1645)は、地元の建築家たちの作品であるが、現存する16世紀のものではとりわけ堅牢な都市防衛施設である。低く抑えられた断面形は、当時の戦争の実態によく合っており、また所々に稜堡を備えた角張った輪郭線は、防御時の十字砲火のための条件をよく満たしている。

ジャコモ・バロッツィ・ダ・ヴィニョーラ(1507-73)は、ボローニャ近郊に生まれ、画家として修業し、主にパウルス3世とファルネーゼ家の支援のおかげでローマを代表する建築家の1人として頭角を現した。1562年には、わかりやすい解説を付けた5つのオーダーに関する図版集『建築の5つのオーダー(La regola delli cinque ordini d'architettura)』を出版した。この主題を初めて系統的に扱ったことから、これは特にフランスで大きな影響を与えることになった。彼の実作には、ボローニャの中央広場のかたわらにある印象的な**ポルティコ・デイ・バンキ**(1561頃-)の他、未完の巨大な宮殿、ピアチェンツァのパラッツォ・ファルネーゼがある。

ローマのヴィラ・ジュリア(1551-、p.945A-G)は、教皇ユリウス3世のために市壁のすぐ外側につくられた。ヴィニョーラによる2層の外観ファサードは、ルスティカ仕上げの隅石と玄関口を備えたいかめしいもので、特に玄関口の迫石がエンタブラチュアの上に重なっているのが特徴的である。しかし、その裏には、

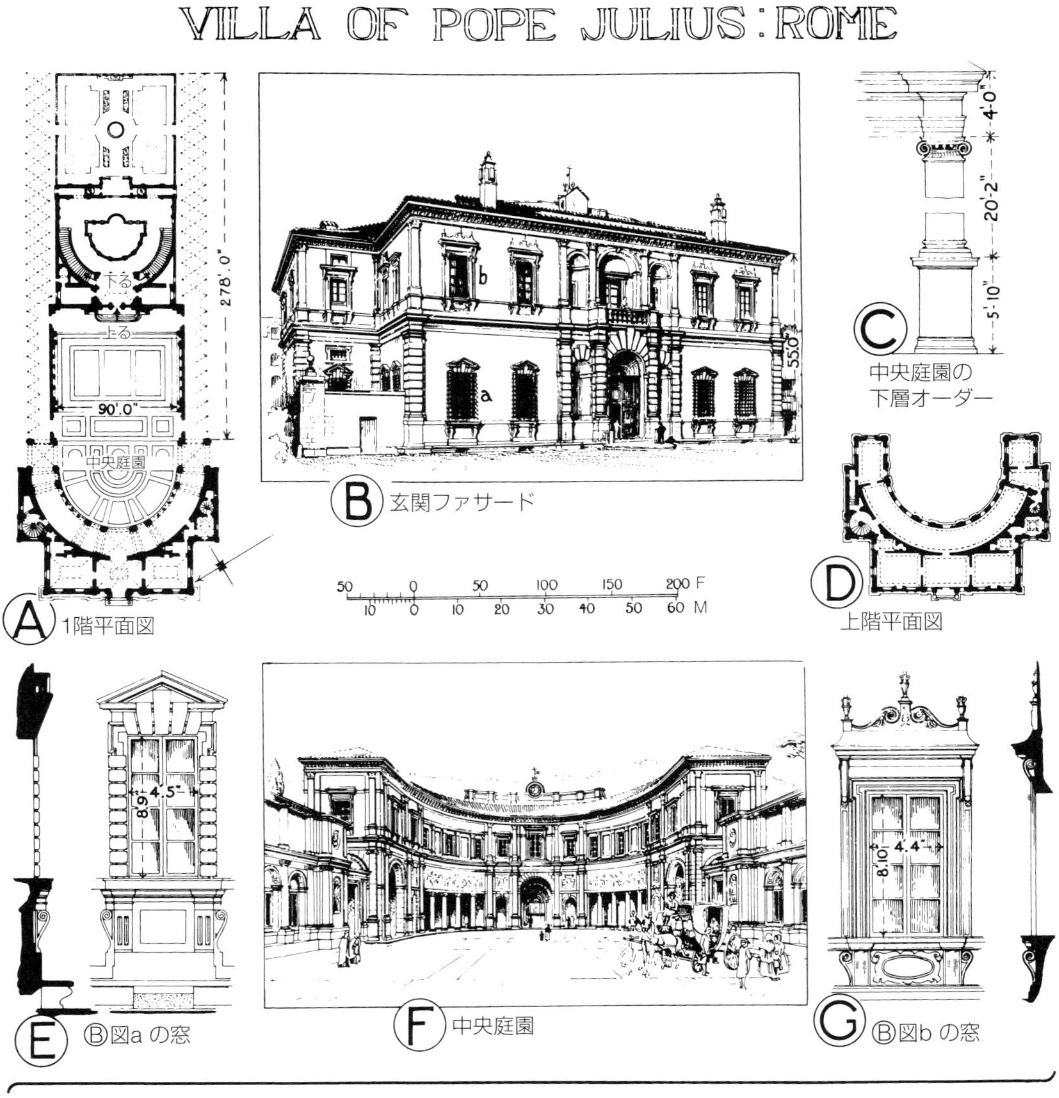
VILLA OF POPE JULIUS : ROME
278'0"
下る
上る
90'0"
中央庭園
A 1階平面図
b
a
55'0"
B 玄関ファサード
4'0"
20'2"
5'10"
C 中央庭園の下層オーダー
D 上階平面図
50 0 50 100 150 200 F
10 0 10 20 30 40 50 60 M
8'9" 4'5"
E Ⓑ図a の窓
F 中央庭園
8'10" 4'4"
G Ⓑ図b の窓

H ヴィラ・ファルネジーナ、ローマ

J ヴィラ・マダーマ、ローマ

ヴィラ・ジュリア、ローマ(上)。ヴィラ・ファルネジーナ、ローマ(下左)。ヴィラ・マダーマ、ローマ(下右)

5

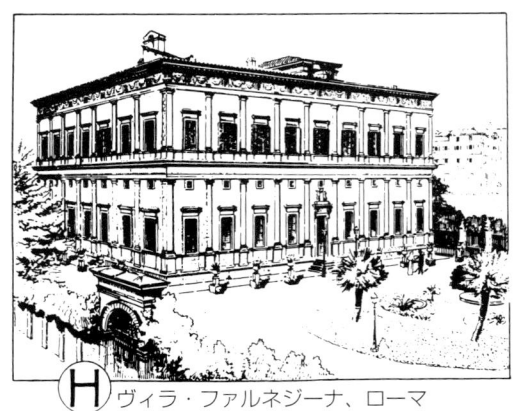

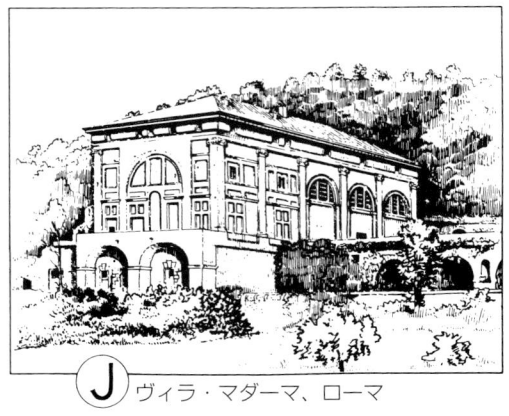

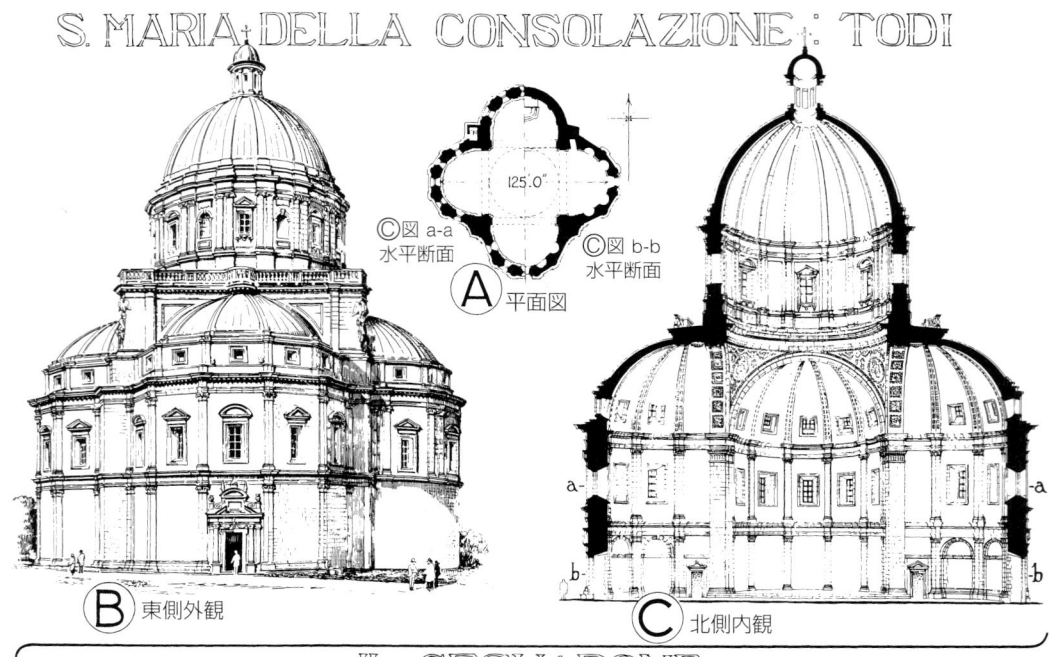

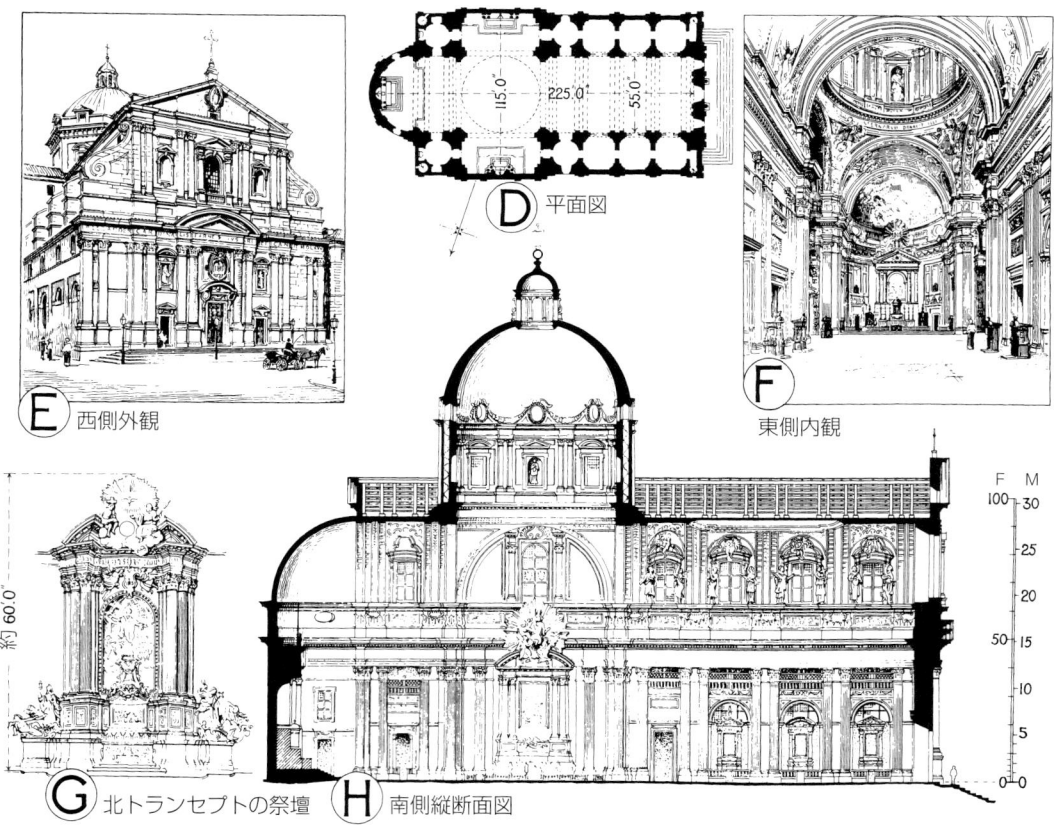

サンタ・マリア・デッラ・コンソラツィオーネ聖堂、トーディ（上）。イル・ジェズ聖堂、ローマ（下）

大小のオーダーを持つ半円形の中庭ロッジアがあり、塀で囲まれた心地よい庭園へといざなっている。ただし、この庭園の大半は、実際にはアンマナーティが設計している。最初の中庭の奥にある園亭を越えると、曲がり階段が下階へ下りている。そこからさらに下方には女像柱のあるニンファエウムがみられ、そこには教皇ユリウスが修復したヴィルゴ水道の水がわきだしている。その結果、外側よりむしろ本質的には内側を向いた、かなり特異で意表をついた空間の連なりが生み出されている。

イエズス会の総本山、**ローマのイル・ジェズ聖堂**（1568-、p.946D-H）は、枢機卿アレッサンドロ・ファルネーゼから資金を援助されたもので、ヴィニョーラの最も有名な建築である。アルベルティのマントヴァのサンタンドレア聖堂やラファエッロのサン・ピエトロ大聖堂から引用した単純な平面は、トンネル・ヴォールトを架けた幅の広い単廊式の身廊を持ち、双半円柱に挟まれた祭室とわずかに張り出したトランセプトを持つドーム付きの交差部を備えている。十分に採光された堂内は、教会堂の東翼屋に置かれている祭壇を何の妨げもなく見通すことができる。荘厳な絵画装飾（身廊部は1672-85、北トランセプトにあるアンドレア・ポッツォの有名な祭壇は1696-1700）は、17世紀のものであるが、ヴィニョーラは内部を裸のままにしておくことは考えていなかったようである。よりいっそう統一感を増したジャコモ・デッラ・ポルタのファサード（1571-）は、入口を改めて強調したもので、最終的にヴィニョーラ案を退けて選ばれた。

ローマのフラミニア街道にあるサンタンドレア聖堂（1550-53頃、p.917D-J）は、単純なデザインの教会堂であるが、パンテオンから婉曲的に着想を得たファサードを持っている。長方形の堂内は、楕円のアーチに支えられた楕円形ドームが興味深い。

ローマのサンタ・アンナ・デイ・パラフレニエーリ聖堂（1565-）では、この着想がさらに発展した。教会堂の外殻はやはり長方形であるが、内部は2本の軸線上に4つの長方形の副室が付いた楕円形で、残りの空間は準備室が占めている。隣り合う2つのファサードは、内側の2つの主祭壇に対応しているが、楕円形の平面ははっきりと主軸と副軸を生み出している。フランチェスコ・ダ・ヴォルテッラによって着工され、マデルノによって完成された**サン・ジャコモ・デッリ・インクラービリ聖堂**（1592-）は、楕円形の内部を持った16世紀末ローマのもう1つの極めて重要な教会堂である。

ローマの北にあるカプラローラの街を見下ろすようにたっている**パラッツォ・ファルネーゼ**（1559-、p.948）は、サンガッロ・イル・ジョーヴァネの設計した要塞をヴィニョーラがつくりかえた堂々たる邸館風のヴィラである。ルスティカ仕上げの基壇の上に五角形の建物が2層に立ち上がっているが、その基壇はさらに角のところが稜堡のように張り出して上階端部の無装飾・無開口のベイに対応している。洞穴のような装飾で覆われた大広間に代表される儀式用の部屋は、2層のセルリアーナ・モチーフで分節された円い中庭の周囲に配置されている。邸館へは、上の建物の巨大さにつりあった、まさに劇的でモニュメンタルな斜路とテラスによって急な坂を上っていく。

ヴィテルボ近郊バニャーイアのヴィラ・ランテ（1566-）は、ヴィニョーラの作品とされ、見事に保存された庭園で特に有名である。2つの園亭が、橋を渡した池と中央の噴水を備えた整形式の花壇庭園を見下ろしている。園亭の間からは、噴水や水の鎖、水で冷す食卓などを備えた軸線的な階段や斜路、テラスの列が上方へ続いている。整った形をとらない第2の庭園（森）は、噴水と群像彫刻を所々に配置した回遊式庭園である。

ヴィテルボ近郊ボマルツォのサクロ・ボスコは、はっきりとヴィニョーラの作品とはされていない。この庭園は全く異なった原則に基づいて配置されており、森林の中に点在する岩山が、幻想的な別世界の人物や生きものの姿に彫刻されている。洞穴の入口はグロテスクな顔の形をしており、また、ある塔は傾きかけた廃墟のようにデザインされている。しかし、こうして散りばめられた数々の趣向の中心には、ポーティコとドームのある小神殿があり、まじめで荘厳さすら感じさせる頂点を形成している。

ピッロ・リゴーリオ（1510頃-83）は、画家として修業を始めたが、やがて建築家に転向し、しばらくの間サン・ピエトロ大聖堂の建築家（1564-65）になった。そして、後半生は、ローマとさらにフェッラーラでエステ家に雇われていた。彼は16世紀で最も考古学に献身した人物で、彼の挿絵入りのノートは今も数多く残っている。

ローマのピウス4世のカシーノ（1558-61、p.942C）は、実際にはパウルス4世のために着手されたもので、ヴァティカン庭園の中に建っている。2つの入口と2つのロッジア（ひとつはカシーノの正面にある）が、リゴーリオの海戦劇場の復元案をしのばせる楕円形の囲いの周りに集められている。表面を覆うかなり手のこんだスタッコ装飾も、やはりローマ時代の墓廟の内装に代表される古代作品から着想を得ている。

ティヴォリのヴィラ・デステ（1565頃-72、p.949A, B）は、おそらく16世紀で最も大がかりな庭園を備えている。それはかつてベネディクト会の修道院であっ

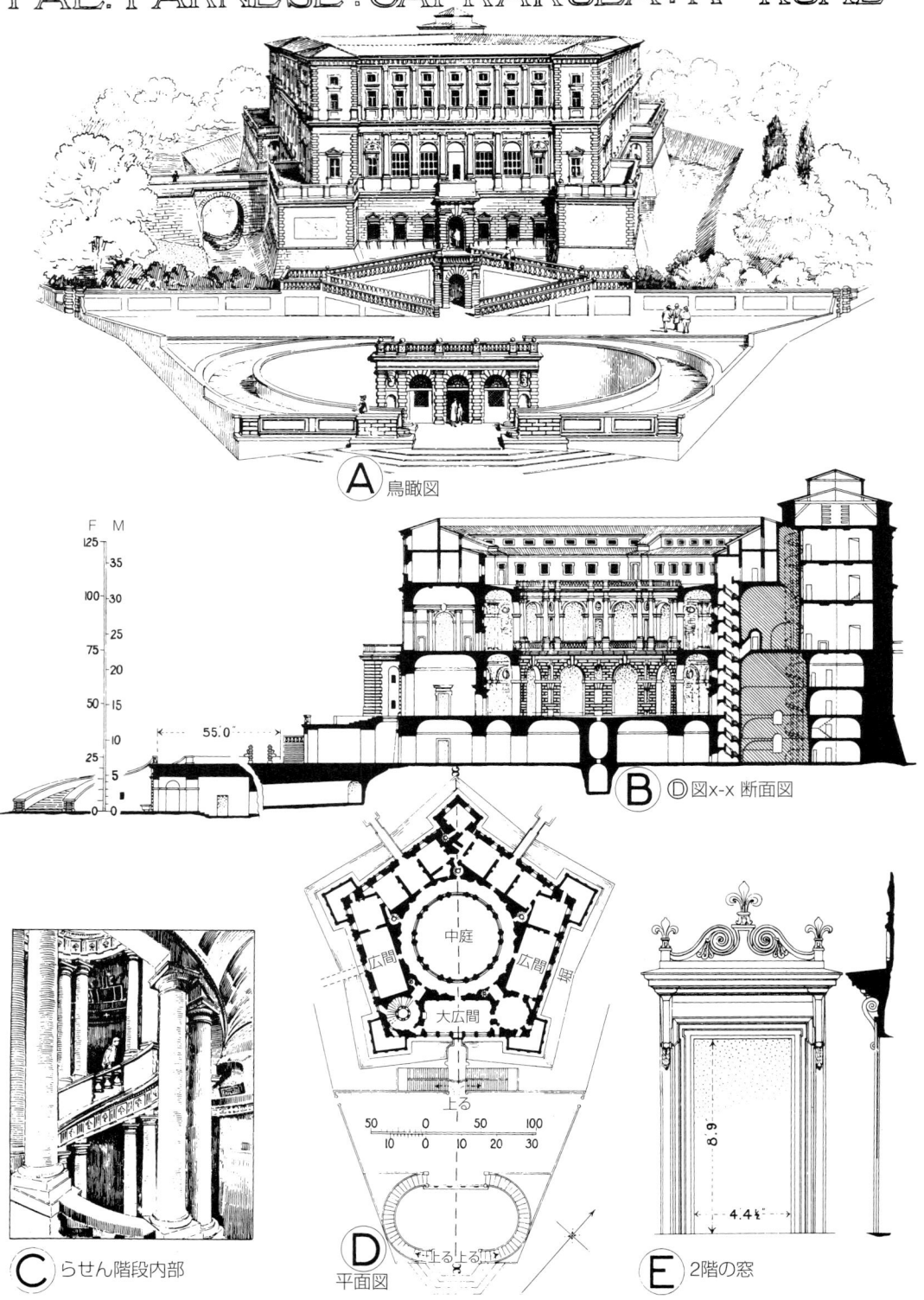

パラッツォ・ファルネーゼ、カプラローラ（ローマ近郊）

A ヴィラ・デステ、水オルガン、ティヴォリ（1565頃-72）
p.947参照

B ヴィラ・デステ、ティヴォリ

C ヴィラ・メディチ、ローマ（1564-）　p.950参照

たヴィラ自体の下に広がる丘の斜面につくられた連続したテラスの上に展開されている。1本の主軸が南西ファサードから延び、たいてい先端が噴水やその他の建造物で終わるいくつかの副軸と交差している。そうした建造物とは、例えばルスティカ仕上げを施した男像柱や女像柱のオーダーをつけたすばらしいオルガンの噴水(p.949A、かつては水オルガンを収めていた)であり、古代ローマの復元模型の間にテヴェレ川の流れをたどったロメッタ(小ローマ)などである。ただし、このヴィラに比類なき性格を与えているのは、噴流や噴水、あるいは池や水路の絶対的な量である。

ローマのヴィラ・メディチ(1564-、p.949C)は、アンニーバレ・リッピによって計画され、アンマナーティ(1576-)に引き継がれたもので、街を見下ろす量感あふれるいかめしいファサードと、反対にピウス4世のカシーノをモデルにした極めて装飾的な庭園側立面を持っており、後者には古代彫刻の断片が組み込まれている。

ジャコモ・デッラ・ポルタ(1533-1602)は、16世紀末のローマで働いていた最も有能な建築家であった。彼はヴィニョーラの亡くなった時(1573)にイル・ジェズ聖堂を完成させ、さらにサン・ピエトロ大聖堂の主任建築家となってミケランジェロのドームを建設した。彼の作品はヴィニョーラや特にミケランジェロに多くを負っており、次の世紀を予見させるデザイン的な統一感を持っている。

テアティーノ修道会の本山、**ローマのサンタンドレア・デッラ・ヴァッレ聖堂**(1591着工、1608-25にマデルノが工事を続行、1655-65にライナルディがファサードを建設)は、イル・ジェズ聖堂にならってはいるが、身廊はトンネル・ヴォールトを横断するくっきりとしたリブにつながって、広々とした堂内に強い結合力を与える束ね柱を備えている。

フラスカーティのヴィラ・アルドブランディーニ(1598-1602、1604にマデルノとジョヴァンニ・フォンターナが完成)は、高いテラスにのった無柱式の多層ファサードを持っている。わずかに張り出した2つの翼屋が、巨大なブロークン・ペディメントの両脇を支え、そのペディメントの傾斜角は、さらに高い中央の屋階の上にあるかなり小さなペディメントの線にそろっている。後庭は背後の丘の斜面にテラス状につくられており、彫像や噴水を組み込んで細かく区切られた後壁を持つ半円形のエリアを含んでいる。また、背後に延びる一連の階段の先には装飾の付いた大きな1対の独立らせん円柱があり、眺望をしめくくっている。

ローマのパラッツォ・ズッカリ(1590頃)は、画家フェデリーコ・ズッカリが自らのために設計した宮殿で、ボマルツォの洞穴をまねて大きな面のようにつくられた玄関口や窓のある庭園側ファサードを持っている。そのおそろしい顔は、背後の庭園の洗練された趣向とは好対照をなしている。

ルガーノ出身のドメニコ・フォンターナ(1543-1607)は、シクストゥス5世の建築家として格別の引き立てを受けた。当時では普通であったが、パラッツォ・ファルネーゼの焼き直しであるローマの巨大な**ラテラーノ宮殿**(1586-)など、彼の建築は単調にすぎる嫌いがある。彼はむしろ都市計画の分野で特に強い影響力を発揮した。

ローマのサンタ・マリア・マッジョーレ聖堂付属システィーナ礼拝堂(1585-)は、シクストゥス5世のために計画されたもので、ありふれた十字形平面をしているが、その豪華な内装は、多色大理石の化粧張りを施した最初のものである。

サンタ・マリア・マッジョーレ聖堂に集まっている新しい街路は、主要な巡礼教会堂を結ぶためにフォンターナが教皇シクストゥスに命じられて建設したものの一部である。ここでは4本が教会堂に集まってきており、そのうちの1本はアウグストゥスの霊廟から移設したオベリスクの方に向かっている。オベリスクは同様の効果をあげるために他の場所——ポポロ広場、ラテラーノ広場、サン・ピエトロ大聖堂前——にも建てられている。

バロックとロココ

ドメニコ・フォンターナの甥カルロ・マデルノ(1556-1629)は、17世紀初めの10年間の建築デザインに、活気に満ちた彫塑的なアプローチを取り入れた。ローマのサン・ピエトロ大聖堂(p.920)のバシリカに付け加えた部分以外では、**ローマのパラッツォ・マッテイ**(1598-1616)やローマのサンタンドレア・デッラ・ヴァッレ聖堂のドームが彼の設計によるものである。

中世の教会堂である**ローマのサンタ・スザンナ聖堂**(1597-1603、p.951A)は、マデルノによってすっかり姿を変えられた。彼は内部を飾り直し、クリプトを設け、修道院の建物を付け加え、とりわけ印象的なファサードを設計した。劇場の舞台背景のように考えられたファサードは、背後に隠れた小さな教会堂よりもむしろ広場と深いかかわりを持っている。ファサードの両脇に左右対称に配置されている3ベイの修道院の建物は、石材ではなくレンガを使うことによって教会堂とは区別されているが、水平な線や教会堂のペディメントの上に広がっている斬新な頂部の欄干によって視覚的に統一されている。ファサードは下層が5ベイ、

A サンタ・スザンナ聖堂、ファサード、ローマ（1597-1603）
p.950 参照

B サン・ジュゼッペ聖堂、ファサード、ミラノ（1607-30）
p.953 参照

C テアトロ・ファルネーゼ、観客席、パルマ（1618-28） p.953 参照

A パラッツォ・バルベリーニ、西側外観、ローマ（1628-33）
p.953 参照

B パラッツォ・バルベリーニ、西側玄関棟、ローマ

C サン・フィリッポ・ネーリ祈祷堂、ローマ（1637-50） p.956 参照

上層が3ベイとなっている。ベイは中心を強調するように徐々に広がりながら少しずつ前方へ迫り出しているが、付帯する装飾もそれにつれてますます彫りが深くなっている。

　教皇ウルバヌス8世のバルベリーニ家のためにつくられたローマの**パラッツォ・バルベリーニ**(1628-33、p.952A, B)は、17世紀初期のローマで最も重要な住宅建築である。その設計には、ローマ・バロックを代表するあらゆる建築家が寄与している。これは年老いたマデルノによってまず着手され、細部を彼の甥にあたるボッロミーニが担当した。1629年にマデルノが亡くなると、早熟なベルニーニが建築家に指名され、またピエトロ・ダ・コルトーナが劇場の設計を手がけた。周囲の庭園にせよ、珍しいH形の平面にせよ、この建物は都市宮殿とは様相を異にしており、開放的なアーケード付きのファサードとも併せてヴィラのような印象を与えている。7ベイの中央ブロックは、3層に積み重なった古典オーダーを備え、隣接する翼屋よりも高くそびえている。中央3ベイの上にある屋階は、コルトーナの印象的な天井フレスコ画で飾られた2階の大広間の天井部分に相当する。計画上の目新しい特徴は、開放的な井戸型の矩形階段、ストアのような1階のアトリウム、そして現存はしないが後にベルニーニの建築に現れる横向きの楕円形広間である。

　フランチェスコ・マリア・リッキーノ(1583-1658)の建物はほとんど残っていないが、それはおそらく彼が歴史上軽視された結果であろう。**ミラノのコッレージョ・エルヴェティコ**、すなわちスイス神学校(1627)は、その時代の最も注目すべきファサードの1つを持っているが、その構成部材の多くはミケランジェロ(窓枠など)と16世紀フィレンツェの宮殿建築(隅石など)に負っており、最大の特徴は凹形の平面形状にある。バルコニーの付いたヴィニョーラ風の玄関口は、ファサードの曲線とは逆に外に膨らんだ手摺で強調されているが、これは17世紀ローマの3巨匠、すなわちボッロミーニ、ベルニーニ、コルトーナの建築の先駆けとなる手法である。

　リッキーノ作の**ミラノのサン・ジュゼッペ聖堂**(1607-30、p.951B)の平面は、アントニオ・ダ・サンガッロ・イル・ジョーヴァネやサンミケーリの16世紀の教会堂に遡る形式をとっている。いずれもギリシア十字形をした隣接する2つの集中式空間のうち、1つは祭壇を収めるための空間で、もう1つは会衆のための空間である。2つのうち大きい方は、枠をなす円柱の間隔よりも奥行の浅い翼部を備えている。2つの空間は内部立面が異なっており、これは特に上層階で顕著である。大きい方の部屋のドームはペンデンティヴが支え、内陣の方は単純な交差ヴォールトがのっている。ルネサンスの多くの集中式教会堂とは異なり、装飾的なファサードによってはっきりとした方向性が建物に与えられている。そして、ペディメントをのせたタバナクルが別のタバナクルの中に収められ、ファサードの中心へと注意を促している。この種のエディキュラ型ファサードは、バロック時代を通じて最も流行した形式の1つである。

　ジョヴァンニ・バッティスタ・アレオッティ(1546-1636)は、17世紀初期のエミリア地方を代表する建築家であった。彼の**パルマのテアトロ・ファルネーゼ**(1618-28、p.951C)は、ヴィチェンツァのパッラーディオの劇場やスカモッツィの劇場をモデルにしている。奥行のあるU字形の観覧席は、舞台額縁の扱いとともにスカモッツィのサッビオネータの劇場に近いが、斬新な2層のアーケードは、ヴィチェンツァにあるパッラーディオのバシリカを追想している。

　イエズス会の神学校として建設された印象的な**ジェノヴァのパラッツォ・デッルニヴェルシタ**(1630、p.954A, B)は、ジェノヴァを代表するバロックの建築家バルトロメオ・ビアンコ(1590頃-1657)によって設計された。ビアンコはここで、その街特有の急な傾斜地の潜在的な可能性を利用した。変化する土地高は、階段を使った空間実験を可能にし、従来のものよりはるかに基本的な建物の外観となっている。双円柱のあるアーケードは、ジェノヴァやミラノのアレッシの作品を追想している。玄関間から中庭を通して階段をみた眺望の構想は、ジェノヴァにあるロッコ・ルラーゴのパラッツォ・ドーリア・トゥルシに認められる。

　ローマのヴィラ・ボルゲーゼ(1613-15)は、シピオーネ・ボルゲーゼのためにフランドルの建築家ジョヴァンニ・ヴァンサンツィオによって建設されたもので、アウレリウス帝の市壁のすぐ外側の庭園の中に建っている。それは16世紀に古代文献の記述から復活した古代の建築類型である都市近郊型別荘の伝統に従っている。建物の核は長方形のブロックで、これに城塞デザインのなごりである4つの塔状の翼屋が付けられている。正面の翼屋は中央ブロックよりも低く、後ろの翼屋はそれより高くなっているが、これがヴィラに主要な視点と中心軸を与えている。その主要なモデルとなったローマのヴィラ・メディチとは対照的に、古代彫刻の断片をはじめニッチや円形装飾が散りばめられているのは、庭園側の立面ではなく正面ファサードである。

　古代の教会堂、**ローマのサン・セバスティアーノ・フオリ・レ・ムーラ聖堂**(1609-13)は、シピオーネ・ボルゲーゼに頼まれてフラミニオ・ポンツィオが改築し、

A　パラッツォ・デッルニヴェルシタ、玄関間、ジェノヴァ（1630）　p.953 参照

B　パラッツォ・デッルニヴェルシタ、中庭、ジェノヴァ

C　サン・ピエトロ大聖堂、東側上空からの眺望。右手にヴァティカン宮殿とサンタンジェロ城を結ぶ連絡通廊を望む、ローマ（1506-1626、広場は 1656-）　p.918、p.957 参照

第29章　イタリア　955

A　サン・カルロ・アッレ・クァットロ・フォンターネ聖堂、ローマ（1634-82）　p.956参照

B　コッレージョ・ディ・プロパガンダ・フィーデ、ローマ（1662）　p.956参照

C　サン・ジョヴァンニ・イン・ラテラーノ聖堂、身廊東端部、ローマ（1646-69）　p.956参照

D　サンティーヴォ・デッラ・サピエンツァ聖堂、中庭からの外観、ローマ（1642-50）　p.956参照

5

ヴィラ・ボルゲーゼの建設者ヴァンサンツィオが完成した。ここで採用された単色の建築は、抑制のきいた古典主義的なデザインとともに、ポンツィオの同時期の作品でローマにある色彩豊かな**サンタ・マリア・マッジョーレ聖堂付属パオリーナ礼拝堂(1605-11)** と好対照をなしている。ファサードに用いられている双円柱は、ジェノヴァのパラッツォ・デッルニヴェルシタにもみられたように、当時流行のモチーフであった。

フランチェスコ・ボッロミーニ(1599-1667)は、遍歴中の石工としてロンバルディアからローマへやってきたが、彼が活力のある空間効果を生み出すために曲線的な形態を多用したことは建築を様変わりさせた。フォンターナやマデルノの一族とつながりがあったことは、彼がローマの芸術の舞台に比較的簡単に入りこむきっかけとなったが、抜群の力量を誇るベルニーニに対する敵愾心は、彼の経歴にとって好材料にはならなかった。彼が初めて単独で引き受けた仕事は、ローマ・バロック建築の傑作の1つである**サン・カルロ・アッレ・クァットロ・フォンターネ聖堂(1634-82、p.955A)** を設計せよという三位一体修道会からの依頼であった。楕円とギリシア十字の要素を重ね合わせた平面にしても、2つの方法で読み取ることのできる内壁の扱いにしても、複雑さこそが特徴となっている。重なり合った3ベイのユニットは、時には祭壇へ、また時には付属祭室の開口部へと注意を集めている。こうして目は常にしっかりと視点の定まらない構造体の周りを移動していく。手の込んだ古代風の格間を持つ楕円形のドームは、ドラムなしで直接ペンデンティヴの上に設置され、楕円形のランタンを頂いている。ドームの外側の輪郭は包み隠されているが、これはローマよりもむしろロンバルディア地方の規範にならっている。波打つファサードは、3部構成のベイ・システムを採用して内部を象徴的に暗示している。上階はボッロミーニの死後、彼の甥によって完成されており、おそらく彼のデザインを踏襲してはいないであろう。建物は修道院や手の込んだ地下祭室や中庭も含んでおり、全てが巧みに配置され、平面も細部処理も極めて斬新である。

ローマの**パラッツォ・ファルコニエーリ(1646-49)** は、かなり改築されてしまっているが、やはり住宅建築におけるボッロミーニの最も重要な試みである。彼はその場所にあった古い建物を改築し、ファサードにある家名にちなんだ鷹の頭の柱頭や、あるいは彫塑的な展望台の凹面状の先端部のような独自の様式の刻印を押した。

ローマの**コッレージョ・ディ・プロパガンダ・フィーデ(1662, p.955B)** は、宣教師の養成所として建設されたもので、ボッロミーニは2つの中庭と1つの礼拝堂を担当した。ファサードの奇抜で無装飾なジャイアント・ピラスターは、弓形と三角形の頂部モチーフが交互に付いた印象的な朝顔形の窓枠に接している。また、凹面状にくぼんで強調されている中央玄関のベイにおいては、今度は三角形モチーフの窓が凸面状になっている。ファサードが隠している礼拝堂は、視覚的に統一された凝縮した空間をつくりだそうという試みにみるべきものがある。ピラスターの骨組構造は、エンタブラチュアを越え、ヴォールトを横切って上昇し、統一的なスタッコ製の網の目を形作っている。

ボッロミーニに委託された最も有名な仕事は、おそらくローマの**サン・ジョヴァンニ・イン・ラテラーノ聖堂(1646-69, p.955C)** の古いバシリカの改修工事であろう。その改築には、初期キリスト教時代の身廊と4つの側廊の大部分をスタッコ仕上げのレンガで被覆することが含まれていた。ピアは、楕円形の天蓋の前に凸面状のペディメントが付いて破風と王冠の意味を兼ねた大理石造のタバナクルで飾られた。身廊の柱頭に彫られたザクロの実は、聖書に書かれたソロモン神殿の記述を暗示している。

ローマの**サン・フィリッポ・ネーリ祈祷堂(1637-50、p.952C)** は、聖フィリッポ・ネーリによって設立された対抗宗教改革派修道会オラトリオ会の総本山である。修道会は既存のサンタ・マリア・イン・ヴァッリチェッラ聖堂の許可を得て、17世紀初めにパオロ・マルシェッリの設計に基づいて、修道院の建設に着手していた。マルシェッリにかわって選ばれたボッロミーニは、前任者の計画からかなりの制約を受けた。その最も印象的な特徴はファサードである。ファウスト・ルゲーゼによる隣の教会堂立面(1605)と競合しないようにレンガでつくられたファサードは、最も初期のモニュメンタルな凹面状ファサードの1つである。それはディテールの数多くの点──たとえば、三角形と弓形を合わせた頂部ペディメント──で慣習を打ち破っている。

ローマの**サンティーヴォ・デッラ・サピエンツァ聖堂**(1642-50, p.955D)は、16世紀半ばにピッロ・リゴーリオが着手し、ジャコモ・デッラ・ポルタが引き継いだ大学付属の礼拝堂である。礼拝堂の風変わりな平面は、2つの三角形の組合せからなり、端部が交互に凹凸の曲面をなす六角形の星形を形成している。採用された形態は明らかに象徴的であり、英知の星を意味するとともに施主ウルバヌス8世の紋章にみられる蜜蜂を表している可能性もある。建物の最大の特徴は、その星形の平面形がドームを通ってランタンの立つ円窓へと徐々に移行していく手法である。サン・カルロ・

アッレ・クァットロ・フォンターネ聖堂と同じように、ドームはドラムの中に閉じ込められており、バベルの塔かアレクサンドリアの灯台か、あるいは聖書の火炎柱か、はたまた教皇の三重冠とかさまざまに説明されているらせん形のランタンを頂いている。

ローマの**サンタニェーゼ聖堂**（1652-、p.959A）は、パンフィーリ家の教皇インノケンティウス 10 世によってナヴォーナ広場の再開発の一貫として建設され、同広場の西側を占有する大きな宮殿の中に組み込まれた。それはジローラモとカルロのライナルディ父子によって着手されたが、最初はボッロミーニによって、そして再びカルロ・ライナルディによって計画変更された。ボッロミーニの凹面状ファサードは、ドームを十分に際立たせて全貌がみえるようにする効果をあげている。ドームの両側に塔を建てるという案は、18 世紀のオーストリアで特に流行することとなった。

ナポリ生まれの彫刻家兼建築家ジョヴァンニ・ロレンツォ・ベルニーニ（1598-1680）は、ローマ・バロック最大の芸術家であった。彼は石材にさまざまな肌合いの効果を生み出す能力によって彫刻に新しい技巧性を持ち込み、さらに観察者の体験をコントロールし、彼の彫刻的装置に活力を与え、劇的に表現するために絵画や建築を利用した。しかし、彼の建築へのアプローチは概して古典的で、ボッロミーニの創意工夫にあふれる自由奔放さとは決して折り合わなかった。

ローマの**サンタンドレア・アル・クィリナーレ聖堂**（1658-70、p.959B）は、イエズス会神学校の礼拝堂として着手された。ベルニーニは当初、五角形平面を提案していたが、最終的には好みの形式の 1 つである短軸上に入口を持つ横向きの楕円を選んだ。壁の厚みの中に設けられた玄関や祭室にいたる 10 カ所の開口部は、この簡潔な構想を決して損なってはいない。ボッロミーニの単色の建築とは対照的に、ベルニーニはここでも彫刻と同じように官能的な多彩色の大理石を使った。そのデザインは、絵画、彫刻、建築の 3 芸術が聖アンドレアの物語を語りかけるかのように巧みに処理されている。主祭壇の絵の中で十字架にかけられている聖アンドレアは、さらに彫刻に姿をかえ、円柱の障壁上のブロークン・ペディメントを通って天上へと昇天していくが、一方、ドームの円窓の小天使たちは、彼にその道筋を示すためにおりてきている。色彩の使い方も象徴的で、地上の領域にはピンク、天上のドームには金を使っている。ドームは、それまではどちらか一方しか使われなかった格間付きとリブ付きの 2 つのヴォールト形式を融合している。主祭壇は、中央の会衆の間とは円柱の障壁によって視覚的に結ばれながら、物理的にはへだてられている。このことは、凹面状の前庭の焦点にあたる軽快な楕円形のポーティコに暗示されている。

ローマの**サンタ・マリア・デッラ・ヴィットーリア聖堂付属コルナーロ家礼拝堂**（1645-52、p.959C）では、ベルニーニは極めて劇的な光景を生み出すために絵画と彫刻と建築を巧みに使いこなしている。楕円形の祠の中に閉じ込められ、その建築によって誘われるようにして前方に身をのりだした聖テレジアは、幻覚にとらわれた恍惚状態にあるようである。隠れた光源から発散する光は、その光景を劇的に演出し、同時に神秘的な神の手をも象徴している。彼女の様子は、祭室脇のバルコニーで影像に姿を変えたコルナーロ家の人々に見守られている。観察者は眼前の光景に立ちあう参加者となり、その効果は彫刻技巧のすばらしさによって強調される。こうした手法は、バロックの礼拝堂デザインの標準的な要素となった。

ローマの**サン・ピエトロ広場**（1656-、p.954C、p.958）は、ローマ・カトリック教会最高の教会堂にふさわしい印象的な前庭である。ベルニーニはドリス式の列柱で囲まれた広大な楕円形の広場を設計した。広場の領域は東に向かって開いているが、ベルニーニの最初の意図は、この隙間の大部分を閉じて、主軸の両側に対称的に 2 つの入口を設けることにあった。17 世紀には、広場へはボルゴ地区の狭い街路（現在のヴィア・デッラ・コンチリアツィオーネは 1930 年代に拡幅された）から入っていたので、もとは閉鎖的空間と開放的空間との対比がはるかに大きかったことであろう。広場を設計するにあたって、ベルニーニはサン・ピエトロ大聖堂とヴァティカン宮殿の両方から祝福の儀式ができるように考慮しなければならなかった。その結果、巡礼者たちが広く見渡せるような比較的低い列柱が選ばれた。しかし、さまざまな視点から奥行方向にみえる 4 本の円柱は、林立した木立のような劇的な印象を与えている。

ヴァティカンのベルニーニの**スカラ・レジア**（1663-66、p.959D）の最下端にある教皇アレクサンデル 7 世の紋章は、アーチの曲線を中断し、トランペットを吹く天使たちに祝福されている。ベルニーニは、この新しい儀式用階段を設計するにあたって、敷地の制約を見事に克服した。先すぼまりになった壁は、彼に透視画法的幻影を生み出すきっかけを与えた。円柱、ヴォールト、階段は全て寸法が小さくなり、より長大でモニュメンタルな印象を与えている。また、光の筋は視線の上昇をさえぎり、舞台照明のような陰影を生み出している。

アリッチャの**サンタ・マリア・アッスンタ聖堂**（1662-64、p.961A）は、ドームの架かった円筒形の建物の前

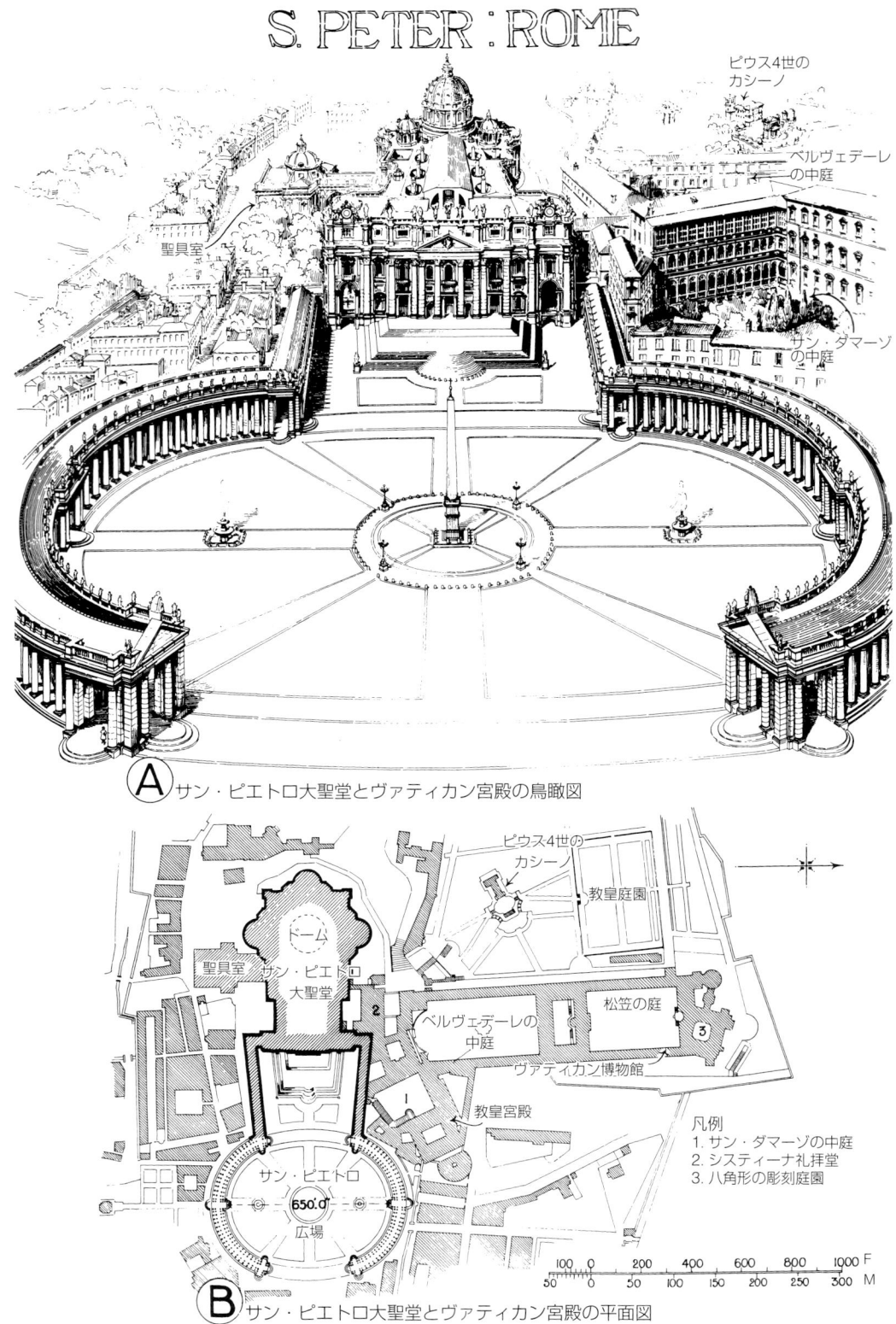

Ⓐ サン・ピエトロ大聖堂とヴァティカン宮殿の鳥瞰図

Ⓑ サン・ピエトロ大聖堂とヴァティカン宮殿の平面図

凡例
1. サン・ダマーゾの中庭
2. システィーナ礼拝堂
3. 八角形の彫刻庭園

サン・ピエトロ大聖堂、ローマ

A ナヴォーナ広場の噴水(1647-52)とサンタニェーゼ聖堂、ローマ(1652-)　p.957 参照

B サンタンドレア・アル・クィリナーレ聖堂、ローマ(1658-70)　p.957 参照

C コルナーロ家礼拝堂、サンタ・マリア・デッラ・ヴィットーリア聖堂、ローマ(1645-52)　p.957 参照

D スカラ・レジア、ヴァティカン、ローマ(1663-66)
p.957 参照

にポーティコが付いたもので、ベルニーニが50年代に改修したパンテオンをかなり意識している。ただ、アリッチャの方は、アーケード式のポーティコを採用している点で大きく異なっている。これはロトンダの外壁を飾り、内部の祭室を囲っている盲アーチのようなデザインとよく合っている。抱きかかえるようなゆったりとした構造は、デザインの集中性を強調している。ここでもサンタンドレア・アル・クィリナーレ聖堂と同様、奉献された聖人の図像が堂内を飾っている。

ローマのパラッツォ・キージ・オデスカルキ（1664-、p.962B）は、18世紀に本格的な改築を受けたが、ローマの宮殿ファサードの発展に重要な位置を占めている。サンガッロやフォンターナの伝統的な無柱式にかわって、ここはブラマンテのパラッツォ・カプリーニに遡るピラスター付きのファサードとなっている。コリント式ピラスターで区切られた8つのベイは、単純なドリス式の玄関が付いた基礎階の上に建っている。3部構成のファサードは、当初は有柱式の中央部の両脇に奥まった3ベイの翼屋を2つ持っていた。

ローマのパラッツォ・ルドヴィーシ（現在の**パラッツォ・ディ・モンテチトーリオ**、1650）は、教皇インノケンティウス10世の一族のために建てられたもので、17世紀の終わりにカルロ・フォンターナによって完成された。長大なファサードは5つの部分からなり、各部分はそれぞれの中心に対して左右対称になっている。3-6-7-6-3と続くベイは、中央部と玄関に重心を置いているが、それはおそらくパラッツォ・マッシミ・アッレ・コロンネにヒントを得た考え方であろう。そのことは5つの部分に角度がつけられていて、それぞれが直線でありながら曲がった立面のようにみせかけていることからもわかる。

ピエトロ・ダ・コルトーナ（1596-1669）は、自分は建築家であるよりむしろ画家であると繰り返し主張していたが、しかしいずれについても等しく優れた活動をしていた。広場の空間的統一と壁面の抑揚に関する彼の試みは、著しい影響を与えた。

ローマのサンティ・マルティーナ・エ・ルーカ聖堂（1635-50、p.961B）は、1593年に設立された最も古い美術アカデミーの1つ、アカデミア・ディ・サン・ルーカが使っていた教会堂の敷地に建設された。ピエトロ・ダ・コルトーナの墓をつくるために土を掘り返している最中にある遺体が発掘され、これが世間では聖マルティヌスの遺体であると信じられた。コルトーナのパトロンであったフランチェスコ・バルベリーニは、すぐさま新しく教会堂を建設することを計画した。コルトーナのギリシア十字形平面は、追悼記念建築の伝統的な形態で、一見すると完全な対称形であるようにみえるが、主軸の長さが強調されていて、その方向のベイやアプスはトランセプトの腕のものよりも深くなっている。コルトーナが自分の専門であった絵画のために堂内にその程度の小さな空間しか与えなかったのは驚くべきことである。これはおそらく、ある芸術的造形は別のそれによって妥協させられるべきではないとの信念、つまりベルニーニとは全く異なった1つの姿勢を反映しているのであろう。両脇から抱きかかえているピアに押しつぶされた2層のファサードは、湾曲した平面形を採用したバロック最初のものである。コルトーナは壁面を分解し、円柱を嵌め込み、ピラスターを取り付けて面を絶えまなく変化させ、それによってうまく中央部に劇的な高まりを生み出した。

ローマのヴィーニャ・デル・ピニェート（1630以前）は、かつてヴァチカン近くの敷地を占有していたもので、コルトーナの最も初期の建築作品である。噴水や池はバロック的な劇的表現性をもって中心軸を明示している。丘の斜面にテラス状に展開されたヴィラへは連続する斜路によって近づいていけるが、その斜路のうち2本は用をなしておらず、単に全体の美しさに貢献しているにとどまる。ヴィラは、湾曲した翼屋がパッラーディオを、またアプス状の焦点がブラマンテを思わせるが、全体の構成は斬新である。

ローマのサンタ・マリア・イン・ヴィア・ラータ聖堂のコルトーナのファサード（1658-62）は、化粧張りというよりも2階建のポーティコである。中心に向かって次第に広がる柱間は、上の円弧状の梁——ルネサンス建築にみられるモチーフであるが、要するにスポレートのディオクレティアヌス帝の宮殿のような古代のモデルから引用したものである——と同様に玄関を強調している。

コルトーナは**ローマのサンタ・マリア・デッラ・パーチェ聖堂**のファサード（1656-57、p.965A）を新しくし、正面の小さな前庭を完全に構成し直した。そのデザインは、広場の設計手法の新たな幕開けとなった。広場の全ての立面は、ファサードをひきたせせるためにデザインされており、さらに広場に入りこむ3つの通りのうち2本は、より高い凝集力をもたらすために隠されている。ファサードの両側にある凹面状の翼屋は、空間をより大きくみせ、凸面状のファサードと効果的に好対照をなしている。半楕円形のポーティコ上のファサードは、サンティ・マルティーナ・エ・ルーカ聖堂を思わせるが、中央部の高まりを生み出すために別のシステムを使っている。ここでは、平坦なパネルからピラスター、そして円柱へという彫塑的な重みづけがなされている。

カルロ・ライナルディ（1611-91）と彼の父ジローラ

第29章　イタリア

A　サンタ・マリア・アッスンタ聖堂、アリッチャ（1662-64）　p.957 参照

B　サンティ・マルティーナ・エ・ルーカ聖堂内部、中央ドーム、ローマ（1635-50）
p.960 参照

A　サンタ・マリア・イン・モンテサント聖堂とサンタ・マリア・デイ・ミラーコリ聖堂、ローマ（1662-79）　p.963 参照

B　パラッツォ・キージ・オデスカルキ、ローマ（1664-）　p.960 参照

モは、17世紀ローマを代表する建築家一門となった。彼らはほとんどの場合、一緒に仕事をしていたが、カルロは自己最高の建築の数々を父の死後に生み出している。**ローマのサンタ・マリア・イン・カンピテッリ聖堂**（1663-67、p.964C）のための彼の設計案は、光に満たされたドーム付き内陣に続くトンネル・ヴォールトの身廊を備えている。堂内の力強い円柱の効果は、祭室を強調するように周到に計算されている。その彫塑的なファサードはエディキュラ型をしており、コルトーナによるところの大きい面の処理に複雑な様相をみせている。

ローマのポポロ広場（1662-79）は、街に入る一番北の門のすぐ内側にあって、多くの旅人にローマの第一印象を植えつけていた。教皇アレクサンデル7世は、その広場をモニュメンタルに飾る仕事をカルロ・ライナルディに依頼した。この地点には3本の街路が集まり、門の向い側に2つのくさび形の土地を形成していた。ライナルディは大きなドームを架けた2棟の教会堂、すなわち**サンタ・マリア・イン・モンテサント聖堂**と**サンタ・マリア・デイ・ミラーコリ聖堂**（p.962A）を装飾的建築として中央の街路の両側に計画した。一見すると同じようにみえるドームが異なった形（一方は楕円で、他方は円）をしているのは、異なった形状の敷地に起因している。

ローマのサンティ・ヴィンチェンツォ・エダナスタシオ聖堂（1646-50）は、ローマの建築家の大きな支配集団の一員であったマルティーノ・ロンギ・イル・ジョーヴァネ（1602-60）によって計画された。トレヴィの広場に面したファサードは、彼の代表作である。大胆に構想された3本の円柱からなる2つのグループが中央の入口を挟み、そのモチーフが上階に繰り返されている。円柱は少しずつ前方に迫り出し、それぞれのペアがペディメントで連結され、エディキュラが3つ重ねられたような印象を与えている。注意深く読み取ると、上下2層のシステムは扱い方に食違いがみられるが、このことがその強烈な印象を損なっているわけではない。

カルロ・フォンターナ（1638-1714）は、17世紀末のローマで最も影響の大きな建設事業を行った。彼は前世代の多くの巨匠たち——ベルニーニ、コルトーナ、ライナルディ——の製図師として働き、彼らの考えをユヴァッラやペッペルマンやギブスといった弟子たちを通じて国際舞台へと伝えた。**ローマのサン・マルチェッロ・アル・コルソ聖堂**のファサード（1682-83、p.964D）は、ボッロミーニやコルトーナのものとは対照的に読解が容易で、カルロ・マデルノのサンタ・スザンナ教会のような比較的単純なものに逆戻りしている。彼の建物は後期ローマ・バロックの古典的傾向をよく表している。

ヴェネツィア

ベルニーニとほぼ同時代に生きたバルダッサーレ・ロンゲーナ（1598-1682）は、17世紀のヴェネツィアで特に抜きでた建築家であった。**ヴェネツィアにあるサンタ・マリア・デッラ・サルーテ聖堂**（1631-、p.964A, B）は、パッラーディオのイル・レデントーレ聖堂と同じく、疫病の終焉を記念するためにヴェネツィア政府によって委託された。建物は、ドームを架けた2つの集中式空間、すなわち周歩廊を備えた八角形の会衆用の部屋と両側に2つのアプスを持つ正方形の内陣から成り立っている。隠し通廊によって連結された祭室は、八角形の外壁から外へ張り出している。それまでのヴェネツィアの教会堂のように、内部は飾り気のない単一色である。平面上でアプスの形をしたトランセプトは、パッラーディオのイル・レデントーレ聖堂を模倣しており、全体の形に関しては、サンミケーリのヴェローナのマドンナ・ディ・カンパーニャ聖堂——いずれも奉献教会堂である——の配置によく似ている。外部には凱旋門の形をした玄関ポーティコを備え、ドラムは彫像を頂いて高く伸び上がる巨大な渦巻装飾によって下の階と視覚的に結ばれている。

ロンゲーナによる**ヴェネツィアのパラッツォ・ペーザロ**（1652-1710）は、サンソヴィーノの確立した邸館形式を色濃く受け継いでいる。極めて彫塑的な7ベイのファサードは、角をまわって包み込んでおり、伝統的なヴェネツィアの特徴を備えている。兄弟で所有する邸館ではよくあったことだが、ルスティカ仕上げを施した下階には2つの玄関が付いている。単円柱と双円柱で構成された上階のリズミックな壁面構成は、ヴェネツィアらしい3部構成の外観を生み出している。

トリノ

テアティーノ会の司祭グァリーノ・グァリーニ（1624-83）は、三次元幾何学に魅せられた知識人で、彼の建築は空間的実験を特徴としている。彼はゴシック建築に対して同時代の人々よりも寛大で、彼の死後、1737年に刊行された理論書『公共建築論（Architettura civile）』の中ではゴシックの形態をオーダーに含めていた。彼は特にトリノで活躍したが、はるか遠くリスボン（サンタ・マリア・ダ・ディヴィーナ・プロヴィデンシア聖堂）やパリ（サンタンヌ・ラ・ロワイヤル教会堂。1662-）でも建築を手がけた。

トリノにあるグァリーニのサクラ・シンドーネ礼拝堂（1667-90、p.965B、p.966）は、大聖堂の東端部に付属

A サンタ・マリア・デッラ・サルーテ聖堂、ヴェネツィア（1631-）　p.963 参照

B サンタ・マリア・デッラ・サルーテ聖堂内部、ヴェネツィア

C サンタ・マリア・イン・カンピテッリ聖堂、ローマ（1663-67）　p.963 参照

D サン・マルチェッロ・アル・コルソ聖堂、ローマ（1682-83）　p.963 参照

第29章　イタリア

A　サンタ・マリア・デッラ・パーチェ聖堂、ファサード、ローマ
（1656-57）　p.960 参照

B　サクラ・シンドーネ礼拝堂ドーム、トリノ（1667-90）
p.963 参照

C　ラ・スペルガ、トリノ近郊（1717-31）　p.968 参照

966 | ルネサンスおよびそれ以後のヨーロッパとロシアの建築

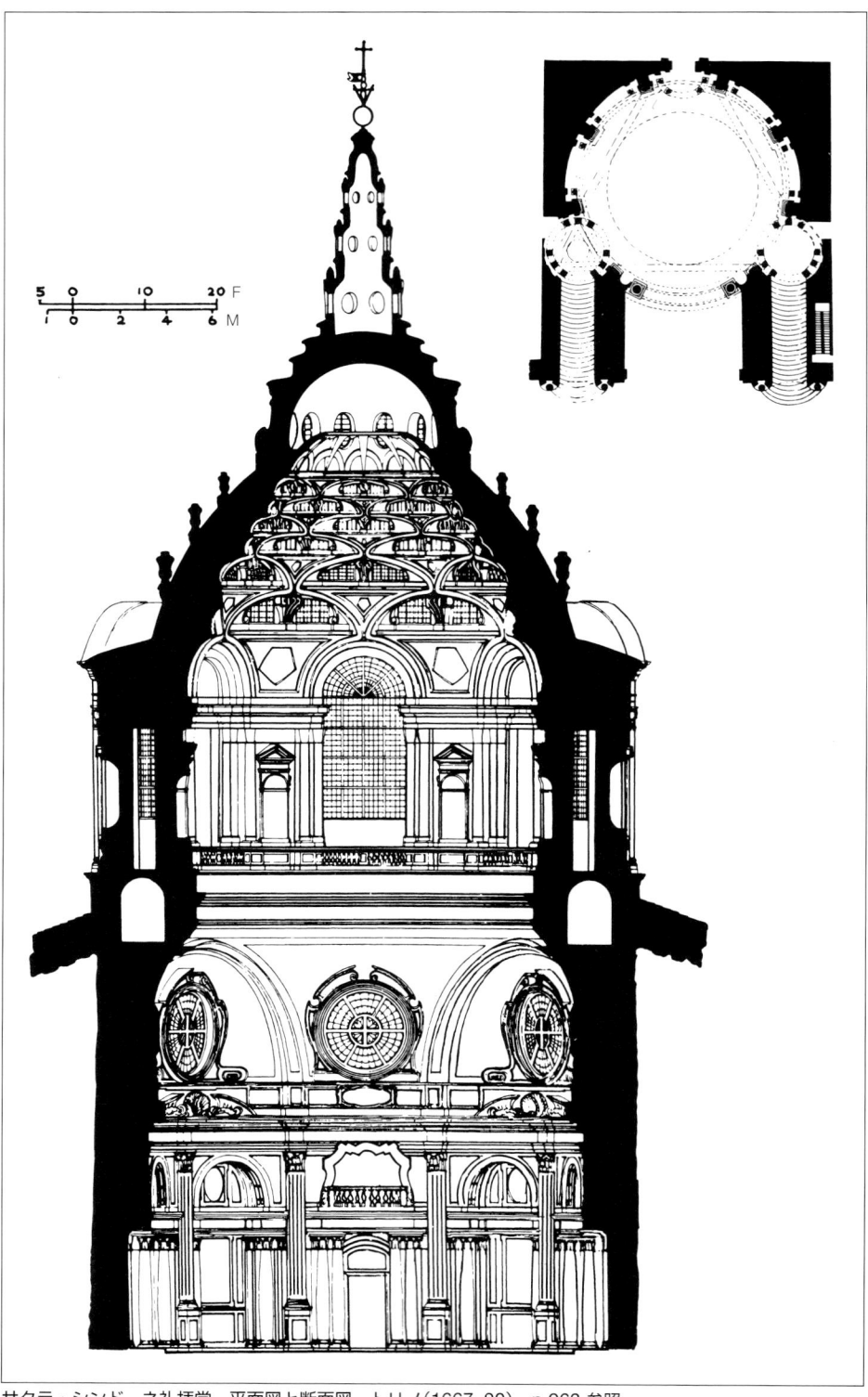

サクラ・シンドーネ礼拝堂、平面図と断面図、トリノ（1667-90） p.963 参照

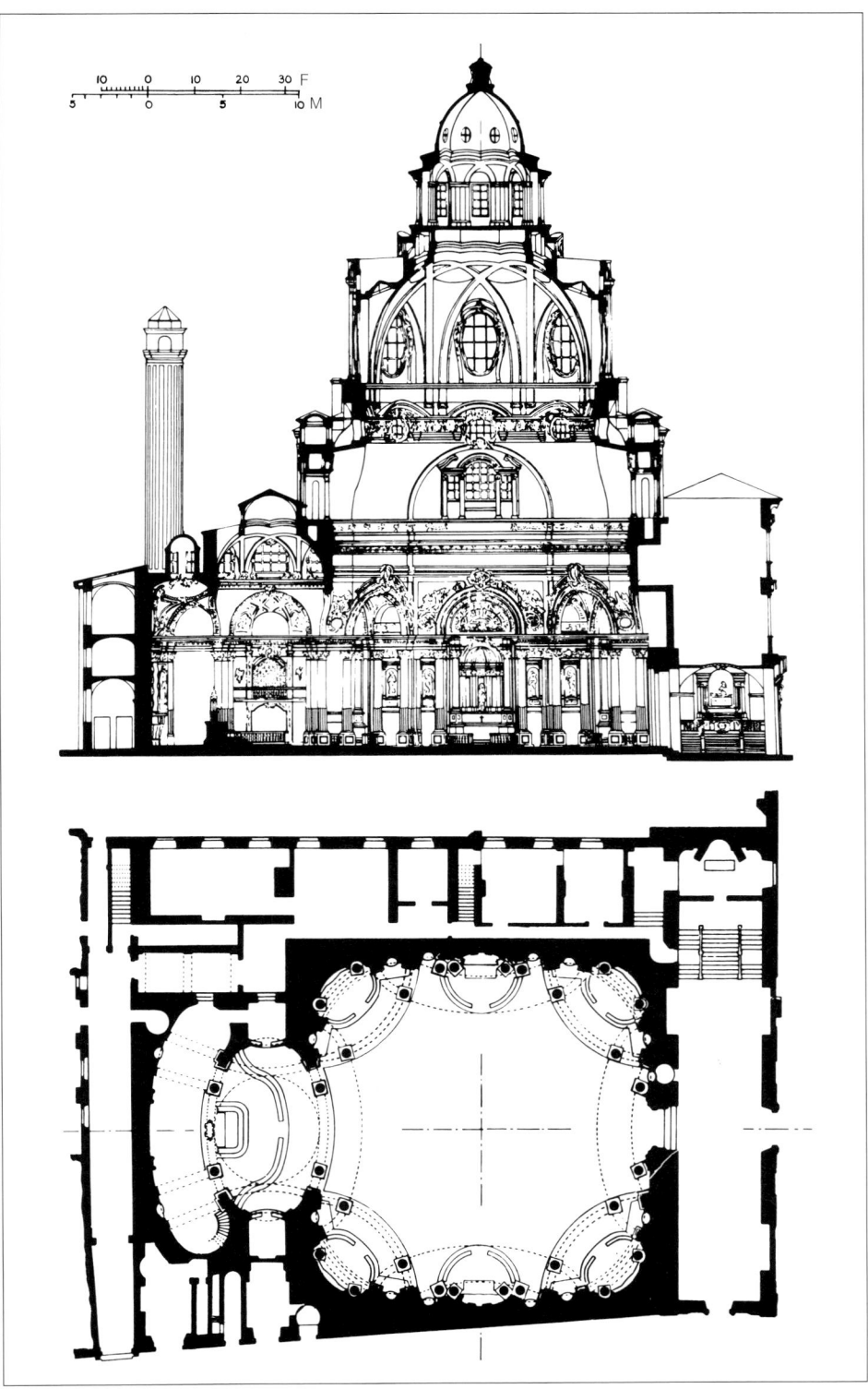

サン・ロレンツォ聖堂、平面図と断面図、トリノ（1668-87）　p.968 参照

している。興味深いこの円形の構造物は、当時、サヴォワの王家が手に入れたトリノの聖骸布を納めるために建設された。壁面は9つの等しいベイに分割され、上部では、珍しい三角形のペンデンティヴ・システムが、基礎平面の大きな円をドラムの小さな円へと移行させている。この形式は、入口の玄関ホールにみられる小宇宙的な造形に反映されている。格間の手の込んだ2種類の形状が、アプスとペンデンティヴとを区別しているが、これはグァリーニが好んだ効果の1つである。ドラムの高いアーチは、円形が六角形にかわるヴォールトの中に割り込んでいる。スクィンチとして機能する一連の独立リブにより、ヴォールトは宙に浮いた12芒星に向かって収斂していく。外観では、ドームを囲いこむ典型的なロンバルディア風のドラムが階段状に迫りあがり、ローマにあるボッロミーニのサンティーヴォ聖堂に似たらせん形の装飾を頂いている。

トリノのサン・ロレンツォ聖堂（1668-87、p.967）の場合、後ろに長方形の主祭室と前にポーティコを付けた四角いブロック状の外観は、卓抜な内部の理念をほとんど伝えていない。内部では、グァリーニは会衆用の主室内側に向かって膨らんだ湾曲した立面を用いて正方形を八角形にかえた。空間の錯綜した感じは、祭室内部の湾曲したエンタブラチュアによっていっそう高められている。巧妙なことに、八角形はペンデンティヴの高さでギリシア十字に形をかえ、さらにドラムの基部では円形になっている。網目状に交差した独立リブは、八角形の主題を再現し、豊かな透明感を生み出している。

トリノのパラッツォ・カリニャーノ（1679）は、グァリーニの最も有名な邸宅建築である。波打つ中央部分は、一対の大階段と楕円形の大広間を内包している。ファサードはスタッコ仕上げされていないテラコッタでできており、テラコッタは豪華な窓枠と特異なルスティカ仕上げを形成するようにかたどられている。

フィリッポ・ユヴァッラ（1678-1736）は、メッシーナに生まれ、グァリーニの建物がきっかけで建築に目覚めたが、修業はローマのカルロ・フォンターナの下で積んだ。ユヴァッラが建築家として頭角を現したのは、サヴォワのヴィットーリオ・アメデーオ2世がシチリア国王となって、トリノで彼に仕えるように命じられてからのことである。彼は工芸品や舞台設計の分野でも幅広く活躍した。

ヴィットーリオ・アメデーオ2世は、**トリノ近郊**にある**パラッツィーナ・ディ・ストゥピニージ**（1729-33）を依頼して、ユヴァッラに後期イタリア・バロックで最も豪壮なヴィラの1つをつくらせた。ユヴァッラはそれまでのヴィラの2軸性の長方形平面をやめ、3軸性の六角形に基づく形式を取り入れた。前庭は、全ての角に邸館の入口や通り抜け口を持つ閉鎖的な六角形の大きな広場に続いている。広場を圧倒しているのは、巨大な玄関広間を擁する楕円形ドームの架かったブロックで、全ての軸線は平面の焦点であるこの広間を通過している。このブロックは、平面にもアーチ形の窓にも現れている曲線的な造形によって、他の建物とは区別されている。ドームの上にのっている雄鹿は、この邸館の用途である狩猟小屋を意味している。

巡礼教会堂として丘の頂に建設された**トリノ近郊のラ・スペルガ**（1717-31、p.965C）は、教会堂と修道院を1つの複合体にまとめたものである。教会堂は四角い回廊の前にあって修道院の建物を見下ろしており、規模も材料も後者とは区別されている。教会堂の前には、3つの側面のそれぞれから人を入れる突き出した正方形のポーティコがある。内部でユヴァッラが訪れた人々に与えたのは、ドームとドラムに窓が付き、下層部には祭室の開口部のある背の高い円筒形の空間である。単純さという点で、それはわずか50年ほど前に建てられたグァリーニの教会堂とは好対照をなしている。

ユヴァッラによる**トリノ**の**パラッツォ・マダーマ**（1718-21）は、サヴォワのヴィットーリオ・アメデーオ2世のために建設されたもので、フランスとピエモンテ地方の建築の強い結び付きを反映している。9ベイのファサードは、ピラスターではなく円柱で構成された突き出した中央玄関を持っており、全体の傾向はヴェルサイユ宮殿の庭園側立面に近い。ファサードのほぼ全幅が、内部を大規模な階段室で占められている。

ベルナルド・ヴィットーネ（1702-70）は、主にピエモンテ地方で働いており、グァリーニとユヴァッラの両方の様式を吸収している。**トリノ近郊ヴァッリノットの聖廟**（1738-39）の外観は、縮小しながら階段状に重なる4つの層からなり、北イタリアにある周囲を囲まれたティブリオ型ドームの伝統を受け入れたグァリーニの解釈に本質的に似通っている。平面は六角形で、その各辺に半円形の祭室を設けている。祭室は1つおきに凸面状のバルコニーを備える。グァリーニのサン・ロレンツォ聖堂のように、主祭壇の後ろには半円形の周歩廊がある。とりわけ人目をひくのは、ドーム部分の空間的実験である。網目状に交差する6本の独立リブの間を通して、3つに重なったヴォールト天井——縮小する円窓を持つ、フレスコ装飾された2つのドームとその上にのるランタン——がみえている。各階層で平面を変化させるグァリーニの手法とは対照的に、ヴィットーネは、六角形の形態をそのまま維持し、水平ゾーンを視覚的に統一する試みをしている。

第29章　イタリア　969

レッチェのサンタ・クローチェ聖堂(1606-46)は、シチリアやナポリの影響を強く受けたバロック的な豊潤さを備えそればかりかバルコニーを支える彫像形の柱などの中ほどに葉形飾りの環を持つ円柱といった着想も併せ持っている。平坦な壁面は浮彫装飾の層と好対照をなしている。

パラッツォ・スタンガ(18世紀初期、…)に分かれた9ベイのファサードを持ち…は玄関の両側で対になったピラスター…る。幻想的な彫刻を施したアーチや窓…築特有の特徴である。

フランチェスコ・ドッティ(1670-1759)に…されたボローニャのマドンナ・ディ・サン・…聖堂のマリアの聖所(1723-57、p.970A)は、市…外の丘の上に建っている。手の込んだアーケード…が、聖所へ向かう巡礼路に沿っている。ギリシア十字形の湾曲した平面を持つこの教会堂の正面には、波のようにうねるファサードが付いている。

フランチェスコ・デ・サンクティス(1693-1740)は、ローマのスペイン広場とトリニタ・デイ・モンティ聖堂を結ぶ草の生えた斜面を、スペイン階段(1723-25、p.971A)として知られる劇的な階段につくりかえた。その幅広い階段の下の方は3つの昇降路に分かれており、まるでミケランジェロのラウレンツィアーナ図書館のように、中央の昇降路が広場の中へ迫り出している。丘を上るにつれて昇降路は狭く寄り集まり、広い踊り場の上で左右に分かれて広がり、さらに上の広場にいたる2本の湾曲した斜路に分かれている。

ローマのサンティニャーツィオ広場(1727-28)で、フィリッポ・ラグッツィーニ(1680頃-1771)は、コルトーナがサンタ・マリア・デッラ・パーチェ教会堂で確立した主題を再び取り上げ、1つの統一された空間――ここでは3つの連続した楕円形で構成される――を形作るようにいくつかの異なる建物の立面を利用した。ここでのデザイン上の決定は、建物よりもむしろ空間の形――都市計画に関するルネサンス的理念からの脱却――にかかわっていた。

ローマのトレヴィの泉(1732-37、p.971B)は、ニッコロ・サルヴィ(1696-1751)によって設計されたもので、彼は邸館のファサードと泉水を一体化するというコルトーナの着想をさらに発展させた。この泉は古代の水道(ヴィルゴ水道)の終点を示しており、15世紀の建造物に取って替わった。この情況において凱旋門モチーフが使われているのは、おそらくシクストゥス5世によってフェリーチェ水道の終点を飾るためにつくられた近くの泉から着想を得たのであろう。泉は単に邸館の正面に建っているだけでなく、それと一体化しており、人工の岩組からほとばしりでる水は、基礎階の階高まで高く噴き上がっている。

ローマのサン・ジョヴァンニ・イン・ラテラーノ聖堂のファサード(1733-36)は、アレッサンドロ・ガリレイ(1691-1737)によって設計された。この後期バロック古典主義の作例は、根本的にはローマのサン・ピエトロ大聖堂のマデルノのファサードをモデルとしていた。しかし、そこでは巨大な円柱の狭い柱間によって垂直性がいっそう強調されており、また明暗についても、ファサードのより多くの部分を開け放つことによってコントラストを生み出すことに成功している。使用された語彙は、ボッロミーニよりもむしろベルニーニからその手がかりを得ている。

ナポリのパラッツォ・サンフェリーチェ(1728)は、18世紀初期の最も有能で多作なナポリの建築家で、階段のデザインでは右に出るもののなかった巨匠フェルディナンド・サンフェリーチェ(1675-1750)によって設計された。ここの階段は中庭の片面全体を埋めつくしており、上っていく機能が中庭側の立面に表現されるように、両側が開け放たれている。

メッシーナのサン・グレゴーリオ聖堂のファサード(塔は1717年、ファサードは1743年)は、18世紀のシチリア建築の豊かな創造性をよく表している。ボッロミーニのサンティーヴォ聖堂からかなりの影響を受けているが、らせん形の頂塔は決してコピーではない。頂塔はそれ自体を小さくしたものに囲まれ、頂上に教皇の三重冠と鍵を頂き、聖ペテロを継承することの重要性を訴えている。ファサードは、ペディメントを曲がりくねった快活な頂部飾りにかえさせている。その尖った先端部やこれに付いた拳葉飾りは、ゴシックの破風に似ている。窓はエンタブラチュアを突き抜け、フランボワイヤン風のアーチ構造の中で面白い表情を生み出している。

ラグーサ・イーブラのサン・ジョルジョ聖堂(1746-75)は、ロザーリオ・ガリアルディによって設計された。このファサードの形式は、18世紀シチリアの典型で、徐々に低くなる複数の階層を持ち、教会堂のファサードと鐘塔の特徴を兼ね備えている。前方へ3段に突出する構造が、独立円柱によって示されており、ローマのサンティ・ヴィンチェンツォ・エダナスターシオ聖堂を想起させるが、ゆるやかに湾曲した中央ベイは、塔のような印象を増している。この形式をさらに豪華にした例が、モーディカのサン・ジョルジョ聖堂(18世紀)とカターニアのサン・プラチード聖堂(1769完成)で

970 | ルネサンスおよびそれ以後のヨーロッパとロシアの建築

A マドンナ・ディ・サン・ルーカ聖堂、ボローニャ(1723-57)　p.969 参照

B パラッツォ・スタンガ、クレモナ(18 世紀初)　p.969 参照

第29章 イタリア 971

A スペイン階段、ローマ（1723-25） p.969 参照

B トレヴィの泉、ローマ（1732-37） p.969 参照

C サンティ・シモーネ・エ・グイーダ聖堂、ヴェネツィア（1718-38） p.973 参照

5

A 王宮、カゼルタ（1752-） p.973 参照

B スカラ座、ミラノ（1776-78） p.974 参照

ある。

バゲリーアのヴィラ・ヴァルグァルネーラ(1709-39)は、トンマーゾ・ナポリによるもので、その街の周辺に散在するいくつかのすばらしい18世紀のヴィラの1つである。豊かに飾られた両流れ階段が、深い凹面状のファサードの中で波打ち、中央部にそびえる凸面状の玄関ポーティコに向かって開口している。その他の近くのヴィラには、**ヴィラ・パラゴーニア**(1705)や**ヴィラ・ラルデリーア**(1752頃)がある。

新古典主義

劇的な建築版画とギリシア建築を否定してローマ建築を支持したことで有名なジョヴァンニ・バッティスタ・ピラネージ(1720-78)は、実際に建てられた建築では最も重要な小品となった**ローマのサンタ・マリア・デル・プリオラート聖堂**を計画した。マルタ騎士団のために設計したこの教会堂は、手のこんだ五角形の広場の一角に位置する。装飾の大半は象徴的な意味を持っており、騎士団の紋章がファサードの柱頭に自由に演出されている。広場に変化をつけているオベリスクは、古代エジプトに対するピラネージの憧れを反映している。

ジョヴァンニ・アントニオ・スカルファロット(1690-1764)によって設計された**ヴェネツィアのサンティ・シモーネ・エ・グイーダ聖堂**(1718-38、p.971C)は、ロンゲーナのサンタ・マリア・デッラ・サルーテ聖堂の華麗な造形から出発し、パンテオンにヒントを得たいっそう厳格な古典主義へと移行している。ペディメントをのせたポーティコが中間的なブロックを挟んでロトンダの手前に取り付けられ、内部には張り出したタバナクルと円柱の障壁がある。ドームはヴェネツィアには伝統的な誇張されたビザンティン形式である。

ヴェネツィアのサン・ニコロ・ダ・トレンティーノ聖堂のファサード(1706-14)は、アンドレア・ティラーリ(1657-1737)の作品の方向転換を示している。サンティ・ジョヴァンニ・エ・パオロ聖堂のサン・ドメニコ礼拝堂のような初期の作品は、盛期バロックの伝統の中にあったのに対し、サン・ニコロ聖堂は本質的により古典主義的である。実際に建設されたのは、パッラーディオが考案した形式でヴェネツィアでは目新しいペディメント付きの六柱式ポーティコだけである。コリント式円柱は、ファサード奥のピラスターに対応している。パッラーディオの前例や後の新古典主義の作品と異なっているのは、ペディメントの中にある大げさな楕円形の窓である。

オランダのある風景画家の息子ルイージ・ヴァンヴィテッリ(1700-73)は、ナポリのカルロ3世から同市の北20マイルに位置する**カゼルタに王宮**(1752-、p.972A)を建設するよう依頼された。その広大な宮殿は1200の部屋を擁し、マドリードのエル・エスコリアル宮殿やイニゴー・ジョーンズのホワイトホール・パレスのデザインに似て、格子状に配列された4つの中庭を備えている。対称性の正確さを偏重する傾向は、同じ軸線上にある2つの別々の玄関広間に集中式の八角形の前室を繰り返し用いていることからも明らかである。これらの開放的な八角形の空間は、眺望の多様さを生み出し、しばしばそれが同時に多方向へ向かうことがある。舞台背景的な効果はバロックの趣味に由来するが、厳格な平面とファサードは、来るべき新古典主義を指向している。

ナポリのダンテ広場(1755-67)のためのヴァンヴィテッリの設計案は、17世紀の教会堂や邸館ファサードの湾曲した曲線を三日月形にかえたものである。中央には時計塔がそびえ、後方の道路へ導く凱旋門の上にのっている。こうした構想はフランスの城館の門に似ていなくもないが、その語彙はベルニーニのサン・ピエトロ広場からきている。

ローマのヴィラ・アルバーニの小神殿(1760頃)は、アルバーニ枢機卿の依頼でカルロ・マルキオンニ(1702-86)が彼の新しいヴィラ(1746着工)の園亭として設計したものである。アルバーニは、当時最高の理論家J.J.ヴィンケルマンを芸術顧問としていた。ヴィラは様式的には後期バロックに属するが、これらの小神殿は、古典古代に対する新しい見解を示している。テンピエット・ディルートは、概念的には18世紀イギリスの点景建築に似ており、古い建物の廃材でできている。それは古代の遺物を再現したものではなく、人生の無常を表す荒廃の象徴として考えられていた。

ローマにある**ヴァティカンのピオ・クレメンティーノ博物館**(1771着工)の建築家は、ミケランジェロ・シモネッティ(1724-81)であったが、コルティーレ・デル・ベルヴェデーレの北端を恒久的な博物館に変えることを発案したのは、教皇クレメンス14世であった。ベルヴェデーレの16世紀の彫刻庭園は、八角形の列柱を入れて改築された。とりわけ印象的なのは**円形広間**(1776-)で、これはコンポジット式のピラスター・オーダーに縁取られた同一形状のニッチが周囲に並ぶ、ドーム架構された円筒形の構造体である。屋階では、浴場窓が下のニッチの曲線を繰り返し、展示品に強い光を投げかけている。ルネサンス建築の影響は、交差部に隅切り角を持つブラマンテの教会堂デザインに似た**ギリシア十字形の広間**(1776着工)でさらに強まっている。ヴィラ・アルバーニの小神殿のように、建設にあたって古

代の石材が転用されており、床にローマのモザイクが使われる一方、古代の御影石の円柱や彫像が支持部材として利用されている。

ジャコモ・クァレンギ(1744-1817)による**ズビアーコのサンタ・スコラスティカ聖堂**(1774-77)の改築は、後に続く多くの新古典主義の教会堂の内装に1つの規範を提供した。単純なトンネル・ヴォールトの身廊は、アプス状の祭室に囲まれている。ヴォールトは内陣のところで高くかつ広くなっており、祭壇は半ドームがイオニア式円柱で支えられ、パッラーディオのイル・レデントーレ聖堂のように、スクリーン状になったアプスの中に収められている。時折使われている花綱飾り以外には、壁面に装飾は施されていない。

ジュゼッペ・ピエルマリーニ(1734-1808)による**ミラノのスカラ座**(1776-78, p.972B)は、18世紀末につくられた数多くの劇場の1つである。7ベイのファサードは、平滑な帯状のルスティカ仕上げを施したアーケード付きの1階を持ち、さらに上階はコンポジット式の双円柱のオーダーで区切られている。屋階は1700年代後期の特徴である絵模様の装飾を施したペディメントを頂いている。フランボワイヤン風の曲線的なデザイン傾向や同世紀初期によくみられた壁面装飾は、フランス建築に由来する厳格さに取って替わられている。

シモーネ・カントーニによる**ミラノのパラッツォ・セルベッローニ**(1780-94)は、同じ作者のジェノヴァのパラッツォ・ドゥカーレよりもはるかに印象的である。前者の場合、15ベイの長大なファサードは、ペディメントをのせた3ベイの中央部分を持っている。浮彫は、壁面を突出させてではなく、後退させてつくられているため、エンタブラチュアを支えるのに完全な円柱を必要としている。したがって、円柱は装飾としてではなく機能的な支持部材として考えられている。この浅い空間の奥行感は、欄干を取り込むことやオーダーの背後に連続した浮彫をめぐらすことによってさらに強められている。ペディメントの中のリュネット型の窓は、欄干付きロッジアとして巧みに処理されている。

ウィーンの建築家レオポルト・ポラック(1751-1806)は、ピエルマリーニの下で働いていた人物で、**ミラノのヴィラ・レアーレ・ベルジョイオーゾ**(1790-93)を設計した。その平面計画にはフランスの影響がみられ、中庭へは障壁を通り抜けて入るようになっており、また主屋の脇には2つの低い翼屋が付いている。中庭は、ドリス式の入口とイオニア式の正面以外は無柱式で、手の込んだ庭園側のファサードとは好対照をなしている。

18世紀末から19世紀初めにかけて、ミラノではたくさんの市門が建設された。**ミラノのティチネーゼ門**(1801-14)は、ルイージ・カニョーラ(1762-1833)によって設計されたもので、門というより小神殿のような姿をしている。併設された徴税所からは離れて建っており、ローマ時代のオクタヴィアヌスのポーティコをモデルとした、機能的というよりはむしろ象徴的な建造物で、ペディメントをのせた2つの神殿風正面は背中合せにされ、両側にアーチが付いている。その他、この時代の印象的なミラノの市門には、ロドルフォ・ヴァンティーニの**ヴェネツィア門**(1827-33)やジュゼッペ・ザノイアの**ヌオーヴァ門**、ジャコモ・モラッリアの**カルナジーナ門**がある。

パレルモの**植物園**にある**体育館**(1789-92)は、シチリアの宮廷で働いていたフランス人建築家レオン・デュフルニー(1754-1818)の作品である。そのデザインには、考古学者ル・ロワとともに行った研究が色濃く反映されている。立方体のブロックは、ディテールを故意に古めかしくしたドリス式オーダーを備えている。ドリス式の柱身の誇張されたエンタシスや重々しいエンタブラチュア、そして周囲をめぐる階段は、全て古代ギリシア様式、とりわけパエストゥムの神殿建築の特徴である。

パレルモのヴィラ・デッラ・ファヴォリータにある**パラッツィーナ・チネーゼ**(1799-1802)は、ジュゼッペ・マルヴリア作ともジュゼッペ・パトリーコラ作ともされるが、ブライトン・パヴィリオンを生み出したのと同じような東洋趣味から生まれた。明るくて軽やかな印象は、骨組支持構造の利用からきている。壁面を取り除きたいという欲求は、吹き放しのミナレットのような階段に特にはっきりとみることができる。門柱にも繰り返されている反りあがったポーティコの軒先は、発想の点で中国風であるが、イスラムやポンペイの芸術形態もまた登場している。そうしたさまざまな異国趣味の折衷を好む傾向は、ヴィチェンツァ近郊にあるヴィラ・ヴァルマラーナ・アイ・ナーニのG. D. ティエポロのフレスコ画にもみることができる。

ジュゼッペ・ヴァラディエール(1762-1839)の作品は、フランス建築の時流に対する親密さを反映している。**ローマ**にある**ミルヴィオ橋のアーチ門**(1805)は、同じ場所にある古代とルネサンスの両アーチ門を受け継ぐものであった。ヴァラディエールは、より軍事的な性格を帯びたデザインのために伝統的な凱旋門アーチを放棄した。2つに重ねられた立方体ブロックにおいては、オーダーにかかわる一切の関係が排除されている。それが要塞であることは、基礎部に並んだ砲台や平坦な帯状のルスティカ仕上げの使用によって示されている。どっしりとしたアーチの迫石は、後退した壁面から前方に突き出し、構造体に重量感を与えてい

る。

　ヴァラディエールが行った**ローマのジャルディーノ・デル・ピンチョ**（1806-14）の再開発は、それほど重々しい雰囲気にはなっていない。騎馬像を収めた印象的な3ベイのロッジアがテラスの垂直な壁を背にして設けられている。彼はその上にサン・ピエトロ大聖堂のすばらしい眺望を楽しむ園亭を建設した。半円形のイオニア式ポーティコが建物の入口を飾り、そのイオニア式の特徴が側面にも続いているが、そこに立っている独立円柱は、平凡な壺形装飾を付けている。

　ジュゼッペ・ヤペッリ（1783-1852）の最も有名な作品は、**パドヴァのカフエ・ペドロッキ**（1816-42）である。広く諸国を行脚したこの博識の建築家は、この新しい建築類型の最高の作例を生んだ。それは紳士の社交クラブとして運営され、図書室や舞踏場の他、食堂や撞球室まで含んでいた。ファサードには、2階の奥まった大きなコリント式ロッジアを挟んで、突出した2つのドリス式玄関が付いている。ギリシア復古主義とローマ復古主義の2つの要素が明らかで、ローマ起源のフリーズが玄関にある柱礎を欠いたギリシア風ドリス式円柱にみられる（第34章参照）。

　ポッサーニョのテンピオ・カノーヴァ（1819-33）は、ジョヴァンニ・アントニオ・セルヴァ（1753-1819）と新古典主義の大彫刻家アントニオ・カノーヴァ（1757-1822）が協力して設計にあたった。建物はカノーヴァの生まれた場所に建っていて、彼の墓を収めている。それは当時、建築的に評価の高かったパンテオンに着想を得ていたが、ブレーシャやヴェローナの墓地神殿のような同時代の他の派生作品と同様に、モデルをギリシア化していた。原作のコリント式オーダーは、ギリシア風のドリス式に変えられ、壁面装飾は基本的な幾何学形態を損なわないように最小限にとどめられている。

　印象的な**リヴォルノのチステルノーネ**（1829-42）は、パスクァーレ・ポッチアンティ（1774-1858）によって設計されたもので、エティエンヌ・ブレーのデッサンを思わせるようなファサードを備えている。壁体は窓の開口部以外は装飾されていないものの適度にあたたか味があり、一方、中央部はいかめしいドリス式のポーティコによって強調され、パンテオンの横断面に似た大きなニッチを頂いている。

訳／河辺泰宏

ルネサンスおよびそれ以後のヨーロッパとロシアの建築

第 30 章

フランス、スペイン、ポルトガル

建築の特色

フランス

1494 年から 1830 年にかけてのフランスの建築の発展は、便宜的に 3 つの様式上の時期に分けられよう。

① フランス・ルネサンスの時代（1494-1610）：イタリア戦争からアンリ 4 世の崩御まで。シャルル 8 世（1483-98）、ルイ 12 世（1498-1515）、フランソワ 1 世（1515-47）、アンリ 2 世（1547-59）、フランソワ 2 世（1559-60）、シャルル 9 世（1560-74）、アンリ 3 世（1574-89）、アンリ 4 世（1589-1610）の各治世。
② 古典主義の時代（1610-1715）：ルイ 13 世（1610-43）およびルイ 14 世（1643-1715）の治世。
③ ロココおよび新古典主義の時代（1715-1830）

フランス・ルネサンス

シャルル 8 世とルイ 12 世によるイタリアとの戦争は、イタリアの職人や建築書の移入を通して、間接的ではあるが古代ギリシア・ローマの影響を受けた新しい建築様式の導入を促した。

当初はイタリア・ルネサンス様式の細部が、伝統的な建築型（タイプ）、つまりゴシック様式のヴォールトやバットレス、ピナクルを持つ城館や教会堂に移植されただけであった。城館建築では、窓枠や正面壁を垂直方向につなぐために、また風変わりな装飾が施された屋根窓や煙突を美しく飾るために、オーダーが用いられた。教会堂建築でも、うわべのルネサンス様式の装飾要素にもかかわらず、諸比例や切石法についてはゴシック的考えがそのまま保持された。フランソワ 1 世の治下では、ロッソ・フィオレンティーノやプリマティッチョが、革帯模様やグロテスク模様、白色スタッコの彫像を多用したフォンテーヌブロー様式の装飾を始めた。この手法は、版画を通じて広くヨーロッパ各地に流布した。

セバスティアーノ・セルリオ（1475-1555）のフランス来訪（1540）や、フィリベール・ド・ロルム（1510 頃-70）、ジャン・ビュラン（1520/5 頃-78）のイタリア歴訪によって、各種オーダーは、表面的な装飾物としてよりも、構成の分節として確信をもって用いられることになった。ピエール・レスコー（1500-78）によるルーヴル宮殿のファサードは、ルネサンス様式にのっとったピラスター（片蓋柱〈かたふたばしら〉）のオーダーや彫刻的細部の見事な処理において、パッラーディオの初期の建築作品に比肩する。フィリベールの建築語彙（手法）は、より量感に富み、円柱に重きが置かれているものの、規則に縛られるものではない。彼は石材の結合部を帯状の装飾で隠したフランス式オーダーを提案した。ビュランは、城館建築に大オーダーと短く切ったリズムを導入した。一方、ジャック・アンドルーエ・デュ・セルソー 1 世（1520 頃-84）は、風変わりで気ままな表面装飾を好んだ。16 世紀後半は、垂直性の強調やルスティカ仕上げの愛好が高まりをみせた。とりわけ 1580 年から 1620 年にかけては、ルスティカ仕上げの隅石積みや補強石積み、長・短の切石を交互に積み重ねる窓の枠取りの使用に特徴がみられる。この方式が、ジャン・アンドルーエ・デュ・セルソー（1580/85 頃-1649）やフランソワ・マンサール（1598-1666）の初期の仕事に受け継がれていく。

古典主義時代

17 世紀のフランス建築の特徴をいうのに「古典主義」という語を用いるのは、古代のモデルの直接的な模倣の意をそこに含ませようとするのではなく、むしろ論理、均衡、明晰さに対する当時の好みを示そうとする

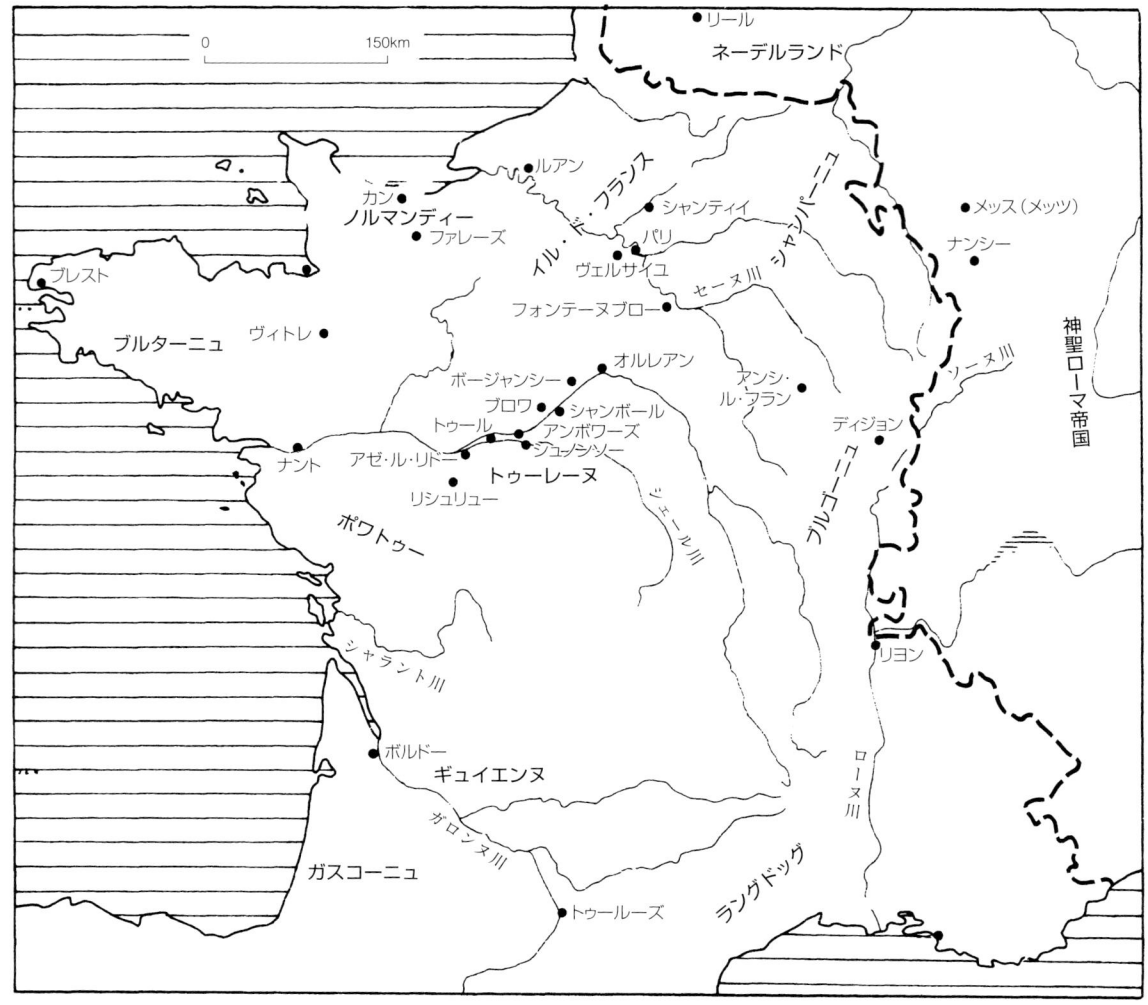

16世紀のフランス

ものである。2人の際立った個性の持ち主が、この時期の初めの過渡的な様相を伝えている。1人はピエール・ル・ミュエ(1591-1669)であり、彼のパリのダッシの邸館は、大きなピラスターにより印象的な中庭をつくりだしている。もう1人のサロモン・ド・ブロス(1571-1626)の量感に満ちた建築は、三次元への力感あふれる感性を特徴としている。

　古典主義時代の最も偉大な建築家は、ジャック・ルメルシエ(1585-1654)、フランソワ・マンサール(1598-1666)およびルイ・ル・ヴォー(1612-70)である。ルメルシエは謹厳な中にも律動感のある、ローマの16世紀後期の建築言語をフランス建築に持ち込んだ。彼の2層構成の教会堂ファサードは、ジャコモ・デッラ・ポルタ(第29章参照)の影響を強く受けている。マンサールの円熟した作品も、2本で1組の重層オーダーや単純なペディメント、さらには、いうまでもないが、彼の名を冠した二重勾配の(マンサード)屋根を多用しながら、同様に威厳のある抑制のきいたものとなっている。全体としては、17世紀のフランスはバロック様式に反抗したし、ベルニーニのルーヴル宮殿の設計は、フランスでは何ら好評を博さなかった。ルイ・ル・ヴォーは、コレージュ・デ・キャトル＝ナシオンのファサードの設計において、バロックの動的な盛り上りと劇的効果に最も近づいている。フランス建築が追い求め続けた主題は、盲壁を背にした対の独立円柱がつくりだすスクリーンであり、それは最初にルーヴル宮殿の東側ファサード(1667-)にみられる。これはおそらくクロード・ペロー(1613-88)によるものであろう。

　ジュール・アルドゥアン・マンサール(1646-1708)とジェルマン・ボフラン(1667-1754)は、17世紀後半から18世紀の初めにかけての最も興味深い建築家である。邸館の計画に際してさまざまな形状の部屋を巧みに用いたり、ファサードを極めて彫刻的に扱ってい

る点で、この両者は卓越している。内部の装飾は、スタッコや紙粘土による渦巻き、ニンフ、花輪の飾りや貝殻模様の使用により、この時期に一段と輝かしい普及をみせた。ボフランによる後期の内部デザインは、ドイツのロココにはなはだ大きな影響を与えた（たとえばヴュルツブルグの司教館）。

ロココと新古典主義

　フランスのロココは、本質的に室内の様式であって、建物外観のデザインに関しては、様式上の変わり目ははっきりしない。たとえあるとしても、ファサードのデザインは、鉛直のピラスターをしばしば補強石積みに用いながら、より簡素になり、かつオーダーへの依存が希薄になるぐらいである。これはくつろぎのある快適な邸館建築であり、私的および公的居室部分がいっそうはっきりと区別され、曲面をなす隅角や波状曲線が多用される。特にJ.A. メッソニエ（1695-1750）に結び付けて考えられるロココ装飾は、非対称のアラベスク模様、「C」や「S」字曲線の使用、さらにはロカイユとして知られる貝殻状装飾を特徴とする。フランスの教会堂建築のデザインにおいては、ロココは、典礼上の理由から、大した役割を果たさなかった。

　フランスの新古典主義の動きは、ルジェやローマのフランスアカデミーからもたらされた新しい、より考古学に立脚した考えばかりでなく、パリの建築アカデミーでの古典を範とする長い教育の伝統をもとに巻き起こった。当初は、アンジュ＝ジャック・ガブリエル（1698-1782）の作品に明らかなように、それは古代そのものへ戻るのと同じように、16世紀イタリアや17世紀フランスの様式に戻るものであった。ロージエ師の『建築試論』（1753）は、オーダーに関する構造上の理論を力説するものであり、この書は、古代のオーダーとゴシックの構造的軽快さとを結び付けたスフロのサント・ジュヌヴィエーヴ聖堂（パンテオン、1757-）へと結実した。クロード・ルドゥー（1736-1806）は、革命的な新古典主義を思わせる、量塊性に富む形状、力強いドリス式の形態といった単純化された初源的な建築語彙に次第に傾斜した。もっともこの様式による彼の作品は旧制度の末期にあたっている。そのいっそうの還元はエティエンヌ＝ルイ・ブレーのユートピア的なデザインにみられる。そこでは巨大なピラミッド、球および円筒が、機能的というよりも、象徴的な言語という形で語られている。新古典主義の持つ合理的かつ機能主義的な側面は、多大な影響を与えたJ.N.L. デュラン（1760-1834）の著作の中で理論的に記述された。これは新設されたエコール・ポリテクニークにおいて講義されたものである。ナポレオン帝政期には、家具や室内のデザインにギリシアやエジプトの様式が浸透するにもかかわらず、シャルル・ペルシエ（1764-1834）やピエール＝フランソワ＝レオナール・フォンテーヌ（1762-1853）、J.-F.-T. シャルグラン（1739-1811）、さらにはピエール・ヴィニョン（1762-1828）の建築には、古代ローマの建築諸例への回帰がみられる。

実　例

フランス（1500-1600）

　ゲヨンの城館（1502-10）は、ルアン大司教、ジョルジュ・ダンボワーズ枢機卿によって、一部にイタリア人職人を使いながら建設された。彼はルイ12世の主任司祭であり、ミラノの太守もつとめ、またフランスにおけるルネサンス芸術の保護者の草分けであった。主入口は、伝統的な城塞の塔門の形を踏襲しているものの、縦仕切りのある窓を垂直方向に連続した壁面としてまとめるために、イタリア風のピラスターを採用している。

　ビュリィの城館（1511-24、p.980G, H）は現在は廃墟となっているが、当初の姿はデュ・セルソーが描いた図からうかがい知ることができる。ルイ12世の廷臣であったフロリモン・ロベルテのために建てられたこの建物は、16世紀の城館デザインの手本となった。4基の塔に囲まれた方形の主中庭には、防御用の塔門を経て入る。右側には長いギャラリーが、左側には小部屋やサーヴィス用中庭に通じる入口が並ぶ。中心となる居館（主屋）は、奥行方向に1室の形式をとり、主中庭と庭園との間に配された。入口翼屋に付いた柱廊を別にすれば、ルネサンス様式の細部は窓間パネルと屋根窓に限られた。もっとも各立面には、連続する胴蛇腹によって、水平方向の一体感が与えられた。

　シュノンソーの城館の初期部分（1515-23、p.981G、p.982A）は、急勾配の屋根をのせた、4つの塔を持つ単純な長方形の建物で、シェール川の中に設けられた基礎の上に建つ。建物を二分する長い中央廊下には、踊り場のあるイタリア風のまっすぐな階段室が開く。5つのアーチからなる橋は、ディアーヌ・ド・ポワティエのためにフィリベール・ド・ロルムによって増築された（1556-59）。マニエリスト風の窓が付く上階のギャラリー（1576）は、ジャン・ビュランの作である。

　ジル・ベルトロによって建てられた**アゼ・ル・リドーの城館**（1518-27、p.982B）は、堀に囲まれた、塔のあるコンパクトなL字形平面をなしている。窓や胴蛇腹の水平、垂直方向のパネル割りが、幻想的な玄関パヴィ

CHATEAU DE BLOIS

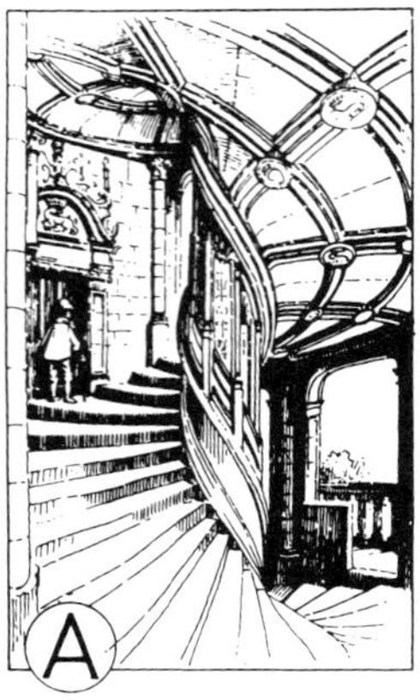

A 階段塔内部（フランソワ1世）

B 鳥瞰図

C 階段塔（フランソワ1世、平面図のxの位置）

D 集合煙突（フランソワ1世）

x
13世紀
15世紀
ルイ12世の時代（1498–1504）
フランソワ1世の時代（1515–24）
ガストン・ドルレアンの時代（1635–38）
入口
50 0 50 100 150 200 F
10 0 10 20 30 40 50 60 M

E 平面図

F マントルピース（フランソワ1世）

CHATEAU DE BURY

堀
付属礼拝堂
庭園
庭園
160.0
中庭
堀
50 0 50 100F
10 0 10 20 30 M
堀
堀
入口

G 平面図

H 鳥瞰図（復元）

ブロワの城館（上）。ビュリィの城館（下）

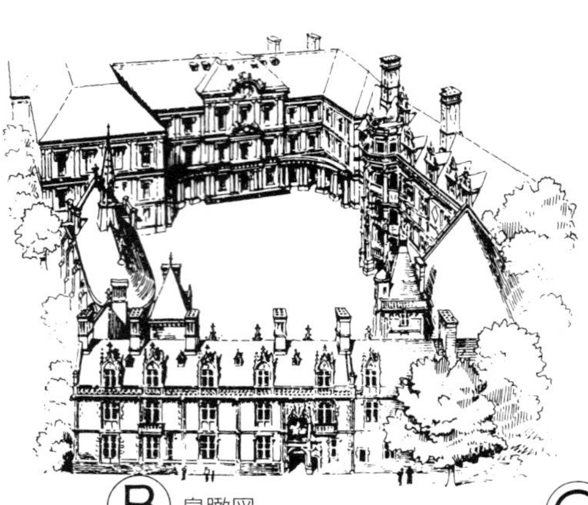

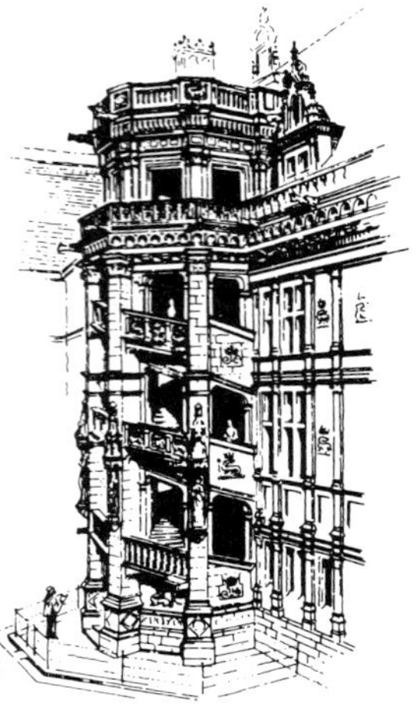

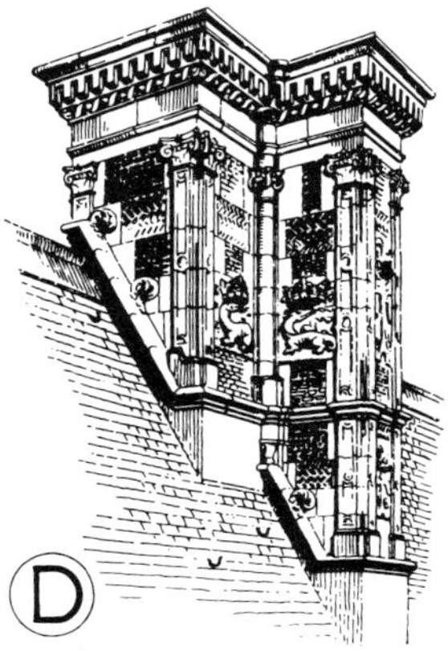

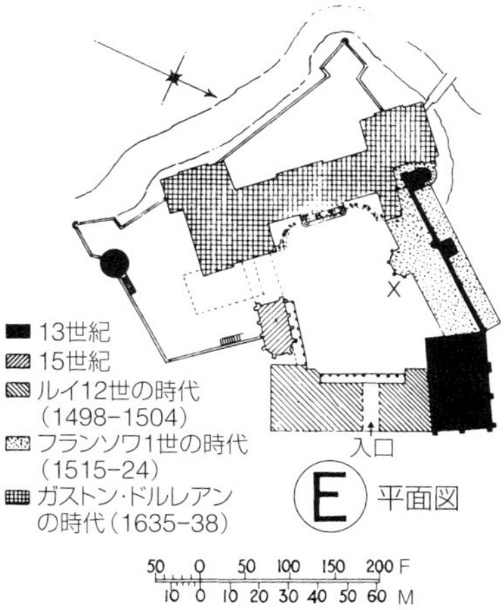

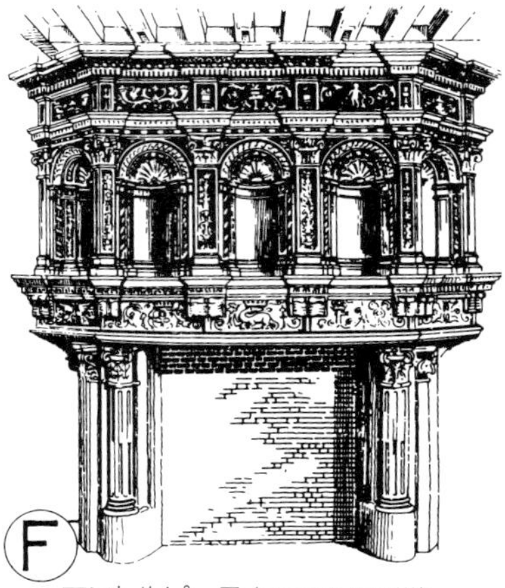

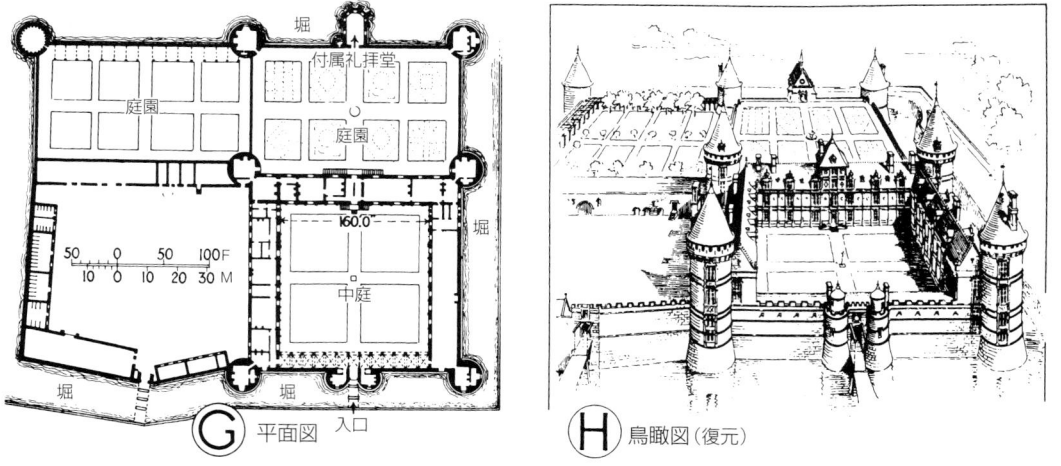

第30章 フランス、スペイン、ポルトガル

城館の細部

A シュノンソーの城館(1515-23)　p.979 参照

B アゼ・ル・リドーの城館(1518-27)　p.979 参照

A　ブロワの城館（1515-24）　p.985 参照

B　シャンボールの城館（1519-47）　p.985 参照

CHATEAU DE CHAMBORD

Ⓐ 南からの鳥瞰図
Ⓑ 屋根窓と煙突
Ⓒ 平面
Ⓓ 階段室（a部）
Ⓔ 屋根窓と煙突
Ⓕ 採光塔（ランタン）（b部上部）
Ⓖ 二重らせん階段室（b部）

シャンボールの城館

リオンによって断ち切られ、そこには、任意の比例を与えられたオーダーが、ゴシック様式のニッチや彫刻的な壁パネルと一緒にところどころ組み込まれている。

ロワール地方での建設工事は、1年のうちのかなりの期間、宮廷をこの地に移したフランソワ1世によって押し進められた。**ブロワの城館**(1515-24、p.980A-F、p.983A)では、既存の中世の城塞に翼屋を付け足した。中庭側のファサード(かなり修復されている)は、パネル割りされた方立と垂直に連なるピラスターを有し、その頂部には古典様式のコーニスのような入り組んだ飾りが付く。フランソワ1世の紋章で飾られた多角形の階段塔は、透かし細工を思わせ、ファサードから突出して全体を支配している。町に面したファサードには屋根の架かった開放的な柱廊テラスと、その下にロッジアが組み込まれている。全体の調子は、ブラマンテやラファエッロの手になるバティカン宮殿のロッジアを想起させる。この城館は、ガストン・ドルレアンのために、フランソワ・マンサールによって完成され(1635-38)、他の中庭ファサードは彼による。

フランソワ1世の2番目の建物は、**シャンボールの城館**(1519-47、p.981C, F, H、p.983B、p.984)であるが、これは平面計画の面でも、構造の面でも、ロワール河畔の城館の中で最も興味深いものである。当初の木製模型は、イタリア人のドメニコ・ダ・コルトーナによるが、建設に際してはかなり変更が加えられた。ロモランタンでフランソワのために宮殿を設計したレオナルド・ダ・ヴィンチが関与していたのかもしれない。シャンボールの城館は、4つの塔を配した外郭の内側に、同じく4つの塔がそびえる正方形の「天守(ドンジョン)」を持ち、一見したところ平面的には中世風であるが、意匠的にはルネサンスの活力をたたえている。天守では各階とも、ヴォールトを架けた4つの長方形ホールが十字形をつくるように並び、その中央には壮大な二重螺旋の開放的な階段が付く。この階段では、人々は出会うことなく同時に上り下りできる。この階段室と補助の階段室は、ともに頂部にランタン(採光塔)を頂く。十字形の各隅部および塔内には、ホール、寝室および「執務室(キャビネ)」を擁するそれぞれ独立した居館が入る。急勾配の屋根には華麗な屋根窓や高さの異なる煙突が立ち上がり、その下部は平坦なテラスとなる。テラスは同じく十字形平面を繰り返し、手摺が天守のテラス全体をめぐる。細部の彫刻には、フランスからドイツにまたがる多くの石工の、個性的な手並みがみられる。

マドリッドの城館(パリ、1528-、現存せず)は、フランソワ1世がパリに居を定める決意を表明したものである。平面は2つの方形の居館棟を、中央ホールを含むやや後退した棟がつないでいた。塔の間には重層のロッジアが組み込まれ、それらが外観を分節した。ジローラモ・デッラ・ロッビアが仕上げた多彩色のテラコッタで建物の内外を飾る。**サン・ジェルマン・アン・レイの王室の城館および狩の館(ラ・ミュエット)**は、同時期にピエール・シャンビージュとその弟子たちによって建設された。

フランソワ1世の時代に建設された**フォンテーヌブロー宮殿**(p.981A, B, D, E、p.986B)は、ジル・ル・ブルトン(1553没)によって建てられた。フランソワ1世は古い建造物にドレの門を付け加えた。門の重層アーチの両側には、ピラスターの付いた塔が建ち、塔は垂直方向に連続するタバナクル風の窓で強調されている。その効果は何かウルビーノのパラッツォ・ドゥカーレ(第29章、p.905参照)を彷彿とさせる。「白馬の中庭」は、白色の漆喰と好対照をなすレンガないし石造のピラスターが実直なさまを呈するが、今日では主に、ジャン・デュ・セルソーによる大胆華麗な(二重曲線の)馬蹄形階段で有名である。フランソワ1世による増築で最も注目されたのは、イタリア人画家、イル・ロッソ(ロッソ・フィオレンティーノ、1494-1540)による着彩およびスタッコ装飾で飾られたギャラリー(p.986A)であった。その装飾画は、「フォンテーヌブロー派」の範となった。フォンテーヌブローのもう1人の有名なイタリア人画家は、フランチェスコ・プリマティッチョ(1504/5-70)で、1540年代の建設工事の建築家を務めた。彼はジュリオ・ロマーノの手法(男像柱がルスティカ仕上げのファサードに付いている)で「松の庭園のグロッタ」(1543頃)を、またヴィニョーラのより格式ばった「正統」を思わせる「美しい暖炉の翼屋」(1568)を設計した。後者は隅部にパヴィリオンを持つ長い翼屋で、中央には凱旋門のモチーフが嵌め込まれている。主入口から、対をなす外部階段が両側のパヴィリオンへと昇っていく。

この世紀の前半、50年間の教会建築は、ゴシック様式の構造にルネサンス様式の細部を接ぎ木することに特徴がある。パリの**サンテティエンヌ・デュ・モン聖堂**(1517-、p.987A)は、アーケードとその間にギャラリーを持つ特異な身廊形式をなす。そのギャラリーをつくる有名な内陣仕切り(ジュベ、1545頃)には片持ちのらせん階段が付き、フィリベール・ド・ロルムによるものとされているが、施工の面ではむしろ粗雑な感を免れない。正面ファサードの中央部は1610年から1625年に加えられたものであり、三角形のペディメントをのせる凱旋門アーチがリブ付きのコリント式半円柱に支えられ、その半円柱はさらに上のバラ窓を囲む弓形のブローケン・ペディメントへと続く。

パリの**サントゥスタッシュ聖堂**(1532-1640、p.987B)は、ノートル・ダム大聖堂に似たゴシック様式の平面

A フォンテーヌブロー宮殿、フランソワ1世のギャラリー　p.985 参照

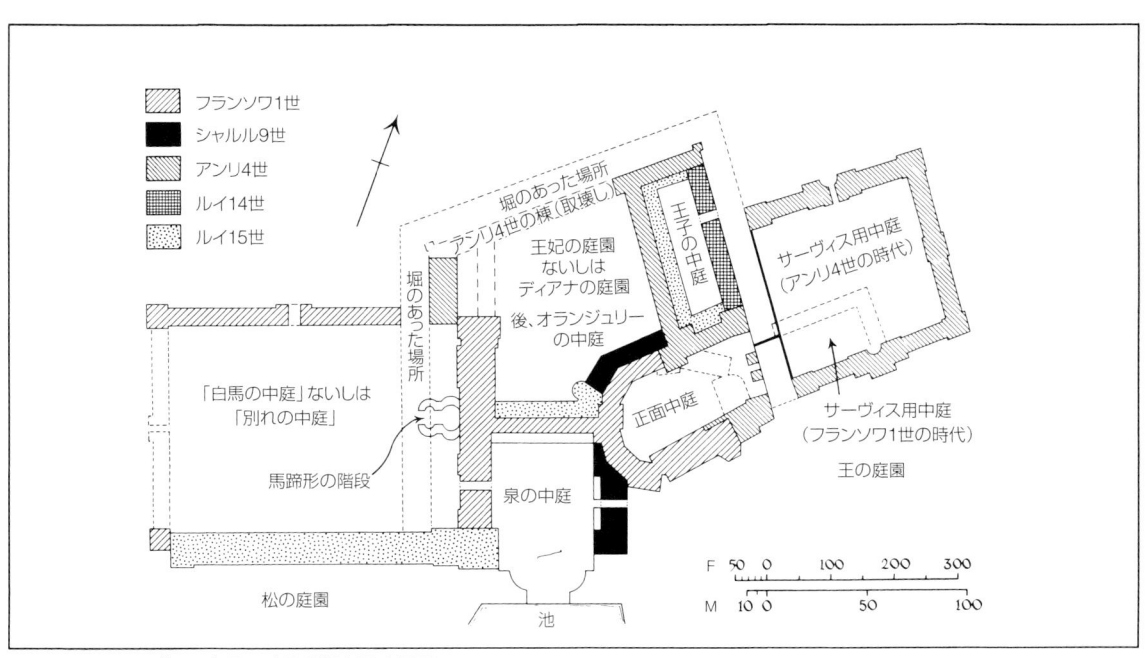

B フォンテーヌブロー宮殿、建設時期を示す平面

A　サンテティエンヌ・デュ・モン聖堂、パリ（1517-）、「ジュベ」（1545頃。側廊を横切る障壁〔スクリーン〕は 1606）　p.985 参照

B　サントゥスタッシュ聖堂、パリ（1532-1640）　p.985 参照

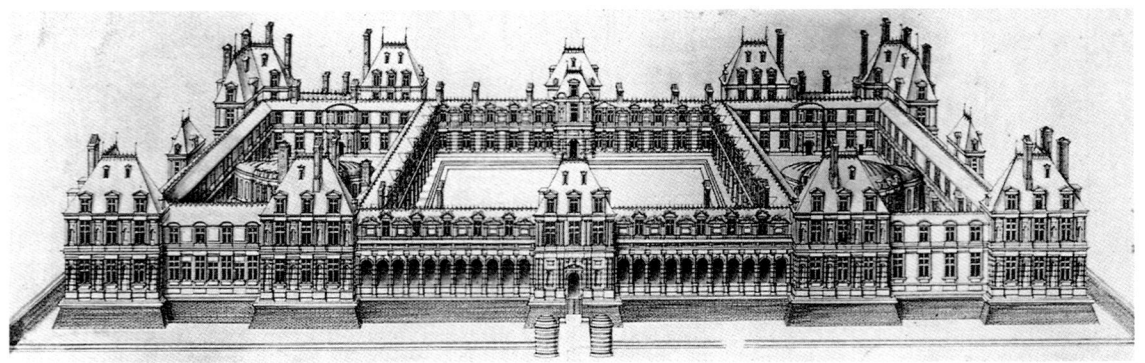

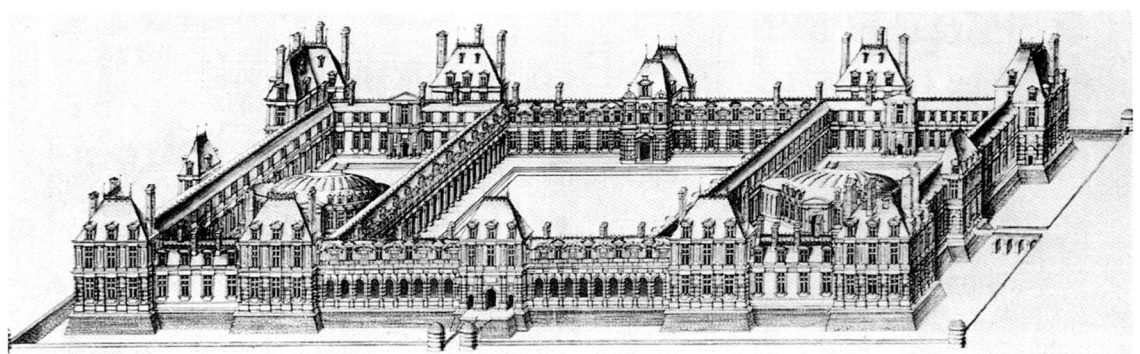

A テュイルリー宮殿、パリ（現存せず）。ジャック・アンドルーエ・デュ・セルソー1世により1579年に作成された図。（上）西側からの眺め、（下）東側からの眺め　p.990参照

B ルーヴル宮殿、アポロンのギャラリー（ルブランによる内装、1662）、パリ　p.990参照

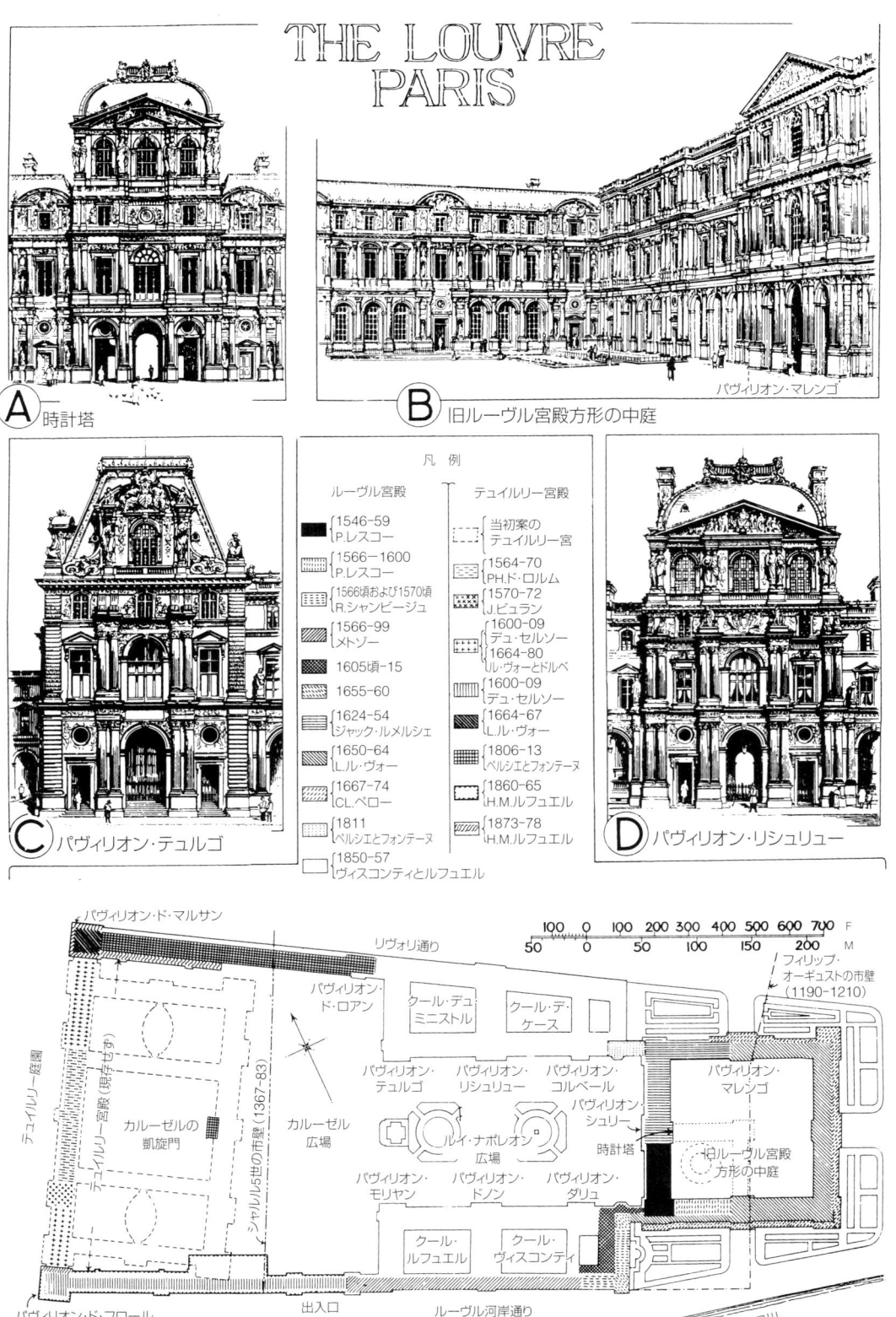

ルーヴル宮殿、パリ

だが、ルネサンス様式の細部を持つ。内部では、オーダーがリボンのように引き伸ばされたり、また望遠鏡のように縮められて、支柱群にあわせて任意に付け加えられている。全体的印象は、空間の持つはなはだ荘重な感覚とあいまって、ゴシック様式のそれである。ここに付けられた重層の神殿正面風の落ちついたファサード(1754-)は、ジャン・アルドゥアン・マンサール・ド・ジュイによる。

ディジョンの**サン・ミシェル聖堂**(1537-)では、双塔形式の正面の半円アーチや付加されたオーダーが、妙にロマネスク様式に近い効果をつくりだしている。

セバスティアーノ・セルリオ(1475-1555)は、大きな反響を呼んだ建築書の第4巻と第3巻をベネツィアで出版(1537、1540)した後、1540年にイタリアからフランスにやって来た。彼はフランスでも出版を続け、建築実務家としてよりも著述家としていっそう重要である。彼の実作品の中では、アントワーヌ・ド・クレルモン=トネールのために建てたブルゴーニュ地方の**アンシ・ル・フランの城館**(1546頃-)が最も完成されている。そのさまざまな計画案が、住居建築を扱う第4書の中にみられる。これは方形の中央中庭を持つ、4つの塔からなる構成である。ピラスターの分節は、外部ではドリス式、中庭側ではコリント式となっており、後者における凱旋門形式の反復はブラマンテのコルティーレ・デル・ベルヴェデーレの中庭を受け継いでいる。プリマティッチョ、ニッコロ・デッラバーテ、フィリップ・カンタン他による内部の装飾は、見事な完璧性を備えている。

セルリオによる住宅、つまりローマ教皇大使、イッポリート・デステ枢機卿——ティボリのヴィラ・デステ(p.947参照)の建設者——のための、**フォンテーヌブローのル・グラン・フェラール**(1544-46)は、現存しないが、フランスの邸館デザインに大きな影響を与えた。セルリオの図面は、1室分の奥行を持った3つの翼が中庭を囲んで並び、中庭の残りの1辺は、ルスティカ仕上げの門(現存)を構える塀によって前面道路と隔てられるさまを表している。中庭奥の主屋(コル・ド・ロッジ)は、中庭と背後の庭園の双方から光がさしこむ一連の部屋からなり、左側の翼には長いギャラリーと礼拝堂が、右の翼にはサーヴィス諸室と厩舎中庭がある。

フランソワ1世は、**パリのルーヴル宮殿**(1546-、p.988B、p.989)の中世に建設された宮殿部分の建て替えに着手した。ピエール・レスコー(1500-78)は、方形の中庭の最初の翼を新たに設計し、そこで各種オーダーのイタリア的建築言語を用いながら、全くのフランス的解決にいたる手腕を示した。9ベイからなるファサード(後代の「時計塔」の左側)は、3つの凱旋門風の玄関正面によって際立っている。コリント式オーダーの上にコンポジット式のそれがのり、グージョンの手になる屋階部分の豪華な彫刻とともに、全体に華やかに装われている。カトリーヌ・ド・メディシスは、このレスコーのデザインを中庭の南側にもまわし、ルーヴル宮殿と**テュイルリー宮殿**(p.988A)を結び付けようと考えた。それは、彼女の命によりフィリベール・ド・ロルムによって、セーヌ川沿いのギャラリーから開始されるが、ほぼ300年の間、完全には完成をみることのない計画であった。

レスコーによる**パリのカルナヴァレの邸館**(1550-)は、平面的にはセルリオのグラン・フェラールをより小さくしたものである。ルスティカ仕上げの入口(いくぶんマントヴァのジュリオ・ロマーノ自邸〔第29章、p.926参照〕の手法による)は、もともとは2つのパヴィリオンの高い翼屋の間のスクリーンであった。これと中庭はマンサールによって完成され、19世紀に入って「復元」された。主屋の中庭奥に面するファサードは、第2のコーニスまでレスコーの手になるが、オーダーのかわりに(グージョンの手法で彫刻された)幅のある四季像の浮彫(レリーフ)パネルを採用している。その後の改変にもかかわらず、カルナヴァレの邸館は16世紀中葉の邸館の最もよく保存された例である。

フィリベール・ド・ロルム(1510頃-70)は、16世紀の最もよく知られたフランスの建築家であるが、それは彼の2つの建築書(1561年と1567年)のためでもある。彼はイタリアや古代ローマの学識(1533-36年の3年間ローマに滞在)と、フランスの石工術(切石術)とを結び付けた。

アンリ2世の寵姫、ディアヌ・ド・ポワティエのために、フィリベールはノルマンディに**アネの城館**(1541-63、p.991B)を設計した。礼拝堂と入口主門だけが「現地に」残っており、オーダーを付した中庭側の主屋中央部は、現在、パリのエコール・デ・ボザール(美術学校)にある。レスコーによるルーヴル宮殿の方形の中庭の建物と比較すると、フィリベールの主屋中央部は、独立円柱と多彩色の細部によって、より大胆かつ三次元的である一方、洗練さには幾分欠ける。礼拝堂は平面的には円形をなし、直接、古代に典拠を求めている。入口主門は異質な形をした要素の一風変わった集積となっている。

ジャン・ビュラン(1520/5頃-78)は、才能に恵まれた建築家であり、2つの建築書(1563、1564)の著者でもあったが、彼の建築作品はほとんど残っていない。彼は、パリの北方、**エクーアンの城館**(1538-55)に増築されたパヴィリオン(1560頃)で、フランス建築に大オーダーを導入した。その横のニッチには、ミケラン

A 小城館（プティ・シャトー）、シャンティイ（1560頃-）　p.993 参照

B アネの城館（1541-63）、主屋中央部（現在、パリのエコール・デ・ボザールの中庭に保存）　p.990 参照

C サン・ジェルヴェ聖堂、パリ（1616-21）　p.995 参照

A　グロボワの城館、セーヌ=エ=マルヌ県（1600 頃）　p.993 参照

B　ヴォージュ広場、パリ（1605）　p.993 参照

ジェロの《瀕死の奴隷》と《抗う奴隷》が収められる予定であった。エクーアンは、方形で4つの塔を配する初期の城館のパターンを踏襲しているが、正面中央部や手のこんだ屋根窓、さらには暖炉やフリーズのはなはだ独創的な装飾を伴った内部設計の明快さでは卓越している。

ビュランの独創性はおそらく、エクーアンと同じ施主、フランス軍総指揮官(大元帥)アンヌ・ド・モンモランシーのために設計された**シャンティイの小城館**(プティ・シャトー)(1560頃–、p.991A)にみられる。この城館は、旧城館(19世紀に再建)に接する中庭の三方を囲んで、湖の中に建つ。全てのファサードが異なっているものの、相互に完全に調和している点で、この建物は驚嘆に値する。最も独創的なのは、オーダーの用い方である。それは各層にまたがるが、屋根窓へと続く奇妙な上階の窓によって突き破られているのである。つまり律動感が強められながらも巧妙に抑制されている。

建築家の名家というものを築いたジャック・アンドルーエ・デュ・セルソー1世(1520-84)は、当代の建物や計画案の版画図版を含んだその『建築書』(1559-72)でよく知られている(p.886参照)。彼はまた、2つの重要な城館、シャルル9世のための**ヴェルヌイユの城館**(1568)と**シャルルヴァルの城館**(1570–)を設計したが、両者とも現存しない。彼の出版物にみられるように、それらのファサードは、過剰なまでの細部に満たされている。

ルイ・メトゾーによって、アンリ2世の庶出の娘ディアーヌ・ド・フランスのために建設された**パリのラモワニョンの邸館**(1584–)は、16世紀後半期の最も洗練されたパリの邸館である。中庭のコリント式の大ピラスターは、フリーズ部分が屋根窓によって分断されて凹面状の部分と化し、ミケランジェロや後期のパッラーディオへの十分な理解をみせている。

フランスの16世紀の建築は、宮廷社会から外れた地方では、各地の伝統や諸々の勢力、建設材料の多様さを反映している。この世紀の初めには**コンピエーニュ**(1502-10)、**オルレアン**(1503-13)、**ボージャンシー**(1526)の各**市庁舎**が、鐘楼のある同じようなフランス系フランドル風の案で建てられている。もっともオルレアンでは、窓枠の線を垂直方向に連続させるように、ピラスターが用いられている。

北フランスは長くフランドルの影響下にあり、木造の伝統が保持された。ルアンのような都市の町屋には、木造建築へのオーダーの導入がみられる。

フランス南西部およびプロヴァンス地方では、古典主義の影響は、そこに「存在する」古代の遺跡に直接、基づいている。ギョーム・フィランドリエ(フィランダー)は、セルリオの翻訳者であり、ウィトルウィウスの注釈者であるが、完全なローマの教会堂ファサードを小型にしたものを、**ロデズ大聖堂**に破風として付け加えた(1562頃)。**アヴェイロンのブルナゼルの城館**には、独立円柱の付いた重厚な凱旋門モチーフで構成されたスクリーンがある。

ニコラ・バシュリエは極めて彫刻性に富んだ仕方で、多くの優れたルネサンス様式の建物をトゥールーズに建てた。**バジの邸館**(1538)の出入口は、表現豊かに刻まれたヘルメス柱像によって支えられる。**アセザの邸館**(1552-62)の中庭では、おそらく別の建築家によるものであろうが、セルリオによって広められたブラマンテの連続する凱旋門モチーフが、高度に三次元的な形で用いられている。**エクサン=プロヴァンス近くのエギュの塔**(1571)では、地方の古代遺物のはなはだ直接的な使用がみられる。

ディジョンには、16世紀の立派な邸宅がいくつか残っており、その中でも最も華麗なものは、ユーグ・サンバンによる**ミルサンド館**(1561頃)であるが、これは粗い花綱飾りや、人や動物の頭部および、渦巻の装飾で覆われている。その印象は、もっと北の地方建築にみられるように、イタリア的というよりフランドル風である。

フランス(1600-1750)

セーヌ=エ=マルヌ県の**グロボワの城館**(1600頃、p.992A)は、フランスにおける16世紀の転換を特徴づける工夫に富んだレンガと石の混成手法で建てられている。つまりレンガの補強積みや隅石積みが、真っ白なスタッコ面を引き立たせている。中心の居住棟と両端のパヴィリオンの前方に2つの低い翼屋が張り出すことで、U字形の平面が形成される。正面ファサードの人目を引く凹面のカーブは、おそらくフォンテーヌブローの廐舎から発想を得た。

パリの**ヴォージュ広場**(かつては「王の広場」。1605、p.992B)は、カトリーヌ・ド・メディシスの考えを取り入れながら、アンリ4世の命によって旧トゥールネル宮殿の敷地に開発された。中央に騎馬像を置くのは、ミケランジェロのカンピドーリオ広場(p.940参照)を彷彿とさせるが、公的な建物よりむしろ一定の形式にのっとった個人住居によって広場を取り囲む考えは斬新である。アーケードは連続し統一されているが、住居は4ベイごとに独立した屋根を持ち、補強積みによって強調されている。軸上に並ぶ2つのやや大きい棟は、王と王妃のためのものであった。

パリの**フランス広場**(1610–、p.994A)は、ほとんど

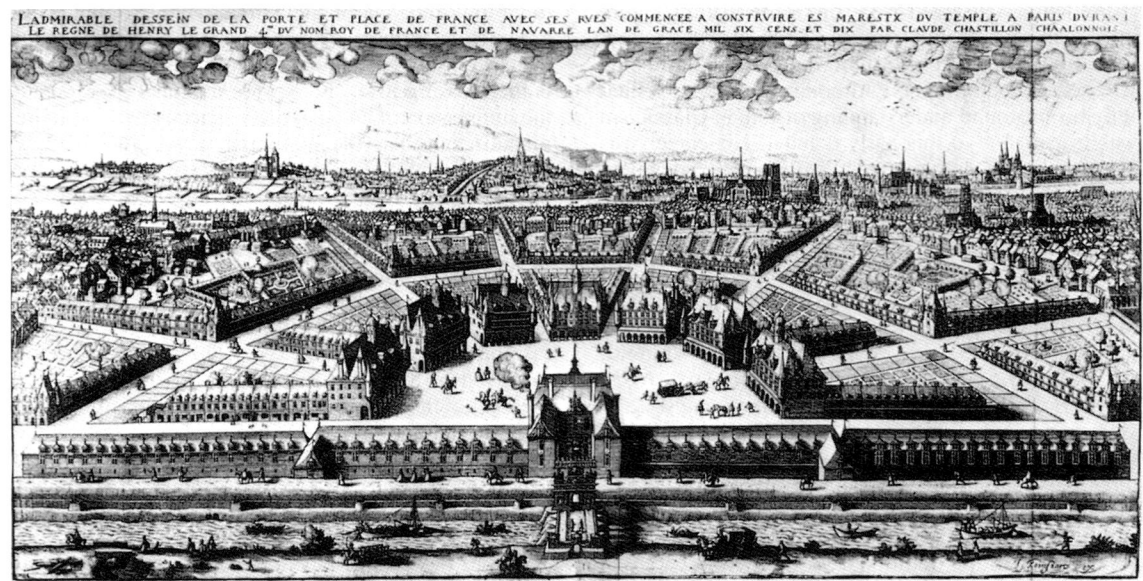

A フランス広場、パリ（1610-、クロード・シャスティヨンの版画） p.993 参照

B シュリーの邸館、パリ（1624-29） p.995 参照

実現をみることがなかったが、関係した建築家の1人、クロード・シャスティヨンによって計画案が版画として残されている。広場は市壁のちょうど内側に半円状をなし、そこを焦点に8つの放射状道路が伸びて、それらを環状道路が結んだ。8つの道路はフランスの各地方にちなんで命名され、全体が国家統一の記念碑となるものであった。

ジャン・アンドルーエ・デュ・セルソー（1585頃-1649）は、大きな建築家一族の一員で、特に邸館の設計者として重きをなした。**パリのブルトンヴィリエの邸館**（1637-43）にも増して意義深いのは、同じパリに建つ**シュリーの邸館**（1624-29、p.994B）である。この館は2人目の持ち主、つまりフランスの宰相シュリーにちなんで名づけられたが、もともとは富裕な銀行家であったメスム・ガレのために建設された。平面計画は16世紀の標準的な邸館建築を踏襲しており、中庭の奥に居住棟が位置し、その両側に2つの翼屋が付く。ただし前面道路には出入口の他、2つのパヴィリオンが面する。中庭に面する下層（1階）に弓形ペディメントの付いた窓が並び、各面とも中央の窓に重なる位置に戸口が付く。上層では、補強積みに挟まれた三角形ペディメントをのせる窓が、ニッチの中の影像がつくりだす主軸の両側に並ぶ。気まぐれな細部を持つ屋根窓は、中央の戸口の上に設けられた欄間窓（らんま）の主題を引き継いでいる。

デュ・セルソー一族につながるサロモン・ド・ブロス（1571-1626）は、彼の時代で最も創意に富んだ建築家であった。彼が引き受けた仕事の中で最も名高いのは、マリー・ド・メディシスのために建てられた**パリのリュクサンブール宮殿**（1615-24、p.998E, F）であった。この建物は、平面的には、2つの翼と奥の主屋およびファサードをなす開放的なスクリーンによって中庭を取り囲むという、伝統的なものである。居住棟（主屋）は2軸にほぼ対称であり、各隅部には、各階ごとに完結した住戸を擁するパヴィリオンが付く。ブロスの仕事の中で斬新なのは、彫刻的な特性とオーダーの控えめな使用であり、特にドームをのせ、ルスティカ仕上げの円柱の付いた、集中平面の楽しげな正門に、それをはっきりみてとることができる。全体にわたるルスティカ仕上げの採用は、明らかにフィレンツェにおけるアンマナーティのピッティ宮殿の中庭によっている。

サロモン・ド・ブロスは、現存しない**ブレランクールの城館**（1614-19）でもリュクサンブール宮殿で用いた計画を採り入れたが、一方重要な改変も行った。つまりイタリアのヴィラにいっそう近い独立した1つの建物とするため、中庭の両翼を省いた。勾配のゆるい屋根も、屋根窓をアティックの中に配することで目立たなくした試みと同様、イタリア的である。厳格なドリス式およびイオニア式オーダーは、初期の多くの建物のように主屋正面に限られたわけではなく、建物全体にわたって用いられた。

一般にサロモン・ド・ブロスの作とされる**パリのサン・ジェルヴェ聖堂**（1616-21、p.991C）は、ドリス式、イオニア式、コリント式という3つの古典的オーダーが、ファサードを秩序づけるべく適切な連続性の中に用いられており、フランスの教会建築の発展上、重要な位置を占めている。イタリアの規範と最も相違するのは、2層ではなく3層のファサード構成をとっていることであり、それは背後のゴシック様式の身廊の高さから決められた。2本で対をなす独立円柱が、外側と中央の双方のベイを画する二重の役割を担っている。サロモン・ド・ブロスによる**レンヌの裁判所**（1618、p.996A）にも、イタリア建築の影響が浸透している。屋根はフランスに典型的な勾配のきついものとなっているものの、下部のファサードの分節はブラマンテのパラッツォ・カプリーニ（p.918参照）を想起させる。ルスティカ仕上げの高い基壇には、迫り出したピアに挟まれた窓が穿たれ、そのピアは、上階の対をなすドリス式のピラスターを支える。この柱は主入口部分では完全な円柱をなし、ペディメントを頂く小さな屋階を支える。隅部のパヴィリオンでは基壇部分に、より小さな窓を、また主階部分にはアーチ窓ではなくペディメントの付く窓を採用しており、主屋中央部とは異なっている。

ジャック・ルメルシエ（1580/5頃-1654）は、17世紀のフランス古典主義の主導的建築家の1人であった。石工親方の息子であった彼は、20歳代のほとんどをローマで過ごし、その経験は帰国後おおいに実を結ぶことになった。ルイ13世はルメルシエにルーヴル宮殿の増築を命じたが、主要なパトロンとなったのはリシュリュー枢機卿であり、彼のために**パリのソルボンヌ聖堂**（1635-42、p.996B）を建設した。正面ファサードのデザインは、コリント式円柱の上にコンポジット式のピラスターが立つローマ風の2層構成となっている。大学の教会堂であることから、1つは前面道路から、もう1つは大学からという2つの出入口を持たざるをえなかった。教会堂の中心となる軸は、これらの出入口に収束し、結果として教会堂の平面は縦方向と横方向の双方に対称な形となっている。トンネル・ヴォールトが架かる身廊は、中程のところでドームと2つの浅いトランセプトによって分かたれる。ドームの両側では、対をなすアーチが広々とした礼拝室へと開いている。

A 裁判所、レンヌ（1618） p.995 参照

B ソルボンヌ聖堂、パリ（1635-42） p.995 参照

C ヴァル＝ド＝グラース聖堂、パリ（1645-67） p.999 参照

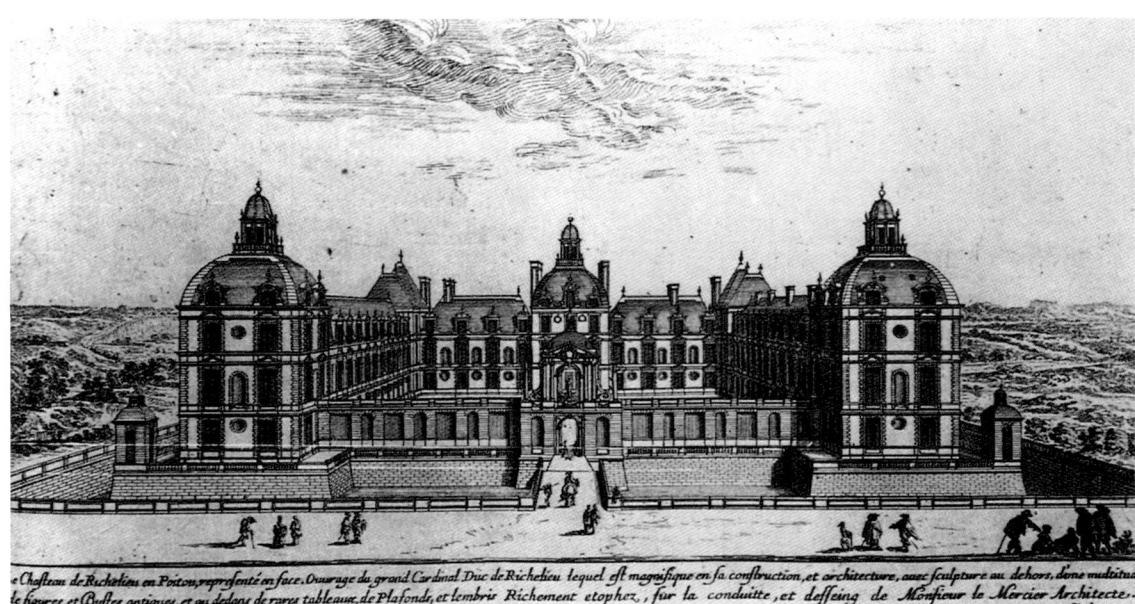

A リシュリューの城館、リシュリュー（1631-37） p.999 参照

B バルロワの城館（1626 頃） p.999 参照

CHATEAU DE MAISONS : NEAR PARIS

Ⓐ 正面（玄関）ファサード

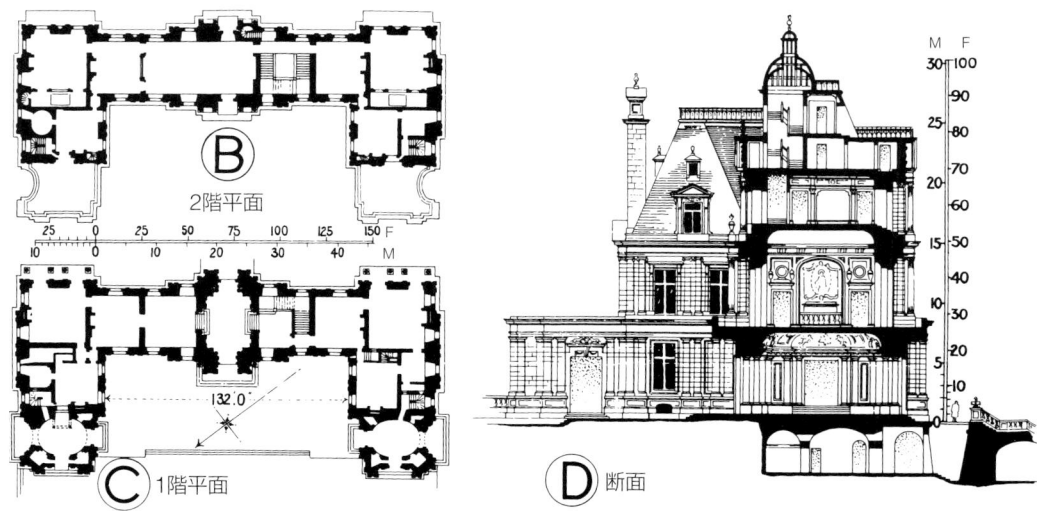

Ⓑ 2階平面

Ⓒ 1階平面

Ⓓ 断面

PALAIS DU LUXEMBOURG : PARIS

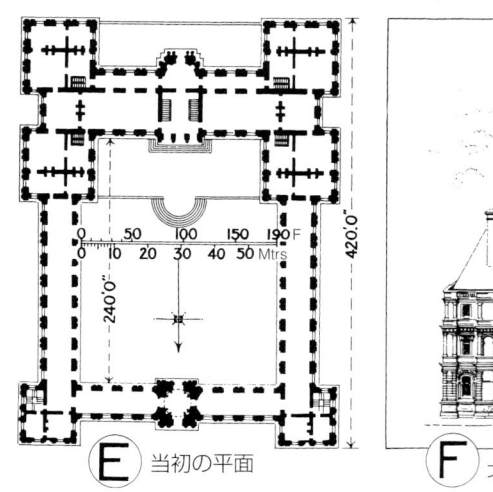

Ⓔ 当初の平面

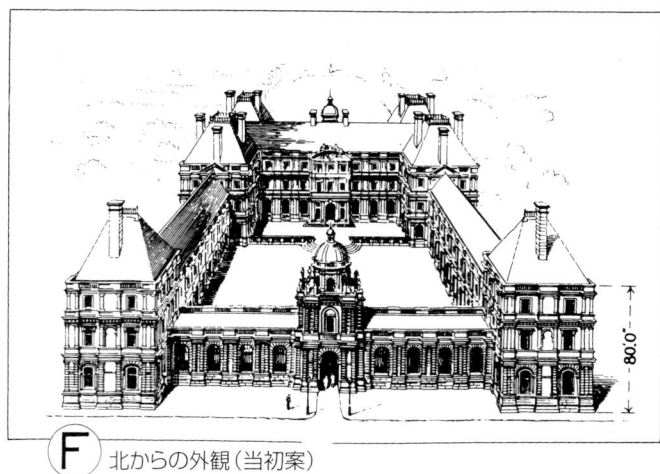

Ⓕ 北からの外観（当初案）

メゾンの城館、パリ近郊（上）。リュクサンブール宮殿、パリ（下）

ルメルシエによる、リュル、リアンクールおよびリシュリューの3つの城館は、現在ほとんど残っていない。それらの中で、**リシュリューの城館**（1631-37、p.997A）は最も壮麗で、規模も大きかった。居館は通常のやり方にならって設計されており、執務棟によって囲まれた壮大な前庭や半円形をなす主門、さらには新たに計画された街区をも取り込んだより大きな複合体の、まさに中心を飾るものであった。角形ドームはサロモン・ド・ブロスに、屋根窓は16世紀のモデルに回帰していて、城館そのものはデザイン的には後退している。

17世紀フランスの古典主義建築の指導的人物であるフランソワ・マンサール（1598-1667）は、おそらくクロミエにおいてサロモン・ド・ブロスの下に建築家としての仕事を開始した。彼は決してイタリアを訪れることはなかったが、そのイタリア古典主義への深い造詣は、1つにはこの初期の出会いに負うところが大きかった。彼の気難しい性格、たびたび自らの構想を変える性向、さらには施主と折り合いをつけていくことが苦手であったために、その生涯は順調ではなかった。彼は主として資産家たちのために仕事をし、**パリのジャルの邸館**（1648）や同**カルナヴァレの邸館**（1655）にみられるように、邸館建築の計画に重要な革新をもたらした。つまりこれらの館では生活部分が中庭の周りに広がり、いわゆる主屋(コル・ド・ロッジ)に限定されなくなった。マンサールによる、**カルヴァドス県、バイユー近くのバルロワの城館**（1626頃、p.997B）は、無柱式のレンガと「補強積み」によるアンリ4世時代の様式をとどめているものの、すでに**セーヌ県のベルニーの城館**（1624以前）で確立をみたテーマに再度、手が加えられている。3ベイからなる高い主屋中央部の両脇に、独立した屋根の架かったそれより少し低い側棟が連続し、それらから離れて一対の1層からなる付属棟が並行に長軸に沿って並ぶ。マンサールは前面に設ける堀や格子などのスクリーンさえ取り払って、伝統的な中庭を取り囲む形式を捨て去った。さらに斬新なのは、各棟の高さが中央に向かって次第に増すことから達成された劇的な集中性である。ブラマンテのコルティーレ・デル・ベルヴェデーレ（p.916参照）からもたらされた、主入口にいたる半円階段を除けば、マンサールの建築語彙はほぼ完全にフランス的なものとなっている。

マンサールによる小さな集中式平面の教会堂である**パリのサント・マリー・ド・ラ・ヴィジタシオン聖堂**（1632-34）は、ドームを頂く円形の会衆の場を持ち、楕円形の礼拝室がそれに向かって開いている。この構想は、ミケランジェロによるローマのサン・ジョヴァンニ・デイ・フィオレンティーニ聖堂のいくつかの改修計画案や、同様にフィリベール・ド・ロルムのアネの城館のためのデザインを思い起こさせる。

オルレアン公ガストンは、もともとフランソワ1世によって建てられた古い**ブロワの城館**（1635-38、p.980B, E）の改修をマンサールに命じた。それは広大な庭園や正面広場の他に前庭も含んでおり、規模と壮麗さにおいてリュクサンブール宮殿に匹敵するはずであった。中央のブロックのみが建設されたが、これはマンサールの最も古典主義的な作風を示している。3つのオーダーは全体に一貫して用いられている。1階のドリス式のピラスターが、パッラーディオに啓発された4分円状のスクリーン部分では、突然、壁体から離れて丸彫柱となる。正面中央の3ベイが前方と上方に張り出し、そのうちの中央のベイには最も壮麗な浮彫が施されている。ブロスと同様、マンサールは屋根窓を用いず、後にマンサード屋根として知られる腰折れ屋根を採用した。

パリのヴァル＝ド＝グラース聖堂（1645-67、p.996C）は、子（ルイ14世）を授かったアンヌ・ドートリッシュ（ルイ13世の王妃）によって、神への誓約を履行すべく建設が命じられた。初めマンサールが着手したが、そのわずか1年後にルメルシエに交代した。その頃までには、計画はすでに確定しており、最初のエンタブラチュアまで建設が進んでいた。したがって、これより上方がルメルシエによって変更に付された。両側に礼拝室を従え、コリント式のピラスターで飾られた身廊は、ドームを頂く広い交差部で最高潮に達する。大祭壇上部の天蓋は、交差部そのものと同様、ローマのサン・ピエトロ大聖堂のそれに厳密に基づいている。交差部では対角線をなす4つの幅広のピアが八角形の印象を生み出し、それに続く身廊にも増して広大かつ荘厳な空間をつくりだしている。交差部を完結させる浅い後陣(アプス)は、**フレーヌの城館の礼拝堂**（建設年不詳）でも再び用いられた。

メゾンの城館（1642-46、p.998A-D）は、ルネ・ド・ロングイユのためにマンサールが設計した。主屋(コル・ド・ロッジ)と2つの小さな翼屋によってU字形平面が構成されており、中庭を取り囲んだ古い形式のなごりをとどめている。意匠はバルロワの城館にみられた種々のアイデアの成熟を示している。その城館と同様、このメゾンの城館でも、屋根線の分断により明瞭に区別された各ユニットの集積が構想のもとになっている。一方、中央では高さの強調もみられる。つまり両端では長方形平面をなす2つの平屋の玄関間が高い両翼の前面をつくり、さらに主屋の中央ブロックが他を圧して高くそびえる。加えて中央のベイは、前に張り出している上に広い柱間を持つピラスターによって強調されており、屋根の

A ヴェルサイユ宮殿、庭園側ファサード（1678-88） p.1003 参照

B ヴェルサイユ宮殿、庭園上空からの眺望（1661-1756）

第30章　フランス、スペイン、ポルトガル　1001

A　ヴェルサイユ宮殿、鏡の間（1678-84）　p.1003 参照

B　ルーヴル宮殿、東側ファサード（1667）、パリ　p.1004 参照

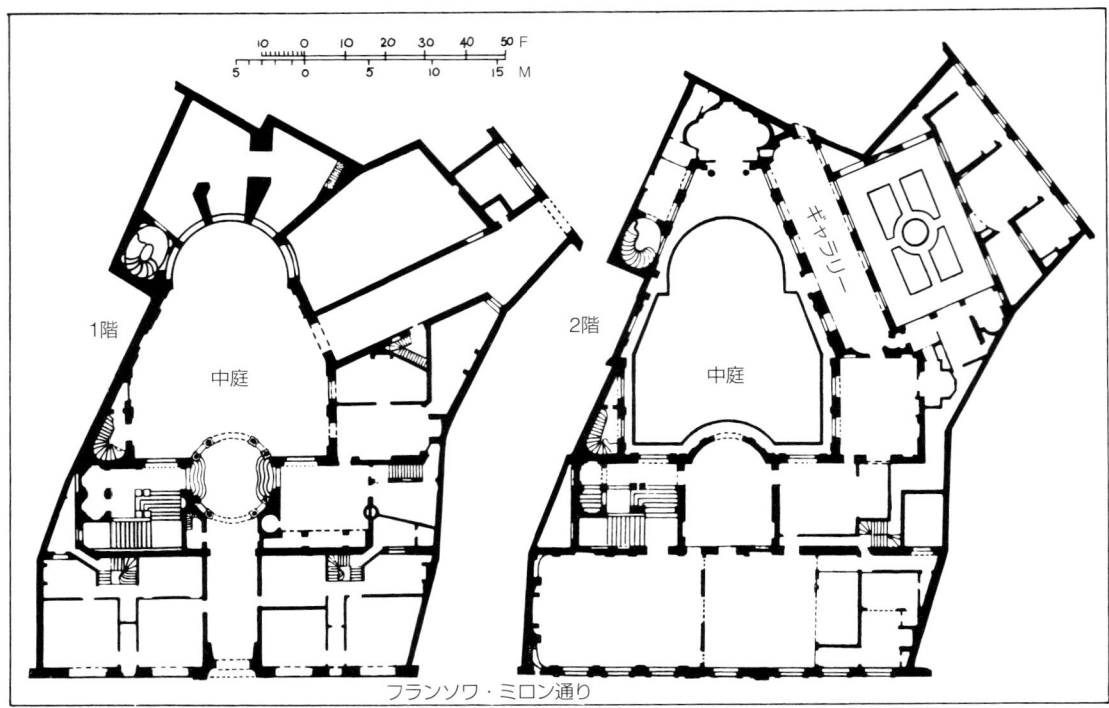

A ボーヴェーの邸館、平面、パリ（1652-55） p.1004 参照

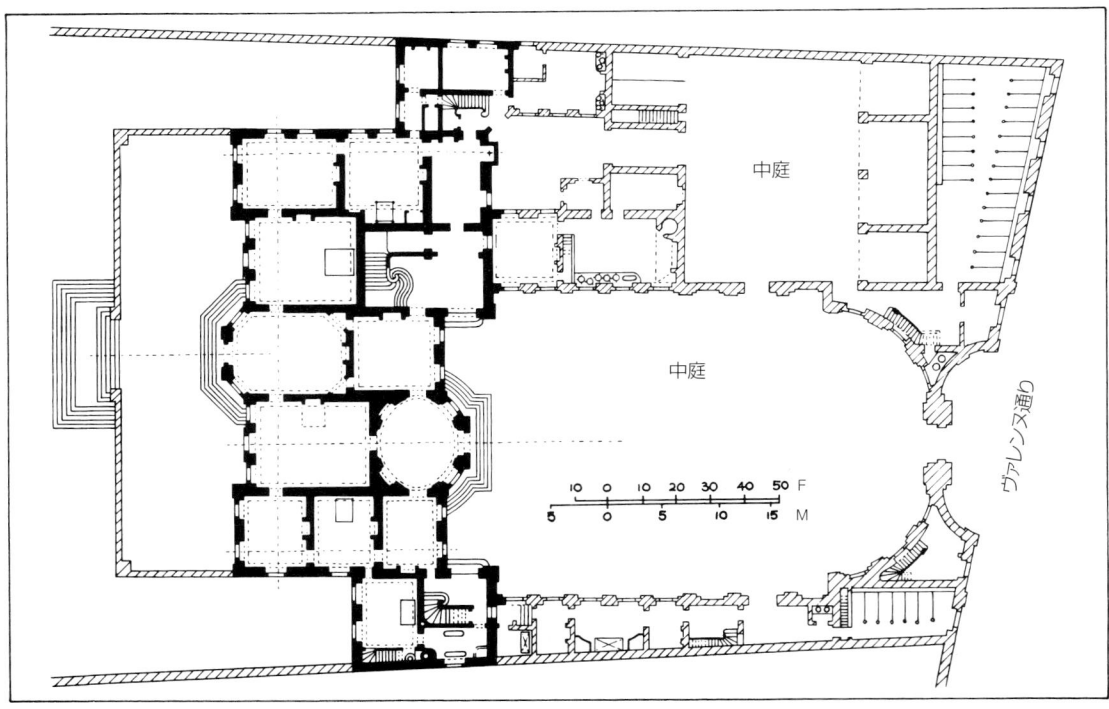

B マティニョンの邸館、平面、パリ　p.1008 参照

線を突き抜けてドームの架かるランタンに達する正面性をつくりだしている。他の場合と同じく、マンサールは、外部に対しては古典主義にのっとったオーダーを厳密に用いているものの、内部でははるかに大きな自由度を自ら容認しており、それはここでもそっくりそのままあてはまる。多彩色を用いたことは、古典主義のデザインを歪めることにはなっていない。なお、特に印象的なのはドームをのせた階段室であり、そこには複雑に絡みあった曲線状の支柱で組まれた特異な欄干がある。

ルイ・ル・ヴォー（1612-70）は、たとえ同時代のマンサールほどには異彩を放っていなかったとしても、より順応性があり、その時代で最も成功した建築家であった。ちょうどイタリアのよく似た人物であるベルニーニと同様、彼は画家、彫刻家、スタッコ職人を擁する大規模な工房を運営した。マンサールのように彼も主として資産家のために仕事をしたが、1661年以降はフーケやコルベールを介して次第に王室の仕事が多くなっていった。ル・ヴォーによる**パリのランベールの邸館**（1640-、p.1006A）には特徴的な点が数々みられるが、それらの多くは敷地上の制約の結果である。すなわち庭園は主 屋(コル・ド・ロッジ)の背後にではなく右側に位置しており、長いギャラリーから見渡せる。もっと早い時期の邸館と同じく、階段室は居住棟の中央にあって、最上の場を占める。マンサールのものより複雑な階段は、興味の尽きない眺め、特に階段の頂部から楕円平面のロビーを通して長いギャラリーへと達する見通しを提供することで、常に訪問者に驚きを与える。外観的には、長方形の中庭が一方の端つまり奥の両隅部で曲面をなしており、前述の主階段への採光と導入の用をなす前面に張り付いた2層のロッジアに焦点が集まる。曲線的な外形はブロワの城館に前例があるが、ここではおそらくボッロミーニの手になるローマのサン・フィリッポ・ネーリ祈祷堂（p.956 参照）に対する知見が反映されている。中庭側のイオニア式とドリス式のオーダーは、庭園側では大オーダーに置き換えられているが、それはマンサールの、より厳格な古典主義の建築とは相いれない考えであっただろう。

ルーヴル宮殿の東側ファサードが完成をみる前に、ルイ14世は宮廷をパリから**ヴェルサイユ**（p.1000A, B、p.1001A）に移すことを決定した。そこには狩の館として、すでにルイの父により1624年に城館が建てられていた。それは主屋と翼屋、玄関障壁(スクリーン)を持ち、通常の城館の形式にのっとっていた。3つの主要な再開発が全てルイ14世によって着手されるが、それらがこの建物を根本的な改変へといたらしめ、ヨーロッパにおける最大かつ最も壮麗な宮殿の1つをつくりだすことになった。1661年にはル・ヴォーが2つの付属翼屋を加え、一方アンドレ・ル・ノートル（1613-1700）は、並木道、森、運河を幾何学的に配した左右均整のとれた壮大な規模の庭園を設けた。宮廷を移す決定（1668）はいっそう根本的な変化を引き起こした。取壊しの上新たに建設するというコルベールの願いをしりぞけて、王はル・ヴォーに、既存の建物群をできる限り取り込んだ案を作成するように命じた。当初の城館の前庭は、「大理石の中庭」として残されたものの、新たな複合体の中に取り込まれた。その構想は絶対君主制にふさわしい新しい規模のものであった。25ベイを擁するファサードが、次第に上っていくひとつながりのテラスの最上部に配された。アーケードで構成された基壇は帯状にルスティカ仕上げされ、ファサードいっぱいに広がってプラットフォームを形成する。この上で3つの層が、庭園へと開く中央テラスに面する。内部におけるル・ヴォーの最も印象的な貢献は、「大使の階段」（1671）である。そこでは中央に位置する数段を上ってから階段は左右に分かれるが、その案はおそらくフォンテーヌブローの「美しい暖炉の翼屋」におけるプリマティッチョのアイデアを借用している。

ル・ヴォーの設計が持っていた一貫性とスケールは、ジュール・アルドゥアン・マンサールの指揮下に1687年から始まった拡張工事によって失われてしまった。ル・ヴォーのテラスは、「鏡の間」（p.1001A）として知られる長いギャラリーによって覆い尽くされた。マンサールは増加した多くの廷臣たちを収容するために、北側と南側に翼屋を増築したため、ファサードの長さの総計はほぼ半キロにも及ぶこととなった。ル・ヴォーによる「磁器のトリアノン」と「オランジュリー」は、マンサールの設計に基づく、より大きな建築物に置き換えられ、さらに大規模な厩舎棟が加えられた。内部については、「鏡の間」が、ヴェルサイユ宮殿の他の場所にもみられる造形要素を繰り返しつつも、新しい地平を切り開いている。その贅(ぜい)をつくした装飾と照明効果を高める鏡の使用が、ロココ様式を予感させる。美しい礼拝堂にも、アーケードによる基壇部分とコロネードをなすギャラリーが取り囲み、外観の分節がそのまま繰り返されている。宮殿そのものと同じく礼拝堂も、リュネヴィルの城館にみられるように、その後おおいに模倣されることになった。

アンジュ=ジャック・ガブリエルは、ルイ15世のためにこの宮殿を全面的に再建する案を作成したが、それは1742年の時点で無用のものとなり、彼が手を加えたのは、「オペラ劇場」と「プティ・トリアノン」にとどまった。

ヴォー=ル=ヴィコントの城館（1657-61）は、ル・

ヴォーによって、大蔵卿ニコラ・フーケのために建設された。この城館は大部分、先行する**ル・レンシーの城館**(1645)の平面に従っており、特に大きな楕円形サロンの採用において顕著であるが、それはルーヴル宮殿のためのベルニーニのデザインの前奏をなしている。ブレランクールおよびメゾンの城館と同様、この館でも中庭と翼屋を欠く独立した一棟形式となっており、4隅にパヴィリオンを設けていることから、前者の方に類似している。ル・ヴォーの様式(スタイル)で繰り返し現れる主題は、この建物のいたるところにみられる3連の開口である。ル・ノートルはまさにこの邸館において、ヴェルサイユ宮殿に先鞭をつける庭園を創出し、造園設計家として初めて登場した。

ル・ヴォーによる**パリのルーヴル宮殿東側ファサード**(1667、p.1001B)の当初の設計案は、新たに建築総監に任命されたコルベールによって異が唱えられた。その後マンサールが案の提出を依頼され、さらにパリで活動する全ての建築家たちに意見提出が求められた。コルベールは自分の意に沿う設計を見出しえないまま、ローマへと目を向けた。ベルニーニやライナルディ、コルトーナら皆が設計案を提出したが、そのいずれもが賛意を得るにはいたらなかった。最終設計案は、ル・ヴォーと医者でありかつ素人建築家(アマチュア)であるクロード・ペローおよび画家のシャルル・ル・ブランによる協同の労作であったようだ。それはベルニーニの提案の全てを放棄したものであり、屋階を除けば1664年のル・ヴォーの最初の計画案に極めてよく似ている。コリント式ペア・コラムのオーダーが、建物に強い水平線をもたらす連続したエンタブラチュアを伴って重厚な基壇の上に立ち上がる。隅部のパヴィリオンにはピラスターの飾りが付くが、先のコリント式オーダーはファサード壁面から引き離されて中間領域に持ち出され、独立した円柱が高いが奥行の浅いロッジアを創出する。ペア・コラム相互がつくる広い柱間という斬新なテーマは、フランス建築の中でその後1世紀以上にもわたって反響を呼び起こしていくことになった。

パリのコレージュ・デ・キャトル=ナシオン(1662起工。[訳註：現在のフランス学士院])は、ル・ヴォーにより、ルーヴル宮殿の対をなすものとして、セーヌ川対岸に設計された。資金は枢機卿マザランの遺志により、この計画のために準備されていた。宮殿が凹面をなす前庭をつくりながらドームをのせた教会堂を抱く構想は、ボッロミーニによるローマはナヴォーナ広場のサンタニェーゼ聖堂(p.957 参照)の設計に回帰している。湾曲したコレージュのファサードは2段のオーダーを有するが、両端のパヴィリオンは、中央の教会堂のそれに対応した大オーダーを誇示している。教会堂のファサードは、注意深く柱間が確保された円柱およびピラスターが付いて、ピエトロ・ダ・コルトーナによって案出された構想を利用している。ル・ヴォーの独創的な着想にあたる部分は、コレージュとルーブル宮殿をつなぐ橋を建設することであったが、それは19世紀に入ってようやく変更した形で実施された。

マンサールとル・ヴォーの後、17世紀のフランスで最も創意に富んだ建築家は、アントワーヌ・ル・ポートル(1621-81)であった。彼は主にパリの**ボーヴェーの邸館**(1652-55、p.1002A)によって思い起こされるが、それは想像力あふれる計画の力業である。極端に不整形な2つの合体した敷地が、それにぴったりあったデザインを生み出すべく開発された。主軸上、つまりファサードを形成する1階部分の店舗の背後になるが、そこに主階段と2階の主要諸室を含む主屋(コル・ド・ロッジ)がある。多様性と創造性は、中庭の空間的効果や、楕円、三角形の他さらに複雑な形を含む階段室のデザインにみられる。各階の平面計画も変化に富み、ジュイ街に面する2階は、その階下とはほとんど類似するところのないものとなっている。壁は下階のそれの上にはのらず、ギャラリーは馬小屋の上部に浮くように設けられたテラス状の庭園やグロッタに面する。

17世紀のフランスの建築家の中で最もバロック的であるジュール・アルドゥアン・マンサール(1646-1708)は、フランソワ・マンサールの兄弟の孫にあたった。アルドゥアンは早熟の才に恵まれ、24歳を待たずして**サン・ジェルマン・アン・レイのノアイユの邸館**と**パリのロルジュの邸館**をともに設計した。彼は熟達した設計家であったことに加えて、大規模なアトリエも運営し、そこからはしっかりした訓練によってロベール・ド・コットのような次世代の多数の建築家を輩出した。ヴェルサイユ宮殿での仕事や王室界での好評によって、彼は男爵位を得ている。

サン・ジェルマン・アン・レイのヴァルの城館(1674)は、アルドゥアン・マンサールがたいした立場でもなくヴェルサイユで働き始めたそのわずか1年後に、ルイ14世のために設計された。1層からなる立面は、18世紀初めに典型的となった水平性の強調をみせている。マドリッドの城館をしのばせる平面は、狩りの後の食事に用いられる中央サロンを挟んで2組の続き部屋が連なる。一方の組は形の異なる4つの部屋からなるが、それらは全て同じ火で暖をとっており、ボフランの工夫に富んだ平面計画に先鞭をつけるものである。

パリのアンヴァリッド(廃兵院、1670-1708、p.1005B, C)は、初めリベラル・ブリュアン(1635-97)によって、負傷した退役軍人のための収容施設として設計され、1677年までに完成をみた。しかし完工の前から、ル

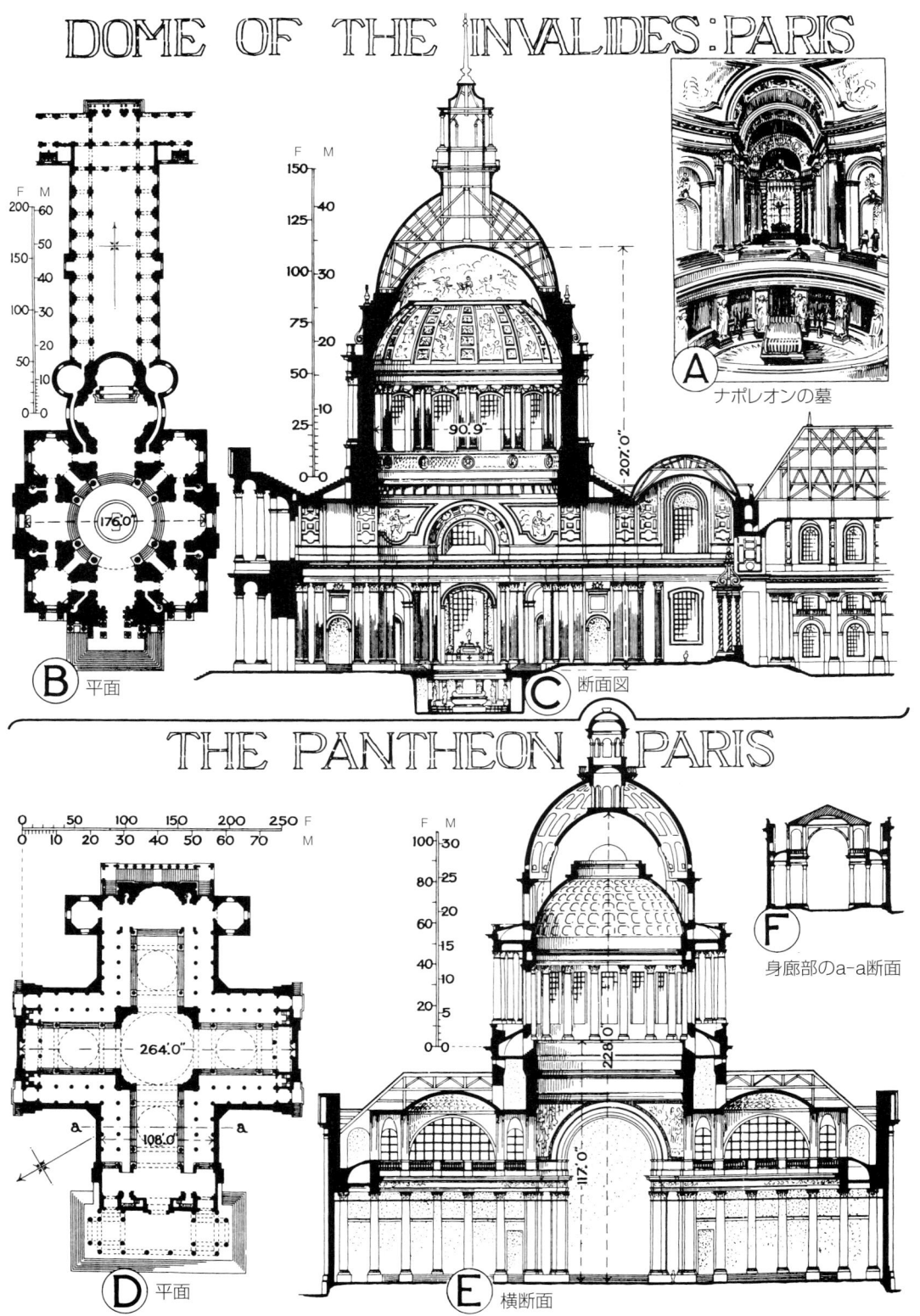

アンヴァリッド(廃兵院)、パリ(上)。パンテオン(旧サント・ジュヌヴィエーヴ聖堂)、パリ(下)

A ランベールの邸館、パリ（1640-）、中庭　p.1003 参照

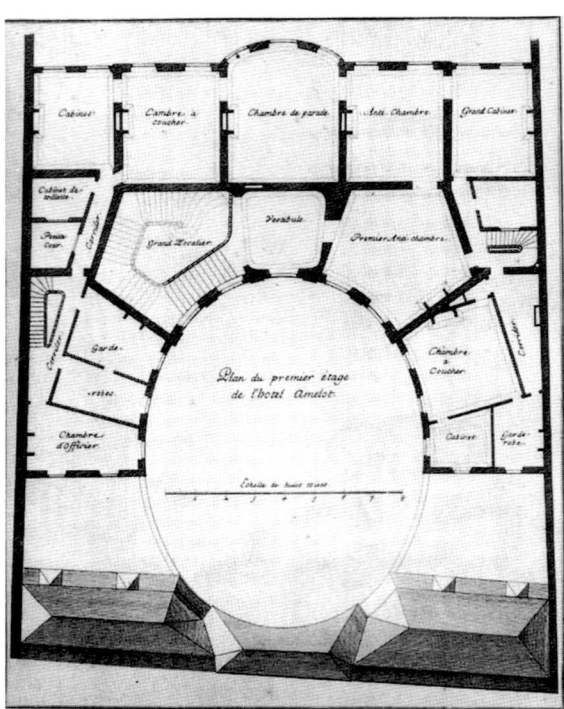

B アムロの邸館、パリ（1712）　p.1007 参照

C ヴァンドーム広場、パリ（1698-）　p.1007 参照

イ14世はより大きな規模の第2の礼拝堂を構想していた。1680年にJ. H. マンサールは「アンヴァリッドのドーム」(p.1005A-C)の最終的なデザイン、つまり内に円形内陣を取り込みながら方形平面にギリシア十字形を刻むというデザインを示した。それは壮大な独立円柱と四隅の礼拝室にいたる対角線方向の通路とを持つ円形の交差部を採用した点で、手本としたローマのサン・ピエトロ大聖堂とは異なっている。外観的には、尖ったドーム形状、尖塔風の採光塔、ドラム上部への背の高いアティックの独特の付加によって、塔状の効果がつくりだされている。ドームを構成する3つのシェル(殻)のうち、2つは内部からみることができる。最も内側の格間で飾られたドームは、大きな円窓を介して、フレスコ画の描かれた上部の広大な皮膜に開いている。この構想は後にヴィットーネにより、ヴァリノットの教会堂で発展させられた。

都市計画におけるJ. H. マンサールの能力は、パリの**ヴァンドーム広場**(1698-、p.1006C)に最もよく表されている。ルイ14世の当初の意図(1685)は、王立図書館や諸アカデミーを収容する文化的な囲い地を創出しようとするものであった。しかしこの計画は資金難から頓挫し、ルスティカ仕上げの基壇上に大ピラスターがのるマンサールの統一されたファサードの背後に、個人住宅が建設された。中央部および45°に面取りされた隅部には、ピラスターのかわりに半円柱が用いられて正面性をつくりだしている。この広場はローマ・バロックの記念性(モニュメンタリティ)を有してはいるが、フランス古典主義によって抑制されたものとなっている。

フランソワ・ブロンデル(1618-86)は、当初の軍事技術者としての経歴ならびに広範囲に及ぶ旅行を経て、初代の王立建築アカデミー会長および王室技師に就任した。彼の手になる『建築講義』は、若い建築家にとって重要な教科書となった。決して多くはない彼の建築作品のうち、最も重要なのは**パリのサン・ドニ門**(1671)である。この門は当時建設された最大の祝勝記念門であり、これをしのぐのは後年のいわゆる「凱旋門」のみである。なおこの門はその斬新な装飾によっても注目に値する。中央のアーチを枠取るピアは、戦利記念品をあしらったオベリスクによって飾られている。

ジェルマン・ボフラン(1667-1754)は、劇作家、技術者、建築家であり、J. H. マンサールの弟子であった。彼の様式は、大オーダーならびに抑制された細部処理と一体化した彫刻的なマッスの好みを特徴とする。彼の仕事の中で最も代表的なものはロレーヌ公のために建てられた広大な**リュネヴィルの城館**(1702-6および1720-23)である。その低く横に広がった構成は、ヴェルサイユ宮殿をモデルとしている。主ファサードの中央はコンポジット式の大きな独立円柱によってペディメントが支えられ、その下では3つのアーチが向こう側の庭園への眺望を開く。1719年の火災によって建物の一部が焼失したため、ボフランは新たな設計を加えた。最もよく知られる新築部分は礼拝堂であり、ヴェルサイユ宮殿のそれを簡素にしたものであった。連続するエンタブラチュアを有する2層構成の独立円柱のオーダーがトンネル・ヴォールトの天井を支え、この建物に印象的なギャラリーをつくりだしている。

もう1人の外国のパトロン、バイエルンのマックス・エマニュエル選帝侯のために、ボフランは**ブシュフォール**に**狩猟小屋**(1705)、つまり円形広場の中央に置かれた集中式架構のそれを計画した。広場は森林地に囲まれ、規則正しく配置された周囲の付属舎にあわせて道路が放射状に伸びる。小屋の建物はペディメントをのせるポーティコが8つの面のうちの4面に配され、それはパッラーディオによるヴィラ・ロトンダを思い起こさせる。もっともこうした規模での集中形式による別荘の構想は、セルリオのやや度を越したデザインをもとにしていた。

ボフランによる**パリのアムロの邸館**(1712、p.1006B)は、施主からの制約もなく、純理論的な根拠に基づいて建設されていて、他のどの建物よりも設計計画上の彼の考えをよく具現化している。特に興味深いのは空間的な多様性である。楕円形の中庭から隅部を曲面をなす方形の玄関に導かれ、さらに五角形の階段室へと続く。庭園側に張り出した丸みのある長方形の部屋が中心のサロンであるが、そこへのアプローチは意識的に制限された。ボフランは訪問者がサロンにいたるのに一連の諸室を通り抜けることを強制しており、機能的な便利さよりも空間的な体験を重視した。

おそらくボフランによって設計されたと思われる**リュネヴィルのサン・ジャック聖堂**(1730-47)は、フィレンツェのサンタ・マリア・ノヴェッラ聖堂(p.587、p.901参照)にみられるイタリア風のファサード形式を捨て、フランス中世の双塔形式のファサードを指向している。直接の発想はJ. H. マンサールのナンシーの首座大司教座教会堂(1699-1736)からもたらされたのかもしれない。他に注目されるのは、双塔(特に時計)のロココ風の装飾であり、それは建物の上方にいくにしたがってますます豊富になる。

パリのスービーズの邸館(1705-9)は、概して保守的な建築家であるピエール=アレクシス・ドラメールによって設計された。そのペア・コラムや、ペディメントに接する屋階手摺(バラストレード)には、ルーヴル宮殿の東側ファサードを手本にした諸特徴が認められる。ペア・コラムのオーダーが「正面広場」(クール・ドヌール)を取り巻いて連続し、開放され

たコロネードを形成する。上階の簡素な壁面に活気を添えている彫像も、同じくルーヴル宮殿（ル・ヴォーの最初の案）に基づいている。

主として理論家でありアカデミーの教授でもあったジャン・クールトンヌ（1671-1739）は、パリの**マティニョンの邸館**（1722-24、p.1002B）によって広く名をとどめている。「正面広場」と2番目の廐舎付き中庭とをともに取り込みたいという願いから、小さな広場側ファサードと大きな庭園側ファサードとを一軸上に並べることが難しくなった。その解決には、どうしても対称形の平面をあきらめざるを得ず、すでに17世紀のブルトンヴィリエの邸館やル・ジャルの邸館で用いられた、ずれた形を使わざるをえなかった。

ボフランの同時代人として最も重要なのは、邸館の設計で知られるロベール・ド・コット（1656-1735）であった。彼の大規模な計画案、たとえばバイエルンおよびケルンの選帝侯のために設計された**シュライスハイム**や**ボン**の城館の計画は、実施をみないままに終わった。彼は常にフランスを離れることなく、遠くはトルコやポルトガルほど離れた地に設けられた作業場を統括した。シュトラスブルク[訳註：現在のストラスブール]の侯爵兼主教のために、彼は同地にローアンの城館（1731-42）を建設した。弧を描くスクリーンが、背後に主屋（コル・ド・ロッジ）を控える中庭への入口になるという伝統的な形式を取る。平面計画に対する彼の主な貢献は、内部の動きやすさとプライバシーの確保の改善に支えられた優美かつ軽快な建物を創造したことである。それは、イタリア風の連続する諸室ではなく、廊下を広範に用いることによって達成された。

17世紀にルメルシエによって着手された**パリのサン・ロッシュ聖堂**（1719-36）は、ロベール・ド・コットによって完成された。そこには彼の息子ジュール・ロベールが父の設計を引き継いで加えたファサードも含まれる。ローマのサンタ・スザンナ聖堂（p.950参照）やパリのヴァル＝ド＝グラース聖堂をしのばせる構成に従いながらも、ファサードはそうした原型よりもはるかに厳格であり、表面の装飾はほとんどみられない。

パリのサン・シュルピス聖堂（1736、p.1009A）のファサードは、画家であり舞台美術家でありかつ建築家としても著名であったジャン・ニコラス・セルヴァンドーニ（1695-1766[訳註：ジョヴァンニ・ニッコロ・セルヴァンドーニ]）によってつくられた。大きな改変が加えられているが、リュネヴィルのサン・ジャック聖堂のように双塔形式のファサードを備えている。最も外側のベイは鐘塔を構成し、一方内側の5つのベイは2層にわたって開放され、ロッジアを形成する。ここでつくりだされた効果は、レンによるロンドンのセント・ポール大聖堂のファサードと変わらない。

ジャック・ガブリエルはド・コットの仲間であり、その後を継いで主席建築家に任じられた。彼は大火で破壊されていたボルドーとレンヌの再建を指導した。彼の最も興味深い設計は、**レンヌの市庁舎と裁判所**（1736-44）である。5ベイからなる隅の2つのパヴィリオンが、凹面をなす前庭をつくりだし、印象的な時計塔の足元に組込まれた泉水が付く。この計画は、ル・ヴォーのコレージュ・デ・キャトル＝ナシオンやヴァンヴィテッリによるナポリのダンテ広場にも通じる。

ボルドーのロワイヤル広場（1735-55）は、ジャク・ガブリエルによって設計され、地方建築家であるアンドレ・ポルティエによって実施された。その焦点に置かれた王の像によって、この広場はフランス君主制を讃える壮大な広場の最初のものとなっており、近接するガロンヌ川に開くその配置によってA.-J. ガブリエルによるパリのロワイヤル広場（コンコルド広場）の手本となっている。2つの通りが広大な長方形広場の背面側中央に集まる。広場の奥の2つの角は、川を見渡す広場のもう一方の側に立つ像をいっそう強調するために、45°に切り取られている。

ジャック・アルドゥアン・マンサール・ド・サゴンヌによる**ヴェルサイユのサン・ルイ聖堂**（1743-54）は、盛期フランス・バロックの遅い例である。綿密に計算された高まりをみせ、独立円柱を伴ったぜいたくな彫刻的ファサードが、イタリア風の2層構成とフランス風の双塔によるファサード形式とを融合している。

フランス（1750-1830）

アンジュ＝ジャック・ガブリエル（1698-1782）は、18世紀のフランスの建築家の中で最も首尾一貫しており、洗練された建築家である。彼はパリで父、ジャックの下で修業し、一緒に王室の仕事に携わった後、父の跡を継いで王室首席建築家となった。彼はより謹厳かつ厳格な、まさにフランス古典主義を好み、おおむね先達のロココ風ないしは装飾的な様式を捨て去った。彼の多くの作品にみられる規準が、新古典主義的な方向を向いたより若い世代に道を開くことになった。

フォンテーヌブローの大パヴィリオン（1750-54）——現在は、王宮の一翼——は、ル・ヴォーによるヴェルサイユ宮殿の背面ファサードを思い起こさせる。この建物のファサードは中央部が張り出し、ルスティカ仕上げのアーケードの上に、ペディメントを欠くドリス式のコロネードがのるバルコニーが付く。その高さにもかかわらず、そこにはA.-J. ガブリエルの作品に特

第30章　フランス、スペイン、ポルトガル

A　サン・シュルピス聖堂、パリ（1736）　p.1008 参照

B　造幣局、パリ（1768-75）　p.1012 参照

C　サン・ヴァースト聖堂、アラース（1755 頃-）　p.1012 参照

D　サン・フィリップ・デュ・ルール聖堂、パリ（1774-84）
　p.1014 参照

A　コンコルド広場と宮殿、パリ(1753-75)、パヴィリオン部分　p.1012 参照

B　ラ・キャリエール広場、ナンシー(1750-57)　p.1012 参照

第30章　フランス、スペイン、ポルトガル　　1011

A　仕官学校(エコール・ミリテール)、パリ(1751-73)　p.1012 参照

B　サント・ジュヌヴィエーヴ聖堂(パンテオン)、パリ(1757-90)　p.1013 参照

徴的な新しい水平線の強調が認められる。

　パリの**コンコルド広場**(本来はルイ15世広場、1753-75、p.1010A)は、フランスの都市広場の偉大な伝統を引き継いでいる。もっともこの種の仕事は、ルイ14世の時代以降、パリでは実施に移されてはこなかった。この広場はセーヌ川の北岸(右岸)に置かれて、川が広場の南側の境界を画し(ボルドーの王の広場と異なるものでない)、さらに王によってルーヴル宮殿の西の地が利用できるように配置された。シャン・ゼリゼへ抜ける王の視界を確保するために建物は北側に限定され、マドレーヌ聖堂に向かって北に伸びる「王の通り」によって2つの同一の並びに分けられている。これが、もと広場中央に置かれたルイ15世像に焦点を定める主軸をつくりだす。2つの建物の並びは、各々、対称形をなし、コロネードの付く長いファサードとなる。それぞれは、中央部に強調はないもののペディメントの付いたパヴィリオンを両端に配する。それはマドレーヌ聖堂(現存の教会堂は1804-49年まで未建設)と一体になって、モニュメンタルな構成をつくりだしていたことだろう。建築そのものはル・ヴォーおよびペローのルーブル宮殿のファサードを想起させるが、より彫刻的でありかつ統一性が強い。

　パリの**士官学校**(エコール・ミリテール)(1751-73、p.1011A)は、正面中央の上部に典型的なフランス式ドームを架け、あらゆる点で保守的である。しかし同時にこの建物はパッラーディオ風古典主義とさえいえる新しいイタリア的な特徴も持ちあわせている。特にそれは前面に張り出した神殿正面風のポーティコ、広いなめらかな壁面、中央部における窓のペディメントの交替などに顕著である。

　ヴェルサイユの**プティ・トリアノン**(1762-68、p.1016A)は、ポンパドゥール夫人のために宮廷庭園内に別宅として建てられ、珠玉の住居建築となっている。この建物は平面は長方形で、3分割されたファサードを持ち、おそらく影響を受けたと思われるイギリスのパッラーディオ様式の別荘と多くの共通性を示している。しかしながら直線的な形態(たとえばペディメントの忌避)、明解に切り取られた外形、抑制された装飾に対するガブリエル自身の性向がデザインの支配的な決定要素であり、同時にそれはルイ14世の建築に対する意図的な風刺ともなっている。大規模なパネル割りや鏡の使用にもかかわらず、内部もフランスに特有な仕方で抑制されている。

　ナンシーの**スタニスラス広場**(かつての「ロワイヤル広場」)とそれを取り巻く周辺(1752-55)は、退位したポーランドのスタニスラス王(ルイ15世の義理の父)のために、オーストリア人、エマニュエル・エレによって計画され、市街地計画の傑作となっている。この計画は、スタニスラス広場を、堀に架かる橋によって、凱旋門(セウェルス帝のそれをもとにしている)から旧市街の他の広場、つまりラ・キャリエール広場(p.1010B)や「半円広場」へとつなぐため、広範な取壊しを伴った。これら全ての広場は1本の長大なヴィスタに沿って組織化されている。その配置構成は、類似の様式で設計された新規の建物群はもとより、ボフランによって設計された多彩な建物をも一体化している。長いラ・キャリエール広場は並木道によって縁取られ、一方それと直行する半円広場は、装飾豊かなエクセドラ風スクリーンによって画されて、それらが新しい町の中心を華麗に飾っている。

　ジャック=ドニ・アントワーヌ(1733-1801)は、ガブリエル以後の、当時の指導的な建築家であり、彼の代表作である**パリの造幣局**(1768-75、p.1009B)は、18世紀フランスで最も荘重な趣きをたたえる公共建築である。はなはだ長いファサードの中央に張り出したコロネードが、ルスティカ仕上げのアーケードの上に立ち、またペディメントのかわりとして低いアティックの前面に彫像を並べるなど、この建物は、その精神においてガブリエルの作品に近い。他の点では、ほとんど装飾らしいものがなく、窓枠のような要素でさえたいそう簡素化されて水平・垂直の構成を強めている。

　A.ジラールおよびE.ジラールによって設計された**モンペリエのペイルー・テラス**(1767-)は、町に水を供給する水道の末端を飾るものであり、それ自体、2段アーチからなる古代ローマのポン・デュ・ガールをしのばせる。町からテラスへは主軸上に拱道(アーチウェイ)(1689)が通じており、一方、水道の端部に位置する上段テラスが、いわゆる「給水塔」と称されるもので、抑制のきいた凱旋門風の構築物をなし、平面的にはほぼ長方形で、わずかに窪んだ前面を持つ。その精選された古典主義的細部と装飾が、古代のニンファエウムに匹敵するものを生み出している。

　ピエール・コンタン・ディヴリ(1698-1777)の手になる**アラースのサン・ヴァースト聖堂**(1755頃-、p.1009C)は、全般的にはフランドル地方の多くのゴシック建築に類似しているものの、重要な初期新古典主義の教会堂である。豪華なコリント式柱頭を持つコロネードが側廊と身廊とを分かち、平板なエンタブラチュアとあいまって内部に強いローマ的な趣きをたたえている。群にまとめられた円柱がドームを頂く交差部を際立たせ、さらにその柱上の壺状装飾によっても強調されている。一方、強い調子のペア・コラムが、堂の東端部を区切る。

　ブルゴーニュ地方の法律家の息子ジャック=ジェルマン・スフロ(1713-80)は、最も大きな影響を与えた18

世紀の人物の 1 人である。1731 年にローマに赴き、7 年間にわたり古代建築を学んだ。リヨンの病院を設計した後、彼はポンパドゥール夫人の弟の供をしてローマに戻り、さらに 2 年間を過ごした。代表作であるサント・ジュヌヴィエーヴ聖堂は彼の後半生を費やしたもので、ヨーロッパの新古典主義の礎となった。

リヨンの病院(かつての取引所、1740-48)は、ロココ様式と決定的に袂を分かっている点で、A.-J. ガブリエルの諸作品に先行している。ファサードには隅の翼屋がなく、ペディメントというよりドームの架かったアティックをのせるわずかに張り出した 3 ベイの中央部が強調されている。スフロのローマでの研究にもかかわらず、この建築はその強い量感と形態の印象、ならびに石材の細部の扱いにおいて、古代よりはむしろル・ヴォーの方を向いている。

パリのサント・ジュヌヴィエーヴ聖堂(フランス革命後は**パンテオン**と呼ばれた。1757-90、p.1005D-F、p.1011B)は、古典主義様式にゴシック建築の構造的軽快さを融合させるという理論上の理想を実現しており、初期の新古典主義建築の偉大な傑作である。建物は大きく手が加えられ改変を受けているものの、その平面はヴェネツィアのサン・マルコ大聖堂に似ている。つまり 1 つの中央ドームと、相対するトンネル・ヴォールト——ここでは自重を軽減するために折り上げている——との間に架かる 4 つの副ドームからなるギリシア十字形平面である。支持する部材は極めて細い。斜めに面取りされた 4 本の対向する交差部ピア——それらは太くされた——を除いて、他の全ての内部の支持材は、優雅なフルートの施されたコリント式円柱である。外観は、開口部が今では不幸にもふさがれたが、交差部の凹角をなす折れ曲がり(ローマのサン・ピエトロ大聖堂と比較せよ)や圧倒的なドラム、ドーム、ランタン(副ドームは隠れている)の突出によって、ダイナミックなものとなっている。レンのセント・ポール大聖堂のそれによく似たドームは、(アンヴァリッドのそれと同じく)三重の殻をなしているが、もともとはより低い二重殻ドームが企図されていた。また、セント・ポール大聖堂と同様、ゴシックのバットレスの方式が隠蔽されている。しかしながらこの建物の規模と節度を別にすれば、その古典的特徴の最たるものは、正面ファサード、つまり彫刻で満たされたペディメントが付くコリント式の神殿正面であって、そこには高いひと続きの階段で導かれる。

エティエンヌ=ルイ・ブレー(1728-99)は、ほとんど実際に建物を建てたことはなかったが、広く流布した彼の理論や設計案によって大きな影響を及ぼした。それらは往々にして全く非現実的であるが、その規模、幾何学的純粋性および直截的な古典主義を通して、理想とする偉大さを伝えている。ブレーによる 1784 年の**ニュートン記念堂**の驚くべきデザインは、アウグストゥス(ないしはハドリアヌス)の霊廟の再建を超えている。すなわち第 2 のドラムから浮かび上がった球(天空を象徴している)は、最下段のドラムに認められるゆるやかに傾斜するくぼみによって視覚的に完成している。広大で暗い球形をなす内部には、ニュートンの棺が置かれることになっていた。ブレーによる純然たる古典主義的な内部の多くが、同じように畏敬の念を起こさせるが、それらは彼の図書館ホールのように、しばしば近代的機能を担う建物のためのものでもある。

クロード=ニコラ・ルドゥー(1736-1806)は、デュ・バリー夫人の上流社会の仕事に携わることから、その建築活動を開始したが、やがてヨーロッパを代表する新古典主義の実践的な主唱者となった。彼はブロンデルの下で修業したが、生涯イタリアには赴かず、1773 年からは王室建築家であった。こうした一切にかかわらず、彼は自分の建物のあらゆる保守主義的な痕跡を捨て去った。さらにいっそう理論的傾向を強めて、彼は**ショー**の「理想」都市も計画した。そこに建つ個々の建物は、ブレーのそれにほぼ匹敵するほど風変わりではあるが、この都市は当時の最も壮大な構想の 1 つとなっている。彼はフランス革命に際して投獄されたが、かろうじて処刑を免れると、ついには 1804 年に自身の設計を論考(『芸術・風俗、法制の面から考察された建築』)の形で出版して再起した。

パリのモンモランシーの邸館(1769-70)は、ルドゥーの初期の作品であり、性格的には A.-J. ガブリエルを思わせる 2 つの隣りあう正面を持つ。しかし窓枠の欠如、低く抑えられた基壇部分および大オーダーが、より大きなたくましさの効果を生み出している。平面計画ははなはだ特異である。主玄関が隅部に置かれ、一方、各種の部屋は対角線を軸に対称となるように並べられ、主サロンは玄関の上に位置する。

アルケ=スナンの王立製塩所(1744-49)は、その実用的な機能にもかかわらず、ルドゥーの最も意欲的な実施作品である。それは円形に広がる複合体として、彼が提案したショーの幻想都市の中心に構想されたが、製塩所の 1 棟のみが建設された。巨大な複合施設の全体的な印象が、単純な幾何学的マッスからつくりだされ、建築形態の控えめな使用がマッスそれぞれの効果を高めている。ペディメントの付くがっしりとしたプロピュライアを通って入場するが、そこにはフルートの付かないずんぐりとしたギリシア・ドリス式オーダーが、量感のあるルスティカ仕上げの迫石アーチの前面に付く。両側の低い壁には開口がないが、一見し

たところ水を注いでいるかのような大きな壺状のものが、窓のかわりに埋め込まれている。プロピュライアに続く洞穴状のトンネルは、イタリア風のグロッタを単純化してずんぐりさせたものである。対面する監督官の家は、それにふさわしく妥協のないドリス式のポーティコで構成され、その円柱は平滑な石材をルスティカ仕上げとしている。

かつてパリ市を取り巻いていた40ヵ所の入市税徴収所のうち今に残るのは4つであり、あとはフランス革命の際に取り壊された。**ヴィレットの入市税徴収所**(1785-89)は、現存するものの1つである。パリ市の力と偉大さを伝える意図から、それらは全て単純ではあるが異なった幾何形態によって構成され、往々にして極度に変形された奇妙な古典装飾が組み込まれた。ヴィレットでは方形の基壇状建物の上にロトンダが立ち上がり、前面にはずんぐりした八柱式のポーティコが付く。先細りの長方形断面の柱には原初的なドリス式柱頭が付き、一方、上方のエンタブラチュアは楣石と笠木とに還元されている。

ブレーの弟子、J.-F.-T. シャルグラン(1739-1811)による**パリのサン・フィリップ・デュ・ルール聖堂**(1774-84, p.1009D)は、非常に巧みに処理された新古典主義の教会堂である。フルートが施されたイオニア式の円柱が身廊に沿って並び、東端部にまわり込む。身廊は格間の付くトンネル・ヴォールトで覆われるが、そのヴォールトには高窓が組み込まれて設計されており、全体の基調である水平性に拮抗する垂直方向の釣り合いをもたらしている。

F.-J. ベランジェ(1744-1818)の作品である**パリのバガテル**(1777)は、ルイ16世の弟のために、(賭に勝つために、驚くべきことに64日間で)建設されたが、優雅な細部を持つ非常に洗練された建物である。装飾の大方は新古典主義の傾向を示し、当時の典型である単純さと幾何学的純粋性を有している。ただ、他の諸点、たとえば薄いピラスターの分節は、幾分、50年ほど前の建物を彷彿とさせる。

J.-G. ルグランによる**パリのガリフェの邸館**(1775-96)には、注目に値する中庭がある。そこでは2層の高さを持つ中央の八柱式のコロネードが、背後の3層のファサードから全く離れているかのようにみえる。

同じような効果は、M.-J. ペイルの作品である**パリのオデオン座**(本来はテアトル・フランセ、1778-82、1807年の火災後に再建)のファサードにもみられる。ここではドリス式のコロネードが、前面のルスティカ仕上げの簡素な広がり——屋階のそれはわずかに種類を異にする——にとりついている。高いピラミッド状の屋根が馬蹄形の観客席(パリで最初である)を覆い、この建物に強い幾何学的性質を付与している。

フランシュ=コンテ地方のモンクレイの城館(1778頃、p.1015A)は、C. A. ベルトランの設計になるが、開放的なスクリーンが中心の建物群と中世風の円形の塔とをつないでいる。凹面に湾曲したファサードは、古風な印象を与えるかもしれないが、張り出したイオニア式のポーティコが、ここでは著しいパッラーディオ風を呈している。

N. サランによってストラスブールの司教のために設計された**サヴェルヌの城館**(1779-89)は、横に広がった極めて印象的なファサードを持つ。そこには時代遅れの感の否めない端部パヴィリオンで終わる大オーダーと、より同時代的な八柱式の中央部の強調とが同居している。

A. ルソーによる**パリのサルムの邸館**(1784、1871焼失、1878再建)は、庭園側ファサードに、コリント式半円柱によって分節された、半分ほど張り出したロトンダが付く。この処理は、たとえそれが同時代の他の多くの建物に比べてより装飾的であり、厳しさに欠けるとしても、建築要素がルスティカ仕上げの壁面に拮抗して配されていて、典型的な新古典主義のものとなっている。

パリのマドレーヌ聖堂(1806-49、p.1015C)は、フランス第一帝政期を飾る代表的なものである。これはピエール・ヴィニョン(1762-1828)の作であるが、彼はルドゥーの下で修業し、1793年には共和国の建築総監になっている。この建物は、P. コンタン・ディヴリによって設計された未完の建造物——それは南側でA.-J. ガブリエルのコンコルド広場と関連づけられていた——にかわるものであった。1806年にナポレオンは、この新しい建物を当初の教会堂ではなく、「(帝国の)栄光の神殿」とすることを決定した。もっともこの決定は、1813年に覆されたが、それにもかかわらず外観のデザインは、意識的に古代ローマの神殿——(カストール神殿にならって)コリント式の周柱式正面八柱——を模倣することが目指され、さらにペディメントには特に念入りに作成された彫像が付けられた。高い基壇(7 m)、独立した配置、のぼっていくアプローチ、全てがこの建物の効果を増幅している。内部も同様に印象的である。身廊は3ベイに分けられ、コリント式円柱に支えられたペンデンティヴ上に偏平ドームがそれぞれのり、頂部の円窓がそれらを照らし出す。身廊は半ドームの架かるアプスに終わっている。

A.-T. ブロンニャールによる**パリの証券取引所**(1806-15)は、とりたててかわったところのない建物である。方形の基壇の上に建ち、4面は13ベイのコリント式コロネードで取り囲まれ、全体にピラミッド

第30章　フランス、スペイン、ポルトガル　│　1015

A　モンクレイの城館、フランシュ＝コンテ地方（1788頃）　p.1014 参照

B　エトワールの凱旋門、パリ（1808-）
p.1017 参照

C　マドレーヌ聖堂、パリ（1804-49）　p.1014 参照

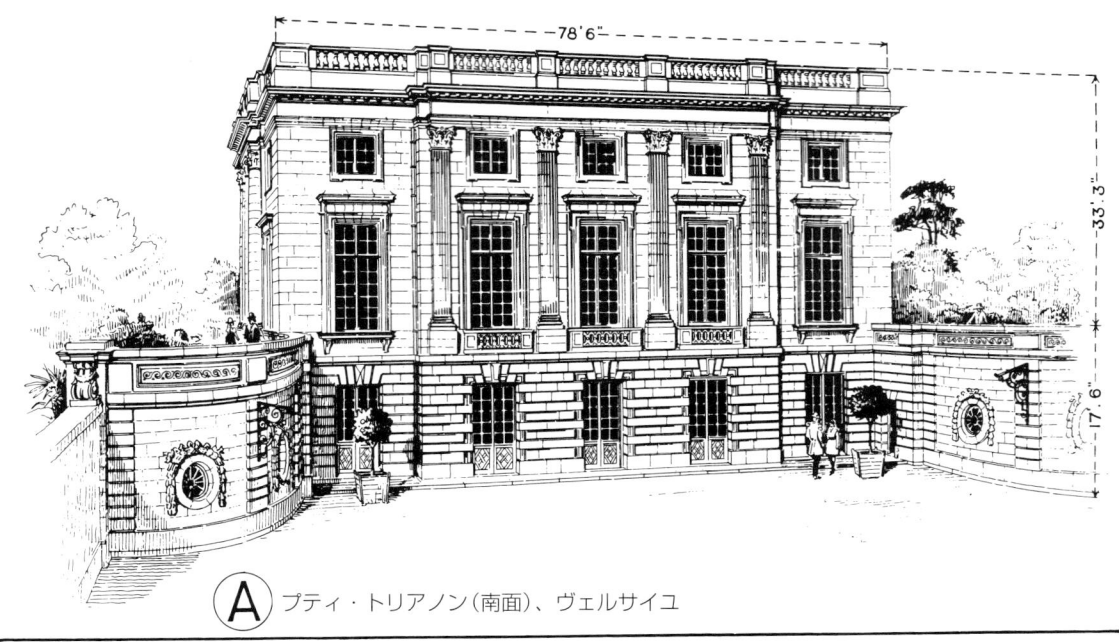

Ⓐ プティ・トリアノン（南面）、ヴェルサイユ

Ⓑ 屋根窓、アン・ヴァリッド（廃兵院）、パリ

Ⓒ 屋根窓、アン・ヴァリッド（廃兵院）、パリ

Ⓓ 大理石の花壺、ヴェルサイユ

Ⓔ シェルシュ・ミディ通りの邸宅、パリ

Ⓕ 大理石の花壺、ヴェルサイユ

形の屋根が架かる。

コンコルド広場とセーヌ川を挟んで対峙する**フランス下院議場**(1807)は、B. ポワイエの設計である。彫像が脇に並ぶ大階段の先にどっしりとした12柱式のポーティコが建つ。ここではポーティコは、ルスティカ仕上げの両翼から前方に張り出しており、両翼の方は孤立した隅の付柱と装飾板により分節されている。

パリのエトワールの凱旋門(p.1015B)は、J.-F.-T. シャルグラン(サン・フィリップ・デュ・ルール聖堂の建築家)のもう1つの作品である。これは、シャン・ゼリゼ通りがつくるほぼ3kmに及ぶコンコルド広場からの眺望(ヴィスタ)を支配して建つ。無柱式のデザイン(サン・ドニ門と比較せよ)やアーチの広大なスケールからは、特定の古代のひな型はみあたらない。一方その規模や幾何学的単純性は、それ自体、新古典主義的な特質となっている。もっともこの門は、古代様式による戦勝記念品や勝ち戦の図、さらにはレリーフによる装飾によって豊かに飾られており、それがこの建造物の厳格さを和らげている。

ピエール=フランソワ=レオナール・フォンテーヌ(1762-1853)は、シャルル・ペルシエ(1764-1838)とともにナポレオンに最も引き立てられた建築家であり、かつ装飾における帝国様式の中心的な創始者であった。彼とペルシエは、一連の執政および皇帝の住まいの改築に際して、ナポレオンに広く任用された。ペルシエとフォンテーヌによって設計された**リヴォリ通り**(1802-55)はテュイルリー庭園に面し、ナポレオンにより着手されたこの一帯のもっと広範な計画案の一部分をなす。1階にアーケードが並ぶ統一された街路正面は、ヴォージュ広場をしのばせる。上部の、繰り返しではあるが単純明快な古典的ファサードは、優雅な鉄製バルコニーによって水平方向の統一感が与えられている。

パリのエクスピアトワール(贖罪)**礼拝堂**(1816-24)は、ルイ18世の命により、処刑された彼の兄、ルイ16世およびマリー・アントワネットを追悼して、フォンテーヌが設計した。これは鎮魂のロトンダであり、構成上はラファエッロのキージ家礼拝堂を想起させるが、分節の仕方と装飾は荘重かつ冷厳で新古典主義のものとなっている。

パリのノートル・ダム・ド・ロレット聖堂(1823-36)は、L.-H. ルバの作品であり、サン・フィリップ・デュ・ルール聖堂を彷彿とさせるバシリカ式平面を持つが、後者以上に初期キリスト教の教会堂建築を範としている。この教会堂はイオニア式コロネードを持つ4列の側廊や平天井、さらにドームの架かる内陣の奥に天蓋のあるアプスを持つ。内部は壁画によって豊かに装飾されている。しかしファサードは、(初期キリスト教のバシリカとは異なって)古代の神殿正面を模した背の高いポーティコを持つ。

建築の特色

スペイン

スペインにおけるゴシック建築からルネサンス建築への移行は、15世紀の後半から16世紀の最初の四半世紀の間に行われた。この時期は、プラテレスコ——17世紀につくられた蔑称で、「銀細工風の」を意味する——として知られる様式が支配的である。これは表面的な装飾模様に対する好みを表しており、浅浮彫に大いに用いられたものの、骨格となる構造とは無関係である。この嗜好は整然とした様式上の区分に呼応するものではなく、ゴシックとルネサンス双方の装飾を含み、かつ通常、次の2つの時期に分けられる。つまりゴシック・プラテレスコ様式(1480頃-1504頃)——時にイサベル様式とも呼ばれる——と、ルネサンス・プラテレスコ様式(1504-56)である。この時期の建物は、グアダラハラのインファンタード宮殿のように、しばしばゴシック、ルネサンスおよびムデハル様式の各要素を混在させるが、しだいに北イタリア、ロンバルディア地方の伝統から借用したカンデラブラ(枝付き燭台風装飾)、バラスター・コラム(欄干風円柱)、グロテスク模様を含むルネサンス様式の装飾が優勢になっていく。16世紀初期にはルネサンス・プラテレスコ様式の優位がみられるものの、それが1つの普遍的な様式ではなかった。そこには、たとえばセゴビア大聖堂(1529-91)の例に示されるように、ゴシック様式やゴシック・プラテレスコ様式がともに併存しているのである。多くの建築家たちの作品にも、こうした多様性が反映している。例を挙げれば、ディエゴ・デ・リアーニョは、ゴシック様式でもルネサンス・プラテレスコ様式でも建物を建てることができた。

古典様式の時代(1556-1650)には、イタリア・ルネサンス建築の原理を十分に消化した純粋な様式の発展がみられた。新たに、ペドロ・マチュカなどの建築専門家たちが、スペインにおける建築家の地位向上に大いに貢献した。実際、ローマのサン・ピエトロ大聖堂の建設に際してミケランジェロの助手を務めたフアン・バウティスタ・デ・トレドは、フェリペ2世の王室建築家に任命され、同国でその称号を得た最初の建築家となった。エル・エスコリアル宮殿で、彼は大規模かつ複雑な計画案に取り組んだが、それはサン・ピエト

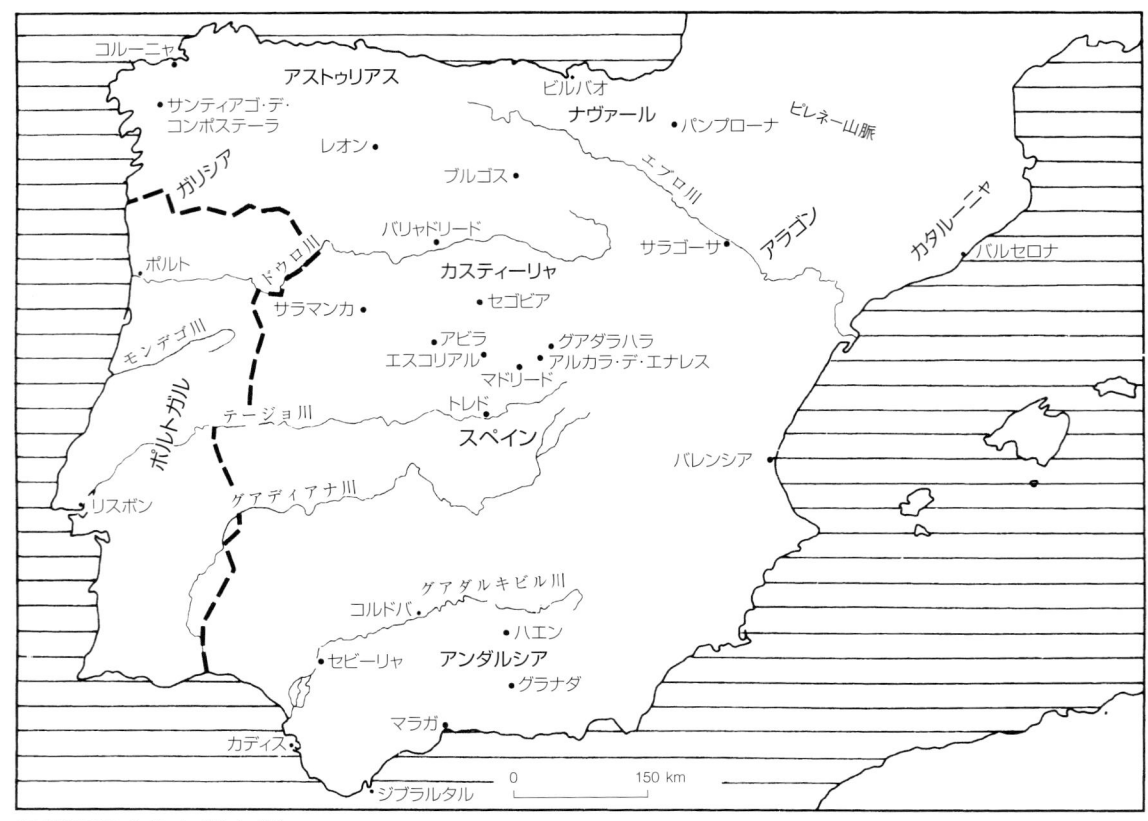

17世紀のスペインとポルトガル

ロ大聖堂の「建設現場」で培われた専門技能の類が求められるものであった。トレドの厳格な古典様式は、彼の後継者であり、イタリアにもフランドルにも旅行していたフアン・デ・エレーラ（1530頃-97）によって、より巧妙な、比例に則した調和のある方法へと発展させられた。

1650年から1750年にかけては、スペインではバロックおよびロココの様式がさまざまな形で力強く開花した。それはおおかたエレーラやその追随者たちの形式主義に対する反動の様相を呈しているとみてよい。イタリアのバロック様式は強い影響を及ぼしたが、特に17世紀の終わり頃には、建築家の一族であるチュリゲラ家にちなんでチュリゲラ様式と名づけられた幻想性に富んだ過剰なものが発展した。彼らはその先導役であったが、それを最も代表する者ではなかった。チュリゲラ様式は本来は建築装飾の様式であり、まずスタッコ細工や教会堂の飾り壁などのような内部装飾に表れた。この息の長い様式（1680-1780）は、3つの明確に区別される段階を経過した。第1期（1680-1720）は「サロモニカ」——つまりねじり棒状の円柱——の使用を特徴としている。第2期（1720頃-60）は、「エスティピテ」（倒立角錐形ないし倒立円錐形の柱）の普及で

あり、第3期（1760-80）はこれらのエレメントと、ちょうど出現してきた新古典主義様式への評価との融合である。チュリゲラ様式の最も注目される記念建造物の1つが、フェルナンド・デ・カサス・イ・ノボアによるサンティアゴ・デ・コンポステーラ大聖堂の西側正面（1738-49）である。

中部および西ヨーロッパ全体と同様、新古典主義時代（1750-1830）のスペイン建築も、ますます古代のモデルへの傾斜を強めていった。優れた例としては、ベントゥーラ・ロドリゲス（1717-85）のパンプローナ大聖堂のファサード（1873）や、フアン・デ・ビリャヌエバによるマドリードのプラド美術館（1785-87）がある。この新しい様式は、マドリード（1752）とバレンシア（1768）に新たに設立された両アカデミーによって推進されたが、最終的には18世紀の末近くになってチュリゲラ様式を払拭した。

ポルトガル

マヌエル様式は特にポルトガルに特有なものであり、スペインのルネサンス・プラテレスコ様式と同じ時期に存在した。1495年から1521年にかけて統治したマ

ヌエル1世の名を冠したこの様式は、性格としては構造的であるより装飾的であり、かつ一般にゴシック様式の形態に重ねて施されるため——ベレムおよびバタラの大修道院が優れた例である——、しばしば中世に分類される。マヌエル様式は、地理上の発見者らの旅から豊かな着想を得ており、ヴァスコ・ダ・ガマやその仲間の航海者たちがそれぞれの航海で手にした、アーミラリー天球儀、ロープ、珊瑚やキリスト修道会の十字架といったシンボルを空想的なパターンに応用した。その最も驚きに値するものは、トマールに建つクリシュト修道院の一群の建物にみられる。

マヌエル様式を除けば、ポルトガル建築はルネサンス期の間は、とりたてて特徴的な点はあまりない。それは18世紀の前半、バロックやロココの様式が華麗な局面をみせるまで続くが、この時期になるとブラジルで発見された金やダイヤモンドからもたらされた急激な富の増大が、大量の建物の建設を促した。コインブラの大学図書館の精巧で美しい内部は、中国風の詩情をたたえるが、この時代のものである。1755年にはリスボン地震の恐ろしい災害が発生し、倒壊した瓦礫(がれき)の山から、たとえ単調ではあってもいくつかの優れた町の計画が現れた。その最良の例としては、ヨーロッパの最も印象的な広場の1つであるコメルシオ広場の形式の整った壮麗さが挙げられる。

再建された首都の形態、特に重要な街区であるバイーシャ地区のそれは、グリッド状の規則正しい街路パターンと、単調なほぼ均一のファサードおよび規格化された建物要素とからなり、時にポンバル侯爵にちなんで、ポンバル様式と呼ばれた。彼は冷徹なまでに有能な大臣であり、マヌエル・デ・マイア、カルロス・マルデル、ユジェニオ・ドス・サントスらの技術者や建築家たちの優れた支援を得て、再建計画を主導した。ここでの彼らの謹厳な仕事は、当時のクェルツの盛期ロココや、ジョアン時代(ジョアン5世王にちなんでそう呼ばれる)の宮廷の風習を反映するJ.F.ルートヴィヒ[訳註:ポルトガル名ルドヴィーケ]により1717年に着手されたマフラの広大な修道院の堂々たるローマ・バロックとは、際立った対比をみせている。

しかし、リスボン再建の謹厳さが、実のところ幾分なりとも節約の必要に迫られたものであったとしても、建物形態に対する簡素な洗練への本能と、贅をつくした飾り立てへの愛好という2極化は、一般的にポルトガル建築を通してみられる。北部地方ではその地の御影石が、トスカーナ出身の建築家であり、画家かつ彫刻家でもあったニッコロ・ナッソーニの豊かなフランボワイヤン・バロックへの格好の媒介になった。彼はマルタ島で働いた後、ポルトへ移住し、18世紀半ば

の30年間に、この町の表情を一変させた。1773年にナッソーニが死ぬと、パッラーディオ主義への回帰が後に続くが、それにはイギリスのぶどう酒醸造業者たちの移民が寄与していることは確かである。とりわけヨークのジョン・カー(1723-1807)のデザインに基づいて建設された広大なサン・アントニオの病院に顕著である。

実 例

スペイン

サンティアゴ・デ・コンポステーラの王立施療院(1501-11)は、巡礼者のために建設されたものであり、イサベル時代に建てられる実用本位の公共用建物の新しい方向を示している。これはエンリケ・エガス(1534没)によって設計され、中央にヴォールトの架かった交差部のある大きな十字形配置の病棟を持つ。この計画はミラノのオスペダーレ・マッジョーレのような、イタリアの1400年代の病院を受け継いでいる。豊かに装飾された主入口は、全般的な形態としてはゴシック様式であり、1518年にフランスの彫刻家によって着手された。

サラマンカ大学のファサード(1514-29、p.1020A)は、見事な職人技によるプラテレスコ様式の代表作である。ゴシック様式の全体的枠組の中には、フェルディナンド王やイサベル女王、カール5世[訳註:神聖ローマ皇帝としてはカール5世、スペイン王としてはカルロス1世]の紋章の他、プットー(小児像)などの多くのイタリアのモチーフや、アラベスク模様で埋められたパネル状ピラスター、肖像付き円形飾りや枝付き燭台が取り込まれ、全てがイスラム風の豊かな表面装飾の中に嵌め込まれている。

同じ**サラマンカ**にある**サン・エステバン聖堂**(1524-1610)は、フアン・デ・アラバ(1503-37に活躍)によって、ゴシックの構造を古典主義の形態言語で解釈するという、いわば混成の様式で設計された。バットレスにはクロケットの頂華が付いて外見上はまさにゴシック様式であるが、そこには古典化した浅いピラスターが取り付く。それら全てが、量感はあるが平板かつ簡素な壁面に拮抗している。混成の様式に典型的な対比の感性によって、この教会堂は豊潤なプラテレスコ様式の西側正面をつくりだしている。

セビーリャのカーサ・デ・アユンタミエント(市庁舎、1527-64、p.1020B)は、ディエゴ・デ・リアーニョ(1517-34に活動)の唯一の大規模な作品である。この建物は、単独ないしは対をなすピラスターによって、

1020 | ルネサンスおよびそれ以後のヨーロッパとロシアの建築

A サラマンカ大学、ファサード(1514-29)　p.1019 参照

B カーサ・デ・アユンタミエント(市庁舎)、セビーリャ (1527-64)　p.1019 参照

C 大学、ファサード(1537-53)、アルカラ・デ・エナレス　p.1022 参照

第30章 フランス、スペイン、ポルトガル | 1021

A カルロス5世の宮殿、グラナダ、中央中庭（1527-68） p.1022参照

B サン・フアン・バウティスタ施療院、トレド（1542-78）、ファサード p.1022参照

また上階ではカンデラブラ風に扱われた半円柱によって、完全に分節された非対称形正面を有している。デザインは15世紀後半のイタリア・ロンバルディア地方の建築に負っているが、そこにはプラテレスコ様式の過度な仕上げがなされている。

ロドリーゴ・ヒル・デ・オンタニョン（1500/10-77）の手になる**アルカラ・デ・エナレスの大学ファサード**（1537-53、p.1020C）は、幾何学に対する彼の関心を反映して、整然とした均整のとれたデザインとなっている。装飾の多い中央のベイは、スペイン建築の特徴を示しているが、その比例は中央ベイに接する両方のベイを各階に分割している比例と同様に、部分的重複正方形の方式に基づいている。中央部へそして主階へと焦点を結ぶこの理にかなったグリッドの中で、両側にスクロールが付く窓や、やや度を越したペディメント、さらには鉄製グリルがきらびやかで強い生き生きとした効果をつくりだしている。

グラナダのカルロス5世の宮殿（1527-68、p.1021A）は、ペドロ・マチューカ（1517-50活動）によって設計され、彼の死後はその息子、ルイスにより継続されたが、宮殿として使用できるまでに完成をみることはついになかった。マチューカは、ブラマンテ（1444-1514）やラファエッロ（1483-1520）による古代ローマ風の宮殿やヴィラから強く影響を受けており、ドリス式とイオニア式の列柱廊からなる直径30.5mの荘重な円形パティオを、方形の宮殿ブロックの中に囲い込んだ。外観のファサードは、1階ではルスティカ仕上げされたドリス式付柱が付くが、中央のベイのみはフルートの施された対の半円柱が高い台座の上に付く。オーダーを対に扱うことは、上階でもイオニア式の半円柱によって受け継がれるが、いずれの階も窓は上部に円形飾り［訳註：中央部以外は丸窓］を伴うものとなっている。パティオと外周のファサードとはよく独立性を保っているものの、相互の連関は十分でなく、唯一、間に押し込められた階段と部屋の空間にのみそれがもたらされている。

トレドのサン・フアン・バウティスタ施療院（1542-78、p.1021B）は、施主のタベラ枢機卿に仕える司祭兼書記官であったバルトロメ・デ・ブスタマンテ（1499/1501-70）によって設計された。構想はイタリア的であり、ファサードとパティオの双方に、セバスティアーノ・セルリオ（1475-1554）が刊行した設計案に精通していた様が読みとれる。長方形建物の簡素なファサードは、地上から2層分が平面的なルスティカ仕上げとなっており、第2層目の力強く張り出したルスティカ仕上げの隅石や窓周りの迫石と強いコントラストをみせている。しかしながら中央の入口部分は典型的なスペイン風の処理がなされ、それは3層分全てにわたっている。ドリス式およびイオニア式の優美なアーケードがめぐる内部の2層分のパティオ（1547-48）は、宮廷社会のパトロンたちのイタリア化した趣味を十分反映している。

ディエゴ・デ・シロエ（1495頃-1563）によって設計された**グラナダ大聖堂**（1528-63、p.1023A, B）は、南スペインで最大のルネサンス様式の教会堂の1つであり、かつプラテレスコ様式の顕著な例でもある。広大な身廊が半円のアプス（シュヴェ）に向かって通じ、そこには大祭壇上に安置された聖体の礼拝が容易になるように設計された周歩廊と放射状祭室が付く。カルロス5世はシロエのイタリア化した仕事を、すでに建設されていたゴシック様式の「**王家礼拝堂**」（カピリャ・レアル）（1504-21）を引き継ぐものではないとみなした。すばらしい鉄細工の「クレハ」を通って入る後者の礼拝堂は、フェルディナンドおよびイサベラの墓を納めるために建てられた。大聖堂正面の巨大な引っ込んだベイは、シロエの計画案に基づくが、見事な分節と装飾はバロック期のものであり、アロンソ・カノ（1601-67）のデザインである。

ハエン大聖堂（1546-、p.1023C）は、ディエゴ・デ・シロエの弟子であり助手であったアンドレス・バンデルビラ（1509-75）によって設計された。グラナダ大聖堂と同じホール型の会堂であるが、ハエンのはもう少し小さく、またセビーリャ大聖堂の東端部に準じた長方形の東端部をなしていてより簡潔である。バルセロナ大聖堂のように、身廊の両側、各ベイごとに付属礼拝室を持つ。双塔とやや後退した上層部を持つ印象的なバロック様式の正面（1667-86）は、ローマのサン・ピエトロ大聖堂の西正面を真似ており、エウフラシオ・ロペス・デ・ロハスにより設計された。

トレドのアルカサル（王宮、1537-53、p.1024A）は、イスラム（ムーア）様式およびゴシック様式の性格が混在した中世の城であったが、カルロス5世のためにアロンソ・コバルビアス（1488-1570）によって改修された。これはアロンソの最も重要な作品であるが、内戦（1936-39）の際におおかた破壊された。装飾的効果を強調するために最上階はルスティカ仕上げとされ、頂部に欄干（バラストレード）がのるが、下階のタバナクル窓は通常の古典的な方式とは違い、平滑な壁面に対して際立ったものとなっている。中央入口はイオニア式の円柱が両側に立ち、上部にはカルロス5世の紋章が入った戸口飾りがのる。この入口はコリント式の円柱が取り巻く広々としたパティオへと続く。

マドリード郊外の**エル・エスコリアル宮殿**（1562-82、p.1026、p.1027A）は、フェリペ2世のために、その全体計画の責を負ったフアン・バウティスタ・デ・トレ

第30章　フランス、スペイン、ポルトガル　1023

A　グラナダ大聖堂（1528-63）、西側内部
p.559、p.1022 参照

B　グラナダ大聖堂、ファサード（1667-1703）

C　ハエン大聖堂、正面（1667-86）　p.1022 参照

D　バリャドリード大聖堂、正面（下部 1585 頃-、上部 1729-33）　p.1025 参照

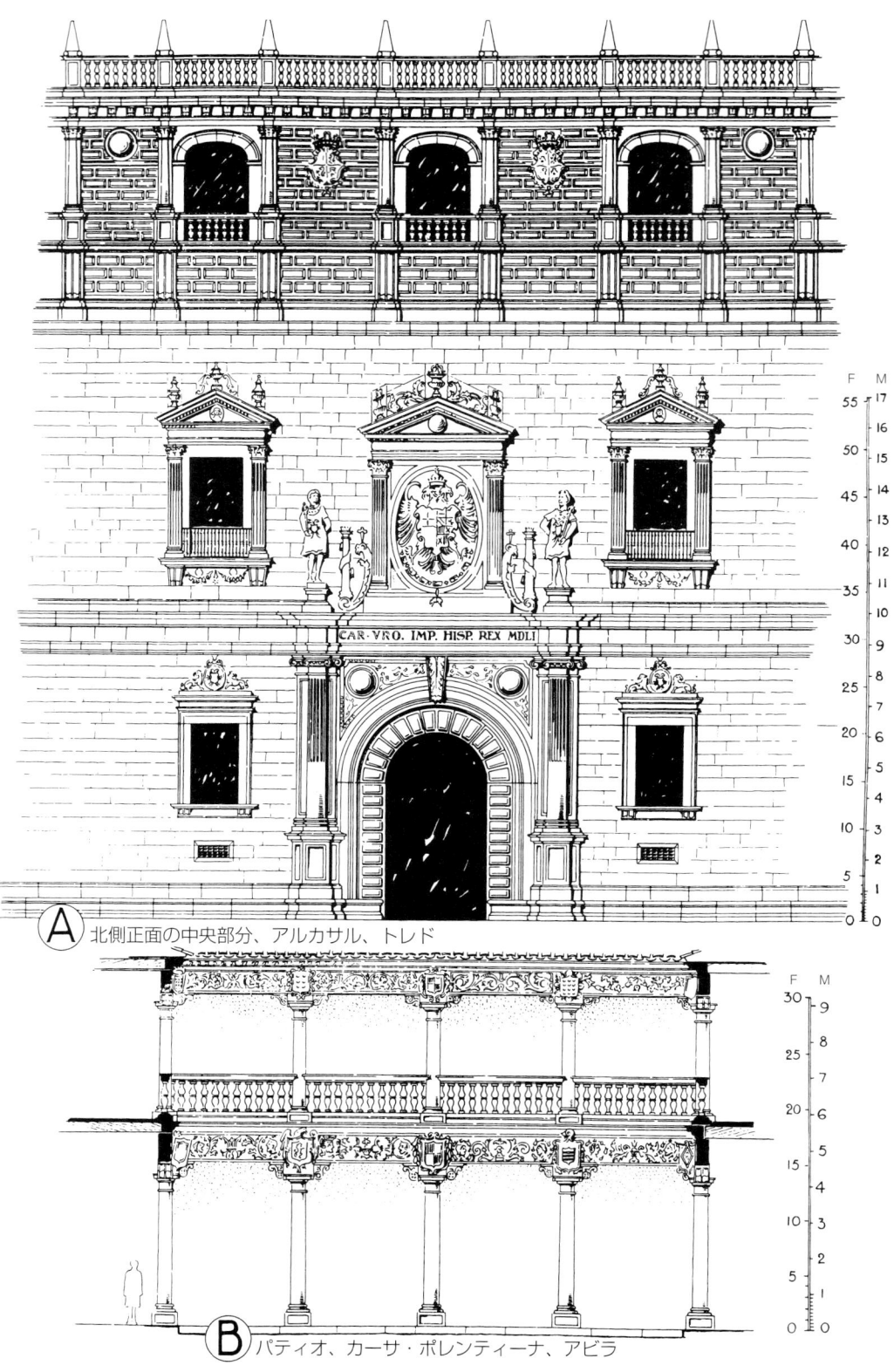

Ⓐ 北側正面の中央部分、アルカサル、トレド

Ⓑ パティオ、カーサ・ポレンティーナ、アビラ

アルカサル、トレド(上)。カーサ・ポレンティーナ、アビラ(下)

ド（1567没）によって着手された。その壮大な仕事は、1572年にその任に就いたフアン・デ・エレーラ（1530頃-97）によって完成をみた。人里離れた敷地に建つこの謹厳な複合建物は、修道院、学校、教会堂（聖ロレンソに捧げられた）、および宮殿からなる。西側正面中央の主入口は、教会堂のアトリウムを形成する「王たちのパティオ」に開く。右側にはアーケードのある4つの中庭を伴った修道院があり、その先に「福音書記者たちのパティオ」が位置する。アトリウムの左側には同じく4つの中庭を伴った学校が配され、その奥には宮殿の大中庭を介して儀式用各広間がつながっている。この広間群は平面を格子状に収めるため、教会堂の背後に突き出ている。全体平面の西側部分はイタリアの施療院のデザイン（1456）に似ている。エレーラの設計によるドームの架かる教会堂（1574-82）は、形式的にジェノヴァのサンタ・マリア・ディ・カリニャーノ聖堂に相似するが、聖歌隊席が西端のヴォールトが架かる入口ホールの上部にとられており、スペイン的特質もみられる。なおこの入口ホールのために身廊が短くなり、建物主要部は平面的にギリシア十字形となっている。簡素なファサードには威厳のあるドリス式の円柱が付き、その上には花崗岩によるユダの諸王の石像がのるが、像はわずかに後退した上層階の前面に立つ。像の間の窓からは上階に持ち上げられた聖歌隊席の内部に光が注ぐ。堂の内部は冷厳であるが、その簡潔さは印象深い。花崗岩の壁面が、フレスコ画の描かれたヴォールト天井と強いコントラストをつくる一方、落ち着いた色彩の重なりをみせる祭壇背後の崇高な飾り壁が、抑制された効果をさらに高めている。エル・エスコリアルはその性格の多くを建設材料である黄灰色の花崗岩に負っている。この材料が建築家に抑制を強いたし、また、確かにフェリペ2世の美的な趣味にも合致していたのであろう。外観ファサードは花崗岩の大きな切石でつくられ、一本石からなる3mの高さに及ぶアーキトレーヴを有するが、窓の配置にはアルカサルのファサードと同様、配慮が見られず、また開口部は一般には装飾を欠いている。

バリャドリード大聖堂（p.1023D）は、1585年頃、エレーラにより、隅部の塔と中央にドームののった交差部を持つ大きな長方形平面の建物として設計された。計画案通りには決して完成されなかったものの、彼の案はスペインやスペイン語圏アメリカに大きな影響を及ぼした。この聖堂ははるかに小さな規模で、1729年から1733年の間に完工した。西正面の上層はアルベルト・チュリゲラ（1676-1750）の手になるが、彼はチュリゲラ一族が特徴とした複雑さを注意深く避けながら、エレーラによる下層部分の厳格さをやわらげるべく活力に富んだバロックの様式を採用した。

セビーリャのカーサ・ロンハ（商品取引所、1583-98）はフアン・デ・エレーラのデザインに基づくが、そのパティオではドリス式の上にイオニア式のアーケードがのり、壁付きのオーダーがローマ風にアーチを枠取りしていて、冷厳なアカデミズム的特質がこの頃に広くいきわたっていたことを示している。

レオンのグスマネスの邸館（1560頃）は、古典主義の時代の代表的な建物であり、建築的要素は慎重かつ抑制して用いられている。独特のスペイン的特徴が隅部のパヴィリオン——居住用の建物に一般的である——によってもたらされている。円柱で構成される出入口の脇には像が立ち、小さな窓には鉄製グリルが付いて、アーケードが連続する上階は、広く張り出した庇の深い影に覆われる。

グラナダのカルトジオ会修道院の聖具室（1713-47、p.1027B）は、チュリゲラ様式の建築の真に傑出した例である。これはおそらくフランシスコ・ウルタード（1669-1725）によって着手されたが、内部の装飾は後の世代のデザインによる。窓は高いところに設けられ、壁面はもっぱら奇妙な浮き出し模様のプラスター細工に供された。1740年代を通じて施工されたその漆喰工事は、絵画パネルや各所に設けられた出入口扉、戸棚を取り巻き、ピラスターを覆いつくしている。

1715年にナルシソ・トメによって着手された**バリャドリードの大学のファサード**（p.1028A）は、対をなす大オーダーによって分節され、彫刻的な細部に満たされた力強い表玄関を有している。これは18世紀初期のプラテレスコ・リヴァイヴァルの一部である。

ペドロ・リベーラ（1683頃-1742）によって設計された**マドリードのサン・フェルナンド施療院**（1722-）にも、建物頂部の主コーニスを破ってわき出るように立ち上がった壮大かつ錯綜した仕上げの主玄関がある。ここには垂れ下がったひだのある布飾りや花綱飾りあるいはプットーなど、フランス風の発想に基づく彫刻的細部の特筆すべき凝集がみられ、他の建物では往々にして別の形で簡素に扱われる主入口に強い優越性を付与している。

バレンシアのドス・アグアス侯爵の宮殿（1740-44、p.1027C）は、全盛期のフランス・ロココ様式によって、画家、イポリト・ロビラ・ボカンデルが設計した。この建物の著しい特徴は、イグナシオ・ベルガラによってつくられたアラバスター製の扉枠である。ここにはミケランジェロにも通じる一対の像、つまりたくさんの植物や動物の中にバレンシア地方の2つの川が擬人化された像が嵌め込まれている。

セゴビア近くの**ラ・グランハの王宮**（1719-39、

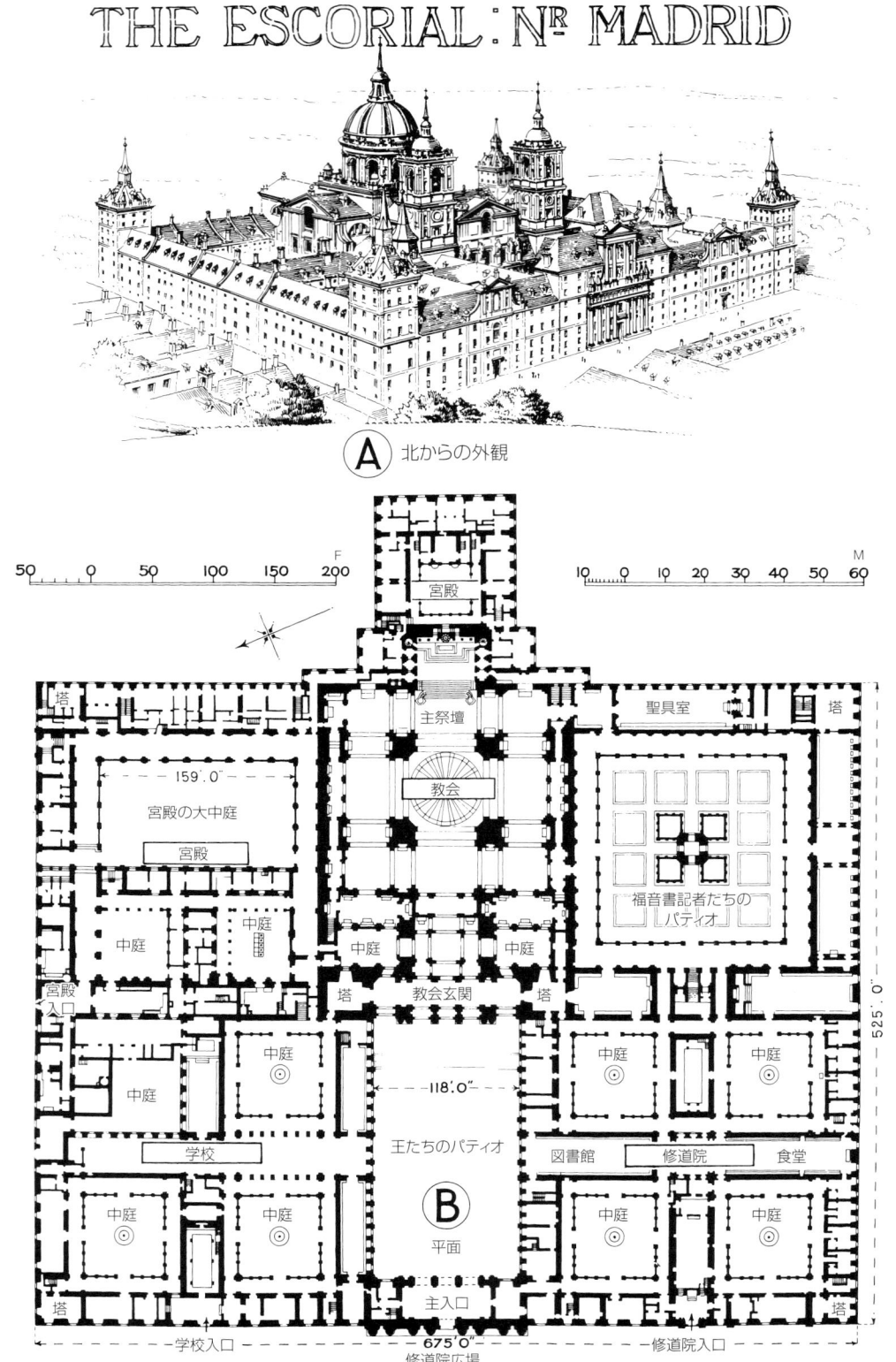

エル・エスコリアル宮殿、マドリード近郊

第30章　フランス、スペイン、ポルトガル　　1027

A　エル・エスコリアル宮殿、教会堂正面（1574-82）、
マドリード近郊　p.1022 参照

B　カルトジオ会修道院（ラ・カルトゥーハ）、聖具室、
グラナダ（1713-47）　p.1025 参照

C　ドス・アグアス侯爵の宮殿、バレンシア（1740-44）
p.1025 参照

D　エル・ピラール大聖堂、サラゴーサ（1675頃-1766）
p.1030 参照

A バリャドリードの大学のファサード(1715-)　p.1025 参照

B ラ・グランハの王宮、庭園側ファサード(1719-39)　p.1025 参照

第30章　フランス、スペイン、ポルトガル

A　王宮、ファサード(1738-64)、マドリード　p.1030 参照

B　クリシュト修道院主回廊、トマール(1577-)　p.1030 参照

C　修道院と宮殿、マフラ(1717-30)　p.1033 参照

p.1028B)は、テオドロ・アルデマンスによって着手され、北と南の宮殿を設計したイタリア人のアンドレア・プロカッチーニ(1671-1734)とセムプロニオン・スビサーティ(1680頃-1758)によって増築された。庭園側ファサードの中央部には、コリント式の大オーダーが付くが、これはフィリッポ・ユヴァラ(1678-1736)の設計案により、ジョヴァンニ・バッティスタ・サケッティが建設した。ルネ・カリエが設計し、1727年から1743年にかけて造園された見事な庭園群は、この力強いイタリア風の建物にフランス的な雰囲気を添えている。

マドリードの王宮(1738-64、p.1029A)は、当初、1735年にフェリペ5世がユヴァラに依頼したもので、彼は3つの大きな中庭を持つ複合建築を計画した。ユヴァラの死後は、彼の後継者サケッティが、1つの中庭からなる単体の宮殿棟を、ベルニーニのルーヴル宮殿のデザインをモデルに建設した。できあがったものは、様式的には完全にイタリア・バロック様式であるが、新しい古典主義精神も加味されている。

ベントゥーラ・ロドリゲス(1717-85)は、新古典主義的傾向を持つスペイン生まれの建築家である。彼の最も重要な設計は、1761年の**マドリードのサン・フランシスコ・エル・グランデ聖堂**のそれであるが、ついぞ実施にはいたらなかった。彼の計画案はローマのサン・ピエトロ大聖堂に相似するが、高い両隅部の塔の間にペディメントをかかげたポーティコが付き、一方、背の高いミケランジェロ風のドームが全体を圧して立ち上がることになっていた。この計画のあるものは、彼が1783年に設計した**パンプローナ大聖堂**のファサードに実現された。これは盛期ルネサンスのモデルの他、古代ローマのそれにも基づいていて、モニュメンタルなコリント式の四柱式ポーティコの量塊性が強い荘厳さをつくりだしている厳格な作品であり、同時に幅広の円柱形態とその間の深い影とのコントラストというロマンティックで感動的な感性を達成したものでもある。

サラゴーサのエル・ピラール大聖堂(p.1027D)は、まず、1675年頃にフィレペ・サンチェスが設計したが、その対称形の案を、1680年にフランシスコ・デ・エレーラ(子、1622-85)が発展させた。この隅部に塔を有する長方形の側廊付きバシリカは、1585年頃のフアン・デ・エレーラによるバリャドリード大聖堂の計画案を受け継いでいる。しかし、フランシスコが1685年に没して仕事が中断され、彼の構想は後世の改変をこうむった。それは特に内部の構成に見られ、1750年にベントゥーラ・ロドリゲスによって手が加えられている。ドームをのせた印象的な立面も、全て後の建築家たち

の仕事である。

マドリードのプラド博物館(1785-87)は、18世紀の偉大なスペイン建築家たちの第2世代にあたるフアン・デ・ビリャヌエバ(1739-1811)により設計された。彼の最初の法外な計画案は、自然史博物館と、各種学会の収容を目論んだ「学問の殿堂」とを結び付けて一体化していたが、最終的により控えめな設計に落ち着いた。中央の棟は、長く伸びた翼屋によって、2つの広大なパヴィリオンに結び付けられる。全体構成は装飾の使用の抑制と、円柱およびアーケードによるスクリーンの採用を特徴としている。フェルナンド7世の治世下に、プラド博物館は絵画の美術館に変更された。

ポルトガル

トマールのクリシュト修道院の主回廊(1577-、p.1029B)は、16世紀ポルトガルの古典主義者の中で最も強い印象与えるディエゴ・デ・トラルバ(1500-66)が設計した。全体としてイタリアでの発展に合致しており、ここには彫刻的に構成された円柱が大小のベイによる明確なリズムをつくって並ぶ。それはブラマンテによるローマのコルティーレ・デル・ベルヴェデーレをしのばせる。上階のセルリアーナ[訳註:アーチ架構を伴う3つの開口からなる窓。セルリオの『建築書』に初出することに由来するが、一般にはパッラーディアン・ウィンドウとして知られる]にはパッラーディオによるヴィチェンツァのバシリカのデザインか、あるいはさらに可能性が高いのだが、セルリオの『建築書』(1537-)への理解がみられる。

ジョアン・ロペスとジェロニーモ・ルイスによる**ヴィラ・ノヴァ・デ・ガイアのセラ・ド・ピラル聖堂**(1576-83)は、円形の教会堂と円形の回廊中庭を一体化している点で珍しい。後者は楣式のイオニア式柱廊を持ち、おそらくペドロ・マチューカがカルロス5世のためにグラナダに設けた中庭を範とした。

リスボンのサンタ・マリア・ダ・ディヴィナ・プロヴィデンシア聖堂(17世紀中頃、1755破壊)は、イタリア人建築家グァリーノ・グァリーニが設計した。この建物は長方形平面をとりながら、デザインは完全に楕円形が重なりあった空間から構成されており、中部ヨーロッパのディーンツェンホーファー一族やノイマンの仕事を予感させる。グァリーニはまた、彼が「至高の」オーダーと呼んだもの、つまりねじりあめ状の柱身を持ち、その上に波打つような主題を固定化したエンタブラチュアがのるコンポジット式の円柱とピラスターも用いている。このオーダーは、18世紀のスペインやポルトガルのバロック様式に影響を与えること

第 30 章　フランス、スペイン、ポルトガル　　1031

サン・フランシスコ聖堂、ポルト　p.1033 参照

A サン・ペドロ・ドス・クレリゴス聖堂、ポルト
（1732-50） p.1033 参照

B ケルスの宮殿(1747-60) p.1033 参照

C ボン・ジェスス・ド・モンテ巡礼聖堂、ブラガ近郊(1784-再建) p.1033 参照

になった。

　ドイツ生まれの建築家ジョアン・フレデリコ・ルドヴィーケ(1670-1752)の設計になる**マフラの修道院および宮殿**(1717-30、p.1029C)は、ジョアン5世により、世継ぎの誕生を感謝して建設された。この広大な複合施設は、宮殿が修道院や教会堂と一体化している点で、平面的にも機能的にもエスコリアル宮殿に似る。ほぼ中央に置かれた教会堂が全体を圧するファサードは、ナヴォーナ広場のサンタニェーゼ聖堂に相似するが、隅部のパヴィリオンはドイツ的な発想によっている。全体は建築的な抑制が効いており、ナッツォーニの作品とは好対照をなしている。

　ポルトのサン・フランシスコ聖堂(p.1031)は、グロッタ風の内部が目立つ中世後期の教会堂であるが、18世紀の曲線的かつ金色で彩られた過剰な木彫で内部全体が覆いつくされている。こうした表面処理は「ターリャ」[訳註：ターリャ・ドラード（金泥木彫）]として知られており、ポルトガルの建築装飾に特徴的なものである。

　トスカーナ地方出身の建築家ニッコロ・ナッツォーニ(1773没)は、ローマと南イタリアで建築に携わっており、彼が設計した**ポルトに建つサン・ペドロ・ドス・クレリゴス聖堂**(1732-50、p.1032A)は、17世紀イタリアのバロック様式を巧みに模したものとなっている。敷地の制約から極めて狭められた平面の中に、簡略化された身廊が組み込まれている。そこには両側面から入ることになり、豊かな装飾が施された正面のモニュメンタルな出入口は、用いられることなく塞がれている。76mの高さに達する沸き上がるような塔は、バロックのデザインの「偉業」である。表面の調整は曲線的な隅部に集中しており、それが構成に力強い垂直性を付与している。

　ヴィラ・レアルに建つマテウシュの邸館(18世紀中頃)は、N.ナッツォーニによって設計されたが、彼は多彩なテラスをもとにしたヴィラというイタリア的な発想をポルトガルに持ち込んだ。2つの長い翼屋に挟まれた5ベイからなる正面には、上階に持ち上げられた出入口が付き、そこには一対の傾斜階段で達する。簡素な翼屋は、主屋ファサードの装飾や曲線形状の氾濫に対し、意識的に対比して扱われている。ここでは外観に豊かさを与えるためアーキトレーヴが張り出しており、屋根頂部のバラストレードにもその影響が感じられる。

　リスボン郊外、ケルスの宮殿(1747-60、p.1032B)は、ポルトガル人のマテウス・ヴィセンテ・デ・オリヴィエラ(1710-68)により着手され、フランス人のJ.B.ロビリヨン(1768没)によって完成をみた。これは非常に美しいロココ様式のカントリー・ハウスであり、たとえ手が込んでいても、「キンタ（別荘）」の典型的な例である。同じロビリヨンが設計した壮大な庭園には、「アズレージョ」——伝統的な彩色タイルであり、元来はムーア人（イスラム）起源であるがポルトガル建築の装飾的特徴をなす——のパネルによって縁取られた水路がある。

　ブラガ近郊のボン・ジェスス・ド・モンテ巡礼聖堂(p.1032C)は、1784年からカルロス・ルイス・フェレイラ・ダ・クルス・アマランテ(1748年生まれ)により、ネオ・パッラーディオ様式で再建された。この建物は広大な庭園の中に位置し、花崗岩でできた急勾配の儀式用階段(1723)を上がり切ったところに建つ。階段は泉や彫像によって飾られているが、その彫像は植民地ブラジルのアレイジャディーニョ[訳註：アントニオ・フランシスコ・リスボア、1730頃-1814、ブラジルの彫刻家、建築家。アレイジャディーニョは通称]が彫ったコンゴニャス・ド・カンポ聖堂の予言者たちの像を先取りしているかのようである。

訳／丹羽和彦

ルネサンスおよびそれ以後のヨーロッパとロシアの建築

第 31 章
オーストリア、ドイツ、中部ヨーロッパ

建築の特色

中部ヨーロッパの建築様式の複雑な発展は、おおよそ以下の時期に分けてみることができる。

ルネサンス（1470 頃-1610 頃）
初期バロック（1610 頃-80 頃）
盛期バロック（1680 頃-1750 頃）
新古典主義（1750 頃-1830 頃）

ルネサンス様式はまずハンガリーのマーチャーシュ・コルウィヌス王（1458-90）［訳註：マーチャーシュ 1 世、ハンガリー王、在位 1458-90］の宮廷に現れた。王は城塞の設計のためにボローニャの人、アリストテーレ・フィオラヴァンティを、さらに、現在はその一部のみが残るブダの自身の城館（1480-）のためにフィレンツェの人、キメンティ・カミーチャを雇った。プラハやクラクフのヤギェウォ王朝の 16 世紀初めの建物にも、フィレンツェの初期ルネサンスの強い香りが漂っている。それらの建物は、ベネディクト・リート（1454-1534）や移住したイタリア人建築家たちによって設計された。彼らは 16 世紀を通じてポーランド、ボヘミア、モラバ（モラヴィア）における王室や貴族の建物の建設を一手に引き受けた。ペンデンティヴを持つブルネッレスキ風ドームを架けた教会堂、中庭に重層アーケードが組み込まれた 4 つの塔を持つ城館、そして無目を欠く長方形の方立窓は、この時代にたびたびみられる特徴であり、一方で棟飾りの付いたパラペットや破風がその土地固有の建築に広まった。

ドイツやオーストリアでは 1519 年頃に自国の建築家たちによって、ルネサンス的要素が広くゴシックの建物の中に取り入れられた。またイタリアの交易の中心地、特にヴェネツィアとの接触が、アウグスブルクのフッガー家礼拝堂（1510-12）に代表されるさまざまな例の実現に結び付いた。プラハでは、オーストリアのハプスブルク家が、注目に値するヴィラであるベルヴェデーレ（1534-63）のために、イタリア人建築家たちを招聘する伝統を継続した。このベルヴェデーレはパオロ・デッラ・ステッラが設計し、オーダーに十分熟達した真の盛期ルネサンスの建築家、ボニファーツ・ヴォルミュート（1579 頃没）が引き継いだ。イタリア人の職人たちも、バイエルン公ルートヴィヒ 10 世により、宮殿（1537-43）の建設のためランツフートに連れて来られていたし、ボローニャの人、アレッサンドロ・パスクァリーニはユーリヒの居館（1548-71 頃）を設計した。対照的に、ルネサンス様式が風靡した宮廷の外、特にブラウンシュヴァイクからグダニスクにいたる北の地では、16 世紀から 17 世紀初頭にかけてのさまざまな影響は、フランドルのパターンブック装飾を段状破風へ応用するなど、オランダ的なものが優勢な傾向にあった。ミュンヘンのイエズス会のザンクト・ミヒャエル教会堂（1583-97）は、当時のローマのモデルを反映した最初の大規模な教会建築の 1 つに数えられる。

17 世紀初めのアウグスブルクでは、エリアス・ホル（1573-1646）が、16 世紀後期のローマから抽出した建築言語を用いてより厳格なルネサンス様式を開拓した。ザルツブルクの大聖堂（1614）もこうしたさらなる古典化の傾向を持っていたが、三十年戦争（1648）という大動乱の犠牲となった。その後の長い復興期には最も重要な建物が、イタリア人やフランス人建築家の手によってウィーンやプラハに建てられている。

1680 年から 1729 年の時期には、オーストリアにおける J. B. フィッシャー・フォン・エルラッハ（1656-1723）やヤーコプ・プランタウアー（1660-1726）、J. L. フォン・ヒルデブラント（1663-1745）らの作品に、またボヘミアおよびフランケン地方でのディーンツェンホーファー一族の作品の中に、中部ヨーロッパでのバロックの開花がみられる。フォン・エルラッハは、数

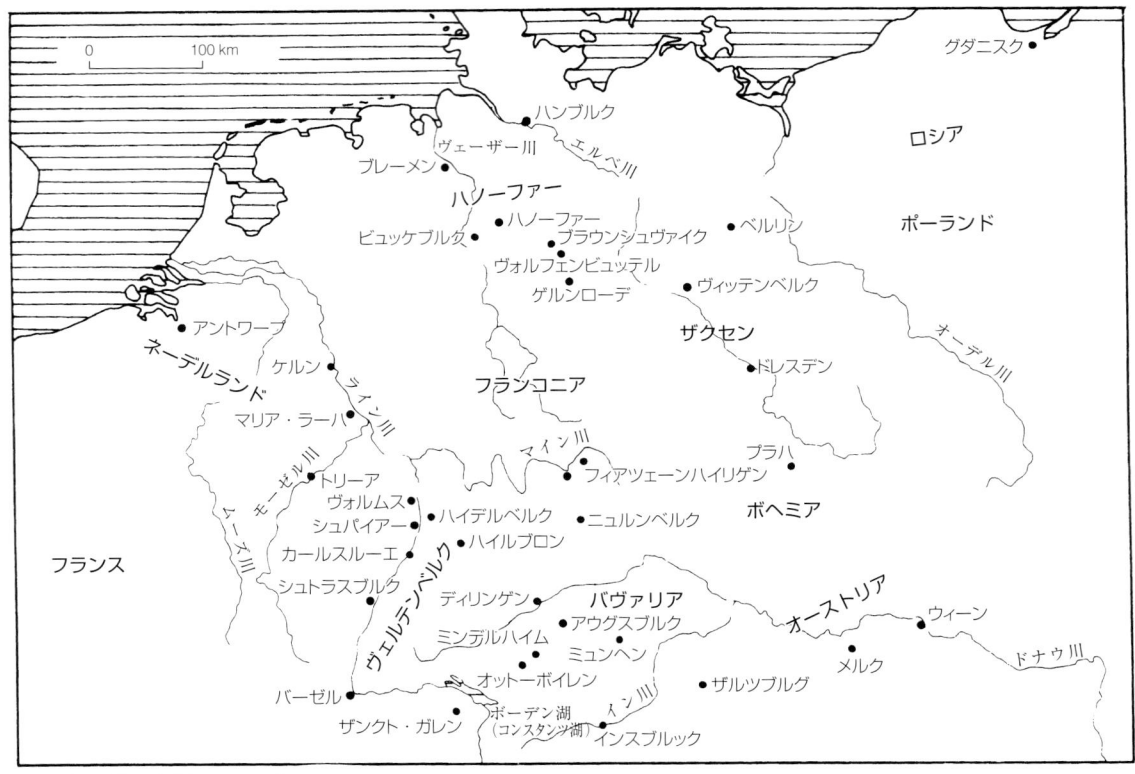

ルネサンス期の中部ヨーロッパ

年に及ぶローマ滞在によって、古代や当代の建築に対する興味ばかりでなく、新しい幻視画の技法に対する好みも持ち帰った。彼自身の手になる建築ははなはだ折衷的であり、幾分統一性に欠ける。グァリーノ・グァリーニ (p.963 参照) は 1679 年にプラハに滞在しており、錯綜した空間効果や中部ヨーロッパにおける成熟したバロックの波立つような外観に、根本的な影響を与えた。それはピエモンテで軍事技術者として働いていた J. L. フォン・ヒルデブラントの諸作品に明らかである。ディーンツェンホーファー兄弟は、彼らの考えをフランケン地方や北バイエルン地方に広め、また、M. D. ペッペルマン (1662-1736) は、ザクセン選帝侯アウグスト 1 世 (強健王) の宮廷に、パリやイタリアのみならず、ウィーンやプラハでの勉学の成果ももたらした。同時に、バロック古典主義と特異な中央ヨーロッパのゴシックの伝統とを融合するいくつかの試みも存在した。それは例えばヨハン・ブラシウス・サンティーニ・アイヘル (1667-1723) の作品にみられる。アイヘルはイタリア系ボヘミア人としてプラハに生まれ、ボッロミーニやグァリーニに鼓舞されたバロック的手法を駆使した。しかし彼の記憶に値する作品では、バロック様式の平面とゴシック様式の形態や細部が複雑に融合された。

フランスから受け継いだロココの装飾は、ちょうど 1720 年頃から後期バロック建築の効果を軽やかなものにし始めた。この時期の主要な建築家には、フランケン地方に建つヴュルツブルクの司教館やフィアツェーンハイリゲン巡礼教会堂を設計した建築家、バルタザール・ノイマン (1687-1753) や、ヨハン・ミヒャエル・フィッシャー (1692-1766)、他に兄コスマス・ダミアン (1686-1739) と弟エーギット・クヴィリン (1692-1750) のアザム兄弟がいた。南ドイツのロココの教会堂内部は、ヨーロッパのどこにもみられないほどの満ちあふれた豊かさの極致に達している。ヨハン・バプティスト・ツィンマーマンや、ヨハンおよびヤヌアリウスの両ツィック、フランツ・アントン・マウルベルチュらの画家による劇的な「だまし絵」の効果がそれをより助長している。

新古典主義の萌芽は、プロシアではフリードリヒ大王のために、ポーランドではスタニスワフ・アウグスト [訳註：ポーランド最後の国王。スタニスワフ・アウグスト・ポニャトフスキ、在位 1764-95] の治下に、またそれほどの広がりはみせないものの、マリア・テレジアのオーストリアにおいて、建設された折衷的な建物に見出される。C. G. ラングハンスによるベルリンのブランデンブルク門は、新古典主義におけるグリーク・リヴァイ

ヴァル(古代ギリシア復興様式)の先駆けとなった。そのグリーク・リヴァイヴァル的要素は、フリードリヒ・ジリー(1722-1800)、カール・フリードリヒ・シンケルおよびレオ・フォン・クレンツェ(1784-1864)らの作品において、特に重要なものとなった。フリードリヒ大王記念碑計画案のような、フリードリヒ・ジリーの誇大な計画案の数々は、ドイツ国内や他の国にも大きな影響を与えた。彼の弟子シンケルは、19世紀の最も重要なドイツ人建築家である。シンケルは設計を依頼されたさまざまな種類の建物にふさわしい形態を与えるべく、ネオ・グリークやルントボーゲンシュティール(半円アーチを伴ったロマネスク様式と初期ルネサンス様式を合わせたもの)およびゴシックの各様式で図面を描いた。彼はデュランから深い影響を受けるとともに、イギリスを訪れた際(1826)には、イングランドやスコットランドの建築が持つピクチュアレスク的な特質と、産業革命によってもたらされた鉄構造の双方からおおいに感銘を受けた。後者は彼の「機能主義者」的な金属骨組の使用に影響を及ぼした。こうした折衷的ではあるが非常に厳格な傾向はクレンツェの仕事に引き継がれ、彼もまたルネサンス・リヴァイヴァルを切り拓いていったのである。

実 例

ルネサンス

偉大な後期ゴシックの建築家、ベネディクト・リートは、ブダペストのマーチャーシュ・コルウィヌス王の廃城にみられるような、ハンガリー王室建築家達がつくりだしたフィレンツェ風形態を、**プラハのフラッチャニ城**(1493-1510)に取り入れるように命じられた。その結果得られたのは魅惑的な混成であり、そこではリートの壮大なヴォールト・システムが、イタリア風の扉や窓枠にみられる創意に富んだ、時に風刺的でもあるさまざまな形と一体化している。

クラクフのヴァヴェルの城館(1502-50)では、2人のフィレンツェ出身者を含む一連の建築家たちが、古い王宮に新しい翼屋をいくつか増築したが、それらはルネサンス様式のアーケード——この建築型のイタリア国外での最も早い例である——を加えることで、館内の中庭の周りに統一された。半円アーチを支える円柱が並ぶ下部の2層は、趣において確かにフィレンツェ風であるが、しかし上階の円柱の引き伸ばされた柱身は、組み込まれた円環によって分断され、たいそう奇妙な観を呈する。

エステルゴムのバコーツ礼拝堂(1506、後に再建)は、イタリアのモデルにならって東ヨーロッパに広範に建設されることになるドーム架構の方形礼拝堂の最初のものである。赤色大理石の装飾を持つ、この極めてフィレンツェ的な建物の建築家は明らかではないが、祭壇(1519)はフィエーゾレ出身のアンドレア・フェルッチによる。

クラクフに建つ**ヴァヴェル大聖堂のシギスムント礼拝堂**(1517-38)は、ポーランドのシギスムント1世の墓所礼拝堂である。フィレンツェ出身のバルトロメオ・ベレッチによって設計されたこの礼拝堂は、ブルネッレスキの旧聖具室(p.896 参照)を新しくしたものであり、赤白の色大理石を化粧張りして質の高い彫刻が施されている。この礼拝堂は、より簡素な形でポーランド全土で模倣された。

フッガー家礼拝堂(1510-12)は、アウグスブルクに建つゴシック様式のカルメル会教会堂**ザンクト・アンナ**の中にあるが、イタリア・ルネサンスの影響を示すドイツにおける最も早い建物である。それは、1509年、ヤーコプ・フッガー(1459-1525)およびその長兄ウルリッヒ(1441-1510)から、一族の墓所礼拝堂として建設が命じられた。建築家は文献には記録されていないが、おそらく彫刻家のセバスティアン・ロッシャー(1548 没)であろう。彼のイニシャルである「S. L.」が、今に残る図面に認められる。それは、1509年にフッガー家によって承認されたおそらく当初の設計である。教会堂の西端に付加された礼拝堂は、四角い中央の空間とそれを挟む側廊からなる。方形の入口ピアには、色大理石のピラスター(片蓋柱)が付き、上方では側廊に開く半円アーチが始まる。ピラスターは上層の主エンタブラチュアまで立ち上がり、それが高い入口アーチを支える。半円アーチと奥の壁にある大きなオクルスのような形状の一貫した使用が、この礼拝堂にルネサンスの特徴を与えている。しかしヴォールト天井はゴシック様式のリブの網に覆われており、ぎこちない対照を生み出している。トスカナ式とはほど遠い小円柱の付いた入口の欄干(バラストレード)は、ヴェネツィアのドイツ商館のファサードにある類似した欄干と関連づけられてきた。それはフッガー家の施設であり、イタリア的な考えをドイツに導き入れる重要な経路であったかもしれない。

ロッシャーは、ヤーコプ・フッガーの宮殿、つまりアウグスブルクのワイン市場(ヴァインマルクト)に建つ**フッガー家邸館**(1512-15)の建設にもかかわっていたかもしれない。厳しく水平性を強調したファサードは、創建当初は塗装された装飾や軒から立ち上がった小塔によって躍動感が与えられていた。淑女館(ダーメンホーフ)にいたる玄関ホールは、半

円アーチおよびリブのない交差ヴォールトを支える背の低いイオニア式円柱を有している。しかし最もイタリア的なのは、淑女館そのものであり、平面は不規則であるものの、細くかつ適正な比例のトスカーナ式円柱に支えられた、見事な半円アーチのアーケードを備えている。

レーゲンスブルクに建つ**ノイファールキルヒェ**(1519-40)は、「ツア・シェーネン・マリア(聖母マリアに)」の献辞を有する巡礼教会堂として、アウグスブルクのハンス・ヒーバー(1522没)によって設計された。ただし、この称号は1549年にルター派の信者たちに移管された際に破棄された。建物は1860年まで最終的な完成をみることはなかったが、その主要な要素は1519年から1520年にかけてのヒーバーによる木製模型に合致しており、ドイツに現存するこの種の建物の最も早いものである。これは教会堂全体が基壇の上にのり、東端にアプスを持つ長方形内陣に六角形の身廊部が接続する平面をなしていて、特異なものとなっている。規則にのっとった形態の扱いはルネサンス的な趣きを呈するが、ピナクルが付くバットレスや計画された一連のバラ窓といったゴシック様式の要素が、この建物を過渡的な作品にしている。

トルガウに建つ**ハルテンフェルン城**の**ヨハン=フリードリヒ館**(1533-36)は、ザクセン選帝侯、ヨハン=フリードリヒのために、ヘッセン生まれの建築家であるコンラート・クレプス(1492-1540)によって建設された。長方形をなす棟の中庭側ファサードは、中央を吹抜けとする馬蹄型平面の壮麗な階段棟によって全体が律されている。その階段塔は方形の礎盤から立ち上がり、最頂部の凸型をした破風で終わる。かつて階段塔破風の両側に並んで、それと釣り合っていた4つの横の破風は、残念なことに失われた。アーチを取り巻く連続する刳形は、豊かなアラベスク模様の装飾と一体となって、階段塔に流動性と軽快さを付与している。一方、頂部をカーテンで覆った窓列と3階の長いバルコニーが、階段塔の垂直性をやわらげている。正面ファサードの左にある**見張り塔**(1535)は、2層にわたって特に優美で開放的なギャラリーを有する。

ハイルブロンの**市庁舎**(ラートハウス)(1535-96、戦災で大破、p.1039A)は、本質的にゴシック的性格を持つ魅力ある建物である。ずんぐりした円柱が構成するアーケードが前面の市場を囲み、両側に取り付いた階段が主階へと導く。ファサード中央の壁面パネルには十二宮が施され、軒の上には、ローマ数字の時計と鐘がしつらえられている。急勾配の屋根には3層にわたる小さな屋根窓と開放的な小塔が付く。

ポズナニの**市庁舎**(1550-60)は、ルガーノ湖出身のジョヴァンニ・バッティスタ・クアドロがゴシック様式の建物を、高いパラペットや小塔、上方にそびえる時計塔を伴った3層構成をなす柱 梁構造のアーケードで覆ったものである。隅の小塔を結ぶ線は、ファサード両端の閉じたベイを経て、まっすぐ下まで続く。第3層のより小さいアーケードがつくりだす二重のリズムは、セルリオの手になる失われた古代ローマ建築の図版、つまり「クリプタ・バルビ」のそれに基づいており、半円形の階段も疑いなく同じ印刷図版に由来する。

ランツフートの宮殿(シュタットレジデンツ)(1537-43、p.1039B)は、施主であるバイエルン公ルートヴィヒ10世が1536年にゴンツァーガ家を訪れた際、いたく感銘を受けたマントヴァのパラッツォ・デル・テ(p.926参照)に多くを負っている。ルートヴィヒは一団のマントヴァ職人たちを召請したが、彼らはジュリオ・ロマーノの作品が持つ不規則性や奇抜さを排除しながらも、この新しい宮殿に完全にイタリア的な中庭と主背面ファサードとを与えた。ルスティカ仕上げのアーチをローマ・ドリス式の円柱が支える中庭アーケードは、簡素なニッチの付いた狭い端部ベイを持つが、それはパラッツォ・デル・テの中庭と外観の双方の立面で用いられた狭いベイを想起させる。しかしこの宮殿では上階ではルスティカ仕上げは施されておらず、三角形と弓形とを交互に繰り返すペディメントの付いた窓を、コリント式のピラスターが枠取りしている。

プラハのベルヴェデーレ宮(1534-63)は、ボヘミア王フェルディナントのために、ジェノヴァ出身のイタリア人パオロ・デッラ・ステッラ(1552没)によって設計された。大きく湾曲した屋根と連続した1階アーケードを持つ、長方形の単純な2層構成の建築形態は、パドヴァやブレーシャのような北イタリアの町の市庁舎のそれである。優雅なロッジアは円柱に支えられたアーチを持ち、一方、おそらくはセルリオに由来するいっそうアカデミックな調子が、戸口や窓枠に感じ取れる。上階部分と銅板葺きの屋根は、1558年以降引き継いだボニファーツ・ヴォルミュートの仕事である。泉のあるテラス状のイタリア式庭園は、丘の上のヴィラに接続する。

ボニファーツ・ヴォルミュート(1579頃没)は、ウィーンから1554年にプラハにやってきた。彼の建築は、オーダーの使用に自信に満ちた抑制をみせており、それはその時代や場所を考えるとはなはだ特異である。**プラハ**の**王室球技場**(1567-69)は、重々しいピアの上に中央5ベイのアーケードがのる長い低層のパヴィリオンで、両端のアーチの上方には深いニッチが付く。湾曲したフリーズを持つモニュメンタルなイオニア式オーダーや、半円柱の上で途切れるエンタブラ

第31章　オーストリア、ドイツ、中部ヨーロッパ

A　市庁舎（ラートハウス）、ハイルブロン（1535-96）　p.1038 参照

B　宮殿（シュタットレジデンツ）、ランツフート（1537-43）
p.1038 参照

C　ペラーハウス、ニュルンベルク（1602-7）　p.1043 参照

チュアが、荒削りながらも全体にパッラーディオ風の趣きを添えている。

チロル地方のフェルディナント太公は、2人のイタリア人建築家、ジョヴァンニ・マリア・デル・パンビオとジョヴァンニ・ルッケーゼと協同して、**プラハ郊外に、注目すべき星型平面の狩の館フレツダ城(1555-56)**を設計した。連続する菱形の部屋が、モノクロームのスタッコ装飾で飾られた中央の12角形のホールを取り巻く。ボニファーツ・ヴォルミュートによって設計された低い防御施設で囲まれたこのヴィラは、節度ある窓割りが施され、ほとんどブレー(p.1013 参照)による新古典主義的な幻想(ファンタジー)を彷彿とさせる。

中庭ロッジアを組み込む4塔形式の一連の城館が、16世紀の後半にボヘミアやモラヴィア地方に建設されたが、これはクラクフのヴァヴェルの城館の様式を範としていた。興味深い実例に、ピエトロ・テッラボスコとピエトロ・ガブリによる壮麗なスタッコ仕上げのインテリアを持つ**ブチョヴィツェの城館(1567-82)**や、アオスタ出身の兄弟、ジョヴァンニ・バッティスタおよびウルリコ・バッティスタによる、当時よく普及したモチーフである破風が繰り返されてパラペットを形作る**リトミェルジツェの城館(1568-73)**がある。これらの建築家はみなプラハのルドルフ2世の宮廷に仕えた。

チューリッヒの城郭(ツィタデレ)(1548-71頃)は第2次世界大戦中に甚大な被害を受けたが、中央に位置する長方形の領主の居館や、特に**城館礼拝堂(1552-53)**はよくその面影をとどめており、ドイツでそれまで知られていなかった盛期ルネサンスの形態の扱いの洗練度を示している。建築家はイタリア人のアレッサンドロ・パスクァリーニ(1485-1558)である。彼は初めオランダで働き、1548年にパトロンであるクレーフェ公ヴィルヘルム5世によってチューリッヒに招かれた。ブラマンテやその弟子たちの仕事に精通していたのは確かだが、パスクァリーニは礼拝堂の外観に、ルスティカ仕上げの帯が入ったドリス式オーダーの堅固な下層を設け、上層のイオニア式オーダーが軽快かつ力強く立ち上がるのを可能にした。内部では対をなす半円柱がつくるイオニア式オーダーが、アプスの湾曲とその窓開口との連関を見事に分節し、驚くほどの彫刻的な豊かさを生み出している。

ミュンヘンの宮殿(レジデンツ)は、かつては中世のヴィッテルスバッハ城であったが、1560年代以降、バイエルン公によりルネサンス様式の宮殿として増改築が繰り返された。なかでも特に興味をひくのは、アルブレヒト5世の古代コレクションを収納するための長いトンネル・ヴォールトの架かった地下室、つまり**アンティクァリウム**である。これはミラノの建築家であり美術商であったヤコポ・デッラ・ストラーダ(1588没)が提供した設計図案に従って、1569年にヴィルヘルム・エクル(1588没)により着手された。そして1580年代にフリードリヒ・シュストリス(1524-99)が改修し、床レベルを下げ、ぜいたくな装飾を施した。しかしそれにもかかわらず、ここには、ヴォールトの架かった古代ローマの地下室に基づく元のデザインがいまだにとどめられている。隣接して設けられた**グロッテンホーフ(1580-88)**は、彫刻で満たされたニッチにより活気が与えられているが、これもシュストリスが建設した。

ハイデルベルクの城館(1531-1615、p.1041、p.1042A-C)は、ルネサンス期を通じて、代々のプファルツ[訳註：神聖ローマ帝国のライン川両岸の地域]選帝侯の居館であり、彼らによって発展、拡張されてきた。ルートヴィヒ5世の八角形の**鐘塔(1531-41)**のちょうど影になる**グレゼルナー・ザールバウ(大広間館、1549)**は、抑制された様式でフリードリヒ2世(1556没)のために建設された。中庭側ファサードは、石工のコンラート・フェルスターの仕事で、3層にわたって半円アーチのアーケードがめぐるが、その重々しい比例とずんぐりした円柱にはイタリアの洗練はみられない。**オットハインリヒ館(1556-59)**は、うち続く戦乱の間にひどい損傷を受け、今はがらんどうの形で建つ。しかし丹念につくられた中庭側ファサードは、破風を欠く以外、当時の様子をよく残している。時折みられる古典的形態の破格の使用は、まだ手探り状態にあるものの、施主であり、ウィトルウィウスやセルリオの写本の所有者であったオットハインリヒ(1559没)の、いっそう発展した建築的興味を見て取ることができる。壁面に張り付いたイオニア式とコリント式のピラスターおよび上階のコンポジット式の半円柱が、ファサードを5つの二重構成のベイに分割し、各々のベイには一対の装飾された2採光面明かり窓と、その中央には彫像を置くニッチが付く。その象徴的な彫像は、オランダの彫刻家、アレクサンデル・コリン(1528頃-1612)によるが、中央の入口部分(1558-59)も彼による。フリードリヒ5世のために、ハンス・ショッホ(1651没)が設計した**フリードリヒ館(1601-7)**は、オットハインリヒ館に対応する好個のものである。同じ構想に基づいているが、こちらはいっそう満足のいく統御と釣合の保たれた構成をとり、特に各層とニッチは高い完成度を示している。下階にはゴシックの形態要素が調和しながら取り入れられており、半円アーチによる窓が繊細なトレーサリーに満たされて、内部の礼拝堂の存在を伝える上品な方法となっている。**イギリス館(1613-15)**は、フリードリヒ5世のために無名の建築家によって建て

第31章 オーストリア、ドイツ、中部ヨーロッパ | 1041

HEIDELBERG CASTLE

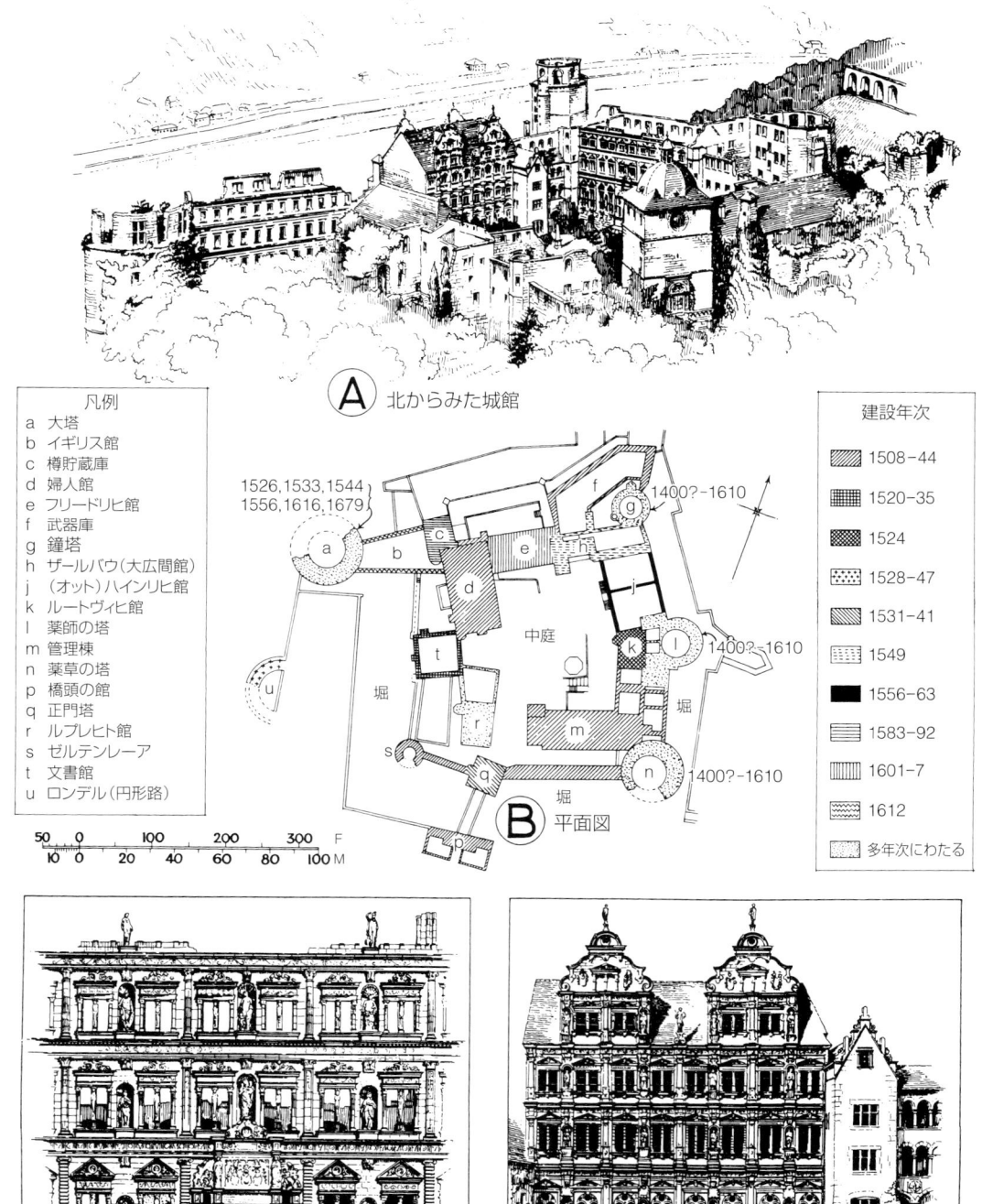

Ⓐ 北からみた城館

凡例
- a 大塔
- b イギリス館
- c 樽貯蔵庫
- d 婦人館
- e フリードリヒ館
- f 武器庫
- g 鐘塔
- h ザールバウ（大広間館）
- j （オット）ハインリヒ館
- k ルートヴィヒ館
- l 薬師の塔
- m 管理棟
- n 薬草の塔
- p 橋頭の館
- q 正門塔
- r ルプレヒト館
- s ゼルテンレーア
- t 文書館
- u ロンデル（円形路）

建設年次
- 1508-44
- 1520-35
- 1524
- 1528-47
- 1531-41
- 1549
- 1556-63
- 1583-92
- 1601-7
- 1612
- 多年次にわたる

Ⓑ 平面図

Ⓒ （オット）ハインリヒ館

Ⓓ フリードリヒ館

ハイデルベルクの城館

1042　ルネサンスおよびそれ以後のヨーロッパとロシアの建築

Ⓐ 窓とディアナ神の付くニッチ、（オット）ハインリヒ館、ハイデルベルクの城館
Ⓑ カール大帝像、フリードリヒ館、ハイデルベルクの城館
Ⓒ 窓とサトゥルヌス神の付くニッチ、（オット）ハインリヒ館、ハイデルベルクの城館
Ⓓ 柱頭、サン・ジャンの泉、スイス、フリブール（フライブルク）
Ⓔ 破風、ハイルブロン
Ⓕ 柱頭、サマリア人の泉、スイス、フリブール（フライブルク）
Ⓖ 窓、エアフルト
Ⓗ カルトゥーシュ、ハイルブロン
Ⓙ 出入口、ザンクト・ミヒャエル教会堂、ミュンヘン

れたが、骨格としての構造体のみを残す。南側ファサードは、長方形の窓が一様な列をなして並び、ペディメントも過剰な装飾も付かない。これは初期のイニゴー・ジョーンズの作品に通じる洗練したパッラーディオ風の特徴を示す。

ケルンの**市庁舎ポーティコ**（ドクサーレ、1567-71）は、中世の建物に付け加えられた開放的な2層アーケード構成のポーティコで、ヴィルヘルム・フェルヌッケン（1607没）が建設した。彼は、現在も残る一連の透視画をモデルとして用いたが、そこには「C. F.」（コルネリス・フローリス）のサインと、1557年の日付が記されている。間口が5ベイ、奥行が2ベイであり、正面では1階の半円アーチがコリント式円柱の上にのる。一方、上階はコンポジット式オーダーとわずかに尖った尖頭アーチで構成されており、洗練されたルネサンス様式の建物に、いくらかのゴシック的特徴をとどめている。

ヴュルツブルクの**ユリウス大学**（1582-92）とその付属教会堂である**新教会堂**（ノイバウキルヒェ）（1583-91）は、ゲオルク・ロビンによって、初代のヴュルツブルク「建設」司教となったユリウス・エヒター公のために設計された。これは折衷的な「ユリウス様式」を代表しており、中庭を囲むファサードは、1階のルスティカ仕上げされた盲アーケードや教会堂の窓の優雅な後期ゴシック風トレーサリーを別にすれば、厳格で変化に乏しいものとなっている。彫刻装飾は北側ファサードの正面玄関（1592頃）のみに施され、聖霊降臨祭のレリーフが冠せられている。

ミュンヘンの**ザンクト・ミヒャエル教会堂**（1583-97、p.1042J）は、フリードリヒ・シュストリス（1524-99）により、イエズス会のために建設された。資金面のパトロンは聖職者ではないバイエルン公ヴィルヘルム5世であった。この建物は北ヨーロッパにおける最初の大規模なイエズス会の教会堂であり、反宗教改革の教会堂のモデルとされたヴィニョーラによるローマのイル・ジェズ聖堂（1568-）に酷似している。しかし側面礼拝室上部のトリビューン階のように、異なった部分も見受けられるが、それは**アウグストゥスブルク城館の礼拝堂**（1569-73）のような北方のプロテスタント教会のモデルに由来する。ハンス・クルンパー（1570頃-1634）によるファサードは、中央にニッチが付き、その両側に2つの赤大理石でできた出入口が構える。後者の出入口はシュストリスの設計になる。

ブルンスウィック（ブラウンシュヴァイク）の**織物会館**（ゲヴァントハウス）は、建物本体はゴシック様式であるが、東側ファサード（1592）はオランダやベルギーを経由して導入された、典型的な北方ドイツルネサンスの諸特徴を備えている。

1階のアーケードの上に、イオニア式、コリント式およびコンポジット式の4分の3円柱で構成される3層がのる。一方、その上にはヘルメス柱像が並ぶ4層構成の巨大な破風が立ち上がり、段状破風につきものの両側のスクロールで縁取りされている。

グダニスク（グダンスク）の**工廠**（1602-5）は、ヘルシンゲル（ヘルセンゲア）の城館の建築家、アントニウス・ファン・オプベルヘンの手になり、ネーデルラント風ルネサンス様式でこの町に建てられたいくつかの優れた民生用建築の1つである。装飾豊かな破風、革紐模様のカルトゥーシュ、オベリスクおよび帯模様オーダーなどのレパートリーは、レンガの使用や中方立てと無目の付いた窓と同様、この時期のベルギーの建物から広まっている。

ザモシチ（ポーランド南部）の**新しい町**（1587-1605）は、傑出したポーランドの貴族、ヤン・ザモイスキによって、その所領の中央に建設された。ヴェネツィアの建築家ベルナルド・モランドは、当時の最新の多角形稜堡の中に、城と町を一体化した。通りは格子状に配され、その中央にアーケードが取り巻く大きな広場があった。ここに実現したものは、都市計画や防御施設に関するイタリア・ルネサンスの建築書にまさに合致している。

バロックとロココ（1600-1750）

ニュルンベルクの**ペラーハウス**（1602-7、p.1039C）は、ヤーコプ・ヴォルフ父とペーター・カールによって、ペラー家のために設計された。イタリア的なデザインを求める施主の希望が、2つの伝統を融合することになった。つまりヴェネツィア風の細部が、ドイツ風の躯体に接ぎ木されたのである。3層構成のファサードはその上に、効果としてはネーデルラント建築に似た、次第に逓減する3層の破風をのせる。ルスティカ仕上げ、アーチ窓、頂部のオベリスクやさらにはドリス式、イオニア式、コリント式オーダーの連なり、それら全てがこの建物のファサードにイタリア的な特徴を与えている。特にファサードを横切る盲バラストレードや、帆立て貝形飾りと弓形ペディメントを融合する考え方に、ヴェネツィア風のそれが表れている。

リューダー・フォン・ベントハイムは、ゴシック様式の建物本体と古い形式の急勾配の屋根を残す**ブレーメンの市庁舎**（1608-13）を新しくつくりかえた。彼は尖頭アーチを半円アーチにかえ、頂部にバラストレードおよび対称形に整えられた破風を加え、さらに窓上部には三角形と弓形のペディメントを交互に配した。ただし曲線を用いた装飾のおびただしさは、土着の伝

統へと回帰している。

ザルツブルクの**大聖堂**(1614-28)は、イタリア人建築家サンティーノ・ソラーリにより、法皇ピウス4世の甥の息子のために再建された。ヴィンチェンツォ・スカモッツィ(p.936 参照)がすでに設計案を提出していたものの、それは採用されなかった。2層構成と双塔によるファサードは、まさにイタリアの地に建つ建築以外の何者でもなかったであろう。ペディメントを頂く花綱模様付パネルのような、ミケランジェロ風のレリーフ装飾の他に、壁面を飾る3つのオーダーも、そうした効果を高めている。唯一、塔の上部にのる腰高のドームだけが、この地方から着想を得ているように思われる。**ディリンゲン**(1610-17)や**ミンデルハイム**(1625-26)、**ウィーン**(1627-31)、**インスブルック**(1627-40)のイエズス会教会堂と並んで、この建物は、完全にルネサンスの手法で処理されたアルプス以北で最も早い時期の教会堂であった。

ジャン・バティスト・マテ(1630 頃-95)は、ディジョンに生まれ、1675年から1694年にかけてプラハで活躍した。彼が設計した**プラハ**の**トロヤ宮殿**(1679-96, p.1046A)では、城館計画に関するフランス的な考え方とイタリア的な細部処理とが一体化されている。中央の「主屋（コル・ド・ロッジ）」の両側に2つの翼屋が取り付き、中庭の3面を形成する。多数の彫像が並ぶ手のこんだ対の湾曲外階段が、中央の主入口へと視線を集め、その直下にはグロッタが配されている。

カルロ・アントニオ・カルローネ(1708 没)は、故国を後にしたイタリア人芸術家一族[訳註：カルローネ一族。2つの家系に分かれ、カルロ・アントニオのそれはイタリア、コモ県ヴァッレ・ディンテルヴィのスカーリアを本拠とした]の中で最も傑出した1人であり、**ザンクト・フローリアン修道院教会堂**(1686-1708)を設計した。ここで彼は偏平なドーム状ヴォールトの一形式である「プラッツゲヴェルベ」をオーストリアにもたらした。それは後の建物にごく共通する精巧な一体型天井フレスコ画のための、最も一般的な手段となっていった。

ヤーコプ・プランタウアー(1660-1726)は、石工頭および彫刻家として修業したが、主として教会堂建築に捧げた生涯を通じて、建物の建設にも並々ならぬ配慮を払った。彼の代表作は**メルク**の**ベネディクト会修道院**(1702-14, p.1045A, C)で、ドナウ川を見下ろす崖ふちに位置する。プランタウアーは迫り上がる岩を自らの設計の中に連続させることで、その切り立った断崖上の配置を最大限に利用した。建物は、うねるようなアトリウムのスクリーンから、図書室と大理石の広間を収容する1段高い翼屋へと、段階的に立ち上がり、ついには多層をなす鐘塔とドームで最高潮に達する。

ヨハン・ベルンハルト・フィッシャー・フォン・エルラッハ(1656-1723)は、17世紀も終わり頃の中部ヨーロッパの建築界において、抜きん出た人物であった。父の職業である彫刻を修行した後、人生の形成期をイタリアで過ごし、ベルニーニやボッロミーニの建築から大きな影響を受けた。諸芸術の統合という考えをオーストリアにもたらしたのは、他ならぬ彼であった。彼は主に建築家として名をなしたが、同時に早い時期の建築史家としても重要な位置を占めており、1721年に『歴史的建築図集(Entwurf einer historischen Architektur)』を出版している。

ブラノフの**城館**(1690-94)は、フィッシャーの楕円形への偏愛があらゆる点で明白な、最初期の作品である。すなわち、おそらくヴォー＝ル＝ヴィコントの邸館(p.1003 参照)のようなフランスのモデルに基づいた広い楕円形広間には、低いドームを貫く楕円形の窓が開き、さらに広間の前には楕円形平面の玄関間が付く。ヴォールトはフレスコ装飾と一体となった構成をとるが、これはザンクト・フローリアン修道院教会堂でのカルローネの工夫に負うところが大きい。

君主司教エルンスト・カウント・トゥーン・ホーエンシュタインのために、フィッシャーによって設計された**ザルツブルク**の**聖三位一体教会堂**（ドライファルティヒカイト）(1694)は、ナヴォーナ広場に建つボッロミーニのサンタニェーゼ聖堂(p.957 参照)案を範とし手を加えたものである。ドームをのせた教会堂部分は、広大な建築群の中心をなしている。教会堂と邸館は1階レベルでは一体となっているが、上部のオーダーはスケールを変えて、教会堂をことさら強調している。凹面をなす教会堂正面が双塔とドームに融合していく。先のブラノフの城館におけるように、横向きに置かれた楕円形平面の玄関入口が、ここではギリシア十字形と一体化した縦置きの楕円形平面をとる教会堂内部へといざなう。

ウィーンの**カールスキルヒェ**(1716-, p.1045B)は、聖カルロ・ボッローメオへの誓願成就を期して、皇帝ヨーゼフ1世のためにフィッシャーによって建設された。平面は楕円とギリシア十字形の融合という彼の初期の聖三位一体教会堂にみられたアイデアを発展させている。ただし、ここでは対角線に配されたニッチが楕円形の祭室になった。中心となる外陣はピラスターで分節され、円柱は祭室に限定されている。主祭壇後方の聖歌隊席と内陣とを分けるのは、半円形に並ぶ円柱スクリーンであり、明らかにパッラーディオのイル・レデントーレ聖堂(p.936 参照)から取り入れたものである。最も斬新な設計上の特徴はファサードで、建物本体のほぼ倍に広がる。マデルノによるローマのサン・ピエトロ大聖堂のファサードのように、双塔の下部を

第31章 オーストリア、ドイツ、中部ヨーロッパ 　　1045

A ベネディクト会修道院、メルク（1702-14）　p.1044 参照

B カールスキルヒェ、ウィーン（1716-）　p.1044 参照

C ベネディクト会修道院、メルク、教会堂内部

A　トロヤ宮殿、プラハ（1679-96）、庭園側正面　p.1044 参照

B　ハンガリー近衛兵館（トラウトソン宮殿）、ウィーン
（1710-12）　p.1047 参照

C　ダウン・キンスキー伯の邸館、ウィーン（1713-16）
p.1047 参照

貫くアーチが教会堂内部にいたる、また教会堂を通り抜けるアプローチとなっている。しかしファサード全体を統御し、中央のドームを縁取りしているのは、ローマのトラヤヌスとマルクス・アウレリウスの記念柱に範を得た巨大な2本の円柱であり、これは奇妙なことに歴史主義者の序論となっている。らせん状の浮彫で装飾されたそれらの円柱は、この施主を脅かした病に対する信仰の勝利を象徴している。ファサードはこの2つの円柱を取り巻くようにゆるやかにカーブし、統一のとれた構成をとる。さらにペディメントを頂くポーティコは、この両円柱の間から張り出している。

ハンス・ゲオルク・クーエン(キューン)が設計し、弟子のカスパー・モースブルッガー(1656-1723)が完成した**アインジーデルンの修道院教会堂**(1703-)は、巡礼地という副次的な機能に対応した独特の平面をなしている。訪問者は堂内に入るとすぐ、より古い建物であり、崇敬を集める聖マインラートの祭室に向かい合うこととなる。上方にはこの教会堂で最大幅をとる広大な八角形ヴォールトが立ち上がり、その先には、これを含めた3つの集中式の空間が大祭壇へと次第に幅を狭め(かつそこに焦点を集中し)ていく。

ウィーンの**宮廷図書館**(1722-)は、厳格さの進展(たとえば傾斜した地階(ベースメント)部分の帯状ルスティカ仕上げや「ニッチ風出入口」)とフィッシャーの作品にみられるフランスの影響とを反映している。3段構成の屋根と、フィッシャーの特徴的な形態言語である縦型楕円窓とを持つ中央のパヴィリオンが主広間を収容するが、この広間は長方形とそれに交差する楕円形が重なり合った平面をなしている。

フィッシャーによるウィーンの**ハンガリー近衛兵館**(トラウトソン宮殿、1710-12、p.1046B)は、長方形のブロックからなり、ペディメントの付いた正面部分が迫り出している。地階(1階)は帯状にルスティカ仕上げが施され、ドリス式の玄関のところでほんのわずかだが前方に湾曲する。正面は、仰々しいほどに高い対のピラスターで飾られる。邸館の本体部分は無柱式であるが、はなはだ間隔の狭い窓が並ぶことによって、オーダーを形成しているかのような印象を与え、その錯覚は頂部の柱頭風の渦巻装飾によっていっそう強められている。

ヨハン・ルーカス・フォン・ヒルデブラント(1663-1745)は、ドイツ人の軍人の息子としてジェノヴァに生まれた。ローマでカルロ・フォンターナに師事した後、軍の技師として重用され、さらにフィッシャー・フォン・エルラッハの後を継いで首席帝室建築家の地位に就いた。彼の名は18世紀の初め10年間ほどに表れた様式に分かちがたく結び付いている。重々しい花輪飾りやアーカンサスの飾りは、より快活で自然から隔たった装飾形態に取って代わられ始めた。彼は明らかにボッロミーニの作品から影響を受けていたが、その建築上の好みの本当のところは、北イタリアのグァリーニおよびその後継者らにあった。グァリーニの影響は**ヤブロネツ(ガブロンツ)にあるザンクト・ラウレンティウス教会堂**(1699)に明らかである。これは平面的にはトリノのサン・ロレンツォ聖堂(p.968 参照)に類似し、フィッシャー・フォン・エルラッハが生み出したものより、空間的にいっそう輻輳している。長方形の外観が内部の複雑さを覆い隠しているが、その内部では、入口玄関と祭室の楕円形平面が、両者に挟まれた中央部の凹面曲線を生み出している。これらの曲線が、対角線方向の軸をつくるニッチの曲線と交錯して、空間が互いに重なり合い、交差し合う感覚を創出している。

ウィーンのオーベレス・ベルヴェデーレ宮殿(1721-22、p.1048A)は、完成まもない**ウンター・ベルヴェデーレ宮殿**(1715)と対をなす庭園内の建物として、オイゲン公のためにヒルデブラントにより設計された。ファサード中央は、3層の屋根を持つ高く突出したパヴィリオンが全体を統制している。その両側に2層構成の屋根が1段低い並びをつくりだし、さらにもう1段低い無柱式の翼棟が単層構成の屋根を頂いて、隅の八角形のパヴィリオンへと連続する。多層構成の屋根の考えは中部ヨーロッパの伝統であるが、ここではそれらがバロック的な漸増する高まりを生み出すのに用いられている。多くの点で、この建物のデザインはほぼ同時代の宮廷図書館に似ている。

ウィーンに建つ**ダウン・キンスキー伯の邸館**(1713-16、p.1046C)は、ヒルデブラント様式の典型的なものである。切石積みの基階(1階)の上に2層分が立ち上がるが、それは狭い間隔で配された巨大なピラスターによって統一されている。7つのベイのうち中央の3ベイがわずかに前方に張り出し、しかも装飾の増加、頂部のバラストレード、窓周りの扱いの違いや、装飾的で平板なピラスターによって、微妙ながらも巧みに強調されている。女像柱で枠取られた凹面をなす入口は、たとえドイツに先例が見出されるとしても(たとえばハイデルベルクの城館)、おそらくはフランスのモデルから取り入れられた。

フランチェスコ・カラッティによって設計された**プラハのチェルニーン宮殿**(1668)は、広大なイタリア風ファサードを有する。上層をまとめる大オーダーが、ダイヤモンド面の形にルスティカ仕上げされた1階の上に立ち、1階には2つの入口がやや突き出した形で組み込まれている。

A オーベレス・ベルヴェデーレ宮殿、ウィーン（1721-22）　p.1047 参照

B ザンクト・ニコラウス・アウフ・デア・クラインザイテ教会堂、入口正面、プラハ（1703-52）　p.1050 参照

C フラウエンキルヒェ、ドレスデン（1725-42）
p.1052 参照

第31章 オーストリア、ドイツ、中部ヨーロッパ 1049

ザンクト・ニコラウス・アウフ・デア・クラインザイテ教会堂、内部(1703-11)、プラハ　p.1050 参照

ゲオルク・ディーンツェンホーファー（1643-89［訳註：子の方］）はプラハに根をおろし、兄弟たちと一緒にボヘミアン・バロックの特徴的な様式、つまりゲオルク様式をつくりだした。それはすぐに彼の**ヴァルトザッセンの巡礼教会堂**（1685-89）によってフランケン地方にもたらされた。平面は三角形を基にし、そこに3つの大きな半円アプスが張りついて、三葉形をなす。各祭室は壁の厚みの中に設けられ、階段塔は3つのアプスの結節を示すふくらみの中に組み込んでつくられている。加えて、連続したアーケードが全体を取り巻く。この幾何学的に構想された設計は、ボッロミーニやグァリーニの作品に対する興味を指し示している。

クリストフ・ディーンツェンホーファー（1655-1722）は、フィッシャー・フォン・エルラッハと同時代人であり、ボヘミアで活躍した最も特色ある建築家であった。彼はかつてプラハを訪れたことのあるグァリーニの仕事に魅了され、それがボヘミアン・バロックを変質させることになった。

イエズス会のためにクリストフは、**プラハにザンクト・ニコラウス・アウフ・デア・クラインザイテ教会堂**の身廊（1703-11、p.1048B、p.1049）を建設した。2層の外観は正面において3層の構成をとり、両側面の平坦さがそこでは凹凸のリズムの動きに変わっている。内部に入ると、ここでも曲線が支配的である。3つの楕円が1つの全体に融合し、湾曲したピラスターの付く角の突き出したピアがそれを強調する。強い垂直線の使用によって、精巧な天井装飾へと視線がいざなわれる。この設計はグァリーニから大きな影響を受け、特にリスボンのサンタ・マリア・ダ・ディヴィナ・プロヴィデンシア聖堂（p.1030参照）を基にしていると思われる。

クリストフ・ディーンツェンホーファーによって、ベネディクト会修道士のために**プラハ近郊、ブレフノフ（ブロイナウ）に建てられたザンクト・マルガレート教会堂**（1708-21、p.1051A）は、先のザンクト・ニコラウス教会堂に似た構想の内部を持つ。鋭角をなして接する2つのピラスターが各ピアを形作り、それらが4つの重なり合う楕円ヴォールトを支える。外観では対照的に、ディーンツェンホーファーは、正面のデザインを角にも回しこむことや、正面および側面にほぼ同じ破風を用いることで、集中式平面の教会堂の印象を与えている。

ヨハン・ディーンツェンホーファー（1663-1726）は、ディーンツェンホーファー兄弟の中で最も年少である。彼は、施主のロタール・フランツ・フォン・ショーンボルン選帝侯からの助言の求めに応じて、ヒルデブラントと協同で**ポンメルスフェルデンの城館**（1711-18）を設計した。外観は、ヨハンの強い彫刻的スタイルの特色を持ち、角に丸みのついた大きな中央パヴィリオンを有する。各アーチと側面を接して並ぶ高い台座の上に大オーダーが立ち上がるが、このアイデアはおそらくプラハのチェルニーン宮殿（p.1047参照）から借用したものであろう。オーダーが両サイドから中央に移るにつれ、単一のピラスターは対のもの、さらには複合したものになり、中央玄関ではついに壁から浮き上がって独立円柱になる。同様の方式は大理石の広間にもみられる。そこでは弓形をしたコーニスが、フィッシャー・フォン・エルラッハによって用いられたのと同じような楕円窓の上に架かっている。ヨハン・ディーンツェンホーファーによるその他の設計のうち、優れて際立っているものに、**バンツの修道院教会堂**（1710-18）および**ヴュルツブルクの新修道院付属参事会教会堂**（ファサード、1710-19）がある。

ヤン・ブラシウス・サンティーニ・アイヒェル（1667-1723）は、特異なバロック様式と後期ゴシック様式とを創意を凝らして融合することで、18世紀初期の中部ヨーロッパの建築に極めて独自の貢献をした。最も特徴的なものに**モラヴィア地方、ツァール（ザール）**に建つ彼のいくつかの建物、つまりシトー会教会堂の増築、現在では**キンスキー城館**（1706-23）として知られるもの、**疫病共同墓地**（ペスト）（1709）および**聖ヤーナ・ネポムツキー巡礼教会堂**（1719-23、ゼレナー・ホラのネポムークの聖ヨハネ巡礼教会堂）がある。キンスキー城館におけるアイヒェルの仕事は、多角形の旧修道院食堂を含み、屋根の上方に奇妙に膨れて立ち上がった外観を呈する。食堂内部はピラスターによる大オーダーと豊かなフレスコ天井で装飾されている。疫病共同墓地（ペスト）は三位一体を表現する3つの楕円形平面の礼拝堂（第四のものは後に加えられた）から構成される。それらは曲面をなす壁で連結されて、平面的には頭蓋骨の外形線を形作る。アイヒェルの代表作は巡礼教会堂であり、それは星形平面の回廊に安置された聖ヨハン・ネポムツキーの象徴（シンボル）、星と舌［訳註：当時、殉教者ヤン・ネポムツキーの聖遺物とされた］に由来する平面をなす。各立面ならびに教会堂装飾の多くは抽象化され、ほとんどキュビストの域にあって、アイヒェル独自の創案によるゴシック様式の語法（イディオム）となっている。

アントン・イェンチュは、**グリュソー（ケルツェソフ）の修道院教会堂**（1728-55）で、シュレージェン地方［訳註：シレジア。ヨーロッパ中北部、オーデル川上、中流域ポーランド南西部を中心にドイツ、チェコにまたがる］のバロックの中で最も重要な建物をつくりだした。双塔を構える正面の曲線的な外観は、ダイナミックな垂直性を強めるために波状の要素を水平方向に入れており、その錯綜

A ザンクト・マルガレート教会堂、プラハ近郊(1708-21)　p.1050 参照

B ツヴィンガー宮殿、ドレスデン(1709-)　p.1052 参照

した様は、クリストフ・ディーンツェンホーファーによるザンクト・ニコラウス教会堂さえ凌駕している。スウェーデンのカール12世は、皇帝からシュレージェン地方の新教徒のために6つの教会堂を建立する許可を得た。彼らはストックホルムの聖カトリーヌ教会堂というスウェーデンのモデルを規範としながら、説教のための会堂としてデザインされた集中式平面の建物を好んだ。細部を抑制して、バロック的豊穣さを避けた、マルティン・フランツの手になる**ヒルシュベルク**（ポーランド南西部）の**グナーデンキルヒェ（1709-18）**のような教会堂は、グリュソーの修道院教会堂とは強い対比をみせる。

　フィッシャー・フォン・エルラッハと同時代人であるマテウス・ダニエル・ペッペルマン（1662-1736）は、上ザクセン地方において、彼の世代の中で最も成功を収め、かつ工夫の才に富んだ建築家であった。1710年のローマとウィーンへの旅行は、彼の様式に驚くほどの影響を及ぼしたが、それは最も有名な建物である**ドレスデンのツヴィンガー宮殿（1709-、p.1051B）**にはっきりみてとれる。この建物は囲いの中に組み込まれたもので、中庭での祝祭の特別観覧席の他、オランジュリー（オレンジ園）としても用いられた。ツヴィンガー宮殿には2つの中心的な焦点、つまり**クローネントーア**（王冠門、1713）と**ヴァルパヴィリオン**（塁壁のパヴィリオン、1716）がある。両者ともパヴィリオンとして構想され、オランジュリーとして機能する単層のオメガ字形の囲いの上に立ち上がる。オランジュリー部分の、より簡素な処理とは対照的に、パヴィリオンのヘルメス柱ないしは円柱といった垂直要素の躍動的な集合が、ほとんどゴシック様式といってよい効果を生み出している。

　ドレスデンで優れた技量を持ったもう1人の建築家にゲオルク・ベール（1666-1738）がいた。彼は大工として修業し、後に**ドレスデンのフラウエンキルヒェ（1725-42、p.1048C）**のような印象的な建物を設計した（1945年2月戦災を受けた）。プロテスタントの教会堂であるこの建物は、基本的に四角形平面の中にギリシア十字形を嵌め込んだもので、ドラムを必要としない縦に引き伸ばされたドームがそびえたつ。ファサードは、ペディメントの付いた背の高いタバナクルが縦長窓を縁取る方式であるが、それが四隅の張り出した小塔部分でも繰り返されるため、外観的にはほとんど八角形の様相を呈している。内部は骨組状の構造となっており、支柱に思い切った制約を課している点でバルタザール・ノイマンの内部にも匹敵する。

　彫刻家であり建築家であったアンドレアス・シュリューター（1659?-1714）は、その経歴をワルシャワで開始し、主としてプロシアで活躍した。彼の建築のスタイルは、彫刻の役割を重視することに特徴がある。後に彼は自ら設計した建物の技術的・構造的欠陥［訳註：造幣局の塔。構造的欠陥から倒壊し、宮廷建築家を解任される原因となった］から不興を買うことになった。エルンスト・ボージスラフ・フォン・カメッケのために、彼は**ベルリンにカメッケの邸館（1711-12）**を建てた。この魅惑的な別荘は、側面に2つの翼屋を持ち、その低いコーニスは中央のパヴィリオンにくいこんでいる。パヴィリオンの3ベイからなるうねったファサードは、抽象化された、出の小さい垂直のピラスターによって分節される。屋根上に配されてシルエットを描く古典古代の神々の彫像が、それらピラスターの頂点を飾る。この建物の計画はドレスデンのツヴィンガー宮殿に類似するが、ここでは彫刻を引き立たせるために、建築的な装飾が極力抑えられている。

　コスマス・ダミアン・アザム（1686-1739）と、彼の弟エーギット・クヴィリン・アザム（1692-1750）は、バヴァリア（バイエルン）に生まれ、コスマスはローマで画家として、エーギットはミュンヘンで彫刻家として修業した。ベルニーニを先達としながら、彼らは劇的な幻想に満ちた効果を生み出すべく諸芸術を融合し、そこから生み出された1つの様式は急速に中部ヨーロッパに広まった。**ミュンヘンのザンクト・ヨハネス・ネポムーク（聖ヤン・ネポムツキー）教会堂（1733-46、p.1053A）**の建設資金を負担したのは、エーギット自身であった。岩盤から現れ出たように、もっと正確にはローマのトレヴィの泉のように、わずかに湾曲したピラスターによる大オーダーが、よじれて変形したペディメントを支える。このオーダーがつくるフレーム内に、同じように意匠を凝らした2つのアエディクラが上下に組み込まれ、それらの頂部には恍惚とした表情をみせる彫刻群がのる。内部をできる限り明るくするために、入口を含めてファサードの大方にガラスが嵌められている。内壁はねじり円柱が使われて波打つような様相を呈するが、それは聖ヨハネ像を高い祭壇の上に移したことや巧妙に隠された光源を塞いだことによって、部分的に損なわれてしまった。

　バルタザール・ノイマン（1687-1753）は、フランケン地方のバロック建築を、その頂点へと導いた。衣服商の家庭に生まれ、鐘鋳造工として修業した彼は、まず軍事建築技師として出発した。彼は後にはヴュルツブルク大学で建築を教えたが、終生、軍の地位を捨てることはなかった。

ヴュルツブルクの司教館（1719-、p.1053C）は、ヒルデブラント、フォン・ヴェルシュ［訳註：ヨハン・マクシミリアン］、ボフランおよびロベール・ド・コットらの

第31章　オーストリア、ドイツ、中部ヨーロッパ　1053

A　ザンクト・ヨハネス・ネポムーク教会堂、ミュンヘン（1733-46）　p.1052 参照

B　ザンクト・ガレン修道院教会堂（1748-70 再建）、図書館　p.1056 参照

C　司教館、ヴュルツブルク（1719-）　p.1052 参照

助言を得ながら、ほとんどをノイマンが設計した。広大な U 字形をした平面計画には、「正面広場(クール・ドヌール)」の他に 4 つの中庭が取り込まれている。3 連アーチのつく正面は、ウィーンのオーベレス・ベルヴェデーレ宮殿 (p.1047 参照) におけるヒルデブラントのそれに類似する。庭園側パヴィリオンも同様の 3 連構成であり、そのファサードでは最上層のピラスターは足元に向かって先細りになり、それが上下対称の湾曲を持つ窓を枠取りしている。両翼のパヴィリオン風の扱いは、フランス人建築家からもたらされたが、階段室のデザインにいたっては別のものとなっている。玄関のそれぞれの側に階段を置くかわりに、玄関と中庭の 1 つとの間の区画全部を占める唯一の大階段が提案された。その結果、この階段室は、ゆるやかな勾配、漸進的に展開する空間的効果、さらに G. B. ティエポロによって描かれた生き生きとした天井画とあいまって、ドイツ・バロックの階段室で最もモニュメンタルなものとなっている。礼拝堂 (1730) も、ヒルデブラントがその装飾を案出したものの、ノイマンのデザインで建てられた。そのはなはだ錯綜した計画は、グァリーニやディーンツェンホーファー一族に負うところが大きい。互いに重なり合った横方向と縦方向の長円が連続し融合して、躍動感のある内部空間をつくりだす。内部の壁面装飾の創意に富んだ方法は、ギャラリーを支える円柱列に対応している。

ブルッフザールの城館 (1731-32、現存せず) は、シュパイアー公ダミアン・フーゴ・フォン・シェーンボルンのために設計された。1720 年から 1728 年にかけて、次から次へと担当建築家が解任されたが、その中の 1 人、フランツ・フライヘア・フォン・リッターが、中心となる居館棟のデザインの中に 2 つの中庭に挟まれた横方向の長円形の階段室を持ち込んだ。しかしノイマンはそれを改変し、新たに拡張した楕円形の踊り場によって、大広間を入口および庭園側ファサードに結び付けた。これによって、ノイマンは国際的な名声を得ることになった。

フィアツェーンハイリゲンの巡礼教会堂 (1743-72、p.1055A, C) も、1 つにとどまらない考えの産物であった。ノイマンの競争相手たちが、「14 聖人」を祭る祭壇を中央に持つ集中式平面の設計案を提案していたが、ノイマンのラテン十字形平面の計画案が最初の承認を獲得した。実施担当の建築家がこの案を歪曲して変更したため、ノイマンはすでに建設済みの内陣を組み込んだ建物の再設計を求められた。最終的な設計は、3 つの楕円が縦向きで主軸に沿って 1 列に配された形をとり、その中の祭壇を納めた中央のものが最も大きい。2 つの円がトランセプトを構成し、一方、別の小さな楕円が側廊側に 1 つずつ挿入されている。大きな窓や白い壁、金色に彩色されたスタッコ仕上げが、軽快で華麗なロココ的効果を生み出している。

フィアツェーンハイリゲンとの強い対比が、わずかに先行するノイマンの**エトヴァスハウゼンの教区教会堂** (1741-45) に認められる。デザイン要素はありふれており、骨格のあらわな架構、円柱のつくるスクリーンおよび絡み合った楕円が、複雑なヴォールトをつくりだしている。しかしながらここにはロココ風の仕上げは見当たらない。厳格なドリス式が、意匠を凝らしたコリント式に取って代わり、さらにアラベスク風のスタッコ仕上げや明るい色彩のフレスコ画の氾濫も全く欠如している。ノイマンとヒルデブラントは、**ヴェルネックの城館** (1734-45) の設計で再び協同したが、その礼拝堂は全てノイマンが設計した。円形平面は凹面をなす大きなニッチの挿入によって、十角形の特徴が付与されており、ニッチは上方でゆるやかにカーブする凸面状のギャラリー──ヴィットーネがヴァリノットでデザインしたそれ (p.968 参照) に類似する──によって釣合が保たれている。エンタブラチュアのあらゆる場所での絶えざる破断や、アーチの水平方向の流れを中断させるロココ風のスタッコ装飾が、強い垂直性の強調を作り出している。

ヨハン・ミヒャエル・フィッシャー (1692-1766) は、バイエルンのロココ建築を先導する代表者であった。全般的に彼の建築は、当時のボヘミアのデザインに比べ、空間的な複合性が弱いものの、後期の仕事には次第にそうしたボヘミア的な傾向が表に出てくる。彼の**オットーボイレンに建つベネディクト会修道院教会堂** (1737 着工) は、平面的には少し前のヴァインガルテンの修道院に近いが、ドームをのせた玄関入口を有し、それに身廊を構成する 3 つのベイが奥へ続く。そのうちの中央のものが交差部をなし、両側に相対するチャペルが側廊を構成する。いたるところに施された装飾はゾーン相互を融合させ曖昧にしているが、この装飾は逆に空間構成の単純さとバランスしている。

フィッシャーによる**ロット・アム・インの修道院教会堂** (1759-63) は、装飾はより少ないが、彼のお気に入りのテーマの 1 つ、つまり辺の長さが交互に異なる八角形を採用している。全体の平面計画上はオットーボイレンとかわらず、この八角形平面が教会堂の交差部を形作っている。しかしここでは中央の集中性がいっそう際立ち、さらに内部立面には連続するギャラリーが登場している。

シュタインハウゼンの巡礼教会堂 (1728-31) は、ドミニクス・ツィンマーマン (1685-1766) によって設計されたが、彼は左官さらには石工親方として修業し、主

第31章 オーストリア、ドイツ、中部ヨーロッパ | 1055

A 巡礼教会堂、フィアツェーンハイリゲン（1743-72）、西正面　p.1054 参照

B ヴィースの巡礼教会堂、内部、シュタインハウゼン（1745-54）　p.1056 参照

C 巡礼教会堂、内部、フィアツェーンハイリゲン

に教会堂を手がける建築家であった。この建物はバイエルンにおける最初のロココの教会堂であり、暗く神秘的というより実際のところ明るくさに白い。空間的にはいたって単純な設計である。つまり大きな縦置きの楕円の躯体に、それと直交する形の同じ楕円の内陣が付き、一方、内部のアーケードがドームを支えて連続した歩廊をつくっている。**シュタインハウゼン**に建つ彼の後(のち)の教会堂に、**ヴィースの巡礼教会堂（1745-54、p.1055B）** があり、少し規模が大きいがほぼ同様の平面構成をとっている。

ザンクト・ガレン修道院教会堂の最終的な再建（1748-70、p.1053B）は、ペーター・トゥンプ（1681-1766）とジョヴァンニ・ガスパーレ・バニャートによって行われた。その二重内陣式のデザインは、元の中世の構造が引き継がれた。修道院図書館では、トゥンプは華やかな効果を得るために、低いドーム状ヴォールトを使った。ピアを取り巻いて波打つ内部のバルコニーは、彼の初期の**ビルナウ**の**巡礼教会堂（1746-58）** と同様、片持梁(キャンティレバー)で持ち出されているのを特徴としている。

新古典主義

プロイセンの貴族ゲオルク・ヴェンツェスラウス・フォン・クノーベルスドルフ（1699-1753）は、軍歴を持ち、建築に転向する前は画家としても仕事をした。彼は国外の発展に注目し、フリードリヒ大王の資金援助の下、イタリア、ウィーンさらにはパリへと旅行し、より厳格なスタイルを建築に導入したが、それはイングランドのパッラーディオ主義に極めて共通するところがあった。

改築された**ポツダム**の**宮殿（1744-51、現存せず）** は、その劇的なロココの内部にもかかわらず、極めて抑制された外観を有しており、どちらかといえば17世紀バロックの厳粛な壮大さに回帰している。中庭側立面は、両翼ではピラスターによって、中央部分では半円柱がつくる対のジャイアント・オーダーによって、それぞれ分節される。この中央部分はペディメントをのせず、遠近法的に奥に向かって狭まった枠が付く3連のアーチ窓によってのみ引き立てられいた。

ベルリンのオペラ・ハウス（1741-43） ［訳註：1843年焼失。K. F. ラングハンスによって再建。1945年に多大な被害を被ったが、現在は修復されている］は、まさしく王室の建物であり、一部は国王自らがデザインした。ここでは高い地階（1階）の上に神殿風正面が建つが、そのモデルは明らかにバーリントンやケントによる、たとえばチズウィック・ハウスのような、イギリスのパッラーディオ主義である。ことのほかイギリス風の趣きをたたえるのは、広大で平坦な壁面と窓開口の相対的な小ささである。

ポツダムのサンスーシ宮殿（1745-） も、フリードリヒ大王と協同して設計されたが、それにまつわる対立から、クノーベルスドルフはその建築人生に終止符を打つことになった。コーニスを支えるヘルメス柱がドレスデンのツヴィンガー宮殿（p.1052参照）を想起させるが、ロココの装飾に圧せられながらも、基本となるデザインは優れた簡明さを持っている。

クランスミュンスターの**貴族の子弟のためのベネディクト会アカデミー天文台（1748-60）** は、オーストリアにおける同じような建築上の力点の移動を示す、はなはだ雄弁な例である。パネル割りされた高いファサードからはほとんど装飾が除かれており、構造に対する強い感性と、ほとんどシンケルに匹敵する明晰さを備えている。

A. F. フォン・ケスラウによる**カールスルーエ**の**宮殿（1749-71、p.1057A）** は扇形の平面をなすが、それは1715年以降、32本の道路による放射状パターンに沿ってつくられた町割りに対応するものである。ノイマンによる3つの案を含むいくつもの設計がなされたが、中心となるファサードは、地味な繰り返しによって特徴づけられる。

J. G. ビュリンクとH. L. マンゲルによって、フリードリヒ2世のために設計された**ポツダム**の**新宮殿（1755-66）** は、ヴァンブラによるカースル・ハワードから着想を得たらしい。しかし中央にドームをのせる広大なファサードは、より新古典主義に近い平坦かつ抽象化された幾何学的単純性を有している。

アムステルダムのJ. ボウマン（1706-76）による**ポツダム**の**市庁舎（1753）** は、驚くほど純化された古典主義の建物である。8本の半円柱によって分節された長方形のファサードから、ほとんど中央部の強調がみられないまま円筒状ドラムとその上の段状ドームが立ち上がる。

J. N. ジャド・ド・ヴィル・イゼイ（1710-61）による**ウィーン**の**旧大学**（現在は科学アカデミー）では、オーストリアのロココ様式がA.-J. ガブリエル（p.1008参照）に極めて近いフランスの様式に席を譲っている。ペディメントの付いた翼屋と、ことさら抑えた中央部は、パリのコンコルド広場のガブリエルによる邸館を想起させる。

リュボストロンの**宮殿（1797-1806）** は、S. ザヴァツキの作品である。18世紀の末を迎えてポーランドはことさらパッラーディオ主義へと向かうが、この印象的な例は、ヴィチェンツァに建つラ・ロトンダ（p.936参照）の、ポーティコを単一にしたものである。

第 31 章　オーストリア、ドイツ、中部ヨーロッパ

A　宮殿、カールスルーエ（1749-71）　p.1056 参照

B　ブランデンブルク門、ベルリン（1789-93）　p.1058 参照

C　博物館旧館（アルテス・ムゼウム）、ベルリン（1823-30）　p.1060 参照

S. B. ツークの作品である**ワルシャワのテペ宮殿**（1780頃）は、同じ主題のいっそう古代研究的解釈を強めたものである。新古典主義運動の最前線にあって、ツークは魅力に富んだ**アルカディアのディアーナの神殿**（1783）も設計したが、それはイギリスを除けば、はなはだロマンティックな趣きを持つ遊興庭園の1つである。

　注目に値するハンガリーの**ヴァーツ大聖堂**（1763-77）は、イシドロ・カネヴァレが設計した。ドームの架かった、側廊のない建物は、塔を伴う厳格なファサードを有する。前に張り出したペディメントを欠くコリント式ポーティコ以外、そのファサードは装飾によって視覚的に和らげられることはない。

　フランスの家系につながる建築家の息子であったフリードリヒ・ジリー（1772-1800）は、ブレー、ルドゥー、ソーンとならんで、この時代の偉大な幻想（ヴィジョナリー）建築家の1人であった。彼の代表作は、実現をみなかった**フリードリヒ大王記念碑計画案**（1797）である。そこでは古代研究に基づく理想が、単純な幾何学形態と強く結び付いている。つまりギリシア・ドリス式の神殿が重厚な基壇の上にそびえ、神殿境内へは、古代ローマの4頭立て二輪戦車に飾られてはいるが、同じように厳格な塊状をなした無柱式プロピュライアを通って入る。

　C. G. ラングハンス（1733-1808）による**ベルリンのブランデンブルク門**（1789-93、p.1057B）は、ドリス式による壮大な儀式用の門の最初のものであり、アテネのアクロポリスのプロピュライアをもとにしている。

　カールスルーエの中央広場（マルクトプラッツ）（1804-24）は、フリードリヒ・ヴァインブレンナー（1766-1826）によって設計された。神殿風正面を持つ福音主義教会堂が、広場を挟んで市庁舎と向かい合うが、双方の建物は釣り合ってはいるものの、同一ではない。広場を取り巻く全ての建物の長方形ブロックを基調とした特質は、ミュンヘンのフォン・クレンツェの仕事を予感させるものであり、広場中央に置かれた単純なピラミッド状のモニュメントによって完結している。

　レオ・フォン・クレンツェ（1784-1864）は、パリでデュランやペルシエおよびフォンテーヌに師事したが、それ以前にジリーのもとでも修業した。クレンツェの2つの偉大な記念碑的作品は、ジリーのグリーク・リヴァイヴァリストとしての夢を実現した。しかし他の多くの建物は、導入にあたって彼が大きな役割を演じた1つの趣味、つまりさまざまなイタリア・ルネサンス様式で設計されている。

　ミュンヘンの彫刻館（グリュプトテーク）（1816-30）は、優れた古代ギリシア・ローマ彫刻のコレクションを収蔵するために建てられたもので、その収蔵品は今も保管されている。長く続く厳格なファサードは、中央でイオニア式ポーティコにより中断されるものの、豪華な多彩色に彩られた内部（1940年代に破壊）との意図的なコントラストをつくりだした。内部展示室の重々しいヴォールトは、古代研究にのっとった繊細な装飾によって活気が添えられていた。中央に中庭を持つこの博物館の方形の平面は、古代よりも16世紀のイタリア（たとえばジュリオ・ロマーノのパラッツォ・デル・テ）に多くを負っている。**ミュンヘンのプロピュライア**（1846-60）は、前述したクレンツェによる初期の彫刻館の前面広場、つまり国王広場への入口の役を担っている。ギリシア・ドリス式のポーティコにもかかわらず、双塔を伴うファサードはその多くを、古代ローマのユピテル神殿やバールベック神殿のプロピュライア、あるいは古代エジプトのパイロンによっている。入口部の深い後退や、ほとんど軍事的な様相を添えている上部ギャラリーによって、この建物は妥協のない厳格さを達成している。

　ドイツ精神に捧げた記念碑である**レーゲンスブルク近郊のヴァルハラ**（1829-42）は、バイエルン（バヴァリア）の王太子ルートヴィヒの着想であった。これは構想に終わったジリーのフリードリヒ大王記念碑を彷彿とさせるものであり、ドイツによるナポレオン、さらにはアウグストゥスの軍団の撃退が、この再現されたギリシア・ドリス式神殿のペディメントの中に表現されている。しかしながら内部には、色大理石によるドイツの英雄の胸像が納められ、ここでは古典的な純粋さよりも豪壮な効果をねらっている。この建造物の丘の上の配置——古代の神殿のような——は、まさに壮観である。次第に上昇していく斜路とテラスは、たとえそこに19世紀初期のロマンティシズムの兆候が伺えようとも、それ自体、発想においては古代的である。

　1813年から1815年にわたるナポレオンとの戦争を記念する廟、**ケルハイム近郊のベフライウンクスハレ**（マウソレウム）（1842）は、古代のヘーローオンあるいは霊廟の、徹底して厳密な解釈であり、周柱式のドリス式コロネードを高く頂いた石造のロトンダである。過度の多彩色仕上げが施された内部では、手をつなぎあった天使像が、下層のピラスターの対比となっている。**ミュンヘンの国王居館**（1826）は、フィレンツェのパラッツォ・ピッティ（p.901参照）に似せてつくられているが、上階のピラスターによる分節は、パラッツォ・ルッチェルライ（p.901参照）に基づいている。15世紀フィレンツェの様式は、実際、この時期の都市改造にふさわしいものとしてルートヴィヒ王子が推奨した。

　カール・フリードリヒ・シンケル（1781-1841）は、新古典主義の時代の最も偉大なドイツの建築家であっ

第31章 オーストリア、ドイツ、中部ヨーロッパ | 1059

A 王立劇場、ベルリン（1819-21） p.1060 参照

B 宮廷庭園師の家（1829-31）、シャルロッテンホーフ宮殿、ポツダム　p.1060 参照

た。彼はジリーの弟子であり、1830年以降その長をつとめることになるプロイセン政府の建設局に、1810年に入局した。この職務の中で、彼はベルリン市およびその近郊の大規模な建築工事の多くを指導し、同市をヨーロッパの主要な都市にいっそうふさわしいものにした。古典主義が彼の表現の主たる源泉であり続けたが、それ以外の多様な様式によっても、またデュランの理論に傾倒してさまざまな機能的方法によっても仕事を遂行した。後者では様式が副次的な重要性にとどまっている。シンケルの作品は、イングランドを除く同時代の建築家たちのそれに欠けていた幅の広さを有しているし、加えて当時進展しつつあった折衷主義をしのぐ、表現に対する正統な感受性と明晰さを併せ持っていた。

ベルリンの**新衛兵所**(ノイエ・ヴァッヘ)(1816-18)は、背後の開口部のない主屋から張り出したギリシア・ドリス式のポーティコを持つ。主屋両端の迫り出した高い翼屋が、グリッドの特徴を持つ全体構成を強調しており、それはポーティコのフリーズ中の勝利の女神像が、各円柱の真上に配されている点でも同様である。

グリーク・リヴァイヴァルの力強い作品である**ベルリンの王立劇場**(1819-21、p.1059A)は、その明解に分節されたマッスの強い幾何学的統制によって注目される。ポーティコはペディメントを掲げる六柱式のイオニア式であるが、そのエンタブラチュアは建物全体の周囲をめぐり、分節された各長方形ブロックの形態を1つに結び付けている。ペディメントの付いた高くそびえる屋階は中央の観客席を表現しており、全体を圧している。建物の各面では、開口部は、ピラスター風の中方立で区切られた横に連続する帯としてまとめられている。この建物は第2次世界大戦中に甚大な被害を被った。

ベルリンの**博物館旧館**(アルテス・ムゼウム)(1823-30、p.1057C)のファサードのために、シンケルはちょうど円柱上部にあたる軒線上に鷲を置いたイオニア式のストアをデザインした。堂々とした階段と後退した屋階だけが唯一、中央の5つのベイを強調している。前面ポーティコ内側のシンケル自身のデザインによる色彩豊かな壁面装飾と、さらには異国風の内部が、この厳然とした外観と対照をなしている。屋階は実際、ドームの架かる2層の巨大なロトンダを内に隠している。ロトンダ内部はヴァティカン美術館のそれを想起させるが、ここでは下層がコロネード、上層が平坦な壁面となっている。さらに注目されることに、ロトンダ周囲の2層にわたるギャラリーが、モデュールにのっとった方式で配置されていて、この建物の計画はデュランの原理に従っている。

ポツダムの下士官学校(1826-28)は、シンケルの設計の中で最も「機能的」なものの1つである。ここでは古典的な形態言語は、ほとんど全て水平および垂直の構成へと変換されている。3層構成のファサードの中で中央の5ベイのブロックが、上部2層の単純化されたピラスターとエンタブラチュア、および未発達の屋階によって特徴づけられている。抑制された平面的なルスティカ仕上げが施された長い両翼屋には、唯一の遠い古典起源に遡る大きな3連採光窓の列が並ぶ。

ベルリンの**シャルロッテンブルク宮殿**内に建つ**フリードリヒ・ヴィルヘルム3世のパヴィリオン**(1824-25)は、ヴェルサイユのプティ・トリアノン(p.1012参照)に似ていなくもないが、その装飾的細部は最小限に抑えられている。建物の純粋な幾何学性、ならびに平滑な壁面とロッジアの深いくぼみがつくるコントラストが強調されている。

ポツダムの**シャルロッテンホーフ宮殿**の庭園内に建つ**宮廷庭園師の家**(1829-31、p.1059B)は、ナッシュのイギリス・ピクチュアレスクの住宅に刺激された手法で、既存の建物を改修したものである。同じシンケルによる庭園内の**茶館**(ティー・ハウス)や**ローマ浴場**(1833-34)とともに、この建物はこぢんまりとつくられているが、非対称の構成をとり、また緩い勾配の屋根、深い軒、および見晴らし台を持ち、イタリアのヴァナキュラー風にまとめあげられている。1826年以降、王子のために改修されたシャルロッテンホーフ宮殿の方は、ギリシア・ドリス式のポーティコ(庭園側ファサード)——ここではたとえば、アテネのエレクテイオンの神殿を典拠とした——を持つ古典的な邸館である。

ベルリン郊外、ハーフル川に浮かぶ**プファウエン島**に建つ**カヴァリーアハウス**(1824)は、ゴシック様式の建物であり、イギリスの同様式の邸館を思い起こさせる非対称のファサードを持つ。形態的な扱いはことさら巧妙であり、なめらかな壁面が繊細な細部処理を引き立たせる一方、2つの塔のうちの大きい方には、極端に大きな窓が大胆に取り入れられている。

ポーランドの**マゼリッツ(ミエンジジェチ)の教会堂**(1828-33)は、ロマネスク風ルネサンス様式で設計された当時の多くの建物の1つであるが、この様式はしばしばルントボーゲンシュティル(半円アーチ様式)と呼ばれ、この時代に広く用いられた。しかしシンケルはその簡潔ではっきりとしたコーニスによって、この建物のファサードに独特の幾何学的明晰さを与えている。

ベルリンの**建築アカデミー**(1831-36)は、大きなブロック状をなす4層構成のレンガ造建物である。建物の頂部まで走る量感はあるが出の小さいピラスターが、

ファサードを分節し、構造の骨組を表現している。しかしルネサンス様式を踏襲する窓の細部は優美に処理され、シンケルを象徴する対比をつくりだしている。

ペーター・シュペート（1772-1831）の作品である**ヴュルツブルクの女子刑務所**（1809-10）は、出入口と大きく広がった分節されないファサードとの間の、スケールの対比をつくりだしているが、これはブレーの計画案の特徴と同じである。

P. フォン・ノビレによる**ウィーンのテセウス神殿**（1820-23）は、オーストリアにおけるグリーク・リヴァイヴァル建築の顕著な例である。カノーヴァ［訳註：1757-1822、新古典主義を代表するイタリアの彫刻家］作のテセウス像群を収蔵するために建てられ、アテネのヘファイストス（テセウス）神殿に厳密に基づいている。

W. グーセヴィッツによる**ポーランドのヴィルノ（ヴィリニュス）大聖堂**（1777-1801）は、エディンバラでのハミルトンとプレイフェアの作品を、大いに先取りしている。巨大なドリス式神殿風の建物に、長手に沿ってコロネードが付き、それは他の構成要素を結び付けて堂々とした全体をつくりあげている。

J. S. パックと J. ヒュドによる**ハンガリーのエステルゴム大聖堂**（1822-50 頃）は、もう1つの印象的な新古典主義の作品である。教会堂は人目をひくコリント式の八柱式ポーティコ、コロネードがまわるドラム、および半円ドームを伴うが、聖堂そのものはアーチによって側に建つ鐘塔と結ばれている。

訳／丹羽和彦

ルネサンスおよびそれ以後のヨーロッパとロシアの建築

第 32 章

ベルギー、オランダ、イギリス

建築の特色

ベルギーとオランダ

オランダとベルギーの建築は、ルネサンス初期の頃には類似のパターンをたどるが、17世紀に入るとその道は大きく分かれる。しかし1700年から1830年頃には、隔たってはいても並行した道筋に戻った。

オランダ・ルネサンス(1515頃-1600)

ルネサンス的な装飾モチーフはほぼ1515年頃からオランダに現れ始めた。しかしこの様式による大規模な建物の登場は1530年代を待たねばならない。ブレダ城(1536-)は、ローマのラファエッロの工房で働いたことのある画家のトンマーゾ・ヴィンチドルによって建てられたが、その計画にはヴァティカン宮殿の影響がみてとれる。一方、イタリア人建築家、アレッサンドロ・パスクァリーニは、エイセルステイン教会堂(1532頃)の塔に、垂直方向に連続するオーダーを導入した。コルネリス・フローリスのアントワープ(アントウェルペン)の市庁舎は、疑いなく16世紀オランダの最も偉大な創造であるし、同時にルネサンスの形態言語の操作に最も通じたものでもある。世俗建築はオーダーの使用をさらに加速させた。それは町屋のファサードを彩る大きな長方形の窓を隔てるのに利用され、結果、どことなくヴェネツィア風の建築を思わせるグリッド状の枠組となった。しかし、まったくのところ、オランダとベルギーの特徴というのは、極度に装飾された何層にもわたる破風であり、そこでもイタリア風の装飾形態言語が、伝統的な後期ゴシックのフランボワイヤン式細部に容易に取って替わる。もっとも後者の伝統的細部は、ベルギーの民間建築では18世紀まで継続するが(たとえばブリュッセルのグラン・プラス)、

こうしたオランダのルネサンス様式は、オランダ人建築家の移民とハンス・フレーデマン・デ・フリースの手になるいくつかのパターンブック(p.887参照)の双方を通じて、スカンジナビアやドイツ、ポーランドに首尾よく輸出された。後者のパターン集はヘルメス像柱やオベリスク、帯模様、さらにはバンド付きオーダーといった、フォンテーヌブローから受け継いだ建築言語を普及させた。この世紀の終わりにあっても、リーフェン・デ・ケイによるレイデンの市庁舎(1597)や、極めて個性的なハールレムに建つ食肉会館が、まだこうした流儀の中にあった。

オランダ・パッラーディオ主義(1600頃-1700)

新たに独立した北の地方では、ヘントリック・デ・ケイゼル(1565-1621)が、パターンブック的な気まぐれを排除し、平明なオランダ的手法を確立した。それはアーケードの上方に完全なエンタブラチュアを置き、アーチやトスカナ式ないしはドリス式円柱を用いることを特徴としている。ヤーコプ・ファン・カンペン(1595-1657)は、いわゆる「オランダ・パッラーディオ」様式を創始したが、それは実際のところスカモッツィから多大な影響を受けていたし、性格的にはイニゴー・ジョーンズによる当時のイギリスの美学に近い。ファン・カンペンやピーテル・ポスト(1608-69)による世俗建築のファサードは、しばしば大オーダーの形で用いられるピラスター(片蓋柱)の上に、中央のペディメントを掲げ、さらに必要に応じて古典的な花綱飾りで控えめに装飾される。デ・ケイゼルやファン・カンペンによる単純ではあるが、空間的創造性に富んだ教会堂内部や優美に飾られた尖塔は、レンによるロンドンの諸教会堂に大きな影響を及ぼした。ステフェン・フェンネコール(1657-1719)の傑出した建物は、こうした方向の変化を画している。つまりオーダーには

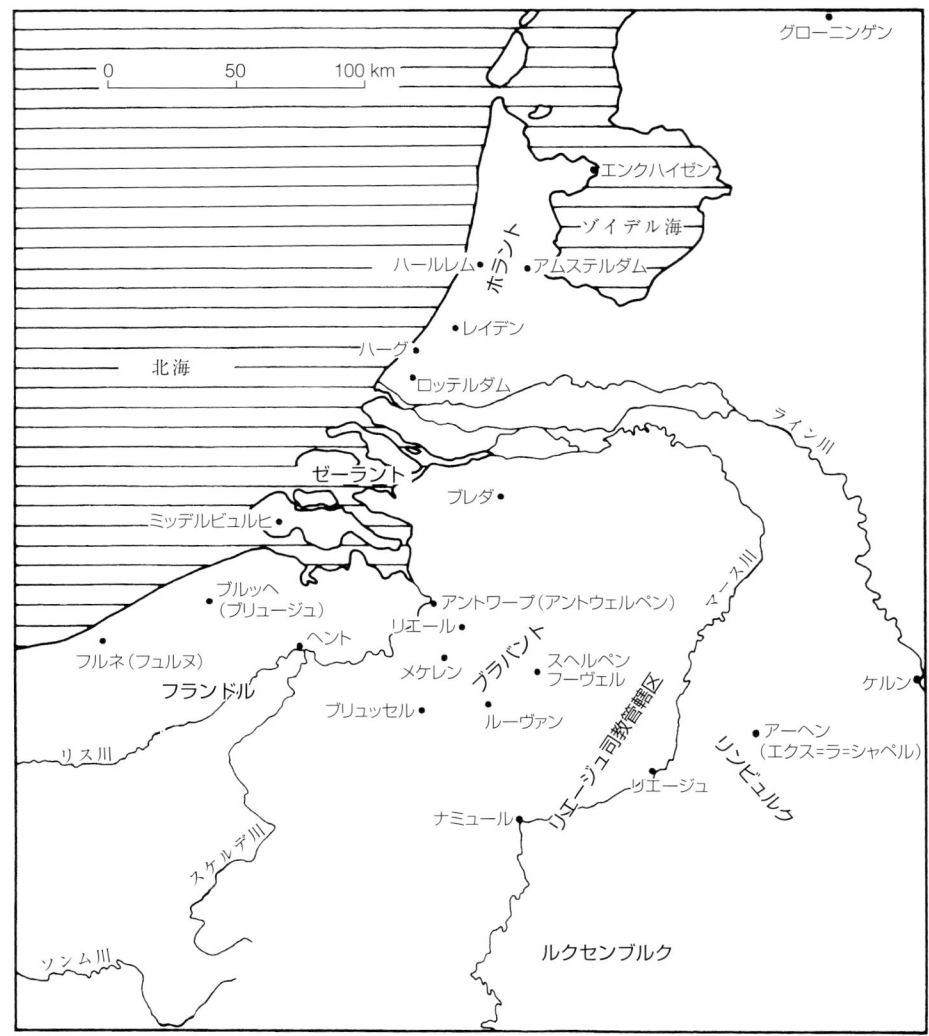

17 世紀のネーデルラント諸国

頼らず、中央部の張り出しや後退した上げ下げ窓の十分練られた配置によって、厳格な幾何学的効果を生み出そうとした。

17 世紀のベルギー

17 世紀の前半期を通じて教会建築が主流であり、そこにはよく知られたイタリアの規範(モデル)に対する全幅の信頼があった。しかしベルギーにおいてさえ、真正のバロックは深い感銘を与えるにはいたらず、イタリア・バロック精神が成功しているのは、ルーベンスの家の背後の部分だけである。その他では世俗建築は、16 世紀のパターンブックのテーマを練り続けた。

ロココと新古典主義(1700-1830)

フランスからのユグノー亡命者であるダニエル・マロ(1661-1752)が 1685 年にオランダにやってくると、宮廷社会にいっそうフランス指向の様式がもたらされ、それはピーテル・デ・スワルト(1709-72)の作品に引き継がれた。この時期のオランダとベルギーとの間のつながりは、J. P. ファン・バウルスヘイト(子、1699-1768)によるアントワープのいくつかの建物が例示している。彼はハーグの王立図書館の仕事でマロを助けて働いていた。オランダのそれほど重要でない地方の建築は、はるかに強くこの国独自の性格を守り続けたし、さらに新古典主義の時代にはパッラーディオ主義の刷新ばかりでなく、ファン・カンペン風様式の意識的な復興もみられた。

実例

ベルギーとオランダ

ベルギー

　早い時期の、しかし壮観なルネサンスの形態言語の例を、**リエージュの**旧**司教館**(1526)の中庭にみることができる。上階はより厳格なアーケードで構成される主階をなし、その下のロッジアには大きな、ほとんどグロテスクといっていい手摺子が、円柱に取って替わっている。

　ブルッヘ(ブリュージュ)の**旧公文書保管所**(1535、p.1066A)は、ドリス式の半円柱によって分割された、大きな十字仕切り窓が並ぶ2層構成のファサードをなし、その半円柱はアーキトレーヴないしはコーニスを欠いたフリーズを支える。その上の3つの破風には、両側の曲線的なスクロールやレリーフ装飾、彫像が付き、バロックの趣をたたえている。実際にはそれらの破風は、フランボワイヤン・ゴシック様式が永続していたことを示している。

　リエージュのサン・ジャック聖堂(1558-60)は、ランベルト・ロンバルドによる興味深いファサードを伝えている。これほど古典的なデザインは、当時のオランダやベルギーでは極めてまれである。しかしその装飾的な、主としてヴェネツィア風の特質は、すでにイタリアでは全く時代遅れであったろう。

　アントワープ(アントウェルペン)の**市庁舎**(1561-66、p.1066C)は、コルネリス・フローリス(1514-75)が設計したが、彼は、この世紀のオランダおよびベルギーにおける最も傑出した彫刻家であり建築家であった。これは古典オーダーへの確かな理解に裏づけられた、広い間口を擁する壮大な建物である。アーチを構成するルスティカ仕上げの地階（ベースメント）の上に、ピラスターの付いた2層がのり、さらに跳ね出した軒の下には開放的なギャラリーが走る。建物中央部は装飾的ではあるが堂々とした3層の正面構成（ドリス式、イオニア式、コリント式）が占め、連続する凱旋門モチーフをつくる壁付き半円柱が並ぶ。一方、その上部にさらに2層が擬似破風（背後に屋根がない）をつくりあげている。この建物はためらいがちな古典様式の同化吸収の中でその頂点を画しているが、その様式はたとえばセルリオがフランドルやネーデルラントの伝統の中に持ち込んだ類の典拠からもたらされたものである。また、この中央広場（グラン・プラス）に面して多層構成のファサードが並ぶが、それらは後期ゴシックから古典様式にいたるさまざまな形で建設されている。

　ブリュッセルのグラン・プラスに建つギルド・ハウス群(p.1067A)は全て、1690年代に起工し、比較的短期間で建設された。ここでは伝統的な破風を掲げた多層のファサードに、変化に富んだバロックの装飾細部が付け加えられている。彫像の付いたオーダーやレリーフ装飾を多用することで、各建物は互いに隣の建物との差異を際立たせようとしているが、それにもかかわらず驚くほどの統一的効果が生み出されている。

　ルーヴァン近郊、**スヘルペンフーヴェル**に建つ八角ドームの巡礼教会堂、**聖母マリア**(1609-、p.1066B)は、ヴェンチェスラス・コーベルヘルが設計したもので、内部に奇跡の像を納めている。これはアントニオ・ダ・サンガッロ・イル・ジョーヴァネによるローマのサン・ジョヴァンニ・デイ・フィオレンティーニ聖堂のための設計を思い起こさせるが、それは特に隅部のバットレスの上の渦巻装飾に顕著である。この建物のドームはオランダとベルギーにおける最も早いものであるが、その尖った輪郭は、ローマのサン・ピエトロ大聖堂によく似ている。2層をなすピラスターの付いたファサードもイタリア風であるが、その背後の巨大なドーム架構によって、規模的には矮小化してみえる。

　ヘントのセント・ピーテル教会堂(1629-)は、はるかに首尾一貫した展望を示している。平面計画は極めて特異――4本のピアに支えられたドームが架かる方形の前部分と、それに続く身廊および側廊を含む長大な東端部――であるが、その効果は16世紀のローマの卓越した教会堂の厳粛さを再創造している。ファサードはヴィニョーラによるイル・ジェズ聖堂のデザインを丹念に踏襲しており、そこで勤めについていた旨が文献に記載されているイエズス会修道士ピーテル・ハイセンス(1577-1637)の作とされるが、ありそうなことであろう。

　アントワープのセント・カロルス・ボロメウス教会堂(1615-25)は、明らかにハイセンスの作品であったが、1718年の火災の後、大方が再建された。トンネル・ヴォールト（もとは木造）や側廊上方のギャラリーにもかかわらず、ここでの円柱式の堂内は極めて簡明である（もっとも、かつてはルーベンスによりフランボワイヤン風に彩色されていた）。しかしファサードは強烈にイタリア的であり、明らかにブオンタレンティによる、ことさら創意に富んだニッチの縁取りや窓枠を持つフィレンツェ大聖堂計画案をモデルにしている。両側に一対のはなはだ装飾的な塔が建ち、そこには16世紀後半のイタリアの諸形態が、十分な独自性を持った構成にまとめあげられている。

　ブリュッセルの三位一体教会堂には、以前、**アウグスティヌス修道会教会堂**(J. フランカールによる、1642)

A 旧公文書保管所、ブルッヘ（1535） p.1065 参照

B 聖母マリア教会堂、スヘルペンフーヴェル（1609-）
p.1065 参照

C 市庁舎、アントワープ（1561-66） p.1065 参照

第32章　ベルギー、オランダ、イギリス | 1067

A　ギルド・ハウス群、グラン・プラス、ブリュッセル（1690年代-）　p.1065参照

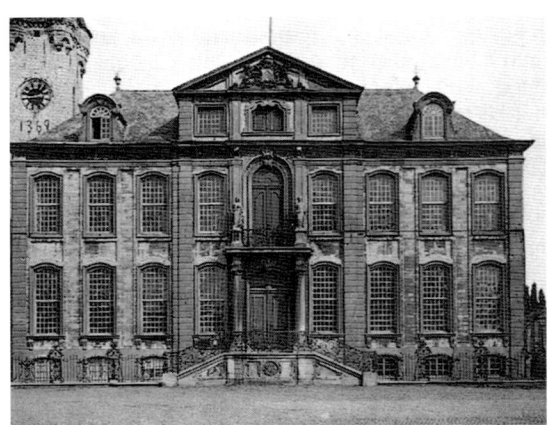

B　市庁舎、リエール（1740）　p.1068参照

C　マウリッツハイス、ハーグ（1633頃）　p.1071参照

のファサードであったものが付けられたが、それは精神において明らかにバロックである。中央の区画は、四半円ペディメントを支持する対の半円柱でしっかりと構成され、一方、上層部分は急角度に立ち上がるスクロールによって支えられる。

ルーヴェンのザンクト・ミヒャエル教会堂（1650-70、p.1069A）は、ヴィルヘルム・ヘシウス（ヘース）他の作品である。内部は、中途半端な古典的モチーフが用いられているにもかかわらず、ここでは本質的に中世的である。しかし注目されるファサード（ヘシウスによるのではない）は、真に当時の最新のものである。つまりそれは高く、装飾にあふれ、しっかりと組み上げられた真正のバロックのデザインであり、2層の構成、束ねられた半円柱や特に彫刻で覆われた屋階が、中央部の強調に寄与している。

ルーヴェンのヘロート・ベギンホフ（**大ベギン会修道院**、14-18世紀）は、ベルギーの各町に多く残る同種の建物のうちの1つである。それらは教会に集まる平修道女たちの小さな共同体社会を収容し、さらに付属診療所のような施設も組み込んでいた。ルーヴェンにはほぼ200人あまりの修道女のための家が、教会堂や診療所付近の密な道路網の周辺に形成されていた。

アントワープに建つ**ルーベンスの家**（1610-17、大規模に修復された）は、壮大な貴族邸宅の例である。芸術家本人が自身のために設計したこの家は、驚くほど控えめな外観を呈する一方、対照的に中庭は当時の最もはなやかな建築的創造の1つとなっている。背面ファサードと張り出した両翼棟は、彫刻装飾に満たされていて、中庭を完結させ、かつ先に続く快適な庭園へといざなう凱旋門として構想されたスクリーンであり、パヴィリオンであるかのようである。この建築は16世紀のイタリアからもたらされた贅をつくした装飾的なさまざまな例から刺激を受けており、十字仕切りのある窓や急勾配の屋根のような北方の形態と結合して、単なる模倣を脱した独創的な総合体をつくりだしている。

アントワープの**ヤーコプ・ヨルダーンスの家**（1641-）は、ルーベンスの弟子の住まいであり、同じように創意工夫に富んでいる。こぢんまりしたルスティカ仕上げのファサードは、ブロークン・ペディメントの付いた非常に入念なつくりの入口ベイで中断されている。このベイには、曲がりくねったブロークン・ペディメント、アーチおよびヴォリュートの流れるような組合せが取り込まれている。

ディナン近郊のモダールの城館（1649）は、フランスのモデルに啓発された極めて厳格な建物であり、勾配の急な屋根と張り出した両翼を伴う。ファサードは中央のベイの上方に架かるブロークン・ペディメントを支える大ピラスターで分節されている。

ジャン・コスィンによる**ブリュッセルのメゾン・ド・ラ・ベローヌ**（1697）は、イオニア式の大ピラスターで分節された、ペディメントの付くファサードを有し、各ベイはほぼいっぱいに大きな長方形の窓が占める。とはいえ、装飾の多さは、この当時のオランダの、同様に設計された厳格な構成の邸宅とかわらないものであったろう。

J. P. ファン・バウルスヘイト（子、1699-1768）による**リエール市庁舎**（1740、p.1067B）は、抑制が効いているものの、フランスの影響を受けたロココ建築のベルギーにおける典型例である。繊細な窓枠の付いた平板でほとんど紙のように薄いファサードは、出の小さいルスティカ仕上げのピラスター、ないしわずかずつ後退した同一形状のパネルによって、精妙な分節が施されている。

ジャンブルーの旧ベネディクト会修道院（1762-79）は、ローラン・ブノワ・ドゥヴェーズ（1731-1812）の作品であり、彼はパリの A.-J. ガブリエルによる当代の様式にみられる厳格な古典主義をベルギーに持ち込んだ。繰り返しの続く長大なファサードの中央から、はっきり目立つ修辞的なイオニア式ポーティコが張り出している。

セネフに建つ**城館**（1760頃）もドゥヴェーズが設計した。広大なファサードは、両端のベイおよびピラスターで分節されたペディメントののる中央部分を伴い、長く続く四分円のコロネードに連結する。コロネードは、広い前庭広場を囲むドームの架かった両端のパヴィリオンで終わる。構想の規模と形式にのっとったマスの配置は、この時代のフランスの諸計画案に比肩しうる。

ことさらフランスを意識しているのは、**ブリュッセルの「王の広場」**（プラス・ロワイヤル）（1775-、p.1069C）である。広場はパリ人 N. バレによって計画され、ランスの王の広場（1756-60）を厳密にモデルとしているが、配置計画そのものは考え方として、A.-J. ガブリエルのコンコルド広場（p.1012参照）に近い。広場は三方を謹厳な建物が囲み、各々の棟はルスティカ仕上げされたアーチ構成の地階上に建つ浅い大ピラスターで分節されている。広場の4番目の面はコリント式のポーティコとなり、**サン・ジャック・シュル・クーデンベルク教会堂**（1766-87、広場の実施建築家である B. ギマールが大半を建設、ランタン（採光塔）は1849年に加えられた）への入口となっている。

サン=トロに建つ**デュラスの城館**（1789）は、非常に美しい新古典主義の建物である。張り出した両翼棟を持

第 32 章　ベルギー、オランダ、イギリス

A　ザンクト・ミヒャエル教会堂(1650-70)、ルーヴェン
p.1068 参照

B　新教会堂(1649-56)、ハーグ　p.1073 参照

C　王の広場(プラス・ロワイヤル、1755-)、ブリュッセル
p.1068 参照

D　王宮(1648-65)、アムステルダム　p.1071 参照

E　新教会堂(1645-49)、ハールレム　p.1073 参照

1070　ルネサンスおよびそれ以後のヨーロッパとロシアの建築

17世紀オランダ建築の細部

つ、ことさら抑制されたファサードの中央に、半円形のコロネードが付き、その上にドラムとドームが立ち上がる。これは本質的にはブラマンテによるテンピエットを優美にしたものである。

オランダ

ユトレヒト郊外、**エイセルステイン**の**教会堂の塔**(1532頃)は、オランダで活動していたイタリア人アレッサンドロ・パスクァリーニによって設計されたものである。この特異な建物は、先例のない孤高の古典主義を北の地域にもたらしている。ピラスターによる3つの層(ドリス式、イオニア式およびコリント式)が塔そのものを構成し、その上に八角形のドラムがのる。この建物は北方に特有の装飾的特質——たとえばニッチの外枠のような縁取りに用いられる、レンガ層と石層の交互の繰り返し——を持つ。

ヨースト・ヤンツによる**アムステルダム**の**旧教会堂の尖塔**(1565-66)は、この時期のオランダにいっそう特有なものであふれている。この塔は小さく分割された多層からなるが、そこではルネサンスの形態が自由に駆使され、多様な形状、材料および構造が特徴的であって、疎と密の要素が交互に繰り返される。

ツウォレ(ズヴォレ)に建つ「**カール5世の家**」(1571)は、16世紀後半以降のオランダの典型的な町家である。ルスティカ仕上げのドリス式ピラスターが2層にわたって用いられている。第3層をなす屋階が、スクロールで両側を特徴的に枠取りされた破風まで広がる。ここでは、よくあるように、屋階へのオーダーの適用の問題は、特にスクロールがエンタブラチュアを支えている点で、十分満足できるようには解決されていない。

レイデンの**市庁舎のファサード**(1597、p.1070D, G)は、アントワープ出身のリーフェン・デ・ケイ(1560頃-1627)による、極めて装飾に富んだ作品である。印象的な中央部の強調は、2つの傾斜部を持つ三角形状の階段(ローマのカピトリーノの丘と比較せよ)および中央のベイ周りへの彫刻的細部の集中によってつくりだされている。装飾のレパートリー、つまり帯装飾や雷文飾り、帯飾り付きオーダーなどは、フレーデマン・デ・フリースの著作やそれに類するものに基づいている。オベリスクに始まり、穴の穿たれた球茎の形状で頂点を画す多層構成の尖塔が特に美しい。

ヘンドリック・デ・ケイゼル(1565-1621)は、アムステルダムの主導的な建築家となる前は、石工であり彫刻家であった。彼の諸作品は、サロモン・デ・ブライにより版に彫られて出版され、新しい時代を予告するオランダ建築に謹厳さを導入した。

アムステルダムの**南教会**(1604-14)は、オランダにおける最も早いプロテスタントの教会堂の1つである。デ・ケイセルは身廊、側廊および張り出しのないトランセプトによって平面を構成した。それは中世の教会堂を想起させるが、表面には古典的な形態言語をまとっている。つまり、ピアはドリス式の円柱に置き換えられてはいるものの、窓にはまだトレーサリーが残る。尖塔はレイデンの市庁舎のそれを思い起こさせる。細部は過剰な扱いがなされているが、構成要素はいくらか抑制して組みあげられている。

アムステルダムの**西の教会**(1620-31)は、印象的な2層構成の古典的な内部(リブ・ヴォールトおよびトレーサリーを除く)を有している。2組のトランセプトを含む単純な長方形平面をなし、一方、身廊のピアを構成する束になったドリス式円柱は十分に細く、空間に広がりをもたらしている。塔は初期の例より落ち着いたものとなっており、その尖塔は大きさを減じる3つの塊状の要素から成り立っている。

ヤーコプ・ファン・カンペン(1595-1657)は、画家でもあったが、オランダの建築家の中で最も偉大であった。彼はおそらくイタリアで学び、そこでスカモッツィを知っていたかもしれない。というのは彼の作品には、パッラーディオの第一の後継者、つまりスカモッツィとの強い類似性があるからである。彼は主にアムステルダムで活躍したが、パッラーディオ風古典主義をオランダの伝統に適合させるのに成功し、いくつかのとりわけ美しい建物を生み出した。

ハーグの**マウリッツハイス**(1633頃、p.1067C)は、当時権勢を誇った将軍、ヨハン・マウリッツ・ファン・ナッサウのために建設された。ほとんど正方形に近い平面はパッラーディオやスカモッツィのヴィラから来ており、中央に2つの広間、その両側に各々3室からなる私的な居室ゾーンが並ぶ。ファサードは低い地階の上にのり、優美な縁飾りが付いた大きな窓を枠取りするイオニア式の大ピラスターによって統一される。一方、上部には典型的なオランダ風の急勾配の屋根が立ち上がり、かつては高い煙突が際立っていた。ペディメントがのる中央部分にはほんのわずかな強調しか与えられていない。調和のとれた外観は、控えめな花綱飾りやレリーフ彫刻で飾られている。

アムステルダムの**王宮**(以前は市庁舎、1648-65、p.1069D)は、はるかに大がかりな作品である。この建物のモニュメンタルな規模は、パッラーディオの実際に建てられた建築に比肩するものはなく、加えてスカモッツィの『普遍的建築の原理(イデア)』に収められた設計案をも凌駕している。広大な長方形の平面計画には、巨大な2層分の中央ホールによって隔てられた2つの中庭を含むが、ここには多くの奇妙な点が見受けられる。

A トリッペンハイス、アムステルダム(1662) p.1073 参照

B 市庁舎、エンクハイゼン(1686) p.1073 参照

C 王立図書館、ハーグ(1734) p.1073 参照

たとえば、中庭へのしかるべき出入通路はなく、中庭は単に光庭として機能している。また建物へと誘うモニュメンタルな入口もなく、主ホールへのアクセスはひと続きの極めて狭い通路を経てなされる。ファサードはピラスターによって繰り返し分節された2層の構成をとる。ペディメントがのる中央部分は、隅部のパヴィリオンより前に強く張り出し、さらにドームを頂く採光塔が中央部を際立たせている。おそらくローマのサン・ピエトロ大聖堂の小ドームの1つに基づくこの形状は、初期の市庁舎が持つ高い中央の破風、あるいは鐘塔を受け継いでいる。

ハールレムの**新教会堂**(1645-49、p.1069E、p.1070E)は平面的には、正方形に内接するギリシア十字形であり、祭壇および入口部がわずかに突出する。交差部の方形断面をしたイオニア式ピアおよび副次的なイオニア式の円柱(縦軸方向にはない)が、4隅の格間天井を支える一方、中央部は穹稜ヴォールトで覆われる。この教会堂は、細部処理がより純粋に古典的なものになっていることを除いて、デ・ケイセルによる細部処理と似ていなくもない。初期の塔(1613)は、デ・ケイの仕事であるが、驚くばかりに複雑であり、ドリス式のエンタブラチュアや奇妙な先細りのバットレスと相まって、ほとんど極端なまでに厳格なこの教会の外観をひきたたせている。

ピーテル・ノールウィッツとファン・バッセンが設計した**ハーグ**の**新教会堂**(1649-56、p.1069B)は、性格的にはまだどことなくゴシック的である(トレーサリーや極めて急勾配の屋根)が、はなはだ特異な平面を有する。それは本質的には、長方形平面に6つのアプス、つまり各々の端部に1つずつ、両側面に2つずつのアプスが付くが、焦点となる説教壇や洗礼用スクリーンは、定式を逸脱して両側面のアプスに挟まれた壁を背にして置かれている。

アドリアン・ドルツマン(1682没)によって設計された**アムステルダム**の**ルター派新教会堂**(1668)は、ドームの架かるロトンダを持ち、その円周の半分だけが会衆用の回廊で取り囲まれた珍しい建物である。外観は、ルスティカ仕上げされた方形台座(プリンス)から立ち上がるドリス式のピラスター、銅板葺きのドームおよび大胆にガラスの入ったランタンからなり、ほとんど奔放といってよい。

アムステルダムの**ポルトガル・シナゴーグ**(1671-75)は、エリアス・ボウマンによる荒々しいが堂々とした建物であり、17世紀オランダにおいて宗教の自由が認められた結果、建立されたユダヤ教のシナゴーグの1つである。この時代に顕著であったのだが、オランダのシナゴーグのデザインは当時のプロテスタントの教会堂によく似ている。ここでは内部はイオニア式の円柱列によって、トンネル・ヴォールトが架かる3つの等しい大きさの廊に分けられ、ギャラリーが両側壁に取り付く。一方、簡素な外観には浅いピラスターによる大オーダーが付く。この時期のアムステルダムの他のシナゴーグとデザイン的には類似するが、いっそう威圧感のあるこの特殊な例は、広い教会構内の中に建つ。

フィリップ・フィングボーンスの作品である**アムステルダム**の**ポッペンハイス**(1642)は、ファン・カンペンに多くを負った数多い建物の中の1つである。大オーダーとペディメントの付く中央部によって、この建物のファサードはたいそう優美である。同じ**アムステルダム**の**トリッペンハイス**(1662、p.1072A)は、トリップ2兄弟のために、フィリップの弟、ユストゥス(ヨースト)・フィングボーンスによって建てられた。ここではピラスターのオーダーが2層半分立ち上がり、エンタブラチュアは中央のペディメントの架かる部分および両端部で迫り出している。屋根棟からは、施主の職業に因んで砲身を模した煙突が立ち上がる。

ハーグに建つ**ハイス・デン・ボス**(1645-)は、かつてファン・カンペンの同僚であったピーテル・ポスト(1608-69)が設計した。これは郊外の邸宅であり、つまるところパッラーディオのはるかに小規模なヴィラ・ロトンダに帰着する集中平面の建物である。十字形の中央ホール(カンペン自身の指導のもとに装飾された)は、ドーム状にヴォールトが架構され、建物の高さいっぱいに達する。さらにその上部には八角形のクーポラがのり、屋根線の上に突き出している。

ステフェン・フェンネコール(1657-1719)による**エンクハイゼン**の**市庁舎**(1686、p.1072B)は、中央部が張り出し、採光塔を頂く、こぢんまりとした1棟建の建物である。本質的に無柱式のファサードは、角部ではルスティカ仕上げの隅石によって、中央ではさまざまな形の開口部のまとまりによって活気が与えられ、結果として面白味と調和のある構成になっている。同じフェンネコールによる**ミダフテン**の**マナー・ハウス**(1695)は、構想は類似しているが、ここでは後退した翼屋、堀の中まで沈み込む叩き仕上げの地階、アプローチの橋の曲線的な形や、はるかに目立つ中央部の張り出し、その中ほどで表情豊かにアーチ形をなして盛り上がるコーニスによって、いっそう押し進められたものとなっている。

ハーグの**王立図書館**(もとはユグノー館、1734、1761翼棟増築、p.1072C)は、ダニエル・マロによって明らかにフランス風の様式で設計された。両翼は全面がルスティカ仕上げの壁面であり、一方、後退した中央の

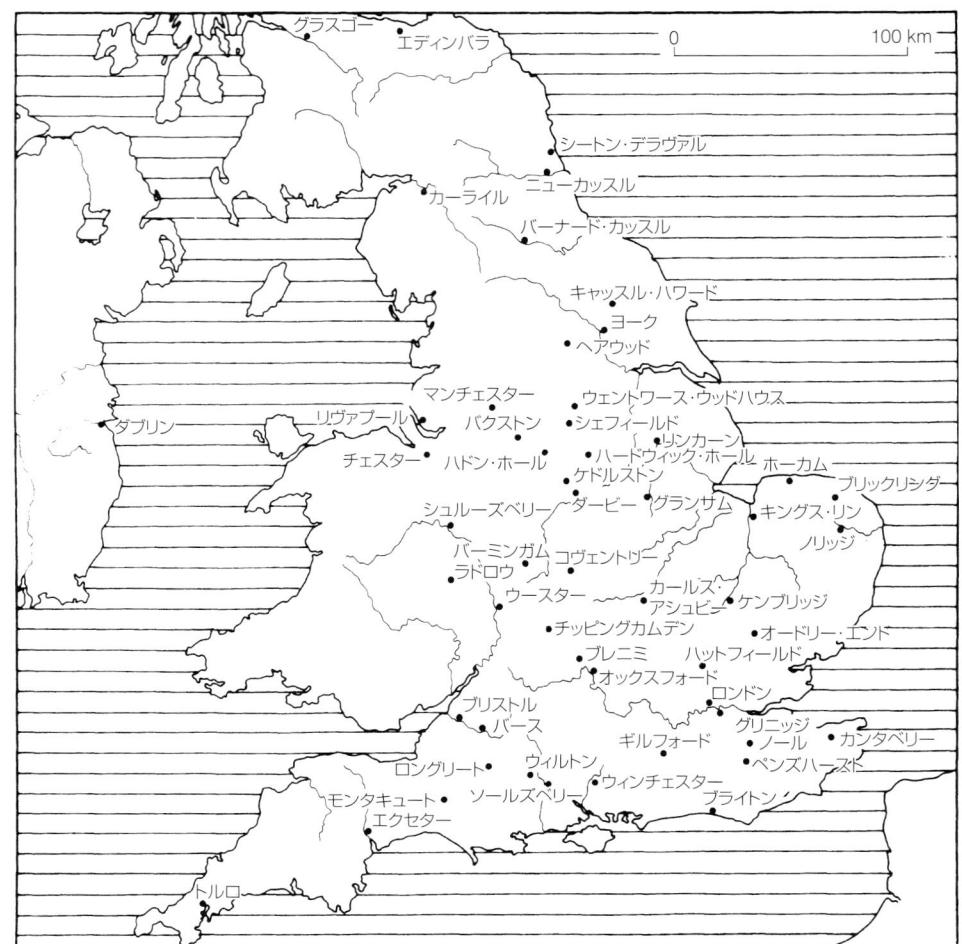

ルネサンス時代の
イングランド

ベイはルスティカ仕上げの著しく高い補強石積みによって分割され、上部にはペディメントのかわりに装飾的なカルトゥーシュが付く。

同じ**ハーグ**の**王立劇場**(もとはナッサウ・ヴァイルブルク宮殿、1765 頃)は、パリで学んだピーテル・デ・スワルトによる。両側に重々しいサイド・パヴィリオンの付いた凹面を呈するファサードは、18 世紀を通しての継続的なフランスの影響を物語っている。

J. オッテン・ヒュスリの作品である**フローニンゲンの市庁舎**(1777–1810)は、ファン・カンペン時代の雰囲気を強く伝えてもいるが、大円柱と大ピラスターを持ち、間違いなく新古典主義の作品である。

レールスムに建つ**ヴィラ・ブロックホイゼン**(1794、1810 拡張)は、J. ベルクマンと B. W. H. ジーゼニスによるが、全般にわたってパッラーディオ風の手法による建物で、実際、パッラーディオのヴィラ・フォスカーリを拡大し応用したものである。一方、A. ミュンロによる**ロッテルダム**の**旧市庁舎**(1825–)は、この時代のヨーロッパ新古典主義の典型である。長く連なるファサードからポーチが突き出すが、上部には、形態は古典的であっても性格はまぎれもなくオランダ的な背の高い採光塔がそびえる。

建築の特色

イギリス

1500 年から 1830 年にかけてのイギリスの建築は、ヨーロッパ大陸にみられるような、ルネサンス、バロック、ロココおよび新古典主義といった様式の整った年代順の流れを経なかった。ルネサンスや 17 世紀折衷主義、さらには大陸の様式発展とは一線を画していた 18 世紀初めのネオ・パッラーディオ主義運動などの到達の遅れ、加えてゴシック・リヴァイヴァルの早咲き、それら全てが建築様式に特定の時期をあてることを難しくしている。こうした理由からイギリスでは、王室をになった歴代各王朝をもとにした区分が採用されて

第32章　ベルギー、オランダ、イギリス　　1075

A 出窓、ブラムズヒル・ハウス、ハンプシャー州

B 中庭の塔、バーリー・ハウス、ノーサンプトンシャー州

C ベイ・ウィンドウ、ヒンチングブルック・ホール

D バラストレード、ブラムズヒル・ハウス、ハンプシャー州

E ルーフ・ドレイン、クラヴァートン・マナー

F バラストレード、キングストン・ハウス、ブラッドフォード・オン・エイヴォン

G 入口、ブリックリング・ホール、ノーフォーク州

H ポーティコ、セント・キャサリンズ・コート、サマセット州

J アーケード、ブラムズヒル・ハウス、ハンプシャー州

初期ルネサンスの建築細部

きた。とはいえ大きな様式上の変化は、以下に示すものに重なる。テューダー朝・エリザベス1世およびジェームズ1世の時代(1505-1625)、ステュアート朝・共和制、王政復古の時代(1625-1702)、バロック、パッラーディオ主義、新古典主義およびピクチュアレスクを含むジョージ王朝の時代(1702-1830)。

テューダー朝・エリザベス1世・ジェームズ1世の時代

ヘンリー8世(1509-47)は宮廷の建物にイタリアやフランスの様式を取り入れようとしたが、ルネサンス的な要素は往々にして、後期ゴシック様式の蓄積の上に接ぎ木された装飾的細部として用いられる傾向にあった。

エリザベス1世の治世下(1558-1603)の建築には、フランス、イタリアやフランドルの建築書からみさかいなく取り出した、大きなスケールのルネサンス的モチーフの導入がみられる。オーダーは玄関正面や窓と窓との間をフランス風に分節するのに用いられた。印刷された最も重要な情報源は、セルリオやデュ・セルソー、フィリベール・ド・ロルムさらに後にはヴェンデル・ディッターリンらの著作であった。フランドル地方のパターンブックを通じてフォンテーヌブローからもたらされた帯模様やグロテスク模様は、建物の外観にも内部にも大きな影響を及ぼした。しかしロバート・スミッソン(1536-1614)は、彼の同時代人たちによる愛想はよいが混沌とした折衷主義を乗り越えていく能力に恵まれ、全体にわたって意匠の統制された、しっかりとした構成の諸計画を生み出した。一般的にエリザベス1世時代の建物の外形は、塔や破風、パラペット、バラストレードおよび煙突などがつくりだす変化に富んだ輪郭線を呈し、一方、ファサードは大きなマリオン付き出窓やベイ・ウインドウによって活気が与えられている。こうした効果は16世紀のフランス建築に類似しているが、その整理の仕方は厳格さに劣り、より絵画的である。

ジェームズ1世時代の建築では、書物から模倣したというより、移住してきた工芸職人によって伝えられたドイツやフランドルの装飾的要素が、フランスやイタリアのものより優勢な傾向にあった。この時代のカントリー・ハウスは、エリザベス1世時代の建築のさまざまな要素を、よりまとまった1つの様式へとまとめ上げている。そこでは、石材で化粧されたレンガや頂部に屋根をのせた角櫓(すみやぐら)、フランドル風の破風、玄関正面に限定されたオーダーがよく用いられた。

イニゴー・ジョーンズ(1573-1652)によってイギリス建築に引き起こされた大革命は、ジェームズ1世(1603-25)の時代の後半期に始まるが、これについては次節でとりあげる方が都合がよい。

ステュアート朝・共和制・王政復古の時代

ジェームズ1世とチャールズ1世(1625-49)ならびにその配偶者たちのために、ジョーンズが建てた建物は、純粋な幾何学形態、相互に関連しあう比例、オーダーの「正確な」形状とその象徴的な形態言語のウィトルウィウス的用法に基づく徹底した古典様式をイギリスの建築に導入した。ジョーンズがよりどころとしたのは、2度にわたるイタリア旅行と、広範な図面や建築書の収集、とりわけパッラーディオとスカモッツィのそれであった。つまり彼は、ミケランジェロによって広められた「構成された装飾(コンポーズド・オーナメント)」のみだらな使用をはっきりと否認、放棄した。ただ、内部については別で、そこではフランスの影響も許容された。

ジョーンズの仕事は宮廷社会に限られており、またその様式は、彼の甥であり弟子でもあったジョン・ウェッブ(1611-72)によってのみ完全に摂取された。グリニッジに建つウェッブのキング・チャールズ館は、極めて長いファサード(24ベイ)をまとめ上げるのに驚くほどの熟達ぶりを示している。ファサードにめりはりをつけるために中央と隅部にパヴィリオンを配しているのは、部分的にはフランス的であるが、そこに用いられる形態言語はパッラーディオ的である。護民官政治の時代にはロジャー・プラット(1620-84)が、明瞭な対称性をとるものの実際的な手法による住宅設計者として名を馳せた。彼はコールズヒルで「ダブル・パイル」と呼んだ形式を導入し、さらに広範に影響を及ぼしたクラレンドン・ハウスを建てた。大きくかつ単純な窓やペディメントの付く屋根窓、さらにはずんぐりした煙突を伴う、彼の簡素な無柱式のファサードは、虚飾のない古典主義の新たな標準を定めた。

1620年から1660年にかけての時期の大半の建物は、しかしながらジョーンズと彼の同時代人たちによる刷新にはほとんど反応を示さなかった。宮廷社会の外では、居住用の建物に「職人様式(アーティザン・スタイル)」が普及したが、それは曲線状の渦巻装飾とペディメント風頂部の付いたオランダ破風や、重々しいコーニス、寄棟屋根を特徴とする。レンガや木製枠の窓の使用も、オランダから受け継がれた。

王政復古の時代には、イギリス建築における偉大な人物の1人、クリストファー・レン卿(1632-1723)の出現をみた。レンは本能的に、合理性と幾何学を尊重したので、ジョーンズやウェッブの伝統に通じていたが、しかしホッブズやペローの相対主義者的美学からの影響もまた受けていた。彼は1665年にパリへ旅行し、

その折にみたフランス建築に大きな感銘を受けた。それゆえ彼の後期の建築にはバロックの影響の増大がみられる。レンの初期の建物は、ファサードを分節するのに大ピラスターとアーチを用いており、ヒュー・メイ（1622-84）の簡素なオランダ様式に近い。ロンドン大火の被害が、セント・ポール大聖堂や多数のシティ・チャーチの再建といった、これまでに例をみないほどの教会建築に携わる機会をレンにもたらした。シティ・チャーチのために彼は、ギリシア十字形、多角形、単純な長方形、ギャラリー付きのバシリカ式を用いて実に多様な平面型を案出した。ヴォールト架構もまた変化に富み、ウォルブルックのセント・スティーヴン教会堂では全く見事な組合せをみせていて、そこには後のセント・ポール大聖堂での解決の輪郭が描かれている。レンのシティ・チャーチは、おそらくアムステルダムのデ・ケイセルやファン・カンペンの教会建築に影響したと思われる。セント・ポール大聖堂の後期の段階やシティ・チャーチの尖塔では、遠近法的効果や複雑な曲線を含むさらに偉大な実験がみられ、レンをバロックへと近づけている。しかし彼は、大陸のバロックが持つ曲面のファサードや風変わりな細部に対しては、さほど好みを示すことはなく、最後まで合理的かつ経験主義的であり続けた。

「レン様式」は国中に広まったが、それは、信頼できる助手であり、王立協会の同僚でもあったロバート・フック（1635-1703）のような彼の仲間たちによっている。しかしそればかりではなく、王政復古時代を連想させる頑強な赤レンガと隅石積みのオランダ風手法を永続させた大勢の請負レンガ職人や大工たちによっても押し進められた。

ジョージ王朝の時代

この長く続く、しかも異質な要素からなる期間は、便宜上、イギリス・バロック（1702-25）、パッラーディオ主義（1715頃-50）そして新古典主義（1750-1830）に区分される。ゴシック・リヴァイヴァルは新古典主義と並んで成長し、前ピュージンの段階では同一の建築家たちによって実践された。

ホークスムア、アーチャー、ギッブスおよびヴァンブラは、イギリス・バロックにかかわった建築家たちである。これらの人々の中でアーチャーとギッブスのみが、イタリア・バロックを直に知っており、ギッブスはローマでカルロ・フォンターナに学んでいた。

ジョン・ヴァンブラ卿（1664-1726）は、建築家であったと同時に宮廷人であり、軍人であり、かつ劇作家でもあった。彼はカッスル・ハワードの施主であったカーライル伯の尽力によって、王室建設監督官になった。ヴァンブラによるブレニムのカントリー・ハウスおよびカッスル・ハワードは、ニコラス・ホークスムア（1661-1736）の助力を得て建設されており、彼らの相互の貢献をときほぐすことは難しい。ホークスムアは学識者であり、より独創的なデザイナーであって、一方ヴァンブラは、いっそう華やかな個性の持ち主であった。彼らがつくりだしたスタイルは、量感、リズムおよび劇的な構成に対する感性を特徴とする。大オーダーがルスティカ仕上げの石積みの広大な面を解体するようにリズミカルに配置され、要石(かなめいし)がアーチから迫り出し、空に映える建物の輪郭線は、想像力に満ちた形状をとった突起物によってアクセントがつけられる。平面計画と全体的な効果は、明らかにイタリア的というよりフランス的であるが、建築の形態言語は全く独自のものである。ホークスムア自身のことさら特異な手法は、ロンドン市内に建てられたいくつかの教会堂にみられる。そこでは厳格な一貫性のもとに結合された力強いブロック状の要素が、量感のある彫刻的な幾何学をつくりあげている。装飾は簡素で切り詰められるが、同時に奇妙なトリグリフやローマ風の祭壇が意外な文脈の中に突如現れる。トマス・アーチャー（1668-1743）は、彼の数少ない教会堂や住宅の中に、ベルニーニやボッロミーニについての直接の知識を具現している。一方、ジェームズ・ギッブス（1682-1754）の初期の建物にもローマの影響がみられる。特にロンドンのセント・メアリー・レ・ストランド教会堂では、側面を分節するために大きなタバナクルが力強く用いられている。

コリン・キャンベル（1729没）による『ウィトルウィウス・ブリタニクス（Vitruvius Britannicus）』（1715、1717、1725）の出版は、短命に終わるイギリス・バロックに対するパッラーディオ様式の反抗を示した。優勢な大陸の規範に対抗する「自国の」様式への模索は、美学的であると同時に政治的なものでもあった。つまりバロック様式は、絶対君主制やローマ・カトリック教会と同一視されていた。バーリントン卿は1719年に、イニゴー・ジョーンズのヴィチェンツァへの足跡を再びたどり、パッラーディオのローマの浴場の図面を収集して、すでにジョーンズが集めていたものに加えた。イギリスのパッラーディオ主義は、パッラーディオの復興と同じようにイニゴー・ジョーンズの復興でもあった。それゆえバーリントンやケント、そしてキャンベルらもまた、パッラーディオの後期のいささか正統からはずれたデザインを避けた。その結果はむしろ味気ない、衒学的な古典様式をまぬがれないのであるが、またあらゆるレベルのイギリスの居住の用に供する建築、特におそらくタウン・ハウスにおける、効率

的でありかつ一応の満足が得られる複製の制作に役立っている。ウィリアム・ケント（1685-1748）や後半生のジェームズ・ギッブスのような建築家は、完全にはパッラーディオ主義の圧制に身を委ねはしなかった。ケントのやや抑制を取り払った面は、彼の調度品のデザインや、折々のゴシック様式への進出の中に、またとりわけケイパビリティー[訳註：俗称。本名はランスロット]・ブラウンやハンフリー・レプトンによって推し進められた庭園術の分野での、彼の先駆的な形式打破にみられる。こうしたピクチュアレスクの性向は、イギリス建築の永続的な中心思想としてまさしく存在していた。ギッブスの後期の建築には、完全な彫塑性と力強いリズムの感性とが継続して表れており、それらが彼の建物をパッラーディオ主義の運動から区別している。

　パッラーディオ主義は、ある意味では新古典様式であったし、しかもその原理の多くは18世紀の後半から19世紀の初期にかけての、より考古学的な面の強い新古典主義の中に持ち込まれた。もっともこの時期には、イングランドの新古典的な諸傾向は、フランスやイタリアおよびドイツにおけるそれらに一致しており、特にピラネージとロージエから影響を受けた。ロバート・ウッドの『パルミラの遺跡』（1753）、ステュアートとレヴェットの『アテネの古代遺物』（1762）、ロバート・アダムの『ダルマティア地方、スパラトのディオクレティアヌスの宮殿廃墟』（1764）といった著作の刊行は、古代建築のモデルの利用範囲を広げた。一方でポンペイとヘルクラネウム[訳註：ナポリ南東の古代都市。現エルコラーノ]の発掘によって、古代ローマ時代の建物内部のより完全な装飾の様子が伝えられた。

　ロバート・アダム（1782-92）にとって、古代の浴場やラッファエッロによるローマ帝国の装飾の復興の研究は、それ以上に異国的な他の源泉に対する研究と同様に重要であったし、彩色スタッコによる内部装飾に示されるアダム様式は、本質的にラッファエッロの内装をむしろより洗練し、「趣味を向上させた」ものであった。彼の内装設計における曲線やニッチの使用も、ラッファエッロやバーリントンの共通の源泉である古代ローマの浴場をよりどころにする。アダムによる建物の外観は、神殿正面や凱旋門のような古代のありふれた要素に新鮮な展開をもたらしており、かつゴシックの形態を再びまといやすいピクチュアレスク的な外形にも理解を示している。ジェームズ・ワイアット（1746-1813）は、アダムと似通った古典様式を実践したが、アダムのような魅力には欠けた。一方、ウィリアム・チェンバース（1723-96）はアダムの軽快なスタイルを嫌った。彼は商船員として広範囲におよぶ旅行をした後、パリにおいてブロンデルとスフロのもとで修行、16世紀のイタリアやイギリス・バロックの諸例に通じる頑健でてらいのない古典主義を実行した。初期の旅行に基づいた彼の著作、『中国の建物素描集』は、シノワズリーへの嗜好に影響を及ぼした。ジェームズ・ガンドン（1743-1823）はチェンバースの弟子であり、ダブリンで活躍したが、彼の仕事はことさら荘重さを感じさせるもので、レンからの要素を利用した。

　ジョージ・ダンス（子、1741-1825）の最上の仕事は、残念ながらいずれも現存していないが、ロージエによって支持された新古典主義の壮大かつ単純な統合を実現した。彼のニューゲート刑務所は特に重要で、ルスティカ仕上げのルネサンス的処理が、建物に見合った近寄りがたい相貌をファサードに付与している。ヘンリー・ホランド（1745-1806）は、ガンドンと同様、自身の建物に意識的にギリシア・オーダーを導入した。

　この世紀の変わり目には、2つの様式が仲よく併存し、しかもそれらがしばしば同じ建築家によって実施された。ピクチュアレスクは、ペイン・ナイトやウヴェデール・プライスの著作において理論用語となったが、それはハンフリー・レプトンが進めた庭園の「改作（インプルーヴメンツ）」に理論的根拠を与えた一方、同じように建築における中世志向をも助長した。新古典的な古物趣味は、徹底したグリーク・リヴァイヴァルの中に溶けあい、一方、ピクチュアレスク風中世趣味は、次世代では、より観念論的なゴシック・リヴァイヴァルへと向かうことになった。ナッシュやウィルキンス、そしてスマークのような建築家たちは、他の様式と同様、これら双方のいずれの様式でも建物を建てた。ただし、この時代の最も独創的な建築家であるジョン・ソーンはゴシックには手を染めなかった。

　ジョン・ソーン卿（1753-1837）は、いささか癖のあるこだわりと、余分なものを排除した抽象的な幾何学とを結び付けた極めて個性的なスタイルを発展させた。これと同じ方向で最も近い人々は、おそらくヴァンブラとホークスムアであり、ソーンは彼らをおおいに賞賛した。彼の建物内部のヴォールト架構は工夫に富んでいる。ジョン・ナッシュ（1752-1835）は事業家的活力にあふれた傑出した人物であり、王室の庇護の下、リージェンツ・パークを設計し、新しい南北道路によってそれとロンドンのウェスト・エンド地区とを結び付けた。彼はカントリー・ハウスの計画では形式にとらわれない方法の革新者であり、クロード（1600-82）の絵画をもとにイタリア風のヴィラを導入した。

　インウッドによるセント・パンクラス教会堂はエレクテイオン神殿から啓発を受けており、グリーク・リヴァイヴァルのすばらしい作品の1つであるが、そのリヴァイヴァル運動の有力な実践者は、スマークとウィ

ルキンスであった。ウィリアム・ウィルキンス(1778-1839)はロンドンのユニヴァーシティ・カレッジやナショナル・ギャラリーの設計者であり、定式にのっとったギリシア・ドリス式の様式でケンブリッジのダウニング・カレッジを建てた。ロバート・スマーク卿(1780-1867)は大英博物館においてギリシア・イオニア式の大オーダーを用い、印象的な効果をつくりだした。トマス・ハミルトンによるエディンバラのハイスクールは、おそらくこの当時で最も成功をみたグリーク・リヴァイヴァルの作品となっている。スコットランドの建築家たちは、イングランドでグリーク・リヴァイヴァルが終焉した後もその流儀を押し進めた。特にエディンバラのW. H. プレイフェア(1790-1857)や、グラスゴーの「ギリシア人」アレクサンダー・トムソン(1817-75)が際立っている。「コミッショナー」・チャーチは、1818年の教会建築法の結果としてギリシアおよびゴシックの様式で建てられたが、その弱々しさに対して激しい批判が浴びせられ、それがゴシック・リヴァイヴァルの教会建築学的な局面への道を開いた。

実 例

イギリス

テューダー朝・エリザベス1世・ジェームズ1世の時代(1505-1625)

イングランドにおけるルネサンス様式は、フランスと同様、まず装飾細部に表れた。16世紀前半からの最も印象的な数々の例は、ヘンリー8世の庇護と関連しているといえよう。フィレンツェの人、ピエトロ・トッリジャーニの手になる**ウェストミンスター・アベイのヘンリー7世の墓**(1509、p.1080A)は、早い時期の優美な作品である。角部のピラスターやプットー、さらには黒大理石の細部彫刻によって、この墓はルネサンス様式の作品となっている。ケンブリッジのキングス・カレッジのスクリーンと聖職者席(1533-36)はヘンリー8世によって寄贈されたものであるが、グロテスク模様を伴った、当時最新の大陸のルネサンス様式の範疇に入る。

ヘンリー8世の、今はない**サリー州、ノンサッチ宮殿**(1538、1687破壊)は、2つの中庭を囲んで建てられ、そのインナー・コートには八角形の角塔と幻想的なピナクルが立っていた。石造の礎盤の上に木造で建てられた全体の構造は、フォンテーヌブローの手法によりスタッコのパネルをスレートの骨組が囲む仕上げで覆われていた。なお、それを伝えるものがいくつか現存している。このスタイルの他の例はウィルトシャー州にあるラコック・アビーにみられる。

もう1つの失われた重要な建物に、摂政サマセットのためにサマセットの執事のジョン・シン(1580没)の監督下に建てられた**ロンドンのオールド・サマセット・ハウス**(1547-52)がある。シンによるストランド街側の正面の図は、フランスの手法に基づく中央部および隅部のパヴィリオンを示している。中央の「玄関正面(フロンティスピース)」はエクーアンの城館(p.990参照)を思い起こさせるし、加えて浅いピラスクーの添えられた上下に連なる窓にもフランスの影響がある。もっともここでは水平方向の分割も同様に強調されてはいる。

ウィルトシャー州のロングリート・ハウス(1568-、p.1080C、p.1081D)は、サマセットの執事ジョン・シンに頼まれて、ロバート・スミッソン(1536?-1614)が設計したもので、階段室や煙突、付属諸室が配された2つの中庭の周りに巧みに構成されている。まったくの対称形をとる外観は、オールド・サマセット・ハウス風にピラスターによって分節された2ベイ分の張り出しの形をとって、ところどころ前に迫り出している。奥まったベイは無柱式であるが、エンタブラチュアは館全体をめぐる。ここには完全に一貫したデザインがみられる。

同じくスミッソンの手になる**ノッティンガムのウォラトン・ホール**(1580-85、p.1081C、p.1083A)は、セルリオのポッジョ・レアーレ(p.916参照)の変形から導かれた4つの塔を持つ平面をなしている。中央に置かれたホールはクリアストーリーまで立ち上がり、その上には角櫓の付いた宴会場がのって城郭的な効果をもたらしている。外側のファサードは、中央部では束ねられ、端部ではニッチによって離された対をなすピラスターが付くことで、全体が分節されている。帯飾りの付いたピラスターの柱身や革帯模様の付いた破風など、細部はロングリート・ハウスに比べいっそうフランドルの趣きを濃くしている。

ノーサンプトンシャー州のカービー・ホール(1570-75、p.1080B)は、書籍から採用したフランス、フランドルおよびイタリアの典拠を組み合わせた、極めて個性的かつ折衷的な建物である。大ピラスターとアーチの取り合わせ(エンタブラチュアを突き抜くペディメント付きの窓は後世のもの)は、ジャック・アンドルーエ・デュ・セルソーのシャルルヴァルの城館(p.993参照)に近い。ただし、たとえばホース・キャピタルなどのその他の細部はセルリオに由来している。この奇妙な建物は、決して完成をみなかったが、おそらくジョン・ソープの父、トマス・ソープによるものであろう。

エリザベス女王の首席国務卿であったウィリアム・

ルネサンスおよびそれ以後のヨーロッパとロシアの建築

A ヘンリー7世(1509)と王妃(1503)の墓、ウェストミンスター・アベイ p.1079 参照

B カービー・ホール、北側の並びの南面(1570-75)、ノーサンプトンシャー州 p.1079 参照

C ロングリート・ハウス、ウィルトシャー州(1568-) p.1079 参照

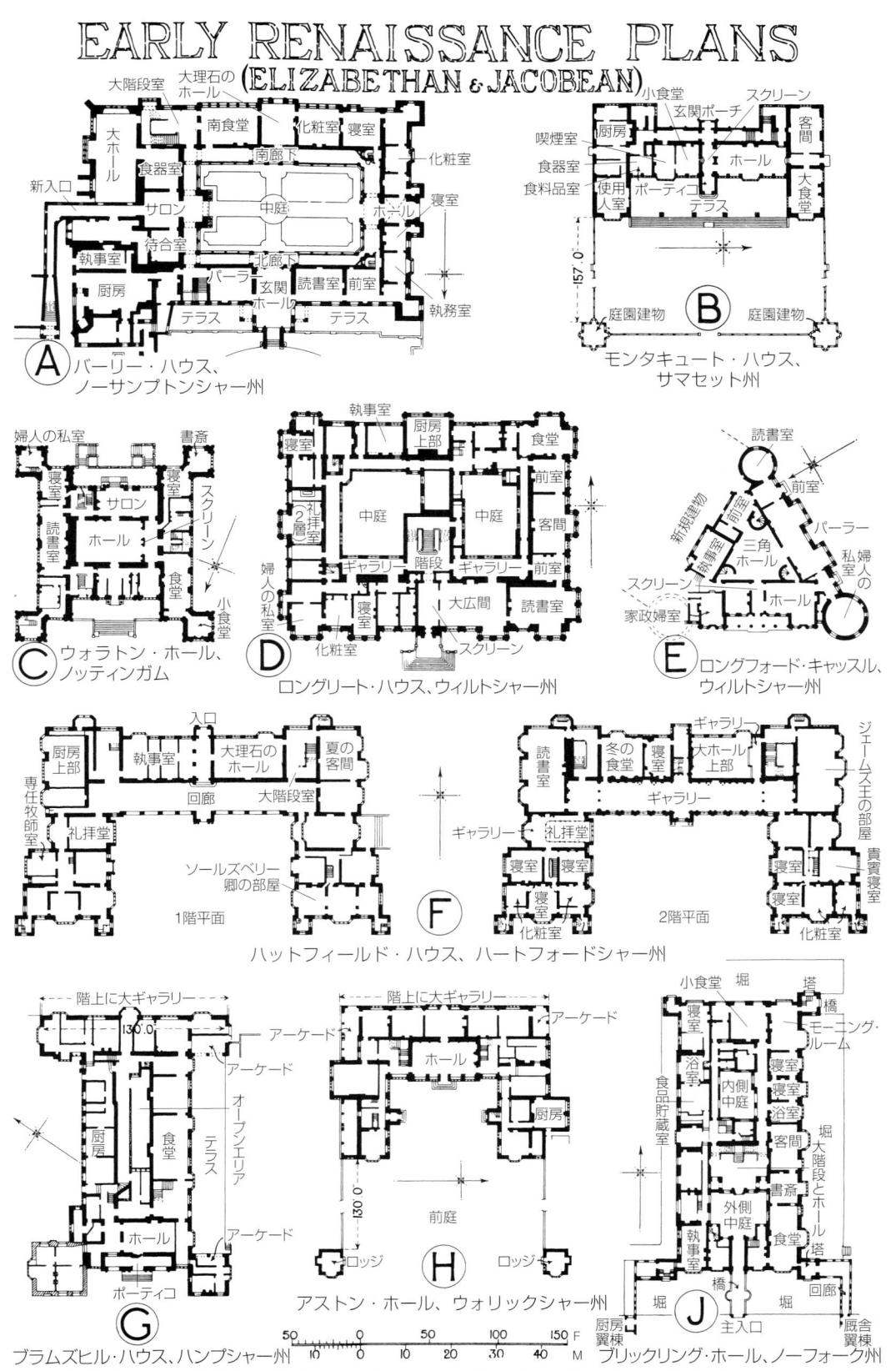

第32章 ベルギー、オランダ、イギリス

初期ルネサンスの平面（エリザベス1世およびジェイムズ1世の時代）

セシルは、**セオボールズ**に邸宅（1650頃破壊）を、また**ノーサンプトンシャー州**に**バーリー・ハウス**（1552-87、p.1075B、p.1081A、p.1083B）を建てた。バーリー・ハウスの外観は角櫓の付いた玄関や、建物の隅部には塔を伴って、テューダー朝様式のモデルを反映している。1585年と年代の付された中庭の時計塔は、独立円柱や紋章動物が取り入れられて、どことなくフィリベール・ド・ロルムによるアネの城館の正面壁の手法によっているが、（後の）オベリスクのモチーフは、たとえ陰うつで風変わりであっても独自のものである。

サマセット州の**モンタキュート・ハウス**（1599完成、p.1081B、p.1084A）は、ウィンブルドン・ハウス（1588-、18世紀に破壊）に最初にみられたH形の平面で建てられている。各立面は単純で規則的であり、上部に突起のある抑制のきいたフランドル風の破風を持つ。

ダービーシャー州の**ハードウィック・ホール**（1590-97、p.1085A、B）は、恐るべき人柄で、かつ何度も結婚を繰り返したハードウィック家のベス（そのイニシャルがパラペット部にみえる）のために、ロバート・スミッソンにより設計された。この建物は張り出しのある長方形平面をなし、3階では東側ファサード全面におよぶ長いギャラリーを有している。また大きな窓割りのために、「ハードウィック・ホールは壁よりガラスがまさる」といわれるようになった。フォンテーヌブローのそれに似た暖炉の装飾やスタッコ細工の他、独創的なタペストリーや絨毯など、内部は極めてよく保存されている。

エリザベス1世時代後期の邸館のいくつかは、その平面形に象徴性を組み込んでおり、その例の1つに三位一体の図式をもとにした三角形平面を持つ**ウィルトシャー州**の**ロングフォード・キャッスル**（1580、p.1081E）がある。**ノーサンプトンシャー州**の**キャッスル・アシュビー**（1572、p.1085C-E）は、U字形をしたエリザベス1世期の平面をしていたが、イニゴー・ジョーンズのスタイルによるギャラリー棟の増築（1635頃）によって方形平面となった。ここでは聖書の銘文（賛美歌127番）がパラペットに組み込まれている。

ジェームズ1世治下に建設された邸宅は、エリザベス1世時代のものに比べて変化に乏しく個性に劣る。バーナード・ジャンセンによる**エセックス州**の**オードリー・エンド**（1603-16、p.1084B）は、もともと2つの中庭を囲んで設計されたが、そのうちの内側の中庭のみが今に残る。角櫓については各部の突出や多様な高さが、その強い対称性にもかかわらず、絵画的な効果をもたらしている。

ソールズベリーの初代伯爵、ロバート・セシルのために建てられた**ハートフォードシャー州**の**ハットフィールド・ハウス**（1607-11、p.1081F、p.1086A）は、現存する最も壮観なジェームズ1世時代の邸館である。ジェームズ1世の後押しで建てられたこの建物は、王と王妃のための別個の居住部分を2翼に持ち、H形平面のややぎこちなく広がった変形となっている。ファサードは中央の主屋を除いて、隅石積みと窓のマリオンが付く平板なレンガ仕上げでできている。主屋は、南面にピラスターが並び、かつロバート・リミングの作である円柱の付いた3層の玄関正面を構える。2層吹抜けのホールは、マリオン窓や楽人たちのギャラリーが付き、天井はプラスターで肉づけ仕上げされて、伝統的な中世のホールをジェームズ1世時代の様式にしたが、東端部には珍しい連絡ギャラリーがある。

ハンプシャー州の**ブラムズヒル・ハウス**（1605-12、p.1081G）は、ズーチ卿のために設計された。その変則的な平面は、部分的には古い建物に制約されたためであるが、H形をなし、短辺側に入口が、また内側には奇妙な狭いオープンエリアがある。アーケードで構成されたテラス（p.1075J）やポーチの上の出窓（p.1075A、ジェラード・クリスマスによる）が、単調なレンガ積みファサードに変化を与えている。**グリニッジ**の**チャールトン・ハウス**（1607、p.1086B）は、規則的なH形平面をとり、ディッターリンの手法で豊かに彫刻された中央玄関に続いて、前面から背面へと伸びるホール持つ。

ダービーシャー州の**ボルソヴァー・キャッスル**（1612-21）は、中世主義をまねた、早熟な（ないしは遅ればせの）試みであり、ロバート・スミッソンの息子、ジョン（1634没）が設計し、そのまた息子のハンティンドンによって増築もされている。ここにはイニゴー・ジョーンズからそのまま引き写したいくつかの細部が組み込まれている。

エリザベス1世とジェームズ1世時代のカレッジ

オックスフォードおよびケンブリッジには、宮廷建築やカントリー・ハウスの世界とは別に、ルネサンス様式の極めて興味深いいくつかの試みがある。**ケンブリッジのゴンヴィル・アンド・ケイアス・カレッジ**に建つごく小さな**儀礼の門**（1572-73、p.1087A）は、セルリオをもとにした2つの寓意的な門のうちの1つであり、パドヴァで学んだカレッジの創設者、ジョン・ケイアスによって建設された。トマス・ボドリーは**オックスフォード**の新しい**大学建物**（ボドリーアン・タワー、1613-、p.1087B）に、5つのオーダー全てを適用した。もっとも、この建物自体は、石工、ジョン・ベントリーとジョン・アクロイドの監督の下、簡素なカレッ

第 32 章　ベルギー、オランダ、イギリス　　1083

A　ウォラトン・ホール、ノッティンガム(1580-85)　p.1079 参照

B　バーリー・ハウス、ノーサンプトンシャー州(1552-87)　p.1082 参照

A モンタキュート・ハウス、サマセット州(1580-99)　p.1082 参照

B オードリー・エンド、エセックス州(1603-16)　p.1082 参照

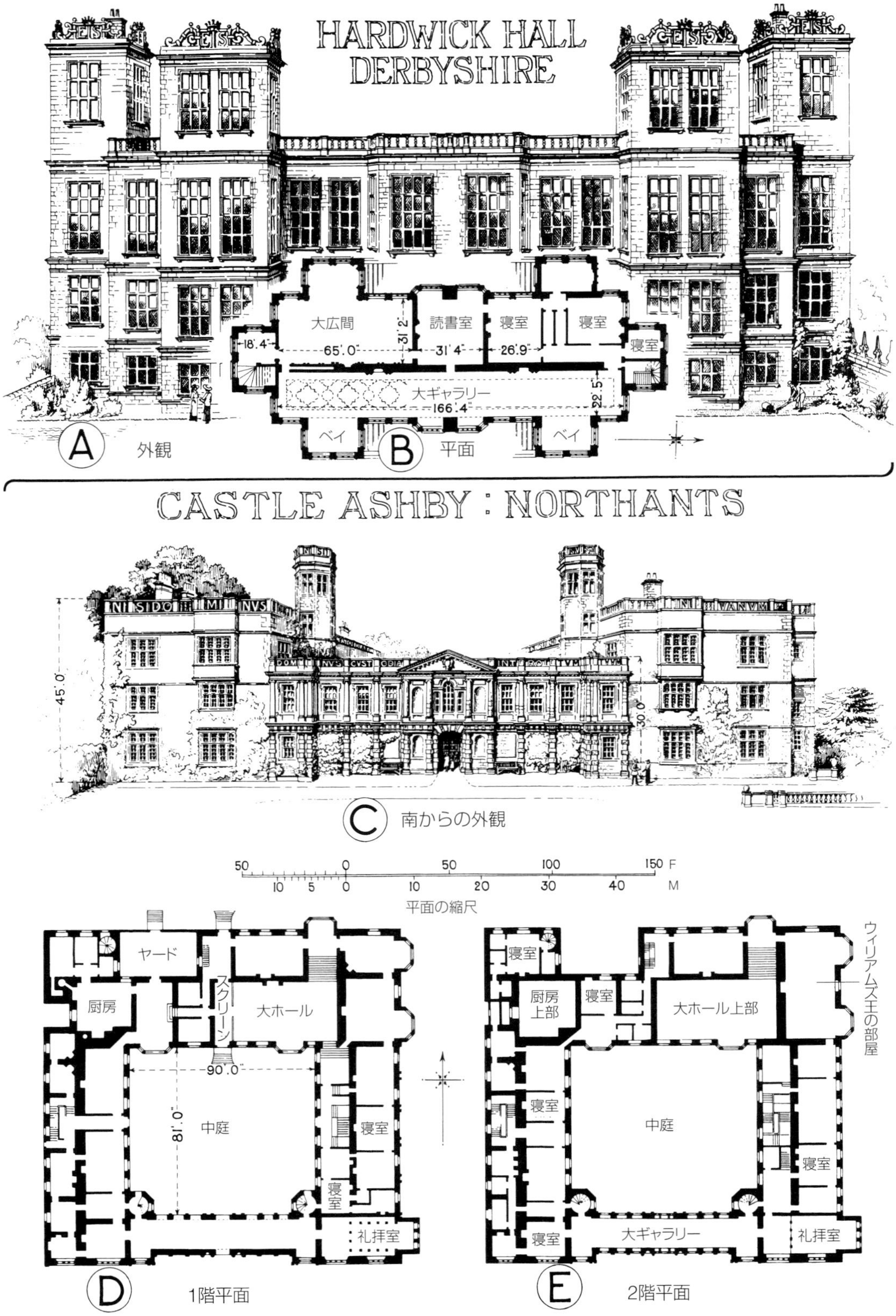

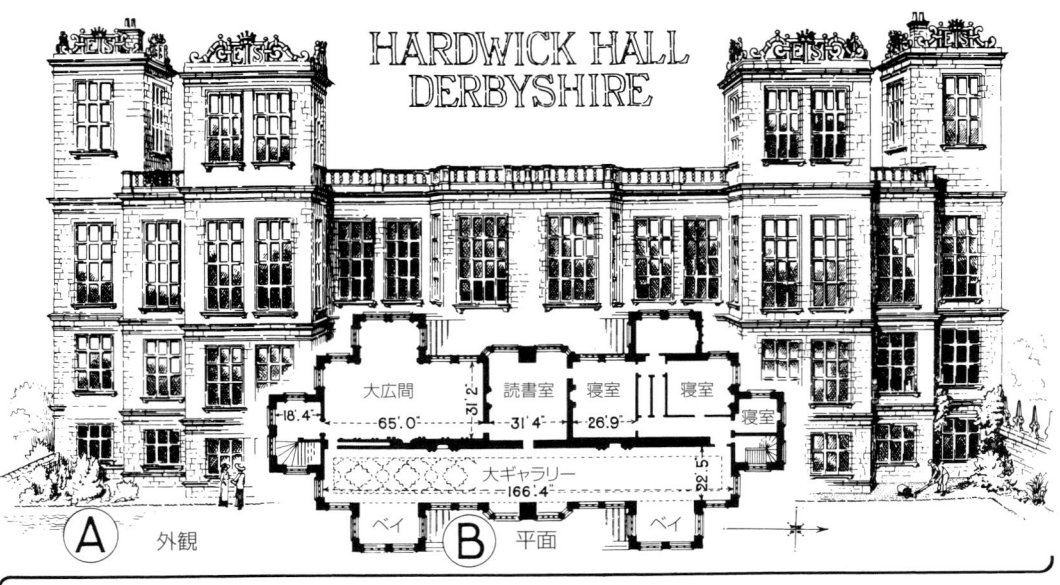

ハードウィック・ホール、ダービシャー州(上)。キャッスル・アシュビー、ノーサンプトンシャー州(下)

A ハットフィールド・ハウス、ハートフォードシャー州(1607-11)　p.1082 参照

B チャールトン・ハウス、グリニッジ(1607)　p.1082 参照

第32章　ベルギー、オランダ、イギリス　　1087

A　儀礼の門(1572-73)、ゴンヴィル・アンド・ケイアス・カレッジ、ケンブリッジ　p.1082 参照

B　ボドリーアン・タワー(1613-)、大学建物、オックスフォード　p.1082 参照

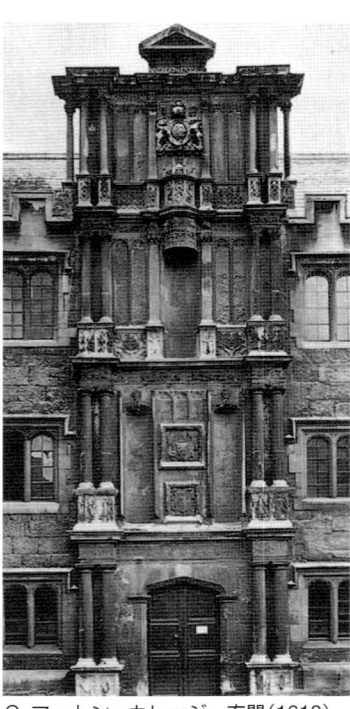

C　マートン・カレッジ、玄関(1610)、オックスフォード　p.1088 参照

D　ウォーダム・カレッジ、ホール(1610-13)、オックスフォード　p.1088 参照

E　ミドル・テンプル・ホール、ロンドン(1562-70)　p.1088 参照

ジ風ゴシック様式で建てられている。オーダーの付加は**オックスフォード**の**マートン・カレッジ**（1610、p.1087C）や**ウォーダム・カレッジ**（1610-13）にもみられる。**ケンブリッジ**の**トリニティ・カレッジのネヴィルズ・コート**（1593-1615）には、軽快な円柱のアーケードが付く。ウォーダム・カレッジのホール（p.1087D）は、美しい化粧屋根裏を持っており、二重ハンマービームと壮麗なスクリーンを有する**ロンドンのミドル・テンプル・ホール**（1562-70、p.1087E）との比較は興味深い。

タウン・ハウス

裕福な商人階級によって建てられたエリザベス1世およびジェームズ1世時代の木骨造（ティンバーフレーム）の町家は、多く2層ないし3層の正面をなし、渦巻き持送りに支えられて迫り出した上階ないし「張り出し」（ジェティ）を有する。破風は北ヨーロッパの同様のものに比べてより低く、はるかに簡素である。優れた実例はシュルーズベリーや特にチェスターにみられるが、後者には他に主要道路に沿って、「ロウズ」として知られる2階部分の歩行者路というはなはだ興味深い方式も用いられている。

「黒と白」のエリザベス1世様式による最も印象的な木骨造のカントリー・ハウスは、チェシャー州とランカシャー州にみられる。**チェシャー州のリトル・モートン・ホール**（1559）は、いくつもの破風を掲げ、表情豊かな出窓を伴う張り出したファサードを有し、梁材が外観に菱形や四葉形模様をつくりだしている。**リヴァプール近郊のスピーク・ホール**（1490-1626）も同様の様式である。

スコットランドの初期ルネサンス様式は、ジェームズ5世の、初めはフランソワ1世の娘と、次にはメアリー・オブ・ギーズとの結婚によって強められたフランスの趣きをはっきりとたたえている。**ファイフ**に建つジェームズの**フォークランド・パレス**（1539-42）は注目されていないが、早くにオーダーを取り入れた試みである。中庭側ファサードは、5ベイの規則的なパターンをなし、突き出したバットレスにはピアが取り付けられ、その上には円柱がのる。ハンプトン・コートにおけるように、胸像を配した飾り円盤がファサードにアクセントをつけている。そうした効果は普通フランス的といわれるが、モデュールにのっとったベイの扱いは、精神としてはイタリア的である。

クライトン・キャッスル（1590頃）は、かつてヨーロッパ大陸を旅行した5代ボスウェル伯によって建てられ、フェッラーラのパラッツォ・デイ・ディアマンティ（p.916参照）のようなイタリアの実例の手法にのっとって、ダイヤモンド形の面をしたルスティカ仕上げが施されている。

16世紀のスコットランドの城館は、再分配された修道院領に建てられたが、フランスの影響と土地の小城塞の伝統とが混ざりあって、極めて特徴的かつ、個性に富んだ様式となっている。隅部に配された円形の塔が「L」「T」「Z」形の平面をつくりあげるのに寄与している。わずかな小さい開口部しかない外壁が地表から屹立し、あらゆる装飾が屋根のレベルに集まって、そこでは建物は円錐屋根をのせた小塔や装飾の施された屋根窓へと転化する。さらにはなはだフランス的なのは、角部に配された持送り構造の階段塔である。この時期のスコットランドの城館風スタイルの優れた例は、おそらく**アバディーンシャーのファイヴィー・キャッスル**（1600頃-3）であり、極端に切り詰められた細部の扱いが、この建物にほとんど抽象的といっていい質を付与している。

ステュアート朝・共和制・王政復古の時代（1625-1700）

イニゴー・ジョーンズ（1573-1652）は、イタリア・ルネサンスの古典的規準をイングランドに導入した。2回にわたるイタリア旅行を通して、彼は古代の建築ばかりでなくかの地の当代のそれにも深く傾倒し、常に創作の源泉となったパッラーディオの図面集をたくさん購入した。彼は宮廷仮面劇のデザイナーとして仕事を始めたが、ほどなくイングランドで主導的な建築家となり、王室建設監督官になった（1615）。彼の建築がパラディアン・リヴァイヴァルの形成を促したように、彼の影響は18世紀にまで及んでいる。

グリニッジの**クイーンズ・ハウス**（1616-35、p.1089A、p.1091C, E）は、ジョーンズにより、ジェームズ1世の妻、デンマークのアンのためにグリニッジ宮殿の敷地内に建てられた。この建物は狩猟小屋として構想されながら、同時に猟園を二分してデットフォードにいたる公道をまたぐ橋という、2つ目の機能をも満足している。ジョーンズは道の両側に2つの棟を置き、それらを2階レベルで橋状につないだ。このH型平面は、おそらくポッジョ・ア・カイアーノに建つヴィラ・メディチ（p.902参照）をモデルとしていたが、後にウェッブにより両側面にさらに2つの橋部分が増築されたことで凹部がふさがれた。川に面する2層吹抜けの方形ホールは、橋部分とさらには猟園を見下ろすロッジアへのアクセスを提供している。この軸線の両側に2組の居室群が並ぶ。ファサードは中央が張り出して3つの部分に分かれ、典型的なパッラーディオ風を呈している。平滑な壁面が、ルスティカ仕上げされた1階部分の上に立ち上がり、頂部にはバラストレードを頂く。湾曲した階段が主入口へと導き、一方、内

A　クイーンズ・ハウス、グリニッジ（1616-35）　p.1088 参照

B　コールズヒル・ハウス、バークシャー州（1650 頃、1952 の火災で倒壊）　p.1090 参照

部の廻り階段はパッラーディオに推奨された型である。

ロンドンのホワイトホールに建つバンケッティング・ハウス(1619-22、p.1092C, D)は、たとえ17世紀のイングランドに始まった真に古典的な建築の先頭を切るものではなくとも、疑いなく完成された最初のものである。これは中世の宮殿であるホワイトホールの増築であり、仮面劇や宮廷催事のための施設として建設された。ジョーンズは、平面としては古代の三廊のバシリカ式を採用し、部屋の中央部に支障がないように側廊を区切るべき円柱を両側の壁によせている。その円柱は半円柱とされ、立方体を2つ並べたような部屋全体をめぐる片持支持されたバルコニーを、象徴的ではあるが支えている。このデザインのバシリカ起源を強調するように、もともとは大きなアプスが付いてこの構想がまとめられていた。真正の古典の流儀にならって、イオニア式とコンポジット式のオーダーが、内外において対応している。7ベイからなる正面ファサードは、中央部が張り出す。そこではオーダーがピラスターから半円柱にかわり、窓パネルはバルコニーとなる。このファサードには入口はなく、おそらくこのためにジョーンズは当初のペディメントの付いた案を断念した。

ロンドンのセント・ジェームズ宮殿内のクイーンズ・チャペル(1623-27)は、ジョーンズの最初の教会建築であるが、これはローマ・カトリックの教会堂として設計され、チャールズ1世の妻、ヘンリエッタ・マリアの使用に供された。簡素な外観はカトリックの教会堂形式にならってはいない。窓やドア、さらには隅部の扱いは、居住の用に供する建物の趣きを示しており、ニューマーケットに建つ皇太子公舎のためのスケッチに類似している。唯一の教会堂形式への参照が、ペディメントをのせた破風にみられる。対照的に贅を尽くした内部は、祭壇の上部にセルリオ窓が付き(17世紀後期の建築で普及することになる形式)、加えて精巧なほぼ半長円形の断面をなす格間付きヴォールトが架かる。

ロンドン、コヴェント・ガーデンのセント・ポール教会堂(1630-、p.1093G-J)は、4代ベッドフォード伯のために、17世紀イギリスの最初の幾何学的計画による都市開発の一部として設計された。これはおそらくリヴォルノ[訳註：イタリア西部、トスカーナ州の港湾都市]やパリのヴォージュ広場(p.993参照)における同様の配置に啓発されており、1階をアーケードとした厳格な古典様式の住棟が、方形広場の2つの側面に面し、伯爵の住居と教会堂が他の2面を占める。プロテスタントの礼拝にふさわしい教会が、新しい古典的手法によって設計されており、ジョーンズは施主の経済的要請に従いつつも、同時に新しい宗教の本質的な性格を平明に表現している。この建物は単純な長方形の箱であるが、もとはより多くの人々が聖書をはっきりと聞くことができるようなギャラリーを備えていた。トスカナ式オーダーの採用は、熟考の上の禁欲的な選択であり、ジョーンズが「イングランドで最も顔立ちのよい納屋」として説明したものを生み出している。大きな軒が張り出したトスカナ式による四柱式のポーティコは、厳格にウィトルウィウスにならった細部を用いている。

エディンバラのヘリオット養育院(ホスピタル)(1621-)は、年端のいかない孤児に教育を施すためにジョージ・ヘリオットが創設した。これはウィリアム・ウォーレス(1631没)によって設計されたが、大きな中庭と隅部に塔を伴う方形の平面は、セルリオの著作の中の案に基づいている。角櫓の付いた塔はファイヴィー・キャッスルにみられるスコットランドの伝統的な城館スタイルに回帰しているが、中央の時計塔は、ハットフィールドのようなイギリスのカントリー・ハウスが持つ正面を彷彿とさせる。

イニゴー・ジョーンズの弟子、ジョン・ウェッブ(1611-72)は、チャールズ2世のためにU字形平面をした広大な宮殿を設計したが、そのうちの1つの翼、つまり**グリニッジのキング・チャールズ棟**(1662-69、p.1091E, F)のみが実現をみた。計画案の川に面する主館は、ペディメントを掲げる中央の3ベイを含む5ベイの上に、大きなドームがそびえるはずであった。これはイギリス建築における新しい組合せであり、キャッスル・ハワードやロンドンのナショナル・ギャラリーのような後の建物にも重要な意味を持った。その典拠はパッラーディオによるメレードのヴィラ・トリッシーノのためのデザインである。完成した棟は全体にルスティカ仕上げが施され、中央部と両端部に大オーダーが採用されてモニュメンタルなものとなっている。

ロジャー・プラット(1620-84)は豊かな学識を有し、またフランスやイタリア、ネーデルラントにも旅行した(1643-49)。彼は5つの大きな住宅を建てた後、ライストンの地に自ら別邸を設計して隠居した。彼の最も注目される建物は、**バークシャー州のコールズヒル・ハウス**(1650頃、1952倒壊、p.1089B)であった。方形を2つ並べた平面を三分割した中央にあたる部分に、主たる見せ場、つまり「グレート・パーラー」と、鍵形に折れ曲がる2つの階段が取り囲む壮麗なホールとが置かれた。この階段を挟んで主要な生活諸室が配され、それら諸室は家の背骨を形成する長い廊下によって結び付けられた。外観は、間隔が一定でない窓が並び、パッラーディオやジョーンズを思わせるみせかけの三分割構成を呈していた。屋根窓、屋根頂部のバラスト

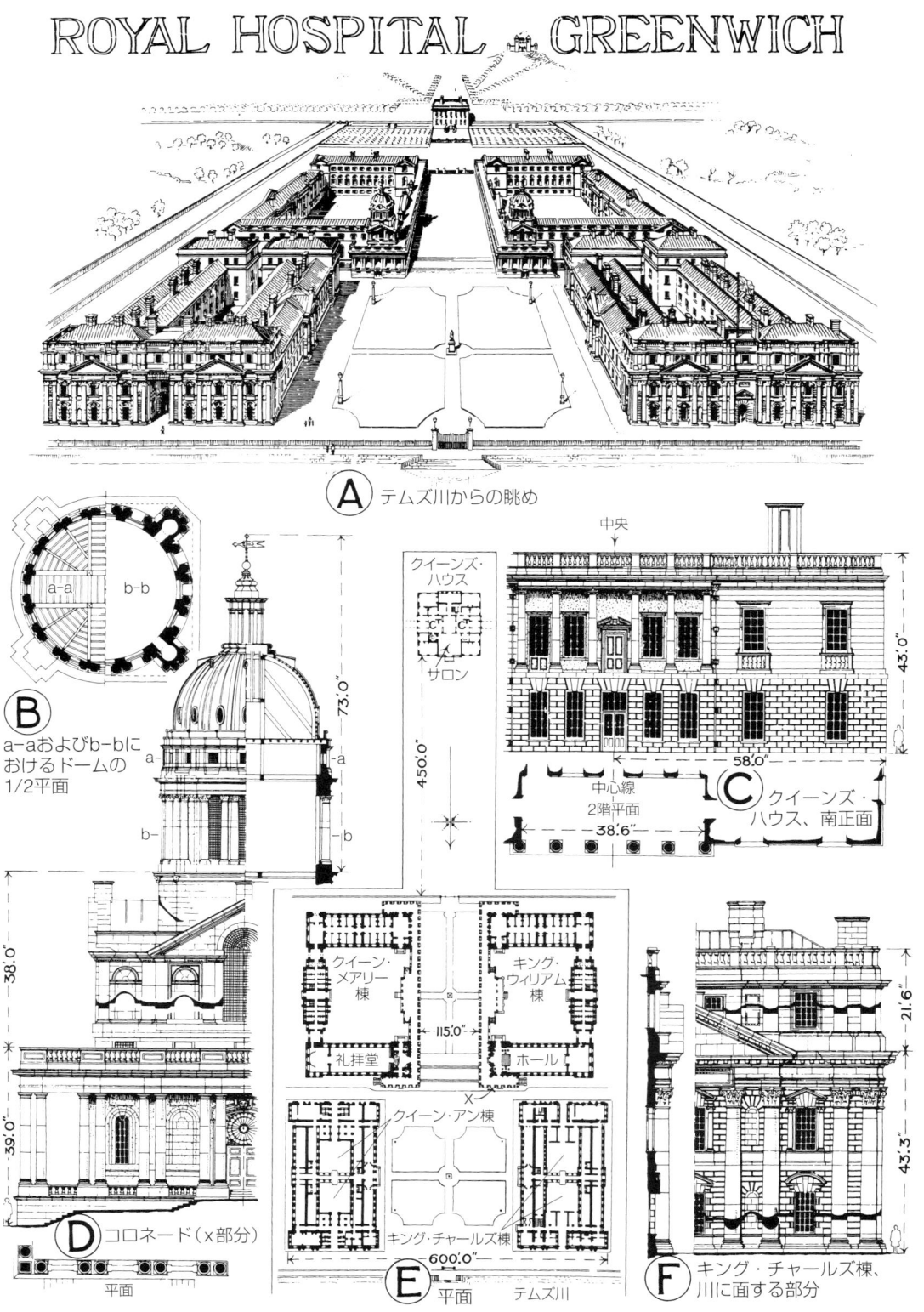

王立病院およびクイーンズ・ハウス、グリニッジ

WHITEHALL PALACE: LONDON

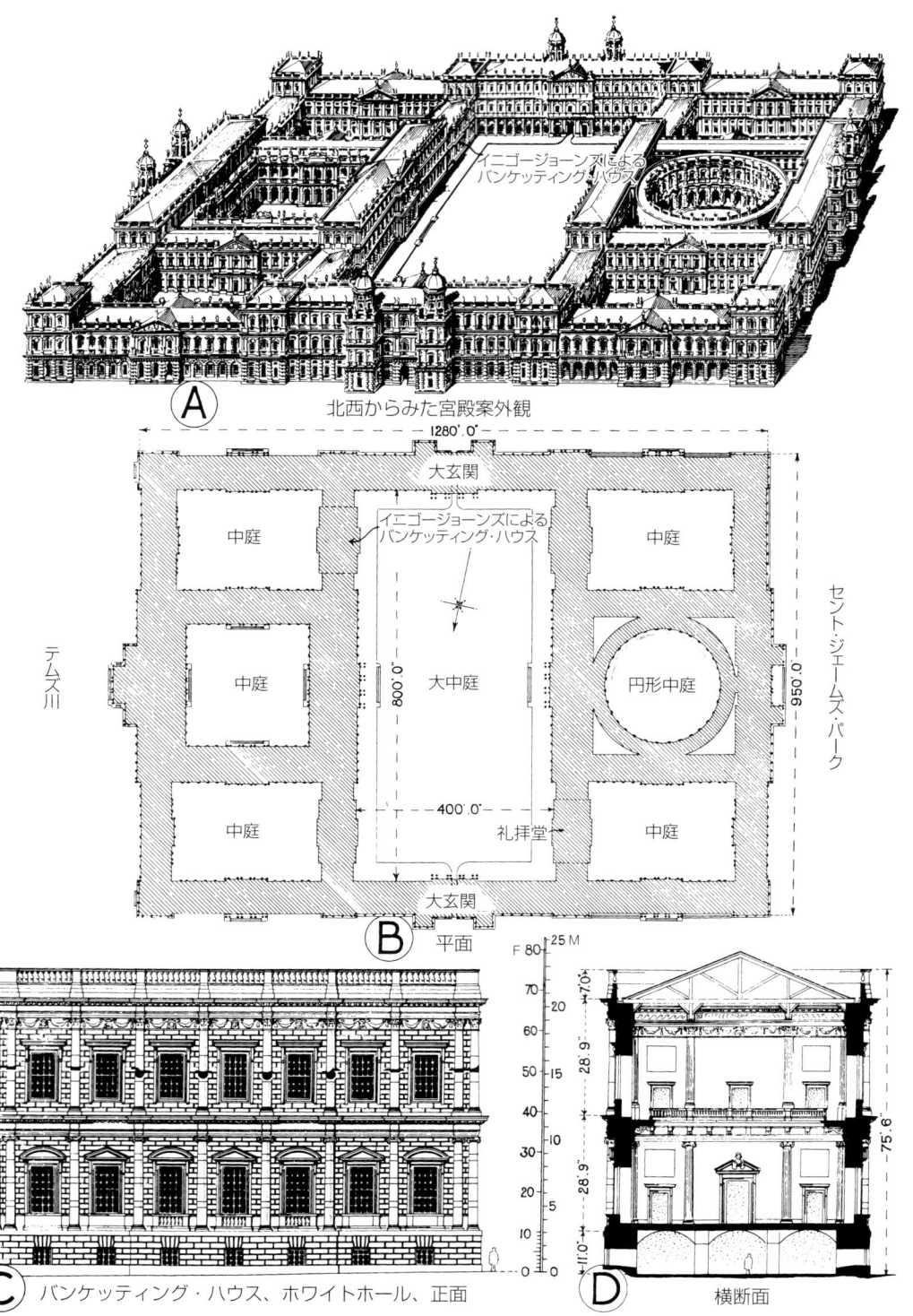

Ⓐ 北西からみた宮殿全景外観

Ⓑ 平面

Ⓒ バンケッティング・ハウス、ホワイトホール、正面

Ⓓ 横断面

ホワイトホール宮殿、ロンドン

第32章　ベルギー、オランダ、イギリス　1093

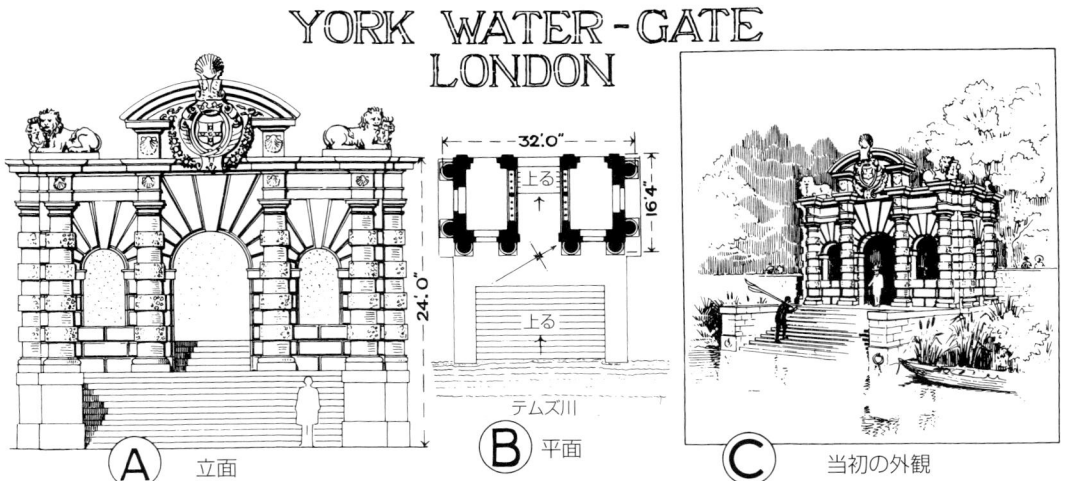

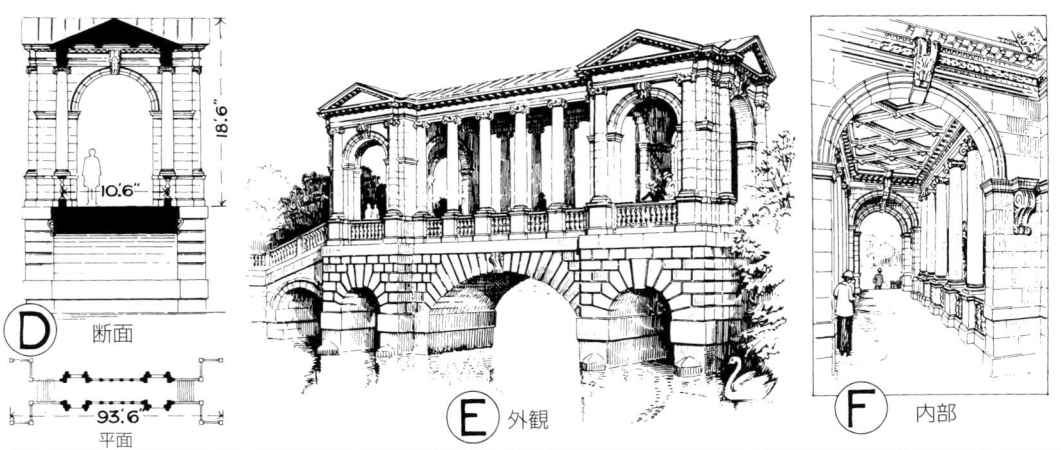

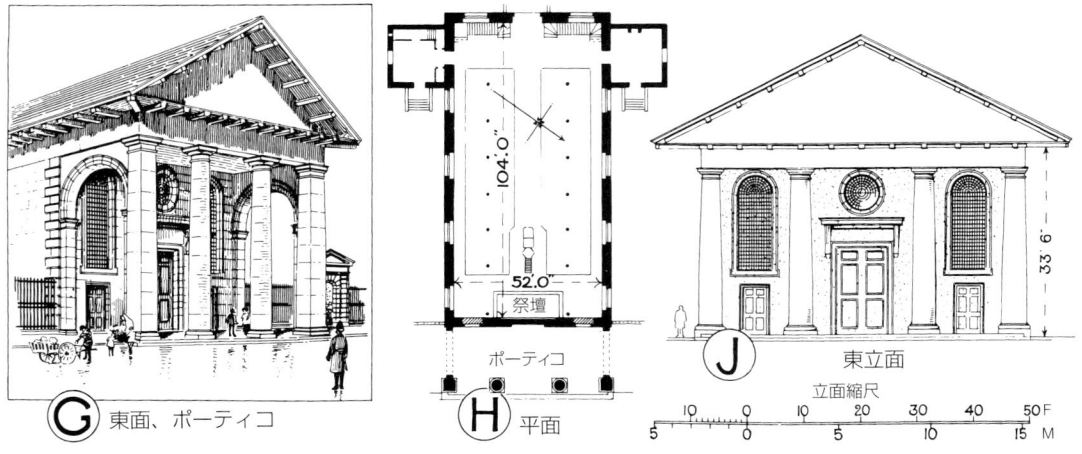

ヨーク・ウォーターゲート、ロンドン（上）。カヴァード・ブリッジ、ウィルトン（中）。セント・ポール教会堂、コヴェント・ガーデン（下）

レードおよび採光塔は、フランスの建築、特にマンサールによるバルロワの城館(p.999 参照)に回帰した。

ヒュー・メイ(1622-84)は**ケント州**の**エルサム・ロッジ**(1664、p.1095A)において、白い石材による細部処理とほぼ定番の浅いピラスターとともに赤レンガの使用を特徴とする 17 世紀オランダの古典主義に基づいたスタイルをイギリスにもたらした。立面に反して、平面はプラットの「ダブル・パイル」形式の家、つまりコールズ・ヒルに類似している。**ハートフォードシャー州のカシオバリー**(1674-)やウィンザー城の内装のようなメイの他の作品は、ほとんど現存していない。

クリストファー・レン卿(1632-1723)は遅れて建築家となったが、すでにそれ以前にオックスフォード大学の「自然科学者」として名を馳せており、グレシャム・カレッジで天文学教授を務めた。彼は一度もイタリアに赴いたことはなく、1655 年にたった 1 度だけパリを訪れた以外、イングランドを離れることはなかった。彼は、自身の膨大な作品と弟子たちのそれを通じてイギリス・バロックのもとになった様式を創出した。

オックスフォードのシェルドニアン劇場(1664-69、p.1095C)は、レンが大学行事のためのホールとして設計したものであり、古代の劇場を範としていた。下階につくルスティカ仕上げのアーチの連なりは、背後の円形をなす部分とともにそうした典拠に立ち戻っている。内部は半円形に広がる座席列が、観衆の注意の集まるところとなっており、それゆえ観客席と舞台との古代の関係を逆転している。イギリスの風土上、屋根が必要であったが、ロバート・ストリーターによる天井画は、天空を背景に古代の寓意的な像を配することで、屋外に建つ古典的なモデルを暗示している。この種の建物にふさわしい正面ファサードのモデルがないため、レンはイタリア・ルネサンスの教会堂を思わせるペディメントの付いた 2 層構成の立面にアーチを組み合わせた。

ケンブリッジのペンブローク・カレッジ礼拝堂(1663-65)は、伝統的にレンの作と考えられており、彼の叔父、マチュー・レンのために設計された。この建物は、セルリオにより刊行されたデザインにほぼ直接に由来する、ペディメントとピラスターのある厳格なファサードをなしている。

ケンブリッジのエマニュエル・カレッジ(1667-73)では、レンは中庭に組み込まれた礼拝堂を設計した。この建物のファサードは、コリント式の大オーダー、ペディメントおよび採光塔により、両側に続くアーケードのスクリーンとは区別される。中央のベイは高塔として独立して読みとることができる。

レンによる**ケンブリッジのトリニティ・カレッジ図書館**(1676-84、p.1099A)は、もともと、開放的な中庭の一端に独立して建つ方形の棟として設計された。彼は最終的には、より通例な形である閉じた中庭の案を採用した。中庭に面する上下 2 つの古典的なアーケードが内部の配列を隠し、2 階の床レベルは地上階のアーチの起拱点を結ぶ線上に設けられた。これにより 2 階内部に置かれた書架の上方に窓を配することができ、十分な採光が得られている。中庭とは反対側の、川に面するファサードでは、上階アーケードの円柱は後退した窓の付く浅いピラスターに替わり、加えて閉鎖的な 1 階部分には 3 つの見事なドリス式の入口が付く。

1666 年のロンドン大火によってゴシック様式の**セント・ポール大聖堂**は被災したが、それは全体に及ぶものではなかった。レンは、ジョーンズの例にならって部分的な再建に着手したが、しかし 1668 年になって完全な建て替え(1675-1710、p.1095B、p.1096、p.1097、p.1098)が必要なことが判明した。そのデザインの推移の 5 つの段階は、すぐさま描くことができる。ドームをのせた玄関部分を持つ最も控えめな案は、ギリシア十字形平面のデザインを好む中で捨てられた(1672)。その十字形平面は「グレート・モデル」案(1673-74、p.1096A, B)の形成へと展開したが、それは大きなドームの架かった交差部と玄関の上のより小さいドームを有し、また十字の 4 つの腕が四分円のつくりだす凹面によりつながれていた。大聖堂参事会はレンが好んだこの案には好意的ではなかったが、それはおそらくこれがイギリスの通常の大聖堂とはあまりにかけ離れており、カトリックのサン・ピエトロ大聖堂(p.918 参照)に似すぎていたからであったようだ。「承認案」にはラテン十字形への回帰が認められ、最終案はそれが発展したものである。

ドームの架かった八角形の交差部の東側と西側に、3 つの扁平ドームをのせたベイが両側に側廊を従えて内陣と身廊を形成し、後者の前面には奥行のある玄関廊が付く。外観の 2 層構成の大方は偽りのものであり、その上層の部分は側廊の屋根やヴォールトのバットレス(控壁)を視界から遮っている。レンはオーダーの付く荒削りの石造の 2 層構成を採用することで、建物全体に首尾一貫した外観を付与しようと試みたが、それはジョーンズのバンケッティング・ハウスによく似ている。トランセプトの端部では、この方式が、コルトーナによるローマのサンタ・マリア・デッラ・パーチェ聖堂(p.912 参照)を思わせる凸面をしたポーティコと融合している。正面ファサードでも対をなすピラスターによる分節が連続し、それは双塔の間では円柱の形をとる。

ドームはブラマンテのテンピエット(p.916 参照)を

第 32 章　ベルギー、オランダ、イギリス　　1095

A　エルサム・ロッジ、ケント州（1664）　p.1094 参照

B　セント・ポール大聖堂、交差部、ロンドン（1675-1710）
p.1094 参照

C　シェルドニアン劇場、オックスフォード（1662-63）、17 世紀の版画　p.1094 参照

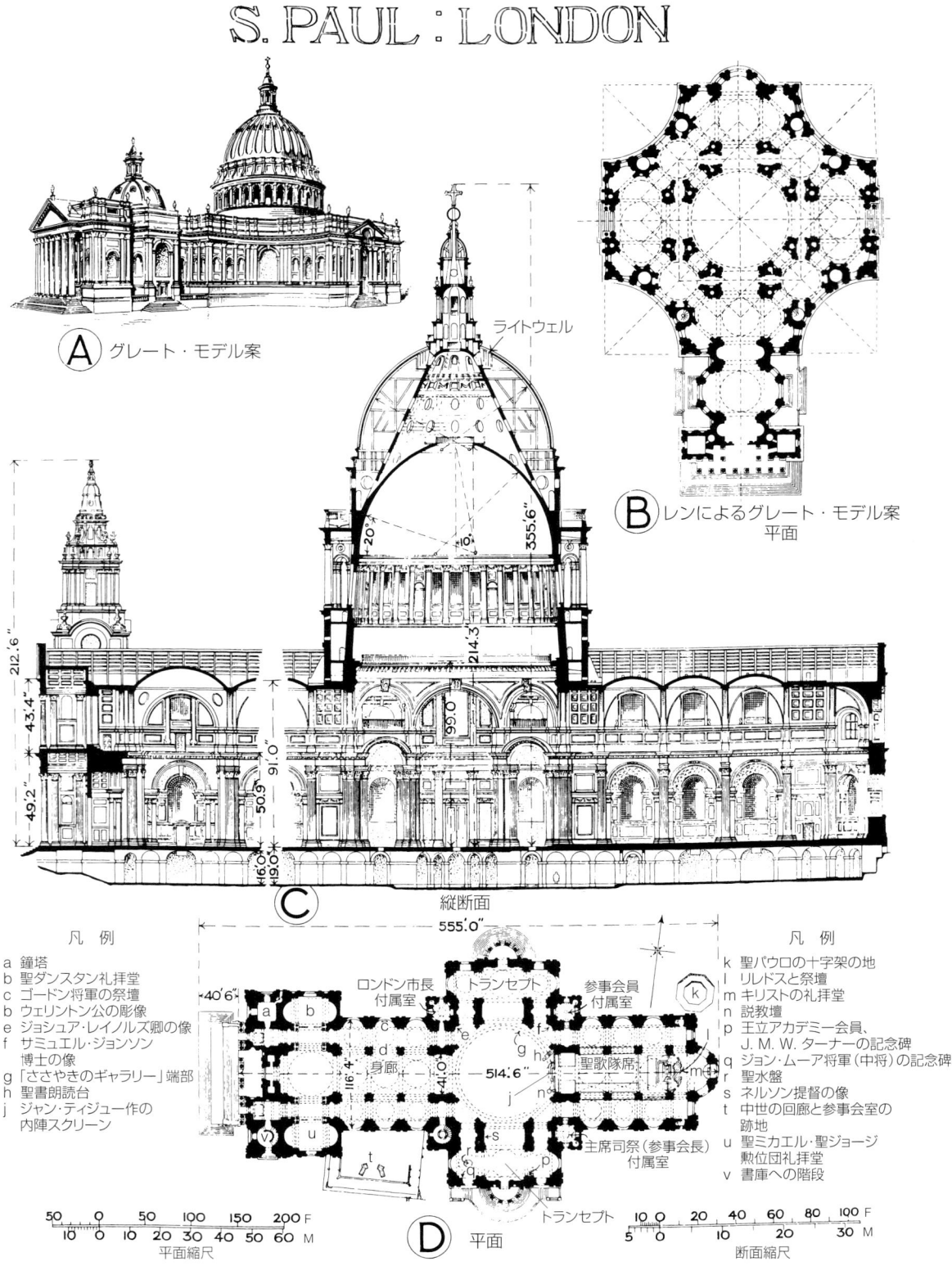

セント・ポール大聖堂、ロンドン

第32章　ベルギー、オランダ、イギリス　1097

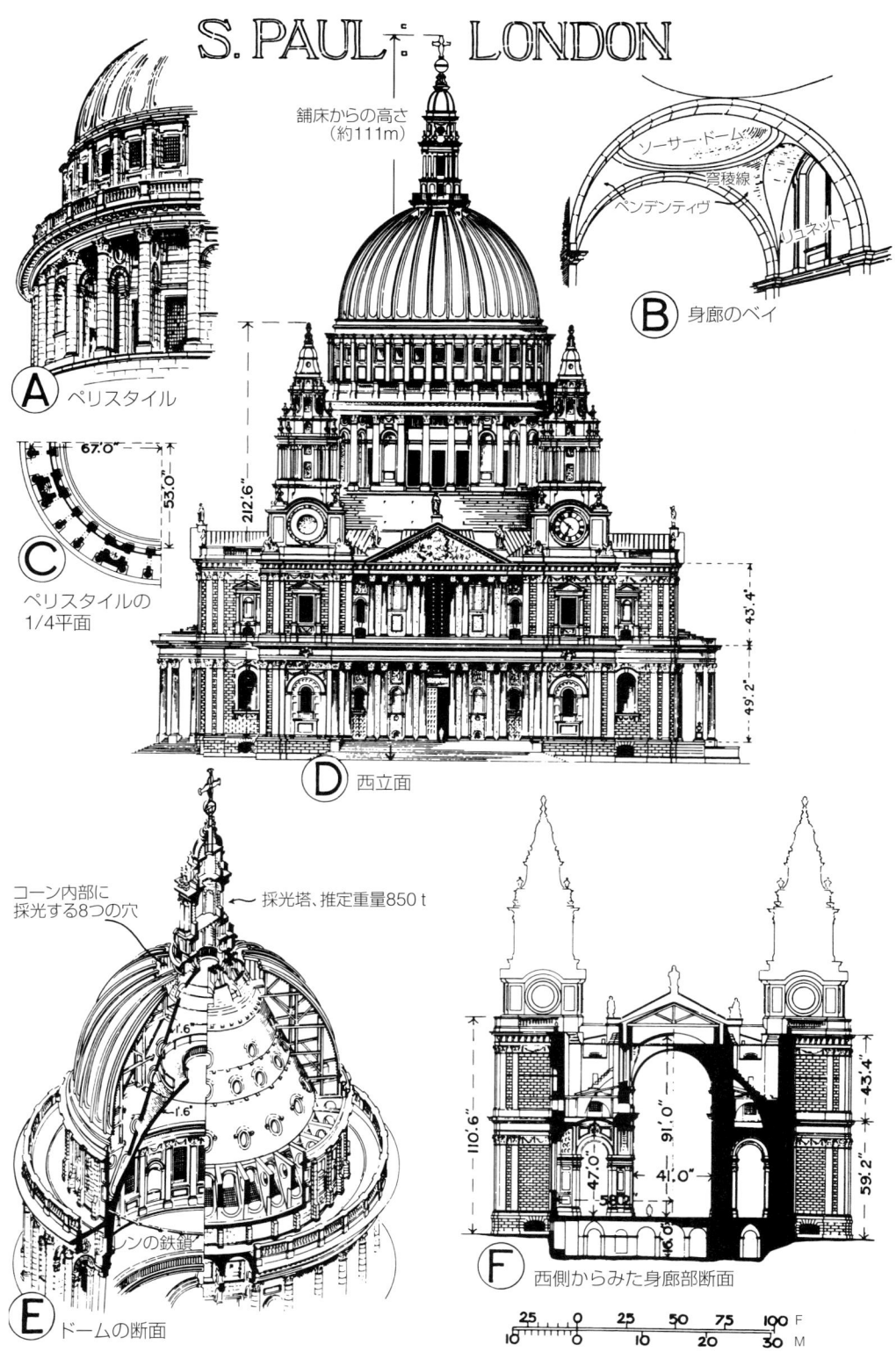

セント・ポール大聖堂、ロンドン

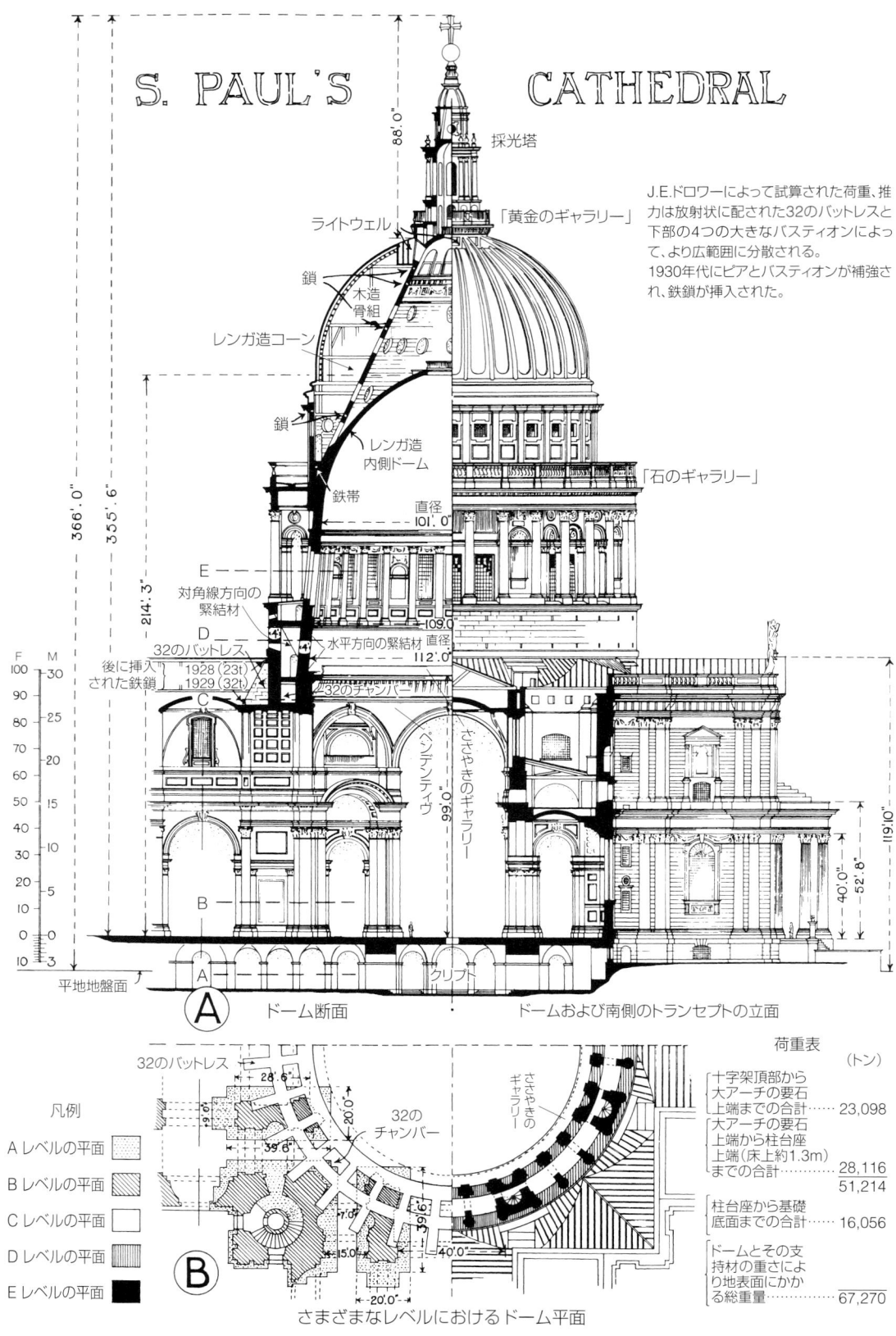

セント・ポール大聖堂

A トリニティ・カレッジ、ネヴィルズ・コート(1593-1615)、図書館(1676-84)をみる、ケンブリッジ　p.1094 参照

B ハンプトン・コート・パレス、南側ファサード(1689-94)　p.1100 参照

巨大化したようである。しかし、ここでは柱間を3つおきにバットレスとして塞ぐことで、コロネードにリズム、つまり正面ファサードの採光塔においても模倣される強弱が与えられている。このドームは、アルドゥアン・マンサールのアンヴァリッド(p.1004 参照)のように、3つの外殻からなっている。ほぼ半球に近い最も内側のレンガ造のドームには丸窓が開き、それを通して採光塔を支える背の高いレンガ造の円錐形ドームが見通せる。最も外側の半球ドームは、鉛板に覆われた軽い木造骨組(ティンバー・フレーム)になっている。内部ではドラムの基部が8つの等しいアーチの上にのっているかのようであるが、実際のところはその八角形は、イーリ大聖堂のそれのように、広狭のベイが繰り返され、推力の大半が隅部のバットレス部で支えられている。

セント・ポール大聖堂の建設はレンの建築家としての全生涯に及び、フランスの影響を漂わせた古典主義様式から、バロック様式への大きな展望を開く彼の構想の発展を示している。

1666年のロンドン大火を受けて、レンは倒壊したシティ・チャーチの再建(p.1101)の任にあたったが、それらのうちの51棟は建て直さねばならなかった。経済性を考慮して彼はしばしば元の古い基礎を使用しつつ巧妙に立面をつくりかえて、興味深い変化に富んだ効果を創出した。同時に典型的なイギリス風の高塔を古典化し、それぞれの教会堂に遠方からもそれとわかる固有の性格を与えてロンドンの町に特徴的なスカイラインをもたらした。それらの教会堂はプロテスタントの礼拝形式の要求に合うように設計され、コヴェント・ガーデンのセント・ポール教会におけるジョーンズの先例にならってギャラリーを有していた。

ロンドンのウォールブルックに建つセント・スティーヴン教会堂(1672-87、p.1102)では、レンによる最も刺激的な内部空間の1つがつくられている。これは平面的には長方形をなすものの、集中形式の試みとして取り扱われている。内部では16本のコリント式円柱が格子状に配され、それらが支えるエンタブラチュアが精緻なギリシア十字形を形成する。その上にアーチが、隅部では斜めに架け渡されて八角形をつくり、さらにそれが半球形のドームを支える。木とプラスターによる軽い構造のために容易に開口部をとることができ、光に満ちた内部をつくりだしている。

レンは自身の手になる**ロンドン、ピカデリーのセント・ジェームズ教会堂**(1676-84、第2次世界大戦で被爆後再建、p.1103A-D)をシティ・チャーチのモデルと考えた。長方形の内部が木造のトンネル・ヴォールトによって覆われ、意匠上全体の一部として扱われたギャラリーのヴォールトがそれに直交して接する。ギャラリーはドリス式のピアの上にのり、上方のコリント式オーダーに対しては台座の位置を占める。レンは祭壇背後に、ジョーンズによりクイーンズ・チャペルで早くに用いられたセルリオのモチーフを採用した。

ロンドン、チープサイドのセント・メアリー=レ=ボウ教会堂(1670-77、p.1101G、p.1104A, B, E)では、レンは彼の初めての優れた古典的な高塔をつくりだした。初期のゴシック様式の例のように、この塔は教会堂本体の建物に付属するものであり、そのくぼんだニッチの中にフランスの影響を受けた出入口を収める。ピラスターで飾られた鐘室が、円柱が環状に取り巻くテンピエットを支える。頂部のより小さな第2のテンピエットは、フライング・バットレスが支え上げ、全体の最頂部にはオベリスクを冠する。

ロンドン、フリート街のセント・ブライド教会堂(1671-78、p.1103E-H、p.1104C, D, F)は、1940年に内部が壊されたが、単純な長方形平面をとり、8本の円柱に支えられた階段状ギャラリーを有していた。

ロンドンのセント・ヴェダスト教会堂(1694-97)のレンによる後期の高塔は、構想においてたいそう変わっている。各要素の彫刻的なマスの扱いや、凹面と凸面の交互の繰り返しは、ボッロミーニの建築、特にサンティーヴォ・デッラ・サピエンツァ教会堂(p.956参照)を彷彿とさせる。そのデザインにはホークスムアの手が入っていると指摘されることがある。

ウィリアム王とメアリー王妃のために、レンは16世紀の**ハンプトン・コート・パレスに増築**(1689-94、p.514B, G、p.1099B)の設計を行ったが、それはルイ14世のヴェルサイユ宮殿に対抗することを意図していた。赤レンガの使用が、レンによる公園側ファサードと宮殿の既存部分との調和をもたらしているし、他方、化粧の石材が立面の中央部分を引き立たせている。円形窓は珍しいが、おそらくフランスの典拠に基づいている。

オックスフォード、クライスト・チャーチのトム・タワー(1681-82)の設計にあたってレンは、「これは創建者の既存の仕事に合わせて、ゴシック様式でなされるべきだと決意したけれども、彼が建て始めた時のように多忙なため、その思いは長続きしなかった」と書き記している。これは塔の形態がゴシック様式の意識的な復興から生じているのではなく、適切な仕方で当初の建物を完成に導こうとする気持ちから出ていることを示唆している。ここでは正方形の礎盤の上に、ピナクルやオジー・アーチのシルエットを浮き上がらせた八角形の塔が建つ。

ロンドン、チェルシーの王立廃兵院(1682-89、p.1106A)は、退役軍人の住居および病院として構想さ

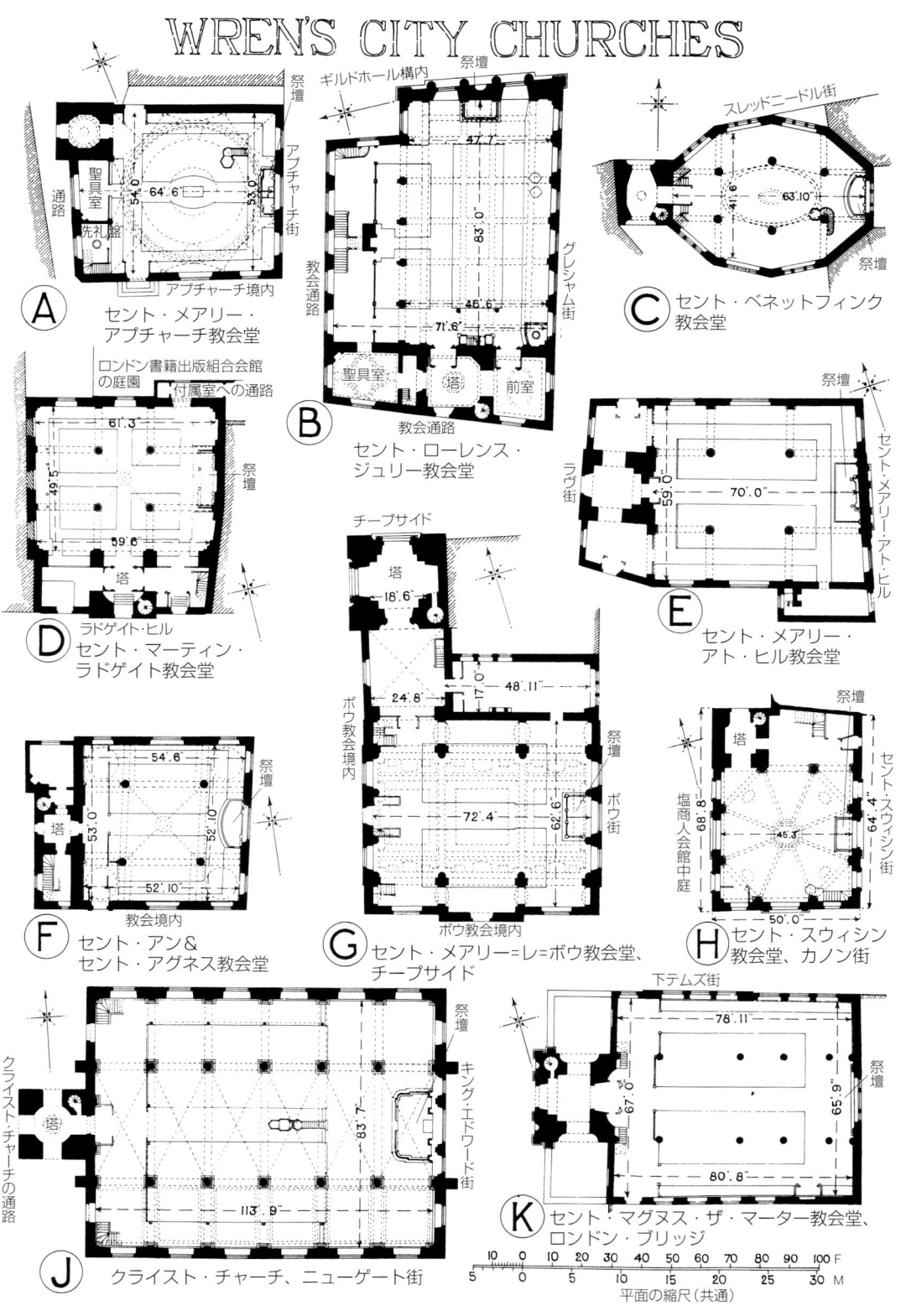

レンのシティ・チャーチ

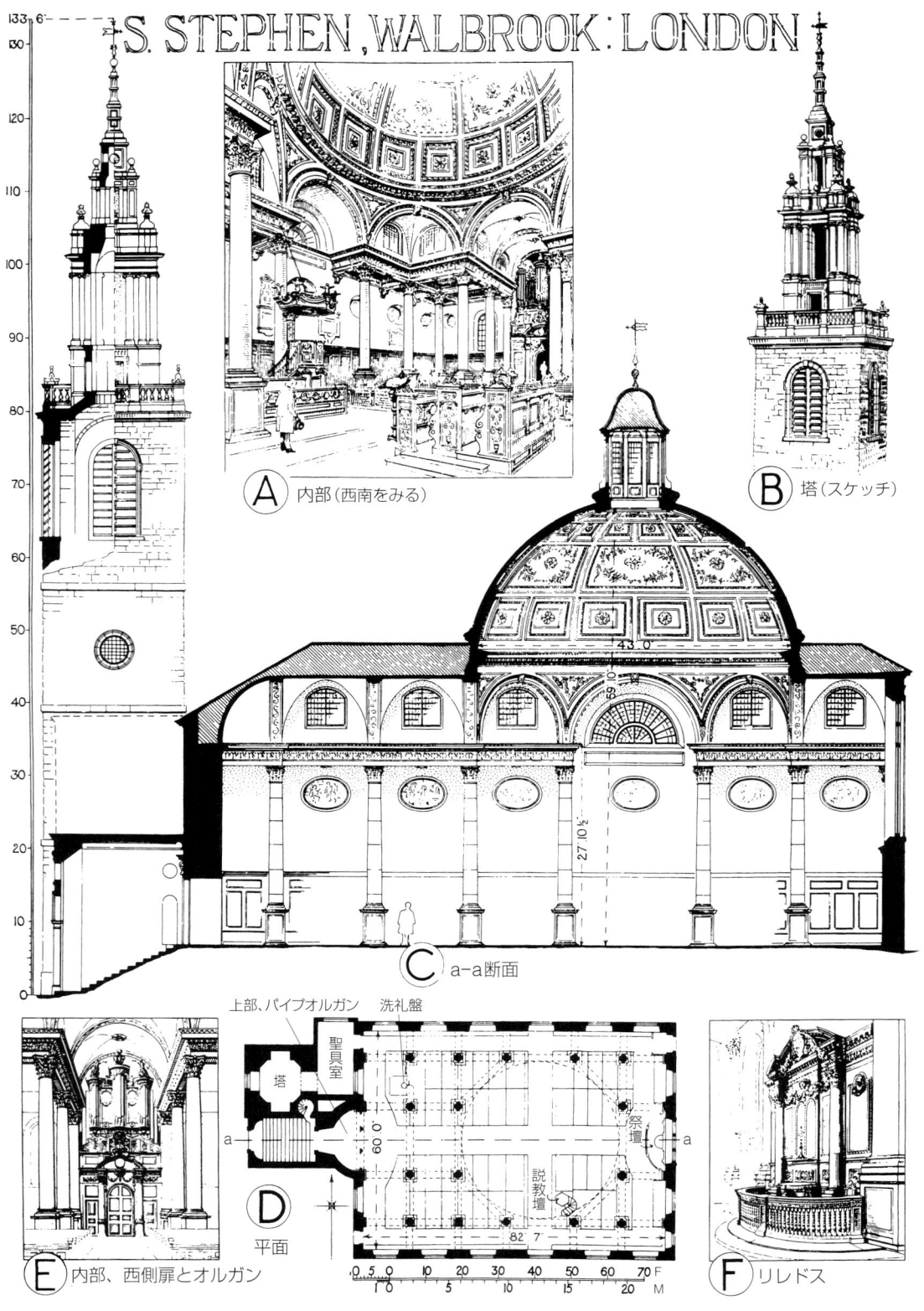

セント・スティーヴン教会堂、ウォールブルック、ロンドン

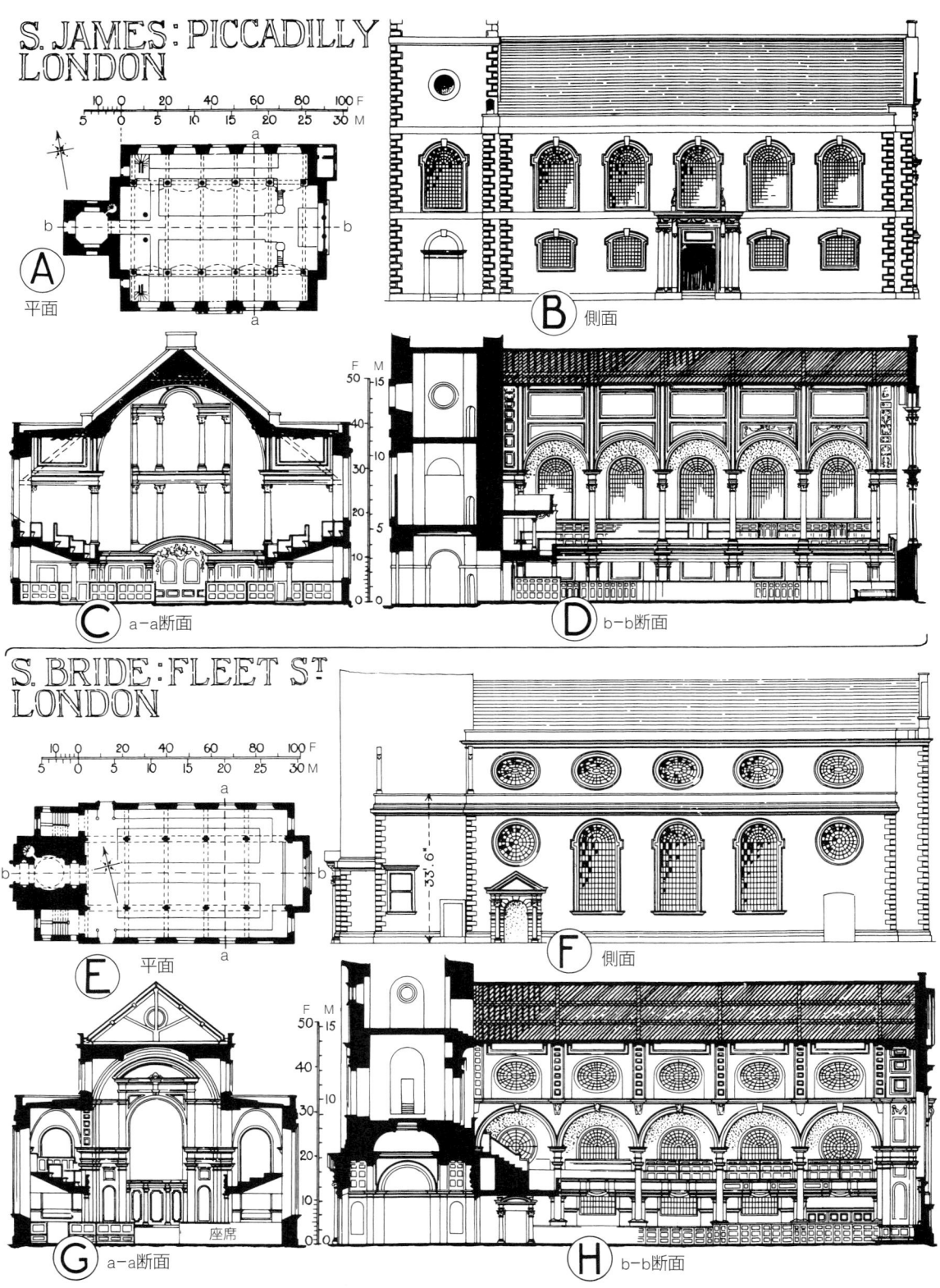

セント・ジェームズ教会堂、ピカデリー、ロンドン（上）。セント・ブライド教会堂、フリート街、ロンドン（下）

1104 ルネサンスおよびそれ以後のヨーロッパとロシアの建築

セント・メアリー＝レ＝ボウ教会堂、ロンドン（左）。セント・ブライド教会堂、ロンドン（右）

れたが、そうした考えはわずかに早くパリに実現したアンヴァリッドに由来している。しかし造型面でのモデルとなったのは、ウェッブによるグリニッジの宮殿のための計画であった。川に向かって開く中庭にはペディメントをのせた大オーダーのポーティコが構え、ドームの架かったランタンが頂部を飾る。この建物の兵舎を思わせる簡素な質は、ドリス式オーダーの採用によって強められている。この中央の玄関ポーティコは、隣接する抽象的かつ平板な両側のつくりに比べて際立っていて、その窓割にみられる変化は普通とは異なるさまを呈している。つまりエンタブラチュアが2つの窓を半分にさき、一方で中央の窓はエンタブラチュアを突き抜けている。高いオーダーと小さな窓との対比がファサードをモニュメンタルなものにしている。

イギリス・バロック（1702-25）

この時代のイギリスのどの建築家よりも、**トマス・アーチャー**（1668-1743）は直接見聞したローマ・バロックから強い影響を受けた。**バーミンガムのセント・フィリップ教会堂**（1709-15、p.1106B）のように、彼の作品にはベルニーニやボッロミーニを参照したあとがいたるところに認められるが、特にこの教会堂はボッロミーニ風の尖塔でよく知られる。その凹んだ側面が多角形のドームへと変化して、さらには窓さえもはなはだしいほどにサンティーボ・デッラ・サピエンツァ聖堂（p.956参照）を模している。

1711年にロンドンのシティに計画された50の新しい教会堂のうち、アーチャーは2つを設計した。第1のそれは**デットフォード**の**セント・ポール教会堂**（1712-30）であり、これは長方形平面にもかかわらず、内部には強い横断軸による集中形式の計画が企図された。建物の前面には力強い半円のポーティコが際立ち、その上には後にランガム・プレイスに建つナッシュのオール・ソウルズ教会堂（p.1129参照）のモデルになる尖塔がそびえる。高い位置にある教会堂には、側面では直線、前面では円弧をなす、ともに手の込んだ階段によってアプローチする。**ロンドン、スミス・スクエア**の**セント・ジョン教会堂**（1714-28、1914の破壊の後再建）では、主入口が現在、横断軸上に設けられている。ここでは単塔が4つの隅の塔に置き換えられており、デットフォードのセント・ポール教会堂にみられる隅部の階段室を発展させたものとなっている。

ウィリアム・トールマン（1650-1719）は、デヴォンシャーの初代公爵のために、彼の最も著名な作品、**ダービーシャー州**の**チャッツワース・ハウス**（1686-、p.1106C）を設計した。内部の面白味に欠ける計画は、印象的な南側立面によって補われており、それは時に

イギリスにおける最初の真のバロック様式によるファサードと言われる。三分割したデザインは12のベイを有するファサードには異例であり、それゆえ中央部の強調を開口よりも壁面においている。この効果は、中央の2つのベイを同等としている（後補の）二重階段や、ファサードの両端部の強調によって弱められている。ここでは溝彫付きのイオニア式大オーダーの使用が、要石を飾る牡鹿の頭の装飾とともに重要な部分をつくりだしている。

ニコラス・ホークスムア（1661-1736）は、最も才能に恵まれたレンの弟子であり、工房における彼の役割はいよいよ重要になっていった。多くの場合、プロジェクトの中での彼ら2人の分担を明らかにすることは不可能である。ホークスムアのスタイルは、抽象的な幾何学と細部デザインにおける量塊性のある簡潔さとを特徴とする。彼は古代のあまり知られてない建造物にさらに深く魅了されたし、またゴシックの形態にも理解を示していた。

ロンドンのセント・ジョージ=イン=ザ=イースト教会堂（1714-34）は、長方形の平面に、第2次世界大戦で破壊される前は集中式の内部空間を有していた。主たる長軸に3つの副軸が交差し、それらのうちの中央のものは中心となる交差ヴォールトによって際立っていた。大部分が無柱式の外観においては、ホークスムアは身廊部、階段塔および高塔に3つの異なる大きさの開口を用い、また扉の上には比例を無視した大きな要石を配して、スケールの実験を試みている。中央の八角形の高塔は、すでに階段塔において別の規模で提示された主題を取り上げており、ゴシック建築からの強い刺激を受けている。

ロンドン、スピタルフィールズの**クライスト・チャーチ**（1714-29、p.1107A）の計画は、主題的にはセント・ジョージ教会堂のそれに類似しており、内部に集中式の性格を持たせた長方形平面とする。ここでは強い交差軸が両側面の出入口まで達している。この教会堂の最も印象的な部分は西側の高塔である。四柱式のポーティコの中央のベイにはアーチ状のトンネル・ヴォールトが架かり、そのモチーフはその上の階で抽象的かつ平板化された形態をとって再び用いられている。中央のアーチは縮小されて、尖塔の頂部にいたるまで何度となく繰り返されている。

ロンドンのセント・メアリー・ウールノス教会堂（1716-27、p.1107B）は、ホークスムアの手になる全ての教会堂の中で最も定型から逸脱したものであった。「ニッチ状」にデザインされた窓と出入口の付いた地階（1階）部分には、帯状のルスティカ仕上げが施され、それは両端の極端に高い2本のドリス式円柱ま

A 王立廃兵院、チェルシー、ロンドン（1682-89）
p.1100 参照

B セント・フィリップ教会堂、バーミンガム（1709-15）
p.1105 参照

C チャッツワース・ハウス、ダービーシャー州（1686-）　p.1105 参照

第32章　ベルギー、オランダ、イギリス　　1107

A　クライスト・チャーチ、スピタルフィールズ、ロンドン（1714-29）p.1105参照

B　セント・メアリー・ウールノス教会堂、ロンドン（1716-27）p.1105参照

C　イーストン・ネストン、ノーサンプトンシャー州（1696/7-1702）p.1108参照

でめぐっている。2階では壁から独立して建つコリント式オーダーが鐘楼部分を取り囲み、一対の小塔を支える。

ノーサンプトンシャー州の**イーストン・ネストン**（1696/7-1702、p.1107C）は、ホークスムアひとりによって建てられた唯一の大規模なカントリー・ハウスである。驚くほどのモニュメンタルな効果は、間隔の狭い大ピラスターの間に押し込められたはなはだ背の高い窓を用いることで達成されている。ファサードは2段階に前に迫り出しており、後の方がより強調されている。つまり2本の巨大なコンポジット式の円柱が主入口を枠取り、普通にはみられない1ベイのポーティコをつくりだしている。このファサードは、一部では4層にまでなる内部の構成を覆い隠している。

レンと同様、ホークスムアも、彼独自のゴシックの形体を用いたが、最も著しいは**オックスフォード**の**オール・ソウルズ・カレッジ**（1716-34）においてであった。彼はつまるところ中庭を囲む北側建物の外観全体を、敷地の既存の建物と調和させて設計することとなった。主ファサードは、2つの塔が中央の入口を枠取りして厳格な対称をなす。ゴシックの2心のオジー・アーチがいたるところに用いられている。

ジョン・ヴァンブラ（1664-1726）は、若い頃には軍務に就いていたが、その後イギリスの最も偉大な建築家の1人となったばかりでなく、名高い劇作家にもなった。より複雑、大規模な設計の依頼においては、彼はニコラス・ホークスムアと協同した。熟達した専門家であったホークスムアは、天賦の建築の才に恵まれてはいるがいまだ経験の乏しいヴァンブラを補った。

ヨークシャー州の**キャッスル・ハワード**（1699-1712、p.1109）は、ヴァンブラの最初のカントリー・ハウスであり、ホークスムアとの広範な協同によって建てられた。大中庭（グレート・コート）の印象的なファサードが、主要な居室部分を収容して横に伸びる背後の主屋を覆っている。両側の2つのサーヴィス・コートは、厨房と既舎を含んでいる。この広大な建築複合体は、1695年のレンによる初期のグリニッジ・ホスピタルの案に相似している。グレート・コートの両側を占める低い無柱式の翼には、フランス風の帯状のルスティカ仕上げが施され、両隅部のアーケードはパッラーディオのヴィラ・バドエル（p.936参照）の手法で、中央棟へと曲がり込んでいる。中央棟の上階は両翼の上高くに盛り上がり、ドリス式の大ピラスターが短く区切ったリズムを刻んで配されている。ドームはドラム上に持ち上げられて、中心をなす主玄関ホールの上に立ち上がる。こうした特徴がイギリス国内の建築でこれほど力強い形で実現されたことはかつてなかった。やや厳格さに劣る庭園側の前面は、モニュメンタリティを達成するために、イーストン・ネストンにおけるのと同じ技巧が使われている。つまり引き伸ばされ、かつ互いに極めて近接したピラスターが、柱間いっぱいの窓をしっかりと枠取りしている。同じく注目されるものに、広大な敷地を飾るヴァンブラの「**風の神殿**」とホークスムアの**マウソレウム**がある。

オックスフォードシャー州の**ブレニム宮殿**（1705-24、p.1110、p.1111A）は、ブレンハイムの地［訳註：ドイツ、バイエルン州の村の名称。ブレニムはその英語読み］におけるフランス軍との戦の勝利を記念するモニュメントとして、マールボロ公のためにヴァンブラとホークスムアとによって建設された。この宮殿はカッスル・ハワードのテーマを拡大したものである。大中庭は、既舎中庭および厨房中庭を両側に従え、見せ場となる主要な諸室は同じく中心軸上に配されている。しかしヴァンブラは、カッスル・ハワードにみられた長く連続する主要な居室部分を、ここでは折り曲げて2つの小さな中庭を囲むブロックとした。巧みに組み合わされた2つのオーダーが、正面ファサードを分節している。両側のコロネードをつくる低いドリス式オーダーは、ルスティカ仕上げの塔によっていったん遮られ、さらに曲線をなす四分円部分で別の形で現れる。それはさらに主屋部分を横切って連続するが、そこではコリント式の大オーダーがかぶさって中央に張り出し、ポーティコを形成する。細部の扱いはたとえばピラスターをオベリスクにみたてるなど、全体に彫刻的かつスケールが大振りであって、全く正統さを欠く。

ノーサンバーランド州に建つ**シートン・デラヴァル**（1720-28、p.1112A）は、いっそう劇的である。北面のルスティカ仕上げされた入口は、円環を加えて仕上げられたドリス式円柱に挟まれている。1822年の火災により内部は焼失した。

グリニッジの**ヴァンブラ・キャッスル**（1717頃）［訳註：自邸］は、ヴァンブラが自分のために建てた3つの邸宅のうちの1つである。全体がほぼレンガで建設され、城砦の持つ裸形の性格を表している。陸屋根や尖った屋根をのせる方形および円形の塔のつくりだす変化や、さらに銃眼付胸壁や跳ね出し狭間（はざま）によって、この建物には城塞風の活気が添えられている。

ジェームズ・ギッブス（1682-1754）はスコットランド人であり、ローマ・カトリック教徒であって、ローマのカルロ・フォンターナの下に学んでイタリアの建築の知識をイギリスにもたらした。当時はアーチャーのみが彼に匹敵する建築家であった。この時期は、ギッブスを通してバロック様式が最後の繁栄を迎えたが、一方でパッラーディオ復興主義がすでに深く進行しつ

第 32 章　ベルギー、オランダ、イギリス

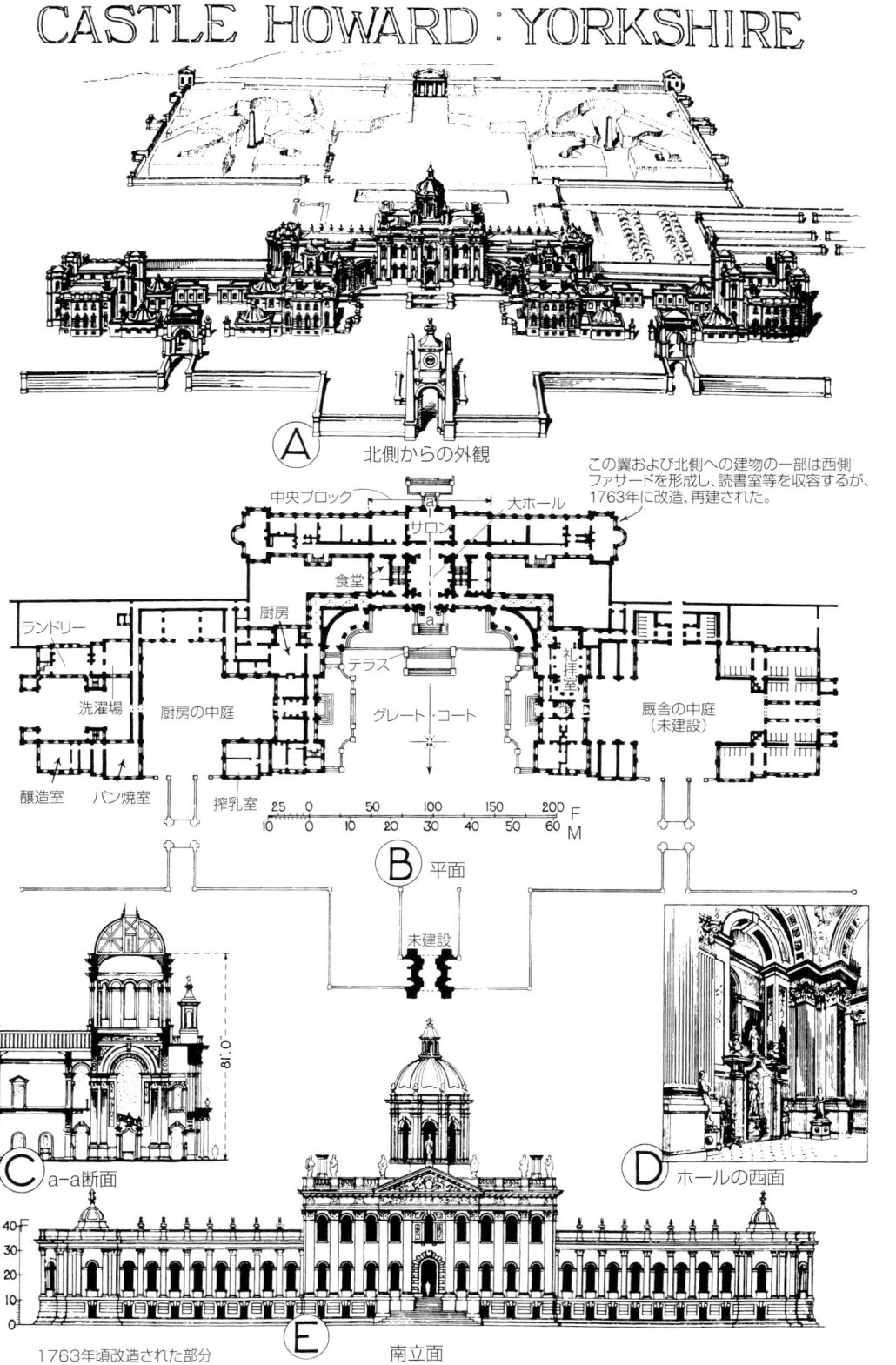

CASTLE HOWARD: YORKSHIRE

Ⓐ 北側からの外観
Ⓑ 平面
Ⓒ a-a 断面
Ⓓ ホールの西面
Ⓔ 南立面　1763年頃改造された部分

カッスル・ハワード、ヨークシャー州

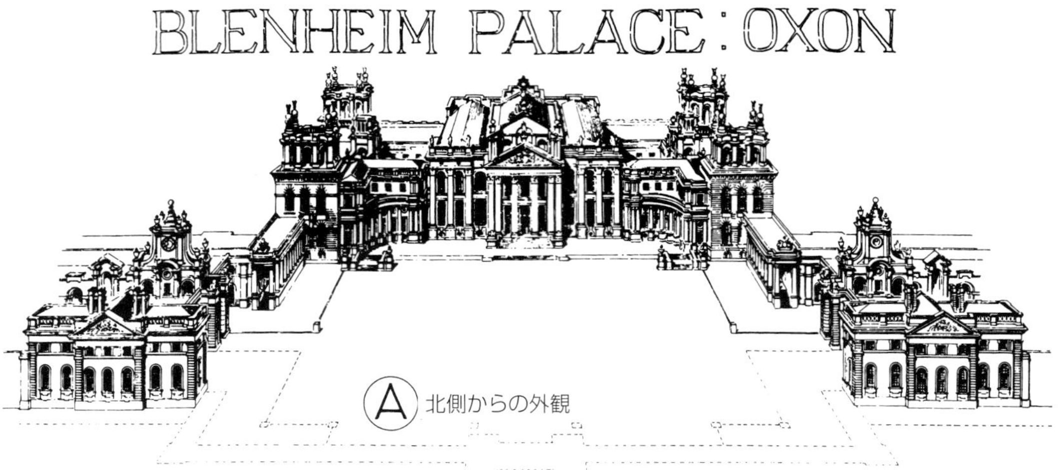
BLENHEIM PALACE: OXON
A 北側からの外観

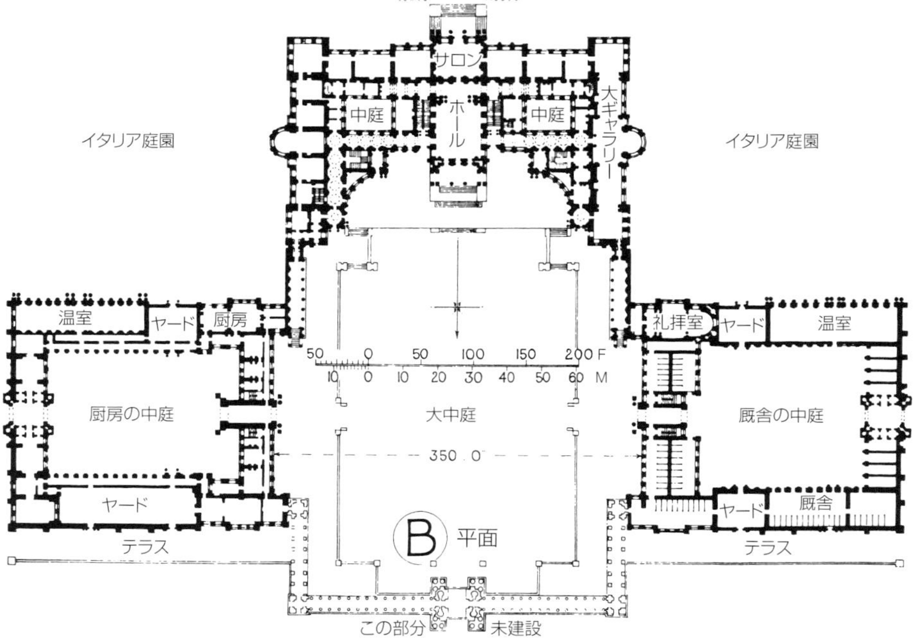
サロン
中庭
ホール
中庭
大ギャラリー
イタリア庭園
イタリア庭園
温室
ヤード
厨房
礼拝室
ヤード
温室
50 0 50 100 150 200 F
10 0 10 20 30 40 50 60 M
厨房の中庭
大中庭
厩舎の中庭
350 0
ヤード
ヤード
厩舎
テラス
テラス
この部分
未建設

B 平面

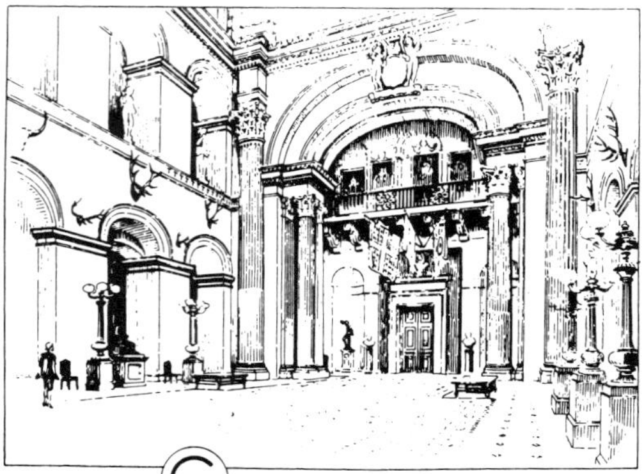

C 大広間

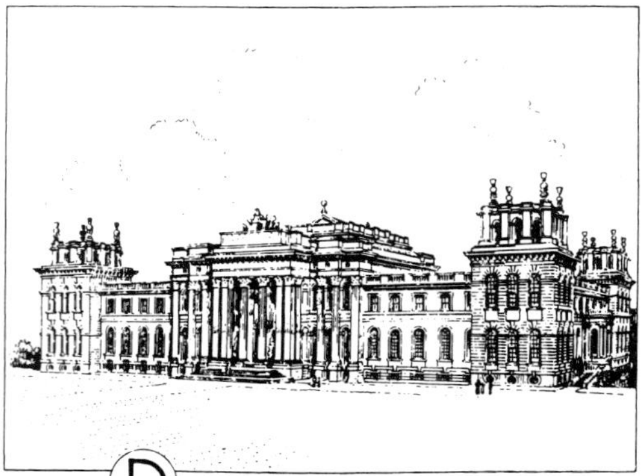

D 東南からの外観

ブレニム宮殿、オックスフォードシャー州

A ブレニム宮殿、オックスフォードシャー州(1705-24)　p.1108 参照

B セント・マーティン=イン=ザ=フィールズ教会堂、ロンドン(1721-26)　p.1113 参照

C ラドクリフ・カメラ、オックスフォード(1739-49)　p.1113 参照

A シートン・デラヴァル、ノーサンバーランド州（1720-28） p.1108 参照

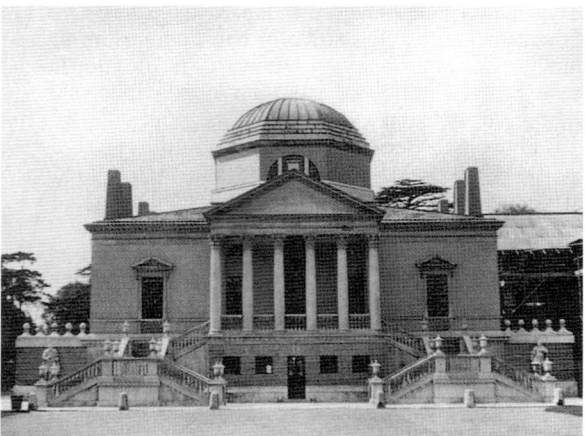

B チズウィック・ハウス、チズウィック、ロンドン(1723-29) p.1113 参照

C ミアワース・キャッスル(1722-25)、ケント州 p.1113 参照

つあった。

ロンドンのセント・マーティン=イン=ザ=フィールズ教会堂(1721-26、p.1111B)は、ギッブスによる設計の中で最も影響の大きいものとなった。彼の当初の円形教会堂の案——これも同様によく模倣された——は、経済性の面で拒絶された。最終の長方形平面の建物は、多くをレンにおっており、特に内部のギャラリーやヴォールト架構の方式においてそれが著しい。特徴的な窓の縁取りが付いた彫刻的な外観には、両側面の入口を明示する後退した円柱が付き、またペディメントをのせたポーティコが正面の主入口を保護している。高塔がポーティコの背後から立ち上がるが、これは大いに批判もされ、また真似もされた。

オックスフォードのラドクリフ・カメラとして知られるギッブス設計の図書館(1739-49、p.1111C)は、ホークスムアによる1715年の初期の案をもとにしていた。いずれも独立した円形平面の形をとり、ルスティカ仕上げされた地階(ベース)の上にコリント式のオーダーがのる。この建物のデザインにみられる短く区切ったリズムは、目新しいものである。壁面の凹凸の繰り返しが、多角形の地階を特徴的なものにしている。その上ではコリント式のペアコラムが、広・狭のベイの繰り返しをつくりだしており、このリズムはバラストレードまで引き継がれる。ドームを支える湾曲したバットレスは、下方の各ベイの中央へと下がっており、ここでは、上述のパターンは変化している。建築の古典的規則に対するこうした背反が、劇的な効果を得るために採用されている。

パッラーディオ主義(1715頃-1750)

『ウィトルウィウス・ブリタニクス』(1715、1717、1725)の著者であるコリン・キャンベル(1729没)は、イギリスのパッラーディオ様式を築いた1人であった。彼はスコットランドの地主の息子で、法律家として世に出たが、やがて『ウィトルウィウス・ブリタニクス』の出版を通じて建築の世界で頭角を現した。ロンドンのウォンステッド・ハウス(1714、1824取壊し)は、自ら意識した最初のパッラーディオ風のカントリー・ハウスであった。「ルスティカ仕上げの」地階(ベースメント)の上に主階がのり、その高い中央部分には六柱式の神殿正面風ポーティコが付いた。キャンベルはセルリオ窓を持つ両隅の塔も設計したが、建設にはいたらなかった。

イングランド首相、ロバート・ウォルポール卿のためにキャンベルが建てたノーフォーク州のホートン・ホール(1722-26)は、4つの塔を持つ一棟形式であり、もともとは翼棟はなかった。ジョーンズのクイーンズ・ハウスをモデルにして、中央サロンと方形ホールの両側に各居室部分が対称に配された。庭園側の外観には半円柱による四柱式のポーティコがつくられ、ドームの架かった各塔にはヴェネツィア窓が付く。入口側正面にはルスティカ仕上げの窓があるが、これはパッラーディオによるヴィチェンツァのパラッツォ・ティエーネに用いられた型のものである。

ケント州に建つキャンベルのミアワース・キャッスル(1722-25、p.1112C)は、パッラーディオのロトンダ(p.936参照)の忠実な模倣であり、イギリスにおけるこうしたいくつかのパッラーディオ風「ヴィラ」の中で最も優れたものである。

バーリントン卿(1694-1753)は、パッラーディオ主義運動のもう1人の中心人物であり、パッラーディオの諸原理に対しいっそう知的な接近を行った。彼は傑出したアマチュア建築家であり、かつ有力なパトロンであったばかりでなく、パッラーディオ主義が風靡するイングランドで自他ともに認める趣味の裁定者となった。チズウィックの地で彼は自ら所有するジェームズ1世時代の居館(現存せず)に、ロトンダを小さくしたようなチズウィック・ハウス(1723-29、p.1112B)を建て増ししたが、そこにはスカモッツィのロッカ・ピサーニ(p.936参照)からのアイデアも取り入れられている。平面はドームの架かった八角形のサロンを2組の一連の居室が取り囲む。円形や八角形、また端部が半円をなすなどのさまざまな形をした部屋の連続は、ノーフォーク州のホーカム・ホールに再度現れ、さらにロバート・アダムに影響を及ぼした。外観については癖のない壁面に確かな目をもって選択された開口が開けられる。背面ファサードに奥まって付くヴェネツィアン・ウィンドウは、パッラーディオ風の建物において長い歴史を持つことになった。建物内部と家具は、バーリントンの被保護者であり、1719年にイタリアから戻ってパッラーディオ風内装のデザイナーとなるウィリアム・ケント(1685-1748)が担当した。1730年代以降、ケントは建築家として成功を収め、建築総監代理の地位を通してパッラーディオ主義を主だった公共建築に導入した。

ヨークの集会場(1730、p.1114A)では、バーリントン卿は舞踏室にパッラーディオのコロネードの付いた「エジプトの間」を用いた。舞踏室の正面と側面には、古代ローマの浴場のようなニッチやアプスを組み込んだ多様な形の部屋が接して並んだ。本来の正面ファサードには曲面を描くポーティコが付き、そこには上部に浴場窓を持つコロネード風のスクリーンが貫通していた。

レスター伯トマス・コークのために、マシュー・ブレッティンガム(1699-1769)によって実施に移された

1114　ルネサンスおよびそれ以後のヨーロッパとロシアの建築

A　集会場、ヨーク（1730）　p.1113 参照

B　ウェントワース・ウッドハウス、ヨークシャー州（1735-70 頃）　p.1115 参照

C　バース、エイヴォン、サーカス（手前、1754）とロイヤル・クレセント（1767-75）の府瞰　p.1117 参照

ノーフォーク州に建つホーカム・ホール（1734-65、p.1116A）は、バーリントンの構想を、ほぼ間違いなくケントのデザインを通して、極めて明解に具体化している。この計画では4つの塔を構える中央棟の各隅部から、それぞれ礼拝室、厨房、ライブラリーおよびゲスト・ルームを収める同じく4つの翼棟が伸びる。こうした各々の要素が明確に区分されかつ個々に屋根をのせるため、外観は変化に富むものの、真にパッラーディオ的な強い階層性を呈している。もっともそこにはパッラーディオの建築にみられる有機的な質は見出されない。ギャラリーはチズウィック・ハウスに由来するが、一方、優れて劇的な中央の列柱ホールには主階段が組み込まれている。

「バーリントン派のハリー」として知られるヘンリー・フリットクロフト（1696-1769）によって設計されたヨークシャー州のウェントワース・ウッドハウス（1735-70頃、p.1114B）の平面とファサードは、ホートン・ホールを長く引き伸ばしたものである。つまりこれはバーリントンおよびキャンベルの追従者たちによって建てられた多くのよくできたパッラーディオ風邸館の1つである。内部は壮麗である。

パッラーディオ主義の運動は、たくさんのヴィラ風小邸宅も生み出した。その中のロジャー・モリスによるトゥイッケナムに建つマーブル・ヒル（1724-29）は、影響の大きかった初期の例である。建物に焦点をあてるために、ルスティカ仕上げの層の上に、ペディメントをのせピラスターの付いた正面を採用している。モリス（1695-1749）は建設業によって頭角を現し、時代にのった理論派の建築家となった。彼の姻戚にあたるロバート・モリス（1702頃-54）は多大な影響を及ぼした一連の建築書を著し、パッラーディオ主義の運動に美学的な論拠を与えた。

ケントによる設計を受けて、ジョン・ヴァーディ（1765没）がホワイト・ホールに完成させた近衛騎兵隊本部（1750-58、p.1116B）は、パッラーディオ風カントリー・ハウスのファサードを公共建築に適用している。明確な輪郭を描くマッスの処理、多様な屋根の線、および奥まったヴェネツィア窓はバーリントンに多くを負っている。また全体を包むルスティカ仕上げは、ウェード将軍のためにバーリントンが建てた家、つまりパッラーディオの図面に基づく家に由来している。

アイザック・ウェア（1766没）はイギリスにおける最も抜きんでたパッラーディオの翻訳者であり、かつ『建築の完全な体系（A complete Body of Architecture）』（1756）の筆者でもある。一連のカントリー・ハウスを設計したが、その中でミドルセックス州、サウス・ミムズに建てられたロサム・パーク（1754）は最良のもので ある。ヴィラ風の中央棟、その両側に続く翼棟とドームをのせた八角形のパヴィリオンが長いファサードを形成している。

ジェームズ・ペイン（1717-89）はこの世紀の半ばに最も成功をみたカントリー・ハウスの建築家であり、当時広まりつつあった「無定見な古風様式」への興味に対抗した、パッラーディオ主義の忠実な擁護者であった。ウィルトシャー州のワードゥア・カッスル（1770-76）では、建物隅部に対をなすピラスターを用いたり、ポーティコには付柱によるさらに複雑なリズムをつけることで、扱いにくいパッラーディオ流のファサードにいくらかの変化をもたらしている。この建物の階段は特にすばらしく、パンテオン風の円形殿堂へとのぼっていく。

スコットランドでは、ウィリアム・アダム（1689-1748）が、いくつかのパッラーディオ風の要素を用いながら、イギリス・バロックの流れを抑制したものをつくり続けた。壮大ではあるが折衷的なホープトウン・ハウス（1723-48、p.1116C）は、チャッツワース・ハウス（p.1105参照）を思わせるピラスターによる大オーダーやバラストレードのパラペット、さらにヴァンブラを想起させる凹面の湾曲部や連続するアーチ窓を持つ一方、パッラーディオ風の四分円コロネードも有する。

エドワード・ロヴェット・ピアス卿（1699-1733）は極めて独創的なパッラーディオ主義者であり、アイルランド建築史上の重要な人物であった。ダブリンの議事堂［訳註：現在はアイルランド銀行］では、玄関ポーティコを取り込んだE字形のイオニア式コロネードが正面を飾る。ドームの架かった下院議事堂（1914取壊し）には、円柱の並ぶ洗練されたギャラリーが付き、その円柱は八角形平面の角部では一対になっていた。

タウン・ハウス

イギリスのパッラーディオ風タウン・ハウスは、ルスティカ仕上げされた礎盤（地階）と、その上に付柱風または暗示的なオーダー、そしてバラストレードないしはパラペットで終わるという一定の形式を導入した。地主貴族の所有地を投機的な建設業者が開発した街路に沿って、あるいは同様の出自によるプライベートな広場の周りに建てられたこうしたタウン・ハウスが、大なり小なり統一感のある家並みをつくりだし、それがジョージ朝時代のロンドンを特徴づけている。マンサールによるパリのヴァンドーム広場（p.1007参照）にみられるような、広場に面する個々の家屋をペディメントの付いた中央飾りで統一する考えは、ロンドンのグロヴナー・スクエア（1725-35）や、バースのクイー

A　ホーカム・ホール、ノーフォーク州(1734-65)　p.1113 参照

B　近衛騎兵隊本部(西面)、ホワイトホール、ロンドン(1750-58)　p.1115 参照

C　ホープトウン・ハウス、ウェスト・ロージャン、スコットランド(1723-48)　p.1115 参照

ン・スクエア(1729-36)に巧みに応用され、1つにまとまった対称的なファサードの印象をもたらした。これはイギリスで長く用いられる都市的な解決法になる。18世紀の都市開発の最も壮観な例はバース(p.1114C)にみられ、ジョン・ウッド(1705-54)とその息子、ジョン・ウッド2世(1728-81)が、クイーン・スクエア、**サーカス**(1754)および**ロイヤル・クレセント**(1767-75)を設計し、それらは相互に通りによって結ばれた。バースにおいて古代ローマの過去が意識的に参照されていることは、対の半円柱が3層構成に並ぶサーカスや、半円柱の大オーダーで統一されたロイヤル・クレセントにはっきりみてとれる。

　4つの統一された宮殿正面の趣を持つテラスハウス[訳註：統一して設計された連続住宅]によって形成される理想的都市広場(スクエア)は、18世紀のロンドンで、最終的には**ベッドフォード・スクエア**(1776-86)の建設によって達成された。その建築前面は、おそらくベッドフォード地区建設監督官であったロバート・パルマー(多分、トマス・レヴァートンと共同)によってデザインされ、投機的な建設業者、ウィリアム・スコットならびにロバート・グルーの管理下で実現した。

　合理的古典主義の都市の十全な実現は、規模と重要性を異にした直行する囲み状の道路とそれに一体化した均一で豪華なデザインの方形広場(スクエア)とからなるが、それは**エディンバラ・ニュータウン**(1766-)でジェームズ・クレイグの設計により達成をみた。第2、第3のニュータウンは19世紀初頭を通じて建設され、さらに最初期の直交道路が囲むニュウタウンは、優れた敷地に恵まれた円形広場や三日月型家並み(テラス)、驚くほど長大な統一性ある連続住宅の建設による絵画的(ピクチュアレスク)手法へと展開していった。例を挙げれば、ロバート・リードの管理下に建設された**グレート・キング通り**(1812-20)、いずれもジェームズ・プレイフェアによる**ロイヤル・サーカス**(1820)と**ロイヤル・テラス**(1321着工)、さらにジェームズ・ギレスピー・グラハムの手になる**モレー・プレース**(1822-30)がある。

フォリー

　この時期のイギリスの特徴的な建物種類にフォリーがある。フォリーとは型にとらわれないデザインの構築物であり、その主要な目的は、視覚的な楽しみにある。それらは通常、個人の所有地内だが、庭園の区画の外にも建てられた。よくできた例にはブリストルの**アーノス・キャッスル**(1750)がある。それはキープや角櫓、狭間胸壁やピナクルを持つ疑似の城である。この城はほとんど全て黒い銅のスラッグでできており、ホレス・ウォルポールによって「悪魔のカテドラル」と名づけられた。

新古典主義(1750-1830)

　イギリスの建築家の中で最も創意に富んだ1人であるロバート・アダム(1728-92)は、スコットランドの建築家の第一人者であったウィリアム・アダムの息子である。イタリア歴訪(1754-58)の後、ロバートはロンドンに居を構え、古い住戸の内部改修によって頭角を現した。彼の作品は、アラベスク模様やグロテスク模様、さらに着色やスタッコ仕上げされたメダイヨンといった、「刺繍した」ような表面装飾で全体がデザインされた内部でよく知られ、そうした装飾要素がつまるところ特有の「アダム・スタイル」になる。彼がデザインした部屋の形状や装飾的細部は、自身の古代研究に想を得たものであり、根本的なところでイギリスの新古典主義の発展に貢献した。

　ダービーシャー州の**ケドルストン・ホール**(ジェームズ・ペインにより着手、1757-59。南面も含めR.アダムとJ.アダムにより完成、1759-70、p.1118)は、はっきりとしたパッラーディオ主義との訣別を示している。ペインによる平面計画はホーカム・ホールのそれに類似するものの、4つのパヴィリオンが四分円形で結び付けられており、いっそう仰々しい。さらに北側ファサードも同様であり、壮大なパッラーディオ風手法によっている。しかしアダムによる南側ファサードでは、ペディメントの付いた神殿正面の形式が、彫刻で飾った好古趣味の、コンスタンティヌスの凱旋門を模した凱旋門に置き換えられている。内部はたいそう堂々として威厳に満ちている。すなわちペインが設計したホールやサロンは、アダムによって手が加えられ、後者のサロンにはパンテオン風の段状ドームが架かって、古代のロトンダ(スパラトにあるそれのような)のようである。

　オステリー・パーク(1763-80)と**サイオン・ハウス**(1762-69)は、いずれもロンドンの西に位置し、当初の建物の改造である。オステリーはエリザベス1世時代の中庭と邸館からなっていたが、内部を取り壊してさまざまな古代趣味の様式で新たに内装が施された。1つの翼にはペディメントののった玄関ポーティコが組み込まれたが、その形態は古代ローマの「オクタヴィアヌスのポーティコ」によっている。もっとも細部的には、細身のイオニア式円柱はギリシア的である。

　もともとがジェームズ1世時代の建物であるサイオンでは、アダムはその中庭中央に量感のあるロトンダを挿入する意向であったが未完に終わった。改造された内部は、多様な形の部屋が個性的な連続をつくりだして殊更みごとである。各々の部屋はニッチやアルコー

KEDLESTON HALL : DERBYSHIRE

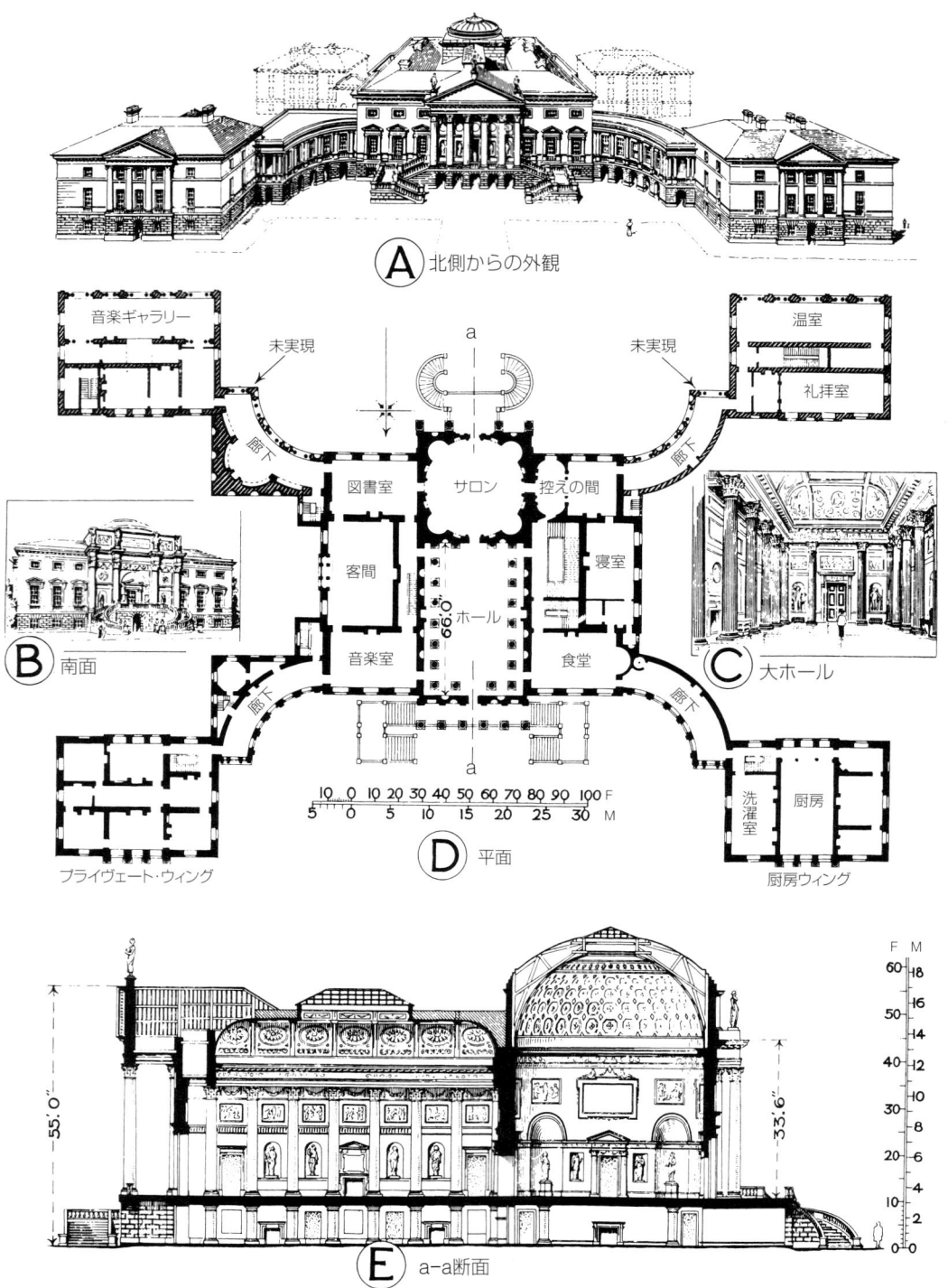

Ⓐ 北側からの外観
Ⓑ 南面
Ⓒ 大ホール
Ⓓ 平面
Ⓔ a-a断面

ケドルストン・ホール、ダービーシャー州

ヴ、さらに壁付き円柱や壁から離れた円柱が豊かな彫刻的効果を生み出している。

エアーシャーに建つ**カルジーン・キャッスル**(1777-92、p.1120A)は、アダムによる城館風邸宅のうち最も大規模なものである。これはカシリス伯のために建てられ、中世のキープを組み込んでいる。角櫓や狭間胸壁のために全体として城塞的な印象を与えるが、窓周りの細部や建物内部は全く古典的である。

エディンバラのシャーロット・スクエア(1791-1807)は、アダムが設計したいくつかのテラス住宅(連続建住宅)の1つである。中央部にはポーティコ、両端部には張り出したパヴィリオンが付き、広場に面する一面全体に統一された建築的処理が施されている。この建物は多くの点でもっと早い時期のテラス形式の住宅を思い起こさせるが、細部の処理や装飾については典型的なアダム様式をみせる。同じくアダムによるものに、同様の**ロンドンのフィッツロイ・スクエアのテラス住宅**(1790-94)があり、またこの種の彼の最初の事業であるロンドンのアデルフィ(1766-72、1937に大部分取壊し)では、川岸にアーチをなした開口が並び、その上にテムズ川を見晴らしてテラス住宅が配された。

ロンドンのポートマン・スクエア20番地(1773-36、p.1120B)および同市**セント・ジェームズ・スクエア20番地**(1771-74)の住宅は、いずれもアダムの手になり現存するロンドンのタウン・ハウスである。これらはその新古典主義的な壮麗な装飾ばかりでなく、狭い敷地での巧妙な計画にも注目される。両者とも入口は中央に配することができなかったが、それにもかかわらずアダムは彫刻的な形をした諸室の連続を全体として一体化するよう工夫を凝らした。

バッキンガムシャー州のストウ邸では、オーナーのコバム子爵とテンプル卿によって進められた広範な改築の一部として、アダムが南正面(1771)を設計した。敷地はブリッジマンやケントその他によって整備が続けられ、この時代の現存する主要な庭園の1つになっている。ヴァンブラやギブス、ケントその他の人々がさまざまな様式でデザインした印象的な庭園建物が幅広く取りそろえられ、この造園の多様性を補完している。

ウィリアム・チェンバース卿(1723-96)はパリ(1749-50)とイタリア(1750-55)で建築家の修業をした。彼はロンドンに居を構えて(1755)たった1年でイギリス皇太子の建築家兼教師に任命され、そこからさらには王室や国の施設を担当する、この時代の主導的な建築家となった。彼はスフロの新古典主義に影響を受けたが、様式的にははるかに幅のある仕事をしている。

ロンドンのサマセット・ハウス(1776-86、東西の増築の完成は1835と1856、p.1121A)は、諸官庁を収容すべく建設されたもので、ストランド街とテムズ川に挟まれた広い敷地を埋めている。ストランド街側のファサードは16世紀イタリアの宮殿の手法により、アーチ式開口部を持つルスティカ仕上げの地階(ベースメント)の上にオーダー(半円柱)がのる控えめな9ベイをなす。ファサードの向こうには、間口の2倍の奥行のある広大な中庭が広がる。中庭に面する長く伸びた側面と突き当たりの立面は、ペディメントのない張り出した中央部が付き、ヴァンブラのいくつかの建物のみならず、たとえばA.J.ガブリエルのプティ・トリアノンを思い起こさせる。つまりその規模にもかかわらず、それらは比較的抑えられたデザインとなっている。川に面した威厳のあるファサードは、19世紀に手が加えられているものの、いまだにチェンバースの意図をよく伝えている。これはほぼ200mと、たいそう長大でしかも対称形であるが、いくぶんヴェルサイユ宮殿のようにいくつかの副次的な部分が組み込まれている。最も外側の部分にはパッラーディオ風の橋に似た川と連絡する水門が付く。中央に嵌め込まれたコロネードは、上方にペディメントののった屋階(アティック)と背後にはドームを伴って、控えめに中央を強調している。

チャールモント卿のために建設された、**ダブリン近郊のマリーノに建つカジーノ**(1759以前に設計されたが、1769まで未着工、p.1124E)は、全く規模の違う作品である。平面はギリシア十字形で、ヴァンブラによるカッスル・ハワードのテンプル(礼拝堂)を想起させるが、チェンバースのこの建物は入念に検討されたドリス式であり、他の要素も目配りのきいた古典様式となっている。オーダーの張り出しとその結果生じた隅部の空隙が、この小さな建物に独特の彫刻的特質を付与している。

ロンドンのキュー・ガーデンズは、王の居館、キュー・ハウスに付属する庭園で、1757年から1763年までチェンバースによって管理された。この庭園は多彩な様式による庭園建物でとりわけよく知られている。チェンバースが担当する前でさえ、1棟のイスラム風の建物(「アルハンブラ」)がすでに建てられていた。彼自身はいくつかの神殿の他、「古代ローマ風アーチ門」や、有名な「中国風パゴダ」を加え、それらは今も現存しているし、またトルコ風「モスク」やゴシックの「カテドラル」も含まれていた。

オックスフォードシャー州のニューナム・コートネイ(1773)は、チェンバースによって計画された、2戸建の19棟のコテージで構成される別荘地であり、こうした投機事業の早い例である。屋根窓の付いた低層の

A　カルジーン・キャッスル、エアーシャー(1777-92)　p.1119 参照

B　ポートマン・スクエア 20 番地の住宅、ロンドン(1773-76)　p.1119 参照

第 32 章　ベルギー、オランダ、イギリス

A　サマセット・ハウス、河岸正面、ロンドン(1776-86)　p.1119 参照

B　税関、ダブリン(1781-91)　p.1122 参照

コテージは、たとえデザイン的にみるべきものがなくとも、心地よい簡素さを示している。こうした「モデル」別荘地は、この時期を通じて、特に北イングランドを中心にますます普及していった。

ダブリンの税関(1781-91、p.1121B)および同じく**ダブリンの裁判所**〈フォー・コート〉(1786-1802、p.1123A)は、チェンバースの協力者であった**ジェームズ・ガンドン**(1743-1823)の作品である。税関はレンのチェルシー廃兵院やグリニッジ・ホスピタルを参考にしてはいるが、明らかにサマセット・ハウスに連なるものである。同様に、裁判所もレンのセント・ポール大聖堂に負うところが大きい。ただし、大聖堂に特徴的であったドームと採光塔は、扁平な形状のドームに変えられ、ルドゥーを思わせる単純化したシルエットを生み出している。

スタッフォードシャー州にある**シャグバラ公園**には、ニコラス・レヴェットと共著で『アテネの古代遺物』を出版したジェームズ・アセニアン・ステュアート(アテネ人ジェームズ・ステュアート、1713-88)の設計になる著名な庭園建物(1760頃-71)がある。園内に古代アテネの記念建造物の複製――「ハドリアヌスのアーチ門」や「風の塔」、「リュシクラテスの記念碑」――が再建されている。

ミドルセックス州、トウィッケナムに建つ**ストロベリ・ヒル**(1748-77、p.1125A, B)は、ホレス・ウォルポール(1717-97)が自身の隠居所として、ジョン・シュート、リチャード・ベントレイ、ロバート・アダム、ジェームズ・ワイアット、ジェームズ・エセックスらの建築上の寄与をもとに創作したものである。初めの段階では、古典的細部を奇抜なゴシックのそれに単純に置き換えるといった、18世紀半ばのゴシックに対する取り組み方を示しているが、仕事が進むにつれ、この建物は真に革新的になっていた。塔や角櫓、破風、狭間胸壁、煙突、尖頭窓のような「ゴシック」要素の幅の広がりやその量の他に、建物全体に関してもまた多くの各部分についても、いずれも全体を律するような対称性が避けられた。それゆえ偶発的に増築を繰り返した中世の邸館のような効果を呈している。

ジェームズ・ワイアット(1746-1813)は、この時期に最も多作な建築家であった。ヴェネツィアで6年を過ごした(1762-68)後、彼はパンテオンの設計で名を成しており、その膨大な作品群の多くは、新古典主義を強く意識したものであった。彼は生涯の終わり近くになって、ゴシックの方式に賛意を示した。

ロンドンのパンテオン(1769-72、1792に焼失、最終的には1937取壊し)は、オックスフォード街に建つ一連の集会室からなる有名な社交場であった。最大の部屋(先の名称はこれに基づく)は仮面舞踏会用で、(木造の)格間付きドームや丸窓、さらには扁平な支持アーチを持ち、実際のところイスタンブルのハギア・ソフィアの新古典的解釈であった。ワイアットの新古典的なカントリー・ハウスの中で、**グロスターシャー州**に建つ**ドッディントン**(1798-1808、p.1125C)は、そのギリシア風ポーティコで特に壮麗であるし、ペディメントの付かない背後のファサードはチェンバースを思わせる。

オックスフォードのラドクリフ天文台(1773-、p.1125D)は、ワイアットによる新古典的な作品であり、そのファサードは幾何学を用いた大胆な構成をとり、その最上階部分はアテネの「風の塔」の改作となっている。

ウィルトシャー州の**フォントヒル・アビー**(1796-1812、1825に塔は崩壊、現存せず)は、交差部がイーリ大聖堂を思わせる八角形で、4つの全く異なる長大な翼が伸びるように計画された特異なゴシック様式の住居であった。フォントヒルはその塔の巨大な高さのみならず、洞穴のような内部を見通す驚くばかりの眺めの連続によって、十分な効果をもたらしたに違いない。ワイアットの遺作である**ハートフォードシャー州**の**アシュリッジ・パーク**(1803-13、p.1125E)には塔の全高をそのまま占める恐ろしいほどの中央ホールがあるが、ここではフォントヒルの様子を幾分か味わうことができる。A. エリオットとJ. エリオットによる**テイサイド**の**テイマウス・キャッスル**(1806-10)は、ワイアットから大きな影響を受けており、壮観な塔状のホールを有する。

ジョージ・ダンス(子、1741-1825)は、ジョージ・ダンス1世(ロンドンのマンション・ハウスを設計した建築家)の息子であり、17歳の若さでイタリアへ赴き、7年を過ごしたその地で、おそらく彼の後の作品にみられる大陸の新古典主義の知識を習得した。彼は、著名なその弟子、ジョン・ソーン卿に大きな影響を及ぼした。

ロンドンのニューゲイト刑務所(1769-80、1902取壊し、p.1126A)は、その用途に正にふさわしい、人を拒むようなルスティカ仕上げのファサードで、ピラネージの「牢獄」のエッチングの雰囲気に通ずる。このファサードの背後には、囲み形式の3つの棟が配される。ファサードの中央部の要素はパラッツォ・ピッティのようなフィレンツェの邸館を丹念に模しているが、一方、両翼棟の端部の張り出しに付く盲窓の凹んだ部分とは奇妙にスケールが異なっていた。

ハンプシャー州の**ストラトン・パーク**(1803-4、ポーティコのみ現存、p.1123B)は、精神的にはルドゥーに近い非妥協的な厳格さをみせる住宅である。ほとんど

A 裁判所、ダブリン(1786-1802) p.1122参照

B ストラトン・パーク、ハンプシャー州(1803-4、ポーティコを除き取り壊し) p.1122参照

1124　ルネサンスおよびそれ以後のヨーロッパとロシアの建築

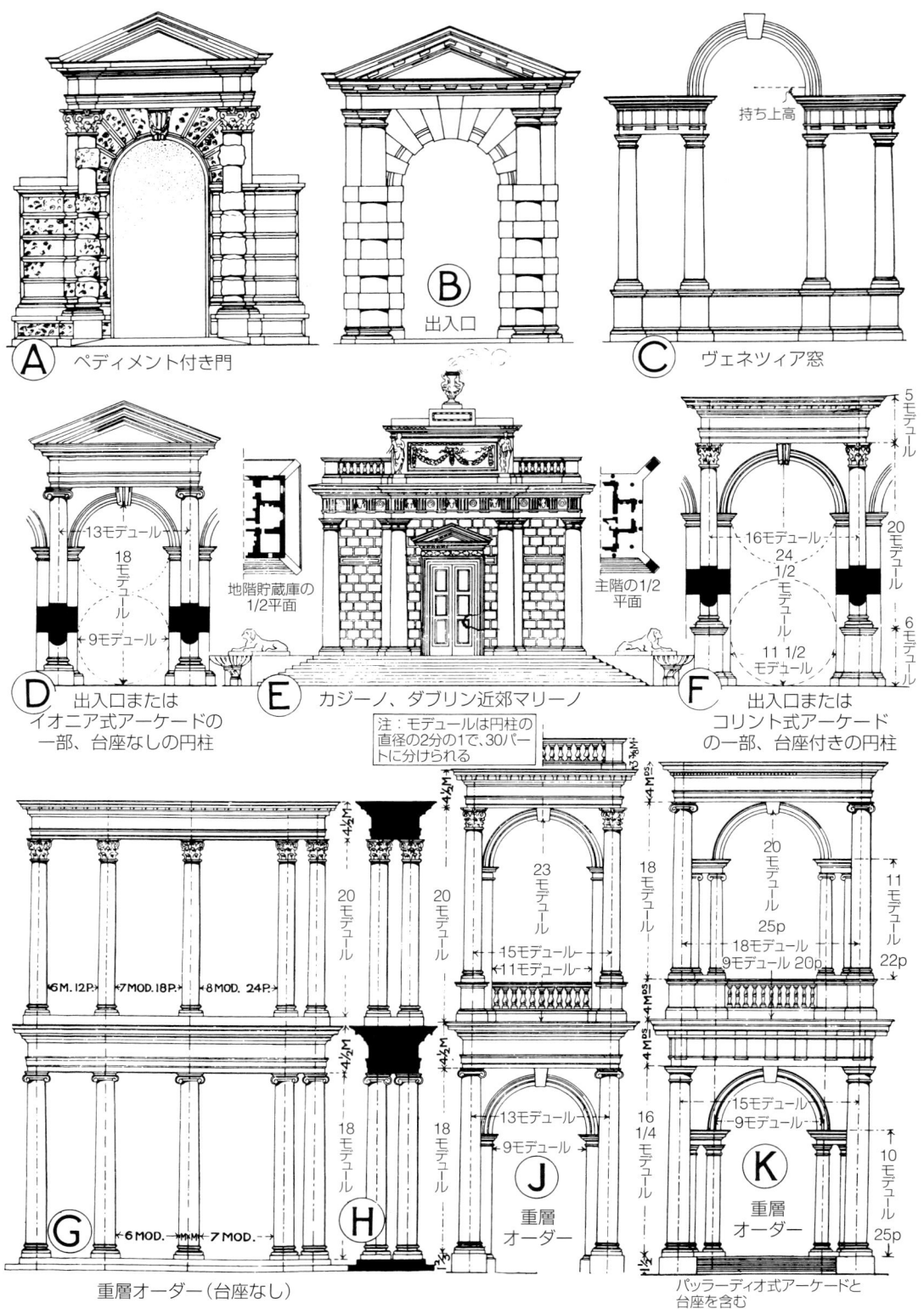

イギリスの新古典主義

第 32 章　ベルギー、オランダ、イギリス　　1125

A　ストローベリ・ヒル、トゥイッケナム、ミドルセックス州（1748-77）　p.1122 参照

B　ストローベリ・ヒル、トゥイッケナム、ミドルセックス州、ギャラリー

C　ドッディントン、グロスターシャー州（1798-1808）p.1122 参照

D　ラドクリフ天文台、オックスフォード（1773-）　p.1122 参照

E　アシュリッジ・パーク、ハートフォーシャー州（1808-13）p.1122 参照

A ニューゲイト刑務所、ロンドン(1769-80、1902 取壊し)　p.1122 参照

B　イングランド銀行(1788-1823、1927 にほとんどが取壊し)、ロトンダへの戸口がみえる南東角、ロンドン
p.1127 参照

C　ソーン博物館、(旧リンカーンズ・イン・フィールズ 13 番地の住宅)、ロンドン(1812-13)　p.1127 参照

平板なファサードからポーティコが突き出し、溝彫のないギリシア・ドリス式の円柱が、ドリス式のフリーズを伴って並んでいた。

建設業者の子に生まれた**ヘンリー・ホランド**(1745-1806)は、ケイパビリティ・ブラウンの下で働き、その娘と結婚した。彼の最大の作品である**ロンドンのカールトン・ハウス**(1763-95、1826取壊し)は、彼がイギリス皇太子のために拡張したものであり、当初、ナッシュによるリージェント・ストリートの開発の焦点を形成した。特にフランスから多くのアイデアを受け入れて、彼の諸作品は新しい単純性を獲得している。ホランドは、ジョージ・ダンス(子)とともにジョン・ソーンの教師の1人であった。

ロンドンのホワイトホールを見渡す**ドーヴァー・ハウス**の新しい**ファサード**(1787)は、背後の当初の邸館を覆い隠している。それはイオニア式のポーティコが張り出したルスティカ仕上げの壁面からなる。ポーティコの両側には独立円柱が立ち、その上のエンタブラチュアは迫り出して、飾り壺を支える。ポーティコの背後には、円形のドリス式の玄関間が控え、後方の邸宅へと導く湾曲した階段を収める。

ジョン・ソーン卿(1753-1837)はイタリアで3年間(1778-80)を過ごす前、ジョージ・ダンス(子)とヘンリー・ホランドの下で学んだ。1788年に彼はイングランド銀行の建築監督官に任命された。大陸の建物から多くの影響を受けていたが、結局のところ彼は18世紀後半の最も個性的で、模倣に傾くことから最も縁遠い建築家であった。つまり彼は、間違いなくイギリスの最も偉大な建築家の中に列せられる。

ロンドンのイングランド銀行(1788-1823、1927にはほとんど取壊し、現在の銀行内部は1930-40年にかけてハーバート・ベイカー卿による。ただし、1792年の債権業務部（バンク・ストック・オフィス）は、1990年に再建、p.1126B)は、ソーンの代表作であった。敷地は窓のないルスティカ仕上げの障壁をめぐらしているが、それはティヴォリにある古代ローマの円形神殿から綿密に翻案した有名な「ティヴォリ・コーナー」を含めて、今も広範に残る。洞穴のような内部ホールの数々は、ピラネージに刻まれた古代ローマの建物の内部を思わせる。特に印象的なのは債券業務部に加えられた「ロトンダ」であった。ここでは分節はニッチ、窓、扉および単純な帯状装飾に限られ、壁面がほとんど途切れることなくドームへと連続する。内部の効果の大部分は、曲面の重なりの相互作用や、さらにはドームの基部と変化に富んだ陰影を落とす上方の採光塔(かろうじて認められる女像柱（カリアティド）が支える)双方からの劇的な光によって達成された。より優美な旧配当事務部でも、下部にはオーダーを省いている。つまり、ここでは上方のドームを支える各アーチが、そのまませぎるものなく極めて細いピアの上に集中した。欠くことのできない内部採光のほとんどは、ここでも上方のドームから降り注いだ。ドームは今度は対をなす比較的大振りな女像柱を組み込んでいるものの、大部分は斬新な大きいガラス面で構成されていた。

現在はソーン博物館となっている**ロンドンのリンカーンズ・イン・フィールズ13番地の住宅**(1812-13、p.1126C)は、この建築家自身のタウン・ハウスであった。ファサードは3ベイからなる平板なアーケード構成の張り出しを持ち、一風変わっている。奥に向かって広がりをみせる内部は、当時も今と同じようにさまざまな収集品の詰まった互いに連続する無数の部屋へと展開する。ソーンは彼特有の湾曲ヴォールトを用い、さらに鏡を奇抜に使って進んだ採光の試みを行った。つまり軽快で優美なものから閉所恐怖症を起こさせるほどのものまで、多彩な空間体験が創り出されている。

バッキンガムシャー州のティリンガム・ホール(1793-1800頃、1909にドームを付加)は、ソーンによって設計された多くのカントリー・ハウスの1つである。背が高くほっそりしたピラスターや円柱がさまざまな間隔をおいて並べられていることで、洗練さを増している。

ロンドンのダリッジ・アート・ギャラリー(1811-14、p.1128A)は、フランシス・ブァズワー卿から遺贈された限られた資金によって建設されたもので、1つの側面に彼の墓廟が付く。レンガ積みの外観にはほとんど装飾が施されず、デザインはわずかな表面の変化によって表れている。中央の墓廟(これは彩色されたドリス式の内部を持つ)は、みかけ上はギリシア十字形平面のように張り出しており、その3つの腕と交差部の塔の上には石棺や壺がのっている。この建築の持つ原始的な特質は、墓廟の偽扉周りの古拙的なギリシア風枠取りによって高められている。それは各腕の実際には腕本体から離れて建ったアーチ架構の先端部分に位置する。

ロンドン、ウォルワースのセント・ピーター教会堂(1823-24)は、典型的なソーンの教会堂である。ペディメントのないイオニア式ポーティコの上に、簡素であっても優美さを失わない、細く絞られた量塊性のある尖塔が建つ。

ジョン・ナッシュ(1752-1835)は、不動産開発業者として仕事を始め、1783年に破産するまで前面がスタッコ仕上げの住宅をロンドンに建設した。1795年以降、彼は新たにカントリー・ハウスの建築家として成功の道を歩み始め、当初はレプトンと組んでさまざ

1128　ルネサンスおよびそれ以後のヨーロッパとロシアの建築

A　ダリッジ・アート・ギャラリー、ロンドン（1811-14）
p.1127 参照

B　パーク・クレセント、ロンドン（1812-）　p.1129 参照

C　クロンクヒル、シュロプシャー州（1802 頃）　p.1129 参照

D　ロイヤル・パヴィリオン、ブライトン（1815-21）
p.1129 参照

E　セジンコート、グロスターシャー州（1805 頃）　p.1129 参照

な様式による住宅を建てた。1825年にはジョージ4世からバッキンガム宮殿の建設の命を受けたものの、ほどなくしてあくどい手口を使っているのではないかという嫌疑をかけられた。彼の設計は日の目をみることなく、1830年に王が死ぬと、彼はエドワード・ブロアに取って替わられた。

デボン州に建つ**ラスクーム・キャッスル**（1800-4）および**シュロプシャー州**に建つ**クロンクヒル**（1802頃、p.1128C）は、ナッシュによる初期のカントリー・ハウスの設計の中の2つである。ラスクームは中央に八角形の塔を配した非対称の平面で、ゴシックの城郭をイメージしている。クロンクヒルの方は、クロード[訳註：クロード・ロラン、1600頃-82、フランスの画家]の絵画で賛美されたような類の、イタリアの土着的な農家風建築におおよそ基づいている。

グロスターシャー州の**ブレイズ・ハムレット**（1811）は、隣接する邸宅の所有者を施主に、ヴァナキュラーなイギリス式で建設された珍しい村である。各々のコテージはポーチや破風、高い煙突やさらには草葺き屋根といった特徴を利用して、それぞれ異なったものとなっている。

ブライトンの**ロイヤル・パヴィリオン**（ナッシュによる改築、1815-21、p.1128D）は、東洋風の様式で、外観は格子細工やねぎ坊主型ドームおよびミナレットが全体の基調となっている。内部も同様に活気に満ちている。宴会用広間は形態上はソーンによる銀行ホールに似ているが、その密度が高く、異国風で鮮やかに着彩された装飾は、それとは隔たった世界である。

ナッシュは、**ロンドンのリージェント・ストリート**と**リージェンツ・パーク**（p.1130A）およびその周辺の計画に、1811年から1830年まで心血を注いだ。リージェント・ストリートに面するファサードだけでなく、この仕事の多く、特にリージェンツ・パークを取り囲む北側のそれは今も健在である。この大規模かつ一貫した都市プロジェクトは、大方、1811年に王室に返還された農地が元になっている。そのはずれには景観整備された区域（リージェンツ・パーク）が設けられ、池や木立が堂々としたテラス式住宅や快適なヴィラとともに配された。公園から南に向かっては、1本の新しい通り（ポートランド・プレースおよびリージェント・ストリート）が蛇行して進み、摂政皇太子（後のジョージ4世）の居館であるカールトン・ハウスに達して王室の道をつくりだした。この道に沿う種々のフォーマルな特徴（たとえばオックスフォード・サーカスのような）とは別に、1列にならんだ建物のほとんどは、性格的に著しく「それ独自の」ものであり、通りの軸の変化とあいまってこの王室道路に意図的な多様性を加え

ていたであろう。この南の区域に対するナッシュの計画は、西へのモール街や東に向かってのトラファルガー広場やストランド（通り）によって、最終的にはバッキンガム宮殿を包み込むように大きく広げられた。現存する建物のうち、リージェンツ・パークの入口にある半円形の**パーク・クレセント**（1812-、p.1128B）は、ナッシュに典型的な、特徴のある白色スタッコ仕上げの外観（安っぽいレンガ積みを隠すため）をとっている。イオニア式のペア・コラムがつくりだすその全体的な弓形によって、この建物はナッシュによるテラス式住宅の中で最も洗練され、かつ劇的なものとなっている。ただし公園を見下ろす**カンバーランド・テラス**（1827-）に代表される他の多くのテラス式住宅ほどには、装飾が施されたり、派手に扱われているわけではけっしてない。

ランガム・プレイスのオール・ソウルズ教会堂（1823-24）は、ほとんど教会堂本体から離れて建つような円筒形の玄関塔を持ち、リージェント・ストリートと一体化するように配置されている。幾何学的な明晰さは上部の尖塔にも適用され、円錐形の尖頂屋根がコロネードのめぐるドラム部から突き出している。ナッシュの計画のいま1つの壮大な痕跡は、ローマのコンスタンティヌスの凱旋門を綿密に模した**マーブル・アーチ**（1828）である。これはかつては、モール街のずっと端、バッキンガム宮殿の前に建っていたが、1850年から1851年にかけて、現在の位置に移された。

S. P. **コッカレル**（1753-1827）によって**グロスターシャー州**に建てられた**セジンコート**（1805頃、p.1128E）は、おそらくイギリスにおける最初の「インド風」建築である（もっとも内部は古典様式であるが）。細部はトマス・ダニエルによってインドで作成された図面から、レプトンが選択した。コッカレルは、**オックスフォードシャー州バンベリー**に、集中式平面の注目すべき**セント・メアリー教会堂**（1792-97）も設計した。

建築家の息子であったウィリアム・ウィルキンス（1778-1839）は、建築の仕事に就く前に、イタリア、ギリシア、トルコと広範に旅行した。その後、建築家の経歴を歩み、グリーク・リヴァイヴァルの旗手となった。

ロジアンのダルメニー・ハウス（1841-17）は、ウィルキンスの常日頃のギリシアへの嗜好にもかかわらず、時代意識に立ったテューダー朝ゴシックの極めて早い例である。

ケンブリッジに建つダウニング・カレッジ（1807-20）は、ギリシア様式ばかりでなく、一連のそれぞれに独立した建物を中央の広い芝生地を囲んでまとめたその画期的な構想においても注目される。（エレクテイオ

A　カンバーランド・テラス、リージェンツ・パーク、ロンドン（1812-13）　p.1129 参照

B　ユニヴァーシティ・カレッジ、ロンドン（1825-27）
p.1131 参照

C　大英博物館、ロンドン（1823-46）　p.1131 参照

ンから周到に取り出された細部にもかかわらず）個々の建物はむしろ面白みに欠けるが、その全体はカレッジの学術的威厳にふさわしいものを達成している。

ロンドンの**ユニヴァーシティ・カレッジ**（もとはロンドン大学、1825-27、p.1130B）の中では、方形の中庭の背面中央に並ぶ建物のみがウィルキンスによるものである。古物趣味ははなはだ乏しいが、その巨大なポーティコと前面のオープンエリアが、この建物を極めて堂々としたものにしている。これは多くの同様の公共建築で模倣された。ウィルキンスによる**ロンドンのナショナル・ギャラリー**（1833-38）は、広がったファサードが、幾分チェンバースのサマセット・ハウスに負ってはいるものの、やはり同じ系列のものである。

エディンバラの**スコティッシュ・アカデミー**（もとは王立学士院、1822-35）は、W. H. プレイフェア（1790-1857）によって設計された。彼はロバート・アダムやトマス・ハミルトンおよびその他の人々と一緒に、1800年頃から多年にわたってエディンバラの再開発に実質的な責任を負っていた。この建物は突き出たギリシア・ドリス式のポーティコを持ち、さらに両側の長く続くドリス式のコロネードは古代ギリシアのストアに似るが、両端部で張り出しており、そこでは一対のスフィンクスが屋根の線に変化を与えている。

トマス・ハミルトン（1785-1858）が設計した同じ**エディンバラのハイ・スクール**（1825-、p.1132A）は、イギリスにおける最も壮大な新古典主義の建物の1つである。ギリシア・ドリス式の神殿形式をとる中央ホールは、多くのブロック状の建物要素の1つであるが、それらの要素が互いに結び付き、さまざまな高さに配されて、モニュメンタルで劇的な構成をつくりあげている。

ロバート・スマーク卿（1780-1867）が設計した**ロンドンの大英博物館**（1823-46、p.1130C）は、ウィルキンスの大規模な公共建築物に比べ、はるかに成功している。これはグリーク・リヴァイヴァルの手法によって、ドイツにおける類似した公共建築に匹敵する規模で設計された。壮麗なペディメント彫刻が付いた前面八柱式のイオニア式ポーティコが、翼棟のファサードをぐるりとめぐる重厚なコロネードから張り出している。

スマークが**パース**に建てた**州庁舎**（1815-19）にもコロネードから張り出したポーティコが用いられているが、この時には、オーダーは、はるかに厳格なギリシア・ドリス式となっている。

マンチェスターの**旧市庁舎**（1822-24、1912取壊し、一部がマンチェスター近郊のヒートン・パークに再建。p.1132B）は、F. グッドウィンにより設計された1ブロック状のグリーク・リヴァイヴァルの建物であり、ことさら優美な細部処理が施されている。

J. ハンソンと E. ウェルチによる**バーミンガムの公会堂**（タウン・ホール）（1832-34）は、ローマのカストール神殿を、アーチ構造のルスティカ仕上げの1階の上に持ち上げて再建し、その中に観客席を組み込んでいる。

ロンドンの**アシニーアム**（1829-30、アティック部分は後補）は、学者、芸術家らのために創設されたクラブの建物で、デシマス・バートン（1800-81）が設計した。簡素な外観はルスティカ仕上げの下階部分を持ち、ドリス式のペア・コラムによるポーティコが張り出している。頂部のコーニスの下では、すばらしい古典様式の浅浮彫（パルテノン神殿のフリーズの複製）が、下部の壁面の簡素さと好対照をなしている。

この時期には技術者が、ますます多くの産業建築物の設計を手がけ始めた。顕著な例としては、テルフォードによる**ロンドン、セント・キャサリン・ドックの倉庫群**（1827-9）や、**マンチェスター**に建つジェームズ・ワットとマシュー・ブールトンによる鉄骨造の傑出した**紡績工場**（1801）がある。

ウェスト・ミッドランドのグレイト・パッキントンに建つ**セント・ジェームズ教会堂**（1789-90）は、1767年にイタリアからイギリスにやってきた J. ボノミ（1739-1808）が設計した。簡素なレンガ積みの外観と、ずんぐりしたギリシア・ドリス式の円柱に支えられた交差部を持つ際立った内部とからなり、加えて切石工事から入念につくりだされた単純化した古典様式の細部が広く用いられている。

ジョージ・ステュアート（1730頃-1806）の代表作に**シュルーズベリーのセント・チャド教会堂**（1790-92、p.1133A）がある。3層構成の塔を伴う大きな円形の身廊と、前面にはペディメントをかかげるドリス式のポーティコが付くが、この構成はギッブスによるセント・マーティン=イン=ザ=フィールズ教会堂のための設計案の1つから影響を受けている。

W. インウッドおよび H. W. インウッド父子による、**ロンドンのセント・パンクラス教会堂**（1819-22、p.1133B）は、おそらくイギリスにおける最も印象的なグリーク・リヴァイヴァルの教会堂である。東端部にはエレクテイオン神殿を丁寧に模した、女像柱による2つのポーティコが付き、一方、入口上部の高塔はアテネの風の塔に影響されたもので、2つの重なり合った採光塔として扱われている。

アレクサンダー・トムソン（「ギリシア人」トムソン、1817-75）による、**グラスゴーのカレドニア・ロード自由教会堂**（1856-57）は、新古典主義後期の建築で、古典要素を独創的に配してピクチュアレスクな構成をつくりだしている点で、多くをシンケルに負っている。

A ハイ・スクール、エディンバラ(1825-) p.1131 参照

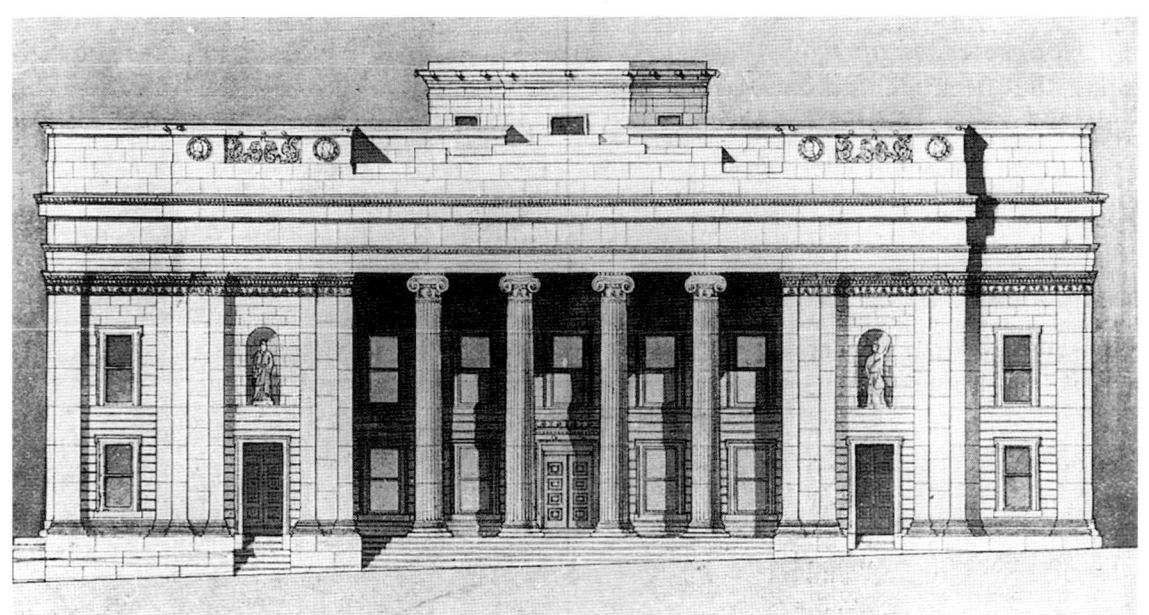

B 旧市庁舎、マンチェスター(1822-24) p.1131 参照

A セント・チャド教会堂、シュルーズベリー(1790-92)
p.1131 参照

B セント・パンクラス教会堂、ロンドン(1819-22)
p.1131 参照

C テトベリー教会堂、グロスターシャー州(1777-81 再建)
p.1131 参照

D セント・ルーク教会堂、チェルシー、ロンドン(1820-24)
p.1134 参照

フランシス・ヒオーン（1744-89）が**グロスターシャー州**に設計した**テトベリー教会堂**（高塔を除き1777-81に再建、p.1133C）は、ゴシック・リヴァイヴァルの教会堂の最も早い例の1つである。内部は背の高い細身の束ね柱（木造）が、簡素なリブヴォールト（木およびプラスター）を支えて、極めて印象的である。この建物は巧みに採光され、中世後期の教会堂の優れた雰囲気を創造している。

ジェームズ・サヴィッジ（1779-1852）による**チェルシーのセント・ルーク教会堂**（1820-24、p.1133D）は、ゴシック・リヴァイヴァル様式でロンドンに最も早く建てられたコミッショナー・チャーチの1つである。力強い垂直性をみせる身廊前面の塔が、明快な姿で地上から立ち上がり、玄関ポーチの主入口と一体となっている。この建物は珍しくも、ヴォールトの架かった身廊の他、側廊の上方にはフライング・バットレスを有しており、当時を代表しつつあったいっそう徹底した歴史的厳格性を保ちながら、より大規模な（垂直式の）中世ゴシック教会堂の持つモニュメンタリティを伝えようとしている。

訳／丹羽和彦

ルネサンスおよびそれ以後のヨーロッパとロシアの建築

第 33 章

ロシアとスカンジナビア

建築の特色

ロシア

　1475年から1830年までのロシア建築には、3つの段階──ルネサンス(1475-1690頃)、バロック(1690頃-1760頃)、新古典主義(1760頃-)──を想定することができるが、この様式区分はロシア復古主義の時代や大胆な折衷主義の時代には、複雑な様相を呈する。イワン3世(1462-1505)の時、ボローニャ人アリストーテレ・フィオラヴァンティ、クレムリンで活動したP. A. ソラーリとマルコ・ルッフォ(ロシア名フリャージン)をはじめ、パドヴァ近郊のモンタニャーナの出身とされるアレヴィージオ・ノーヴィ(アロヴィジオ・ノーヴォ)等、イタリア人建築家の第一陣がやってきた。モスクワのアルハンゲリスキー(大天使ミカエル)大聖堂に明らかなように、はじめて開花したこのルネサンス建築は、伝統的なビザンティンの躯体にイタリア風(この場合はヴェネツィア風)の衣をまとっているが、その他の建物、たとえばフィオラヴァンティによるモスクワのウスペンスキー(聖母就寝)大聖堂(第12章参照)などは、ボローニャ出身の建築家の専門知識が技術的な問題に向けられていたようで、イタリア的なディテールを全く備えていない。イワン雷帝の時代から17世紀後期にかけて、建築家たちは基本的には古くからの雰囲気──複雑なスカイライン、鮮やかに彩色された外装、渦巻状の葱花形ドームをのせた量塊の集合体のような(モスクワのヴァシーリー・ブラジェンヌイ[「堀端の」聖ヴァシリー]大聖堂、p.361C, D)効果──を大切にしながらイタリアのモチーフを利用していたようである。モスクワの聖十二使徒大聖堂のように意図のはっきりとした建物でさえ、やはり同じくロシア的な印象を与える。ウクライナ併合を機にロシアに浸透し始めたバロックの語彙は、まず伝統的な建物の表面装飾に使われた。

　ピョートル大帝(1682-1725)の時に西欧からの影響が再び強まり、イタリア、ドイツ、フランスの建築家によってもたらされたバロックが主流になった。しかし、ピョートルの建築家ドメニコ・トレッシーニ(1670-1734)は、異なる状況下で異なる様式を生み出した。同じことは女帝エリザベータの建築家バルトロメオ・ラストレッリ(1700-71)についてもあてはまる。彼はサンクト・ペテルブルク周辺のいくつかの王宮のためにヴェルサイユを参考にしたが、もっと新しい西欧の発展にも気がついており、しかもファサードに華やかなロシア的色彩を使うことにも気を配った。

　女帝エカテリーナのもとでロシア建築が開花した時の折衷主義は、限られた範囲の徹底した古典主義的源泉から引用している。サンクト・ペテルブルクの美術アカデミー(1765-82)は、クァレンギのヴィラや宮殿がパッラーディオ風であるのと同じくらいに根っからフランス風であり、また新古典主義は、ナポレオン侵攻以前にすでにロシアに深い影響を及ぼしていた。チャールズ・キャメロン(1746-1812)は、ロバート・アダムやクレリソーの華麗なローマ古典主義をもたらし、またイワン・エゴロヴィッチ・スタロフ(1744-1808)は、奇抜で独創的な折衷様式に新ギリシア古典主義を付け加えた。ナポレオンがロシアから撤退した後は、次第にローマ帝国の趣のある、ナポレオン時代のパリのフランス新古典主義がロシアの公共建築のモデルとなった。A. D. ザハロフ(1761-1811)が、これに頑強なロシア精神を浸透させ、さらにカルル・イワノヴィッチ・ロッシ(1775-1849)の作品において、ロシアの新古典主義様式はフランスの新古典主義建築をしのぐ壮大さに到達した。

実例

ロシア

コローメンスコエのヴォズネセーニエ(キリストの昇天)聖堂(p.361B)に似た**ディアコヴォの洗礼者聖ヨハネの斬首聖堂**(1555)は、レンガ造の集中式奉献教会堂である。もともとは中央の八角堂とこれを囲む4つの八角形の小礼拝堂から成り立っていた。リュネットや破風など、この異国風の建物で使われている形態の多くは、15世紀イタリアの系統であるが、ここではかなり自由に解釈されている。

モスクワにある**ドンの聖処女修道院旧大聖堂**(1593)は、これとは対照的で、はるかに抑制されている。中央ブロックの上に後退する3段のイタリア風リュネットがあり、背の高いランタンと葱花形ドームへの橋渡しをしている。

ロストフの宮殿(1670頃-83)は、この種の複合建築の代表的な例である(第12章参照)。宮殿と要塞化された教会堂が、対称性を考慮されずに城壁の中に配置されているが、この建物はイタリアからの影響の痕跡をほとんどとどめていない。印象的な塔や門は、重厚な要塞らしい形と誇張された輪郭によって効果をあげている。

ほぼ同時代に属する**プスコフの宮殿**は、一部木造でできており、よりいっそう実用的な性格を持ち、全く異なった建築的特質を備えている。

G. ニキトニコフによる**モスクワの三位一体・ゲオルギア聖処女聖堂**(1628-53)は、ドンの聖処女修道院旧大聖堂を思わせる建物で、やはりビザンティンと古典のモチーフによる常套的な組合せをしているが、色使いはよりいっそう豊かである。非対称に置かれた量塊は、部分的に敷地による制約を受けてはいるが、やはりその時代の特徴を示している。

ザゴルスク(旧セルギエフ・パサド)の**洗礼者聖ヨハネ聖堂**(1693-99)は、古典的形態に対する新たな興味を示している。ニッチを穿った上階を持つ単純な四角い構造は、半円柱でまばらに区切られ、独特のいきいきとした輪郭とは対照的に、装飾は比較的抑制されている。

有名な**イストラの新エルサレム修道院**(1658-85、屋根はラストレッリによって1747年から1760年にかけて改築された)は、教会堂建築に関して自ら提言した改革を実践するために、大主教ニコンによって計画された。平面は、エルサレムの聖墳墓聖堂(調査のために修道士が1人送られている)をもとにしており、西洋風の円錐屋根をのせた円堂の中に墳墓そのものの複製まで置かれている。大主教の退位(1666)後に教会堂はさらに華やかな手法で完成されたが、そこで使われている建築形態は、17世紀の常道から比べるとはるかに素朴かつ平明で幾何学的である。

ピョートル大帝の伯父レフ・キリロヴィッチ・ナリシュキン王子による**モスクワのフィーリの聖処女代祷聖堂**(1690-93、p.1137A)は、ロシアで最も早い本格的なバロックの教会堂である。4つのアプスを備えたこの建物は、外見はロシアの集中式教会堂の伝統からはずれていないが、曲線的な形を対位法的に並べている点やその処理の繊細さは、むしろグァリーノ・グァリーニの建物などにかなり似通っている。

同じような平面を持つ**ドゥブロヴィツィの奇跡の聖処女聖堂**(1690-1704)は、ピョートル大帝の後見人B. A. ゴリトシン王子のために(おそらく外国の建築家によって)建造されたもので、はるかに重厚である。湾曲したファサード処理の大部分がサンソヴィーノのパラッツォ・コルナーロからの引用であるとはいえ、ディテールや装飾はまさにバロックに他ならない。

モスクワの大天使ガブリエル聖堂(1701-07、1773以降一部改築)は、I. P. ツァルドニーによって王子アレクサンドル・ダニロヴィッチ・メンシコフのために設計されたもので、1本の塔としてみることができる。これはオランダとイギリスの影響を受けており、建物は単純な形のブロックを細かく集積してできている。

スイス出身のイタリア人ドメニコ・トレッシーニ(1670-1734)は、コペンハーゲンで働いていた時に、そこに赴任していたピョートル大帝の大使からロシアへ招かれた。彼は新しく建設されたサンクト・ペテルブルク市の工事に携わり、重要な建物をいくつか設計した。

サンクト・ペテルブルクを代表する**ペトロ・パヴロフスク大聖堂**(1712-33、1756以降に一部改築)は、ペトロ・パヴロフスク要塞の中に建っている。その妙に角張った形は、改築時の流行を反映しているようであるが、トレッシーニが親しんできた北ヨーロッパのルター派バロック建築に深く依存している。高さ120 mのドームと特に尖塔は、古いロシアの町のスカイラインを形作っているドームとは完全に一線を画している。

バルトロメオ・フランチェスコ・ラストレッリ伯爵(1700-71)は、当時最高の建築家であった。わずか15歳でロシアに渡った彼の建築的素養は、1720年代の2回にわたる長期旅行によって触発された。彼は、極めて流麗ではあるが本来バロック的な彼の作風が時代遅れとなる1760年頃まで、女帝エリザベータの宮廷建築家をつとめていた。

A 聖処女代祷聖堂、フィーリ、モスクワ（1690-93）
p.1136 参照

B 聖アンドレイ大聖堂、キエフ（1747-67）　p.1138 参照

C エカテリーナ宮殿（大宮殿）、プーシキン（旧称 ツァールスコエ・セロ、1749-52）　p.1138 参照

ペトロドヴァレツのピョートル宮殿は、最初(1716-17)フランスの建築家 J. B. A. ル・ブロンによってピョートル大帝のためにヴェルサイユ宮殿に似せて設計された。1747年から1752年にかけ、ラストレッリは長さを倍に延長し、さらに最上階を付け加え、低い仕切り壁で主ブロックに2つの棟をつなげた。ラストレッリは、地元の建築言語にこだわるエリザベータの意向にあわせて、その棟にロシアの伝統的な特徴である大きくふくらんだドームを付け加え、中央部分の抑制された古典主義様式に変化を与えた。

サンクト・ペテルブルクのスモーリヌイ大聖堂(1748-57、1835完成)は、大聖堂と同じくギリシア十字形で、堂内の入隅(いりすみ)にドーム付きのパヴィリオンを備えたエリザベータの巨大な修道院建築群の中央にそびえている。その青と白の大聖堂は、伝統的な平面や独特の塔とドームを頂いた輪郭にもかかわらず、ひきしまったバロック的な力強い造形をしており、またファサードは、たくさんの要素を積み重ねたものと考えられ、塔は45度の角度をなしている。

プーシキン(通称**ツァールスコエ・セロー**)の**エカテリーナ宮殿**(もしくは**大宮殿**、1749-52、p.1137C)は、エリザベータのために既存の建物に翼屋を加えて改造された。その結果、ファサードの幅は298mに達している。壁体は当初黄色(現在は青)で、分節部材が白、カリアティドのような装飾要素が金色であったので、ルスティカ仕上げを施した基礎階とオーダーを備えた上階からなる外観の印象は、ヴェルサイユ宮殿をロココ風にかなり装飾的にしたもののようである。

やはりラストレッリが設計した**キエフ**の**聖アンドレイ大聖堂**(1747-67、p.1137B)は、ロシア的要素が西欧バロックと完全にとけあっている。2本の腕がわずかに長いギリシア十字形をしたこのドームを頂く教会堂は、葱花形ドームを頂く補助的な小塔をのせた4つの対角バットレスを持ち、西欧とロシアの両者の伝統に調和した輪郭を生み出している。

同じくエリザベータのためにつくられた**サンクト・ペテルブルクの冬の宮殿**(現エルミタージュ美術館、1754-62、p.1139A)も宮殿前広場を見下ろす50ベイのファサードを備えた非常に巨大な建物である。しかし、青く塗装されたこれらのファサードは、フランスよりもむしろイタリアの建築をモデルとしており、あまり装飾的ではないが、かなり彫塑的な外観をしている。2層(上層はジャイアント・オーダー)の半円柱を持つ3階建の広場側ファサードの構成は、段階的に前へ迫り出しており、オーダー群や窓枠の変化、あるいは破風、欄干、屋根の彫像などによってさらに変化がつけられている。

キエフの皇宮は、ラストレッリによってフランス様式で設計された威風堂々たる建物で、もともと木造でつくられていたのであるが、火災後の1819年に当初のデザインのまま石造で再建された。

サンクト・ペテルブルクの美術アカデミー(1765-82、p.1139B)は、A. F. ココリーノフと J.-B. M. ヴァラン・ド・ラ・モット(ヴァラン・ドラモット、1729-1800)の作品である。J.-F. ブロンデルによるモスクワのアカデミーのための設計案と近い関係にあるこの作品は、ラストレッリのバロックとはっきりと一線を画している。正方形平面に大きな円形の中庭と4つの四角い小さな中庭を備え、威圧的なファサードには、フランス風にルスティカ仕上げを施した基礎階の上に半円柱付きの3つの突出部が付いている。しかし、水平性の強調と破風付の中央部の背後にあるパンテオン風のドームは、西欧の新しい新古典主義を反映している。

ザゴルスクの三位一体セルギー修道院(第12章、p.358参照)は、塔をのせた重厚なバロック式の入口(1741年から1770年に付け加えられた)を備えている。ただし、形態は西欧的であるが、積み重ねた感じは明らかにロシア的である。

ネノスカの三位一体聖堂(1727)は、18世紀にもなお建設され続けた数多くの木造教会堂の1つである。4つの長方形の突出部を持つ中央の八角堂は、この形式の特徴である。それぞれの部分が八角形の屋階、円錐状の天幕型(シャチョール式)屋根、葱花形の小尖塔など伝統的な特徴を備えており、唯一譲歩しているのは、近代的な窓の形だけである。

サンクト・ペテルブルクの大理石宮殿(現ロシア博物館分館、1768-85、p.1140A)は、ヴァンヴィテッリとともに修業したイタリア人アントニオ・リナルディ(1710頃-94)によるものである。宮殿の名は花崗岩と大理石の斬新な外装に由来している。こうした前例のない材料のぜいたくさにもかかわらず、保守的なファサード(基礎階とジャイアント・オーダーの付柱)は、極めて抑制されている。アーチ形の窓と突出した屋階の付いた中央部は、コンスタンティヌス帝の凱旋門などの古代遺構に対する関心が増してきたことを反映している。

気まぐれな形式の一例であるリナルディの**オラニエンバウムのスライディング・ヒル**(1760-68)は、帽子のような奇妙なドームを持つ青と白の付属棟だけが残っている。これは円形の広間に3つの四角い翼屋の付いた複雑な配置をしているが、それでもやはりブロック状の幾何学性を強調する古典的な処理がなされている。

V. I. バジェーノフと M. F. カザコフの作品とされている**モスクワのパシコフ邸**(現ロシア国立図書館旧館、

第33章 ロシアとスカンジナビア | 1139

A 冬の宮殿(現エルミタージュ美術館)、サンクト・ペテルブルク(1754-62) p.1138参照

B 美術アカデミー、サンクト・ペテルブルク(1765-82) p.1138参照

A 大理石宮殿（現ロシア博物館）、サンクト・ペテルブルク（1768-85）　p.1138 参照

B エルミタージュ劇場、サンクト・ペテルブルク（1783-87）　p.1143 参照

C タヴリーダ宮殿、サンクト・ペテルブルク（1783-89）　p.1143 参照

第 33 章　ロシアとスカンジナビア　｜　1141

A　パシコフ邸（現ロシア国立図書館旧館）、モスクワ（1784-86）
p.1138 参照

B　ペトロフスキー宮殿、モスクワ近郊（1775-82）
p.1143 参照

C　科学アカデミー、サンクト・ペテルブルク（1783-87）　p.1143 参照

1142　ルネサンスおよびそれ以後のヨーロッパとロシアの建築

A　パヴロフスク宮殿、ギリシアの間（1782-86）　p.1143 参照

B　新海軍省、サンクト・ペテルブルク（1806-23）　p.1143 参照

C　参謀本部、サンクト・ペテルブルク（1819-29）　p.1144 参照

1784-86、p.1141A)は、特に大胆な新古典主義のデザインである。中央のほぼ立方体のブロックは、高いドラムとドームと張り出した列柱を備え、まさしくイオニア式小神殿ともいうべき2棟の前柱式の建物につながっている。

モスクワ近郊のペトロフスキー宮殿(1775-82、1840改修、p.1141B)は、当時の代表的建築家M. F. カザコフ(1738-1813)の作品である。これはエカテリーナ2世がすすめたロシア・ネオ・ゴシック様式で建てられているが、それには建築史に対する真摯な興味から生まれたという側面と、外国人嫌いで有名な国に異邦人としている彼女の立場を守るための非常に広い基盤に立った1つの試みとも考えられる。尖頭アーチ、二葉形の窓、ふくらみのある手摺子のような円柱、複雑なスカイラインは、完全に規則正しい平面に従った建物の正面においてロシア皇帝の栄華の第1期を象徴していた。実際に、ペトロフスキー宮殿は、トルコを敗ったエカテリーナの勝利を記念するために建てられたのである。

パリで学んだイワン・エゴロヴィッチ・スタローフ(1744-1808)は、ロシア生粋の最も重要な新古典主義建築家の1人である。ニコルスコエの教会堂と鐘塔(1773-76、鐘塔は現存せず)は、壮大な建築群を構成していた。ドームの架かった教会堂は、いかめしいドリス式の神殿正面を備え、4つのタバナクル型ポーティコの付いた独立した鐘塔は、アテネの風の塔をまねたものである。規模の点で異なってはいるが、ドリス式の採用や窓のないルスティカ仕上げのロトンダは、ブレーやルドゥの計画案にも比肩される。

エカテリーナの愛人グリゴリー・ポチョムキンのために設計されたサンクト・ペテルブルクのタヴリーダ宮殿(1783-89、19世紀初頭および1905年以降に改造、p.1140C)は、世界的にもこの時代の最も印象的な都市邸宅の1つである。ドリス式ポーティコの付いた外観は、装飾がないために極めて簡素である。壮麗な内部は、中央にパンテオンに似たドーム付きのロトンダを備え、その背後にある巨大な横長の広間「エカテリーナの間」において頂点を極めている。広間のアプス状の端部は建物の外壁から外へ飛び出し、2つの長い壁は高さ5mのギリシア・イオニア式円柱18本で分節されている。

ジャコモ・クァレンギ(1744-1817)は、ローマで画家メングスとともに働いた後、1780年にロシアへ赴いた。彼はエカテリーナ大帝の下で最高の庇護を受け、数多くの依頼を受けた。ペーテルホフのイギリス宮殿(1781-89、現存せず)は、単純な長方形平面にコリント式ポーティコを備えたパッラーディオ風の建築であるが、巨大な規模を持ち、玄関広間としてパンテオンのようなロトンダを併設している。同じように大規模でパッラーディオ風の建物にサンクト・ペテルブルクの科学アカデミー(1783-87、p.1141C)があるが、その重厚なファサードは、八柱式のイオニア式ポーティコによって中断されている。

サンクト・ペテルブルクのエルミタージュ劇場(1783-87、p.1140B)は、破風のないファサードとかなり張り出した壁面分節のない突出部を持っている。半円形の観覧席は、建物の外形を外へ膨らませている。

パヴロフスク宮殿(1782-86、p.1142A)は、1779年にエカテリーナによってロシアに招かれた謎のスコットランド人チャールズ・キャメロン(1746-1812)の作品である。この国で彼はツァールスコエ・セローのエカテリーナ大宮殿の内部を改装したが、特にこの宮殿にアダム様式で絶妙なキャメロン・ギャラリーを増築した。キャメロンの再建した角張った宮殿は、広々とした楕円形の前庭に面し、低い円柱をめぐらしたドラムの上に、パンテオンのような浅いドームを頂いている。

サンクト・ペテルブルクのカザン聖堂(1801-11)は、農奴の家に生まれ、最初師匠によって聖ペテロ・アカデミーに送られ、その後パリとローマに長期滞在していたA. N. ヴォロニキン(1760-1814)によって設計された。同教会堂は、ローマのサン・ピエトロ大聖堂やパッラーディオのヴィラ・バドエール、パリにあるスフローのサント・ジュヌヴィエーヴ聖堂をはじめ、さまざまな建物の影響を受けており、北側トランセプトのポーティコ型玄関を囲む半円形のコリント式列柱——他の2つの張り出した列柱は建設されなかった——を備えている。様式が入り混じっているにもかかわらず、建物は当時のパリによくみられた冷厳さを伝えており、外装の白い石が内装の重々しい多彩色と好対照をなしている。

よりいっそう新古典主義的なサンクト・ペテルブルクの鉱石研究所(1806-11)は、やはりヴォロニキンの作品で、当時のパリの公共建築に倣って、平坦な翼屋から張り出した巨大な12本の円柱を持つギリシア風のドリス式ポーティコを備えている。

パリやイタリアで蓄わえた西欧建築の幅広い知識を携えたアドリアン・ドミトリェーヴィチ・ザカロフ(1761-1811)は、後期新古典主義の復古調の形態をよりロシア的な表現法に融合させた。代表作であるサンクト・ペテルブルクの新海軍省(1806-23、p.1142B)では、多くの先輩たちがつまずいた箇所で、単調さに屈することなく、巨大な建物を処理することに成功した。その平面は、旧海軍省の平面から制約を受けており、狭い中庭で隔てられた2列の建物から成り立っている。

長さ 408 m あまりの正面ファサードは、長くて単純でありながら対照的な付属棟が連続し、12 本の円柱を持つドリス式の神殿正面で終わっている。玄関アーチの上には、ハリカルナッソスのマウソレウムやバロック風のドームとランタンやゴシック風の尖塔を含むさまざまな形が幾重にも積み重なっているが、一方、その下の入口は、ロシア的なぜいたくなディテールをブレーにも匹敵する規模や幾何学性や象徴的な彫刻の応用と両立させている。

サンクト・ペテルブルクの取引所(現海軍中央博物館、1804-16)は、キャメロン同様、ロシアに来るまでは何1つつくっていなかったフランスの建築家トマ・ド・トモンの作品である。ドリス式の周柱式列柱に囲まれているが、この点はパリの取引所に先んじている。列柱の上には、迫石アーチの中に大きな浴場窓の付いた破風まで建物が立ち上がり、ブレーやルドゥの計画案を思わせる。実際、ルドゥ(『建築(L'Architecture)』の第 1 巻はアレクサンドル 1 世に捧げられていた)は、取引所が街の精神的中枢であると考えていた。

1 度だけ(1804-6)イタリアを訪れたことのある混血のイタリア人カルル・イヴァノヴィチ・ロッシ(1775-1849)は、より豊かで変化に富んだ古典様式を導入し、それまでの建築家の復古主義やフランス指向の様式を排除することに大いに貢献した。彼の作品は、少なくとも規模の点でラストレッリのそれに通じるところがある。ロッシは 1816 年にモスクワからサンクト・ペテルブルクへ移った後、その町の全てを計画し直した。代表的な作例は、1820 年頃の壮麗な記念碑的街路である**建築家ロッシ通り**で、ドリス式円柱をまとった立面が新古典主義のプーシキン劇場を見通すフレームとなっている。

サンクト・ペテルブルクの参謀本部(1819-29、p.1142C)は、ラストレッリの冬の宮殿と広場を挟んで向いあっている。これは凹形に湾曲したファサードを持つ巨大な三角形の建物で、広場の南側全体を占めている。ルスティカ仕上げを施した基礎階を持つ、かなり落ちついたファサードは、4 頭立ての馬車をのせたどっしりとしたトンネル・ヴォールトのアーチによって中央部を中断されている。広場の中央には、1834 年に R. ド・モンフェランが、天使をのせた一本石の巨大な赤御影の円柱(アレクサンドルの円柱)を建てた。

サンクト・ペテルブルクの議事堂と宗教会議場(現ロシア共和国公文書館、1829-34)は、中央に列柱と両端に付属棟を持つ 2 つの建物が、道路をまたぐ凱旋門によって結ばれている。ずんぐりした階段状ピラミッドを頂くこの中央部の外観は、斬新で複雑な構成と材料の豊かさやおびただしい彫刻装飾を併せ持っている。

ノブゴロド近郊**グルジーノの鐘塔**(1822)は V. P. スタソフの作品で、古典様式としてはより純粋であるが、ザカロフの新海軍本部の入口と同じ付加的な手法で構想されている。鐘塔を構成する小神殿とオベリスクは、それぞれ純然たる新古典主義のデザインでできており、2 つが相揃って繊細で優美な構成を生み出している。

R. ド・モンフェラン(1786-1858)によって設計された**サンクト・ペテルブルクの聖イサク大聖堂**(1818-58)は、塔が付いてはいるが、スフローのサント・ジュヌヴィエーヴ聖堂に似たギリシア十字形の建築である。圧倒的に大きく、赤御影のポーティコ柱や金色のドームを備えているが、どことなく一貫性に欠ける嫌いがある。

建築の特色

スカンジナビア

ルネサンスは、最初、スウェーデンとノルウェーの城館に、フォンテーヌブロー風の単発的な古典モチーフや室内装飾(たとえばカルマール城)の形をとって現れる。オランダ建築の独特のレンガ破風、多段式の尖塔、装飾的なスカイラインは、ネーデルランドの特質を特に色濃く表している。ハンス・ファン・ステーンウィンケルとアントニウス・ファン・オッベルヘンは、いずれもフランドルの出身で、ヘルシンボリ(ヘルシンゲア)の王宮で働いていた。

オランダの影響は 17 世紀半ばまで色濃く残ったが、もはやパッラーディオ主義様式の範疇に含まれていた。教会堂のデザインは、デ・ケイセルやファン・カンペンのプロテスタント美学に通じているが、一方、フィンクボーンスのリッダルヒューセット(1653)は、ストックホルムにオランダの邸館様式を導入した。同世紀末までの時代で、フランスとイタリアの建築を直接見聞していたことが確かなのは、スウェーデンのシモン・デ・ラ・ヴァレ(1590 頃-1642)とその息子ヤンおよび大ニコデムス・テッシンの作品である。後者の息子小テッシン(1654-1728)は、ストックホルムの王宮で本格的なバロックの理念に基づく独創的な統語法を生み出すのに成功した。ベルニーニの影響を受けた彼は、ルーヴル宮殿とさらに申し出のあったコペンハーゲンの新宮殿のための設計案も作成した。

20 世紀以前で、スカンジナビアにあって最も印象に残る建築的業績は、おそらく新古典主義時代のものであろう。コペンハーゲンにある C. F. ハースドーフ(1735-99)の作品は、彼がスフローやルドゥに代表さ

れるパリの前衛芸術家たちと親しかったことを示している。彼の弟子 C. F. ハンセン(1756-1845)は、19 世紀初期の新古典主義を代表する最も秀でた創造力豊かな人物の 1 人であった。新しい首都オスロとヘルシンキでは、シンケルの影響が特に大きかった。ヘルシンキに数多くの公共建築を設計した C. L. エンゲル(1778-1840)は、ドイツではシンケルの同窓生であったし、また C. H. グロシュ(1801-65)は、オスロ大学の建築のために、このベルリンの大建築家の助言を受けた。

首都で古典主義建築が主流となって発展していた一方で、地元の木造建築の伝統も存続し続けた。室内が彩色された木造の納屋のような教会堂と独立した鐘塔は、ノルウェー、スウェーデン、フィンランドの北方の村落の特徴である。フィンランドでは、19 世紀のかなり後にいたるまで、そうしたものがエンゲルなみの建築家によって最新の新古典主義様式で建てられた。外観では、古典的ディテール——ピラスター、ペディメント、隅石から溝彫りをつけたルスティカ仕上げまで——が木材で再現された。

実 例

ルネサンス(1630 年まで)

デンマーク

1560 年頃に着工され、40 年後に完成された**ユトランドのローゼンホルム城**は、デュ・セルソーのヴェルヌイユの城館を変化させたような形をしている。楼門のファサードは、ドームと尖塔の付いた中央塔を頂き、低い翼屋で破風の付いた 2 階建の付属棟と連結されている。装飾は単純だが古典的である。台形の中庭のロッジアは、すぐにデンマークの気候にそぐわないことがわかり、レンガで埋められてしまった。

ヘルシンボリ(ヘルシンゲア)のクロンボー城(p.1146A)は、1574 年にフレデリック 2 世のためにフランドルの建築家ハンス・ファン・パエシェンによって着手された広大な城塞宮殿で、1577 年にやってきた彼の同郷人アントニウス・ファン・オッペルヘンによって 20 年後に完成された。それは中世の城を取り囲み、四角い中庭の周囲に配置された隅塔付きの 4 つの翼屋を備えている。手のこんだ破風や典型的なフランドルの塔は、いずれも少しずつ異なっていて、活気あるスカイラインに変化を与え、外壁のいかめしさと好対照をなしている。城から十分に遠ざけられた周囲の稜堡は、砲兵戦の新たな必要性に応じてイタリア式

で設計されている。城館は火災の後(1629-)、ハンス・ファン・ステーンウィンケルによって再建されたが、当初の姿をかなりとどめている。

ヒレロズのフレデリクスボー城(1602-、1859 から修復、p.1146B)は、クリスチャン 4 世のためにオランダの建築家ハンスおよびルーヴェンス・ファン・ステーンウィンケルにより再建された。3 つの島の上に巨大な建築群が立ち並び、その中心には、隅塔を持つ簡素な 4 階建の建物がある。これとは対照的に、3 つの尖塔と多くの破風や小尖塔は、当時の極めてぜいたくなネーデルランド建築を反映しており、彫刻装飾もまた「北の王」の宮殿のために十分に贅をつくしている。

コペンハーゲンの取引所(1619-40、尖塔は 1624-25 年、p.1147A)は、クリスチャン 4 世が率先してつくったいくつかの建物のうちの 1 つで、小ハンス・ファン・ステーンウィンケルの指導のもとに建てられた。例外的に大きな窓と装飾的なドーマー窓の付いた繰り返しの多い長大な 2 層のファサードは、竜の尾がらせん状にねじれた珍しい中央のランタンによって活気づけられている。

コペンハーゲンの円塔(1637-42)は、この時代の最も風変わりな建物の 1 つであるが、34 m の巨大な円形の筒で、教会の塔と観測所の機能を兼ね備えるように考えられている。内部には、スウェーデンの古い鉄砲塔のようにらせん状の斜路があって、装備を移動できるようになっていた。外部の仕上げはほとんど中世そのもので、建物に秘められた謎を表す組合せ文字や占星術の象徴をかたどった鉄の柵を備えている。

スウェーデン

カルマール城は、外周に稜堡を備えた重厚な城塞である。しかし、当時のデンマークの城と同じように、簡素ながら豊かなスカイラインを備えている。

ヴァドステーナ城(1545 着工、上部は 16 世紀後期に改築された)は、軍事建築家ヨアキム・ブルゲリンによってグスタフス・ヴァーサ王のために設計された。左右対称の大きなファサードは、両端に低い砲塔を備えている。装飾は控えめであるが古典的で、3 本の装飾的な塔がファサードに活気を与えている。

バロックとロココ(1630-1760 年)

スウェーデン

ストックホルムのアクセル・オクセンシェルナ宮殿(1650 頃-54、p.1149A)は、クリスチアーナ女王の首相のために王室建築家シモンの子であるフランスの技師ジャン・ド・ラ・ヴァレによって建てられたもの

1146　ルネサンスおよびそれ以後のヨーロッパとロシアの建築

A　クロンボー城、ヘルシンボリ（1574-、1629 再建）　p.1145 参照

B　フレデリクスボー城、ヒレロズ（1602-）　p.1145 参照

A 取引所、コペンハーゲン（1619-40、尖塔は 1624-25） p.1145 参照

B リッダルフース、ストックホルム（1641 頃-74） p.1148 参照

で、ルスティカ仕上げの基礎階とその上に手の込んだ窓やエディキュラを備えたローマ風意匠によるスウェーデン最初の都市邸宅である。実際に、ラファエッロやペルッツィのルネサンス式パラッツォ（たとえばローマのパラッツォ・ブランコーニオやパラッツォ・マッシミ）をはっきりと踏襲したものは、この時代には極めて珍しい。

ストックホルムのリッダルフース（1641頃-74、p.1147B）は、貴族が集うための建物で、シモン・ド・ラ・ヴァレによって着工され、オランダの建築家ヨースト（ユストゥス）・フィングボーンスとジャン・ド・ラ・ヴァレによって完成された。ジャイアント・オーダーと中央のペディメントを持つフィングボーンスのファサードは、建築的な処理が特に綿密で、当時のオランダのパッラーディオ主義を反映している。途中に高窓が迫り上がっているスウェーデン独特のセテリ屋根は、ここにおいて初めてモニュメンタルな建築に使われている。

ストックホルムのヘトヴィヒ・エレオノーラ教会堂（1669-）は、ジャン・ド・ラ・ヴァレによって設計され、1724年から1737年にかけて完成されたもので、中央に見事に洗練されたクーポラ（1865-68）を頂く八角形の教会堂である。ゆるやかなペディメントをのせた玄関は、外装の抑制された縞模様のルスティカ仕上げを遮っている。活気にあふれたクーポラの語彙は明らかにフランス的である。

当時を代表するスカンジナビアの建築家、大ニコデムス・テッシン（1615-81）は、1661年にストックホルム市の建築家となった。フランドルに生まれた彼は、ヨーロッパを旅して歩き、特にフランスにおける発展を熟知しており、これがスウェーデンにふさわしい王室様式を発展させるきっかけとなった。

ストックホルム近郊のドロットニングホルム宮殿（1662-、p.1150A）は、大テッシンによって皇太后ヘトヴィヒ・エレオノーラのために建設された。建築的にはかなり単純であるものの、著しく長大な庭園側ファサードは、ヴェルサイユ宮殿を思わせる。非常に珍しいのは、翼屋のブロックの各端部に取り付けられた巨大なタバナクルである。庭園内には、1763年にカール・フレデリック・アデルクランツとカール・クロンシュテートによって、スウェーデン生まれのウィリアム・チェンバースの東洋趣味を先取りするような中国風ロココでつくられた**キナ・スロット**（中国館）がある。

ヴェステルィエートランド近郊マリエダールにある王室書記官マグヌス・ガブリエル・ド・ラ・ガルディエの**ヴィラ**（1666）は、ジャン・ド・ラ・ヴァレによって設計された。精神的にはパッラーディオ風で、中央に、ことのほか背の高い神殿正面があり、低いピラスターによるファサードの分節を中断している。

ストックホルムのリッダーホルムス教会堂内カロリーネ廟（1671、ドームは1740年代に設計変更された）は、王家の墓を収める目的で大テッシンによって設計された。平面はギリシア十字形で、ドリス式の独立円柱で重厚に分節された簡素で量感的な外観と、当時のフランス建築に肩を並べるほど豊かな彫塑的密度を備えている。

カルマールの大聖堂（1681-）は、縦長のギリシア十字形を基本とした平面を持つ。左右に塔を持つ正面ファサードは、たくさんのイタリアの双塔式の建築を参照しているが、スカイラインは北方の繊細さを極めている。

小ニコデムス・テッシン（1654-1728）は、広くイギリス、フランス、イタリアを旅する（1673-80）前には父親の大テッシンの下で修業していた。彼はバロック建築について造詣が深く、ルーヴル宮殿のための設計案も提出していた。ストックホルムでの彼の作品は、スウェーデン最高の建築家としての地位を確立した。

ストックホルムの王宮（1690頃-1708、1721-54、p.1150B）は、他の建築家、特にホーレマンの協力を仰いでいるが、ともかく小テッシンの代表作である。中央に中庭を備えたどっしりとした四角い建物があり、4本の低い翼屋がこの建物から突き出ている。4つの主ファサードは、建設と並行して設計作業が続けられたために全てかなり異なっているが、いずれも同じように簡素な古典的処理がなされている。最もダイナミックなのは南側ファサードで、中央部分に6本の巨大なコリント式半円柱が取り付けられており、それぞれの柱の上にはエンタブラチュアが分かれて付いている。手摺子の付いた欄干と隠された屋根は、ブロック状の外観のモニュメンタリティをひきたてている。

ストックホルムのテッシン宮殿（1694-1700）は、小テッシンの自邸で、王宮の向かいに建っている。ここでは不規則な台形の敷地が、一連の中庭や庭園にあてられてうまく活用されている。放射状に広がる主庭園の壁は、空間的にかなり目立つ奥の立面に向かって広がっている。噴水の後ろには独立した凸状の四分円障壁が2つあり、奥の壁の地味な基礎に花弁状の飾りとなってついている。

C. ホーレマンによる**ヨーテボリの東インド会社**（1740、p.1149C）は、ペディメントの付いた中央突出部とわずかに張り出した翼屋の中央ベイ上に弓形のペディメントを備えたいかめしい無柱式の建物である。

E. パルムステードによる**ストックホルムの取引所**（1773-78、p.1149B）は、同じように抑制のきいた古

A アクセル・オクセンシェルナ宮殿、ストックホルム（1650頃-54）　p.1145参照

B 取引所、ストックホルム（1773-78）　p.1148参照

C 東インド会社、ヨーテボリ（1740）　p.1148参照

A ドロットニングホルム宮殿、ストックホルム近郊（1662-） p.1148 参照

B 王宮、ストックホルム（1690頃-1708、1721-54） p.1148 参照

第33章 ロシアとスカンジナビア | 1151

A ハーボ聖堂、ヴェステルイェートランド(1720) p.1153 参照

B 救世主聖堂、コペンハーゲン(1682-96、塔と尖塔は1750年に付け加えられた) p.1153 参照

C アマリエンボー宮殿、コペンハーゲン(1750-54) p.1153 参照

ハーボ聖堂内部、ヴェステルイェートランド　p.1153 参照

第 33 章　ロシアとスカンジナビア　1153

典様式の商業建築で、はるかに簡素な突出した 2 階建のアーケード式ポーティコと、その背後に採光塔を備えている。

ヴェステルイェートランドのハーボ聖堂（1720、p.1151A、p.1152）は、スウェーデンの数多くの木造教会堂のうちの 1 つで、側廊とギャラリーを持つ唯一の例である。外装は板葺き屋根と板壁でできており、独立した鐘塔がある。内部はあます所なく塗装され、構造材は大理石模様を施されているが、祭壇はねじれ柱に花綱飾りと小天使といったバロックのレパートリーで豊かに彫刻されている。

デンマーク

コペンハーゲンのシャルロッテンブルク宮殿（1672-83）は、オランダ人エヴェルト・ヤンセン（請負人であった）もしくは別の無名のオランダ人建築家の作品とされている。その抑制された古典主義は、当時のオランダの典型であるが、デンマークではかなり目新しく、この建物はデンマーク・バロックの先駆けとされている。控えめにつけられたピラスターは、レンガ造のファサードの中央部をわずかに強調している。

N. アイトヴェズによって街区計画の一貫として設計された**コペンハーゲンのアマリエンボー宮殿**（王宮、1750-54）は、八角形の広場の対角上に 4 つの小宮殿（p.1151C）を配置するように構想された。その主軸は、フレゼリクスキルケと関連づけられている。宮殿は、当初、その国の 4 人の大貴族のための都市邸宅として設計されたが、1794 年に王家によって買収され、現在なお王宮として使われている。中央にはフレゼリク 5 世の騎馬像を擁し、特に中央の突出部に 2 層のアーチを備えた抑制された古典主義のファサードを持つこの広場は、フランスの原型を思い起こさせる。また、それらの室内は、ヨーロッパの初期新古典主義のうちで最も重要なものに含まれる。

L. デ・トゥラーによる**デュレハーヴェンのエルミタージュ**（1734）は、趣向をこらした王室用狩猟小屋兼食堂で、現在も初期の用途のまま使われている。デザインは非常にフランス的で、張り出した翼屋と帯状のルスティカ仕上げを施した下層部、優美な上階、そして傾斜のきつい寄棟屋根を持っている。

コペンハーゲンの救世主聖堂（ヴォル・フレルセルス・キルケ、1682-96、塔と尖塔は 1750 年に付け加えられた、p.1151B）は、イタリアとオランダで学んだランペルト・ヴァン・ハーヴェンの作品である。隅部を埋めた十字形の構造体は、4 本の支柱を中心に立ち上げられている。簡素な堂内は、アムステルダムのデ・ケイセルの教会堂に似ている。ラウリッツ・デ・トゥラーによって取り付けられたらせん状の尖塔（1749-50）は、ボッロミーニのサン・ティーヴォ聖堂の尖塔を単純化して引き伸ばしたような解釈である。

フランス人建築家ガブリエルは、**コペンハーゲンの大理石聖堂**（フレゼリクスキルケ、1756-19 世紀末）のための設計案の作成者の 1 人であった。ドーム架構した内部に神殿正面型のポーティコを付けた 1756 年の N. H. ジャルダンの設計案が採用されたものの、建設は一時中断され、その廃墟のような建物は、1894 年にドームが完成されるまでコペンハーゲンのフォーラムとして放置された。

ノルウェー

トレネラーグ地方、オルランのアウストロー（1654、p.1154A）は、極めて珍しい家屋で、中庭を取り囲む木造の外部歩廊を備えている。1 階には簡単な支柱があるが、上階は手摺の台座の上に奇妙な女人像柱が立っていて、屋根を支えている。

オスロの救世主聖堂（1697、1848 改築）は、当初のオランダ風の外観をよく残している。十字形の平面は、18 世紀を通してノルウェーの宗教建築の標準型であった。この教会堂の外側には、装飾的な尖塔を頂くずんぐりした塔がそびえている。

J. A. ストゥケンブロクによる**コングスベルグ聖堂**（1740-61、p.1154B）は、抑制されたブロック状の形態を美しく構成したものである。ランタンは別にして、開口部と時計の文字盤の単純な造形が、外観の唯一の特徴となっている。木造のバロック式の堂内には、3 千人を収容できる 2 層のギャラリーがあり、バロック的な豊潤さを備えたオルガン演奏席と説教壇を兼ねた祭壇の方に向いている。

トロンハイムのスティフトゴーレン（1774-78、p.1154C）は、おそらくフリードリヒ・フォン・クローグ将軍によって設計された当時最大の木造宮殿の 1 つで、ピラスターの細長い帯と中央ペディメントで分節された 19 ベイの巨大な建造物である。細部はロココ式であるが、三角形と弓形の窓用ペディメントが対になって交替しているのが珍しい特徴である。平面は驚くほど時代遅れである。

新古典主義

デンマーク

コペンハーゲンのコンゲンス・ニュートーにある C. F. ハースドーフの自邸（p.1156A）は、スカンジナビアにおける新古典主義の始まりを告げている。ハースドーフは、新しくできたコペンハーゲンのアカデミー（1754

1154 | ルネサンスおよびそれ以後のヨーロッパとロシアの建築

A　アウストロー、トレネラーグ地方、オルラン(1654)　p.1153 参照

B　コングスベルグ聖堂(1740-61)　p.1153 参照

C　スティフトゴーレン、トロンハイム(1774-78)　p.1153 参照

創設)で正規の一般教育を受け、さらにパリとローマに学んだ最初の人建築家であった。イオニア式ピラスターを付けた神殿正面を持つその家は、学生やコペンハーゲンの住民向けの見本として設計されたのであるが、奇妙なことに柱頭の渦巻装飾が、ファサードに対して横向きに取り付けられている。

ロスキルデ大聖堂のフレゼリク5世礼拝堂(1774-、1800年代初期完成、p.1157A)は、初期新古典主義建築の傑作である。ギリシア十字形をした堂内へは円柱の障壁を通って入り、壁にはフルーティング入りのピラスターがはまっている。浅い翼廊は、格間付きのトンネル・ヴォールトを備え、交差部はビザンティン的性格の強い半楕円の傘型ドームによって覆われている。

やはりハースドーフの設計した**コペンハーゲンのヘラクレスの館**(1773)は、王室庭園の眺望をしめくくっている。ミニチュアの擬似神殿の中へは、イン・アンティス型の2本のドリス式円柱の間を抜けて入るようになっている。

ハースドーフの弟子 C. F. ハンセン(1756-1845)は、スカンジナビアの新古典主義の筆頭に位置する人物であった。彼はアカデミーで学んだ後ローマへ赴き、その後20年間、シュレスヴィヒとホルシュタイン(現在はドイツ領)で働いた後帰国し、デンマークの一連の代表的建築を設計した。

コペンハーゲンのヴォル・フルーエ聖堂(1810-29、p.1157B)は、全く飾り気のない壁面から張り出したギリシア・ドリス式の正面ポーティコを持っている。上部には小さな開口部を備えた3段の塔(ブレーの模倣)が立ち上がっている。すばらしいトンネル・ヴォールトで覆われ、平坦なピア・アーケードの上に列柱を並べた堂内は、マンサールのヴェルサイユ宮殿の礼拝堂——バシリカ形式を再解釈した18世紀の建築家の作例で、考古学的・神学的にカトリックにもルター派にも適している——に似ている。

コペンハーゲンの外科講堂(現医療史博物館、1786)は、ペーター・マインの作品である。これは、マインが建設中のところをみたコンドゥールのパリ・アカデミーと同様、古代劇場のような半円形の平面をしている。そして、円窓の開けられた浅い格間付きドームに覆われている。

スウェーデン

L. J. デプレによる**ウプサラの植物園**(1788、p.1156B)は、興味深い初期新古典主義のポーティコを備えている。8本のギリシア・ドリス式円柱はことの他ずんぐりとしており、この小さな建物に並はずれたモニュメンタリティを与えているが、これは城館から眺めた眺望の消点としての視覚上の重要性と、植物学者カール・フォン・リンネの生地であるこの地ですでに植物学の重要な研究成果が得られていたという誇りを反映している。

フレデリク・ブロムによる**ストックホルムのスケップスホルム聖堂**(1824-42)は、八角形の外観と円形の内部を持つ集中式平面の教会堂で、その中央の空間は、八対の古典的円柱のアーケードによって周囲の側廊から隔てられている。平坦な漆喰壁を背景にした新古典主義のモチーフの外装は、ハンセンのコペンハーゲンの作品を思わせる。

ノルウェー

ベルゲンの**ダムスゴール**(1770-95再建、p.1157C)は、魅力的なロココ式のヴィラで、大部分は家主のJ. S. C. ゲールメイデンによって設計された。繊細なファサードは、中央の破風と愉快なドーマー窓に挟まれた塔、そして小さくて曲線的な付属棟を備えている。

シュヴェン・アスパースによる**グブランセルのセル・フロン聖堂**(1786-92)は、突出したランタンを備えた非常に単純な八角形の教会堂である。外部では、隅部にドリス式ピラスターが付けられ、内部では、4本のほっそりした木製のコリント式円柱が小屋組を支え、説教壇を組み込んだギャラリーが周囲をめぐっている。

オスロの取引所(1826-52、1910増築、p.1158A)は、市の建築家 C. H. グロシュによって設計されたものであるが、彼の影響は、柱間の広い先細りしたドリス式円柱による幅広のポーティコの外観と、重々しいミューテュールのブロックが付いた簡潔なエンタブラチュアに示されている。

同じくグロシュによる**オスロのノルウェー銀行**(1828、p.1158B)は、もっと小型のギリシア・ドリス式ポーティコを持っているが、その抑制された姿は、建物の堅実な意図にはあっていた。

ノルウェーで最初の大学である**オスロ大学**(1838以降)は、シンケルのデザインに基づいてグロシュが建設したもので、イン・アンティス型の極めて堂々としたイオニア式ポーティコを備えている。ノルウェー産の花崗岩は、中世以来初めてモニュメンタルな使い方をされている。

フィンランド

フランス人建築家 L. J. デプレによる**ヘメンリンナの教会堂**(1798、1892増築)は、フィンランドで最も古い古典的教会堂で、最も厳格な新古典主義作品の1つに数えられる。その円形の建物(もとは中央に祭壇があった)は、アプスと玄関間を含む四角いブロックを前後

A C.F. ハースドーフの自邸、コンゲンス・ニュートー、コペンハーゲン　p.1153 参照

B 植物園、ウプサラ(1788)　p.1155 参照

第 33 章　ロシアとスカンジナビア　　1157

A　フレゼリク 5 世礼拝堂、ロスキルデ大聖堂（1774-）
p.1155 参照

B　ヴォル・フルーエ聖堂、コペンハーゲン（1810-29）
p.1155 参照

C　ダムスゴール、ベルゲン（1770-95 再建）　p.1155 参照

ルネサンスおよびそれ以後のヨーロッパとロシアの建築

A 取引所、オスロ(1826-52)　p.1155 参照

B ノルウェー銀行、オスロ(1828)　p.1155 参照

C 旧教会堂、ヘルシンキ(1826-)　p.1161 参照

第 33 章　ロシアとスカンジナビア　　1159

A　ルーテル派大聖堂（聖ニコライ聖堂）、ヘルシンキ（1830-40）
p.1161 参照

B　ルーテル派大聖堂内部、ヘルシンキ

C　旧アカデミー、トゥルク（1802-15）　p.1161 参照

A 大学図書館、ヘルシンキ(1836-45)　p.1161 参照

B 大学図書館内部、ヘルシンキ

に備えていた。簡素な漆喰仕上げのファサードには、隅切りをしたドア枠を区切る耳のようなエキヌスが付き、凹所に収められたずんぐりしたドリス式半円柱がある。

C. L. エンゲル(1778-1840)は、ドイツ生まれの建築家で、サンクト・ペテルブルクとタリンで数年間を過ごした後、1815年からフィンランドで働き、新首都ヘルシンキ(1812以降)にいくつかの記念碑的な公共建築をつくりあげた。

ヘルシンキの**旧教会堂**(1826-、p.1158C)は、十字形をした木造建築で、都市公園の中に独立して建っている。上部にはペディメントの付いた四角い小神殿があり、ドームを支えている。この単純な構想の教会堂は、エンゲルの後期作品に多くみられる華やかさを欠いている。

ヘルシンキの**ルーテル派大聖堂**(聖ニコライ聖堂、1830-40、p.1159A, B)は、中心街の焦点となっており、元老院広場のほぼ全幅を占める巨大な階段の頂点に建っている。このギリシア十字形の建物は、高くて細い中央ドラムとクーポラ、4本の付属塔、そして同じ形をした六柱式のコリント式ポーティコを4つ備えている。内部では、交差部の4本の太い支柱が、アプスの付いた袖廊内にある列柱式の周歩廊とドラマティックな対比をみせている。その着想は、ローマのサン・ピエトロ大聖堂のための16世紀初期の設計案から得ている。

ヘルシンキのルーテル派大聖堂の前にある**元老院広場**は、J. A. エヘレンストレムによって計画されたもので、エンゲルの設計したその他いくつかの建物に囲まれている。東側全体を占めている**議事堂**(1818-22)は、中央にコリント式のポーティコを備えたかなりアカデミックな3階建のファサードを持っている。その向い側にある**ヘルシンキ大学**(1828-32)は、1944年の爆撃で被害を受けた後修復されたものであるが、下から上へドリス式、イオニア式、コリント式の円柱を持つ印象的な3階建の階段室を備えている。この北側には**大学図書館**(1836-45, p.1160A, B)があるが、こちらはコリント式オーダーが17ベイの建物の全幅にわたって並び、ペディメントのない中央の突出部分には半円柱が、また側面には深いピラスターが付いている。内部には、巨大なコリント式列柱で支えられえたギャラリーのある3つの閲覧室がある。中央の部屋には格間付ドームがあり、他の2つにはトンネル・ヴォールトが架けられている。

トゥルクの**旧アカデミー**(1802-15、p.1159C)は、ストックホルム市の建築家C. ギェルヴェルとC. F. バッシの作品である。非常に大きなペディメントを付けた威厳のあるファサードは、特に上階の窓枠のような単純化された要素の使用など、間違いなく新古典主義である。

バッシによるトゥルクの**新アカデミー**(1832-33、邸宅として設計された)も同じような窓枠を使用している。このファサードは、ルスティカ式の基礎階の上に建ち、階段状の屋階をのせたドリス式円柱の張り出しポーティコを特徴としている。

訳／河辺泰宏

ルネサンスおよびそれ以後のヨーロッパとロシアの建築

第34章

ルネサンス以後のヨーロッパ

はじめに

　19世紀のヨーロッパ建築の最も著しい特徴は、歴史様式の多様な使用である。これは、19世紀の建築家たちが歴史的形態の復興をもとより避けてきたわけではなく、彼らが選択しうる様式の幅が広がったという点で、先行する時代とは区別される。ピクチュアレスクの運動は、西欧と異国双方の多種多様な建築に対する興味を刺激したし、19世紀を通じて建築はますますその範囲を広げていっており、それゆえ建築家たちは過去の建築についてこれまでになくいっそう正確な知識を持つようになった。とはいえ次代の建築家たちのために最も望ましい様式についての合意はなかった。たとえばある市庁舎（タウン・ホール）は、ギリシャ文明の高貴な面を呼び起そうと古典主義の神殿をモデルとしたし、一方で、ある市庁舎は中世後期の商工業の繁栄にあやかろうと、フランドルの織物会館をより所とした。しかし19世紀の生活とそれ以前の時代の諸規範との間の盲目的な比較は、以下にみるが、ピュージンが結論を下したように（後述）、いつも喜ばしいばかりではなかった。この世紀が進むにつれて、多くの建築家たちは、独創的な効果を達成しようと努めながら、さまざまな典拠から諸特徴を組み合わせる折衷主義の道へと走った。世紀の終わりになってやっと、ちょうどゴシック様式の建築が中世特有のものであったと同様に、近代世界に特有の新しい様式を創造しようとする優れた試みが現れた。

　過去に依存していたにもかかわらず、19世紀のヨーロッパの建物は歴史的なモニュメントのただの複製ではなく、その計画においても、材料の使用や装飾的細部においても、その時代の産物なのである。多くの新しい種類の建物——たとえば鉄道駅、工場やデパートなど——が登場し、過去に例のない設計が全てにおいて求められた。他方、伝統的な種類の建物も、今やいっそう複雑な仕方で設計されることがあった。例を挙げれば議事堂や市庁舎、学校などは、産業社会の要求に応じて、より大規模になると同時に精緻になった。邸宅やフラット式共同住宅もいっそう分化した諸室を伴って、より意欲的なものになっていった。伝統的なしきたりを復活させようとする試みのあった教会堂の場合でさえ、「創意に富んだ模倣」が受け入れられた。

　新しい材料や構造形態の発展は、19世紀のヨーロッパ建築の大きな特徴であるが、旧来の材料もこの時期のほとんどの間、広く用いられ続けた。外装としては石とレンガが、それらの中で最も一般的であったが、ヨーロッパの外縁部では木造もあいかわらず用いられた。この世紀の終わりにいたって、市街地においてはタイルなどの施釉（せゆう）製品が、1つには激しい大気汚染への解答として一般的な外装材となったものの、田舎や郊外地では地方特有の材料も好んで復活された。ほぼ1900年頃までは外周壁が荷重を負担しており、伝統的な窓配置が踏襲されたが、窓そのものは1840年代以降、板ガラスが導入されるにつれてより大きくなり、かつ窓の桟は減っていった。構造用の鉄材と大型のガラス板との組合せによって、店先には大きなショーウィンドウがもたらされ、また19世紀の都市のはなはだ特徴的な部分である驚くばかりの駅上屋や市場、博覧会建物の出現をみた。鋳鉄（ちゅうてつ）の骨組は、多くは内部だけに用いられたが、高層の建物の開発を容易にし、内部空間をよりいっそう開放的にした。ヨーロッパでは鉄骨造の建物は、アメリカほど早くには、また劇的には開発されなかったが、1900年以後、大都市では普通になり、一般に8-9階建の高さになった。鉄筋コンクリート造は、荷重支持壁の支配から脱却していこうとするこの時期のもう1つの革新であった。

　1830年から1900年にいたるヨーロッパの建築の傾向は、複雑に入り組んでいるため、1830年から1850

年、1850年から1870年、1870年から1900年という3つの時期に分けて検討するのが都合がよい。

建築の特色

1830-1850年

　1830年から1850年に及ぶ期間は、イギリスでは初期ヴィクトリア朝時代の建築の時期に、またドイツ語圏では「ビーダーマイヤー様式」として知られる時期にほぼ相当する。

　折衷主義が拡大する一方、古典的な伝統も驚くほどの回復を示し、この時期を通じてごく自然にほとんどの公的建物に古典主義のデザインが採用された。グリーク・リヴァイヴァル（古代ギリシア復興様式）は、1830年前後の時期がピークであるが、アテネやウィーンにおけるハンゼンの仕事が示すように、その後何年にもわたって強い影響力を保持した。こうした建物の計画や空間構成は、ジャン＝ニコラ＝ルイ・デュラン（1760-1834）による合理主義の理論からしばしば影響を受けた。彼の『建築教程提要（Précis des leçons d'architecture）』（1802-5）は、対称性や形式幾何学に基づいた設計法を提示した。デュランの影響は特にドイツで強く、カール・フリードリヒ・シンケル（1781-1841）のベルリンにおけるアルテス・ムゼウム（1823-30、p.1057C）によく表れている。イギリスではグリーク・リヴァイヴァルの持つ純粋性は、1840年代に壮麗な古代ギリシア・ローマ的様相が加わることで捨て去られた。それはハーヴェイ・ロンスデイル・エルムズ（1814-47）によるリヴァプールのセント・ジョージズ・ホール（1840-54）のような公共の建物に適用されたが、そこではデュランによって推奨されたものよりはるかに空間的に錯綜したデザインとなっている。

　住宅や商業施設においては、古典主義やルネサンス起源の、それほど修辞的ではない形態が往々にして好まれた。ロンドンではイタリアの「パラッツォ」のモデルが、いずれもチャールズ・バリー卿（1795-1860）の手によってトラヴェラーズ・クラブ（1829-31）やリフォーム・クラブ（1837-41）に採用された。一方、パリではシャルル・ペルシエ（1764-1838）とピエール＝フランソワ＝レオナール・フォンテーヌ（1762-1853、第30章参照）によるリヴォリ通り（西寄り、1811-35）のような計画に、フランス・ルネサンス建築の慣行が、はっきり表されていた。ピエール＝フランソワ＝アンリ・ラブルースト（1801-75）によるパリのサント・ジュヌヴィエーヴ図書館（1839-50）は、ルネサンス様式の諸原則のいっそう根源的な発展を示しており、合理的折衷主義の金字塔となっている。ドイツではデュランの影響の下に、より明瞭に分節された建物、しばしばルネサンスやロマネスク、ビザンティンないしは古代ローマの先例に通じるような半円アーチの形態を特徴とした建物への好みがみられた。ルートヴィヒ・ペルジウス（1803-45）によるポツダムの平和教会（フリーデンスキルヒエ）（1845-48）は、こうした「ルントボーゲンシュティル」による初期のキリスト教会堂の例である。

　北ヨーロッパにおいては、18世紀の遺産の一部であったゴシックへの趣味が、国家的なまとまりと強く結び付いた。加えて19世紀の間に、中世建築に対する知識が、たとえばトーマス・リックマン（1776-1841）の『ノルマン人の征服から宗教改革までの英国建築諸様式識別の試み（Attempt to Discriminate the Style of English Architecture from the Conquest to the Reformation）』（1817）のような研究の出版を通しておおいに進んだ。フランスでは著述家、プロスペル・メリメ（1803-70）が国家記念建造物・歴史遺産担当総監に任命され、彼の被保護者であるウジェーヌ＝エマニュエル・ヴィオレ＝ル＝デュク（1814-79）は、パリのサント・シャペル（1840）やノートル・ダム大聖堂（1845-56）を含む膨大な数の中世記念建造物の修復および再建工事にあたった。ドイツでは、国の記念建造物としてのケルン大聖堂の完成に、中世への関心がみられる。修復工事は1824年に開始され、1833年からはE. F. ツヴィルナー（1802-61）の下で進められ、R. フォイクテル（1829-1902）による1880年の完成まで続けられた。

　ゴシック・リヴァイヴァルへのイギリスの貢献は多くの点で最も重要であり、ウェストミンスター新宮殿（1836-68）やチャールズ・バリー卿による国会議事堂がそれに該当した。その壮麗な国家の象徴は、ゴシック様式ないしはエリザベス様式が条件として求められた設計競技の所産である。バリーの古典的な傾向は、建築の全体構想に認められるものの、細部は大半が、熱烈なゴシック主義者であったオーガスタス＝ウェルビー＝ノースモア・ピュージン（1812-52）の仕事である。彼の著作『対比（Contrasts）』（1836）は、当代の無味乾燥な設計――古典主義様式とゴシック様式とを問わず――と、中世後期の建築物の豊かさとを、痛烈に比較対照した。ピュージンは、ゴシック様式が唯一、真のキリスト教の建築形態であると力説し、一方、古典主義様式は異教のものとして非難することで、19世紀の建築に新たな道徳的熱情をもたらした。中世の礼拝形式へ戻ろうとする彼の願いが、たとえばヒュームのセント・ウィルフリード教会堂（1839-42）のような、

内陣仕切りと行列廊を伴う教会堂の創出へと向かわせた。こうした諸特徴が、影響力のある教会建築学協会の公理になった。建築に対するピュージンの姿勢は、ロマン主義的であると同時に合理主義的であり、不規則性への愛好と構造の首尾一貫した表出への希求とを結び付けたものであった。そしてここから自然に導かれるものは、ウィリアム・バターフィールド(1814-1900)によるコールピットヒースの司祭館(1844-45)のような建物にみられる「ピクチュアレスク・ユティリティ」であった。

ほぼ1830年以降の時代に優勢となった建築の一般的傾向は、生真面目さのそれであった。グリーク・リヴァイヴァルの市庁舎や博物館には高貴さと古典の教養の香りが漂った。一方、モニュメンタルなギリシアやローマあるいはエジプトの形態を鉄道駅や橋、工場に適用するのは、19世紀の技術的達成を過去の偉大な文明になぞらえようとする願いを暗示した。ゴシック・リヴァイヴァルは、別の理想に貢献したが、生真面目さではひけをとらず、キリスト教的かつ国家的価値を繰り返し主張することで、時代の便益本位の部分に暗に異議を唱えた。この時代の居住用の建物においてのみ、たとえばハーラクストン・ホール(1834-55)にみられるエリザベス朝様式とバロックの混成、あるいはフルボカー(1840-71)の過剰な折衷主義に表れているように、より寛大な態度がみられる。

この時期を通して、ほとんど様式とはかかわりなく、構造の堅固さを重視する傾向が存在した。構造への関心はジャン＝バティスト・ロンドレ(1734-1829)によって促進されてきており、彼の5巻本である『建築術に関する理論と実際(Traité théorique et pratique de l'art de bâtir)』(1802-3)が、建築の科学的な基礎を力説したし、A. W. N. ピュージンは、その著書『尖頭式すなわちキリスト教建築の正しい原理(True Principles of Pointed or Christian Architecture)』(1841)で「もし装飾が導入されるとしたら、それは建物の根本的な構造の強化からなりたっていなければならない」と主張した。レンガ積みは次第に、漆喰などで上塗りされるより、そのままとされ、18世紀の脆弱なゴシック様式が拒絶された。鉄にあってさえ、たとえば、カールトン・ハウスの温室(1811-12)のような、より装飾的な処理から、1850-51年のクリスタル・パレスにみられる材料の持つ独特な構造特性を強調した処理への変化があった。

1850-70年

1850年から1870年の時代は、大まかにはフランスでは第二帝政期、イギリス建築では盛期ヴィクトリア朝期に重なる。この時期には、たとえば「ギリシア人」アレクサンダー・トムソン(1817-75)によってグラスゴーでなされたような新古典主義の建物が引き続き建設されたが、支配的であったのはルネサンス・リヴァイヴァルであった。この様式が示した新しい豊かさは、着想においてはおおかたフランス的であり、パヴィリオンや高いマンサード屋根、さらには15世紀ないしは16世紀起源の豊かな装飾に特徴があった。この流行は、少なくとも一部は、新しいルーヴル宮殿の建物(1852-57)によるものといえよう。一方、ジャン＝ルイ＝シャルル・ガルニエ(1825-98)によるパリのオペラ座(1861-74)はさらなる豊かさへの第一歩を印し、それはほとんどネオ・バロックに相当した。同様の発展は他の国でも、リーズ市庁舎(1853-59)――カスバート・ブロドリック(1822-1905)の作品――やヨーゼフ・ジーテク(1832-1905)によるプラハの国立劇場(1868-83)などにみられる。ルネサンス・リヴァイヴァルの1つの強みは、その融通性にあった。それはテオフィル・ハンセンによるウィーンのハインリヒスホフ(1861-63、1945倒壊)のように、大きな建物ブロックに適切に序列化された装飾をもたらしたし、またジュゼッペ・メンゴーニ(1827-77)によるミラノのガッレーリア・ヴィットーリオ・エマヌエーレ(1865-77)、あるいはジョージ・ギルバート・スコット卿によるロンドンの非対称形の外務省庁舎(1861-63)のように、立地条件に応じてさまざまに採用しうるものであった。

1850年以降、ゴシック・リヴァイヴァルが次第に浸透するにつれ、ヨーロッパのほとんどの国でゴシック様式の教会堂の数が増加した。ある場合には、新規の教会堂が、ネオ・ゴシック様式のデザインの初期の世代と同じような様相を表現した。ハインリヒ・フォン・フェルステル(1828-83)によるウィーンのヴォティーフキルヒェ(1856-79)は、こうした保守主義の良い例である。しかし特にイギリスでは、自国のゴシック様式の形態への依存が、イタリア(次いでフランスやその他の国々)の中世建築に対する強い関心に取って替わられたり、ジョン・ラスキン(1819-1900)の『ヴェニスの石(The Stones of Venice)』(1851-3)やジョージ・エドマンド・ストリート(1824-81)の『中世のレンガと大理石(Brick and Marble of the Middle Ages)』(1855)といった出版物に刺激されて、この復興主義に新しい性格がもたらされた。

この新しい精神がすぐさま現れたのは、「構造的多彩色」、つまり多様な色彩のレンガないしは石の帯の使用であって、ラスキンが賞賛する北イタリアの教会

堂のさまざまな大理石の装飾効果を見習ったものであった。その早い例が、ウィリアム・バターフィールドによるロンドンはマーガレット街に建つオール・セインツ教会堂（1849-59）であったが、ほとんど同じほどに人目をひいたのは、ロンドンのヴォクスホール・ブリッジ街の、ストリートによるセント・ジェームズ＝ザ＝レス教会堂であり、こちらはイタリア的な着想に基づいた独立した鐘塔を持つ。

ゴシック様式が、世俗の建築に用いられることもしだいに多くなった。ディーンとウッドワードによるオックスフォードの博物館（1855-59）もラスキンの影響を反映したし、一方、アルフレッド・ウォーターハウス（1830-1905）によるマンチェスター巡回裁判所やジョージ・ギルバート・スコット卿のロンドンに建つセント・パンクラス・ホテル（1865-71）のようなもう少し後の例では、ゴシックの諸要素にかなり異質な影響が入り込んでいる。フランス・ゴシックは、ウィリアム・バージェス（1827-81）にとって重要な源泉であり、彼の作品であるカーディフ近郊のキャッスル・コッホの改修（1875-91）は、ヴィオレ＝ル＝デュクによるカルカッソンヌ（1855-79）やピエールフォン（1859-70）の修復にひけをとらない。構造合理主義の見地にたったヴィオレ＝ル＝デュクのゴシックの解釈は、その著作である『11世紀から16世紀のフランス建築精解辞典（Dictionnaire raisonné de l'architecture française du XIme au XVIme siècle）』（1854-68）の出版を通してはなはだ大きな影響を及ぼしたし、さらに彼の『建築講話（Entretiens sur l'architecture）』（1863-72）は、より大胆な建築形態を提案していると思われるが、実のところ、彼自身の設計（たとえば1864-67年のサン・ドニのサン・ドニ＝ド＝レストレ教会堂）が、それら以上に評価されることはまずない。

1850年代および1860年代の建築は、多くの点で、先行する時代のそれより制限が緩かった。より厳格なグリーク・リヴァイヴァルとは違って、ルネサンス・リヴァイヴァルは本質的に寛大であり、あらゆる形状や規模の建物に用いることのできるモチーフの幅を提供した。それゆえ狭い国粋主義から解き放たれたゴシック主義者たちは、中世の典拠に対し、いっそう折衷的な態度で接することができた。新古典主義のより純粋な形や単調な外観に対する反動があり、それが全般的にはより活気に満ちた、しかもいっそう柔軟な効果を生み出した。加えてゴシック・リヴァイヴァルの方では、色彩とテクスチュアの新しい組合せによって外装への興味がもたらされた。

この時代のより自由な精神のもう1つの現れは、フランソワ1世のルーヴル宮殿ないしはヴェネツィアのカ・ドーロのような過去の居住用建物への憧憬がますます一般的な広がりを持ったことで、神殿や大聖堂への没頭から離れていったことである。実際、この時期の1つの新しい発展は、比較的粗末な住宅に対する興味から直接に生じた。リチャード・ノーマン・ショウ（1831-1912）によって取り入れられた「オールド・イングリッシュ」の作風は、土地に固有な材料や装飾モチーフへの関心に基づいており、彼はそれを、不整形な平面と外形を持つ郊外住宅に用いて、高度にピクチュアレスクな効果を達成した。

ショウのオールド・イングリッシュ・スタイルは、都市と産業の発達に対する反作用の一面であり、多くのヨーロッパの都市が激しい変革を経験したのは、まさにこの1850年以後の時期であった。

パリは、事実上ウジェーヌ＝ジョルジュ・オースマン男爵（1809-91）によって計画しなおされた。彼は古い市街に容赦なく広い大通りを切り通し、オペラ座のような格式の高い建物を効果的に配置した。もっとも中央市場（1853-）のような実際的な諸施設もおろそかにはしなかった。彼の意図は第二帝政にふさわしい首都の建設であり、同時にまだ生々しい1848年の革命の記憶を踏まえて、首都が警察と軍隊によって適切に統御されうることを保障することであった。

皇帝の威信と国内秩序に対する同様の要請はウィーンにもみられ、そこでは若い皇帝、フランツ・ヨーゼフ1世が、古い市壁の跡地に環状道路の建設（1858-）を命じた。クリスティアン・フリードリヒ・ルートヴィヒ・フォン・フェルスター（1797-1863）が設計した新しい道路は、さまざまな様式の立派な飾りの付いた建物によって次第に装われていった。その中にはテオフィル・ハンゼンの手になるネオ・ルネサンス様式のハインリヒスホフ（1861-63、1945倒壊）、フェルスターとハンゼンによるビザンティン様式を思わせる多彩色の軍事博物館（1856-77）、さらにはフリードリヒ・フォン・シュミット（1825-91）による、赤レンガでできたネオ・ゴシック様式の大きな市公会堂（1872-83）があった。

この当時繁栄を極めた他の都市の中には、オーストリア・ハンガリー帝国の第2の首都、ブダペストがあったし、一方、1859年にはバルセロナの拡張がイルデフォンス・セルダ（1815-76）によって計画された。それは格子状パターンの町割りに、2本の斜めの大通りが交差する野心的なものであった。

1870-1900年

1870年から1900年にいたる時期は、ドイツの第二

帝政の初期に相当し、イギリス建築では後期ヴィクトリア朝様式の段階にあたる。この時期は建築の変革速度の着実な増大や、構造的、形態的可能性の拡大、さらには歴史主義の最後の貢献を特徴とし、こうした傾向は1900年以降も進展し続ける。

バロック的な豊穣さや帝国の規模の大きさは、パウル・ヴァロット(1841-1912)によるベルリンの帝国議事堂(1884-94)、あるいはゲオルク・フォン・ドルマン(1830-95)によるルートヴィヒ2世のヘレンキームゼー城(1878-)のような、主要な建築物において生き続けた。バロックの伝統は、多くの地方で20世紀初頭まで継続した。特にイギリスでは、それは、ジョン・ベルチャー(1841-1913)によるコルチェスター市庁舎(1898-1902)のように、ピクチュアレスクの影響が注入されることによって新しい活気を呈した。これと全く相反するのが、ローマのヴィットーリオ・エマヌエーレ2世記念堂(1885-1911)に示されるような、古代の古典主義へ回帰する傾向であり、またシャルル・ジロー(1851-1932)によるパリのプティ・パレ(1897-1900)のような建物にみられる、より秩序づけられたボザール精神の勃興であった。パリのエコール・デ・ボザールに学んだイギリスの建築家、ジョン・ジェームズ・バーネット卿(1857-1938)は、この時期の多くの建築家の特徴を示している。つまり彼は、たとえばロンドンのコダック・ハウスにおいて、鉄材の構造と難なく両立できる一種の「裸形の古典的な」方法を発展させた。同様の仕方で、オーストリアの建築家、オットー・ヴァグナー(1841-1918)は、ウィーンの郵便貯金局のホール(1904-6)にみられるように、古典的伝統の中から本質的に非歴史主義者の方法を抽出した(1900年以後の建築の詳細な説明は第44章を参照)。

ゴシック・リヴァイヴァルは1870年以降も決して衰えることはなく、20世紀に入るまで多くの教会建築の基準となった。ジョン・ラフバラ・ピアソン(1817-97)のいくつかの教会堂——たとえばトルロ大聖堂(1879-1910)——にみられるような学問的裏づけを踏まえた洗練の姿勢が、より恣意的なゴシック様式、たとえばジョン・ダンド・セディング(1838-91)によるチェルシーの聖三位一体教会堂(1888-91)、あるいはバジル・チャンプニー(1842-1935)によるマンチェスターのライランズ・ライブラリー(1890-99)のような建物に次第に取って替わられた。これとは別に、ヴィオレ=ル=デュクからの、より合理主義者的な影響も表れ、ゴシック建築の構造的原理の再解釈を通じて新しい成果が達成された。ジョゼフ=ウジェーヌ=アナトール・ド・ボド(1834-1915)が1894年に設計したパリのサン・ジャン・ド・モンマルトル聖堂では、ピアやリブの扁平な輪郭(プロフィール)が鉄筋補強コンクリートとレンガの使用を表しており、一方、エドワード・シュローダー・プライアー(1852-1932)によるロッカーのセント・アンドリュー教会堂(1905-7)では、より原型に近いゴシック様式を創出するため、不規則な石積みとともにコンクリートが用いられた。そうした中で最も急進的なのはおそらく、ガウディの手になるバルセロナのサグラダ・ファミリア聖堂(1882-)であった。そこではヴィオレ=ル=デュクによってもたらされた構造合理主義が、唯一、中世のどの記念建造物にも匹敵するほどの豊かな示唆に富んだ、ほとんど有機的といっていい建築への起点となった。

19世紀後半のヨーロッパの建築が、世界の遠隔地からの増大する建築知識にそれほど大きな影響を受けなかったことは、いろいろな意味で驚きに値する。事実、ヨーロッパ諸国は、各帝国の植民地に建築上の好みを輸出する傾向にあり、逆に、(ヴィクトリア女王のために1890年から1901年にオズボーン・ハウスに加えられたインド様式のダーバー・ルームのように)当時、持ち込まれたものは例外的であった。E. W. ゴドウィンによるチェルシーのホワイト・ハウス(1877-79)の美的趣味には、底流に日本の影響があったし、教会建築ではポール・アバディ(1812-84)によるパリのサクレ・クェール聖堂(1875-)から、ジョン・フランシス・ベントリー(1839-1902)によるウェストミンスター大聖堂(1895-1903)にいたるまで、ビザンティン建築に対するある種の興味は存在した。

しかしそれ以上に注目されたのは、ヨーロッパのさまざまな地方の土地特有の伝統であり、特に古典主義、あるいはゴシックないしはイタリア・ルネサンスといったよく知られた主流の範疇から外れたものであった。イギリスのヴァナキュラー・リヴァイヴァルは、こうした潮流の早い事例であり、オールド・イングリッシュの精神(上述)に基づくものばかりでなく、ウィリアム・イーデン・ネスフィールド(1835-88)によるキンメル・パーク(1868-74)のそれにみられるような「クイーン・アン」様式と呼ばれるものまで、住宅のための比較的形式ばらないモチーフの幅を広げた。同じように他の多くの国々でも、古典主義対ゴシックという初期の数十年間にわたる二分法を避けたスタイルの広がりが押し進められ、それによって建築家たちは、別の源泉に基づくさまざまな特徴を排除することなく、優れて地方的な性格を建物に付与することができた。オランダ・ルネサンスの香りを濃厚に宿すP. J. H. カイペルス(1827-1921)によるアムステルダムの国立博物館(1877-85)は、そうした傾向の明快な実例であり、アントニン・ヴィール(1835-1907)による1883年の

旧プラハ送水場も、そうした実例である。

　土着の建築的伝統への回帰は、しばしば国あるいは地方のアイデンティティに対する、もっと広範な願望に結び付けられた。たとえばバルセロナのガウディの作品は、カタルーニャ文化に対する新たな自覚の一部とみられるし、一方、デュシャン・ユールコヴィッチ（1868-1947）による簡素な木骨造建築の復活は、スロヴァキア地域主義の一部をなしていた。スカンジナビアにおける文化的独立の運動は、ナショナル・ロマンティシズムと呼ばれたが、そこにはマルティン・ニューロプ（1849-1921）によるコペンハーゲン市庁舎（1892-1902）のための比較的折衷的な意匠から、ピーダー・ヴィルヘルム・イェンセン・クリント（1853-1930）による同じコペンハーゲンのグルントヴィ教会堂（1913設計）のより単純化されたモチーフにいたるまで、多様な建築表現がみられた。またスカンジナビア地方の土地に根ざした形態や著しく荒々しい石積み——たとえば、ラーシュ・ソンク（1870-1956）によるタンペレ大聖堂（1899-1907）——の復活もあった。逆説的ではあるが、こうした地域主義者たちの建築の多くは、アメリカの「シングル・スタイル」や H. H. リチャードソンのいっそう量感あふれる擬似ロマネスクの作品から、さらにまたラスキンやピュージンから受け継いだ建築材料の真摯な使用への配慮にヴァナキュラーな伝統への感性を加えたイギリスのアーツ・アンド・クラフツ運動から、大きな影響を受けたかもしれない。エクスマウスに建つ E. S. プライアのザ・バーン（1896-97）は、こうした発展の重要な例である。

　19 世紀後半の数々のヴァナキュラー・リヴァイヴァルを、ピクチュアレスクの運動の遅い開花とみることもできるが、同時にそこから、より秩序立った建築が育ったことも事実である。たとえばチャールズ・レニー・マッキントッシュ（1868-1928）によるグラスゴー美術学校（1897-1909）の厳格な石積みは、伝統的なスコットランドの建築から強い示唆を受けているし、同じようにヘンドリック・ペトルス・ベルラーヘ（1856-1934）によるアムステルダムの取引所（1898-1903）でのレンガの露出した使用は、その土地に固有の材料への建築家の共鳴を表している。もっとも両建物ともアーツ・アンド・クラフツ運動の持つ原初主義的な性向を避けており、ウィーンの郵便貯金局におけるオットー・ヴァーグナーのものと同質の合理主義に貫かれた架構に、鉄やガラスを大胆に組み込んでいる。ピクチュアレスクから派生した同じような動きは、ウィリアム・リチャード・レサビー（1857-1931）によるバーミンガムのイーグル・インシュアランス・ビル（1899-1900）や、エドガー・ウッド（1860-1935）によるスタッフォードのアップミーズ（1908、第 44 章参照）のような、もう少し小さな規模の建物にも認めることができる。

　1890 年代の最も特徴的な建築上の発展はアール・ヌーヴォーである。これは過去のいかなる建築にも基づかず、一方で不規則、有機的な曲線、一般的には巻き髭ないしは火炎状の線を特徴とする様式である。「アール・ヌーヴォー」の名称は、サミュエル・ビングが手工芸、手工業の製品を販売するためにパリに 1895 年に開いた店に由来しており、この様式の起源としては、主として純粋および応用芸術を挙げるべきである。

　建築においてはブリュッセルの建築家、ヴィクトール・オルタ（1861-1947）が先頭に立ち、渦巻状のアール・ヌーヴォー装飾と構造的な鉄材とを結び付けて、タッセル邸（1892-93）や人民の家（1896-98）にみられるような、ダイナミックな形態と自由な内部空間を創出した。フランスでオルタに相当する人物は、エクトール・ギマール（1867-1942）であった。彼はパリの地下鉄駅（1900-1）のプレファブ化された鉄部材に、アール・ヌーヴォーの流れるような曲線を用いた。また、バルセロナではアントニオ・ガウディ（1852-1926）が、カサ・バトリョ（1904-6）やカサ・ミラ（1905-10）を含む、生物に由来する装飾的可塑性を表現した建物をつくりだした。その他、たとえばマッキントッシュによるグラスゴーのウィロー・ティールーム（1902-4）のようなインテリアデザインにおいて、またアウグスト・エンデル（1871-1925）によるミュンヘンのエルヴィラ写場（1897-98）を飾ったような曲線的な表面装飾の使用に、アール・ヌーヴォーの広範な影響が認められた。もっと一般的には、ライモンド・ダロンコによる 1902 年のトリノ博覧会のロトンダにおけるように、アール・ヌーヴォーは曲線的な外形線への愛好に結び付けられた。

　第 1 次世界大戦に先立つ 30 年間は、都市の膨張に伴う諸問題が以前にも増してヨーロッパを蝕んでいた。イギリスでは多くの先進的な企業家が、ポート・サンライト（1888 着工）、ボーンヴィル（1895-）、ニュー・アースウィック（1902 着工）のような、一般的にはテューダー朝様式を反映した家々を周囲の緑の中にピクチュアレスク風に配したモデル村落をつくりだした。そしてこうした伝統が、エベニーザー・ハワード（1850-1928）の理論に結び付けられることになった。彼の著作である『明日：真の改革への平和な道（Tomorrow：a Peaceful Path to Real Reform）』（1898）は、都市と田舎の生活の長所を結び付けた、適正規模の「田園都市（ガーデン・シティ）」の創出を提唱した。1903 年に取りかかったレッチワースが、1914 年以前に建設

された唯一の真の田園都市（さまざまな産業を伴う）であったが、この動きははるかに広範な影響を及ぼし、特にロンドン近郊のハムステッド（1906-）あるいはドレスデン近郊のヘレラウ（1906-）のような、実際にはガーデン・サバーブ（田園郊外）なるものの創出に大きく寄与した。こうした新しい開発は、明らかにイギリス都市のテラスハウスの並ぶ規則的な街路やヨーロッパ大陸に普通にみられるアパルトマンが建ち並ぶ街区との対比の上に、それらと違ったものとして設計された。しかし、そのピクチュアレスク性は、より秩序立った建築的価値への回帰のために、実施に際して往々にして修正された。そうした例では、ハムステッド田園郊外住宅地の中心部が、エドウィン・ラッチェンス（1869-1944）によりネオ・ジョージアン風の対称形をもとに配置されたこと、またヘレラウではハインリヒ・テッセノウ（1876-1950）が、集会所やいくつかの住宅のデザインに新しい規則性を導入したことが挙げられる。

実　例

1830-1850年

ポズナニの**ラシンスキ図書館**（1822-29、p.1170A）は、その計算されたリズムと抑えられた建築モチーフの数とによって、一般に17世紀後半のルーヴル宮殿東側ファサードに始まったとされる「簡素な」合理的古典主義の伝統のうちにある。またこの建物は、広く公衆に教育の便を供与しようとする個人的保護者らの努力の表れであるばかりでなく、プロイセンに取得されてまもない1つの町における、ポーランド人貴族、エドヴァルト・ラシンスキの支援の一例でもある。

ルイ＝ピエール・バルタール（1764-1846）による**リヨン裁判所**（1835-42）は、彼が教鞭をとったパリのエコール・デ・ボザールにおいて奨励された合理的古典主義というものの実例を提供している。24本のコリント式円柱が並ぶ大コロネードは、わずかに中央の柱間を広げることだけで効果を高めている。中央コンコースも同じように堂々とはしているが、ドームをのせた空間の連続がそこに変化をもたらしている。

コペンハーゲンの**トーヴァルセン美術館**（1839-48、p.1170B）は、デンマーク人彫刻家であるベアテル（アルベルト）・トーヴァルセン（1770-1844）の作品と収集品を収納するために建てられた。その設計は、新古典主義者であるクリスティアン・フレゼリク・ハンセン（1756-1845）の弟子、M. G. B. ビンデスベル（1800-56）が行った。この建物は精神においてはグリーク・リヴァイヴァルであるが、無柱式の形態の際立った簡潔さはシンケルの作品を思い起こさせるし、特に内側の中庭ではエジプト建築を何がしか想起させる。ギャラリー部分のトンネル・ヴォールト天井はポンペイ様式で装飾され、一方、ヤン・ソーン（1801-90）による外壁の壁画には、この美術館の収蔵品をローマから移送するさまが描かれている。

フリードリヒ・フォン・ゲルトナー（1792-1847）による**アテネの旧宮殿**（1837-41、p.1171A）は、現在、議事堂として使われているものの、本来はギリシア王位に即位したオットー・フォン・ヴィッテルスバッハのために設計された。3層からなるこの建物は、単純で明解な窓割りパターンを用いることで力強い効果を達成している。正面ファサードではペディメントののる3ベイからなる中央部に、ペディメントを持たない1層構成のギリシア・ドリス式による堅固な10柱式ポーティコが付き、さらに両脇には7ベイからなる翼が付く。

ハンス・クリスティアン・ハンセン（1803-83）による**アテネ大学**（1839-49）は、シンケル風の着想によるファサードと、印象的なイオニア式円柱の立つホールを伴う、慎重に設計された新古典主義の建物である。後にこの建物に接して、イオニア式の**アカデミー**（1859-87）の建物（1859-87）とドリス式の**国立図書館**（1859、1888-91）が建てられたが、いずれもテオフィル・ハンセン（1813-91［訳註：ハンス・クリスティアンの弟］）の設計で、グリーク・リヴァイヴァルの最も注目される一群の作品の1つになっている。

ハーヴェイ・ロンスデイル・エルムズによる**リヴァプールのセント・ジョージズ・ホール**（1840-54、p.1170C）は、イギリスにおける最も壮大な新古典主義のモニュメントの1つである。エルムズは1839年と1840年に、リヴァプールのコンサートホールおよび巡回裁判所という2つの別々の設計競技にあいついで勝利を収めた。その後、施設はこれらを一体化した設計のもとにまとめられた。計画は強い軸構成を取るが、しかし複雑な要求を巧みに満たしており、さまざまな要素が外部に自由に表現されている。外観はエルムズがシンケルの作品に関する知識を持っていたことを示しているが、大ホールはその発想をローマのカラカラ浴場に得ている。1847年のエルムズの死後は、建物は技術者のロバート・ローリンソン卿（1810-98）と、円形のコンサート・ルームの豪華な装飾を担当したチャールズ・ロバート・コッカレル（1788-1863）によって完成された。

ケンブリッジの**フィッツウィリアム博物館**（1837-47、

1170 | ルネサンスおよびそれ以後のヨーロッパとロシアの建築

A ラシンンスキ図書館、ポズナニ(1822-29) p.1169 参照

B トーヴァルセン美術館、コペンハーゲン(1839-48)
p.1169 参照

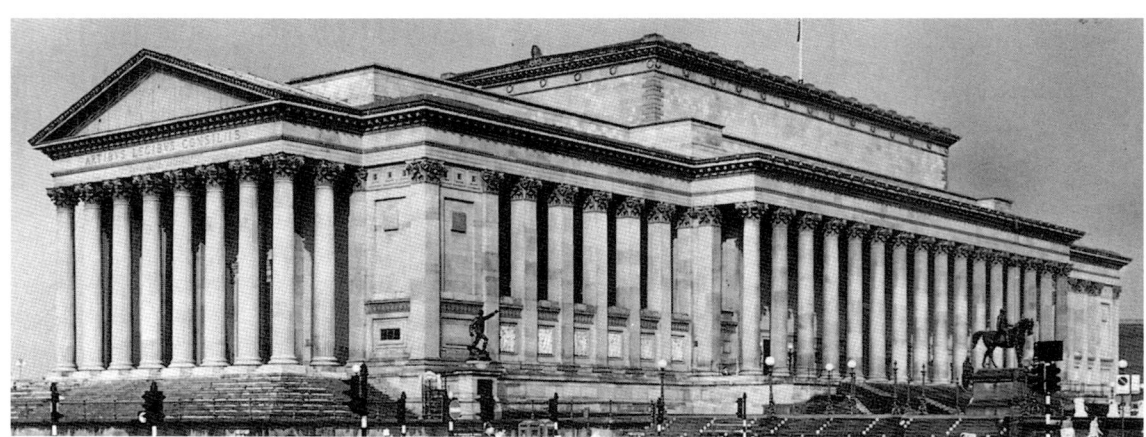

C セント・ジョージズ・ホール、リヴァプール(1804-54)と1階平面(下) p.1169 参照

①セント・ジョージズ・ホール
②クラウン・コート(刑事法院)
③ナイサイ・プライアス・コート
　(巡回民事法院)
④シェリフズ・コート(州長官法院)
⑤ヴァイス・チャンセラーズ・コート(州副長官法院)

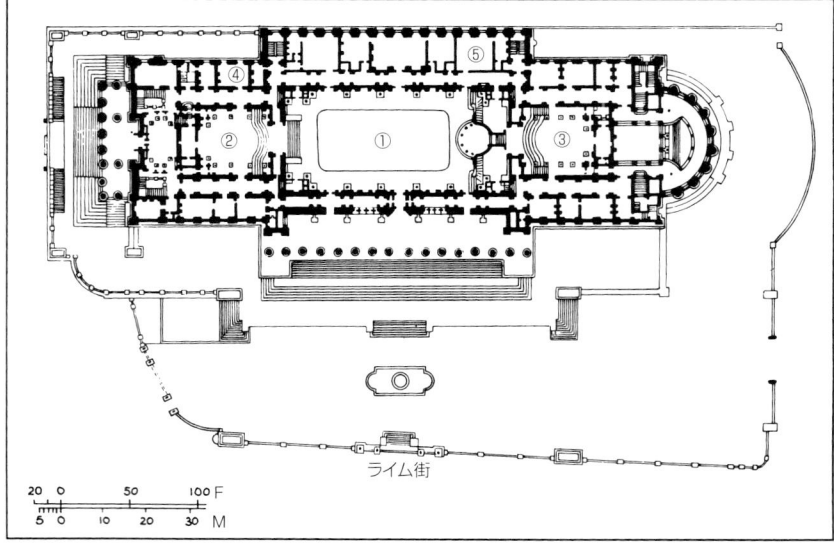

第34章　ルネサンス以後のヨーロッパ　　1171

A　旧宮殿、アテネ(1837-41)　p.1169 参照

B　ウェストミンスター新宮殿(国会議事堂)、ロンドン(1836-68)と1階平面(下)　p.1172 参照

①ウェストミンスター・ホール
②セント・スティーヴンズ・ホール
③中央ホール
④下院議場
⑤上院議場
⑥スター・チェインバー・コート
⑦修道院中庭
⑧セント・スティーヴンズ・コート
⑨ジャッジズ・コート
⑩チャンセラーズ(大法官)・コート
⑪ロイヤル・ギャラリー
⑫ロイヤル・コート
⑬上院コート
⑭上院インナー・コート
⑮下院インナー・コート
⑯下院コート
⑰スピーカーズ・コート
⑱ヴィクトリア・タワー
⑲時計塔(ビッグ・ベン)

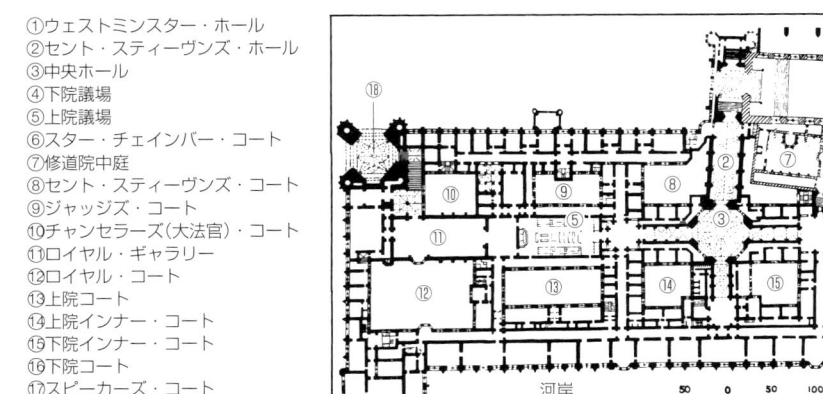

p.1173A）は、ジョージ・ベイズヴィ（1794-1845）が設計にあたった。コリント式の大ポーティコが、豊かなコーナー・パヴィリオンの付いた短いコロネードによって拡張される。パヴィリオンはほとんどバロック的な表現感覚を正面ファサードに与えており、単調な側面とは著しい対比をなしている。内部はベイズヴィの死後、C. R. コッカレルが完成し、さらにエドワード・ミドルトン・バリー（1830-80）が1870年から1875年にかけて、階段室ホールをいっそう豊穣なものにした。

C. R. コッカレルによる**オックスフォードのアシュモーリアン美術館（大学ギャラリー）とテイラー協会**（1841-45）は、さまざまな時期の古典的特徴を、極めて独創的な方法で一体化している建物である。中央ブロックにはイオニア式円柱のポーティコが付き、その柱頭は、コッカレルが最初に研究、紹介した1人となっていたバッサイのアポロン・エピクリオス神殿（p.146参照）のそれに基づいている。高い翼棟が道路側へ張り出し、古代ローマの凱旋門と同じように、像を支える独立円柱の組み合わさった東側で最も盛り上がりをみせる。全体の構成は、黄色みを帯びた石に白色の石が混じる仕上げを用いて、いっそう変化に富んだものとなっているが、大胆に扱われたエンタブラチュアによって相互に一体化されている。

ロンドンのウェストミンスター新宮殿（国会議事堂、1836-68、p.1171B）。ウェストミンスターの旧宮殿は1834年に火災により倒壊し、1836年に新宮殿の建築設計競技に提出されたものの中からチャールズ・バリー卿の案が選ばれた。すでに競技条件によって古典様式ではないものが求められており、彼はテューダー朝様式の建物細部に精通したA. W. N. ピュージンという助手を獲得していた。この設計から3つの重要な傾向が表れた。すなわちピュージンによってもたらされた真正なゴシック様式の細部が、当時のゴシック・リヴァイヴァルの古物研究的性格を映し出していること。バリーによる規則正しくはあっても、完全には対称形ではない平面計画――既存のウェストミンスター・ホールに適合しなければならなかった――が、古典主義の継続的な有効性を示していること。さらに変則的かつ不規則な塔とスカイラインのまとめ方――特に河岸からみた時の――が、ピクチュアレスクの考えに与えられてきた評価への雄弁な証言となっていること。こうした3つの糸が解けないほどより合わさっているため、この国会議事堂は先の数十年間のもろもろの発展を要約しており、ゴシック・リヴァイヴァルの様式による最初の主要な公共建築として意義深い。

西側つまり陸側からの正規のアプローチは、ウェストミンスター・ホールへの通路を兼ねるセント・スティーヴンズ・ポーチを通って、中央大ホールへと入る。ここでは十字に交差する軸線が、南では上院議場へ、北では下院のそれへとつながる。連続する付属の執務室は、一連の中庭の周りに配される。南西の角には巨大なヴィクトリア・タワーが102mの高さにそびえ、北端には96mの時計塔が「ビッグ・ベン」を蔵して建つ。中央ホールの上方には、さらに「中央塔」すなわち尖塔状の採光塔が91mの高さに立ち上がる。1834年の火災の再発を防止するために、新しい宮殿は、鉄製梁で建造され、屋根は鋳鉄板で葺かれた。

ナルシソ・パスクァル・イ・コロメル（1808-70）による**マドリード議事堂**（1843-50）は、この当時のスペイン建築の保守的傾向を示している。パッラーディオ風の構成をとり、主ファサードは力強いローマ・コリント式の六柱式ポーティコにより特徴づけられる。その脇には、ルスティカ仕上げされた地階（1階）部分と胴蛇腹、主コーニスおよび低い屋階部分とからなる2つの翼棟が並ぶ。全体は静かな威厳をたたえている。

ほとんどがジョン・ドブソン（1787-1865）の手になる**ニューカッスル中央駅**（1847-50、p.1174A）は、湾曲した鉄骨造の屋根がプラットホームを覆い、その前面にはアーケードの架かるポーティコを構える。この駅は古典主義的な見事な街路とともに、ニューカッスル中心部のヴィクトリア朝時代の発展を形作っている。ドブソンの他の建物には、同じニューカッスルの**ロイヤル・アーケード**（1831-32、1903取壊し、p.1174B）の他、さまざまな様式の教会堂やカントリー・ハウスがある。たとえばニューカッスルの**セント・トーマス教会堂**（1828-29）やノーサンバーランド州に建つ**ビューフロント・キャッスル**（1837-41）はゴシック・リヴァイヴァル、また、**ノーサンバーランド州**の**ナニカーク**（1825）や同地の**メルドン・パーク**（1832）は、新古典主義的である。

ウィリアム・ヘンリー・プレイフェア（1790-1857）による**エディンバラのスコットランド・ナショナル・ギャラリー**（1850-54、p.1173B）は、19世紀初めの数十年間に同市に建てられたグリーク・リヴァイヴァルによる多くのモニュメンタルな建物の1つである。この建物は、トマス・ハミルトン（1785-1858）の設計による**王立医学校**（1844-46）とともに、主たる建物としてはこの様式の目立って遅い例である。ナショナル・ギャラリーはイオニア式であるが、同じプレイフェアが設計した隣接する**王立スコットランド協会**（1822-36）は、ギリシア・ドリス式のむしろ過度な試みである。

ジュゼッペ・ヤペッリ（1783-1852）とアントニオ・グラデニーゴ（1806-84）が設計した**パドヴァのカフェ・**

A フィッツウィリアム博物館、ケンブリッジ（1837-47） p.1169 参照

B スコットランド・ナショナル・ギャラリー、エジンバラ（1850-54） p.1172 参照

A 中央駅、内部、ニューカッスル(1847-50)　p.1172 参照

B ロイヤル・アーケード、ニューカッスル(1831-32)　p.1172 参照

ペドロッキ（1816-31、p.1176A）は、創意に富みかつ優雅な新古典主義のデザインとなっている。その2階レベルには開放的な2層分にわたるコリント式のロッジアを持ち、また道路レベルにはそれに接してギリシア・ドリス式の1対のパヴィリオンを構える。ヤペッリは後にこの建物に、小さいが精緻なネオ・ゴシックの増築棟、つまり**イル・ペドロッキーノ**（1842完成）を設計したが、これはイタリアにおけるこの様式の極めて早い例である。

チャールズ・バリー卿による、**ロンドン、ペル・メル街**の**トラヴェラーズ・クラブ**（1829-31、p.1176B）は、彼がイギリスにルネサンス・リヴァイヴァルと「パラッツォ」方式を初めて持ち込んだいくつかの設計の中の1つである。ファサードは、5つの等間隔のベイからなる2層構成のスタッコ仕上げからなるが、主入口が末端のベイに置かれたことによって非対称となっている。建物は深い胴蛇腹によって各層に分割され、頂部には突き出したコーニスを置く。外壁の角部は鋸歯状を呈する隅石によって強調され、窓には枠取りが付く。上階の窓はバラストレード、ペディメントおよび両脇のピラスターによって目立ったものとなっている。あらゆるルネサンス様式の装置——ここではフィレンツェのパラッツォ・パンドルフィーニから得たといわれる——が、洗練された手際で整えられている。

同じチャールズ・バリー卿が設計した、**ロンドン、ペル・メル街**の**リフォーム・クラブ**（1837-41、p.1176C）は、トラヴェラーズ・クラブに隣接して建ち、よく似ているが、切石仕上げで3層の高さを誇り、中央に入口を擁する9ベイの間口を持っていて、いっそう堂々としたデザインとなっている。トラヴェラーズ・クラブとの連結は、やや奥まった2層構成のベイによってうまく処理されている。この建物は中央の大広間（イタリアの「中庭」に代わる）の周りに、各部屋がそれに開く形で、しかも広間と部屋が軸線の原理にのっとって計画されている。2階の窓に半円柱が付いたり、より大胆なコーニスを伴ったりして、ルネサンス様式の諸特徴は以前にも増していっそう確信をもって扱われている。屋階の窓は玉縁状のモールディングで縁取られ、コーニスの下のフリーズの中に抱き込まれている。

バリーによる**マンチェスター**の**アシニーアム・クラブ**（1837-39）は、パラッツォを主題とした同じ1つの変形である。彼はこの主題を大規模なタウン・ハウスである**ロンドン**の**ブリッジウォーター・ハウス**（1846-51、p.1177A）においてさらに発展させた。この建物は中庭の原理に基づいて計画され、また外壁のルスティカ仕上げは、量感と強さの効果を付与すべく彼の初期の作品でも普通に用いられたが、ここではそれ以上に、は

るかに力強い表現（特に隅部において）をとって外観を際立たせた。

イングランド銀行ブリストル支店（1844-46、p.1177B）は、1833年にジョン・ソーン卿の後を受けて同銀行顧問建築家に任命されたチャールズ・ロバート・コッカレルが設計した。彼は1834年から1835年にかけてと、1845年に、ロンドンのイングランド銀行（本店）の改造を行い、**プリマス**（1842）、**マンチェスター**（1844-45）および**リヴァプール**（1844-47、p.1177C）の各支店も建設した。これらの優れたデザインは、コッカレルが**ロンドンの火災生命保険会社、ウェストミンスター・ライフ・アンド・ブリティッシュ・ファイアー・オフィス**（1831-32、1908取壊し）で提出した主題のヴァリエーションである。ブリストル支店では低い2層部分は、そこに組み込まれたドリス式のポーティコによって強調される一方、第3層はエンタブラチュアとペディメントとを分離している。こうした都市の中核をなす建物には多くの窓が必要とされたが、それを確保するためにルネサンスの諸工夫が採用されている。そうした一切の要素が、力強くかつ極めてモデルに忠実に型取られた幾何学的構成の中に配されるが、その構成はコッカレルの並はずれた精緻さと見事な明晰さによって実現したものである。

多才かつ創造力に富む技術者、アイザンバード・キングダム・ブルネル（1806-59）が吊橋として設計した**ブリストルのクリフトン吊橋**（1830-63、p.1179A）は、トマス・テルフォード（1757-1834）の勧告に抗して実現された。テルフォードは、彼が近年完成した**メナイ吊橋**（1819-26）が、横風によって破壊寸前となったことを踏まえて、風雨にさらされるこうした場所での、この規模の吊橋建設の妥当性を疑っていたのである。全長214mに及ぶスパンは、70mの深さの峡谷を考えると、たいそう大胆にも思われる。ブルネルがこの壮大な構築物に高貴なデザインを与えようと腐心したのは、この時代に特徴的なことであって、そのパイロン（そこにはスフィンクスやヒエログリフの装飾が付くはずであった）は、エジプト風の着想に基づいていた。橋は資金不足から延期され、ブルネルの死後、彼の別の仕事である**ロンドン**の**ハンガーフォード吊橋**（1841-45）の鎖を転用して完成をみた。

フィリップ・ハードウィック（1792-1870）は、**ロンドンのユーストン駅出入口**（1835-37、p.1179B）を重厚なギリシア・ドリス式のプロピュライアの形態を用いて凱旋門のように設計した。これはロンドン-バーミンガム間の鉄道の終着駅を記すものであったが、1961/2年に駅の再建のために取り壊された。ハードウィックが選択したギリシア・オーダーは、すでにロンドン

1176　ルネサンスおよびそれ以後のヨーロッパとロシアの建築

A　カフェ・ペドロッキ、パドヴァ（1816-31）　p.1172 参照

B　トラヴェラーズ・クラブ、ペル・メル街、ロンドン（1829-31）
　　p.1175 参照

C　リフォーム・クラブ、ペル・メル街、ロンドン（1837-41）、
下はその平面　p.1175 参照

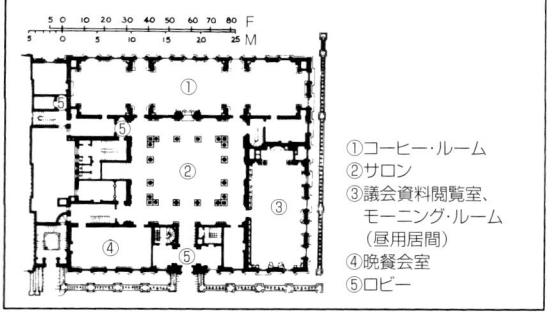

①コーヒー・ルーム
②サロン
③議会資料閲覧室、
　モーニング・ルーム
　（昼用居間）
④晩餐会室
⑤ロビー

A ブリッジウォーター・ハウス、ロンドン（1846-51） p.1175 参照

B イングランド銀行ブリストル支店（1844-46） p.1175 参照

C イングランド銀行リヴァプール支店（1844-47）
p.1175 参照

では消えつつあるやり方であって、その後の 1846 年から 1849 年の駅建物では、彼は、息子の P. C. ハードウィック（1822-92）の協力を得て、グレコ・ローマン様式を選択している。その大ホールは、同じく今では取り壊されてしまったが、この様式の卓越した例である。

リーズの**テンプル・ミル**（1842、p.1179C）は、モニュメンタルなファサードを持つ亜麻紡績工場として、ジョゼフ・ボノーミ（子）（1796-1878）が建てた。エジプトと綿との結び付きから、ここでは彼のエジプトの神殿に関する知識が用いられた。事務棟は主屋よりも装飾が多い。1 層の建物がほぼ 500 m² を覆い、レンガのヴォールトとガラスのドームのネットワークを鉄製の円柱が支えるが、架構はおそらく技師であるジェームズ・コムが設計した。紡績工程で求められる湿度の維持を補うために、屋根には芝が張られ、羊が放牧されていたという。

フランソワ＝アレクサンドル・デュケネ（1790-1849）による**パリ東駅**（1847-52、p.1180A）は、初期の鉄道駅の中で最も美しいものの 1 つであったが、大幅に改修され、かつ増築が繰り返されてきた。大きな半円窓を持つ中央の破風壁（ゲーブル）は、背後の鉄とガラスによる巨大な停車場上屋を表現し、一方、両側のネオ・ルネサンス様式の翼は、出発と到着の各プラットホームの軸線を明示した。アーケードの架かる広大なコンコースは、乗降客が自由に駅の一方から他方へと動きまわることを可能にした。ストラスブールを象徴する像がのる中央の破風は、オースマンによるストラスブール大通りの焦点を形成した。

ルイス・キュビット（1799-1833）の手になる**ロンドンのキングス・クロス駅**（1850-52、p.1180B）は、アーチで構成された 2 つの停車場上屋（本来は 1 つが到着用でもう 1 つが出発用）からなり、それらは外壁レンガによる正面ファサードの広大なアーチに表現された。イタリア風の時計塔が中央から立ち上がり、もとは 3 連のアーケードのポーティコが前述の大アーチの足下に建って、控えめな構成に古代ローマ的なスケールと威厳とを与えた。各々が 32 m のスパンを持つ鉄とガラスの上屋は鉄製アーチに支えられるが、それは 1869 年に当初の積層木材アーチから変更されたものである。

トマス・ホッパー（1776-1856）による**ロンドンのカールトン・ハウスの温室**（1811-12、1827-28 取壊し、p.1181A）は、この時期に先んじて、構造的かつ装飾的目的──構造的には円柱、装飾的にはファン・ヴォールト架構やトレーサリーとして──のために鋳鉄を用いた実例を提供している。

全体の設計をトマス・リックマンが、鉄骨工事を鉄工場主のジョン・クラッグが担当した、**リヴァプールのエヴァートン街に建つセント・ジョージ教会堂**（1812-14、p.1181B）は、この鉄造方式で地方に建てられた 2 つの教会堂の 1 つである。ここには建築目的を踏まえた体系立った鉄の使用が潜在的に認められる。もっともそのゴシック様式のデザインの性格は、19 世紀を表現するというよりも 18 世紀をしのばせるものである。

ダービーシャー州の**チャッツワースの温室**（1836-40、1920 取壊し、p.1182A）は、庭園師ジョゼフ・パクストン卿（1803-65）が、デシマス・バートン（1800-81）の協力のもとに、デヴォンシャー公爵邸の庭園で試みた鉄とガラスの早い時期の冒険であった。それは長さ 84 m、幅 37 m、中央部の高さが 20.4 m に及ぶ前代未聞の大きさであった。アーチをなす主構造材は積層木材からなり、ガラスはクリスタル・パレスを予見させる棟と谷を繰り返す折板方式で取り付けられた。

ロンドン、キュー・ガーデンズの**パーム・ハウス**（1845-47、p.1182B）は、デシマス・バートンとリチャード・ターナー（1798-1881）が設計し、先のチャッツワースの温室に似た中央部の断面を有している。しかし、全てのガラスが二重ヴォールトの断面形になめらかに追随していること、構造が木造でなく、錬鉄と鋳鉄の巧みな組合せからなっていることが異なる。建造物の長さは 110 m で、中央では高さが 18.9 m、スパンは 32 m に及ぶ。

ロンドンの下テムズ街に建つ**石炭取引所**（1846-49、1962-63 取壊し、p.1183A）は、ロンドン市の建築家であったジェームズ・バンストーン・バニング（1802-63）が設計した。イタリア・ルネサンス様式の石造外壁の内側に、鋳鉄でロトンダがつくられ、そのリブはガラスのはまった高さ 22.5 m のドームを支える。片持梁で支えられたバルコニーが、上部の 3 層にわたる各事務室への動線を提供し、そして内壁パネルには石炭化石や採掘現場が描かれた。

ラブルーストによる**パリのサント・ジュヌヴィエーヴ図書館**（1839 設計開始、1844-50 建設、p.1181C）は、やや低い 1 階の書庫および事務室部分と上階の長く伸びる閲覧室とを明確に区分した、傑出したネオ・ルネサンス様式の外観を持つ。閲覧室では、中央の細身の鋳鉄製円柱の列から渦巻装飾の付く鉄製アーチが立ち上がり、その上に 2 つの長いトンネル・ヴォールトが架かって、印象的な気高さをつくりだしている。ゆるい勾配の金属屋根が建物の全幅を覆っており、鉄構造は、ファサードの石積みの中に慎重に組み込まれた鉄製緊結材にみてとることができる。この建物はマッキム・ミード&ホワイトが設計するボストン公共図書館（1887-88）の手本となった。

第 34 章　ルネサンス以後のヨーロッパ　| 1179

A　クリフトン吊橋、ブリストル（1830-63）　p.1175 参照

B　ユーストン駅出入口、ロンドン（1835-37）
p.1175 参照

C　テンプル・ミル、リーズ（1842）　p.1178 参照

A パリ東駅(1847-52)　p.1178 参照

B キングス・クロス駅、ロンドン(1850-52)　p.1178 参照

第34章 ルネサンス以後のヨーロッパ | 1181

A カールトン・ハウスの温室、ロンドン（1811-12、1827-28 取壊し） p.1178 参照

B セント・ジョージ教会堂、エヴァートン街、リヴァプール（1812-14） p.1178 参照

C サント・ジュヌヴィエーヴ図書館、パリ（1844-50） p.1178 参照

5

A 温室、チャッツワース、ダービーシャー州(1836-40、1920 取壊し)　p.1178 参照

B パーム・ハウス、キュー・ガーデンズ、ロンドン(1845-47)　p.1178 参照

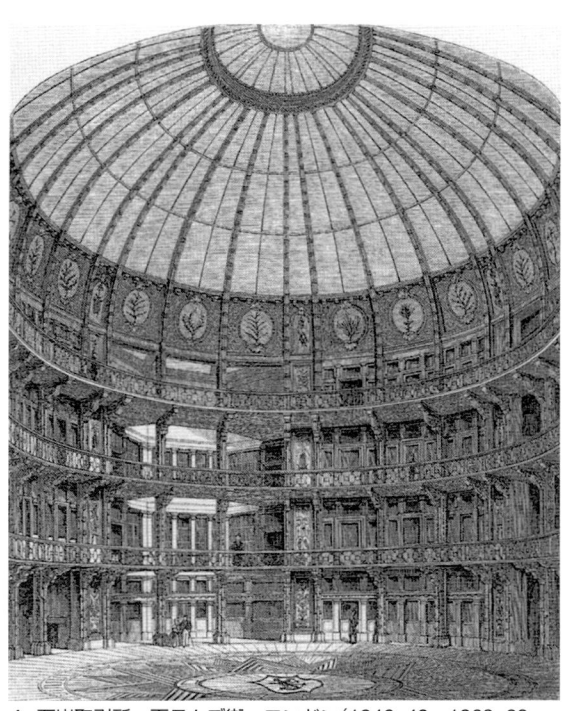

A 石炭取引所、下テムズ街、ロンドン(1846-49、1962-63 取壊し) p.1178 参照

B セント・ジャイルズ教会堂、チードル、スタッフォードシャー州(1841-46) p.1185 参照

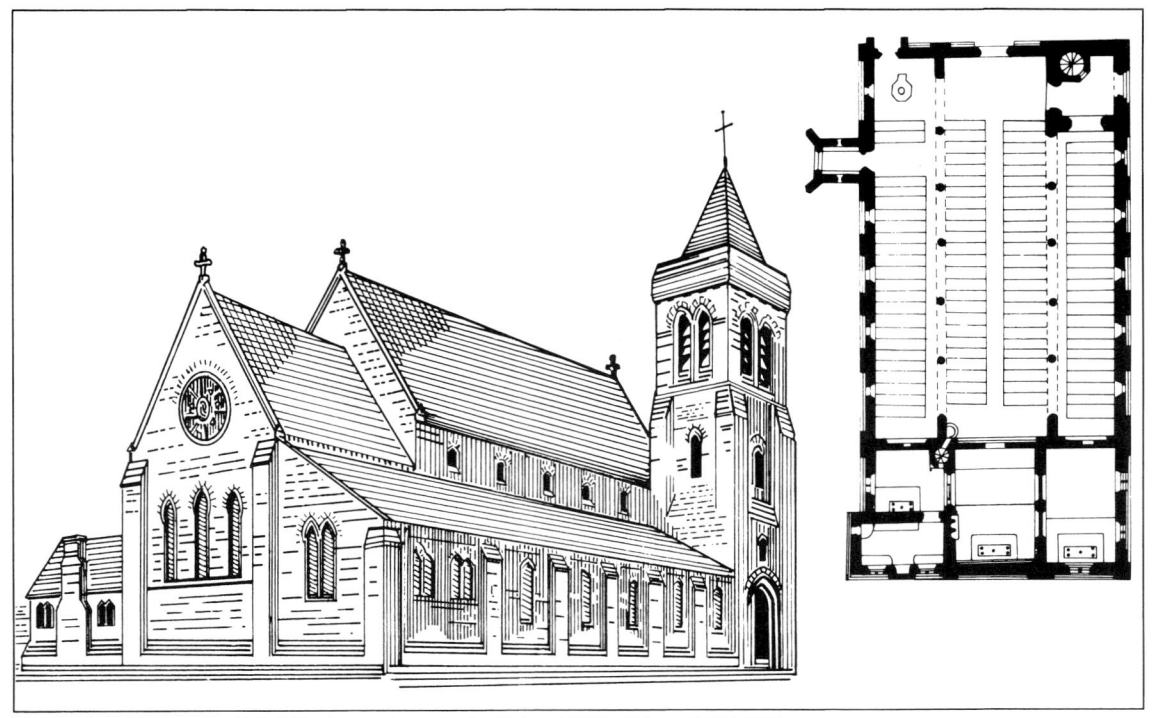

C セント・ウィルフリード教会堂、ヒューム、マンチェスター(1839-42) p.1185 参照

1184　ルネサンスおよびそれ以後のヨーロッパとロシアの建築

A　ハイド・パークに完成したクリスタル・パレス、内部、ロンドン（1850-51）　p.1185 参照

B　クリスタル・パレス、ロンドンのシドナムに移転・再建されたもの（1852-54、1936 取壊し）ロンドン、　p.1185 参照

パクストンによる**ロンドンのクリスタル・パレス**（1850-51、p.1184A, B）は、19世紀の最も注目に値する建物の1つで、初期ヴィクトリア時代の技術の頂点を画した。これはハイド・パークにおける大博覧会の収容施設として設計されたものであり、1852年から1854年にかけてシドナムに移設された。大博覧会を開催する構想は1849年に持ち上がり、公的寄付が募られた。1850年に国際設計競技に付され、245件にのぼる応募案が寄せられたが、どれも採用にはいたらなかった。時間的制約もあって、応募案の比較的有望なものの中の最もよい部分を、1つの公式計画案にまとめるというパクストンの考えに沿って、競技応募案そのものは全て棚上げされた。実施図面は1850年8月に契約を請け負ってから、急遽7週間あまりで準備され、架構は9ヵ月後の1851年5月1日に全て組みあげ終えた。しかも、各々の架構部材は、建て上げの前にあらかじめ試験済であった。

チャッツワースその他での経験から生み出されたパクストンの構想は、巨大な温室のためのものであり、鋳鉄製フレームと、彼がチャッツワースの温室で開発していた棟と谷によるガラス取付方式が用いられた。横断面においては、この建物はどことなく二重側廊形式のバシリカに似ていた。つまり3段に立ち上がり、最も低いところでは124.4mの幅を持ち、次の段（内側側廊にあたる部分）では、80.4m、身廊部ないしは最上部では36.5mの幅があった。しかし「側廊」と「身廊」とは、幅7.3mの層状をなす開放的なギャラリーによって相互に隔離されており、したがって「身廊」の実際のスパンはたった22mとなって、その高さと同じであった。象徴的なことに、建物全体の幅は2.4m幅のベイ51個分からなり、しかも全体の長さは563mであったが、これは、8フィートの単位を考慮したなら、1851 [訳註：完成年の数字] に最も近いものであった。全長のほぼ中央には、そこに生えていた樹木を取り込むために、直前の設計変更で「トランセプト」が導入された。トランセプトは幅は身廊と同じであったが、トンネル・ヴォールトが架けられた。

このプレ・ファブリケーションの建物の巨大プロジェクトには、大量の鉄とガラス、さらには他の材料が必要とされたが、同様にこれほどの短期間で工事を完成するには緊密な人的組織も求められた。パクストンは協力技術者としてチャールズ・フォックス卿（1810-74）と彼のパートナーを得る一方、『装飾の文法（Grammar of Ornament）』（1856）の著者であるオーウェン・ジョーンズ（1809-74）が、装飾の統括にあたった。この建物はシドナムに移築された際、変更が加えられ、身廊部にはトランセプト同様、トンネル状の屋根が架けられた。1936年の火災によって、全体の架構が倒壊した。

フリードリヒ・フォン・ゲルトナー（1792-1847）による**ミュンヘンのルートヴィヒスキルヒェ**（1829-40）は、幾分散漫に解釈されたロマネスク様式の原型を基につくられている。その西端部にはバラ窓とアーケードをなすポーチが付き、両脇には細く絞った塔と、半円アーチで構成されたスクリーン状アーケードが接する。

パリのサン・ヴァンサン＝ド＝ポール教会堂（1824、1831-44）は、ジャン＝バティスト・ルペール（1761-1844）が設計し工事に着手し、イットルフ（1792-1867）に引き継がれて完成をみた五廊式のバシリカである。教会堂には美しい木造小屋組が架かり、内側の側廊はアプスの周りにまで連続し、力強い空間的効果をつくりだしている。ペディメントを掲げた大きな六柱式のイオニア式ポーティコを通って入るが、ポーティコの両脇には各層ごとにコーニスで分節された高い双塔が建つ。教会堂には手の込んだモニュメンタルな外部階段を上がってアプローチする。

シンケルの弟子、ルートヴィヒ・ペルシウス（1803-45）が設計した**ポツダムの平和教会**（フリーデンスキルヒェ）（1845-48）は、初期キリスト教様式のバシリカの写しで、アトリウムやアーケードの付いた鐘塔を備えている。人工池の傍らにピクチュアレスクな趣きで配置され、その池から、アプス状の西端部と一方の側面がまっすぐに立ち上がる。建物は極めて洗練された細部を特徴とする。

A. W. N. ピュージンによる**マンチェスターのヒュームにあるセント・ウィルフリード教会堂**（1839-42、p.1183C）は、この建築家の教会建築学の原理に従って設計され、自著である『イングランドにおける教会建築の現状（The Present State of Ecclesiastical Architecture in England）』（1843）の中に自ら記述した。この建物は、東側面の祭室や構造的に明確化された内陣の他、別々に分節された各部――身廊、側廊および南側ポーティコ――を備える点で、早い時期のゴシック・リヴァイヴァルの教会堂（1818年に百万ポンドの議会補助金をもとに建てられたものを含む）とは異なっている。この教会堂の北西隅の塔は、先行する教会堂の軸構成プランから離脱する重要な出発点であったが、資金不足から完成をみなかった。ピュージンは、建物が安価であることを装飾効果によって隠そうとはしなかった。彼はその簡素さに価値を見出し、重厚で堅固な趣きをつくりだすために、レンガで建設し、平明な初期イギリスのゴシック様式を採択した。

同じくA. W. N. ピュージンの手になる**スタッフォードシャー州、チードルのセント・ジャイルズ教会堂**

(1841-46、p.1183B)は、端正な教会堂で見事に仕上げられており、ヒュームのセント・ウィルフリード教会堂と同じほど安価でもあった。ここには装飾式のトレーサリーが付き、その強固な石造の構造は堂々とした尖塔において頂点を極める。外部には若干の飾りも付くが、それは壁面の塗装模様や焼絵入りタイル、ステンドグラスといった内部の豊富な装飾をほとんど予感させない。

ジョージ・ギルバート・スコット卿(1811-78)およびW. B. モファット(1812-87)による**ロンドン、カンバーウェルに建つセント・ジャイルズ教会堂**(1842-44、p.1187A)は、スコットが自らの考えを確立する以前に、設計競技において彼らが勝ち取ったものであった。これは十字形平面をなし、交差部に高い塔と尖頂屋根を持つ大規模な石造教会堂であり、細部はやや没個性的ではあるものの、教会堂の設計に関するピュージンの考えにスコットがどのように応答したかをうかがわせる。この建物は13世紀の幾何学的様式でデザインされ、スコットの力量を示すと同時に、仲間の建築家たちの教会堂に対してばかりでなく、彼自身の後のいくつかの教会堂に対しても1つの手本となった。これに比較しうるその他のゴシック・リヴァイヴァルの教会堂には、リチャード・クロムウェル・カーペンター(1812-55)による**ブライトンのセント・ポール教会堂**(1846-48)、ベンジャミン・フェリー(1810-80)による**ロンドン、ロチェスター・ロウのセント・スティーヴン教会堂**(1847-50)、ならびにJ. L. ピアソンによる**ロンドン、ベスバラ・ガーデンズのホーリー・トリニティ教会堂**(1849-52、1940頃取壊し)がある。

ハンブルクに建つ、ジョージ・ギルバート・スコット卿の**ニコライキルヒェ**(1845-63、p.1187B)は、十字形平面のゴシック様式の教会堂であり、トレーサリーやピナクルでたいそう豊かに飾られている。ドイツ的な透かし細工風の尖頂屋根は、147 mの高さを誇り、1943年の空襲の後もほぼそのままに残っている。

パリのサント・クロティルド教会堂(1846-57)は、フランツ・クリスティアン・ゴー(1790-1854)が設計した。その最初の計画案は1839年に準備されたが、その後、テオドール・バリュー(1817-85)によって完成された。この教会堂はフランスの14世紀ゴシックの様式にならい、大聖堂の比例と平面を有している。さらに、小屋組の鉄構造でも注目される。

ワイト島のオズボーン・ハウス(1845-51)は、アルバート王子の指示の下、トマス・キュービット(1788-1855)が、ヴィクトリア女王ならびに王室のプライベートな海岸沿いの住まいとして設計した。その非対称の平面は、望楼を持つコンパクトなパヴィリオン棟と、U字形をなし時計塔を備えるひとまわり大きな来客用の翼棟とからなる。オズボーン・ハウスは、イングランドにおけるイタリア風ヴィラの最も顕著な例ではあるが、バリーが**スタッフォードシャー州**に建てたその種の典型である**トレンザム・ホール**(1834-42、1910-12に取壊し)に比べると、やや洗練さに欠ける。

アンソニー・サルヴィン(1799-1881)が設計した**リンカーンシャー州のハーラクストン・ホール**(1834-55、p.1187C)は、不思議な建物である。その大胆に肉づけされたファサードや、クーポラ、破風、煙突の沸き立つようなスカイラインは、サルヴィンに霊感を与えたバーリーのようなエリザベス1世時代の住宅と同じく、はなはだ風変わりなものである。内部といくつかの付属建物は、1838年頃サルヴィンから引き継いだウィリアム・バーン(1789-1870)によって、壮観なバロック様式で完成された。**ケント州、ランバーハーストのスコットニー・キャッスル**(1835-43)では、サルヴィンは、表現上は非対称であるが、もう少し落ち着いたテューダー朝様式のファサードをつくりだした。

F. ベーアおよびD. デヴォレツキは、チェコ共和国、チェスケ・ブジェヨビツェ(ドイツ語名ブトヴァイス)近くの**フラウエンベルク**の地に**フルボカ城**(1841-71)を設計した。これは大規模な城郭風の田舎の邸宅であり、ジェームズ・ワイアットの19世紀の住宅の手法に基づいている。ゴシック、ルネサンスさらにはバロックといった多くの様式によってデザインされた建物内部には、膨大な収集品が納められている。

ウィルトシャー州、オルダーベリーのセント・マリーズ・グレインジュ教会堂(1835-36)は、ピュージンが自分の家として設計したものである。各フロアには3つの主室が配されてL字形平面を構成し、その一端に階段塔が、もう一方の端には水洗便所を収める小塔が付いた。レンガ造の広い壁面には棚用の窪みが設けられ、石造のマリオンの付いた窓からは、ピュージンはソールズベリー大聖堂を望むことができた。この家は、彼が自ら、もう1つの家**ザ・グレインジュ**(1843-44、p.1188B)を、隣接する**セント・オーガスティン教会堂**(1845-51)ともどもラムズゲートの地に建設して移った後、改造された。

グロスターシャー州、コールピットヒースの司祭館(1844-45、p.1188A)は、ウィリアム・バターフィールドの初期の設計であり、切石を化粧材としつつも野石積みの自由な平面構成がとられている。窓のマリオンは壁面と同一面に収められ、急勾配の破風の下に収められた荷受けアーチが構造を強調している。外観に表された炉胸(チムニー・ブレスト)が、「ピクチュアレスク・ユーティリティ」の効果を増している。北東角部は、1863年にW.

第34章　ルネサンス以後のヨーロッパ　1187

A　セント・ジャイルズ教会堂、カンバーウェル、ロンドン（1842-44）
p.1186 参照

B　ニコライキルヒェ、ハンブルク（1845-63）
p.1186 参照

C　ハーラクストン・ホール、リンカーンシャー州（1834-55）　p.1186 参照

1188　ルネサンスおよびそれ以後のヨーロッパとロシアの建築

A　司祭館、コールピットヒース、グロスターシャー州(1844-45)　p.1186 参照

B　ザ・グレインジュ、ラムズゲート(1843-44)
p.1186 参照

C　リエージュ通りのアパルトマン、パリ(1846-48)　p.1189 参照

ロバートソンによって増築された。

ペルシエとフォンテーヌによる**パリのリヴォリ通り**（西寄り、1811-35、p.1190A）は、ナポレオン1世によって構想されたはるかに広範な計画の一部をなす。5層にわたる各住居が、抑制された古典的性格を持つテラス型住棟に組み込まれ、2階と4階床レベルに付く優美な鉄製バルコニーが水平方向の統一をつくりだしている。街路レベルの連続する開放的なアーケードには、はるか昔のヴォージュ広場がしのばれる。この一画は、高いマンサード屋根が加えられた際、1852年から55年に、同じデザインで東方向に拡張された。

ヨーゼフ・コルンホイゼル（1782-1860）による**ウィーンのショッテンホフ**（1826-32）は、連続する方形の中庭を囲んで建つ大規模な住居計画である。スタッコで仕上げられた道路側立面は、地上レヴェルに店舗を構えて、5層にわたって立ち上がり、わずかに突出したイオニア式の大ピラスターによって統一されている。このピラスターは、中央にペディメントをのせた神殿正面のスタイルを、各立面につくりだしている。

パリの取引所広場10番地の建物（1834）は、オーギュスト・ジョゼフ・ペルシュ（1789-1871）が設計したフラット形式の住棟であり、この時代のパリの街路建築の一例である。スタッコ仕上げの外壁面、7ベイ、6層の建物にはマンサード屋根がのり、その屋根にはペディメントの付いた窓があって、主コーニスに支えられた繊細な鉄製バルコニーに開く。街路レベルには中2階を持つ店舗が並び、全ファサードの基壇を形成する。入念に細部仕上げされたアーキトレーヴを持つ端正なプロポーションの窓がファサードをつくりだしており、建物全体は胴蛇腹によって、水平方向の統一感が与えられている。

パリのリェージュ通りのアパルトマン（1846-48、p.1188C）は、ヴィオレ=ル=デュクの設計で実施をみた最初の作品で、中世的細部の使用において極めて独創的な試みである。街路レベルでは簡素な開口に浅い弓形アーチが付き、その上方には大胆に突出する胴蛇腹、連続した水切りや窓台が窓の間を通っている。

1850-70年

ナポレオン3世によって着手されたパリの**ルーヴル新宮殿**（1852-57、p.1190B）は、ルドヴィーコ・トゥリオ・ヨアヒム・ヴィスコンティ（1791-1853）が設計したが、彼の死後、その仕事はエクトール・マルタン・ルフュエル（1810-80）に引き継がれ、細部においてさらなる発展をみた。中庭の周りに建てられた2つの増築棟は、旧宮殿西面の両端部から伸び、なかには官庁やその他の公的施設を収容した。建物は第二帝政様式を具現化したものであり、特徴的なマンサード屋根を持つ大きなパヴィリオンが目立つファサードに、後期ルネサンス様式の細部が組み込まれている。ルーヴル新宮殿はイギリスおよびアメリカに少なからぬ影響を与えた。

カスバート・ブロドリック（1822-1905）による**リーズの市庁舎**（1853-59、p.1191A）は、盛期ヴィクトリアン・クラシシズムの代表作である。構想において壮大であり、外形において厳しくかつ量感にあふれ、細部において豊潤なこの建物は、繁栄する産業都市の自立と誇りとを歌いあげている。平面計画はリヴァプールのセント・ジョージズ・ホールに匹敵する大きな公共ホールと、法廷および会議場を含む4つのパヴィリオンからなる。高いドームと豊かな装飾は、当時のフランス建築や、少し前のイギリス・バロック建築を思わせるが、それらの各要素はブロドリックの熟達したデザインの中に完全に同化されている。ブロドリックの他の注目すべき作品には、リーズの**穀物取引所**（1851-53）と、スカーバラの**グランド・ホテル**（1863-67）がある。

エドワード・ウォルターズ（1808-72）が設計した**マンチェスターのフリー・トレード・ホール**（1853-54、p.1192A）は、力強い「パラッツォ」形式のデザインとなっている。これは際立ったモールディングと豊かな装飾を好んでいる点で、バリーの初期の「パラッツォ」デザインとは異なっている。この建物は穀物法廃止連盟の運動の成功を記念して建てられたが、戦争による損傷を受け、当初の建物のうち2つの主要な立面のみが今に残されている。正面の最下階は、重厚なピアと曲線的なスパンドレルを伴う開放的で均整のとれたアーケードを構成している。主階（2階）にはペディメントの付いた窓、イオニア式のペア・コラムがつくるアーケード、および世界貿易を表現して彫られたタンパンが並ぶ。アーケードの上方には花綱飾りの付いたフリーズ、その上に力強いコーニスとバラストレードが付いて、ファサード全体は強くかつ断固として形作られている。つまりルネサンスの豊穣の角（コルヌコピア）が、これ以上豊富に満たされたことはなかった。ウォルターズはマンチェスターで他にも優れた「パラッツォ」形式の建物を設計しており、それらは主に住宅であった。彼の最後の作品はモーズリー街に建つ、1860年の**マンチェスター・アンド・ソルフォード地区銀行**であり、同様に優れたものである。

ジョージ・ギルバート・スコット卿が設計した**ロンドンの外務省**（1861-73、p.1192B）は、彼の唯一のイタリア・ルネサンスの手法による作品である。ここには

A　リヴォリ通り（西寄り）、パリ（1811-35）　p.1189 参照

B　ルーヴル新宮殿、パリ（1852-57）　p.1189 参照

第 34 章　ルネサンス以後のヨーロッパ　　1191

A　市庁舎、リーズ（1853-59）　p.1189 参照

B　アルバート・メモリアル、ロンドン（1863-72）
p.1193 参照

C　裁判所、ブリュッセル（1866-83）　p.1193 参照

A フリー・トレード・ホール、マンチェスター(1853-54) p.1189 参照

B 外務省、ロンドン(1861-73) p.1189 参照

C 市庁舎、マンチェスター(1868-77) p.1193 参照

ほとんどヴェネツィア的といってよい豊かさがあり、セント・ジェームズ公園（M. D. ワイアットのスケッチに基づいている）に面するファサードは、ピクチュアレスクの趣きで構成されている。この計画案に関わる「諸様式の競合」についての論争を契機に、スコットは彼自身の独創的なゴシック・デザインを放棄せざるをえなかった。けれどもその精神は、セント・パンクラス駅のホテルで復活した。

ジョゼフ・プーラルト（1817-79）による**ブリュッセルの裁判所**（1866-83、p.1191C）は、この町を圧して高くそびえ立ち、中央大ホール上部のドームを頂く塔を頂点に、ピラミッド状に組み上がっている。これはガルガンチュア［訳註：鯨飲馬食する陽気な巨人。ラブレー作、『ガルガンチュア物語』の主人公］のように巨大な建物であり、そしてその古典主義的な細部はそれにふさわしくモニュメンタルではあるが、全体的に混みすぎており、都合の悪いことにパリのオペラ座のよどみのない光彩と比較すると、ある種の膠着した様が伝わってくる。

ディーン＆ウッドワード事務所のベンジャミン・ウッドワード（1815-61）が設計した**オックスフォードの大学博物館**（1854-60、p.1194A）は、ゴシック・リヴァイヴァルが公的建物にどのように真摯に採用されうるかを明らかにした。急勾配の屋根と中央の塔を伴う玄関棟は、フランドルの市庁舎を彷彿とさせ、巧妙に非対称形をとる窓配列は、1階の諸室のさまざまな大きさにそのまま対応している。全体のクリーム色がかった石積みが、ピンク色の石の帯とコントラストをなし、屋根は紫色と緑灰色のスレートでパターン模様が描かれている。この構造を意識した多彩色模様と（未完ではあるが）窓彫刻の創意に富んだ姿に、1851年から1853年にかけて出版された『ヴェニスの石』の著者、ラスキンの影響が縮図的に表れている。内部には急勾配のガラス屋根が架かる方形の中庭があり、鉄の尖頭アーチ（p.1194B）がその屋根を支えており、そのスパンドレルは繊細な錬鉄の葉形飾りが満たしている。中庭の周りを多彩色模様のアーケードがめぐるが、その円柱は、さまざまな種類の植物を描写した柱頭を伴う地質標本の類からなっており、それによってこの建物の教育上の効果を高めている。主建物の脇には化学実験棟があるが、それはサマセット州グラストンベリーにある中世の修道院長用の調理場の平面に基づいている。

アルフレッド・ウォーターハウスが設計した**マンチェスターの巡回裁判所**（1859-64）は、戦災を被った後、1959年に取り壊された。ウォーターハウスが初めて名をなしたのは、設計競技に勝ったこの建物によってであり、「注目に値する芸術的価値と、平面や内部の処理の非凡な利点とが一体化している」といわれた。この建物は高い地階（ベースメント）の上に2層が重なり、大ホールと2つの法廷を取り囲んで、おおよそ対称的な構成をとっていた。構造的多彩色が用いられている点、および上部の窓がヴェネツィアン・ゴシックを暗示している点で、これはラスキン主義に属しているが、パヴィリオンの急傾斜の屋根が持つフランス的性格が、ウォーターハウスの隠れた折衷主義を示していた。

ジョージ・ギルバート・スコット卿による**ロンドンのアルバート・メモリアル**（1863-72、p.1191B）は、国家によるアルバート公の追悼記念碑として設計された。椅子に腰かけた公のブロンズ像が、金属製の尖塔を掲げる精巧な天蓋の下に置かれている。天蓋は磨きあげられた花崗岩の円柱上に立ち上がり、モザイクで飾られる。基壇（ボディウム）（1階部分）には諸芸に秀でた高名な人物像を配した大理石のフリーズが付き、碑の4隅には象徴的な群像があしらわれている。ゴシック様式の天蓋の使用は、**マンチェスターのアルバート・メモリアル**（1862-64）のデザイナーであるトマス・ワージントン（1826-1909）の方が先であった。

エドワード・ウィリアム・ゴドウィン（1833-86）による**チェシャー州、コングルトンの市庁舎**（1864-67、p.1194C）は、イタリアと北方のゴシックの特徴を、オックスフォードの大学博物館で最初に実現をみた方法で融合している。街路レベルは5ベイのアーケード（もともとはオープンであった）からなり、正式な第1層（2階）には諸室の採光のために8つの窓が開く。はね出し狭間や狭間胸壁が付く中央の塔は、ファサードと同一面で立ち上がっており、この方法はモンテプルチャーノの市庁舎のような建物を思わせる。一方、尖った屋根窓（うがたれ）の穿たれた急勾配の屋根には、フランドルあるいはおそらくフランスの感性をみてとることができる。それ以上に盛期ヴィクトリア期の特徴を示しているのは、屋根や壁に多彩色の細かな模様をつけていることである。**ノーサンプトンの市庁舎**（1861-64）でもゴドウィンが重責を担った。

アルフレッド・ウォーターハウスによる**マンチェスターの市庁舎**（1868-77、p.1192C、p.1195A）は、難しい三角形の敷地に巧妙に設計されたもので、うまく収まらない外観の角部を、ベイやブロックごとに張り出させるという巧みな工夫によって解決している。会議場や中心となる応接広間が建物の正面を占め、事務諸室や委員会室は他の2面（中央部にパブリック・ホールを伴う）に並んで、全ての部屋は環状をなす廊下で結ばれる。開放されたアーケードとさまざまな床レベルが、常に視線の変化と空間的つながりを生み出している。空間への同様の関心は、ウォーターハウスによる

1194 | ルネサンスおよびそれ以後のヨーロッパとロシアの建築

A 大学博物館、オックスフォード(1854-60)　p.1193 参照

B 大学博物館、内部、オックスフォード

C 市庁舎、コングルトン、チェシャー(1864-67)
p.1193 参照

第 34 章　ルネサンス以後のヨーロッパ | 1195

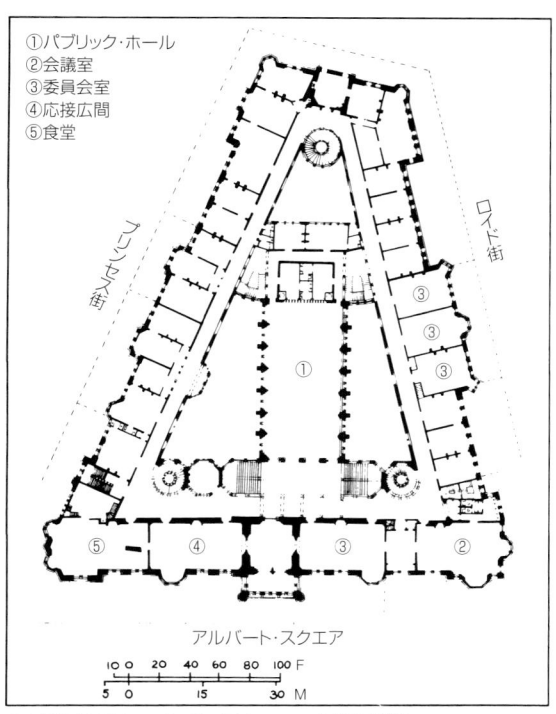

A　市庁舎平面、マンチェスター　p.1193 参照

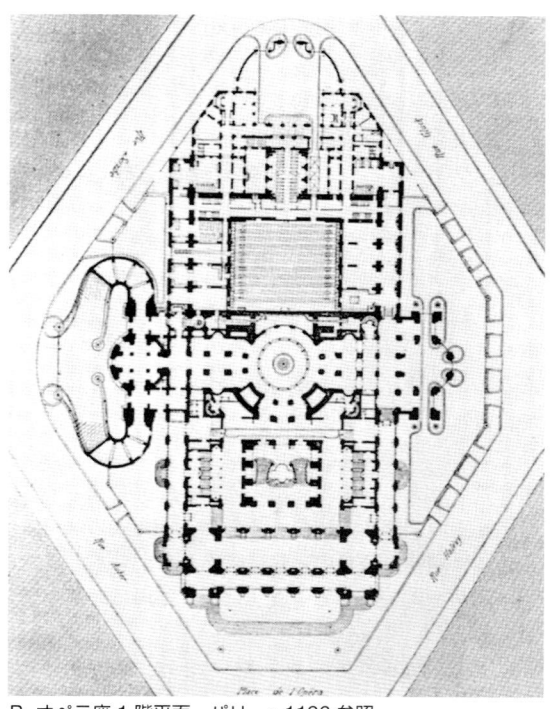

B　オペラ座 1 階平面、パリ　p.1196 参照

C　王立裁判所、ロンドン（1874-82）　p.1196 参照

ロンドンの**自然史博物館**(1868-80)でも明らかである。ただしここではファサードは対称形をとり、ピクチュアレスク風ゴシック様式というより、ロマネスクの様式ではある。自然史博物館の外壁材料であるテラコッタは、ウォーターハウスの後期の作品、特に、プルーデンシャル生命保険会社のためのさまざまな建物で、目立った特色となった。

ジョージ・エドマンド・ストリートが設計した**ロンドンの王立裁判所**(1874-82、p.1195C)は、盛期ヴィクトリアン・ゴシック様式の最後の重要な建物の1つである。これは壮大かつ精力的につくりあげられた作品で、複雑な要求を満たすべく、工夫を凝らして計画されている。たとえば各法廷はヴォールトの架かった巨大なゴシック風中央ホールの周りに配置されている。この建物のデザインは全くストリート個人に帰せられる。彼は頑強な公費の節約に直面しながらも、千枚に及ぶ図面を自らの手で作成したが、結局は竣工の前に死を迎えた。

J.-L.-C. ガルニエによる**パリのオペラ座**(1861-74、p.1195B、p.1197)は、ルーヴル新宮殿におけるバロック様式のさらなる発展を示している。平面はエコール・デ・ボザールの原理を適用した顕著な例であり、各要素や空間は、強く統御された軸システムによって相互に関係づけられ、かつ拘束されている。壮大なホワイエは、きらびやかに金色に仕上げられた彫刻やバロックの建築要素が埋め、また天井画の描かれたヴォールト天井からはシャンデリアが吊り下げられ、豪華絢爛に飾られる。ホワイエは壮麗な大階段(エスカリエ・ドヌール)へと続き、その向こうに観客席、さらに広い舞台スペースが置かれる。この建物はいたるところ豪華な壮大さが特徴となっているものの、建築構成上の統制に対する優れた感性において際立っている。外観は極めて可塑的、彫刻的に扱われ、J. B. カルポーによるいくつかのすばらしい彫刻の他、広範な古典的細部を想像力豊かに用いている。建物正面はオースマンによるオペラ大通りに沿った見通しの終点をなしており、ガルニエの成功を収めたファサードへの眺望を妨げないよう、その通りには樹木が植えられなかった。

ジョージ・ギルバート・スコット卿による**ロンドンのセント・パンクラス・ホテルおよび駅舎**(1865-71、p.1198A)は、1864年から1868年にかけて建設された巨大な停車場上屋の前面に建つ。これは、日常の出札ホールや事務諸室の他、広いホテル施設も備えており、ミッドランド鉄道会社の誇る白眉であった。また、スコットのゴシック様式による世俗建築の傑出した例であり、イタリア、フランス、フランドルの各要素が盛期ヴィクトリア時代の手法の中に混じり合っている。赤レンガ積みの正面は、尖頭アーチを持つ密な窓開口の列をへて、急勾配の屋根へと立ち上がる。屋根は凹凸のある屋根窓やどっしりとした煙突の重なり、さらにはピナクルや尖頂屋根を伴って高くそびえる塔によって、鋸歯状を呈する。スコットの他の重要な作品には、**リーズ診療所**(1863-67)や**グラスゴー大学**(1864-70)がある。

ロンドンのパディントン駅は、その正面を形作るグレイト・ウエスタン・ホテルではなく、主としてアイザンバード・キングダム・ブルネルと建築家マテュー・ディグビー・ワイアット卿(1820-77)が設計した停車場上屋(1852-54)が重要である。上屋は総計72.5 mに及ぶ3つのスパンからなり、中央のスパンは両端のそれより広い。各々の屋根は、特に主材といえるもののない半楕円形の均一な錬鉄製リブで支えられ、ほぼ3分の1にあたる中央頂部にのみガラスが嵌め込まれている。これらの3つのスパンは、長手方向の2ヵ所で横断方向に架けられたヴォールトによって一体化されている。ワイアットはこの計画の装飾面に責任を負い、特に構造材や錬鉄のスクリーンに組み込まれたゴシックおよびサラセン風のモチーフに意を注いだ。

ロンドンのセント・パンクラス駅は、パディントン駅と同様、その正面を構成する(旧)ミッドランド・ホテルや駅事務所とは分離して計画された。技術者、ウィリアム・ヘンリー・バーロウ(1812-1902)が、R. M. オーディッシュと協同して設計した停車場上屋(1864-68、p.1198C)は、盛期ヴィクトリア時代の最大規模かつ最も壮観な建造物である。それは74 mの単一スパンをなし、わずかに尖った錬鉄製アーチが30 mの高さに立ち上がる。上屋の全長は213 mに達する。ベース部分ではこのアーチ状ヴォールトは、直径76 mmの鋼棒でプラットホーム下にしっかりと固定されている。

ジュゼッペ・メンゴーニ(1827-77)が設計した**ミラノのガッレリーア・ヴィットーリオ・エマヌエーレ**(1865-77、p.1198B)は、18世紀後半以降、主にイングランドとフランスで建設されてきた多くのガラス屋根のショッピング・アーケードの中で、秀逸な例である。これは十字形平面上にガラスのトンネル・ヴォールト(1829年から1831年建設のパリのギャラリー・ドルレアンで、フォンテーヌにより最初に用いられた)を配し、交差部では高いドーム状の八角形を形成する巨大で大がかりな計画である。このアーケードの内側のファサードは、3層にわたる主要階のうちの下2層に大オーダーが付き、後期ルネサンスの装飾で飾られる。一方、大聖堂広場からの入口部分は、凱旋門風に扱われている。エマヌエーレ・ロッコ(1852生)による

第 34 章　ルネサンス以後のヨーロッパ　　1197

A　オペラ座、正面、パリ（1861–74）　p.1196 参照

B　オペラ座、ホワイエ、パリ

C　オペラ座、大階段上階、パリ

A　セント・パンクラス・ホテルおよび駅舎、ロンドン
（1865-71）　p.1196 参照

B　ガッレリーア・ヴィットーリオ・エマヌエーレ、ミラノ
（1865-77）　p.1196 参照

C　セント・パンクラス駅、停車場上屋、ロンドン（1864-68）　p.1196 参照

ナポリのウンベルト1世のガッレリーア(1887-90)は、もう少し後のもので、同じビルディング・タイプのやや控えめな例である。

フェリックス＝エマニュエル・カレ(1791-1854)の協力をえて、ヴィクトール・バルタール(1805-74)が設計した**パリの中央市場**(1853-、1971取壊し、p.1200A)は、オースマンによるパリ改造計画の一部をなし、鉄道でパリ東駅と結ばれる同市の中心的市場であった。この計画は6つのパヴィリオン(すぐに10に増築され、1930年代には12に増えた)からなり、それらの間の屋根の架かった広い通路とともに、格子状に配置された。建物は鉄とガラスによって組み立てられ、敷地を横断する大通りを除いて、全て完全に屋根で覆われた。貯蔵スペースは、ヴォールト架構の地下室に設けられた。

ジョン・ベアド1世(1798-1859)による**グラスゴー、ジャマイカ街のガードナー商店**(1855-56、p.1200B)のファサードは鋳鉄製であり、この材料がイギリスでは外装にはめったに用いられなかったとしても、当時かなり普及していたことを物語っている。鋳鉄は反復成型が容易な材料であるが、この建物のデザインでは各階が異なっていることが興味深い。つまり純粋に建築的理由から、より下階のアーチ列ほど、アーチが扁平となっている。おそらくウィリアム・スペンス(1806?-83)が設計したと思われる同種の建物、**ペイズリー商店**(1854-55)が近くにある。

ゴドフリー・トマス・グリーンは、1850年から1864年まで海軍省の技術・建設監督官を務めたが、彼が設計した**シアネスにある王立海軍工廠の艦艇格納庫**(1858-60、p.1200C)は、これまで知られる最古の鉄骨造積層建物の1つで、特にその構造上の細部において秀でていた。実用建物であったため、外部の羽目板部分は薄板で軽快にふさぐことができた。この建物は長さ64 m、幅41 mであり、内部は、頂部採光を持つ建物全長にわたるいわば「身廊」と、両側の4層の床の付いた「側廊」からなる。支柱はすでに「H形」の断面をしており、それは後に定常的に用いられるようになった。

ピエール＝フランソワ＝アンリ・ラブルースト(1801-75)による**パリの国立図書館**(1859-67、p.1201)は、計画面および構造面とも、サント・ジュヌヴィエーヴ図書館をはるかに凌ぐ前進を示している。閲覧室はテラコッタ製の連続する9つのペンデンティヴ・ドームで覆われ、ドームの各々には頂部に「目」(丸窓)が穿たれて自然光が上からふり注ぐ。各ドームは鋳鉄製の細い円柱とアーチによって支えられ、部屋の外縁にあたる円柱は壁際に建つ。ドーム、アーチ下端部および書棚より上の壁面には、優美な装飾が施されている。書庫には天窓が開き、光をより下の階まで届かせるために、各階は金属薄板の簀子床となっている。中央の吹抜けスペースには一定間隔に通路が架け渡され、それが各階の書架をつないでいる。

ジャック・イニャス・イットルフ(1792-1867)が設計した**パリ北駅**(1861-65、p.1202A)は、1842年から1847年にかけて建設された小さな駅を新たに建て替えたものである。広大なファサードの破風は、停車場全体に架かる鉄とガラスによる屋根の線に対応しており、外側のパヴィリオンは駅の到着側と出発側を区別している。建築的細部は新古典主義的な特徴を持っているが、いくらかのスケール的な不釣合がみられる。ファサードは、パリ市の像および北ヨーロッパ各都市を表す他の8つの像によって、頂部が飾られている。

ピーター・エリス(1804-84)による**リヴァプールのオリエル・チェンバーズ**(1864、p.1202B)は、構造においても建築的性格においても、驚くほど先進的な建物である。これは完全な鋳鉄製骨組を持ち、前面の垂直材には石がかぶせられて、細い石造のピアをつくりだしている。ピア間では細部が精緻に仕上げられた浅い出窓を、区割りごとに水平材が支えている。ここで用いられた形態は、その棟飾りにわずかに大学風のゴシック様式が認められる程度で、歴史的な隠喩はほとんどないか、全くみられない。**リヴァプールのクック通り16番地の建物**(1866)も、同じエリスによるものであり、類似の構造と同様の独創性を備えている。

ブリストルのウェルシュ・バックに建つ**ザ・グラナリー**(1871-73)は、アーチボルド・ポントンとウィリアム・ヴェン・ゴフ(1842-1918)が設計したが、これは同市の盛期ヴィクトリア朝時代の商業ビル群の中で最も印象的なものである。この建物は地場のレンガでつくられていて、隅部のエレベーターシャフトに見合った堅固なピアを持ち、また多彩色模様が変化に富んだ開口部に活気を与えている。地上階の力強いアーチが建物のどっしりとした力を暗示する一方、狭間胸壁風のコーニスが頂部を手際よく飾っている。

ウィリアム・バターフィールドが設計した**ロンドンのマーガレット・ストリートに建つオール・セインツ教会堂**(1849-59、p.1203A, B)は、ゴシック・リヴァイヴァルの曲がり角を画している。これは教会建築学協会のモデル教会堂として建てられ、特に都市の教会建築に対する最終的な見解を実地に示した。建物は非常に制約の大きい敷地に建ち、司祭館と聖歌学校に挟まれた小さな前庭を通ってそこに入る。レンガは経済的な面からではなく(当教会堂の建設費はチードルに建つピュージンのセント・ジャイルズ教会堂のほぼ2倍)、

A 中央市場(レ・アール)、パリ(1853-、1971 取壊し)
p.1199 参照

B ガードナー商店、ジャマイカ街、グラスゴー(1855-56)
p.1199 参照

C 王立海軍工廠の艦艇格納庫、シアネス(1858-60)　p.1199 参照

第 34 章　ルネサンス以後のヨーロッパ　1201

A　国立図書館、閲覧室、パリ（1859-67）　p.1199 参照

B　国立図書館、書庫、パリ

C　国立図書館、書架部分詳細、パリ

A 北駅、パリ（18611-65） p.1199 参照

B オリエル・チェンバーズ、リヴァプール（1864）
p.1199 参照

C サントゥジェーヌ教会堂、パリ（1854-55） p.1204 参照

第34章　ルネサンス以後のヨーロッパ　　1203

A　オール・セインツ教会堂、マーガレット・ストリート
ロンドン（1849-59）　p.1199 参照

B　オール・セインツ教会堂、身廊および内陣、
マーガレット・ストリート、ロンドン

C　ヴォーティーフキルヒェ、ウィーン（1856-79）
p.1204参照

D　カレドニア・ロード自由教会堂、グラスゴー（1856-57）
p.1204 参照

その耐久性と色彩とから建設材料として選ばれた。全体が赤レンガの壁面は、「構造的多彩色」にのっとって、もう少し暗い色のレンガの帯や模様により活気が与えられた。内部は多色の大理石やタイル、アラバスターが、壁面や説教壇を幾何学模様で飾っている。この教会堂はたいそう注目を浴び、批判者も現れたが、イギリスの建築家のあらゆる世代を通して、影響力の大きい典拠となった。バターフィールドによる他の多くの作品の中には、**ロンドン、ホルボーンに建つセント・オルバン教会堂**(1859-62、戦災にあった後、内部を改造)や、**オックスフォードのキーブル・カレッジおよびチャペル**(1867-83)がある。また、彼は小住宅や村の学校も設計しており、それらは多くヴァナキュラーの形態をとった控えめな性格を呈している。

ルイ・オーギュスト・ボワロー(1812-96)による**パリのサントゥジェーヌ教会堂**(1854-55、p.1202C)は、主に石材でつくられた、とりたてて目立つところのない外観を呈している。しかし、内部では、アーチ、ヴォールト架構、トレーサリーといったゴシック様式の形態言語が全て鉄で実現されており、特筆に値する。鉄の大々的な使用は、同じボワローによる**セーヌ=エ=オワーズ県、ル・ヴェジネに建つサントゥジェーヌ教会堂**(1863)や、ヴィクトル・バルタール(1805-74)による**パリのサントーギュスタン教会堂**(1860-71)、ザカリ・アストリュク(1835-1907)による**パリのノートル・ダム・デュ・トラヴァーユ教会堂**(1899-1901)にもみられる。

ハインリヒ・フォン・フェルステル(1828-83)による**ウィーンのヴォーティーフキルヒェ**(奉献教会、1856-79、p.1203C)は、皇帝フランツ・ヨーゼフ暗殺の計画が失敗に帰した際、神への感謝から建設された。これは開放的な鐘楼を持つ高くほっそりした西欧的な双塔と、クロケット飾りの付く尖頂屋根からわかるように、ゴシック様式による手のこんだ試みであり、その豊かさは、スコットによるハンブルクのニコライキルヒェに通じるものがある。またウィーンには、フリードリヒ・フォン・シュミット(1825-91)の手になる教区教会堂、**ザンクト・マリーア・フォム・ジーゲ教会堂**(1868-75)があり、オーストリアにおけるゴシック・リヴァイヴァルを代表する重要なものである。この建物は側廊が取り巻く八角形平面をなし、その上部には、形状はバロックであるが細部は中世的なリブが付き、ドームが立ち上がる。入口正面を挟んで2つの塔が建ち、それらはフライング・バットレスによりドームのドラムとつながっている。

「ギリシア人」アレクサンダー・トムソン(1817-75)による**グラスゴーのカレドニア・ロード自由教会堂**(1856-57、1965年に火災により内部焼失、p.1203D)は、19世紀後半のスコットランドにおける新古典主義の伝統の根強さを物語っている。これはシンケルに通じる建築的明晰さを持った極めて力強いデザインである。玄関は盲の基壇として扱われ、その上に破綻のないイオニア式ポーティコがのる。この背後に、主として高窓から採光する教会堂そのものが構える。そして楔形をした敷地の残余のところを1層のチャーチ・ホールが占める。全体構成を支配するのは1基の塔であり、それは往々にしてトムソンの作品を区別しているピクチュアレスクの要素を強調するように、建物の一隅に屹立する。トムソンはこのデザインのテーマを、グラスゴーの他の2つの教会堂、つまり**セント・ヴィンセント・ストリート**(1857-59)と**クイーンズ・パーク**(1867-69、第2次世界大戦で破壊)でも展開した。

G. E. ストリートが設計した**オックスフォードのセント・フィリップ・アンド・セント・ジェームズ教会堂**(1860-62、p.1205A)は、中央の尖塔やアプス状の内陣を持つ、強固に構成された十字形平面の建物である。多彩色模様は、黄白色の切石積みの中に埋め込まれた赤砂岩の帯や、交互に色の変わる迫石に表れている。身廊では磨き花崗岩のずんぐりした柱が、粗面仕上げの広大なアーチを支えており、堅固な印象はプレート・トレーサリーにもみられる。バターフィールド同様、ストリートも教会建築学協会の会員であり、彼が携わったその他の教会建築には、**メイデンヘッド、ボイン・ヒルのオール・セインツ教会堂および司祭館、学校**(1854-57)や、**ロンドン、ヴォクスホール・ブリッジ街のセント・ジェームズ=ザ=レス教会堂**(1859-61)がある。

ヴィオレ=ル=デュクによる**パリ近郊、サン・ドニに建つサン・ドニ=ド=レストレ教会堂**(1864-67、p.1205C)は、イギリスにおけるストリートやバージェスの仕事に比肩される。石造ヴォールト天井の架かる身廊は、クリアストーリーからの光に照らされる幅広の正方形ベイで構成され、西側ポーティコの上方には、背の高いスレート屋根を頂く堅固な塔が立つ。内壁とヴォールトの表面は、多彩色の装飾が型板によって刷り込まれており、全般に細部処理は活力に満ちている。

アレッサンドロ・アントネッリ(1798-1888)による**トリノのモーレ・アントネッリアーナ**(1863着手)は、初めはシナゴーグ(ユダヤ教会堂)として計画されたが、1876年に市の博物館として引き継がれた。この建物は構造的には大胆で、特に全体を覆う大きなクーポラにおいてそれは著しい。そのクーポラの上から、下部を新古典主義的要素で飾られた尖塔状の塔が立ち上がり、この建物全体の高さは167mに達する。アントネッリによる**ノヴァーラのサン・ガウデンツィオ教会堂**

第 34 章 ルネサンス以後のヨーロッパ | 1205

A セント・フィリップ・アンド・セント・ジェームズ教会堂、オックスフォード（1860-62） p.1204 参照

B キャッスル・コッホ、カーディフ近郊（1875-91） p.1206 参照

C サン・ドニ=ド=レストレ教会堂、パリ近郊、サン・ドニ（1864-67） p.1204 参照

5

(1840–)のクーポラも、性格的には類似している。2つの環状のコリント式周柱廊(ペリスタイル)がドームを支え、その上に列柱廊(コロネード)を形作る階が立ち上がって、全高125mの高塔を形成している。

フィリップ・ウェッブ(1831-1915)がウィリアム・モリスのために建てた**ケント州、ベクスリーヒースの「赤い家」**(1859-60、p.1208)は、赤色のレンガとタイルの使用からその名が冠せられたもので、バターフィールドやストリートによる簡素な牧師館のデザインの延長上にある。急勾配の屋根や尖塔アーチがつくりだす全体的な効果は、性格としてはゴシックであるが、デザインは純粋なゴシック様式というより折衷的である。もっとも上げ下げ窓は、その上に架かる尖頭アーチと同様、実際的理由から用いられた。平面計画は正式なものでなく、慣例に従ってもいないが、施主の現実的な要求には合致している。平面と架構の要素はピュージン的な諸原理によって表現されている。注目に値する内部の装飾や家具は、1880年代のアーツ・アンド・クラフツ運動の前兆となっている。ウェッブによる他の作品には、**インヴァネス・シャーに建つアライセイグ**(1863、現在は大幅に改造)や、**ケンジントン、パレス・グリーン1番地の邸宅**(1868)がある。

ヴィオレ=ル=デュクによる**パリ、ノートル・ダム大聖堂の管理人の家**(1866)は、ヴィオレ=ル=デュクとジャン=バティスト=アントワーヌ・ラシュス(1807-57)による大聖堂の修復の後、引き続いて建てられた。これは急勾配の屋根や室内に張り出したマントルピース、ピクチュアレスク風の変化に富んだ窓など、イギリスのゴシック・リヴァイヴァリストたちの諸特徴を多く備えている。しかし入口翼屋の対称性や切石積みの一様性は、ピュージンあるいはラスキンの持つ古典的特性が考慮されたのかもしれない。

サセックス、グルームブリッジに建つグレン・アンドレッド(1866-68、p.1209A)は、ノーマン・ショウのオールド・イングリッシュ・スタイルの最初の例の1つであり、土地のさまざまな特色を大邸宅の要求にうまく適合させている。レンガ造、垂直面の平瓦葺き、高い煙突やマリオンの付いた窓には、ケントおよびサセックスにまたがるウィールド地方の建築的伝統に対するショウの好みが反映している。こうした傾向に連なる彼の次の住宅は、木骨造で屋根線がピクチュアレスクの様(さま)を呈し、さらにロマンティックなものになった。その最も優れた例の中には、同じ**グルームブリッジのレイズ・ウッド**(1868-69、1955頃に大部分を取壊し、p.1209C)や、**ミドルセックス州、ハロー近郊のグリムズ・ダイク**(1870-72)がある。ノーサンバランド州の**クラッグサイド**(1869-85)は、ごつごつした険しい敷地になじませるかのように石造で建てられた。ショウの「オールド・イングリッシュ」の形態言語は、ここでは不釣合かもしれないが、段階的に増築が求められる住宅にはまさにふさわしいものであった。

カーディフ・キャッスル(1868-85、p.1207)および**カーディフ近郊に建つキャッスル・コッホ**(1875-91、p.1205B)は、ビュート侯爵のためにウィリアム・バージェス(1871-82)が、ゴシック・リヴァイヴァルの幻想的かつ極めて個人的な解釈によって改修したものである。キャッスル・コッホでの仕事は、跳ね橋や落とし格子門、沸騰液の流し口を備える点で、考古学的にも真実味を帯びている一方、堂々とした形態上の質も保っていて、特に中世の挿絵に触発された円錐形の屋根を置く力強い円塔は圧巻である。双方の建物とも内部は異国風の細部処理や装飾が施されており、この点に関してはカーディフ・キャッスルがこの作者の代表作である。彫刻、壁画、彩色と彫りものが施されたフリーズ、型押し模様や装飾タイルが、信じがたいほどの豊かさ、しかし決してその飾りの多さを律しきれていないわけではない豊かさをつくりだしている。これらの建物では、ゴシック・リヴァイヴァルが、極めて生き生きとした豊かな想像力のための表現形式となった。

M. D. ワイアット卿が設計した**ロンドンのアルフォード・ハウス**(1872、現存せず、p.1210A)は、当時流行した第二帝政様式からもたらされたマンサード屋根や華美なテラコッタ装飾がつき、性格的にはフランス的である。

ロックウッドおよびモーソンによる**ヨークシャー州、ソルテアの労働者住宅**(1851–、p.1209B)は、紡績業者タイタス・ソールト卿を施主として建設された産業モデル街区のうちの一画を形成する。住居はほとんど2層構成(居間、台所および2-3の寝室を持つ)であり、緩い勾配屋根をのせたもう少し大きな住宅が、端部にパヴィリオン風に組み込まれたことで、テラス型住宅に端正なイタリア的特質が現れている。ジョージ・ギルバート・スコット卿による**ハリファックス、アクロイドンにおける労働者住宅の建設**(1859–)は、産業上の博愛活動から生み出されたもう1つの産物であり、テラス型田舎家(コテージ)の簡素な屋根窓やマリオン付き窓から、もう少し高級な住宅のより大がかりなデザインにいたるまで、住居のテーマを幅広く追求しながら構成された。

ヴィオレ=ル=デュクが設計した**パリのドゥエ通り15番地の建物**(1857-60)は、当時のパリの街路建築の慣例を侵すことなく、それでいてどことなく中世的形態を暗示する集合住宅である。ファサードには明瞭に切

第 34 章　ルネサンス以後のヨーロッパ | 1207

カーディフ・キャッスル（1868-85）　p.1206 参照

1208 | ルネサンスおよびそれ以後のヨーロッパとロシアの建築

A 「赤い家」、南からの外観、ベクスリーヒース、ケント州（1859-60） p.1206 参照

B 「赤い家」、内部、ベクスリーヒース、ケント

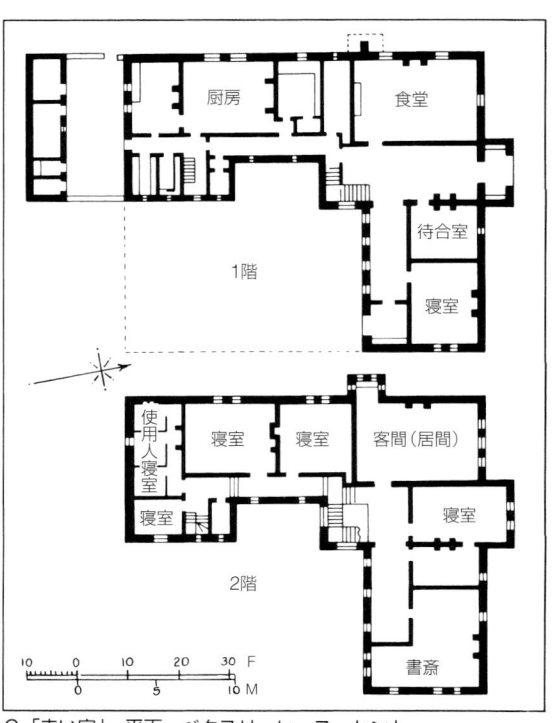

C 「赤い家」、平面、ベクスリーヒース、ケント

第 34 章 ルネサンス以後のヨーロッパ | 1209

A グレン・アンドレッド、グルームブリッジ、サセックス（1866-68） p.1206 参照

B 労働者住宅、ソルテア、ヨークシャー州（1851-） p.1206 参照

C レイズ・ウッド、グルームブリッジ、サセックス（1868-69、1955 頃に大部分を取壊し） p.1206 参照

A アルフォード・ハウス、ロンドン(1872、現存せず) p.1206 参照

B ミラノ通り 11 番地の住宅、パリ (1860 頃) p.1211 参照

C ハインリヒスホフ、ウィーン(1861-63、戦災を受け倒壊) p.1211 参照

り取られた長方形の開口部が並び、その5階部分には、ずっしりと重い石造ブラケットに支えられた鉄製の避難バルコニーが付く。3階では、窓が重々しい石造庇(フード)で強調され、より短いバルコニーが3つの量感のある持送材の上に支持される。

パリのセバストーポル大通り(1860)は、オースマンが改造を進めた第二帝政期パリの建築的な面での典型をなす。街路レベルの店舗の上に、普通5-6層にわたってフラット形式の住宅が入る。この敷地の経済的な潜在力を活用して、この建物群は背の高いものとなっているにもかかわらず、その抑制のきいた立面には、装飾による節度あるアクセントや、規則的で統一された垂直方向のリズムの乱れのない強調が施され、反復性のある街路建築の抱える問題に画期的な解答を与えている。

A.-F. モルティエによる**パリのミラノ通り11番地の住宅**(1860頃、p.1210B)には、この時期のパリのフラット形式の住宅に対するもう少し豪華な処理をみることができる。7ベイ4層からなるファサードでは、マニエリスト的な要素からなるぜいたくな装飾が壁面全体を彩る。強く突き出した各階ごとの胴蛇腹が、全体の構成を統一している。

テオフィル・ハンゼンが設計した**ウィーンのハインリヒスホフ**(1861-63、戦災を受け倒壊、p.1210C)は、ウィーン環状道路を挟んでオペラ劇場と対峙する豪華なアパートメントであった。1階に店舗を備え、ファサードの上部に向かって階層的にルネサンス様式の装飾が展開する、5層の大規模な建物となっていた。重々しいコーニスや規則的な窓割りは、隅部のパヴィリオンや、さらにはこの棟を貫通するガラス屋根の架かった通路軸上に、ちょうど位置する中央の屋階によって抑制されていた。

1870-1900年

ペトリュス・ヨセフス・フベルテュス・カイペルスによる**アムステルダムの国立博物館**(1877-85、p.1212A)は、量感のある急勾配の屋根についてはフランス風の特質を備えているものの、その細部は主として16世紀のオランダ建築に由来している。建物は2つの中庭の周りをギャラリーが取り巻く、対称形の平面をとる。

パウル・ヴァロット(1841-1912)による**ベルリンの帝国議会議事堂**(1884-94、p.1212B)は、ドイツ第二帝政の象徴にふさわしい規模で建設された。そのバロック・クラシシズムは確信に満ちて扱われたが、細部のいくつかの点ではやや重苦しさがぬぐえない。建物は1933年に火災で内部が焼失し、1945年にはさらに甚大な被害を被ったが、1960年代に入って、この建物のシルエットの頂点を画していた巨大なガラスのドームを除いて、修復された。

ジュゼッペ・サッコーニ(1854-1901)による**ローマのヴィットーリオ・エマヌエーレ2世記念堂**(1885-1911、p.1213A)は、イタリアの統一と初代国王を記念して、カピトリーノの丘の斜面に建設された。これは巨大なテラス状の壇から構成され、その上に王の騎馬像が、わずかに湾曲するいっそう大きなコリント式コロネードを背景に立つ。コロネードは入念に飾られた屋階を支え、両端は壮麗な青銅製の彫刻群を頂いたパヴィリオンで終わる。この記念堂は国立リソルジメント博物館を収容している。

リチャード・ノーマン・ショウが設計した**ロンドンのニュー・スコットランド・ヤード**(1887-90、p.1216A)は、ロンドン警視庁の本部としてテムズ河畔に建てられた。この建物は、花崗岩でつくられた厳しい表現の下階から、赤レンガと石材の帯がつくるより暖かみのある模様(パターン)や賑やかな変化をみせる上階の窓割りへと上がっていく。各出隅はヘルメット型の屋根をのせた「スコットランドの城館風」小塔によって和らげられており、また出入口や破風端部の豊富なバロック的潤色に、ショウの持つ豊潤さの究極の表現をみることができる。これは、盛期ヴィクトリア朝時代の様式の華麗さが、後期ヴィクトリア朝時代の様式の軽やかさによって処理された類いまれな仕事である。

バズル・チャンプニーによる**マンチェスター、ディーンズゲートに建つライランズ・ライブラリー**(1890-99、p.1214)は、世俗建築にゴシック様式を適用した遅い例であるが、見事なものである。これは盛期ヴィクトリア朝時代に一般的であったものよりも、はるかに軽快かつ優美になっており、その着想はイギリス装飾式の時代に戻っているものの、それを当時話題のアール・ヌーヴォー的な小気味よさで表現している。豊かに装飾された中央部分と、上層の後退した壮麗なベイ・ウィンドウが、下層の両側の比較的平坦な壁と効果的な対比をみせている。後者にはトレーサリーの付いた深い窓が、周到に計算された非対称の形で嵌め込まれている。チャンプニーに委任されたその他の建物に、**ケンブリッジのニューナム・カレッジ**(1875-1935)があり、それは、クイーン・アン様式風の楽しい習作である。

マルティン・ニューロプが設計した**コペンハーゲンの市庁舎**(1892-1902、p.1213B)は、中世とルネサンスの要素を混ぜ合わせてまとめあげた、おだやかな折衷的デザインとなっている。その構成にみられる対称性は、優雅な鐘塔によってくじかれている。

チャールズ・レニー・マッキントッシュの**グラス**

A 国立博物館、アムステルダム(1877-85)　p.1211 参照

B 帝国議会議事堂、ベルリン(1884-94)　p.1211 参照

A ヴィットーリオ・エマヌエーレ2世記念堂、ローマ（1885-1911） p.1211 参照

B 市庁舎、コペンハーゲン（1892-1902） p.1211 参照

ライランズ・ライブラリー、ディーンズゲート、マンチェスター（1890-99）　p.1211 参照

A グラスゴー美術学校（1897-1909）、北正面　p.1211 参照

B グラスゴー美術学校、図書室

C グラスゴー美術学校、西端部

D ホワイトチャペル・アート・ギャラリー、ロンドン
（1897-1901）　p.1217 参照

A ニュー・スコットランド・ヤード、ロンドン(1887-90)　p.1211 参照

B タッセル邸、ポール=エミール=ジャンソン通り 6 番地、
ブリュッセル(1892-93)　p.1230 参照

C 市庁舎、コルチェスター(1898-1902)
p.1217 参照

ゴー美術学校(1897-1909、p.1215A-C)は、この建築家の最もよく知られた作品である。中心となる建物は1897年から1899年にかけて建設された。その長く伸びた切石積みのファサードは、スタジオの大きな北向きの窓によって全体の調子を与えられており、その窓はよりはっきりと非対称をとる入口ベイを囲んで、微妙に調子を変えて配されている。こうした機能の直接の表出が、スコットランドのヴァナキュラーな建築への共感やアーツ・アンド・クラフツ運動の影響に結び付いている。1907年から1909年に増築された西棟は、図書室の採光のための高い出窓が付いて印象深い外観を呈している。図書室の錯綜し、想像力に富む空間は、巧妙な木造の骨組によってつくりだされている。マッキントッシュは、スコットランドやイングランド以上に、ドイツやオーストリア、特にウィーンで幅広い支持を得ており、この点から同世代の中で最も重要なイギリスの建築家の1人である。

チャールズ・ハリソン・タウンゼンド(1851-1928)によるロンドンのホワイトチャペル・アート・ギャラリー(1897-1901、p.1215D)は、有機的な幾何学による、とりわけ歴史主義から解放された1つの試みである。淡黄色のテラコッタのファサードには、力感がみなぎっている。中心をはずして設けられたどっしりとした半円形の入口アーチ——おそらくアメリカの建築家、H.H.リチャードソンから影響を受けたものであろう——が、空白の壁の範囲とよく均衡し、また帯状の簡素な窓列によって抑制されている。ファサードは、方形断面ではあるが角部に丸みのついた2基の先細りの小塔によって枠取りされ、様式化された葉形飾りの深い帯で装飾される。やや後退した上部の壁面は、芸術の役割を象徴化したモザイクで覆われるはずであったが、資金不足から見送られた。ホワイトチャペル・ギャラリーにみられる多くの特徴は、タウンゼンドによりロンドン、フォレスト・ヒルのホーニマン博物館(1896-1901)の設計でさらに発展させられた。

ジョン・ベルチャーによるコルチェスターの市庁舎(1898-1902、p.1216C)は、世紀の変わり目に全盛期を飾った純粋なネオ・バロック様式の優れた例である。これは十分に立体感を型取ったファサードと、際立った隅部の塔によって、敷地を最大限に生かしている。ランチェスターとリカーズによるカーディフの市庁舎ならびに裁判所(1897-1906)は、緑に包まれた町の中心部に広々と配置されており、ウィーン風のバロック様式からヒントを得ている。ドームの架かった議場が市庁舎のファサードの主要な特徴となっているが、最も目立つのは、建物の直交軸上に載る創意に富んだ時計塔である。

ユーリウス・ラシュドルフ(1823-1914)によるケルンの市立劇場(1870-72、p.1218A)は、それほど大きくはない建物であったが、第2次世界大戦で破壊された。勾配の急なマンサード屋根、屋根窓、および一方で単調なファサードにパヴィリオン風の諸特徴を導入している点に、この建物とフランス第二帝政のネオ・バロックとの類似性が認められる。しかしこれらの「パヴィリオン」に施された豊かな装飾は、フランスというよりはドイツ・ルネサンスに多くを負うものであった。

ドレスデンの宮廷劇場(オペラ・ハウス、1871-78、1945年の爆撃による損傷の後修復)は、ゴットフリート・ゼンパー(1803-79)により、同敷地に建っていた彼の最初の劇場が1869年に焼失したため、その建て替えとして設計された。ここでは、ゼンパーの初めのデザインが持っていた初期ルネサンス様式の明快さとは対照的に、たとえばペア・コラムの採用や凱旋門風のポーティコが付く湾曲したファサードの豊潤などに、バロック的傾向が伺える。

ガブリエル・フォン・ザイドル(1848-1913)によるミュンヘンのドイチェス・ハウス(1879、大部分が破壊)は、真正のヴァナキュラーな形態言語へと向かう当時の動向、つまりイギリスの「クイーン・アン様式」の復興にちょうど対応するバイエルン側の動きを反映していた。この建物は、たとえばドーム屋根の架かるピクチャレスクな角櫓や帯模様の付く破風のような北方ルネサンスの特徴と、ドイツの伝統的な塗装装飾に場を提供する壁面の概して平板な扱いとを一体化した。ザイドルの後の作品中には、ミュンヘンのバイエルン国立博物館(1894-99)がある。この博物館では、展示物の時代順の配列が、一連の建築様式の変化、つまりロマネスクから19世紀の「ルントボーゲン」様式までの連続によって外観に表現され、全体的基調は北方ルネサンス様式のデザインによる力強い中央部分が担っている。

ヴィクトール・オルタがベルギー社会党のために設計したブリュッセルの「民衆の家」(1896-98、1965取壊し、p.1219A)は、変則的な敷地(円形広場の一画)における巧みな計画と、ガラスや鉄の卓越した使用によって注目される。大きな窓が下階のカフェや店舗を光で満たし、一方、最上階の集会場の鉄骨造骨組は、アール・ヌーヴォーの流れるような曲線が、いかに矛盾なく創意に富んだ形で構造目的に利用されうるのかを示した。

パリのプティ・パレ(1897-1900、p.1218B)は、1900年の万国博覧会のために、シャルル=ルイ・ジロー(1851-1932)により、グラン・パレやアレクサンドル3世橋に隣接して設計された。そのドームを頂くパヴィ

A 市立劇場、ケルン（1870-72） p.1217 参照

B プティ・パレ、パリ（1897-1900） p.1217 参照

第34章　ルネサンス以後のヨーロッパ　　1219

A 「民衆の家」、ブリュッセル（1896-98、1965 取壊し）
p.1217 参照

B 株式取引所、アムステルダム（1897-1903）　p.1220 参照

C パリ万国博覧会・機械館（1889、1910 取壊し）　p.1220 参照

リオンは、ネオ・バロック的な特質をみせるが、より抑制の効いたイオニア式コロネードにはエコール・デ・ボザールの教義が取り入れられている。これはやや特異な台形平面をしており、展示室は半円形の中庭の周囲に配される。建物の2つの隅部には、フランソワ・エンヌビク(1842-1921)による鉄筋コンクリートの階段が収められ、片持ち支持されたギャラリーから螺旋状に降りる。その大胆な構造は、後に設けられた囲いによって今は隠されている。

ジュール・ソルニエ(1828-1900)が設計した、**ノワジール=シュル=マルヌのムニエ・チョコレート工場**(1871-72、p.1221A)は、全体が鉄骨架構でできた先駆的な例であった。建物はマルヌ川をまたぐどっしりした石造ピアの上に建てられており、川がタービンの動力を供給している。外壁では、レンガ造パネルが対角線に走る鉄のブレースに対応した鮮やかな色彩パターンを描き、それを細い鉄骨部材が取り囲んでおり、その効果はどこか木骨造に通じるものがある。

パリのボン・マルシェは、アリスティド・ブシコーによって1852年に創設された草分け的な百貨店であった。当初、その目的で建てられた建物が、1876年にルイ=シャルル・ボワロー(1837-1910)とギュスターヴ・エッフェル(1832-1923)により、古典的な細部を持つ広々とした鉄とガラスの架構を用いて大幅に拡張された。もっとも、そうした細部は後年の改築により今では覆い隠されている。

技術者ヴィクトール・コンタマン(1840-93)と、建築家シャルル・ルイ・フェルディナン・デュテール(1845-1906)による**パリ万国博覧会の機械館**(1889、1910取壊し、p.1219C)は、114mに及ぶ空前の無柱スパンであった。それを構成する鉄骨主材は、頂部と基部でヒンジ接合された4心アーチで、しかも基部では主材は、伝統的な美学上の予想に反して、支点に向かって先細りにされた。同じ博覧会のために、入場門アーチとして**エッフェル塔**(p.1221C)が建設された。その当時、この塔は世界中で最も高い建造物(300m)であり、その設計に際して、ギュスターヴ・エッフェルは鉄骨橋梁の建設で近年、自ら蓄積してきた経験をよりどころとした。

ミクシュとニーゼルスキーによる**マリアンスケー・ラーズニエのマキシム・ゴーリキー・コロネード**(1884-89)は、チェコ共和国の温泉保養地の精華の1つ、つまりマリエンバート[訳註：マリアンスケー・ラーズニエの独語名]のコロネードである。ここにはほとんどが鋳鉄でできた、一種のハンマー・ビームの小屋組が架かる。

ベルリンのヴェルトハイム百貨店(1896-1904)は、アルフレート・メッセル(1853-1909)によって、2期に分けて設計された。最初(1896-99)は鉄とガラスがふんだんに使われたが、次の段階(1900-4)ではほとんどゴシック風の威厳を与える高いマリオン窓が用いられて、より実体的な外観とされた。

アムステルダムの株式取引所(1897-1903、p.1219B)は、H. P. ベルラーヘの代表作であり、いかなる種類の記念碑的歴史主義も回避している。建物の内外を問わず、レンガ壁のさまざまな質が重視され、石材が用いられる場合には全てレンガ積みと同一面となっている。中心となる取引ホールでは、低い弓形アーチのアーケードが、壁体に荷重のかかっているさまを強調し、一方、鉄骨トラスで手際よく支えられたガラス屋根が空間を照らし出して、重々しい感じを一切和らげている。同じ建築家による**アムステルダムのダイアモンド産業労働者同盟ビル**(1899-1900、p.1222A)は、同質の合理的な単純性を持っている。ここでも再び大部分がレンガ造であり、幾分厳格な個々の形態が、より変化に富んだ外形と釣り合っている。

W. R. レサビーとジョゼフ・ランカスター・ボールによる**バーミンガムのイーグル・インシュアランス・ビル**(1899-1900、p.1222B)には、アーツ・アンド・クラフツ運動が、都市に立地する商業ビルというものに直面した際の苦境がはっきり表れている。歴史主義を拒絶し、ヴァナキュラーな方式も明らかに不適切としながらも、レサビーは、1階の窓のようなあいまいなテューダー朝様式や、上階の窓列にみられるむきだしの古典主義、さらにはフリーズにみてとれる主要形態の抽象的パターンとのそれぞれの間に妥協をはかった。実直な意図や悩みのつきない疑念も、この意味深いデザイン以上にはっきりと表現されることはなかった。レサビーによる他の建物には、**クライストチャーチに建つエイヴォン・ティレル**(1891)、**オークニー諸島、ホイ島に建つメルセッター・ハウス**(1898)および**ブロックハンプトンに建つオール・セインツ教会堂**(1902)がある。

エクトール・ギマール(1867-1942)による**パリ、バスティーユ広場の地下鉄駅**(1900、現存せず、p.1221B)は、金属とガラスの架構であり、アール・ヌーヴォーの諸特徴をよく説明している。地下鉄入口は標準化された一式の鋳鉄部材から組み立てられ、その曲がりくねった線がさまざまな組合せに有機的な活力を吹きこんだ。このバスティーユ広場の駅のように実際上の屋根の付いた入口を有している場合でも、またほとんど柵とアーチ門だけの場合でも、それらに共通したギマールの表現様式は極めて特徴的であり、地下鉄というもののアイデンティティーの確保に重要な役割を担った。

ポール・アバディ(1812-84)が設計した**パリのサク

第 34 章　ルネサンス以後のヨーロッパ　　1221

A　ムニエ・チョコレート工場、ノワジール=シュル=マルヌ（1871-72）　p.1220 参照

B　地下鉄（メトロ）駅、バスティーユ広場、パリ（1900 取壊し）
p.1220 参照

C　エッフェル塔（1887-89）　p.1220 参照

A ダイアモンド産業労働者同盟ビル、アムステルダム(1899-1900)　p.1220 参照

B イーグル・インシュアランス・ビル、バーミンガム(1899-1900)　p.1220 参照

C 聖三位一体教会堂、チェルシー、ロンドン(1888-91)
p.1223 参照

D セント・オーガスティン教会堂、キルバーン、ロンドン(1871-77)　p.1223 参照

レ・クェール聖堂（1875-、p.1224A）は、世紀の終わりまでにその大部分ができあがっていたものの、1919年にいたるまで完成をみなかった。これはモンマルトルの丘の上に、白いドームの一群をなして建ち、パリのランドマークの1つとなっている。デザインはペリグーにある中世のサン・フロン大聖堂を介して、ビザンティン様式の影響を反映している。

J.L. ピアソンによる**コーンウォールのトルロ大聖堂**（1879-1910、p.1224D）は、彼が死を迎えても未完であり、その息子に引き継がれた。この建物はランセット窓や、方形の塔から立ち上がる鋭い尖頂屋根が強い垂直性の効果を出しており、建築家の洗練された初期ゴシック様式の例証となっている。花崗岩でつくられており、内部空間は、この時期の教会建築ではあまり用いられなくなった石造ヴォールト架構で統一されている。ピアソンによる**ロンドン、キルバーンに建つセント・オーガスティン教会堂**（1871-77、p.1222D）は、その細身のピアと高いレンガ造ヴォールトによって特によく知られている。

アントニオ・ガウディの手になる**バルセロナのサグラダ・ファミリア聖堂**（クリプト 1882-91、シュヴェ 1887-92、キリスト降誕のトランセプト・ファサード 1892-1930、p.1224B）は、今も大部分が未完である。彼自身これは何世代にもわたる仕事であり、つまり初めから全て考え抜かれた設計というよりはむしろ苦心して発展し続ける建物であるとみていた。「キリスト降誕」のファサードは、急勾配の破風の付いた深く窪んだ3つのポーティコが付き、トランセプトの側廊につながる両側のポーティコの上には、九柱戯のピンのような形をした4本の透かし彫の尖頂屋根がそびえる。各ポーチは石造には似つかわしくない写実的な彫刻によってびっしりと飾られるが、その彫刻は柔らかく溶けつつある雪のような印象をもたらしている。4本の幻想的な塔には、多彩色タイル片を散りばめた多面構成の頂華がかぶせられる。身廊部では、勢いのある木々のように円柱が伸び上がって、幾筋もの自然光が入るようにまるい開口が穿たれた浅いヴォールトを支えるが、あたかも円柱によって二重の並木道がつくりだされることになっていた。もう一方のトランセプトの「キリストの受難」のファサードは、1960年にガウディのデザインをもとに着工された。その入口に向かって立ち上がっているのは、靭帯のように張りつめた6本の傾斜した支柱である。

J.D. セディングが設計した**ロンドン、チェルシーの聖三位一体教会堂**（ホーリートリニティ）（1888-91、p.1222C）は、装飾式と垂直式の自由な解釈で建てられており、化粧石材を用いた赤レンガ造の精巧な西正面を持つ。この教会は特にアーツ・アンド・クラフツ運動の著名なメンバーによるつくりつけ家具や造作によって飾られており、それにはバーン=ジョーンズによるステンドグラスやセディングの助手であるヘンリー・ウィルソン（1864-1934）による金属細工が含まれる。セディングの他の教会堂の中には、**ドーセット、ボスコムに建つセント・クレメント教会堂**（1871-73）や、**ロンドン、クラークンウェルに建つ聖救世主教会堂**（1887-88）があり、両者ともヘンリー・ウィルソンによる塔を持つ。

J.F. ベントリーによる**ウェストミンスターのローマ・カトリック大聖堂**（1895-1903、p.1224C）は、イギリスのビザンティン建築の復興に基づいた唯一の主要な建物である。3つのペンデンティヴ・ドームが広大な身廊の長手方向を覆い、わずかに小さいドームが内陣上部に架かり、内陣の向こうに聖歌隊席の後陣が置かれる。身廊の両側には、側祭室を伴うヴォールト架構の側廊が付き、また短い両トランセプトは一対のトンネル・ヴォールトを架けて、身廊東端のドームを支持する。内陣の灰褐色のレンガ積みは、かつてはその飾らない簡素さが強い印象を与えたが、今ではベントリーが当初意図したように少しずつ大理石やモザイクで仕上げられている。外観的には、壁は石の帯を加えた赤レンガでつくられ、さらにクーポラ屋根をのせた数多くの小塔が、北西角あたりに立ち上がる高い鐘塔と呼応している。ベントリーが設計した他の教会堂には、**ロンドン近郊、ワトフォードに建つ聖十字架教会堂**（1883-90）があり、燧石（フリント）と石材でできた壁を持つ感受性豊かなゴシック様式のデザインとなっている。

パリのサン・ジャン・ド・モンマルトル教会堂（1894、1897-1904建設、p.1225）は、ヴィオレ=ル=デュクの弟子、J.-E.-A. ド・ボドが設計した。ヴィオレ=ル=デュクのゴシック様式への愛好と新しい材料の擁護は、2つながらド・ボドのデザインに影響を与えた。この建物は、補強レンガ積みの部分と一体化した鉄筋コンクリートでできており、彼がすでにいくつかの住宅や学校で用いた混構造の方式によっている。デザインはリブ・ヴォールトのような構造的特徴をことさら強調していて、中世の教会堂の焼き直しであるが、新しい材料の平坦な面を損なわないよう、装飾は表面上の模様によっている。

ラーシュ・ソンク（1870-1956）による**タンペレ大聖堂**（1899-1907）は、フィンランドにおけるナショナル・ロマンティシズム運動の重要な例である。ここには中世フィンランドの原初的な建物に通じる岩肌状の花崗岩積みが用いられ、内部は象徴派画家による壁画で飾られている。

ウィリアム・イーデン・ネスフィールドによる**クル

A サクレ・クェール聖堂、パリ（1875-）　p.1220 参照

B サグラダ・ファミリア聖堂、内側から見た「キリスト降誕」のトランセプト・ファサード（1892-1930）、バルセロナ　p.1223 参照

C ローマ・カトリック大聖堂、ウエストミンスター（1895-1903）　p.1223 参照

D トルロ大聖堂、コーンウォール（1879-1910）
p.1223 参照

第 34 章　ルネサンス以後のヨーロッパ　　1225

サン・ジャン・ド・モンマルトル教会堂、パリ（1894、1897-1904 建設）　p.1223 参照

ウィド州のキンメル・パーク(1868-74、1975の火災により大きく損傷、p.1227A、p.1228A)は、「クイーン・アン」様式として知られるようになったものを具体的に説明している。この建物の諸特徴の多くが、ハンプトン・コートでのレンの仕事やその他のイギリス・ルネサンスの例に由来している。つまり化粧石材が施された赤レンガ、上げ下げ窓、ピラスターや弓形ペディメント等である。マンサード屋根はフランス・ルネサンスの要素を持ち込んでいる。しかし古典建築の持つ軸構成の原理では計画されておらず、しかもそのピクチュアレスク風の配置には、ゴシックの伝統の中でのネスフィールドの修練が反映されている。

ロンドン、ケンジントン・ゴアに建つローザー・ロッジ(1873-75、p.1227C)は、R. N. ショーのクイーン・アン様式運動への重要な貢献の1つであり、この運動は——彼の「オールド・イングリッシュ」の郊外住宅様式のように——ゴシック様式と袂を分かつことで計画の自由性を獲得した。細いピラスターやコーニスそして凝った破風を含めて、その装飾的なレンガの諸特徴は注目されるが、一方、小さな単位に区切った構成は、イギリス・ルネサンスとして知られるものより、いっそうマニエリスト的である。ショーによるロンドン、チェルシーのスワン・ハウス(1875-77)は、より対称形のファサードを持ち、大きく広がった2階の出窓と控えめな3階の窓との意外な結び付きが印象的である。同じくショーによるロンドンのクイーンズ・ゲート170番地の住宅(1888-90、p.1227B)は、いわゆる「クイーン・アン」様式の復興と呼ばれるおおかたの例に比べ、はるかに本来の17世紀の住宅に近い。ここでは形式性と規則性を選択することで、ベイ・ウィンドウやピクチュアレスク性は、完全に放棄された。

ゲオルク・フォン・ドルマンによるオーバーアマガウ近郊のリンダーホフ城(1874-78、p.1232A)は、バイエルン王ルートヴィヒ2世のために南ドイツ地方のロココ・スタイルで建設された。これは楽しげな幾何学的庭園を従えた壮麗な配置をとり、豪華絢爛で実に見事なロココの内部をつくりあげている。ルートヴィヒ2世のバイエルン地方の宮殿のもう1つにヘーレンキームゼー(1878-)がある。こちらはルイ14世のヴェルサイユ宮殿を直接に下敷きとした、湖の中の島に建つ城館で、同じくドルマンの設計になる。ルートヴィヒの最も目を見張る計画案は、エドゥアルト・リーデル(1813-85)とドルマンによる山岳の城館、ノイシュヴァンシュタイン城(1869-81)である。これは岩山の頂きから角櫓が林立し、ヴァーグナー的精神を反映する装飾がなされた幻想的な作品となっている。これらの建物はいずれも、建築のつくりだす壮麗な背景を求めるルートヴィヒの情熱を実現しており、通常の建築家の他、舞台芸術家らの助力を得ている。

E. W. ゴドウィンによるロンドン、チェルシーのホワイト・ハウス(1877-79、1960年代に取壊し)は、画家 J. A. M. ホイッスラーのアトリエ兼住宅として建設されたもので、その持ち主と同様に因習にとらわれないものであった。上階の広いアトリエには北面する窓が付き、緑色瓦の深い屋根が住宅の正面をつくって、白く塗り上げられた下階のレンガ壁と強い対比をみせた。窓の意図された非対称性や壁面の単純さに芸術運動上のゴドウィンとホイッスラーの深い結び付きが表れている。首都工事局(メトロポリタン・ボード・オブ・ワークス)は、装飾パネルをファサードに付けるべきだと主張したが、この建物のデザインは驚くほど簡素で厳格であったし、歴史上の先例とははっきりと一線を画していた。

バルセロナのカサ・ビセンス(1878設計)は、郊外別荘であり、アントニオ・ガウディの最初の主要な仕事であった。その段状の鍾乳石(しょうにゅうせき)のような形態には、イスラムの先例がしのばれるし、野石積みとレンガ積みによる壁体は、多彩色のタイルで自由自在に飾られている。この住宅は1924年から1927年にかけて大幅に増築された。

ガウディによるバルセロナのグエル館(1885-89、p.1232B)は、カサ・ビセンスほどには異国風を感じさせないファサードであるが、一対の放物線形の入口には、アール・ヌーヴォーを予感させるような曲線的な鉄細工のグリルが付いて際立った特徴を示している。内部の圧巻は、オルガンや吟遊詩人のギャラリーを備えた中央の高く吹抜けた広間であり、それは青いタイルの張られた放物線ドームへと盛り上がっていく。

チャールズ・フランシス・アンズリー・ヴォイジー(1857-1941)によるウォリックシャー州、ビショップス・イッチントンのザ・コテージ(1888-89、p.1229A)は、実施をみた彼の最初の住宅であった。伝統的な材料と形態を用いているが、それらが独創的であり、かつ復興主義的ではない方法で統合されている。ここにはヴォイジーの住宅が持つはなはだ個性的な表現形式を支える多くの要素、たとえば著しく水平線のきいた寄棟屋根(よせむね)、マリオン窓の連続的な連なり(2階の窓は軒の直下となる)、傾斜したバットレスを伴う白い荒塗りの壁、ストラップヒンジを用いた幅広い扉などがみられる。ヴォイジーはかなりの実作に携わり、その仕事はイギリスやドイツで広く刊行もされた。カンブリア州にあるブロードリーズ(1898-99、p.1228B)は、彼の最高傑作の住宅の1つである。建物はウィンダミア湖の東側に位置しており、主室群には湖岸を見渡す張出し窓(ボウ・ウィンドウ)が付き、また東西に延びるサーヴィス用の棟

A　キンメル・パーク、クルーイド（1868-74）
p.1223 参照

B　クイーンズ・ゲート 170 番地の住宅（1880-90）　p.1226 参照

C　ローザー・ロッジ、ケンジントン・ゴア、ロンドン（1873-75）　p.1226 参照

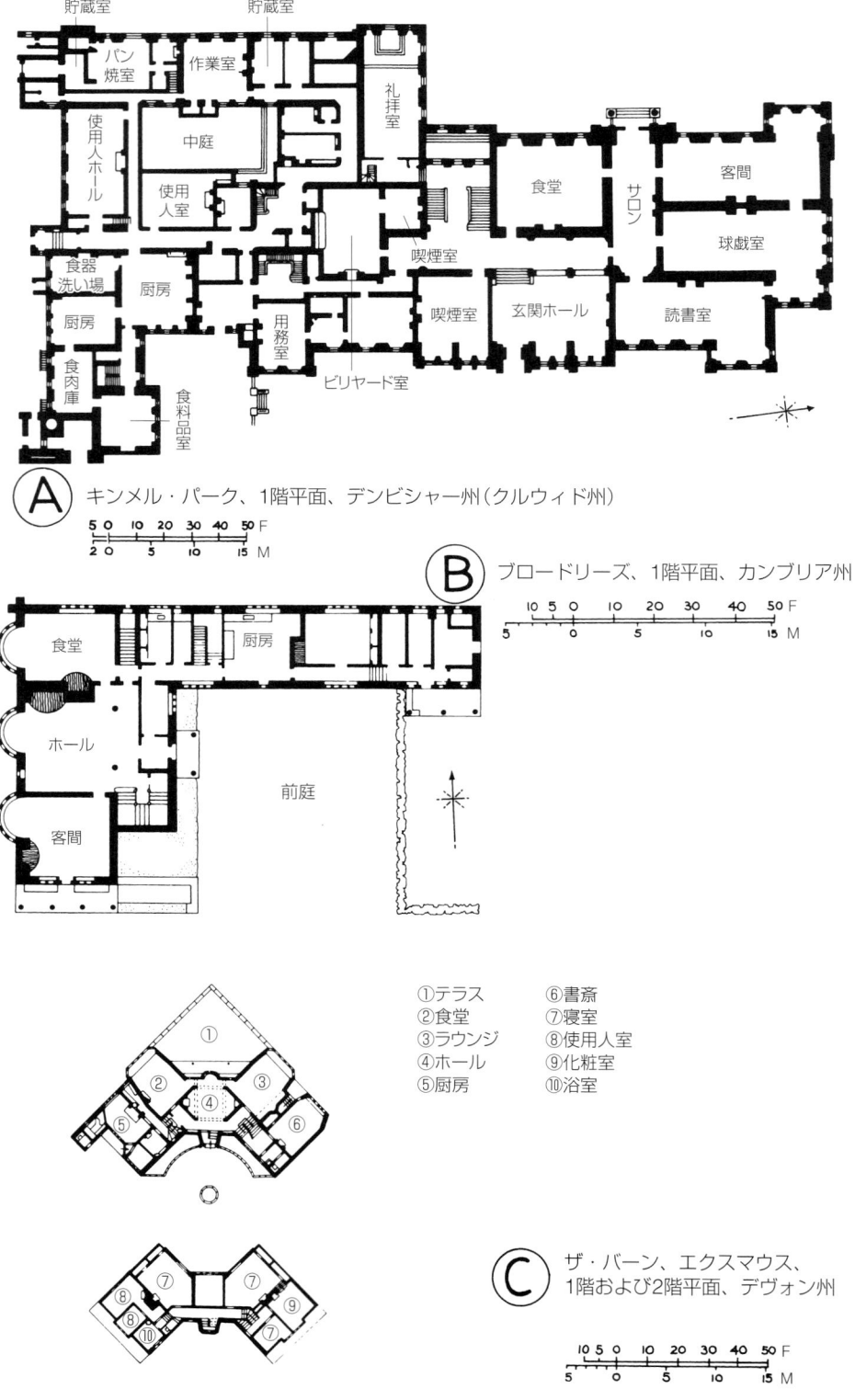

Ⓐ キンメル・パーク、1階平面、デンビシャー州（クルウィド州）

Ⓑ ブロードリーズ、1階平面、カンブリア州

①テラス　⑥書斎
②食堂　⑦寝室
③ラウンジ　⑧使用人室
④ホール　⑨化粧室
⑤厨房　⑩浴室

Ⓒ ザ・バーン、エクスマウス、1階および2階平面、デヴォン州

第34章 ルネサンス以後のヨーロッパ | 1229

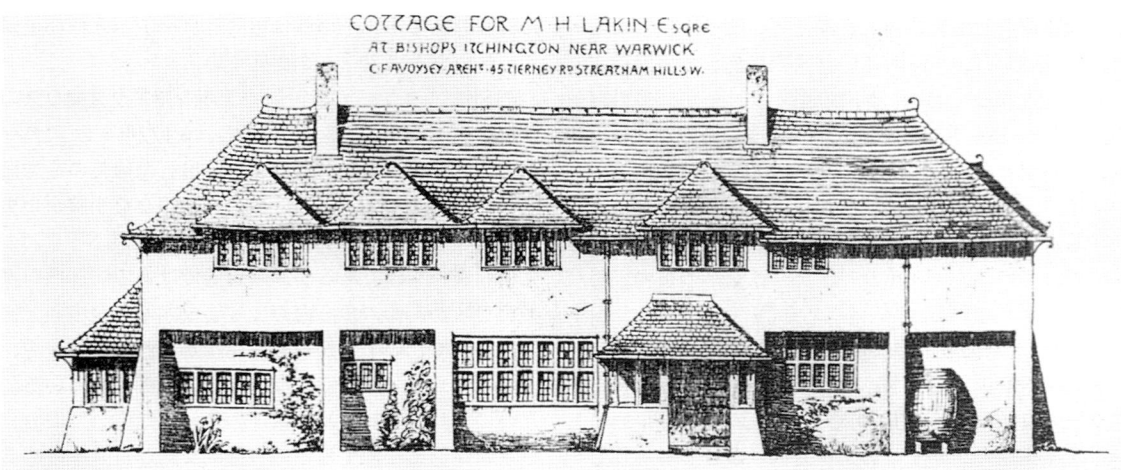

A ザ・コテージ、ビショップス・イッチントン、ウォリックシャー(1888-89) p.1226 参照

B サ・オーチャード、チョーリー・ウッド、ハートフォードシャー州(1899-1900) p.1230 参照

C ザ・バーン、エクスマウス、デヴォン州(1896-97) p.1230 参照

は北側に位置して入口前庭を囲んでいる。中核となるホール(居間)は、当時の住居計画で普及した2層構成のホールとなっており、2階のギャラリーが一連の寝室をつなぐ。**ハートフォードシャー州、チョーリー・ウッドに建つザ・オーチャード**(1899-1900、p.1229B)は、ヴォイジーが自邸として建てた住宅であり、内部は着色されない樫の木の家具の背景をなすように淡い色彩が広がっていて、インテリア・デザインへの彼の姿勢を端的に示している。

R. N. ショーの設計になる**ドーセット州のブライアンストン**(1889-94、p.1233B)と**ノーサンバランド州のチェスターズ**(1890-94、p.1231A, B)は、いずれも平面における軸構成のデザインおよび立面における対称性という、古典原理への回帰が著しい。特にチェスターズでは、イオニア式コロネードを採用したことによってはるかにそれが強調されている。双方の住宅とも、17-18世紀イギリスのカントリー・ハウスの伝統の継続と展開を試みた高度に完成された作品であり、またギッブスの縁取り(開口部周りや隅部の、交互に積んだ鋸歯状の石積みの強調)を効果的に用いている。ブライアンストンは、特にその主屋の扱いにおいて、バークシャー州に建つコールズヒル・ハウスに共通する特徴を有しているが、しかし赤レンガとポートランド石との対比はより誇示的である。チェスターズの方は古い既存の住宅に、ショーが翼棟を付け足して新たに南と西の湾曲した正面をつくりだしたもので、相互が一体となっている。

ヴィクトール・オルタが設計した**ブリュッセルのポール=エミール=ジャンソン通り6番地に建つタッセル邸**(1892-93、p.1216B)は、十分に一人立ちしたアール・ヌーヴォー様式の、最初の完成された建物とよくみなされる。これは間口の狭い住宅であるが、その控えめなファサードの中心となる要素は鉄製の楣とマリオンを持つ弓形に張り出した窓である。内部では鉄が広範に用いられ、奥深い建物の中央部、特に階段や内に取り込まれた温室の周りを開放的にしている。鉄の引張り力に抗する性質が構造と装飾の双方にわたって広く利用されており、自由に流れる巻き髭のような形態をみせている。そしてその巻き髭状の形は、モザイク仕上げの床や彩色された壁面でも、模様として繰り返される。ブリュッセルに建つオルタの他の住宅には、ファサードがいっそう可塑的であり細い鉄製円柱を組み込んだ、**ルイーズ大通り224番地のソヴェイ邸**(1895)や、鉄製の支柱が外部に大胆に用いられた**パルメルストン大通り4番地のヴァン・エートヴェルド邸**(1895-97、1898-1901増築)などがある。後者では、内部が、細い鉄の柱で囲まれた華やかな八角形空間の周りに構成されるが、その柱は楕円形アーチへと伸び上がり、浅いガラスドームを支えている。

E. S. プライアーが設計した**デボン州エクスマウスのザ・バーン**(1896-97、p.1228C、p.1229C)は、アーツ・アンド・クラフツ運動が生み出した建築の最も徹底した例の1つである。2つの対角線をなす腕が中央の2層構成のホールによって結び付けられる平面は、見慣れないものであるが、実用的ではある。ベランダとテラスが南側の角を占め、主要な諸室も全て同じ側に配されて、いずれからも海岸線が見渡せる。一方、入口とサーヴィス諸室は反対の側に配置されている。互いにずれた床レベルは敷地の傾斜に対応しており、さらに建物とその土地との有機的な結び付きを求めるプライアの情熱は、海岸の赤い小石をところどころに入れた砂岩ブロックによる、豊かなテクスチュアの石積みにも表現されている。本来は草葺きであった屋根は1905年の火災後、地元産のスレートに葺きかえられた。プライアーによる他の特徴ある住宅には、**ノーフォーク州、ホールトに建つホーム・プレイス**(1904-6)があり、同じように「蝶型」の平面をなし、大部分その土地から採掘された材料を用いて建設されている。

スタニスラフ・ヴィトキェヴィッチ(1851-1915)が設計したヴィラである、**ザコパネに建つ「ポト・イェドラミ」**(1897)は、ポーランドの文化的民族自決を示す最初の例の1つであり、それは土着の木造農家のスタイルを選択することで表現されている。そのスタイルは新興の知的中産階級のための手頃な週末住宅(ヴィラ)のモデルにちょうどよいものであった。

エドウィン・ラッチェンス卿による**バークシャー州、ソニングに建つディーナリー・ガーデンズ**(1899-1902、p.1233A)をみると、土地のレンガやタイルのきめ細かな使用や2層にわたるホールのオーク材の骨組に、この建築家がアーツ・アンド・クラフツ運動の恩恵を受けていることがわかる。この建物の構成は、いくつかのラッチェンスの初期の作品ほどピクチュアレスクではなくなっているものの、いまだネオ・ジョージアン様式ではない。南西面の長く伸びる屋根は、ホール窓の寄せ棟ベイと、深いアーチの架かる入口の脇に立つ力強い煙突によってのみ断ち切られている。ディーナリー・ガーデンズは『カントリー・ライフ』誌の創設者、エドワード・ハドソンのために建てられたが、ラッチェンスは彼のために**ノーサンバランド州のリンディスファーン城**(1903-4)も修復した。**サリー州ウィットリーに建つティグボーン・コート**(1899-1901)は、ラッチェンスによる別の特色を備えた住宅である。

ウィーンのリンケ・ヴィーンツァイレ40番地の住宅(マヨリカ・ハウス、1898-99、p.1234A)は、オットー・

A チェスターズ、ノーサンバランド州（1890-94）　p.1230 参照

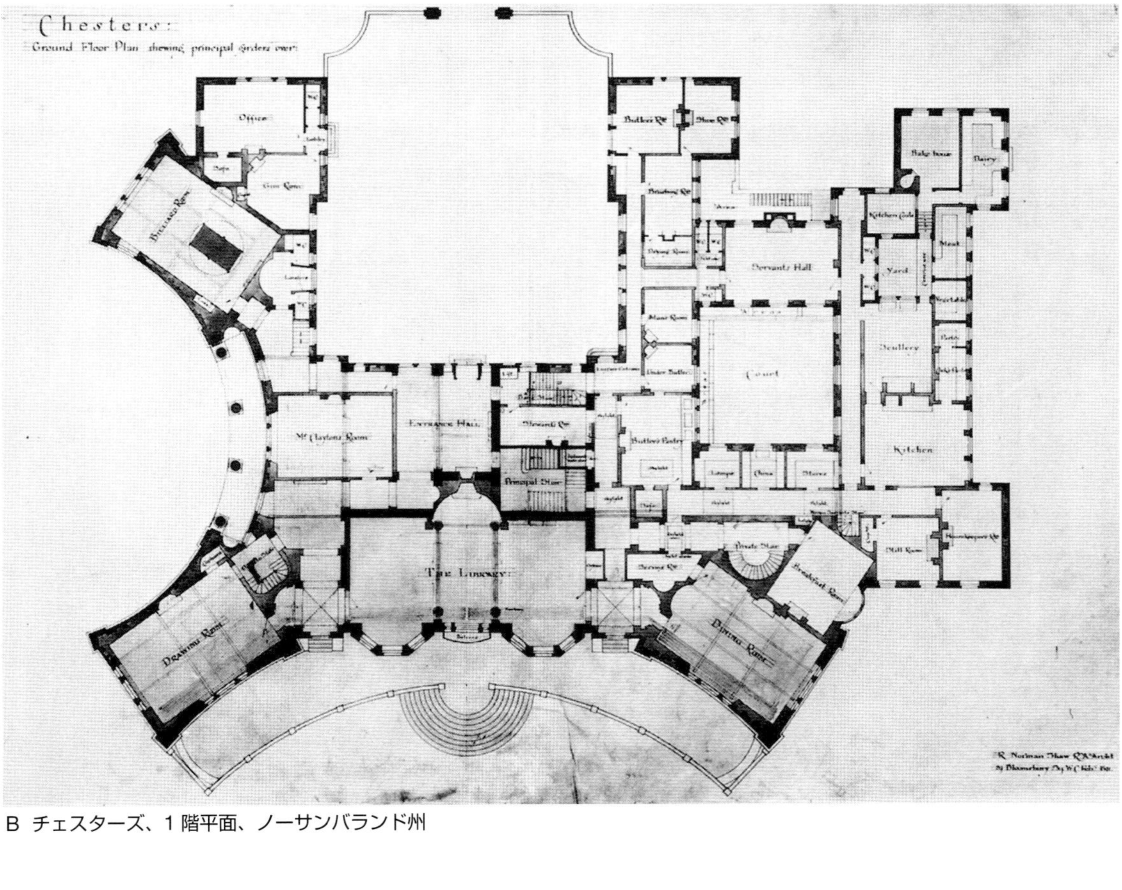

B チェスターズ、1 階平面、ノーサンバランド州

A リンダーホフ城、オーバーアマガウ近郊（1874-78） p.1226 参照

B グエル館、バルセロナ（1885-89） p.1226 参照

A ディーナリー・ガーデンズ、ソニング、バークシャー州(1899-1902)　p.1230 参照

B ブライアンストン、ドーセット州(1889-94)　p.1230 参照

A　リンケ・ヴィーンツァイレ 40 番地の住宅（マヨリカ・ハウス）、ウィーン（1898-99）　p.1230 参照

B　ポズナンスキの工場と住宅街、工場と邸館、ウッジ　p.1235 参照

ヴァーグナーによるフラット型住宅の建物である。6層のファサードには規則的な間隔をおいてくっきりと窓が開き、強調されたコーニスがのるが、これは少なくともシンケルのファイルナー・ハウス以降知られるようになった1つの定型である。しかしここでは、建物全体の厳格な長方形の形態に対抗して、ファサードを覆うタイルは色彩豊かな花や木の葉をあしらった渦巻くような線模様でデザインされており、加えてバルコニー鉄部にはひまわりの装飾が付いている。

ウッジに建つポズナンスキの工場と住宅群（1872以降、p.1234B）は、そのほとんどがヒラリー・マエフスキ（1837-97）によって設計された。ウッジの絶大な織物業、特に綿織物業は、労働力とともに西洋の資本と専門技術を持ち込もうする周辺の西洋諸国に対して、ロシア皇帝が門戸を閉ざしたことに始まった。A. セリグソンによる、工場主、I. K. ポズナンスキの邸館（1904）は、工場の一方の側に隣接して建ち、大規模な職工の共同住宅群は、もう一方の側に建てられた。このよく整った共同体の全体構成は、建築的には各要素に注意深く差異がつけられているものの、最も完成された19世紀産業主義の発露の1つである。

訳／丹羽和彦

6

植民地時代およびそれ以後のヨーロッパ以外の建築

植民地時代およびそれ以後のヨーロッパ以外の建築

第 35 章

背　景

はじめに

　第6部で必要とされる背景説明の資料の量は地域によって異なっている。したがって、たとえばここで初めて登場するオーストラリアとニュージーランドに関する一般的記述と地域的な資料の量は、第4部の第21章ですでに述べられたアフリカや東南アジアよりも多くなっている。

　本書の他の部分で述べたことの繰り返しとなるが、現在の政治的、文化的動向による区分は、人口増加により著しく増大した建設活動という背景の中で町や都市の建築を理解しやすくするためだけの単なる便宜上の指標としてここでは意図されているにすぎない（「はじめに」を参照）。また、ある種の連続性が明らかになる。たとえば造船技術や地図作成法や航海術などの進歩によるヨーロッパ海洋国の広遠な地域にわたる活動は、アメリカ、アフリカ沿岸、インド、東南アジアへのヨーロッパの建築様式の普及をもたらし、それはすでに17世紀の初期および中期という早い時期において生じた。その活動は、ある場合は貴重なまたは珍しい商品の貿易を動機とし、またある場合は発見そのものを目的として行われたのである。

アフリカ

　サバンナとステップの草原はアフリカ大陸の半分以上に広がっており、セネガルとギニアの大西洋沿岸からエチオピアまで横断し、赤道の北おおよそ2000 kmから南は約3000 kmの南回帰線にまで及んでいる。さらに北部にはサハラ砂漠が東から西まで広がって、地中海沿岸の肥沃な地域にいたる。大サバンナ地帯の西南にはおおむねボツワナに含まれるカラハリ砂漠があっ

て、さらにナミブ砂漠が南西アフリカの大西洋岸（ナミビア）に沿って広がる。カラハリ砂漠の東はトランスヴァールの高原地帯と低地に延びるモザンビークであり、一方、喜望峰までの残りの南アフリカは、再び地中海的性格を有している。熱帯雨林は、西アフリカ沿岸の赤道地帯に沿って、シエラ・レオネからガーナ、ナイジェリアを通ってコンゴ盆地全域を含んでおり、さらに南へザンベシ川に沿って帯状に延びている。

　赤道によって二分されるアフリカの大部分は常に暑い。熱帯雨林では、その名の通り雨が激しく頻繁に降り、常に湿潤である。この地帯以外では、一般に雨は短い一時期に集中しており、広範な洪水と土地の侵食をもたらす。サバンナの土壌は貧しく一般にやせているが、これは雨によって無機物が溶け出してしまい、熱によって酸化されるべき腐食土に欠けているためである。水のより豊富な低地の暑い地域は、落葉樹林帯の植生を維持している。東および南アフリカの、低地に向かって開けた内陸部のより乾燥した地帯は、良質の牧草地となっている。広大なサハラ砂漠は、11月から3月まで砂塵を西アフリカへ運ぶハーマッタン熱風を引き起こすが、その乾燥した空気が全般的に湿った気候を緩和している。

　酸化鉄は大部分の熱帯地方の土に存在しており、鉄の使用はエジプトから現在のスーダンに浸透し、徐々に中央大地溝帯を越え、南の喜望峰へ向かって広がった。銅はモーリタニアとニジェールの砂漠で産出するが、ザイール（現コンゴ民主共和国）南部とザンビア北部にはさらに多量にある。この2つの鉱物は伝統的な広域貿易網を形成していたが、金とダイヤモンドはそれらよりもはるかに重要で、実際、15世紀に多くの商人を大陸にひきつけたのは金であった。金採掘場はジンバブエにおいて早期鉄器時代の終わりには早くも開発されており、早くからインド洋岸の都市へ、さらにはアラビアあるいはインドへという金の貿易も確立さ

れていた。同様に金は西アフリカの採掘場からサハラ越えのキャラヴァン貿易の最も貴重な商品であり、採掘場は主としてセネガル川とファレメ川の間のバンブーク、東北ギニアのブーレ、ヴォルタ川に近い熱帯林の縁部にあるロビ、森林地帯の中心にあってエルミナに最も近いアカンなどであった。15世紀以来、ポルトガル人や他のヨーロッパ勢力によって沿岸部に設けられた貿易拠点へ輸出されたのは、アカン鉱山からの金であった。金は1850年代に南アフリカのトランスヴァールにおいても発見されたが、その地域的広がりが確認され、ゴールドラッシュが起きたのは1886年になってからであり、それは他の要因とともに、ヨハネスブルグ（ヨハネスバーグ）の成立をもたらした。1869年のオレンジ川近くにおける85カラットの見事な白色ダイヤモンド（アフリカの星）の発見は、この大陸のもう1つの貴重な資源の存在を明らかにした。すなわち「南アフリカの未来がその上に築かれる石」である。オレンジ自由州への人々の殺到、キンバリー市の成長、セシル・ローズの成功がそれに続いた。ローズは彼のダイヤモンド帝国を、アフリカに完全なイギリス自治領を築くための基礎とみていたのである。

15世紀および16世紀には、ヨーロッパの影響が衰退していた地中海沿岸においてイスラム教は発展を続け、サハラ下部においてはガーナ、マリ、ソンガイにも発展が続いていたが、東アフリカのいくらかの地域にもイスラムの影響は及んでいた。ヨーロッパの新たな侵入が、これらの発展と同時期であったことは注目すべきことである。ポルトガル人がアフリカ西海岸に最初の居留地を要塞化した時、カイロのスルタン・カイト・ベイの大マドラサ（神学校）はまだ始まってもいなかったのである。

15世紀および16世紀のポルトガルの冒険商人たちは、地中海沿岸の最後のビザンティンの拠点が708年にイスラムの手に落ちて以来の長い中断を経て、ヨーロッパの建築をアフリカ大陸へ再びもたらした。大西洋航路により、アフリカを回ってインドへ航行しようという試みは、1291年にジェノヴァの冒険家たちによってなされていたが、最初に成功したヨーロッパ人はポルトガル人であった。1443年にエンリケ航海王子はサハラ砂漠南縁のアルギンに達し、そこに最初の交易所が設けられた。20年後、ポルトガル人たちはセネガルとガンビアの河口の海図を作成し、1471年に航海探検家たちは、彼らがエルミナ、つまり「鉱山」と名づけた西アフリカ沿岸線に上陸した。金、象牙、宝石、香辛料が目的とする物質であり、彼らの貿易活動には防御的な建物が必須なものとして要求された。

ポルトガル人が交易所を設け、城塞を築いたのは西アフリカだけではなかった。エルミナに最初の城を築いたのと同じ時期に、彼らは東アフリカ沿岸のマリンディに居留地をつくり、モザンビーク島にサン・セバスティアン城塞を建てた。16世紀末には、モンバサの古いアラブ人街の近く、最良港を望む沿岸の軍事的要所にジーザス城塞（フォート・ジーザス）を築いた。しかし17世紀の初期までには、主要なヨーロッパ人の貿易はオランダ人に取って替わられた。彼らは西アフリカ沿岸に城塞を建てていったが、1650年にはオランダ東インド会社は大陸最南端の喜望峰に根拠地を設立することを決定した。

西および東沿岸の交易要塞は、時には近くに商人たちの住居が建てられることはあったが、一般的な意味においてほとんどコロニー（居留地）といえるものではなかった。ただし喜望峰においては、居留地が急速に形成されてゆき、ケープ・タウンには特色を持ったタウン・ハウス（都市住宅）が建てられ、同時に町の周辺には入植者の屋敷あるいは農家がつくられた。これらはオランダの慣例に厳密に基づくものであった。居留地が繁栄するにつれ、公共の建物や教会堂が創建され、18世紀の最後の四半期には、ケープタウンでのしかるべき建築家の活動が確認できる。

オランダ東インド会社は、1793年にケープタウンがイギリスによって占領された時解体され、一方、イギリスは1803年にケープタウンをオランダ政府にいったん返還したが、1806年に再び奪還した。ほぼ同じ頃、1789年から1799年のナポレオンのエジプト遠征は、フランスとエジプトのつながりを強くし、エジプトおよび北アフリカ全般におけるフランスの権益を強める結果となった。1830年、フランスはアルジェリアを占領し、アルジェの旧市街の再開発に特徴的な政策を導入した。1883年にフランスはチュニジアを保護領とし、20年後にはモロッコにその関心を移した。

1806年にイギリスが喜望峰の居留地を最終的に奪って以後、公共建築でも住宅でも、徐々にオランダの影響は薄れ、イギリスの建築的趣味が取って替わったが、これは建築に限ったことではなかった。このような影響とイギリス式の強要、さらにボーア文化への信念の結果、アフリカーナ［訳註：南アフリカ生まれの白人］たちは1831年から1838年までの「大移住」を企てた。それは最終的にボーア共和国の設立にいたり、それに付随して、19世紀後期の建築には、イギリス植民地と新しい共和国との間にある程度の相違が生じた。しかし平面および外観での鉄製ベランダやバルコニーの豊富な使用にいくらか南アフリカ独特の特徴がみられるとはいえ、どちらの地域も建物はヨーロッパの母国とほとんど見分けがつかないものであった。

一方、以前のポルトガルおよびスペインによる宣教活動を引き継ぎ、19世紀を通じてさまざまなヨーロッパの宣教団体によって東および西アフリカに宣教拠点が創立された。入手可能な材料によってある程度変更せざるをえなかったとはいえ、ヨーロッパ建築の導入は彼らによるところが大きかった。教会堂や宣教所を建てる際、時には自分の国の建築的特徴を土着の材料や建造方式と結び付けることがあった。また、熱帯の国に適した住居を開発するのに彼らはある種の才能を示した。この点でバーゼル宣教会は特筆される。

輸入建築材料の使用は、最初は船から簡単に荷を降ろすことのできる沿岸地方に限られていたが、鉄道の導入は輸入建築材料を徐々に普及させた。宣教師たちは1850年代に屋根に葺く波形鉄板を導入し、火災に対する予防として好評を博した。1860年代には、彼らはナイジェリアのラゴスにレンガの焼成窯をつくり、普遍的な土壁にかわるべき壁材が供給されることとなった。19世紀末までには、ザンジバルのような町では、鋼鉄梁、鋳鉄の柱やブラケット、その他、土着の建物への好ましい装飾とみられていたヨーロッパ製の材料に対する安定した需要が生まれてきた。南アフリカの繁栄した植民地では、壁、屋根、鋳鉄のベランダ柱、装飾的タイルなどの輸入材に非常に強く依存していた。イギリスで組立式のファイアンス焼［訳註：彩色を施した陶器］のファサードが完成すると、そうしたものも南アフリカへ送り出されたのであった。

19世紀の最後の四半期における、ほとんどのヨーロッパ勢力による「アフリカ奪取競争」はもう1つの要因を持ち込んだ。イギリスがエジプトとスエズ運河をおさえたことによって生じた英仏協定、ベルギーによる中央アフリカの広範囲な占拠、ドイツの西および東アフリカの一部の獲得、フランスとスペインによるモロッコの分割などは、全て西ヨーロッパ資本主義の急速な成長と、それと並行するヨーロッパ・ナショナリズムと帝国主義の勃興の兆しであった。建築的には、たとえばダル・エス・サラームのドイツの政庁のように、しばしば植民地建築で採用された様式においてそれは表現された。1880年代に金とダイヤモンドの採掘で巨大な富をもたらした南アフリカでも、プレトリアにあるハーバート・ベイカー卿が設計したユニオン・ビルは、彼が後に設計したニューデリーの建物と同様、20世紀初期の帝国理想主義を象徴していた。

アメリカ大陸

元々はコロンブスによって15世紀末以前に確保された島々の基地から、スペイン人は中央および南アメリカに対する征服と植民の政策を進めていった。1600年までに、彼らはサント・ドミンゴとプエルトリコの諸島とともに、北は現在のメキシコにいたる中央アメリカの全域（ヌエバ・エスパーニャ副王領）と、南は現在のペルーとチリにあたる南アメリカの西沿岸いっぱいに延びる主要な地域（ペルー副王領）を手にいれ、さらに後には中央アメリカでヌエバ・グラナダ副王領（1739）、南アメリカではリオ・デ・ラプラタ副王領（1776）を手中にした。ポルトガルはスペインとの協定のもとに、彼らの征服地をブラジルに限定し、また1600年までにプラータ川河口のすぐ北からアマゾン・デルタにいたる線の東の地域の権益を確立した。

しかしながら、スペインの植民地開拓者たちは、北アメリカ本土のさらに東方の地域には、ほとんど影響を及ぼさなかった。17世紀初頭における競合する他のヨーロッパ勢力の侵入によって、スペインの支配域はフロリダに限られていた。フランス人はセント・ローレンスからミシシッピ川流域を南へ深く侵入し、1682年までにメキシコ湾に達していた。イギリス人は早くから東海岸に来ており、1607年までにヴァージニア、1620年にはメイフラワー号の清教徒団がニュー・イングランドに達し、英蘭戦争（1652-73）以後には、さらに入植地は広範囲に広がった。イギリスの入植居留地は、18世紀初頭までにヴァージニアからノヴァ・スコシア、ニュー・ファンドランドにまで広がり、12のイギリス植民地の総人口は25万人ほどに達していた。

アメリカにおけるスペイン植民地の生産物は貴金属と牛であり、ブラジルにおけるポルトガル植民地のそれは砂糖と他の農作物であり、イギリス人とフランス人は、北部の毛皮を除くと、南部で奴隷——アメリカ独立戦争までに約10万人の奴隷がいた——を使って綿とタバコを栽培した。スペインとポルトガルはアメリカ先住民の労働に頼っていた。18世紀の最後の四半期から19世紀にかけて、植民地自体の不安定さとヨーロッパ政府の側の独裁的な支配が徐々にアメリカ植民地帝国を解体に導いた。この動きは北アメリカ東海岸のイギリス植民地で始まった。

1774年に植民地の代表がフィラデルフィアで第1回大陸会議を開き、特に税制と貿易についてのイギリスとの関係について議論した。これは植民地の人々が税の不公平さに怒って茶の積荷の陸揚げを拒んだことに対し、イギリス政府がボストン港の閉鎖を決定したことがきっかけで開かれたものであった。翌年には不満は公然たる革命として燃えあがり、13の植民地による独立宣言の採択とともに、1776年のアメリカ独立戦争となった。1783年に平和が訪れ、それとともにかつての

植民地の独立的地位が承認された。

独立地は、最初は別々の共和国のゆるやかな連合であったが、1787年には憲法が制定され、それによって各個人は、特定の目的のためには連邦の市民であり、他の目的のためにはそれぞれの州の市民ということになった。現在でも効力を持つこの憲法は1789年に批准され、同年、独立戦争での有名な将軍であったジョージ・ワシントンがアメリカ合衆国の初代大統領に就任した。

この時点から、この国の歴史は拡大の歴史であった。1803年にはミシシッピ川からロッキー山脈までの基盤となる地域をフランスから買い取り（ルイジアナ購入）、1819年にはフロリダを同様にスペインから獲得した。テキサスは1845年に併合され、それに続くメキシコとの戦争の結果、1848年にはカリフォルニア沿岸までの西南部を吸収した。北西部のオレゴン地方は1846年にイギリスから譲渡され、メキシコ領の一部が1853年の「ガズデン購入」によって加わった。最後にアラスカがロシアから1867年に買い取られた。

独立戦争の間、イギリスへの忠誠を保っていたカナダは、上カナダおよび下カナダ（いずれも1791年設立）、ノヴァ・スコシア、ニュー・ブランズウィックの4つの植民地からなっていた。上カナダとフランス人優位の下カナダとの敵対は、1840年の反乱を引き起こし、その結果イギリスは、各植民地に議会と責任ある行政府を置き、イギリス総督は純粋に法律上の象徴的な役割のものとする包括的な憲法の制定を承認した。1867年のイギリス領北アメリカ法の制定とともに、この国に完全な自治権が承認されたが、現在もイギリス連邦の一員としての地位を維持している。カナダの議会と行政府は首都であるオタワに置かれ、ウェストミンスター（イギリス）のそれらと同様の形式を採用している。最初の4つの地域であるオンタリオ（上カナダ）、ケベック（下カナダ）、ノヴァ・スコシア、ニュー・ブランズウィックに、かつてハドソン湾会社が支配したマニトバ（1870）とブリティッシュ・コロンビア（1871）が加わり、最後に1905年にはサスカチュワンとアルバータの草原地帯が加わった。

ラテン・アメリカでは、スペインとポルトガルの総督[訳註：副王]制が19世紀の最初の四半期において終焉を迎え、かつての植民地をアメリカ合衆国のような連邦に統一しようとした試みが失敗した後、この亜大陸は独立国家の複合体に分割され、それは地理的には現在まで変わらずに継承されている。革命と国家成立の激動の年月の中、コロンビア、ベネズエラ、エクアドルにおいてはシモン・ボリバル（1783-1830）が、アルゼンチンとペルーではサン・マルティン（1788-1850）が、そしてチリではベルナルド・オイギンスがそれぞれ重要な役割を果たした。そのうちさまざまな理由、特に経済的な理由によって比較的安定した国々は、まずアルゼンチンで、これは鉄道建設を進めた大統領B.ミトレ将軍（1862-68）に多くを負っており、次いで豊富な硝酸カリ鉱床を持つチリ、そしてブラジルである。ブラジルの近代化はポルトガルの摂政（後のジョアン6世）のもとで始まったが、ナポレオンのポルトガル侵攻により、1808年にリオデジャネイロへの遷都を余儀なくされた。1821年にジョアンはポルトガルへ帰り、ブラジルはその子ペドロ1世のもとで独立した王国となった。ペドロ1世は1831年に幼い息子のために退位し、その子は1840年にペドロ2世として王位に就いた。彼の長い治政は、多くの物質面での進歩と1888年の奴隷解放を含む改革によって注目に値する。1889年には軍隊の反乱によって共和国が設立され、1891年にはブラジル連邦共和国として憲法が採択された。

メキシコは1821年に独立を獲得したが、1858年に激しい内戦に巻き込まれた。フランスの援助のもとでオーストリア大公マクシミリアンが1864年に皇帝の位に就いたが、3年後、フランス軍隊撤退により銃殺され、先住民サポテク族である愛国者ベニート・フアレス（1806-72）が再び国の指導権を握った。しかし近代メキシコの建設は、フアレスの後継者で、1876年から1911年まで国を治めたポルフィリオ・ディアス（1830-1915）に委ねられた。

アメリカ大陸で経済的にも社会的にも最も進んだ国はアメリカ合衆国であった。1812年から1814年のイギリスとの戦いによって、国の独立性に対する意識が強固なものとなっていった。1840年までには国の貿易額は年間2億5000万ドルに達しており、そのほぼ半分はニューヨーク州が稼いだものであった。ペンシルヴェニア州はその膨大な石炭と鉄資源が開発されるにつれて急速に発展したが、国の主要な富はなお綿に基づいており、1840年におけるルイジアナ州の綿花輸出量は3300万ドルにのぼっていた。

ニュー・フロンティア出身者の典型であるアンドリュー・ジャクソンの大統領在任（1829-37）は、民主主義的理想を広める上で刺激を与え、また個人企業を強く奨励することになったが、一方で、アレガニー高地の背後の広大な土地における農業への将来性は、増大する移住者をひきつけ、1848年のカリフォルニアにおける金の発見は、西への移動を劇的に加速した。

1861年、エイブラハム・リンカーン（1809-65）のもとで、奴隷制に反対する政府が権力を得たことは、より活力のある北部諸州と、奴隷制に基づき長らく確立してきたプランテーション方式によって綿を生産して

いた南部諸州との間の敵対意識を危機的状況に追い込み、悲劇的な南北戦争（1861-65）の火が燃えあがったが、そのさなかの 1863 年に奴隷制度は廃止された。北部諸州、すなわち合衆国の勝利は、この国の将来にとって決定的なことであり、産業の発展を促し、それがまた移民の割合を増大させた。

　一般的に、南北戦争後は絶え間ない商業拡大の時期であり、個人の企業家、銀行家、農家そして鉄道所有者たちに、大きな機会と物質的報酬を提供した時代であった。この状況は、同時期の建築にも明確に反映されており、それは 1929 年の金融恐慌とその後の不況まで続いた。鉄道によって国を切り開いていくことは発展に必須であり、1869 年、ついに大陸を横断する鉄道が完成した。1876 年のアレクサンダー・グラハム・ベルによる電話の発明は、広大な国土における情報伝達をさらに容易なものとし、また大西洋を横断するケーブルでヨーロッパともつながることとなった。そして 2 つの世界大戦の間における自動車の大量生産は、連絡と移動をさらに拡大した。

　産業に関する限り、カナダの発展はかなり遅く、経済はほとんど全て木材と小麦の輸出に基づいていた。アメリカ合衆国と同様、国土の交通は最も重要であった。1847 年にモントリオールとオンタリオ湖の間のセント・ローレンス川の改修工事が完成し、さらに、カナダ太平洋鉄道が 1885 年までに大陸を横断して敷設された。

　南アメリカの国々は、カナダと同様、工業よりも自然の産物の輸出に頼っていたが、1914 年のパナマ運河の開通は、太平洋岸の国々の発展にとって重大な意味を持っていた。

　建築と、それをアメリカ大陸で実現するために植民者や居留者が用いた材料や技術は、世界の他の場所と同様に、同時代における母国の建築を忠実に反映していた。組積造ヴォールトが用いられ、プラテレスコ様式の華麗なファサードがほとんど難点のないようにみえる 16 世紀スペイン植民都市の教会堂や大聖堂から、入手可能な土地の材料に合わせて巧みな手法で変更を加えたニュー・イングランドの伝統的ジョージアン様式のものまで、植民時代にはさまざまな土地において建築的伝統が確立されていったのであり、それはヨーロッパ政府との絆が重荷になるずっと後の時代まで、建築の発展の土台として受け入れられ続けた。このような広大な地域においては、入手できる材料も極めて多様であった。そして良質のレンガが 17 世紀初期のヴァージニアで、優れた釉薬タイルが 18 世紀初期のメキシコで入手できていたことは注目される。

中　国

　15 世紀末までに、いくつかのヨーロッパ勢力は東方への植民地の拡大を画策し始めていた。ポルトガル人が広東省沿岸に最初に来た西洋人であった。彼らは 1561 年に明朝の地方官僚と交渉し、澳門を租借した。澳門において彼らは城壁と住居を西洋様式で建設し、ここに最初の西洋建築が中国に出現することとなった。1715 年、清朝の康熙帝は東インド会社に広州（広東）において貿易を行う権利を認めた。清朝政府の許可を受けた特別な代理店「公行」が設立されて貿易にあたった。やがて公行は特別な建物、いわゆる「十三商館」を建てて、外国人商人の住居と交易の場とした。1757 年以後、イギリス人の他、オランダ人、アメリカ人、ポルトガル人、フランス人などさらに多くのヨーロッパの商人が広州にやってきた。その結果、十三商館は何度も改築され拡張された。

　同じ時期に、西洋の宣教師たちも中国に来た。1581 年にはイタリア人のイエズス会士マテオ・リッチが澳門を経由して広東を訪れ、1601 年には北京に到着している。ヨーロッパの宣教師はカトリックの信仰とともに、進んだ科学と技術を持ち込んだ。ローマ・カトリックは中国に広がり、この国のさまざまな場所で多くの教会が出現した。1745 年から 1759 年にかけて、有名な皇帝の庭園である円明園の中の長春園の北部には、乾隆帝のために西洋楼として知られる西洋様式の宮殿が、宮廷に仕えていたイタリア人イエズス会士 F. ジュゼッペ・カスティリオーネと彼の同僚たちの監理により設計・建設された。

　1840 年の阿片戦争は、近代中国史の幕開けを告げた。西洋世界は砲艦の手助けにより、ついに古い中国の扉を開くことに成功した。2000 年に及んだ中国の封建社会は解体を始め、徐々に半ば植民地的な状態となった。1858 年の第 2 次阿片戦争、1884 年の清仏戦争、1894 年の日清戦争に敗れた後、中国はその主権を制限する一連の条約の批准を強いられた。1842 年に批准した南京条約によって、中国は外国貿易のために、広州（広東）、厦門、福州、寧波、上海の 5 つの港を開港し、香港をイギリスに割譲した。1895 年までには開港した貿易港の数は揚子江沿いや海岸線の主要都市を含む 30 以上に増加し、いくつかの内地と台湾は日本に割譲された。外国の勢力はさらに、上海、天津、漢口その他の都市の中に多くの居留地や租界を確保し、これらの都市を半植民地的な地位におとしめた。以後、開港地や租借地には、領事館、市庁舎、貿易会社、倉庫、銀行、教会、学校、高級住宅、レストラン、クラブなど、西洋

様式の建物が建設された。

1860年代に、李鴻章に代表される多くの官僚領主たちが、国を防衛するためのいわゆる「洋務運動」を始め、軍需産業やその他の民営企業を設立した。日清戦争の後、康有為や梁啓超に指導された先見性のある知識人たちは、政治制度の改革と西洋の科学と技術の奨励を主張した。光緒帝の支援を受け、彼らは改革運動を始めたが、西太后とその部下に反対された。しかし義和団運動（挙闘家の反乱）と8ヵ国同盟軍の侵攻の後は、西太后も態度を変え、改革のために行動することとなった。立憲政府への準備が唱えられる中、教育制度が改められ、新しい学校がつくられた。新しい政府機関と地方の政治評議局が設立された。そしてこの期間につくられた建物の大部分は、西洋建築を模倣したものであった。

19世紀後半および20世紀初期では、伝統的建築材料による伝統的建造方法が、なお中国の大部分の地域において維持されていた。貿易港や租借地においては、西洋の建築技術とともに、特に耐力壁や木造トラス、梁・根太床のより広範な使用といった、伝統的材料のより効果的な利用法が広まった。中国では19世紀が終わる頃、セメントと鋼鉄の生産を始めてはいたがその量はわずかであり、以後もかなりの期間にわたってこれらの材料は輸入され続けた。

朝鮮半島

19世紀における、イギリス、フランス、アメリカ、ロシア、日本などによる貿易のための開国要求は、朝鮮の鎖国政策を打ち壊し、新しい文化の波は朝鮮社会全体に大きな混乱を引き起こした。位置的な有利さによって、日本は1876年に江華島条約として知られる通商条約を、さらに1905年には、1905年協約［訳註：第2次日韓協約］として知られる5箇条の保護条約の締結を強要した。

朝鮮半島への西洋様式の建築の導入はこの頃に始まった。それは4つの道、すなわち外国の外交機関、外国の宣教師によって建設された教会や他の施設、外国の企業による通商会社、日本人による官庁および公共建築を通じて導入された。これらの大部分は、ルネサンスおよびゴシック様式で、レンガとセメントによるものであった。

1910年の日本による朝鮮併合まで、みるべき建築の発展はなかった。1876年の江華島条約の締結による日本に強制された開国の後、日本人によってつくられた西洋様式の建物は、日本人建築家が比較的未成熟であったため、デザインも建設技術も貧弱であった。それに加え、1882年の軍隊の反乱［訳註：壬午事変］、1884年の甲申政変、1894年の天道教東学党の乱、そして日清戦争（1894）と日露戦争（1904-5）を経験している中で、朝鮮半島には建築へ向ける精神的かつ物質的余裕はほとんどなかった。

1910年の併合以後、日本は朝鮮の人々に技術教育を行わなかったが、建築においても例外ではなかった。植民地統治の初期段階において、日本は限られた数の朝鮮の技術者を下級技術学校において養成したのみであった。1920年代には、かなりの数の朝鮮人が建築の高等教育を受けていたが、朝鮮人建築家が自ら作品を設計できるようになったのは、ようやく1930年代以後であった。

日 本

明治維新は、日本が封建制から脱し近代国家となるために必要な政治的変革をもたらした。1867年、15代徳川将軍はその政治的権力を放棄し、封建政府は廃止され天皇統治が復活した。1868年の新しい政府の樹立にあたり、それまで将軍家によって所有されていた土地は、新しい政府の直接支配へと変わった。1869年から1871年にかけて、政府は大名の領地をも支配下に収め、大名は県知事に任命された。このようにして封建制は天皇制に置き換えられ、全国が一律に統治されるようになった。1873年には徴兵制度が採用され、また地租改正が完遂された。以後しばらくの間、大きな政治的変化は起こらなかった。

明治維新を必然的なものとした要因の1つは、商業および産業の成長があり、そのことが封建政府の経済的基盤を形成してきた地方の共同体の解体をもたらした。しかしながら、より直接的な要因は、19世紀初頭以来、長らく閉ざしてきたこの国の開国を力づくで求めてきていた資本主義諸国家からの圧力であった。1858年に結ばれた通商条約に基づき、翌年に横浜、下田、函館、長崎の港が、ロシア、フランス、イギリス、アメリカとの自由な貿易のために開かれた。それ以後、日本は西洋文明の諸相を取り入れる方向へ駆り立てられ、また国家の危機に対処するために国内の政策を変更せざるをえなくなったのである。

すでに新政府の樹立以前において、来るべき危機を見通した何人かの封建領主によって、産業を振興し軍事力を増強しようとする政策が進められていた。1850年代に入ると溶鉱炉の建設、大砲の鋳造、鋳鉄所あるいは造船所の建設などが着手された。このような西洋

の産業は外国人技術者の指導のもとでさらに発展した。長崎の製鉄所は1861年にオランダ人技術者によって、鹿児島の紡績工場はアメリカ人技術者の指導のもとに1863年に建設された。外国人居住者が占有する専用住宅、ホテル、商館、教会堂などが設けられた居留地が、横浜、長崎、函館、神戸に建設された。

新政府は封建領主の政策を受け継いだだけではなく、産業を奨励し、軍事力を強化し、全国に公共施設をつくることに、新たな努力を注いだ。この時に要求された建物は、全て伝統的な木造建築の経験的な蓄積に基づくものであったが、西洋の技術や様式で建設することが必然となった。このようにして西洋建築の導入は、明治政府の主導のもとに始まったのであった。

インド亜大陸と東南アジア

喜望峰を回って東方に航海してきたヴァスコ・ダ・ガマは、1498年5月20日、インド西南岸のカリカットに上陸した。主としてキリスト教の伝道拠点として、しかし同時に香辛料貿易をも目的として、居留地がスリランカのコロンボに創設され（1505）、またインド西岸のゴアが、1510年にアルブケルケによって占領された。他のポルトガルの居留地は、ダマン、デイウ、ボンベイ（現ムンバイ）につくられたが、ボンベイはカタリナ王女[訳註：チャールズ2世と結婚]の持参金の一部として1661年にイギリスに譲られ、バセーンの居留地は1739年にマラータ同盟の手に落ちた。またポルトガルは、オランダに奪われる17世紀の中頃までスリランカを実質的に保有していた。1511年までにはマラッカに、また1519年までにはビルマのマルタバンに、それぞれポルトガルの貿易拠点が設けられていた。

オランダは、主として香辛料貿易を目的とし、1602年に東インド会社（いわゆる東インド諸島への以前の航海にならってそのように呼称された）を設立した。彼らはバタヴィア（現ジャカルタ）を建設し、すでに1601年以来ジャワの西端にイギリスの貿易居留地があったにもかかわらず、1610年代の終わりまでにジャワ島のほぼ完全な支配を獲得し、さらに次の世紀にかけて他の島々に支配の手を伸ばしていった。

当時のインドと他の東南アジアの国々の多くでは、これらのヨーロッパ人の侵入はイスラム支配の国に対してなされたもので、当然ながらポルトガル人は、東方における彼らの努力を本国におけるイスラムに対する戦いの延長とみていた。ヒンドゥーの実質的な支配は、マリク・カフールによる南インドのタミル族の征服とマドゥライの略奪によって終焉していた。ムガル帝国は急速に発展し、アクバル治世下となる16世紀の最後の四半期にその頂点に達していた。1585年に最初のイギリス人探検家トーマス・ニューベリーがエリザベス女王の親書をたずさえて訪れたのはアクバルの赤砂岩の都市ファーテープル・シクリであったが、その親書は完全に無視された。東インド会社はエリザベスの勅許状により1600年に設立され、インドに航海したウィリアム・ホーキンスは、アクバルの子のジャハンギールと交渉する幸運をつかみ、1608年にはスーラトに商館を設けることが許された。1615年にトマス・ロー卿がジェームズ1世の派遣大使として後を継ぎ、5年間滞在して活動した結果、価値ある権益を得た。これらの年月を通じ、インドにおけるイエズス会の影響の衰退のもとになったのは、海上においてポルトガル人を打ち破ったイギリス人の力であった。しかし1627年のジャハンギールの死後、ムガル帝国の力は大きく衰退した。18世紀にはムガルほど統一されてはいないマラータ同盟の勃興をみたが、19世紀に入ってのマラータ同盟の衰退は、イギリスのインド支配の道を開いた。1640年にマドラスが東南岸に建設され、また1690年までにジョブ・チャーノックはフーグリ河畔にカルカッタの町を建設する許可を獲得した。

フランス政府による東インド会社は1664年まで創設されなかったが、1673年にフーグリ河畔のチャンダルナゴールが、また1684年にマドラス南方160 kmのポンディシェリが拠点として設立された。1751年のクレイヴのアルコート進出と1761年のポンディシェリ陥落以後は、インドにおけるフランスの影響は無視できるほどとなった。

イギリス本国による規律ある統治の確立は、カルカッタに設置された総督職（イギリス領インド、すなわちカルカッタ、マドラスおよびボンベイに対する）を確立した1773年のノース規制法に由来する。総督は4人の顧問官によって補佐されることになっていた。ウォーレン・ヘースティングスがこの法律による最初の総督になったが、顧問官の力が彼の任務を不可能なものとした。ウィリアム・ピットは1784年にその組織を変え、かくして1786年に強大な総督の統治が始まった。当時、東インド会社の活動はボンベイ島とマドラスおよびカルカッタ周辺の沿岸地帯に限られていたが、1798年にウェルズリー卿が登場し、1805年までにはその活動をインド亜大陸のほぼ全域に拡大しており、その費用が理事たちを不安にさせた。1807年に任命されたミントー卿は、ナポレオンのもとで東方に帝国を築こうとしたフランス最後の試みの裏をかき、さらにまたオランダから喜望峰を奪った（ジャワも奪ったが、後に彼らに返還した）。彼の後を継いだヘースティ

ングス侯爵の仕事は、マラータ同盟の最終的壊滅とデカンの併合であった。軍人であるとともに優れた行政官であった彼は、広大な灌漑と道路工事を始め、ミントーによる学校設立の仕事を継続した。1819年にはスタンフォード・ラッフルズ卿に、イギリスの貿易のための港をマラッカ以南に求める許可を与えたが、その結果、シンガポールが建設された。それがオランダとの摩擦を引き起こすのではないかというイギリス本国の危惧にもかかわらず、ラッフルズの企業は繁栄した。1826年にはペナンとマラッカが加わって海峡植民地が形成され、この植民地は1832年以後シンガポールにより統治された。

ついでアマースト卿がインドに着任し(1823)、ビルマのイラワディ川下流域を征服し、ビルマ宮廷にイギリスの代理人を配した。居住するイギリス商人に制限が課せられたことを受けて、下ビルマの残りの部分はダルフージー卿の総督在任下の1851年に併合され、チッタゴンからシンガポールまでの全ての海岸線はイギリスの手に入った。ダルフージーは総督の中で最も傑出した人物の1人で、鉄道の建設と郵便・電信の敷設を開始し、高等教育制度を確立し、約3200kmの道路と2万9000kmの灌漑水路を建設した。彼は1856年に死ぬが、その1年後にはセポイの反乱とラクナウの籠城戦があり、2年後には東インド会社が解散し、インドをイギリス国王管轄とすることを決めた法律が国会を通過した。そしてカニング卿が最初の副王に任命された。

カルカッタの影響力は弱まり、イギリスの関心はボンベイの商業的・産業的活力に集中されていった。都市、制度、公共サーヴィスなどにおけるインドの発展は19世紀を通じて続いたが、この世紀の後半に信じられないほどの急速な成長を遂げたボンベイほど、将来への確信を示したところはなかった。

1899年から1905年まで副王であったカーソン卿は極めて精力的な人で、軍事的方法で秩序を確立し、遠大な社会改革を実行しようとしたが、彼は勃興してきたナショナリズムの精神や、より自由に治められた国における社会的状況の変化についての評価を誤った。ニューデリーの副王官邸の入口正面を飾っているのは彼の像であるが、その副王官邸は彼のロンドン帰還のおよそ25年後に完成したのであった。

スリランカは1658年以来オランダによって統治されていた。イギリスは1761年にカンデー(キャンディー)といくらか接触を持っていたが、1795年にトリンコマリーを占領し、英仏戦争に付随して、結果的に1796年に島のオランダ領全体を占拠するにいたった。1798年にこの島はイギリス国王の植民地となり、カンデーにおける反乱の後、インドの最初の副王任命より40年以上も前となる1815年にはスリランカ全体が併合され、総督が任命された。インドシナにおけるフランス統治権の確立も同じ時代で、1787年にルイ16世によって条約が調印された。

オーストラリアとニュージーランド

はじめに

オーストラリアはアメリカ合衆国とほぼ同じ大きさで、おおよそ東西4000kmあり、タスマニアを伴って孤立した大陸をなしている。タスマニアはイングランドとアイルランド間の距離の2倍ほど大陸から離れている。ニュージーランドは東に1400kmのところに横たわり、その2つの島は北から南まで1500kmある。オーストラリアの緯度はアフリカの北半分のそれに相当し、ニュージーランドの緯度はオーストラリアより南極に近い位置にあるが、しかしそれは北極とブルターニュ、あるいは北極とカナダ南境ほどの近さではない。最も近い国はパプア・ニューギニアとインドネシアで、その背後にはシンガポールと東南アジア全域が位置している。

この地域への白人の植民は18世紀末に始まったが、全てイギリス人であった。公的な上陸と領有の宣言は1788年にシドニーで行われ、ニュージーランドの場合は(それ以前の捕鯨や宣教団の居留地を除けば)、1840年まで遅れて、ベイ・オブ・アイランズで宣言はなされた。

ポルトガルとオランダの探検家たちはイギリス人に先んじたが、居留地はつくらなかった。フランス人による探検はイギリスとほとんど同じ時期に行われ、一度はニュージーランドの征服を企てたものの、彼らも居留地はつくらなかった。

オーストラリアの原住民は、定住者でも建設者でもなかった。少なくとも4万年前に遡ると考えられている彼らの古く魅惑的な歴史は、明らかに遊牧的狩猟民の歴史であり、建築的な話題はない。彼らの住居は常に仮設的で最小限度のものであり、単に樹木や掘立の柱に差しかけた樹皮や枝による個人的なシェルターでしかなかった。

マオリ人は14世紀以前に、東北方面のどこかからニュージーランドへやってきた。彼らはオーストラリア人よりは定住的で、より建設への志向があったが、簡単な住居と共同体の集会所を持つ村以上のものは生み出さなかった。古い集会所は残っておらず、復元さ

れた現代のものしかない。賛嘆はされたが、白人入植者の建築へはほとんど影響を与えなかった。したがって両国においては、19世紀の建築の概説を、移住者によってつくられたヨーロッパ様式の建物、言い換えればオーストラレーシア[訳註：オーストラリア、ニュージーランドとその付近]の植民地建築に集中させることが妥当となる。

この第6部に扱われている時代の末期となる、1890年代は経済的不況が訪れ、数年間にわたって建設活動はほとんど停止した。メルボルンでは、1893年から1896年まで完全に中絶した。地域の他の場所ではそれほど深刻ではなく、また全く同時期に起こったわけでもなかったが、それはゴールドラッシュの時代（後述）の終焉をもたらした。

オーストラリアの国制は、1901年にかつての植民地の連合と、連邦政府の創設で始まった。

自然環境

肥沃で水の豊富な土地が、ニュージーランドの大部分を通じて、またオーストラリア東海岸全長を通じて見出されるが、耕作のできる穏和な土地は比較的狭い海岸の地域に限られている。国土は広大で、熱帯の北部から寒冷の南部まで、砂漠から雪を頂く山脈、さらにニュージーランドでは氷河やフィヨルドまでみられるほど、気候にも幅がある。ニュージーランドには地震が多く、首都ウェリントンを含む地域では特に多い。

都市はほとんど全て海岸近くにあるが、鉱業が内陸荒地のいくつかの町（カルグーリ、ブロークン・ヒル、マウント・アイザ）を支え、またオーストラリアのちょうど中心にあるアリス・スプリングズは国際電信網の中継基地であった。

歴史

これらの植民地をめぐる状況は何度か転換した。当初、イギリスの植民省は極めて官僚主義的で、全くささいな建物を建てるにも、「本国」からの許可と設計が必要とされた。世紀半ばに各植民地に議会が創設された時でも、ある程度の自治は実現したが、法的にはイギリスに従属しており、感情的には帝国の一部であった。オーストラリアにおいては、そのような状況は1901年にそれぞれの植民地が州として連合し、独立国家となってオーストラリア連邦ができるまで続いた。今日にいたるまで、ニュージーランド、オーストラリア各州と連邦首都キャンベラには、イギリス王室によって任命された総督が存在している。ニュージーランドで建設事業の決定を含めて最初は地方政府に強い権力があったが、1875年に廃止されて中央集権制となった。

ニュージーランドの歴史は、マオリと「パケハ」（ヨーロッパ人入植者）の武力衝突、特に1861年から1871年の戦争を含んでいる。その結果、都市化の促進と経済への刺激がもたらされた。オーストラリアの場合は、ほとんど地域的な小競合いでの応酬にとどまり、原住民は各地への離散と持ち込まれた疫病によって次第に衰亡していった。

両国において最も古い現存する遺構はおおむね1800年以後のもので、たとえばシドニー市民病院の2つの翼棟部（1810頃）、ニュージーランドのベイ・オブ・アイランズ地域の住宅と石造倉庫（1821およびそれ以後）などである。ニュー・サウス・ウェールズ州のパラマタ近郊のエリザベス農場には、1793年建設の2室からなる小屋があるが、その有名な外観は後の時代のものである。

開拓時代初期の数十年には、難破や旱魃などが頻発し、また建物の供給も職人たちも不足していた。最初の植民地であるニュー・サウス・ウェールズやヴァン・ディーメンズ・ランド（タスマニア）は、流刑を宣告された囚人を積んだ船を次々に受け入れる公的な任務を負っており、それは1840年代まで続いた。両地は、実際にもそうであったが、農産物の輸出、特に羊毛生産にその将来を見出した。

19世紀の後半には期待をはるかに超えて繁栄を続け、両地はイギリスや他の国への農産物（羊毛、小麦、子羊肉、牛肉、バター）の大きな供給地となり、さらに重要なことは、ゴールドラッシュが起きて（1851-）、それに続いて鉱産物の輸出からも富が生じるようになった。

ゴールドラッシュ以前に、オーストラリア大陸にはさらに3つの植民地、西オーストラリア（1826設立）、ヴィクトリア（非公式の入植による、1834）、南オーストラリア（1835）がすでに存在していた。1859年にはクイーンズランドも設立された。クイーンズランドは、南のヴィクトリアと同様、当初ニュー・サウス・ウェールズと呼ばれていた広大な領域から分離されたものである。

南オーストラリアは鉱産物ブームの起こった最初の舞台であり、1840年代に銅が発見された。これは特にウェールズ人とコーンウォール人の入植者を引きつけた。1850年代のゴールドラッシュは南オーストラリアの人口を減少させたが、後になると、まず大陸の著しく増加した人口に供給する小麦の生産者により、さらには有名なクリッパー・シップ（快速大型帆船）を使う輸出業者によって人口は増加に転じた。

西オーストラリアは創設初期には1890年代までさまざまな不運に見舞われたが、カルグーリで金が発見され、オーストラリアとニュージーランド全土から一攫千金を求める人々を西へと引き寄せた。カルグーリはパースとその港であるフリーマントルから600km内陸の暑い乾燥地帯に位置している。パースは西部における鉱物と牧場生産物を扱う商業中心地として現在にいたっている。

文　化

オーストラリアとニュージーランドは、基本的にはイングランド、ウェールズ、スコットランド、アイルランドの辺境の居留地であり続けた。いくつかの地域は、コーンウォール人の採鉱者、ウェールズ人の精錬者あるいはスコットランド人の技術者などといった特殊なグループによって支配されていた。オーストラリアではアイルランド人が人口の大きな比率を占めていたが、彼らは飢饉からの逃避者、政治的亡命者、あるいは単に使用人、労働者、小売商人、居酒屋店主などとして移住してきていた。その他のグループは小さなものであったが、地区によっては顕著な存在として、中国人の金採掘者(ヴィクトリア)、ルーテル派のドイツ人農家(南オーストラリア)、フランス人商人(シドニー)などがいた。

混交は著しく、共通の言語が一体化へ影響を及ぼしたが、生活上のいくつかの面ではある程度の独自性は残った。オーストラリアでのローマ・カトリック教会はほとんど全てがアイルランド人のものであり、イギリス国教会が官僚とエリートの活動につながりを持っていたにもかかわらず、強力に成長し、より活動的で目立つ存在であった。イギリス非国教徒の教会もまた勢力を持っていた。鉱業地帯ではメソジスト派の大きな教会堂と日曜学校が建設された。農業地帯のいくつかではスコットランド教会が優勢であった。ニュージーランドのオタゴ地域では、スコットランド独立長老派教会の信徒協会による定住事業があった。ニュージーランドの他の場所でも、教会の宣教者協会が地域創設の実効団体であった。ホバート、メルボルン、シドニー、アデレードなどでは、商人階級の中で組合派教会が顕著であった。

資　源

初期の数十年間(1788-1850頃)は、オーストラリアの全ての植民地は、開拓には困難な環境にあって、熟練した人も道具もほとんどなく、土地の材料の理解にも欠けていた。オーストラリアの最初の職業建築家であるフランシス・グリーンウェイは、良質の建物の建設を始められるようになる以前に、非常に多くの時間をレンガとモルタルの製造の監督とレンガ工の育成に費やした。ニュー・サウス・ウェールズとタスマニアでは、囚人の労働力が広く使われたが、一般に熟練しておらず、また非協力的であった。

ゴールドラッシュは多くの熟練した人々を引き寄せ、また必要なものは何でもまた誰でも輸入することのできる富を生み出した。簡単に採集することのできる砂金と浅い採掘作業への熱狂的な期待から、深い竪坑と機械作業の時代へと移り変わると、採掘作業が技術者と建設業者を必要とした。1865年頃からは、オーストラリアの都市には、当時の先進国の都市とほぼ同程度に建物があり工場設備が備わっていたが、「本国」へ注文して品目を受けとるまでに少なくとも6ヵ月の待ち時間を要した。

一方、ゴールドラッシュや都市的発展のなかった辺鄙な場所では、1859年からずっと後まで開拓的な状況のままであり、それが最も長かったのは、沿岸海運や鉄道のとどかなかった場所であった。最初の鉄道路線は金の発見以前に着工されており、主要線の拡張は1850年代の後半から続けられていた。

建設材料と技術

このような広大な国では、建築材料も多様であった。ある地域では極めて高い樹木の密林があり、他の地域では使用できる木材は全くなかった。オーストラリアで最も広く分布している材種はユーカリであり、そのさまざまな変種は全て堅木で、いくつかは極めて木目が細かく、色は黄色から深紅まで変化がある。初期の入植者にとっては、その堅さと長期間の乾燥の必要性が使用するうえでの大きな障害となり、むしろ軟らかい赤杉に似たトゥーン樹(インドマホガニー)のような他の原生木材を用いた。木材はまたニュージーランド、バルト諸国、カリフォルニアからも輸入された。

オーストラリアの建築石材は、明確に地域で異なっており、ヴィクトリア南部の青黒色の玄武岩、シドニー地域の金色の砂岩、あるいは南オーストラリアの軟らかい灰色の石灰岩と黒褐色片岩などがある。また良質の花崗岩と大理石を産出する場所もあった。農民や製造業者によるレンガ製造のための粘土は、ほとんどあらゆる所で得られたが、色や耐久性にはかなりの差があった。

1850年代に亜鉛引鉄材が入ってくると、すぐに広く使われることになった。装飾的な鋳鉄は熱狂的に採り

入れられ、最初は輸入されていたが、まもなく全国各地で製造されるようになった。特に鉱業用の工場が設けられた場所には適当な鋳造場も設けられた。

1870年から1890年までの間、特にニュー・サウス・ウェールズとヴィクトリアにおいて装飾的鉄製品が流行したが、後になると、ろくろ曳きで雷文模様を施した木工細工品に取って替わった。

ニュージーランドの有名な建物の多くは木造である。ここには有名なカウリ松（ナギモドキ）が豊富に手に入り、堅いユーカリよりもずっと加工しやすかったので、初期の数十年間にはオーストラリアにも輸出された。レンガが製造され、石材も得られたが、オーマル石灰岩の細かい加工用材としての価値が認められたのは1865年になってからであった。地震は木材の使用に味方した。石造のようにみせた木造建築の例が多く、最もよく知られているのは、植民地建築家W. H. クレイトンの設計で、ウェリントンのランプトン・キーにある1874年建造の大きな4階建の政庁である。地震はこの国の最もよい19世紀の建築の多くを破壊してしまった。たとえばネピアーの町の19世紀の建築の大部分は1931年の地震で崩壊した。

訳／溝口正人

植民地時代およびそれ以後のヨーロッパ以外の建築

第36章
アフリカ

沿岸の城塞

ポルトガル人が初めてアフリカ西海岸に上陸して10年後の1481年、ジョアン2世はエルミナに城塞を建てるための遠征を命じた。その城塞はサン・ジョルジェ・ダ・ミーナと命名された。1482年に石で築かれたが、当時の構造物は、現在の建物にはほとんどみることはできない。それは2階建で、中庭を囲んで建てられ、円形と方形平面の塔（櫓）を交互に備え、海に向かって大きな中庭が突出していた。約1世紀は最初の形態が続いたが、16世紀にイタリアで発展したルネサンスの築城法が他のヨーロッパの君主やその技術者によって急速に採用されるようになった。ポルトガルも例外ではなく、アフリカ沿岸に建設された城塞にも、ジローラモ・カタネーオ(1564)やガラッソ・アルギーシ(1570)などの経験のある技術者によって、イタリアの理論が取り入れられた。アフリカの城塞では、入手できる材料を考慮して改変されており、ヨーロッパのモデルよりも洗練度は低い。

サン・ジョルジェ城または**エルミナ城**(p.1253B、p.1254A)は16世紀末に大部分が再建されており、それは本国と国外においてポルトガルの城塞の近代化にたずさわったイタリア人技術者フィリッポ・テルツィ(1520-97)の勧告によった可能性が強い。主要部の壁は厚くされ、大中庭の外壁も強化され、三角形の稜堡が加えられた。この城塞はその後に建てられた他の城塞の原型となった。それらの中で最も重要なものは、イギリスの**ケープ・コースト城**(1674頃、p.1253A)とデンマークの**クリスチャンボー城**(1661-70)で、後者は長年にわたって大きく改造され、現在はガーナ国首長の官邸となっている。18世紀末までには、ヨーロッパの9ヵ国あるいはその認可状を持つ会社によって、黄金海岸沿いに30以上の城塞、城、貿易所がつくられた。

東アフリカ海岸の**ジーザス城塞**(p.1254D)はイタリアの技術者ジョアン・バティスタ・カイラートによって設計され、彼の名は主門の上の銘文に「インド主任建築家」として記されている。ガスパル・ロドリゲスが工事にあたっており、1593年に完成した。平面は珊瑚石の隔壁で囲まれた大きな中庭、4つの隅の稜堡、海側に小さな角塔を備えた方形の突出部からなっている。エルミナ城と同様、中庭に教会堂を取り込んでいた。オランダは17世紀初期までにヨーロッパとの主要な貿易を手中にしており、西アフリカ沿岸に**城塞**を築き続けた。たとえばエルミナでは、1662年から1666年に**サン・ジャゴ**丘上に城塞が建てられたが、それは1637年に彼らの手に移っていたかつてのポルトガルの城を守るためのものであった(p.1253C、p.1254E)。これが**クーンラーツビュルフ**で、その4つの三角形の隅稜堡が付いたほぼ正方形の平面も、後の城塞、たとえばブランデンブルク＝プロイセンによる**プリンスズタウン**の**グロス・フリードリッヒスブルク**(1683)、イギリスによる**コメンダ**(1686)、**ディクスコーヴ城塞**(1692、西側に大きなU字型部分を1750年頃増築。p.1254C)、**アノマブ**(1753)、デンマークによる**ケタ**の**プリンセンステン城塞**(1784)などの規範となったように思われる。クリスチャンボー城に接近して、そのいわば変種である**要塞化した邸宅**がヨハン・エマニュエル・リヒターによって建てられた(1829頃、p.1254B)。倉庫によって囲まれた2つの中庭の間に建てられた住宅で、全体は防壁と稜堡の中に取りこまれており、ペディメントの付いた唯一の入口から入るようになっていた。

一般にこれら極めて実用的な建物にみられる唯一の装飾は、紋章の楯が入ることのあるドアや窓の上の簡素なペディメントであったが、ディクスコーヴ城塞の1750年の増築部分の内部は、簡素なアーケードと対のピラスター（片蓋柱）を持つ、例外的に意欲的なデザ

植民地時代およびそれ以後のヨーロッパ以外の建築

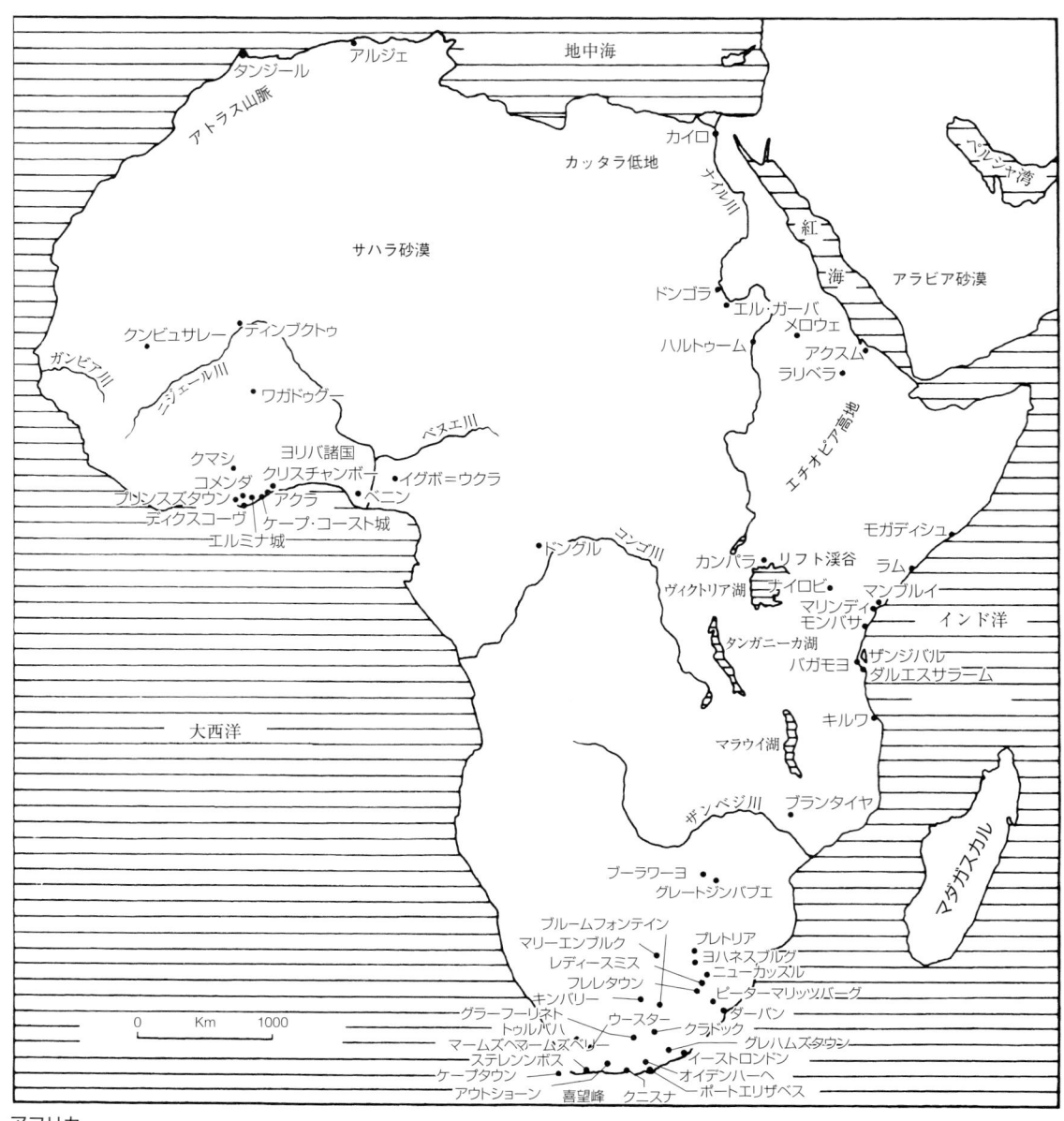

アフリカ

第36章　アフリカ　1253

A ケープ・コースト城、東からみた18世紀の景観（1674頃）　p.1251参照

B サン・ジョルジェ城またはエルミナ城（16世紀末に大改造）
p.1251参照

C サン・ジャゴ城塞　p.1251参照

1254 植民地時代およびそれ以後のヨーロッパ以外の建築

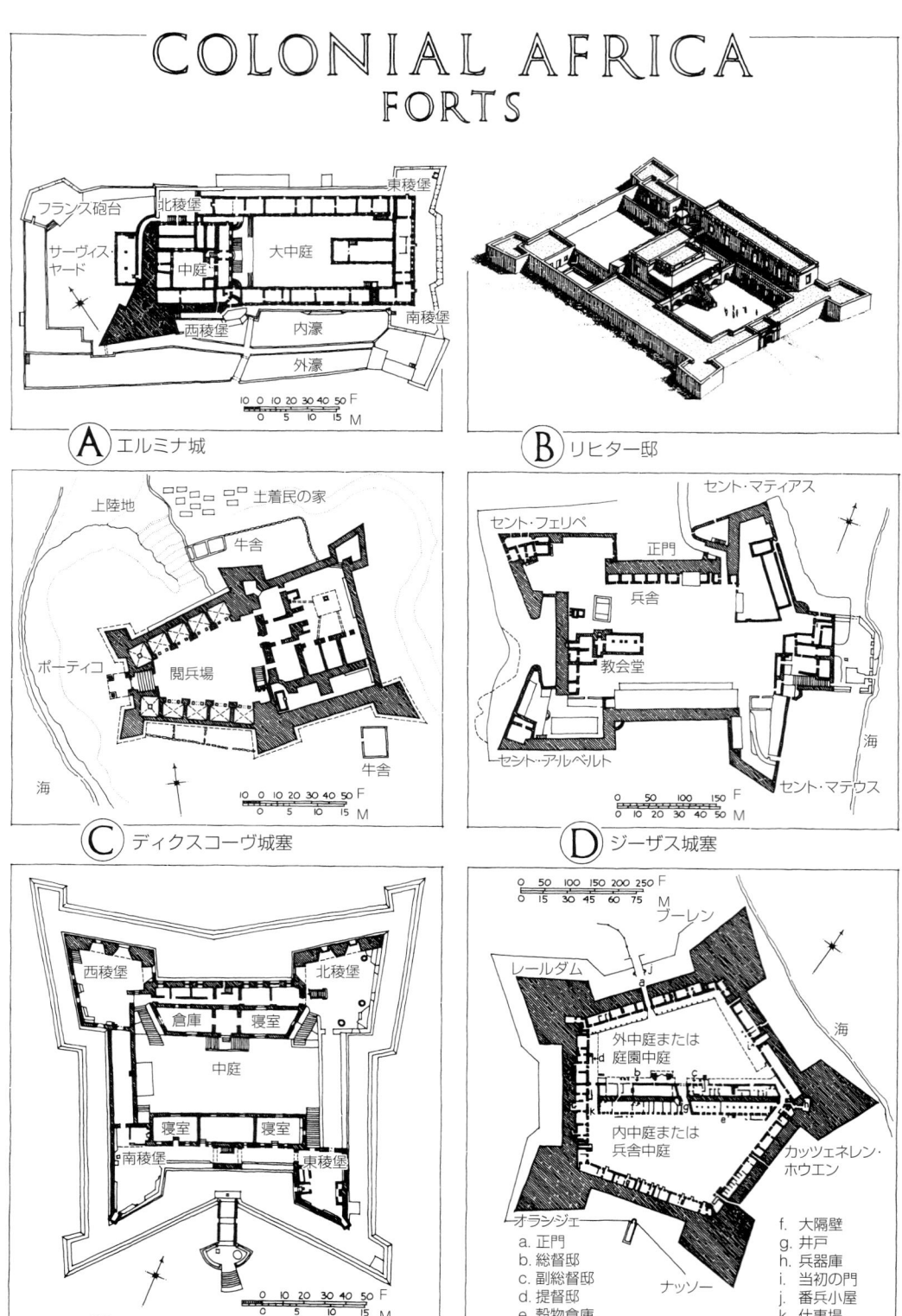

植民地時代のアフリカの城塞

インであった。オランダ人は黄金海岸における城塞を、1872年にイギリスに売却するまで保持したが、彼らが引き継いだポルトガルの建物に多くの改造を行った。エルミナ城のドリス式列柱や弧形ペディメントの入口のような古典的装飾は彼らに帰すべきものである。アフリカの北および南海岸の総監督であるディルク・ヴィルネの、1660年代に描かれた肖像は、総督邸宅の快適さを得るためにオランダから運んできた金箔押しの皮製壁覆い、東洋のカーペット、可動な家具などの品質の高さを示している。

デ・ウィッテが、ヨーロッパ文明の表面的装飾に囲まれたヴィルネについて記録した翌年に、そこから5000km以上南に離れたところで新しい城の礎石が置かれようとしていた。オランダ東インド会社は、アムステルダム、ロッテルダム、デルフト、ミッデルビュルヒ(ミデルブルフ)、ホールン、エンクフイゼンの各会社が合同して、1602年に設立された。1650年、この新会社は、3年前にその船の1隻がテーブル湾に座礁した喜望峰に基地を設立することに決めた。1652年には最初のオランダ船がここに到着し、土塁と木造の建物が迅速に築かれた。基地がつくられると、より恒久的な構造物が要求され、五角形平面の**城塞**のための敷地が選ばれたが、その5つの稜堡には、オレンジ公の持ついくつかの称号がそれぞれの名称とされた(p.1254F)。工事は1666年に始まった。この時期は軍事技術におけるオランダ派が重要な地位にのし上がっており、この城ではシモン・ステヴィン(1548-1620)によって完成された築城方式が、任にあたった技術者ピーテル・ドンバエルによって適用された。石で築かれ、1679年に完成したが、3年後にはドルドレヒトを模した門が加えられ、創設にかかわったオランダの6つの都市の紋章が飾られた。

それまでは、東、西、南アフリカにおける貿易所の状況はみな似通っていたが、植民地が急速に確立されたのはケープ(喜望峰)においてのみであった。1657年以後、テーブルマウンテンの背後の土地を耕す農家が出現した。2年後にはケープの葡萄によってワインが初めて搾られ、また輸入されたバラが花が初めて咲いたことが報告された。それ以後アフリカの貿易城塞の周囲における発展は、それぞれ違った方向を取り始めた。

北・西・東アフリカ

ポルトガルの北アフリカへの遠征は、1471年に占拠したモロッコのタンジールを含む多くの沿岸都市を獲得する結果となった。ほぼ200年後、この町はチャールズ2世の皇后となったブラガンサのキャサリンの持参金の一部としてイギリスの所有となり、**タンジールの新城壁**の設計および監督者としてクリストファー・レンが任命されようとしたが、彼はそれを拒否した。1667年にヴェンセスラウス・ホラーがこれらの城壁について記しているが、1683年にこの町が放棄された時、全て破壊された。オスマン・トルコの侵入は、北アフリカ沿岸を征服しようとするヨーロッパ人の望みを、18世紀末にフランス人が来るまで、事実上断ち切った。

1789年から1799年のナポレオンのエジプト遠征と、1802年のドミニク・ヴィヴァン・ドゥノン男爵の『上下エジプト紀行』およびそれに続く『エジプトの記述』の出版は、1809年以後のヨーロッパ=アフリカ間の様式的影響をもたらす結果となったが、これは以前とは逆の現象であった。詳細な考古学的調査は、ヨーロッパのデザイナーに古代エジプトの建物の細部と形態を取り入れる機会を与え始めていた。1801年にエジプトを去るまで、フランス人自身はそこに建築を企てる時間はほとんどもたなかったが、フランス人学者はエジプトと密接なつながりを維持することとなった。フランス人は、近代エジプトの創設者でアレクサンドリアの再建者でもあるムハンマド・アリーに強い影響を与えた。彼は自ら**ショブラ**に**宮殿**を建て、カイロとを結ぶ長い大通りと、さらにその首都とブーラークをつなぐもう1本の大通りを計画した。1845年には、カイロの古い道路パターンを切り開く新街路の建設工事を始め、またムハンマド・アリーの後継者イスマーイール・パシャがそれを継続し、1870年代にアタバー・アル・ハドラ広場とそこから放射状に延びる道路網をつくった。ムハンマド・アリー大通り1つのためだけで、400ほどの建物が移動させられたといわれている。

カイロでは新しい建物が大量につくられ、その多くはイタリアあるいはオーストリアの古典主義様式であったが、アラビアの装飾に対する好みも復活し、たとえば**ヴィラ・ドゥロール**、**ヴィラ・サン・モーリス**(1874)、**ヴィラ・ゾゲブ**(1898)などの個人住宅や集合住宅のデザインに使われた。**ゲジーラ宮殿**(フランツ＆デ・カレル、1863)のサラムリク[訳註：イスラム教国の家屋内の男部屋]はドイツ製の鋳鉄でつくられていたが、アラビア風の細部で豊かに装飾されていた。その他の例としては、**バベル・ハディドの精巧な公共の泉**(C.パンタネッリ、1870頃)、**ハイリー・ベイ宮殿**(1870)、**アラブ芸術博物館**(A.マネスカルコ、1903)、**カスル・エル・ニル宮殿**(パンタネッリ)、**オマール・スルタンの宮殿**(A.ラセイアック、1907)などがある。

整形の広場と直線道路を配するのはフランスの植民

地開発政策の特徴である。1830年に彼らはアルジェリアを占領したが、彼らの初期の布告の1つは政庁広場の建設と**アルジェ**の旧市街の多くの道路の拡幅に関するものであった。その後の30年以上にわたって、均一なアーケードのファサードを持つ直線道路を生んだこれらのアイデアのいくつかは、パリにおいてオースマンや他の人々によって実現された原理に基づき、また同様な衛生的な改善と軍事的なコントロールという理由によって実現された。**フロン・ド・メール**の長大な均一性と**オペラ座**(1850)はシャセリオーの仕事であった。

19世紀の前半には、東西アフリカにはヨーロッパ建築も、またその影響もほとんどなかったが、海岸に建てられた城塞が、何人かのアフリカの支配者たちにモデルを提供したように思われる。たとえば**ラム**の**城塞**は、伝えられるところによれば、オマーンのスルタンとの協力のもと、1813年から1821年にリワリすなわち長官によって建てられ、銃眼付きのパラペット、中央の中庭、頑丈な塔などはおそらくヨーロッパの城塞に由来するものであろう。また1822年にアシャンティのオセイ・ボンスによって彼の首都クマシの一部として建てられた**石の宮殿**またはアバン(p.1258A)も同様である。石材はエルミナの海岸から送られたが、中庭の周囲に配された半要塞邸宅の中では、彼は、窓枠は黄金で、ドアの枠木と柱は象牙でつくるように命じた。その意図は、革新的なものをつくることと、ここに迎えるヨーロッパの使節たちに強い印象を与えることであったと思われる。ザンジバルのスルタンが新しい**宮殿**を建てたこの世紀の終わり頃には、その建築的な性質とヨーロッパ人の城塞のそれには、後者の構造に鉄が使われてはいたとはいえ、ほとんど差はなくなっていた。

東海岸の貿易町が長らくアラビアやインドの港からの影響を受容してきたにもかかわらず、全般的にみると、その伝統的形態と建築方法は、18世紀から19世紀初期を通じてヨーロッパの国からの影響を受けなかった。たとえば、ラムとザンジバルにおけるスワヒリの**珊瑚石の家**は、14世紀以来、中庭を囲む内部を向いたデザインで建てられてきた(p.1257E)。18世紀の間に、それらのうち最も重要なものは、主室の壁がプラスター細工の彫刻により、また、入口が木彫により豊富に飾られるようになっていた。これらの装飾の細部にはイランまたはインドの影響が示唆されており、また古い東海岸の町(ラム、ザンジバル、モガディシュ、モンバサ)の街路に突出した繊細なバルコニーも、おそらくインド洋を越えてもたらされた輸入文化の一部であり、さらにモンバサの19世紀の建物にみられる剣形装飾も同様で、インド・バロックともいうことができよう。

ポルトガルとスペインの伝道会の教会堂は、16世紀に西アフリカのガンビア川とザイール(コンゴ)川に沿って建てられたが、実際には何も残っていない。東アフリカ内陸の最初の**伝道基地**は、フランスの精霊伝道会によってタンザニアのバガモヨの北の未開地に設立された。その1868年の設立のほとんど直後に、**教会堂**が建てられた。それは隅ピナクルのある1つの塔を持った簡素な珊瑚石の構造物であったが、後にフランス・ロマネスク様式のもっと立派な建築(1910-14、p.1258C)に変えられた。小さな伝道会の教会堂は比較的わずかしか残っておらず、一般に方形の土着的な建物であるが、尖頭あるいは半円アーチ型の窓などの細部が、しばしば建物の目的を示す象徴として導入されていた。ザンビアのタンガニーカ湖畔の**ニアムコロ**の石造教会堂(1895-96)の遺構は、ロンドン伝道教会の1人の教師の監督下につくられた建物の形式を示しており、それらはしばしば塔を備えている(この場合は高さ15m)。ケニアの**フレレタウン**の**エマニュエル教会堂**は、1884年に奴隷の子孫たちによって建てられ、その意欲的なデザインは半円アーチのアーケードや3連尖頭アーチを取り入れている。

伝道教会が確立され、建物のためにより多くの資金が得られるようになると、バガモヨのように、ロマネスク様式が好んで使われた。おそらくその特徴である重厚な組積構造と小さな窓が、ゴシック様式よりも気候と土地の材料に適していると考えられたためであろう。ウガンダの**カンパラ**では「白い神父」たちが、高い2つの塔とロマネスク様式の細部で**ルバガ大聖堂**(1912-25)を建て、また彼らは上ヴォルタの**ワガドゥグー**の**大聖堂**に同様な様式を用いたが、一方、**ザンジバル**の**セント・ジョゼフ大聖堂**(1896-98、M.ベランジェ、p.1258D)は、フランスのマルセイユのノートル・ダム・ド・ラ・ギャルドのバシリカをモデルとして建てられた。ケニアの**モンバサ**の**ローマ・カトリック大聖堂**も同様だが、ロマネスク・バシリカのあまり厳密ではない翻訳である。最初19世紀末に建てられたが、1918年にグスターフ・ウォルター修道士のデザインによって再建された。**ザンジバル**(1873-79、C.H.ヘイワード)と**モンバサ**(1901-5、J.H.シンクレア)の**イギリス国教会大聖堂**では、初期イギリス式とイスラムの細部が結合しており、前者は鐘塔を持ち、後者(1905完成)は交差部ドームとドームを抜く一対の西塔を備えている。

これらの建築で、建築家のデザインによったものはほとんどなかったが、しかしその多くは印象的な成果

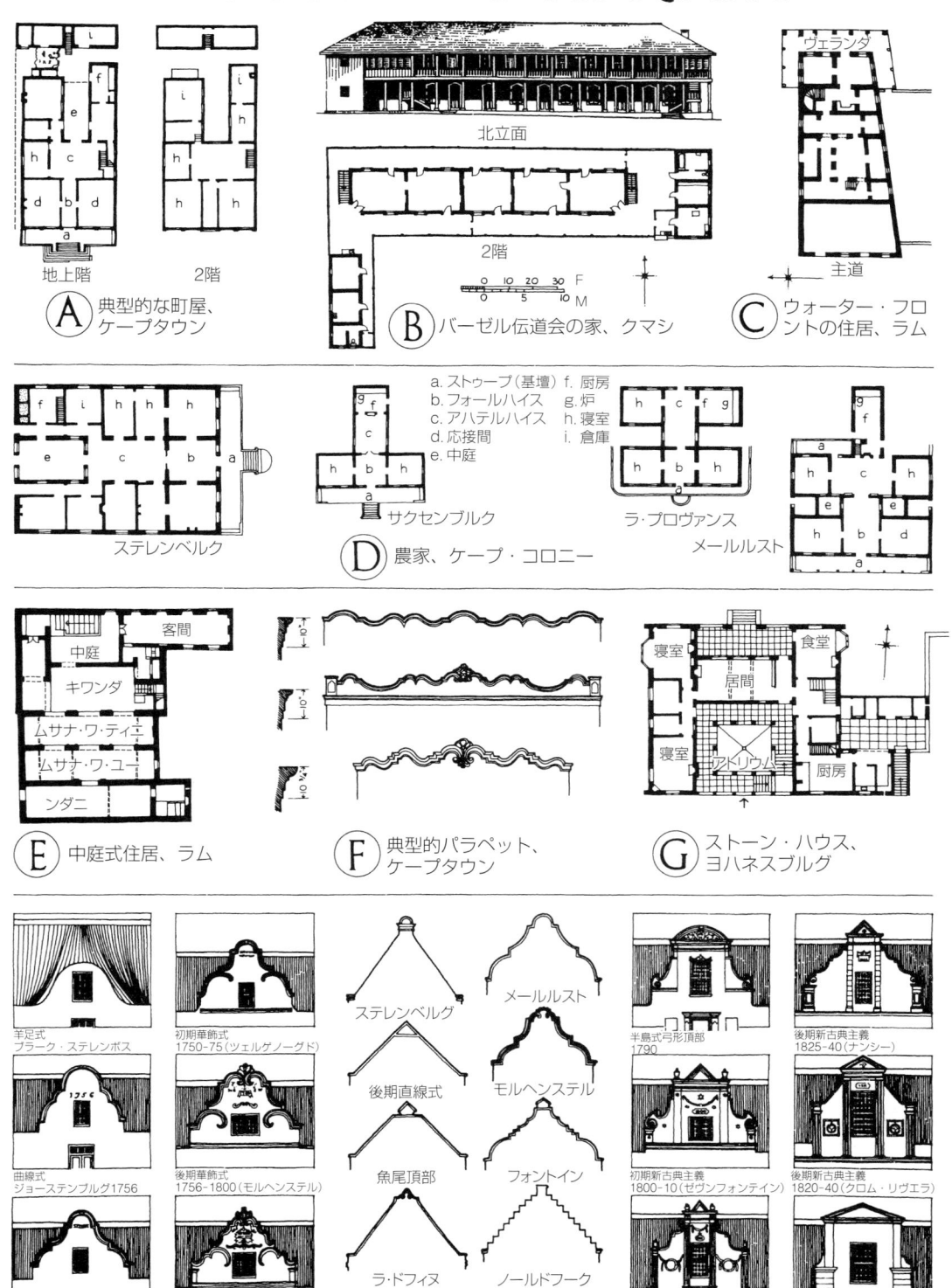

植民地時代のアフリカ

植民地時代およびそれ以後のヨーロッパ以外の建築

A 石の宮殿（アバン）、クマシ（1822） p.1256 参照

B スコットランド伝道会教会堂、ブランタイヤ（1895）
p.1260 参照

C フランス伝道会教会堂、バガモヨ（1910-14）
p.1256 参照

D セント・ジョゼフ大聖堂、ザンジバル（1896-98）
p.1256 参照

E セント・ジョゼフ・ローマ・カトリック大聖堂、
ダルエスサラーム（1897-1902） p.1261 参照

第36章　アフリカ　　1259

A　ハウス・オブ・ワンダー（奇跡の家）、ザンジバル（1883）　p.1260 参照

B　珊瑚石の家（現博物館）、ラム（1892）　p.1260 参照

C　ボーマ、バガモヨ（1895）　p.1261 参照

を示している。マラウイの**ブランタイヤ**における大規模なレンガ造の**スコットランド伝道会教会堂**(p.1258B)は「建築はおろか、レンガ積みの初歩的素養もなかった」スコットという人がそのデザインと施工にあたっており、西双塔と交差部のドームを備え、1895年に完成された。しかしながら、いくつかの場合はイギリス建築家の助けが求められ、アストン・ウェッブ卿は、ガーナの**アクラの三位一体教会堂**(1893)のデザインを、またロバート・ウェア・シュルツはスーダンの**ハルトゥームのオール・セインツ大聖堂**(1909-12)のために低いロマネスクのデザインを提供しているが、ここではアフリカの熱暑を防ぐため、小さな高い窓しか使われなかった。同様にベレスフォード・ピータは、ウガンダの**カンパラのナミレムベ**における4番目の**イギリス国教会大聖堂**(1913-19)を設計した時、大きな尖頭アーケードの凹みの中に小さな窓を設けるというアーツ・アンド・クラフツのゴシック様式を改変して用いた。彼のこの建物の特色ある設計には、3つの翼廊、ドームの架かった交差部、1基の高い西塔を含んでいたが、西塔は建てられなかった。テンプル・ムーアによるケニアの**ナイロビのオール・セインツ大聖堂**のデザインは、彼の意図通りには使われなかった。かなり後の1938年、アドリアン・ギルバート・スコットによるエジプトの**カイロのオール・セインツ大聖堂**は「エジプトの気候に適応させた折衷的古典主義の自由な表現」と記述されている。

住宅の伝統的形態は気候的考慮と材料の得やすさからきており、ヨーロッパの移住者は、そこで修得されてきたことを全て無視したわけではなかった。たとえば、19世紀初頭に**エルミナ**のオランダの商人たちによって建てられた**住宅**は、伝統的な中庭式平面を採用し、一般的には通りまたはラグーンに面して正式な5ベイの2階建のファサードを持っていた。しかし数が増し、またマラリアの予防に大きな配慮がなされるようになると、新しい居留地や内陸部で、より多くのよりよい住宅が必要となった。1つの明快な解決法は、J. C. ルードンが彼の『小屋、農家、別荘建築に関する百科全書』(1833)に記述しているように、運搬可能な構造にしてイギリスから輸入することであった。多くのプレハブ住宅が植民地に送り出されたが、最初は土地の特別な条件に対する考慮がなされていない画一的なデザインであったようである。しかし世紀半ば頃から、換気や日影の問題などを含む熱帯における生活の要求を考慮した、より意識的な努力がなされた。

1873年のアクラについての記述は、「司令官の家〔……〕。その広いヴェランダは快適な涼しさを提供し、その周囲の広い空間は、かつて何人かの所有者たちが汚れのない空気を得るのに熱心であったことを物語っている」と述べている。ヴェランダの起源はなお不明確であるが、熱帯の住宅の特色として長い歴史を持っている。おそらくその系譜はインドからポルトガルに、そして15世紀にはアジアのポルトガル植民地へとたどることができ、そこから19世紀にアフリカにもたらされ、伝道団によって建てられた最初の建物のいくつかに現れたものと思われる。バーゼル伝道会は1840年代にアクラの後背地に設立されたが、伝道会がクリスチャンボー城の近くに建てた建物の1つには、2階の居間のいくつかの周りにヴェランダがつくられている。ヴェランダは同じ地域すなわちオスなどの他の住宅にも現れた。東アフリカの**バガモヨ伝道所**における1860年代に建てられた**女子修道院**も同様であるが、一方、**修道士の家**はより堅固な構造で、アーケードのある2つの階とヴェランダだけの3階を持っていた。

バーゼル伝道会の家の初期の形態は、19世紀後半には、組積造または練土でつくられた1列の部屋が並ぶ2階建が中心核であって、その四方を、石またはレンガの柱、木柱あるいは鋳鉄柱で支えられた広い木造のヴェランダで囲む構造へと発展した。基本的にはインドで発展したバンガローの形態に似ていたが、こちらは地面から持ち上げられていた。生活の場は2階にあり、1階は倉庫に使われ、ヴェランダの幅の中に上下をつなぐ階段がとられた。**クマシ**における後期の見事な例は1906年頃のもので(p.1257B)、これは最大の日陰と換気を得るため、さまざまな組合せで開閉できる蝶番付きのルーヴァー・パネル方式を取り付けた2階の空間を組み込んでいる。ヴェランダ付きの家のさまざまな形態は、アフリカ植民の町の大部分に見出すことができ、20世紀の初めまでには、それが公式的な植民地オフィス建築のデザインとなった。それらの例は、**ラム**のスワヒリの古い町の前にある19世紀末期のウォーター・フロントに沿ってみることができよう──ここではまた、ヴェランダ付きの家が他の伝統的な形態と融合しうることを明らかにしている。1892年に完成したある家(現在は博物館)は、ヴェランダ面を海側に現すが、裏ではスワヒリの伝統的中庭式住居の特徴的平面を保持している(p.1257C, p.1259B)。

イギリスの影響は伝統的にザンジバルのスルタンを通じて東アフリカにもたらされ、彼の**ハウス・オブ・ワンダー**(奇跡の家、1883, p.1259A)は19世紀末の技術的革新を取り入れていたが、1888年に彼はドイツ東アフリカ会社と契約を結び、2年後現在のタンザニアの海岸をドイツ政府に売却した。新しい植民地の首都は、初め**バガモヨ**に置かれ、1895年に**税関**と**ボーマ**(歩哨詰め所)が建てられた。これらのデザインにおいて、

ドイツから送り込まれた建築家は、土地の材料と条件に非常な理解と関心を示しはしたが、しかしながら容易に認めうるヨーロッパ建築の要素を取り込んだ。印象的な**ボーマ**(p.1259C)は、スワヒリとヨーロッパ様式の完成された統合であり、同様な建物はタンガ、ミキンダーニ、キルワ・キヴィンジェにも建てられた。1891年、首都は**ダルエスサラーム**に移されたが、そこには1887年に最初のドイツの建物が**ベルリン(ルーテル派)伝道会**のために建てられていた。1891年からの新しい行政府の建物や**カイザーホフ**(高級官僚のクラブ)は、全て古典様式で、下階は組積造でつくられ、上階はドイツでつくられたプレハブ鉄骨根太と彫刻された木造の垂木およびスクリーンを使った広いヴェランダを持っていた。**オーシャン・ロード病院**(1897)と同時期の**議事堂**(1922再建)は、イスラムの多弁形アーチを取り込んだ点で、以前のドイツ建築と類似していた。広々とした風景の植物園地区に建てられた**シビル・サーヴィス・レジデンス**の様式は同様に折衷的であるが、しかしゴシック様式の**セント・ジョゼフ・ローマ・カトリック大聖堂**(1897-1902、p.1258E)と**ルーテル派教会堂**(1898)は、性格的にはより厳密にヨーロッパ的である。この顕著な建物群は、第1次世界大戦前夜における植民地建築へのより堅実な態度を象徴しているが、その大戦はアフリカにおける領域の部分的な再分配をもたらす結果となった。

南アフリカ

喜望峰に城塞が1679年に完成した後、その囲壁の中にオランダ東インド会社の総督邸を含む多くの**住居**が建てられたが、今なお総督邸には1695年の評議会室がそのまま残っている。城壁の外には、会社の庭園が平行四辺形の連続として配置され、後に**総督府**(現テインハイス)に組み込まれたガーデン・ハウスを持っていた。初期の家は編枝土塗(ワトル・アンド・ドーブ)構造の草葺き屋根の平屋であったが、早くも1654年にはいくらかのレンガ造もつくられていた。植民地で農民として自立した自由公民たちによって建てられた初期の農家は、簡素な荒土壁で、切妻か半寄棟の草葺き屋根を持ち、床は泥と牛の糞で固めたものであった。平面的には3つの部屋からなっており、18世紀中期に特徴的な**ケープのオランダ農家**(p.1257D)と彼らのマナー・ハウスが発展したのは、このような家からであった。

これらは3つの主なカテゴリーに分けることができよう。まずT型平面(例:**サクセンブルク**)、次にH型平面またはT型とH型の複合平面(例:**ラ・プロヴァンス、メールルスト**)、そして3番目はU型平面で大きな家に適用される(例:ステレンベルクの**グルート・コンスタンシア**)。いずれの場合も玄関ホール(フォールハイス)から食堂に使われる内部ホール(アハテルハイス)に導かれた。他の部屋はこの軸の両側に対称的に配されていた。バタヴィアのタイルを張ったストゥープ(基壇)が正面全長にわたってつくられ、時には家全体を囲んでストゥープを形成している。またストゥープに沿った柱が格子状の葡萄棚を支えていることもあり(例:**メールルスト、モルヘンステル、フェルヘレーヘン**)、後にはこれが植民地建築の共通的な特徴となるヴェランダに発展した。壁は野石または日干レンガで築かれ、下塗りの上に石灰を塗り、屋根は葦(あし)で葺かれていた。チーク材が上げ下げ窓や外面の建具類に使われた。

外観的には、いずれもオランダから来た2つの主な装飾的特徴がある。それらは中央の破風と玄関である。たとえば、アムステルダムのようにさまざまな破風——渦巻型、曲線型、ペディメント型、バロック型および新古典主義型など——(p.1257H、p.1262A、B、p.1263A)がみられ、これらは明らかにフィリップス・フィンボーンスの出版物(1648、1674)などがデザインのもとを提供していたのだが、18世紀末以後はこのような華やかな破風は新古典主義の形態に取り替えられていった。屋根端部の破風は、寄棟の屋根でない限り、葺草を保護するために必要で、1800年以前は頂点が丸まった直線状か曲線状のものであったが、それ以後は頂点で尖った形がより一般的になった。2番目の装飾的な特徴は、やはりオランダの伝統から来た中央入口玄関である。ドアの上には高い扇窓が付いて玄関ホールに光を採り入れているが、これもその細部にバロックから新古典主義への変化を示し、また時にはチークあるいはプラスターのピラスターが入口を枠取っていた。

これら2つの装飾的要素は、農家では一般に町家ほど著しくはなかったが、後者はまた1つの根本的な細部において異なっていた。すなわち町では防火のため草葺き傾斜屋根が陸屋根となって、多くは装飾的パラペットを設けており、それらは形を整え、刳形を付け、あるいは中央にペディメントをあげていたが(p.1257F)、時にはそのペディメントがピラスターに支えられて古典的ファサードを形成することもあった。**町家**は平面でも農家と異なり、玄関ホールは狭く、一般に主軸と直角に置かれた主ホールへ続いていた。主ホールは中庭——これもオランダの先例にならって——へ続き、その先には奴隷の部屋と倉庫があった(p.1257A)。1795年から1829年までの間には、ケー

植民地時代およびそれ以後のヨーロッパ以外の建築

A　グルート・コンスタンシア、入口正面の中央部（1792 頃改造）
p.1261 参照

B　マルティン・メルク邸（当初はルーテル派牧師館）、
ケープタウン（1782）　p.1261、p.1264 参照

C　バーガー・ウォッチ・ハウス、ケープタウン（1755-61）　p.1264 参照

第 36 章　アフリカ　| 1263

A　城館、ケープタウン、入口門の城館内側立面
p.1261 参照

B　ルーテル派教会堂、ケープタウン（1787-92 改装）
p.1264 参照

C　センディングゲシュティヒ、ケープタウン（1801-3）
p.1264 参照

D　城館の総督邸のカット・バルコニー、ケープタウン
（1780-90 頃）　p.1264 参照

プタウンの現在ボー・カープ（かつてのマレイ地区）として知られている所に、町家のより小型のものが建てられた。高いストゥープのある平屋建で、オランダとイギリスの特徴が結合して簡素なコーニスと扇窓（ファンライト）が付いている。初期の伝道会の教会堂は、構造的には住宅とほとんど異ならなかった。たとえば**トゥルバハ**の教会堂は 1743 年に簡単な構造で建てられたが、1795 年になって拡張され、バロックの凹凸曲線を持つ破風が付けられた。マームズベリー近くの**マムル**では、1818 年の**教会堂**（J. メルヴィルの設計とされている）が同じ経過によって両端に大きなバロックの破風を設けており、**ステレンボスのライン風教会堂**（1824、1840 増築）は華麗なフランドル風新古典主義の破風を持っている。

この植民地に最初に建てられた公共建築は、**バーガー・ウォッチ・ハウス**（1716、1755-61 再建、建築家不明、彫刻はヨハネス・シュトルウィヒ、1917 復原）であった。再建された現在の建物（p.1262C）はドリス式とイオニア式を積み重ねた 2 階建で、突き出た玄関ポーティコまたはロッジアが付けられており、当初は上部に欄干がのっていた。繁栄が進むとともに他の建物がこれに続いた。1772 年には病院が建てられ、また 3 階建のレンガ造倉庫の建設は貿易の拡大を示していた。1779 年には当初の**グローテ・ケルク**（1700-4）がギリシア十字形の平面で増築され、弧形ペディメントの破風とピラスターが付けられた。この教会堂は 1840 年頃再建されたが、現在残っているのは塔だけである。グローテ・ケルクにはアントン・アンライト（1754-1822）によって彫刻された説教壇があるが、彼は**ルーテル派教会堂**（当初は倉庫）にもそれをつくっており、さらに古典的手法でその正面の改装も行った（1787-92、p.1263B）。これは南アフリカ伝道協会の教会堂である**センディングゲシュティヒ**のモデルとなったものと思われる（1801-3、J. B. モッケによって建設、デザインも同人とみられる、p.1263C）。

アンライトとルイ・ミッシェル・ティボー（1750-1815）は、この植民地で確認できる最初の建築家であった。アンライトはドイツで彫刻家としての、ティボーはパリのアンジュ＝ジャック・ガブリエルのもとで建築家としての修練を受けた。両者とも派遣軍の一員として喜望峰に来たが、1768 年にはアンライトはオランダ東インド会社の主任彫刻家に、そしてティボーは 1786 年に会社の建物の監督官、実質的には彼らの正式な建築家に任命された。アンライトは、教会堂の説教壇や**グルート・コンスタンシア**のモニュメンタルな葡萄酒貯蔵庫のペディメント（1791）にみられるように、南ドイツの後期ロココ様式で仕事をした。他の同様な様式のものとしては、**城館の総督邸**（p.1263D）に増築された

チーク材のポーティコとバルコニー（**カット・バルコニー**）と**リュスト・エン・ヴレーフト**の家（1777 頃-82）に 1798 年に付けられたチーク材のヴェランダなどがあり、後者は入口に顕著なロココ彫刻を持っている（p.1266A）。また**マルティン・メルク邸**（1782、p.1262B）のガーランドはおそらくアンライトの彫刻であり、その建物も彼のデザインである可能性があるが、彼の作風はティボーがこの植民地へ来てから確実に変わっている。フルーティングのあるピラスターとガーランドの付いたパネルを備えた**コープマン・デ・ウェット邸**の改装（1792 頃）は、このフランス人の仕事とみられているが、彼がフランスで教育を受けたことをよく示しているのは、平らな壁と象徴的な入口を持つ古い組積造の**ロッジ・デ・フーデ・ホープ**（1803、火災後 1892-93 に復原）である。**スタル・プレイン門**はさらに強くフランス新古典主義との共通性を持っている。

ケープタウンの外では、ティボーは**トゥルバハ**（1807）の**ドロスディ**（裁判所）や、**グラーフ・リネト**（1804）でも住宅を設計しているが、その古い牧師館（1812 頃）も彼のものかもしれない。もう 1 つロンデボッシュの住宅**ルステンブルク**の改修（1806 頃）も彼が携わったものとみられ、ジャイアント・オーダーのコロネードを持っている。しかしこの時期までには、イギリスがこの植民地を引き継いでいた。ティボーは新しい行政府のために仕事を続け、（アンライトとともに）**旧最高裁判所**の新しいファサード、立法会議場（1811-15）および**税関**（1814）を建てた。彼はおそらく**総督府**の大規模な改造と増築にも携わり、それにはガヴァメント・アヴェニューに面するいくつかの門が含まれており、その 1 つにアンライトはプラスターの雌獅子をつくっている。建物自身はオランダからイギリス趣味へのやや遅れた変化を示している。この変化を示す他の例には、いずれもケープタウンにある**商業取引所**（1819、現在は解体）と**バートラム・ハウス**（1840 頃）、また長いファサードの両端に浅い弧状のベイを持つ**ウースターの裁判所**（W. ジョーンズ、1823-25、p.1266B）などが挙げられよう。

当時イギリスで復興していた様式は、**ケープタウン**の重要な建物にも適用された。**王室観測所**（p.1266C）は、最初 1821 年に海軍本部の技術者によって計画され、1825 年から 1827 年にジョン・レニー卿のデザインに従って建てられたが、ドリス式のポーティコと他のギリシア風の細部は、イギリスから派遣されたジョン・スキロー（後のケープにおける政府建築家）の監督によるものであった。1827 年から 1828 年にスコットランド長老教会派の人々は**セント・アンドリュー教会堂**（H. W. レヴリー）を建てたが、対になったドリス式の柱がドリス式エンタブラチュアとペディメントを支えてい

る。**セント・ジョージ教会堂**(後の大聖堂、現在は解体)の建設は 1830 年に始まり、そこでスキローはイオニア式の六柱ポーティコと、ロンドンのセント・パンクラス教会堂(W & H.W. インウッド、1819-22)のモデルにほとんど従っているが、また「風の塔」をも参考にして西塔を建てている。インウッドの教会堂はブリットンとピュージンによる『ロンドンの公共建築』(1825)に図示されており、おそらくそれがケープタウンのデザインの源となったと思われる。この時期には設計図がイギリスから送られたという記録はほとんどないが、その推定は可能であろう。1824 年には、ケープタウンに近い**グリーン・ポイント**の海の**別荘**のデザインが、トーマス・ウィルソンによって王立美術院で展示された。

もう 1 つ流行したのはエジプト様式であった。1820 年から 1821 年にルフェイン・ドンキン卿は**アルゴーア湾**(ポート・エリザベス)に妻を記念する**ピラミッド**を建て、1839 年から 1841 年には**南アフリカ大学**(現ケープタウン大学)の**エジプト風建物**が、ジェームズ・アダムソン教授と建築家としての G.G. ルイス大佐のデザインによって建てられた。これはエジプト起源のコロネードと他の細部を持っており、また**パール**の**体育学校**(1858)も同様で、壁は象徴的なエジプトの図像で飾られている。**ケープタウン**のユダヤ人共同体が彼らの**シナゴーグ**を建てた 1862 年には、ギリシアとエジプトの様式は混乱してきたようで、この建物のデザインにはその両者が認められる。

古典様式はいくつかの新しい教会堂に使われた。**バサースト**の**セント・ジョン教会堂**(1829-38)は小規模だが、チャールズ・コーンウォリス・ミッチェル少佐の優れたデザインであり、また**オイテンハーケ**の**オランダ改革派教会堂**(1820-43)はピラスターや層状の塔や尖塔を取り入れており、一方**クラドック**のそれ(1864-67)は、西ポーティコの上に建つ層状の高塔を持ち、ジェームズ・ギッブスによるセント・マーティンズ=イン=ザ=フィールズの、英語圏の国々における数多い子孫の 1 つとなっている。**ケープタウン**の**グローテ・ケルク**(p.1266D)が 1835 年から 1841 年の間に再建された時、そのファサードには古典およびゴシックの要素が混合されていたが、クラドック教会堂が建てられた時までには、ゴシック・リヴァイヴァルが全ての宗派の共通した折衷様式となっていた。すでに 1820 年代には、それは**パカルツドープ**の**伝道会教会堂**(1822-25)とチャールズ・トラップス大佐による**ウースター**の**オランダ改革派教会堂**に表れていた。**ポート・エリザベス**の**セント・メアリー教会堂**(1831)および**ロンデボッシュ**の**セント・ポール教会堂**(ミッチェル、1832-34)はその他の早い例であり、一方、**グラハムズタウン**の**セント・パトリック教会堂**(C. セルウィンとされる、1839-44)はテューダー・ゴシックである。**グラハムズタウン**に**メソジスト移住者(記念)教会堂**が建てられた 1845 年までには、小尖塔、狭間胸壁、オジー・アーチ窓が導入され、また**ピーターマリッツバーグ**の**長老派教会堂**(1852-54、1873 改造)は古典とゴシックの混合建築である。しかし多くの新しい教会堂のデザインを提供したのは、ケープタウンの最初のイギリス国教会主教の妻であるソフィア・グレイであったが、それは彼女が古いイギリス建築の自らの研究や記憶、そしてイギリスから持ってきた図面(たとえばステレンボスとキングウィリアムズタウンではイギリスの建築家によって作成された図面を用いた)とともに新しい出版物を利用したからである。資金や入手できる材料などを考慮した修正はなされたが、「あたかも資格を持つ折衷主義建築家のように、設計と製図の仕事をしていた」と記述されている彼女は、**クニスナ**の**セント・ジョージ教会堂**(1849-55)、**ジョージ**の**セント・マーク教会堂**(1849-50)、**カレドン**の**イギリス国教会教会堂**(1850 頃)、**クレアモント**の**聖救世主教会堂**(1850-53、W. バターフィールドにより完成)、**ピーターマリッツバーグ**の**セント・ピーター大聖堂**(1851-57、後に増築)、**ブルームフォンテーン**の**セント・マイケル・アンド・セント・アンドリュー教会堂**(1850、1866 建替え)など、いくつかの魅力的な建物をつくりだしている。

1820 年代における、ケープの西および東の地域とグラハムズタウンやポート・エリザベスのような町の発展は、生活や文化全般とともに、建物にもイギリスの影響を深めたが、1831 年から 1838 年のグレート・トレック(牛車による大移住)は、トランスヴァールのボーア人共和国(1852)とオレンジ自由州(1854)設立へと導いた。ナタールにおける第 3 の試みは失敗し、新しく建てたピーターマリッツバーグを首都として、5 年間ナターリア共和国と称した植民地は、1842 年にイギリスに占領された。このケープ植民地の東北への拡大は、多くの共通基盤があるとはいえ、イギリスの居留地とボーア人の共和国の建築の間に違いが育っていったことを意味した。

教会堂建築にゴシック様式を用いることは、ボーア人とイギリス人の間の合理的な合意の 1 つの例で、1860 年代以後に建てられたものの多くは、わずかな材料の違いを別にすれば、しばしば同時期のイギリスのデザインとほとんど見分けがつかないほどであった。**オーツホーン**では優美な**オランダ改革派教会堂**(K.O. ハーゲル、1877-80)が、すでにソフィア・グレイの設計による**クニスナ**の小さな**ベルヴェデーレ教会堂**の仕事

A リュスト・エン・ヴレーフト、ケープタウン(1777 頃-82、チーク材によるヴェランダは 1798)　p.1264 参照

B 裁判所、ウースター(1823-25)　p.1264 参照

C 王室観測所、ケープタウン(1825-27)　p.1264 参照

D グローテ・ケルク、ケープタウン(1835-41 再建)　p.1625 参照

E 国会議事堂、ケープタウン(1875-84)　p.1269 参照

A セント・マイケル・アンド・セント・ジョージ大聖堂、グラハムズタウン、東北からみる（1824、1874-78、1889、1909）
p.1269 参照

B 市庁舎（現郵便局）、ダーバン（1883-85）
p.1269 参照

C 市庁舎、ダーバン（1903）　p.1269 参照

A 市庁舎、ピーターマリッツバーグ（1891-93、1898 再建）
p.1269 参照

B 立法議会、ピーターマリッツバーグ（1887-89、1901 増築）
p.1269 参照

C 市庁舎、ポート・エリザベス（1891、1894 完成）　p.1269 参照

を行っていたスコットランド人石工たちによって建てられた。ケープタウンでは、**メトロポリタン・メソジスト教会堂**(チャールズ・フリーマン、1876-79)が、身廊、内陣、尖塔付きの隅塔を持つ「装飾式」である。この建築家はグラーフ・リネトに、より壮大だがより成功したとはいえない**オランダ改革派教会堂**(1886)を設計しており、それは豊かな細部と色付きスレートを模様張りした屋根を持っていた。ブルームフォンテーンでは1878年にA. W. ヴォッケの**オランダ改革派教会堂**が、双塔を持った多少ともロマネスク様式によって建てられ、またプレトリアでは同じ宗派のためにクラース・ファン・レイセが凝った尖塔と多彩色の主要部を持つ**教会堂**(1896-97)を設計した。グラハムズタウンにおいては、1824年に**セント・マイケル・アンド・セント・ジョージ大聖堂**がH. M. スコット大佐によって起工されたが、1874年から1878年には大増築が行われ、ジョージ・ギルバート・スコット卿のデザインによる塔と尖塔が付けられた。また、彼の息子のジョン・オルドリッドは1889年と1909年に内陣と身廊のデザインを行っている(p.1267A)。ダーバンではウェスト・ストリートにメソジストたちが「初期イギリス式」で側廊付きの**教会堂**を建てたが(R. リッジウェイ、1877)、ローマ・カトリック教徒が1878年に**セント・ジョゼフ教会堂**をこの都市に建てる決定をした時は、彼らはそのデザインをイギリスの設計事務所ゴールディー、チャイルド & ゴールディーから得ている。彼らのデザインは、「ゴシックは〔……〕近代的かつ植民地生産の材料を適用し、気候を考慮した。熱暑に対抗するため〔……〕それは完璧であり、この目的を果たすため、我々の父たちが知っていたゴシック様式を建築家が自由に用いることに反対する者はほとんどいなかっただろう」と記されている。

全ての植民地の共通する特徴は、気候に著しい違いがある場合でも、できる限り母国の文化と建築を複製することであった。しかしそれは厳密に国境線に沿って分かれる必然性はない。たとえば**ケープタウンの南アフリカ博物館**(1893-97)はトランスバール州の建築家J. E. ヴィクセボクセの仕事で、リパブリカン様式であった。

ケープタウンの南アフリカ図書館(W. H. コーラー、1857-60)は、ケンブリッジのバセヴィによるフィッツウィリアム博物館(1836-48)のデザインを基礎としたコリント式のファサードであり、**ダーバンの市庁舎**(P. M. ダッジェオン、1883-85、p.1267B)はブロドリックによるリーズの市庁舎(1853-58)のいくつかの子孫のうちの1つである。コロネードあるいはピラスター付きの障壁によって囲まれた古典的な方形建物であるリーズのモデルは、ドームの上がった中央塔があり、ライドとグリーンが**ケープタウン市庁舎**(1905)を設計する20世紀初頭まで存続した。その名声のイメージは極めて強く、おだやかな**ポート・エリザベスの市庁舎**(1891、p.1268C)でさえも、それにならう試みとしてドーム付きの塔がつくられている(1894完成)。古典的な**キンバリー市庁舎**(カーステアースとロジャース、1899)は、町自体がダイヤモンド採掘場の周りに急速につくられたものであるにもかかわらず、象徴的な公共建築に託された重要性を示している。**レディースミスとニューカッスルの市庁舎**(R. ウォーカー、1894、およびW. ルーカス、1898)は、しばしば厳密な古典の文法から離れてはいるが、古典的伝統を維持していた。ピーターマリッツバーグでは「テューダー、フランドル、フィレンツェ様式の巧みな混合」である折衷様式が、大きな隅塔を持つ大規模な方形のレンガ造建築(ストリート・ウィルソンとバー、1891-93、火災後1898に再建。p.1268A)に使われた。**イースト・ロンドンの市庁舎**(ページとコルドー、1893-98)の様式も同様に折衷的である。**ダーバン市庁舎**(スコット、ウールコット、ハドソン。p.1267C)が設計された1903年までには、イギリス帝国主義の最後の建築的表現としてバロック様式が再興されていた。

ケープとナタールの政府の建物は、一般にイギリスのモデルに従っており、多くは公共建設局に雇われた建築家または技術者によるものであった。**ケープタウンの国会議事堂**(p.1266E)は、重厚ながら気品のあるレンガ造で、石造にみせたプラスター仕上げであるが(H. E. グリーヴス、1875-84。1909、1960、1984に増築)、これは中央ドームといくつかのドームのある、チャールズ・フリーマンの賞を獲得したさらに壮大なデザイン(1874)の改訂版であった。**ピーターマリッツバーグの立法議会**の建物(ジェームズ・ティベット、1887-89)は2階建の六柱式ポーティコが際立ったものであるが、当初の建物に銅板葺きのドームを持つ増築部が付け加えられている(1901、p.1268B)。しかし**立法評議会**の建物(A. E. デイントン、1898-1900)は、特に中央および端部建物の角ドームなど、その古典主義においてイギリス的というよりはフランス的である。これはトランスバールのボーア共和国の首都である**プレトリアのラードサール**(S. W. ヴィールダ、1887-90、p.1270C)の特徴でもあり、この建物と、チャーチ・スクエアを挟んで向い合う**裁判所**(1886-99、p.1270A)との、同じ建築家によるデザインは、フランス=プロイセン=ネオバロックということができよう(そしてベルリンのパウル・ヴァロットによる1884年から1894年の帝国議事堂と比較することができる)。オレンジ自由州の

植民地時代およびそれ以後のヨーロッパ以外の建築

A 裁判所、プレトリア(1896-99)　p.1269 参照

C ラードサール、プレトリア(1887-90)　p.1269 参照

D ビッグ・ハウス、ウェストミンスター(1904-5)
p.1273 参照

B キンバリー記念堂、ケープタウン(1904)　p.1272 参照

E ローズ記念堂、ケープタウン(1905-8)　p.1272 参照

第36章 アフリカ | 1271

A ユニオン・ビル、プレトリア(1910-12) p.1273 参照

B ユニオン・ビル、プレトリア

州都である**ブルームフォンテイン**では、4代目の現在の**ラードサール**（レノックス・カニング、1890-91）が後期新古典主義様式で、イオニア六柱式のポーティコが、半円ポーティコを持つ両側の列柱廊とつながっている。

上述した作品の建築家の中には、彼ら自身の町や地域で多くの仕事を行ったものがいる。フィリップ・モリス・ダッジオン（1852-91）はイングランドに生まれ、1877年にダーバンに来ている。彼の作品には、市庁舎の他に**アディントン病院**（1877）、**アレクサンドラ・ホテル**（1879）、**ピーターマリッツバーグ市役所**（1882）、**コークスタードのフリーメーソン寺院**（1882）、**ピーターマリッツバーグのスタンダード銀行**（1882）、**ナタール・クラブ**（1885）、**ピーターマリッツバーグ・カレッジ**（1885）その他多くの商業建築や邸宅がある。チャールズ・フリーマン（1833-1911）は、初めナタールで政府のために仕事をしたもう1人のイギリス人で、その後**ケープタウン**において**郵便本局**（1870頃）、**スタンダード銀行**（1880）、**グランドホテル**（1885頃）を含む多くの建物を設計した。

その他の建築家としては、C. H. ジェンキン（**ダーバンの税関**）、アルフレッド・シングルトン（**少年予備校、模範女学校、アサイラム**。全てピーターマリッツバーグ）、シュチェ・ヴィールダ（**政府庁舎**、1890頃。**砲兵隊兵舎**、1896-98。**州立模範学校**、1895。**州立印刷工場**、1895。全てプレトリア）などがいた。ヴィールダはまた**ポッチェフストルームの司法裁判所**（1890頃）、**ヴェスコッピースの精神病院**（1889）、**ヨハネスブルグの郵便局**（1895）と**電話塔**も設計している。これらの建築家はおおむねヨーロッパにおける様式の変化に従っており、世紀末には、ハーフ・ティンバーやオランダ破風とともにアール・ヌーヴォーの要素も導入した。しかし、1890年代後期に始まったケープ・ダッチ・リヴァイヴァルとほとんど同意語といえるのは、ハーバート・ベイカー卿（1862-1946）の名前である。

ベイカーは、ロンドンの叔父の事務所で修練を積み、実地の勉学によってヨーロッパの都市や建築の知識を得ていたので、19世紀末期にこの植民地に来た彼の同僚たちの大部分よりも、より広くより深い建築の知識を提供することができた。「クイーン・アン」様式、「ポン・ストリート・ダッチ」、ヴァナキュラーな建物や伝統的材料や建築方法に対するアーツ・アンド・クラフツ的熱意、これらが1892年にベイカーがケープに赴いた時、彼に影響を与えていたものであった。彼は古い農家に「秩序ある配置において品格があり〔……〕白い壁、頑丈なチーク材、緑色に塗った窓の鎧戸と扉、優美な曲線を持つ破風板など、建築の簡明さにおいて美しい」ものを見出した。彼はそれらのスケッチをつくり、

そのいくつかは、アリス・トロッターによる1900年の先駆的な『ケープにおける古いコロニアル住宅』に入れられて出版されている。彼は到着後間もなく作成した、最初の極めてイギリス的なデザインを施工できるよう、職人たちを集めて教育したが、一方、**グルーテ・シュア**の再建が、ベイカーにケープ・ダッチ様式で仕事をする機会を与えた。これは17世紀の倉庫で、後に住宅とされ、1893年にセシル・ローズが買い取ったが、その直後に火災にあって焼けたものであった。彼はこの90年代の終わりに、さらに4つの住宅においてその趣味を発展させた（彼自身のための**サンドヒルス**、ローズのための**ヴェルヘレーヘン隠居所**と**ウールサック**）。そのいくつかを復原または改良することになったケープの18世紀におけるオランダ式屋敷の品質と個性に対する彼の認識は、同時に南アフリカの建築が単なるヨーロッパのモデルの反映ではないという認識でもあった。そして彼は**ルュスト・エン・ヴレーデ**（1905）の傑出したデザインにおいて、伝統をいかに20世紀の要求に合わせて発展させうるかということを示した。

ケープタウンにおける仕事の間に、ベイカーは商業建築（**ウィルソン & ミラー**、1899。**ローズ**、1902。**マークス**、1905。**ナショナル・ミューチュアル・ライフ・アソシエーション**、1905）といくつかの教会堂（フランシス・エドワード・マーシーと協同、1861-1912）に携わったが、教会堂は一般にバシリカ式で、材料の使用法においてはアーツ・アンド・クラフツの理念に従っていた。1897年、彼はジョン・スキローのグリーク・リヴァイヴァル（古代ギリシア復興）様式の建物にかわる**ケープタウンの新大聖堂**の設計を委任された。平面は十字型、様式はロマネスク・ゴシックで、フランス、イタリア、イギリスの影響を含んでおり、材料と技能における高い水準をその特色としている。ケープでのベイカーの作品に与えた他の主要な影響は古代ギリシアとローマであり、それが最も明確なのは**キンバリー記念堂**のトスカナ式廟（1904、p.1270B）とデビルス・ピーク（テーブル・マウンテン）の山腹に建てられた**ローズ記念堂**（1905-8、p.1270E）のヘレニズム的構想である。

1902年にベイカーはヨハネスブルグへ移ったが、ケープタウンとは違ってそこには建築の伝統はなかった。トランスバール州で設計した約300の住宅において、彼はいくつかの様式――イギリス・テューダー様式、オランダ様式、地中海様式――を展開したが、同時に彼は良質な建物と材料の正しい使用（黄金とダイヤモンド富豪の住宅と同時に、小さい安価な住宅においても）を奨励した。折衷主義的ではあったが彼の住宅は「ケープのオランダ人建設者以来、初めての住宅

建築に対する独創的貢献」と呼ばれてきた。大きな住宅は一般にH型平面であった(ヨハネスブルグの**ストーン・ハウス**〔1902, p.1257G〕、**ザ・サッチド・ハウスとマリーエンブルグ**〔1904〕、およびプレトリアの**総督府**〔1905〕)。外側は石、レンガまたはプラスター塗で、時にはオランダまたはフランドル風の破風を付け、しばしばケントやサセックスのマナーハウスに似た凝った煙突を上げていた。そのいくつかは、たとえばオレンジ自由州のウェストミンスター公領に建つ**ビッグ・ハウス**(p.1270D)のように、贅沢な厩まで備えた伝統的なイギリスの住宅と庭園への郷愁的な追憶である。

トランスバールの教会堂のいくつかは、ベイカーが「建築の原始的様式」と呼んだ、土地で得られる材料の固有な特徴から来た様式を示していたが(**ラントフォンテインのセント・ジョン・ザ・ディヴァイン教会堂**や**カリナンのセント・ジョージ教会堂**。いずれも1904)、より大きな教会堂(**ボックスバーグのセント・マイケル・アンド・オール・エンジェルス教会堂**、1911や、部分的に建てられた**プレトリアのセント・アルバン大聖堂**、1905)では、好まれた様式はロマネスクであった。しかしながら、20世紀初期の公共建築では違う建築様式が要求され、1908年にベイカーが**プレトリアの鉄道駅**の設計者に任命されたことは、ルネサンスの手法の採用につながり、最終的に彼をニューデリーに導くことになった。イオニア式双柱のジャイアント・オーダーが、ルスティカ仕上げの地階とローマ瓦葺きの屋根を持つ長く低いファサードの中央ロッジアに立ちはだかっている。駅は長大なヴィスタの端部に建っており、遠くからは印象的だが、細部は必ずしも満足すべきものではない。それに続くルネサンス様式の試みは、比較的最近まで南アメリカ自身とともに他のイギリス植民地の公共建築のデザインに影響を与えることになったもので、古典的デザインの微妙さについてより深い理解を示している。

プレトリアのユニオン・ビル(1910-12, p.1271A, B)は、行政上の必要性と同時に象徴とみられており、このイギリス・ボーア戦争後のイギリス植民地とボーア共和国間の統一を記念する建築の場所として、ベイカーはプレトリアを望む目立った丘の頂上を選んだ。彼のデザインは、中庭の周りに建てられ、半円形の列柱廊でつながれた2つの大きなブロックからなり、全体は2つの国と新しい南アフリカ連合に集まった4つの植民地(各2ブロックの各2棟によって示されている)を象徴するものであった。これはルーブル、ヴェルサイユ、グリニッジ王立海軍病院などヨーロッパ・バロックの記念物の伝統から来たものであり、ベイカーが水平の屋根の線から立ち上がるドーム付きの塔のアイデアを得たのは、おそらくこの最後の建物からであろう(ロンドン州庁舎の設計競技に対するエドウィン・ラッチェンス卿の当選しなかった1907年のデザインにもいくらか似ているが)。古典的な構成としては欠点を持ち、この明らかな二元性を説明するものとして丘の頂上に建設が意図されていた平和の神殿はついに実現されなかったが、長く連なる列柱廊、下ってゆくテラスや階段などによって、主要素の雄大な配置を示している。ベイカーが「秩序と真の科学と進歩の範囲内で自己表現の余地を残す」建築と、「秩序、進歩、独自の伝統と感情に沿った民族的文化を法の範囲内で発展させる自由」を与えるイギリス植民地法との類似性について書いた時、この建築は帝国のシンボルとして彼の意図を達成していたのである。

訳/野々垣 篤

植民地時代およびそれ以後のヨーロッパ以外の建築

第 37 章

アメリカ

建築的特徴

　アメリカにおけるヨーロッパ人移住者は、彼らとともに母国の計画方法や建築形態をもたらし、移住した地域の気候と材料に基づいた改良を行った。ラテン・アメリカと北アメリカの両方において、彼らはまず、海浜の居留地、もしくは前身文化の古い都から住み始め、そこから内陸へ進んでいった。最初に到達したのはスペイン人で、カリブ海の島々での防御施設がアメリカにおけるヨーロッパ文化の最初期の永続的な象徴になった。ドミニカ共和国に 1496 年に築かれたサント・ドミンゴは、現存最古の永続的な居留地である。1573 年に発布された「インディーズ法」により、フェリペ 2 世は街区に対してゆったりとしたグリッドを設定したが、公共建築と教会堂や大聖堂のための中央の開放的な「プラザ」はキリスト教会と世俗の秩序を表し、横町に沿って売地が設けられた。このパターンは、古来の街区計画の改作であり、アメリカの植民地化で普及した（第 35 章参照）。初期の街は土塁や防御柵による簡単な方法で攻撃から防御されていた。のちにヨーロッパの勢力が互いに激しい競争状態になると、包囲攻撃に抵抗するためにより強固な要塞が必要になった。
　スペイン、ポルトガル、フランスというカトリックの植民地化を進めた国々の最も重要な初期の建物は教会堂であった。修道院の秩序が、居留地の確立と維持に重要な役割を果たしていたため、教会や修道院の建物は 16 世紀のラテンアメリカの最も顕著な構造物である。それらは露天での崇拝というスペイン征服以前の伝統とヨーロッパの様式とを融合した一連の建物から構成される。小さな閉鎖的な聖堂、すなわち「インディアンの礼拝堂」のある開放的なアトリウムの方が、クロイスターを付属する巨大な教会堂よりも先に存在した。構造や装飾の質は、素材や地方の労働力や、巨大

な空間的な力を持たせた作品をつくりあげた宣教師を取り巻く背景に従ってさまざまであった。それらは通常、同時代のヨーロッパの様式と同等の職人技術で建設された。熟練した職人がいなかったため、建設のための技術はしばしば原地の建物から借用された。このことはニューメキシコの 17 世紀のスペイン宣教師のために、プエブロ・インディアンによって建てられた教会堂で最も顕著である。そこでは日干レンガと木を使った土着の技術が、外来の様式をほぼ包み込んでいる。地震を予想した構造技術による対策もできる限り必要であった。しかし、概してラテン・アメリカの植民地建築はスペインやポルトガルの建築をよく反映していた。初期の例はスペイン・ゴシック建築の原形を由来としているが、1550 年以降は古典主義が発展した。
　植民地化が進むとともに、ヨーロッパのカトリック勢の様式がアメリカの植民地に誠実に反映され続けた。17 世紀のケベック州の建物は北フランスの技術や様式に近いものであった。同様に、スペインやポルトガルのバロックやロココの過剰さ（第 34 章参照）は、都市や港、鉱業地域の繁栄時代であった 18 世紀を通してラテンアメリカで模倣された。
　北アメリカのプロテスタントによるオランダやドイツ、そしてイギリスの居留地は、ゆっくりと市民意識の強い街へと発展した。ニューヘブン（1636）は中央に大きな四角い広場を有し、そこから通りを延ばすが、発達した北アメリカの格子状街区のパターンを当てはめたのはフィラデルフィア（1682-83）であった。早期から独立した農家は極めて興味深い建物であった。北部地域は豊かな森林地帯であり、大工が活躍の場を得て、住宅のみならず、教会やその他の公共建築において、ヨーロッパの木造骨組の伝統を実践した。17 世紀のニューイングランドでは、建物はイギリスの重厚な木造骨組で羽目板張りの原型に従っていた。丸太小屋の構造は、デラウェアやペンシルヴェニアにスウェー

デン人やドイツ人によって最初に導入された特別なものであったようである。北アメリカの南部では、建物はしばしばレンガ造であった。住宅は様式的には同時代のイギリスやフランスの住宅と区別するのは難しいが、およそ1660年以降、ここやカリブ海域の大農園では、ヨーロッパでは不必要であった通風や太陽光からの保護のための深いバルコニーやポーチのある家が計画され始めた。この種の重要な地域的特徴は、アメリカ全体で専門的な意匠や工芸技術の発展した18世紀を通して強まった。専門職としての建築家は、しかしながら、アメリカの独立戦争以前にはまれなままであった。そして、北アメリカの植民地における最初期の著名なイギリス人の建築家であるピーター・ハリソン (1716-75) やトマス・ジェファーソン (1743-1826) は、ともに教養人ではあるがアマチュアであった。

北および南アメリカがポスト植民時代になってすぐは、ヨーロッパのモデルなしで済まそうという試みはみられず、独立精神のある共和主義の雰囲気とともに、ヨーロッパで当時流行していた新古典主義様式に強い興味があった。親仏家で、アメリカ第3代大統領であるジェファーソンは、この点で影響力があった。彼のヴァージニア州会議事堂は19世紀に建てられる多くの州会議事堂のモデルとなったが、一方、ヴァージニア大学キャンパスの建物はその世紀末におけるアメリカのボザール・アカデミズムへの予兆を示していた。アメリカにおける初期の専門職としての建築家の1人であるボストンのチャールズ・ブルフィンチ (1763-1844) は、連邦時代にロバート・アダムに影響された魅力的なボストンの建築に対して基礎を与えた。ボストンやフィラデルフィア、そしてニューヨークではみなイギリスのレンガ造もしくは石造のテラスハウスの様式を地方的に変化させたものが発展した。統一されたテラスハウスは他の都市ではめったにみられなかったが、それは土地に余裕があり、そうしたものが不要であったからである。イギリスから移住したフィラデルフィアのベンジャミン・ラトローブ (1764-1820) は、アメリカで多くの成功をもたらしたグリーク・リヴァイヴァル (古代ギリシア復興様式) の導入に主なる役割を果たしたが、一方、ピエール・ランファンのワシントン計画 (1791-92) は、標準的な都市のグリッドを補うために、ヨーロッパの市街地計画に由来する斜行軸やその他の手法を導入した。

ラテン・アメリカでは、アカデミーや軍の技術者による新古典主義様式のおしつけは、啓蒙運動や19世紀の最初の10年の植民地独立、そしてリオデジャネイロのA.J.V. グランジャン・ド・モンティニー (1776-1850) やサンチャゴのC.F. ブルネ・ドベーヌ (1799-1855) のような移住建築家の仕事を通じてもたらされたフランスの文化的影響の増大による思想変化を反映している。教会は、1850年以降ゴシックが戯れ程度にみられることもあったが、ほとんど古典主義のままであった。

1840年以降、グリーク・リヴァイヴァルはアメリカの教会堂には次第に採用されなくなり、イギリスから輸入され、ニューヨークの建築家リチャード・アップジョン (1802-78) やチャールズ・レンウィック Jr. (1818-95) によって擁護されたゴシック・リヴァイヴァル様式に取って代わられた。北アメリカの世俗建築にみられるゴシックは短命で、1848年頃からたった25年の命であった。アメリカでもっと人気があったのは、A.J. デイヴィス (1803-92) や風景画家アンドリュー・ジャクソン・ダウニング (1815-52) と関連したピクチュアレスクまたは"庭園式"ヴィラ様式であった。彼らのさまざまなピクチュアレスクの見方は中産階級向けに「ヴィクトリアン」住宅様式に対する起点を示したが、その様式は普通フランスとイギリスのモチーフの合成であり、19世紀のアメリカとカナダの全域に多くの形状で発展していった。

もっと基本的な段階では、ドイツ人やスウェーデン人から学んだ原初的な丸太小屋構造は、1830年頃まで材木が豊富であった北部や西部の開拓者居住地において一般的であった。その後、この構造は伝統的なヨーロッパの木造骨組を単純化した「バルーン・フレーム」に取って代わられた。最初にシカゴで導入されたバルーン・フレームは外側を板で覆った軽く、釘打ちされた材木で構成されていた。それはバンガローからその世紀の終わりには「路面電車郊外」の特徴となった、通りに面して切妻破風のある「三階建」の住宅までのいかなる建物に対しても北アメリカ全土において標準的な技術となった。バルーン・フレーム技術は、釘を製造するための鉄工業の発展なしには可能ではなかった。19世紀の半ばは構造材としても装飾材としても鋳鉄の部材は同様の発展をみせ、特に商業建築はしばしば大々的にプレハブ式で組み立てられた。ジェームズ・ボガーダス (1800-74) やダニエル・バジャーはプレハブ工法のパイオニアであり、ニューヨーク市は鋳鉄建築の取引の最初の中心地であった。装飾的な鉄細工の効果はニューオリンズで有名で、そこでは、およそ1850年以降、開放的な平屋のアーケードのかわりに、家々の正面に太陽を避けるための2階建の鋳鉄製のギャラリーがつくられたのである。

19世紀の後半の南北アメリカは様式折衷主義に置かれていたけれども、アメリカが独自の建築や建築的な職業を出現させ、ヨーロッパ人がその成果を賞賛し始

めたのもこの時期であった。この発展の最初の実力者はリチャード・モリス・ハント(1827-95)である。彼はパリのエコール・デ・ボザールで学んだ最初のアメリカ人であった。ハント自身の建物は創造的であるよりは学術的であるが、好況時代の富裕層に対して目立った働きかけをし、フランス流の建築教育を流行させた。彼の重要な後継者であるヘンリー・ホブソン・リチャードソン(1838-86)やチャールズ・マッキム(1849-1909)、そしてルイス・サリヴァン(1856-1924)は皆エコール・デ・ボザールで学んだ。アメリカ最初の建築学部は、W. R. ウェアのもと、1867年にマサチューセッツ工科大学に創立されたが、ボザール流に追従した。2番目はアーバナのイリノイ大学(1870)であるが、中西部の異なる文化的特徴を反映し、こちらはドイツ流を発展させた。

ピクチュアレスクの住宅建築は、アメリカではいつも支配的だが、アメリカ南北戦争後の東海岸では、フランスの影響による間の抜けた「スティック・スタイル」から、イギリスの影響による、時に「クイーン・アン様式」と呼ばれる落ち着いた「シングル・スタイル」へ発展した。これはリチャードソンによってしばらくの間実践され、マッキム・ミード & ホワイト、W. R. エマーソンやその他の人々の最初の作品で完成し、大陸全体で独立したアメリカ住宅の黄金期を迎えた。この成果は、著名なシカゴのフランク・ロイド・ライト(1867-1959)や北カルフォルニアのグリーン & グリーン(第50章参照)といった次世代の偉大な住宅建築家の作品の基礎となったのである。しかし、争う余地のない才能のあった最初のアメリカ人建築家であるリチャードソンの成熟した作品は、がっちりとした力強さや規律正しさのあるロマネスク由来の様式で建てられた公共建築で主に構成されていた。このリチャードソン様式は1886年に彼が死んだ後、つかの間ではあったがはやり続けた。

19世紀の最後の20年は、構造上の試みや成果に対して、アメリカでもっとも特筆すべき時代であった。1873年の大火後、急速に発展したシカゴと、発展の程度は小さかったニューヨークは、ともに商業的なスカイスクレイパーの初期の発展で重要な中心地であった。スカイスクレイパーは基礎や上部構造の金属枠組構造、非耐力壁である"カーテン・ウォール"やエレベーターもしくはリフトといった新しい技術によって可能となった。シカゴのウィリアム・ル・バロン・ジェニー(1832-1907)やダンクマール・アドラー(1844-1900)はその技術を習熟した最初の建築家である。一方、ジョン・ウェルボン・ルート(1850-91)やアドラーの輝かしい協働者ルイス・サリヴァンは、この感動的な新しい建物形式に対する形態上や装飾上の解法を探求した。

1890年以降、学究的な傾向がアメリカの建築において指導的な立場となった。マッキム・ミード & ホワイトの洗練された作品には、すでにその傾向はみえていたが、一般には、シカゴで1893年に開催されたコロンビア万国博覧会が、その転換点として挙げられる。この博覧会はダニエル・バーナム(1845-1912)によって立案され指揮されたがものである。公共建築はますます古典的な装いを帯び、ボザール流の軸線による計画が好まれた。住宅もコロニアル・リヴァイヴァルの兆候を示す左右対称や形式主義の趣を示した。建築におけるボザール気質は20世紀の始まった時点でアメリカ全体を観念上支配していた。

実　例

植民地時代

住宅建築

　成功したスペイン人居留地における富裕層の植民地住宅は中庭型で構成されているが、それらは通りに面した店舗とその上の階の家族の部屋の2つの主階を有し、時にはその間に奴隷のための中2階を有する場合もある。最初期の重要な残存例は**サント・ドミンゴの堂々たるディエゴ・コロン邸**(1510-14)で、二重のギャラリーのある矩形の階の上に2層を重ねた、スペイン様式の建物で、その他のカリブ海の邸宅のモデルとなった。そうした邸宅のうち**サント・ドミンゴのエンゴンベ邸**や**メキシコのクエルナバカ**にある城塞風の**コルテス邸**(1525-35)は注目に値する。**メキシコのメリダにあるモンテホ邸**(1549頃)はプラテレスコ様式である。

　ブラジルでは、早期の最も記念碑的な住宅は、今は廃れてしまったバイア(もとサルバドール)というポルトガル人の最初の植民都市の近くにある**タツアパラの塔**である。1551年に建設が始まり、1624年に完成したこの建物は、アーケードの上に低い翼部とともに前庭を形作る3層のレンガ造の主屋を持つ。**ブラジルのバイアにあるサルダナーハウス**(1610頃。内部は火災にあっている)は、初期のスペイン様式の家と同様、倉庫や馬車置き場のための下階と、生活のための上階という、2つの主階を有し、ここではさらにその上階に穀物庫がある。この住宅には土地で採れる石材に円柱やカリアティドを精巧に彫刻した、いくらか後の時代の美しい戸口がある。

　17世紀のニューイングランド建築の優れた例である**マサチューセッツ州トップスフィールドのカペン邸**

A カペン邸、トップスフィールド、マサチューセッツ州（1683） p.1277 参照

B ベーコンズ・キャッスル、サリー郡、ヴァージニア州（1655 頃） p.1280 参照

C ウェストオーバー、チャールズ・シティー郡、ヴァージニア州（1730 頃-34） p.1280 参照

第37章 アメリカ　　1279

A　パーランジ、ポワント・クーペ郡、ルイジアナ州（1750）
p.1280 参照

B　ドレイトン・ホール、サウスカロライナ州（1738-42）
p.1281 参照

C　エカーラ宮、ケレタロ（1780 頃）　p.1281 参照

D　カーサ・デ・アルフェニーケ、プエブラ（1780 頃）
p.1281 参照

E　サン・ペドロ・ドス・クレリゴス聖堂、レシフェ（1729-）
p.1286 参照

(1683、p.1278A)は、太い木材の軸組み構造で2階を持ち、破風は「張出し(ジェッティー)」として前方に突出し、中央に束ねた煙突が付いている。この家は羽目板で覆われ、屋根は木のシングルで葺かれている。内部の壁と隔壁は竪板で仕上げられ、梁は露出したままで、装飾は少なく階段の手摺(てすり)といった細部に限られている。窓は小さく鉛を張った開き戸である。1階は2つの暖炉が背中合せに組み込まれたレンガ造の中央コアによって2つの部屋に分けられている。レンガ造のコアの一方の端に入口ロビーがあり、そこから階段が上階へ導く。同様な性格を持った他の家には、**マサチューセッツ州イプスウィッチのウィップル邸**(1639)、**マサチューセッツ州ソーガスのスコッチ=ボードマン邸**(1686頃)、**マサチューセッツ州デダムのフェアーバンクス邸**(1637頃)、**コネティカット州ファーミントンのホイットマン邸**(1664)、**マサチューセッツ州ボストンのポール・レヴィア邸**(1676頃)、**マサチューセッツ州セーラムのジョン・ワード邸**(1684)と**ハウス・オブ・セブン・ゲーブルス**(7つの破風の家、1670頃)などがある。

ヴァージニア州サリー郡のベーコンズ・キャッスル(1655頃、p.1278B)は十字形平面である。レンガ造で、曲線のフランドル風の破風、束ねられた高い煙突、入口上部のレンガ積みに古典的な細部を持つこの家は、イギリスのジャコビアンの例と多くの共通点を有している。それと同様なものは、ヴァージニアの入植者によって建てられた最初期の現存する構造物である、**ヴァージニア州プリンセス・アン郡ヴァージニア・ビーチのアダム・スルーフッド邸**(1635頃-40)である。それは2つの主室を持つのみで、炉胸(ろきょう)と輸入された窓ガラスを外観にみせるレンガ造で、木のシングルで葺かれている。**バルバドスのサント・ニコラス・アビー**(1656頃-61)はカリブ海沿岸の邸宅に最も類似したもので、レンガ造で、スタッコ仕上げ、隅石積み、正面に3つのジャコビアンの切妻破風、側面に大きな炉胸を持つが、まだヴェランダはない。内部は後の時代のもので、中国風のチッペンデール様式の階段を備える。

ケベック州シャルルブールのヴィルヌーヴ家住宅(1700頃)は「ニューフランス」の小作農の住宅の一例で、水漆喰が塗られた自然石でつくられ、下見板で仕上げられ、小さな鎧(よろい)窓と壁よりも高く立ち上がる突出した軒のある寄棟屋根を持つ。

ニュージャージー州ハッケンサックのエイブラハム・アッカーマン邸(1704)はオランダの影響を示している。屋根は「ギャンブレル」すなわちマンサード形式で軒を長く出し、破風と屋根窓の側壁は木のシングルで葺かれている。1階の壁は粗仕上げの層状石積みである。そのような住宅には、ニューヨークの**ディックマン邸**(1783頃)、ニュージャージー州ハッケンサックの**ターヒューン邸**(1709頃)、ニュージャージー州エングルウッドの**フリーランド邸**(1818)、ニューヨークのブルックリンの**ジャン・ディトマース邸**(1700頃)などがある。整形された破風のある18世紀のオランダ様式の邸宅も、カリブ海の**キュラソー島**にいくつか残っているが、注目すべきは**ウィレムスタッドのハンデルスケードとブレデストラート**のオレンジ色の漆喰塗りの都市住宅である。

ルイジアナ州ポワント・クーペ郡のパーランジ(1750、p.1279A)はフランス人のプランテーションハウスで、この地域の暑い太陽と多量の雨を防ぐための特徴である吹放ちの柱廊式ヴェランダが上下の階を囲んでいる。急傾斜の寄棟屋根はシングルで葺かれ、2階は木造であるが、湿気が多いため1階はレンガ造となっている。同様な特質を持ったその他の例に、**ミシシッピ州ナッチェズのコネリーズ・タバーン**(1795頃)と**ルイジアナ州セント・チャールズ郡のケラー・マンション**(1801頃)がある。この手のものは西インド諸島でもみられる。**バハマのナッソウ**にある**主任司祭公邸**(1710頃)はシンプルな正方形の例で、格子のあるヴェランダや大きく覆う寄棟屋根を持つ。台所や屋外トイレは別棟である。より大きな例である**アンティグアのクラレンス邸**(1786)は石造の半地下があり、木造骨組で、上層は金属で覆い、その全周囲を32本の円柱による列柱がヴェランダを形作っている。

サウスカロライナ州バークリー郡のマルベリー(1714頃)は魅力的な農家で、シンプルな中心部分の四隅に正方形の居室を付け加え、全ての部屋に十分な換気をもたらすという実践的な目的のためにヨーロッパ・バロック・マニエリスムを取り入れた。全体は重々しい、半切妻腰折屋根で覆われている。

ヴァージニア州チャールズ・シティー郡のウェストオーバー(1730頃-34、p.1278C)は18世紀ヴァージニア州のプランテーションハウスの最も優れたものの1つで、人生のほとんどの時間をイギリスで過ごした所有者のために建てられたため、イギリスの初期ジョージアン様式と強い近似性を持っている。7ベイのレンガ造2階建で、急勾配の寄棟屋根の中にさらに部屋がつくられている。装飾的な入口は、イギリスから運ばれてきたであろうポートランド石に彫刻したもので、ウィリアム・サーモンの『ロンドンのパッラーディオ(*Palladio Londinensis*)』(1734)の図の写しである。主屋の両側には対称的に2つの副屋が配されている(当初は物理的につながってはいなかったが)。1つは厨房と使用人の居住区で、もう1つはプランテーションの事務所である。美しい内部は当時のイギリスの技芸の最高

水準のものである。天井のいくつかは、部分ごとに製作され、輸入されたものを組み合わせてデザインされている。

ジョージアンの性格を持つ他の植民地住宅には、粗石造で化粧漆喰を塗った**フィラデルフィアのマウント・プレザント**(1761-62)があり、その石造細部はおそらくバッティー・ラングレーのものような、当時のイギリスのパターン・ブックからとられたもので、平らなテラスあるいはデッキをつくるために断ち切られた緩傾斜の鉛板葺の屋根を持つ。それは「キャプテンズ・ウォーク」として知られ、この時代の多くのアメリカ住宅の特徴となっている。また、すばらしい2階建のペディメント付き列柱廊のポーティコを持つ**サウスカロライナ州チャールストンのマイルズ・ブリュートン邸**(1765-69)がある。同様な特徴は、**ヴァージニア州チャールズ・シティー郡のシャーリー**(1769頃)や**サウスカロライナ州のドレイトン・ホール**(1738-42、p.1279B)でみられる。こうした形式の住宅は西インド諸島ではまれであるが、ジャマイカの**モンテゴ湾近くのローズホール**(1770頃-80)はその例で、山腹に位置し、雄大な中央部にわずかに引っ込んだ翼部を持つ。

カリブ海諸島の植民地のプランテーションハウスは19世紀にもそれぞれ母国の建築を反映し続けた。**バルバドスのセント・ジョンにあるヴィラ・ノーヴァ**(1883)は凛々しいリージェンシー様式のヴィラで、珊瑚によるレンガでつくられ、パラペットに隠れる低い屋根とゆったりとしたヴェランダを持つ。**グアダルーペのゼヴァロス**(1880頃)はヴェランダで囲んだ後期フランス式のプランテーションハウスで、この頃になると小気味良い装飾的な鉄細工でつくられている。

ラテンアメリカでは、**ペルーのリマにあるトーレ・タグル邸**(1730頃)が17世紀から18世紀にかけてのペルー副王の支配地域に建てられた地方様式の壮大な邸宅の典型例であり、中庭周囲に2層にわたる寝室群や、アンダルシア様式の格子細工のある2つの箱型のバルコニーを有している。アンデス地方の住宅はしばしば中庭を取り巻く廊下や突出したバルコニーや出入口を持つ。例として、**ペルーのクスコにある提督の家**や**マルケス・デ・カーサ・コンチャの邸宅**、そして**ボリビアのラパスのディエス・デ・メディナの邸宅**(1775)がある。副王の支配地域の都であるクスコの影響は現在のチリ(**サンティアゴのコンデ・デル・コンキスタの邸宅**〔1750〕)やコロンビア(**カルタヘナのマルケス・デ・ヴァルデホヨスの邸宅**)のような、かなり遠くの地域でも感じられる。

メキシコ・シティのマルケス・デ・ハラル・デ・ベッリオの邸宅(1779-84)は、フランシスコ・ヘレーロ・イ・トレによって設計されたもので、ニュースペイン[訳註：当時のスペイン帝国の副王領]の首都に「大邸宅の都市」という名前を与えることになったバロック邸宅の中で最も貴重な例である。印象的なファサードの奥には中庭があり、1階は貯蔵庫や倉庫、そして主階の巨大な寝室には壮麗な階段によって導かれる。同じ建築家は**メキシコ・シティにコンデス・デ・サン・マテオ・デ・ヴァルパライソの邸宅**(1769-72)を設計したが、それは当初二重の階段を持っていた。もう1人の建築家、ロレンツォ・ロドリゲスは**メキシコ・シティにコンデ・デ・サン・バルトロメ・デ・ザラの邸宅**(1764)をつくった。**プエブラのメキシコの都市**にみられるこの時代の住宅は特に注目に値する。**カーサ・デ・アルフェニーケ**(1780頃、p.1279D)はアントニオ・デ・サンタ・マリア・インチャウレギによるもので、豊富な彫刻によるチュリゲラ様式の建築である。ファサードは、窓の間が、釉薬をかけられたものもかけられていないものもある赤や白、そして青といった色のパターンのタイル（アスレホス）で完全に覆われている。アスレホスは**メキシコ・シティのコンデ・デル・ヴァッレ・デ・オリザバの邸宅**(1737)でもディエゴ・デュランにより使われた。**メキシコのケレタロのエカーラ宮**(1780頃、p.1279C)はスペイン植民地の宮殿の優れた例であり、豪華な後期バロック様式で、レース状の錬鉄製バルコニーが深いアーケードのロッジアの上に架かり、コーニスの下には青と白のタイルによるフリーズがある。

城塞

軍事的な建築はアメリカの植民地の発展には不可欠であった。カリブ海では、バルトロメ・サンチェスによる**キューバのハバナにあるレアル・フエルザ城塞**(1558-82)が、海賊行為からスペイン人の財産を守るために建設された永続的な城塞の初期の典型である。それは基本的に正方形で、角に三角形の稜堡を有する。ジョヴァンニ・バッティスタ・アントネッリや同名の息子や彼の甥であるクリストバル・デ・ローダ(1556-1632)といった技術者の名家によって広まった軍事的業績は、スペイン政府のための、**ハバナのサン・サルバドール・デ・ラ・プンタ城塞やモッロ城塞**(1587-1630)を含んでいる。優れたものは16世紀に建設が始まった**コロンビアのカルタヘナ**の複雑な城塞で、**サン・フェリペ・デ・バラハスの城塞**(1630-57、1700頃再建、p.1285A)で頂点を極めた。スペイン人による城塞の後期の典型は**フロリダ州のセント・オーガスティンにある美しいサン・マルコの城塞**(1672-95)で、北アメリカ大陸の最初にうまく定着した町(1565)を守るために、貝殻石で建設された。

A 大聖堂、メキシコ・シティ（1563-1667） p.1284 参照

B サン・フランシスコ修道院、キト（1630 頃） p.1284 参照

サカテカス大聖堂、主扉口、メキシコ（1612–）　p.1286 参照

ポルトガル人はブラジルの海岸に沿って、スペイン人より数は多いがもっと小さな城塞を建設した。典型的なのは、**バイア（サルバドール）** 周辺の、ほとんどが1700年頃にあたる一連の城塞である。**サント・アントニオ・ダ・バッラ** はジョアンおよびフランシスコ・コウティンホにより異形の多角形に設計されたものである。また六角形の小さくまとまった **サン・フェリペ**、そして港を守るための **サン・マルチェロ**、非軍事的なみかけの **サンタ・マリア** は小さな七角形の塁道やタイルで覆われたペディメントを持つ。

その他の北アメリカの植民地の城塞は概してあまり印象的ではないが、カナダには"ニューフランス"の技師長ジョシュエ・ボワベルトロ・デ・ボークールによって建設された **ケベック州のシャンブリ城塞（1709-11）** を含む著名な作例がある。**バミューダ諸島のアイルランド島** にある造船所と城塞は、1820年から1860年にかけてアメリカ合衆国との戦争に備え、イギリス海軍の基地として建設されたが、アメリカにおける植民地の城塞の最終段階を示している。

宗教建築

最初期のスペイン植民地における教会建築はまだゴシック様式の性質を帯びていた。そのようなものには **ドミニカ共和国のサント・ドミンゴ大聖堂（1520頃-41）** があり、ルイス・デ・モヤにより建設が始まり、ロドリゴ・ジロ・デ・リエンドによって完成された。リエンドは、プラテレスコ様式のファサードと対照的な、ゴシック様式のトレーサリーのあるヴォールトにかかわった。**ボリビアのスクレ大聖堂（1555-61）** の創建当初の部分、そして **メキシコのグアダラハラ大聖堂（1571-1618）** は、同様に、「ゴシック・サヴァイヴァル」的交差ヴォールトを有している。**コロンビアのカルタヘナ大聖堂（1575-1612）** の時代までに、ルネサンス様式が導入された。よく整ったトスカナ式円柱によるアーケードで身廊と側廊とに伝統的に分けられ、丸窓を備えたクリアストーリー（高窓）、そして上方には木造の小屋組を架けている。アプスだけはゴシックのままである。

メキシコ・シティ大聖堂（1563-1667、p.1282A） は、クラウディオ・デ・オルチニエガ（1520頃-93）によって、外陣（身廊）と内陣、側祭室と二重の側廊を持つ荘厳な規模で設計された。それはバロックと、より厳格な古典的特徴とが混ざり合っている。外陣とトランセプトにはリュネットがあけられたトンネル・ヴォールトが架かり、一方側廊の各ベイにはドームが架けられている。身廊の束ね柱はそれぞれ4本のローマ・ドリス式の半柱からなる。外部では、西ファサードの両側に塔があるが、ホセ・ダミアン・オルティス・デ・カストロとマヌエル・トルサによる新古典主義様式で1786年以降につくられたものである。

ペルーのクスコ大聖堂（1598頃-1654） は正方形断面のルネサンス様式の角柱で支えられたゴシック様式のヴォールトによる同じ天井高の身廊と側廊、奥行の深い側祭室、そしてバロック様式のみどころである幅の広いやや平板なファサードと端部の双塔を持つ。時代遅れのヴォールトは地震対策としてペルーではここやその他でも選択されていたようである。のちに、建設業者はキンチャという工法で木と葦と漆喰によるヴォールトを試みた。同様なものにペルーの **リマ大聖堂** があり、1596頃に建設が始められたが、地震による被害を受けて大部分が再建された。両者ともおそらくフランシスコ・ベセッラ（1545頃-1605）による設計である。

ニュースペインは、スペイン人による支配の最初の世紀には、土着の人々を改宗させる目的で、托鉢修道会によって多くの建物が建設されたということが有名である。**メキシコのテペアカ修道院** は視覚的に城塞化された建物群となる16世紀の主なる例の1つで、それを取り巻く3本の道や、見張りの小屋、狭間胸壁や狭間銃眼を備えている。フランシスコ修道会やアウグスティノ修道会、ドミニコ修道会はみな、メキシコの修道院や教会の建設に際してこの様式に従ったが、それらは通常ごく簡素な単廊式で、がらんとしたアプスと側面の高い窓があるのみである。教会堂の正面に、しばしば、四隅に小さな礼拝堂（カピラ・ポーザ）のある壁に囲まれた巨大なアトリウムがある。これらはインディアンに対して意図されたもので、外の礼拝堂、すなわちカピラ・デ・インディオから教会の一側面に対してミサが執り行われる。そのような配列はメキシコの **テポスコルーラ** と **タルマナルコのキラパンの修道院** にみられる。メキシコの **チョルーラ** では、カピラ・デ・インディオが奇妙なトンネル・ヴォールトとアーケードの構造物に変形している。この種の特徴は、**ボリビアのカキアヴィリ聖堂（1560頃）** や1610年から1619年という遅い時期の **コパカバナ聖堂** など、アンデス地域でもみられる。

エクアドルのキト は、その全てが熱心に建設活動を行った対立する修道院の活動とともに発展した多くの町の1つである。**サン・フランシスコ修道院と教会堂（p.1282B）** は、インカの宮殿の敷地に、オランダの修道士によって設立された規模も影響も大きな複合施設で、美しい石造の仕上げや装飾のあるスタッコで覆われたレンガ造のルネサンス様式で建設された。開放的なアーケードのある大きな2層の回廊があり、一方、天井のある1つの身廊とムデハル様式の羽目板で覆わ

第 37 章　アメリカ　｜　1285

A　サン・フェリペ・デ・バラハスの城塞、カルタヘナ、コロンビア（1630-57、1700 頃再建）　p.1281 参照

B　ラ・コンパニーア聖堂、クスコ（1651-68）　p.1286 参照

C　サン・セバスティアン・サンタ・プリスカ聖堂、タスコ（1751-58）　p.1286 参照

れた側祭室がある教会堂は、17世紀のマニエリストによる外観の、豊かな双塔付きファサードを備えている。ドミニコ修道会やアウグスティノ修道会、そしてメルセス修道会はキトに**メルセス会修道院**も建設しているが、これは下層のアーチごとに2つのアーチを上層に重ねるという、特に優雅な17世紀の回廊を有している。

バロック様式が17世紀のラテンアメリカの教会堂の間で広まった。しばしばその影響はファサード、背障や装飾にみられるが、教会堂の計画にはほとんど関係しなかった。中央アメリカの例には、**メキシコのサカテカス大聖堂**（フランシスコ・ヒメネスにより1612年に建築が始められた。p.1283）や、ディエゴ・デ・ポレスによる**グアテマラのアンティグア大聖堂**(1669-90)がある。ペルーのバロックは特に豪華である。イタリアの影響がみられる**クスコのイエズス会聖堂**(ラ・コンパニーア聖堂、1651-68、p.1285B)は、交差部にドームをのせ、(地震が予想される地域にしては)大胆な高い塔でファサードを飾っている。この教会堂は潤沢さを目指すペースメーカーで、レオナルド・デウブラー神父らによる**エクアドルのキトのラ・コンパニーア聖堂**(1722-65)のファサードのような、後のイエズス会の作品においても実現された。そのような教会堂は、**ボリビアのラパスのサン・フランシスコ聖堂**(1744-84)の奇妙でぎこちないファサードや、**ボリビアのポトシにある特にサン・フランシスコ聖堂やサン・ベルナルド聖堂**といった岩だらけの山岳教会のような、より貧困なコミュニティーでみられるハイブリッドの、すなわちメスティーゾ[訳註：スペイン人とインディオの混血]のバロックとは非常に異なる。

ブラジルのバロックは1657年から1662年につくられた現在の**バイア大聖堂**(もとのイエズス会聖堂)から始まる。ポルトガルからもたらされた石でつくられた背が高く、かなり無装飾の正面は、格間の付いた円筒形のヴォールトにより覆われた、高く幅の広い身廊を隠している。フェレイラ・ジャコメ(1728-82)による**レシフェのサン・ペドロ・ドス・クレリゴス聖堂**(p.1279E)は、四角形広場を前にして建つ都市型の教会堂である。それは多角形の平面を持ち、スタッコと石による背の高い平凡なファサードを飾ったもので、塔の間にきつく収められた背の高い渦巻装飾の付いた破風を備えている。ミナス・ジェライスの金採掘地域では、混血の天才的建築家・彫刻家アントニオ・フランシスコ・リスボア(アレイジャディーニョとして知られる)による魅力的な教会堂として、**オウロ・プレートのサン・フランシスコ・デ・アッシジ聖堂**(1764-76、p.1287A)や**サン・ジョアン・デル・レイのサン・フランシスコ・デ・アッシジ聖堂**(1774)が挙げられる。これらの例では両脇の塔の平面が円形で教会堂本体の中に引っ込んでいるが、一方、彫刻が「ペドラサバン」で精巧に刻まれている。**コンゴーニャス・ド・カンポ聖堂**(1800-5、p.1287C)への階段に並ぶ一連の印象的な予言者像もアレイジャディーニョによるものである。

メキシコ、トラスカラ州のオコトランのサンクチュアリー(1745頃-、p.1287B)は有名な巡礼地である。そのファサードはスタッコで幻想的な形につくられ、明るい赤色タイルを鱗状模様に張るほっそりした双塔を両側に置いている。内部も同様に豊かで、彫刻の多くは18世紀のメキシコ・インディアンの彫刻家フランシスコ・ミゲルによるものである。**タスコのサン・セバスティアン・サンタ・プリスカ聖堂**(1751-58、p.1285C)は華やかな西正面、双塔、背障を有し、美しいドームを付加した、もう1つのメキシコの聖堂であるが、しかし、全体的にみたメキシコ・バロックの勢いや活動は、アントニオ・ゲレロ・イ・トーレスによる、中央のドームと脇を固める礼拝室のある**グアダルーペのカペラ・デル・ポキート**(1777-91)によってよく代表される。

スペイン人が北に向かって進むにつれて北アメリカに建てられた教会堂や修道院は、大陸の中央や南におけるものよりも単純であった。アメリカの**ニューメキシコ州アコマのサン・エステヴァン聖堂**(1629頃-42)は、スペイン伝道師のために、その地域のプエブロ・インディアンによって日干レンガでつくられた最初期の教会堂の1つで、非常に平坦な傾斜した壁と一対の鐘塔を持つが、古典主義系と認められる。日干レンガによる見事な形の破風は、**オールド・ラグーナ・プエブロのサン・ホセ聖堂**(1699-1706)で発展した。その一方で、**ランチョ・デ・タオスのサン・フランシスコ聖堂**は、1805年から1815年にかけて建てられたものであるが、ニューメキシコの日干レンガの手法は、20世紀の批評家たちによってその抽象性を賞賛された重々しさを与えた。これらの日干レンガ造の教会堂の内部は通常木造の平らな天井が架かり、彩色豊かに着色される時もある。

メキシコのバロック様式は、控えめな形で北のテキサス州やアリゾナ州へ伝わった。その地域の最も美しい初期のカトリック教会堂は**テキサス州のサン・アントニオ聖堂**(1720-31)で、ヴォールト天井を架ける。カリフォルニア州に伝道師たちが到達したのは1769年以降のことで、そこでの教会堂は概してあまり意欲的なものではなかった。最も完成された初期の残存遺構は**カーメルのサン・カルロス・ボッロメーオ聖堂**(1793-97)で、ずんぐりした双塔のあるファサードを持つ。

北アメリカのプロテスタントの植民地において、最

第 37 章 アメリカ　1287

A　サン・フランシスコ・デ・アッシジ聖堂、オウロ・プレート（1764-76）　p.1286 参照

B　サンクチュアリー、オコトラン（1745 頃-）　p.1286 参照

C　コンゴニャース・ド・カンポ聖堂、ブラジル（1800-5）　p.1286 参照

初の17世紀の教会堂は、カトリックの地域におけるものよりかなり簡素であった。**ヴァージニア州スミスフィールドのセント・ルーク教会堂**(1632-1660頃、p.1289A)はイギリス中世の教区教会堂の影響を示している。この教会堂はレンガ造で、ずんぐりした四角い塔を西端に持つ簡素な長方形の身廊からなっている。身廊の破風には段状のパラペットが付き、一方、側壁はレンガの段状バットレスで強化されている。荒く形作られたレンガのトレーサリーを持つ窓は、中世の原型を示している。

ヴァージニア州ウィリアムズバーグの**ブルートン教区教会堂**(1711-15、p.1289B)は十字形平面の簡素なレンガ造で、外陣とトランセプトおよび内部の西ギャラリーに光を入れる円頭の窓を持っている。四角い西の塔は1769年に加えられ、木造の尖塔をあげているが、それはイギリス18世紀の尖塔を大いに簡素化したものである。

サウスカロライナ州チャールストンの**セント・マイケル教会堂**(1752-61, p.1289D)は、ジェームズ・ギブスの様式に基づく最も発展したイギリスの植民地教会堂である。古典的な入口ポーティコを持ち、その上に次第に小さくなる一連の八角形ドラムを持つ優美な木造尖塔をあげ、その各層にピラスターとエンタブラチュアとアーチの開口部があるが、その全てがロンドンのセント・マーティン=イン=ザ=フィールズ教会堂をしのばせる。教会堂の躯体は化粧漆喰塗りのレンガで、内部の周囲三方には木製のイオニア式柱に支えられたギャラリーがある。

マサチューセッツ州ボストンの石造の**キングス・チャペル**(1749-54、p.1289E)は大多数のイギリス植民地の教会堂よりも著しく大きく、ペディメントのないイオニア式のポーティコの上に四角い塔(塔は未完成)がのっているもので、**マサチューセッツ州ケンブリッジの木造のクライスト教会堂**(1759-61)、**ロードアイランド州ニューポートのトゥーロ・シナゴーグ**(1759-63)とともに、ヨーク出身のイギリス人船長ピーター・ハリソン(1716-75)によって設計された。

ロードアイランド州プロヴィデンスの第1バプティスト集会所(1774-75)、**ペンシルヴェニア州フィラデルフィアのクライスト教会堂**(1727-54)、ならびに**ニューヨークのセント・ポール礼拝堂**(1764-66)は、その他の重要なイギリス植民地の教会堂で、レンの作品や、特に『建築書』(1728)などの本によるジェームズ・ギブスの影響を示している(第28章参照)。

ケベック州のカップ・サンテ教区教会堂(1754-73)は背の高い、飾り気のない自然石でつくられた教会堂のまれな例であるが、イギリス人が支配する前にフレンチ・カナダで建設されたもので、一対の塔、漆喰塗のヴォールト天井の内部、そして背の高いペディメントを備えた背障を持つ。**ケベック州のラカディー教区教会堂**(1801)はピエール・コンフロア神父によって設計された一連のより小さな教会堂の中では最も良い残存例で、その時代にしては華麗なバロックの内部は飾り気のない外観と著しい対照をなす。

キュラソー島のウィレムスタッドにある**フォート・アムステルダム教会堂**(1766-69)は、オランダ領の西インド諸島における教会堂の美しい例であるが、地上より上に建てられており、長方形の平面で、4本の独立した内部の円柱を持つ。著名なものには1732年に建てられた**ウィレムスタッドのミクバー・イスラエル・シナゴーグ**という簡素なものもある。

ペンシルヴェニア州エフラタのクロイスター(1740-43)は北アメリカの建物のまれな残存例で、ドイツのプロテスタントの宗教的なコミュニティー(この場合はセブンスデー・バプティスト派)のために建てられた。それは中世の様式で、角が直角をなす納屋のような2つの構造物からなり、そのうちのシスター・ハウスは丸太でつくられ、下見板で覆われている。一方、プレイヤー・ハウスは石や粘土が充填(じゅうてん)されたオーク材による軸組構造で、こちらも下見板で覆われている。

学校建築、民間および公共建築

ラテンアメリカのスペイン人征服者の時代の残存する建物の中にはいくつかの病院や学校があるが、それらは概して宗教的な秩序のもとにあった。注目すべき例には、エルナン・コルテスによって1535年頃設立された**メキシコ・シティにあるT字形平面のジーザス病院**やペルーのリマにある十字形平面の**サンタ・アンナ病院**がある。

初期の政府の建物には、かなり手直しされた**メキシコ・シティの副王宮殿**や**エクアドルのキトにあるアウディエンシア**が含まれる。**ニューメキシコ州サンタフェの総督邸**(1610-14)はスペイン帝国の遠方の植民地における行政上の建築の性格を示している。長い1層の構造物で、その土地のメキシコ・インディアンの労働者によって日干レンガで建設されたものであるが、サンタフェの広場から、建物の長さいっぱいに連続し、両端に小塔を備えた開放的なロッジアを通してアプローチされる。屋根は平坦で、丸太によって形作られ、ロッジアに沿った木の幹の円柱によって支えられる。

純粋な行政上の建築は18世紀のスペイン人の植民地において簡素であり続けた。**ボリビアのポトシにあるラ・モネダ**(造幣局、1759-73)は南アメリカでその時期の最も大きな世俗の建物であるが、兵営のような収

第37章　アメリカ　1289

A　セント・ルーク教会堂、スミスフィールド、ヴァージニア州（1632-1660頃）　p.1286 参照

B　ブルートン教区教会堂、ウィリアムズバーグ、ヴァージニア州（1711-15）　p.1288 参照

C　ウィリアム・アンド・メアリー・カレッジ、ウィリアムズバーグ、ヴァージニア州（1695-1702）　p.1290 参照

D　セント・マイケル教会堂、チャールストン、サウスカロライナ州（1752-61）　p.1288 参照

E　キングス・チャペル、ボストン、マサチューセッツ州（1749-54）　p.1288 参照

容施設と店舗からなり、それらは内側にギャラリーで中庭を取り囲む無装飾で3層の構造物に収められている。そのような建物の後の例として、イタリア生まれの建築家ホアキン・トエスカ(1745-99)による**チリのサンティアゴにあるラ・モネダ**(1788-99、現在はチリ政府の所在地)がある。それは街区全体を占め、中庭で分割されている。道に面した立面は重々しいドリス式オーダーが使われ、南アメリカへの新古典主義の導入を示している。メキシコでは新古典主義はマヌエル・トルサの手腕を通して公式に現れたが、彼の**メキシコ・シティの鉱業王立学校**(1797-1813)は、威厳のある主なる中庭と巨大な階段を有し、その時代の傑出した作品である。

メキシコのグアダラハラの州庁舎(1751-75)はニコラス・エンリケス・デル・カスティーリョとホセ・コニケによるもので、チュリゲラ様式とバロック様式とネオ・ムデハル様式の要素の豊富な混合物であるが、一方、**グアテマラのアンティグアの大学**のパティオ(1763再建)は、中央アメリカにおけるネオ・ムデハル様式のデザインの重要な例である。

グアテマラのアンティグアのレアル・カビルド(**市庁舎、1743-**)は、この時期の植民地政府の建築に好まれたより厳格な古典主義様式で、その9ベイのファサードの両方の階にアーケードのロッジアを持っている。

ペドロ・ブエノによる**メキシコ・シティのヴィスケナイス**(旧コレジオ・デ・サン・イグナシオ、1734-53)は貧しい少女たちの学校であった。**ルイジアナ州ニューオリンズのカビルド**(**市庁舎、1795-、p.1291A**)は、スペインがこの地域を支配した時代の行政評議会のために建てられた。これは18世紀のスペインのデザインのアカデミックな傾向を示している。吹放ちのアーケードのある1階、ピラスター付きのアーケードのある2階、ペディメントのあがった中央部、石造細部の重厚さと豊富さ、古典的主題の型にはまった使用などは、この建物と当時のスペイン建築との密接な結び付きを示している。マンサード屋根は後に付け加えられたものである(1850頃)。

フランシスコ・ピント・デ・アブレウによる**ブラジルのオウロ・プレートの刑務所**(1784-88)は、ポルトガル植民地の非軍事的建築の例で、市庁舎と刑務所との機能を合わせ持っており、その目的にもかかわらず、ファサードにロココの優雅さを持っている。

テキサス州サン・アントニオの総督邸(1749)は石造で、錬鉄製の見事な窓格子を持ち、舞踏室や内部のパティオを見下ろす豪勢な応接室を誇り、スペイン帝国の遠隔地においてさえも移住者によって享受された高い生活水準を明示している。

ヴァージニア州ウィリアムズバークのウィリアム・アンド・メアリー・カレッジ(1695-1702、p.1289C)は、イギリス王室建築家としてのクリストファー・レン卿により設計されたものかもしれない。もしそうであっても、レンによって準備された図面は、「そこに居たジェントルマンたちによって土地の性質に適合された」と記録に述べられているので、かなり概略的なものであったに違いない。平面はU字形で、3階の中央ブロックには教室がとられ、一方、2つの突き出た翼にはカレッジ・チャペルと食堂があった。建物の西側には吹放ちアーケードのロッジアが2つの突出した翼の間に延びている。この建物はジョージアン様式の性格を持ち、中央ブロックには優雅なドームが架けられている。

マサチューセッツ州ケンブリッジのハーヴァード大学は、1636年にハーヴァード・カレッジとして設立されたアメリカで最も古い大学である。大部分木造であった最初の建物は何も残っていないが、重要なものは、**マサチューセッツ・ホール**(1718-20)、**ホールデン・チャペル**(1742-44)、**ホリス・ホール**(1762-63)および**ハーヴァード・ホール**(1764-66)である。ハーヴァード・ホールはペディメントのある破風、正式なコーニスと比較的重厚なドームを持ち、北アメリカの大学建築により記念的性格を導入しようとした早い試みを示している。

植民時代の他の重要な大学の建物には、**ロードアイランド州プロヴィデンスのブラウン大学ユニヴァーシティー・ホール**(1770-71)、**コネティカット州ニューヘブンのイェール大学コネティカット・ホール**(1750-52)などがある。

ペンシルヴェニア州フィラデルフィアの独立記念館(1731-91、p.1292)は1776年7月4日の独立宣言が署名された場所であった。かつてはステート・ハウスと呼ばれたこの建物は1731年に起工され、中央ブロックは1745年までに完成した。美しい尖頂屋根を持つ塔は1750年から1753年に建てられたが、危険になったので1781年に解体され、1832年にウィリアム・スティックランド(1787-1854)により、当初の線に従って再建された。アーケードの渡り廊下によって中央ブロックと結ばれた両側の2階建の建物は、それぞれ1736年と1739年に建てられたものである。建物の性格は本質的にジョージアン様式で、白い石で仕上げられたレンガ造である。中央ブロックには欄干の付いた屋根が架かり、その上に手のこんだ木造のランタンのある塔がのっている。

ペンシルヴェニア州フィラデルフィアのカーペンターズ・ホール(1770-71)は「大工組合」——フィラデルフィアの大工棟梁——の本部として建てられた、十字

A カビルド（市庁舎）、ニューオリンズ、ルイジアナ州（1795-）　p.1290 参照

B モンティセロ、シャーロッツヴィル近郊、ヴァージニア州（1770-1809）　p.1294 参照

1292 | 植民地時代およびそれ以後のヨーロッパ以外の建築

独立記念館、フィラデルフィア、ペンシルヴェニア州(1731-91)　p.1290 参照

第37章　アメリカ　1293

A　ホワイト・ハウス、ワシントン D. C.(1792-1829)　p.1294 参照

B　ベル・グローヴ、ホワイト・キャッスル近郊、ルイジアナ州（1857）　p.1295 参照

C　スタウトン邸、ケンブリッジ、マサチューセッツ州（1882-83）
p.1295 参照

形平面の簡素なジョージアン様式の建物で、その4つの破風はペディメントとして扱われている。木造のランタンがのるこの建物で、1774年の9月5日に第1回大陸会議が開かれた。

ジョン・メリックによる**ノヴァ・スコシア州ハリファクスのプロヴィンス・ハウス**（1811-18）は石造の簡素で頑丈な古典主義の建物で、イギリス・ジョージアン様式を喚起させ、カナダの他の行政建築の手本となった。

カリブ海諸島では、**バルバドスのセント・ジェームズ教区のコドリントン・カレッジ**は初期の設立物で、控えめなイギリスのバロック様式による石造の学長公舎（1700頃）がある。その地域の最も注目すべき施設は**ジャマイカのポート・ロイヤル**にある**旧海軍病院**（1817頃-19）である。それはほとんどプレファブの鉄骨骨組構造による長いヴェランダのある2層の建物で、その部材はイギリスから輸送された。

植民地時代後

住宅建築

アメリカ合衆国大統領の公館である**ワシントンD.C.のホワイト・ハウス**（1792-1829、p.1293A）は、イングランド系アイルランド人建築家ジェームズ・ホバン（1762頃-1831）によるイギリス・パッラーディオ様式の建物である。1812年の戦いによって被害を受けたのち修復され、さらに大規模な復原が今世紀になって行われた。ポーティコ（1807-8）はB. H. ラトローブの設計である。

トーマス・ジェファーソンの自邸である**ヴァージニア州シャーロッツヴィル近郊のモンティセロ**（p.1291B）は最も重要なこの時代のアメリカの田園邸宅（カントリーハウス）である。それは1770年から1809年までの長い期間をかけて建てられた。1770年代当時の姿はパッラーディオ様式であったが、1793年以降の改造ではフランス新古典主義の影響を受けており、平面は完全なシンメトリーの配列の中に見事に特有の要件を具体化している。家の両脇を固め、地下の「クリュプトポルティクス」によってつなげられた「付属」建物も面白く、巧妙である。

チャールズ・ブルフィンチによる**マサチューセッツ州ボストンのトンティーン・クレセント**（1793-94、1858取壊し）は、アメリカにおける投機的なすなわち連続型住宅供給（ロウハウジング）の最初の例で、他のどこにでも建設しうる最初期のクレセント型の都市開発の1つである。ブルフィンチの建築は、緩やかな弓状すなわち"凸状"をなす家並みを持つボストンの**ビーコン・ヒル**と**サウス・エンド**という2つの魅力的な赤レンガ住宅街の特徴を模倣している。同様の特徴を持つ家並みはフィラデルフィアやニューヨークにおいてもみられる。タウンとデイヴィスによる**ニューヨークのワシントン・スクエア**（1831、北面が残存）は、テラスに厳格なギリシアの特色を取り入れているが、一方で、褐色砂岩を用いた**ニューヨークのコロネード・ロウ**（1831-33、部分的に残存）は、多分A.J.デイヴィス（1803-92）とともにセス・グリアによるもので、ルスティカ仕上げの1階の上に2-3階通しのコリント式列柱のスクリーンが立ち上がっている。**マサチューセッツ州のローウェル**（1825頃）のような繊維業の街では、入植労働者たちの下宿屋の形で平坦な家並みも建設された。

連邦様式の発展は**ボストンのビーコン・ヒル**や**ボストン・コモン**あたりのブルフィンチによって建設された**ハリソン・ハウス**（1796）、**グレイ・ハウス**（1800-2）、そして**オーティス・ハウス**（1805-8）で認められる。それはその港町（たとえば**マサチューセッツ州のセーラム**にある**ガードナー・ピングリー・ハウス**（1804-5）やニューイングランド全域の一連の商家において、セーレムの建築家兼大工サミュエル・マッキンタイア（1757-1811）による非常に優美な形で取り上げられた。素人のウィリアム・ソーントン（1759-1828）は同じぐらい美しい家を設計したが、それらの例には中央に湾曲部のある楔形（くさび）の家である**ワシントンD. C.のオクタゴン・ハウス**（1799-1800）や、流行したイギリス・ヴィラの系譜上の小さな中央部とその両脇の翼部のある**ワシントンD. C.のジョージタウン**にある**テューダー・プレイス**がある。

ヴァージニア州のアーリントンにある**リー・マンション**という1802年頃の住宅は、アメリカにおける最初の正式なグリーク・リヴァイヴァルのポーティコを持つが、1820年にはジョージ・ハドフィールド（1763-1826）によってパエストゥムでみられるドリス式正面六柱が付加された。住宅にオーダーを使って装う流行は、トーマス・ユースティック・ウォルター（1804-87）による**ペンシルヴェニア州のアンダルシア**（1833）のように、継続された。他の主要なグリーク・リヴァイヴァルの住宅には、イティエル・タウンによる**マサチューセッツ州ノーサンプトンのバウワーズ・ハウス**（1825）やラッセル・ワレンによる**ロードアイランド州ニューポート**にある**エルムハースト**（1833）、ミシガン州アナーバーにある**ジャッジ・ウイルソン・ハウス**（1843）、そして**ヴァーモント州オーウェル**にある**ウィルコクス＝カッツ・ハウス**（1843）が含まれ、それらの全てが、イオニア式神殿の正面を備えている。建物に巻き付くようなポーティコはディープサウスの連続するヴェランダを持つプランテーションハウスに適していたが、そこではギリシアのものよりもトスカナ式オーダーがより普

通であった。そのような例には、ともにルイジアナ州セント・ジェームズ教区にある、豪華にロマンティックな**オーク・アレー**（1837-39）や**アンクル・サム・プランテーション**（1850頃）がある。より典型的なものは**ジョージア州メイコンにあるラルフ・スモール・ハウス**（1835頃）で、ペディメントのない簡素な2層のドリス式正面六柱のポーティコを持つ。そして、**ルイジアナ州ホワイト・キャッスル近郊のベル・グローヴ**（1857、p.1293B）は75の部屋と糸杉に彫られたコリント式柱頭の壮麗なポーティコを持った広壮な建物である。

ギリシア様式の住宅は、規模の大きなもののみならず小さなものも、北アメリカ全土で継続してつくられた。**テキサス州カーセッジのジャスパー・コリンズ邸**（1850）は単層の住宅で、その側面の3面に四柱式のポーティコを備えている。古典的な19世紀の形式の独立したアメリカの住宅の典型は、ゆったりとした玄関の間と平面の中心から全ての部屋にアクセスする階段を有している。

ピクチュアレスク・ヴィラの建築は、特にポーティコをあまり必要としない北部の州において、グリーク・リヴァイヴァルに翳りをもたらした。A. J. デイヴィスは彼のタリータウンのヴィラ、とりわけイギリスのテューダー・ゴシックの手法による注目すべき**ニューヨークのタリータウンにあるリンドハースト**（1838、後に増築）で流行をつくりだした。**マサチューセッツ州ニューベッドフォードのロッチ邸**（1845）はピクチュアレスクの好みのもう1つのデイヴィス・ヴィラで、鋭い破風、彫刻された破風板やヴェランダを有している。他の様式が、注目すべきイタリア風やアルプス・スイス風またはドイツ風など、レオポルド・エイドリッツ（1823-1908）による1854年の**ロードアイランド州ニューポートのザ・シャレー**にみられるようなアメリカの木造軸組の技術に適した作風に基づいて追従した。カルバート・ボークス（1824-1908）と彼の顧客である絵師フレデリック・チャーチによる**ニューヨークのハドソン近郊にあるオラナ**（1870-91）は豪華なムーア風で飾られたゴシックである。アメリカのピクチュアレスクは**カリフォルニア州ユーリカの異様なウィリアム・カールソン邸**（1884-86）で極められたが、それはサミュエル・ニューサム（1854-1908）とジョセフ・ニューサム（1858-1930）という兄弟建築家兼建設業者によるものであった。

その時までにリチャード・モリス・ハントによる多くの外側の骨組とひとまとめの破風のある**ロードアイランド州ニューポートのグリズウォルド邸**、または E. T. ポッター（1831-1904）による**コネティカット州ハートフォードのサミュエル・クレメンス（マーク・トウェイン）邸**によって代表される無骨な「スティック・スタイル」の流行は、東海岸では廃れてしまっていた。それに取って代わって、より落ち着いた「シングル・スタイル」が出てくるが、それは H. H. リチャードソンの**ロードアイランド州ニューポートのワッツ・シェルマン邸**（1875-76）でみられ、そして、平面と立面がイギリスのピクチュアレスクの手法で壊されている**マサチューセッツ州オークスウッドのウォード邸**（1877-78、取壊し）から、低い勾配のシングル葺きの広い屋根の下に完全に覆われる全くアメリカ風の**ロードアイランド州ブリストルのウィリアム・ロウ邸**（1887-88）にかけての範囲の一連の魅力的な住宅において、マッキム・ミード＆ホワイトにより引き継がれた。シングル・スタイルを普及させた建築家にはウィルソン・エア、ブルース・プライス（**ニューヨークのタキシード・パークのピエール・ロリラード邸**〔1884-86〕）、W. R. エマーソン（1833-1917、**メイン州バー・ハーバーのレッドウッド**〔1879〕）、そして J. L. シルスビーがいる。富裕層向けの郊外住宅のより典型的なものは、**ニュージャージー州ルウェリン・パークのグレンモント（トーマス・エディソンの邸宅）**で、H. H. ホリーによってシングル・スタイルとスティック・スタイルとを巧みに組み合わされている（1880-81）。

リチャードソン自身の住宅建築はますます抽象的なものになった。彼の**マサチューセッツ州ケンブリッジのスタウトン邸**（1882-83、p.1293C）は控えめな例で、上から下までシングルで覆われている。より劇的なのは、巨石建築の1つの試みである**マサチューセッツ州ノース・イーストンのエームズ・ゲート・ロッジ**（1880-81）や、石造の要塞風の通り立面がレンガ造の華麗な平面の内側の中庭を隠すという緊張感のある**シカゴのグレスナー邸**（1885-87）がある。

都市住宅建築は南北戦争以降、ボストンやニューヨークで着実に発展した。ボストンのバック・ベイは、ジョン・スタージス（1834-88）による**ボストン・ダートマス通りのエームズ邸**（1882）でみられるように、最初は「パネル・ブリック」様式の好みから、次に豪華なアメリカの"クイーン・アン"の手法を好み、古い連続住宅の伝統を最初に破壊した。これは、マッキム・ミード＆ホワイトのような建築家の愛想の良いフランスやイタリアの様式によって引き継がれたが、彼らの**ボストンのバック・ベイにあるホイッティアー邸**（1880-83）や**ニューヨークのティファニー邸**（1882-85）は特色を失わず、歴史を参考にまとめ上げられた。ブラマンテ風のディテールのある褐色砂岩のパラッツォである彼らの**ニューヨークのヴィラード邸**（1883-85）の時までに、マッキム・ミード＆ホワイトは、彼らの後半の作品の

洗練されたアカデミズムに近づいていた。ヴィラードやヴァンダービルト家のようなアメリカの極めて裕福な人々は、特にフランスのアカデミックな建築を好んだ。**ニューヨーク5番街のウィリアム・K・ヴァンダービルト・マンション**（1879-81、1925 取壊し）とヴァンダービルトの広大な田園に建つ邸宅である**ノースカロライナ州アシュヴィルのビルトモア**（1890-95、p.1297A）は、ともにリチャード・モリス・ハントによるものである。それらは初期のフランス・ルネサンスの城館の様式であるが、スタンフォード・ホワイトがそのような様式にもたらした新鮮さはない。ニューヨークの高層のアパートメント・ハウスはこの時代に改良された。破風屋根のラインと中庭型平面を持つ9層の**ニューヨークのセントラル・パーク・ウエストのザ・ダコタ**（1882-84）は、ヘンリー・J・ハーデンバーグ（1847-1918）によるものであるが、人目を引く。労働者の宿舎も高くつくられ始める。**ニューヨークのブリーカー通りにあるミルズ邸**（現ザ・アトリウム、1896-97）は、ボザールで学んだアーネスト・フラッグ（1857-1947）による採光と換気のため中庭のある連結した正方形を、寝室群で区面した単身者のための宿舎であったが、安価だが魅力的な立面に寄与する深い庇屋根のある暗示されたオーダーがある。

　地方の世俗建築の有力な流れが19世紀の終わりにアメリカで発展した。1つはサンフランシスコにおいてで、そこではシングル・スタイルはカリフォルニア州北部の温和な気候や田舎の文化に合わせるように改良された。それはA.ページ・ブラウン（1859-96）の作品（**サンフランシスコのクロッカー老人ホーム**、1889-90）やコックスヘッド＆コックスヘッドの作品（**サン・アンセルモのキャリガン邸**、1892頃）、そしてウィリス・ポーク（1867-1924）の作品（**マックラド近郊のザ・ベンド**、1895頃）に表れた。カリフォルニアもプエブロ・リヴァイヴァルもしくはメキシカン・リヴァイヴァルの揺籃期を迎えた。それはA.C.シュヴァインフルト（1864-1900）によるウィリアム・ランドルフ・ハーストのための注目すべき郊外住宅、**スノル近郊のハシエンダ・デル・ポゾ・デ・ヴェローナ**（1895-96、1969 焼失）から始まった。しかし、その地域の最も重要な中心はいわゆるプレーリー派であり、シカゴのフランク・ロイド・ライト（1867-1959）の強い個性をめぐって大きく展開した。ライトの最初期の重要な住宅は**シカゴ、アスター通りのチャーンリー邸**（1891）で、それはマッキム・ミード＆ホワイトからの影響を受けた大胆で抽象的なローマ様式であった。シカゴ郊外でいくつかの保守的なシングル・スタイルの住宅の後、より複雑な背面以外は、左右対称で、軒が深く、正面は強さと自信と水平性を示した**イリノイ州リバー・フォレストのウィンズロー邸**（1893）を建ててからは、彼は終始変わらぬオリジナリティを示し始めた。ライトの示した長所はすぐに他の人々に追随された。たとえば、ウィンズロー邸はジョージ・W・マーハーの**イリノイ州オーク・パークのファーソン邸**（1897）に明確な影響を与えた。イリノイ州オーク・パークのライト自邸に増築された**スタジオ**（1895）、**シカゴのヘラー邸**（1897）、そして**シカゴのフッサー邸**（1899、取壊し）の全ては、19世紀の「箱」を壊し、独立住宅を新しい時代に羽ばたかせせる最大の役割を果たした建築家ライトの傑出した才能に確信を持たせるものである。

　ラテンアメリカでは、フランス新古典主義の影響が植民地時代以降の世俗建築で強かった。重要なのは1816年グランジャン・ド・モンティニーによって主導されたブラジルへの文化使節団である。**リオデジャネイロ**における例には、ともに1820年頃のP.J.ジャネイロによる**マルケサ・デ・サントス邸**とモンティニー自身による**リオデジャネイロのモンティニー邸**である。M.J.レベイルーによる**リオデジャネイロのイタマラーティ宮殿**（1841-44）は、現在ブラジル外務省となっているが、やや以前のパリの建物に似た美しい別荘建築である。アーチ窓は、2つの階でそれぞれ床まで開いて建物全体に自由な換気を促している。チリではフランス人クロード・フランソワ・ブリュネ＝デュベイヌとルシアン・アンブロワーズ・エノーが、**サンティアゴ**に一連の優雅な住宅（1848-80）をつくりだした。アルゼンチンでは、ドイツ人が19世紀の国の発展に強く影響を与えたが、エルネスト・ブンゲによる**ブエノスアイレスのエアーズ邸**（1880頃）はその代表であろう。

宗教建築

　独立後の19世紀におけるラテンアメリカの主な教会堂は概して新古典主義に基づいている。**アルゼンチンのブエノスアイレス大聖堂**（1822）のポーティコはプロスペロ・カルテリンによるもので、神殿正面をモデルとしている。ゴシック様式は19世紀の終わりにかけて大衆の支持を受け、セレフィノ・グティエレスによる**メキシコのサン・ミゲル・アジェンデ教会堂**（1880頃）のように風変わりな教会堂がつくられた。しかしバロックも根強く、**メキシコのザモラ大聖堂**（1840-80）などがある。

　メリーランド州ボルティモアのカトリック大聖堂（1805-21）は、イギリス生まれのベンジャミン・H・ラトローブによるアメリカでの最も重要な作品と思われるが、アメリカにおける最初の本格的なローマ・カトリックの大聖堂であった。平面はラテン十字形で、

A ビルトモア、アシュビル、ノースカロライナ州(1890-95)　p.1296 参照

B トリニティ教会堂　ボストン、マサチューセッツ州(1873-77)　p.1298 参照

交差部の上にパンテオンのような格間を持つ直径 18 m あまりの大きなドームがあり、一方、身廊の屋根にはより小さな浅いドームが架かっており、内部は広い。外部では、西の双塔の間にペディメントの付いた美しいポーティコ（当初からデザインされていたが、1863年にようやくつくられた）があり、主ドームは八角形のドラムの上に立ち上がっている。

アメリカにおける初期のゴシック様式の教会堂には、ラトローブによる**ワシントン D.C. のクライスト教会堂**（1808）やイティエル・タウン（1784-1844）による**コネティカット州ニューヘブンのトリニティ教会堂**が含まれる。イギリスの教会建築学の影響で、様式は従来より学問的になった。この変化はニューヨーク・シティでよく認められ、リチャード・アップジョンによる**トリニティ教会堂**（1839-46）は、イギリス装飾式風で流行を生み出した重要な作品である。ジェームズ・レンウィック（1818-1905）による**グレース教会堂**（1843-46）や**セント・パトリック大聖堂**（1858-79）も重要で、後者は一対のフランス色の強い尖塔を西正面に持つ。アップジョンのより単純な田舎の教会堂は魅力的で、たとえば**ウィスコンシン州デラフィールドのセント・ジョン・クリュソストモス教会堂**という独立鐘塔のある破風板が付いた木造の例がある。イギリス・ゴシックは 19 世紀末のイーストコーストで再評価された。ラルフ・アダムズ・クラム（1863-1942）の優れた作品（**マサチューセッツ州ボストンのアッシュモントのオール・セインツ教会堂**、1891）やヘンリー・ヴォーガン（1845-1917）の作品（**コネティカット州ニューヘブンのクライスト教会堂**、1895-98）は注目に値するが、しかしそれぞれニューヨークとワシントンにある大聖堂は 20 世紀に属している（第 50 章参照）。

H. H. リチャードソンは 2 つの重要な教会堂をボストンに建設したが、どちらも純粋なゴシックではない。**ブラットル・スクエア教会堂**（1871-73）は彼の最初の主だった業績であった。それは十字形平面で、バルトルディによる劇的なフリーズより上の頂部に、はね出し狭間のある直立した塔を持つ。これに続くのが、**トリニティ教会堂**（1873-77、p.1297B）で、シェプレー・ルータン & クーリッジによる西塔とポーチ（1894-97）を持つ、アメリカ建築の 1 つの鍵となるモニュメントである。教会堂の平面は中央の塔によって支配されたギリシア十字形平面で、短い回廊と屋根のない階段とで教区会館につなげられている。その様式は南部ロマネスクであるが、褐色砂岩の縁取りのある固い表情の花崗岩が強い迫力と個性のもとに使われた。リチャードソンの後期の手法を用いた美しい教会堂には、バーナムとルートによる、角に迫力のある塔を持つシカゴの**セント・ガブリエル教会堂**（1881）やリチャードソンの実務を引き継いだ商会の 1 つであるロングフェロー・オールデン & ハーロウによる**ピッツバーグのマクルア・アヴェニュー・プレスビテリアン教会堂**（1887）が含まれる。両者とも石造の土台の上に高品質の薄いローマレンガで建設された。

モントリオールには、カナダにおける 19 世紀の教会建築の発展や変化を伝える大きな教会堂が展開している。ジェームズ・オドンネル（1774-1830）とジョン・オーステル（1813-92）による**ノートル・ダム教会堂**（1824-43）は、重要な初期カナダ・ゴシック・リヴァイヴァルの建物で、西の双塔と正面の素朴なイギリス起源の細部を備えている。内部には当初二重のギャラリーがあった。ヴィクトル・ブルジオ（1809-88）による**世界の女王マリア大聖堂**（もとのセント・ジェームズ大聖堂、1875-85）は対照的に、ローマのサン・ピエトロ大聖堂の再創造が意図されていた。規模やさまざまな妥協の点では異なるが、カナダ人の文脈でヴァティカンのバシリカの注目すべき翻訳の成果である。プロテスタントの建築は、いつも通りより簡素であるが、時に風変わりなものもある。そのような例には、**オンタリオ州ホーランド・ランディングのシャロン寺院**がある。それは反体制派のクエーカー教徒のための正方形の寺院で、二重のクリアストーリーのある 3 層の建築である。

北アメリカの 19 世紀のシナゴーグは、2 階席のある半円アーチによる様式というヨーロッパの流儀に従った。最も良い現存例はヘンリー・フェルンバック（1829-83）による**ニューヨーク・シティのセントラル・シナゴーグ**（1870-72）である。

学校建築、民間および公共建築

トマス・ジェファーソンによる**ヴァージニア州リッチモンドの州会議事堂**（1789-98、p.1299A）は、ニームのメゾン・カレに基づいていた。イオニア式オーダーが使われているが、「ケッラ」の窓割はパッラーディオの方式に従っている。この建物はおそらくアメリカにおける最初の真の新古典主義のモニュメントとみてよく、後のアメリカの建物に大きな影響を与えた。ギリシアおよびローマの古典神殿の形態は、銀行や学校その他の建物に適用されたが、あらゆる犠牲を払っても古代の形態の外郭線を維持するために、機能は「ケッラ」の中に押し込まれた。

マサチューセッツ州ボストンの州会議事堂（1795-98）はチャールズ・ブルフィンチの設計で、特に入口のレベルに簡素なアーケードと上階にコロネード・ロッジアを持つ中央の突出部や、主ファサード末端部の窓のアダム風の細部に、フランスおよびイギリスの新古典

第37章 アメリカ | 1299

A 州会議事堂、リッチモンド、ヴァージニア州（1789-98）
p.1298 参照

C フィラデルフィア市庁舎、ペンシルヴェニア州（1874-1901）
p.1302 参照

B バンフ・スプリングズ・ホテル、バンフ、アルバータ州
（1886-88） p.1310 参照

D マーチャンツ取引所、フィラデルフィア、ペンシルヴェニア
州（1832-34） p.1304 参照

A 合衆国議事堂、ワシントン D.C.(1793-1867)　p.1301 参照

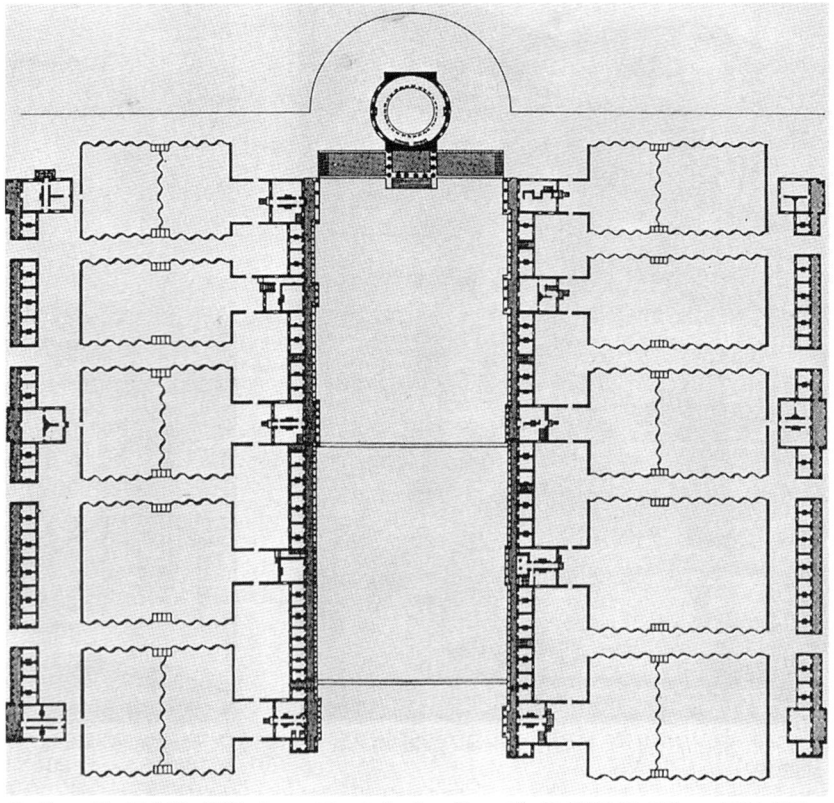

B ヴァージニア大学、平面、シャーロッツヴィル、ヴァージニア州(1817-26)　p.1301 参照

主義の影響を示している。この建物はドームをあげているが、これは後のアメリカの州政府の建築にしばしば取り入れられた特徴である。

アメリカ合衆国政府の所在地である**ワシントン D. C. の合衆国議事堂**（1793-1867、p.1300A）は、その巨大なドームとともに、世界で最もよく知られた建物の1つである。イギリスのアマチュア建築家であるウィリアム・ソーントン（1759-1828）のデザインによって建てられた最初の建物は、中央にロトンダをおいてパッラーディオ風に計画された。フランスの建築家 E. S. アレ（1755-1825）の助力を得て行われたソーントンの仕事は、ベンジャミン・ラトローブによって継続された（1803-11）。1812年の戦争の後、ラトローブはイギリスによってひどく損傷された建物の再建（1815-17）の責任を負った。その後、チャールズ・ブルフィンチがさらに仕事を続け、1829年に完成した。ついで1851年と1867年の間には、トーマス・アスティック・ウォルター（1804-88）の設計により両側の翼屋、大ドーム、中央のロトンダが増築された。このドームは以前のパンテオン風のドームにかわり、大部分鋳鉄による内径30 m、総高68 m のものとなった。

ヴァージニア州シャーロッツヴィルのヴァージニア大学（1817-26、p.1300B）は、ソーントンとラトローブの助力を得たトマス・ジェファーソンによって、「アカデミカル・ヴィレッジ」として設計された。それはジェファーソンの自邸であるモンティセロ（p.1291B）を見下ろす平原に配され、後のアメリカの大学のキャンパス計画の型を確立した。平面は、広い長方形の並木のある広場からなり、その両長辺には古典的なポーティコを持った5棟の2階建が並んでいる。それらには教授の部屋と講義室が設けられ、それぞれ低いコロネードで結ばれており、コロネードから学生たちの部屋へ入れるようになっていた。中央の広場は、一方の端部をローマのパンテオンをモデルにした大学図書館で限られている。この図書館は今世紀の初頭に焼け落ち、マッキム・ミード & ホワイトによって再建された。教室および住居施設の列の裏には、学生たちが個人的な召使として大学へ連れてきた奴隷たちの住居が、庭を隔てて設けられた。この計画の中のそれぞれの建物には、何らかの古典的建築作品を示すことが意図されており、こうして学生たちに標本を提供していた。

ペンシルヴェニア州フィラデルフィアのジラード・カレッジの創設者記念ホール（1833-47）は、T. U. ウォルターによるもので、大きなコリント式正面八柱・周柱式神殿の形態をとっている。その外観は内部平面にほとんど関係ない。取り囲む円柱は3層を貫通している。

ロバート・ミルズ（1781-1855）による**サウスカロライナ州チャールストンの郡記録事務所**（1822-23）、**ワシントン D. C. の特許庁**（1836-40）と**大蔵省**（1836-42）は、全て「耐火」建築として設計され、ヴォールト構造を広範に使用している。ミルズの建物は構造的巧妙さと、ギリシアの先例に対する強烈でかつ極めて個性的な解釈によって特徴づけられる。ミルズは**ワシントン D. C. のワシントン記念塔**（1836 設計、1848-54；1879-84 建設）も設計したが、それは白花崗岩によるすらりとした170 m の高さのオベリスクである。

ジョン・ハヴィランド（1792-1852）の**ペンシルヴェニア州フィラデルフィアの東部州刑務所**（1823-29）は、刑務所の平面計画に関する国際的な重要性を有している。それは「パノプティコン」方式の監視や更正を初めて合議の上で実践したからである。監房棟は放射状に配列され、受刑者はいかなる交信の機会もなく、厳しく孤独の状態で監禁される。**ニューヨーク・シティ裁判所兼少年鑑別所**（ザ・トゥーム、1835-38、取壊し）は同様な平面計画で、恐ろしく大きなエジプト風のファサードを有する。南アメリカでは、このような配置がトーマス・リードによる4本の腕のある**コロンビアのボゴタ刑務所**（現国立博物館、1848）とブラジルのレシフェにあるマメデ・フェッレイラの**少年鑑別所**で模倣された。

イギリス・イタリア風のリヴァイヴァルは1840年代にイーストコーストで流行したが、作品にはジョン・ノットマンによる**フィラデルフィアのアシニーアム**（1845-47）またはアンミ・B. ヤングによる**ワシントン D. C. のジョージタウンの税関**（現郵便局）がある。

アメリカにおける鉄による建物で最も完全な初期の遺構は、**ニューヨーク州ウォーターヴィリエット・アーセナル倉庫**（1859）で、ダニエル・バジャーの鉄工所により建設された。ファサードは鋳鉄製で、内部に全て鉄製の幅の広い桟敷を持つ。

ゴシック様式はジェームズ・レンウィックによる**ワシントンのスミソニアン博物館本部ビル**（1848-49）からアメリカの公共建築に導入された。この建物はノルマン様式の細部装飾のある褐色砂岩でつくられ、非対称な塔のあるピクチュアレスクな外形を示している。P. B. ライト（1838-1925）によるヴェネツィアン・ゴシック様式で多色の、**ニューヨークの国立デザイン・アカデミー**（1862-65、取壊し）は、ラスキンの影響を受けていると思われ、フランク・ファーネス（1839-1912）のペンシルヴェニア州の建物で成熟期を迎えた。彼の個性的で意図的な**フィラデルフィアのペンシルヴェニア美術アカデミー**（1871-76）は、リチャードソンの作品の迫力を予期させる。それは多色の切石積みで、すばらしい階段を誇っている。ゴシック様式による多くの大

学の建物のうちで、ウェア & ヴァン・ブラントによるマサチューセッツ州ケンブリッジのハーヴァード大学記念ホール(1870-78)が挙げられるが、それはギルバート・スコット卿と関連する装飾的で彩色豊かなイギリスの様式である。

カナダの、トーマス・フラー(1822-98)と S. W. ステントによるオタワの自治領議事堂(1861-67、p.1303A)は、ゴシック様式の塔や尖塔や屋根飾りの沸き立つようなシルエットを持つ。内部の大部分は 1916 年の火災によって焼失し、その後、舞い上がるようなネオ・ゴシックによるピアス・タワーが J. A. ピアソンと J. O. マーチャンドによって増築された。カナダの州政府の建築の発展は、ブリティッシュ・コロンビア州ヴァンクーヴァーの魅力的なピクチュアレスクの、レンガと深いポーチのある木造骨組の旧立法府ビル(1859、1957 破壊)から、フランソワ・ラッテンベリー(1867-1935)による中央にドームを有する立体的なルネサンス様式の、ヴァンクーヴァーの新立法府ビル(1893-98)への変化によってよく理解できる。

独立戦争後のアメリカ連邦政府の建物や市庁舎は概して華麗なフランス・ルネサンス様式に従った。最もぜいたくな例はジョン・マッカーサー(1823-90)によるペンシルヴェニア州のフィラデルフィア市庁舎(1874-1901、p.1299C)で、美しい彫刻やウィリアム・ペンのブロンズ像がのる高い中央塔がある。ワシントンの行政府ビル(旧戦争・海軍州事務所、1871-88)は A. B. マレット(1834-90)による、同じジャンルのものである。モンゴメリー・メイグス(1816-92)によるワシントンの旧年金ビル(1883)は、外観は質素なイタリアのパラッツォの手法であるが、内部は端部を巨大なアーケードによって支配された広大な 4 層のホールである。

これらの様式は H. H. リチャードソンのロマネスク様式により時代遅れとなったが、彼は一連の美しい小図書館(たとえばマサチューセッツ州ウォバーンのウィン記念図書館〔1876-79〕)や鉄道駅(たとえばマサチューセッツ州サウスフレーミングハム駅〔1883-85〕)でそのロマネスクを発展させ、ピッツバーグのアレゲーニー郡裁判所・刑務所(1884-87)においてロマネスク様式を完成した。花崗岩によるこれらの巨大な建物、特に刑務所は記念碑的建物に新たに迫力や抽象性、力強さにポイントを置いた。裁判所の内部の造作は、恐ろしい外観に反比例して壮麗なものであった。

リチャードソン風の公共建物には、ロングフェロー・オールデン & ハーロウによるマサチューセッツ州ケンブリッジの市庁舎(1887)、シェプリー・ルータン & クーリッジによる巧みに平面計画されたカリフォルニア州パロ・アルトのスタンフォード大学、そしてカナダでは E. J. レノックス(1856-1933)によるトロント市庁舎(1890)がある。より純粋でより学術的な様式への変化はすでにリチャード・モリス・ハントのニューヨークのレノックス図書館(1871-75、取壊し)から読み取れるが、リチャードソンの死後、マッキム・ミード & ホワイトによるボストン公共図書館(1887-95、p.1303B)によってもっと明確になった。この巨大な建物はボザールとイタリアのモチーフとを自信をもって混合したものであるが、まだリチャードソンの半円アーチ様式に対して敬意を示している。正面はアンリ・ラブルーストによるパリのサント・ジュヌヴィエーヴ図書館(第 34 章参照)に基づいている。内部にはピュヴィス・ド・シャヴァンヌによる壁画のある美しい階段が主閲覧室へ導くが、それはアメリカ建築における最初のローマ・ルネサンス様式の内部である。また中央には 15 世紀様式のアーケードのある中庭がある。マッキム・ミード & ホワイトによる後の建物には、二重の回廊のあるボストンのシンフォニー・ホール(1898-1900)があり、それは音響効果が科学的に計算された最初の公会堂である。

マッキム・ミード & ホワイトのルネサンスの霊感を受けた指導力は、シェプリー・ルータン & クーリッジのシカゴ美術館(1892)に引き継がれ、1893 年のシカゴ万国博覧会以降、支配的になったが、そこでの主要な展覧会の建物はほぼ全て古典的であった。このボザールに対する初期の熱狂の中には、アーネスト・フラッグによるワシントンのコーコラン美術館(1893-97)があるが、その建物はラブルースト風のファサードの奥に、2 層の柱梁式の構造で、天窓のあるアトリウムがある。キャス・ギルバート(1859-1934)によるミネソタ州セント・ポールの州会議堂(1896-1903)は、ヴァティカン形式のドームを持つ。そしてカレール & ヘイスティングスによる風格のあるニューヨーク公共図書館(1897-1911)は、ルイ 15 世時代のパリの古典主義が巨大な規模でありながら改良されて発展したボザール期の多くのアメリカ建築の 1 つである。

1900 年以前のアメリカにおける最大で現存する鉄道終着駅は、テオドール・C. リンクとジョージ・H. ペグラムによるミズーリ州セント・ルイスのユニオン駅(1892-94)である。長いリチャードソン風のファサードと時計塔は、その当時では世界最大であったスパン(186 m)の三日月形の鉄の屋根トラスを隠している。

ラテンアメリカでは、リオデジャネイロの税関(1820 年代)、美術アカデミーや市場(1835-41)は、フランス人 A. J. V. グランジャン・ド・モンティニーによるもので、公共建築へのフランスの国際的影響を反映している。新古典主義は 19 世紀を通して支配的で、たと

A 自治領議事堂、オタワ、オンタリオ州(1861-67)　p.1302 参照

B ボストン公共図書館、マサチューセッツ州(1887-95)　p.1302 参照

えばトーマス・リードによる**コロンビアのボゴタにある議事堂**（1847-1905）や、C. F. ブリュネ＝ドベーヌ（1799-1855）とエノーによる**チリのサンティアゴにある国民会議派ビル**（1840-76）、または、アレジャンドロ・ラヴィッツァによる、より質素な**パラグアイのアスンシオンの議事堂**（1860-80）がある。ドイツで好まれたイタリアの様式がアルゼンチンでは普通で、そこにはドイツで学んだ 5-6 名の建築家が定住した。たとえば、カルロス・A・オルトゲルトによる**ブエノスアイレスの国立教育協議会**は、イタリア・ミュンヘン様式である。**ブエノスアイレスの 5 月広場**はファン・アントニオ・ブスキアッソによって 1890 頃に配置計画されたものであるが、政府の建物が中央に計画されるという考えに向かい、フランチェスコ・タンブリニ（1892 没）による**政府庁舎**（カーサ・ロサーダ、1884-1900）やヴィクトール・メーノによる**国会議事堂**（1900 頃）が建設された。

劇場はラテンアメリカの建築においては常に重要であった。ブラジルのものは、ルイ・ヴォーティエによる**レシフェのサンタ・イザベル劇場**（1840-46）の控えめな様式から、誇張された漆喰で飾られた**マナウスのアマゾナス劇場**（1900 頃）の様式まである。なお前者の劇場の様式はフランスの芸術使節によって擁護されたものである。ウルグアイはカルロス・ズッチによる**モンテビデオのソリス劇場**（1841-56）がある。チリには C. F. ブリュネ＝ドベーヌとエノーによる**サンティアゴの市立劇場**（1873 頃）、コロンビアにはマリアノ・サンツ・ド・サンタ・マリアによる**ボゴタの市立劇場**（1887-90）がある。そしてアルゼンチンには**ブエノスアイレスにフランシスコ・タンブリニによる優雅なコロン劇場**（1892-1906）がある。メキシコのグアナファトの**フアレス劇場**（1892-1903）はアントニオ・リヴァス・メルカドによるものであるが、控えめな古典的なポーティコのある豊かなネオ・ムーア様式の内部と対照をなす。

商業および工業建築

W. スティックランドによる、レンガとペンシルヴェニア白大理石によって建てられた**ペンシルヴェニア州フィラデルフィアの合衆国第 2 銀行**（旧税関、1817-24）は、公開設計競技によるものであった。建物は長方形平面で、前後にパルテノンをモデルとしたドリス式の六柱式ポーティコを備える。内部では、イオニア式のコロネードから立ち上がるトンネル・ヴォールト天井の架かった銀行業務ホールが特に注目に値する。

ウィリアム・スティックランドによる**ペンシルヴェニア州フィラデルフィアのマーチャンツ取引所**（1832-34、p.1299D）は、グリーク・リヴァイヴァル様式で、背面のアプス的取り扱いと半円形のコリント式の列柱スクリーンが注目される。この列柱は 2 階の床から 2 層を通じて立ち上がり、屋上にはアテネのリュシクラテス合唱隊記念碑に基づいたドームを頂いている（第 7 章 p.160 参照）。

マサチューセッツ州ボストンのクインシー・マーケットは 1825 年にアレクサンダー・パリス（1780-1852）によって着工されたものであるが、北アメリカの主要な初期のマーケット建築である。それは中央にドームを持つ大きな花崗岩のブロックでつくられた長い閉鎖的な建物と端部のポーティコからなり、背の高い赤レンガの倉庫と店舗が側面に並ぶ。フランスのモデルに基づいた閉鎖的なショッピング・アーケードが続いたが、有名なのはジェームズ・バックリン（1801-90）とラッセル・ワレン（1783-1860）による**ロードアイランド州プロヴィデンスのプロヴィデンス・アーケード**（1828-29）である。これも両端の花崗岩のコロネードを通って内部に入る。アーケードは天窓から採光され、華麗な鉄製のギャラリーがあるが、ここから 1 階の店舗に入る。

ジョン・ハヴィランドによる**ペンシルヴェニア州ポッツヴィルの農商銀行**（1830）は、おそらく鋳鉄のファサードを用いたアメリカで最初の建物である。ここでは切石を模して加工された鉄板がレンガの下地にとめられていた。後にはプレハブの鉄製ユニットが構造全体に使われるようになる。

ジェームズ・ボガーダス（1800-74）は鋳鉄構造の発展に重要な役割を果たした。彼はこの構造を多くの建物に用いたが、その中にはニューヨークの彼自身の工場（1848-49）、**ニューヨークのレイング・ストア**（1849）、**ニューヨークのハーパー兄弟印刷工場**（1854、1920 取壊し）などがあった。彼はまた**ニューヨーク博覧会場**（1853）の計画を提案したが、実現しなかった。同じ構造技術を用いた他の建物には、G. P. カミングスによる**ペンシルヴェニア州フィラデルフィアのペン相互生命保険会社**（1850-51、取壊し）や、ミズーリ州セント・ルイスのドック地区の特に優れたいくつかの例（1850 頃-80 頃、p.1307A）がある。

ジョン・ケラムによる**ニューヨークの A. T. スチュワート・ストア**（後のワナメーカース・ストア、1862、1956 焼失）はプレハブのユニットを用いた鉄構造のもう 1 つの重要な例であった。立面は繰り返されるベイによって構成され、5 階建の各階はアーケード、1 階はコロネードとして扱われていた。内部は支柱（古典的円柱の形に鋳造）と梁で枠組みされていた。

ゴシック様式は商業建築ではあまり一般的ではなかったが、華々しい外観をみせるものもある。たとえば、J. L. シルスビーの**ニューヨーク州シラキュースの**

シラキュース貯蓄銀行(1875-76)は5層の建物で、2つの破風のあるラスキン風の正面と高い塔を持つ。

1871年のシカゴ大火までは、都市における商業建築は5階建が普通の限度とされていたが、その後、改良されたエレベーター、新しい基礎技術、そして「耐火構造」(鉄骨をテラコッタまたは石製外装材で覆う)によってすぐにその限度は超えられた。

1873年から1875年にかけての2つのニューヨークの建物、ジョージ・B. ポスト(1837-1913)による**ウェスタン・ユニオン・テレグラフ・ビル**とリチャード・モリス・ハントによる**トリビューン・ビル**(ともに取壊し)は、立面のぎこちなさを代償にして、8層を突破した。

ポストはそのようなファサードを分節するより良い手法を発見したが、自らのニューヨーク・シティの**ニューヨーク物産取引所**(1881-84)は、2層のアーケードと重々しいコーニス、そして背後に塔のある半円アーチによるパラッツォの作法を用いた8層の建物である。H. H. リチャードソンによる**シカゴのマーシャル・フィールド・ホールセール・ウェアハウス**(1885-87、取壊し、p.1306A)は7階建で、耐力構造の外壁と格子状に配置した鉄柱による力強いデザインであった。その立面はざらざらとした石造建築風であるが、ポストにより導入された半円アーチ様式に対して単純で統制のある力強さを示した。ダンクマー・アドラー(1844-1900)とルイス・サリヴァン(1856-1924)による**シカゴのオーディトリアム・ビル**(1886-89、p.1306B)は、オペラとホテルと事務所を複合したものである。10階建で、直接基礎の上に耐力壁を立てている。観客席内部はアドラーの劇場の音響設計の発展や**シカゴのシラー劇場**(1891-92、取壊し)でさらに進展するサリヴァンの豊かな「有機的な」装飾様式において重要である。

ダニエル・ハドソン・バーナム(1846-1912)とジョン・ウェルボーン・ルート(1850-91)による**シカゴのモントーク・ビル**は、シカゴの困難な地盤に新しい直接基礎を利用した最初のスカイスクレイパー事務所の1つで、その10階建が可能となったのは耐力構造の利用である。同様な手法はルートの傑作でも使われ、たとえば、美しいアトリウムを内包した**シカゴのルーカリー・ビル**(1884-85)や、簡明な張出し窓や強い勾配のつけられた壁のある16層の**シカゴのモナドノック・ビル**(1889-91、p.1306C)がある。しかしながら、その時までには鉄骨構造が十分に確立していた。そのパイオニアはウィリアム・レバロン・ジェニー(1832-1907)による2つの建物である。**シカゴの第1ライター・ビル**(1879)は内側のみならず周囲の荷重が鉄の骨組によって支えられ、いわゆるシカゴの三重の窓が狭いレンガ造の角柱の間に最初に現れでたものである。そして**シカゴのホーム・インシュアランス・ビル**(1883-85、取壊し)は、強いベッセマー鋼による構造が導入された。

ジェニーによる**シカゴの第2ライター・ビル**(1889-90、現シアーズ・ローバック・ビル、p.1307C)は、立面が明確に金属骨組にかぶせられた鞘として扱われた最初のものである。新たに背の高い金属骨組の建物を立ち上げることは挑戦であり、1890年代はさまざまな手法が探求された。D. H. バーナム・アンド・カンパニーのチャールズ B. アトウッド(1849-95)による**シカゴのリライアンス・ビル**(1894-95、p.1308A)は、15層の金属骨組に、各層で違いなしのゴシック様式でベイ・ウィンドウと軽いテラコッタの細部装飾を保持している。しかし、同じ会社である**シカゴのマーシャル・フィールド・リテイル・ストア・アネックス**(1892-93)は、後の多くの建物でそうであったように、足下から頂点まで凹凸のある石積みの覆いに先祖返りをしており、その内側の金属骨組を偽っている。

それにかわるものとして、柱基、円柱、そして頂部という、外皮のない古典的な分節があったが、構造的な表層の喪失を補うための装飾が加えられた。そのような手法はアドラーとサリヴァンによって数多くのドラマティックな建物で使われた。注目に値するのは、2層の低層部と7層の上部構造、そして頂部を飾る深いフリーズとコーニス、そして構造と構成の秩序を強調するための平坦なレンガのピアの間に巧妙に配された装飾を持つ**ミズーリ州セント・ルイスのウェインライト・ビル**(1890-91、p.1308C、p.1309)と背の高い**ニューヨーク州のバッファローにあるギャランティ(現プルーデンシャル)・ビル**(1894-95)である。**シカゴのゲージ・ビル**(1898-99、p.1307B)は、ホラバードとローチによる中央と一端の低い建物とサリヴァンによるもう一端の8層(後にさらに高くなる)のファサードからなるが、正面に対する単なる営利的な方針とそれらに力強さを与えるサリヴァンの能力との違いを示している。最後に、サリヴァンによる**シカゴのシュレジンガー・メイヤー・ストア**(現カーソン・ピリー・スコット百貨店、1899-1904、p.1308B)は、後の付加(頂部の手直し)がなされたが、非常に装飾的な店舗の正面で豪華に飾られた低層部を持つのに対して、ファサードの上層部はより水平な分節を持つ。

1870年代以降のもう1つの創造的な北アメリカの建築形態は、大きなホテルであった。都市型ホテルは規模や様式において巨大な商業ビルまたはフラット式の共同住宅とほとんど変わらない。J. P. ゲイナーによる1873年から1874年の非常に大きな**カリフォルニア州サンフランシスコのパレス・ホテル**(取壊し)は、すで

植民地時代およびそれ以後のヨーロッパ以外の建築

A マーシャル・フィールド・ホールセール・ウェアハウス、シカゴ（1885-87）　p.1305 参照

B オーディトリアム・ビル、シカゴ（1886-89）　p.1305 参照

C モナドノック・ビル、シカゴ（1889-91）
p.1305 参照

第 37 章　アメリカ　　1307

A　鋳鉄製ファサード、セント・ルイス、ミズーリ州（1850 頃）　p.1304 参照

B　ゲージ・ビル（1898-99）、シカゴ（右）　p.1305 参照

C　第 2 ライター・ビル、シカゴ（1889-90）　p.1305 参照

A リライアンス・ビル、シカゴ（1894-95）
p.1305 参照

B シュレジンガー・メイヤー・ストア（現カーソン・ピリー・スコット百貨店）、シカゴ（1899-1904）　p.1305 参照

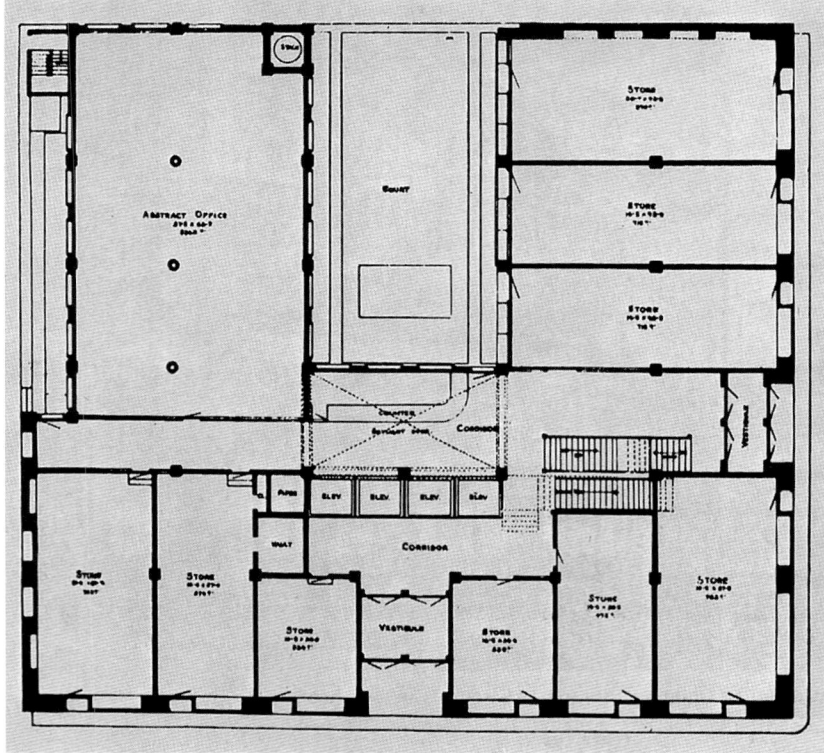

C ウェインライト・ビル、1階平面、セント・ルイス、ミズーリ州（1890-91）　p.1305 参照

ウェインライト・ビル、セント・ルイス、ミズーリ州(1890-91)　p.1305 参照

に 8 層に達していた。しかしながらリゾート・ホテルは、巨大な規模の曲がりくねった風変わりな構造物へ発展した。そのようなものとして、ナポレオン・ル・ブランとジェームズ・E・ウェアによる**ニューヨークのニューパルツ**にある**モホンク・マウンテン・ハウス(1879-1901)**、または**ジェームズ & メリット・レイド**による**カリフォルニア州コロナード**にある**コロナード・ホテル(1887-88)**が挙げられるが、後者は 1 エーカーの開放的な中庭を囲むピクチャレスクな木造軸組の複合体で、1000 席の食堂や 1200 人用の環状舞踏場がある。ブルース・プライス社は、「スコットランドの城館風の様式」がシングル・スタイルと融合した、高慢だがおそらく文脈のある方法で、リゾート・ホテルを発展させた。彼らのカナディアン・ロッキー山脈の**アルバータ州**の**バンフ・スプリングズ・ホテル(1886-88、後に増築, p.1299B)**や**ノースカロライナ州アシュヴィル**の**ケニルワース・ホテル(1891)**はその例である。より洗練されたものには**フロリダ州セント・オーガスティン**にある**ポンセ・ド・リオン・ホテル(現フラグラー大学)**があるが、それはスパニッシュ・コロニアル・リヴァイヴァル様式の生き生きとした初期の試みで、カレール & ヘイスティングス(1885-87)によるものである。

アメリカの製造工場は簡素な木造建物として始められたが、独立後、規模や複雑さの点で発展した。先駆的な構造物はブラックストーン河岸のロードアイランド州の綿織物工場であった。**ロードアイランド州リッピット**の**リッピット・ミル(1809)**はいまだ木造であるが、完全なクリアストーリーのある最初の建物である。**マサチューセッツ州ノースアクスブリッジ**の**クラウン・アンド・イーグル・ミル(1825-29)**は重量のある機械を入れるために花崗岩の壁体を持つ綿織物工場という発展を示し、**マサチューセッツ州**の**フォールリヴァー**の多くの綿織物工場の全盛期の典型である。ニューハンプシャー州の**エイモスキーグ**や**マンチェスター**や、マサチューセッツ州の**ローウェル**や**ローレンス**の非常に大きな綿織物工場はほとんど残っていないが、全てではない。建築的により美しいものは**コネティカット州タフトヴィル**の**ポネマー・ミル(1871)**である。

計画された工業都市はアメリカ発展の重要な側面である。1814 年頃マサチューセッツ州のウォルサムやローウェルに設立後、それらは高度な専門化を達成した。最も重要な 19 世紀後半の例は**イリノイ州プルマン**で、温情主義のジョージ・プルマンのため 1880 年以降、S. S. ベマン(1853-1914)により大規模に計画されたものである。

19 世紀の終りになって、鉄筋コンクリートがアメリカの工場に導入された。先駆者はエルンスト・ランサムで、彼の非常に重要な構造物は、いずれも解体されたが、**サンフランシスコのアークティック・オイル・カンパニー・ビル(1884)**と**カリフォルニア州アラメダのパシフィック・コースト・ボーラクス・カンパニー・ビル(1888-89)**である。ニュージャージー州ベイヨンにある彼の 4 層のパシフィック・コースト・ボーラクス・カンパニー・ビルは 1897 年のものであるが、残存している。

ラテンアメリカにおいては、ミゲル・アルドネイトによる**チリのサンティアゴ・マーケット(1868-72)**やペドロ・ヴァセナによる**アルゼンチンのブエノスアイレス**にある**ミート・マーケット(1889)**は鉄構造によるマーケットの好例である。工業建築には、アレジャンドロ・マンリークスによる**ボゴタのバヴァリアン・ビア工場(1888)**がコロンビアの伝統的なタイルを使用した点で言及する価値がある。

橋

建築とみなされる技術構造物の中で、橋は最も重要である。アメリカでは、**ボルティモアのキャロルタウン高架橋(1829)**は最初の重要な鉄道橋であり、その一方、**ペンシルヴェニア州フェイエット郡**にある**ダンラップズ・クリーク橋**はこの国最初の金属製の橋である。

偉大な架橋技術者 J. A. ローブリングは、**ニューヨーク・シティ**の**ブルックリン橋**(彼の息子ワシントン・ローブリングにより建設、1870-83)で主に知られるが、彼の初期の作品である**ペンシルヴェニア州ラカワクセン**の**デラウェア水道橋(1847-49)**は、ワイヤー・ケーブルによる最初期の吊橋である。ブルックリン橋の原型は**オハイオ州シンシナティ**にある彼の**ローブリング橋(1856-67)**であった。ジェームズ・ブキャナン・イーズによる**セント・ルイスのイーズ橋(1867-74)**は、スパンの長さ(153 m が 2 スパン、158 m が 1 スパン)と片持梁の構造と金属の初期の使用の点で重要である。

エルンスト・ランサムによる**サンフランシスコのゴールデン・ゲート・パークの小さなアルヴォード・レイク橋(1889)**は世界で最初の重要な鉄筋コンクリート造のアーチ橋である。

訳/野々垣 篤

植民地時代およびそれ以後のヨーロッパ以外の建築

第38章
中　国

建築の特色

　澳門(マカオ)の外国居留地の初期段階においてポルトガル人によって建てられた住宅や、18世紀に創建された広州(広東)の十三商館は、木造と石造の混構造の2階建で、アーチの架かった玄関とアーケードのヴェランダを備えていた。それらは土地の気候に適応させた植民地ルネサンス様式によるものであった。

　この時期には多くの教会堂が建てられたが、それらは大きく2つの種類に分けられる。1つはイエズス会によって導入された後期イタリア・バロックで、もう1つはフランス人宣教師によってもたらされたゴシックである。独特な中国コロニアル様式をつくりだすために中国の伝統的特徴を西洋様式に結び付けた事例もある。また20世紀初頭以後、いくつかの都市で、ビザンティン様式のロシア正教教会堂も多く現れた。

　イタリア・バロックは中国に大きな影響を及ぼしており、それは頤和園(行宮)の大理石の船や万獣園の入口や北京の新しい多くの商店の正面などにみることができる。

　租借地や19世紀中頃に西洋人に開かれた港湾都市の西洋様式の建物は、大部分が2階ないし3階建で、波形鉄板屋根と、広いアーケードの付いたヴェランダを持っていた。上海、厦門(アモイ)の鼓浪嶼(コロンス)、北京の外国公館地区における領事館、公使館、貿易会社、銀行などは全てこの形式であった。このような建物の遺構として、上海の旧イギリス総領事館の事務所棟が残る(1873再建)。

　20世紀の初頭において、ヨーロッパの貿易会社や銀行は、彼らの本部の改築あるいは増築を始めた。これらは最初3階から5階建の壁構造による組積造(そせきぞう)であったが、後にはコンクリートで被覆した鉄骨梁の多層構造となった。上海、天津、漢口(ハンコウ)のような都市では、居留地がいくつかの国によって設立されたが、その他の都市ではただ1つの国の居留地がつくられていた。そのような例として青島(チンタオ)においてドイツの影響が顕著に認められ、あるいはロシアの様式が哈爾濱(ハルピン)でみられる。建物の大多数は行政的なものか商業的なものであり、一般にクラシック・リヴァイヴァル様式であった。むろん例外もあり、上海の帝国海運税関(1857)は中国の仏教寺院のようであった。

　王朝末、清朝政府の主導による立憲政府が準備された時期に、政府から建設を委託された行政官庁や学校などの多くの建物は、西洋の影響を受けて様式的には折衷式であり、一般的にはバロック様式といえるものであったが、そのいくつかは中国の伝統的手法で装飾されていた。事例としては総理衙門(がもん)(外務省)、陸軍省、北京-奉天(現遼寧)鉄道の北京駅、多くの省政庁などで、全て20世紀初頭のものである。

　住宅建築は形態的に多様化し始めた。伝統的な中国の中庭式住宅は、中国の大部分において維持されてはいたが、北京や天津など大都市においては、急速に増加する都市人口に対応するため、テラスハウスやコンパウンド[訳註：囲いをめぐらした西洋人の複合居館]も現れた。上海や他の南部の都市におけるテラスハウスは、たいてい2階建の組積造の建物で、柱間3間で計画され、中央間の前面には小さな中庭を部分的に囲み込んでいた。しかし20世紀の初め頃から、よりコンパクトな配置と西洋的な装飾が取り入れられるようになった。一方、青島や吟爾濱、その他北部の都市では、コンパウンド形式の住宅がより一般的であった。それは普通、吹放ちの廊下によってつながれた2階ないし3階建の木造家屋数棟が方形の中庭を囲むものであった。中国的な細部が建物の内部に取り入れられたが、街路に面するファサードの多くは西洋風であった。貿易港にある外国人居留地では、西洋式庭園を伴う個人邸宅が外国の領事や支配人によってつくられたが、それを

いくつかの中国の地主も取り入れた。

　中国には、20世紀の初めまで独自の建築家はおらず、それ以前は全ての近代建築は西洋人によって設計されていた。その中ではイギリス人の事務所であるG. J. モリソン事務所(1865設立)とアトキンソン・ダラス事務所(1895設立)が最も目立った存在であった。後者の所長はまた上海自治評議会のアシスタント・エンジニアをも務めていた。しかし施工は全て中国人建設業者によってなされた。たとえば建て替えられた上海の帝国海運税関(1893)はイギリス人建築家の設計であったが、地元の建設業者によって建てられ、大工や石工たちは上海近郊からやってきた。この時期の中国の職人たちは、中国の技能と西洋の建築デザインを結び付けるユニークな役割を果たしたのであった。

　19世紀中頃から、上海、天津、漢口のような都市の容貌は著しく変化し、他の都市においても西洋建築がある程度影響を与えたが、中国の広大な地域全体にわたっては伝統的な中国建築がなお盛んにつくられていた。清朝宮廷が自身の宮殿や王陵をなお伝統的中国の手法でつくっていたのと同様に、地方の権力者や地主やその他の人々は、仏教寺院、祖廟、会館、店舗、住宅では、地方の伝統に準じ続けていた。港町においても、より顕著な西洋風の細部意匠がみられはしたが、伝統的な建築がその人気をなお維持していた。

実　例

　北京、円明園の西洋楼(1759)はイタリア人イエズス会士F. ジュゼッペ・カスティリオーネ(1688-1766)が、フランス人イエズス会士ジャン・ドニ・アティレ(1702-68)とP. ミッシェル・ブノワ(1715-74)とともに、乾隆帝の要望に従って設計したものである。壮大な階段状の滝が配され、十二支の動物の彫刻が施された水時計が人々を引きつけた。建物はイタリア・バロック様式であったが、いくらか中国的細部を持っていた。柱と壁は全て白大理石でつくられ、時には色付きの釉薬レンガが嵌め込まれたり、あるいはピンクのスタッコ塗りとされており、屋根は瑠璃瓦で葺かれていた。円明園は1860年10月に英仏連合軍によって破壊されたが、西洋楼の壊れた柱や壁の残片は、遺跡においてなおみることができる(p.1313A)。

　広州の十三商館(1720-30年代、p.1313D)は取り壊されて現存しないが、最初は木とレンガでつくられた簡素なファサードの2階建ないし3階建の建物であった。18世紀の後半にコロニアル・ルネサンス様式で再建され、さらに1840年以後、豪華なリヴァイヴァル様式で再び建て直された。

　北京の宣武門天主堂(1904、p.1313B)は、その位置によって南堂とも呼ばれているカトリック教会堂である。最初はマテオ・リッチ(1552-1610)が北京に到着(1601)した後の1605年に建てられ、さらに1650年から1776年までに何度も建て直され、1776年再建の教会堂は1900年に焼失した。この教会堂のファサードは、いくらか伝統的な中国の細部意匠をみせてはいるが、濃厚な初期イエズス・バロック様式によっている。中国の最も古いカトリック教会堂は、元朝(1280-1368)の首都、大都(現在の北京の一部)に、イタリア人司祭ジョヴァンニ・ディ・モンテ・コルヴィーノ(1274-1328)の監督のもとで2つの教会堂が建てられた1299年と1305年にまで遡ることができる。**アオメン(澳門)のサン・パウロ天主堂**は1602年の建設で、これもイエズス会のカルロ・スピノーラによって設計されたものである。これらの教会堂はいずれも現存せず、サン・パウロ天主堂だけは壁の一部が残っている。

　上海の聖フランシスコ・ザビエル教会堂(1853、p.1313E)は董家渡天主堂として知られ、スペイン人イエズス会士建築家のジャン・フェレール(1819-56)の設計で、上海に現存する最古の教会堂である。また**北京の聖ヨゼフ天主堂**(1905、p.1314A)は八面槽教堂とも呼ばれている。いずれもバロック様式である。**聖トリニティー教会堂(聖三一堂)**(1866-69、p.1313C, F)は赤レンガで造られているため紅礼拝堂とも呼ばれているが、ジョージ・ギルバート・スコット卿(1811-78)とウィリアム・キドナーによって設計された。これは上海で最大のキリスト教の教会堂である。平面はラテン十字形で、身廊の尖頭ヴォールトは石造のピアに支えられている。東ファサードには身廊と同じ幅のアーチが付いたポーチと側廊の幅の2つのアーケードが付く。また、ステンドグラスの窓と、後になってつくられた鐘楼(1893建造)があるが、鐘楼は建てられてほどなく尖塔部分を失った。

　聖イグナシオ大聖堂(W. M. ダウドールの設計)は、**上海徐家匯天主堂**(1896-1910、p.1314C)として知られ、上海司教区の大聖堂で、2500席の収容力がある。これもラテン十字形の平面で、身廊と側廊にはいずれも交差ヴォールトが架かっている。東ファサードは、尖塔を持つ57 mの双塔が両脇にあって、シャルトルのような大規模なフランスのゴシック教会堂と酷似している。3つの深く引っ込んだ玄関入口があり、中央の入口は柱によって分割され(ランスおよびラン大聖堂参照)、水平のアーケード帯がファサードの全幅にわたってめぐらされ、さらに塔の周壁へ続いている。破風の下の後退した壁にはバラ窓がある。褐色レンガの外壁

第38章　中国　1313

A　西洋楼大水法(大泉水)の遺跡、円明園、北京(1759)
p.1312 参照

B　宣武門天主堂、北京(1904)　p.1312 参照

C　聖トリニティー教会堂(聖三一堂)、東正面、上海(1866-69)
p.1312 参照

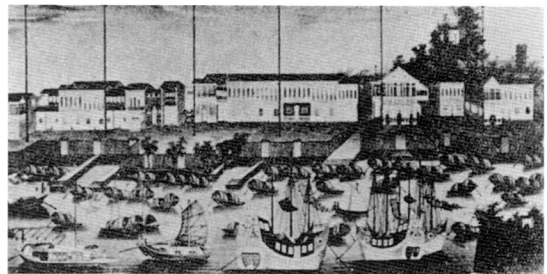

D　十三商館、広州(1720-30年代)　p.1312 参照

E　聖フランシスコ・ザビエル教会堂、上海(1853)
p.1312 参照

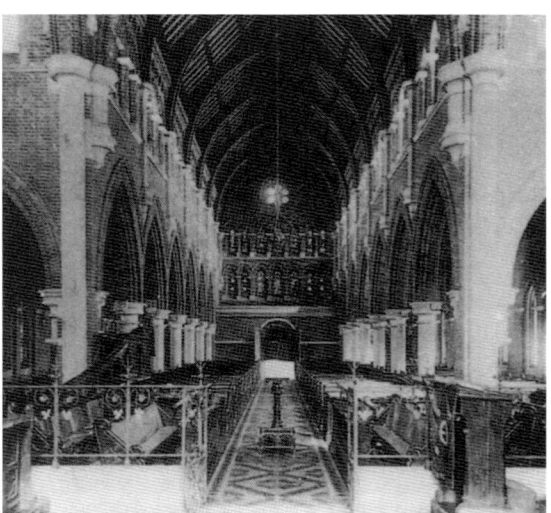

F　聖トリニティー教会堂(聖三一堂)、内部、
上海(1866-69、1893)

A 聖ヨゼフ天主堂(王府井天主堂)、北京(1905) p.1312 参照

B 東正教聖母大聖堂、上海(1934) p.1315 参照

C 聖イグナシオ大聖堂(上海徐家匯天主堂)、上海(1896-1910)
p.1312 参照

D 聖救世主教会堂、北京(1888) p.1315 参照

は青灰色の花崗岩の台座の上に積まれ、大理石の彫刻や刳形で装飾されている。

北京の聖救世主教会堂(1888、p.1314D)は、一般に西什庫天主堂(シーシェンクー)として知られ、やはりラテン十字形平面のフランス・ゴシック様式である。双塔は当初2階建であったが、1911年に3層目が加えられた。中国様式の階段と欄干が教会堂の玄関へと導き、主ファサードの両側には獅子の彫刻と黄色い瑠璃瓦を頂く2つの中国風の楼閣があり、楼閣には教会堂を後援した清皇帝の勅令を刻んだ石碑を収めている。一方、北京の中国監督派教堂(1907)は、西洋風の細部意匠はあるが、典型的な中国の伝統様式を採用した木とレンガによるものである。

哈爾濱(ハルビン)の聖ニコライ・ロシア正教教会堂(1900)は、現在は解体されてしまったが、八角形平面で、15世紀のロシアの木造教会堂に似て、木造の壁と木造の天幕状(角錐)の屋根であった。上海の東正教聖母大聖堂(1934、p.1314B)は1930年代の建造ではあるが、典型的なビザンティン様式のロシア風教会堂で、モスクワ、クレムリンのウスペンスキー聖堂(1475-79)に似ている。

上海イギリス総領事館の建物群(1873、p.1316A)は、2.9 haの敷地を占めている。1852年に建てられた最初の領事館があった場所であるが、この領事館は1870年の火災で焼失した。1873年に完成した領事館の建物はグロスマンとボイスの設計で、構内の西側を横切って建てられた。総領事事務所は芝生に面した建物の中にあった。総領事の邸宅は南面し、主屋の東のファサード中央には5つの開口部を持つアーケードがあった。建物は木とレンガによる寄棟屋根のコロニアル・ルネサンス様式である。水平アーチと半円アーチの窓には木製鎧戸がたてこまれ、屋根は波形鉄板で葺かれていた。現在、これらの建物は他の用途に使われており、当初の特徴のいくつかは後の改造で変更されてしまっている。

上海フランス総領事館(1895)は、M.J.J.ショロ設計の、木とレンガによる2階建の建物で、マンサード屋根の部分に屋階がある。アーケード形式の重層ヴェランダを設けていて、気候に順応させた典型的なコロニアル様式といえる。上海ドイツ領事館(1844-45)は、現在は解体されてしまったが、屋階の付いた3階建の木とレンガによる建物で、アーケード形式のヴェランダのあるコロニアル・ルネサンス様式であった。

上海のフランス租界の市政庁(1862-64、p.1316B)も解体されてしまったが、F. H. ネヴィットの設計で、ルネサンス様式による左右対称な平面の2階建の建物であった。中央部には八角形ドラム上にドームを頂き、突出した玄関はペディメントを頂く2階建の凱旋門の形態で、両脇は重層の柱を持つ2階建のアーケードとなっていた。

青島(チンタオ)のドイツ総督庁(1905、p.1317A)は、ドイツ人建築家ラツァロヴィッツによるもので、青島がドイツに租借されていた時期に建てられた。E型の対称形平面を持つ4階建の建物である。長さ80 mの堂々としたファサードはフランス古典主義のドイツ的解釈である。ファサードの中央入口部分から両端の突出部までの両翼は柱間5間のコロネードであった。壁は花崗岩でマンサード屋根は赤い瓦で葺かれている。

上海の帝国海運税関の旧館(1857、1893)は、現在も同じ敷地にある税関の前身建物である。1857年建造の建物(p.1318A)は中国寺院の形態で、当時建てられていた衙門(帝国の政庁)の特徴を示していた。入口には牌楼(パイロウ)が建ち、両側は西洋様式の柵となっていた。この建物は1891年に取り壊され、イギリス人建築家のJ. M. コリーとM. J. チェンバースによる新しい税関(p.1318B)が建てられた。中央に高さ33 mの5階建の時計塔があるレンガ造の建築で、緑色の石で縁取った赤レンガの壁と赤瓦で葺いた急勾配の屋根は、テューダー様式のイギリスの市庁舎を想起させるものであった。

上海の香港上海銀行(1874-77、p.1317B)は、ウィリアム・キドナーの設計で、後期イギリス・ルネサンス様式の3階建の建物であったが、現在は解体されて残っていない。持送りで突き出した軒と装飾蛇腹を持つ寄棟屋根で、正面入口はイオニア式柱頭を持つ6本の柱で支えられる突き出した半円形のポーチとなっていた。1階の窓開口は尖頭形または弧形ペディメントで飾られ、いくつかはイオニア式柱で、またいくつかは持送りで支えられていた。建物の端から端まで2階床レベルで連続するバルコニーの欄干には、繊細なイギリスの鋼製装飾が取り入れられていた。1888年に半円形のポーティコは取り壊されて両脇に部屋のある大きな玄関に変えられ、さらに、建物の両脇には平屋の増築部が加えられた。

上海の中国商業銀行(1897、p.1317C)はイギリスの建築事務所のG. J. モリソン、F. M. グラットンによる設計である。この銀行は清朝政府高官である盛宣懐(1844-1916)によって設立されたもので、1911年までは中国帝国銀行と呼ばれた。建物は、屋階のある3階建で、小規模な後期ヴィクトリア様式の市庁舎のようにみえるもので、スコットランド風の堂々とした雰囲気を加味したヴェネツィアン・フリー・スタイルの形式を採用している。壁は当初はレンガで、後にプラスターが塗られた。窓開口には、3階から地上階まで水平、弓型、半円アーチがこの順番で使われている。ゴ

A 旧上海イギリス総領事館、上海(1873) p.1315 参照

B 市政庁、フランス租界、上海(1862-64) p.1315 参照

A ドイツ総督庁、青島(1905)　p.1315 参照

B 香港上海銀行の旧館、上海(1874-77)　p.1315 参照

C 中国商業銀行、上海(1897)　p.1315 参照

D ロシア中国銀行、上海(1901)　p.1321 参照

E 上海クラブ、上海(1864)　p.1321 参照

A 帝国海運税関の旧館、上海（1857） p.1315 参照

B 帝国海運税関の旧館、上海（1893） p.1315 参照

A ジャーディン・マゼソン商会、本社、上海（1851） p.1321 参照

B 李鴻章邸、上海（1900 頃） p.1321 参照

植民地時代およびそれ以後のヨーロッパ以外の建築

A 盛宣懐邸、上海(1900頃)　p.1321 参照

B フランス租界の官僚邸宅、上海(1905)　p.1321 参照

C ドイツ人官僚邸宅、青島(1904)　p.1321 参照

シック様式を思わせる尖頭アーチが屋根窓に使われているが、地上階の主入口のポーチはロマネスク様式のアーケードとなっている。

上海のロシア中国銀行(1901、p.1317D)は、1910年以後はロシア・アジア銀行と呼ばれ、現在は事務所として使われている。ドイツの設計事務所ベッカー・ベデカーによって設計された。3階建の漆喰仕上げレンガ造の建物であり、フランス古典主義様式を採用し1階はルスティカ仕上げの石造となっている。街路に面する入口のあるファサードには2本の巨大なイオニア式の円形付柱が立ち、その両脇にはピラスターがつく。

上海のジャーディン・マゼソン商会の当初の建物(1851、p.1319A)は、現在解体されて残らないが、高い基部の上に建つ2階建で、緩勾配の寄棟屋根を架けていた。堂々とした階段が取り付く列柱廊の玄関は、上部がバルコニーとなっていた。ガラスで囲われた欄干付ヴェランダは、玄関のレベルから外階段によって入れるようになっていた。

当初の**上海クラブ**(1864、p.1317E)ももはや存在しないが、上海共同租界のイギリス人用のクラブであった。3階建のレンガ造の建物で、1階にアーケードの歩廊、2階と3階に列柱廊のヴェランダがあり、この列柱廊の中央柱間3間の上には、独立柱を添えたピアで出隅部分を支えた上にペディメントがのっていた。幾分寸づまりなコリント式オーダーとなっているが、その規模と壮大さが、この建物を当時の重要な植民地のクラブ建築の1つに位置づけている。

北京の清朝政府の**陸軍部衙署**(1907)は、経歴がはっきりしない中国人である沈琪(チェンチィ)の設計で、一群の建物からなり、そのうちの主楼は2階建ないし3階建でのH型平面の建物である。ファサードはレンガの角形付柱の間にアーケードを挿入していて、窓の頭部は弓型アーチとなっている。屋根は当初は鉄板で葺かれ、建物の両端部にはレンガの彫刻による中国の細部装飾を伴ったバロック風のペディメントが付いていた。清朝末期に北京において建てられたその他の官庁建築としては、**海軍部衙署**(1909、これも沈琪の設計)、**総理衙門**(外務省、1910頃)、**大理院**(最高裁判所、1910)などがある。

北京-奉天(現遼寧)鉄道の**北京駅**(1898頃)は、1959年に北京駅ができるまで使われていた。中央に待合ホール、北に事務所棟、南に時計塔からなっていて、待合ホールの弧形破風には、1912年まで龍と雲の浮彫が嵌め込まれており、清朝の首都への入口を象徴していた。

1900年頃の大都市において上流階級の市民のために建てられた西洋様式の住宅は、良い場所を占め、大規模な庭園を伴い豪華な内装が施されていた。その事例として、ヴィクトリア様式とロマネスク様式との混合様式である**上海の李鴻章(リこうしょう)邸**(1900頃、p.1319B)、ジャイアント・オーダーで支えられた玄関を持つ堂々としたボザール風の**上海の盛宣懐(せいせんかい)邸**(1900頃、p.1320A)、後期17世紀様式による小規模なフランスの城館のような**上海のフランス租界の官僚邸宅**(1905、p.1320B)、マンサード屋根が架かるロマンティックなヨーロッパのハーフティンバー様式を採用した**青島(チンタオ)のドイツ人官僚邸宅**(1904、p.1320C)がある。

訳／溝口正人

植民地時代およびそれ以後のヨーロッパ以外の建築

第 39 章

日本と朝鮮半島

建築の特色

　この章は日本と朝鮮半島への西洋の建築様式の導入について扱っている。1910 年の日本による併合以前にも、朝鮮半島にはいくらかの西洋建築が存在していたが、それらは数も少なく、朝鮮半島における西洋建築の広範な発展は、日本併合時代までは起こらなかった。このように、日本における発展は朝鮮半島のそれよりかなり先行していた。ここで朝鮮半島の建築の前に取り扱う日本の建築は、その設計と施工に携わった建築家と建設業者によって分類される。すなわち、第一には祖国を離れ来日したヨーロッパ人建築家や技術者の初期の仕事、第二に主として日本の職人による建物、最後に日本人建築家によって設計された初期の西洋様式の建物である。

日本における外国人建築家の活動

　1868 年、明治政府は重要な公共建物の設計を職掌とする営繕司を設立した。政府はいちはやく外国から建築家と技術者を招き、その職にあてた。建築の分野では、1879 年までに 13 人の外国人が政府に雇われたが、7 人がイギリス人で、他はフランス人、プロイセン人、イタリア人であった。そのうち資格を持った建築家は 3 人だけで、その他の人々は測量技術者、土木技術者、石工、レンガ工であった。彼らは政府に要求された建物に応じて、彼らの理解に従って日本人にデザインや建築施工法を教授した。1870 年代および 1880 年代には、このようにして多くの建物が外国人顧問の指導によって建てられたが、政府はほどなく、より進んだ技術を日本に移入するために、より高度な技術教育が必要であることを認識した。そのため 1871 年に工学寮と呼ばれた教育機関が工部省に設立され、1873 年に H. ダイヤーを含む 9 人のイギリス人が来日し、イギリスでの実践をモデルとした技術教育システムが考案され、同年に教育が始まった。1877 年に工学寮は工部大学校と改称され、1879 年に第 1 回の学生が卒業した。工部大学校は 1886 年には東京大学（帝国大学）の 1 つの学部となった。

　外国人建築家の中では、イギリス人ジョサイア・コンドル（1852-1920）が深い影響を残している。彼は 1877 年に 25 歳で来日し、ただちに工部大学校の教授に任命され、同時に工部省営繕局の仕事にも携わった。1888 年、彼は東京で自分の建築設計業務を開始し、1920 年の死去にいたるまで、日本を離れたのはただ 2 回の短いイギリス訪問だけであった。コンドルは 70 以上の建物を日本で設計したが、現在も残っているのは 7 件のみである。

　コンドルの意図は、ヨーロッパ建築を輸入することよりも、日本の気候と伝統に適した建築様式を創出することであった。彼はこの考えを、来日直後に設計した上野博物館（p.1325）において実現しようと試みた。

　1886 年に日本に招かれたドイツ人建築家は、コンドルとは全く正反対の態度を示した。彼らは東京の中心地区に国会議事堂とその他の政府の建物を計画することを委任された。ヘルマン・エンデ（1829-1907）とヴィルヘルム・ベックマン（1832-1902）の事務所によって提案された計画は、華麗なネオ・バロック様式であったが、この計画は財政難と敷地の地盤の劣悪さのため実現せず、裁判所と司法省の 2 つの建物だけが、当初のデザインより簡素化された形態で建設された。しかしながら、この時から、急勾配の屋根、塔やドームを持った荘重で威厳のあるドイツ様式が、徐々に日本人建築家の作品の中に浸透していった。

日本人によって建設された洋風建築

日本の伝統的な都市を改造することは比較的容易であった。古い城下町の天守閣や櫓は、多くの場合、維新で国が統一された時に破却されていた。城郭や、城郭に接して設けられていた家臣の宅地は、政府庁舎、学校、病院などに使われた。明治維新後、そこに建っていた木造建物が新しい目的に用いられたが、徐々に洋風の建物に置き換えられていった。このような適応は比較的短期間に起きた。

明治時代初期には、公共建築建設の責任は外国建築家とともに日本の職人にも負わされていた。職人たちは、もともと伝統的木造建築のみに熟練していたのだが、外国人居留者の要求に従う中で、外国人建築家や技術者の仕事を学ぶことによって、西洋意匠の特徴を模倣しようとした。かくして驚くべき敏速さで、主に大工たちによってデザインされ建設された擬洋風の木造建築が日本全土に展開した。

例えば、横浜と東京で仕事をした大工棟梁の清水喜助（1815-81）は、築地ホテル（1868）、三井組ハウス（1872建造。後に第一国立銀行に用いられた）、為換バンク三井組（1874）を建てて世間の評判となった。これらの作品は「擬洋風」と呼ばれた。なぜならば大きなヴェランダ、目立った屋塔、コーニス[訳註：軒蛇腹]や装飾欄干で飾られた軒などを用いていたが、他の部分では、彼は日本風の大きな寄棟むねあるいは入母屋いりもやの屋根や、瓦を張った壁[訳註：なまこ壁]を使うことを躊躇しなかったからである。

小さな町に建てられた西洋風の特徴を持つ木造建築は、清水喜助のものほど奇抜ではなくとも、同様に西洋と東洋の形態を兼ね備えたものであった。このような発展は義務教育の普及とともに拍車がかけられた。たとえば小学校では椅子が畳に取って替わったが、おそらく本物の西洋様式よりも、東洋と西洋の要素を兼ね備えた建築の方が、視覚的な親しみやすさで、より好感がもたれて受け入れられたのだと思われる。

初期日本人建築家の活動

最初の4人の学生が1879年に帝国工科大学造家学科を卒業して以来、毎年何人かの建築家と建築技術者が資格を得るようになっていった。彼らは多くの要求に応えなくてはならず、建築の実践をすぐさま先導し、早くも1880年代には彼らの作品が現れ始めた。続く25年ほどの間に、これらの建築家は政府官庁、銀行、事務所、病院、大学、多くの邸宅を設計した。彼らは新しい建築の情報を、コンドルや他の外国人教授、外国留学や書物・雑誌などに求めた。これらの先導者として、辰野金吾（1854-1919）、曾禰そね達蔵（1852-1937）、片山東熊とうくま（1853-1917）、渡辺譲ゆずる（1855-1930）、河合浩蔵（1856-1934）が挙げられる。

19世紀末の彼らの建物の大部分は、同時代のヨーロッパの都市における建築の流行を体現していたが、一般に簡素化された形態であった。彼らは特定の国の様式や、いかなる伝統様式にもこだわることはなく、彼らが訪れたり学んだりした国の多様な志向に触発された。この時期の日本人建築家の多くの作品にみられる特徴は、まず彼ら自身の若さと未成熟とともに、新しく樹立された政体の威厳を表現しようとする努力からきた未熟でぎごちない外観であり、あるいは、彼らに要求された建物ではほとんどその機会はなかったが、ネオ・バロックの運動性と空間の相互貫入性をなしとげようとする願望であり、さらには、建物の外観に力を注ぎ、内部と外部のデザインの調和を無視する傾向である。この最後の難点は、しばしば予算の制限と都市景観の重視に起因するものであった。

赤坂離宮は日本におけるネオ・バロック様式の建物のほとんど唯一の成功例であった。宮廷建築家である片山東熊の設計で、その完成は日本の建築家の間に、日本がついにヨーロッパやアメリカの建築の標準に達したという自信を生み出した。この宮殿は日本の建築界が明治維新以来求めてきた理想の体現であり、かつてヨーロッパから移入され続けてきた様式の成熟を示すものであった。

日本の建築家に特有の問題は、いかに耐震性のある建物をつくるかということであった。本州中央部で発生した濃尾地震（1891）の後、彼らはレンガ構造の弱さを強く認識し、結果としてレンガ造の建物の補強が重要な課題となった。さらに彼らは1906年のサンフランシスコ地震による被害を視察し、鉄骨と鉄筋コンクリート軸組構造の耐震上の有効性を確認した。この頃より日本で鉄骨と鉄筋コンクリート軸組構造の建物が建てられ始めたが、レンガ造の構造物が完全に鉄筋コンクリート造の建物に置き換えられるのは、1923年の関東大地震を待たねばならなかった。

赤坂離宮の完成後、日本の建築家はすでに西洋建築のデザインと建設に関する技術を習得したと感じていたので、集中すべき新しい目標を失い当惑した。彼らは日本の伝統的様式を無視すべきか、あるいはそれらをもとに西洋の影響から独立して日本の様式を発展させるべきかを問いかけ始めた。すでに以前にも日本的な屋根を持つ伝統的な木造建築を銀行、官庁やホテルといった建物に用いる試みがなされていた。建築家が新しい固有の様式を創造することに熱意を抱くにつれ、

同様な手法がここで再び現れた。しかし、これらのデザインは、地方主義に基づくという印象を与えるもので、世界的な普遍性を欠くものであった。

　レンガ造は鉄筋コンクリート造に置き換えられたが、19世紀のヨーロッパを起源とするリヴァイヴァル様式は1930年代まで継続し、日本の都市景観を性格づけた。そのような様式は、銀行、官庁、商業事務所建築などに適用された。とはいえ、日本のリヴァイヴァル様式はヨーロッパからの直接的継承とは思われず、単なる模倣とは対照的な個性を多く認めることができる。古典的な構成でありながら、アール・ヌーヴォーやウィーン分離派（ゼツェッション）のような新しいデザイン運動にならった建築細部の特徴をも持っていた。

実　例

日本における外国人建築家の作品

　東京上野の**上野博物館**（旧東京帝室博物館、1881、p.1326A）はコンドルが来日直後に設計し実現した3つの建物の1つである。彼は構成も規模も堂々とした2階建レンガ造建築にあくことなく献身し続けた。この博物館もその1つであり、イスラム建築を連想させるアーチの付いた開口部を持ち、彼はそれを彼自身による「擬似サラセン様式」と呼んだ。この博物館は1923年の地震[訳註：関東大地震]によって崩壊した。

　東京の中心部である**丸の内**の**三菱1号館**（1894、p.1326B）は、三菱ビジネス街建設の始まりとなった。会社はこの地区をそのように位置づけることとし、地区内の木造建築を禁止し、また開発に際する外観と規模を規制する基準を定めた。ジョサイア・コンドルがこの最初の建物の設計を委託されたが、彼の提案は、街路建築の表現のモデルとなった。それは、彼がロンドンでなじみの深かったテラス形式をとり、外壁に化粧として赤レンガを用いたものだった。この建物は1968年にこの地区の再開発のため解体された。

　東京霞が関の**東京裁判所**（1896、p.1326C）は、東京の国会議事堂の計画（後出）に携わっていたエンデとベックマンによって1887年に設計された。工事はその翌年に、かなり変更され簡素化されたデザインで始められた。この建物は1945年に戦災によって被害を受け、1974年に取り壊された。

日本人によって建設された洋風建築

　1597年に長崎で死去し、1862年に法王ピウス9世によって聖人に列された、26人の日本人殉教者を記念して建てられた**長崎**の**大浦天主堂**（p.1327C）は、1879年に完成した。1864年に建てられた最初の教会が小さすぎることになって、プティジャン神父（1829-84）の指導のもとでゴシック・リヴァイヴァル様式で改築されたものである。

　1858年の通商条約締結は、結果として開港をもたらし、大阪と東京は開市場となった。1867年には築地と大阪の川口に外国人居留地が開設された。**東京**の**築地ホテル館**（1868、p.1327A）が外国人客のために建てられた。設計はアメリカ人のR. P. ブリッジェンスによるものだが、施工は清水喜助であった。大きな2階建の木造ホテルで、幅67m、奥行27mあり、中央に塔が建ち、海に面して長いヴェランダがあった。外壁は、なまこ壁と呼ばれる伝統的な手法で仕上げられた。この壁は平らな四角い瓦が張られ、斜めの格子模様をみせるために瓦の継目は白漆喰で目立つように埋められていた。この壁の形式は耐火性と耐水性を持っていたので、初期の洋風の建物にしばしば用いられた。しかし築地ホテル館は築地と銀座地区を焼き払った1872年の大火によって失われてしまった。

　松本の大工棟梁であった立石清重は、東京と横浜の洋風建築を見学した後、**松本市**の**開智学校**（1876、p.1327B）を設計し建設した。構造は全て木造であるが、壁は漆喰で塗られている。最も特徴的なのは中央入口で、日本的な彫刻装飾で濃密に飾られている。

初期の日本人建築家の作品

　辰野金吾は、**東京日本橋**の**日本銀行本店**（1895、p.1328A）の設計に取りかかる前、ヨーロッパに渡って調査・研究を行った。彼は1889年に帰国し、さらに1年かけて彼のデザインを練り上げた。建設は1890年に始まった。銀行の平面はリュクサンブール宮殿のそれに基づいており、立面ではルスティカ仕上げの1階がジャイアント・オーダーを支えている。しかしながら、様式自体と設計者がつくりだしたかった形態との間の微妙なくい違いの結果として、デザイン的にいくつかの欠陥がある。様式とプロポーションの不釣合は、日本の多くのヨーロッパ様式建築に共通する欠点である。

　妻木賴黄と武田五一によって設計された、**東京内幸町**の**日本勧業銀行本店**（1899、p.1328B）は、1890年代において日本の様式を用いた他のいくつかの大規模な建物と類似したものであった。これは日本の伝統的な建設手法とデザインを再興しようとする意識的な努力からきたものではなく、木造建築の新しい様式を創造

A 上野博物館(旧東京帝室博物館)、東京(1881)　p.1325 参照

B 三菱1号館、東京(1894)　p.1325 参照

C 東京裁判所、東京(1896)　p.1325 参照

第 39 章　日本と朝鮮半島　　1327

A　築地ホテル館、東京（1868）　p.1325 参照

B　開智学校、松本（1876）　p.1325 参照

C　大浦天主堂、長崎（1879）　p.1325 参照

A 日本銀行本店、東京（1895） p.1325 参照

B 日本勧業銀行本店、東京（1899） p.1325 参照

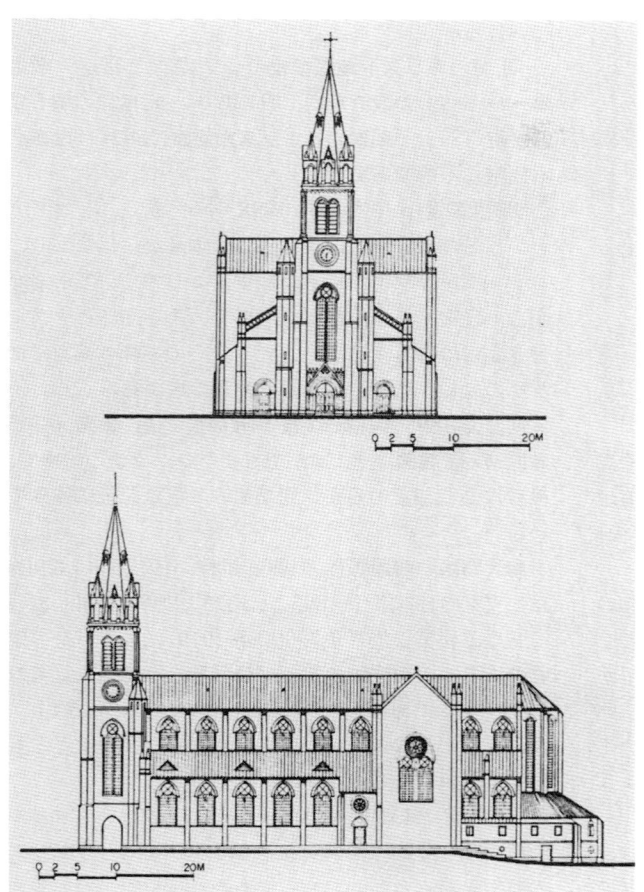

A 明洞大聖堂、正面および側面、ソウル（1898） p.1330 参照

B 韓国銀行、南大門路（1912） p.1330 参照

C ソウル駅、正面入口、ソウル（1925） p.1330 参照

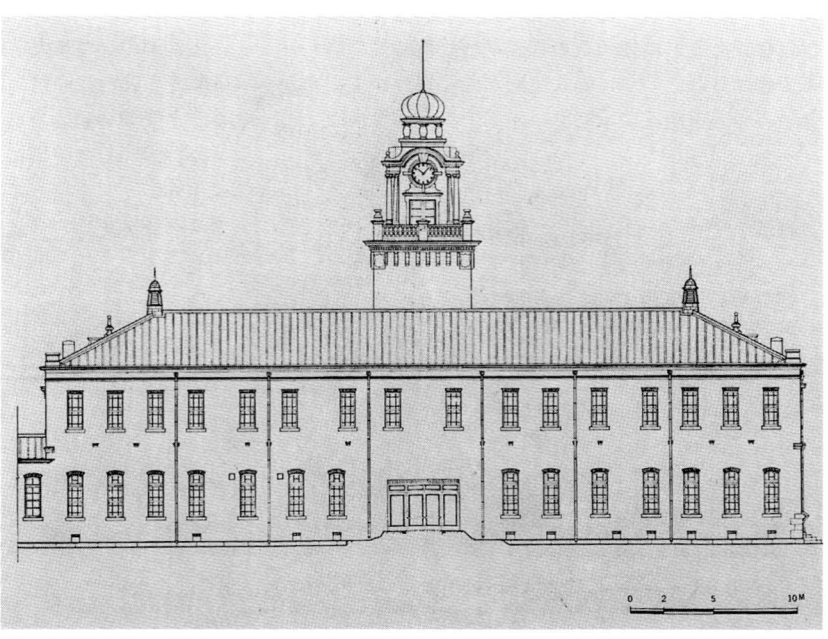

D ソウル大学校医学部本館、背面、ソウル（1927） p.1330 参照

しようという野心的な企てによるものであった。この事務所建築は2階建で、木造の軸組を壁に露出していたが、そのプロポーションは伝統的な日本建築にみられるものとは全く異なっていた。特に軸組と白い壁や開口部とのコントラストが特徴であった。日本とヨーロッパの様式の巧妙な融合が、中央入口やバルコニーにみられた。この建物は1927年に取り壊された[訳註：移築された後、構造を改変のうえ現存]。

朝鮮半島の建築の特色

朝鮮半島における西洋建築の歴史は朝鮮近代政治史に対応している。すなわち併合以前の時代（1910以前）、日本植民地時代（1910-45）、解放後の時代（1945以後）である。

1900年までは、朝鮮半島における西洋様式の建物の大部分は、外交関係の施設、キリスト教の教会堂とその付属施設、あるいは商業建築であった。1900年から1910年の間も事態はあまり変わらなかったが、朝鮮政府が、宮廷や官庁のための西洋様式の建物をいくつか建てた。一般の人々が西洋様式の建築を知るようになったのはこの時期においてであった。

朝鮮半島における日本の植民地時代（1910-45）は、1910年から1925年と1926年から1945年の2期に分けられる。第1期においては様式主義と折衷主義が一般に広まり、第2期においては日本の建築の流行に従ってモダニズムの建築が現れ始めた。しかしながら古典様式あるいは他の折衷様式が植民地時代の終わりまで続けられ、いかに様式主義が深く根づいていたかということを明確に示している。

実　例

朝鮮半島に現存するこの時期の重要な建物の全てはソウルに存在しており、下記の場所名は全てこの首都における所在地である。

明洞のキリスト教医学校のレンガ造2階建の**学生ホール**（1890）の設計者は不明であり、元暁路の**聖心会修女院**（1892）や明洞の**イギリス大使館**（1892）の建築家も同様に不明である。

明洞大聖堂（p.1329A）は1898年の完成で、E.コステという名前の建築家によって設計された。レンガ造のゴシック・リヴァイヴァル様式によるギリシア十字形平面の建物で、東端部は半円形で、西端部はピナクル付き尖塔のある1基の塔を伴う。その塔身の両側には身廊の屋根レベルに達する八角形の塔がある。

同じく1898年完成の**貞洞教会堂**と**昌慶宮**（p.766参照）の**蔵書閣**[訳註：図書館]もまたレンガ造の建物で、後者は2階建であるが、建築家の名前は記録に残っていない。

南大門路の**韓国銀行**（旧朝鮮銀行、1912、p.1329B）は、東京の日本銀行（1895、p.1325参照）も設計している日本人建築家辰野金吾（1854-1919）による石造の建物である。この建物はドイツの影響を示すやや重苦しいデザインであるが、2階の高さのピラスターの上に東洋風のドームが粗く形作られたペディメントとともに並置されている。

ソウル駅（p.1329C）は北ヨーロッパのフリースタイルの建物として興味深い。おそらくフランスとイギリスの類例を組み合わせたものであろう。やや平たい多面ドームをのせる大アーチは、規模は小さいものの多くのフランスの駅を思い出させるものである。これは1925年に建てられたが、設計者はわかっていない。

蓮建洞の**ソウル大学校医学部**（p.1329D）は、1927年に建てられた鉄筋コンクリート軸組造による2階建および3階建の建物である。本館はソリッドとヴォイド（材料と空間）の関係にスカンジナビア建築のようなプロポーションを持っているが、時計塔は典型的な後期フリースタイルの様式である。

訳／溝口正人

植民地時代およびそれ以後のヨーロッパ以外の建築

第40章
東南アジア

　東南アジアは、アジア、ヨーロッパ、アメリカの伝統を混ぜ合わせるという非常に長く、ダイナミックな異文化交流の建築史を持っている。君主制を維持し続けているタイは例外であるが、西洋の勢力はミャンマー(旧ビルマ)やマレーシア、インドシナ、インドネシアとフィリピンに16世紀以来存在していた。しかし、さまざまな建築的影響にもかかわらず、土着の建物やデザインの伝統がその地域の建築的発展の全ての段階や局面において、その形成のための役割を果たしてきた。

土着的建築

　東南アジアの高温湿潤地域は熱帯雨林や草原を豊富にもたらすため、木造建物には土着の有力な伝統が存在する。この伝統は東南アジアの平野や高地、三角州や非常に多くの島々にみられる人々の居住地で明らかである。建物の形は「ロングハウス」や正方形平面のパヴィリオンに由来している。これらの建物は普通、基礎杭の上につくられるので、洪水や敵の急襲に対する天然の防御力を持っただけではなく、貯蔵庫や家畜を守るシェルターとして役立つ地下室を持つことを可能とする。このタイプの住宅を建てるのに必要な技術はバンガロー建築の発展に影響を与えた。
　タイでは**カムティエン・ハウス**(1844年頃チェンマイに建築され、現在バンコクのシャム協会の構内に移築されている)が**タイ北部**の**チェンマイ**でみられる**ランナ・タイ住宅**(p.1332A)の代表である。基壇への入口は水瓶(みずがめ)によって示されている。ここから主屋と台所、穀物庫、精霊の家と貯水庫からなる、分散された建物へ導かれる。主屋は谷どいで連結された一対の急傾斜の切妻(きり)屋根が葺かれている。壁は外側に傾き、スクリーンのように、支柱から離れてぶら下がっているが、一方、穀物庫の円柱状の支柱は、構造的な理由で内転びになっている。

　別の形式の住宅は低地にみられる「中央平原タイプのタイ住宅」である。基壇への入口はそれぞれ居間と寝室として使われる2つの建物の間にある。補助的な建物は、通常左右対称に配され、基壇を拡大して建設する。**ブルネイ・ダルッサラーム**では、アタプ・バラー・ボンボン(傾斜屋根)とアタプ・トゥンクップ(ピラミッド状屋根)が**カンポン・アイール**(水上集落)でみられる。ここではパンタラン(開放的なヴェランダ)とティティアン(歩廊)が幾千もの家々をつないでいる(p.1332B)。
　マレー半島では、「長い切妻屋根」を意味するボンボン・パンジャン、またはフィリピンでは「立方体の家」を意味するバハイ・クボは、土着の住宅の基本単位を表している。それは、副次的な機能に適応させるために、通常は一連の寄棟(よせむね)小屋によって横方向に延長される。マレーの住宅は3つの基本空間からなる。それらはセランビ(ヴェランダ)、イブ・ルマー(主屋(おもや))、そしてルマー・ダポー(台所)である。
　マラッカとヌグリ・スンビランといったマレーシアの州では、スマトラ島のヒンドゥー教国、ミナンカバウ王国の様式の影響を受けた住宅の形は、17世紀に導入された。例としては、**ヌグリ・スンビラン州**の**イスタナ・ヒンギャップ**(1865頃)があり、ルマー・イブの正面に配された長いセランビすなわちヴェランダからなる。ボンボン・パンジャンの上昇は、**スマトラ島のパダン・パンジャン**にある**ミナンカバウ資料センター**(p.1332C)のようなミナンカバウの先例よりは控えめである。なおパダン・パンジャンでは、屋根の鋭い上昇と頂部装飾は水牛の角を表している。
　船のような形の住宅は、多くの種族が船乗り起源である可能性を示唆している。鞍型の屋根や張り出した切妻破風は、ミクロネシア諸島やニューギニアのセピック地方でみつかっている。最も劇的なものは**インドネ**

1332 | 植民地時代およびそれ以後のヨーロッパ以外の建築

A　カムティエン・ハウス、バンコク、タイ（1844 頃）　p.1331 参照

B　カンポン・アイール（水上集落）、ブルネイ　p.1331参照

C　ミナンカバウ資料センター、パダン・パンジャン、スマトラ島、インドネシア　p.1331 参照

シアの**スラウェシ島**にある**トラジャ族**の住宅である。それは両端で支柱を必要とする、上向きの巨大な切妻破風（はふ）の屋根で構成されている。またそれはある「起源の家」を象徴し、水牛の頭部を含む精霊崇拝に関わる彫刻が施されている。

北スマトラの高地の**バタク・カロ族**と**バタク・シマルングン族**の住宅は、ともに長いピラミッド形の屋根形式によって識別されるが、水牛の頭部のような形の頂部装飾で完結する4面の破風でしばしば飾られている。自然の全てのものと同様に、住人は家が生命力を持っていると信じている。このことは下層界、中層界、上層界という言葉に表れている。

穀物庫、納骨所、集会所そして対面のための壇は方形屋根形式である。またこの形式は、穀物庫同様、住居や祠堂またはアダット（伝統）住宅とも関係しているのかもしれない。例として北ルソン（フィリピン）出身のイフガオ族の住宅形式、そしてインドネシアの東スンバワやアロールとケダンの定住地域を出身とするドンゴ族の住宅形式が挙げられる。

インドネシア・フローレス諸島のマンガライ族は円錐形の屋根の円形住宅と楕円形のアダット住宅を建てている。バリ島の中庭式住宅は、インド化の伝統に従って配された神や悪魔の住民に対する影響を関係づけた宇宙論に信をおいて決定される。周壁や入口、出口の位置は前もって決まっている。中庭内部はレンガ造の基壇、切妻とピラミッド形の屋根で形成されている。祠堂は「メルー山」を表した多層の屋根を特徴とするが、それは「最も神聖な」北東角に位置する。

バンガローの発展

植民地バンガローは正方形か長方形のどちらかの平面に陸屋根（ろく）、ピラミッド形もしくは傾斜屋根のどれかを有するもので、インドから発展した。平屋建では全ての側面にヴェランダのある基壇を持つ。それは車寄せを持つ一方で、台所やサーヴィスのための翼屋は独立し、背後に配される。インドから東南アジアにバンガローが移植され、土着の影響を受けて必然的にいっそう発達した。

横長矩形（くけい）平面で「ブラック・アンド・ホワイト・バンガロー」として知られる車寄せのあるイギリス系マレーシアのバンガローの傑出した例は、**ペナン州**の**グリーン・レーン**（p.1334A）にある。その一般的な形式は、母族長に属する住宅である**ペラク**の**クアラ・カンサー**にある**チェ・ミダー**（1880頃）に代表されるマレーの住宅形式と密接な関連がある。重要な要素はここでは短い切妻屋根により引き立てられ、左右軸に対して直角に置かれた玄関ポーチである。この住宅はイギリス外交官のためのバンガロー再建により、取り壊された。イギリス総督代理の**官邸**は玄関ポーチや階段室のある矩形平面やチェ・ミダーの住宅より早期にみられた土台柱を使用している。それはまた、イギリス系インドの装飾とともに、バンガローの4側面を取り巻くヴェランダのようなインドからの要素を組み入れた。土着の住宅を植民地の権威を象徴する形式や細部と調和させるこうした試みは、混成したデザインを生んだ。

バンガロー建築はパッラーディオの理想も吸収した。これにはサラワクのブルック王以前の住宅であった**クチン**の**アスタナ**（1840頃、p.1334D）や、ラーマ5世（チュラロンコーン）の夏の家であった**タイ、バンコク**の**ヴィマンメク**（1900頃）が含まれる。

建物正面が都市内敷地に対して幅の点で縮小するにつれて、縦長の平面で、しばしば2層のものが支配的になり、バンガロー形式が明確な発展をとげた。一例は**ペナン州**のジョージタウンにある**サイイド・アル・アッタス・マンション**（1875、現**ペナン・ヘリテージ・センター**、p.1334B）である。それは3つのベイと車寄せからなる。部屋を付け加えたために延びた平面は、正方形平面のバンガローからの発展の、より早期の例である。

しばしば土台柱の上に建ち、ゆったりした正面ヴェランダとその前の車寄せからなるこのタイプのバンガローは、農園主や役人のバンガローとして、植民地では人気があった。一例は、ハーフ・ティンバーとレンガで建てられたもので、以前のイギリス駐屯地である**ビルマ（ミャンマー）**の**ペグー**にある**バンガロー**（p.1334C）である。

バハイ・クボ（フィリピンの土着の小屋）から派生したのは、**パンパンガ州**の**サンタ・リタ**にある**バハイ・ナ・バト**のような住宅である。スペインと土着建物の伝統との混成物で、倉庫として用いたシラン（1階）は、石のブロックで覆われ、上の階は厳密な意味での住宅となり、カイダ（前室）、サラ（居間）、コメドール（食堂）そしてクアルト（寝室）、大きなアソテア（テラス）、アンダ（台所）が含まれ、隣接してバノまたはパリグアン（風呂）とラトリナ（便所）がある。3階は木造で、カピス貝（マド貝）の嵌められた窓が嵌まる。急傾斜のニッパヤシによる屋根はしばしば焼成粘土瓦に置き換えられる。

植民地時代およびそれ以後のヨーロッパ以外の建築

A 「ブラック・アンド・ホワイト・バンガロー」、グリーン・レーン、ペナン州、西マレーシア（1900 頃）　p.1333 参照

B　サイイド・アル・アッタス・マンション、ペナン州、西マレーシア（1875）　p.1333 参照

C　駐屯地のバンガロー、ペグー、ビルマ（1900 頃）　p.1333 参照

D　アスタナ、クチン、サラワク州、東マレーシア（1840 頃）　p.1333 参照

第 40 章　東南アジア | 1335

A　アルメニア教会堂、シンガポール(1835)　p.1336 参照

B　バングナム・スルタン・アブドゥル・サマド、クアラルンプール、西マレーシア(1897)　p.1336 参照

C　セリ・カルコサ・ネガラ、クアラルンプール、西マレーシア(1897)　p.1336 参照

D　セント・ジョージ教会堂、ペナン州、西マレーシア(1817)　p.1336 参照

植民地建築

マレー半島のイギリス植民地建築は、17世紀後半から始まり、2つの小行政区の中心に集中していた。それらは、1880年イギリス支配の確立により、首都をクアラルンプールとするマレー連邦諸州(**FMS**)と、ペナン、マラッカ、シンガポールによる構成で、シンガポールをイギリス直轄植民地の首都とする海峡植民地である。FMSの公式建築は概してマレー王国に対する政治的な感性を反映したもので、様式的な関連ではムーア式もしくはイギリス系インドの特徴を持つ傾向がある。海峡植民地は、直轄領という地位のため、イギリスのジョージアン様式とヴィクトリアン様式を採用した。

クアラルンプールでは、州の技術者 C. E. スプーナーが、以前の**連邦事務局**(現**バングナム・スルタン・アブドゥル・サマド**、1897、p.1335B)の設計のため A. C. A. ノーマンを任命した。ムーア様式のアーケード、凹凸の胸壁で頂部を飾ったらせん階段、そして「ラジャバイ塔」はジョージ・ギルバート・スコット卿によるボンベイ(現ムンバイ)大学図書館やウィリアム・エマーソン卿によるアラハバードのミューア・カレッジからの影響を反映している。スプーナーはノーマンによる当初の新古典主義に対する好みを却下し、サラセン様式の使用にこだわったが、それはマレーシアのムスリム文化と熱帯気候にもっと合わせるためであった。街の中心にあるその他の建物には**郵便本局**(1896)、**公共事業局**(1896)、**高等裁判所**(1909)、**情報局**(1909)があるが、これらは全てノーマンにより、同じ異国情緒な様式で設計された。**クアラルンプール駅およびホテル**(1911)は A. B. ヒューバックによる同様に派手なサラセン様式で、タマネギ形のドームやムガルの傘形ドームを持つ。

イギリス総督公邸「**カルコサ**」(1897、現在は迎賓館「**セリ・カルコサ・ネガラ**」、p.1335C)に対するノーマンのデザインは、ムーア様式の要素に古典様式、テューダー様式そして中国様式の細部を組み合わせたさらに進んだものであった。それは「レイク・ガーデン」の植物による景観や背景としての都市によるピクチュアレスクの魅力を発散している。

海峡植民地の城砦はいつも直線的な海岸線に沿って築かれた。こうしたものには、**マラッカ**の**セント・ポールの丘**のポルトガル人による城塞(ポルトガル人はマラッカを1511年から1641年にかけて支配していたが、セント・ポール城塞のほとんどは1807年にイギリスによって破壊された状態にある)や**フィリピン**の**マニラ・ベイ**にある**サンティアゴ城塞**の旧居留地、そしてマレーシア本国の向かいの東端にある(**ペナン州**の)**ジョージタウン**(ジョージタウンは1786年に築かれた)にある**フォート・コーンウォリス**のイギリス城塞やシンガポール・リバーの河岸に位置する**シンガポール**の**フォート・カニング**が含まれる。

ポルトガル人による立派な教会堂の遺跡がマラッカのレジデンシー・ヒルの頂上に建っている。**セント・ポール教会堂**は1512年に創建され、短い間ではあるが、聖フランシスコ・ザビエルの遺体を保管していた。現在は荒廃した状態であるが、印象的な石造のペディメントを頂くファサードはまだそのままである。**マラッカ**の**セント・ピーター教会堂**(1710)は、オランダ支配下で建設されたが、ポルトガル・バロックの細部に東洋のモチーフを混ぜたものであり、一方、**マラッカ**の**クライスト・チャーチ**(1750)はおそらく地域で最も優れたオランダ建築の例であろう。東洋におけるドイツ建築の最初期の残存例は**マラッカ市庁舎**(1641-60)で、木造のルーバーを備えた窓と背の高い切妻破風のある3層の建物である。

19世紀初期に、宗教建築の原型となったのは、18世紀初期のロンドンのセント・マーティン=イン=ザ=フィールズ教会堂であった。こうした最初期のものは陸軍大尉ロバート・スミスによる**ペナン州**の**セント・ジョージ教会堂**(1817、p.1335D)である。**シンガポール**の**アルメニア教会堂**(1835、p.1335A)はジョージ・ドラムグール・コールマン(1795-1844)により設計された。アプスのある円形の身廊は直径11mで、ギリシア十字形平面に円錐形の屋根と頂塔を頂く。自然光の放散も行う頂部の開口によって採光される。その平面はジェームズ・ギッブスが拒絶したセント・マーティン=イン=ザ=フィールズ教会堂のための円形平面に、マドラスのセント・アンドリュー教会堂経由で由来しているだろう。八角形の尖塔は1858年に増築された。

住居建築では、同時期のインドでみられるジョージアン様式のヴィラが、コールマンによってシンガポールで設計された。唯一の残存例として **H. C. コールドウェルの町屋**(1840)がある。それはドリス式無柱式の手法で弓形に張り出した正面を持つ。

シンガポールにおける、もっと明確なヴィクトリアン様式の建築は、軍の技術者によって先導された。たとえば、ゴシック様式の**セント・アンドリュー大聖堂**(1862)を設計したロナルド・マクファーソン大佐や、塔やマンサード屋根を持つが、アンドレア・パッラーディオのルネサンス様式のヴィラ・エモーに感化されたと思われる形のアーケードを持つ**政府官邸**(**イスタナ**、p.1337A)を設計したジョン・アドルファス・マクネア

第 40 章　東南アジア　　1337

A　政府官邸（イスタナ）、シンガポール（1869）　p.1336 参照

B　ショップハウス、シンガポール　p.1338 参照

C　ラッフルズ・ホテル、シンガポール（1897）　p.1338 参照

D　セリ・ムティアラ（イギリス総督公邸）、ペナン州、西マレーシア（1890）　p.1338参照

E　サン・パブロ・デ・ロス・アウグスティノス・カルザドス教会堂、マニラ、フィリピン（1591）　p.1338 参照

少佐がいる。スワン＆マクラーレンのR.A.J.ビドウェルの例には、1862年の市庁舎を建て替えた**ヴィクトリア劇場**と記念ホール(1904)や**ラッフルズ・ホテル**(1897、p.1337C)がある。ビドウェルによるラッフルズ・ホテル(主なるファサードと1つの翼部のみが残存している)のデザインは、2階のヴェランダと1階のロッジア上で支えられたトスカナ式円柱との組合せである。残っているパームコートは拡張された。ビドウェルによるものには**シンガポール**の**ヘーセド・エル・シナゴーグ**(1905)もあるが、これはビザンティン教会堂に感化されたものである。C.A.キャメロン少佐による**ペナン州**の**セリ・ムティアラ**、すなわち**イギリス総督公邸**(1890、p.1337D)は、ペディメントとポーティコのある正面部分と背後のバンガロー風の増築部分との混成物である。

シンガポール(1819建設)における都市計画、インフラストラクチャーや条例は、スタンフォード・ラッフルズ卿が守備隊の技術者であったP.ジャクソン大尉とともに作成した契約書に従って1820年代に発展した。このことは民族的小集落すなわち「カンポン」を生み出した。カンポンとは、町割に嵌め込まれた**ショップハウス**(p.1337B)として知られる商業・居住単位のシステムによって相互に結び付いたものである。1880年以降、不燃材料で建設され、1階は公共の「5フィート(約1.5m)の歩廊」すなわち通りに開放されたヴェランダを持つ店舗であった。上階は倉庫と住居として使われた。平面は奥行30m以上で、多くの中庭を備えていた。海峡植民地の市条例(1887)はマレーシア本国におけるこうした「都市的独自性」の標準化に導いた。それはラーマ5世(チュラロンコーン)によってシンガポールからタイへ導入され、東南アジアの他の場所や中国沿岸のヨーロッパ人居留地で模倣された。

スペイン王フェリペ2世による条例(1573)は、フィリピンを含んだ新世界における植民地開発のために格子状街区平面上でのアーケードの使用を取り決めた。しかしながら、アーケードはフィリピンのマニラにある大都市圏の**市内**(イントラムロス)では実行されなかった。かわりにバハイ・ナ・バトがあり、それは天窓と換気孔のある街路レベルの石の壁からなるものである。この特徴は、たとえば**サント・トーマス大学**(1611設立)を含む、全ての都市建築で共通である。

マニラの**サン・パブロ・デ・ロス・アウグスティノス・カルザドス教会堂**(1591、p.1337E)は、1863年の地震で残ったルネサンス様式の唯一の石造教会堂である。アーチのある入口上の大きなペディメントは、一対の塔とともに、ピラスター(片蓋柱)やニッチ、そして背の高い窓で枠取られている。イギリスのヴィクトリアン様式の建築がフェリックス・ロクサスによってマニラに導入された。彼はフィリピン最初の建築家で、カルカッタ、スペインそしてロンドンで働いた後、開業した。彼は市内に2つの教会堂を設計した。すなわち、**サント・ドミンゴ・デ・マニラ教会堂**(1868)と**ニュー・サン・イグナシオ教会堂**(1889)で、前者はうずくまったようなルネサンス様式のボリュームをゴシックの「皮膜」で覆っているのが特徴であり、後者は新古典主義のファサードを持つ。

バタヴィア(現在のインドネシアの首都ジャカルタの旧名)はオランダ人によってオランダ領東インドの首都として1619年に名付けられた。町の計画は碁盤目方式で、アムステルダムを模倣し、チリウン川の支流に沿って運河や閘門(こうもん)をつくった。ある運河は、**カスティール・バタヴィア**すなわち町の北方の城塞により管理された海への唯一の水路を提供する。重要な初期のオランダの建物にはシティー・スクエアの**総督庁**と**ペナン門**(1671)と**総督の邸宅**(1708)、そしてW.J.ヴァン・デ・ヴェルデとJ.ケマーによる、円形ドームがのり、ペディメントのある中心飾りを持つ**市庁舎**(1710)がある。

スタンフォード・ラッフルズがバタヴィアに1811年に到着し、ジャワ準知事(1811–15)になった時までに、街はすでに、オランダによる広大なレンガ造倉庫の中に置かれた、ヴェランダを持つレンガ造のテラスハウスにより特徴づけられていた。これらの特徴はシンガポールに対して後に建築法規を規定する時にはラッフルズに影響を与え、テラスに連続的なヴェランダを備えるよう定められた。オランダの植民地建築は背の高い切妻屋根と窓に組み合わせて、大オーダーや時には凹凸のある胸壁や曲線状ペディメントを使用した。例にはレイニア・デ・クレルクのカントリー・ハウス(1760頃、現在**ジャカルタ**の**国立文書館**、p.1339B)がある。そのファサードはもともと背後の中庭を形成する建物に使われた曲線状のペディメントのあるアーチ形の窓で満たされていた。

ジャワのオランダへの返還とともに、新古典主義に起源を持つ帝国様式と記述される建築における新たな態度が現れた。この19世紀初期の様式はバタヴィアの南の田園郊外**ウェルトフレーデン**のヴィラに最もよく表現されている。それはオランダ風縁側、すなわち居住や社交のための空間としての列柱のあるヴェランダを特徴としていた。パッラーディオのヴィラ・エモースの形が多くの公的な建物に採用されたが、その例としては**ボゴール**の**サマー・パレス**(1856、現在の**ボゴール王宮**、p.1339A)や**ジャカルタ裁判所**(1870、現バライ・セニ・ルパ)がある。J.H.ホーストによる**イマヌエル教会堂**(1839、p.1339C)は円形平面でドームのある

A ボゴール王宮、ジャカルタ、インドネシア(1856)　p.1338 参照

B 国立文書館、ジャカルタ、インドネシア(1760 頃)
p.1338参照

C イマニュエル教会堂、ジャカルタ、インドネシア(1839)
p.1338 参照

D オペラハウス、ハノイ、ヴェトナム(1900 頃)　p.1341 参照

A　パヴィリオン、グランド・パレス、プノンペン、カンボジア（1869頃）　p.1341 参照

B　チャクリ・マハー・プラサート、バンコク、タイ（1872-75）　p.1341 参照

デザインである。ペディメントや四方向に面している ポーティコは、ドリス式オーダーの直線状と弓状に張り出した正面を特徴とする。

　フランス領インドシナはフランス第三共和制のもとで1893年に計画を練り上げられた。フランスによる植民地での勢力と趣向を表した主な建物は、これらの領域の主要都市、すなわち**サイゴン**（現ホーチミン）、**ハノイ**そしてプノンペンで建設された。サイゴンの都市計画はパリのブールヴァールを模倣した。1878年までにインペリアル通りすなわち現在のノロドム大通りは、ジュール・ブルナールによる**ノートル・ダム大聖堂**（1880起工）を、サイゴン川の植物園のある端と、総督宮殿のあるもう1つの端とで結び付けた。ジョルジュ・レルミットというサイゴンで最初のボザール出身の建築家は、湾曲した広場を持った**宮殿**（1873）をパッラーディオの手法で設計した。ジョセフ・ヴィクトール・ギシャールによる**サイゴン劇場**（1895-）やハノイ・オペラハウス（1900-、p.1339D）は壮大な公共建築である。ナポレオン3世が国王ノロドム1世へ贈った**プノンペン**にある**鋳鉄製のパヴィリオン**（1869頃、p.1340A）は、王宮の玉座の間と銀の塔(パゴダ)との間に置かれた。

　バンコクは、タイの近代的首都で、チャクリ帝国の王により1782年に築かれ、周囲に2つの堀と壁をめぐらす。それは後背地に流れるチャオ・パヤ川の河口を守っている。国王ラーマ5世はヨーロッパの建築や都市計画を追求し、後援した。タイの条例は公共のヴェランダ（5フィート歩廊）を規定しなかったが、ショップハウスは都市の特徴としてつくられた。彼は**チャクリ・マハー・プラサート**すなわち**グランド・パレス**（1872-75、p.1340B）を依頼し、ジョン・クルーニーズによってヴィクトリアン様式とタイのパゴダの様式とを組み合わせて設計された。もう1つの依頼建物はフランス・ルネサンス調の**ボロマフィナン宮殿**で、曲線状のマンサード屋根を架けている。

　以前のイギリス領ビルマの首都であるラングーン（現ヤンゴン）の植民地建築や都市計画は19世紀の終りになって初めて現れた。1885年のビルマ州立法はプッカ・ハウスすなわち町中における陸屋根付きバンガローの増殖の抑制について触れた。**ロウ商会**のような商業ビルが同様に建設され、ジルミルすなわち日陰のための天幕を使用している。バンコク同様、ショップハウスでみられるような、同じ形式で連続的な公共のヴェランダを規制する条例はビルマに存在しない。

訳／野々垣　篤

植民地時代およびそれ以後のヨーロッパ以外の建築

第41章
インド亜大陸

建築の特色

ポルトガルの植民地建築

　ポルトガル人が15世紀末から16世紀初期に東洋に到達した時、2つの目的を持っていた。第1は当時アラブ人が独占していた貿易に割り込むことであり、第2は東洋の人々をキリスト教に改宗させることであった。これらの目的のため、彼らは海路に沿った戦略的な位置に要塞化した居留地を築いた。ローマ・カトリック教会と同様、ポルトガル人は聖人に捧げた多くの教会堂や修道院を建て、軍事的要塞にまで聖人の名をつけた。多くの記念堂や教会堂が道路の接合点や内陸部に建てられ、たいてい大きな目立つ十字架で特徴づけられていた。教会堂の多くは16世紀および17世紀に建てられ、ヨーロッパの様式に従っていたが、技術的あるいは財政的な制約から、しばしばそれはファサードだけに限られた。教会堂自体は性格的に納屋に似たものであり、土着の材料で土地の技術を使って建てられた。

　初期の教会堂ではゴシックの細部を複製しようとする試みがみられたが、ほどなくしてヨーロッパにおけるルネサンスの影響が、特徴的なポルトガル・バロック様式の発展を促した。居留地の建物は規模も大きくなり、ファサードはしばしばヨーロッパのものとともに東洋のモチーフで豊かに飾られた。フランシスコ修道会、ドミニコ修道会、カプチン修道会などの宗教団体は、彼らが委託した建物に彼ら自身の好みを刻みつけた。しかしながら、東洋におけるポルトガルの勢力が衰えるにつれ、建築は形式的な模倣と過飾に陥っていった。

オランダの植民地建築

　オランダ人は主に貿易を目的として東方へ船を進め、ポルトガル人に約1世紀遅れてインドとスリランカに到着した。彼らの砦は居留地を囲む塁壁（るいへき）からなっており、居留地はヨーロッパ人と土地の人々のための2つの地区に分けられていた。町は道路、下水道、樹木などとともに計画され、要塞化された居留地の中に多くの住居を入れる必要から、街路の建築的開発に規制がかけられた。その成果のいくつかは現在でもなお、うまく計画された位置関係、日陰をつくる小道、ヴィスタなどにみることができる。城壁をめぐらされた町の稜堡（りょうほ）には、オランダの都市にちなんだ名前がつけられた。ポルトガルの都市とは対照的に、それぞれの町は簡素な教会堂を持っており、時にはその土地のわずかなモチーフがファサードに付されることもあったが、一般には装飾を欠いていた。

　オランダ人は輸出品のための倉庫を港に接した主要な場所に設けていた。レンガのヴォールトが最も特徴的な構造で、それは教会堂にも用いられた。

イギリスの植民地建築

　インド亜大陸へのイギリスの影響は、東インド会社の設立から始まった（第35章参照）。オランダやポルトガルと異なり、イギリスの移住者は城壁に囲まれた町から外へ出て活動し、したがって経済活動の範囲は基礎的な貿易を超えて、ヨーロッパ市場に適する主要な作物の生産や半加工品にまで拡大した。そのため、この国全体にわたる地方都市の設立と同時に、道路や鉄道を含む広範囲な連絡網の整備が必要になった。

　急速に建造物を建てる必要性は、新しい建設技術の発展を促した。それには本国の新しい工業によって生産することのできた鋳鉄（ちゅうてつ）、鋼鉄、金属板を用いた巧

みなプレハブ・システムが含まれていた。共通する形式の標準平面が発達し、それらは工場生産された部品に適しており、大農園の建物や新しい交通・通信システムに関連した他の施設に用いられた。しかし政府も、また商業機関も、流行していたヨーロッパ様式、特にイギリスの後期ルネサンス、バロック、パッラーディオ様式、新古典主義、そして19世紀にはゴシックを含むリヴァイヴァル様式を好んで採用した。またデザインは熱帯の気候によって影響され、東洋的モチーフの使用のような地方的な混合様式の創造を助長し、時にはそれぞれの建物にユニークな趣を加えた。

増加する民間の設計企業がそれに応じた。住宅開発、博物館、病院、教会堂、スポーツクラブ、学校、銀行を含む商業建築、行政建築、市庁舎、百貨店、駅や郵便局などを含むコミニケーション・センターなどが、19世紀におけるイギリス植民地の発展の証明であったのである。軍隊を収容する軍事的建物は、一般に都市や町の周縁の駐屯地に限られていた。

他のヨーロッパ諸国の居留地

他のヨーロッパの国々もまたインドとスリランカに貿易のための居留地を建設し、植民地への傾斜を発展させたが、その中で目立った国はフランスと、規模はより小さいがデンマークであった。

実　例

ポルトガル建築

城　塞

富裕な港の島である**ゴア**は、最初はアルフォンソ・デ・アルブケルケがビジャープルのスルタンから奪ったもので、陸地からの攻撃に対し3つの砦で守られていた。パーネム海岸の**アグアダ城塞**(p.1345A)は海を臨む崖の上に建ち、その稜堡は地勢と関連した戦略的要衝に置かれていた。教会堂と塔が砦の中心をなしていた。**カイロの小塞**の島と**ラルゴ城塞**はズアーリ河口を固め、河の南堤は海に面して突出した稜堡とアーチの入口を持つ**マルマゴア城塞**(p.1345B)によって守られていた。

マンドヴィ河口の城塞は、ポルトガルのインドにおける最初の首都であるヴェルハ・ゴア——17世紀の世界において最も富裕な都市の1つ——を守っていた。広場に面する教会堂や小広場の周りに邸宅や別荘などが配置され、これらの建物の窓は錬鉄製の手摺を持つバルコニーに開いていた。方形の城塞は運河によって本島から孤立し、水際に面するアーチ門から入るようになっていた。建物の大部分は消滅しているが、都市の壮麗さとロマンスの名残りが、ヴェルハ・ゴアの廃虚の中になお残されている。

首都としてのヴェルハ・ゴアを19世紀に引き継いだ**パンジム**（パナジ）は、背後に高地を控え、海岸線に沿って計画された格子状平面の線状都市であった。16世紀後半にポルトガルによってインド西海岸につくられた他の城塞都市には、**ディウ**、**バセイン**、**ダマン**、**ボンベイ**（現ムンバイ）などがあり、さらに少し北のキャンベイ湾に**スーラト**がある。スーラトにはイギリス、オランダ、フランスも17世紀に商館や貿易所を建てていた(p.1345E)。同様な居留地が東海岸の**フーグリ河岸**や**サン・トメ**に建設された。それらの拠点は商業施設とともに住居も収容する囲壁で固められており、その防御の程度は位置により異なっていたようである。

スリランカ島では、1518年にポルトガルの**コロンボの城塞**が、ヴェルハ・ゴアと同様な線に沿ってつくられた。ここでは行政と軍事のための内城と城外の住居地区を持っていた。なお城塞として知られる囲われた部分(p.1345D)は、城塞の設計を委託された技術者であるホアン・バプティスタという人によって最初に計画され、14の稜堡からなっていた。都市の外側の地区には約500戸の庭付き住宅があった。ジャフナへの入口を抑える同様の**城塞**が、**カイツ**、**カライティヴ**、**ハメンヒール島**に、またトリンコマリー港の入口は**オステンバーク**と**ソーバー島**につくられていた。その他、ドン・ジェロニモ・ダヴェセード提督による**メニカダワラ城塞**のように、内陸からの攻撃に備えた城塞が立地・建設された。

教会堂

初期においては、ポルトガル居留地の耐久性のある建物はたいてい宗教的性格を持つものであった。宣教師は土着の住民をローマ・カトリックに改宗させることを義務と考え、資金が得られるとすぐ、できる限りヨーロッパの原型に似せて教会堂を建てた。この目的はしばしばファサードのみにおいて達成されたにすぎず、信者たちの施設は安く簡単に入手できる地元の材料と技術でつくられた。他の初期の教会堂は、**ゴアのアグアダ**やスリランカの**ラトナプラ**の最初の教会堂のように、中央に記念堂と聖職者の住区を置く、稜堡を持った防壁による囲いにすぎなかった。インドにおける最初のキリスト教の記念堂は、アルブケルケによるゴア占領の翌年、聖カテリーナに捧げられた。最初は土と藁とヤシの葉でつくられたが、1513年に大幅に改

第 41 章　インド亜大陸　1345

A　アグアダ城塞、ゴア（17 世紀初期）　p.1344 参照

B　マルマゴア城塞、ゴア（16 世紀初期）　p.1344 参照

C　アッシジの聖フランシス聖堂、内部、ゴア
p.1346 参照

D　城塞（フォート）の街路、コロンボ、スリランカ（1968 撮影）
p.1344 参照

E　イギリス商館（1613 建設）、スーラト　p.1344．p.1348参照

修されて再献堂され、1539年には新しく設けられたゴア司教管区の大聖堂として開堂された。

ゴアのロザリオ聖母聖堂は、1543年につくられた初期ポルトガル教会堂建築の現存する最もよい例である。これは身廊、トランセプト、アプスのあるホール型教会堂である。円塔はドームを頂き、アーチ式入口を持つ2階建の箱のような構造体が、上に鐘楼のある玄関の役割を果たしている。外壁面の装飾にはヒンドゥー教とイスラム教のモチーフがみられる。

ゴアにある**アッシジの聖フランシス聖堂**は、16世紀初期の開拓時代に着工され(1527)、17世紀に再建されたが、八角双塔を持つ以前のファサードは維持された。内部(p.1345C)はヴォールト天井で、格間のように装飾された方形パネルを複雑に並べて飾っている。壮重で簡素な交差ヴォールトには人物像を含むバロックの細部が挿入されている。主ヴォールトを支える広く平らなピアのフレスコ・パネルは、複雑に組み合わされたインドとヨーロッパの要素を用いて描かれている。

ゴアのセ大聖堂(1562着工、1662完成)は建築家のアンブロージョ・アルゲイロとジュリオ・シマーヨによるものであった。身廊と2つの側廊は一体としての空間計画によって結び付けられている。平面は矩形でアプスが付いている。2本ずつの平たいピラスター(片蓋柱)と渦型持送りを持つ主ファサードは、ヴィニョーラによる(ほぼ同時期に建てられた)ローマのイル・ジェス聖堂に似ている。ジュリオ・シマーヨはまたゴアの**総督記念門**と**セント・ポール大学**も設計した。

ボム・ジェス・バシリカ(1593-1603、p.1347C)はゴアで最も有名な教会堂である。十字形平面で、一廊形式の空間を持っている。凱旋門形式のファサードの中央ベイは、上に1階分加えられ、ペディメントをあげた破風と、両側の貝殻装飾の付いた反曲線のパラペットが付いている。1階のファサードから伝わってくる古典的印象は、上層のプラテレスコの装飾とバロックの形態からの反響に、心地よく結び付いている。内部では、ヴォールトの架かった身廊の両側にギャラリーがある。また聖イグナチウスに捧げられた単層で金色の祭壇背後飾りがあり、トランセプトの南翼にはインド諸国への使徒である**聖フランシスコ・ザビエルの墓**がある。

もう1つの優れた例は、**ゴアのキャテジャン聖堂**(1661)で、そのファサードはローマのサン・ピエトロ大聖堂の控えめな模倣のように思われる。外からみると長方形のようにみえるが、平面はギリシア十字形で、側廊の付いた身廊の端にアプスがあり、ドームと頂塔があがった交差部には4本の太いピアがある。ゴアの**パンジム**にある**処女懐胎聖堂**は高い基壇の上に建ち、踊り場のある2つの階段によって西端から入るが、それは多くの17世紀および18世紀のポルトガルとスペインの教会堂にみられる方式で、アメリカでは、たとえばブラジルのコンゴーニャス・ド・カンポ聖堂(p.1286参照)におけるように、19世紀初頭まで使われている。

スリランカでは、**コロンボのセント・ポール聖堂**が1622年に、アントニオ・ルビーノによって「……コリント様式で建てられた教会堂で、均整がとれ美しい」と言及されている。この教会堂はもはや残ってはいないが、1658年の地図には、17世紀のコロンボにおける9つのポルトガル教会堂の中で最も卓越したものとして示されている。

オランダ建築

オランダ連合東インド会社の関心は、もっぱらジャワ島と香辛料のとれる島々に置かれていた。しかし、スリランカは新しい貿易基地であるとともに便利な輸送基地であったので、1658年にはついにオランダの支配下に入り、それは18世紀の終わりまで続いた。

城　塞

オランダは、ポルトガルがスリランカ沿岸に建てた城塞を拡大し、必要なところでは新しく建設した。それらに類似する城塞の多くが第36章(p.1251-1255)に図示されている。インドにはほとんど例はないが、オランダ、イギリス、ポルトガルの全てが同じ囲壁の中に倉庫を持つ場合もあった(たとえばスーラト)。スリランカにおけるオランダの城塞工事は全て17世紀後半のものである。防御柵をめぐらした居住地区としては、17世紀のオランダ人作家ヴァレンタインの挙げている**ティルコーヴィル**、**サマントゥライ**、**カルムナイ**などがあった。防御された居留地の大部分は海岸にあったが、**アクレサ**や**ハクマナ**におけるように、わずかながら小さな方形の城柵が内陸の辺境にあり、この両者には堀がめぐらされ、守備隊は中心の囲いの外に駐屯していた。**ハメンヒール**と**ポイント・ペドロ**は1つの稜堡を持つ砦で、前者は石造の鐘塔が入口の門の上にあり、2棟の3階建の倉庫が防壁による囲いの中心に置かれていた。

1602年にオランダ船団が始めてスリランカに上陸した**バティカロア**や、**カルピティヤ**(1667)、**マンナル**(1686)などは、複数の稜堡を持ち、教会堂を備えた城塞で、また**ジャフナの城塞**は堀の上にはね橋のあるアーチ門を持っており、囲い地は1.6haの面積があって、

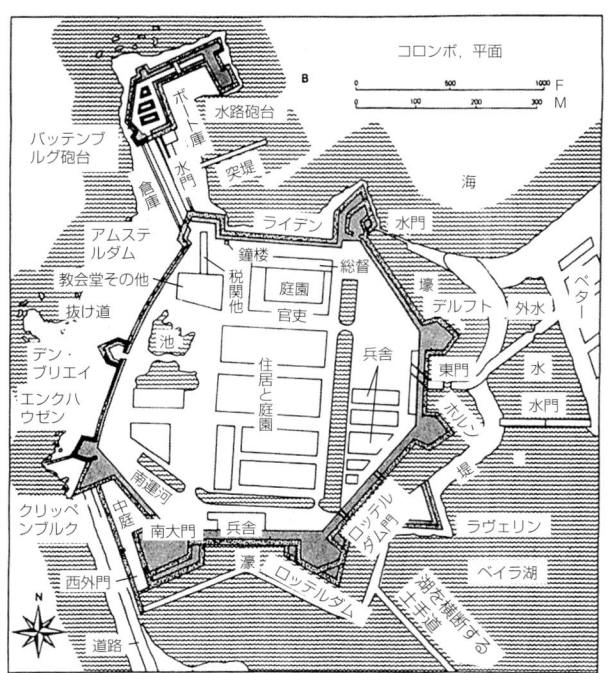

A 城塞、コロンボ（16-17世紀）p.1348 参照

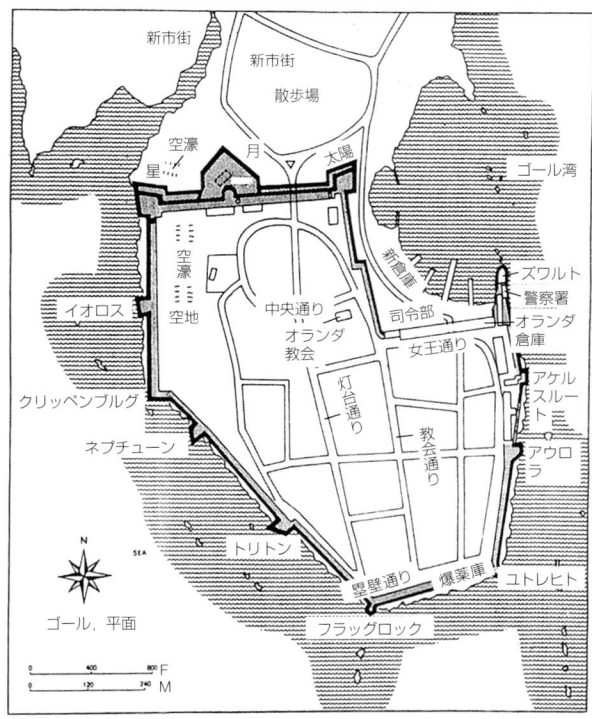

B 城塞、ゴール（16-17世紀）p.1348 参照

C ボム・ジェス・バシリカ、ゴア（1593-1603）
p.1346 参照

D オランダ教会堂、ジャフナ、スリランカ（1754）
p.1348 参照

E 城塞、ゴール、土を充填した組積構造を示す最近の写真
p.1348 参照

現在は王の家として語られる司令官の家があった。オランダは**コロンボ**(p.1347A)、**ゴール**(p.1347B)、**トリンコマリー**、**マタラ**の城塞化された町を拡大し強固にした。コロンボは、さまざまな階級の住居施設とともに、病院、学校、商店、工場などを持った完全な軍事都市となった。ゴールは、1729年には14の稜堡を持っており、東南アジアで最も良く保存されている城塞都市である(p.1347E)。内陸側のポルトガルによる稜堡はオランダによって拡大・改良され、城壁は約40 haを囲んでいる。ここには水門があり、内陸部からの入口は1669年のアーチ門とはね橋によっていた。バロックのファサードを持つオランダの教会堂は、スリランカにおける最初のプロテスタントの教会堂であった。ゴールはまた、風車で汲み上げた海水で洗い流す、巧妙でユニークな排水システムを誇っていた。

教会堂

オランダ時代のスリランカには2種類の教会堂が建てられた。1つは学校および集会所と結び付いた地方の教会堂であり、他はヨーロッパ様式を反映したより正式な都市の教会堂である。前者にはポルトガル時代からのある種の連続性が認められる。簡単な長方形の集会所で、土地の材料で葺かれた屋根を石造のピアが支え、ピアの間には半分ほどの高さまで壁があった。この種の教会堂は、**マンナル**、**カルピチャ**、**アンバラゴンダ**にみられる。

ジャフナのオランダ教会堂(1754献堂、p.1347D)はマルティヌス・リューセカムによってギリシア十字形の平面で建てられた。入口と窓の上のアーチは輸入されたオランダのレンガで築かれ、壁は珊瑚石と粗石でつくられた。入口の上部にある凹部の方形パネルは、入口ファサードの中心飾りを形成しており、曲線の輪郭を持った特徴ある破風があがっている。窓は内側へ深く後退しており、奥行のあるマリオンが付いている。**ゴール**と、**コロンボのウォルフェンダール**にも著名な**オランダ教会堂**があり、前者は1755年、後者は1757年に完成している。

世俗建築

ゴールにおける連合東インド会社の**倉庫**は、主要な塁壁の一部として建てられた組積造の2階建で、床と屋根は太い木材の軸組構造であった。**コロンボ**旧港周囲の**倉庫**のような後期の建物はレンガのヴォールトが特徴で、全長は極めて長いがスパンは9 mほどで、たいてい起拱点のレベルに鉄のタイ・ロッドが入っていた。ヴォールトは1つの半円筒か、または組積造のピアを立て、その間に大きなアーチを架けた、並行する2つのトンネル・ヴォールトであった。内部はプラスター塗りで、照明はヴォールトの頂部の円形屋根窓からとられ、その開口部をおおって外部に頂塔が付いていた。

スリランカのオランダ植民城塞都市の典型的な計画基準線(プランニンググリッド)は、規則的な大通りとそれに直交する小道を形成していた。平屋の住宅の長い列は、レンガか木の円柱で支えられ、並木道に面するヴェランダを持っており、時には柱の間に付けられた木製の手摺が、市街のパースペクティヴにアクセントを添えていた。ファサードの中央に設けられた入口扉は、家とその背後の中庭へ導いた。主入口の前面に置かれたルーバー付きの木製スクリーンは、視線を遮りながら自然換気を取り入れ、また開口部の上にはさまざまに彫刻された木製の欄間格子と装飾された楯(まぐさ)があって、それぞれの家に個性的雰囲気を与えている(p.1349A)。ヴェランダは日陰をつくりだし、換気によって熱帯の不快な気候を和らげることに役立っていた。ジャフナを含むいくつかの植民都市では、装飾的な破風が道路の線と直角に置かれ、巧みな境界壁としての役割を果たしていた。**ゴールのアベイクナヴァルデネ・ヴァロウヴァ**はこの時期の典型例であり、家を道から分離するヴェランダを通って入るようになっている。

イギリス建築

城塞と交易所

イギリスの東インド会社は1613年にその最初の**商館**を**スーラト**に設立した(p.1345E)。続く約50年間に非常に多くの交易拠点が開設され、そのいくつかは急速に居留地に発展したが、防壁の囲いを持つ場合も持たない場合もあった。

マドラス(現チェンナイ)の**セント・ジョージ城塞**(最初は1639年に創設、p.1349B)は17世紀を通じてめざましく発展し、最初の城壁の外に第2の市域が発展した。インド東南のコロマンデル海岸にあって、東北部へ向かう踏み石となった。城塞は星型の稜堡を北と南と西に設け、南北長1450 mの規模を持っていた。城壁は比較的低く、城内側を広げた狭間のある胸牆(きょうしょう)を備えていた。城塞へ入るには東壁に設けられた水門を通った。行政事務所、兵器庫、教会堂(セント・メアリー)などが城壁の中にあった。

貿易はほどなく北と東へ移動し、1696年に**カルカッタ**(現コルカタ)の**ウィリアム城塞**が、ガンジス・デルタの最も西を流れるフーグリ川畔の、すでにベンガル貿易の拠点として使われていた場所の1つに築かれた。セント・ジョージ城塞よりは小さかったが、その内部

第 41 章　インド亜大陸　　1349

A　戸口　オランダ時代(18 世紀)、スリランカ　p.1348 参照

B　セント・ジョージ城塞、マドラス(1639 創設)　p.1348 参照

C　セント・アンドリュー長老派教会堂、マドラス(1821)　p.1350 参照

には総督の邸宅、軍人および民間居留民の住宅、倉庫および商館を収容していた。教会堂を含む公共の建物は城壁の外にあった。ウィリアム城塞は、1757年から1773年にかけて、現在の場所にキャプテン・ジョン・ブロイヤーの設計で再建された。

教会堂

マドラスの**セント・ジョージ城塞**の**セント・メアリー教会堂**(教会堂は1680完成、塔は18世紀末に完成)はインドになお存在する最も早いイギリス建築の1つで、亜大陸における最初のイギリス国教会教会堂であった。簡単な側廊付きの教会堂で、一方の端にギャラリーがある。重厚な石の壁と屋根は防御を必要とした場所での特徴である。

マドラスのセント・ジョージ大聖堂(1816、p.1351A)はキャプテン・ジェームズ・コールドウェル(後のジェームズ卿、1770-1863)とトマス・フィオット・デ・ハヴィランド(1775-1866)により設計・建設された。この時代の極めて多くの植民地教会堂と同様に、セント・ジョージ教会堂はその様式を海外で広く流布したジェームズ・ギッブスの『建築書』(1728)と、その本に載っていた建物の1つである、1726年完成のロンドンのセント・マーティン＝イン＝ザ＝フィールズ教会堂のデザインに負っていた。セント・ジョージ教会堂はギッブスの建物の初期パッラーディオ主義を継承しているが、対になったイオニア式の柱とペディメントと手摺を付けた西端のポーティコや、それらをもっと簡潔に反映させた北側と南側のより小さなポーティコに、それとなくバロックの運動性を残している。このオーダーは、ルスティカ仕上げの3階のトスカナ・ドリス式の柱上に建つ塔のドラムの周囲にも、また教会堂内部のコロネードにも繰り返されている。建物全体は滑らかに仕上げられたチュナム塗りの表現から、一石造の印象を与えている。チュナム塗りはここでは細部にまで注意がいきわたり、巧みに施工されている。

トーマス・デ・ハヴィランドとコールドウェルはまた、ギッブスの出版物にあるセント・マーティンのもう1つのデザインから発展させた**マドラスのセント・アンドリュー長老派教会堂**(1821、p.1349C)も建てており、この場合は円型平面の形態をとっている。その結果は当時の流行に従った新古典主義の形式による洗練された独自のデザインとなっている。直径24.5mの円形の空間は、美しいコンポジッド式柱の円環で限られ、浅いドームを頂いている。側廊はコロネードの外側で中央の円筒状の空間を囲んでいる。塔は身廊と西ポーティコをつなぐ四角い部屋から立ち上がり、セント・ジョージ教会堂と同じく、隅には対になったイオニア式の柱が付いている。

18世紀末と19世紀初頭の2つの重要な新古典主義の教会堂が、ゴシック・リヴァイヴァルの出現と盛期ヴィクトリアン・ゴシックの氾濫以前のカルカッタに建てられた。ウィリアム砦の大改造(1773完成)の後、ジェームズ・アッグによって建てられた**カルカッタのセント・ジョン教会堂**(1787、p.1351C)は、ギッブスのセント・マーティン＝イン＝ザ＝フィールド教会堂に刺激されたもう1つの教会堂であった。塔は初め建物の背後にあったが、18世紀の終わり頃、入口がその下の位置に移された。19世紀には南と北側にコロネードを増築し、日陰を加えた。**カルカッタのセント・アンドリュー長老派教会堂**(1815、p.1351D)は、特にトスカナ・ドリス式オーダーなど、多くをセント・ジョン教会堂に負っており、ロンドンの原型により近く立ち返っている。その様式やプロポーションは、ライターズ・ビルに隣接するというその環境に適応していた。

デリーのセント・ジェームズ教会堂(1836完成、p.1351B)は、インドの新古典主義の教会堂の中で珍しくぜいたくな例である。その創立者で後援者は「スキナーの馬」のジェームズ・スキナー大佐で、その設計者はロバート・スミスであった。平面はギリシア十字形で、エンタブラチュアの下に円窓のある八角形のドラムからドームが立ち上がっている。平面の北、南、西の翼には対柱の立つドリス式のポーティコがあり、2つの翼の間にずんぐりした塔がある。リブ付きドームの最大の特徴は、バロックの性格を持つスクロール・ブラケットに受け継がれ、さらにエンタブラチュアの上に付けられた欄干と、その下の楕円形の凹みによって強調されている。この見た目は小さいが、実際にはゆったりとした教会堂の建築的効果は、全体的に満足すべきものである。

兵営地や丘の駐屯地の多くの新古典主義の小さな教会堂とともに、他のヨーロッパ諸国の居留地にも優れた実例が存在した(p.1365参照)。19世紀中頃にかけては、気候に適していないと思われたため遅々としてではあったが、ピクチュアレスク・ゴシックが現れ始めた。それは、中世様式の原理へのより厳密な理解を示す建物が出現するまでの10年ないし20年ほどの間、ロマンティックな力を維持することになった。その例は**カルカッタのウィリアム城塞のセント・ピーター教会堂**(1835)にみられる。これは八角形の隅塔を持つ聖堂参事会教会堂であった。しかしながらインドのピクチュアレスク・ゴシック様式の例は、軍事技術者のウィリアム・ネアルン・フォーブスによる**カルカッタのセント・ポール大聖堂**(1847完成、p.1351E)に最もよく示されている。チュナム塗りのレンガ造で金属軸組の屋根

A セント・ジョージ大聖堂、マドラス（1816）
p.1350 参照

B セント・ジェームズ教会堂、デリー（1836 完成）
p.1350 参照

C セント・ジョン教会堂、カルカッタ（1787）
p.1350 参照

D セント・アンドリュー長老派教会堂、カルカッタ（1815）
p.1350 参照

E セント・ポール大聖堂、カルカッタ（1847 完成、図は 1934 年の地震以前のもの）　p.1350 参照

F サウス・パーク・ストリート墓地、カルカッタ　p.1353 参照

A コンスタンシア（ラ・マルティニエール）、ラクナウ（1800-）　p.1353 参照

B 政庁、バンケッティング・ホールを含む、マドラス（1800-2）　p.1353 参照

を架けた印象的な建物である。地震による被害を受けた後、塔は1930年代に、カンタベリー大聖堂の中央塔に基づいたデザインによって再建された。このセント・ポールにはバーン・ジョーンズのステンドグラスを入れた西窓がある。

ゴシックに対するより精力的な態度は、カーンプルとラクナウの事変に続いてイギリスのインドにおける活動の中心が東から西海岸へ移動し始める直前、そして帝国時代の開始期において、ボンベイ（現ムンバイ）で始まったとみることはおそらく正しいであろう。この世紀の中期はまた、気候に対して適切または少なくとも合理的に適応できる様式についての真剣な考慮が増したことによっても特色づけられる。カルカッタのセント・ポール大聖堂の完成とほぼ同時に建設の始まった、ヘンリー・コニーベアーによる**ボンベイのセント・ジョン福音教会堂**(1858)はその一例である。それは高い身廊、鐘塔、高い尖塔を持っており、窓は横断通風を助長するように配置されている。

ヨーロッパからの来住者は、任務中に死んだ彼らの仲間たちのために印象的な記念碑を建てた。初期のいくつかのものは、その形態に土地の建物の伝統（イスラムやヒンドゥー）を反映していた。都市、丘の駐屯地、兵営地の墓地(p.1351F)には、18世紀後期から19世紀初期にかけての変遷する建築様式による、多くの美しい墓標の例がみられる。

もともとは墓廟として建てられたものではないが、クロード・マーティンの**ラクナウのコンスタンシア**(p.1352A)をここに挙げることは適当であろう。時には宮殿墓廟として述べられ、1800年に彼が死んだ時はなお未完成であった。たぶんこの建物（現在は男子学校、ラ・マルティニエール）は、謎めいた人物であるマーティン自身によって、湖を望む田園邸宅として計画されたものと考えられる。湖岸の印象的な配列の階段から入る2階建の建物は、開いたドームをあげた4階建のずんぐりした中央ブロックを持っており、下層には自然光の入らない部屋がある。そのうちの1つは墓室で、マーティンが、守護ライオンや混合されたコンポジット・オーダー、ムガルの小堂のある建築的に混成された豪邸道楽を長く楽しむ以前に、早々と設けられていた。邸宅自身はその後まで完成せず、外方へカーブした翼部は1840年に加えられたものである。

世俗建築

すでにスーラトが20年以上前に創設されてはいたが、居留地として発展した最初の中心はマドラス（セント・ジョージ城塞〔p.1348参照〕）であり、すでに18世紀には市としての誇りに自負を抱いていた。その発展は、世紀中頃の数年にわたるフランスの占拠によっていくらか遅らされた。パトリック・ロス大佐による**マドラスの大造兵廠**(1772)は古典様式をこの地方の形態と混合したものである。建てられたのはインド支配の場所をカルカッタへ移すことを決めた1773年規定法発布の1年前であった。しかしマドラスは発展を続け、全てのアングロ・インドの都市の中で最もすばらしいものの1つとなった。東インド会社の古典様式の建物が海岸線に並び、1800年までには、**マドラスのトリプリケーン**にあった邸宅がジョン・ゴールディンガム(1765-1849)によって転用・増築され、新しい**政庁**(p.1352B)となった。大部分は3階建で、コロネード付きの深いヴェランダが、不規則に立つ対のトスカナ式柱で支えられている。ゴールディンガムは庭園に独立した**バンケッティング・ホール**を建てたが、これは1層のテラスの上に立つトスカナ式八柱神殿の形式であった。フリーズに達するピラスターが付き、その上に欄干のあるアーケード付きのヴェランダが後に加えられた。建物の表面は、古典様式の鋭い細部の施工によく適した白い滑らかなチュナム塗りで仕上げられている。

囲いをめぐらした庭園内の住宅は新興マドラスの特徴であったが、一方、古典的およびパッラーディオ様式の細部を持つ、より小さな陸屋根の私的住宅が流行していった。これらの広い土地を持った1つの大きな半都市邸宅が、1831年に設立された**マドラス・クラブ**(p.1354A)として改造され、以後19世紀末まで多くの増築がさまざまな様式でなされた。その1つはロバート・フェローズ・チザム(1840-1915)によるもので、彼は1860年代の**大学の建物**や**財務委員会事務所**(1870)を含む、マドラスの重要な建物の多くを設計している。後者の場合、彼はイスラム様式の18世紀の邸宅を増改築するよう委託された。その結果は、既存のドームが架かった八角形台座上の小塔付きの塔屋と調和させつつ、後期イスラムの形態、モチーフ、細部をヴィクトリアン・ゴシックに混合させたものであった。チザムはまた、古典様式およびゴシック様式でも建物を建てており、後者は**マドラス**の**郵便・電信局**(1884、p.1354B)に例がみられる。

規定法発布後、東インド会社は、新しい総督の座を置く場所として名付けられたカルカッタに、より多くの関心を払い始めた。会社はその社員たちのための大きな新しい建物、すなわち**カルカッタのライターズ・ビル**(1780、p.1355A)をトーマス・ライアンに委託した。簡素な3階建の建物で、特徴的なジョージアン様式の都市的プロポーションを持っており、その簡潔な線はイオニア式ピラスターを持つ中央のやや高い狭い

1354 | 植民地時代およびそれ以後のヨーロッパ以外の建築

A マドラス・クラブ、マドラス(1831 以降の改造)　p.1353 参照

B 郵便・電信局、マドラス(1884)　p.1353 参照

A ライターズ・ビル、カルカッタ（1780）　p.1353 参照

B 政庁、カルカッタ（1799-1802）　p.1357 参照

C 政庁、門と仕切柵、カルカッタ　p.1357 参照

植民地時代およびそれ以後のヨーロッパ以外の建築

A バラックポール・ハウス、カルカッタ(1805-23)　p.1357 参照

B 市庁舎、カルカッタ(1813 完成)　p.1357 参照

C 都市住宅、チョーリンギー通り、カルカッタ(1780-、19 世紀に撮影)　p.1357 参照

部分によってのみ破られていた。この建物は次の世紀に大きく変えられ、最後には後期ヴィクトリア朝期に表面が完全に改装され、また装飾的な急勾配の屋根を持つ中央棟および端部棟が付けられた。

カルカッタの**政庁**（1799-1802、p.1355B）は、ジェームズ・ワイアットの甥であるチャールズ・ワイアット大尉（1758-1819）によって設計された。平面はロバート・アダムのケドゥルストン・ホールのそれであり、印象的な門(p.1355C)はサイアン・ハウスの門墻に基づいている。しかしチャールズ・ワイアットのパッラーディオ式建築には、カルカッタの気候を考慮した修正がなされており、ヴェランダとドームの架かった半円形のポーティコが付いている。総督の邸宅である**バラックポール・ハウス**（1805-23、p.1356A）はトマス・アンバリー（後の陸軍少将トマス卿）によるもので、カルカッタの北22kmのフーグリ川東岸の庭園の中に、セラムポール（1845年までオランダの支配下にあった）に向かい合って建っている。一方に正式なペディメントのあるポーティコを持つトスカナ式オーダーのこの建物は、アーチの開口部を持つ1階の上に階高の高い2階が立ち上がっているが、パラペットの付いた陸屋根の下には低い屋階がある。

カルカッタ市庁舎（1813完成、p.1356B）はジョン・ガースティン大佐（1758-1820）によるもので、パッラーディオの様式を継続しており、マイダンに面して立つトスカナ式柱のもう1つの建物である。1780年から大規模な**都市住宅**が**チョーリンギー通り**（p.1356C）などのような選ばれた地域に展開していった。それらは性格的にリージェント・パークでみられるナッシュの住宅と多くの共通点を持っており、1777年に建った**アリープルのウォーレン・ヘイスティングの住宅**に導入されたパッラーディオの伝統を維持していた。実際、グリーク・リヴァイヴァル様式が導入されるのは、たとえばウィリアム・ネアルン・フォーブスによる**カルカッタの銀貨鋳造所**（1820年代）のように、19世紀もかなりたってからであり、それはC. K. ロビンソン（1850没）による**カルカッタの公立図書館**（1844、当初はメトカーフ・ホール）のような建物などに、1840年代まで続いた。

18世紀から19世紀初期の新古典主義の建築は、もちろんマドラスやカルカッタなどイギリスの活動の主要な中心地だけではなく、より広い地域に広まった。他の町のイギリス人知事たちは、互いに立派で印象的な政府の建物を建てることを競い合った。それらの例としては、サムエル・ラッセル中尉のデザインによって1803年に着工された、ハイデラバードの堂々としたパッラーディオ様式の**知事官邸**(p.1358A)や、当初は知事のウィルクス大佐自身によってトスカナ・ドリス式でデザインされ、後にデ・ハヴィランドによった増築された**マイソール**の**政庁**（1805、p.1358B）などがある。

19世紀中期の折衷主義の強い圧力は、1858年末に権力が東インド会社から政府へ移動するまでは、インドの新古典主義を大きく侵害することはなかった。そのことは、ウォルター L. B. グランヴィル（1819-74）の作品に例示されており、彼は**カルカッタ**の**ダルハウジー広場**の優れた**郵便局**（1868、p.1359A）に用いた学術的な古典様式からよく抜け出し、ただちに同じく1860年代に建てられた**カルカッタ**の**高等裁判所**（p.1359B）のゴシック様式へうまく移ることができた。しかしこの時期までには、人々の関心は争いで乱れた上部インドから離れて、活気のある商業的中心のボンベイへ移りつつあった。

ボンベイの島には初期の居留地があり（第35章参照）、東および東北地方の富と力の隆盛の陰に隠れてはいたが、19世紀初頭まで常に商業的に栄え続けてきた。1860年代の初め、ボンベイの砦の古い城壁がついに破却され、続く約半世紀の驚くべき都市発展の道が開かれた。

トーマス・コーパー中佐（1781-1825）による**ボンベイの市庁舎**（1820-、p.1358C）はこの発展に先行するものであった。顕著なグリーク・リヴァイヴァル様式の建物で、ルスティカ仕上げの1階の上に2階通しのドリス式オーダーが立ち、建物の各側面にはペディメントをあげた中央部を持っており、入口側のファサードでは八柱式ポーティコ全幅にわたって階段が付いている。主階の窓に付けられた日除けも当初のデザインに含まれており、コーパーの死後、他の人によって完成された。

最初の大規模な都市開発である**エルフィンストーン・サークル**（p.1360A）は、開いた側の端に市庁舎を置き、商業建築の並ぶ深いクレッセントとしてデザインされた。個々の建物はルネサンスからヴィクトリアン・ゴシック様式まで広い範囲のものからなっているが、大部分はアーケード付きのヴェランダあるいはプレハブの輸入鉄製品による屋根付きバルコニーを持っている。

ついで1870年代のボンベイでは、一連の主要な公共建築の実現にあたり、さまざまな意味で壮観な偉業ともいえる成果がみられたが（p.1360D）、繁栄していたとはいえ単なる交易居留地から始まったことを考えれば、なおさらその感が強い。10年ほどの間に、ヘンリー・セントクレアー・ウィルキンス（1828-96、技術者、後の将軍ヘンリー卿）は公共工事事務所（1872）と新しい事務局（1874、p.1360D）を建てたが、いずれも当時のロンドンにおいて建てられていた多色のアーチ

A 知事官邸、ハイデラバード(1803-)　p.1357 参照

B 政庁、マイソール(1805)　p.1357 参照

C 市庁舎、ボンベイ(1820-)　p.1357 参照

A 郵便局、ダルハウジー広場　カルカッタ（1868）　p.1357 参照

B 高等裁判所、カルカッタ（1860 年代）　p.1357 参照

1360 | 植民地時代およびそれ以後のヨーロッパ以外の建築

A　エルフィンストーン・サークル、ボンベイ（1860年代）
p.1357 参照

B　郵便局、ボンベイ（1870年代）　p.1361 参照

C　裁判所、ボンベイ（1879）　p.1361 参照

D　19世紀の公共建物群、ボンベイ　p.1357 参照

迫石とスパンドレル・パネル、そして高い屋根を持つ盛期ヴィクトリアン・ゴシックの建物の典型である。またジェームズ・トラブショーは、**郵便局**（1870年代初頭、p.1360B）と**電信局**（1874）を建て、さらに**裁判所**（1879、p.1360C）がウィルキンスとともに仕事をしていた技術者のウィリアム・オーガスタス・フラー中佐（1828-1902）によって建てられたが、これは大部分が4階建の巨大な石造建築で、急傾斜の屋根に屋根窓が付き、軒は欄干付きのパラペットの背後に後退しているだけではなく、それより高くなっている。また全面的にヴィクトリアン・ゴシックであるその構成は、圧倒的に高い屋根を持つ大きな四角い中央塔に対して対称的であり、その角のピナクルを持つ小塔は、建物の隅部に付けられた八角形の階段塔に対応している。そしてギルバート・スコット卿が、この主要な建物群の長い列の最後ではあるが決して最小ではない、**ボンベイ大学**の**評議会ホール**と塔の付いた**大学図書館**を設計したが、建設はそれによって他の者たちが担当した（1878、p.1360D）。ホールはフランス・ゴシック様式で、欄干付きのアプスとバイユー大聖堂の側廊に似た窓を持ち、図書館は部分的にヴェネツィア様式で、らせん状アーケードのある隅の階段塔と、極めて高い方形の時計塔があり、その中層部はフィレンツェのジョットの鐘塔に似ている。

ボンベイのヴィクトリアン・ゴシックによる世俗的建築の目立った建物群には、フレデリック・ウィリアム・スティーヴンス（1848-1900）の**ヴィクトリア・ターミナス駅**（現チャトラパティ・シヴァージー・ターミナス駅、1887完成、p.1364B）が含まれる。イギリスのレールウェイ・ゴシックの影響を受けてはいるが、2つのボンベイ鉄道線に沿った多数のゴシック様式の小さな駅と同様に、独自の華麗さと粋を持つ建物である。ヴィクトリア・ターミナス駅に先行する彼のゴシックの建物は、インド・イスラムの性格のわずかな導入があることによって軽視されるべきではなく、ヨーロッパの形態を土着のものと結び付けようとするスティーヴンスの関心の現れであった。それはこの時期から20世紀にまで続く展開であり、ともにヘンリー・アーウィン（1841-1922）による**マドラス**の**裁判所**（1892）と**国立美術館**、そして後にはヴィンセント・ジェローム・エッシュ（1876-1950）といった建築家などによるハイデラバードや他の場所の建物にもみられる。

しかしながら、新古典主義やイタリア風建築は19世紀の後半にも建てられた。都市においては、兵営が簡素化したアーケード様式に適していると考えられ、そのよい例が**スリランカ**の**コロンボ**にある**ケフロン兵営**（19世紀初頭、p.1362A）であるが、後には同じくコロンボにある J. G. スミッサーの**博物館**（1876、p.1362B）にも現れた。そこではルスティカ仕上げの1階がアーケード付きヴェランダを支えており、そのイオニア式オーダーは、軽快さと優美なプロポーションの点では劣るが、16世紀末のローマのボルゲーゼ宮殿の中庭を思わせる。馬車門上の中央入口部分にはペディメントがあがり、建物全体には緩傾斜の屋根を隠すパラペット欄干が付く。これよりいくらか早いが、インドにおけるイタリア様式のより顕著で回顧的な例に、高い塔を持つ**プーナ**の**政庁**（p.1362C）がある。それは1860年代にボンベイの建築家ジェームズ・トラブショーによって設計された。しかしある程度までパラッツォ建築といえるものは、20世紀にいたるまで多くの地域に建てられた都市住宅（p.1362D）にもみられ、それらは一般に無名の建築家か政府に雇われた技術者の仕事であった。

18世紀末期と19世紀初期において、都市の性格を決定づけることに貢献した他の都市建築は、ホテルと百貨店であった。ホテルのリストは長く、顕著で、そこには**カルカッタ**の**グランド・ホテル**（p.1364A）、ボンベイの**タージ・マハル・ホテル**、マドラスの**コロマンデル・ホテル**、コロンボの**グランド・オリエント**（現**タプロベイン**）・**ホテル**（p.1363A）などが含まれている。（しばしば海からであるが、初めてホテルをみた訪問者の関心をそそる目的を持つ）ファサードの象徴的内容は重要かつ多様であり、タプロベインを含むいくつかのものは、1階のアーケードが町の歩道を覆って日陰を提供している。タプロベインは1844年に設立された**カーギル百貨店**（p.1363B）と同じ道にあって接しているが、世紀の変わり目につくられた現在の百貨店の建物は、屋根付きの歩道を自慢としており、ルスティカ仕上げのアーチ、薄肉彫のパネル、パラペットの位置に弧形ペディメントの付いた装飾があるにもかかわらず、東洋のイメージを暗示するものをとどめている。ガラス屋根は透明な天井ドームを照明し、建物の内部深く日照を取り込む役割を果たしている。

インドのヨーロッパ植民時代に発展し、最も広く影響を与えた建築形式は、おそらくバンガローであろう。この言葉はイギリス人により、一方またはそれ以上の側壁をヴェランダと呼ばれる屋根付きの吹放ちによって日射を遮っている住宅に対して使われるようになったものである。この形式はイギリス自体を含めて、イギリス人の行った世界のあらゆる場所へ輸出された。この地域においては、バンガローは北から最南までの町や兵営地、丘の駐屯地で建てられた。実例としては、北では**パンジャブのバンガロー**（19世紀初頭、p.1363C）や、やや後の**スリランカのカンデー（キャンディー）付近**

1362 　植民地時代およびそれ以後のヨーロッパ以外の建築

A ケフロン兵営、コロンボ、スリランカ（19世紀初期）　p.1361 参照

B 博物館、コロンボ、スリランカ（1876）　p.1361 参照

C 政庁、プーナ（1860年代）　p.1361 参照

D 都市住宅、コロンボ（19世紀後期）　p.1361 参照

A グランド・オリエント（現タプロベイン）・ホテル、コロンボ
p.1361 参照

B カーギル百貨店、コロンボ（1844 設立）　p.1361 参照

C バンガロー、パンジャブ（19 世紀初頭）　p.1361 参照

D カンデー付近のバンガロー、スリランカ（19 世紀中期）　p.1361 参照

A グランド・ホテル、カルカッタ　p.1361 参照

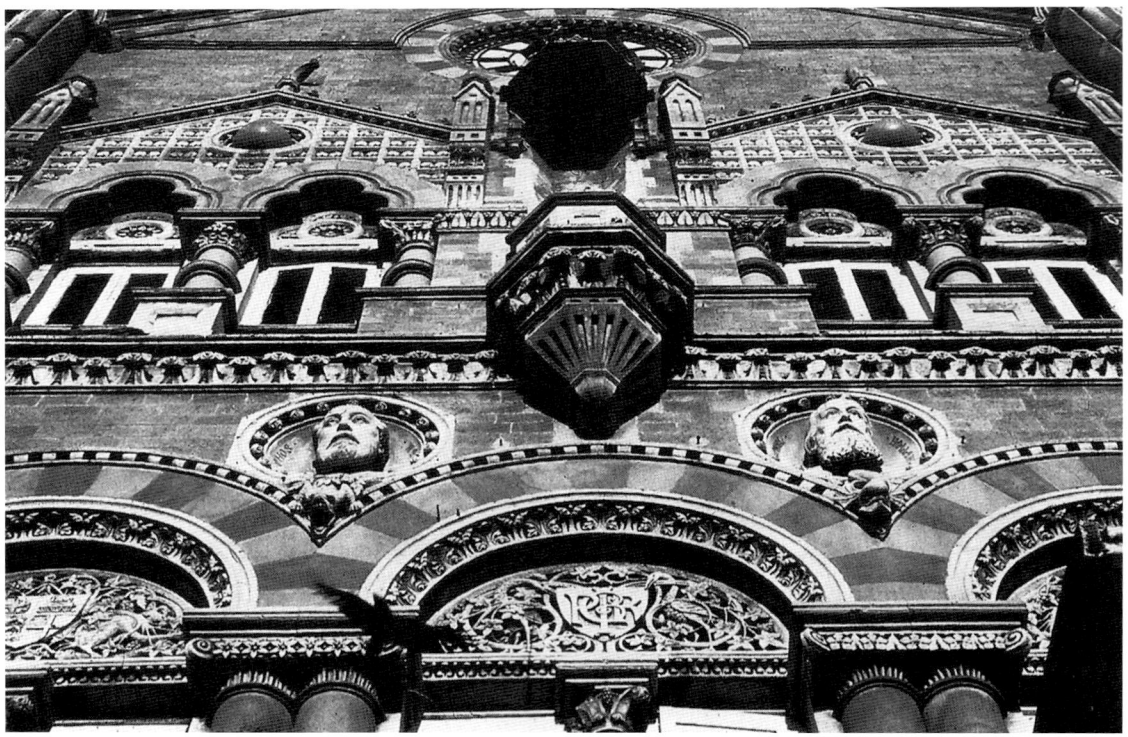

B ヴィクトリア・ターミナス駅（現チャトラパティ・シヴァージー・ターミナス駅）、立面細部、ボンベイ（1887 完成）　p.1361 参照

にある**バンガロー**(p.1363D)がある。これらは決して、17世紀ないし18世紀の早い新古典主義からピクチャレスク、ゴシック、あるいは単に土地の伝統様式などにわたる、歴史的あるいは様式的な広がりをカバーするものではないが、しかし多様さの指標を与えるものであり、それらの例はこの部分の他の章に挙げられている。

イスラムおよびヒンドゥーの建築的性格とヨーロッパの様式との統合については、上に簡単に述べたが、それは19世紀末まで試みられ、その成功の度合はさまざまであった。インドにおける帝国の成果を最もよく誇示しているのは、ウィリアム・エマーソン卿(1843-1924)による**カルカッタのヴィクトリア女王記念碑**(1921完成、p.1736参照)であるが、この建物はまたムガル・イスラムの特徴の明確な参照でありながら、全体的に統合するのに成功している。(エドウィン・ラッチェンス卿のニューデリーにおける作品は第57章参照)

他のヨーロッパ諸国の居留地

デンマーク人は1620年からフーグリ川において交易を行っており、**トランケバール**と名づけられた居留地を、またその1世紀後にはカルカッタの近くに後にセランポールと改名された**フレデリックスナゴール**を建設した。**セラムポール**には新古典主義様式の恒久的な建物が建てられ、その中で最もよく知られているのは**セント・オラフ教会堂**(1821)である。セラムポールは1845年にイギリスに譲渡された。

フランスは、1674年にマドラスの南約160kmの所に**ポンディシェリー**を建設し、さらに1690年にはベンガルの**シャンデルナゴール**がそれに続いた。ポンディシェリーはコロマンデル海岸の主要なフランス居留地で、小さな星型の砦を持っていたが、18世紀初期にルノワール知事のもとで拡張・改築された。長い塁壁が城塞と2つの広い都市域をつないでいた。シャンデルナゴールはフーグリ川畔の単純な要塞化された飛び地であり、高い城壁には、構内の逆の側にある行政の建物へと導く記念的なバロックの門があけられていた。この町は1758年にイギリスによって破壊された。1761年にイギリスがマドラスを再占拠した後、フランスとの争いは終わり、フランスの軍隊はインドから撤退した。

訳／野々垣 篤

植民地時代およびそれ以後のヨーロッパ以外の建築

第 42 章
オーストラレーシア
―― オーストラリアとニュージーランド ――

建築の特色

オーストラリア（1788-1830 年）

　シドニーの最初の政庁（1788）の建設以後、初期における建物の数は、開拓者の境遇の厳しさと本国政府による規制の両方によって限られていた。しかしながら、シドニーのマックオリー・ストリートには 1820 年以前の 2 つの立派な建物が現存している。元来は最初の公共病院であった 2 つの翼棟で、1810 年から 1817 年の間に建てられたものだが、その建築家は明確ではない。細部は簡素で荒削りだが、2 つの階のそれぞれにヴェランダを備えており、それが特徴的な植民地的外観を与えている。しかしオーストラリアでは、ヴェランダはすぐには受け入れられなかった。

　ヴェランダによってつくられた外観は、疑いなく植民地間の交流、特にインド、アフリカ、カナダあるいは西インド諸島において任務経験のある軍人たちによってもたらされたものであり、彼らはオーストラリアの夏にはこの種の建築的特色が適していると考えた。そのうちの 1 人が 1814 年にシドニーに来たジョン・ワッツ中尉で、それまでジャマイカにいて何回か建築の設計に手をそめていた。彼は、その一部が今でもニュー・サウス・ウェールズ州のナショナル・トラスト構内に残っている軍病院（1814）、またパラマッタでは、代替用の政庁、槍騎兵兵舎、1818 年にセント・ジョン教会堂に付加されたノルマン様式の塔などの設計に携わった。

　1835 年、オーストラリアにイギリス王室工兵隊が確立されると、その将校たちにより民間および軍事建築に大きな貢献がなされた。彼らの司令官であるジョージ・バーニー少佐は多くの建物を設計した。彼は 2 つの刑務所の最初の計画を行っている。1 つは現在もなお使われている東シドニーのダーリングハースト（1835-41）にあるもので、他の 1 つはかなり前に取り壊されたノーフォーク島のもの（1835-46）である。いずれも獄舎棟が中心点から放射状に配されていた。

　ラクラン・マックオリーは、ニュー・サウス・ウェールズ州知事としての任期（1809-22）の間に、州の乏しい資金の多くの部分を、シドニー、パラマッタおよび他の 5 つの新しい居留地を含む都市の発展に注ぎ込んだ。マックオリーは、本国政府の意向でもあった羊毛産業への資金投入を望むジョン・マッカーサーなど、指導的自由移住民たちの反対を受けたが、彼は都市民の誇りの火花を燃えあがらせ、それは彼が更迭(こうてつ)されても消されなかった。

　フランシス・グリーンウェイ（1777-1837）は、マックオリーによって囚人の中から見出され、一般建築家(シヴィル・アーキテクト)に任命された。元来ブリストルの人で、2 人の兄弟オリヴァーとジョンと協同して建築設計、建設業、石工事の会社を営んでいた。1812 年、フランシスは契約書の内容を偽造した罪で有罪となり、死刑の宣告を受けたが、受刑植民地への 14 年間の流刑に変えられた。

　シドニー地区の公共建築はなお簡素で、大部分は赤レンガ造であったが、グリーンウェイはデザインと施工の優れた高い水準のものへと導いた。それらは、様式的には住宅的性格を持つ後期ジョージアン様式であった。いずれもシドニーにある囚人の営舎（1817-19）とセント・ジェームズ教会堂（1819-24）や、シドニーから 35 km 離れたウィンザーのセント・マシュー教会堂（1818-20）は彼の仕事の代表的なものである。グリーンウェイのシドニーにおける経歴の活動的な時期は極めて短く（1814 年から 1822 年まで）、彼の後援者であったマックオリー知事の帰国とともに、仕事は著しく減少した。

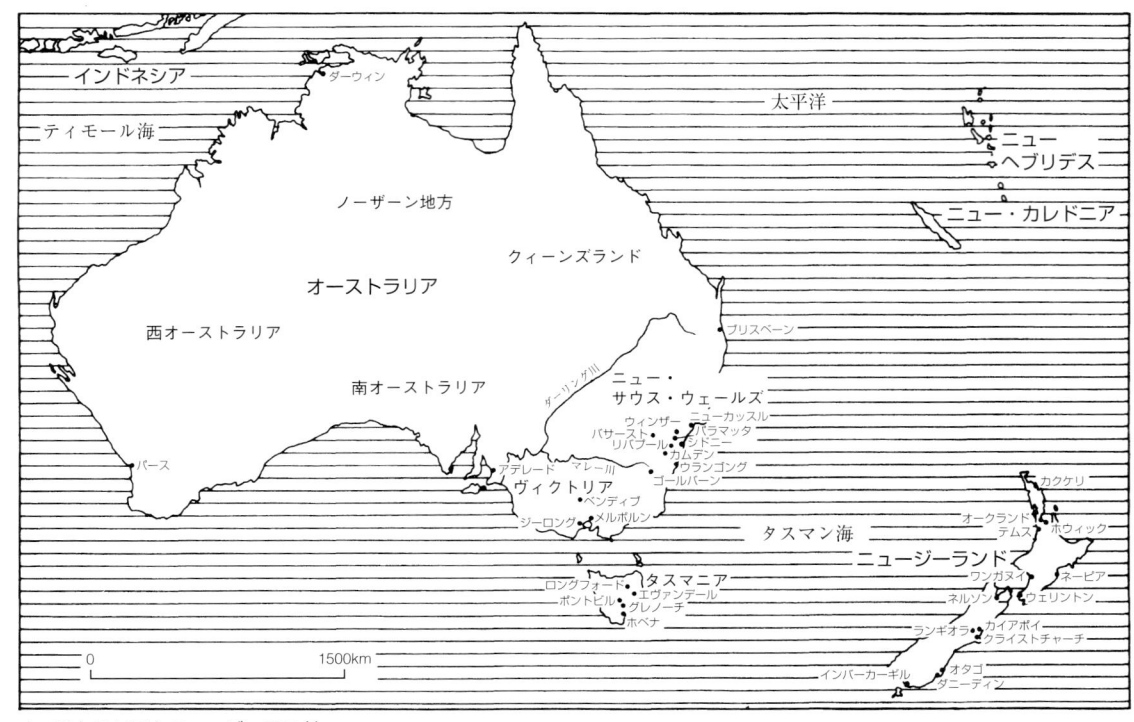

オーストラリアとニュージーランド

オーストラリア（1830-50年）

　ゴールドラッシュは1850年代まで起きなかったにもかかわらず、少なくとも2人の作家が、ニュー・サウス・ウェールズ州の1830年代を描写するのに「黄金の10年」という言葉を使っている。彼らの意図は1830年代を、1788年から1850年までの間で、一連の比較的豪華な住宅や他の建物をつくりだすに十分な繁栄と平穏さを持った初めてのかつ唯一の10年間として性格づけることであった。しかし経済的不況は建築活動を急速に終焉させ、開拓時代に終止符を打った。

　1820年代末にオーストラリアに着いた建築家のジョン・ヴァージ（1782-1862）は、牧羊農家として成功することを志していたが、しばらくの間、彼の本来の職業に戻るよう説得された。彼の建物のうち14棟が今でも建っている。それらには、初期グリーク・リヴァイヴァル、テューダー、城郭式、中国の様式が含まれているが、基本的にはヴェランダなどのような植民地的付加物の付いた後期ジョージ朝様式である。最もよく知られた2例は、エリザベス・ベイ・ハウス（1830年代）とカムデン・パーク（1832）で、後者はジョン・マッカーサーのためのものであった。

　建設記録の残っていない多数の農家が現存している。それらは建築実例の本によって施主が設計したものや、誰かわからない建築家の助けを借りて建てたものであった。農家の建物に対する国民的愛着は、ハーディー・ウィルソンの1924年の二つ折判本『ニュー・サウス・ウェールズとタスマニアにおける古い植民地建築』によって初めて目覚めさせられた。大多数が無名のこれらの住宅は、今日特にオーストラリア的とみられている。平屋が好まれ、その特色はしばしばヴェランダと、初期の葺材の性質に基づく急傾斜の屋根によって支配されていた。

　新しい政庁（p.1369B）が1830年代の後期にシドニーに建てられ、工事はルイスによって監督された。イギリスの建築家エドワード・ブロールが1834年に設計したものであるが、彼はオーストラリアに一度も来たことがなかった。全面的にゴシック・リヴァイヴァルの建物で、これより前につくられたグリーンウェイの政庁の厩舎（1817）との調和は期待はずれであった。オーストラリアにおける真のゴシック・リヴァイヴァルの実践者はエドムンド・T・ブラケットである。彼はロンドンから、当時新設された全オーストラリア司教職についたウィリアム・ブロートンへの紹介状を持って、1842年に到着した。シドニーのイギリス国教大聖堂であるセント・アンドリューは、ジェームズ・ヒュームによって始められていたが、1845年にブラケットの手に渡され、彼によって完成された。まもなく、1848年に起工されたシドニーのダーリング・ポイントのセント・マークを含む、他の著名な教会堂がそれに続くこ

第 42 章　オーストラレーシア――オーストラリアとニュージーランド――

A　エリザベス・ファーム、パラマッタ　p.1379 参照

B　政庁、シドニー（1830 年代）　p.1368 参照

とになった。

初期のタスマニアにおける2人の傑出したデザイナーは、アイルランド出身で植民地技師兼建築家に任命されたジョン・リー・アーチャー（1791-1852）と、グリーンウェイと同様に偽造の罪でイングランドから送られてきた、元囚人のジェームズ・ブラックバーン（1803-54）であった。ホバートのセント・ジョージ教会堂は、アーチャーによってジョージ朝様式の手法で始められ（1837）、ブラックバーンが1847年に八角の塔を付け加えた。後者はまた1843年に、レディー・ジェーン・フランクリンを助けて、ホバートにグリーク・リヴァイヴァルの博物館を建てた。

ニュー・サウス・ウェールズ州とタスマニア州の他の地域や、約1600km東方の太平洋上にあるノーフォーク島にも居留地はあった。全て土着の様式または簡単なジョージ朝様式の建物からなり、住宅、公共建築、商業建築に使われていた。これらの建物の性質はその土地の材料にかかっていた。レンガは軟らかくプラスターの上塗りが必要であった。地域によっては木材や石材は得られたが、建具類が高価であり、したがってそれらは簡素なままであった。屋根は時には木皮または粗い草で葺かれたが、より一般的にはシングル葺きで、40度またはそれ以上の急勾配でつくられていた。

シドニーは、港に流れ込む小川に沿って曲がりくねった道路を持つ初期居留地のパターンか、もしくはマックオリー時代のより規則的な周辺部の発展をなお反映していた。他の町は単純な直交格子状で、王室が建物の敷地を売るのに都合のよいよう、官の測量技師によって計画された。例外はアデレードで、その独自の測量技師であるウィリアム・ライト大佐は、等高線と関連させて4つのグリッドを設定した。彼は6つのゆったりした広場を計画に含め、また公園のベルトで全体を取り囲んだ。

ニュージーランド（1860年以前）

ニュージーランドにおける最初の居留地は、1840年の植民地宣言より20年ほど先行していた。それらは伝道所と交易所であり、一般に仮設的な建物であったが、たとえばアイランズ湾の周辺には、いくつかのより恒久的で優美な建物が出現した。

1840年の宣言後に発展した最初の町は、北島ではオークランド（当時政府の所在地）、ウェリントン、ニュー・プリマス、南島ではクック海峡を越えたところにあるネルソンであった。

ニュージーランドの建築史は、オーストラリアと同様、後期ジョージ朝様式と摂政様式の住宅規模の建築から始まり、大部分の公共建築のさまざまな古典様式がそれに続き、さらに宗教建築といくつかの住宅、そしてイギリスと同様に他のわずかな主要な建物に、中世リヴァイヴァル様式が出現した。ニュージーランドはシドニーよりも2世代後に植民地化され、ピクチャレスクとロマン主義の影響がより大きかった。政府が1865年にオークランドからウェリントンへ移された時、政府の建物は、木構造ではあったがゴシック様式となり、後に同じ様式で増築されている。それに対しオーストラリアの官庁建築は、ほとんど例外なく古典主義様式であった。

ニュージーランドの最も特徴的で顕著な建物は農家（ホームステッド）であり、特にカンタベリー、マールボロ、ホーク湾、ワイララパ、マナワツ地方における農家である。最も初期の農家は、たいてい長方形の平面で、切妻屋根の内部に上階を設け、大きな屋根窓で自然光を取り入れている。下の階の窓は時には開き戸となっていたが、より一般的にはさまざまな上げ下げ窓であった。顕著な例はカンタベリーのテラス・ステーション・ホームステッド（1853頃およびそれ以後、p.1371A）だが、建築家は知られていない。

初期のニュージーランドの建物の第2の特徴的な形式は、いわゆるセルウィン様式の教会堂であり、多くはオークランドとその周辺にみられる。それらは木造の教会堂で、そのデザインはセルウィン司教とフレデリック・サッチャーとが共同して開発したものであった。主として木造の軸組みと筋違からなる構造の明確な表現に頼っており、歴史的様式への参照はごく限られていた。現存する最もすばらしい例はウェリントンの旧セント・ポール教会堂（p.1384B）である。またダニーディンの第1教会堂やクライストチャーチの大聖堂のように、多くの際立ったネオ・ゴシックの石造教会堂もあったが、それらは基本的には1862年に始まったゴールドラッシュに続く都市の発展に結び付くものであった。

北から南まで1600km以上にわたって延び、亜熱帯からどこか北スコットランドに近い気候までの幅を持つ国では、その建築にも地域的な差が考えられる。この気候的な差は、入手できる材料――北のカウリ林と南の石灰岩――が異なるといったこととともに、南部のオタゴではスコットランド人の入植者が支配的であったことによっても強められた。

北部の住宅の特徴であるヴェランダと突き出た軒は、人々がオタゴに達した時にはまだあまり一般的ではなく、一方、クライストチャーチ、ダニーディン、オーマルなどにみられる石の建物は、北部では比較的少な

A テラス・ステーション・ホームステッド、カンタベリー（1853頃-）　p.1370 参照

B タラヌイ・テ・ポキハの家、マケトゥ　p.1372 参照

く、そこでは木構造にかわるものとしてスタッコ塗りのレンガ造が普通であった。同様に、1860年代のゴールドブーム後、メルボルンの建築家によってダニーディンに持ち込まれ、さらにダニーディンの鋳造業者によって製作された装飾的鋳鉄細工は、北部ではほとんどみられない。繁栄する港を持ったオークランドの商業的重要性と、カンタベリー、オタゴ、サウスランド、ホーク湾の牧場としての重要性は、大きな地方農家と羊毛の集積地における巨大な羊毛倉庫の発展を促した。

オーストラリアの小さな町と比較すると、ニュージーランドの同等の町は、控えめながら魅力のある教会堂、郵便局、集会所、銀行や商店などによって予期しないほどの優美さを示すことがあり、特にフィールディングのように優れた都市計画や、ケンブリッジのような広々とした植樹帯と結び付いている時には、なおさらそのことがいえる。

マオリ建築

マオリ建築をヨーロッパからの建築と単純に関連させることはできないが、しばしば伝統的な土着の細部と装飾を、ヨーロッパの建設技術と結び付けているいくつかの注目すべき19世紀のマオリの建物もあった。いくつかの教会堂はそれを誇りとみなしている。そのうちの1つはオタキのランジャティー教会堂で、26mのトタラの棟木は、手斧ではつった高さ12mの3本のトタラの樹幹で支えられている。内部の草で塞がれた壁と装飾垂木は、昼光を取り入れる尖頭窓と心地よく調和している。

もう1つの主要な建築形式は、ウェアー・ルナンガつまり集会所であり、緩傾斜の切妻屋根を持つ長い矩形の建物で、一方の端に豊かに装飾され彫刻を持つポーティコを備えていた(p.1371B)。垂木は極めて発達した線状模様を描かれていた。見事なトゥクトゥク織物と彫刻された壁のパネルは、薄暗い内部に特徴を与えていた。しばしば先祖の像が中央の屋根束を支えていた。これらの集会所の多くが、最近特にマオリ族人口の多い北島において復原されている。

就寝のための建物は、一般にウェアー・ルナンガと形は似ているが、精巧な彫刻や描かれた装飾は施されなかった。また規模も極めて小さく、伝統的な妻側のポーティコのかわりに平側にポーティコを置くこともあった。極めて少ないが、預言者ルアのマウンガポハトゥの祠堂のように、円錐屋根を持つ円形の建物もあった。その形態は早くにニュージーランドを訪れた旅行者によって記録されているが、ヨーロッパの影響のもとで、より大規模に建てられるようになった。

オーストラリア(1850-1900年)

世紀半ばにドラマティックな変革の要因が生じた。すなわち金である。ゴールドラッシュはオーストラリアにおいて1851年に始まり、ニュージーランドでは10年遅れて始まった。建築的文脈も、開拓者の居留地から、十分な教育を受けた多くの建築家を受け入れる豊かな野心的な都市のそれに変わり、彼らはイギリスからの遠い距離にもかかわらず、比較的容易に建築材料、熟練した職人、出版物を手に入れることができた。変化は急速で資金は潤沢であり、時にはかなりぜいたくでもあって、メルボルンやシドニーの建築を、バーミンガムやリーズあるいはシカゴやニューヨークの建築と比較することもできるようになってきた。

金鉱の近くに建てられた新しい町には、ニュー・サウス・ウェールズ州のバサーストやゴールバーン、ヴィクトリア州のバララトやベンディゴなどがあった。ジーロングとメルボルンは、ヴィクトリア州のゴールドラッシュ以前の居留地で、メルボルンはこの時期にヴィクトリア州の首都として発展し、政治、金融、商業の中心となり、1890年代まで驚異的な発展を続けた。それを特色づけるかのように、たとえばメルボルン大学と市立図書館の2つの竣工式が1852年の同じ日に行われている。両者とも設計競技によるもので、それぞれF. M. ホワイトとジョセフ・リードが勝ち取った。また同じくメルボルンでは、金の手形交換所である新しい財務局の建物が建てられたが、これも象徴的である。そのネオ・ルネサンスのデザインは、通常19歳のJ. J. クラークに帰されているが、植民地技師兼建築家であったチャールズ・パスレー大尉が、若いクラークを指導したのであろう。クラークに帰すべき後の作品としては、1869年から1870年のメルボルン造幣局があり、同じく多くの賞賛を受けたが、彼が植民地建築家として短期間クイーンズランドへ移り、そこで1883年に試みた財務局の結果は、あまり感銘的ではなかった。

シドニー大学は1850年に設立され、一時的に下級学校の建物の一部を用いていた。ゴールドラッシュ(1852)の後、市域のすぐ南の52 haの土地が新しいキャンパスのために確保された。当初の建物はなお建っており、最近になって新しい建築が覆い隠すまで、シドニーへの南からの接近路の目立つ存在となっていた。後期テューダー朝様式またはエリザベス朝様式がとられることに決まると、イギリスから新しく到着して以来いくつかの教会堂で示した中世リヴァイヴァル様式の手腕が認められて、エドムンド・ブラケット(1817-83)に設計が委託された。

1850年以後のオーストラリアの建築家たちは、当時の折衷主義に熱狂的に没頭した。オーストラリアの都市と主要な町は、イギリスあるいはアメリカの都市と接触があり、また特に1850年代のゴールドラッシュ以前にはほとんど建物が建てられなかったことを考えると、同じように発展的であったが、1890年代初期には財政的不況によりその発展に唐突な終焉がもたらされた。一般にテューダー様式あるいはゴシック・リヴァイヴァル様式であった教会堂と大学の建物を除くと、最も好まれたのはネオ・ルネサンス様式（いくつかの異なった種類の）であった。両様式とも、この地において活発な工夫と革新がなされるとともに、イギリスあるいはアメリカのモデルが考究され採用された。オーストラリアにおける様式の種類の幅は極めて広かった。第1には簡単な無柱式のパラッツォ形式があった（銀行と都市建築、ワーデルのニュー・サウス・ウェールズ・クラブやメルボルン造幣所や税関、ハンターによるホバートの市庁舎）。第2にはヴェネツィアおよびロマネスク様式で、ここではロッジア、アーケード、三葉形の窓、彫刻フリーズなど、より彫刻的な要素が認められる（再び銀行およびメルボルンの財務局やシドニーの土地局など、よりぜいたくな公共的事務所建築）。イタリア風様式は、パラッツォ形式を用いつつも、各要素のリズミカルな構成においてより近代的（ヴィクトリア朝様式）であり、それと関連した変種（小さな町の住宅や公共建築に使われた）は、深い軒の出と露出した垂木あるいはイタリア風の望楼を持っていた。第2帝政様式はマンサード屋根と曲線の屋根（市庁舎や主なホテル）、およびその新古典主義的解釈が特徴であり、後者ではその形態は（メルボルン議事堂や1880年のチャールズ・ウェッブによるサウス・メルボルン市庁舎のように）古典的ジャイアント・オーダーで支配されていた。

　時計付きの塔あるいは展望台やドームは、当時の公共建築では一般的であり、また鋳鉄は特にヴェランダを持つ建物で装飾的に使われた（住宅、小ホテル、宿屋）。いわゆるブーム様式はこれらの特徴物の組合せとして現れ、特に土地開発の狂乱の10年を経験したメルボルンの1880年代と1890年代前半に結び付いている。ブーム様式の2つの例は、1888年に完成したシドニー市庁舎の後期段階と、メルボルンのプリンセス劇場（1887）である。最後にネオ・バロック様式があるが、卓越するものは少なく、最良の例はパースの王立劇場である。

　ネオ・ゴシック様式は、宗教および学校建築で支配的であり、また住宅建築でも小さいながらも重要な役割を果たした。商業建築への注目すべき適用例は1つだけで、メルボルンのコリンズ・ストリートにおける有名な事務所建築群である。

　時折、法王庁からの反対はあったが、全般的にみれば、全ての宗派の教会建築でゴシックが使われた。最もよく知られた例外は、シドニー、アデレード、メルボルンの組合派教会である。すでにブラケットを、オーストラリアにおける真のネオ・ゴシックの最初の実践者として挙げたが、尖頭アーチを持つ教会堂には1820年頃から多くの先例があった。教会のゴシックに使われた形態は、一般に「初期イギリス式」あるいは「装飾式」であり、それは世紀末まで続いた。たとえばバターフィールドの手法にみられるような、盛期ゴシックからの発想はあまり用いられなかったが、少なくとも1人の建築家、すなわちアメリカから来たJ. ホーベリー・ハントは、ゴシック・リヴァイヴァルの後期の展開に対して敏感であったようである。彼は2つのレンガ造のイギリス国教大聖堂、アーミデールのセント・ピーター教会堂（1875）とニュー・サウス・ウェールズ州ニューキャッスルのクライスト教会堂（1869-94）を建てた。

　バターフィールド自身はオーストラリアを訪れたことはなく、イギリス国教大聖堂のためのデザインを2度作成しているが、いずれも彼が意図したようには完成しなかった。アデレードのセント・ピーター大聖堂（1869-）はE. J. ウッズによって完成された（1904）。メルボルンのセント・ポール聖堂は1877年に起工され、バターフィールドが引退した1883年まで地元の人の監督下で進められた。ジョセフ・リードはそれを「バターフィールド氏が意図したごとく」完成させるよう試みたが、結局1930年代にシドニーのジョン・バーによって完成されるまで、塔も尖塔も建てられなかった。

　ジョン・L. ピアソンによるブリスベーンのイギリス国教大聖堂のデザインは、もう1つの輸入されたゴシックのデザイン（1887、建設は1901-10および1960-68）である。印象的な内部空間を持っているが、今日までなお未完成である。

　オーストラリアで最も重要なゴシックの教会堂建築をつくった建築家であるブラケットの後には、ワーデルが2つの最大のカトリック教会堂、すなわちメルボルンのセント・パトリック大聖堂（1858）とシドニーのセント・メアリー大聖堂にたずさわった。彼はセント・パトリックに暗黒色のメルボルン玄武岩を用い、細部や装飾はあまりないが、東端に半円形のシュヴェを設け、高い塔と尖塔を建てており、その優雅さはメルボルンの都市景観に重要な貢献をなしている。

　オーストラリアでは、わずかな住宅を除いて、豊富な色彩や細工を好む傾向はあまりみられない。例外は、

バーネットの後継者で 1890 年からニュー・サウス・ウェールズ州の植民地建築家を務めたウォルター・リバティー・ヴァーノンの公共的建物や、H. H. ケンプによってデザインされたニュー・サウス・ウェールズ州の教育施設などで、たとえばケンプのシドニー工科大学(1890-93)の最初の建物では、明るい色のテラコッタの浮彫パネルが使われている。同様の特徴は 1892 年の応用芸術・技術博物館においても繰り返されている。これらの学校は、後に住宅のデザインに移される共通の財産を形成する助けとなったと思われる。他の例はヴィクトリア州にみられ、たとえば H. R. バストウのいくつかの学校や、J. T. ケレハーによるサリー・ヒルズ(1890)のような郊外の州立学校などである。

オーストラリアで仕事をしていた建築家は、ほとんど全てイギリスで修業した人々であった。例外の傑出した建築家の 1 人は J. ホーベリー・ハントで、彼は 1863 年にボストンから来ている。オーストラリア生まれで、地元で修業した建築家はまれであった。世紀末ではあるが、その最も早い 1 人は H. デスブロー・アニア(1866-1933)で、彼はベンディゴに生まれ、メルボルンのウィリアム・サルウェイのもとで修業をしている。

ゴールドラッシュに続く数十年の間に職業的建築家の数は増加した。その指導的な人々の何人かを下に述べる。

メルボルンのジョセフ・リード(1823-90)は、古典様式およびゴシック様式の仕事が多く、また多色レンガ造とイタリア・ロマネスク様式を導入した。彼はイギリスからゴールドラッシュとともにやって来たが、他の建築家と同様、彼の職業に対する圧倒的な需要を見出した。彼はいろいろなパートナーとともに大きな仕事を実践したやや気紛れな建築家で、そのうち最初で最も永続きしたパートナーはフレデリック・バーンズであった。リードの建物には、ともにルネサンス様式のメルボルン公共図書館(1854)とジーロング市庁舎(1854)、第二帝政古典様式のメルボルン市庁舎(1867)、都市中心部のメソジスト教会堂(1858、ゴシック)、バプティスト教会堂(1862、古典主義)と長老派教会堂(1873、ゴシック)などがあった。彼はイギリス国教大聖堂であるセント・ポール大聖堂(1884-90)を完成させ、また 1886 年には N. B. タッピン(当時のリードのパートナー)とともにベンディゴの聖心教会堂を設計した(1896-1901、1906、1960-73 に建設)。

1863 年のヨーロッパ旅行の後、彼は北イタリアのロマネスク様式に刺激され、多色レンガ造を導入した。この形式の最もよく知られた建物は、メルボルンのコリンズ・ストリートにあるインディペンデント教会堂(1866)である。

シドニーのジェームズ・J・バーネット(1827-1904)はオーストラリア植民地において、最も長く務め、かつ最も成功した官僚建築家であった。彼のニュー・サウス・ウェールズ州の植民地建築家としての時代(1862-90)は繁栄と成長の時代であった。彼はスコットランド人で、16 歳の時にロンドンへ行き、最初は建設業者のもとで修業し、次いで王立美術院会員の W. ダイスについて製図を、さらに C. J. リチャードソンのもとで建築を学んだ。彼は 1854 年に移住してきた。

バーネットと彼の同僚が建てた建築は、様式的に適格なネオ・ルネサンスで、概して石造の良質なものであった。彼の建物は、同時代の民間建築家に典型的な著しい複雑さと色彩多用の傾向を、ほとんど示していない。1890 年に彼を継いだ W. L. ヴァーノンは、彼と比較して進歩的であったらしく、ただちに色彩豊かなレンガ造と世紀末の形態を導入した。

バーネットの主要な作品は、シドニーでは土地局、植民地行政局、中央郵便局、ゴールバーンでは裁判所、バサーストでは裁判所、郵便電信局、土地局などの行政建築であった。彼はその広大な勤務地を通じて 1500 以上の計画にたずさわった。公共サーヴィスのための建物は、全ての地方都市の中心を形成しており、多くは一時的で比較的未熟な他の民間建物の中では、唯一の恒久的で配慮されたデザインを示すものであった。これらの小都市においては、19 世紀の郵便電信局、裁判所や警察の建物、土地あるいは他の行政事務所、さらに(1872 以後)学校などが、現在でも多くの場合最も興味深い建物である。

ウィリアム・ウィルキンソン・ワーデル(1823-99)は、1858 年にメルボルンに来た時すでに技術者および建築家としての両方の経験を積んでいた。彼はのちに繁栄することになった事務所を経営する前に、1859 年からヴィクトリア建設局の主任建築家および技監を歴任し、メルボルンのトゥーラックのセント・ジョン福音者教会堂(1860-73)、シドニー大学セント・ジョンズ・カレッジ(1858)、ホバートのセント・メアリー大聖堂(1876)など、主として教会建築を建てた。1878 年の政府の経費削減の犠牲となった彼は、ただちに大聖堂が進行中であったシドニーに移り、そこで死去するまで仕事を続けた。彼の最後の仕事の 1 つは、メルボルンのリッチモンドにあるイエズス教会のセント・イグナチウス聖堂であった。ワーデルは、かつてロンドンで A. W. ピュージンとニューマン枢機卿に会っており、彼のゴシック様式の手腕について激励を受け、彼らの影響によりカトリックに改宗している。

ジョン・ホーベリー・ハント(1838-1904)は、1863

年にボストンからシドニーに来たが、ボストンではチャールズ・スリーパーのもとで、また後にはE. C. キャボットのもとで修業した。彼は、その仕事の多くが「流行のピクチュアレスク様式の〔……〕田園邸宅」であるキャボットを師としており、ハントのオーストラリアにおける仕事も、郊外や地方のこの種の作品がその主要部分を占めている。彼の多くの住宅の中で最大のものは、1887年にニュー・サウス・ウェールズ州北部のアーミデールに、ホワイト家のために建てたブルーミンバーであった。この家は現在、ニュー・イングランド大学のキャンパスの中心となっている。それは不規則で堅固な建物で、赤レンガ造・赤瓦葺きであり、多くの驚くべき部屋を配列している。一方、シドニーにおけるより控えめないくつかの住宅は、1つの考え方で貫かれており、オーストラリアではほとんど使われなかった当時の北アメリカのシングル様式を模して、高い破風とシングル張りの屋根と壁を持っていた。ハントは表現豊かな木材の軸組構造とシングル仕上げの名手であった。

住宅に加えて、ハントは教会の建築にも定期的にたずさわっている。最も規模の大きいものは地方の3つのイギリス国教大聖堂、すなわちアーミデールのセント・ピーター大聖堂（1871-97）、グラフトンのクライスト教会堂（1874-84）、ニューカッスルのクライスト教会堂（1885-95）である。これらの建物で彼は、オーストラリアの他の教会堂建築家よりも、盛期ヴィクトリア朝様式の傾向に強い共感を示している。しかしおそらく彼の最も印象的な教会堂は、ほとんど最後の作品となったシドニーのローズ・ベイにある聖心修道院の礼拝堂（1895-1900）である。この礼拝堂は単純な空間で、1つの尖頭円筒ヴォールトからなる石造天井を頂き、リブは円柱やピアなしで壁面から立ち上がっており、狭くて深い朝顔形の「初期イギリス式」の窓を持っている。

上に述べてきたことは、主としてさまざまな形式の政府の建物とキリスト教会の建物に関するものであり、それらが急速に発展するヨーロッパ植民地において、最も大きな職業的関心をひく対象であった。一方で、商業建築、工業建築、住宅建築などの他の種類の建物もつくられたが、よいパトロンやよい職人に恵まれることは少なかった。

銀　行

銀行や保険会社は多くの建物を発注しているが、大規模な本店の建物はほとんど残っていない。現在と同様、彼らは建物を名声と良識と安定性を示すものとして利用した。デザインは主要都市において中央集権的に定められている。たとえば、A. M. ヘンダーソンはヴィクトリア州全域にわたって全ての建物に関与している。銀行の初期の例にメルボルンのコリンズ・ストリート・バンク・オブ・ニュー・サウス・ウェールズがあり、この建物のファサードはメルボルン大学の建物に組み込まれていた。1854年にリードのデザインによって建てられたが、彼はヴェネツィアのサン・マルコ広場にあるサンソヴィーノの図書館をモデルとして用いた。アデレードでは、メルボルンのロイド・テイラーとアデレードのE. L. ライトによる、小さいながらも美しいサウス・オーストラリア銀行（1876-77）があり、豊かな——むしろ過剰な——ファサードを持っている。

ショッピング・アーケード

残念ながら19世紀のショッピング・アーケードの多くは残されていない。残されたわずかのものは、チャールズ・ウェッブによるメルボルンのロイヤル・アーケード（1869）、J. B. スペンサーによるシドニーのブロック・アーケードとストランド・アーケード（1891頃）、ジェームズ・カミングによるアデレードのアデレード・アンド・ゲイ・アーケード（1885）などである。しかし現存する最大のものは、シドニーのヴィクトリア・アーケードで、50年間事務所として使われた後、1980年代に復原された。1893年の当初の建物は、当時のシティー・アーキテクトであるジョージ・マックレー（後にステート・アーキテクトとなる）の設計で、マーケット、ホテル、事務所、店舗と2つのアーケードの複合建築であった。彼により「アメリカ・ロマネスク」と称された様式による大きな石造建築で、屋根にはいずれも銅板を葺いた1つの大きなドームと16の小さなドームが架かり、その彫刻的装飾は、シカゴのオーディトリアム・ビル時代のルイス・サリヴァンのものに似ているが、それはこのアーケードより7年ほど先行している。

事務所建築

オーストラリアの商業事務所の建物で建築的に傑出したものはほとんどない。技術が進歩するにつれ建物は高さを増していき、たとえばメルボルンでは、1880年代に市評議会が最高40 mの制限を課した。メルボルンのエリザベス・ストリートにあるオーストラリア・ビル（1886）は制限が課せられる前に46 mの高さに建てられ、長年にわたって市の最も高い建物となっていた。ヘンリー・ケンプによって設計された自由な古典主義様式とピクチュアレスクのスカイラインを持った建物で、内部には鉄骨軸組を入れていたが、赤レン

ガと花崗岩の外壁は耐力壁であった。リフトは水力式で、その目的のために多くの街路下に敷かれた圧力本管に頼っていた。

シドニーのジョージ・ストリートにあるアメリカ合衆国生命保険会社の事務所(1890)は、アメリカ人エドワード・ラートによって設計された。これもまた「アメリカ・ロマネスク」様式で、地上レベルにルスティカ仕上げの石造アーチがあり、その上に円柱を取り付けた巨大な3階建アーケードがのる。

メルボルンのゴシック・リヴァイヴァルの商業建築には、カムリーとギラムによるリアルト(1890-91)、ともにウィリアム・ピットによるオルダーフリート(1889-90)と旧株式取引所(1888-91)などがある。このようなゴシックへの試みに刺激を与えたのは、近くに建つワーデル設計のイギリス・スコットランド・オーストラリア銀行(1883-87)であったと思われ、それはゴシックの営業ホールとヴェネツィア形式のユニークなバルコニーなど、内部および外部に優れた細部をみせている。

ホテル

オーストラリアでは「ホテル」という言葉は、国際的な大ホテルから寝室をも持たない居酒屋まで全てに使われている。19世紀のオーストラリアには前者が豊富にあったが、その多くは失われている。

チャールズ・ウェブによるメルボルンのウィンザー・ホテル(1883-88)は、残されているものの1つである。シドニーには大きなホテルは1つも残っていないが、タッターソールズ・ホテルの解体に伴い、その全大理石のサロン・バーが、新しいヒルトン・ホテルの上階に復原された。パースではパレス・ホテルだけが残っている。

小さなホテルは、そのいくつかは居酒屋と同程度のものであるが、中心地区、郊外、地方都市に極めて多く残っている。その多くはヴェランダとバルコニーを持ち、装飾は鋳鉄細工、ろくろ挽きあるいは雷紋模様の木工細工、時には色ガラスなどが使われることがあった。数百のうちのごくわずかしか挙げることができないが、アデレードのボタニック・ホテル(1876-77、p.1377A)はM.マクマレンの設計で、後の時代(1900)の錬鉄製装飾の付いた壮観な3層のヴェランダがある。ベンディゴのシャムロック・ホテル(1897)は幾分か貧弱にみえるが、第二帝政様式の石造細部を持つ手の込んだ建物で、鉄製の2層ヴェランダの上に3つの階が立ち上がっている。またタウンズヴィルのクウェイ・ストリートにある旧コマーシャル・ホテル(1898)は、3層のヴェランダを持っている。

劇場

劇場は19世紀のオーストラリアで繁栄し、金鉱採掘地のミュージック・ホールでの興行師による一座から、都市のオペラや演劇のものまでさまざまであった。今なお使われている初期の劇場の1つは、ホバートのシアター・ロイヤル(1837)である。外観は変えられているが、内部はそのままである。その内部の親密性と魅力は、ウィリアム・ピットによって第二帝政様式で設計された、メルボルンの豪華なプリンセス劇場(1887)と極めて対照的である。

農場（ホームステッド）

一般に農場には建築的に傑出したものはなく、町でみられるジョージ朝、ヴィクトリア朝、クイーン・アン朝の様式を採用していた。それらは大きな平屋で、中庭や井戸の周りに房状に配され、一般にはまとまりのない建物であった。特に一家が繁栄をみた後に家を建て直す場合などには、有名な建築家がかかわることもあった。クイーンズランドでは、ヴェランダを持ち、主要階を木の杭の上に持ち上げる独特な形態が発展した。これらの家の間取りは一般に開放的で、熱帯の気候において最大の換気に意を注いでいる。

他の住宅建築

初期の街路や、後には1880年代までに建設された電車や鉄道に沿った郊外には、テラスハウスが建てられた。より豊かな人々の別荘も、メルボルンのサウス・ヤラ、シドニーのポッツ・ポイントやパディントンなどで、最も早い時代から建てられ、それらは広い庭園の中に配された。中流階級のためのものはやや後れて1860年代以後、たとえばメルボルンのホーソーンにみられる。1990年以後には田園郊外地がそれに続いた。

ヴァージ、ブラケット、リードなどの建築家は、時には初期のテラスハウスや別荘のデザインにかかわることもあったが、ゴールドラッシュ後の富を証言する多数の大規模な郊外住宅を建てた建築家の名は、多くの場合明らかではない。

メルボルンとシドニーの近郊地の、目立ったパーティー・ウォールと装飾的な鋳鉄細工を持つテラスハウスは、たとえばメルボルンのカールトンやシドニーのパディントンのように、極めて独特な性格をつくりだしており、世界中で匹敵する場所はほとんどない(ニューオリンズと比較することができる)。

赤レンガの大きな郊外別荘が、ネスフィールドやノーマン・ショーに似たイギリス起源の自由な古典主義様式およびロマン主義様式をとって現れ始めた。そして

第 42 章　オーストラレーシア——オーストラリアとニュージーランド——

A　ボタニック・ホテル、アデレード(1876-77)　p.1376 参照

B　テラスハウス、カールトン、メルボルン
　p.1397 参照

C　テラスハウス、パディントン、シドニー　p.1397 参照

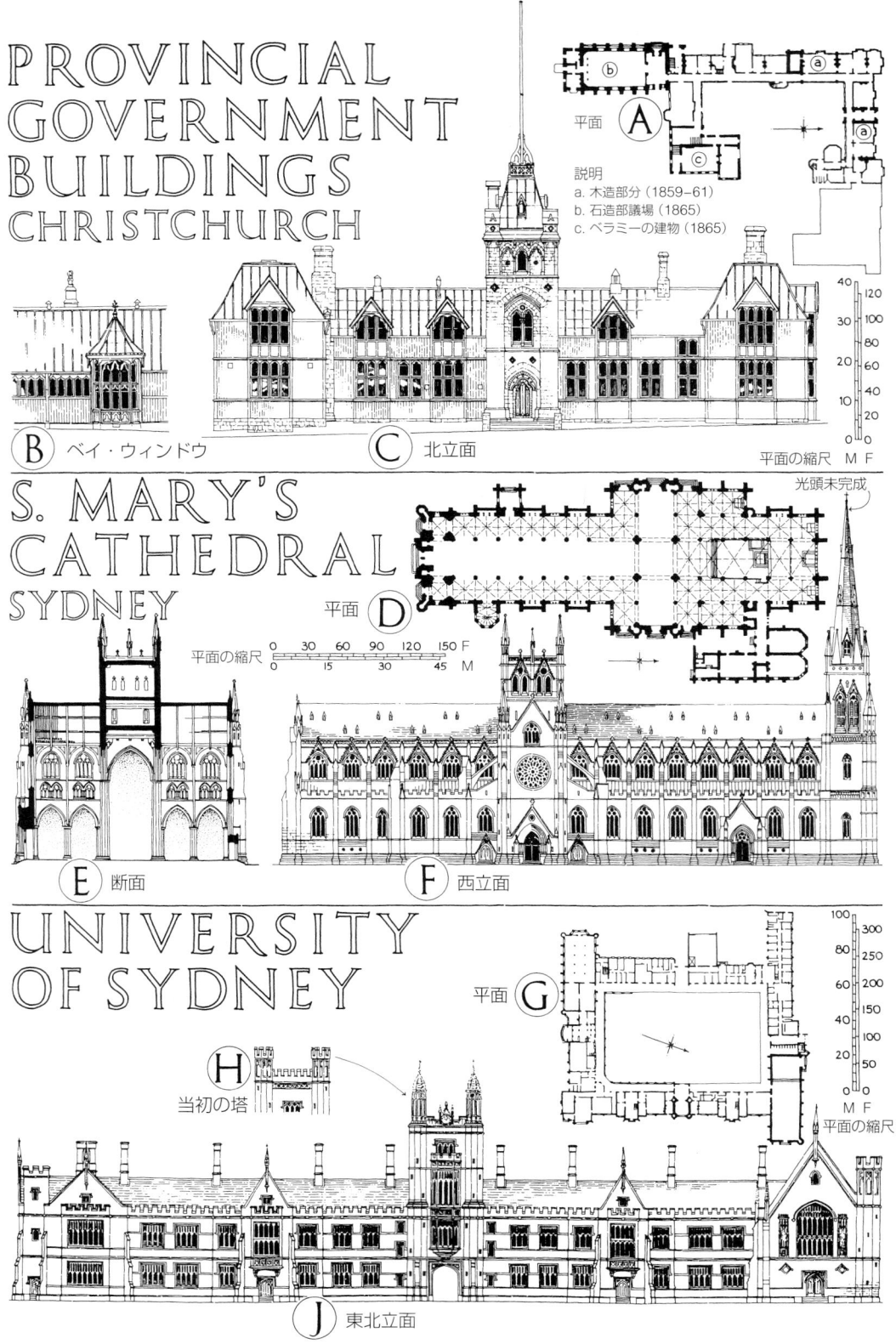

カンタベリー地方議事堂、クラストチャーチ(上)。セント・メアリー大聖堂(中)。シドニー大学(下)。

1880年代には、アメリカに向きを変え、ろくろ挽き、雷紋模様、彫刻などの木工細工が、流行していた鋳鉄装飾に取って代わり始めた。これらの1900年以前のモデルから、新しい郊外住宅の標準であるオーストラリア・クイーン・アン様式が生まれ、広い庭園に中に建つ大規模な郊外バンガローとして、1919年にその盛期を迎えた。全ての中で最も特徴的であったのは輸入されたテラコッタの屋根瓦で、1886年以後、シドニー、メルボルン、ラウンセストンに現れた。

ニュージーランド(1860-1900年)

ニュージーランドの傑出した建物の1つは、盛期ヴィクトリア朝様式によるクライストチャーチのカンタベリー地方議事堂(p.1378A, B)である。最初の議事堂は木造で、1858年から1860年にマウントフォートとラックによって建てられた。1865年には堅固な石造による増築部がマウントフォートだけで完成され、その内部は当時のニュージーランドで最も立派なものとみられた。マウントフォートは1870年代と1880年代を通じ司教区建築家として仕事を続け、彼のクライストチャーチの会衆派教会堂(1874-75)は彼の作品の質を示す優れた例である。ニュージーランドにおけるゴシック・リヴァイヴァルや、他の種類のヴィクトリア朝折衷主義の高い技巧的水準を示す証拠は極めて多い。ゴシックやエリザベス朝そして荘園風の様式をとるロマンティックな住宅や田園農家は、イギリスおよびスコットランドの全てを賛美することからきていた。さらにまた、木材でつくることのできるデザインと、常に町から望めるニュージーランドの、劇的でロマンティックな風景を引き立たせることのできるデザインが支配的であった。

とはいえネオ・ルネサンス様式も試みられており、その最も早い例の1つはメルボルンの建築家レオナード・テリーの設計によるオークランドのニュージーランド銀行(1865-67)である。他の主要な古典主義様式の建物には、ウィリアム・メーソンによるダニーディンの取引所(1865、現在は解体、p.1399B)とオーマルにある2つの隣接する銀行があり、その1つはメルボルンの建築家デイヴィッド・ロスによるオタゴ銀行(1870)、他はR. A. ローソンによるニュー・サウス・ウェールズ銀行(1870)である。この2つはローマの特徴とスケールを持ったコリント式のコロネードを備えている。ウェリントンの郵便局はトーマス・ターンブルによる階高の大きい3階建のレンガ造で、サン・フランシスコで発展した耐震技術を用いている。小規模だが優れた例は、インバーカーギルのアシニーアム(1876、現在は解体)とダニーディンのW. B. アームソンによるニュージーランド銀行(1883)である。注目すべき3つの古典様式の教会堂は、エドモンド・ベルによるオークランドのバプティスト派礼拝堂(1885)、S. C. ファーによるクライストチャーチのセント・ポール長老派教会堂(1873頃)、マシュー・ヘンダーソンによる1882年の塔とポーティコを持つ、オークランドのセント・アンドリュー長老派教会堂である。

F. W. ピーターは、ダニーディンのセント・ジョセフ大聖堂(1886)でゴシック様式に貢献したが、続いて壮麗な一連のドーム付きバシリカ式教会堂の設計に乗り出し、クライストチャーチの聖体大聖堂(1905)において頂点に達している。

実　例

オーストラリア(1850年以前)

オーストラリアで最も早い耐久的構造の建物は、**シドニーの最初の政庁**(1788-89)であり、その設計はレンガ職人であるジェームズ・ブラッズワースに帰されている。2つの階にそれぞれ4つずつ部屋があり、その土地でつくったレンガで建てられた。この政庁の遺跡とその多くの増築部分が、1983年に敷地や道路の下から再発見された。同様な初期のレンガは、フィリップ総督と友好関係にあった原住民のベネロングの1室の小屋に初めて試験的に使われた。これがオーストラリアでの最初のレンガ造の家で、ベネロングの名はシドニーのオペラハウスの建つ半島の名前として、今では不朽のものとなっている。

パラマッタ近郊のエリザベス農場(p.1369A)は、ジョン・マッカーサーと彼の一家の土地の1つに建てられた最初の農家であった。今ではこの建物は、これ以降の高い屋根を持ちフランス窓をヴェランダに開いている多くの平屋の建物の原型とみられている。最初は1793年に2部屋の小屋として建てられ、何回かの増築の最初、すなわち1798年か1805年にヴェランダが付けられた。

ニュー・サウス・ウェールズ州の開拓時代からの農家には、その他ナレラン付近のデンバイ(1818)、**リヴァプール付近のグレンフィールド**(1817)、1809年以前とみられる**ブリングリー付近のケルヴィン**などが含まれ、またニュー・サウス・ウェールズ州の1820年代のものとしては、**実験農場**(1820頃)、ラウス・ヒル(1823頃)、クリーヴランド(1824頃)、ホバートヴィル(1829)などがある。

市民病院(1810-17 の間)は、この初期の時代のシドニー中心部に建てられた建物で、その建築家は明確でない。後に転用された造幣所としても知られ、現在は博物館となっている。また 1814 年にジョン・ワッツ中尉によって設計された**陸軍病院**もあった。いずれの病院も 2 階建の各階にヴェランダが付いていた。この典型的な熱帯植民地の特徴は、これもワッツによる**パラマッタの槍騎兵兵舎**(1820 頃、p.1381A)にもみられ、また彼は**パラマッタの政庁**(1800)の設計も行っているが、ここでは後にグリーンウェイによってポーティコが加えられ、内部が改装された。ワッツはまたエリザベス・マックオリーと共同して、**パラマッタのセント・ジョン教会堂**(1804)のノルマン様式の塔(1818)にもたずさわったが、この教会堂の最初の設計者は明確ではない。2 層のヴェランダは、後のジョージ・バーニー少佐と王室技術者のジェームズ・ゴードンによる、**シドニーのパディントンのヴィクトリア営舎**(1843-48)で再び現れた。

　シドニー中心部に現存する 1825 年以前の極めてわずかな建物のうちの 3 つ、すなわちハイド・パーク営舎(1817-19)、セント・ジェームズ教会堂(1819-24)、**政庁の厩舎**(1817)がグリーンウェイの設計によるもので、一方、4 番目に当たる裁判所は、彼によって始められたが、完成以前にもまた以後にも数度にわたって変更がなされた。城郭風の厩舎はゴシック様式の政庁を予期したデザインであったが、政庁を実際に建てたのはグリーンウェイではなく、ブローアであった。グリーンウェイの建物は、他にもシドニー付近、パラマッタ、ウィンザー、リヴァプールなどにある。**ハイド・パーク営舎**(p.1381D)は、シドニーで働く 800 人の男性囚人を収容する区画からなっていた。約 90 m × 60 m の石の塀で囲まれた構内に、3 階建の中心ブロックと他の宿舎が建てられていた。平面は無邪気なほど簡単であるが、一方、門や囲いの隅部の形態は、ダンスやソーンに並ぶほどのミニチュアである。装飾のあるティンパヌムを持つ、幅一杯のペディメントをあげた中心棟の端部の扱いは、二重アーチの頭部を持つ窓開口部でみられるように、グリーンウェイの特徴である。

　グリーンウェイ設計の**シドニーのセント・ジェームズ教会堂**(p.1381B)は、現在は後の増築部が付いているが、控えめだが的確に解釈されたジョージ朝様式の建物で、塔と銅板葺きの尖塔を持ち、今日まで重要なランドマークとなっている。この教会堂はギャラリーを持っており、また全長にわたるクリプトはニュー・サウス・ウェールズ州植民地では唯一のものである。内陣は 1834 年にジョン・ヴァージによって 1 ベイ延長され、またギャラリーも 1846 年に拡張されており、さらに 1894 年にはヴァーニー・パークスによって内部の改装と玄関の増築がなされた。

　グリーンウェイの第 2 の教会堂は、シドニー市外から 57 km の**ウィンザー**にある、**セント・マシュー教会堂**(1818-20、p.1381C)である。これは彼の最高の作品として称賛されている。ホークスベリー谷を見下ろす丘の上に建ち、そのたくましい形態は、見事なランドマークを形成している。その特徴的な窓の形はグリーンウェイの標章である。

　ヴァージの主要な作品例は、オーストラリアの羊毛産業の創始者の 1 人であるジョン・マッカーサーのために、ニュー・サウス・ウェールズ州のカムデンに近い**メナングル**に建てた**カムデン・パーク・ホームステッド**(1831-32、p.1382A)である。中央のブロックには家族の部屋があり、使用人の区域を東へ、浴場を西へ配している。庭側の正面にはコロネード付きヴェランダがあり、それに対して高いフランス窓が開いている。シドニー港に面した住宅の**エリザベス・ベイ・ハウス**(1832、1835-38、p.1382D)もヴァージによるもので、植民地大臣で生物学者であるアレキサンダー・マクリーのために建てられた。この摂政様式の家の内部、特に楕円形平面でドームの架かった中央階段ホールは著名である。鉄柱の立つ木造ポーティコが 1860 年代に増築された。

　ヴァージによる他の作品には、**シドニーのポッツ・ポイント**にある**タスカラム**(1832)やキャンベラに近いブレードウッドの農家である**ベダーヴェール**(1838 頃)がある。**ライダルメールの葡萄園**(1835)のように、取り壊されたが記録の残っている例もいくつかある。

　美しい興味ある住宅や農家の中には、設計者不明のものがいくつかある。その 1 つはタスマニア州のロングフォードに近くの**パンスハンガー・ホームステッド**(p.1382C)で、1830 年代にジョセフ・アーチャーのために建てられた。彼が 1829 年にイギリスを再訪した時に設計図をもらってきたと伝えられているが、設計者の名は知られていない。ドリス式細部を持つ摂政様式のデザインで、川に面した高みの上に印象的に建っている。

　エヴァンデール近くのクラレンドン・ホームステッド(1840 頃)は、設計者の知られないもう 1 つの例で、タスマニア州の数多い植民地農家の中の広壮なデザインを代表するものである。植民地の最も富裕な農家の 1 人であるジェームズ・コックスのために建てられた。その大きなイオニア式のポーティコ(1975 修復)は半地階の上に建ち、その隠された屋根とともに、植民地農家の大多数よりも古典的なデザインである。

　建築家の知られない 3 番目の建物に、ニュー・サウ

第 42 章　オーストラレーシア——オーストラリアとニュージーランド——　| 1381

A　槍騎兵兵舎、パラマッタ（1820 頃）　p.1380 参照

D　ハイド・パーク営舎、シドニー　p.1380 参照

B　セント・ジェームズ教会堂、シドニー　p.1380 参照

C　セント・マシュー教会堂、ウィンザー（1818-20）
p.1380 参照

E　セント・ジョージ教会堂、ホバート（1837-88）
p.1383 参照

1382　植民地時代およびそれ以後のヨーロッパ以外の建築

A　カムデン・パーク・ホームステッド、メナングル(1831-32)
p.1380 参照

B　ファーンヒル・ホームステッド、マルゴア(1842)
p.1383 参照

C　パンスハンガー・ホームステッド、タスマニア州(1830年代)　p.1380 参照

D　エリザベス・ベイ・ハウス、シドニー(1832、1835-38)　p.1380 参照

ス・ウェールズ州の**マルゴア**近くの**ファーンヒル・ホームステッド**(1842、p.1382B)がある。上に述べたクラレンドンを建てたジェームズの兄弟であるエドワード・コックスのためのものである。これはニュー・サウス・ウェールズ州の初期植民地時代(1800-50頃)に、50棟ほどは建てられたとみられる小規模なカントリーハウスの典型である。

グリーンウェイとヴァージ以後、最も知られた初期の建築家は、1835年から1850年まで植民地建築家であったモーティマー・W・ルイスである。彼がその中央ブロック(1840頃)を設計した**シドニーのダーリンハースト**にある**裁判所**は、オーストラリアに比較的少ないグリーク・リヴァイヴァル建築の1つである。

シドニーにおいて、ルイスは**財務局**(1849頃)をネオ・ルネサンス様式の手法で設計した。ブリッジ・ストリートに面したバリー風のパラッツォ建築である彼の建物は、その後何回か増築され、1896年にはマックオリー・ストリート側の翼屋が、知事部局のために増築された。後者は当時の植民地建築家であるウォルター・L・ヴァーノンの設計で、大きなアーチの中にドリス式の柱で支えられた特徴的な玄関を持っている。その幾何学的構成は、ソーンあるいはむしろブレーに近い。財務局は1984年にホテルに変えられた。ルイスによる他の建物には、**シドニー警察署**(1837)と、ルイスかどうか不確実ではあるが、ゴシック・リヴァイヴァル様式による**カムデンのセント・ジョン福音者教会堂**(1840-49)があり、さらに現在は当初の位置から移築して保存されている**シドニーのピクチャレスクの自邸リッチモンド・ヴィラ**(1849)がある。

ジョン・ビッブによる**シドニーのピット・ストリート**の**組合派教会堂**(1841)は、2層の高さのイオニア式コロネードのある、モニュメンタルなネオ・ルネサンス様式の正面を持っている。シドニーに近いクックス・リバーにあるゴシック様式の**セント・ピーター教会堂**は、1836年頃トーマス・バードによって設計された。

ホバートのバッテリー・ポイントのセント・ジョージ教会堂(1837-88、p.1381E)は、ホバートの中心部のすぐ外にそびえる丘の上に高く建っている。教会堂自体はファン・ディーマンズ・ランド(タスマニア)の植民地建築家(コロニアル・アーキテクト)、ジョン・リー・アーチャーのデザインによって、1838年に塔なしで完成された。その傾斜のついた窓は、エジプトの趣を加えた摂政時代様式である。装飾的なプラスター天井を持ち、当時の囲われた座席をなお残している。1841年から1847年の間にジェームズ・ブラックバーン設計の塔が加えられた。フランシス・バトラーによる聖具室が1862年に増築され、またロバート・ハックソンによる印象的なポーティコが1888年に付加された。

ブラケットが1842年にシドニーに来るまで、オーストラリアにはゴシック・リヴァイヴァルのデザインの経験を積んだ実務者はおらず、彼はその後、当然の成行きとして約40の教会堂の設計にたずさわった。彼の最初のデザインの1つは**ジーロング**の**クライスト教会堂**(1844)であった。最初の大聖堂の設計委託は、**シドニーのセント・アンドリュー大聖堂**(1837-70頃、p.1385A)建設の責任を引き継ぐことであった。大司教座教会堂は、他の敷地でフランシス・グリーンウェイの設計によって建設が始められたのだが、1819年に基礎が完成しただけで工事は中断されていた。セント・アンドリュー大聖堂自体はジェームズ・ヒュームによって1837年に始められたが、建設が5年間進められたところで、植民地の経済的後退により中止された。経済状況が1845年に改善されると、ブラケットがデザインを改良して工事を進めるよう求められ、それは1870年まで続いた。セント・アンドリュー大聖堂の身廊はいささか狭く、その上の塔は、それら自体は美しいが、いささか混み合っている。この大聖堂の環境は、1975年に近くの市庁舎との間に市民の広場が設けられたため、大きく改善された。

シドニーのダーリング・ポイントのセント・マーク教会堂(1847-75、p.1385B)は、ブラケットが、1847年に任命された司教区建築家として設計した多くの教会堂の1つであった。これは彼の最初の、おそらく最も良い位置にある、そして最もよく知られたものの1つである。高く狭い尖頭窓と浅いバットレスを持つ外観はむしろ簡素であり、八角形の石造尖塔が3階の塔の上に建っている。建物は木製装飾のある心地よい内部を持っている。この教会堂は1847年に建設が始まり、1865年に献堂され、塔と尖塔は1872年から1875年にかけて増築された。

尖頭窓を持つ最も早い建物の1つは、1820年代初期に建てられ、1865年の火災で失われた、アマチュアによるシドニー最初のカトリックの**セント・メアリー大聖堂**であった。それは主として植民地付きのアイルランド人カトリック神父、J.J.テリーによってデザインされたものであった。

初期のイギリス国教教会堂の例は、1840年から1856年のヘンリー・ジン他による**シドニーのミラーズ・ポイント**の**聖三位一体教会堂**(駐屯地教会堂)と、より優れた**カムデンのセント・ジョン教会堂**(1840-49)で、これはモーティマー・ルイスによって監督されたものだが、おそらくイギリス・リヴァプールのジョン・カニンガムの設計である。その他には、サムエル・ジャクソンによる**メルボルンのセント・フランシス・カトリック教**

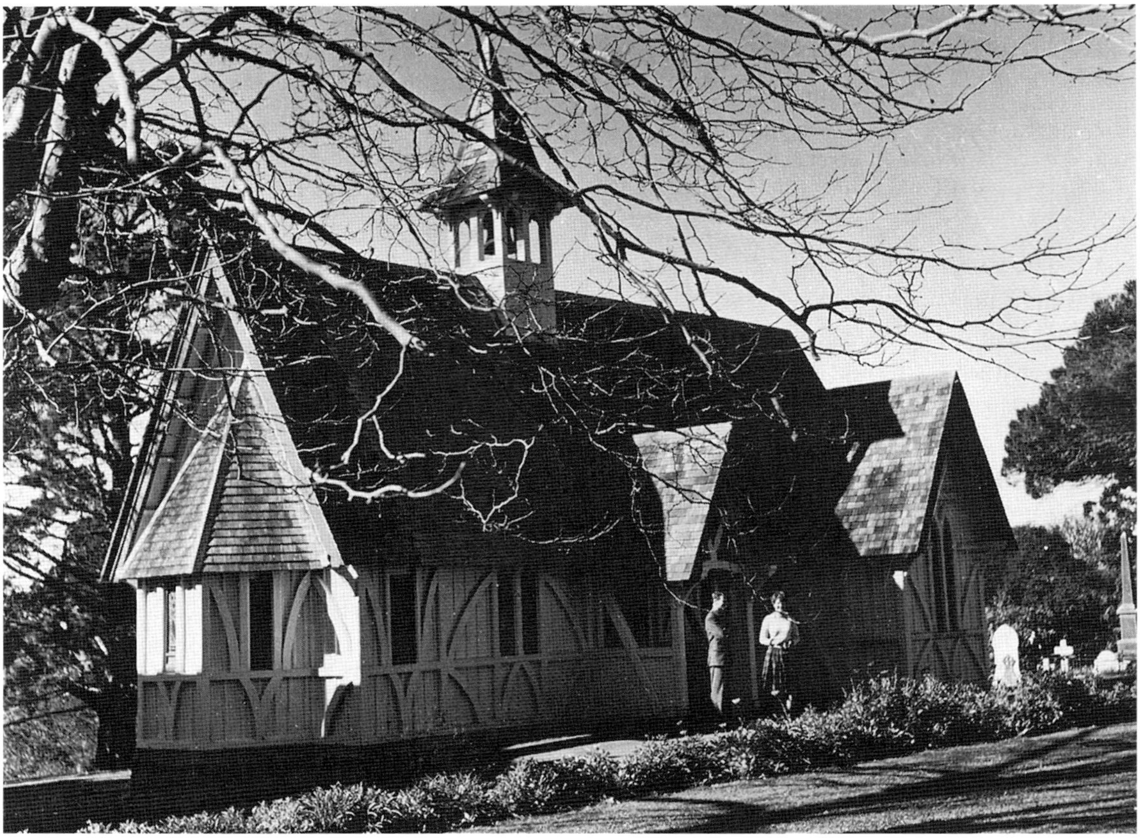

A セント・ジョン大学礼拝堂、オークランド(1847)　p.1386 参照

B 旧セント・ポール教会堂、ウェリントン(1861)　p.1386 参照

A　セント・アンドリュー大聖堂、シドニー（1837-70頃）　p.1383 参照

B　セント・マーク教会堂、ダーリング・ポイント（1847-75）　p.1383 参照

C　セント・パトリック大聖堂、メルボルン（1858）　p.1388 参照

会堂(1841)、チャールズ・レイングによる**メルボルン**の**セント・ピーター・イギリス国教教会堂**(1846)、ジョン・リー・アーチャーによる**ホバートのニュータウン**にある**セント・ジョン教会堂**(1834-35)などがある。

タスマニアでは、ジェームズ・ブラックバーンが多くのゴシック・リヴァイヴァルの教会堂を建てており、その最も成功した例は、**ホバート**にあって西端に大きな塔を持つ初期イギリス式の**聖三位一体教会堂**(1841-48)であった。彼はまた、**ポントビルのセント・マーク教会堂**(1839 頃)や**グレノーチーのセント・マシュー教会堂**(1840 頃)のように、ロマネスク様式も用いている。

ニュージーランド(1860 年以前)

北部では、アイランズ湾のほとりの**ケリケリ・イギリス国教伝道所**が 1819 年に、また**ホキアンガ川のメソジスト伝道所**が 1818 年に設立された。主要な港であり交易所である**コロラレカ**は、1820 年代中期に設けられた。

残された建物がケリケリ伝道所に存在している。**ケンプ・ハウス**は木造 2 階建でヴェランダを持ち、それに隣接する水際には、かつて時計塔を持っていた石造の倉庫(1832-36)がある。アーチと隅石の化粧石材は、ケリケリの俗人伝道者ジョージ・クラークによって描かれた図面に基づき、シドニーで準備された。

総督が任命された当初は、その居所としてラッセルと名づけた場所が慎重に選ばれた。それはコロラレカの近くではあるが、町の上流にあたっていた。しかしラッセルの名はその後コロラレカにとってかえられた。政府の所在地は、1841 年にオークランドに、さらに 24 年後にはウェリントンへ移された。

オークランドの総督官邸は、16 部屋のプレハブの**政庁**で、イギリス・ロンドンのマニング家の会社で製作された部材で建てられていたが、この地域におけるその主要な販路は南オーストラリア植民地で、そこでは多数のこのマニング・ハウスが建てられた。

初期の移民とともに少数の建築家がやってきた。その中で主要なのは、ウィリアム・メーソン(1810-97)、フレデリック・サッチャー(1814-90)、やや遅れて 1850 年に南島のカンタベリーへの最初の組織的移住者とともに来た B. W. マウントフォート(1824-98)であった。メーソンはホブソン総督の最初の工事監督官となり、後には民間の仕事を行った。イギリスではエドワード・ブロアーの事務所で働いており、ニュージーランドで初めてゴシック・リヴァイヴァル様式の仕事をした建築家であった。建築家であり聖職者であったサッチャーは、最初ニュー・プリマスにいたが、つい

でオークランドでグレー総督のために 2 つの病院を、1846 年と 1858 年に建てた。後に彼は、セルウィン司教の教会堂建設活動と密接に関係するようになったが、セルウィン司教はケンブリッジ・カムデン・ソサイアティーのメンバーであり、熱心なデザイナーでもあった。

セルウィン司教のためにサッチャーが設計した教会堂は、オークランドのウェスト・タマキにあるセント・ジョン・カレッジのアトリエにおいて計画された。彼らはさまざまな場所に迅速に運ばれて建てることのできた 8 つの礼拝堂をつくった。それらは**ホーウィックのオール・セインツ教会堂**(1847)を除いて全て失われてしまった。しかし**セント・ジョン大学礼拝堂**(1847、p.1384A)も同様な構造形式を持っている。オークランドにおける彼らのもう 1 つの教会堂である**セント・バーナバス教会堂**は、1848 年パーネルに建てられ、1877 年に近くのマウント・エデンに移されたが、現在はレンガ造の増築部によってささいか圧倒されている。

初期の他の建築家には、1846 年の来着から 1850 年の死去までに 6 つの建物を完成させたウォルター・ロバートソンや、工事監督官としてメーソンの後を継いだ H. C. ホールマンがいた。また H. C. クリッドランドは木造の**テ・アロのセント・ピーター教会堂**(1848)と**クライストチャーチのセント・アンドリュー長老派教会堂**(1857)を設計したが、後者は 1891 年に他の人によって増築された。

1850 年代にサッチャーは、ネルソンの**クライスト教会堂**の大胆で特異な塔(1851、1887 取壊し)を設計したが、いわゆるセルウィン様式の現存する最も美しい例とみられているのは、サッチャーによる**ウェリントンの旧セント・ポール教会堂**(1861、p.1384B)である。明らかにセルウィンの刺激を受けた他の建築家による教会堂に、B. W. マウントフォートの**カイアポイのセント・バーソロミュー教会堂**(1854)がある。またマウントフォートによる**オークランドのセント・メアリー臨時大聖堂**(1886)は、より明確にゴシックであるが、なお多くをその木構造に負っている。

オタゴ、ダニーディン、カンタベリー、クライストチャーチに加えて、1850 年代にはワンガヌイ、ネーピア、インバーカーギル、ネルソンなどの都市の発展をみたが、ネルソンにはその住民の中にマクスウェル・ベリーとウィリアム・ビートソンという 2 人の建築家がいた。ベリーによる**ネルソンの地方議会**(1859、1969 取壊し)は、様式的にはジェームズ 1 世朝風で、木造であった。ビートソンはフランダース風の大規模な建物である**ネルソン大学**を設計したが、1904 年の火災で焼失した。

第42章　オーストラレーシア——オーストラリアとニュージーランド——　1387

A　シドニー大学（1854-60）　p.1388 参照

B　セント・メアリー大聖堂、シドニー（1865）　p.1388 参照

オーストラリア(1850-1900年)

ブラケットは、**シドニー大学**(1854-60、p.1378G-J、p.1387A)の委託設計を行うため、植民地建築家としての職を辞した。彼の描いた計画は、正方形の草地の4辺に建物を並べ(最終的には他の人によって完成された)、一方の側に研究施設を、もう一方の側に大ホールを置くものであった。研究棟は美しいベイ・ウィンドウを持つテューダー様式である。中央入口はピナクル付きの塔で強調されている。ブラケットは大ホールの設計にウェストミンスター・ホールをモデルとしたらしく、高いハンマー・ビームの屋根を持っている。壁体は石で表面を覆ったレンガ造で、その石には品質がよく彫刻にも適しているシドニー地方の金色の砂岩を用いている。

後期のブラケットの教会堂には、ニュー・サウス・ウェールズ州のウランゴングにある**セント・マイケル教会堂**(1858)、シドニー港の入口に近い**ワトソン湾のセント・ピーター教会堂**(1864)、シドニーのニュータウンの**セント・ステファン教会堂**(1871)、最後に西オーストラリアの**パース**にある**セント・ジョージ大聖堂**(1878)などがある。

主要な設計事務所は、要求に応じてゴシック・リヴァイヴァル様式の建築をつくることができた。たとえばリード＆バーンズ事務所は、**メルボルンのウェズレイ教会堂**と**スコットランド教会堂**を設計した。彼らはまた**メルボルン大学**の、これも精巧なハンマー・ビームの屋根を持つ、**ウィルソン・ホール**(1878-82)と呼ばれたネオ・ゴシックの大ホールをつくっている。このホールは1954年に内部が火災で損傷し解体された。大学に付属して、これもリード＆バーンズ事務所による、スコットランドの城館風の様式の**オーモンド・カレッジ**(1879)がある。

しかし、リード＆バーンズの最も革新的なデザインは、小さな半円アーチを持つ赤レンガ造のものであった。それは**メルボルンのインディペンデント教会堂**(会衆派教会堂、コリンズ・ストリート、1864、p.1389、p.1390A)で、リードがヨーロッパを旅行し、北イタリアのロマネスクを研究して帰ってきた直後に設計された。平面は正方形で、劇場のように斜線状に配された会衆席を囲み込んでいる。その焦点——説教壇と聖歌隊席とオルガン——は1つの隅に低く置かれ、入口はその反対の高い位置にとられており、その間は湾曲して高まる床となり、上部には急傾斜のバルコニーがある。バルコニーとその上の天井は、広いアーチをあげた細い鋳鉄製の柱で支えられ、バルコニーには豊かな透かし彫の手摺がついている。

ブラケット以後、最も大きなゴシック・リヴァイヴァルの建物の仕事は、ワーデルへ委託された。彼の2つのローマ・カトリック大聖堂、すなわち**メルボルンのセント・パトリック大聖堂**(1858、p.1385C)と、オーストラリア最大の大聖堂である**シドニーのセント・メアリー大聖堂**(1865、p.1378D-F、p.1387B)についてはすでに述べた。セント・メアリーは、平面はリンカーン大聖堂、内部立面はシャルトル大聖堂、西正面はパリのノートル・ダム大聖堂に基づいたといわれている。その細部は、全体にわたってジオメトリック・ゴシック様式で、豊かに装飾されている。その結果は堅固な量感のある形態と広々とした内部が形成され、強烈な日射からの避難所としてわざと薄暗くされている。ステンドグラス(1881-1928、バーミンガムのハードマン・ブラザースによる)は、普通のものよりも厚く、また色合いも深いものが注文された。ワーデルのデザインに正確に従ってはいたが、彼の意図した西端の塔は建てられなかった。

重要なイギリス国教教会堂には、**メルボルンのセント・ポール教会堂**(バターフィールド、1880、メルボルンのジョセフ・リードによって1884年に継続)、**アデレードのセント・ピーター教会堂**(最初バターフィールドにより1869-76に設計され、その身廊と西端と聖母祭室は、1880と1904にアデレードのE.J.ウッズによって建てられた)、さらに**ホバート、ニューカッスル、ベンディゴ**などに存在している。ゴシック・リヴァイヴァル様式が支配的である教会堂は数多い。また古典主義様式の教会堂も存在し、たとえばライトとウッズがG.ハミルトンおよびE.ハミルトンとともに行った**北アデレード**の**会衆派教会堂**(1860-72)がある。ヴィクトリア州の西部地区のようにスコットランドからの移住者が多い地域では、長老派教会堂が一様に大きくかつ(意外なことに)ゴシック様式でつくられている。**ブリスベーンのセント・ジョン福音者メトロポリタン大聖堂**(1887、p.1390B、C)は未完成で、西端部と塔を欠いているが、おそらくオーストラリアで最も美しいネオ・ゴシック様式の内部を持っている。建築家はジョン・ローボロー・ピアソン(1817-97)で、彼はそのデザインをロンドンから送っている。そのデザインはトリフォリウムの変わった使い方などにおいて、ロンドンのキルバーンにおけるセント・オーガスティン教会堂のような彼の他の教会堂と、共通性を持っている。これらの場合、身廊のアーケードはトリフォリウムを設けるようにできてはいるが、そのレベルでの側廊の上には床もヴォールトもつくられていない。その結果は高く明るい内部空間となっている。

公共建築にネオ・ゴシックは使わないという一般的

第42章 オーストラレーシア——オーストラリアとニュージーランド——

インディペンデント教会堂、内部、メルボルン　p.1388 参照

植民地時代およびそれ以後のヨーロッパ以外の建築

A インディペンデント教会堂、メルボルン(1864)
p.1388 参照

B セント・ジョン福音者メトロポリタン大聖堂(1887)、
ブリスベーン　p.1388 参照

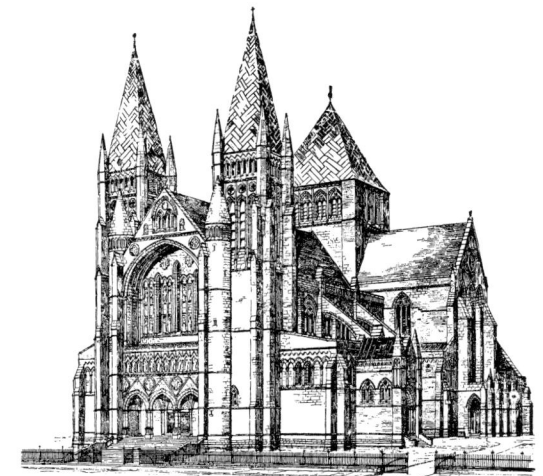

C フランク・L・ピアソンによるセント・ジョン福音者メト
ロポリタン大聖堂の完成予想図、ブリスベーン

D 財務局、メルボルン(1857-62)　p.1391 参照

原則は、おそらくジェームズ・マニングの助けをかりたとみられるリチャード・R・ジュアル設計の西オーストラリアの**パース市庁舎**(1867-70)の場合は破られている。フランドル積みの赤レンガと、白い石組の高い群状の窓は、この建物に明確なヴィクトリア様式の性格を与えている。ハンマー・ビームの屋根を持つ高い内部空間があり、最初は屋根のある市場として使われた。ジュアルは植民地建築家として、テューダー様式およびフランドルの性質を持ついくつかのゴシック様式の建物にたずさわっており、その中にはイギリス工兵隊と協力した**政庁**(1859-63)、**財務局**、現在クロイスターといわれているヘイル司教の**聖堂参事会学校**(1858)などがあった。

大学ではゴシックが好まれ、一般にテューダー様式がとられた。多くの中の1例としては、ウェッブ＆テイラーによる**メルボルン・グラマー・スクール**(1856、1876拡張)がある。

最も成功したネオ・ルネサンス様式の建物の1つは、クラーク(パスレーの下で)による**メルボルンの財務局**(1857-62、p.1390D、p.1393D, E)である。1851年に始まったゴールドラッシュは、このような建物に対する緊急な需要をつくりだした。この建物はバリーが流行させた形式に似ているが、中に深くひっこんで窓のアエディクラを持つ5ベイのアーケードには力強さがある。

メルボルンのその次の街路の先端には、**ヴィクトリア州議事堂**(1856-1930、p.1392A、p.1393A-C)がある。この記念的な新古典主義の建物は、コロネードの正面と大きな入口階段を持ち、また特に2つの立法議場と図書室に印象的な内部空間を持っている。建物は未完成であるが、側面と背面のファサードの欠如は議事堂庭園の樹木によって隠されている。計画されたドームもまだないが、これらの主要な要素を欠いていても、ヴィクトリアン様式建築の重要な実例である。この建築家はピーター・カー(1820-1912)とジョン・ジョージ・ナイト(1826-92)で、他の者が入賞した設計競技の結果が破棄された後に委託されたものである。カーは移住してくる以前、アバディーンのアーチボルト・シンプソンとヨークのG.F.ジョーンズの下で徒弟として学び、さらにチャールズ・バリーとともに4年間、ロンドン議事堂の仕事をしていた。

ゴールドラッシュの時代に入って4年目の1856年に起工され、2つの議場と図書室は3年がかりで完成した。ファサードはなく、仮設的な入口だけで18年間建っていた。ナイトはヴィクトリアから去り、1866年以後、カーは公共建設局の職員となった。彼は議事堂の建設を1877年に再開し、次の2年間にクイーンズホールと玄関廊を完成した。ついで彼は、ついに建てられなかったドームと、建物の周りを取り巻くローマ・ドリス式コロネードの仕事にとりかかった。正面は1892年に完成したが、それはこの植民地のほとんど全ての建築工事が財政破綻のために停止されてしまう1年前のことであった。

外装に用いられた石材は、メルボルンから約250km離れた新しい石切場から、莫大な費用をかけて運ばれた美しい石材であった。地元の玄武岩は色が暗すぎるし、また他の植民地からの石材はヴィクトリア州議事堂には使うべきではないと考えられたのである。

ヴィクトリア公共建設局に在職中、カーはまたメルボルンの**裁判所**、**政庁**、**郵便局**、**税関**などにも部分的にたずさわったが、それらは全て古典主義様式の建物であった。

シドニーの1番目と2番目の政庁と、パラマッタにおける建てかえ案についてはすでに述べた。最後のシ**ドニーの政庁**はイギリスにおいてエドワード・ブロアーによって設計された。**ホバートの政庁**(1855-58)はウィリアム・P・ケイによるもので、テューダー・ゴシック様式であった。それらのうち最大の規模を持つ**メルボルンの政庁**(1871-76)は、イタリア風宮殿で、塔と広い舞踏室を持ち、ヴィクトリア女王のアイル・オブ・ワイト・ハウス(オズボーン)をより良くつくりかえたものであった。これは当時のヴィクトリア公共建設局建築家W.W.ワーデルが、J.J.クラークとピーター・カーの助力を得て設計したものであった。

コーンウォール人ジョセフ・リード(1822-90)の、オーストラリアにおける長くて実りある経歴は、**メルボルン公共図書館**(現ヴィクトリア州立図書館、1854-、p.1392B)から始まった。彼は台座にのせられた巨大な2層分のコリント式円柱のポーティコとピラスターを用いた。アエディクラと柱頭の細部は、内部のいくつかの部分とともに傑出している。正面の棟は当初の建物であるが、他の棟は、最初はリード＆バーンズによって、さらにその後他の者によって増築されたものである。この建築複合体の中心にある図書館の大閲覧は1906年から1911年のもので、設計は建物の建設中にベート・ピープル＆スマートと名前が変えられたリード・スマート＆タッピンという事務所による。その閲覧室の拡張の詳細については第58章参照。

リード＆バーンズは**メルボルン市庁舎**(1867)に、ネオ・ルネサンス様式を第二帝政様式風に用い、またルネサンスの形態を、**メルボルンの展示会場**(1879-80)の大規模構造体に適用した。

クイーンズランドは1859年にニュー・サウス・ウェールズ州から分離し、その新しい議会が1860年

A ヴィクトリア州議事堂、メルボルン（1856-1930） p.1391 参照

B メルボルン公共図書館（現ヴィクトリア州立図書館、1854-） p.1391 参照

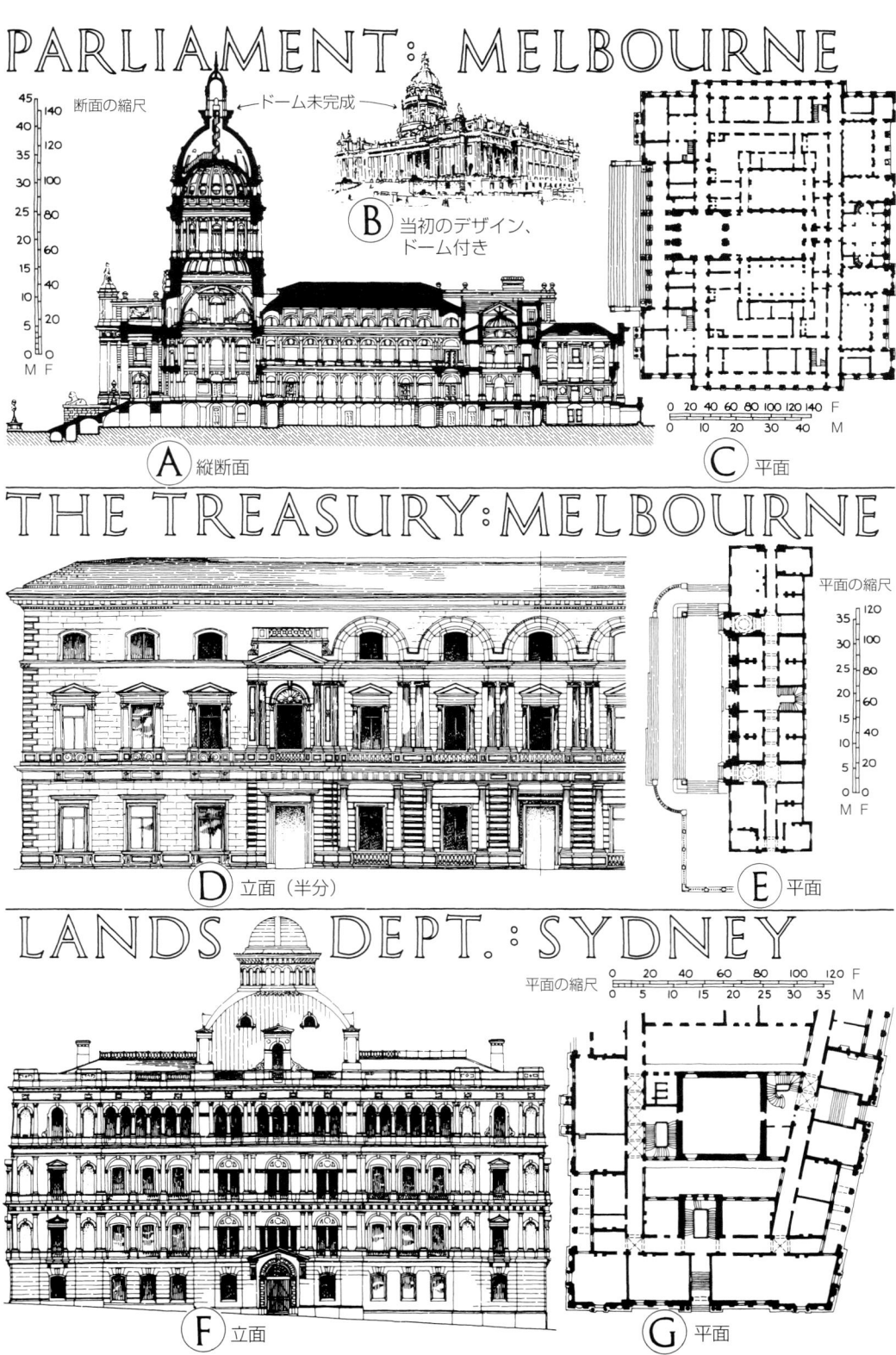

ヴィクトリア州議事堂、メルボルン(上)。財務局、メルボルン(中)。土地局、シドニー(下)。

に開かれた。**ブリスベーンのクイーンズランド州会議事堂**(1865-67、およびそれ以後)は、1860年からクイーンズランド植民地建築家となったチャールズ・ティフィンによって設計された。

ティフィンの建物は厳格なルネサンス様式のデザインで、現在のアーケードはなく、中央ベイと隅部が張り出していた。その屋根はフランス第二帝政様式をとって際立っているが、かつては簡素な波形鉄板で葺かれており、1980年に銅板に変えられた。2つの議場とその間の階段ホールは印象的な内部空間をつくりだすよう結合されており、かなり優れた建具と漆喰細工がみられる。1878年に、ティフィンの後継者であるF. D. G. スタンレーが、日陰をつくり装飾を増やすために、ファサードの突出したベイをつないでパッラーディオ風のアーケードを付加した。後の植民地建築家の1人であるH. コノリーは、クイーンズランドの植物の石彫を付けて際立たせた中央部を持つ背後の棟(1887-89)を、直角に建て加えた。また鉄柱で支えられたバルコニーが、両棟の川側に付加された。

ニュー・サウス・ウェールズ州の主導的なネオ・ルネサンス様式の公共建築は、当時の植民地建築家ジェームズ・バーネットの作品である。彼の**シドニー中央郵便局**(1865-74、1881、1900、p.1395A)は、幅の狭い敷地に118 mの長さで建っており、デザインはおおむねネオ・ルネサンス様式で美しい窓割りを持っている。アーケードは傾斜のついた台座の上に立つ短い花崗岩の柱を持ち、ほとんど中世的性格を示している。時計塔(この建物の最も不満足なもの)とピット・ストリート側の増築部は1886年に加えられた。バーネットはこのピット・ストリート側のアーケードのために芸術、科学、郵便業務における日常生活を表す彫刻を発注している。最上階は1890年代後期に加えられた。

同じくバーネットによる**シドニーの土地局**(1876-90、p.1393F, G、p.1395B)は、サーキュラー・クエイの近くにある精巧なネオ・ルネサンス様式の建物で、長年の間、近づいてくる船にとってのランドマークとなっていた。この建物はシドニーの3つの主要な植民地行政のための建物の1つで、他の2つはルイスによる財務局とバーネットによる植民局であった。

土地局はネオ・ルネサンスのデザインで、アーケードのあるロッジア、深い彫刻の施された入口、61 mの塔と2つのドームを持ち、1876年に植民地建築家としてのジェームズ・バーネットにより、ウィリアム・ケンプを助手として設計された。北の部分はただちに建てられたが、塔のある南のより大きな部分は、バーネットの助手がヴィカーズであった1883年まで遅れ、1893年に完成した。

ニュー・サウス・ウェールズ州**バサースト**の**裁判所と政庁**(1878-80、p.1395C)はバーネットのもう1つの作品であった。シドニーから250 km西にあるバサーストは、ブルーマウンテンを越えた最初の開拓地で(1815)、この地方の行政的中心となり、政庁と主教区裁判所が設けられた。裁判所の入口ホールの上にはドームがある。裁判所建物の両側には、裁判所とヴェランダで接続された土地局と郵便・電信局がある。石による表面仕上げはおだやかなレンガ造のピラスターと結合されており、その淡い色のピラスターは、ほとんどエドワード朝様式と共通する簡素な古典的形態をつくりだしている。

これもバーネットによるものだが、ニュー・サウス・ウェールズ州**ゴールバーン**の**裁判所**(1887、p.1396B)の規模と水準の高さは、この都市の地位に対する期待を示している。それはニュー・サウス・ウェールズ州の内陸の富裕な都市に共通するものでもある。裁判所の銅板葺きのドームと、レンガと石の混合は、色彩豊かな前庭をつくりだしている。アーケードのヴェランダは建築的にも印象深く、また内陸部の暑い夏によく適している。

エドムンド・ブラケットの活動は、彼が正当な名声を得たゴシック・リヴァイヴァルの建物とともに、多くのネオ・ルネサンスの商業建築と住宅、1つの教会堂、1つの学校をもつくりだした。その教会堂はシドニーの**ウールムール**の**長老教会堂**(1856)で、学校はハレンによって始められたが完成しなかった**シドニー・グラマー・スクール**(これも1856)である。商業建築の大部分は再開発によって失われたが、シドニーでは**コマーシャル・バンク**(1850)、リヴァプール・アンド・ロンドン保険会社の事務所(1860頃)、小規模な**水上警察裁判所**(1850)などがあった。

アデレードのエドムンド・ライト・ハウス(1876-77、p.1396A, D)は、現在結婚登記所となっているが、最初は銀行として建てられた。南オーストラリア銀行として始まり、後にオーストラリア・アンド・ニュージーランド銀行となった。その建築家はメルボルンのロイド・テイラーとアデレードのエドムンド・ライトで、彼にちなんで現在その名がつけられている。建物は印象的な漆喰細工を持つ主室など、優れた内部を持っている。この主室はかっては銀行の業務ホールであったが、現在では音楽演奏のオーディトリアムとして好評を得ている。

パースの政府事務所の複合体(「旧**財務局**」)の増築部は、古典主義の後期ヴィクトリアン様式の例を示している。ジュアルによる最初のフランドル様式の建物(1874)はバラック・ストリートに面していたが、さら

A 中央郵便局、シドニー(1865-1900)　p.1394 参照

B 土地局、シドニー(1876-90)　p.1394 参照

C 政庁、バサースト(1878-80)　p.1394 参照

植民地時代およびそれ以後のヨーロッパ以外の建築

A　エドムンド・ライト・ハウス、アデレード(1876-77)　p.1394 参照

B　裁判所、ゴールバーン(1887)　p.1394 参照

C　クイーン・アン様式の住宅、パークビル、メルボルン　p.1397 参照

D　エドムンド・ライト・ハウス、ロビー、アデレード

E　土地局、パース(1895-96)　p.1397 参照

にジュアルにより、セント・ジョージ・テラスにまで達する棟が2度にわたって増築された。1889年、彼の建設局監督としての後継者ジョージ・テンプル・プール(1856-1934、1885移住)は、新しい**中央郵便局**を建てることによりテラス側の正面を完成させ、ついで徐々に建物群に4階部分を加えていった(1896-1905、4段階)。この建物群で最も印象的なのは、同じくテンプル・プールによる北棟の**土地局**(1895-96、p.1396E)で、入口はカテドラル・アヴェニュー側にある。一方の面をヘイ・ストリートにみせているが、それはこの複合体の最も印象的な部分である。その大きな半円アーチの入口は、ブラケットの大聖堂と相対しており、その石造の深い刳形は、明るい赤レンガ積みによってさらに精彩を増している。

テラスハウスの住宅地として、特に興味をひくシドニーの地域は、**パディントン**(p.1377C)、**グリーブ**、**ウルームール**、**ポッツ・ポイント**などであり、またメルボルンでは**カールトン**(p.1377B)、**パークビル**(p.1396C)、**イースト・メルボルン**などである。いずれも多少は明確なオーストラリアの鋳鉄装飾細工を持つが、特にパークビルでは目立っている。パディントンは丘の多いところであり、そのテラスハウスは地形に従ってピクチャレスクに配置されている。

1850年以後の多くの優れた農家からわずかな例を挙げると、ヴィクトリアの**ウェリビー・パーク**と**アインスベリー**と**ルパーツウッド**、南オーストリアの**パザウェイ**と**マーティンデール・ホール**、ニュー・サウス・ウェールズ州の**マウント・プレザント**(アバークロムビー・ハウス)と**ブルーミンバー**、タスマニア州のモナ・ベールと**マウント・プレザント**などである。建築的にはヴィクトリア州ウェリビーのウェリビー・パーク(1873-78)が最も傑出している。この設計はJ.F.フォックスとされているが、W.W.ワーデルとJ.マクヴィカー・アンダーソンのかかわりも知られている。内部はぜいたくに仕上げられ、中央にイタリア風の塔がある。1870年代のヴィクトリア州ミルトンのアインスベリーは、より典型的な家で、低く広がった寄棟屋根を持っている。平面は形式ばっているが外観はより土着的なものに近い。

ニュージーランド(1860-1900年)

金が発見される直前、**クライストチャーチ**における**大聖堂**(p.1398A)の設計委託がなされた。ギルバート・スコット卿が1859年にそのデザインを作成し、1864年にロバート・スピーチレーがイギリスから来てその建設を監督したが、1864年から1866年までの最初の努力の後工事は中断され、スピーチレーはイギリスへ帰った。1873年に工事が再開されると、シリル・J.マウントフォートが現地の建築家に任じられた。工事は1881年まで続けられたが、トランセプトと内陣が最終的に完成されたのは、1894年から1904年の間であった。

金鉱に最も近いダニーディンは、金から最も利益を受けた。この新しい地位の証拠となる例は、**ダニーディンの鮮やかなゴシック様式のオリエンタル・ホテル**(1863、p.1400A)である。この町は、ウィリアム・メーソンをオークランドから、ジョージ・マリンソンをクライストチャーチから、そしてデンマーク生まれのジュリアス・トックスワードをインバーカーギルから引き寄せた。建築家はオーストラリアからも来た。その中にはメルボルンのデイヴィッド・ロスとロバート・A・ローソンやタスマニア州ラウンセストンのウィリアム・H・クレイトン、短期間ではあるがヴィクトリア州ベンディゴのW.C.ヴァーランドなどがいた。他の注目すべき移住者は、ニュージーランドに来るまで20年間をメルボルンとサン・フランシスコで過ごした、スコットランド人トーマス・ターンブルである。**ウェリントン**の**郵便局**(1884、p.1399A)はターンブルによるものであった。国外で作成されたデザインもまた次々に提供された。たとえば**オークランドのニュージーランド銀行**(1865、p.1398B)はメルボルンのレオナード・テリーによって、また**オークランド市美術館**(1887、p.1398C)はメルボルンのグレンジャー&デブロによって設計されており、後者は第2帝政様式でほとんど城館のようである。

メーソンは、後に取引所となったダニーディンの**郵便局**を設計した(1865、p.1399B)。様式的にはネオ・ルネサンス様式で、アーケードと中央塔を持っている。メーソンはまた、**ニュージーランド銀行**(1863)、**ニュー・サウス・ウェールズ銀行**(1866)、C.W.リッチモンドのための住宅**ハイローン**(1863)、後に病院となった**展示館**(1864)も設計した。最後のものは、中庭を囲む4つの棟を持つ3階建の構造であった。細部は北イタリア・ロマネスク様式で、少なくとも6つの塔があった。

クレイトンと共同したメーソンは、赤レンガの教会堂**オール・セインツ**(1865)において、盛期ヴィクトリアン様式の自由な様式へと向かった。**エディンバラ・ハウス**(1865)と、ダニーディンの現在の郵便局の位置にあった**地方議会および裁判所**(1865)も赤レンガ造であった。

ローソンは、1861年の**長老派第一教会**の競技設計を勝ちとったことから、**ダニーディン**に移り、教会堂は

植民地時代およびそれ以後のヨーロッパ以外の建築

A クライストチャーチ大聖堂（1864-1904）
p.1397 参照

B ニュージーランド銀行、オークランド（1865）　p.1397 参照

C オークランド市美術館（1887）　p.1397 参照

第 42 章　オーストラレーシア——オーストラリアとニュージーランド——

A　郵便局、ウェリントン(1884)　p.1397 参照

B　取引所(旧郵便局)、ダニーディン(1865)　p.1397 参照

A オリエンタル・ホテル、ダニーディン(1863)　p.1397 参照

B スタッフォード・プレース、ワイメア・ウェスト(1860頃)
p.1401 参照

C パラワイの住宅、テームズ付近(1877)　p.1401 参照

1867年から1873年にかけて建設されたが、彼はその牧師館も1868年に設計している。**トリニティ・メソジスト教会堂**(1869)がそれに続き、以後多くの教会堂の設計を委託された。第一教会堂は全ての19世紀のニュージーランドの教会堂の中で、少なくとも外観は最も印象的なものとされてきた。市の中心部の島状の敷地に建ち、ピナクルを持つ初期イギリス式のデザインで、印象的な尖塔を備えている。**ノックス教会堂**(1876)もローソンによって設計され、大きな集会のためのギャラリーを持っている。

デイヴィッド・ロスは、最初はメーソンと共働していたが、後には彼自身で初期ヴィクトリア様式の建物をつくっており、それには、現在はセブンス・デイ・アドベンティスト教会堂として使われている極めて簡素化されたゴシック様式の**会衆派教会堂**(1864)が含まれている。

ベンジャミン・W・マウントフォートの経歴については上に述べた。**カンタベリー地方政府議事堂**は、彼の最も傑出した建物として挙げられている。まずマンフォートとラックが、後に事務所に転用された最初の木造の建物(1858-59)をつくった。次いでマウントフォートは石造の議場そのものを建てた。初めの建物は簡素な落ち着いた性格のもので、無装飾の木造パネルと石で舗装された128mにわたる周廊が付いている。後の議場は、幾何学模様の塗装、モザイクの壁面パネル、床タイル、黒く磨かれた石の梁と柱を持っている。

マンフォートは州政府建築家に任命され、1874年までその地位にとどまった。政府のための彼の最大のまとまった仕事は**サニー・サイド精神病院**で、最終的には1891年に完成した。

彼は政府の職を辞し、イギリス国教会の主教管区建築家となった。実際には彼はすでに、いずれも木造の**カイアポイ**(1854)や**ランギオラ**(1859)のものを含む、いくつかの初期の教会堂を設計した。今や彼の作品は豊富なものとなった。これらの後期の例には、特異な切妻の塔とギャラリーのある会衆席を持つ**クライストチャーチのトリニティ組合派教会堂**(1874-75)や木造の傑作である**オークランドのセント・メアリー臨時大聖堂**(1886)などがある。またこの時期に、彼は**ネルソンのクライスト教会堂**を拡大して大聖堂としているが、これは最初サッチャーにより1849年に設計され、ベリーによって1858年に拡張されたものであった。

彼はまた**カンタベリー大学**の**時計台棟**(1877-79)と**ホール**(1882)で、ネオ・ゴシックのデザインを試みている。

次の年代では、F. W. ピーターが多くの印象的な教会堂を設計している。それらは、ゴシック様式の**ダニーディンのセント・ジョセフ大聖堂**(1886)に始まり、**クライストチャーチのブレスト・サクラメント大聖堂**(1905)で頂点に達する、一連のバシリカ式教会堂がある。

都市や地方の住宅では、ゴールドラッシュ以後しばしば増築あるいは再建がなされた。ゴシックへの傾向は、たとえばワイメア・ウェストの**スタッフォード・プレース**(1860頃, p.1400B)のように、なお続いていた。**テームズ付近のパラワイの住宅**(1877, p.1400C)のように、より地味なイタリア風でヴェランダの付く形態も一般的であった。この2つの住宅の建築家は判明していない。

訳／野々垣 篤

7

20世紀の建築

20世紀の建築

第43章

背 景

1900-20年

　オーストラリアでは、19世紀中頃からそれぞれ別個に統治されてきた州が、1900年までには連合されて、1901年にオーストラリア連邦が結成された。ニュージーランドとカナダも、四半世紀前から統一独立国家となっていた。したがって、世紀の変わり目には、ギアナ（現ベリーズ）やいくつかの諸島を除いて、オーストラレーシアもアメリカ両大陸も現在見られるような国家の体をなしていたのである。逆に、アフリカや東南アジアでは、ヨーロッパ列強が植民地支配を固めたばかりであったが、その堅固さは、17世紀からのインドやインドネシアへの入植地の長命さと比べると、脆弱で短期的なものになる運命にあった。

　アメリカ合衆国では、南北戦争以降、急速な経済発展が始まったが、それは北東部に集中していた。豊かな鉱物資源が採掘され、伝統的な工業地域（ボストン、ニューイングランド）から遠く離れた地での開発が進められて、20世紀初頭には五大湖南岸地域の都市（ピッツバーグ、デトロイト、シカゴ、クリーヴランド、ミルウォーキー）が成長を遂げた。合衆国の人口は、1860年から1910年までに3100万人から9200万人へと増加した。1870年以降の鉄道の伸張により、西部への家族単位の移動が可能となり、数億エーカーもの土地を自作農場として与えるという報償により、移動が促進された。農場数は3倍の600万となり、ミシシッピー川以西の人口は1870年の600万人から1910年には2600万人となった。同じ期間中に、2000万人以上の移民があったが、彼らの大半は北東部に留まり、成長する工業に対して安価な労働力を提供した。カナダの人口増加は、相対的にこぢんまりとした規模であり、1910年までの40余年間に全国で350万人から700万人に増えただけであった。小麦栽培の急速な広がりを背景として、1885年にカナディアン・パシフィック鉄道が開通するや、東部地域に富が再流入して、そこが最高度に都市化されたのである。

　ラテン・アメリカでは、全土を取り込んだ南米共和国の構想は潰え、19世紀中頃の自給経済からの変化はほとんど見られなかったが、1880年頃になって、とりわけブラジル、アルゼンチン、チリ、メキシコでは、外国からの投資額が急増した。その目的は、ヨーロッパや北アメリカの工業中心地への第1次産品の輸出を促すものであって、硝石、コーヒー、ゴム、食肉、穀物の輸出貿易の結果として、世紀の変わり目前後には、急速に都市化が進められた。アルゼンチンとブラジルへは、多くのヨーロッパ諸国から、とりわけイタリアとスペインから新しい移民がやってきた。そこでは、工業成長と都市化が固有の問題を引き起こした。つまり、産業革命期のヨーロッパ諸国でそうであったように、少数の中流階級が輸出貿易によって富裕化し、それに依存して都市の労働者階級が増加していたのである。その結果が政情不安であって、メキシコでは、1911年にポルフィリオ・ディアスの独裁政権を打倒する革命が起こった。

　このような情勢はアフリカと好対照である。そこでは、ヨーロッパ人による争奪が30年あまり続き、1914年には、エチオピアとリベリアとを除くアフリカ全土がヨーロッパ人の支配を受けるようになった。その動機もまた、第1次産品と原材料の獲得にあり、政情不安の増大と工業の覇権争いというヨーロッパの情勢下で戦略的に優位に立つことにあった。この時期、フランスは、マダガスカル、インドシナ、太平洋諸島を含む約1040万km^{2}の領土と4700万人の領民を帝国に組み入れた。以前は帝国覇権の競争者ではなかったドイツとイタリアもまた、この競争に参入してきた。ドイツは、南西アフリカ、トーゴ、タンガニーカ、カメルーン、太平洋諸島で260万km^2、1400万人の植民

地を獲得し、イタリアは、トリポリ、リビア、エリトリア、イタリア領ソマリアを手に入れた。しかし、イギリスの取り分がずば抜けて大きく、この時期にアフリカの相当部分が加えられた。イギリスはまたインド支配の全盛にあり、スエズ・東アフリカ経由の東洋航路やシンガポール経由の南太平洋航路を支配していた。おそらくここで特筆すべきは、1930年頃までの半世紀間にインドの対外貿易が7倍に増え、その大半が保護関税の導入された1921年以降に増えたことであろう。ここでも、20世紀初頭に行政官や企業家を含む新たな中流階級が勃興したが、当時の国民議会はイギリス統治を容認しており、1919年になって初めて自治が、その10年後になって初めて完全な独立が問題となったのである。

19世紀後半のヨーロッパに興ったナショナリズムから、1870年にはイタリアが統一され、1871年にはビスマルクの下でドイツが統一されたが、そうした決着にはそれぞれ未解決の主張が残されていた。その1つがオーストリア＝ハンガリー問題であり、それが混乱と争乱をもたらした。ドイツは、イギリスに主導された非友好的な列強諸国に自国が包囲されていると見ていたが、1912年のバルカン戦争後になってようやくその大団円を迎えた。セルビアをめぐるオーストリアとロシアとの衝突から、ついにはオーストリア皇太子フェルディナントが暗殺され、それが政治的な火花となって、1914年にヨーロッパを炎上させたのである。新産業革命――19世紀最後の四半世紀は時々そのように呼ばれる――で、ドイツは重工業分野での地歩を固め、1910年には鉄鋼生産はほぼ10倍の1300万トンに増加し、また化学や電気でも優位に立った。フランス、イタリア、ロシアは、1900年前後になって遅ればせながら追いつこうとしており、主要ヨーロッパ諸国の兵器生産規模から見ると、火花が飛んできた時には、爆薬はたっぷりと備蓄されていたのである。

しかし、1918年7月のフォッシュ元帥による第1次世界大戦最終攻勢までに、最良の人材の多くと物質的な富の全てが無益な戦争に注ぎ込まれ、ヨーロッパは自らの地位を損ない、ヨーロッパの世界支配は実質的に終わりを告げた。ロシア、オーストリア＝ハンガリー、オスマン・トルコといったヨーロッパに基盤を置く帝国は消滅し、それらの海外での解体が連鎖プロセスとなって続いたのである。1917年初頭から開始されたドイツの潜水艦攻撃により、同年4月には合衆国が連合国側について参戦した。同年に起きたロシア革命で、ドイツ軍は東部戦線から撤兵することができたが、1918年春のドイツ軍大攻勢を成功させるには遅きに失した。1917年の十月革命以降、ドイツ降伏の賠償条件を受諾するに当たって、レーニンは対抗勢力への反攻を準備する十分な時間を稼ぐことができ、最終的には1920年の内戦で勝利を収めた。その後一連の条約が次々と結ばれたが、それによって、レーニンは1924年に死亡するまでに、ソビエト体制を認知させることができたのである。

この時期はまた、レーニンが新経済政策を開始し、大戦とそれに続く内戦の間に悲惨なほど衰弱していたロシアの工業生産を戦前のレベルまで回復させた時期でもあった。これをもとに、スターリンは1928年に5カ年計画を開始して、社会主義ロシアを世界の列強にするというレーニンの夢を、第2次世界大戦が始まる1939年までに実現することができたのである。

1920-45年

政治・経済的な出来事が、建築の進化していく環境を決定付けるとしても、思想史上の出来事もまた、建築の進化の仕方にとってより大きな意味を持ちうる。1905年、ベルンにあるスイス特許事務所に勤務していたアルベルト・アインシュタインが、特殊相対性理論を発表、アーサー・エディントンは、1915年までにアインシュタインの一般相対性理論が発表されることを保証し、1919年に一般相対性理論の正当性を実験的に証明する手助けをした。時間と距離は絶対的ではなくむしろ相対的であるとする、物質世界の本性に対する見方の転換は、人間の知覚そのものの根底を揺るがすように思われた。美術・建築におけるモダニズムの主唱者は、相対性理論その他の科学理論の進歩を、新しい芸術での形態、空間、時間の表現法の手掛かりとして取り上げることになった。このことは、修辞的なインスピレーションやアナロジーのレベルではうまくいったが、アインシュタイン自身が躍起になって指摘したように、両者の間には真正あるいは正確な結び付きはなかったのである。

第1次世界大戦直後は、疑うべくもなく、立場や思想の抑制なき変革の時代であった。新しい建築の進化はその中核をなし、戦後社会の楽観論を支持する新しい建物の需要によって拍車がかけられていた。建築における重要な発展の多くは、以前からドイツでなされてきたし、ドイツは建築の進化にとっての大舞台であり続けた。こうした立場は、指導的建築家がナチス政権下で強まる政治的抑圧を受け入れられなくなった時、初めて変化した。大戦直後の時期には、ベーレンスのような20世紀初頭の巨匠による工業デザインの蓄積に頼っていたのだが、1920年代中頃までには、グロピ

ウスによるドイツ工作連盟シュトゥットガルト展の住宅(1927)に見られるように、プレファブリケーションの発展により、1920年代から1930年代の建築が姿を見せ始めた。ただし、それは1945年以降になって初めて完全に実現されることになる。

中国では、17世紀中頃以降政権を担ってきた清朝が軍部の反乱で倒れ、1912年に共和国樹立が公布された。しかし、反乱軍は支配を維持することができず、その後は地方の軍閥による内乱の時期が続いた。中国は、日本の侵略と、開港条約下でのヨーロッパ列強による内政干渉と経済搾取とに悩まされた。国民党と共産党はしばらくの間合作したが、1927年、蒋介石は共産党の排斥を敢行した。それは都市部の共産党員数を減少させたものの、農民の高まる不安と日本という内外二重の脅威を排除することにはならなかった。共産党は再編され(ソビエトは1930年代初頭に設立されていた)、戦時中には内陸部へ撤退していたが、国民党はその蚊帳の外にいた。日本の失墜後、アメリカとロシアの介入にもかかわらず、1947年には全面的な内戦が続き、最終的には満州と華南で敗れた国民党が台湾に渡り、1949年1月には共産党が北京を奪って、中華人民共和国を樹立した。

日本は、1918年以降、中国における拠点からの撤退をヨーロッパ列強から強要されたが、1930年代初頭の恐慌の影響で早々にもたらされた機会をとらえて立て直しを図り、1937年までには、日本の中国侵略はアメリカとの緊張関係を引き起こすまでになっていた。1940年のドイツの戦勝が日本の東南アジア侵略の引金となったが、それは不成功に終わった。おそらくその後強要された西洋との接触が、19世紀に近代化プロセスの端緒を開いた歴史的事件以上に、日本を近代技術時代へと駆り立てることに一役買った。第2次世界大戦の敗戦後、日本は今まで経験したこともないような最も精力的かつ多様な建設プログラムを開始したのである。

1919-20年の講和諸条約は、ヨーロッパ各地で不満を抱えた少数民族を放置したままであり、相当数の難民が移動した。同条約で新たに生まれた国の中で、チェコスロヴァキアだけが、経済的にやっていけると言いうる唯一の国であった。1920年代中頃から、しばらくの間は安定が保たれると思われるようになった。フランス、ベルギー、ドイツで異なっていた国境線を決着した1925年のロカルノ条約により、ドイツはヨーロッパ外交に呼び戻され、新しいソヴィエト連邦も徐々にその仲間入りをしようとしていた。合衆国は目覚しいブームを謳歌していた。一般に理解されているように、モダニズム建築がヨーロッパで形作られたのは、この短い自由な息継ぎの期間であった。この全てが、1929年のウォール街の大暴落で崩壊し、それが世界的な不況とファシズム——この社会主義とモダニズムのイデオロギーのこじつけは、それまでイタリアに限られていた——の広がる先触れとなった。その中で最も悪影響を受けた国がドイツであり、1933年までには、強制ではなく民主的プロセスによって、ヒトラーとナチズムを信奉するようになっていた。そしてこのドイツとフランスにおいて、1930年代を通じてモダニズム建築は後退し、民族的・古典的理想が力を盛り返した。社会問題に対する集産主義的解決は、今や合衆国のような自由企業の国でも受容可能と見なされ、フランクリン・ルーズベルトはニューディールでそれを先導した。1930年代後半には、政情不安がスペイン、フランス、ポーランド、オーストリアで加速する一方、イタリアはエチオピアへの侵攻とアルバニアの接収により、新帝国主義政策を押し進めた。1936年、イギリスとフランスとがスペイン共和国を救援しなかったことに乗じて、ドイツはロカルノ条約を破棄し、1938年、オーストリアに進攻した。ロシアとの不可侵条約により、ヒトラー率いるドイツがイギリス、フランスの意に反してヨーロッパ各地を併合する道が拓かれ、1919年に制定された不安定な平衡が瓦解して、第2次世界大戦という惨事にいたるのは、時間の問題であった。

1945年以降

1920年代から1930年代のヨーロッパとアメリカにおける近代運動やロシア構成主義運動の建築、またそれらに影響を受けた建築で有名なものはあるが、1945年以前の時期は、新しいデザイン・ジャンルの世界的な受容という点では大したことはなかった。理由がどのようなものであれ、1940年代後半から1950年代、1960年代にいたるまで、そのような幅広い受容はなかったのである。「国際様式」という語は、1932年、ニューヨーク近代美術館での展覧会でヨーロッパの合理主義建築を指し示すために、アルフレッド・バーによって造語されたが、その語が、モダニストの流儀で世界中に次々と建てられていった建物に広く用いられたのである。この呼称は、1945年直後に起こった世界政治の変化という文脈上では重要である。なぜなら、第2次世界大戦からの50年間で、建築実務はより一層国際的になってきたからである。それと同時に、フェスティヴァル・ホールにおけるイギリス人建築家の気難しいモダニズムから、メキシコやブラジルのデザイナーの色鮮やかな装飾、ル・コルビュジエの崇拝者が

世界中で採用したコンクリートの「ブルータルな」表現法にいたるまで、その様式の民族的変形や個人的流派がすぐさま確立された。建築の古典様式や地方様式も、1960年頃の何年間はそうなるかのように見えたものの、モダニストにより完全に制圧されたわけではなかった。

ヨーロッパ列強により3世紀以上にもわたってアフリカと東南アジアで築かれてきた植民地支配と行政の脆弱な構造は、19世紀末の何十年かで巨大化、過大化されたが、第2次世界大戦後長くは生き長らえなかった。彼らの経済的・政治的地位を根底から揺るがすプロセスはすでに1918年から始まっており、第2次世界大戦がその仕上げとなった。世界政治は、超大国の隆盛と核抑止力によるネガティヴな牽制と均衡の問題となった。1947年にインドが分割され、イスラム教徒の人口比に基づき、パキスタンという第2の国が建国された。その新興国は当初2つの領土から成っていたが、一方が1971年にバングラデシュとして独立した。ビルマとスリランカは1948年に独立、オランダ領インドネシア全体が1949年、マレーシアが1962年、シンガポールが1965年にそれぞれ独立した。アフリカのほぼ全体が1950年代から1960年代に独立を達成し――いくつかの小国は1970年代まで独立を待たなければならなかった――、南アフリカは1961年に共和国となった。

ケインズ派による世界経済の時代は1946年に始まり、以後四半世紀の間に世界貿易を未曾有の高水準にまで押し上げた。それは、強いドルが世界中に流通したことによるもので、急速かつ長期間にわたる経済拡張を生み出すことになった。世界全体として見れば、1950年代から1960年代には物質的状況が前例のないほど改善された。世界銀行と国際通貨基金が1944年に創設されていたが、それから10年あまりたった1955年、東南アジアとその後を追ってアフリカで脱植民地化が始まった頃、バンドンでは、非同盟かつ将来の国際的指導力を潜在的に秘めているという第三世界の理想主義が謳われ、刺激的で革新的な理想と見なされた。が、振り返ってみると、それは出席者の最終的な到達というよりむしろ、多分にネール1人のアカデミックな夢でしかなかった。新しく独立した国々では、大抵の場合腐敗廃絶を意図した軍部指導者による政権奪取から、多くの場合不当であった大国の介入に対する部族的・党派的反乱にいたるまで、政情不安は1970年代にわたって続いたのである。

それにもかかわらず、パタゴニアからニュージーランドにいたるまで、アラスカからシベリカにいたるまで、経済成長の施設や設備、ヨーロッパで戦時中に家を失った人や第三世界で大量に増加する都市貧困層のための新しい住宅――後者では、しばしば基本的都市基盤システムの配備が必要とされた――、教育・文化・保健サーヴィスとそれに付随する建物を、今まで想像だにされなかった規模で供給することが、建築に求められたのである。それらの重要度は、それぞれの国の政治イデオロギーや経済実績によって、また貧困国では国際借款が得られるかどうかによって、決められた。個人住宅は、建築におけるモダニズムよりも、20世紀における建築設備の革新や各地での建築資材の入手可能性に左右された。他方、集合住宅、オフィス、より複雑なビルディング・タイプの建物は、専門技師や建築家が留意する必要があったため、西洋技術の影響と「国際様式」という形態を採った流行とを反映する傾向にあった。

1960年代から1970年代にかけて、第三世界各国での新たな開発は、それにふさわしい地方様式ではなく近代的にすべきである、つまり、新たに繁栄している、あるいは近年幅広い支持を得ているといったその国の抱負を適切に表現しようとするならば、新たな開発は輸入された設備と資材でもって建設されるべきであるということが、威信の問題として捉えられるようになった。このようにして「国際様式」の建物が、この時期独立を果たした国々のいたる所で、独立当初20-30年の開発期に建てられたのである。同様式はまた、多くの場合アメリカやヨーロッパの大建築家が率いる国際的な設計協力が増加し、たとえば観光ホテルに見られるように、海外投資家に対して迅速かつ効率的なサーヴィスを提供することが可能となったという文脈上でも、捉えられなければならない。こうしたことは、最近、ある程度変化しつつある。増え続けている各国の建築家は、自国で教育を受け、西洋の流行の影響を受けにくくなっているし、地方文化は再び、それが生み出す人工物に対して影響力を及ぼし始めている。建設費は、世界経済――たとえば、1980年時点での1人当たりのGNPは、合衆国で1万ドル以上であるのに対し、インドでは200ドル以下、産油国のナイジェリアでは700ドル以下である――の文脈上で、捉えられなければならない。

こうした経済的不均衡は、1973年10月、産油国が原油価格を4倍に値上げするという決定を下した時から悪化し、1974年には新たな国際経済秩序を求める全般的な要望が出された。第三世界はエネルギー危機が突然引き起こした経済不況に絡み取られたが、1973-74年の衝撃波はまた、正統的モダニズムの楽観論の時代を終わらせ、建築的価値の多元性が再び自然で健全なものとして受容される新しい文化の時代を招来したのである。このことの幾分かは、近代建築の施工・維

持に大量のエネルギーが費やされ、かつそれらが技術に依存し過ぎていることに起因し、また幾分かは、世界には多様性と均衡が必要であるという認識が広まったことに起因していた。続いて起こった流行には、ハイテク、ポスト・モダニズム、「批判的地域主義」、エコロジカル建築の実験が含まれるが、それのいずれもが支配的ではない。それぞれが、1925年から1975年にかけてのヨーロッパやアメリカのデザインですでに示されていた思想と実践の系譜に、多かれ少なかれ依拠しているにもかかわらず、そこには、上記期間にそうであった以上に、建築が楽しく、親しみやすく、人間的であるべきだというある種の合意が存しているのである。

　最近の建築では、特にイメージのコミュニケーション手段が日に日に速くなるにつれ、国際主義の力が今まで以上に強まりつつある。今や多くのデザイナーは国境や大陸を跨いで仕事をすることができるが、そこでの国際主義の均衡は変化してきている。日本などの諸国が、建築発展の流行を決めることに一役買い、西洋諸国が、今や流行となった権威ある競技設計に参加するよう世界中からデザイナーを招請する一方で、今や多くの有名事務所での労働力は、明らかに国際色豊かになっている。1つの危険性は、建物のコンセプト段階と生産との乖離が大きくなることにあり、今や小規模以外のいかなる建築も常にチームの所産であるという事実にもかかわらず、個人のデザイナーを国際スターに祭り上げてしまうことにある。20世紀が終わりに近づいているが、世界の建築に1つの明確なパターンが現われているという徴候は見られない。近代運動は、その主唱者達のユートピア的予言を果たすことに失敗はしたが、埋葬されてもいない。大半の現代建築家にとって、それは重要な参照点であり続けているのである。

訳／片木　篤

20世紀の建築

第44章
西ヨーロッパ（1900-45年）

はじめに

　この時期を通じてのヨーロッパ建築の全体像は、19世紀がそうであったように、幅広くかつ混乱させられるほど様式が多様で豊穣であるというものである。近代運動という形態を採った共通のアプローチに向かうイデオロギーの偏向がますます明確になっていくにせよ、それはしばしば、実際に建てられた建築によって裏切られてしまうのである。

　1900年、ヨーロッパ建築には3つの大きい潮流があった。1つは遠心的で、他の2つは求心的であって、互いに重なり合っていた。その遠心的な潮流がナショナリズムであり、フランス革命で解放された力は、19世紀末になってもまだ徐々に外に向かって進んでいた。それは特に、ドイツのような勢力を伸ばしている国や、フィンランド、ノルウェー、ハンガリーといった政治的・文化的自立の成果を試し始めたばかりのヨーロッパの小国において強力であった。独立国家ばかりでなく、自身の伝統に誇りを持っている地域（イギリスにおけるスコットランド、スペインにおけるカタルーニャ、オーストリア帝国におけるボヘミア等）もまた、この趨勢に乗じた。ヴァナキュラー・リヴァイヴァルでは、地方の様式・素材・伝統が探求され、更新されたが、それは、イギリスのゴシック・リヴァイヴァル、アーツ・アンド・クラフツ運動に負う所が大きく、幾分かはアール・ヌーヴォーにも負っていた。民族的・土着的モチーフは、特に住宅建築において根強く人気があったが、それらは第1次世界大戦後も長く生き続け、ファシズムやナチズム下で復興された。しかし第2次世界大戦の精神的外傷から、ヨーロッパ民主主義下の思慮深い建築家は、ナショナリズムと、地方の民族と土地とに純粋に根差した建築という考え方に反対するようになった。

　求心的な潮流は2つあったが、両者は、新世紀における文明国は建築の共通言語を持つべきであるという信念を共有していた。その1つが国際的な古典主義で、1900年当初には以前にもましてしっかりと確立されていた。パリのエコール・デ・ボザールでの古典的教義と教育方法が賞揚され、世界中の公共建築で模倣、応用された。1900年から1925年までヨーロッパに新築された大規模建築やモニュメントの大半は、古典様式と規則的平面を有していた。古典主義には、彫刻が豊かに施されたモニュメンタルなバロックから、ウィーンのオットー・ヴァグナー、パリのオーギュスト・ペレ、ストックホルムのグンナール・アスプルンドが導入した、裸にされ単純化された形態にいたるまで、さまざまなタイプがあった。古典的ファサードの裏側では、鉄やコンクリートから成る構造が盛んに使われ始め、実際、ボザールの教育がそれを助長した。しかし、生きた古典言語という考え方は存続し、実に第2次世界大戦まで侵されることはなかった。イタリアのファシスト、ドイツのナチス、ロシアのスターリン主義の政権下で、近代運動に対置された古典主義が公認され、それが、ヨーロッパ建築の共通言語としての古典主義の最終的な弔鐘となったのである。

　もう1つの求心的な潮流は、現在我々が「近代建築」と呼んでいるものへと導いていくことになったものである。この語は、まずはウィーンの指導的古典主義者で建築教育者であったオットー・ヴァグナーが1896年に著した本の表題として知られるようになった。ヴァグナーの立場の要諦は、19世紀に共通して要望されたように、建築が普遍的様式を持つべきであるというものではなく、むしろ建築が近代生活の目的・慣習・感情に目に見えるように適合すべきであるというものであった。彼は、建物を効率的に計画、建設することと、そのファサードを古典的に入念に「化粧」することとのミスマッチに悩まされたが、後期の実作では、清めら

れ浄化された古典主義者の言語を探求し、それが20世紀に向けて関連性と重要性を持つことになった。

ヴァグナーの思想の含意は、ウィーンの多くの崇拝者や弟子、すなわち「ヴァグナー派」によりさまざまな方法で探求された。そのうち、第1次世界大戦前に最も巧妙に「近代建築」の意味を著作と建物で発展させたのが、アドルフ・ロースであった。ロースは、豊かであるが単純な表層とオープン・プランを持つ建築を、近代ヨーロッパの中流階級の清潔で快適で効率的な生活に適した背景として推奨した。ロース自身は決して古典主義を拒絶することはなかったが、彼の初期住宅の赤裸々な外観は、1920年代の近代運動の明々白々たる先駆となった。

新世紀の建築の普遍的様式という概念に対して、ドイツは、主として工業大国としての野心から貢献した。工業建築は、建築への純粋な「機能的」アプローチにとって理想的な素材であった。ドイツ工作連盟は、工業‐芸術間の連携を促進するために、1907年に創設された。その主たる煽動者ヘルマン・ムテジウスは、19世紀最後の四半世紀に建てられたイギリス住宅の実践的な「無様式」を、未来を拓くパイオニアとして賞揚した。1902年、ムテジウスは、実際の用途と近代工学による構造の進歩に純粋に基づいた建築が、様式に取って代わることを求めた最初の小冊子『様式建築と建築芸術』を出版した。同種の考え方は、ペーター・ベーレンスやハンス・ペルツィヒの設計した工業建築で試験的に探求されていた。彼らは、心底からの純粋な機能主義者ではなかったが、若い建築家達（注目すべきことに、ヴァルター・グロピウスとミース・ファン・デル・ローエはベーレンスの助手であったし、非常に短い期間であったが、ル・コルビュジエもそうであった）に、考えさせる時間を与えたのである。この主題について第1次世界大戦前に戦わされた論争は、1914年のドイツ工作連盟ケルン展でクライマックスを迎えた。そこでムテジウスは、建築を前進させる方法として機能に基づく「類型学的研究」を行なうことを主張したが、手ひどく反論されたのである。

この論争の結果は、1920年代になってようやく現われた。長引いた戦争とその後ロシア、ドイツ、ハンガリーで起こった革命の恐怖に大いに駆り立てられたような、非常に感情的でロマンチックな計画案が、短期間に激しく甦った後、全く新しい20世紀建築の主唱者達は、腰を落ち着けて、陸屋根と自由な平面を持つ一連の様式を展開し始めた。それは、鉄、鉄筋コンクリート、板ガラス等の新しい工業製品と建設技術をそのまま使用してはいるが、設計者の表現の自由を許容するものでもあった。この「国際様式」——主唱者達はそれを1つの様式として認めなかったので、1932年という遅い時期になって初めて命名された——が十分発育した初期事例が、フランスにおけるル・コルビュジエのヴィラ、オランダにおけるJ. J. P. アウトやヘリット・リートフェルトの住宅であった。

1920年代初頭のドイツとロシアの状況はもっと騒々しく、それは建設にとっては不都合ではあったが、建築への革新的アプローチにとっては好都合であった。2つの改革された美術学校、モスクワのヴフテマス（国立高等芸術技術工房）とドイツのバウハウスは、建築の急進的様式に対する熱狂を広める手段となったが、そのいずれでも、当初のデザインへのアプローチは純粋に機能的なものではなかった。ヴフテマスからは、コンスタンチン・メーリニコフのような建築家の手によって、構成主義として知られるロシア版近代建築が現われた。それは機能主義者の熱望と力強く彫塑的な形態を求める強い本能とを結合したものであったが、ロシアの状況下では、この手法による建物はほとんど実現されなかった。グロピウス率いるバウハウスは、常に強力な国際派遣団を擁し、発表や論争を奨励していたがゆえに、重要であった。それは、ワイマールにあった当初には、主として「表現主義」の強い傾向を持つ美術学校であって、実際、建築は正式には教えられていなかった。バウハウスがデッサウに移転し、ドイツにおける住宅供給の大運動が始まった1925年以降、新しい建築がその中心的関心事となった。

1920年代末になって、ベルリンではマルティン・ヴァグナーとミース・ファン・デル・ローエ、フランクフルトではエルンスト・マイ、バウハウスではグロピウスとハンネス・マイヤーの指導下で、厳格なドイツ版近代建築が進歩主義的傾向を支配するようになった。それは、当時ヨーロッパ中の主要国で着手されていた国庫補助による大規模集合住宅プログラムに対してドイツのモダニストが採ったアプローチにおおむね依拠しており、主として機能的理由から正当化され、新たな客観性もしくは実用性の探求、すなわち「新即物主義」——ドイツ・ワイマール共和国の後期文化で盛んに用いられた用語——と同一視された。そしてその幾分ドイツ的な形態が、すぐさまスイス、チェコスロヴァキア、オーストリア、ハンガリー、ベルギーで採用された。

フランスでは、伝統と休むことのない「詩人‐革新者」ル・コルビュジエ——大きな影響力を持った彼の『建築をめざして』は1923年に出版された——という対抗勢力があって、モダニズム一色の外見を呈するという想定は外れていた。イタリアでも同様で、そこではジュゼッペ・テラーニによって第2次世界大戦前ではおそ

らく最良のモダニズム建築が作られていたが、ファシスト政権は様式に対する態度を決めかねていた。イタリアその他の地中海沿岸諸国では、面の表現や陸屋根といった表現法は、一般住宅や小規模建築で受け入れることが容易で、たとえばギリシャでは、1930年代に良質の近代的な学校が建てられた。

スウェーデンのグンナール・アスプルンドやフィンランドのアルヴァー・アアルトの事例を通して、北欧諸国もまた、モダニストから欲しいものを取り入れ、その様式に人間味を持たせて地方の環境へとなじませるのに長けていることを立証した。イギリスでも同様のことが起こった。そこには1930年代という遅い時期になって初めてモダニストの一団が到来し、根強い抵抗に遭った。唯々、移住したバーソルド・リュベトキンやヴァルター・グロピウスが作品を作り、イデオロギーを保持し続けたおかげで、最終的に受け入れられたのである。最後にロシアには、1929-30年のドイツ経済の破綻以後、多数のドイツ人建築家が渡っていった。集合住宅や都市計画については、モダニストのヴィジョンから多くのことが期待されたが、特に政治情勢が思わしくなくなった1934年以降、ほとんど何も実現されなかった。

国際様式が建築の正統として普及したことは、CIAM（近代建築国際会議）の広報網による所が大きかった。その最初の会議は、1928年にスイスのラ・サラで開かれ、ジークフリート・ギーディオンが書記兼宣伝係となった。1929年のフランクフルト会議では、個別課題を研究する作業グループが設けられ、メンバーが国別に組織された。1930年代、CIAMは次第にル・コルビュジエに牛耳られるようになり、1933年の会議で彼の影響下でまとめられた「アテネ憲章」は、近代運動を都市デザインというより広い課題に向けて再結集させた。それ以後、1930年代の世界的不況に続いて独裁者が登場し、モダニズム建築はヨーロッパ大陸ではほとんど建てられなくなり、CIAMの支持者はますます古い都市の再計画や新しい都市のレイアウトといった急進的提案を出すことに関わるようになった。このアプローチは、1936-39年のスペイン内戦や1939年の新しい世界大戦の勃発でヨーロッパの都市が集中爆撃の標的となった時、影響力を持った。CIAMは1956年まで会議を開き続けたが、戦後、その実際上の影響力は小さくなった。

モダニストの思想にとって重要であったのは、建築と技術とは統合されるべきであり、橋梁、ダム、格納庫、サイロといった純粋な工学的構造物は、20世紀的価値を示す真正な証であるという信条であった。フランスのフランソワ・エンヌビクやウジェーヌ・フレシ

ネ、スイスのロベール・マイヤール、イタリアのピエル・ルイジ・ネルヴィ、スペインのエドゥアルド・トロハ、イギリスのオーエン・ウィリアムズといった技師兼建築家は、それゆえ正統的モダニズムの発展にとって非常に重要であったし、彼らの作品のイメージは広められ、賞賛された。鉄筋コンクリート造、コンクリート骨組、鉄骨骨組、大量生産される建物（特に集合住宅）用のプレファブリケーション技術や標準化、これら全てがこの時期に長足の進歩を遂げたが、モダニスト自らが設計した建物だけでそうなったわけではなかった。実際、近代運動初期の建築の多くが、レンガ壁という古い構造で建てられたのに対し、当時の古典建築の多くは、ファサードの背後に鉄骨やコンクリートの構造を有していたのである。

近代運動の定義を、ル・コルビュジエの「白い箱型建築」、1920年代ドイツの社会派建築家の「新たな客観性」、新たな工学的大構造物だけに限定するという試みがなされたにもかかわらず、モダニズムは終始、ヨーロッパ中でさまざまに異なる方向へと発展した「広教会」であった。新しい思想の中でその代替物として容易に特定できる動向は、感情や主観性を最高位と見なすもので、それらはしばしば「表現主義」という漠たる表題の下に寄せ集められている。

近代建築の発展を織りなすこの織糸は、1890年代におけるフランス-ベルギーのアール・ヌーヴォー、バイエルン-オーストリアのユーゲントシュティルを起源としていた。アール・ヌーヴォーは、1900年までにその力と独創性の大半を失っていたが、以後もしばらくは続いた。その中でおそらく最も目覚しかったのは、ロシアのF. O. シェーフテリとそのグループの手になるものであった。それは、ウィーン分離派に関わったオットー・ヴァグナーの弟子たち、特にヨーゼフ・マリア・オルブリヒとヨーゼフ・ホフマンの作品で、徐々に拡張され、変形された。彼らは、新種の装飾的・象徴的表現という手段によって、建築を近代的でしかも意味のあるものにしようとした。1900年以降、分離派建築家は、グラスゴーのC. R. マッキントッシュや多くのチェコ人建築家とともに、ますます塊状や立体状の造形をするようになったが、そこには、デザインが単に幾何学的で客観的な操作になってしまわないように、象徴性に富んだ装飾や彫刻が施されていた。そのような象徴性は、ヨーロッパ文化に深く根付いたものではなく、短い流行が過ぎた後、すぐさまその魅力を失ってしまったのである。

建築における感情の働きは、第1次世界大戦前後のドイツ語圏諸国で盛んに論じられたが、その主題を先導した原典が、1908年に出版されたヴィルヘルム・

ヴォリンガーの『抽象と感情移入』であった。第1次世界大戦までに、表現主義建築は多種多様な実験的・秘教的な方向に向かって放蕩を尽くし、普遍化する力を失っていた。1920年代には、「主観的」表現主義と「客観的」モダニズムとの中道が、ハンス・ペルツィヒ、フーゴ・ヘーリンク、ハンス・シャロウンといった著名なドイツ人建築家の作品で採られることとなった。他方、多くのドイツ、オランダ、ベルギーのモダニスト、とりわけエーリヒ・メンデルゾーン、W. M. デュドク、ミヒェル・デ・クレルク、アンリ・ヴァン・ド・ヴェルドらは、表現力に富んだ線、曲面、ヴォリュームと最小限の装飾を持つ建築を発展させ、それが、1930年代にはヨーロッパのいたる所で、特に映画館のような新しいビルディング・タイプで模倣された。表現主義はまた、教会にとっての自然な伝達手段となり、戦間期には、コンクリートのヴォールトやアーチが高くそびえ立ち、レンガの外壁で覆われた良質の教会が数多く建てられた。そこでの革新者は、ドイツのドミニクス・ベーム、フランスのポール・ベロであった。

戦間期ヨーロッパ建築を織りなすもう1本の織糸は、アール・デコの隆盛であった。その様式は、1914年以前のロシア・バレーの華やかな衣装や舞台背景まで遡ることができるが、そうした色鮮やかな装飾の表現法が、1925年のパリ装飾美術博覧会で喧伝されたので、そこから名前が採られたのである。アール・デコは、特にフランスで、表現主義的な変化が付けられた裸形の古典建築や「モデルヌ」建築で人気を博することとなった。それは、純血モダニズムの装飾的禁欲に対する有効なカウンターバランスであったが、1935年までに建築様式としては事実上消滅していた。

多くのヨーロッパ諸国では、1930年まで、公共建築は古典建築に支配されており、モダニズム建築はほんの限られた切り込みしかできなかった。たとえばフランスでは、コンクリートの構造技術により古典的表現法を浄化し、再活性化させたオーギュスト・ペレの華々しい方式が、国中に広まった。パリやジュネーヴといったフランス語圏都市で1930年代に建てられた著名な都市建築には、裸形の古典主義とモダニズムとの境界を不都合なく跨ぎ越す傾向が見られる。他の国々は自国版古典主義を保ち続け、重要な都市建築ではいまなおオーダーの完全装備がなされることもたびたびあった。エドウィン・ラッチェンス卿は、大英帝国の戦没者記念碑や植民地建築で、世界的に認められた大古典様式最後の巨匠であることを示したが、マルチェロ・ピアチェンティーニは、1920年代のファシスト・イタリアで好まれた、修辞に富んだ新ローマ帝国の古典主義を用いて、彼の間近まで迫った。ドイツのパウル・トローストやアルベルト・シュペーア、ロシアのイワン・ツォルコフスキーその他大勢で例示されているような、独裁制における新古典主義に対する評価は、争点として残されている。ギリシャ・ローマの形態を誇大な規模で文字通り模倣することから、ペレやアスプルンドのように古典主義を革新的に再解釈することまで、広範囲にわたる様式が実際に用いられたのである。

住宅のような小規模建築では、特に寒冷気候の田園地方では、木造・勾配屋根がいまだに標準であって、そうした建築の民族的伝統は1930年代まで発展し続けた。それにもかかわらず、新しい技術と標準化の結果として、構造はしばしば簡素化され、装飾的要素は減少もしくは全滅した。ナチス・ドイツは、田園建築の民族様式の復興を試みたが、さほど大きくもない成功を収めただけであった。他の国々では、土着の伝統とモダニズムとの実り多い可能性を秘めた収束が、1930年代末にかけて自覚され始めたが、1939年、破壊的な第2次世界大戦によって中断されてしまった。その間、建築は実用に支配され、価値ある新しい建物のほとんど全てが、工学的伝統に拠ったものとなった。

都市計画では、この時期、建築家が都市の形成・拡張に力を奮うのが通例となった。支配的なモデルは、田園都市もしくは郊外——そこでは、風景内に住宅や集合住宅がピクチュアレスクな線に沿ってレイアウトされ、特に市民生活、居住、工業といった異なる活動のゾーンが明確に区分されていた——を散在させるというものであった。このような概念は、レッチワース、ハムステッド・ガーデン・サバーブといったレイモンド・アンウィンの作品で早々に成熟を迎え、彼の著作『都市計画の実践』(1908)を通じて国際的に広まった。イギリス流のいわゆる田園都市——実際、大抵は郊外に過ぎなかった——は、以後30年間、ヨーロッパ中に建設されたが、その成功は北方諸国(ベルギー、オランダ、ドイツ、フィンランド)で特に目覚しいものがあった。第1次世界大戦後、計画された郊外の構成要素を、2階建住宅と同じぐらいの頻度でフラッツ棟とする傾向が出てきた。そうした規模の変化により、計画に対するよりフォーマルなアプローチが助長され、その極端な例が、広々とした公園を背景に高層棟を配したル・コルビュジエの有名なドローイングに見られる。実際には、フラッツ棟は相当接近して建てられなければならず、1920年代に国が主導したさまざまな都市・郊外の住宅供給プログラムでは、建築のフォーマリティと有用で健康的なオープン・スペースとの調整に大変な労力が費やされた。一般的に言って、イギリス流都市計画はインフォーマルな住宅地からフォーマルな都心部へと進んでいったのに対し、大陸の建築家兼都市計

画家は逆方向で仕事を進めた。そうした対比は、1930年代イタリアに建てられた新都市とイギリスのウェルウィン・ガーデン・シティのような都市との違いに非常によく表われており、前者がコンパクトで賑わった都心部と退屈な周縁部を持つのに対し、後者の面白さは主として住宅地計画の巧妙さに存しているのである。

オーストリア

オットー・ヴァグナー（1841-1918）の作品が、近代初期のオーストリア建築を支配した。ヴァグナーは、1894年にウィーン美術アカデミー教授となり、次世代の主要な建築家全員を教え、1896年には『近代建築』初版を出版した。ここからウィーンの実験期が始まったのだが、そこでは、とりわけヴァグナー自身の後期作品、ヨーゼフ・マリア・オルブリヒ（1867-1908）、ヨーゼフ・ホフマン（1870-1956）といったウィーン分離派の建築家による建物、ヨージェ・プレチュニク（1872-1957）、マックス・ファビアニ（1865-1952）といったより折衷的なデザイナーによる建物、アドルフ・ロース（1870-1933）の禁欲的ではあるが影響力のあった作品が有名である。

ヴァグナーは、リンクシュトラーセが建設されたウィーンの活況期（1870-80年代）に、正統的古典主義者として最初の成功を収めた。市当局のために、彼は2本の郊外鉄道路線の駅舎（1894-1901）とドナウ川のヌスドルフ閘門（1894-98）を建てた。成熟したヴァグナーによるウィーンの公共建築の筆頭が、**郵便貯金局**（1904-12、p.1416A）であって、コンクリートと鉄の近代的構造と、外観における古典的分節の新形態とが結合されている。ここでは、花崗岩の基礎上部に続く大理石薄板張りが、人目につくアルミニウム製ボルトで建物本体に留められ、さらにはそのボルトがパターンを形作っていて、大理石は礼服であって構造材ではないということを明示している。メインホールは露出した鉄骨を骨組とし、二重のガラス被膜で覆われ、床の一部にもガラスが張られている。また大胆なアルミニウム製円筒から暖気が建物内に吹き出される。ヴァグナーによる**シュタインホフの教会**（1905-7）でも同様の技法が使われている。教会を覆う二重殻ドームは、フィッシャー・フォン・エルラッハのカール教会（カールスキルヒェ、第31章参照）に対する歴史的参照であり、コロ・モーザーを含むウィーン工房の芸術家によって装飾されている。

オルブリヒによる**ウィーン**の**ゼツェッション館**（1897-98）は、反アカデミー運動の旗艦的建物であり、オーストリアにおけるアール・ヌーヴォーの対応物、ユーゲントシュティルの頂点をなす建築であった。それは、月桂樹の葉を散らした金色に輝く球を、大胆にも、簡素な大ギャラリー空間への入口頂部に据えたものである。1899年、オルブリヒはヘッセン大公の新しい芸術家コロニーを設計するために招かれて、ドイツのダルムシュタットに赴き、残りの人生をそこで過ごした。

ヨーゼフ・ホフマンは、1903年にウィーン工房——同工房は建築を背景とする上質の工芸品を製造した——を創設した一員であった。ホフマンの小住宅はイギリスの住宅作品に対する賞賛を示しているが、彼の大規模建築、とりわけ**ウィーン**の**プルカースドルフ・サナトリウム**（1904）、ブリュッセルの**ストックレー邸**（1905-11、p.1416B）では、すっきりしてはいるが豊かな表面に対するヴァグナーの関心と立方体状の形態とが結合されている。ストックレー邸は、4人の巨人像と1つの小球を戴いた塔を中核とするもので、そのヴォリュームは、幾何学的なブロンズ製モールディングで縁取られた一連の大理石平板で限定されている。建物内部では、2層吹抜けの堂々たるエントランス・ホールから整形庭園へと通じる贅沢なレイアウトがなされ、壁画がグスタフ・クリムトによりデザインされた。

ヨージェ・プレチュニクはスロヴェニア人で、最初はウィーンで、次いでプラハで働いた後、母国に帰り、古典主義の特異な民族主義的形態を採った。プレチュニクの初期ウィーン時代の主要作品、**ツァヘルハウス**（1903-5）では、店舗と上階の贅沢な集合住宅に、磨き花崗岩の初期「カーテン・ウォール」が組み込まれ、その上にフランツ・メッツナー作の地球を担いだアトラス像が立てられている。また**聖霊教会**（1910-13）では、打放しコンクリートのポーティコが、広いスパンを持った柱-梁構造のインテリア前面に付けられている。プラハ（第46章参照）では、プレチュニクはチェコ人大統領ヤン・マサリク（在任1920-32）のために**フラチャニ城**を創造的に修復し、原始的なイオニア式オーダーにさまざまな逸話を盛り込んだ、瞠目すべき庭園階段を付け加えた。また**ヴィノフラディ**の**聖心教会**（1928-32、第46章参照）は、コンクリート造古典主義の驚くべき混成である。リュブリャナ市内や周辺に建てられた後期のロマンチックな古典的作品には、多くのカトリック教会、**三つ橋**（1929-32）、**ジャレ墓地**（1938-40）が含まれるが、それらは全て、異教的想像力と上質の職人仕事で傑出している。プレチュニクの同国人、マックス・ファビアニは、ウィーンではヴァグナー風の**ポートイス＆フィクス商店**（1898-1900）や表現主義的な**ウラニア劇場**（1909-10）を担当した。以後、

A 郵便貯金局、ウィーン、メインホール(1904-12)　p.1415 参照

B ストックレー邸、ブリュッセル(1905-11)　p.1415 参照

彼はシュタニエルという古いスロヴェニアの町で、何軒かのヴィラを修復、新築した。

アドルフ・ロースはブルノで生まれ、ドレスデンで教育を受け、アメリカで3年間過ごしたので、自分は英米びいきであると公言していた。彼は建築家であるとともに文化評論家・ジャーナリストでもあって、『空虚への語りかけ』、『にもかかわらず』といった著作では、健全ではあるが洗練され過ぎてもいない職人芸を用いる普通の建築技芸を要求し、分離派運動の装飾主義や稀少性を嘲った。ロースは、ヴォリュームによる部屋のプランニング、「ラウムプラン」を唱え、快適で効率的な近代生活に最適の背景は、無意味な装飾ではなく、平坦でしかも豊かな表面であると主張した。彼の**ゴルトマン＆ザラチュ商店およびアパートメント(1909-11)**は、ウィーンのミヒャエル広場を取り囲む仕上げをした建物であるが、当時、その外観の平板さが激しく批判された。ブルジョワジーのための住宅、たとえば**ウィーンのショイ邸(1912)**、**パリのトリスタン・ツァラ邸(1927)**、**プラハのミュラー邸、(1931、第46章参照)**では、衝撃的なほど平坦な立面と金満家の大理石張りのインテリアが結合されている。ロースのインテリア様式は、戦間期のヨーロッパやアメリカ中のブルジョワジー向けアパートメントに影響を及ぼしたが、ウィーンでは、彼の作品の水準は、たとえば**ヴィトブラン通りの住宅(1913-14)**で示されているようなヨーゼフ・フランク(1885-1967)の水準と、しばしば同一視されていた。

1919年から1933年にかけてウィーンが受けた最大の建築的衝撃は、社会主義政権下の「赤いウィーン」に6万6000戸を建設するという市の住宅供給プログラムから生じた。ハインリヒ・テッセノウ他による**ランナースドルフ(1921)**のような田園郊外がいくつか設計されたが、住宅供給の大半は、6-7階建の着彩された立面を持ち、中庭周りに集められた都市住棟であった。住戸内部は小さいものの、贅沢なコミュニティ・社会サーヴィス施設が設けられていて、そうした住棟が、首尾一貫したパターンでもって都市部に浸入したのである。最大の複合施設が、カール・エーンによる**カール・マルクス・ホフ(p.1419A)**と**スヴォボダ・ホフとの連結(1926-30)**で、長さ1km以上もある市壁のような防御的外観が、鉄道線路に対面している。ホフマン、ロース、ヨーゼフ・フランク、ペーター・ベーレンス、H.シュミット＆H.アイヒンガーという多作のパートナーシップを含む、その他多くの建築家が、同住宅供給プログラムに関わったが、それが、第1次世界大戦前の初期ウィーン・モダニズムと登場してくる国際様式とを結ぶモニュメンタルな繋ぎ目となった。後者の事例、郊外に建つ**工作連盟団地(1930-32)**は、シュトゥットガルトのワイゼンホフ・ジードルンクの後継かつ小規模なウィーン版であって、フランク、フーゴ・ヘーリンク、ホフマン、ロース、アンドレ・リュルサ、ヘリット・リートフェルト他による住宅が建てられた。1933-34年にファシズムが台頭した後、市の住宅供給プログラムは中止され、それ以降第2次世界大戦が終わるまで、オーストリアは一流の建築をほとんど生み出さなかった。

フランス

フランスの「世紀末」建築は、国際的に影響力のあったエコール・デ・ボザールの古典主義にいまだ牛耳られていた。軸線によるレイアウト、シンメトリカルなプランニングというボザール様式は、特に大規模な官庁や公共建築に適しており、その分野でフランスは常に卓越していた。ボザールで訓練を受けるために多くの国々から建築家がやってきて、特にインテリアでは、世界中でルイ14世・15世・16世の復興様式が優雅な建築と同一視されるようになった。シャルル・メヴェ(1860-1914)は、ロンドンのパートナー、アーサー・デイヴィスやケルンのパートナー、アルフォンス・ビショフと組んで、ルイ14世様式の**リッツ・ホテルをパリ(1898)、ロンドン(1905-6)、マドリード(1908-10)**に建て、当時のフランス建築を求める国際的な欲求を満たす建築家の1人となった。

祝祭的な**アレクサンドル3世橋**は、技師のルイ・レザル、建築家のカシアン＝ベルナールとクザンにより、**1900年パリ万国博覧会**のために建てられた建造物の1つである。ヴィクトル・ラルー(1850-1937)による**パリのオルセー駅(現オルセー美術館、1898-1900)**は、ボザールの建築家が実作に持ち込んだ学術的古典主義と、彼らがその古典的正面・平面と鉄・鋼鉄製の構造やインテリアとの折り合いをつけることを学んできたという安心感との双方を代表する事例である。教会でさえ、たとえばザシャリ・アストリュクによる**ノートル・ダム・デュ・トラヴァーユ教会(1899-1901)**が、簡素な古典的正面の背後に安価な全鋼鉄製のインテリアを持っているように、時にはこのパターンを踏襲した。

「アール・ヌーヴォー」もまた、世紀が変わる頃の北フランスで勢いがあった。その名称は、1895年に開業し、ナンシーのエミール・ガレのガラス、ウィリアム・モリス商会のテキスタイル、ベルギーのアンリ・ヴァン・ド・ヴェルド(1863-1957)の家具を含む、さまざまな国の前衛様式の「美術品」を販売した、パ

リの画商サミュエル・ビングのギャラリー「サロン・ド・ラール・ヌーヴォー」に由来していた。したがってアール・ヌーヴォーは、最初は工芸品の名称として始まったが、すぐさま「自由な」あるいは「有機的な」建築にも適用された。それは、構造的・装飾的な鉄細工、曲がりくねり、膨れ上がり、はち切れた植物装飾、控え目なアシンメトリーを組み込んだもので、1895年から1910年までヨーロッパ大陸中で流行となった。他の名称——たとえばドイツ・オーストリアでのユーゲントシュティルやゼツェッションシュティル、イタリアでのスティレ・フロレアーレやスティレ・リバティ、スペインでのモデルニスモ——も、同様の傾向を指している。この動向内の合理的な系統は、ヴィオレ＝ル＝デュクの理論に大きく負っていた。

アール・ヌーヴォー建築を最も明瞭に表現したフランス人唱導者が、挑発的なフランツ・ジュルダン(1847-1935)である。彼は、鉄や鋼鉄構造を歓迎したが、エッフェル塔(第34章参照)のような装飾されていない構造体の生硬さを軽蔑した。ジュルダンは、**パリのラ・サマリテーヌ百貨店**(1891-1914、p.1419B)の長期間にわたる改修で、自分の考えを示してみせた。そこでは、表面の装飾や広告が合理的な鋼鉄構造を装飾しており、その様式はすぐさま、たとえば**パリのギャルリー・ラファイエット**(1906-12)や**グラン・バザール**(1906)のような消費・広告・展示用建築で人気となった。アール・ヌーヴォーの最も成功した建築家が、エクトル・ギマール(1867-1942)であった。よく知られた**パリのメトロ駅舎**(1900-12、第34章参照)の力あふれる鋳鉄には、**パリのカステル・ベランジェ**(1894-98)というアパルトマンで始められた植物文様装飾の伝統が継承されている。しかし、自邸である**パリ、モザール通りの住宅**(1910)以降の後期アパルトマンでは、ギマールはプレファブ化された要素から成る合理的建築へ向かっていった。

アール・ヌーヴォーは、建築分野ではブルジョワジー向け田園住宅様式として大人気を博した。その最大の影響力を持った地方拠点が、ロレーヌ地方の鉄鋼業の首都、ナンシーであり、手工業や美術学校の隆盛によりその様式が活気付けられたのである。アール・ヌーヴォー様式による優れた住宅の1つが、アンリ・ソヴァージュ(1873-1932)の初期作品である**ナンシーのマジョレル邸**(1898-1901)であった。当時のフランス人建築家の多くは、アール・ヌーヴォーに影響を受けたものの、さまざまな様式で仕事を続けた。たとえば、J.オルネケルは、完璧な古典的装いを凝らした**ナンシー大劇場**の他、アール・ヌーヴォー様式の店舗、ヴァナキュラー様式の住宅、古典様式の住宅を、ナンシーに建てたのである。同様にして、サミュエル・ビングの御用建築家、ルイ・ボニエ(1856-1946)は、**パリ、シコモル通りのアンドレ・ジッド邸**(1908-11)に見られるように、郊外住宅ではイギリスの影響を受けたヴァナキュラー・リヴァイヴァルの方法を採ったが、**パリ、ルーエル通りの学校**(1908-11)のような都市建築では、北フランスで人気の高かった多彩色レンガ様式を洗練させた。ボニエの傑作は、レンガ造正面の背後にコンクリート造放物面ヴォールトが架けられた、見目麗しい**パリ、ラ・ビュット・オー・カーユの浴場**(1920-24)である。

1889年と1900年のパリ万国博覧会で卓越していたフランス建築工学の伝統は、新世紀の素材である鉄筋コンクリートで最初にリードしたことで、力を増した。フランソワ・エンヌビク(1842-1921)の進取の気性に富んだ会社は、この建設技術で広く成功を収めた一番手であった。エンヌビク・システムは、1890年代中頃にはリールやトゥールコワン地方の製造所や工場で発展し、1900年以降、特許を通じて外国で採用され、広まった。初期の鉄筋コンクリートは、様式が重要ではない製造所や工場建築では通常露出されていたが、きちんとした建築ではそれは被覆され、建築的な化粧が施された。1900年のパリ万国博覧会、**グラン・パレ**の主階段はルイ16世様式でデザインされたものであるが、有名建築でその技法が使われた初期事例である。

コンクリートが可能にする新たな建築表現を、最初にためらいながら探求したのが、アナトール・ド・ボド(1834-1915)による**パリのサン・ジャン・ド・モンマルトル教会**(1894-1904、第34章参照)で、コンクリートのアーチ間をレンガで充填するというシステムで建てられた。建築にとってのその特殊な潜在能力は、ボザールを卒業した建築家兼技師、オーギュスト・ペレ(1874-1954)により首尾一貫して実現されることになった。初期の**パリ、フランクリン通りのアパルトマン**(1903-4、p.1420A)では、いまだエンヌビク・システムに拠っており、道路側立面は長方形の骨組−パネルで構成されている。コンクリート骨組は、窓の空間を気前よくとることができ、それはまた露出ではなく、表面の装飾タイル張りで明確に表現されている。

ペレの建築は、彼が弟のギュスターヴとともに設立した建設会社によって、常に鉄筋コンクリートで建てられたが、それは、素材がファサードに露出された近代的な柱−梁構造を持つ裸形の古典主義へとすぐに発展した。影響力の大きかった**パリのシャンゼリゼ劇場**(1911-13、p.1422A)は、アンリ・ヴァン・ド・ヴェルドの計画に基づいたもので、ヴォールトの架かるオーディトリアム、柱−梁構造のコンコース、ドリス式オー

第 44 章　西ヨーロッパ（1900-45 年）　　1419

A　カール・マルクス・ホフ、ウィーン（1926-30）　p.1417 参照

B　ラ・サマリテーヌ百貨店、パリ（1891-1914）　p.1418 参照

C　サヴォワ邸、ポワシー（1929-30）　p.1423 参照

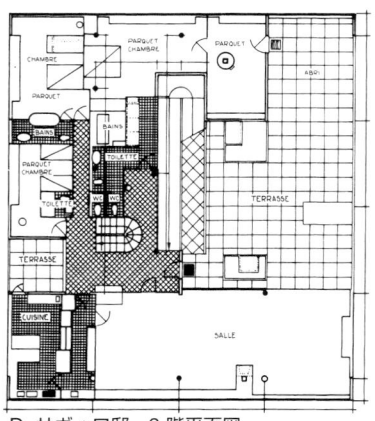

D　サヴォワ邸、2 階平面図

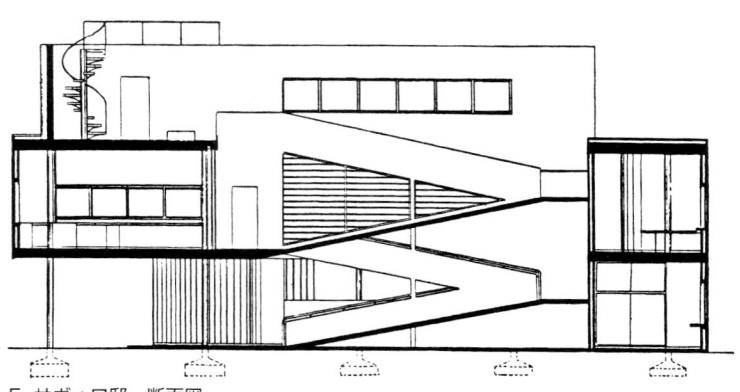

E　サヴォワ邸、断面図

20世紀の建築

A フランクリン通りのアパルトマン、パリ（1903-4）
p.1418 参照

B ノートル・ダム教会、ル・ランシー（1922-23）
p.1421 参照

C サヴォワ邸、ポワシー（1929-30）、中庭　p.1423 参照

D スイス学生会館、パリ（1930-32）　p.1423 参照

ダーのプロポーションを持ち、アントワーヌ・ブールデル作のフリーズが付いたコンクリート仕上げの正面を有している。彼の傑作は、**ル・ランシーのノートル・ダム教会**（1922-23、p.1420B、p.1422B）である。この安価な建物は、打放しコンクリート造により、フランス教会建築におけるゴシックと古典の伝統を調停したもので、骨組-パネルによる立面構成、広々とした堂内、緩やかな曲面のヴォールト、細い柱、執拗に続く窓パターンで煌(きらめ)くモーリス・ドニ作の色ガラスを有している。ペレは、以後の教会でこれを繰り返すことになり、そのうち最大のものが**ル・アーヴルのサン・ジャン教会**（1952-55）である。パリの**アトリエ・エスデール**（1919-21）は、彼の工業建築中最良のもので、その作業場は簡素で広々としており、ギャラリーが巡らされ、トップライトで照らされ、優雅なコンクリート造アーチで屋根が支えられていた。彼の公共建築は、**パリの土木事業博物館**（1936-46）のように、コンクリートの多才ぶりを目立たせようとする個人的な企図を持った、むしろ理知的で古典的な作品となった。ペレはフランス国内で大きな影響を及ぼし、ル・コルビュジエに対する影響は少なからぬものがあった。

工学的建造物では、プレストレスト・コンクリートの生みの親、ウジェーヌ・フレシネ（1879-1962）が、独特の好みでもってコンクリート構造を取り扱った。最も賞賛された彼の作品が、巨大な放物面の上屋2棟から成る**オルリー空港・飛行船格納庫**（1921-23）であった。フレシネは、たとえばあのすばらしい**ランス・マーケットホール**のように、戦間期にコンクリート・ヴォールトで建てられた多くのホールや工場で設計を手伝ったが、まずは橋梁デザイナーとして重要であった。コンクリートにあらかじめ圧縮力をかけるという彼の考えにより、建築ではより細い部材をより長いスパンに渡すことが可能となったが、それは第2次世界大戦時まで未成熟のままに留まっていた。

その他、近代初期の重要なフランス人建築家には、アンリ・ソヴァージュとトニー・ガルニエ（1869-1948）がいた。ソヴァージュはアール・ヌーヴォー様式で設計することをすぐに止め、都市型アパルトマン形式に専念するようになった。色鮮やかなタイルが張られた**パリ、ヴァヴァン通りのアパルトマン**（1912-13）を皮切りに、彼は、十分なバルコニーがとれて、光や空気を建物中に通してくれる段状断面を展開していった。近代建築における段状断面の多くは、彼の実験とイタリア人のサンテリアによるドラマチックなスケッチに由来している。ソヴァージュはまた、装飾的な**パリのシネマ・ガンベッタ**（1920）を設計し、1920年代後半には、友人のジュルダンと共同で、ジュルダンによるパリのラ・サマリテーヌ百貨店の立面をより重厚なものに改装した。ガルニエは、都市計画史上重要である。彼の「**工業都市**」は、1901年に着手され、1917年に出版された理想的な計画案で、陸屋根を持つ立方体のフォルマリズムで統一され、また住居と仕事場、都心と郊外といった厳格なゾーニングで計画された人口3万5000人の工業都市が、冷めた調子で描かれている。同計画は、ガルニエの生地リヨンでの経験を体現している。1908年、彼はラ・ムーシュ市場地区を計画するために雇用され、その段状をなす鉄骨造の**ホール**（1909）は、スパン80mを有していた。ガルニエはまた、**リヨンのグランジュ・ブランシュ病院**（1920-33）、裸形の古典主義による**ブーローニュ=ビヤンクール市庁舎**（1931-34）を建てた。都市計画(ユルバニスム)という語が、1909年リヨンで造語されたという説は疑わしいものの、当地でそれはロベール・ジロードとモーリス・ルルーによりさらに追求された。彼らによる**ヴィユールバンヌのレ・グラット=シエル**（1935）は、アール・デコの大市庁舎へと向かってモニュメンタルに構成されたバルコニー付き集合住宅である。

フランスにおける「アール・デコ」は、ディアギレフのロシア・バレーという外国様式に起源を持っていたが、その名称はパリ「装飾美術博覧会」（1925）から採られた。それは厳密には建築様式ではないが、ペレとその弟子による裸形の古典主義と、アール・ヌーヴォー以後もいまだ強力であった装飾・工芸の伝統とを調停する1つの方法となった。フランス戦間期の店舗や映画館では、アール・デコの重厚で、色鮮やかで、タイル張りの形態が人気を博した。戦間期における古典様式と装飾様式の混合の見事な例が、**トゥールーズ市立図書館**である。それは社会主義市政のために市の建築家、ジャン・モンタリオルにより建てられたもので、正面に労働者のレリーフ、読書室天井にガラスのスパンコールが付けられている。1925年頃から1935年にかけてのフランスとイタリアの公共建築は、しばしば重苦しい象徴プログラムを持ち、そうした教訓めいた雰囲気をまとっていた。この時期の公的な古典主義は、ペレの影響下で、徐々に簡素化され、裸形化された。そのようなものには、たとえば**植民地博物館**（現アフリカ・オセアニア美術館、1929）や同年の**シトロエン販売店**といったアルベール・ラプラード（1883-1978）の建築、オープンな広場を囲むアゼマ、ボワロー、カルリュによる**パリ、トロカデロのシャイヨー宮**（1937）がある。

この時期におけるフランスのブルジョワジー用住宅やアパルトマンは、アール・デコの影響をしばしば受けてはいるが、大抵はおとなしい古典主義に固執した

A シャンゼリゼ劇場、パリ（1911-13） p.1418 参照

B ノートル・ダム教会、ル・ランシー（1922-23）、内観
p.1421 参照

C ガラスの家（ダルザス邸）、パリ（1928-32）
p.1423 参照

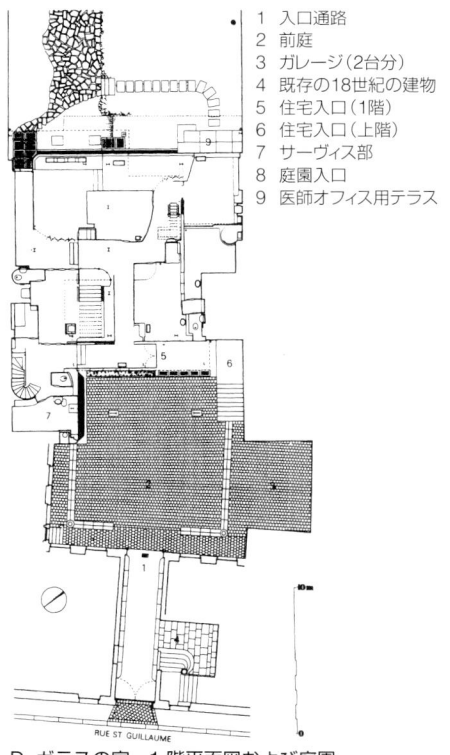

D ガラスの家、1階平面図および庭園

1 入口通路
2 前庭
3 ガレージ（2台分）
4 既存の18世紀の建物
5 住宅入口（1階）
6 住宅入口（上階）
7 サーヴィス部
8 庭園入口
9 医師オフィス用テラス

ものであり、そこには彼らが文化的であることを主張すべく、付柱、智天使像、レリーフ付きパネルが付けられていた。ロジェ・エクスペール(1882-1955)は、極めて熟練した手でもって、**アルカション**という海辺の町にそのような**住宅4軒**(1924-27)、また**ベオグラードのフランス大使館**(1930)を建てた。教会もまたおおむね伝統的なままであり、その最良の唱導者が、ボザールで教育を受けたベネディクト会修道士、ポール・ベロ(1878-1944)であった。国際的に広がった彼の実作は、**ヴァンヴのサント゠バチルド小修道院教会**(1935)のように、主としてオランダとドイツの表現主義に影響を受けたレンガ造教会であった。その他注目すべき教会には、マラストとドローズによる**ヴァンセンヌの集中式教会サン・ルイ**(1912)、ジャック・ドローズによる地方色の濃い**ニースのサント・ジャンヌ・ダルク教会**(1924)が含まれる。

第1次世界大戦後、フランスの前衛建築は、スイス生まれの建築家・画家・論客であるル・コルビュジエ(1887-1965)の強力な個性によって支配された。彼は、まず『エスプリ・ヌーヴォー』という雑誌を通して有名になった。1914-15年、彼は「ドミノ」という特許デザインを発表したが、それは戦時情勢に呼応した大量生産住宅用のコンクリート骨組であった。彼は、論議を呼んだデザインや著作——その中では『建築をめざして』(1923)が最も有名である——の奔流の中で、自論の「5原則」を追求、敷衍していった。彼の初期建築は、主に芸術家のスタジオ付き住宅や郊外住宅であった。**パリのラ・ロッシュ゠ジャンヌレ邸**(1924)、**パリのプラネクス邸**(1927)、**ガルシュのシュタイン邸**(1927)、**ポワシーのサヴォワ邸**(1929-30、p.1419C-E、p.1420C)において、ル・コルビュジエは、コンクリート骨組により可能となったプランニングの自由度を利して、陸屋根を持つ「白い建築」を開拓し、それが国際的なモダニズムと同義となった。彼は住宅の要素を解体し、それらを、慎重にプロポーションを調整した正方形・曲線・対角線の構成へと再構成したが、このような住宅様式は、当初キュビズム絵画とオランダのデ・ステイルのデザインから影響を受けたものであった。住宅は広々として、窓が大きくとられてはいるが、ごちゃごちゃしていない寒々しいインテリアを有している。サヴォワ邸では、初めて上階全体がピロティで持ち上げられている。ル・コルビュジエの関心は、小住宅にも広がっていったが、その例が、**スイス、ヴヴェーの母の家**(1926)、**ブーローニュ゠シュル゠セーヌのクック邸**(1926)であり、最も実り多かったのが、**ボルドーのペサック田園郊外**に建てた巧妙な2戸連続住宅である。彼の大規模計画案のほとんどは実を結ばなかったが、

実作の中で最も重要なのが、**パリのスイス学生会館**(1930-32、p.1420D)であった。この作品と**パリの救世軍ビル**(1919-33)および**モスクワのセントロソユーズ・ビル**(1928-34)において、彼とパートナーのピエール・ジャンヌレ(1896-1967)は、カーテン・ウォールと空調の可能性を探った。彼らは、ジュネーヴの国際連盟ビル競技設計(1926-27)とモスクワのソビエト宮殿競技設計(1931-32)に勝てなかったが、そこでのル・コルビュジエのデザインは広く知れわたり、賞賛された。1930年代、彼は失敗に帰した都市計画——アルジェの都市計画はつとに有名である——にエネルギーの大半を費やしたが、これらのアイデアの多くは、1945年以降の作品にはけ口を見出すことになった。

ル・コルビュジエとジャンヌレと並んで、アイリーン・グレイ(1879-1976)、ロベール・マレ゠ステヴァンス(1886-1945)、ミシェル・ルー゠スピッツ(1888-1957)を前衛建築家として言及すべきであろう。グレイは、ジャン・バコヴィチと共同して、**ニース近郊、ロクブリュヌ**に2軒の壮大な**住宅**を設計し、そこで近代運動の太陽と光に対する関わり方を最大限利用した。(これに魅せられた「極限」が、1932年にピエール・フレクスが診療所用に考案した**エクス゠レ゠バンの回転日光浴室**である。)マレ゠ステヴァンスは、ロースやオランダのデ・ステイルのデザイナーの影響を受けた、**パリのクル・ド・サック**(現マレ゠ステヴァンス通り)沿いの**住宅群**(1926-27)ばかりでなく、大規模な**ソーのトラペナール邸**(1930)も設計した。彼はまた、映画の舞台や店舗のデザイナーとしても活躍した。ルー゠スピッツは、アール・デコ(もしくは「アール・モデルヌ」)と前衛的モダニズムとの中間の位置を占めた。彼によるパリのアパルトマンでは、フォード・ショウルーム上階の**イタリア大通り35番地**(1931)が有名である。彼はまた、ルイ・ブスケの壁画があるすばらしい**ディナールの自邸**を建てた。リュベトキンとギンスブルグによる**パリ、ヴェルサイユ通り25番地**(1930)は、パリのアパルトマンというジャンルで、別の大きな貢献をした。当時のパリで最も有名な住宅は、**ガラスの家**、正式には**ダルザス邸**(1928-32、p.1422C, D)である。それは、ガラスと金属を際立たせるように用いた叙情あふれる「住むための機械」の初期事例で、設計者はピエール・シャローとオランダ人ベルナルド・ベイフートである。

戦間期のパリ郊外では、多くの興味深い事業が立ち上げられたが、その大部分は、セーヌ県に代わってローコスト集合住宅を監督したアンリ・セリエの権力と支援のおかげであった。首都周辺に作られた新しいコミュニティは、通常「田園都市(シテ・ジャルダン)」と呼ばれたが、ほとんど全てがモルタル塗りの立面を持つレンガ造集合住宅から

成り、住棟間に公共空間がとられていた。そこには**ル・プレシ＝ロバンソン（1924-39）**や**シャトネ＝マラブリ（1931-39）**が含まれるが、前者に比して後者では、波打つような敷地にバソンピエールとリュッテのより良い建築が配され、より相性の合った結果が生み出されていた。**ドランシー**では、実験志向のモダニスト、ウジェーヌ・ボードゥアンとマルセル・ロッズが、15階建の塔状住棟を持つヨーロッパ初の団地、**シテ・ド・ラ・ミュエット（1931-32）**を建てた。ボードゥアンとロッズは、平屋のパヴィリオンから成るすばらしい**シュレスヌの学校（1935）**を設計し、**クリシーの人民の家（1938-39）**は、影響力のあった技術者、ジャン・プルーヴェ（1901-1984）と共同設計した全鋼鉄造の建物であった。その他の優れた郊外の学校は、モダニスト、アンドレ・リュルサ（1894-1970）の傑作、**ヴィルジュイフのカール・マルクス学校（1933）**であった。

ドイツ

1866-70年の普墺・普仏戦争での勝利からドイツではナショナリズムが高まり、1900年から第1次世界大戦までのドイツ建築において、それが枯渇することはなかった。その極端な表現が、ブルーノ・シュミッツが設計し、フランツ・メッツナー作の沈思黙考する彫像で飾られた**ライプツィヒの戦い百周年記念碑（1913）**であった。1870年から1914年までドイツ領土であったアルザスでは、ヴォージュ山脈内の古城**ハウト＝ケーニヒスブルク**を、皇帝ヴィルヘルム2世用とすべく、ベルリンのボド・エプハルトがドイツ中世様式でロマンチックに再建（1901-08）したが、そこにはレオ・シュヌクの瞠目すべきフレスコ画があった。アルザス県の首都**ストラスブール**では、ドイツ風もしくはアルザス風を自認した切妻屋根様式の優れた建物である**ポントニエール通りの学校（1903-4）**や、ピクチュアレスクな**ノイドルフ田園郊外（1912-14）**が建てられた。

これは、借家が密集したドイツの市町を救済するために、英米びいきのヘルマン・ムテジウス（1861-1927）に煽動されて、イギリス式原理に基づき建設された労働者用田園郊外の1つであった。その運動を、テオドール・フィッシャー（1862-1938）はある程度先取りしていた。彼は、1890年代にミュンヘン拡張計画を作成した時、オーストリア人カミロ・ジッテのピクチュアレスクな都市計画理論に影響を受けるようになっていた。フィッシャーによる**ロイトリンゲンのグミンダースドルフ（1903-15）**という労働者村のレイアウトは、田園郊外の路線で始められたが、後の段階ではよりフォーマルとなった。ドイツで最初にして最も影響力のあった本式の田園郊外が、ハインリヒ・テッセノウ、リヒャルト・リーマーシュミット他の共同による**ドレスデンのヘレラウ**であり、その後には、ゲオルク・メッツェンドルフによる**エッセンのマルガレーテンヘーエ**、ルートヴィヒ・ルッフによる**ニュルンベルクのヴェルデラウ**が続いた。

それに関連してはいるが、教養ある中流階級用のものとして、1899年ヘッセン大公によって創設され、ヨーゼフ・オルブリヒやペーター・ベーレンス（1868-1940）による住宅が建つ有名な**ダルムシュタット芸術家コロニー**や、1906年からフォルクヴァング美術館のカール・オストハウスによって推進され、ベーレンス、アンリ・ヴァン・ド・ヴェルド、J. L. M. ラウヴェリクス（1864-1932）による住宅が建つ**エッペンハウゼンのホーエンハーゲン郊外住宅地**があった。ダルムシュタットの公共建築、オルブリヒの**エルンスト・ルートヴィヒ邸（1901）**や**成婚記念塔（1905-8、p.1425A）**は、ウィーン分離派の刻印が押されていたが、最後の建物、**デュッセルドルフのティーツ百貨店（1908-9）**までには、オルブリヒの建築は落ち着いたものになっていた。中流階級用住宅でも、ムテジウスとパウル・メベスの影響下で、同様の傾向を見ることができる。後者による高雅な本『1800年頃』は1908年に出版され、建築や内装を洗練されたビーダーマイヤー様式へと引き戻したのである。第1次世界大戦前のドイツの前衛住宅は、大抵、イギリス流のインフォーマリティにある種の重厚さを混合したものである。たとえばヴァン・ド・ヴェルドによる**ケムニッツのエシェ邸（1902-3）**や**ハーゲンのホーエンホフ邸（1906-7）**は、重々しいマンサード屋根を持っており、そのせいで同建築家による**ワイマール美術学校（1904-11）**や**ケムニッツのテニスクラブ（1906-8）**よりも魅力的ではなくなっている。この時期の特に優れた住宅が、フィンランドの建築家ゲゼリウス、リンドグレン＆サーリネンによる**ブランデンブルク、モルヒョウ湖畔のレマー邸（1905-8、取壊し）**であった。

工業化が、この時期のドイツの思想の中核にあった。資本主義と文化の関係についての懸念を背景にして、工業、建築、工芸、教育の連携を推進すべく、1907年にドイツ工作連盟が創設された。ヘルマン・ムテジウスが工作連盟初代書記となり、その業務の明確なヴィジョンを推し進めた。つまり様式をやり取りする「建築（アルヒテクチュール）」に取って代わる、効率的で実際的な「建設術（バウクンスト）」を要求したのである。

ドイツにおける工業と建築の協同の草分けは、巨大工業コンツェルンである総合電気会社（AEG）が、同社創業者の教養ある跡取り、ヴァルター・ラーテナウに

第44章　西ヨーロッパ(1900-45年) | 1425

A 成婚記念塔、ダルムシュタット(1905-8)　p.1424 参照

B アインシュタイン塔、ポツダム(1921)　p.1426 参照

C AEGタービン工場、ベルリン(1908-9)　p.1426 参照

けしかけられて、ペーター・ベーレンスを雇い入れたことである。ベーレンスは画家としての教育を受けたが、彼の建築様式の幅は、ユーゲントシュティルから、初期フィレンツェ様式の**デルシュテルン火葬場**(1906-7)やシンケル風の**エッペンハウゼンのクノ邸**(1910)に見られるような、簡素な古典的建築へと変わっていった。ベーレンスのAEGでの仕事は、1907年に始まった。彼は同社のグラフィックアートをデザインし直し、大量生産製品の型についてのコンサルタントとして活動し、同社の建設計画を監修した。こうした仕事の中で最も有名な成果が、**ベルリンのAEGタービン工場**(1908-9、p.1425C)であった。それは工学技術を表現した長大な上屋であるとともに、シンケルの新古典主義を偲ばせる力強いファサードを持った労働の神殿でもある。それは建築に対するロマン主義的な見方を提示する反面、大量生産の教義を受け入れ、建物や製品の標準化されたデザインに対する関心を予告している。厳かな壮大さという点ではAEGタービン工場と同様であるが、啓蒙的な「公園内の工場」として現われたのが、ムテジウスによる**ポツダム、ノヴァヴェスのミヒェルス絹織物工場**(1912)であった。

ベーレンスと同様幾分分裂症気味の立場は、彼の有名な2人の弟子、ヴァルター・グロピウス(1883-1969)とミース・ファン・デル・ローエ(1886-1969)の初期作品にも反映されている。グロピウスは、1908-9年頃、ポメラニア(現ポーランド)、**ゴルツェングート家荘園**労働者用に、陸屋根を持った**標準化住宅**を設計した後、アドルフ・マイヤー(1881-1929)と共同で、レンガとガラスのファサードを持ったあの有名な**アルフェルト=アン=デア=ライネのファグス靴工場**(1911)を建てたが、それは、AEGでの仕事を「無様式」という方向へと発展させたものであった。ミースは、ベーレンスの下で、裸形のシンケル風新古典主義の極限版である**ロシア、サンクト・ペテルブルクのドイツ大使館**(1911-12)を設計した。工業に基づく建築と芸術に基づく建築という価値観の衝突は、1914年のドイツ工作連盟ケルン展で頂点に達した。そこで、ムテジウスは将来の基盤として類型学的研究を提案したが、創造的芸術家個人の権利を擁護するアンリ・ヴァン・ド・ヴェルドの反対に遭ったのである。

その展覧会で最も刺激的な建物が、ヴァン・ド・ヴェルドの**工作連盟劇場**であった。彼の作品にはむらがあるが、この優美な線状構成は、エーリヒ・メンデルゾーンその他によって第1次世界大戦後に取り上げられることになる流線形様式の前触れであった。この動向は、アール・ヌーヴォーやユーゲントシュティルからの自然な発展を示し、美学者ヴィルヘルム・ヴォリンガーの「感情移入」説から大きな影響を受けたものであって、大抵は「表現主義」と呼ばれているが、その呼称は満足いくものでない。1920年代中頃まで、表現主義とドイツ・モダニズム厳格派との確かな区分はなかった。工作連盟の重要メンバーであるハンス・ペルツィヒ(1869-1936)の作品では、ドイツ表現主義とモダニズムとが手を携えている。彼の変化に富んだ表現法には、**ブレスラウ、ユンケルン通りのオフィスビル**(1911)における重厚な水平線や、**ポーゼン(現ルバン)の化学工場**(1911-12)における非耐力レンガ壁から成るせわしない段状の側面が含まれる。

ブレスラウ(現ブロツワフ、ポーランド)は、近代建築の重要な地方拠点であった。市の建築家マックス・ベルク(1870-1947)が技師兼施工者ディカーホフとヴィトマンと共同した**百周年記念ホール**(1911-13)は、画期的な意義を持つ直径65mのリブ付きコンクリート・ドームを擁していた。コンクリート建築の発展において、ドイツはフランスにほとんど遅れをとっていなかった。同構造による初期建築で重要なものには、**ミュンヘン大学・解剖学棟**(マックス・リットマン設計、1905-7)、戦間期にヨーロッパ中のホールや教会で広まった放物線アーチ様式の草分けである**ブレスラウ・マーケットホール**(ハインリヒ・クスター設計、1906-8)、**ライプツィヒ駅コンコース**(1909-11)がある。パウル・ボナーツ(1877-1956)とF.E.ショラーによる**シュトゥットガルト駅**(1911-28、p.1427A)も、同時期のコンクリート建築の一例であるが、その構造よりはむしろシンケル風の謹厳さを備えた壮大な正面で重要であり、そこにはエリエル・サーリネンのヘルシンキ駅(本章後述参照)の影響が明らかである。

第1次世界大戦でドイツが敗れた直後の時期は、とりわけブルーノ・タウト(1880-1938)のドローイングに見られるような、極端な内省とユートピア主義によって特徴付けられていた。モダニズムの流線形タイプは、戦前の表現主義が近代都市の力動性に関係付けられたものであり、その最初の明々白々たるドイツ様式は1920年代に出現した。エーリヒ・メンデルゾーン(1887-1953)が、その先頭を行く主唱者であったが、人目を引く**ポツダムのアインシュタイン塔**(1921、p.1425B)や**ルッケンヴァルデ帽子工場**(1921-23)は、すぐさまより人当たりのよい**シュトゥットガルトのショッケン百貨店**(1926-27)やベルリンの**ウニフェルスム映画館**(1926-29)へと落ち着いた。近代建築の共通言語が出現するには時間がかかった。いわゆる「新建築（ノイエス・バウエン）」における実験の1つが、フーゴ・ヘーリンク(1882-1958)によってなされ、彼の**ガルカウ農場**(1922)は、農民の習慣や要求、またその装備や飼育動物が、建物

第44章 西ヨーロッパ(1900-45年) | 1427

A シュトゥットガルト駅(1911-28) p.1426 参照

B バウハウス、デッサウ(1925-26) p.1428 参照

外観に力づくで表わされるという極端なタイプの機能主義を代表していた。実験主義はまた、バウハウス初期の特徴でもあった。バウハウスは、1919 年、グロピウスによりワイマールに創設され、最初のうちは、建築よりも美術・工芸と教育理論を大きく取り上げていた。グロピウスとマイヤーにより木造軸組構造で建てられた**ベルリン＝ダーレムのアドルフ・ゾンマーフェルト邸**（1920-21）は、この時代のムードと限界を反映している。ミース・ファン・デル・ローエの作品もまた情緒的な段階にあり、その主要成果が、**ベルリンのリープクネヒト＆ルクセンブルク記念碑**（1926、ヒトラーの時代に取壊し）であった。

ドイツにおけるカトリック教会には、コンクリート造放物面ヴォールトとテクスチュア付きレンガ造立面を擁する強力で宗教的な一派があった。その最良のものは、ドミニクス・ベーム（1880-1935）による教会（**マインツ近郊、ビショフスハイムの教会**、1926）やマルティン・ヴェーバーによる教会（**フランクフルトの聖ボニファティウス教会**、1927）に見られる。フランツ・ディシンガーとウルリヒ・フィンステルヴァルダーによるコンクリート薄肉シェルのヴォールトやドームの開発は、戦間期ドイツの建築工学のハイライトであって、**イエナのツァイス社・実験ドーム**から始まり、大スパンの浅いドームを持つ**ライプツィヒ・マーケットホール**（1928-29）や**フランクフルト・マーケットホール**（1929-30）で完成された。いわゆるツァイス＝ディヴィダーク特許は、1930 年代に、**マクデブルクのフォルクスワーゲン工場**北面採光用トラスにおいて最大規模で用いられた。

1920 年代後半のドイツの経済復興期に、禁欲的で、機能的で、飾り気がなく、陸屋根を持ったモダニズムが現われ、すぐに「近代」もしくは「国際」様式として広く受け入れられた。それは「新即物主義」（ノイエ・ザッハリヒカイト）（新現実主義もしくは新客観主義）運動と連携しており、主として 1925-30 年のドイツにおける補助金住宅供給の大運動で展開された。「デア・リンク」として知られる、ベルリンの建築家の非公式圧力・支援団体の支援によって、多くのモダニストが市の建築家の職を得て、自分の周りにこの補助金住宅を建設するためのチームを結成した。そこには、ケルンのフリッツ・シューマッハー（1869-1947）、ドレスデンのハンス・ペルツィヒ、マクデブルクのブルーノ・タウト（短期間）が含まれるが、最も重要であったのが、ベルリンのマルティン・ヴァグナー（1885-1957）とフランクフルトのエルンスト・マイ（1886-1970）であった。こうした建築家は、緑地空間をたっぷりとったイギリスの田園都市・郊外の形態に影響を受けていたが、住宅よりも多くのフラッツを有するより高密度なものを建設した。マイのチームは特に多作であった。**フランクフルトのレーマーシュタット・ジードルンク**（1926-28）がその最高の到達点であり、近代的小住戸の構成、特に台所についての研究を開拓した。1930 年、マイは同じ方法をロシアで試みるため、チームのメンバーを引き連れていったが、ごくわずかな成功しか収めなかった。ベルリンでは、マルティン・ヴァグナーが多くの建築家に仕事を分配し、ブルーノ・タウトが**オンケル・トムス・ヒュッテ**および**ベルリン＝ブリッツ**を、ハンス・シャロウンとヴァルター・グロピウスが**ベルリン＝ジーメンスシュタット**を設計した。道路線を無視して住棟を平行に配置し、採光・通風のために住棟間に閉じた中庭ではなくオープン・スペースをとるという平行配置の考え方が、ベルリンの団地では広く採用されたが、それは、テオドール・フィッシャーによりミュンヘンのアルテ・ハイデ団地（1919）で開拓されたものであった。

ドイツの新しい集合住宅をいち早く表明した最も有名なものが、ドイツ工作連盟が企画した**シュトゥットガルトのワイゼンホフ・ジードルンク**（1927）と、ヴァルター・グロピウスとバウハウスにおける彼の後継者ハンネス・マイヤー（1889-1954）による**デッサウ＝テルテン団地**（1926-30）であった。ワイゼンホフは、ミース・ファン・デル・ローエが煮え切らないやり方でレイアウトし、ドイツ人以外を含む多くの指導的近代建築家がフラッツや住宅を建てた個人主義的な団地であった。その結果は混成的であって、その内最良の住宅は、J. J. P. アウト、ル・コルビュジエ、ハンス・シャロウンによるものであった。デッサウ＝テルテンは、1925 年にバウハウスがデッサウに移転した後に建てられたデモンストレーション用小団地であって、そこでの主たる関心は、プレフャブ部材と建設時における可動クレーンの大々的な使用にあった。これとグロピウスの**デッサウ・バウハウス**（1925-26, p.1427B）によって、ドイツで最も影響力あるモダニストの学校が「新即物主義」に転向したことが示されたのである。バウハウスで正式に建築教育が行なわれたのは 1927 年からであって、そこが新様式の拠点であると回想されるようになったのは、名声がそれほど高かったからである。グロピウスは、1928 年にバウハウスを去った後、特に**ヒルシュ銅板住宅**（1931）のような大量生産用プレフャブ住宅の開発を大いに行なったが、ほとんどが建設されなかった。彼の後継者ハンネス・マイヤーは極端な機能主義者で、あらゆる建築課題は科学的に解決しうると信じていた。彼の最も重要な実施作品は、ハンス・ヴィトヴァーと共同したレンガ仕上げの**ベルリン＝ベルナウのドイツ労働組合連合学校**（1928-30）であった。より軽快

第 44 章　西ヨーロッパ(1900-45 年)　　1429

な作風の「新即物主義」には、ヴィトヴァーによる**ライプツィヒ空港レストラン(1930-31)**があるが、そこでは、中央から屋根を吊り、四周にガラスを巡らせた飛行機を眺めるための小さい高架構造物が、息抜きをもたらしている。

　ドイツのモダニスト建築家の中には、1920年代の進展を歓迎しつつも、「新即物主義」の様式的還元主義と住宅供給運動を受け入れない者も多く、そこには、古い世代に属するペルツィヒやハンス・シャロウン(1893-1972)が含まれていた。後者は、1930年以降ベルリンに何軒かの住宅を建てたが、それは、自由なプランニングと連動させることでモダニズムをもっとくつろがせ、文脈に合わせるような可能性を示していた。シャロウンによる**レバウのシュミンケ邸(1932-33)**は、流動的な平面、斜めに配された階段、透明な立面を持ち、ドイツ建築運動の過激な状況下では稀な、モダニズムに対する自由主義的な見方を表わしていた。

　民族色を持った伝統的建築は、ドイツではワイマール共和国時代を通じて強い勢力を持ち続けた。その最高指導者が、ハインリヒ・テッセノウ、パウル・シュルツェ＝ナウムブルク(1869-1949)、パウル・シュミットヘンナー(1884-1972)であって、彼ら全員が、1920年代に勾配屋根で民族性を表わした団地を建設した。シュルツェ＝ナウムブルクとシュミットヘンナーは、1933年から始まるナチス政権初期に権力を手に入れたが、その時期に陸屋根のモダニズムがどんどん排斥され、バウハウスが解体され、多くの指導的モダニストが亡命した。しかし多くの独裁者と同様、ヒトラーもまた土着建築よりも都市におけるモニュメンタルで古典的な表現に関心があり、それらは、パウル・トロースト(1878-1934)による**ミュンヘンのドイツ芸術の家(1933)**や、後にアルベルト・シュペーア(1905-81)によって効率的に提供された。後者の実施作品には、**ニュルンベルク練兵場(1934)**、**ベルリンの首相官邸(1938)**、より小規模なバルトハムの**ヨーゼフ・トーラク・スタジオ(1938)**があった。シュペーアの古典主義は、圧迫感を与えるような修辞や非人間的なスケールと、幾分賢しげなタッチを持ったプランニングやディテールとを結合したものであった。彼の大規模なベルリン都市計画案は、ナチズム下で計画された多くのモニュメンタルな事業と同様、実施されなかった。この恐ろしい時代のより永続的な記念碑が、見事に施工された最初の**アウトバーン**であった。

スイス

　近代建築の初期段階では、優れた構造技術で知られ、質の高い建物を建てることができるほど豊かな国、スイスが有利になることは明らかであって、その異なる言語コミュニティでは、それぞれ独自の建築が発展した。ドイツ語圏の州は戦間期における「新建築（ノイエス・バウエン）」の活動拠点であったし、最近ではイタリア語圏の州が注目されてきている。

　ラ・ショー・ド・フォンは、20世紀初頭の美術・建築を鼓舞したスイスの地方拠点であった。そこでは、シャルル・レプラトニエ(1874-1946)の庇護下で、イギリスの小住宅やウィーンのユーゲントシュティルを賞揚する芸術一派が栄えた。レプラトニエの有名な弟子、ル・コルビュジエの最初期住宅は、それらに対する忠誠を表わしている。パリに出ていく前に建てたラ・ショー・ド・フォンの**シュウォブ邸(1916)**で、ル・コルビュジエは、陸屋根や重厚なコーニスを持ち、レンガで仕上げられ、シンメトリカルに構成された、ほとんどマニエリスム的な表現法へと向かっていた。

　20世紀建築の主流に対するスイスの貢献は、歴史的属性を徐々になくしていった**バーゼル**のカール・モーザー(1860-1936)の作品を嚆矢とする。十字形平面の中央に大塔がそびえる**聖パウル教会(1898-1901)**が最初の重要作品となり、優れた公共建築である**バーディシャー駅(1912-23)**がそれに続いた。しかし、傑作は**聖アントニウス教会(1926-27)**である。それは、ペレの影響を受けた高いコンクリート造教会で、ヴォールトの架かる力強いインテリアと、おそらくモダニズム初の全てがうまくいった教会塔を有している。バーゼルにはまた優れた低層団地がある。その中で最も壮大なのが、ハンネス・マイヤーにより**ムッテンツ**という郊外に建てられた**フライドルフ団地(1919-21)**で、田園都市の路線に沿いつつも、軸的に計画され、かつコミュニティ施設を有している。

　バーゼル近郊、ドルナハは、建築における表現主義の極端な表明であり、人智学思想の象徴的具現化として建設された**ゲーテアヌム**の地である。そこでは最初、1913-14年に、教育者・神秘主義者のルドルフ・シュタイナーが、専門家のカール・シュミット＝クルティウスの助けを借り、シュタイナーの人智学コミュニティの焦眉として、二重のドームを持つ木造ゲーテアヌムを建てた。それが焼失した後、1924-28年に、シュタイナーが模型で練り上げたマッシヴで彫塑的なデザインに建て替えられた。そこでは、せわしげに面取りされ、多面体化された打ち放しコンクリートの立面が、

周りに散在する同じ表現法による風変わりな住宅や建物で取り囲まれている。ゲーテアヌムのインテリアの大部分は、後世のものである。

コンクリートによる橋梁建設は、スイスの技師ロベール・マイヤール(1872-1940)により、技術・審美両面において格段の進歩を遂げた。彼の作品は、3ヒンジの小橋、**ツオツのイン橋**(1901)から、X字状にくびれた支柱から片持梁を持ち出した優美な橋、**ジュネーヴ近郊ヴェシーのアーヴ橋**(1936)まで幅広い。壮観な山岳風景中にある**サルギナトーベル橋**(1930)では、マイヤールはついに石造技術から脱し、純粋にコンクリートの特性のみから設計した。マイヤールはまた、支持梁なしで広く連続したコンクリートの床・屋根の建設が可能な「フラット・スラブ」技術を用いて建物を建てた最初のヨーロッパ人でもあった。**アルトドルフの連邦穀物庫**(1912)は、そうしたフラット・スラブの草分け的建物であった。

戦間期につたない運営で行なわれたジュネーヴの国際連盟本部競技設計は、多くのモダニストの望みを打ち砕いたが、最終的には、**ジュネーヴのパレ・デ・ナシオン**(1929-37)が、カルロ・ブロギ、J. フレゲンハイマー、C. ルフェーヴル、H.P. ネノ、J. ヴァーゴから成る委員会によって、古典主義とモダニズム混在のデザインで建てられた。ジョルジュ・エピトーによる**ジュネーブの国際労働機関**(1924-26)も、同様の表現法によるものであった。

スイスの穏健モダニズムの優雅さは、簡素な**ルールティエのカトリック教会**(1932)を建てたアルベルト・サルトリスや、オットー・ザルフィスベルク(1882-1940)が最もよく示している。ザルフィスベルクの初期作品は、ベルリンに建てられた。彼は研究所、オフィス、病院に専門特化していったが、その大半は、コンクリートの骨組、モルタル仕上げの立面、切れ味鋭い線、軒を深く出した陸屋根を有していた。**ベルンのローリー病院**(1927-29)は、戦間期の近代運動による最上の病院である。ザルフィスベルクは、モーザーの後継者として**チューリッヒ工科大学**教授となり、そこに**機械実験棟**(1930-33)を含むさまざまな建物を建てた。保育所から大学にいたるまであらゆるレベルの教育施設が、戦間期スイスで卓越したものとなった。パリのドニ・オネガーとフェルナン・デューマが共同した**フリブール・カトリック大学**(1938-41)は、ペレが護持したコンクリート造・裸形の古典主義による壮大で想像力に富んだ試みである。**ベルン工業学校**(1935-39)は、ル・コルビュジエの弟子ハンス・ブレヒビューラー(1907-89)によるものである。

「新建築」についての議論は、スイスでもドイツと同じほどの勢いで、またパウル・アルタリア(1892-1959)、ハンス・シュミット(1893-1972)、ハンネス・マイヤー、アルフレート・ロート(1903-98)という人達を中心に展開された。モダニズムの重要マニフェストとなったのが、チューリヒの2つの集合住宅開発事業であった。**ノイビュール団地**(1929-32)は、アルタリア、シュミット、ロートといったさまざまな建築家によるもの、**ドルダータル・アパートメント**(1936)は3階建の2つの住棟で、アルフレートとエミールのロート兄弟、マルセル・ブロイヤー、CIAM書記ジークフリート・ギーディオンの協働により、進歩的ブルジョワジー向けの展示用集合住宅として設計された。アルタリアとロートは、ヨーロッパのモダニストがしばしば忌避した木造技術による住宅設計に関心を寄せ、後者による小住宅、**チューリヒのエレーヌ・ド・マンドロ邸**(1943-44)は、その表現法でなしうることを示していた。

イタリア

イタリアは1870年まで一国として完全には統一されておらず、大規模な工業化は、世紀の変わり目頃になってようやく始まった(オリベッティ社は、1906年にタイプライターの製造を、フィアットは1916年に自動車の生産を始めた)。その結果、20世紀前半のイタリア建築は互いに矛盾する方法で形作られることとなった。一方で、イタリア人は国家のアイデンティティの象徴が必要であることを痛切に感じており、当然、この豊かな歴史を持つ国でローマ帝国の古典的遺産を見出して、ファシズム政権(1922-43)下ではそれを大いに利用した。他方で、彼らは他国に追いつこうと躍起になってもいた。多くの知識人にとって、このことは過去を打ち捨てることを意味し、そこから出てきたのが未来派の偶像破壊的側面であった。イタリア建築の幾分分裂気味の性格と同時期のイタリアの建築論争における攻撃的な調子は、こうした緊張を反映しているが、実務では、それはしばしば巧みに調停された。地域主義が執拗に存続していることから、唯一の支配的な個人・学派・理論が欠如していることを説明することができる。

北部の富裕な都市、トリノとミラノが、1900年頃のイタリア建築の主たるエネルギー源であった。そこには、パリとウィーンから等しくアイデアが持ち込まれた。「スティレ・リバティ(リバティ様式)」、別名「スティレ・フロレアーレ(花の様式)」「アルテ・ヌオヴァ(新芸術)」が、「アール・ヌーヴォー」や「ユーゲントシュティル」のイタリア版であった。その指導者の代

表がライモンド・ダロンコ(1857-1932)で、1902年のトリノ近代装飾芸術博覧会では、分離派に影響を受けた彼のパヴィリオンが目覚しい成功を収めた。**ウーディネのパラッツォ・コムナーレ**(1908-32)は、イタリアにおけるダロンコの大規模恒久建築の1つであるが、後に彼はイスタンブルに移り、そこで建物を建てた。イタリアの「リバティ」建築は、ジュゼッペ・ソマルガ(1867-1917)の作品に見られるように、しばしばバロック的な重々しい豊穣さを有している。ソマルガによる**ミラノのパラッツォ・カスティリオーネ**(1900-3)は、ジェノヴァの宮殿の伝統とアール・ヌーヴォーの鉄細工や騒々しい彫刻とを結合したものであるが、飾り立て過ぎている。ソマルガによる**サルニコのファッカノーニ家別荘および廟堂**(1906-7)は、ピクチュアレスク性、荒々しい石工事、本当の奇怪さの表明であり、**ヴァレーゼ、カンポ・ディ・フィオーレのホテル・トレ・クローチ**(1910-12)は、アメリカ的スケールを持つアルプスのホテルで、ケーブル鉄道駅とレストランの別棟を有している。ガエタノ・モレッティ(1860-1930)による**アッダ川、トレッツォ発電所**(1906)は、おそらく最も意外なリバティ様式によるモニュメントである。それと同じほど壮大であっても、それほど独創的ではないのが、ジュリオ・ウリッセ・アラタ(1881-1962)による**アニャーノの浴場**(1911)やウリッセ・スタッキーニによる**ミラノ駅**(1912-31)に代表されるネオ・バロック様式であって、後者は合理主義や未来派の嘲笑の的となった。これらと好対照なのが、ジャコモ・マッテ・トゥルッコによる**トリノ、リンゴットのフィアット工場**(1917-25, p.1432D)である。それは、全長500mに及ぶ鉄筋コンクリート造建物2棟から成る工学的構造物の典型であって、屋根が試験用走路となっており、そこへは1対の鉄筋コンクリート造斜路を通って上っていくことができる。同時期に最も創造的であったイタリア南部の建築家が、パレルモのエルネスト・バジレ(1857-1932)であった。自邸(1903)や**スパッカフォルノのパラッツォ・ベルモンテ**(1906)を初めとする、彼がパレルモに建てた住宅は、後世の海浜開発のモデルとなった。リバティ様式の海浜住宅では、通常、G.ブレガによる**ペーザロのルッジェリ邸**(1902-7)のような、もっと軽快なタッチが求められた。

ミラノのマリネッティとその仲間が押し進めた未来派は、おおむね文学と美術の運動であって、建築実務にはほとんど衝撃を与えなかった。しかしながら、アントニオ・サンテリア(1888-1916)によるユートピア的「新都市(チッタ・ヌオヴァ)」のドローイングが、1914年にいくつかの未来派展覧会に出展されて、当時の評判となり、さらにそれが1950年代に再版されて以来、人気を博してきた。このドローイングには、マリネッティやモラッソがほのめかしていたH. G. ウェルズ的路線に沿って、高速旅行や新技術に支配された都市のイメージが描かれている。そこでは交通インターチェンジ上に高いパイロン状建物が積み上げられているが、その主題は、サンテリアが作成したミラノ駅のスケッチから出てきたものである。

1920年代イタリアの指導的建築家は、ミラノの「ノヴェチェンティスタ(20世紀主義者)」であった。彼らは、ファシズムがプロパガンダでより多くの修辞を要求するようになる以前に、古典主義とモダニズムとの様式的混合を仕上げており、彼らの作品は、精神としては物思いにふけるデ・キリコの絵画に通じている。著名な「ノヴェチェンティスタ」がジョヴァンニ・ムツィオ(1893-1982)であり、その基調となる建物、**ミラノ、トゥラーティ通りの通称「カ・ブルッタ(醜い家)」**(1922)は、「ベルリン梅毒」をイタリアに持ち込んだとして非難されたアパートメントであった。ムツィオはそのファサードだけを設計したのだが、それは、締まりのない気まぐれなマニエリスム的方法で装飾されており、裸形で平板化された古典的要素、素材の混合が見られる。その表現法は、集合住宅立面を軽快化する方法として人気を博した。ピエロ・ポルタルッピによる2棟並びの**ミラノ、フォッパ通りのアパートメント**(1928、1933-34)は、1930年代のより厳格な合理主義へと道を譲り渡した様式を示している。軽快でほろ苦い古典主義はまた、ジオ・ポンティ(1891-1979)やジュゼッペ・ピッツィゴーニの初期住宅——前者による**ガルシュのブイエ邸**(1926)、後者による**ベルガモのピッツィゴーニ邸**(1925-27)——の特徴でもあった。ムツィオ最大の作品、**ミラノ・カトリック大学増築部**(1928等)では、彼の表面テクスチュアへの関心とロンバルディア・バロックへの魅了が継続されている。

マルチェロ・ピアチェンティーニ(1881-1961)は、ファシズムに関わった最初の有名建築家であった。彼は**ローマのコルソ映画館**(1915)で注目を浴び、その大胆なコンクリート造・モルタル仕上げのファサードがローマの保守派に衝撃を与えた。**ボルツァーノ戦勝記念碑**(1925-28)は、権標で装飾された最新版凱旋門という形態を採ったもので、いわゆる「スティレ・リットリオ(リークトル様式)」、すなわちムッソリーニの「新ローマ帝国」の(1つ存在したとして)公認様式のデビューを示した。ピアチェンティーニは、建築家であるとともに都市計画家でもあって、賢明なコンテクスチュアリストであった。**ブレーシャ、ヴィットーリア広場**(1927-32)は、カミロ・ジッテの計画原理を古いイタリアの都心とファシストのプロパガンダに巧みに適

1432 | 20世紀の建築

A サンタ・マリア・ノヴェッラ駅、フィレンツェ（1932-33） p.1433 参照

B カーサ・デル・ファッショ、コモ（1933-36） p.1433 参照

C イタリア文明館、EUR（ローマ万国博覧会、1937-42）
p.1433 参照

D フィアット工場、リンゴット、トリノ（1917-25）、
斜路詳細 p.1431 参照

合させている。サン・ピエトロ大聖堂とヴァティカン宮殿にいたる穏やかで開放的な大通り、**ローマ、コンチリアツィオーネ通り**は、それほどうまくいっていない。それは、本質的には、1880年代のナポリ以来イタリア都市計画の典型となった「スヴェントラメント」、すなわちスラム・クリアランス計画であって、ファシズム自身の目的のために収用されたのである。ピアチェンティーニはまた、EUR（ローマ万国博覧会）計画チームを統括した。この巨大な博覧会は、1942年までにローマの新地区全体を創出するために計画されたが、実施されず、ファシストのより壮大な建物が何棟か建てられた。アダルベルト・リベラ(1903-63)による**会議場**(1938)、ラ・パドゥーラ、グェッリーニ、ロマーノによる**イタリア文明館**(1937-42、p.1432C)が有名で、後者はコロッセウムを四角く合理化したもので、論議を呼んだ。

EUR は、過去の国家的建築とモダニストのアジェンダとの中間に、ファシストの公式事業の共通基盤を見出そうとするイタリア人建築家の手腕を結集させたものであって、それは、**サバウディア**(1933等)や、ジョヴァンニ・ミケルッチ(1891-1990)他による**フィレンツェのサンタ・マリア・ノヴェッラ駅**(1932-33、p.1432A)のような事業でも際立って示されている。前者は、ポンティーネ沼沢地に5つ計画された小規模な町の最良のもので、ルイジ・ピッチナート(1899-1983)によって、禁欲的な地中海風陸屋根を持つ簡素な建物が立ち並ぶ都心部が作られた。後者では、騒ぎ立てることも攻撃することもなく、歴史的都市フィレンツェの周縁部に嵩張る建物をうまくはめ込んでいる。数多くの郵便局や鉄道駅舎を作った設計者、アンジョロ・マッツォーニ(1894-1979)は、円弧状の**アグリジェント郵便局**(1931-34)に見られるように、こうした折衷に熟達していた。それは、伝統主義者、「ノヴェチェンティスタ」、通常合理主義者として知られるイタリア・モダニストの急進派との間の一種の調停を示しており、後者は1930年代に短いが特筆すべき開花を享受したのである。

イタリアの合理主義建築家は、ディテールに対する精密な配慮、文脈に対する優れた感覚という点で、同世代のドイツ人やフランス人とは異なっている。しかし、彼らはより少ない建物しか建てず、より多くの議論を、とりわけ雑誌『カーサベッラ』誌上で行なったのである。彼らの中で、コモのジュゼッペ・テッラーニ(1904-43)が最も有能であった。テッラーニの急進的モダニズムとファシスト双方への愛着は、イタリアにおける建築と政治の連携は1つの単純なパターンに収まらないということを気付かせてくれる。彼の傑作、コモの**カーサ・デル・ファッショ**(1933-36、p.1432B)は、確信に満ち統制のとれた4階建の立方体で、都心部の建て込んだ広場に面し、政治的・公共的善行を誇示するものとして計画された。そこには内部化された中庭があり、構造体が力強く分節されている。テッラーニは、ソリッドとヴォイド、骨組と壁との演出を、平屋で中庭型平面を持つ**アジロ・サンテリア保育園**(1936-37)でも続けた。彼がピエトロ・リンジェーリ(1894-1968)と共同して建てたミラノの一連のアパートメントも注目すべきで、**ミラノ、センピオーネ大通りのカーサ・ルスティチ**(1933-35)は、開放性、自由、抑制のバランスがとれている。

他の合理主義者では、リベラによる**トレントのラファエッロ広場小学校**(1932)は力強く、かつ驚くほどよく歴史的文脈になじんでいる。リベラによる文脈に配慮したもう1つの作品が、**カプリのマラパルテ邸**(1939-40)である。それは岩山の岬から威厳をもって生え出たような住宅で、施主の文筆家クルツィオ・マラパルテと共同設計された。ルイジ・フィジーニ(1903-)とジーノ・ポッリーニは、長いカーテン・ウォールを持つ**イヴレアのオリベッティ社オフィス**(1934-45)や、そのコミュニティ・センター前にある簡素な石壁を持つ**保育所**(1939-41)の設計時から、オリベッティ社との長期間にわたる実りの多い協同を築き上げた。合理主義者側に転じた建築家の建物では、ジオ・ポンティによる当世風の**ミラノ、モスコヴァ通りの第1モンテカティーニ・ビル**(1936-38)は、H字型のオフィス用平面上で、緑色の大理石と銀色のアルミニウムから成る完璧に平坦なファサードが美しく展開されているという点で、注目すべきである。

イタリアの大技師ピエル・ルイジ・ネルヴィ(1891-1979)の成功は、1930年代から始まった。彼の様式の特徴となる十字交差したコンクリート造ヴォールトは、**フィレンツェ市立スタジアム**(1930-32)や、**オルヴィエート**(1936)と**オルベテッロ**(1939-40)に建てられ、随分以前に取り壊された、驚くべき2つの**飛行機格納庫**に初登場したのである。

イギリス・アイルランド

1900年から第1次世界大戦まで、イギリス建築は経験主義的な進路を辿った。住宅と集合住宅が最も注目され、また世界中から賞賛されたし、田園郊外概念が競合しながら広まった。教会の大部分はゴシックの伝統に則っており、いまだに重要な問題であった。都市の公共建築では、フランス、スコットランド、アメ

リカの影響が混じり合った中で、水準が高められた。イギリスは、モダニズムを心底から信奉したヨーロッパ最後の大国であったが、1930年代にそうなった時には、斬新かつ多様な建物を生み出したのである。

ヴィクトリア朝イギリスの都市建築は、一貫性がなかったが、この欠点はエドワード朝（1901-10）のロンドンの一連の事業で矯正された。それらはボザールのプランニング原理への転向を示しており、そこには、LCC（ロンドン州議会）による**オールドウィッチ、キングズウェイの改修**（1900-25）、一端を**アドミラルティ・アーチ**、他端をヴィクトリア女王記念碑とバッキンガム宮殿の改装正面とした、アストン・ウェッブ卿による**ザ・マルの新レイアウト**（1901-14）、老練な建築家ノーマン・ショウ（1831-1912）とレジナルド・ブロムフィールド（1856-1942）による、ピカデリー・サーカスの一部と**ピカデリー・ホテル**（1905-25、p.1435A）を含む**リージェント・ストリート、クアドラントの改築**が含まれていた。これらの作品には、フランス趣味への完全な帰依から、ウェッブのアドミラルティ・アーチに見られる曲線の精巧さ、ショウのピカデリー・ホテルやクアドラントに見られる個人的なモニュメンタリティまでの変化があるが、集合としては、エドワード朝バロックとして知られる様式に総括されている。

エドワード朝バロックによる公共建築には、多数の好例がある。というのも、イギリスは石張りの市庁舎、ギャラリー、劇場に帝国の富を注ぎ込んだからである。典型例が、H. V. ランチェスター（1863-1953）と E. A. リカーズ（1872-1920）というフランスびいきのパートナーシップによる**カーディフ市庁舎**（1897-1906、p.1435B）を含む**カーディフ官庁街**、A. ダンバー・スミス（1866-1933）とセシル・ブリューワー（1871-1918）による**ウェールズ国立博物館**（1906-9、p.1435C）、ラルフ・ノット（1878-1929）によりテムズ川沿いに建てられたLCCの本拠地、大列柱廊が湾曲して伸びる中央部とピラネージ風の内部化された中庭をもつ**ロンドン州庁舎**（1912-33、p.1436A）である。エドワード朝公共建築の最も確信に満ちた建築家は、スコットランド人であった。というのも、スコットランドはイングランドのように古典的伝統に対して挿話的な関わり方をしてこなかったからである。当の人物がジョン・バーネット卿（1857-1938）であって、ボザールで教育を受け、当初はグラスゴーで活動した。当地、**ウェスト・キャンベル・ストリートのマッギオーク百貨店**（1905-10、取壊し）は、彼の古典主義の独創性と力の証であった。ロンドンにおける以下の3軒の建物が、バーネットのデザインの幅を示している。**オールドウィッチのゼネラル・ビル**（1909-10）は、パラッツォ・マッシミ・アッレ・コロンネに基づいた凸面ファサードを持ち、**大英博物館**背面（1904-14、p.1435D）は、イオニア式大列柱廊とエレベーター・シャフトを巡る気品ある階段を持ち、**キングズウェイのコダック・ビル**（1910-11、p.1436B）は、鉄骨骨組を曖昧なところなく率直に表現したイギリス最初の都市建築であった。

鉄骨造石張りの柱、その間に積層された窓と金属製パネルというアメリカのシステムは、シカゴの影響を受けた**オックスフォード・ストリートのセルフリッジ百貨店**（1908-26、p.1435E）で、すでに予見されていた。それは当時のロンドンで最も力強い古典建築であって、セルフリッジの顧問建築家はシカゴの D. H. バーナム事務所、同技師がスヴェン・バイランダーであるが、カナダ生まれのフランシス・スウェールズが正面の贅沢な列柱廊を設計したものと思われる。全般的に、イギリスは鉄骨造やコンクリート造という新技術を採用するのが遅かった。鉄筋コンクリートは、1897年に工場や倉庫で初登場したものの、上等な建築ではほとんど露出されなかった。ジェームズ・サルモン（1874-1924）とジョン・ガフ・ジレスピー（1870-1926）による**グラスゴー、ホープ・ストリートのライオン・チェンバーズ**（1905-6、p.1437A, B）はエンヌビク式コンクリート造で、10cm厚モルタル仕上げの外壁を持ち、正面は不規則であるが、背面では建物高さいっぱいまで隅切ベイウィンドウが立ち上がっている。コンクリート造受容にとって重要だったのが、工事局のヘンリー・タナー卿（1849-1935）による**ロンドンのセント・マーティン=ル=グランド郵便本局**（1905-9）であった。それは、エンヌビク式コンクリート造のアーチ状骨組を持つが、主要道路に面する立面はエドワード朝バロック様式の石張り、その他は全てモルタル仕上げである。

アーツ・アンド・クラフツ運動に親近感を抱いているロンドンの建築家達は、オフィスビルでマニエリスム的モチーフを用いた実験を行なった。そこには、J. J. ジョアス（1868-1952）による**ピカデリーのロイヤル・インシュアランス・ビル**（1907-8）、チャールズ・ホールデン（1875-1960）による**チャンセリー・レーンの法曹協会**（1903-4、p.1436C）が含まれる。全般的に、アーツ・アンド・クラフツの建築家は、人目を引く都市建築に慣れていなかった。W. R. レサビー（1857-1931）による**バーミンガムのイーグル・インシュアランス・ビル**（1899-1900、第34章参照）は、複雑な象徴的モチーフと曖昧な表現法が使われており、アーツ・アンド・クラフツの建築家が歴史的様式の直接的暗示を避けて通る限度を示している。

イギリスのアーツ・アンド・クラフツ運動は、1900年に全盛を迎えた。その影響は、建築では主として住

第 44 章 西ヨーロッパ（1900-45 年） | 1435

A ピカデリー・ホテル、ロンドン（1905-25）　p.1434 参照

B カーディフ市庁舎（1897-1906）　p.1434 参照

C ウェールズ国立博物館、カーディフ（1906-9）
p.1434 参照

D 大英博物館、ロンドン（1904-14）　p.1434 参照

E セルフリッジ百貨店、ロンドン（1908-26）　p.1434 参照

A ロンドン州庁舎(1912-33) p.1434 参照

B コダック・ビル、キングズウェイ、ロンドン(1910-11)
p.1434 参照

C 法曹協会、チャンセリー・レーン、ロンドン(1903-4)
p.1434 参照

第 44 章　西ヨーロッパ(1900-45 年)　　1437

A　ライオン・チェンバーズ、ホープ・ストリート、グラスゴー(1905-6)　p.1434 参照

B　ライオン・チェンバーズ、背面

C　ヒースコート、イルクリー、ヨークシャー州(1905-7)　p.1438 参照

宅に及び、独創性よりはむしろ正直なデザイン、職人仕事、素材の表現を、どんな代償を払ってでも護持しようとした。そうしたアーツ・アンド・クラフツの清教徒的姿勢が、レサビー、C. R. アシュビー（1853-1942）その他の教説で推奨されたので、イギリスにはアール・ヌーヴォー建築がほとんどないことになった。多くのアーツ・アンド・クラフツの建築家は、イギリスのコテージの伝統に連なる様式を好んだが、そのような建築家が、C. F. A. ヴォイジー（1857-1941）と M. H. ベイリー＝スコット（1865-1945）であった。ヴォイジーは、粗面仕上げの壁、方立付きの窓、簡素な木の仕上げという自分の表現法に固執した。その最上のものは、自邸である**コーリーウッドのジ・オーチャード**（1900-1）に見られる。ベイリー＝スコットのデザインの幅はもっと広く、**レッチワース、ソラーショット・ウェストのタングルウッド**（1906）に見られるような、イングルヌック（炉辺）を持ったオープン・プランを好んだが、彼の作品は往々にして感傷的であった。他の住宅作家は、歴史的様式に対する反感をそれほど持っていなかった。その1人がアーネスト・ニュートン（1856-1922）であって、彼のバランスのとれた住宅は、**ハートリー・ウィントニーのフォーエーカー**（1901）におけるネオ・ヴァナキュラー様式から、**ワーキンガムのラックリー**（1907）におけるフォーマルな「レネサンス（レン復興）」様式まで進化している。

　エドワード朝の住宅作家で主賓扱いされるエドウィン・ラッチェンス卿（1869-1944）は、様式の幅を自由自在に操ることと、プロポーションに対する目や敷地、素材、テクスチュアに対する独特な感覚とを結び付けた。彼の最良の初期住宅はサリー州に建てられたが、そこで彼は、友人であり施主でもあったガートルード・ジーキルの植栽と造園で引き立てられたサリー地方のヴァナキュラー様式を完成させた。**ソニングのディーナリー・ガーデンズ**（第34章参照）や**ストックブリッジ近郊のマーシュ・コート**（1901-4、p.1439A, B）では、そうした初期様式にフォーマルなタッチが加えられている。**イルクリーのヒースコート**（1905-7、p.1437C）は徹頭徹尾古典的な住宅であって、サンミケーリやヴァンブラの「大様式」が、地方産の石造でパンタイル葺寄棟屋根を持つ中規模ヴィラに適用されている。1905-14年の時期には、**サンドウィッチのザ・サルテーション**（1911）のように、もっと落ち着いたフォーマルな平面を持つレンガ造住宅が建てられたが、それらが戦間期イギリスにおける紳士的なネオ・ジョージアン・リヴァイヴァルの進路を定めたのである。

　イギリスにおけるロンドン以外のアーツ・アンド・クラフツの拠点は、中流階級向け郊外住宅が高いレベルに達したバーミンガムと、チャールズ・レニー・マッキントッシュ（1868-1928）の名声が同時代人の影を薄めているグラスゴーであった。マッキントッシュによる住宅の傑作、**ヘレンズバラのヒル・ハウス**（1902-3、p.1440A）では、ヴォイジーの様式と、スコットランドの伝統、優雅なプランニング、「芸術作品としての部屋」を完遂しようとするイギリスらしからぬ強迫観念とが混合されている。エディンバラのロバート・ロリマー卿（1864-1929）は、簡素なスコットランド住宅の洗練という点ではマッキントッシュと比肩されるが、**インヴァラリー近郊のアードキングラス**（1907-9）に見られるように、ディテールはそれほど独創性ではない。精神としてマッキントッシュにより近いのが、ミドルトンおよびマンチェスターのエドガー・ウッド（1860-1935）と J. H. セラーズ（1861-1954）であった。彼らによる**マンチェスター、ヴィクトリア・パークのクリスチャン・サイエンス教会**（1903-8）は、オルブリヒに対する関心を暗示しているのに対し、**スタッフォードのアップミーズ**（1908、p.1440B, C）は、陸屋根を持つコンクリート造住宅のイギリスにおける初期事例である。マッキントッシュとウッド＆セラーズが建てた公立小学校の比較は、示唆に富む。マッキントッシュによる**グラスゴーのスコットランド・ストリート学校**（1904-6）は、慣習的な3階建平面によるが、記憶に残るようなディテール、なかんずくガラス張りの階段室を持っている。ウッド＆セラーズによる**ミドルトンのエルム・ストリート学校**（1908-10）は、郊外の敷地に建つ低層の建物で、中央ホールと半環状の正面玄関から何棟かの翼部を突き出した「フィンガー・プラン」で巧みに計画されている。

　20世紀になってもイギリスのゴシック・リヴァイヴァルが存続していたことは、ジャイルズ・ギルバート・スコット卿（1881-1970）による**リヴァプール英国国教会大聖堂**（1903-78、p.1441C）で十分示されている。それは自由な装飾式ゴシック様式で、とりわけスペインを起源とする多くの引喩がなされている。広い身廊の中程には交差部があり、2本の袖廊の間から睥睨するような中央塔がそびえ立っている。素材は赤色砂岩で、ヴォールトの上にはコンクリート造の屋根が架けられている。西端部は短縮され、スコットの死後改訂されたデザインで建設された。ゴシックの伝統の洗練化は、多くの建築家によって続けられた。その中では、テンプル・ムーア（1856-1920）とニニアン・コンパー卿（1864-1960）が際立っており、前者の傑作が**ハロゲートのセント・ウィルフリッド教会**（1905-14）、後者の傑作が**ウェリングバラのセント・メアリー教会**（1906-30）である。ゴシックに対するより急進的なアプローチが

A マーシュ・コート、ストックブリッジ近郊、ハンプシャー州(1901-4)　p.1438参照

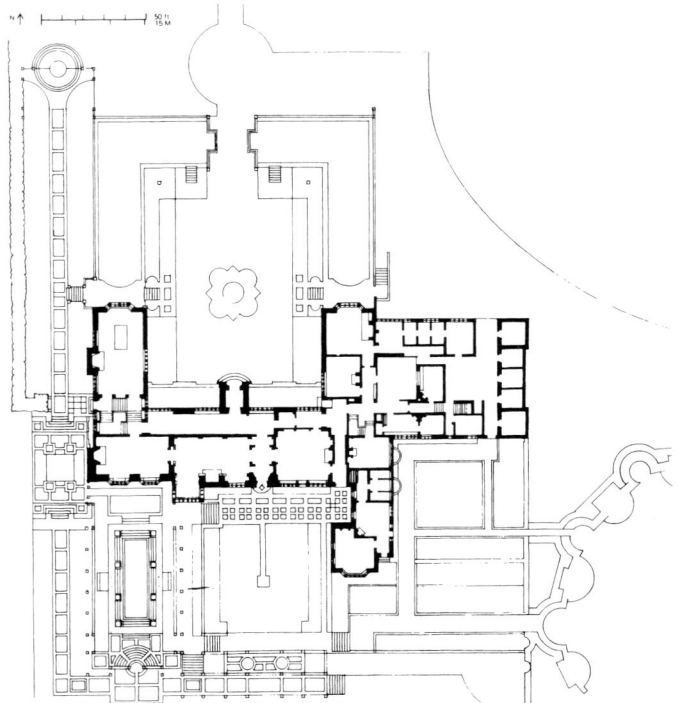

B マーシュ・コート、1階平面図

A ヒル・ハウス、ヘレンズバラ（1902-3） p.1438 参照

B アップミーズ、スタッフォード（1908） p.1438 参照

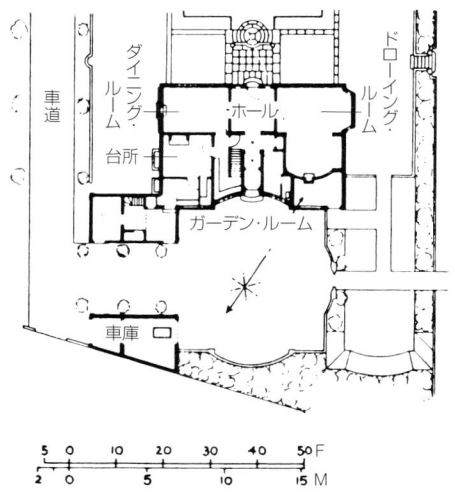

C アップミーズ、1階平面図

第44章　西ヨーロッパ(1900-45年)

A　セント・アンドリュー教会、ロカー、サンダーランド（1905-7）　p.1442 参照

B　セント・アンドリュー教会、ロカー、東側を見た内観

C　リヴァプール英国国教会大聖堂、リヴァプール（1903-78）p.1438 参照

D　ニュー・イアーズウィック・モデル・ヴィレッジ、ヨーク、（1902-）　p.1442 参照

レサビーによって採られた。彼による**ブロックハンプトンのオール・セインツ教会**(1901)は、コンクリート造の急勾配屋根を藁で葺くという奇抜さでもって、イギリスの農村教会の更新を試みている。E. S. プライアー(1852-1932)は、**サンダーランド、ロカーのセント・アンドリュー教会**(1905-7、p.1441A, B)という都市教会で、もっと確信をもってレサビーの手本に従った。それは、コンクリート造石張りの内部横断アーチ、コンクリート造の垂木、アーツ・アンド・クラフツの優れた備品を有している。

田園都市・田園郊外は、イギリスのエドワード朝建築に非常に大きな影響を及ぼした要素であった。田園郊外という名が流布する以前に、高水準の低層「コテージ」を持つ製造業のモデル郊外が、**ポート・サンライト**(1888-)と**ボーンヴィル**(1895-)に建設されていた。そこでの原理が、建築家兼都市計画家バリー・パーカー(1867-1941)とレイモンド・アンウィン卿(1853-1940)に委託された最初の大事業、クエーカー教徒の製造業者ジョゼフ・ロウントリーのための**ヨークのニュー・イアーズウィック・モデル・ヴィレッジ**(1902-、p.1441D)で拡張された。ニュー・イアーズウィックは、ロウントリーの雇用者に限定されていなかった。それは、曲がりくねった道路と木の茂った歩道を有し、コテージは、道路との絶妙な関係を持った短めのテラスハウスにまとめられ、簡素なヴァナキュラー風で設計された。パーカーとアンウィンはまた、エベネザー・ハワードの田園都市運動の口火を切った事業、**レッチワース**(1903-)の建築家兼都市計画家でもあった。ハワードは、大都市の成長を抑制すべく、自ら工業と農業を持って自給自足した人口3万-3万5千人の新都市を作ることを唱えた。レッチワースの発展が緩慢であったため、住宅地のレイアウトとデザインについてのパーカーとアンウィンの考え方は、主として、よりすみやかに成長した**ロンドンのハムステッド・ガーデン・サバーブ**(1906-、中央広場のレイアウトと教会の設計はラッチェンスによる)から広まった。アンウィンの『都市計画の実践』(1908)は国際的な影響力を持ち、彼の考えは1920年代を通してイギリスの住宅供給や都市計画を支配した。ハワード流の田園都市構想は、**ウェルウィン・ガーデン・シティ**(1920-)でさらなる試みがなされた。それはルイ・ド・ソワソンによりレイアウトされ、ボザール様式のセンター、レッチワースよりも良好な工業地区、ネオ・ジョージアン風が勝った住宅を持っていた。

LCCは、1900年以降、田園郊外モデルに沿って低廉な公営コテージ住宅を供給したが、それは影響力を持ったLCC建築局により設計された。第1次世界大戦前の「コテージ住宅地」の嚆矢が、**トゥーティングのトターダウン・フィールズ**(1902-)や**トッテナムのホワイト・ハート・レーン**(タワー・ガーデンズ、1903)であった。同時期のLCCによる消防署は、並外れて「自由な」アーツ・アンド・クラフツの表明であって、そこではH. F. T. クーパーによる**ユーストン消防署**(1902)が際立っている。

1920年代のイギリス建築は、ラッチェンスの情緒的古典主義によって支配された。ニューデリー(第57章参照)以降のラッチェンスの最も華々しい作品は、帝国戦没者墓地委員会のために設計されたものであった(実際、イギリス人建築家は、第1次世界大戦を記念してヨーロッパに作られた多くの陰気な墓地の中で最上のものを設計した)。フランス、ティプヴァルの**ソンム戦戦没者記念アーチ**(1927-32)は、複雑な幾何形態から普遍的な抽象と力を引き出している。**ロンドン、ポウルトリーのミッドランド銀行**(1924-27、p.1443A)や、**ロンドン、フィンズベリー・サーカスのブリタニック・ハウス**(1920-24、p.1443B)は、ラッチェンスの石のディテールを扱う自在さと、陳腐なジャイアント・オーダーを用いることなく、近代的都市オフィスの建物高さまで古典主義を適用し変更していく能力を明示している。ハーバート・ベイカー卿(1862-1946)は、ラッチェンスと同じ流儀で仕事をしたが、文脈に従い、感傷に流される傾向にあった。ベイカーによるロンドンの建物、**オールドウィッチのインディア・ハウス**(1928-30)、**トラファルガー・スクエアの南アフリカ・ハウス**(1935)は、古典主義と生き生きとした植民地風ディテールの混合であり、英国国教会用に設計された**ウェストミンスターのチャーチ・ハウス**(1936-40)は、歴史的なモチーフや素材を折衷主義的手法で積層したものである。同時期の他の古典主義者には、エドウィン・クーパー卿(1873-1942)やレジナルド・ブロムフィールド卿がいるが、後者による**ロンドン、ペルメルのカールトン・クラブ立面改装**(1921、1940取壊し、p.1443C)は、フランスのルイ16世様式を学者風に使い回したものであった。

ラッチェンスに影響を受けた古典主義で最上のものは、E. ヴィンセント・ハリス(1879-1971)の公共建築である。ハリスの円形平面を持つ**マンチェスター中央図書館**(1931-34)は、**マンチェスター市庁舎増築**(1934-38、p.1444A)よりも見劣りがする。後者はゴシックの表現法によるもので、ヴィクトリア朝ゴシックのマンチェスター市庁舎と調和している。両者とも、1930年代イギリスの公共建築に共通して見られるように、エストベリ、アスプルンド、テンボムの作品から採られたスウェーデンの風合いを有している。パーシー・ト

第 44 章 西ヨーロッパ(1900-45 年) | 1443

A ミッドランド銀行、ポウルトリー、ロンドン(1924-27)
p.1442 参照

B ブリタニック・ハウス、フィンズベリー・サーカス、
ロンドン(1920-24)　p.1442 参照

C カールトン・クラブ、ペルメル、ロンドン(1921、1940 取壊し)　p.1442 参照

A マンチェスター市庁舎増築(1934-38)と中央図書館(1931-34)　p.1442 参照

B セナト・ハウス、ロンドン大学(1933-39)　p.1447 参照

第44章　西ヨーロッパ（1900-45年）　　1445

A　スウォンジー市庁舎（1930-34）　p.1447 参照

B　王立英国建築家協会、ポートランド・プレイス、ロンドン
（1932-34）　p.1447 参照

C　ノリッジ市庁舎（1938）　p.1447 参照

A 王立園芸ホール、ロンドン(1926-28) p.1447 参照

B ブーツ社工場、ビーストン、ノッティンガムシャー州(1930-32) p.1447 参照

C ブロードウェイ 55 番地、ロンドン(1927-29) p.1447 参照

D デイリー・エクスプレス・ビル、フリート・ストリート、ロンドン(1932-33) p.1447 参照

マス卿による**スウォンジー市庁舎**(1930-34、p.1445A)、G. グレイ・ウォーナムによる**ロンドン、ポートランド・プレイスの王立英国建築家協会**(1932-34、p.1445B)、S. ローランド・ピアスと C.H. ジェームズによる**ノリッジ市庁舎**(1938、p.1445C)は全て、「スウェディッシュ・グレース(スウェーデンの優美さ)」に触発されたもので、裸形の古典的正面と繊細で装飾的なディテールを持っている。イーストン&ロバートソンによる**ロンドンの王立園芸ホール**(1926-28、p.1446A)も部分的にはスウェーデン風であるが、そのコンクリート造放物線アーチに支えられた段状断面は影響力があった。

アメリカン・ボザールのモニュメンタリティは、リヴァプールで頂点を極めた。そこでは、ウィリンク&シックネス事務所がアーサー・デイヴィスと共同した**キュナード・ビル**(1913-)、W. オーバシー・トマスによる**ロイヤル・リヴァー・ビル**(1908-10)、アーノルド・ソーンリー卿による**マージー・ドックと港湾局**(1907)の一群が、威厳に満ちた誇りをもってマージー湾を見下ろしている。アメリカとスウェーデンの影響は、戦間期イギリスで最もモニュメンタルな以下の3棟の公共建築で合体している。バーネット、テイト&ローン事務所の T.S. テイト(1882-1954)による**エディンバラのセント・アンドリューズ・ハウス**(1936-39)は、地味なスコットランド産の石張りで、ディテールの完璧さが厳しく求められている。アダムズ、ホールデン&パーソン事務所のチャールズ・ホールデンによるロンドン旅客交通局の**ブロードウェイ 55 番地**(1927-29、p.1446C)とロンドン大学本部である**セナト・ハウス**(1933-39、p.1444B)では、高層建築の高さが高くなるほど、そのヴォリュームと輪郭線を後退させるというニューヨークでのやり方が採用されており、ブロードウェイ 55 番地では、厳格さが優美なレリーフによって和らげられている。ホールデンはまた、一連のロンドン地下鉄駅(1924-39)を見事に設計した。とりわけノーザン線の**クラッパム・サウス駅**と**トゥーティング・ブロードウェイ駅**、ピカデリー線の**サドベリー・タウン駅、アーノス・グローヴ駅、コックフォスターズ駅**は、スウェーデンの影響を受けたモダニズムの変形版である。

郷紳の学者、H.S. グッドハート=レンデル(1887-1959)もまた、スウェーデンの影響を受けた。彼は戦間期イギリスの建築家の中で最も個性的であり、ネオ・ヴィクトリアンから近代まで幅広い様式を駆使した。**ロンドン、ヘイズ・ワーフのセント・オラフス・ハウス**(1931)は、スウェーデンの優美さとアール・デコの趣を持つ石張りの建物で、彼の最上の世俗建築である。彼のゴシック様式レンガ造教会はもっと首尾一貫しており、ブライトンの聖ウィルフリッド教会(1932-34)が有名である。N.F. カシュマイユ=デイによる**ロンドン、エルサムの聖サヴォワール教会**(1932-33)は、ドイツの事例に影響を受けて数多く建てられたレンガ剥き出しの「表現主義」教会の 1 つである。ジャイルズ・ギルバート・スコット卿は、戦間期中ずっと優れたレンガ造教会を建て続けたが、彼は合理的構造の強力な唱導者でもあって、その最も純粋な例を**ロンドンのウォータールー橋**(1936-40)に見ることができる。

イギリスにおける急進的モダニズムは、成長が遅かったが、突然開花した。この時期、1920 年代ヨーロッパでの発展は学習されたが、ほとんど模倣されなかった。最初の大きな突破口は、技師兼建築家のオーエン・ウィリアムズ卿(1890-1969)による**ノッティンガムシャー州、ビーストンのブーツ社 2 工場**(1930-32、1935-38、p.1446B)、**ロンドン、フリート・ストリートのデイリー・エクスプレス・ビル**(1932-33、エリス、クラーク&ギャランノー事務所と共同、p.1446D)、**ロンドン、ウェンブリーのエンパイア・プール**(1933-34)で開けられた。ウィリアムズはコンクリートに傾倒し、以前のイギリス建築家には見られなかった冷静さでもってそれを用いた。彼のブーツ社工場は 4 階建で、天窓から採光されたインテリアとガラス張りの立面を有している。それと、バニスター・フレッチャー卿(1866-1953)による**ロンドン、グレート・ウェスト・ロードのジレット社工場**(1936)やウォリス、ギルバート&パートナーズ事務所による**ロンドン、ウェスタン・アヴェニューのフーヴァー・ビル**(1931-32)のような、当時流行した人目を引く正面と陳腐なインテリアを持った工場建築との対比は、印象的である。デイリー・エクスプレス・ビルは、コンクリート骨組にガラスと黒色ヴィトロライト(不透明着色ガラス)の優雅なカーテン・ウォールを巡らせたものであり、他方、エンパイア・プールはカウンターバランス用の風変わりな小塔を持つ片持梁構造である。

イギリス人・モダニストの個人住宅は、T.S. テイト(フレデリック・マクマヌスとの共同)による**シルヴァー・エンドのル・シャトー**(1927-28)のような試みから始まったが、それは、コンクリートのように見せかけるためレンガの構造体にモルタルを塗り、金属製窓枠を突き出したものであった。アミアス・コンネル(1900-80)による**アマーシャムのハイ・アンド・オーヴァー**(1929)は、シンメトリカルな Y 字型平面、屋上庭園、平坦な壁、細長い窓を持った 1 つの改良であった。コンネルとパートナーのバジル・ワード(1902-78)は、**サリー州、グレイズウッドのオールディング(ニュー・ファーム、1931-32)やヘイリング島のソル**

ティングズ(1933-34)のような、コルビュジエ風の「白い箱」という表現法を確立する方向に進んでいった。そしてそれは、淡白なものから一途なものまでさまざまに異なってはいたが、物柔らかな折衷主義者オリヴァー・ヒル——**ホルムベリー・セント・メアリーのジョルドウィンズ(1932-34)**——から、モダニズムへの転向者マックスウェル・フライ——**ロンドン、ハムステッド、フログナル・ウェイのサン・ハウス(1935-36)**——を経て、バーソルド・リュベトキン(1901-90)——**ウィプスネードの2軒のバンガロー(1935-36)**——のような社会主義的モダニズムの熱狂的な信奉者にいたるまで、多くの建築家によって取り上げられた。

1930年代後半になって、エルネ・ゴールドフィンガー(1902-87)によるレンガ仕上げの**ロンドン、ハムステッド、ウィロウ・ロードの3戸連続住宅(1937-39、p.1449A)**——それは、モダニズムをジョージ朝都市住宅の伝統と折り合えるようにする試みであった——やF. R. S. ヨーク(1906-62)の作品——**ストラトフォード=アポン=エイヴォン、バーミンガム・ロードの住宅群(1938-39)**——に見られるように、こうした白い住宅の取り澄ました純粋主義は緩やかなものとなった。より大きい規模では、パトリック・グウィンによる**イーシャーのザ・ホームウッド(1938-39)**が、モダニストの白い建築とイギリスのピクチュアレスク庭園とを融和させた。こうした努力にもかかわらず、ハロルド・フォークナー(1876-1963)による**サリー州、ファーナムのディペンホール開発(1921-63)**やクラフ・ウィリアムズ=エリスによる気まぐれな休暇村、**ウェールズ、ポートマドックのポートマイリオン(1926-)**といった極端にピクチュアレスクな事例に見られるように、近代住宅は、イギリス人に伝統的住宅様式の魅力に対する忠節をほとんど捨てさせられなかったのである。

1933年以降、亡命建築家が到来し、イギリスのモダニズムに刺激を与えた。グロピウスはほんの短期間滞在しただけであったが、広範な影響力を及ぼした。マックスウェル・フライと共同設計した**ケンブリッジシャー州、インピントン・ヴィレッジ・カレッジ(1938-40、p.1449B)**は、建築の社会的ヴィジョンを静かな確信と洗練でもって具現化した建物であった。リュベトキンは最も活動的な移住者であって、フランスの明晰さ、ドイツの理想主義、構成主義の芸術、社会主義の都市計画、共同作業を持ち込み、テクトンという会社での設計に影響を与えた。その主要作品には、**ロンドン、ハイゲートの贅沢なフラッツであるハイポイントⅠ(1935、p.1450B)とハイポイントⅡ(1938)**、ロンドン、ダドリー、ウィプスネードでの動物園の設計——機知に富んだコンクリート造斜路のある**ロンドン動物園・ペンギン舎(1934、p.1451A)**が有名である——、ロンドンの**フィンズベリー・ヘルスセンター(1938、p.1451B)**があった。これらは、構造的にも審美的にも、イギリスにおけるモダニズムの傑作であった。

それほど創造的ではないが、技術的に興味深いのが、技師兼建築家ウェルズ・コーツ(1895-1958)の作品である。**ロンドン、ハムステッド、ローン・ロードのアイソコン・フラッツ(1932-34)**では、醜悪なバルコニー付きファサードの背後に、「効率的フラッツ」の一連の実験が隠されており、**ロンドン、ケンジントンのパレス・ゲート・フラッツ(1937-39)**では、2階分の高さに3階分を合わせた手際よい断面が見られる。R. A. H. リヴェットによる**リーズのクワリー・ヒル・フラッツ(1935-41、取壊し)**は、モダニズムの技術を大規模な補助金集合住宅に導入した最初の試みであったが、フランスの「モパン」システムに基づくコンクリート板張りの溶接鉄骨構造は失敗であった。イギリスにおける初期モダニズムのより軽快な建物で最上のものは、海浜に建てられた。短期間イギリスに住んだエーリヒ・メンデルゾーンとサージュ・シャマイエフ(1900-96)による**ベックスヒルのデ・ラ・ウォー・パヴィリオン(1935-36、p.1453A)**は、メンデルゾーン初期の流動的な様式を溶接鉄骨骨組に応用したものである。ジョゼフ・エンバートン(1889-1956)による**バーナム=オン=クラウチのロイヤル・コリンシアン・ヨットクラブ(1936、p.1450A)**と簡素な**ブラックプール・カジノ(1939)**もまた、訪問が報われるものである。

1921年に独立した時、アイルランドには建築の生きた伝統がなかった。ダブリンにあるアイルランド共和国の行政府は、アストン・ウェッブ卿とトマス・ディーン卿によって**ダブリン理科大学(1904-13)**として建てられたエドワード朝バロック建築であったし、今もそうである。アーノルド・ソーンリーによる北アイルランドの行政府、**ベルファストのストアモント(1927-32)**には、堂々たる軸線が通じているものの、同じぐらいイギリス的である。少数のアーツ・アンド・クラフツの建築家が、独立前にアイルランドの伝統を渉猟していた。その中では、W. A. スコット(1871-1921)による**ゴールウェイ州、スピッダルの教会(1904-7)とゴールウェイの管区主教大学(1911-12)**では、ケルトの遺産である石の塊のような形態を配して、効果を上げている。しかし、国家の伝統を発展させるには、独立はあまりにも遅過ぎたのである。戦間期アイルランドで最も傑出した建物は、**コーク、ターナーズ・クロスのクライスト・ザ・キング教会**であった。それは、シカゴのバリー・バイアンにより劇場風の表現主義様式で建てられたが、国家の参照はほとんどなかった。その後アイルランド

A ３戸連続住宅、ウィロウ・ロード、ハムステッド(1937-39)　p.1448 参照

B インピントン・ヴィレッジ・カレッジ、ケンブリッジシャー州(1938-40)　p.1448 参照

A ロイヤル・コリンシアン・ヨットクラブ、バーナム=オン=クラウチ、エセックス州（1936） p.1448参照

B ハイポイントⅠ、ハイゲート、ロンドン（1935） p.1448参照

第44章　西ヨーロッパ（1900-45年）　1451

A　ペンギン舎、ロンドン動物園（1934）　p.1448 参照

B　フィンズベリー・ヘルスセンター、ロンドン（1938）　p.1448 参照

は、デズモンド・フィッツジェラルド(1910-87)とダーモット・オトゥール(1911-71)による緩やかに湾曲した**ダブリン空港ターミナル(1936-40)**でもって、国際様式への貢献を立派になし遂げたのである。

オランダ・ベルギー

オランダ近代建築の源泉は、H. P. ベルラーへ(1856-1934)にある。彼は、ウィーンのオットー・ヴァグナーと同様に、19世紀の折衷主義から20世紀の簡潔で普遍的で合理的な建築という概念へといたる道を自ら切り拓いたのである。**アムステルダム株式取引所(1897-1903、第34章参照)**は、優雅なレンガ造に基づいた、民族的というよりはむしろ清教徒的な建築様式へ通じる鍵を提示した。ベルラーへ自身の以後の作品は、1911年のアメリカ人フランク・ロイド・ライトの来訪以降、その影響を受けた。それは、完全に首尾一貫したものではなかったものの、装飾の除去や壁の非物質化が続けられた。有名なものには、**ドレンテのデ・スヒップボルフ農場(1914)**、**フーンデルローの聖ヒューベルトス狩猟用別荘(1916-20)**といったクレラー＝ミュラー家のための作品群や、**ロンドン、ベリー・ストリートのホランド・ハウス(1914-17)**である。アンリ・ヴァン・ド・ヴェルデによる**オッテルロのクレラー＝ミュラー美術館**は、それが設計された時点(1919-21)で建てられていたら非凡なものとなったろうが、最終的には1938年に縮小版で建設された。

ベルラーへよりも感情的で装飾的なのが、ヴィレム・クロムホウト(1864-1940)であって、**アムステルダムのアメリカン・ホテル(1899-1901、1928増築)**は、世紀の変わり目に流行したレンガ造様式の混合を想像力豊かに利用している。それに続くいわゆる「アムステルダム派」は、ベルラーへの理想主義と真面目さ、クロムホウトの豊穣さの双方を反映したところに、表現主義と象徴主義がごく少し加えられたものである。J. M. ファン・デル・メイ(1878-1949)が助手のP. L. クラメル(1881-1961)、ミヒェル・デ・クレルク(1884-1923)と共同した**アムステルダムの海運協会事務所(1912-16)**は、この様式による初期の影響力のあった建物で、コンクリート造コアの外側には、レンガのギザギザしたディテール、彫刻、レタリングが施されている。同時期のオランダ建築に国外からもたらされた表現主義的傾向は、H. L. デ・ヨングによる**アムステルダムのトゥスヒンスキー映画館(1918)**にも見られる。それは最初の「スーパー映画館」の1つで、光沢タイル張りのファサード、原アール・デコ様式の贅沢なインテリアを持っている。J. M. リュトマンによる**コートウェイクのラジオ局(1919-22)**は、凹凸の少ないコンクリートの塊のような建物で、隅切の重厚な塔と段状の輪郭という形態を採っている。

しかしながら、オランダの底力は集合住宅にあった。1901年、オランダ政府は、都市成長に対する計画と建設を10年ごとに組織的に行なうよう市町に求める法律を通していた。オランダの集合住宅の伝統と土地の性質から、そこで採られるパターンの大半は、公共事業による中層郊外開発となり、コミュニティの実験もしばしば行なわれた。アムステルダムにおけるこうした団地の最も劇的な事例が、エイヘン・ハールト集合住宅を含む**スパールンダンメル地区(1913-20)**や**デ・ダヘラート集合住宅(1919-22)**であって、社会主義的な住宅組合により、デ・クレルクやクラメルといったアムステルダム派の建築家による極めて個性的なデザインのレンガ造で建てられた。デ・ダヘラート集合住宅は、ベルラーへが1915-17年に計画した大地区、**アムステルダム南部地区**の一部であり、そこでは、周縁部の住棟が盾となって、被害を受けやすい広いオープン・スペースを持った住区を幹線道路から守っている。オランダ合理主義の2つの主要モニュメント、ヨハネス・ダイカー(1890-1935)とベルナルト・ベイフートによる**オープン・エア・スクール(1927-30)**や、J. F. スタールによるヨーロッパ初の高層住棟、**デ・ヴォルケンクラベル(1927-30)**も、その計画地区内にある。

アムステルダム以外の集合住宅では、アムステルダム派の表現主義的修辞が避けられた。良質な前モダニズム作品の典型、M. J. グランプレ・モリエール(1883-1972)その他による**ロッテルダムのフレエウェイク田園村(1913-)**は、イギリス風でコミュニティ施設のないものであった。しかし、モダニズムに向かう最初の進展は、デ・ステイルのグループによってなされた。デ・ステイルは、画家のテオ・ファン・ドゥースブルフとピエト・モンドリアン、建築家のJ. J. P. アウト(1890-1963)に主導され、フランスのキュビズムとフランク・ロイド・ライトの郊外住宅の影響を受けていた。その最初の作風は、ロベルト・ファント・ホフ(1887-1979)の小品に見られる。**ハイス・テル・ハイデ、アメルスフォールツェ通り**に2戸並置された住宅は、イギリス風切妻屋根の様式による**レーフダラ(1911)**から陸屋根で広い庇の付いたコンクリート造の**ヘニー邸(1915)**へ切り替えられているが、そのほとんどシンメトリカルな構成はライトからの無断借用であった。へリット・リートフェルトによる**ユトレヒトのシュレーダー邸(1924)**は、「絵画的」デ・ステイルの成熟を示している。それは2階建の立方体で、2階はオープンで

第44章　西ヨーロッパ(1900-45年)　1453

A　デ・ラ・ウォー・パヴィリオン、ベックスヒル(1935-36)
p.1448 参照

B　ヒルフェルスム市庁舎(1927-31)　p.1454 参照

C　ファン・ネレ工場、ロッテルダム(1925-31)　p.1454 参照

部屋その他に分割されており、立面は対比的な色を塗った平面を浮かせたり、くっつけたりした構成として展開されている。J. J. P. アウトによる**ロッテルダムのカフェ・ド・ユニ**（1924-25、戦災後再建）は、派手な色彩や大文字のサインと壁面を結合した同じような遊びを示している。

ロッテルダム市建築家としてのアウトの作品は、デ・ステイルの奇抜さがなしえなかったような、オランダ補助金集合住宅における合理主義の表現法を確立した。これは、アウト、ミヒエル・ブリンクマン（1873-1925）その他により、アムステルダム派のマニエリスムを懸命に取り去ろうとした塊状のレンガ造様式で建てられ、オープンな中庭を中心に4階建フラッツが配された街区、**スパンゲン団地**（1918-22）から始まった。そして、白い壁を持つ2階建の店舗と住戸を線状に配し、両端に丸みを付けた**フーク・ファン・ホラントのスヘープファールト通り**（1924-27）や、それに類似しているが規模が大きく、アウトによる教会もある**ロッテルダムのキーフフーク団地**（1928-30）で、成熟を迎えたのである。

オランダ合理主義あるいは「新建築（ニーウェ・バウエン）」は、壁に対するガラスの割合が大きいという特徴を示す3つの建物で、頂点に達した。ダイカーとベイフートによる**ヒルフェルスムの太陽光線サナトリウム**（1926-31）は、フランク・ロイド・ライトの水平性を、コンクリートの基礎・床・屋根とその間に「浮遊する」ガラス面による力強い表現へと発展させている。J. A. ブリンクマン（1902-49）と L. G. ファン・デル・フルールト（1894-1936）がマルト・スタムと共同した**ロッテルダムのファン・ネレ工場**（1925-31、p.1453C）は、多層階の工場が、衝突し合う要素へと意図的に分解されたもので、コンクリート骨組に付けられたカーテン・ウォールが有名である。またしてもブリンクマンとファン・デル・フルーフトと W. ファン・テイエンが共同した**ロッテルダムのベルフポルダー集合住宅**（1932-34）は、バルコニー付き高層版状住棟のヨーロッパにおける原型となったが、これは鉄骨造で、大胆なガラス張りの階段が取り付けられていた。

アムステルダム派と合理主義の中道が、ヴィレム・マリヌス・デュドク（1884-1974）により追求された。彼はヒルフェルスム市公共工事局長であり、彼の作品もまたライトの影響を受けてはいたが、三次元で精密に構想されており、戦間期オランダ建築中、最も満足いくものである。デュドクは、田園郊外様式でヒルフェルスムの都市計画を行ない、極めて伝統的な郊外住宅地を建設したが、彼の主要作品は、一連の学校と公共建築である。**ヒルフェルスムのスヒュテルス通り学校**（1928）では、デュドク常套の優雅なレンガ造の長く低いエントランス棟に、細長い窓やアーチ状のポーチが付けられ、その背後に2つの部分のバランスをとった塔がそびえ立って、人をさし招いている。**ヒルフェルスム市庁舎**（1927-31、p.1453B）は、近代建築の傑作の1つである。そこでは、垂直と水平のアクセント、運動と静謐、抽象やアシンメトリーと良質な職人仕事のバランスがとられており、オランダ建築の注目すべき時期の特質が要約されている。

ベルギーでも、オランダ同様、20世紀前半では住宅建築が国の最も強力な持ち札であった。1890年代ベルギーのアール・ヌーヴォーの開花に関わったオルタ、ハンカーその他の才能は、ブリュッセルの都市住宅（第34章参照）で最もよく発揮され、同様式は第1次世界大戦まで生き残ったものの、その傑作の大半は1900年以前に建てられていた。オルタ後期の作品は、**ブリュッセルのオテル・マクス・アレ**（1903）を皮切りに、より古典的な感性をまとうようになった。古典的な色合いは、オクターヴ・ヴァン・レイセルベルヘ（1853-1929）の予想もつかない作品にも見られる。円形平面の**ウェステンデのグラン・オテル・ベルヴュ**（1905）は、ルドゥーから借用してきたかに見える要素を持っており、この時期のベルギーにおける最も驚くべき建物である。アール・ヌーヴォーの大革新者、アンリ・ヴァン・ド・ヴェルドは、1900年以降、母国ベルギーではほとんど建物を建てなかったが、晩年になって、一部塔状をなす**ヘント大学図書館**（1932-40）を設計した。

前近代期ベルギーで最も興味深い建築家、アントワーヌ・ポンプ（1873-1960）は、デザイナーとしては独学であった。彼の最初の建物、**ブリュッセル、ワフェラルツ通りのヴァン・ネク博士診療所**（1910）では、通りに面した正面が、高い所に小さな出窓を付けただけの何もないアシンメトリカルな壁となっており、イギリスのアーツ・アンド・クラフツの先進的実作から影響を受け、アール・ヌーヴォーとはかなり違った態度を表わしていた。ベルギーは第1次世界大戦ではなはだしく破壊された。それ以後、ポンプは、多くの同国人と同様、大量の住宅不足に対する解決策として、ローコスト集合住宅と田園郊外運動に関心を持つようになり、ルイ・ヴァン・デル・スワールメン（1883-1929）がレイアウトした**ウォルウェ・サン・ランベールのカペルヴェルト田園郊外**において、一部勾配屋根、一部陸屋根の住戸から成る短いテラスハウス（1922-26）を建てた。ヴァン・デル・スワールメンと J. J. エゲリクス（1884-1963）がレイアウトした1920年代の他の田園郊外、たとえば**ブリュッセルのボワフォールやシテ・フロレアル**は、フランスやオランダではめったに見られな

い快適さと造園の水準に達している。建築の配置とインスピレーションは、大抵イギリス風である。

ベルギーの補助金集合住宅に陸屋根のモダニズムが到来したのは、ヴィクトール・ブルジョワ（1897-1962）の初期作品、たとえばレンガ造で荒々しいコンクリートの楣が付けられた**モレンベーク、キュビスム通りの労働者階級用集合住宅（1922）**や**ベルシェム＝サンタガットのシテ・モデルヌ（1922）**においてであった。ルイス・デ・コーニンク（1896-1984）は、戦間期ベルギーの最高の住宅を国際様式で建て、最小限住宅に対する首尾一貫した興味を示した。**ブリュッセル、フォンドロワ通りのデ・コーニンク自邸（1926）**は、プレファブ・ブロック造であるが、1920年代モダニズムの常套であるモルタル塗りで仕上げられており、時代を先取りした洗練した設備を有している。デ・コーニンクによる**オーデルゲム、ブラシヌ通りの住宅（1928-29）**では、同様の緊密なミニマリズムが見られるが、構造はコンクリート造である。

スカンジナビア

スカンジナビア建築は、20世紀前半を通じて活力と独自性を示した。スウェーデン、デンマーク、フィンランドは、いずれもモダニズムの発展に名を馳せたが、ノルウェーは1905年に独立したばかりで、少し出遅れた。

1900年時点でのヨーロッパの小国は、建築における国家の表現形式を追求するのに躍起になっていた。スカンジナビアでは、これが「ナショナル・ロマンティシズム」という装いをまとい、その最も明快な表現が、フィンランドのエリエル・サーリネン（1873-1950）やラーシュ・ソンク（1870-1956）の初期作品に見られた。ゲゼリウス、リンドグレン＆サーリネン事務所による**ヴィトレスク（1901-2）**は、建築家とその家族が住まう小さな田園の別天地で、イギリスのアーツ・アンド・クラフツの理想とカレリア地方の慣習や装飾様式から等しく影響を受けていた。同事務所による**ヘルシンキの国立美術館（1905-12）**は、フィンランドの複雑な中世様式によるもので、花崗岩、砂岩、レンガを織りなして、豊かなテクスチュアを生み出している。ソンクによる**ヘルシンキ電話会社ビル（1905）**は、このアプローチを極端化したもので、リチャードソン風の荒々しい岩石仕上げを見せている。この動向の傑作が、ソンクによるより落ち着いた**タンペレ大聖堂（1902-7）**で、正方形平面、星型ヴォールトの架かる身廊、低いギャラリー、違う高さの双塔が建つ簡素化されたゴシック様式の西正面を有している。1910年までに、ナショナル・ロマンティシズムの勢いは衰え、フィンランド人は中欧の物柔らかさに憧れるようになった。その先駆、オンニ・タルヤンネによる**タカハリュー・サナトリウム（1902）**は、簡素化されたユーゲントシュティルに拠っていた。ソンクは、**ヘルシンキのフィンランド抵当協会ビル（1908）**までには、古典主義の統制のとれたオーダーと石造に向かっていた。新しい考え方のもっと人目につく兆しが、エリエル・サーリンによる**ヘルシンキ駅（1909-14）**であった。その鉄筋コンクリート造骨組に花崗岩を張った立面は、オルブリヒの影響を示しているが、そのモニュメンタリズムは、ヨーロッパ中のターミナル駅で取り上げられることとなった。

スウェーデンとデンマークは長らく独立国であり、自国の強力な建築伝統を持っていたので、ナショナリスト的主張はそれほど必要ではなかった。スウェーデンにおけるナショナル・ロマンティシズムの偉大な象徴が、ラグナール・エストベリ（1866-1945）による**ストックホルム市庁舎（1911-23、p.1456A）**であった。それは、絶好の地に建てられ、土着のモチーフやヴェネツィアを含む外来のモチーフを巧みに混合したもので、先細りの塔がランドマークとしてそびえている。エストベリは、「スウェディッシュ・グレース（スウェーデンの優雅さ）」として知られるようになる、手際がよく感覚的な建築装飾の一派の基礎を築いた。ストックホルムにもう1つある有名なナショナル・ロマンティシズム様式の建物が、ラーシュ・イスラエル・ヴァールマン（1870-1952）による**エンゲルブレクト教会（1904-14、p.1456B）**で、堂内の放物線アーチと簡素化されたディテールとを有している。デンマークでは、P. V. イェンセン＝クリント（1853-1930）による**コペンハーゲンのグルントヴィ教会（1913-26、p.1457A）**が有名で、バルト諸国のレンガ造段状ゲーブルの伝統に則った「パイプオルガン」状のゲーブルを持っており、表現主義的身振りとデンマークの過去の賞揚の双方を表わしている。

「北欧古典主義」は、1910年から1930年にかけてスウェーデンとデンマークで流行した建築様式であった。それは、長期間にわたって古典的要素と土着的要素が気楽に統合されてきたという両国でのポスト・ルネサンスの建築伝統に由来していたが、それはまた、メベス、シュルツェ＝ナウムブルク、テッセノウといったドイツの建築家兼著述家や、イタリアの簡素なスタッコ塗りのヴィラからも刺激を受けていた。スウェーデンにおけるその主要建築家が、グンナール・アスプルンド（1885-1940）、ジグルド・レヴェレンツ（1885-1975）、イヴァール・テンボム（1878-1968）であった。アスプルンドの初期建築の大半は、力強い屋根、ゲー

A ストックホルム市庁舎(1911-23) p.1455 参照

B エンゲルブレクト教会、ストックホルム(1904-14)
p.1455 参照

C ヘーガリド教会、ストックホルム(1918-23) p.1460 参照

第 44 章　西ヨーロッパ(1900-45 年)　　1457

A　グルントヴィ教会、コペンハーゲン(1913-26)　p.1455 参照

B　復活礼拝堂、ウッドランド墓地、ストックホルム、内観　p.1460

C　復活礼拝堂、ウッドランド墓地、ストックホルム(1922-25)

20 世紀の建築

A ストックホルム市立図書館（1920-28） p.1460

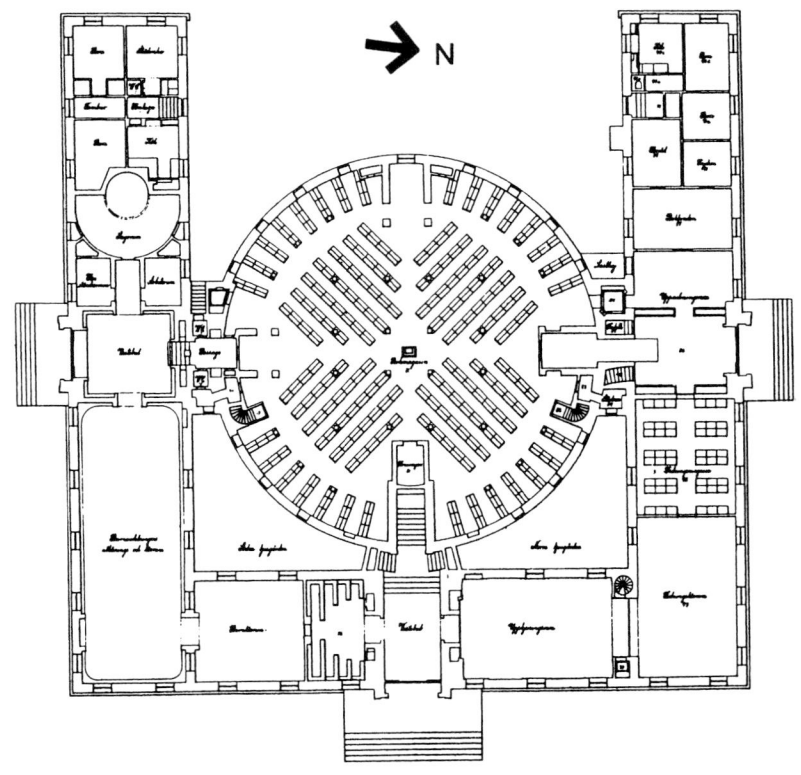

B ストックホルム市立図書館、平面図

第44章　西ヨーロッパ(1900-45年)　　1459

A　ウッドランド火葬場、ストックホルム(1935-40)　p.1460

B　パイミオ・サナトリウム(1929-33)
p.1460参照

C　マイレア邸、ノールマルック(1938-39)　p.1460

ブル、ペディメントを有しており、**リステール州裁判所**(1917-21)や、**ストックホルム、ウッドランド墓地のウッドランド礼拝堂**(1918-20)は、騒動や対立なく簡素な威厳を持ちえている。**ストックホルムのスカンディア映画館**(1924)のインテリア装飾では、「スウェディッシュ・グレース」と色鮮やかなアール・デコとがかけ合わされている。傑作、**ストックホルム市立図書館**(1920-28、p.1458A, B)において、アスプルンドはブレやドゥーから正方形内の円形というモニュメンタルな基本形態を借用してきているが、スウェーデン風の多彩なスタッコ仕上げとすることで、それを重々しいものというよりはむしろ親しみやすいものとしている。レヴェレンツは、アスプルンドほど多作ではなかったが、**ストックホルム、ウッドランド墓地の復活礼拝堂**(1922-25、p.1457B, C)を作り上げた。それは、近代古典主義の最も精妙な表現の1つであって、深いポーティコを中心から外して、それを礼拝と黙考の厳粛な空間から切り離している。テンボムのストックホルムでの仕事は、微妙に異なる双塔を持つ丘上の**ヘーガリド教会**(1918-23、p.1456C)から始まり、列柱廊付きの**ストックホルム・コンサートホール**(1923-28)を経て、**スウェーデン・マッチ・ビル**(1927-28)にいたったが、後者は、湾曲した中庭とカール・ミレスの楽しげな彫刻のあるルネサンスのパラッツォの近代版である。

同時期のデンマークの古典主義は、ドイツと自国での新古典主義の遺産双方の影響を示している。それは、カール・ペーターセンによる**フォボー美術館**(1912-15)から、ハック・カンプマン(1856-1920)がオーエ・ラフン、ホルガー・ヤコブセンと共同した**コペンハーゲン警察本部**(1919-24)という頂点にいたるまで急速に発展した。両者ともモニュメンタルな建物であるが、新鮮で気取っていて色鮮やかなディテールが、古典主義の統制を軽快にし、かつ活気付けている。エズヴァー・トムセンによる**エレゴー学校**(1922-24)と**セナーマルク火葬場**(1927-30)は、北欧古典主義にデンマークが加えた立派な貢献である。フィンランドもまた新古典主義の遺産を持っていた。J. S. シレンによる巨大な**ヘルシンキの国会議事堂**(1927-31)は、高い階段上に細長いプロポーションのジャイアント・オーダーが立てられており、その遺産に対する意図的な応答であった。その間、デンマークの住宅や集合住宅は、ボウル・バウマン(1878-1963)、イヴァール・ベントセン、カイ・フィスカー(1893-1965)、建築家兼都市計画家さらには著述家であるステーン・エイラー・ラスムッセン(1899-1990)による穏健な集合住宅や郊外住宅地で代表されるような、簡素で気取りのないイメージを保ち続けた。フィンランドも同様の伝統を保った

が、それはマルティ・ヴェリカンガスにより木造で建てられた**ヘルシンキのカプュラ田園郊外**(1921-25)で代表されている。

1930年以降、スウェーデンとフィンランドの指導的建築家は、苦悩することも気まずく感じることもなく、モダニストの表現法へと転向した。アスプルンドによる**イェーテボリ裁判所増築**(1937)は、そうした変化が成功した証であって、増築部は、弁解することもなく名状しがたい精妙さでもって古典的正面に付加されている。**ストックホルムのウッドランド火葬場**(1935-40、p.1459A)は、崇高な威厳と確信に満ちており、簡素化された新古典主義とモニュメンタル化されたモダニズムの中間点に的中している。しかし、スカンジナビアのモダニズムが新奇さと特異さをもって発展したのは、フィンランド、とりわけアルヴァー・アアルトの作品においてであった。アアルト最初期の建物、**ユヴァスキュラの労働者クラブ**(1925)は、ずんぐりとしたドリス式円柱上に力強い何もない壁から成る上屋が載せられており、いまだ北欧古典主義に執着していた。突破口は、**トゥルクのトゥルン・サノマット新聞社ビル**(1928-29)、**パイミオ・サナトリウム**(1929-33、p.1459B)、**ヴィープリ図書館**(1934-35、現ロシア領)という3つの注目すべき作品によって開けられた。これらはコンクリート造の「機能的」建物ではあるが、詩情、優美さ、ル・コルビュジエを含む他のヨーロッパの建築家が当時持ちえなかった平面と断面の自由さを持っており、急進的モダニズムの持つ能力に広がりと人間性を加えたのである。**ノールマルックのマイレア邸**(1938-39、p.1459C)は、L字型の平面を持ち、壁の一部はプラスター塗り、一部は細長い木板張りとなっており、アアルトの形態と仕上げの実験が住宅建築の領域まで持ち込まれ、独特の確かさでもってモダニズムと田舎らしさとが混合されている。アアルトに最も近い立場の同時代人が、エリック・ブリュッグマンであった。**トゥルク墓地の復活礼拝堂**(1939-41)はアシンメトリカルな平面を持ち、1側面に並べられた柱の背後から、光がロマンチックに堂内に注ぎ込まれている。それは、戦間期スカンジナビアにおける葬祭建築の高い水準を示す格好の締めくくりとなっている。

スペイン・ポルトガル

20世紀を通じて、スペインで最も活発に建築活動が行なわれてきた中心地がバルセロナである。世紀の変わり目には、カタルーニャの地域感情の高まりによって、同市はヨーロッパ中で最も顕著に「ナショナル・

ロマンティシズム」現象が見られる好例となった。カタルーニャでは、この運動は「モデルニスモ」として知られ、マドリードその他で当時行なわれた「ノウセンティスタ（新世紀主義者）」の往々にして無味乾燥でアカデミックな古典主義と対比される。しかしながらスペイン建築では、1900年以降他の地域主義的運動も流行し、スペイン内戦（1936-39）まで続いた。セビーリャを中心とするスペイン南部では、J.E. ムニョスと F. ウルコラによる**セビーリャのオテル・アルフォンソ XIII** に見られるように、ムーア様式のかすかな色合いを帯びた優美な地中海様式が一般的であった。マドリードでは、折衷主義者、マヌエル・マリア・スミス（1879-1956）が、ロマン主義的なスペイン様式によるガライ家のため作品——**カセレスのフィンカ・クラベリア**（1913-16）と**マドリード、アルマグロ通りに並ぶ2軒の大邸宅**（1915-17）——から、目にあまるほど英国風である**レホナのトリアノ侯爵カントリーハウス**（1915-17）まで、さまざまな様式を実践した。

カタルーニャ・モデルニスモには、中世スペインのゴシック、スペイン・バロック、アール・ヌーヴォー、伝統的なタイル張りヴォールト、金属・ガラス・陶磁器でのカタルーニャ工芸の伝統といったさまざまな源泉があった。この運動は、芸術的な側面のみならず政治的・宗教的な側面を持っていたが、そこでの異論なき天才が、アントニ・ガウディ（1856-1926）であり、リュイス・ドメネク・イ・モンタネール（1850-1923）、ジョゼップ・プーチ・イ・カダファルク（1869-1956）、ガウディの弟子ジョゼップ・M・ジュジョール（1879-1949）とフランセスク・ベレンゲール（1866-1914）もまた、重要であった。

アントニ・ガウディのバルセロナでの主要作品、**聖家族贖罪教会**（サグラダ・ファミリア）は1882年に開始されたが、設計・施工は彼の死後現在まで続けられている。**バルセロナのグエル公園**（1900-14）は、ガウディの陽気な様式を示している。それは小規模田園郊外として構想されたのだが、住宅が2戸建てられただけで、開発は失敗に帰した。しかしながら、公園はガウディの風変わりなモザイク張りの一連の構造物で飾り立てられて完成した。その構造物中には、ギリシャ・ドリス式によるマーケットホールがあって、そこにはギリシャ人が思いも付かなかったようなやり方で、ドリス式円柱が組み込まれている。**バルセロナのカサ・バトリョ**（1904-6、p.1462B）は、ガウディの成熟した作品の一例である。彼は、既存住宅のファサードを改装、主要居室を変更、新たに最上階と曲がりくねった鱗状の瓦屋根を付加した。2階窓は特に彫塑的で、細長い骨のような柱に卵形の縁取りが付けられており、その一方で上階窓周りでは、壁面の青と緑のガラス片がきらきらと光っている。**バルセロナのカサ・ミラ**（1905-10、p.1462C）は、ジュジョールによるディテールを持ち、伝統的な都市グリッドと慣習的なアパートメント計画を破壊している。穴の開いた象肌のような石造ファサードは、波のようなリズムでもって盛り上がっては下がり、他方、バルコニーの鉄枠は、波の刺激を受けた海藻のように揺れ動いているように見える。屋内でも、実際、直角の隅部は見られない。

ドメネク・イ・モンタネールの考え方は、ガウディよりもずっとカタルーニャ・ゴシックに寄り掛かっていた。彼のバルセロナでの主要作品は、**サン・パウ病院**（1905-12、p.1462A）と**カタルーニャ音楽堂**（1905-9）であった。サン・パウ病院のロマン主義的ゴシック様式は、この時期にしては旧式のように見えるが、堂々たる正面の背後では、全体が大庭園周りでさまざまな気ぜわしげな棟へと分節されており、各棟は、患者をほとんど安静にさせないような、彫刻、絵画、モザイクの寄せ集めで仕上げられている。カタルーニャ音楽堂は、壮麗なステンドグラスと風変わりなモザイクを持つ、熱狂的で色鮮やかな折衷主義を示している。ジュジョールの最上の作品は、**サン・ジョアン・デスピ**という小さな町にあり、そこでの「同盟」により、彼は多くの櫓が立つ**トーレ・デ・ラ・クルー**（十字架の塔、1913）や、それよりも突飛なバロック様式の壁画を持つ**カサ・ネグレ**（1915）を建てた。ベレンゲールは短命でさほど多作ではないが、彼の最も注目すべき建物は**ガラーフの住宅・礼拝堂・門**（1910頃）であった。

モデルニスモの勢いは1910年以降衰えたが、バルセロナは、1936年のスペイン共和国宣言以降、再びスペイン建築の鋭利な先鋒となった。アカデミズムに反抗した若手建築家は、機会をとらえて GATEPAC を結成した。それは、バルセロナとマドリードに拠点を置く親モダニストの団体であったが、ホセ・ルイス（ジョゼ・リュイス）・セルト（1902-83）に率いられたバルセロナの方が強力であった。セルトはル・コルビュジエの下で働いたことがあり、彼の初期建築の大部分は、ジョゼ・トーレス＝クラヴェ（1906-39）、J.B. スビラナとの共同によるもので、コルビュジエ風が強調されており、共和国政府の公共事業計画の一部として建てられた7階建の**バルセロナ、ムンタネール通りのアパートメント**（1931）や**バルセロナ結核診療所**（1935）が有名である。しかし GATEPAC の最重要作品、200戸を収めた**バルセロナのサンタンドレウ団地**（1934-36）は、メゾネット型住戸を持つ6階建の住棟で、外廊下からアクセスする U 字を2つ繋いだ構成をしていた。それは第1次世界大戦以前に急進的モダニストの表現法で建てら

A サン・パウ病院、バルセロナ（1905-12） p.1461 参照

B カサ・バトリョ、バルセロナ（1904-6） p.1461

C カサ・ミラ、バルセロナ（1905-10） p.1461

れた、単独ではヨーロッパ最大の住棟であったが、スペイン内戦で手ひどい被害を受けた後、ぞんざいに改築された。

内戦以前のスペインにおける他の顕著なモダニストの業績が、コンクリート・シェルにおけるドイツの技術を新たな審美的効果のために持ち込んだ、エドゥアルド・トロハ(1899-1961)の構造であった。**アルヘシラス市場**(1933)は、周辺8ヶ所で支えられた浅い半球ドームを持ち、**アリョス水道橋**(1939)では、X字状の支持材で支えられた彫塑的な樋が谷を跨ぎ越している。しかしながら、トロハの傑作は**マドリード**の**サルスエラ競馬場**(1935)であって、そこでは3層構成をなす長大なスタンドの頂部で、一連の楕円-双曲面キャノピーが上品にさざ波を立てている。

20世紀初頭のポルトガルは、スペインよりもずっと強くフランス・アカデミズムの影響を受けた。同国の指導的建築家ヴェントゥーラ・テラ(1866-1919)は、ボザール教育を受けた人物で、贅沢なジャイアント・オーダーを持った**リスボン**の**リスボン＆アソレス銀行**のような、幅広いアカデミックな設計委託を請け負った。当時のリスボンの特徴は、見栄を張ってはいるが落ち着いたオフィスや集合住宅にあったが、それよりももっと高級なものには、ノルテ・ジュニオールが「ネオ・マヌエル」様式のタッチを加えた後期アール・ヌーヴォー様式で建てた贅沢な**リベルダーデ大通りのアパートメント**(1915)があった。**ポルト**には、もっと活発な建築文化があった。そこでの建築・都市計画双方における支配者シルヴァ侯爵(1869-1947)もまた、エコール・デ・ボザールで教育を受けており、タイル張りの**ポルト駅**(1900-)、学校、劇場を建て、また**アリアドス大通り**をレイアウトし、その主たる建物としてコレイア・ダ・シルヴァによる折衷的な**市庁舎**(1920-)を配した。

急進的モダニズムは、ポルトガルの保守的な文化的・政治的状況下では怪しまれた。それゆえ近代建築は、モニュメンタルな作品における冷徹な裸形の古典主義の装いを通して浸透していった。その例が、パルダル・モンテイロ(1897-1957)による巨大な**リスボン工科大学**(1927-35)――それはリスボンの新地区の核を形成した――や、同じ建築家による**リスボン**の**聖母ファティマ教会**(1934-38)であった。これらよりも豊かでアール・デコを強く感じさせるのが、カッシアーノ・ブランコ(1898-1969)による**リスボン**の**エデン映画館**(1930-37)や**オテル・ヴィクトリア**であった。

訳／片木　篤

20世紀の建築

第 45 章
西ヨーロッパ（1945 年以降）

はじめに

　第 2 次世界大戦以降、ヨーロッパのほとんど全ての国が以前よりも貧しくなった。ドイツ、イタリア、イギリスといったいくつかの国は、物理的にも荒廃した。スイスやスウェーデンのような国は、戦時中中立であったため、実質的には何の被害も受けず、健全な経済を保持していた。

　戦後復興期において、建築家や技師は戦時中に開発された工業生産技術を戦後の民生用建設計画に利用しようと努めた。が、軍事文化からいともたやすく借りてこられた便宜主義と人間的な環境で必要とされる物とのバランスを打ち立てるのは容易なことではなく、1950 年代から 1960 年代にかけてスカンジナビア、フランス、ドイツ、イギリスで開発された「システム」化された建設方法の多くは、非常に寒々しい建物を生み出した。まさにそうなったのが、とりわけドイツ、フランス、イギリスの建設事業で支配的であった大規模公営住宅開発に、それが応用された時であった。線状あるいは塔状に組み立てられ、無限に続くかのように見えるコンクリート造壁パネルは、想像力の不足、財源の切迫、公営住宅に対する政府の無頓着な態度の象徴となった。

　実質的には全ての市や町は交通量の急激な増加に直面した。ドイツやベルギーを代表例とするようないくつかの国では、交通を要する所に道路を通し、隙間に商業建築を充填することで満足したが、イギリスやフランスのような国では、自動車交通の計画が求められ、先例として合衆国が頼りにされた。しかしながら、結局のところ、その計画は自由放任のアプローチと同じくらい不愉快なものとなった。

　ヨーロッパ中の都市で、道路建設と商業再開発のために大規模な取壊しが進められる中で、地域主義への関心が復活したものの、建築の主流は国際的モダニズムであって、その不変の日常食が 1950 年代から 1960 年代にかけてヨーロッパ諸国に提供されたのである。1960 年代末になって、こうした大規模事業に対する地元の反対が増加したが、パリは 1970 年代初頭に都心の中央市場を失い、ロンドンはそれに対応するコヴェント・ガーデン市場をほとんど失った。しかし 1970 年代初頭に潮目が変わった。当然のことながら、このような荒廃期に建築の職能は堕落し、人々は「モダン」を無慈悲な開発と同等視した。それゆえ、建築家は歴史に向かったのである。

　歴史主義は、多様の形態を採った。アルド・ロッシを中心としたイタリア合理主義建築運動の純粋に古典化された形態やレオン・クリエの都市計画案は、ロマン主義的理由からあまりにも頻繁にフォーマルな案を採用したので、建物のプログラム上の要求とは相容れないものとなった。そこでは、合理性が詩学と見なされていた。他の人々は歴史をもっと面白く利用した。が、またしても急進的なものはすぐさま慣習化され、勾配屋根やペディメントは、施主、都市計画家、利用者から等しく同意を得る手段と化したのである。

オーストリア

　オーストリアでは、1940 年代から 1950 年代の主たる関心は集合住宅と工業を再建することにあった。著名な作品、オスヴァルト・ヘルツルによる**ウィーンのフェルテン＆ギローム・パヴィリオン**(1954)、クレメンス・ホルツマイスター(1886-1983)による**ウィーンのプクスバウム広場教会**(1965)の両者は、戦前期のロマン主義に対する関心が継続していることを示していた。ローラント・ライナーによる**ウィーン市立ホール**(シュタットハレ)(1952-58)は、より合理的なアプローチを代表してお

A アプタイベルク美術館、メンヒェングラートバッハ、ドイツ（1972-82） p.1467 参照

B サユナッツァロ町役場、フィンランド（1949-52） p.1468 参照

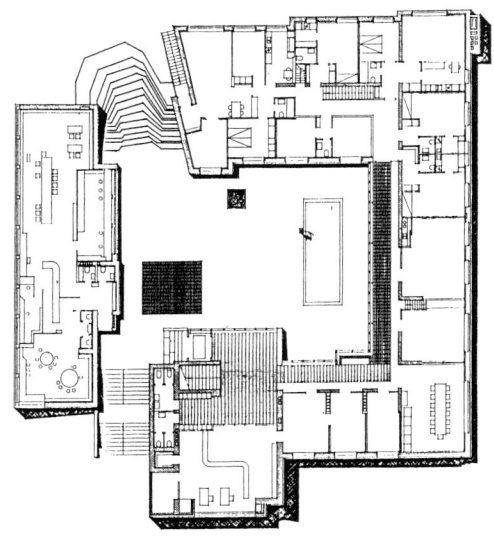

C サユナッツァロ町役場、2 階（中庭レベル）平面図

り、そのアルミニウム張りの鉄とコンクリートの構造は、1万6000人収容の大ホールという課題に対する新たな解答である。ライナーは、大規模かつ低層による**リンツ郊外のプヘナウ住宅地計画**（1966-75）で、自らの田園都市原理を実現した。

より歴史に基づき、より技術に依拠した建築という立場は、アルバイツグルッペ4（ヴィルヘルム・ホルツバウアー、フリートリヒ・クレント、オットー・ライトナー、ヨハンネス・シュパルトにより1963年に結成）により確立された。彼らの**ザルツブルクのパルシュ教区教会**（1955-56）、**ザルツブルクの聖ヨーゼフ大学**（1961）は、モダニズムの材料と形態を使ってはいるが、巧みに歴史的な強調を盛り込んでいる。ハンス・プクハンマーによる**ウィーンのヴィトマン邸**（1966-68）、アントン・シュヴァイクホファーによる**ウィーンの小学校**（1969-74）の両者は、ある意味では「白いモダニズム」ではあるが、ヴァグナー、ロース、フランクの影響を示している。フリートリヒ・クレントとヨハンネス・シュパルトによる**ウィーン中央貯蓄銀行**（1970-74）は、大きい長方形をなすコンクリート門型骨組で支えられた3階建のヴォリュームと円柱で支えられた2層の屋内ギャラリーを有し、高水準の合理的明快さと場所性を達成している。

グスタフ・ペイヒル（1928-）による**ザルツブルクのオーストリア国営ラジオ局・スタジオ**（1968-72）は、歴史的な事柄よりも、技術的・形態的な問題に対する関心を示している。**シュタイアーマルクの衛星放送中継局**（1976-79）では、全ての建物を起伏する草地の下に埋め、いくつかの立面、巨大な衛星放送用パラボラアンテナ、その他アンテナだけをはっきりと見えるように残している。

ハンス・ホライン（1934-）の作品は、上記のような精密な作品とは対照的で、技術が約束してくれる物よりも個性に信を置いていることを示している。**ウィーンのシュリン宝石店**（1972-74）では、内部空間を事務的に取り扱っているが、分離派の作品を反映したような、磨き仕上げの石、クロム、真鍮（しんちゅう）で構成された入口を通して店舗の贅沢さを伝えている。ホラインによる**ウィーンのオーストリア国営旅行社**（1976-78）でも同様に、簡素な背景に対して、金属製の椰子、真鍮製のインド風パヴィリオンを含む繊細なインテリアのディテールが配されている。**ドイツ、メンヒェングラートバッハのアプタイベルク美術館**（1972-82、p.1466A）は、ホラインの大きいスケールを扱う技量を示している。異なる材料で作られた力強い形態が傾斜した敷地に並置され、それらが重要地点で「侵食」されて入口と連絡が付けられて、機能的要求が満たされているのである。

完全に技術化された環境に対する異なる反動として、抗議を文字通り噴出させているのが、ギュンター・ドメニク（1934-）による**ウィーン中央貯蓄銀行ファフォリテン支店**（1975-79）である。そこでは、金属とガラスから成る6階建のファサードが溶け出し、それがまだ熱いうちに、天蓋アーチまで引き上げられたかのように見える。

フリーデンスライヒ・フンデルトヴァッサー（1928-2000）の「成形マニフェスト」（1958）は、合理主義に対していかなる犠牲を払おうとも、集合住宅を自力建設することを訴えたもので、彼は、最終的には**ウィーン、レーヴェン通りとケーゲル通りのアパートメント**（1983-85）を建てた。それは自力建設されたものではないが、あたかもそうされたかのように見える。この気まぐれな計画が、フンデルトヴァッサーの理想の実践と言うよりそのモニュメントであるとしても、曲がりくねった形態、行き当たりばったりの装飾、「窓から手を突き出して届く分」だけ塗装した外壁が、それを楽しいものにしている。

1960年代以降の他の反抗者に、コープ・ヒンメルブラウ（ヴォルフ・プリックス、ヘルムート・シュヴィツィンスキー、ライナー・ホルツァーにより1968年に結成）がおり、今や彼らの抗議は、幾分簡素な上屋を建てては隅部をたたき潰し、そのギャップを繊細な金属・ガラス工事で埋めるというものとなっている。**ザンクト・フェイト・アン・デア・グランのフンダー第3工場**（1988-89）や**ウィーンにある屋階のオフィスへの転用**（1983-88）では、蜘蛛（くも）の巣状の金属製突起物が堅固な古い建物から突き出ている。

何人かの建築家は、アルバイツグルッペ4が取り上げた「歴史的脈絡」を保持している。ハインツ・テーザー（1939-）による**ザルツブルクのウンターンベルク・イン・ルンガウ教区教会**（1976-79）は、**ザルツグルクのクライナール教区教会**（1977-86）同様、既存教会の一部を再利用して形態を複合しているが、それは的確でかつ順応している。ヘルマン・チェヒ（1936-）がイングリト・ラパイネとグスタフ・ドイチュと共同した**M邸**（1977-80）では、ロースの伝統に沿ったウィーンの戸建住宅が復興された。イギリエン・グループ（ヴェルナー・アペルト、エバーハルト・クナイセル、エルザ・プロハスカ）は、それとは少し違った道を進んでいる。彼らの言う「美しい単調さ」とは、実際には、彼らの全建物が、盲や開け放しや窓付きのアーチと緩勾配屋根という同一のモチーフを使っていることを指している。彼らによる**ウィーンのレンバーンヴェク教会・集会場**（1977）、**ウィーンのイェドラースドルフ教会・集会場**（1980）は、実質的には同じもので、平坦で反復的

な建築に対抗して個々のものを強調するという原理に則っている。

グラーツで活動している主要建築家グループとして、ミヒャエル・シスコヴィッツ(1944-)とカーラ・コワルスキー(1944-)の夫妻チームがあり、**グラーツのラグニッツ教会**(1983-88)が有名である。そこでは、教会、集会場、クラブ室、幼稚園が、マーケット広場周囲にインフォーマルと錯覚されそうなやり方で配置されている。その建物の緩やかに歪められた幾何学は、ドメニクの名残であって、実際ドメニクはシスコヴィッツの指導者であった。

ベルギー

戦後ベルギーにおけるアメリカ建築の圧倒的な影響力は、ブリュッセルがヨーロッパ政治の中心に位置するということに何がしかを負っている。ブリュッセルは、ハイウェイやカーテン・ウォールとコンクリートのオフィスビルが歴史的構造を食い荒らす「優良」国際都市となった。スキッドモア、オーイングズ&メリルによる**ブリュッセルのランベール銀行**(1958-64)は、プレキャスト・コンクリート部材から成る退屈な建物であって、それが水準以上の例である。

最も興味深い建築イヴェントが、**1958年ブリュッセル世界博覧会**であった。そこには、A. & J. ポラクによる「**アトミウム**」という風変わりな構造体があったが、それは高さ120mの鉄製分子模型で、9個の球体がチューブ状の通路で結ばれ、全体が鉄ではなく光り輝くアルミニウムで被覆(ひふく)された建物となっていた。ル・コルビュジエは、自由な平面を持つ双曲-放物面のテント構造で**フィリップス・パヴィリオン**を建てた。エゴン・アイアーマンとゼップ・ルフが設計した**西ドイツ・パヴィリオン**は、鉄骨造総ガラス張りの8個のパヴィリオン群が覆い付きの通路で連結されたもので、完璧なディテールを有していた。

都市再開発プロセスに対する不満の高まりから、1968年には、専門家・学生から成る学際的組織「都市調査・行動工房(ARAU)」が結成され、提案され続けてきた心ない再開発計画に対する明確な対案を提示した。ARAUの関心は、居住を中心とした複合用途環境としての都心の生存能力を保持することにあった。歴史家モーリス・キュロと建築家レオン・クリエ(1946-)は、この目的のために、臆することなく広場やブールヴァールといった伝統的な都市装置を取り上げた。その運動は模倣に向かいがちで、時にはそれを含んでおり、論議を呼ぶような時代遅れの都市の物理的要素を利用す

ることも厭わなかった。それにもかかわらず彼らは多くの成功を収め、公共意識に代替案の可能性を気付かせることとなった。

こうした反モダニストの風潮で活躍したのが、参加可能な建築の唱導者ルシアン・クロール(1927-)であった。**ウォルウェ・サン・ランベール**の**ルーヴァン・カトリック大学学生寮**(1965-75)は、この民主主義的な方法の例示であり、審美的価値は、建築家の趣味によりアプリオリに決められるのではなく、建設のアドホックな創造プロセスによって決められている。

クロールと共同したことのあるシャルル・ヴァンデノーヴ(1927-)は、オランダ構造主義の考え方と強い新古典主義的傾向とを融合したが、両者とも初期作品である**リエージュ、サール・ティルマン**の**リエージュ大学病院**(1965-86)と**教育研究所**(1962-72)にはっきりと表われている。後者では、形態の「親族」関係が利用され、コンクリートとすばらしいディテールを持ったレンガで建てられている。都市ヴァナキュラーに対する関心から、最近ではヴァンデノーヴはよりあけすけな新古典主義的アプローチを採るようになってきており、それは円柱や柱頭を盛り込んだリエージュ大学病院での最近作で例示されている。

フィンランド

エリック・ブリュッグマン(1891-1955)による**トゥルク郊外、パンシオの木造住宅**(1946)や**クーシスト**の**ヌーティラ邸**(1947-51)は、場所に対する感受性とヴォリュームの自由な造形を示している。アルヴァー・アアルト(1898-1976)は1920年代にはブリュッグマンと共同していたが、彼もまた、戦前期の「白い建築」を放棄した。**ヘルシンキ**の**国民年金協会**(1948-56)、とりわけ**サユナッツァロ町役場**(1949-52、p.1466B)には、レンガや木といった「大地」に関わる材料へのより強い関心を見ることができる。サユナッツァロ町役場では、中世イタリアの丘上都市を思わせるようなやり方で、高くなった中庭周りに事務室と議場が配置されている(p.1466C)。このことはおそらく偶然ではなかろう。というのも、アアルトはイタリアと古典ギリシアに対する強い愛情を、形態のみならずその形態に込められた人間性に対しても抱いていたからである。これらの建物が出版されたこと、アアルトがドイツやアメリカで設計委託を受け始めたことにより、すぐさま彼は戦後期で最も評価の高い建築家の1人となった。**ヘルシンキのラウタタロ**(1953-55)というオフィスビルは銅板とガラスのファサードを有し、**ヘルシンキの文化の家**

(1955-58)は、蛤状に湾曲した壁によるアシンメトリカルなオーディトリアムを持っており、都市文脈を配慮したより洗練された方法を示している。そしてそれが**フィンランディア・ホール**(1970-75)で頂点に達したのである。アアルトはまた、彼の別荘である**ムーラッツァロの夏の家**(1953)を建てたが、それは部分的には材料や技術の試験台として設計された「ブリコラージュ」であった。ムンキニエミの**アアルト・スタジオ**(1953-55)やイマトラの**ヴォクセニンスカ教会**(1957-59)は、「白い建築」への回帰を示しているが、そこではルター派の礼拝式や音響上の必要性といった機能的要求によって建物が形作られており、その結果が、戦前期の機能主義とは全く相反するアシンメトリカルな平面と不規則なマス構成となっている。

ヴィルヨ・レヴェル(1910-64)は、1930年代にアアルト事務所で働いていた。彼の戦後第1作は、深い軒を持った砂岩造と木造のリペリの**傷病兵リハビリテーション・センター**(1948)であったが、彼の様式もまた、国際様式による**ヘルシンキのテオリスースケスクス・ホテルおよびオフィス**(1952)から自由なヴォリュームを持つ**ヘルシンキのメイラハティ学校**(1952-53、オスモ・シパリと共同)まで、幅広く変化した。

ヘイッキ(1918-)とカイヤ(1920-2001)のシレン夫妻は、フォーマルな平面構成、熟慮されたヴォリュームの配列といったフィンランド新古典主義に近い価値観を持っていた。**オタニエミ大学・礼拝堂**(1952-57)は、**タピオラのオッツォンペサ集合住宅**(1959)と同様に、厳格な建築システムと原始的な造園とをフォーマルに結合するというロマン主義的な可能性を示している。

オットー＝イーヴァリ・メウルマン、アアルネ・エルヴィ他により計画されたヘルシンキ郊外の**タピオラ田園都市**(1953)では、いわゆる「森林都市」という形で都市と自然環境との見事な統合が達成された。同市は緑地帯によって4地区に分割されている。エルヴィはまた、**都市センター**(1954-59)の他、**集合住宅**(1952-64)、**水泳プール**(1962)、**タピオラ・ガーデン・ホテル**(1974)を設計した。同市は人口1万8000人を目標としていたが、それは1970年代半ばまでに達成し、最近では、アルト・シピネンによる**文化センター**(1990)も建てられている。そこでは、金属とガラス張りの白く細長い形をしたネオ・モダンの建物が、総じて大きい直方体ヴォリューム群という観点から計画されており、既存の都市や湖畔の敷地にうまく収まっている。

レイマ(1923-93)とライリ(1926-)のピエティラ夫妻は、タピオラに**スヴィクンプのアパートメント**(1966-69)を付け加えたが、その不規則な階高や窓の配置が、建物を和らげ、人間的にしている。同じような関心は、ユルヨ・リンデグレンによる**ヘルシンキの蛇の家**(1951)にも見られる。そこでは住戸の並びが狭い区画に沿って蛇行してセミパブリックなオープン・スペースを作り、個々の住戸のプライヴァシーとアイデンティティを高めている。

タンペレの**カレヴァ教会**(1966)において、ピエティラ夫妻は、湾曲した壁と窓という垂直の帯を交互に配して、高い主屋ヴォリュームを取り囲み、プロポーションと感情面での効果という点で「ゴシック」と呼びうるかもしれないが、ゴットフリート・ベームの作品のようなゲルマン的作品が持つ気難しさや陰鬱さからは全く解放された建物を作り上げたのである。オタニエミの**ディポリ学生寮**(1966-67)は、細長い学生寮と自由な形態をした荒石積みのクラブハウスという2つの建物マスを対比させたもので、洞窟のようなクラブハウスのインテリアには、波打つコンクリートの屋根が架けられている。

このような個々の優れた建物の並外れた豊かさに対する反動が、1960年代後半に起こり、何人かの建築家は、建築を「作品」とする考え方を拒絶し、科学的に決定されたプロポーションのシステムと工業化された生産技術が、与えられた建設課題に対して応答しうると捉えた。レイヨ・ラハティネンとエルッキ・カイラモによる**マリメッコ工場**(1972)は、頑なまでにグリッドに従ったもので、この傾向を例示している。しかし、このような建築は、ドイツやフランスと同程度まで工業化されていないフィンランド社会の特性をほとんど反映していない。このアプローチは、ペッカ・ヘリンとトゥオモ・シートネンによるテイスコの**金属労働者組合訓練センター**(1976)に見られるように、工業化された要素とフィンランド文化の特徴である伝統的材料や手仕事による仕上げとを組み合わせるという形で修正された。

建築課題のフォーマルな解決に対する関心が続いてきたことは、ヘイッキ・タスキネンによる**オウルンサロ中学校**(1983)に見ることができる。そこでは、多様なヴォリュームと屋根形態がレンガと金属だけで作られており、大規模な建物が楽々と視覚的にこなれたものとなっている。

材料の簡素さとヴォリュームの複雑さは、ラウリとアンナのロウエカリ夫妻によるロヘンピュルストの**ミコンカリ・レクリエーション・センター**(1988)の特徴となっている。平面は一部2階建の変形U字形で、外部は白く塗られた木製羽目板縦張り、内部は素地の木が横張りされている。建物内には直角がほとんど見られず、夢に出てきた場所を連想させるような方向感覚の喪失に近いものが随所で反響している。

フランス

　戦後フランスでは、大量の建物を迅速に建設するという要求から、工業生産技術がいち早く導入された。オーギュスト・ペレ(1874-1954)が新古典様式で行なった**ル・アーヴルの復興**(1945-54)は、計画的にも様式的にも時代錯誤であったが、その新古典様式は、プレキャスト・コンクリート部材の工場生産に大いに役立った。アンドレ・リュルサ(1894-1970)による**モブージュやサン＝ドニの復興**も同様であって、ボザールのフォルマリズムを工場に持ち込んだのである。これらの計画が、ボワローとラブルデットによる**パリのラ・サルセル団地**のようなより「モダン」な開発にまつわる社会問題の被害を受けなかった、というより引き起こさなかったという点は、興味深い。

　ル・コルビュジエは、自身の「機械の美学」や戦前期の大規模都市計画に対する情熱にもかかわらず、戦後の工業化建築や都市復興の最前線には立っておらず、都市復興の大部分は、ヴィシー政権下の地域主義的都市計画家により1940年以降に定められた原理を継承したものであった。ル・コルビュジエの作品は、1940年代後半からますます手仕事に向かう傾向にあった。大規模な計画案の単なる断片でしかなかった**マルセイユのユニテ・ダビタシオン**(1946-52、p.1471A, B, D)のような作品では、ル・コルビュジエは、手作りの質感がある荒いテクスチェアを持ったコンクリートを好んで用いた。この開発は、2階分吹抜けの居住空間と広いバルコニーを持った住戸が、屋内の「通り」からサーヴィスされる集合住宅、上階の「通り」沿いにある商店、屋上にあるレクリエーションおよびコミュニティ施設を統合したもので、以後10年間にヨーロッパ中で直接的・間接的な多くの模倣を生み出した。

　ヌイイ＝シュル＝セーヌのジャウル邸(1952-56、p.1471C)のような個人住宅では、壁はもはや白ではなく、コンクリートとレンガとなって、その間を充填する木とガラスは大きく後退した所に取り付けられている。工業化建築が現実化しつつあった時、工業化の美学の「模造」はもはや必要とはされておらず、ル・コルビュジエは、物質性と場所にますます興味を持つようになっていた。

　工業化の先頭に立つ指導者が、ジャン・プルーヴェ(1901-84)であって、1930年代におけるプレファブ・パネル・システムとカーテン・ウォールの仕事を引き続き行った。金属工芸職人としての修業を積んだプルーヴェは、自動建設技術に魅せられ、迅速に建設され、かつ使用の融通が効く工業化軽量部材による建築を目指した。1950年、彼は建築家アンドレ・シヴと共同して、復興・都市計画省のために**ムードンの実験住宅**14戸を設計、建設した。それらの住宅は、軽量鉄骨と金属、ガラス、木製の充填パネルから成り、割栗基礎上に建てられたもので、巧妙な換気システムを有していたが、断熱は、特に金属葺屋根では貧弱であった。プルーヴェによる**ボーヴァロンの週末用住宅**(1962)では、オープン・プランのレイアウトが展開できるように、より大きい空間単位が用いられているが、ここでもまた、プルーヴェが製造した木、断熱層、波板アルミニウムから成る「ルソー」パネルが用いられており、そこには1960年代の工業生産のトレードマークである隅の丸みが付けられている。解体可能な**ヴィルジュイフの学校**(1957)は、屋根が一列の偏心した柱で支えられ、平行する外壁が引張りの被膜として使われるという、異なる構造タイプを代表している。

　カーテン・ウォールの発展に対するプルーヴェの貢献が、彼の最高の業績であることは疑うべくもない。しかし、彼の他の作品が熱狂的に受け入れられたにもかかわらず、ちょうど合衆国のバックミンスター・フラーと同様に、それは、解決が目指されている問題に対して直接的な影響力を及ぼしえなかった。実施作はその時代の技術が持つ物理的限界を露呈しており、時代もそれに対して寛大ではなかった。

　ローコスト集合住宅に応用されたプレファブの大半は、作り付けの融通が効かないプレキャスト・コンクリート部材によるもので、プルーヴェのような人からは大いに嫌われた。しかし、建設業はそれに合うように調整され、建築家達はその課題に対してさまざまな形態上の解答を試みた。エミール・アイヨー(1902-88)は、**パンタンのレ・クルティリエール団地**(1955-60)において、地区にそれぞれのアイデンティティを付与するために、6階建、全長2kmの蛇行する住棟を敷地周縁に沿って配した。その環状の住棟の外側には駐車場がとられ、内側には、不整形の平面を持ち、コンクリート・シェルによる波打った屋根が部分的に架けられた平屋の保育所のみが配されている。アイヨーは、**フォルバックのヴィスベール団地**(1959-63)でも同様のアプローチを採り、低層アパルトマンで囲われた中に11階建住棟15棟を挿入し、また全建物で自動シャッターを採用した。コンクリート壁の本来持っている強靱さから、アイヨーはファサード全面にわたって窓の開口部を不規則に開けることができたのだが、それが壁面に塗られた明るい色彩と相まって、この計画にとりわけおもちゃのような性質を付与している。

　ポール・ブロサールは、大きい不揃いの石をコンクリート部材に打ち込んで、**クレテイユのレ・ブリュエ**

A ユニテ・ダビタシオン、マルセイユ(1946-52)
p.1470 参照

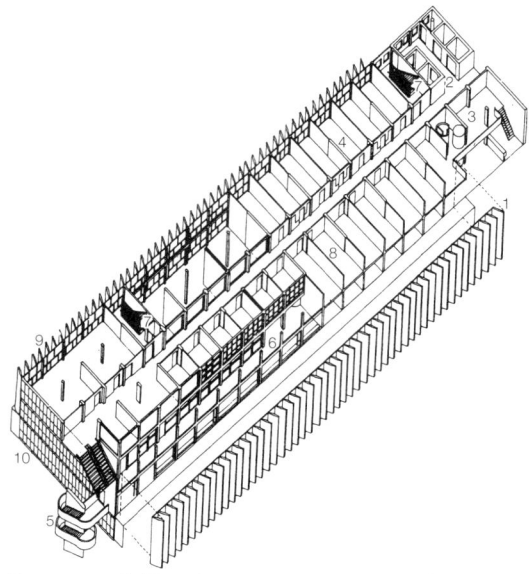

B ユニテ・ダビタシオン、コミュニティ・サーヴィス階

1　ブリーズ・ソレイユ
2　エレベーター・ホール
3　ロビー
4　商店
5　避難階段
6　廊下
7　避難階段
8　商店
9　ブリーズ・ソレイユ
10　北立面

C（左）ジャウル邸、ヌイイ=シュル=セーヌ(1952-56)
p.1470 参照

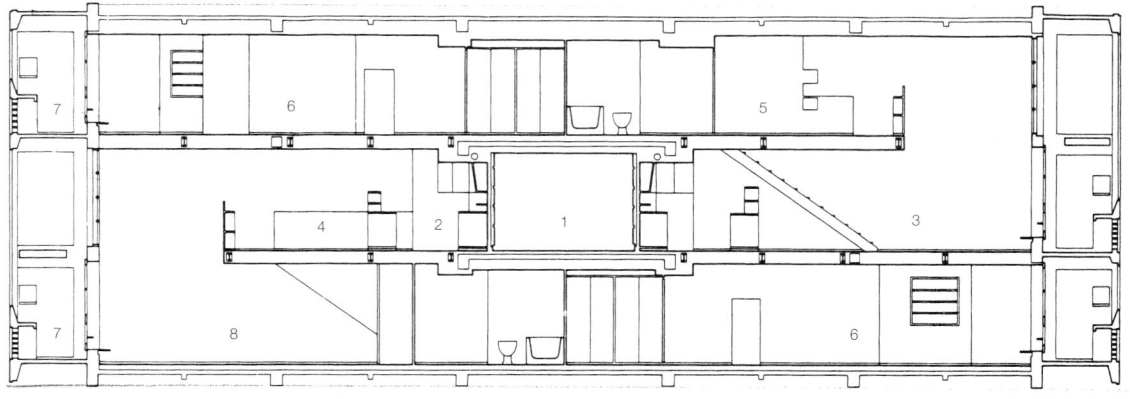

D ユニテ・ダビタシオン、マルセイユ、典型的メゾネット型住戸の断面図

1　屋内街路
2　台所
3　ダイニング・エリアとリビング・ルーム
4　ダイニング・エリアとギャラリー
5　両親用寝室と浴室
6　子供部屋
7　バルコニー・テラス
8　両親用寝室とリビング・エリア

団地（1959-62）の化粧をしたが、住棟は直交配置のままとした。結局、その構法による風変わりな外観が、寒々しい全体に対する不適切な埋め合わせのように見える。

公営集合住宅計画の規模と折り合いをつける別の試みが、リカルド・ボフィルの新古典主義的デザインに見られる。その例が、大規模なバロック要素にまとめたコンクリート造集合住宅、**マルヌ＝ラ＝ヴァレのレゼスパス・ダブラクサ（1978-83）**である。

文化施設の分野では、ギ・ラニョー、ミシェル・ヴェイユ、ジャン・ディミリエヴィク、レイモン・オディジエによるすばらしい**ル・アーヴル美術館・文化会館（1957-61）**から、ロベール・オゼルによるより格式張った**ヌシャーテル＝アン＝ブレ行政・コミュニティ・センター（1952-61）**にいたるまで、幅広い技術が採用された。前者は、太陽光調整機構で囲われたガラスの箱である。後者では、裁判所、市庁舎、劇場を含むという指示に従い、オゼルは各主要要素の形態を分離しつつ、コンクリートおよび鉄骨造・レンガ張りの壁という共通の材料で計画全体をとりまとめている。

ルルドのピウス10世大聖堂（1956-58）は、イタリアでのネルヴィの建物にいくらか似た、建築と工学の結集を表わしている。そこでは、ウジェーヌ・フレシネ（1879-1962）、ピエール・ヴァーゴ（1910-2002）他が、初期キリスト教の魚のシンボルによく似た平面を持つ無柱の巨大地下室を作り上げた。部屋の全長201 mに沿って中央の脊椎が盛り上がり、プレストレスト・コンクリートのリブが湾曲してそこに達している。そうした生物学的アナロジーが、低いプロポーションの空間で補強されている。

ル・コルビュジエによる**ロンシャンのノートル・ダム＝デュ＝オー巡礼教会（1950-54、p.1473A）**は、ますます機械生産されるようになった建築世界とは鋭い対比をなす。マッシヴで荒々しい壁面には内に向かって広がった小窓が開けられ、流れるようなコンクリート・シェルの屋根は、礼拝堂内部では垂れ下がった天井となっているが、これらは全て、手作りの「一度限りのもの」である。この建物は、「原始的」で感情的であるように見える形態や素材を探求したもので、近代建築の発展に甚大な影響力を及ぼした。**エヴー＝シュル＝ラルブレールのサント・マリー＝ドゥ＝ラ・トゥーレット修道院（1957-60、p.1473B）**は、より複雑な建物で、修道院の個室をピアで敷地高くに上げ、孤独な私的世界を作り出す一方、天井の高い礼拝堂を地面に置いている。全てが、コンクリート造で美しく構成された禁欲主義のモニュメントである。

エドゥアール・アルベールは高級な商業建築を生み出したが、彼の技術的手腕を示す好例が**オルリー空港・管制棟（1958-60）**である。それは、H字形平面を持ち、外部の鉄骨骨組周りに優美にガラスを巡らせた4階建建物で、周囲の騒音に対して密閉され、空調されており、融通のきくサーヴィスが提供されている。ポール・アンドリュー（1938-）による**パリ、ロワシーのシャルル・ド・ゴール空港・ターミナル1（1967-74、p.1474A）**は、巧妙に設計された集中型ターミナルの事例である。それは、円形平面で、木目模様を大胆に付けたコンクリート造で建てられており、中央のオープン・アトリウムを旅客が行き来する透明のチューブが横切っている。ターミナルには7基のサテライトが取り付き、そこから旅客は航空機に乗り込む。サテライトへといたる動く歩道は、ターミナルを取り巻くタクシー専用道の下でカーブしており、また自動車はターミナルの上階と屋根に駐車するようになっている。

ジョルジュ・キャンディリス（1913-95）、アレクシス・ジョジック（1921-2011）、シャドラッチ・ウッズ（1923-73）の作品で最もよく知られているのは、**トゥールーズ、ル・ミライユ（1961-77）の「優先都市化ゾーン」**計画であり、そこでは戦後都市計画の「隔離主義的」政策が否定され、より統合的レイアウトが採られた。彼らはまた、相当洗練された小作品も生み出した。彼らによる**セーヴル、レ・ブリュエールの工房群（1963-65）**は、打放しコンクリート造で建てられた建設業工房の小集団であるが、その審美的規則を誇張するのではなく、むしろ控え目にするという事実がなければ、ブルータリズムと呼びうるだろう。

1950年代から1960年代にかけてのフランス人は、コンクリート・シェルの屋根に絶えず魅せられていた。その最良の事例が、ルネ・サルジェとルイ・シモンによる**ロワイヤンの屋根付き市場（1956）**で、そこでは、たった10 cmの厚み——風化を考慮しなければもっと薄くできたであろう——しかない波打つシェルが、約40 mのスパンで空地上に架けられている。「人目を引く作品」を建てるようにとの指示を受け、ロベール・カミュゾ、ベルナール・ゼルフュス（1911-96）、ピエル・ルイジ・ネルヴィ他は、**ラ・デファンスのCNIT（国立工業技術センター）展示場（1956-58）**で、三角形平面上に3枚のコンクリート放物面シェルを配し、3点で支持された一種の交差ヴォールトを形作った。ネルヴィとゼルフュスは、**パリのユネスコ・ビル（1953-57）**でマルセル・ブロイヤーと共同したが、同会議場は、ネルヴィの軟体動物シェルの研究に基づくと見られる鉄筋コンクリート折版構造で作られている。

モシェ・サフディによるモントリオールのアビタ（1965-67、第51章参照）に何がしか負う所のあるのが、

A ノートル・ダム=デュ=オー巡礼教会堂、ロンシャン（1950-54）　p.1472 参照

B サント・マリー=ドゥ=ラ=トゥーレット修道院、エヴー=シュル=ラルブレール（1957-60）　p.1472 参照

A シャルル・ド・ゴール空港・ターミナル1、ロワシー、パリ（1967-74） p.1472 参照

B ジョルジュ・ポンピドゥー国立美術・文化センター、パリ（1971-77） p.1475 参照

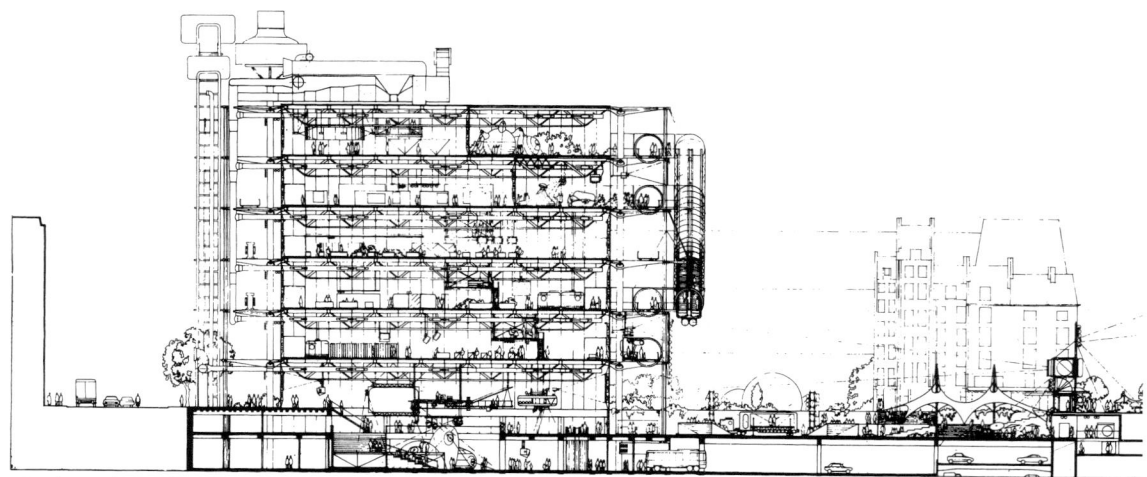

C ジョルジュ・ポンピドゥー国立美術・文化センター、パリ、断面図

D ガラス・ピラミッド、ルーヴル美術館、パリ（1981）
p.1475 参照

E カレ・ダール（図書館・美術館）、ニーム（1984-93）
p.1475 参照

ジャン・ルノンディとニーナ・シュックによる**イヴリー=シュル=セーヌ・タウンセンター**(1970-81)である。そこでは、2つとして似たものがない小住戸ユニットを混ぜ合わせることで、都心部における多様で錯綜した形態を生み出し、また中世都市の発展に対する信奉を現代の住宅供給技術の分野に持ち込んだように見える「有機的」性質を生み出している。それは性質というよりも原理となって、1965年に指定されたパリ近傍の多くの「新都市」で模倣されたのである。

レンゾ・ピアノとリチャード・ロジャーズによる国際的な成功を収めた**パリのジョルジュ・ポンピドゥー国立美術・文化センター**(1971-77, p.1474B, C)は、囲われた空間の外側に全ての設備と構造が取り付けられた色鮮やかなもので、これ以降、大統領と市長が互いに張り合って、突飛で目を引き付ける「グラン・プロジェ」を支援し始めたのである。I. M. ペイによる**パリのルーヴル美術館、ガラス・ピラミッド**(1981, p.1474D)は、長期間にわたる同施設再編の始まりであった。カルロス・オットによる**パリのバスティーユ・オペラ座**(1989)は、モニュメンタリティを期待しつつ、狭苦しい敷地に到底不可能と思われるような大容量の施設を収容するという試みである。こうした壮大でフォーマルな所作への新たな関心は、ベルナール・ゼルフュスの計画に沿って1958年から開発されてきたパリ郊外のビジネス地区、**ラ・デファンス**の中央に建てられた、ヨハン・オットー・フォン・スプレケルセンによる**パリ、ラ・デファンスのアルシュ**(1989)で最高潮に達している。その新たなアーチは、凱旋門を貫く(ほぼ)直線の終点にあって、見る者から建物スケールとヒューマン・スケールとを見比べる手段を奪うことによって、真の意味でのモニュメンタリティを伝えている。そのアーチは1辺162mの立方体で、両側2つの版状建物にオフィス、両者間を結ぶ上階にギャラリーが収められており、テント構造が基壇上に浮遊している。

フォーマルな所作への同じような関心は、ジャン・ヌーヴェル、ピエール・ソリア、ジルベール・レゼヌによる**パリのアラブ研究所**(1983-89)にも見られる。それは、図書室、管理オフィス、社会施設を収めたもので、建物南面は、ヌーヴェルが「現代のマシュラベヤ細工」と呼んだハイテク版アラビア風日除けの多数から成っている。ガエ・アウレンティその他による**パリのオルセー美術館**(1984-86)は、使われていない19世紀の鉄道駅を19世紀美術のギャラリーに転用したものである。グラン・プロジェの中で最も満足いくものの1つが、ベルナール・チュミによる**ラ・ヴィレット公園**(1982-92)であって、そこでは、厳格で複雑な幾何学的枠組と個々の要素の自立性を受容することが合体されている。

パリの「グラン・プロジェ」様式創出に向けて重要であった地方での所作が、ノーマン・フォスターによる**ニームのカレ・ダール(図書館・美術館、1984-93, p.1474E)**である。フォスターの広々としたアトリウムを持った透明な建物は、ローマ時代のメゾン・カレの傍らにあって、実際に空っぽのように見えるが、このような広がりは、建物9階中の5階分を地下に配することで達成されている。アルミニウムとコンクリート造の優美さは、設備機器が適切に隠されてもいなければ、正直に露出されてもいない建物屋上風景で損なわれている。

近年では、フォルマリズムを拒否することが増えてきている。ミシェル・カガンによる**パリ市行政庁**(1993)は、1930年代の白い建築の平面的な言語を用い、ヴォリュームの相関を新たなレベルへと発展させたもので、すばらしいディテールで仕上げられている。ベルナール・ユエによる**パリ、スターリングラード広場**(1989)は、ごみごみとした公用地の切れ端を、人目を引く仕掛けに頼ることなく再生したもので、都市のランドスケープの好例である。

パリにおける最新の大計画が、ドミニク・ペロー(1955-)による**パリの新国立図書館**(1996)である。そこには読書室とオフィスを含む巨大な基壇が組み込まれ、その4隅から本を収めたガラス張りの塔が立ち上がっている。

ドイツ

戦後ドイツで必要とされた復興の規模は、ヨーロッパでは比肩するものがなかったが、工業発展用の資金がアメリカからもたらされて、大躍進が非常に迅速に進行した。建てられたものの多くはどうでもよい質のもので、計画的アプローチを採る時間がほとんどなかったように見える。破壊された歴史的地区の大部分が戦前の状態のレプリカとして忠実に再建されたリューベックのような都市を除いて、大多数の都市はアドホック的に取り掛かった。政府の目標は定量的に表現され、年間50万戸の住戸新築という計画は、大都市周辺で大規模な衛星状スプロールを生む傾向にあった。

思慮深い建築家は、非イデオロギー的建築様式を模索し、それをアメリカのカーテン・ウォール・システムに見出したと信じた。そこでは、被膜が構造に取って代わり、ガラスと金属の薄い被膜上で優美なプロポーションを達成するために、建物マスの表現は見捨てられた。パウル・シュナイダー=エスレーベンによる

デュッセルドルフの**マンネスマン・オフィスビル**(1952)から**ヘン&シュトローベル**による**ミュンヘンのオスラム・オフィス**(1963-65)にいたるまで、その様式は見事なディテールとプロポーションを持つ精巧な建物を生み出した。が、そのような「きれいな箱」の限界は、その箱がもっと大きくなり、変化を付けるのがもっと難しくなるにつれ、明らかになった。ヘルムート・ヘントリヒとフーベルト・ペチュニクは、**デュッセルドルフのフェニックス=ラインロール・ビル**(1957-60)で1つの解答を見出したが、それは、大きいヴォリュームを細長い版状のカーテン・ウォール付き建物3棟に分割するというものであった。

他の建築家にとっては、この優美なフォルマリズムは周辺からあまりにも隔絶されたもので、その表現全てが垂直面でなされ、建物が実際に建っている水平の地表面では何もしていないように思われた。ロルフ・グートブロート、ベルナルト・ビンダー他は、**ベルリンのIBMビル**(1962)において、建物の機能的要素をより良く表現しようとした。そこでは、カーテン・ウォールに代わって、各階のプレキャスト・コンクリートの水平帯と窓の帯とを交互に並べるとともに、一端に階段室棟を斜めに配することで、全9階建建物を地面に繋ぎ止めている。内部構成をファサードで表現するという試みでもっと取り乱したものが、アトマー、マルロウ他による**ハンブルク警察本部**(1958-66)であって、そのファサードは、大きな内部空間を表わす開口部が所々にとられた重厚なコンクリート造ラチスで覆われている。そこからほんの一歩踏み出したのが、グンター・ボックによる**ジンドリンゲン・コミュニティ・センター**(1961)というブルータリズムの建築であって、そこでは、細かく分節された要素が荒々しいコンクリート壁で包まれている。レンツ&ミュラーによる**マインツのケテラー大学**(1964)は、もっと洗練したやり方でコンクリートを使い、建物マスを個々の表現要素に分解している。しかしながら、ゴットフリート・ベーム(1920-)による**ベンスベルク市庁舎**(1967)では、表現欲求が強大な水平板の積層上に特徴的な塔を建てることに向けられており、それら全てが古城という文脈内でなされている。

ハンス・ミュラーとゲオルク・ハインリヒスによる**西ベルリンのフリーデンス教会・教区ホール**(1961)は、全く違った意図を持ったもので、建物の表現性のために、少数の素材と幾何学的に統御されたフォーマルな構成とを選択するという厳格な制限を課している。他の建築家は、「貧弱な」素材を慎み深くかつ気取らずに用いた。ハルト=ヴァルター・ヘマー他による**インゴルシュタット市立劇場**(1962-68)は、文化施設における贅沢な仕上げの標準を避け、当時はより庶民的に見えたに違いないコンクリートと抽象形態を用いている。

戦後ドイツ建築で非常に重要だったのは、エゴン・アイアーマン(1904-70)の作品である。彼は、構造とディテールを様式のとんち問答を脱する方法と見なす傾向にあった。**ブルムベルク・ハンカチーフ工場**(1949-51)は、カーテン・ウォール建築の優美さへの熱中ぶりを共有しているかもしれないが、その建築的価値はより深く探求されている。同工場では、煙突であれ、機械工場であれ、全ての構成要素に等しく建築的配慮が払われて、全てが徹底的に考えられている。**フランクフルト・アム・マインのネッカーマン商社ビル**(1958-60)では、ガラスのファサード前面にバルコニーと階段から成る第2の層が設けられ、勝手気ままではない豊かな表現が建物に与えられている。

アイアーマンは、極めて簡素なものにも長けていた。**プフォルツハイムのマテーウス教会**(1953)では、最も単純な形態構成でプレキャスト・コンクリートの小要素を用い、厳粛で簡素な威厳を生み出している。

行政・文化施設といった目につく分野での表現に神経質になっていたドイツでは、教会が審美的潜在力を発揮する沃野となった。アイアーマンとヴァイストによる**ベルリンの戦没者追悼教会**(1959-63)では、再度プレキャスト・コンクリートの小ユニットが用いられているが、ここでは、古い教会の破壊された塔に対して無言の道連れを形作っている。ヘルムート・シュトリフラーによる**マンハイム、ブルーメナウの教会**は、木製形枠の痕跡を残したコンクリート壁、スリット状の窓、軒なしの急勾配屋根を、ほとんどキュビズム的に構成している。シュトリフラーはまた、**ダッハウの戦没者追悼教会**(1967)もコンクリート造で設計した。ディター・バウメヴェルトによる**エメリヒ・アム・ラインの聖霊教会**(1965-66)は、高さの異なる巨大なキノコ状の柱を有しており、工場建築のように見える。この種の「表現主義的」教会建築で最上のものは、ゴットフリート・ベームによって建てられた。彼による**ネヴィゲスの教会**(1956-68)は、構造や空間のはっきりとした秩序を示しておらず、壁や天井はコンクリート造ではあるが、紙のように小さな面に折り畳まれている。この教会は空間的には単純であるが、壁や天井の幾何学的操作から複雑さを引き出しているのである。

劇場作品の祝祭性は、アドルフ・アベルとロルフ・グートブロートによる**シュトゥットガルト歌劇場**(1955-56)で表現されている。そこでは相当面白い自由な平面に、多様な芸術家による建築モチーフや作品が過剰に詰め込まれており、その結果として、視覚的関心を是が非でも引き付けようとした1950年代をほと

第45章 西ヨーロッパ(1945年以降) | 1477

A ベルリン・フィルハーモニー(1959-63)　p.1478

B 新ナショナル・ギャラリー、ベルリン(1962-68)
p.1478 参照

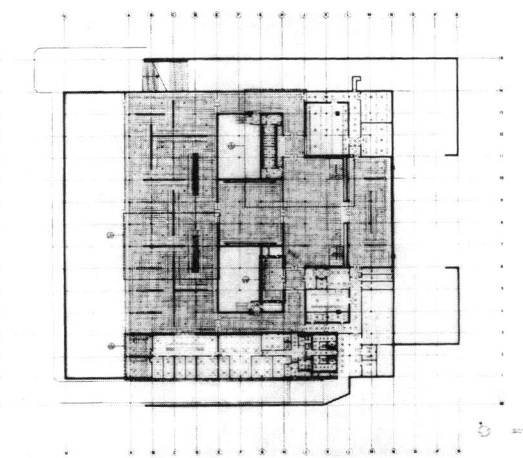

C 新ナショナル・ギャラリー、ベルリン、地階(ギャラリー・レベル)平面図

んど定義できるような作品となっている。

　ベルリン・フィルハーモニー（1959-63、p.1477A）におけるハンス・シャロウン（1893-1972）の関心は、装飾の処理を超え出た所にあった。多くの点で抜きん出たこのオーディトリアムは、聴衆と演奏者との関係、個人の聴衆とそれが集合した全体との関係を解決した。さらには、観客席のまとまりを空間本体に突き出すというここで提案された解法は、20世紀の材料を使うことで初めて考え出せるようになったものであって、建物はわくわくするような空間体験を与えてくれる。同様の関心は、シャロウンによる**マールの学校**（1968）や**ベルリンの国立図書館**（1967-78）に見られる。フィルハーモニーと国立図書館はベルリンの壁近くに建てられたが、それは、ベルリンがいつかまた統合され、これら文化施設が都心部に建つという信念を示す所作であった。このグループにシャロウンの作品に対するアンチテーゼが加えられた。ミース・ファン・デル・ローエによる**新ナショナル・ギャラリー**（1962-68、p.1477B、C）は、その巨匠による最後の大パヴィリオン建築である。パヴィリオン内部のギャラリー空間は1つだけで、必要に応じて可動間仕切りで細分される。巨大な屋根は十字形断面の8本の柱で支えられ、全面ガラス張りの外壁は奥に引っ込められている。「サーヴィス」空間は、人間や機械が実際に何らかの活動を行なうべき空間として定義されるが、それが、多くのギャラリー空間とともに地階に埋められている。

　シャロウンの天才は、建築作品のあらゆる面に及んでいる。彼による**シュトゥットガルトの「ロメオとジュリエット」アパートメント**（1957-59）は、物理的世界を形成する際に空間的価値を最重要視するという原理が、集合住宅の小さなスケールでも保持されていることを示している。

　こうした発展と同時期に、戦後ドイツで著しく不足していた良好な建築と健全な都市計画との統合を目指して、1957年に**ベルリン・インターバウ展**が開催された。インターバウは国際展であり、アルヴァ・アアルト、ヴァルター・グロピウス、ファン・デン・ブローク＆バケマ、アルネ・ヤコブセン、カイ・フィスカー、ル・コルビュジエその他が招待され、ハンザ地区に集合住宅を設計した。ドイツからの参加者には、アイアーマンやパウル・シュナイダー＝エスレーベンがいた。しかし、個々の建物が優れていようとも、それらのまとめ方は著しく郊外的であった。計画を統合する試みはなされず、むしろそれぞれが好ましい造園によって孤立させられた。ル・コルビュジエのユニテは、都市計画家により余暇用と商業用の階が除かれた上で、オリンピック・スタジアムに近い敷地へと追いやられたのである。

　O. M. ウンガース（1926-2007）の**ケルン＝ニッペスの集合住宅**（1957）、**ヘンネフの住宅**（1960）、**ケルン＝ゼーベルクの集合住宅**（1965-66）によって、通常ドイツ建築から連想される規律、合理性、幾何学への魅了がもたらされたが、レンガのような身近な材料が常ならざる大きさや積み方で使われて、プリズム状の建物の表面に新たな関心が寄せられている。ウンガースは、戦後一貫して最も知的な建築家の1人であったが、**フランクフルト・アム・マインの摩天楼**（1983-85）は、実施作品が陳腐になってきていることを示している。そこでは、鉄骨骨組・石張りの直方体を凹ませることで、同じく鉄骨骨組・ガラス張りの内箱を見せるようにし、それをまた建物頂部から突き出している。

　1960年代には、大規模な建設・計画プログラムでいくつかの新しいアプローチが採られた。ギュンター・ベーニシュ（1922-2010）は、1972年のオリンピック競技用に建設された**ミュンヘンのオリンピック・パーク、スポーツ施設**（1967-72）で国際的な名声を勝ち取った。それらの施設に統一感を与えているテント屋根は、フライ・オットー（1925-）の助言に基づき設計された。その複合施設は、30年、60年といった通常の建設周期より早いペースで変化する人間のニーズに対応しうる内部環境を持った建築を予告しているように思われたのだが、そうした夢の実現は達成困難であることが判明した。機能主義と密接に関係付けられた有機的建築に対するベーニシュの強い関心は、**オペルスボームの学校**（1966-69）や**ヴュルテンベルク、ロルヒの学校**（1972-73）に見られ、そこでは形式性が緩められ、極めて洗練された構成を持つ建物が作られている。技術的な華々しさだけを示すことへの関心の高まりは、**シュトゥットガルト大学・ハイソーラー研究所**（1987）や**シュトゥットガルト＝ルギンスラントの幼稚園**（1991）に見られ、そこでは、壁や床、見たところでは建物の全ての部分が、捻れたり、外れたりしている。

　応答する建築へと向かう違ったアプローチが、フランスの事務所、キャンディリス、ジョジック＆ウッズによる**ベルリン自由大学**（1966-70）の設計で提示された。そこでは、大学施設に代表されるような通常のヒエラルキカルな建物群が故意に否定され、建物と中庭の水平「マット」を設けることでフレキシビリティが与えられている。このような考え方は、彼らの実施されなかったフランクフルト＝レーマーベルク都市計画案（1963）に基づいていた。

　シャロウンの伝統の持続は、ヘルマン・フェーリンク（1909-96）とダニエル・ゴーゲル（1927-）の作品に見られる。**ベルリンのマックス・プランク教育学研究所**

第 45 章　西ヨーロッパ（1945 年以降）　　1479

A　シュトゥットガルト国立美術館（1977-84）　p.1480 参照

B　シュトゥットガルト国立美術館、内観

C　ミュンスター新市立図書館（1993 竣工）　p.1480 参照

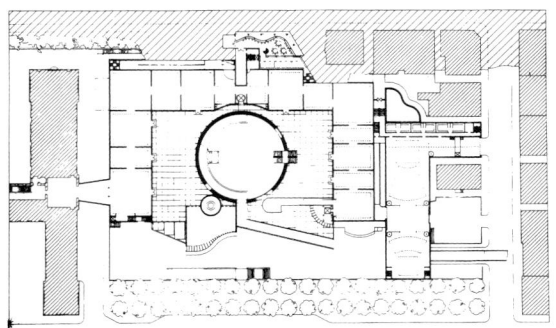

D　シュトゥットガルト国立美術館、2 階（ギャラリー・レベル）平面図

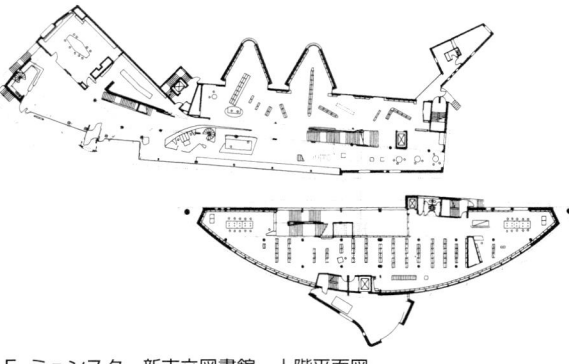

E　ミュンスター新市立図書館、上階平面図

(1965-74)やミュンヘン郊外、ガルヒンクの**ヨーロッパ南部天文台**(1976-80)では、複雑な技術プログラムを人間的な空間環境へと見事に翻案しており、また**ベルリンの気象学研究所**(1991)も同様である。

1978年、西ベルリン当局は**国際建築博覧会(IBA)**を主催し、再度ドイツ内外の建築家達がベルリンに集合住宅を設計するよう要請された。敷地は市内のみ、計画は既存住棟を完成あるいは代替するというように、その立場はインターバウから移り変わっていた。歴史的都市内での計画では、過去30年もの間、圧倒的な関心が交通に寄せられてきたこと、その結果、多くの建築的課題が郊外ゾーンへと移されてきたことが認識されたからである。そこでの建築的成果は雑多である。多くの敷地で競技設計が行なわれたが、特筆すべき住棟は、ヘルマン・ヘルツベルハーによる**リンデン通りの集合住宅**(1987)、アルド・ロッシによる**ラウフ通りの集合住宅**(1988)、ジェームズ・スターリングとマイケル・ウィルフォードによる**科学センター・オフィス**(1988)である。

ジェームズ・スターリング（マイケル・ウィルフォードと共同）は、**シュトゥットガルト国立美術館**(1977-84、p.1479A, B, D)で彼の最高作と評されるものを作り上げたが、それは、古典的ディテールの創意あふれる応用と最先端技術を伴った形態との驚くべき融合であった。これと同様の歴史と現代技術との創造的関係は、マインハルト・フォン・ゲルカン(1935-)による**シュトゥットガルト空港ターミナル**(1980-81)にも見られる。そこでは、マッシヴな自然石の「台座」が立ち上がって、かすかにゴシック的な鉄柱を支えており、その鉄柱が屋根に近づくにつれ、「小枝」へと枝分かれしているのである。

全く違ったタイプの歴史と現代性との関係は、ボーレス＝ウィルソンによる**ミュンスター新市立図書館**(1993、p.1479C, E)で打ち立てられた。ボーレス＝ウィルソンは、その新しい建物に、スターリングとウィルフォードがシュトゥットガルトで考案したような古典主義に基づくフォーマルな平面を付与するのではなく、むしろ角張った形態、ディテール、立面のテクスチュアによる視覚的不協和音への転調を作り出した。その結果は際立っており、デコンストラクションの知的理論のいくつかは、実作で用いても成功しうることを示している。

有名な工学的構造物も作られた。たとえばフライ・オットー、ディカーホフ、ヴィトマンによる**ベンドルフのライン橋**(1962-65)は、208mに及ぶ単一スパンのコンクリート橋であり、ゲルト・ローマーによる**ケルンのゼヴェリン橋**(1958-60)では、1本のマストに張られた12本の鋼鉄ケーブルで路面が支えられている。

社会主義の東ドイツでは、建築に全く異なる政治的役割が見出された。建設業は絶対的な国家統制下に置かれ、社会は富裕ではなかった。こうした事実は、単位単価を下げる手段としてプレファブのコンクリート部材をますます重用し、貧弱な仕上げしかせず、商業建築よりも集合住宅を重視したという建設プロセスから明らかである。それにもかかわらず、東西両国の建築・都市計画思想の根底をなす原理を区別するものはほとんどないように思われる。劇場やスポーツホールといったコミュニティ施設は市や町の中心に配される傾向にあり、歴史的構造を犠牲にして交通が整備され、都市周縁部の最小限アパートメントに低所得者が収容されたのである。

ヨーゼフ・カイザーによる**ベルリン、カール・マルクス大通りの延伸**(1959-65)には、情け容赦ないプレファブ建築が立ち並ぶが、**国際映画館**(1960-62)のような建物によって明るく照らされており、**ベルリン、メルキシュス地区**(1962-74)と大きく違ってはいない。ヨアヒム・ネター、ローラント・コルン他により、以前の東ベルリンの焦点として**アレクサンダー広場**が再建されたが(1964-70)、そこでは、当時の建築言語全てが用いられ、高層・低層建築群にオープン・スペースや駐車場が混ぜられている。

ヘルムート・ウルマンとヴォルフガング・シュナイベによる**ライプツィヒのホテル・ドイチュラント**(1965)は、洗練された国際主義によるコンクリート造カーテン・ウォールの9階建建物で、クンツ・ニーラーデによる同市の**オペラハウス**(1960)と興味深い対比をなしている。後者は、当時の西側には見出せない尊大ぶった新古典主義の建築である。

イギリス

ヨーロッパのいずれの国とも同様に、イギリスでも、第2次世界大戦の終結とともにほとんど無限と思われるような住宅需要が、既存の都市内外や1946年から1972年にかけて政府が指定した多くのニュータウンの双方で高まった。それに加えて、戦時中に提案された修学年齢を引き上げるという教育改革により、大がかりな学校建設プログラムが作られ、その後の大学施設拡大のお膳立てをした。

不整形なレイアウト、レンガや木のような自然素材の使用、意識的な快活さといった公営住宅デザインの多くは、スウェーデンから借りてこられたものであった。ハーバート・テイラーとデイヴィッド・グリーン

によるノーフォーク州、ゲルデストンのケルズ・エーカー（1951-52）や、ノリッジ近郊、ロッドン内外の諸開発はその様式の典型であり、当時の『アーキテクチュラル・レヴュー』誌で「ニュー・ヒューマニズム」として大いに賞揚された。そこでのタイル、波打つ破風板、白く塗装された窓枠、紛れもない快適性と「場所」性を、1963年、ニコラウス・ペヴスナーはポスト・モダンと呼んだのである。こうした感覚が都市文脈に翻案され、LCC建築局、ロバート・マシュー下のオリヴァー・コックスやローズマリー・シェーンステット他設計による**ローハンプトンのオールトン・イースト団地（1954-56）**のような低層集合住宅が生み出された。そこでは、立派に繁った林の中に、社会全体を凝縮したものとして、住宅、学校、店舗その他の施設が寄せ集められたが、この計画のなしえたピクチュアレスクな環境は、不幸なことに、多くの模倣者たちの手には入らなかったのである。

こうした審美的な見方に、全ての建築家が賛同したのでは決してなかった。フィリップ・パウエル（1921-2003）とジョン・ヒルダゴ・モヤ（1920-94）が競技設計で勝利を収めた**ロンドンのチャーチル・ガーデンズ集合住宅（1946-62）**は、別種の高密都市集合住宅の基準となった。テムズ川に直交配置された10階建住棟の並びが、高層および低層住棟、店舗、コミュニティ施設を混合した全体計画の屋台骨となっている。そこでの建築は近代的素材を飾りなく用い、ヴィレッジ臭を避けている。もう1つの競技設計から、チェンバリン、パウエル＆ボンによる**ロンドンのゴールデン・レーン団地（1955-62）**が、ロンドン市周縁部の爆撃地に建てられた。そこでは、舗装された中庭周りに建物を配置することで高い密度が得られているが、大概は道路に面して列柱廊を持つ中層建物で、真中に17階建の塔が立ち、行き届いた施設が収められている。プレキャスト・コンクリートのモザイクから、レンガ、鉄、ガラスにいたるまで、材料と構法が幅広く混ぜられている。

「ニュー・ヒューマニズム」はすぐさま、ル・コルビュジエの、特に彼のユニテにおけるコンクリートの男性的な使い方を起源とする純然たる近代様式によって打ち負かされた。LCCのビル・ハウエル、ジョン・キリック、コリン・ルーカスによるローハンプトン集合住宅第2期、**オールトン・ウェスト（1954-63）**は、隣接する先行事例の「ニュー・ヒューマニズム」と真向から対立している。第1期ではレンガと木が用いられ、バルコニーや階段で与えられる機会を生かして凹凸の形態操作が行なわれていたのに対し、第2期の整形にレイアウトされた住棟群は徹頭徹尾直線から成り、心地良さへの譲歩は見られない。より一層冷徹なのが、シェフィールド市建築局のジャック・リンとアイヴァー・スミスによる**シェフィールドのパーク・ヒル（1955-60、p.1482A, B）**と後の**ハイド・パーク（1962-65）**である。そこでは、「ニュー・ブルータリズム」が最高潮に達しており、住棟は敷地条件ではなく理論により分節されている。すなわち、14階建の住棟は互いに連結され、その片側には3階ごとに「空中歩廊」がとられているが、それは住戸へのアクセスとなるばかりでなく、子供が遊んだり、牛乳配達車が通ったり、一般化して言うならば、街路の生活を包摂するようになっている。素材には意図的に堅牢なものが選ばれ、その効果は、住宅らしからぬとしても、壮大である。

この計画が水門を開けたと言うことができよう。建築家が、荒々しさを認定された進路であると考えたのであれば、その先導に従う施工会社が不足することはなかった。1960年代から1970年代にかけて、何千もの住戸が拙速に、またランドスケープやコミュニティへの配慮を欠いて建設された。ある程度まで、建築家は「問題解決」に対して賢明にはなったが、それにつれて彼らが解決すべき問題は難しいものとなった。アリソン（1928-92）およびピーター（1923-2003）・スミソンによる**ロンドンのロビン・フッド・ガーデンズ（1969-72）**は、激しい交通により孤絶した敷地に建っている。そうした状況に対処すべく、凝り過ぎた娼婦のような建物が魔法のごとく現われ出たのであるが、それは、実際には対処し切れず、都市計画の問題解決に対して様式に依存するという過ちを犯している。

塔状・版状住棟が、都市の住宅供給戦争において地方自治体が好んだ武器であって、それは安価と貧相な敷地条件という点で有利であった。エルネ・ゴールドフィンガー（1902-87）による**ロンドンのトレリック・タワー（1966-73）**は、彫塑的形態、劇的なまでに切り離されたエレベーター塔、ユニテ風の中央廊下を擁しており、当時の最上事例の1つである。塔が社会的に不適切であるという批判にさらされるや、他の解法が試みられるようになった。パトリック・ホジキンソンによる**ロンドン、ブルームズベリーのブランズウィック・センター（1962-70、p.1482C）**は、店舗上にジッグラット状に住棟が積み上げられたものであり、ニーヴ・ブラウンによる**ロンドンのアレクサンドラ・ロード集合住宅（1970-77、p.1482D）**も同様である。しかしこうした打放しコンクリート建築は全盛を過ぎ、流行はレンガ造あるいは少なくともレンガ仕上げ、ピクチュアレスク、不整形へと立ち戻った。事例としては、ダーボーン＆ダークによる**ロンドンのリリントン・ガーデンズ（1968-72）**、ラルフ・アースキン（1914-2005）による**ニューカースル・アポン・タインのバイカー団地（1969-**

A パーク・ヒル、シェフィールド(1955-60)　p.1481 参照

B パーク・ヒル、シェフィールド、鳥瞰

C ブランズウィック・センター、ロンドン(1962-70)
p.1481 参照

D アレクサンドラ・ロード集合住宅、ロンドン
（1970-77）　p.1481 参照

E イースト・アングリア大学、ノリッジ(1962-)　p.1484 参照

80）がある。後者の計画は、設計への住民参加ばかりでなく、彩色レンガや建具の民俗的パターンでも有名である。近年では、行政が公営住宅建設に関与しなくなってきている。

民間住宅市場は、より伝統的であった。エリック・ライオンズ（1912-78）は、1950年代から1960年代にかけて、**ブラックヒースのサウス・ロウ**（1957-59）に見られるようなSPAN集合住宅を発展させて、成功した。ライオンズは造園を集合住宅計画に必須の要素と見なし、敷地を中庭や路地で細分し、レンガとタイルのみを用いた。当時「ニュー・ブルータリスト」であったジェームズ・スターリング（1926-92）とジェームズ・ゴーワン（1926-）でさえ、**ハム・コモンのフラッツ**（1958）のような民営フラッツの場合には、ストックレンガ造で建てた。しかしながらこの構法は、先年のル・コルビュジエによるジャウル邸で知的に尊重されて使われたもので、上記フラッツも漫然とはジャウル邸に由来している。

田園都市運動の遠い子孫であるニュータウンは、1946年のニュータウン法の下で多数指定された。この人口移動は、政治的には不人気であった。都市の自治体では、都市から人口が流出すると、地方税収が減少すると見込んでいたし、逆に田園の自治体では、都市文化が牧歌的生活を台無しにするという見通しを恐れていたからである。しかしながら、1946年から同系の最後を飾る1972年のグラモーガン州、ラントリサントまでの30年以上にもわたって、ニュータウンが定着したのである。

そこでは、時として驚くべき建築が試みられた。グラスゴーの過剰人口を吸い上げるべく、都市計画家ヒュー・ウィルソンにより計画された**カンバーノールド**（1955年指定）では、メガストラクチュアの**タウンセンター**（1960-75）がジェフリー・コプカットにより冒険的な様式で設計された。しかし、それはどの住宅地区からも孤立しており、社会的な成功にはいたらなかった。

ミルトン・キーンズ（1967年指定）は、いくつかの旧村落上に接木されたニュータウンで、ルウェリン＝デイヴィス、ウィークス、フォレスティア＝ウォーカー＆ボアによってマスタープランがまとめられた。それは、田園を矩形の開発地区に分割する道路網として計画されており、アメリカ・モデルにほぼ従っているとはいえ、厳密ではなくむしろ「緩やかな」直交グリッドを有している。

学校増設プログラムは、戦時中に発展した工業生産能力と方法を利用する好機となった。C. H. アスリン（1893-1959）を長とするハートフォードシャー建築局は、10年間で100校以上の学校建設を任され、プレファブ部材を決められた設計グリッド上に配置しながらも、平面のヴァリエーションが多く、外観素材・仕上げのヴァリエーションはさほどでもないという典型的な成果を上げた。事例として、ボアハム・ウッドの**サマーズウッド学校**（1950-52）、チェスハントの**バーリー学校**（1948）が挙げられる。アスリンの**ハートフォードシャー学校プログラム**の成功から**地方自治体特別計画コンソーシアム**（CLASP、1957-）が組まれた。そこで、学校でのプレファブ・システムの採用が推進され、北部ミッドランズでは大成功を収め、また大きな影響力を及ぼした。システム建設以外を見ると、ボルトン市建築局のバーナード・クレイドンとジョン・フォイによる**ボルトンのハイ・ローン小学校**（1953）は、大きな勾配屋根を戴く平屋のパヴィリオンを整形に並べ、それら全てを低い連結部で結んだものとして建てられた。

このような自然と子供に対する感受性に対して、アリソンおよびピーター・スミッソンの**ノーフォーク州、ハンスタントンのスミスドン中学校**（1949-54）が不意の一撃を加えた。それは、H型鋼、大判ガラス、正確に積まれたワイア裁断のレンガという、イリノイ工科大学（第51章参照）におけるミース・ファン・デル・ローエの言語を用いている。それはまた無加工の建物で、建物を外から見ると、ガラス面の奥に洗面器の配管までも見通すことができる。このような無骨への性向は、ロンドンの2学校、GLC建築局による**ピムリコ総合学校**（1970）とハウエル、キリック、パートリッジ＆エイミスによる**アクランド・バーリー学校**（1962）にも見られる。

戦争直後の工場建築は、工場建築の傑作、建築家共同体による**ブリンモア・ゴム工場**（1948-53）で代表される。事務室、社員食堂、保健診療所、工場のそれぞれに、極めて特徴的な表現が与えられており、主工場では、浅いドームとガラス張りのスパンドレルで大スパンが達成されているのに対し、事務棟はコンクリートとガラスによる極めて機能的な構成である。

1960年代の10年間に、イギリスの大学生人口は2倍以上となり、22万人に達した。60年代初頭に「シェイクスピアリアン・セヴン」と呼ばれる新大学に認可が与えられた。サセックス、ヨーク、イースト・アングリア、ケント、エセックス、ウォリック、ランカスター大学は、全て草原に建てられている。バジル・スペンス卿設計の**ブライトンのサセックス大学**（1958-）は、ル・コルビュジエのジャウル邸をデザイン源として上手に利用し、コンクリートのアーチとレンガで、スペンスが意図したローマ風のモニュメンタルな外観が生み出されている。**ヨーク大学**（1961-）は、サセックス

大学とは異なり、学寮パターンに基づき構成されている。少数の建物を除き、建築家ロバート・マシュー、ジョンソン=マーシャルは、改良版 CLASP システムを用いた。それは迅速な建設に役立ち、将来の成長に対する高いフレキシビリティを持つとはいえ、審美的に面白い結果を生み出しえなかった。建築家デニス・ラズダン（1914-2001）による**ノリッジのイースト・アングリア大学**（1962-、p.1482E）では、すばらしい河岸の敷地を最大限利用して、学生寮の段状テラスを設けており、打放しコンクリート造の荒々しさをいく分和らげている。

オックスフォードとケンブリッジ両大学は、1950年代以降大規模な建設プログラムに着手した。**オックスフォード**では、レイモンド・エリス（1904-73）による**クィーンズ・カレッジ、学寮長公舎**（1958-59）とアルバート・リチャードソン卿による**セント・ヒルダズ・カレッジ、ウォルフソン・ビル**（1960-61）の優れたネオ・ジョージアン様式から、アルネ・ヤコブセン（1902-71）による**セント・キャサリンズ・カレッジ**（1960-64）のモダニズムの真髄まで、あらゆる様式が模索された。セント・キャサリンズ・カレッジは、コンクリートと特注レンガによる強迫的なまでに完全主義的なアンサンブルであって、ストックレンガと木製格子から成るスミッソンの**セント・ヒルダズ・カレッジ、ガーデン・ビル**（1968-70）が則っているような、学寮建築の伝統と折り合っていない。マコーマック、ジャミーソン、プリチャード＆ライトは、**ウースター・カレッジ、セインズベリー・ビル**（1983-86、p.1486B）で見事な調和を見出した。そこでは、柔らかな色彩の石壁が、複雑に構成されたスレート葺の張り出し屋根を支えており、そのロマンチックな外観が湖畔の敷地によって強調されている。

ジェームズ・スターリング（ジェームズ・ゴーワンと共同）は、特許のガラス張りと工業用レンガをロマンチックな構成主義的方法でまとめて、名作、**レスター大学・工学実験棟**（1959-63、p.1485A, C）を設計し、そのテーマのヴァリエーションを**ケンブリッジ大学・歴史学部棟**（1964-67、p.1485B, D, E）で試みた。工場建築の間に合わせ的な寿命は、本の収蔵と読書に必要とされる洗練された環境からはほど遠いことが明らかとなり、その建物は大いに批判され、実際、改築される結果となった。同様に片意地を張っているのが、レスリー・マーティン卿とコリン・セント・ジョン・ウィルソンによる**ケンブリッジのハーヴェイ・コート**（1960-62）である。この文化的な中庭型住棟は、繁華な都心に対する静かな囲い込みのモデルという意図を持っていたが、静かな澱みとなってしまい、社会的な効果を上げられずに終わった。より成功しているのが、パウエル＆モヤによる**ケンブリッジのセント・ジョンズ・カレッジ、クリップス・ビル**（1964-67、p.1486A）で、木目を表現したコンクリート造、陸屋根といったモダニズムの言語を用いて、水辺の敷地に適合したロマンチックな建物を作り出し、また精妙なやり方でもって中庭型配置というケンブリッジの伝統を暗示している。リチャード・シェパード、ロビンソン＆パートナーズによる**ケンブリッジのチャーチル・カレッジ**（1961-68）もまた優れた設計である。設計者は、当時「必須」であったレンガとコンクリートを用いながらも、中庭の周りに10もの建物を配置することで、学寮建築の親密さを目指し、達成したのである。

1951年の**ブリテン祭**では、第2次世界大戦の終結後イギリスを虜にしてきたより良き未来の夢とより良き過去の夢の共存に焦点が当てられた。ラルフ・タップズによるアルミニウム製の**発見のドーム**は、直径144 mに及ぶ当時現存する最大のドームであり、全てが光り輝く未来のヴィジョンではあったが、構造的には先駆的というよりむしろ冒険的なものであった。**スカイロン・タワー**は、ブリテン祭での「垂直要素」の要求に対する競技設計でパウエル＆モヤが勝ち、実施したもので、才気煥発のフェリックス・サミュエリー（1905-59）考案によるポスト・テンション・ケーブル構造であったが、その「モニュメント」の目的は、ピクチャレスクなアイ・キャッチャーという18世紀的な考えを超えて発展することはなかった。祭典敷地内の恒久建築の1つが、LCC建築局のレスリー・マーティン卿（1906-2000）、ロバート・マシュー（1908-75）、ピーター・モロ（1911-98）による**ロイヤル・フェスティヴァル・ホール**（1949-51、p.1486C）であった。それはロンドン初の大規模近代建築であり、その解決されていないファサードが批判されてきたのだが、高いオーディトリアム周りに公共空間が流れ込むインテリアは、非常に見事である。

テムズ川南岸への文化施設の移植は、**クィーン・エリザベス・ホール**（1964）と**ヘイワード・ギャラリー**（1964）まで続いた。それらは全面的に「ブルータリズム」であり、その外観は人間の快適さや都市の文脈に対してほとんど譲歩していない。隣接するデニス・ラズダンによる**国立劇場**（1967-76）は、近代的な表現法で格式張ったモニュメンタリティを追求した壮大な試みである。テムズ側正面はバルコニーで分節され、2本のフライ・タワーは恥らうことなく見せびらかされている。しかしながら、設計者のトレードマークであるコンクリート打放し仕上げは、この種の建物にはふさわしくない寒々しい素材であるように見える。モニュメ

第 45 章　西ヨーロッパ (1945 年以降)　　1485

A　レスター大学・工学実験棟 (1959-63)　p.1484 参照

B　ケンブリッジ大学・歴史学部棟 (1964-67)　p.1484 参照

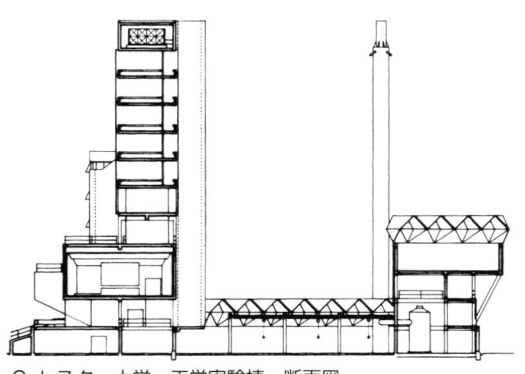

C　レスター大学・工学実験棟、断面図

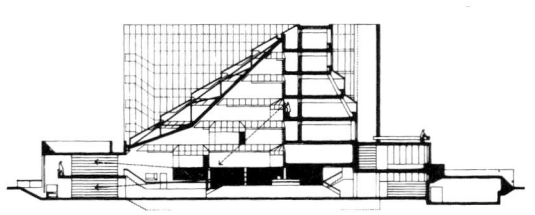

D　ケンブリッジ大学・歴史学部棟、断面図

E　ケンブリッジ大学・歴史学部棟、内観

A クリップス・ビル、セント・ジョンズ・カレッジ、ケンブリッジ（1964-67） p.1484 参照

B セインズベリー・ビル、ウースター・カレッジ、オックスフォード（1983-86） p.1484 参照

C ロイヤル・フェスティヴァル・ホール、ロンドン（1949-51） p.1484 参照

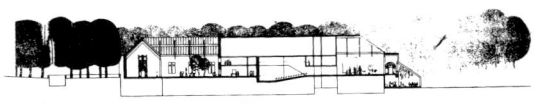

E バレル・コレクション、断面図

D バレル・コレクション、グラスゴー（1971-83）
p.1487 参照

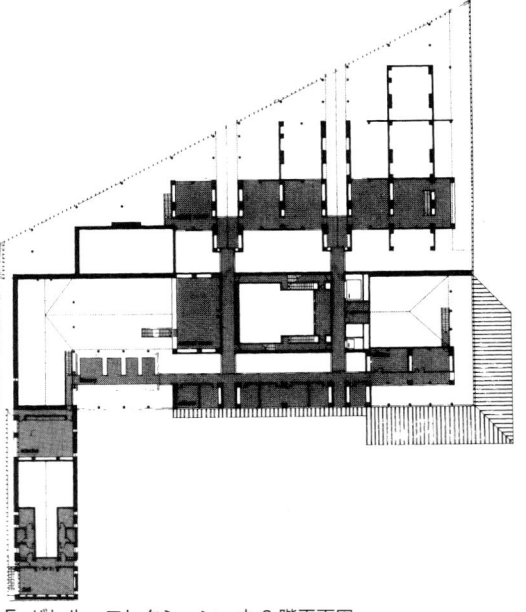

F バレル・コレクション、中2階平面図

ンタリティに向かう同様の傾向は、ノーマン・フォスター卿(1935-)による**イースト・アングリア大学・セインズベリー視覚芸術センター**(1978)にも見られるが、そこで表明された意図はハイテクによる機能的有効性である。建物は見掛け上平屋で、両端ガラス張りのアルミニウム製の箱であるが、ミースのパヴィリオンと同様、巨大な地階がサーヴィス部を引き受けている。また光量を調節するために、ルーヴァーが開閉する。この建物の光沢ある外観は、外壁張り替えによりいくぶん調整された。

ロンドンの**テート・ギャラリー、クロア・ウィング**(1980-87)は、スターリングの建築が採った方向転換を示している。ここでは、文脈のあらゆるニュアンスにも応答するパッチワークとして組まれた石とレンガの薄いファサードが、コンクリート造骨組で支えられている。インテリアでは、ギャラリーの格式張った静けさとエントランスやサーキュレーション部の賑やかさとの対比に代表されるように、空間的見所に満ちている。

グラスゴーには、最良の近代美術館の1つ、バリー・ガッソン、ブリット・アンダーソン、ジョン・ムニエ設計による**バレル・コレクション**(1971-83、p.1486D-F)がある。設計者は、高水準の環境調整の大半を可視化し、それと頑丈な木造・コンクリート造と組み合わせることで、展示目的に供され、かつ森の中の敷地に美しく溶け込んだ建物を作り上げた。ハイテクと伝統との同様の混合は、マイケルおよびパティー・ホプキンズによる**ロンドンのローズ・クリケット競技場、マウンド・スタンド**(1987、p.1488C-E)でも達成されている。道路レベルにレンガ造アーチが並ぶ曲面壁の上に鉄骨構造が載せられ、その上にマストと吊りワイヤで支えられた布製テント屋根が架けられている。コリン・セント・ジョン・ウィルソンによる**ロンドンの大英図書館**(1974-)は、もっと伝統的な構想を凝らしたもので、イギリスでそのようなマッシヴな公共建築に資金供与する気まぐれを特認させた叙事詩的な折衷である。

商業建築の状況は、他分野での発展と並走している。1950年代を通じて、高速道路沿いには国際的モダニズムによるカーテン・ウォールの版状建物が普及し、グラスゴーからバーミンガム、ロンドンにいたる諸都市にはその断片的形態が建てられた。アルバート・リチャードソン卿がフィナンシャル・タイムズ社用に設計した**ロンドンのブラッケン・ハウス**(1956-59)は生き生きとした例外であって、暗赤色のレンガと砂岩から成り、北イタリアのバロックを融合したジョージ朝古典主義を個人的に解釈したものである。1988-90年、マイケル・ホプキンズが、ハイテクの鉄とガラスの要素と19世紀工場建築様式の金属と石の構法とを混ぜ合わせた方法でもって、この建物を再建した。もう1人の伝統主義者、ハワード・ロバートソンによる25階建・石張りの**ロンドンのシェル・ビル**(1957-62)は、伝統的デザインと高層建築の要求とを調停する試みである。

モダニズムと伝統との混合は、アリソンおよびピーター・スミッソンによる**ロンドンのエコノミスト・ビル**(1964)でも追求された。住宅用、オフィス用、銀行用のそれぞれ規模の異なる3本の塔は、アルミニウムと石で仕上げられており、それらの建築形態を用いて公共空間を創出しているのは、リチャード・セイファートのような建築家が**ロンドンのセンターポイント**(1963-66)のような建物を建てていた当時にあっては、模範的である。後者はプレキャスト・コンクリート部材のキットから作られ、最大限の床面積と交通管理のためだけに敷地を利用した派手な塔である。

建物と敷地境界の関係という問題は、ノーマン・フォスター卿による**イプスウィッチのウィリス・フェイバー＆ダマス社ビル**(1975、p.1488A, B)で極限にまで達した。それは3階建の建物で、昼には反射、夜には透明となる極薄のカーテン・ウォールは、不規則な敷地境界を正確になぞっている。ノーマン・フォスター卿による**エセックス州のスタンステッド空港**(1981-91、p.1490)は、飛行機旅行の要求に対する合理的な応答であるが、その構造は単に機能的であることを超えている。実際、その「樹状構造」は屋根を支持し、サーヴィスを提供するもので、屋根の明り取りから拡散光が降り注ぐインテリアの中で枝を上方に伸ばして、力強くロマンチックな空間を生み出している(p.1490A)。建物の主要レベルは2つある。地上レベルでは旅客が移動し、到着から出発まで最小限の干渉しか受けずに、飛行機に連絡するシャトルに乗り込む一方、その下にはサーヴィス部と手荷物取扱(p.1490E)がある。

ハイテク派のもう一方の先頭には、フォスターの以前のパートナー、リチャード・ロジャーズ卿(1933-)がいる。**ロンドンのロイズ・ビル**(1979-84、p.1489)では、あらゆる機会をとらえて建築要素面での差異化が図られているが、副産物として空間面での差異化も生じている。階段の大捩りチューブ、便所の積層、ポッド状の会議室、コンクリートの構造体、サーヴィス用の配管、メンテナンス用の構台までもが、建物外部にぎっしりと取り付けられており、屋上中央にはアトリウム上のヴォールト屋根が立ち上がっている。その効果は極めてロマンチックなもので、内部平面の不便な所を埋め合わせている。

A ウィリス・フェイバー&ダマス社ビル、イプスウィッチ（1975）p.1487 参照

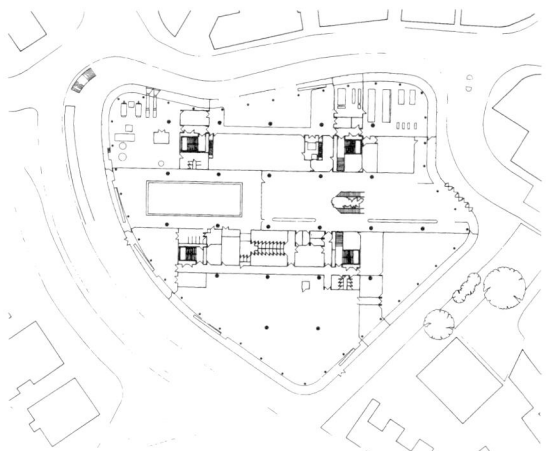
B ウィリス・フェイバー&ダマス社ビル、1 階平面図

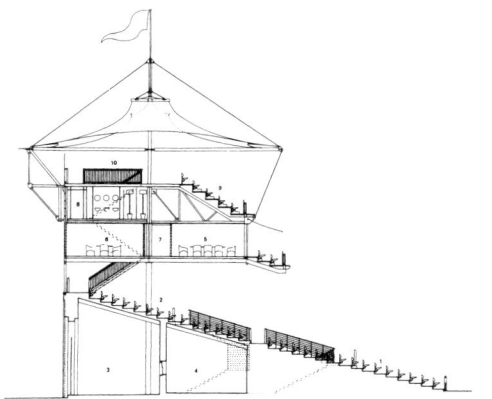
C マウンド・スタンド、ローズ・クリケット競技場、断面図

D マウンド・スタンド、ローズ・クリケット競技場、ロンドン（1987） p.1487 参照

E マウンド・スタンド、ローズ・クリケット競技場、背面のレンガ造アーチ

第 45 章　西ヨーロッパ（1945 年以降）　　1489

A　ロイズ・ビル、ロンドン(1979-84)　p.1487 参照

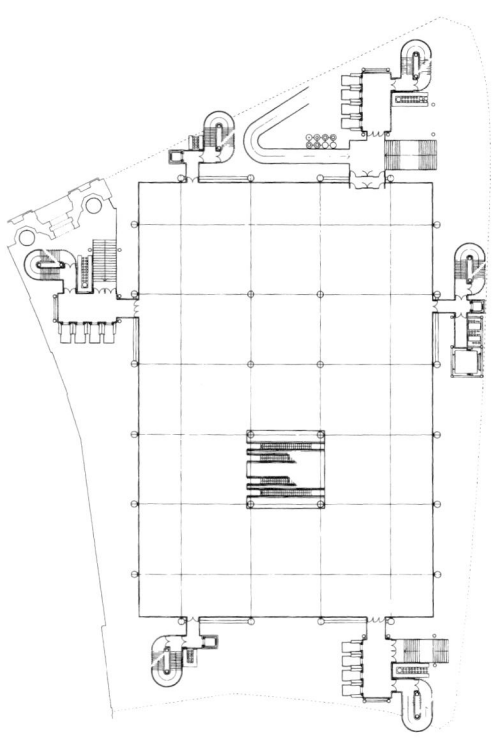

B　ロイズ・ビル、基準階平面図

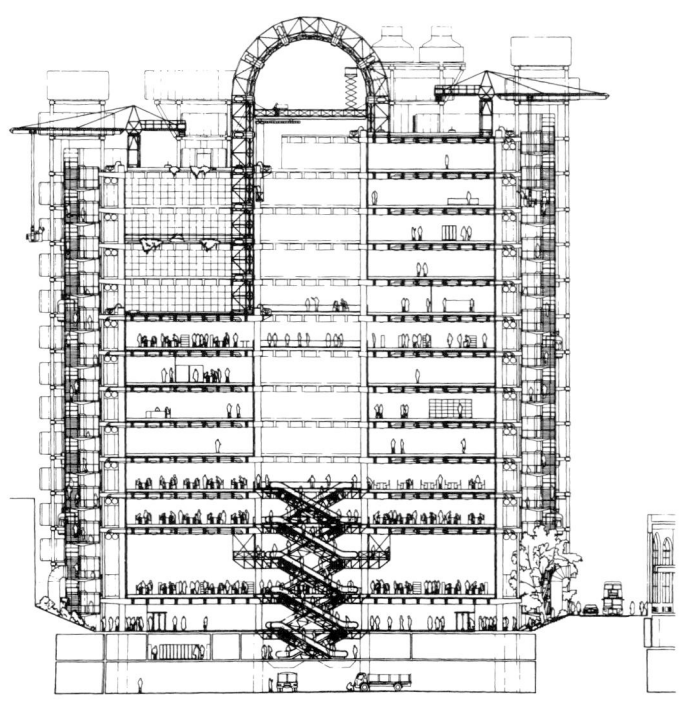

C　ロイズ・ビル、断面図

A スタンステッド空港ターミナル、エセックス州（1981-91） p.1487参照

B スタンステッド空港ターミナル、サーヴィス・ポッド

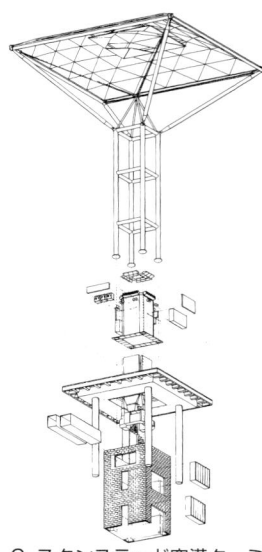

C スタンステッド空港ターミナル、樹状構造とサーヴィス・ポッド

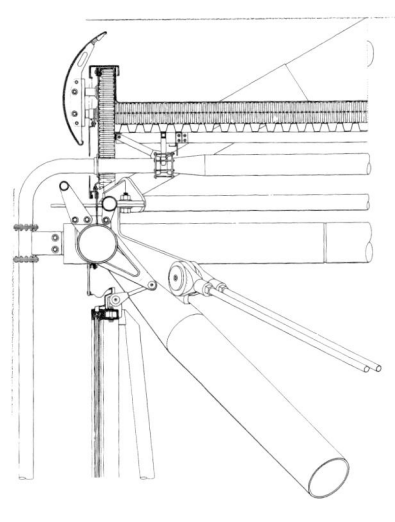

D スタンステッド空港ターミナル、軒の詳細

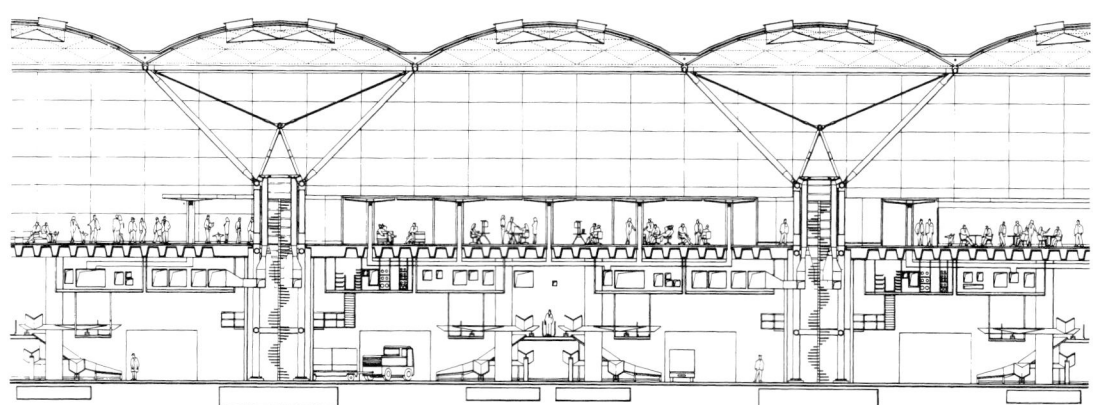

E スタンステッド空港ターミナル、手荷物取扱を示す断面図

ロンドンのブロードゲート開発(第1期1984-88、第2期1988-91)は、オフィス14棟の新設を機に、新たな都市商業センター創出を目指したもので、アラップ・アソシエイツが全体計画を行ない、また最初の4棟(ピーター・フォーゴ設計)を建設した。そのファサードは、単純な要素が反復された幾分冷たいものであるかもしれないが、(また第2期では、花崗岩張りや伝統を模した石・ブロンズのディテールが支配的であり、下品でさえあるかもしれないが)、公共広場周りに建物群を集めた計画が功を奏したことは否定しがたく、そこには勤務時間中に人々が群がっている。第2期は、迅速な建設の名手であるアメリカの事務所、スキッドモア、オーイングズ&メリルが設計した。

クィンラン・テリーは、**リッチモンド・リバーサイド開発**(1985-88)において、場所を創出する別の手段を探求した。そこでは、慣習的なオープン・プランを持つオフィスの並びが、小広場や傾斜した河岸庭園周りに配されたさまざまな17-18世紀の古典建築群に見えるよう偽装されている。

このように歴史の引出しから適当な様式的要素を選び出すという建築の表層的アプローチは、ポスト・モダニズムとして知られるようになった。モダニズムを支配した建築原理は、1980年代には不快なものと受け取られた。テリー・ファレル設計による**ロンドンのTV-AM本社**(1982)では、グラスファイバー製エッグカップがフィニアルとして用いられ、アール・デコ様式の巨大なキーストーンが骨組だけで示されており、記号システムの新たな創造を試みるというよりはむしろ、既存のものを活用している建築の一例である。

ポスト・モダンの歴史利用において、より強制的ではあるが、より機知と独創性に富んだ作品が、キャンベル、ゾゴロヴィチ、ウィルキンソン&ガフ事務所のピアーズ・ガフとレックス・ウィルキンソンによって作られた。実際、彼らのより風変わりなデザインを見ると、イギリス人的奇抜さが創造力として生き続けていることが確かめられる。たとえば、唐突に角張った**ロンドンのジャネット・ストリート=ポーター邸**(1987)では、レンガの色が1階からパラペットまで次第に明るくされ、コンクリート製リンテルが丸太に見えるよう形作られている。**ロンドン、テムズ河畔のチャイナ・ワーフ**(1988)は、巨大な円弧の部分から成るピンク色に塗られたファサードを持ち、**ドーセット州のブライアンストン学校、工芸・デザイン技術スタジオ**(1988)では、建物内で行なわれる一活動の象徴として、屋外の柱が巨大なネジの形で表現されている。

1990年代初頭には、イギリスのハイテク派は成熟を迎えた。その顕著な事例がニコラス・グリムショウ設計による**ロンドンのウォータールー駅ユーロスター・ターミナル**(1994)である。そこでは、ヴィクトリア朝鉄道シェッドの20世紀後半版を実現するにあたって、最新の建設技術・材料の開発が用いられている。しかしながら、建物が極端に曲がりくねった形をなし、多くの構成要素が手作りであることによって、それは単なる工場建築を遥かに超えたものとなっている。

戦後の教会建築は、1940年の空襲を受けた**コヴェントリー大聖堂**再建の論争から始まった。新聖堂の競技設計には、極端なモダニズムから伝統主義までの提案が寄せられたが、バジル・スペンス(1907-76)が両者のほぼ中間にうまく座を占めて、勝者となった。1962年に献堂された新聖堂は、尖塔を含む旧建物の廃墟の大半を組み入れたものであり、聖餐式運動という最新の流行では集中式のオープン・プランニングが主張されたが、その影響を受けた平面は退けられた。スペンスによる赤色砂岩の鋸歯状の壁は、内部の閉鎖性を保ちつつ、すばらしい光を導き入れている。

フレデリック・ギバード(1908-84)による**リヴァプール・ローマ・カトリック大聖堂**(1960-67)は、集中式平面を持ち、外壁が付属室や祭室で形作られているが、さほど成功してはいない。この平面は、先細りになる明り塔を戴いた円錐形として表現されているが、それは大仰ではあっても洗練された所作ではない。

聖餐式運動の影響は、ロバート・マグワイアとキース・マリーによる**クリューのセント・ポール教会**(1966)に見ることができる。それは、青色レンガとスレート葺屋根から成る大型の小屋に他ならず、高窓からの光が、手押し車の屋台のように見える中央の天蓋付き祭壇を照らしている。いくつかの地域では、教会をコミュニティ生活の中核に据えることへの関心が高まったが、この建物はそれを反映している。

ジルスピー、キッド&コイアは、グラスゴーのローマ・カトリック教会で同様の平面構成原理に従ったが、建築表現にもっと配慮した。**ドラムチャペルのセント・ベネディクト教会**(1964-70、1991取壊し)や**デニスタウンの善行勧告聖母マリア教会**(1964-66)は、幾何学的に誇張された屋根から狭い入口や広々とした内部にいたるまで、劇的な出来事に富むよう設計されたもので、木とレンガだけで建てられている。

イタリア

終戦直後のイタリアは、慎重で保守的な考え方に彩られ、たとえば法王ピウス7世は、ファシスト政権が重用したマルチェロ・ピアチェンティーニに、**ローマ、**

コンチリアツィオーネ通りの完成（1948-50）や、ナチスによって破壊されたフィレンツェの中世地区、**ポル・サンタ・マリア**の再建を委託した。しかしながら、他の考え方もまた追求されていた。

戦後、合理主義者たちは再浮上したが、彼らの建築は修正され、経験により洗練されたものとなった。BBPR——ジャンルイジ・バンフィ（1910-45）、ロドヴィーコ・ベルジョヨーゾ（1909-2004）、エンリコ・ペレスッティ（1908-73）、エルネスト・ロジャース（1909-69）のパートナーシップ——による**ミラノの強制収容所犠牲者記念碑**（1946）は、ある程度は合理主義の貧しさを反映している。深い人間的問題を取り扱うよう求められた際、合理性では不十分であるからである。そのモニュメントは、金属製骨組だけのキューブが古典的な幾何学法則により厳密に分割されたもので、収容所の食事用鉢1つを収めた中心部を除いて、抽象的である。マリオ・フィオレンティーノによる**ローマ近郊のアルデアティーネ洞窟記念碑**（1944-47）は、地面から巨大な大理石板が劇的に浮かび上がったもので、知的というよりむしろ感情的な反応を起こさせる。

ボットーニ、チェルッティ、ガンドルフィ、ポッリーニ他が計画した**QT8**（1948年ミラノ・トリエンナーレ第8区）を初めとする大規模復興計画は、多かれ少なかれ純粋に合理主義的な手法でなされたが、その効果はがっかりするほど機械的で単純化され過ぎている。政府出資のINAカーサという住宅建設機関に対して、ルイジ・フィジーニ、ジーノ・ポッリーニ、ジオ・ポンティは、**ミラノ、ハラール通り**（1951）の計画を実施したが、上記のような欠点を持っていたし、ルイジ・カルロ・ダネーリによる**ジェノヴァのヴィラ・ベルナボ・ブレア**（1953）も同様であった。これらの計画は、長い直線状の住棟を組み合わせたもので、生活の場を創造するというよりはむしろ労働者住宅問題を整理してしまう試みのように見える。

その間、ローマではブルーノ・ゼヴィによる「有機的建築」の唱導が直接的な効果を及ぼしていた。マリオ・リドルフィ（1904-84）とルドヴィーコ・クワローニ（1911-87）によるINAの**ローマ、ティブルティーノ地区**（1950）では、勾配屋根、木製鎧戸、自然素材を用いた極めて伝統的な低層テラスハウスが、当時のスウェーデンの集合住宅計画に見られるように、曲がりくねってレイアウトされた。後に「ネオ・リアリズム」として知られるようになるこのような実験が、**ローマ、エチオピア通りの集合住宅**（1950-52）、リドルフィとクワローニによる**マテーラ、ラ・マルテッラの集合住宅**（1950）、マリオ・フィオレンティーノによる**ローマ、サン・バジリオ地区**（1956）で繰り返された。北イタリアでは、イニャーツィオ・ガルデッラ（1905-99）による**アレッサンドリアのボルサリーノ社員住宅**（1953）も同じような伝統的ディテールと新古典主義に近い屋根を持つもので、合理主義者が経験主義的立場へ方向転換したことの証となった。

コミュニティ環境というよりオブジェとしての個々の建物は、さほど問題とはならず、多様な表現様式に開かれていた。ルイジ・モレッティによる**ローマのヒマワリの家**（1950）は、後退した荒石積の基部上に二分されたファサードが立ち上がる優雅なアパートであるが、そうした高度に洗練され、計画が練られた作品は、知識人サークルからは横目で見られた。石造の単純な幾何学的ヴォリュームを持つジョヴァンニ・ミケルッチ（1891-1990）設計の**コッリーナの教会**（1954）、レース状バルコニーとリズミカルに変化した窓割を持つガルデッラ設計の**ヴェネツィア、ザッテレの住宅**（1957）、中世様式を意図的に採り、24階建の上部6階分を張り出して建築することで、ミラノ大聖堂に近接しているという審美的問題を解決した高い塔、BBPR設計の**トーレ・ヴェラスカ**（1958）、円形を交差、相関させた平面を石とコンクリートで実現したフランコ・アルビーニ（1905-77）設計の**ジェノヴァのサン・ロレンツォ宝物美術館**（1956）といった計画は、合理主義と文脈や歴史的連続性の感覚との融合を物語っている。実際、ミケルッチは後に、ハンス・シャロウンやル・コルビュジエの作品の影響を受けた**フィレンツェ、太陽道路沿いのサン・ジョヴァンニ教会**（1962）のような完全に有機的で表現主義的な建築を展開した。パオロ・ポルトゲージ（1931-）は、一連の曲面の壁で作られた住宅、**ローマのカーサ・バルディ**（1959）のような建物では大仰な「有機的」立場を採っていたが、**ローマのイスラム・センターおよびモスク**（1976-94、p.1493B, C）では十分成熟したポスト・モダンにいたっている。

アンジェロ・マンジャロッティ（1921-）とブルーノ・モラスッティによる**バランザーテの教区教会**（1957-58）は、コンクリートの大屋根を4本の円形コンクリート柱で支え、その結果として生じた箱の四周にカーテン・ウォールを巡らせたもので、そのヴォリュームは内外共に単純ではあるが、視覚的にはダイナミックである。同じ建築家による**パドヴァの倉庫**（1961）も、独立した構造システムをいくつか重ねて建物を作るという同じ原理に従っている。この文脈上で、ジオ・ポンティ（1891-1979）他が設計し、エンジニアとしてピエル・ルイジ・ネルヴィ（1891-1979）が加わった**ミラノのピレリ・ビル**（1956-58、p.1493A）を挙げてもよかろう。この瀟洒な塔は、丁度木のように、建物が高くなるにつれ細くなっていくコンクリートの

第 45 章　西ヨーロッパ（1945 年以降）　1493

A　ピレリ・ビル、ミラノ（1956-58）　p.1492 参照

B　イスラム・センターおよびモスク、ローマ（1976-94）
p.1492 参照

C　イスラム・センターおよびモスク、インテリア

D　カステルヴェッキオ美術館、ヴェローナ（1964）
p.1494 参照

E　カステルヴェッキオ美術館、連絡部

「幹」上に建てられている。

　ジーノ・ヴァッレ(1923-2003)は、ヴェネツィア地域で活動し、コンクリートとガラスの建築を発展させた。それはブルータリズムの過度の表現を避けつつ、しかも建設技術と機能的要求に忠実であるという点で、「合理的」であり続けた。彼による**ポルデノーネのザヌッシ本社**(1963)は、平面・断面双方において見込みのない敷地を見事に生かしたものである。

　ジャンカルロ・デ・カルロ(1919-2005)の作品も、イタリア建築界の主流から、その政治的な策略や連合から離れた所にある。デ・カルロは、CIAMから派生したチームXのメンバーとして、**ウルビーノ大学・学生寮**(1962-66)で新たな地平を切り拓いた。デ・カルロも、ヴァッレと同様、本質的に近代的な素材、コンクリートを用い、またランドスケープ、気候、社会的相互作用で規制されるような平面を作ったが、それはある種の中心性や焦点を欠くという唯一の欠点を有している。デ・カルロはウルビーノ大学で数多くの仕事をし続けたが、そこでは素材使用の許容範囲が広げられ、自信をもって形態を操作している。しかしながら、彼のもう1つの関心は参加型集合住宅にあった。**テルニのマッテオッティ・ヴィレッジ**(1970-75)は、住民の協力で計画された製鉄所労働者用の住宅・集合住宅の複合体である。その幾分ピクチュアレスクな結果は、無論、そうしたプロセスの「有機性」を反映している。デ・カルロの最近作、**ヴェネツィア、マッツォルボの集合住宅**(1987)では、ピクチュアレスな要素が増え、色彩やヴェネツィアの伝統的形態が強烈に用いられており、彼の出発点であった親ブルータリズムの立場から離れてきているが、多くの点でネオ・リアリズムからはさほど遠ざかってはいない。

　ブルータリズムそのものは、イタリアではあまり取り上げられなかったが、取り上げられた場合には失敗に帰した。ヴィットリアーノ・ヴィガーノによる**ミラノのマルキオンディ・スパリアルディ問題児協会**(1957-59)は、おおむね6階建の建物で、内外ともほとんど全ての壁面がコンクリートでできている。建物が目的に適しているかどうかは、ほとんどその名声を超え出るものではなく、ゼヴィのような人々を激怒させた様式的非妥協性を示している。

　1960年代、アルド・ロッシ(1931-77)他が展開し、都市建築を建てる方法としてネオ・リアリズムにおおむね取って代わった理論的立場は、幾分紛らわしいが、「合理的建築」と呼ばれる一種のフォルマリズムである。ロッシは、都市は様式とは無関係にビルディング・タイプに基づき存続していくという信念から、**ミラノ、ガララテーゼの住棟**(1970-73)のような建物を設計した。そこでは、いたる所で装飾や構築の形跡が抑制され、白い幽霊のような建物の長く何もないアーケードが、ジョルジョ・デ・キリコの絵画を想起させるよう意図されている。ロッシによる**ファニャーノ・オローナの小学校**(1972)は、そうした考え方をより一層発展させたものであるが、機能的要素をより多く含んでいる。ロッシの先導に従った者には、ジョルジョ・グラッシ(1935-)やロッシの同僚であったカルロ・アイモニーノ(1926-2010)がいる。グラッシによる**キエーティの学生寮**(1979-84)には、ダイアグラム的単純さを持った列柱廊が付けられている。アイモニーノは、**ミラノ、ガララテーゼ2のモンテ・アミアータ集合住宅**(1967-70)でのメガストラクチュア・アプローチから、**ペーザロ理科高等学校**(1970-83)でのもっと抑制されたフォルマリズムへと方向転換した。後者は黄色レンガによるもので、これもまた高く劇的なアーケードを有している。

　このことは、部分的には、イタリアが名声を博している建築職人仕事の伝統に対する反動でもあった。その伝統を全く違ったやり方で最もよく示している2人の近代建築家が、カルロ・スカルパ(1906-78)とレンゾ・ピアノ(1937-)である。ヴェネツィア人スカルパには、その都市の物質文化に見られる素材の豊かさが染み込んでいたし、彼の作品の大部分は、ヴェネツィアの市内または近郊で実施された既存建物の再編であった。彼の最も重要な仕事は、**ヴェネツィアのアカデミア**(1952)、**コッレール美術館**(1953-60)、**ガレリア・クエリーニ・スタンパリア**(1961-63)や、なかんずく**ヴェローナのカステルヴェッキオ美術館**(1964, p.1493D, E)でなされた。後者では、光、空間、展示物に対する彼の感受性が、ディテールに対する配慮や素材への愛情と結び付けられ、逆説的ではあるが、そこに存在する容積を大きく超え出た空間を提供しているように見える建物を作り上げている。

　ジェノヴァ人レンゾ・ピアノは、パリのポンピドゥー・センター(本章前述参照)でリチャード・ロジャーズと協同した後、巧みな職人仕事による建築的解答にますます関心を持つようになった。それは、利用者の要求に応え、適切な技術を用い、その結果が(国際様式がやったような)工業技術の隠喩ではなく、工業技術と方法の実際の利用を示すものであった。彼の**IBM巡回パヴィリオン**(1982-84)は、しっかりと建てられた再利用可能な構造物という課題に対する楽しげな解答であって、鋳造アルミニウムの連結部を持つ天然木製骨組上に成型されたポリカーボネート製レンズが載せられている。バーリの**サン・ニコラ・スタジアム**(1987-90)では、プレキャスト・コンクリートを用い

第 45 章　西ヨーロッパ（1945 年以降）　　1495

A　ピオ神父巡礼教会、サン・ジョバンニ・ロトンド、
　　フォッジャ（1991-2004）　p.1494 参照

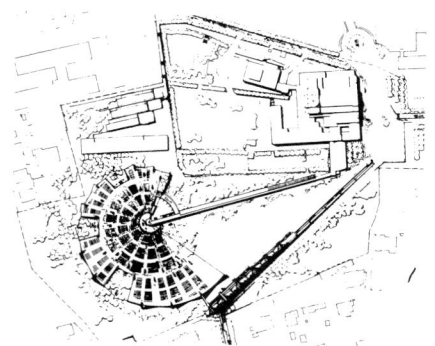

B　ピオ神父巡礼教会、平面図

C　ピオ神父巡礼教会、断面図

D　セントラル・ベヘーア社オフィス、アペルドールン
　　（1968-72）　p.1497 参照

E　セントラル・ベヘーア社オフィス、外観

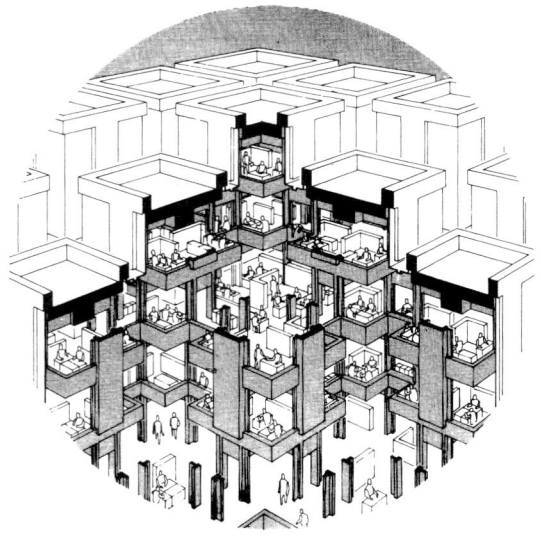

F　セントラル・ベヘーア社オフィス、断面アイソメトリック図

て構造体のほとんど全ての要素を作っているが、その結果は優美であると同時に正直である。**フォッジャのピオ神父巡礼教会、サン・ジョヴァンニ・ロトンド**（1991-2004、p.1495A-C）で、ピアノは一連の巨大な円弧アーチを用いて、1万人収容のインテリアを作っている。石や木、アーチやドームといった伝統的な素材や形態を使ってはいるが、コンピュータ計算の最新技術を駆使して、構造の可能性を開拓している。ピアノが設計した**ヴェジマのレンゾ・ピアノ・ワークショップ**（1990-91）では、建築家やドラフツマンばかりでなく、模型職人、指物職人、鍛冶職人、掃除婦を雇い上げており、製作に取りかかる前に、ディテールを実際に作り、試験することができる。

建築分野そのものの外に論を広げるならば、エンジニアのピエル・ルイジ・ネルヴィについて言及しなければならない。ネルヴィは、審美性を斟酌することなく壮大な建築を生み出す建設方法を見出したように思われたがために賞賛されたし、ネルヴィ自身もそうした「純粋で建築理論を持たない」エンジニア像を広めた。プレキャスト・コンクリート部材を用いたスパン60mのシェル・ドーム、**ローマの小スポーツ宮殿**（1956-57、アンニーバレ・ヴィテロッツィと共同）や、直径が100mにも及ぶ**ローマのスポーツ宮殿**（1958-60）は、20世紀工学最高の業績に数えられる。

もう1人の大エンジニアが、リッカルド・モランディ（1902-89）である。彼は数多くの橋を建てたが、その内**ジェノヴァのポルチェヴェーラ自動車道路橋**（1965）は、ベイカーがフォース湾橋で用いた原理をコンクリートに応用したものである。彼の設計した**ローマのフィウミチーノ空港・アリタリア航空格納庫**（1970）では、アシンメトリカルに配されたマストと外に張られた引張りケーブルにより屋根が吊られている。

オランダ

オランダでは多くの都市が、第2次世界大戦後の穏当な復興に賛同したのだが、1、2の都市では急進的な案を選択した。ロッテルダムでは、主任都市計画家コーネリウス・ファン・トラーの下、空爆の被害を受けた歴史的都市の平面が無視され、CIAMによる1933年のアテネ憲章の原理に沿って、歩車交通を分離した都心部が再建された。ファン・トラーの計画の中核をなすのが、**ラインバーン・ショッピング・センター**（1949-53）であり、ヨハネス・ファン・デン・ブローク（1898-1978）とヤコブ・ベレント・バケマ（1914-81）が設計した。駐車場に当てられた広大な面積には台無しにしてしまう効果があるものの、歩行者ゾーンの魅力が、そこから人の注意を逸らしている。同センターの計画自体は、デ・ステイルに多くを負っており、ファン・デン・ブロークとバケマは、以後10年間、**アムステルフェーン**（1961）、**ベルゲン**（1962）等、同様のセンターをいくつか建てた。

J. J. P. アウト（1890-1963）は、戦前の一時期関心を抱いたモニュメンタルな建築から機能主義ごときものへと戻ってきた。そのことは**アルンヘム児童生物学療養ホーム**（1952-60）で示されている。そこでアウトは、森を切り開いた所に、長方形の寮や円形の食堂といった一連の機能別パヴィリオンを配置し、全体を療養のための機械としたのである。ヘリット・リートフェルト（1888-1964）は、デ・ステイルの原理を決して捨てなかったが、そのことは**イルペンダムの住宅**（1959）や**アルンヘムの彫刻パヴィリオン**（1954、取壊し後オッテルロに再建、1965）で明らかである。

J. ブドーは、デ・ステイルをほとんど逆転したタイプの建物、**ティルブルフ高等学校**（1961）を手がけ、長方形平面を刳り抜いて中庭、ホール、講義室を作り出した。外観もまたぴんと張りつめた石壁で、内部の要求に合わせて必要な分だけ形の違う窓が開けられた。

コンクリート造カーテン・ウォール方式の良質な商業施設は、1950年代から1960年代にかけてメルケルバッハ、エリング＆ファン・エーステレンにより作られた。このような線状の建築で重要な点は、マス構成、ディテール、そしてとりわけプロポーションであって、**ロッテルダムのラインホテル**（1959）、**アムステルダム官庁街**（1960）が、その優れた例である。ファン・モーリクとデュ・ポンによる**アイトホールンのIBM研究所**（1963）では、地上に置かれた研究所と作業所の建物上で、コンクリート造サーヴィス・コアから小さな事務棟が宙吊りにされているが、そのカーテン・ウォールには、構造というよりむしろ包装としての正真正銘の表現が与えられている。こうした目立った案を、国際的企業は好んだ。もう1つの例、マースカント、ファン・ドメレン、クロース＆センフによる**マイドレヒトのジョンソン・ワックス社オフィス**（1967）では、ブーメラン形のコンクリート造建物に収められた最重要のオフィスが、浅い湖の杭上に浮かんでいる。

多くの大規模再開発の画一性や「無場所性」が、若い世代の建築家達を悩ませた。そこで提示された解答が、民族学の思想に従って、基礎をなす建築形態の「構造」を同定し、それを利用することであったが、実際には、建築的課題を取り扱いやすい部分へと、システマティックに細分することを意味していた。この時期の重要な作品が、アルド・ファン・アイク（1918-99）による

アムステルダム市立孤児院(1957-60)である。そこでは小さな施設単位が集められて1つの建物が作られているが、それらは個々のレベルで認知できるようになっている。ヘルマン・ヘルツベルハー(1932-)は、**デルフトのモンテッソーリ学校**(1967)で、幾何学的複雑さに対するより大きい関心を示したが、その関心は、**アペルドールンのセントラール・ベヘーア社オフィス**(1968-72、p.1495D-F)でさらに展開された。この多層の建物は、個々人にプライヴァシーと空間の広がり、さらには視覚的に豊かな環境を提供すべく、非常に複雑な幾何学により構成されている。ベヘーア社では内部空間だけに努力が傾注されたため、その建物は不幸にも周辺の建物や空間と明確に関係付けられずに残されてしまった。ヘルツベルハーによる**デン・ハーグの社会福祉省**(1991)は、こうした批判を斟酌したもので、コミュニティ構造によりよく組み込まれている。ここでの建物は、塔、アトリウム空間、オフィスのクラスターの連続として構成されている。

ヴィム・クイストによる**ベーレンプラート浄水場**(1960-68)は、一連の巨大なコンクリート製水槽と揚水所から成り、マス構成の巧みさに特徴がある。同じ建築家による**オッテルロのクレラー＝ミュラー国立美術館増築**(1970-77)は、1920年代のモダニズムを身にまとっている。

レム・コールハース(1944-)と**OMA**(大都市建築事務所)は、構造主義者が信奉した場所性を取り上げ、それと形態のより大きい自由度、色彩のより豊かなパレット——デ・ステイルの目立つ色彩——とを結合して、**デン・ハーグの国立舞踏劇場**(1980-84)を設計した。この安価に建設された建物は、波打った屋根、傾斜した曲面天井、過剰な素材を有し、大きな影響を及ぼした。この動向の現在までの最上作は、ヨー・クーネンによる**ロッテルダムのオランダ建築協会**(1992-94)であるに違いない。そこでは、竹馬上に乗せられ資料庫が、隣接道路に対して無窓の長く曲がった堤防を形成する一方、事務その他の機能はより整形の棟に収められ、資料庫とブリッジで結ばれている。

スカンジナビア

戦後期、スカンジナビア諸国では農村から都市への人口移動が加速した。スウェーデンはいち早くこの人口移動を規制しようとし、新築によって単なるバラック群ではないコミュニティを生み出すように都市計画法令を策定した。スヴェン・マルケリウス(1889-1972)は、ストックホルム市都市計画局長として、コルビュジエ的都市像の修正版を**ストックホルム近郊、ヴェリングビュー衛星都市**に持ち込んだ。22階建の塔状集合住宅が、歩行者用の商業・交通複合施設(スヴェン・バックストレム、レイフ・レイニウス設計、1953-55)を取り囲む一方、その外側には多様な低層集合住宅タイプが配されている。

バックストレムとレイニウスはまた**エーレブルーのロスタ住宅地**(1948-52)を建設したが、それは革新的な十字形平面を用いた3階建集合住宅を有していた。しかしながら、こうした住棟のいくつかで形作られる空間は、あまりしっかりとは限定されておらず、ペル＝アクセル・エクホルムとシドニー・ホワイトによる**エーレブルーのバルーンバカルナ集合住宅**(1957)のような計画に見られる「ギリシア雷紋」平面の方が好まれた。そこでは、低層住棟を敷地の縁に沿って伸縮させることで、三方を囲まれた広場が形成されている。より教条主義的な「モダン」アプローチが知られていないわけではなく、スヴンスカ・リークスビューゲンスによる**イェーテボリのセードラ・グルドヘルデン**(1959)では、6棟の12階建版状建物が平行配置されている。1965-75年の10年間に100万戸の住宅を建設するという野心的な計画は、プレファブ化とシステム化された建築への過度の依存を招き、水準が大幅に下落した。また低層の一家族用住宅に向かう傾向が逆転された。しかし1970年代以降、ラルフ・アースキンによる木板張りの**イェヴレ、サンドヴィケンのニーア・ブルーケト住宅地**(1972-80)に見られるように、低層の開発は再び標準となってきている。

アースキンは住宅建築のみならず工場建築も設計してきた。**フォシュの厚紙工場**(1953)は製造の過程と環境という点から見て機能的であるが、彫塑的な換気塔がそのレンガ造建築の外観を実用的なもの以上に見せている。

ハンス・アスプルンドが設計した**エースレーヴ・コミュニティ・ホール**(1957)は例外的なもので、扇形のバレル・ヴォールトが架かるホールに一連の会議室が組み込まれ、その複合施設全体が幾何学形とテクスチュアの豊かな多様性により支配されている。アンデシュ・テンボムによる**リディンゲ工場監督者学校**(1958)では、森林のランドスケープにレンガとガラスの平坦な面が対置され、全体として冷静な建築が作られている。これが1950年代から1960年代にかけてのスウェーデン建築家達の際立った目標であった。もう1つの事例、クラース・アンスヘルムによる**ルンド・アートギャラリー**(1957)では、外部にレンガとガラスの平坦な面があり、内部では、芸術家用スタジオのような断面を見ると、天井が高く、平坦である。

ペーテル・セルシングは、この様式を教会建築に持ち込んだ。彼による**イェーテボリのハーランダ教会**（1958）は、教会、鐘楼、牧師館という3つの建物から成り、単純なマスと素材からできているが、それが教会自体の矩形のインテリアに反響している。このパターンを打破した人物が、ジグルド・レヴェレンツ（1885-1975）であった。彼の教会は、モルタルがふんだんに使われているにせよ、レンガ工事から最大限可塑的な形態が引き出されているという点で際立っている。**スカルプネク、ビヨルクハーゲンの聖マルク教会**（1958-60）、とりわけ**クリッパンの聖ペトリ教会・教区センター**（1962-65）は、キリスト教の象徴性に対する奥深い感情——当時としては異例ともいえる建築観——と結び付いた建設の熟練ぶりを示している。クリッパンの建物は、一片のレンガもカットされることなく建てられた。その天井にはヴォールトが架けられ、床は海のよう波打ち、キリスト教の原始的価値が前面に押し出されている。

オフィスビルは、より温暖な気候で始められたパターンに追随する傾向にあったが、近年、ニルス・トルプは**SAS本社**（1989）のような内向的建物を設計した。そこでは、多くの建物がガラス張りの天井を持つ屋内「街路」によって結ばれている。実際、レストランや店舗を擁するその街路は、アトリウム付きのビルにおける強制的な中心性を取り除くとともに、オフィス群をうまく統合している。

デンマーク人は、整形の広場よりもランドスケープに画一的に配された集合住宅を好み、その証拠が、塔状住棟による事例——ドミニア・アーキテクツによる**コペンハーゲンのベラホイヴェイ**（1951-54）、または短いテラスによる事例——スヴェン・エスケ・クリステンセンによる**ヴィズオウアヴェイのブレダルスパーケン団地**（1949-59）である。クヌート・ハルベーとヨーゲン・ボーによる**グラズサクセのスコーレパーケン団地**のような例外でも、いまだ厳密な直交レイアウトで構成されており、スウェーデンの計画でありがちであったようにガタガタに崩されていない。

平面計画と表現双方における幾何学的パターンの可能性に対するこうした関心は、アルネ・ヤコブセン（1902-71）による黄色レンガ造の**クランペンボーのセホルム集合住宅**（1950-55）や、ヨーン・ウッツォン（1918-2008）による**ヘルシンゲーのキンゴー住宅群**（1956-60）のような作品で明らかである。後者では、テラスハウスの高密さと戸建住宅の広がりとを結び付けようとして、L字型平面を持つ住宅が鎖状に連ねられている。

ヤコブセンによるディテールとプロポーション感覚の見事なまでの洗練は、カーテン・ウォールを持つ**コペンハーゲンのヤスパーセン・オフィスビル**（1955）や、**コペンハーゲン、セーボーのムンケゴー学校**（1952-56）に見られる。後者の学校では、平屋の教室と廊下とが規則的グリッドとして並べられており、各教室に対して中庭が囲い込まれている。平面における表面的な冷徹さは、学校内に実際に作り出された屋内・屋外空間の多様さと各々の空間に付与された親密さによって、裏切られている。彼のデンマークにおける最後の大作、**コペンハーゲンのデンマーク国立銀行**（1965-71）は、石とガラスから成り、単純でモニュメンタルである。

学校教育における親密さは、デンマーク人が失うことのなかった伝統である。フレデリク・クリスチャン・ルンドとハンス・クリスチャン・ハンセンによる**コペンハーゲンのハンスステズ学校**（1954-58）では、トップライトが豊かに表現され、伝統的素材で建てられた平屋が2棟、並べられている。カイ・フィスカーによる**フーズムのヴォルパーケンス学校**（1951-57）は、より複雑な平面を持っているが、同様に人間的な成果を達成している。

よりフレキシブルな平面計画が、グンナー・クローン、ハートヴィ・ラスムッセン、クヌート・ホルシャーによる大規模な**オーゼンセ大学**（1960-76）で採られ、鉄骨骨組と骨組内を充填するシステムが用いられている。ヘニング・ラーセン（1925-）による**コペンハーゲン近郊のホイエ・トーストルプ学校**（1983）は、回廊付き中庭の周りに4つの棟が配されている。建物は工業的にほとんど完璧に仕上げられているにもかかわらず、その空間構成や自然素材の利口な使い回しによって、その学校は交感できる環境となっている。

ヨーゲン・ボーとヴィルヘルム・ウォラートによる**コペンハーゲン、フムレベクのルイジアナ美術館**（1958）は、森の中の建築的散歩道として構成されており、そのギャラリー空間の大半は、片面に天井一杯までガラスが張られ、木々の中を通り抜けていく幅広の廊下から成る。アルヴァー・アアルトによる**オールボー美術館**（1969-73）は、それとは全く反対の方針を採っており、トップライトとアシンメトリカルな反射板からギャラリー空間に採光する巧妙なシステムを持ったコンパクトな建物である。ハンネ・ケアホルムが競技設計で委託を勝ち取った**ホルステブロー美術館**（1983）では、ギャラリーが一連の嵩上げしたバレル・ヴォールトから成り、それがコンクリート造円柱に支えられて、最適な採光に必要な分だけガラス張りにされている。外観はアルミニウム板張りである。この案は、空間のフレキシブルな利用を可能とする一方、美術館各部に強い個性を与えている。

教会建築での傑出した事例の内、ヨハン・オットー・フォン・スプレケルセンによるローマ・カトリック教会、**コペンハーゲンの聖ニコライ教会**(1960)では、身廊が対角線の軸方向に向けられており、コンクリート造屋根が2平面に曲げられている。ヨーン・ウッツォンによる**バウスヴェアの教会**(1973-76)では、平面は規則的グリッドでレイアウトされているが、断面では天井がうねった布のようにカーブしており、そこに細長いトップライトが挿入されて、驚くべき質の光が生み出されている。

スペイン

スペインでは、商業的・政治的な圧力を受けなかったため、1930年代のヨーロッパで規範となっていた保守的建築が、第2次世界大戦後になっても隆盛し続けた。戦争直後、スペイン人はネオ・リアリズムに非常に近いものを展開したが、その運動はイタリアで経験したような鳴物入りの論争を欠いていた。ジョゼ・コデルクによる**バルセロナのアパートメント**(1952)では、レンガ造の壁面が折り曲げられた所に、特徴的な木製鎧戸が付けられており、それらがこの様式を代表している。平面は巧妙であるが、絶対的な最小限空間の水準を満たしているだけである。ホセ・ルイス・フェルナンデス・デル・アモによる**カセレスの集合住宅**(1954-58)、アレハンドロ・デ・ラ・ソータによる**セビーリャのエスケビリェ集合住宅**(1948)、ジョゼップ・マルトレル(1925-)とオリオル・ボイガス(1925-)による**バルセロナ、パリャルス通りの労働者用集合住宅**(1960)も同様の路線に従っている。最後に挙げた事務所には、1962年からデイヴィッド・マッケイ(1933-)が加わり、**バルセロナのメリディアナ・ビル**(1965)から、この様式への忠誠から目を転じ始めた。そこでは、突き出された窓ユニットの不規則な配置により、楽しげなファサードが作り出されている。リカルド・ボフィル(1939-)による平面タイプの精緻な方法論的研究は、扱いにくい敷地を見事に利用した**バルセロナ、バック通りのアパートメント**(1963-65)に結実したが、**バルセロナ、ニカラグア通りのアパートメント**(1965)では、レンガのパターンや壁表面の断片化といったやや奇抜な所作を建物に付け始めた。ボフィルは、1962年にタリェール・デ・アルキテクトゥーラを創設、関心を次第にロマン主義的なモニュメンタリズムへと移していき、**カルペ湾のサナドゥ・アパートメント**(1967)のような事例では、その幾何学的技巧は単なる反復操作に陥っている。マドリードでは、フランシスコ・サエンス・デ・オイサ(1918-2000)が、フランク・ロイド・ライトの有機的——かつロマン主義的——な血脈を、**トーレス・ブランカス・アパートメント**(1961-68)に注入したが、それは多数の円形による平面から立ち上げられた高層住棟である。

商業建築は、集合住宅とは異なる道筋を歩んだ。フランシスコ・カブレロによる**マドリードの組合代表団ビル**(1949)は、正方形の窓が厚い石壁のグリッドの奥に取り付けられた、重厚ではあるが優美な建物である。1960年代半ば以前に、彼は軽快なコンクリート造骨組を建てていたが、まだカーテン・ウォールを避けていた。**マドリードのアリバ新聞社ビル**(1965)は、窓下のレンガ造充填パネルと突き出した方立に気付かなければ、一見するとカーテン・ウォールのように見える。これが、戦後スペインの最も純粋なモダニズムである。以後、ハビエル・カルバハルによる**マドリードのアドリアティカ・ビル**(1981)のようなオフィスビルでは、当時のヨーロッパで一般的であった反射ガラスの常套手段が採られた。

フランコ独裁政権が終わるや、モニュメンタリティの意味が変化した。すなわち、1980年代半ばまでに、一度蔑まれた英雄的建築が尊敬を集め、実際には前衛となったのである。ラファエル・モネオ(1937-)は、**メリダの古代ローマ博物館**(1980-85)で、古代ローマの建設法を呼び戻すことができた。モネオは構法上の工夫を好み、意図的に図像上の工夫を避けているが、薄いローマ・レンガによる巨大な柱とアーチを有するその建物の英雄性は、見間違いようがない。後年の**セビーリャ空港**(1991)では、同様のアーチ構法を用い、ペンデンティヴ付きソーサー・ドームを連ねた天井を持った目覚しい出発ホールを具現化した。モネオばかりではなかった。オスカー・トゥスケツは、**マス・アベリョの集合住宅**(1990)で、付柱、ペディメント、コーニスを用いて、ネオ・リアリストがあれほど大事にしていた場所性から建物を切り離し、それを全般的な古典的壮大さへの参照に取り替えた。リカルド・ボフィルは、**バルセロナのINEFビル**(1991)でそれ以上まで進んだ。それは、不様であるとしても、完璧な古典主義建築である。

マルトレル、ボイガス&マッケイは、**マジョルカ島、ソン・ビダの住宅**(1988)で、テクスチュア、色彩、意味の豊穣さに向かうもう1つ別の方向性を示した。そこでは、あるレベルの創意と抽象により、平面を非古典化することができるほどフレキシブルな建築言語が創出されている。

アルベルト・カンポ・バエサ(1946-)の作品は、正反対の目標を目指しており、1930年代の白い建築を再

度繰り返すことで、近代的であるとは単純なものであると思われていたであろう時代のロマンティックなイメージを呼び戻している。**ラ・コルーニャのフェネ町役場**(1980)、**マドリードのサン・セバスチャン・デ・ロス・レジェス学校**(1983)が代表作である。エンリク・ミラーリェス(1955-2000)による**アリカンテの国立体操訓練センター**(1994)は脱構築の考え方を反映しているが、それはとりわけ不規則な敷地から着想された応答であり、その造形は生き生きとした三次元空間の想像力の産物である。

過去10年間で最も洗練された作品は、ジャウメ・バック(1943-)とガブリエル・モラ(1941-)の事務所から生み出されており、彼らの作品は一様に高水準である。彼らは、単純ではあるが正確な形態、レンガとコンクリートといった主要素材を用いて、**バルセロナのレベントス・ブランク・ワイナリー**(1990)を建てたが、それは機能的にも形態的にも豊かである。他の建物に、**バルセロナのジョゼップ・マリア・ジュジョール学校**(1991)、**ベリャテラ鉄道駅**(1994)がある。

サンチャゴ・カラトラバ(1951-)は、エドゥアルド・トロハから技師-建築家の衣鉢を継承し、生物形態を探求することで、**バルセロナのバック・デ・ローダ=フェリペ2世橋**(1984-87)や**ビルバオ空港**(1990-94)といった非常にダイナミックな構造体を設計している。

ポルトガルでは、アルヴァロ・シザ(1933-)の作品に言及しなければならない。スペインのバエサと同様、シザも「古典的モダニズム」への忠誠を保持しており、アアルトから大きな影響を受けている。**ポヴォア・デ・ヴァルジンのベイレス邸**(1973-76)は白い直方体から成るが、その一角が切り欠かれて、広く見渡せるガラス・スクリーンに置き換えられている。住宅平面のいたる所で繰り返されるこうした中断が、興味をそそるヴォリュームの関係を生み出している。

スイス

戦後スイス建築における最初の動きは、木造のロマン主義に向かうものであった。それを最もよく示す事例、エルンスト・ギーゼル(1922-)による**グレンヘンの公園劇場**(1949-55)は、レンガと木から成り、単純な直方体マスに片流れ屋根が架けられたコミュニティ建築で、何かしらアアルトのサユナッツァロ町役場に負っている。ほどなく地域主義は違った方向に向かった。アトリエ5(1955年創設、エルヴィン・フリッツ、ズンヴェル・ゲルバー、ロルフ・ヘスターベルク、ハンス・ホステットラー、アルフレード・ピニ)は、ランドスケープに拡散していくのではなく、小さな地所に凝縮した集合住宅への方途を探し求めた。**ベルン近郊のハーレン集合住宅**(1955-61)は、ル・コルビュジエの建設されなかったラ・サント=ボーム計画(1948)におおむね基づき、集合住宅の細長いテラスを斜面地に沿って段状に下げることで、地形をプライヴァシーとアクセスのために巧妙に利用し、かつ建設の足跡を相対的に小さなものとしている。この計画とギーゼルの計画とにある唯一の類似点は、混じり気のない素材を率直に使用していることであるが、ここではそれがコンクリートであった。

フランツ・フュエークは、素材に対する全く違ったアプローチを採り、通常は鉄骨による極めて規則的な骨組内で、レンガとガラスを貴重品のように操作した。彼の作品はミースを出発点としており、プロポーションとディテールの強固さという特徴を持っている。事例には、鉄とレンガから成る**クラインリュツェルの鉄工所**(1958)、鉄骨骨組に半透明の石膏パネルが「ガラスのように」張られた**メッゲンのカトリック教会**(1954-66)がある。

このような合理的美学に対する情熱を分かち持っていたのが、フリッツおよびブルーノ・ハラーであり、いくつかの鉄骨骨組の構法システムを設計し、特許を取得した。**ミュンジンゲンの工場**(1963)と**ヴィンデシュ工業学校**(1964-66)の両者は、主として内部のフレキシビリティを高めるために設計されたシステムが生み出す繊細さを示している。エルンスト・ギーゼルによる**エンゲルベルクの学校**(1965-67)は、反対のアプローチを示している。そのコンクリート造建物では、巧妙な断面と細心の平面計画によりフレキシビリティが不要となることが期待されているのである。

アトリエ5によるハーレン集合住宅の成功に続き、チーム2000(ウルリヒ・シェラー他)というグループが、**ブルック近郊、ウミケンのテラス・ハウジング**(1963-65)を建設したが、それはアアルトの戦前期のカウトゥア・アパートメントに負う所があった。アンドレ・シュトゥーダーは**フィスプのテラス・アパートメント**(1964-67)を設計した。両計画とも急な斜面地の開発であり、1960年代から1970年代にかけてのスイスにおける近代ヴァナキュラーのごときものとなった。アアルト自身は、**ルツェルンのシェーンビュール・アパートメント**(1965-67)を設計した。それは、小さい住戸に最大限の眺望を与えるという意図から扇形平面が採られた17階建の住棟で、その基部にはアルフレート・ロートによる**ショッピング・センター**がある。

ヴァルター・マリア・フェルデラー(1928-2006)によって、個性的で彫塑的な表現に対する信念が建築に

持ち込まれた。彼による**ザンクト・ガレン商業高校**（1957-63、ロルフ・ゲオルク・オットー、ハンス・ツヴィンプファーと共同）では、全ての主要空間をモニュメンタルな階段に集中させており、難渋な**エレマンスの聖ニコラス教会**（1963-71）は、自己表現を主とした作品である。エルンストおよびゴットリープ・シュトゥーダー（ヨオヒム・ネフと共同）による**ザルネンのローマ・カトリック大学**（1964-66）では、傾いた円形の壁が玉葱の皮のように幾重にも空間を取り囲んでおり、ライトの有機的建築をスイスにもたらす試みを代表している。

1960年代から1970年代にかけて、若手建築家達がハラーの限りのない洗練やアトリエ5の機能的理由付けに満足できず、退屈でさえあると感じるようになった時、スイスの小さなイタリア語圏、ティチーノ地方が、同国の建築的関心の焦点となった。**ベリンツォーナのロタリンティ邸**（1961）を設計したアウレリオ・ガルフェッティ、**スタビオの学校**（1968-74）を設計したティータ・カルローニ、ルイジ・スノッツィ（1932-）は、建築の形態言語を再検討し、歴史的先例を参照することで自作を強化し始めた。スノッツィは、**ロカルノのビアンケッティ邸**（1975-77）や**ヴェルシオのカヴァッリ邸**（1976-78）で、ルイス・カーンのいくつかの形態的提案を受け入れた。そこでは整形のオブジェにある程度の自立性が付与され、摘要や機能の要求から完全に外在するものとなっている。カーンばかりでなくル・コルビュジエの下で働いたこともあるマリオ・ボッタ（1943-）は、**リヴァ・サン・ヴィターレのビアンキ邸**（1971-72）、**モルビオ・インフェリオーレの学校**（1972-77）といった一連の住宅や学校で、このプロセスを前進させた。そこでは形態要素が住宅規模ではなく都市規模となっており、**オリーリョ邸**（1975）では、明らかに市壁の保塁と比肩させている。平面の便利さがこうしたフォルマリスムの犠牲にされていることを考えると、価値の反転は明白である。ボッタのモルビオ・インフェリオーレの学校は、このような関係をさらに探求したものである。

ブルーノ・ライヒリン（1941-）とファビオ・ラインハルト（1942-）は、**トリチェラのトニーニ邸**（1972-74）で、タイポロジーの原点としてのパラディアン・ヴィラを改造しており、ボッタと同様、20世紀建築において文字通りの歴史的素材が不便であることをシステマティックに実証している。

アルプスの北側では、歴史に対する違った関係が模索された。ロルフ・ケラーは、**バーゼル近郊、ムッテンツの教区センター**（1965-70、フリッツ・シュヴァルツと共同）で、不規則な平面上に塗壁や多様な形をした屋根を立ち上げ、人当たりの良さで終わっていると思う人がいるかもしれないが、全体的に人を和ませてくれるような雰囲気を持った「ゴシック・ヴィレッジ」を再生している。ジャック・ヘルツォークとピエール・ド・ムーロンは、敷地とその周辺を最大限生かす一方で、歴史のより広い範囲からの選択を行なっている。彼らの**バーゼル、ヘルベ通りのアパートメント**（1988）は小さな3階建の建物で、鉄骨骨組の大部分が木で仕上げられている。より大きいバーゼルの**シュヴィッター・ビルおよびアパートメント**（1990）は、コンクリートとガラスから成る街角の建物で、その歴史的先例には明らかに1960年代のアパートメントが含まれている。

訳／片木 篤

20 世紀の建築

第 46 章
東ヨーロッパ

はじめに

1989 年以降、ヨーロッパにおけるイデオロギー・政治・経済上の境界が解消されたという事実にもかかわらず、西ヨーロッパ、東ヨーロッパ、ロシアの区別を保持するというのは、奇妙に見えるかもしれない。しかしながら、1917 年にロシアをその西側から切り離し、1945 年に東および中央ヨーロッパをその西側から切り離した境界は、建設の方法と質、委託されたビルディング・タイプという点で最も顕著に、この地域における建築の発展に深遠な影響を及ぼした。したがって、今やその原因が取り除かれたとはいえ、そしてそれが比較的最近のもので、文化的には恣意的なものであったかもしれないが、この区別を立て続けることは、合理的であるように思われる。境界が存在していた間、東ヨーロッパとロシアは、その政治的・社会的構造の中で、安定性と際立った建築のアイデンティティや目的を手に入れた。それらはその時代の多くの建物で表現されたし、いまだにされている。ヨーロッパのこの地域は、事実上ほとんど別世界であったし、確実に別大陸であった。今や西側と東側の願望が再統合され、思想や影響ばかりでなく人間も再度自由に行き来するようになるにつれ、建築における結び付きは分断に勝るようになるだろう。本書の次版が出版される頃までには、ヨーロッパを再度 1 つのものと見なすことが合理的であるばかりでなく必須となるだろうことは、疑うべくもない。

政治や社会が流動しているこの時期に、東ヨーロッパの 20 世紀建築を評価するには、いくつか実際的問題がある。1989 年における東ヨーロッパ全体および中央ヨーロッパの一部での共産主義の崩壊により、この地域は劇的な変化を被ったし、被り続けている。こうした変化は、既存の国境ばかりでなく民族グループの境界にまで影響を及ぼした。数多くの名称とアイデンティティの変更や、大部分が政府主導であった建築から資本に基づく自由市場の新たな建設業への移行がなされたのである。しかしながら、たとえばポーランドやチェコスロヴァキアに見られるように、しばしば外力によってなされた抑圧的支配の時代より以前には、東および中央ヨーロッパの多くの国々は、しばしば他芸術の発展と手を携えて、1920 年代から 1930 年代にかけての近代建築の発展に重要な役割を果たしてきた。以前のチェコスロヴァキアにおけるプラハやブルノ、ポーランドにおけるブレスラウ（現ブロツワフ）やクラクフは、今世紀初頭から建築活動の重要な拠点であった。

東側ブロック内で最も進んだ共産主義社会は、疑うべくもなく、ドイツ民主共和国（東ドイツ）であったが、この前ソヴィエト衛星国は、第 45 章で取り扱われている。しかしながら、ドイツとポーランドの内外における果てしないように見える国境の変更に伴って、いくつかの「ドイツ」建築やドイツ人建築家による作品は、編入された国の建築という文脈上で論じられることになる。

19 世紀最後の 20 年間から 1930 年代までの東ヨーロッパ諸国の建築の発展は、その他のヨーロッパとほとんど違いはない。ヨーロッパ大陸諸国の建築の特徴は、ベル・エポック、ウィーン分離派、ドイツのユーゲントシュティル、フランスやベルギーのアール・ヌーヴォー、イギリスのアーツ・アンド・クラフツとリバティ様式、ナショナル・ロマンティシズムの数多くの変形といった多様な様式の導入に始まる、同じような特徴を持った変化・発展段階を経てきたことにある。

定　義

このような折衷的起源から、東および中央ヨーロッ

パでは、急進的でしばしば前衛的な「近代」建築ないしは「機能主義」建築が現われ出た。これらの用語は、東ヨーロッパとウィーンやパリといったヨーロッパの中心地との文化的繋がりに依存して使われるので、明確化しておく必要がある。

「機能主義」という用語は、ル・コルビュジエの理論を崇拝し、1928年以降CIAMと関わった建築家達の作品と密接に関連している。コルビュジエ派の見地から言うと、「機能主義」は大抵「合理主義」と相互可換であるが、「合理主義」という用語はイタリア近代建築と特定の関係を有している。

建築用語としての「合理主義」は、何がしかまとまった理論というよりも、ルネサンスの建築理論家の科学的人文主義を起源とし、19世紀のフランスやドイツの理論家は、新しい「近代」建築の主張を支持するために、この用語を用いた。オットー・ヴァグナーは、1894年のウィーン美術アカデミー教授就任講義の表題としてそれを用い、1896年出版された『近代建築』という本でそれを出版物として定着させた。

1920年代から1930年代の東および中央ヨーロッパの建築デザインに対する新たな立場、あるいは近代建築を記述するのにより一般的に使われる語句は、無論、「機能主義」である。ポーランド人建築家ボフダン・ラヘルト(1900-86)は、1983年、自身の経験から次のように書いている。「建築家たちは、実用的問題の重要性を認識し、建物の実用的機能の全てが、外観・内観双方において明示されるべきことを求めて創造的仕事を行なった。『機能主義』と称されるこの動向は、不幸にも、過剰な装飾全てを排除し、芸術の先行条件から芸術作品を造形することであると、誤解されたのである。」

要約的な語句「国際様式」は、アメリカ合衆国起源である。それが、ニューヨーク近代美術館(MOMA)館長アルフレッド・バーにより造語されたことは有名であるが、それを1932年のニューヨーク近代美術館の展覧会と同出版物の表題として用いたのは、建築史家ヘンリー=ラッセル・ヒッチコックとフィリップ・ジョンソンであった。彼らは、それを「新しいパイオニア」の作品の総称として定義した。

「近代建築」という用語は、ヨーロッパにおいてパイオニア的と認識されうる近代の諸動向の多くを包含している。それは、歴史的前例を直接的に参照せず、装飾要素を持たない代わりに、陸屋根、白色もしくは何もない薄い壁面(通常は鉄筋コンクリート造)、アシメトリカルに構成されたフレキシブルな平面といった形態上の「審美的要素」に基づいた建築において共有されている形態言語を指示する用語である。

影響

オーストリア=ハンガリー帝国の首都であり、文化の坩堝であったウィーンは、東および中央ヨーロッパの20世紀建築の発展に重要な役割を果たした。同帝国の版図はまた、この地域における1つの文化圏を示す傾向にあったが、1918年の帝国崩壊に伴い、その文化圏の大半は粉々になってしまった。ハプスブルグ帝国は、大抵は血縁関係により東および中央ヨーロッパ中の領土を獲得し、オーストリアおよびモラヴィアの確定された国境を越え、オスマン・トルコの領土まで拡張していった。シレジアは、1742年にプロイセンに征服されるまでは、帝国の一部をなしていた。ボヘミアとモラヴィアは1526年に獲得され、1699年にはハンガリーが編入された。ウィーン公爵である皇帝の宮廷が置かれた低オーストリアの首都ウィーンが、全地域の文化的中心地となった。同市は19世紀を通じて巨大化し、その公共建築は国際的に認められた優秀さの標準に達した。

帝国の版図内では、多数の国々がウィーンの統合的影響に対抗し、独自のアイデンティティや政治的独立の願望を建築で表現することを徐々に求めるようになった。その結果、ナショナル・ロマンティシズム運動では、汎帝国ないしはウィーン起源の様式よりも地方の土着的・歴史的伝統を賞揚した。ナショナル・ロマンティシズムは、オーストリア=ハンガリー帝国支配外の国でも、またロシア帝国支配下にあったフィンランドのように他の帝国内の国でも見出され、第1次世界大戦前のヨーロッパ建築の主力となった。

ウィーン美術アカデミーでは、1894年以降、オットー・ヴァグナー(1841-1918)が特別修士課程を教え、多くの隣接諸国出身の卒業生を送り出し、その同窓生の多くが、建築を変革する主要代表者となった。そこには、スロヴェニア人建築家ヨージェ・プレチュニク(1872-1957)やチェコ人建築家ヤン・コチェラ(1871-1923)が含まれるが、彼らはともに、プラハの独創的な公共建築で名声を確立し、影響力のある建築教師となった。

1912年、プラハではもう1つ別の運動が起こった。フランスでのキュビズム絵画の発展を知った建築家達が、その原理を建築とデザインに応用しようと試みた。その結果、応用装飾がほとんどなく、ドイツ表現主義運動(1910-23)に関連した結晶のような建築計画案に何がしか類似した建築が生み出された。しかしながらそれは、ヨゼフ・ホホル、ヨゼフ・ゴチャール、パヴェル・ヤナークの作品に見られるような、風変わりで興味深い角張ったファサードの処理以上のものにはなら

なかった。

「モダニズム」の普及

第 1 次世界大戦後、東ヨーロッパの多くの国が独立を果たした時、近代建築運動が前衛的な芸術家・デザイナー・建築家の小グループによって始められた。ハンガリーでは、1916 年から 1919 年まで雑誌『MA（今日）』を出版したグループがあり、大半のバウハウス卒業生——マルセル・ブロイヤー（1902-81）、F. フォルバート（1897-1972）、ラースロ・モホリ＝ナギ（モホイ＝ナジ、1895-1946）——は西ヨーロッパやアメリカに移住した。チェコスロヴァキアでは、進歩的な「デヴィエトシル」グループ（1920 年頃創始）が前衛芸術を代表しており、それは、ソヴィエトの構成主義やフランスのキュビズムに関心を抱いていた理論家カレル・タイゲや建築家ヤロミール・クレイツァール（1895-1949）によって率いられていた。

ポーランドでは、1922 年に結成され、ソヴィエトの前衛と強く結び付いていた「ブロック」グループにより、近代建築が始められた。その構成主義志向のグループが、1920 年代後半のポーランドにおける近代建築の創始に貢献したのである。ポーランド人建築家、特にスイルクス夫妻が CIAM の活動に関与したことも、刺激を与える効果があった。第 2 次世界大戦開戦時に、ロンドン大学やリヴァプール大学でポーランド建築学校が開設されたことにより、建築におけるイギリス-ポーランド枢軸が確立された。

第 2 次世界大戦後、実用的・機能的な近代建築が再度、東ヨーロッパで支配的な表現法となった。それは 1950 年代初頭まで続いたが、そこで再びファシスト期以降と同様に政治情勢が変化して、ソヴィエト連邦の社会主義リアリズムが流行となり、ほとんど全ての国がソヴィエト設計によるスターリン主義の「文化宮」を受け入れた。1956 年以降、これは次第に無視されていき、東ヨーロッパの多くの国々では、近代建築が他の工業国とおおむね同じ路線で発展していくことが可能となった。おそらく最も顕著な例外が、ソヴィエト連邦が自国用（第 47 章参照）や衛星国家用に採用した大量プレファブ・システムの集合住宅である。

独立と新しい国境

1987 年以降、ソヴィエト連邦とそれによる東および中央ヨーロッパの支配が終わり、全ての国が命名され直し、新しい国境が定められ、いくつかの国境が争われている。チェコスロヴァキアは今や二国に分割されている。西側がチェコ共和国（首都プラハ）であるが、その領土内にはボヘミア、モラヴィア（州都ブルノ）、モラヴィア領シレジアが含まれている。スロヴァク共和国は今やスロヴァキアと称され、首都はブラティスラヴァである。

以前のユーゴスラヴィアは、もっと激しい変化を被った。それは共和国連邦として存続することを止め、その代わりに、民族・宗教グループの複雑なアマルガムとして、サラエボを首都とするボスニア・ヘルツェゴヴィナ、ザグレブを中核都市とする北方の国クロアチア、リュブリャナを中心とする 1991 年に新たに制定されたスロヴェニアができた。ベオグラードは、以前のユーゴスラヴィア全共和国中、最も強大であるセルビアの首都のままである。マケドニアやモンテネグロ両国も別個の共和国となった。

建築では進歩的な首都ソフィアを擁するブルガリア、ブカレストを首都とするルーマニア両国は、独立国家としてそのまま残っているが、共産主義の崩壊以降、民主主義になり、市場志向が強まってきている。その 1 つの帰結が、両国の都心部に、西側で最近流行している建築、特にポスト・モダニズムやデコンストラクティヴィズム（脱構築主義）による建築事例が建てられていることである。以前の東ドイツにおける主要な歴史的都市（たとえば、ライプツィヒ、イエナ、ワイマール）の多くでは、古い都市構造が残されているが、おそらくそれらは無視されているか、折り合いがつけられていないかである。多くの地では、今やそれは再使用や新生活のための細心の保存・再生・改良の対象である。そのようにして、そうした多くの地で未来の建築が過去の歴史に嵌め込まれていくことになろう。

チェコ共和国およびスロヴァキア（旧チェコスロヴァキア）

チェコスロヴァキア（現在はチェコ共和国とスロヴァキアに分割、前節参照）は、近代機能主義建築を誠意をもって取り上げた最初の国の 1 つである。その採用に際しての重要人物が、ウィーン美術アカデミーでのオットー・ヴァグナーの弟子、ヤン・コチェラ（1871-1923）であった。彼は 28 歳でプラハ工業美術学校教授となり、当地で急速に名を上げた。コチェラは、自身の近代建築が「ヨーロッパに追いつき、追い越す」だろうと固く信じていた。彼は 1903 年に渡米、1908 年から 1912 年にかけてアメリカ建築への関心を設計で表現し、フランク・ロイド・ライトからインスピレーションを得たヨーロッパ初の建築の 1 つ、**フラデツ・クラー**

1506 | 20世紀の建築

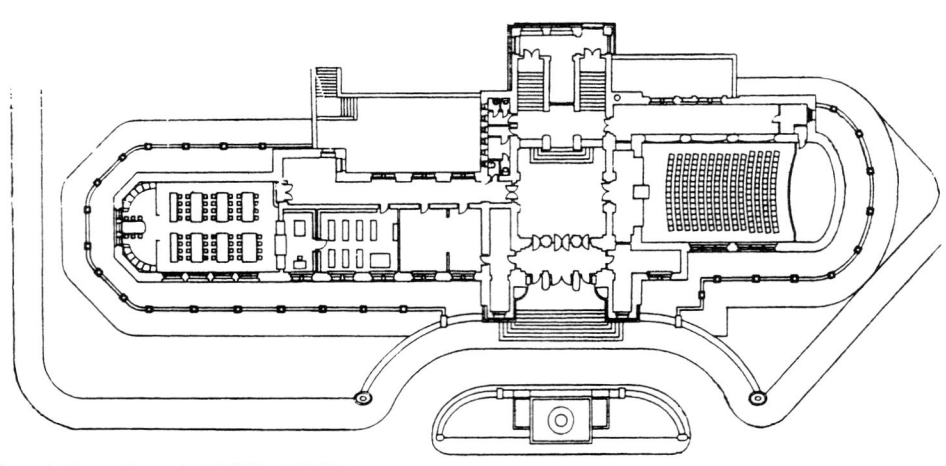

A フラデツ・クラーロヴェー市立美術館（1906-14）　p.1505 参照

B フラデツ・クラーロヴェー市立美術館、平面図

第46章 東ヨーロッパ | 1507

A アパートメント、ネクラノヴァ通り、プラハ
（1913-14） p.1508 参照

B リウニオネ・アドリアチカ保険会社、プラハ（1923-25）
p.1510 参照

C 牡牛の階段、フラッチャニ城、プラハ（1928-30）
p.1508 参照

D 聖心教会、ヴィノフラディ、プラハ（1928-32）
p.1508 参照

ロヴェー市立美術館(1906-14、p.1506A, B)を建てた。

コチェラの弟子には、後にチェコ機能主義運動を率いることになるヨゼフ・ゴチャール(1880-1945)、パヴェル・ヤナーク(1882-1945)、オットー・ヴァグナーの下でも学んだヨゼフ・ホホル(1880-1956)がいた。彼らは全員、チェコ・キュビストの組織「造形芸術家クラブ」に入会、そのような理由から、コチェラの厳格な合理主義建築に対して批判的な見方を採った。彼らは、自分たちの作品を当時流行していたヴァグナー派合理主義に対する反動と見なし、「彫塑的マスの操作という手段」による、より精神的な建築へのアプローチを主張した。チェコ・キュビズム運動全体を表記するために広く用いられている用語、「ロンド・キュビズム」(マリエ・ベンソヴァーによる造語)は、1918年の新しいチェコスロヴァキア国の創設にも関係している。

ヴァグナー派を離れた後にも続いたコチェラとスラヴ人建築家ヨージェ・プレチュニク(1872-1957)との親交により、両人は互いの国の発展に関わることができた。コチェラは、1910年、プレチュニクのプラハ装飾美術学校教授就任のお膳立てをしたが、1919年になって初めて、プラハでそれ相応の建築がプレチュニクに委託された。その時、彼はマサリク大統領から**プラハ、フラッチャニ城**(1920-32)の建築家に指名されたのである。同計画は、城内における**大統領官邸**の再編と関わっており、プレチュニクに、近代的建設技術とスラヴ工芸の伝統や強力で本質的な古代古典主義の再解釈とを結合した彼独特のモダニズムを開陳し、発展させる機会を与えた。城内におけるプレチュニクの作品には、**聖マシアス・ホール**(1928-30)と称される3階建の列柱廊と銅板葺屋根を持つ玄関、古代ローマ住宅のアトリウムから着想された天窓付きの**インプルウィウム**(1920-25)が含まれる。プレチュニクはまた、**エデン庭園**と**城壁庭園**の改修(1921-25)を行ない、学識と創意に富んだ古典的パヴィリオンやベルヴェデーレを数多く設置したり、**牡牛の階段**(1928-30、p.1507C)で高所にある城の中庭と結んだりした。同階段は、城の18世紀に作られた続き部屋内から立ち上がり、それを横切るもので、精巧に形作られ、美しいディテールを持つデザインの主要モチーフとしてイオニア式オーダーが採られている。プレチュニクはイオニア式に対して強い共鳴を覚えていた。というのも彼は、古代スラヴ人はイオニア起源であり、イオニア式の使用はスラヴ人の民族アイデンティティの表明であると信じていたからである。プレチュニクはまた、**ラーニ**の**夏季大統領官邸**(1921-30)を改装し、**プラハ、ヴィノフラディ**の**聖心教会**(設計委託1922、1928-32、p.1507D)を設計した。後者は驚くべき建物で、コンクリート造レンガ張りの外壁には、大胆で創意あふれる古典起源のディテールがあり、内部はスラヴ建築の伝統的要素とプレチュニク独自の古典主義像とを結合したものである。

ボフスラフ・フックス(1895-1972)は、1916年から1919年までコチェラの下で学んだ後、ブルノ市役所で建築家としての仕事を始めた。1920年代に、彼はすぐさまファン・ドゥースブルフとオランダのデ・ステイル・グループに魅せられたが、1927年以降、インスピレーションを求めてル・コルビュジエに、次いでCIAMに目を向け始め、CIAMのメンバーとなった。ブルノの**アヴィオン・ホテル**(1927)は、ガラス張りのファサードと大容積のインテリアを有するもので、それを皮切りにして、**ゼレナー・ジャーバ水泳プール**(1935-36)、**ブルノ鉄道駅**(1938)、**ニューヨーク世界博覧会、チェコ・パヴィリオン**(1939)といった数多くの建物を建てた。後者は、フックスのモダニズムへの傾倒を示しており、それは、彼が1947年から1958年までブルノ工科大学で教えた戦後期まで続くこととなった。

キュビズムの効果は、大抵、小面にカットされたファサードや鋸歯状の屋根を作ることにより得られた。そうした成果は、ゴチャールによる**ボヘミア**の**ボフダネチ浴場**(1911-12)や**ボフダネチ・サナトリウム**(1921-23)、**プラハ**の**チェコスロヴァク・レジオン銀行**(1923-25)のグロテスクなまでに誇張されたバロック様式の外観、ホホルとの共同設計による**プラハ、インジシュスカー通りのオフィスビル**(1920-21)や**プラハ、ネクラノヴァ通りのアパートメント**(1913-14、p.1507A)に、明らかに見ることができる。後者のアパートメントは、4階建で伝統的な1階平面を持つが、斜めに折り曲げられた面が外観を支配し、リズミカルな可動性を生み出す一方、光と影の相互作用が、プリズム状の形態と突き出た軒や隅部バルコニーの斜めの面とで作られる効果を高めている。このような形態操作の帰結は、キュビズムの彫刻や絵画のような見かけを建物ファサードに与えることにあった。

おそらくレイモン・デュシャン゠ヴィヨンによる「キュビストの住宅」(1912)という独特の計画案を除いては、これに匹敵するようなキュビズムからインスピレーションを得たヨーロッパ建築は他にない。形態の見地から見れば、このような建築へのアプローチは、1912年以降の表現主義建築へと向かう全般的傾向の一部と見ることができる。デュシャン゠ヴィヨンは、1914年にプラハで展覧会を開き、それが前衛的雑誌『ウムェレツキー・メシツニク(芸術月刊)』に掲載された。

ホホルによる**プラハ、ヴィシェフラットの住宅**(1912-

第46章 東ヨーロッパ | 1509

A 聖ヴァーツラフ教会、プラハ（1928） p.1510 参照

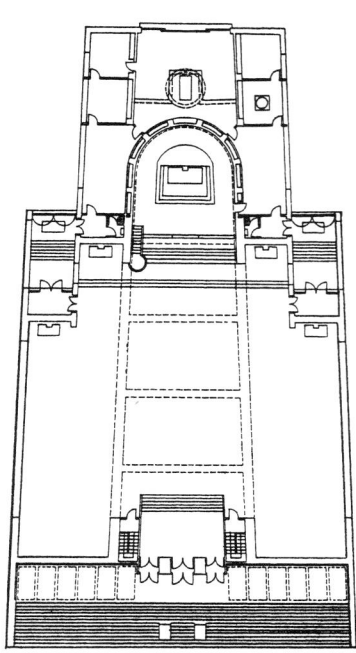
B 聖ヴァーツラフ教会、平面図

C 旧年金協会ビル、プラハ（1924-34） p.1510 参照

14)は、キュビズムに影響されたファサードを有しており、突き出されたり、折り曲げられたりした建物壁面には、平面輪郭線に平行なものはほとんどない。立面構成の過激な形態は、歴史的様式の追憶を取り除く1つの方法と見なされたのである。

キュビズム絵画ばかりでなく、テオドール・リップスとヴィルヘルム・ヴォリンガー双方の感情移入論から影響を受けたこの挿話的出来事は、オタカル・ノヴォトニー(1880-1959)による**ドイツ工作連盟ケルン展、チェコ・パヴィリオン**(1914)の建設で頂点を極めたが、第1次世界大戦中にほとんど消え失せてしまった。ノヴォトニーの作品は、**プラハのヤン・ステンツ出版社**(1911-12)に見られるように、オランダのH. P. ベルラーへ一派からも影響を受けていた。

第1次世界大戦後、1918年10月にチェコスロヴァキアが独立した時、ヤナークとゴチャールはより民族主義的、民俗的、モニュメンタルな建築に方向転換した。ヤナークの関心は、初期キュビズム期の角張ったものから、もっとはっきりと古典的派生物とわかるディテール(付柱やペディメント)の使用へと変化したが、それらはほとんどダイアグラム的な形態で表現された。**プラハのリウニオネ・アドリアチカ保険会社**(1923-25、p.1507B)のような作品は、コンクリート造であったならば、粗野であっても力強かったであろう。この時期のゴチャールの作品例、**プラハの聖ヴァーツラフ教会**(1928、p.1509A, B)では、急斜面を上るにつれ平面は先細りになり、身廊は高く細い塔から敷地最上部を占める半円形内陣まで段状に上っている。身廊側面は無窓で、内部はトップライトから採光されている。

その後、ヤナークとゴチャールは再度、近代様式へと移行した。それは、1928年スイスでのCIAM第1回会議で唱導された実用的な機能主義で、カレル・ホンジークとヨゼフ・ハヴリーチェクによる**プラハの旧年金協会ビル**(1924-34、p.1509C)や**プラハ、パンクラーツのアパートメント**(1930)、ヨゼフ・ポラーシェクによる**コシツェのアパートメント**で実証された。この種の近代建築は、チェコスロヴァキアでは比較的早く確立された。それは、部分的にはフランス、ドイツ、オランダとの接触によるもので、バウハウス、ソヴィエト構成主義、ル・コルビュジエ著『建築をめざして』(1923)の影響もあった。しかしながら、おおむねチェコ人は、コチェラの第2世代の弟子、ボフスラフ・フックスやアドルフ・ベンシュ(1894-1982)を通じて、新建築に対して重要な貢献をなした。彼ら若手建築家達は、建築家オルドジフ・スタリー(1884-1971)が編集した——時には才気あふれる理論家カレル・タイゲが編集した——雑誌『スタヴバ』の周りに結集したが、同誌はドイツの新即物主義運動を熱狂的に支持していた。スタリーは、1928年に開催された**ブルノの工作連盟展**で住宅を建て、また後述する**プラハ、ババの工作連盟展**(1932)でもう2軒の住宅を建てた(後出)。

タイゲはホホルの親しい同志で、プラハで最も急進的なグループの指導者となった。そのグループは、キュビズムの短い幕間の後、新しい今まで以上に厳格な幾何学的美学の一部として、ピュリズムと詩学に目を向けていた。新しい近代様式による最初の建物が、構成主義的な**プラハの見本市ビル**(1924-28、p.1511A)である。その競技設計にはオルドジフ・ティル(1884-1939)が勝利を収め、彼がヨゼフ・フックスと共同して1924年の最終案を設計した。その7階建建物の中央部には、若干アシンメトリカルなホールが2つあり、両者間を横断する連絡通路がとられている。またそれらホール周りにオフィス付きのギャラリーとレストランが配されており、地下には倉庫と別の入口を持つ800席の映画館がある。これは比較的初期の鉄筋コンクリート造の建物で、タイル張りのファサードと連窓を持っている。

1927-28年に**ブルノの現代文化展**が開催され、この催物が近代建築の刺激剤となった。ボフスラフ・フックスとカミル・ロシュコット(1892-1945)による全く新しい**展示会場およびパヴィリオン**が設けられ、1928年、その隣にこぢんまりとした**モデル・アパートメント群**が建てられた。それらは、シュトゥットガルトのドイツ工作連盟ワイゼンホフ・ジードルンク(第44章参照)に鼓舞されたものである。ブルノでのデザインはシュトゥットガルトよりも穏健であったが、それは、補助金なしの地方建設業者2社による民間主導の結果であった。「**ノヴィー・ドゥーム(新住宅)**」と命名されたそのアパートメント群には地階がなく、設備機器や倉庫は1階に置かれた。居住部は上の2階分を占め、テラスと陸屋根を有していた。住戸基本型は中流家庭用を意図しており、建物には合理的な1階平面、作り付け家具、標準化された窓と扉とが求められた。実際、ほとんど全てのアパートメントが鉄筋コンクリート造と軽量中空コンクリート・ブロック造であった。

ボフスラフ・フックスは、直線の連絡階段を持つ**3戸住棟**(p.1511B)を設計した。その2階・3階には2寝室付き住戸が収められており、テラスはないものの、3階の部屋にはバルコニーが付けられている。ヤン・ヴィーシェクによる**テラス付き2戸住棟**(p.1511C)では、階段が建物背面に沿って配され、部屋構成の自由度が高められている。ファサードは簡素で、正面には柱が、背面には張り出したテラスが付けられている。定型の幾分小さめの窓は、標準的骨組を使用した結果

第 46 章 東ヨーロッパ | 1511

A 見本市ビル、プラハ（1924-28）
p.1510 参照

B ボフスラフ・フックス設計の 3 戸住棟、ノヴィー・ドゥーム、ブルノ（1928）
p.1510 参照

C ヤン・ヴィーシェク設計のテラス付き 2 戸住棟、ノヴィー・ドゥーム、ブルノ（1928） p.1510 参照

A マハナーチ・サナトリウム、トレンチアンスケ・テプリツェ（1929-32）　p.1513 参照

B チェコ・パヴィリオン、パリ万国博覧会（1937）
p.1513 参照

C ヴェスナ女学校（1928-30、中央）および寄宿学校（1929-30、右）、ブルノ　p.1513 参照

である。

ブルノの**ヴェスナ女学校**（1928-30）および**寄宿学校**（1929-30、p.1512C）は、独創的でパイオニア的なデザインであった。女学校はボフスラフ・フックスとヨゼフ・ポラーシェクが設計、寄宿学校はフックスが1人で設計したものである。女学校は、鉄筋コンクリート骨組の四角い棟で、片側に体育館が付けられている。教室は建物1階・2階の全長にまたがり、各階は木製間仕切りで分割可能な試験室を有している。入口と階段は建物背面にあり、夏季には連続バルコニーを通って教室まで行くことができる。上階のシンメトリカルに配された大窓は、1階の連続したガラス窓と対比されている。寄宿学校は5階建の建物で、棟を横断する一連の壁で支持されているが、そのことは、バルコニーの奥にガラスが嵌められたアシンメトリカルなファサードで表現されており、その透明性が空間の広がり感を生み出している。1階にコミュニティ施設、その上に寮室、スタジオ用ワンルーム住戸、屋上テラスが置かれている。

ブルノにモデル・アパートメントが建設された4年後、**プラハ、「ババ」モデル近隣住区**（1932-34）が建設された。その構想はチェコ労働者同盟（SVAZ チェコスロヴェンスケホ・ディラ）から出されたが、計画の実施はまたしても民間主導によるものであった。同盟のメンバーは誰でも、そこに加盟する建築家の1人に設計委託することができた。その結果、そこには建築的マニフェストはなく、施主-建築家間の交渉による伝統的なやり方から生まれた住宅供給事業となった。計画全体は、傾斜地に住宅33戸を4列に並べたものであり、パヴェル・ヤナークが都市計画を行なった。住宅は、中小規模の住宅から大規模のヴィラまで広範囲にわたっている。アントニーン・ヘイトゥムとエヴジェン・リンハルト（1898-1949）による**アパートメント**は、1階・2階双方に同様の住戸2戸を擁するもので、その上の南側には屋上テラス、北側には予備寝室を収めた3階がある。ラディスラフ・ジャーク（1900-73）による**家族用住宅**は、1階に大きな居間1室、上階に寝室と部分的に屋根が架けられたテラスを有している。ファサードは平坦で、その全長にわたり窓が開けられているだけの簡素なものである。各階の平面構成により、並外れた三次元的構造を持つ建築形態が生み出されている。オランダ人マルト・スタムが設計し、彼がいない間にJ. パリツカが建てた住宅は、柱で地上から持ち上げられた細長い住宅である。その2階は建物全長に及び、南面にはバルコニーが付けられている。この**スタムの住宅**では、断面と窓割という点で他と異なっており、両者によって透明感が生み出されている。

ヤロミール・クレイツァール（1895-1949）による**トレンチアンスケ・テプリツェのマハナーチ・サナトリウム**（1929-32、p.1512A）は、機能主義建築のもう1つの優れた事例である。建物1階平面はT字型をなし、その横棒部分に患者の病室が、縦棒部分にコミュニティ施設が収められている。患者の病室は、各々エントランス・ホール、居間、バルコニーを持つ小住戸として設計されている。病室棟の正面では、バルコニー付きの窓がリズムを生み出しているが、他のファサードは連窓の続く平坦なもので、全体として当時のヴァルター・グロピウス事務所とバウハウスの初期国際様式——たとえばグロピウスによるベルリンのジーメンスシュタット集合住宅（1929-30）——を想起させる。クレイツァールはまた**パリ万国博覧会、チェコ・パヴィリオン**（1937、p.1512B）も担当した。

チェコスロヴァキアは、モダニズムの建築家や芸術家を引き寄せる磁石たることに成功した。数多くの建物が世界中に知れわたったが、そこには、ミース・ファン・デル・ローエのヨーロッパ最後の作品、**ブルノのテューゲントハット邸**（1928-30、p.1514A-D）、エーリヒ・メンデルゾーンによる**オストラヴァのバハネク百貨店**（1933-34）、アドルフ・ロースによる飾りのない立方体である**プラハのミュラー邸**（1928-30、p.1515A-C）、ベーレンス、ブロイヤー、ダイカー、アウト、ル・コルビュジエによる建設されなかった数多くの計画案が含まれる。現在、国の重要建造物に指定されているテューゲントハット邸は、急斜面の敷地に建っており、控え目な半透明ガラス張りの平屋の道路側正面から入り、階段を下ると、長方形平面の開放的な下部庭園階に達するが、その庭園を見下ろす部屋は、電動で床まで下げることのできるガラス壁が取り付けられている。

スロヴァキアの現首都であるブラティスラヴァ内外には、**「青蛙」屋外プール**（1935-37）、**ホテル・モラヴァ**（1930-33）等、ボフスラフ・フックスによる多くの建物が建っている。

プラハ、ブルノに続くモダニズムの第3の重要拠点となったのは、バチャ社用に設計された新工業都市、**モラヴィアのズリーン「田園都市」**であった。その都市計画顧問をコチェラが務めたが、1923年に彼が死去した後、同職は彼の弟子、フランチシェク・L・ガフラが引き継いだ。その近代都市の住宅と工場は、全ヨーロッパに影響を与え、ル・コルビュジエやフランク・ロイド・ライトの下で働いたことのあるウラジーミル・カルフィクや、アントニーン・ヴィタークのような地方の著名近代建築家達が発展させた。ル・コルビュジエは、1935年の集合住宅競技設計に特別審査員として加

A テューゲントハット邸、ブルノ（1928-30） p.1513 参照

B テューゲントハット邸、内観

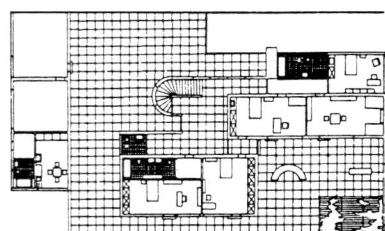

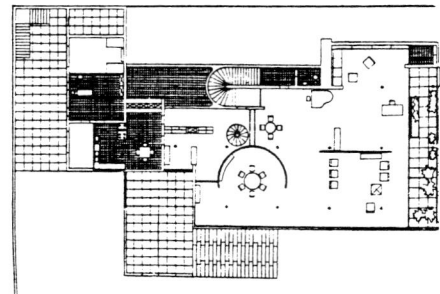

C テューゲントハット邸 （上）2 階（道路レベル）平面図、（下）1 階平面図

D テューゲントハット邸、階段

第 46 章 東ヨーロッパ | 1515

A　ミュラー邸、プラハ（1928-30）　p.1513 参照

B　ミュラー邸、2 階ホール

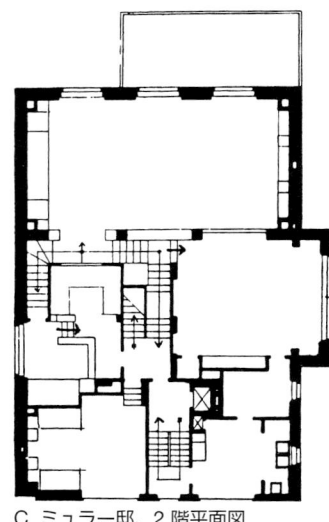

C　ミュラー邸、2 階平面図

20世紀の建築

A バチャ社店舗、プラハ（1928-29） p.1517 参照

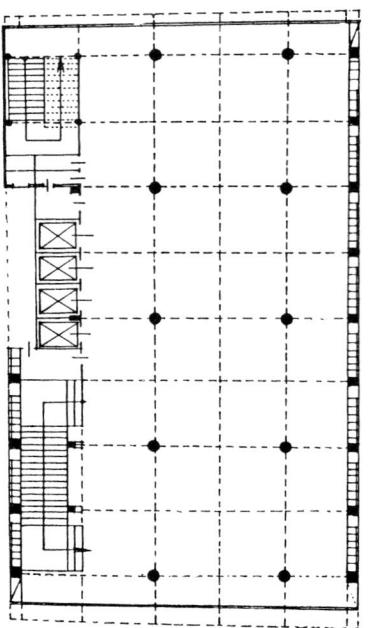

B バチャ社店舗、基準階平面図

C フォルカシュ・モルナール設計の住宅、レイテー通り、ブダペスト（1932） p.1520 参照

わった期間中、その都市計画に対して助言を行なった。

バチャ社の目立った店舗が、1930年代世界中に数多く建てられた。そのなかで最も優美なものが、ルドヴィーク・キセラによる**プラハのバチャ社店舗**(1928-29、p.1516A, B)で、コンクリートとガラスでできた間口の狭い8階建の建物である。1階分の高さがあり、ネオンで縁取られた目立ったレタリングと外観の夜間照明により、その建物は出版物で広く取り上げられた。

近代建築の発展は第2次世界大戦で中断され、ナチスのチェコスロヴァキア占領により、多くの建築家が国を去った。その内の1人、アルノシュト(アーノルド)・ヴィーズネル(1890-1971)は、戦間期のブルノで建築家として成功していたが、1939年にイギリスに移住した。彼は後にリヴァプール大学で教鞭を執り、1960年同市で実務を開始した。ブルノでの彼の作品には、ロース風の**市立火葬場**(1925-30)、1928年から1930年にかけてブルノ=ピサールキに建てられた**ノイマルカ邸**、**ハーセ邸**、**スティアスニ邸**がある。

戦後、社会主義リアリズムが支配的となり、建築は政治的展開から引き出される結果となった。ブルノ出身のベドジフ・ロゼフナル(1902-84)のような近代建築家は、国とは別に独自に仕事をしたという理由で当局から迫害された。そうした教条主義的アプローチは1950年代末に廃棄され、そこからチェコスロヴァキア建築は、他の東ヨーロッパ諸国と同様、ヨーロッパの他地域と同じような路線で発展し始めた。

それ以降の時期にチェコスロヴァキアで建てられた変わった建物の1つが、**プラハの国会議事堂増築**(1967-69)であった。それは、GAMAスタジオ(アルブレヒト、カデラベク、プラガー)が競技設計で勝ち取った作品である。古い建物のファサードを保持することが設計条件の1つであり、また新しい建物の高さは隣接する**国立美術館**の高さまでに制限されていた。増築部は、平面が50m×80mの長方形で、2階建である。それが、高さ24mの4本のパイロンに架けられた鉄骨フィーレンデール・トラス梁で、古い建物の上に持ち上げられており、大きい中庭がとられている。そのファサードは主としてガラス張りであり、花崗岩や大理石の化粧材と組み合わされている。1989年直前の他の有名建築には、トマス・クーリク(1954-)、ヤン・ロウダ(1949-)、ズビシェク・スティーブロ(1952-)による**ロウドニツェ、ラチツェのレガッタ・スタジアム**(1987)、ラディスラフ・コノプカ(1933-)による**ヴォリニェの屋外学校**(1989)、J.カレス(1934-)とJ.ノヴォトナー(1940-)による**プラハ、シュトヴァニツェ島の国立テニス場・中央テニスコート大観客席**(1989)がある。

1989年以降の共産主義の崩壊と民主主義への復帰により、チェコ共和国、特にプラハでは、国内外の建築家に多くの新しい仕事の機会が与えられた。アメリカを根城にする建築家フランク・ゲーリーは、**プラハの**河畔に「**フレッド・アステアとジンジャー・ロジャーズ**」とあだ名の付けられた挑発的な商業複合施設を建てた。西側の技術に影響を受け、当地で設計された建築事例は、「新構成主義」あるいは「チェコ機械主義」と呼ばれるが、そこには、ペートル・ウフリクとズデニェク・ミュラーによる**ブルノのCSVTS技術研究所**(1987-91)、ヤン・フルプによる**ブルノのマツダ・サーヴィス・センター**(1993-94)、クーリクとロウダにより板ガラス・パネルが鉄骨骨組に新方式で取り付けられた**トジネツの鉄鋼パヴィリオン**(1992)が含まれる。

ハンガリー

ハンガリーは、1867年のオーストリアとの「妥協(アウスグライヒ)」以降、急速に発展した。フェレンツ・デアークにより作成された和解案は、絶対王政のオーストリア帝国をハンガリーとの二重帝国に変えた。同年、フランツ・ヨーゼフ皇帝の戴冠式がブダで催され、ブダペスト市(ブダ、ペスト、オーブダから形成された)は、ハプスブルク帝国第2の首都として繁栄し、世紀の変わり目にはヨーロッパで最も新しい大都市となった。野心的な建築はウィーン、パリ、ベルリンの影響を強く受け、流行していた当地の国家モニュメンタリズム——たとえば、イグナーツ・アルパールによる**株式取引所**(1885)、イムレ・シュタインドルによるネオ・ゴシック様式の**国会議事堂**(1885-1905)——に対抗するものとして、分離派の建物事例が都心部に建てられた。

クイットネルとヴァーゴによる**ペストのグレシャム保険会社ビル**(1907頃)は、ハンガリー・ナショナリズムを開拓したエデン・レヒネル(1845-1914)の建物の数年後に建てられた。レヒネルは、当地の「ハンガリー様式」を創造しようと決意していたので、単なる分離派と見なすことはできない。彼は「ハンガリー的形態は存在していないが、今にそうなるであろう」と主張した。レヒネルによる**郵便貯金銀行**(現オフィスビル、1889-1902)、**地質学研究所**(1897-99)、**工芸美術館**(1891-96)は、同国の東方起源を強調するために、風変わりな装飾要素を組み込み、当地で製造された不浸透性で耐霜性を有する磨きマジョルカ・タイルで仕上げられている。

1910年前後に、より「近代的」なハンガリー建築が、才能ある芸術家であり独特のデザイナーであったカーロイ・コーシュ(1883-1977)やベーラ・ライタ(1875-

A ペシュトゥーイヘイ・サナトリウム(1936)　p.1520 参照

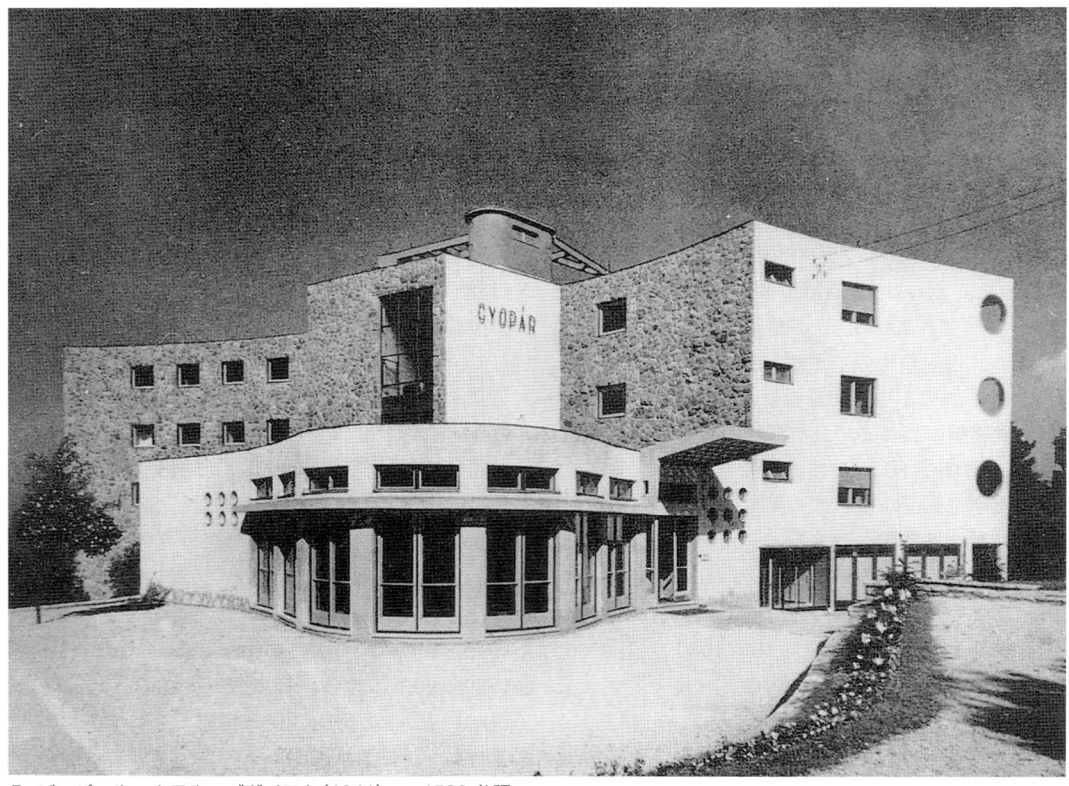

B ジョパール・ホテル、ブダペスト(1941)　p.1520 参照

第46章　東ヨーロッパ | 1519

B　ルーテル教会、シオーフォク（1986-89）　p.1520 参照

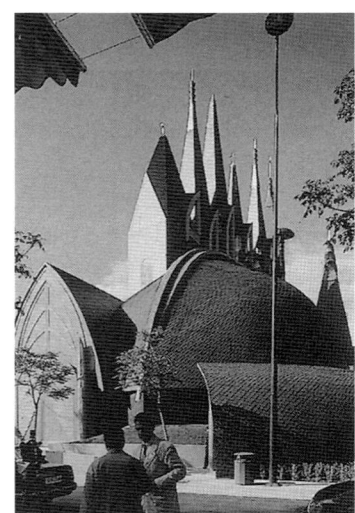

C　ハンガリー・パヴィリオン、セビーリャ万国博覧会（1992）　p.1521 参照

A　ローマ・カトリック教会、パクシュ（1989）　p.1521 参照

1920)を初めとするさまざまな建築家の作品を通じて、短期間流行した。レヒネルの最も重要な弟子の1人が、デーネシュ・ジョルジ(1886-1961)で、奇妙な形をした**トリノ万国博覧会、ハンガリー・パヴィリオン**(1911)や、ブダペストのいくつかの商業ビルを建てた後、**ブダペスト、ホンヴェード通りのフラッツ**(1931)や、**ブリュッセル万国博覧会、ハンガリー・パヴィリオン**(1935)である種のオランダ・モダニズムへと転向した。もう1人の弟子がアラダール・アールカイ(1868-1932)で、彼の作品はフランク・ロイド・ライトの影響を明らかに示している。

カーロイ・コーシュによる**ゼベゲーニのローマ・カトリック教会**(1908-9)や多数の住宅は、イギリスのアーツ・アンド・クラフツの伝統に負っていることを示している。彼は、重要な**ゲデルレーの北部ハンガリー芸術家村**の創始者、アラダール・ケレスフェーイ=クリーシュ(1863-1920)の下でしばらく働いたが、その芸術家村は創造性と田園生活を強調し、自国の美術・工芸を大衆化する手助けをした。**ブダペストのアールラトケルト・パヴィリオン**(1909-10)は、長いアシンメトリカルな平面に魔女の帽子のような屋根を架けるというすっきりした機知の見られる計画である。

戦間期で最も賞揚された2人のハンガリー人モダニスト、デザイナー兼芸術家のラースロ・モホリ=ナギ(モホイ=ナジ、1895-1946)と建築家のマルセル・ブロイヤー(1902-81)は、ドイツのバウハウスを通じて世界的な注目を集め、イギリスとアメリカ合衆国で後半生を送った。ハンガリー人モダニストの活動的グループ——主として作家とグラフィック・アーティストから成る——は、第1次世界大戦中に雑誌『**MA(今日)**』を出版したが、1918-19年のハンガリーでの政治的敗北以降、移住を余儀なくされた。『**MA**』は、テオ・ファン・ドゥースブルフ(1883-1931)、ヤコブス・ヨハネス・ピエテル・アウト(1890-1963)、ウラジーミル・タトリン(1885-1953)の作品を掲載した。

フォルカシュ・モルナール(1897-1945)もバウハウスで学び、自国のモダニストの指導者となった。彼の建てられなかった初期計画案、「**赤いキュビストの住宅**」(1923)では、ほぼ正方形の平面を持ち、1階から半円形が突き出されており、また2階と屋階のルーフ・テラスが外部階段で接続されている。角張った形と丸い形との対比、かっちりとした見事なディテールを持つヴォリューム構成は、彼の全計画に見られる。**ブダペスト、レイテー通りの住宅群**(1932、p.1516C)や、**フェルシェーゲド、ニャラローのバンガロー**(1933)は、1930年代初頭特有の近代建築であって、ベルタラン・アールカイによる鉄筋コンクリート造の**ブダペスト、ヴァーロシュマヨルのカトリック教会**も同様である。

モルナールはまたヨージェフ・フィシェル(1901-95)と共同した。**ペシュトゥーイヘイ・サナトリウム**(1936、p.1518A)は、斜面地に立つ3階建の建物で、ファサードは白くかっちりとしたもので、連窓で5ベイに分割されており、耐力壁が鉄筋コンクリート造の床と屋根を支えている。ヨージェフ・フィシェルは、**ブダペストのジョパール・ホテル**(1941、p.1518B)を設計したが、上記2つの建物を比較すると、デザインに対する立場がその数年間で変化したことが示されている。その4階建のホテルは円弧状に曲がった棟で、各室からバルコニーが斜めに突き出されており、対比的な素材を表現して使用する試みがなされている。

1940年代初頭までに前衛は消散し、シャーンドル・ボルトニィクのような芸術家が社会主義リアリズムの叙情的形態を奨励し、徐々に、彼の建築分野での同輩の多くもそれに倣った。第2次世界大戦中に、双子のアラダール(1910-64)およびヴィクトル(1910-70)・オルジャイによる**ブダペストのシュトゥンメル・チョコレート工場**(1943)のような重要で時には大規模な作品が建てられた。彼らは戦後のアメリカで気候を制御した作品で成功を収めることになった。

1960年代のハンガリーでは、1956年10月に起き、ソヴィエトに鎮圧されたハンガリー暴動の直接的結果として大きな変化が生じた。抑圧的なカーダール政権下で、城山地区のようなブダペストの一部が刷新され、多くの歴史的建造物が修復された。その内の**エリザベス橋**は、アメリカの資金で再建された。そうした政策は、部分的には都市の腐敗状態に対して反旗を翻した者をなだめるために導入されたのであるが、国を近代化して、外国人の投資を引き付けようとする試みでもあった。1980年代までには、建築、芸術、デザインに対する国家の影響力は徐々に緩められた。

1970年代初頭、ジョルジ・チェテ(1937-)率いるペーチ・グループが、自国建築の再創出を試みた。ベーラ・バルトークやカーロイ・コーシュに鼓舞され、彼らは自分たちの建築を「有機的」と称した。**パクシュのアパートメント**(1975)は、表面的に装飾的であると非難されたが、新しい集合住宅の質や、フランク・ロイド・ライトとルドルフ・シュタイナーの考え方から着想された「生き生きとした」自然の建築、あるいは有機的な建築という主題についての国民的論争を触発した。1984年までに、イムレ・マコヴェッツ(1935-)による人体をかたどったような**シャーロシュパタク文化センター**や、彼の他の多くのデザインが国際的に認められるようになった。マコヴェッツの最も有名な建物は、伝統的な**シオーフォクのルーテル教会**(1986-89、p.1519B)と、

暗く無定形な**パクシュのローマ・カトリック教会**（1989、p.1519A）である。**スペインのセビーリャ万国博覧会、ハンガリー・パヴィリオン**（1992、p.1519C）は、村の鐘楼を解釈し直したもので、その内部構成はオークの根や枝からインスピレーションを得ており、マコヴェツの有機的語彙を広げている。このパヴィリオンにより、新しいハンガリーの有機的建築運動の指導者としての彼の地位が国際的に確立された。

イムレ・マコヴェツの力強い創造的な作品、マコナの集団的実践、「有機的」建築事務所の協同ネットワークは、ハンガリーの南西部と北東部に見られ、ブダペスト大都市圏にはほとんど見られない。そこでは、1990年代初頭を特徴付けるポスト・モダニズム、新機能主義、その他の国際的様式や工業的美学が、新しい政治情勢下で急に現われ出た。ドナウ川沿いの大規模な「国際」ホテルにより、ブダペストも他のヨーロッパの首都と同じように見えるようになった。その最上のものは、暗い色調を持った**フォルム・ホテル**（1979-81）であるが、それは1970年にヨージェフ・フィンタ他により「ドナウ川に対する窓」として構想されたものである。それより挑戦的ではあっても記憶に残らないのが、**城山の頂上にあるヒルトン・ホテル**で、1250年建立のドミニコ会修道院の一部を組み込んでいる。フィンタによる**新国際貿易センター**（1989）は、聖イストヴァーン教会（1851-1905）近くの目立つ場所を占めている。

ポーランド

近代ポーランドは、ヴェルサイユ条約以後の1919年に出現した。それ以来、国境は著しく変化してきたし、最初はドイツからの、続いてソヴィエト連邦からの強力な外圧を被ってきた。そのような政治支配は文化的成果を生み出したが、その中でも特に、20世紀建築のさまざまな変形が現在のポーランドに見出されるという事実がある。

現在の西ポーランドである以前のドイツ領では、20世紀初頭の近代建築の最も重要な発展が見られた。ブロツワフ（旧ブレスラウ）では、ハンス・ペルツィヒ（1869-1936）、マックス・ベルク（1870-1947）、ハンス・シャロウン（1893-1972）といった建築家の作品が重要である。ベルクは同市の建築家で、壮観で革新的な**百周年ホール**（1912-13、p.1522A）の他、市百周年博覧会の建物を設計した。その大記念ホールは、ベルクとペルツィヒによる大規模な博覧会の一部として設計され、1925年にようやく完成した。それは、当時建てられた世界最大の鉄筋コンクリート構造物で、十字形平面からアーチとリブが劇的に立ち上がった巨大なドームであって、クーポラはローマのサン・ピエトロ大聖堂よりも大きかった。

ペルツィヒは1899年から1916年まで同市に事務所を構え、1903年から1916年まで美術アカデミー校長を務めた。彼は、曲面に水平の帯を巡らせた**シュタイナー＆ゾーン社ビル**（1911）を建て、賞賛されたが、それは以後のメンデルゾーンによるドイツの百貨店建築を予告するものであった。ドイツ工作連盟の支援でブロツワフに建てた住宅地では、同市に近代運動のモニュメントの残滓を提供しただけであった。しかしながら、ペルツィヒによる驚くべき**ポズナニ（旧ポーゼン）の給水塔**（1911）は、彼の創意にあふれ個性的な表現主義的作品の最上のものである。同建物は、貯水ばかりでなく、展示ホールやレストランを含む多様な利用を開拓したもので、トーテムのような「総合芸術作品」として眺められた。ハンス・シャロウンは、1925年から1932年までブロツワフ美術工芸アカデミー教授を務め、**ドイツ工作連盟展、アパートメント棟**（1929）を設計した。

フランツ・シュヴェヒテン（1841-1924）による**ポズナニの王宮**（1905-10）は、主として皇帝ヴィルヘルム2世がプロイセンの州都、ポーゼン訪問時に居館として用いた巨大な構造物である。それはネオ・ロマネスク様式による最大の建物で、同様式は、1200年前後のホーエンシュタウフェン家の皇帝に結び付けられ、ヴィルヘルム2世期のドイツに強大なドイツの連想をもたらした。それは現在、美術館として使われている。

1900年前後からのポーランドの「ユーゲントシュティル」の建物では、フランチシェク・モンチンスキとタデウシュ・ストルィイェンスキによる**クラクフのスタリー劇場**（1903-6）、J. ヘウリヒによる**ワルシャワの協同組合銀行**（1912）、チェスワフ・プシビルスキによる**ポルスキ劇場**（1912）が、解釈の基盤がいかに多様であったかを示している。

1919年以降のポーランド建築は、ワルシャワ工科大学建築学科で教育を受けた戦後第1世代の建築家により牛耳られた。それに対して古典的な教育を受けた旧世代が、戦間期の新古典主義的言語による多様な建物に携わった。ズジスワフ・モンチェンスキによる**ワルシャワの教育省**（1927-30）は、モニュメンタルな古典主義の好例であり、ヤン・ヴィトキエヴィチによる**ワルシャワの国立図書館**（1926）は、より近代的な裸形の古典的伝統を反映している。新古典主義の他の変種は、ボレスワフ・シュミット、ヤヌシュ・ユラチンスキ、ユリウシュ・ドムニツキによる**クラクフの国立美術館**（1936-39）、ボフダン・プニエフスキによる**ワルシャワのグマフ・ソンドフ**（1935-39）で代表されている。

A 百周年ホール、ブロツワフ（1912-13） p.1521 参照

B 3家族用テラスハウス、ワルシャワ（1928-29） p.1524 参照

A サナトリウム、ワルシャワ (1931)　p.1524 参照

C 復活信者神学校、クラコフ (1984-93)
p.1525 参照

B ワルシャワ商科大学・図書館 (1928-30)　p.1524 参照

ワルシャワそのものは、1919年以降、首都としての役割を再開したが、そこでは比較的小さいが声高である前衛の急進的モダニスト・グループが急速に育っていった。構成主義、アール・デコ、オランダのデ・ステイル作品、バウハウスは、すべからく1920年代半ばにはそれぞれ独自の訴えかけをしていたし、建築家の計画案は、無論、そうした源泉の影響を受けていた。ユゼフ・チャイコフスキーによる**パリ装飾美術博覧会、ポーランド・パヴィリオン**(1925)は、華麗で豊かに装飾され、大きなガラス面があり、当時の装飾美術の国際的動向内で確立された結び付きを示す例である。彼のモダニズムによる**ワルシャワ・ハウス**(1932)は、明らかに、1920年代半ばにヴァルター・グロピウスによるデッサウ・バウハウスの教員住宅群に由来していた。

もっと特色ある近代建築の地方的・土着的伝統がゆっくりと醸成された。元来、その大半はワルシャワのさまざまな総合芸術グループや、ワルシャワ工科大学建築学科の卒業生・学生から出てきたもので、後者は雑誌『プレゼンス』グループや、ボフダン・ラヘルト(1900-87)、ヘレナ・スイルクス(1900-82)、シモン・スイルクス(1893-1967)、ユゼフ・シャナイツァ、バルバラ・ブルカルスカ(1899-1980)、スタニスワフ・ブルカルスキ(1894-1967)といったモダニズム信奉者と願望を共有していた。

『プレゼンス』グループは、ポーランド近代建築の発展においてパイオニア的役割を果たした。同誌メンバーによる事例の内、ボフダン・ラヘルトとユゼフ・シャナイツァによる**ワルシャワの3家族用テラスハウス**(1928-29、p.1522B)は、長方形平面の3階建住棟で、各住戸は2ベイ分、7mの間口を持つ。ル・コルビュジエの「5原則」の最も徹底した応用は、ユリウシュ・ジュラフスキによる**ワルシャワ、プシャチュール通り3番地**(1938)や**ワルシャワ、ミツキエヴィチャ通り34-36番地**(1937-39)の住宅設計に見られる。

ヘレナおよびシモン・スイルクスの初期作品例、**ワルシャワのサナトリウム**(1931、p.1523A)は、鉄骨造の2階建である。戦後期で最も有名な計画は、ワルシャワ住宅協同組合のために実施された**ワルシャワのコウォ住宅地開発**(1947-52)である。

1927年以降、シモン・スイルクスとユゼフ・シャナイツァを介してル・コルビュジエとの連携が確立され、最終的に、ポーランド人グループはCIAM内で強い勢力となった。そのメンバーは全ての主要会議に出席し、ブルカスキ夫妻とズボロフスキによる**ジョリボジュ・ワルシャワ住宅協同組合住宅地**のような作品を、1929年フランクフルト・アム・マインで開催されたCIAM第2回会議で発表した。

CIAM、特にル・コルビュジエの影響は、ポーランドの数多くの住宅設計、ラヘルトとシャナイツァによる**ワルシャワ、カトヴィツカ通り9-10番地**(1928)、スイルクス夫妻による**コンスタンツィン、ウズドロヴィスコヴァ通り5番地**(1932)、**ワルシャワ、ワレチニィフ12番地**(1900)、ブルカルスキの自邸である**ワルシャワ、ニエゴレフスキエゴ8番地**(1927-29)に見ることができる。

古典的タッチを持った、より地方的でモニュメンタルなモダニズムは、モスクワで教育を受けた建築家エドガル・ノルヴェルト設計による堂々たる**ワルシャワの中央体育協会**(1928-29)に見ることができる。そこでは、裸形のロシア古典主義と構成主義の要素が独創的に組み合わされている。公共建築における同様の独創的デザインは、ヤン・コシュツツ=ヴィトキエヴィチ設計による**ワルシャワ商科大学・図書館**(1928-30、p.1523B)に見られるが、それは、上手に分節しガラスを多用した一連のファサードと巨大なピラミッド状の読書室を有している。ユゼフ・ピウス・ジェコンスキ他による**ワルシャワの救世主教区教会**(1910-11)は、ワルシャワ当該地区での道路の規則的レイアウトにとって重要なランドマークであり、平面および装飾面で、バロックの要素とポーランドの中世やルネサンスの要素が混ぜられている。

オスカル・ソスノフスキ(1880-1939)による**ワルシャワ、聖ヤコブ教区の無原罪懐胎聖母マリア教会**(1909-23)は、戦間期の最も傑出した建築家の初期作品であり、通常は原始的な初期ポーランド・ロマネスク様式に関係しているような原生の荒々しさを持ったレンガ造の外観と、複雑なバロック様式の内部空間とが結合されている。

ナチスの侵略以降、ロンドンでの暫定政府樹立のために著名ポーランド人が移住したおかげで、ポーランド建築学校がリヴァプール大学内に設立され、後にロンドン大学に移管された。同校は、戦前期ポーランドの著名建築家であり、**ワルシャワ、マルシャウコフスカ通りのPKO銀行**(1934頃、取壊し)を手がけた初代校長ボレスワフ・シュミット(1908-95)により創設され、ポーランドの戦後建築思想、特に集合住宅関連の思想に重要な貢献をなした。チームXのメンバー、オスカル・ハンセン(1922-2005)は**ルブリンのスロヴァツキ団地**(1960-62)を実現したが、それは当時のイギリス人建築家と目標の一部を共有している。

戦後、全国——特にワルシャワ、グダンスク、ブロツワフ、クラクフ、ポズナニの歴史的都心部——で、歴史に則って古い建物や環境全体を再建する一致団結した努力がなされた。正確な保存・再生方針に向けて

の学術調査に続き、新しい用途のために古い形態を採用した新築建物が都心部に挿入された。

戦後最重要の国家主導事業が、**ワルシャワ旧市街**再建であった。社会的・心理的・象徴的・実務的見地から見て、その再建により国家が統合された。事業は1948年に開始され、ミエチスワフ・クジマの指導下で、1953年7月に**市場地区**が完成した。旧市街の詳細な修復は、市当局のために働く多数の地元建築家・都市計画家の助けを借りて、1957年に完成した。幸いなことに、旧市街は戦前期に建築学生によって有用な調査が行なわれており、その資料と1944-45年のナチスによる壊滅にも生き長らえた建物1階の概略平面図とを関係付けることができたのである。

戦争直後のワルシャワに対する壮観ではあるが人気のない押し付けが、ソヴィエト国家の建築家が設計した巨大なスターリン主義の「**人民文化宮殿**」という旧ソヴィエト連邦からの不人気な「贈答品」であった。**マルシャウコフスカ通り**東側で、店舗、アパートメント、オフィスを含む新たな大規模開発(1962)を行なうことにより、市の広範囲に及ぶその視覚的支配を弱めるべく、国の競技設計(1958)が催され、モダニストの建築家・都市計画家により多くの試みがなされた。競技設計には、ズビグニエフ・カルピンスキ(1906-83)のチームが勝利を収め、同チームは、アパートメントの住戸タイプや家具の実験を通して、西側の先例に基づいた近代デザインの推進に打ち込んだ。

1955年以降、共産ブロックのいたる所で建設の工業化と機械化が強調され始めた。それは、ソヴィエト共産党大会の指令の直接的結果として始まったのだが、そこでフルシチョフは、科学に基づく建築へのアプローチがアカデミックで、感傷的で、装飾的な建築に取って代わるべきことを要求した。このことは、必然的に、ソヴィエト世界では工業生産された重厚なコンクリート造住棟ユニットが鋸歯のような配置で広がり、住棟間にはほとんど造園が施されないことを意味していた。たとえば、ハリナ・スキブニエフスカによる**サディ・ジョリボルスキエ団地**(1958-62)を擁する、ヴウォジミエジュ・ミニーフとイレナ・ストラルスカによる**スウジェヴィエツ地区**のようなワルシャワの開発は、下手な計画や非人間的スケールのみならず、人間性、樹木、都市性の欠如という理由で、ポーランド人建築家から総攻撃を受けた。1970年代になって、ポーランド人は、それを「社会・経済面、空間面の欠如」した開発と書き記した。

戦後期の交通施設の更新は、たとえばイエジィ・ソウタンとズビグニエフ・イフナトヴィチ設計による**ワルシャワ市地下鉄駅**(1963)に見られるように、もっと成功を収めた。

ワルシャワへの集積に対する新開発計画、**ワルシャワ大都市圏ヴォイヴォドシップ**(1978)は、建築家兼都市計画家タデウシュ・シュミエレヴィチのチームにより準備されたもので、全国の地方自治体に対して基準モデルを提供するという意図があった。それは、連帯運動の自由と自立に対する革命的要求の広がりと時を同じくしていた。「ソリダルノシチ(連帯)」内で、急進的建築家が発言し、エコロジーや(ポーランドでは禁じられていた)緑化政策のみならず、コミュニティ建築やセツルメントに対する関心を明確化していった。その急進的見方は、徐々に広い支持基盤を持つようになり、ポーランド人建築家は、ポスト・モダニズム——1980年以降の時期に発作的に人気を博した——や地域的モダニズムの思想を受け入れた。そのような発展は、大部分は「ソルダルノシチ」発足時に全国で建設されていた無数の教会建築を通じて、個人のデザイナーとしての建築家により大きな創造の自由をもたらした。幾分逆説的ではあるが、教会が現代建築における最も興味深い流行を表わした。とりわけそれは、技術的規定や官僚的手続きに拘束されていなかったのである。

このような新しい教会は、ほとんど途方にくれてしまうほど多数の独創的構想や様式混合を示している。教会のリストは膨大で、アンジェイ・ファヤンによる巨大構造を大胆に試みた**カリシュの教会**(1957-90)から始まり、ヴォイチェフ・ピエトシィクとヤン・グラバツキによる凹面の屋根を持つ**ノヴァ・フタ=ビエンチィツェの教会**(1967-77)、スタニスワフ・ニエムチク(1943-)によるホールのような**ノヴェ・ティヒィの教会**、ダリウシュ・コズウォフスキ(1924-)とヴァツワフ・ステファンスキ(1920-)による巧妙に構成された中庭側立面を持つ**クラコフの復活信者神学校**(1984-93、p.1523C)にいたるまで、幅広い。他の著名教会は、タデウシュ・ガフウォフスキとヤン・グラバツキによる**ルディ・リシエの教会**(1965)、R.レグレルとJ.チェカイによる**クラコフの教会**(1978-88)、T.ガフウォフスキによる**ザコパネ、オルチャの教会**(1985)、J.ブシュキエヴィチとJ.コピドロフスキによる**ポズナニ=ヴィノグラディの教会**(1979-85)、B.およびM.エイブル、S.ソウティク、W.ピエンコフスキによる**ポズナニ=ラタイエの教会**(1979-95)である。

1989年の共産主義崩壊以前に開始された価値ある他の計画には、R.セムカとシュチェパン・バウム事務所による**エルブロング旧市街再建**(1980-)、ヤヌシュ・インガルデンによる商用兼旅行用の**クラコフのフォルム・ホテル**(1988)が含まれる。1989年直後の興味深い建物は、R.ヴェルデルとM.カルポヴィチによる**ワル

シャワ中央広場、N.トリエスニクとK.ピコティニによるワルシャワのソビエスキ・ホテルとワルシャワ新国際空港ターミナル2であり、全て1992年に完成した。

ブルガリア

1878年のブルガリア独立が刺激となって、民族的ないしは民族的と思われる性質を示し、その新国家に独自性と安定性を付与する一助となるような建築が探求された。そのような探求の成果は、当時のヨーロッパ、特にアール・ヌーヴォーに大きな影響を受けた国々で見出されるような折衷式装飾と、多彩なセラミック製ファサード、木造の大屋根、土着的伝統から着想されたディテール・形態・素材との混同という特徴を持っている。

ソフィアという極端な多文化都市における民族様式発展の初期の試みは、ペトコ・モンチロフとヨルダン・ミラノフによるネオ・ビザンティン様式あるいはいわゆる「正教的」形態の**聖シノド教会**(1910)やモンチロフによるネオ・ビザンティン様式の**ミネラル泉公衆浴場**(1910-11)から、N.トルボフによる工業技術的ではあるがまだ装飾の付けられている**屋根付き市場**(1910)、N.コストフとK.マリチコフによるおおむねイスラム的な屋根形態を持つ**ブルガス鉄道駅**(1906)にいたるまで、幅広い。しかしながら、民族主義的正統性を表わす最も野心的で、最も建築的に統合された事例は、ボゴモロフの死後、N.ポメランツェフにより設計された巨大な**聖アレクサンドル・ネフスキ大聖堂**(1904-12)である。

折衷的アール・ヌーヴォーの装飾処理から、より抑制された近代的古典主義への移行の過渡的事例は、P.カンタルジエフによる**ソフィアのオデオン・ホテル**(1923)で示される。カンタルジエフによる**ヴァルナの児童更生センター**(1935)は、平面はシンメトリカルであるが、ソヴィエト構成主義風の完璧に近代的な作品である。

戦間期には、国際的モダニズムがブルガリアにおける建築的立場に大きな影響を及ぼした。ゲオルギ・オフチャロフによる**ブルガス市庁舎**(1927-49)は、天井がガラス張りの中央アトリウムを持った直方体状6階建の建物である。外観・内観ともに、簡素な細長い柱を採用しているが、それがこの合理的建物の古典的起源を反映している。

ル・コルビュジエの考え方が他のバルカン諸国のモダニストの立場を支配していたが、ブルガリアではエーリヒ・メンデルゾーンの影響がより重要であった。メンデルゾーンはブルガリアで仕事を得ることはなかったが、彼の表現法を用いた数多くのアパートメントが、同国で、主としてソフィアで実施された。それには、コンスタンティン・ゲチョフとペテル・カラシメオノフによる**ソフィア、モスコフスカ通りのオフィスビル**(1929)、ラドスラフ・ラドスラヴォフとコンスタンティン・ズナゴゾフによる**ソフィアのツイン・アパートメント**がある。またガラスとコンクリートを帯状に伸ばしたメンデルゾーンのファサード処理を特徴とする多くの商業建築、特にスタンチョ・ベルコフスキとイヴァン・ダンチェフによる独創的な**ブルガリア・ホテル**(1935)やA.ミハイロフスキによる**ソフィアのスラヴィアンスカ・ベセダ・ホテル**(1935)もあって、前者は、自動制御された巨大な開閉窓システムを組み込んでいる。C.ベルベロフによる**ソフィアの集合住宅**(1935)は、機能主義タイプの鉄筋コンクリート造建物のもう1つの秀作例であって、それが1930年代のアパートメント・デザインを支配した。他方、イヴァン・ヴァシリョフとディミトル・ツォロフによる**ブルガリア国立銀行**(1934-39)は、**クルシャム・モスク**(現考古学博物館)という古建築に繋がっており、保存技術の習熟ぶりを示している。銀行は古典的簡素さと優美な近代的デザインとを結合したもので、出納ホールがファサードに明確に表現されている。同様のアプローチは、G.オヴチャロフによる**ソフィアの内務省**(1936-40)にも見られる。

第2次世界大戦以降、ブルガリア建築は、イデオロギーに基づく社会主義リアリズムの美学に由来する重厚な建物によって支配された。全東側諸国の内、ブルガリアだけが共産主義の全期間を通じてモスクワと緊密な連携を保ち、ソヴィエト政策に忠実に従った。

ソヴィエト衛星国家がモスクワに依存するようになり、大量住宅の工業化を求めるソヴィエトの要求が増すにつれ、ブルガリアでは、プレファブ化された重量鉄骨コンクリート造住棟ユニットで建設されるおぞましい団地が急増していった。こうした「コミュニティ」の多くは、都市デザインや住棟間の空間・造園を真剣に考慮することなく作られ、それらは、ある批評家が「民族的な形態を持ち、社会主義的な内容を持つ建築」と称した理論に基づき建てられたが、魂のこもっていない平行住棟という反復的で退屈極まりない建築を生み出した。

1950年代末に向けて、民族的伝統と社会主義の建築原理とのより創造的な融合を求める要求が建築家から出てきた。民族主義は、文化の再生プロセスにおける重要部と見なされた。多くの建築家がモスクワに行き、何人かは「モニュメントの建築家兼彫刻家」として、大半は国家雇用の補助建築家として訓練を受けた。隣国ルーマニアと同様、このことは、建物全般が官庁によ

る匿名の産物であるということを意味していた。2、3の計画だけに、個人の署名がなされたが、それには、建築家ゲオルギ・ストイロフ(1929-)設計による彫塑的な**トルブヒン国家記念碑**(1964)、トラキア地方の墳墓に基づく野心的な**ブズロウジャ山頂記念館**(1981)、**グルグリャト記念碑**(1985)、**ヴァレセ記念碑**(1991)がある。

1980年代に、文脈や歴史的ディテールの使用といった西側のポスト・モダニズム理論が浸透し、ニコラ・ニコロフによる**ヴェリコ・タルノヴォのホテル**(1981-83)、トドル・ハージストイチェフとエルカ・リバロヴァによる**ビャラ・スラティナ文化センター**(1977-83)のような建物が生み出された。同じ頃、日本人建築家、黒川紀章が**ソフィア新市庁舎**競技設計(1983)で勝利を収めたが、それは実現されず、彼による都心の**ヴィトシャ・ホテル**(1980-81)だけが建てられた。

ブルガリアで共産主義が終結した後、多くの場合、新しい店舗ユニットやオフィスを挿入する方法で、ソフィアの既存建物組織を徐々に再活性化することが行なわれてきた。国全体としては、自由市場への移行と折り合いをつける大きな困難を経験してきた。ブルガリアの多くの都市を取り囲む荒れ果てた共産主義期の人民団地は、独立以来ほとんど変わっていないが、多くの心ある建築家や都市計画家は、その環境に対する負荷を軽減しようと試みている。住棟間に小さなユニットを作ったり、ある所では造園や植栽を施したりして、徐々に住宅ストックを改善している。ポスト共産主義期の建築における新しい投資の大半は、改築・再生事業に向けられているが、黒海沿岸のリゾート、山間のスキー・センターには新しいホテルや旅行者用施設が建てられている。

ルーマニア

世紀の変わり目のブカレスト市では、古典主義の神殿のような建物、世紀末のお菓子のような建物から、錬鉄製バルコニーや金属透かし細工のエレベーター・シャフトを持つ装飾的なベル・エポックのアパートメントにいたるまで、当代建物の折衷的な混在が見られた。事例としては、アレクサンドル・サヴレスクによるベル・エポック風の**ブカレスト郵便局**(現歴史博物館、1900)、D.ベリンデイ(1871-1928)による**ブカレストのカンタクジノ宮殿**(1907)が挙げられるが、D.ベリンデイは巨大な**ヤシ文化宮殿**(1890-1906)も手掛けた。堂々たる**ブカレストのクリッソヴェロニ銀行**(現国立銀行、1928-30)は、ボザールで教育を受けたゲオルゲ・マテイ・カンタクジノ(1899-1960)によるものである。カンタクジノは、後にモダニズムへと転向し、**ニューヨーク世界博覧会、ルーマニア・パヴィリオン**(1939)を設計、また2件の有名なホテル、**ママイアのインターナショナル・ホテル**(1939)とエフォリエの**ホテル・ベロナ**(1940)も設計した。近代的工場建築を専門としていた建築家、オクタフ・ドイチェスク(1902-80)はまた、**ブカレスト、スナゴフのヨットクラブ**(1934)を設計した。グリゴレ・ヨネスク(1904-92)は、**コヴァスナ結核サナトリウム**(1936)、**ブカレストのエミリア小児科研究所**(1950)、**ブカレストの交通工学研究所**(1960)等、優れたモダニズム建築を数多く作り上げた。

1975年以降、首都ブカレストの都心周縁部に拡張と建物新築が集中する一方、同市の歴史的都心部が修復された。**ティミショアラ、バナト、アラド、プロイエシュティ**といった他都市でも、歴史的保存が考慮された。

1974年の都市・田園システム化法は、ルーマニア中の市町村を全滅させる道を拓いたのだが、都市システム化の多くは同法より10年先んじていた。チャウシェスク大統領の抑圧的独裁政権下で、ルーマニアの豊かな建築・文化遺産は次第に破壊されていった。同法の下で、2000年までにルーマニアの80%以上の村が取り壊され、標準化された国営農民住宅を持つ「農工業センター」に代替された。田園地方から始められたこの政策は、1989年のチャウシェスク打倒までには影響力を失ってきており、スチャヴァ、ピアトラ・ネアムツを初めとする60以上もの都市が、彼の死以前から「復興」されてきたし、されようとしていた。

この破壊的更新は、ルーマニアに衝撃を与えた。ブカレストでは、興味あるものが壊され、興味ないものが作られた。全長約3.2km、幅員100mのブールバールに向かって配された巨大で忌まわしい**大統領府**(1989)は、チャウシェスク失脚後も存続した国家を実質的な破産に追い込んだのだが、現在では過去の野望を気味悪く思い出させるものとして公開されている。

不幸なことに、1989年以降のブカレストの再建と開発は、際立った建築を生み出してきていない。例外は、黒海沿岸のママイア、トランシルヴァニア山脈のブラショフのような発展途上ないしは潜在的な行楽拠点に見られるが、そこでの作品も、秀逸かつ有名な**プレディール・サナトリウム**(1936)ばかりでなく、ブカレストに**ライヒ邸**(1936)のような近代住宅を建てたマルチェルおよびジュリア・ランクのような以前の建築家の水準には達していない。

20世紀の美術・建築界におけるルーマニアの傑出を思い起こさせるものが残されている。コンスタンティ

ン・ブランクーシ（1876-1957）による高さ33m、鋳鉄製の建築的彫刻、「**無限の柱**」と「**沈黙の机**」（1937-）は、トゥルグ・ジューという町近くの公園に、「**接吻の門**」、ベンチ、ストールとともにまだ現存している。

旧ユーゴスラヴィア

ユーゴスラヴィア連邦人民共和国は、1989年に正式に解体された。この1918年の旧ユーゴスラヴィア連合王国の共産主義版は、第2次世界大戦後に建国されたのだが、それは不確実な連合となった。今日、人民共和国を構成していた諸地域、特にクロアチアとボスニア=ヘルツェゴヴィナでは、解体後に起こった内戦により、数多くの主要公共・民間建築が破壊され、損傷されている。

それぞれの旧共和国の主要都市、特にセルビアの首都ベオグラード、クロアチアの首都ザグレブ、スロヴェニアの首都リュブリャナ、クロアチア・ダルマチア地方の2つの主要沿岸都市スプリトとドゥブロヴニクは、建築の思想・実践の独立した拠点として繁栄してきた。

今世紀初頭、地域の特徴ある環境特性と強力な都市建築の発展にとっては、強力な地方性・地域性を組み込むことが重要な要因であった。地域は、大抵の場合、実質的に自立した土地と見なされており、ヨーロッパの最先進中心都市と同じほど洗練され進歩的であろうとしている先導的都市を持っていた。

1945年のチトー元帥による連邦共和国建国——それは、全共産主義国家中、最も開放的で啓蒙的であると西側からはしばしば見られていた——以後、新たに創設された共和国建設設計協会の活動を通して、画一性が地域の建築に忍び込んでいった。同協会は共和国中に設立され、イギリスのニュータウンの経験やフランスのモデルを参考にした野心的な国営住宅プログラムを率先した。同協会はまた、迅速な工業化プログラムにおける新工場ユニットの効率的な設計を奨励し、教育、商業、記録保管施設の同じぐらい大規模なプログラムも監督した。

1945年以前の旧ユーゴスラヴィア建築は、古代の地域境界——それはおおむね1989年以降の国境を反映している——の領内という文脈で、最もうまく論じることができる。

スロヴェニア

ここで最も重要な建築作品は、ウィーンで教育を受けたヨージェ・プレチュニク（1872-1957）によって生み出された。プレチュニクは、長年プラハで働いた後、1922年、故郷のリュブリャナに帰った。彼がリュブリャナを拠点として設計したスロヴェニアでの主要建築には、以下のものがある。リュブリャナの**商業・工芸・工業会議所**を修復、装飾し、特に壮大な階段（1924-27）を付け加えた。数多くの教会の内、**ボゴイナの昇天教会**（1925-27）を、原始的でずんぐりとしたドリス式円柱を持つ内部アーケード、勾配屋根、アシンメトリカルに配置された鐘楼といった、ほとんどロマネスクのようなヴァナキュラーな表現法で設計した。**リュブリャナ、シシュカの聖フランチェスコ教会**（1925-31）は、印象的な立方体状の建物で、屋内の長方形空間がドリス式列柱廊で限定されている。**ベオグラードの聖パドヴァのアントニウス教会**（1929-32）では、中央の円筒形ヴォリュームの壁に馬蹄形祭室が環状に埋め込まれている。プレチュニクの他の計画には以下のものがある。**リュブリャナの国立および大学図書館**（1936-41）は、ガラス面に対して1本の巨大な原始的イオニア式円柱を配した印象的な入口側立面、モニュメンタルな内部廊下と階段を持っている。**リュブリャナのウルスラ会修道女学校**（1940-41）は、ルネットの層で作られたファサードを、**リュブリャナ、ジャレ墓地の「死者の都市」**（1938-40）は、目立つモニュメンタルなアーチを有している。プレチュニクは、故郷の都市美化を熱望した都市計画家でもあって、1928年に**マスタープラン**を作成した。彼はまた、リュブリャナで個々の商業・住宅建築を数多く設計したが、それには、1階にアーケード、3階隅にロッジアを持った古典的構成を力強く押し出した**フラット・アイアン・ビル**（1933-34）が含まれる。1930年、プレチュニクは招聘され、**リュブリャニツァ川堤防上のテラス**（1930-39）の相当数を実施した。彼はまた独創的で古典的な**グラダシュチツァ川、トゥルノヴォ橋**を設計した。

セルビア

ここでは、1912年から1930年にかけて、歴史的ベオグラード再編のため一連の設計が進められた。アルバン・シャンボンによる1912年のマスタープランは、厳格な古典的レイアウトを示し、イタリアの都市計画事例を参照していた。次に、ルドルフ・ペルコ、エルヴィン・ボック、エルヴィン・イルツによって、より流動的なマスタープランが作られた。しかしながら戦前期のベオグラードは、1930年に当選したニコラ・ドゥブロヴィチ（1897-1967）の**テラジエ・テラス**の都市設計案で推奨されていた計画に負う所が大きい。それは、歴史性を失うことなく現代的方式で全域を再活

性化することを推奨していた。

ドゥブロヴィチ自身の建築作品は、**ドゥブロヴニクのグランド・ホテル・ロブード**(1934-36)に見られるように近代的精神によるものであり、親近代的なベオグラードのゼニット・グループが推進した諸原理を反映していた。同グループは、1920年代初頭に創設され、ベオグラード、続いてザグレブで発行された雑誌『ゼニット』を通じて、構成主義の熱狂的支持を推進した。この地域では、モダニズムの美学は自由に解釈されたが、近代運動の特定の表現法だけが、ベオグラードの集合住宅、住宅、商業建築で発展を遂げた。ミラン・ズロコヴィチ(1898-1965)は、1920年代から1930年代にかけて、**ベオグラード大学・小児診療所**(1933)や**ベオグラードの自邸**(1927)といった主要作品を通じて、大きな影響力を及ぼした。ズロコヴィチはまた、**ベオグラードのオペル・ビル**(1930-31)、**マタルスカ温泉のジチャ・ホテル**(1930-32)、**ベオグラードのユーゴ自動車ビル**(1939)を設計した。民族主義的古典主義期の後に続く1920年代初頭には、1921年から1926年にかけて発行された雑誌『ゼニット』の支持を受け前衛グループが形成されるとともに、構成主義へと向かう運動があった。

ドラギシャ・ブラショヴァン(1887-1965)もまた、**バルセロナ万国博覧会、ユーゴスラヴィア・パヴィリオン**(1929)、ベオグラードの**国立印刷所**(1933-40)、ベオグラードの**商工会議所**(1939)、ベオグラードの**戦時航空省**(1929)など、優れた作品を生み出した。ブラニスラフ・コイッチ(1899-1987)もまた前衛グループのメンバーであり、**ベオグラードのジュリッチ邸**(1933)のような作品を作った。

セルビア・ロマン主義――戦間期に興隆した表現主義の遅い開花――は、**ベオグラード、ソコルスキ・ドム・マティツァ**(1929)、**コマノヴォのソコラナ**(1931)といったモミル・コルノヴィチ(1883-1969)の作品で例示されている。

1960年から1975年にかけて、大規模な都市計画事業――それは当初、ル・コルビュジエの「ヴォアザン計画」や「輝く都市」の理想主義的機能主義の路線に沿っていた――が始まり、ベオグラード周辺に**ノヴィ・ベオグラード、上ゼムン、ドルチョル**といった新住宅地が建設された際、ベオグラードの性格付けに対する猛攻撃がなされた。これら新郊外は大衆に不人気で、当時、手厳しい批判を受け、最終的には、その批判が都市計画と建築における機能主義運動を打倒したのである。

1979年から1984年にかけて、都市デザインと建築に対する大胆な新型戦略が、建築家兼都市計画家ミロス・ペロヴィチ指揮下のベオグラード市開発計画研究所によって展開された。それが推奨したことのいくつかは、同市内の様々な地区で守られ、植え付けられた。このような統合的アプローチの結果として、他の東ヨーロッパ諸国を支配したデザイン・タイプについての「外国の」考え方はほとんど輸入されなかったのである。

クロアチア

ザグレブの歴史的都心部は今世紀を通じて大規模な再開発を免れてきた。1920年代後半から1930年代にかけて、同市の新築建物の大部分は、近代建築の簡素な立方体形を表わしていた。この時期の個々のデザインを示す事例には、ズラトコ・ノイマン(1900-69)による**クライチ邸**(1931-32)、アルフレッド・アルビニ(1896-1978)による**メイクスナー邸**(1933)、フラネ・ツォタ(1898-1951)による**ドイチュ邸**(1937)がある。同じ表現法によるローコスト集合住宅やアパートメントには、エド・ミクロス＝シュライナーによる**グロゴリン・ブリエグ・コロニー**(1927-28)、スラヴコ・レヴィ(1904-96)による**ザグレブのアパートメント**(1934-)、アレクサンダル・フロインデンライヒ(1892-1974)とズヴォニミル・ポズガイ(1900-71)による**店舗・レストラン付きアパートメント**(1931-32)がある。

ザグレブは、今世紀、劇的な再開発の被害を被らなかったが、同市の外縁部は、第2次世界大戦後激変した。ザグレブに対して作成されたマスタープランは、ベオグラードと同様、ル・コルビュジエの「輝く都市」に基づいた市の新地区を想定していた。**新都心**は、緑地内に長方形の大街区を配したもので、ボジダル・ラシツァ(1912-92)が設計した。**新大学センターおよびキャンパス**(1954頃)は、1万2000人の学生を収容するために、ヨジップ・セイセル(1904-87)、ドラガン・ボルタル、ブルノ・ミリッチ(1917-2009)が設計した。**トゥルングコ**という郊外は、1960年代初頭、3つの主要住宅地の1つとして開発された。

ザグレブ都心部にある、中庭型平面を持った**市庁舎**(1964完成)は、カシミル・オストロゴヴィチ(1907-65)が設計した。近くの**コンサートホール**(1960-73)はロンドンの王立フェスティヴァル・ホール(1951)から大きな影響を受けたもので、マリヤン・ハベルレ(1908-79)が設計した。またザグレブには、ラドヴァン・ニクシッチ(1920-87)とニノスラフ・クチャン(1940-94)による**モシャ・ピヤデ労働者訓練センター**(1955-61)があるが、それは戦間期からのゾーニングの機能主義的考え方を取り入れ、さまざまな用途を限定した高層棟と低層棟を有している。

建築家・芸術家・前ベオグラード市長であったボグ

ダン・ボグダノヴィチ(1922-2010)による廟堂や公共記念碑は、特化した記念碑に対する独特のアプローチを示している。初期の主要デザインの1つが、**ベオグラードのファシズムによるユダヤ人犠牲者記念碑**(1952)である。ボグダノヴィチ後期の記念碑は、旧ユーゴスラヴィアの他所に見出せる。彼は、**モスタル**にオープン・スペースを持った「**アクロ・ネクロポリス**」(1965)を作った。その後、ルドゥから着想を得た**イヴァングラード**の**自由記念碑**(1977)、円錐形の塔を持つ**ヴコヴァル**の**廟**(1980)や**ポピナ**の**戦士廟**(1981)等、さらに象徴的な原型が続いた。ボグダノヴィチはまた、アンドリヤ・ムトニャコヴィチ率いるチームが設計した、地域色が濃く、多数のドームを持ち、ガラスの張られた**コソヴォ、プリシュティナの国立および大学図書館**(1982)の顧問も務めた。

旧ユーゴスラヴィア内の多文化・多民族の混合は、伝統的システムの継続を強調した建築の豊かな多様性に見られる。たとえば、16世紀に作られ、現在ひどく損傷している**モスタル旧市街都心部**(1978)、**ボスニア、ヴィソコのシェレフディンの白モスク**(1980)といった保存のデザインでは、イスラム教モスクの建築言語を20世紀まで継続している。近年では、イヴァン・プテニャキンが設計した**クロアチア、ドゥブロヴニクの諸教会**、特に**ボニノヴォの聖ペトロ教会**(1977-80)は教会デザインに対する新鮮な前向きの姿勢を示している。

訳／片木 篤

20世紀の建築

第47章
ロシアとソヴィエト連邦

影響

　20世紀のロシアは、行政的には統合されてはいるが、文化的・宗教的伝統や経済的・技術的発展レベルにおいて大いなる多様性を持った大陸の1帝国として出発した。1917年のボルシェヴィキ革命から第2次世界大戦直前までの短期間、同帝国の各地は一時的な独立を享受したが、ボルシェヴィキの政権継承が完了してからの時期はおおむねずっと、これらの領地が、1922年12月に創設されたソヴィエト社会主義人民共和国連邦という1つの帝国を形作ってきた。

　それから半世紀後、1970年代から1980年代にかけて、根強い地元の才能や伝統が踏みにじられてきた中央アジアやバルト海沿岸の非ロシア系共和国では、文化の独自性という主張が大きくなった。特色を持った地域主義の再主張は、まさしくこのような地域で現われたのであり、それが後には民族自決と一枚岩のソヴィエト連邦の解体とを求める政治運動となっていった。今や連邦領はこの数世紀間で初めて、再び多くの異なる国々から構成されることになったのだが、実際、建築はそうした政治的な断片化の穏便ではあっても明確な先触れであった。

　建築の本性が、施主の信条と地位の公示である以上、それは上記全期間を通じて、中央の権力-地方の要望間の緊張関係や個々の建築を主導した自由度のレベルを、直接反映してきた。それと同時に、ヨーロッパやアメリカ合衆国に対して文化的・政治的アイデンティティを確立する必要があったことから、このような内的な緊張関係の上に、自国-国際間という外向きの緊張関係が重ねられた。20世紀の各時期において、ロシアおよびソヴィエト建築には、同時代の西側建築に表面的に類似しているものが多く見られるが、その要素は、内的な社会的・イデオロギー的目的のために、違った方法で用いられたのである。

　1991年12月の政治的崩壊に伴う経済的混乱の中で、新しい国々が、一方で国際資本に対する自国の関係、他方で自国の倫理的・文化的伝統という問題を解決するにつれ、それぞれ違った民族的アプローチが現われてこなければならない。ソヴィエト期を通じて、建設の自由、経済的資源、使用できる技術力に対する制限があったため、大部分の建築は、西側の水準からすると見掛け倒しで、精密さに欠けている。そこでは、小さな所作や幾分妥協的にならざるを得なかった作品が規範となっており、そのことは相対的に評価しなければならない。

帝政ロシアの建築

　世紀の変わり目、ロシア帝国は急速な工業化に牽引された経済ブームの真只中にあった。ヨーロッパの水準からすると、この工業化は非常に遅く始まり、ロシアの大抵のものがそうであるように、硬化しつつあった貴族制の厳格な社会・経済構造により抑圧されていた。1890年代には、重工業、鉱物、鉄道、織物で富が形成されたが、1900年から第1次世界大戦にかけて、成長を牽引していったのは消費財産業であり、その市場は、ロシアでは新しい現象であった拡大途上の中流および専門職階級であった。この新階級の要求と社会的関心によって、ロシアでは、より一般的に論じられるソヴィエト期における社会主義社会の「新タイプ」と同じぐらい、根本的で前例のない全く新しいビルディング・タイプが導入されることとなった。

　ロシアにおける都市住宅ストックは、歴史的に見て、幾分古典化された長方形の箱から成るものであったが、それは、所有者の富と厳密な帝政の「位階表」での地位によって、規模の等級付けがなされていた。民主主義

1532 | 20 世紀の建築

A　リャブシンスキー邸、モスクワ（1900-2）　p.1533 参照

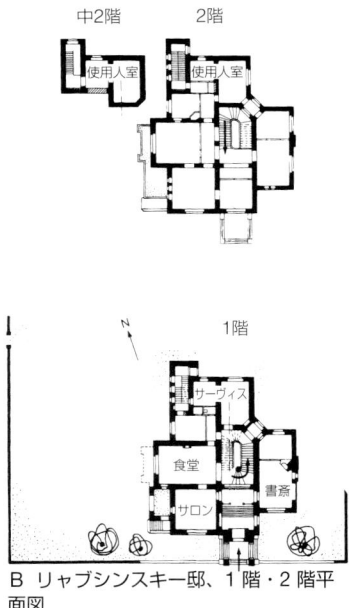

B　リャブシンスキー邸、1 階・2 階平面図

C　A.A.ポロフツォフ邸、サンクト・ペテルブルク（1911-13）、入口から西翼を見る　p.1533 参照

で実力主義のロシアという新しい展望を持って1890年代に登場した大実業家という新階級は、この位階システムの外にあって、それを見くびっていた。1900年までは、彼らは自分たちの自立した権力を公示するものとして、個別設計の大邸宅を自慢げに委託していた。モスクワがその中心地であり、その主たる建築家がフョードル・シェーフテリ（1859-1926）であった。銀行と新聞社を所有するリベラルな一家用に建てられた**モスクワのリャブシンスキー邸**（1900-2、p.1532A, B）は、機能的に自由に設計された総合芸術作品としての住宅ではロシア最上の事例であって、ヨーロッパ式の庭園で囲まれてはいるものの、その特別装飾的な象徴主義は典型的なロシア風である。同住宅の活気は、サンクト・ペテルブルクでそれに最も近い対応物、アレクサンドル・ヴォン・ゴーゲン（1856-1914）による**マチルダ・クシェシンスカヤ邸**（1904-6）の静的な新味のなさと鋭い対比をなす。

いまだこぢんまりとしたロシアの都市では、富裕な商人は商店と同じ敷地内に居住するのが一般的であった。新しい複合タイプが生まれたが、その最良の事例が、カール・シュミット（1866-1945）による**サンクト・ペテルブルクのP. P. フォロストフスキー邸および商店**（1900-1）であった。その道路側正面では、一端に所有者の住宅への大ポーチがあり、中央扉が運送会社事務所への入口、他端のアーチが荷捌き場に通じ、斜路から住宅の下に続く地下倉庫へといたる。全体は明確にゾーニングされているが、緊密に統合された一まとまりとなっている。様式的にはシェーフテリの作品よりも穏健であるが、見事なアール・ヌーヴォーの鉄細工もあり、つや消しスタッコに対して釉薬掛けレンガを遊びであしらっている。リャブシンスキー邸では象徴主義的なパステル・カラーが塗られているのに対し、ここではビジネスライクな茶色と灰色が塗られている。

1900年代における自由様式の雑多な変種は、ロシアでは「モデルヌ」と総称されていた。絵画や装飾の要素の多くが中世ロシアの伝統から引用されたが、この運動はヨーロッパのアール・ヌーヴォー、とりわけオーストリア-ドイツのユーゲントシュティルと十分同一であると見なされたため、1908-9年頃に民族主義的な強い反感を駆り立てることになった。その結果、19世紀初頭の大ロシア帝政期を特徴付けていた新古典主義が再主張された。この復興様式での最大の住宅が、イワン・フォーミン（1872-1936）による**サンクト・ペテルブルクのA. A. ポロフツォフ邸**（1911-13、p.1532C）であり、このリベラルな政治家に適した方法でもって、「秩序の遵守」そのものが、同時に、今なおロシア帝政の秩序が20世紀にも再創造されうるという極めてロマンティックな希望を表現していたのである。

中流階級用アパートメントは、ロシアにおけるもう1つの新しいビルディング・タイプであり、1895年から第1次世界大戦までの建設ブーム期におけるその開発で、全ての工業都市が爆発的に拡大した。ここでもまた、所有者が不在「家主」としてではなく、現地に居住するのが一般的であった。所有者自身の邸宅ないし大アパートメントは一等地を占め、貸室は社会的体裁の一部としてそれを囲むように配された。このタイプで建築的に最も独創的な事例は、富裕なサンクト・ペテルブルクの建築家によって展開された。フョードル・リドヴァリ（1870-1945）は、**リドヴァリ家アパートメント**（1899-1904）が開始された時にはさほど有名ではなかったが、5年後の開発最終段階で、一家の大邸宅と事務所を含む最後の南面ウィングを擁したオープンな「正面広場」でクライマックスを迎えた時には、サンクト・ペテルブルクでの最重要人物に数えられていた。ここでのリドヴァリの成熟した様式は、フィンランドのナショナル・ロマンティシズムの影響を大きく受けており、花崗岩とスタッコが強烈に対比され、浅浮彫りや鉄細工には幾何学化された動植物形態があしらわれている。アレクセイ・ブービル（1876-1919）とニコライ・ワシレフ（1875-1941）による**サンクト・ペテルブルクのブービル・アパートメント**（1906-7）は、装飾的にはより一層独創的で、ヘルシンキのラーシュ・ソンク（第34章参照）の作品をより大胆にしたもので、扉・窓枠の花崗岩に鳥や植物をあしらった浅浮彫りがある。

「モデルヌ」は変革期における多様な文化的アイデンティティの主張であったが、それは短命に終わり、ソヴィエト期の大半を通じてロシア建築史に記述されなかった。ソヴィエト都市建築の発展に対比されるものとして非常に重要なのが、ウラジーミル・シチューコ（1878-1939）が隣接する**サンクト・ペテルブルクのK. V. マルコフ・アパートメント**（1908-11、p.1534A）で発展させた古典主義の再活用であった。まずバルコニー付きのイオニア式ジャイアント・オーダーが1階基壇から5階まで立ち上がっており、次に道路側正面は付柱でパネル化されたより平坦なもので、隅部にアーチ付きのロッジアが引き込んでとられている。20年後、スターリンの下で歴史主義建築が公認様式となった時、シチューコの経歴は絶頂に達し、こうしたモチーフはソヴィエト連邦中の都市アパートメントで複製された。1930年代と同様、1910年代でも、シチューコによる古典モチーフの独創的再活用は、旧世代のイワン・ジョルトフスキー（1867-1959）によるその文字通りの使用と著しい対比をなした。後者による壮大な**モスクワのガヴリル・タラソフ邸および事務所**（1909-12、p.1534D）

A K.V.マルコフ・アパートメント、サンクト・ペテルブルク（1908-11）、道路側立面　p.1533 参照

B ヤロスラーヴリ駅、モスクワ（1902）、シェフーテリによる透視図　p.1535 参照

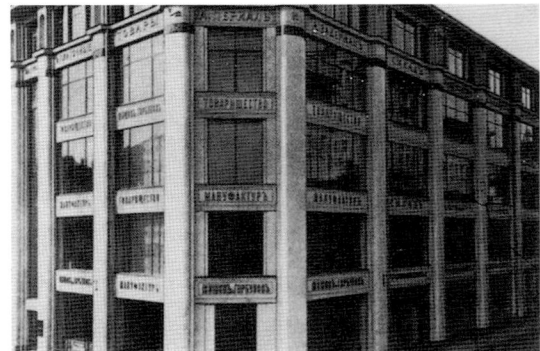

C モスクワ商業協会オフィスおよびショウルーム、モスクワ（1910）、道路交差点からの写真（1911 頃）　p.1535 参照

D ガヴリル・タラソフ邸および事務所（1909-12）、道路側主立面詳細　p.1533 参照

の外観は、パッラーディオのパラッツォ・ティエーネのほとんど正確な複製である。

富の増大に伴い、鉄道が拡張し続けた。新しいターミナル駅で最重要なものは、シェーフテリによる**モスクワのヤロスラーヴリ駅**(1902、p.1534B)とスタニスラフ・ブルジョゾフスキー(1863-1930年代)とセメン・ミナシュ(1877-1945)による**サンクト・ペテルブルクのヴィテブスク駅**(1902-4)であった。シェーフテリは、上記モスクワの駅で、前年のグラスゴー国際博覧会、ロシア・パヴィリオンで考案した伝統的北ロシア建築の劇的な「モデルヌ」風再解釈を用いており、多彩色のセラミック・タイルやヤロスラーヴリ地方の動植物を描いたレリーフ・パネルが張られている。ヴィテブスク駅は、よりヨーロッパの都会風という点で、サンクト・ペテルブルクに典型的なものである。少しばかり折衷主義的な外観は、高架プラットフォームという巧妙な技術的解決を覆い隠し、壮大な旅客空間では、最高級の大理石とブロンズにアール・ヌーヴォーとユーゲントシュティルのモチーフがあしらわれている。

医療は、ロシアの拡張しつつある全都市での成長分野であった。モスクワの有名な新病院が、イラリオン・イワノフ＝シッツ(1865-1937)による**モロゾフ小児病院**(1905頃)であって、そこでは当時流行していた「衛生的な」分棟型平面が採られ、その赤いスタッコの壁に「モデルヌ」の鉄細工や扉が付けられている。サンクト・ペテルブルクでそれに匹敵する建築の質を有するのが、レフ・イリン(1880-1942)とアレクサンドル・クレイン(1878-1961)による**ピョートル大帝診療病院**(1906-11)であるが、ここでの建築的処理は、上記モスクワの病院での様式的自由さと際立った対比をなしている。これは、サンクト・ペテルブルク市最初の公共建築——「12学寮」(1722-41)が有名である——の簡素で幾分オランダ風の要素を用いたピョートル・リヴァイヴァル様式を最も大々的に応用したものであった。同様式は、1903年のロシア建国200周年から1913年のロマノフ朝300周年まで、このロシアの首都で公式に推進された愛国主義的ロマン主義を表現していた。

ロシアでの教育の拡大と自由化における最良の新施設が、エルネスト・ヴィルリフ(1860-1949以降)による**サンクト・ペテルブルク理工大学**(1899-1902)であった。主要講義棟下に半地下の広い通路を通した巧みな断面計画により、緊密にまとめられ、かつ気候に配慮した複合施設が作られ、その周りに実験室、作業場、居住施設の分棟が配置されている。それは、上記のような全体デザインと折衷を控えたルネサンスのディテールを持っており、ロシア帝政後期の科学・技術教育の世界的水準にふさわしい教育施設であった。

1910年までに、モスクワの新興実業家階級は、大抵の場合コンクリート骨組を持つ大胆な商業建築で、自分たちの大衆イメージを作りつつあった。シェーフテリによる**モスクワ商業協会オフィスおよびショウルーム**(1910、p.1534C)は、強大ではあるが教養もあるという商業のイメージを伝えたが、それは芸術の主たるパトロンたる「新興成金」の大実業家にふさわしいものであった。同じように人当りがよく、大胆に露出されたコンクリート骨組でアトリウムを作っているのが、ヴィルリフによる**サンクト・ペテルブルクの近衛兵経済組合百貨店**(1908-9)であった。

これら帝政ロシア最後の建物は、ソヴィエト政権に継承された技術革新の遺産を示している。それらはまた、自由市場での個人委託による慣習的な建築実務を自由に行なえるようになった今、新しいロシアの建築家が回帰していくことのできる伝統の質を示している。

1914年以降、第1次世界大戦、ボルシェヴィキ革命、それに続く内戦へといたる時期に、ロシアでは、事実上、重要な建設活動はなかったし、この時期がソヴィエト連邦に建設業の抹殺と経済の崩壊をもたらしたのである。革命直後の時期には何も建設されなかったが、デザイン作品が爆発的に生み出され、それらが新しい社会で可能な新しい建築の強力なイメージを作り出した。第1次世界大戦前と同様、歴史主義とモダニズムの動向は、平行して、互いに敵対しながら発展した。

ソヴィエト・モダニズム

新しいソヴィエト・モダニズムの最初で最強力の建築的イメージが、芸術家ウラジーミル・タトリン(1885-1953)が**第3共産主義インターナショナルのモニュメント**(1919、p.1536A)として構想した回転するオーディトリアムの巨大螺旋形鉄骨構造であった。**労働宮殿**(1923、p.1536B、C)と称された新しい労働者議会競技設計では、大部分の応募案がロシア正教大聖堂を平坦化したような不明瞭な塊であったのに対し、タトリンの同志であったレオニド(1880-1933)、ヴィクトル(1882-1950)、アレクサンドル(1883-1959)のヴェスニン3兄弟は、露出コンクリート骨組による明快で新しい空間構成でもって3等に入り、それがソヴィエト・モダニズムのもう1つの規範的イメージとなった。

新ソヴィエト連邦がこうした建築的独創性を国外で披露する最初の機会が、1925年にやってきた。コンスタンチン・メーリニコフ(1890-1974)による**パリ装飾美術博覧会、ソヴィエト連邦パヴィリオン**(1924-25、

A 第3共産主義インターナショナルのモニュメント、ペトログラード（現サンクト・ペテルブルク、1919）、側面図　p.1535 参照

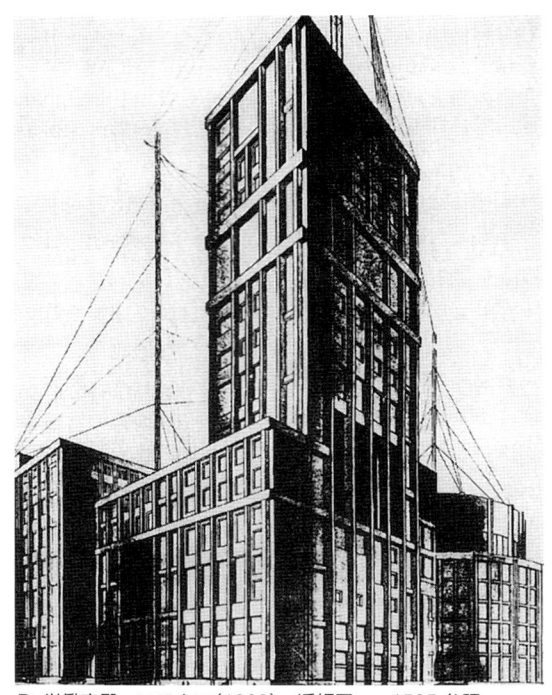

B 労働宮殿、モスクワ（1923）、透視図　p.1535 参照

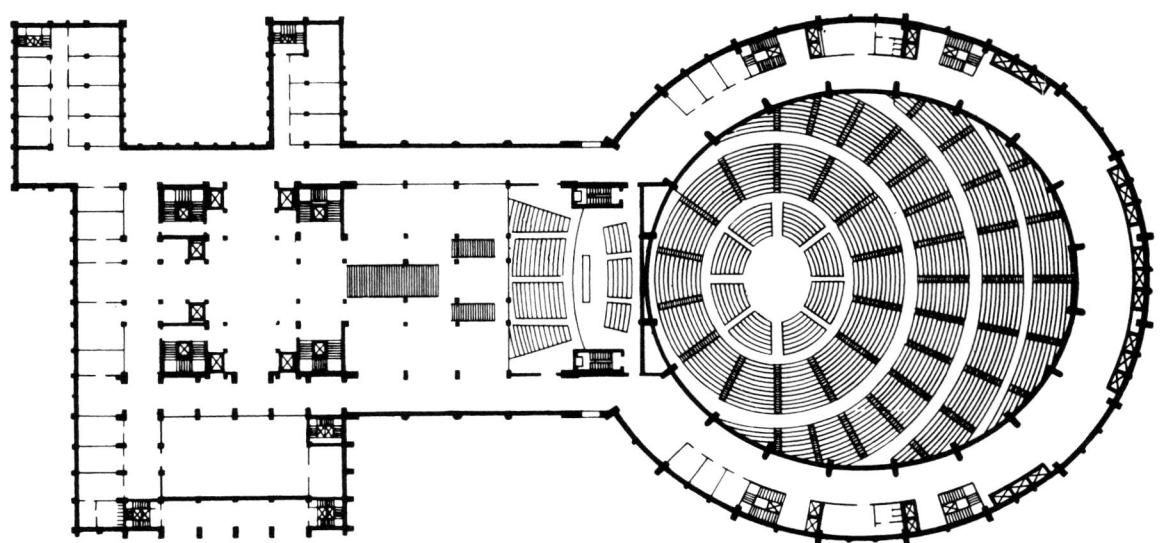

C 労働宮殿、モスクワ、3階平面　（左）直方体状の棟：行政および公共施設、（中央）道路をまたぐブリッジ、（右）楕円形状の棟：労働者議会・議場上階

第 47 章 ロシアとソヴィエト連邦 | 1537

A ソヴィエト連邦パヴィリオン、パリ装飾美術博覧会
（1924-25） p.1535 参照

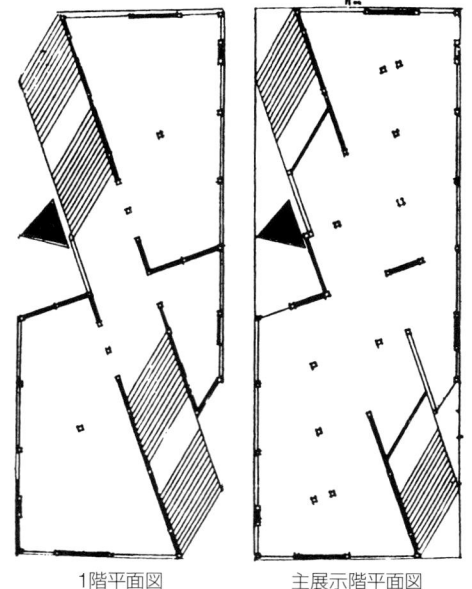

1階平面図　　　主展示階平面図

B ソヴィエト連邦パヴィリオン、パリ装飾美術博覧会、平面図

C 財務委員会職員用集合住宅、ナルコムフィン、モスクワ(1928-30)、原案の透視図　p.1538 参照

D レニングラード市ソヴィエト職員用集合住宅、レニングラード(1931-34)
p.1538 参照

p.1537A, B）は、黒・赤・灰色に塗られた長方形平面の木造建物が劇的に引き裂かれたもので、ソヴィエト建築を世界の舞台に送り出した。

1924-25年にロシア本国で建設事業が再開された時、当然のこととして、新しい政治的優先が労働者用集合住宅に絞り込まれた。戦前期田園都市運動がサンクト・ペテルブルクに及ぼした大きな影響は、階段でアクセスする家族用最小限住戸を持った3-4階建住棟、快適な造園、コミュニティ施設から成る、レニングラード（1924年に改名）での一連のモデル低層開発に反映されていた。この最初で最も有名なものが、アレクサンドル・ゲゲロ（1891-1965）、グリゴリー・スミノフ（1893-1974）、アレクサンドル・ニコルスキー（1884-1953）による**サンクト・ペテルブルク、トラクター通りの集合住宅**（1925-27）である。それは高密度と健康的でヒューマン・スケールを持った環境とが両立可能であることを示すとともに、巨大な半アーチや自然石のささやかなディテールといった簡素化された古典的要素が、どのようにして新たな「支配階級」の集合住宅に、それにふさわしい威厳をもたらしているかをも示していた。

新首都モスクワでは、より理論に傾いたモダニスト・グループが成長していた。その最も重要なものが、空間と社会組織との関係を強調した現代建築家同盟（OSA、構成主義者）と、抽象形態とそれが伝達するメッセージとの関係を強調した新建築家協会（ASNOVA、合理主義者）であった。そこでは、社会主義集合住宅にふさわしい形態の研究が、田園都市構想からではなく住棟から始められた。ヴェスニン兄弟の若き同志、モイセイ・ギンスブルグ（1892-1946）による**モスクワのゴストラフ集合住宅**（1925-26）は、ル・コルビュジエの「屋上庭園」やグロピウスの隅部連窓といったヨーロッパ・モダニストの要素を、ロシアで最初に示したものであったが、実際には、コンクリート骨組ではなくレンガ造スタッコ塗で建設された。ここでの住戸もまた、最小限の台所、最大限の作り付け家具、独身者用の共同施設という点でヨーロッパの作品を反映していた。これに続いて、ギンスブルグと構成主義者の同志によって、特に女性の時間を節約し施設を共有するという、より集産主義的な考え方を助長するような住戸ユニットの研究が行なわれた。それは、フランクフルトで行なわれたようなヨーロッパの実験を参照していたが、そこでの断面の分解と廊下からのアクセスが、自分の設計した**ツェントロソユーズ・オフィスビル**（設計施工1928-36）の協議のためモスクワを訪れていたル・コルビュジエに影響を与え、影響が逆流することになった。半集産主義的施設を有した総合居住複合施設というソヴィエトの考え方は、後に彼のマルセイユのユニテ・ダビタシオンで再登場したのである。

この集合住宅研究のロシア国内で最も重要な実施例が、ギンスブルグとイグナチ・ミリニス（1899-1942）による財務委員会職員50家族用の**モスクワ、ナルコムフィン集合住宅**（1928-30、p.1537C、p.1539A）であった。これは、コンクリート骨組と中空ブロックによる近代的構法と、ル・コルビュジエの「5原則」、特にピロティ、屋上庭園、水平帯状の窓をロシアの集合住宅で例示した計画であった。半集産主義的集合住宅は、レニングラードでも、エヴゲニイ・レヴィンソン（1894-1967）による**レニングラード市ソヴィエト職員用集合住宅**（1931-34、p.1537D）で、同じような優雅さでもって探求されたが、そこには古典主義の言語やシンメトリー形式がまつわりついていた。

ソヴィエトの情勢下で、個人の施主のための一家族用住宅は、建築家の協議事項から消し去られた。建築的には何も得るところのない共産党幹部による田園住宅の委託を除き、この革命以前の伝統が存続したのは、ただ1つの事例、あの賞賛されたパリ装飾美術博覧会パヴィリオンの建築家の自邸、**メーリニコフ邸およびスタジオ**（1927-29）だけであった。相貫する2つの円筒形という実験的構造は、伝統的な木造床とスタッコ塗レンガ壁を独創的に利用したものであった。

ソヴィエトの新しいビルディング・タイプの発展に対してメーリニコフが果たした主たる貢献は、一連のモスクワの労働者クラブであった。その当時、労働者クラブと厨房工場は、イデオロギーの自覚を醸成し、家庭生活を集団化することに対して最も大きな影響を及ぼした。クラブは、政治教育と読み書きのような基礎的技能の訓練の拠点であったが、1920年代後半には、政治的に教化された趣味と娯楽の強調を反映するために、文化宮殿と改名された。

この建物に対して2つの異なる空間モデルが登場した。メーリニコフのクラブは、全施設が、単一かつ大抵の場合非常に際立った形態にまとめられた第1のモデルを開拓した。彼による**モスクワ市ソヴィエト職員用ルサコフ・クラブ**（1927-28、p.1539D）は、壁面から片持梁で突き出された3つの小空間で壁をスライドさせ、さまざまな規模に拡張することのできる1つのオーディトリアムという考え方から生み出された。それに対して、イリア・ゴロゾフ（1883-1945）による**モスクワ路面電車職員用ズエフ・クラブ**（1927-29、p.1539B, C）では、オーディトリアムがクラブ室の単純な長方形平面内に囲い込まれており、それが隅部のガラス張り円形階段塔で劇的に表現されている。

クラブの第2のモデルは、構成主義者が発展させた

第47章　ロシアとソヴィエト連邦　　1539

A　財務委員会職員用集合住宅、ナルコムフィン、モスクワ
（1928-30）　p.1538 参照

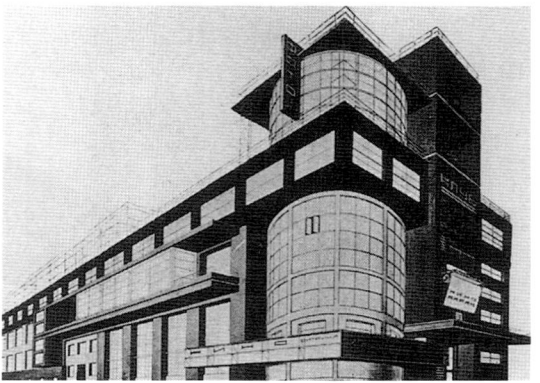

B　モスクワ路面電車職員用ズエフ・クラブ、モスクワ（1927-
29）、道路交差点から見た透視図　p.1538 参照

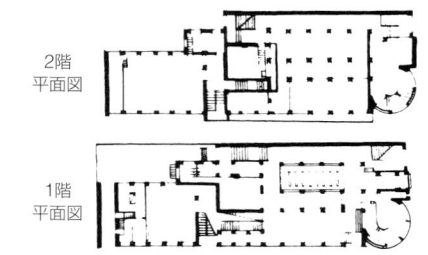

C　モスクワ路面電車職員用ズエフ・クラブ、モスクワ
（1927-29）、平面図

D　モスクワ市ソヴィエト職員用ルサコフ・クラブ（1927-28）、道路交差点からの写真（1929頃）　p.1538 参照

A ヴィボルグ地区厨房工場、レニングラード(1929-30)、写真(1931頃)　p.1542参照

B キロフスキー地区厨房工場および百貨店、レニングラード(1929-31)　p.1542参照

第 47 章　ロシアとソヴィエト連邦　|　1541

A　ゴストログ（貿易省）ビル、モスクワ（1925-27）
p.1542 参照

B　全労働組合電子工学研究所（VEI）、モスクワ（1928-31）、
開発途上の写真（1930）　p.1542 参照

C　イワノヴォ＝ヴォツネセンスク理工大学キャンパス（1927-32）、本館の透視図　p.1542 参照

D　レーニン国立図書館、モスクワ（1928-29 設計、1941 竣工）　p.1542 参照

もので、施設がオーディトリアムを含む棟とクラブ室空間を含む棟の2棟に分けられ、両者間にガラス張りの連結要素が配されていた。ヴェスニン兄弟による**モスクワのプロレタルスキー地区文化宮殿**(1930-37)は、このモデルの最後にして最大の変形版であるが、主オーディトリアム棟は建設されなかった。

厨房工場は、ソヴィエト集合住宅のひどい過密状態の中で家族の食事の世話から勤労女性を解放する一手段であって、各複合施設は大きく違った公共食事施設を有していた。レニングラード市ソヴィエトは、4つのそうした複合施設を合理主義建築家グループの若手チーム、アルメン・バルチェフ(1904-66)、イシドール・ギルター(1902-73)、ヨシフ・メエルゾン(1900-41)、ヤコフ・ルバンチク(1899-1948)に委託した。最も人当たりが良く、最もコンパクトなものが、**ヴィボルグ地区厨房工場**(1929-30、p.1540A)であり、それよりも大きい**キロフスキー地区厨房工場および百貨店**(1929-31、p.1540B)は、新しい労働者用住宅地のアメニティ拠点を形成しており、古典的建物で縁取られたその透視図は、近代建築が歴史的都市と両立することを極めて直接的に主張している。

革命以前のオフィスビルにおける技術革新から、新たなソヴィエト諸組織の威信に満ちた本部に対する技術的・様式的なモデルが提供され、また多くの競技設計では、建設されずに終わった劇的なイメージやコンセプトが生み出された。コンクリート骨組、帯状の窓、ガラス張りのエレベーター・シャフト、オープン・プランのオフィスを最も純粋に示した実施例が、**モスクワのゴストログ(貿易省)ビル**(1925-27、p.1541A)であったが、新たな高さ制限によって意図されていた塔の高さが減ぜられた。ここでは、旧世代のボリス・ヴェリコフスキー(1878-1937)とミハイル・バルシチ(1904-66)率いる若い構成主義者チームとが協同することで、経験と新しいヴィジョンとが結び付けられた。ロシアでの国際様式モダニズムの見本で、1932年、ニューヨークで開かれた「国際様式」展でソヴィエト建築の代表となったのが、**全労働組合電子工学研究所**(VEI、1928-31、p.1541B)であったが、それも、コンクリートの専門家アレクサンドル・クズネツォフ(1874-1954)と若い構成主義者イワン・ニコラエフ(1901-79)やゲンナディ・モヴチャン(1901-)との同じような協同の成果であった。

ボルシェヴィキ党の芸術・文化政策は、マルクスが提議し、レーニンが採用した文化的連続というモデルに基づいており、他の建築家は、どのようにしてロシア古典主義の伝統を社会主義建築で解釈し直すことができるのかについて探求していた。前革命期の建築家たちは、それぞれ違ったアプローチを定式化した。ジョルトフスキーは、工場建築に古典主義の構成およびプロポーション原理を応用しようとし、フォーミンは、コンクリート骨組による柱-梁建築に対して「赤いドリス式」という新オーダーを提示した。この様式による彼の大規模実施作品は、**イワノヴォ=ヴォツネセンスク理工大学キャンパス**(1927-32、p.1541C)、**ディナモ複合施設**(1928-9、p.1543B)と**モスクワ市ソヴィエト増築**(1929-30、p.1543A)というモスクワの2つの建物であった。

1920年代後半、モダニズムの「イデオロギー的空虚さ」に対する敵意がより刺々しくなってきた時、1928-29年に**レーニン国立図書館**競技設計が行なわれ、旧世代のアレクセイ・シチューセフ(1873-1949)とシチューコによる古典主義の再解釈に対して、モダニストの諸グループがまとまって抗議を行った。シチューコの1等案は、花崗岩の壁、大理石の柱、英雄的な浅浮彫りを持つもので、最終的には1941年に完成した(p.1541D)。1924年以降、シチューセフは赤と黒の大理石による**レーニン廟**(1924-30、p.1543C)の計画案を洗練させて、赤の広場という文脈に上手に挿入している。

党は、巨大な**モスクワのソヴィエト宮殿**競技設計(1931-33、p.1543D)を通じて、その建築的嗜好を最終決定した。ソヴィエトのモダニスト建築家や、ル・コルビュジエ、オーギュスト・ペレ、ヴァルター・グロピウスといった西側からの招待者は、ボリス・イオファン(1891-1976)によるモニュメンタルでずんぐりとした円筒形の案に敗れた。同案は党の指示に従って、「世界で最も高い建物」でかつレーニン像の基壇となるように改作され、大建設工事が開始されたが、完成されなかった。しかしながら、その競技設計のプロセスを通じて、党の社会主義リアリズム美学の建築的解釈が定式化された。「遺産の批判的同化」とは、いまなおイデオロギー的価値があると見なしうる伝統的要素を同定して、「技術の最新成果」との新たな統合を作り出すことを意味しており、絵画・彫刻のあらゆる潜在的描写力は、建築のイデオロギー的メッセージを補強するために利用されなければならなかった。

スターリンの党路線に従わない全ての者に対する敵対キャンペーンが拡大するにつれ、1932年の法令で独立建築家グループが解散させられ、唯一正式のソヴィエト建築家同盟(後のソヴィエト連邦建築家同盟)に置換された。引き続いて、個人やチームが自分の名前で委託を請け負う全ての権利が廃止され、以後、全ての建築設計業務は、各省庁、産業トラスト、地方自治体内に設けられた専門の設計部署により行なわれた。建

A　モスクワ市ソヴィエト増築(1929-30)、入口側中庭内の透視図　p.1542 参照

B　ディナモ行政・商業・集合住宅複合施設、モスクワ(1928-29)、竣工直後のオフィス(左)と集合住宅(右)　p.1542 参照

C　レーニン廟、モスクワ(1924-30)　p.1542 参照

D　ソヴィエト宮殿、モスクワ(1933)、最後から 2 番目の承認案透視図　p.1542 参照

1544 | 20世紀の建築

A　アルメニア共和国政庁、エレヴァン（1928-40）　p.1545 参照

B　キエフ都心部の戦後復興試案（1945）、ドニエプル川を見た透視図　p.1545 参照

C　逓信省ビル、赤の門、モスクワ（1949-53）
p.1545 参照

築アカデミーは、エリート専門職や最良の若手建築家を糾合し、技術的・審美的研究、公認作品の批評と出版、建築史のイデオロギー上「正しい」記述の執筆を行なった。

1930年代半ばでも、モスクワ地下鉄駅や、グルジア、アルメニア、ウクライナ共和国独自の原理解釈といった社会主義リアリズムの特権的行使においては、個人の設計者とその手跡はまだ明確に特定できた。1935年に最初の地下鉄路線が開業した際、アレクセイ・ドゥーシキン(1903-77)による**ソヴィエト宮殿駅**(1931-35、後のクロポトキンスカヤ駅)は、概して簡素であり、禁欲的ですらあったが、他芸術を利用しなかったために批判された。**革命広場駅**(1938開業)では、駅名と場所の政治的メッセージを伝えるために、指導的芸術家の絵画やモザイク画が組み込まれた。

アレクサンドル・タマニヤン(1878-1936)による**エレヴァンのアルメニア共和国政庁**(1928-40、p.1544A)、ヴィクトル・ココリン(1886-1959)とゲオルギー・レザヴァ(1903-77)による**トビリシのグルジア共和国政庁**(1938-54)、フォーミンとパヴェル・アブロシモフ(1900-61)による**キエフのウクライナ閣僚会議ビル**(1934-38)は、新たな規模での地方の建築伝統の「批判的同化」を表わしている。1937年第1回ソヴィエト建築家会議以降、通常、真の作者はチームのメンバー・リストと「主任建築家」名の背後に隠された。さらにこの匿名性に計画規模の増大が織り込まれたのだが、ようやく1970年代に打破され始めた。

1935年のモスクワ計画では、「世界のプロレタリアートのモデル首都」として同市を再編し、技術的に近代化することに注意が傾けられた。全ての建設が第2次世界大戦で中断され、ドイツの侵攻により都市組織が大量破壊されたのに伴い、建築アカデミーは、どのようにすればモスクワ計画の原理——焦点となる施設群、英雄的な6-8階建住棟とオフィスを再整列させた幹線道路——を民族主義的に解釈して、戦災を受けた都市の戦後復興に応用しうるかを示す試験的研究を行なった。1941年に破壊された小都市**イストラの復興計画**(1942-43)といったシチューセフの仕事、特にゲオルギー・ゴルツ(1893-1946)による**キエフの復興試案**(1945、p.1544B)といった他の計画は、復興計画とは歴史的建築の再生ではなく、社会主義リアリズムが唱えるように、地方の伝統や社会主義のメッセージと新技術との適正規模での新統合を考案することであるという原理を確立した。

第2次世界大戦後

ソヴィエト戦勝の典型的表現は、1946年以降、アレクサンドル・ウラソフ(1900-62)の下で展開された**キエフ再開発計画**であって、そのクレシチャーチカという中央通りは、ウクライナ・バロック様式に耽溺し過ぎたけばけばしいものであった。カロ・アラビヤン(1897-1959)の下での**スターリングラード(ヴォルゴグラード)復興計画**、ギンズブルグの下での**セヴァストポリ復興計画**、ル・コルビュジエのツェントロソユーズを実施した建築家ニコライ・コリ(1894-1966)の下での**カリーニン(トヴェリ)復興計画**は、より抑制されていた。

ロシアの伝統である都市全体のシルエット重視が、戦後モスクワの飾り付けにも及び、都市内の方位点として35階まで立ち上がる塔を有したいわゆる**高層ビル**6棟が環状に配された。文字面では「資本主義の搾取的摩天楼」とは峻別されているものの、戦前期ニューヨークが影響の1つであり、他方、その焦点となる位置取り、周辺の標準的な立方体状住棟との関係、全体構成の考え方は、ロシアの都市教会建築に由来していた。しかしながら、そのディテールは、多様な歴史的モチーフの抽象的再加工という点で、極めて独創的であった。屋内外における多彩色の大理石仕上げ、金色の頂部を持った尖塔、壁画、彫刻、高質の建具を持った高層ビルは、革命以前の建築伝統からソヴィエトが相続した唯一の本物であって、またその機能は多様であった。**赤の門**の**通信省ビル**(1949-53、p.1544C)では、地下鉄を設計したドゥーシキンが、新**モスクワ大学**(1949-53)ではレフ・ルドネフ(1885-1956)が、**ウクライナ・ホテル**(1950-57)ではアルカディ・モルドヴィノフ(1896-1964)が、巨大な設計チームを率いた。このような形態が、伝統的先例を持たない東ヨーロッパの首都で複製されたことは、戦後ソヴィエト帝国主義を最も露骨に示す印であった。

これらモスクワの高層ビルが、スターリン建築を非難するフルシチョフ演説での明々白々たる標的であって、それは1956年2月のスターリンその人の弾劾より1年先んじていた。1954年12月、ソヴィエト建設業者会議でのフルシチョフ演説は、建築家を「人民の資産の浪費者」として揶揄し、当時建築アカデミー会長であったモルドヴィノフを含む何人かを名指しで攻撃した。フルシチョフは「構成主義の全てが悪くはなかった」と主張し、ソヴィエト建築は、住宅危機に対処する手段として、より簡素な形態とプレファブ構法システムに向けて方向転換すべきことを布告した。

A カリーニン・プロスペクト、モスクワ都心部・歴史的なアルバート地区再開発（1962-68）　p.1548 参照

B ヤネダ農工大学・人文学棟、エストニア（1974）　p.1548 参照

C トルクメニスタン共和国図書館、アシュハバード（1970-74）　p.1548 参照

D モスクワ建設業従業員用ヴォロノヴォ・カントリークラブ、モスクワ近郊（1974）
p.1548 参照

A 児童ミュージカル劇場、モスクワ（1977-80）　p.1548 参照

B 伝統的パン屋、トビリシ（1986-88）　p.1549 参照

建築アカデミーの廃止により建築の公的価値が一層下落し、また建設業と結託した行政当局が増加したことにより、その職能の進路が見失われ、その地位の凋落が始まって1980年代まで続いた。1950年代後半から1960年代にかけて、ソヴィエト建築はヨーロッパの戦後モダニズムと並行して進んだ。プレキャスト・コンクリート部材を用いた大量の**公営住宅プログラム**は、比較的ヒューマン・スケールを持つ5階建住棟から始まったが、8-10階建となった。粗雑なクレーン・システムでより高い所まで建設されるようになるにつれ、建物間により広い間隔が必要となり、1970年代後半になるまで、計画されたアメニティが享受されない住宅砂漠が生み出されていた。膨大な数の人々が転居させられたが、建築家は一層減じつつある役割を担っただけであった。

主任建築家ミハイル・ポソヒン(1910-89)指揮下の計画当局は、モスクワを社会主義発展の見本として保ち続けることを決意し、**カリーニン・プロスペクト**(1962-68、現新アルバート・プロスペクト、p.1546A)と呼ばれる細長い繁華街を挿入するために、歴史的都心部の乱暴な取壊しという西側の戦略に従った。そこでは、8本の標準化された塔状集合住宅およびオフィスが店舗、映画館、レストランの基壇から立ち上がっている。ソヴィエト連邦中で大規模な新都市建設プログラムが進むにつれ、この都心部モデルは、ロシアの高層集合住宅がそうであったように、それが全く適さない気候や文化の中で広く複製された。

フルシチョフの雪解け政策に伴う文化の自由化で1度限りの主役となった設計案件が、新旧の都市における映画館、スポーツ・センター、芸術文化宮殿であった。ほとんどが大建築作品ではないが、多くは活気ある形態を持った独創的な建物で、ソヴィエトの水準から見ると優美に施工されていた。

当時の西側建築における地方の差異を全く無視した国際化は、ソヴィエト連邦の多民族帝国内でも複製された。1970年代を通して、画一的な集合住宅デザインの明らかな矛盾に対する抗議が、地方の民族感情の発露と結び付くことで、特に強力なアイデンティティと土着の建築伝統を持つ共和国では、民族主義「学派」の萌芽とそれを率いる政治的に大胆な才能ある建築家が再登場するにいたった。中央アジアで最も重要な建築家が、アルメニアのラファエル・イスラエリヤン(1908-73)とトルクメニアのアブドラ・アフメドフ(1929-)の2人であった。イスラエリヤンは**サルダラパート**の**国立民族学博物館**(1978竣工)のような計画を使って、重厚なマス、自然石、すっぱり切り取られた窓、浅浮彫りの装飾といったアルメニアの伝統を再主

張した。アフメドフは、アシュハバードの主任建築家として、屋根で深い日陰が作られた空間、ブリーズ・ソレイユ、整形性や装飾性の強い浮彫り、水の使用という気候への伝統的対応を復興し、それを**トルクメニスタン共和国図書館**(1970-74、p.1546C)で大々的に用いた。

バルト海沿岸のエストニア共和国は、ロシアの政治的・文化的ヘゲモニーに対する憤慨のもう1つの拠点であって、その建築家達は自立を段々と主張するようになった。戦間期における強力な近代運動の伝統とフィンランドとの強い文化的結び付きを擁して、トーマス・レイン(1940-)、ヴァルヴェ・ポルメイステル(1922-2002)他のいわゆる「断絶の世代」は、再び自国をその起源へと結び付けた。レインは、とりわけエストニア集団農場主任建築家という地位を利用して、**パルヌ**の**集団農場連合建設局集合住宅・社会福祉センター・幼稚園**(1973-78)をくだけたスカンジナビア様式で建てた。ポルメイステルによる**ヤネダ農工大学・人文学棟**(1974、p.1546B)でも同様の表現法が用いられた。ソヴィエト連邦内ではほとんど唯一であろうが、この地域は融通の効く建設業、個別に設計された小規模のコミュニティ建築の伝統、一家族用住宅の慣習ですら維持していた。レオンハルト・ラピン(1947-)、ヴィレン・キュンナプ(1948-)、アンドレス・アルヴェル(1953-)は、上記のパイオニアを追いかけ、レジャー施設や個人住宅で自然素材をくつろいで使用し、活気ある形態を考案するにいたっており、そこで同時期の西側作品が暗示されていることから、彼らの忠誠は明らかである。このような建築家が現在、自由なエストニアの指導的地位を占めている。

風景にインフォーマルに融合された近代デザインという北欧の伝統を標榜することで、ロシア本国で最も良く知られているのが、イリヤ・チェルニャフスキー(1917-94)であった。彼はモスクワの支配層とは対立したが、モスクワ周辺の**プラネルナヤ**(1976)や**ヴォロノヴォ**(1974、p.1546D)の**労働組合カントリークラブ**では、欲求不満の同志達から崇拝された。

ロシア本国での経済退潮と1980年オリンピック競技大会の歳出超過から、1980年初頭には大衆集合住宅以外の公共建築事業が中止されるにいたった。稀有で顕著な例外が、アレクサンドル・ヴェリカノフ(1938-)とウラジーミル・クラシリニコフ(1932-)により完成された、ナタリヤ・サッツの有名な教育法の恒久拠点である**モスクワ**の**児童ミュージカル劇場**(1977-80、p.1547A)であった。多機能を持つオーディトリアムや物語の諸空間が、彼女の教育法を基に設計された。この時期以降、非ロシア系のソヴィエト共和国での建設

が、ロシア本国よりも一層活発になった。ウルズマク・レヴァゾフ(1929-)とパヴェル・ヤリノフスキーによる**バクーの東バザール**(1982)は、地方の伝統的形態を参照する際の自信の深まりを例示している。

　1980年代初頭までには、ソヴィエト連邦における建築の停滞と地位の低さに対する最も強い抗議の声が、モスクワの新たに資格を得た建築家や学生から上がった。ブレジネフと彼の後継者の下で、欲求不満の若い設計者は、人間的で個人的な主題を再主張する極めて概念的なアプローチを発展させた。外国との全ての接触がいまだ非合法であった時に、彼らはこうした計画案を外国、とりわけ日本の競技設計に密かに提出した。アレクサンドル・ブロドスキー(1955-)とイリヤ・ウトキン(1955-)は受賞を重ね、ヨーロッパや北米で展覧会を開催し、ソヴィエト「**ペーパー・アーキテクト**」の国際的名声を築き上げた。彼らは自信を持って、本国の体制側建築家の敗北主義と自己満足を攻撃した。

　1985年にゴルバチョフが政権を握った後、地域自立の拡大、若手建築家からの建築家同盟に対する圧力、ペレストロイカというより大きい改革から、独立して実務を行なう合法的手段が再確立されることとなった。ソヴィエト最後の時期に大喝采を浴びたのが、ヴァフタング・ダヴィタイア(1934-)による**トビリシの伝統的パン屋**(1986-8, p.1547B)という複合施設であった。生産側では、かつては革新的であったソヴィエトの「パン工場」が、伝統的な粉引き水車、薪火のかまど、ヒューマン・スケールを持ち、外に向かって開かれた従業員用の作業・休憩空間に置き換えられている。「消費者」という新しい考え方に応じて、売場側では骨組で持ち上げられた店舗で中庭が囲まれていて、地域の伝統的建築を想い起こさせる。

　しかしながら、そのような新しい職能体制下で重要な建設事業が開始される以前に、それはより大きい政治的崩壊に見舞われた。まさしく建築を通して最も真剣に自分たちのアイデンティティを主張していた中央アジアやバルト海沿岸の諸国民が、真先にポスト・ソヴィエト連邦での独立を宣言した。法令と社会の全く新しい構造が自由市場経済と並行して発展するに伴い、それに呼応した自由度を持つ独立した建築設計業と建設会社が再確立された。1990年代半ばの殺人的で不安定な経済状況下で、新しい資金の確かな預け先の1つとして建設がブームになっている。大々的な新しい建設事業が、個人住宅、オフィス、工場施設のみならず、既存の荒廃した建築ストックの大々的な修復と改造でも展開されている。その大半はいまだ西側のポスト・モダニズムに追いついたり、あるいは単に富を見せびらかしたりする自由を謳歌しているだけである。新生ロシアの建築作品での真の質と際立った地域的特質が、やがて出現しなければならない。

訳／片木　篤

20世紀の建築

第 48 章
中　東

　20世紀初頭、中東はヨーロッパの文化的・政治的支配下に置かれており、民族、宗教、政治の違いにより3つの地域に分割され、それぞれイギリス人、フランス人、イタリア人により植民地化されていた。非植民地化地域はペルシアとトルコ——すなわち20世紀初頭までに本国アナトリアとトラキアだけに領土を減じていたオスマン帝国——であった。しかし、こうした政治的に独立した両国でさえ、西洋のイデオロギーの大きな影響下にあった。

トルコ

　オスマン帝国における西洋化の試みは、1908年の国会制定や独立系出版物の導入といった民主主義の初行使の前触れとなったが、この試みはまた、芸術・建築における西洋的な価値と表現をもたらした。トルコ人の生活の物理面・文化面全てが、西洋の考え方に大きく影響されたが、それは、特に第1次世界大戦以前の時期に、多くの西洋人建築家がイスタンブルで実務を行なっていたからであった。彼らの多くはドイツ人であった。というのも、ドイツ帝国は影響範囲と技術的な専門知識や製品の市場を追い求めて、オスマン帝国に的を絞っていたからであった。イスタンブルとヒジャーズ地方（すなわち、サウジアラビアのメッカ）を結ぶ鉄道がドイツ人企業家とスルタンとの主要共同事業の1つであった。同事業の背後にある政治的動機には、大量の巡礼者を快適にメッカに輸送するというスルタンの野望があった。

　トルコにおいて、建築が社会的に受容可能な職能として出現したのが、この時期であった。それ以前は、それはむしろ劣った、間違いなく地位あるものではない職能と見なされていた。地位ある家系出身の最初の職能建築家が、ミマル・ヴェダド（後のヴェダド・テク、1873-1942）であって、彼の父親は最後のスルタン、メフメト5世の宮廷事務総長であった。ヴェダドは非常な努力をして、パリのエコール・デ・ボザールで建築の勉強ができるよう父親を説得した。

　ヴェダドは、ローマ大賞を含む数多くの学業優等賞を手にしてイスタンブルに戻ってきた。彼はすぐさま通信省の主任建築家に任命され、また宮廷と密接な関係を持った。省内での地位から、彼にはすぐに大きな機会が与えられ、ヴェダドの傑作が生み出されることとなった。それが、**イスタンブル、シルケジの中央郵便局**（1909、p.1553A）であって、ヴェダドは、伝統的プロポーションを持った扁平尖頭アーチを用い、そのスパンドレルには古典的モチーフをあしらったタイルを張っている。上階を被覆するためにコリント式半円柱を使っている所に、ヴェダドが受けたヨーロッパでの建築教育が現われている。この建物を成功裏に完成させたことで、イスタンブルでは地元建築家も外国人建築家と同じぐらいうまくやっていけるという事実が打ち立てられた。

　ヴェダドは、帝国内に輸入されているさまざまな西洋建築様式——特に新古典主義のパリ風「共通語（リンガ・フランカ）」や風変わりなアール・ヌーヴォー——の対極に立つであろう、近代的でしかも正統的なトルコ建築を進化させる可能性を探求した。それが、トルコの文化・気候に呼応した建築を定義しようとした、建築における最初の民族主義運動の一部となった。その事例は、厳密にシンメトリカルで、大きな規模を持つ**イスタンブルの帝国土地登記所**（1909、p.1554A）、巧妙な計画と深い窪みを持つ**イスタンブルのニシャンタシ邸**（1910、p.1554B）である。しかしながら、その運動の主唱者であった何人かの建築家の間では、激しい職能上の競合関係があった。たとえば、ヴェダドの主たるライヴァル、ケマレティン・ベイ（1870-1927）は、土木技師として教育を受けた宗教財団の主任建築家であった。そ

の職から、ケマレティン・ベイには、**イスタンブールのベベク・モスク**(1913、p.1554C)のような宗教建築を設計したり、オスマン帝国領土内での仕事——彼は**エルサレムのマスジド・アル=アクサ**修復を監修した——をしたりする機会ばかりでなく、最新式建設技術を用いて大建築物を設計する機会が与えられた。その結果、彼は、**イスタンブールの火事被災者用アパートメント**(ハリクゼデガーン、1919-22、p.1553B, C)、**アンカラのエヴカフ・アパートメント**(1924)の建設において、鉄筋コンクリートを調整された条件下で打設し、それを用いた最初の建築家となった。

第1次世界大戦により、オスマン帝国による地域の政治的支配は終わり、以前の帝国領土は民族国家としての新たなアイデンティティを持つ王国や主長国に分割された。戦間期には、こうした新興国の乏しい経済では、多くの主要建設事業は許されなかった。新しい建築のほとんどは、地域の伝統あるいは輸入された西洋様式の土着的派生様式で建てられたが、その一方で大規模建築は、移住してきた建築家が、通常は輸入された技術を用いて設計した。

トルコでは、スルタン制の廃止と共和制の布告により、新時代の大志を反映した建築の探求が始まったが、この探求はモダニズムの到来ですぐに決着がついた。それが、新国家の正しい「進歩的」イメージを表わすように思われたがゆえに、好まれたのである。この新しい西洋建築は、クレメンス・ホルツマイスター(1886-1983)、ブルーノ・タウト(1880-1938)、パウル・ボナーツ(1877-1956)、エルンスト・エグリ(1893-1974)の雇用を通じて、直接ドイツから輸入された。これらの建築家は、とてつもない影響を及ぼすこととなった。というのも、彼らは大きな設計委託を受けたばかりでなく、この地域での建築教育の中心人物となったからである。このようなモダニストは、トルコの西洋化に献身したケマル・アタテュルク(1881-1938)の支持を得て行動したが、その影響を通じて、伝統主義的な設計者は反動的であると見なされ、その結果として周縁に追いやられた。ケマレティンはこの時までに死去していたが、ヴェダドは雇用されず、美術アカデミーでジュリオ・モンジェリと共同で運営していたスタジオは閉鎖された。

モダニズム側に立つトルコ人建築家の新世代が、後を引き継いだが、その表現法による最良事例の1つが、セヴキ・バルムムジュ(1905-82)による馬蹄形をした**アンカラの展示ホール**(1933-34)であった。しかしながら、この建物は世界中のどこにでもありうるし、ベルリンでも同じように評価されたであろう。ウィーン人クレメンス・ホルツマイスターには、1928年に**アンカラ、官庁地区**の設計が委託されたが、そこには、**大統領官邸**(1932-33)、**参謀本部**(1929-30、p.1554D)が含まれていた。1938年に、彼は国の建築家に任命され、1954年まで同職にあった。彼による**アンカラの政府本庁**(1934 竣工)、**最高裁判所**(1938)、**国会議事堂**(1938-60)は、厳格なモダニズムから離別して、列柱廊付きの正面玄関、煩わしい石のディテールを初めとする第三帝国の多くのモチーフや建築的偏見を表わしている。同様の傾向にあるのが、ベドリ・ウチャルによる**アンカラの国鉄本社**(1941、p.1555A)である。

その間、エルネスト・エグリとブルーノ・タウトは、アンカラ旧市街ともう1人のドイツ人ヘルマン・ヤンセンが計画した新市街とを結ぶ大通りに面して、影響力のあった2つの学校建築を設計した。エグリによる**女子職業学校**(1930)と**大蔵省**(1928-30)は、断固としたモダニズムのイメージを見せている。タウトによる**アンカラ大学・文学部**(1937)は、レンガ造蛇腹で刺繍された石張りといった地域の伝統的ディテールを利用している。トルコ人建築家の新世代は、モダニズムに傾倒し、その内、セイフィ・アルカン(1902-66)による**イスタンブール、アヤズパシャのイチレル・アパートメント**(1935)、**アンカラの自治体銀行**(1937)は優れた出来で、それが政府に好印象を与えたことにより、アルカンは国の建築家の職を勝ちえた。エミン・オナト(1908-61)は、ケマル・アタテュルク廟である**アンカラのアヌトゥカビル**(1944-53、p.1555C)の競技設計を勝ち取った。

トルコは第2次世界大戦に関わらなかったので、参戦した近隣諸国から孤立し、内省する時期を迎えた。これが、セダド・エルダム(1908-87)やドイツから自ら亡命してきたパウル・ボナーツによって開拓された地域の建築伝統への関心を復興させた。それは、エミン・オナトのような何人かのトルコの若手モダニズム建築家の作品に反映されており、オナトによる**アンカラのジェナプ・アンド邸**(1942)では、モダニズムの教義が破られ、中央アナトリア地方のディテールの使用が復興されている。そのような歴史と伝統の創造的利用への新たな関心から、セダド・エルダムによる**アンカラ大学・理学部**(1945)や**イスタンブール大学・美術文学部**(1944)、パウル・ボナーツによる**アンカラの政府職員用集合住宅**(サラチョール・マハレシ、1945)や展示ホールを改修した**アンカラのオペラハウス**(1948、p.1555B)が生み出された。上記の建物は、深い庇、石張り上のタイル蛇腹、蜂の巣状の窓を擁して、正統的モダニズムに挑戦しており、出現しつつあった地域主義者の言説の主要参照物となった。この時期、エルデムはボスポラス海峡東岸の著名邸宅に鼓舞され、トル

A 中央郵便局、シルケジ、イスタンブル（1909） p.1551 参照

B 火事被災者用アパートメント（ハリクゼデガーン）、イスタンブル（1919-22） p.1552 参照

C 火事被災者用アパートメント（ハリクゼデガーン）、イスタンブル、中庭

A 帝国土地登記所、イスタンブル(1909)　p.1551 参照

B ニシャンタシ邸、イスタンブル(1910)
p.1551 参照

C ベベク・モスク、イスタンブル(1913)　p.1552 参照

D 参謀本部、アンカラ(1929-30)　p.1552 参照

A 国鉄本社、アンカラ（1941） p.1552 参照

B オペラハウス、アンカラ（1948） p.1552 参照

C アヌトゥカビル、アンカラ（1944-53） p.1552 参照

20世紀の建築

A 国会モスク、アンカラ(1985) p.1557 参照

B トルコ言語協会ビル、アンカラ(1972-78)
p.1557 参照

C トルコ言語協会ビル、アトリウム

D ラッサ・タイヤ工場、イズミト(1975-77) p.1557 参照

コ住宅のどちらかと言えば文字通りに解釈したものを建てており、同時期に設計した**イスタンブルのタシュルク・コーヒーハウス**(1948-50)は、以後、現代トルコ建築のイコンとなった。

戦後期、モダニズムは再度トルコの大志にふさわしい建築表現であると一般に見なされるようになった。中東諸国には、優れた模範やモデルを求めて西洋を見るという根深い伝統があった。したがって、モダニズムは重大な政治的あるいは大衆的抵抗に遭わず、逆に、モダニズム的および西洋的価値は一般に歓迎された。伝統的の構法は急速に廃棄され、伝統的建物は文化的に遅れており、維持が困難なものとして捨て去られた。同時に、建築学校でのカリキュラムはドイツのバウハウスをモデルとしていたので、モダニズムの教義は自明の真理として教えられた。1950年以降のトルコ近代建築では、大抵は建築出版物の誌面を通して、西洋の建築実務で最上と見なされるものを輸入することが、主な目標となった。西洋の原型の模倣以上のことをほとんどやろうともしない建築家の小グループに支配されていたトルコの建築実務にあっては、同時代のフランス、ドイツ、スイス建築が特に影響力があった。設計委託は「競技設計」で割り振られたが、「応募者」と審査員が全員、前向きではあっても、西側の方しか向いていない秘教的グループのメンバーであった。

ヴェダト・ダロカイ(1927-91)とトゥールル・デヴレス(1920-94)の作品は、戦争直後の時期の代表である。ダロカイによる**アンカラのトルコ規格協会**(1956)とデヴレスによる**アンカラのエティ銀行**(1955-60)は、以後何十年も大いに模倣された原型的建物であった。アルトゥグ(1935-)とベフルズ(1932-)のチニジ兄弟は、1960年代以降のトルコ人建築家で最も影響力があった。**中東工科大学キャンパス**(1964-80)、ホルツマイスターの国会議事堂への増築──**広報棟**(1977)、**国会議員宿舎**(1982)、ベフルズ・チニジと息子のジャンによる**国会モスク**(1985, p.1556A)が含まれる──が彼らの主要建物であった。

より伝統的な地域主義的アプローチは、トゥルグト・ジャンセヴェル(1920-2009)やジェンギズ・ベクタシュ(1934-)によって追求された。前者による**ボドルムのデミル休暇村**(1987)は地中海の土着建築の形態を真似しており、後者による**アンカラのトルコ言語協会ビル**(1972-78, p.1556B, C)は、中央アナトリア地方の伝統的中庭型住宅に着想を得たアトリウム型平面を持つ原型的建物である。

ドーアン・テケリ(1929-)とサミ・シサ(1929-2000)は共同して、特に**イズミトのラッサ・タイヤ工場**(1975-77, p.1556D)のような戦後トルコで最も重要な工場建築や、**アンカラのハルク銀行本店**(1983-91)を設計した。メフメト・コヌラルプ(1939-)はハイテクのアプローチを採り、それを地方の状況にうまく適合させている。彼による**イスタンブルのサバフ新聞社工場およびオフィス**(1988-90)は、ジャーナリストから印刷機まで新聞生産の全段階を非常に透明な建物内に寄せ集めた結果、建物の機能が展示され、それが最大の装飾と関心事となっている。

アラビア半島

戦後のオイル・ブームとその結果としての本地域の経済的繁栄は、特に都市における建設の膨大な増加と、本地域で今まで知られていなかったビルディング・タイプの創出をもたらした。モダニズムの精神が普及し、歴史的都市や土着の建築伝統に甚大な影響を及ぼした。

1960年代、イラクは中東発展の焦点となり、そこでの新しい建築は、モハンメド・マキヤ(1914-)とリファート・チャディルジ(1926-)によって牛耳られた。マキヤはバグダード建築学校を創設し、また地域の建築伝統に呼応した現代建築支持の論を張ったが、それはアッバース朝の建築要素を利用したものであった。**クーファのラフィダイン銀行ビル**(1968, p.1558A)と**カルバラ市立図書館**(1969)は、すぐさま同時代のアラブ建築の主要参照物となった。1970年代のポスト・モダニズム全盛期に、マキヤは近代-地域主義路線から、「イスラム風」ポスト・モダニズムの形態へと逸れていった。この時期、マキヤは**クウェート国立モスク**(1977)を設計し、アラブ-イスラムの遺産と密接な関係のある形態を、近代的素材で実現した。

リファート・チャディルジは、都市デザインと、歴史的・文化的建物にふさわしい文脈の創出とにより深く関わった。1960年代半ば以降、彼は建築における「機能」の支配に対する批判的な応答を展開し、それが本質的には西洋モダニズムの強迫観念であるとした。彼は、構造が平面形態と建築表現を生み出すべきであるとする機能主義的見方は、地域の建築的・文化的伝統により密接に関連した柔軟な形態に代替されるべきであると論じた。チャディルジによる**バグダードの連邦産業省**(1966)と**バグダードのハムード邸**(1972, p.1558B)の両者は、レンガ、ヴォールト、可塑的形態を用いて、上記理論を例証している。

アラビア半島における1970年代以降の経済ブームでは、必要とされる業務量や業種に対し適切な訓練を受けた地元の建築専門家が欠乏していたので、西洋と日本の専門家を雇い入れるのが不可避であった。モダニ

A　ラフィダイン銀行ビル、クーファ（1968）　p.1557 参照

B　ハムード邸、バグダード（1972）　p.1557 参照

C　給水塔、クウェート（1976）　p.1559 参照

D　バスラ・ホテル、バスラ、イラク（1975-81）、中庭
p.1559 参照

E　サウジ開発基金ビル、リヤド（1976-81）　p.1559 参照

ズムは、変化への欲求、発展と現代的なることに対する信奉といった多くのイスラム固有の願望を反映するように見えたがために、好みの建築言語となったことも、今では不可避であったように思われる。またアラビア半島の施主達は、富裕であるがために、国際的に最も有名な建築家を雇いたがった。多くの場合、建築の質は建築競技設計により求められたが、それに勝った設計案がいつも実現不可能となったので、競技設計システムは一般的に努力の大量浪費となった。

当時委託された有名な建物には、たとえば、スカンジナビアの設計事務所 VVR（スーネ、ヨー・リンドストレム、スティグ・エグネル）による**クウェートの給水塔**（1976、p.1558C）があった。港湾に位置し、2本、5本、9本の塔が寄せ集められた構造物は、形態や群生という点で椰子の木を真似ており、オアシスの存在を暗示している。その構造物はすぐさま、砂漠の国での生命源である水ばかりでなく、国そのものの象徴ともなった。この給水塔が開拓した形態と地理的文脈や遺産との抽象的関係の確立は、ヨーン・ウッツォン（1918-2008）による**クウェート国会議事堂**（1985）で展開された。ウッツォンは、クウェートの航海の伝統である帆船や、砂漠の放牧民文化であるテントに触発されたのであって、その建物の大胆な形態を持ったコンクリート造の玄関庇は、クウェートのランドマークの1つとなった。

1970年代から1980年代にかけて、モダニズムはまた、インスピレーション源と見なされる地元のものを抽象的に参照するという伝統への配慮によって和らげられた。ヴァルター・グロピウスが始めた実務から発展した設計事務所、ジ・アーキテクツ・コラボレーティヴ（TAC）は、伝統的中庭型住宅の考え方をモダニズム流に解釈するという実験を最初に行なった。**イラク、バスラのバスラ・ホテル**（1975-81、p.1558D）は、そうした変形の原形的探求であった。宿泊室は中央の中庭周りに配置され、マシュラビヤと呼ばれる伝統的バルコニーから着想を得た木製バルコニーが付けられている。このような解法は、ニューヨークのウルバーン＆コイル設計事務所による**リヤドのサウジ開発基金ビル**（1976-81、p.1558E）でさらに展開された。それは、外壁とオープン・ギャラリーの内側に、環境を制御した涼しいアトリウムを内蔵している。ヘニング・ラーセンは、リヤドの**外務省**（1985）の競技設計当選案で、砂漠建築の他要素に加えて、中庭型住宅の考え方を継承した。その建物は、3つの「翼部」へといたる道筋となる三角形のアトリウムを持っており、それら翼部へのアプローチで、ラーセンは再度伝統を参照し、廊下に特色を付与するために地元の狭い街路（スーク）の空間

構成を取り上げた。ラーセンはまた、地元ナジドの建築およびデザインの伝統をうまく利用しており、特に外務省立面では、モダニズムの教義を完全に捨て去ることなく、マッシヴな石張りの壁に小さい窓が開けられている。

アメリカ合衆国の設計事務所、スキッドモア、オーイングズ＆メリル（SOM）のゴードン・バンシャフトが設計したジッダの**国立商業銀行**（1977-84、p.1560B）は、彼の最後にして最良の高層ビルであるといえば、論議を呼ぶところではあるが、それが、本地域で最も印象深い建築の1つであることは確かである。その建物で、バンシャフトもまた伝統的中庭型住宅の考え方を解釈して、多層の屋根付き外部空間を3つ組み込んでいる。外部空間の各々は三角形をなし、その一辺が開放されてジッダ旧市街や干潟への多様な眺望を各階に提供し、またインテリアを直接光から守っている。外壁の開口部を回転させて取り付けることで、地上から建物頂部までずっと連続した通気孔が作られ、インテリアからの熱い空気を上方に逃がしている。

建築家のバセム・シハビとナビル・ファノウスにより創設されたオムラミアは、西洋モダニズムの言語を確信をもって用いた最初の地元設計事務所であったが、その後、伝統的な主題や象徴、特にオアシスの考え方の全く新しい解釈を生み出す言語を発展させた。**リヤドのトゥウェイク宮殿**（元**外交官クラブ**、1985、p.1560A）は、大使館地区の端にある連続壁面を持った建物である。この曲線状建物の各部は、異なった機能を持ち、内包された空間——壁の外に広がる未踏の砂漠風景とは際立った対比をなす、オアシスのように青々とした屋内庭園——を中心に完結している。そこにはフライ・オットー設計による布で覆われた庇が組み込まれているが、それは濃いベージュ色のリヤド産石張りのファサードから流れるように突き出ている。

1970年代から1980年代にかけて、モダニズムに地域色を付与し、それを地域文化の形態や象徴でもって豊かにする試みがなされたが、純粋で単純な輸出建築の事例も数多くある。アラビア半島に持ってこられただけの国際的モダニズムの最も極端な事例は、丹下健三によるジッダの**王宮**（1983、p.1560C）と**ヨルダン、イルビドのヤルムーク大学**（1983）、コーディル、ローレット＆スコット事務所によるダーランの**石油・鉱物大学**（1969-82、p.1560D）である。

本地域の経済拡大と飛行機旅行の需要増大によって、1970年代から1980年代にかけて、空港が主要ビルディング・タイプとなった。SOMと構造技師ファズラー・ラーマン・カーン設計によるジッダの**ハッジ・ターミナル**（1982、p.1561A）は有名で、それが、現代の輸送

A トゥウェイク宮殿、リヤド（1985） p.1559 参照

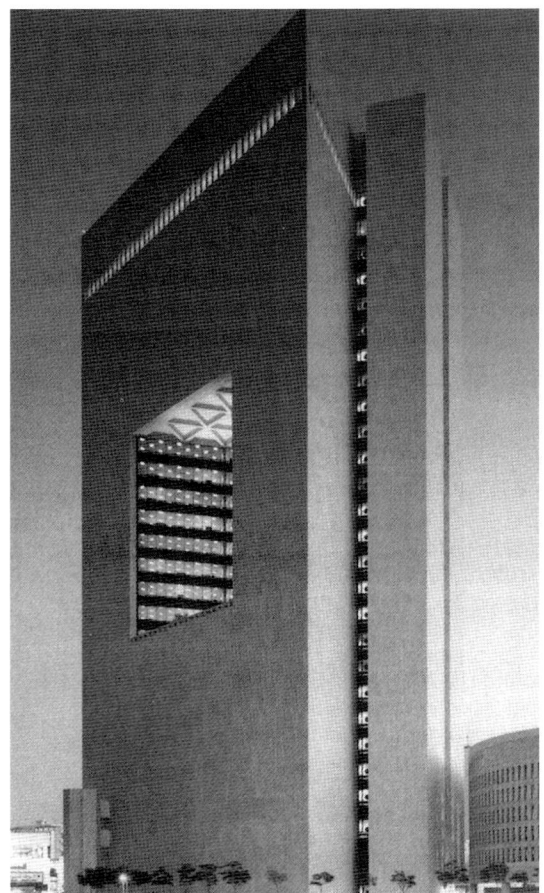

B 国立商業銀行ビル、ジッダ（1977-84） p.1559 参照

C 王宮、ジッダ（1983） p.1559 参照

D 石油・鉱物大学、ダーラン（1969-82） p.1559 参照

第 48 章 中 東

A ハッジ・ターミナル、ジッダ(1982)　p.1559 参照

B カタール大学、カタール(1985)　p.1562 参照

技術による巡礼地への快適なアクセスというオスマン帝国の夢を実現した。同ターミナルはジッダ空港に隣接し、50mを超えるスパンを持ったインテリアには大規模なオープン・エリアがとられていて、それが一時に200万人にも達するターミナル利用の巡礼者を収容することになっている。屋根の張力膜構造は、放牧民テントの伝統を想起させる一方、そのインテリアは、最新技術を組み込んだ極端にミニマルかつ近代的なものである。

1980年代後半、モハンメド・アル゠シェイフ指導下のサウジアラビア、リヤド開発公社のような施主によって、地域に対応した建築を求める議論に弾みがつけられた。彼は、地域の伝統を無視するのではなく、むしろその上に築こうと試みている地元建築家を指名したのである。サウジアラビアのアリ・シュアイビ（1950-）と彼の事務所ベーアフ（Beeah）、ヨルダンのラセム・バドラン（1941-）は、近代的技術によって与えられる機会を利用することと、快適さと便利さの近代的水準に見合った建物を提供することとを同時にかなえる一方で、新たな地域的建築を定義付けようと努めた。シュアイビは、リヤドで多数の公共建築、特に**アル゠キンディ広場およびモスク**（1983-86）、**社会保険総合機構**、**ベーアフ・オフィス**（1985-89）を設計した。バドランは、**リヤド**の**司法宮殿**と**イマム・アル゠トゥルキ・モスク**（1992）を設計した。シュアイビとバドランの設計は、厳密な長方形をなし、ミナレットのような塔、保護された外部空間を生み出す列柱歩廊、太陽光を締め出し空調の必要性を低減するための小さな窓を有しており、現代においてナジド建築を再定義した優れた事例である。ラーセン、バドラン、シュアイビが発展させた建築言語は、今や首尾一貫した語彙へと進化した。濃いベージュ色の石から切り出した切石張り、地元産石灰岩、それらと色を合わせたざらざらしたスタッコ仕上げは、最近特に都市環境下で実現された多くの建物に、場所性と統一感を付与している。

伝統的建築の価値の復興を示す最も印象深い事例は、ジッダ市長サイード・アル゠ファルシの支援下で1980年代初頭に開発された**ジッダ市周縁部の公園、コーニッシュ地区**に見ることができる。そこで最も興味深い建物は、ハサン・ファトヒーの誇り高き弟子、エジプト人建築家のアブデル゠ワヘド・エル゠ワキル（1943-）が設計した一連の**モスク**である。ファトヒーは、1950年初頭という早い時期から伝統的建築の長所を主張し、建築の伝統的価値が世界中で賞賛され始めた1980年代に、その創始の国際的権威と見なされた。

ジッダにおいてエル゠ワキルは、歴史的に見て、聖地ヒジャーズの建築は、マムルーク朝とそれに続くオスマン帝国の文化的介入があったがために、当地域のあらゆる建築の最上の要素を反映していると主張した。それゆえ、エル゠ワキルは、イスラム建築遺産の「最上のもの」を盛り込んで建物を構成することを自らの目標とした。このような議論によって、エル゠ワキルの折衷主義に倫理的基盤が確保されたのである。エル゠ワキルは、モスクの建設プロセスを通じて、プロポーションと立地に対する敏感さを示し、モスクは正統的アラブ（必ずしもサウジではない）の構法を用いて建設された。それは石灰モルタルとレンガを用いて、伝統的なドームを設計、建設することを意味していた。エル゠ワキルによる**ジッダ**の**アイランド・モスク、ミカット・モスク、アル゠ハリティ・モスク、メディナ**の**キブラタイン・モスクとクーバ・モスク**は、全て1980年代に建てられ、モスク建築の古典的形態の極めて首尾一貫した探求を示している。

いくつかの有名建築が、湾岸地域の小国に建設された。際立った2事例が、カマル・エル゠カフラウィ（1931-93）による**カタール**の**カタール大学**（1985、p.1561B）と、デンマーク人建築家クローン＆ハートヴィ・ラスムッセンによる**マナーマ**の**バーレーン国立美術館**（1988）である。前者は、オープンな中庭を組み込み、密に詰まった一連の八角形から作られた平面、イスラムの幾何学的パターン、環境調整の伝統的形態を有している。後者は干潟際に位置し、屋根付き通路で結ばれた多くの展示空間から構成されているが、その通路のパーゴラを通して、干潟からの冷たい空気が建物中を循環するようになっている。

イラン

1926年に王位に就いたパフラヴィー朝は、西洋化政策を推進し、同国の著名な文化的・建築的遺産維持への配慮を排するまでにいたった。1930年代には、合理化された新古典主義とモダニズムの双方が隆盛した。西洋での実作にほとんど考えることなく追随するという知恵は、1970年代になるまでずっと、地元の建築専門家からは疑問視されなかった。その頃、1973年にナデル・アルダランの著書『統一感』が出版され、それがスーフィズム（イスラム神秘主義）から見た建築と空間の理解をもたらした。アルダランは、自分の実作で、一般的形態を応用して、現代建築に精神的価値を付与する実験を行なった。**テヘラン**の**イラン経営学センター**（1972）では、放射状ヴォールトの架かる空間と八角形の中庭が、大きなペルシャ風庭園周りに配されている。

カムラン・ディバと彼の事務所DAZは、イランの

建築伝統との連続性を確立すると同時に、現代的要求に呼応し、新しい技術を利用した建築を創造しようと努めた。**アフヴァーズのジョンディ＝シャープール大学・教員用集合住宅**（1967-72）で行なわれた初期の実験は、**フゼスタンのシューシュタル新都市**（1974-80）で成熟するにいたった。そこでディバは、伝統的都市パターンを用いて半外部空間と屋根付き歩廊を作り、シューシュタル旧市内に見られるような就寝と食事の用意のためのルーフ・テラスを設けた。しかしディバはまた、精緻なレンガ工事の伝統を簡素化し、地域の伝統になじむような技術革新を盛り込んだ。**ジョンディ＝シャープール大学・モスク**（1968-73）は、伝統的都市パターン再生へのディバの傾注ぶりを表わしている。同モスクは、孤立して計画、配置されたのではなく、キャンパス内に統合され、大学内の歩行者動線パターンに欠かすことのできない役割を果たしている。

　1970年代のイランでは、非常に生き生きとした建築がいくつか生み出された。それは、部分的にはパリで建築を学んだ王妃の影響のせいであったが、そればかりでなく、国の経済的繁栄によって大規模でしばしばこれ見よがしな事業開発が可能となったせいでもあった。**テヘラン市立図書館**の国際競技設計（1977）で、イランが当時の建築論争の中心となる一方、19世紀の大邸宅内に収められている、ハンス・ホライン（1934-）による**テヘランのアブギネフ・ガラス陶磁器博物館**の修復および装飾（1978）は、どのようにして新しい要素と伝統的な要素がうまく混合されうるのかを例示した。ディバとアルダランによる**テヘラン現代美術館**（1967-76）は、どのようにして伝統的な形態を創造的で現代的な方法で使うことができるのかを示している。というのも、当地域でよく見かける通気塔が鉄筋コンクリートで再生され、美術館のインテリアに光と風を取り込んでいるからである。

汎イスラム建築

　1980年代初頭以降、アガ・カーン文化信託により、イスラム地域のデザイン、建物、文化的・精神的伝統を特定かつ保護し、その使用を促進し、その影響を現代デザインに反映させる一貫した試みが継続されてきた。この主導による建築・都市計画での成果は、まだ透視図的に見通すことはできないが、西洋モダニズム期により断絶された歴史の連続性を再結合し、それが仕える多様なイスラム教社会にふさわしい新しい建築を創造するという決意から、多くの原型的計画が出現してきたことは明らかであるように思われる。

イスラエル

　19世紀末における初期シオニズムのパイオニアの到来まで、イスラエルは文化的・社会的に孤立したオスマン帝国の植民地であった。イスラエルの20世紀建築史は、ヨーロッパで訓練を受けた建築家、輸入された様式、特に建築のユダヤあるいはイスラエル様式を創造しようとした試みにより左右されてきた。

　20世紀初頭のイスラエルで活躍した、最も影響力のあった建築家は、アレクサンダー・ベアヴァルト（1877-1930）であった。ベアヴァルトは、ベルリンで生まれ、教育を受け、プロイセンの官僚となったが、2つの学校建築、**工業学校**（テクニクム）（1909-13、p.1564）と**レアリ学校**（1909-13）を設計するために、**ハイファ**に連れてこられた。**ハイファのレウミ銀行**（1925、p.1565A）もベアヴァルトによるものである。これらの建物は、ヨーロッパの先進的計画や技術とレヴァント地方の様式的要素とを結合して、パレスチナにふさわしい近代様式を作るという彼の願望を表わしていた。ベアヴァルトは1924年にパレスチナに移住し、1925年から没年まで、工業学校の初代建築学教授を勤めた。

　イスラエルにふさわしい様式という課題は、今世紀の大半を通じて、建築家を悩ませてきたものであった。近代シオニズム運動の創始者、テオドール・ヘルツルは、1898年にこの問題を初めて論じたが、彼の解答はロマンティックで東洋的な性格を持っており、その要素の多くはムーア様式を起源としていた。ふさわしい様式の探求は、1920年代の**テルアビブ**の建築で再登場した主題であった。それは、装飾的要素の全てがユダヤ的図像を起源とする、Y. Z. タバチニクによる**温室**（1922）に要約されるが、柱のユダヤ式オーダーという試みもあった。それほど大っぴらでないやり方は、ヨゼフ・ミーノルによる**詩人 H. N. ビアリク邸**（1924-25）のデザイン、当時のテルアビブで最も多作であった建築家イェフダ・メギドヴィチ（1886-1961）の多くの作品に見られるし、非常に東洋的でロマンティックな流儀は、アレクサンダー・レヴィ（1884-1942）による**パゴダ・ハウス**（1925）に見られる。

　1917年、イギリスの委任統治領となるのに伴い、総督ロナルド・ストールズにより民間人顧問に指名されたC. R. アシュビー（1863-1942）がやってきた。アシュビーはイスラエルに何も建てなかったが、土着の美術・工芸復興、現地のモニュメントの保存・修復、何よりも重要なことに、エルサレムの建物全てを地元産石材で建てるというストールズの布告に対して、責任を負っていた。パレスチナで仕事をしたイギリス人建築家に、

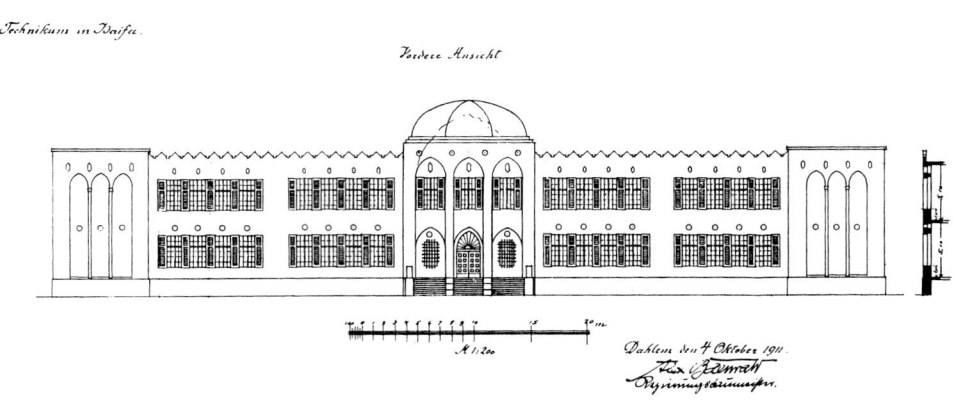

工業学校(テクニクム)、ハイファ(1909-13)、ベアヴァルトによる図面　p.1563 参照

第48章 中東　　1565

A　レウミ銀行、ハイファ（1925）　p.1563 参照

B　ロックフェラー美術館、エルサレム（1927-38）
p.1566 参照

C　スコットランド国教会・セント・アンドリューズ教会、
エルサレム（1927-30）　p.1566 参照

D　キング・デイヴィッド・ホテル、エルサレム（1930-31）
p.1566 参照

クリフォード・ホリデイ（1897-1960）やオースティン・セント・バーブ・ハリソン（1891-1976）がいた。前者は、**エルサレムにスコットランド国教会・セント・アンドリューズ教会**（1927-30、p.1565C）と隣接する**スコティッシュ・ホスピス**（1927-30）を設計、後者は**エルサレムに総督府とロックフェラー美術館**（1927-38、p.1565B）を設計した。ロックフェラー美術館は、古典的起源とレヴァント地方の特性を持った建物の極致と見なされるべきである。

ドイツにおけるナチズムの台頭により、パレスチナ委任統治領には無数のヨーロッパで訓練を受けた建築家が到着した。その多くはバウハウスで勉強していたり、近代運動の著名な巨匠の下で働いたりしており、同国にすでに住んで仕事をしていた、ヨーロッパで訓練を受けた他の建築家を勢いづかせた。1930年代までにモダニズムは支配的様式になり、新たな社会主義社会を象徴するようになった。**テルアビブ新市街**は、陸屋根の白い建物を擁して、詩人ナタン・アルターマンにより「白い都市」と名付けられたが、キブツとモシャヴの建物も、それと同じようなモダニスト的特性を有していた。

エルサレムでは、歴史の重みが格段に重く、アーサー・ルーミス・ハーモン（1879-1958）による**YMCA**（1926-33）、エミーレ・フォークト設計、G.G.フーフシュミット内装による**キング・デイヴィッド・ホテル**（1930-31、p.1565D）のように、折衷主義は1930年代になっても続いた。1921年にリヒャルト・カウフマン（1887-1958）がレイアウトし、大部分が1930年代に建設された**レハヴィア**田園郊外のモダニズムでさえ、石造が要求されたために抑制された。

新しい居留地の計画は、ふさわしい民族様式を求める折衷主義的試みより、むしろ空想的社会主義運動の影響を反映していた。リヒャルト・カウフマンは、シオニスト協会によりパレスチナに招聘され、田園の集団居留地、モシャヴィムとキブツィムの設計をした。最も劇的な平面を持つのが**ナハラルのモシャヴ**（1921）である。そこでの楕円形平面は、フィラレーテによるルネサンスの理想都市形態を偲ばせるもので、中心にコミュニティ施設、その周りに住宅が配され、さらにそれが農地で取り囲まれている。カウフマンの建築は、近代運動によることは明々白々であったが、**キブツ・デガニアの学校**（1930）、**死海苛性カリウム工場集合住宅**（1929）に見られるように、地域の気候に合うように改良されており、後者では、建物を冷やすための空気循環に大きな力点が置かれていた。他の際立ったキブツ建築は、ウィーンで生まれ、教育を受けた建築家兼芸術家、レオポルト・クラカウアー（1890-1954）によって**ベト・アルファ**（1930）や**テル・ヨセフ**（1933）の**キブツィム**に建てられた食堂である。

最も有名で最も影響力があった亡命建築家が、エーリヒ・メンデルゾーン（1887-1953）であった。メンデルゾーンは、すでに1923年に同国を訪れており、ユダヤ人エリートに名が知られていた。彼の最も重要な建物は、ドイツからやってきた彼の以前パトロンのためにエルサレムに建てた**ショッケン家住宅および図書館**（1934-36、p.1567）、**エルサレム、スコプス山のハダサー病院**（1936-8、p.1568B）、**エルサレムのレウミ銀行**（1936-39）、レホヴォトの**ハイム・ヴァイツマン邸**（1936）であって、そこではメンデルゾーンのヨーロッパ・モダニズムがレヴァント地方の酷暑に見事に適合させられている。

必ずしも地元生まれとは限らないが、地元の有力建築家には、アリエ・シャロン（1902-84）、ゼエヴ・レヒター（1899-1960）、ドヴ・カルミ（1905-62）がいた。レヒターはローマとパリで教育を受け、**エングレ・ハウス**（1933、p.1568D）を設計したが、それは極めて派生的なコルビュジエ風アパートメントで、テルアビブで最初のピロティ付き建物であった。しかしながら、社会主義社会の新たな建築家像を要約してみせたのは、シャロンであった。彼はポーランドで生まれ、パレスチナに移住してきてキブツで暮らし、1926-29年にはバウハウスのヴァルター・グロピウス、ハンネス・マイヤーの下で学び、1931年にパレスチナに戻るまで、マイヤーの下で働いた。アレクサンダー・フリードマンは、ほとんどアール・デコ的な流線形を示すエルサレムのアパートメント、たとえば、**エルサレム、シュムエル・ハナギド通りのアパートメント**（1938-39、p.1568A）、メイア・ルビンとの共同による**エルサレムのハマーロト・ハウス**（1935頃、p.1568C）の設計を手掛けた。

1948年の独立以降、大量の移民がイスラエルという巣立ちしたばかりの国に流入してきたのに伴い、建築は増加した人口を収容する必要に迫られた。ル・コルビュジエ英雄期の白いモダニズムは捨てられ、より「ブルータル」なコンクリート建築が好まれるようになった。これは、厳しい気候下にあり、天然の建設資材が不足しているイスラエルに完璧に合致した様式であった。1935年から1939年にかけて、テルアビブに多くの協同組合労働者用集合住宅を建てていたシャロンは、約20もの新都市計画に関与した。また新集合住宅計画が国中に広がったが、そうした計画の中で最も興味深いのが、N.ゾロトフとD.ハヴキンが設計した**ベエルシェバの住宅省集合住宅**（1960-64）と、シャロンとベンヤミン・イデルソンが設計した**上ナザレの丘陵集合**

第48章 中東　　1567

A　ショッケン家住宅および図書館、エルサレム（1934-36）　p.1566 参照

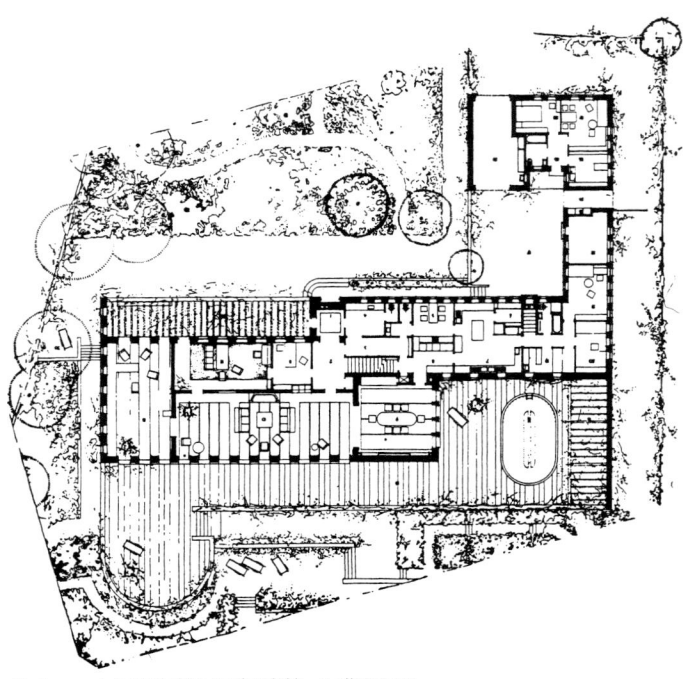

B　ショッケン家住宅および図書館、1階平面図

A アパートメント、シュムエル・ハナギド通り、エルサレム（1938-39） p.1566 参照

B ハダサー病院、スコプス山、エルサレム（1936-38） p.1566 参照

C ハマーロト・ハウス、エルサレム（1935 頃） p.1566 参照

D エングレ・ハウス、テルアビブ（1933） p.1566 参照

A エルサレム中東研究センター、エルサレム（1986） p.1571 参照

B 最高裁判所、エルサレム（1986-93） p.1571 参照

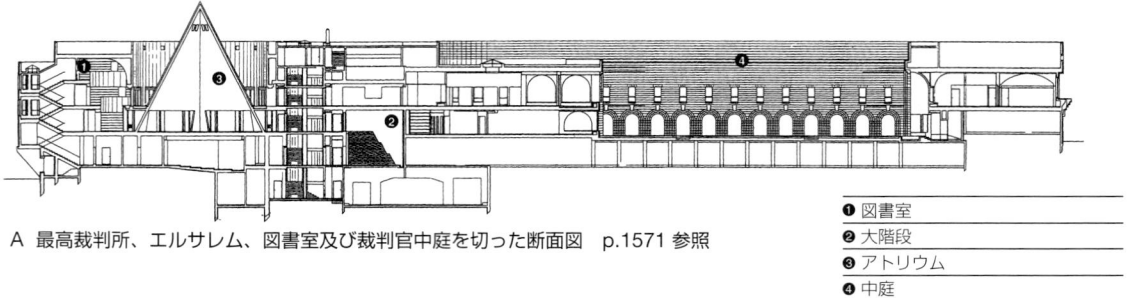

A 最高裁判所、エルサレム、図書室及び裁判官中庭を切った断面図　p.1571 参照

❶ 図書室
❷ 大階段
❸ アトリウム
❹ 中庭

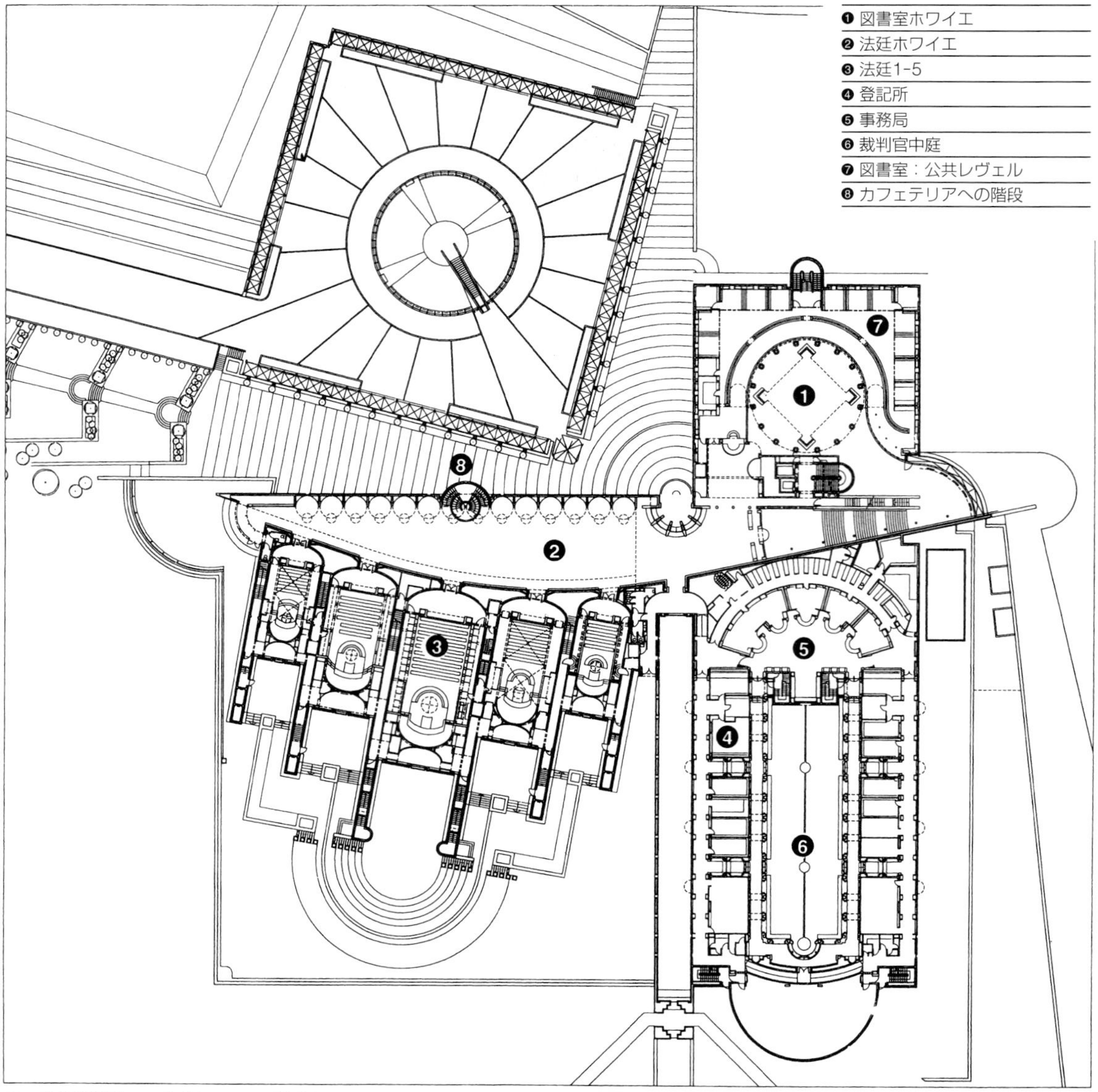

❶ 図書室ホワイエ
❷ 法廷ホワイエ
❸ 法廷 1-5
❹ 登記所
❺ 事務局
❻ 裁判官中庭
❼ 図書室：公共レヴェル
❽ カフェテリアへの階段

B　最高裁判所、エルサレム、2 階平面図

住宅(1955-57)であって、後者は、住宅の段状テラスと自然石の使用で名高い。1970年代には、再び集合住宅が優先され、多くの新都市や郊外住宅地が建設された。その多くは、**エルサレムの新郊外、ギロ**に要約されているように、メガストラクチュアの規模と雰囲気を有していた。

集合住宅運動の副産物として、プレファブ化とモデュール化に関心が寄せられ、幾何学に魅了されることになった。後者の最も極端な形態は、ズヴィ・ヘッカー(1931-)の建築、とりわけアルフレート・ノイマン、エルダル・シャロンと共同設計した**バトヤム市庁舎**(1959-63)や、ノイマンとの共同で実施した**ハイファの工業学校・機械工学実験所**(1964-67)に見ることができる。ヘッカーの集合住宅と多面体幾何学への関心は、ノイマン、シャロンとの共同で実施した**ラマト・ガンのドゥビナー・アパートメント**(1961-63)に初めて見出されるが、**ラモトの集合住宅**(1972-75)ではさらに押し進められた。そこでは、平面と断面に多角形幾何学が用いられている。

1960年代のある時期、イスラエル建築はブルータリズム運動の先鋭と見なされ、ドヴ・カルミと息子のラム・カルミ(1931-)による**テルアビブのエルアル航空ビル**(1962-65)や、ゼエヴ・レヒターの息子ヤコフ・レヒター(1924-)がM. ザルヒ、M. ペリと共同した**テルアビブのヒルトン・ホテル**(1965-66)のような彫塑的建物が建てられた。構造的・装飾的双方の目的で打放しコンクリートを使用するこの言語は、30年間の大半、エルサレムを除く全国の規範となり、この若い国家の民族様式を代表することになった。同様式によらない重要な建物は、ローマ大賞受賞者である南アフリカの建築家、ジャック・バーネット(1925-96)が土着的古典主義で設計した**アシュケロンのアフリダール市民センター**(1952-54)、アルフレッド・マンスフィールド(1912-2004)がエルサレムの丘陵地に優しげな一連のパヴィリオンを巧みに配置した**イスラエル博物館**(1959-75)、ハインツ・ラウによる優美なモダニズムの**ヘブライ・ユニオン・カレッジ**(1962)である。

1980年代には、この制服のような様式からの急変が見られた。近年建てられた最も印象的な建物が2つ、エルサレムにある。1つ目はダヴィド・レズニク(1923-)による**モルモン大学・エルサレム中東研究センター**(1986、p.1569A)で、明らかに東洋的なドーム、アーチ、中庭を有し、敷地にうまく合った段状の建物である。2つ目はラム・カルミとアダ・カルミ=メラメーデ(1936-)による新**最高裁判所**(1986-93、p.1569B、p.1570)で、エルサレム中東研究センターより一層抽象的で彫塑的ではあるが、歴史と「地霊(ゲニウス・ロキ)」に負う所が大きい。

訳/片木 篤

20 世紀の建築

第 49 章
アフリカ

はじめに

ハーバート・ベイカー卿は、植民地支配とそれに関連した建築の質、さらには入植者の国家理念に対して外的表現を与え、それを多様な国の状況に合わせて改変するという建築家の使命を、自信をもって信奉していたが、その考え方には時の審判を受ける機会はほとんどなかった。1890 年以降の 75 年間という短い期間内に、ヨーロッパ列強諸国はアフリカに帝国を築き、多様に発展させ、失った。その一方で、もっと以前に設けられた植民地や保護領があって、そこにはもっと長い歴史があった。このような状況ゆえに、アフリカ諸国に影響を与えた西洋化の程度には大きな差があった。しっかりと確立された植民地、特にイギリスとフランスの植民地は、独立後でもヨーロッパとの建築的繋がりを保持したが、次第に何がしかの面で土着文化の影響をより大きく受けるようになった。しかし 20 世紀初頭から、途切れることのない 1 つの建築的主題があって、それが諸文化の統合であった。

20 世紀初頭の新機軸は、植民地行政官や営利事業用に、アフリカ人の人口中心の外側に都市をレイアウトしたことであった。1910 年、ケニア大管区内の大管区および管区弁務官に対して、町は「将来の発展に都合が良いよう、より永続的な方針でレイアウトされる」べきであり、行政府に必要とされる土地を特定し、市場、教会、病院といった建物に必要とされる候補地を挙げ、ヨーロッパ人とインド人の商業地区、ヨーロッパ人の住宅地区、現地人の居留地を指示するようにとの訓令が出された。1917 年、ナイジェリア北部の首都がカドゥナに移された時、その新レイアウトはフレデリック・ジョン・ルガード総督（後に授爵）が立てた原則に基づいてなされ、さらにその原則は影響力のあった 1917 年の「町制条例」に組み込まれた。

カドゥナは、練兵場訓練と厳格なヒエラルキーに慣れ親しんだ軍人精神の産物であって、そこには、宗教的拠点、神殿、市場といったコミュニティ施設周りの有機的な成長というアフリカ人の考えとは似たところのない、秩序ある計画理念と空間構成が持ち込まれた。総督府は中央通りを見下ろす最も高い地点に置かれ、その下には、階級が下がるにつれ規模が小さくなる上級および下級官吏の区画がある。街路樹が植えられ、庭園がふんだんにあり、緑地帯が行政府住宅地区を取り囲んでいる。兵舎、練兵場、競馬場、ゴルフ・コースがあり、店舗とオフィスは、見えない所にある。この軸的でヒエラルキカルな計画理念は、広範に定着するようになり、おそらくそれが源泉となって、1970 年代に開始されたナイジェリアの新首都アブジャのレイアウトがなされた。

もう 1 つの重要な都市デザインが、1906 年から 1922 年にかけて建設されたエジプトのヘリオポリスであって、同市は戸建住宅と庭園を持つイギリスの田園都市の方針に沿ってレイアウトされた。

ルガードと同時代のフランス人総督、リヨテ元帥は、北アフリカ植民地の新都市計画その他の刷新において、背後で権力をふるった。1857 年に創設されたダカールは、1904 年にセネガルの首都に昇格された際、グリッド・パターンでレイアウトされた。地中海風ディテールを持った植民地住宅が広々とした庭園内に建てられ、官庁街、商業地区、港湾等の地区が明確に限定された。後にアーケード付き街路が加えられ、さらに多くの官庁建築が建てられた。

1919 年のフランスの法規では、都市の開発・拡張・質の向上の計画作成が求められた。それが 3 年後にアルジェリアに適用されて、アルジェがその影響を受けたアフリカ初の都市となったが、同計画は 1931 年まで承認されなかった。そこではゾーニング概念が導入され、海軍地区と旧県庁の取壊しと再生が提案された。

新地区が構想されると同時に、旧市街の一部には例外が設けられ、古い建物とアーケード付き街路の正統性と審美的価値を、ピクチュアレスク性と生きた博物館としての質を有するという理由から、保存するという意図が明言されていた。新旧双方のアフリカの都市に植民地の計画が押し付けられたにもかかわらず、2つの文化間には互恵的影響関係があった。それはアフリカ大陸の建築でより一層明らかである。

独立以前のアフリカ諸国の建築

南アフリカでは、ハーバート・ベイカー卿が新しい公共建築を設計したが、その内、**ヨハネスブルグの南アフリカ医学研究所**（1912、p.1575A）は、一連の中庭と整形植栽、主屋間を結ぶ列柱廊、ドーム付きの中央塔を持っていた。**ケニアのナイロビ**で、彼は**裁判所、鉄道本社**（1929）、**政庁**（1934-35）を、同様のレン派生様式で建てたが、そのディテールや職人仕事の水準は高いものであった。**ジンバブエ、ソールズベリー（現ハラレ）のセント・メアリー・アンド・オール・セインツ大聖堂**（1913-38）は、彼のロマネスク様式によるもので、荒々しい石造とプラスター塗りの浅いドームとが対比されている。外観で最も目を引くデザイン要素たる円形の鐘楼は、ジンバブエの大遺跡の塔から着想された。ベイカーの影響は、南アフリカや他のイギリス植民地で働く同僚や前所員の作品に存続していった。彼のパートナーであったフランシス・マッセイは、**レソト、マセルのセント・ジェームズ仮大聖堂**（1905-6）や、**ジンバブエ、ブラワヨのセント・ジョン・バプティスト仮大聖堂**（1910-13）を設計した。

エドウィン・ラッチェンス卿が、両端にある張り出したパヴィリオンをポーティコ付きのパンタイル葺低層棟で結んだ**ヨハネスブルグ市立美術館**（1911-15）を設計して、ヨハネスブルグのすこぶる変化に富んだ建築に、イギリスの古典伝統に則った特徴的で際立った建築を付け加えた。彼は自らの視点を次のように述べている。「古い国では、荒い素材を使うことができる。そこでは、人が子供の頃から本能的にそれを取り扱い、無意識的にそこに愛おしいテクスチュアを織り込んでいるのが見受けられる。新しい国では、建物外装でその種の助けを期待することは不可能である。（中略）アフリカには、偶発事が頼れる伝統はなく、頼れるのはその建築に関する最良の思考だけである。混成語では偉大な詩は得られず、詩的感情が得られるだけである。」彼の上記美術館のデザインや、**ランド連隊記念碑**（1911）の凱旋門デザインは、古典建築が新しい国で設計される際には、その規則やプロポーションが厳密かつ絶対的に規定され、遵守されなければならないという彼の信念を裏付けている。彼は、古典建築は植民地用に改変されなければならないというセシル・ローズの論に与しなかったのである。

テーブルマウンテン斜面の雄大な敷地に立つ J. M. ソロモンによる**ケープタウン大学**（1915）、軸的に計画されたキャンパスの中央に立ち、コリント式ポーティコを持つエムリー＆ウィリアムソンによる**ヨハネスブルグのウィットウォーターズランド大学・中央棟**（1923）、ウィリアムソン、コーウィン＆パワーズによる**ヨハネスブルグ大学・図書館**（1933）、J. ペリーによる**ヨハネスブルグ公共図書館**（1935、p.1576A）、J. モリスによる**ケープタウンの南アフリカ準備銀行**（1932）、B. マンサーフによる**ケープタウンのランド銀行**（1938）のような建物で、古典様式は脈々と使われ続けた。

ヨーロッパで教育を受けたベイカーの若き弟子であるゴードン・リースの作品、**ヨハネスブルグ鉄道駅**（1927-32）、**ブルームフォンテーム市庁舎**（1936）、**ヨハネスブルグのユニオン・コーポレーション・ビル**（1938）、**ヨハネスブルグの南アフリカ準備銀行**（1938）は、当時のスウェーデン新古典主義の影響を示している。公共工事局による**ケープタウンの国立美術館**（1928-29）は、より折衷的な古典主義を示しており、影響が浸透しているケープ・ダッチ様式から引用された要素が組み込まれている。

他のイギリス植民地では、特に民間住宅で、ピクチュアレスクで折衷的な地中海様式が用いられた。その大規模なものは、**タンザニア、ダル・エス・サラームの政庁改築**（1922、p.1575D）に、1950年代におけるその後裔の形態は、ハリソン、バーンズ＆フッバードによる**レゴンのガーナ大学**（p.1575E）に見られる。ここでは精妙なスカイラインと段状のキャンパスが注目に値する。

20世紀初頭にフランス政府の政策が変えられ、今や征服者の様式から離れ、保護者や協力者の様式に向かう時期であることが示唆された。1903年、ジョナール知事はアルジェ派遣団に「我々は、自分が征服したものを踏みつけるような人間ではない。我々は、彼らとともに、兄弟のように彼らと寄り添って歩くことを望んでいる」と語ったのである。その結果、1900年から1914年にかけて、**アルジェにはネオ・アラブ建築**の事例、たとえばトンドワールとヴォワノによる**中央郵便局**（1890-1900）、現在**ギャルリー・アルジェリエンヌ**（1902）として知られているヴォワノによる百貨店、**県庁**（1904）が建設された。

リヨテ元帥の影響下にあるフランス植民地では、2つの文化の統合への努力がなされた。フェズでは、古

第 49 章 アフリカ | 1575

A 南アフリカ医学研究所、ヨハネスブルグ（1912） p.1574 参照

B 官庁群、バマコ（1930 頃） p.1577 参照

C ローマ銀行、トリポリ（1930 年代半ば） p.1577 参照

D 政庁、ダル・エス・サラーム（1922）
p.1574 参照

E ガーナ大学、レゴン（1950 年代）
p.1574 参照

A ヨハネスブルグ公共図書館(1935) p.1574 参照

B アングロ・アメリカン・ビル、ヨハネスブルグ(1937-38) p.1578 参照

C アパートメント、カサブランカ(1953-54) p.1581 参照

D 集合住宅、ラバト p.1581 参照

い建物の価値が認められ、孤立した事例を保存するだけでなく、メディナ（イスラム教徒居住区）全体の構造を保持することも試みられた。リヨテ元帥がラバトに建てた H. プロストと A. ラプラード設計の**総督府**（1918-20）に見られるように、彼自身、伝統的モロッコ建築の崇拝者であり、J. マラストによる**カサブランカの裁判所**（1915）、J. ラフォルグによる**ラバト郵便局**（1920 頃）といった公共建築に、伝統的な形態やディテールを盛り込むよう奨励した。M. ボワイエによる**カサブランカ市庁舎**（1931）は、特にアーケード付きの中庭において、モロッコ宮殿の特性を反映している。馬蹄形アーチは、**マリ、バマコの官庁群**（1930 頃、p.1575B）の全長にわたって反復されており、同時期の**マリ、セグーの裁判所**ではもっと優美に盛り込まれている。アラブ様式はまだカイロでは影響力があり、A. ラセーアクによる**ミスル銀行**（1927）、**寄進省ビル**（1925）、**アメリカン大学**（1932）で用いられ、大成功を収めた。**ナイロビのジャミア・モスク**（1925-33）のような宗教建築もまた、伝統に忠実であった。

第 1 次世界大戦後のイタリアによるリビアとソマリアの占領は、計画された中心部を持つ**新農村**——たとえば、U. ディ・セーニによる**オリヴェティ**や**マリオ・ジオダ**——の創設という結果を生んだが、その建築はアプリリアやポンティニアといったイタリア、トランスポンティーネ地方の新都市の建築に類似していた。**トリポリ新市街**は、A. A. ノヴェッロと O. カビアーティにより、旧市街に沿って計画され、その中心広場には、F. ディ・ファウストによるロンバルディア様式の**大聖堂**（1924-32）、A. リモンジェッリによる**総督府とローマ銀行**（1930 年代半ば、p.1575C）が建てられた。1936 年のアビシニアの占領により、L. グイディと C. ヴァッレによるアジス・アベバの計画や他都市の計画が生み出されたが、そこでは、ヨーロッパ人地区と現地人地区との間に明確な境界が引かれていた。

新しい建物、たとえば、C. A. ラヴァによる**ソマリアの住宅**などは、ある程度まで、1930 年代の合理主義建築家が主張した「地中海式」の特質に影響を受けており、南イタリアの町の何がしかの特性が海外に輸出された。新官庁建築を設計する建築様式は、1936 年、ローマ文明を表わす「偉大な古典的精神」と定義されたが、それにもかかわらず、近代的技術手段が組み込まれ、また気候や周辺の特性への配慮も参照された。オッタヴィオ・カビアーティは次のように記している。「今やイタリア語は、ローマと同じようにトリポリやベンガジでも話されている。そのようにイタリア建築様式が使われるべきである。」ジョヴァンニ・ペッレグリーニが著したいわゆる『植民地建築宣言』（1936）は、この考え方を増幅した。また 1939 年には、裸形の古典主義によるアジス・アベバの壮大な計画——グイディ、ヴァッレ、ウルリヒ、カフィエロによる皇帝宮殿、グイディとヴァッレによる官庁群、マルコーニによる市庁舎——が準備されたが、日に焼かれた土地での長大な列柱廊というデ・キリコ的夢想のまま終わった。

近代運動が影響を及ぼしつつあることは、アフリカでは 1930 年代初頭に感知され、特にアルジェリアでは、1933 年に最初の「近代都市」展が開催された。しかし、高度に発展した南アフリカにおいてでさえ工業化の導入が遅れたことは、伝統工芸が西ヨーロッパや合衆国よりも長く存続したということを意味していた。それにもかかわらず、フランスからいくつかの技術革新が持ち込まれた。オーギュストおよびギュスターヴ・ペレは、1915 年という早い時期にモロッコで仕事をしており——特に有名なのは**カサブランカのドック施設および倉庫**である——、1920 年代には M. J. ギオーシェンと共同で**アルジェの総合政庁**を建設した。それは前庭周りにペレ風裸形の古典様式で設計されたものであるが、多層の建物も組み込まれていた。ギオーシェンは、鉄筋コンクリートを用いて仕事をしていたアルジェリアで最も進んだ建築家であり、アルジェに、**ピエール・ボルド・ホール、練兵場リセ**（1936）、**農業省**（1938）を設計した。ネオ・アラブ様式がフランスからの新しい考え方に凌駕された 1930 年代に、アルジェに建てられた他の建物には、L. クラロによる**市庁舎**と、「近代芸術と古典芸術のインスピレーション」の結合と言われた**公会堂**（1935）、C. モンタランドによる**学生会館**（1933）があった。モンタランドは、1931 年のヴァンセンヌ植民地博覧会、アルジェリア・パヴィリオンを伝統的なアルジェリア様式で設計できるほど多才であった。

その頃、ル・コルビュジエは野心的で大規模なアルジェ市再建案を作成していた。1931 年、彼はアルジェに招かれ近代建築と都市計画の講義をし、その講義の中で、山並の等高線に沿った線状の沿岸開発という同市の構想を語った。その後 1933 年から 1942 年にかけて、彼はこの考えを発展させ、計画図 5 組にまとめたが、そこでの近隣住区は、ピクチュアレスクな古いカスバを全く小さく見せるであろう摩天楼と連結されることになっていた。その計画図ばかりでなく、地中海沿岸の新都市ヌムールの計画案や、**デュラン家所領、ワジ・ウシェア**の大規模住宅地開発案も、何一つ実現されなかった。1950 年に出版された『アルジェの詩』だけが、このようなアイデア全ての形ある成果となったが、間接的な結果もあった。フランス支配下で、エマリー＆ミケルが 1944 年に設計した新都市**ベロヴァギア**

に見られるように、都市計画全般はヨーロッパの動向に従ったが、数多くの同じような住宅地開発を、キャンディリス（ル・コルビュジエの下で修業した）、ジョジック、ウッズ＆ポンスが**オラン、シディ＝ベル＝アベ**ス**とサイダ**で、ビゼとデュコレが**フセイン＝デイとブリダ**で、ドールとベリが**フセイン＝デイ**のもう1つの計画、シテ・ド・ラ・モンターニュ（山岳都市）で行なったのである。

ヨーロッパからアフリカの一部への国際様式の進出は、ナチス・ドイツからの亡命者の到来で、ある程度早められた。シュテフェン・アーレンズは1931-32年にモスクワのエルンスト・マイの設計グループに加わった後、1932-36年にベルリンの父の設計事務所で働き、ヨハネスブルグに移住して大事務所を築いた。彼は、南アフリカと南ローデシア（ジンバブエ）中で仕事をし、約500戸の**住宅**を建てたと信じられている。マイ自身は、1934年にドイツを去り、最初はタンザニアのタンガニーカに、1937年からはケニアに住んだ。1940年代、彼は**ナイロビ、デラメア通り開発**の**アパートメント棟**のレイアウトを設計したが、その禁欲的表現はフランクフルト市建築家としての彼の初期作品を偲ばせる。1950年代、彼は**モンバサ**の**オーシャニック・ホテル**を設計したが、それがインド洋沿岸に建てられた多くのホテルの嚆矢となった。ヴィルヘルム・アーノルト・パプストは、ベルリンで訓練を受け、ミース・ファン・デル・ローエの下で働き、南アフリカに移住した。ヨハネスブルグにある彼の建物には、**チャイニーズ・クラブ**や**パティダル邸**がある。

近代建築家のパイオニアの1人、アミアス・コンネルは1947年にイギリスを去り、タンザニアのタンガニーカに短期間滞在した後、ケニアにやってきた。彼が請け負った大規模計画、1950年代後半の**アガ・カーン60周年記念病院**、**立法委員会ビル**（後の**新国会議事堂**、1955、1963増築）、**法務局**（1960）は、コンネルの作品でル・コルビュジエの影響が続いていることを示しているが、それらはまた装飾、特に大胆に穴を開けた壁を反復使用した効果に対して彼の興味が大きくなっていることも示している。

南アフリカでは、レックス・マルティエンセン、W. G. マッキントッシュ、ノーマン・ハンソンが率いるル・グループ・トランスヴァールに対して、ル・コルビュジエが大きな影響を及ぼした。彼らは、デュドク、グロピウス、ル・コルビュジエを順々に崇拝するようになり、ル・コルビュジエとの交流関係を築いた。彼は1936年に「アフリカのあのように遠く離れた場所で、あのように活発なものを見出して」驚いたと記している。彼はそのグループに、「流派（ヴィニョーラ派のごとき「コルブ」派）を踏み消す」ように助言を与えたが、ハンソン、トムキン＆フィンケルシュタインによる**ハリス邸**（1933）と**スズマン邸**（1936）、マルティエンセン、ファスラー＆クックによる**スターン邸**（1934-35）、マルティエンセン自邸のようなデザインでは、彼の影響は明らかである。ヨハネスブルグ都心部で国際様式を代表したのは、マルティエンセン、ファスラー＆クックによる3階建の**ピーター・ハウス**（1934-35）、ハンソン、トムキン＆フィンケルシュタインによる8階建の**ホットポイント・ハウス**（1934-35）、コーウィン＆エリスによる**ネヴァダ・コート**（1938-39）、この親密なグループの5人以上が共同した**20世紀劇場**（1930-40）であった。ダグラス・コーウィンは、このグループの周縁にいた建築家であるが、地元の気候条件にあった表現法を発展させ、それがヨハネスブルグの以後の住宅建築に大きな影響を与えた。**ベド邸**（1936）、**ミリョ邸**（1936-37）、**ゴードン邸**（1938）が、人気を博すことになる様式によるものであった。

南アフリカとオランダとの結び付きはいまだ強く、デュドクのレンガ建築が、イング、ジャクソン＆パーク＝ロスによる**ダーバン工科大学・クラブハウス**（1938）のようなデザインの源泉となった。ヨハネスブルグのG. ピアースによる**エスコム・ハウス**（1934）と、P. R. クックが設計し、後にピアースとファスラーに引き継がれた**ファン・エク・ハウス**（1936）は、高く垂直に伸びた棟で、垂直方向に連なる凹部に窓が付けられており、当時のアメリカ建築からの最初の大きな衝撃を示している。ナーコム＆サマーリーによるヨハネスブルグの**クライスラー・ハウス**（1938）では、鉄筋コンクリートの片持梁構法が導入され、ガラス面の連続水平帯が可能となった。**アングロ・アメリカン・ビル**（1937-38、p.1576B）を建設した際、ジョン・バーネット卿、テイト＆ローンは、あらゆるデザインを主要立面に集中するという通常のやり方を破ったばかりでなく、正面側の植栽された前庭で周辺環境をまとめ上げた。

伝統的建築材料の質を引き続き評価したことが、ノーマン・イートンのデザインを際立ったものにした。彼はケープ・ダッチ建築の綿密な研究を行なっただけでなく、ローマ学者でもあった。彼の建物には、**ランド銀行のポチェフストローム支店**（1940）、**ピーターマリッツバーグ支店**（1941-43）、**クローンスタッド支店**（1943-44）、**ネザーランズ銀行のプレトリア支店**（1946-53）、**ダーバン支店**（1961-65）、**プレトリアのリトル劇場**（1950頃）、多くの個人住宅、たとえば**プレトリアのアンダーセン邸**（1949-50）があった。イートンは同時代の人とは違った視点を持っていた。彼はアフリカ建築の可能性を信じ、「建築家がル・コルビュジエその他か

ら拾い上げた決り文句を用いる」傾向を批判して、次のように記した。「これは、元々のル・コルビュジエの解決が良いものでなかったということではなく、それが我々とは何の関係もなく、おそらくは掌中にある問題とも何の関係もないのに、それを拾い上げ、それをヨハネスブルグで用いるのは無意味であるということである。」

独立後

第2次世界大戦まで、アフリカの植民地と南アフリカ連邦は、建築材料の輸入にいまだ大きく依存しており、地元で入手できる建築材料を補正していた。戦時中におけるこうした補給の中断が、ついには工業を興すこととなり、それが南アフリカを自足させ、次第に他国から自立させたのであるが、そこでの建築は国際性を帯びており、ヨーロッパやアメリカの理念や流行と密接に関係していた。1961年、南アフリカは共和国となる一方、他のアフリカ諸国には、1951年以降、独立が与えられた。「熱帯諸国は世界の中であまり発展してこなかった所である。そこには植民地あるいは旧植民地の人々が住み、彼らが勢いに乗って国民となったが、そうこうしている間に、ヨーロッパ的な進歩の技術と理念を同化するという問題に直面している。」1960年、『アーキテクチュラル・レヴュー』誌にそう記した者は、そのような同化と西洋化こそが、新たに独立したアフリカ諸国が前進する方途であることを疑ってはいなかった。その一方で、次のようなことも認めていた。「やがて各国は建築的に自足するだろうことは疑いえないが、それらの国々にとって、これは長い行程となるだろう。それらの国々は今、独自の建築専門家と建築学校を獲得し始めつつあるが、それをやり遂げて初めて、独自のものと認知しうる首尾一貫した建築様式に到達することが期待できよう。」

世界のより発展した国が、独自のものと認知しうる首尾一貫した建築様式を持っているという暗黙の確信は、問われるべきである。しかし新興独立国では、新しい行政・商業建築、大学、学校で模倣するモデルとしてヨーロッパ建築を頼りとするのは不可避であって、ほとんどいつも、それらはヨーロッパ人建築家によって設計された。ヨーロッパの戦後建設ブームは、国際様式を、それが翻訳されたものであっても、規範としてしっかりと定着させたし、しばしば適切性や文脈とは関わりなく、アフリカに輸出され、応用されていたのが、この様式であった。

1950年代から1960年代にかけて、西および東アフリカで広範な業務を展開したイギリスの設計事務所のパートナーであったジェーン・ドリューは、新しい教育施設は「わざと幾何学的で規則的であるべきである。というのも、樹形がごちゃ混ぜになっている繁茂した森林という極端な無秩序に対して、そのような言明が必要とされるからである」と信じていた。イギリスのピクチュアレスクの伝統に沿った視点が、当時の国際様式の採用を組み込むべく、拡張された。彼女はそれを増幅し、アフリカでの新建築の特徴は、「エレベーターが高価な国では必須とされる、長く低い棟と片流れ屋根からだけではなく、日除け、格子、その他の日陰を作るが、風も通す装置から出てくるだろう」と定義した。「場合によっては、特に棟とバルコニーのディテールにおいて、いかなる意味においてもアフリカのディテールを複写することなく、アフリカ的であるという反応をさせるような方法での設計が試みられた。日射、湿度、重々しい曇った空、ふさぎ込ませるような無気力感が、可塑的な形態を呼び起こすように思われる。それは、リズミカルで強靭であり、繊細でも優美でもなく、肉太で彫塑的である。実際、西洋は西洋的概念を持ち込むことができるだけであるが、アフリカでアフリカのために設計している西洋人は、気候上の要因ばかりでなく、心理上の要因からも影響を受けるはずである。」

以上のような1950年代から1960年代にかけての新建築についての当時の解釈は、流布していたデザイン論を要約しており、また末尾の文章に感慨が込められているにもかかわらず、価値ある教訓を学ぶことができたであろう地元文化が誤って無視された理由をも示している。この当時、アフリカのためのデザインとヨーロッパのそれとを区別する最も明白な要素は、ブリーズ・ソレイユであって、それには無数の変種があった。A. D. コンネルによる**ケニア、ナイロビの法務局**では、小ユニットの反復がレース状のパターンを生み出しており、ピートフィールド＆ボジェナーによる**ウガンダ、カンパラの国立劇場・文化センター**では、曲面ファサードに連続した大きい輪が付けられている。J. キュビットによる**ガーナ、アクラの工業開発公社**には垂直に並べられた可動ルーヴァーが、フライ、ドリュー、ナイト、クリーマーによる**ナイジェリア、ラゴスのブリティッシュ・ペトロリアム・オフィス**には階高分ある垂直ルーヴァーが、上記設計者による**イバダンの西ナイジェリア協同組合銀行**には上記と同じほど力強い水平ルーヴァーがあり、J. セミションによる**コートジボワール、アビジャンのSCIAM財務省**では、三角形断面を持つ垂直フィンが優美にファサードを分節している。ゴドウィン＆ホプウッドによる**ナイジェリア、ラゴス大学・

1580 | 20世紀の建築

A 集合住宅、アクラ、ガーナ（1962） p.1581 参照

B ユニヴァーシティ・カレッジ礼拝堂、イバダン、ナイジェリア（1953-54、1961-62 増築） p.1581 参照

D アルジェ大聖堂、アルジェリア（1959-60） p.1581 参照

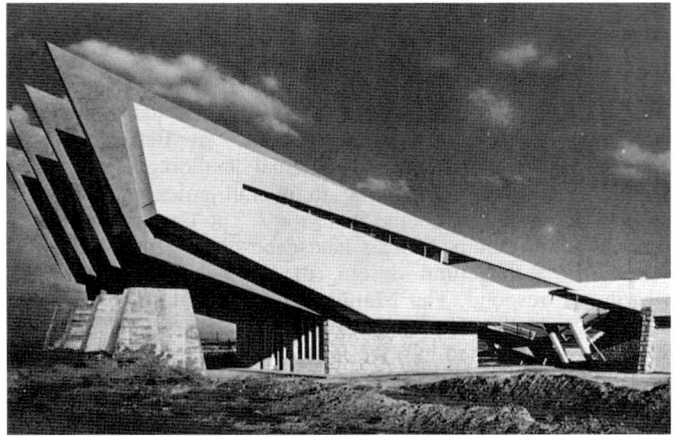
C 教育センター、ティト=メリル、モロッコ（1960年代） p.1581 参照

理学棟(1975)、ラゴスの学校、イケジャの住宅では、ルーヴァーが支配的デザイン要素となっている。

フランス旧植民地では、特に R. シモネによる**アルジェリア、ジェンナン＝エル＝ハッサンのシテ・ド・ルカーズマン**(移住都市)、**モロッコ、カサブランカの A. ステューダーによるアパートメント**(1953-54、p.1576C)と E. アザグリーによる**アパートメント**(1968)といった集合住宅では、ル・コルビュジエの影響は大きいままであった。**モロッコ、ラバト市民センター**(1967)を設計したアザグリーが、後に同市に建てた**集合住宅**(p.1576D)は、中庭やテラスを組み込んでヨーロッパ起源の形態を修正し、伝統的北アフリカ建築により順応させている。J. G. ハルステッドが設計した**ガーナ、アクラのクリスチャンボーグ城傍らの集合住宅**(1962、p.1580A)もまた、部分的に伝統的中庭型住宅平面に逆戻りするだけでなく、変化に富んだグルーピングと屋根ラインを提示して、地方性に応答している。ジュリアン・エリオットは、1950年代に**コンゴ、カタンガ州、エリザベスヴィルに住宅**を設計した。それらはヨーロッパ人用ではあったが、アフリカ住宅の原理に従おうとした。彼はまた、1960年代にはザンビアで、植生に適合した簡素な素材と形態を持ったアフリカ的解を見出そうとした。エルンスト・マイは、ヨーロッパではなくアフリカの伝統に基づいた標準化集合住宅を、**ウガンダ、カンパラ**に設計したが、彼による**タンザニア、モシ文化センター**のコンセプトは、純粋にヨーロッパ的である。ヨーン・ウッツォンは個々の建物を風景内に統合しようと努力し、たとえば**モロッコの製紙工場**(1947)で見られるように、ベルベル建築をモデルとして採用したが、そうしたデザインは例外的である。

アフリカで働くイギリス人建築家が、当時のイギリス建築に影響されるのは不可避で、ブリテン祭やニュータウンを反映し、またコヴェントリーのような戦災を受けた都市の復興を反映した多くのものが建てられた。戦後の教会もまた、たとえば G. G. ペースによる**ナイジェリア、イバダンのユニヴァーシティ・カレッジ礼拝堂**(1953-54、1961-62 増築、p.1580B)や、ホープ、リーラー＆モリスによる**ザンビア、ルサカの聖十字大聖堂**(1960-70)に対して、モデルを提供した。P. エルブと J. ル・クトゥールによる**アルジェを見下ろす大聖堂**(1959-60、p.1580D)は、礼拝式の改訂に合わせた集中式平面を持ち、頂部にガラスが張られた高い双曲面の明り塔を戴いている。

南アフリカでは、イギリスとの建築的繋がりはいまだ強かったものの、1960年代初頭にはアメリカ合衆国に反対に引き寄せられた。ミース・ファン・デル・ローエの広く賞賛された語彙の影響は、たとえばバーグ、ロッジ＆バーグと W. G. マッキントッシュとの共同による**プレトリア市立美術館**(1964)に見られるが、おそらく最も強かったのがルイス・カーンの影響であった。彼は、1960年代にペンシルヴェニア大学で彼に学んだ多くの若い建築家たちにとってのインスピレーション源であった。彼の影響は、GAPP アーキテクツによる**ヨハネスブルグのサンドトン図書館および区役所**、ハレン、カスターズ、スミスによる**ダーバンのナタル大学・法学センターおよびオフィス**といった1990年代の建物にもまだ見ることができる。

イギリスと同様、1950年代から1960年代にかけての最良の作品は、教育施設に見られた。マックスウェル・フライとジェーン・ドリューがパイオニアで、彼らの事務所がガーナやナイジェリアに多くの学校や単科大学を建てた。彼らの最も重要なデザイン、**ナイジェリアのイバダン大学**(1959-)は、建物群の連鎖を組み込んだもので、広々とした敷地に配された学寮が、教育および管理センターを取り囲んでいる。ジェームズ・キュビットとケネス・スコットは1950年代にパートナーシップを組み、ガーナの新建築に大きく貢献した。1950年代初頭、彼らは教育施設プログラムを開始した。そこには、**ベレクム、セコンディ、ジャシカンの教員養成大学、アクラやクマシの工科大学**が含まれるが、後者では鉄、コンクリート、ガラスが大胆かつ正確に表出されていた。**クマシ工科大学**は、1951年に工事が始まり、後に科学技術大学となった。スコットは残りの人生をガーナで過ごしたが、**アクラのスコット自邸**は優美なミース風デザインで、彼の商業・健康施設にも同様の特質が見られる。それは、ジャン＝フランソワ・ゼヴァコが1960年代に建てた**モロッコ、ティト＝メリル**(p.1580C)や**ベン＝スリマヌの単科大学**や、**カサブランカ、ワルザザート、アガディールの学校**での劇的で外向的な性格とは対照的である。1960年の地震後のモロッコ、アガディール復興では、大多数がモロッコ生まれである世代の建築家に機会が与えられた。ゼヴァコは**学校群、郵便局、ラジオ・テレビ局**を建てた。アルセーヌ＝アンリとオネガーが**市庁舎**を担当し、エリ・アザグリーが**裁判所**を建てた。

新しい大学や教育施設の多くは、海外の建築家もしくは彼らとの共同で設計された。アルジェリアでは、オスカー・ニーマイヤー、丹下健三、ヤコブ・ツヴァイフェル、デヴェコン社、スキッドモア、オーイングズ＆メリルが選ばれて、新しい大学を設計し、他方、ハンス・ムンク・ハンセンとヴィルヘルム・ヴォラートは**クサール＝エル＝ブハリの職業訓練センター**(1977)を担当した。1966年、ジェームズ・キュビットは、400 ha の敷地に2200人の学生を収容する**リビア、ベンガ

20 世紀の建築

A ウェスタン・ケープ大学・図書館(1989) p.1584 参照

B ザ・テラスズ、ケープタウン(1980 年代)
p.1584 参照

C ダイアゴナル通り 11 番地、ヨハネスブルグ(1981-83)
p.1584 参照

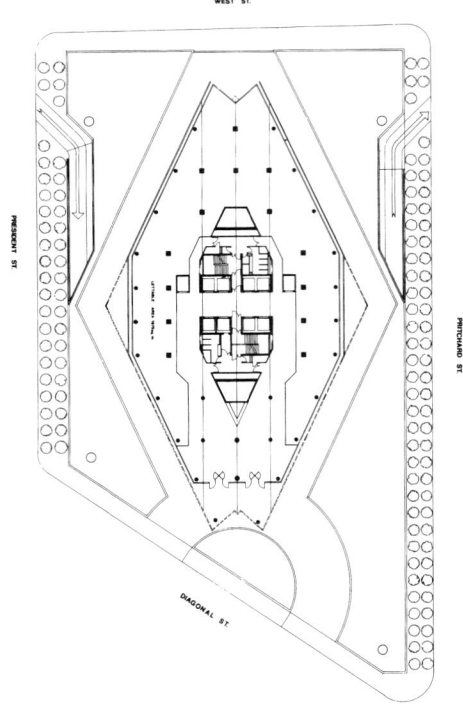

D ダイアゴナル通り 11 番地、1 階平面図

第49章 アフリカ | 1583

A ヨハネスブルグ市立美術館（1986） p.1585 参照

B ファースト・ナショナル銀行本社、ヨハネスブルグ（1995）
p.1584 参照

C 病院、マラケシュ、モロッコ（1978-82） p.1589 参照

D ファースト・ナショナル銀行本社、ヨハネスブルグ、北東からの鳥瞰図

ジの**ガリューニス大学**の設計を依頼された。ジュリアン・エリオットによる**ルサカ**の**ザンビア大学**（1965-）は、中央にある図書館、食堂、学生集会ホールによって管理棟や教育棟のグループが結ばれるという興味深いコンセプトによるもので、全てが劇的に造園されたキャンパスに配されている。

ブリアン・サンドロックによる**プレトリア**の**南アフリカ大学**（1962-64）は巨大で、しかも丘上から片持梁で突き出されており、違った劇的効果を生んでいる。これと、ヤン・ファン・ヴィクとヴィルヘルム・O・マイヤーによる**ヨハネスブルグのランド・アフリカーン大学**（1967）の幾何学的なフォルマリズムとは対照的である。1970年代後半、モントゴメリー、オルドフィールド、カービイ、エリオット＆フロベラールは、コンクリート造ブルータリズム様式で、**ヨハネスブルグのウィットウォーターズランド大学**内に、**アーネスト・オッペンハイマー生命科学複合施設**を設計した。ジュリアン・エリオットは、**ケープタウン大学**キャンパスに、明らかにルネサンス宮殿の列柱廊付中庭を参照したフォーマルで威厳ある建物として**教育棟**を設計した。**ウェスタン・ケープ大学**には1980年に自治が与えられ、以後何年かでキャンパスに何棟か付け加えられたが、これらはさまざまな建築家の作品であった。ジャック・バーネットによる**大ホール**と**大学センター**、プリンスロー、パーカー、フリント、エリオット＆ファン・デン・ヘーファーによる**講堂**と**理学棟**、ムンニク、フィッサー、ブラック、フィッシュ＆パートナーズはジュリアン・エリオットと共同して**図書館**（1989, p.1582A）を担ったが、それは、特徴があり刺激的な造形と幾何学的な屋根、またヒューマン・スケールという点で賞賛されてきた。レヴェル・フォックス＆パートナーズは、西ケープ、**ベルヴィルのペニンシュラ工科大学**（1984）キャンパスで、緩やかな古典的コンセプトを考案した。その全体のガイドラインに従って個々の建物が設計され、最初の建物が1986-87年に完成した。ハレン・セロン＆パートナーズによる**ウムラジのマンゴスツ工科大学**（1979-82）は、緩やかに起伏する丘を越え、海へといたる眺望を持った高所に置かれ、風景に感度よく一体化されている。GAPPアーキテクツによる**カーステンボシュの国立植物学研究所・研究実験棟および図書館**（1991）は、繊細な敷地上の低い壁から広い庇を出し、山麓に共鳴するようなやり方で設計されている。

1980年代から1990年代にかけてアフリカの都心ビジネス地区に建てられた商業ビルは、西洋のそれとほとんど区別できない。それは、一般的に、塔状オフィスの下に駐車場あるいは店舗を収めた多層の基壇を置くというモデルに従っている。1970年代には、レヴェル・フォックス＆パートナーズによる**ケープタウン**の**BPセンター**（1971-73）、ヘントリヒ＝ペチュニク＆パートナーズによる**ヨハネスブルグのスタンダード銀行センター**（1970）、スキッドモア、オーイングズ＆メリルによる、ほとんどコンクリート造モノリスのような**ヨハネスブルグのカールトン・センター**（1966-72）などの開発で、その規模が大きくなった。ポスト・モダニズムとそれにほとんど必須のように付けられたアトリウムの両者は頻繁に見られるが、1980年代の多くの事例を代表するのは、RFBアーキテクツによる**ヨハネスブルグのアーンスト＆ヤング・ハウス**である。ムンニク、フィッサー、ブラック、フィッシュ＆パートナーズによるケープタウンの汀に沿った新築ビルの1つ、**ザ・テラスズ**（1990, p.1582B）は、入念なディテール、風変わりなファサード、隅の塔上部に反射ガラスが張られた目を引くプロフィールを持ち、より特徴的である。ルイス・カロルによる**ケープタウンのサフマリン・ハウス**（1992）も同様に特徴的である。ヘルムート・ヤーンは、ルイス・カロルと共同して、きらめく巨大プリズム、**ヨハネスブルグのダイアゴナル通り11番地**（1981-83, p.1582C, D）を、またスタウチ・ヴォルスターと共同して、店舗の基壇上に24階建の光り輝く塔が立つ**ダーバンのフィールド通り88番地**（1982-85）を建て、南アフリカの都市景観に特徴的な2棟を付け加えた。スタウチ・ヴォルスターによって、**ヨハネスブルグ**にある有名なアール・デコの映画館の敷地に建てられた新**コロッセウム**（1987）は、精妙な造形とマス構成を持ち、特にアトリウム内にはチャールズ・レニー・マッキントッシュを偲ばせるようなディテールが施されている。「ステータス・シンボルに対する誇大妄想狂的な強迫観念」と称されたものから、1980年代後半には、バーグ、ドハーティ、ブライアントによる**南アフリカ準備銀行**と**サンボウ・ビル**が建設されることになった。両者はプレトリア都心部にそびえ、後者の黒ずんだマスは「デザインされ過ぎた基部から立ち上がる男性性器のようなシャフトで、頂部は風変わりなマンサード屋根で仕上げられている」と喩えられてきた。全く異なるアプローチが、南アフリカ最大の商業開発である**ヨハネスブルグのファースト・ナショナル銀行**（1995竣工, p.1583B, D）に見られる。それは、レヴェル・フォックスが率いる建築家チームが請け負い、屋根ラインが見えるような恥ずかしげ気もない古典復興主義の中規模建物であって、1920年代にトリスタン・エドワーズが「マナーが良い」として、「非社交的な摩天楼」よりも好んだであろうものに基づいている。

西洋諸国と同様、南アフリカでも再生と保存が建築実務の大事な要素となってきた。1970年代後半のパイ

オニア的改造は、**ヨハネスブルグ**の旧マーケット・ビルを**マーケット劇場**にしたもので、元々の性格の多くを保ちながら、異なる用途に供されている。この後に他の歴史的建物の保存/転用、たとえば、スモール、ペティット&アソシエイツによる**ピーターマリッツバーグの最高裁判所**の美術館への保存/転用(1991)、ヘリット・デ・ブルインによる**ポート・エリザベスのフェザー・マーケットホール**のコンサートホールへの保存/転用(1993)が続いた。マイヤー、ピエナール&パートナーズは、原作者であるエドウィン・ラッチェンス卿の作品を機知豊かに参照して、**ヨハネスブルグ市立美術館増築**(1986、p.1583A)を行った後、それを修復した。同じ建築家が、**クルーガーズドルプ新市民センター**(1981-86)を整形で計画し、そこに旧市庁舎とアール・デコのマーケットホールを組み込んだ。レニー&ゴッダードが顧問建築家となった**イースト・ロンドン市庁舎**(1993)、ホルム、ヨルダーン、ホルム/メイリング、ファン・デル・レク、ルージュによる**プレトリアの州議事堂**(1991)のように、歴史的建物のいくつかは、継続使用すべく慎重に修復された。**新国立記念碑委員会本部**(1992-93)は、レニー&ゴッダードにより**ケープタウン、ヘリングトン通り**の19世紀初頭の住宅を基にして作られた。しかし1990年代初頭の保存と新築を組み込んだ最大の事業は、ケープタウン旧港地区にある。多くの事務所が全体計画の開発に関与しており、そこにはガブリエル・フェイガン、イヴォール・プリンスロー、レヴェル・フォックス、ネヴィル・デュボウといった専門家のコンサルタントが含まれている。この成功を収めた歴史的地区再活性化の一部として、ルイス・カロルが、**ヴィクトリア埠頭**の**ウォーターフロント・リテイル・センター**を設計し、MLHアーキテクツがデニス・ファビアン&バーマンと共同して、1904年頃の倉庫を**ヴィクトリア&アルフレッド・ホテル**に再生した。歴史的地区再活性化というコンセプトは、南アフリカだけでなくイスラム諸国でも広く理解されつつある。ユネスコ、アガ・カーン財団、多くの国の政府が、ケニアの**ラム**、タンザニアの**バガモヨ**と**ザンジバル**、カイロの**ダルブ・キルミズ**地区、チュニスの**ハフシア**地区といった歴史的地区の保護と再生に対する関心の高まりを促している。

建築的アイデンティティの探求

20世紀前半を通じて西洋の影響にさらされてきた新興諸国では、植民地支配から独立したことで、建築的アイデンティティについての思考や議論が助長された。しかし、多くのアフリカ人にとって西洋の基準がいまだ理想であり、自民族の建築に類似した建築が進歩を表現しない以上、その思考には一定の相反感情があった。

これは新しい問いではないが、近年、アフリカ大陸の一部ではより強い政治的意味を獲得してきている。1930年代に、南アフリカのノーマン・イートンは、地元の材料と建設技術を用い、その可能性を広げ、現地に合った人間環境を創造することで、地域の建築を発展させることができると主張した。彼による**プレトリアのグリーンウッド邸およびヴィレッジ**(1951)は、これを行なった試みである。半世紀後、彼の考えは忘れられてはいなかった。1982年、バニー・ブリッツは、現代建築が必要としているのは、「ベイカーやリースやイートンがそれぞれの時代のそれぞれの建築でやったように、アフリカの文脈に注意深く接木されること」であると考えた。1950年、西アフリカのジェーン・ドリューは、「いかなる意味においてもアフリカのディテールを複写することなく、アフリカ的であるという反応をさせるような方法」で設計することについて語った。ジェームズ・キュビットは、地域の美学は発展させることができるが、それは近代建築から始めなければならないと考え、その一方で、アガ・カーンは「土着建築は再考されなければならない。なぜならそれは、田園地方においても都市においても、現代の願望を満たすことができないからである」と忠告した。

アフリカ大陸を植民地化したヨーロッパ諸国は、新しい建築の形態、材料、技術を持ち込んだ。が、それは相対的にはわずかの都市に対してで、建物の大半は伝統的材料たる土で建てられ続けてきた。その材料の本性と変化しやすい強度、安定性、浸透性、耐久性から、日常的な維持と周期的な更新が要求されるので、それは連綿と続く生きた伝統の源泉であり続け、アフリカ土着の記念碑、モスク、宮殿、砦の大半を生み出してきた。その潜在能力は、**ナイジェリア、ジョスのナイジェリア伝統美術館**の再建された記念碑に見ることができる。しかし、ジェーン・ドリューは「土壁と茅葺屋根」には未来がないという一般的な意見を表明し、それらを復興しようとする試みは、「感傷的か、政治的か、それとも両者か」であるとした。が、彼女は、カノやソコトにある北ナイジェリアの「大いに人を鼓舞する土の建築」を敬意をもって参照し、「そうした事例の効果は、論議を呼ぶものであり、ナイジェリア人建築家に影響を及ぼす程度に拠っている」と結論付けた。

時には、マリにある建物群のように、威信ある建物に土を使うことを奨励する試みもなされた。**ジェンネのモスク**は、1905年、原形通りに再建された。**サンの**

20世紀の建築

A 大モスク、ニオノ、マリ(1972)　p.1587 参照

B ウィサ・ワセフ芸術センター、ハラニア(1950年代以降)
p.1587 参照

C ブリティッシュ・カウンシル事務所および図書館、カノ
(1940-50)　p.1587 参照

D リアド邸、カイロ(1973)　p.1587 参照

金曜モスクには、1930年、オベリスクのようなミナレットが3本付け加えられ、またモプティの金曜モスクのモニュメンタルなミナレットは、1935年に再建された。これら3つの建物全ては、構造でも装飾でもある高い控壁のような要素を組み込んでおり、特徴的な尖った輪郭をなしている。もっと最近では、ニオノの大モスク（p.1586A）は、1948年に建立されたばかりの小さな建物の増築として1972年に完成したもので、どのようにして土着の技術と材料が創造力を鼓舞するとともに、機能的要求に応えているかを示す一例となった。それは、石工棟梁兼建築家のラシネ・ミンタとそれを手伝う小グループの作品で、グリッドに配された柱からアーチが立ち上がり、木に土を盛った陸屋根を支えている。涼しく静かな列柱廊は、そうした構造システムから生み出された結果であり、また外観は精力的な男根のシンボリズムで装飾されており、可塑的な構造に統合されている。

　土を使用した更に大規模な例が、1930年代にアルジェリア、サハラ砂漠に建てられたティミムン・ニュータウン全体である。門、壁、住宅、モスク、ホテルは、このどこにでもある建築材料がいまだに使われ、伝統に由来する新奇な形態を生み出しうることを示している。ナイジェリア、カノのブリティッシュ・カウンシル事務所および図書館（1940-50、p.1586C）は、土で建設され、外観は伝統的なスグラフィト（漆喰掻落し）装飾を洗練させたもので装飾された。古い形態そのものが修復される場合もあり、モロッコでは、タムズムート砦前の土造りの住宅が大々的に再建されたし、1969年、ティシルガート砦そのものがコミュニティ用に修復された。ラースロー・メステル・ド・パライドによるニジェール、ニアメイの裁判所（1982-85）は、土での建設が意図されたが、適切な日常維持が保証されないという理由でそうならなかった。しかしそれは、「模作になることなく、古代宮殿の質を反映している」と言われている。

　伝統的文脈を反映した作品を生み出してきた北アフリカ建築家の先頭に立っているのが、エジプト人ハサン・ファトヒーである。彼は、1940年代という早い時期から、地元の必要性と文化に関与し、かつ応答するような建築——サイード邸（1942）、ナスル邸（1945）、ストプリアー邸（1952）——を展開し始めた。1946年、彼はニュー・グルナ村の設計と建設を委託された。それは「社会主義リアリズムとユートピア的ヴィジョンの混合」と言われており、コミュニティがその開発に深く関与した。彼が復興したヌビア人のヴォールト技術は広く普及し、ジンバブエやモーリタニアのような遠く離れた場所でも使われた。モーリタニアでは、ジョゼフ・エステーヴが、ファトヒーにより公表された技術を、ローコスト集合住宅（1977）における公的・私的な中庭周りに計画された長方形平面を持つ浅いドーム付き空間に応用したし、ファブリツィオ・カロラがカエディの病院で、フィリップ・グローセがブルキナ・ファソ、ワガドゥグーのIPD（汎アフリカ開発研究所）大学で同様のことを行なった。

　ニュー・グルナ、ニュー・バーリースという村での泥レンガ造と中世的形態の使用から、ファトヒーはこれこそがエジプト建築の基礎であると確信したが、以後の個人住宅設計——リアド邸（1973、p.1586D）、サミー邸（1979）、ミット・レハン（1981）、グライス邸（1984）、ガルフ・フセインの大統領休憩所（1981）——では石と焼成レンガを用いた。それらは、伝統的なプロポーション・システムへますます没頭しつつあることを示している。彼には多くの崇拝者、追随者がいるが、その内の1人、ラムセス・ウィサ・ワセフもまた、伝統的形態に基づく住宅を設計・建設し、泥レンガを使ってドームや立方体等の基本幾何学形態を作り上げた。そのいくつかはカイロ近郊、ハラニアにあり、1950年代、そこにワセフはウィサ・ワセフ美術館・芸術センター（p.1586B）を建てた。それは、中庭と屋外回廊周りに計画されたもので、その小さな総合ギャラリーにはドームが架けられ、壁にはベンチやニッチが付けられている。ワセフによるギザの芸術センター（1952-74）は、彼の伝統的土造建築の発展を示すもう1つの事例であり、1987-89年にそこにタペストリー美術館が増築された。ファトヒーの下で学び、伝統的形態からインスピレーションを得た若い建築家が、アブデル=ワヘド・エル=ワキルである。彼のデザイン——ハラワ邸（1972-75）、ハムディ邸（1978）、チョールバギィ邸（1984）——は、ファトヒーの教えについての彼の個人的解釈と発展を例示している。しかし、多くのアフリカ諸国と同様、政府や民間企業が贔屓にする外国の大事務所に支配されている国においては、確立された価値や伝統に基づくエジプト建築への歩みは、比較的少数派である。

　ナイジェリアの新首都アブジャ——そこに、丹下健三は多くの主要建物を設計した——の計画案の議論において、オマル・タケは「国民には、外国人建築家に地元の伝統や文化を尊重するよう要求する権利がある」という見解を表明し、次のような認識を示した。「そのようなナイジェリア建築を見出すのは難しい。伝統的建築は破壊されており、学ぶべきものはほとんど残されていない。しかし、イスラム建築——その中庭、空間のプロポーション、空間の連続と分節——を通じて、我々はいくつかの一般原理を導き出すことができる。」伝統的形態に対してより積極的立場が発展してきたのは、主として北アフリカにあるイスラム教徒諸国

A ダル・ラマネ集合住宅コミュニティ、カサブランカ（1983 竣工）　p.1589 参照

B シディ・エル=アロウイ小学校、チュニス（1986）　p.1589 参照

である。しかし、ムハンメド・マイエトがアブデル＝ワヘド・エル＝ワキルと共同したヨハネスブルグ、カーク通りのジャーミ・マスジドについて、以下のような記述が見られる。「新奇性の追求と伝統的な価値や原理の軽視は、アイデンティティの喪失をもたらす。なぜなら、伝統は常に個人の建築家よりも偉大であるからである。」

アフリカのイスラム教徒の国やコミュニティには、幾分伝統的な形態や装飾を持った新しいモスクが何千もある。その中で際立っているのが、ハサン2世によって父君を記念する建物群の一部として1970年代初頭に建てられた**モロッコ、ラバトのモスク**（ヴォ・トアン設計）である。これが王家による伝統的美術・工芸の推奨と、『モロッコ及び職人による伝統的イスラム教建築』という2巻の大冊に対する王の支援の皮切りとなり、後者は今やモロッコで働く建築家が必要とするデザイン源となっている。シャルル・ボッカラによる**マラケシュの病院**（1978-82、p.1583C）のような新しい建物では、外観と内観のディテールは伝統的モデルに従い、通常、リアドという伝統的住宅から着想された水の流れる整形の中庭が組み込まれている。本病院内に分棟として建てられたモスクでは、形態のみならず、ピゼ（練り土）と日干レンガとユーカリの木が使われているという点でも伝統的である。伝統的形態に基づいた土造は、エリ・ムワイヤルによる**マラケシュ近郊のフォワサク邸**（1984-85）で用いられた。リアドは、M. シゲルマシによる**カサブランカの自邸**（1977-81）、ボッカラによる**マラケシュのアブタン邸**（1984）と**マラケシュ近郊、アシフの集合住宅**（1975-83）のような民間住宅でも用いられた。他方、**カサブランカのダル・ラマネ集合住宅コミュニティ**（1983竣工、p.1588A）というローコスト公営住宅では、大変な努力でもって、伝統的なディテールが盛り込まれた。

チュニジアでのデザインは、王家の権威はないが、ある程度は同じような路線に沿っている。セルジェ・サンテッリは、**スースのアパートメント・ホテル、ディアル・エル・アンダルース・レジデンス**（1977-81）を、アラブ宮殿の中庭や庭園を想起させるような一連の中庭やパティオを中心に設計した。サミル・ハマイチによる**チュニスのシディ・エル＝アロウイ小学校**（1986、p.1588B）は、2つの中庭周りに整形に構成されており、伝統的装飾を賢明に用いることで控え目な強調がなされている。R. スネルダーによる**セネガル、マリカのダーラ学校**（1977-80）は、地元住民の参加により実施されたこぢんまりとした規模の建物で、近隣にある大きな伝統的家族農園に類似しており、その構法は伝統的原理に基づいている。

ホテルでは、営利的理由から、伝統的な形態や要素を採用する機会が建築家に与えられた。事例には、宿泊室のクラスターがパティオと庭園周りに配された、A. ファラウイと P. ド・マジエールによる**モロッコ、テトゥアン地方、ムディクのホリデイ・ヴィレッジ・リゾート**、ベルベル建築の特徴のいくつかを含んだ、同じ建築家による**モロッコ、ブーマルヌのオテル・ブーマルヌ・ドゥ・ダデス**、ラムで見られるようなスワヒリ建築や装飾の要素が数多く使われた、アーチャー・アソシエイツによる**ケニア、ジュンバ・ラ・ムトワナのセレナ・ビーチ・ホテル**（1975）がある。そのような伝統的デザイン要素の使用例を、1981年、チュニジアのセルジオ・サンティネッリは、植民地時代の継続と記したが、それは、チュニジア、モロッコ、エジプト、ケニア沿岸地方に多数建てられた洗練された独立住宅、アパートメント、ホテルに見られる。サンティネッリは次のように見ていた。建築家は、「源泉へと戻りたいという一部の人々の要求を満足させるために、自分の作品をアラブ・イスラム教美学に適合させようとしがちである。アーケード、クーポラ、石を刻んだ柱と柱頭、彩色タイル、純粋にピクチュアレスクな効果のための形態の多様な不規則性が、今や新しい建物ファサードを覆っている。」

地域的・民族的建築の研究からは、時として、何がしかシンボリックな新しい建築の基礎形態が提供された。アンドレ・ラヴローは、アルジェリア歴史的記念建造物局長時代にムザブ地方の建築を研究し、彼が監理して建てた**ムザブ地方の学校**や**マリ医療センター**（1976）では、地元の伝統である可塑的形態と内向的平面計画を模倣した。伝統的イスラム教イバダイト派建築の特徴は、**アルジェリア、ガルダイアの住宅**（1971）のデザインに影響を及ぼした。ラヴローは、男女を分離するとともに暑い気候に対処する必要性から、それを中庭型で建てた。L. M. ド・パライドによる**ニジェール、ニアメイのソーラー・エネルギー研究所**（ONERSOL、1981）は、地元の伝統的建築と建築材料に触発された構造物で、木で補強された土造のハウサ・ドームとは違ったドームが、鉄筋コンクリート造の柱で支えられている。全般的には、構造のかなりの部分が、セメントで固定された泥レンガ造の耐力壁に頼っている。

地域的建築から派生したシンボリックなものは、N. H. ノストヴィクによる**ケニア、ナイロビのケニアッタ会議センター**（1973）のような公共建築で採用された。そこでは、ムセンゲ住宅［訳註：アパルトヘイト活動家、ヴィクトリア・ムセンゲの名を冠した貧困者用住宅］の形態を大規模で現代的なプログラムに適合させることが試みられ

た。32階建の塔状オフィスと円形会議場という2つの主要素が、レセプション・エリア、講堂、銀行、郵便局を収めた基壇上に見事な構成で配置されているにもかかわらず、伝統的形態とは細い繋がりしかないように見える。旧体制下の南アフリカで設置された黒人州の**ムマバソ**では、バニー・ブリッツとマイケル・スコールズが、中心に集会場を持つツワナ族の集落レイアウトに基づき、**州庁広場および事務局棟**(1978-83)を設計した。地元産材料を使って、レンガ造の大胆な幾何学的形態を作り上げるには、半熟練労働力による技術が適切であり、それによって、地元民が旧世代と同じように作業をし建設技術を得る訓練を受けられるようになった。より小さな規模に関して、ピーター・リッチは、1980年代の住宅デザインでは、「単に様式を掲げて決まり切った後援者ぶりをするだけでは十分ではなく、その使用と立地を真に反映する南アフリカ建築を定立しようとする中で」、南ヌデベレとボツワナの田舎屋から影響を受けたと主張した。

もう1つの建物、M. & M. ベルによる**トランスヴァール地方、ランドパーク・リッジのソンネブロム映画スタジオ**(1993)は、「我々が狂ったように捜し求めているあらゆる要素、すなわち真の南アフリカ建築の要素——陽光がアフリカの砂色の立面を横切り、影を落とすにつれ、変化し続けるファサード、流れるような形態——が滲み出ている」と評されている。しかし、1985年、ハンス・ホラインは次のように的確に観察していた。「西洋文化の起源が1つの根を持っているのとは異なり、ここでは根が多数ある。ミルトンの『失楽園』のバンヤン大樹は、多くのものを覆い、百もの幹を持っていたが、それがアフリカ建築に相応しい隠喩である。それはまた、我々の時代と場所について語らなければならない。」

訳／片木 篤

20世紀の建築

第50章
北アメリカ（1900-50年）

建築の特色

　アメリカ建築は、19世紀に西洋文化の1つの主勢力として登場し、近代における成果は、北アメリカの作品を注意深く研究せずして、十分に理解することはできない。その主たる貢献は合衆国がなしたものだが、そこが1930年代から1940年代にかけてヨーロッパの指導的建築家の多くの居住地になったからというわけでは決してなかった。

　ヨーロッパと同様、合衆国においても、重要な発展はニューヨーク、ボストン、フィラデルフィア、シカゴ、サンフランシスコ、ロサンゼルスという拠点大都市から始められた。例外は見出されるが、これら6つの都市および関連した都市圏が、同国の指導的建築家とデザインの名門校の大半を育んできた。各々の都市で行なわれたことは異なっていた。ニューヨークは、長らく最も重要な都市と見なされてきたが、その役割は、パリ、ウィーン、ロンドンがそれぞれの国で果たしてきたほど、絶大なものではなかった。外観が異なるいくつかの拠点が大陸中に拡散して存在することで、その建築に豊かさと多様性が加えられてきたのである。

　土地の豊富さが、低密度開発の急増を初めとする多くの点で、アメリカ建築に影響を与えてきたし、その一方で、天然資源の豊富さが、高質建築材料の広範な普及と多様な利用を促進してきた。1900年からほとんど途切れることのない成長が続いて、膨大な建設活動が必要とされ、刷新と革新の精神が刺激された。富裕で競争的な企業、自治体、団体、家主は、洗練された建物と往々にして建築的アイデンティティの強い意識とに対する需要を生み出した。自由な企業活動と個人の権利を神聖と見なし、それに呼応した強い中央集権が存在しないことが助けとなって、商業および住宅のデザインが最も革新的なものとなった。

　この時期のアメリカ建築の多くは、特に住宅地区においては、見慣れたイメージを好み、エキセントリックに見えるものや受容されたパターンとはかけ離れたものを嫌うことを体現していた。ヨーロッパその他で世紀の変わり目から作られてきた数多くの近代建築は、十中八九、合衆国では許容されなかったであろう。アメリカ人はまた、より実用主義的であり、理論よりも改良や実施により関心を抱く傾向にある。基本的には、建築の形態面での新しい考えは、北アメリカからはほとんど出てこず、その建築家は自分の表現法を発展させるために海外のモデルを繰り返し探し求めた。

　しかしながら、ヨーロッパと合衆国の間に存続してきたデザインの密接な繋がりは、文化的隷属を反映しなくなって久しかった。アメリカ人建築家は、他所から学んできた教えを適用して、明らかに独自の建築を作り出そうと努めてきたし、解釈の新しい道筋もまた追求されてきた。アメリカ人実務家は、あらゆる分野のビルディング・タイプの発展に大きな貢献をなしてきたし、構造、材料、設備システムといった技術面での成果は、指導的地位を享受してきた。影響関係は、無論、相互補完的であり、20世紀を通じて、アメリカが他国から学び取ってきたように、おそらく他国もアメリカの作品から多くのものを学び取ってきたのである。

　1900年以降、デザインの二大潮流である折衷的伝統主義とモダニズムが広まっていた。前者は1880年代に、エコール・デ・ボザールの教育哲学に由来するアカデミックな方向を取り始めた。折衷的伝統主義のアカデミック期は、続く10年間にアメリカ建築の最も重要な新勢力となり、1930年代まで卓越した役割を担った。その運動の基礎には、建築は進化するという信条、すなわち、あらゆるプログラム条件に応用可能な不変法則によって変化が誘導される一方、過去との連続性も保持されるという信条があった。厳密な構成法を応用

することにより、建築にも統一、秩序、視覚的な強靱さを付与することができよう。17世紀以降フランスで実施されてきたような古典主義が、そうした考え方の中核をなしている以上、合衆国におけるアカデミックな建物の多くが古典主義であるのを見ても驚きではない。しかしながらその運動は、ピクチュアレスクの伝統、土着や高踏様式の事例といった多くの時代や場所から採ってきたもっと広い範囲の先例を包含していた。アメリカ諸地域における初期建築もまた、アカデミックな建物のインスピレーション源となった。さらには、合衆国におけるアカデミックな関心は、アーツ・アンド・クラフツ運動の関心に対して敵対というよりむしろ、同化する傾向にあった。こうした要因全てによって、自由、独創性、多様性の感覚が高められたのである。

合衆国では、1900年前後に、主としてフランク・ロイド・ライトとその追随者の作品を通じて、モダニズムが出現したが、それは1920年代半ばになって初めて、それまでとは全く違った形で広く受容され始めた。1930年代を通じて、合衆国では、ヨーロッパ前衛の最も急進的な動きにますます注意が払われるようになった。第2次世界大戦後、合衆国はモダニズムの理念上・表現上の可能性を開拓する指導者となり、以後その地位を保ってきている。

過去との連続性を探求したり、古い時代の特徴を復興したりというよりはむしろ、新奇性を強調し、新しい建築材料と技術が提供する建設と設計の潜在力を十分開拓するという点で、モダニズムは折衷主義と違っている。公然あるいは間接の手段により、歴史的先例への参照はなされるが、以前の時代と現在との間には明確な区別が示されている。しばしば、過去を連想するというよりは未来を期待して待つことに、より大きな関心が寄せられる。このような見解は、絶えることのない（時として突然の）変化、すなわち、漸進的進化ではなく革命を暗示しているのである。折衷主義と同様、モダニズムも大いなる多様性で特徴付けられるが、それは別種のものである。モダニズムは、古典主義の法則あるいはアカデミックな伝統に匹敵するような一まとまりの諸原理によって、長期間支配されてこなかった。1890年代の発端以来、モダニズムは異なる系統から構成されており、いくつかは集団的（たとえばアール・ヌーヴォー、未来派、デ・ステイル）であり、他は個人（たとえばライト、ミース・ファン・デル・ローエ）の作品を中心としていた。他所と同様アメリカでも、モダニズムの修辞は、常に形態においてではないとしても、理念における一致を示している。しかしながら、近代建築家の実践は慣習に反抗することで、変化に富み、往々にして分散しがちなデザイン・アプローチの並列を常に生み出してきたし、折衷主義とモダニズムは、相互に排他的ではなく、雑交受精は色々なやり方で発生してきたのである。

実　例

北アメリカでは、折衷主義のアカデミック期が遅れて到来し、20世紀になる直前に建築の主力として登場した。この運動は、便宜主義と経済的報酬こそが、幾世代にもわたって発展を支配する力と思われてきた新大陸に移植され、盛り返そうという意気込みで鋳直された。野心的都市計画の主導はすぐさま統合され、成果を生んだ。**シカゴ世界コロンビア博覧会・前庭**（1892-93）は、どのようにして秩序、統一、西洋文化遺産への力強い忠誠が、建築ばかりでなく都市の顔を再生しうるかについての説得力ある例示の先触れとなった。この目標を大都市規模で達成しようとした最初の提案が、**ワシントン D.C. 上院公園委員会計画**（1901、p.1593A）であった。その設計者ダニエル・バーナム、チャールズ・マッキム、フレデリック・ロウ・オルムステッド・ジュニアは、運動全体の指導者であるが、前二者とオルムステッドの父親が尽力してシカゴ博を作り上げていた。

ワシントン計画は、1791年にピエール・シャルル・ランファン（1754-1825）が準備した首都計画案に基づき、彼が用いたバロックの伝統に則ってはいるが、アメリカ人が巧みに解釈を刷新したことを示している。国会議事堂から西に伸びる大モールは、都心部全体を再編するために巨大な規模と首尾一貫した形態を採用したという点で、以前の都市空間とは似ていない。同計画では、ル・ノートルによる宮殿庭園の広大さや単純さと、パリのチュイルリー－エトワール広場間に見られるような主軸に沿った焦点の連続とが結合されている。東側では、樹木と建物が一緒になって明確な境界を形成しており、それぞれの建物は全体に従属する一方で、自立していて、直近の周辺に対してモニュメンタルな焦点となっている。西側のレイアウトは、オルムステッドの伝統に則り、よりインフォーマルであるが、大記念建造物によって引き続き焦点が提供されており、都市との視覚的繋がりが常に保持されている。モールの主軸西端は、ヘンリー・ベーコン（1866-1942）による**リンカーン記念堂**（1911-22、p.1593C）で終結しているが、それは国会議事堂に従属すると同時に、それ自体が一大都市広場にもなっている。

ワシントン計画には、この都心部の他に、自然の風

第 50 章 北アメリカ(1900-1950 年) | 1593

A ワシントン D. C. 上院公園委員会計画(1901)　p.1592 参照

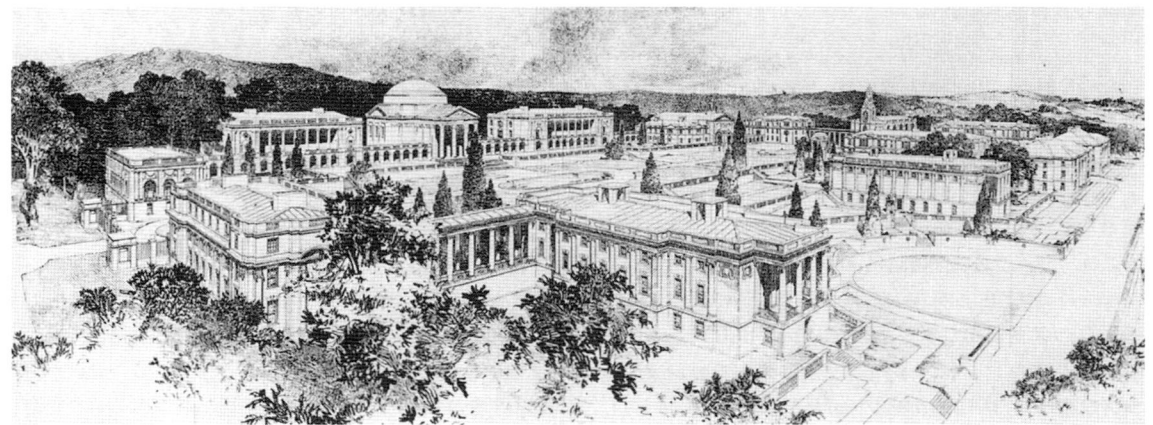

B スウィート・ブライア大学、アムハースト郡、ヴァージニア州(1901-2)　p.1594 参照

C リンカーン記念堂、ワシントン D. C.(1911-22)
p.1592 参照

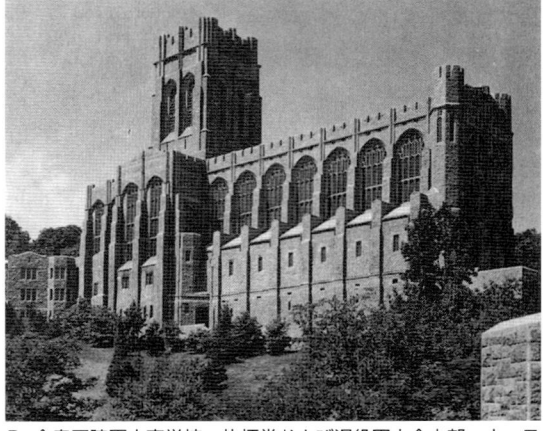

D 合衆国陸軍士官学校・礼拝堂および退役軍人会本部、ウェスト・ポイント、ニューヨーク州(1903-14)　p.1594 参照

景を保護し、良好な眺望を保存し、大規模な公共リクリエーション・エリアを提供し、低密の住宅開発を奨励するために考案された公園網がある。それは、ヨーロッパで近年開発された都市公園システムや合衆国諸都市における同様の提案に従っていたが、同時代の最も総合的なものであり、1920年代を通じて北アメリカでの無数の計画の標準となった。この都市美運動として知られるようになった運動の根底には、都市部の急激な開発に対して形態と方向を与え、それをより効率的でより魅力的な場所にしたいという願望があった。ワシントンほど徹底的に実施された計画はほとんどなかった。というのも、そこでは連邦政府がそうした大規模な計画を実施する権限を持っていたからである。が、そうであっても、実施には何十年も要し、その間、計画の優先事項が変化して、事業の大半が断片的状態で残されたのである。

都市のグランド・デザインが断片としてのみ実施されたのに対し、20世紀初頭には、個々の公共建築が堂々たる隊列をなして建設された。それらはまた、しばしば民間の博愛主義的主導に支援されていた。マッキム、ミード＆ホワイトによる**ボストン公共図書館**（1887-95、第37章参照）が、カレ＆ヘイスティングズによる優美な**ニューヨーク公共図書館**（1897-1911、第37章参照）、リチャード・モリス・ハント（1827-95）による**ニューヨークのメトロポリタン美術館**（1895-1902）、ベイクウェル＆ブラウンによる同じぐらい贅沢な**サンフランシスコ市庁舎**（1912-15）といった建物の模範を示した。この種の威厳ある古典建築は、大都市ばかりでなく大陸中の小さな市町にもより控え目な形態で導入され、新たな市民の誇りと、焦点を提供してコミュニティの永続感を付与したいという願望とを具現化した。

20世紀への変わり目に高等教育機関が加速的に成長して、大規模都市計画の主導に対する別の大きな機会が提供された。アメリカのキャンパスは、独立した建物、開放的風景内での緩やかな構成、高密居住地区から離れた立地、それ自身のコミュニティの形成といった独自の形態を常に有している。今や拡張の必要性と、キャンパスをより秩序立った堂々たるやり方で形成し直そうとする衝動とが合致して、1890年代から1930年代にかけて、数多くのマスタープランが生み出された。

クラム、グッドヒュー＆ファーガソンにより**ヴァージニア州**の田舎に建てられた**スウィート・ブライア大学**（1901-2、p.1593B）が、そのような労作の最良のものを代表している。建物群が広大な芝生の中庭周りに配置されているが、中庭の一部はブルーリッジ山脈のパノラマ的眺望を確保するために開放されている。平面はアシンメトリカルであるが、バランスがとれている。つまり、建物は機能に応じて異なっているものの、首尾一貫した全体として構成されているのである。さらにまた、同計画のフォーマリティがピクチュアレスクな周辺環境で補完されており、都市と住宅地の特徴が結合されている。そのレイアウトのダイアグラムはフランスの伝統に則っているが、建物はイギリスの古典建築やトマス・ジェファーソンによる近在のヴァージニア大学（1817-26）を含む初期アメリカ共和国の古典建築とより密接な繋がりがある。自国のものであれ、ヨーロッパのものであれ、このような古典主義の参照は、局所的あるいは復興主義的な含蓄を回避する一方で、与えられた地域に同調するような方法で設計することへのアカデミックな関心を反映している。古典的伝統は、公共および教育の建築デザインに等しく普及したが、中世のデザイン源もまた、同じような巧妙さと独創性でもって採用された。それは、クラム、グッドヒュー＆ファーガソンによる**ニューヨーク州、ウェスト・ポイントの合衆国陸軍士官学校・礼拝堂および退役軍人会本部**（1903-14、p.1593D）、デイ＆クローダーによる**ニュー・ジャージー州、プリンストンのプリンストン大学・学生寮**（1913-18）、ジェームズ・ギャンブル・ロジャーズ（1867-1947）による**コネチカット州、ニュー・ヘヴンのイェール大学・学寮**（1916-33）に見ることができる。

20世紀初頭には、最も著しい開発が商業分野で起こった。その結果は、包括的なマスタープランではなく無数の単独事業となったが、そうした事業のいくつかは、多機能複合施設を伴うものであった。リード＆ステム、ウォーレン＆ウェトモアによる**ニューヨークのグランド・セントラル・ターミナル駅**（1903-13、p.1595）がその範を垂れた。その敷地は19.2 haにも及び、当時の北アメリカ最大の建設プログラムであった。全体は、前人未到の規模で、鉄道、地下鉄、馬車、歩行者のシステムを相互に結合したネットワークとして構想され、ターミナル駅がオフィス、ホテルその他の施設と結ばれた。そのように巨大であり、かつ既存の鉄道営業が建設中ずっと続行されるという事業の設計と実施は、何十年間にもわたってアメリカの事業を特徴付けてきた技術的精度の新たな頂点を印した。しかし、グランド・セントラル駅も、同じ時期に建てられ、同じように注目に値するマッキム、ミード＆ホワイトによる**ニューヨークのペンシルヴェニア駅**（1902-11、取壊し、p.1596A）も、工学技術の偉業以上のものである。これらターミナル駅では、大都市の玄関としての実用的・象徴的役割の双方が際立つように明示されており、それぞれの駅内部では、ごみごみとした空間が秩序立った連続として構成されている。グランド・セントラル

第 50 章　北アメリカ(1900-1950 年)　　1595

A　グランド・セントラル・ターミナル駅、ニューヨーク(1903-13)　p.1594 参照

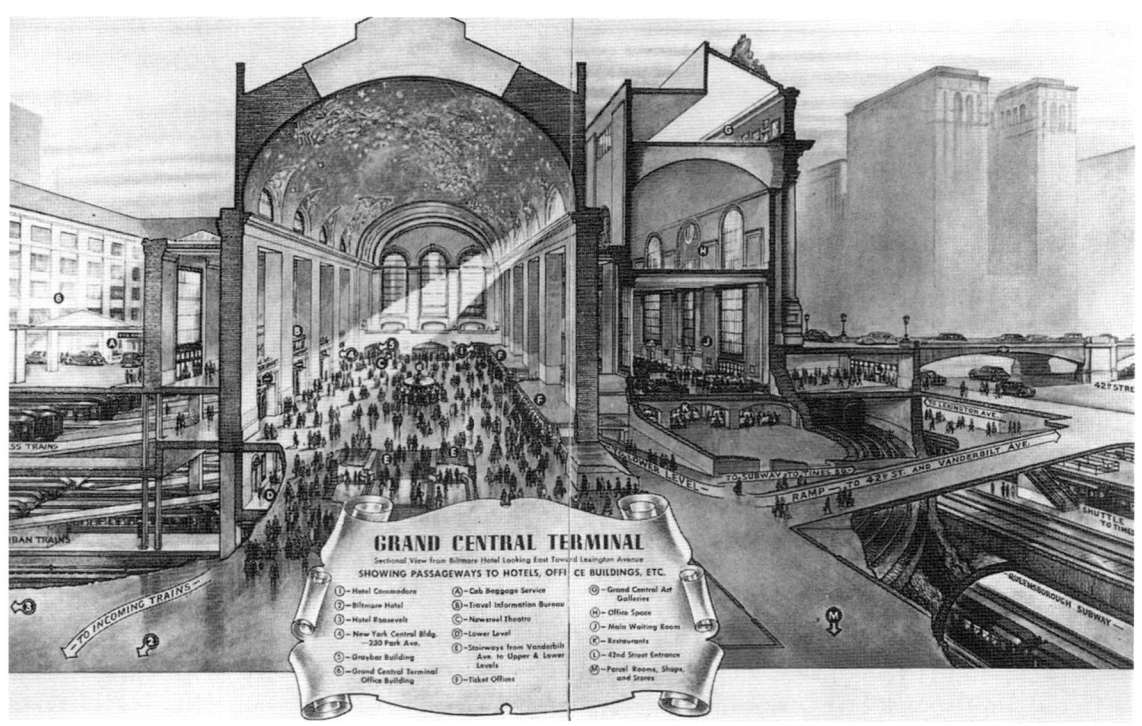

B　グランド・セントラル・ターミナル駅、断面図

A ペンシルヴェニア駅、ニューヨーク（1902-11、取壊し）
p.1594 参照

B ラーキン・ビル、バッファロー、ニューヨーク州（1903-6、取壊し） p.1604 参照

C ウールワース・ビル、ニューヨーク（1910-13）
p.1597 参照

駅の巨大な規模と単純な形態を持つ大コンコースは、全複合施設に対する必須の中核であり、そこからあらゆる地点へと続く動きを誘発する撹拌器でもある。ボザールの計画原理をアメリカ独自に改変したフォーマル・デザインへの関心が、複雑な機能を収めた効率的な容器という近代的な建築概念と統合されている。威厳ある空間の進行が知覚されるよう強要されており、外観でも同様にして、紋章付きの大きい立面が、高く、密集し、機械化された新たな都市環境を睥睨しているのである。

パーク・アヴェニューに沿って走りグランド・セントラル駅へといたる地下鉄道の空中権を利用して建てられた**ターミナル・シティ**は、マンハッタン・ミッドタウンを主要商業センターに変容させる触媒として計画された。同開発は、1890年代から1920年代にかけて建てられた高層建築デザインの好例を生み出した。その立面は、柱基・柱身・柱頭という古典の基本型を象徴的に用い、大都市の構造を密に凝集させることを狙った優美な背景建築を提供した。このような都市デザインへのアプローチは、パリその他のヨーロッパ主要都市で19世紀に採られたやり方に直接由来しているが、こうした地区の規模の大きさ、抑制された豪華さ、商業用途に限定した厳重さは、アメリカ独自のものとして際立っている。

他方、いくつかのオフィスビルは、個別のランドマーク――施主の企業と、今や多くのアメリカ人が社会の中で最重要の力と見なしている商業という概念とを顕示するモニュメント――として設計された。都心部の地価が上昇し、より大きな利益を生み出す空間の需要が続いたことで、直前の何十年間の建物よりもさらに大きい規模の建物が必要となった。その結果、ニューヨークでは、摩天楼が高密のブロックから高くそびえる塔へと進化し、**ウールワース・ビル**（1910-13、p.1596C）がその典型と見なされた。それは、1930年まで世界で最も高い建物で、玄関の筋交を鉄骨骨組に組み込み、先進の設備システムを駆使した第一級の技術的成果であった。成型テラコッタが活用されレース状の外部被膜が作られているが、それは、標準的な石造壁面より以上に内側の構造体を暗示するとともに、表面全体を活性化している。またキャス・ギルバート（1850-1934）がマスとその構成を見事に展開した結果、建物はブロックであると同時に塔にもなって、近隣と語り合いながらも、摩天楼の林の中で目印として屹立している。同時期の事例でこれと比肩されるのが、D. H. バーナム社による三角形平面の**フラー・ビル**（フラットアイロン・ビル、1901-3）、アーネスト・フラッグによる**シンガー・ビル**（1908、1968取壊し）、ル・ブラン&サンズによる**メトロポリタン生命保険タワー**（1905-9）である。これら高層建築の設計者は、近隣に影を落とさない構成を試みたが、このような高くそびえる塔は、ニューヨークでは、最初に人気を博した後、法制化の動きを引き起こした。というのも、これらが光と空気を求めて競い合って、街区全体に影を落とし、道路の渋滞を起こし、火災に対して危険であると論じられたからである。このような懸念から、道路側正面は30 m以下とし、塔は敷地の25％以上を占有することができないという塔の規模と位置を制限する規定が作られ、1916年には、高さ制限と建物のセットバックを備えた市条例となった。

ウールワース・ビルとその管区は、近代世界の真髄――急速でしばしば革新的な変革を経験している時代のシンボル――のように見えた。1910年代の人工景観は、伝統的な建築形態を廃して、それに見合った未来の概略を示すようには見えなかった。逆にその大都市の新形態は、歴史に基づいたディテールや、中東の古代都市像を呼び起こすような建物群のシルエットを通じて、歴史との連想的な繋がりの潜在力があることを示した。折衷的歴史主義が煩わしい過去の遺産と言われ始めていたヨーロッパとは対照的に、北アメリカでは、それは進歩と新しい文明観に寄与するように思われたのである。

20世紀の新たなビルディング・タイプである映画館では、伝統と変革の融合が、特別な豊かさでもって喧伝された。それは、部分的にはアメリカ文化の産物であって、実演用に設計された建物とは性格が全く異なっていた。コーネリアス（1861-1927）およびジョージ（1878-1942）・ラップによる**シカゴのアップタウン劇場**（1924-25、p.1598A）は、高い収益を生み出すように計算され、四周を正面として高密に建てられるよう構成された実用的建物であった。大スパンの鉄骨トラスによって、オーディトリアムでの視線が遮られなくなり、先進の空気循環システムによって、室内が大抵の建物より快適になり、巧みな計画によって、狭い不規則な敷地に詰め込まれた大空間を見たところ何の苦もなく通り抜けていく通路がとられている。しかし観客にとって、「映画の宮殿」はまずはファンタジーを用立ててくれる者、日常生活を忘れさせてくれる場所であった。このような建物を専門とする設計事務所は、トマス・ラムによる**オハイオ州、コロンバスのオハイオ劇場**（1927-28、p.1598B）で示されているように、情感的でしばしばエキゾチックな歴史的先例を引用した。そこでは、大きくうねった空間が、けばけばしく大き過ぎるディテール、間接照明、途方もない色彩計画で飾られ、空想にしか釣り合わないようなスペクタクルが

A アップタウン劇場、シカゴ(1924-25)　p.1597 参照

B オハイオ劇場、コロンバス、オハイオ州(1927-28)　p.1597 参照

生み出されている。大抵の人にとって、そのような経験全てが新鮮であった。贅を凝らした部屋と一層磨き込まれた表現が大衆娯楽の性質を変容させ、映画館そのものが大量消費への誘惑者となった。

19世紀後半における鉄道の発達により、北アメリカでの長距離旅行が冒険だけではなく贅沢なものとなり、西部の山岳地域が重要な娯楽場となった。大規模ホテル——その多くは鉄道会社自身により建設された——が、この収益の上がる商売を活気付ける必須の構成要素となった。**カナディアン・ロッキー山脈のバンフ・スプリングズ・ホテル**(第37章参照)は、このビルディング・タイプの最初期のもので、最も壮麗なものの1つとして存続している。1886年、ブルース・プライスによる設計が開始され、20世紀になって、ウィリアム・ペインターによる増築(1903-14)やJ. W. オロックによる増築(1926-28)がなされた。それは孤立して建っており、西部のホテルは現地の特徴を賞揚すべきであるという当時の新しい配慮を反映している。バンフや合衆国国立公園内に建てられた大規模木造ホテルは、現地のシンボルとなって広く崇められた。それらは自然と対話するばかりか、支配をも示しており、遠隔地にあることをものともせず、都市のホテルに見られるあらゆる快適性と構造化された社会慣習の多くを備えている。

一戸建の一家族用住宅は、植民居住の初期から、北アメリカの風景を特徴付ける中心的役割を果たしてきた。20世紀初頭の住宅建築は、以前の何十年にもわたって育まれてきた革新的精神を持続しており、より広範な表現を示した。この分野では、今や古典主義がピクチュアレスクの伝統と同じほどの影響力を持つようになり、アカデミックな好みがアーツ・アンド・クラフツ運動の好みと拮抗した。住宅建築はまた、モダニズムのアメリカ独自の形態を求める最初の実験場となった。富裕化する大衆によって建築家の設計する住宅の需要がより高まり、北アメリカ大陸で最も有能な実務家の何人かは、それを専門とした。大規模カントリーハウス、郊外でそれに相当する小住宅、労働者用住宅の全てが、職業的関心の寄せられる課題となり、その最良の事例は、高度に洗練されたデザインに達した。しかし、アメリカ住宅は精妙さに無頓着で、その便利な平面や有用な設備で注目を集めた。1920年代までには、比較的安価な住宅が大半の他所に見られるよりもずっと先進的な設備システムを内蔵していた。アメリカ住宅は、商業ビルと同様、伝統の砦であると同時に、近代的な機械でもあった。

フィラデルフィア近郊のティンバーライン(スミス邸、1907-8、p.1600C-E)は、当時の最上のカントリーハウスに位置付けられている。その建築家チャールズ・アダム・プラット(1861-1933)は、ルネサンスの1500年代モデルや他の古典的源泉から引用して、敷地に緊密に関係付けられ、洗練された優雅なプロポーションを持ったデザインを生み出す巨匠であった。その平面は非常に独創的で、主軸によって入口から主たる眺望へといたる強い繋がりが付けられているが、他の視覚的な結び付きは全て横断方向にあり、最初は内部、次にテラス、最終的には樹木で覆われた2つの整形庭園へといたる、徐々に拡大していくシークエンスに沿って構成されている。この唯一の焦点を持たない2方向への進行は、連続的な運動を暗示すると同時に、その流動感は、張りつめ抑制された建築言語と印象主義的な植栽の使用により和らげられている。

ティンバーラインが壮大な古典的源泉から行なったのと同じように、**フィラデルフィア近郊のニューボルド邸**(1919-、p.1601B、p.1602B)は、ピクチュアレスクでヴァナキュラーな源泉を創造的に解釈したものである。ここでは、メロウ、メイグズ&ハウが、H. H. リチャードソン(第37章参照)他が何十年か前に精力的に用いた伝統に対して、新たな精気を吹き込んだ。それは中世以降のマナーハウスに基づき、農園建物と一緒になって1グループを形成しているが、住宅の各部が、内向するというよりはむしろ、全ての方向で田園に向かって伸びている。屋内・屋外の各空間が特化され、動きが循環的であるため、ほとんどランダムに断片が寄せ集められたように見えるものができているが、それと同時に、形態、スケール、材料の首尾一貫性によって、統一的な効果が得られている。微妙なテクスチュアは、単純で抽象的なマスと釣り合っている。デザイン全体の根底には、当時の集落形態へのあらゆる参照を避ける代わりに、それよりも良いと思われる過去を振り返ろうとする願望がある。その感情は多くのアメリカ人に共有されたが、このように大それた牧歌的世界を実現できる人はほとんどいなかった。

フランク・ロイド・ライト(1867-1959)は、都市を擁護するのではなく、そこに自分自身の世界を創造しようとした。アカデミックな動向の建築言語に反対し、あらゆる慣習からきっぱりと離脱し、容易に視認される過去との絆を持たない新しいやり方で形態や空間を用いた。ライトによる先例の拒絶は、彼の世代の最もはっきりとした宣言であって、建物の本性をも革新するかに見える抽象的デザインを生み出した。

彼のデザイン・アプローチは、世紀の変わり目に、強烈な個人様式へと発展した。それは**イリノイ州、ハイランド・パークのウィリッツ邸**(1900-2、p.1601C)のような作品で明らかである。ライトの様式はまた、イ

20世紀の建築

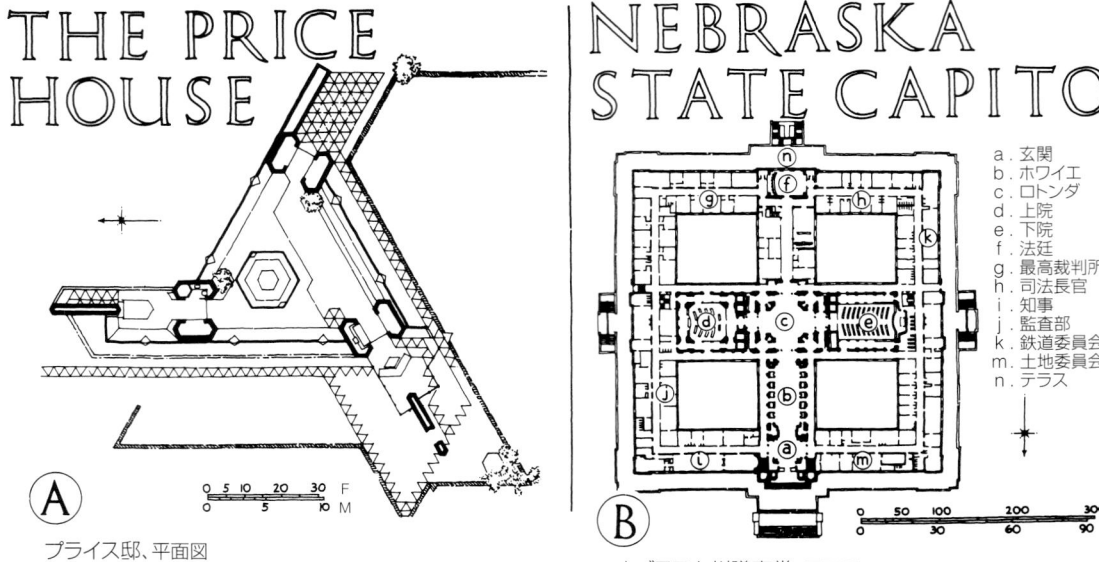

A プライス邸、平面図

B ネブラスカ州議事堂、平面図

a. 玄関
b. ホワイエ
c. ロトンダ
d. 上院
e. 下院
f. 法廷
g. 最高裁判所
h. 司法長官
i. 知事
j. 監査部
k. 鉄道委員会
m. 土地委員会
n. テラス

THE SMITH HOUSE

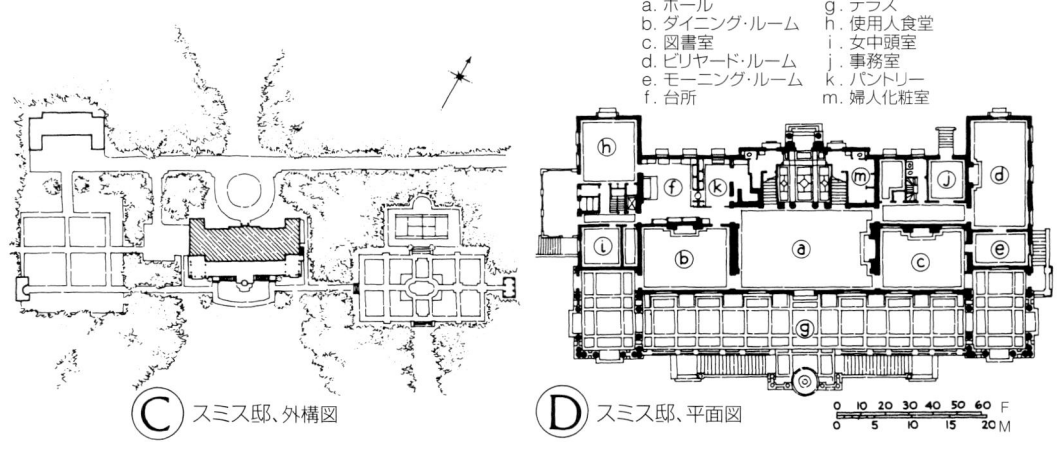

a. ホール
b. ダイニング・ルーム
c. 図書室
d. ビリヤード・ルーム
e. モーニング・ルーム
f. 台所
g. テラス
h. 使用人食堂
i. 女中頭室
j. 事務室
k. パントリー
m. 婦人化粧室

C スミス邸、外構図

D スミス邸、平面図

断面　　　　　南立面

E ティンバーライン（スミス邸）、フィラデルフィア近郊（1907-8）、南立面図・断面図　p.1599 参照

第50章　北アメリカ(1900-1950年) | 1601

A　タリアセン、スプリング・グリーン、ウィスコンシン州(1911-)　p.1604 参照

B　ニューボルド邸、フィラデルフィア近郊(1919-)
p.1599 参照

C　ウィリッツ邸、ハイランド・パーク、イリノイ州(1900-2)
p.1599 参照

D　ユニティ教会、オーク・パーク、イリノイ州(1904-6)
p.1604 参照

E　クリスチャン・サイエンス第1教会、バークレー、
カリフォルニア州(1909-11)　p.1604 参照

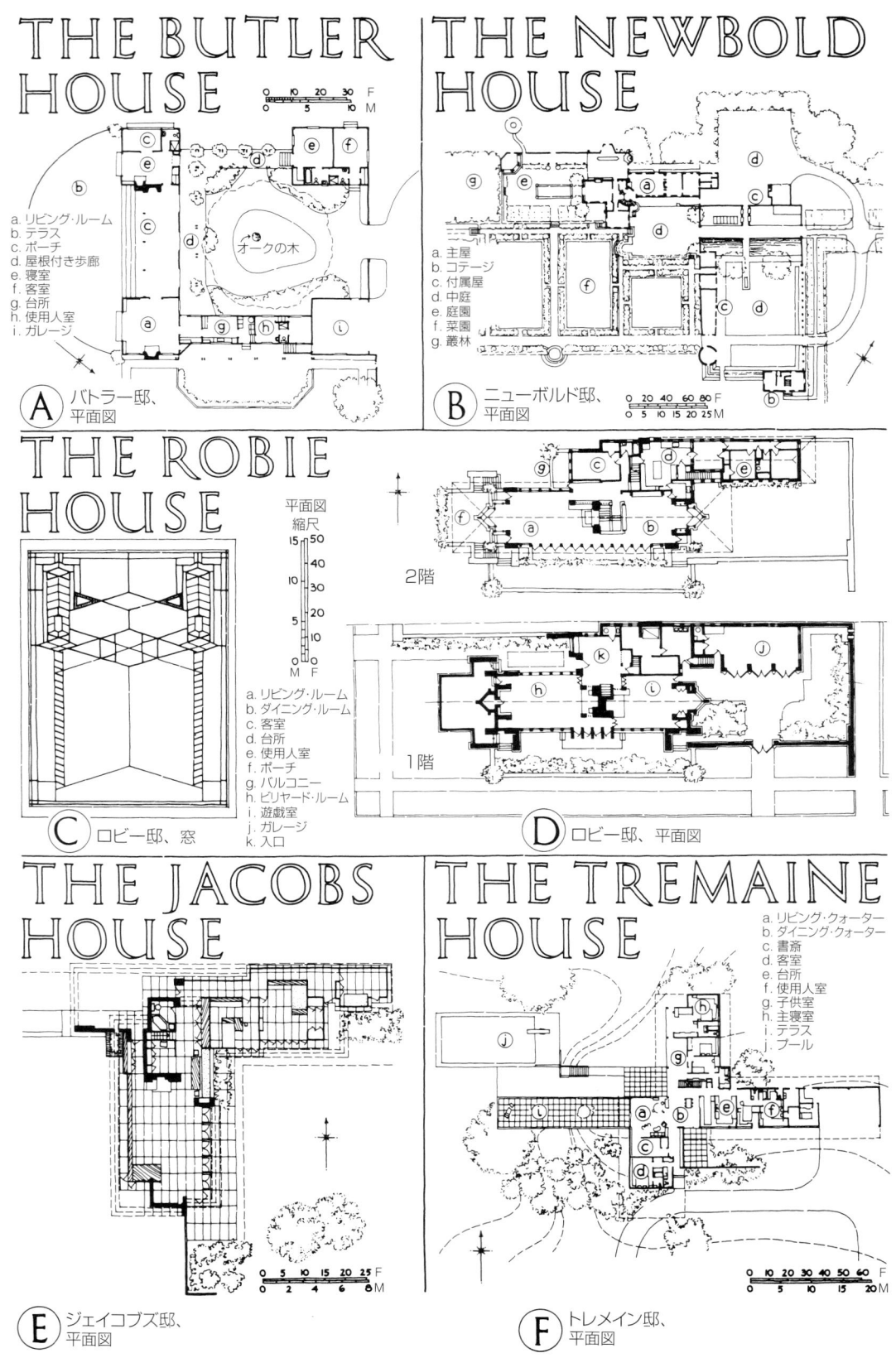

第 50 章　北アメリカ(1900-1950 年)　　1603

A　ロビー邸、シカゴ(1909-10)　p.1604 参照

B　ロビー邸、ダイニング・ルーム

リノイ州、ラ・グランジの**ハント邸**(1907)のようなコンパクトな小住宅、**イリノイ州、リヴァーサイドのクーンリー邸**(1907-9)のような大規模な郊外住宅、ライト自身の**ウィスコンシン州、スプリング・グリーンのタリアセン**(1911-、p.1601A)のような広々とした田園の地所、**イリノイ州、オーク・パークのユニティ教会**(1904-6、p.1601D)のような教会、**ニューヨーク州、バッファローのラーキン・ビル**(1903-6、取壊し、p.1596B)のような企業の本社での使用にも、同じように適合した。

シカゴのロビー邸(1909-10、p.1602C, D、p.1603)は、ライトによる20世紀初頭の最高作品、モダニズムの傑作に数えられる。ライト特有の水平面と垂直面の織り交ぜが、細長い敷地に呼応して、いっそう大胆となっている。水平性が支配的で、イリノイの平坦な草原を間接的に参照しているが、住宅自身は誇り高く孤立して、郊外という文脈を無視している。ライトは、デザインの完璧な統一を追求することなど、いくつかの関心をアカデミックな主流と共有してはいたが、他のものと同じように、こうした関心を取り扱う彼の手段は抽象に拠っていた。執拗な直交幾何学があらゆる部分に行きわたり、計画に大いなる視覚的強度を与えている。内部では、同じ好みが、より適合し専横的に見えるディテールを生み出しており、大小空間を複雑に連続させるライトの大胆な操作と一緒になって、超越的な効果を上げている。ライトの作品の強引な統一性に対しては、賞賛者と批判者の双方が出た。

ライトは、単純性を求め、自然素材を尊重して使用し、自然そのものをインスピレーション源と見なし、地域特性を開拓するという点で、アーツ・アンド・クラフツ運動に負う所が相当あった。アーツ・アンド・クラフツ運動は、北アメリカでは1900年直前に人気を博し、中流階級に広く受け入れられ、進歩主義的改良の精神と密接に関係していた。同運動は、デザインにおける個人主義を育んだが、それは、バーナード・メイベック(1862-1957)による**カリフォルニア州、バークレーのクリスチャン・サイエンス第1教会**(1909-11、p.1601E)、チャールズ・S(1868-1957)およびヘンリー・M(1870-1954)・グリーン(第37章参照)による**パサディナのギャンブル邸**(1907-8)、アーヴィング・ギル(1870-1936)による**ロサンゼルスのドッジ邸**(1914-16、取壊し)のようなカリフォルニア建築の多くに見られる。

またアーツ・アンド・クラフツ運動の先導によって建築の幅広い動向が生まれたが、その中でバンガローほど重要な例は見当たらない。バンガローという語は、インドからイギリス経由でやってきたが、北アメリカのバンガローは、平面の通信販売会社と投機的建設業者の主導下で独特の方式で発展した(p.1605A)。概念的には、それは値段に見合ったささやかな住宅を賞揚するもので、快適さ、便利さ、より大きく見栄を張った住宅の装いを持たない魅力的なイメージを提供した。多くのバンガローは田舎風で、民芸風ではあるが、明らかな歴史的参照はほとんどなされていない。平面では、主要居室が1つの階に配され、動線の大半が居間に通されるという傾向が見られる。バンガローは安価であったが、中流階級にとっては独立心と経済的安定性を意味し、自動車でフォードT型がなしえたことを住宅建築にもたらした。幾千万ものアメリカ人が、1900年から1920年代にかけて、郊外や小さな町や田舎でバンガローを購入した。この住宅タイプはカリフォルニアで発達したように見えるが、すぐさま北アメリカのほとんど全地域の隅々にまで広まった。

1880年代における路面軌道の電化と30年後の安価な自動車生産が、低密で小規模な都市成長を助長したが、その大半は断片的に起こり、計画はほとんどあるいは全くされていなかった。都市美運動の主体は、自らが掌握している所では、こうした拡張に対して何らかの秩序を与えたはしたが、入念に計画された郊外は例外的であった。その非常に野心的な計画の1つ、**ミズーリ州、カンザス・シティのカウンティー・クラブ地区**(p.1605B)とその周辺は、後年、このようなパターンに何らかの変革をもたらす一助となった。同住宅地開発は、不動産業者J.C.ニコルズ(1880-1950)が1908年から始めたもので、面積2428ha以上に及び、完成まで半世紀を要した。ニコルズ社は事業全体を統括し、同地区の長期間にわたる安定性と魅力を確保するために、契約の規定条項を策定し、近隣諸団体を立ち上げた。広大な土地が公園用とあらゆるコミュニティ・サーヴィス用に取り置かれた。エベネザー・ハワードが田園都市で思い描いたように、ニコルズは田園および都市生活の資産を未曾有の規模で結び付け、また自らの計画を市場の諸現実、既存の都市、アメリカ人の趣味に適合させた。この投機が大成功を収めたにもかかわらず、ほとんどの開発業者は、これと同程度の力を1事業に傾注しなかった。

1920年代までに、他の計画主体は住宅開発のパターンそのものを再編しようとしていた。そのような事業では、田園都市の理念とヨーロッパのモデルを参考にして、住宅のクラスター、コミュニティ公園、自動車を最大限隔離するような大街区、周縁部でのオープン・スペースの広がりが許される土地が求められた。そうした努力の結果が、ルーズベルト政権下で開始された公営住宅プログラムであり、そこではスラム・クリアランスが目指された。他方、中所得層向け民間開発が

第 50 章　北アメリカ（1900-1950 年）　1605

A　住宅地開発、ロサンゼルス（1910 頃）　p.1604 参照

B　カウンティー・クラブ地区、カンザス・シティ、ミズーリ州
（1908-）　p.1604 参照

C　チャタム・ヴィレッジ、ピッツバーグ（1931-）
p.1607 参照

D　ウィリアムズバーグの修復・再建、ヴァージニア州（第 1 期 1927-）　p.1607 参照

A ネブラスカ州議事堂、リンカーン、ネブラスカ州(1921-32)　p.1607 参照

B ハイワスシー・ダム、チェロキー郡、ノース・カロライナ州(1936-40)　p.1610 参照

推進され、より成功を収めた。建築家クラレンス・スタイン(1883-1975)と都市計画家ヘンリー・ライト(1878-1936)が、そのような事業の指導的実務家で、彼らの試みは、**ピッツバーク**の**チャタム・ヴィレッジ**(1931-、p.1605C)でおそらく最も雄弁に表現されている。その地所は、アパートメントから成るが、不規則な輪郭を持った伝統的なテラス形式が採用されており、間に庭園やレクリエーション・エリアがしみ込んできている。アメリカ人は、一般的に、アパートメント生活を好ましいものというより必要に迫られたものと見てきたが、チャタム・ヴィレッジは、その概念を完全に解釈し直すことで、アメリカ人の汚名をそそぐ一助となった。同計画は、小さな戸建住宅が建設されなかった不況期にその代用となった無数の庭付きアパートメント群の原型として機能した。

チャタム・ヴィレッジや戦間期に開発された多くの郊外住宅地で明らかに見られる、初期アメリカのイメージと小さな町の雰囲気という訴えかけは、当初は急激な都市成長に対する反動によって、次いで不況の不安によって補強された。アメリカの植民地時代の集落は、その物理的な特性ゆえに、またそれがより質素で誉れ高き時代の証になると思われたがゆえに、尊ばれた。こうしたロマンティックな見方は、新しい作品に影響を及ぼしただけでなく、過去の遺物を保存することにはずみを付けた。最も喧伝され影響力のあった保存事業が、1927年、**ヴァージニア州、ウィリアムズバーグ**(p.1605D)で開始されたが、それはジョン・D・ロックフェラー・ジュニアの基金により、1世紀以上も前に存在していたように町を再生して、来訪者が植民地期の生活のより良い理解が得られるようにしようとしたものであった。世紀の変わり目頃にスカンジナビアで始まった屋外美術館は、同事業に対する先例となったが、そのような目的のために現実のコミュニティが改変されることは以前にはなかった。そのプログラムは、古い建物の大々的な修復、失われた建物の再建、後世付加されたものの除去を含むもので、北アメリカの保存活動に対して専門技術の新たな基準をもたらした。それとともに、成果物は、過去があらかじめ決められた教育的役割を果たすよう編集された理想像を示しており、そうした目的は、何十年にもわたって北アメリカ大陸の多くの保存事業の根底にあり続けた。

モダニズムの住宅デザインは、ごく一部を除いて大衆から拒否されていた。1920年代から1930年代にかけて、建築の主流へのモダニズムの同化を主導したのは、ライトや若手の前衛主唱者の作品が重要であったにせよ、彼らではなく、デザインの生気を保つには今や新たな探求の道を模索すべきであると信じるようになった、アカデミックな伝統で教育を受けた建築家達であった。ヨーロッパと同様にアメリカでも、形態の表現と効果の単純化という点で過去から決別した建築を創造しようとする努力がなされたものの、なじみある伝統への明らかな参照も保持されたのである。

このジャンルにおける最初期で最重要視された作品に、バートラム・グッドヒュー(1869-1924)による**ネブラスカ州、リンカーン**の**ネブラスカ州議事堂**(1921-32、p.1600B、p.1606A)がある。グッドヒューは、1870年代以降アメリカの公共建築で広く用いられてきた、塔がそびえる堂々としたブロックという考え方を採り、抽象的形態と大胆なスケールによって、部分を誇張するとともに、部分間の関係を強調した。大地を抱いた基部とそびえ立つ塔は、低く広がった町やその向こうの平原と対比され、強い都市性を生み出している。統一が最重要であって、ボザールの田の字型平面が採られ、段状のマス構成で相対する力が釣り合わされている。古代ローマや中東、ビザンティウム、中世ヨーロッパ、原生アメリカの暗示が沁みわたっているものの、全体の効果は古典的であり、伝統に敬意を表するのと同じほど新鮮さも加味している。同時期には、エリエル・サーリネン(1873-1950)によるもっと明らかに近代的な作品がある。彼は1923年に合衆国に移住し、**ミシガン州、ブルームフィールド・ヒルズ**の**クランブルック学校**(1924)および**美術館**(1940-43)、息子エーロ・サーリネン(1910-61)との共同による**インディアナ州、コロンバス**の**タバナクル・キリスト教会**といった作品を建て、すでに名を成していた職歴を続けていた。

グッドヒューの作品に代表されるモダニズムへのアプローチは、商業分野、特に摩天楼のデザインで広く応用されたが、そこでは、アメリカ人建築家が競争相手のいない先導をし続けた。そのインスピレーションの多くは、ルイス・サリヴァン、ギルバート、グッドヒューといったアメリカの作品を起源としていたが、エリエル・サーリネンの作品ばかりでなく、ドイツ表現主義者や同時期のフランス装飾デザイナーの作品もまた、重大な影響を及ぼした。そうした多様な源泉は、折衷主義とモダニズムの要素ばかりでなく、古典とゴシックの特徴を統合するためにも用いられた。現在そう呼ばれているアール・デコの摩天楼の構成は、新しい力強さを持っている。それは三次元的オブジェとして立ち上がり、その垂直に伸びる柱が、近隣建物の空中権を保護するよう計算された多様なセットバック構成へと人の目を向けさせるのである。このような構成において、ヒュー・フェリスのような豊かな着想力を持ったデザイナーが、セットバックした塔という要求から肯定的な価値を引き出したし(たとえば、彼によ

A クライスラー・ビル、ニューヨーク（1928-30）
p.1610 参照

B エンパイア・ステート・ビル、ニューヨーク
（1929-31） p.1610 参照

C リッチフィールド・ビル、ロサンゼルス（1928-30、取壊し）
p.1610 参照

第50章　北アメリカ（1900-1950年）　　1609

A　ロックフェラー・センター、ニューヨーク（1929-）　p.1610 参照

B　ロックフェラー・センター、ラジオ・シティ・ミュージックホール、メインラウンジ

るゾーニング・エンヴェロープ・ダイアグラム)、他方、レイモンド・フッドは、**ニューヨークのデイリー・ニューズ・ビル**(1929-30)の反復的ファサードにセットバックの要求を応用して、彫塑的な形態と性格を付与した。豊かな装飾はマスに従属しており、マスも背後にある鉄骨骨組を反映している。そうした成果は、近代的革新の縮図と見なされたが、それはまた古代中米のピラミッドの後世版とも記され、アカデミックな先行者から引き継いだ堅固さと豊穣さの精神を具現化していた。ニューヨークとシカゴが、これらそびえ立つ新たな塔の理想が発展した主たる場所であった。ウィリアム・ヴァン・アレン(1883-1954)による**クライスラー・ビル**(1928-30、p.1608A)、シュリーヴ、ラム＆ハーモンによる**エンパイア・ステート・ビル**(1929-31、p.1608B)、ホラバード＆ルートによる**シカゴの商工会議所ビル**(1929-30)が、よく知られた例である。しかしこのタイプは、1920年代中頃から1920年代末の不況まで、モーガン、ウォールズ＆クレメンツによる**ロサンゼルスのリッチフィールド・ビル**(1928-30、取壊し、p.1608C)に見られるように、他の無数の都心部でも見事に用いられた。この数年の間に、アール・デコの摩天楼は、繁栄と嘱望の鮮烈なシンボルを提供することで、大小都市の性格に同じように大きな衝撃を与えたのである。

この時期の頂点を極めた営利事業が、**ニューヨークのロックフェラー・センター**(不況対策として1929年に開始、p.1609A)であり、その主要建築家は、ラインハルト＆ホフマイスター、ハーヴェイ・ウィリー・コーベット(1873-1954)、レイモンド・フッド(1881-1934)であった。それは、ターミナル・シティ以来最も野心的な開発であり、1940年までに3街区に9棟の建物が収められた。開発の規模ばかりでなく計画も規範から外れていた。高密に詰め込まれたブロックや塔の代わりに、1本の非常に高い柱、70階建のRCAビルが、並外れてふんだんな量の自然光を取り込むよう配置された低層・中層建物の真只中に建っている。大規模営利事業では初めて、オープン・スペースが際立ったものとして現われ、歩行者用のモールと広場が中心部と5番街とを結んでいる。ロックフェラー・センターは、より開放的な開発を求める要求と、より集中的な土地利用を求める経済的圧力との有効なバランスを打ち立てた。1階平面は整形で、ディテールは首尾一貫しており、凝集性は断固たるものである。高さ、大きさ、方向の対比により、見え方を絶え間なく変化させるような躍動感がデザインに与えられているが、その躍動感は規模の大きさにもかかわらず、街路レベルが歩行者を招き寄せるスケールを持っていることで高められている。効果は、都市建築の最上の伝統に則り、控え目であるとともにドラマティックであるが、ドラマは、建物内部、特に劇場で盛り上がっている。**ラジオ・シティ・ミュージックホール**(p.1609B)の諸空間は、同時期のフランスの作品を参照した滑らかな化粧板張り、フラシ天(毛長ビロード)製の家具、柔らかな照明によって、贅沢な雰囲気を醸し出している。

何世代にもわたり、進歩的と見なされたアメリカ建築の多くは、都市内あるいはその近郊に建てられてきた。戦間期に、巨大ダムとそれに付随した水力発電所が孤立した地域に建てられ、このパターンが意味深長にも打ち破られた。その内、最も大規模で、自然資源の開発と保全を統合するという前例のないプログラムを持つ事業が、貧困化した南部地域を再生すべく1933年に創設された連邦政府の独立機関、**テネシー渓谷開発公社(TVA)**によって執り行なわれた。**ダム**(p.1606B)は、同事業のほんの一部を構成するだけであるが、最も人目につく人工物である。そうした実用的構造物は、一般には技師によって設計されたが、ここでは、ローランド・ワンク(1898-1970)に率いられた建築家たちが、計画の当初からあらゆる段階で技師と協同した。ウィーンで修業をし、オットー・ヴァグナーの公共事業から刺激を受けたワンクは、近代技術を賞揚するとともにそれを超越しようとした。そうして、ダム形態の要件が、巨大なスケール、初源的な形態、豊かなテクスチュア、節約した実用的な装飾を持ったモニュメントを創造する根拠となった。来訪者が立ち入ることのできる発電機ホールは、水力が電気に変化し、その電気が田舎の生活を一変させることを神格化した近代的神殿と見なされた。レクリエーション用に計画された周辺の公園によっても、ダムの都市性が高められた。同時期の事業で、人間の生活状態を改善する民主主義政府の能力をこれほどの強力さでもって表わしたものは、他になかった。

アルバート・カーン(1869-1942)事務所では、TVAでの建築家と技師の協同精神に匹敵する民間開発が1910年代から存続しており、同事務所はその工場建築で全国的な名声を得ていた。カーンは、工場計画を端緒から建設まで取り扱う多様な専門家チームとして所員を編成し、製造プロセスに対する独創的な応答に的を絞り、その考え方を効率的で視覚的にまとまったデザインへと翻案した。**デトロイト近郊のクライスラー社・半トントラック組立工場**(1937-38、p.1611A)は、彼の成熟した作品を良く示している。内部では、オープンでフレキシブルな空間と上方からの自然採光の必要性が、新奇な鉄骨トラス・システムによって処理されており、そのシステムが建物の性格も決めている。

A　クライスラー社・半トントラック組立工場、デトロイト近郊(1937-38)　p.1610 参照

B　ロヴェル邸、ロサンゼルス(1927-29)　p.1613 参照

A トレメイン邸、サンタ・バーバラ近郊(1947-48)
p.1613 参照

B バトラー邸、パサティエンポ、カリフォルニア州(1934-36)
p.1613 参照

C 落水荘、ペンシルヴェニア州(1936-39)　p.1613 参照

外観は、構造骨組から独立し、ほとんどガラスから成る滑らかで張りつめた被膜に包まれている。面積 4.6 ha にも及ぶそのデザインは、厳密な全体性を有するが、生産における要求の変化に合わせて拡張することができるほどには流動的である。

アルバート・カーンの作品は、工場建築に新たな敬意をもたらす一助となったが、工場の美学が他のビルディング・タイプにも適切であると彼が考えていたという徴候はない。カーン事務所が建てた多数のオフィス、学校、住宅、製造工場の管理棟でさえも、全てが自身のさまざまな機能を表現している。その点で、カーンのアプローチは、彼がアカデミックな動向に根差していることを反映しており、ヴァルター・グロピウス（1883-1969）、ルートヴィヒ・ミース・ファン・デル・ローエ（1886-1969）、機械に鼓舞された美学は普遍的でなければならないと主張したル・コルビュジエ（1887-1965）のようなヨーロッパのモダニストとは、根本的に異なっていた。ライトと同様、彼らは、歴史的参照を排除するばかりでなく、形態と空間との新しい解釈によって、過去との完全な決別を追い求めたのである。

モダニズムの最も急進的な勢力であり、国際様式として知られるようになったものに対する関心が、北アメリカでは 1930 年代に高まった。しかしながら、ヨーロッパと同様、この表現法による実際の建物の需要がほとんどなかったので、初期の実施事例の多くは、新たに住宅を建設することで前衛を支援したいと願う人のためになされたものであった。

北アメリカにおける国際様式の主たる唱導者に、リチャード・ノイトラ（1892-1970）がいた。彼のデザインは、故郷ウィーンの初期モダニストから引き継いだ劇的な熱気とヒューマン・ニーズの繊細な取り扱い、シカゴで大商業建築に携わっていた時に身に付けた技術的妙技、後の住処となった南カリフォルニアで育まれたランドスケープ・デザインの熟練でもって、厳格な抽象を活性化している。**ロサンゼルスのロヴェル邸**（1927-29、p.1611B）は、以上のような属性全てを具現化している。構造体である鉄骨骨組は、ヨーロッパでの鉄骨骨組以上に、革新的であるばかりか表現の基礎ともなっている。同時にそれはスタッコ塗の平坦な水平帯の背景をなしており、その水平帯は、骨組の内や外に移動して、青々とした植栽や岩だらけの地形に呼応した生き生きとした彫刻物として庭園にまで伸びている。これは、デ・ステイル・グループの計画案と同じように、空間としての建築を形態に結実させもので、相互貫入した幾何学的な面によって限定されているが、その効果は劇的であり、経験的かつ知的な刺激を与えてくれる。もう 1 人のウィーン人 R. M. シンドラーも、カリフォルニアでモダニズムを開拓した。彼による**カリフォルニア州、ニューポート・ビーチのフィリップ・ロヴェル・ビーチハウス**（1925-26）は、コンクリート造表現の人目を引くような誇示であって、その構造骨組は、上 2 階を支える 5 本のオープン・フレーム全てを平行配置したものから成る。

ノイトラの後期作品は、北アメリカと海外の双方でなされた国際様式を家庭化するという試み、すなわちその根本的な美学と機能的な目標を保持しながら、その機械イメージと冷たい抽象を和らげるという試みに対して、大いに貢献した。最も雄弁な成果物に、**サンタ・バーバラ近郊のトレメイン邸**（1947-48、p.1602F、p.1612A）がある。その造形は風車のようであり、腕の部分が伸ばされて林にまで達しているので、大邸宅が小さなスケールを持った部分の連続にしか見えない。コンクリート造骨組と板ガラスの壁は、豊かな植栽と鋭い対比をなしているが、全体の効果には従属している。そのデザインの合理性は、精密ではあるが透き通ったインテリアによって一層緩和されている。モダニズムの人間性を洗練させるというノイトラの関心は、特にカリフォルニアにおける数多くの同輩によって共有され、そこが 20 世紀半ばの前衛的住宅建築の大半が立地する所となった。解決策の豊かな多様性は、ノイトラとウィリアム・ワースター（1895-1972）の住宅の比較から判断することができよう。ワースターは、アカデミックな伝統に沿った教育を受け、1930 年代からその遺産とモダニズムとを和解させる試みを始めた。彼による**バトラー邸**（1934-36、p.1602A、p.1612B）は、カリフォルニアの海岸近くに建つ週末用の隠れ家で、その地域の初期スペインおよびアメリカ建築から借用して、全く新奇なデザインを作り上げた。自由な空間を求めるモダニストの嗜好を反映して、住宅の主要部は、一連の屋根付き歩廊とリビング・ポーチで連結されているだけで、後者が主要居室となっている。平面は幾分シンメトリカルであり、その構成は軸性を暗示しているが、そこでの動きは周縁部でなされ、強い焦点によって誘導されてはいない。そうした非正統性にもかかわらず、バトラー邸は、それよりもずっと洗練された東海岸での対応物、フランク・ロイド・ライトが**ペンシルヴェニア州**西部の田舎に建てた**落水荘**（1936-39、p.1612C）を含む多くの近代建築がそう見えるようには、「新しく」見えない。その代わりに、ワースターは牧歌的世界を喚起するような連想を提供した。それほど革新的で、かつそれほど人を安心させるような作品を生み出した建築家はほとんどいなかったので、ワースターは、モダニストがほとんど獲得できなかったよ

20世紀の建築

A プライス邸、バートルズヴィル、オクラホマ州(1956-58)　p.1617 参照

B ハーバート・ジェイコブズ邸、マディソン、ウィスコンシン州(1936-37)
p.1617 参照

C イームズ邸、パシフィック・パリセーズ、カリフォルニア州(1945-50)
p.1617 参照

D レヴィットタウン、フィラデルフィア近郊(1951-57)　p.1618 参照

A ファーンズワース邸、プラノ、イリノイ州(1945-51)　p.1617 参照

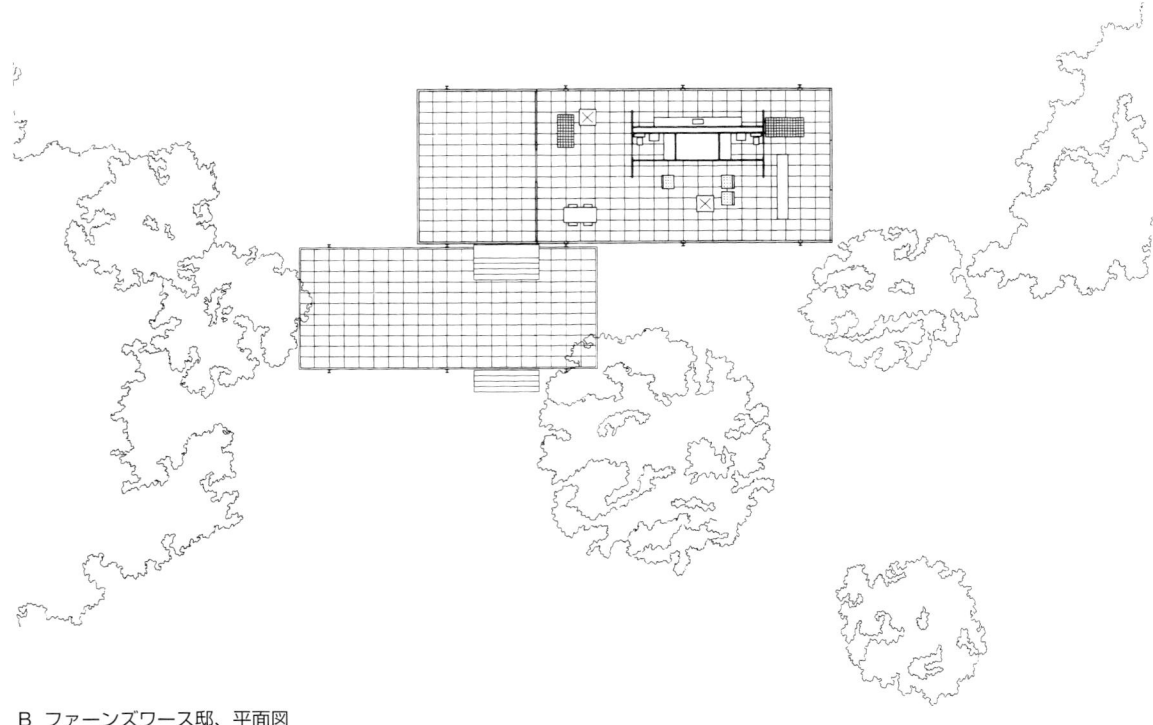

B ファーンズワース邸、平面図

A　ジョンソン邸、ニュー・カナーン、コネチカット州（1945-49）　p.1617 参照

B　ジョンソン邸、平面図

うな人気を博したのである。

　ブルース・ガフ(1904-1982)の住宅もまた、大衆が共感できるような琴線に触れたが、その他の点では、カリフォルニアの同時代人の作品に似ても似つかなかった。彼はアメリカ中央部で仕事をし、その地域の大衆に贅沢さの概念を明示するような、放縦で人目を引くデザインを作り出した。ガフは、ライト、表現主義、その他多くの源泉から引用したが、1940年代までには、個々の計画が以前の何物にも基づくべきではないことを保証しようとした極めて個人的なアプローチを発展させた。初期の事例、**ロサンゼルスのグレイヴス邸**(1919)は、サーヴィス・コア周りに居間や寝室エリアを含む連続した周辺空間を巡らせたものであって、住宅外観では、緩勾配屋根、基壇、四方のヴェランダで水平性が強調されている。ガフによる**ケンタッキー州、ファーン・クリークのバートマン邸**(1941)は、同じように考え抜かれたものであるが、陸屋根と簡素なディテールを持つ全く異なる言語によって構想されている。

　オクラホマ州東部のプライス邸(1956-58、p.1600A、p.1614A)は、彼独自の様式を示している。小山の端に配されたその住宅は、「住宅」の予測可能なイメージ全てを回避する代わりに、ありえない材料で同じようにありえない隠喩の混合を表現しており、石炭と青色ガラス屑から成る自由な形をした壁から金色のアルマイト製大テントが張り出されている。未来の機械が、先史期の石化した遺物から作られているのである。根底にある幾何学は、このエキゾティシズムを制御しているが、視覚的には目立ってはいない。ガフは、人間活動が建築の性格を決定する主要因であるという信念をノイトラやワースターと共有していたが、成果物は、人間の最大限の参加を要求するという点で、しばしばライトに近いものとなった。

　モダニズムの建築家は、大半の施主が富裕層であったものの、より広範な聴衆の要求に訴えかけたいと願っていた。1930年代と戦争直後期には、家庭生活全般の改善を意図した低・中価格住宅のデザインに対する数多くの新しいアプローチが見られた。フランク・ロイド・ライトによる**ユーソニアン住宅**(p.1602E、p.1614B)は、彼の**ブロードエーカー・シティ**というユートピア的計画から進化したものであり、このアプローチで最も有名な事例である。大衆的バンガローで見られたように、平面は経済性と利便性が得られるよう配置されている。ダイニング・ルームは、リヴィング・エリアとコンパクトな台所とを結ぶアルコーヴに、ガレージはカーポートになり、地階は取り除かれている。技術革新が目立つようになり、コンクリート床に敷設された管を通って熱が供給され、大半の壁がプレファブ化された木製サンドウィッチ・パネルでできている。敷地は郊外であるが、ブロードエーカー・シティの理念が1つの果てしなき郊外を含意していたのに対して、そのレイアウトは、住宅が自由に建つ田園での立地を暗示している。道路側正面は「背面」となり、全ての主要居室が反対側に向けられている。そうした逆倒した配置は、自動車交通に対するプライヴァシーとインフォーマルな生活パターンの要求として広まっていたものを反映しているが、そのアプローチはまた、住宅をコミュニティの一部としてではなく視覚的に独立した単位として取り扱うという点で、典型的なモダニズムである。機能は異なるが、同時期の関連計画が、ライトによる**ウィスコンシン州、ラシーンのジョンソン・ワックス社・管理棟**(1936-39)である。そこで、ライトはモダニズムをほとんど発明し直し、ヨーロッパ近代建築の伝統のあらゆる直接的参照を避け、材料や建設技術を開拓、使用して、流線形の建物を作り上げた。その建物は、柱が林立する堂々たる事務員・タイピスト用ホールを焦点として内向化されている。

　1945年以降、ライトや他のモダニストによる住宅は、専門誌のみならず大衆誌でも推奨された。彼らの作品の諸相が、アメリカばかりでなくヨーロッパその他における住宅デザインの主流とまさしくモダニズムの発展に、一般に信じられている以上に大きな影響を及ぼした。ミース・ファン・デル・ローエの原ミニマリズムは、**イリノイ州、プラノのファーンズワース邸**(1945-51、p.1615)や、彼の弟子フィリップ・ジョンソン(1906-2005)の静養先、**コネチカット州、ニュー・カナーンのジョンソン邸**(1945-49、p.1616)のような作品を通じて注目された。このような中流階級用郊外住宅の美学を解釈し直そうとした最も注目すべき試みが、カリフォルニア州での**ケーススタディ・ハウス・プログラム**(1945-62)であって、それは、チャールズ・イームズ(1907-78)による**パシフィック・パリセーズのイームズ邸**(1945-50、p.1614C)、クレイグ・エルウッド(1922-92)による**ベル・エアのケーススタディ・ハウスNo.16**(1951-52)で例示されている。それと同じような抽象的デザインであるが、より土着的な住宅を喚起するものが、たとえば**ニューヨーク州、プレザントヴィルのフリードマン邸**(1948-50)を設計したライト自身を含む他の建築家によって追求された。グロピウスの弟子マルセル・ブロイヤー(1902-81)は、**マサチューセッツ州、ウィリアムズタウンのロビンソン邸**(1946-47)のような作品を通じて、東海岸におけるこの系譜の指導的実践者として登場した。同様に、ノイトラの前所員であったハーウェル・ハミルトン・ハリス(1903-90)は、**ロサンゼルスのジョンソン邸**(1948-51)に見られる

ように、独自の西海岸地域住宅様式を発展させた。もう1人のグロピウスの弟子カール・コッチ（1912-98）は、モダニズムの原理を住宅建設用の大量生産プレファブ・システムに適用することに成功した数少ない建築家の1人で、それは1953年にテックビルトとして開始された。

しかし、大多数のアメリカ人は、「住宅」の慣習的概念から完全に離脱することを拒んだ。住宅デザインの主力は建設業者に留まり、また次第に開発業者へと移っていったが、両者とも以前よりも大きなスケールで事業を行なった。深刻な住宅不足のために需要が増大し、今やより多くのアメリカ人が、連邦政府出資の長期ローンと抵当権保険により住宅を購入できるようになった。戦後の住宅地開発で最も有名なものが、**フィラデルフィア近郊のレヴィットタウン（1951-57、p.1614D）**である。それは、約1万6000戸の住宅、商業センター、学校、教会、その他の施設を含む新しいコミュニティであり、規模としてはカンザス・シティのカウンティー・クラブ地区に匹敵しているが、レヴィット&サンズ社による総合的な組織構造、平面や建築要素の標準化、現場での組立ライン技術の採用により早業が可能となり、建設にわずか6年ほどしかかからなかった。住宅そのものはライトやマルセル・ブロイヤーに負っているが、それらはまた伝統的要素を保持し、コミュニティ意識を伝えている。レヴィットタウンは最新版の田園都市であって、パークウェイ、曲がりくねった道、広大なオープン・スペースを有しているが、それぞれの敷地も個別の庭園と見なされた。そのようにして同計画は、共同体計画の理想と自己アイデンティティに対するアメリカ人の好みとを融合した。両者のバランスをとった前例は、富裕層が占める郊外では多数存在していたが、レヴィット父子はそれを労働者階級に持ち込んだのである。同開発は、1940年代から1960年代にかけて大都市周縁部を変えた新世代の住宅地拡大の縮図であった。

大多数の住宅デザインが過去との繋がりを保持し続けたのに対し、商業建築はモダニズムの新傾向を取り込み続けた。国際様式は、北アメリカでは最初に自動車サーヴィス・ステーションという新しいビルディング・タイプに応用されて広まった。不況期に、石油会社の多くは、機能的な計画と技術で表現されたより良い未来というモダニズムの含意を利用して、売上げを伸ばそうとした。公衆はそれに呼応して、家では異質と見なされたであろうものを、幹線道路上では歓迎した。この現象に対して最も影響力のあったのが、テキサコの貢献であった。物品に流線形イメージを付与することを専門とする、工業デザイナーという新人種の1人、ウォルター・ドーウィン・ティーグ（1883-1960）は、良質の製品と効率的サーヴィスとを一貫して供給する全国ネットワークの広告となるような、サーヴィス・ステーションの標準タイプを設計するよう委託された。特徴ある外観を作り、反復することでそれを補強するというのは、消費者を引き付けるための計略であった。テキサコの新築キャンペーンは、競合各社にとってのモデルを打ち立て、1950年代まで存続した**サーヴィス・ステーション**の原型を生み出した。その頃までには、他社もまたこのアプローチを推進しており、イメージは変わっても基本戦略はそのまま存続して、北アメリカのランドスケープに重要な印を刻み込んだのである。

モダニズムは、標準化よりも個性を基本目標とする都市小売業のデザインで、最も熱狂的な形態を装った。アメリカの店舗デザインは、ヨーロッパの店舗や当時の展覧会でのより冒険的な作品に鼓舞され、1930年代には独自の生き生きとした性格を手に入れた。ウィーンでペーター・ベーレンスの教えを受けたヴィクター・グルーエンバウム（1941年グルーエンに改名、1903-80）は、その特化された分野の中心人物であった。**シアトルのグレイソン・ストア（1940-41）**は、彼の創意を表わしている。その正面は、グラフィックス、ガラス壁、特殊照明効果、可塑的形態を用いた、非物質化されたかに見える広告板であり、運転手の目も歩行者の目も等しくとらえている。1階の引き込んだ展示エリアとセールス・ルームとの間にはほとんど差がなく、購買者を内へと誘い込んでいる。映画館と同様、店舗はショウの一部であるが、今やその主成分は、あからさまな宣伝と目も眩むような抽象的要素の集積なのである。

アメリカの都市は、国際様式の唱導者が1920年代以降実験してきた摩天楼デザインの新形態を実証する主たる舞台にはならなかった。そうした計画の多くは紙上に留まったままであったが、ハウ&レスケイズによる**フィラデルフィア・セイヴィング・ファンド・ソサイエティ・ビル（1929-32）**は重要な例外であって、モダニズムの摩天楼形態が大スケールで達成しうるものを示す説得力ある象徴として、不況期に立ち上げられた。戦後の好況で、金融機関、製造業、ホテル・チェーン、その他多くの業種は、新たな企業イメージを模索するよう仕向けられたが、それは、不況で小売業での刺激が助長されたのと同様であった。1950年代半ばまでには、ガラスに包まれ、しばしば構造体を表わした垂直のスラブが、ビジネスの進取性と威信のシンボルとしてアール・デコの塔に取って代わった。それ以降の都心商業地区のおおむね連続的な発展により、都市

のスカイラインの性格とスケールが変容したのだが、そうした作品を通じて、合衆国は海外の建築におそらく最も大きな衝撃を与えたのである。原型となった2つのデザイン、**レヴァー・ハウス**(1951-52、第51章参照)と**シーグラム・ビル**(1954-58、第51章参照)は、**ニューヨーク、マンハッタン**(第37章参照)で互いに向かい合って建っている。シーグラム・ビルは、その少し前に建てられたミースのシカゴの**レイクショア・ドライヴ・アパートメント**(1948-51、第51章参照)で予見されていたが、両者が機能は違っていても類似しているという点は重要である。なぜならそのことが、建築的解答は機能的要求を超越し、多様なニーズに合わせて用いることができるというミースの信念を表わしているからである。

　普遍的空間を創造しようという願望は、ミースのより小さい建物においても明らかである。彼による**シカゴのイリノイ工科大学・マスタープラン**(1939-40)は、大きく開放的な大街区に、おおむね似通ったユニットを、伝統的な焦点を持つことなく注意深く全体のバランスをとって配置することを求めており、あたかもアルバート・カーンの自動車組立工場の1つが古典化され、公園に置かれたかのようであった。その複合施設内で最も傑出した優美な建物、**クラウン・ホール**(1950-56)は建築学校を収容しているが、それもまた間接的に工場を暗示しており、外部の鉄骨骨組で支えられ、板ガラスで包み込まれた1つの大空間を有し、構想のエッセンスのみで構成されている。

　ライトの活力が続き、ワースター、ガフ、スキッドモア・オーイングズ＆メリルといった作風の異なる若手アメリカ人が出現し、ノイトラ、グルーエン、ミース、グロピウス、ブロイヤーその他が移住してきたことで、第2次世界大戦後、アメリカはモダニズムの異論なき指導者となった。この時期に豊かな人材が集中し、それに付随して、モダニズムの現況と将来の進路とに対立的な緊張がもたらされたのであるが、そうしたやり取りは、関心が変わった今日でも続いている。モダニズムが多元的表現を助長する一方で、建築家も批評家も、必ずしもアメリカ人が規範化した国際様式という点からではないにせよ、1930年代ヨーロッパの事例におおむね基づいて、建築の形態と内容の明確なパラメーターとしての首尾一貫性を探求してきたのであって、そうした事実によって論争が搔き立てられてきた。このジレンマの1つの産物が若手建築家の実験的傾向であって、彼らは、モダニストの決意の究極的表現であるシーグラム・ビルが1950年代後半に完成した頃、自立し始めたのである。

訳／片木　篤

20 世紀の建築

第 51 章
北アメリカ（1950 年以降）

はじめに

　20 世紀後半を通じて、アメリカ合衆国は世界で最も富裕で強力な国であった。そのように高度に発達した工業社会では、建築形態の想定される決定要因——気候、地形、入手可能な建築材料、伝統的な構法、通例の利用法、因習的な図像プログラム等——の及ぼす影響力は減ぜられる。気候を人工的に加減することも、土地をとがめられることなく選定あるいは放棄することも、材料を輸入することも、新しい技術を考案することも、意味の新しい世界を創出することもできる。アメリカは、建設したいと望むものを建設するのである。このような状況下では、伝統的に社会での優先事や先入主を映す鏡であった建築が、時には歪んだイメージを表わすことになる。

　議論の余地はあろうが、過去 50 年間のアメリカ史を最も明瞭に表わす建物は、建築分野の周縁に建つものである。シカゴやデトロイトのような都市の、廃墟となって捨てられた危険なゲットーは、都心の摩天楼より雄弁に、富の拡大に貧困の増大が随伴してきた社会の真の経済状態を物語っている。中流階級のアメリカ人にとってでさえ、最も重要な建物は、教会でも、宮殿でも、大学でも、病院でもなく、パターン・ブックの郊外住宅であり、町外れのショッピング・モールなのである。軍用基地、ミサイル格納庫、核掩蔽壕（えんぺいごう）は、冷戦の建築遺産となっている。1960 年代から 1970 年代の自由解放における反抗的若者の盛り上がりは、コロラド州、ドロップ・シティの間に合わせのセルフ・ビルト・ドームで象徴される一方、同時期にアメリカの技術的有効性の向上は、リチャード・バックミンスター・フラーのより洗練されたジオデジック・ドームで最もよく代表される。アポロ宇宙計画と 1969 年 7 月 21 日における人類の月面着陸にとっての真のモニュメントは、おそらくワシントン D.C. の国立航空宇宙博物館ではなく、ケープ・ケネディの巨大な宇宙船組立工場であろう。強大な情報産業と娯楽産業の最も明確な建築表現は、ニューヨークの AT＆T ビルでも、ハリウッドの映画スタジオでもなく、ディズニーランドの漫画都市である。増大する個人移動の恒久的シンボルは、ロサンゼルスの自動車道システムにおける四葉形ジャンクションなのかもしれない。それでは、アメリカの地におけるベトナム戦争の建築遺産は何であろうか。ワシントンの公園の地面に付けられた一片の切り込みと黒い花崗岩に刻まれた氏名リストだけである。これら構造物のいずれもが、伝統的な意味では全く建築には数えられていない。

　それにもかかわらずアメリカでは、建築が、国の最も重要な政府機関や営利企業のために仕事をしている尊敬される既成の職能であるばかりでなく、知的な言説としても隆盛を続けている。アメリカ人建築家は、ヨーロッパや日本の建築家と同様に、どんな建築論争にも参入している。西洋のあらゆる建築家と同様、彼らは、この期間中、抽象と具象、伝統と発明、形態の純粋性と文脈の多様性という二項対立を解決しようと奮闘してきた。彼らはまた、ミース・ファン・デル・ローエやヴァルター・グロピウスのような移民に代表されるヨーロッパ・モダニズムと、ルイス・サリヴァンやフランク・ロイド・ライトに代表されるアメリカ・モダニズムという、2 つの対立する伝統とも格闘してきた。過去 50 年以上にもわたって、これら 2 つの伝統は、結合され、変容され、再表明され、最近では、あらゆる雑多な形態を採るポスト・モダニズムの挑戦を受けている。以下の実施事例は、この論争の進化を図示し、かつ、いまだ繁栄しているアメリカ建築という文化制度を代表するように、選定されている。

実　例

　1950年代の進歩的アメリカ建築は、ヴァルター・グロピウスやミース・ファン・デル・ローエといったヨーロッパからの移民によって牛耳られた。彼らは、1938年以降、それぞれハーヴァード大学とイリノイ工科大学（IIT）で教えていた。教育面では、グロピウスの方が大きな影響力があった——彼の教え子にはフィリップ・ジョンソン、ポール・ルドルフ、I. M. ペイがいる——と言えるかもしれないが、建築実務では、ミースが実例でもってリードした。その最も有名なものが、IIT キャンパス（1940-）のデザインである。IIT の建物は、アルバート・カーンの戦前期の工場に代表されるような単純性と実用性というアメリカ的価値と、ヨーロッパ・モダニズムの伝統における正統性と知的な真摯さとを結合した新たな建築言語を創出した。それは、「ほとんど何もない」建築であって、建物を本質的な構成要素にまで還元することにより、モニュメンタルな壮大さを達成した。一般的に言って、人間が使用するという意味での機能は、通常露出した鉄骨骨組という形態を採る構造ほど重要ではなかった。

　ミースによる26階建の塔、シカゴのレイクショア・ドライヴ・アパートメント（1951竣工、p.1623A）では、構造骨組自身は耐火断熱材で包み込まれているが、鋼鉄がいまだ支配的な材料である。外壁に付けられたH型鋼の「付柱」が、6.4 m の構造ベイを4つの小さなベイに分割し、壁を斜めから見た時の堅牢な印象を生み出している。

　その1年後、スキッドモア、オーイングズ＆メリルのゴードン・バンシャフトが設計したニューヨークのレヴァー・ハウス（1951-52、p.1623B）には、倹約的で直線的なミース風美学の影響がすでに明らかに見られた。しかしながら、いくつかの重要な違いがある。ここでは、ミースによる骨組の強調が被膜の強調に譲歩しており、淡緑色のスパンドレル・パネルを持ったアルミニウムとガラスのカーテン・ウォールが構造を包み込んで、構造を見えないように隠している。壁は二次元グリッドで、方立も無目も強調されていない。実際、滑らかな被膜としてのカーテン・ウォールという考えは、前例がないわけではなかった。1948年、イタリアからの移民建築家ピエトロ・ベルスキは、オレゴン州、ポートランドのエキュイタブル・セイヴィングズ・アンド・ローン・アソシエーションという12階建版状オフィスを、緑色ガラスと磨きアルミニウム板の滑らかなカーテン・ウォールで完成させていた。しかし、ベルスキの建物とレイクショア・ドライヴ・アパートメントの両者では、構造柱が縁辺にあり、建物全高にわたって途切れることなく立ち上がっているのに対し、レヴァー・ハウスでは、構造柱はセットバックされていて、塔は竹馬上の箱のように見える。街路レベルでは、平坦な基壇ブロック——塔に相対する水平物——が、開放的な広場上に浮かんでおり、街路に対する建築線を維持している。こうした塔-基壇の組合せは、途方もない影響力を持つことになり、続く20年間、世界中でなされた無数の模倣にとってのモデルとなった。

　ミース自身が、レヴァー・ハウスとほぼ向かい合う敷地に、ジョゼフ・E・シーグラム＆サンズ社の塔状オフィスを設計するよう要請された際、今度は彼が、バンシャフトの傑作に影響を受けざるを得なかった。シーグラム・ビル（1958竣工、p.1624A, B）は、レイクショア・ドライヴ・アパートメントと同様、縁辺の柱上にしっかりと立っている。しかしながら、1階より上のレベルでは、柱と床梁がH型付柱の規則的リズムを持ったカーテン・ウォールの均等パターンで被覆されており、レイクショア・ドライヴ・アパートメントの無骨さが、レヴァー・ハウスの滑らかさによって和らげられたように見える。シーグラム・ビルはまた、都市に対して公共広場を気前良く提供しているが、ここには、優雅なプロポーションを持ったモノリスを見えにくくするような基壇ブロックはない。それは実際にはT型平面を持ち、古典的モニュメントのように街路から孤立している。それもまた、時には1本の塔、時には塔やスラブのグループとなった子孫を、世界中に生み出したのだが、全てが同じ制服をまとっていた。後者の事例が、ミースを顧問としてジョン・B・パーキン・アソシエイツが設計したカナダ、トロントのトロント＝ドミニオン・センター（1971竣工）である。

　ル・コルビュジエは、アメリカに唯一の建物、ハーヴァード大学・カーペンター視覚芸術センター（1964竣工）を建てただけであったが、それにもかかわらず彼の影響は、ニューヨークのもう1つの塔、国際連合事務局（1950竣工、p.1623C）に見て取れた。その建物は、ハリソン＆アブラモヴィッツがル・コルビュジエを含む国際的な顧問チームと共同して設計したものである。塔の2正面にあるガラスのカーテン・ウォールは、石張りの側壁で枠取られ、塔に強い方向性が与えられている。ここにはル・コルビュジエの初期建築、スイス学生会館（1931）やリオデジャネイロの教育省（1935）の反響が見られるが、後者はルシオ・コスタやオスカー・ニーマイヤーとの共同設計によるもので、ニーマイヤーもまた国連チームの一員であった。

　しかし、ヨーロッパの全巨匠の内、アメリカ資本主

第51章　北アメリカ（1950年以降）　1623

A　レイクショア・ドライヴ・アパートメント、シカゴ
（1951竣工）　p.1622参照

B　レヴァー・ハウス、ニューヨーク（1951-52）　p.1622参照

C　国際連合事務局（右）、ニューヨーク（1950竣工）　p.1622参照

A シーグラム・ビル、ニューヨーク（1958 竣工）　p.1622 参照

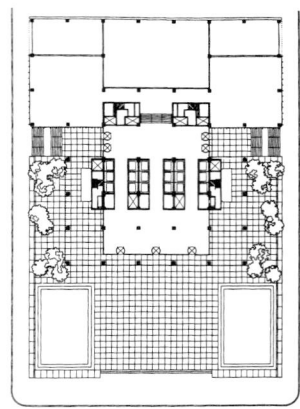

B シーグラム・ビル、1 階平面図

義がヨーロッパ・モダニズムの言語を採用し、それを改変する条件を指令したのは、ミースであった。ゴードン・バンシャフトとSOMは、レヴァー・ハウスの成功に続いて、政府と大企業の栄光を称えるためにミース風言語による極めて完成された建物を数棟、設計した。1950年代まで、銀行は、円柱、エンタブラチュア、ペディメントで飾り立てた堅牢な石張りの建物に収まることで、永続性と安全性のメッセージを伝えようとしていた。ニューヨーク、5番街の角地に立つ、SOMによる比較的小さい4階建の建物、**マニュファクチュラーズ・ハノーヴァー・トラスト社**(1954)は、上記伝統のあらゆる面をシステマティックに否定したものである。板ガラスの巨大なシートが、2階吹抜けの出納ホールと街路とを隔てる全てであり、さらに天井は1枚の巨大な照明面であって、インテリアの全てを開放して見せている。この予想の反転を全うするために、金庫室のマッシヴな鉄製円形扉が街路に面するカーテン・ウォールのすぐ内側に置かれ、開け放たれているのである。

ミースによるH型鋼部材の普遍的使用は、アメリカ工業の生産性全般を象徴していると言えるかもしれないが、SOMによる**シカゴのインランド・スティール・ビル**(1958)でのしみ1つないステンレス板の使用は、施主の製品を見せるという、もっとあからさまで高尚ではない目的を持っている。それにもかかわらず、これはミース風定式のもう1つの見事な変種である。サーヴィス諸要素は、接続された別の塔に収められており、18m幅のオフィス・フロアは、内部の柱によって全く分断されていない。

エーロ・サーリネンの初期作品は、彼の父親、1923年にアメリカ合衆国に移民する以前にはナショナル・ロマンティシズム様式の唱導者であったフィンランドの建築家、エリエル・サーリネンとのパートナーシップで実施された。したがって、エーロ・サーリネンをミースの子孫として位置付けることはできないとしても、彼は1950年に父親の事務所を継ぎ、1億ドルという巨大事業、**ミシガン州、ウォーレンのゼネラル・モーターズ技術センター**に着手、約400haの敷地全体に広がる低層の複合施設を設計した。それがIITキャンパスに何がしか類似しているのである。配置計画は、中央に大きな湖を擁し、円形の「スタイリング・ドーム」と湖の中に立つ三脚上のほぼ球形をした給水塔を除いては、厳密に直線で構成されている。大半の建物は、鉄骨骨組とカーテン・ウォールを持つ陸屋根の2-3階建の箱である。主として技術のモニュメンタルな潜在能力に関心を抱いていたミースとは異なり、サーリネンは、工場生産に基づく先進技術を、正直に建物の建設に持ち込もうとした。彼は、ゼネラル・モーターズのデザイナーと共同して、プレファブ化されたカーテン・ウォール用サンドウィッチ・パネル、半透明プラスチック皿による照明天井、ネオプレン・ガスケットによる接合システムを開発した。これが、後に「技術移転」と称されたものの始まりであった。

新しい鉄骨造建築は、商業用や工業用の建物に制限されてはいなかった。**カリフォルニアのケーススタディ・ハウス・プログラム**は、ジョン・エンテンザが編集し、ロサンゼルスを本拠地とする影響力ある雑誌『アーツ・アンド・アーキテクチュア』が委託したもので、1950年代を通して継続し、**イームズ邸**(1949、第50章参照)を初めとして、ラファエル・ソリアノ、クレイグ・エルウッド、ピエール・ケーニグが設計した一連の優雅な鉄骨造平屋住宅を生み出した。ここでは、ニューヨークやシカゴで行なわれた鉄骨造のモニュメンタルな含蓄は、よりくつろいだ西海岸のやり方に取って代わられ、外観−内観の見かけ上の空間流動は、ガラスの大きな引き戸の使用で実現されている。エルウッドによる**ビヴァリー・ヒルズ、ミラデロ・ロード1129番地**(1957)、ケーニグによる**ロサンゼルス、ウッズ・ドライヴ1635番地**(1959)は、この時期の同プログラムの典型である。ケーニグによる住宅の方がより壮観であって、屋外の水泳プールを囲うL字型平面が、都市よりも高い台地上に配されている。薄い鉄製デッキ・ルーフが6mの梁間に架けられ、隣接するテラスから片持梁で2m突き出されており、屋内外の区別をぼかしている。そのような住宅は、工業生産という考え方に口先だけの追従を示しただけで、その鉄骨骨組は、構造の効率や組立の速度以上にその細さや開放性から使用されたのである。

住宅デザインにおいて、フランク・ロイド・ライトの影響は、ヨーロッパ・モダニズムの正統性に抵抗した建築家の間では強いまま残存していた。ブルース・ガフは、1930年代初頭から独立して仕事をしてきたが、ライトがやった以上に「有機的建築」概念を用いて、一連の個人主義的な住宅を設計した。芸術家を施主とする**オクラホマ州、ノーマンのバヴィンガー邸**(1955)は、再利用された工業製品要素と敷地で採集された自然素材との「アドホック」なアサンブラージュである。油井掘削用パイプで作られた中央の鉄製マストから螺旋状の屋根が吊り下げられ、それが地面から生え出たように見える砂岩丸石の壁と組み合わされている。屋内の居住空間は、1つの統合された空間中に浮遊した円形のプラットフォームであり、設計されたインテリアというより自然風景のようである。ガフの弟子ハーブ・グリーンは、**オクラホマ州、ノーマンのプレーリー・ハウ

A　グッゲンハイム美術館、ニューヨーク（1959 竣工）　p.1627 参照

B　ダレス国際空港、ワシントン D. C.(1958-62)　p.1627 参照

ス（1962）において、その様式に意識的に図像的要素を導入した。羽のような木板やこけらが張られたモノリスのような形態は、さまざまな動物の隠喩を喚起するが、設計者が好んだのは、ひよこを守る雌鳥という解釈である。

　その間に、フランク・ロイド・ライト自身は、有機的建築の傑作、**ニューヨークのセントラル・パークに面するグッゲンハイム美術館**（p.1626A）を作り上げていた。それは、設計者の死から6ヵ月後の1959年に竣工したが、1943年からずっと製図板上にあった。ライトは、ようやくアメリカ最大の都市の真只中に建物を建てる機会を得たのだが、彼は、マンハッタンの街路グリッドの規則性と均質性を無視し、内向的な建物で自分の個性を表明することを選んだ。トップライトを持つ高い空間は、末広がりのドラムで包み込まれ、さらに美術品を展示する外壁に沿った螺旋状の歩行者用斜路で取り囲まれている。ライトは、彼特有の大胆さでもって美術館というビルディング・タイプを発明し直し、絵から絵へと、部屋から部屋へと挿話を巡っていく伝統的な遊歩を、1つの連続した空間体験へと転換している。グッゲンハイム美術館の直接的な先行作品は、サンフランシスコのV.C.モリス・ギフトショップ（1948）であるが、その祖先は、20世紀初頭に建てられたオーク・パークのユニティ教会やバッファローのラーキン・ビル（第50章参照）の直線的ではあるが同じように1つにまとめられたインテリアにまで遡ることができる。

　グッゲンハイム美術館のデザインを繰り、ニューヨークの複雑な建築法規を通過させ、成功裏に完成させるのに16年かかったが、そればかりではなく、ライトによるもう1つの有機的デザイン、セント・マークス・タワー計画案（1929）を実現するのには27年もかかり、1956年、**オクラホマ州、バートルズヴィルのH.C.プライス・タワー**として建てられた。それは、樹木のように片持梁の原理に基づいており、主構造の垂直方向の片持柱が幹に対応し、床の水平方向の片持梁が枝に対応している。塔の平面基本形は正方形であるが、この規則的幾何学は、60度傾けて置かれた十字形のコンクリート造コアにより分断されている。三角形、菱形、長方形のグリッドをさまざまに組み合わせたことや、1階分と2階分の高さを持った階を交互に配置したことが、すべからく外観に明確に表現され、コンクリート、ガラス、銅でできた複雑で角張った形態が作り出されている。これ以上に、ミース・ファン・デル・ローエの滑らかなモノリスと違っているものは、ほとんどないだろう。実際、その異なる幾何学形の重ね合わせは、統御されたものではあるが、1980年代のデコンストラクティヴィズム（脱構築主義）のやり方を予見していると言えるかもしれない。

　ライトがその長い生涯の末期に生み出した新しいデザインでは、形態上や構造上の発明が表層的なイメージに取って代わられ、批評家はそれらを単なるキッチュとして退けがちである。ライトの所員により1964年に完成された**カリフォルニア州、サン・ラファエルのマリーン郡市民センター**は、幾何学的モチーフとして円形を採用しているが、グッゲンハイム美術館の統一性や完全性を欠いている。中央の浅いドームから放射する長い低層の翼部は、ローマの水道橋の形態を反映したアーケード付きのファサードを有しているが、それらは非耐力壁であって、構造の論理が欠けている。

　1960年代初頭、ミース風の伝統は使い尽くされてはいなかったものの、新しい表現主義や異種のモニュメンタリティによって挑戦され始めた。たとえば、エーロ・サーリネンのゼネラル・モーターズ技術センターにおけるミース風のやり方は、表現主義的方法で様式を機能に釣り合わせようとする建築哲学の一様相でしかなかったということが明らかになった。すでにサーリネンは、**マサチューセッツ工科大学、クレスジ・オーディトリアム**（1950-55）や**イェール大学、デイヴィッド・インガルス・アイスホッケー・リンク**（1956-59）で、曲面の有機的形態を実験していた。前者には、球面の一部を3点で支えた屋根が架けられており、後者は、鉄筋コンクリート造放物線アーチの背骨から鋼鉄製張力ケーブルをテント状に張った屋根が架けられている。サーリネンは、**ワシントンD.C.のダレス国際空港**（1958-62、p.1626B）での流れるようなカテナリー曲線の屋根構造で、再度鋼鉄製張力ケーブルを用いたが、彼の表現主義期の確固たる表明は、**ニューヨークのアイドルワイルド（現ジョン・F・ケネディ）空港・TWAターミナル**（1956-62）である。細長いガラス面で連結された4つのコンクリート・シェルの屋根が、マッシヴで彫塑的なY字型柱から立ち上がっている。ガラスのカーテン・ウォールは、平面では曲線で、断面ではあたかもうねった屋根によって上方に引き伸ばされたように傾斜している。内部では、形態と空間が常に流れるように動いているように見える。タールマック舗装のエプロン上に降り立った巨大な鳥をほとんど文字通りに再現する方を選ぶことで、1950年代の禁欲的な抽象が拒否されたのである。

　しかし、有機的な曲線形態は、1960年代初頭の特徴である新たな表現の自由の一様相に過ぎなかった。ポール・ルドルフによる**イェール大学・建築学部**（1964竣工、p.1628A）は、その4年前に完成したラ・トゥーレット修道院に縮約されている「ブルータリズム」という

1628 | 20世紀の建築

A イェール大学・建築学部(1964 竣工)　p.1627 参照

B リンカーン舞台芸術センター、ニューヨーク(1962-66)　p.1629 参照

C アメリカ合衆国パヴィリオン、モントリオール万国博覧会(1967)　p.1629 参照

D アビタ、モントリオール万国博覧会(1967)　p.1629 参照

ル・コルビュジエの戦後様式の影響を示していた。ルドルフは、ハーヴァード大学でグロピウスとマルセル・ブロイヤーの教えを受けたが、彼が 1958 年から 1965 年まで学部長を務めたイェール大学・建築学部では、グロピウスの技術官僚的な協同アプローチを拒否し、「畝を立てた」重厚なコンクリート造の立方体を劇的に対比させるという個人的言語へと突き進んだ。長方形を基本とする建物が、大胆に分節された高さの異なるサーヴィス・タワーの変化に富んだクラスターに取り囲まれている。外部形態の複雑さは、内部空間の複雑さと釣り合っており、その建物は 7 階建に過ぎないが、37 もの床レベルがある。イェール大学・建築学部のフォルマリズムと機能的欠陥は批判されたものの、多くの模倣が作られた。カルマン、マッキンネル＆ノールズによる**ボストン市庁舎**(1968)は上階を張り出しており、よりあからさまにラ・トゥーレットを参照している。他方、ジョン・M・ヨハンセンによる**マサチューセッツ州、ウースターのクラーク大学図書館**(1969 竣工)は、ボストン市庁舎とイェール大学・建築学部双方を親として認知しているように見える。

ミース・ファン・デル・ローエやル・コルビュジエのような「フォーム・ギヴァーズ」(フィリップ・ジョンソンの用語)の作品を進展させようとするこうした試みと並んで、ミノル・ヤマサキ、エドワード・ダレル・ストーン、フィリップ・ジョンソン自身のような建築家に代表される、さほど主知的ではなくモニュメンタリティを求める伝統が隆盛した。その様式の典型が、**ニューヨークのリンカーン舞台芸術センター**(1962-66、p.1628B)である。ウォーレス・ハリソンによる**メトロポリタン・オペラハウス**(1966)、マックス・アブラモヴィッツによる**フィルハーモニック**(現**エイヴリー・フィッシャー**)・**ホール**(1962)、フィリップ・ジョンソンとリチャード・フォスターによる**ニューヨーク州立劇場**(1964)という 3 棟の箱形建物が、開放的な大広場に面している。シンメトリカルな軸構成は、ローマのカンピドーリオ広場を思い出させるもので、噴水がマルクス・アウレリウス像の場所に置かれている。3 棟の建物正面には、漠然と古典的に見える屋外列柱廊が付けられており、高くそびえ立つオペラハウスの場合には、それがアーケードとなっている。3 棟の中で最も興味深いのがジョンソンによる劇場で、3 層のギャラリーで取り囲まれた高いエントランスホールがあり、そこから 1 対のオペラ風階段を上って劇場へといたる。床はトラヴァーチン、手摺はブロンズ、天井は黄金の葉であって、建物開業時には、ミース・ファン・デル・ローエをアメリカに紹介した建築家が、このように明白な古典様式とこのように多彩過ぎる材料のパレットへと逆行しなければならなかったことに、批評家は衝撃を受けた。

エドワード・ダレル・ストーンによる**ワシントン D. C.のジョン・F・ケネディ・センター**(1971 竣工)もまた、表層的な新古典様式を採用しているが、ここでは全てのオーディトリアムが 1 棟に収められており、全長 194 m、6 階吹抜けの巨大なホワイエを共有している。ハリソン＆アブラモヴィッツの所員であったミノル・ヤマサキは、細かいテクスチュアを持った穴あきスクリーンで建物を包み込むという独自の様式を発展させた。**ニューヨークの世界貿易センター**(1973 竣工)では、こうした趣向のゴシック版が 1 対の巨大摩天楼に応用されているが、遠望すると、それらは特徴のないモノリスに見えてしまう。

1967 年までには、宇宙時代の栄光期に行きわたっていた技術的自信に満ちた雰囲気に助長され、多くの建築家と技師が、建築の伝統的な境界を越え出た「メガストラクチュア」に関心を抱くようになった。**1967 年モントリオール万国博覧会**で、そうした新しい考えを実験する機会が与えられた。フライ・オットーによる**ドイツ・パヴィリオン**では、傾いた鋼鉄製支柱で支えられた鋼鉄製ケーブル網による不定形の被膜が作り出された。他方、**アメリカ合衆国パヴィリオン**(p.1628C)の設計が発明家兼建築家リチャード・バックミンスター・フラーに委託され、彼はその機会を利用して、自ら「テンセグリティ構造」と称するものの原理を巨大なジオデジック・ドームで例示した。しかしながら、これら両者よりもっと影響力のあったのが、モントリオールのマックギル大学で教育を受けた若きイスラエル人建築家、モシェ・サフディが設計した**アビタ**(p.1628D)という名の集合住宅であった。アビタは、建物としてではなく建設システムとして構想され、工業生産の原理を大衆用集合住宅の問題に応用したものである。各住戸は、重量 90 t のプレファブ化されたコンクリートの箱であり、特殊なクレーンで持ち上げられ、コンクリートの支持骨組に据えられている。しかしそれは、屋外テラスや空中歩廊を介して増殖していく形態でもあって、それがサフディの同時代人の想像力をとらえたのである。

皮肉にも、建築技術者バックミンスター・フラーの影響が最も直接的に及んだのは、建設業の主力である工場や現場ではなく、**コロラド州、ドロップ・シティ**(1965 創設)を皮切りとして南西部砂漠に起こった、さまざまなセルフ・ビルトの「代替」共同体であった。ジオデジック・ドームは、伝統的な石造ドームとは全く関係がなく、引き揚げられた材木、中古の波形鉄板、スクラップになった自動車の屋根を寄せ集めた住宅に

1630 | 20世紀の建築

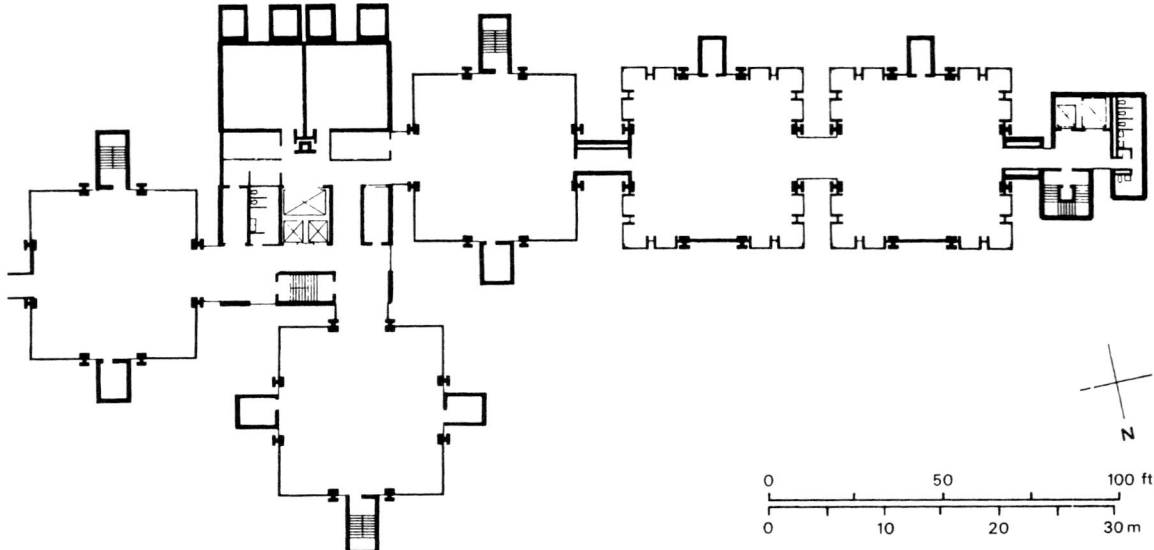

A リチャーズ医学研究所、2階平面図

B リチャーズ医学研究所、フィラデルフィア（1961 竣工）
p.1631 参照

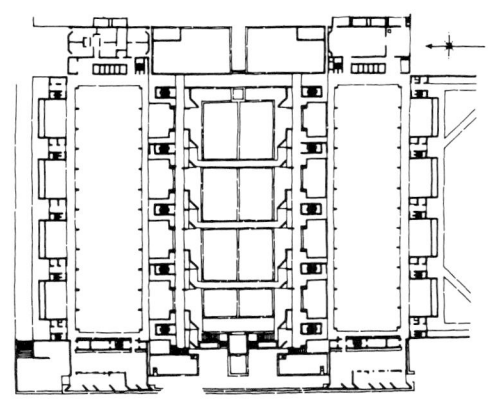

C ソーク研究所、平面図

D ソーク研究所、ラ・ホヤ、カリフォルニア州（1959-65）　p.1631 参照

とっての理想形態であることが判明したのである。

異種の代替集住地が、イタリア生まれで、フランク・ロイド・ライトのタリアセン・ウェスト事務所で徒弟修業をした建築家、パオロ・ソレリにより提案された。しかしながら、ソレリの幻想的な都市計画は、ライトのものとは大いに違っていた。各家族に対して4000 m²という土地が当てられたブロードエーカー・シティの広々としたオープン・スペースとは対照的に、ソレリの「アーコロジー」(アーキテクチュア＋エコロジー)は、600万人までの人間を高密度で収容する巨大なメガストラクチャーであった。1964年、タリアセン・ウェストからさほど離れていない**アリゾナ州、スコッツデール**近くの砂漠で、**アーコサンティ**と称される原型の建設作業が始まり、以後、それは緩慢に続けられているが、1万5千人という当初の目標人口には届きそうにもない。

1960年代は、宇宙旅行、ヒッピー主義、代替建築の時代であったが、アメリカ独自の「フォーム・ギヴァー」、ルイス・カーンが登場して、成熟していった時代でもあった。カーンの作品では、ボザールの伝統に則った構成規則とモダニズムの伝統に則った抽象とが結合され、ストーン、ジョンソン、ヤマサキといった彼と同時代の新古典主義者による建築に比べ、はるかに深く、かつより詩的な意味で、モニュメンタルな建築が生み出された。カーンは、「建物はどうあろうと望んでいるのか」という問いかけをすることで、人間の制度の原型に相当する建築を追い求めた。彼は、ヨーロッパ・モダニズムの流動的で曖昧な空間に関心を示さなかった。その代わりに、堅固な壁と静謐な部屋を復興することで、明晰性と限定性を得ようと努力した。彼の建物では、シンメトリーと軸性が、純粋な芸術的目的ではなくむしろ機能的プログラムに仕えているのである。

カーンは1901年生まれなので、最初の大きな設計委託である**イェール大学・美術館**を受けた時には、すでに50歳であった。しかし、カーンの建築理論の礎石の1つ、「サーヴド(サーヴィスされる)」・スペースと「サーヴァント(サーヴィスする)」・スペースの区別が最初に明確に示されたのは、**フィラデルフィアのA. N. リチャーズ医学研究所**(第1期1961竣工、p.1630A, B)であった。研究所自体は7階建の塔に収められており、各階は連続した正方形の部屋である。これがサーヴド・スペースで、その大半がガラス張りで、片持梁で突き出されており、隅には柱が立っていない。そこに付けられているのが、対照的な堅固なレンガ壁を持ち、空調配管あるいは階段を収めたサーヴァント・タワーである。その構成は、高度なサーヴィスが提供されるフレキシブルな研究所という機能的要求から出てきたのだが、若手建築家の新世代に訴えかけたのは、たとえば、サーヴァント・タワーの側壁が屋根ラインを越えて高く伸びている姿のような、形態の単純さと表現力であった。

カリフォルニア州、ラ・ホヤの太平洋を望む小高い敷地に立つ**ソーク研究所**(1959-65、p.1630C, D)で、カーンは再び、高度なサーヴィスが提供される研究所という課題に取り組んだ。ソーク研究所は、リチャーズ医学研究所と同様、周縁部の塔からサーヴィスされるフレキシブルな空間を持っているが、今度のサーヴァント・スペースは、実験棟の全幅に渡されたフィーレンデール・トラスによって生み出された1階分の高さの空間を利用して、実験棟の階と階の間に水平に伸ばされている。舗装された中庭の両側には2列に建物が並んでおり、科学者個人の研究室が中庭に面するファサード側を占めている。共同作業用のほとんど工場のような大空間と個人の思索用の親密な小空間のこのような混合は、カーンの建築において、人の使用のヒエラルキーに対して形態を与える典型的なやり方である。初期案では、中庭が風景式庭園として扱われていたが、カーンはそのデザインに満足できなくなり、メキシコ人建築家ルイス・バラガンに助言を求めることにした。バラガンの解決策は単純であって、彼は、中庭と太平洋の水平線との劇的な空間的関係をぼやかさないために、中庭には何の植栽もあるべきではないと答えたのである。

カーンによるモダニズムの抽象とボザールのシンメトリーとの組み合わせは、**テキサス州、フォート・ワースのキンベル美術館**(1972竣工)でおそらく最も明瞭に見られる。それは傾斜した敷地に配置されており、半地下の倉庫上にギャラリーを収めた平屋の建物が載せられている。6本の平行な「バレル・ヴォールト」(実際には、大スパンの曲線コンクリート梁によって支えられ、長軸方向に伸びるトップライトが組み込まれている)とサーヴァント・ベイとが交互に配され、抽象的なマトリックスが形成されているが、それがそれぞれ異なるギャラリー形態や付属空間を収容するために改変されている。たとえば、1つのヴォールトとそれに隣接するサーヴァント・ベイの床をただ傾斜させるだけで、オーディトリアムが形作られている。真のモダニストであれば、このような線的要素を散りばめて、断片化され機能別に差異化された構成を作ったかもしれないが、カーンはシンメトリカルな長方形を基本とする平面内にそれを閉じ込めているのである。

カーンはまた、一連の**フィラデルフィア計画**において、大規模で都市的なスケールの仕事もした。1955年の

フィラデルフィア都心地区計画では、彼は歩行者と自動車交通の相反する要求を調停しようとし、「ドック」と称する新たな都市工作物を提案したが、それは、18階建のアパートメントとオフィスビルに囲まれた円筒状の駐車場から成るものであった。同計画は実現されなかった。

モダニズムの伝統の主流は、1960年代を通して、大都市都心部の企業や行政の建物で発展を遂げた。IITのミースの下で教育を受けたアイルランド人、ケヴィン・ローチは、1961年のエーロ・サーリネンの死後、ジョン・ディンケルーと共にその事務所を引き継ぎ、1968年には、**ニューヨークのフォード財団ビル**（p.1633A-D）を完成させた。その建物は、小公園に隣接した敷地に建ち、規模や建築的所作という点では比較的控え目なものである。それが1960年代の最も影響力のあるアメリカ建築の1つになったのは、敷地の大半を公衆に開放し、街路とは10階分のガラス・スクリーンで仕切られただけの屋内庭園に当てるという、平面の気前の良さのせいであった。これが新しいビルディング・タイプ、「アトリウム」付きオフィスビルの先駆となった。

1960年代における最上のミース風摩天楼は、おそらくC. F. マーフィー・アソシエイツのジャック・ブラウンソンによる**シカゴ市庁舎**（リチャード・デイリー・センター、1965竣工）であろう。マーフィー自身、仕事を始めた頃にバーナム&ルート事務所のD. H. バーナムの下で働いたことがあるので、彼こそが19世紀後半の草創期シカゴ派とミースのヨーロッパ・モダニズムとの直接的な繋がりを代表している。シカゴ市庁舎は、ガラスとコールテン鋼から成る単純なモノリスで、シーグラム・ビルと同じように、開放的な広場に対峙している。しかしながら、最も印象的なのは、建築のスケールがその真の大きさを制御しているやり方である。それはオフィスだけでなく法廷も収めているため、階高が異常に高くなっているが、その階高が15m×26mという前例のないほど広い構造ベイと釣り合っているのである。このプロポーションの大らかさが、建物に力と存在感を与えており、シカゴ都心部の建築的喧騒の中で、澄んだ響きわたるバスの音色を出している。

その5年後、SOMシカゴ事務所のブルース・グラハムが、**ジョン・ハンコック・センター**（1965-70、p.1634A, B）という住宅と商業施設を混在させた巨大な先細りの塔を完成させた。そこでは、外部鉄骨構造の交差筋違が、各階のヒューマン・スケールと建物全体の雄大なスケールとの仲立ちをしている。しばらくの間、ジョン・ハンコック・センターがシカゴで最も高い建物であったが、それはすぐにSOMによるもう1つの巨人、**シアーズ・タワー**（1974竣工、p.1634C）に追い抜かれ、それが1996年時点で世界で最も高い建物である。しかし、違った高さまで立ち上がった小さい塔の集団という複合形態は、その相棒兼競争者の堅固で自信に満ちた構えを欠いている。

ワシントンD. C. では、1970年代半ばに2つの博物館、I. M. ペイによる**ナショナル・ギャラリー東館**（p.1635A, B）とヘルムート、オバタ&カサバウムによる**国立航空宇宙博物館**が完成したが、両者は、その中で展示される物の性質が全く異なっているにもかかわらず、いくつかの特徴を共有している。両者ともモールに隣接し、それに相応してモニュメンタルなスケールを持ち、平坦な石張りのヴォリュームがガラス張りのアトリウムで連結されているのである。ナショナル・ギャラリー東館は、1941年に完成されたジョン・ラッセル・ポープによる新古典主義のギャラリー本館の増築であって、それと同じテネシーの石切場から切り出されたピンクの大理石が張られている。しかしながら、その平面は本館のフォーマリティやシンメトリーを持っておらず、台形状の敷地から立ち上げられた三角形幾何学に基づいている。その中心部には、3階吹抜けのガラス屋根の架けられたアトリウムがあり、当時、それがショピング・センターの建築に似ているという理由で批判された。国立航空宇宙博物館では、ショピング・センターとの比較はより一層的確である。HOKはヒューストンやダラスにガレリアを設計してきており、それと同様の設計課題——可能な限りの最大多数の人間にとって最も有効となるように物を展示すること——として博物館を考えた。開館後しばらくの間、それは世界中で最も人気の高い博物館と称された。

屋根付きショッピング・モールというビルディング・タイプの起源は、1950年代初頭にまで、特にヴィクター・グルーエンによる**デトロイトのノースランド・ショッピング・センター**（1954竣工、p.1635C）にまで遡ることができる。同ショッピング・センターは、都市の郊外に立地し、ほとんど自動車を持つ公衆専用として設計された。駐車場の海に浮かぶ内向的な複合施設は、あらゆる都市文脈から切り離され自足したショッピング都市である。このタイプは非常な成功を収め、すぐさまアメリカ合衆国中の大規模ショッピング開発の規範となったが、最終的にはアメリカの都市の社会的・経済的福利にとって悲惨な結果を招いたのである。

しかしながら、町外れのショッピング・センターのような新しいビルディング・タイプは、合衆国における都市生活の緩慢な崩壊の原因ではなく結果であった。復員軍人に安い抵当証書を供与するといういわゆるGI

第 51 章 北アメリカ(1950 年以降) | 1633

A フォード財団ビル、インテリア

B フォード財団ビル、ニューヨーク
(1968 竣工) p.1632 参照

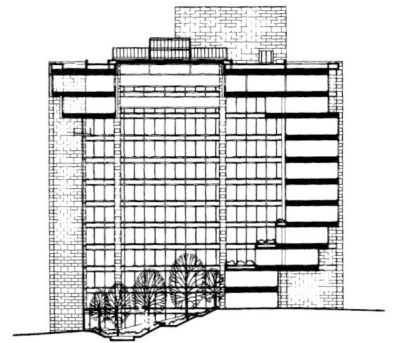

C フォード財団ビル、断面図

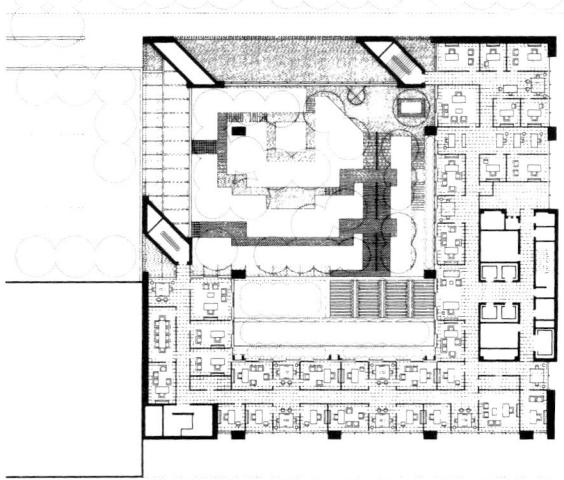

D フォード財団ビル、1 階平面図

A ジョン・ハンコック・センター、シカゴ(1965-70)
p.1632 参照

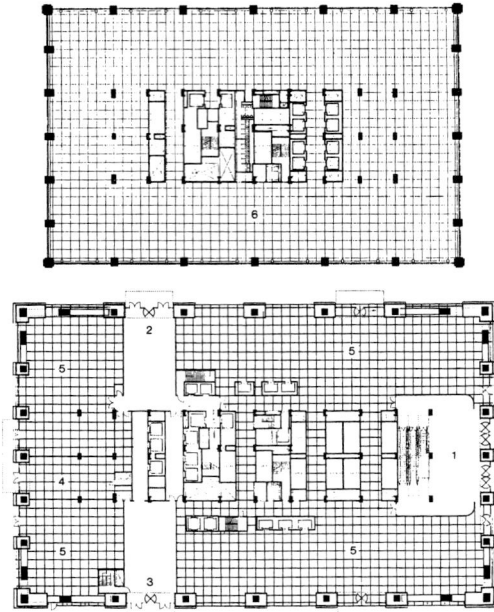

B ジョン・ハンコック・センター、(上)オフィス基準階平面図、(下)1階(街路レベル)平面図
1 オフィス・ロビー 2 レストラン・ロビー 3 アパートメント・ロビー 4 カー・ロビー 5 店舗 6 オフィス

C シアーズ・タワー、シカゴ(1974 竣工)　p.1632 参照

A ナショナル・ギャラリー東館、ワシントン D. C.（1975 竣工）
p.1632 参照

B ナショナル・ギャラリー東館、アトリウム

C ノースランド・ショッピング・センター、デトロイト（1954 竣工）　p.1632 参照

1636 | 20 世紀の建築

A ヴァンナ・ヴェンチューリ邸、フィラデルフィア（1962） p.1637 参照

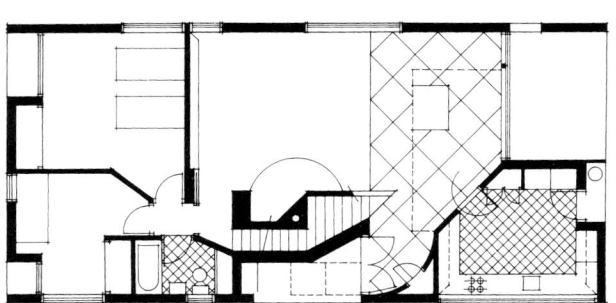

B ヴァンナ・ヴェンチューリ邸、1階平面図

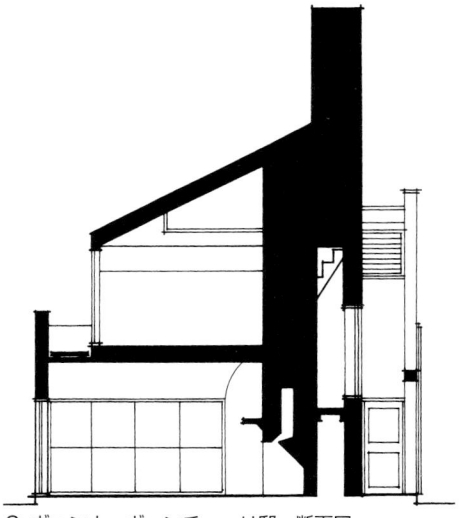

C ヴァンナ・ヴェンチューリ邸、断面図

D ヴァンナ・ヴェンチューリ邸、インテリア

E イタリア広場、ニューオリンズ（1975）
p.1639 参照

法が、住宅所有を煽り立て、郊外開発のスプロールを促した。その一方で、連邦政府が支援するインターステート・ハイウェイ網の新設が、自動車所有と人口移動を促し、都市をまとめていた近隣とコミュニティという伝統的な結束を破壊した。都心部は貧民に譲渡され、都市組織の腐食が問題となり、スラム・クリアランスや総合的再開発によって解決されることになった。

しかしながら、1960年代初頭までには、こうしたプロセスへの反対論が育まれてきていた。ジャーナリスト兼都市論者ジェーン・ジェイコブズは、『アメリカ大都市の死と再生』(1961)という著書で、アメリカの郊外化と都市のコミュニティ生活の窮乏を激しく攻撃した。総合的再開発や用途別ゾーニングによって成就されるであろうモダニズムのユートピア像に対して、初めて真剣な疑問が投げかけられた。ジェイコブズは、都市を製造機械としてではなく、社会的・経済的組織体と見なし、住宅、工業、商業の用途が豊かに混在している伝統的な街路は、都市住民の健康や福利にとって極めて重要であると見ていた。ミノル・ヤマサキによる**セント・ルイスのプルイット・イゴー集合住宅計画**のようなモダニズムの大規模再開発は、住民の生活改善からほど遠いもので、犯罪と文化破壊の拠点となって、徐々にその都市を蝕みつつあった。当局もまたその声に耳を傾け始めていた。完成から17年後の1972年、プルイット・イゴーの社会組織は修復不能であると最終宣告され、その建物は爆破された。批評家チャールズ・ジェンクスによると、この事件がモダニズムの死を告げたのであった。

ジェーン・ジェイコブズが唱導した類の小規模で断片的な応用だけが、都市再生の唯一可能な手段ではなかった。それに代わる戦略は、自足した町外れのショッピング複合施設の用途混合版を都心部の真只中に建設することであった。1960年代後半から70年代初頭にかけて、建築家兼開発業者ジョン・ポートマンがまさしくそのような複合施設をアトランタ都心部に建設した。**ピーチツリー・センター**は、オフィスビル、ショッピング・センター、2つの大規模高級ホテルを擁し、その内、ハイアット・リージェンシー・ホテルは23階建のアトリウムを中心にして建てられている。これは、サンフランシスコ、ロサンゼルス、シカゴ、デトロイトに建てられた一連の同じようなポートマンのホテルの嚆矢であった。天井の高い内包されたアトリウムの潜在力を、初めて最大限劇的に展開したのがポートマンであって、それは半外部の公共空間として扱われ、十分に造園され、店舗、レストラン、お決まりの壁をはい上がるガラス張りエレベーターを擁している。ポートマンの建物外観では、往々にして、反射ガラス製カーテン・ウォールで覆われた円筒形の塔が、モニュメンタルでシンメトリカルに構成されている。そこにおいて、ミース風モダニズムの伝統が営利的不動産開発の強大な力と手を組んでいるのである。

ポートマンによる開発は、ショッピング・センターの閉鎖的形態が、郊外と同様、都市の敷地でも大規模に適用されうることを例証し、その考え方は北アメリカ全土の都市で採用された。カナダの事例、ブレグマン＆ハマンとツァイドラー・パートナーシップによる**トロントのイートン・センター**(1981竣工)は、5つの街区を占めている。全長274 mのガラス屋根付きモールは、3つの階に店舗を擁し、開発の中心部を切り開くように続いており、ミラノのガレリアのような19世紀ヨーロッパの先例を、より壮大なスケールで模倣している。

すでに1960年代後半までには、モダニズムの正統性は、批評家、社会学者、都市論者、騒々しさを増しつつある一般大衆からばかりでなく、職能自体の内側からも攻撃されていた。1966年、サーリネンやカーンの下で働いたことのある建築家、ロバート・ヴェンチューリは『建築の複合性と多様性』という本を出版、その中で、モダニストの伝統、特にミースの系統における形態の過度の単純化と思われるものを攻撃した。ミースの「より少なければ、より良い」は、ヴェンチューリの「より少なければ、退屈である」で反撃された。ヴェンチューリは、16世紀から17世紀にかけてのマニエリスムやバロックの建築を引用し、意味や象徴といった伝統的な関心が、機能と抽象に専念したモダニスト建築家によって否定されてきたと論じた。ヴェンチューリによると、ミースの建築は、実生活の解決できない衝突や曖昧さを無視することによってのみ、優雅な単純性を達成しえたのであって、ヴェンチューリは、「あれかこれか」という排他的建築の代わりに、「あれもこれも」という包含的建築を提案した。彼はまた、妻のデニス・スコット・ブラウン、パートナーのスティーヴン・アイゼナワーとの共著で、1972年に出版した『ラスヴェガスから学ぶこと』の中で、その主題を再度取り上げた。同書はモダニズムの伝統であるエリート主義を攻撃し、建築家が大衆文化の建築的表現と折り合いをつけるように促したのである。

すでにヴェンチューリは、母親用に建てた**フィラデルフィアのヴァンナ・ヴェンチューリ邸**(1962、p.1636A-D)、**フィラデルフィアのギルド・ハウス老人ホーム**(1965)といった建物で、自分の考えを実現し始めていた。後者はシンメトリカルな6階建の建物で、雰囲気は基本的に古典的である。しかしながら、それは壮大でモニュメンタルであることからほど遠く、普

A ポートランド市庁舎、オレゴン州（1982） p.1639 参照

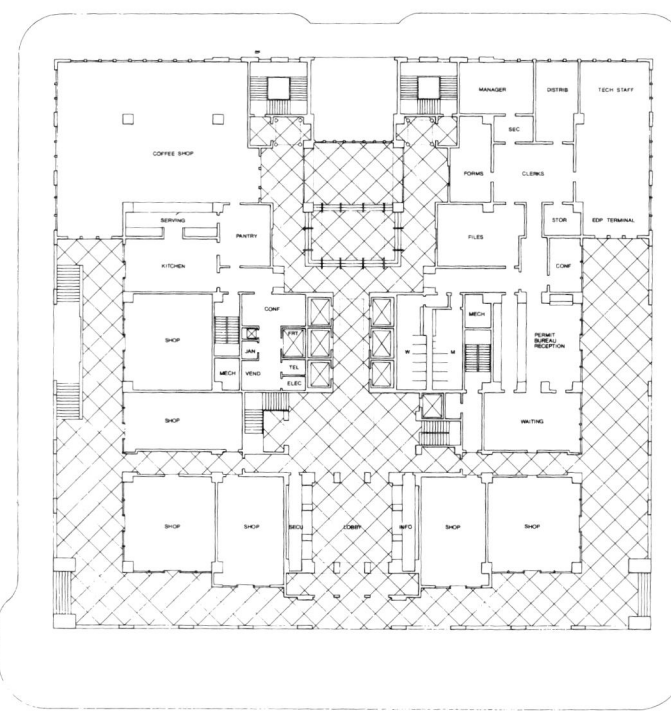

B ポートランド市庁舎、1 階平面図

C AT＆T 電話会社本社、ニューヨーク（1984 竣工） p.1641 参照

通で、家庭的で、近づきやすいものであろうとし、控え目な表現と反語の微妙な使用によって、かろうじて完全な陳腐さから救い出されている。その平坦なレンガ壁と標準的な既製品の窓は、ルスティカ付きの基部を表現している1階の釉薬タイル、エンタブラチュアを表わす高所の細い蛇腹、ペディメントのように中央部を強調する円弧アーチで装飾されている。その構成は、大き過ぎる模造のテレビ・アンテナを戴いており、内側で行なわれている主たる活動を象徴している。

国立フットボール殿堂計画案(1967)において、ヴェンチューリは、大衆文化の受容と「形態は機能に従う」といったモダニズムのスローガンの拒否を同時に例示した。提案された建物は、ヴェンチューリが「装飾された小屋」と呼ぶものであって、二次元の大広告板が、慣習的にファサードが立っている場所を占め、背後にあるバレル・ヴォールト屋根の展示用建物を小さく見せている。**インディアナ州、コロンバスの消防署**(1966)もまた、平坦で広告板のような正面を有しているが、ここでは「これもあれも」の原理——外形がシンメトリカルであることと、窓や扉の開口部パターンがアシンメトリカルであることの両方——を例示している。

チャールズ・ムーアもまた、1960年代に反モダニズムの考え方を実験した。ヴェンチューリと同様、彼は主流モダニズムの排他主義に対抗し、建物と環境との物理面・文化面双方における調停を探求した。1966年、サンフランシスコ北方のごつごつした岸壁上に建てられたこぢんまりとした別荘群、**シーランチ・コンドミニアム**は、当時の最も影響力あるアメリカ建築の1つとなった。それは、板張りで勾配屋根が架けられた形態の散漫なアサンブラージュで、田舎の農業用や小規模工業用の施設というアメリカ土着の伝統を想起させる。当時の批評家は、それを「坑道モダン」と称した。

1975年までに、ムーアはモダニズムの伝統から大きく離脱していたので、**ニューオリンズのイタリア広場**(p.1636E)という純粋に記念碑的な施設であったにせよ、古典装飾の復興を企図することができた。それは、同市のイタリア人コミュニティのために建設され、聖ヨセフに献納されたもので、内側にイタリア地図が刻まれ、凱旋門とコリント式列柱廊で大地に留められた円形噴水の形態を採っている。しかしこれは、人を感動させたり威嚇したりするのではなく、歓待したり楽しませたりするよう設計された新種のモニュメンタリティである。円柱の柱頭はステンレス製で、刻型はネオンで飾られ、全体構成はオペラの舞台背景のような性格を持っている。アメリカ大衆文化の言語を話そうとする、図像的で伝達可能な建築様式は、今やしっかりと確立され、ポスト・モダニズムとして知られるようになった。

おそらくマイケル・グレイヴスが、1980年代を通して、ポスト・モダニズム様式の先頭を行く唱導者であった。彼はまず、1970年代初頭、ピーター・アイゼンマン、チャールズ・グワスミー、ジョン・ヘイダック、リチャード・マイヤーとともに、いわゆる「ニューヨーク・ファイヴ」の一員として有名になった。1975年に出版された『ファイヴ・アーキテクツ』という本のアーサー・ドレクスラーによる序文を引用しよう。「歴史的に見れば、彼らは、グロピウスとブロイヤーが(そして彼らより以前にリチャード・ノイトラが)合衆国での初期住宅においてやり始めたことを継続している。それは、小規模住宅作品を通じて教えやすい形態の語彙を発展させることであるが、今回は、『機能主義』に対するドイツ的先入主という教条的な制約はない。」同書に図示されたグレイヴスの**ハンセルマン邸**(1967)は、戦前期モダニズムの主題のマニエリスム的再解釈であって、特にル・コルビュジエによるピュリスムの住宅を想起させる。しかしそこにはすでに、グレイヴスのイデオロギーで起こっている変化の徴候が見られた。彼は、建築の図像的・連想的・擬人的側面、神話や儀式の重要性について、熱っぽく語ったり書いたりし始めた。シンメトリーと「中心があること」に対する先入主は、**ファーゴームアヘッド文化センター・ブリジ**(1977)のような計画案で登場し始めた。それは、キーストーンや円柱といった古典的モチーフを抽象化して用い、18世紀フランスの新古典主義者クロード=ニコラ・ルドゥーを思わせるような新しいモニュメンタリティを生み出したのである。

1980年、グレイヴスは、**オレゴン州、ポートランド市庁舎**(p.1638A, B)の競技設計に勝ち、その建物がポスト・モダニズム様式の偶像となった。ポートランド・ビルは、ほぼ正方形の一街区全体を占め、その経済的な箱形の形態は、段状基壇から7階分立ち上がって、引き立つよう赤に塗られた4階分のキーストーンを支えるジャイアント・ピラスターによって装飾されている。建物側面では、ピラスターの柱頭は石化されたリボン状ガーランドで飾り立てられている。当初案では、モニュメンタルな女人像「ポートランディア」が主玄関上に掲げられていた。そのようなあからさまなモニュメンタリティは、当時多くの論議を呼び、モダニズムの古くからの擁護者から激しく非難されたが、グレイヴスは、**ケンタッキー州、ルイスヴィルのヒュマナ・ビル**(1982竣工)、**カリフォルニア州、サン・フアン・カピストラーノ図書館**(1982竣工)といった一連の公共および商業施設で、引き続きポスト・モダン古典様式を発展させていった。後者は中庭を持つ低層複合施設で、

20世紀の建築

A アトランタ美術館、ジョージア州(1983 竣工) p.1641 参照

B アトランタ美術館、アトリウム

C ゲッティ・センター、サンタ・モニカ近郊、カリフォルニア州(1997 竣工) p.1641 参照

D ディズニー・コンサートホール、ロサンゼルス(2003 竣工) p.1642 参照

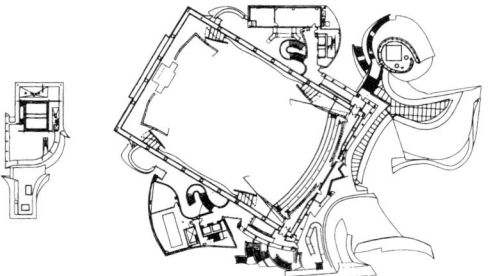

E ディズニー・コンサートホール、バルコニー階平面図

グレイヴスは、新築建物に土着のスパニッシュ・ミッション様式に従うことを求める当地の設計ガイドラインに応答したが、そこにはアルド・ロッシのようなヨーロッパの新合理主義者や、特に、1970年代後半、グレイヴスとともにプリンストンで教鞭を執っていたレオン・クリエの土着的古典主義の影響をうかがわせる形跡もある。1980年代末には、ポスト・モダニズムに対する批評家の熱狂は弱まり始めていた。1987年、グレイヴスが**フロリダ州、ウォルト・ディズニー・ワールド**に、一方は白鳥で、他方はイルカで装飾された**2軒のホテル**を設計した際、神話や儀式についてのあらゆる論議は葬り去られ、それらはただ「娯楽建築」であると記されただけであった。

その間ニューヨークでは、今やアメリカ建築の「長老」としての確固たる地位を築いていたフィリップ・ジョンソンが、ポスト・モダニズム運動にそれ相応の影響力を及ぼそうと決意していた。彼による**AT＆T電話会社本社**（1984竣工、p.1638C）は、1978年に設計案が公表されて以来、多くの議論の的となってきた。議論された理由は、建物自身の形態やそれがマンハッタンのスカイラインに及ぼす影響ではなくて、むしろこのチッペンデールの高脚箪笥のようなブロークン・ペディメントを戴いた、明らかに古典的な摩天楼が、国際様式を推奨することで名を上げた人によって設計されたという事実であった。それまで、基本的には新古典主義的なリンカーン・センターのニューヨーク州立劇場のような反証があるにもかかわらず、ジョンソンは心底ではモダニストであると考えられてきた。そのジョンソンでさえモダニズムを見限ったのであれば、その運動には本当に希望がないように思われたのである。

しかしながら、モダニズム運動に忠実なままの者もおり、その中でリチャード・マイヤーが傑出していた。マイヤーは、グレイヴスと同様、1960年代に戸建住宅の設計で名をなし、**コネチカット州、デリエンのスミス邸**（1965-67）では、1920年代のモダニズムの形態言語を復興した。しかしながら、グレイヴスとは異なり、マイヤーは古典主義に対する新たな関心に影響を受けず、**インディアナ州、ニュー・ハーモニーのアセニアム**（1974）、**ニューヨークのブロンクス・デヴェロップメンタル・センター**（1976竣工）のような大規模公共建築で、引き続き自らの洗練されたモダニズム様式を発展させていった。**アトランタ美術館**（1983竣工、p.1640A, B）は、1980年代にマイヤーが設計した多くの美術館——その大半はヨーロッパに建てられた——の典型である。建物は正方形平面を基本としているが、その一角が取り払われ、4分の1円平面を持つトップライト付きアトリウムで置き換えられている。つづら折りになった歩行者用斜路が、4分の1円の曲面に沿って上っているが、この建物が特に参考にしているフランク・ロイド・ライトによるグッゲンハイム美術館の斜路とは違って、この斜路は美術作品から離されており、美術作品そのものは慣習的な長方形ギャラリーで展示されている。大抵のマイヤーの美術館と同様、建物そのものが展示された主要美術作品であって、抽象的形態がピクチュアレスクに構成され、外壁には白いホウロウ鉄板パネルが張られている。形態、空間、光が、機能、構造、技術よりも重要視されている。**カリフォルニア州、サンタ・モニカ近郊のゲッティ・センター**（1997竣工、p.1640C）は、崖上に立つ美術館キャンパスであって、マイヤーの美術館建築歴の頂点となった。

マイヤーのモダニズムが基本的には保守的で実用的であるのに対し、ピーター・アイゼンマンの建築は探求的で、知的な挑戦を行なっているものである。彼の出発点もまた単品生産の住宅であるが、それはしばしば、「Fin d'Ou T hou S」（1985）のような謎めいた名前の付けられた紙上の概念的計画案で代表される。そこでは、グリッド、平面、ヴォリュームが、内部化された建築的ゲームの規則に従って、一連の形態的変容を受けている。その計画案の目的は、建築が通常それでもって評価されている伝統的な参照の枠組——機能、構造、伝統——を密かに傷つけ、主体あるいは個々の観察者の想定された統一性に挑戦することである。しかしアイゼンマンは、建設された住宅でも概念的なゲームを行なっており、たとえば**コネチカット州、コーンウォールの住宅VI**（1972）は上れない階段を有している。アイゼンマンは、デコンストラクティヴィズムとして知られている様式のアメリカ人唱導者の筆頭であるが、それはジャック・デリダの哲学に由来し、1988年のニューヨーク近代美術館での展覧会（フィリップ・ジョンソンが支援した）で賞揚されたものである。

1980年代、アイゼンマンは、ドイツ、日本、アメリカで大規模な公共および商業建築を建て始めた。**コロンバスのオハイオ州立大学・ウェクスナー視覚芸術センター**（1983-89）は、概念的住宅計画案と同様にして、抽象的グリッドの知的ゲームを行なっているが、ここでは、たまたまわずかに違った角度に振られた大学とコロンバス市の既存都市計画グリッドを用いている。開放的な鉄骨骨組で示されるサーキュレーションの中央背骨部は、都市のグリッドに従い、大学のグリッドに従う2つのオーディトリアム間の空間を突っ切っている。美術図書館、ギャラリー、映画館等、この背骨で結ばれる新しい空間の大半は地下に配されており、アイゼンマン自身の言葉によると、それらの屋根形は「人間を中心として見た伝統的な水平面を曖昧にする

破壊された台座」を形成する。「見出された」グリッドの使用という考古学的側面は、ほとんどポスト・モダニズム的な奇妙な要素――かつて敷地への入口に立っていた古い要塞のような記念館の断片的形態の再生――により強調されている。

　カリフォルニアを本拠地とする建築家フランク・ゲーリーは、時々、デコンストラクティヴィストと一まとめに扱われているが、それは、彼の工夫に満ちたインフォーマルな構成と東海岸やヨーロッパの同時代人によるもっとあからさまに知的な作品とが表面的に類似しているためである。しかしながら、ゲーリーは哲学的概念を参照することで自らの建築を正当化する必要性を全く感じていない。反語的ではあるが、彼の先入主はより純粋に建築的であり、都市的である。郊外の街角に建てられた**サンタ・モニカのゲーリー自邸**(1978)は、彼が後年より大きい建物で発展させていくことになる多くの先入主を要約している。その1つ目が既存都市文脈という現実の受容であり、ここでは1920年代のパターン・ブックによる完全に慣習化した住宅である。2つ目が形態的・空間的な遊びの多さであり、ここでは斜路、斜めの壁、傾いたガラスのキューブの複雑なアサンブラージュによって、住宅が部分的に隠されている。3つ目が、鎖状に編んだ金網フェンス、合板、波形鉄板といった一般的で安価な工業用建材の使用である。彼による**ロサンゼルスのシャイアット・デイ広告代理店オフィスビル**(1986竣工)では、主玄関の一方に曲面から成るボートのような白い棟、他方にごつい樹木のような銅板張りの棟というように、全く対比的な2つの棟が配されている。冒険好きの施主が、その存在を示すより一層目立つイメージを求めてきた時、ゲーリーは何ら良心のとがめを感じることなく、玄関をまたいでクレス・オルデンバーグによるモニュメンタルな双眼鏡を置いたのである。

　しかし、ゲーリーの名声を確立したのは、1980年代初頭、**ロサンゼルス**の衰退した危険地区内の敷地に建てられた**ロヨラ法科大学**であった。予算の制限のせいで、彼はまっすぐな3階建・スタッコ塗りの棟に事務室と教室を収め、棟中央の外側に主階段を配することでそれを活気付け、しかも費用を節約している。残りの機能――階段教室、礼拝堂、「教育ホール」――は、主たる棟の正面に自立した建物に収められており、それらが(防護用フェンスで囲われてはいるが)ミニチュアの都市広場を作っている。1対ののっぺりとしたコンクリート造の円柱、亜鉛引き鉄板製のポーティコ、合板とガラスによる鐘楼といった敬意を表する単純な仕掛けが、遊び心に満ちた控え目な彼独特のやり方でもって、モニュメンタルな意図を確たるものにしている。

　ゲーリーは、**ロサンゼルスのディズニー・コンサートホール**(2003竣工、p.1640D, E)のようなもっと大きい計画案でも、彼独特の建築的感受性を使い続けている。彼の作品は、後退的傾向のないポスト・モダニズムの図像的関心と、道徳を説くエリート主義のないモダニズムの発明力とを身に付けている。それは、あるがままの世界を受け入れ、しかも未来を楽観している。それは慣習破りではあるが、近付きやすく、知的ではないが、基本的には真面目である。このような性質が、それを典型的にアメリカ的なものとしているのである。

訳／片木　篤

20世紀の建築

第52章
ラテン・アメリカ

はじめに

　20世紀ラテン・アメリカ建築に対する理解を支配しているイメージは、風変わりなシェル構造、コンクリートの骨組、コンクリートの彫塑的な曲面形態であるが、このようなエキゾチックな解釈は、1920年代後半から1930年代にかけてのヨーロッパ・モダニズムの成果が、1930年代半ば以降、ブラジル、メキシコ、ベネズエラといった、より安定し経済的にも発展した国に吸収されてきたことを表わしている。しかしながらこのイメージは、近代性と伝統という2つの概念の間、すなわち西洋の原型を見習いたいという願望と、民族のアイデンティティを発展させ主張したいという願望と間の複雑な関係から生じた歴史のほんの一断片を表わしているだけである。

　おおむねヨーロッパを中心とした展望では、ラテン・アメリカは世界経済システムの周縁に位置付けられていると理解される。ラテン・アメリカ諸国は、20世紀に切り替わるまで約70年間、政治的には独立国であったものの、その経済依存はより巧妙な手段で維持されていた。1880年以降、その手段は、ラテン・アメリカが原材料と食料を求めるヨーロッパの需要を満たす一方で、輸入工業製品を受け入れる市場を提供するという、輸出−輸入の成長貿易システムの発展という形態を採った。その建築事例が、匿名の設計による**メキシコ・シティのデ・チョポ美術館**(p.1644A)であって、それは1899年フランスでプレファブ生産された後、1910年メキシコ・シティで組み立てられたのである。

　このような輸出−輸入システムで示される世界的分業内でのラテン・アメリカ新興諸国の位置付けは、ヨーロッパが経済支配の中枢としての地位を維持する手助けをしたが、同時に、これら諸国は予測できない市場の不安定性に影響されやすくなった。これに対する抵抗は、1889年の第1回汎アメリカ会議という形態を採って、ボリーバルによる解放から始まっていた統一の夢と世界に対する強い存在感が追求された。このように半地球規模の忠誠を主導する試みは、世界の権力バランスを変革しようとする新世界側の闘争を示しており、今世紀中に微妙に変わることになる南北間の関係が始まっていた。輸出−輸入システムの実施に必須である自由貿易の推進から、自由主義が取り入れられた。それに続いて今世紀には、1つの文化システムを、表面的には類似しているが、実際、根本的には性格の異なる他の文化システム上に新たに重ね合わせることが始まったのである。

1900-29年

　20世紀は、都市内ではまだ支配的であったラテン・アメリカ植民地期の遺産から始まった。キトからブエノスアイレスにいたるまで、前世紀の古典建築は、都市権力の中枢である市長広場を発端として引かれたグリッド周辺に立地し、しばらくはそのまま保持されていた。19世紀に正統性を獲得した様式という概念は、同時期の建築デザインにおける支配的要因となり、当時そうであったように、フランスのアカデミズムやボザールの伝統といったモデルに内在している趣味や権力への連想と結び付けられていた。アダノ・ボアリ、フレデリコ・マリスカル、R. アルバレス、エスピノーサによる**メキシコ・シティ**の**美術宮殿**(1904-34、p.1644B)は、このような方法で古典諸様式を混合使用した一例である。しかしながら、植民地建築との関係は曖昧であって、1914年から1916年にかけてブラジルでジョゼ・マリアーノ・カルネイロ・ダ・クーニャとヒカルド・セヴェロが興したロマンティックで折衷的なネオ・コロニアル運動は、表面的にはヨーロッパ

A デ・チョポ美術館、メキシコ・シティ（1910） p.1643 参照

B 美術宮殿、メキシコ・シティ（1904-34） p.1643 参照

C アルゼンチン・パヴィリオン、セビーリャ博覧会（1929） p.1645 参照

D ペルー・パヴィリオン、セビーリャ博覧会（1929） p.1645 参照

E アルゼンチン・パヴィリオン、セビーリャ博覧会（1929）、入口

の様式に由来しつつも、他方では民族主義のイデオロギーに根差し、ヨーロッパ文化の支配に対する挑戦として意図されていた。それは、アルゼンチン人マルティン・ノエルが主導していたラテン・アメリカ美術・建築史に対する新たな関心を掻き立てた。V. ドゥブグラスによる**サンパウロのマイリンケ駅**(1907)のデザインに影響を与えたアール・ヌーヴォーのように、短命に終わったヨーロッパの諸様式も、しばらくの間は賞揚されたが、それらは、アルベルト・マンリケ・マルティン(1890-1983)による**ボゴタの赤十字ビル**(1934)に見られるように、コロンビアのような国では1930年代になっても影響力を持ち続けた。

同時に現われ始めたのが、多層をなす歴史の形態的可能性に対する自覚が育ってきたことであった。それらは、ラテン・アメリカで何世紀にもわたって重ねられてきた異なる文化システムによって作られたもので、比較的最近のヨーロッパの影響という狭い範囲だけに限定されてはいなかった。アンデス山脈のインカ人の土着の帝国、メキシコのアステカ人やマヤ人、ブラジルにおけるアフリカ人、そしてカリブ人といった、全く共通点のない他の要因もまた、重要な参照物として登場した。そのような移行は、たとえば折衷的なフランス古典主義からスペイン人入植前のマヤ建築の哲学的・審美的探求へと方向転換したマヌエル・アマビリス(1883-1966)の作品に見ることができる。彼による**1929年セビーリャ・ラテン・アメリカ博覧会、メキシコ・パヴィリオン**は、ヨーロッパでラテン・アメリカ国家として自己表現をし、以後国家間の差異の表現となっていった土着モチーフを用いた事例である。同様の傾向は、マヌエル・ピケラス・コトリによる**ペルー・パヴィリオン**(p.1644D)、マルティン・ノエルによる**アルゼンチン・パヴィリオン**(p.1644C, E)といった他国の建物にも見ることができる。

1910年のメキシコ革命とポルフィリオ・ディアスの転覆によって、その興ったばかりの国家は、新しい社会・政治情勢の要求に応えるために直近の過去からの解放を切望することとなった。ホセ・ビジャグラン・ガルシア(1901-82)は、ヨーロッパの前衛、特にル・コルビュジエとバウハウスの建築的理想を解した最初の人であった。彼がフアン・オゴルマン(1905-82)と共同設計した**ポポトラの衛生研究所**(1925)は、メキシコ機能主義建築の嚆矢とされ、**結核サナトリウム**(1929)がその後に続いた。彼のアプローチは、芸術と科学、真実と論理の密接な関係を信奉した「総合主義(インテグラリスタ)」派のものであった。壁画家ディエゴ・リベラの下で画家としての修業も積んでいたオゴルマンが、初期合理主義急進陣営の代表であった。内在的審美性を持たない純粋な技術としての建築という彼らの信条は、オゴルマンが1920年代から1930年代にかけて建てた実用的建物で表現された。しかしながら、彼の作品には、明るい青色に塗られた**メキシコ・シティのディエゴ・リベラ邸およびフリーダ・カーロ邸**(1931-32)に見られるように、曖昧さが現われ始めてきており、これらの住宅は、形態上は合理主義的であるが、悪霊に対するお守りとして普段使われている色が塗られていた。後年彼は、この初期作品で審美的に貧困であると見たものに対して、反発することになった。

今世紀初頭のラテン・アメリカへのヨーロッパ人の連綿たる流入と諸価値の輸入は、新たな社会的関係、機会、技術的可能性が明確になりつつある大陸では、変革の触媒として作用した。いくつかのラテン・アメリカ諸国では、モダニズムの理念の発生と普及が、ヨーロッパでの発展とほぼ同時期に起こった。たとえばブラジルでは、こうした新傾向に対する関心は、ヒカルド・セヴェロが編集するサンパウロの『週刊近代芸術』により主導されたが、それはロシア人グレゴリ・ワルチャフチク(1896-1972)がブラジルに来て1年後に休刊した。彼による『機能主義建築宣言』(1925)は、ル・コルビュジエ(1887-1965)の初期作品に大きな影響を受けたものであって、ヨーロッパと合衆国で生まれつつある合理主義と機能主義の国際的概念に向けて方向転換する下地を用意した。これと釣り合っていたのが、環境、特に日照の制御の必要性に対する認識の高まりと結び付けられた地方の伝統、技術、風景の特異性に対する自覚であった。これはアレクサンドレ・アルブケルケに主導され、ますます重要になっていった。残りのラテン・アメリカ諸国の大半では、一般的に、メキシコやブラジルで採用された理想を取り上げるのがずっと遅く、両国から出てきた作品が、続く50年間、世界の想像力をとらえることになった。

1930-69年

1930年代の世界大恐慌は、ラテン・アメリカのような周辺経済の依存性と脆弱性を際立たせた。自己防衛本能が変革の触媒として働き、輸入を代用する工業化システム、すなわち農業を基盤とする経済下での小さな産業革命に相当するものが、新たな経済構造となって、輸出-輸入モデルに取って代わった。この新たなシステムは、自国の製造業の成長を主導することで、甚大なる社会的・政治的効果を上げ、新たな定義と役割を担った中流階級および新労働者階級を生み出した。工業化はまた都市成長をも引き起こし、たとえばサン

パウロの人口は、1890年の20万人から1985年には900万人にまで増加した。他方、各国の総人口も急速に増加し、ブラジルでは1900年の1800万人から20世紀末には1億7800万人に、メキシコでは同時期に1350万人から1億1000万人に達すると予想された。

これに対するブラジルでの応答は、1930年のジェトゥリオ・ヴァルガスによる革命という形態を採り、それが一連のモダニズムによる都市計画の下地を用意した。それは、おおむね支配階級と国家の前衛に対する相当な支援によるものであって、前衛のイメージと理想が、進歩と変革の概念、科学技術と工業化された技能との融合、それゆえ彼らが宣伝したいと望んでいる富の増大を象徴していたからである。1930年代初頭の競技設計課題、**リオデジャネイロ**の**教育・健康省**(現文化宮殿、1937-42、p.1647A)が、その皮切りの1つであった。担当相グスタヴォ・カパネマは、モダニストによる全応募案が審査会で否決されたことを覆し、その設計をルシオ・コスタ(1902-98)に委託した。彼こそが、モダニズムとラテン・アメリカ建築史におけるアイデンティティとの複雑な関係が現われ出た人物であった。彼は、自国を前進させる方法として、ル・コルビュジエの機能主義を擁護したが、それと、ブラジルにおけるポルトガル植民地建築遺産の伝統を20世紀の技術と社会にふさわしい建築へと融合させたいという願望とが結び付けられていた。こうした関心が、国際的モダニズムと地域的伝統とのブラジル独特の統合の基礎を築くことになり、それが大きな影響力を持つことになった。

教育・健康省に携わるコスタの設計チームは、先の競技設計で拒否された建築家で構成されたが、そこにはジョルジェ・マシャード・モレイラ(1904-92)、アフォンソ・エドゥアルド・レイディ(1909-64)、オスカー・ニーマイヤー(1907-)が含まれていた。ル・コルビュジエは、以前、1929年の講演旅行で1度ラテン・アメリカを訪れていたが、1936年には3週間リオに招聘され、顧問として働いた。この建物は、ル・コルビュジエの関与以降、かなりの設計変更がなされたにもかかわらず、ル・コルビュジエの影響を受けたブラジル最初の計画事例として、大きな影響力を及ぼした。日射制御という問題に対する解決策として考案されたブリーズ・ソレイユの建築的効果は、後年ラテン・アメリカ中に建てられたオフィスビルの多くで利用された。キンタナ・シモネッティによる**ハバナ**の**レティーロ・オドントロヒコ**(歯科医師年金、1953)は、その考案から派生したもので、他方、エンリケ・セオアレロスによる**リマ**の**ナサレナス・ビル**(1953)、ルイス・ミゲル・モレアによる**ブエノスアイレス**の**エッソ・ビル**(1951)ではその潜在力が開発された。ハバナには、この種の重要な建物が2棟——ハリソン&アブラモヴィッツ設計による**アメリカ合衆国大使館**(1952)とアキレス・カパブランカ・イ・グラウペラ(1907-)による**会計検査院**(1952-54、p.1648A)——立地しており、後者では1930年代初頭のコルビュジエ風要素とブリーズ・ソレイユ・システムとが組み合わされている。

教育・健康省は、**ニューヨーク世界博覧会、ブラジル・パヴィリオン**(1939)とともに、オスカー・ニーマイヤーが建築界に突如登場した嚆矢であるという点で、重要である。彼は、ニューヨーク近代美術館による『ブラジルは建設する』(1943)やスタモ・パパダキによる『オスカー・ニーマイヤー作品集』(1950)の出版のおかげで、すぐに自国外で最も有名なブラジル人建築家となった。教育・健康省の外構は、造園家ホベルト・ブルレ・マルクス(1909-93)の作品であり、彼は、以後50年間、ブラジルの造園に大きな影響力を及ぼすことになる。彼の造園は、ほとんどブラジル産の花だけを使ったが、その情熱は、当時のエキゾチックな造園の開拓者、ニーナ・ワルチャフチクとヴィクトル・ブレシェレの作品から展開されてきたものである。ブルレ・マルクスはまた、マルセロ、マルティン&マウリシオ・ロベルトが競技設計で勝ち取った成果、コルビュジエ風の**リオデジャネイロ**の**サントス・デュモン空港**(1940、p.1647C)の造園も行なった。

ラテン・アメリカでは、ル・コルビュジエの影響が広範に及ぶ一方、他のヨーロッパの影響も見られた。サンパウロのモダニスト、リノ・レヴィ(1901-65)による**レシフェ**の**アルト・パラシオ映画館**(1938)は、エーリヒ・メンデルゾーンに影響を受けたもので、こうした多様性の一例である。フリオ・ビラマホによる**モンテビデオ**の**ウルグアイ共和国大学・工学部**(1940)は、ペレの教会を偲ばせる。ルートヴィヒ・ミース・ファン・デル・ローエとヴァルター・グロピウスの作品は、ラテン・アメリカ都市の加速した成長の産物としてそびえ立つ多数の高層建築のデザインに対して、特に影響力があった。M.ベガス・パチェコとホセ・ミゲル・ガリア(1919-2009)による**カラカス**の**ポラール・ビル**(1953-54)、アウグスト・アルバレスによる高さ182mの**メキシコ・シティ**の**トーレ・ラティーノ・アメリカーノ**(1957)は、ミースの作品から派生したコンクリート骨組の建物である。もう1つのミース風デザインが、フアン・ソルド・マダレノによる**メキシコ・シティ、ニサ通りのオフィスビル**(1953)であるが、そのファサードの白黒グリッドは、コンクリート骨組の建物上のカーテン・ウォールに過ぎない。しかしながらこのような美学は、ラテン・アメリカの気候には適していなかっ

第52章 ラテン・アメリカ | 1647

A 教育・健康省(現文化宮殿)、リオデジャネイロ(1937-42)
p.1646 参照

B メキシコ国立大学・中央図書館、メキシコ・シティ(1953)
p.1651 参照

C サントス・デュモン空港、リオデジャネイロ(1940)　p.1646 参照

A 会計検査院、ハバナ（1952-54） p.1646 参照

B サン・フランシスコ礼拝堂、パンプーリャ（1943） p.1649 参照

C スポーツ宮殿、メキシコ・シティ（1968） p.1649 参照

た。そこでは、高レベルの日射により平滑なガラス・ファサードが使用できず、同時に必要とされる鋼材も往々にしてあまりにも高くついた。しかし、常に地震の脅威にさらされているメキシコ・シティでは、鋼材の使用は経済的な道理には適っていた。

20世紀前半のラテン・アメリカに対する外からの影響は、ヨーロッパからだけではなかった。たとえばブエノスアイレスでは、1930年代の大規模オフィスビルは20世紀初頭のマンハッタンを偲ばせる石張りのマッシヴな段状形態を採り、それは、ヴァルター・メルによる**サフィノ・ビル**(1932)、サンチェス、ラゴス&デ・ラ・トーレによる**カバナフ・ビル**(1934)などに見ることができる。プエルトリコのような中米諸国は、地理的には北米に近いので、そこで建てられている建築と繋がりを持つ傾向があった。そうした繋がりは、トロ、フェレル&トーレグロッソによる**サン・フアンのカリブ・ヒルトン・ホテル**(1947-49)に見られるように、教育を通じて、また大恐慌期の移民によって形作られた。移民の一例が、フランク・ロイド・ライトの弟子のドイツ系アメリカ人で、1943年にプエルトリコに移住したヘンリー・クルムで、クルムの作品にはプエルトリコ大学の建物がある。

鉄筋コンクリートの構造特性と形態的可能性を探求する実験は、1940年代から1950年代にかけてラテン・アメリカで最も刺激的で革新的な建物を生み出した。その材料が気候に適していたばかりでなく、それはまた、主として安価な大量労働力から成る入手可能な資源にも合致していた。ブラジルでは、共産党員であるオスカー・ニーマイヤーとベロ・オリゾンテ市長ジュセリーノ・クビチェックとの親交は、ニーマイヤーが**カジノ**(1942)や**サン・フランシスコ礼拝堂**(1943、p.1648B)を含むパンプーリャでの一連の建物の設計委託を勝ち取る一助となった。後者は、ニーマイヤーが自由形態のコンクリート構造の限界に向かって推し進めた実験であって、礼拝堂の折り曲げられたスラブは、屋根と壁双方を形作る唯一の建築要素である。礼拝堂の外観は、カンヂド・ポルチナーリがデザインした「アズレージョ」(ポルトガルの伝統的な絵付け釉薬磁器タイル)の壁画で飾られており、ル・コルビュジエによって賞賛された。鉄筋コンクリート造パラボリック・シェルの可能性を追求した他の建物は、エンリケ・デ・ラ・モラ(1907-78)による**メキシコ、モンテレイのラ・プリスマ教会**(1947)、マックス・ボルヘスによる**ハバナのキャバレー・トロピカーナ**(1952)、アフォンソ・エドゥアルド・レイディによる**リオデジャネイロのペドレグーリョ小学校および体育館**(1948-50)である。レイディは、都市スケールでの「社会施設」に専心し、いくつかの公営団地を建てたが、ペドレグーリョもその1つであった。

スペイン人技師フェリックス・キャンデラ(1910-97)は、1939年にメキシコに移住し、コンクリート造パラボリック・シェル構造の発展に大きな貢献をした。彼は、自社クビエルタス・アラで兄弟のアントニオと協働し、1944年に最初の薄板構造を建設した。1952年、彼は**メキシコ大学・宇宙線パヴィリオン**(p.1650C)を建てたが、それは、宇宙線を通すために、屋根の厚さが最大15mmでなければならないという異例のものであった。彼は、計算、直感、実施のプロセスを通して費用効率を絶え間なく改善し、自らのコンクリート造パラボリック構造システムを、さまざまな機能に対して展開した。キャンデラは、ブラジリアのような気まぐれな形態や華々しいスケールを持った計画には批判的で、形態の流動性、構造の効率性と純粋性を追求した。それは**メキシコ・シティのメダリア・ミラグロサ**(1954-55、p.1650D)のようなより小規模な建物の多くに見ることができる。キャンデラの最も有名な後期の建物には、1968年メキシコ・オリンピック用に建てられ、銅版葺ジオデジック・ドーム屋根が架けられた**スポーツ宮殿**(p.1648C)や、**キャンデラリア駅**(1966-68)のような地下鉄駅がある。

実験された費用効率の良い材料は、鉄筋コンクリートだけではなかった。ウルグアイでは、技師エラディオ・ディエステ(1917-2000)が、伝統的レンガ技術から独自の構法を発展させて、非常に可塑的な形態を生み出した。1959年、彼は**モンテビデオのアトランティーダ教会**(p.1650A)を建設したが、そこでは、彼のヴォールト・システムが垂直・水平両方向で使われ、印象深い彫塑的構成と巧妙に採光された内部空間が生み出されている。その1年後に建てられた**モンテビデオの電気工場倉庫**は、彼の並外れた構造論理の実効を示す別の事例である。

ヨーロッパの前衛を熱狂的に吸収したにもかかわらず、20世紀初頭に現われた民族的自覚の潮流は、ペルーのエミリオ・アルト、ウルグアイのラウル・レレナの作品に見られるように、多くのラテン・アメリカ諸国の建築における主要要因であり続けた。アルゼンチンでは、カサス・ブランカス・グループが、ル・コルビュジエの作品の批判的評価と、キリスト教および植民地建築に鼓舞された地域主義的な反合理主義とを結び付け、近代建築の民族的表現を追求した。彼らは、その急進的立場から、20年以上にもわたって文化的に排斥されたが、エドゥアルド・エリスとグループの中心的理論家であるクラウディオ・カベリによる**ブエノスアイレスのファティマの聖母教会**(1957-59)が、最も有名

A アトランティーダ教会、モンテビデオ（1959）　p.1649 参照

B 衛星都市の塔、メキシコ・シティ（1957）
p.1651 参照

C 宇宙線パヴィリオン、メキシコ大学（1952）　p.1649 参照

D メダリア・ミラグローサ、メキシコ・シティ
（1954-55）　p.1649 参照

な建物で、純粋な形態と、簡素さ、伝統的構法、気候に対する妥当性への配慮とが見られる。これとは全く異なる方法ではあるが、ラテン・アメリカで起こったヨーロッパ文化の変容を解釈することで、民族的アイデンティティを持った建築を進化させようという同じような願望を持った別のチームが、バルパライソ・グループであった。それは、1952年、チリ人建築家アルベルト・クルスとチリ在住のアルゼンチン人詩人ゴドフレード・ロンミにより始められたもので、その最初の意図は、広範な旅行で促される探査を通じて、チリとその風景についての知識を新たに進展させるというものであった。後年、同グループはコーペラティバ・アメレイダとなった。

ヨーロッパの文化的支配に対する同様の抵抗は、メキシコでのモダニズムに対する両義的な態度にも見られ、そうした対立から、1940年代にメキシコに住んでいたシュールレアリズムのフランス人作家、アンドレ・ブルトンが、メキシコを世界で最もシュールレアルな国と称するにいたった。自国の歴史と建築的伝統に対するメキシコ人の関心を持ち続けていたのが、建築家ルイス・バラガン(1902-88)であった。バラガンは、「情感的建築」と自称する個人的建築を発展させうるような立場を築いたが、それは、簡素でマッシヴな形態、小さい開口部がうがたれた堅固な壁、民俗に由来する大胆な色彩、伝統的素材という特徴を持っていた。彼の住宅建築の構成では、テクスチュア、光と水の使用が必須要素であった。

バラガンは、自然風景に細やかに関係付けられているという点で異例な住宅地開発を数件設計し、建設した。最も有名なのが、**エル・ペドレガル**(1950)であって、その地形の創造的利用と敷地の活用は、フランシスコ・アルティガス(1916-99)が1953年と1956年に建てた2軒の住宅にも備わっていた。エル・ペドレガル以降、**ロス・クルベス**(1963-64)のような計画が続いたが、そこで彼は、「情感的建築」という自らの美学を十二分に探求した。バラガンは、南スペインのムーア建築を含む広範な源泉から影響を受けていた。彼がヘス・レイエス・フェレイラと彫刻家マティアス・ゲーリッツと共同設計した**メキシコ・シティ、衛星都市の塔**(1957、p.1650B)は、民族的表現に向かう運動の象徴と理解されたもので、明るい色に塗られ、30mから50mまでの高さの機能を持たない5本の塔は、極めて強力なイメージを生み出している。

1953年、フアン・オゴルマンは、メキシコ・バロックの豊かな装飾を翻案することで生み出した新たな「地域的」様式をもって、10年間に及ぶ建築の休業から復帰し、**メキシコ・シティのメキシコ国立大学・中央図書館**(1953、p.1647B)を建てた。その建物は、12階分の書庫を覆う、メキシコ思想史を描いた明るい色とテクスチュアに彩られた巨大なモザイクを支持するものとして機能しており、壁画が立ち上がる長く低い棟は、いくつかの象徴的レリーフへと分断され、壁画と対比されている。アウグスト・ペレス・パラシオス(1909-2002)がラウル・サリナス・モロ、ホルヘ・ブラボ・ヒメネスと共同した**オリンピック・スタジアム**(1951-52、p.1652A)もまた、同大学キャンパスの一部であって、スペイン人入植前のメキシコ史をなにがしか参照している。マッシヴな築堤に囲まれるという構造とスケールが、前コロンブス期のモデルを偲ばせる一方、カーブしたコンクリート擁壁の溶岩仕上げはアステカのイメージを伝えるとともに、リベラがインディアンの主題を描いた玄関正面の絵画で補完されている。歴史が現在に浸透するというメキシコ建築の傾向は、ペドロ・ラミレス・バスケス(1919-)の作品にも引き継がれている。**メキシコ・シティ、チャプルテペック公園の国立考古学・歴史博物館**(1964、p.1653)は、近代的な建設技術・材料と歴史的参照を結合したものである。そのことは、たとえば、暑熱を軽減し、かつメキシコ史のイメージを描写した巨大な噴水-柱で支えられている堂々たる屋根付き広場に見られる。

メキシコの大学都市(1947)は、マリオ・パニ(1911-93)とエンリケ・デル・モラルによって設計されたが、彼らが率いたチームには、若手建築家のアブラアム・ザブルドフスキー(1924-2003)、テオドロ・デ・レオン(1926-)が含まれていた。その計画は、1939年にバウハウスのハンネス・マイヤーがエンリケ・ヤニェス(1908-90)激励のためメキシコを訪問したことに影響を受けたもので、メキシコにおけるヨーロッパ・モダニズムの直接的影響の終結と、アマビリス以降のメキシコ建築に潜んでいた新たな民族的自覚の出現とを示した。カタルーニャ人ホセ・ルイス(ジョゼ・リュイス)・セルトもまた、影響力を持ったヨーロッパ人であり、**リオデジャネイロ**の**自動車都市**(1943-45)、**ペルー、チンボテのマスタープラン**(1948)を含むいくつかの主要都市計画案を作成した。セルトの最も重要な計画は、P.L.ヴィーナーと共同した**ボゴタのマスタープラン**(1951-53)であって、ル・コルビュジエとリッターによる当初のパイロットプランに従い展開された。

ベネズエラのカラカス市立大学は、モダニズムによる都市計画の理想をラテン・アメリカの風景に同化させる別の方法を示している。建物の大半は、エコール・デ・ボザールで教育を受けたベネズエラ人建築家、カルロス・ラウル・ビジャヌエバ(1900-75)により設計されたが、彼は、ニーマイヤーと同様、モダニズムの

1652 | 20世紀の建築

A　オリンピック・スタジアム、メキシコ・シティ（1951-52）　p.1651 参照

B　大講堂、カラカス市立大学（1952-53）　p.1656 参照

第52章　ラテン・アメリカ　1653

A　国立考古学・歴史博物館、メキシコ・シティ（1964）　p.1651 参照

B　国立考古学・歴史博物館、メキシコ・シティ、入口広場

C　国立考古学・歴史博物館、メキシコ・シティ、傘状屋根

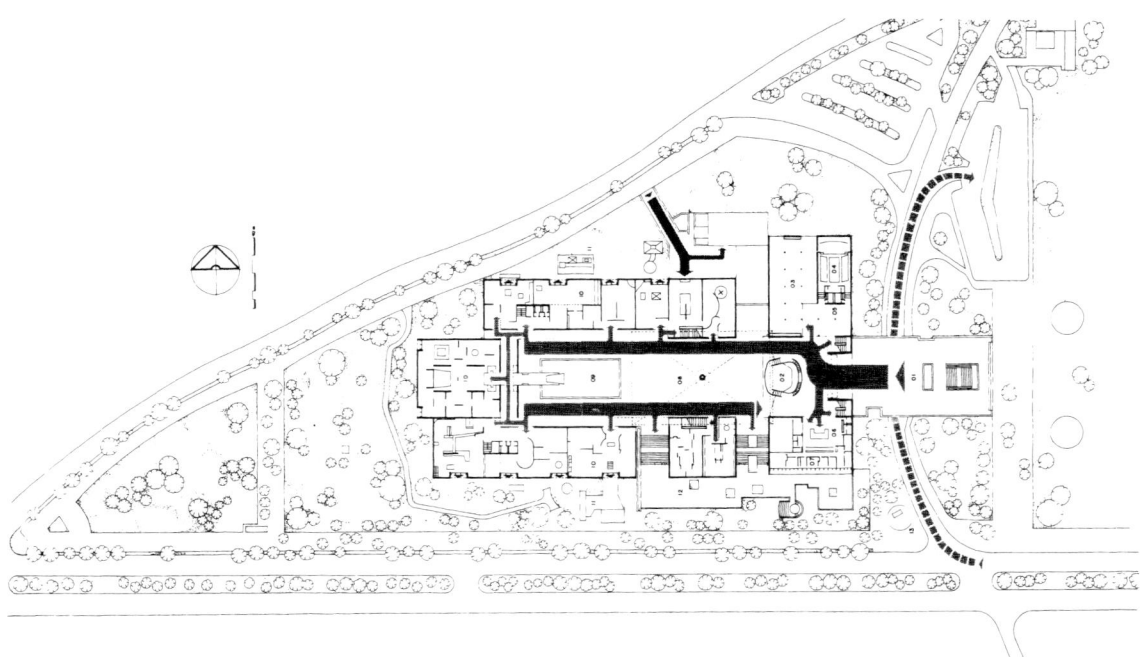

D　国立考古学・歴史博物館、メキシコ・シティ、平面図

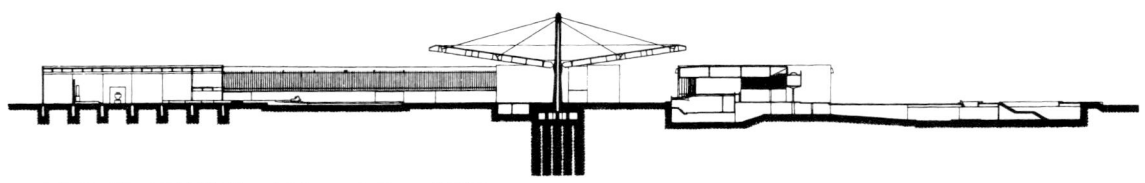

E　国立考古学・歴史博物館、メキシコ・シティ、断面図

20世紀の建築

A オリンピック・スタジアム、カラカス市立大学（1950-51） p.1656 参照

B 国会議事堂、ブラジリア（1960） p.1656 参照

C イタマラチ宮殿、ブラジリア（1958） p.1656 参照

D 大聖堂、ブラジリア（1970） p.1656 参照

第 52 章 ラテン・アメリカ 1655

A ベルリンヒエリ邸、プンタ・バジェーナ（1947-48）　p.1657 参照

B サンパウロ大学・建築都市計画学部（1958）　p.1657 参照

国際的な広がりの中で地域の自立を探し求めた。同大学では、スケールが大きく気候が厳しいベネズエラの風景内に、**学長室および殿堂(1952)** のような特徴ある一連の建物が配置されており、メキシコの大学とは異なり、驚くほど広範囲に及ぶヨーロッパと南北アメリカ双方で生まれた近代芸術作品の展示場となっている。**大講堂(p.1652B)** とそれに付随する**クビエルタ(屋根付き)広場(1952-53)** は、日陰で休憩するための共用空間を提供する彫塑的なコンクリート造屋根付き歩廊システムによって連結されており、諸芸術の統合というビジャヌエバの信念を十二分に表現した焦点である。側面が開放され屋根が架けられたクビエルタ広場の空間は、堅牢な「浮遊」パネルによって分割され、それが、現代芸術家による壁画やモザイク、彫刻やレリーフ・パネルの背景となっている。そこには、フランス人画家のフェルナン・レジェやヴィクトル・ヴァザルリによる壁画、ジャン・アルプやアントワーヌ・ペヴスナーによる彫刻が含まれている。オーディトリアムの音響設計は、ロバート・ニューマンがアレクサンダー・カルダーとの共同で行なったもので、後者の「雲の羊飼い」が主空間を支配している。ビジャヌエバが鉄筋コンクリートの可能性に魅了されていたこと示すキャンパス内のもう1つの建物が、**オリンピック・スタジアム(1950-51、p.1654A)** である。

ビジャヌエバは、自国の都市・社会問題に対して解決策を講ずることに関わった建築家であった。1917年、マラカイボ湖底で石油が発見されたことに続くベネズエラの世界市場への参入は、工業化と都市化のプロセスを主導し、富とともに多くの貧困を生み出した。スラム・クリアランスと最貧困層の住宅問題に取り組むために、国立住宅供給公社を兼ねたベネズエラ労働者銀行が設立され、ビジャヌエバがその建築家となった。彼による**カラカスのエル・シレンシオ再開発(1941)** は最も有名なもので、**カラカスの「1月23日」開発(1955)** を含むこうしたスラム・クリアランス・プログラムの内、最も批判されたものであった。ビジャヌエバはまた、ベネズエラ労働者銀行の資金により、石油会社の「社宅地」を形作った、プレファブ化された住戸単位の単調な並びから生み出された問題にも取り組み、**ラファエル・ウルダレタ将軍集住地(1943)** のような解決案を設計し、それが以後のローコスト近隣住区の原型となった。1940年代から1950年代にかけてのラテン・アメリカの多くの大規模集合住宅計画と同じように、彼の作品にもル・コルビュジエの影響が見られるが、それは、地方の課題への対応、特にスケールの適応を巧みに解釈したものとして、以後、影響力を持つことになった。ビジャヌエバが顧問となり、ギド・ベルムデス(1925-)が設計した**カラカス、セロ・グランデのウニダード・デ・アビタシオン(1951-54)** や、**カラカスのセロ・ピロト集合住宅開発(1954)** の48の住棟群が、その事例である。

1950年代末、ブラジル政府は、20世紀のラテン・アメリカにおけるユートピアの夢の最も大きく最も高価な追求を準備していた。**ブラジリア**は、ニーマイヤーの親友で、今やブラジル大統領となっていたクビチェックによる最後の政治声明であって、「より多くの食料、より多くの力、より多くの輸送」という自らの選挙スローガンを達成するために、20億ドルもの外国債を使うことになった。1957年、競技設計審査会はルシオ・コスタのマスタープランを選定し、リオデジャネイロに取って代わることになるブラジルの新首都の急激な発展が始まった。マスタープランは、2本の主軸の内、長軸のほぼ3分の1の所で両者が交差するという明快かつ単純なものであった。この長軸はモニュメンタル軸と称され、その周りに計画が構造化される都市の中核をなす背骨となっているが、その都市は、誇大なスケールで人を遠ざけるような空間的特質を持っている。人工湖と今やブルレ・マルクスの特徴となった蛇行する曲線から成るその造園は、ニーマイヤーによる公共建築群の巨大な彫塑的形態の背景として設計された。おそらく最も有名なのは、新都市開業の年、1960年に竣工した**国会議事堂(p.1654B)** であろう。この建物が十字形の先端にあって中央の眺望を閉ざし、その両側に**司法省とイタマラチ宮殿(1958、p.1654C)** が建つ**三権広場**の主要素となっている。ブラジリアのもう1つの見間違うことのないイメージが、1970年に竣工したニーマイヤーによる**大聖堂(p.1654D)** である。

1955年、クロリンド・テスタ(1923-)は、**アルゼンチン、ラパンパの官庁群(1955-73)** を建て始めたが、それは、ル・コルビュジエによるチャンディガールの事務局棟(1951、第57章参照)に対して多くの形態的参照をすることで、自分の建築が国際性を持つというル・コルビュジエの主張を補強した。テスタは、ラテン・アメリカにル・コルビュジエの後期作品を同化させることを最初に唱導した1人であったが、この繋がりは、アマンシオ・ウィリアムス(1913-89)やアウストラル・グループの作品に織り込まれていた。後者は、1940年代から1950年代を通じてアルゼンチンで影響力を持っており、その最も重要な計画が**マル・デル・プラタの住宅(1945)** であった。テスタがSEPRAという組織と共同設計した**ブエノスアイレスの旧ロンドン銀行(1956-66)** は、1962年に設計、1971年に開業、1981年に3分の1が完成した**ブエノスアイレスの国立図書館**とともに、力強いコンクリート構造で知られている。もう1つの初期事例は、アントニオ・ボネト(1913-89)

による**ウルグアイ、プンタ・バジェーナのベルリンヒエリ邸**（1947-48、p.1655A）である。ブラジルにおけるブルータリズムの主代表は、ジョアン・ヴィラノヴァ・アルティガス（1915-85）であり、2本の巨大な梁から吊り下げられた棟を組み込んだ力強い建物、**サンパウロ大学・建築都市計画学部**（1958、p.1655B）で知られている。リナ・ボ・バルディ（1914-92）による**サンパウロ美術館**（1957）もまた重要である。チリでは、ガブリエル・グアルダ神父による**サンティアゴのラス・コンデス礼拝堂**（1965）で、国際的なものと地方的なものとの微妙な平衡が巧妙に探求された。そこでは、コルビュジエ風の先例がスペイン人入植以前のマス形態への参照と組み合わされているが、それはエミリオ・ドゥアルトによる**サンティアゴの国連ビル**（1966）、ネルソン・バヤルドによる**モンテビデオのコルンバリウム**（1961）でも探求された。この傾向のペルーでの事例は、F. コーベル・リョサとE. ニコリーニによる**リマのオート麦粉砕工場**である。1960年代末までには、モダニズムの不変の理想が、急激に変化し不安定な世界の中で、適切ではなくなりつつあった。ラテン・アメリカにおける建築の言説は、以後、新たな地域アイデンティティを求める複雑で自覚的な探求に苦しむことになり、情報時代の進展に伴い、20世紀初頭から西洋との関係のいたる所で内在していた両義性が、新たな意味を帯び始めたのである。

1970-95 年

1970年代は、ラテン・アメリカの主要経済を確立してきた輸入代替の成長の勢いが停滞した10年間であった。アルゼンチン（1966）、ブラジル（1964）、チリ（1973）といった諸国での一連の軍事クーデター以降、それら諸国は、官僚主義-権威主義的国家システムの統制下に置かれ、その反政治的・反インフレーション政策により、厳しい文化的・経済的制約が押し付けられた。1980年代までには、民主主義は全般的に回復されたが、これと同時に起こったのが、多くの諸国、特にアルゼンチン、ブラジル、メキシコ、無論ボリビアのような多年にわたる貧困国における長期的経済危機であった。このことは、ラテン・アメリカ全体で1970年の270億ドルから1980年の2310億ドルにまで増大した驚異的な対外負債によって引き起こされた。

それにもかかわらず、建築分野はいくつかの源泉から力を得ていた。民主主義期における貧困および最貧困層の教育は、アルゼンチン、ペルー、コロンビア、チリのような諸国で1980年代に教育を受けた建築家の

活動にとって重要な触媒として作用した。このような若手デザイナーたちは、伝統的な体制や建築の定義に対する抵抗を起こし始め、「住宅主義運動（モビミエント・ビビエンディスタ）」という名の下で自分たちを組織化した。それと同時に起こったのが、建築分野のより確立された知的領域内での理論的言説の発展であった。それは、マリナ・ワイスマン、ロベルト・セグレ、エンリケ・ブロウネ、ラモン・グティエレスのような人の主張に導かれたもので、主としてアイデンティティと地域的自覚の問題に関わった。

エンリケ・ブロウネが、モダニストの「時代の精神」という先入主を批判するものとして新たに「場所の精神」を同定したことは、ポルトガルのアルヴァロ・シザやスイスのマリオ・ボッタ（第45章参照）の作品に見られるように、ラテン・アメリカだけに限らない動向の一部である。メキシコでは、この動向は「地域主義運動」と定義されてきたものの中に現われた。それはルイス・バラガンの作品に根差し、「情感的建築」という彼の考え方を発展させたもので、リカルド・レゴレッタ（1931-）の建築に表現されている。彼はまず、**メキシコ・シティ**（1968）、**カンクン**（1975）、**イスタパ**（1981）に建てた一連の**ホテル「カミーノ・レアル」**の建築で注目された。レゴレッタの作品は、**ドゥランゴ州、ゴメス・パラシオのルノー工場**（1984、p.1658A, B）に見られるように、上記建築美学と哲学を住宅規模から大規模へと展開した点で、少なからず重要である。それは砂漠中に置かれた黄土色の建物で、その中央に空気を水で冷やす中庭空間を有している。彼による住宅建築は、もっとヴァナキュラーなものに根差している。**バジェ・デ・ブラボの週末住宅**（1973）では、伝統的な木造構法が用いられ、丘陵を流れ落ちるような屋根面を形作っている。

最近の10年間では、「情感的建築」という概念は、メキシコで展開され続けており、アレハンドロ・ソーンによる**グアダラハラのパブロ・ネルーダ・ビル**、ウーゴ・ゴンサレス=ヒメネスによる**グアダラハラのカサ・アビタシオン**（1992）のような建物で表現されている。しかしながら、メキシコ史の読解はまた異なるルーツから展開されつつあり、時間と場所に対する異なる態度は、TENアルキテクトスのエンリケ・ノルテンとベルナルド・ゴメスによる**メキシコ・シティ、サン・アンヘルの映画スタジオ**（1993）、サンチェス・アルキテクトスによる**メキシコ・シティ、ディノ・スアレスおよびサン・アントニオ・アブドの2つの市場**（1992）に見ることができる。

1960年代におけるル・コルビュジエ後期作品のラテン・アメリカ建築への同化からの発展は、1970年代メキシコに見られるもう1つの動向であって、アブラア

20世紀の建築

A ルノー工場、ドゥランゴ州(1984)、内観
p.1657 参照

B ルノー工場、ドゥランゴ州、外観

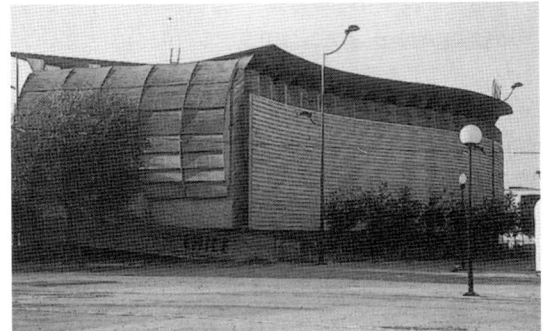

C チリ・パヴィリオン、セビーリャ万国博覧会(1992)
p.1660 参照

D 「エル・パルケ」、ボゴダ(写真中央左、1965-70)　p.1660 参照

A ウルグアイ・センター、ラパス、ボリビア(1988-90)　p.1661参照

B ヘッシ邸、リマ(1984)　p.1661参照

C ヘッシ邸、リマ、内観

D ヘッシ邸、リマ

ム・ザブルドフスキーとテオドロ・ゴンサレス・デ・レオンの作品に例示されている。**メキシコ・シティのルフィーノ美術館**(1975)は、前コロンブス期美術の大コレクションを収蔵するために設計されたもので、角張ったマスを相互に組み合わせた単純な幾何学から派生した形態を持ち、彫刻庭園の巨大で平坦な面からアプローチされる。このように造園によって大規模でモニュメンタルな輪郭を形作ることは、**ブラジリアのメキシコ大使館**(1973)ではことさら重要となっており、その土塁は、スペイン人入植前の儀式形態の基本幾何学的なマス構成を暗示している。ワルテル・ベタンコートによる**キューバのベラスコ文化センター**(1964-91)もまた、スペイン人入植前の形態とモチーフを用いたもので、こうした動向を伝えるとともに、20世紀初頭の万博パヴィリオンの記憶も留めている。このようなキューバ文化のアイデンティティの探求は、ベタンコートの同僚、アントニオ・キンタナ、ホアキン・ガルバン、フェルナンド・サジュナスも共有していた。アルゼンチンでは、この系譜はアマンシオ・ウィリアムスから始まり、クロリンド・テスタの作品を通じて続き、**ブエノスアイレスのテレビソラ・コロール**(1978)や**ブエノスアイレスのプロウルバン・オフィス**(1983)といったソルソナ、ビニョリ、サントス、マンテオラ&サンチェス・ゴメスによる建物で頂点を極めた。

ブラジルでそれに匹敵するものは、リナ・ボ・バルディの作品に見ることができ、そのうち最も有名な**サンパウロのポンペイア工場・スポーツ複合施設**(1977)は、大きいコンクリート要素を連続させたものである。ヨーロッパへの半亡命以降、ニーマイヤーがブラジルに建てた後期作品は、モニュメンタルな造園内で抽象形態に対するモダニズム的関心を引き続き発展させたもので、ラテン・アメリカ文化の統一という理念を表現しようとした**サンパウロのラテン・アメリカ記念館**(1989)、**ニテロイの現代美術館**(1991)の両者に当てはまる。

ヘルマン・デ・ソルとホセ・クルスによる **1992年セビーリャ万国博覧会、チリ・パヴィリオン**(p.1658C)は、中央部にチリの氷河を収めたもので、イメージや歴史的参照を通じて民族的アイデンティティが全般的に表現された1929年セビーリャ博覧会の諸パヴィリオンと比肩されうる。しかし、1992年のパヴィリオンを特に興味深いものとしているのは、木材の使用である。というのも、この選択が土着的な建築材料や技法の使用に対する関心の高まりを反映しているからである。伝統的材料を再解釈し使用している事例は、エドゥアルド・ロハスによる**チリ、チロエ島**での諸計画、セヴェリアーノ・ポルトによる**マナウス**の**環境保護センター**(1983-88)である。

ジョアン・フィルゲイラス・リマ(1932-)は、**ブラジル、ボア・ヴィスタのイソラダ・ド・アルト・ダ・ボア・ヴィスタ学校**(1985)において、全く違った角度から建築の建設にアプローチした。同校は、安価で迅速に建設されるという利点を持つプレファブ部材のモデュラー・システムから構成されている。このシステムは、上記理由から1960年代以降、世界の他地域で広く用いられてきたが、予想もつかないような要求が出されるために、こうした部材を常時費用効果が上がるように製作することができなかったラテン・アメリカにとっては、比較的新しいものである。リマの最も有名な作品が**バイア州官庁群**(1985)であって、そのプレファブ化された建物の最も驚くべき特徴は、2本の巨大な鋼鉄製トラスから主オーディトリアムが吊り下げられ、その内部空間が解放されていることである。ベネズエラのフルタス・ビバスもまた、**マルティン博士邸**(1975-79)や後の**カーサ・ヒセラ・アドヒマン**(1988)のような、カラカスに建つ洗練された「生活のための木(アルボル・パラ・ビビル)」住宅群で、プレファブ技術の美学を開拓した。1991年、ビバスは自分の考えをより大きいスケール、特に450以上もの世帯に新居を与えることを意図した巨大事業、「**ロス・エラスノス**」地区開発計画に応用し始めた。こうした技術へのアプローチは、同朋のベネズエラ人ヒミー・アルコックとは全く違っており、アルコックによる植民地期のタイポロジーの実験は、**カラカス・カントリークラブ**(1987-89)のレンガ造建築で代表されている。

ロヘリオ・サルモナ(1929-2007)による**カルタヘナ・デ・インディアスの迎賓館**(1981)は、地方の歴史と建築伝統を参照することで、民族的アイデンティティ意識を喚起しようとしている。サルモナはまた、急増した人口によって生み出された都市問題にも関わり、いくつかの大規模集合住宅計画を設計した。その内最も有名なものが、ボゴダの「**エル・パルケ**」(1965-70、p.1658D)という塔である。

驚異的に拡張する都市内で生み出されるカオスを制御することが、建築の職能の重要課題となった。その解決策は、大抵の大都市周辺を取り囲む掘立小屋の町という状況を改良する一助として、いくつかの行政府が主導しているセルフ・ビルド・プログラムから、ミゲル・アンヘル・ロカ(1940-)のような建築家による**アルゼンチンやボリビア**での作品まで、さまざまな形態を採った。アルゼンチン西部の**コルドバ市**に対するロカの大きな貢献は、**サント・ドミンゴ団地**(1971-75)のような一連の大量集合住宅計画から、**アルマス広場**(1988)のような空間における力強い建築的表明にまで

及んでおり、後者では、都市への断片の挿入がブラジリアのようなモダニズムによる事業の総合計画よりも有効であるという自らの信念を表現している。ボリビアのラパスで、ロカはいくつかの不法占拠集落を取り扱い、**ウルグアイ・センター**（1988-90、p.1659A）や**ラ・フロリダ公園**（1989）といった都市基盤施設を建設した。

フベナル・バラッコ（1940-）は、自分の生まれた首都**リマ**を「娼婦の都市」と称したが、このような言い方は、テレビのメロドラマのような古いアイデアを安く買い上げたり、安く遅れて再生産したりすること（両者は第三世界の国々では共通の傾向である）と、古い外国の建築様式を入手して、文脈から外れた所で使うこととがよく似ていることを強調している。民族文化のアイデンティティを薄めてしまうこのような不適切なアイデアの輸入に対する挑戦として、それは、ラテン・アメリカ史を通して見出されるこの種の文化の重ね合わせに対する抵抗を継承している。バラッコは、脆弱な伝統的住宅のタイポロジーと遊牧民的生活パターンを無視したり破壊したりするのでなく、むしろそれらを反映したり補強したりすることを試みた何軒かの住宅を設計した。たとえば、**リマのヘッシ邸**（1984、p.1659B-D）は、前コロンブス期の砂漠住居の考え方から影響を受け、機能的なまとまりであり、かつ閉鎖的な要素でもある空間の流動性や材料を実験したものである。過去の遊牧生活に対する同様の関心から、一連のマッピングによって領域を限定し、境界を定めるというバルパライソ・グループの試みが生まれていたが、その試みは、1980年代を通じて建設された**バルパライソの「開 放 都 市」**(シウダード・アビエルタ)のようなコーペラティバ・アメレイダの作品で展開された。同グループは、**サンティアゴの「トラベシア」**（1988）と**ラパンパの「トラベシア」**（1990）という2作品において、建設における材料や構法、プログラムにおけるユートピア的理想を実験し、バルパライソ・グループによる詩的な先例を実現したのである。

訳／片木 篤

20 世紀の建築

第 53 章
中 国

建築の特色

1900-50 年

　鉄骨構造の建物は、1916 年以来上海で用いられ、当初は 8-10 階の建物であったが、1930 年代までには 24 層に及んだ。鉄筋コンクリート構造は、1920 年代に 10 階建までの建物に導入された。同時期の銀行、商業施設、倶楽部、郵便局、税関を含んだ都市開発は、主に古典復興様式でなされたが、高層建築はすぐにシカゴ派——マス構成は単純で、装飾がアール・デコ的である——の影響を受けた。1940 年代までには、国際様式が上海その他の都市に出現した。

　「中国風古典主義」と呼ばれる初期の建物は、外国人建築家の作品であった。それらは通常、耐力壁構造の石造建築で、古典的感覚を持つが、中国の反りのある大屋根が架かり、おおむね施釉の彩色瓦で葺かれていた。北京、上海、南京、広州、いくつかの省都では、通常、ミッション・スクール、病院、図書館が、このような手法で設計された。

　制度上の資格を取得した最初の中国人建築家たちが、欧米で教育を受けた後、1920 年代に帰国してきた。その何人かは、すでに海外で専門家としての経歴を開始しており、すぐに中国での建築の発展に重要な役割を果たしつつあった。彼らは当初、西洋の古典復興に安住していたが、時の南京国民政府が創始した「建国方略」運動の下で、一部の者は中国の伝統的なモニュメンタリティを復興し始め、官庁、公会堂、博物館、図書館など多くの主要建築をこの手法で設計した。他の者は、国際様式の陸屋根を採用したが、それを中国風の細部モチーフで装飾した。1930 年代に長春で満州政権が委託した官庁建築は、日本人建築家の手になるもので、西洋の折衷主義と当時の日本の様式が結び付けられていた。

　1930 年代から 1940 年代にかけて、住宅はより快適化され、その形態はより西洋化された。小さな庭付きのテラスハウス、多層階のアパートメントハウスが出現し、上海、南京、天津などの都市では、役人や富豪のためにさまざまな様式による庭園付き高級個人住宅が建てられた。しかし、この時期から古い住宅の影響はあったものの、伝統的中国建築は全般的に凋落しがちであった。

　この時期、外国人や中国人の建築家が経営する多数の建築設計事務所が、大都市に設立された。外国人事務所としては、イギリス人建築家 G. L. ウィルソンにより 1912 年に設立されたパーマー＆ターナー、アメリカ人建築家エリオット・ハザードにより経営されたハザード＆フィリップス、フランスの建築事務所レオナール、ヴェッセイ＆クリューズの他、19 世紀創業の R. B. ムーアヘッド（後にスペンス、ロビンソン＆パートナーズに改組された）やアトキンソン＆ダラスなどがあった。また国民政府の建築顧問を務めたアメリカ人建築家ヘンリー・K・マーフィー（1877-1954）や、ハンガリー人建築家で国際様式の重要人物である L. E. フジェッツ（1893-1958）など、有力なコンサルタントもいた。南京、上海で活動した最も代表的な中国人事務所は、基泰工程司（関頌声、朱彬、楊廷宝）と大地建築事務所であった。最も影響力が大きかった人物は、荘俊（1888-1990）、呂彦直（1894-1929）、董大酉（1899-1973）、楊廷宝（1901-82、基泰工程司〔関頌声、朱彬、楊廷宝〕のメンバー）、趙深（1898-1978）、童寯（1900-83）、陳植（1902-2002）であったが、全員、大地建築事務所のメンバーであった。

　1928 年から 1949 年まで、北京はベイピン（もしくはペイピン）と呼ばれていたが、1929 年、そこに中国造営社が設立された。建築家で建築史家の梁思成（1901-72）と劉敦（1897-1968）の指導の下で、同社は中国古建

築に関する一連の調査と研究を行ない、そのテーマの発展に大きく寄与した。同社はまた、中国の建築デザインの質を向上させようとして、伝統的中国建築の先例を渉猟し流布する活動を行なった。当時、『中国建築』と『建築月刊』という 2 つの建築雑誌があり、両者とも 1932 年に上海で創刊され、抗日戦争の勃発まで存続した。また 1920 年代には、正規の建築教育制度が中国に設けられた。1940 年代末には、大学の建築学科は 10 を超え、そのうち、南京の中央大学、北京の精華大学、上海のセント・ジョーンズ大学（聖約翰大学）の建築学科が有名である。

1950 年から現在まで

　1950 年代、中国本土における建築の発展は、差し迫った戦後復興という文脈で展開された。当時の主要建材は、石、コンクリート、鉄筋コンクリートであった。鉄が欠乏していたために、レンガ、木、練土さえもが構造材として使用された。鉄とセメントを節約するために、プレストレスト鉄筋コンクリート構造やシェル構造も使用された。施工の大部分は依然として手仕事であったが、プレファブリケーションと標準化部材の現場組立が実験され、部分的に採用された。戦後復興プロセスの一部として多くの新工場が建てられた。その新たな工業拠点や大都市でも、膨大な数の労働者住宅が、突発的な住宅需要を解決するために建てられた。同じ頃、多くの大都市、特に首都北京では、さまざまなタイプの公共建築も建てられた。

　1950 年代初頭、新しい公共建築の大半は、近代建築のいわゆる国際様式の影響を反映していたが、それは主要都市では、革命以前の 1940 年代から採用されてきたものであった。1953 年以降、新中国の建国とソヴィエト復興の影響によって引き起こされた熱烈な激しい愛国心に呼応して、いわゆる「民族様式」が出現した。当時、多くの大規模建設計画が進行していたため、この様式はあふれんばかりの表現を生み出した。民族様式の主たる特徴は、古い中国の宮殿から着想されたカーブした大屋根である。北京がこの様式の中心であり、近代建築がブルジョア文化の表現として激しく非難され拒絶されたため、この様式が広まった。1955 年から、「民族様式」はその費用が理由で全国的な非難にさらされた。それ以降、大多数の公共建築はレンガや鉄筋コンクリートで質素に建てられ、中国風ディテールで装飾された。1959 年に新中国 10 周年を祝して建てられた主要公共建築は、この種のものである。1960 年代を通じて、経済と技術の問題に対して多くの関心が払われた。吊りケーブル構造やスペース・フレーム構造が、大スパンの建物に用いられたが、一般の公共建築と大衆用集合住宅は、相変わらず経済的に建設されて、ほとんど装飾のない単純な形態のままであった。1970 年代になって初めて、中国南部、とりわけ広州が、こうした単調な表現を打破し始めた。簡素化された中国の造園内に控え目な建物を作る、新しい建物を中国の伝統的特徴によって豊かにする、建物を特定の地域の伝統と関連付ける、といった試みがなされた。

　1970 年代末以降、中国の「開放政策」が、建築の未曾有の発展を刺激した。市や町では建設がブームとなり、質の高い建物が出現した。集合住宅を例として取り上げると、1980 年以降、毎年平均 1 億 2700 万 m^2 が建設され、1980-90 年に建てられた新住宅の床面積は、人民共和国の建国以来建てられたその総面積の 72% を占めた。

　建築家は、新時代のより寛大な政治情勢から恩恵を得ている。イデオロギー上のくびきから解放されて、彼らは自分が望む方針を求め、開かれた学問上の議論に耽ることができる。「開放政策」の結果、今や中国人建築家は世界中の同輩との交友を再開し、接触できるのである。著名建築家に関する図書や理論書は中国語に翻訳され、国際的学術交流が国外・国内双方の会議で行なわれている。こうした発展の全てが、中国人建築家の地平を広げ、彼らに現代中国建築を発展させるよう駆り立てる積極的な役割を果たしてきた。その結果が、合理的な配置、適切な機能と構成を有し、先進技術を利用した多くの公共施設となった。しかしながら、これらの建物の形態と様式は多様である。新中国古典主義のものもあれば、土着的あるいは地域的な性格を持つものもある一方、ネオ・モダンあるいはポスト・モダニズムの影響を反映したものもある。集合住宅では、国際様式が依然優勢であるが、構成や形態は向上している。

　1980 年代以降、若手建築家が、中国建築の近代化に対して重要な役割を果たしてきた。彼らは自国に留まったまま、国際的な建築の発達に触れ続け、大抵は建築出版物から新情報を入手してきた。台湾や香港から来た建築家が、中国本土の建設計画に参加し始め、ある程度の西洋の専門知識を導入し始めた。本土と香港間の学者や専門家の交流が、定期的に行なわれ、台湾海峡両岸の建築家が、新しい中国建築の発展を促すという目的で、1989 年から定期的な会議を開催してきた。外国の建築家や建築設計事務所も、今や中国で活動するよう定期的にいつも招聘されている。彼らの作品は、建築表現の新たな手段を導入し、中国建築の近代化を推進してきた。建築教育もまた、近年大いに発展してきた。建築デザインの質を高め、建築家が変化してい

る世界によって与えられる新たな要求に応えることができるように、登録建築家制度が中国で実施され、1994年には最初の試行登録試験が行われた。

実 例

1900-50 年

パーマー＆ターナーによる上海の香港上海銀行（1921-23，p.1666A）は、1950年代から1990年代の中頃まで政庁として使用された5階建の鉄筋コンクリート造の建物で、平面はほぼ正方形である。その1階はシンメトリーで、円形ロビーからイタリア産大理石張りのメインホールへといたる。ファサードは古典復興様式の特徴を持ち、2階までルスティカ仕上げの硬い花崗岩でできている。3連アーチの付いた主玄関上部には、コリント式列柱が3階分の高さで立ち上がり、その上に2層のドラムで支えられた鉄骨造のドームがのる。その扱いはパンテオンを想起させる。

元はユニオン・ビルディングと呼ばれ、上海で最初の鉄骨造建物である上海のインド・マーカンタイル銀行（1916）、上海のインドシナ銀行（1911）、上海の横浜正金銀行（1924）などの銀行建築も、パーマー＆ターナーの設計になり、古典復興様式である。これらはいずれも、後に銀行以外の用途に充てられた。

北京の大陸銀行（1924、p.1666B）は、中国で資格を得た草分けの建築家2人、貝寿同（1875-1945）と関頌声（1892-1961）によって設計された。前者はドイツで建築を学んだ。後者は基泰工程司（関頌声、朱彬、楊廷宝）の指導的メンバーで、アメリカで学んだ。現在中国銀行本店として用いられており、中国人建築家が設計した西洋古典建築の最初期の例である。中国人建築家が設計した他の銀行建築には、過養黙（1895-1975）による上海の中国銀行協会ビル（1924）、イタリアで学んだ沈理源（1890-1951）による天津の商業銀行（1925）、荘俊による青島の交通銀行（1932）がある。彼らは皆、中国における資格のある建築家の第1世代に属する。

スチュワードソンとスペンスによる上海のジャーディン・マゼソン商会の建物群（1922、p.1667A）の最後は、後に上海市対外貿易総公司の7層の庁舎として用いられた。それは左右対称の古典復興様式で、下2階分は荒いルスティカ仕上げの花崗岩でできている。ファサード中央部は、花崗岩のコンポジット式円柱から成る列柱で、3階から5階まで立ち上がっている。

パーマー＆ターナーによる上海海関（1925-27、p.1666C）は、鉄骨造8階建である。建物前面中央には、4面に時計のある塔が設けられていた。重厚な持送りで支えられた軒はエンタブラチュアのようであり、玄関を枠取るギリシア・ドリス式円柱は建物の力強い古典主義的基部となっている。

スチュワードソンとスペンスによる上海の上海郵政局（1924）は、5階建鉄筋コンクリート構造である。灰青色磨き花崗岩のコリント式円柱から成る列柱が、正面をモニュメンタルな古典主義としている。大理石の大階段は、同じく大理石で覆われた2階の執務室に達している。上海のノース・チャイナ・デイリー・ニューズ社屋（1924、p.1667B）は、ヘンリー・レスター（1840-1926）が1913年に設立したイギリスの事務所、レスター、ジョンソン＆モリスにより設計された。中央玄関が大理石のエンタブラチュアを戴く堂々たるローマ・ドリス式円柱によって特徴付けられた9層の建物であり、1対の塔屋を戴いている。

タラントとモリスによる上海の上海クラブ（1909-11、p.1667C）は、以前のクラブ（1864）が建っていた敷地に建てられ、現在はホテルとなっている。屋階を備えた5階建で、2階分の高さを持つイオニア式円柱6本が3階に立ち並ぶ。ペディメントを冠した窓と2つのパヴィリオンが、力動感を伝えている。ドイツ人建築家ベッカー＆ベーデッカーによる上海のクラブ・コンコルディア（1905-7、1936取壊し）は、屋階を備えた3階建であって、異なる形や高さを持った塔、急勾配の屋根と豊かな装飾が、ドイツ初期ルネサンスを想起させる。

現在、清華大学の一部をなす北京の清華学堂（1911、p.1667D）は、簡素化されたルネサンス様式で、玄関上部にマンサード屋根を戴く。ニューヨークのマーフィー＆ダナによって1920年に建てられた講堂（p.1667E）は、ギリシア十字形の平面を備え、八角形ドラムの上がドームで覆われている。ここでは、キャンパス全体の古典的性格が、玄関2階まで立ち上がった4本のイオニア式円柱で表現されている。

1920年代から1930年代にかけての多くの建物が、外国人建築家によって中国の伝統的形態で設計された。それには、シカゴのパーキンズ・フェロー＆ハミルトン建築設計事務所（PFHA）による南京の南京大学（現南京大学、1917-29）や、ヘンリー・K・マーフィーによる北京の燕京大学（現北京大学、1917-29）と南京の金陵女子大学（1921-23）が含まれる。それらは基本的には中国様式であるが、西洋の技術によって建設されている。様式上で比較しうる他の建物は、アメリカ人建築家F.H.ケイルズ（1899-1979）による武漢の武漢大学（1929-35）、第1期（1919-1921）がシカゴのシャッタク＆ハッセイ、第2期（1925）はもう1人のアメリカ人

A 香港上海銀行、上海(1921-23)　p.1665 参照

B 大陸銀行、北京(1924)　p.1665 参照

C 上海海関(1925-27)　p.1665 参照

A ジャーディン・マゼソン商会ビル、上海（1922）
p.1665 参照

C 上海クラブ、上海（1909-11） p.1665 参照

D 清華学堂、北京（1911） p.1665 参照

B ノース・チャイナ・デイリー・ニューズ社屋、上海（1924）
p.1665 参照

E 清華学堂の講堂、北京（1920） p.1665 参照

C. W. アナーによって設計された**北京の北京共和医学院および病院**(1919-25)、デンマーク人建築家 V. レト＝モレルによる**北京の国立北平図書館**(1929-31、現中国国立図書館分館、p.1669C)である。

中国人建築家が中国の伝統的形態で設計した最初の建築は、**南京の中山陵**(1926-31、p.1669A)で、金陵女子大学をヘンリー・K・マーフィーと共同設計した呂彦直によるものである。それは、紫金山の中腹に位置し、8 ha 以上の広さがあり、入口には石造の牌楼が用いられ、そこから廟墓の門、そして碑亭へと道が通じている。8 つに区分された 290 段の大階段を上った所に、墓室を収めた記念堂が壇上に建っている。記念堂は白大理石造で、伝統的な中国様式に則った施釉青瓦葺の屋根が架けられている。**広州の中山記念堂**(1928-31)も呂彦直の設計であるが、1929 年に彼が亡くなった後、李錦沛(1900-68)が完成させた。記念堂は八角形平面から 3 つの玄関を出したもので、4700 人を収容する。3 つの玄関と舞台は中国宮殿様式で、パープル・ストーンの柱と、施釉青瓦葺の屋根を有している。中央ホールも、同様式の八角形の屋根で覆われている。

中国人建築家が設計した他の建物には、董大酉(1899-1973)が設計し、現在、上海体育院・集会室として用いられている**上海の大上海市政府多大廈**(1931-33)がある。それは、4 階建の建物で、清朝(1644-1911)の伝統的中国様式である。**南京の中央博物館**(1937、p.1669B)は、徐敬直、李恵伯、顧問建築家・梁思成による設計で、現在、江蘇省博物館となっている。主展示棟(2 棟の翼屋が加わって H 字型平面をなす)は、遼朝(904-1125)の仏堂デザインを踏襲している。董大酉が設計した**上海市図書館**と**上海市博物館**(1934-35)は、ともに 3 階建の建物が左右対称に配置され、主要素が中国の伝統的形態を持つパヴィリオンから成る。

南京の中華民国外交部(1934)は、大地建築事務所の設計であり、反り屋根のない新しい中国建築を発展させようとする初期の試みである。ファサードは、西洋の古典的構成と同様に、3 層に水平分割されている。1 階は須弥座(伝統的中国建築の装飾基壇の一種)に似た装飾刳形付きの台座として、最上階は斗栱のあるエンタブラチュアとして処理されている。玄関は、中国風ディテールで装飾されている。

その他に、建築家が新しい民族様式を発展させようと試みた建物が多数ある。1946 年に南京国民党政府の最初の国会が開催された奚福泉(1903-83)と、李宗侃による**南京の国民大会堂**(1935、p.1670A)は、董大酉による**上海の江湾体育場**(1931-35)、梁思成により正面と内部が唐(618-907)、宋(960-1279)、清(1644-1911)の様式で装飾された商店、**北京の仁立地毯公司**(1932)、楊廷宝による**北京の交通銀行**(1931)が挙げられる。中国の伝統に沿った他の建物には、たとえば基泰工程司(関頌声、朱彬、楊廷宝)による**南京の中央体育場**(1931-33)や**南京中央医院**(1932)がある。

1930 年代から 1940 年代初頭にかけての上海では、当時人気を博していた国際様式で劇場が建てられた。L. E. フジェッツによる**グランド・シアター**(**大光明大戯院**、1933、p.1670B)のファサードは、垂直・水平の板が大きな窓を枠取り、アシンメトリーの構成の中央には正方形の半透明ガラスの塔が立っていた。アール・デコ装飾のある范文照(1893-1979)による**マジェスティック・シアター**(**美琪電影院**、1941)、大地建築事務所による**メトロポール・シアター**(**大上海大戯院**、1933)、楊錫鏐(1899-1978)による**百楽門大飯店**(1931-33、現映画館)は、皆国際様式であった。

李恵伯と汪坦による**南京の馥記大廈**(1946-48)、張鎛による**北京の北京大学付属病院外来部**(1946)、日本人建築家の太田宗太郎と小林良治による**大連の大連駅**(1937)は、いずれも単純な形態であった。

1920 年代と 1930 年代の上海は、ホテル建設が活発な時期でもあった。おそらくその前兆となったのが、イギリス人建築家ウォルター・スコットによる**上海のパレス・ホテル**(**匯中飯店**、1906、p.1670C)で、中国における高層建築の、しかもエレベーターを採用した最初期の例の 1 つである。ルネサンス様式で設計されファサードは、明るい黄色の磁器質タイルで化粧され、赤い磁器質の水平帯で飾られている。開口部は平アーチまたは半円アーチで、ペディメントを冠したものもある。当初は最上階に 2 つの小塔と屋上庭園があったが、後に撤去された。パーマー＆ターナーによる**上海のサッスーン・ハウス**(**沙遜大廈**、1929、現和平飯店、p.1670D)は、E. D. サッスーン＆カンパニーのオフィスとキャセイ・ホテルを収容していた。ホテル部分には中国、イギリス、フランス、イタリア、スペイン、インドの各様式で飾られたスウィート・ルームがあり、最上階にはテューダー様式による経営者の住居部分があった。外装は花崗岩で、アール・デコのモチーフが用いられている。

イギリス人事務所オルガー＆カンパニーによる**上海の華懋公寓**(1929、現錦江飯店、p.1671A)は、鉄骨造の 13 階建で、ファサードは花崗岩で縁取りされたレンガでできている。L. E. フジェッツによる**上海のパーク・ホテル**(現ジョイント・ソサエティ・ビル、四行諸蓄会大廈、1930-34)は、鉄骨造の 24 階建、高さ 86 m の建物である。ファサードは赤褐色の化粧レンガで覆われ、アール・デコの装飾を持つジョージアン様式で、下部は磨き黒御影石仕上げである。構成は当時の摩天楼様式を

A 中山陵、南京(1926-31)　p.1668 参照

B 中央博物館、南京(1937)　p.1668 参照

C 国立北平図書館(現中国国立図書館分館)、北京(1929-31)　p.1668 参照

20世紀の建築

A 国民大会堂、南京（1935） p.1668 参照

B グランド・シアター（大光明大戯院、1933） p.1668 参照

C パレス・ホテル（匯中飯店）、上海（1906） p.1668 参照

D サッスーン・ハウス（沙遜大廈、現和平飯店）、上海（1929）
p.1668 参照

A 華懋公寓（現錦江飯店）、上海（1929） p.1668 参照

B 中国銀行総行、上海（1936） p.1673 参照

C ブロードウェイ・マンション（百老匯大厦）、上海（1930-34）
p.1673 参照

D サッスーン・ヴィラ、上海（1932） p.1673 参照

A ミュラー邸、上海（1936） p.1673 参照

B 周邸、上海（1930） p.1673 参照

彷彿させる。B. フレイザーによる**ブロードウェイ・マンション**（**百老匯大廈**、1930-34、p.1671C）は、現在は上海大廈と呼ばれており、複合開発の初期事例である。ホテル、オフィス、アパートメントから成る22階建の建物で、アール・デコのモチーフが用いられている。フランス人の事務所ミニュッティ&カンパニーによる**上海のピカルディ・アパートメント**（1934）は、現在は衡山公寓と呼ばれ、鉄筋コンクリート造、15階建の中央部に、8階建と9階建の2棟の翼屋が付いている。

上海の**中国銀行総行**（1936、p.1671B）は、パーマー&ターナーに陸謙受（1904-91）が協力して設計された。東棟は、鉄骨造17階建の塔状の建物で、花崗岩で外装され、中国の伝統に則ってピラミッド型の斗栱屋根と施釉タイルの水平帯を持つ。西棟は、4階建の鉄筋コンクリート造である。

他の高層建築としては、李錦沛、范文照、趙深が設計した**上海の YMCA の住棟**（1931、現 YMCA ホテル）や、基泰工程司（関頌声、朱彬、楊廷宝）による**上海の大新公司**（1936、後の上海第1百貨商場）などがあり、それらは単純な形態ながら中国風ディテールで飾られている。

パーマー&ターナーによる**サッスーン・ヴィラ**（1932、p.1671D）は、イギリス風ハーフ・ティンバーの邸宅であるし、**ミュラー邸**（1936、p.1672A）は、ロマンチックなスカンジナビア風のデザインである。L. E. フジェッツによる**呉邸**（1935-37）は、**周邸**（1930、p.1672B）と同様、近代的語法が用いられた4階建の住宅である。その他、西洋古典復興、アメリカ・コロニアル、伝統的中国、イギリス、スペインの各様式の住宅があり、**上海**という最も国際的な港湾都市に暮らす外国人居住者の影響や、中国人官吏や富豪の審美的傾向を反映している。

1950年から現在まで

1950年代初頭、いわゆる「民族様式」の熱烈な提唱者の梁思成教授（1901-72）が、中国建築の民族様式の主要素は、伝統的な宮殿建築から引用された形態、すなわち屋根の輪郭であると主張した。その結果、主に北京であったが他都市でも同様に、数多くの建物が、反りの付いた大屋根を持つ民族様式で建てられた。これらは主に官庁、外国人賓客をもてなす迎賓館、文化展示施設ならびに史蹟に近接して建てられた建物であった。典型的事例には、張鎛が設計した**友誼賓館**（1954、p.1674A）と**アジア・アフリカ留学生療養院**（1954）、張開済による**三里河（四部一会）弁公楼**（1955）、そして陳登鰲による**地安門宿舎**（1955）がある。これらは全て、北京に建てられており、最後の事例は、都城の後門から伸びる北京の軸線である地安門通の両側に建てられている。張嘉徳による**重慶**の**重慶市人民大会堂**（1951-53）も、もう1つの事例である。大会堂ファサード中央部は、北京の都城正門である天安門（第24章参照）の写しであり、中央ドームは三重の軒が付いた鉄骨造で、北京の天壇・祈年殿（第24章参照）のように見える。1960年頃の他の事例は、張鎛による**民族文化宮**（1958-59、p.1674B）と、戴念慈（1920-91）による**中国美術館**（1960-62）で、ともに北京に建てられた。民族文化宮は、中央部に多層にわたる展示ホールがある15階建の塔を擁し、民族様式による高層ビルの嚆矢となった。

民族様式はまた、張鎛による**北京**の**新僑飯店**（1954）のように、中国風ディテールで飾られたコンクリートの立方体状ブロックを特徴とする、より現代的な手法でも再現された。この建物は、大屋根の使用に頼らずに民族様式を達成しようとした典型的事例である。北京における他の事例には、張開済による**北京天文観察館**（1957）、龔徳順による**建築工程部弁公楼**（MOC、1955）、林楽義（1916-88）による**首都劇場**（1955）があった。この種の民族様式は、建設費が経済的であったため、中国全土で好まれた。西北建築設計院による**西安**の**人民劇場**（1954）、葛如亮（1926-89）による**長春体育館**（1954）、林克明による**広州**の**広州体育館**（1957）が、その例である。趙冬日と張鎛による設計の**人民大会堂**（1959、p.1675A）、天安門広場の2面を形作る北京建築設計研究院による**中国歴史博物館**（1959）、同広場の南面を形作る**毛首席記念堂**（1977、p.1675B）も、この種の民族様式であり、これら全ては、列柱を持つ西洋的構成を反映しつつも、中国風ディテールで装飾されている。

1950年代に建てられた建物には、国際様式のものがあった。たとえば、夏昌世と彼の同僚による**広州の華南土特産展覧大会水産館**（1951）、楊廷宝（1901-82）による**北京の和平飯店**（1952）、華攬洪による**北京の北京児童医院**（1952）、馮紀忠と文遠楼による**武漢の武漢医学院医院**（1952-55、p.1677A）、黄毓麟（1927-53）と哈雄文（1907-81）による**上海の同済大学・教室棟**（1953）のいくつかは、伝統的ディテールの使用を制限して、盛り込んでいた。

1960年代と1970年代に建てられたコミュニケーション施設、たとえば林楽義による**北京電報大楼**（1958、p.1677B）、北京建築設計研究院による**北京の CAAC ビル**（1960）、浙江省建築設計院による**杭州空港ターミナルビル**（1971）、新疆ウイグル自治区建設局設計室による**ウルムチ空港ターミナルビル**（1973）、甘粛省建築設計院による**蘭州鉄道駅**（1978）は、機能的なデザインと

A 友誼賓館、北京（1954） p.1673 参照

B 民族文化宮、北京（1958-59） p.1673 参照

A 人民大会堂、北京(1959)　p.1673 参照

B 毛首席記念堂、北京(1977)　p.1673 参照

単純な形態の先駆けとなった。同時期、熊明による**北京工人体育館**(1961、p.1677C)のような体育館とスポーツ施設が、多く建てられた。この建物は、直径94mの2層の放射状吊りケーブル屋根を戴いたコンクリート構造であり、この種の構造が中国に初めて取り入れられた。北京建築設計研究院は、**北京工人体育場**(1959)を設計、また鉄骨スペース・フレームで覆われた**北京の首都体育館**(1968)も設計した。江蘇省建築設計院と南京工学院による**南京の五台山体育館**(1975、p.1677D)、汪定曽と魏敦山による**上海体育館**(1975)と**上海游泳館**(1983)には皆、八角形、円形、六角形の平面上にスペース・フレームの屋根が架けられている。

莫伯治による**広州の鉱泉別荘**(1964、p.1678A)は、鉱泉リゾートとして知られており、内外空間の有機的相互貫入の優美な効果を生み出すために、風景と建物を結び付けるという計画の伝統を発展させた最初の複合施設であった。広州建築設計院による**広州の東方賓館の増築**(1973)と、広州市設計院による**広州白雲賓館**(1976)もまた、この方法で設計された。

1980年代以降、中国での建設は、政治改革と「開放」政策によって促された経済拡張を反映して、急速に増加した。その結果、ホテル、商業・金融複合施設、文化センター、スポーツ施設が、国中の多くの都市に建てられた。当初、合弁事業が、外国人建築家によって設計され、新しい建築のアイデアが導入されたが、中国人建築家も、およそ20年にわたる不況を経験した後に、大きく貢献し始めた。サンフランシスコのクレメント・チェン&アソシエイツによる**北京の建国飯店**(1982)は、中国初の中米合弁事業であり、控え目ではあるがポスト・モダンの表現法を含んでいる。アメリカのベケット・インターナショナルによって設計された**北京の長城飯店**(1980-84)も、中米合弁事業である。それは22階建で、反射ガラスで覆われ、展望用ガラス張りエレベーターを擁しているが、両モチーフとも中国ではここで初めて用いられた。香港のパーマー&ターナーによる**南京の金陵飯店**(1980-83)は、111m、37階建の建物で、最上階に回転レストランを擁しており、これもまた中国初であった。I. M. ペイ&パートナーズは、北京の郊外香山、すなわち18世紀清朝(1644-1911)の庭園の荒れ果てた場所に、**香山飯店**(1980-82、p.1678B)を設計し建設した。この建物はペイの中国本土における最初の作品であり、2階建ないし4階建の一続きの建物が、大小10ほどの中国庭園の要素を持った中庭を形作っている。建物の壁は白色で、唐朝(618-907)風の暗灰色をした磚の割形で飾られているが、それは中国南東部の土着的伝統の中で存続している歴史的様式である。張耀曽による**上海の上海龍柏飯店**(1982)は、上海の西郊、旧サッスーン・ヴィラ(p.1673参照)のちょうど西に位置している。そこでは、石を組んだ池と花壇が、屋外から屋内にまで伸びている。古いヴィラと調和を保つように、外壁は褐色の外装レンガで、斜めのパラペットが赤色のレンガで仕上げられている。余南暖と莫伯治による**広州の白天鵞賓館**(1980-83)は、珠江に面している34階建で、西端には中国様式の庭園が、アトリウムには石組と滝のある内庭がある。

1980年代中頃から、多元論が現行中国建築の特徴となり始めた。歴史的都市あるいは歴史的敷地に建つ建物では、伝統的表現法が現代的手法で表現されている。戴念慈と傅秀蓉による**山東省、曲阜の闕里賓舎**(1985、p.1679A)は、曲阜の都心に位置し、右手には孔廟(孔子廟)があり、背後に孔府(孔子の邸宅)を控える。そこでは、儒教複合施設に合わせて、2階建の建物で多数の中庭を囲む配置がなされている。同複合施設の主たる呼び物は、入母屋を十字に組んだ伝統的屋根が架けられたアトリウムであるが、それは外から見ると、明らかに近代的な交差ヴォールトである。唐朝の大雁塔(第24章参照)近くに建つ、張錦秋による**西安の西安唐華賓館**(1988、p.1679B)は、栄華を極めた唐朝の古都、西安の文脈と建築伝統を反映しようとしている。

古い都市あるいは山岳地方といった少数民族がいる地方で活動している建築家は、多くの場合、現地の民族や土着の様式を取り入れている。高慶林による**ウルムチの新疆賓館**(1985)のファサードは、一連の尖頭アーチと、格子状の尖頭アーチで連結された一対の給水塔を擁しており、現地イスラム建築様式を反映している。王小東による**新疆ウイグル自治区・亀茲(クチャ)の亀茲賓館**(1993)は、亀茲に作られた仏教窟のイメージと、現在同地方にあるイスラム建築を結合しようとした。他の事例には、雲南省建築設計院による**シーサンパンナ・タイ族自治州、景洪のシーサンパンナ熱帯作物研究所竹楼式賓館**(1984)や、中国建築西南設計院による**アバ・チベット族チャン族自治州、南坪の九寨溝賓館**(1988)がある。前者は、タイ族地方の竹を積み上げた住宅を模倣したコンクリート造で、後者は、チベット族の石造物見櫓から着想されている。香港の熊谷建設と蘇州市建築設計院の共同設計による**蘇州の華美達竹輝飯店**(1987)は、古都の文脈に合わせるために、のろ仕上げの壁と黒瓦葺の傾斜屋根を用いた4階建と5階建からなる複合建築である。斉康と頼聚奎による**福建省、崇安の武夷山荘**(1984)は、武夷山の景勝地にあり、その地方性を反映している。

それに加えて、隠喩と象徴の特徴を持つ現代建築がある。たとえば、江蘇省建築設計院による**拉薩(ラサ)の拉薩**

第53章 中国 | 1677

A 武漢医学院医院、武漢(1952-55) p.1673 参照

B 北京電報大楼(1958) p.1673 参照

C 北京工人体育館、北京(1961) p.1676 参照

D 五台山体育館、南京(1975) p.1676 参照

A 鉱泉別荘、広州(1964)　p.1676 参照

B 香山飯店、北京(1980-82)　p.1676 参照

第 53 章　中　国　　1679

A　闕里賓舎、山東省曲阜（1985）　p.1676 参照

B　西安唐華賓館、西安（1988）　p.1676 参照

C　北京国際飯店、北京（1988）　p.1680 参照

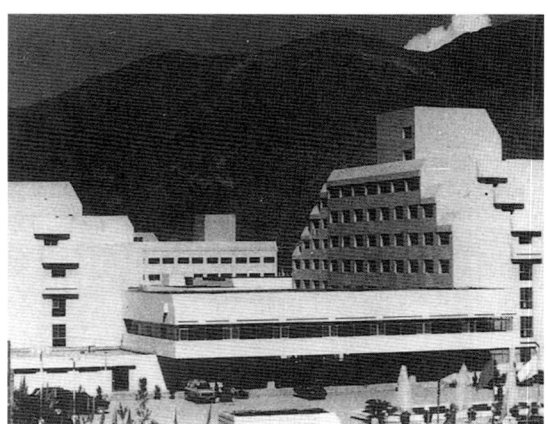

D　拉薩飯店、拉薩（1985）　p.1676 参照

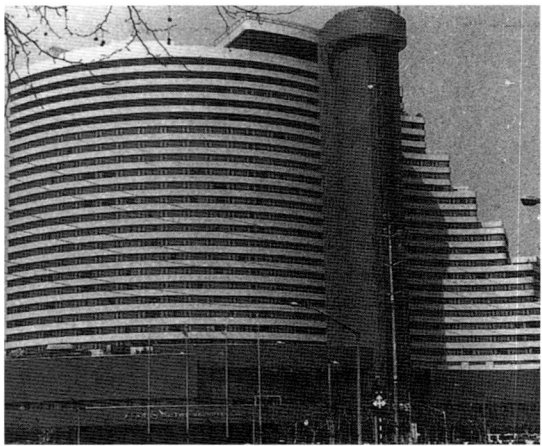

E　華亭賓館（シェラトンホテル）、上海（1986）　p.1680 参照

飯店（1985、p.1679D）は、チベットのキャノピーで縁取られた白色の幾何学的な立方体で構成され、近代建築と近在のポタラ宮殿から引用した伝統的ディテールを結び付けた結果を示している。梁応添による**西安のハイアット・リージェンシー（凱悦飯店、1990**）は、広い基壇上に対角線に配された2つの正方形平面を持つ塔を結合したもので、その塔の下部は基壇に向かって傾斜して中国宮殿の曲線屋根を暗示し、その広い基壇は2千年前の秦朝と漢朝に建設されたいわゆる高い基壇のある建築を暗示している。林楽義による**北京の北京国際飯店**（1988、p.1679C）と、宋融による**北京第11回アジア競技大会選手村**（1990）内の**五州飯店（国際ホテル）**は、近代的な建設法の中で、さまざまな中国の伝統的源泉から引用され、単純化された諸要素を結び付けた他の事例である。他方、中国建築華東設計院による**上海の華亭賓館（シェラトンホテル、1986、p.1679E**）、香港のAPアーキテクツと上海市建築設計院による**上海の静安賓館（ヒルトンホテル、1987**）、香港の王董国際有限公司と上海市建築設計院による**上海の新錦江タワー**（1989）は、いずれも完全に近代的である。

近年建設されたオフィス・集合住宅の複合施設の様式は、主に近代的である。北京市建築設計院による**北京国際大厦**（1984）は、中国における商業建築タイプの初期の表現で、30年以上前に建てられたニューヨークのレヴァー・ハウスに幾分似ている。他の近年の事例としては、湖北省建築設計院による**深圳の深圳国際貿易中心大厦**（1985）、ジョン・ポートマン＆アソシエイツによる**上海中心**（1990）、アメリカからのソベル＆ロスによる**北京の中国国際貿易中心**（1990）、日本からの日本設計と熊谷建設による**北京の京広中心**（1990）、広東省建築設計院による**広東の広東国際大厦**（1992）がある。これらの中で、上海中心の基壇は、中国の伝統的木構造を暗示するファサードを有している。中国国際貿易中心は、オフィス・タワー、国際的ゲストハウス、展示ホールで囲まれたサンクン・ガーデンを擁しており、それら全てが、伝統的中庭住宅の特性を喚起するように意図されている。

京広中心は、高さ208 m、扇形平面のメイン・タワーを持ち、広東国際大厦は、高さ198.4 mで、正方形平面のメイン・タワーを持つ、最近の中国で最も高いビルである。これらはともに、反射ガラス張りのアルミニウム合金製カーテン・ウォール、花崗岩張りの基壇を有している。

1980年代に、多くの異国風に設計された文化施設が建てられた。張錦秋による**西安の陝西歴史博物館**（1991、p.1681A）は、シンメトリカルに配置された鉄筋コンクリート造の建物で、唐朝の宮殿の力強くモニュメンタルな様式を採用している。莫伯治による**広州の南越王墓博物館**（1989）は、紀元前120年頃に南越王墓が建てられた敷地に建てられており、展示ホールと付属の墓室を収めている。同博物館の様式は、ネオ・モダンであるが、それと同地域に土着の伝統に対する参照とを結合している。中国建築西南設計院による**四川省、自貢の恐竜博物館**（1986）は、恐竜の化石が発見された敷地に建てられており、発掘現場を保存するとともに、古代に恐竜がいた環境を示す一塊の巨石を収めたパヴィリオンを組み込んでいる。斎康による**南京大虐殺犠牲者記念博物館**（1985）は、1937年12月、日本軍に侵略された地区で、虐殺が行なわれた現場の1つを敷地として建てられている。この複合施設は、展示ホール、記念公園、犠牲者の遺骨を納めるサンクン・パヴィリオンから成る。主要建物は、灰色の壇上に建ち、緑白色の大理石で覆われており、明確な幾何学的形態がその場所の厳粛さを表現している。

潘継仁による**北京の中国画研究院**（1984、p.1681B）は、2-3階建の展示施設と約50のアトリエの一団から成り、全て庭園内に置かれている。これら建物群は、灰色レンガの外壁、灰色瓦葺の傾斜屋根を有する中国北部地方の民家に影響を受けた様式によるもので、舗装路がジグザグにとられ、もともと敷地北東に建てられていた古いラマ教の塔を含む池の周辺の建物を結んでいる。黄漢民による**福州の福建省絵画学会**（1991、p.1681C）は、3階建と5階建の建物群で、池のある開放的な中庭を取り囲んでいる。部分的に装飾が施された青色タイル張りのパラペットと、エントランス上部の台形状に窪んだ屋根が、建物に地方色を添えている。劉力による**北京の炎黄芸術館**（1991）は、エントランス・ホール、中央展示ホール、2階建の展示ホール、平屋の会議ホールとセミナー・ルームを収めている。展示ホールと会議ホールは、緑紫色施釉タイル仕上げの先端を切り落としたピラミッド状の屋根で覆われている。柴裴義による**北京の中国国際展覧中心2-5号館**（1985）は、4つの正方形の展示ホールと、その間にエントランスとしてとられた3つの連結ホールを有している。これらは、構造上・機能上、近代的であるが、派手なポスト・モダンの装飾を備えている。

中国建設部設計院と中国西北建築設計院による**北京図書館（新館**、1987、p.1681D）は、7.42 haの敷地を占め、14万 m^2 の床面積を持ち、2億冊の蔵書を収蔵している。読書室は88あり、これらの読書室で低層部が囲まれたシンメトリカルな2棟の書架の塔と、中国様式で造園された3つの中庭がある。乳白灰色の外壁と光沢のある青色施釉の寄棟屋根が、建物に漢朝（B.C.206-220）の強い色合いを添えている。関肇鄴によ

第 53 章 中 国　　1681

A　陝西歴史博物館、西安（1991）　p.1680 参照

B　中国画研究院、北京（1984）　p.1680 参照

C　福建省絵画学会、福州（1991）　p.1680 参照

D　北京図書館（新館）、北京（1987）　p.1680 参照

E　華夏芸術中心、深圳（1991）　p.1682 参照

る北京の清華大学図書館新館(1991)は、1919年にK.マーフィーによって設計され、1931年に楊廷宝によって増築された既存図書館の西側に建てられており、合理的・機能的な新館と、歴史的な近隣とをうまく調停した傑出した事例である。

龔徳順による深圳の華夏芸術中心(1991、p.1681E)は、多目的な芸術・文化複合施設であり、劇場、ダンスホール、体育館、店舗を擁している。それは、内部でのコミュニケーションを提案し、空間を組織化する手段として、オープン・スペースを中央にとった中国初の建物である。そのオープン・スペースは、下方に傾斜した三角形のガラス張りスペース・フレームで覆われている。梁鴻文による深圳の深圳大学演会中心(1988)は、丘の斜面に建てられた多目的複合施設である。この大講堂は、8本の巨大なコンクリート柱で支持されたスペース・フレームの屋根で覆われたセミオープン・ホールで、日射を遮蔽するとともに音響を良くするよう計算された、高さの異なる壁で囲まれている。それに加え、複合施設全体は、その文脈になじみ、中国南部の気候に呼応するよう注意深く施工されている。馮紀忠によって計画、設計された上海、松江区の方塔園(1987、p.1683B)は、宋朝(907-1279)に建てられた9層の方形仏塔周囲に作られた新しい公園である。園の東側と北側に設けられた2つの入園門は、伝統的な灰色瓦葺き勾配屋根で覆われているが、軽量鉄骨トラス造である。軒下のトラス端部は、中国の斗栱(巻末「用語解説」の「持送り」、「ブラケット」参照)のロマンチックなリズムを想起させる。

近年、中国の多くの都市で、多数のスポーツ施設が建設されている。北京では、1990年の第11回アジア競技大会用に、10以上のスポーツ施設が改修または増築され、20施設が新設された。最も壮観な施設は、馬国馨と北京市建築設計院の同僚によって計画、設計された奥林匹克中心(ナショナル・オリンピック・センター、1990、p.1683A)である。そこには、総合体育館、屋内プール、トラックおよびフィールド競技場、フィールド・ホッケー場が組み込まれている。総合体育館は、広がった六角形平面を持ち、横幅両端に、高さ60mと70mの2本の塔を擁している。これら2本の塔の間にケーブルが渡され、一対の凹面シェルの屋根を支えている。このビルディング・タイプの他の事例には、雄承新と梁応添による深圳の深圳体育館(1985)、中国東北建築設計院による大連の大連体育館(1988)、広東省建築設計院による広州の天河体育中心(1987)、天津大学による河北省、唐山の唐山体育館がある。

学校、病院、サナトリウム、オフィス、百貨店、ショッピング・モール、鉄道駅、空港ならびにバス・ターミナルの建設が、ここ数十年で急速に進み、それらは他のビルディング・タイプを特徴付けていたのと同じ多元論の精神を反映している。上海市建築設計院による上海の上海交通大学閔行キャンパス教学楼(1988)、呉廬生による上海の同済大学科学楼(1994)、北京市建築設計院による北京の北京医科大学・口腔病学病院(1985)は、全て優美で簡素な機能主義建築で、最後の建物の様式は、より近代的である。盧済威による江蘇省、無錫の新疆石油職工太湖療養院(1985、p.1683C)は、回復期患者用の2階建住宅群とサーヴィス施設から成り、太湖に面した丘の斜面に散在している。それらは自然風景と調和して、建物は南長江の民家に影響を受けている。羅新揚による上海の華東電力大厦(1987)は、上海繁華街の賑やかな通り、東南京路沿いにあり、24階建のオフィス・タワーを組み込んだ現代都市デザインの事例であるが、オフィス・タワーは街路に対して45度振られ、噴水付き小広場用の空間を残している。赤色レンガ仕上げの壁面と縦長ガラス窓は、この建物を都市文脈に関係付けている。

劉純翰による敦煌空港候機楼(1985)は、世界的に有名な莫高窟に近いゴビ砂漠にある。旅客ホールはガラス屋根の架かる中庭を有し、アトリウムを形作っている。黄褐色の外壁には、不規則に小さな開口部とニッチが開けられ、日干レンガ住宅や莫高窟のグロットの中庭を想起させる。建物デザインは、現地のシルク・ロード文化と近代建築を結び付けようとした試みである。地方文化と現代性との結合は、新しく完成した多くの商店建築の特徴となっている。南東大学による山東省、曲阜の五馬祠商業街(1989)、杭州建築設計院による浙江省、蕭山の秀逸坊(1991)といった古い伝統的な木造の様式による多くのショッピング・モールもまた、多くの都市に建設された。南東大学による南京の夫子廟仿古街のように、いくつかはうまく設計されているが、この手法は過度に乱用されているように思われる。

この10年間に行なわれてきた多数の住宅地開発は、都市住民の生活状況を改善してきた。また集合住宅開発の登場により、それまでの定型化した単調な形態が、より多様で地域色を持った建築に取って代わられた。中流階級用住宅開発の実験が開始されたが、その事例として北京織物工業学院によって計画、設計された北京の琉璃廠(1993)、上海市建築設計院による上海の康楽新村(1992)、中国建設技術開発中心による河北省、石家荘の実験富裕住宅(1993)が挙げられる。特に興味深い計画が、呂俊華による北京の台階式花園住宅(1989-92)と、清華大学の呉良鏞教授によって計画、設計、

第 53 章 中 国　1683

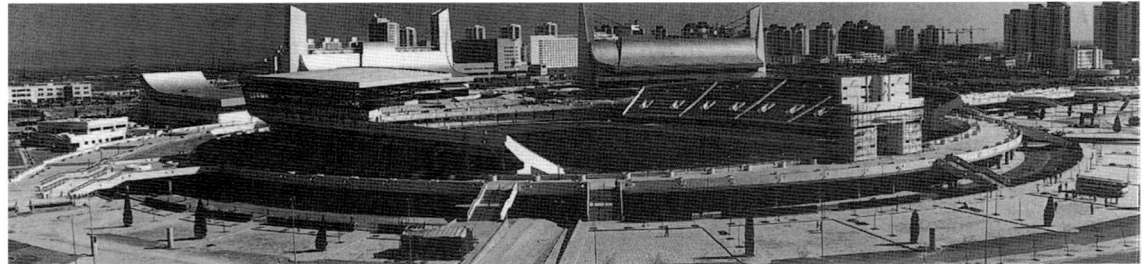

A　奥林匹克中心(ナショナル・オリンピック・センター)、北京(1990)　p.1682 参照

B　方塔園、上海(1987)　p.1682 参照

C　新疆石油職工太湖療養院、無錫(1987)　p.1682 参照

D　菊児胡同、北京(1989-92)　p.1682 参照

監理された北京の菊児胡同（1989-92、p.1683D）がある。前者は、低層高密度で標準化構法を用いて興味深い配置を生み出している。後者は成功した実験的事業の一部で、新しい住宅と旧市の四合院の再生とを結び付けている。有機的な再生の原理に則って、良好な状態を維持している古い歴史的価値のある建物は保存され、平均的な状態のものは改修されるか必要に応じて増築され、荒廃のひどいものは、本事業用に設計された新しい四合院に取って代えられた。このことは、近隣の文化的雰囲気を保存し、旧市の都市構造の有機的構造を確立する一助となっている。古い住宅が依然として都市住宅の大部分を占めているために、この事業は、中国の住宅不足に対して効果的かつ文化的感受性を持った解決モデルを提示している。この業績に対して、呉良鏞教授は1992年にアジア建築家協会優秀建築設計（ARCASIA）金賞、1993年のワールド・ハビタット・デーには1992年ワールド・ハビタット賞を受賞した。

訳／堀田典裕

20世紀の建築

第54章
日本と韓国

はじめに

　日本は対立を好む国である。弾丸列車や都市の電光掲示板から着物や相撲の古風なイメージにいたるまで、日本では新しいものと古いもの、禁欲的なものと豪奢なもの、土着のものと外国のものが、全て、明らかに矛盾することなく逆説的な均衡状態で存在している。しかしながら、建築家には、まさしくこの日本の風景によって主たる二律背反が与えられる。田畑と村落の寄せ集めから成る牧歌的風景という日本の伝統的理想像は、洋の東西を問わないオリエントのイメージをいまだ伝えており、あらゆる日本の美意識の基礎を慣習的に形作ってきた。しかしながら、この牧歌的な理想と著しい対立をなすのが、ますます都市化されつつある社会が浸食しているという現実である。日本の人口1億2千万人の60％が、高密な都市域に暮らしており、その大部分が、東京・大阪・横浜・名古屋といった集塊状の都市を含み、全ての建築表現に対して画一的な環境を形成している。

　したがって、対立を保持する能力が、日本の文化的・建築的風景を独自のものにしている一因である。この極めて特殊な場は、部分的には、空間の圧縮と締めつけを作動させる必要性から生み出されてきた。が、地理的制約を超えて、西洋とは全く異なる社会を生み出したのは、歴史に対する日本の関与の仕方である。過去から現在を経由して未来へいたる線状の進行で発展するというよりも、日本では、対立するイデオロギー上、歴史上の時機が同時に共存することで、もはや過去のものを根絶することはなく、その結果として何物も立ち去っていかないように見える社会を生み出してきたのである。歴史の、すなわち明確な統合なき進歩のこうした多層の重なりこそが、日本のあらゆる建築や生活が営まれる背景を与えてきたし、与え続けているのである。

1868-1945年

　多くの歴史的な時機を吸収してしまうことは、日本独自のものとして特徴付けることができるが、近代生活の雑多な本性は、日本のあらゆるものが日本だけのものに由来しているわけではないことを示している。実際、このような多元的な文化的影響に対する現行の感受性は、多くの歴史的な先例を有している。江戸時代（1603-1868）に鎖国する以前の日本は、常に他のより発展した社会の成果をすばやく認める国であって、とりわけ9世紀と13世紀の唐朝と宋朝の中国や、韓国から文化的・科学的な進歩を取り入れてきた。1868年の開国後、日本は再び西に目を向けたが、その時には近隣諸国を通り越して遠く離れたヨーロッパ文明へと向かった。こうした刷新された遠望を取り始めた明治時代（1868-1912）は、文明開化（文明と啓蒙）をスローガンに掲げた。それは、ヨーロッパ・モデルを近代化の理想としたが、次第に西洋化と同義となった。

　工業化における技術輸入に並んで、西洋の建築と芸術もまた、日本全体の再建では、同じように重要な要素と見なされるようになった。洗練されているが息苦しい江戸時代の職人仕事から決別しようとして、イギリス人ジョサイア・コンドル（1852-1920、第39章参照）のような専門家が、建築教育の新たな学校（特に東京大学工部大学校）の編成に一役買った。この教育課程はヨーロッパ建築史全体を模倣のために開放しただけでなく、古典、ゴシック、その他の様式が増殖する、並外れた様式の折衷主義を引き起こした。日本でのコンドル自身の作品は、レンガと石による手の込んだバロック様式の**東京**の**岩崎家高輪別邸**（1908、1964 内部のみ再建、p.1686A）や、ボッロミーニ風の**東京、三田**

A 岩崎家高輪別邸、東京（1908、1964 内部のみ再建）　p.1685 参照

B 赤坂離宮、東京（1909）　p.1689 参照

第 54 章　日本と韓国　| 1687

A　東京帝室博物館（1938）　p.1689 参照

B　東京中央電信局（1926）　p.1689 参照

C　東京中央郵便局（1931）　p.1689 参照

D　三井倶楽部、東京（1913）　p.1685 参照

A パリ万国博覧会、日本館（1937） p.1689 参照

B 近代美術館、鎌倉（1951） p.1690 参照

の**三井倶楽部**(1913、p.1687D)に見られるような多様性を奨励した。しかしながら、戦前の折衷主義を最もよく表わしたのは、日本人建築家、片山東熊による**東京の赤坂離宮**(1909、p.1686B)であった。皇太子のために建てられ、当時日本で最大の建物であった同宮殿は、審美的にも技術的にもさまざまな西洋建築を模倣し、ヴェルサイユ宮殿から着想されたファサード、アメリカ製鉄骨構造、ノルウェー産大理石、18世紀フランス古典様式の内装、日本の伝統的装飾モチーフさえも組み込んだのである。

1923年の関東大震災で、東京の多数の伝統的木造建築が破壊されたが、この地震は東洋建築の構造的限界を日本人に再び強調するものであった。それは、フランク・ロイド・ライトによる**東京の帝国ホテル**(1916-22、1968取壊し)が生き延びたことによって例証された認識であって、そこでは床スラブで筋交を入れたコンクリート杭が明らかに良い結果をもたらしたのであった。皮肉にも、帝国ホテルの木と大谷石の彫刻から成る豊かな装飾は、日本におけるライトの他の建物――**東京の自由学園**(1921)がよく知られている――のディテールや性格とともに、日本人に西洋のあらゆるものの価値に疑問を呈するようになった。この点でライトを支持したのが、チェコ人の助手、アントニン・レイモンド(1888-1976)の仕事であった。彼は帝国ホテルの完成後も日本に留まって、自身の建築実務を確立した。レイモンドが生み出した建物で重要なものは、**東京の自邸**(1923)、**ライジングサン石油会社本社**(1929)、**東京ゴルフクラブ**(1930)、**東京のリーダーズ・ダイジェスト本社**(1949 ラディスラフ・ラドと共同、1964取壊し)であったが、それらは、より強力な構造的堅牢さと日本人の美意識をより明確に表現する能力とを結ぶことができる新しい材料として、打放しコンクリートを日本人に紹介した。レイモンドは、特に教師としての役割、すなわち自身の事務所が前川國男のような若い建築家に課した訓練を通じて、日本人が自国の近代建築を定立する手助けをすることで大きな影響を及ぼした。ブルーノ・タウトもまた、日本のモダニズムの発展に重要な貢献をなした。彼の『日本の家屋と生活』(1938)という著書で、タウトはデザイナーの注目を日本の建築遺産の重要性へと向けさせ、特に(20年ごとに建て替えられる)**伊勢神宮**、簡素だが驚異的な**京都の桂離宮**(1750)、モデュラー・プランニングの先駆けとしての畳を賞賛した。

これらの対立するイデオロギーに直面して、1920年代までに台頭しつつあった世代の建築家は、異なる建築アプローチを探る二派に分けられた。1つ目は最終的に近代ヨーロッパ様式を取り入れるものであり、2つ目は新しいデザイン技術に好意を寄せながらも日本精神から派生したものであった。前者は東京帝国大学の学生グループと日本の分離派の創設者たちを中心としていた。分離派のメンバーは、事実上、日本で初めて国際様式を正式に認め、過去のアカデミックな建築の拒否を宣言することで、歴史的様式のいかなる考え方をも捨て去った。その最初の支持者には、堀口捨己、滝沢真弓、山田守、石本喜久治がいた。同グループは、フランスの『エスプリ・ヌーヴォー』やドイツの『国際建築』の出版や、打放しコンクリートの使用の増加に影響を受け、山田による**東京中央電信局**(1926、p.1687B)の表現から、石本による**東京の朝日新聞社ビル**(1927)、吉田(鉄郎)による**東京中央郵便局**(1931、p.1687C)、村野藤吾による**大阪のそごう百貨店**(1932)に見られるような、より合理的な路線へと進歩した。しかし重要なことに、分離派の主要素が十全に表現されたのは、1937年の**パリ万国博覧会、日本館**(p.1688A)が建てられたヨーロッパにおいてであった。そこでは、ル・コルビュジエのアトリエで数年働いたことのある坂倉準三が、国際様式ではかつて見られなかったような繊細さでもって、ガラス・鉄・コンクリートといった新しい材料を使用した。

しかしながら、日本のモダニズムの自信が深まる一方で、国内での帝国主義政策とナショナリズムの台頭により、伝統主義者がより大きくより直接的な影響力を持つことになった。渡辺仁による**東京帝室博物館**(1938、p.1687A)に代表されるような、重厚な東洋的装飾に覆われたレンガ造の「帝冠様式」が、求められる建築の標準となった。国が第2次世界大戦のナショナリズム的軍国主義に飲み込まれていくにつれ、「東洋趣味に基づいた日本様式」を求める政令の下で、日本の近代建築運動は挫折した。しかしながら、この様式と日本の拡張主義政策が、たとえば丹下健三による**大東亜建設記念計画案**(1942)や**日中文化センター**(1943)、あるいは前川国男による**バンコクの日本文化センター**(1943)のように、戦後活躍することになるより若い世代の建築家に影響を与えなくはなかった。

1945-75年

1945年の敗戦後、京都と金沢を除くほとんどの日本の都市が、空爆と戦災によって大きな被害を受け、場合によっては全壊し、何百万もの人々が家や避難所のない状態になったので、建築復興の必要性が国政の再生と同じほど緊急となった。民主主義社会としての日本の再生は、直接的な都市の解決策を求める要求に呼

応して、建築家に西洋の再建計画戦略を無防備に吸収する機会を与えた。伝統的で土着のものは、再度反動的で旧式のものとして拒絶されたためであった。

再生という新精神を公示する事例の1つを務めたのが、ル・コルビュジエによる**東京**の**国立西洋美術館**（1955-59、p.1691A）であった。同美術館は、1939年の無限成長する美術館モデルのヴァリエーションとして建てられ、展示する芸術とそれを収める建築の両者を通じて、基本的には西洋的審美眼を表わした。その建物はル・コルビュジエによって設計されたが、日本人建築家の前川國男と坂倉準三によって実施された。後者は、パリのパヴィリオンに続いて、ル・コルビュジエの影響を受けた**鎌倉**の**近代美術館**（1951、p.1688B）を先んじて建てていた。大公共事業は、前川にとっても最終的な建築課題として残されていた。彼による**東京**の**東京文化会館**（1961、p.1692A）は、東洋風装飾モチーフを含んでいるが、型枠の木目が付いたコンクリートと彫塑的な量塊の大胆さという点で、標準的なル・コルビュジエの慣行に従っていた。

これらの戦後間もない時期の急速な西洋化に対する反動として、新世代の若い建築家が日本独自の建築文化という側面に、より一層共感的な目を向け始めた。**広島平和記念館**（1949-55、p.1691C）を代表例とする丹下健三に先導されて、この新しい建築は「荒々しいコンクリート」というル・コルビュジエの言語と、日本の伝統的な柱梁構造の言語を統合しようとした。丹下による**高松**の**香川県庁舎**（1955-58、p.1691B）や、後に**東京オリンピック**のために作られた**国立体育館**（1964、p.1693A）の構造的によりダイナミックな形態に代表されるように、1950年代後半までには、このデザイン・パターンは明確な「新日本様式」へと結晶化された。しかしながら新しい個人的建築様式を求める丹下の関心を越えて、日本の既存都市構造の大規模な破壊は、建築家は単に都市内の建物デザインだけでなく、都市そのもののデザインに関心を持つべきであるというル・コルビュジエの理論に、丹下やその他の人々がすっかり夢中になるような機会をもたらした。

日本における都市計画の伝統の不在を克服しようとするそうした試みの最初が、丹下自身による**東京計画1960**であった。それは、東京湾を跨ぐ都市の線状の拡張を提案し、成長と変化の拡張を可能にする巨大な新都市軸を形成するという革新的な計画であった。部分的には丹下の都市研究室URTECによって、より全般的には1960年代の日本の経済発展、土地不足、その結果としての地価高騰によって、東京計画は同様の巨大都市の提案を引き続いて生み出す発生源となった。それらは、先進的技術を通じた連続的な都市成長というヴィジョンを提示するという点で、ル・コルビュジエの『輝く都市』の精神を共有していた。そうした計画の中で卓越していたのが、1960年に東京で開かれた世界デザイン会議に鼓舞された若い建築家が新たに形成したグループによるものであった。黒川紀章、槇文彦、菊竹清訓、大高正人という4人のデザイナーと批評家の川添登は、ルイス・カーン、スミッソン夫妻を含む会議に集まった建築家に印象付けようとして、『メタボリズム』と題された宣言の形で、一組の急進的な新提案を出版した。メタボリストは、都市に対する代替案を探る中で、建築は静的ではなく、新陳代謝の変化を受ける能力を持つべきである、すなわち、時代遅れの部品を捨て、より新しくより適した要素を再生することで、生存し成長することのできる技術的有機体としての建築を考えていた。メタボリストの提案は、可動と可変の部品を持つ近代都市という未来派宣言を想起させ、またロンドンに拠点を置く同時代のアーキグラムの提案とも類似していた。アーキグラムのロン・ヘロンとピーター・クックが1964年に発表した**ウォーキング・シティ**や**プラグ・イン・シティ**に類似したアイデアは、日本では、菊竹による**海上都市**（部分的には**沖縄**の**アクアポリス**〔1975〕で実現された）、黒川の**ヘリックス・シティ**（1961）、大高による**人工宅地計画**というさまざまなユートピア都市で表現された。磯崎新は、メタボリスト・グループの外にいたものの、丹下の東京計画1960の発展を練る際に重要な役割を果たしたが、その彼による**空中都市**（1963、p.1694D）ともども、これらの都市計画は日本の建築発展の新段階を表わした。技術への疑いなき信頼という楽観主義で満たされ、継続する日本の経済ブームに促されて、都市は建築デザインの最終的な対象、建築の未来の大胆でダイナミックなイメージに対する実験的な文脈を供給するものであり続けた。

しかしながら1973年の石油ショックによって、日本の経済発展が終わり、新たな都市計画の希望や夢も潰えた。技術は、それまで疑いなく畏敬の念でもって理想化されていたが、近代都市を汚染する過剰なものとして、新たな懐疑の目で眺められた。こうした情勢の変化の中で、皮肉にもメタボリストはあまりに融通が利かなかったために存続できなかった。丹下による**山梨文化会館**（1967、p.1693B）、黒川による**大阪万国博覧会、タカラビューティリオン**（1970、p.1694A）や**東京**の**中銀カプセルタワービル**（1972、p.1694B）といった実施作は、変化に対する不変で孤高のモニュメントとして孤立した。技術への信奉が拒絶されたがゆえに、それはメタボリズムもまた拒絶されたのであった。

こうした幻滅が大きくなる中で、都市の将来が次第

A 国立西洋美術館、東京(1955-59) p.1690 参照

B 香川県庁舎、高松(1955-58) p.1690 参照

C 広島平和記念館(1949-55) p.1690 参照

A 東京文化会館、東京(1961) p.1690 参照

B 東京文化会館、外観ディテール、東京

C 東京文化会館、オーディトリアム壁、東京

A 国立体育館、東京(1964)
p.1690 参照

B 山梨文化会館(1967)
p.1690 参照

A 大阪万国博覧会、タカラビューティリオン(1970)
p.1690 参照

B 中銀カプセルタワービル、東京(1972) p.1690 参照

C ヒルサイド・テラス、東京(1969-79) p.1695 参照

D 空中都市(1963) p.1690 参照

第 54 章　日本と韓国　　1695

に重要な課題になりつつあった。丹下健三らが認識していたように、日本ではヨーロッパ型都市計画の先例はなかった。日本の都市は、都市核の放射に沿って部分を透視図法的に首尾一貫して配置するのではなく、伝統的に、都市要素を互いに上や横に層状に並べたもので、中心ではなく奥という概念で構造化された、一見するとランダムに見える空間構成を生み出してきた。都市成長を制限するように意図されたこうした計画戦略は、常に失敗し続けてきた。特に 1956 年の首都圏整備法が失敗したのは、200 万人の人々が意図された緑地帯に住んでいたので、計画、管理、抑制という全ての考え方が妨害されたためであった。

1975-85 年

日本では、合理的な都市計画に対する抵抗に連動して、1970 年代の急速な商業発展期に、領土の制約という圧力が、日本建築の性格に実質的な影響を与えた。山の多い地形の中で人間の居住に適しているのは 30％以下であり、また 1960 年から 1980 年の間に地価が 11 倍に増加したので、建設経済学上は、丹下、黒川、磯崎の壮大なメガロポリスという構想は、最早財政上実現不可能であることを意味した。1985 年時点の東京における 1 m² の地価は 16 万ポンド強にまで上昇したので、都市は制御が可能な人工物ではなく、不合理で、大抵は不良環境として次第に認識されるようになり、最早最優先の設計対象ではなくなったのである。

1970 年代中頃の建築家の中で、こうしたより実践的な都市に対する姿勢を最初に表現したのが、槇文彦であった。槇はメタボリズムを興したグループの創設メンバーであったが、菊竹や黒川の派手なユートピア的思考理論には組さなかった。槇による**ヒルサイド・テラス**(1969-79、p.1694C)といった**東京**の建物や、**国立近代美術館**(1978)といった**京都**の建物は、彼のハーバード大学の師、ホセ・ルイス・セルト(ジョゼ・リュイス・セルト)の形態言語を想起させるもので、都市の要素と組織化システム、部分と全体のより互恵的関係を示している。

日本人の生活に内在していた固有の異種混合が新たに見出され、評価されたことの根底には、建築と文化双方のイデオロギーの基底が、全体として、技術から商業主義へ転向したことがあった。建設された環境の事実上全ての部分が、宣伝や流通が可能な商品に変換されるようになったので、デザイナーは次第に瞬間的なイメージの力に誘惑されるようになった。派手な彩色がなされた竹山実による**東京**の**二番館**(1970、p.1696B)で最初に示されたように、建築が大衆的で、遊び心があり、金儲けになることを享受し始めるにつれ、それは近代都市の多様性を賞揚したのである。

日本の都市が持つ国際性が認識される中で、多くの折衷的出典を参照した歴史的イメージもまた、出現し始めた。そのようなモチーフを用いるデザイナーの主役が、磯崎新であった。「ポスト・モダニズム」というラベルが認定された 1970 年代から 1980 年代にかけての磯崎の作品は、初期のデザインとは対照的に、ルドゥーに鼓舞された**群馬県立近代美術館**(1974、p.1696C)や、**北九州市立中央図書館**(1975)に表わされているように、過去と現在双方の外国建築の嗜好を示した。しかしながら磯崎がポスト・モダンのマニエリスムにすっかり耽溺したのは、**茨城県のつくばセンタービル**(1983、p.1698A)においてであった。建物中央にある星形の広場は、ミケランジェロによるローマのカンピドーリオ広場を想起させる一方、玄関はルドゥーの古典主義を一層反映している。磯崎のつくばセンタービルは、パッラーディオのヴィラ、京都の寺院、構成主義、ホフマンやヴァグナーのウィーン学派に謝意を表して、日本と西洋双方の伝統から自由に引用した建築を生み出した。

意義深いことに、過去の建築をあからさまに引用するアプローチは、博物館を中心としたいくつかの計画の決定的な様式になった。その動向は、博物館の外観様式が、そこでの展示物の歴史的範囲を何らかの点で反映すべきであることを示すものであった。注目すべきは、この建築を取り入れた者の中に、メタボリズムの最も熱心な信奉者であった黒川紀章がいたことで、彼は、**埼玉県立美術館**(1978-82、p.1696A)で、巧妙でドラマティックではない、歴史的アプローチに転向した。他の若い建築家による同様のデザインには、藤井博巳による**牛窓国際芸術祭事務局**(1985)の歴史的抽象、石山修武によるよりあからさまに折衷的な**松崎の伊豆の長八美術館**(1986)がある。

大規模開発の機会が日本の直近建築史に巡ってきたので、建築家は社会システムの創始者としての役割を放棄し、この放棄に伴って、世代順に建物のスケールが小さくなるようなヒエラルキーがしっかりと確立された。最年長世代の建築家と既存の設計事務所に対しては、丹下による官庁建物や日建設計による大学やニュータウンのように、最大規模で最も権威ある公共建築の委託が確保された。黒川、磯崎、槇といった第二世代は、地方自治体の公共施設である図書館、博物館、劇場に限られていた。登場してきた第三世代は、国家的な都市事業の後援下で経歴を始めることができず、小規模の設計という範囲内で表現することを余儀

A 埼玉県立美術館(1978-82)　p.1695 参照

B 二番館、東京(1970)　p.1695 参照

C 群馬県立近代美術館(1974)　p.1695 参照

なくされた。しかしながら、これら若い建築家は、私的で個人的な内省に限定された所で、より大きな公共事業では否定されたコンセプトの自由を獲得することができたのである。

このようなスケールの前提条件に最もうまく当てはまるビルディング・タイプが、個人住宅であった。1970年代と1980年代の近代住宅は、社会的意義の新たな地位を得た。漸進的な商品化が、日本に根づいた価値や制度を破壊し続けるにつれ、住宅が日本の伝統的な家族の持続力にとっての手っ取り早い象徴として確立されるようになった。住宅の社会的機能は確たるままであったが、新たな設計者に許された自由は、家がどのようなものに見えるかという精力的な建築的問いかけを促した。エルウッド、イームズ、コーニックといった1940年代から1950年代にかけてのロサンゼルスのケーススタディ・ハウスと同様に、別個で継起する独特の都市構造のそれぞれが、近代住宅の形態と性格を再発明しようとしてきた。1920年代の建築家がそうであったように、東洋と西洋、都市と田舎という問いに対して多くの日本人がいまだ感じていた相反感情は、日本の住宅建築の進路を拒絶と同意のイデオロギーの2つに分極化した。前者のカテゴリーには、都市というものに暗に内包される異種混合を認識してはいるが、妥協なき視覚的純粋さを持つ建築によって、現代日本の都市の混沌と混乱を締め出そうとする建築家のグループがいた。

建物と著書を通して、そのようなスタイルの発展に重要な役割を果たした建築家が、篠原一男であった。**東京**の**久我山の家**（1954）、**東京**の**白の家**（1966）といった彼の初期作品は、日本の伝統的な構法の理論的抽象という特徴を持っていた。篠原後期の「実存的」建築は、個人の建物としての住宅には、全体として都市に参入することを期待すべきではないという信念を持ったもので、無表情な外観のコンクリート造ファサードでもってこの信念を表現した。**東京**の**上原通りの家**（1976、p.1698B, C）の飾りのない壁と限られた開口部に典型的に見られるように、「私は、私についての熱狂的な動きに対する異議申し立てとして、ネガティブな空間を作る」という篠原の中核をなす信念は、次世代の日本人建築家に甚大な影響を与えることとなった。

この伝統の中から登場した最も重要な建築家は、おそらく安藤忠雄である。この20年間、安藤は、コンクリート建築では先例のない仕上げとディテールの水準を持った一連の住宅を生み出してきた。**大阪、住吉の長屋**（1976、p.1700B-D）で最初にかつ最も強烈に示されたように、安藤の建築は、内と外の間に厳格な境界を作り出すが、両者は、この事例では部屋間を移動する際渡らなければならない外部階段のみで結ばれている。それは、装飾や冷暖房システムという贅沢品のない否定の建築である。安藤の一貫した関心は、純粋な単純化と豊穣化であり、その明らかに矛盾した統合により、彼は仏教的建築法に関係付けられる。安藤による**兵庫**の**小篠邸**（1979-81、スタジオ部分増築1983、p.1699A-C）は、このアプローチを例証している。すなわち、傾斜した田舎の敷地上に並置された2つのコンクリート造ヴォリュームは、地下通路によって結ばれているが、それら両棟は、階段付きのほとんど都市的な中庭で隔てられている。短い棟が生活領域となり、2倍の高さを持つ空間を含んでいるのに対し、長い棟は寝室を収めている。両者の建物とも、採光が巧みに操作され、ひときわ落ち着いたスペースを生み出している。

安藤の作品は、明確な反都市建築を代表しているように見えるが、**兵庫**の**六甲の集合住宅**（1983、p.1700A）、**奈良**の**中山邸**（1985）、**東京**の**城戸崎邸**（1986）のような建物は全て、逆説的ではあるが、建築的イメージを作り出すにあたって都市的価値を補強するような要素を含んでいる。これら全ての住宅は、小篠邸のように、都市広場と同様の中庭周りに編成されており、小さな橋や街路のような連絡路を特徴としている。原広司による**町田**の**反射性住居**（1974）は、同様の戦略を保っており、鏡像反射した部屋の連続を結ぶ中央の「通り」から成り立っている。

こうした住宅の内向性はまた、部分的には、直接的な自然採光量の増加を切望するがゆえに、建物敷地の40％を空地で残さなければならないと定めた日本の住宅に対する規制への応答でもある。プライバシーの必要レベルを確保するために、建築家が出した標準的な応答は、中央に中庭を作って建物の中心を空にすることであった。その最たる事例が伊東豊雄による**東京**の**Uハウス**（1976）である。そこでは、一対のカーブしたコンクリート壁が、通りに背を向けて建てられ、自然を瞑想して賞味する空っぽの空間を囲い込んでいる。これは、日本に元々ある構造的アプローチではなく、イギリス人デイヴィッド・チッパーフィールドは、日本における自作で同様の戦略を採った。**東京**の**五島美術館**（1989）や**京都**の**デザインセンター**（1991）では、建物が面する空間や空隙には、光庭やテラスであれ、建物そのものの塊と同じ重要度や価値があるように見える。それは、何らかの錬金術的なオブジェが持つ否定しがたい視覚的な力が残されたもので、住宅や建物がすっかりその内に取り込まれ、強制的な社会から隠遁した自己表現が内側へと旅立つ建築、禅的建築法なのである。

20世紀の建築

A つくばセンタービル、茨城（1983） p.1695 参照

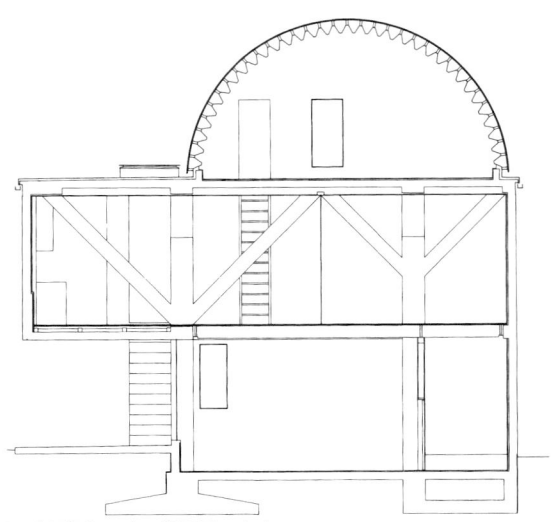

B 上原通りの家、断面図、東京

C 上原通りの家、東京（1976） p.1697 参照

第 54 章　日本と韓国　1699

A　小篠邸、兵庫（1979-81、スタジオ部分増築 1983）　p.1697 参照

B　小篠邸、内観、兵庫

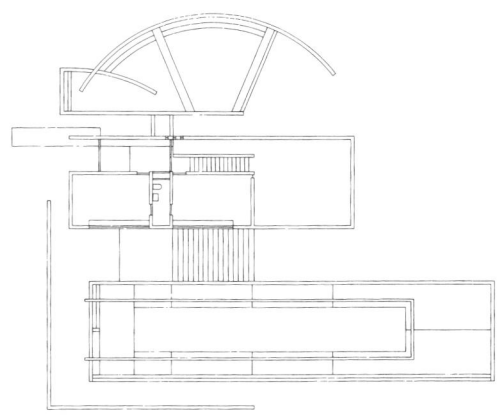
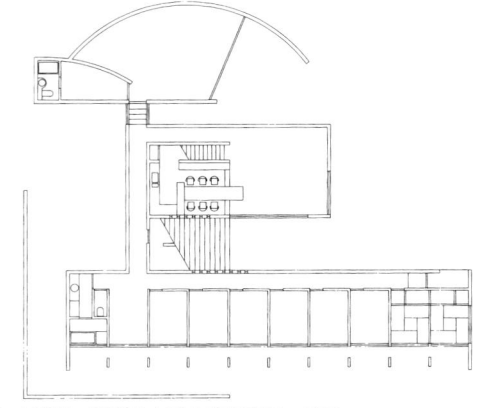

C　小篠邸、地階および 1 階平面図、兵庫

A 六甲の集合住宅、兵庫(1983) p.1697 参照

B 住吉の長屋、大阪(1976)
p.1697 参照

C 住吉の長屋、内観、大阪(1976)

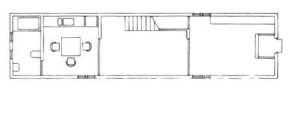
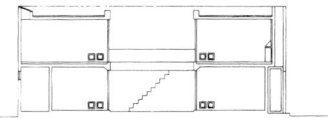
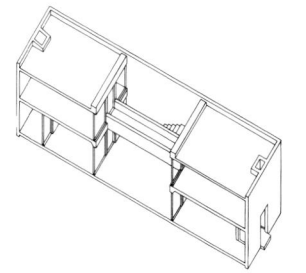

D 住吉の長屋、平面図、断面図、アクソノメトリック、大阪(1976)

1980年代、安藤、伊東、原の住宅の特徴となっていた思索的なフォルマリズムは、シンボリックでもなく、コンセプチュアルでもなく、見た目には、より住みやすそうに見える建築に取って代わられた。この進行が明らかな建築的成熟に達するに及んで、都市から撤退するというアヴァンギャルドの守勢が、自ら進んで都市に直面しようとする志向に取って代わられた。建築家は、住宅という境界内側に代替的な理想都市を隠し込むよりむしろ、都市性とのより互恵的関係に引き続き目を向けたが、そこでの住宅は、都市の現実を抱き込みつつ、すぐ前の通りや近隣の多様性に対して開放されている。

このような建築はまた、物的・構造的自由度の増大をもたらした。波形や有孔のアルミニウム板、ワイヤー・メッシュのスクリーン、細い金属フレームを含む鉄製の要素、表面、構造は、主として素材を通して表現され、新しい建物の標準として登場し始めた。ハイテクにせよローテクにせよ、工業製品への刷新された関心を持って、建築家は、張力や膜構造を持つ伝統的日本建築の和紙製の障子と襖を再解釈し直して、新しい建築的はかなさを成就した。

このアプローチの発展に最も直接的な責を負ったのが、建築家の伊東豊雄と長谷川逸子であった。1970年代初頭には、伊東と長谷川は坂本一成と並んで、彼らの師と主たる建築的影響を指した「篠原スクール」という集団として知られていた。彼らは各々、篠原の力強いが世捨て人のような美学を採り、同じような様式と規模を持つデザインをそれぞれ生み出したが、完全な島状となった伊東によるUハウス(1976)がその典型とされる。しかしながら篠原が次第に芸術的抽象に移行するにつれ、彼の弟子たちは生活の複雑さから急進的に引き離された建築への信奉を失った。彼らは、建築家の自意識に耽溺し過ぎた以前のデザインを批判して、現実の生活空間という建築と再度付き合おうとした。

この新たに発展した理想は、伊東豊雄の自邸、**シルバーハット**(1984)に最もよく示されている。その住宅は、東京郊外の中野にあり、彼の以前の住宅モデルであったUハウスとは完全な対比をなし、その真裏にシルバーハットが配されている。伊東は、コンクリート造の屋根や壁を持つ建築よりもむしろ、細い柱のグリッド上でボルト留めされた一連の軽量バレル・ヴォールトを用い、三角形部材から成るラチス状天蓋を形作っているが、それは引き込み可能なキャンバス地の覆いによって、開閉することができる。非対称に配された開口部が、このプレファブ・システムの規則性を破り、均質なファサードという観念を打ち壊し、内外の区別をぼかしている。長谷川逸子は、アルミニウムと鉄を使って、同じような形式ばらない効果を持った建物を生み出した。**東京、練馬の住宅**(1986)や**東玉川の住宅**(1987)では、彩色有孔スクリーンが、公的領域と私的領域間の境界を和らげ、投光照明で照らされると、その波打つシルエットが夜の郊外の陳腐さをドラマティックに演出する。

伊東と長谷川は、**勝浦のプラットフォームⅠ**(1989)や**北巨摩郡のプラットフォームⅡ**(1990)を建てた妹島和代のような若い世代の設計者が採る方向に影響を与えると同時に、彼らの建築範囲を、住宅デザインを超えて公共の舞台にまで拡張した。**藤沢の湘南台文化センター**(1990)における、長谷川のさまざまな形態や探検ができるような空間の使用は、親近感を強調したかった新しい建物には特に適しているように見えた。伊東もまた、**横浜の風の塔**(1986、p.1702A)で、彼の建築を公示してみせた。彼は、換気シャフトの上に、多数の違った照明システムを持った金属とガラスの円筒を置いた。この構造体は、時間、騒音、風の変化に応じて個々に点灯して、以前には見えなかったものが、そのような過程で非物質的なものに対するある種のモニュメントとなることを視覚化しているのである。

1985-96年

日本の都市が変化のはずみを取り戻すにつれ、近年の建築表現は、大規模な法人の建物と小規模での芸術的に構想された革新的な建物に、確実に二極化されてきた。前者の支配的多数派内で、丹下健三は重要人物であり続けた。しかし、**東京都新庁舎**(1991)のような建物では、彼のデザインは洗練されてはいるが彫塑的な活力を失っていた。伝統的建物の近代的翻案という彼の以前の要求は、ほとんど跡形もなく、そこに残されているのは、ベルリン、ダラス、ドバイといった都市でも等しく本拠にできるような、場所性を欠いたモニュメントのような建築である。丹下とその他の建築家の対極にあるのが、篠原、安藤、伊東といった少数派のコンセプチュアリストであり、近代的に翻案された住宅を建てている。彼らの建築は、形態の先例や機能の必要性を否定して、それ自身のパラメーターを、芸術的抽象というイデオロギー下に再設定しているのであり、美しいオブジェを生み出すという実践から離れて、内省的なビジョンやアイデアを実現するために、日本における芸術理解の過程を定義し直しているのである。たとえば安藤による**北海道の水の教会**(1985-88、p.1703)は、最小限の手段によって、建築、自然力、風景の注目すべき融合を作り出している。この教会は、

20世紀の建築

A 風の塔、横浜（1986） p.1701 参照

B トラス・ウォール・ハウス、東京（1993） p.1705 参照

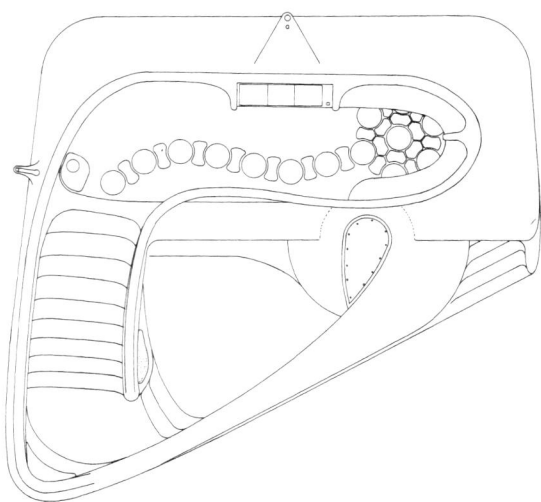

C トラス・ウォール・ハウス、平面図、東京

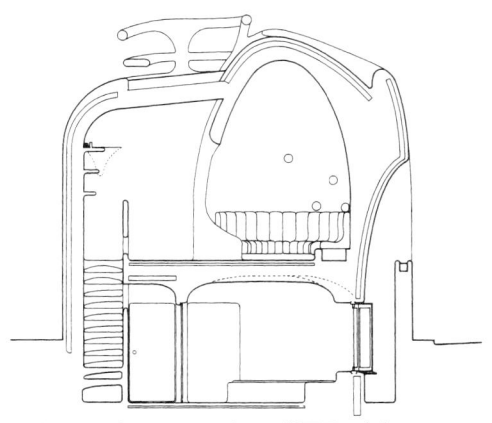

D トラス・ウォール・ハウス、断面図、東京

A 水の教会、北海道(1985-88) p.1701 参照

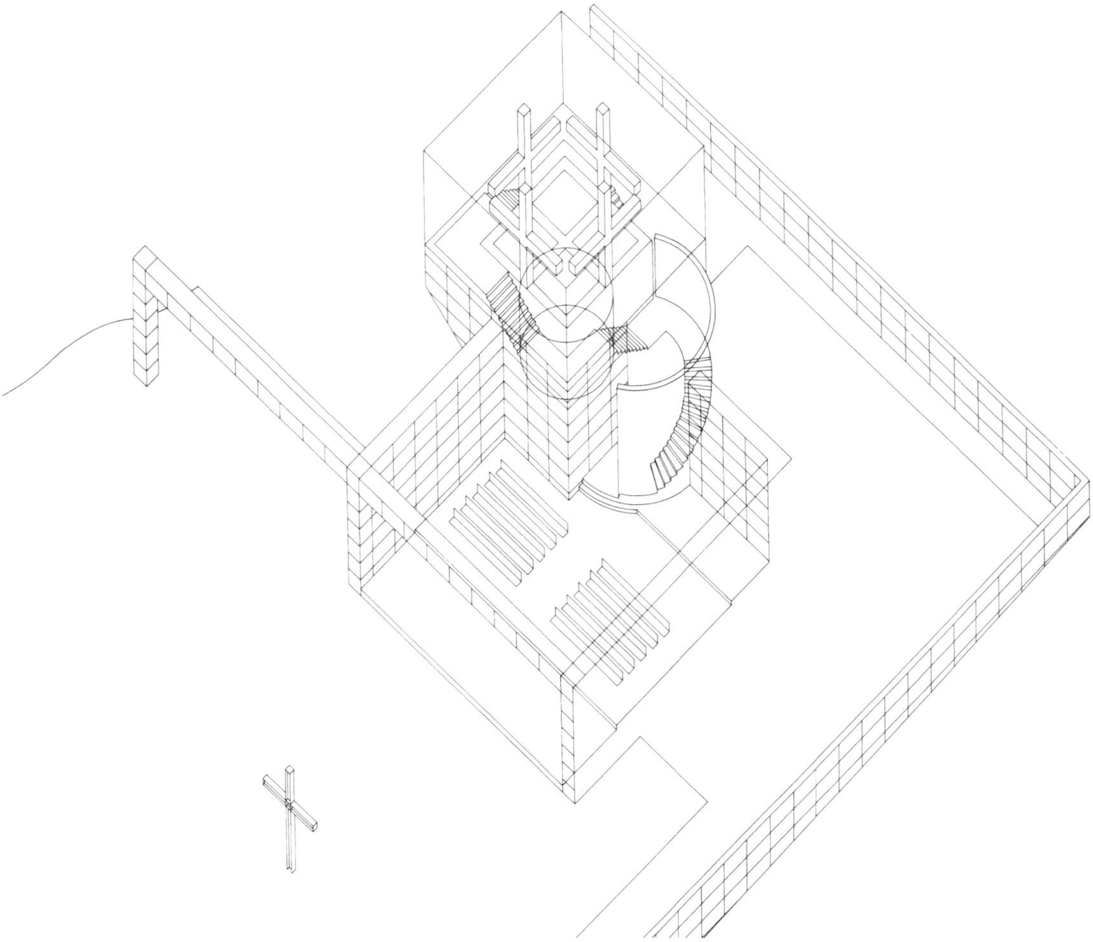

B 水の教会、アクソノメトリック、北海道

20世紀の建築

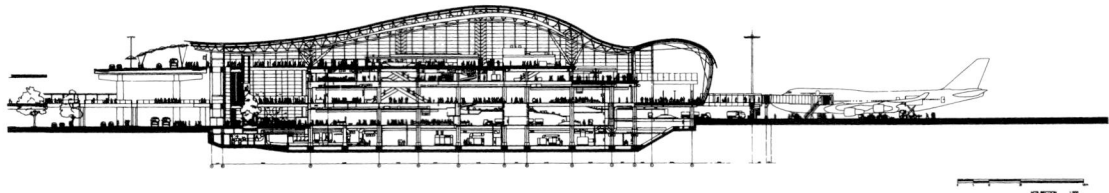

A 関西国際空港ターミナル、断面

B 関西国際空港ターミナル(1988-94)　p.1705 参照

C オフィス・ナニナニ・ビル、東京(1989)　p.1705 参照

D ノアの方舟、札幌(1988)　p.1705 参照

最も単純な方法で描かれた2つの重合した正方形から形作られたもので、湖畔に建てられ、祭壇背面の壁は総ガラス張りである。この大きい窓は山並みの風景への目を見張るような眺望を提供する。このガラスの壁は、伝統的な障子のように、教会内部と自然の結合を強調すべく、スライドして開けることができる。

若い建築家たちは、独自性や差異性の何がしかの感覚を与えようとして、自分たちの建築的野心のある種の芸術的な名刺として、特異で革新的な住宅のヴァリエーションを作り出し続けた。スコットランドと日本で活動している牛田フィンドレイによる**東京のトラス・ウォール・ハウス**（1993、p.1702B-D）や**筑波のソフト・アンド・ヘアリイ・ハウス**（1994）のような、極めて秘技的な事例がある。この10年間における同様の表現主義的な作品には、高松伸による工業化された**京都のARK仁科歯科医院**（1984）、北川原温によるシュールレアリズムの**東京のライズシネマ**（1986）、高崎正治によるダダイズムから着想された**東京のクリスタル・ライト・ビル**（1987）があるが、芸術としての知的な建築を依頼してきた日本人の施主の継続的な関与を示す多様で有無を言わさぬ証拠となっている。

意義深いことに、この時期には、外国人の建築活動の参入が増加した。1980年代中頃までは、西洋人デザイナーを招待するだけの費用を賄えなかったが、ドルに対して円の価値が上昇するに従い、海外建築家の請求する設計料が日本人のものと等しくなった。同時に、地価が劇的に高騰し、建設費用は最大でも建築投資全体の10％に過ぎないことになった。アメリカ人とヨーロッパ人の著名デザイナーを惹き付けることで、日本人は建築の価値を高め、投資の価値を高めることができたのである。

このように招かれた最初の建築家の中には、フランス人のフィリップ・スタルクやイギリス人のナイジェル・コーツがいた。アサヒビール社のために建てられた**東京のアサヒビールのフラム・ドール・ビル**（1989）において、スタルクは、コーポレート・アイデンティティを広めたいと切望している会社に対する、一種の中に人が住むことができる商標として、異質でけばけばしく一風変わった建物を作り上げた。彼の**東京のオフィス・ナニナニ・ビル**（1989、p.1704C）も同様に異質で、銅板で覆われリブの付いた「型枠」のオフィスから成り、以後何十年にわたって反応し変色するように設計されている。しかしながら、東京の流行に押されて、この建物はそれほど長く持ちこたえられそうにはない。ナイジェル・コーツのバーやレストランもまた、こうした様式の流動性に応じて、自分のものではない文化に郷愁を覚える社会に対して、耽溺の場を提供している。**東京のカフェ・ボンゴ**（1986）、**東京のボヘミアン・ジャズ・クラブ**（1986）、**札幌のノアの方舟**（1988、p.1704D）では、近代ヨーロッパのバロックによる外被が、ハイ・カルチャーとロー・カルチャーの区別を曖昧にして、全てのものが新しい国に対して古いもののショックを与えている。

関西国際空港ターミナル（1988-94、p.1704A, B）の設計者であるレンゾ・ピアノは、ヨーロッパ人の血統ゆえに雇われたのかもしれないが、同空港は明らかに日本の血脈を持っているように見える。丹下、黒川、菊竹による1960年代の巨大都市計画の20世紀後半における具現化として、関西空港は人工の海洋プラットフォーム上に拡張された都市という、以前は空想上のものであったアイデアを実現している。ピアノの建築は、大阪湾内の人工島上に建てられた全長1マイルのターミナルビルでもって、おそらく1960年代の技術崇拝への回帰の前触れとなった。

ピアノ、コーツ、スタルクに加えて、近年日本は、他の重要な外国人による建築活動の侵攻を経験してきた。アルド・ロッシ（**福岡のホテル・イル・パラッツォ**、1989）、ピーター・アイゼンマン（**東京のコイズミ・ライティング・シアター**、1990）、ノーマン・フォスター（**東京のセンチュリー・タワー**、1991）は、自国で拒否された実験を行なう機会が与えられたが、建物外観は、表面上、日本における現行の建築趣味により多くを負っている。日本人の施主は、建築というよりはむしろ建築家としての真の特徴を建物に見出し、次第に建築を収集品として扱おうとするようになってきた。このようにしてデザインは、かつてはなかったような価値を持つようになった。しかしながら建築における伝統的な価値基準を無視することは、たとえば形態、機能、用途の人間工学のように、建築が単なる流行や潜在的な利益という点からのみ評価される危険があることを意味しているのである。

結び

日本で興ったこのような建築の転換のスケールと速度は、東京の25％以上が1990年代前半に完全に建て替えられたという事実によって明らかにされる。そこから自然に導き出される結論は、この発展速度により、20年後には名前を除いてあらゆる点でかつて具現化されたものとは異なる完全に別個の都市を生み出すことになろうということである。建築を製品と見なした結果は、新しいものに対する絶え間ない要求を生み出してきた。永続性のいかなる概念をも放棄することで、

建物は経済的な動機と利潤逓減の法則によって規定され、その結果、その存在が目新しさのみに依存することになる。このようにして、建設、取壊し、再建という過程は、保存の余地などほとんどなしに、互いに同義となったのである。1968 年にはっきりと示されたように、近代日本における建築保存に対する明らかな無関心が、開業して 45 年に過ぎないフランク・ロイド・ライトの豪華な帝国ホテルの取壊しに拍車をかけたのである。日本が過去よりも大きな安心感を与えるものとして未来を見続けているからには、（建物の年齢よりもむしろ建物の敷地という）時間よりも空間に優先権を与えることにより、古い建物には新しい建物より劣る重要度と価値が帰せられているように見える。

このような建設の変遷を通じて、日本の都市風景において唯一不変で永続的な要素が、夜空を照らすネオンサインである。これらの二次元的な広告のサインやスローガンが、それらが取り付く三次元的な建物よりも大きなインパクトをもって響き渡るということは、近代日本の逆説の 1 つである。この不朽のイメージを通じて明らかにされるのは、事物の純粋に視覚的な秩序の支配である。広告主ばかりでなく、風変わりでシュールレアルなファサードを設計し続ける建築家からも影響を受け続けて、都市生活は次第に深層よりもむしろ表層という概念に基づくようになっている。このようにして、日本における建築的メッセージの媒体は、メッセージそのものの下にしっかりと包含されるようになった。建物が漸次看板に転換されるにつれ、20 世紀末の日本の最も鮮明で恒久的な印象は、対立を楽しんできたが、その文化と図像が一様に同じものを表象するようになりつつある国というものである。

戦後の韓国建築

韓国の戦後建築は、南面するリビングルーム、アクセス用廊下、北面するキッチンを備えたウエハースのように薄い板状住棟と、全く匿名の塔状商業棟によって特徴付けることができる。しかしながら、1988 年にソウルで開催されたオリンピック競技を収容する施設をつくる必要性が、韓国における建築芸術の復興を促した。主要オリンピック施設の多くが、国際競技設計によって勝ち取られ、韓国人建築家によって設計されなかったが、オリンピックの見込みが韓国における高品質の建築への関心の高まりを刺激する一方、多くの模範となるオリンピック施設の存在は、明らかに標準を引き上げ、見習うべきモデルを提示した。

1988 年に完成した建築で最も成功したものが、アメリカを本拠地とする建築家ウー＆ウィリアムズによって設計された**ソウル**の**オリンピック選手村**である。同建物は、1984 年に行なわれた競技設計によって選定されたもので、57 ha を占め、段状の側面を持つ建物が組み込まれ、風景の中で巨大円形競技場の外観を呈するよう配置されている。平面は扇状にガラスのヴォールトが架けられた中央アトリウムから放射しており、二筋の水路が放射している住棟間を流れている。その選手村は 5540 戸を収容し、オリンピック後には、永久的な住居としての利用に委ねられ、アトリウムはショッピング・センターとなった。住戸は、70％がメゾネット型であり、陽光を捉える 2 階分のリビングルームを備えているが、それは伝統的な民家形態から着想された工夫である。建物は漆喰塗のコンクリート造で、伝統的な韓国建築に表面上よく似せている。

多くのオリンピック競技スタジアムは、興味深い。ダビッド・H・ゲイガーによる**ソウル**の**体操スタジアム**（1988）は、バックミンスター・フラーによるドーム構造から着想を得たもので、被膜で覆われた優美な構想である。

オリンピック建築以外で重要なものには、タイ・ソー・キムによる**ソウル**の**国立近代美術館**（1987）があるが、それは丘の中腹に広がっており、一連の中庭とグッゲンハイム美術館（第 50 章参照）のような斜路付きの円筒が組み込まれている。セオク・チュル・キムによる**ソウル・オペラ・ハウス**（1985-93）は、円形であり、主要空間は重なり合った円弧によって決定されている。C.W. フェントレスと J.H. ブラッドバーンによる**ソウル・メトロポリタン空港**（現仁川国際空港、2000）には、全長 3/4 マイルのコンコースが組み込まれている。K.S. ウーによる**ソウル**の**キム・ファンキ美術館**（1993）は、ミニマリズムの真白な内装を有し、ファンキの抽象絵画を効果的に展示するように計算された、立方体にトップライト付きバレル・ヴォールトが架けられたギャラリーである。

訳／堀田典裕

20世紀の建築

第 55 章
東南アジア

はじめに

　東南アジアを構成するさまざまな国々は、独自の文化的な歴史を有しているが、これらの国々はまた、いくつかの重要要因を共有しており、それが発展経路を形成し続けている。これらの要因で最も重要なものが、(タイを除く)地域の大半に広がっている、インドネシア/マレー語とその変種に基づく共有言語文化である。それに加えて、現代社会における核家族の重要性とそれに関連した女性の地位向上、インド、中国、中東から引き続き持ち込まれた宗教の吸収によって生み出された文化的多様性、西洋の植民地主義の影響がある。最後に、独立とナショナリズムという共通の植民地時代後の経験——それはいまだ進展している——と、それに並行する国家と地域のアイデンティティの模索がある。

　結果として、20世紀中頃までの東南アジア建築は、異文化の複雑な重合を反映しており、熱帯気候に合わせた、外来要素と地元要素の独特な統合を生み出している。これとは対照的に、20世紀後半ではこうした多くの多文化的遺産が、世界規模の経済的・文化的影響力ばかりでなく、気候制御の機械技術によって蝕まれ、世界の他地域とほとんど大差のない均質化された建築を生み出してきている。しかしながら、この10年間で、この地域中に散らばった少数の建築家達は、現代と伝統の中道を見出そうとし、地元の気候と東南アジア文化の双方をより反映した建築へと先導している。

地域的ヴァナキュラー

　20世紀の東南アジア建築を形成している支配的な力は、植民地主義とナショナリズムの力であったが、ヴァナキュラーな住宅形態は、20世紀後半にいたるまで建てられ続けたし、今なお近年の建物形態に影響を与えている。木骨の**高床式住宅**は、東南アジアの建築形態の原型であり、この地域全体だけでなく、それを越えて太平洋沿岸諸国にも、その変種を見出すことができる。戸建の高床形式は、一家族を単位として建てられ、通常、ランダムな集落クラスター、すなわち**カンポン**にまとめられるが、それは土着の社会構造と、蛇や熱帯の洪水から住人を守る必要性を反映している。その自立した配置はまた、採光と通風のために床から天井まで開放できる雨戸を備えており、柱-梁構造の周囲やそれを通り抜ける涼気の流れを最大化している。椰子やニッパ椰子の葉を葺いた急傾斜の高い屋根は広い軒を有し、それが、壁に陰を作り雨水を流し落とすとともに、切妻の通気口が暖気を上方に逃している。典型的な**マレー半島の住宅**(p.1708A)に見られるように、その変種の大半は、硬木の骨組とその他の部材から成るプレファブリケーションと乾式構法の洗練された方法を採っており、家主は必要に応じて住宅を解体し、他所で再び組み立てることができる(第40章参照)。植民地の住宅建築事例はまた、共通で広く流布しており、地域的ヴァナキュラーを形成している。熱帯気候や他の必要性に適合させるプロセスは、しばしば重要な文化間交流を巻き込んで、ハイブリッドな建築を生み出している(p.1708B)。

シンガポール

　シンガポールは、自動車と缶詰食品に対する新たな世界的熱狂に後押しされて、戦間期には天然ゴムと錫の輸出で大きな利益を得た。その後、建設ブームが起こり、公共サーヴィスとインフラストラクチュアの改良とともに、多数のこれ見よがしの新しい公共施設が

A　マレー半島の高床式住宅　p.1707 参照

B　植民地住宅、ペナン（1938）　p.1707 参照

C　シンガポール市庁舎（1926-29）　p.1709 参照

D　最高裁判所、シンガポール（1937-39）　p.1709 参照

生み出された。これらは、クアラルンプール市とよく似た同市公共事業局（PWD）により実施された。F. D. メドウズによる**パダンのシンガポール市庁舎**（1926-29、p.1708C）、キーズ＆ドウズウェルによる**中央郵便局**（1928）、同事務所による**キング・エドワード7世医学校**（1927）は、シンガポールに建てられた最後の新古典主義建築となり、植民地時代の黄昏を告げた。これら3つの建物はいずれも、幾分重厚な水平構成で、ドリス式のジャイアント・オーダーと列柱廊を特徴としている。スワン＆マクラーレンによる**香港上海銀行**（1925）は、ずっと軽快で、不規則なデザインであるが、正面の上3階にある柱の間に「近代的な」バルコニーが嵌め込まれていた。F. ドリントン・ワードによる**最高裁判所**（1937-39、p.1708D）は、帝国様式で設計されたシンガポール最後の建物であった。誇大なスケール、窮屈なプロポーション、古典的ファサードが、鉄骨骨組の箱に張り付けられており、それら全てが過渡期の混乱を表わしている。これに対して、PWDによる**旧鉄道ターミナル**（1932）は、近代建設技術の自信に満ちた作品であり、エリエル・サーリネンによるヘルシンキ駅の影響を受けたと言われた。打放し鉄筋コンクリートの荘厳な出札ホールが、明らかに先進的であるのに対し、入口列柱廊の大アーチと英雄の彫像は、本来の古代ローマの精神の何がしかを備えている。1937年に、新空港が**カラン**に設けられ、増加する民間航空を取り扱った。鉄骨造のターミナルビルは、片持梁の屋根・バルコニーや、階高一杯までとった横長窓といった初期近代運動の流線形要素の全てを示していた。それに続き1939年に建てられたフランク・ブリューワーによる**キャセイ・ビル**は、シンガポール最初の高層建築であり、同市の将来の発展パターンの先触れとなった。

1942年の日本軍によるシンガポール陥落は、香港陥落と同時であり、この植民地にトラウマとなる影響を及ぼした。このことは、最終的な連合国の勝利後も長く尾を引き、続く10年間での独立をせき立てた。戦後間もなく、香港を拠点とするパーマー＆ターナー事務所は、さらにシンガポール支社を開設し、当時の多数の主要建物に携わった。香港上海銀行のために建てられた**マクドナルド・ハウス**（1949）は、戦後初の高層建築で、近代的なくっきりとしたレンガのファサード上には、瓦屋根の行員用アパートメントが載せられていた。**中国銀行ビル**（1954）は、この建築家が香港と上海に建てた以前の高層建築によく似ており、石張りファサードの垂直要素が、頑丈な印象を生み出している。中国人建築家もまた、この時期に名を上げ始めた。同時期のウン・ケン・シアンによる**アジア保険ビル**（1954）は、張り出した水平窓庇と、「流線形」をしたコーナー・タワーから成り、それまでの作品と比較しても、曖昧な所のない近代的表現がなされている。同様に、スワン＆マクラーレンによる**シンガポール・ラバー・ハウス**（1960）は、熱帯版国際様式の完成事例であり、同事務所とシンガポール双方の、植民地建築からその後の建築への移行を印している。

1957年の独立から1959年までの短期間、マレーシアと連合したが、その後、シンガポールはカリスマ的な李光耀と人民行動党（PAP）に率いられて、独自の道を歩んだ。それまでの好景気で、シンガポールの人口は急速に拡大し、同市の中国人地区やその他の非ヨーロッパ人地区で、深刻な過密問題を生み出した。1927年、植民地政府はシンガポール改良トラストを設立し、第2次世界大戦前後に、**プリンセプ・コート・フラッツ**（1949）のような、国際様式のモデル住宅団地を数多く建設した。しかしながら、これらは、設計はよくなされているものの、問題の表面を引っ掻いたに過ぎなかった。1960年、集合住宅開発局（HDB）が設立され、ヨーロッパ・モデルに基づいた一連の**ニュータウン**が生み出されたが、それは、市外に十分な集合住宅と職場を供給して過密を緩和するとともに、将来の人口増加を見込んでいた。香港での同様の計画に見られるように、土地不足とヨーロッパで教育を受けた正統的モダニストの信念とが結び付けられ、HDBの建築家と計画家は、西洋の解決策を模した**高層集合住宅**の採用を余儀なくされた。さらにまた香港での計画同様に、これらの最初のものは、最も基本的なニーズに対する設備を満しただけで、最小限空間の要件に対して設計された。しかしながら、水準は急速に改良され、1970年代から1980年代にかけての次世代のニュータウンでは、コミュニティ施設と造園の改良が加えられた。島の北東端にある**パシリス・ニュータウン**（p.1710A）は、1980年代後半世代の典型である。いくつかの近隣住区から成り、さらにそれぞれが100-120世帯の住棟が4-8棟まとまった住区に分けられている。歩行者用通路で相互に結ばれたコミュニティ・サーヴィスの副次的ヒエラルキーが、ニュータウン中に巡らされており、主要施設がタウンセンターに集められるとともに、利用頻度が高い小サーヴィス施設は住区センターに集められている。これまでに、20のニュータウンが完成もしくは完成途上であり、それらが人口の実に87％を収容し、そのうち81％の人が、さまざまな政府ローン計画のおかげで自分の住戸を所有している。

住宅事業と平行して、シンガポール政府は、島の経済を植民地的な従属型から植民地時代以後の自給自足型へと変革しようとして、公共および民間投資の大規模プログラムを監理した。シンガポールの指導者達は、

1710 | 20世紀の建築

A パシリス・ニュータウン（1980年代末頃）　p.1709 参照

C ウー・ハプ・コンプレックス、断面図（1974）　p.1711 参照

D アードモア・コンドミニアム（1984）　p.1711 参照

B OCBC センター、シンガポール（1976）　p.1711 参照

島の大きさや資源の限度を自覚し、インフラストラクチュアと教育に対する政府投資を後援として、外国資本を最大限促進するような大胆かつ抜け目ない発展戦略を建てた。

1970年代中頃までに、シンガポールは、「4匹の虎」の1匹（本来のその他の「虎」は、香港、台湾、韓国である）、すなわち日本と競合し、急成長しているアジア太平洋経済の先頭に立つエリート国として知られるようになった。大多数の多国籍企業が、同市に地域の本部を設置して、都心部にオフィス・タワーその他商業施設が急に立ち現れて、シンガポールのスカイラインが変貌した。これらの建物の大半は、海外の有名建築家によって設計されたもので、彼らは、高層建築やその他複雑な要件の経験があるためばかりでなく、彼らの作品、さらには彼らの施主に対して生じると思われる国際的名声のために、政府および民間の施主双方から、地元建築家よりも好まれることがよくあった。そこには、I. M. ペイによる**OCBC センター**（1976、p.1710B）、**ラッフルズ・シティ**（1985）、**ゲートウェイ・プロジェクト**（1986）、丹下健三による**ナンヤン工科大学**（1986）、**OUB センター**（1986）、**シンガポール室内競技場**（1989）、ジョン・ポートマンによる**パヴィリオン・インターナショナル・ホテル**（1983）と**マリーナ・スクエア**（1985）から成るホテル・コンプレックスがある。このグループの中では、ペイによる OCBC センターが、最も際立ったデザインであり、一対のサーヴィス・コアに支えられた鉄筋コンクリート造の吊り構造で、コアを結ぶ巨大な梁から3つの同じ階数を持つ床スラブのまとまりが吊り下げられている。

より全般的に言えば、1970年代から1980年代初頭にかけてのシンガポールの商業建築は、西洋のものと見分けがつかない。この非難の一端は、熱帯の気候その他の状況に対する海外の建築家達の関心のなさにあるが、当時は、地元建築家達のアプローチも、ほとんど変わりなかった。BEP アーキテクツによる**コムセンター**（現テレコムズ、1978）は、ペイの OCBC センターのように、一対のサーヴィス・コア間から床が張り出されているが、その床からガラス窓が後退しているという点で、わずかに気候に応答している。西洋モデルの流行は、商業施設に限られたものではなかった。チーム3インターナショナルによる**ジュロン町役場**（1970）は、鉄筋コンクリート造のブルータリズムの作品で、張り出した上階が下階に陰を落としている。同様の精神によるクンプラン・アーキテクツによる**下級裁判所**（1974）は、とりわけ積層したテラスと、サーヴィス・コアを中心に据えたピラミッド状のマス構成という点で、デニス・ラスダンによるロンドンのナショナル・シアター・コンプレックスに非常によく似ている。こうしたブルータリズム期の頂点を印すのが、デザイン・パートナーシップ（DP）アーキテクツによる複合用途の**ウー・ハプ・コンプレックス**（1974、p.1710C）である。そのデザインは、ショッピング・センターの基壇と内部にある「街路」、その上に載せられたアパートメントの段状「ジッグラト」から成り、10年前の日本とヨーロッパにおける前衛的な「メガストラクチュア」プロジェクトから、大きな影響を受けていた。

西洋の流行が支配的なままであったが、少数の地元建築家達は、異なるアプローチの考えを育んでいた。PWDによる**ケント・リッジ**の**シンガポール国立大学**（1973-77）は、オランダ人建築家ヨシュア・ファン・エムデンによるマスタープランに基づいて作られた近代的熱帯リージョナリズムの発展を示すランドマークであり、コンクリート造骨組とレンガによるほとんど完璧なヴァナキュラー建築そのものを生み出し、以後、それが広く模倣された。3-5階建の建物の大半は、同市西方の緑なす丘陵地の等高線に注意深く配置されており、植民地時代の多くの学校でのやり方に則って、張り出した瓦葺き屋根と片持梁のバルコニーが、日陰と動線を提供している。それらは、1-2階建の屋根付き通路で結ばれており、全天候型の歩行者動線がキャンパス中に巡らされている。

個人住宅の分野においても、特に高層アパートメント・タワーの発展において、新しいアプローチが現われ始めた。モシェ・サフディと地元事務所である地域開発組合は共同して、**アードモア・コンドミニアム**（1984、p.1710D）を皮切りに、同時期にクアラルンプールで行なわれた同様の実験と競合しながら、独特の熱帯向け高層建築を生み出した。アードモア計画において、サフディおなじみのテラス付き住宅形態に対する嗜好が、2棟の彫塑的タワーに翻案され、いずれのタワーも、日陰となる2階分の高さを持った「スカイコート」と、溝状のテラスによって深く彫り込まれている。地域開発組合は、明らかにサフディとの共同に鼓舞されて、直後に**バレスティア・ポイント**（1986）を建てたが、それはショッピング・センターの上にテラス付きアパートメントの雁行する棟を載せたものであった。それに続いて、1987年に建てられたポール・ルドルフによる**グランジ・ロード・コンドミニアム**（p.1712A）は、寝室のマスの突出で同じように分節された形態を有している。寝室は建物の主要骨組すなわち「メガストラクチュア」から片持梁で持ち出され、よりオープンな居間空間とテラスに影を落とすのに一役買っている。このシリーズに近年加えられたのが、タン・グァン・ビーによる**アベリア・コンドミニアム**（1994、p.1712B）

A グランジ・ロード・コンドミニアム、シンガポール(1987)
p.1711 参照

B アベリア・コンドミニアム、シンガポール(1994)
p.1711 参照

C タンピネス・コミュニティ・センター、シンガポール(1992)　p.1713 参照

D ビシャン教育大学(1994)　p.1713 参照

である。それは、シリーズの祖先同様、2階分の高さを持つオープンな「スカイコート」周りにメゾネットを配置したものであるが、大半がガラス張りのより軽快な窓を有しており、日陰を提供することに対しては、日除けスクリーンと吊り下げられた植物の茂みに頼っている。これらのデザインが優れていたので、高層都市としてシンガポールが発展した結果、同市が本来持っていた低層の建物や商店の大半が破壊された。ウィリアム・リムによる**ヴィラ・チャンセリー・コンドミニアム**（1986）は、標準型の商店をモデルとした、テラス付き中庭型集合住宅の希有な作品であり、同様のパターンを復興しうる方法を提案している。

今や他の建築形態でも、時には予期しないところでも革新が興りつつある。ウィリアム・リムがモク・ウェイ・ウェイと共同した**タンピネス・コミュニティ・センター**（1992、p.1712C）は、政府の自由主義的建設プログラムの一部として、地元民間企業から委託された、近年のプロジェクトの1つである。このセンターは、形態と規模が組み合わされた多彩なコラージュが、伝統的「五脚基」の近代的翻案である動線による周囲の枠取りの厳格な秩序と結び付けられたもので、多文化であるが統制のとれたシンガポール社会のメタファーと称されている。HDBの建築家リュー・タイ・カーによる**ブキ・バト・モスク**では、イスラムのテーマの革新的な再解釈がなされ、PWDの建築家ファン・ピット・リによる**クレセント女学校**（1994）では、植民地建築とともに、アルド・ロッシやポスト・モダニズムが多元的に参照されているが、両者は機会が与えられれば、政府の設計者も同じように創造的なアプローチを採れることを示している。最後に、テンガラIIによる**ビシャン教育大学**（1994、p.1712D）は、鉄とコンクリートによる熱帯地域主義の確固たる再解釈であり、現代シンガポール建築の成熟を示している。このデザインは、緑で覆われ、緩やかにカーブした「街路」に、互いに向き合って線状に並べられた2つの教室棟から成り、地方の建築的伝統から、張り出した屋根、日陰と動線のために持ち出されたバルコニー、横断方向の換気を有効にする幅の狭い機能空間といった多くの実用的要素を取ってきている。

実証済の地元建築家を次第に起用できるようになったにもかかわらず、20世紀末でもシンガポール政府は、主要プロジェクトに対して海外の著名建築家を好んで使い続けた。このことは、1990年代中頃、**テマセク工科大学**と**シンガポール・アーツ・センター**で、DPアーキテクツと共同する主席デザイナーとして、スターリング＆ウィルフォードが選ばれたことによっても示されている。前者は、ぎっしりと詰まった都市スケールや、馬蹄形をした中央棟と広場を有し、スターリング＆ウィルフォードの所員の手によるものだとわかる。後者は、シンガポール港を見下ろすパダン近くに目立つように配置されており、もっと論議を呼んだ抽象的デザインである。主要施設は、5つのオーディトリアム群と支援施設のクラスターから成り、可変の二重皮膜で覆われており、閉鎖的な機能空間を保護するとともに、それらの用途を曖昧なものにしている。

マレーシア

首都クアラルンプールでは1910年頃までに主なインフラストラクチュアと官庁施設群が完成していたので、内戦期には公共事業は相対的にほとんどなかった。その例外として、いたる所に姿を現すパーマー＆ターナー事務所による、よく目立つニューデリー様式の**ジョホール・バルのジョホール州政府ビル**（1939、p.1714A）があるが、その様式選択もまた、当時のヨーロッパのありふれた流行に一致するに留まった。新古典主義による**クアラルンプールのコリセウム・シアター／ホテル／レストラン**（1920、設計者不明）は、後退した上階と束ね柱の列柱廊が特徴的である。それに比べて、デンマーク人技師であるセヘステッド＆ニールセンによる**海外中国銀行会社ビル**（1926-27）と、**マジェスティック・ホテル**（1932、設計者不明）は、ともにクアラルンプールにあり、すっきりとした輪郭と大きなガラス窓を持っている。意外でもないが、前者の事例は、最初デパートとして設計された。**アングロ＝オリエンタル・ビル**（1936、設計者不明）は、突き出した窓の縁の薄いキャノピーによって強調された強い水平線と、アール・デコ様式のディテールを備えていた。角にある入口の垂直方向の「流線形」の扱いは、当時流行したアール・デコ様式の映画館を彷彿させる。

アングロ＝オリエンタル・ビルは、クアラルンプールにおける近代建築の到来を告げた。新しい形態を熱狂的に受け入れることが、戦後の特徴となり、1957年の独立宣言と、それに続く国家による近代化プログラムによって拍車がかけられた。PWDによる全面ガラスの**フェデラル・ハウス**（1954）のように、初期の事例は、ヨーロッパのものとほとんど違いがなかった。しかしながら、伝統的な建物形態と気候制御方法の再解釈に加えて、空調機械システムの継続的不足が組み合わさって、インドやアフリカにおける戦後の動向と同じように、「熱帯に適した」モダニズムが生み出された。これらの建物は、コンクリート造骨組と鎧戸のあるPWDによる**ブリティッシュ・カウンシル**（1956）のよう

1714 | 20世紀の建築

A ジョホール州政府ビル(1939)、ジョホール・バル p.1713 参照

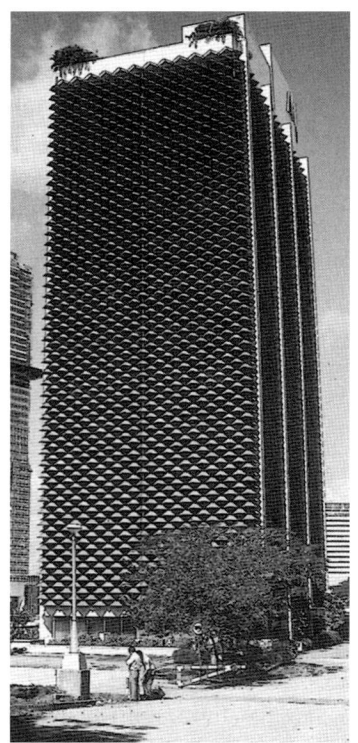

B アメリカン・インターナショナル
保険ビル(1964)、クアラルンプール
p.1715 参照

C ダヤブミ・タワー(1981)、
クアラルンプール p.1715 参照

D メナラ・メシニアガ・タワー
(1992)、クアラルンプール
p.1715 参照

に、伝統的な屋根形状や鎧戸などを、近代的材料で修正解釈した形態を用いることがよくあった。同じくPWDによる**国立モスク**(1956)は、中東のモスク建築の伝統に対する現代的再解釈であり、熱帯気候に適応されている。ホ・コク・ホーによる**国立博物館**(1963)のように、国家のアイデンティティの表現は、時折、巨大な規模での伝統的形態の模倣にいたり、奇妙な結果を生むことがあった。

これらとは対照的に、数多くの建築家達が、打放しコンクリート、ピロティ、ブリーズ・ソレイユから成るコルビュジエの後期の言語に基づいたたくましいモダニズムを取り入れた。彼らは、パーマー＆ターナーとPWDの共同による**マラヤ大学**(1959-75)のように、**クアラルンプール**における数多くの巨大プロジェクトに関係し、国内国外を問わずその他のさまざまな事務所に影響を与えた。このような傾向の中で設計された独特な建造物の中に、ジェームズ・キュービットによる**医学部および大学病院**(1964-66)がある。ル・コルビュジエを讃えた別の事例である、ウェルズ＆ジョイスとジョン・ハリスの共同による**クアラルンプール総合病院**(1966-68)は、近代建築を熱帯地方に適応した類で、最も成功した戦後の試みの1つである。ブリーズ・ソレイユその他の気候制御技術を巧みに用いるとともに、低層、ヒューマン・スケール、構造と計画の首尾一貫した論理は全て、この建物の特質に寄与するものである。クアラルンプールにおける最初の国際様式のタワーもまた、1950年代末に出現した。ゴー・ホク・グァンによる**フェデラル・ホテル**(1957)、PWDによる**マレーシア国会ビル**(1963)、ならびにジョン・グラハム＆Co.とパーマー＆ターナーの共同による**アメリカン・インターナショナル保険ビル**(1964、p.1714B)のような事例は、概して強烈な日射とまぶしい光線から壁面を保護するために、コンクリートあるいは金属の日除けスクリーンの様々な形態を用いた。国家電気省建築局による**国家電気省ビル**(1966)は、異なる手段を採用し、耐力性のある鉄筋コンクリートの日除けスクリーンを用いている。

空調機械が普及する可能性と、1960年代末から1970年代における比較的安価なエネルギーによって、建築家達は、気候を重要なデザイン要素として考えないようになった。こうした結果、1980年代にまでに、クアラルンプールの急速に拡張する中心市街地は、世界の他のそのような場所と見分けがつかなくなった。少数の建築家達が、付加的な文化的意味を伴う形態を用いて、標準的な塔状タイプの建物の修正を試みた。クンプラン・アキテクによる**ブミプトラ銀行**(1972)では、機能主義者によるオフィス・タワーと、伝統的なマレー住宅の形態を持つ独立した公共出納ホールとが組み合わされており、主として地元マレー（ブミプトラ）の顧客を尊重している。イハス・カストゥリによる**タブン・ハジ・タワー**(1980)は、独特のくびれを持った円柱形の建物で、円環状に並べられた5本の巨大な（構造ではない）柱群によって、それが一層目立つように作られており、イスラム教の「知恵の5本柱」を象徴している。同時に、BEPとMAAの共同による**ダヤブミ・タワー**(1981、p.1714C)もまた、マレーシアのイスラム教世界との繋がりを指し示す建物であり、中東やその他の場所に共通なイスラム教文化の伝統的装飾をパターン化した、平面と日除けスクリーンを有している。

ダヤブミ・タワーにおいて、日除けスクリーンという手法に回帰したことは、気候制御に対するマレーシア人建築家達の関心が回復されたことを表わしていたが、全般的にはそれは少数派に留まっている。ハムザー＆ヤンによる首都の黄金の三角地帯にある**プラザ・アトリウム**(1983)は、気候制御の合理的な原理に基づき、熱帯地方に適した「バイオクライマティック」な高層建築を発展させようとする彼らの一連の試みの1つである。商店街のアーケードに部分的に影響を受け、プラザ・アトリウムの一角の上階部分が、キャノピーの下で後退し、この角が大きなアーケードの一部のように吹き放しにしてある。この建築家達による非常に独特な方法は、クアラルンプール国際空港の傍にあるオフィス・タワーの**メナラ・メシニアガ・タワー**(1992、p.1714D)、ペナン、ジョージタウンの住宅および複合用途ビルの**MBFタワー**(1994)に最もよく示されている。両タワーともに、剥き出しの「メガストラクチュア」の骨組、凹んだ「スカイコート」、自立した自然換気のサーヴィス・コアならびに多様な日除けスクリーン装置によって特徴付けられており、自由かつ独創的な手法の中に国際的影響と地域的影響を兼ね備えている。

建築家たちが、近代的要請と文化的伝統を調停する問題に取り組むのに伴い、この他のビルディング・タイプも同様にさまざまな変形を受けてきた。ジミー・リムのハイブリッド建築は、汎太平洋の木造建物の伝統に属するものであり、フランク・ロイド・ライトやオーストラリア・シドニー派——うち数人はリムの教師であった——ともに、マレー、中国ならびに植民地のヴァナキュラー建築に影響されている。バンギの**サリンジャー邸**(1986、p.1716A)は、天然ゴムのプランテーション栽培地域の真ん中に高床形式で建てられており、リムによる住宅設計の典型である。同じ建築家による、東海岸に建つコンクリート構造のパハンの**インピアナ・リゾート**(1993)は、洪水の危険から逃れる

20 世紀の建築

A サリンジャー邸、バンギ（1986） p.1715 参照

B ダタイ・リゾート、ランカウィ島（1993） p.1717 参照

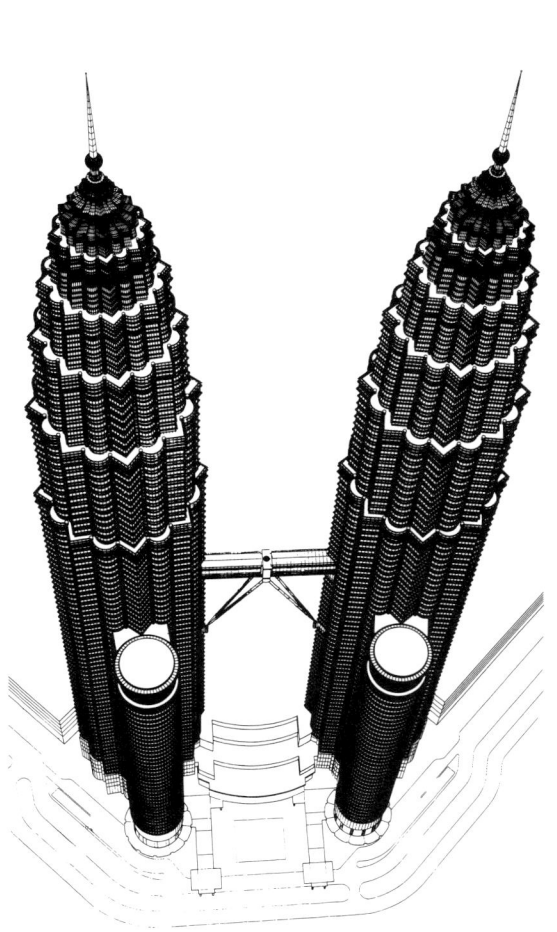

C ペトロナス・タワー、鳥瞰、クアラルンプール（1996 竣工） p.1717 参照

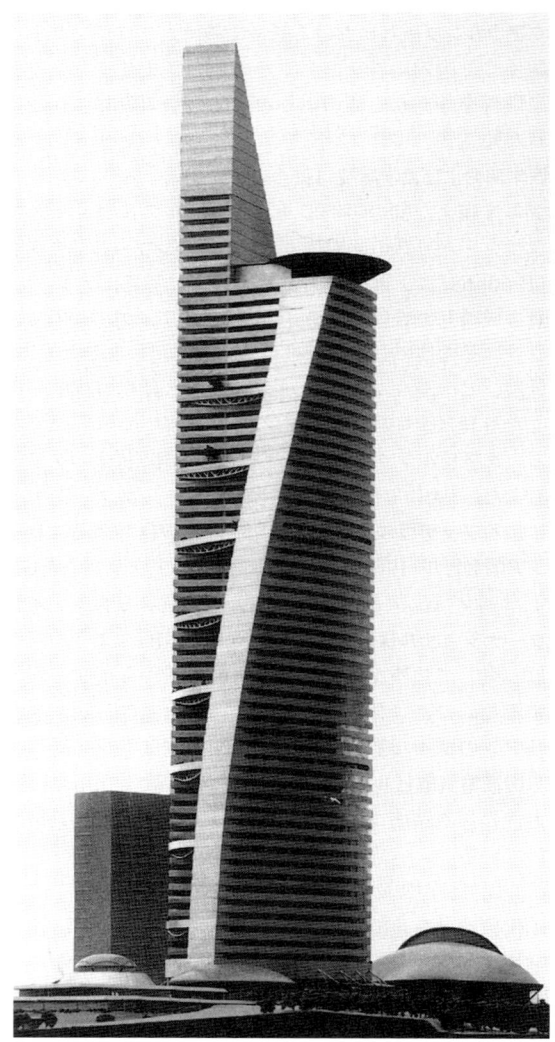

D テレコム・タワー、模型、クアラルンプール（1997 竣工） p.1717 参照

とともに、ランドスケープへの影響を最小限に留めるように、東南アジアの漁村における高床形式の木構造を基にして作られている。また、シンガポールに拠点を置くオーストラリア人建築家ケリー・ヒルによる**ランカウィ島のダタイ・リゾート**(1993、p.1716B)も、自然環境への影響を最小限に留めるように設計され、海岸から内陸に数百ヤード入った熱帯密林の中の小高い開墾地に、注意深く建てられている。地元の石材と、敷地を開墾する過程で切り倒された木材で建てられており、ある部分は村落で、ある部分は寺院の基壇という具合に、最近発見された文明の遺跡という印象を受ける。

さらに冒険心に富んだアプローチの徴候を持つ事例もある。テンガラⅡによる**ジョホール・バルのゴルフクラブ**(1994)は、円形を断片化した構成に基づいて、平面、角ならびに円筒形の壁がぶつかる鉄とコンクリートの建造物であり、西洋現代の「脱構築主義者」の構成に似ていないわけではない。ルスラン・カリドによる**クアラルンプールのマレーシア電子システム研究所**(MIMOS、1995)の研究センターも同様に、その目的と調和するダイナミックな平面と「ハイテク」のイメージを備えている。同時に、軽量の骨組による構造体で、カーブの付けられた「傘」のような屋根と、さまざまな日除けの形態は全て、気候に対する配慮を反映するものである。双曲放物線シェル構造の屋根が「浮遊」する、黒川紀章による新しい**クアラルンプール国際空港ターミナル**もまた、熱帯雨林のイメージと同様に、伝統的なマレーの屋根形態に影響されたものであった。その他の建設中の主要なインフラストラクチュアに関するプロジェクトには、グループ・デザイン・パートナーシップとイギリス人技師バトル・マッカーシーの共同による**ジョホール・バルの出入国税関および検疫複合施設**がある。シンガポール島を結ぶ新幹線道路のマレーシア側にあり、巨大なコンクリート造アーチの構造は、この地域で最も印象的な新しいランドマークの1つとなるものと思われる。

シーザー・ペリによる、マレーシアで最も古い石油系会社の一対の**ペトロナス・タワー**(p.1716C)と、イハス・カストゥリによる**テレコム・タワー**(p.1716D)は、それぞれ1996年と1997年に完成し、この地域で最も繁栄した近代国家の発展する首都として、クアラルンプールの異なる未来図を劇的に描いてみせる。454mで88層から成るペトロナス・タワーは、世界一高い建造物(北アメリカ以外の建物で成し遂げられたのは1891年以来初めて)になる予定で[訳註：2012年時点では、ドバイのブルジュ・ハリファ(828m 168層)が世界最高]、クアラルンプールの中心において、巨大な新しい「都市の

中の都市」の一部である。平面がイスラムのデザインに基づいているという名ばかりの形態的な意思表示は別として、この建物は、この国と地域が地位と野心を向上させる上での力強い象徴を与えている。これとは対照的に、テレコム・タワーは、この都市の中心から離れた郊外に建てられており、クラン川沿いの分散拡張戦略の一部として計画されている。55階建の曲線美を備えたタワーは、都市が成長する必要性に対して、適度に控え目で優美な応答をしている。黒川のプロジェクト同様、この塔は熱帯植物のイメージに一部影響され、成長する筍の皮のように、部分的に重なり合う2つの先細りのファサードから成る。この他の特徴としては、6階ごとに設けられる「スカイ・ガーデン」と、マレーシア初の「インテリジェント」ビルの1つとして記述される多数の技術的革新を備えている。

インドネシア

シンガポールとマレーシアにおける植民地建築のパターンに従い、かつてのオランダ領東インド諸国の建築家達は、公共施設、クラブならびに教会に持ち込まれたヨーロッパの手本に大きく依存した。しかしながら、第1次世界大戦の経験とその余波が、オランダ人入植者達に、ヨーロッパに依存せず地元への傾注を再び課すように強いたのである。この結果、1920年代から、多数の植民地建築家は、次第に文化的持続や着想に対して内向的に見始めて、当時、他のどの地域からもかけ離れた公共建築における独自の発展を見た。

ヘンリー・マクレーン・ポントによる**バンドン工科大学**(ITB、1920、p.1718A)は、一連の注目すべき施設群における最初の事例で、地域の伝統に対する非常に注意深い研究に基づいており、この土地に固有の特徴を、新しい方法で組み込むように試みた。マクレーン・ポントの主な源泉は、**スマトラ島**のミナンカバウ地方に特有の尖った吊り屋根が載せられた木造高床式住宅と、ジャワ島のクラトン、すなわち王宮であった。ITBは、宮殿と同様に複数の小さな中庭の周りに配置された一群の建物で構成され、それが仕上げられていない石材の重厚な柱を用いた日陰の列柱廊により、相互に結ばれている。幾重にも重なる屋根は、それらが重なり合う隙間と、頂部において通気されており、他方、地上階では、吹きさらしの構造体が、空気をより自由に流動させる。主講堂、すなわちアウラは、特に印象的な建物であり、巨大な放物線を描く木製集成材の梁を露にした構造体で、鉄製の留め金で緊結されている。1925年に、マクレーン・ポントは、スマトラ型[訳註：牛の

1718　20世紀の建築

A　バンドン工科大学（1920）　p.1717 参照

B　サイード・ナウム・モスク、ジャカルタ（1977）
p.1720 参照

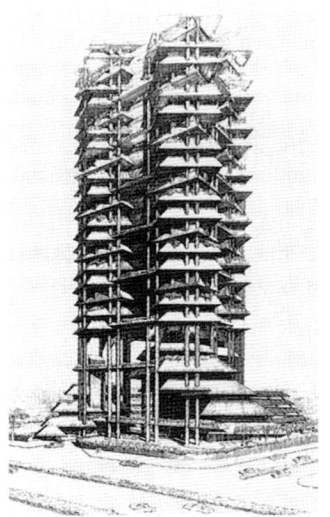

C　ダルマラ・ビル、建築家による
スケッチ、ジャカルタ（1982）
p.1720 参照

D　バンコク科学博物館（1977）　p.1720 参照

角を象徴する屋根の端部(ゴンジョンと呼ばれる)を持つ]に基づいた張力がかけられた小規模な屋根の実験を始め、吊り下げられたワイヤーで作られた「ルーフネット」と木製アーチの組合せによって、最大 25 m まで架かるハイブリッドな「インドネシアン・ゴシック」を開発するにいたった。(後にドイツ人張力構造技術者フライ・オットーによって注目された)これらの独創的な実験は、この地域におけるマクレーン・ポントの最後の作品である**ジャワ、ポーサラン**の**カトリック教会**(1937)へといたった。丘の上にある敷地は、一続きの階段状に建てられた壁で囲われた中庭と入口通路として処理されており、ジャワのヒンズー教寺院の基壇のような方式で、教会に向かって迫り上がっている。主屋は、頂点の要へと収束する曲がった巨大な木製垂木から作られた、五角形の大クーポラで構成され、これら垂木間には、鋼鉄ケーブルと、木製格子の骨組構造を組み合わせた、「ルーフネット」が吊られており、粘土瓦を支える。ガラス面を重ねて開閉する天窓により、ドームの頂点で十分な量の採光と換気が、確保されている。この副次的な建造物のようなクーポラは、もともと、地上階は完全に開いており、この土地に固有のペンドポ、すなわち柱で支えられ、通常はダンスや劇に用いられた開放的な集会場の方式に拠っていた。壁が建て込まれて以来、このデザインは失われてしまった。

開放的なペンドポというテーマはまた、**セマラン**の**民族劇場**(1930頃)において現われ、**ジョグジャカルタ(ヨグヤカルタ)**の**ソノブドヨ博物館**(1935)において再び現われたが、ともにかつてマクレーン・ポントの同僚であったトーマス・カルステンによる建物である。博物館に対して、カルステンは、ちょうどマクレーン・ポントが、工科大学を作ったのと同様に、複数の中庭と開放的な建物群から成る、王のクラトンの平面を拠り所とした。柱で支えられた巨大な集会場、すなわちペンドポは、層をなすピラミッド状の屋根で覆われており、コロネードを備えた連絡路を介して、囲まれた展示空間と繋がっている。これら2人の進取の気概に富む建築家によるすばらしい作品は、西洋におけるアーツ・アンド・クラフツのデザイナーによる偉業に比肩し、この土地に固有の表現法と、地元の構造的要素や象徴的要素に基づいた、20世紀の建築を確立するのに大いに役立った。

彼らの研究の深さにもかかわらず(あるいは多分、深さのせいで)、マクレーン・ポントとカルステンによる事例は、戦後は一転してほとんど見向きもされなくなり、最新の西洋の流行を性急に模倣することになった。この土地に固有の伝統を直接利用した同様の試みが初めてなされたのは、1962年になってのことであり、ウィジャ・ワウォ・ルンツによる**バリ島**の**タンジュン・サリ・リゾート**が初めてであった。このリゾートは、建築家の自邸の増築として始められたが、今や元々の建物の周囲に群がって建てられた29を数えるバンガローを有している。パーマー&ターナーによる**サヌル**の**バリ・ハイアット・ホテル**(1973)は、その後に続いた。そこでは、開放的で木造骨組を持ったパヴィリオンの規模を拡大したために、多くのものが失われてしまったが、建物とランドスケープを一体化することによって、調和のとれた雰囲気が得られており、これまで東南アジアのリゾート施設にあまねく模倣されてきた。この分野において、その他の注目すべき事例としては、同じく**バリ島**のノエル・ジャネット&クリスチャン・デモンシーによる**クラブ・メド**(1988)、ペーター・ミューラーによる**アマンダリ・リゾート**(1989)ならびにケリー・ヒルによる**アマヌサ・リゾート**(1992)が挙げられる。これら全てのリゾートは、自給自足の村落、またはアマヌサの事例に見られるような、ヒルによるマレーシアのダタイ・リゾートと似ていなくもない寺院基壇の複合施設のどちらかの、完璧な集落のイメージを投影しており、平面とディテールの両面において、地元の表現法を大いに利用している。

高額所得層向けの住宅建築においても、同様の傾向を辿ることができ、地元の語法に基づいた、優れた住宅をますます生み出しているが、中には植民地住宅と近代住宅のテーマを融合しているものもある。伝統的な手法を採用した事例、ロドルフォ・ジュスティ・ドゥ・マールによる**バリ島**の**サヌル**の**ジュスティ邸**(1980)では、開放的な骨組を持つ草葺きパヴィリオンの緩やかなまとまりとして設計されている。イスメス・アビディンによる鉄骨造3階建の**ジャカルタ**の**アビディン邸**(1988)は、より現代的で、ハイブリッドな方法を見せている。ヨーセフB.マングンウィジャヤによる**ジョグジャカルタ**の**カンプン・カリ・チョーデ**(1985)は、地域の表現法が、住宅分野の対極においても同様に有効であることを示している。持ち上げた「A型」フレームの木構造を基礎として、竹製の床とスプリットケーンを編んで作られた壁を備えた単純だが機能的な建築が、地元の美術学校の学生の手を借りた住人による色彩に富んだ壁画で活気付けられている。

しかしながら、ホテルと住宅建築は別として、特にマレーシアやシンガポールにおける発展と比べて、この国の現代的なビルディング・タイプの積極的な事例は相対的に少ない。インドネシア人建築家の第1世代で最も有名で、主流のモダニストの1人であるスユディの作品としては、エーロ・サーリネンのTWAターミナルに影響を受けた「翼のある」**ジャカルタ会議場**(1965

頃)が最も代表的である。リージョナル・アプローチを代表するハリヤント・スディコントロ&アトリエ6による**ジャカルタ**の**サイード・ナウム・モスク**(1977、p.1718B)は、伝統的なピラミッド状のモスクに近代的変形を加えたもので、ペンドポに基づいており、地域的タイポロジーの文化的妥当性の持続を示している。同様の意図を持って設計された、**サマリンダのシトラ・ナイアグラ都市開発**(1986)は、アントニオ・イスマエル、PTトリアコ&PTグリヤンタラによるものであり、地元の社会構造と建築形態に基づいたショッピング・センターを作る試みである。ポール・ルドルフによる**ジャカルタのダルマラ・ビル**(1982、p.1718C)は、熱帯に適したタワーの希有な事例で、部分的に地元の表現法に影響を受けており、同じ建築家によるシンガポールのグランジ・ロード・タワーのように、日陰を作る張り出し部分と、各階の開放的なテラスを特徴としている。

タイ

タイは、いかなる西洋列強にも植民地化されたことがない、東南アジアで唯一の国である点で独特であり、その王家は巧妙に帝国列強を互いに最後まで競わせて、独立を維持し続けた。それにもかかわらず、世紀の変わり目までには、通常の貿易とそれに関連した異文化交流がすでに建築的な足跡を残しており、この地域における植民地建築(第40章参照)を特徴付けるものとは似ていなくもないハイブリッドな様式をしばしば作り出していた。元々はラーマ6世国王が、お気に入りの側近のために建てた住宅であった**バンコクの政府公邸**(1910頃)は、イタリア人建築家アンニーバレ・リゴッティによる、ゴシック折衷主義の比較的堅実な仕事を示しており、窓に手の込んだ石造トレーサリーを擁する。同じくリゴッティによる**バン・ピサヌローク**(1910頃)として知られるゴシック様式の館は、同じ国王が別の側近のために同様の様式で建てた建物であり、八角形の平面を持つ塔の上部に、ゴシック化された「ムガル」様式のチャトリとドームが被されている。これら以前のデザインと比べてみると、エドワード・ラッチェンス卿による**イギリス大使館**(1920頃)は、適度に控え目な落ち着いた作品で、日陰を作るアーケードのように馴染みある植民地建物の特徴と、入口の印象的なポーティコやその他新古典主義のディテールを含んでいる。ラーマ5世国王とラーマ6世国王の下で、シャムの司法長官として仕えたプラヤ・アッタカーン・プラシットによる**プラシット邸**(1909)も同様に、適度に節度がある機能的なアプローチを示す建物である。

以上のような証拠は、政治的独立自体がそのまま文化的な独立を保証するものではないということを示している。もちろん第2次世界大戦後、タイの近代建築が辿った道は、新たな独立国家のものとほとんど違わず、初期の指導的モダニストたちが、他地域のモダニスト仲間と積極的に意見を交わしていた。スメット・ジュムサイによる**バンコク盲学校**(1973)は、鎧戸付きコンクリート構造、ピロティ、ブリーズソレイユを備えており、たとえば、前述したクアラルンプールのいくつかの戦後プロジェクトと同様に、ル・コルビュジエの作品に負う所が大きい。同様のモデルが、同じ建築家による**バンコク科学博物館**(1977、p.1718D)の彫塑的形態にも影響を与えたが、彼は同世代の最も影響力のある人物の1人であった。**ランシットのタマサート大学**(1980)もまたジュムサイによる設計で、この建築家による数回の大きな方針転換の最初を表わしている。全体計画は、カンボジアの古代寺院都市アンコール・トムをモデルとしており、モニュメンタルな軸と、敷地を排水するとともに装飾する貯水湖と運河の複雑なネットワークによってまとめられている。主要建物は、正方形モジュールのクラスター群にまとめられ、各クラスターの中心に中庭を有している。それらは、急勾配の赤瓦屋根を載せた高床形式で、下部に食事やインフォーマルな学習とレクリエーションのための、日陰のある風通しの良い空間を提供している。それとは全く対照的な、**バンコクのネーション・ビル**(1990)は、側面に巨大な「コンピュータ回路」を擁しており、近代的通信に対する施主の関与を宣伝することが、はっきりと意図されている。

ジュムサイの奔放で包括的な手法は、タイにおける他の主要事務所の作品の中で繰り返され、タイ人建築家と施主の旧世代のカトリック趣味と、近年のポストモダン自由主義の影響の両方を映している。たとえば、プラン・アーキテクトは、幅広い戦線で仕事をしている典型である。複合用途の**バンコクのバーン・トン・サク・コンプレックス**(1988)は、同事務所の伝統的作品の極に位置するもので、1–3層のクラスター、高床形式の店舗、タイ中央平原のクラスター・ハウスという土着の方式による中庭の周りに配置され相互連結されたデッキによって結ばれた住居によって構成されている。**バンコクのルク=ルック幼稚園**(1988)は、各種取りそろえられた形態と空間が、不規則に積み重ねられて構成されており、まるで玩具一式を組み立てたように見える。これに対して**バンコクのプリディ・パノムヨン・インスティテュート**(1993)は、古典的テーマのポストモダン的再解釈である。ブーニーワト&チプタスに

よるコンクリートで縁取られた**バンコクのチプタス邸**（1983）は、3つの高床式のパヴィリオンがデッキの張られた上階の中庭によって結ばれており、この土地に固有のクラスター・ハウス型をモデルとしたものである。これらのインフォーマルな建物のデザインに対して、チプタスとバンディット・チューラザイ、ヴィラ・サカクル＆チャイブーン・シリサナワトの共同による、**トラート、カオ・ラハンのサラ・ラジャカルンジャ記念美術館**（1992）は、半地下の掩蔽壕（えんぺいごう）の形態を持った、抽象的でモニュメンタルな作品で、この施設が記念しているカンボジア難民の絶望的な窮地を象徴化したものである。タイのポストモダニズムのより急進的な様子は、オング・アードによる**バンコクのジャレーマート・アパートメント・ブロック**（1986）によって表わされているが、新古典主義風の手の込んだものとカーテン・ウォールが奇妙に混合された上に、寺院形態のペントハウスが載せられている。

　近年のバンコクにおける再開発と拡張の規模は、都市のインフラストラクチュアを崩壊させた。長らく提唱されてきたが、今ようやく実施されようとしている解決策は、首都郊外の数多くの小都市に将来の成長を振り向けることである。オーストラリア人建築家ロバート・ネーション＆カール・フェンダーによる、25万人のための民間開発、**ムアン・ソン・タニ**のように、目を見張る速度と規模を持つこれらの新プロジェクトは、西洋には前例のないものである。それらがタイの都市生活と建築の質に対して予言しているものは、未だ不確かである。

フィリピン

　スペイン支配300年後にあたる1898年、アメリカ軍は衰弱した植民地に進攻し、続く50年にわたって、自らの帝国支配に特有のブランドを課した。他の西洋の帝国と同様、占領国の文化は間もなく、被占領国の文化に強い影響を及ぼし、時には予期せぬ結果を残した。

　1904年、アメリカ人建築家ダニエル H. バーナムが、フィリピンに連れて来られ、首都**マニラ**、**バギオ**、その他の主要都市の都心部を調査し、開発計画を作成した。バーナムは、高名なボザール派の熱狂的信奉者で、1893年のシカゴ万博の建築家として、西洋の建築家達がこの地域のいたる所で行なってきたように、この植民地で、彼の信じるところを追い求めることが期待されていたのかもしれなかったが、その代わりにバーナムは、地元の状況に適合したスペインの植民地教会ばかりでなく、この土地に固有の建築と住居にも感銘を受けて、発展のための適切なモデルとして採用されるものを示した。これらのバーナムの推奨に影響を受けた建築家に、アメリカ人建築家ウィリアム E. パーソンズがいた。彼の作品の中には**マニラのフィリピン総合病院**（1910）があるが、この建物は源泉の入り混じった産物であり、突き出した入口を枠取る新古典主義のペディメントと壁柱を備えており、そこから伸びる同じ長さの2つの翼部は、いずれも急勾配屋根が架けられ、土着の形態に基づいた伸びやかな軒を有している。パーソンズのようなアメリカ人建築家が、地域の伝統から学ぶ方法を模索していたのに対して、地元の大半の建築家は、当時のアメリカでボザール風のギリシアーローマの伝統に則った教育を受けており、その様式でより正統的デザインを作り出そうとしていた。**マニラの立法府ビル**（1918-20）と**マニラ郵便局**（1926）は、ともにフアン・アレリャーノによるもので、典型的に居丈高な建物であり、同じ時期のシンガポールの公共施設とは異なって、どちらの建物も2層分の巨大な列柱によって正面が作られている。同じくアレリャーノによる、アール・デコ様式の**マニラのメトロポリタン・シアター**（1930頃）は、より軽快で開放的なアプローチを示しており、アーケードを備えた同じ様式の2階建の商店のグループから成る付属施設を含む。さらに、同様の開放的精神を持つ、トーマス・マプアによる**マニラのレガルダ小学校**（1990）は、木造によるフランス城館の優美な翻案で、急勾配のマンサード屋根の下に、鎧戸のある広い窓を備えている。

　同様の適切な表現を求める闘いが、第2次世界大戦後の建築をも特徴付けており、それは独立後の内省と実験によって強められた。これらはレアンドロ・V・ロクシンと、フランシスコ・マノサという2人の地元建築家によって先導された。彼らの異なるアプローチの間には、東南アジア中の戦後建築が直面した多くの重要な事項や問題が封じ込められている。両人の中で、ロクシンの初期作品は、確固たるモダニティによって特徴付けられているが、それはまた、「脱植民地のジレンマ」と呼ばれうるものの独特の個人的翻案、すなわち近代のグローバルな文化における地域のアイデンティティの探求を投影している。最もよく知られ最も影響力のあった彼の作品は、**マニラのフィリピン文化センター**の一部を成す**舞台芸術劇場**（1969、p.1722A）であり、彼はまたその全体計画を作成し、その他の数多くの主要建物を設計した。ホワイエと動線空間を収める高床の水平スラブと基壇が、主オーディトリアムを収容する丈の高い長方形の棟に面している。その彫塑的構成は、12 mの鉄筋コンクリート造の片持梁によっ

A 舞台芸術劇場、マニラ（1969） p.1721 参照

B サン・ミゲル・ビル、マニラ（1984） p.1723 参照

て、下にある反射池上に浮かんでいる重力を無視した劇的なホワイエの床スラブに支配されている。ロクシンは、同じ文化複合施設の一部として設計した**フィリピン国際コンベンション・センター**(1976)でも、同じように大胆な「浮遊する」床というコンセプトを採用した。コンクリート造柱梁の構造体を隠すために、暗色熱線吸収ガラスを用いて達成した視覚的効果の結果、目に見える重々しい断面が、目に見える支持体を全く持たずに宙に浮いているように見える。**ブルネイ**における彼の最近作**イスタナ・ニューラル・イマン**(1984)すなわち「宗教の光の宮殿」や、ブルネイのスルタンのための**バンダル・スリ・ブガワン**において、ロクシンは、この地元の住宅をモデルとした、流れるように重ね合わされた屋根を用いて、地域文化のより直截的表現を目指した。

フランシスコ・「ボビー」・マノサは、適切な住宅建築の開発に専念し、時折、ホテルやリゾート開発に手を伸ばすことがあった。政府出資の**タハナン・ピリポノ**(1981)、別名「ココナツ宮殿」は、一般的によく知られており、芸術家のための短期滞在住居と、ココナツの木の多目的使用の展示施設として設計され、広範囲にわたる建築および仕上げ材料を含めて200の副産物を収めている。熱帯のガウディの作品を暗示する華麗な成果は、目を喜ばせるとともに適切な技術で確固とした作品となっている。この建築家は、自邸である**アラバンのフィリピン人の家**(1982)において、同様であるがより抑制が利いたアプローチを採用し、建物のいたる所に地元の材料と仕上げを用いた。それは、連結された2棟の木構造のパヴィリオンによって構成されていて、大きい高床形式のパヴィリオンには、建物高さ一杯のアトリウムに収束するリビング・スペースが収められているのに対して、寝室その他の私的空間は小さいパヴィリオンに寄せ集められている。最も大きく最もよく利用されるのは、開放的なザグアン、すなわち家族用の空間であり、主パヴィリオンの下部に設けられている。ロクシンの抽象的な構成と、マノサの伝統への敬意との間のどこかを占めるコンセプトに基づくのが、ホセ・マノサによる**マニラ**の**サン・ミゲル・ビル**(1984、p.1722B)である。テラス付きのジッグラトの形で設計された、この独特な8階建のオフィスビルは、建物四周に植栽が十分に施されたテラスの張り出しを効果的に用いて、現代の「空中庭園」のイメージを確立し、未来の「熱帯都市」にふさわしい建物を作り出している。

訳／堀田典裕

20 世紀の建築

第 56 章
香 港

はじめに

　イギリス直轄植民地である香港は、同帝国の極東領土に最後に追加されたものであり、植民地の裏面史上の出来事の1つに由来する。1840年までに、イギリスと中国王朝間の貿易紛争の増加は、中国へのアヘン輸入を巡って危機に陥ったが、そこでロンドンに拠点を置く東インド会社が主たる利益の上がる分け前を得た。引き続いて起こったアヘン戦争におけるイギリスの勝利は、1842年に香港島の永久譲渡という結果となった。隣接する九龍半島は、1860年に割譲され、イギリスは囲い込まれた壮大な港をくまなく支配した。

　新しい植民地は急速に拡大し、1898年7月1日には、隣接する中国本土の新界は99年間にわたって租借され、人口拡大のために多くの必要とされる土地が追加された。香港当局は、1930年代という遅い時期まで、アヘン製造工程の専売権を保有していたが、地元の製造工場が勃興し、貿易が次第に多様化するようになった。1941年に日本が侵攻するまでに、香港の人口は170万人にまで膨れ上がり、その大半は中国からの移住者であった。

　当初より植民地の建物は2つの主要因によって形作られてきた。それらは島の険しい地形による建設用地不足と、騒然とした本土からの絶えることのない移住者による爆発的な人口増加であった。当初、都市の主たる発展は、ヴィクトリア湾（現ヴィクトリア港）に沿った狭く細長い敷地に限定されていたが、それは一連の埋め立て事業によって着実に追加され、今もなお延伸し続けている。主な地元の建物形態は、漆喰が塗られた広東レンガ壁、木造床、瓦葺の木造屋根から成る2-3階建の典型的な中国の**テラス付きショップハウス**によって構成されていた。道路は狭く不十分な換気で、過密が当たり前で、水道設備と衛生状態は未発達であった。1903年にイギリス政府は新しい建築と健康に関する規則を施行したが、いくつかの基礎的状況の限定的な改善という結果に終わった。1923年の住宅供給委員会はさらなる改善を勧告したが、その中には土地利用規制が含まれており、香港島にかかる圧力を取り除くために九龍半島における建設開発を奨励した。しかしながら、その勧告はほとんど施行されず、状況は第2次世界大戦後まで未解決のままであった。

実　例

　世紀前半は住宅供給と都市基盤がおおむね貧しい状態にあったのに対して、同時期に建てられた主要公共建築と商業建築の比較的高い質から、いくつかの傑作が生み出された。これらの多くは、パーマー＆ターナーという外国籍の事務所によって設計され、この時期の香港建築史は、同社の業務歴と同義であるといって間違いない。1868年にウィリアム・サルウェイによって設立された建築家と技師からなる同社は、世界で最も古い事務所の1つである。19世紀末までに、彼らはすでに数多くの主要公共建築を任されていた。帝国の他地域同様、植民地の施主はおおむねヨーロッパから輸入された様式を好んだが、それらは地元のニーズに応じて大なり小なり変更されたし、しばしば帝国の他地域からのモチーフと自由に組み合わされることもあった。著名な初期作品には、ヴェネツィアン・ゴシック様式の**渣打（チャータード）銀行**（1878）や、優雅な新古典様式の**ビーコンスフィールド・アーケード**（1880）があり、後者は1階の商店街と細身の双柱の背後にセットバックされた上階のオフィスとが結合された複合用途の建物であった。1883年に、同社にクレメント・パーマーが加わり、構造技師であるアーサー・ターナーは、その1年後に加わった。パーマーの最初の仕事、**香港**

1726 | 20世紀の建築

A 香港クラブ（1897、1981 取壊し）　p.1727 参照

B 彩虹邨（チョイ・フン・エステート、1962）
p.1727 参照

C 香港上海銀行（1935）　p.1727 参照

D 最高裁判所（1912）　p.1727 参照

上海銀行（1883）では、彼はドームを冠したネオバロックの意匠を施し、同じ施主の多くの建物の皮切りとなった。1897年、パーマーは、ルスティカ仕上げの基部、重合されたオーダー、列柱廊付きの屋階、バロックとムガルの要素の混じり合う塔屋から成る折衷的構成を擁する**香港クラブ**（p.1726A）で経歴の頂点を飾った。その建物は1981年に取り壊されるまで、植民地のシンボルと見なされたが、その時点ではより背の高い近隣の建物の陰になっていた。同じ時期のもう1つの著名なランドマークが、ロンドンの建築家アストン・ウェッブ＆ E. イングレス・ベルによる**最高裁判所**（1912、p.1726D）である。最もはっきりとわかるその特徴は、中央の屋階上に持ち上げられた背の高いドームと、2層分のイオニア式の陰影が付けられた列柱である。1985年、この建物は立法府の議場として用途が転用された。上記の建物は全て、都心部に互いに近接して建てられており、そこは後に**中環**（セントラル・ディストリクト）と呼ばれた。

　1907年のパーマーの引退によって、彼が好んだルネサンス様式の当地での流行が終わり、より近代的な着想や材料に取り替えられた。しかしながら、戦後の経済不況は建設活動に激しく影響し、同時期のパーマー＆ターナーのエネルギーの大半は経済状態の良い上海に注ぎ込まれた（第53章参照）。1933年に事態は劇的に変化し、**香港上海銀行**（1935、p.1726C）の新本店の関する2度目の依頼があった。同行頭取は、この地域における主要銀行としての威信を意識して、建築家に「採算を度外視した最良の建物を建設する」よう要求したのである。この東南アジア建築におけるランドマークでは、アールデコの意匠に、数多くの先進技術の要素が組み込まれた。それまで北米以外で使われることがなかった高張力鋼が石張りの骨組に使用された。その主塔屋は68 mの高さで、当時カイロとサンフランシスコの間で最も背の高い建物となった。高速エレベーターによってサーヴィスされ、輻射暖房と空調が仕込まれていたが、それらは全て当時のアジアでは珍しいことであった。それは、しっかりと将来を見据えて、屋上にはオートジャイロ用着陸場所の用意さえあった。より慣習的な呼び物の中には、1エーカー以上を覆うバレル・ヴォールト天井の出納ホールと、手の込んだモザイク壁が含まれていた。

　日本の占領により、香港の富の復興に不意の終止符が打たれ、その結果1950年代まで新しい建物は一切出現しなかった。しかしながら、戦後の香港建築を形作る上で最も重要な力となったのは、建築家の民間会社ではなく、一群の公共機関であった。その時はすでに、悪くなる中国情勢から逃れた不法移民の定常的な流入で悪化した人口増加問題により、植民地政府の関心が慢性的住宅供給事情に再度向けられているところであった。1953年までは、住宅供給は民間企業に委ねられ、それはおおむね購入可能な者のための高層の賃貸住宅に集中していた。入手可能な住宅ストックには限度まで詰め込まれたので、残る人々は、大抵の第三世界の都市に典型的に見られる、増え続ける都市周縁部の無断集住地区へとはみ出した。同年12月に起こった九龍の石硤尾地区の無断集住者の悲惨な火災が、一晩で5万3千人のホームレスを生み出し、政権に住宅供給におけるより積極的な役割を果たすように強いたのである。

　政府により調整された最初の住宅供給計画は、無断居住者を定住させることに焦点を当てた。空間の標準は最小限で、大人1人あたり 2.23 m^2 の面積が基準とされた。**大量住宅供給**の最初期の形態は、6階または7階建のコンクリート造の骨組を持つH型の住棟群から成り、開放的な共有バルコニーからアクセスする背中合せに接した個室群を有していた。共有のトイレや洗面所が、各階中央部にまとめられていた。中所得層家族向けの住宅施設を供給するために、1954年に香港住宅供給公社が設立されたことと、民間主導を一層促進するための密度に関する規制が緩和されたことが結び付けられ、その問題が一層軽減された。しかしながら、1961年の国勢調査で、植民地中で50万以上の世帯がいまだ全く不適切な状況下で暮らしていることが示された。その結果、公共事業局は、向こう10年間で香港を密集した4-5階建の低層都市から、20階以上の高層都市へと変貌させるという都市再開発とローコスト住宅の主要計画に着手した。新しい高層の住棟は、以前のモデルをかなり改善したものであり、エレベーターとトイレ付きの自足した住戸を備えていた。パーマー＆ターナーによる**彩虹邨**（チョイ・フン・エステート）（1962、p.1726B）のように、団地の中には、民間の建築家から委託されて設計水準の一助となったものもあった。しかしながら、空間の標準は最小限のままで、人口密度は8000人/haにも上る高さであった。既存都心部の再開発だけで、香港のニーズに応えられないことは明らかであった。その結果、1972年に香港は、180万人を十分収容しうる新しい住宅と支援施設を供給することを目指して、新しい9つの都市から成る**新界**の長期開発計画に乗り出した。**沙田新城**（シャーティン・ニュー・タウン）のように、各都市は独自の特徴とコミュニティ施設を備えることになっており、新しい大量輸送鉄道システムによって相互の都市と香港島に結び付けられた。1980年代中頃までには、全ての都市が開発の諸段階にあり、いまだ発展し続けている。

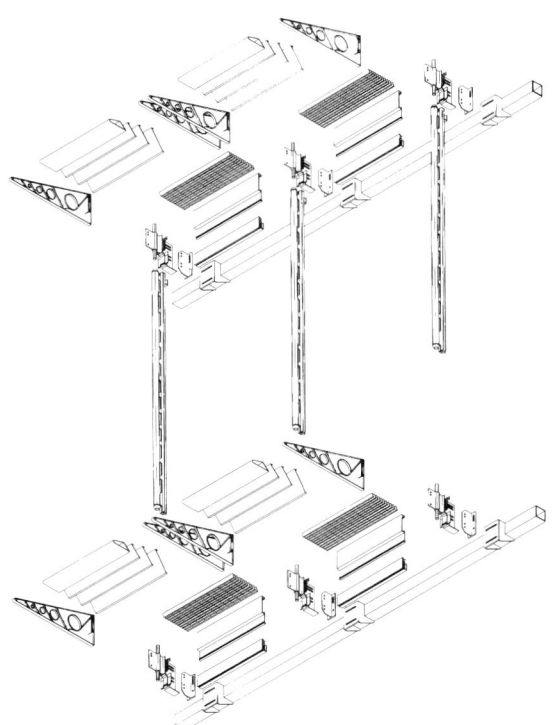

A 香港上海銀行、主要カーテンウォール組立分解アイソメトリック

B 香港上海銀行（1986） p.1731 参照

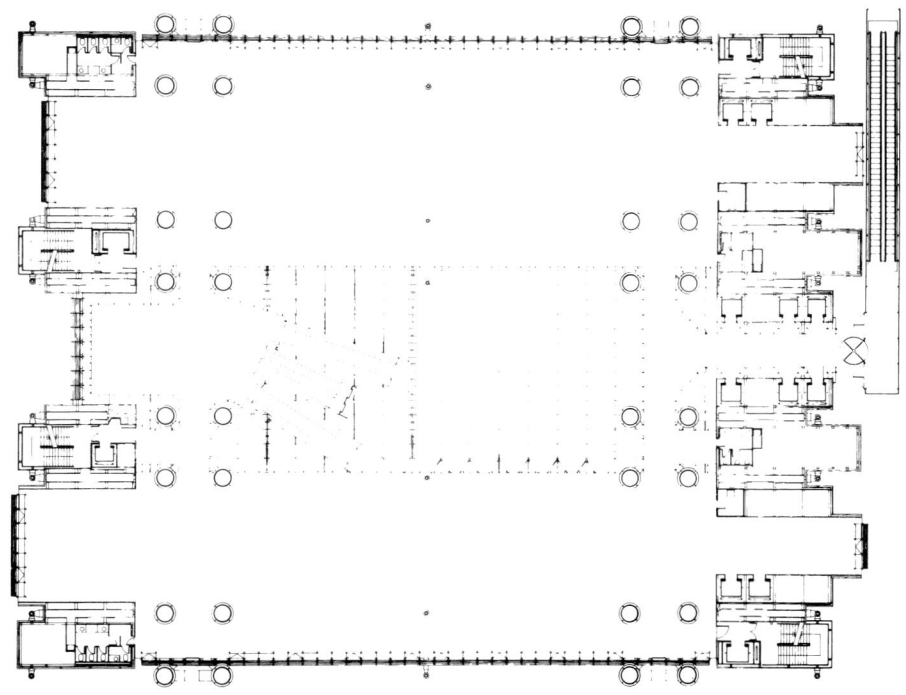

C 香港上海銀行、1 階銀行営業室

第 56 章　香 港　　1729

香港上海銀行、内観　p.1731 参照

1730 | 20世紀の建築

A 香港ヒルトン(1962) p.1731 参照

C 力寶中心(リッポ・センター、1988) p.1731 参照

B 中銀大廈(中国銀行タワー、1990) p.1731 参照

同じ期間ずっと、香港の急成長する経済と急上昇する地価は、商業分野において独自の効果を及ぼし、香港の中環に集中した高層のオフィスやホテルが、急速に林立する事態を招いた。パーマー＆ターナーは、高層ビルの分野における草分けとして、戦後の早い時期に最先端を走り続けた。石張りの**中国銀行**(1950)が最初に出現し、**渣打（チャータード）銀行**(1959)がそれに続いたが、両者とも以前の香港上海銀行に立ち戻った。しかしながら、パートナーの変更でアプローチが変わり、カーブした基壇上に載せられ、日除けに覆われた国際様式のL字型塔状ブロックからなる**香港ヒルトン**(1962、p.1730A)が生み出された。

1970年代から1980年代にかけて、地元と外国双方の建築家が参加する設計競技が増加した後には、パーマー＆ターナーの華々しい業績にも暗雲が垂れ込めた。とはいえ、彼らは同地域で最も大きく最も忙しい会社の1つであり続けている。1979年、彼らは**香港上海銀行**(p.1728A−C、p.1729)の新本店のための指名設計競技において、イギリス人建築家ノーマン・フォスター卿に破れ、最も長く続き多くの成果を残した建築家−施主の関係がついに終焉を迎えた。

しかしながら、伝統は他の方法で存続し、同銀行の新しい経営陣は、前任者と同じぐらい多くのことを新任建築家に要求したのである。1986年に竣工した新本店は、以前の建物と同じ敷地を占め、建築の意匠と技術の最先端を表象しているが、その大半は他の先進建設産業から借用してきている。注目すべき「技術移転」は、次のものを含んでいる。すなわち、最大限の使用可能な空間とフレキシビリティを与えるための橋梁建設技術から着想された鉄骨吊り床構造、工業用ロボットにより制作されたアルミニウム被覆、ボーイング社製航空機の床パネルによく似た軽量アルミニウム・サンドウィッチ工法で作られた取り外し可能な床パネル、中間階を結ぶ移動用エスカレーター、特に8層分のアトリウムに自然光を直接照射する、コンピュータ制御で回転する「サンスクープ」(p.1729)である。国際的な技術が用いられたにもかかわらず、同銀行のデザインはまた確固たる地域的表現を成就している。その大半は誇張表現された構造と透過性を持った空間の特質で、ともに典型的な東南アジアの伝統である。

香港上海銀行は、一連の挫折を経験してきたアジア太平洋地域に自信を与え、それを再興する影響力のあるシンボルとなっている。1984年12月19日にイギリス政府は、1997年に借款（しゃっかん）が終了する新界を、自力で一国家として独立することがほとんど不可能な香港島とともに返還するという協定を北京政府と締結した。中国国内の経済開放は、潜在的には肯定的なものであ

るにせよ、政治的・経済的不安という全般的な風潮を大きくした。しかしながら、ビジネス社会が中国の改革効果の伸長を認めて、それを利用し始めたのにつれ、自信は徐々に回復してきている。

1980年代末期から1990年代初頭にかけて、住民が中国本土に結び付けられた将来像を持って暮らしていくようになるにつれ、新しい建物や都市基盤への投資が高まりを見せた。ポール・ルドルフによる**中環**の**力寶中心**（リッポ・センター、1988、p.1730C）は、八角形の双塔と小面にカットされたガラス壁面で有名なランドマークである。しかしながら、同地区を支配する新しい建造物は、I.M.ペイによる70階建の**中銀大廈**（**中国銀行タワー**、1990、p.1730B）である。アシンメトリカルの幾何学形と目に見える十字筋交により、その建物が対処しなければならない台風の風圧に対して独創的で効果的な解決が与えられるとともに、山頂山（ヴィクトリア・ピーク）という自然の背景と調和するように際立った輪郭も与えられている。香港のスカイラインを断ち切る最新の塔は、伍振民建築師事務所（ウン・チュン・マン＆アソシエイツ）という地元事務所によって設計された**灣仔**（ワンチャイ）の**中環廣場**（セントラル・プラザ、1992）である。374mの高さで、アジアで2番目に高い建物である。この建物は装飾的なガラスのファサード、列柱が巡らされた基壇、ピラミッド状の頂部によって、エンパイア・ステート・ビルを思い出させるが、近年のアメリカ高層建築におけるポスト・モダンの手法において見られるような比較的保守的なイメージを表わしている。関善明による中層の**香港科技大学**(1992)は、**牛尾海**（ポート・シェルター）を見下ろして、同じような堂々としたスケールで建てられており、それ自体が実質的に1つの小都市である。半円、正方形、三角形という3つの基本幾何学形によって構成された様式と巧妙な配置計画は、アメリカ人建築家リチャード・マイヤーの作品によく似ている。パーマー＆ターナーの作品の1つ、**尖沙咀**（ツィムシャツィ）の**香港科學館**(1990、p.1732A)は、現代日本の手法である豊かな形態を展示するものとして際立っている。その他、近年の主要な建物と都市基盤計画には、テリー・ファレルとノーマン・フォスター卿によってそれぞれ作られたMRT用と中国へ向う本線用双方の**九龍**の**新鉄道駅**や、香港新空港である**赤鱲角**（チェク・ラプ・コク）のフォスターによる**旅客ターミナル**がある。ファレルの計画は、地上と地下に大規模な商業開発を含んでおり、全ての計画が近代建築技術の優美な実例であり、それぞれの機能を表現している。赤鱲角が完成した1997年に、既存の九龍空港を閉鎖することはまた、**九龍半島**における**再開発**の用地として巨大な土地を放出することになり、ゆくゆくは混み合った都市に対して最も必要とされる緑地のオープン・スペース

1732 | 20世紀の建築

A 香港科學館(1990)　p.1731 参照

B 環境共生住宅開発、模型、將軍澳(ツェウン・クァン・オー)
p.1733 参照

C 山頂纜車山頂駅(アッパー・ピーク・トラム・ターミナス)、模型(1995 竣工)　p.1733 参照

を提供するであろう。

伍　振　民（ウン・チュン・マン）の中環廣場と、関　善　明（サイモン・クァン）の大学はともに、香港での中国人建築家の職能的成功の増加と、西洋の流行を模倣する全般的傾向とを示している。このことは、香港自体の植民地の歴史を反映していると言えるかもしれないが、その他地域での植民地後の発展は（第55章参照）、このことが単に一時的な状況に過ぎず、イギリスとの繋がりの終焉は、香港の建築家に本国に近い新しい着想源を求めるよう促すことを示唆している。2、3の建築家は、すでにこの方向に重要な歩みを進めている。何　殷（タオ・ホー）は、地域のシンクタンクであるアジア計画建築共同（APAC）の創設メンバーとして、1960年代後半以来、アジアのモダニズムの主唱者であった。彼による灣　仔（ワンチャイ）の香港藝術中心（1977）は、とりわけ東洋と西洋の美術形式間の相互作用を促すように作られたものであり、西洋と日本の近代運動双方の影響を受けている。以来、彼の実作は、香港と中国両者で地域的建築の可能性を積極的に探求してきた。鐘　華　楠（チュン・ワー・ナン）は、同じ問題に対して伝統的なアプローチをとり、思い出のための安らかな場所、という地下遺骨安置所の基本機能を保持しつつ、中国の唐または宋の様式を基に、沙　田（シャーテイン）のボー・フー先祖礼拝堂（1985）を形作った。嚴迅奇（ロッコ・イム）は、同じように繊細であるがより抽象的な方法で、香港最高峰である大　帽　山（タイ・モー・シャン）の自然のままの敷地にユース・ホステル（1988）を注意深く作った。同様の系統にある彼の29戸から成る住宅開発、寶晶苑（ベルビュー・プレイス、1988）は、淺水灣（レパルス・ベイ）上方の岩の多い急斜面の敷地から真っすぐ突き出ているように見える。山頂山（ヴィクトリア・ピーク）の中腹にあるより大規模な地利根徳閣第三座（トレグンター・タワーC）における彼のすらりとした十字形のデザインは、高層集合住宅に対する1つの優雅な解答であり、眺望と自然換気の双方が最大限取られている。近い将来を眺めてみると、將　軍　澳（ツェウン・クァン・オー）の環境共生住宅開発（p.1732B）に関するアンソニー・ウンの計画は、1997年に完成が予定されており、その名前が示すように、地域的高層集合住宅デザインという点で香港最先端の実作となることが見込まれている。同計画は、周囲の山々を反映したその特徴的な段状の輪郭に加えて、緑化スクリーン・ウォールのような多くの「緑」の要素、通風とその他の手段——太陽水蓄熱、水の要素や屋外照明に電力を供給する風力発電——を結び付ける総合的「冷却戦略」を、組み入れている。

近年、これらの建築家全員は、中国での新事業に専従しているが、香港での彼らの作品にそのうち相補的な効果をもたらすことが期待されうる。逆説的ではあるが、地域的願望を表現した最近作は、テリー・ファレルによる山頂纜車山頂駅（アッパー・ピーク・トラム・ターミナス、1995竣工、p.1732C）の人目を引くデザインである。山頂山の山頂に高々と据えられたその建物の主要素は、レストランとその他公共空間を収容した曲面の「ボウル」であり、しっかりした基壇上に浮遊している。その印象的な輪郭は、伝統的な中国建築を思い出させるもので、香港の将来の進路の力強いシンボルとなっている。

訳／堀田典裕

20世紀の建築

第 57 章
インド亜大陸

はじめに

　インド、パキスタン、ネパール、スリランカ、バングラデシュの諸国は、類似する経済的・環境的条件や、同類の歴史的・民族的伝統を共有しているとともに、際立った建築的アイデンティティを有している。世紀の変わり目までには、18世紀から19世紀にかけてのヨーロッパの影響に対する追従が、共通の植民地的伝統を生み出してきた。20世紀に現われた独立後の作品は、ポストコロニアリズム、モダニズム、国際様式、地域主義、並びに地方の土着的伝統を含む多くの源泉を利用した。

　南アジアのほとんどの地域にとって、20世紀は植民地支配の下で始まった。帝国主義の影響は、帝都デリーの建築、イギリス総督代理官邸群、多くの公共・官庁建築群、バンガローという住宅建築、そしてインド・サラセン様式の発展に反映された。独立後、同地域は言語的・文化的アイデンティティという考えに基づき、主権国家を定義し直し始めた。植民地であった過去から抜け出し、主権国家が新たな地位を例示する象徴を築くことが必要となった。生まれたばかりのナショナリズムのための新たな建築的シンボルを作るために、ル・コルビュジエとルイス・カーンが招かれ、独立期直後に多くの建築を作った。

　インドのジャワハルラール・ネルー首相による西洋工業化モデルへの追従が、インドの将来発展を普遍的技術に依存したものとした。バクラ・ナンガル・ダムあるいはロウルケラ製鉄所のように、チャンディガールは、変化に専心する国家に合致していた。工場、住宅、公共利用から成る新たな「20世紀の寺院」は、全て単一の官僚支配の下に公共部門により建設された。そのような巨大国家事業において、建築は副次的な地位を引き受けた。民主社会主義によれば、個別の表現を奨励するよりも、共通の基準を設定して既定の規範を満たした建物を作る方がより重要であった。都市の発展でさえも、発展のモデルとしての建築的価値に本質的に関連付けられた。政府という砦と並んで、権力の象徴的中心が、同じように強力な産業と進歩の象徴を生み出した。ジャムシェドプールの製鉄都市、チッタランジャンの鉄道都市、モディナゲールの企業都市の存在が、それらの特別な目的のメッセージを明らかにした。国家建設という課題の中心には、ビジネス事業と経済発展に関する考えがあったのである。

　インド亜大陸のモダニズムが、ヨーロッパを源泉とする信条や楽観主義の多くを捉えたかどうかは、言いがたい。ル・コルビュジエのヨーロッパ・モダニズムとコロニアリズムを取り混ぜた文化的遺産は、自国に局地化されたナショナリズム──貧困と失業に染まったナショナリズム──の形態をもって独立して登場した国々の願望を、十全に表現するほど広い展望やデザインを持つものではなかった。

　この50年間に、急速な人口増加、都心部の発展、慢性的な失業、疎外された経済、不安定な政情が、国境を跨った新たな優先事項を生み出した。都市化の進行により、統制のないままに発生した市街地に、合理的に検討した大規模商業施設を必要とさせた。産業の拡大により、商業・貿易施設の急成長がもたらされ、土地に対する都市の圧力の増大により都心部が密集し、公共空間と都市建築に対して新たなスケールを与える営利事業へ到達した。インド亜大陸諸国の政府は、20世紀の抱負に従って、学校、大学、オフィス、インフラストラクチュアを供給する責任を負った。

　しかしながら、1950年代から1960年代にかけてのモダニズムの背景には、地域工業化の理想である土着的イメージが存続していた。地域や地元の自立、個別の表現を意図する施主のより高圧的な要求は、今や形態や材料で表現され、それがより現地化されたアイデ

ンティティを物語っている。人々が建物と関わる必要性があるという認識の広まりにより、設計と建設の職能的プロセスへと地方の理想を統合していくようになった。

植民地の現存

　今世紀初頭、およそ 300 年にわたるインド亜大陸のイギリス支配を経て、帝国の支配者は同帝国を石造建造物で飾りたいと感じた。ウィリアム・エマーソン (1843-1924) による**カルカッタ**（現コルタカ）の**ヴィクトリア女王記念館** (1906-21、p.1737A) の構想がカーゾン卿に浮かび、彼は、インド諸王国に対して感謝を示す大いなる所作として、建設資金を上納するように命じたのである。その建物は、都心の巨大な空間であるマイダーンの端の高い台座の上に建てられて、記念碑的な役目を十分に果たしている。計画の中心要素である大理石の女帝胸像を収めた巨大な部屋には、非常に高いドームが載せられている。

　1911 年にイギリス政府がデリー遷都を決定したのに伴い、エドウィン・ラッチェンス卿 (1869-1944) による**デリー、セントラル・ヴィスタ**の**総督府**（現ラシュトラパティ・バワン、1912-30、p.1737B、p.1738B）が、壮大な都市的所作として設計され、ライシナ・ヒルの小高い場所で帝国の意志を示した。ハーバート・ベイカー卿 (1862-1946) による**デリー**の**中央事務局** (p.1739A) とその傍に建つ円形の**国会議事堂** (1930) の両者は、街路樹が立ち並ぶ 2 km に及ぶ**セントラル・ヴィスタ**の軸を補強するために、それに沿って設計された。総督府は、その土着のモチーフや形態とヨーロッパの古典的伝統との巧妙な統合を表象しており、その卓抜した融合により、その建物には帝国の記念碑としての当初の役割を越えた建築的意義が与えられている。同じような形態の融合は総督府内部においても見出される。主階の中心は、謁見あるいは戴冠ホールである。それは中央ドームの下に置かれ、3 つの主要なドローイング・ルームに隣接する多くのステート・アパートメントに取り囲まれている。その建物はまた、ステート・ダイニング・ルーム、舞踏室、多くの客室をも収容している。セントラル・ヴィスタ上の他端部にあり、総督府に相対しているのが、**全インド戦争記念碑**（インド門、1931 竣工、p.1739C) と**ジョージ 5 世記念碑**（ともにラッチェンス設計）である。

　ニューデリー計画の主軸であるセントラル・ヴィスタは、主要交差軸によって二分されており、バロックの伝統に則り、これらの主軸が、さまざまなスケールと重要度を持つ円形や八角形の広場から、放射状に伸びる小スケールの対角線道路網に対する枠組を形成している。異なるタイプとスケールを持つ住宅が、独立した地区に分離して建てられ、非住居系の用途は、全般的にオールドデリーに隣接する計画北東部に閉じ込められている。旧市街の重要建物群や史跡（たとえば赤い城）は、対角線のヴィスタによってニューデリーの主要建物群に視覚的に結び付けられている。同計画は 1912 年に創設された都市計画委員会によって練られたものであり、そのメンバーにはリヴァプール市技師であるジョン・ブロディー、顧問建築家であるエドウィン・ラッチェンス卿、顧問であるヘンリー・ランカスターが含まれていた。

　ラッチェンスのインド門の前の広大な緑地は、八角形の道路によって囲われている。八角形のうちの 4 つの主要交差点は、豪壮な邸宅で占められている。それらは全てラッチェンスによって設計されたもので、中央ドームの両側翼部が伸ばされており、これらに共通する蝶型平面は、部分的には都市シークエンスを考慮した結果であった。4 つの内、**バローダ・ハウス** (1920) や**ハイデラバード・ハウス** (1920 頃、p.1739D) は最も注目すべきものである。

　インド政府の主任建築家でラッチェンスの片腕となって働いたロバート・トール・ラッセル (1888-1972) は、マスタープランを行なった者の意向を尊重して自分の建物を配置した。R. T. ラッセルと W. H. ニコルズによる**デリー**の**コノート・プレイス** (1928-31、p.1739B) を構成している直径 335 m の円形広場は、同心円の列柱廊を有し、放射状の軸によってニューデリーをオールドデリーのよりインフォーマルな計画に結び付けている。ラッセルはまた、総司令官邸である**デリー**の**フラッグスタッフ・ハウス**（ティーン・ムルチ、1930、p.1740A) を設計した。その建物は、同時期のインドにおける最も見事な住宅建築の 1 つであり、国中に建てられた大規模バンガローの原型となった。

　ニューデリーには、より小さな官庁や住宅建築の貴重な混合区域があり、その大半が気候と熱帯地方のデザインの伝統に呼応した単純な古典的方法で設計されている。そのようにして、ベランダ、深いポーチ、高い位置に並べられた建物を横断する通風用の窓が主要モチーフとなって、古典的な形態とディティールで仕上げられたのである。その有名な事例が、W. H. ニコルズによる**ニューデリー、フェロズシャー通り**の**中級集合住宅** (1925 頃、p.1740B) である。デリーにはまた、20 世紀で最も特異な教会堂がある。A. G. シュースミスによる**聖マーティンズ・ガリソン教会** (1928-30、p.1740C) は、大きな初源的力と存在感を持ったモニュ

A ヴィクトリア女王記念館、カルカッタ（1906-21） p.1736 参照

B 総督府（現ラシュトラパティ・バワン）、デリー（1912-30） p.1736 参照

1738 | 20 世紀の建築

A 総督府および中央事務局、デリー（1912–30） p.1736 参照

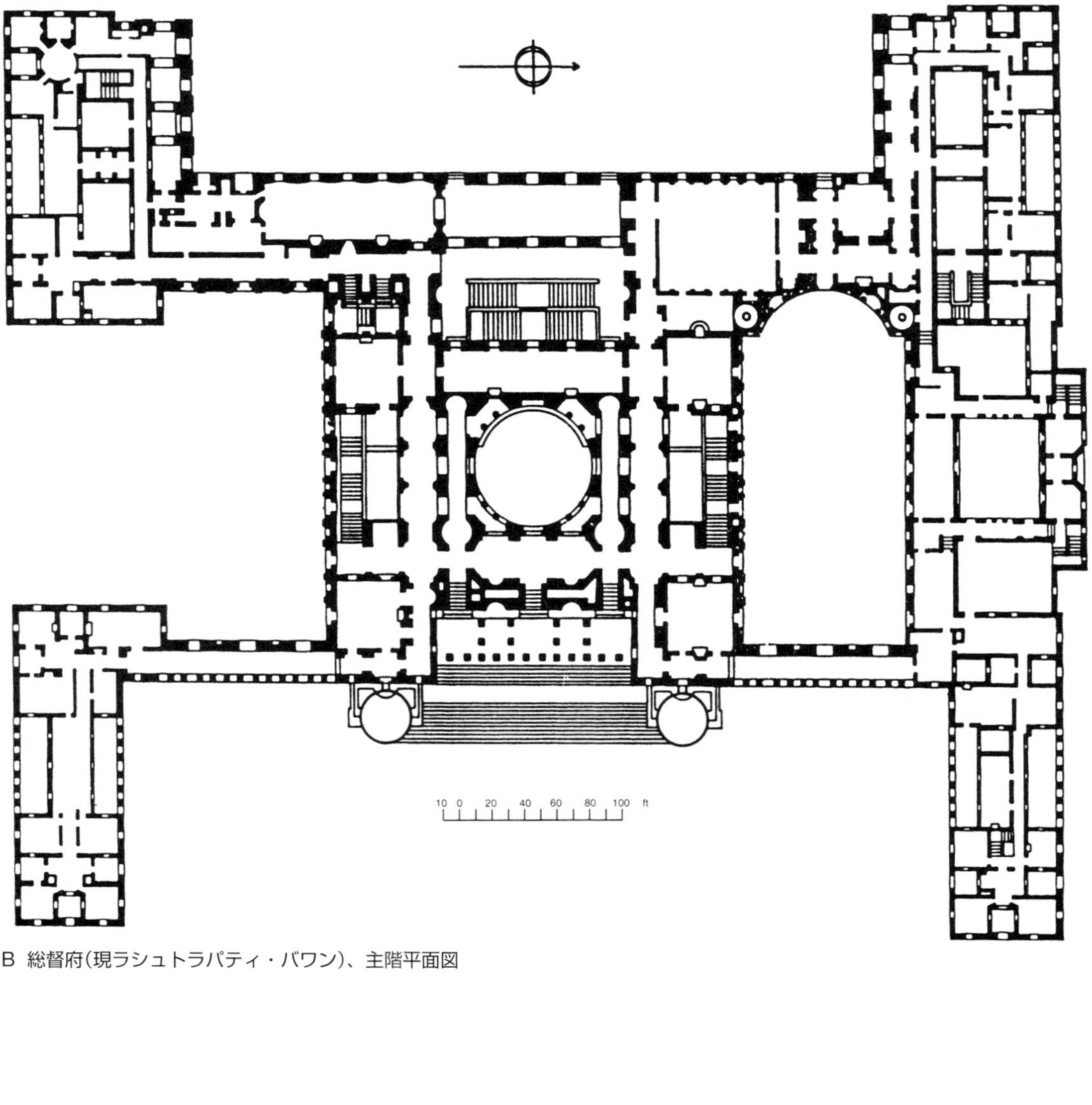

B 総督府（現ラシュトラパティ・バワン）、主階平面図

A 中央事務局、デリー（1930 竣工） p.1736 参照

B コノート・プレイス、デリー（1928-31） p.1736 参照

C 全インド戦争記念碑（インド門、1931 竣工） p.1736 参照

D ハイデラバード・ハウス、デリー（1920 頃）
p.1736 参照

A フラッグスタッフ・ハウス、デリー(1930) p.1736 参照

B 中級集合住宅、ニューデリー(1925 頃) p.1736 参照

C 聖マーティンズ・ガリソン教会、ニューデリー (1928-30) p.1736 参照

D カトリック聖心教会、ニューデリー(1934) p.1741 参照

メンタルで、巨大なレンガ造の立方体の構成である。ニューデリーの市街の側面に立つ他の主要教会堂が、半パッラーディオ風かつラッチェンス風の**贖罪大聖堂**（1928 着工）と、**カトリック聖心教会**（1934、p.1740D）であり、ともにヘンリー・メッド（1892-1977）による設計である。

ボンベイ（注：1995 年に、ボンベイの名称はムンバイに変更されたが、これまでの章と一致させるために、本章ではボンベイを用いる）で活動していた植民地建築家の内で、ジョージ・ウィテットは、デリーの植民地建築家よりも、もっと意図的なインド建築の様式的評価を示している。**ボンベイのプリンス・オブ・ウェールズ博物館**（1905）は、インドとヨーロッパの伝統的要素を混合しており、ヒンズー建築の腕木とムガル建築のアーチが、古典的なシンメトリーの平面上で結び付けられている。しかしながら、F. W. スティーヴンによるヴィクトリア・ターミナス駅（第 41 章参照）や市役所を主要事例とする、ボンベイの繊細な 19 世紀ゴシック建築とは異なり、ウィテットによるファサードは、和らぐことのないモニュメンタリティを有している。後に彼は、国王ジョージ 5 世の 1911 年の訪印を記念して建てられた記念門、**ボンベイのインド門**（1927 竣工）に、同様のデザインを当てはめた。その三連アーチは、16 世紀の装飾、ディテール、平面が奇妙に調和しており、地方の市門に似ている。中央大アーチは、壁に取り付けられた小塔で縁取られ、小アーチは繊細な石造格子で塞がれている。このようなインド・サラセン様式の混合は、異国の地で新たな植民地の存在を確定する便利な手段を提供したのである。W. チェンバースによる**ボンベイのタージ・マハル・ホテル**（1903）は、これに並んで建てられ、1903 年に建てられたヨットクラブに隣接している。7 階建のホテルの海側立面は、非常に多くの古典様式とグジャラート様式の要素を見せている。

主要都市の外部では、多数の 20 世紀の植民地建築を**ルクナウ**で見ることができ、特にヘンリー・V・ランカスター（1863-1953）による**議場**（1928）や**逓信ビル**（ローデックと共同、1931-32）が有名である。ランカスターはまた、**ジョドプールのウマイド・バワン宮殿**（1929-44）を設計したが、それは彼のインドにおける最高傑作である。E. W. フリッチリーによる**マイソールのラリタ・マハール宮殿**（1930）もまた堂々としており、それはロンドンのセント・ポール大聖堂を緩めて引き伸ばしたものである。

もし植民地時代が、同国の独立後の建築を踏みにじるような大きな影響を与えたとすれば、それは「公共事業局（PWD）」を創設したことであろう。この PWD には、そのように巨大な国を統治可能にするような建築的・工学的基盤を供給するという恐ろしい仕事が任された。PWD の最も野心的な工学的試みの 1 つ、ヒューバート・シャーリー＝スミスによる長いスパンを持つ**カルカッタのハウラー橋**（1943）から、ホールゼイ・リカルド（1854-1928）による**ハウラー駅**（1900-8）を見ることができる。それは、ロマネスク様式兼ムーア様式の広大なレンガ造建物で、そのファサードは川に面している。しかしながら、その建物が、その鉄道線路の始点から国中に伸びる鉄道と道路の大ネットワークという帝国主義の物理的な広がりを絶えず思い出させるものである以上、その象徴的な意義が強調され過ぎることはない。

モダニズムとインド

1947 年にイギリス支配から独立した後、ジャワハーラル・ネールの政府は、パンジャブ州の新しい州都である**チャンディガール**の建設に着手した。ル・コルビュジエによるマスター・プラン（1950）は、1933 年の CIAM の「アテネ憲章」で神聖化された近代都市計画の主要原則を反映した格子状都市計画を構想していた。ル・コルビュジエはまた、主要官庁建築も設計した。モダニストのモニュメントと都市計画の結合は、独立後のインド近代建築の発展にとっての転換点であった。もしチャンディガールがインドからのある種の離脱を象徴しているのであるならば、それは意図的なものであり、実際に望ましいことであった。民主主義がついにインドに、さらにはチャンディガールに到達し、ネールによれば、それに物質的な表現を与えなければならなかったのである。

ル・コルビュジエによる**州議事堂**（1955-60、p.1742A）、**高等裁判所**（1952-56、p.1743A）、**事務局**（1952-56、p.1742B）からなる**首都複合施設**は、モニュメンタルなヒマラヤ山脈を背景にした、都心部に相互に関連しつつも、独立して建っている。**近隣地区**は、マックスウェル・フライとジェーン・ドリューによって設計された。ル・コルビュジエは、鉄筋コンクリート造の新たな建築を実現する際、インドの伝統からある種の彫塑的形態と、文化的・風土的要素を借用した。スクリーン・ウォールとパーゴラの形状が彼独自の打放しコンクリートの美学に合うように変更されたが、これらをモダニストの形態に取り込むことは、この独立国家の建築家達に影響を与え始めた。ピエール・ジャンヌレは、チャンディガールでのル・コルビュジエの計画の実施と、この新首都での多くの小建築のデザイ

A 州議事堂、チャンディガール(1955-60)　p.1741 参照

B 事務局、チャンディガール(1952-56)　p.1741 参照

第 57 章　インド亜大陸　　1743

A　高等裁判所、チャンディガール（1952-56）　p.1741 参照

B　繊維織物業協会ビル、アフマダーバード（1953-56）　p.1744 参照

ンを任されていた。後者は全て、土着のデザインと建築伝統への共感を示しており、例としては、集合住宅を初めとするさまざまなビルディング・タイプが混在している**ピオン・ヴィレッジ**(1952-53)や、**ガンディー・バワン**(1959-61)が挙げられる。

チャンディガールの首都委員会の他に、コルビュジエはまた、**アフマダーバード(アーメダバード)の繊維織物業協会ビル**(1953-56, p.1743B)や、**ショーダン邸**(1953-56)と**サラバイ邸**(1953-56)という2軒の重要な住宅を設計した。両者とも、建物と周囲の景観とを統合する手段として、回転扉と平行する壁を用いている。

新しく計画された都市チャンディガールで区画が行なわれた後、大学評議会は、(以前はラホールにあった)**パンジャブ大学**の統合キャンパスをそこに建てることを決定した。当初のマスタープランは、J. K. チョードゥリー(1918-)によって準備され、彼は引き続き同大学の**化学工学棟および技術棟**を設計した。そのマスタープランは、1958年に、ピエール・ジャンヌレ(1896-1967)とブハーヌ・マズールによって改訂され、後者がキャンパスの実施設計と監理を行った。

パンジャブ大学のキャンパスは、チャンディガール北東端にあって、**医学研究大学院**、**パンジャブ工科大学**、**建築大学**に隣接し、ともに同市の教育ベルト地帯を構成している。同計画は、**図書館**、**学生センター**、**美術館**および**ガンディー・バワン**から成る内部核施設の周りに建てられた学術複合施設で構成されている。建築家 J. K. チョーデュリーが設計した**パンジャブ工科大学**(1950-53)の主要教育施設は、自立した階段室で垂直方向に結ばれた3階建の長方形の建物であり、個々の実験室が1階の立面を越えて張り出されている。その配置は、当時、国中に建てられた多くの公共建築の代表であって、平坦でしばしば平凡な地形に広がる長方形グリッド・プランに基づき、屋根付きの歩廊で結ばれている。

ヒッサールのハリャーナ農業大学(1970-77)の設計委託もまた、チョーデュリーに渡ったが、その時、農業技術の改良が国家経済に必須のものであると見なされていた。博物館、作業場、展示ホール、階段講義室が、都市の教師と田舎の後援者間やその逆の意見交換を行なう舞台を作り出している。同様に、パンジャブ政府の義務教育計画は、学校施設に対する突発的な需要を生み出した。ジート・マルホトラ(1929-)による**チャンディガール高等中学校**(1959-60)は、線形のレンガ剥き出しの建物で、持送りのある開口部を有しており、上記計画下で建てられた14の学校のうちの1つであった。

キャンパス内の、より記憶に残る建物の1つが、ブハウ・マズールによる**チャンディガールのパンジャブ大学美術館**(1969)である。それは、砂岩張りの立方体の建物で、インドにおける近代的ミニマリズムの伝統の最初期の表現の1つである。中庭周りに相互連結された正方形の部屋が配されることで、展示物を巡る途切れることのない動きが保証されている。そのような空間の変化は、もともとチャールズ・コレア(1930-)が、アフマダーバード、サバールマーティ・アシュラムの**ガンディー・スマラーク・サングラハラヤ**(1958-63)で、考案したものであった。その建物は、レンガ造の柱の連続グリッド上に設けられた一連のオープン・パヴィリオンとして、基本単位的に考えられており、コンクリートで支えられたテラコッタ・タイル葺の屋根で覆われている。建築要素が、マハトマ・ガンディーに関する展示物のシークエンスを区切っているのである。

ル・コルビュジエからインスピレーションを受けた建物に加えて、1940年代から1950年代にかけてインド全国に建てられた建物には、異なる風土や文化の要求に敏感に応じて施工された時期のモダニズムの多才ぶりが示されている。著名な事例に、アントニン・レーモンドによる**ポンディシェリー、オーロビンド・アシュラムのゴルコンド邸**(1936-48)や、ウォルター・ジョージによる**デリーの結核協会ビル**(1950-52)がある。

国際様式の初期の影響は、ハビブ・ラーマン(1915-95)や、ヴァルター・グロピウスの下で学んだ A. P. カンヴィンデ(1916-2002)のような建築家達による先駆的な作品に明らかに見られた。前者の際立った建築的特徴は、1950年代から1960年代にかけての PWD の高度に官僚組織化された環境でさえ感じられた。

ラーマンは、中央公共事業局の上級建築家として、インドのいたる所に公共建物、記念碑、集合住宅を設計した。その中には、建設当時に同市で最初の高層建築物の1つであった14階建の**カルカッタの新事務局**(1949-54, p.1745A)が含まれている。彼が設計した**デリーのラビンドラ・バワン**(1959-61、p.1745B)という展示場は、ロータリーのカーブに沿って引き伸ばされた五角形平面である。展示ギャラリーは、内部にグレアのない採光をするために、「ヤリス」で覆われた窓を備えている。

政府所有の会社である PEPAC(パキスタン環境計画・建築コンサルタント)は、1960年代の設立以来、パキスタンにおけるいくつかの主要な公共建築の設計を支配してきた。PEPAC による高い水準の設計と建設は、都心部の数件の映画館からなる**イスラマバードのフロンティア・ハウス**や、HHBFC(集合住宅・住宅建設金融社)によって建てられたその他の建物で明ら

第 57 章　インド亜大陸　　1745

A　新事務局、カルカッタ（1949-54）　p.1744 参照

B　ラビンドラ・バワン、デリー（1959-61）　p.1744 参照

C　グル・ナーナク大学、アムリトサル（1970-78）　p.1747 参照

D　インディラ・ガンディー屋内スタジアム、デリー（1980-82）　p.1748 参照

A プレマブハイ・ホール、アフマダーバード(1956-72)　p.1748 参照

B ネルー・パヴィリオン、デリー(1971-72)　p.1748 参照

C ヒンドゥースタン自動車工場、ホスール(1975)　p.1748 参照

かである。政府が主要公共建築の設計を厳格に統制し続ける一方、海外で教育を受けた何人かのパキスタン人建築家はこの20年間に、民間出資事業のすばらしい遺産を残した。そのようなプロジェクトの中で有名なのが、ヤスメーン・ラリによる**カラチのハック提督邸**、カマル・カーン・ムンターズによる**コットの労働者住宅**や、ラホールのアル・ハムラ芸術評議会ビルである。ラホールの**リバーズ・ガーデン・フラッツ**や、ラホールの**シャキル・アリ・オーディトリアム**において、ナイヤール・アリ・ダータは、控え目であるが劇的な手法でコンクリートとレンガを用い、プレキャスト・コンクリート製ヤリスと単純な平面とを組み合わせている。

インドやパキスタンとは異なり、スリランカは、独立初期には亜大陸でのモダニズムの発展と復活に影響を受けないでいた。この地域における他の国々の建築が、産業活動の成長、ル・コルビュジエの支配的存在、後にはルイス・カーン（1901-74）の思想に影響される一方、スリランカの公共建築は、元来持っていた伝統的言語を発展させた。

スリランカにおけるイギリス植民地の遺産である**トーリントン・ハウス**（1915）と**新市庁舎**（1927）は、ともに**コロンボ**にあり、依然として象徴的存在のままである。独立後、国家に対する自覚の高まりは、地方の伝統を例示した建物、特にカンディー地方の寄棟屋根が載せられたウィン・ジョーンズによる**独立記念碑**（1953）に表われた。スリランカの屋根要素を組み入れた同時期の同様の事例には、シルリー・ドゥ・アルウィスによる**ペラデニヤ大学**（1931）がある。

1950年代および1960年代におけるミネット・ドゥ・シルヴァの作品は、モダニストの表現法の大きくなりつつある現状を受け入れて、より新しい建築的応用を探求した。彼女の初期住宅には、カーポートと屋上庭園を備えた**キャンディー（カンデー）のスプリット・レベル・ハウス**（1951）と**セナナヤケ・フラッツ**（1954）、浮遊するコンクリート造スラブの下で構造が組み上げられた**ペイリス邸**（1953）を含んでいる。彼女の後期作品においてのみ、この島の地方的伝統が何がしか介入していた。**シーギリヤ・ツーリスト・コンプレックス**（1970）は、土壁のコテージ群から成り、**第二ペイリス邸**（1965）は、伝統的な中庭周りにまとめられている。

大半のインド人建築家たちは、易々と入手可能なモダニズムの表現法を採用したが、その様式を地方の状況に適合させることが必要となった。適当な事例は、C. S. H. ヤブヴァーラ（1920-）設計の**デリー大学キロリマル・カレッジ**（1954）で、校舎は敷地の特徴であるレンガ用粘土の掘削形状に応じて、曲がりくねり長く引き伸ばされている。

境界壁内の敷地に建つ建物群は、1950年代と1960年代に構想された学術的複合施設の特徴であるが、通常、周囲と関係のない建築プログラムを有していた。ジャスバー＆ローズマリー・サフデヴによる**アムリトサルのグル・ナーナク大学**（1970-78、p.1745C）は、長方形の敷地の四隅に建つ他の建物とともに、キャンパスの核を形成している。C. P. ククレジャ（1938-）による**ジャワハルラール・ネルー大学**のキャンパス計画は、より分散したレイアウトを有しているが、幹線道路に沿ってひときわ大きなスケールで展開された。そのマスタープランは、学術的複合施設がキャンパスの核を構成している。それは廃れた採石場を遠望する広大で波打つ中央台地にある。

教育に特化されてはいるが、キャンパス計画から独立しているいくつかの建物が、専門化された芸術や科学の必要に応じて登場した。B. V. ドーシ（1927-）による**アフマダーバード、ナヴラングプーラの建築学校**（1966-68）は、芸術、展示、図書施設を含んでおり、陽光を減じるとともに自然の通風路を作り出すために、南北方向に平行に配された剥き出しのレンガ壁の間に収められている。アチュート・カンヴィンデによる**ボンベイのネルー科学センター**（1976-80）のデザインも同様に、標準化された構造と空間の単位を展開したもので、それらは形を変えて用いられて、複合施設内に多様性が生み出された。それは、チャールズ・コレアが、明らかに異なる諸機能を収めた以下の2つの計画で探求したアイデアである。

チャールズ・コレアによる**ボーパールのバーラト・バワン**（1975-81）では、複数の施設が、人を探検に誘うよう配置された中庭とテラスのランドスケープ中に収容されている。**ボンベイのサルヴァカオ教会**（1974-77）では、コレアは同様に、宗教的な人の動きを定義し直すために、独自のシークエンスと手法を生み出す道を選んだ。ここでは、教会堂設計において一義的な関心事の1つである光と影のシークエンスが、一連の相互連結された中庭と部屋で用いられ、来訪者を聖所のより暗い中心に引き寄せている。両方の建物において空間と光の初源的な特質は、荒削りされた石、打放しコンクリートの表面、梁、コンクリート・シェルによって補強されている。

ラッチェンス以後のニューデリーの多くの商業ビルは、植民地の伝統からの独立を主張するためだけでなく、構造の有用性を謳うために建てられ、それによってこれらの建物は審美的には切り離されている。「構造主義」の主たる考え方は、唯一の装飾形態として建物の工学的骨組を表現することであった。クルディッ

プ・シンハ(1934-)によるデリー、サンサド・マルグのニューデリー・シビック・センター(1956-83)の湾曲した18階建のコンクリート造の塔は、コレアによるLICセンター(1975-88)や、ランジット・サビーキ(1935-)によるDLFセンター(1990)のような近隣の建物とともに、同市中心商業地区のスカイラインを引き直した。これら近年のランドマークは、大理石と御影石の床、柱の並ぶ玄関、反射ガラスのカーテン・ウォールを備えて、そびえ立つ商業の砦として孤立して立っている。

「構造主義」の傾向は、1970年代においても衰えることがなく、公会堂や展示場で大いに示された。同時期の2つの主要作品、ラジ・レワル(1934-)によるデリーの民族ホール(1972)と、カンヴィンデ、ライ&チョーデュリーによるスリナガルのシェア・エ・カシュミール・スタジアム(1984)は、革新的なコンクリート造立体骨組の建設方法を示している。これら2つの建物は同じように見えるが、スリナガルのスタジアムは単層トラスであるのに対し、レワルの建物は本来のコンクリート骨組である。

その他の注目すべきスタジアムは、1982年にデリーで行なわれたアジア競技大会に際して建てられた。これらの中には、ジャスバー&ローズマリー・サフデヴによるシリ・フォートのウェイト・リフティング競技場や、サティシュ・グローヴァー(1940-)によるタルカトーラの屋外水泳競技場(1979-82)がある。構造上、最も印象的な作品は、シャラト・ダスによる2万5000人収容のデリー、インドラプラスタのインディラ・ガンディー屋内スタジアム(1980-82、p.1745D)であり、周囲に建てられた8本のコンクリート製の支柱が、明かり窓付き中央ドームを載せた鉄骨格子梁の屋根を支えている。スライディングフォーム工法によるプレストレス・コンクリートの8本の支柱はまた、建物のサーヴィス部と階段を収容している。この建物はジャミュナ川に沿ってモニュメンタルな外観を示しているが、より意識して練られた都市的な応答が、B.V.ドーシによるアフマダーバード、ティーン・ダルワザのプレマブハイ・ホール(1956-72、p.1746A)である。その構造体は、上階の大きく張り出した片持梁で街路を取り込んで、そばにある歴史的な市門を補完している。

建築は、伝統的に主要大都市における都市商業の発展を具現化してこなかったが、この20年間で、地方自治体当局は、オフィス複合施設の計画に対して市有土地を充てるように促進されてきた。ラッタン・シン&V.V.ボダスによるデリーのネルー・プレイス地区センター(1975)は、デリーにおいて巨大な規模で構想され建設された最初の商業複合施設の1つであった。それは、娯楽施設、映画館、ホテルと、屋外劇場、博物館、図書館、美術館を備えた複合文化施設を擁する店舗兼オフィスの98層棟を想定したものであった。

インドでは、しばしば公人を記念することが、神格化概念に基づくモニュメントを生み出してきた。ヴァーヌ・ブータ(1922-)によるデリー、ラージカートのマハトマ・ガンディー・スマラク(1956)は、基本幾何学中に、誠実で質素なガンディーの生涯を投影している。斜路付きの入口、閉鎖された中庭、正方形の記念板がマハトマ・ガンディーの生と死のシンボルである。立面の微妙な変化と御影石板周りの開放的な囲いが、祈念する雰囲気を生み出している。ラジ・レワルは、デリー、プラガティ・メイダンのネルー・パヴィリオン(1971-72、p.1746B)において、同様の反転したモニュメンタリティを達成している。それは伝統的寺院の周歩廊のように内部が考えられ、草で覆われた築堤下に埋設された2階建の建物である。

工業建築

企業の建築は、インドにおいては比較的新しく、近年になってようやく、会社は企業の理想像を打ち出し、売り込む建築イメージの必要性に気付くようになってきている。ロミ・コースラ(1941-)は、バンガロールのユナイテッド醸造会社本社(1979)で、全ての管理機能を4階建、総ガラス張りの中枢施設に収め、環境制御の新しい手段として、八角形の外部シェルを離して設けている。デザイン要素として発展してきた伝統的な日除けは、チャンダヴァルカール(1928-)&タッカール(1923-)によるタミル・ナドゥ州、ホスールのヒンドゥースタン自動車工場(1975、p.1746C)での張り出したコンクリート格子枠にインスピレーションを与えた。以下の近年における2つの大規模プロジェクトは、デザイン上は似ていないが、小規模複合施設や個々の建物では不可能な内部における構造の連関を示している。一方のプロジェクト、B.V.ドーシによるバーラト・ダイアモンド取引所は、小さな町の規模を持ち、1つの屋根の下にダイアモンド取引活動の大半を持ち込んでいる。もう一方のプロジェクト、サトナム・ナミタ&アソシエイツによるエジーマラのジャワハルラール・ネルー海軍士官学校の統合キャンパス計画も、同様の壮大な規模を持ち、西ゴート半島に沿った930haの敷地の自然地形に従って建てられている。これらプロジェクトは両方とも、1995年に着工予定であった。

宗教的シンボリズム

インドにおける宗教建築は、明確な文化的アイデンティティを保持してきた。工業化に大きな影響を受けることもなく、キリスト教、シーク教、ヒンドゥー教、イスラム教、ジャイナ教の信仰に特有の様式的ニュアンスやシンボルは、いまだに存続している。しかしながら、伝統的な宗教的象徴の現代的な使用は、様式の混合、伝統的および近代的建設材料・方法の混合を伴っている。シュミット&サチトラ・ゴーシュによる**ダクシン・デリー・カリバリ寺院**(1986-88)は、「ベンガル屋根」を用いて伝統的に設計されているが、寺院の円錐形をした上部構造は、コンクリート造である。ラム・カタカム(1944-)による**デリー正教会・教区センター**(1984)は、インドにおけるシリア・キリスト教会(ヤコブ派)のデリー大都市圏教区の本部であり、地元産のドールプール石張りのドームと傾斜した輪郭は、中東における同様の建物を思わせる。それとは対照的に、ファリバーツ・サーバによる新しい**デリーのバハーイー教寺院**(1982)は、バハーイー教の普遍性を象徴するために独特な屋根構造を利用している。寺院の主構造は、蓮の開いた花弁を真似た巨大な円形のコンクリート・シェルという形態を採っている。内部の花弁は、建物のドームを形作り、リブのシステムによって支えられているが、一まとまりの放射状の梁によって位置が保たれている。

ローリー・ベイカー(1917-2007)による**ティルヴェラの聖ジョンズ大聖堂**(1977、p.1750A, B)は、全体が地元で入手できる御影石とレンガで建てられており、壁の間に渡されたジャックウッド・トラス[訳註：ジャック・ウッド(熱帯性睡蓮)の形態を模したトラス]が中央の天窓まで立ち上がっていて、ギリシャ十字形をした内部構成とヒンドゥー教寺院の外観とが組み合わされている。キリスト教が最初にインドに伝来した時、地方で発達したその建築は、ヒンドゥー教徒が宗教建築で用いていた「バンブー」様式[訳註：竹を主要構造材として用いるインドのヴァナキュラー建築様式]に似ていた。A. G. K. メノン(1941-)による**ワーラーナシーの聖メアリーズ教会**(1990-93、p.1750C-E)は、単純な幾何学要素に依拠した多面体の平面形を持つものとして構想され、瓦葺の傾斜屋根と、伝統的なヤリスを備えている。

カーンと公共建築

ルイス・カーンの沈黙と光に対する関心は、彼の建物にある形態と秩序を与えた。インド亜大陸における彼の2つの主要計画、**アフマダーバードのインド経営大学**(IIM、1963-74、p.1751A-C)と**バングラデシュ、ダッカの議会の城**(1967着工、本章後述参照)における、彼の秩序の探求は、厳しい気候を和らげるレンガとコンクリートの壁の層状の組合せで頂点を極めた。場所と文化はともに、外部の建築形態ばかりでなく、建物内の活動を収容することに影響を与えた。アフマダーバード経営大学の26 haのキャンパスは、3つの部分、すなわち大学＝U字型平面の図書館・事務室・教室、周辺の学生寮＝中庭で分けられた寮室のユニット、教員住居＝複合施設の外周を限定する中庭周りの連結されたバンガローに分けられている。全ての建物は、卓越風を利用する方向に向けられる一方、光庭、中庭、ロッジアは、陽光の侵入を最小限にとどめるのに一役買っている。同大学の学生寮は、特定の建築要素──すなわち窓に濃い影を落とすロッジア、台所や洗面所といったサーヴィス部のクラスター化、アーチやパラペットの連結で単調さが破られ、コンクリートのスラブが差し渡されているレンガ耐力壁の間に等しい幅を持った階段ベイ──の中から抽出されたことを反映すべく設計された。

アナン・ラジェ(1929-2009)は、カーンのインドでの遺産を自然に受け継ぎ、1974年のカーンの死後、IIMの増築でレンガの言語を続行した。たとえば、**学生寮・食堂**(1975-80)や、オーディトリアムやオフィスの複合施設である**マサイ・センター**(1994)が挙げられる。別の公共事業であるチャールズ・コレアによる**ハイデラバードのジャワハルラール・ネルー・インド工業開発銀行**(1992)は、主要な特徴として階段状に造園された中庭を有している。

ラジェの独立した作品を生み出す特有のデザイン・アプローチは、中央インドの中世遺跡に見られる類のモニュメンタリティを示している。**ボーパールのインド森林経営大学**(1984着工)という政府支援事業は、講義、セミナー、居住、余暇の施設を収容し、森林に対して生態学的により健全なプログラムを推進するように特に設立されたものである。同大学は、ボーパールの湖を見下ろす岩の多い敷地にあって、地形と周囲への眺望を引き立たせる建物とランドスケープの組合せを作り出している。管理・経理等の事務室は、主前庭周囲にまとめられる一方、教室、セミナー室、図書室、講堂は、隣接する学生寮とともに、一層落ち着いたアカデミックな中庭の周りにまとめられている。幾何学は、直交軸に関する融合と衝突の1つであるが、そのアイデアは、ラジェがカンヴィンデ&ライと共同設計した**デリーのインド統計大学**(1970-76)において最初に

1750 | 20 世紀の建築

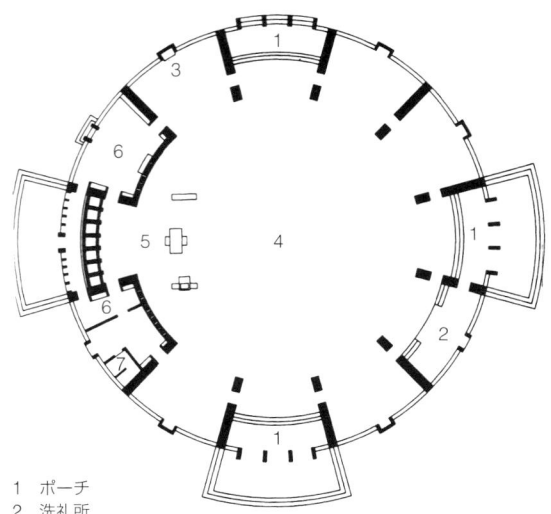

1 ポーチ
2 洗礼所
3 礼拝堂
4 身廊
5 内陣
6 聖具保管室
7 化粧室

A 聖ジョンズ大聖堂、地上階平面図、ティルヴェラ

B 聖ジョンズ大聖堂、ティルヴェラ（1977） p.1749 参照

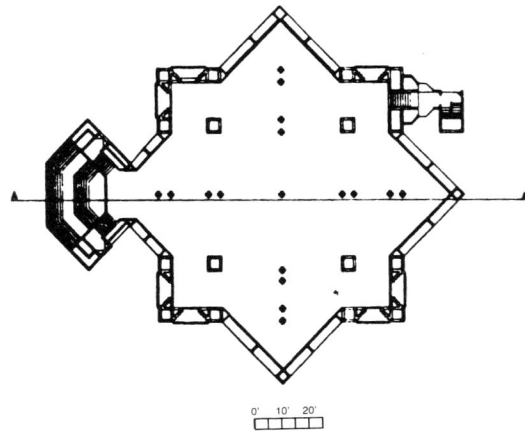

D 聖メアリーズ教会、地上階下部平面図、ワーラーナシー

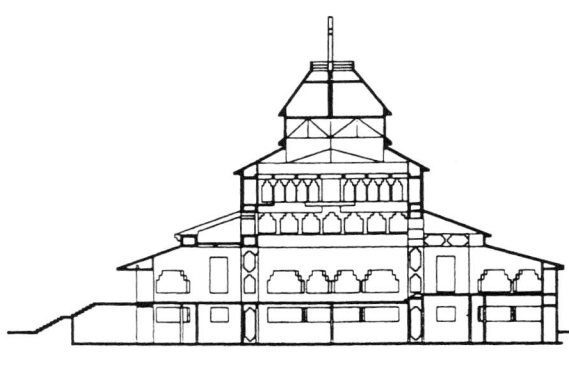

C 聖メアリーズ教会、断面図、ワーラーナシー

E 聖メアリーズ教会、ワーラーナシー（1990-93）
p.1749 参照

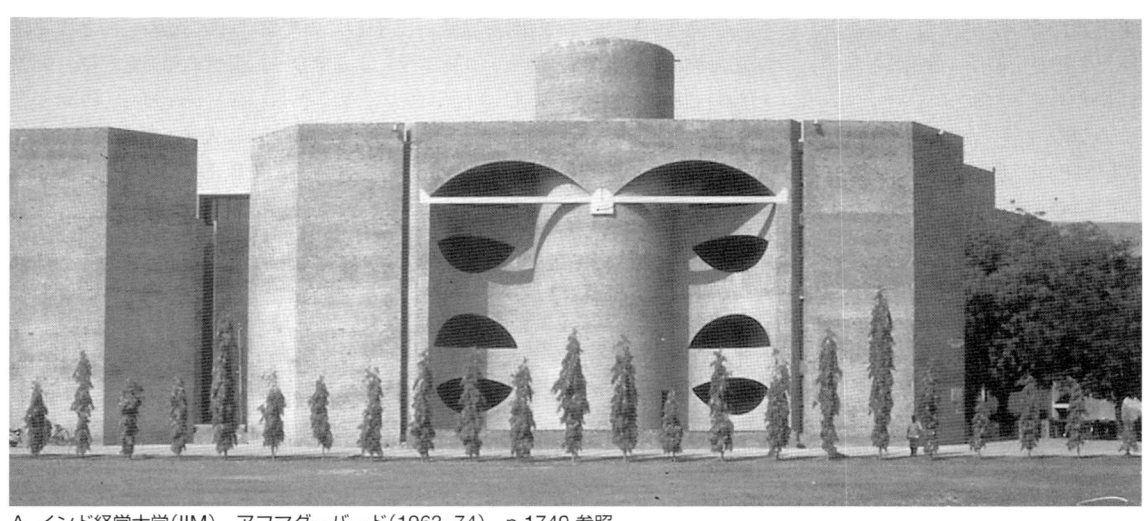

A インド経営大学(IIM)、アフマダーバード(1963-74)　p.1749 参照

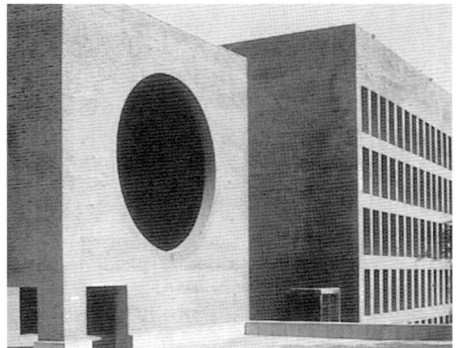

B インド経営大学、事務棟、アフマダーバード

C インド経営大学、主要エントランス、アフマダーバード

D インド経営大学、バンガロール(1977-85)
p.1752 参照

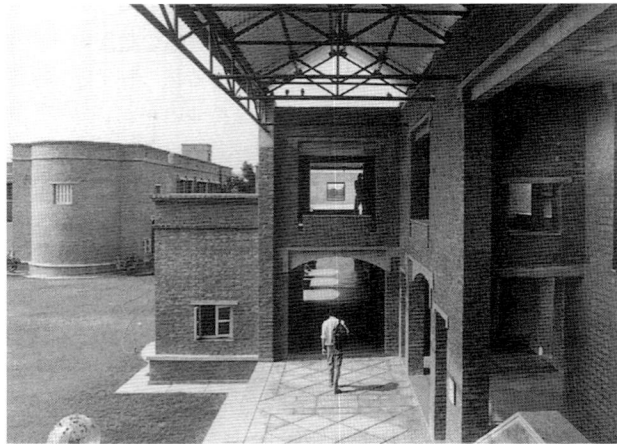

E 企業開発大学、アフマダーバード(1985 着工)　p.1752 参照

実現された。そこでは、事務室、教室、住宅といった異なる機能が巧みに操作され、1つの統合された平面にまとめられている。バイマール・パテル（1956-）によるアフマダーバードの**企業開発大学**（1985 着工、p.1751E）におけるヴォリュームの整列と平面の歪みは、ラジェのデザインに見られたように、同大学の特定領域を視覚的に強調するように意図されている。

B. V. ドーシによる公共建築の大半における支配的なテーマもまた、土地と建物の相互作用である。ステイン、ドーシ&ブハーラによるバンガロールの**インド経営大学**（1977-85、p.1751D）は、1つの都市として構想されており、敷地の地形に導かれた「運動と移動が重なり合って十字路のパターンを生み出している。」ドーシによる**アフマダーバードのガンディー労働研究所**（1980-84、p.1753A）の敷地では、考えられているがインフォーマルな方法で、小さな複合施設を離して建てることができ、長く低い半円筒ヴォールト屋根の建物によって限定された一続きの3つの中庭を作り出している。ドーシが自分のオフィスとして設計した**アフマダーバードのサンガース**（1979-81、p.1753B）は、講演、会議、意見交換の舞台を提供しており、J. A. ステインによる**デリーのインド国際センター**（1960-62、p.1754A）での注意深く分節された内外空間に何がしか似ている。

敷地の起伏を利用した2つの重要な科学系研究所、ラジ・レワルによるデリーの**国立免疫学研究所**（1983-94、p.1754B）と、S. ゴーシュ&アソシエイツによる**シタラム・バールティア科学研究大学**（1988-91）は、広大な研究施設と、教員、学生、職員用集合住宅から成り立っている。これらの建物群は、敷地である岩の多い斜面に沿って、中庭周りにまとめられ、一連の造園が施された中庭を囲む建物群となって、ある種の科学思想の砦を形成している。同様の形態を持つのが、レワルによるデリーの**教育・訓練センター**（1986-89）である。

学校のカリキュラムの変化と、より開放的で本能的な教育・学習態度の発達は、まず学校の型にはまった線状形態に影響を与え始めた。サンジャイ・プラカシュ（1958-）による**デリーのミランビカ学校**（1987）のデザインは、開放的な中庭を形作るために、角が取られているが連結された一連の八角形の建物を提案した。ジャスバー&ローズマリー・サフデヴによる**デリー、ヴァサント・ヴィハール近代学校**（1954-84、p.1754C）の主な長所もまた、レイアウトの断片性であり、斜路、階段、中庭、教室、通路が、個別でありながら連結された全体として知覚される。一定の感覚的影響に対して開かれた計画では、中庭、それに関連付けられた教室、周囲の風景が、子どもの発育に不可欠のものとなる。ロミ・コースラによる**デリーの脳性麻痺児童学校**（1982）のU字型平面や、ウッタム・C・ジャイン（1934-）による**ジョドプールのジョドプール大学・教室および階段講義室棟**（1969-71、p.1755A, B, D）も同様に注目すべきものである。後者は、砂漠の町の街路のように構成されており、閉ざされ影が落ちる教室や講堂は、現地で仕上げられた石で建てられており、伝統的な石工技術を広範囲に利用している。ジャインによる同様な建物要素の巧みな操作は、ボンベイのより熱帯の風景の中で広がる複合施設、**インディラ・ガンディー発達研究大学**（1985 着工）において見ることができる。

伝統的な形態の学問的評価が、プログラム上多岐に渡る多くの建物を作り出す元になった。チャールズ・コレアによる以下の2つの計画の建築的アイデアは、神話の概念に基づいている。**ボーパールのヴィダン・バワン**（1980 着工）は、マディヤ・プラデーシュ州政府の議場を収めたもので、建物内の建物、庭園内の建物、建物内の中庭を含んでいる。9分割された円は、それぞれが独自の明確な目的に用いられており、隅の4つの部分には、ヴィダン・パリシャド（上院）、ヴィダン・サバー（下院）、図書館、両院共用のホールを収容し、中央の5つの部分は、玄関、事務室、公共受付、オープンな庭園を背景にした宴会場を形作っている。コレアのその他の計画、学際的な芸術施設として創設されたジャイプール市立美術館、**ジャワハルラール・カーラ・ケンドラ**（1990）は、ヒンドゥー教典に記されたナイン・スクエアの曼荼羅、ナヴァグラハに基づいている。窓のない砂岩の壁による外部立面が2階まで立ち上がり、ドーム付きホールと陸屋根のギャラリー・オフィス・レストランから成る空洞と空間の内部世界を保護している。ジャイプールの美術館の建設中に、コレアは、**プネー（プーナ）の天文学・天体物理学大学共同センター**（IUCAA、1988-92）の設計委託に着手した。それは、さまざまな宇宙概念の1つの建築的解釈であり、図書館、教員の研究室、講堂、学生施設が、屋外劇場「クンド」の周囲にまとめられている。「クンド」内に据えられた偉人の彫像は、4人の科学者、アリャブハータ、ニュートン、ガリレオ、アインシュタインを表わしている。

コレアによるモダニズム的な**デリーのブリティッシュ・カウンシル・ビル**（1986-92）は、図書館、オーディトリアム、アート・ギャラリー、会議室を収めており、ハワード・ホジキンによる巨大なベンガルボダイジュの形をした壁画が、成長を象徴している。その反対側にあるのが、C. P. ククレジャ（1939-）による23階建の**デリーのアンバ・ディープ・タワーズ**（1990、

A　ガンディー労働研究所(1980-84)、アフマダーバード　p.1752 参照

B　サンガース、アフマダーバード(1979-81)　p.1752 参照

A インド国際センター、デリー（1960-62） p.1752 参照

B 国立免疫学研究所、デリー（1983-94） p.1752 参照

C ヴァサント・ヴィハール近代学校、デリー（1975-85） p.1752 参照

第57章　インド亜大陸　　1755

A　ジョドプール大学、ジョドプール（1969-71）　p.1752 参照

B　ジョドプール大学、4つの階段講義室群、ジョドプール

C　アンバ・ディープ・タワーズ、デリー（1990）　p.1752 参照

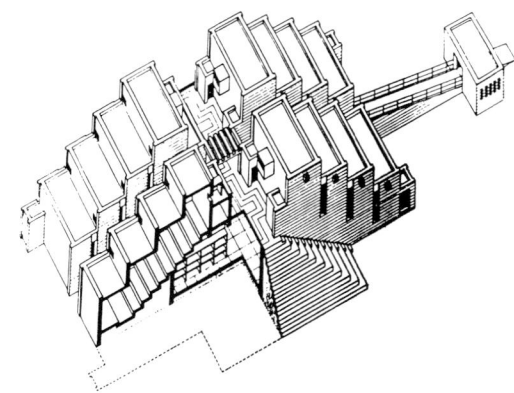

D　ジョドプール大学、階段講義室棟アクソノメトリック、ジョドプール（1969-71）

p.1755C)で、8階建のアトリウム周りに集められている。イスラムの伝統から借用されパターン化された帯と反復する多彩色の要素を持つセラミック・タイルが、街路側正面で目立つように用いられている。

国家の表現

国家の象徴としての建築は、時代を表象するがゆえに、政権のナショナリズム的意図を暗示するようになる思想を表現している。ルイス・カーンによる**首都複合施設**（ダッカ、シャー＝エ＝バングラ・ナガール）、**議会の城**（1967着工、p.1757A）は、ダッカ市外にある巨大でシンメトリカルなコンクリート建造物の集積であり、西パキスタンのイスラマバードを本拠とする権力者がたやすく封じ込めることができなかった東パキスタンでのナショナリズム高揚の産物であった。その城は、大理石の蛇腹を持つ打放しコンクリート造の中核をなす**立法議会**と**モスク**、ならびに人造湖の対岸にあるレンガ積剝き出しの**最高裁判所**と**国会議員宿舎群**（p.1757B、C）という副次的なグループから成る。

バングラデシュという民族国家がまさに出現した時期に実現された議事堂建築は、新たな自由の象徴として国民感情に刻印を残した。同様に、1977年のスリランカでの選挙によって、適正な象徴を持った新国会議事堂の設計を決定したことは、国政の変化を示していた。コロンボ周辺の未開発地区であるコッテが、**スリ・ジャヤワルデネプラ**の**新国会複合施設**（1982）の敷地となった。新国会の「島」状複合施設は、人造湖を跨ぐ一連のパヴィリオンからなり、大幹線道路と前庭を横切ってアプローチされる。

国家の象徴はまた、より控え目なスケールで、デリーの大使館建築のデザインに現われている。レイマ・ピエティラ（1923-1993）による**デリー**の**フィンランド大使館**（1964-86）の外形は、自国フィンランド北部の風景に由来しており、不規則なコンクリート屋根は、冬の雪像に似ているのである。それとは対照的に、サティシュ・グジャラールによる**デリー**の**ベルギー大使館**（1983）は、より伝統的なレンガの外観とボザールの内観を併せ持っている。カタコンベのような公的な空間は、中心軸に対してシンメトリカルに配置され、庭に面した上院の私的な事務室から分離されている。さらに、同市の外交建築で傑出しているのは、エドワードD・ストーンによる**アメリカ合衆国大使館**である。

集合住宅

低価格事業のニューボンベイ（ナビムンバイ）の**ベラプール集合住宅**（1986以後、p.1758B）において、コレアは、居住者が自分の要求や経済状態に見合うように住宅を建設、増築、改築できるようにすることで、居住者の想像力を利用した。漆喰仕上げのレンガ壁と瓦屋根というように、材料と技術は故意に簡素なものにされ、必要なサーヴィス設備は戸境壁に並べられた。しかしながら、ボンベイの一等住宅地における地価の高騰から、コレアは32階建の豪華な**ボンベイ**の**カンチャンジュンガ・アパートメント**（1975-83、p.1758C）を作ることになった。その塔は正方形の平面を持っているが、四隅は各住戸にバルコニーをとるために凹められている。それは、涼しい居間になり、海への眺望を提供し、内に向かって吹く卓越風を捕らえる幾何学的な凹みを提供している。

コレアによる高密・低層の**デリー、アラクナンダのグループハウス**（1975-78）、ザ・デザイン・グループによる**デリー**の**ヤムナ・アパートメント**（1975、p.1758A）という2つの民間の団地住宅事業はともに、開けたコミュニティ・スペース周りに密集した集合住宅を雁行させている。二、三の寝室を持つメゾネット型住戸のまとまりが、後退または張り出されて上下に積まれて、街路を見下ろす屋根付きベランダやオープン・テラスを提供している。このことは、高密居住では欠くことの多い開放性を保証する一方、個人の住戸と共同生活の共有空間との折り合いをつけている。

街路が都市生活の主たる構成要素であるという伝統的な考え方が、北インドの諸都市で、個別的な民間集合住宅計画に反映され始めた。ラジ・レワルによる700戸から成る**デリー**の**アジア競技大会選手村**（1980-82、p.1758D）と、S. K. ダス（1952-）による**ブヴァネーシュヴァル**の**チャンダーシェカルプール**（1986着工）はともに、北インドの都市で一般的に目にする都市的集積、伝統的な「モハッラ」を模している。ここでは、公的な空間と私的な空間が、入口や橋が交差する狭い歩行者用街路によって結ばれている。アナン・ラジェによる**アフマダーバード**の**アティラ職員用集合住宅事業**（1982）では、こうした狭い伝統的街路——レワルが**デリー**の**フランス大使館地区**（1968-69）の設計において初期に用いたアイデアである——が、空間とシークエンスのヒエラルキーを表現しており、アパートメントのクラスターがより静かな家族用中庭や屋上テラス周りにまとめられている。HUDCOのM. N. ジョグルカーによる**ボーパール**の**ボーパール・ガス爆発被災者用集合住宅**

第 57 章　インド亜大陸　　1757

A　議会の城、ダッカ（1967 着工）　p.1749、p.1756

B　事務局宿舎群、ダッカ（1968）　p.1756

C　国会議員宿舎群、ダッカ（1968）　p.1756

A　ヤムナ・アパートメント、デリー（1975）　p.1756

B　ベラプール集合住宅、ニューボンベイ（1986 以後）
p.1756 参照

C　カンチャンジュンガ・アパートメント、ボンベイ
（1975-83）　p.1756 参照

D　アジア競技大会選手村、デリー（1980-82）　p.1756 参照

(1990)計画は、より大きな住戸クラスターを有している。5戸から成る基本モジュール4つが、単身者用の閉鎖的コンドミニアムを形成しており、その中には全住民が共有するオープン・スペースがとられている。

これらの集合住宅事業は、慣習的な技術を用いているが、カム・イヤーによる**ヴィセンケールの工場用集合住宅**(1983、p.1761A)や、クルブシャン＆メーナクシ・ジャインによる**ラジコットのローコスト集合住宅**(1990)に見られるように、いくつかの事業では実際に経済的制約を利用して、構造の技術革新を展開した。後者は、コンクリート製リブに架けられたジャック・アーチ[訳註：アーチの中心下部からの放射線に沿って配置された迫り石で水平な内輪を構成するフラット・アーチ]を有し、屋根スパンが1つの狭いヴォリュームに限定されている。

対費用効果と構造的創意という点で、ザ・デヴェロップメント・オルタナティブズの作品が、特に注目すべきものである。**デリー、セントラル・ヴィスタの本社ビルおよび円形展示場**は、全てローコスト材料を使用した複合体として設計されている。その建築家は、レンガのヴォールト屋根、ヌビア・ヴォールト[訳註：エジプトのヌビア人住宅にみられる半円筒形ヴォールト屋根]、土造のドーム、平瓦葺の屋根、日干レンガあるいは土とレンガの複合壁を使用して、社会的意識の高い目標を、作品に投影している。

新リージョナリズム

近年の多くのプロジェクトでは、地方のイメージの表現が、特別な意義を持ってきている。都市ヴァナキュラーは、チャールズ・コレアによる**ゴア、パナジのシダーデ・デ・ゴア・ホテル**(1978-82)でシミュレートされており、丘の麓に沿って変化する立方体の形態で構成されたホテルの100の部屋が、ポルトガルの小集落のようにまとめられている。コレアは、**ゴア、パナジのカーラ・アカデミー**(1973-83)では、壁画と建築とを華麗に統合しており、**ケーララのコヴァラム・ビーチ・リゾート**(1969-74)では、ホテルの構造体を下の岩に分散配置することで、敷地の特徴を補強している。

いくつかの最近のホテル・デザインは、植民地的・地域的伝統からの要素と近代的調整とを組み合わせている。カルカッタの植民地建築の影響は、ザ・デザイン・グループによる**カルカッタのタージ・ベンガル・ホテル**(1990)に見られる。アグラでは、ファテープール・シークリーのイスラムの伝統とアグラ城に促されて、ARCOPデザイン・グループによる**アグラのホテル・ムガル・シェラトン**(1974-77)で、ムガルのデザイン原理が取り入れられた。レヴァティ(1955-)とヴァサント(1946-)のカマス兄弟は、同様に、**ラージャスターン州、マンダヴァのツーリスト・ヴィレッジ**に対して伝統的民家の外観を整え直した。立ち退かされた職人のためのデリー、マヂプールの**職人集合住宅計画**(1983)と、**マヘシュワールのコミュニティ・センター**(1991)での石と土の構造に見られるように、カマス兄弟は、デザインの詳細を詰めるために直接職人達と共働した後、現地の石工、大工、石細工職人を雇って、建物を実施し仕上げた。

現代の構造は、歴史的建造物から着想を引き出すことがしばしばある。土着の要素を吸収し、それを新しい素材に反映している構造が、D. アップクッタン・ネア(1923-)による**マドラスのカラクシェトラ劇場**(1978-84)である。このデザインは、由緒ある演者と観客の相互作用を永続させる試みである。そうしたアイデアは、トリヴァンドラムを本拠地とする建築家ローリー・ベイカーにすぐに受け入れられており、その主要作品には、ともに**トリヴァンドラム**にある**チトラレカー・フィルム・スタジオ**(1974-76、p.1760A)と**ナーランダ大学**(1973、p.1760B、C)や、**コッタヤムのコーパス・クリスティ学校**(1972)がある。ベイカーの手掛けた最大のプロジェクト、**トリヴァンドラム**の**開発研究センター**(CDS、1971、p.1760D、E)は、教室、集合住宅、傾斜によって決められた円形劇場を含むセンター施設の配置に対する兵站学的論理で、傾斜した丘陵の敷地上である種の合理的なランダムさを達成している。近くにあるCDSの**女性宿舎棟**(1987)の通路デザインでは、格子状のレンガ造外壁に、長椅子、キッチン・カウンター、作り付けのテーブル、アイロン台、作業エリアといった宿舎生活の基本的文化施設全てが組み込まれている。最近、このキャンパスに加えられたのが、**キャンパス・コンピュータ・センター**(1971)で、交差する円形平面に二重壁を持つ、異例の建物である。各プロジェクトの機能に合わせて、同じような要素を調整し組み立てることで、ベイカーは異なるビルディング・タイプを創出した。

取り壊されたハベリ(伝統的中庭型住宅)から取り出された、彫刻の施された木材で全面的に建てられた最初の博物館が、サラバイ基金による**アフマダーバードのキャリコ織物博物館**(1980)であった。ベイカー独自の住宅建築のコスト削減手法の重要な一面は、取り壊された敷地から取り出された材料の同じような再利用である。**レーラ・メノン邸**(1973-74)と**ナラヤナン・レジデンス**(1972-73)は、ともに1970年代初頭に設計され、木工のほとんどは、旧住宅から取り出されたもの

A チトラレカー・フィルム・スタジオ（1974-76）、トリヴァンドラム　p.1759 参照

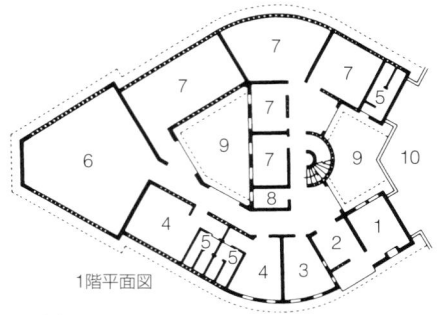

1　書店　　　6　ホール
2　休憩室　　7　部屋
3　事務所　　8　店舗
4　職員室　　9　オープンガーデン
5　化粧室　　10　既存建物

B　ナーランダ大学、トリヴァンドラム、平面図

C　ナーランダ大学、トリヴァンドラム（1973）
p.1759 参照

D　開発研究センター（CDS、1971）、トリヴァンドラム　p.1759 参照

E　開発研究センター、外観詳細、トリヴァンドラム

A 工場用集合住宅、ヴィセンケール(1983) p.1759 参照

B ニリチャグラム、バンガロール(1987) p.1762 参照

C パス・バワン女子寄宿舎(1979-85)、サンティニケタン p.1762 参照

で、扉枠、木柱、伝統的な持送りは、そのままに再度組み込まれたのである。

　ベイカーが手掛けた住宅は、凸凹のある傾斜した土地に建てられた自邸、**ナランチラのハムレット**(1970-)の製作へと向かった同じ精神を示している。この住宅は、系統的に展開され、ベイカー自身の家族の変化する要望に合わせて作られた、部屋、ポーチ、ベランダ、歩廊、渡り廊下を備えている。

　地方のイメージと歴史の感覚への配慮という点で、ベイカーの作品に学ぶ最近のスリランカの作品が、ジョフリー・バワによるものである。注目すべき初期作品には、**聖ブリジッツ・モンテッソーリ学校**(1964)と**ハンウェラ農学校**(1966)がある。これらのプロジェクトは、「リージョナル・ヴァナキュラー」と呼ばれてきたが、彼の建物の多くで使われている材料は、地元のデザインばかりでなく、国際的なヴァナキュラーの伝統を反映しているので、こうした呼称は単純化され過ぎている。**ベントタ・ビーチ・ホテル**(1969)は、粗い割石の壁内に設けられた木骨の建物である。**ビショップス・カレッジ増築**(1963)は、オープン・プランで、外部にコンクリートの障壁を有している。

　伝統的なアイデアとモダニストの簡素化を混合したバワの建築は、分類されえないが、彼の作品は全て、環境的な広がりを持ったデザインを示している。ジョフリー・バワがインドで請け負ったプロジェクトの1つ、**マドゥライのマドゥライ・クラブ**(1974)は、敷地の自然の眺望に呼応しており、石板の床、荒削りの石柱、割石の壁を有し、木製垂木に瓦屋根が葺かれている。**アフンガラのトリトン・ホテル**(1981)の平面は、長く狭い海浜際という敷地によっておおむね形が決められており、余暇用というこの建物の性質により建物と周辺環境とのほとんど全面的な統合が促進された。

　ヴァサント&レヴァティ・カマスによる**ウッタ・プラデーシュ州、新オクラ工業開発地区**(**NOIDA**)**の染織工場**(1984)は、元々は居住用であった中庭型住宅の中に、伝統的な手染めの作業を収めている。石張りの中庭と、テラコッタ葺の傾斜屋根を載せる同工場の平面は、染織が伝統的な家事作業の1つであったという点で、伝統的精神に則っている。ヘラルド・デ・クンハ(1955-)による**バンガロールのニリチャグラム**(1987、p.1761B)では、建物形態が古典的舞踏形態の訓練と発展の伝統に影響された。石材とレンガがふんだんに使われた複合的な壁を持ち、開放的でパヴィリオンのようなハイブリッドな建物が作り出され、学生宿舎が練習場・演舞場周りに集められている。恩師であるローリー・ベーカー同様に、この建築家は敷地全体を使っているが、敷地に応じた即興を行ない、現地の材料と状況に関連した個々のディテールを収集し、手を加え直している。

　同国のさまざまな地域のコミュニティ・センターは、入手可能な技術と材料で建てられており、地域本来のアイデンティティを備えている。デュラル・ムケルジー(1940-)による**サンティニケタンのパス・バワン女子寄宿舎**(1979-85、p.1761C)と、カム・イヤーによる**バンガロールのコミュニティ・メンタル・ヘルス・センター**(1983)はともに、周辺の土着の建物に合わせて、単純な反復するヴォリュームの堂々たる低層の外形に依存している。アシシュ・M・N・ガンジュ(1942-)による**西ベンガル、バグナム村の母子ケア・センター**(1979)のデザインにおける決定的要素は、地元民の参加であった。入手可能なレンガ、木材、金物類が、単純な建設技術と地元の技術で用いられ、木製垂木上に瓦葺の傾斜屋根を戴く、大規模な多目的ホールが建てられた。実践からの学習はまた、S. K. ダスによる**アンドラ・プラデーシュ州、ニザマバードのGRAMキャンパス**で開拓されたアイデアでもあった。同キャンパスの建築が、自助を促し、地域の大衆建築を奨励するという意図を持っていた。このキャンパスは、管理棟、軽度処置用の数ベッドを備えたクリニック、搾乳場、訓練場、寄宿舎、職員用集合住宅宿舎によって構成されている。

　民族的な市場の精神を取り込んだのが、蓋をした排水路の上に、家内工業のコテージを意欲的にレイアウトした、プラディープ・サチデーヴァによる**ディッリ・ハート**(1992-93)と、チャールズ・コレアによる**プラガティ・マイダン展示複合施設、工芸博物館**(1975-91)の2ヶ所である。この両施設はインドの手工芸品を市場に出し、販売する。

訳／堀田典裕

20 世紀の建築

第 58 章
オセアニア
──オーストラリア、ニュージーランド、パプア・ニューギニア、南太平洋諸島──

建築の特色

オーストラリア

　オーストラリアは、1901 年に諸州が連邦化された際に、一国家の独立宣言がなされた。以後、長年にわたって歴史的様式が存続したが、商業建築は、より簡素な形態に向かった。19 世紀末までに、厳密な意味での実用的建物は、同時期のシカゴ建築の影響を受けてロマネスクを基調とする様式が現われていたが、1910 年代までには、ルスティカ仕上げの高い基部と大きな半円アーチが、幅広いビルディング・タイプに堂々たるスケールをもたらした。それらは、ヴィクトリア朝建築に由来する保守的な建築──それらは、通常、赤レンガで建てられ、漆喰の帯やクリーム色に塗られたディテールで活気付けられていた──に付け加えられた。アール・ヌーヴォーは 20 世紀初頭にオーストラリアに伝来したが、主として装飾モチーフの形態としてであって、同様式で注目に値する建物は作られることはなかった。

　最初の高層建築である、スペイン＆コシュによるシドニーのカルワラ・ハウスは、1910 年に完成した。52 m の高さがあったが、依然としてレンガ造耐力壁構造であった。鉄鋼技術はなお未発達で、生産は限定されていた。火災の危険性への配慮から、全都市で建物の高さ制限が導入されることになった。シドニーでは 45.7 m、メルボルンでは 40.2 m が限度とされ、均一の高さ制限が、オーストラリアでは 1950 年代末まで維持された。

　住宅建築では、さまざまな屋根形態と装飾的な木工を用いた、鮮やかな赤レンガ造のクイーン・アン・リヴァイヴァルの後に、くすんだ色調のカリフォルニア・バンガローが続いた。建築家達による住宅は、グリーン＆グリーンなどのアメリカ人の作品によって、ロマン主義的なインスピレーションが与えられる一方、建築業者のカタログを通してオーストラリアに伝来した簡素版が、急速に国中に受け入れられた。

　よりロマン主義的な影響は、ウォルター・バーリー・グリフィンによってもたらされた。グリフィンは、1912 年に催されたオーストラリアの新首都キャンベラの都市計画設計競技に当選し、シカゴからやって来たのだが、いわゆるプレーリー・スクールの一員で、当時、彼の作品は幅広い評価を受けなかったが、1950 年代にはその価値が再発見された。

　オーストラリアの初期植民地建築に対する関心が再び呼び覚まされて、ネオ・ジョージアン・リヴァイヴァルの一助となった。これは、おそらくエドウィン・ラッチェンス卿の後期作品、とりわけニュー・デリーのバンガロー建築 (1913-30) に部分的に影響されたものであった。少し後に、レスリー・ウィルキンソンは、地中海からインスピレーションを得た建築を導入したが、彼はそれが気候に適していると考えた。1930 年代までの商業建築は、ニューヨークのアール・デコや、ゴシックの摩天楼様式の影響を示していた。オーストラリアではまた、エーリヒ・メンデルゾーンの建築が反映された、水平の帯や流線形の曲線を持つ、優れた自信に満ちた建物が数多く作られた。レンガとガラス・ブロックは、主として工場や倉庫のような建物に現われた。各階にバルコニーを備えた新しい病院も、際立っていた。

　初期の近代建築は、国際様式の建物よりもデュドクのような建築家の作品の影響で、外観が堅固で形態ががっしりとしていた。機能主義が唱えられたが、十分には理解されなかった。メルボルンが、1930 年代の進歩的思想の中心であり、近代運動の白の美学による、確固たる建物が最初に生み出されたが、建築の主導権は間もなくシドニーへ移り、そこで純粋な国際様式の

最初の事例が現われた。

　第2次世界大戦に伴う耐乏期の後で、オーストラリアは成長と繁栄の時代を迎えた。空調されたカーテン・ウォールの建物が建てられ、1957年にはシドニーとメルボルンは、建物の高さ制限が撤廃された。117 mの高さを持つペドゥル、ソープ＆ウォーカーによるシドニーのAMPビル（1957-61）が、最初の高層建築であった。しかしながらカーテン・ウォールが、気候に合わないことが判明して、温暖な諸州での以後の高層建築には、より堅固な外装材または日除け装置が使われた。

　新しい都市建築が持つ国際性は、シドニーでは、ロマン主義的な地域運動に逆襲された。その考え方は、当初は伝統的な日本建築やフランク・ロイド・ライトの有機的理論、その後はバンガロー様式、アルヴァ・アアルトのレンガ建築、フランスやイギリスのニュー・ブルータリズムから着想を得た。この「シドニー派」建築は、主にレンガと瓦による住宅様式で、形態、色彩、テクスチュアの点で、低木の生える斜面地に溶け込み、10年以上にわたってオーストラリア中の建築に影響を与えた。

　オーストラリア建築では、地域的関心が強い勢力を保っている。最近の作品の中には、おおむね19世紀の土着建築に依拠した意識的な復興主義がある。田園地方では、建物は、大抵軽量の木材または鉄骨で骨組が組まれ、屋根や壁が波形鉄板で覆われている。これらの建物は、イメージ上では明らかに現代的であるが、伝統的な農家や納屋に根差していることは明らかであり、他方都市では、19世紀のテラスハウスが最も適したモデルとなっている。

　1970年代末には、都市生活の質が主たる焦点となった。19世紀に建てられた都市住宅が、低所得者と富裕層向けに改修された。審美的・経済的・文化遺産的な理由から、既存建物ストックの再利用が広まった。1980年代には、とりわけシドニーのサーキュラー・キーやダーリング・ハーバーのような、主要都市の中心的ウォーター・フロント・エリアや、ブリスベーンやメルボルンの河川沿いで、公共のアメニティを高める大々的なグレードアップが施された。同時に、大多数のオーストラリア人が戸建核家族用住宅で暮らしている郊外に、長らく払われてこなかった注意が払われた。主にメルボルンに見られるこのような建築の基礎となる立場に、ロバート・ヴェンチューリの著書が一役買った。それは、パラペット壁を持ち、ツートンカラーのレンガで建てられた、独特の生き生きとした郊外様式である。

　最近の何十年かで、アボリジニの伝統的な軽量仮設構造物と、彼らの土地の脆弱さに対する感覚への評価の高まりが見られた。オーストラリア人建築家は、2000年シドニー・オリンピック競技大会での提案のような大規模事業において、エコロジーやエネルギーの問題に対する関心の高まりを示した。さらに彼らは、オーストラリアのオセアニアにおける立場とアジア諸国との関係を、次第に自覚するようになった。このことは、より親密な文化交流と、近隣諸国からの設計委託を意味し、地域全体の重要性を認識する一助となった。

ニュージーランド

　20世紀前半のニュージーランド建築は保守的で、技術の発展は直接的な影響をほとんど及ぼさなかった。小規模な建物には、木材が広く用いられたが、5階建あるいはそれ以上の商業施設には鉄筋コンクリートが次第に用いられるようになった。S. & A. ラットレルによる鉄骨造商業建築は例外であって、彼らの作品中、最も完成されたものが、トレンサムの大観覧席（1923）であった。

　イギリスの思想や様式、特にアーツ・アンド・クラフツ運動が影響を及ぼした。ショウ、ウェッブ、ヴォイジー、ラッチェンスに影響を受けた、最良の小・中規模建築には、質の高い工芸が見られる。ラッチェンスの後期古典主義もまた影響を与えた。こうした伝統は1930年代後半まで続いたが、住宅は1910年以降に導入されたカリフォルニア・バンガローの影響も示している。スパニッシュ・ミッション様式は、ニュージーランドでは、広くは受け入れられなかったが、公共および教会建築の秀作が建てられた。イタリア・ロマネスク様式は教会建築で好まれ、通常は高質のレンガで建てられ、しばしば軒下に盲アーケードが設けられた。1931年の地震で破壊されたネーピアーとヘイスティングスの都心は、独自の控え目なアール・デコ様式で再建された。

　近代運動は、ニュージーランドへ遅れて到来した。この方向に向けての最初の重要な歩みは、政府集合住宅建設局（1936設立）による数棟のアパートメントで踏み出された。それらは、規則的な窓割を持つ陸屋根の白い建物であった。

　1950年代には、より地域を意識した住宅建築が、オークランド地域に現われた。その刺激となったのがヴァーノン・ブラウンの作品であり、1945年以降の彼の住宅は、片流れ屋根、暗色に着色された下見板張りの壁を持つ簡素な木造であった。

　W. D. ウィルソンに率いられ、1949年にオークランドで結成された共同体、グループ・アーキテクツは、機能主義の原理と地域の特質を結び付ける経済的な軽

量住宅のデザインを探求した。1950年代中頃までには、他の地方では、特にジョン・スコットによるウェリントン、カロリのJ. A. バード邸（1955）やホークス・ベイ、ワイプクラウのビショップ邸（1956）に見られるような、広々としたオープンな居住部を有する柱−梁構造の住宅が建てられていた。全体的に見て、商業建築は目立たないが、プリシュケ＆ファースによるウェリントンのマッシー・ハウス（1952）は例外である。

近代運動は1960年代に発展を遂げ、コンクリートは大規模建造物で好んで用いられる素材であり続けた。1950年代後半にマイルズ・ウォーレン卿が、LCC（ロンドン州議会）期を経てクライストチャーチに戻ってからは、そこが、革新的な建築発展の一大中心となった。彼はニュー・ブルータリズムを導入し、ピーター・ビーヴェンとともに、数多くの生気あふれる建物を生んだ一派を主導した。ビーヴェンの作品は、特に地域的特質を示した。

1960年代にはまた、イアン・アスフィールドとロジャー・ウォーカーが、ニュージーランドの建築遺産そのものに基づく、独創的な新建築を生み出すべく、ニュージーランドの制限の多い法規と違法的な建築実務に反旗を翻した。1980年代と1990年代を通じて、注目すべき商業建築はほとんど生み出されなかったし、住宅全般は発案のための実験場に留まっていた。コルゲート鋼を用いた小屋のようなパリス・マグダリノスによるホークス・ベイのエスクデール学校・ホール（1992）のように、土着建築に影響を受けたロマン主義的建築の完成事例が引き続き建てられたが、国際的な諸動向の影響も明らかに見られた。重要事例には、厳格な幾何学を用い、合理主義との連携を示す、ロス・ジェンナーによるオークランドのジェンナー邸（1985）や、構成主義を基調とする極めて折衷的な建物、アンドリューズ・スコット・コットンによるオークランドの国立銀行ニュートン支店（1993）がある。

マオリ−ヨーロッパ文化は、建築ではほとんど表現されなかったが、19世紀には、集会所のようないくつかのビルディング・タイプが、新しいニーズに合わせて発展した。

パプア・ニューギニアと南太平洋諸島

南太平洋建築は、全般的に多様であるが、これら諸島の20世紀建物は、少数の際立ったカテゴリーに属している。今や急速に姿を消しつつある諸島の伝統的建物は、現地の材料（通常は草木）で建てられ、気象条件にうまく対応している。建物形態は、日照と雨水を防ぐ大きく張り出した急勾配屋根を強調している。壁は風をよく通すか、もしくは存在しないが、もっとも、ニューカレドニアのような涼しい山地では、日干レンガの壁が用いられている。ソロモン諸島やキリバスで見られるように、木造の高床が一般的であるが、盛土の上に建つサモアの「ファレ」やフィジーの「ブレ」のような、注目すべき例外がある。建物は、通常は簡素であるが、パプア・ニューギニアの儀式用構造物に見られるように、時には高度の技巧性と独創性が達成されている。

植民地建築は、ここでも他所と同じように、本国のヨーロッパ建築を反映するが、入念に作られるのはまれであった。19世紀に太平洋地域に持ち込まれた勾配屋根と広いベランダのある平屋のバンガロー様式は、20世紀に入っても長く建て続けられた。トンガのヌクアロファ・クラブ（1914）は、その典型である。ベランダが付いたそのような建物は、たとえばサモアのドイツ人のベランダ住宅のように、外国人住宅として一般的であった。加えて、第2次世界大戦の占領軍が後に遺した建物が、諸島の遺産の一部となった。

アジアからの入植者達もまた、発展パターンを形作ったり、左右したりするのに一役買ったが、20世紀末頃にアジアの開発会社が、しばしば労働力を含めた自らの資源を持ち込み、中国人が設計したアピアの官庁群（1994）のように、ふさわしくないスケールとデザインを持った建物を通して、負の影響を与えてきた。商業・観光用の国際的近代建築は、しばしば空調され、気候や文脈をほとんど考慮していない。伝統的建築は、今やしばしば模造のモチーフ源としての役割を果たしている。伝統的材料の耐久性のなさ（島によっては供給が不足している）と、近代的実務に従おうとする願望は、コルゲート鋼やアスベスト・セメント板などの材料の使用を招き、快適さという点でふさわしくないデザインを生んできた。進展する都市化は、伝統的村落から政府が建設した郊外住宅地または不法占拠地への移動を意味した。このような動向に対抗しているのが、過去の実践の論理を復興し、第一原理から適切な地域建築を作る試みである。現在のところ、訓練を受けた建築家の大半は、現地人ではないが、この状況は徐々に変わりつつある。

実　例

オーストラリア

オフィスビル

エミル・ソダステン（1901-61）によるシドニーのシ

ティ相互生命保険協会ビル（1936、p.1767A）は、アメリカのアール・デコの影響を示している。隅部にモニュメンタルな入口を取り、セットバックしたファサードを持つ、力強いマッシヴな棟である。扉は磨き黒御影石で枠取りされ、模様付き金属板で飾られている。天井の高いエントランス・ホールは全面プラスター天井で、フルート付き円柱の上に天蓋のように載せられている。

ベーツ、スマート＆マッカチオンによる**メルボルンのICIビル**（1957、p.1767B）は、空調、モデュール、鉄骨造、カーテン・ウォールを有するオーストラリア初の建物の1つである。他の事例に、同じ建築家達による**ノース・シドニーのMLCビル**（1957）と、スティーヴンソン＆ターナーによる**シドニーのユニレヴァー・ハウス**（1957）が挙げられる。

ハリー・サイドラー（1923-2006）＆アソシエイツによる**シドニーのオーストラリア・スクエア**（1961-67、p.1767C、p.1768A）は、V字型のピロティで持ち上げられた、オフィスを収める矩形平面の板状の棟と、円形平面の塔状の棟とを結び付けたもので、両者間に心地よい公共広場が配されている。ネルヴィがその顧問エンジニアであった。**シドニーのMLCセンター**（1978）は、サイドラーによるさらに大規模な都市開発で、レストラン、劇場、店舗の他に、高さ244mのコンクリート構造でできた八角形平面の塔を擁している。サイドラーによる**ブリスベーンのリバーサイド・センター**（1986）は、前作での幾何学的・構造的原理を一層押し進めて、広々とした公共広場と埠頭によってウォーター・フロントを活気付けている。

ジョン・アンドリューズ（1933-）・インターナショナルによる**シドニーのアメリカン・エクスプレス・タワー**（1976、p.1768B）は、三角形平面の現場打ちコンクリート造の建物である。ガラス面は、外部のアルミニウム製立体骨組で支えられたポリカーボネート製パネルによって、日照から守られている。バー、レストラン、椅子や樹木の配置が、その建築に力動性を付け加えている。キャメロン、チザム＆ニコルによる**パースのアレンデール・スクエア**（1976、p.1768C）は、アルミニウムで被覆された正方形平面の塔で、街路に対して45度振って置かれている。それは小面に分割され、最も好ましくない面に対しては、盲壁を向けている。

ジョン・アンドリューズ・インターナショナルによる**オーストラリア首都特別地区、ベルコネンのキャメロン・オフィス**（1976）は、4000人の政府職員を収容するとともに、街の歩行者用通路としても利用されるよう計画されている。それは、特殊用途の空間の上に載る高いモールから成り、そこから奥行の深い庭園兼中庭の周りに配置された、3階建一般オフィスが枝分かれしている。この種の他のオフィスには、マッコンネル、スミス＆ジョンソンによる**ベルコネンのベンジャミン・オフィス**（1980）や、ダリル・ジャクソン・エヴァン・ウォーカーによる**キャンベラのマクローラン・オフィス**（1980）が挙げられる。

ハリー・サイドラー＆アソシエイツによる**キャンベラのエドモンド・バートン・オフィス**（1974）は、構造的明快さを持ったピュリズム的作品である。オフィス・フロアは、2つの大きな中庭を取り囲む。パーラメンタリー・トライアングル地区周縁という立地に適した雄大なスケールを有している。

アシュトン＆ラガットによる**メルボルンのドラモンド・ストリート・オフィス**（1987、p.1769A）は、歴史遺産地区における投機目的の開発である。この建物は、歴史を喚起する要素を用いているが、それらは、開発者の要求と保存政策の制限を批判するために、背後のありふれた構造の上に張り付けられ、しかもそれを露にしている。

デントン・コーカー・マーシャルによる**メルボルンのコリンズ・ストリート1番地**（1983、p.1769B）は、歴史的都市環境に対する関心の高まりを例示している。この建物では、2つの階段状の塔の高い方が角地を占めており、プレキャスト・コンクリート・パネルの無彩灰色の外装が、古い建物に対して、洗練されているが目立ち過ぎてもいない背景となっている。このデザインは、内部では、19世紀の建物入口から高層オフィス・タワーへといたる巧みな空間の移行を生み出している。同じくデントン・コーカー・マーシャルによる**シドニーのガバナー・フィリップ・タワー**（1994、p.1769C）は、初代総督官邸が建てられていた歴史的な場所に建っている。砂岩と御影石のパネル張りと、ステンレス亜鉛合金板の壁とを組み合わせた優美な建物である。その頂部側面では、ステンレス鋼板でファサードの12mの格子が突き出されて、昼夜衆目を集める幾何学的なランドマークとなっている。この建物の地上階には、初代の歴史的建造物の遺跡を展示する博物館と広場が組み込まれており、保存されたテラスハウスに縁取られた中庭を囲んでいる。

公共建築

ベーツ、ピーブルズ＆スマートによる**メルボルン公共図書館**（現ヴィクトリア州立図書館）**・大閲覧室**（1906-11）は、鉄筋コンクリートを用いた初期事例である。八角形のドームには16のリブがあり、径間は35mで、建設当時、この種のものとしては世界最大のドームであった。フライング・バットレスを持つ環状部が中央

第58章　オセアニア──オーストラリア、ニュージーランド、パプア・ニューギニア、南太平洋諸島── 1767

A　シティ相互生命保険協会ビル、シドニー（1936）
p.1766 参照

B　ICI ビル、メルボルン（1957）　p.1766 参照

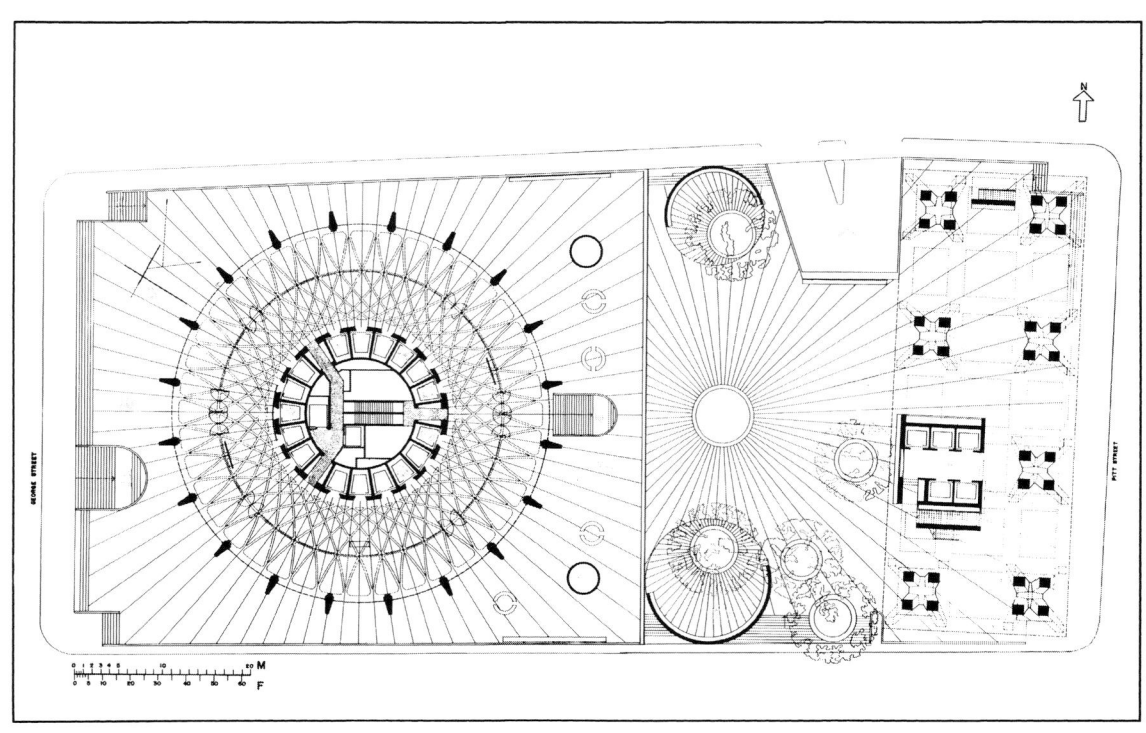

C　オーストラリア・スクエア、広場上下段を示す平面図、シドニー　p.1766 参照

20 世紀の建築

A オーストラリア・スクェア、シドニー（1961-67）
p.1766 参照

B アメリカン・エクスプレス・タワー、シドニー（1976）
p.1766 参照

C アレンデール・スクェア、パース（1976） p.1766 参照

D マーシー・ホスピタル、メルボルン（1935、1938）
p.1770 参照

第58章 オセアニア──オーストラリア、ニュージーランド、パプア・ニューギニア、南太平洋諸島── 1769

A ドラモンド・ストリート・オフィス、メルボルン（1987） p.1766参照

B コリンズ・ストリート1番地、メルボルン（1983） p.1766参照

C ガバナー・フィリップ・タワー、シドニー（1994） p.1766参照

の八角形ドームを取り巻き、内部に直径41 m 以上の空間をもたらしている。閲覧室の床からランタン下までの高さは、35 m ある。

C. ブルース・デリト(1900-42)による**シドニーのアンザック戦争記念碑**(1934)は、同国のアール・デコの代表的事例であり、シンメトリカルな段状形で、豊かな装飾と象徴的なモチーフを有している。

スティーヴンソン＆メルドラムによる**メルボルンのマーシー・ホスピタル**(1935、1938、p.1768D)は、アルヴァー・アアルトのパイミオ・サナトリウム(第44章参照)に影響を受けた病院の1つで、アーサー・スティーブンソン卿(1890-1967)も、そこを訪れたことがある。

ジョン＆フィリス・マーフィー、ボーランド＆マッキンタイアによる**メルボルンのオリンピック水泳プール**(1956)は、座席数6000で、機能、構造、形態が密接に関連し合った表現に富んだ建物である。このデザインの論法は、建物のガラス面を通して容易に理解された。

エドワーズ・マディガン・トルツィッロ＆ブリッグズによる**オーストラリア最高裁判所**(1972 設計競技-1980 竣工、p.1771A)と、**オーストラリア国立美術館**(1968 設計競技-1982 竣工、p.1771C)は、**キャンベラ**のパーラメンタリー・トライアングル地区の湖畔に互いに隣接して建っている。広大なコンクリート壁、片持梁、大きなガラス面が、片意地を張った劇的な建築の一助となっている。最高裁判所には高さ24 m の公会堂がある。国立美術館の三角形グリッドの屋根は、建物全体が従う幾何学的秩序を確定している。

ミッチェル・ジョゴラ・ソープによる**キャンベラのオーストラリア国会議事堂**(1979 国際設計競技-1988 竣工)は、ウォルター・バーリー・グリフィンの都市計画(1912)の中心をなすキャピタル・ヒルに建っている。それは、丘の頂と地形的に関連付けられ、また都市計画の幾何学と一体化された低い輪郭を持った建物である。シンメトリカルな構成の交差軸は、グリフィンの地軸と水軸に一致している。建物を跨ぐ芝生の斜路は、この敷地へといたる対角線方向の街路軸を、視覚的に延長したものである。

外に向かって湾曲した2枚の壁が、公共諸室や行政部を収める中央ゾーンと、上院と下院をそれぞれ収める領域とに平面を分割している。中央集会場は、高さ65 m のステンレス製ポールに掲げられた巨大な国旗によって明示されている。それは、敷地の自然的・人工的要素から着想を得た、秩序ある古典主義の構成である。

ダリル・ジャクソン(1937-)・アーキテクツによる**オーストラリア首都特別地区、ブルースの水泳練習場**(1982)は、国立スポーツ・センターの一部となっているジャクソンによるスポーツ施設群の1つである。段状の曲面屋根は、プール部分に自然光を取り込むとともに、建物と周囲の丘のなだらかな輪郭線を関係付けている。

フィリップ・コックス(1939-)＆パートナーズによる**シドニー・フットボール・スタジアム**(1988、p.1772A)は、その年に同会社が竣工させた5つの大規模鉄骨構造物の中の1つである。これらの建物は、先進技術と、文脈から着想を得た奇抜なロマン主義を結び付けた上品かつ華麗な建物である。コックスによる同型の原種的建物が、**ブルース**の**国立陸上競技場**(1974、p.1772B)であり、そこでは鉄骨の吊構造が、土手形態と巧みに関係付けられている。**シドニー**の**水泳競技センター**(1994)のような、コックスによる主要オリンピック施設は、技術的発展と表現的形態の生成という点で、より一層の洗練を示している。

教会堂と教育施設

C.D. ペインによる**ブリスベーンの聖アンドリューズ・長老派教会**(1907)は、簡素で、力強いマスを持ったレンガ造建築である。簡素化されたロマネスク要素は、アメリカ、わけても H. H. リチャードソンの厳格な様式のかつての影響を示している。ウォルター・バーリー・グリフィン(1876-1937、オーガスタス・フリッチと共同)による**メルボルン大学のニューマン・カレッジ**(1917、p.1773A)は、中庭周りに学生用の部屋を配した重々しい石造建築である。円形の食堂には、コンクリート造のリブ付きドームが架かる。鉛枠の窓、重々しい柱、特に低い階高によって、歴史的な雰囲気が醸し出されている。しかしながら、マス構成と、窓枠などいくつかの要素の幾何学的操作は、驚くほど独創的である。

ロビン・ドッズ(1868-1920)による**クィーンズランド州、ボーデザートのタムルーカム教会**(1915、p.1773B)は、牧草地が起伏する真只中の丘の上に、劇的に配されている。それらは、「村」の教会建築の単純な形態と、クィーンズランドの木造伝統とを結び付けたものである。気候への配慮が、ドッズの建築の特徴であって、ここでは深い屋根の出や、側廊からゆったりとしたベランダにいたるフランス窓に例示されている。

エドモンド＆コリガンによる**メルボルン、キーズボローの復活教会**(1976)は、新しい郊外住宅地の広々とした敷地に設計された教会建築群の1つである。2色のレンガ工事、ベランダ付きのポーチ、ベイウィンドウは、これが建つ郊外住宅地の性格に同調している。

第58章　オセアニア──オーストラリア、ニュージーランド、パプア・ニューギニア、南太平洋諸島──

A　オーストラリア最高裁判所、キャンベラ(1980)
p.1770 参照

B　ステート・シアター、シドニー(1929)　p.1774 参照

C　オーストラリア国立美術館、キャンベラ(1982 竣工)
p.1770 参照

D　ヴィクトリアン・アート・センター、メルボルン(1961-85)
p.1774 参照

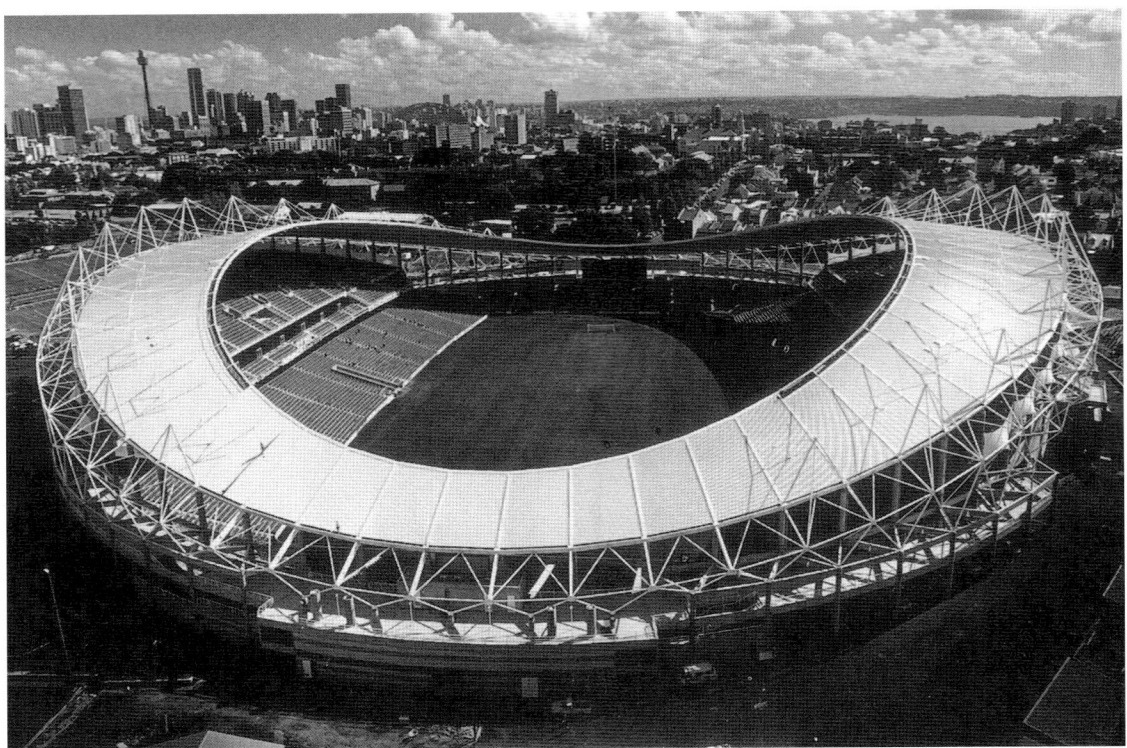

A シドニー・フットボール・スタジアム(1988)　p.1770 参照

B 国立陸上競技場、ブルース(1974)　p.1770 参照

第58章 オセアニア——オーストラリア、ニュージーランド、パプア・ニューギニア、南太平洋諸島—— 1773

A ニューマン・カレッジ、メルボルン大学（1917） p.1770参照

B タムルーカム教会、ボーデザート（1915） p.1770参照

C シドニー・オペラ・ハウス、シドニー（1973） p.1774参照

劇場その他の文化施設

ウォルター・バーリー・グリフィン(ペック&ケンパーと共同)による**メルボルン**の**キャピタル・シアター**(1924)には、グリフィンによる装飾の傑作である、照明を組み込んだプリズム状プラスター天井が架かる。数年後に建てられたヘンリー E・ホワイト(1877-1952、ジョン・エバーソンのスケッチ・デザインに基づく)による**シドニー**の**ステート・シアター**(1929、p.1771B)は、2500あまりの座席を有する壮大な「映画宮殿」であり、ショッピングとオフィスの垂直的な棟の一部を占めている。その内部は、フランス・バロック様式を主調として、繊維質プラスターで形作られている。

比較的初期の「ハイテク」建築である、ユンケン、フリーマン・ブラザーズ、グリフィズ&シンプソンによる**メルボルン**の**シドニー・マイヤー・ミュージック・ボウル**(1959)は、グラスファイバーで被覆された一対の鉄骨マストで支持されており、合板製屋根被覆が、二次的な直交方向のケーブルにボルト留めされている。

シドニーの**シドニー・オペラ・ハウス**(p.1773C)は、1957年に国際設計競技に付され、1973年に完成した。設計競技では、ヨーン・ウッツォン(1918-2008)が選ばれた。技師は、オーヴ・アラップ&パートナーズであり、また1966年以降、ホール、トッド&リトルモアが建築家として携わった。建物は2つの主要部から成る。堅固な基壇は、小劇場、展示室、サーヴィス部を収容し、シンフォニーホール、歌劇場、レストランは、基壇上に浮かぶ白いヴォールト屋根の下に収められている。ヴォールト屋根は、曲率半径が一定のプレキャスト・コンクリート製のリブで形作られている。モニュメンタルな階段が、前庭から基壇へといたる。敷地が狭いにもかかわらず、ウッツォンは主要オーディトリアムを2つ並置した。これを達成するために通常の劇場平面を反転して、舞台を入口に最も近い所に、ラウンジを北側の港を見下ろす理想的な場所に配した。同時期の他の注目すべき文化施設としては、ロイ・グラウンズ卿(1905-81)による**メルボルン**の**ヴィクトリアン・アート・センター**(1961-85、p.1771D)、ハッセル&パートナーズによる**アデレード**の**フェスティヴァル・センター**(1977)、ロビン・ギブソン(1930-)&パートナーズによる**ブリスベーン**の**クィーンズランド文化センター**(1982-87)がある。

グレゴリー・バージェス(1945-)による**ホールズ・ギャップ**の**ブランバック生活文化センター**(1990)は、同地域におけるアボリジニの活動拠点としての役割を果たしている。それは、劇的な峡谷に建てられており、そのことが繊細な配置、方位、形態に大きな影響を及ぼした。建物は、斜路で取り囲まれた、マッシヴな石造暖炉を中心に構成されており、その暖炉は周辺の展示空間、儀式用外構および造園の有機的構成に対する梃子の役割を果たしている。構造体は、石、突き固めた土、木材から成り、内部の葦製スクリーンには、伝統的な織物技法が用いられている。

住宅建築

W.ハーディ・ウィルソン(1881-1955)がシドニー大学植物学教授 E.G.ウォーターハウスのために設計した**シドニー**の**エリルデーン**(1914、p.1775A)は、ネオ・コロニアル・リヴァイヴァルの調和のとれた事例である。ウィルソンは、オーストラリア最初の建築史家であり、中国趣味を含んだエリルディーンは、彼の自邸、**シドニー**の**プルリア**(1916)と並んで、簡素でシンメトリカルな初期コロニアル形態の再解釈の好例である。

アレクサンダー・スチュアート・ジョリー(1887-1957)による**シドニー**の**ベルヴェデール**(1919)は、カリフォルニア・バンガローの応用で、暗色ステイン塗装された木部と、白色の壁を有している。その簡素な水平的形態は、大きな流れるような屋根と、どっしりとしたパイロンを持つ深いポーティコで覆われている。S.G.ソープ(1887-1967)による**シドニー**の**ザ・コブルズ**(1919)のような、よりピクチュアレスクな事例が、1960年代の住宅建築のモデルとなった。

シドニーの**グリーンウェイ**(1923、南東翼 1951、p.1776A)は、レスリー・ウィルキンソン(1882-1973)の住宅で、彼は最初の建築学教授職に就くべく、1918年にイギリスからオーストラリアに渡ってきた。それは、地中海建築の諸要素が、オーストラリアの気候に適していることを示そうとした多くの住宅の最初である。ウィルキンソンはオーストラリアの伝統的な深い軒とベランダの代わりに、パーゴラとヴォールト付きロッジアを用いた。R.キース・ハリスと共同設計した**物理学棟**(1926、p.1776B)に見られるように、彼がシドニー大学に建てた多くの建物は、様式という点では、彼の住宅作品と関係している。

フレデリック・ロンベルグ(1913-92)による**サウス・メルボルン**の**スタンヒル・フラッツ**(1942-50、p.1777A)では、設計は1943年にはできあがっていたが、建設は戦争のために遅れた。ドイツ生まれのロンベルグは、1939年にメルボルンに渡ってきた。彼の初期建築は、オーストラリアにおける近代建築確立の礎となった。スタンヒルは、国際様式の張りつめた軽量の美学と、初期メンデルゾーンに特有な可塑的形態を融合している。スタンヒル・フラッツに先立つ、ロン

第58章　オセアニア——オーストラリア、ニュージーランド、パプア・ニューギニア、南太平洋諸島——

A　エリルデーン、シドニー（1914）　p.1774 参照

B　ローズ・サイドラー邸、シドニー（1949）　p.1778 参照

A　グリーンウェイ、南東翼、シドニー（1951）　p.1774 参照

B　物理学棟、シドニー大学（1926）　p.1774 参照

第58章　オセアニア──オーストラリア、ニュージーランド、パプア・ニューギニア、南太平洋諸島──

A　スタンヒル・フラッツ、サウス・メルボルン(1942-50)
p.1774 参照

B　ウーリー邸、パディントン、シドニー(1981)
p.1778 参照

C　フォーブス・ストリートの住宅、ウールームールー、シドニー(1979)　p.1778 参照

ベルグによる**メルボルンのニューバーン・フラッツ**(1941)は、型枠打放しコンクリートの外壁を持つ最初の建物の1つであった。

ハリー・サイドラーによる**シドニーのローズ・サイドラー邸**(1949、p.1775B)は、同市のはるか郊外の広大な叢林地に、サイドラーが設計した様式面で関連した3軒の住宅の1つである。それは、陸屋根の白い建物で、主要室が石造のコアと細いパイプ柱によって持ち上げられ、支えられている。近くに建つ**ローズ邸**(1950)と、**マーカス・サイドラー邸**(1951)は、構造的にさらに興味深い。シドニーの**ハリー・サイドラー邸**(ペネロペ・サイドラーと共同、1967)は、以前の住宅に見られた空間的、構造的、形態的特質をさらに発展させている。

シドニーのハミル邸(1948)は、シドニー・アンチャー(1904-79)が1945年から1951年にかけてキララのメイトーン・アヴェニューに設計した4軒の住宅の1つであり、ヨーロッパの近代建築を、オーストラリアの敷地と条件に適合させた典型である。それに対して、ロビン・ボイド(1919-71)の住宅は、デザインへの構造的アプローチと、オープン・スペースの積極的利用という点で注目される。**メルボルンのボイド邸**(1957)は、敷地両端に配置された2つの2階建断面に分けられ、屋根は両者の間にある中庭に架けられた吊りケーブルによって支持されている。他の事例では、**メルボルンのフェザーストン邸**(1967)と**メルボルンのリチャードソン邸**(1954)が、1950年代から1960年代にメルボルンで展開された実験的な建築の典型である。ロイ・グラウンズ卿による**メルボルンのグラウンズ邸**(1952)と**ヴィクトリア州、フランクストンの住宅**(1953)は、ボイドの住宅と同様の特徴を分け持っている。

R. N.(ピーター)・ジョンソン(1923-2003)による**シドニーのジョンソン邸**(1963)は、シドニー派のロマン主義的建築の一例である。粗いテクスチュアを持った硬質レンガと、暗色ステイン塗装の凹凸ある木材を内外に露出した野趣に富んだ建物で、この色彩とテクスチュアは、郊外の叢林地に溶け込んでいる。ケン・ウーリー(1933-)による**シドニーのウーリー邸**(1962)は、シドニー派の一層野趣に富んだ作品である。

ジョン・ダルトン(1927-2007)&アソシエイツによる**ブリスベーンのマスグレイブ邸**(1973)は、ダルトンが、クィーンズランドの高温気候での伝統的建設方法が近代的デザインに適応されうることを示した多くの住宅の1つである。日射を制御する窓の開口、伝統的な天井扇、ベランダ、パーゴラといった全てが、気候に呼応する建築の手立てとなっている。

ガブリエル・プール(1934-)による**ユーマンディのテント邸**(1991、p.1780A)は、海岸山脈内の孤絶した敷地に建てられている。この建物は、還元主義的美学と最小量の被覆という点で、プールのクィーンズランドにおける典型的な作品である。それは、単純な長方形平面で、高床が鉄骨造のパヴィリオンを支えており、巻き上げてインテリアを周辺環境に開放することができる布製の屋根と壁を備えている。

グレン・マーカット(1936-)による**ニュー・サウス・ウェールズ州、ケンプシーのショート邸**(1975、1981に3ベイ増築)では、波形鉄板葺の屋根を持つ軽量木骨パヴィリオンが一対連結されている。調整板付き天窓や、ルーバー付きの窓が、伝統的なヴェランダの特徴を幾分備えたインテリアを形成するのに一役買っている。単純な平面と建物の外形線は、巧みに配置された**ビンギー・ビンギーのマグニー邸**(1984)など、マーカットの田園住宅の特色である。マーカットによる**ヌランバイのマリカ=アルダートン邸**(1994)と、**カカドゥ・ヴィジター情報センターおよび公園本部**(1994、トロッポ・アーキテクツと共同)は、北部の熱帯にあり、アボリジニの伝統と建設方法に影響を受けた。両者の建物は、開放的で、気候に呼応した、調節可能な皮膜を持った軽量パヴィリオンから成る。ジョン・アンドリューズによる**ニュー・サウス・ウェールズ州、ユーゴーラのアンドリューズ邸**(1980、p.1779)は、波形鉄板で屋根と壁を覆ったプレファブ鉄骨造の建物である。それは、伝統的農家に見られる形式性と、気候上健全なデザイン要素を発展させているが、新しい劇的なイメージも生み出している。ダリル・ジャクソンによる**ヴィクトリア州、ショアハムのジャクソン邸と厩舎**(1978)は、銀灰色の下見板と波形鉄板から成る。この種の田園木造建築は、メルボルンの多くの建築家の作品に見受けられる。

ケン・ウーリーによる**シドニー、パディントンのウーリー邸**(1981、p.1777B)は、市内郊外の狭く急勾配の敷地に建てられ、街路よりも低い地面から櫓のように立ち上がっている。波形鉄板の曲面屋根と、大き過ぎるヴィクトリア朝煙突は周辺の建築に由来するものであった。

フィリップ・コックス&パートナーズによる**シドニー、ウールームールー、フォーブス・ストリートの住宅**(1979、p.1777C)は、周囲にある19世紀の住宅と調和するように設計されたテラスハウスである。これらはウールームールー低所得者層用公営住宅計画の一部であり、そこではテラスハウスの改築が、インフィル住宅や階段しかないアパートメントと結び付けられている。

同じくコックスによる**ユラーラ**(1984、p.1780B)とい

第58章　オセアニア──オーストラリア、ニュージーランド、パプア・ニューギニア、南太平洋諸島──

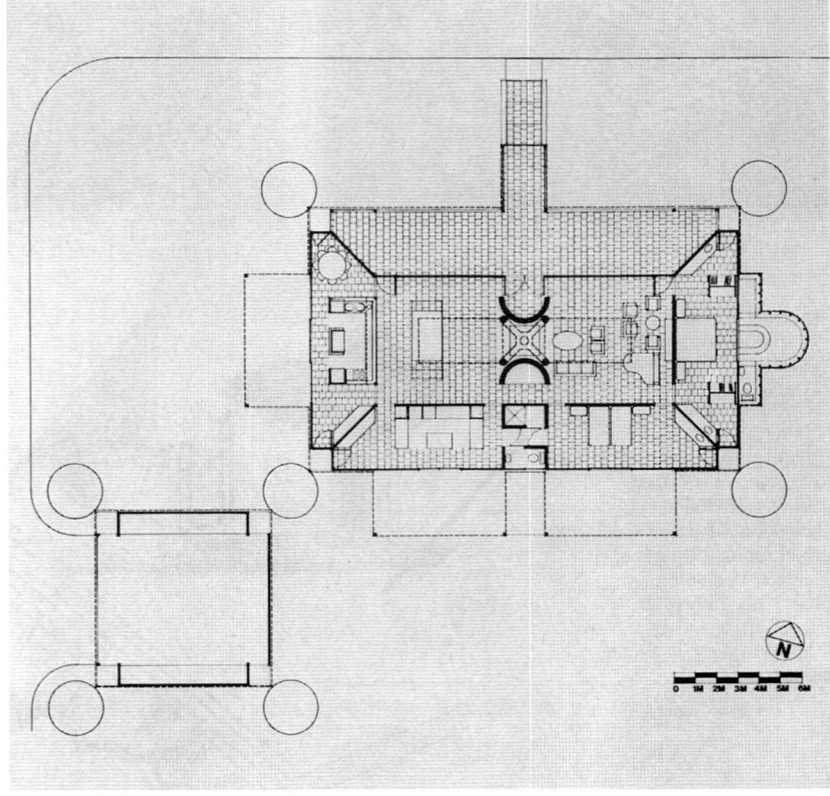

アンドリューズ邸、外観および平面図、ユーゴーラ、ニュー・サウス・ウェールズ州（1980）　p.1778参照

A テント邸、ユーマンディ(1991)　p.1778 参照

B ユラーラ(1984)　p.1778 参照

C アザン邸、モンバルク(1988)　p.1781 参照

D アザン邸、1階平面図
1：スタジオ、2：洗濯室、3：居間、4：禽舎：5. 台所、6：シダ類温室、7：食堂、8：クローク、9：玄関ホール、10：パーラー、11：階段室、12：図書室、13：トイレ、14：洗面所、15：寝室、16：浴室、17：納戸、18：地下貯蔵庫、19：バルコニー、20：デッキ、21：朝食席、22：芸術家席、23：連絡橋、24：温室

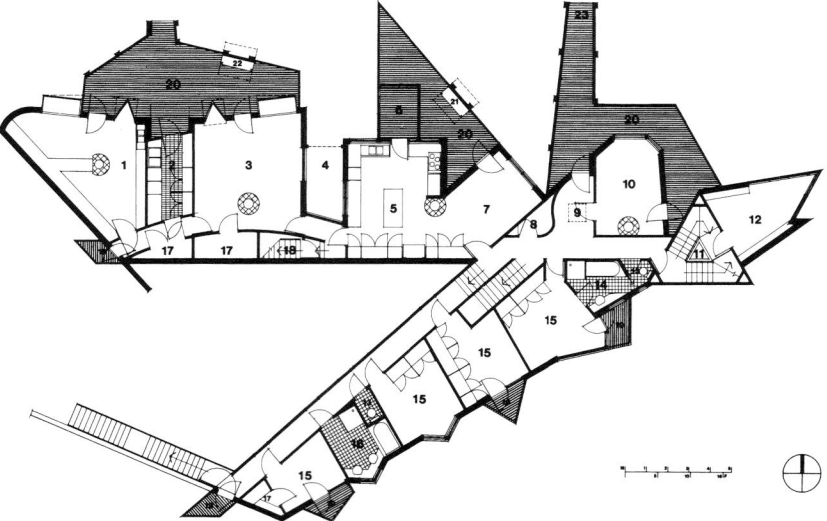

うツーリスト・タウンは、エアーズ・ロックに程近い中央オーストラリアの、非常にもろく乾燥した赤茶けた土地に建っている。この印象的な建物群は、砂丘に連なる尾根に建てられており、敷地に対して視覚上でもエコロジー上でも敷地に共鳴していることで知られる。

エドモンド＆コリガンによる**モンバルクのアザン邸**（1988、p.1780C, D）は、この建築家の郊外における典型的方法を、田舎の敷地に展開したもので、名ばかりの「街路」に面した一連の住宅群という建築観を有している。平面は、2つのレベルに分けられ、ばらばらな形態の力動的構成に、明るい色彩とさまざまな材料やテクスチュアが加えられている。

ニュージーランド

事務所建築

プリシュケ＆ファースによる**ウェリントンのマッシー・ハウス**（1952）は、7階建のオフィス・ビルで、ニュージーランドにおける初期カーテン・ウォール構法の事例である。ディテールとファサードの軽快なパターンが洗練されている。アーネスト・プリシュケ（1903-32）は、1939年にオーストリアからニュージーランドに移住し、国際様式に基づく完成度の高い練られた建築を導入した。

公共建築

ジョージ・トループ卿（1863-1941）による**ダニーディン駅**（1904）は、大胆な折衷様式で、そのファサードは対比的な材料による幾何学的パターンで飾られている。出札ホールには、見事なアール・ヌーヴォーのマジョルカ・タイル張りのパネルがある。これとは対照的に、グレイ・ヤング、モートン＆ヤングによる**ウェリントン駅**（1937）は、ドリス式ポーティコの張り出しだけが際立った、平滑なネオ・ジョージアン様式のファサードを見せる。銅製ヴォールト天井を持つ出札ホールは、規模が大きく、おそらくニューヨークのペンシルヴェニア駅から着想を得たものである。

ピーター・ビーヴェン（1925-）による**クライストチャーチのリトルトン・ロード・トンネル管理事務所ビル**（1963）は、クライストチャーチとその港のリトルトンを結ぶトンネルの管理・サーヴィスと通行料金徴収を行なうものである。ブルータリズムの現場打ちコンクリートの建物で、そのカーブした彫塑的形態は、荒涼とした風景の中で力とモニュメンタリティを示している。ビーヴェンの個性的で、しばしば奔放な建築は、ニュージーランドの風景と土着的伝統に根差した建築表現を模索する人々に、刺激を与えた。

ウォーレン＆マホニーによる**クライストチャーチ市庁舎とシビック・センター**（1972）は、設計競技での当選案で、音響調整の優れた見事なオーディトリアムを有する控え目で合理的なデザインである。

イアン・アスフィールド（1940-）による**ウェリントン図書館**（1992）は、荘厳であるが奇抜な建物で、プレキャスト・コンクリート・パネルによる正面ファサードは、低いアーチに支えられているが、そこに銅と鉛から成るナガバケヤシの円柱で装飾された高い表玄関が穿たれ、ナガバケヤシの鉄製の葉が差し渡されたトラスを支えている。このナガバケヤシは、側面ファサードに並ぶコロネードとして連続している。再開発された**ウェリントン・シビック・スクエア**（1992）は、波状のガラス面で縁取られ、そこから店舗とコーヒー・バーを擁する中2階レベルの通路にアクセスできるが、そこから図書館を眺めることはできても入ることはできない。多彩な仕上げ、カーペット、ネオン・サイン、創意に満ちた金属製要素、ディテールが、広い室内空間に活気を与えている。

アダムズ・ラングレー・アーキテクツによる**オークランド馬術クラブの厩舎複合施設**（1991）は、カーブした2つのホールから成る直接的な解法であり、それぞれのプレキャスト・コンクリート製外周壁は、中心軸へと向かう鉄骨柱からキャンチレバーで持ち出された、緩やかにカーブする独立屋根と対照的である。屋根の独立したアーチ間の連続的な隙間が、自然の採光と換気を可能にしている。

教会堂と教育施設

セシル・ウッド（1878-1947）による**クライストチャーチのクライスツ・カレッジ**（創立1850）、**ヘア記念図書館**（1916）ならびに**記念食堂**（1925）は、歴史的復興建築の最良のものである。ウッドは、ノーマン・ショウの甥で、イギリス・フリー・スタイルの主唱者であった。

R. エイトキンソン・アボット（1883-1954）による**オークランド・グラマー・スクール**（1916, p.1783A）は、スパニッシュ・ミッション様式の見事な代表例で、大胆なアーチを用いたシンメトリカルなファサードを持つ。ロイ・アルストン・リッピンコット＆エドワード・ビルソンによる**オークランドのユニヴァーシティ・カレッジ**（1921、p.1783B）は、ルスティカ仕上げの石とコンクリートのがっしりとしたマスを持つウィングと、雷文で飾られ彫刻が施されたコンクリートの時計塔を戴く奇抜なゴシックの中央入口ホールとを結合した印象的な建物である。疑いもなくこの建物は、リッピン

コットの義兄で、オーストラリアにおける共同者であるウォルター・バーリー・グリフィン（本章前述参照）の建築から刺激を受けている。

ジョン・スコット（1924-92）による**ウェリントン、マリスト会神父隠遁所付属フツナ礼拝堂**（1961）は、空間的には複雑な建物であるが、正方形平面上に棟が十字交差したシンメトリカルな屋根が架けられた、単純な幾何学的秩序が保たれている。棟と棟の間で、屋根面が折り曲げられ、隅棟と谷を形作っている。色付きアクリルの窓から入る光の質が、捉え所のない空間的効果と結び付いて、建物内に独特で感動的な雰囲気を生み出している。ディック・トイ（1911-95）は、**オークランド、ポンソンビーのオール・セインツ教会**（1959）において、マオリ族の伝統的小屋の平面と切妻屋根の形態を、キリスト教建築に応用した。トイは、オークランド大学で教鞭を執った、影響力のあるロマン主義者であった。

映画館

（メルボルンの）ボーリンガー、テイラー＆ジョンソンによる**オークランドのシヴィック・シアター**（1929、p.1783C）は、インドをテーマとする雰囲気を出した大劇場である。そのファサードは、ギリシアの人物を描いたフリーズと、フルート付きの柱と柱との間に彫刻が施されたパネルを有し、建物が建っている角地を強調する隅部の時計塔で最高潮に達している。

住宅建築

バジル・フーパー（1877-1960）による**ダニーディンのヘリオット・ロウ26番地**は、ウェッブやヴォイジーのようなイギリス人の建築家に影響を受けたピクチュアレスクの大邸宅の典型である。ベイ・ウィンドウ、鉛枠の窓、そびえ立つ煙突群が、スレート葺切妻屋根の単純なアシンメトリカルの翼部に、ロマンティックな香りを添える。アーツ・アンド・クラフツの伝統の根強さは、ジェームズ・ウォルター・チャップマン=テイラー（1878-1958）によって設計、施工された1920年代の「イングリッシュ・コテージ」にも見ることができる。

ロイ・キース・ビニー（1886-1957）による**オークランドのレイナー邸**（1913または1916）は、ビニーが1912年にオークランドで開業する前に師事したラッチェンスの影響をはっきりと示している。それは、下階が青石、上階が暗色ステイン塗装のシングル仕上げで、垂木が突き出た大屋根で覆われる頑丈な建物である。階段吹き抜け用の高いボウ・ウィンドウを含む変化に富んだ窓割りは、ラッチェンスに由来する。オークランドの**ビニー邸**（1911）にも類似のディテールがあり、ラッチェンスの作品におけるロマン主義と古典主義の両面を結合している。

古典的比例とピクチュアレスクな工芸要素とを組み合わせた**オークランドのストーンウェイズ**（1926、p.1784A）は、ウィリアム・H・ガマー（1885-1966）の自邸であった。彼は1923年にC. R. フォードと共同して非常な成功を収めることになる事務所を開業する以前に、ラッチェンスと、シカゴのバーナムの下で働いていた。**オークランドのディルワース・ビル**（1927）、同じくオークランドの**ドメイン温室**（1914-29）は、ガマーによる住宅以外の優れたデザインである。

フランシス・ゴードン・ウィルソン（1900-59）を主任建築家とする政府・住宅建設局による**ウェリントンのバーハムポア・フラッツ**（1938-40、p.1784B）は、住宅としての比例を持ち、円形のコミュニティ・ホールを収めた中央広場周りに配置された2階建ないしは3階建の住棟から成る。それは住宅建設局が導入した最初の良質な集合住宅で、明らかにヨーロッパ近代建築の影響を受けており、装飾のない白いファサード、陸屋根、バルコニーを有する非相称な建物である。エルネスト・プリシュケが設計した**オークランドのステート・フラッツ**（1947）は、住宅建設局以後の作品事例であって、シュトゥットガルトのワイゼンホフ・ジードルン（1927）に似通っている。

グループ・アーキテクツのブルース・ロザラム（1927-）による**デボンポートのロザラム邸**（1951）は、1950年代から1960年代にかけてオークランドにおけるロマン主義的な住宅建築の初期事例である。単一のヴォリュームから成る空間が、暖炉と、住宅の全幅にわたる中2階へいたる曲線階段で遮られている。テクスチュアのある暗色の素材が、工業生産されたガラス製の外壁と組み合わされている。

ワイパワのパッティソン邸（1967）の設計に際して、ジョン・スコットは、敷地と敷地近傍の地震断層から着想を得たが、この点において、本住宅の空間的特質は、構造に由来している。同じくスコットによる**ホークス・ベイのニャマティー邸**（1990）は、暖かみのある自然素材で包まれた洞窟のような建物であり、ピラミッド状に広がる屋根に覆われている。住宅は、敷地にある小山と一体となり、平面の2本の腕が、屋根付きの中庭を抱え込んでいる。

イアン・アスフィールドによる**ウェリントンのアスフィールド邸**（1965）は、街を見下ろす急な傾斜地に建ち、かなり独創的な社会的かつ建築的提案である。この住宅は、20年以上にわたってさまざまな方法で拡張され、自然に山腹を這い上がってきている。プラスター

第58章　オセアニア——オーストラリア、ニュージーランド、パプア・ニューギニア、南太平洋諸島—— | 1783

A　オークランド・グラマー・スクール(1916)　p.1781 参照

B　ユニヴァーシティ・カレッジ、オークランド(1921)
p.1781 参照

C　シヴィック・シアター、オークランド(1929)　p.1782 参照

A ストーンウェイズ、オークランド(1926)　p.1782 参照

B バーハムポア・フラッツ、ウェリントン(1938-40)　p.1782 参照

C コックス邸、ペトーニ、ウェリントン(1978)　p.1786 参照

第 58 章　オセアニア──オーストラリア、ニュージーランド、パプア・ニューギニア、南太平洋諸島──

A　ブリッテン邸、ウェリントン(1974)　p.1786 参照

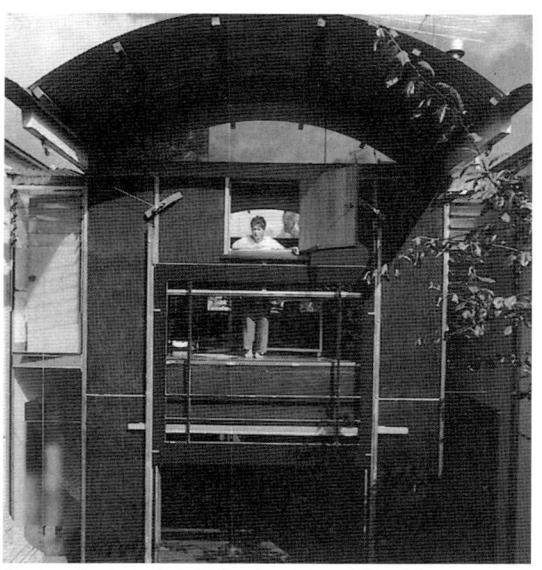

B　ミッチェル/スタウト邸、オークランド(1990)
p.1786 参照

C　ヌクアロファ・クラブ、ヌクアロファ、トンガ(1914)
p.1786 参照

D　会議センター、スヴァ、フィジー(1994)　p.1786 参照

E　ラウン・ラウン劇場、ゴロカ、パプア・ニューギニア(1982)　p.1786 参照

塗りの彫塑的な曲がった形態は、壁、屋根、煙突の区別を曖昧にしている。アスフィールドの建築で特に詩情豊かなもう1つの事例が、**ウェリントン、ペトーニのコックス邸**(1978、p.1784C)であり、そこでは土着の様々な形態が、広々とした緑なす農地の中の彫塑的オブジェとなっている。

ロジャー・ウォーカー(1942–)による**ウェリントンのブリッテン邸**(1974、p.1785A)は、多数の幾何学形態を、思いもよらないさまざまな方法で結合している。建物の多様な要素——丸窓のある箱状形態、ピラミッド状の傾斜屋根(しばしば45度以上となる)——が、ウェリントンの街を見下ろす丘の急斜面に段々と重なる。極めて個性的でピクチュアレスクな方法によって、空間が8つのレベルに分けられている。同じくウォーカーによる**ウェリントン・クラブ**(1972)は、すでに取り壊されたが、確固たるブルータリズムの美学と、塔状やピラミッド状の形態を持った屋根景観とが組み合わされた、力強く見える建物であった。

デイヴィッド・ミッチェル(1941–)による**オークランドのギブス邸**(1984)は、ニュージーランド建築の時流とは無関係である。直角をなす平面と、鋭く切り取られた開口部は、明らかにル・コルビュジエの住宅を思わせる。ミッチェルがジュリー・スタウト(1958–)と共同した**オークランドのミッチェル／スタウト邸**(1990、p.1785B)は、急な傾斜地に建ち、さまざまなレベルと複雑な空間を持つタウンハウスで、木造を用いたピクチュアレスクのロマン主義に戻っている。

ジャスマックス社のピプ・チェシャー(1950–)による**オークランドのコングレーヴ邸**(1992)は、粗面仕上げと磨き仕上げのコンクリート・ブロックによる抽象的で彫塑的な要素の洗練された厳格な構成を持つ。単純な直交平面は、1本の軸に沿って緩やかにまとめられており、その軸が住宅、中庭、プールという3部構成を関係付け、崖際の敷地からの眺望を統御している。

パプア・ニューギニアと南太平洋諸島

パプア・ニューギニア、セピク川、パリンベイ村、パイエムビト儀礼場(1978)は、儀礼用建築に現地産材料を用いる伝統的な建築技法が存続していることを示している。同地域のロング・ハウスは、全村民を収容し、最長180mにも及ぶ。アラミア川、イサゴ村に残存する最後の事例(1959)は、火災で焼失した。レプリカがバリモのゴゴドラ文化センター(1973)に建てられた。

H. モンクの計画に沿って建てられた**トンガ、ヌクアロファのヌクアロファ・クラブ**(1914、p.1785C)は、木造のバンガロー建築である。それは、下見板張り、波形鉄板葺の屋根、高床のヴェランダを持ち、同地域その他の熱帯地域でヨーロッパ人が気候を配慮して建てた多くの建築の典型である。

レックス・アディソン＆ポール・フレームによる**パプア・ニューギニア、ゴロカのラウン・ラウン劇場**(1982、p.1785E)は、高さ18mの無柱の丸太組みで、イガヤ葺の円錐形屋根が相互貫入している。このデザインは、伝統的な村の円形住宅に多くを負っている。同じくレックス・アディソンによる**パプア・ニューギニア、ゴロカのコーヒー産業局事務所および倉庫**(1982)は、豊かなテクスチュアと彫刻を持つ木構造こけら葺の事務所棟と、石張りのオーディトリアム、鉄骨造の倉庫とが組み合わされている。事務所棟の突き出た屋根とスクリーンで日射を調整したファサードは、気候の諸問題に積極的に応答している。

アーキテクツ・パシフィックによる**フィジー、スヴァの南太平洋経済協力機構(SPEC)法廷事務局**(1976-94)は、一連の近代建築で構成されており、フィジー建築に固有の、細長い矩形平面と張り出した切妻と庇を持つ3段の急傾斜の屋根を反映している。その中の主要建物の切妻には、フィジー式の絵が描かれ、活気付けられている。**会議センター**(1994、p.1785D)は古い建物に関連し、ポリネシアの正統的茅葺「フェール」を組み込んでいる。貝殻が混じったプラスター吹付け仕上げが、壁面を砂浜のように見せている。アーキテクツ・パシフィックによる**ニューカレドニア、ヌーメアの南太平洋委員会本部**(1992 設計競技-1995 竣工)には、太平洋の隠喩が吹き込まれている。配置計画は、マーシャル諸島の航海図を下敷きとし、主要建物である会議センターの構造デザイン形態は、カヌー建造法に基づいている。その主要壁面は、縫い合わせたココナッツ製パネルを組み立てたもので、伝統的なカヌー建造法を用いている。白色の「マシ」(タパ布)でできた、調節可能な大垂直ルーバーが、日照を調整しており、屋外の池からの照り返しが、太平洋のイメージを喚起している。

アンチャー・モートロック＆ウーリーによる**ソロモン諸島、ホニアラのラジオ放送局**(1981、p.1787A)は、音に敏感な建物部分を重厚な壁で囲んで中庭の片側に配置し、残りの軽量の建物部分を、蝶番留めされた現地産硬木製の菱目格子の鎧戸で守ることにより、熱帯の条件に応えている。外周部の事務室は一室分の奥行しかなく、中庭を巡るベランダから出入りする。鎧戸は状況に応じて異なった角度で止まるように設計されており、平らにして閂をさせば雨戸としての用を足す。

アピアの公共事業局(PWD)による**西サモア、アピア、ティ＝アファウの立法府議場、マオト・フォノ**(1971、

第58章 オセアニア──オーストラリア、ニュージーランド、パプア・ニューギニア、南太平洋諸島── 1787

A ラジオ放送局、ホニアラ、ソロモン諸島 (1981) p.1786 参照

B オールド・フォノ、アピア、西サモア (1975 改築) p.1788 参照

C マオト・フォノ、アピア、西サモア (1971) p.1786 参照

D パプア・ニューギニア国会議事堂、ポート・モレスビー (1984) p.1788 参照

E フィジー国会議事堂、スヴァ (1992) p.1788 参照

p.1787C）は、柿葺のドーム屋根が重々しく張り出した円形の建物である。この形態の起源となった**オールド・フォノ**は、同じ敷地に保存されているが、それは茅葺の建物で、1975年に改築された（p.1787B）。

パプア・ニューギニア政府建築家（意匠建築家セシル・ホーガン、1926年生まれ）とペドル・ソープ＆ハーヴェイの共同による**ポート・モレスビー**の**パプア・ニューギニア国会議事堂**（1984、p.1787D）は、1つの包み込むような屋根の下に3つの建物を統合している。建物を取り囲む池は、同国の周りにある海を指し示している。大議場を収める中央棟は、セピク川地域の「ハウス・タンバラン」を象徴的に引用している。それに対して、遊興施設を収める円形の建物は、高地地域の「ハウス・ラウン」の特徴を備えている。装飾要素は、19もの地方の多様な伝統芸術に基づいている。現地の材木が、構造用集成材の梁を初めとして建物中に用いられている。

同地域における多くの国々での植民地支配が終わるとともに、1990年代には、バヌアツ諸島やソロモン諸島を含む国々の国会議事堂建築が竣工した。その中でも注目すべきは、ヴィティア・アーキテクツとフィジー政府建築家の共同による**スヴァ**の**フィジー国会議事堂**（1992、p.1787E）であり、それはフィジーの村落に基づき、自然冷却を考えて細長い矩形平面を持った一連の建物として計画されている。議場を収めるヴァレ・ニ・ボーズ・ラワは、「ビュア・カロウ」に基づき、儀礼的な「ヤヴュ」（石壇）上に建ち、軒が反ったピラミッド状の高い急勾配屋根が載せられている。装飾的で構造的な留具、手編みマット「マシ」、フィジーの道具や装飾に由来した用例が、室内の魅力を高めている。

パプア・ニューギニア、ラエの**ラエ・ロッジ**（1950）は、ゲストハウスとホステルであって、オーストラリア北部および島嶼に見られる初期オーストラリア建築に典型的な、高床と広いベランダを備えている。それは木造で、下見板張りの壁、主に波形亜鉛鉄板で葺かれた屋根を持つ。伝統的な生活様式と工芸を用いたこのような建築の表現法と論法は、ニウギニ・パシフィック・コンサルタンツ（意匠建築家ライム・ミラニ〔1941-〕）による**ラエ**の**アジアウェ村第2期**（1991）や、パシフィック・アーキテクツによる**ブーゲンヴィル島の住宅**（1990）や、**ニュー・ブリテン島の住宅**（1992）といった多くの環境に呼応した集合住宅の基本原理として存続している。

訳／堀田典裕

用語解説

アエディクラ　aedicule
本来神像などを安置するための小さな神殿のことであるが、円柱またはピラスター（片蓋柱）がペディメントをのせたエンタブラチュアを支え、ニッチもしくは窓や出入口を枠取る形式は、古典主義建築の1つの共通のモチーフとなった。同義語として「タバナクル」という語が使われる場合もある。ヒンドゥー建築では建築的な要素として使われる建物（または祠堂）の形もしくは表現。

アカンサス　acanthus
植物の一種で、その葉はコリント式柱頭の下部を構成するものとして、様式化された形で用いられている。

アーキヴォルト　archivolt
アーチの表面の刳形。アーチの輪郭に沿って付けられる。

アーキトレーヴ　architrave
エンタブラチュアの最下部を構成する部材。この語はドアや窓周りの刳形のある枠に対しても使われることがある。

アクロテリア　acroteria
ペディメントの頂部や下端部にのせられた、彫像や装飾を支えるための台座。

アクロポリス　acropolis
最も古い時代のギリシア都市は丘の上に建設されたが、その頂上の城塞部分がアクロポリスとして知られ、主要な神殿や宝物庫が置かれる。

上げ下げ窓　sash window
ガラス入りの枠（すなわちサッシュ）が、その両側面にある溝を滑車の助けを得て上下に滑るようにデザインされた窓。

アーケード　arcade
ピアもしくは円柱に支持されるアーチの連なり。壁面に取り付いたり、壁面から離れてつくられる。

アゴラ　agora
ギリシアにおける、野天の集会所または市場。古代ローマのフォルムに相当する。

アストラガル　astragal
小さな半円形の刳形で、しばしば連珠紋で飾られる。同様な断面を持つ大きな刳形はトルスという。

アスベスト　asbestos
繊維状の鉱物で、耐火性能に優れるが、健康に対しては危険である。

アスレホス　azulejos
スペイン、ポルトガル、ラテンアメリカで使われた、建物の内外装の彩釉タイル。アズレージョともいう。比較的強い色調で、花文様、幾何学文様が多い。

アーチ　arch
楔形の部材を組み合わせた開口上部の1つの構造形式で、両側面からも支持される場合のみに安定する性質を持つ。

アーチ式　arcuated
基本的な構造形式がアーチである建物、もしくは建設システムまたは建築様式（例：古代ローマ建築）。柱梁式の項参照

アッティカ式柱礎　attic base
古典的な円柱に使われる柱礎で、ウィトルウィウスによって名づけられたもの。上下2層のトルスと平縁でつなげられたスコティアによって構成される。円柱の柱礎として使われる最も一般的なものである。

アデュトン　adyton
アデュトゥム（adytum）ともいう。ギリシア神殿内の最も神聖な部屋。普通、ナオスと戸口を通してつながる。

アトリウム　atrium
古代ローマの住宅建築において、玄関ホールまたは中庭を形作る一区画。その屋根の中央部分は天空に開放されている。時には屋根にある開口部（コンプルウィウム）の縁は4本以上の円柱で支えられた。初期キリスト教やその後の時代の建築においては前庭を意味する。

アニュレット　annulet
輪縁。円柱を取り巻く小さな平縁。ドリス式柱頭のオヴォロまたはエキヌスの下で数回繰り返される。

アバクス　abacus
柱頭の最上部を形作る平盤。ギリシア・ドリス式では面取りや刳形を有しない正方形盤である。ギリシア・イオニア式では卵状刳形（オヴォロ）のみを有する、より薄いものとなっている。ローマ・イオニア式とコリント式では側面がくぼみ、角部が切り落とされている。ロマネスク様式では、アバクスはより厚みを持つが、逆に外への張り出しが減少し、そして円形やくぼみ状の刳形が付けられるか、単に底辺部が面取りされるのみとなる。ゴシック様式では、正方形もしくは八角形のアバクスがフランスにおける特徴であるのに対して、イングランドでは円形もしくは八角形のものが好まれた。

アプス　apse
キリスト教の教会堂の内陣にみられる円形または多角形の端部で、最初古代ローマのバシリカに採用された。この形式のアプスはヨーロッパ大陸的な特徴であり、イギリスのゴシック様式の教会にみられる四角形の端部とは対比を示す。

アプテラル　apteral
　側面に円柱を持たない神殿。

アブラク（イスラム）　ablaq
　組積造における対比的な色彩による交互の水平層。

アポデュテリウム　apodyterium
　古代ローマ浴場における脱衣室。

アポフィジ　apophyge
　円柱柱身の上端と下端にあるカヴェットまたは凹曲面で、平縁と連結している。

雨押え石　dripstone
　ゴシック建築において雨を除けるために戸口、窓、アーチの上に突き出させた刳形。「雨除け石（hood moulding）」、または矩形の場合は「雨だれ石（label）」としても知られる。

アーマラカ（ヒンドゥー）　amalaka
　「ミロバランの実」の意。北インドの寺院における立て溝が施された頂部を飾る要素。

アラ　alae
　古代ローマ住宅のアトリウム（またはペリスタイル）に面して開けられた小さな側室もしくはアルコーヴ。

アラバスター　alabaster
　雪花石膏。非常に白く、きめが細かく、半透明の石膏質の鉱物。古代の中東、ギリシアやローマ、そしてビザンティン帝国における建築材料として時折使用され、また後世においてはその装飾的な性質（と聖書との関係）を生かし、ヴィクトリア朝の特定の建築家達によって使われた。イタリアにおいてはアラバスターを大理石に似せる技術が何世紀も前に考案された（その技術は今でも使われている）が、その一方では大理石がしばしば誤ってアラバスターとして記述されてきたことは、ほとんど疑いがないようである。

アラベスク　arabesque
　アラビアの芸術家によって用いられたしばしば文字や連続する入り組んだ線を使った、繊細優雅で空想的な表面装飾。ルネサンスの芸術家によって使われた、花や果実、人物を織り込んだ流れるような線の組合せに対しても使われる。

アール・ヌーヴォー　Art Nouveau
　1880年代に始まり、1893年から1907年が最盛期であったヨーロッパ建築における装飾活動の1つ。流れるような、そして曲がりくねった自然主義的な飾りを用い、歴史上の建築的特徴を無視することによって特徴づけられる。ユーゲントシュティル、スティレ・リバティの項参照。

アルパ・ヴィマーナ（ヒンドゥー）　alpa vimana
　南インドの寺院建築における祠堂の基本的な形。

アンコン　ancones
　コーニスを支える戸口両側の持送り。または円柱用の円筒形石材のような部材を持ち上げて所定の位置に設置する際に使われる、石材表面に彫り残された突起。

アンタ　anta
　ギリシア神殿の側壁端部のピラスターで、その柱基や柱頭を隣接した円柱のものと異なる。エジプトの神殿にもみられる。ピラスターの項参照。

アンテフィクサ　antefixae
　軒鼻飾り。軒先の丸瓦に取り付ける装飾板で、屋根の縁に沿って一定の間隔で垂直に設置される。

アンテミオン　anthemion
　忍冬模様。スイカズラ（忍冬）すなわちパルメットをモチーフとした装飾で、ギリシア・ローマ建築のコーニスやイオニア式柱頭頚部の刳形装飾などにみられる。

アンフィ・アンティス　amphi-antis
　正面と背面のアンタの間（すなわち奥に入り込んだポーティコ）に円柱を持つ神殿。このような神殿は現存しない。

イオニア式　Ionic → オーダー

イギリス積み　English bond
　レンガ積みの一種。レンガの長手の層と小口の層とを交互に重ねた積み方。

イコノスタシス　iconostasis
　東方教会の教会堂において、身廊部または外陣と内陣との間に置かれる仕切り壁。14-15世紀頃から聖像（イコン）で飾られるようになった。

五葉飾り　cinquefoil → 葉形飾り

五つ目型配列　quincunx
　正方形の4つの角のそれぞれに1つずつ、そして対角線の交点に残りの1つを配する、計5つのものからなる配列。

イワーン（イスラム）　iwan
　屋根またはヴォールト天井が架けられ1方向が開放された広間（もしくは部屋の引っ込んだ空間）。

イン・アンティス型　in antis
　建物入口に設けられる屋根のあるコロネードで、引っ込んでいる場合には、これを「イン・アンティス」という。

イン・アンティス型一柱式　henostyle-in-antis：ヘノスタイル・イン・アンティス。アンタの間に1本の円柱を持つポーティコ。

イン・アンティス型二柱式　distyle-in-antis：二柱構成。アンタの間に2本の円柱を持つポーティコ。

インスラ　insula
　古代ローマ都市における集合住宅。1階は商店・工房・倉庫とすることもある。

インプルウィウム　impluvium
　古代ギリシアや古代ローマの住宅建築のコンプルウィウム、すなわちアトリウムの屋根にあけられた開口の下に設けられる浅い水槽。

ヴァーラービー（ヒンドゥー）　valabhi
　半円筒ヴォールトを持つ北インドの祠堂の形式。

ヴィハーラ　vihara
　仏教の僧院。

ヴィマーナ（ヒンドゥー）　vimana
　ドラヴィダ（南インド）の寺院において本尊を祭る祠堂。

ヴェストヴェルク　westwerk
　西構え。いくつかのドイツやオランダなどの教会堂の、西端にある多層構成の塔状の建物。1階は教会堂の玄関の間、2階は身廊に開放し、三方にギャラリーをめぐらした広間で、上に塔や小塔がのる。

ヴォールト　vault
石やレンガのアーチで構築された建物上方の覆い。
　四分ヴォールト：各ベイが交差する対角線リブによって4つの部分に分けられるヴォールト。
　トンネル・ヴォールト：ワゴンヘッド・ヴォールト、ワゴン・ヴォールト、半円筒ヴォールトともいう。半円形断面の連続したヴォールトで、古代ローマ時代から現在までのほとんどの時代に、何世紀にもわたって使用されている。
　六分ヴォールト：各ベイが交差する2本の対角線リブと1本の横断アーチによって分割されたヴォールト。
　クレッシュチャティ・ヴォールト：ドームが架かる柱のない十字形平面の教会堂におけるヴォールト架構の方法。十字の腕の部分の上に一種のバスケット・ヴォールトを架け、端部にはドーム状ヴォールトの一部を架ける。
　交差ヴォールト：穹稜ヴォールト。アーチ形の斜め方向の稜または穹稜を特徴とするヴォールトで、2つの円筒ヴォールトが相交わることにより形作られる。
　ドーム状ヴォールト：多角形、一般には正方形の平面で、共通の頂点まで立ち上がるいくつかに分かれた組積造の曲面板。
　パラボラ・ヴォールト：通常鉄筋コンクリート造の、放物線状断面（すなわち円錐を1つの稜に平行に切断する際につくられる形）を有する薄いシェル屋根。そのような構造物は比較的軽量で、均一載荷の状態で引っ張り応力が生じない。シェル屋根の項参照。
　ファン・ヴォールト：イギリスにおける垂直式ゴシック様式時代に特徴的なヴォールト天井形式で、全てのリブが同じ曲線を描き、扇の骨組状になるもの。

渦形持送　console　→ ブラケット

薄肉彫　bas-relief
地となる面上に彫りの浅い浮彫を刻むこと。

渦巻刳形　scroll moulding
スクロール刳形。巻かれた紙に似た刳形で、端部がその他の部分より突き出している。

渦巻装飾　volute
イオニア式、コリント式およびコンポジット式柱頭にみられる渦巻形または螺旋形の装飾。

内弧　intrados
内輪。アーチやヴォールトの内側（下側）の曲線（面）。

エキヌス　echinus
ギリシア・ドリス式柱頭のアバクスを支える、ウニの殻に似た形の部材。卵舌模様が描かれることもある。

エクセドラ　exedra
ギリシア建築において、学識者の討論が行われる一段高い座席のある凹所またはアルコーヴ。古代ローマ人はベンチのある半円形または矩形の凹所にこの語をあてており、教会堂のアプスやニッチをさすこともある。

エジプト式コーニス　gorge cornice
エジプト建築のコーニスにみられる特徴的な四半円の凹面刳形。ゴージュ・コーニスともいう。ペルシア建築にもみられる。

枝リブ　tierceron
ゴシック・ヴォールトの主要リブの間にある中間のリブ。

エフェベイオン　ephebeion
古代ギリシアや古代ローマのギムナジウム、または浴場建築のギムナジウム部分に連結する一室。

襟巻刳形　necking
ローマ・ドリス式において柱身のアストラガルと柱頭の開始部分との間にある円形断面の小さな刳形。

エンコースティック　encaustic
色の定着に熱を用いる画法で描かれた壁画美術。エンコースティック・タイルはさまざまな粘土からなる装飾タイルで、焼いた後に色模様が生ずる。中世で使用され19世紀に再流行した。

エンタシス　entasis
側面がまっすぐな円柱は内側に湾曲してみえるが、その錯視を打ち消すようにデザインされた、円柱の輪郭にみられる膨らみ、または外側への湾曲。

エンタブラチュア　entablature
建築のオーダーの上部を構成する部材。アーキトレーヴ、フリーズおよびコーニスからなり、列柱によって支えられる。

円柱　column
垂直支持材で、一般に柱基、円形断面の柱身、柱身よりも広がった柱頭からなる。

オヴォロ（大玉縁）　ovolo
古典建築やルネサンス建築でよく使われた凸状の刳形で、しばしば卵舌模様が刻まれる。

横断アーチ　transverse rib
1つのベイまたはヴォールト空間を横切る、壁に対して直角に延びたリブ。

オエクス　oecus
古代ギリシア住宅における主室のことで、メガロンに相当する。

屋階　attic
建物の主要なコーニスより上の階に対して、ルネサンス期に初めて使われた語。屋根裏部屋に対しても使われる。

奥内陣　retro-choir
規模の大きな教会堂にみられる主祭壇背後の空間。

オジー　ogee
凸と凹の曲線で構成された刳形。転じて同様の形をしたアーチの略称。

オシリス柱　Osiris pillar
エジプトの死と復活の神オシリスの像を前面に刻んだ柱。

オーダー　order
建築におけるオーダーとは通常柱基、柱身、柱頭やエンタブラチュアで構成される。ギリシア人は3つのオーダー（ドリス式、イオニア式、コリント式）を容認した。ローマ人はトスカナ式とコンポジット式（後者はローマ式としても知られる）を付け加えたが、ギリシアのオーダーについては修正した形で使用した。
　ドリス式オーダー：円柱に柱基を持たない点で独特である。柱頭は無装飾で柱身はフルーティングが施される。

イオニア式オーダー：細身の円柱を有し、ドリス式より軽快かつ優雅で、概してフルーティングが施される。柱頭の渦巻装飾によって主に識別される。

コリント式オーダー：鐘状の柱頭を有し、そこから8つのアカンサスの茎が質素な渦巻装飾を支えるために突き出している。柱身は一般的にフルーティングが施される。

コンポジット(またはローマ)式オーダー：イオニア式の渦巻装飾とコリント式のアカンサスとを組み合わせた、最も装飾的なオーダーである。柱身はフルーティングを施されるか、または平滑である。

トスカナ式オーダー：ドリス式に似ているが、エンタブラチュアは無装飾で、柱身は全くフルーティングが施されない。

オデイオン odeion
古代ギリシア劇場に似た、音楽の演奏のために設計された建物。

落し格子 portcullis
木製または鉄製の重い格子戸のことで、防御用の建物の入口脇柱に刻まれた垂直な溝に沿って上下する。

オードナンス ordonnance
建物の各部分の配置。

オピストドモス opisthodomos
神殿の背面に設けられたポーティコ。

オベリスク obelisk
正方形断面の背の高い装飾用の独立柱。上方にいくに従って先細りとなり、角錐で終わる。

オランダ破風 dutch gable
ペディメントがのり、両側が曲線で形作られた破風。

オルトスタット orthostats
壁体の基部を構成する大形の石板(の層)。

外弧面 extrados
外輪。アーチやヴォールトの外側の湾曲線や湾曲面。

会食堂 refectory
修道院や大学にある大食堂。

回廊 cloisters
覆いのない空間または中庭をめぐる屋根付きの通路で、修道院の教会堂と参事会堂、食堂やその他の部分とを結ぶ。一般に教会堂の南で、かつトランセプトの西に設けられるが、おそらく日光および暖かさを確保するためであろう。

ガヴァークシャ(ヒンドゥー) gavaksha
「雄牛の目」の意。インドの寺院建築にみられる馬蹄形アーチの破風形モチーフ。

カヴェット cavetto
単純な凹曲面状の刳形。

隔柱式 diastyle
2本の円柱の間隔が柱の直径の3倍である時に使われる語。密柱式および正柱式の項参照。

ガーゴイル gargoyle
屋根からの水を排出するための突出した樋口。ゴシック建築ではしばしばグロテスクな彫刻が施された。

カジノ casino
夏の別荘もしくは庭園内の点景としての小建築物。

カスプ cusp
ゴシックのトレーサリーにおいて葉形飾りが交わって形作られる、突出した点状の部分。

褐色砂岩 brownstone
ブラウンストーン。ニュージャージー州、コネティカット州、ペンシルヴェニア州やその他の場所で産出する茶色の砂岩。19世紀のニューヨークやアメリカ合衆国東部でよく使われた建築用石材。

カーテン・ウォール curtain wall
軸組構造の論理的な成果で、外壁が全く荷重を負担せず、カーテンのように建物の表面に吊り下げられる。中世の軍事建築のカーテン・ウォールは塔や櫓門をつなぐ防御用の壁(城壁)。

要石 keystone
半円アーチの中央の石のことで、時として彫刻が施される。

鐘型柱頭 bell capital
特にコリント式やコンポジット式オーダーまたはフランスやイギリスのゴシック様式にみられる倒立した鐘のような輪廓の柱頭。刳形は付くが、葉形飾りのないこの柱頭は、両国の中世の教会堂建築においてしばしばみられる。

かぶと helm
塔の頂上の球根状の端部のことで、主に中央・東ヨーロッパでみられる。

かぶと屋根 helm roof
4つの面が破風の間に斜めに架かり、頂部で1点に集まる形式の屋根。

カポータ(ヒンドゥー) kapota
インド寺院建築において通常コーニスとして用いられる、曲線のある刳形。

カリアティッド caryatids
女像柱。円柱もしくは支柱として用いられる女性彫像。

ガリレー galilee
いくつかの中世の教会堂にみられる、悔悟者の礼拝などに使われる玄関間(ナルテックス)。

カルダリウム caldarium, calidarium
古代ローマの浴場建築における熱水風呂のある部屋。

ガルバグリハ(ヒンドゥー) garbhagriha
「子宮の家」の意。インドの寺院の至聖所。

カントリア cantoria
主要な教会堂の、しばしば豊かに彫刻された聖歌隊桟敷。ルネサンス期に広く使われた語。

キオスク kiosk
軽快で開放的な小形の建物。新聞・雑誌の売店や庭園・公園内の休憩所としてつくられる。

起拱石 springer
起拱線のすぐ上の、アーチの最下部の迫石。

擬周柱式 pseudo-peripteral →周柱式

寄進礼拝堂 chantry
寄進者が望む人を供養するミサを唱えたり捧げたりする礼拝堂。聖職者を養うための、寄進された土地もしくはその他の財産を持つ小さな礼拝堂で、通常、教会堂に付属す

る。

基壇　podium
　ポディウム。紀元前4世紀からローマ建築の神殿につくられた、階段で昇降する高い基壇。円形闘技場や戦車競技場などのグラウンドを囲んでつくられた厚い擁壁。観客席はここを起点として立ち上がる。

擬二重周柱式　pseudo-dipteral → 周柱式

キー・パターン　key pattern → 雷紋

キープ　keep
　天守塔。城郭にみられる城内の最も大きな塔または天守閣。

キブラ(イスラム)　kibla, qibla
　モスクにおけるメッカの方向。モスクではキブラ壁はミフラーブ(別項)により示される。

キボリウム　ciborium → バルダッキーノ

ギムナジウム　gymnasium
　ギムナシオン。古代ギリシアにおける体操や訓練を行うための場所で、パラエストラより規模が大きい。

ギャラリー　gallery
　絵画や彫刻を展示するための連続的につながった通路または幅の広い廊下。中世の建物の内、外にみられる特徴の1つ。教会堂では側廊の上階をさす。

九柱式　enneastyle → 前柱式

キューマ、キュマティウム　cyma、cymatium → シーマ、シマティウム

穹稜　groin
　ヴォールト天井面が交差することより形成される、天井面から突出する曲線状の稜。

切石積み　ashlar
　規則正しく水平に層をなすように、平滑な長方形の石材を積む石積みの一種で、野石積みと対照をなす。

キング・ポスト　king-post
　棟からその下の小屋梁中央まで延びる垂直の束。

クータ(ヒンドゥー)　kuta
　「頂」の意。北インドの寺院建築では、尖塔すなわちシカラのあるパヴィリオンのこと。南インドの寺院建築では、ドーム状の屋根を架けた正方形(時には円形、八角形または星形)平面のパヴィリオンのこと。

クータ・スタンバ(ヒンドゥー)　kuta-stambha
　クータを頂部に飾った柱の形(通常、ピラスターとして埋め込まれている)。

グッタエ　guttae
　ドリス式エンタブラチュアにおけるトリグリフとムトゥルスの下にある小さな円錐状のもの。

クネイ　cunei
　古代の劇場や円形闘技場における、放射状の通路によって分けられた座席のある楔形の区画をクネウス(cneus)という。クネイはその複数形。

クビクルム　cubiculum
　古代ローマ住宅における寝室のことであるが、時折、他の用途の部屋を表すのに用いられる場合もある。

組紐飾り　guilloche
　円弧が織り交ぜられた、網細工のような模様飾りで、しばしばトルスの刳形を装飾するために使用される。

クラウン・ポスト　crown-post
　木骨屋根の小屋梁の上に垂直に立つ束。方杖または筋違いによって母屋と隣接する垂木を支持するが、キング・ポスト(別項)と異なり、屋根の頂点へは到達しない。

クラックス　crucks
　地面近くを起点とするアーチ型の一対の部材で、木造骨組の小さな家屋の屋根や壁を支える主要架構を形作るために立ち上げられる。16世紀またはそれ以降まで、イングランドの西半分の地域で一般に使われた。

クリアストーリー　clerestory, clere-story, clearstory, clear-storey → 高窓

刳形　mouldings
　突き出している部材に与えられた輪郭。

グリーク・リヴァイヴァル　Greek Revival
　古代ギリシア復興様式。ゴシック・リヴァイヴァルと同様に18世紀半ばに始まった運動。イングランドでは1820年代に最盛期を迎え、1840年(スコットランドではそれより後)までに終わったが、フランスでは19世紀初めに最も顕著になった。ドイツでは19世紀半ばまで続き、アメリカでは1815年から1860年における建築の特徴となった。

クリプト　crypt
　建物全部または一部の下に設けられた空間。教会堂においては一般に内陣の下に設けられ、初期には墓所に使用された。

グリュプトテーカ　glyptotheca
　彫刻を収容する建物。

クレッシュチャティ・ヴォールト　kreshchaty vault → ヴォールト

クレピドーマ　crepidoma
　ギリシア神殿の階段状の基壇。

クロケット　crocket
　ゴシック建築において尖塔および天蓋の角の傾斜した線や柱頭などを飾るための、葉形飾りが刻まれ、定間隔に突出する部材。

クロー・ステップ破風　crow-step gable → 段状破風

クロワゼ　croisée
　①トランセプト、②最近の300年にフランスで好まれた十字形の枠を持つ開き窓、③croisée d'ogives(交差リブ)のことで、まれに英語で使われる。

クワイア　choir
　聖歌隊席。内陣の項参照。

ケースメント　casement
　後期ゴシック様式において使われた幅のあるくぼみで、葉飾りの束を収めたことから、そう呼ばれる。

ケーソン　caisson → 格間

ケッラ　cella
　神殿の主なる部分で、神像が置かれる。

交差ヴォールト　cross vault, groin vault → ヴォールト

ゴージュ・コーニス → エジプト式コーニス

交差部　crossing
　身廊とトランセプト（交差廊）が相交わる部分。

格間　coffers
　ケーソン。平天井やヴォールト、ドームにおいて格天井を形成するくぼんだパネル。

コエメテリア　coemeteria
　地下に設けられた埋葬所。古代ローマではヴォールト構造物であることが多く、そのそれぞれが納骨容器内に入れられた多くの埋葬物を収容している。

ココシニキ　kokoshniki
　スラブ諸国のギリシア正教系の教会堂のドームの周囲につくられた、2層または3層に重ねられるオジー形または半円形をした装飾的な破風。

ゴシック・リヴァイヴァル　Gothic Revival
　18世紀半ばに初めて現れ、主として19世紀に属した美術・建築上の運動。最も影響を受けた国はイギリス、フランス、ドイツで、アメリカも弱い影響を受けた。

腰羽目　dado
　台座の台基とコーニスとの間の部分をいう。一般的に内壁面の下部（腰壁）の仕上げをいう。

コスマーティ　cosmati
　12世紀から14世紀にかけてのローマで活動した、モザイクや大理石にかかわる職人に与えられた名称。そのような職人の多くが同名の家系に属していたところから**コスマチ細工**（cosmato work）という名がついた。

五柱式　pentastyle → 前柱式

コーニス　cornice
　古典主義建築またはルネサンス建築におけるエンタブラチュアの頂部または上部を飾る部分で、一般に壁体頂部を飾る突出部にも使用される。

コノイド　conoid
　円錐形のもの。この語は普通、中世のヴォールトの下部で、リブが外側の壁体に集まり、逆さの半円錐または半ピラミッドに近い形になった部分に対して使われる。

古物研究　antiquarian
　1750年頃から1830年頃にかけての、古代ギリシア・ローマや中世の建築の伝統から一新した着想が求められた、西ヨーロッパのルネサンス建築にみられる1つの相。それが最も明確に表れたのがグリーク・リヴァイヴァル（別項）とゴシック・リヴァイヴァル（別項）で、両者は19世紀以降も続いた。

ゴープラ（ヒンドゥー）　gopura
　タミル語の gopuram のサンスクリット語表現。半円筒屋根のある南インドの寺院の門。

胡麻殻割形　reeding
　横方向に連続する等しい幅の凸形割形。フルーティングの逆である。円柱柱身の下3分の1の部分のフルーティングは時々柱身を強くするために胡麻殻割形で充填される。

コリント式　corinthian → オーダー

コロ　coro
　スペインの教会堂における聖歌隊席で、普通身廊の2つかそれ以上のベイを占め、その東端に大祭壇と司祭席を含む聖所「カピリャ・マヨール」を設ける。コロはしばしばスクリーン（レーハ〔reja〕）で区画される。

コロナ　corona
　コーニス上部の四角形の突出部で、分厚い垂直面を持ち、一般に平坦、そして「水切り」を形作るように下面、つまり底面を引っ込ませ、水が建物を流れ落ちるのを防ぐ。

コンクリート　concrete
　水、砂、砂利そして結合材（今日では一般にポルトランド・セメント）の混合物。古代ローマ人は石灰と砂の代わりにポゾラナを使用した。**鉄筋コンクリート**は棒状または網状の鋼材（東方の国々ではしばしば竹材）によって補強されたコンクリートである。**プレストレスト・コンクリート**は、圧縮力を加えることにより、亀裂発生（鉄筋コンクリートの本来的な特徴）を防いだり、引張応力を打ち消すコンクリートである。そのためにポストテンション工法とプレテンション工法という2つの基本的な工法が適用され、両者とも棒材や線材が使われる。プレストレストコンクリートは信頼性があり、長スパンの建物（たとえば工場建築）に対しては比較的経済的である。最近の10年においては**プレキャスト・コンクリート**が非常に多くの種類の建物に使われているが、それはさまざまなコンクリート製部材が組立前に現場もしくは工場で成型されるものである。ル・コルビュジエによって流行させられた**ボード・マークト・コンクリート**では、打放しコンクリートの表面に木造型枠の跡を残すことによって、おもしろい効果を出している。コンクリートの表面処理の他の多くの方法は、普通すでに硬化した表面になされるもので、その中に、**びしゃん仕上げ**があり、凸凹のある「粗面仕上げされた」外観は、「ブッシュ・ハンマー」という機械的に動く打撃用の道具を使うことにより得られる。

コンプルウィウム　compluvium
　古代ローマ住宅のアトリウムの屋根にあけられた四角の開口。床に設けられた浅い水槽、つまりインプルウィウムに雨水が流入するように、屋根には開口に向かって傾斜がつけられた。

コンポジット式　composite → オーダー

ザコマラ　zakomara
　ビザンティンの教会堂にみられる、ヴォールトの形の半円形の破風。単なる装飾手段として使用されることもある。

参事会堂　chapter house
　修道院長と修道士のための集会場で、しばしば回廊とつながっている。イングランドの参事会堂は多角形平面で、ヴォールト天井を1本の中央の柱で支えるのが普通だが、長方形平面のものもある。

シェーカリー（ヒンドゥー）　shekhari
　ナーガラ寺院でみられる後期の混成様式の1つ。

シェル屋根　shell vaulting
　薄い曲面板状のもので構成される屋根。通常鉄筋コンクリート造で、しばしば非常に優美である。規模の大きなホールに屋根を架けるために広く使われている。ヴォールトの項のパラボラ・ヴォールトを参照。

シカラ（ヒンドゥー）　shikhara
　北インドの寺院の上部構造すなわち「尖塔」。
ジグザグ　zigzag　→　山形刳形
ジッグラト　ziggurat, ziqqarat
　4隅が基本方位に向いている、階段状ピラミッドのようなテラスのある高い塔のことで、古代メソポタミアの神殿複合体において重要な要素となっている。テラスの数は時代を経るに従い、1つから7つへと増加した。アッシリアのジッグラトでは、テラスは順番に4側面を昇る斜路に発達した。
シーマ　cyma, sima
　相反する2つの曲線、正シーマと反シーマを連結した輪郭を持つ刳形。
シマティウム　cymatium, simatium
　一般にシーマの形をとったコーニスの頂部を飾る部材。
シャーストラ（ヒンドゥー）　shastra
　インドの規範書。
シャーストリック（ヒンドゥー）　shastric
　シャーストラに適応させること。
シャフト　shaft　→　柱身
シャーラー（ヒンドゥー）　shala
　南インドの寺院建築でみられる半円筒ヴォールト屋根のパヴィリオンの表現。
ジャーリ（ヒンドゥー）　jali
　網目パターンの格子窓。
車輪窓　wheel window　→　バラ窓
ジャローカー（ヒンドゥー）　jarookha
　突出したアエディクラ形のバルコニー。
シュヴェ　chevet
　聖堂の内陣において周歩廊によって取り巻かれた円形もしくは多角形のアプスで、周歩廊には祭室が付く。
銃眼付き胸壁（狭間胸壁）　crenellation
　パラペット上部の開口。銃眼または狭間という。イギリスでは家屋を城塞化する前に、狭間を付ける許可を受けることが必要であった。
周柱式　peripteral
　一重の円柱列で囲まれた神殿に対する語。
　二重周柱式または二重周翼式：各側面に2列の柱列を有する神殿。
　擬周柱式：側面の壁体に円柱が接着した神殿。
　擬二重周柱式：二重周翼式すなわちナオスの周りに、奥行方向に2本の円柱が並ぶ建物として計画された神殿の、その内側の柱列が省略されたもののこと。
集柱式　systyle
　2本の円柱の内法間隔が直径の2倍である場合に使われる語。
10柱式　decastyle　→　前柱式
12柱式　dodecastyle　→　前柱式
周歩廊　ambulatory
　教会堂の東端のアプスをめぐる歩廊。
主屋　corps de logis
　コル・ド・ロジ。必要施設の備わった住居を形作る実質的な家屋部分をいい、サーヴィス用の部屋や厩舎などを除いた部分をさす。
ジュベ　jubé
　身廊と内陣の間にある仕切り。英語のrood screen（内陣正面仕切り）に相当するフランス語。
上心アーチ　stilted arch
　迫元の刳形の線より高い位置から始まるアーチのことで、垂直な壁もしくは支柱によって迫元の刳形とつながる。
上段　dais
　デイス。中世のホールの一端に設けられる一段高い壇のことで、そこで主人が従者と離れて正餐をとった。現在では部屋の一段高い部分をいう。
初期イギリス式　Early English
　13世紀に広く行われたイギリス・ゴシック建築の様式。
シングル・スタイル　shingle style
　木造骨組の上にシングル（柿板）を使ってなされる外壁の被覆。
シンボリオ　cimborio
　ランタン（別項）を表すスペイン語。
身廊　nave
　ネイヴ。教会堂の西側の部分で、クワイア（内陣）に相対するもの。側廊に対するものとして、中世やルネサンスの教会堂の中央の廊もさす。
垂直式　perpendicular
　装飾式から発展したイギリス・ゴシック様式の1つの段階で、15世紀と16世紀に流行した。
スカエナ　scena、scaena
　古代劇場の舞台背景。
スクィンチ　squinch
　ドームや尖塔に適した八角形ないしはその他の形状の基部を形作るために、四角形または多角形の構造物の、各入り隅ごとに架け渡された小さいアーチやブラケット、またはそれらに類するもののこと。時にスクィンチ・アーチとしても知られる。
スグラッフィート　sgraffito
　白スタッコの塗装面を部分的に削り取り、暗めの下塗り塗装面をみせることによって模様を形作る装飾の一方法。
スクリーン　screen
　しばしば彫刻が施される、鉄や石、木でつくられた障壁または囲い。内陣と身廊を分けるものはクワイア・スクリーン（内陣障壁、内陣仕切り）と呼ばれる。→内陣
スコティア　scotia
　円柱の柱基の2つのトルスの間の凹形の刳形。強い陰影をもたらす。
スタイロベート　stylobate
　古典建築において、柱列の置かれる基壇の最上段の石層。ギリシアのドリス式神殿の3段の基壇は、まとまりとしてクレピドーマ（別項）を構成する。
スタッコ　stucco
　ストゥッコ。型押された装飾的な浅浮彫のために、古代ローマやルネサンス建築でよく使われた良質の漆喰。イギリスでは18世紀末と19世紀初めに、外側の造作を表現

スダトリウム sudatorium
　古代ローマ浴場建築内の蒸し風呂部屋。

スタンバ stambhas
　仏教建築に特徴的な、独立して立つ記念柱。ラス(lath)とも呼ばれる。

ステイル Stijl, de → デ・ステイル

スティレ・リバティ Stile Liberty
　イタリアにおけるアール・ヌーヴォー(別項)と同時代の同質の芸術活動で、ロンドンの店にちなんで名づけられた。

ストア stoa
　古代ギリシア建築における屋根のある独立した列柱廊。

ストゥーパ(仏教) stupa
　神聖な仏教のモニュメントを形成する、通常ドーム形をした土の塚。しばしばレンガで固められるか、白い下塗りや彩色がなされるか、またそのどちらもなされている場合がある。初期の例では基本方位に置かれたトーラナ(別項)の付いた儀式用の石造フェンスによって取り囲まれている。

ストラップワーク strapwork
　鋲が付けられた革帯に似た浮彫装飾または頂部透かし彫装飾の一形式で、幾何学的な、時には織り合わされた模様で構成される。イギリスと北海沿岸の低地帯の初期ルネサンス建築においてよく使われた。

スパンドレル spandrel
　アーチの曲線とその根元から立ち上がった垂直線、そしてアーチの頂点の高さの水平線によって囲まれた三角形の部分。近代建築ではカーテン・ウォールにおける窓枠下方の充填パネルのことをさす。

隅石 quoin
　通常、建物の角にある石積みに対して使われる語で、転じて隅部を形成する石材自体をさす。

隅切り splay
　開口部が外側より内側の方が幅が広い場合、またはその逆の場合にみられるような、壁体の側面を削ってつくられた斜め方向の表面。

隅柱 nook-shaft
　ピアや柱型、壁の隅もしくは窓や戸の側壁の隅に置かれた柱。

聖餐卓 credence table
　祭壇の近くにある小さな卓または棚で、この上に聖餐のパンとぶどう酒が置かれる。

聖所 sanctuary
　聖なる、または清められた場所。教会堂や神殿における最も神聖な区画。

聖職者席 stalls
　聖職者聖歌隊のための固定された座席のある区画のことで、座席の裏面にはしばしば精巧に彫刻された突起「ミゼリコルディア」(起立姿勢維持用の簡易腰掛け)があり、座席の上部には天蓋を有している。

正柱式 eustyle
　2本の円柱の間隔が円柱直径の2倍の場合に使われる語。密柱式、隔柱式の項参照。

折板構造 folded slab
　鉄筋コンクリートの薄板の1つの発展で、巨大なホールやそれに類する建物に屋根を架ける場合に、美的かつ構造的に優れている一方、有効な自然光、または人工的な明かりの供給をも楽にする。結果的に生じたうねのある屋根が断面において襞または折り目の形を連想させるためにこの名で呼ばれる。

セーテリ屋根 säteri roof
　寄棟屋根の一形態で、窓を設けることのある小さな垂直部分を屋根の途中に挟んだもの。この低い垂直な中断部分は屋根の下方部分と、その中断部分より上のずっと小さい連続部分との間を埋めている。17世紀から18世紀のスウェーデンの貴族と上流階級の大邸宅の特徴。

セノタフ cenotaph
　空墓ともいう。別の場所に埋葬された人物のための、墓に関わる記念物。

迫石 voussoirs
　アーチを形作るための先端を切り落とした楔形の部材。

迫台 abutment
　アーチに働く横方向の推力に抵抗する強固な石積み。

迫元 impost
　その上にアーチがのる部材。普通は剞形が施される。

前柱式 prostyle
　建物の正面に立つ円柱で構成される開放的なポーティコ。正面に1列の独立した円柱列を持つ。その円柱の数により、四柱式、五柱式、六柱式、七柱式、八柱式、九柱式、10柱式、12柱式(まれ)に区分される。古代ギリシア・ローマの神殿形式をいう場合にも用いられる。

尖頂屋根 spire
　ゴシックまたはルネサンス建築にみられる、塔の先細りになる末端部分のことで、ピラミッド形または円錐形を細長く引き伸ばした形の屋根。

羨道 dromos
　地下のトロスまたは墓室へ導く長く覆いのない狭い通路。

洗礼堂 baptistery
　内部に洗礼盤を有する洗礼の儀式のための独立した建物。

装飾式 decorated
　14世紀に広まったイギリスゴシック建築の様式。

側廊 aisles
　バシリカもしくはそれから派生した教会堂において、身廊に平行した側面の空間。

疎柱式 araeostyle
　2本の円柱の間隔が、柱の直径の3倍以上の場合に使われる語。

ゾーフォラス zoophorus
　動物の浮彫が付いたフリーズ。

ソーラー solar
　上階の私的な部屋を表す中世の用語。

台座 pedestal
　円柱や彫像、壺を支えるもの。普通、台基、台胴、コーニスそして頂部剞形で構成される。

隊商宿（イスラム） caravanserai
キャラバンサライ。町に到着した旅行者のための、宿泊施設または囲まれた広大な中庭。

台胴 die
基壇または台座の一部で、その頂部の刳形と礎盤の間をさす。

タウフ tauf
固く詰まった土壁を示すアラビア語。土にはひび割れを予防するために藁が混ぜられ、層をなすように手によって重ねられる。先行する層が乾燥してから次の層が重ねられる。

タエニア taenia, tenia
ドリス式エンタブラチュアのアーキトレーヴ上にのる、平らで突出した層。

高窓 clerestory, clere-story, clearstory, clear-story
クリアストーリー。隣接した屋根より上に窓を有する建築の上層部分で、特に教会堂にみられるものについていう。

抱き jambs
戸口や窓の側面。窓枠外側に露出した部分は「外抱き（reveal）」という。

多柱室 hypostyle
円柱上に屋根が架かる列柱ホールで、エジプト神殿の多柱ホールに対して適用される。

タバナクル tabernacle
通常祭壇上方に置かれる、聖体を収めるためのくぼみまたは容器。ニッチやアーチの付いた天蓋の場合もある。「天蓋造」は精巧に彫刻されたニッチと天蓋からなる造作をいう。

玉縁 bead
小さな円形の刳形で、しばしば連珠に似た飾りとともに彫刻される。アストラガルの項参照。

垂飾り pendant
リブの交点や小屋組の節点から下方に突出するかまたは垂れ下がる、細長い飾り。

段状破風 corbie gable
クロー・ステップ破風。階段形の縁を有する破風。

チャイティヤ・ホール（仏教） chaitya hall
半円筒ヴォールト天井のある礼拝のための広間。

チャッジャ（ヒンドゥー） chajja
インド建築でみられる、大きく張り出した庇からなる石造の天蓋。

チャトリ（イスラム） chattri
傘の形をしたドーム天井を有するパヴィリオンもしくはキオスク。

柱身 shaft
円柱の、柱基と柱頭の間の部分。中世建築においてはヴォールト架構のリブを支えている束状のピア（複合柱、簇柱）にみられるような細い円柱をさす。

柱頭 capital
円柱もしくはピラスターの頭部を飾る部材。

チュナム chunam
焼いて粉にした貝殻を含む一種のスタッコで、磨いて大理石に似せることが可能。インドにおいて、レンガ積み構造の建物の仕上げ塗りに使用される。

チュリゲラ様式 churrigueresque
芸術家や建築家を輩出したチュリゲラ家に関連した、スペイン・バロック様式の建築および彫刻の一表現。ぜいたくで、幻想的でさえありながら、調和を乱さない装飾の豊かさが特徴である。建築では、豊かに花綱で飾られるねじれた柱が、特徴的表現としてたびたび用いられた。

頂華 finial
小尖塔や切妻壁の頂部など建築的表現の上部をまとめる装飾。

長短積み long and short work
建物の出隅と入隅および壁体の交点における石材の積み方で、石材の長手と小口を交互に層状に重ねる。

辻飾り boss
盛り上げ装飾。ヴォールト天井もしくは平天井のリブの交点にある突起状の飾り。

ディアコニコン diaconicon
初期キリスト教教会堂における祭服室、または聖具室。

ディアゾーマ diazoma
古代の劇場または円形闘技場において、座席の上層部分と下層部分とを分ける水平の通路。

釘頭装飾 nail-head
ロマネスク様式のモチーフの1つで、小さなピラミッド状の鋲または釘頭の形に刻まれた装飾。

ディワーン（イスラム） diwan、divan
公式の応接室、喫煙室。

デコンストラクション Deconstruction
1980年代の建築的な意味を獲得した再評価する文脈に対する哲学的・記号論的なアプローチの1つで、主に哲学者ジャック・デリダの著作による。デコンストラクションの理論の応用による建築的な帰結は、建物の形の明確な断片化、直角や鋭い角度を取り入れた曲線、そして一般的な反転形の拒絶、もしくは、少なくとも慣習的に自明なものとして信じられている全てのデザインや構造に対する疑問である。

デ・ステイル De Stijl
オランダにおける短命（1917-31）に終わった幾何学的-抽象的な傾向を持つ芸術運動。近代主義建築と工業デザインの発展に影響を及ぼし続けた。

手摺子 baluster
手摺の横棒もしくは笠木（石）を支持する小さい支柱。それらが連続して手摺を形作る。

テッセラ tessera
モザイクをつくる際に使われる小さな立方体の石、ガラスおよび大理石。

テピダリウム tepidarium
古代ローマの浴場建築における温水風呂を備えた部屋。

テメノス temenos
神殿やその他の聖所の建つ聖域。

テュンパヌム tympanum
ペディメントの傾斜したコーニスと水平なコーニスとで囲まれた三角形の部分。中世の建物にみられる戸口の楣と

アーチの間の囲まれた部分のこともさす。

テラコッタ　terracotta
型に入れて焼き固められた陶器で、構造体の装飾に使われる。レンガより硬質である。

テンピエット　tempietto
小神殿。有名な例としてローマのサン・ピエトロ・イン・モントリオ聖堂の回廊にあるブラマンテ設計の礼拝堂がある。この語は通常ルネサンスおよびその後の装飾的な特徴を持つ建物で、公園や大地主の邸宅にある庭園に建てられた小型の円形または神殿風の構造物のためのものである。

テンペラ　tempera
画法において、ディステンパー（膠やカゼインで練り合わせた水性塗料）画と同じもの。

胴蛇腹　string course
建物の外面に沿って水平に延びる、刳形の付いたまたは突出した層。

読経台　ambo
キリスト教の教会堂にある高床の説教壇で、その場所から書簡や福音書が朗読される。

トスカナ式　tuscan　→　オーダー

ドーム　dome
円形もしくは多角形の空間上につくられる、普通半球形または半楕円球形をした凸状の天井。

ドーム状ヴォールト　domical vault　→　ヴォールト

トラヴァーチン　travertine stone
色が黄色の石灰質の湧泉堆積物で、古代ローマ時代以来建築石材として使われたが、特に巨大な堆積地のあるイタリアで用いられた。近代建築ではしばしば薄いパネルの形で、装飾的な仕上げ材として用いられる。

トラケリウム　trachelion
ギリシア・ドリス式円柱にみられる、柱頭基部の刳形と柱身との間にある溝。

トーラナ（仏教）　thorana
ストゥーパ（別項）の囲障にある儀式用の門。中国の牌楼（別項）や日本の鳥居に似ている。

ドラム　drum
ドームやクーポラの下にある垂直な部分で、そこには建物内部を照らすための窓を設けることができる。

トランセプト　transept
交差廊。十字形教会堂の、主屋に対して直角に張り出した部分。

トリクリニウム　triclinium
3側面に寝椅子のある古代ローマの食堂。

トリグリフ　triglyphs
ドリス式エンタブラチュアのフリーズにみられる、垂直方向に三角形断面の溝のある矩形の部材。溝は部材の中央に2本、両端に半分のものを刻む。

ドリス式　doric　→　オーダー

トリビューン　tribune
古代ローマのバシリカの端部に付け加えられた、時に半円形をした高床の壇。転じてバシリカ式教会堂のアプスの別称。フランスではしばしば教会堂の2階桟敷をさす。

トリフォリウム　triforium
中世の教会堂において、身廊のアーケードと高窓との間に、身廊に向いて開かれる幅の狭い通路のこと。側廊上に2階桟敷がある時は、後者のアーケードと高窓との間に設けられる。

トルス　torus
円柱の柱基に主に使用される、大きな凸状の刳形。アストラガルの項参照。

トレーサリー　tracery
ゴシック様式の窓の上部を埋める石造の装飾的な部材のことで、プレート・トレーサリーとバー・トレーサリーの2つがある。

　プレート・トレーサリー：1枚の石板から切り出されたようにみえるもので、特に採光部分の形に対して言及される。

　バー・トレーサリー：細長い石材を組み合わせて図形をつくるもので、規模も彩光率もデザインの自由度も前者よりはるかに大きく、ステインドグラス窓発展の原動力となった。木製の羽目板にみられる、同様な特徴を持った細工のことをさす場合もある。

トロス　tholos
円形平面の建物のドーム（クーポラ）または、そうした建物自体。

ドンジョン　donjon
本丸。キープの項参照。

トンネル・ヴォールト　tunnel vault　→　ヴォールト

内陣　chancel
司祭と聖職者聖歌隊のための空間。教会堂の本体とは障壁によって分けられる。より普通にはクワイア（聖歌隊席）と呼ばれる。

内陣正面仕切り桟敷　rood loft
内陣正面仕切り上部に設けられたギャラリー。中世において多くの教会堂で立てられた「ルード」すなわち大きな十字架を支える内陣仕切りに与えられた名称である。内陣の壁体内に設けられた階段によって連絡され、祝祭日には吟遊詩人や歌手のためのギャラリーとしても使用された。

ナオス　naos
ギリシア神殿の主室で、神像が収められる。

ナーガラ（ヒンドゥー）　Nagara
北インドの寺院建築を示す建築用語。

ナップト・フリント　knapped flint
壁面上になめらかな黒い表面をみせるようにすい石を積む、伝統的な東アングリアの技術。模様をなすようにナップト・フリントを積む場合には「フラッシュワーク」と呼ばれることがある。

七柱式　heptastyle　→　前柱式

鉛縁　cames
開き窓やステインドグラス、その他の形式の窓におけるガラス片を嵌め込むために両側面に溝がつけられた工形断面の鉛の細長い部材。

波刳形　wave moulding
装飾式ゴシックの典型的な刳形で、凸曲線と凹曲線を連

結・反復して構成される。

ナルテックス　narthex
キリスト教教会堂へ入場するための入口の広間で、元来未洗礼者と悔悟者の儀式参列に用いられた。

二重円錐刳形　double cone moulding
独特なロマネスクのモチーフで、底面から底面へ、そして頂点から頂点へと交互になるように、連続的に水平に並び配される円錐によって形作られるもの。

二重周柱式　dipteral　→　周柱式

ニッチ　niche
壁龕(へきがん)。彫像や装飾のため壁に設けられた凹所。

ニュンファエウム　nymphaeum
植物や花、泉水のための、彫像で飾られた古典主義様式の建物。

忍冬模様　honeysuckle ornament　→　アンテミオン

ノルマン様式　Norman
征服者ウィリアム(ノルマンディー候ギヨーム)によってイギリスに移入された11世紀から12世紀のロマネスク様式。

ハイポゲウム　hypogeum
地下室またはヴォールト天井の地下室。古代において地下につくられた墓室を意味し、必要により人が入場できる広間が多い。キリスト教徒の大規模な地下集合墓はカタコンベと呼ばれる。

牌楼(パイロウ)　pai-lou
中国の儀式用の門で、著名な人を記念して建立される。

パイロン　pylon
エジプト神殿への入口を形作る、中央に開口を設けた石積み構造物。

パヴィメントゥム　pavimentum
タイルや大理石、小石、すい石およびその他の材料の破片を接着剤で取り付け、突き棒で打ちつけて固定する舗装。

パヴィリオン　pavilion
重要な建物のファサードの端部や中央部を特徴づける、一般にその建物の性格に適した、目立った構造物。また主屋と、翼部によって連結した同様の特徴を有する建物のこと。さらには庭園内の装飾的な建物のこともさす。

歯形飾り　dentils
イオニア式とコリント式のコーニスにみられる歯形状の装飾。

葉形飾り　foil
カスプによって区切られた、ゴシック様式のトレーサリーにみられる小さい弧による開口。三葉飾り、四葉飾り、五葉飾りなどは、葉形飾りの数を示している。

ハギオスコープ　hagioscope
中世の教会堂において、祭壇への視界を確保するために壁に設けられた斜めの開口部のことで、時に「祭壇遙拝窓(squint)」としても知られる。

パーゲッティング　pargetting(pargeting、parging)
突出させたり、窪ませたり、または型押しされた模様を有する外部の装飾的な漆喰塗装。主に東アングリアと南東イングランドにおいてテューダー期以降使用された。

狭間(はざま)　embrasure
城塞のパラペットの2つの凸壁[merlonという]の間にあけられた開口[crenelともいう]。ドアや窓の側壁の隅切。

狭間胸壁　battlement
ひと続きの、刻み込みすなわち狭間を有する城塞のパラペット。狭間と狭間の間には凸壁が立ち上がる。

柱梁式(はしらはり)　trabeated
柱と梁が主要な構造要素であるギリシア建築のような建築形式。アーチ式の項参照。

柱間　inter-columniation
隣り合う円柱の間の空間。

バシリカ　basilica
古代ローマにおいて、都市のフォルムに建てられた集合・商取引・法廷などに使用された公共建築。

パスタス　pastas, prostas
古代ギリシアの中庭式住宅において、中庭に沿って設けられた幅広く長い広間をいう。中庭の面する広間の対向側には、広間に沿って客間・食堂・居間など、主要な部屋が配置される。

パストフォリア　pastophoria
ビザンティン教会堂の主祭壇の北と南に位置するアプスのある部屋。聖職者が使用したり、儀式用の外衣などが保管されたり、または予備用または奉納物用の祭壇が置かれた。

バタ　batter
傾斜した一面を持つ壁体。

八柱式　octastyle　→　前柱式

バットレス　buttress
控壁ともいう。アーチやヴォールトからの圧力に抵抗するために、壁体から直角に突出して築かれた石積みの量塊。フライング・バットレスはヴォールト天井の推力を伝達するために、主としてヴォールト天井の垂直荷重を受ける支柱と、この支柱の屋外方向に離れて設置された極めて太い控壁との間に架けられた半円弧状のアーチである。

パッラディアン・モチーフ　palladian motif
頂部が水平で、2つのより小さい開口に挟まれた、アーチの架かった開口。

パティオ　patio
スペインにおけるアーケードや列柱廊によって囲まれた中庭。

バー・トレーサリー　bar tracery　→　トレーサリー

パネル　panel
壁や天井、ドア、腰壁などにおける1つの区画で、くぼむかまたは盛り上がる。格間の項参照。

パピルス　papyrus
エジプト人によってさまざまな用途に使われた水草で、原始的な「葦」小屋の建設にも使われた。エジプトの建築彫刻ではモチーフとして繰り返し使用された。

破風(はふ)　gable
勾配屋根の枠で縁取られた三角形をした壁体部分。古典主義建築ではペディメントと呼ばれる。

ハーフ・ティンバー建築　half-timber building
　木造の柱や横木、方杖からなる建物で、部材の間はレンガまたはその他の材料で埋められるが、時にはその表面にプラスターが塗られる。

ハーラ（ヒンドゥー）　hara
　インドの寺院建築にみられる、ひとつながりのパヴィリオン列。

パラエストラ　palaestra
　ギリシア・ローマ建築において運動競技者の鍛錬のための公共建物。

パラペット　parapet
　屋根樋を越えて立ち上がる壁体部分で、時に狭間胸壁が設けられる。バルコニーや階段の踊り場、橋にみられる胸の高さまで立ち上がる同じようなつくりのものをさす場合もある。

パラボラ・ヴォールト　parabolic vaulting　→　ヴォールト

バラ窓　rose window
　車輪窓。車輪のスポークのようにマリオンが1点に集中している円形の窓。

バルダッキーノ　baldacchino
　円柱によって支持された天蓋で、一般に祭壇もしくは墓の上に置かれる。「キボリウム（ciborium）」とも呼ばれる。

パルメット　palmette　→　アンテミオン

バルーンフレーム　balloon frame
　アメリカの世俗建築で長く使われた軽量木骨構造の一方法。隅柱とスタッド（間柱）を土台から軒まで通し柱とし、仕口は胴差し（繋ぎ材）がスタッドに釘で打ちつけられるか、または嵌め込まれる所に施される。これらの部材は全て釘打ちのみにより固定される。

半円柱　demi-columns
　壁体に半分埋まったような形の円柱。

半円筒ヴォールト　barrel vault　→　ヴォールト

バンガルダール屋根（ヒンドゥー）　bangaldar roof
　曲線状の棟や庇(ひさし)を持つ屋根で、インドの後期の寺院で使われた。

パンジャーラー（ヒンドゥー）　panjara
　「籠」の意。南インドの寺院建築でみられる、屋根要素として馬蹄形破風を有するパヴィリオン。

ピア　pier
　円柱と区別される石またはレンガ積みの太い支柱のことで、そこからアーケードや橋におけるアーチが立ち上がる。この語は戸口と窓の間の壁体に対しても使われることがある。時にはゴシック建築における支柱をいう。

ピアノ・ノビレ　piano nobile
　イタリアにおける邸宅の主要階のこと。地上より1つ上の階であり、社交のための主要な部屋を有している。

ピクチュアレスク　picturesque
　18世紀末から19世紀初め（1785頃-1835）にかけての、建築と庭園術に対する嗜好の1つを説明するために、専門的な意味で使われる語。建物と風景とは1枚の絵のように、統御された非形式性を有することとされた。

菱格子　diaper
　ダイアパー。おそらくイーペル産のつづれ織りの掛け物から由来する語で、表面全体に途切れなく繰り返される菱形または四角形のような小さなパターンをいう。

ピゼ　pisé
　砂利と混ぜ合わせた粘土もしくは粘土質の土で、板の間に打ち込まれ、突き固められることにより建設に使用される。板はピゼが硬化すれば外される。

ヒッポドローム　hippodrome
　古代ギリシアにおける馬や二輪戦車の競争に使われた競技場で、古代ローマのキルクス（circus）に相当する。

ビート・ヒラーニ　bit-hilâni
　シリアが発祥地とされるポーティコのある家屋。ヒッタイトの宮殿によく用いられた。

ピナクル　pinnacle
　小尖塔。ゴシック建築にみられるバットレスやパラペットその他の頂部に置かれる小さな塔状の末端部。クロケットと呼ばれる葉形飾りでしばしば飾られる。

ピナコテーカ　pinacotheca
　絵画を収めるための建物。

日干レンガ　adobe
　日光で乾燥した（すなわち未焼成の）レンガで、しばしば石材で外装される壁体の内部に使用される。

ピラスター　pilaster
　片蓋柱(かたぶたばしら)。支柱の形をした矩形の部材で、壁面からその幅の約6分の1しか突出せず、そこに用いられたオーダーと同じデザインとされた。アンタの項参照。

平縁　fillet
　刳形を互いに分離する細く平らな帯。コーニスの最上部の部材のこともさす。

ピロティ　pilotis
　建物を持ち上げた吹き放ちの地上階の支柱。

ファイアンス焼き　faience
　西洋の陶磁(せゆう)用語。施釉された土器で、しばしば装飾され、陶器類や建物に使用される。1300年頃からイタリアのファエンツァでつくられた。

ファスキア　fascia
　帯状面。イオニア式オーダーのアーキトレーヴにみられる、ほとんど突出しない帯状面。イオニア式とコリント式オーダーのアーキトレーヴは2つか、それ以上の帯状面で構成される。また屋根垂木の端部を覆う木製の板または金属板（鼻隠し）をいう。

ファームサナー（ヒンドゥー）　phamsana
　層をなす庇形の刳形で構成されたピラミッド形の上部構造を有するインドの寺院の形式。

ファン・ヴォールト　fan vault　→　ヴォールト

フォルム　forum
　古代ローマ都市にみられる、社交や市民活動、そして市場の目的に供する公共広場。

フォルムレ　formeret
　中世のヴォールト架構における壁に付いたアーチのこと。イギリスでは壁付きリブ（壁付きアーチ）という。

副柱頭　dosseret
　ビザンティン建築において、柱頭とアーチとの間に置かれる分厚い部材。

プテロマ　pteroma
　神殿のナオスの側壁と外周の円柱との間の空間。

ブーミジャー（ヒンドゥー）　bhumija
　ナーガラ（北インド）の寺院の、後期にみられる混成の様式のひとつ。

フライング・バットレス　flying buttress → バットレス

プラカーラ（ヒンドゥー）　prakara
　インドの寺院境内を囲む壁。

ブラケット　bracket
　持送りともいう。通常は、渦巻剞形または渦巻装飾で形作られる、荷重を支えるための突き出た部材。コーニス上部の部材を支える場合にはモディリオン（modillion）と呼ばれる。アンコンの項参照。

フラットスラブ構造　mushroom construction
　梁を用いない鉄筋コンクリート構造の一形式で、朝顔状に張り出した頂部を持つ円柱によって床スラブを直接支える。

プラテレスコ様式　Plateresque
　15世紀後半から16世紀初期のスペイン建築における1つの様式。銀細工に似ていることが名の由来。

フランドル積み　Flemish bond
　同一層に小口と長手が交互に現れるレンガ積み。

フランボワイヤン式　flamboyant
　火炎式。石造の桟が炎のような波形の長い区画を形作るトレーサリー。このトレーサリーは14-15世紀のフランス・ゴシック建築で好んで用いられたところから、末期ゴシック様式の意味にも使用される。

フリギダリウム　frigidarium
　巨大な冷水槽を備えた古代ローマ浴場建築の屋根のない大広間。

フリーズ　frieze
　古典主義様式のエンタブラチュアを構成する部材の1つ。

ブリーズ・ソレイユ　brise-soleil
　太陽光を弱めるため窓面に設けられたスクリーン。最近の建築ではしばしばルーヴァー（別項）の形態をとり、常設の効果的な建築の一部をなしている。

プリュタネイオン　prytaneion
　古代ギリシア都市の市庁舎、迎賓館、宴会場。

プリンス　plinth
　方形台座。円柱の柱基における最下部の方形の部材。突出する階段状の礎盤または剞形装飾が付けられた礎盤をさすこともある。

フルーティング　fluting
　円柱柱身の表面にある縦方向の溝。

プルピトゥム　pulpitum
　聖堂のクワイア（聖歌隊席）への入口上方にある石造のギャラリーまたは内陣正面仕切り桟敷（別項）。

ブーレウテリオン　bouleuterion
　古代ギリシアの元老院の建物、または議事堂。

フレスコ　fresco
　本来は漆喰が湿り気を保っているうちに壁に施された彩色に使用される語であるが、しばしば油性絵具を使わないあらゆる壁画に使用される。

プレスビテリ　presbytery
　教会堂の東端にある聖職者のための空間のことであるが、しばしば聖所全体をさす。

プレート・トレーサリー　plate tracery → トレーサリー

プロセニアム　proscenium
　古代ギリシア劇場における舞台建築（スケネ〔skene〕）の前に立つ柱廊のことで、その上が実際は舞台（ロゲイオン〔logeion〕：台詞用の場所）になっている。このように装飾的な舞台背景の前の全ての舞台装置をさす。今日では舞台の正面のみを意味する。

プロテシス　prothesis
　ギリシア正教の聖堂において、聖体を準備し、保管する内陣の一角。

プロナオス　pronaos
　神殿におけるナオスの前面部分のことで、しばしばポーティコと同じ意味に用いられる。

プロピュライア　propylaea（propylaeum の複数形）
　神聖な囲い地の主要な門。

ベイ　bays
　建物の外部または内部を分節する区分。隣接する柱と柱、梁と梁、横断アーチと横断アーチとの間の壁面・天井面・立面・または空間をいう。

ベイリー　bailey
　防御が固められた城郭内の空地または中庭。

ベグネット　begunets
　三角形パターンに立てて並べられた、レンガの装飾的な胴蛇腹。

ペディメント　pediment
　古典建築で、傾斜したコーニスによって囲まれた、エンタブラチュア上方の三角形の壁体。ルネサンス建築では、三角形や分割された形のものや円弧形のものが屋根端部に用いられた。ゴシック建築では同様なつくりのものが破風として知られる。

ベーマ　bema
　初期キリスト教会堂における聖職者のための上段。内陣聖障により身廊と区画されたギリシア正教聖堂の内陣（至聖所という）。

ペリスタイル　peristyle
　中庭または神殿を取り巻く円柱列。

ベルヴェデーレ　belvedere
　広範囲にわたる視界を提供する、屋根はあるが側面を開放された構造物。普通家屋の屋上に設置されるが、自然の風景または幾何学式庭園の高台にある独立した建物をさすこともある。

ペール・タワー pele-towers
重厚な構造の小規模な方形の塔。中世後期までイングランドとスコットランドの境界地域に建設された。

ヘルメス(柱) hermes
ギリシアの神。方形台座上の半身像(ヘルメス、ヘルムまたはターム)として、古典期には境界を示すために幹線道路に沿って設けられ、ローマやルネサンス期には装飾の目的に用いられた。

ヘローオン heroum
古代ギリシアにおいて、半ば神聖化された人のためや、死者を追悼して奉納される小さな祠堂もしくは礼拝堂。

ペンデンティヴ pendentive
円形ドームを正方形や多角形平面の部屋の上にのせる時、正方形や多角形の入り隅に形成される張り出した倒立三角形の曲面。

方円柱頭 cushion capital
立方形で、その角が下部に向かって次第に円く削られた柱頭。

砲郭 casemate
要塞の壁体の厚みを利用して設けられたヴォールト架構の部屋で、普通、防御用の狭間を有する。この語は今日では多く、兵器の装備された別の囲み形式(たとえば砲塔)に対して適用される。したがって"casemated"とは、強力に防備が固められた、という意味である。

補強石積み chaines
建物の隅角部や外壁と間仕切り壁との交点に用いられる、小口と長手を一段ごとに交替させる石積み。壁体を補強する目的もあるが、外観上の効果が重視された手法である。

ポストモダニズム Post-Modernism
正統なモダニズムを批評した建築の様式または理論を表現する用語。このアプローチの通常の物理的な現れは、異なる時代の装飾要素、特に西洋の古典的起源となる要素を組み合わせた折衷的な様式である。これらの要素は、伝統的な意味は奪われて、文脈や規模から切り離されて配され、反語的な意味を持って使われる。ポストモダニズムは1970年代初めに現れたが、10年のうちに時代遅れとなった。

ポーティコ portico
入口または玄関間を形作る列柱を備えた空間のことで、少なくとも片側が円柱により支えられている。

ポリクロミー polychromy
もともと多彩色の装飾絵画芸術に適用された語であるが、それが自然主義的指向を増した彫刻の着彩にまで適用され、さらにははなはだあいまいではあるが、建築上では、輝かしい、もしくは印象的な効果をもたらす変化に富んだ材料の使用を表記する際に用いられている。ポリクロミー自体、盛期ヴィクトリア期やアール・ヌーヴォー(別項)の特性である。

ホール型教会堂 hall church
身廊と側廊の高さがほぼ同じか、あるいは全く同じ教会堂。この型の教会堂はドイツの後期ゴシックで多数建設され、その特色となった。英語の hall church はドイツ語の Hallenkirche からの派生語。

ホール型キープ hall-keep
キープの初期の形式で、形が矩形であり、内部には大きなホールと私的な寝室が隣り合って配される。

マカラ(仏教) makara
ブラケット状の手摺の形式で、普通、短い屋外階段の両側に付く。

楣(まぐさ) lintel
開口部に架かる水平方向の木材または石材で、アーキトレーヴとしても知られる。

マクスーラ(イスラム) maksura, maqsura
木造の格子付き障壁や石造の有孔板で囲まれた初期のモスクにおける貴人用礼拝所。

マスジッド(イスラム) masjid
地区モスク。

マスジッド=イ・ジュマ(イスラム) masjid-i jum'a
金曜モスク。

マスタバ mastaba
矩形で平らな屋根を持つ古代エジプトの墳墓のことで、転びのある(傾斜した)側面を有し、地下の墓室を覆っている。

マチコレーション machicolation
石落としともいう。城壁や櫓(やぐら)の外壁から突出した壁またはパラペットをつくり、その床に設けた開口から融けた鉛やピッチ、石などを眼下の敵に落とす装置。

マドラサ(アラビア、ペルシア) madrassa, madrassah
神学校組織のモスク、神学校。

マニエリスム Mannerism
本来は様式的な規則にあまり縛られない作風の、16世紀イタリアの建築家による一部の作品の特徴を記述するためにつくりだされた語であるが、後にはその他の類似したヨーロッパ・ルネサンス建築に広く使われるようになった。

マリオン mullions
中方立(なかほうだて)。窓を複数の窓面に分割する垂直な部材。

丸襞装飾(まるひだ) gadroon
フルーティングを反転したような、一連の凸曲面の1つのことで、装飾的な縁取りとして使われる。反り襞(そりひだ)彫りともいう。

マンサード屋根 mansard roof
下部の傾斜が急で、上部の傾斜が緩い屋根。考案者とされるフランスの建築家フランソワ・マンサールにちなんで名づけられた。腰折れ屋根ともいう。

マンダパ(ヒンドゥー) mandapa
インドの寺院建築における広間のことで、通常列柱がある。

水垂れ weathering
雨水が流れ落ちやすいように、バットレスの後退した段や、コーニス、刳形の上面に設けられた傾斜。

密柱式 pycnostyle
2本の円柱の間隔がその直径の1.5倍である時に使われる語。

三葉飾り　trefoil　→　葉形飾り
ミナレット（イスラム）　minaret
　モスク（またはモスクとつながったその他の部分）の上にそびえる細身の塔。そこから勤行時間係が忠実な信者たちに祈るように呼びかける。
ミフラーブ（イスラム）　mihrab
　メッカの方向を示すニッチ。
ミンバル（イスラム）　minbar
　モスクの説教壇。
ムカルナス（イスラム）　muqarnas
　特にアーチまたはヴォールトの下端を飾る凹面の立体的な部分を形成する小規模の装飾的な持送りのブラケットやニッチ（壁龕）。スタラクタイト（stalactites）とも呼ばれる。
無柱式　astylar
　円柱を使わないでファサードを処理すること。
ムデハル　mudéjar
　キリスト教支配下におけるスペイン・ムスリム様式。特に12世紀から16世紀のアラゴンやカスティーリャのスペイン建築の世俗的な様式で、ムスリム様式とキリスト教様式の特徴の融合したもの。その影響は17世紀に入ってからも残った。ネオ・ムデハルは16世紀から19世紀のラテン・アメリカにおけるこの様式の特徴の永続または再生である。
ムトゥルス　mutules
　ドリス式コーニスにみられる、突き出て傾斜した部材のことで、木造の梁の端部に由来する。
無目　transoms
　窓の水平な仕切りまたは横木。
ムーラプラサーダ（ヒンドゥー）　mulaprasada
　ナーガラ（北インドの）寺院の主要な祠堂のこと。
メガロン　megaron
　初期のアナトリア地方またはエーゲ海地方の住居の主要な部屋。
メトープ　metope
　ドリス式トリグリフの間の部分のことで、古代の例では平坦なままのものもある。後に彫刻された板が嵌められた。
面取り　chamfer
　直角で出会う2つの面によってつくられる稜の斜め方向への切り欠き。
モザイク　mosaic
　石、ガラスおよび大理石の小さな立方体によってつくられる表面装飾。多くはヘレニズム期、古代ローマ期およびその後の時代に、床や壁の装飾に使用された。
持送り　corbel
　ブラケット。壁から突出した石のブロックのことで、しばしば精巧に彫刻され刳形が付けられる。屋根の梁、床、ヴォールトまたはその他の部材を支える。
モット　motte
　その上に城をつくるための、土でできた円錐形の丘。通常、ベイリー（別項）や城壁と関連している。

モディリオン　modillion　→　ブラケット
モデュール　module
　古典主義建築のオーダーの部分ないしは建物を整える釣合の基準寸法のことで、通常柱基のすぐ上の部分の円柱の半径をさし、30パートに分割される。
モノプテラル　monopteral
　通常円形で、円柱のみで構成される神殿。
母屋　purlin
　合掌の上にのり、垂木と屋根覆いを支える水平な部材。
屋根窓　dormer
　傾斜した屋根につくられる窓。屋根裏は普通寝室に用いられるが、その窓の名称は寝る（dormir）という部屋の用途に由来する。
山形刳形　chevron
　ジグザグ。ロマネスク建築で用いられたジグザグ状の刳形で、この形に組まれた一対の垂木（chevron）からこの名がつけられた。
ユーゲントシュティル　Jugendstil
　アール・ヌーヴォー（別項）と同時期で同質の、ドイツにおける芸術活動のこと。
浴場窓　thermal window
　通常その内側に一対のマリオンを持つ半円形の窓のことで、古代ローマの浴場、特にディオクレティアヌスの浴場の、半円筒もしくは交差ヴォールト天井の妻壁に設けられた窓に由来する。そのためディオクレティアヌス窓とも呼ばれる。「リュネット」の項参照。
四葉飾り　quatrefoil　→　葉形飾り
四柱式　tetrastyle　→　前柱式
四分ヴォールト　quadripartite vaulting　→　ヴォールト
雷紋　fret
　古典主義またはルネサンスの建築における装飾の1つで、直角に曲がり、直交する水平・垂直の直線で構成される幾何学的装飾文様。キー・パターンとも呼ばれる。
ラヴァボ　lavabo
　執行司祭のための手洗いまたは修道院の洗面用水槽。
ラコニクム　laconicum
　熱気室。古代ローマの浴場建築における蒸し風呂部屋。
ラタ　rath
　特に南インドにおけるヒンドゥーの岩窟寺院。
ラティーナ（ヒンドゥー）　Latina
　ナーガラ（北インドの）祠堂の基本単位となる形式。
卵簇模様（卵舌模様）　egg and dart
　卵形（「オヴォロ」の項参照）と尖頭形が交互に配された装飾モチーフで、起源はギリシア。ルネサンスの刳形として広く使用された。
ランセット・アーチ　lancet arch
　鋭く尖った尖頭アーチのことで、主に初期イギリス式ゴシックの時代に使用された。
ランタン　lantern
　聖堂の交差部の上につくられる採光用の塔。屋根の上に立ち上がり、側面にガラスが嵌められる。

リエルヌ　lierne
　枝肋。ゴシックのヴォールト天井における短い中間のリブ。迫元から立ち上がらず、またヴォールトの頂線に取り付けるリブでもないもの。

リスポンド　respond
　アーケード端部を受ける半柱。

立体骨組　space frame
　スペース・フレーム。全ての方向において安定した三次元の骨組架構。

リネンフォールド　linenfold
　浮彫装飾の一形式で、木製羽目板の表面上に折りたたんだリネンを刻んだ装飾。15世紀後半から16世紀に流行した。

リバート（イスラム）　ribat
　武装された修道院。

リブ　rib
　天井やヴォールトまたはその他の場所につくられる突出した帯状の部材。

リーフ・アンド・タング　leaf and tongue
　ギリシア建築の装飾で、反シーマに使われる紋切り型のモチーフ。

リュネット　lunette
　ヴォールトまたはドームの内側の下部に嵌め込まれた半円形の窓または壁板。「浴場窓」の項参照。

稜　arris
　2つの面が会することによってできる鋭い縁。

両前柱式　amphi-prostyle
　両端にポーティコのある神殿。

リンギエラ　ringhiera
　イタリア中世の市庁舎の主正面に設けられたバルコニー。そこから行政命令や公的な演説が述べられた。

ルーヴァー　louvre
　雨水や直射日光を入れずに換気を可能にする、垂直な枠に付けられたひと続きの傾斜した小割り板のことで、屋根換気窓はその原理を具体化したもの。転じて屋根換気窓のことをいう。

ルスティカ仕上げ　rustication
　粗面仕上げ。荒々しい表面と深い目地を使う石積みの方法で、主にルネサンスの建物に使われた。

ルード・スクリーン　rood screen
　内陣仕切り。中世に多くの教会堂で外陣と内陣との間に建設された大十字架（ルード）を支持するのに、内陣仕切りが利用された。「ジュベ」の項参照。

ルード・ロフト　rood loft
　ルードを支持するため、内陣仕切りの正面2階に架け渡されたギャラリー。祭日にはここで吟遊楽人が詩歌などを上演した。

礼拝室　chapels
　チャペル。特定の聖人を崇拝するための教会堂内の場所。独立した建物として建てられることもある。

レグラ　regula
　ドリス式のエンタブラチュアにみられる、タエニアをへだててトリグリフと対面する短い部材。その下面にグッタエ（別項）が取り付く。

レゼーヌ　lesene
　外壁に取り付けられる柱基も柱頭もない無装飾のピラスター。

六柱式　hexastyle　→　**前柱式**

六分ヴォールト　sexpartite vaulting　→　**ヴォールト**

ロココ　rococo
　ルネサンス様式の装飾の一形式を示す語。岩のような形や風変わりな渦巻、襞のある貝殻が、しばしば組織だった首尾一貫性ではなく、装飾の豊かさを誇示した細部の豊富さや乱雑さの中で、一体にまとめあげられる。

ロッジア　loggia
　開放されたアーケードやコロネードの背後にあるギャラリー。

ロトンダ　rotonda
　円形の建物。

ワクフ（イスラム）　vakif
　金融信託または財産信託、慈善財団（基金）。

参考文献

1 エジプト、古代近東、アジア、ギリシア、ヘレニズム王国の建築

第2章 先史時代

ALDRED, C. *Egypt to the End of the Old Kingdom*. London, 1965.
ANATI, E. *Palestine Before the Hebrews*. London, 1963.
BAUMGARTEL, E. J. *The Cultures of Prehistoric Egypt*. Oxford, 1955.
BURNEY, C. *The Ancient Near East*. New York, 1977.
CHILDE, V.G. *New Light on the Most Ancient East*. London, 1958 (reprinted).
DAVID, R. *The Ancient Egyptians: Religious Beliefs and Practices*. London, 1982.
HAYES, W. C. *Most Ancient Egypt*. Chicago, 1964.
LAMPL, P. *Cities and Planning in the Ancient Near East*. London, 1970.
LLOYD, S. *The Archaeology of Mesopotamia*. London, 1978.
—. *Early Highland Peoples of Anatolia*. London, 1967.
MELLAART, J. *Catal Huyuk*. London, 1967.
—. *The Earliest Civilisations of the Near East*. London, 1965.
—. *The Neolithic of the Near East*. London, 1975.
MOOREY, P. R. S. *The Origins of Civilisation*. Oxford, 1979.
OATES, D. and OATES, J. *The Rise of Civilisation*. Oxford, 1976.
REDMAN, C. L. *The Rise of Civilisation*. San Francisco, 1978.
TRIGGER, B. G. *Ancient Egypt: a Social History*. Cambridge, 1983.
UCKO, P. J. *Man, Settlement and Urbanism*. London, 1972.
WOLFF, W. *Early Civilizations: Egypt, Mesopotamia, the Aegean*. London, 1989.

第3章 エジプト

ALDRED, C. *The Development of Egyptian Art*. London, 1952.
ARNOLD, D. *Building in Egypt: Pharaonic Stone Masonry*. Oxford, 1991.
BADAWY, A. *A History of Egyptian Architecture*. 3 vols. Giza (Vol.1) and Berkeley, 1954–68.
BREASTED, J. H. *A History of Egypt*. New York, 1905.
BRITISH MUSEUM. *An Introduction to Ancient Egypt* (Guide to Collections). London, 1979.
CARTER, H. and MACE, A. C. *The Tomb of Tut-ankh-Amen*. 3 vols. London, 1923–33.
DAVIES, W. V. (Ed.). *Egypt and Africa: Nubia From Prehistory to Islam*. London, 1991.
DRIOTON, E. and LAUER, J. P. *Sakkarah: the Monuments of Zoser*. Cairo, 1939.
DRIOTON, E. and VANDIER, J. *Les Peuples de l'orient méditerranéen (l'Egypte)*. Paris, 1952.
EDWARDS, I. E. S. *The Pyramids of Egypt*. New edn, Harmondsworth, 1985.
EMERY, W. B. and OTHERS. *Great Tombs of the First Dynasty*. 3 vols. London, 1949–58.
FAIRMAN, H. W. 'Town Planning in Pharaonic Egypt', *Town Planning Review*, vol. xx, no.1. 1949.
—. 'Worship and Festivals in an Egyptian Temple', *Bulletin of the John Rylands Library*, vol. 37, no.1. 1954.
FAKHRY, A. *The Pyramids*. Chicago, 1969.
FIRTH, C. M., QUIBELL, J. E. and LAUER, J. P. *The Step Pyramid*. Cairo, 1935.
GARDINER, A. H. *The Temple of King Sethos I at Abydos*. Vols. i-iii. London and Chicago, 1933–8.
—. 'Les grandes découvertes archéologiques de 1954', *La Revue de Caire*, vol. xxxiii, no. 175, Numéro Spécial.
GORRINGE, H. H. *Egyptian Obelisks*. New York, 1882.
HART, G. *Pharaohs and Pyramids: a Guide Through Old Kingdom Egypt*. London, 1991.
HODGES, P. *How the Pyramids Were Built*. Shaftesbury, 1989.
HORNUNG, E. *The Valley of the Kings: Horizon of Eternity*. New York, 1990.
IVERSON, I. *The Canon and Proportion in Egyptian Art*. 2nd ed. Warminster, 1975.
KAMIL, J. *Luxor: a Guide to Ancient Thebes*. 3rd edn, London, 1983.
KEMP, B. J. *Ancient Egypt: Anatomy of a Civilization*. 2nd edn, London, 1991.
KIELLAND, E. C. *Geometry in Egyptian Art*. Oslo, 1987.
LANGE, K. and HIRMER, M. *Egypt*. 4th edn, 1968.
MEHLING, M. (ED.). *Egypt*. Oxford, 1990. *Monuments of Egypt: the Napoleonic Edition: the Complete Archaeological Plates from La Description de l'Egypte*. Princeton and London, 1987.
NAVILLE, E. and CLARKE, G. SOMERS. *The XIth Dynasty Temple at Deir el-Bahari*. Parts I and II. London, 1907, 1910.
PETRIE, W. M. FLINDERS. *Egyptian Architecture*. London, 1938.
PORTER, B. and MOSS, R. L. B. *Topographical Bibliography of Ancient Egyptian Hieroglyphic Texts, Reliefs, and Painting*. 7 vols. Oxford, 1927–51; amplified 2nd edn, 1960–4.

REISNER, G. A. *The Development of the Egyptian Tomb down to the Accession of Cheops.* Cambridge, Mass., and London, 1935.
SETON-WILLIAMS, V. *Egypt.* 3rd edn, London, 1993.
SMITH, W. STEVENSON. *The History of Egyptian Sculpture and Painting in the Old Kingdom.* London, 1946; 2nd edn, 1949.
—. *The Art and Architecture of Ancient Egypt.* Harmondworth, 1958. Revised by W. K.Simpson, 1981.
STEINDORFF, G. and SEELE, K.C. *When Egypt Ruled the East.* Chicago, 1942; revised edn, 1957.
UPHILL, E. P. *The Temples of Per Ramesses.* Warminster, 1984.
WOLDERING, I. *Egypt: the Art of the Pharaohs* (Art of the World series). London, 1963.

第4章 古代近東

AKURGAL, E. *The Birth of Greek Art.* London, 1968.
ALKIM, U. B. *Anatolia I.* Geneva, 1970.
ARIK, R. O. *Les Fouilles d'Alaca Hüyük.* Ankara, 1937.
BELL, E. *Early Architecture in Western Asia.* London, 1924.
BITTELL, K. *Boğazköy-Hattušas.* Berlin, 1952.
—. *Hattusha: The Capital of the Hittites.* New York, 1970.
BOTTA, P. E. and FLANDIN, E. *Monuments de Ninive.* 5 vols. Paris, 1849–50.
BURNEY, C. A. and LANG, D. M. *The Peoples of the Hills.* London, 1971.
CONTENEAU, G. *Everyday Life in Babylon and Assyria.* Trans. K. R. and A. R. Maxwell-Hyslop. London and New York, 1954.
—. *Manuel d'archéologie orientale.* 4 vols. Paris, 1947.
CURTIS, J. E. (Ed.). *Fifty Years of Mesopotamian Discovery.* London, 1983.
DIEULAFOY, M. *L'Art antique de la Perse.* 5 vols. Paris, 1884–9.
DOWNEY, S. B. *Mesopotamian Religious Architecture: Alexander Through the Parthians.* Princeton and London, 1988.
FERGUSSON, J. *The Palaces of Nineveh and Persepolis Restored.* London, 1851.
FORBES, T. B. *Urartian Architecture.* British Archaeological Reports. Oxford, 1983.
FRANKFORT, H. *The Art and Architecture of the Ancient Orient.* Harmondsworth, 1954, Rev. edn, 1970.
—. *The Birth of Civilisation in the Near East.* London, 1954.
GHIRSHMAN, R. *Iran.* Harmondsworth, 1961.
—. 'Report on the Ziggurat at Tchoga-Zanbil', *Illustrated London News*, 8 September 1956.
GURNEY, O. R. *The Hittites.* 2nd edn, Harmondsworth, 1961.
HASPELS, C. H. E. *The Highlands of Phrygia: Sites and Monuments.* 2 vols. Princeton, 1971.
KELLER, W. *The Bible as History.* London, 1956.
KEMPINSKI, A. and REICH, R. (Eds). *The Architecture of Ancient Israel: from the Prehistoric to the Persian Periods.* Jerusalem, 1992.
KENYON, KATHLEEN M. *Archeology in the Holy Land.* London, 1965, 1969.
—. *Digging up Jerusalem.* London, 1974.
—. *Royal Cities of the Old Testament.* London, 1971.
KUBBA, S. A. A. *Mesopotamian Architecture and Town Planning from the Mesolithic to the End of the Proto-historic Period, C.10,000–3,500 B.C.* Oxford, 1987.
LAMPL, PAUL. *Cities and Planning in the Ancient Near East.* London, 1970.
LAYARD, A. H. *Monuments of Nineveh.* 2 vols. London, 1849.
—. *Nineveh and its Palaces.* 2 vols. London, 1849.
LEICK, G. *A Dictionary of Ancient Near Eastern Architecture.* London, 1988.
LLOYD, S. *Early Highland Peoples of Anatolia.* London, 1967.
—. *Ruined Cities of Iraq.* 3rd edn, London, 1946.
LLOYD, S. AND MELLAART, J. *Beycesultan I-II.* London, 1962–5.
LOUD, G. *Khorsabad.* 2 vols. Chicago, 1936–8.
LUSCHAN, F. and OTHERS. *Ausgrabungen in Sendschirli.* 5 vols. Berlin, 1893–1943.
MACQUEEN, J. G. *Babylon.* London, 1964.
MALLOWAN, M. E. L. *Nimrud and its Remains.* 2 vols. London, 1966.
MELLAART, J. 'Notes on the Architectural Remains of Troy I and II', *Anatolian Studies*, ix, 1959.
NYLANDER, C. *Ionians in Pasargadae.* Stockholm, 1971.
OATES, D. 'Early Vaulting in Mesopotamia', in *Architectural Theory and Practice: Essays Presented to W. F. Grimes.* London, 1973.
OLMSTEAD, A. T. *History of the Persian Empire: Achaemenid Period.* Chicago, 1948.
PARROT, A. *Archéologie mésopotamienne.* 2 vols. Paris, 1946–53.
—. *Mari-Capitale fabuleuse.* Paris, 1974.
—. *Mission archéologique de Mari II: Le Palais. 1. Architecture. 2. Peintures. 3. Documents et Monuments.* Paris, 1958–9.
—. *Ziggurats et Tour de Babel.* Paris, 1949.
PERROT, G. and CHIPIEZ, C. *History of Art in Chaldea and Assyria, Persia, Phrygia and Judaea.* 5 vols. London and New York, 1884–92.
PLACE, VICTOR. *Ninive et l'Assyrie.* 3 vols. Paris, 1867–70.
PUCHSTEIN, O. *Boghazköy: die Bauwerke.* Leipzig, 1912.
RUSSELL, J. M. *Sennacherib's Palace Without Rival at Nineveh.* Chicago, 1991.
SAFAR, F., MUSTAFA, M. A. and LLOYD, S. *Eridu.* Baghdad, 1983.
SCHMIDT, E.F. *Persepolis I.* Chicago, 1953.
SINCLAIR, T. A. *Eastern Turkey: an Architectural and Archaeological Survey.* 3 vols. London, 1987–90.
SMITH, S. *Alalakh and Chronology.* Brochure. London, 1940.
SPIERS, R. P. *Architecture East and West.* London, 1905.
STRONACH, D. *Pasargadae.* Oxford, 1978.
TEXIER, C. *L'Arménie, la Perse et l Mésopotamie.* 2 vols. Paris, 1842–52.

WILBER, D. N. *Persepolis – The Archaeology of Parsa, Seat of the Persian Kings.* London, 1969.
WOOLLEY, SIR C. L. *A Forgotten Kingdom.* Harmondsworth, 1953.
—. *Ur of the Chaldees.* Harmondsworth, 1954.
WRIGHT, G. E. *Biblical Archaeology.* Philadelphia and London, 1957.
YADIN, Y. *The Art of Warfare in Biblical Lands.* London, 1963.

第5章 初期アジア

AGRAWAL, D. P. *The Archaeology of India.* London, 1982.
ALLCHIN, B. and R. *The Rise of Civilisation in India and Pakistan.* Cambridge, 1982.
CHANG, K. C. *The Archaeology of Ancient China.* New Haven, 1963.
CHENG, TE-K'UN. *Archaeology in China. Vol. 1: Prehistoric China. Vol. 2: Shang China. Vol. 3: Chou China.* Cambridge, 1959–63.
RAWSON, J. *Ancient China.* London, 1980.
TRIESTMAN, J. *The Prehistory of China.* New York, 1972.
WATSON, W. *China Before the Han Dynasty.* London, 1961.
WHEELER, R. E. M. *Civilisations of the Indus Valley and Beyond.* New York, 1966.
—. *The Indus Civilisation. (Cambridge History of India).* Cambridge, 1968.

第6章 ギリシア
第7章 ヘレニズム王国

ADAM, J. P. *L'Architecture militaire grecque.* Paris, 1983.
ASHMOLE, B. *Architect and Sculptor in Classical Greece.* London, 1972.
BEAN, G. E. *Aegean Turkey: an Archaeological Guide.* London, 1966.
—. *Lycian Turkey.* London, 1978.
—. *Turkey Beyond the Maeander.* London, 1971.
—. *Turkey's Southern Shore: an Archaeological Guide.* 2nd edn, London, 1979.
BERVE, H., GRUBEN, G. and HIRMER, M. *Greek Temples, Theatres and Shrines.* London, 1963.
BETANCOURT, PHILIP. *The Aeolic Style in Architecture.* Princeton, 1977.
BIEBER, M. *The History of the Greek and Roman Theatre.* London and Princeton, 1961.
BLEGEN, C. W. *Troy and the Trojans.* London, 1966.
BOARDMAN, J. *The Parthenon and its Sculptures.* London, 1985.
BRONEER, O. *Isthmia. Vol. 1: Temple of Poseidon.* Princeton, 1971.
BROWN, A. *Arthur Evans and the Palace of Minos.* Oxford, 1983.
BURFORD, A. *The Greek Temple Builders at Epidaurus.* Liverpool, 1969.
CADOGAN, G. *Palaces of Minoan Crete.* London, 1976.
CARY, M. *The Geographical Background of Greek and Roman History.* Oxford, 1949.
CHITHAM, R. *The Classical Orders of Architecture.* London, 1985.
COOK, J. M. *The Greeks in the East.* London, 1962.
COOK, R. M. *The Greeks till Alexander.* London, 1961.
COOPER, F. A. *The Temple of Apollo at Bassai.* London, 1978.
COULTON, J. J. *The Architectural Development of the Greek Stoa.* Oxford, 1976.
—. *Greek Architects at Work.* London, 1977.
DINSMOOR, W. B. *The Architecture of Ancient Greece.* 3rd edn, London, 1950.
DINSMOOR, W. B. JR. *The Propylaia to the Athenian Akropolis. Vol.1: The Predecessors.* Princeton, 1980.
DOXIADIS, C. E. *Architectural Space in Ancient Greece.* Cambridge, Mass., 1972.
FINLEY, M. I. *The Ancient Greeks.* London, 1963.
GARDNER, R. W. *The Parthenon: its Science of Forms.* Washington, DC, 1973.
GRAHAM, J. W. *The Palaces of Crete.* Rev. edn, Princeton and London, 1987.
HANDLER, S. *Architecture on the Roman Coins of Alexandria.* AJA 75 (1971) 57f. for the Hellenistic Serapaion.
HEGE, W. and RODENWALDT, G. *The Acropolis.* Oxford, 1957.
HEYDEN, A. A. M. VAN DER and SCULLARD. H. H. (Eds). *Atlas of the Classical World.* London, 1960.
HENNER VON HESBERG. *Konsolengeisa des Hellenismus und der frühen Kaiserzeit.* RM Suppl. 24. Mainz, 1980.
HODGE, A. T. *The Woodwork of Greek Roofs.* Cambridge, 1960.
HOPPER, R. J. *The Acropolis.* London, 1971.
HUTCHINSON, R. W. *Pre-Historic Crete.* Harmondsworth, 1962.
LAWRENCE, A. W. *Greek Aims in Fortification.* Oxford, 1979.
—. *Greek Architecture.* 4th edn, Harmondsworth, 1983.
LYTTELTON, M. *Baroque Architecture in Classical Antiquity.* London, 1974.
MALLWITZ, A. *Olympia und seine Bauten.* Munich, 1972.
MARTIENSSEN, R. D. *The Idea of Space in Greek Architecture.* Witwatersrand, 1958.
MARTIN, R. *Living Architecture: Greek.* London, 1967.
—. *Manuel d'architecture grecque.* Vol.1. Paris, 1965.
—. *L'Urbanisme dans la Grece antique.* Paris, 1956.
MATZ, F. *Crete and Early Greece.* London, 1962.
MERTENS, D. *Der Tempel von Segesta.* Mainz, 1984.
MILLER, S. *The Prytaneion.* Berkeley and Los Angeles, 1978.
ONIANS, J. *Bearers of Meaning: the Classical Orders in Antiquity, the Middle Ages and the Renaissance.* Princeton and London, 1988.
ORLANDOS, A. K. *Les Matériaux de construction et la technique architecturale des anciens grecs.* Paris, 1966.
PALAGIA, O. *The Pediments of the Parthenon.* Leiden, 1993.
PATON, J. M. and STEVENS, G. P. *The Erechtheum.* Cambridge, Mass., 1927.

参考文献

PENDLEBURY, J. D. S. *A Handbook to the Palace of Minos, Knossos*. London, 1955.

QUENNELL, M. and QUENNELL, C. H. N. *Everyday Things in Ancient Greece*. 2nd edn, London, 1954.

ROBERTSON, D. S. *A Handbook of Greek and Roman Architecture*. 2nd edn, Cambridge, 1943.

ROUX, G. *L'Architecture de l'Argolide*. Paris, 1961.

SCRANTON, R. L. *Greek Architecture*. London, 1968.

YIGAL SHILOH. *The Proto-Aeolic Capital and Israelite Ashlar Masonry*. QEDEM Vol.II. Hebrew University of Jerusalem, 1979.

SPIERS, R. P. *The Orders of Architecture*. London, 1926.

STEELE, J. *Hellenistic Architecture in Asia Minor*. London, 1992.

STOBART, J. C. *The Glory that was Greece*. 4th edn, London, 1964.

TAYLOR, W. *Greek Architecture*. London, 1971.

TAYLOUR, W. *The Mycenaeans*. London, 1965.

THOMPSON, H. A. and WYCHERLEY, R. E. *The Agora at Athens: the History, Shape and Uses of an Ancient City Center*. Princeton, 1972.

TOMLINSON, R. A. *Greek Sanctuaries*. London, 1976.

TRAVLOS, J. *Pictorial Dictionary of Ancient Athens*. London and New York, 1971.

WINTER, F. E. *Greek Fortifications*. London, 1971.

WOODHEAD, A. G. *The Greeks in the West*. London, 1962.

WYCHERLEY, R. E. *How the Greeks Built Cities*. 2nd edn, London, 1962.

2 ルネサンスまでのヨーロッパと地中海周辺の建築

第9章 先史時代

ATKINSON, R. J. C. *Stonehenge*. Harmondsworth, 1960 (1979 printing with revisions).

BURDAJEWICZ, M. *The Aegean Sea Peoples and Religious Architecture in the Eastern Mediterranean at the Close of the Late Bronze Age*. Oxford, 1990.

CHIPPINDALE, C. *Stonehenge Complete*. London, 1983.

CLARK, J. G. D. *Prehistoric Europe*. London, 1952

COLES, J. M. and HARDING, A. F. *The Bronze Age in Europe: an Introduction to the Prehistory of Europe c.2000–700 BC*. London, 1979.

COLLIS, J. *The European Iron Age*. London, 1984.

CUNLIFFE, B. *Iron Age Communities in Britain*. London, 1974.

DANIEL, G. E. *The Megalith Builders of Western Europe*. London, 1963.

—. *The Prehistoric Chamber Tombs of France*. London, 1960.

FAGERSTROM, K. *Greek Iron Age Architecture: Developments through Changing Times*. Gothenburg, 1988.

FORDE-JOHNSTON, J. *Prehistoric Britain and Ireland*. London, 1976.

GIMBUTAS, M. *Iron Age Cultures in Central and Eastern Europe*. The Hague, Paris, London, 1965.

—. *The Prehistory of Eastern Europe*. Cambridge, Mass., 1965.

GUILANE, J. *La Préhistoire française*. 2 vols. Paris, 1976.

KLEIN, R. G. *Ice Age Hunters of the Ukraine*. Chicago and London, 1973.

MILISAUSKAS, S. *European Prehistory*. London, 1978.

MORGAN, W. N. *Prehistoric Architecture in Micronesia*. London, 1989.

MUIR, R. and WELFARE, H. *The National Trust Guide to Prehistoric and Roman Britain*. London, 1983.

PERICOT GARCIA, L. *The Balearic Islands*. London, 1972.

PHILLIPS, P. *The Prehistory of Europe*. Harmondsworth, 1981.

PIGGOTT, S. *Ancient Europe: from the Beginnings of Agriculture to Classical Antiquity*. Edinburgh, 1965.

SAVORY, H. N. *Spain and Portugal: the Prehistory of the Iberian Peninsula*. London, 1968.

SIMPSON, D. D. A. *Economy and Settlement in Neolithic and Early Bronze Age Britain and Europe*. Leicester, 1971.

TRINGHAM, R. *Hunters, Fishers and Farmers of Eastern Europe 6000–3000 BC*. London, 1971.

WINTER, N. A. *Greek Architectural Terracottas from the Prehistoric to the End of the Archaic Period*. Oxford, 1993.

WYMER, J. *The Paleolithic Age*. London and Sydney, 1982.

第10章 ローマとローマ帝国――蛮族の侵攻まで――

ADAM, J.-P. *Roman Building: Materials and Techniques*. London, 1994.

AURIGEMMA, S. *Villa Adriani*. Rome, 1962.

BARTON, I. (Ed.). *Roman Public Buildings*. Exeter, 1989.

BOETHIUS, A. *Etruscan and Early Roman Architecture*. 2nd edn, Harmondsworth, 1978.

—. *The Golden House of Nero*. Ann Arbor, 1960.

BRODRIBB, G. *Roman Brick and Tile*. Gloucester, 1987.

CLARKE, J. R. *The Houses of Roman Italy, 100 B.C. – A.D. 250: Ritual, Space and Decoration*. Berkeley, 1991.

COARELLI, M. (Ed.). *Etruscan Cities*. London, 1975.

COZZO, G. *The Colosseum, the Flavian Amphitheatre*. Rome, 1971.

DE LA BEDOYERE, G. *The Buildings of Roman Britain*. London, 1991.

GAZZOLA, P. *Ponti romani*. 2 vols. Florence, 1963.

GRANT, M. *The Roman Forum*. London, 1970.

HAMEY, L. A. *The Roman Engineers*. Cambridge, 1981.

HANSON, J. A. *Roman Theatre-Temples*. Princeton, 1959.

HEINTZE, H. VON. *Roman Art*. London, 1990.

HENIG, M. (Ed.). *Architecture and Architectural Sculpture in the Roman Empire*. Oxford, 1990.

JOHNSON, S. *Late Roman Fortifications*. London, 1983.

KAHLER, H. *Rome and her Empire*. London, 1963.

KRAUS, T. and MATT, L. VON, *Pompeii and Herculaneum*. New York, 1975.

LICHT, K. DE F. *The Rotunda in Rome*. Jutland Archaeological Society Publications VIII, Copen-

hagen, 1968.
LUCIANI, R. *The Colosseum: Architecture, History and Entertainment in the Flavian Amphitheatre, Ancient Rome's Most Famous Building*. Novara, 1990.
MACDONALD, W. L. *The Architecture of the Roman Empire. Vol. 1: An Introductory study. Vol. 2: An Urban Appraisal*. New Haven and London, 1965–86.
—. *The Pantheon*. London, 1976.
MACDONALD, W. and PINTO, J. *Hadrian's Villa and its Legacy*. New Haven and London, 1995.
MACREADY, S. and THOMPSON, F. H. (Eds). *Roman Architecture in the Greek World*. London, 1987.
MARTA, R. *Tecnica costruttiva romana (Roman Building Techniques.)* 2nd edn, Rome, 1991.
MCKAY, A. *Vitruvius: Architect and Engineer: Buildings and Building Techniques in Augustan Rome*. London, 1978.
MEIGGS, R. *Roman Ostia*. 2nd edn, Oxford, 1973.
NASH, E. *Pictorial Dictionary of Ancient Rome*. 2nd edn, 2 vols. London, 1968.
NIELSEN, I. *Thermae et Balnea: the Architecture and Cultural History of Roman Public Baths*. Aarhus, 1990.
RAGETTE, F. *Baalbek*. London, 1980.
RICHARDSON, L. *Pompeii: an Architectural History*. Baltimore, 1988.
RIVOIRA, G. T. *Roman Architecture*. Oxford, 1925.
ROBERTSON, D. S. *A Handbook of Greek and Roman Architecture*. 2nd edn, Cambridge, 1943.
SEAR, F. *Roman Architecture*. Rev. edn, London, 1989.
VITRUVIUS. *De Architectura*. 2 vols. Cambridge, Mass., 1945.
WARD-PERKINS, J. B. *Roman Architecture*. New York, 1977 (reprinted 1988).
—. *Roman Imperial Architecture*. 2nd (integrated) edn. Harmondsworth, 1981.
—. *Studies in Roman and Early Christian Architecture*. London, 1994.
WHEELER, R. E. M. *Roman Art and Architecture*. London, 1964.
WHITE, M. L. *Building God's House in the Roman World: Architectural Adaptation Among Pagans, Jews and Christians*. Baltimore, 1990.

第11章 ビザンティン帝国
BUTLER, H. C. *Early Churches in Syria*. Princeton, 1929.
CORBO, V. C. *Il Santo Sepulcro di Gerusaleme*. Jerusalem, 1981.
CROWFOOT, J. W. *Early Churches in Palestine*. London, 1941.
DEMUS, O. *Byzantine Mosaic Decoration*. London, 1947.
FORSYTH, G. H. and WEITZMANN, K. *The Monastery of Saint Catherine at Mount Sinai: the Church and Fortress of Justinian*. Ann Arbor, 1968.
GALEY, J. *Sinai and the Monastery of St.Catherine*. Cairo, 1985.
GANDOLFO, F. *Le Basiliche armene: IV-VII secolo*. Rome, 1982.
GRABAR, A. *Byzantium from the Death of Theodosius to the Rise of Islam (The Arts of Mankind)*. London, 1966.
—. *Martyrium: recherches sur le culte des reliques et l'art chrétien antique*. 3 vols. Paris, 1943–46.
HETHERINGTON, P. *Byzantine and Medieval Greece: Churches, Castles and Art of the Mainland and the Peloponnese*. London, 1991.
HODDINOT, R. F. *Early Byzantine Churches in Macedonia and Southern Serbia*. London, 1963.
HUTTER, I. *Early Christian and Byzantine*. London, 1988.
KRAUTHEIMER, R., CORBETT, S., FRAZER, A.K. and FRANKL, W. *Corpus Basilicarum Christianarum Romae*. 5 vols. Vatican City, 1937–77.
KRAUTHEIMER, R. *Early Christian and Byzantine Architecture*. Rev. edn, Harmondsworth, 1981.
—. *Rome, Profile of a City, 312–1308*. Princeton, 1980.
—. *Three Christian Capitals*. Berkeley and Los Angeles, 1983.
MAINSTONE, R. J. *Hagia Sophia: Architecture, Structure and Liturgy of Justinian's Great Church*. London, 1988.
MANGO, C. *Byzantine Architecture*. New York, 1976.
MARK, R. and CAKMAK, A. H. (Eds). *Hagia Sophia from the Age of Justinian to the Present*. Cambridge, 1992.
MATHEWS, T. F. *The Byzantine Churches of Istanbul: a Photographic Survey*. University Park, Pa., 1976.
—. *The Early Churches of Constantinople: Architecture and Liturgy*. University Park, Pa, 1971.
MEPISASHVILI, R. and TSINTSADZE, V. *The Arts of Ancient Georgia*. London, 1979.
MILBURN, R. *Early Christian Art and Architecture*. Aldershot, 1988.
MULLER-WEINER, W. *Bildlexikon zur Topographie Istanbuls*. Tübingen, 1977.
PLANT, R. *Architecture of the Tigre, Ethiopia*. Worcester, 1985.
RODLEY, L. *Byzantine Art and Architecture: an Introduction*. Cambridge, 1994.
—. *Cave Monasteries of Byzantine Cappadocia*. Cambridge, 1985.
RUGGIERI, V. *Byzantine Religious Architecture (582–867): its History and Structural Elements*. Rome, 1991.
SINCLAIR, T. A. *Eastern Turkey: an Architectural and Archaeological Survey*. 3 vols. London, 1987–90.
STYLIANOU, A. and STYLIANOU, J. *The Painted Churches of Cyprus: Treasures of Byzantine Art*. London, 1985.
SWIFT, E. H. *Roman Sources of Christian Art*. New York, 1951.
VAN NICE, R. L. *St. Sophia in Istanbul: an Architectural Survey*. Washington, 1965.
WARD-PERKINS, J. B. *Studies in Roman and Early Christian Architecture*. London, 1994.
—. 'The Italian Element in Late Roman and Early Mediaeval Architecture', *Proceedings of the British Academy*, vol. 33, 1947, pp. 163–94.
WHARTON, A. J. *Art of Empire: Painting and Architecture of the Byzantine Periphery: a Comparative*

Study of Four Provinces. University Park, Pa and London, 1987.
YARWOOD, D. *The Architecture of Europe. Vol. 1: The Ancient Classical and Byzantine World, 3000 B.C. – A.D. 1453*. London, 1992.

第12章 初期ロシア

AINALOV, D. *Geschichte der russischen Monumentalkunst*. Berlin and Leipzig, 1932–3.
ALPATOV, M. and BRUNOV, N. *Geschichte der altrussischen Kunst*. Augsburg, 1932.
BRUMFIELD, W. C. *A History of Russian Architecture*. Cambridge, 1993.
DEROKO, A. *Monumentalna i dekorativna arhitektura u serdnjovekovnoj Serbji*. Belgrade, 1953.
FAENSEN, H. and IVANOV, V. *Early Russian Architecture*. London and New York, 1975.
GRABAR, A. *Die Mittelalterliche Kunst Osteuropas*. Baden-Baden, 1968.
GALITZINE, G. *Imperial Splendour: Palaces and Monasteries of Old Russia*. London, 1991.
GIPPENREITER, V. *Old Russian Cities*. London, 1991.
HAMILTON, G. H. *The Art and Architecture of Russia*. 3rd (integrated) edn, Harmondsworth, 1983.
IONESCU, G. *Istoria arhitecturii in Romania*. Bucharest, 1963–4.
Istorija russkoj arhitektury, Kratkij kurs. Moscow, 1956.
KRAUTHEIMER, R. *Early Christian and Byzantine Architecture*. Harmondsworth, 1979.
MANGO, C. *Byzantine Architecture*. Milan, 1974.
MILLET, G. *L'Ancien art serbe: les églises*. Paris, 1919.
—. *L'art byzantin chez les slaves*. Paris, 1930–2.
MARODINOV, N. *Starobulgarskoto izkustvo*. Sofia, 1959.
MIJATJEV, K. *Arhitekturata v srednovekovna Bulgarija*. Sofia, 1965.
NICKEL, H. *Osteuropäische Baukunst des Mittelalters*. Leipzig, 1981.
OPOLOVNIKOV, A. V. and OPOLOVNIKOVA, Y. *The Wooden Architecture of Russia: Houses, Fortifications, Churches*. London, 1989.
PETKOVIC, V. P. *Pregled crkvenih spomenika kroz povesnicu Srpskog naroda*. Belgrade, 1950.
RAPPOPORT, P. A. *Drevnerusskaja architektura*. Moscow, 1970.
SAS-ZALOZIECKY, W. *Die byzantinische Baukunst in den Balkanländern*. Munich, 1955.
VORONIN, N. N. *Zodčestvo severo-vostočnoj Rusi*. Moscow, 1961–2.
WHARTON, A. J. *Art of Empire: Painting and Architecture of the Byzantine Periphery: a Comparative Study of Four Provinces*. University Park, Pa and London, 1987.

第13章 中世初期とロマネスク

CLAPHAM, A. W. *Romanesque Architecture in Western Europe*. Oxford, 1936.
CONANT, K. J. *Carolingian and Romanesque Architecture, 800–1200*. 3rd edn, Harmondsworth, 1974.
FOCILLON, H. *Art of the West in the Middle Ages*. 2 vols. Vol.1: *Romanesque Art*. 2nd edn, London and New York, 1969.
FRANKL, P. *Die Frühmittelaterliche und Romanische Baukunst*. Potsdam, 1926.
GREENE, J. P. *Medieval Monasteries*. Leicester, 1992.
HELIOT, P. *Du Carolingien au Gothique (IXe-XIIIe S.)*. Paris, 1966.
HOLLANDER, H. *Early Medieval*. London, 1990.
HUBERT, J. *L'Art pre-Roman*. New edn. Chartres, 1974.
KUBACH, H. E. *Romanesque Architecture*. New York, 1975.
KUNSTLER, G. (Ed.). *Romanesque Art in Europe*. London, 1969.
LETHABY, W. R. *Mediaeval Art*. 1904. Revised and edited by D.Talbot Rice. London, 1949.
MOORE, C. H. 'Romanesque Architecture', *Journal RIBA*, 3rd series, vol. xxi, 1913–14.
PORTER, A. K. *Mediaeval Architecture: its Origins and Development*. 2nd edn, New York, 1966.
—. *Romanesque Sculpture of the Pilgrimage Roads*. 3 vols. New York, 1966.
PUIG Y CADAFALCH, J. *La Géographie et les origines du premier art roman*. Paris, 1935.
RADDING, C. M. *Medieval Architecture, Medieval Learning: Builders and Masters in the Age of Romanesque and Gothic*. New Haven and London, 1992.
SAALMAN, H. *European Architecture, 600–1200*. 2nd edn. New York and London, 1968.
TIMMERS, J. J. M. *Handbook of Romanesque Art*. London, 1969.
YARWOOD, D. *The Architecture of Europe. Vol. 2: The Middle Ages, 650–1550*. London, 1992.
ZARNECKI, G. *The Monastic Achievement*. London, 1972.
—. *Romanesque*. London, 1989.
ZODIAQUE 'La Nuit des Temps' Series. 60 volumes on Romanesque Architecture by Region.

イタリア

ARATA, G. U. *L'Architettura arabo-normanna in Sicilia*. Milan, 1914.
ARSLAN, W. *L'Architetettura romanica veronese*. Verona, 1939.
CARLI, E. (Ed.). *Il Duomo di Pisa: il Battistero, il Campanile*. Florence, 1989.
CESILU, C. *Architettura romanica genovese*. Milan, 1945.
CUMMINGS, C. A. *A History of Architecture in Italy*. 2 vols. 2nd edn, New York and London, 1928.
DECKER, H. *Romanesque Art in Italy*. London, 1958.
GOY, R. J. *The House of Gold: Building a Palace in Medieval Venice*. Cambridge, 1992.
GURLITT, C. *Denkmäler der Kunst in Dalmatien*. 2 vols. Berlin, 1910.
KRONIG, WOLFGANG. *The Cathedral of Monreale and Norman Architecture in Sicily*. Palermo, 1965.
MAGNI, M. C. *Architettura romanica comasca*. Milan, 1960.
MARTIN, C. and ENLART, C. *L'Art roman en Italie*. Paris, 1912–24.
NORWICH, J. J. *The Normans in the South: 1016–1130*.

London, 1967.
PORTER, A. K. *The Construction of Lombard and Gothic Vaults*. New Haven and London, 1911.
—. *Lombard Architecture*. 4 vols. New York, 1967. (reprint).
RICCI, C. *Romanesque Architecture in Italy*. London, 1925.
SALMI, M. *L'Architettura romanica in Toscana*. Milan and Rome, 1927.
VENTURI, A. *Storia dell'arte italiana*. Vols 2 and 3. Milan, 1902–4.

フランス
ARMI, C. E. *Masons and Sculptors in Romanesque Burgundy: the New Aesthetic of Cluny III*. University Park, Pa, and London, 1983.
AUBERT, M. et al. *L'Art roman en France*. Paris, 1961.
AUBERT, M. *Romanesque Cathedrals and Abbeys of France*. London, 1966.
AUBERT, M. and VERRIER, J. *L'Architecture française des origines à la fin de l'époque romane*. Paris, 1947.
BAUM, J. *Romanesque Architecture in France*. 2nd edn, London, 1928.
COLAS, RENÉE *Le Style roman en France*. Paris, 1927.
DESHOULIÉRES, F. *Éléments datés de l'art roman en France*. Paris, 1936.
ENLART, C. *L'Architecture religieuse en France*. Paris, 1902.
EVANS, J. *Romanesque Architecture of the Order of Cluny*. Cambridge, 1938.
GANTNER, J. and POBÉ, M. *Romanesque Art in France*. London, 1956.
HEITZ, C. *L'Architecture religieuse carolingienne*. Paris, 1980.
HORSTE, K. *Cloister Design and Monastic Reform in Toulouse: the Romanesque Sculpture of La Daurade*. Oxford, 1992.
HUDSON, E. W. 'The Beginnings of Gothic Architecture and Norman Vaulting', *Journal RIBA*, 3rd series, vol. ix, 1902.
LASTEYRIE, R. DE. *L'Architecture religieuse en France à l'époque romane*. 2nd edn, Paris, 1929.
MARKHAM, V. R. *Romanesque France*. London, 1929.
MARTIN, C. *L'Art roman en France*. Paris, 1912.
MICHEL, A. *Histoire de l'art*. Paris, 1905. Vol. 1, pt 1 (for a contribution from C. Enlart on Romanesque).
PORTER, A. K. *Medieval Architecture*. 2 vols. New York and London, 1909.
REY, R. *L'Art roman et ses origines* (Archéologie pré-Romane et Romane). Toulouse and Paris, 1945.
RUPRICH-ROBERT, V. M. C. *L'Architecture normande aux XIe et XIIe siècles*. Paris, 1884–9. Farnborough, 1971 (reprint).
UHLER, F. *France romane*. Neuchatel and Paris, 1952.
VIOLLET-LE-DUC, E. E. *Dictionnaire raisonné de l'Architecture française du XIe au XVIe siècle*. 10 vols. Paris, 1858–68.
WATSON, K. *French Romanesque and Islam: Andalusian Elements in French Architectural Decoration, c. 1030–1180*. Oxford, 1989.

中部ヨーロッパ
BERIDSE, W. and NEUBAUER, E. *Die Baukunst des Mittelalters in Georgien vom 4. bis zum 18. Jahrhundert*. Vienna, 1981.
BUSCH, H. *Germania Romanica*. Vienna and Munich, 1963.
DAVIES, J. G. *Medieval Armenian Art and Architecture: the Church of the Holy Cross, Aght'amar*. London, 1991.
GOSS, V. P. *Early Croatian Architecture: a Study of the Pre-Romanesque*. London, 1987.
GRODECKI, L. *Architecture ottonienne*. Paris, 1958.
HAUPT, A. VON. *Die Baukunst der Germanen von der Völker-wanderung bis zu Karl dem Grossen*. Leipzig, 1909. 3rd edn, Berlin, 1935.
HEITZ, C. *L'Architecture religieuse carolingienne*. Paris, 1980.
HORN, W. and BORN, E. *The Plan of St Gall: a Study of the Architecture & Economy of, & Life in a Paradigmatic Carolingian Monastery*. Berkeley, Calif., 1979.
JANTZEN, H. *Ottonische Kunst*. Munich, 1947.
LEHMANN, E. *Der frühe deutsche Kirchenbau*. Berlin, 1938.
LEUSCHNER, P. *Romanische Kirchen in Bayern*. Pfaffenhofen, 1981.
OSWALD, R., SCHAEFER, L. and SENNHAUSER, H. R. *Vorromanische Kirchenbauten. Katalog der Denkmäler bis zum Ausgang der Ottonen*. 3 vols. Munich, 1966–71.
SCHUTZ, B. and MÜLLER, W. *Deutsche Romanik: die Kirchenbauten der Kaiser, Bischofe und Kloster*. Freiburg, 1989.
SWIECHOWSKI, Z. *Romanesque Art in Poland*. Warsaw, 1983.
WAGNER-RIEGER, R. *Mittelalterliche Architektur in Österreich*. S. Polten, 1988.

スペインとポルトガル
BEVAN, B. *Mudéjar Towers of Aragon*. London, 1929.
DODDS, J. *Architecture and Ideology in Early Medieval Spain*. University Park, Pa, and London, 1990.
GAILLARD, G. *Les Débuts de la sculpture romane espagnole*. Paris, 1938.
—. *Premiers essais de sculpture monumentale en catalogne aux Xe et XIe siècles*. Paris, 1938.
KING, G. G. *Mudéjar*. London, 1927.
—. *Pre-Romanesque Churches of Spain*. London, 1924.
—. *The Way of Saint James*. London, 1920.
POLLEY, G. H. *Spanish Architecture and Ornament*. Boston, 1919.
PORTER, A. K. *Spanish Romanesque Sculpture*. London, 1928.
PUIG I CADAFALCH, J. *L'Architectura romànica a Catalanya*. Barcelona, 1919–21.
WATSON, W. C. *Portuguese Architecture*. London, 1908.

WHITEHILL, W. M. *Spanish Romanesque Architecture of the Eleventh Century*. Oxford and London, 1941.

聖地

BOASE, T. S. R. *Castles and Churches of the Crusading Kingdom*. London, 1967.

DESCHAMPS, P. *Le Château de Saone*. Paris, 1935.

—. *Les Châteaux des Croisés en Terre Sainte. Le Crac des Chevaliers*. 2 vols. Paris, 1934.

—. *Terre Sainte Romane*. Zodiaque Series 'La Nuit des Temps', Vol. 21. La Pierre-qui-Vive, 1964.

FEDDEN, R. and THOMPSON, J. *Crusader Castles*. London, 1957.

KENNEDY, H. *Crusader Castles*. Cambridge, 1994.

LAWRENCE, T. E. *Crusader Castles*. New edn, with introduction and notes by Denys Pringle. Oxford, 1988.

MÜLLER-WIENER, W. *Castles of the Crusaders*. London, 1966.

PERNOUD, R. *In the Steps of the Crusaders*. London, 1959.

イギリス諸島

BATSFORD, H. and FRY, C. *Cathedrals of England*. London, 1936.

BILSON, J. 'The Architecture of the Cistercians with Special Reference to some of their Earlier Churches in England', *Archaeological Journal*, vol. LXVI, 1909, pp. 185–280.

BOASE, T. S. R. *English Art: 1100–1216*. Oxford, 1953.

BROWN, G. B. *The Arts in Early England: Vol. 2, Anglo-Saxon Architecture*. 2nd edn, London, 1925.

BROWN, R. A. *English Castles*. London, 1976.

CLAPHAM, A. W. *English Romanesque Architecture After the Conquest*. Oxford, 1934.

—. *English Romanesque Architecture Before the Conquest*. Oxford, 1930.

—. *Romanesque Architecture in England*. London, 1950.

COX, J. C. *English Church Fittings*. London, 1933.

—. *Parish Churches of England*. London, 1937 and other editions.

CROSSLEY, F. H. *The English Abbey*. London, 1935.

CRUDEN, S. *The Scottish Castle*. London, 1960.

—. *Scottish Medieval Churches*. Edinburgh, 1986.

DUNBAR, J. G. *Historic Architecture of Scotland*. 2nd edn, London, 1978.

FERGUSSON, P. *Architecture of Solitude: Cistercian Abbeys in Twelfth-Century England*. Princeton and London, 1984.

FERNIE, E. C. *The Architecture of the Anglo-Saxons*. London, 1983.

GILYARD-BEER, R. *Abbeys*. London, 1958.

HARVEY, J. H. *Cathedrals of England and Wales*. London, 1974.

HENRY, F. *Irish Art*. 3rd edn, London, 1965.

HEWETT, C. A. *English Cathedral and Monastic Carpentry*. Chichester, 1985.

KAHN, D. *Canterbury Cathedral and its Romanesque Sculpture*. London, 1991.

LITTLE, B. *Architecture in Norman Britain*. London, 1985.

MORRIS, R. *Cathedrals and Abbeys of England and Wales: the Building Church, 600–1540*. London, 1979.

NORTON, C. and PARK, D. (Eds). *Cistercian Art and Architecture in the British Isles*. Cambridge, 1986.

PEVSNER, N. et al. *The Buildings of England*. Harmondsworth, 1951.

PLATT, C. *The Abbeys and Priories of Medieval England*. London, 1984.

—. *The Architecture of Medieval Britain: a Social History*. New Haven and London, 1990.

—. *The Castle in Medieval England and Wales*. London, 1982.

ROWLEY, T. *The Norman Heritage, 1055–1200*. London, 1983.

STOLL, R. *Architecture and Sculpture in Early Britain (Celtic, Saxon, Norman)*. London, 1966.

TAYLOR, H. M. and TAYLOR, J. *Anglo-Saxon Architecture*. Vols 1 and 2. Cambridge, 1965.

WEBB, G. F. *Architecture in Britain in the Middle Ages*. 2nd edn, Harmondsworth, 1965.

WOOD, M. *Norman Domestic Architecture*. London, 1974.

ZARNECKI, G. *English Romanesque Sculpture, 1066–1140*. London, 1951.

—. *Later English Romanesque Sculpture, 1140–1210*. London, 1953.

スカンジナビア

ALNAES, E. et al. *Norwegian Architecture Throughout the Ages*. Oslo, 1950.

BUGGE, A. *Norwegian Stave Churches*. Oslo, 1953.

FABER, T. *A History of Danish Architecture*. Copenhagen, 1978.

GRAHAM-CAMPBELL, J. and KIDD, D. *The Vikings*. London, 1980.

HAHR, A. *Architecture in Sweden*. Stockholm, 1938.

LINDHOLM, D. *Stave Churches in Norway*. London, 1970.

SANTAKARI, E. *Keskiajan Kivikirkot – The Medieval Stone Churches of Finland*. Helsinki, 1979.

TUULSE, A. *Scandinavia Romanica*. Vienna, 1968.

第14章 ゴシック

全般

DEUCHLER, F. *Gothic*. London, 1989.

GIMPEL, J. *The Cathedral Builders*. Salisbury, 1983.

GRODECKI, L. and BRISAC, C. *Gothic Stained Glass, 1200–1300*. London, 1985.

MARK, R. *Light, Wind and Structure: the Mystery of the Master Builders*. Cambridge, Mass. and London, 1990.

フランス

AUBERT, M. *L'Architecture française à l'époque gothique*. Paris, 1943.

AUBERT, M. and GOUBERT, S. *Cathédrales et trésors gothiques en France*. Paris, 1958.

BARANDARD, A. *La Cathédrale de Chartres dans tous ses états*. Paris, 1982.

BASDEVANT, D. *L'Architecture française*. Paris, 1971.

BAUDOT, A. DE and PERRAULT-DABOT, A. *Les Cathédrales de France*. 2 vols. Paris, 1905–7.

BONY, J. *Les Cathédrales gothiques en France du nord*. Paris, 1951.
—. *French Gothic Architecture of the 12th and 13th Centuries*. Berkeley, Calif. and London, 1983.
BOWIE, T. (Ed.). *The Sketchbook of Villard de Honnecourt*. Bloomington, Ind., 1959 and 1968. Several other illustrated commentaries on this album of annotated drawings by a thirteenth-century architect have been published in French, English and German.
BRANNER, R. *Burgundian Gothic Architecture*. London, 1960.
—. *The Cathedral of Bourges and its Place in Gothic Architecture*. New York and London, 1989.
—. *Gothic Architecture*. New York and London, 1961.
CALI, F. and MOLINIER, S. *L'ordre ogival*. Paris, 1963.
COLOMBIER, P. DU. *Les chantiers des cathédrales*. Paris, 1953.
CROSBY, S. M. *The Royal Abbey of Saint-Denis from its Beginnings to the Death of Suger, 475–1151*. New Haven and London, 1987.
DEMOUY, P. *Notre-Dame de Reims: la cathédrale royale*. Paris, 1986.
ERLANDE-BRANDENBOURG, A. *The Cathedral: the Social and Architectural Dynamics of Construction*. Cambridge, 1994.
—. *Notre-Dame De Paris*. Paris, 1991.
FAVIER, J. *The World of Chartres*. London, 1990.
FITCHEN, J. *The Construction of Gothic Cathedrals*. Oxford, 1961.
FOCILLON, H. *Art d'Occident, le Moyen Age roman et gothique*. Paris, 1938 and 1965.
FRANKL, P. *Gothic Architecture*. Harmondsworth, 1962.
GRODECKI, L. *Suger et l'architecture monastique*. Paris, 1948.
KURMANN, P. *La Façade de la cathédrale de Reims: architecture et sculpture des portails: étude archéologique et stylistique*. Paris, 1987.
LASTEYRIE, P. DE. *Histoire de l'architecture religieuse en France à l'époque gothique*. Paris, 1926.
LAVEDAN, P. *French Architecture*. Harmondsworth, 1956.
LEFRANÇOIS-PILLION, L. *Maîtres d'oeuvre et tailleurs de pierres des cathédrales*. Paris, 1949.
MÂLE, E. *L'Art religieux au XIIe et au XIIIe siècles en France*. 2 vols. Paris, 1910 and 1922. English editions of 13th-century volume: London, 1913 and 1961, New York, 1958.
MURRAY, S. *Beauvais Cathedral: Architecture of Transcendence*. Princeton and London, 1989.
RECHT, R. (Ed.). *Les Batisseurs des cathédrales gothiques*. Strasbourg, 1989.
SALET, F. *L'art gothique*. Paris, 1963.
SIMSON, O. VON. *The Gothic Cathedral*. 2nd edn, London, 1962.
VIOLLET-LE-DUC, E. *Dictionnaire raisonné de l'architecture française du XIe au XVIe siècles*. Paris, 1854–68.
WEST, G. H. *Gothic Architecture in England and France*. London, 1927.

WORRINGER, W. *Form in Gothic*. London, 1957.

イギリス

BARLEY, M. W. *The English Farmhouse and Cottage*. London, 1961.
BATSFORD, H. and FRY, C. *The Greater English Church*. London, 1940.
BLOXHAM, M. H. *Introduction to English Church Architecture*. London, 1913.
—. *Gothic Architecture in England*. London, 1905.
—. *The Principles of Gothic Ecclesiastical Architecture*. London, 1849.
BONY, J. *The English Decorated Style*. Oxford, 1979.
BOWMAN, H. and CROWTHER, J. S. *The Churches of the Middle Ages*. Manchester, 1894.
BRANDON, R. and J. A. *Analysis of Gothic Architecture*. Edinburgh, 1903. (1st edn 1847)
—. *Open Timber Roofs of the Middle Ages*. London, 1849.
—. *Parish Churches*. 2 vols. London, 1851.
BRAUN, H. *English Abbeys*. London, 1971.
—. *Parish Churches*. London, 1970.
BRITTON, J. *Architectural Antiquities*. London, 1807–26.
—. *Cathedral Antiquities*. 13 vols. 1817–35.
BRUNSKILL, R. W. *Illustrated Handbook of Vernacular Architecture*. 2nd edn, London, 1978.
CLARK, G. T. *Mediaeval Military Architecture in England*. 2 vols. London, 1884.
COCKE, T. and KIDSON, P. *Salisbury Cathedral: Perspectives on the Architectural History*. London, 1993.
COLDSTREAM, N. *The Decorated Style: Architecture and Ornament, 1240–1360*. London, 1994.
COOK, G. H. *The English Cathedral through the Centuries*. London, 1957.
—. *English Collegiate Churches*. London, 1959.
—. *Mediaeval Chantries and Chantry Chapels*. London, 1947.
CORMACK, P. *English Cathedrals*. London, 1984.
CROSSLEY, F. H. *English Church Craftsmanship*. London, 1941.
—. *English Church Monuments: AD 1150–1550*. London, 1921.
FERGUSSON, P. *The Architecture of Solitude*. Princeton, 1984.
FERNIE, E. *An Architectural History of Norwich Cathedral*. Oxford, 1993.
FRANKL, P. *The Gothic: Literary Sources and Interpretations Through Eight Centuries*. Princeton, 1960.
GARDNER, S. *A Guide to English Gothic Architecture*. Cambridge, 1922.
GARNER, T. and STRATTON, A. *The Domestic Architecture of England During the Tudor Period*. 2 vols. London, 1929.
GODFREY, W. H. *The Story of Architecture in England*. London, 1928.
GREENE, J. P. *Medieval Monasteries*. Leicester, 1992.
HARVEY, J. H. *English Mediaeval Architects: a Biographical Dictionary down to 1550*. Rev. edn, Gloucester, 1984.

—. *Gothic England*. 2nd edn, London, 1948.
—. *Henry Yevele*. 2nd edn, London, 1946.
—. *The Perpendicular Style*. London, 1978.
HEWETT, C. A. *English Cathedral and Monastic Carpentry*. Chichester, 1985.
HOWARD, F. E. and CROSSLEY, F. H. *English Church Woodwork*. 2nd edn, London, 1927.
KNOOP, D. and JONES, G. P. *The Mediaeval Mason*. Manchester, 1933.
LEEDY, W. *Fan Vaulting*. London, 1980.
LETHABY, W. R. *Westminster Abbey and the King's Craftsmen*. London, 1906.
MERCER, E. *English Vernacular Houses*. London, 1975.
PALEY, F. A. *A Manual of Gothic Mouldings*. London, 1845–1902 (many editions)
PARKER, J. H. *An Introduction to the Study of Gothic Architecture*. 13th edn, Oxford, 1900.
PEVSNER, N. and METCALF, P. *The Cathedrals of England*. 2 vols. Harmondsworth, 1985.
PLATT, C. *The Abbeys and Priories of Medieval England*. London, 1984.
PUGIN, A. C. *Specimens of Gothic Architecture*. 2 vols. London, 1821.
PUGIN, A. C. and A. W. N. *Examples of Gothic Architecture*. London, 1836–8.
PUGIN, A. W. N. *A Treatise on Chancel Screens and Rood Lofts*. London, 1851.
RICKMAN, T. *Gothic Architecture*. Oxford and London, 1881.
ROBOTTOM, J. *Castles and Cathedrals, 1066–1500*. Harlow, 1991.
SALZMAN, L. F. *Building in England down to 1540*. Oxford, 1952.
SCOTT, G. G. *History of English Church Architecture*. London, 1881.
—. *Lectures on Mediaeval Architecture*. 2 vols. London, 1879.
SHARPE, E. *Architectural Parallels*. London, 1848.
—. *Mouldings of the Six Periods of British Architecture*. London, 1871–4.
—. *Rise and Progress of Decorated Window Tracery in England*. 2 vols. London, 1849.
—. *Seven Periods of British Architecture*. London, 1881.
SMITH, E. AND COOK, O. *English Cathedrals*. London, 1989.
STATHAM, H. H. (Ed.). *Cathedrals of England and Wales*. London, 1898. (The 'Builder' series, with large-scale plans.)
SWARTOUT, R. E. *The Monastic Craftsman*. Cambridge, 1932.
THOMPSON, A. HAMILTON. *English Monasteries*. Cambridge, 1913.
—. *The Ground Plan of the English Parish Church*. Cambridge, 1911.
—. *Historical Growth of the English Parish Church*. Cambridge, 1913.
TIPPING, H. A. *English Homes*. Period I, 1066–1485; Period II, 1485–1558. London, 1921–37.
TRACY, C. *English Gothic Choir-Stalls, 1200–1400*. Woodbridge, 1987.
VALLANCE, A. *Greater English Church Screens*. London, 1947.
—. *Old Crosses and Lychgates*. London, 1933.
WICKES, C. *Spires and Towers of the Mediaeval Churches of England*. 3 vols. London, 1853–9.
WILSON, C. *The Gothic Cathedral: the Architecture of the Great Church, 1130–1530*. London, 1990 (1992 printing with revisions).
WOOD, M. E. *The English Mediaeval House*. London, 1965.

ドイツと中部ヨーロッパ

BRUCHER, G. *Gotische Baukunst in Österreich*. Salzburg, 1990.
CROSSLEY, P. *Gothic Architecture in the Reign of Casimir the Great: Church Architecture in Lesser Poland, 1320–1380*. Cracow, 1985.
DEHIO, G. *Geschichte der deutschen Kunst, II*. Berlin and Leipzig, 1921.
—. *Handbuch der deutschen Kunstdenkmäler*. 5 vols. Berlin, 1927–35.
—. *Dehio-Handbuch: die Kunstdenkmäler Österreichs*. 4th and 5th edns 1954–8.
EYDOUX, H. B. *L'architecture des églises cisterciennes en Allemagne*. Paris, 1952.
HAHN, H. *Die frühe Kirchenbaukunst der Zisterzienser*. Frankfurt, 1957.
HARVEY, J. *The Gothic World*. London, 1950.
HOOTZ, R. (Ed.). *Deutsche Kunstdenkmäler*. 7 vols. Darmstadt, 1958–62.
LÜBKE, W. *Ecclesiastical Art in Germany During the Middle Ages*. Edinburgh, 1873.
MAROSI, E. *Die Anfänge der Gotik in Ungarn: Esztergom in der Kunst des 12.-13. Jahrhunderts*. Budapest, 1984.
STURGIS, R. and FROTHINGHAM, A. L. *A History of Architecture*. Vols iii and iv. New York, 1915.
SWOBODA, K. M. *Peter Parler: der Baukünstler und Bildhauer*. Vienna, 1943.

オランダとベルギー

DESSART, CHAS (Ed.). *Images de Belgique*. 7 vols.
—. *Pierres flammandes*. Edition des Deux Mondes. Paris.
FOCKEMA, ANDREAE, TERKUILE and OZINGA. *Duizend jaar bouwen in Nederland*. Vol. 1. Amsterdam, 1948.
—. *Guide to Dutch Art*. Ministry of Education, Arts and Science. The Hague, 1953.
LAURENT, M. *L'Architecture et la sculpture en Belgique*. Paris and Brussels, 1928.
LUYKX, T. *Atlas culturel et historique de Belgique*. 1954.
MEISCHKE, R. *Die gothische bouwtraditie: studies over opdrachtgevers en bouwmeesters in de Nederlanden*. Amersfoort, 1988.
TIMMERS, J. J. M. *A History of Dutch Life and Art*. Amsterdam and London, 1959.
VRIEND, J. J. *De Bouwkunst van ons land*. 3 vols. Amsterdam, 1942.

スペインとポルトガル

AZCARATE, J. M. *Arte gotico en Espana*. Madrid, 1990.
BALBAS, L. T. *Arquitectura gótica* (Ars Hispaniae VII).

Madrid, 1952.
BEVAN, B. *History of Spanish Architecture.* London, 1938.
BOOTON, H. W. *Spain.* Newcastle upon Tyne, 1963.
CALVERT, A. F. *Spain.* 2 vols. London, 1924.
DURLIAT, M. *Art catalan.* Paris, 1963.
GALANTE GOMEZ, F. J. *Elementos del gotico en la arquitectura Canaria.* Las Palmas de Gran Canaria, 1983.
HARVEY, J. The Cathedrals of Spain. London, 1957.
LAMBERT, E. *L'art gothique en Espagne aux 12e et 13e siècles.* Paris, 1931.
LAMPÉREZ Y ROMEA, V. *Historia de la arquitectura cristiana española.* 2nd edn, Madrid, 1930.
LAVEDAN, P. *L'Architecture gothique religieuse en Catalogne.* Paris, 1935.
LOZOYA, J. DE CONTRERAS, MARQUÉS DE. *El Arte gotico en España.* Barcelona, 1935.
—. *Historia del arte hispanico.* Madrid, 1940.
MARTINEZ FRIAS, J. M. *El Gotico en Soria: arquitectura y escultura monumental.* Salamanca, 1980.
RAHLVES, F. *Cathedrals and Monasteries of Spain.* Paris, 1965. London, 1966.
SANTOS, R. DOS. *O estilo manuelino.* Lisbon, 1952.
STREET, G. E. *Account of Gothic Architecture in Spain.* London, 1874. Revised edition with notes by G. G. King, London, 1914.
STURGIS, R. and FROTHINGHAM, A. L. *A History of Architecture.* Vol. iii. New York, 1915.
UNAMUNO, M. DE. *Por Tierras de Portugal y España.* Madrid, 1941.
WASHBURN, O. *Castles in Spain.* Mexico City, 1957.
WEISMÜLLER, A. A. *Castles from the Heart of Spain.* London, 1967.

イタリア

ARGAN, G. C. *L'Architettura del Duecento e Trecento.* Florence, 1936.
CUMMINGS, C. A. *A History of Architecture in Italy from the Time of Constantine to the Dawn of the Renaissance.* 2 vols. New edn, 1928.
FRANKLIN, J. W. *The Cathedrals of Italy.* London, 1958.
JACKSON, T. G. *Gothic Architecture in France, England and Italy.* 2 vols. London, 1915.
NESFIELD, E. *Specimens of Mediaeval Architecture.* London, 1862.
POPE-HENNESSY, J. *Italian Gothic Sculpture.* London, 1955.
PORTER, A. KINGSLEY. *Lombard Architecture.* 4 vols. New Haven, Conn., 1915–17.
—. *Mediaeval Architecture.* 2 vols. New York and London, 1909.
ROMANINI, A. M. *L'Architettura gotica in Lombardia.* 2 vols. Milan, 1964.
RUSKIN, J. *Stones of Venice.* 3 vols. London, 1851–3.
STREET, G. E. *Brick and Marble in the Middle Ages.* London, 1874.
TOESCA, P. *Storia dell'arte italiana: Il Medioevo.* Vol. 2. Turin, 1927.
—. *Storia dell'arte italiana: il Trecento.* Turin, 1951.
WAGNER-RIEGER, R. *Die italienische Baukunst zu Beginn der Gotik.* Graz and Cologne, 1956–7.
WHITE, J. *Art and Architecture in Italy: 1250–1400.* Rev. edn. Harmondsworth, 1970.

3 イスラム世界の建築

第16章　セレウコス朝、パルティア、ササン朝
第17章　ウマイヤ朝とアッバース朝のカリフ政権
第18章　中央イスラム世界各地の王朝とムガル朝以前のインド
第19章　サファヴィー朝ペルシア、オスマン帝国、ムガル朝のインド
第20章　世俗建築とパラダイス・ガーデン

AKURGAL, E. *The Art and Architecture of Turkey.* Oxford, 1980.
ARDALAN, N. and BAKTIAR, L. *The Sense of Unity.* London, 1973.
ASHER, C. B. *Architecture of Mughal India.* Cambridge, 1992.
ASLANAPA, O. *Turkish Art and Architecture.* London, 1971.
BARRUCAND, M. *Moorish Architecture in Andalusia.* Cologne, 1992.
BEGLEY, W. E. and DESAI, Z. A. *Taj Mahal: the Illumined Tomb: an Anthology of Seventeenth Century Mughal and European Documentary Sources.* Cambridge, Mass., and London, 1989.
BEHRENS-ABOUSEIF, D. *Islamic Architecture in Cairo: an Introduction.* Leiden, 1989.
BLAIR, S. S. and BLOOM, J. M. *The Art and Architecture of Islam, 1250–1800.* New Haven and London, 1994.
BLOOM, J. M. *Minaret: Symbol of Islam.* Oxford, 1989.
BOSWORTH, C. E. *The Islamic Dynasties.* Edinburgh, 1967.
BOURGET, S. J. *Coptic Art.* London, 1971.
BRAND, M. and LOWRY, G. D. (Eds). *Fatehpur-Sikri.* Bombay, 1987.
BROOKES, J. *Gardens of Paradise: the History and Design of the Great Islamic Gardens.* London, 1987.
BROWN, P. *Indian Architecture.* Bombay, 1942.
BURCKHARDT, T. *The Art of Islam: Language and Meaning.* London, 1976.
BURGOYNE, M. H. *Mamluk Jerusalem: an Architectural Study.* London, 1987.
BUTLER, A. J. *The Ancient Coptic Churches of Egypt.* London, 1986.
COSTA, P. M. *Studies in Arabian Architecture.* Aldershot, 1994.
CRESWELL, K. A. C. *A Bibliography of the Architecture, Arts and Crafts of Islam.* Cairo, 1962 and 1973.
—. *Early Muslim Architecture.* Parts I, II and III. Oxford, 1932–68.
—. *The Early Muslim Architecture of Egypt.* Oxford, 1952.
—. *A Short Account of Early Muslim Architecture.* Revised and supplemented by James W. Allan. London, 1989.
ELDEM, S. H. *Turk Evi: Osmanli Donemi* (*Turkish Houses: Ottoman Period*). 2 vols. Istanbul, 1984–87.
ETTINGHAUSEN, R. *From Byzantium to Sasanian Iran and the Islamic World.* Leiden, 1972.
ETTINGHAUSEN, R. and GRABAR, O. *The Art and Architecture of Islam, 650–1250.* New Haven and

London, 1987.
FREELY, J. and BURELLI, A. M. *Sinan: Architect of Suleyman the Magnificent and the Ottoman Golden Age*. London, 1982.
FRISHMAN, M. and KHAN, H. U. (Eds). *The Mosque: History, Architectural Development and Regional Diversity*. London, 1994.
GASCOIGNE, B. *The Great Moghuls*. London, 1971.
GHIRSHMAN, R. *Iran, Parthians and Sassanians*. London, 1962.
GIBB, H. A. R. *Mohammedanism*. New York, 1972.
GODARD, A. *The Art of Iran*. New York, 1965.
GOLOMBEK, L. and WILBER, D. *The Timurid Architecture of Iran and Turan*. Princeton and London, 1988.
GOODWIN, G. *A History of Ottoman Architecture*. London, 1971.
—. *Islamic Spain*. London, 1990.
—. *Sinan: Ottoman Architecture and its Values Today*. London, 1993.
GRABAR, O. *The Formation of Islamic Art*. 2nd edn, revised and enlarged, New Haven and London, 1987.
—. *The Great Mosque of Isfahan*. London, 1990.
GREENLAW, J. P. *The Coral Buildings of Suakin*. London, 1976.
GROVER, S. *The Architecture of India*. New Delhi, 1981.
GRUBE, E. J. *The World of Islam*. London, 1969.
GUILLAUME, A. *Islam*. Harmondsworth, 1960.
HAKIM, S. B. *Arabic Islamic Cities – Building and Planning Principles*. London, 1986.
HAMBLY, G. and SWAAN, W. *Cities of Moghul India*. London, 1968.
HAMILTON, R. W. *Khirbat al-Mafjar, An Arabian Mansion in the Jordan Valley*. Oxford, 1959.
—. *Structural History of Aksa Mosque*. Oxford, 1949.
HARDING, G. L. *The Antiquities of Jordan*. London, 1959.
HASAN, S. M. *Muslim Monuments of Bangladesh*. 2nd rev. edn, Dacca, 1980.
HAURANI, A. H. and STERN, S. M. *The Islamic City*. Oxford, 1970.
HELMS, S. *Early Islamic Architecture of the Desert: A Bedouin Station in Eastern Jordan*. Edinburgh, 1990.
HERDEG, K. *Formal Structure in Islamic Architecture of Iran and Turkistan*. New York, 1990.
HERRMANN, G. *The Iranian Revival*. Oxford, 1977.
HERZFELD, E. *Iran in the Ancient East*. Oxford, 1941.
HILL, D. and GRABAR, O. *Islamic Architecture and its Decoration*. London, 1964.
HILLENBRAND, R. *The Art of the Seljuks in Iran and Anatolia*. Costa Mesa, USA, 1982.
—. *Islamic Architecture*. Edinburgh, 1994.
—. *Islamic Art, Form, Function and Meaning*. Edinburgh, 1992.
HITTI, P. K. *Capital Cities of Arab Islam*. London, 1973.
HOAG, J. *Islamic Architecture*. New York, 1977.
—. *Western Islamic Architecture*. New York, 1963.
HOLT, P. M., LAMBTON, A. K. S. and LEWIS, B. (Eds). *The Cambridge History of Islam*. 2 vols. Cambridge 1970.
HRBAS, M. and KNOBLOCH, E. *The Art of Central Asia*. London, 1965.
HUTT, A. *Iran*. 2 vols. London, 1977.
—. *Islamic Architecture: North Africa*. London, 1977.
HUTT, A. (Ed.). *Arab Architecture: Past and Present*. Durham, 1983.
HYLAND, A. D. C. *The Arab House*. Newcastle upon Tyne, 1986.
JAIRAZBHOY, R. A. *An Outline of Islamic Architecture*. Bombay, 1972.
KIEL, M. *Studies on the Ottoman Architecture of the Balkans*. Aldershot, 1990.
KING, G. R. D. *The Historical Mosques of Saudi Arabia*. London, 1986.
KOCH, E. *Mughal Architecture: an Outline of its History and Development (1526–1858)*. Munich and London, 1991.
KUHNEL, E. *Islamic Art and Architecture*. London, 1966.
KURAN, A. *The Mosque in Early Ottoman Architecture*. Chicago and London, 1968.
—. *Sinan: the Grand Old Master of Ottoman Architecture*. Washington, DC, and Istanbul, 1987.
LAPIDUS, I. M. *Muslim Cities in the Later Middle Ages*. Cambridge, 1967.
LEHRMANN, J. *Earthly Paradise: Garden and Courtyard in Islam*. London, 1980.
MAYER, L. A. *Islamic Architects and their Works*. Geneva, 1956.
MICHELL, G. *Architecture of the Islamic World*. London, 1978.
MICHELL, G. (Ed.). *The Islamic Heritage of Bengal*. Paris, 1984.
MICHELL, G. and DAVIES, P. *The Penguin Guide to the Monuments of India*. London, 1989.
MOYNIHAN, E. B. *Paradise as a Garden in Persia and Moghul India*. London, 1980.
NASR, S. H. *Islamic Science*. London, 1976.
—. *Science and Civilisation in Islam*. Cambridge, 1968.
NATH, R. *History of Mughal Architecture*. New Delhi, 1982–.
NICHOLSON, L. *The Red Fort, Delhi*. London, 1989.
O'KANE, B. *Timurid Architecture in Khurasan*. Costa Mesa, Calif., 1987.
PACCARD, A. *Traditional Islamic Craft in Moroccan Architecture*. Saint-Jorioz, 1980.
PAPADOPOULO, A. *Islam and Muslim Art*. London, 1980.
PARKER, R. and SABIN, R. *Islamic Monuments in Cairo: a Practical Guide*. 3rd edn revised and enlarged by Caroline Williams. Cairo, 1985.
PETRUCCIOLI, A. *Fatehpur Sikri*. Berlin, 1992.
POPE, A. U. *Persian Architecture*. London, 1965.
POPE, A. U. and ACKERMANN, P. *A Survey of Persian Art*. Oxford, 1939.
PRUSSIN, L. *Hatumere: Islamic Design in West Africa*. Berkeley and London, 1986.
RICE, D. TALBOT. *Islamic Art*. London, 1965.
RICE, T. TALBOT. *The Seljuks in Asia Minor*. London,

1961.
ROGERS, M. *The Spread of Islam*. London, 1976.
ROWLAND, B. *The Art and Architecture of India: Buddhist, Hindu, Jain*. 3rd edn, Harmondsworth, 1967.
RUSSELL, D. *Mediaeval Cairo and the Monasteries of the Wadi Natrun*. London, 1962.
SALAM-LIEBICH, H. *The Architecture of the Mamluk City of Tripoli*. Cambridge, Mass., and London, 1983.
SAVORY, R. M. (Ed.). *Islamic Civilization*. Cambridge, 1995.
SCERRATO, U. *Islam*. London, 1976.
SEHERR-THOSS, S. and H. *Design and Colour in Islamic Architecture*. Washington, 1968.
SERJEANT, R. B. and LEWCOCK, R. *San'a: an Arabian Islamic City*. London, 1978.
STEVENS, R. *The Land of the Great Sophy*. London, 1971.
TALIB, K. *Shelter in Saudi Arabia*. London, 1984.
TILLOTSON, G. H. R. *Mughal India*. London, 1990.
UNSAL, B. *Turkish and Islamic Architecture in Seljuk and Ottoman Times*. London, 1959.
WARREN, J. and FETHI, I. *Traditional Houses in Baghdad*. Horsham, 1993.
WILBER, D. N. *The Architecture of Islamic Iran: The Il-Khanid Period*. Princeton, 1955.

4 植民地時代以前のヨーロッパ以外の建築

第22章 アフリカ

BEGUIN, J. P. *L'Habitat au Cameroun*. Paris, 1952.
BIDDER, I. *Lalibela, the Monolithic Churches of Ethiopia*. London, 1959.
BOURDIER, J.-P. *African Spaces: Designs for Living in Upper Volta*. New York and London, 1985.
BOURGEOIS, J.-L. *Spectacular Vernacular: a New Appreciation of Traditional Desert Architecture*. Salt Lake City, 1983.
CLARK, J. D. *The Prehistory of Southern Africa*. Harmondsworth, 1959.
DAVIDSON, B. *Africa, the History of a Continent*. London, 1972.
DAVIES, W. V. (ED.). *Egypt and Africa: Nubia from Prehistory to Islam*. London, 1991.
DENYER, S. *African Traditional Architecture*. London, 1978.
FAGAN, B. M. *Southern Africa During the Iron Age*. London, 1965.
HULL, R. W. *African Cities and Towns Before the European Conquest*. New York, 1976.
KIRKMAN, J. S. *Men and Monuments on the East African Coast*. London, 1964.
KOBISHCHANOV, Y. M. *Axum*. Pennsylvania and London, 1979.
OLIVER, P. *Shelter in Africa*. London, 1971.
OLIVER, R. A. and FAGAN, B. M. *Africa in the Iron Age*. Cambridge, 1975.
PHILLIPSON, D. W. *African Archaeology*. Cambridge, 1965.
PRUSSIN, L. *Hatumere: Islamic Design in West Africa*. Berkeley and London, 1986.
SCHWERDTFEGER, F. W. *Traditional Housing in African Cities*. New York and Chichester, 1982.
SHAW, T. *Nigeria, its Archaeology and Early History*. London, 1978.
SHINNIE, M. *Ancient African Kingdoms*. London, 1965.
SHINNIE, P. L. *Meroe, a Civilisation of the Sudan*. London, 1967.
SIRAVO, F. and PULVER, A. *Planning Lamu: Conservation of an East African Seaport*. Paris, 1989.
SUMMERS, R. *Ancient Ruins and Vanished Civilisations of Southern Africa*. Cape Town, 1971.
—. *Zimbabwe*. Johannesburg, 1963.
WALTON, J. *African Village*. Pretoria, 1956.
WILLETT, F. *African Art*. London, 1971.

第23章 アメリカ

ABRAMS, E. M. *How the Maya Built their World: Energetics and Ancient Architecture*. Austin, 1994.
ALCINA FRANCH, J. *Pre-Columbian Art*. New York, 1983.
ANDREWS, G. *Maya Cities*. Norman, Okla, 1975.
BUSHNELL, G. H. S. *Peru*. 2nd edn, London, 1963.
CASO, A. *The Aztecs: People of the Sun*. Norman, Okla, 1958.
CASPARINI, G. and MARGOLIES, L. *Inca Architecture*. Bloomington, Ind., and London, 1980.
CASTEDO, L. *Historia del arte iberoamericano*. Madrid, 1988.
HAMMOND, N. *Ancient Maya Civilisation*. New Brunswick, NJ, 1982.
HARDOY, J. E. *Pre-Columbian Cities*. New York and Toronto, 1973.
HEMMING, J. *Monuments of the Incas*. Boston, 1982.
HEYDEN, D. and GENDROP, P. *Pre-Columbian Architecture of Mesoamerica*. New York, 1975.
HYSLOP, J. *Inka Settlement Planning*. Austin, 1990.
KUBLER, G. *The Art and Architecture of Ancient America: the Mexican, Maya and Andean Peoples*. 3rd (integrated) edn, Harmondsworth, 1984.
LANNING, E. P. *Peru Before the Incas*. Englewood Cliffs, NJ, 1967.
MARQUINA, I. *Arquitectura prehispanica*. Mexico, 1964.
MASON, J. A. *The Ancient Civilisations of Peru*. Harmondsworth, 1956.
MATOS MOCTEZUMA, E. *The Great Temple of the Aztecs: Treasures of Tenochtitlan*. London, 1988.
MORELY, S. J. and BRAINERD, G. W. *The Ancient Maya*. 3rd edn, Stanford, Calif., 1956.
MORGAN, W. L. *Prehistoric Architecture in the Eastern United States*. Cambridge, Mass., and London, 1980.
MORRIS, C. and THOMPSON, DONALD E. *Huanuco Pampa: An Inca City and its Hinterland*. London, 1985.
POLLOCK, H. E. D. 'Architecture of the Maya Lowlands', in *Handbook of Middle American Indians*. vol. 2, London, 1965.
PROSKOURIAKOFF, T. *An Album of Maya Architecture*. 2nd edn, Norman, Okla, 1963.
PROTZEN, J.-P. *Inca Architecture and Construction at Ollantaytambo*. New York and Oxford, 1993.
ROBERTSON, D. *Pre-Columbian Architecture*. New

York, 1963.
STIERLIN, H. *Living Architecture: Mayan*. New York and London, 1964.
—. *Living Architecture: Ancient Mexican*. New York, 1968.
THOMPSON, J. E. S. *The Rise and Fall of Maya Civilisation*. 2nd edn, Norman, Okla, 1966.
TOWNSEND, R.F. (Ed.). *The Ancient Americas: Art from Sacred Landscapes*. Chicago, 1992.
VAILLANT, G. C. *The Aztecs of Mexico*. Harmondsworth, 1950.

第24章 中国

BEIJING SUMMER PALACE ADMINISTRATION OFFICE and QINGHUA UNIVERSITY DEPARTMENT OF ARCHITECTURE. *Summer Palace*. Beijing, 1981.
BOERSCHMANN, E. *Die Baukunst and religiöse Kultur der Chinesen*. Berlin, 1911.
—. *Chinesische Architektur*. 2 vols. Berlin, 1926.
BOYD, A. *Chinese Architecture and Town Planning, 1950 BC-AD 1911*. London, 1962.
BUSSAGLI, M. *Oriental Architecture*. London, 1989.
CHAMBERS, W. *Designs of Chinese Buildings*. London, 1757.
CHAN, C. *Imperial China*. London, 1991.
CHANG, CHAO-KANG and BLASER, W. *Architectures de Chine*. Lausanne, 1988.
CHI, TSUI. *A Short History of Chinese Civilisation*. London, 1942.
DE SILVA, A. *Chinese Landscape Painting*. London, 1967.
ECKE, G. *Chinese Domestic Furniture*. Hong Kong, 1962.
FUGL-MEYER, H. *Chinese Bridges*. Shanghai, 1937.
GRATTAN, F. M. *Notes Upon the Architecture of China*. London, 1894.
HEWLEY, W. M. (Ed.). *Chinese Folk Design*. Berkeley, 1949.
HILDEBRAND, H. *Der Tempel Ta-Chüeh-sy bei Peking*. Berlin, 1897.
INSTITUTE OF THE HISTORY OF NATURAL SCIENCES, CHINESE ACADEMY OF SCIENCES. *History and Development of Ancient Chinese Architecture*. Beijing, 1986.
JOHNSTON, R. S. *Scholar Gardens of China: a Study and Analysis of the Spatial Design of the Chinese Private Garden*. Cambridge, 1991.
JONES, O. *Examples of Chinese Ornament*. London, 1867.
KESWICK, M. *The Chinese Garden: History, Art & Architecture*. 2nd rev. edn, London, 1986.
KNAPP, R. G. *The Chinese House: Craft, Symbol and the Folk Tradition*. Hong Kong and Oxford, 1990.
LATOURETTE, K. S. *The Chinese Civilisation*. New York, 1941.
LIANG SSU-CH'ENG. *Annotations on Ying Zao Fa Shi*. Beijing, 1984.
—. *A Pictorial History of Chinese Architecture: a Study of the Development of its Structural System and the Evolution of its Types*. Cambridge, Mass., and London, 1984.
—. *Qing Structural Regulations*. Beijing, 1934, 2nd edn, 1981.
LI CHIEH. *Ying-tsao Fa Shih* (Building methods and patterns; the Sung Manual of Architecture.) First produced in 1103; reproduced in colour 1925; printed in smaller format in Shanghai, 1957.
LIU DUN ZHEN (Ed.). *Garden in Suzhou*. Beijing, 1979.
—. *A History of Ancient Chinese Architecture*. Beijing, 1980.
LIU, L. G. *Chinese Architecture*. London, 1989.
MIRAMS, D. G. *Brief History of Chinese Architecture*. Hong Kong, 1940.
MÜNSTERBERG, O. *Chinesische Kunstgeschichte*. 2 vols. Esslingen, 1910–12.
NEEDHAM, J. *Science and Civilisation in China*. Cambridge, 1954–.
PALEOLOGUE, M. *L'Art chinois*. Paris, 1887.
PIRALOZZI-T'SERSTEVENS, M. *Living Architecture: Chinese*. Fribourg and London, 1972.
PRIP-MOELLER, J. *Chinese Buddhist Monasteries*. Copenhagen and London, 1937; Hong Kong, 1967.
QUIAN YUN (Ed.). *Classical Chinese Gardens*. Hong Kong, 1982.
QINGHA UNIVERSITY. DEPARTMENT OF ARCHITECTURE. *Historic Chinese Architecture*. Beijing, 1985.
SCHWARTZ, D. *The Great Wall of China*. London, 1990.
SICKMAN, L. and SOPER, A. *The Art and Architecture of China*. Rev. edn, Harmondsworth, 1971.
SIREN, O. *The Gardens of China*. New York, 1949.
—. *The Imperial Palaces of Peking*. 3 vols. Paris, 1926.
—. *The Walls and Gates of Peking*. London, 1924.
SKINNER, R. T. F. (translator). *Types and Structural Forms in Chinese Architecture. General Account of the Chinese House. Ming Dynasty House in Huichou*. Peking, 1957.
SPEISER, W. *Art of the World: China*. London, 1962.
STEIN, M. A. *Ruins of Desert Cathay*. 2 vols. London, 1912.
TIANJIN UNIVERSITY DEPARTMENT OF ARCHITECTURE AND CHENGDE CULTURAL RELICS ADMINISTRATION. *Ancient Architecture of Chengde: the Architectural Art of the Imperial Summer Villa and Waibamiao*. Hong Kong, 1982.
TOKIWA, D. and SEKINO, T. *Buddhist Monuments in China*. Tokyo, 1930.
VITALI, R. *Early Temples of Central Tibet*. London, 1990.
WATSON, W. *Archaeology in China*. London, 1960.
—. *China Before the Han Dynasty*. London, 1961.
WU, N. I. *Chinese and Indian Architecture*. London and New York, 1963.
YU ZHUOYN (Ed.). *Palaces of the Forbidden City*. London, 1984.

第25章 日本と朝鮮半島（第39章を参照）

第26章 インド亜大陸

ACHARYA, P. K. *A Dictionary of Indian Architecture*. London, 1927.
—. *Manasara Architecture and Sculpture*. London,

1933–4.
Annual Reports of the Archaeological Survey of Ceylon.
Annual Reports of the Archaeological Survey of India, 1902–30.
ARSHI, P. S. *The Golden Temple: History, Art and Architecture.* New Delhi, 1989.
BANNERJEE, N. R. *Nepalese Architecture.* New Delhi, 1980.
BAREAU, A. *La vie et l'organisation des communautés bouddhiques modernes du Ceylan.* Pondicherry, 1957.
BARTHOUX, J. *Les Fouilles de Hadda.* Paris, 1930.
BASHAM, A. L. *The Wonder that was India.* New York, 1959.
BASNAYAKE, H. T. *Sri Lankan Monastic Architecture.* Delhi, 1986.
BATLEY, C. *Indian Architecture.* London, 1934.
BELL, H. C. P. *Archaeological Survey of Ceylon.* Plans and Plates. Annual Reports, 1892–1912.
BLAIR, K .D. *4 Villages: Architecture in Nepal: Studies of Village Life.* Los Angeles, 1983.
BROWN, P. *Indian Architecture: Buddhist and Hindu.* Bombay, 1959.
—. *Indian Architecture: Islamic.* Bombay, 1959.
BURROW, S. M. *Buried Cities of Ceylon.* London, 1906.
BURGESS, J. *Ancient Monuments, Temples and Sculptures of India.* London, 1911.
Cambridge History of India. 6 vols, 1922.
CAVE, H. W. *Ruined Cities of Ceylon.* London, 1900.
CHANDRA, P. (Ed.). *Studies in Indian Temple Architecture.* New Delhi, 1975.
CODRINGTON, K. DE B. *Ancient India.* London, 1926.
COHN, W. *Indische Plastik.* Berlin, 1923.
COOMARASWAMY, A. K. *History of Indian and Indonesian Art.* New York, 1927.
—. *Mediaeval Sinhalese Art.* London, 1908.
CUNNINGHAM, A. *Archaeological Survey of India.* 23 vols. (2 vols, Cunningham only, 1762–5). Simla and Calcutta, 1871–87.
DE FOREST, L. *Indian Domestic Architecture.* Boston, 1885.
DEHEJIA, V. *Early Buddhist Rock Temples.* London, 1972.
DEVENDRA, D. T. *Guide to Yapahuwa.* Colombo, 1951.
FERGUSSON, J. *Architecture of Ahmedabad.* London, 1866.
—. *History of Indian and Eastern Architecture.* 2 vols. Revised by J. Burgess and R. P. Spiers. London, 1910.
—. *Illustrations of the Rock-cut Temples of India.* London, 1845.
—. *Picturesque Illustrations of the Ancient Architecture of Hindoustan.* London, 1948.
FISHER, R. E. *Buddhist Art and Architecture.* London, 1993.
FOUCHER, A. *L'Art gréco-buddhique du Ghandara.* 2 vols. Paris, 1942.
GANGOLY, O. C. *Indian Architecture.* 2nd edn, Calcutta, 1946.
GEIGER, W. (translator). *The Mahawamsa and the Chulawamsa.* Colombo, 1953.
—. *The Mediaeval Period in Ceylon Culture.* Wiesbaden, 1960.
GHOSH, S. P. *Hindu Religious Art and Architecture.* Delhi, 1982.
GODAKUMBURA, C. E. *Administration Report of the Archaeological Commissioner, 1963–64.* Colombo, 1965.
GOONETILEKE, H. A. I. *A Bibliography of Ceylon.* 2 vols. Zug, 1970.
GRISWOLD, A. B. *Siam and the Sinhalese Stupa.* Colombo, 1964.
GUPTA, S. P. *The Roots of Indian Art: a Detailed Study of the Formative Period of Indian Art and Architecture Third and Second Centuries B.C.: Mauryan and Late Mauryan.* Delhi, 1980.
HACKIN, J. *Diverses recherches archéologiques en Afghanistan.* Paris, 1961.
—. *Indian Art in Tibet and Central Asia.* London, 1925.
HALLET, S. L. and SAMIZAY, R. *Traditional Architecture of Afghanistan.* New York, 1980.
HARDY, A. *Indian Temple Architecture: Form and Transformation.* New Delhi, 1995.
HARLE, J. C. *The Art and Architecture of the Indian Subcontinent.* 2nd edn, New Haven and London, 1994.
HAVELL, E. B. *The Ancient and Mediaeval Architecture of India.* London, 1915.
HERDEG, K. *Formal Structure in Indian Architecture.* New York, 1990.
History of Ceylon From the Earliest Times to 1505. Vol. 1 (in two parts). Colombo, 1959–60.
HOCART, A. M. *Memoirs of the Archaeological Survey of Ceylon.* Vols 1 and 2. Colombo, 1924–6.
HULUGALLA, H. A. J. *Ceylon Yesterday – Sri Lanka Today.* Colombo, 1975.
HUNTINGTON, S. L. (with contributions by J. C. Huntington) *The Art of Ancient India: Buddhist, Hindu, Jain.* New York, 1985.
JEST, C. *Monuments of Northern Nepal.* Paris, 1981.
KAK, R. C. *Ancient Monuments of Kashmir.* London, 1933.
KNOX, R. *An Historical Relation of Ceylon.* London, 1681. Glasgow, 1911.
KRAMRISCH, S. *The Hindu Temple.* Delhi, 1948, 1986.
KORN, W. *The Traditional Architecture of the Katmandu Valley.* Katmandu, 1976.
LA ROCHE. *Indische Baukunst.* 6 vols. Berlin, 1921–2.
LE BON, G. *Les Monuments de l'Inde.* Paris, 1893.
LEVI, S. *Le Népal.* 3 vols. Paris, 1905–8.
LIBERA DALLAPICCOLA, A. (Ed.). *The Stupa: its Religious, Historical and Architectural Significance.* Wiesbaden, 1980.
MAJUMDAR, R. C. *The History and Culture of the Indian People.* Vols 1–5. Bombay, 1951–7.
MARSHALL, J. *Memoirs of the Archaeological Survey of India.* Vols 1–40.
—. *Taxila.* 3 vols. Cambridge, 1951.
MEISTER, M. W. (Ed.). *Encyclopaedia of Indian Temple Architecture.* Vol. 1, Pt 1, *South India, Lower*

Dravidadesa 200 B.C.–A.D. 1324. 2 vols. New Delhi and Philadelphia, 1983.
—. (Ed.) with DHAKY, M. A. *Encyclopaedia of Indian Temple Architecture*. Vol. 1, Pt 2, *South India, Upper Dravidadesa A.D. 550–1075*. 2 vols. New Delhi and Philadelphia, 1986.
—. (Ed.) with DHAKY, M. A. and DEVA, K. *Encyclopaedia of Indian Temple Architecture*. Vol. 2, Pt 1, *North Indian, Foundations of North Indian Style* c. *250 B.C.–A.D. 100*. 2 vols. New Delhi and Princeton, 1988.
—. (Ed.) with DHAKY, M. A. *Encyclopaedia of Indian Temple Architecture*. Vol. 2, Pt 2, *North India, Period of Early Maturity* c. *A.D. 700–900*. 2 vols. New Delhi and Princeton, 1991.
MICHELL, G. *The Hindu Temple: an Introduction to its Meaning and Forms*. New York, 1977.
MICHELL, G. and DAVIES, P. *The Penguin Guide to the Monuments of India*. London, 1989.
MITTON, G. E. *The Lost Cities of Ceylon*. London, 1928.
MORELAND, W. H. and CHATTERJEE, A. C. *A Short History of the Indian People*. London, 1936.
MUMTAZ, K. K. *Architecture in Pakistan*. Singapore, 1985.
MURTY, K. S. *Handbook of Indian Architecture*. New Delhi, 1991.
OLDFIELD, H. A. *Sketches from Nepal*. 2 vols. London, 1880.
PARANAVITANA, S. *The Stupa in Ceylon*. Colombo, 1946.
PARKER, H. *Ancient Ceylon*. London. 1910.
RATHNASARA, T. *Bauddha Stupa*. Colombo, 1967.
RAY, A. *Villages, Towns and Secular Buildings in Ancient India: 150 BC–AD 350*. 1964.
ROWLAND, B. *The Art and Architecture of India: Buddhist, Hindu, Jain*. Rev. edn, Harmondsworth, 1971.
SENEVIRATNA, A. and POLK, B. *Buddhist Monastic Architecture in Sri Lanka: the Woodland Shrines*. New Delhi, 1992.
SMITH, V. A. *A History of Fine Art in India and Ceylon*. 2nd edn, revised by K. de B. Codrington. Oxford, 1930.
SMITHERS, J. G. *Architectural Remains, Anuradhapura*. Colombo, 1894.
SNELLGROVE, D. L. and RICHARDSON, H. *Cultural History of Tibet*. London, 1968.
SOUNDARA RAJAN, K. V. *Cave Temples of the Deccan*. New Delhi, 1981.
—. *Indian Temple Styles: The Personality of Hindu Architecture*. New Delhi, 1972.
—. *Temple Architecture in Kerala*. Trivandrum, 1974.
SRINIVASAN, K. R. *Temples of South India*. New Delhi, 1972.
STARZA, O. M. *The Jagannatha Temple at Puri: its Architecture, Art and Cult*. Leiden, 1993.
STEIN, M. A. *Ruins of Desert Cathay*. 2 vols. London, 1912.
STILL, J. *Ancient Capitals of Ceylon*. 1907.
SZABO, A. and BARFIELD, T. J. *Afghanistan: an Atlas of Indigenous Domestic Architecture*. Austin, 1991.
TADGELL, C. *The History of Architecture in India: from the Dawn of Civilization to the End of the Raj*. London, 1990.
TILLOTSON, G. H. R. *The Rajput Palaces: the Development of an Architectural Style, 1450–1750*. New Haven and London, 1987.
TURNER, L. J. B. *Kandy: Historical Sketch*. Colombo, 1924.
VOLWAHSEN, A. *Living Architecture: Indian*. 2 vols. London and Fribourg, 1969.

第27章 東南アジア
全般
BUSSAGLI, M. *Oriental Architecture*. London, 1989.
DUMARCAY, J. *The House in South-East Asia*. Singapore, 1987.
—. *The Palaces of South-East Asia: Architecture and Customs*. Singapore, 1991.
FISHER, R. E. *Buddhist Art and Architecture*. London, 1993.
RAWSON, P. *The Art of Southeast Asia: Cambodia, Vietnam, Thailand, Laos, Burma, Java, Bali*. London, 1967.
WATERSON, R. *The Living House: an Anthropology of Architecture in South-East Asia*. Singapore, 1990.

ビルマ（ミャンマー）
AUNG, U HTIN. *Folk Elements in Burmese Buddhism*. London, 1962.
BEYLIE, L. DE. *Prome et Samara*. Paris, 1907.
COLLIS, M. *The Land of the Great Image*. London, 1943.
DUROISELLE, C. *Guide to Mandalay Palace*. Calcutta, 1931.
GRISWOLD, A. B., KIM, C. and POTT, P. H. *Burma, Korea, Tibet*. London, 1964.
HALL, D. G. *Burma*. London, 1950.
HARVEY, G. E. *History of Burma*. London, 1925.
LUCE, G. H. *The Greater Temples of Pagan*. Rangoon, 1970.
MURARI, K. *Cultural Heritage of Burma*. New Delhi, 1985.
O'CONNOR, V. C. SCOTT. *Mandalay and other Cities of the Past in Burma*. London, 1907.
PICHARD, P. *The Pentagonal Monuments of Pagan*. Bangkok, 1991.
ROWLAND, B. *The Art and Architecture of India: Buddhist, Hindu, Jain*. Rev. edn, Harmondsworth, 1971.
STRACHAN, P. *Pagan: Art and Architecture of Old Burma*. Whiting Bay, 1989.
TIN, U PE MAUNG and LUCE, G. H. *The Glass Chronicle*. London, 1923.
YULE, H. *Narrative of the Mission to the Court of Ava in 1855*. London, 1858.
Other sources include the *Annual Reports* and *Memoirs* of the Archaeological Survey of India; The *Reports* of the Superintendant, Archaeological Survey of Burma; the *Journal of the Burma Research Society*; the *Bulletins de l'École française d'Extrême Orient*.

カンボジア
BRIGGS, L. P. *The Ancient Khmer Empire*. Phil-

adelphia, 1951.
COEDÈS, G. *Inscriptions du Cambodge*. 6 vols. Hanoi and Paris, 1937–54.
FINOT, L., GOLOUBEW, V., COEDÈS, G., et al. *Le Temple d'Angkor Vat*. 7 vols. Paris, 1929–32.
GITEAU, M. *Histoire du Cambodge*. Paris, 1957.
GLAIZE, M. *Les monuments du Groupe d'Angkor*. Paris, 1963, and Saigon, 1944.
GROSLIER, B. P. *Angkor, hommes et pierres*. Grenoble, 1968.
—. *Art and Civilisation of Angkor*. New York, 1957.
—. *Art of the World*. London, 1962.
MALLERET, L. *L'Archéologie du Delta du Mékong*. 3 vols. Paris, 1959–60.
PORÉE-MASPERO, G. AND E. *Traditions and Customs of the Khmers*. New Haven, 1953.
RÉMUSAT, G. DE CORAL. *L'Art Khmer: les grandes étapes de son évolution*. Paris, 1912, 1940.
RIMBOUD, M. *Angkor: the Serenity of Buddhism*. London, 1993.
'S.O.S. Angkor', *UNESCO Courier*. December, 1971.
SRIVASTAVA, K. M. *Angkor Wat and Cultural Ties with India*. New Delhi, 1987.
STERN, P. *Les monuments khmers du style du Bayon et Jayavarman VII*. Paris, 1965.
STIERLIN, H. *Angkor*. Fribourg, 1970.
WALES, H. G. QUARITSCH. *Towards Angkor*. London, 1937.

タイ

BROMAN, B. M. *Old Homes of Bangkok: Fragile Link*. Bangkok, 1984.
COEDÈS, G. *Archaeological Discoveries in Siam*. Vol. 4 of *Indian Art and Letters*. London, 1930.
EMBREE, J. F. and DOTSON, L. O. *Bibliography of the Peoples and Culture of Mainland South-East Asia*. New Haven, 1950.
FICKLE, D. H. *Images of the Buddha in Thailand*. Singapore, 1989.
GRAHAM, W. *Siam: a Handbook*. 2 vols. London, 1924.
GRISWOLD, A. B. 'The Architecture and Sculpture of Siam: A Handbook to the Arts', Catalogue of the Exhibition in the USA, 1960–2.
—. *Siam and the Sinhalese Stupa*. Colombo, 1964.
HUTCHINSON, E. W. *Reconstitution d'Ayuthya au temps de Phaulkon*. Saigon, 1946.
LE MAY, R. *Buddhist Art in Siam*. London, 1938.
LOUBÈRE, M. DE LA. *A New Historical Relation of the Kingdom of Siam*. Paris, 1962, London, 1963.
MOUHOT, H. *Voyage dans les royaumes de Siam, de Cambodge, de Laos*. Paris, 1968.
RINGIS, R. *Thai Temples and Temple Murals*. Singapore, 1990.
ROWLAND, B. *The Art and Architecture of India: Buddhist, Hindu, Jain*. Rev. edn, Harmondsworth, 1971.
SALMONY, A. *La Sculpture du Siam*. Paris, 1925.
SMITHIES, M. *Old Bangkok*. Singapore, 1986.
WELLS, K. E. *Thai Buddhism: its Rites and Activities*. Bangkok, 1939.
WOOD, W. A. R. *A History of Siam*. Bangkok, 1933.

インドネシアとマレー諸島

COEDÈS, G. *The Indianized States of South-East Asia*. Honolulu, 1968.
COOMARASWAMY, A. K. *History of Indian and Indonesian Art*. New York, 1927.
COVARRUBIAS, M. *Island of Bali*. New York, 1937.
DAWSON, B. and GILLOW, J. *The Traditional Architecture of Indonesia*. London, 1994.
FRÉDÉRIC, L. *Sud-Est Asiatique: ses temples, ses sculptures*. Paris, 1964.
GANGOLY, O. C. *The Art of Java*. Calcutta, 1928.
HALL, D. G. E. *A History of South-East Asia*. London, 1964.
HARRISON, B. *South-East Asia: a Short History*. London, 1954.
HEEKEREN, H. R. VAN. *The Bronze Age of Indonesia*. The Hague, 1958.
—. *The Stone Age of Indonesia*. The Hague, 1958.
HEINE-GELDERN, R. VON. Introduction: Catalogue of the Exposition of 'Indonesian Art'. New York, 1948.
KROM, H. J. *Barabudur: Archaeological Description*. The Hague, 1927.
LIM JEE YUAN. *The Malay House: Rediscovering Malaysia's Indigenous Shelter System*. Pulau Pinang, 1987.
LOEB, E. M. and HEINE-GELDERN, R. VON. *Sumatra: its History and People*. Vienna, 1935.
MAY, R. LE. *The Culture of South-East Asia*. London, 1954.
MIKSIC, J. *Borobudur: Golden Tales of the Buddhas*. London, 1990.
MOORHEAD, F. J. *A History of Malaya and her Neighbours*. London, 1957.
ROWLAND, B. *The Art and Architecture of India: Buddhist, Hindu, Jain*. Rev. edn, Harmondsworth, 1971.
TWEEDIE, M. W. F. *Prehistoric Malaya*. Singapore, 1955.
WAGNER, F. A. *Indonesia*. London, 1959.
WALES, H. G. QUARITSCH. *Pre-History and Religion in South-East Asia*. London, 1957.
WINDSTEDT, R. *The Malays*. London, 1953.
WITH, K. *Java*. The Hague, 1920.
ZIMMER, H. *The Art of Indian Asia*. New York, 1955.
—. *Myths and Symbols in Indian Art and Civilization*. New York, 1946.
ZOETE, B. DE. and SPIES, W. *Dance and Drama in Bali*. 2nd edn, London, 1952.

5 ルネサンスおよびそれ以後のヨーロッパとロシアの建築

第28章 背景

BENEVOLO, L. *The Architecture of the Renaissance*. 2 vols. London, 1978.
BLUNT, A. *Baroque and Rococo Architecture and Decoration*. London, 1978.
CLARK, K. *The Art of Humanism*. London, 1983.
DE FUSCO, R. *L'Architettura del Quattrocento*. Turin, 1984.
HONOUR, H. *Neo-Classicism*. Harmondsworth, 1968.
MIDDLETON, R. and WATKIN, D. *Neo-Classical and 19th*

Century Architecture. New York, 1980.
MURRAY, P. *Renaissance Architecture*. New York, 1971.
NORBERG-SCHULZ, C. *Late Baroque and Rococo Architecture*. New York, 1974.
Palladio e la sua eredità nel mondo. Exhibition catalogue. Vicenza, 1980.
PLUMB, J. H. *The Pelican Book of the Renaissance*. New edn, Harmondsworth, 1964.
SMITH, C. *Architecture in the Culture of Early Humanism: Ethics, Aesthetics and Eloquence, 1400–1470*. New York, 1992.

第29章　イタリア

ACKERMAN, J. S. *The Architecture of Michelangelo*. 2nd edn, Harmondsworth, 1986.
—. *Palladio*. Harmondsworth, 1966.
ACTON, H. *Tuscan Villas*. London, 1973.
ARGAN, G. C. *Michelangelo Architect*. London, 1993.
AMES-LEWIS, F. *The Draftsman Raphael*. New Haven and London, 1986.
BARBIERI, F. *Vincenzo Scamozzi*. Vicenza, 1952.
BASSI, E. *Palazzi di Venezia*. 2nd edn, Venice, 1978.
BATTILOTTI, D. *Le Ville de Palladio*. Milan, 1990.
BATTISTI, E. *Brunelleschi*. London, 1981.
BLUNT, A. *Borromini*. Harmondsworth, 1979.
—. *A Guide to Baroque Rome*. London, 1982.
—. *Neapolitan Baroque and Rococo Architecture*. London, 1975.
—. *Sicilian Baroque*. London, 1968.
BORSI, F. *Alberti*. London, 1978.
—. *Bernini*. New York, 1984.
—. *Bramante*. Venice, 1989.
BORSI, S. *Giuliano da Sangallo: i disegni di architettura e dell'antico*. Rome, 1985.
BOUCHER, B. *Andrea Palladio: the Architect in his Time*. New York, 1994.
—. *The Sculpture of Jacopo Sansovino*. New Haven and London, 1991.
BRIZIO, A. M. *L'Architettura barocca in Piedmonte*. Turin, 1953.
BRUSCHI, A. *Bramante*. London, 1977.
BURCKHARDT, J. *The Architecture of the Italian Renaissance*. English trans. by J. Palmes, Ed. P. Murray. London, 1985.
BURNS, H. *Andrea Palladio 1508–1580. The Portico and the Farmyard*. Exhibition catalogue, Arts Council of Great Britain, London, 1975.
BURROUGHS, C. *From Signs to Design: Environmental Process and Reform in Early Renaissance Rome*. Cambridge, Mass., and London, 1990.
CARPEGGIANI, P. and TELLINI PERINA, C. *Giulio Romano a Mantova: una nuova estravagante maniera*. Mantua, 1987.
CEVESE, R. *Ville della Provincia di Vicenza*. 2 vols. Milan, 1971.
COFFIN, D. *The Villa in the Life of Renaissance Rome*. Princeton, 1979.
CONNORS, J. *Borromini and the Roman Oratory*. Cambridge, Mass., and London, 1980.
COSGROVE, D. *The Palladian Landscape: Geographical Change and its Cultural Representations in Sixteenth-century Italy*. Leicester, 1993.
DE FEO, V. *Andrea Pozzo: architettura e illusione*. Rome, 1988.
DONATI, C. *Carlo Maderno*. Lugano, 1957.
FIORE, F.P. and TAFURI, M. (Eds). *Francesco di Giorgio architetto*. Milan, 1993.
FOSSI, M. *Bartolomeo Ammannati*. Naples, 1967.
FRANCK, C. L. *The Villas of Frascati: 1550–1750*. London, 1966.
FROMMEL, C. L. *Der römische Palastbau der Hochrenaissance*. Tübingen, 1973.
FROMMEL, C. L., RAY, S. and TAFURI, M. *Raffaello architetto*. Milan, 1984.
FURNARI, M. *Atlante del Rinascimento: il disegni dell'architettura da Brunelleschi a Palladio*. Naples, 1993.
GAZZOLA, P. *Michele Sanmicheli*. Exhibition catalogue. Venice, 1960.
GINORI LISCI, L. *The Palazzi of Florence: their History and Art*. Florence, 1985.
GIOVANNONI, G. *Antonio da Sangallo il Giovane*. 2 vols. Rome, 1959.
GOLDTHWAITE, R. *The Building of Renaissance Florence*. Baltimore, 1980.
GRITELLA, G. *Juvarra: l'architettura*. Modena, 1992.
HERSEY, G. L. *Architecture, Poetry and Number in the Royal Palace at Caserta*. Cambridge, Mass. and London, 1983.
—. *High Renaissance Art in St Peter's and the Vatican: an Interpretive Guide*. Chicago, 1993.
HEYDENREICH, L. H. and LOTZ, W. *Architecture in Italy 1400–1600*. Harmondsworth, 1974.
HIBBARD, H. *Bernini*. London, 1965.
—. *Carlo Maderno and Roman Architecture, 1580–1630*. London, 1971.
—. *Michelangelo*. 2nd edn, Harmondsworth, 1985.
—. *Palazzo Borghese*. Rome, 1962.
HOLBERTON, P. *Palladio's Villas: Life in the Renaissance Countryside*. London, 1990.
HOWARD, D. *The Architectural History of Venice*. London, 1980.
HUSE, N. and WOLTERS, W. *The Art of Renaissance Venice: Architecture, Sculpture, and Painting, 1460–1590*. Chicago and London, 1990.
JAMES, G. *The Italian Garden*. New York, 1991.
JARZOMBEK, M. *On Leon Battista Alberti: his Literary and Aesthetic Theories*. Cambridge, Mass., and London, 1989.
KEMP, M. *Leonardo da Vinci: the Marvellous Works of Nature and Man*. London, 1981.
KLOTZ, H. *Filippo Brunelleschi: the Early Works and the Medieval Tradition*. London, 1990.
LAZZARO, C. *The Italian Renaissance Garden: from the Conventions of Planting, Design and Ornament to the Grand Gardens of Sixteenth-Century Central Italy*. New Haven and London, 1990.
LETAROUILLY, P. M. *Student's Letarouilly Illustrating the Renaissance in Rome*. London, 1948.
LIEBERMAN, R. *Renaissance Architecture in Venice*. London, 1982.
LOTZ, W. *Studies in Italian Renaissance Architecture*. Cambridge, Mass., 1977.
MACANDREW, J. *Venetian Architecture of the Early*

Renaissance. Cambridge, Mass., 1980.
MACK, C. R. *Pienza: the Creation of a Renaissance City.* Ithaca, 1987.
MANETTI, A. *Life of Brunelleschi.* Translator C. Enggass. University Park, Pa, and London, 1970.
MASSON, G. *Italian Gardens.* London, 1961.
—. *Italian Villas and Palaces.* London, 1966.
MATTEUCCI, A. M. *Carlo Francesco Dotti e l'architettura bolognese del Settecento.* 2nd edn, Bologna, 1969.
MEEK, H. A. *Guarino Guarini and his Architecture.* New Haven and London, 1988.
MILLER, N. *Renaissance Bologna: a Study in Architectural Form and Content.* New York, 1989.
MILLON, H. A. and MAGNAGO LAMPUGNANI, V. (Eds). *The Renaissance from Brunelleschi to Michelangelo: the Representation of Architecture.* London, 1994.
MURARO, M. *Venetian Villas: the History and Culture.* New York, 1986.
MURRAY, L. *Michelangelo: his Life, Work and Times.* London, 1984.
MURRAY, P. *The Architecture of the Italian Renaissance.* Rev. edn, London, 1986.
NOEHLES, K. *La Chiesa di SS. Martino e Luca nell'opera di Pietro da Cortona.* Rome, 1970.
PINTO, J. A. *The Trevi Fountain.* New Haven and London, 1986.
POLEGGI, E. *Strada Nuova.* Genoa, 1968.
POMMER, R. *Eighteenth-Century Architecture in Piedmont.* New York, 1967.
PORTOGHESI, P. *Francesco Borromini.* 2nd edn, Milan, 1984.
—. *Guarino Guarini.* Milan, 1956.
—. *Roma barocca.* 2nd edn, Rome, 1973.
PUPPI, L. *Andrea Palladio.* London, 1975.
—. *Michele Sanmicheli architetto: opera completa.* Rome, 1986.
PUPPI, L. (Ed.). *Architettura e utopia nella Venezia del Cinquecento.* Milan, 1980.
PUPPI, L. et al. *Longhena.* Milan, 1982.
ROBISON, A. *Piranesi: Early Architectural Fantasies: a Catalogue Raisonné of the Etchings.* Washington, DC, 1986.
ROVERE, L., VITALE, V. and BRICKMANN, A. E. *Filippo Juvarra.* Milan, 1957.
SAALMAN, H. *The Cupola of S. Maria del Fiore.* London, 1980.
—. *Filippo Brunelleschi: the Buildings.* London, 1993.
SATKOWSKI, L. *Giorgio Vasari: Architect and Courtier.* Princeton and London, 1993.
SEMENZATO, C. *L'Architettura di Baldassare Longhena.* Padua, 1954.
SHEPHERD, J. C. and JELLICOE, G. A. *Italian Gardens of the Renaissance.* London, 1925. (Reprinted 1986.)
SPAGNESI, G. (Ed.). *Antonio da Sangallo il Giovane: la vita e l'opera.* Rome, 1986.
TAFURI, M. *Sansovino.* Padua, 1969.
—. *Venice and the Renaissance.* Cambridge, Mass., and London, 1989.
TAVERNOR, R. *Palladio and Palladianism.* London, 1991.
THORNTON, P. *The Italian Renaissance Interior 1400–1600.* London, 1991.
TRAGER, P. and SCULLY, V. *The Villas of Palladio.* Boston, Mass., 1986.
VARRIANO, J. *Italian Baroque and Rococo Architecture.* New York, 1986.
WADDY, P. *Seventeenth-Century Roman Palaces: Use and the Art of the Plan.* New York, 1990.
WALCHER CASOTTI, M. *Il Vignola.* 2 vols. Trieste, 1960.
WILTON-ELY, J. *Piranesi as Architect and Designer.* New York and London, 1993.
WITTKOWER, R. *Architectural Principles in the Age of Humanism.* 5th edn, London, 1988.
—. *Art and Architecture in Italy, 1600–1750.* Rev. edn. Harmondsworth, 1973.
—. *Studies in the Italian Baroque.* London, 1975.
WÖLFFLIN, H. *Renaissance und Barock.* English trans. London, 1964.

第30章　フランス、スペイン、ポルトガル
フランス
Alexandre-Theodore Brogniart 1739–1813: architecture et decor. Paris, 1986.
ANDROUET DU CERCEAU, J. *Les Plus excellents bastiments de France.* Paris, 1576–9. (Reprinted 1988.)
ARNEVILLE, M.-B., D'. *Parcs et jardins sous le Premier Empire: reflets d'une societé.* Paris, 1981.
BABELON, J.-P. *Demeures parisiennes sous Henri IV et Louis XIII.* Paris, 1991.
BALLON, H. *The Paris of Henri IV: Architecture and Urbanism.* New York, 1991.
BASDEVANT, D. *L'Architecture française.* Paris, 1971.
BAUBION-MACKLER, J. *French Royal Gardens: the Designs of Andre Le Nôtre.* New York, 1992.
BERGER, R. B. *Antoine Le Pautre.* New York, 1979.
BERGER, R. W. *A Royal Passion: Louis XIV as Patron of Architecture.* Cambridge, 1994.
—. *The Palace of the Sun: the Louvre of Louis XIV.* University Park, Pa, and London, 1993.
—. *Versailles: the Chateau of Louis XIV.* University Park, Pa, and London, 1985.
BIVER, M.-L. *Le Paris de Napoléon.* Paris, 1963.
BLOMFIELD, R. *A History of French Architecture, 1494–1661.* 2 vols. London, 1921.
BLONDEL, J. F. *L'Architecture française* (the 'Grand Blondel'). 4 vols. Paris, 1752–6.
BLUNT, A. *Art and Architecture in France, 1500–1700.* Harmondsworth, 1953. 2nd edn, 1973.
—. *François Mansart.* London, 1941.
—. *Philibert de l'Orme.* London, 1958.
BOULLÉE, E.-L. *Etienne-Louis Boullée: l'architecte visionnaire et neoclassique.* Textes réunis et presentés par J.-M. Perouse de Montclos. Paris, 1993.
BOURGET, P. *Les Architectures baroques en France.* Paris, 1993.
BRAHAM, A. *The Architecture of the Enlightenment.* London, 1980.
BRAHAM, A. and SMITH, P. *François Mansart.* London, 1973.
CHASTEL, A. *Culture et demeures en France au XVIe*

siécle. Paris, 1989.
COOPE, R. *Salomon de Brosse*. London, 1972.
DEBRIE, C. *Nicolas Blasset: architecte et sculpteur ordinaire du roi, 1600–1659*. Paris, 1985.
DENNIS, M. *Court and Garden: from the French Hotel to the City of Modern Architecture*. Cambridge, Mass., and London, 1986.
DESHAIRS, L. *Le Petit Trianon et le Grand Trianon*. 2 vols. Paris, 1909–.
ELEB-VIDAL, M. and DEBARRE-BLANCHARD, A. Architectures de la vie priveé: maisons et mentalités xviie-xixe siecles. Brussels, 1989.
ERIKSEN, S. *Early Neo-Classicism in France*. London, 1974.
FELS, E. FRISCH, COMTE DE. *Jacques-Ange Gabriel*. Paris, 1912, 1924.
FRANCE-LANORD, A. et al. *Germain Boffrand 1667–1754: l'aventure d'un architecte indépendant*. Paris, 1986.
GALLET, M. *Paris Domestic Architecture of the Eighteenth Century*. London, 1972.
GALLET, M. and BOTTINEAU, Y. *Les Gabriel*. Paris, 1982.
GANAY, E. DE. *Châteaux de France*. Paris, 1948–50.
GÉBELIN, F. *Les Châteaux de la Loire*. Paris, 1927.
—. *Les Châteaux de la Renaissance*. Paris, 1927.
—. *Le Style Renaissance en France*. Paris, 1942.
GEYMUELLER, H. VON. *Die Baukunst der Renaissance in Frankreich*. Stuttgart, 1898–1901.
HAUTECOEUR, L. *L'Architecture française de la Renaissance à nos jours*. Paris, 1941.
—. *Histoire de l'architecture classique en France*. 7 vols., sixteenth century to 1900, some of which have been revised. Paris, 1943–65.
HERRMANN, W. *Laugier and Eighteenth-Century French Theory*. London, 1962.
—. *The Theory of Claude Perrault*. London, 1973.
JACQUES, A. and MOUILLESEAUX, J.-P. *Les Architectes de la liberté*. Exhibition catalogue, Paris, 1990.
JACQUIN, E. (Ed.). *Les Tuileries au XVIIIe siècle*. Paris, 1990.
JESTAZ, B. *Le Voyage d'Italie de Robert de Cotte*. Paris, 1966.
KALNEIN, W. VON. *Architecture in France in the Eighteenth Century*. New Haven and London, 1995.
KAUFFMANN, F. *Architecture in the Age of Reason*. Cambridge, Mass., 1955.
KIMBALL, F. *The Creation of the Rococo*. Philadelphia, 1943.
KRAFFT ET RANSONNETTE. *Plans ... des plus belles Maisons ... construites à Paris, etc.* Paris, c. 1810.
LAMBELL, R. *French Period Houses and their Details*. London, 1992.
LAVEDAN, P. *French Architecture*. Harmondsworth, 1956.
LAVIN, S. *Quatremère de Quincy and the Invention of a Modern Language of Architecture*. Cambridge, Mass., and London, 1992.
LEDOUX, C.-N. *Architecture de C.-N. Ledoux*. Paris, 1847. Reprinted 1983.
—. *Unpublished projects*. Berlin, 1992.
MCCORMICK, T. J. *Charles-Louis Clérisseau and the Genesis of Neo-Classicism*. New York, 1990.
MADEC, P. *Boullée*. Paris, 1986.
MINGUET, P. *France baroque*. Paris, 1988.
NEUMAN, R. *Robert de Cotte and the Perfection of Architecture in Eighteenth-Century France*. Chicago and London, 1994.
NOLHAC, P. DE. *La Création de Versailles*. Paris, 1925.
—. *Histoire du château de Versailles*. Paris, 1911–18.
—. *Versailles and the Trianons*. London, 1906.
PEROUSE DE MONTCLOS, J.-M. *Etienne-Louis Boullée: l'architecte visionnaire et neoclassique*. (Includes an annotated version of Boullée's *Architecture. Essai sur l'art*). Paris, 1993.
—. *Histoire de l'architecture française de la Renaissance à la Révolution*. Paris, 1989.
PETZET, M. *Soufflots Sainte-Geneviève und der französische Kirchenbau des 18. Jahrhunderts*. Berlin, 1961.
PICON, A. *Claude Perrault 1613–1688 ou la curiosité d'un classique*. Paris, 1988.
—. *French Architects and Engineers in the Age of Enlightenment*. Cambridge, 1992.
RAVAL, M. *C.-N. Ledoux*. Paris, 1945.
REUTERSWÄRD, P. *The Two Churches of the Hôtel des Invalides*. Stockholm, 1965.
ROSENAU, H. *Boullée's Treatise on Architecture*. 1953.
SZAMBIEN, W. *J.-N.-L. Durand, 1760–1834*. Paris, 1984.
TADGELL, C. *Ange-Jacques Gabriel*. London, 1978.
THOMSON, D. *Renaissance Paris: Architecture and Growth, 1475–1600*. London, 1984.
VIDLER, A. *Claude-Nicolas Ledoux: Architecture and Social Reform at the End of the Ancien Régime*. Cambridge, Mass., and London, 1990.
—. *The Writing of the Walls: Architectural Theory in the Late Enlightenment*. Princeton and London, 1987.
VILLARI, S. *J. N. L. Durand (1760–1834): Art and Science of Architecture*. New York, 1990.
WALTON, G. *Louis XIV's Versailles*. Harmondsworth, 1986.
WARD, W. H. *Architecture of the Renaissance in France, 1495–1830*. 2 vols. London, 1926.
—. *French Châteaux and Gardens in the Sixteenth Century*. London, 1969.
WHITEHEAD, J. *The French Interior in the Eighteenth Century*. London, 1992.
WOODBRIDGE, K. *Princely Gardens: the Origins and Development of the French Formal Style*. London, 1986.

スペインとポルトガル

BEVAN, B. *History of Spanish Architecture*. London, 1938.
BONET CORREA, A. *La Arquitectura en Galicia durante el siglo XVII*. Madrid, 1966.
—. *Art baroque en Andalousie*. Paris, 1978.
BYNE, A. and STAPLEY, M. *Provincial Houses in Spain*. New York, 1925.
CALZADA, A. *Historia de la arquitectura espanola*.

Barcelona, 1933.
CHAMOZO LAMAS, M. *La Arquitectura barroca an Galicia*. Madrid, 1955.
CHUECA GOITIA, F. *Andrés de Vandelvira*. Madrid, 1954.
—. *Arquitectura del siglo XVI* (Ars Hispaniae, Historia Universal del Arte Hispanico, Vol. 11). Madrid, 1953.
CHUECA GOITIA, F. and MIGUEL, C. *La Vida y las obras del arquitecto Juan de Villanueva*. Madrid, 1959.
FRANCA, J.-A. *Une Ville des Lumières, la Lisbonne de Pombal*. Paris, 1965.
GALLEGO Y BURIN, A. *El barroco granadino*. Milan, 1956.
HARVEY, J. *The Cathedrals of Spain*. London, 1957.
KUBLER, G. *Arquitectura española, 1600–1800* (Ars Hispaniae, Historia Universal del Arte Hispanico, Vol. 14). Madrid, 1957.
—. *Building the Escorial*. Princeton, 1982.
—. *Portuguese Plain Architecture: between spices and diamonds, 1521–1706*. Middleton, Conn., 1972.
KUBLER, G. and SORIA, M. *Art and Architecture in Spain and Portugal*. Harmondsworth, 1959.
LEES-MILNE, J. *Baroque in Spain and Portugal*. London, 1960.
LOPEZ MARTINEZ, C. *El Arquitecto Hernan Ruiz en Seville*. Seville, 1949.
MARTIN GONZALEZ, J. J. *La Arquitectura domestica de renacimento en Valladolid*. Valladolid, 1948.
PEREDA DE LA REQUERA, M. *Bartolome de Bustamente*. Santander, 1950.
—. *Rodrigo Gil de Hontañon*. Santander, 1951.
REESE, T. F. *The Architecture of Ventura Rodriguez*. 2 vols. Garland, 1972.
ROSENTHAL, E. *The Cathedral of Granada*. Princeton, 1961.
SITWELL, S. *Spanish Baroque Art*. London, 1931.
SMITH, R. C. *The Art of Portugal, 1500–1800*. London, 1968.
—. *Nicolau Nasoni, arquiteto do Porto*. Lisbon, 1966.
VILLIERS-STUART, C. M. *Spanish Gardens*. 1929.
WYATT, SIR M. DIGBY. *An Architect's Note-book in Spain*. 1872.

第31章 オーストリア、ドイツ、中部ヨーロッパ

AURENHAMMER, H. *J. B. Fischer von Erlach*. London, 1973.
BERGDOLL, B. *Karl Friedrich Schinkel: an Architecture for Prussia*. New York, 1994.
BIALOSTOCKI, J. *The Art of the Renaissance in Eastern Europe: Hungary, Bohemia, Poland*. Oxford, 1976.
BOURKE, J. *Baroque Churches of Central Europe*. 2nd edn, London, 1962.
BRUSATIN, M. and PIZZAMIGLIO, G. *The Baroque in Central Europe: Places, Architecture and Art*. New York, 1992.
BURROUGH, T. H. B. *South German Baroque: an Introduction*. London, 1956.
CHARPENTRAT, P. *Living Architecture: Baroque*. Fribourg and London, 1967.
DEHIO, G. *Dehio-Handbuch: die Kunstdenkmäler Österreichs*. 4th and 5th edns, Vienna, 1954–8.
—. *Handbuch der deutschen Kunstdenkmäler*. Berlin, 1927.
FEUER-TOTH, R. *Renaissancebaukunst in Ungarn*. Budapest, 1981.
FISCHER VON ERLACH, J. B. *Entwurf einer historischen Architektur*. Vienna, 1721.
FORSSMANN, E. *Karl Friedrich Schinkel: Bauwerke and Baugedanken*. Zurich, 1981.
FRANZ, H. G. *Bauten und Baumeister der Barockzeit in Böhmen*. Leipzig, 1962.
Friedrich Gilly. Exhibition catalogue, Berlin Museum, 1984.
GIERSBERG, H.-J. *Friedrich als Bauherr: Studien zur Architektur des 18. Jahrhunderts in Berlin und Potsdam*. Berlin, 1986.
GRIMSCHITZ, B. *Johann Lucas von Hildebrandt*. 2nd edn, Vienna, 1959.
GUBLER, H.-M. *Der Vorarlberger Barockbaumeister Peter Thumb 1681–1766: ein Beitrag der süddeutschen Barockarchitektur*. Sigmaringen, 1972.
HANFSTAENGL, E. *Die Brüder Asam*. Munich, 1955.
HARRIES, K. *The Bavarian Rococo Church: Between Faith and Aestheticism*. New Haven and London, 1983.
HECKMANN, H. *Matthaus Daniel Pöppelmann und die Barockbaukunst in Dresden*. Stuttgart, 1986.
HEDERER, O. *Leo von Klenze*. Munich, 1964.
HEMPEL, E. *Baroque Art and Architecture in Central Europe*. Harmondsworth, 1965.
—. *Geschichte der deutschen Baukunst*. 2nd edn, Munich, 1956.
HITCHCOCK, H.-R. *German Renaissance Architecture*. Princeton, 1981.
—. *German Rococo: the Zimmermann Brothers*. London, 1968.
—. *Rococo Architecture in Southern Germany*. London and New York, 1968.
KADATZ, H.-J. and MUZKA, G. *Georg Wenzeslaus von Knobelsdorff: Baumeister Friedrichs II*. 2nd edn, Munich, 1985.
Karl Friedrich Schinkel. Exhibition catalogue, Berlin, Schloss Charlottenburg, 1981.
KLINGENSMITH, S. J. *The Utility of Splendor: Ceremony, Social Life and Architecture at the Court of Bavaria, 1600–1800*. Chicago and London, 1993.
KRAUS, H. *Die Schlosskapellen der Renaissance in Sachsen*. Berlin, 1970.
KUNOTH, G. *Die historische Architektur Fischers von Erlach*. Düsseldorf, 1956.
LANDOLT, H. and SEEGER, T. *Schweizer Barockkirchen*. Frauenfeld, 1948.
LIEB, N. *Die Fugger und die Kunst*. 2 vols. Munich, 1952, 1958.
—. *Johann Michael Fischer: Baumeister und Raumschopfer im späten Barock Süddeutschlands*. Regensburg, 1982.
LIEB, N. and DIEDL, F. *Die Vorarlberger Barockmeister*. Munich and Zurich, 1960.
LORENTZ, S. and ROTTERMUND, A. *Neoclassicism In Poland*. Warsaw, 1986.
LORENZ, H. *Johann Bernhard Fischer von Erlach*.

Zurich, 1992.
—. *Liechtenstein Palaces in Vienna from the Age of the Baroque.* New York, 1985.
POWELL, N. *From Baroque to Rococo.* London, 1959.
PRATT, M. *The Great Country Houses of Central Europe: Czechoslovakia, Hungary, Poland.* New York, 1991.
PUNDT, H. G. *Schinkel's Berlin.* Cambridge, Mass., 1972.
RAVE, P. O. *Karl Friedrich Schinkel.* Berlin, 1981.
REUTHER, H. *Balthasar Neumann.* Munich, 1983.
—. *Die Kirchenbauten Balthasar Neumanns.* Berlin, 1960.
SAUERMOST, H. J. *Die Asams als Architekten.* Munich, 1986.
SEDLMAYER, H. *Johann Bernhard Fischer von Erlach.* Vienna, 1976.
—. *Österreichische Barockarchitektur.* Vienna, 1930.
SNODIN, M. (Ed.). *Karl Friedrich Schinkel: a Universal Man.* New Haven and London, 1991.
VALDENAIRE, A. *Friedrich Weinbrenner: sein Leben und seine Bauten.* 2nd edn, Karlsruhe, 1926.
VILIMKOVA, M. and BRUKCER, J. *Dientzenhofer: eine bayerische Baumeisterfamilie in der Barockzeit.* Rosenheim, 1989.
WAGNER, H. *Bayerische Barock- und Rokokokirchen.* Munich, 1983.
WATKIN, D. and MELLINGHOFF, T. *German Architecture and the Classical Ideal, 1740–1840.* London, 1987.

第32章　ベルギー、オランダ、イギリス
ベルギーとオランダ
ACKERE, J. VAN. *Baroque and Classic Art In Belgium (1600–1789): Architecture, Monumental Art.* Brussels, 1972.
BURKE, G. L. *The Making of Dutch Towns.* London, 1956.
FOCKEMA ANDREAE, S. J. et al. *Duizend jaar bouwen in Nederland.* Vol. 2. Amsterdam, 1957.
GERSON, H. and TER KUILE, E. H. *Art and Architecture in Belgium, 1600–1800.* Harmondsworth, 1960.
GUILLERMO, J. *Dutch Houses and Castles.* London, 1990.
HAAN, H. DE and HAAGSMA, I. *The House Erasmus Built: a Profile of Dutch Architecture.* Utrecht, 1990.
HITCHCOCK, H.-R. *Netherlandish Scrolled Gables of the 16th and Early 17th Centuries.* New York, 1978.
KUYPER, W. *Dutch Classicist Architecture.* Delft, 1980.
MINGUET, P. *Baroque et rococo en Belgique.* Liège, 1987.
MINISTRY OF EDUCATION, ARTS AND SCIENCES. *Guide to Dutch Art.* The Hague, 1953.
OTTENHEYM, K. *Philips Vingboons (1607–1678) Architect.* Zutphen, 1989.
OZINGA, M. D. *De Protestansche kerkenbouw in Nederland.* Amsterdam, 1929.
PARENT, P. *L'Architecture aux Pays-Bas méridionaux aux XVI-XVIII siècles.* Paris and Brussels, 1926.
PLUYM, W. VAN DER. *Vijf eeuwen binnenhuis en meubels in Nederland.* Amsterdam, 1954.
ROSENBERG, J., SLIVE, S. and TER KUILE, E. H. *Dutch Art and Architecture, 1600–1800.* Harmondsworth, 1966.
TERWEN, J. J. and OTTENHEYM, K. A. *Pieter Post (1608–1669) Architect.* Zutphen, 1993.
TIMMERS, J. J. M. *A History of Dutch Art and Life.* Amsterdam and London, 1959.
VANDEVIVERE, I. and BOUCHER, H. *Renaissance Art in Belgium: Architecture, Monumental Art.* Brussels, 1973.
VERMEULEN, F. A. J. *Handboek tot de geschiednis der nederlandsche bouwkunst.* 4 vols. The Hague, 1928.
VRIEND, J. J. *De Bouwkunst van ons land.* Amsterdam, 1949.
WATTJES, J. G. *Amsterdams bouwkunst en stadsschoon 1305–1942.* Amsterdam, 1948.
WEISSMAN, A. W. *Geschiednis der Nederlandsche Bouwkunst.* Amsterdam, 1912.
YERBURY, F. R. *Old Domestic Architecture in Holland.* London, 1924.

イギリス
AIRS, M. *The Making of the English Country House, 1500–1640.* London, 1975.
BARNARD, T. and CLARK, J. (Eds). *Lord Burlington: Architecture, Art and Life.* London, 1995.
BEARD, G. *Georgian Craftsmen.* London, 1966.
—. *The Work of John Vanbrugh.* London, 1986.
BINNEY, M. *Sir Robert Taylor: from Rococo to Neo-classicism.* London, 1984.
BOLD, J. *John Webb: Architectural Theory and Practice in the Seventeenth Century.* Oxford, 1989.
BOLD, J. and CHANEY, E. (Eds). *English Architecture Public and Private: Essays for Kerry Downes.* London, 1993.
BOLD, J. and REEVES, J. *Wilton House and English Palladianism: Some Wiltshire Houses.* London, 1988.
BOLTON, A. T. *The Architecture of Robert and James Adam.* 2 vols. London, 1922.
BROWN, R. (Ed.). *The Architectural Outsiders.* London, 1985.
CHANCELLOR, E. B. *The Lives of the British Architects from William of Wykeham to Sir William Chambers.* London, 1909.
CLARK, K. *The Gothic Revival.* 2nd edn, London, 1950.
CLIFTON-TAYLOR, A. *The Pattern of English Building.* 4th edn, London, 1987.
COLVIN, H. *A Biographical Dictionary of British Architects, 1600–1840.* 3rd edn, New Haven and London, 1995.
CORNFORTH, J. and FOWLER, J. *English Decoration in the Eighteenth Century.* London, 1974.
CRAIG, M. *Dublin, 1660–1860.* Rev. edn, London, 1992.
CROOK, J. M. *The Greek Revival.* London, 1972.
CRUICKSHANK, D. *A Guide to the Georgian Buildings*

of Britain and Ireland. London, 1985.
CRUICKSHANK, D. and WYLD, P. *Georgian Town Houses and Their Details*. London, 1990. Rev. edn of *London: the Art of Georgian Building*. London, 1975.
CURL, J. S. *Classical Architecture: an Introduction to its Vocabulary and Essentials, with a Select Glossary of Terms*. London, 1992.
—. *Georgian Architecture*. Newton Abbot, 1993.
DALE, A. *James Wyatt, Architect 1746–1813*. Oxford, 1936.
DAVIS, T. *The Architecture of John Nash*. London, 1960.
—. *The Gothick Taste*. London and Vancouver, 1974.
—. *John Nash*. London, 1966.
DOWNES, K. *The Architecture of Wren*. 2nd edn, London, 1988.
—. *English Baroque Architecture*. London, 1966.
—. *Hawksmoor*. London, 1959.
—. *Sir Christopher Wren: the Design of St. Paul's Cathedral*. London, 1988.
—. *Sir John Vanbrugh: a Biography*. London, 1987.
—. *Vanbrugh*. London, 1977.
FAULKNER, T. and GREG, A. *John Dobson: Newcastle Architect, 1787–1865*. Newcastle upon Tyne, 1987.
FLEMING, J. *Robert Adam and his Circle*. London, 1962.
FRIEDMAN, T. *James Gibbs*. London, 1984.
GIFFORD, J. *William Adam, 1689–1748: a Life and Times of Scotland's Universal Architect*. Edinburgh, 1989.
GIROUARD, M. *Life in the English Country House*. London, 1978.
HARRIS, J. *The Architect and the British Country House, 1620–1920*. Washington, D.C., 1985.
—. *The Palladian Revival: Lord Burlington, His Villa and Garden at Chiswick*. New Haven and London, 1994.
—. *Sir William Chambers*. London, 1970.
—. *William Talman: Maverick Architect*. London, 1982.
HARRIS, J. and HIGGOTT, G. (Eds). *Inigo Jones: Complete Architectural Drawings*. New York, 1989.
HILL, O. and CORNFORTH, J. *English Country Houses, 1625–1865*. London, 1966.
HINDE, T. *Capability Brown: the Story of a Master Gardener*. London, 1986.
HOWARD, M. *The Early Tudor Country House: Architecture and Politics, 1490–1550*. London, 1987.
HUNT, J. D. *William Kent: Landscape Garden Designer: an Assessment and Catalogue of his Designs*. London, 1987.
HUNT, J. D. and WILLIS, P. (Eds). *The Genius of the Place: the English Landscape Garden, 1620–1820*. Cambridge, Mass., and London, 1975 (1988 printing with corrections).
HUSSEY, C. *English Country Houses*. 3 vols. London, 1955–8 (1986 reprint).
—. *English Gardens and Landscapes 1700–1750*. London, 1967.
—. *The Picturesque*. London 1927, reprinted 1967.

KING, D. *The Complete Works of Robert and James Adam*. Oxford, 1991.
LEACH, P. *James Paine*. London, 1988.
LISCOMBE, R. W. *William Wilkins, 1778–1839*. Cambridge, 1980.
MACAULAY, J. *The Classical Country House in Scotland, 1660–1800*. London, 1987.
MANSBRIDGE, M. *John Nash: a Complete Catalogue*. Oxford, 1991.
MARKUS, T. A. *Buildings and Power: Freedom and Control in the Origin of Modern Building Types*. London, 1993.
MARKUS, T. A. (Ed.). *Order in Space and Society: Architectural Form and its Context in the Scottish Enlightenment*. Edinburgh, 1982.
MCCARTHY, M. *The Origins of the Gothic Revival*. New Haven and London, 1987.
MCPARLAND, E. *James Gandon: Vitruvius Hibernicus*. London, 1984.
MORLEY, J. *Regency Design, 1790–1840: Gardens, Buildings, Interiors, Furniture*. London, 1993.
MOWL, T. *Elizabethan and Jacobean Style*. London, 1993.
MOWL, T. and EARNSHAW, B. *John Wood: Architect of Obsession*. Bath, 1988.
ORRELL, J. *The Theatres of Inigo Jones and John Webb*. Cambridge, 1985.
PARISSIEN, S. *Palladian Style*. London, 1994.
—. *Regency Style*. London, 1992.
PEVSNER, N. et al. *The Buildings of England*. Harmondsworth, 1951–.
PILCHER, D. *The Regency Style*. London, 1947.
RAMSEY, S. C. *Small Houses of the Late Georgian Period*. 2 vols. London, 1919–23.
RICHARDSON, A. E. *Monumental Classic Architecture in Great Britain and Ireland*. London, 1914 (1982 reprint).
RICHARDSON, A. E. and EBERLEIN, H. D. *The Smaller English Country House, 1660–1830*. London, 1925.
ROBINSON, J. M. *The Wyatts. an Architectural Dynasty*. Oxford, 1979.
RYKWERT, J. and RYKERT, A. *The Brothers Adam: the Men and the Style*. London, 1985.
SCHUMANN-BACIA, E. *John Soane and the Bank of England*. Harlow, 1991.
SEKLER, E. *Wren and his Place in European Architecture*. London, 1956.
SMALL, T. and WOODBRIDGE, C. *Houses of Wren and Early Georgian Periods*. London, 1928.
STILLMAN, D. *English Neo-Classical Architecture*. London, 1988.
STROUD, D. *Capability Brown*. 3rd edn, London, 1975.
—. *George Dance the Younger*. London, 1970.
—. *Henry Holland*. London, 1950.
—. *Humphrey Repton*. London, 1962.
—. *Sir John Soane, Architect*. London, 1984.
STUTCHBURY, J. *The Architecture of Colen Campbell*. Manchester, 1967.
SUMMERSON, J. *Architecture in Britain, 1530–1830*. 9th edn, Harmondsworth, 1993.
—. *The Architecture of the Eighteenth Century*. London, 1986.

—. *Georgian London*. New edn, London, 1988.
—. *Inigo Jones*. Harmondsworth, 1966.
—. *The Life and Work of John Nash, Architect*. London, 1980.
—. *Sir Christopher Wren*. London, 1983.
—. *Sir John Soane*. London, 1952.
TAVERNOR, R. *Palladio and Palladianism*. London, 1991.
THURLEY, S. *The Royal Palaces of Tudor England: Architecture and Court Life, 1460–1547*. New Haven and London, 1993.
TURNER, R. *Capability Brown and the Eighteenth-century English Landscape*. London, 1985.
—. *Vitruvius Britannicus*, by Campbell, Woolfe and Gandon. 6 vols. London, 1715–71.
WATKIN, D. *Athenian Stuart*. London, 1982.
—. *The Life and Work of C. R. Cockerell*. London, 1974.
—. *Thomas Hope and the Neo-Classical Idea*. London, 1968.
WHIFFEN, M. *Stuart and Georgian Churches*. London, 1947–8.
—. *Thomas Archer: Architect of the English Baroque*. New edn, Los Angeles, 1973.
WHINNEY, M. *Renaissance Architecture in England*. London, 1952.
WILLIS, P. *Charles Bridgeman and the English Landscape Garden*. London, 1977.
WILSON, M. I. *William Kent: Architect, Designer, Painter, Gardener, 1685–1748*. London, 1984.
WILTON-ELY, J. *The Mind and Art of Giovanni Battista Piranesi*. London, 1978.
WITTKOWER, R. *Palladio and English Palladianism*. London, 1974.
WORSLEY, G. *Classical Architecture in Britain: the Heroic Age*. New Haven and London, 1995.
WREN SOCIETY. Publications, vols I-XX. London, 1924–43.
YOUNGSON, A. J. *The Making of Classical Edinburgh, 1750–1840*. Edinburgh, 1966 (1993 reprint with corrections).

第33章 ロシアとスカンジナビア
ロシア
AKADEMIIA ARKHITEKTURY SSSR. *Russkoe zodchestvo: pamyatniki arkhitektury X-XX vekov*. 7 vols. Moscow, 1953–7.
—. *Istoriia Russkoi arkhitektury*. 2nd edn, Moscow, 1956.
ALFEROVA, G. V. *Russkiye goroda XVI-XVII vekov*. Moscow, 1989.
BERTON, K. *Moscow: an Architectural History*. London, 1977.
BRUMFIELD, W. C. *Gold in Azure: One Thousand Years of Russian Architecture*. Boston, Mass., 1983.
—. *A History of Russian Architecture*. Cambridge, 1993.
CRACRAFT, J. *The Petrine Revolution in Russian Architecture*. Chicago, 1988.
EVSINA, N. A. *Arkhitekturnaja teorija v Rossii XVIIIv*. Moscow, 1975.
GALITZINE, G. *Imperial Splendour: Palaces and Monasteries of Old Russia*. London, 1991.

GALKINA, E. N. (Ed.). *Country Estates Around Moscow: From the History of Russian Estate Culture of the 17th, 18th and 19th Centuries*. Moscow, 1979.
GOSLING, N. *Leningrad: History, Art and Architecture*. New York, 1965.
GRIMM, G. G. *Arkhitektor Andeian Zakharov*. Moscow, 1940.
HAMILTON, G. H. *The Art and Architecture of Russia*. 3rd edn, Harmondsworth, 1983.
KENNETT, A. *The Palaces of Leningrad*. London, 1975.
SARABIANOV, D. V. *Russian Art from Neoclassicism to the Avant-Garde: Painting, Sculpture, Architecture*. London, 1990.
SCHMIDT, A. *The Architecture and Planning of Classical Moscow: a Cultural History*. Philadelphia, 1989.
VORONIN, N. N. (Ed.) *Palaces and Churches of the Kremlin*. London, Prague and Moscow, 1965.

スカンジナビア
ABRAHAMSEN, H. *Building in Norway*. Oslo, 1959.
ALNAES, E. et al. *Norwegian Architecture*. Oslo, 1950.
ANDERSSON, H. O. and BEDOIRE, F. *Stockholms byggnader*. Stockholm, 1977.
BROCHMANN, O. *Copenhagen*. Copenhagen, 1970.
BUGGE, A. *Norwegian Stave Churches*. Oslo, 1953.
BUGGE, G. and NORBERG-SCHULZ, C. *Stav og laft. 1: Norge*. Oslo, 1969.
CORNELL, H. *Den Svenska konstens historia*. 2 vols. Stockholm, 1944–6.
DAHLBERG, E. *Suecia antiqua et hodierna*. Stockholm, 1716.
DI NISCEMI, M. *Manor Houses and Castles of Sweden: a Voyage Through Five Centuries*. Woodbridge, 1988.
DONNELLY, M. C. *Architecture in the Scandinavian Countries*. Cambridge, Mass. and London, 1992.
FABER, T. *A History of Danish Architecture*. Copenhagen, 1978.
GROTH, H. *Neoclassicism in the North: Swedish Furniture and Interiors, 1770–1850: with a Catalogue of Furniture Types and Styles and Notes on the Architects, Artists and Craftsmen*. London, 1990.
HAHR, A. *Architecture in Sweden*. Stockholm, 1938.
JORGENSEN, L. B. and PORPHYRIOS, D. *Neoclassical Architecture in Copenhagen and Athens*. London, 1987.
JOSEPHSON, R. *Nicodème Tessin*. Paris and Brussels, 1930.
KAVLI, G. *Norwegian Architecture Past and Present*. Oslo, 1958.
LANGBERG, H. *Danmarks bygningskultur*. Copenhagen, 1955.
LUNDBERG, E. *Svensk bostad*. Stockholm, 1942.
NORDIN, E. *Swedish Timber-churches*. Stockholm, 1965
PAULSSON, T. *Scandinavian Architecture*. London, 1958.
RICHARDS, J. M. *A Guide to Finnish Architecture*.

London, 1966.

—. *800 Years of Finnish Architecture*. Vancouver, 1978.

SKORGAARD, J. *A King's Architecture: Christian IV and His Buildings*. London, 1973.

SLOTHOUWER, D. F. *Bouwkunst der nederlandsche Renaissance in Denemarken*. Amsterdam, 1924.

THURAH, L. DE T. *Den danske Vitruvius*. Copenhagen, 1749.

VREIM, H. *Norsk trearkitektur*. Oslo, 1947.

第34章 ルネサンス以後のヨーロッパ

ALDRICH, M. *Gothic Revival*. London, 1994.

ALLIBONE, J. *Anthony Salvin: Pioneer of Gothic Revival Architecture*. Cambridge, 1988.

ASLIN, E. *The Aesthetic Movement: Prelude to Art Nouveau*. London, 1969.

ATTERBURY, P. and WAINWRIGHT, C. (Eds). *Pugin: a Gothic Passion*. New Haven and London, 1994.

BARRE-DESPOND, A. and TISE, S. *Jourdain: Frantz, 1847–1935, Francis, 1876–1958, Frantz-Philippe, 1906–1990*. New York, 1991.

BARRY, A. *The Life and Works of Sir Charles Barry, R.A., F.R.S*. London, 1867.

BARTHES, R. *La Tour Eiffel*. Paris, 1961.

BASSEGODA NONELL, J. *Modernisme a Catalunya: arquitectura*. Barcelona, 1988.

BEENKEN, H. *Schöpferische Bauideen der deutschen Romantik*. Mainz, 1952.

BEŇSOVÁ, M. *Česká Architektura v Proménách Dvou Století*. Prague, 1984.

BOASE, T. S. R. *English Art, 1800–1870*. London, 1959.

BOHLE-HEINTZENBERG, S. and HAMM, M. *Ludwig Persius: Architekt des Königs*. Berlin, 1993.

BORISOVA, E. A. and STERNIN, G. *Russian Art Nouveau*. New York, 1988.

BORSI, F. and GODOLI, E. *Vienna 1900: Architecture and Design*. London, 1986.

BORSI, F. and PORTOGHESI, P. *Victor Horta*. London, 1991.

BROOKS, M. W. *John Ruskin and Victorian Architecture*. New Brunswick, 1987.

BROWNLEE, D. B. *The Law Courts: the Architecture of George Edmund Street*. New York, 1984.

BRUMFIELD, W. C. *The Origins of Modernism in Russian Architecture*. Berkeley, Calif., 1991.

CHADWICK, G. F. *The Works of Sir Joseph Paxton, 1803–1865*. London, 1961.

CHEMETOV, P. and MARREY, B. *Architectures a Paris, 1848–1914*. Paris, 1984.

CLARK, K. *The Gothic Revival*. 3rd edn, London, 1962.

COLE, D. *The Work of Sir Gilbert Scott*. London, 1980.

COLLINS, G. R. and BASSEGODA NONELL, J. *The Designs and Drawings of Antonio Gaudí*. 2 vols. Princeton, 1982.

COLLINS, P. *Changing Ideals in Modern Architecture 1750–1950*. London, 1965..

COLVIN, H. *A Biographical Dictionary of British Architects 1600–1840*. 3rd edn, New Haven and London, 1995.

CONWAY, H. *People's Parks: the Design and Development of Victorian Parks in Britain*. Cambridge, 1991.

COOPER, J. *Victorian and Edwardian Furniture and Interiors from the Gothic Revival to Art Nouveau*. London, 1987.

CRAWFORD, A. *C. R. Ashbee: Architect, Designer and Romantic Socialist*. New Haven and London, 1985.

—. *Charles Rennie Mackintosh*. London, 1995.

CROOK, J. M. *Dilemma of Style: Architectural Ideas from the Picturesque to the Post-Modern*. London, 1987.

—. *The Greek Revival*. London, 1973.

—. *William Burges and the High Victorian Dream*. London, 1981.

CUMMING, E. and KAPLAN, W. *The Arts and Crafts Movement*. London, 1991.

CUNNINGHAM, C. and WATERHOUSE, P. *Alfred Waterhouse, 1830–1905: Biography of a Practice*. Oxford, 1992.

CURL, J. S. *Victorian Architecture*. Newton Abbot, 1990.

DAL CO, F. *Figures of Architecture and Thought: German Architecture Culture, 1880–1920*. New York, 1990.

DAVEY, P. *Arts and Crafts Architecture*. Rev. edn, London, 1995.

DELHAYE, J. *La Maison du Peuple de Victor Horta*. Bruxelles, 1987.

DIERKENS-AUBRY, F. *Art Nouveau in Belgium: Architecture and Interior Design*. Paris, 1991.

DIXON, R. and MUTHESIUS, S. *Victorian Architecture*. London, 1978.

DREXLER, A. (Ed.). *The Architecture of the Ecole des Beaux-Arts*. New York, 1977.

DYOS, H. J. and WOLFF, M. (Eds). *The Victorian City*. 2 vols. London, 1973.

EASTLAKE, C. L. *A History of the Gothic Revival*. London, 1872. Reprinted 1978, edited by J. M. Crook).

FARR, D. *English Art, 1870–1940*. Oxford, 1979.

FAWCETT, J. (Ed.). *Seven Victorian Architects*. London, 1976.

FELLOWS, R. *Edwardian Architecture: Style and Technology*. London, 1995.

FERGUSSON, J. *History of the Modern Styles of Architecture*. 2 vols. 3rd edn, revised by R. Kerr. London, 1891.

FERRIDAY, P. (Ed.). *Victorian Architecture*. London, 1963.

FRAMPTON, K. *Modern Architecture, 1851–1945*. New York, 1983.

FROHLICH, M. *Gottfried Semper*. Zurich, 1991.

GEIST, J. R. *Arcades: the History of a Building Type*. Cambridge, Mass., and London, 1983.

GERE, C. and WHITEWAY, M. *Nineteenth Century design: from Pugin to Mackintosh*. London, 1993.

GERETSEGGER, H. and PEINTNER, M. *Otto Wagner*. London, 1971.

GERMANN, G. *The Gothic Revival in Europe and Britain*. London, 1972.

GIEDION, S. *Space, Time and Architecture*. Cambridge,

Mass., 1941; London, 1967 and other editions.
GIROUARD, M. *Sweetness and Light: the 'Queen Anne' Movement 1860–1900.* Oxford,1977.
—. *The Victorian Country House.* 2nd edn, London and New Haven, 1979.
GOODHART-RENDEL, H. S. *English Architecture since the Regency: an Interpretation.* London, 1953. (Reprinted 1989.)
GROMORT, G. *Small Structures: French Architecture of the Early Nineteenth Century.* New York, 1986.
Guimard. Exhibition catalogue, Paris, 1992.
HAWKES, D. (Ed.). *Modern Country Homes in England: the Arts and Crafts Architecture of Barry Parker.* Cambridge, 1986.
HEARN, M. F. (Ed.). *The Architectural Theory of Viollet-le-Duc: Readings and Commentary.* Cambridge, Mass. and London, 1990.
HERRMANN, W. *Gottfried Semper: in Search of Architecture.* Cambridge, Mass. and London, 1984.
HITCHCOCK, H. R. *Architecture, Nineteenth and Twentieth Centuries.* 4th edn, Harmondsworth, 1977.
—. *Early Victorian Architecture.* 2 vols. London, 1954.
HOBHOUSE, H. *Thomas Cubitt: Master Builder.* London, 1971.
HOWARTH, T. *Charles Rennie Mackintosh and the Modern Movement.* 2nd edn, London, 1977.
HUSSEY, C. *The Life of Sir Edwin Lutyens.* London, 1953.
JACKSON, F. *Sir Raymond Unwin: Architect, Planner and Visionary.* London, 1985.
JENKINS, F. I. *Architect and Patron.* London, 1961.
KAUFMANN, E. *Von Ledoux bis le Corbusier.* Vienna, 1933.
KAYE, B. *The Development of the Architectural Profession in Britain.* London, 1960.
KOHLMAIER, G. and SARTORY, B. VON. *Houses of Glass: a Nineteenth-Century Building Type.* Cambridge, Mass. and London, 1986.
LETHABY, W. R. *Philip Webb and his Work.* London, 1935.
LONG, H. C. *The Edwardian House: the Middle-Class Home in Britain, 1880–1914.* Manchester, 1993.
LOYER, F. *Architecture of the Industrial Age, 1789–1914.* Geneva, 1983.
—. *Dix ans d'Art Nouveau: Paul Hankar architecte.* Brussels, 1991.
—. *Paris Nineteenth Century: Architecture and Urbanism.* New York, 1988.
LOZE, P. *Belgian Art Nouveau: from Victor Horta to Antoine Pompe.* Ghent, 1991.
MACAULAY, J. *The Gothic Revival.* Glasgow, 1975.
MACLEOD, R. *Style and Society: Architectural Ideology in Britain 1835–1914.* London, 1971.
MADSEN, S. T. *Art Nouveau.* London, 1967.
—. *Sources of Art Nouveau.* Oslo and and New York, 1956.
MCFADZEAN, R. *The Life and Work of Alexander Thomson.* London, 1979.
MEAD, C. *Charles Garnier's Paris Opera: Architectural Empathy and the Renaissance of French Classicism.* New York, 1991.

MEEKS, C. L. *Italian Architecture, 1750–1914.* New Haven and London, 1966.
—. *The Railroad Station.* New Haven, 1956.
MESNIL, C. *Victor Horta: un maitre de l'Art Nouveau: sa vie, son oeuvre.* Braine-l'Alleud, 1990.
MIDDLETON, R. (Ed.). *The Beaux-Arts and Nineteenth Century Architecture.* London, 1982.
MIGNOT, C. *Architecture of the Nineteenth Century in Europe.* New York, 1984.
MILLER, M. *Raymond Unwin: Garden Cities and Town Planning.* Leicester, 1992.
MILOBEDZKI, A. *Zarys dziehów architektury w Polsce.* Warsaw, 1968.
MORAVANSZKY, A. *Die Architektur der Jahrhundertwende in Ungarn und ihre Beziehungen zu der Wiener Architektur der Zeit.* Vienna, 1983.
MUTHESIUS, H. *The English House.* English edn, London, 1979.
—. *Stilarchitektur und Baukunst: Wandlungen der Architektur im XIX Jahrhundert.* Mülheim-Ruhr, 1902.
MUTHESIUS, S. *Art, Architecture and Design in Poland.* Königstein im Taunas, 1994.
—. *The English Terraced House.* New Haven and London, 1982.
—. *The High Victorian Movement 1850–1870.* London and Boston, 1972.
NAYLOR, G. *The Arts and Crafts Movement: a Study of its Sources, Ideals and Influence on Design Theory.* London, 1971.
NERDINGER, W. (Ed.). *Friedrich von Gärtner: ein Architektenleben, 1791–1847.* Munich, 1992.
NUTTGENS, P. (Ed.). *Mackintosh and his Contemporaries in Europe and America.* London, 1988.
PEVSNER, N. *Pioneers of Modern Design from William Morris to Walter Gropius.* London, 1936, Harmondsworth, 1960 and other editions.
—. *A History of Building Types.* London and Princeton, 1976.
POLANO, S. *Hendrik Petrus Berlage: Complete Works.* London, 1987.
PORT, M. H. (Ed.). *The Houses of Parliament.* New Haven and London, 1976.
PUGIN, A. W. N. *Contrasts, or a Parallel Between the Noble Edifices of the Fourteenth and Fifteenth Centuries.* Salisbury, 1836. (1841 edition reprinted 1969.)
QUINEY, A. *John Loughborough Pearson.* New Haven and London, 1979.
RAGON, M. *Histoire mondiale de l'architecture et de l'urbanisme modernes.* Vol. 1: *Idéologies et pionniers, 1800–1910.* Paris, 1971.
RÉAU, F. L. *L'Oeuvre du Baron Haussmann.* Paris, 1954.
RHEIMS, M. *Hector Guimard.* New York, 1988.
RICHARDS, J. M. *The Functional Tradition in Early Industrial Buildings.* London, 1958.
—. *A Guide to Finnish Architecture.* London, 1966.
RICHARDS, J. M. and PEVSNER, N. (Eds). *The Anti-Rationalists.* London, 1973.
RICKMAN, T. *An Attempt to Discriminate the Styles of English Architecture.* 4th edn, London, 1835.
RUBENS, G. *William Richard Lethaby: his Life and*

Work, 1857–1931. London, 1986.
RUSKIN, J. *The Seven Lamps of Architecture.* London, 1849.
—. *The Stones of Venice.* 3 vols. London, 1851–3.
SAINT, A. *Richard Norman Shaw.* New Haven and London, 1976.
SCHEZEN, R. and HAIKO, P. *Vienna, 1850–1930: Architecture.* New York, 1992.
SCHILD, E. *Zwischen Glaspalast und Palais des Illusions.* 2nd edn, Brunswick and Wiesbaden, 1983.
SERVICE, A. *Edwardian Architecture: a Handbook to Building Design in Britain, 1890–1914.* London, 1977.
SERVICE, A. (Ed.). *Edwardian Architecture and Its Origins.* London, 1950.
SIMMONS, J. *St Pancras Station.* London, 1968.
SIMPSON, D. *C. F. A. Voysey: an Architect of Individuality.* London, 1979.
SINGER, C. et al. *A History of Technology.* Vols 4 and 5. London, 1958.
STAMP, G. and GOULANCOURT, A. *The English House, 1860–1914: the Flowering of English Domestic Architecture.* London, 1986.
STAMP, G. and MCKINSTRY, S. (Eds). *'Greek' Thomson.* Edinburgh, 1994.
STANTON, P. *Pugin.* London, 1971.
STRATTON, M. *The Terracotta Revival: Building Innovation and the Image of the Industrial City in Britain and North America.* London, 1993.
STREET, A. E. *Memoir of George Edmund Street, R.A.* New York, 1972 (reprint of 1888 edition).
SUMMERSON, J. *Heavenly Mansions.* London, 1949.
—. *Victorian Architecture: Four Studies.* New York, 1970.
SWEENEY, J. J. and SERT, J. L. *Antoni Gaudí.* 2nd edn, London, 1970.
THOMPSON, P. *William Butterfield.* London, 1971.
VAN ZANTEN, D. *Designing Paris: the Architecture of Duban, Labrouste, Duc and Vaudoyer.* Cambridge, Mass., and London, 1987.
VIOLLET-LE-DUC, E. *Entretiens sur l'architecture.* Paris, 1858–72.
WATKIN, D. *The Life and Work of C. R. Cockerell.* London, 1974.
WEDGWOOD, A. *A. W. N. Pugin and the Pugin Family.* Catalogue of Architectural Drawings. London (Victoria and Albert Museum), 1985.
WILKES, L. and DODDS, G. *Tyneside Classical.* London, 1964.
ZADOR, A. *Revival Architecture in Hungary: Classicism and Romanticism.* Budapest, 1985.
ZEITLER, R. *Die Kunst des 19. Jahrhunderts.* Berlin, 1966.

6 植民地時代およびそれ以後のヨーロッパ以外の建築

第36章　アフリカ
著作
BEGUIN, F. *Arabisances: decor architectural et trace urbain en Afrique du Nord, 1830–1950.* Paris, 1983.
CHIPKIN, C. M. *Johannesburg Style: Architecture & Society, 1880s-1960s.* Cape Town, 1993.
DE BOSDARI, C. *Cape Dutch Houses and Farms.* Cape Town, 1971.
FRANSEN, H. and COOK, M. *The Old Buildings of the Cape.* Cape Town, 1980.
—. *The Old Houses of the Cape.* Cape Town, 1965.
GREIG, D. *Herbert Baker in South Africa.* Cape Town, 1970.
KEARNEY, B. *Architecture in Natal, 1824–1893.* Cape Town, 1973.
KEATH, M. *Herbert Baker: Architecture and Idealism, 1892–1913: the South African Years.* Gibraltar, 1992.
LAWRENCE, A. B. *Trade Castles and Forts of West Africa.* London, 1963.
LEWCOCK. R. *Early Nineteenth-Century Architecture in South Africa.* Cape Town, 1963.
OBHOLZER, A. M., BARAITSER, M. and MALHERBE, W. D. *The Cape House and its Interior: an Inquiry into the Sources of Cape Architecture and a Survey of Built-in Early Cape Domestic Woodwork.* Stellenbosch, 1985.
PEARSE, G. E. *The Cape of Good Hope 1652–1833.* Pretoria, 1956.
—. *Eighteenth-Century Architecture in South Africa.* Cape Town, 1968.
PICTON-SEYMOUR, D. *Victorian Buildings in South Africa.* Cape Town, 1977.
RENNIE, J. *The Buildings of Central Cape Town.* Cape Town, 1978.
WALTON, J. *Homesteads and Villages of South Africa.* Pretoria, 1965.

報告書・論文
AALUND, F. 'Zanzibar Old Stone Town'. *Monumentum*, vol. 26, no. 2, 1983.
GHAIDAN, U. *Lamu: a Study in Conservation.* Nairobi, 1976.
—. *Lamu: a Study of the Swahili Town.* Nairobi, 1975.
ISAKA, A. *Area Conservation for Traditional Buildings in Ghana.* Unpublished thesis, University of York, 1982.
WATSON, T. N. 'Bagamoyo, Tanzania'. *Monumentum*, vol. 25, no. 1, 1982.
—. 'Conservation Report on Bagamoyo'. Bury St Edmonds, 1979.

第37章　アメリカ
ADAMS, W. H. *Jefferson's Monticello.* New York, 1983.
ALEXANDER, R. L. *The Architecture of Maximilian Godefroy.* Baltimore, 1974.
ANGULO, D. *Planos de monumentos arquitectónicos de América y Filipinas, en el Archivo General de Indias.* Seville, 1939.
ANGULO, D., MARCO DORTA, E. and BUSCHIAZZO, M. *Historia del arte hispanoamericano.* Barcelona, 1974.
ARANGO, S. *Historia de la arquitectura en Colombia.* Bogotá, 1989.
AXELROD, A. (Ed.). *The Colonial Revival in America.* New York, 1985.

BAKER, P. R. *Richard Morris Hunt.* Cambridge, Mass., 1980.
BARDI, P. M. *Historia da arte brasiliera.* Sao Paulo, 1978.
BAYÓN, D. *Sociedad y arquitectura colonial sudamericana.* Barcelona, 1974.
BAYÓN, D. AND MARX, M. *History of South American Colonial Art and Architecture: Spanish South America and Brazil.* New York, 1992.
BAZIN, G. *L'Architecture religieuse baroque au Brésil.* Paris, 1956.
BENAVÍDEZ, A. *La Arquitectura en el Virreynato del Perú y la Capitan#dia General de Chile.* Santiago, 1945.
BERCHEZ, J. *Arquitectura mexicana de los siglos XVII y XVIII.* Mexico City, 1992.
BLASER, W. (Ed.). *Chicago Architecture: Holabird & Root 1880–1992.* Basel, 1992.
BRIDENBAUGH, C. *Peter Harrison, First American Architect.* Chapel Hill, 1949.
BRUEGMANN, R. *Holabird & Roche, Holabird & Root: An Illustrated Catalog of Works.* New York and London, 1991.
BURY, J. *Arquitetura e arte no Brasil colonial.* Sao Paulo, 1991.
BUSCHIAZZO, M. *La Arquitectura en la República Argentina, 1810–1930.* Buenos Aires, 1969.
—. *Historia de la arquitectura colonial en Iberoamérica.* Buenos Aires, 1961.
CARROTT, R. *The Egyptian Revival.* Berkeley, Calif., 1978.
Centros Históricos. América Latina. Coordinator R. Gutierrez. Bogotá, 1990.
CONDIT, C. W. *The Chicago School of Architecture.* Chicago and London, 1964.
—. *The Rise of the Skyscraper.* Chicago, 1952.
CUMMINGS, A. L. *The Framed Houses of Massachusetts Bay, 1625–1725.* Cambridge, Mass., 1974.
DONOGHUE, J. *Alexander Jackson Davis: Romantic Architect, 1803–1892.* New York, 1982.
EARLY, J. *The Colonial Architecture of Mexico.* Albuquerque, 1994.
ETZEL, E. *O Barroco no Brasil.* Sao Paulo, 1974.
FERNÁNDEZ, M. *Arquitectura y gobierno virreinal.* Mexico, 1985.
FITCH, J. M. *American Building: the Historical Forces that Shaped it.* New York, 1966.
FORMAN, H. C. *Architecture of the Old South; the Mediaeval Style, 1585–1850.* Cambridge, Mass., 1948.
FRASER, V. *The Architecture of Conquest: Building in the Viceroyalty of Peru, 1535–1635.* Cambridge, 1990.
GALLAGHER, H. M. P. *Robert Mills, Architect of the Washington Monument, 1781–1855.* New York, 1935.
GASPARINI, G. *América, barroco y arquitectura.* Caracas, 1972.
—. *La arquitectura colonial en Venezuela.* Cararacas. 1965.
GILCHRIST, A. A. *William Strickland, Architect and Engineer, 1788–1854.* Philadelphia, 1950.
GISBERT, T. and DE MESA, J. *Arquitectura andina, 1530–1830.* La Paz, 1985.
GIURIA, J. *La arquitectura en el Paraguay.* Buenos Aires, 1950.
—. *La arquitectura en el Uruguay.* Montevideo, 1955.
GOSNER, P. *Caribbean Georgian: the Great and Small Houses of the West Indies.* Washington, DC, 1982.
GOWANS, A. *Building Canada.* Toronto, 1966.
GRROSS, P. *Arquitectura en Chile.* Santiago de Chiles, 1988.
GUTIÉRREZ, R. *Arquitectura y urbanismo en Iberoamérica.* Madrid, 1983.
—. *Evolución urbanistica y arquitectónica del Paraguay.* Asunción, 1978.
—. *Tipologías de las Misiones Jesuíticas.* Buenos Aires, 1982.
HAMLIN, T. F. *The Architecture of H. H. Richardson and his Times.* New York, 1936 and 1965.
—. *Benjamin Henry Latrobe.* New York, 1955.
—. *Greek Revival Architecture in America.* New York, 1944 and 1964.
HANDLIN, D. P. *American Architecture.* New York and London, 1985.
—. *The American Home; Architecture and Society, 1815–1915.* Boston, 1979.
HARDOY, J. E. *La Ciudad en América Latina.* Buenos Aires, 1972.
—. *Historia urbana de Iberoamerica.* Coordinator M. L. Cerrillos. 3 vols. Madrid, 1987.
HITCHCOCK, H.-R. *Architecture: Nineteenth and Twentieth Centuries.* 4th edn, Harmondsworth and Baltimore, 1977.
HOFFMAN, D. *The Architecture of John Wellborn Root.* Baltimore, 1973.
JENKINS, B. S. *William Thornton: Small Star of the American Enlightenment.* San Luis Obispo, Calif., 1982.
JOHNSTON, F. B. and WATERMAN, T. T. *The Early Architecture of North Carolina.* Chapel Hill, 1941.
JORDY, W. H. *American Buildings and their Architects.* Vols 3 and 4. New York, 1970–73.
KATZMAN, I. *Arquitectura del siglo XIX en México.* Mexico, 1973.
KELEMEN, P. *Baroque and Rococo in Latin América.* New York, 1951.
KELLY, J. F. *The Early Domestic Architecture of Connecticut.* New Haven, 1948.
KENNEDY, R. G. *Greek Revival America.* New York, 1989.
KIMBALL, F. *Domestic Architecture of the American Colonies and of the Early Republic.* New York, 1922, reprinted 1966.
—. *Thomas Jefferson, Architect.* Boston, 1916, Repr. 1968.
KIRKER, H. *The Architecture of Charles Bulfinch.* Cambridge, Mass., 1969.
KUBLER, G. and SORIA, M. *Art and Architecture in Spain and Portugal and their American Dominions, 1500–1800.* Baltimore, 1959.
LARSON, G. A. and PRIDMORE, J. *Chicago Architecture and Design.* New York, 1993.
LISCOMBE, R. W. *Altogether American: Robert Mills,*

LOUNSBURY, C. R. (Ed.). *An Illustrated Glossary of Early Southern Architecture and Landscape*. New York, 1994.

Architect and Engineer, 1781–1855. New York, 1994.

LUJÁN MUÑOZ, L. *Síntesis de la arquitectura de Guatemala*. Guatemala, 1968.

MCKIM MEAD & WHITE. *The Architecture of McKim, Mead & White In Photographs, Plans and Elevations*. New York and London, 1990.

MAITLAND, L. *Neoclassical Architecture in Canada*. Ottawa, 1984.

MAZA, F. DE LA. *El Arte colonial como expresión histórica de México*. Mexico, 1965.

MESA, J. and GISBERT, T. *Monumentos de Bolivia*. La Paz, 1992.

MONTECINOS, H. et al. *Arquitectura de Chile*. Santiago, 1976.

MORRISON, H. *Early American Architecture*. New York, 1952.

—. *Louis Sullivan, Prophet of Modern Architecture*. New York, 1935, 1952 and 1962.

NEWCOMB, R. *Architecture in Old Kentucky*. Urbana, Ill., 1953.

—. *Spanish Colonial Architecture in the United States*. New York, 1937.

NEWTON, R. H. *Town and Davis, Architects*. New York, 1942.

NICOLINI, A. R., SILVA, M. and MARTÍNEZ, E. *El Patrimonio arquitectónico de los Argentinos*. Buenos Aires, 1982.

O'GORMAN, J. F. *The Architecture of Frank Furness*. Philadelphia, 1973.

—. *H. H. Richardson: Architectural Forms for an American Society*. Chicago, 1987.

—. *Three American Architects: Richardson, Sullivan and Wright, 1865–1915*. Chicago, 1991.

PALM, E. W. *Los monumentos arquitectónicos de la Española*. Ciudad Trujillo, 1955.

—. *El Patrimonio arquitectónico de los Argentinos*. 4 vols. Buenos Aires, 1982–7.

PIERSON, W. H. *American Buildings and their Architects*. Vols 1 and 2. New York, 1970–73.

ROTH, L. M. *McKim, Mead & White, Architects*. London, 1984.

SCHUYLER, M., JORDY, W. and COE, R. (Eds). *American Architecture and Other Writings*. Cambridge, Mass., 1961.

SCULLY, V. J. *American Architecture and Urbanism*. New York and London, 1969.

—. *The Shingle Style and the Stick Style*. New York, 1971.

SOUSA, A. *Arquitectura neoclásica brasiliera: um reexame*. Sao Paulo, 1994.

STEIN, S. R. (Ed.). *The Architecture of Richard Morris Hunt*. Chicago, 1986.

SULLLIVAN, L. H. *The Autobiography of an Idea*. New York, 1956 and earlier editions.

TALLMADGE, T. *Architecture in Old Chicago*. Chicago, 1941.

THOMAS, G. E., LEWIS, M. J. and COHEN, J. A. *Frank Furness: the Complete Works*. Princeton and London, 1991.

TOUSSAINT, M. *Arte colonial en México*. Mexico, 1962.

TWOMBLY, R. *Louis Sullivan: his Life and Work*. Chicago, 1987.

UPJOHN, E. *Richard Upjohn: Architect and Churchman*. New York, 1939.

VAN RENSSELAER, M. G. *Henry Hobson Richardson and his Works*. Boston, 1888, reprinted 1969.

VARGAS, J. M. *Historia del arte ecuatoriano*. Quito, 1963.

WAISMAN, M. *Arquitectura colonial argentina*. Buenos Aires, 1987.

WATERMAN, T. T. *The Dwellings of Colonial America*. Chapel Hill, 1950.

—. *Domestic Colonial Architecture in Tidewater Virginia*. New York, 1932.

—. *The Mansions of Virginia*. Chapel Hill, 1946.

WEISS, J. *La arquitectura colonial cubana*. La Havana, 1979.

WETHEY, H. *Art and Architecture in Peru*. Cambridge, 1949.

WHIFFEN, M. *The Eighteenth Century Houses of Williamsburg: a Study of Architecture and Building in the Colonial Capital of Virginia*. Rev. edn, Williamsburg, Va, 1984.

—. *The Public Buildings of Colonial Williamsburg*. Williamsburg, 1958.

WHITE, T. (Ed.). *Philadelphia in the Nineteenth Century*. Philadelphia, 1953.

WILSON, R. G. *McKim, Mead & White, Architects*. New York, 1983.

ZUKOWSKY, J. *Chicago Architecture, 1872–1922: Birth of a Metropolis*. Munich, 1987.

第38章 中国

ADAM, M. *Yuen ming yuen, L'Oeuvre Architecturale des Anciens Jésuites au XVIII Siècle*. Peking, 1936.

CHEN CONG-ZHOU and ZHANG MING. *Shanghai Jindai Jianzhu Shigao (A Historical Draft of Shanghai Modern Architecture)*. Shanghai, 1988 (Chinese edition).

EDITORIAL BOARD OF THE CHINESE ARCHITECTURAL HISTORY. *A Brief History of Chinese Architecture*. Book Two. Beijing, 1962 (Chinese edition).

INSTITUTE OF CHINESE MODERN ARCHITECTURE AND JAPANESE INSTITUTE OF ASIAN MODERN ARCHITECTURE. *The Architectural Heritage of Modern China, Tianjin*. Tokyo, 1989 (Chinese and Japanese edition with English summary).

MURAMATSU SHIN. *Shanghai, 1842–1949*. Tokyo, 1991 (Japanese edition).

PREPARATORY COMMITTEE OF THE CHINESE YUAN MING YUAN INSTITUTE. *Yuan Ming Yuan*. Vol. 1. Beijing, 1981 (Chinese edition).

TENG GU. *The Remains of the Western Style Palace of Yuan Ming Yuan*. Shanghai, 1933 (Chinese edition).

WANG SHAO-ZHOU. *A Pictorial Handbook of Chinese Modern Architecture*. Shanghai, 1989 (Chinese edition).

—. *Shanghai Modern Architecture*. Nanjing, 1989 (Chinese edition).

WANG SHAO-ZHOU AND CHEN ZHI-MIN. *Li-long, Lane*

Houses in Shanghai. Shanghai, 1987 (Chinese edition).

WANG TAN and FUJIMORI, TERUNOBU. *The Architectural Heritage of Modern China, Beijing*. Beijing, 1993 (Chinese edition).

—. *The Architectural Heritage of Modern China, Chongqing*. Beijing, 1993 (Chinese edition).

—. *The Architectural Heritage of Modern China, Guangzhou*. Beijing, 1992 (Chinese edition).

—. *The Architectural Heritage of Modern China, Harbin*. Beijing, 1992 (Chinese edition).

—. *The Architectural Heritage of Modern China, Kunming*. Beijing, 1993 (Chinese edition).

—. *The Architectural Heritage of Modern China, Lushan*. Beijing, 1993 (Chinese edition).

—. *The Architectural Heritage of Modern China, Nanjing*. Beijing, 1992 (Chinese edition).

—. *The Architectural Heritage of Modern China, Qingdao*. Beijing, 1992 (Chinese edition).

—. *The Architectural Heritage of Modern China, Wuhan*. Beijing, 1992 (Chinese edition).

—. *The Architectural Heritage of Modern China, Xiamen*. Beijing, 1993 (Chinese edition).

—. *The Architectural Heritage of Modern China, Yantai*. Beijing, 1992 (Chinese edition).

YANG BING-DE. *Chinese Modern Cities and their Architecture, 1840–1949*. Beijing, 1993 (Chinese edition).

第39章　日本と朝鮮半島

ABE, K. 'Meiji Architecture', in Ueno Naoteru (Ed.), *Japanese Arts and Crafts in the Meiji Era*. Tokyo, 1958.

ALEX, W. *Japanese Architecture*. New York, 1963.

BLASER, W. *Japanese Temples and Tea Houses*. New York, 1956.

CHANG, KYUNG HO. *A Study of Structural Styles of Korean Wooden Constructions and their Characteristics*. Tokyo National Research Institute of Cultural Properties, 1983.

COALDRAKE, W. 'Edo Architecture and Tokugawa Law', *Monumenta Nipponica*, vol. 36, no. 3, 1981, pp. 235–84.

—. *The Way of the Carpenter: Tools and Japanese Architecture*. New York, 1990.

DREXLER, A. *The Architecture of Japan*. New York, 1966.

FUKUYAMA, T. *Heian Temples: Byodo-in and Chuson-ji*. New York and Tokyo, 1976.

FUKUYAMA, T. and AKIYAMA, T. *Report of the Institute of Art Research: Study on the Octagonal Hall of Eizanji; the Architecture and Painting of the Nara Period*. Kyoto, 1951.

HAKWON-SA. *Korea: its Land, People and Culture of All Ages*. Seoul, 1960.

HALL, J. W. *Japan from Prehistory to Modern Times*. Tokyo, 1984.

HASHIMOTO, F. *Architecture in the Shoin Style*. Tokyo, New York and San Francisco, 1981.

HAYASHIYA, T., NAKAMURA, M. and HAYASHIYA, S. *Japanese Arts and the Tea Ceremony*. New York and Tokyo, 1974.

HIRAI, K. *Feudal Architecture in Japan*. New York and Tokyo, 1974.

INAGAKI, E. 'Revolt and Conformity in Architecture', *This is Japan*, no. 10, 1963.

INOUE, M. *Space in Japanese Architecture*. New York, 1985.

ITO, T. *The Elegant Japanese House: Traditional Sukiya Architecture*. New York and Tokyo, 1969.

—. *Traditional Domestic Architecture of Japan*. New York and Tokyo, 1972.

ITO, T. and FUTUGAWA, Y. *Traditional Japanese Houses*. New York, 1983.

ITO, T. and NOVOGRAD, P. 'The Development of Shoin-style Architecture', in *Japan in the Muromachi Age*. Berkeley and London, 1977.

ITO, T., et al. *Katsura*. Tokyo, 1983.

JAPAN ARCHITECT (Ed.). *A Guide to Japanese Architecture*. New edn, Tokyo, 1984.

JOE, W. J. *Traditional Korea: a Cultural History*. Seoul, 1972.

KIM, CHOUNG KI, HWANG, SU YONG and CHUNG, YOUNG HO. *The Arts of Korea: Architecture, VI*. Seoul, 1974.

KIM, WON YONG. *Recent Archaeological Discoveries in the Republic of Korea*. Tokyo, 1983.

KIRBY, J. B. *From Castle to Teahouse: Japanese Architecture of the Momoyama Period*. Tokyo and Rutland, Vt., 1962.

KOREAN NATIONAL COMMISSION FOR UNESCO. *A Study of Traditional Culture in Korea*. Seoul, 1973.

LEE, KI-BAIK. *A New History of Korea*. Translated by E. W. Wagner and E. J. Shultz. Seoul, 1984.

MCCLAIN, J. L. *Kanazawa: a Seventeenth-Century Japanese Castle Town*. New Haven and London, 1982.

MINISTRY OF CULTURE AND INFORMATION. *The Ancient Arts of Korea*. Seoul, 1974.

MORSE, E. *Japanese Homes and their Surroundings*. 1896 (reprinted, Tokyo and Rutland, Vt, 1972).

MURAMSATSU, T. 'Ventures into Western Architecture', in Yamada Chisaburo (Ed.). *Dialogue in Art: Japan and the West*. Tokyo and New York, 1976.

NISHI, K. and HOZUMI, K. *What is Japanese Architecture?* Tokyo, New York and San Francisco, 1985.

ODATE, T. *Japanese Woodworking Tools: Their Traditional Spirit and Use*. Newtown, Conn., 1984.

OKAWA, N. *Edo Architecture: Katsura and Nikko*. New York and Tokyo, 1975.

OOKA, M. *Temples of Nara and their Art*. New York and Tokyo, 1973.

OTA, H. (Ed.). *Japanese Architecture and Gardens*. Tokyo, 1972.

PAINE, R. T. and SOPER, A. *The Art and Architecture of Japan*. Harmondsworth, 1975.

PARENT, M. N. 'A Reconsideration of the Role of Horinji in the History of Japanese Architecture', *The Japan Architect*, January-July, 1975.

—. *The Roof in Japanese Buddhist Architecture*. New York and Tokyo, 1983.

—. 'Yamadadera: Tragedy and Triumph', *Monumenta Nipponica*, vol. 39, no. 3, 1984, pp. 307–31.

—. 'Yamadadera: Excavations 1984', *Monumenta Nipponica*, vol. 40, no. 2, 1985, pp. 209–19.

SADLER, A. L. *A Short History of Japanese Architecture*. 1941 (reprinted, Tokyo and Rutland, Vt, 1963).
SANSOM, G. *A Short Cultural History of Japan*. Stanford, 1952.
SOPER, A. *The Evolution of Buddhist Architecture in Japan*. New York, 1978.
STEWART, D. B. *The Making of a Modern Japanese Architecture: 1868 to the Present*. Tokyo, 1988.
SUZUKI, K. *Early Buddhist Architecture in Japan*. Tokyo, New York and San Francisco, 1980.
UEDA, A. *The Inner Harmony of the Japanese House*. Tokyo, 1990.
WATANABE, Y. *Shinto Art: Ise and Izumo Shrines*. New York and Tokyo, 1974.

第40章　東南アジア
BEAMISH, J. and FERGUSON, J. *A History of Singapore Architecture: the Making of a City*. Singapore, 1985.
DE JESUS, M. Q. *The Philippines*. Manila, 1981.
FORAN, W. R. *Malayan Symphony*. Plymouth, 1935.
GRETCHEN, M. *Pastel Portraits*. Singapore, 1984.
KLASSEN, W. *Architecture in the Philippines: Filipino Building in a Cross-Cultural Context*. Cebu City, 1986.
KLEIN, W. *Burma*. Singapore, 1981.
LEE KIP LIN. *The Singapore House, 1819–1942*. Singapore, 1988.
SHEPPARD, H. A. M. *Malayan Forts*. Kuala Lumpur, 1961.
VAN DE WALL, V. I. *Onde hollandsche bouwkunst in Indonesie*. Antwerp, 1942.

第41章　インド亜大陸
ALLEN, C. *Plain Tales from the Raj*. London, 1975.
AZEVEDO, C. DE. *Arte christã na India Portuguesa*. Lisbon, 1959.
BALDAEUS, P. *A True and Exact Description of the Great Island of Ceylon*. Translator Pieter Brohier. Maharagama, 1980.
BARLOW, G. *The Story of Madras*. London, 1921.
BENCE-JONES, M. *Palaces of the Raj*. London, 1973.
BINHAM, P. M. *History of the Public Works Department, Ceylon, 1796–1896*. 3 vols. Colombo, 1922.
BROHIER, R. L. *Links between Sri Lanka and the Netherlands*. Colombo, 1978.
BROHIER, R. L. and PAULUSZ, J. H. O. *Land, Maps and Surveys, etc.* 2 vols. Colombo, 1951.
CLARKE, B. *Anglican Cathedrals Outside the British Isles*. London, 1958.
DAVIES, P. *Splendours of the Raj: British Architecture in India, 1600 to 1947*. London, 1985.
DE QUEYROZ, F. *The Temporal and Spiritual Conquest of Ceylon*. Translator S. G. Perera. 3 vols. Colombo, 1930.
DODWELL, H. H. *The Cambridge History of India*. Vol. 5, Cambridge, 1929.
DOSHI, S. 'Goa – An Encounter', *Marg*, vol. XXXV, no.3. Bombay.
DOSSAL, M. *Imperial Designs and Indian Realities: the Planning of Bombay City, 1845–1875*. Bombay, 1991.
EVENSON, N. *The Indian Metropolis: a View Towards the West*. New Haven and London, 1989.
FERRACUTI, G. *Goa: memoria e immagine: architettura e citta dell'India Potoghese*. Milan, 1991.
GREIG, D. *The Reluctant Colonists: Netherlanders Abroad in the 17th and 18th Centuries*. Assen, 1987.
GUPTA, S. *Architecture and the Raj (Western Deccan 1700–1900)*. Delhi, 1984.
HEYDT, J. W. *Heydt's Ceylon*. Translator R. Raven-Hart. Colombo, 1952.
HUTT, A. *Goa: A Traveller's Historical and Architectural Guide*. Buckhurst Hill, 1988.
KING, A. D. *Colonial Urban Development*. London, 1976.
LLEWELLYN-JONES, R. *Fatal Friendship: the Nawabs, the British and the City of Lucknow*. Delhi, 1985.
MARTYN, M. 'Georgian Architecture in Calcutta', *Country Life*, vol. civ, 3 December 1948.
METCALF, T. R. *An Imperial Vision: Indian Architecture and Britain's Raj*. Berkeley, Calif., 1989.
MICHELL, G. *The Royal Palaces of India*. London, 1994.
MORRIS, J. *Stones of Empire: Buildings of the Raj*. Oxford, 1983.
MUKHERJI, S. C. *The Changing Face of Calcutta: an Architectural Approach*. Calcutta, 1991.
MUMTAZ, K. K. *Architecture In Pakistan*. Singapore, 1985.
MUNASINGHE, H. *Transformation of Colonial Urban Space in Sri Lanka with Special Reference to the Port City of Galle*. Espoo, 1992.
MUTHIAH, S. *Madras Discovered*. Madras, 1981.
NELSON, W. A. *Dutch Forts in Sri Lanka*. Edinburgh, 1984.
NILSSON, S. *European Architecture in India, 1750–1850*. London, 1968.
NUNES, J. *The Monuments in Old Goa*. Delhi, 1979.
PIERIS, P. E. *Ceylon: the Portuguese Era*. Colombo, 1914.
POTT, J. *Old Bungalows in Bangalore*. London, 1977.
REIMERS, E. *Constantine De Sa's Maps and Plans of Ceylon (1624–1618)*. Colombo, 1929.
TADGELL, C. *The History of Architecture in India from the Dawn of Civilization to the End of the Raj*. London, 1990.
THAPAR, R. *Penguin History of India, Vol. 1*. Harmondsworth, 1970.
TILLOTSON, G. H. R. *The Tradition of Indian Architecture: Continuity, Controversy and Change since 1850*. New Haven and London, 1989.
TINDALL, G. *City of Gold: the Biography of Bombay*. London, 1982.
TOY, S. *The Strongholds of India*. London, 1957.
VAN DE WALL. *Oude hollandsche bouwkunst in Indonesie*. Antwerp, 1942.
WOODFORD, P. *Rise of the Raj*. London, 1978.
WRIGHT, G. *The Politics of Design in French Colonial Urbanism*. Chicago and London, 1991.

第42章　オーストラレーシア――オーストラリアとニュージーランド――
ANDREWS, B. *Gothic in South Australian Churches*. Adelaide, 1984.
APPERLY, R, IRVING, R. and REYNOLDS, P. *A Pictorial*

Guide to Identifying Australian Architecture: Styles and Terms from 1788 to the Present. North Ryde, 1989.
AUSTRALIAN COUNCIL OF NATIONAL TRUSTS. *Historic Homesteads of Australia*. 2 vols. Melbourne, 1976.
—. *Historic Houses of Australia*. Melbourne, 1974.
—. *Historic Places of Australia*. 2 vols. Melbourne, 1979.
—. *Historic Public Buildings of Australia*. Melbourne, 1971.
AUSTRALIAN HERITAGE COMMISSION. *The Heritage of Australia, the Illustrated Register of the National Estate*. South Melbourne, 1981.
COX, P. and LUCAS, C. *Australian Colonial Architecture*. East Melbourne, 1978.
DE JONG, U. *William Wilkinson Wardell, 1823–1899: his Life and Work*. Clayton, 1983.
DREW, P. *Veranda: Embracing Place*. Pymble, NSW, 1992.
ELLIS, M. H. *Francis Greenway: his Life and Times*. 2nd edn, Sydney, 1953.
FEARNLEY, C. *Colonial Style: Pioneer Buildings of New Zealand*. Auckland, 1986.
FREELAND, J. M. *Architect Extraordinary: the Life and Work of John Horbury Hunt, 1838–1904*. Melbourne, 1970.
—. *Architecture in Australia*. Melbourne, 1968.
HERMAN, H. *The Blackets: an Era of Australian Architecture*. Sydney, 1969.
—. *The Early Australian Architects and their Work*. Sydney, 1954.
HODGSON, T. *Looking at the Architecture of New Zealand*. Wellington, 1990.
HOWELLS, T. and NICHOLSON, M. (Eds). *Towards the Dawn: Federation Architecture in Australia, 1890–1915*. Sydney, 1989.
KINGSTON, D. *Early Colonial Homes of the Sydney Region, 1788–1838*. Kenthurst, 1990.
LANE, T. and SERLE, J. *Australians at Home: a Documentary History of Australian Domestic Interiors from 1788 to 1914*. Melbourne, 1990.
MURPHY, J. and NORRIS, K. *The Most Useful Art: Architecture in Australia, 1788–1985*. Sydney, 1985.
NEW ZEALAND HISTORIC PLACES TRUST. *Historic Buildings of New Zealand, North Island*. Auckland, 1979.
—. *Historic Buildings of New Zealand, South Island*. Auckland, 1983.
ROBERTSON, E. G. *Decorative Cast Iron in Australia*. South Yarra, Vic., 1984.
SALMOND, J. *Old New Zealand Houses, 1800–1940*. Auckland, 1986.
SHAW, P. *New Zealand Architecture from Polynesian Beginnings to 1990*. Auckland, 1991.
STACPOOLE, J. *Colonial Architecture in New Zealand*. Wellington, 1976.
STACPOOLE, J. and BEAVEN, P. *Architecture, 1820–1970 in New Zealand*. Wellington, 1972.

7　20世紀の建築

第44章　西ヨーロッパ（1900-45年）
第45章　西ヨーロッパ（1945年以降）

BAIRATI, E. AND RIVA, D. *Il Liberty in Italia*. Bari, 1985.
BANHAM, R. *The Age of the Masters*. London, 1975.
—. *The Architecture of the Well-Tempered Environment*. 2nd edn, London, 1984.
—. *A Concrete Atlantis: U.S. Industrial Building and European Modern Architecture, 1900–1925*. Cambridge, Mass., and London, 1986.
—. *Theory and Design in the First Machine Age*. London, 1972.
BEHRENDT, W. C. *Modern Building*. London, 1938.
BELLUZZI, A. and CONFORTI, C. *Architettura italiana 1944–1984*. Bari, 1985.
BENEVELO, L. *History of Modern Architecture*. 2 vols. London, 1971.
BORSI, F. *The Monumental Era: European Architecture and Design, 1929–1939*. London, 1987.
BRUNETTI, F. *Momenti di architettura italiana contemporanea*. Florence, 1990.
BUCH, J. *A Century of Architecture in The Netherlands 1880–1990*. Rotterdam, 1994.
CASTEX, J., DEPAULE, J.-C. and PANERAI, P. *Formes urbaines: de l'Îlot à la Barre*. Paris, 1977.
CHASLIN, F. *Les Paris de François Mitterrand: histoires des grands projets architecturaux*. Paris, 1985.
COLLINS, P. *Concrete: The Vision of a New Architecture*. London, 1959.
CONRADS, U. *Modern Architecture in Germany*. London, 1962.
—. *Programmes and Manifestoes on 20th Century Architecture*. London, 1970.
CREESE, W. L. *The Search for Environment: the Garden City*. New Haven and London, 1966. Expanded edn, Baltimore, 1992.
CURTIS, W. J. R. *Modern Architecture since 1900*. 2nd edn, London, 1987.
DAL CO, F. *Figures of Architecture and Thought: German Architecture Culture, 1880–1920*. New York, 1990.
DANNATT, T. *Modern Architecture in Britain: Selected Examples of Recent Building*. London, 1959.
DELEVOY, R., CULOT, M. and LOO, A. VAN. *Le Cambre 1928–1978*. Brussels, 1979.
DOORDAN, D. *Building Modern Italy: Italian Architecture, 1914–1936*. New York, 1988.
DUNSTER, D. *Key Buildings of the Twentieth Century. Vol. 1: Houses 1900–1945*. London, 1985.
EMANUEL, M. (Ed.). *Contemporary Architects*. 3rd edn, New York and London, 1994.
ETLIN, R. A. *Modernism in Italian Architecture, 1890–1940*. Cambridge, Mass., and London, 1991.
FANELLI, G. *Architettura, edilizia urbanistica Olanda 1917–1940*. Florence, 1978.
FELDMEYER, G. *The New German Architecture*. New York, 1993.
FRANCISCONO, M. *Walter Gropius and the Creation of the Bauhaus in Weimar*. Chicago, 1971.

GLANCEY, J. *New British Architecture.* London, 1989.
GRAY, A. S. *Edwardian Architecture. A Biographical Dictionary.* London, 1985.
GROPIUS, W. *The New Architecture and the Bauhaus.* London, 1935.
GUBLER, J. *Nationalisme et Internationalisme dans l'Architecture Moderne de la Suisse.* Lausanne, 1975.
HITCHCOCK, H.-R. *Architecture: Nineteenth and Twentieth Centuries.* 4th edn, Harmondsworth, 1977.
HUSSEY, C. *The Life of Sir Edwin Lutyens.* London, 1953.
JAFFE, H. L. C. *De Stijl.* London, 1970.
JOEDICKE, J. *Architecture since 1945.* London, 1969.
BLUNDELL JONES, P. *Hans Scharoun.* London, 1995.
JULIEN, R. *Histoire de l'architecture moderne en France.* Paris, 1984.
KNOBEL, L. *The Faber Guide to Twentieth Century Architecture: Britain and Northern Europe.* London, 1985.
KOPP, A., BOUCHER, F. and PAULY, D. *L'Architecture de la reconstruction en France, 1945–1953.* Paris, 1982.
LAMPUGNANI, V. M. (Ed.). *Encyclopaedia of 20th-Century Architecture.* London, 1986.
LANE, B. M. *Architecture and Politics in Germany, 1918–1945.* Cambridge, Mass. and London, 1968.
LASDUN, D. *Architecture in the Age of Scepticism.* London, 1985.
LESNIKOWSKI, W. *The New French Architecture.* New York, 1990.
LUCAN, J. *France: architecture 1965–1988.* Paris, 1989.
MIERAS, J. P. and YERBURY, F. *Dutch Architecture of the Twentieth Century.* London, 1926.
MOFFETT, N. *The Best of British Architecture 1980 to 2000.* London, 1993.
MONNIER, G. *Histoire critique de l'architecture en France 1918–1950.* Paris, 1990.
NAYLOR, G. *The Bauhaus.* London, 1968.
Nordic Classicism. Exhibition catalogue, Museum of Finnish Architecture, 1982.
NORBERG-SCHULZ, C. *Modern Norwegian Architecture.* Oslo, 1986.
OKKONEN, I. *Suomalainen Arkkitehtuuri 1900-luvulla – Finnish Architecture in the 20th century.* Helsinki, 1985.
OVERY, P. *De Stijl.* London, 1991.
PEHNT, W. *Expressionist Architecture.* London, 1973.
PEVSNER, N. *Pioneers of Modern Design.* Harmondsworth, 1972.
POOLE, S. *The New Finnish Architecture.* New York, 1992.
RICHARDS, J. M. and PEVSNER, N. (Eds). *The Anti-Rationalists.* London, 1973.
SARTORIS, A. *Éncyclopédie de l'architecture nouvelle.* 3 vols. Milan, 1954–7.
SCHREIBER, M. *Deutsche Architektur nach 1945: vierzig Jahre Moderne in der Bundesrepublik.* Stuttgart, 1986.
SHARP, D. *Modern Architecture and Expressionism.* London, 1966.
—. *Sources of Modern Architecture: a Critical Bibliography.* 2nd edn, London, 1981.
—. *Twentieth Century Architecture: a Visual History.* Rev. ed. London, 1991.
SMITH, G.E. KIDDER. *The New Architecture of Europe.* Harmondsworth, 1966.
STIMPSON, M. F. *A Field Guide to Landmarks of Modern Architecture in Europe.* Englewood Cliffs, NJ, and London, 1985.
TAFURI, M. *History of Italian Architecture, 1944–1985.* Cambridge, Mass., and London, 1989.
TAFURI, M. and DAL CO, F. *Modern Architecture.* London, 1980.
TAUT, B. *Modern Architecture.* London, 1929.
TROY, N. J. *The De Stijl Environment.* Cambridge, Mass., and London, 1983.
TZONIS, A. and LEFAIVRE, L. *Architecture in Europe since 1968: Memory and Invention.* London, 1992.
VOGT, A. M. *Architektur 1940–1980.* Frankfurt, 1980.
WEBB, M. *Architecture in Britain Today.* London, 1969.
WHITTICK, A. *European Architecture in the Twentieth Century.* London, 1974.
WIT, W. DE (Ed.). *The Amsterdam School: Dutch Expressionist Architecture 1915–1930.* New York and London, 1983.
YERBURY, F. R. *Modern European Buidings.* London, 1928.
ZABALBEASCOA, A. (Ed.). *The New Spanish Architecture.* New York, 1992.
ZUKOWSKY, J. (ED.). *The Many Faces of Modern Architecture: Building in Germany between the World Wars.* Munich and London, 1994.

第46章　東ヨーロッパ

AMAN, A. *Architecture and Ideology in Eastern Europe during the Stalin Era: an Aspect of Cold War History.* New York, 1992.
BOERSMA, T. (Ed.). *Imre Makovecz, Hongaars Architect.* Rotterdam, 1989.
BURKHARDT, F., EVENO, C. and PODRECCA, B. *Jože Plečnik.* Cambridge, Mass., 1989.
CZERNER, O. and LISTOVSKI, H. *The Polish Avant-Garde. Architecture and Town Planning, 1918–1939.* Warsaw, 1981.
DOSTAL, O., PECHAR, J. and PROCHÁZKA, V. *Modern Architecture in Czechoslovakia.* Prague, 1967.
DVORSZKY, H. (Ed.). *Hungarian Organic Architecture.* Venice, 1991.
GERLE, J., KOVACS, A. and MAKOVECZ, I. *Hungarian Turn of the Century Architecture.* Budapest, 1990.
GIURESCU, D. C. *The Razing of Romania's Past.* London, 1990.
GYORGYI, D. *New Hungarian Architecture.* Budapest, 1935.
KASER, M. and ZIELINSKI, J. G. *Planning in Eastern Europe.* London, 1970.
KUBOVA, A. *L'Avant-garde architecturale en Tchecoslovaquie, 1918–1939.* Liège, 1992.
KULTERMANN, U. *Zeitgenössische Architektur in Osteuropa.* Cologne, 1985.

KUNNAPU, L. *Estonian Architecture: the Building of a Nation.* Helsinki, 1992.

MAJOR, M. *Geschichte der Architektur.* Vol. 3. East Berlin, 1984. (Hungary)

MARGOLIUS, I. *Cubism in Architecture and Applied Arts.* Newton Abbot, 1979.

—. *Prague: a Guide to 20th Century Architecture.* London, 1994.

MEZEI, O. *Molnár Farkas.* Budapest, 1987.

MIHÁLY, K. *Bohuslav Fuchs.* Berlin, 1986.

MLADENNOVIC, I. *Eleven Outstanding Yugoslav Architects.* Belgrade, 1986.

MORAVANSZKY, A. *Die Architektur der Jahrhundertwende in Ungarn und ihre Beziehungen zu der Wiener Architektur der Zeit.* Vienna, 1983.

—. *Die Erneuerung der Baukunst: Wege zur Moderne in Mitteleuropa 1900–1940.* Salzburg, 1988.

MUTHESIUS, S. *Art, Architecture and Design in Poland.* Königstein im Taunus, 1994.

OLSZEWSKI, A. K. *Polish Art and Architecture.* Warsaw, 1989.

SLAPETA, V. *Bat'a: Architektura a Urbanismus 1910–50.* Zlin, 1991.

—. *Czech Functionalism, 1918–38.* London, 1987.

SVACHA, R. (Ed.). *Czech Avant-garde Art, Architecture and Design of the 1920s and 30s.* Oxford, 1990.

SZAFER, T. P. *New Polish Architecture.* Warsaw, 1981.

SZAFER, T. P. *Contemporary Polish Architecture.* Warsaw, 1988.

SZENDRÖI, J. *Ungarische Architektur, 1945–1970.* Budapest, 1978.

TEIGE, K. and KROHA, J. *Avantgardni architektura* (reprint). Prague, 1969.

TIBOR, B. and MIHALY, K. *Odön Lechner.* Budapest, 1981.

第47章 ロシアとソヴィエト連邦

BELOV, M., COOKE, C., HATTON, B. et al. *Nostalgia of Culture: Contemporary Soviet Visionary Architecture.* Architectural Association Text Six. London, 1988.

BOWN, MC. C. and TAYLOR, B. *Art of the Soviets: Painting, Sculpture and Architecture in a One-Party State, 1917–1992.* Manchester, 1993.

BRUMFIELD, W. C. *The Origins of Modernism in Russian Architecture.* Berkeley, Calif., 1991.

COHEN, J-L. *Le Corbusier and the Mystique of the USSR: Theories and Projects for Moscow, 1928–1936.* Princeton, 1992.

COOKE, C. 'Fedor Osipovich Shekhtel: an Architect and his Clients in Turn of the Century Moscow.' *Architectural Association Files,* No. 5. London, 1984.

—. *Russian Avant-Garde: Theories of Art, Architecture and the City.* London, 1995.

—. 'Socialist Realist Architecture: Theory and Practice', in: Cullerne, M. and Taylor, B. (Eds), *Art of the Soviets.* Manchester, 1993.

COOKE, C. and KUDRIAVTSEV, A. (Eds). *Uses of Tradition in Russian and Soviet Architecture.* Architectural Design Profile, no. 68, London, 1987.

FRENCH, R. A. *Plans, Pragmatism and People: the Legacy of Soviet Planning for Today's Cities.* London, 1995.

HUDSON, H. D. *Blueprints and Blood: the Stalinization of Soviet Architecture, 1917–1937.* Princeton and London, 1994.

IKONNIKOV, A. *Russian Architecture of the Soviet Period.* London and Moscow, 1988.

—. *Soviet Architecture of Today.* Leningrad, 1975.

KHAN-MAGOMEDOV, S. O. *Pioneers of Soviet Architecture: the Search for New Solutions in the 1920s and 1930s.* London and New York, 1987.

KOPP, A. *L'Architecture de la Période Stalinienne.* Grenoble, 1978.

—. *Constructivist Architecture in the USSR.* London, 1985.

—. *Town and Revolution.* London, 1970.

LODDER, C. *Russian Constructivism.* New Haven and London, 1983.

MILNER, J. *Vladimir Tatlin and the Russian Avant-Garde.* New Haven and London, 1983.

RYABUSHIN, A. V. and SMOLINA, N. WITH QUILICI, V. *Landmarks of Soviet Architecture, 1917–1991.* New York, 1992.

SENKEVITCH, A. *Soviet Architecture, 1917–1962.: a Bibliographical Guide to Source Material.* Charlottesville, 1974.

SHVIDOVSKY, O. A. *Building in the USSR, 1917–1932.* London, 1971.

STARR, S. F. *Melnikov: Solo Architect in a Mass Society.* Princeton, 1978.

TARKHANOV, A. and KAVTARADZE, S. *Stalinist Architecture.* London, 1992.

第48章 中東

ABEL, C. 'Work of El-Wakil', *Architectural Review,* vol. 180, no. 1077, November 1986.

AL-BAYATI, B. *Basil Al-Bayati, Architect.* London, 1988.

AL-KHAIL, I. 'New Architectural Trends in Saudi Arabia', *Albenaa,* vol. 10, October/November 1990.

—. 'The Architectural Renaissance in Saudi Arabia', *Alam Albenaa,* no. 97, 1989.

—. 'Architecture in the Gulf: the United Arab Emirates', *Albenaa,* no. 59, April/May 1991.

ARDALAN, N. and BAKHTIAR, L. *The Sense of Unity.* Chicago, 1973.

BOZDOGAN, S., OZKAN, S. and YENAL, E. *Sedad Eldem: An Architect in Turkey.* Singapore, 1987.

CHARIRJI, R. *Concepts and Influences: Towards a Regionalised International Architecture.* London, 1986.

CINICI, A. and B. *architectural works.* ankara, 1975.

'CONTEMPORARY ARAB ARCHITECTURE IN IRAQ', no. 68, april 1986.

DIBA, D. 'Iran and Contemporary Architecture', *Mimar,* no. 38, March 1991.

DIBA, K. *Buildings and Projects.* Stuttgart, 1981.

EL-FATTAH, T. M. A. 'Architecture in Egypt', *Albenaa,* no. 57, December/January 1990/1.

FATHY, H. *Architecture for the Poor.* Chicago, 1972.

GERÇEK, C. (Ed.). *Cengiz Bektas: Mimarlik Calis-*

malari. Ankara, 1979.
GERÇEK, C. (Ed.). *Sevki Vanli: Architectural Works*. Ankara, 1977.
HOLOD, R. and EVIN, A. *Modern Turkish Architecture*. Philadelphia, 1984.
ILBERT, I. and VOLAIT, M. 'Neo-Arabic Renaissance in Egypt, 1870–1930', *Mimar*, no. 13, July/September 1984.
KULTERMANN, U. 'Contemporary Arab Architecture: the Architects of Egypt', *Mimar*, no. 4, April/June 1982.
—. 'Contemporary Arab Architecture: the Architects of Saudi Arabia', *Mimar*, no. 16, April/June 1985.
LEVIN, M. *White City: International Style Architecture in Israel*. Tel Aviv, 1984.
MAKIYA, K. *Post-Islamic Classicism: a Visual Essay on the Architecture of Mohammad Makiya*. London, 1991.
RAN, A. 'The Architecture of Israel', *Architecture of Israel*, no. 1, January 1988.
SHUAIBI, A. (Ed.). *Beeah: Architectural Experiment*. Riyadh, 1989.
TANYELI, U. et al. 'Contemporary Art and Architecture of Turkey', *SD*, no. 346, July 1993.
TEKELI, D. and SISA, S. (Eds). *Dogan Tekeli and Sami Sisa: Architectural Works, 1954–1974*. Istanbul, 1973.
STEELE, J. 'Hassan Fathy', *Architectural Monographs*, no. 13, 1988.

第49章　アフリカ
著者
ALLIN, C. H. *Norman Eaton: Architect*. Cape Town, 1975.
BORALEVI, A. 'Le città dell'impero': urbanista fascista in Etiopia, 1936–41', *Urbanista fascista*. Milan, 1980.
CANTACUZINO, S. (Ed.). *Architecture in Continuity*. New York, 1985.
CHIPKIM, C. M. *Johannesburg Style: Architecture and Society 1880s-1960s*. Cape Town, 1993.
DETHIER, J. *Down to Earth*. London, 1983.
FRY, E. M. and DREW, J. *Tropical Architecture in the Dry and Humid Zones*. New York, 1964.
GREIG, D. *A Guide to Architecture in South Africa*. Cape Town, 1971.
—. *Herbert Baker in South Africa*. Cape Town, 1970.
HARROP-ALLIN, C. *Norman Eaton: Architect*. Cape Town, 1975.
HERBERT, G. *Martiensson and the International Style*. Cape Town, 1975.
HITCHINS, S. (Ed.). *Fry, Drew, Knight, Creamer*. London, 1978.
HOLOD, R. and RASTORFER, S. (eds). *Architecture and Community*. New York, 1983.
KEATH, M. *Herbert Baker: Architecture and Idealism, 1892–1913*. Cape Town, 1992.
KULTERMANN, U. *New Architecture in Africa*. London, 1963.
—. *New Directions in African Architecture*. London, 1969.
LYAUTEY, P. *Lyautey l'africain*. Paris, 1953.

REITANI, G. 'Politica territoriale e urbanistica in Tripolitania, 1920–40', *Urbanista fascista*. Milan, 1980.
RICHARDS, J. M. (Ed.). *New Buildings in the Commonwealth*. London, 1961.
RICHARDS, J. M., SERAGELDIN, I. and RASTORFER, D. *Hassan Fathy*. London, 1985.
VAN DER WAAL, G.-M. *From Mining Camp to Metropolis: the Buildings of Johannesburg 1886–1940*. Pretoria, 1987.

報告書、雑誌、論文
ABEL, C. 'Work of El-Wakil,' *Architectural Review*, vol. 180, no. 1077, November 1986.
Architectural Association Journal, Special Issue, 'Connell, Ward and Lucas 1927–39', November 1956.
Architectural Review, Special Issue: South Africa, vol. 197, no. 1177, March 1995.
L'architecture d'aujord'hui. Special issues: Morocco. 1949, 1952.
BORAKEVI, A. 'Le 'Citta dell'Impero': urbanista fascista in Etiopia, 1936–41', *Storia Urbana*, no. 8, 1979.
FRY, E. M. 'African Experiment', *Architectural Review*, vol. 113, no. 677, May 1953.
HERBERT, G. 'Le Corbusier and the South African Movement', *Architectural Association Quarterley*, January/March 1972.
HUET, B. 'The Modernity in a Tradition: the Arab-Muslim Culture of North Africa', *Mimar*, no. 10, October/December 1993, pp. 49–56.
ILBERT, I. and VOLAIT, M. 'Rethinking Colonial Architecture: Neo-Arabic Renaissance in Egypt, 1870–1930', *Mimar*, no. 13, July/September 1984, pp. 26–34.
JATTA, A. et al. 'Africa: Planning, Architecture, Images', *Controspazio*, vol. 15, no. 1, January/March, 1984, pp. 2–91.
KULTERMANN, U. 'Contemporary Arab Architecture: the Architects of Algeria, Tunisia and Libya', *Mimar*, no. 9, 1983, pp. 59–65.
—. 'Contemporary Arab Architecture: the Architects of Egypt', *Mimar*, no. 4, (April/June 1982).
LOCK, M. *Kaduna: A Survey and Plan of the Capital Territory*. London, 1967.
—. *Reading the Contemporary African City*: A Seminar in Dakar, 1982.
—. *Mimar*. Special issue: Morocco. no. 22, October/December 1986.
Reading the Contemporary African City. Architectural Transformations in the Islamic World Seminar Series. 7, Singapore. 1983.
PRINSLOO, I. et al. 'Towards Appropriate Architecture for Southern Africa', *Architecture SA*, no. 22, November/December 1982, pp. 15–68.
TAYLOR, B. B. 'Demythologising Colonial Architecture', *Mimar*, no. 13, 1984, pp. 16–26.

第50章　北アメリカ（1900-50年）
第51章　北アメリカ（1950年以降）
AMERICAN INSTITUTE OF ARCHITECTS. *American Architecture of the 1980s*. Washington, DC, 1990.

BALFOUR, A. *Rockefeller Center.* New York, 1978.
BANHAM, R. *The Architecture of the Well-Tempered Environment.* 2nd edn, Chicago and London, 1985.
—. *A Concrete Atlantis: U.S. Industrial Building and European Modern Architecture, 1900–1925.* Cambridge, Mass., and London, 1986.
—. *Megastructure; Urban Futures of the Recent Past.* New York, 1976.
BENEVELO, L. *History of Modern Architecture.* 2 vols. Cambridge, Mass., and London, 1971.
BREEZE, C. *New York Deco.* New York, 1993.
BROOKS, H. A. *The Prairie School; Frank Lloyd Wright and his Midwest Contemporaries.* Toronto, 1972.
BUSH, D. *The Streamline Decade.* New York, 1975.
CAWKER, R. and BERNSTEIN, W. *Contemporary Canadian Architecture: the Mainstream and Beyond.* Revised and expanded edn, Ontario, 1988.
CHENEY, S. *The New World Architecture.* New York, 1930.
CLARK, R. J. et al. *Design in America: the Cranbrook Vision 1925–1950.* New York, 1983.
COLLINS, P. *Concrete: the Vision of a New Architecture.* New York, 1959.
CONDIT, C. W. *American Building Art; the Twentieth Century.* New York, 1961.
—. *The Chicago School of Architecture.* Chicago, 1964.
—. *Chicago, 1910–1929.* Chicago and London, 1973.
—. *Chicago, 1930–1970.* Chicago, 1974.
—. *The Port of New York.* 2 vols. Chicago and London, 1980, 1981.
CURTIS, W. J. R. *Modern Architecture Since 1900.* 2nd edn, London, 1987.
DE LONG, D. *The Architecture of Bruce Goff; Buildings and Projects 1916–1974.* 2 vols. New York, 1977.
EDGELL, G. H. *The American Architecture of Today.* New York, 1928.
FRAMPTON, K. *Modern Architecture: a Critical History.* 2nd edn, New York and London, 3rd edn, 1992.
GEBHARD, D. *Schindler.* New York, 1971.
—. and NEVINS, D. *200 Years of American Architectural Drawing.* New York, 1977.
GEBHARD, D. and VON BRETON, H. *L. A. in the Thirties.* Santa Barbara and Salt Lake City, 1975.
GEIST, J. F. *Arcades.* Cambridge, Mass., 1983.
GIEDION, S. *Space, Time and Architecture.* 5th edn, Cambridge, Mass., 1979.
GOLDBERGER, P. *The Skyscraper.* New York, 1981.
GOWANS, A. *Building Canada.* Toronto, 1966.
—. *Images of American Living.* Philadelphia, 1964.
HAMLIN, T. F. *Forms and Functions of Twentieth-Century Architecture.* 4 vols. New York, 1952.
HANDLIN, D. P. *American Architecture.* New York and London, 1985.
—. *The American Home; Architecture and Society 1815–1915.* Boston, 1979.
HANKS, D. A. *The Decorative Designs of Frank Lloyd Wright.* New York, 1979.

HAYS, K. M. and BURNS, C. *Thinking the Present: Recent American Architecture.* Princeton and London, 1990.
HEGEMANN, W. and PEETS, E. *The American Vitruvius: American Architects' Handbook of Civic Art.* New York, 1921.
HEYER, P. *American Architecture: Ideas and Ideologies in the Late Twentieth Century.* New York and London, 1993.
HILDEBRAND, G. *Designing for Industry: the Architecture of Albert Kahn.* Cambridge, Mass., 1974.
HINES, T. S. *Burnham of Chicago, Architect and Planner.* New York, 1974.
—. *Richard Neutra and the Search for Modern Architecture.* New York, 1982.
HITCHCOCK, H.-R. *Architecture: Nineteenth and Twentieth Centuries.* 4th edn, Harmondsworth, 1977.
—. *In the Nature of Materials; the Buildings of Frank Lloyd Wright.* New York, 1942.
HITCHCOCK, H.-R. and JOHNSON, P. *The International Style.* New York, 1932.
HITCHCOCK, H.-R. and SEALE, W. *Temples of Democracy: the State Capitols of the U.S.A.* New York, 1976.
JACOBUS, J. *Twentieth-Century Architecture, 1940–65.* London, 1966.
JANDL, H. W. (Ed.). *The Technology of Historic American Buildings.* Washington, DC, 1983.
JENCKS, C. *Modern Movements in Architecture.* 2nd edn, Harmondsworth, 1985.
JORDY, W. H. *American Buildings and their Architects.* Vols 3 and 4. New York, 1970–3.
KAUFMANN, E. (Ed.). *The Rise of an American Architecture.* New York, 1969.
KIMBALL, F. *American Architecture.* New York, 1928.
KING, A. (Ed.). *Buildings and Society.* London, 1980.
KLOTZ, H. and SABAU, L. (Eds). *New York Architecture, 1970–1990.* Munich, 1989.
KRINSKY, C. H. *Rockefeller Center.* New York, 1978.
LANCASTER, C. *The American Bungalow.* New York, 1985.
LEBLANC, S. *20th Century American Architecture: 200 Key Buildings.* New York, 1993.
LIEBS, C. *Main Street to Miracle Mile: American Roadside Architecture.* Boston, 1985.
LONGSTRETH, R. *On the Edge of the World; Four Architects in San Francisco at the Turn of the Century.* New York and Cambridge, Mass., 1983.
MACRAE-GIBSON, G. *The Secret Life of Buildings: an American Mythology for Modern Architecture.* Cambridge, Mass., and London, 1985.
MCCALLUM, I. *Architecture USA.* New York, 1959.
MCCOY, E. *Five California Architects.* New York, 1960.
—. *New Directions in American Architecture.* Revised edn, New York, 1977.
MEEKS, C. L. V. *The Railroad Station.* New Haven, 1956.
MORGAN, K. *Charles Platt; the Architect as Artist.* New York and Cambridge, Mass., 1985.

NAYLOR, D. *American Picture Palaces*. New York, 1981.
OLIVER, R. *Bertram Grosvenor Goodhue*. New York and Cambridge, Mass., 1983.
ROBINSON, C. and BLETTER, R. H. *Skyscraper Style: Art Deco New York*. New York, 1975.
ROTH, L. M. *A Concise History of American Architecture*. New York, 1979.
—. *McKim, Mead and White, Architects*. New York, 1983.
ROTH, L. M. (Ed.). *America Builds: Source Documents in American Architecture and Planning*. New York and London, 1983.
SCULLY, V. *American Architecture and Urbanism*. New York and London, 1969.
—. *Frank Lloyd Wright*. New York, 1960.
—. *Louis I. Kahn*. New York, 1965.
—. *Modern Architecture*. Revised edn, New York, 1974.
—. *The Shingle Style Today*. New York, 1974.
SEARING, H. (Ed.). *In Search of Modern Architecture*. New York and Cambridge, Mass., 1982.
—. *New American Art Museums*. Berkeley, 1982.
SEARING, H. and REED, H. H. *Speaking a New Classicism: American Architecture Now*. Northampton, Mass., 1981.
SMITH, H. K. *Frank Lloyd Wright; a Study in Architectural Content*. Englewood Cliffs, NJ, 1966.
SPAETH, D. *Mies van der Rohe*. New York, 1985.
STEIN, C. S. *Toward New Towns for America*. Cambridge, Mass., 1971.
STERN, R. A. M. *George Howe*. New Haven, 1975.
STERN, R. A. M., GILMARTIN, G. and MASSENGALE, J. M. *New York 1900: Metropolitan Architecture and Urbanism, 1890–1915*. New York, 1983.
STERN, R. A. M., GILMARTIN, G. and MELLINS, T. *New York 1930: Architecture and Urbanism Between the Two World Wars*. New York, 1987.
STILGOE, J. *Metropolitan Corridor: Railroads and the American Scene*. New Haven, 1983.
TEMKO, A. *Eero Saarinen*. New York, 1962.
TURNER, P. V. *Campus; an American Planning Tradition*. New York and Cambridge, Mass., 1984.
WHITESON, L. *Modern Canadian Architecture*. Edmonton, 1983.
WILSON, R. G. et al. *The American Renaissance, 1876–1917*. New York, 1979.
WILSON, R. G. and ROBINSON, S. K. (Eds). *Modern Architecture in America: Visions and Revisions*. Ames, Iowa, 1991.
WOODBRIDGE, S. (Ed.). *Bay Area Houses*. New York, 1976.
WRIGHT, G. *Building the Dream; a Social History of Housing in America*. Cambridge, Mass., 1981.
ZUKOWSKY, J. et al. *Chicago and New York: Architectural Interactions*. Chicago, 1984.
ZUKOWSKY, J. (Ed.). *Chicago Architecture, 1872–1922: Birth of a Metropolis*. Chicago and Munich, 1987.
—. *Chicago Architecture and Design, 1923–1993: Reconfiguration of an American Metropolis*. Chicago and Munich, 1993.

第52章　ラテン・アメリカ

AMBASZ, E. *The Architecture of Luis Barragán*. New York, 1976.
ALTEZOR FUENTES, C. *Arquitectura urbana en Costa Rica: exploracion historica, 1900–1950*. Costa Rica, 1986.
AMARAL, A. *Arte y arquitectura del modernismo brasileno (1917–1930)*. Caracas, 1978.
BULLRICH, F. *New Directions in Latin American Architecture*. New York, 1969.
CASTEDO, L. *Historia del arte iberoamericano*. Madrid, 1988.
CETTO, M. L. *Modern Architecture in Mexico*. Stuttgart and London, 1961.
FABER, C. *Candela: the Shell Builder*. New York and London, 1963.
HITCHCOCK, H.-R. *Latin American Architecture since 1945*. New York, 1955.
IRIGOYEN, A. and GUTIERREZ, R. *Nueva arquitectura Argentina: pluralidad y coincidencia*. Bogota, 1990.
LOPEZ RANGEL, R. *La Modernidad aquitectonica mexicana: antecedentes y vanguardias, 1900–1940*. Azcapotzalco, 1989.
MINDLIN, H. *Modern Architecture in Brazil*. Rio de Janeiro and Amsterdam, 1956.
MOYA TASQUER, R. and PERALTA, E. *Arquitectura contemporanea: 20 arquitectos del Ecuador*. Quito, 1990.
MYERS, I. E. *Mexico's Modern Architecture*. New York, 1952.
NOELLE, L. M. *Arquitectos contemporaneos de Mexico*. Mexico, DF, 1989.
RIGAU, J. *Puerto Rico 1900: Turn-of-the-century Architecture in the Hispanic Caribbean*. New York, 1992.
SALDARRIAGA ROA, A. *Arquitectura y cultura en Colombia*. Bogota, 1986.
SPADE, R. *Oscar Niemeyer*. London and New York, 1971.
TOCA FERNANDEZ, A. (Ed.). *Nueva arquitectura en America Latina: presente y futuro*. Naucalpan, 1990.
TOCA FERNANDEZ, A. and FIGUEROA, A. *Mexico: nueva arquitectura*. Naucalpan, 1991.
UNDERWOOD, D. K. *Oscar Niemeyer and the Architecture of Brazil*. New York, 1994.

第53章　中国

ACADEMY OF BUILDING RESEARCH. *The Memorial Hall of Chairman Mao*. Beijing, 1978 (Chinese edition).
—. *New China Builds*. Beijing, 1976.
—. *Ten Years of Chinese Architecture*. Nanjing, 1959 (Chinese edition).
ARCHITECTURAL SOCIETY OF CHINA. *Architectural Journal*. Beijing, 1953–1994.
CHEN BAO-SHENG. *Chinese Architecture, 1949–1989*. Shanghai, 1992 (Chinese edition with English translation).
CHEN CONG-ZHOU and ZHANG MING. *Shanghai Jindai Jianzhu Shigao (A Historical Draft of Shanghai Modern Architecture)*. Shanghai, 1988 (Chinese

edition).

EDITORIAL BOARD OF CHINA BUILDING ALMANAC. *China Building Almanac 1984–1985*. Beijing, 1985. (Chinese edition)

—. *China Building Almanac 1986–1987*. Beijing, 1988 (Chinese edition).

—. *China Building Almanac 1988–1989*. Beijing, 1990 (Chinese edition).

—. *China Building Almanac 1990–1991*. Beijing, 1992 (Chinese edition).

THE EDITORIAL BOARD OF 'CHINA BUILDING INDUSTRY' ALMANAC. *China Building Industry Almanac 1992–1993*. Beijing, 1994 (Chinese edition).

EDITORIAL BOARD OF CHINESE ARCHITECTURAL HISTORY. *A Brief History of Chinese Architecture*, Book Two. Beijing, 1962 (Chinese edition).

FU ZHAO-QING. *New Architecture of Chinese Traditional Style*. Taibei, 1991 (Chinese edition).

GONG DE-SHUN, ZOU DE-NONG and DOU YI-DE. *An Outline of Modern Chinese Architectural History (1949–1985)*. Tianjin, 1989 (Chinese edition).

INSTITUTE OF CHINESE MODERN ARCHITECTURE and JAPANESE INSTITUTE OF ASIAN MODERN ARCHITECTURE. *The Architectural Heritage of Modern China, Tianjin*. Tokyo, 1989 (Chinese and Japanese edition with English summary).

MURAMATSU, SHIN. *Shanghai, 1842–1949*. Tokyo, 1991 (Japanese edition).

MURPHY, H. K. *'Chinese' Architecture in China*. Berkeley and Los Angeles, 1946.

SU, GIN DJIH. *Chinese Architecture, Past and Contemporary*. Hong Kong, 1964.

WANG SHAO-ZHOU. *Shanghai Modern Architecture*. Shanghai, 1989 (Chinese edition).

—. *A Pictorial Handbook of Chinese Modern Architecture*. Shanghai, 1989 (Chinese edition).

WANG SHAO-SHOU and CHEN ZHI-MIN. *Li-long, Lane Houses in Shanghai*. Shanghai, 1987 (Chinese edition).

WANG TAN and FUJIMORI, TERUNOBU. *The Architectural Heritage of Modern China, Beijing*. Beijing, 1993. (Chinese edition).

—. *The Architectural Heritage of Modern China, Chongqing*. Beijing, 1993 (Chinese edition).

—. *The Architectural Heritage of Modern China, Guangzhou*. Beijing, 1992 (Chinese edition).

—. *The Architectural Heritage of Modern China, Harbin*. Beijing, 1992 (Chinese edition).

—. *The Architectural Heritage of Modern China, Kunming*. Beijing, 1993 (Chinese edition).

—. *The Architectural Heritage of Modern China, Lushan*. Beijing, 1993 (Chinese edition).

—. *The Architectural Heritage of Modern China, Nanjing*. Beijing, 1992 (Chinese edition).

—. *The Architectural Heritage of Modern China, Qingdao*. Beijing, 1992 (Chinese edition).

—. *The Architectural Heritage of Modern China, Wuhan*. Beijing, 1992 (Chinese edition).

—. *The Architectural Heritage of Modern China, Xiamen*. Beijing, 1993 (Chinese edition).

—. *The Architectural Heritage of Modern China, Yantai*. Beijing, 1992 (Chinese edition).

WRIGHT, A. *Twentieth Century Impressions of Hong Kong, Shanghai, and other Treaty Ports of China: Their History, People, Commerce, Industries and Resources*. London, 1908.

XIAO MO. *Chinese Architecture 1980–1989*. Beijing, 1991 (Chinese edition).

YANG BING-DE. *Chinese Modern Cities and Their Architecture 1840–1949*. Beijing, 1993 (Chinese edition).

YAO QIAN and GU BING. *Sun Yet-sen Mausoleum*. Beijing, 1981 (Chinese edition with English translation).

第54章　日本と韓国

BARTHES, R. *Empire of Signs*. Translator Richard Howard. New York, 1989.

BOGNAR, B. *Contemporary Japanese Architecture: its Development and Challenge*. New York, 1985.

—. *The New Japanese Architecture*. New York, 1990.

BOYD, R. *New Directions in Japanese Architecture*. London and New York, 1968.

BURUMA, I. *A Japanese Mirror. Heroes and Villains in Japanese Culture*. London, 1985.

FAWCETT, C. *The New Japanese House: Ritual and Anti-Ritual Patterns of Dwelling*. London and New York, 1980.

FRAMPTON, K. and KUDO, K. (Eds). *Nikken Sekkei: Building Modern Japan 1900–1990*. New York, 1990.

FRIEDMAN, M. (Ed.). *Tokyo: Form and Spirit*. Minneapolis, 1986.

A Guide to Japanese Architecture. Edited by *The Japan Architect*. Tokyo, 1984.

GREENBIE, B. B. *Space and Spirit In Modern Japan*. New Haven and London, 1988.

—. *The Japan Architect*. (1965–).

KESTENBAUM, J. (Ed.). *Emerging Japanese Architects of the 1990s*. New York and Oxford, 1991.

KUROKAWA, K. *New Wave Japanese Architecture*. London, 1993.

—. *Rediscovering Japanese Space*. New York, 1988.

RICHARDS, J. M. *An Architectural Journey in Japan*. London, 1963.

ROSS, M. F. *Beyond Metabolism: the New Japanese Architecture*. New York, 1978.

STEWART, D. B. *The Making of a Modern Japanese Architecture. 1868 to the Present*. New York, 1868.

SUZUKI, H., BANHAM, R. and KOBAYASHI, K. *Contemporary Architecture in Japan, 1958–1984*. London and New York, 1985.

TATE GALLERY LIVERPOOL. *A Cabinet of Signs: Contemporary Art from Post Modern Japan*. 1989.

TEMPEL, E. *New Japanese Architecture*. London, 1969.

第55章　東南アジア

ABEL, C. 'Regional Transformations', *The Architectural Review*, vol. CLXXX, no. 1077, November 1986.

—. 'Localisation Versus Globalisation' and other articles. Special issue on South-east Asia, *The Architectural Review*, vol. CXCVI, no. 1171,

September 1994.
ARCASIA. *Contemporary Architecture in Asia.* Seoul, 1994
BEAMISH, J. and FERGUSON, J. *A History of Singapore Architecture.* Singapore, 1985.
BROMAN, B. M. *Old Homes of Bangkok.* Bangkok, 1984.
DUMARCAY, J. *The House in South-East Asia.* Singapore, 1987.
GHOSE, R. (Ed.). *Design and Development in South and Southeast Asia.* Hong Kong, 1990.
KHOO, S. N. *Streets of George Town Penang.* Penang, 1993.
KLASSEN, W. *Architecture in the Philippines.* Cebu City, 1986.
KULTERMANN, U. 'Architecture in South-East Asia 1: Thailand', *Mimar* No. 20 April- June 1985.
—. 'Architecture in South-East Asia 2: Indonesia', *Mimar*, no. 21, July- September, 1986.
—. 'Architecture in South-East Asia 3: Singapore', *Mimar*, no. 23, March 1987.
LIM, H. K. *The Evolution of the Urban System in Malaya.* Kuala Lumpur, 1978.
LIM, J. W. *The Malay House.* Penang, 1987.
MORRIS, J. et al. *Architecture of the British Empire.* London, 1986.
NASIR, A. H. *Mosques of Peninsula Malaysia.* Kuala Lumpur, 1984.
OSBORNE, M. *Southeast Asia.* Sydney, 1979.
PEREZ III, R. D. *An Essay on Philippine Architecture.* Manila, 1989.
PERTUBUHAN AKITEK MALAYSIA, *Guide to Kuala Lumpur Notable Buildings.* Kuala Lumpur, 1976.
—. *Post-Merdeka Architecture.* Kuala Lumpur, 1985.
POWELL, R. *The Asian House.* Singapore, 1993.
—. *Innovative Architecture of Singapore.* Singapore, 1989.
TAN, H. B. *Tropical Architecture and Interiors.* Singapore, 1994.
WOLTERS, O. W. *History, Culture and Region in Southeast Asian Perspectives.* Singapore, 1982.
WONG, A.K. and YEH, S.H.K. *Housing a Nation.* Singapore, 1985.
YEANG, K. *The Architecture of Malaysia.* Singapore, 1994.
—. *Bioclimatic Skyscrapers.* Berlin, 1994

第56章 香港
ABEL, C. 'A Building for the Pacific Century', *The Architectural Review*, vol. CLXXIX, no. 1070, April 1986.
BONAVIA, D. *Hong Kong 1997.* Bromley, 1985.
CHUNG WAH NAN. *Contemporary Architecture in Hong Kong.* Hong Kong, 1989.
JEONG-KEUN LEE (Ed.). *Contemporary Architecture in Asia.* Seoul, 1994.
LAMBOT, I. (Ed.). *Norman Foster: Buildings and Projects, Vol. 3: 1978–1985.* Hong Kong, 1989.
LAMPUGNANI, V. M. (Ed.). *Hong Kong Architecture.* Munich and New York, 1993.
MARSHALL, J. G. et al. (Eds). *Rising High in Harmony.* Hong Kong, 1993.
PURVIS, M. *Tall Storeys.* Hong Kong, 1985.

第57章 インド亜大陸
Architectural Review, special issue: indian identity, vol. clxxxii, no. 1086, August 1987.
BAHGA, S., BAHGA, S. and BAHGA, Y. *Modern Architecture In India: Post-independence Perspective.* New Delhi, 1993.
BHATT, V. and SCRIVER, P. *Contemporary Indian Architecture. Vol. 1: After the Masters.* Ahmedabad, 1990.
CURTIS, W. *Modern Architecture in Indian Tradition: Balkrishna V. Doshi*, Ahmedabad, 1987.
DAVIES, P. *Splendours of the Raj: British Architecture in India 1660 to 1947.* London, 1968.
IRVING, R. G. *Indian Summer: Lutyens, Baker and Imperial Delhi.* New Haven and London, 1981.
NILSSON, S. *The New Capitals of India, Pakistan and Bangladesh.* Lund, 1973.
RICHARDS, J. M. *New Buildings in the Commonwealth.* London, 1961.
TAYLOR, B. B. *Geoffrey Bawa.* Singapore, 1986.

第58章 オセアニア——オーストラリア、ニュージーランド、パプア・ニューギニア、南太平洋諸島——
BOYD, R. *Australia's Home, its Origins, Builders and Occupiers.* Ringwood, Australia, 1968.
FREELAND, J. M. *Architecture in Australia: a History.* Melbourne, 1968.
HODGSON, T. *Looking at the Architecture of New Zealand.* Wellington, 1990.
IRVING, R. (Ed.). *The History and Design of the Australian House.* Melbourne, 1985.
JAHN, G. *Contemporary Australian Architecture.* Basel and Roseville, 1994.
JOHNSON, D. L. *Australian Architecture 1901–1951: Sources of Modernism.* Sydney, 1980.
MITCHELL, D. and CHAPLIN, G. *The Elegant Shed: New Zealand Architecture since 1945.* Auckland, 1984.
OGG, A. *Architecture in Steel: the Australian Context.* Red Hill, ACT, 1994.
PAROISSIEN, L. and GRIGGS, M. (Eds). *Old Continent, New Building.* Sydney, 1983.
PEGRUM, R. *Details In Australian Architecture.* Canberra, 1984.
—. *Details In Australian Architecture. Vol. 2.* Canberra, 1987.
SHAW, P. *New Zealand Architecture: from Polynesian Beginnings to 1990.* Auckland, 1991.
STACPOOLE, J. and BEAVEN, P. *New Zealand Art: Architecture 1820–1970.* Wellington, 1972.
TAYLOR, J. *Australian Architecture Since 1960.* 2nd edn, Red Hill, ACT, 1990.

図版提供

　出版社は本書に使用する写真を提供いただいたか、あるいは本書の図版作成に利用した版権を持つ資料の使用を許可いただいた、多数の学・協会、商社ならびに個人の方々に、厚く感謝いたします。
　巻末の「参考文献」に言及された出版物から承認をいただいた場合は、その出版物の刊行年を記載しています。

略　語
RCHME：イングランド王立歴史的記念物委員会(The Royal Commission on the Historical Monuments of England)
RIBA：イギリス王立建築家協会(Royal Institute of British Architects)

図版著作権所有者一覧

第1章
p.10A, from Stobart, 1964.
p.10B, from D. Stronach, 1978.
p.25A,C, from A. K. Orlandos, 1966.
p.25B, from R. S. Young, *Three Great Early Tumuli*, 1981.

第3章
p.46A, after Emery, 1939.
p.46B, after J. Garstang, *Mahasna and Bêt Khallâf*, 1902.
p.46C, after A. Badawy, *A History of Egyptian Architecture*, vol. I, 1954.
p.46D, after (i) F. Benoit, *L'Architecture d'antiquité*, 1911, (ii) A. Rowe, *Museum Journal of the University of Philadelphia*, xxii, No. I, 1931, (iii) A. Schaff, *Handbuch der Archeologie, Aegypten*, 1939.
p.46G, after Lange and Hirmer, 1968.
p.46H, after L. Borchardt, *Die Enstehung der Pyramide an der Baugeschichte der Pyramide bei Mejdum nachgewiesen*, 1928.
p.46J, after Reisner.
p.46K,L, after (i) D Hölscher, *Das Grabdenkmal des Königs Chephren*, 1912, (ii) A. Badawy, (iii) Edwards, 1961.
p.46N, after L. Borchardt, *Das Grubdenkmal des Königs Sahu-Ré*, 1910-13, and Edwards.
p.47, drawings and reconstructions by J. P. Lauer.
p.48, after E. Droton, J. P. Lauer, C. M. Firth and J. E. Quibell.
p.50F, in part after Edwards.
p.51A, p.63A, Aerofilms Ltd.
p.51B, from G. Jequier, *Les Temples memphites et thébains des origines à la XVIIle dynastie*, 1920.
p.56A, after H. Ricke, *Beiträge zur Aegyptischen Bauforschung und Altertumskunde*, 1950, and Baedeker, *Egypt and the Sudan*, 1908.
p.56B, after A. M. Calverley, *The Temple of King Sethos I at Abydos*, 1933, by permission of the Egypt Exploration Society and the Oriental Institute, University of Chicago.
p.56C-F, after Baedeker, *Egypt and the Sudan*, 1908 and 1929 editions.
p.56G, after Lange and Hirmer.
p.59A, Metropolitan Museum of Art, New York, bequest of Levi Hale Willard, 1883.
p.59B, p.64B, Lehnert and Landrock, Cairo.
p.60A, from Lange and Hirmer.
p.61B, Courtauld Institute of Art.
p.63B, C, p.65B, p.66B, A. F. Kersting.
p.64A, Oriental Institute, University of Chicago.
p.67, from Emery, 1965.

第4章
p.72A, after (i) Parrot, 1946, (ii) Frankfort, 1954, (iii) Noldeke et al., *Vorläufiger Bericht über die Ausgrabungen in Uruk-Warka*, 1937.
p.72B, after Parrot, 1946 and Sir Leonard Woolley, *Ur Excavations V, The Ziggurat and its Surroundings*, 1939.
p.72C, R. Ghirshman.
p.76A, Oriental Institute, University of Chicago, reconstruction by Hamilton Darby.
p.76B, Oriental Institute, University of Chicago, reconstruction by H. D. Hill.
p.77A,B, p.77A,B, after Mallowan, 1966.
p.78C, from D. Oates, *Iraq XXIX*, 1967.
p.81C, after Loud, by permission of the Oriental Institute, University of Chicago.
p.82F, after Luschan et al.
p.82G, after *Mitteilungen aus den Orientalischen Sammlungen, Heft XXV; Ausgrabungen in Sendschirli IV*, Königliches Museum, Berlin, 1911.
p.84A, Vorderasiatisches Museum, Berlin, by permission of Generalverwaltung der Staatlichen Museen zu Berlin.
p.84B, from Mallowan, 1966.
p.84C, from Loud, by permission of the Oriental Institute, University of Chicago.
p.86A, after Seton Lloyd, *Early Anatolia*, 1956, and Puchstein.
p.86B, after Gurney and Puchstein.
p.86C, Oriental Institute, University of Chicago.
p.86D, after K. Bittel, R. Naumann, H. Otto, *Yazilikaya*, 1941.

p.86E, after K. Bittel, *Die Ruinen von Bogazköy*, 1937.
p.91A, courtesy of Altan Cilingiroglu.
p.91B, C. Burney.
p.91A, from B. B. Piotrovskii, *Urartu: the Kingdom of Van and its art*, 1967.
p.91B, from C. Nylander, 1971.
p.91C, from C. P. E. Haspels, 1971.
p.92A, from T. Özgüc, 'The Urartian Architecture on the Summit of Altintepe', *Anatolia VII*, 1963.
p.92B, from *Anatolian Studies XVI*.
p.92C, from E. Bilgiç and B. Oğun, 'Excavations at Kefkalesi, 1964', *Anatolia VIII*, 1964.
p.95C, after Schmidt, by permission of the Oriental Institute, University of Chicago.
p.96A,B, Oriental Institute, University of Chicago.
p.96C, from Ghirsham, 1954.
p.96D, David Stronach.

第 6 章
p.111A, after Sir Arthur Evans, *Palace of Minos at Knossos*, 1928.
p.111B, after Pendlebury.
p.113C, p.129C, p.149A,B, William Taylor.
p.114A,B, after Dinsmoor, and Piet de Jong.
p.114C, p.135A, after Lawrence, 1957 ed.
p.116F, after Dinsmoor.
p.121A,B, after Dinsmoor, and W. J. Anderson and R. P. Spiers, *Architecture of Ancient Greece and Rome*, 1907.
p.129A,B, p.132A, Agora Excavations, American School of Classical Studies/photo Alison Frantz.
p.133A, p.139A, N. Hiscock.
p.133B, A. F. Kersting.
p.133C, p.150C, Agora Excavations, American School of Classical Studies, Athens.
p.135B, p.136A, p.136B, after Berve, Gruben and Hirmer, by permission of Hirmer Verlag München.
p.138E, p.139B, after A. Furtwängler et al., *Aegina: das Heiligtum der Aphaia*, 1906.
p.142, in part after Dinsmoor.
p.143B,C, in part after Lawrence, 1957 ed., and F. Krischen, *Die Griechische Stadt*, 1938.
p.144, in part after Dinsmoor, and T. Wiegand, *Achter vorläufiger Bericht über die von den Staatlichen Museen in Milet und Didyma unternommenen Ausgrabungen*, 1924.
p.150A, from Berve, Gruben and Hirmer.
p.150B, Trustees of the British Museum.

第 7 章
p.160N, after T. Wiegand (as 130).
p.161A, R. A. Tomlinson.
p.161B, p.165A, William Taylor.
p.161C, from T. Wiegand, et al., *Milet: Die Ergebnisse der Ausgrabungen und Untersuchungen*, 1906.
p.165B, from Martin.
p.167, after T. Homolle, et al., *Exploration archéologique de Délos*, 1902, by permission of the Ecole française, Athens, and Editions Boccard, Paris.

第 8 章
p.181A, Museum of Antiquities, University and Society of Antiquaries, Newcastle upon Tyne.
p.181B, Alinari.
p.181C, Giraudon.
p.196, copyright St Gallen Library.
p.197, from Conant, 1959 ed.

第 9 章
p.229A, Crown Copyright, reproduced by permission of the Scottish Development Dept.
p.229, National Museum of Archaeology, Malta.

第 10 章
p.243A, p.279, from Boethius and Ward-Perkins, Istituto di Etruscologia e di Antichita Italiche, Rome University.
p.243B, p.245A, p.253B, p.260B, p.273C, p.278C, p.282A, Alinari.
p.245B,C, p.247A, p.253A, p.257A,B, p.260A, p.265B,C, p.270A-F, p.278A,B, p.281A, p.284B, p.285A,B,C, p.287B, p.291A, p.292A, p.295A-E, R. Mainstone.
p.246A,B, Alterocca, Terni.
p.247B, Josephine Powell.
p.257C, p.264B,C, p.273B, p.281B, Fototeca Unione, Rome.
p.257A, Leonard von Matt.
p.273A, p.291A, A. F. Kersting.
p.284A, from D. S. Robertson, by permission of Staatsbibliothek Bildarchiv, Berlin.
p.287A, from Wheeler, 1964, drawing by William Suddaby.

第 11 章
p.306B, p.311B,C,E, p.315B,C, p.317A, p.320A,B, p.329A, p.330A,B, p.332A,D, p.333A, p.336A,B, R. Mainstone.
p.307A, Fototeca Unione, Rome.
p.307B, p.312B, Alinari.
p.311A, Foto Marburg.
p.315A, G. H. Forsyth, Kelsey Museum, University of Michigan/reproduced courtesy of the Michigan-Princeton-Alexandria Expedition to Mount Sinai.
p.317B, from D. Talbot Rice, *The Art of Byzantium*, 1959.
p.318, from Fossati.
p.321, from M. Hürlimann, *Istanbul*, 1958.
p.329B, Foto Marburg.
p.330C, Antonello Perissinotto.
p.333B, Testolini.

第 12 章
p.343A, Courtauld Institute of Art.
p.343B, p.344A, courtesy The Byzantine Collection/photo C. Mango, copyright Dumbarton Oaks, Trustees of Harvard University.
p.344B-D, p.346A-C, p.347, p.349A-C, p.355, p.356A-D, p.359A-D, p.360A,B, p.362A-D, Klaus G. Beyer.

p.352, after H. Faensen and V. lvanov, 1975.

第 13 章

p.375A,C, p.376A,C, p.379B, p.380A,C, p.382A, Alinari.

p.375B, Courtauld Institute of Art.

p.379A, Omniafoto, Turin.

p.381, Fototeca Unione, Rome.

p.388A, Combier Imp. Mâcon.

p.393B, Giraudon.

p.393A, Archives photographiques, Paris.

p.393B, Courtauld Institute of Art/photo G. C. Druce.

p.393D, p.397B,C, p.408A, p.422B, S. Heywood.

p.393E, p.409A,B, p.410B, p.415B,C, p.423, A. F. Kersting.

p.397A,D, Foto Marburg.

p.405A, after K. J. Conant, *The Early Architectural History of the Cathedral of Santiago de Compostela*, copyright 1926 by the President and Fellows of Harvard College/ 1954 by Kenneth J. Conant.

p.405B,D,E, after Bevan, 1938.

p.405C, after Clapham.

p.406A,C, p.408A,C-E, p.409C,D, p.410A, Foto Mas.

p.406B, Courtauld Institute of Art.

p.415A, H. E. Stutchbury.

p.415D, p.430B-E, p.431A,C, Aerofilms Ltd.

p.420C,E-G, after Webb.

p.422A, photograph by J. R. H. Weaver.

p.430A, Thomas H. Mason and Sons Ltd.

p.431B, Crown Copyright, RCHME.

p.435A, Royal Norwegian Embassy, London.

p.435B, Swedish Tourist Traffic Association, Stockholm.

p.435C,D, p.437C, Riksantikvaren.

p.436A, The Danish Tourist Board, London.

p.436B, Refot.

p.437A,B, after Clapham.

p.437D, after Paulssen.

第 14 章

p.452A,C, p.456A,B, p.467B,D, p.468C,D, p.470A, p.471B, p.472A,C,D, p.474A,B, p.504B, p.522A,B, p.523A-D, p.527A, p.534A,B, p.540A-E, p.542A,C, p.543A,B, p.556A,B,D, p.558C, p.561A,D, p.563A-C, p.571B, p.573B, p.590C, Courtauld Institute of Art.

p.454, p.468A, p.482B, p.485B, p.492, p.496A, p.497A, p.501C, p.502B,C, p.504C, p.550D, p.557A,B, p.571A, p.583B,C, p.585A,B, A. F. Kersting.

p.456C,D, p.458C, p.522C,D, p.527B,C, p.533, p.534C,D, Foto Marburg.

p.464, Roger-Viollet.

p.467A, p.556C, Foto Mas.

p.470C, J. Austin.

p.472B, p.477A, Archives photographiques, Paris.

p.481A, p.482D, School of Architecture, University of Manchester.

p.481B, p.498A-D, p.499A, p.501B, p.502A, p.503A, p.504A, p.505B, p.509A,B, p.515A,C, Crown Copyright, RCHME.

p.482A, from Braun, 1970.

p.485A, p.486A,B, p.496B, p.501A, p.509C, p.510A,B, p.511A, Aerofilms Ltd.

p.499B, Gordon Fraser Gallery/photo Edwin Smith.

p.505A, Perfecta Publications/photo S. Newberg.

p.510C, Crown Copyright, reproduced by permission of HM Stationery Office/Alan Sorrell reconstruction drawing.

p.511B, from J. Nash, *The Mansions of England in the Olden Time*, 1839.

p.513H, after Garner and Stratton.

p.515B, F. C. Morgan.

p.542B,D, p.545A, Rijksdienst voor de Monumentenzorg.

p.543C, p.558B, copyright ACL Brussels.

p.550A,B, p.558B, Courtauld Institute of Art/C. Welander.

p.534A,C, p.571C, p.574A,B, p.575A, p.583A, p.586A-C, p.588B, p.590A, Alinari.

第 15 章

p.604A, From G. Michell, 1978.

p.604B, From G. Michell, 1978.

p.604C, From R. Lewcook and Z. Freeth, 1978.

p.606, From G. Michell. 1978.

第 16 章

p.611A, J. Warren.

p.611B, J. Warren.

p.612B, J. Warren.

p.612C, J. Warren.

第 17 章

p.619A, Middle East Archive, London.

p.620A, A. F. Kersting.

p.620B, J. Warren.

p.626A, J. Warren.

p.626B, A. F. Kersting.

p.626C, A. F. Kersting.

p.629A, J. Warren.

p.629B, A. F. Kersting.

p.629C, A. F. Kersting.

p.629D, J. Warren.

p.632, A. F. Kersting.

p.634A, A. F. Kersting.

p.634B, A. F. Kersting.

p.634C, Foto Mas.

p.634D, Foto Mas.

第 18 章

p.640A, A. F. Kersting.

p.640B, Thames and Hudson/photo Roger Wood, London.

p.640C, Yolande Crowe.

p.640D, Office of the Press Counsellor, Turkish Embassy, London.

p.642A, Yolande Crowe.

p.642B, Novosti Press Agency.

p.643A, Office of the Press Counsellor, Turkish Embassy, London.
p.643B, A. F. Kersting.
p.643C, A. F. Kersting.
p.643D, J. Warren.
p.647A, Novosti Press Agency.
p.647B, A. F. Kersting.
p.648, Yolande Crewe Wood.

第 19 章
p.652A, Roger Wood, London.
p.652B, Douglas Dickens.
p.652C, Office of the Press Counsellor, Turkish Embassy, London.
p.652D, Godfrey Goodwin.
p.655A, J. Warren.
p.655B, J. Warren.
p.655C, J. Warren.
p.656A, J. Warren.
p.656B, J. Warren.
p.656C, J. Warren.
p.659A, Office of the Press Counsellor, Turkish Embassy, London.
p.659B, A. F. Kersting.
p.662A, Douglas Dickens.
p.662C, A. F. Kersting.
p.663A, Douglas Dickens.
p.663B, J. Warren.
p.663C, A. F. Kersting.
p.667B, A. F. Kersting.

第 20 章
p.673A, J. Warren.
p.673B, From F. Stark, *The Southern Gates of Arabia*, 1971.
p.674A, J. Warren.
p.674B, J. Warren.

第 21 章
p.692A, p.704C,E, J. Musgrove.
p.702A,B, from M. Meister. Vol. 1, 1983.
p.702C, after Liang, Ssu Cheng, 1984.
p.704A, Lou Qingxi.
p.704B,D, p.692B, Dept. of Architecture, Tsinghua University.

第 23 章
p.717, p.719, p.721A, p.722A-D, p.725A,B, p.726A,B, p.728B,C, p.730A,B, p.731A, p.733A,B, p.734A, p.735A, H. Stanley Loten.
p.721B, from T. Proskouriakoff, 1963.
p.728A, Unesco/photo R. Garraud.
p.731B, Douglas Dickins.
p.734B, Victor Kennett.
p.734C, Grace Line Inc.
p.734D, L. Hervè.
p.735B, Courtauld Institute of Art.

第 24 章
p.739A, p.742A, p.750A,C, p.751D, p.753A, p.755A-C, p.756A-C, p.757A,D, Dept. of Architecture, Tsinghua University.
p.739B,C, p.750B, p.751C, p.754B,C, Daiheng Guo.
p.739D, p.740A,B, p.741A-D, p.742A,B, p.747B, p.748A,B,D, p.750D, p.751A,B, p.754A, p.757B,C, Lou Qingxi.
p.745, p.746, Virondra Rawat.
p.748C, p.753B, Chinese Photograph Agency.

第 25 章
p.761-63, p.765, Kim Choung Ki.
p.768, p.770-72, p.773, p.776, p.777, p.779, p.781, p.782, p.785-87, Eizo Inagaki.

第 26 章
p.791B, Adam Hardy.
p.791C, Unesco/photo Cart.
p.793A, Archaeological Department, Government of Sri Lanka.
p.795A-G, Virendra Rawat.
p.796A, Adam Hardy.
p.796B, Adam Hardy.
p.796C, Adam Hardy.
p.798A, Adam Hardy.
p.798B, Adam Hardy.
p.798C, Adam Hardy.
p.803A,E, Virendra Rawat.
p.804A, A. F. Kersting.
p.806A-F, Virendra Rawat.
p.807A, Adam Hardy.
p.807B, Adam Hardy.
p.807C, Adam Hardy.
p.810A-C, Virendra Rawat.
p.811A-L, Virendra Rawat.
p.812A, Adam Hardy.
p.812B, Adam Hardy.
p.812C, Adam Hardy.
p.812D, Adam Hardy.
p.815A, Adam Hardy.
p.815B, Adam Hardy.
p.815C, Adam Hardy.
p.816A, Adam Hardy.
p.816B, Adam Hardy.
p.817A, From M. Meister, Vol. 2, 1983.
p.817B, Adam Hardy.
p.817C, Adam Hardy.
p.819A, Adam Hardy.
p.819B, Adam Hardy.
p.820A, Victor Kennett.
p.820B, From M. Meister, Vol. 2, 1983.
p.821A, From P. Brown, 1959.
p.821B, Adam Hardy.
p.822A, Adam Hardy.
p.822B, From J. Fergusson, Vol. 2, 1910.
p.822C, Adam Hardy.

p.822D, From J. Fergusson, Vol. 2, 1910.
p.822E, From M. Meister, Vol. 2, 1983.
p.823A, From P. Brown, 1959.
p.823B, From M. Meister, Vol. 2, 1983.
p.825A, Adam Hardy.
p.825B, Adam Hardy.
p.825C, Adam Hardy.
p.828A, Archaeological Department, Government of Sri Lanka.
p.828B, Archaeological Department, Government of Sri Lanka.
p.829A, From J. Fergusson. Vol. 2, 1910.
p.829B, From E. B. Havell, 1915.
p.829C, British Museum.

第 27 章

p.837A, p.838A, p.847B, from Hugo Munsterberg, *Art of India and Southeast Asia*, 1970.
p.837B, copyright RIBA.
p.837C, p.838B, p.839A-C, p.841A,B, p.843C, p.846B-D, p.847C, from J. Fergusson, Vol. 2, 1910.
p.841C, p.843B, p.844A, Unesco/photo C. Baugey.
p.842B, p.843A, p.844B, p.846A, Douglas Dickins.
p.847A,D, Unesco/photo D. Davies.
p.847E, Unesco/photo Cart.

第 28 章

p.859A,B, Alinari.
p.864B, A. F. Kersting.

第 29 章

p.900A,B,D, p.904B,C,E, p.907C, p.909, p.913C, p.919B, p.927A,B, p.937B,C, p.941A,B, p.942A-C, p.949A-C, p.951A,C, p.952A,B, p.954A-C, p.955A,D, p.959A,B,D, p.962A,B, p.964B, p.965A-C, p.970A, p.971A,B, Alinari.
p.900C, Christopher Wilson.
p.904A, A. F. Kersting.
p.904D, p.907A,B, p.913A,B, p.919A, p.937A, p.941C, p.942B, p.952C, p.959C, p.961A,B, p.964C,D, p.965B, p.970C, p.972B, Courtauld Institute of Art.
p.919C, Courtauld Institute of Art/Piranesi.
p.920E,F, after P. M. Letarouilly, *The Vatican*, I, 1953.
p.932A,E,G-J, after Haupt.
p.942, Dan Cruickshank.
p.966, from *Architettura*, 6, 1960.
p.967, from *Architettura*, 7, 1961.

第 30 章

p.983A, p.991A, p.996C, p.1006A, p.1015C, Giraudon.
p.987B, p.991B, p.994A, p.996A, p.997A, p.1006B, p.1009C,D, p.1010A, p.1029A,B,C, p.1031, p.1032C, Courtauld Institute of Art.
p.988B, Archives photographiques, Paris.
p.991C, p.992B, p.994B, p.997B, p.1006C, p.1009A,B, p.1010A, Foto Marburg.
p.992A, Roger-Viollet.
p.1000B, Aero-photo.
p.1001B, p.1015B, p.1027A, A. F. Kersting.
p.1002A, after Ward, 1926.
p.1002B, after Blondel.
p.1010B, French Government Tourist Office.
p.1015A, *Country Life*.
p.1020A-C, p.1021A,B, p.1023A,C,D, p.1027B,C,D, p.1028A,B, Foto Mas.
p.1032, after Prentice.
p.1032A, Alvão, Oporto.
p.1032B, Mario Novaes.

第 31 章

p.1039A,B, p.1053A,B, Courtauld Institute of Art.
p.1039C, p.1045A,C, p.1046A,C, p.1048B, p.1051A,B, p.1055A,C, p.1057A,C, p.1059A, Foto Marburg.
p.1045B, p.1048A, Bundesdenkmalamt, Vienna/photo Eva Frodl-Kraft.
p.1046B, C. N. P. Powell.
p.1048C, p.1059B, Deutsche Fotothek Dresden.
p.1049, p.1053C, p.1055B, A. F. Kersting.
p.1057B, Deutsche Fotothek Dresden/photo Handrick.

第 32 章

p.1066A,B, p.1067A,B, p.1069A,C, copyright ACL Brussels.
p.1066C, Press Bureau, Belgian Embassy.
p.1067C, p.1069B,D, p.1072A-C, Rijksdienst voor de Monumentenzorg.
p.1069E, Rijksmuseum, Amsterdam.
p.1080B, p.1086A, p.1095C, 1107C, 1116A, p.1128E, Courtauld Institute of Art.
p.1080C, p.1087C-E, p.1095A,B, p.1111A, p.1112A, p.1121A, p.1123B, p.1125C, p.1126A-C, p.1128A,C, Crown Copyright, RCHME.
p.1083A, p.1087A,B, p.1099A, p.1106C, p.1107B, p.1111B,C, p.1116B, p.1125A, p.1128D, p.1130A, p.1133A,B,D, A. F. Kersting.
p.1086B, p.1089B, p.1120A,B, *Country Life*.
p.1089A, Crown Copyright, reproduced by permission of the Controller of HM Stationery Office.
p.1106B, Birmingham Post and Mail Ltd.
p.1112B, J. B. Price.
p.1114A, Raphael Tuck and Sons Ltd.
p.1114B, B. T. Batsford Ltd.
p.1114C, Aerofilms Ltd.
p.1116C, p.1132A, Christopher Wilson.
p.1121B, p.1123A, Judges Ltd, Hastings.
p.1125B, RIBA Library.
p.1128B, Francis Milsom.
p.1130B, Radio Times Hulton Picture Library.
p.1130C, British Museum.
p.1132B, from A. E. Richardson, *Monumental Classical Architecture in Great Britain*, 1914.
p.1133C, NBR/photo Gerald Cobb.

第 33 章

p.1137A, p.1141C, p.1142B, Bernard Cox.
p.1137B,C, p.1142A,C, Novosti Press Agency.
p.1139A,B, p.1140A-C, Allan Braham.
p.1141B, p.1147B, Courtauld Institute of Art.
p.1146A, p.1147A, p.1151C, p.1157A,B, Nationalmuseet, Copenhagen.
p.1147B, Nationalhistoriske Museum, Frederiksborg.
p.1147B, p.1149B, p.1150A,B, Refot.
p.1149A, Stockholms Stadsmuseum.
p.1149C, p.1151A, p.1152, p.1156A,B, Ronald Sherldan.
p.1154A,B, Norsk Folkemuseum, Oslo.
p.1154C, Eric de Maré.
p.1157C, p.1158A,B, Riksantikvaren.
p.1158C, p.1159A,C, p.1160, Finnish Embassy, London.
p.1159B, A. F. Kersting.

第 34 章

p.1170A, S. Muthesius.
p.1170B, Thorwaldsen Museum, Copenhagen.
p.1170C, p.1171B, p.1173B, p.1177A, p.1179A,B, p.1187A, p.1191B, p.1192B, p.1195C, p.1198A,C, p.1203A, p.1207, p.1209A, p.1212B, p.1224C, p.1231A, p.1232A, A. F. Kersting.
p.1171A, Periklis Papahatzidakis, Athens.
p.1171C, after Barry.
p.1176A, p.1198B, p.1213A, Alinari.
p.1176B, p.1177C, p.1179C, p.1209B, C. Wakeling.
p.1176C, from *Survey of London*, vol. XXX, 1960, by permission of London County Council; plan after *Civil Engineer and Architect's Journal*, Dec. 1840.
p.1177B, p.1179B, p.1184A, p.1188A,B, p.1194A,C, p.1202B, p.1205B, p.1208B, p.1214, p.1216A, p.1222C, p.1227B, p.1229C, Crown Copyright, RCHME.
p.1180A, p.1200A, p.1202A, p.1205C, p.1221A, Archives photographiques, Paris.
p.1180B, by permission of the British Transport Commission.
p.1181A, from W. H. Pyne, *The History of the Royal Residences*, vol. iii, 1819.
p.1181B, J. Austin.
p.1181C, p.1197A, p.1218B, Bulloz.
p.1182A, p.1187C, p.1227A, p.1233A, *Country Life*.
p.1182B, Sir John Summerson.
p.1183C, after A. W. Pugin, *The Present State of Ecclesiastical Architecture in England*, 1843.
p.1184B, Fox Photos Ltd.
p.1187B, Staatliche Landesbildstelle Hamburg.
p.1188B, Dan Cruickshank.
p.1188C, p.1210B, Roger-Viollet.
p.1190A, p.1213B, J. Allan Cash.
p.1191A, Leeds Metropolitan District Council.
p.1191C, p.1219A, copyright ACL Brussels.
p.1192A, Manchester Central Library.
p.1192C, Elsam, Mann and Cooper.
p.1195B, from J. Guadet, *Eléments et Théorie de l'Architecture*, 1901-4.

p.1197B,C, p.1201A, p.1219C, p.1221B, p.1224A, p.1225, Chevojon/copyright by SPADEM, Paris.
p.1200B, p.1203D, p.1215A-C, T. and R. Annan.
p.1200C, Eric de Maré.
p.1201B,C, from Giedion, 1954.
p.1202C, from P. Lavedan, *Architecture française*, 1944.
p.1203C, Austrian Embassy, London.
p.1205A, from Eastlake.
p.1208A, from Pevsner.
p.1208C, after M. H. and C. H. B. Quennell, *A History of Everyday Things in England*, 1934.
p.1209C, p.1227C, p.1231B, RIBA Drawings Collection.
p.1210A, Crown Copyright, Victoria and Albert Museum.
p.1210C, Austrian Embassy, London/photo Bildarchiv d. Oest. Nationalbibliothek.
p.1212A, Netherlands Government Information Service/aero-photo Nederland.
p.1215D, from H. Muthesius, *Die Englische Baukunst der Gegenwart*, 1900.
p.1221C, RIBA Library.
p.1233B, Andrew Saint.
p.1218A, Rheinisches Bildarchiv, Cologne.
p.1219B, Netherlands Government Information Service/photo E. M. van Ojen.
p.1222A, Netherlands Government Information Service.
p.1222B, Birmingham Post and Mail Ltd.
p.1224B, p.1232B, Foto Mas.
p.1224D, Robert Roskrow Photography.
p.1228A, after Girouard.
p.1228B, after Hitchcock, 3rd ed., 1970.
p.1229A, from *The British Architect*, vol. 30, 1888.
p.1229B, RIBA Library, by permission of C. Cowles-Voysey.
p.1216B, from Pevsner, 1960.
p.1234A, Chris Wakeling.

第 36 章

p.1253A, Royal Commonwealth Society.
p.1253B, Courtauld Institute of Art.
p.1258A,E, p.1259B, p.1262A-C, p.1263A-D, p.1266A-E, p.1267B,C, p.1268A-C, p.1270A-E, D. Linstrum.
p.1258B, John Linstrum.
p.1258C, p.1259C, T. N. Watson.
p.1258D, p.1259A, Flemming Aalund.
p.1267A, p.1271A,B, SATOUR.

第 37 章

p.1278A-C, p.1279A,B, p.1289B,D,E, p.1291A,B, p.1293B, p.1297A,B, p.1299A, p.1300A, p1303B, p.1306B, p.1308B, Wayne Andrews.
p.1279C, from Kelemen.
p.1279D, p.1282A, p.1287B, from T. E. Sanford, *The Story of Architecture in Mexico*, 1947.
p.1279E, G. E. Kidder Smith.
p.1282B, Sawders from Cushing.
p.1287C, Brazilian Embassy, London.
p.1289A, Library of Congress.

p.1283, p.1285A-C, Louise Noelle Mercles.
p.1289C, Alexandra Casserley.
p.1292, p.1299D,E, City of Philadelphia.
p.1293A, photo by Abbie Rowe, courtesy National Park Service.
p.1300B, from Kimball.
p.1303A, Public Archives of Canada.
p.1306A,C, p.1307B,C, p.1308A, Chicago Architectural Photo Co.
p.1307A, US Department of the Interior.
p.1308C, from A. Bush-Brown, *Louis Sullivan*, 1960.
p.1309, Hedrich-Blessing.

第 38 章
p.1313A, from *Landscape of Peking*, 1930.
p.1313B, p.1314A, Lou Qingxi.
p.1313C, p.1314D, p.1316B, p.1317B,E, p.1318A, p.1319A,B, Editorial Board of Chinese Architectural History(EBCAH).
p.1313D, p.1314C, p.1318B, p.1320C, from *A Brief History of Chinese Architecture*, Book Two, 1962.
p.1313E, p.1314B, p.1317C,D, Wu Guang-zu.
p.1316A, Wu Jiang.
p.1317A, Deng Qing-yao.

第 39 章
p.1326-p.1328, Eizo Inagaki.
p.1329, Kim Choung Ki.

第 40 章
p.1332A, Pinna Indorf.
p.1332B, Lai Chee Kian.
p.1334A, Jon Lim.
p.1334B, Jon Lim.
p.1334C, Jon Lim.
p.1335A, Jon Lim.
p.1335B, Jon Lim.
p.1334C, Jon Lim.
p.1335D, Jon Lim.
p.1337A, Office of The Istana, Singapore.
p.1337B, J. Musgrove.
p.1337C, Ian Lloyd.
p.1337D, Office of the Istana.
p.1339A, Budi A. Sukada.
p.1339D, Yong Hock Seng, Raymond Woo & Associates.
p.1340B, Dept. of Tourism, Embassy of Thailand, Singapore.

第 41 章
p.1345A,B, from *Marg*, vol. XXXV, No. 3.
p.1345C, p.1362A,B,D, p.1363A,B,D, p.1345D,E, p.1347C, p.1349B,C, p.1351A,C-F, p.1352A,B, p.1354A,B, p.1355A,B, p.1356A-C, p.1358A-C, p.1359A,B, p.1360A-D, p.1362C, p.1363C, p.1364A, by permission of the British Library.
p.1347A,B, from W. A. Nelson, *Dutch Forts in Sri Lanka*, 1984.

p.1347D,E, p.1349A, Derek Linstrum.
p.1351B, p.1355C, India Office, London.
p.1364B, Dan Cruickshank.

第 42 章
p.1369A,B, p.1381A-E, p.1382A-D, p.1385A,B, p.1387A,B, p.1395A,C, Max Dupain.
p.1371A, Archives, Alexander Turnbull Library, Wellington.
p.1371B, p.1309A, Archives, Auckland Institute and Museum.
p.1377A, p.1396A,D, Fox.
p.1377B,C, p.1390D, p.1392B, p.1395B,C,E,D, Saunders.
p.1384A, John Stacpoole/photo Clifton Firth Ltd.
p.1384B, drawing by Neil Harrap and Margaret Alington.
p.1385C, p.1389, p.1390A,B, p.1392B, Richard Stringer.
p.1390C, Richard Stringer, after Pearson.
p.1392A, Australian Information Service, London.
p.1398A, John Stacpoole/photo Mannering and Associates Ltd, Christchurch.
p.1398B,C, John Fields.
p.1399B, Archives.
p.1400A, Archives, Otago Early Settlers Association.
p.1400B, John Stacpoole.
p.1400C, John Stacpoole/photo John Fields.

第 44 章
p.1416A, Kunstgewerbemuseum, Zurich.
p.1416B, ACL, Brussels.
p.1419A, RIBA Library.
p.1419B, SPADEM, Paris.
p.1419C, Martin Charles.
p.1419D,E, from *Le Corbusier and Pierre Jeanout*, Vol. II, ed. W. Boesigen, 1935.
p.1420A, SPADEM, Paris.
p.1420B, SPADEM, Paris.
p.1420C, Martin Charles.
p.1420D, SPADEM, Paris.
p.1422B, SPADEM, Paris.
p.1422C, Edifice/Lewis.
p.1422D, from *Pierre Chareau*, by B. Taylor, 1992.
p.1425A, Foto Marburg.
p.1425B, Dyckerhoff & Widman.
p.1425C, From Pevsner.
p.1427A, SPADEM, Paris.
p.1427B, The Architects Collaborative.
p.1432A, RIBA Library.
p.1432B, Dan Cruickshank.
p.1432C, David Dunster.
p.1432D, Dan Cruickshank.
p.1435A, A. F. Kersting.
p.1435B, Dan Cruickshank.
p.1435C, Dan Cruickshank.
p.1435D, Dan Crulckshank.
p.1435E, Dan Cruickshank.
p.1436B, Kodak Ltd.
p.1436C, A. F. Kersting.

p.1437A, Robert Roddam.
p.1437B, David Wrightson.
p.1439A, Lucinda Lambton/Arcaid.
p.1439B, Peter Inskip.
p.1440A, From Howarth.
p.1440B, From Pevsner.
p.1441C, Elsam, Mann and Cooper.
p.1441D, John Archer.
p.1443B, Dan Cruickshank.
p.1443C, from *Survey of London*, vol. xxx, 1960, by permission of the Archives Department, Westminster City Library.
p.1444A, Manchester Central Library.
p.1445A, RCHME/copyright *The Architect*.
p.1445B, Kenneth Prater/RIBA Press Office.
p.1445C, Dell and Wainwright/*Architectural Review*.
p.1446A, RIBA Library.
p.1446B, Newbery/*Architectural Review*.
p.1446C, London Transport.
p.1446D, Daily Express.
p.1449A, The National Trust.
p.1449B, Fry, Drew and Partners/*Architectural Review*.
p.1450A, The Field.
p.1450B, Dell and Wainwright/*Architectural Review*.
p.1451A, Skinner and Bailey.
p.1451B, Dell and Wainwright/*Architectural Review*.
p.1453A, Dell and Wainwright/*Architectural Review*.
p.1453B, RIBA Library.
p.1453C,E, M. van Ojen/Netherlands Government Information Service.
p.1456A, Wigfusson/Swedish Tourist Traffic Association.
p.1456B, Heurlin/Swedish Tourist Traffic Association.
p.1456C, Heurlin/Swedish Tourist Traffic Association.
p.1457A, Strüwing.
p.1457B, Martin Charles.
p.1457C, Martin Charles.
p.1459A, Martin Charles.
p.1459B, G. Welin/Finnish Embassy, London.
p.1459C, RIBA Library.
p.1462A, Tim Benton.
p.1462B, Foto Mas.
p.1462C, Foto Mas.

第 45 章
p.1466A, David Dunster.
p.1466B, Alvar Aalto Museo.
p.1471A, SPADEM, Paris.
p.1471D, Phaidon.
p.1473A, Lucien Hervé.
p.1473B, Lucien Hervé.
p.1474A, Dan Cruickshank.
p.1474B, Martin Charles/Richard Rogers Partnership.
p.1474C, Richard Rogers Partnership.
p.1474D, RIBA Library.
p.1474E, Foster Associates.
p.1477A, Dennis Gilbert.
p.1477B, Dan Cruickshank.

p.1477C, Museum of Modern Art, New York.
p.1479A, Richard Bryant/Arcaid.
p.1479B, Peter Walser.
p.1479C, Christian Richters.
p.1479D, Wilford Stirling.
p.1482A, Dennis Gilbert.
p.1482B, Bill Toomey.
p.1482C, Dan Cruickshank.
p.1482D, David Dunster.
p.1482E, Peter Baistow.
p.1485A, Richard Einzig/Arcaid.
p.1485B, Richard Bryant/Arcaid.
p.1485C, Wilford Stirling.
p.1485D, Wilford Stirling.
p.1485E, Richard Einzig/Arcaid.
p.1486A, Dennis Gilbert.
p.1486B, MacCormac, Jamieson and Prichard.
p.1486C, Radio Times Hulton Picture Library.
p.1486D, Barry Gasson.
p.1486E, Barry Gasson.
p.1486F, Barry Gasson.
p.1488A, Foster Associates.
p.1488B, Foster Associates.
p.1488C, Sir Michael Hopkins.
p.1488D, Dave Bower.
p.1488E, Sir Michael Hopkins.
p.1489A, Richard Bryant/Arcaid.
p.1489B, Sir Riohard Rogers.
p.1489C, Sir Richard Rogers.
p.1490A, Richard Davies.
p.1490B, Richard Davies.
p.1490C, Foster Associates.
p.1490D, Foster Associates.
p.1490E, Foster Associates.
p.1493A, Paolo Portoghesi.
p.1493B, Paolo Portoghesi.
p.1493C, Richard Murphy.
p.1493D, Richard Murphy.
p.1495A, Publifoto.
p.1495B, Renzo Piano.
p.1495C, Renzo Piano.
p.1495D, Willem Dispraam.
p.1495E, Bruno Krapp.
p.1495F, Architectuurstudio Herman Hertzberger.

第 46 章
p.1506A, RIBA Library.
p.1506B, From *Modern Architecture in Czechoslovakia*, 1970.
p.1507A, Otakar Macel.
p.1507B, RIBA Library.
p.1507C, Dan Cruickshank.
p.1507D, Dan Cruickshank.
p.1509A, Dan Cruickshank.
p.1509B, From *Modern Architecture in Czechoslovakia*, 1970.
p.1509C, RIBA Library.

p.1511A, RIBA Library.
p.1511B, Otakar Macel.
p.1511C, Otakar Macel.
p.1512A, RIBA Library.
p.1512B, RIBA Library.
p.1512C, Otakar Macel.
p.1514A, Dan Cruickshank.
p.1514B, Dan Cruickshank.
p.1514D, Dan Cruickshank.
p.1515A, Dan Cruickshank.
p.1515B, Dan Cruickshank.
p.1516A, Dan Cruickshank.
p.1516C, Otakar Macel.
p.1518A, Otakar Macel.
p.1518B, Otakar Macel.
p.1519A, Dennis Sharp.
p.1519B, Dennis Sharp.
p.1519C, Dan Cruickshank.
p.1522A, Dennis Sharp.
p.1522B, Otakar Macel.
p.1523A, Otakar Macel.
p.1523B, Alan Blanc.
p.1523C, Alan Blanc.

第 47 章
p.1532A-C, Catherine Cooke.
p.1534A-D, Catherine Cooke.
p.1536A-C, Catherine Cooke.
p.1537A-D, Catherine Cooke.
p.1539A-D, Catherine Cooke.
p.1540A,B, Catherine Cooke.
p.1541A-D, Catherine Cooke.
p.1543A,B, Catherine Cooke.
p.1543C,D, Otakar Macel.
p.1544A-C, Catherine Cooke.
p.1546A, Catherine Cooke.
p.1546B, Valve Pormeister.
p.1546C, Abdulla Akhmedov.
p.1546D, Ilya Cherniavsky.
p.1547A, Alexander Velikanov.
p.1547B, Vakhtang Davitaia.

第 48 章
p.1553A, Yildirim Yavuz.
p.1553B, Yildirim Yavuz.
p.1553C, Yildirim Yavuz.
p.1554A, Yildirim Yavuz.
p.1554B, Yildirlm Yavuz.
p.1554C, Yildirim Yavuz.
p.1554D, Yildirim Yavuz.
p.1555A, Yildirim Yavuz.
p.1555B, Yildirim Yavuz.
p.1555C, Yildirim Yavuz.
p.1556A, Santar.
p.1556B, Cengiz Bektas.
p.1556C, Cengiz Bektas.
p.1556D, A. Dundar.

p.1558A, Makiya Associates.
p.1558B, R. Chadirji.
p.1558C, S & J Lindström.
p.1558D, TAC.
p.1558E, Urbahn and Coile.
p.1560A, Omramia.
p.1560B, SOM.
p.1560C, Kenzo Tange.
p.1560D, Caudil, Rowlett and Scott.
p.1561A, H. R. Gunny.
p.1561B, Kamal el-Kafrawl.
p.1564, T. Technikum, Haifa.
p.1565A, Dan Cruickshank.
p.1565B, Dan Cruickshank.
p.1565C, Dan Cruickshank.
p.1565D, Dan Cruickshank.
p.1568A, The Israel Museum.
p.1568A, Dan Cruickshank.
p.1568B, Dan Cruickshank.
p.1568C, Dan Cruickshank.
p.1568D, Z. Rechter.
p.1569A, Dan Cruickshank.
p.1569B, Richard Bryaut/ARCAID.
p.1570A, Ram Karmi and Ada Karmi-Melamede.
p.1570B, Ram Karmi and Ada Karmi-Melamede.

第 49 章
p.1575A, SATOUR.
p.1576A, SATOUR.
p.1576B, SATOUR.
p.1576C, Udo Kultermann.
p.1576D, Architectural Press/EMAP.
p.1580A, Udo Kultermann.
p.1580B, Architectural Press/EMAP.
p.1580C, Udo Kultermann.
p.1580D, Abdelhalim Seray.
p.1582A,B, Munnik, Visser, Black Fish.
p.1582C,D, Murphy Jahn.
p.1583C, Aga Khan Award for Architecture.
p.1586A,B, Aga Khan Award for Architecture.
p.1586D, Aga Khan Award for Architecture/photo C. Avedissian/Concept Media Pte and Architectural Press/EMAP.
p.1588A, Aga Khan Award for Architecture.
p.1588B, Aga Khan Award for Architecture.

第 50 章
p.1593A, Richard Longstreth.
p.1593B, *American Architect and Building News*, 23 August 1902.
p.1593C, Brown Brothers.
p.1593D, Brown Brothers.
p.1595A, David Hyde/Kalmbach Publishing Company.
p.1595B, William Middleton.
p.1596A, Charles Phelps Cushing.
p.1596B, Museum of Modern Art, New York.
p.1596C, Irving Underhill/Museum of City of New York.

p.1598A, Chicago Architectural Photographing Company, Theatre Historical Society.
p.1598B, D. R. Goff/Quicksilver Photography, courtesy Columbus Association for the Performing Arts.
p.1600, *Monograph of the Work of Charles A. Platt.*
p.1601A, Farrell Grenan/Arcaid.
p.1601B, Athenaeum of Philadelphia.
p.1601C, Fello Atkinson/Architectural Association.
p.1601D, Philip Turner/Historic American Buildings Survey.
p.1601E, Wayne Andrews.
p.1603A, Chicago Architectural Photographing Company.
p.1603B, Chicago Architectural Photographing Company.
p.1605A, David Gebhard.
p.1605B, Richard Longstreth.
p.1605C, Richard Longstreth.
p.1605D, Colonial Williamsburg Foundation.
p.1606A, State Historical Society of Nebraska.
p.1606B, Tennessee Valley Authority.
p.1608A, Andrew Holmes/Architectural Association.
p.1608B, Empire State Building Corporation.
p.1609A, Thomas Airviews.
p.1609B, Rockefeller Center.
p.1611A, Hedrich-Biessing/Albert Kahn Associates.
p.1611B, Dione Neutra.
p.1612A, Julius Shulman.
p.1612B, Roger Sturtevant/Wurster, Bernardi and Emmons.
p.1612C, Hedrich-Blessing.
p.1614A, Joe Price/Shin'en Kan, Inc.
p.1614B, *Architectural Forum*, January 1938.
p.1614C, Richard Longstreth.
p.1614D, Geoffrey Smythe/Architectural Association.
p.1615A, Hedrich-Blessing.
p.1615B, Museum of Modern Art, New York.
p.1616A, Hazel Cook/Architectural Association.
p.1616B, Philip Johnson.

第 51 章
p.1623A, Wayne Andrews.
p.1623B, Museum of the City of New York.
p.1623C, RIBA Library.
p.1626A, Ezra Stoller.
p.1626A, RIBA Library.
p.1628B, Ezra Stoller.
p.1628A, Cervin Robinson.
p.1628B, RIBA Library.
p.1628C, RIBA Library.
p.1628D, RIBA Library.
p.1630B, Cervin Robinson.
p.1630D, Richard Longstreth.
p.1633A, Kevin Roche, John Dinkeloo and Associates.
p.1633B, Kevin Roche, John Dinkeloo and Associates.
p.1633C, Kevin Roche, John Dinkeloo and Associates.
p.1633D, Kevin Roche, John Dinkeloo and Associates.
p.1634A, Timothy Hursely.
p.1634B, SOM.
p.1634C, SOM.
p.1635A, Pei Cobb Freen and Partners.
p.1635B, Esto Photographics.
p.1635C, Gruen Associates.
p.1636A, Rollin La France.
p.1636B, Robert Venturi.
p.1636C, Robert Venturi.
p.1636D, Rollin La France.
p.1636E, RIBA Library.
p.1638A, Proto Acme.
p.1638B, Michael Graves.
p.1638C, RIBA Library.
p.1640A, Esto Photographics.
p.1640B, Esto Photographics.
p.1640C, Esto Photographics.
p.1640D, Joshua White.
p.1640E, Frank Gehry.

第 52 章
p.1644A, Amanda Holmes.
p.1644C, Helen Thomas.
p.1644D, Helen Thomas.
p.1644E, Helen Thomas.
p.1647A, Carl Frank/Black Star.
p.1647C, From H.-R. Hitehcoek, 1955.
p.1648A, Prom H.-R. Hitchcock, 1955.
p.1648B, Armin Haab/Black Star.
p.1650A, Eladio Disle.
p.1650B, M. L. Cetto.
p.1650C, M. L. Cetto.
p.1650D, Sarah Wigglesworth and Jeremy Till.
p.1652A, Paolo Gasparini/*Punto* 59.
p.1652B, Paolo Gasparini/*Punto* 59.
p.1653A, National Museum of Anthropology and History, Mexico City.
p.1653B, National Museum of Anthropology and History, Mexico City.
p.1653C, National Museum of Anthropology and History, Mexico City.
p.1653D, National Museum of Anthropology and History, Mexico City.
p.1653E, National Museum of Anthropology and History, Mexico City.
p.1654A, Paolo Gasparini/*Punto* 59.
p.1654B, RIBA Library/A. C. Cooper.
p.1654C, Souvenir Brasilia Ltda.
p.1654D, Souvenir Brasilia Ltda.
p.1655A, M. L. Cetto.
p.1655B, Cristiano Mascaro.
p.1658A, Ricardo Legoretta.
p.1658B, Ricardo Legoretta.
p.1658C, Helen Thomas.
p.1658D, Davila.
p.1659A, Sacha Mirzoeff.

第 53 章
p.1666A, Wu Ghang-zu.

p.1666B, Wu Guang-zu.
p.1666C, Wu Guang-zu.
p.1667A, Wu Guang-zu.
p.1667B, Wu Guang-zu.
p.1667C, Editorial Board of Chinese Architectural History.
p.1667D, Chen Hao-kai.
p.1667E, Chen Hao-kai.
p.1669A, Zhang Shao-yuan.
p.1669B, Zhang Shao-yuan.
p.1669C, A Landscape of Peking, 1930.
p.1670A, Zhou Jing-ping.
p.1670B, *A Brief History of Chinese Architecture*, Book Two.
p.1671A, Wu Guang-zu.
p.1671B, Wu Guang-zu.
p.1671C, Wu Jiang.
p.1671D, Editorial Board of Chinese Architectural History.
p.1672A, *A Brief History of Chinese Architecture*, Book Two.
p.1672B, Editorial Board of Chinese Architectural History.
p.1674A, Wu Guang-zu.
p.1674B, Wu Guang-zu.
p.1675A, *Ten Years of Architectural Design*.
p.1675B, Wu Guang-zu.
p.1677A, Wu Guang-zu.
p.1677B, Wu Guang-zu.
p.1677C, Wu Guang-zu.
p.1677D, Zhang Shao-yuan.
p.1678A, Mo Bo-zhi.
p.1678B, Wu Guang-zu.
p.1679A, Luo Xiao-wei.
p.1679B, Zhang Jin-qin.
p.1679C, *Chinese Architecture 1949-1989*.
p.1679D, Li Gao-Ian.
p.1679E, Wu Guang-zu.
p.1681A, Zhang-Jin-quin.
p.1681B, Wu Guang-zu.
p.1681C, Huang Han-min.
p.1681D, Wu Guang-zu.
p.1681E, Gong De-Shan.
p.1683A, Ma Guo-fin.
p.1683B, Wu Guang-zu.
p.1683C, Lu Ji-wei.
p.1683D, Wu Liang-yong.

第54章

p.1686B, Eizo Inagaki.
p.1687A, From V. Lampugnani(Ed.)1986.
p.1687B, From V. Lampugnani(Ed.)1986.
p.1687C, From V. Lampugnani(Ed.)1986.
p.1687D, Eizo Inagaki.
p.1688A, From H. Suzuki, R. Banham and K. Kobayashi, 1985.
p.1688B, From R. Boyd, 1968.

p.1691A, From H. Suzuki, R. Banham and K. Kobayashi, 1985.
p.1691B, From E. Tempel, 1969.
p.1691C, From H. Suzuki, R. Banham and K. Kobayashi, 1985.
p.1692A, From H. Suzuki, R. Banham and K. Kobayashi, 1985.
p.1692B, From H. Suzuki, R. Banham and K. Kobayashi, 1985.
p.1692C, From H. Suzuki, R. Banham and K. Kobayashi, 1985.
p.1693A, From H. Suzuki, R. Banham and K. Kobayashi, 1985.
p.1693B, From H. Suzuki, R. Banham and K. Kobayashi, 1985.
p.1694A, Tomio Ohashi.
p.1694B, From K. Kurokawa, *Metabolism in architecture*, 1977.
p.1691C, From H. Suzuki, R. Banham and K. Kobayashi, 1985.
p.1694D, From R. Boyd, 1968.
p.1696A. From H. Suzuki, R. Banham and K. Kobayashi, 1985.
p.1696B, From H. Suzuki, R. Banham and K. Kobayashi, 1985.
p.1696C, From H. Suzuki, R. Banham and K. Kobayashi, 1985.
p.1696A, From H. Suzuki, R. Banham and K. Kobayashi, 1985.
p.1698B, K. Shinohara.
p.1698C, Terutaka Hoashi.
p.1700A, From H. Suzuki, R. Banham and K. Kobayashi, 1985.
p.1700B, Tadao Ando.
p.1700C, From H. Suzuki, R. Banham and K. Kobayashi, 1985.
p.1700D, Tadao Ando.
p.1702A, RIBA Library.
p.1702B, Katsuhisa Kida.
p.1702C, Ushida Findlay.
p.1702D, Ushida Findlay.
p.1699A, Tadao Ando.
p.1699B, Tadao Ando.
p.1699C, Tadao Ando.
p.1703A, Tadao Ando.
p.1703B, Tadao Ando.
p.1704A, Renzo Piano.
p.1704B, Yoshio Hata.
p.1704C, RIBA Library.
p.1704D, Valentine Ames.

第55章

p.1708A, C. Abel.
p.1708B, C. Abel.
p.1708C, C. Abel.
p.1708D, C. Abel.
p.1710A, HDB.

p.1710B, C. Abel.
p.1710C, Design Partnership.
p.1712A, Paul Rudolph.
p.1712C, Albert Links.
p.1714B, C. Abel.
p.1716A, C. Abel.
p.1716C, Cesar Pelli.
p.1718A, Helen Jessup.
p.1718C, Paul Rudolph.
p.1718D, Profile.
p.1722A, Kawasumi.
p.1722B, Shinfuku-Kutokyo.

第 56 章
p.1728A, Sir Norman Foster.
p.1728B, Ian Lambot.
p.1728C, Sir Norman Foster.
p.1729, Ian Lambot.
p.1730B, I. M. Pei.
p.1730C, Peter Aaron/Esno.
p.1732D, Terry Farrell.

第 57 章
p.1737A, British Library.
p.1737B, British Library.
p.1738A, *Country Life*.
p.1739A, Dan Cruickshank.
p.1739B, Dan Cruickshank.
p.1739C, Dan Cruickshank.
p.1739D, Dan Cruickshank.
p.1740A, British Library.
p.1740B, Dan Cruickshank.
p.1740C, Dan Cruickshank.
p.1740D, Dan Cruickshank.
p.1742A, From S. Nilsson, 1973.
p.1742B, From Le Corbusier, Oeuvres Complètes.
p.1743A, From Le Corbusier, Oeuvres Complètes.
p.1743B, Dan Cruickshank.
p.1745A,B, Habib Rahman.
p.1745C, Jatinder Singh.
p.1745D, Sharat Das.
p.1746A, B. V. Doshi.
p.1746B, Raj Rewal.
p.1746C, Hosur(1900).
p.1750B, Gautam Bhatia.
p.1750C, Krishna Menon.
p.1750D, Krishna Menon.
p.1759E, Krishna Menon.
p.1751A, Dan Cruickshank.
p.1751B, Dan Cruickshank.
p.1751C, Dan Cruickshank.
p.1751D, B. V. Doshi.
p.1753A, Dinesh Mehta.
p.1753B, Dan Cruickshank.
p.1754A, Dan Cruickshank.
p.1754B, Raj Rewal.
p.1754C, Madan Mehta.

p.1755A, Uttam C. Jain.
p.1755B, Uttam C. Jain.
p.1755C, C. P. Kukkeja.
p.1755D, Uttam C. Jain.
p.1757A, B. Taylor/*MIMAR* 6.
p.1757B, From R. Giurgola and J. Mehta, 1975.
p.1757C, From R. Giurgola and J. Mehta, 1975.
p.1758A, Ranjit Sabikhi and Ajoy Choudhury, The Design Group/*MIMAR 14*.
p.1758B, Charles Correa/*MIMAR 17*.
p.1758C, *Process Architecture*, No. 20, 1980.
p.1758D, Raj Rewal.
p.1760B, Laurie Baker.
p.1760C, Laurie Baker.
p.1760D, Laurie Baker.
p.1760E, Laurie Baker.
p.1761A, Kamu Iyer.
p.1761B, Gerard de Cunha.
p.1761C, Dulal Mukherjee.

第 58 章
p.1767A, Richard Stringer.
p.1767B, Wolfgang Sievers.
p.1768A, Max Dupain.
p.1768B, David Moore.
p.1768C, Fritz Kos.
p.1768D, Adrian Boddington.
p.1769A, Ashton and Raggatt.
p.1769B, John Gollings.
p.1769C, John Gollings.
p.1771A, David Moore.
p.1771B, John Dabron/Ross Thorne.
p.1771C, David Moore.
p.1771D, Adrian Boddington.
p.1772A, Patrick Bingham-Hall.
p.1772B, Max Dupain.
p.1773A, Wolfgang Sievers.
p.1773B, Richard Stringer.
p.1773C, Max Dupain.
p.1775A, Max Dupain.
p.1775B, Max Dupain.
p.1775A, Max Dupain.
p.1776B, Max Dupain.
p.1777A, Wolfgang Sievers.
p.1777B, J. Taylor.
p.1777C, Max Dupain.
p.1779A, David Moore.
p.1780A, G. Poole.
p.1780C, Edmond and Corrigan.
p.1783A, Profimage.
p.1783B, Clifton Firth/Melva Firth.
p.1783C, Profimage.
p.1784A, Profimage.
p.1784B, J. Taylor.
p.1784C, Euan Sorginson.
p.1785A, Gillian Chaplin.
p.1785B, Julie Stout.

図版提供

p.1785C, J. Taylor.
p.1785D, Architects Pacific.
p.1785E, Kevin Murray.

p.1787A, J. Taylor.
p.1787B, Peter Johnson.
p.1787C, Peter Johnson.

索 引

凡 例
- 同じ場所に複数の建築物がある場合は、場所名を上位項目、建築名を下位項目とした。
- ある場所に関して挙げられている建築物が唯一の場合は、「建築名、場所名」の順序での掲載を基本とした。ただし、建築名が一般名詞（例：市庁舎）の場合は、場所名を先にしている。
- 読みは［　］に示した。

アルファベット

BBPR　1492
BEP アーキテクツ　1711
CIAM　1413, 1430, 1494, 1496, 1504, 1505, 1508, 1510, 1524, 1741
—アテネ憲章　1413, 1496
DAZ　1562
DP アーキテクツ　1713
EUR（ローマ万国博覧会）　1433
　会議場　1433
G. J. モリソン事務所　1312
GAMA スタジオ　1517
GAPP アーキテクツ　1581, 1584
GATEPAC　1461
GLC→LCC 参照
GRAM キャンパス、ニザマバード　1762
H. C. プライス・タワー、バートルズヴィル、オクラホマ州　1627
I. M. ペイ　1475, 1622, 1632, 1711
I. M. ペイ＆パートナーズ　1676
IBM 研究所、アイトホールン　1496
IBM 巡回パヴィリオン　1494
IIT（イリノイ工科大学）　1619, 1622, 1625, 1632
LCC（ロンドン州議会）　1434, 1442, 1481, 1484
MBF タワー、ペナン　1715
MLC ビル、ノース・シドニー　1766
MLH アーキテクツ　1585
OMA　1497
PEPAC　1744
PWD　1709, 1711, 1713, 1715, 1741, 1744
RFB アーキテクツ　1584
SCIAM 財務省、アビジャン　1579
SEPRA　1656
TEN アルキテクトス　1657
VVR　1559

あ

アアルト、アルヴァー　1413, 1460, 1468, 1469, 1478, 1498, 1500, 1764
アアルト・スタジオ、ムンキニエミ　1469
アイ・ハヌム　168
アイアーマン、エゴン　1468, 1476, 1478
アイオリス式　122
アイゼナワー、スティーヴン　1637
アイゼンマン、ピーター　1639, 1641, 1705
アイトヴェズ、N.　1153
アイヒェル、ヤン・ブラシウス・サンティーニ　1036, 1050
アイホーレ
—ドゥルガー寺院　824
—ラーヴァラ・ファーディ窟　801
—ラティナ式寺院　808
—ラド・カーン寺院　824
アイモニーノ、カルロ　1494
アイヨー、エミール　1470
アイラヴァーテシュヴァラ寺院、ダーラスラム　818
アイン・マラハ、住居　30
アインジーデルン、修道院教会堂　1047
アヴィニョン
—教皇宮　473
—ノートル・ダム聖堂　387
—橋　394
アウグスティヌス修道参事会（黒修道参事会）　194
アウグストゥスブルク、城館　1043
アウグスブルク
—ザンクト・アンナ　1037
—フッガー家邸館　1037
アウストラル・グループ　1656
アウストロー、オルラン　1153
アヴデーヴォ、竪穴住居　225
アウト、J. J. P.　1412, 1428, 1452, 1454, 1496, 1513, 1520
アウトバーン　1429
アウランガーバード、仏教石窟　797
アウレンティ、ガエ　1475
アエゲアエ
—フィリッポス 2 世の墓　156
—マケドニア王の宮殿　166
赤いキュビストの住宅　1520
アガディール
—学校群　1581
—裁判所　1581
—市庁舎　1581
—郵便局　1581
—ラジオ・テレビ局　1581
アーキトレーヴ　115, 239
亜旧石器時代　6
アグジグハラハン、キャラバンサライ　644
アクスム
—エンダ・ミカエル　711
—グレート・ジンバブエ　711
—住居　709
—石碑　714
—タアカ・マリアム　711
—ドングール　711
—ネファス・モウチャ　714
アクバル大帝の墓廟、シカンドラ　664
アクラ
—工科大学　1581
—工業開発公社　1579
—集合住宅、クリスチャンボーグ城　1581
—スコット自邸　1581
アーグラ（アグラ）
—赤い城（レッド・フォート）　661, 827, 1433
—イティマド・ウッダウラー　664
—ジャハーンギール・マハル　661
—タージ・マハル　669, 672
—ディワーン・イ・アーム　669
—ディワーン・イ・ハース　669
—ホテル・ムガル・シェラトン　1759
—モティー・マスジッド　668
アグリジェント、郵便局　1433
アクレ、宮殿　712
アクレサ、居留地　1346
アクロイドン、労働者住宅　1206
アクロティリ、町屋　110
アゴラ　19
アザグリー、エリ　1581
アザム、エーギット・クヴィリン　1052
アザム、コスマス・ダミアン　1052
アザン邸、モンバルク　1781
アシクル、住居　34
アジス・アベバ　1577
アジャンター
—チャイティヤ窟　799
—仏教石窟　797
アシャンティの祠堂、ボウジウィ
アシィ　713
アシュヴィル
—ケニルワース・ホテル　1310
—ビルトモア　1296
アシュハバード、トルクメニスタン共和国図書館　1548
アシュビー、C. R.　1438, 1563
アシュリッジ・パーク、ハートフォードシャー州　1122
アショーカ王柱　799
アースキン、ラルフ　1481, 1497
アスクレピオス　125
アスタナ、クチン、サラワク州　1333
アスティ、洗礼堂　378
アストリュク、ザシャリ　1417
アスパース、シュヴェン　1155
アスフィールド、イアン　1765, 1781, 1782
アスプルンド、グンナール　1411, 1413, 1414, 1442, 1455, 1460
アスプルンド、ハンス　1497
アスペンドス
—劇場　290
—水道橋　296
アズマ　226
アスリン、C. H.　1483
アスンシオン、議事堂　1304
アゼ・ル・リドーの城館　979
アセニアム、ニュー・ハーモニー、インディアナ州　1641
アゼマ、レオン　1421
アダム、ウィリアム　1115, 1119
アダム、ロバート　1078
アダム・スループフッド邸、ヴァージニア・ビーチ　1280
アダムズ、ホールデン＆パーソン　1447
アタラ・モスク、ジャウンプル　646
アーチ　213, 239, 598, 599
アーチャー、ジョン・リー　1370
アーチャー・アソシエイツ　1589
アチャバル、庭園　672
アーツ・アンド・クラフツ　1438, 1442, 1448, 1454, 1455, 1503, 1520, 1592, 1599, 1604, 1764, 1782
アーツ・アンド・クラフツ運動　1168, 1230, 1411, 1434
アッカンナー・マダンナ窟、ヴィジャヤワダ　802

あ

アッシュール　79
アップミーズ、スタッフォード　1438
アーディナータ寺院、ラーナクプル　805
アテナ・アレア神殿、テゲア　146
アテナ神殿、シラクザ　313
アテネ
―アカデミー　1169
―アクロポリス　126
―アゴラ　151
―アッタロスのストア　162
―アテナ・ニケ(ニケ・アプテロス)神殿　130
―アルテミスの聖所　134
―イリッソス川畔の神殿　148
―エレクテイオン　130
―旧宮殿　1169
―国立図書館　1169
―大学　1169
―ディオニソス劇場　164
―テセイオン　145
―トロス　151
―パルテノン　126
―ブーレウテリオン　151
―プロピュライア　126
―ヘファイストス神殿　145
アデレード
―エドモンド・ライト・ハウス　1394
―セント・ピーター教会堂　1388
―フェスティバル・センター　1774
―ボタニック・ホテル　1376
アードキングラス、インヴァラリー　1438
アトキンソン・ダラス事務所　1312
アトマー、ハンス　1476
アドラー、ダンクマール　1277
アトランタ
―美術館　1641
―ピーチツリー・センター　1637
アトリウム　237, 240, 259
アトリエ 5　1500, 1501
アドルフ・ゾンマーフェルト邸、ベルリン＝ダーレム　1428
アナテュロシス　26
アニャーノ、浴場　1431
アニュレット　115
アヌラーダプラ
―ジェタヴァナ・ストゥーパ　792
―ルワンウェリセーヤ・ストゥーパ　792
アネの城館　990
アノマブ城塞　1251
アーバー・ロウ　230
アバクス　115
アバークロンビー・ハウス→マウント・プレザント　1397
アバディ、ポール　1220
アハル　104
アビア
―マオト・フォノ　1786
―立法府議場、ティ＝アファウ　1786
アビラ
―サン・ヴィセンテ聖堂　412
―市壁　404, 565
―大聖堂　549

―防御施設　412
アブ・シンベル小神殿　62
アブ・シンベル大神殿　62
アファイア神殿、アイーナ島　145
アフヴァーズ
―ジョンディ＝シャープール大学・教員用集合住宅　1563
―ジョンディ＝シャープール大学・モスク　1563
アブジャ　1573, 1587
アプタイベルク美術館、メンヒェングラートバッハ　1467
アフマダーバード→アーメダバード
アフメドフ、アブドラ　1548
アブラモヴィッツ、マックス　1629
アフリダール市民センター、アシュケロン　1571
アプリリア　1577
アプロシモフ、パヴェル　1545
アベル、アドルフ　1476
アペルト、ヴェルナー　1467
アーヘン大聖堂　401, 535
アポデュテリウム　254
アポロドロス、ダマスクスの　201, 268, 280
アポロン・エピクリオス神殿、バッサイ　146
アポロン神殿、ディデュマ　137, 148, 158
アポロン神殿、デロス島　146
アマビリス、マヌエル　1645, 1651
アマラーヴァティー、ストゥーパ　792
アミアン大聖堂　450, 461, 469
編枝土塗構造(ワトル・アンド・ドーブ)　30
アムステルダム
―アメリカン・ホテル　1452
―王宮　1071
―オープン・エア・スクール　1452
―海運協会事務所　1452
―株式取引所　1220, 1452
―官庁街　1496
―旧教会堂の尖塔　1071
―国立博物館　1211
―市立孤児院　1497
―スパールンダンメル地区　1452
―ダイアモンド産業労働者同盟ビル　1220
―デ・ヴォルケンクラベル　1452
―デ・ダヘラート集合住宅　1452
―トゥスヒンスキー映画館　1452
―トリッペンハイス　1073
―南部地区　1452
―西の教会　1071
―ベギン会修道院　547
―ポッペンハイス　1073
―ポルトガル・シナゴーグ　1073
―南教会　1071
―ルター派新教会堂　1073
アムステルダム派　1452, 1454
アムステルフェーン、ショッピングセンター　1496
アムズルフ　671
アムリ、住居　103
アーメダバード
―アティラ職員用集合住宅事業　1756

―アフマド・シャーの金曜モスク　646
―インド経営大学(IIM)　1749
―ガンディー・スマーラク・サングラハラヤ、サバールマーティ・アシュラム　1744
―ガンディー労働研究所　1752
―企業開発大学　1752
―キャリコ織物博物館　1759
―サイド・アラムのモスク　646
―サラバイ邸　1744
―サンガース　1752
―ショーダン邸　1744
―繊維織物業協会ビル　1744
―都市計画　827
―ナヴラングプーラの建築学校　1747
―ハヴェリー　831
―プレマブハイ・ホール、ティーン・ダルワザ　1748
アモン神殿、ルクソール(テーベ)　58
アモン大神殿、カルナック　58
アユタヤ
―ワット・プラ・スリ・サラペット　845
―ワット・プラ・マハタート　845
―ワット・プラ・ラーム　845
―ワット・ラート・ブーラナ　845
アラー・ア・ディンの墓、ヴァラミン　639
アライセイグ、インヴァネス・シャー　1206
アラス、市庁舎　473
アラタ、ジュリオ・ウリッセ　1431
アラップ・アソシエイツ　1491
アラド　1527
アラハン修道院　310
アラビヤン、カロ　1545
アリ・コシュ、住居　34
アリカンテ、国立体操訓練センター　1500
アリオス、水道橋　1463
アリン・ベルド、アルギシュティ 1 世の宮殿　93
アル・ウバイド、住居　37
アル＝シェイフ、モハンメド　1562
アール・デコ　1414, 1421, 1423, 1447, 1452, 1460, 1463, 1491, 1524, 1566, 1584, 1585, 1607, 1610, 1618
アール・ヌーヴォー　1168, 1230, 1411, 1413, 1415, 1417, 1418, 1421, 1426, 1430, 1431, 1438, 1454, 1461, 1463, 1503, 1521, 1526, 1533, 1535, 1551, 1592, 1645, 1763
アル＝ファルシ、サイード　1562
アル・ミニヤ、宮殿　621
アル・ワリードのモスクと宮殿、クート　618
アルヴェル、アンドレス　1548
アールカイ、アラダール　1520
アールカイ、ベルタラン　1520
アルカション、住宅　1423
アルカラ・デ・エナレス、大学ファサード　1022
アルカン、セイフィ　1552

アルケ＝スナン、王立製塩所　1013
アルゴス、ヘラ聖域　137
アルコック、ヒミー　1660
アルコバーサ、修道院　560
アルジェ　1573
―オペラ座　1256
―学生会館　1577
―ギャルリー・アルジェリエンヌ　1574
―県庁　1574
―公会堂　1577
―市庁舎　1577
―総合政庁　1577
―大聖堂　1581
―中央郵便局　1574
―都市計画　1423
―農業省　1577
―ピエール・ボルド・ホール　1577
―フロン・ド・メール　1256
―練兵場リセ　1577
アールス・バートン、聖堂　424
アルセーヌ＝アンリ、X.　1581
アルーダ、ディオゴ・デ　562
アルダラン、ナデル　1562
アルタリア、パウル　1430
アルティガス、ジョアン・ヴィラノヴァ　1657
アルティガス、フランシスコ　1651
アルティミーノ、ヴィラ　944
アルティンテペ　94
―神殿　93
アルデスタン、モスク　641
アルテミス・レウコフリュネ神殿、マグネシア　159
アルト、エミリオ　1649
アルト・パラシオ映画館、レシフェ　1646
アルトゥン・ハ、建造物 B-4、第 2 期 A　724
アルトドルフ、連邦穀物庫　1430
アルバイツグルッペ 4　1467
アルバチャ、住居　31
アルヘジャーマ、カシュガール　752
アルパール、イグナーツ　1517
アルバレス、R.　1643
アルバレス、アウグスト　1646
アルハンゲリスキー(大天使ミカエル)大聖堂、スモレンスク　348
アルビ大聖堂　469
アルビニ、アルフレード　1529
アルビーニ、フランコ　1492
アルブケルケ、アレクサンドレ　1645
アルブレヒト城、マイセン　528
アルヘシラス、市場　1463
アルベール、エドゥアール　1472
アルベルティ、レオン・バッティスタ　568, 587, 858, 886, 878, 889, 901
アルメニア共和国政庁、エレヴァン　1545
アルモナシッド、城壁　412
アルル
―円形闘技場　271
―サン・ジル・デュ・ガールの聖堂　387, 395
―サン・トロフィーム聖堂　387
アルンヘム

―児童生物学療養ホーム 1496
―彫刻パヴィリオン 1496
アレオッティ、ジョヴァンニ・バッティスタ 953
アレクサンドリア・オクシアナ 609
アレッシ、ガレアッツォ 939
アレッツォ大聖堂 572
アレッポ
―アル・フィルダウス 627
―外堡 633
―集会モスク 627
―住居の集合体 671
アレーナ 240, 255
アレリャーノ、フアン 1721
アーレンズ、シュテフェン 1578
アーレンスブルク 225
安邑[アンイ]、住居 107
アンウィン、レイモンド 1414, 1442
アンカラ
―アヌトゥカビル 1552
―エヴカフ・アパートメント 1552
―エティ銀行 1557
―大蔵省 1552
―オペラハウス 1552
―官庁地区 1552
―広報棟 1557
―国鉄本社 1552
―国会議員宿舎 1557
―国会議事堂 1552
―国会モスク 1552
―最高裁判所 1552
―参謀本部 1552
―ジェナプ・アンド邸 1552
―自治体銀行 1552
―女子職業学校 1552
―政府職員用集合住宅(サラチョール・マハレシ) 1552
―政府本庁 1552
―大学・文学部 1552
―大学・理学部 1552
―大統領官邸 1552
―中東工科大学キャンパス 1557
―展示ホール 1552
―トルコ規格協会 1557
―トルコ言語協会ビル 1557
―ハルク銀行本店 1557
アンクル・サム・プランテーション、ルイジアナ州 1294
アングレーム大聖堂 387
アンコール 694, 833
―バケン、寺院 840
―ロレイ、寺院 840
アンコール・トム 695, 834, 845
―バイヨン 845
アンコール・ワット 695, 834, 840
安済橋、趙県 758
アンザヴル、神殿 93
アンシ・ル・フランの城館 990
アンジェー
―サン・セルジュ聖堂 469
―大聖堂 469
アンジュー・ヴォールト 469
アンスヘルム、クラース 1497
アンタ 85
アンダーソン、ブリット 1487
アンダルシア、ペンシルヴェニア州 1294

アンティグア
―クラレンス邸 1280
―大学 1290
―大聖堂 1286
―レアル・カビルド(市庁舎) 1290
アンテフィクサ 115
アンテミオス、トラレスの 322
アントウェルペン→アントワープ
安藤忠雄 1697, 1701
アンドリュー、ポール 1472
アンドリューズ邸、ユーゴーラ 1778
アンドルーエ・デュ・セルソー、ジャック(1世) 886
アントワーヌ、ジャック=ドニ 1012
アントワープ
―ヴィエイユ・ブシュリ 547
―市庁舎 1065
―セント・カロルス・ボロメウス教会堂 1065
―同業組合会館 547
―ノートル・ダム大聖堂 546
―ヤーコブ・ヨルダーンスの家 1068
―ルーベンスの家 1068
アンナベルク、聖堂 524
アンバマタ寺院、ジャガト 809
アンベール、宮殿 830
アンボワーズ城 473
アンマナーティ、バルトロメオ 901, 940, 944
アンマン、カスル 613

い

イヴァングラード、自由記念碑 1530
イヴィアス、義道墓 228
イヴリー=シュル=セーヌ、タウンセンター 1475
イヴレア
―オリベッティ社オフィス 1433
―保育所 1433
イェーヴェル、ヘンリー 204, 479, 493
イェーテボリ
―裁判所増築 1460
―セードラ・グルドヘルデン 1497
―ハーランダ教会 1498
イェール大学
―学寮 1594
―建築学部 1627, 1629
―コネティカット・ホール 1290
―デイヴィッド・イングルス・アホッキー・リンク 1627
―美術館 1631
イェンセン=クリント、P. V. 1455
イオニア式オーダー 119
イオファン、ボリス 1542
イギリエン・グループ 1467
イクティノス 126
イグボ・ウクウ、墓 714
イケジャ、住宅 1581
イサクル、モスク 617
イサベル式 548
イシス神殿、フィラエ島 62
イシドロス、ミレトスの 322
石山修武 1695

石山寺、滋賀県 775
イシャーリ、神殿複合体 74
イスタナ・ニューラル・イマン、ブルネイ 1723
イスタナ・ヒンギャップ、ヌグリ・スンビラン州 1331
イスタパ、ホテル「カミーノ・レアル」 1657
イスタンブル
(*コンスタンティノポリスも参照)
―アフメト1世のモスク(アフメディエ・モスク) 660
―イチレル・アパートメント、アヤズパシャ 1552
―火事被災者用アパートメント(ハリクゼダーガン) 1552
―サバフ新聞社工場およびオフィス 1557
―シェフザーデ・モスク 654
―スレイマニエ・モスク(スレイマン1世のモスク) 654
―ソクルル・メフメト・パシャのモスク 657
―大学・美術文学部 1552
―タシュルク・コーヒーハウス 1557
―チニリ・キオスク 654
―中央郵便局、シルケジ 1551
―帝国土地登記所 1551
―トプカプ・サライ 657
―ニシャンタシ邸 1551
―ヌル・オスマニエ・モスク 660
―ハッセキ・フレムの浴場 657
―バヤジットのモスク 654
―ファーティフ・モスク 653
―ベベク・モスク 1552
―ミフリマールのモスク、トプカプ宮殿 1552
―ラレリ・モスク 660
―ルステム・パシャのモスク 657
―ルメリ・ヒサール 653
イースト・ヘスラートン、長塚 228
イースト・ロンドン、市庁舎 1269, 1585
イストラ
―新エルサレム修道院 1136
―復興計画 1545
イーストン&ロバートソン 1447
イーストン・ネストン、ノーサンプトンシャー州 1108
伊豆の長八美術館、松崎 1695
イスファハン
―アッラー・ヴェルディ・ハーンの橋 653
―アリ・カプ 651
―シェイフ・ロトゥフォッラーのモスク 651
―住居の集合体 671
―大モスク 641
―チェヘル・シトゥン 651
―ブル・イ・クハジ 651
―マスジッド・イ・シャー 651
―マーダル・イ・シャーのマドラサ 653
出雲大社 767
イスラエリヤン、ラファエル 1548
伊勢神宮 766, 1689

磯崎新 1690
イソラダ・ド・アルト・ダ・ボア・ヴィスタ学校、ボア・ヴィスタ 1660
厳島神社 769
イットルフ、ジャック・イニャス 1199
イデルソン、ベンヤミン 1566
伊東豊雄 1697, 1701
イトフォード・ヒル、住居 231
イートン、ノーマン 1578, 1585
イバダン
―大学 1581
―西ナイジェリア協同組合銀行 1579
―バンガロー 1361
―ユニヴァーシティ・カレッジ礼拝堂 1581
イフナトヴィチ、ズビグニエフ 1525
イーベル
―織物取引所 536
―シント・マルテンス聖堂 537
イマーム・レザの墓廟、メシェド 651
イミリス・ゴラ、住居 31
イムゲール・エンリル、宮殿 83
イームズ、チャールズ 1617
イームズ邸、パシフィック・パリセーズ、カリフォルニア州 1617, 1625
イーリー、大聖堂(ベネディクト会修道院大聖堂) 425, 493
イリノイ工科大学(IIT) 1619, 1622, 1625, 1632
―マスタープラン 1619
イリン、レフ 1535
イルツ、エルヴィン 1528
イルペンダム、住宅 1496
イワノヴォ=ヴォズネセンスク、理工大学キャンパス 1542
イワノフ=シッツ、イラリオン 1535
イワーン 597
イワン・イ・ケルカ 613
イン・アンティス 125
インウッド父子 1131
インガルデン、ヤヌシュ 1525
イング、ジャクソン&パーク=ロス 1578
イングランド銀行
―ブリストル支店 1175
―プリマス支店 1175
―マンチェスター支店 1175
―リヴァプール支店 1175
インゴルシュタット、市立劇場 1476
インジェ・ミナーレ・マドラサ、コンヤ 644
インスブルック、教会堂 1044
インスラ 259
インダス文明 101
インターナショナル・ホテル、マイアミ 1527
インド・サラセン様式 1735
イン橋、ツオツ 1430
インビアナ・リゾート、パハン 1715
インピントン・ヴィレッジ・カレッジ 1448
インブルウィウム 259

う

ウー&ウィリアムズ　1706
ウー・ハブ・コンプレックス　1711
ヴァグナー、オットー　1411-1413, 1415, 1452, 1467, 1504, 1505, 1508, 1610
ヴァグナー、マルティン　1412, 1428
ヴァーゴ、ピエール　1472
ヴァーゴ、ヨージェフ　1430, 1517
ヴァザーリ、ジョルジョ　944
ヴァージ、ジョン　1368
ヴァシリョフ、イヴァン　1526
ヴァースデーヴァ寺院、バンスベリア　824
ヴァダックンナータ寺院、トリチュール　824
ヴァッサーブルク、住居　231
ヴァッセンブルク、聖堂　524
ヴァーツ大聖堂　1058
ヴァッレ、C.　1577
ヴァッレ、ジーノ　1494
ヴァドステーナ城　1145
ヴァラーヒ寺院、チャウラシ　824
ヴァラン・ド・ラ・モット、J.-B. M.　1138
ヴァルガス、ジェトゥリオ　1646
ヴァルトザッセン、巡礼教会堂　1050
ヴァルナ、児童更生センター　1526
ヴァールマン、ラーシュ・イスラエル　1455
ヴァレセ、記念碑　1527
ヴァロット、パウル　1211
ヴァン・アレン、ウィリアム　1610
ヴァン・デル・スワールメン、ルイ　1454
ヴァン・ド・ヴェルド、アンリ　1414, 1417, 1418, 1424, 1426, 1452, 1454
ヴァン・ハーヴェン、ランベルト　1153
ヴァン・レイセルベルヘ、オクターヴ　1454
ヴァンクーヴァー
−旧立法府ビル　1302
−新立法府ビル　1302
ヴァンシュ、アルノー・ド　546
ヴァンセンヌ城　473
ヴァンデノーヴ、シャルル　1468
ヴァンブラ、ジョン　1077, 1108, 1438
ヴィオレ=ル=デュク、ウジェーヌ・エマニュエル　200, 1166, 1189, 1204, 1206, 1418
ヴィガーノ、ヴィットリアーノ　1494
ヴィクトリア
−アインスベリー　1397
−ウェリビー・パーク　1397
−ルパーツウッド　1397
ウィサ・ワセフ、ラムセス　1587
ウィサ・ワセフ美術館・芸術センター、ハラニア　1587
ヴィーシェク、ヤン　1510

ヴィシャヴァーダ、寺院　824
ヴィジャヤ・チョーリーシュヴァラ寺院、ナールッタマライ　814
ヴィジャヤナガラ、大都市遺構　826
ヴィスコンティ、ジョヴァンニ・ガレアッツォ　572
ヴィーズネル、アルノシュト（アーノルド）　1517
ヴィスベール団地、フォルバック　1470
ヴィーゼンキルヒェ、ゾースト　529
ヴィセンケール、工場用集合住宅　1759
ヴィターク、アントニーン　1513
ヴィチェンツァ
−ヴィラ・アルメリコ・カプラ　936
−テアトロ・オリンピコ　936
−バシリカ　933
−パラッツォ・ヴァルマラーナ　933
−パラッツォ・キエリカーティ　933
−パラッツォ・ティエーネ　933, 1535
−パラッツォ・バルバラーノ　933
−パラッツォ・ポルト・ブレガンツェ　933
−ラ・ロトンダ　936
−ロッジア・デル・カピタニャート　933
ヴィチェンツォ、アントニオ・ディ　576
ウィッティントン、ディック　479
ヴィットーネ、ベルナルド　968
ウィップル邸、イプスウィッチ　1280
ヴィテルボ、中世の家　587
ヴィテロッツィ、アンニーバレ　1496
ヴィトヴァー、ハンス　1428
ヴィトキエヴィチ、ヤン　1521
ウィトルウィウス　119, 201, 202, 209, 238, 244, 851, 858, 886
ヴィーナー、P. L.　1651
ヴィニョーラ、ジャコモ・バロッツィ・ダ　858, 944
ヴィニョン、ピエール　1014
ヴィハーラ　794
ウィプスネード、バンガロー　1448
ヴィープリ、図書館　1460
ヴィマーナ　802
ヴィラ・アルドブランディーニ、フラスカーティ　950
ヴィラ・インペリアーレ、ペーザロ　928
ヴィラ・コルナーロ、ピオンビーノ・デーゼ　936
ヴィラ・サラチェーノ、フィナーレ・ディ・アグッリアーロ　936
ヴィラ・デイ・ヴェスコヴィ、ルヴィリアーノ　928
ヴィラ・ノヴァ・デ・サン・ペドロ、砦　232
ヴィラ・バドエル、フラッタ・ポレジーネ　936

ヴィラ・バールバロ、マゼール　936
ヴィラ・ピサーニ、バニョーロ　936
ヴィラ・ピサーニ、モンタニャーナ　936
ヴィラ・フォスカリ、マルコンテンタ　936
ヴィラ・ブロックホイゼン、レールスム　1074
ヴィラ・ポイアーナ、ポイアーナ・マッジョーレ　936
ヴィラ・メディチ、フィエーゾレ　901
ヴィラ・メディチ、ポッジョ・ア・カイアーノ　902
ヴィラ・モチェニーゴ、ブレンタ河畔　936
ヴィラ・ランテ、バニャーイア　947
ヴィラ・レアル　1033
ウィラビー・ウォールド、長塚　228
ウィリアム、イギリス人　493
ウィリアム、サンスの　186, 493
ウィリアム・カールソン邸、ユーリカ　1295
ウィリアム・ロウ邸、ブリストル、ロードアイランド州　1295
ウィリアムス、アマンシオ　1656, 1660
ウィリアムズ、オーエン　1413, 1447
ウィリアムズ=エリス、クラフ　1448
ウィリアムズバーグ　1607
−ウィリアム・アンド・メアリー・カレッジ　1290
−ブルートン教区教会堂　1288
ウィリアムソン、コーウィン＆パワーズ　1574
ウィリス・フェイバー＆ダマス社ビル、イプスウィッチ　1487
ウィリッツ邸、ハイランド・パーク　1599
ウィリンク＆シックネス　1447
ウィルキンス、ヘンリー・セントクレアー　1357
ウィルキンソン、レスリー　1763
ウィルキンソン、レックス　1491
ウィルコックス=カッツ・ハウス、オーウェル　1294
ヴィルジュイフ
−学校　1470
−カール・マルクス学校　1424
ウィルソン、コリン・セント・ジョン　1484, 1487
ウィルソン、ヒュー　1483
ヴィルヌーヴ家住宅、シャルルブール　1280
ヴィルノ（ヴィリニュス）大聖堂、ポーランド　1061
ヴィルパークシャ寺院、パッタダカル　814
ウィルフォード、マイケル　1480
ヴィルリフ、エルネスト　1535
ヴィレット、入市税徴収所　1014
ウィレムスタッド
−フォート・アムステルダム教会堂　1288
−ミクバー・イスラエル・シナ

ゴーグ　1288
ヴィレール、大修道院聖堂　546
ウィーン
−イエズス会の教会堂　1044
−イェドラースドルフ教会・集会場　1467
−ヴィトブラン通りの住宅　1417
−ヴィトマン邸　1467
−ヴォーティーフキルヒェ　1204
−ウラニア劇場　1415
−ウンター・ベルヴェデーレ宮殿　1047
−屋階のオフィスへの転用　1467
−オーストリア国営旅行社　1467
−オーベレス・ベルヴェデーレ宮殿　1047
−カールスキルヒェ　1044, 1415
−旧大学　1056
−宮廷図書館　1047
−ケーゲル通りのアパートメント　1467
−工作連盟団地　1417
−ゴルトマン＆ザラチュ商店およびアパートメント　1417
−ザンクト・シュテファン聖堂　525
−ザンクト・マリーア・フォム・ジーゲ教会堂　1204
−シュタインホフの教会　1415
−シュリン宝石店　1467
−ショイ邸　1417
−小学校　1467
−ショッテンホフ　1189
−市立ホール（シュタットハレ）　1465
−聖霊教会　1415
−ゼツェッション館　1415
−ダウン・キンスキー伯の邸館　1047
−中央貯蓄銀行　1467
　−ファフォリテン支店　1467
−ツァヒェルハウス　1415
−テセウス神殿　1061
−ハインリヒスホフ　1211
−ハンガリー近衛兵館　1047
−美術アカデミー　1504, 1505
−フェルテン＆ギローム・パヴィリオン　1465
−プクスバウム広場教会　1465
−プルカースドルフ・サナトリウム　1415
−ポートイス＆フィクス商店　1415
−郵便貯金局　1415
−リンケ・ヴィーンツァイレ40番地の住宅（マヨリカ・ハウス）　1230
−レーヴェン通りのアパートメント　1467
−レンバーンヴェク教会・集会場　1467
ウィン記念図書館、ウォバーン　1302
ウィング、聖堂　424
ウィングフィールド城、ダービーシャー州　512
ウィーン工房　1415
ウィンザー城　429
ウィンズロー邸、リバー・フォレスト　1296
ウィンチェスター

う | 1861

―セント・クロス聖堂　507
―大聖堂(ベネディクト会修道院大聖堂)　421, 429, 500
ヴィンデシュ、工業学校　1500
ウィンドミル・ヒル　230
ヴヴェー、母の家　1423
ヴェイユ、ミシェル　1472
ヴェーサラ様式　813
ヴェスコッピース、精神病院　1272
ウェスタン・ケープ大学
―講堂　1584
―大学センター　1584
―大ホール　1584
―図書館　1584
―理学棟　1584
ウェスト・ケネット、通廊墓　228
ウェスト・ブランドン　234
ウェスト・ブリーン　234
ウェスト・ポイント、合衆国陸軍士官学校・礼拝堂および退役軍人会本部　1594
ウェストオーバー、ヴァージニア州　1280
ヴェスニン、アレクサンドル　1535
ヴェスニン、ヴィクトル　1535
ヴェスニン、レオニド　1535
ヴェスニン兄弟　1538, 1542
ヴェーダ　4
ヴェドド、ミマル　1551, 1552
ウェッブ、アストン　1434, 1448
ウェッブ、ジョン　1090
ヴェネツィア
―アカデミア　1494
―イル・レデントーレ聖堂　936
―カ・ダーリオ　915
―カ・デル・ドゥーカ　912
―ガレリア・クエリーニ・スタンパリア　1494
―コッレール美術館　1494
―ザッテレの住宅　1492
―サン・ザッカリーア聖堂　912
―サン・サルヴァトーレ聖堂　915
―サン・ジョヴァンニ・エ・パオロ聖堂　572
―サン・ジョヴァンニ・クリソストモ聖堂　915
―サン・ジョッベ聖堂　912
―サン・ジョルジョ・マッジョーレ聖堂　936
―サン・ニコロ・ダ・トレンティーノ聖堂　973
―サン・マルコ大聖堂　334
―サン・マルコ図書館　928
―サン・マルコの鐘塔　580
―サン・ミケーレ・イン・イーゾラ聖堂　912
―サンタ・マリア・グロリオーザ・デイ・フラーリ聖堂　576
―サンタ・マリア・デイ・ミーラコリ聖堂　915
―サンタ・マリア・デッラ・サルーテ聖堂　963
―サンタ・マリア・フォルモーザ聖堂　912
―サンティ・シモーネ・エ・グイーダ聖堂　973
―スクオーラ・ディ・サン・ジョ

ヴァンニ・エヴァンジェリスタ　915
―スクオーラ・ディ・サン・マルコ　915
―ゼッカ　930
―総督宮　576
―トッレ・デッロロロージョ　915
―パラッツォ・ヴェンドラミン・カレルジ　915
―パラッツォ・カ・ドーロ　576
―パラッツォ・カヴァッリ　580
―パラッツォ・グリマーニ　930
―パラッツォ・コルナーロ　930
―パラッツォ・コルネル・スピネッリ　915
―パラッツォ・コンタリーニ・ファサン　580
―パラッツォ・ピサーニ　580
―パラッツォ・ファルセッティ　378
―パラッツォ・フォスカリ　580
―パラッツォ・ペーザロ　963
―パラッツォ・ロレダン　383
―フォンダコ・デイ・トゥルキ　378
―プロクラティエ・ヴェッキエ　915
―マッツォルボの集合住宅　1494
―ロッジェッタ　930
ヴェーバー、マルティン　1428
ウェラリウム　271
ヴェリカノフ、アレクサンドル　1548
ヴェリカンガス、マルティ　1460
ヴェリコ・タルノヴォ、ホテル　1527
ヴェリコフスキー、ボリス　1542
ヴェリング、庭園　672
ヴェリングビュー衛星都市　1497
ウェリントン
―J. A. バード邸　1765
―アスフィールド邸　1782
―駅　1781
―旧セント・ポール教会堂　1386
―コックス邸、ペトーニ　1786
―シビック・スクエア　1781
―図書館　1781
―バーハムポア・フラッツ　1782
―ブリッテン邸　1786
―マッシー・ハウス　1765, 1781
―マリスト会神父隠遁所付属フツナ礼拝堂　1782
―郵便局　1397
ウェルウィン・ガーデン・シティ　1415, 1442
ヴェルギナ→アエゲアエ
ヴェルサイユ　1003
―サン・ルイ聖堂　1008
―プティ・トリアノン　1012
ウェルズ&ジョイス　1715
ウェルズ大聖堂　495
ヴェルデル、R.　1525
ヴェルネック、城館　1054
ヴェルヘーレン隠居所　1272
ヴェーレ
―市庁舎　547
―聖堂　546
―ヘット・ランメチェ　547
ヴェローナ
―円形闘技場　290

―カステルヴェッキオ美術館　1494
―サン・ゼーノ・マッジョーレ聖堂　378
―サンタナスタシア聖堂　576
―市庁舎の鐘塔　580
―スカリージェロ橋　580
―パラッツォ・デイ・ディアマンティ　916
―パラッツォ・デッラ・グラン・グァルディア　933
―パラッツォ・デル・コンシリオ　915
―パラッツォ・ベーヴィラクア　930
―パラッツォ・ポンペイ　930
―パリオ門　930
―ペッレグリーニ礼拝堂、サン・ベルナルディーノ聖堂　933
―ボルサーリの門　275
―ポンテ・ディ・カステル・ヴェッキオ　580
―マドンナ・ディ・カンパーニャ聖堂　930
ヴェンチューリ、ロバート　1637, 1639
ウェントワース・ウッドハウス、ヨークシャー州　1115
ヴォ・トアン　1589
ヴォ＝ル＝ヴィコントの城館　1003
ヴォイジー、チャールズ・フランシス・アンズリー　1226, 1438
ウォーキング・シティ　1690
沃国[ウォオコ]、住居　107
ヴォクセニンスカ教会、イマトラ　1469
ウォーターヴリエット・アーセナル倉庫、ニューヨーク州　1301
ウォーターハウス、アルフレッド　1193
ウォード邸、オークスウッド　1295
ウォーナム、G. グレイ　1447
ウォラート、ヴィルヘルム　1498, 1581
ウォラトン・ホール、ノッティンガム　1079
ウォリス、ギルバート&パートナーズ　1447
ヴォリニェ、屋外学校　1517
ウォルウェ・サン・ランベール
―カペルヴェルト田園郊外　1454
―ルーヴァン・カトリック大学学生寮　1468
月精寺[ウォルジョンサ]、平昌郡　764
ヴォルスター、スタウチ　1584
ヴォルテッラ
―城　591
―パラッツォ・デイ・プリオリ　587
―ポルタ・アッラルコ　248
ヴォールト　239, 598, 607
ウォルト・ディズニー・ワールド、ホテル、フロリダ州　1641
ヴォルバーケンス学校、フーズム　1498
ウォルマー城　508
ヴォルムス大聖堂　402

ウォーレン&ウェトモア　1594
ウォーレン・ヘイスティングの住宅、アリーブル　1357
ヴォロニキン、A. N.　1143
ヴォロノヴォ、カントリークラブ　1548
ヴォン・ゴーゲン、アレクサンドル　1533
ヴコヴァル、廟　1530
宇佐神宮　767
牛田フィンドレイ　1705
牛窓国際芸術祭事務局　1695
ウシュマル
―総督の館　729
―尼僧院　729
ウズカンブルク、墓　259
ウースター、大聖堂　429, 500
ウースター(南アフリカ)
―オランダ改革派教会堂　1265
―裁判所　1264
ウスペンスキー大聖堂　348
ウダイェシュヴァラ寺院、ウダヤプル　813
ウダイプル
―宮殿　830
―ジャグ・ニワス　830
―モハン・マンディール　830
ウダヤギリ(オリッサ州)
―僧院　797
―ラーニー・グンパー　797
ウダヤギリ(マディヤ・プラデーシュ州)
―グプタ石窟　801
―僧院　797
打放しコンクリート　1689
ウチャル、ペドリ　1552
ウッズ、シャドラッチ　1472
ウッツォン、ヨーン　1498, 1499, 1559, 1581, 1774
ウッド、エドガー　1438
ウッド&セラーズ　1438
ウッドヘンジ　230
ウトキン、イリヤ　1549
ウハイディル、遺構　623
ウブサラ、植物園　1155
ウフテマス(国立高等芸術技術工房)　1412
ウフリク、ペートル　1517
ヴュルツブルク
―司教館　1052
―女子刑務所　1061
―新教会堂　1043
―新修道院付属参事会教会堂　1050
―ユリウス大学　1043
ヴュルテンベルク、ロルヒの学校　1478
ウラジーミル
―ウスペンスキー(聖母就寝)大聖堂　348
―黄金の門　348, 353, 357
―聖ドミトリー大聖堂　350, 357
ヴラジミロフカ、ロングハウス　226
ウラソフ、アレクサンドル　1545
ウル
―王墓　75
―ジッグラトと聖域　74
―霊廟　74
ウルク　72
―円柱神殿　74

—ジッグラト　74
—白神殿　74
ウルコラ, F.　1461
ウルネスの聖堂、ソグネ・フィヨルド　438
ウルバーン＆コイル　1559
ウルビーノ
—サン・ベルナルディーノ聖堂　906
—大学・学生寮　1494
—パラッツォ・ドゥカーレ　905
ウルマン、ヘルムート　1480
ウルム大聖堂　528
ウルムチ
—空港ターミナルビル　1673
—新疆賓館　1676
ウルリヒ, G.　1577
ウン・ケン・シアン　1709
ウンガース, O. M.　1478
雲崗石窟、大同　752
ウンダヴァッリ、石窟複合体　801
ウンム・ダバギーヤ、住居　37

え

エイヴベリー、環状列石　230
エイセルステイン、教会堂の塔　1071
『営造方式』　737
エイブラハム・アッカーマン邸、ハッケンサック　1280
エイブル, B.　1525
エイブル, M.　1525
永保寺開山堂、岐阜県　778
永楽宮、永済県　752
エヴァンス、アーサー　13
エヴルー大聖堂　469
エガス、アントン　559
エガス、エンリケ　559
エカテリーナ宮殿(大宮殿)、プーシキン　1138
エカーラ宮、ケレタロ　1281
エキヌス　115
エギュの塔、エクサン＝プロヴァンス　993
エキュリ＝ル＝ルポ、神殿　235
エーグ＝モルト　473
エクーアンの城館　990
エクス＝ラ＝シャペル→アーヘン
エクス＝レ＝バン、回転日光浴室　1423
エクスペール、ロジェ　1423
エクセター大聖堂　425, 494
エクセドラ　125
エグネル、スティグ　1559
エクホルム、ペル＝アクセル　1497
エグリ、エルネスト　1552
エゲリクス, J. J.　1454
エコール・デ・ボザール　883, 1411, 1417, 1418, 1423, 1434, 1442, 1463, 1470, 1527, 1551, 1591, 1607, 1631, 1643, 1651
エコール・デ・ポンゼショセー　883
エコール・ポリテクニーク　883
エジオン・ゲベル　88
エスコム、聖堂　421, 424
エステーヴ、ジョゼフ　1587
エステルゴム大聖堂、ハンガリー　1061
エステルラー、聖堂　439

エストベリ、ラグナール　1442, 1455
エスピノーサ　1643
エースレーヴ、コミュニティ・ホール　1497
エッセ、通廊墓　228
エツナー、五層神殿　724
エッフェル、ギュスターヴ　884
エッペンハウゼン
—クノ邸　1426
—ホーエンハーゲン郊外住宅地　1424
エディルネ
—アルプルのアーチ橋　657
—セリミエ・モスク　657
—バヤジット2世の建物群　654
—ユチ・シェレフェリ・モスク　653
エディンバラ
—王立医学校　1172
—王立スコットランド協会　1172
—シャーロット・スクエア　1119
—スコットランド・ナショナル・ギャラリー　1172
—スコティッシュ・アカデミー　1131
—セント・アンドリューズ・ハウス　1447
—ニュータウン　1117
—ハイ・スクール　1131
—ヘリオット養育院　1090
エトヴァスハウゼン、教区教会堂　1054
エドフ
—ホルス神殿　68
—マンミシ神殿　68
エドワーズ、トリスタン　1584
エドワード朝バロック　1434, 1448
エピダウロス
—アスクレピオス神域　146, 164
—競技場　166
—聖域　137
エピトー、ジョルジュ　1430
エフェソス
—アルテミス新神殿　148
—アルテミス聖域　137
—ケルススの図書館　268
—ハギオス・ヨアンニス・オ・テオロゴス聖堂　301, 309, 327
—ハドリアヌス神殿　262
エプハルト、ボド　1424
エマーソン、ウィリアム　1365
エマニュエル教会、フレレタウン　1256
エマリー＆ミケル　1577
エームズ・ゲート・ロッジ、ノース・イースリン　1295
エムリー＆ウィリアムソン　1574
エメリヒ・アム・ライン、聖霊教会　1476
エリオット、ジュリアン　1581, 1584
エリザベスヴィル、住宅　1581
エリザベス農場、パラマッタ　1247, 1379
エリス、エドゥアルド　1649
エリス、クラーク＆ギャランノー　1447
エリス、ピーター　1199
エリス、レイモンド　1484

エリドゥ　72
—神殿　37
エル・エスコリアル宮殿　865
エル・ガーバ、住居　709
エル＝カフラウィ、カマル　1562
エル・クルル、メロウェのピラミッド　714
エル・ジェム、円形闘技場　290
エル・バダリ、住居　38
エル・ピラール大聖堂、サラゴサ　1030
エル・ペドレガル　1651
エル＝ワキル、アブデル＝ワヘド　1562, 1587, 1589
エルヴィ、アアルネ　1469
エルウッド、クレイグ　1617, 1625
エルサム・ロッジ、ケント州　1094
エルサレム　88
—YMCA　1571
—アル・アクサのモスク　618
—イスラエル博物館　1571
—岩のドーム　414, 618
—ギロ　1571
—鎖のドーム　618
—最高裁判所　1571
—サンタンヌ聖堂　417
—シュムエル・ハナギド通りのアパートメント　1566
—ショッケン家住宅および図書館　1566
—スコットランド国教会・セント・アンドリューズ教会　1566
—スコティッシュ・ホスピス　1566
—聖墳墓聖堂　303, 414
—総督府　1566
—ハダサー病院、スコプス山　1566
—ハマロート・ハウス　1566
—ヘブライ・ユニオン・カレッジ　1571
—マスジド・アル＝アクサ　1552
—マルティリウム(殉教記念堂)・バシリカ　305
—モルモン大学・エルサレム中東研究センター　1571
—レウミ銀行　1566
—ロックフェラー美術館　1566
エルスロー、ロングハウス　226
エルダム、セダド　1552
エルブ, P.　1581
エルフルト
—ザンクト・ゼーフェリ大聖堂　519
—バルフーセル聖堂　524
—プレディゲル聖堂　524
エルブロング、旧市街再建　1525
エルマル・キリセ、カッパドキア　331
エルミタージュ、デュレハーヴェン　1153
エルミナ、住宅　1260
エルム・ストリート学校、ミドルトン　1438
エルムズ、ハーヴェイ・ロンスデイル　1169
二里頭[エルリトゥ]
—宮殿　107
—住居　105

エレ、エマニュエル　1012
エレウシス、デメテル・コレ　137
エレゴー、学校　1460
エーレブルー
—バルーンバカルナ集合住宅　1497
—ロスタ住宅地　1497
エレーラ、フアン・デ　1025
エローラ
—インドラサバー　802
—ヴィシュヴァカルマ窟　794
—カイラーサ寺院　802, 814
—僧院　797
—ラーヴァナカーカイ窟　801
—ラメシュヴァラ窟　801
エーン、カール　1417
エンクハイゼン、市庁舎　1073
円形闘技場　240
エンゲル, C. L.　1145, 1161
エンゲルベルク、学校　1500
エンタシス　115, 130
エンタブラチュア　115, 239
エンデ、ヘルマン　1323
エンヌビク、フランソワ　884, 1413, 1418, 1434
エンバートン、ジョゼフ　1448

お

オイゲルベルク、ブルクハルト　528
オイテンハーケ、オランダ改革派教会堂　1265
黄金寺院、アムリトサル　826
黄金八角堂、アンティオキア　309
横断アーチ　342
オヴチャロフ, G.　1526
オウデナールデ
—市庁舎　547
—ノートル・ダム・ド・ラ・パムル聖堂　537, 546
オウルンサロ、中学校　1469
オウロ・プレート
—刑務所　1290
—サン・フランシスコ・デ・アッシジ聖堂　1286
オエクス　259
大浦天主堂、長崎　1325
大阪
—住吉大社本殿　767
—住吉の長屋　1697
—そごう百貨店　1689
—吉村家　788
大高正人　1690
岡山、城下町　784
置千木　767
オーク・アレー、ルイジアナ州　1294
オークランド
—オール・セインツ教会、ポンソンビー　1782
—ギブス邸　1786
—グラマー・スクール　1781
—コングレーヴ邸　1782
—シヴィック・シアター　1782
—ジェンナー邸　1765
—市美術館　1397
—ステート・フラッツ　1782
—ストーンウェイズ　1782
—セント・ジョン大学礼拝堂　1386

―セント・バーナバス教会堂 1386
―セント・メアリー臨時大聖堂 1386, 1401
―ディルワース・ビル 1782
―ドメイン温室 1782
―ニュージーランド銀行 1397
―馬術クラブの厩舎複合施設 1781
―ビニー邸 1782
―ミッチェル/スタウト邸 1786
―ユニヴァーシティ・カレッジ 1781
―レイナー邸 1782
オコトラン、サンクチュアリー 1286
オゴルマン、フアン 1645, 1651
オシオス・ルーカス修道院
―主聖堂 327
―テオトコス聖堂 327
オシリス柱 62
オスティア
―イソラ・サクラ墓地 290
―キューピッドとプシュケの家 296
―セラピデの家 296
―ディアナの家 296
―ホレア・エパガティアーナ 296
オステンパーク、城塞 1344
オストロゴヴィチ、カシミル 1529
オズボーン・ハウス、ワイト島 1186
オースマン、ウジェーヌ=ジョルジュ 875, 1166
オスロ
―救世主聖堂 1153
―大学 1155
―取引所 1155
―ノルウェー銀行 1155
オゼル、ロベール 1472
オーセール大聖堂 466
オーゼンセ、大学 1498
オーダー 239
オタニエミ
―大学・礼拝堂 1469
―ディポリ学生寮 1469
オタワ、自治領議事堂 1302
オータン
―サンタンドレの門 255
―大聖堂 387
―ヤヌス神殿 266
オチャキ・マグラ、住居 226
オックスフォード
―アウグスティヌス会修道院聖堂 425
―アシュモーリアン美術館（大学ギャラリー） 1172
―ウォーダム・カレッジ 1088
―ウースター・カレッジ、セインズベリー・ビル 1484
―オール・ソウルズ・カレッジ 1108
―キーブル・カレッジおよびチャペル 1204
―クィーンズ・カレッジ、学寮長公舎 1484
―シェルドニアン劇場 1094
―セント・キャサリンズ・カレッジ 1484

―セント・ヒルダズ・カレッジ
　―ウォルフソン・ビル 1484
　―ガーデン・ビル 1484
―セント・フィリップ・アンド・セント・ジェームズ教会堂 1204
―大学博物館 1193
―大聖堂 494
―テイラー協会 1172
―トム・タワー、クライスト・チャーチ 1100
―ボドリーアン・タワー 1082
―マートン・カレッジ 1088
―ラドクリフ・カメラ 1113
―ラドクリフ天文台 1122
オッテロロ
―クレラー＝ミュラー国立美術館 1452
　―増築 1497
―彫刻パヴィリオン 1496
オット、カルロス 1475
オットー、フライ 1478, 1480, 1559, 1629
オットー、ロルフ・ゲオルク 1501
オットーボイレン、ベネディクト会修道院教会堂 1054
オーツホーン、オランダ改革派教会堂 1265
オディジエ、レイモン 1472
オテル・ブーマルヌ・ドゥ・ダデス、ブーマルヌ 1475
オーデルゲム、ブラシヌ通りの住宅 1455
オトゥール、ダーモット 1452
オードリー・エンド、エセックス州 1082
オナト、エミン 1552
オヌクール、ヴィラール・ド 215
オーネイ=オ=ブランシュ 235
オネガー、J.-J. 1581
オネガー、ドニ 1430
オピストドモス 148
オーフォード城、サフォーク州 429, 507
オプス・クワドラトゥム 259
オプス・ミクストゥム 339, 341, 345
オプス・レティクラトゥム 259
オフチャロフ、ゲオルギ 1526
オペルスドルク 76
オペルスボーム、学校 1478
オムラミア 1559
オランジュ
―劇場 271
―ティベリウスの凱旋門 255
オリヴィエラ、マテウス・ヴィセンテ・デ 1033
オリヴェティ 1577
オリュントス 153
オリュンピア
―聖域 137
―ゼウス神殿 145
―体育館 166
―フィリッペイオン 158
―ヘライオン 137
オール・セインツ教会堂、ブロックハンプトン 1220, 1442
オール・セインツ教会堂、ホーウィック 1386
オール・セインツ教会、ポンソン

ビー、オークランド 1782
オール・セインツ教会堂および司祭館、ボイン・ヒル、メイデンヘッド 1204
オール・セインツ大聖堂、ハルトゥーム 1260
オール・ソウルズ教会堂、ランガム・プレイス 1129
オルヴィエート
―大聖堂 584
―飛行機格納庫 1433
―ベルヴェデーレ神殿 244
オルジャイ、アラダール 1520
オルジャイ、ヴィクトル 1520
オルタ、ヴィクトール 1168, 1230, 1454
オルチャ、宮殿 830
オールディング（ニュー・ファーム）、グレイズウッド 1447
オルトスタット 79, 88
オルネケル、J. 1418
オルブリヒ、ヨーゼフ・マリア 1413, 1415, 1424, 1438, 1455
オルベテッロ、飛行機格納庫 1433
オールボー、美術館 1498
オルリー空港
―管制棟 1472
―飛行船格納庫 1421
オルレアン
―市庁舎 993
―大聖堂 473
折れ軸（ベント・アクシス）型 74
オレンセ大聖堂 411
オロック、J. W. 1599
オンタニョーン、ホアン・ヒル・デ 215, 559

か

カー、ピーター 1391
カイアポイ 1401
―セント・バーソロミュー教会堂 1386
開元寺塔、定県 749
カイザー、ヨーゼフ 1480
カイセリ
―ドネル・キュンベット 639
―マフベリ・クハトゥンの墓 639
凱旋門 255, 290
階段状ピラミッド 45
開智学校、松本 1325
カイツ、城塞 1344
カイペルス、ペトリュス・ヨセフス・フベルテュス 1211
カイラモ、エルッキ 1469
カイラワーン
―3つの扉のモスク 628
―大モスク 628
カイロ
―アス・サリフ・タライのモスク 630
―アブ・スフェイン 614
―アメリカン大学 1577
―アラブ芸術博物館 1255
―アル・アクマルのモスク 630
―アル・アズハル、キャラバンサライ 635
―アル・アズハル・モスク 630
―アル・アドラ 614

―アル・グユシのモスク 630
―アル・ナーシル・ムハンマドのマドラサ 633
―アル・ハーキムのモスク 630
―イブン・トゥールーンのモスク 630
―ヴィラ・サン・モーリス 1255
―ヴィラ・ゾゲブ 1255
―ヴィラ・ドゥロール 1255
―オマール・スルタンの宮殿 1255
―オール・セインツ大聖堂 1260
―カーイト・ベイのマドラサ 635
―カスル・エル・ニル宮殿 1255
―寄進者ビル 1577
―クイジマス・アル・イシャキのモスク 635
―ゲジーラ宮殿
―サラルとサンジャル・アル・ジャワリのアミールの墓廟 633
―集会モスク 633
―スルタン・カラーウーンの墓廟とマドラサ 633
―スルタン・カーンスーフ・アル・ガウリーのモスクと墓 635
―スルタン・ハッサンのマドラサとモスク 633
―ダルブ・キルミズ地区 1585
―ナイロメーター 628
―バイバルスのモスク 633
―ハイリー・ベイ宮殿 1255
―バブ・アン・ナスル 630
―バブ・アン・ナスル、キャラバンサライ 635
―バブ・ズワイラ 630
―バブ・フトゥ 630
―バベル・ハディド 1255
―ハラト・ズウェイラ 614
―バルクークのカナカーと墓 635
―ファーティマ朝の城塞 630
―ミスル銀行 1577
―ムアッディエ・モスク 635
カヴァッリ邸、ヴェルシオ 1501
カヴァリーアハウス、プファウエン島 1060
ガウディ、アントニオ（アントニ） 1223, 1461
カウトゥア、アパートメント 1500
ガウハル・シャードのマドラサ、ヘラート 650
カウフマン、リヒャルト 1566
カウンティー・クラブ地区、カンザス・シティ、ミズーリ州 1604, 1618
カエサレア、教会堂 417
カエディ、病院 1587
夏王朝 4
カカドゥ・ヴィジター情報センターおよび公園本部、ヌランバイ 1778
香川県庁舎、高松 1690
カガン、ミシェル 1475
鶴林寺本堂、兵庫県 780
囲い地 230
カーサ・デ・アルフェニーケ、プエブラ 1281

カザコフ、M.F.　1138, 1143
カーサス　221
カサス・ブランカス・グループ　1649
カサブランカ
—アパートメント　1581
—学校　1581
—裁判所　1577
—市庁舎　1577
—ダル・ラマネ集合住宅コミュニティ　1589
—ドック施設および倉庫　1577
カサマリ、修道院聖堂　572
カザーレ・マリッティモ、墓　248
カシアン=ベルナール、ジョゼフ　1417
カシオバリー、ハートフォードシャー州　1094
カシュマイユ=デイ、N.F.　1447
カジュラーホ
—ヴィシュヴァナータ寺院　809
—カンダーリヤー・マハーデーヴァ寺院　809
—寺院配置　802
—ラクシュマナ寺院　809
カズヴィーン
—ハイダリア　644
—モスク　617
カスティリオーネ、F.ジュゼッペ　1312
カスティーリョ、ホアン・デ　562
ガースティン、ジョン　1357
カステル・デル・モンテ、プーリア州　591
カーステンボシュ、国立植物学研究所・研究実験棟および図書館　1584
カスバ、アルジェリア　672
カスル・アムルの浴場　621
カスル・アル・ハッラバト　621
カスル・アル・ヘイル・アル・ガルビ　621
カスル・アル・ヘイル・アル・シャルキ　621
カスル・イ・シリン　613
カスル・カラネ　614
風の塔、横浜　1701
カセレス
—集合住宅　1499
—フィンカ・クラベリア　1461
カタコンベ　297, 305
片山東熊　1324, 1689
カタール、大学　1562
堅魚木[かつおぎ]　767
ガッソン、バリー　1487
ガッタ、サンテオ　591
カップ・サンテ教区教会堂、ケベック州　1288
カッラーラ　200, 203
カーディフ
—ウェールズ国立博物館　1434
—カーディフ・キャッスル　1206
—官庁街　1434
—キャッスル・コッホ　1206
—裁判所　1217
—市庁舎　1217, 1434
カーディマイン、住居の集合体　671
ガーテシュヴァラ寺院、バドリー（バロリー）　808
カーテン・ウォール　1415,

1423, 1433, 1447, 1454, 1468, 1470, 1487, 1492, 1496, 1499, 1622, 1625, 1627, 1637, 1646, 1764
カドゥナ　1573
ガードナー・ピングリー・ハウス、セーラム　1294
カーナヴォン城　480, 508
ガーナ大学、レゴン　1574
ガーネス、オークニー諸島　235
カノ、アロンソ　1022
カノ(ナイジェリア)、ブリティッシュ・カウンシル事務所および図書館　1587
カノーヴァ、アントニオ　975
カバー、コズ・ポープ　729
カバネマ、グスタヴォ　1646
カバブランカ・イ・グラウベラ、アキレス　1646
カービー・ホール、ノーサンプトンシャー州　1079
カビアーティ、オッタヴィオ　1577
ガビイ、聖域　249
ガフ、ピアーズ　1491
ガフ、ブルース　1617, 1619, 1625
カーフ・オブ・イーデイ、オークニー諸島　235
カファジョーロ、ヴィラ　901
カフィエロ、V.　1577
カーフィリー城　508
ガフウォフスキ、タデウシュ　1525
ガフラ、フランチシェク・L　1513
ガブリエル、アンジュ=ジャック　1008
カブレロ、フランシスコ　1499
カベイロイ、サモトラケ島　137
カペラス・インペルフェイタス、バターリャ　562
カベリ、クラウディオ　1649
カペン邸、トップスフィールド　1277
カホキア、モンクス・マウンド　720
鎌倉
—円覚寺舎利殿　780
—近代美術館　1690
—建長寺　778
カマス、ヴァンサント＆レヴァティ　1759, 1762
上ゼムン、新住宅地　1529
上ナザレ、丘陵集合住宅　1566
ガミナルティ島、メロウェの住居　709
カミュゾ、ロベール　1472
カムデン・パーク・ホームステッド、メナングル　1380
感恩寺[ガムンサ]、月城郡　760
カヤリデレ
—神殿　93
—墓　93
カラ・イ・ゾハク　610
カラ・イ・ヤズデギルド　610
カラ・ピー、石造の塔　234
カライティヴ、城塞　1344
カーライル
—アウグスティヌス会修道院聖堂　425
—大聖堂　493
カラカス

—「1月23日」開発　1656
—ウニダード・デ・アビタシオン、セロ・グランデ　1656
—エル・シレンシオ再開発　1656
—カーサ・ヒセラ・アドヒマン　1660
—カントリークラブ　1660
—市立大学　1651, 1656
—セロ・ピロト集合住宅開発　1656
—ポラール・ビル　1646
—マルティン博士邸　1660
カラサン、仏教祠堂　845
カラシメオノフ、ペテル　1526
空積み　222, 226, 234
カラトラバ、サンチャゴ　1500
カラノヴォ　226
ガラーフ、住宅・礼拝堂・門　1461
空目地積み　30
唐様　778
カラン、空港　1709
ガリア、ホセ・ミゲル　1646
カリアティド　134
カリクラテス　126
カリシュ、教会　1525
カリスブルック城、ワイト島　429, 508
カリーニン(トヴェリ)、復興計画　1545
カリバンガン　104
—住居　103
カリブ・ヒルトン・ホテル、サン・フアン　1649
カリフォルニア・バンガロー　1763, 1774
カリマコス　119
ガルカウ農場　1426
カルカッソンヌ
—サン・ナゼール聖堂　469
—城　473
—要塞都市　394
カルカッタ
—ヴィクトリア女王記念館　1365, 1736
—ウィリアム城塞　1348
—銀貨鋳造所　1357
—グランド・ホテル　1361
—高等裁判所　1357
—公立図書館　1357
—市庁舎　1357
—新事務局　1744
—政庁　1357
—セント・アンドリュー長老派教会堂　1350
—セント・ジョン教会堂　1350
—セント・ピーター教会堂　1350
—セント・ポール大聖堂　1350
—タージ・ベンガル・ホテル　1759
—都市住宅、チョーリンギー通り　1357
—ハウラー駅　1741
—ハウラー橋　1741
—バラックポール・ハウス　1357
—郵便局、ダルハウジー広場　1357
—ライターズ・ビル　1353
ガルシュ
—シュタイン邸　1423
—ブイエ邸　1431

カルジーン・キャッスル、エアーシャー　1119
カルステン、トーマス　1719
カールスルーエ
—宮殿　1056
—中央広場　1058
ガルダイア、住宅　1589
カルタヘナ
—サン・フェリペ・デ・バラハスの城塞　1281
—大聖堂　1284
—マルケス・デ・ヴァルデホヨスの邸宅　1281
カルタヘナ・デ・インディアス、迎賓館　1660
カルダリウム　254, 288
ガルデッラ、イニャーツィオ　1492
カルトゥジオ修道会　194
カルナック、ブルターニュ地方　230
ガルニエ、J.-L.-C.　1196
ガルニエ、トニー　1421
ガルバグリハ　800
カルバハル、ハビエル　1499
カルバラ市立図書館　1557
ガルバン、ホアキン　1660
カルピティヤ、城塞　1346
カルピンスキ、ズビグニエフ　1525
ガルフ・フセイン、大統領休憩所　1587
カルブ・ロゼ、聖堂　310
カルフィク、ウラジーミル　1513
ガルフェッティ、アウレリオ　1501
カルボヴィチ、M.　1525
カルマール
—城　1145
—大聖堂　1148
カルマン、マッキンネル＆ノールズ　1629
カルミ、ドヴ　1566, 1571
カルミ、ラム　1571
カルミ=メラメーデ、アダ　1571
カルミル・ブルール、要塞　89
カルムナイ、居留地　1346
カールリー、チャイティヤ窟　794, 799
カルリュ、ジャック　1421
カルローニ、ティータ　1501
カルローネ、カルロ・アントニオ　1044
ガレ、エミール　1417
カレ＆ヘイスティングズ　1594
カレス、J.　1517
カレッジ、ヴィラ　901
カレドン、イギリス国教会教会堂　1265
カレーノ、フェルナンド・デ　566
ガレルスの祈祷堂、ディングル　429
カロラ、ファブリツィオ　1587
カロル、ルイス　1584, 1585
カワ、東宮殿　713
河合浩蔵　1324
カン
—アベイ=オーゾム(サンテティエンヌ聖堂)　366, 394, 466
—アベイ=オ=ダム　394
—サン・ピエール聖堂　466
—住居　478

か～く

カーン、アルバート　1610, 1613, 1619, 1622, 1637
カーン、ファズラー・ラーマン　1559
カーン、ルイス　1501, 1581, 1631, 1735, 1749, 1756
カン・アトシャン　623
ガンガイコンダチョーラプラム、寺院　818
岩窟墓　168
カンクン、ホテル「カミーノ・レアル」　1657
関西国際空港ターミナル　1705
ガンジダレ、村　34
環状列石　221, 230
カン石　203, 204
カンダギリ、僧院　797
カンタクジノ、ゲオルゲ・マテイ　1527
ガンタサーラ　792
カンタベリー（ニュージーランド）
  ―大学・時計台棟　1401
  ―地方議事堂　1379
  ―地方政府議事堂　1401
  ―テラス・ステーション　1370
カンタベリー大聖堂　186, 425, 448, 478, 493, 500
ガンダーラ、ストゥーパ　792
カンタルジエフ、P.　1526
カーンチープラム
  ―エーカンバレーシュヴァラ寺院　805
  ―カイラーサナータ寺院　802, 814
  ―マヘンドラヴァルメシュヴァラ堂　814
カンデー（キャンディー）
  ―宮殿　827
  ―スプリット・レベル・ハウス　1747
  ―バンガロー　1361
ガンドルフィ、V.　1492
広東国際大廈　1680
カンパニーレ　378
カンバーノールド、タウンセンター　1483
カンパラ
  ―イギリス国教会大聖堂　1260
  ―国立劇場・文化センター　1579
  ―集合住宅　1581
  ―ルバガ大聖堂　1256
カンビオ、アルノルフォ・ディ　568, 580, 587
カンプマン、ハック　1460
カンペイ、大モスク　646
カンペン
  ―市門　547
  ―シント・ニコラス聖堂　546
カンポ・バエサ、アルベルト　1500
カンポン・アイール、ブルネイ　1331
干欄式　752

き

キヴァ　715
キエーティ、学生寮　1494
キエフ
  ―ウクライナ閣僚会議ビル　1545
  ―皇宮　1138

―再開発計画　1545
―聖アンドレイ大聖堂　1138
―聖ソフィア大聖堂　354
ギオーシェン、M. J.　1577
キオスク　39
ギガンティア、神殿　230
菊竹清訓　1690, 1705
ギーザ（ギザ）
  ―カフラー王のピラミッド　53
  ―クフ王の大ピラミッド　52
  ―芸術センター　1587
  ―大スフィンクス　53
  ―タペストリー美術館　1587
  ―マスタバ　45
  ―メンカウラー王のピラミッド　53
擬似サラセン様式　1325
キジル石窟　752
キーズ＆ドゥズウェル　1709
キセラ、ルドヴィーク　1517
ギーゼル、エルンスト　1500
北アデレード、会衆派教会堂　1388
基泰工程司　1663, 1673
北川原温　1705
北九州市立中央図書館　1695
ギッブス、ジェームズ　888, 1108, 1113
キト　1643
  ―アウディエンシア　1288
  ―サン・フランシスコ修道院と教会堂　1284
  ―メルセス会修道院　1286
  ―ラ・コンパニーア聖堂　1286
キドナー、ウィリアム　1312, 1315
機能主義　1412, 1428, 1496, 1504, 1510, 1513, 1521, 1529, 1557, 1639, 1645, 1646, 1764
ギバード、フレデリック　1491
吉備津神社、岡山県　769
キープ（天守）　413, 429
キブツ・デガニア、学校　1566
キブツ・テル・ヨセフ　1566
キブツ・ベト・アルファ　1566
キブツイム　1566
ギベルティ、ロレンツォ　580
ギマール、エクトール　1168, 1220, 1418
キャッスル・アシュビー、ノーサンプトンシャー州　1082
キャッスル・ハワード、ヨークシャー州　1108
キャッスル・ライジング城、ノーフォーク州　429
キャメロン、チャールズ　1143
ギャランティ・ビル、バッファロー　1305
キャリガン邸、サン・アンセルモ　1296
キャンディー→カンデー
キャンディリス、ジョジック＆ウッズ　1478
キャンディリス、ジョジック、ウッズ＆ポンス　1578
キャンディリス、ジョルジュ　1472, 1578
キャンデラ、フェリックス　1649
ギャンブル邸、パサディナ　1604
キャンベラ
  ―エドモンド・バートン・オフィス　1766

―オーストラリア国立美術館　1770
―オーストラリア国会議事堂　1770
―オーストラリア最高裁判所　1770
―ベデーヴェール　1380
―マクローラン・オフィス　1766
キャンベル、コリン　888, 1077, 1143
キャンベル、ゾゴロヴィチ、ウィルキンソン＆ガフ　1491
九案溝賓館、南坪　1676
キュビズム　1423, 1452, 1476, 1504, 1505, 1508, 1510
キュビット、ジェームズ　1579, 1581, 1585
キュビット、ルイス　1178
キュマティウム　115
キュリロス　339
キュロ、モーリス　1468
キュロスの墓廟、パサルガダエ　98
キュンナブ、ヴィレン　1548
京都
  ―ARK 仁科歯科医院　1705
  ―桂離宮　788, 1689
  ―賀茂別雷神社（上賀茂神社）　767
  ―北野天満宮　767
  ―清水寺　780
  ―国立近代美術館　1695
  ―紫宸殿　783
  ―清涼殿　783
  ―大仙院方丈　784
  ―デザインセンター　1697
  ―東三条殿　783
  ―二条城　788
  ―東山殿　784
  ―妙喜庵茶室　784
擬洋風　1324
曲阜
  ―闕里［けつり］賓舎　1676
  ―五馬祠商業街　1682
慶州［キョンジュ］
  ―皇龍寺［ファンヨンサ］　759
  ―仏国寺［プルグクサ］　760, 764
キラパンの修道院、メキシコ　1284
切石積み　205
ギリクテペ、宮殿　93
キリストの昇天聖堂、コローメンスコエ　363
キリック、ジョン　1481
ギル、アーヴィング　1604
ギル、橋　610
キルクーク
  ―アル・アドラ（聖母）聖堂　613
  ―マル・タマズゲルドのマルティリウム　613
ギルター、イシドール　1542
ギルバート、キャス　1597, 1608
ギルバート修道参事会　194
キルレー、円形の塔　429
キルワ
  ―スワヒリの宮殿　712
  ―大モスク　713
  ―フスニ・クブワの宮殿　712
ギルンド　104
キロキティア、住居　30
キンゴー住宅群、ヘルシンゲー　1498
ギンスブルグ、モイセイ　1423,

1538, 1545
近代運動　1423, 1430, 1521, 1529, 1566, 1577
近代建築　1408, 1411-1413, 1421, 1426, 1452, 1463, 1472, 1484, 1504, 1505, 1510, 1517, 1520, 1521, 1524, 1542, 1591, 1613, 1617, 1649
キンタナ、アントニオ　1660
キンバリー、市庁舎　1269
キンベル美術館、フォート・ワース、テキサス州　1631
キンメル・パーク、クルウィド州　1226

く

グアス、ホアン　562
グアダラハラ
  ―エル・パラシオ・デル・インファンタード　562
  ―カーサ・アビタシオン　1657
  ―州庁舎　1290
  ―大聖堂　1284
  ―パブロ・ネルーダ・ビル　1657
グアダルーペ
  ―カペラ・デル・ポキート　1286
  ―ゼヴァロス　1281
クアラルンプール
  ―アメリカン・インターナショナル保険ビル　1715
  ―アングロ＝オリエンタル・ビル　1713
  ―駅およびホテル　1336
  ―海外中国銀行会社ビル　1713
  ―カルコサ　1336
  ―公共事業局　1336
  ―高等裁判所　1336
  ―国際空港ターミナル　1717
  ―国立博物館　1715
  ―国立モスク　1715
  ―国家電気省ビル　1715
  ―コリセウム・シアター/ホテル/レストラン　1713
  ―情報局　1336
  ―総合病院　1715
  ―タブン・ハジ・タワー　1715
  ―ダヤブミ・タワー　1715
  ―テレコム・タワー　1717
  ―フェデラル・ハウス　1713
  ―フェデラル・ホテル　1715
  ―ブミプトラ銀行　1715
  ―プラザ・アトリウム　1715
  ―ブリティッシュ・カウンシル　1713
  ―ペトロナス・タワー　1717
  ―マジェスティック・ホテル　1713
  ―マラヤ大学　1715
  ―マレーシア国会ビル　1715
  ―マレーシア電子システム研究所　1717
  ―メナラ・メシニアガ・タワー　1715
  ―郵便本局　1336
  ―連邦事務局　1336
グアリーニ、グアリーノ　886, 894, 963, 968, 1036
グアルダ、ガブリエル　1657
カレンギ、ジャコモ　974, 1143
観龍寺［クァンリョンサ］、昌寧郡

764
クイクイルコ、神殿ピラミッド 723
クイスト、ヴィム 1497
クイットネル、ジグモンド 1517
グイディ、L. 1577
クィント・フィオレンティーノ、墓 248
グウィン、パトリック 1448
固囲村[クウェイツン]、墓 107
クウェート
－給水塔 1559
－国立モスク 1557
－国会議事堂 1559
空中都市 1690
グェッリーニ、ジョヴァンニ 1433
グエルフィ窓 862
クサール=エル=ブハリ、職業訓練センター 1581
クザン 1417
クサントス、ネレイデス・モニュメント 153
クジマ、ミエチスワフ 1525
クスコ
－大聖堂 1284
－提督の家 1281
－マルケス・デ・カーサ・コンチャの邸宅 1281
－ラ・コンパニーア聖堂 1286
クスター、ハインリヒ 1426
クズネツォフ、アレクサンドル 1542
グダニスク(グダンスク) 1524
－工廠 1043
クータンス大聖堂 466
クチャン、ニノスラフ 1529
亀茲賓館、亀茲 1676
クック、P. R. 1578
クック邸、ブーローニュ=シュル=セーヌ 1423
屈折ピラミッド 45
グッタエ 115
グッドハート=レンデル、H. S. 1447
グッドヒュー、バートラム 1607
グッドリッチ城、ヘリフォードシャー州 507
グティエレス、ラモン 1657
クテシフォン、宮殿 99
グートブロート、ロルフ 1476
クナイセル、エバーハルト 1467
グナーデンキルヒェ、ヒルシュベルク 1052
クニスナ
－セント・ジョージ教会堂 1265
－ベルヴェデーレ教会堂 1265
クニドス、獅子墓 156
クーネン、ヨー 1497
クノッソス宮殿 109
クーパー、H. F. T. 1442
クーパー、エドウィン 1442
クビクルム 259
クーファ
－大モスク 618
－ダール・アル・イマーラ 618
クマシ
－アシャンティの宮殿 712
－石の宮殿 1256
－工科大学 1581
－バーゼル伝道会の家 1260

グミンダースドルフ、ロイトリンゲン 1424
金山寺[クムサンサ]、金堤 764
クメール・ロップリー期 835
グライス邸 1587
クライスト・ザ・キング教会、ターナーズ・クロス、コーク 1448
クライスト教会堂、ジーロング 1383
クライストチャーチ
－エイヴォン・ティレル 1220
－記念食堂 1557
－クライスツ・カレッジ 1781
－市庁舎とシビック・センター 1781
－セント・アンドリュー長老派教会堂 1386
－大聖堂 1397
－トリニティ組合派教会堂 1401
－ブレスト・サクラメント大聖堂 1401
－ヘア記念図書館 1781
－リトルトン・ロード・トンネル管理事務所ビル 1781
クライトン・キャッスル 1088
クラインベルク城 529
クラインリュツェル、鉄工所 1500
クラウン・アンド・イーグル・ミル、ノースアクスブリッジ、マサチューセッツ州 1310
クラカウアー、レオポルト 1566
クラーク大学図書館、ウースター、マサチューセッツ州 1629
クラクフ(クラコフ)
－ヴァヴェルの城館 1037
－教会 1525
－国立美術館 1521
－シギスムント礼拝堂、ヴァヴェル大聖堂 1037
－スタリー劇場 1521
－フォルム・ホテル 1525
－復活信者神学校 1525
クラシリニコフ、ウラジーミル 1548
グラスゴー
－ガードナー商店、ジャマイカ街 1199
－カレドニアン・ロード自由教会堂 1131, 1204
－クイーンズ・パーク 1204
－スコットランド・ストリート学校 1438
－セント・ヴィンセント・ストリート 1204
－大学 1196
－バレル・コレクション 1487
－美術学校 1211
－マッギオーク百貨店、ウェスト・キャンベル・ストリート 1434
－ライオン・チェンバーズ、ホープ・ストリート 1434
グラストンバリ大修道院聖堂 494
グラチャニツァ修道院聖母聖堂 331, 341
クラック 516
クラック・デ・シュヴァリエ 414, 417
クラッグサイド、ノーサンバラン

ド州 1206
グラッシ、ジョルジョ 1494
グラットン、F. M. 1315
クラドック、オランダ改革派教会堂 1265
グラナダ
－アルハンブラ宮殿 637
－カルトジオ会修道院(ラ・カルトゥーハ)の聖具室 1025
－カルロス5世の宮殿 1022
－大聖堂 548, 559, 1022
－ヘネラリーフェ、アルハンブラ宮殿 672
グラバツキ、ヤン 1525
グラハム、ブルース 1632
グラハムズタウン
－セント・パトリック教会堂 1265
－セント・マイケル・アンド・セント・ジョージ大聖堂 1269
－メソジスト移住者(記念)教会堂 1265
グラーフ・リネト
－オランダ改革派教会堂 1269
－住宅 1264
クラム、グッドヒュー＆ファーガソン 1594
クラメル、P. L. 1452
クラレンドン・ホームステッド、エヴァンデール 1380
クラロ、L. 1577
グラン・オテル・ベルヴュ、ウェステンデ 1454
グランヴィル、ウォルター L. B. 1357
クランスミュンスター、貴族の子弟のためのベネディクト会アカデミー天文台 1056
クランブルック学校・美術館、ブルームフィールド・ヒルズ 1607
グランプレ・モリエール、M. J. 1452
クリーヴランド、ニュー・サウス・ウェールズ州 1379
クリエ、レオン 1465, 1468, 1641
クリキミン、シェトランド諸島 235
クーリク、トマス 1517
グリーク・リヴァイヴァル 1164
クリシー、人民の家 1424
クリスチャン・サイエンス第1教会、バークレー、カリフォルニア州 1604
クリスチャンボー城 1251
クリステンセン、スヴェン・エスケ 1717
グリニッジ
－ヴァンブラ・キャッスル 1108
－キング・チャールズ棟 1090
－クイーンズ・ハウス 1088
グリフィン、ウォルター・バーリー 1763, 1779, 1774
グリムショウ、ニコラス 1491
グリムズダイク、ハロー、ミドルセックス州 1206
クリムト、グスタフ 1415
グリソー(ケルツェソフ)、修道院教会堂 1050
クリュニー修道会 194
クリュニー大修道院 387

グリーン、ゴドフリー・トマス 1199
グリーン、チャールズ・S 1604
グリーン、ハーブ 1625
グリーン、ヘンリー・M 1604
グリーン・レーン、ペナン州 1333
グリーンウェイ、フランシス 1367, 1380
グル・ナーナク大学、アムリトサル 1747
グルーエン(グルーエンバウム)、ヴィクター 1618, 1619
クルーガーズドルプ、新市民センター 1585
グルグリャト、記念碑 1527
グルジーノ、鐘塔 1144
クルス、アルベルト 1651
クルス、ホセ 1660
グルダラ、ストゥーパ 792
グルーテ・シュア 1272
クールトンヌ、ジャン 1008
グルバルガ、大モスク 646
グループ・アーキテクツ 1764
グループ・デザイン・パートナーシップ 1717
グルペガン、金曜モスク 641
クルム、ヘンリー 1649
グルームブリッジ
－グレン・アンドレッド 1206
－レイズ・ウッド 1206
クレアモント、聖救世主教会堂 1265
グレイ、アイリーン 1423
グレイヴス、マイケル 1639, 1641
グレイソン・ストア、シアトル 1618
クレイツァール、ヤロミール 1505, 1513
クレイドン、バーナード 1483
クレイン、アレクサンドル 1535
クレシュカティ・ヴォールト 353, 363
クレトラヴェル、アウター・ヘブリディーズ 234
グレート・パクストン、聖堂 421, 424
グレート・マルヴァーン小修道院聖堂、ウースターシャー州 506
クレビス 115
クレピドーマ 115
クレモナ
－洗礼堂 378
－トラッツォ 580
－パラッツォ・スタンガ 969
－パラッツォ・プブリコ 576
クレルク、ミヒェル・デ 1414, 1452
クレント、フリートリヒ 1467
グレンフィールド、リヴァプール付近、ニュー・サウス・ウェールズ州 1379
グレンヘン、公園劇場 1500
グレンモント(トーマス・エディソンの邸宅)、ルウェリン・パーク 1295
クロイスター、エフラタ、ペンシルヴェニア州 1288
黒川紀章 1527, 1690, 1695, 1705, 1717
グロシュ、C. H. 1145, 1155

グロス・フリードリッヒスブルク、プリンスズタウン　1251
クロス・リヴァー・モノリス　714
グロスター
ー大聖堂　494
ーベネディクト会大修道院　425
グローセ、フィリップ　1587
グロピウス、ヴァルター　1406, 1412, 1413, 1426, 1428, 1478, 1513, 1524, 1538, 1542, 1559, 1566, 1578, 1613, 1617, 1619, 1621, 1622, 1629, 1639, 1646
グロボワの城館、セーヌ=エ=マルヌ県　993
クロムホウト、ヴィレム　1452
クロール、ルシアン　1468
クローン、グンナー　1498
クローン＆ハートヴィ・ラスムッセン　1562
クロンクヒル、シュロプシャー州　1129
クローンスタッド、ランド銀行　1578
クロンボー城、ヘルシンボリ（ヘルシンゲア）　1145
グワスミー、チャールズ　1639
グワーリオール
ーテリ・カ・マンディール　809
ーラージャー・キルティ・シンの宮殿　830
クワローニ、ルドヴィーコ　1492
グンバド・イ・カブスの墓、グルガン　639
グンバド・イ・カルカ　641
クンバリア、寺院配置　802
クンビ・サレー　709
クンブラン・アーキテクツ　1711
群馬県立近代美術館　1695
クーンラーツビュルフ城塞　1251
クーンリー邸、リヴァーサイド、イリノイ州　1604

け

ケアホルム、ハンネ　1498
ケイ、リーフェン・デ　1071
ゲイガー、ダビッド・H　1706
傾斜積みレンガ造ヴォールト　79
慶州→慶州［キョンジュ］
ゲイソン　115
ゲイヤール城　473
ゲゲロ、アレクサンドル　1538
開心寺［ケシムサ］、瑞山　764
ケーシャヴァ寺院、ソームナートプル　818
ケーススタディ・ハウス　1625
ケースメート　87
ゲゼリウス、リンドグレン＆サーリネン　1424, 1455
ケダレーシュヴァラ寺院、ベルガヴェ　818
ゲチョフ、コンスタンティン　1526
ケッラ　237
ゲディ
ースワヒリの宮殿　711, 712
ースワヒリのモスク　713
ケテラー大学、マインツ　1476
ゲデルレー、北部ハンガリー芸術家村　1520

ケドルストン・ホール、ダービーシャー州　1117
ケーニッグ、ピエール　1625
ケニルウォース城、ウォリックシャー州　508
ケフカレシ、城塞　93
ケープ・コースト城　1251
ケープタウン　1584, 1585
ーBPセンター　1584
ーヴィクトリア＆アルフレッド・ホテル　1585
ーウィルソン＆ミラー　1272
ーウォーターフロント・リテイル・センター、ヴィクトリア埠頭　1585
ーウールサック　1272
ー王室観測所　1264
ー旧最高裁判所　1264
ーキンバリー記念堂　1272
ーグランドホテル　1264
ーグリーン・ポイントの別荘　1265
ーグローテ・ケルク　1264, 1265
ー国立美術館　1574
ー国会議事堂　1269
ーコープマン・デ・ウェット邸　1264
ーサフマリン・ハウス　1584
ーサンドヒルズ　1272
ー市庁舎　1269
ーシナゴーグ　1265
ー城館の総督邸　1264
ー商業取引所　1264
ー新大聖堂　1272
ースタル・プレイン門　1264
ースタンダード銀行　1272
ー税関　1264
ーセンディングゲシュティヒ　1264
ーセント・アンドリュー教会堂　1264
ーセント・ジョージ教会堂　1265
ー総督府　1264
ー大学・教育課　1574, 1584
ーナショナル・ミューチュアル・ライフ・アソシエーション　1272
ーバーガー・ウォッチ・ハウス　1264
ーバートラム・ハウス　1264
ーマークス　1272
ーマルティン・メルク邸　1264
ー南アフリカ準備銀行　1574
ー南アフリカ大学　1265
ー南アフリカ図書館　1269
ー南アフリカ博物館　1269
ーメトロポリタン・メソジスト教会堂　1269
ー郵便本局　1272
ーランド銀行　1574
ーリュスト・エン・ヴレーデ　1272
ーリュスト・エン・ヴレーフトの家　1264
ールステンブルク　1264
ールーテル派教会堂　1264
ーローズ記念堂　1272
ーロッジ・デ・フーデ・ホープ　1264
ケープ・ダッチ様式　1574, 1578
ケマレティン・ベイ　1551

ケムニッツ
ーエシェ邸　1424
ーテニスクラブ　1424
ゲヨンの城館　979
ケラー、ロルフ　1501
ケラー・マンション、ルイジアナ州　1280
ケラック城、モアブ　416
ゲーリー、フランク　1517, 1642
ケリケリ、イギリス国教伝道所　1386
ケルヴィン、ブリングリー付近、ニュー・サウス・ウェールズ州　1379
ケルズ・エーカー、ゲルデストン　1481
ゲルバー、ズンヴェル　1500
ゲルハルト　535
ゲルフ・ホセイン、岩窟神殿　62
ケルン
ー工作連盟劇場　1426
ーザンクト・アポステルン聖堂　401
ーザンクト・マリア・イム・カピトール聖堂　402
ーザンクト・マルティン聖堂　402
ー市庁舎ポーティコ　1043
ー市立劇場　1217
ーゼヴェリン橋　1480
ー大聖堂　535
ケルン=ゼーベルク、集合住宅　1478
ケルン=ニッペス、集合住宅　1478
ケレスフェーイ=クリーシュ、アラダール　1520
建国方略運動　1663
現代建築家同盟（OSA）　1538
建築家共同体　1483
ケンプ・ハウス、ニュージーランド　1386
ケンブリッジ
ーエマヌエル・カレッジ　1094
ーキングズ・カレッジ・チャペル　493
ーゴンヴィル・アンド・ケイアス・カレッジ、儀礼の門　1082
ーセント・ジョンズ・カレッジ　512
ークリップス・ビル　1484
ー大学・歴史学部棟　1484
ーダウニング・カレッジ　1129
ーチャーチル・カレッジ　1484
ートリニティ・カレッジ
ー図書館　1094
ーネヴィルズ・コート　1088
ーニューナム・カレッジ　1211
ーハーヴェイ・コート　1484
ーフィッツウィリアム博物館　1169
ーペンブローク・カレッジ礼拝堂　1094
ケンブリッジ（マサチューセッツ州）
ークライスト教会堂　1288
ー市庁舎　1302
ースタウトン邸　1295
ーハーヴァード大学　1290, 1302, 1622, 1629

こ

ゴー、フランツ・クリスティアン　1186
ゴア
ーアグアダ城塞　1344
ーアグアダの教会堂　1344
ーアッシジの聖フランシス聖堂　1346
ーカイロの小塞　1344
ーカーラ・アカデミー　1759
ーキャテジャン聖堂　1346
ーシダーデ・デ・ゴア・ホテル　1759
ー処女懐胎聖堂、パンジム　1346
ーセ大聖堂　1346
ーセント・ポール大学　1346
ー総督記念門　1346
ーボム・ジェス・バシリカ　1346
ーマルマゴア城塞　1344
ーラルゴ城塞　1344
ーロザリオ聖母聖堂　1346
コイッチ、ブラニスラフ　1529
コインブラ旧大聖堂　411
コヴァスナ、結核サナトリウム　1527
コヴァラム・ビーチ・リゾート、ケーララ　1759
コーウィン、ダグラス　1578
コーウィン＆エリス　1578
コヴェントリー　1581
ー大聖堂　1491
広済橋、潮州　758
交差ヴォールト　210, 212
香山飯店、香山　1676
広州
ー華南土特産展覧大会水産館　1673
ー鉱泉別荘　1676
ー十三商館　1243, 1312
ー体育館　1673
ー中山記念堂　1668
ー天河体育中心　1682
ー東方賓館　1676
ー南越王墓博物館　1680
ー白雲賓館　1676
ー白天鵞賓館　1676
杭州、空港ターミナルビル　1673
更新世末期　3
構成主義　1407, 1412, 1505, 1510, 1524, 1526, 1529, 1538, 1542, 1545
合理主義　1407, 1431, 1433, 1452, 1454, 1465, 1467, 1492, 1504, 1508, 1538, 1542, 1577, 1645
コカ城、セゴビア県　566
国際様式　1407, 1408, 1412, 1413, 1417, 1428, 1448, 1455, 1469, 1504, 1513, 1542, 1578, 1579, 1613, 1618, 1619, 1641, 1663, 1664, 1673, 1689, 1709, 1744, 1763, 1781
コークスタード、フリーメーソン寺院　1272
国立フットボール殿堂計画案　1639
ココシニキ　362
ココリーノフ、A.F.　1138
ココリン、ヴィクトル　1545
コシツェ、アパートメント　1510

ゴシック・リヴァイヴァル 872, 876, 1165-1167, 1172, 1411, 1438
小篠邸、兵庫県 1697
ゴーシュ、カーロイ 1517, 1520
ゴージュ・コーニス 39
コシチツ=ヴィトキエヴィチ、ヤン 1524
コズウォフスキ、ダリウシュ 1525
コスタ、ルシオ 1622, 1646, 1656
コスチェンキ、竪穴住居 225
コストフ、N. 1526
コーター、宮殿 830
高達寺[コダルサ]、驪州郡 764
コチェラ、ヤン 1504, 1505, 1508, 1510, 1513
ゴチャール、ヨゼフ 1504, 1508, 1510
コーツ、ウェルズ 1448
コーツ、ナイジェル 1705
コッカレル、S. P. 1129
コックス、オリヴァー 1481
コックス、フィリップ 1770, 1781
コッチ、カール 1618
コット、労働者住宅 1747
コッリーナ、教会 1492
コッレオーニ家礼拝堂、ベルガモ 910
コーディル、ローレット&スコット 1559
ゴディン・テペ 94
コデルク、ジョゼ 1499
古典建築 1434
古典主義 977, 1411, 1412, 1414, 1415, 1417, 1418, 1421, 1429, 1430, 1431, 1434, 1442, 1455, 1460, 1463, 1487, 1508, 1521, 1524, 1526, 1527, 1529, 1533, 1538, 1542, 1571, 1574, 1577, 1592, 1594, 1599, 1629, 1641, 1645
古典復興様式 1663, 1665
古典様式→古典主義
コト・ディジ 104
 ―住居 103
ゴドウィン&ホプウッド 1579
コートウェイク、ラジオ局 1452
コドゥッシ、マウロ 912, 915
コードベック=アン=コウ、聖堂 473
コトリ、マヌエル・ピケラス 1645
コナーラク、太陽寺院 808
コーニス 115
コニスバラ城、ヨークシャー州 429, 507
コヌラルプ、メフメト 1557
コネリーズ・タバーン、ナッチェズ 1280
コノプカ、ラディスラフ 1517
コーパー、トーマス 1357
コーパス・クリスティ学校、コッタヤム 1759
コバルビアス、アロンソ 1022
コパン、球戯場 729
コビドロフスキ、J. 1525
ゴーブ、寺院 824
コープ・ヒンメルブラウ 1467
コフェ城、ドーセット州 429
コブカット、ジェフリー 1483

ゴープラ 805
コーベット、ハーヴェイ・ウィリー 1610
コーペラティバ・アメレイダ 1651, 1661
コーベルヘル、ヴェンチェスラス 1065
コペンハーゲン
 ―C. F. ハースドーフの自邸、コンゲンス・ニューェー 1153
 ―アマリエンボー宮殿 1153
 ―ヴォル・フルーエ聖堂 1155
 ―円塔 1145
 ―救世主聖堂 1153
 ―グルントヴィ教会 1455
 ―警察本部 1460
 ―外科講堂 1155
 ―市庁舎 1211
 ―シャルロッテンブルク宮殿 1153
 ―聖ニコライ教会 1499
 ―大理石聖堂 1153
 ―デンマーク国立銀行 1498
 ―トーヴァルセン美術館 1169
 ―取引所 1145
 ―ハンスステズ学校 1498
 ―ヘラクレスの館 1155
 ―ベラホイヴェイ 1498
 ―ホイエ・トーストルプ学校 1498
 ―ムンケゴー学校、セーボー 1498
 ―ヤスパーセン・オフィスビル 1498
 ―ルイジアナ美術館、フムレベク 1498
コマチーニの工匠 371
コーマック礼拝堂、キャッシェル 429
ゴメス、ベルナルド 1657
コメンダ城塞 1251
コモ
 ―アジロ・サンテリア保育園 1433
 ―カーサ・デル・ファッショ 1433
コリー、J. M. 1315
コリ、ニコライ 1545
コーリーウッド、ジ・オーチャード 1438
コリント式オーダー 119, 239
ゴール
 ―アベイクナヴァルデネ・ヴァロウヴァ 1348
 ―オランダ教会堂 1348
 ―城塞 1348
 ―倉庫 1348
 ―コルヴァイ大修道院聖堂 365, 401
 ―ゴールウェイ、管区主教大学 1448
 ―コールズヒル・ハウス、バークシャー州 1090
コルチェスター
 ―市庁舎 1217
 ―城 429
ゴルツ、ゲオルギー 1545
ゴルツェングート家荘園、ポメラニア 1426
ゴルディオン、フリュギアの摩崖建造物 94

ゴールディンガム、ジョン 1353
コルテス邸、クエルナバカ 1277
コールドウェル、ジェームズ 1350
コルトーナ、ピエトロ・ダ 894, 960
コルドバ
 ―アルマス広場 1660
 ―サント・ドミンゴ団地 1660
 ―メディナ・アル・サウラ 636
 ―モスク 636
ゴールドフィンガー、エルネ 1448, 1481
コルトレイク、ベギン会修道院 547
コルノヴィチ、モミル 1529
コールハース、レム 1497
ゴールバーン、裁判所 1394
コルビアック 225
コールピットヒース、司祭館 1186
ゴルマス、イスラム教徒の城 565
コールマン、ジョージ・ドラムグール 1336
コルモン、トマ・ド 461, 535
コルモン、ルニョー・ド 461
コルン、ローラント 1480
コレア、チャールズ 1747, 1748, 1749, 1752, 1755, 1756, 1759, 1762
コレイア・ダ・シルヴァ 1463
ゴロ
 ―コーヒー産業局事務所および倉庫 1786
 ―ラウン・ラウン劇場 1786
ゴロゾフ、イリア 1538
コロナ 115
コロナード・ホテル、コロナード 1310
コローニア、シモン・デ 555
コローニア、ホアン・デ 548, 555
コロノス・アゴライオス 151
コロミーシチナ、ロングハウス 226
コロラレカ 1386
コロンバス
 ―オハイオ劇場 1597
 ―オハイオ州立大学・ウェクスナー視覚芸術センター 1641
 ―消防署 1639
 ―タバナクル・キリスト教会 1607
コロンボ
 ―オランダ教会堂、ウォルフェンダール 1348
 ―カーギル百貨店 1361
 ―グランド・オリエント・ホテル 1361
 ―ケフロン兵営 1361
 ―コロンボの城塞 1344
 ―城塞 1348
 ―新市庁舎 1747
 ―セント・ポール聖堂 1346
 ―倉庫 1348
 ―トーリントン・ハウス 1747
 ―博物館 1361
コワルスキー、カーラ 1468
ゴーワン、ジェームズ 1483, 1484
コンウェイ城 508
コーンウォール(コネチカット州)、住宅VI 1641

コングスベルグ聖堂 1153
コングルトン、市庁舎 1193
金剛宝座塔 749
金剛輪寺本堂、滋賀県 778
コンゴーニャス・ド・カンポ聖堂 1286
ゴンサレス・デ・レオン、テオドロ 1660
ゴンサレス=ヒメネス、ウーゴ 1657
コンス神殿、カルナック 54
コンスタンツィン、ウズドロヴィスコヴァ通り5番地 1524
コンスタンティノポリス
(*イスタンブルも参照)
 ―アンティオコスの宮殿 335
 ―イェレバタン・サライ 337
 ―コーラ修道院聖堂(現カハリエ・ジャミイ) 331
 ―コンスタンティノス・リポス修道院 327
 ―聖使徒聖堂 309, 327
 ―大宮殿 335
 ―テオドシウスのアーチ 337
 ―テオドシウスの市壁 337
 ―テオドシウスのフォルム 337
 ―テクフール・サライ 337
 ―ハギア・イレーネ聖堂 324
 ―ハギア・ソフィア大聖堂 300-302, 316
 ―ハギイ・セルギオス・ケ・バッコス聖堂 316, 324
 ―ハギオス・ポリエウクトス聖堂 316
 ―バシリカ・シスターン 337
 ―ヒッポドロモス 335
 ―フェナリ・イサ・ジャミイ 327
 ―フォルム・タウリ 337
 ―ブラヘルネの宮殿 337
 ―ポルフィロゲニトスの宮殿 337
 ―ミストラの宮殿 337
 ―メーセ通り 337
 ―ラウソスの宮殿 335
コンダーネー、チャイティヤ・ホール 794
コンタマン、ヴィクトール 1220
ゴンデシュヴァラ寺院、シンナール 813
コンドル、ジョサイア 1323, 1685
コンネル、アミアス 1447, 1578, 1579
コンパー、ニニアン 1438
コンパウンド 1311
コンピエーニュ、市庁舎 473, 993
コンプトン・ウィニエーツ、ウォリックシャー州 512

さ

サ・コア・フィリゴーザ 234
ザ・ホームウッド、イーシャー 1448
サイード・アル・アッタス・マンション、ジョージタウン、ペナン州 1333
サイゴン
 ―宮殿 1341
 ―劇場 1341
 ―ノートル・ダム大聖堂 1341
在俗参事会 194

さ　1869

サイダ　1578
埼玉県立美術館　1695
サイード邸　1587
西明寺、滋賀県　775
ザヴァレフ、モスク　641
ザヴィ・チェミ　34
サヴィッジ、ジェームズ　1134
サヴェー、金曜モスク　644
サヴェルヌの城館　1014
サヴォワ邸、ポワシー　1423
サウス・ロウ、ブラックヒース　1483
サウスウェル、聖堂　429, 495
サウスフレーミングハム駅、マサチューセッツ州　1302
サヴレスク、アレクサンドル　1527
サエンス・デ・オイサ、フランシスコ　1499
サオーヌ城　414, 416
坂倉準三　1690
ザカロフ、アドリアン・ドミトリェーヴィチ　1143
サクサナキル　609
サクサワマン、城塞　736
サクレウ、神殿 I　729
ザグレブ
―アパートメント　1529
―クライチ邸　1529
―グロゴリン・ブリェグ・コロニー　1529
―コンサートホール　1529
―市庁舎　1529
―新大学センターおよびキャンパス　1529
―ドイチュ邸　1529
―トゥルングコ　1529
―メイクスナー邸　1529
―モシャ・ピヤデ労働者訓練センター　1529
サグレラ、ギリェム　565
サクロ・ボスコ、ボマルツォ　947
サケッティ　1030
ザコパネ、オルチャの教会　1525
ザコマリ　348, 358, 362
ザゴルスク（セルギエフ・パサド）
―三位一体セルギー修道院　1138
―三位一体大聖堂　358
―聖霊聖堂　358
―洗礼者聖ヨハネ聖堂　1136
サザーク大聖堂　495
ササラム、シェル・シャーの墓廟　660
サジュナス、フェルナンド　1660
サッカラ
―ジェセル王の階段状ピラミッド　45
―ティのマスタバ　45
サッコーニ、ジュゼッペ　1211
サッチャー、フレデリック　1386
サナドゥ・アパートメント、カルペ湾　1499
サニー・サイド精神病院　1401
ザヌッシ本社、ポルデノーネ　1494
サバウディア　1433
サフィータ城　412
サフディ、モシェ　1472, 1629, 1711
サフラー王のピラミッド、アブシール　53

ザブルドフスキー、アブラアム　1651, 1657
サマーズウッド学校、ボアハム・ウッド　1483
サーマッラー
―イマーム・ドゥルのモスクと墓廟　627
―カスル・アル・アシク　625
―クバト・アス・スライビヤ　625
―バルクワラーの宮殿　625
―マルウィーヤ（大モスク）　625
サマリア、教会堂　417
サマルカンド
―ウルグ・ベクの天文台　649
―ウルグ・ベクのマドラサ　649
―グーリ・アミール　649
―シャーヒ・ジンダ　649
―ビビ・ハヌム・モスク　649
サマントゥライ、居留地　1346
サミー邸　1587
サミュエリー、フェリックス　1484
サミュエル・クレメンス（マーク・トウェイン）邸、ハートフォード、コネティカット州　1295
ザムタヴィシ、教会堂　334
ザモシチ　1043
ザモラ大聖堂、メキシコ　411, 1296
サユナッツァロ町役場　1468, 1500
サラ・ラジャカルンジャ記念美術館、カオ・ラハン、トラート　1721
サラセア　231
サラマンカ
―旧大聖堂　411
―クラヴェーロの塔　566
―サン・エステバン聖堂　1019
―新大聖堂　559
―大学　565
　―ファサード　1019
―ラ・カーサ・デ・ラス・コンチャス　562
サリヴァン、ルイス　1277, 1305, 1607, 1621
サーリネン、エリエル　1426, 1455, 1607, 1625
サーリネン、エーロ　1607, 1625, 1627, 1632, 1637
サリンジャー邸、バンギ　1715
ザル・マフムト・パシャのモスク、エユップ　657
サルヴィ、ディオティ　374
サルヴィスタン、宮殿　99, 613
サルゴンの宮殿、コルサバード　83
サルジェ、ルネ　1472
サルダラパート、国立民族学博物館　1548
ザルツブルク
―ウンターンベルク・イン・ルンガウ教区教会　1467
―オーストリア国営ラジオ局・スタジオ　1467
―クライナール教区教会　1467
―聖三位一体教会堂　1044
―聖堂　524
―聖ヨーゼフ大学　1467

―大聖堂　1044
―パルシュ教区教会　1467
―フランシスコ会の教会堂　524
サルディス
―アルテミス神殿　159
―体操場　288
―浴場　288
サルトリス、アルベルト　1430
サールナート、ライオン柱　799
ザルネン、ローマ・カトリック大学　1501
ザルヒ、M.　1571
ザルフィスベルク、オットー　1430
サルモナ、ロヘリオ　1660
サルモン、ジェームズ　1434
サロンノ、サントゥアーリオ　939
サン、金曜モスク　1585
サン・アグスティ・ヴェル、石造の塔　234
サン・アントニオ聖堂、テキサス州　1286
サン・ヴァースト聖堂、アラース　1012
サン・ヴィセンテ聖堂、カルドーナ　407
サン・ヴォードリュ参事会聖堂、モンス　537
サン・ヴュルフラン聖堂、アブヴィル　473
サン・エステヴァン聖堂、アコマ　1286
サン・ガウデンツィオ教会堂、ノヴァーラ　1204
サン・ガルガノ、修道院聖堂　572
サン・カルロス・ボッロメーオ聖堂、カーメル　1286
サン・グレゴーリオ聖堂、メッシーナ　969
サン・ジェルマン・アン・レイ
―ヴァルの城館　1004
―王室の城館および狩の館　985
―ノアイユの邸館　1004
サン・ジミニャーノ　591
サン・シメオン・ステュリテス殉教記念堂、カラト・セマーン　309
サン・シメオン修道院、アスワン　310
サン・ジャゴ城塞　1251
サン・ジャック聖堂、リュネヴィル　1007
サン・ジョアン・デスピ
―カサ・ネグレ　1461
―トーレ・デ・ラ・クルー　1461
サン・ジョヴァンニ・ロトンド、ピオ神父巡礼教会、フォッジャ　1496
サン・ジョルジェ城（エルミナ城）　1251
サン・ジョルジョ聖堂、モーディカ　969
サン・ジョルジョ聖堂、ラグーサ・イーブラ　969
サン・セバスティアン・サンタ・プリスカ聖堂、タスコ　1286
サン・ティルソ聖堂、サハグン　407
サン＝ドニ、復興　1470
サン・トメ、居留地　1344
サン・ニコラ・スタジアム、バー

リ　1494
サン・ニコラ・デュ・ポール聖堂　469
サン・ニコラ聖堂、バーリ　383
サン・パウロ天主堂、マカオ（澳門）　1312
サン・ピエトロ聖堂、アリアーテ　374, 378
サン・ピエトロ聖堂、トゥスカニア　367
サン・フアン・カピストラーノ図書館、カリフォルニア州　1639
サン・フィリベール聖堂、トゥールニュ　387
サン・プラチード聖堂、カターニア　969
サン・フランシスコ・デ・アッシジ聖堂、サン・ジョアン・デル・レイ　1286
サン・フランシスコ聖堂、ランチョ・タオス　1286
サン・フランチェスコ聖堂、アッシジ　572
サン・フーリャン・デ・モライメ聖堂、カルボエリオ　411
サン・フーリャン・デ・ロス・プラードス聖堂、オビエド近郊　404
サン・ヘロニモ聖堂、コンポステーラ　411
サン・ホアン・デ・バーニョス・デ・セラート聖堂　404
サン・ホアン・デ・ロス・レイェス聖堂　555
サン・ホセ聖堂、オールド・ラグーナ・プエブロ　1286
サン・マルタン・デュ・カニグ修道院　366, 407
サン・マルタン聖堂、トゥール　461
サン・マルティン・デ・カスタネーダ、大修道院聖堂　411
サン・マルティン・デ・ノヤ聖堂　411
サン・マルティン・デ・フロミスタ聖堂　411
サン・ミゲル・アジェンデ教会堂、メキシコ　1296
サン・ミゲル・デ・ラ・エスカラーダ聖堂、レオン近郊　407
サン・リキエ大修道院　365, 401
サン・ルイ教会、ヴァンセンヌ　1423
サン・レオ要塞、サッソコルヴァロ　906
サン・レミ、ユリイの墓　259
サン・ロー、住宅　478
サンガッロ、アントニオ・ダ（イル・ヴェッキオ）　922
サンガッロ、アントニオ・ダ（イル・ジョーヴァネ）　877, 889, 918, 923
サンガッロ、ジュリアーノ・ダ　902, 918
ザンクト・エリーザベト聖堂、マールブルク　530
ザンクト・ガレン
―修道院　195-197, 401, 1056
―商業高校　1501
ザンクト・ゲオルク聖堂、リンブルク・アン・デア・ラーン

528
ザンクト・ツィリヤクス参事会聖堂、ゲルンローデ　366, 401
ザンクト・バールバラ聖堂、クトナ・ホラ　529
ザンクト・フローリアン修道院教会堂　1044
サンクト・ペテルブルク　1538
─A. A. ポロフツォフ邸　1533
─K. V. マルコフ・アパートメント　1533
─P. P. フォロストフスキー邸および商店　1533
─ヴィテブスク駅　1535
─エルミタージュ劇場　1143
─科学アカデミー　1143
─カザン聖堂　1143
─議事堂　1144
─建築家ロッシ通り　1144
─鉱石研究所　1143
─近衛兵経済組合百貨店　1535
─参謀本部　1144
─宗教会議場　1144
─新海軍省　1143
─スモーリヌイ大聖堂　1138
─聖イサク大聖堂　1144
─大理石宮殿　1138
─タヴリーダ宮殿　1143
─ドイツ大使館　1426
─トラクター通り　1538
─取引所　1144
─美術アカデミー　882, 1135, 1138
─ブービル・アパートメント　1533
─冬の宮殿（現エルミタージュ美術館）　1138
─ペトロ・パヴロフスク大聖堂　1136
─マチルダ・クシェシンスカヤ邸　1533
─理工大学　1535
─リドヴァリ家アパートメント　1533
ザンクト・マルガレート教会堂、ブレフノフ（プレイノウ）　1050
ザンクト・ミカエル聖堂、ズヴォレ　546
ザンクト・ミヒャエル聖堂、ヒルデスハイム　366, 401
ザンクト・ラウレンティウス教会堂、ヤプロネツ（ガブロンツ）　1047
サンコレ・モスク、ティンブクトゥ　713
ザンジバル　1585
─イギリス国教会大聖堂　1256
─珊瑚石の家　1256
─セント・ジョゼフ大聖堂　1256
─ハウス・オブ・ワンダー　1260
サンス大聖堂　449, 451
サンソヴィーノ、ヤコボ　890, 928
サンタ・クリスティーナ・デ・レーナ聖堂　407
サンタ・クローチェ聖堂、レッチェ　969
サンタ・スコラスティカ聖堂、ズビアーコ　974
サンタ・マリア・アッスンタ聖堂、アリッチャ　957
サンタ・マリア・デ・カンブレ聖

堂、ラ・コルーニャ　411
サンタ・マリア・デ・ナランコ聖堂　407
サンタ・マリア・デ・レベーニャ聖堂、サンタンデル　407
サンタ・マリア・デッラ・クローチェ聖堂、クレーマ近郊　910
サンタ・マリア・デッラ・コンソラツィオーネ聖堂、トーディ　922
サンタ・マリア・デッレ・カルチェリ聖堂、プラート　902
サンタ・マリア・デル・カルチナーイオ聖堂、コルトーナ　906
サンタ・マリア・マッジョーレ聖堂、トゥスカニア　367
サンタ・マリア・マッジョーレ洗礼堂、ノチェラ　316
サンタ・マリア修道院聖堂、ベレム　560
サンタ・マリア聖堂（マドンナ・ディ・ヴィーコ）、ヴィーコフォルテ・ディ・モンドヴィ　939
サンタ・モニカ
─ゲッティ・センター　1641
─ゲーリー自邸　1642
サンタフェ、総督府　1288
サンタンティネ　234
サンタンドレア聖堂、ヴェルチェッリ　576
サンタンドレア聖堂、ペリステライ　327
サーンチー
─大ストゥーパ　790, 797
─チャイティヤ・ホール　794
サンチェス・アルキテクトス　1657
サンチェス、ラゴス＆デ・ラ・トーレ　1649
サンティアゴ
─国民議会派ビル　1304
─国連ビル　1657
─コンデ・デル・コンキスタの邸宅　1281
─市立劇場　1304
─トラベシア　1661
─マーケット　1310
─ラ・モネダ　1290
─ラス・コンデス礼拝堂　1657
サンティアゴ・デ・コンポステーラ　195
サンティアゴ城塞、マニラ・ベイ　1336
─王立施療院　1019
─大聖堂　366, 411
サンティアゴ・デ・ペニャルバ聖堂　407
サンティネッリ、セルジオ　1589
サンテッリ、セルジオ　1589
サンテリア、アントニオ　1421, 1431
サント・ドミンゴ
─エンゴンベ邸　1277
─大聖堂　1284
─ディエゴ・コロン邸　1277
サント＝バチルド小修道院教会、ヴァンヴ　1423
サント・マリー＝ドゥ＝ラ＝トゥーレット修道院、エヴー＝シュル＝ラルブレール　1472
サンドウィッチ、ザ・サルテー

ション　1438
サントゥジェーヌ教会堂、ル・ヴェジネ　1204
サントーストルモワーヌ聖堂、イソワール　387
サンドロック、ブリアン　1584
サンパウロ
─大学・建築都市計画学部　1657
─美術館　1657
─ポンペイア工場・スポーツ複合施設　1660
─マイリンケ駅　1645
─ラテン・アメリカ記念館　1660
ザンブジャル、砦　232
サンプティング、城塞　424
サンフランシスコ　1637
─V. C. モリス・ギフトショップ　1627
─アークティック・オイル・カンパニー・ビル　1310
─アルヴォード・レイク橋　1310
─クロッカー老人ホーム　1296
─市庁舎　1594
─パレス・ホテル　1305
三位一体教会堂、アクラ、ガーナ　1260
三位一体聖堂、ネノスカ　1138
サンミケーリ、ミケーレ　877, 890, 930, 1438
双楹塚［サンヨンチョン］　759

し

ジ・アーキテクツ・コラボレーティヴ（TAC）　1559
下都［シャトウ］、墓　107
シアネス、王立海軍工廠の艦艇格納庫　1199
シアルク、住居　35
シヴ、アンドレ　1470
シヴァ寺院、キラードゥ　808
シヴァス
─ギョク・マドラサ　644
─チフテ・ミナーレ・マドラサ　644
シウダード・ロドリゴ大聖堂　411
シェア・エ・カシュミール・スタジアム、スリナガル　1748
ジェイコブズ、ジェーン　1637
ジェイトゥン
─住居　32, 35
─神社　35
ジェコンスキ、ユゼフ・ピウス　1524
シエナ
─ヴィラ・カンビアーゾ　939
─ヴィラ・サウリ　939
─ヴィラ・ベルナボ・ブナア　1492
─サン・ロレンツォ宝物美術館　1492
─サンタ・マリア・ディ・カリニャーノ聖堂　939
─ストラーダ・ヌオーヴァ　939
─大聖堂　580
─パラッツォ・カンビアーゾ　939
─パラッツォ・スパンノッキ　902
─パラッツォ・デルニヴェルシ

タ　953
─パラッツォ・ドゥカーレ　974
─パラッツォ・ドーリア・トゥルシ　939
─パラッツォ・ププリコ　587
ジェノヴァ　1494
─ボルチェヴェーラ自動車道路橋　1496
ジェファーソン、トマス　1298, 1594
シェフィールド
─ハイド・パーク　1481
─パーク・ヒル　1481
シェーフテリ、フォードル　1413, 1533, 1535
ジェベル・バルカル、メロウェのピラミッド　714
ジェームズ、C. H.　1447
シェラー、ウルリヒ　1500
ジェラシュ　614
ジェラティ修道院　334
ジェリコ
─住居　31
─神社　33
シェル・キープ　429, 507
シェレフディンの白モスク、ヴィソコ　1530
ジェンクス、チャールズ　1637
鄭州［シェンシュー］、住居　105
シェーンステット、ローズマリー　1481
ジェンネ、モスク　713, 1585
シェーンビュール・アパートメント、ルツェルン　1500
咸陽［シェンヤン］、宮殿　107
ジオデジック・ドーム　1621, 1629, 1649
シオフォク、ルーテル教会　1520
死海、苛性カリウム工場集合住宅　1566
シカゴ　1621, 1637
─アップタウン劇場　1597
─インランド・スティール・ビル　1625
─オーディトリアム・ビル　1305
─グレスナー邸　1295
─ゲージ・ビル　1305
─シアーズタワー　1632
─市庁舎（リチャード・デイリー・センター）　1632
─シュレジンガー・メイヤー・ストア　1305
─商工会議所ビル　1610
─ジョン・ハンコック・センター　1632
─シラー劇場　1305
─世界コロンビア博覧会・前庭　1592
─セント・ガブリエル教会堂　1298
─第1ライター・ビル　1305
─第2ライター・ビル　1305
─チャーンリー邸　1296
─美術館　1302
─フッサー邸　1296
─ヘラー邸　1296
─ホーム・インシュアランス・ビル　1305
─マーシャル・フィールド・ホールセール・ウェアハウス

1305
―マーシャル・フィールド・リテイル・ストア・アネックス 1305
―モナドノック・ビル 1305
―モントーク・ビル 1305
―リライアンス・ビル 1305
―ルーカリー・ビル 1305
―レイクショア・ドライヴ・アパートメント 1619, 1622
―ロビー邸 1604
シカゴ世界コロンビア博覧会（1893年）、前庭 1592
シカゴ派 1632
シカラ 805, 808
式年遷宮 766
シーギリヤ
―シーギリヤ・ツーリスト・コンプレックス 1747
―城塞宮殿 827
ジーキル、ガートルード 1438
シグトゥナ
―聖堂 438
―セント・ピーター聖堂 438
シゲルマシ、M. 1589
自貢、恐竜博物館 1680
四合院 752
シサ、サミ 1557
シザ、アルヴァロ 1500, 1657
ジーザス城塞 1251
シーサンパンナ熱帯作物研究所竹楼式賓館、景洪 1676
シスコヴィッツ、ミヒャエル 1468
ジチャ・ホテル、マタルスカ温泉 1529
支柱墓 714
シチューコ、ウラジーミル 1533, 1542
シチューセフ、アレクセイ 1542, 1545
四団山［シツァンシャン］、墓 107
ジッグラト 29, 71
実験農場、ニュー・サウス・ウェールズ州 1379
ジッダ
―アイランド・モスク 1562
―アル＝ハリティ・モスク 1562
―王宮 1559
―国立商業銀行 1559
―コーニッシュ地区 1562
―ハッジ・ターミナル 1559
―ミカット・モスク 1562
ジッテ、カミロ 1424, 1431
シテ・ド・ラ・ミュエット、ドランシー 1424
シテ・ド・ルカーズマン、ジェンナン＝エル＝ハサン 1581
シテ・モデルヌ、ベルシェム＝サンタガット 1455
シディ＝ベル＝アベス、オラン 1578
シトー修道会（白修道士会） 194
シドニー
―MLCセンター 1766
―アメリカン・エクスプレス・タワー 1766
―アンザック戦争記念碑 1770
―ヴィクトリア営舎、パディントン 1380
―ウーリー邸、パディントン

1778
―エリザベス・ベイ・ハウス 1380
―エリルデーン 1774
―オーストラリア・スクエア 1766
―オペラ・ハウス 1774
―ガバナー・フィリップ・タワー 1766
―カルワラ・ハウス 1763
―組合派教会堂、ピット・ストリート 1383
―グラマー・スクール 1394
―グリーンウェイ 1774
―警察署 1383
―コマーシャル・バンク 1394
―ザ・コブルズ 1774
―裁判所、ダーリンハースト 1383
―財務局 1383
―シティ相互生命保険協会ビル 1765
―市民病院 1380
―ジョンソン邸 1778
―水泳競技センター 1770
―水上警察裁判所 1394
―ステート・シアター 1774
―聖三位一体教会堂、ミラーズ・ポイント 1383
―政庁 1368, 1379, 1391
―政庁の厩舎 1380
―セント・アンドリュー大聖堂 1383
―セント・ジェームズ教会堂 1380
―セント・ジョン教会堂、カムデン 1383
―セント・ジョン福音者教会堂、カムデン 1383
―セント・ステファン教会堂 1388
―セント・ピーター教会堂 1383
―セント・マーク教会堂、ダーリング・ポイント 1383
―セント・メアリー大聖堂 1383, 1388
―大学 1388
―タスカラム、ポッツ・ポイント 1380
―中央郵便局 1394
―長老教会堂、ウールムール 1394
―テラスハウス 1376, 1397
―土地局 1394
―ハイド・パーク営舎 1380
―ハミル邸 1778
―ハリー・サイドラー邸 1778
―フォーブス・ストリートの住宅、ウールームールー 1778
―フットボール・スタジアム 1770
―ブルリア 1774
―ベルヴェデール 1774
―マーカス・サイドラー邸 1778
―ユニレヴァー・ハウス 1766
―リヴァプール・アンド・ロンドン保険会社の事務所 1394
―陸軍病院 1380
―リッチモンド・ヴィラ 1383
―ローズ・サイドラー邸 1778
―ローズ邸 1778

シートネン、トゥオモ 1469
シトラ・ナイアグラ都市開発、サマリンダ 1720
シートン・デラヴァル、ノーサンバーランド州 1108
篠原一男 1697, 1701
シハビ、バセム 1559
シバム 672
シバリ、オスモ 1469
シピネン、アルト 1469
ジブレト城 416
西北岡［シペイカン］、墓 107
清水喜助 1324
心源寺［シムウォンサ］、北朝鮮 764
シメオン 339
シモネ、R. 1581
シモネッティ、キンタナ 1646
シモン、ルイ 1472
ジャイアンツ・ヒル、長塚 230
ジャイサルメール
―宮殿 830
―ハヴェリー 831
ジャイプール
―宮殿 830
―ジャワハルラール・カーラ・ケンドラ 1752
―都市計画 826
シャヴュシュテペ
―城塞 89
―神殿 93
ジャウル邸、ヌイイ＝シュル＝セーヌ 1470, 1483
小屯［シャオツン］
―宮殿 107
―住居 105
社会主義リアリズム 1505, 1517, 1520, 1526, 1542, 1545, 1587
ジャカルタ→バタヴィア
ジャガンナータ寺院、プーリー 808
ジャーク、ラディスラフ 1513
ジャクソン邸と厩舎、ショアハム 1778
シャグバラ公園、スタフォードシャー州 1122
ジャシカン、教員養成大学 1581
シャステル・ペレラン、アトリット 412, 416
ジャスパー・コリンズ邸、カーセッジ 1295
ジャスマルナータ・マハーデーヴァ寺院、アソーダ 809
ジャック、バーネット 1584
ジャック、ヘルツォーク 1501
ジャッジ・ウイルソン・ハウス、アナーバー 1294
シャトー・ドー、モルトレー 473
シャトー・ド・シャトーダン、モルトレー 394, 473
シャトー・ド・ジョスラン、ブルターニュ地方 473
シャトー・ド・メール、シドン 416
シャナイツァ、ユゼフ 1524
シャニダール洞窟 34
ジャフナ
―オランダ教会堂 1348
―城塞 1344, 1346
シャーボーン大修道院聖堂、ドー

セット州 507
シャーマ・ラーマ寺院、ビシュヌプル 824
シャマイエフ、サージ 1448
シャミラム・ス 93
ジャーム、ゴール朝のミナレット 641
シャーリー、ヴァージニア州 1281
シャリマル、庭園 672
シャルトル大聖堂 448, 450, 455
ジャルモ、住居 34
ジャロー
―修道院 421
―聖堂 424
シャロー、ピエール 1423
シャロウン、ハンス 1414, 1428, 1429, 1478, 1492, 1521
シャーロシュパタク、文化センター 1520
シャーロッツヴィル
―ヴァージニア大学 1301
―モンティセロ 1294
シャロン、アリエ 1566
シャロン、エルダル 1571
シャロン寺院、ホーランド・ランディング 1752
ジャワハルラール・ネルー・インド工業開発銀行、ハイデラバード 1749
ジャワハルラール・ネルー海軍士官学校、エジーマラ 1748
ジャワハルラール・ネルー大学 1747
商［シャン］ 4
ジャン・ハサン、住居 34
ジャンセヴェル、トゥルグト 1557
ジャンセン、バーナード 1082
シャンティイ、小城館 993
シャンデルナゴール 1365
ジャンヌレ、ピエール 1423, 1741, 1744
上海
―YMCAの住棟 1673
―イギリス総領事館 1315
―インド・マーカンタイル銀行 1665
―インドシナ銀行 1665
―海関 1665
―華東電力大厦 1682
―華懋公寓 1668
―クラブ・コンコルディア 1665
―グランド・シアター（大光明大戯院） 1668
―康楽新村 1682
―江湾体育場 1668
―呉邸 1673
―サッスーン・ハウス（沙遜大厦） 1668
―シェラトンホテル（華亭賓館） 1680
―ジャーディン・マゼソン商会の建物群 1321, 1665
―上海クラブ 1321, 1665
―上海交通大学閔行キャンパス教学楼 1682
―上海市図書館 1668
―上海市博物館 1668
―上海龍柏飯店 1676
―周邸 1673

し

- 新錦江タワー　1680
- 聖イグナシオ大聖堂（上海徐家匯天主堂）　1312
- 盛宣懐邸　1321
- 聖トリニティー教会堂（聖三一堂）　1312
- 聖フランシスコ・ザビエル教会堂　1312
- セント・ジョーンズ大学（聖約翰大学）　1664
- 体育館　1676
- 大上海市政府多大廈　1668
- 大新公司　1673
- 中国銀行協会ビル　1665
- 中国銀行総行　1673
- 中国商業銀行　1315
- 帝国海運税関の旧館　1315
- ドイツ領事館　1315
- 同済大学
  - 科学楼　1682
  - 教室棟　1673
- 東正教聖母大聖堂　1315
- ノース・チャイナ・デイリー・ニューズ社屋　1665
- パーク・ホテル　1668
- パレス・ホテル（匯中飯店）　1668
- ピカルディ・アパートメント　1673
- 百楽門大飯店　1668
- ヒルトンホテル（静安賓館）　1680
- フランス総領事館　1315
- フランス租界
  - 官僚邸宅　1321
  - 市政庁　1315
- ブロードウェイ・マンション（百老匯大廈）　1673
- 方塔園、松江区　1682
- 香港上海銀行　1315, 1665
- マジェスティック・シアター（美瑛電影院）　1668
- ミュラー邸　1673
- メトロポール・シアター（大上海大戯院）　1668
- 游泳館　1676
- 郵政局　1665
- 横浜正金銀行　1665
- 李鴻章邸　1321
- ロシア中国銀行　1321
- シャンブリ城塞、ケベック州　1284
- ジャンブルー、ベネディクト会修道院　1068
- シャンボールの城館　985
- シャンボン、アルバン　1528
- シュアイビ、アリ　1562
- シュヴァイクホファー、アントン　1467
- シュヴァルツ、フリッツ　1501
- シュヴィツィンスキー、ヘルムート　1467
- 秀逸坊、蕭山　1682
- シュヴェヒテン、フランツ　1521
- 重慶、人民大会堂　1673
- 集合住宅開発局（HDB）　1709
- 十三陵、昌平県　744
- 住宅主義運動（モビメント・ヴィヴィエンティスタ）　1657
- シュジェール　185, 394, 447, 449, 451
- シューシュタル、橋　610
- シューシュタル新都市、フゼスタン　1563
- ジュジョール、ジョゼップ・M　1461
- シュタイアーマルク、衛星放送中継局　1467
- シュタイナー、ルドルフ　1429, 1520
- シュタインドル、イムレ　1517
- シュタインハウゼン
  - ヴィースの巡礼教会堂　1056
  - 巡礼教会堂　1054
- シュタニエル　1417
- シュック、ニーナ　1475
- シュテファン大公　345
- シュトゥーダー、アンドレ　1500
- シュトゥーダー、エルンスト＆ゴットリーブ　1501
- シュトゥットガルト
  - 駅　1426
  - 歌劇場　1476
  - 空港ターミナル　1480
  - 国立美術館　1480
  - ショッケン百貨店　1426
  - 大学・ハイソーラー研究所　1478
  - 「ロメオとジュリエット」アパートメント　1478
  - ワイゼンホフ・ジードルンク　1417, 1428, 1510
- シュトゥットガルト＝ルギンスラント、幼稚園　1478
- シュトラウビング、聖堂　524
- シュトラスブルク→ストラスブール
- シュトリフラー、ヘルムート　1476
- シュナイダー＝エスレーベン、パウル　1475, 1478
- シュナイベ、ヴォルフガング　1480
- ジュネーヴ
  - アーヴ橋、ヴェシー　1430
  - 国際労働機関　1430
  - パレ・デ・ナシオン　1430
- シュノンソーの城館　979
- シュパイヤー大聖堂　401
- シュバルト、ヨハンネス　1467
- シュプイル、建造物 I　724
- シュペーア、アルベルト　1414, 1429
- シューマッハー、フリッツ　1428
- ジュミエージュ大修道院聖堂　394
- シュミエレヴィチ、タデウシュ　1525
- シュミッツ、ブルーノ　1424
- シュミット、カール　1533
- シュミット、ハンス　1430
- シュミット、ボレスワフ　1521, 1524
- シュミット＆アイヒンガー　1417
- シュミット＝クルティウス、カール　1429
- シュミットヘンナー、パウル　1429
- シュミンケ邸、レバウ　1429
- ジュムサイ、スメット　1720
- ジュラフスキ、ユリウシュ　1524
- シュリーヴ、ラム＆ハーモン　1610
- ジュルダン、フランツ　1418, 1421
- シュルツェ＝ナウムブルク、パウル　1429, 1455
- シュレスヌ、学校　1424
- シュレーダー邸、ユトレヒト　1452
- ジュロン町役場　1711
- ジョアス、J.J.　1434
- ショウ、リチャード・ノーマン　1166, 1211, 1226, 1230, 1434
- 承徳
  - 大乗閣　752
  - 普寧寺　752
- 浄土寺浄土堂（阿弥陀堂）、兵庫県　778
- 湘南台文化センター、藤沢　1701
- 畳梁　737
- 浄瑠璃寺、京都府　775
- 初期イギリス式　440, 480
- ジョグジャカルタ
  - カンプン・カリ・チョーデ　1719
  - ソノブドヨ博物館　1719
- ジョージアン様式　1243
- ジョジック、アレクシス　1472
- ショッツ、竪穴住居　225
- ジョット　568
- ショート邸、ケンプシー　1778
- ジョドプール
  - ウマイド・バワン宮殿　1741
  - 宮殿　830
  - ジョドプール大学・教室および階段講義室棟　1752
- ショブラ、宮殿　1255
- ジョホール・バル
  - ゴルフクラブ　1717
  - 出入国税関および検疫複合施設　1717
  - ジョホール州政府ビル　1713
- ショラー、F.E.　1426
- ジョルジ、デーネシュ　1520
- ジョルドウィンズ、ホルムベリー・セント・メアリー　1448
- ジョルトフスキー、イワン　1533, 1542
- ショロ、M.J.J.　1315
- ジョン、グロスターの　500
- ジョン・B・パーキン・アソシエイツ　1622
- ジョン・バーネット、テイト＆ローン　1578
- ジョン・ワード邸、セーラム　1280
- ジョーンズ、イニゴー　868, 881, 882, 1076, 1088, 1090
- ジョンソン、フィリップ　1504, 1617, 1622, 1629, 1631, 1641
- ジョンソン・ワックス社オフィス、マイドレヒト　1496
- ジョンソン・ワックス社・管理棟、ラシーン、ウィスコンシン州　1617
- ジョンソン邸、ニュー・カナーン、コネチカット州　1617
- シラキュース貯蓄銀行、シラキューズ　1305
- シーラーズ、住居の集合体　671
- シーランチ・コンドミニアム、カリフォルニア州　1639
- シリナゲル、大モスク　646
- シルヴァ侯爵　1463
- シルカップ、双頭の鷲の祠堂　799
- ジルスピー、キッド＆コイア　1491
- シルバーハット　1701
- ジレスピー、ジョン・ガフ　1434
- シレン、J.S.　1460
- シレン、カイヤ　1469
- シレン、ヘイッキ　1469
- シロエ、ディエゴ・デ　559, 1022
- シロエ、ヒル・デ　555
- ジロード、ロベール　1421
- 新オクラ工業開発地区（NOIDA）、染織工場、ウッタ・プラデーシュ州　1762
- シンガポール
  - H.C. コールドウェルの町屋　1336
  - OCBC センター　1711
  - OUB センター　1711
  - アジア保険ビル　1709
  - アーツ・センター　1713
  - アードモア・コンドミニアム　1711
  - アベリア・コンドミニアム　1711
  - アルメニア教会堂　1336
  - ヴィクトリア劇場と記念ホール　1338
  - ヴィラ・チャンセリー・コンドミニアム　1713
  - キャセイ・ビル　1709
  - 旧鉄道ターミナル　1709
  - キング・エドワード 7 世医学校　1709
  - グランジ・ロード・コンドミニアム　1711
  - クレセント女学校　1713
  - ゲートウェイ・プロジェクト　1711
  - 国立大学、ケント・リッジ　1711
  - コムセンター　1711
  - 最高裁判所　1709
  - 室内競技場　1711
  - ショップハウス　1338
  - シンガポール・ラバー・ハウス　1709
  - 政府官邸（イスタナ）　1336
  - セント・アンドリュー大聖堂　1336
  - 中央郵便局　1709
  - 中国銀行ビル　1709
  - ナンヤン工科大学　1711
  - パヴィリオン・インターナショナル・ホテル　1711
  - バレスティア・ポイント　1711
  - ビシャン教育大学
  - フォート・カニング　1336
  - ブキ・バト・モスク
  - プリンセプ・コート・フラッツ　1709
  - ヘーセド・エル・シナゴーグ　1338
  - 香港上海銀行　1709
  - マクドナルド・ハウス　1709
  - マリーナ・スクエア　1711
  - ラッフルズ・シティ　1711
  - ラッフルズ・ホテル　1338
- 新疆石油職工太湖療養院、無錫　1682
- シングル・スタイル　1168, 1277,

1295
シンケル、カール・フリードリヒ 888, 1058, 1426
新建築（ニーウェ・バウエン） 1454
新建築家協会（ASNOVA） 1538
新古典主義 979, 1414, 1426, 1460, 1468, 1469, 1472, 1480, 1492, 1521, 1533, 1551, 1562, 1574, 1631, 1632, 1639, 1641
新古典様式 1470, 1629
ジンジュリ、城塞 88
新石器時代 3
深圳
―華夏芸術中心 1682
―国際貿易中心大厦 1680
―深圳大学演会中心 1682
―体育館 1682
新即物主義（ノイエ・ザッハリヒカイト） 1412, 1428, 1429, 1510
寝殿造 783
シント・ヤン聖堂、スヘルトーヘンボス（ボワ・ル・デュック） 546
新都市（ヴィル・ヌーヴル） 1475
シンドラー、R. M. 1613
ジンドリンゲン、コミュニティ・センター 1476
神明鳥居 766
神勒寺（シンルクサ）、驪州郡 766

す

スアキン
―シェリファ・ミリアムの家 672
―ハイト・アル・バシャ 672
垂直式 441, 449, 480
スイルクス、シモン 1524
スイルクス、ヘレナ 1524
スヴァ
―フィジー国会議事堂 1788
―南太平洋経済協力機構（SPEC）法廷事務局 1786
ズヴァルトノツ、宮殿教会堂 331
スウィート・ブライア大学、ヴァージニア州 1594
スウェディッシュ・グレース 1455
スウェールズ、フランシス 1434
スウォンジー、市庁舎 1447
嵩岳寺、嵩山 744
スカーバラ、グランド・ホテル 1189
スカーヒル 230
スカモッツィ、ヴィンチェンツォ 886, 936
スカラ・ブラエ 226
スカルパ、カルロ 1494
スカルファロット、ジョヴァンニ・アントニオ 973
スキッドモア、オーイングズ＆メリル（SOM） 1468, 1491, 1559, 1581, 1584, 1619, 1622, 1625, 1632
スキブニエフスカ、ハリナ 1525
スーク 671
スクィンチ 597, 598
スコッチ＝ボードマン邸、ソーガス 1280

スコッツデール、アリゾナ州
―アーコサンティ 1631
―タリアセン・ウェスト 1631
スコット、W. A. 1448
スコット、ケネス 1581
スコット、ジャイルズ・ギルバート 1438, 1447
スコット、ジョージ・ギルバート 1186, 1189, 1193, 1196, 1312
スコット、ジョン 1782
スコット・ブラウン、デニス 1637
スコットニー・キャッスル、ランバーハースト 1186
スコールズ、マイケル 1590
スコーレパーケン団地、グラズサクセ 1498
スーサ
―城塞・宮殿複合体 98
―リバト 628
水鍾寺［スジョンサ］、楊州 766
スズマン邸 1578
スタイロベート 130
スタイン、クラレンス 1607
スタッキーニ、ウリッセ 1431
スタッフォード・プレース、ワイメア・ウェスト 1401
スタディオン 166
スタビオ、学校 1501
スタム、マルト 1454, 1513
スタリー、オルジフ 1510
スターリング、ジェームズ 1480, 1483, 1487
スターリング＆ウィルフォード 1713
スターリングラード（ヴォルゴグラード）、復興計画 1545
スタール、J. F. 1452
スタルク、フィリップ 1705
スタローフ、イワン・エゴロヴィチ 1143
スタンステッド、空港 1487
スターン邸 1578
スタントン・ドルー 230
スタンヒル・フラッツ、サウス・メルボルン 1774
スタンフォード大学、パロ・アルト 1302
ズッカリ、フェデリーコ 950
スティーヴ・チャーチ 438
スティーヴンス、フレデリック・ウィリアム 1361
スティック・スタイル 1277, 1295
スティフトゴーレン、トロンハイム 1153
スティーブロ、ズビシェク 1517
ステファンスキ、ヴァツワフ 1525
ステュアート、ジョージ 1131
ステューダー、A. 1581
ステレンボス、教会堂 1264
ストアモント、ベルファスト 1448
ストイロフ、ゲオルギ 1527
ストウケンブロク、J. A. 1153
ストウ邸、バッキンガムシャー州 1119
ストゥーパ 707, 789, 833
修徳寺［スドクサ］、禮山 764
ストークセイ城、シュロップ

シャー州 512
ストックホルム
―SAS本社 1498
―アクセル・オクセンシェルナ宮殿 1145
―ウッドランド火葬場 1460
―ウッドランド墓地
―ウッドランド礼拝堂 1460
―復活礼拝堂 1460
―エンゲルブレクト教会 1455
―王宮 1148
―コンサートホール 1460
―市庁舎 1455
―市立図書館 1460
―スウェーデン・マッチ・ビル 1460
―スカンディア映画館 1460
―スケップスホルム聖堂 1155
―テッシン宮殿 1148
―取引所 1148
―ドロットニングホルム宮殿 1148
―ヘーガリド教会 1460
―ヘトヴィヒ・エレオノーラ教会堂 1148
―リッダーホルムス教会堂内カロリーネ廟 1148
―リッダルフース 1148
ズトフェン、家屋 547
ストブリアー邸 1587
ストラスブール
―大聖堂 469, 528
―ノイドルフ園郊外 1424
―ポントニエール通りの学校 1424
ストラトフォード＝アポン＝エイヴォン、バーミンガム・ロードの住宅群 1448
ストラトン・パーク、ハンプシャー州 1122
ストラルスカ、イレナ 1525
ストリート、ジョージ・エドマンド 1196, 1204
ストルィイェンスキ、タデウシュ 1521
ストルドン・ダウン 230
ストーン、エドワード・ダレル 1629, 1631
ストーンヘンジ 231
ズナゴゾフ、フコンスタンティン 1526
スネルダー、R. 1589
スノッツィ、ルイジ 1501
スピッダル、教会 1448
スピノーラ、カルロ 1312
スピラナ、J. B. 1461
スファックス、大モスク 628
スフィンクス 40
スフロ、ジャック＝ジェルマン 1012
スベイベ城 412
スペース・フレーム構造 1664
スヘープファールト通り、フーク・ファン・ホラント 1454
スベルデ、住居 34
スペンス、バジル 1483, 1491
ズボロフスキ、ブルーノ 1524
スマーク、ロバート 1131
スミス、A. ダンバー 1434
スミス、アイヴァー 1481
スミス、マヌエル・マリア 1461

スミス邸、デリエン、コネチカット州 1641
スミスドン中学校、ハンスタントン 1483
スミッサー、J. G. 1361
スミッソン、アリス 1484
スミッソン、アリソン＆ピーター 1481, 1483, 1484, 1487
スミッソン、ロバート 1079, 1082
スミノフ、グリゴリー 1538
スモール、ペティット＆アソシエイツ 1585
スライディング・ヒル、オラニエンバウム 1138
スーラト
―商館 1348
―城塞都市 1344
スリ・ジャヤワルデネブラ、新国会複合施設 1756
スーリヤ寺院、ジャールラーパタン 824
スーリヤ寺院、マルタンド 824
スーリヤ寺院、モデーラ 805
スーリヤ寺院、ラナークプル 824
ズリーン、田園都市 1513
スルタニエ、オルジェイトゥの墓廟 649
スルタン・ハン、キャラバンサライ 644
スロヴァツキ団地、ルブリン 1524
ズロコヴィチ、ミラン 1529
スワッソン大聖堂 455
スワヤンブー・ストゥーパ、カトマンズ 792
スワン＆マクラーレン 1709

せ

西安
―小雁塔 749
―人民劇場 1673
―陝西歴史博物館 1680
―大雁塔 749
―唐華賓館 1676
―ハイアット・リージェンシー（凱悦飯店） 1680
聖カテリーナ修道院聖母聖堂、シナイ山 310
井幹式 737
聖ゲオルギオス聖堂、エズラア 614
聖降誕聖堂、ベツレヘム 305
聖十字架堂、アグタマール 331
聖ジョンズ大聖堂、ティルヴェラ 1749
聖心教会、ヴィノフラディ 1415
セイセル、ヨジップ 1529
整層積み 205
聖ニコライ・ロシア正教会堂、ハルビン（哈爾濱） 1315
聖ニコラス教会、エレマンス 1501
セイファート、リチャード 1487
聖フィリップ殉教記念堂、ヒエラポリス 310
聖フリプシメ聖堂、ヴァガルシャパト 331
聖ペトリ教会・教区センター、クリッパン 1498
聖ペトロ教会、ボニノヴォ 1530
聖母マリア教会堂、スヘルペンフー

せ～そ

ヴェル　1065
聖マルク教会堂、ビヨルクハーゲン、スカルプネク　1498
聖メアリーズ教会堂、ワーラーナシー　1749
聖ヨハネ騎士団　194
ゼヴァコ、ジャン＝フランソワ　1581
セヴァストポリ、復興計画　1545
ゼヴィ、ブルーノ　1492, 1494
セヴェロ、ヒカルド　1643, 1645
ゼウス・オリュンピオス神殿、アグリゲントゥム　137
ゼウス神託聖域、ドドナ　137
セオク・チュル・キム　1706
セグー、裁判所　1577
セグレ、ロベルト　1657
セゴビア
　－アルカサル　566
　－ラ・グランハの王宮　1025
セコンディ、教員養成大学　1581
妹島和代　1701
セジンコート、グロスターシャー州　1129
セー大聖堂　469
ゼツェッション　1418
石家荘、実験富裕住宅、河北省　1682
石棺用ニッチ　168
折衷様　780
セティ１世葬祭神殿、アビュドス　62
セディング、J. D.　1223
セナナヤケ・フラッツ、スリランカ　1747
セナーマルク、火葬場　1460
セーニ
　－壁　248
　－ポルタ・サラチェーナ　248
ゼニット　1529
セネフ、城館　1068
ゼネラル・モーターズ技術センター、ウォーレン、ミシガン州　1627
セノタフ　259
セビーリャ
　－アルカサル　637
　－エスケビリェ集合住宅　1499
　－オテル・アルフォンソⅩⅢ　1461
　－カーサ・デ・アユンタミエント　1019
　－カーサ・ロンハ　1025
　－空港　1499
　－大聖堂　555
　－大モスク　637
セビーリャ万国博覧会(1992年)
　－チリ・パヴィリオン　1660
　－ハンガリー・パヴィリオン　1521
セビーリャ・ラテン・アメリカ博覧会(1929年)
　－アルゼンチン・パヴィリオン　1645
　－ペルー・パヴィリオン　1645
　－メキシコ・パヴィリオン　1645
セベクとハロエリスの神殿、コム・オンボ　68
ゼベゲーニ、ローマ・カトリック教会　1520
セホルム集合住宅、クランペンボー　1498

セマラン、民族劇場　1719
セミション、J.　1579
セムカ、R.　1525
セラ・ド・ピラル聖堂、ヴィラ・ノヴァ・デ・ガイア　1030
セラーズ、J. H.　1438
セラピス神殿、アレクサンドリア　162
セランポール　1365
セリ・ムティアラ(イギリス総督公邸)、ペナン州　1338
迫持アーチ　206
セル・ヴォールト　518, 529
セル・フロン聖堂、グブランセル　1155
セルヴァンドーニ、ジャン・ニコラス　1008
セルギエフ・パサド→ザゴルスク
セルシング、ペーテル　1498
セルダーブ　44
セルト、ホセ・ルイス(ジョゼ・リュイス)　1461, 1651
セルビア・ロマン主義　1529
セルビー大修道院聖堂　495
ゼルフュス、ベルナール　1472, 1475
セルリオ、セバスティアーノ　858, 886, 990
セレウキア　609
ゼレナー・ジャーバ、水泳プール　1508
セレナ・ビーチ・ホテル、ジュンバ・ラ・ムトワナ　1589
前室付き石塚　221
泉州
　－開元寺塔　749
　－万安橋　758
禅宗様　778
セント・アンドリュー教会、サンダーランド　1442
セント・ウィルフリッド教会、ハロゲート　1438
セント・オーガスティン
　－サン・マルコの城塞　1281
　－ポンセ・デ・リオン・ホテル　1310
セント・オールバンズ大修道院聖堂　429
セント・オールバンズ大聖堂　495
セント・クレメント教会堂、ドーセット　1310
セント・ジェームス仮大聖堂、マセル　1574
セント・ジェームス教会堂、グレイト・パッキントン　1131
セント・ジャイルズ教会堂、チードル　1185
セント・ジョージ教会堂、カリナン　1273
セント・ジョージ教会堂、ペナン州　1336
セント・ジョージズ・チャペル、ウィンザー　500
セント・ジョン・クリュソストモス教会堂、デラフィールド　1298
セント・ジョン・ザ・ディヴァイン教会堂、ラントフォンテイン　1273
セント・ジョン・バプティスト仮

大聖堂、ブラワヨ　1574
セント・スウィージン大聖堂、スタヴァンゲル　439
セント・チャド教会堂、シュルーズベリー　1131
セント・デイヴィッズ大聖堂　495
セント・ピーター教会堂、テ・アロ　1386
セント・ベネディクト教会、ドラムチャペル　1491
セント・ポール(ミネソタ州)、州会議堂　1302
セント・ポール教会、クリュー　1491
セント・ポール教会堂、デットフォード　1105
セント・ポール教会堂、ロンデボッシュ　1265
セント・マイケル・アンド・オール・エンジェルス教会堂、ボックスバーグ　1273
セント・マイケル教会堂、ウランゴング　1388
セント・マーク教会堂、ジョージ　1265
セント・マーク教会堂、ポンドビル　1386
セント・マークス・タワー計画案　1627
セント・マグヌス大聖堂、カークウォール　439
セント・マシュー教会堂、ウィンザー(オーストラリア)　1380
セント・マシュー教会堂、グレノーチー　1386
セント・マリーズ・グレインジュ教会堂、オルダーベリー　1186
セント・マリー・アンド・オール・セインツ大聖堂、ソールズベリー(現ハラレ)、ジンバブエ　1574
セント・メアリー教会、ウェリングバラ　1438
セント・メアリー教会堂、バンベリー　1129
セント・メアリー参事会聖堂、オッテリー　506
セント・メアリーズ・ギルド、リンカーン　434
セント・ルイス(ミズーリ州)
　－イーズ橋　1310
　－ウェインライト・ビル　1305
　－ユニオン駅　1302
セント・ルーク教会堂、スミスフィールド　1288
セント・ルーク教会堂、チェルシー　1134
羨道　112
尖頭アーチ　213, 215, 607
羨道墓　221
穿斗式　737
セントラール・ベヘーア社オフィス、アペルドールン　1497
洗礼者聖ヨハネの斬首堂、ディアコヴォ　1136

そ

ソヴァージュ、アンリ　1418, 1421
ソヴィエト建築家同盟　1542

倉庫教会堂　350, 353, 363
装飾式　441, 480
ソウタン、イェジィ　1525
ソウティク、S.　1525
総督府、サン・アントニオ、テキサス州　1290
ソウル
　－イギリス大使館、明洞　1330
　－円覚寺[ウォンカクサ]　766
　－駅　1330
　－オペラ・ハウス　1706
　－オリンピック選手村　1706
　－韓国銀行、南大門路　1330
　－キム・ファンキ美術館　1706
　－敬天寺[キョンチョンサ]　764
　－景福宮[キョンボックン]　766
　－キリスト教医学校、明洞　1330
　－国立近代美術館　1706
　－聖心会修女院、元暁路　1330
　－ソウル大学校医学部、蓮建洞　1330
　－大聖堂、明洞　1330
　－体操スタジアム　1706
　－昌慶宮[チャンギョングン]　766
　　－蔵書閣　1330
　－昌徳宮[チャンドックン]　766
　－貞洞教会堂　1330
　－徳寿宮[トクスグン]　766
　－東大門[トンデムン]　764
　－南大門[ナムデムン]　764
　－檜巌寺[フェアムサ]　766
　メトロポリタン空港
　ソーク研究所、ラ・ホヤ、カリフォルニア州　1631
ソクルル(ソコルル)・メフメト・パシャのモスク、リュレブルガズ　654
釈王寺[ソグワンサ]、北朝鮮　764
ソコラナ、コマノヴォ　1529
蘇州
　－華美達竹輝飯店　1676
　－獅子林　758
　－拙政園　758
　－報恩寺塔　749
　－網師園　758
　－留園　758
ソスノフスキ、オスカル　1524
禅雲寺[ソヌンサ]、高敞郡　764
曾禰達蔵　1324
ソーフィア島、城塞　1344
ソフィア
　－オデオン・ホテル　1526
　－クルシャム・モスク　1526
　－集合住宅　1526
　－新市庁舎　1527
　－スラヴィアンスカ・ベセダ・ホテル　1526
　－聖アレクサンドル・ネフスキ聖堂　1526
　－聖シノド教会　1526
　－ツイン・アパートメント　1526
　－内務省　1526
　－ブルガリア・ホテル　1526
　－ブルガリア国立銀行　1526
　－ミネラル泉公衆浴場　1526
　－モスコフスカ通りのオフィスビル　1526
　－屋根付き市場　1526
ソフト・アンド・ヘアリィ・ハウス、筑波　1705

そ～ち | 1875

ソマリア、住宅　1577
ソマルガ、ジュゼッペ　1431
ソリア、ピエール　1475
ソリアノ、ラファエル　1625
ソールズベリー
―ソーニー・ダウン　231
―大聖堂　495
―ブランプトン・プレイン　231
ソルソナ、ビニョリ、サントス、マンテオラ＆サンチェス・ゴメス　1660
ソルテア、労働者住宅　1206
ソルティングズ、ヘイリング島　1447
ソルド・マダレノ、フアン　1646
ソルニエ、ジュール　1220
ソレリ、パオロ　1631
ゾロトフ、N.　1566
ソロモン、J.M.　1574
ソワソン、ルイ・ド　1442
ソーン、アレハンドロ　1657
ソーン、ジョン　1078, 1127
ソン・ビダの住宅、マジョルカ島　1499
ソン・ユチ、石造の塔　234
ソンク、ラーシュ　1223, 1455, 1533
松廣寺［ソンガンサ］、順天　764
ソンゴ・ムナラ、スワヒリの住居　711
ゾンダーゴシック　449
ソーントン、ウィリアム　1301
ソンネブロム映画スタジオ、ランドパーク・リッジ、トランスヴァール地方　1590
成仏寺［ソンプルサ］　764
ソンム戦戦没者記念アーチ、ティブヴァル　1442
ソーンリー、アーノルド　1447, 1448

■ た ■

タ・ケウ寺院　840
ダ・クーニャ、ジョゼ・マリアーノカルネイロ　1643
大何荘［タアフー］、住居　105
タイ・ソー・キム　1706
第3共産主義インターナショナルのモニュメント　1535
ダイカー、ヨハネス　1452, 1454, 1513
タイ期　835
タイゲ、カレル　1505, 1510
太山寺本堂、愛媛県　778
大地建築事務所　1663, 1668
大東亜建記念計画案　1689
当麻寺、奈良県　775
大連
―駅　1668
―体育館　1682
ダヴィタイア、ヴァフタング　1549
ダウス、溪道墓　228
タウト、ブルーノ　1426, 1428, 1552, 1689
ダウドール、W.M.　1312
タウンゼンド、チャールズ・ハリソン　1217
タエニア　115
高崎正治　1705

タカハリュー、サナトリウム　1455
高松伸　1705
高床式住宅　1707
タカラビューティリオン、大阪万国博覧会　1690
ダカール　1573
タキシラ　104
―カラワンの僧院　794
―ダルマラージカ僧院　794
ダークシン・デリー・カリバリ寺院　1749
タクティ・バーイ　794
―僧院　797
托鉢修道会　194
タケ、オマル　1587
武田五一　1325
竹山実　1695
ダシャヴァターラ、デオーガル　802
ダシュリジ・デペ　35
―神社　35
タスキネン、ヘイッキ　1469
タソヴィス、堅穴住居　225
ダタイ・リゾート、ランカウィ島　1717
タツアパラの塔　1277
ダッカ
―議会の城　1749, 1756
―首都複合施設　1756
タッターズホール城、リンカーンシャー州　512
タット・パノム　840
辰野金吾　1324, 1330
ダッハウ、戦没者追悼教会　1476
タップズ、ラルフ　1484
ダティア、宮殿　830
タトリン、ウラジーミル　1520, 1535
タナー、ヘンリー　1434
ダニーディン
―駅　1781
―エディンバラ・ハウス　1397
―オリエンタル・ホテル　1397
―オール・セインツ　1397
―会衆派教会堂　1401
―セント・ジョセフ大聖堂　1401
―地方議会および裁判所　1397
―長老派第一教会　1397
―展示館　1397
―トリニティ・メソジスト教会堂　1401
―取引所（旧郵便局）　1379, 1397
―ニュー・サウス・ウェールズ銀行　1397
―ニュージーランド銀行　1397
―ノックス教会堂　1401
―ハイローン　1397
―ヘリオット・ロウ26番地　1782
ダネーリ、ルイジ・カルロ　1492
ダハシュール
―スネフル王の北ピラミッド　52
―スネフル王の屈折ピラミッド（南ピラミッド）　52
タバチニク、Y.Z.　1563
タハナン・ピリポノ　1723
ダーバン
―アディントン病院　1272
―アレクサンドラ・ホテル　1272
―工科大学・クラブハウス　1578

―市庁舎　1269
―税関　1272
―セント・ジョセフ教会堂　1269
―ナタル大学・法学センターおよびオフィス　1581
―ネザーランズ銀行　1578
―フィールド通り88番地　1584
タピオラ
―アパートメント、スヴィクンプ　1469
―オッツォンペサ集合住宅　1469
―ガーデン・ホテル　1469
―田園都市　1469
ターヒューン邸、ハッケンサック　1280
ダフニ修道院聖堂　331
タブリヌム　259
ダブリン
―カジノ、マリーノ　1119
―議事堂　1115
―空港ターミナル　1452
―裁判所　1122
―税関　1122
―理科大学　1448
タブレロ・タルー　716
多包系　706
多包式持送り方式　706
ダーボーン＆ダーク　1481
ダマヴェンド、グンバド・アブドゥラー　639
タマサート大学、ランシット　1720
ダマスクス
―アル・ヌリヤ・アル・クブラのマドラサ　627
―大モスク　618
―テッケ・モスク　657
タマニヤン、アレクサンドル　1545
ダマン、城塞都市　1344
ダムズゴール、ベルゲン　1155
タムズムート砦、土造りの住宅　1587
タムルーカム教会、ボーデザート　1770
ダラ学校、マリカ　1589
タラゴーナ大聖堂　549
ダラム大聖堂　212, 425, 493
ダーラン、石油・鉱物大学　1559
タリアセン、スプリング・グリーン、ウィスコンシン州　1604
タリェール・デ・アルキテクトゥーラ　1499
ダーリントン・ウォールズ　230
ダルエスサラーム
―オーシャン・ロード病院　1261
―カイザーホフ　1261
―議事堂　1261
―シビル・サーヴィス・レジデンス　1261
―政庁　1574
―セント・ジョセフ・ローマ・カトリック大聖堂　1261
―ルーテル派教会堂　1261
タルクニイア
―アラ・デッラ・レジーナ神殿　244
―メルカレッチャの墓　248
ダルムシュタット
―エルンスト・ルートヴィヒ邸　1424
―芸術家コロニー　1415, 1424

―成婚記念塔　1424
ダルメニー・ハウス、ロジアン　1129
タルヤンネ、オンニ　1455
タレ・イブリース、住居　34
タレンティ、フランチェスコ　580
ダロカイ、ヴェダト　1557
ダロンコ、ライモンド　1431
タン・ケン・ビー　1711
ダン・キルダロイグ　235
丹下健三　1559, 1581, 1587, 1689, 1690, 1695, 1701, 1705, 1711
唐山［タンシャン］→唐山［とうざん］
タンシュトック、堅穴住居　225
タンジョール
―宮殿　827
―ブリハデーシュヴァラ寺院　818
タンジール、新城壁　1255
ダンチェフ、イヴァン　1526
タンピネス・コミュニティ・センター、モク・ウェイ・ウェイ　1713
ダンプ・サダート、クウェッタ峡谷　103
タンプル、レーモン・デュ　529
タンペレ
―カレヴァ教会　1469
―大聖堂　1223, 1455
ダンメ、市庁舎　547
ダンラップス・クリーク橋　1310

■ ち ■

絳［チアン］、住居　107
姜寨［チアンチャイ］、住居　105
地域主義運動　1657
チェ・ミダー、クアラ・カンサー、ペラク　1333
チェカイ、J.　1525
チェコ・キュビズム　1508
チェスターズ、ノーサンバランド州　1230
チェスター大聖堂　493
チェテ、ジョルジ　1520
チェヒ、ヘルマン　1467
チェファルー大聖堂　383
チェプストー城　507
チェルヴェテリ
―バンディタッチャ墓地　248
―レゴリーニ・ガラッシの墓　248
チェルガオン寺院、チャンバ　824
チェルッティ、E.　1492
チェルニャフスキー、イリヤ　1548
チェンバース、M.J.　1315
チェンバース、ウィリアム　888, 1078, 1119
チェンバリン、パウエル＆ボン　1481
チェンマイ
―チェディ・シー・リエム　845
―ワット・チェット・ヨート寺院　845
千木［ちぎ］　767
チステルノーネ、リヴォルノ　975
チソースター　234
チチェスター大聖堂　425, 493

チチェン・イツァー、戦士の神殿 732
チッパーフィールド、デイヴィッド 1697
チニジ、アルトゥグ 1557
チニジ、ジャン 1557
チニジ、ベフルズ 1557
チビルチャルトゥン、7つの人形の神殿 723
チヒルプクタラン、墓塔 639
チフテ・ミナーレ・マドラサ、エルズルム 644
チーム 3 インターナショナル 1711
チーム 2000 1500
チーム X 1494, 1524
チャイコフスキ、ユゼフ 1524
チャイヨニュ、神社 33
チャクマクリ・デペ、住居 35
チャタル・ヒュユク 16, 33
 ─町 34
 ─神社 34
チャッツワース、ダービーシャー州、温室 1178
チャッツワース・ハウス、ダービーシャー州 1105
チャディルジ、リファート 1557
チャーニー・ベセット、マナー・ハウス 512
チャールサダ 104
チャールストン(サウスカロライナ州)
 ─郡記録事務所 1301
 ─セント・マイケル教会堂 1288
チャル・バクル 649
チャールトン・ハウス、グリニッジ 1082
チャン・チャン、都市 732
チャンディ・アルジュナ 845
チャンディ・セウ、仏教祠堂 848
チャンディ・ビーマ、ディエン 845
チャンディ・メドゥート、仏教祠堂 848
チャンディガール
 ─ガンディー・バワン 1744
 ─高等裁判所 1741
 ─高等中学校 1744
 ─事務局 1656, 1741
 ─州議事堂 1741
 ─首都複合施設 1741
 ─パンジャブ大学美術館 1744
 ─ピオン・ヴィレジ 1744
長蝦里[チャンハリ]、扶余郡 764
チャンフ・ダロ 104
中国造営社 1663
中国風古典主義 1663
柱心包系 706
中石器時代 6
柱頭持送り方式 706
チュークスベリ、ベネディクト会大修道院聖堂 507
チュニス
 ─ザイトゥナ・モスク 628
 ─シディ・エル=アロウイ小学校 1589
 ─住居の集合体 671
 ─ハフシア地区 1585
チュミ、ベルナール 1475
チュリゲラ、アルベルト 1025
チューリッヒ

─エレーヌ・ド・マンドロ邸 1430
─工科大学・機械実験棟 1430
─城郭 1040
─ドルダータル・アパートメント 1430
─ノイビュール団地 1430
吊脚楼 752
長春、体育館 1673
長城 758
チョガ・ザンビル、ジッグラト 75
チョガ・マミ、住居 37
チョードゥリー、J.K. 1744
瞻星台[チョムソンデ] 760
チョーリー・ウッド、ザ・オーチャード 1230
浄水寺[チョンスサ]、江華郡 764
定林寺[チョンニムサ]、扶余 759
浄恵寺[チョンハサ]、月城郡 764
中興山城[チョンフンサンソン]、光陽 764
チラム城、ケント州 429
チロエ島、チリ 1660
青島[チンタオ]
 ─交通銀行 1665
 ─ドイツ人官僚邸宅 1321
 ─ドイツ総督庁 1315
チンボテ、マスタープラン 1651

つ

ツァイス社・実験ドーム、イエナ 1428
ツァイドラー・パートナーシップ 1637
ツァール(ザール)
 ─疫病共同墓地 1050
 ─キンスキー城館 1050
 ─聖ヤーナ・ネポムツキー巡礼教会堂 1050
ツァングリ 226
ツーイ大聖堂 411
ツィンマーマン、ドミニクス 1054
ツヴァイフェル、ヤコブ 1581
ツウィッカウ、聖堂 524
ツヴィンプファー、ハンス 1501
ツウォレ(ズヴォレ)、カール 5 世の家 1071
通廊墓 221
ツェントロソユーズ 1545
ツォタ、フラネ 1529
ツォルコフスキー、イワン 1414
ツォロフ、ディミトル 1526
つくばセンタービル、茨城県 1695
朱屯[ツーチン]、住居 105
妻木頼黄 1325
吊りケーブル構造 1664

て

デ・カルロ、ジャンカルロ 1494
デ・コーニンク、ルイス 1455
デ・ステイル 1423, 1452, 1454, 1496, 1497, 1508, 1524, 1592, 1613
デ・スヒップボルフ農場、ドレンテ 1452

デ・ソル、ヘルマン 1660
デ・トゥラー、L. 1153
デ・ブルイン、ヘリット 1585
デ・ヨング、H.L. 1452
デ・ラ・ヴァレ、シモン 1144
デ・ラ・ウォー・パヴィリオン、ベックスヒル 1448
デ・ラ・ソータ、アレハンドロ 1499
デ・ラ・モラ、エンリケ 1649
デ・レオン、テオドロ 1651
デア・リンク 1428
ディ・セーニ、U. 1577
ディ・ファウスト、F. 1577
ディアコニコン 362
ディアーナの神殿、アルカディア 1058
ディアハースト、聖堂 424
ディアル・エル・アンダルース・レジデンス、スース 1589
ティアワナコ、太陽の門 732
ディウ、城塞都市 1344
デイヴィス、A.J. 1294, 1295
デイヴィス、アーサー 1417, 1447
ティヴォリ
 ─ヴィラ・デステ 947
 ─ウェスタ神殿 249
 ─聖域 249
 ─ハドリアヌスのヴィラ 280
ディヴリ、ピエール・コンタン 1012
ディヴリーイ
 ─シッテ・メリク・グンバド 639
 ─モスクと病院の複合建築 644
ディエステ、エラディオ 1649
ディオクレティアヌスの宮殿、スパラト 290, 293
ディカーホフ&ヴィトマン 1480
ティカル
 ─建物号 5D-22、第 1 期 724
 ─神殿 I(ジャイアント・ジャガー神殿) 724
ティーグ、ウォルター・ドーウィン 1618
ディクスコーヴ城塞 1251
ティグボーン・コート、ウィトリー 1230
ティグレ、洞窟教会堂群 335
ティサジェノ 226
ディジョン
 ─サン・ミシェル聖堂 990
 ─シャンベランの邸館 478
 ─ノートル・ダム聖堂 466
 ─ミルサンド館 993
ティシルガト砦 1587
ディシンガー、フランツ 1428
テイスコ、金属労働者組合訓練センター 1469
ディズニーランド 1621
ディッリ・ハート 1762
テイト、T.S. 1447
テイト=メリル、単科大学 1581
ディーナリー・ガーデンズ、ソニング、バークシャー州 1230, 1438
ディバ、カムラン 1562, 1563
テイマウス・キャッスル、テイサイド 1122
ティミショアラ 1527

ティミムン、ニュータウン、サハラ砂漠 1587
ディミリエヴィク、ジャン 1472
ティラーリ、アンドレア 973
定陵、地下宮殿 744
ティリンガム・ホール、バッキンガムシャー州 1127
ディリンゲン、教会堂 1044
ティリンス、城塞 110
ティール
 ─教会堂 417
 ─大聖堂 303
ティル、オルドジフ 1510
ディル・バブルン
 ─アブ・サルガ 614
 ─アル・ムアラカ 614
 ─シット・バルバラ 614
ティルコーヴィル、居留地 1346
ディール城 508
ティルブルフ、高等学校 1496
ディルワラ
 ─寺院配置 802
 ─ジャイナ寺院 802
ディーン、トマス 1448
ディンケルー、ジョン 1632
ティンターン大修道院聖堂、モンマウシャー州 507
ディーンツェンホーファー、クリストフ 1050
ディーンツェンホーファー、ゲオルク 1050
ディーンツェンホーファー、ヨハン 1050
ティンマル、集会モスク 637
デヴィエトシル 1505
デヴェコン社 1581
デヴォニッシュ、円形の塔 429
デヴレス、トゥールル 1557
テオティワカン
 ─城塞 723
 ─太陽のピラミッド 723
テキサコ、サーヴィス・ステーション 1618
テケリ、ドーアン 1557
デコンストラクティヴィズム(脱構築主義) 1505, 1627, 1641, 1642
テーザー、ハインツ 1467
デザイン・パートナーシップ(DP)アーキテクツ 1711
デシャン、ジャン 559
テスタ、クロリンド 1656, 1660
テッカラコア 104
鉄筋コンクリート構造 1663
鉄骨構造 1663
デッサウ、バウハウス 1428, 1524
デッサウ=テルテン団地 1428
テッサロニキ
 ─ガレリウス宮 313
 ─聖使徒聖堂 331
 ─ハギア・ソフィア聖堂 327
 ─ハギオス・ディミトリオス聖堂 310
 ─ロトンダ 290
テッシン(小)、ニコデムス 1144, 1148
テッシン(大)、ニコデムス 1144, 1148
テッセノウ、ハインリヒ 1417, 1424, 1429, 1455
テットフォード城、ノーフォーク

州　429
テッラーニ、ジュゼッペ　1433
テトベリー教会堂、グロスターシャー州　1134
デトロイト　1621, 1637
－クライスラー社・半トントラック組立工場　1610
－ノースランド・ショッピング・センター　1632
テナユカ、シウコアトル神殿　732
デニス・ファビアン＆バーマン　1585
デニスタウン、善行勧告聖母マリア教会　1491
テネシー渓谷開発公社（TVA）　1610
テピダリウム　254, 288
デブレ、L. J.　1155
テーベ、国王の墓　54
テペ・ガウラ、神殿　37, 75
テペ・グーラン、住居　34
テペ・ヌーシェ・ジャン　94
テペ・ヤーヤ、住居　35
テペアカ修道院　1284
テヘラン
－アブギネフ・ガラス陶磁器博物館　1563
－イラン経営学センター　1562
－現代美術館　1563
－市立図書館　1563
テマセク工科大学　1713
デミル休暇村、ボドルム　1557
デュ・ポン、J. W.　1496
デュケネ、フランソワ＝アレクサンドル　1178
デュシャン＝ヴィヨン、レイモン　1508
デュッセルドルフ
－ティーツ百貨店　1424
－フェニックス＝ラインロール・ビル　1476
－マンネスマン・オフィスビル　1476
デュテール、シャルル・ルイ・フェルディナン　1220
デュドク、ヴィレム・マリヌス　1414, 1454, 1585
テュネルソ、住居　439
デュフルニー、レオン　974
デュボウ、ネヴィル　1585
デューマ、フェルナン　1430
デュラスの城館、サン＝トロ　1068
テュラベク・ハヌムの墓廟、ウルゲンチ　650
デュラン、ジャン＝ニコラ＝ルイ　879, 887, 1164
テラ、ヴェントゥーラ　1463
テラ・アマタ　223
デラウェア水道橋、ラカワクセン　1310
テラス・ハウジング、ウミケン、ブルック　1500
テラスハウス　1311
テラーニ、ジュゼッペ　1412
デリー
－DLFセンター　1748
－LICセンター　1748
－赤い城（レッド・フォート）　668, 827
－アジア競技大会選手村　1756
－アメリカ合衆国大使館　1756

－アラ・イ・ダルワザの門　645
－アンバ・ディープ・タワーズ　1752
－イルトゥトミシュの墓廟　645
－インディラ・ガンディー屋内スタジアム、インドラプラスタ　1748
－インド国際センター　1752
－インド統計大学　1749
－ヴァサント・ヴィハール近代学校　1752
－ウェイト・リフティング競技場、シリ・フォート　1748
－円形展示場　1759
－屋外水泳競技場、タルカトーラ　1748
－カワト・アル・イスラムのモスク　645
－ギヤース・ウッディーン・トゥグルクの墓　645
－宮殿　668
－教育・訓練センター　1752
－キラ・イ・クーナ・マスジッド　660
－キロリマル・カレッジ、デリー大学　1747
－グループハウス、アラクナンダ　1756
－結核協会ビル　1744
－国立免疫学研究所　1752
－国会議事堂　1736
－コノート・プレイス　1736
－シタラム・バールティア科学研究大学　1752
－ジョージ5世記念碑　1736
－正教会・教区センター　1749
－全インド戦争記念碑（インド門）　1736
－セント・ジェームズ教会堂　1350
－セントラル・ヴィスタ　1736
－総督府（現ラシュトラパティ・バワン）　1736
－大モスク（ジャーミ・マスジッド）　668
－中央事務局　1736
－ディワーン・イ・アーム　668
－ニューデリー・シビック・センター、サンサド・マルグ　1748
－ネルー・パヴィリオン、プラガティ・メイダン　1748
－ネルー・プレイス地区センター　1748
－脳性麻痺児童学校　1752
－ハイデラバード・ハウス　1736
－バハーイー教寺院　1749
－バラ・ダルワザ　660
－バローダ・ハウス　1736
－ヒルキー・モスク　645
－フィンランド大使館　1756
－フマーユーンの墓廟　661
－フラッグスタッフ・ハウス（ティーン・ムルチ）　1736
－フランス大使館地区　1756
－ブリティッシュ・カウンシル・ビル　1752
－ベガンプリ・モスク　645
－ベルギー大使館　1756
－マデプールの職人集合住宅計画　1759

－マハトマ・ガンディー・スマラク、ラージガート　1748
－ミランビカ学校　1752
－民族ホール　1748
－ムハンマドの墓　645
－モティー・マスジッド　669
－モトキ・マスジッド　646
－ヤムナ・アパートメント　1756
－ラビンドラ・バワン　1744
－ラング・マハル　668
テリー、クィンラン　1491
テル　29
テル・アスマル、方形神殿　75
テル・アチャナ、宮殿　88
テル・アブ・フレイラ、住居　33
テル・エス・サワン
－住居　32
－神殿　37
－村　37
テル・エル・アマルナ　69
テル・ハッスーナ、住居　37
テル・ベイト・メルシム　88
デル・モラル、エンリケ　1651
テル・ラマド、住居　33
テルアビブ　1563, 1566
－H. N. ビアリク邸　1563
－エルアル航空ビル　1571
－エングレ・ハウス　1566
－温室　1563
－新市街　1566
－パゴダ・ハウス　1563
－ヒルトン・ホテル　1571
デルシュテルン、火葬場　1426
デルフォイ
－アテネ人の宝庫　125
－聖域　137
デルフト、モンテッソーリ学校　1497
テルマエ　191
デン・ハーグ→ハーグ
田園都市／郊外　1168, 1414, 1417, 1423, 1424, 1428, 1429, 1433, 1442, 1454, 1461, 1483, 1538, 1573, 1604
テンガラⅡ　1713, 1717
天竺様　778
天津、商業銀行　1665
テント邸、ユーマンディ　1778
デンバイ、ニュー・サウス・ウェールズ州、農家　1379
デンバイ城、ウェールズ　1379
テンピオ・カノーヴァ、ポッサーニョ　975
テンプル騎士団　194
テンボム、アンデシュ　1497
テンボム、イヴァール　1442, 1455, 1460

と

ド・バライド、ラースロー・メステル　1587, 1589
ド・マジエール、P.　1589
ド・ムーロン、ピエール　1501
ド・ラ・ヴァレ、シモン　1148
ド・ラ・ヴァレ、ジャン　1145, 1148
ド・ロルム、フィリベール　886, 979, 990
ドイチェスク、オクタフ　1527
ドイチュ、グスタフ　1467

ドイツ工作連盟　1407, 1412, 1424, 1426, 1428, 1510, 1521
ドイツ工作連盟ケルン展（1914年）、チェコ・パヴィリオン　1510
ドイツ工作連盟ブレスラウ展（1929年）、アパートメント棟　1521
ドイツ労働組合連合学校、ベルリン＝ベルナウ　1428
ドヴァーラヴァティ期　835
ドゥアルト、エミリオ　1657
トゥイッケンハム
－ストローベリ・ヒル　1122
－マーブル・ヒル　1115
東京
－Uハウス　1697
－赤坂離宮　1689
－朝日新聞社ビル　1689
－岩崎家高輪邸　1685
－上野博物館　1325
－上原通りの家　1697
－オフィス・ナニナニ・ビル　1705
－カフェ・ボンゴ　1705
－城戸崎邸　1697
－久我山の家　1697
－クリスタル・ライト・ビル　1705
－コイズミ・ライティング・シアター　1705
－国立西洋美術館　1690
－五島美術館　1697
－自由学園　1689
－白の家　1697
－センチュリー・タワー　1705
－中央電信局　1689
－中央郵便局　1689
－中銀カプセルタワービル　1690
－築地ホテル館　1325
－帝国ホテル　1689, 1706
－帝室博物館　1689
－東京ゴルフクラブ　1689
－東京裁判所　1325
－東京大学工部大学校　1685
－東京都新庁舎　1701
－トラス・ウォール・ハウス　1705
－二番館　1695
－日本勧業銀行本店　1325
－日本銀行本店　1325
－練馬の住宅　1701
－東玉川の住宅　1701
－ヒルサイド・テラス　1695
－フラム・ドール・ビル　1705
－文化会館　1690
－ボヘミアン・ジャズ・クラブ　1705
－三井倶楽部、三田　1689
－三菱1号館　1325
－ライジングサン石油会社本社　1689
－ライズシネマ　1705
－リーダーズ・ダイジェスト本社　1689
－レイモンド自邸　1689
東京オリンピック、国立体育館　1690
東京計画1960　1690
唐山
－唐山体育館　1682

一墓　107
ドゥーシキン、アレクセイ　1545
トゥスケツ、オスカー　1499
ドゥビナー・アパートメント、ラマト・ガン　1571
ドゥブグラス、V.　1645
ドゥブロヴィチ、ニコラ　1528, 1529
ドゥブロヴィツィ、奇跡の聖処女代祷聖堂　1136
ドゥブロヴニク
　―グランド・ホテル・ロプード　1529
　―諸教会　1530
ドゥーラ・エウロポス　609
ドゥルー、市庁舎　473
ドゥール・クリガルズ、王宮　75
トゥルク
　―旧アカデミー　1161
　―新アカデミー　1161
　―トゥルン・サノマット新聞社ビル　1460
　―パンシオの木造住宅　1468
　―復活礼拝堂　1460
トゥルグ・ジュー　1528
トゥールーズ
　―アセザの邸館　993
　―サン・セルナン聖堂　387
　―市立図書館　1421
　―大聖堂　469
　―ドミニコ修道会聖堂　469
　―バジの邸館　993
　―ル・ミライユ　1472
トゥールネ大聖堂　537
トゥルノヴォ橋、グラダシュツァ川　1528
トゥルバハ
　―教会堂　1264
　―ドロスディ（裁判所）　1264
トゥルム、カスティヨ（城塞）　732
トエスカ、ホアキン　1290
独楽寺観音閣、薊県　749
ドーシ、B. V.　1748
都市国家共同体　18
都市調査・行動工房（ARAU）　1468
トジネツ、鉄鋼パヴィリオン　1517
都市美運動　1594, 1604
トスカナ式オーダー　238
トストルプ　231
ドーセット・カーサス　230
トッターダウン・フィールズ、トゥーティング　1442
ドッディントン、グロスターシャー州　1122
トッリジャーニ、ピエトロ　1079
ドナテッロ　896
トニーニ邸、トリチェラ　1501
トビリシ
　―グルジア共和国政府　1545
　―伝統的パン屋　1549
ドブソン、ジョン　1172
トブラクカレ、神殿　93
トマス、W. オーバシー　1447
トーマス、ウィットニー　500
トマス、パーシー　1442
トマール
　―救世主修道院　865
　―クリシュト修道院の主回廊　1030

一修道騎士団聖堂　562
ドミニア・アーキテクツ　1498
ドミニコ会の聖堂、マーストリヒト　546
ドーム　209, 240, 597, 598
トムセン、エズヴァー　1460
トムソン、「ギリシア人」アレクサンダー　1079, 1204
ドムニツキ、ユリウシュ　1521
トメ、ナルシソ　1025
ドメニク、ギュンター　1467, 1468
ドメネク・イ・モンタネール、リュイス　1461
トモン、トマ・ド　1144
トラウイスカルパンテクートゥリ神殿、トゥーラ　732
ドラヴィダ様式　801
トラケリオン　115
トラジャ族の住宅、インドネシア　1333
トーラナ　805
トラーニ大聖堂　383
トラバーチン　200, 203
トラペナール邸、ソー　1423
トラヤヌスの凱旋門、ベネウェントゥム　280
トラヤヌスのドナウ川の橋、トゥルヌ・セヴェリン　280
トラヤヌス橋、アルカンタラ　280
トラルバ、ディエゴ・デ　1030
トランケバール　1365
トランセプト　366
トリーア
　―皇帝浴場　290
　―コンスタンティヌスのバシリカ　288
　―大聖堂　402, 535
　―ポルタ・ニグラ　296
　―リーブフラウエンキルヒェ　535
トリアノ侯爵カントリーハウス、レホナ　1461
トリヴァンドラム
　―開発研究センター（CDS）　1759
　―チトラレカー・フィルム・スタジオ　1759
　―ナーランダ大学　1759
トリエスニク、N.　1526
トリクリニウム　259
トリグリフ　115
ドリス式　239
ドリス式オーダー　115
トリトン・ホテル、アフンガラ　1762
ドリニ・ヴィエストニツェ　223
トリノ
　―ヴァッリノットの聖廟　968
　―サクラ・シンドーネ礼拝堂　963
　―サン・ロレンツォ聖堂　968
　―パラッツィーナ・ディ・ストゥピニージ　968
　―パラッツォ・カリニャーノ　968
　―パラッツォ・マダーマ　968
　―フィアット工場、リンゴット　1431
　―ポルタ・パラティーナ　275
　―モーレ・アントネッリアーナ　1204
　―ラ・スペルガ　968

トリノ万国博覧会（1911年）、ハンガリー・パヴィリオン　1520
トリビューン　345, 366, 448
トリポリ
　―新市街　1577
　―総督府　1577
　―大聖堂　1577
　―ローマ銀行　1577
ドリュー、ジェーン　1579, 1581, 1585
トリンコマリー、城塞　1348
ドール、シトー会大修道院聖堂　506
ドール＆ベリ　1578
トルチェッロ
　―サンタ・フォスカ聖堂　334
　―大聖堂　313
ドルチョル、新住宅地　1529
ドルトムト大聖堂　417
ドルドレヒト、大教会堂　546
トルパ、住居　439
トルプ、ニルス　1498
トルブヒン、国家記念碑　1527
トルボフ、N.　1526
トールマン、ウィリアム　1105
ドルメン　221
トルロ大聖堂、コーンウォール　1223
ドレイトン・ホール、サウスカロライナ州　1281
トーレス＝クラヴェ、ジョゼ　1461
ドレスデン　1417, 1428
　―宮廷劇場（オペラ・ハウス）　1217
　―ツヴィンガー宮殿　1052
　―フラウエンキルヒェ　1052
　―ヘレラウ　1424
　―トレッツィーニ、ドメニコ　1136
　―トレッツォ、発電所　1431
　―トレッピオ、ヴィラ　901
トレド
　―アルカサル　1022
　―アルカンターラ門　566
　―アル・ジェフェリヤ・サラゴサ宮殿　637
　―サン・フアン・バウティスタ施療院　1022
　―サンタ・マリア・デ・メルケ聖堂　407
　―ソル門　566
　―大聖堂　551
　―バブ・マルドゥンのモスク　636
トレド、フアン・バウティスタ・デ　1022
トレマトン城、コーンウォール州　429
トレメイン邸、サンタ・バーバラ　1613
トレンザム・ホール、スタッフォードシャー州　1186
トレント、ラファエッロ広場小学校　1433
トロ、参事会聖堂　411
トーロ、フェレル＆トーレグロッソ　1649
トロイ
　―アテナ神殿　158
　―城塞　109
土楼　752
トロス　112

ドローズ、ジャック　1423
トロースト、パウル　1414, 1429
ドロップ・シティ、コロラド州　1621, 1629
トロハ、エドゥアルド　1413, 1463, 1500
ドロモア城　429
トロワ
　―サンテュルバン聖堂　450, 469
　―大聖堂　469
トロント
　―イートン・センター　1637
　―市庁舎　1302
　―トロント＝ドミニオン・センター　1622
敦煌
　―空港候機楼　1682
　―莫高窟　752
　―鳴沙山石窟　752
トンディガロ　714
トンドワール＆ヴォワノ　1574
トンネル・ヴォールト　206, 209

な

ナイジェリア伝統美術館、ジョス　1585
内接十字式教会堂　339-342
ナイト、ジョン・ジョージ　1391
ナイロビ
　―アガ・カーン60周年記念病院　1578
　―オール・セインツ大聖堂　1260
　―ケニアッタ会議センター　1589
　―裁判所　1574
　―ジャミア・モスク　1577
　―政庁　1574
　―鉄道本社　1574
　―デラメア通り開発、アパートメント棟　1578
　―法務局　1578, 1579
　―立法委員会ビル　1578
ナカダ
　―住居　31
　―墓　38
長塚　221
中山邸、奈良県　1697
ナーガラ様式　801
ナーガールジュナコンダ、チャイティヤ・ホール　794
洛山寺［ナクサンサ］、襄陽郡　766
ナクシェ・ルスタム
　―ダレイオスの墓廟　98
　―拝火神殿　93, 99
ナーコム＆サマーリー　1578
ナザレ、教会堂　417
ナーシク
　―ガウタミープトラ窟　797
　―パンドゥレニヤ　799
ナショナル・ロマンティシズム　1168, 1455, 1460, 1503, 1504, 1533, 1625
ナスル邸　1587
ナタティオ　254, 288
ナタラージャ寺院、チダムバラム　805
ナッシュ、ジョン　1127, 1129
ナッソウ、主任司祭公邸　1280
ナニカーク、ノーサンバーランド州　1172
ナハラル、モシャヴ　1566

ナハル・オレン、住居　30
ナポリ
　−ウンベルト1世のガッレリーア　1199
　−王宮、カゼルタ　973
　−カステッロ・ヌオヴォ　584
　−カステル・ヌオーヴォ　916
　−サンタ・キアラ聖堂　584
　−サンタ・マリア・ドンナ・レジーナ聖堂　584
　−サン・ロレンツォ聖堂　584
　−ダンテ広場　973
　−パラッツォ・サンフェリーチェ　969
　−ポルタ・カプアーナ　916
奈良
　−春日大社　767
　−唐招提寺　774
　−東大寺
　　−金堂(大仏殿)　780
　　−正倉院　774
　　−鐘楼　778
　　−南大門　778
　−法隆寺　769
　　−大講堂　774
　　−夢殿　774
　−薬師寺　774
ナラヤナン・レジデンス　1759
ナランチラ、ハムレット　1762
ナルテクス　341
ナルボンヌ大聖堂　469
南京
　−金陵女子大学　1665
　−金陵飯店　1676
　−国民大会堂　1668
　−五台山体育館　1676
　−中央医院　1668
　−中央体育館　1668
　−中央大学　1664
　−中央博物館　1668
　−中華民国外交部　1668
　−中山陵　1668
　−南京大学　1665
　−南京大虐殺犠牲者記念博物館　1680
　−夫子廟仿古街　1682
　−馥記大廈　1668
ナンシー
　−スタニスラス広場　1012
　−大劇場　1418
　−マジョレル邸　1418
　−ラ・キャリエール広場　1012

に

ニーア・ブルーケト住宅地、サンドヴィケン、イェヴレ　1497
ニアムコロ、教会堂　1256
ニアメイ
　−裁判所　1587
　−ソーラー・エネルギー研究所(ONERSOL)　1589
ニエト、アロンソ　566
ニエムチク、スタニスワフ　1525
ニオノ、大モスク　1587
ニクシッチ、ラドヴァン　1529
ニコラエフ、イワン　1542
ニコリーニ、E.　1657
ニコルスキー、アレクサンドル　1538
ニコルスコエ
　−教会堂　1143
　−鐘塔　1143
ニコロフ、ニコラ　1527
ニサ　609
ニシャト、庭園　672
ニース
　−サント・ジャンヌ・ダルク教会　1423
　−住宅、ロクブリュヌ　1423
日建設計　1695
日光
　−東照宮　769
　−陽明門　769
日中文化センター　1689
ニテロイ、現代美術館　1660
ニネヴェ　85
ニーマイヤー、オスカー　1581, 1622, 1646, 1649, 1651, 1660
ニーム
　−円形闘技場　271
　−ガールの水道橋　261
　−カレ・ダール　1475
　−ディアナ神殿　266
　−メゾン・カレ　249, 1475
ニムルード　79
　−エジダ神殿　83
　−シャルマネセル城　83
ニャマティー邸、ホークス・ベイ　1782
ニュー・グランジ、羨道墓　228
ニュー・グルナ　1587
ニュー・バーリース　1587
ニュー・ヒューマニズム　1481
ニュー・ブリテン島、住宅　1788
ニュー・ブルータリズム　1764, 1765
ニューオリンズ
　−イタリア広場　1639
　−カビルド(市庁舎)　1290
ニューカッスル
　−セント・トーマス教会堂　1172
　−中央駅　1172
　−ロイヤル・アーケード　1172
ニューカッスル(南アフリカ)、市庁舎　1269
ニューサム兄弟　1295
ニュータウン　1480, 1483, 1528, 1581
ニューデリー　1442
　−カトリック聖心教会　1741
　−贖罪大聖堂　1741
　−聖マーティンズ・ガリソン教会　1736
　−フェロズシャー通りの中級集合住宅　1736
ニュートン、アーネスト　1438
ニュートン記念堂　1013
ニューナム・コートネイ、オックスフォードシャー州　1119
ニューヘヴン
　−クライスト教会堂　1298
　−トリニティ教会堂　1298
ニューポート
　−エルムハースト　1294
　−グリズウォルド邸　1295
　−ザ・シャレー　1295
　−トゥーロ・シナゴーグ　1288
　−ワッツ・シェルマン邸　1295
ニューマン、ロバート　1656
ニューヨーク
　−A.T.スチュワート・ストア　1304
　−AT&T電話会社本社　1621, 1641
　−アイドルワイルド(現ジョン・F・ケネディ)空港、TWAターミナル　1627
　−ヴィラード邸　1295
　−ウィリアム・K・ヴァンダービルト・マンション　1296
　−ウェスタン・ユニオン・テレグラフ・ビル　1305
　−ウールワース・ビル　1597
　−エンパイア・ステート・ビル　1610
　−オラナ　1295
　−グッゲンハイム美術館　1627, 1641
　−クライスラー・ビル　1610
　−グランド・セントラル・ターミナル駅　1594
　−グレース教会堂　1298
　−公共図書館　1302, 1594
　−国際連合事務局　1622
　−国立デザイン・アカデミー　1301
　−コロネード・ロウ　1294
　−ザ・ダコタ　1296
　−裁判所兼少年鑑別所　1301
　−シーグラム・ビル　1619, 1622, 1632
　−ジャン・ディトマース邸　1280
　−州立劇場　1629
　−シンガー・ビル　1597
　−世界貿易センター　1629
　−セント・パトリック大聖堂　1298
　−セント・ポール礼拝堂　1288
　−セントラル・シナゴーグ　1298
　−セントラル・パーク　1627
　−ターミナル・シティ　1597, 1610
　−ディックマン邸　1280
　−ティファニー邸　1295
　−デイリー・ニューズ・ビル　1610
　−トリニティ教会堂　1298
　−トリビューン・ビル　1305
　−ニューヨーク州立劇場　1641
　−ニューヨーク物産取引所　1305
　−ハーパー兄弟印刷工場　1304
　−ピエール・ロリラード邸　1295
　−フィルハーモニック(現エイヴリー・フィッシャー)・ホール　1629
　−フォード財団ビル　1632
　−フラー・ビル(フラットアイロン・ビル)　1597
　−ブルックリン橋　1310
　−ブロンクス・デヴェロップメンタル・センター　1641
　−ペンシルヴェニア駅　1594
　−マニュファクチュラーズ・ハノーヴァー・トラスト社　1625
　−ミルズ邸　1296
　−メトロポリタン・オペラハウス　1629
　−メトロポリタン生命保険タワー　1597
　−メトロポリタン美術館　1594
　−モホンク・マウンテン・ハウス　1310
　−ラジオ・シティ・ミュージックホール　1610
　−リンカーン舞台芸術センター　1629, 1641
　−リンドハースト　1295
　−レイング・ストア　1304
　−レヴァー・ハウス　1619, 1622, 1625
　−レノックス図書館　1302
　−ロックフェラー・センター　1610
　−ワシントン・スクエア　1294
ニューヨーク世界博覧会(1939年)
　−チェコ・パヴィリオン　1508
　−ブラジル・パヴィリオン　1646
　−ルーマニア・パヴィリオン　1527
ニュルンベルク
　−ヴェルデラウ　1424
　−ザンクト・ゼーバルト聖堂　525
　−ザンクト・ローレンツ聖堂　525
　−城　525
　−フラウエンキルヒェ　525
　−ペラーハウス　1043
　−練兵場　1429
ニーラーデ、クンツ　1480
ニーラマンカラ寺院、ネーマン　824
ニューロブ、マルティン　1211

ぬ

ヌーヴェル、ジャン　1475
ヌクアロファ・クラブ、ヌクアロファ　1786
ヌシャーテル=アン=ブレ、行政・コミュニティ・センター　1472
ヌーティラ邸、クーシスト　1468
ヌビア・ヴォールト　1759
ヌムール　1577
ヌーリ、メロウェのピラミッド　714
ヌル・エド・ディン・モスク、モースル　644

ね

ネア・ニコメディア　226
ネアク・ペアン祠堂　840
ネヴィゲス、教会　1476
ネヴィット、F.H.　1315
ネオ・リアリズム　1492, 1494, 1499
ネスフィールド、ウィリアム・イーデン　1223
来蘇寺[ネソサ]、扶安郡　764
ネター、ヨアヒム　1480
ネッキング　115
ネット・ヴォールト　517, 518
ネノ、H.P.　1430
ネフ、ヨアヒム　1501
ネブラスカ州議事堂、リンカーン　1607
ネポムークの聖ヨハネ巡礼教会堂、ゼレナー・ホラ　1050
ネマニャ、ステファン　341
ネメア

―競技場　166
―ゼウス神殿　146
ネルヴィ、ピエル・ルイジ　1413, 1433, 1472, 1492, 1496
ネルソン
―クライスト教会堂　1386, 1401
―大学　1386
―地方議会　1386

の

ノアの方舟、札幌　1705
ノイエッティング、聖堂　524
ノイシュヴァンシュタイン城　1226
ノイトラ、リチャード　1613, 1617, 1619, 1639
ノイマン、アルフレート　1571
ノイマン、ズラトコ　1529
ノイマン、バルタザール　880, 1052, 1053
ノヴァ・フタ=ビエンチィツェ、教会　1525
ノヴィ・ベオグラード、新住宅地　1529
ノヴェ・ティヒィ、教会　1525
ノヴェッロ、A. A.　1577
ノーヴォ、アロヴィジオ（アレヴィジオ・ノーヴィ）　353, 1135
ノヴォトナー、J.　1517
ノヴォトニー、オタカル　1510
ノヴゴロド
―「香油を運ぶ女たちの」聖堂　363
―聖ゲオルギー大聖堂　357
―聖ソフィア大聖堂　354
―聖テオドール・ストラティラータ聖堂　357
ノウス、羨道墓　228
ノエル、マルティン　1645
ノーサンプトン、市庁舎　1193
ノストヴィク、N. H.　1589
ノット、ラルフ　1434
ノートル・ダム=デュ=オー巡礼教会、ロンシャン　1472
ノートル・ダム・デュ・ポール聖堂、クレルモン＝フェラン　387, 469
ノートル・ダム教会、ル・ランシー　1421
ノートル・ダム参事会聖堂、ユイ　546
ノートル・ダム聖堂、スミュール=アン=オーソワ　466
ノートル・ダム聖堂、トングル　537
ノートル・ダム聖堂、ルーヴィエ　473
ノーマン、オクラホマ州
―バヴィンガー邸　1625
―プレーリー・ハウス　1625
野屋根　774
ノリッジ　1481
―イースト・アングリア大学・センズベリ視覚芸術センター　1487
―市庁舎　1447
―大聖堂（ベネディクト会修道院大聖堂）　425, 494
―ロッドン　1481

ノールウィッツ、ピーテル　1073
ノルヴェルト、エドガル　1524
ノルテ・ジュニオール　1463
ノルテン、エンリケ　1657
ノルマン・ハウス、クライストチャーチ、ドーセット州　434
ノルマン式　440, 480
ノンサッチ宮殿、サリー州　1079

は

バー、アルフレッド　1504
バー・トレーサリー　448, 449, 461
ハイ・アンド・オーヴァー、アマーシャム　1447
ハイ・ローン小学校、ボルトン　1483
バイア
―サルダナハウス　1277
―城塞　1284
―大聖堂　1286
―メルクリウス神殿　254
―浴場　254
バイアン、バリー　1448
バイエムビト儀礼場、パプア・ニューギニア　1786
バイカー団地、ニューカースル・アポン・タイン　1481
ハイス・テル・ハイデ
―ヘニー邸、アメルスフォールツェ通り　1452
―レーフダラ、アメルスフォールツェ通り　1452
ハイデラバード、知事官邸　1357
ハイデルベルク、城館　1040
ハイファ
―工業学校（テクニクム）機械工学実験所　1563
―レアリ学校　1563
―レウミ銀行　1563
バイミオ、サナトリウム　1460
ハイム・ヴァイツマン邸、レホヴォト　1566
バイユー大聖堂　466
バイランダー、スヴェン　1434
バイランド大修道院聖堂、ヨークシャー州　506
ハイリゲンクロイツキルヒェ、シュヴェービッシュ・グミュント　525
バイル・アル・ガニム、クウェート　672
ハイルブロン、市庁舎　1038
パイロン（塔門）　40
ハインリヒス、ゲオルク　1476
ハウ＆レスケイズ　1618
ハーヴァード大学　1290, 1622, 1629
―カーペンター視覚芸術センター　1622
―記念ホール　1302
パヴィア
―コッレージョ・ボッロメオ　939
―サン・ミケーレ聖堂　378
―大聖堂　910
―チェルトーザ・ディ・パヴィア　572, 910
ハヴィランド、トマス・フィオット・デ　1350

ハヴェリー　830
ハウエル、キリック、パートリッジ＆エイミス　1483
ハウエル、ビル　1481
パウエル、フィリップ　1481
パウエル＆モヤ　1484
ハウキン、D.　1566
ハウス・オブ・セブン・ゲーブルス、セーラム　1280
バウスヴェア、教会　1499
ハウト＝ケーゴヒスブルク、城　1424
バウハウス　1412, 1428, 1429, 1510, 1513, 1520, 1524, 1557, 1566, 1645, 1651
バウマン、ポウル　1460
バウム、シュチェパン　1525
バウメヴェルト、ディター　1476
ハウリーチェク、ヨゼフ　1510
パヴロ225.
パヴロフスク宮殿　1143
バウワーズ・ハウス、ノーサンプトン、マサチューセッツ州　1294
パエストゥム
―ケレス神殿　137
―バシリカ　137
―ポセイドン神殿　145
ハエン大聖堂　1022
パーカー、バリー　1442
歯形飾り　119
バガモヨ　1585
―教会堂　1256
―修道士の家　1260
―女子修道院　1260
―税関　1260
―ボーマ　1260, 1261
パカルツドーブ、伝道会教会堂　1265
バガワンプラ　104
パガン
―アーナンダ寺院　836
―アベーヤダナー寺院　836
―スーラーマニ寺院　836
―聖典書庫　840
―タッピンニュー寺院　836
―チャウク寺院　836
―ティツァワダ寺院　840
―ナン・パヤー寺院　836
―ミンガラゼーディ・ストゥーパ　836
ハギイ・セルギオス・ケ・バッコス聖堂、オールド・カイロ　313
ハギオス・ティトス聖堂、ゴルテューン　327
ハーグ
―王立劇場　1074
―王立図書館　1073
―国立舞踊劇場　1497
―社会福祉省　1497
―新教会堂　1073
―ハイス・デン・ボス　1073
―ビネンホフ　547
―マウリッツハイス　1071
バクー、東バザール　1549
バーグ、ドハーティ、ブライアント　1584
バーグ、ロッジ＆バーグ　1581
バクシュ
―アパートメント　1520
―ローマ・カトリック教会　1521

バクストン、ジョゼフ　1178, 1185
バグダード　623
―アッバース朝の宮殿　627
―カーディマインの墓廟　651
―カーン・ミルジャン　646
―クハリフィエ　644
―シット・ズベイダの墓廟　627
―バブ・アル・ワシタニ　627
―ハムード邸　1557
―ムスタンシリエ・マドラサ　627
―連邦産業省　1557
バグナム、母子ケア・センター　1762
ハクマナ、居留地　1346
バケマ、ヤコブ・ベレント　1496
バゲリーア
―ヴィラ・ヴァルグァルネーラ　973
―ヴィラ・パラゴーニア　973
―ヴィラ・ラルデリーア　973
バコヴィチ、ジャン　1423
バコーツ礼拝堂、エステルゴム　1037
バコン寺院、ロルオス　840
バザウェイ、南オーストラリア　1397
バサースト
―裁判所　1394
―政庁　1394
―セント・ジョン教会堂　1265
バサティン、水道　630
狭間胸壁　87
バザール　671
バジェ・デ・ブラボ、週末住宅　1657
バージェス、ウィリアム　1206
バジェーノフ、V.I.　1138
ハシエンダ・デル・ポソ・デ・ヴェローナ、スノル　1296
ハージストイチェフ、トドル　1527
パシフィック・コースト・ボラクス・カンパニー・ビル、アラメダ　1310
パシフィック・コースト・ボラクス・カンパニー・ビル、ベイヨン　1310
バージャー、チャイティヤ・ホール　794
ハジュラール
―住居　33
―神社　34
バシリカ　210, 239, 240, 298
バシリカ式　202, 365
バシリス・ニュータウン　1709
バジレ、エルネスト　1431
バース
―アレンデール・スクエア　1766
―クイーン・スクエア　1115
―財務局　1391
―市庁舎　1391
―州庁舎　1131
―政庁　1391
―聖堂参事会学校　1391
―セント・ジョージ大聖堂　1388
―中央郵便局　1397
―土地局　1397
バス・パワン女子寄宿舎、サンティニケタン　1762
バスケス、ペドロ・ラミレス　1651

バスタム、城塞　93
バスティード　508
ハスティナープラ　104
バスラ・ホテル、バスラ　1559
バセイン、城塞都市　1344
長谷川逸子　1701
バーゼル
 −教区センター、ムッテンツ　1501
 −ゲーテアヌム、ドルナハ　1429
 −シュヴィッター・ビルおよびアパートメント　1501
 −聖アントニウス教会　1429
 −聖パウル教会　1429
 −バーディシャー駅　1429
 −フライドルフ団地、ムッテンツ　1429
 −ヘルベ通りのアパートメント　1501
パーソンズ、ウィリアム・E.　1721
バソンピエール、ジョゼフ　1424
バタヴィア
 −アビディン邸　1719
 −イマヌエル教会堂　1338
 −ウェルトフレーデン　1338
 −会議場　1720
 −カスティール・バタヴィア　1338
 −国立文書館　1338
 −サイード・ナウム・モスク　1720
 −裁判所　1338
 −ダルマラ・ビル　1720
 −ペナン門　1338
 −ボゴールのサマー・パレス　1338
 −町の計画　1338
バタク・カロ族の住宅、インドネシア　1333
バタク・シマルングン族の住宅、インドネシア　1333
バターフィールド、ウィリアム　1186, 1199
バーダーミ、石窟　801
バダリ、墓　38
バダン、シンガポール市庁舎　1709
パチェコ、M. ベガス　1646
ハツォール　88
バック、ジャウメ　1500
バックストレム、スヴェン　1497
ハック提督邸、カラチ　1747
バッシ、C.F.　1161
ハッジ・フィールズ、村　35
パッティソン邸、ワイパワ　1782
ハットフィールド・ハウス、ハートフォードシャー州　1082
ハッドン・ホール、ダービーシャー州　512
パップス、アレクサンドリアの　201
パッラーディオ、アンドレア　858, 877, 890, 933, 936, 1535
バティカロア、城塞　1346
馬蹄形アーチ　607
パドヴァ
 −イル・ペドロッキーノ　1175
 −オデオ・コルナーロ　928
 −カフェ・ペドロッキ　975, 1172

 −サンタントーニオ聖堂　572
 −倉庫　1492
 −ロッジア・コルナーロ　928
ハードウィック・ホール、ダービーシャー州　1082
ハトシェプスト女王葬祭神殿、デール・エル・バハリ（テーベ）　58
ハドフィールド、ジョージ　1294
ハトホル神殿、デンデラ　68
パドマナバプラム、王宮　827
バトマン・ス、橋　644
バートマン邸、ファーン・クリーク、ケンタッキー州　1617
バトヤム、市庁舎　1571
ハトラ　609
バトラー邸、バサティエンポ　1613
バドラン、ラセム　1562
パナタラン、寺院群　848
バナト　1527
バーナム、ダニエル・ハドソン　1434, 1592, 1597, 1632, 1721
バーナム＆ルート　1632
バニ、マリオ　1651
バーネット、ジェームズ・J　1374, 1394
バーネット、ジャック　1571
バーネット、ジョン　1434
バーネット、テイト＆ローン　1447
ハノイ、オペラハウス　1341
ハーバー・キャッスル、ケント州　512
ババ・ジャン　94
バハイ・ナ・バト、サンタ・リタ、パンパンガ州　1333
ハバナ
 −アメリカ合衆国大使館　1646
 −会計検査院　1646
 −キャバレー・トロピカーナ　1649
 −サン・サルバドール・デ・ラ・プンタ城塞　1281
 −モッロ城塞　1281
 −レアル・フエルザ城塞　1281
 −レティーロ・オドントロヒコ（歯科医師年金）　1646
バハネク百貨店、オストラヴァ　1513
パピルス　39
バビロン　609
 −イシュタル門　85
 −空中庭園　85
 −バベルの塔　85
ハファジェ、楕円形神殿　74
バブオン寺院山　840
破風鐘楼　351
パプスト、ヴィルヘルム・アーノルト　1578
バブラムシャーのモスク、ガズニ　641
ハベレ、マリヤン　1529
ハーボ聖堂、ヴェステルイェートランド　1153
パーマー＆ターナー　1663, 1665, 1668, 1673, 1676, 1709, 1713, 1719, 1725, 1727, 1731
ハマイチ、サミル　1589
バマコ、官庁群　1577
ハマトゥ、城塞　89
ハマーム・アス・サラク　621

バーミヤン僧院　792
ハミルトン、トマス　1131
バーミンガム
 −イーグル・インシュアランス・ビル　1220, 1434
 −公会堂　1131
 −セント・フィリップ教会堂　1105
ハムザー＆ヤン　1715
ハムディ邸　1587
ハメンヒール島、城塞　1344
ハーモン、アーサー・ルーミス　1566
バヤジット・パシャのモスク、アマシヤ　653
バヤルド、ネルソン　1657
ハラー、フリッツ＆ブルーノ　1500, 1501
バラエストラ　126, 254
バラガン、ルイス　1631, 1651, 1657
ハーラクストン・ホール、リンカーンシャー州　1186
パラシオス、アウグスト・ペレス　1651
パラスケヴァ・ピャトニツァ聖堂、チェルニヒフ（チェルニゴフ）　357
パラダイス・ガーデン　653, 672
バラッコ、フベナル　1661
パラッツォ・コムナーレ、ウーディネ　1431
パラッツォ・サン・ステファノ、タオルミーナ　587
パラッツォ・ファルネーゼ、カプラローラ　947
パラッツォ・プブリコ、ピアチェンツァ　576
パラッツォ・ベルモンテ、スパッカフォルノ　1431
パラッツォ・マッシミ・アッレ・コロンネ　1434
ハラッパー　101, 104
 −穀物倉庫　105
 −住居　830
ハラッパー文明　12
バーラト・ダイアモンド取引所　1748
原広司　1697, 1701
パラマッタ
 −エリザベス農場　1247, 1379
 −政庁　1380
 −セント・ジョン教会堂　1380
 −槍騎兵兵舎　1380
パラモンガ、城塞/砦　732
パラワイ、テームズ付近、住宅　1401
バランザーテ、教区教会　1492
バーランジ、ルイジアナ州　1280
ハーランド、ヒュー　500
パリ
 −CNIT（国立工業技術センター）展示場、ラ・デファンス　1472
 −アトリエ・エスデール　1421
 −アムロの邸館　1007
 −アラブ研究所　1475
 −アルシュ、ラ・デファンス　1475
 −アレクサンドル3世橋　1417
 −アンヴァリッド　1004

 −アンドレ・ジッド邸、シコモル通り　1418
 −イタリア大通り35番地　1423
 −ヴァヴァン通りのアパルトマン　1421
 −ヴァル＝ド＝グラース聖堂　999
 −ヴァンドーム広場　1007
 −ヴェルサイユ通り25番地　1423
 −ヴォージュ広場　993
 −エクスピアトワール（贖罪）礼拝堂　1017
 −エッフェル塔　1220, 1418
 −エトワールの凱旋門　1017
 −オデオン座　1014
 −オペラ座　1196
 −オルセー駅　1417
 −オルセー美術館　1475
 −カステル・ベランジェ　1418
 −ガラスの家（ダルザス邸）　1423
 −ガリフェの邸館　1014
 −カルナヴァレの邸館　990
 −北駅　1199
 −ギャルリー・ラファイエット　1418
 −救世軍ビル　1423
 −グラン・バザール　1418
 −クリュニーの邸館　478
 −国立図書館　1199
 −コレージュ・デ・キャトル＝ナシオン　1004
 −コンコルド広場　1012
 −サクレ・クェール聖堂　1220
 −サルムの邸館　1014
 −サン・ヴァンサン＝ド＝ポール教会堂　1185
 −サン・ジェルヴェ聖堂　995
 −サン・ジャン・ド・モンマルトル教会堂　1223, 1418
 −サン・シュルピス聖堂　1008
 −サン・ドニ＝ド＝レストレ教会堂、サン・ドニ　1204
 −サン・ドニ大修道院聖堂　394, 447-451
 −サン・ドニ門　1007
 −サン・フィリップ・デュ・ルール聖堂　1014
 −サン・ロッシュ聖堂　1008
 −サンスの邸館　478
 −サンテティエンヌ・デュ・モン聖堂　473, 985
 −サント・クロティルド教会堂　1186
 −サント・シャペル　450, 469
 −サント・ジュヌヴィエーヴ聖堂　1013
 −サント・ジュヌヴィエーヴ図書館　1178
 −サント・マリー・ド・ラ・ヴィジタシオン聖堂　999
 −サントゥジェーヌ教会堂　1204
 −サントゥスタッシュ聖堂　473, 985
 −サントーギュスタン教会堂　1204
 −士官学校　1012
 −市行政庁　1475
 −シトロエン販売店　1421
 −シネマ・ガンベッタ　1421
 −シャイヨー宮、トロカデロ　1421

—シャトネ=マラブリ　1424
—ジャルの邸館　999
—シャルル・ド・ゴール空港・ターミナル 1、ロワシー　1472
—シャンゼリゼ劇場　1418
—シュリーの邸館　995
—証券取引所　1014
—植民地博物館　1421
—ジョルジュ・ポンピドゥー国立美術・文化センター　1475, 1494
—新国立図書館　1475
—スイス学生会館　1423, 1622
—スターリングラード広場　1475
—スービーズの邸館　1007
—セバストーポル大通り　1211
—造幣局　1012
—ソルボンヌ聖堂　995
—中央市場(レ・アール)　1199, 1465
—テュイルリー宮殿　990
—ドゥエ通り 15 番地の建物　1206
—土木事業博物館　1421
—トリスタン・ツァラ邸　1417
—取引所広場 10 番地の建物　1189
—ノートル・ダム・デュ・トラヴァーユ教会堂　1204, 1417
—ノートル・ダム・ド・ロレット聖堂　1017
—ノートル・ダム大聖堂　451
—ノートル・ダム大聖堂の管理人の家　1206
—バガテル　1014
—バスティーユ・オペラ座　1475
—バスティーユ広場の地下鉄駅　1220
—パンテオン　1013
—東駅　1178
—プティ・パレ　1217
—プラネクス邸　1423
—フランクリン通りのアパルトマン　1418
—フランス広場　1017
—フランス下院議場　1017
—ブルトンヴィリエの邸館　995
—ボーヴェーの邸館　863, 1004
—ボン・マルシェ　1220
—マティニョンの邸館　1008
—マドレーヌ聖堂　1014
—マレ=ステヴァンス通り　1423
—ミラノ通り 11 番地の住宅　1211
—メトロ駅舎　1418
—モザール通りの住宅　1418
—モンモランシーの邸館　1013
—ユネスコ・ビル　1475
—ラ・ヴィレット公園　1475
—ラ・サマリテーヌ百貨店　1418, 1421
—ラ・サルセル団地　1470
—ラ・ビュット・オー・カーユの浴場　1418
—ラ・ロッシュ=ジャンヌレ邸　1423
—ラモワニョンの邸館　993
—ランベールの邸館　1003
—リヴォリ通り　1017, 1189
—リエージュ通りのアパルトマン 1189
—リッツ・ホテル　1417
—リュクサンブール宮殿　995
—ル・プレシ=ロバンソン　1423
—ルーヴル宮殿　990
—東側ファサード　1004
—ルーヴル新宮殿　1189
—ルーヴル美術館、ガラス・ピラミッド　1475
—ルーエル通りの学校　1418
—ロルジュの邸館　1004
バリー、チャールズ　1172
バーリー・ハウス、ノーサンプトンシャー州　1082
バーリー学校、チェスハント　1483
ハリス、E. ヴィンセント　1442
ハリス、ジョン　1715
ハリス、ハーウェル・ハミルトン　1617
ハリス邸　1578
パリ装飾美術博覧会(1925 年)　1414, 1421
—ソヴィエト連邦パヴィリオン　1535
—ポーランド・パヴィリオン　1524
ハリソン、ウォーレス　1629
ハリソン、オースティン・セント・バーブ　1566
ハリソン＆アブラモヴィッツ　1622, 1629, 1646
ハリソン、バーンズ＆フッバード　1574
バーリ大聖堂　383
パリツカ、J.　1513
バリ島
—アマヌサ・リゾート　1719
—アマンダリ・リゾート　1719
—クラブ・メド　1719
—ジュスティ邸、サヌル　1719
—タンジュン・サリ・リゾート　1719
—バリ・ハイアット・ホテル、サヌル　1719
パリ万国博覧会(1900 年)
—機械館　1220
—グラン・パレ　1418
パリ万国博覧会(1937 年)
—チェコ・パヴィリオン　1513
—日本館　1689
ハリファックス、労働者住宅、アクロイドン　1206
バリャドリード
—サン・パブロ聖堂　555
—聖グレゴリオ学堂、ファサード　555
—大学のファサード　1025
—大聖堂　1025
ハリヤーナ農業大学、ヒッサール　1744
バーリントン、ロード　888, 1113
パール、体育学校　1265
ハル・タルクシェン、神殿　230
バルカ、竪穴住居　225
バルシチ、ミハイル　1542
ハルステッド、J.G.　1581
バルセロナ
—INEF ビル　1499
—アパートメント　1499
—カーサ・デル・アユンタミエント　566
—カサ・バトリョ　1461
—カサ・ビセンス　1226
—カサ・ミラ　1461
—カタルーニャ音楽堂　1461
—グエル館　1226
—グエル公園　1461
—結核診療所　1461
—サグラダ・ファミリア聖堂　1223
—サン・パウ病院　1461
—サン・フスト・イ・パストル　555
—サンタ・マリア・デル・ピニョ　555
—サンタ・マリア・デル・マール聖堂　560
—サンタンドレウ団地　1461
—ジョゼップ・マリア・ジュジョール学校　1500
—聖家族贖罪聖堂　1461
—大聖堂　559
—ニカラグア通りのアパートメント　1499
—バック・デ・ローダ=フェリペ 2 世橋　1500
—バック通りのアパートメント　1499
—パラシオ・デラ・アウディエンシア　566
—バリャルス通りの労働者用集合住宅　1499
—ムンタネール通りのアパートメント　1499
—メリディアナ・ビル　1499
—レベンツ・ブランク・ワイナリー　1500
バルセロナ万国博覧会(1929 年)、ユーゴスラヴィア・パヴィリオン　1529
バルチェフ、アルメン　1542
バルトーク、ベーラ　1520
バルヌ、集団農場連合建設局集合住宅・社会福祉センター・幼稚園　1548
バルパドス
—ヴィラ・ノーヴァ　1281
—コドリントン・カレッジ　1294
—サント・ニコラス・アビー　1280
バルパライソ、開放都市(シウダード・アビエルタ)　1661
バルパライソ・グループ　1651, 1661
バルフ
—アブー・ナスル・パルサの廟　650
—ノ・グンバド・モスク　639
バルベー、マディヤ・プラデーシュ州　790
ハルベー、クヌート　1498
バールベック
—ウェヌス神殿　283
—バッカス神殿　283
—ユピテル・ヘリオポリタヌスの神域　283
—ユピテル神殿　261
バルヘロースターヴェルド　231
パルマ
—洗礼堂　378
—大聖堂　560

—テアトロ・ファルネーゼ　953
パルマ・デ・マヨルカ
—ラ・ロンハ・デル・マール　565
パルミラ　614
バルムムジュ、セヴキ　1552
バルラー、ペーター　518, 525, 530, 546
バルラー一族　518, 525
ハールレム
—新教堂　1073
—大教会堂　546
バルロワの城館、バイユー　999
バルーン・フレーム　1276
パレス・グリーン 1 番地の邸宅、ケンジントン　1206
パレストリーナ、聖域　249
ハーレック城　508
パレルモ
—カペッラ・パラティーナ　383
—サン・カタルド聖堂　383
—サン・ジョヴァンニ・デッリ・エレミーティ聖堂　383
—体育館、植物園　974
—大聖堂　584
—パラッツィーナ・チネーゼ、ヴィラ・デッラ・ファヴォリータ　974
—パラッツォ・アルチヴェスコヴィーレ　587
—マルトラーナ聖堂→ラ・マルトラーナ
—ラ・ツィーザ　383
—ラ・マルトラーナ(サンタ・マリア・デッランミラーリオ聖堂)　371, 383
ハレン、カスターズ、スミス　1581
バレンケ、銘文の神殿　729
バーレーン国立美術館、マナーマ　1562
バレンシア
—セラーノス門　565
—大聖堂　555
—ドス・アグアス侯爵の宮殿　1025
—ラ・ロンハ・デ・ラ・セダ　565
ハレン・セロン＆パートナーズ　1584
バローダ(ヴァドダラ)、ハヴェリー　831
ハワード、エベネザー　1442, 1604
ハンカー、ポール　1454
バンガロー　1604
バンガロー様式　1765
バンガロール
—インド経営大学　1752
—コミュニティ・メンタル・ヘルス・センター　1762
—ユナイテッド醸造会社本社　1748
バンコク
—イギリス大使館　1720
—ヴィマンメク　1333
—王宮　845
—科学博物館　1720
—ジャレーマート・アパートメント・ブロック　1721
—政府公邸　1720
—チプタス邸　1721
—チャクリ・マハー・プラサート

（グランド・パレス）　1341
―日本文化センター　1689
―ネーション・ビル　1720
―バーン・トン・サク・コンプ
　レックス　1720
―バン・ピサヌローク　1720
―プリディ・パノムヨン・インス
　ティテュート　1720
―ボロマフィナン宮殿　1341
―盲学校　1720
―ルク＝ルック幼稚園　1720
―ワット・プラ・ケオ　845
バンコク様式　835
パンジャブ、バンガロー　1361
パンジャブ工科大学　1744
バンシャフト、ゴードン　1559, 1622, 1625
バンスハンガー・ホームステッ
　ド、ロングフォード　1380
ハンセルマン邸　1639
ハンセン、C.F.　888, 1145, 1155
ハンセン、オスカル　1524
ハンセン、ハンス・クリスチャン　1498
ハンセン、ハンス・ムンク　1581
ハンゼン、テオフィル　1169, 1211
ハンソン、トムキン＆フィンケル
　シュタイン　1578
ハンソン、ノーマン　1578
バンダル・スリ・ブガワン、ブル
　ネイ　1723
邯鄲［ハンタン］、住居　107
パンツ、修道院教会堂　1050
パンテアイ・スレイ　840
バンデルビラ、アンドレス　1022
ハント、J. ホーベリー　1373, 1374
ハント、リチャード・モリス　1277, 1295, 1594
ハント邸、ラ・グランジ、イリノ
　イ州　1604
バンドレータン、シヴァ寺院　824
バンドン工科大学（ITB）　1717
バンフ・スプリングズ・ホテル、
　アルバータ州　1310, 1599
バンフィ、ジャンルイジ　1492
ハンプトン・コート・パレス　484
パンプーリャ
―カジノ　1649
―サン・フランシスコ礼拝堂　1649
ハンブルク
―警察本部　1476
―ニコライキルヒェ　1186
パンプローナ大聖堂　551, 1030
半坡村［パンポーツン］、住居　105
ハンマー・ビーム　487, 500
ハンマミーヤ、住居　31
ハンムラビ法典　9
万里の長城　103
盤竜城［パンロンチェン］、宮殿　107

ひ

ピアース、G.　1578
ピアス、S. ローランド　1447
ピアソン、ジョン・ローボロー　1223, 1388
ピアチェンティーニ、マルチェロ　1414, 1431, 1433, 1491

ピアッツァ・アルメリーナ　293
ピアッツァ・ドゥカーレ、ヴィ
　ジェーヴァノ　910
ピアノ、レンゾ　1475, 1494, 1496, 1705
ビアンキ邸、リヴァ・サン・ヴィ
　ターレ　1501
ビアンケッティ邸、ロカルノ　1501
ビアンコ、バルトロメオ　953
ヒヴァ
―イスラム・カワジャ（マドラサ）　650
―シェル・ガザ・ハン（マドラサ）　650
―パフラヴァン・マフムードの墓
　廟　650
ビヴァリー、参事会聖堂　487
ビヴァリー・ヒルズ、ミラデロ・
　ロード 1129 番地　1625
ビーヴェン、ピーター　1765, 1781
ピウス 10 世大聖堂、ルルド　1472
ピエティラ、ライリ　1469
ピエティラ、レイマ　1469
ピエトシク、ヴォイチェフ　1525
ピエトラ・ドゥーラ　602
ヒエラコンポリス、住居　38
ピエルマリーニ、ジュゼッペ　974
ピエンコフスキ、W.　1525
ピエンツァ
―大聖堂　905
―パラッツォ・ヴェスコヴィーレ　905
―パラッツォ・コムナーレ　905
―パラッツォ・ピッコロミーニ　905
ビカネール、宮殿　830
ピコティニ、K.　1526
ピサ
―鐘塔　374
―洗礼堂　374
―大聖堂　371
庇　706
ピサーノ、アンドレア　580
ピサーノ、ジョヴァンニ　584
ピサーノ、ニコラ　576
ビジャグラン・ガルシア、ホセ　1645
ビジャヌエバ、カルロス・ラウル　1651, 1656
ビーシャープール
―ゴル・グンバズ　664
―シャープール 1 世の宮殿　99, 610
―集会モスク　664
ビショップス・イッチントン、
　ザ・コテージ　1226
ビショップス・カレッジ増築　1762
ビショフ、アルフォンス　1417
ビスクピン
―住居　231
―砦　232
ヒースコート、イルクリー　1438
ビスタム、ベヤジットの墓　639
ピストイア
―サン・ジョヴァンニ・フォル・
　チヴィタス聖堂　374
―サンタンドレア聖堂　374

―大聖堂　374
ヒースロー　235
ビゼ＆デュコレ　1578
ピーターバラ、大聖堂（ベネディク
　ト会大修道院大聖堂）　425, 495
ピーターマリッツバーグ
―アサイラム　1272
―カレッジ　1272
―最高裁判所　1585
―市役所　1272
―少年予備校　1272
―スタンダード銀行　1272
―セント・ピーター大聖堂　1265
―長老派教会堂　1265
―ナタール・クラブ　1272
―模範女学校　1272
―ランド銀行　1578
―立法議会　1269
―立法評議会　1269
ビータルガオン、寺院　805
ビッグ・ハウス、ウェストミンス
　ター公領　1273
ピッタルコラ、チャイティヤ・
　ホール　794
ヒッチコック、ヘンリー＝ラッセル　1504
ピッチナート、ルイジ　1433
ピッツィゴーニ、ジュゼッペ　1431
ピッツィゴーニ邸、ベルガモ　1431
ピッツバーグ
―アレゲーニー郡裁判所・刑務所　1302
―チャタム・ヴィレッジ　1607
―マクルア・アヴェニュー・プレ
　スビテリアン教会堂　1298
ヒッポドロモス　303
ビテット、大聖堂　383
ピートフィールド＆ボジェナー　1579
ビトント、大聖堂　383
ビニ、アルフレード　1500
ビバス、フルタス　1660
日干レンガ　39
ビメアナカス、寺院山　840
姫路城　788
ヒメネス、ホルヘ・ブラボ　1651
ビャラ・スラティナ、文化セン
　ター　1527
ピュージン、A. W. N.　851, 1164, 1172, 1185
ビューフロント・キャッスル、
　ノーサンバーランド州　1172
ヒューマナ・ビル、ルイスヴィル、
　ケンタッキー州　1639
ビュユック・チェクメジャ　657
ビュラン、ジャン　979, 990
ビュリィの城館　979
ビュルゴス、住居　110
ヒュルスト、聖堂　546
ヒューレスタ、聖堂　438
ピュロス、宮殿　112
表現主義　1412-1415, 1423, 1426, 1429, 1447, 1448, 1452, 1492, 1504, 1508, 1607, 1617, 1627
標準化　1413, 1414, 1426, 1510
平等院鳳凰堂、宇治　774
ピョートル宮殿、ペトロドヴァレ
　ツ　1138

ピラク　104
ビラニイ、ロングハウス　226
ピラネージ、ジョヴァンニ・バッ
　ティスタ　886, 894, 973, 1434
ビラマホ、フリオ　1646
ビリエ・カントネ　461
ビリス、アルノ　565
ビリャヌエバ、ホアン・デ　1030
ヒル、オリヴァー　1448
ヒル・ハウス、ヘレンズバラ　1438
ビル・イ・アランデル、墓塔　639
ヒルシュ銅板住宅　1428
ビルナ、聖堂　524
ビルナウ、巡礼教会堂　1056
ビルバオ、空港　1500
ヒルフェルスム
―市庁舎　1454
―スヒュテルス通り学校　1454
―太陽光線サナトリウム　1454
広島、平和記念館　1690
広間式教会堂　339, 341, 342
瓶形塔　749
ビンダー、ベルナルト　1476
ビンバーン　234

ふ

ファイヴィー・キャッスル、アバ
　ディーンシャー　1088
ファイユーム　31
ファウンテンズ大修道院　425
ファエンツァ、大聖堂　902
華厳寺［ファオムサ］、求礼郡　764
ファグス靴工場、アルフェルト＝ア
　ン＝デア＝ライネ　1426
ファーゴームアヘッド、文化セン
　ター・ブリッジ　1639
ファスキア　119
ファーソン邸、オーク・パーク　1296
ファッカノーニ家別荘および廟
　堂、サルニコ　1431
ファッセルズ・ロッジ、長塚　228
ファテープル・シークリー
―シェイク・サリム・チスティー
　の墓廟　664
―大モスク　661
―ディワーン・イ・アーム　664
―ディワーン・イ・ハース　661
―パンチ・マハル　661
―ブランド・ダルワザ　664
ファトヒー、ハサン　1562, 1587
ファーナム
―竪穴住居　225
―ディベンホール開発　1448
ファニャーノ・オローナ、小学校　1494
ファーネス、フランク　1301
ファノウス、ナビル　1559
ファビアニ、マックス　1415
ファヤン、アンジェイ　1525
ファラウイ、A.　1589
ファラジ、金曜モスク　641
ファラス、メロウェの西宮殿　711
フアレス劇場、グアナファト　1304
ファレリイ、神殿　244
ファレリイ・ノウィ
―防壁　249
―ポルタ・ディ・ジョーヴェ

249
ファレル、テリー　1491
ファン・アイク、アルド　1496
ファン・ヴィク、ヤン　1584
ファン・ヴォールト　480, 493
ファン・エムデン、ヨシュア　1711
ファン・オッベルヘン、アントニウス　1144, 1145
ファン・カンペン、ヤーコプ　1071
ファン・ステーンウィンケル、ハンス　1144
ファン・テイエン、W.　1454
ファン・デキュリ　235
ファン・デル・フルールト、L. G.　1454
ファン・デル・メイ、J. M.　1452
ファン・デン・ブローク、ヨハネス　1478, 1496
ファン・ドゥースブルフ、テオ　1452, 1508, 1520
ファン・トラー、コーネリウス　1496
ファン・パウルスヘイト、J. P.(子)　1068
ファン・バッセン　1073
ファン・モーリク、D.　1496
ファーンズワース邸、プラノ、イリノイ州　1617
ファント・ホフ、ロベルト　1452
ファーンヒル・ホームステッド、マルゴア　1383
フィオラヴァンティ、アリストテレ　353
フィオレンティーノ、マリオ　1492
武夷山荘、崇安　1676
フィシェル、ヨージェフ　1520
フィジーニ、ルイジ　1433, 1492
フィスカー、カイ　1460, 1478, 1498
フィスプ、テラス・アパートメント　1500
フィッシャー、テオドール　1424, 1428
フィッシャー・フォン・エルラッハ、ヨハン・ベルンハルト　880, 1044, 1415
フィッツジェラルド、デズモンド　1452
ブイヨン、城　547
フィラデルフィア
　−A. N. リチャーズ医学研究所　1631
　−アシニーアム　1301
　−ヴァンナ・ヴェンチューリ邸　1637
　−合衆国第2銀行　1304
　−カーペンターズ・ホール　1290
　−ギルド・ハウス老人ホーム　1637
　−クライスト教会堂　1288
　−市庁舎　1302
　−創設者記念ホール　1301
　−ティンバーライン(スミス邸)　1599
　−東部州刑務所　1301
　−独立記念館　1290
　−都市計画　1631
　−ニューボールド邸　1599

　−フィラデルフィア・セイヴィング・ファンド・ソサイエティ・ビル　1618
　−ペンシルヴェニア美術アカデミー　1301
　−ペン相互生命保険会社　1304
　−マウント・プレザント　1281
　−マーチャンツ取引所　1304
　−レヴィットタウン　1618
フィラデルフィア計画　1631
フィラレーテ、アントニオ　886, 906
フィリッピー、バシリカ　327
フィリップ・ロヴェル・ビーチハウス、ニューポート・ビーチ、カリフォルニア州　1613
フィリトーザ　232
フィルーザーバード　610
−宮殿　99
フィレンツェ
　−アカデミア・デル・ディゼーニョ　877
　−ヴァザーリの回廊　944
　−ウッフィーツィ　944
　−サン・ジョヴァンニ教会、太陽道路沿い　1492
　−サン・マルコ聖堂　896
　−サン・ミニアート・アル・モンテ聖堂　203, 374
　−サン・ロレンツォ聖堂　896
　　−新聖具室　940
　−サンタ・クローチェ聖堂　580, 587
　　−パッツィ家礼拝堂　896
　　−ブルーニの墓碑　355
　−サンタ・マリア・デッリ・アンジェリ祈祷堂　896
　−サンタ・マリア・ノヴェッラ駅　1433
　−サンタ・マリア・ノヴェッラ聖堂　587, 901
　−サンタ・マリア・マッダレーナ・デイ・パッツィ聖堂　902
　−サンティッシマ・アヌンツィアータ聖堂　901, 922
　−サント・スピリト聖堂　896, 902
　−鐘塔　580
　−市立スタジアム　1433
　−捨子養育院(オスペダーレ・デッリ・インノチェンティ)　894
　−洗礼堂　580
　−大聖堂(サンタ・マリア・デル・フィオーレ大聖堂)　580, 894
　−トリブーナ　944
　−バディア・フィエゾラーナ　902
　−パラッツェット・スカーラ　902
　−パラッツォ・ヴェッキオ　587
　−パラッツォ・グァダーニ　905
　−パラッツォ・ゴンディ　902
　−パラッツォ・ストロッツィ　902
　−パラッツォ・ディ・パルテ・グエルファ　896
　−パラッツォ・デル・ポデスタ　587

　−パラッツォ・パッツィ・クァーラテジ　902
　−パラッツォ・パンチャティーキ・クシメネス　902
　−パラッツォ・ピッティ　901
　−パラッツォ・メディチ(パラッツォ・リッカルディ)　901
　−パラッツォ・ルチェッライ　901
　−ビガッロ　587
　−ボボリ庭園　944
　−ポル・サンタ・マリア　1492
　−ポルタ・デッレ・スップリケ　944
　−ポンテ・ヴェッキオ　591
　−ラウレンツィアーナ図書館　940
　−ロッジア・デイ・ランツィ　587
フィングボーンス、フィリップ　1073
フィングボーンス、ユストゥス(ヨースト)　1073, 1148
フィンステルヴァルダー、ウルリヒ　1428
フィンタ、ヨージェフ　1521
ブヴァネーシュヴァル、チャンダーシェカルプール　1756
フェアーバンクス邸、デッダム　1280
フェイガン、ガブリエル　1585
フェイディアス　126
フェカン大修道院聖堂　466
フェザー・マーケットホール、ポート・エリザベス　1585
フェス(フェズ)　1574
　−カラウィーン・モスク　636, 637
　−住居の集合体　671
　−新フェスの大モスク　637
　−ブー・イナニヤ　637
　−ムワッヒド朝の大モスク　637
フェッラーラ
　−カーザ・ロッセッティ　916
　−サン・クリストーフォロ聖堂　916
　−サン・フランチェスコ聖堂　916
　−サン・ベネデット聖堂　916
　−パラッツォ・デイ・ディアマンティ　916
ブエノスアイレス　1643
　−5月広場　1304
　−エッソ・ビル　1646
　−カバナフ・ビル　1649
　−旧ロンドン銀行　1656
　−国立教育協議会　1304
　−国立図書館　1656
　−国会議事堂　1304
　−コロン劇場　1304
　−サフィノ・ビル　1649
　−政府庁舎(カーサ・ロサーダ)　1304
　−大聖堂　1296
　−テレビソラ・コロル　1660
　−ファティマの聖母教会　1649
　−ブロウルバン・オフィス　1660
　−ミート・マーケット　1310
フェリス、ヒュー　1607
フェーリンク、ヘルマン　1478
フェルシェーゲド、ニャラローの

バンガロー　1520
フェルステル、ハインリヒ・フォン　1204
フェルデラー、ヴァルター・マリア　1500
フェルトキルヒェン・ゴナースドルフ　225
フェルナンデス、マテウス　562
フェルナンデス・デル・アモ、ホセ・ルイス　1499
フェレール、ジャン　1312
フェントレス、C. W.　1706
フェンネコール、ステフェン　1073
フォイ、ジョン　1483
フォーエーカー、ハートリー・ウィントニー
フォークト、エミーレ　1566
フォークナー、ハロルド　1448
フォークランド・パレス、ファイフ　1088
フォーゴ、ピーター　1491
フォシュ、厚紙工場　1497
フォスター、ノーマン　1475, 1487, 1705
フォスター、リチャード　1629
フォース湾橋　1496
フォーチェ　232
フォックス、レヴェル　1585
フォッサノーヴァ、シトー会修道院聖堂　572
フォート・コーンウォリス、ジョージタウン、ペナン州　1336
フォーミン、イワン　1533, 1542, 1545
フォルバート、F.　1505
フォルム　239
フォールリヴァー、綿織物工場　1310
ブオン、ジョヴァンニ　576
ブオン、バルトロメオ　576
フォン・エンジンゲン、ウルリヒ　528
フォン・ゲルカン、マインハルト　1480
フォン・ゲルトナー、フリードリヒ　1169, 1185
フォン・スプレケルセン、ヨハン・オットー　1475, 1499
フォン・ドルマン、ゲオルク　1226
フォン・ヒルデブラント、ヨハン・ルーカス　1047
フォン・リッター、フランツ・フライヘア　1054
フォンターナ、カルロ　963
フォンターナ、ドメニコ　950
ブオンタレンティ、ベルナルド　944
フォンテーヌ、ピエール=フランソワ=レオナール　1017
フォンテーヌブロー
　−宮殿　985
　−大パヴィリオン　1008
　−ル・グラン・フェラール　990
フォントヴロー大修道院聖堂　387, 394
フォントネ、シトー会大修道院　473
フォントヒル・アビー、ウィルト

シャー州　1122
ブカレスト
ーエミリア小児科研究所　1527
ーカンタクジノ宮殿　1527
ークリッソヴェロニ銀行　1527
ー交通工学研究所　1527
ー郵便局　1527
ーヨットクラブ、スナゴフ　1527
ーライヒ邸　1527
武漢
ー医学院医院　1673
ー武漢大学　1665
ブクハンマー、ハンス　1467
フーグリ、居留地　1344
ブーゲンヴィル島、住宅　1788
フザビーの聖堂、スカラーボリ地方　434
ブシィビルスキ、チェスワフ　1521
藤井博巳　1695
プシカリ、堅穴住居　225
ブシュキエヴィチ、J.　1525
ブシュフォール、狩猟小屋　1007
フース
ー家屋　547
ー聖堂　546
ブスコフ
ー宮殿　1136
ーキリストの公現聖堂　363
フスニ・ンノゴ　712
ブースビー・パグネル、リンカーンシャー州　434
ブズロウジャ山頂、記念館　1527
フセイン＝デイ　1578
武装都市（バスティード・タウン）　412
浮石寺［プソクサ］、栄州　764
ブダペスト
ーアールラトケルト・パヴィリオン　1520
ーカトリック教会、ヴァーロシュマヨル　1520
ー株式取引所　1517
ー工芸美術館　1517
ー国会議事堂　1517
ーシュトゥンメル・チョコレート工場　1520
ージョパール・ホテル　1520
ー新国際貿易センター　1521
ー地質学研究所　1517
ーヒルトン・ホテル　1521
ーフォルム・ホテル　1521
ーホンヴェード通りのフラッツ　1520
ー郵便貯金銀行　1517
ーレイテー通りの住宅群　1520
プーチ・イ・カダファルク、ジョゼップ　1461
ブチョヴィツェ、城館　1040
仏光寺釈迦塔、山西省　749
フックス、ボフスラフ　1508, 1510, 1513
フックス、ヨゼフ　1510
ブックスバウム、ハンス　525
福建省絵画学会、福州　1680
仏光寺大殿、五台山　749
ブーツ社2工場、ビーストン　1447
仏舎利塔（ストゥーパ）　744
フッド、レイモンド　1610

仏塔（パゴタ）　744
ブテニヤキン、イヴァン　1530
プドー、J.　1496
ブニエフスキ、ボフダン　1521
ブネー（ブーナ）
ー政庁　1361
ー天文学・天体物理学大学共同センター（IUCAA）　1752
プノム・バヤン、シヴァ寺院　840
プノンペン、鋳鉄製のパヴィリオン　1341
ブバネーシュワル
ーヴァイタール・デウル　809
ーパラシュラメシュヴァラ寺院　808
ームクテシュヴァラ寺院　805, 808, 824
ーラージャラーニ寺院　809
ーリンガラージャ寺院　808
ブハラ
ーカリャン・ミナレット　649
ーカリャン・モスク　641
ーサーマーン朝のイスマイルの墓廟　639
ー住居の集合体　671
ータキ・ザルガラン　649
ータキ・ティルパク・フルンシャ　649
ーチェシュメ・アユーブ　649
ーマドラサ　649
ブービル、アレクセイ　1533
ブフォルツハイム、マテーウス教会　1476
フーフシュミット、G.G.　1566
ブヘナウ住宅地計画、リンツ　1467
ブヘン要塞　69
フュエーク、フランツ　1500
フラー、ウィリアム・オーガスタス　1361
フラー、トーマス　1302
フラー、リチャード・バックミンスター　1470, 1621, 1629
フライ、ドリュー、ナイト、クリーマー　1579
フライ、マックスウェル　1448, 1581
ブライアー、エドワード・シュローダー　1230, 1442
ブライアンストン、ドーセット州　1230
ブライアンストン学校、工芸・デザイン技術スタジオ　1491
プライス、ブルース　1599
プライス邸、バートルズヴィル、オクラホマ州　1617
ブライトン
ーサセックス大学　1483
ー聖ウィルフリッド教会　1447
ーセント・ポール教会堂　1186
ーロイヤル・パヴィリオン　1129
フライブルク・イム・ブライスガウ、教区聖堂　530
フライベルク・イン・ザクセン、聖堂　524
フライング・バットレス　211, 448
フライングリブ　518
フラウエンキルヒェ、インゴルシュタット　524
ブラウン、ニーヴ　1481
ブラウンソン、ジャック　1632

ブラガティ・マイダン展示複合施設、工芸博物館　1762
プラカーラ　802
プラグ・イン・シティ　1690
ブラケット、エドムンド　1368, 1372, 1388, 1394
プラサーダ　802
ブラショヴァン、ドラギシャ　1529
ブラジリア　1649, 1661
ーイタマラチ宮殿　1656
ー国会議事堂　1656
ー三権広場　1656
ー司法庁　1656
ーメキシコ大使館　1660
プラダクシーナパタ　802
フラッグ、アーネスト　1597
ブラックバーン、ジェームズ　1370
ブラックプール、カジノ　1448
ブラット、チャールズ・アダム　1599
ブラット、ロジャー　1090
ブラッドウェル・ネクスト・ザ・シー、教会堂　421
ブラッドバーン、J.H.　1706
ブラッドフォード・オン・エイヴォン、聖堂　424
プラットフォームⅠ、勝浦　1701
プラットフォームⅡ、北巨摩郡　1701
ブラティスラヴァ
ー「青蛙」屋外プール　1513
ーホテル・モラヴァ　1513
フラデツ・クラーロヴェー、市立美術館　1505
プラテレスコ式　548, 1243
プラトー・パラン　225
プラトリーノ、ヴィラ　944
プラナ・ダルバルカ、石造りの塔　234
フラネケル、教区教会堂　547
ブラネルナヤ、カントリークラブ　1548
ブラノ・コンヴェックス・レンガ　75
ブラノフ、城館　1044
プラハ　1415
ーインジシュスカー通りのオフィスビル　1508
ーヴィシェフラットの住宅　1508
ー王室球技場　1038
ー旧年金協会ビル　1510
ー工作連盟展、パパ　1510
ー国立テニス場・中央テニスコート大観客席、シュトヴァニツェ島　1517
ー国会議事堂増築　1517
ーザンクト・ニコラウス・アウフ・デア・クラインザイテ教会堂　1050
ー聖ヴァーツラフ教会　1510
ー聖心教会、ヴィノフラディ　1508
ー大聖堂　529
ーチェコスロヴァク・レジオン銀行　1508
ーチェルニーン宮殿　1047
ートロヤ宮殿　1044
ーネクラノヴァ通りのアパートメント　1508

ーバチャ社店舗　1517
ー「パパ」モデル近隣住区　1513
ーバンクラーツのアパートメント　1510
ーフラッチャニ城　529, 1037, 1508
　ーインプルウィウム　1508
　ーヴラディスラフの広間　529
　ーエデン庭園　1508
　ー牡牛の階段　1508
　ー城壁庭園　1508
　ー聖マシアス・ホール　1508
　ー大統領官邸　1508
ーフレスダ城　1040
ー「フレッド・アステアとジンジャー・ロジャーズ」　1517
ーベルヴェデーレ宮　1038
ー見本市ビル　1510
ーミュラー邸　1417, 1513
ーヤン・ステンツ出版社　1510
ーリウニオーネ・アドリアチカ保険会社　1510
プラハ工作連盟点（1932年）、住宅、パパ　1510
ブラマンテ　889, 916, 918
ブラムズヒル・ハウス、ハンプシャー州　1082
フラムリンガム城、サフォーク州　507
ブラモール・ホール、チェシャー州　512
プーラルト、ジョゼフ　1193
フランク、ヨーゼフ　1417, 1467
フランクーシ、コンスタンティン　1527
フランクストン、住宅　1778
フランクフルト
ー聖ボニファティウス教会　1428
ーネッカーマン商社ビル　1476
ーマーケットホール　1428
ー摩天楼　1478
ーレーマーシュタット・ジードルンク　1428
フランクフルト＝レーマーベルク　1478
フランコ、カッシアーノ　1463
フランタイヤ、スコットランド伝道会教会堂　1260
フランタウアー、ヤーコプ　1044
フランドル積み　880
ブランバック生活文化センター、ホールズ・ギャップ　1774
ブランバナン　848
フランボワイヤン式　449, 450, 469
ブリエネ
ーアゴラ　162
ーアテナ・ポリアス神殿　148
ー体育館
フリギダリウム　254, 288
ブリクスワース
ー修道院聖堂　421
ー聖堂　365, 424
プリシュティナ、国立および大学図書館　1752
ブリーズ・ソレイユ　1579, 1646
ブリストル
ーアーノス・キャッスル　1117
ークリフトン吊橋　1175
ーザ・グラナリー　1199
ーセント・メアリー・レッドクリ

フ小修道院聖堂　506
ブリスベーン
　―クイーンズランド州会議事堂　1394
　―クィーンズランド文化センター　1774
　―聖アンドリューズ・長老派教会　1770
　―セント・ジョン福音者メトロポリタン大聖堂　1388
　―マスグレイブ邸　1778
　―リバーサイド・センター　1766
ブリダ　1578
ブリックス、ヴォルフ　1467
フリッツ、エルヴィン　1500
ブリッツ、バニー　1585, 1590
フリットクロフト、ヘンリー　1115
ブリテン祭(1951年)　1581
　―スカイロン・タワー　1484
　―発見のドーム　1484
フリードマン、アレクサンダー　1566
フリードマン邸、プレザントヴィル、ニューヨーク州　1617
フリードリヒ大王記念碑計画案　1058
フリブール、カトリック大学　1430
プリマティッチョ、フランチェスコ　985, 977
ブリュージュ→ブルッヘ
ブリュッグマン、エリック　1460, 1468
ブリュッセル　1468
　―ヴァン・エートヴェルド邸　1230
　―ヴァン・ネク博士診療所、ワフェラルツ通り　1454
　―王の広場　1068
　―オテル・マクス・アレ　1454
　―ギルド・ハウス群、グラン・プラス　1065
　―裁判所　1193
　―サン・ジャック・シュル・クーデンベルク教会堂　1068
　―三位一体教会堂　1065
　―市庁舎　536, 547
　―シテ・フロレアル　1454
　―シント・ヒュデューレ聖堂　537
　―ストックレー邸　1415
　―ソヴェイ邸　1230
　―タッセル邸　1230
　―デ・コーニンク自邸、フォンドロワ通り　1455
　―同業組合会館　547
　―ボワフォール　1454
　―民衆の家　1217
　―メゾン・ド・ラ・ベローヌ　1068
　―ランベール銀行　1468
ブリュッセル世界博覧会(1958年)
　―アトミウム　1468
　―西ドイツ・パヴィリオン　1468
　―フィリップス・パヴィリオン　1468
ブリュッセル万国博覧会(1935年)、ハンガリー・パヴィリオン　1520
ブリューワー、セシル　1434

ブリューワー、フランク　1709
フリーランド邸、エングルウッド　1280
ブリンクマン、J. A.　1454
ブリンクマン、ミヒエル　1454
プリンストン大学、学生寮　1594
プリンスロー、イヴォール　1585
プリンスロー、パーカー、フリント、エリオット＆ファン・デン・ヘーファー　1584
プリンセンステン城塞、ケタ　1251
プリンモア、ゴム工場　1483
古井家住宅、兵庫県　784
プルイット・イゴー集合住宅計画、セント・ルイス　1637
ブルーヴェ、ジャン　1424, 1470
ブルガス
　―市庁舎　1526
　―鉄道駅　1526
ブルカルスカ、バルバラ　1524
ブルカルスキ、スタニスワフ　1524
仏国寺、墓塔　764
ブルゴス
　―サンタ・マリア門　566
　―大聖堂　551
　―ラ・カピーリャ・デル・コンデスタブレ(大聖堂内)　555
ブルサ
　―イェシル・モスク　653
　―イルディリム・バヤジット(モスク)　653
　―ウル・ジャーミ(大モスク)　653
　―ムラド(モスク)　653
ブールジュ
　―市庁舎　473
　―ジャック・クェールの邸館　478
　―大聖堂　448, 450, 461
ブルジョゾフスキー、スタニスラフ　1535
ブルジョワ、ヴィクトール　1455
ブルース
　―国立陸上競技場　1770
　―水泳練習場　1770
ブル聖堂、ブール＝アン＝ブレス　469
ブルータリズム　1408, 1472, 1476, 1481, 1483, 1484, 1494, 1566, 1571, 1584, 1627, 1657
ブルッフザール、城館　1054
ブルッヘ
　―織物取引所　547
　―旧公文書保管所　1065
　―市庁舎　547
　―ノートル・ダム聖堂　546
　―ベギン会修道院　547
フルーティング　240
ブルナゼルの城館、アヴェイロン　993
フールネ、家屋　547
ブルネッレスキ、フィリッポ　568, 580, 587, 889, 894
ブルネル、アイザンバード・キングダム　1175
ブルノ　1417
　―CSVTS 技術研究所　1517
　―アヴィオン・ホテル　1508
　―ヴェスナ女学校および寄宿学校　1513
　―市立火葬場　1517

　―鉄道駅　1508
　―テューゲントハット邸　1513
　―ノヴィー・ドーム(新住宅)　1510
　―マツダ・サーヴィス・センター　1517
ブルノ現代文化展(1927-28年)　1510
ブルノ工作連盟展(1928年)、住宅
　―スティアスニ邸　1517
　―ノイマルカ邸　1517
　―ハーセ邸　1517
フルプ、ヤン　1517
ブルフィンチ、チャールズ　1294
フルボカ城、フラウエンベルク　1186
プルマン、工業都市　1310
ブルームフォンテーン
　―オランダ改革派教会堂　1269
　―市庁舎　1574
　―セント・マイケル・アンド・セント・アンドリュー教会堂　1265
ブルムベルク、ハンカチーフ工場　1476
ブルレ・マルクス、ロベルト　1646, 1656
ブルンスウィック(ブラウンシュヴァイク)、織物会館　1043
ブレー、エティエンヌ＝ルイ　887, 979, 1013, 1460
ブレ・ルブ　840
プレア・コー寺院　840
プレイ・クック、祠堂　840
ブレイズ・ハムレット、グロスターシャー州　1129
ブレガ、G.　1431
ブレクス、ピエール　1423
ブレグマン＆ハマン　1637
フレゲンハイマー、J.　1430
ブレシェレ、ヴィクトル　1646
フレシネ、ウジェーヌ　1413, 1421, 1472
ブレーシャ
　―ヴィットーリア広場　1431
　―パラッツォ・デッラ・ロッジア　915
ブレスラウ
　―シュタイナー＆ゾーン社ビル　1521
　―百周年記念ホール　1426, 1521
　―マーケットホール　1426
　―ユンケルン通りのオフィスビル　1426
ブレダ、ベギン会修道院　547
プレダルスパーケン団地、ヴィズオウアヴェイ　1498
プレチュニク、ヨージェ　1415, 1504, 1508, 1528
フレッチャー、バニスター　1447
プレディール、サナトリウム　1527
フレーデマン・デ・フリース、ハンス　887
フレデリックスボー城、ヒレロズ　1145
フレデリック・ロウ・ジュニア、オルムステッド　1592
プレート・トレーサリー　455,

599
プレトリア
　―アンダーセン邸　1578
　―教会堂　1269
　―グリーンウッド邸およびヴィレッジ　1585
　―裁判所　1269
　―サンボウ・ビル　1584
　―州議事堂　1585
　―州立印刷工場　1272
　―州立模範学校　1272
　―市立美術館　1581
　―政府庁舎　1272
　―セント・アルバン大聖堂　1273
　―総督府　1273
　―鉄道駅　1273
　―ネザーランズ銀行　1578
　―砲兵隊兵舎　1272
　―南アフリカ準備銀行　1584
　―南アフリカ大学　1584
　―ユニオン・ビル　1273
　―ラードサール　1269
　―リトル劇場　1578
ブレニム宮殿、オックスフォードシャー州　1108
フレーヌの城館、礼拝堂　999
プレヒビューラー、ハンス　1430
プレファブリケーション　1407, 1413, 1418, 1428, 1455, 1470, 1480, 1483, 1497, 1505, 1526, 1545, 1571, 1617, 1618, 1625, 1629, 1643, 1656, 1660, 1707
ブレーメン、市庁舎　1043
プレモントレー修道参事会(白修道参事会)　194
プレランクールの城館　995
プロイエシュティ　1527
ブロイヤー、マルセル　1430, 1472, 1505, 1513, 1520, 1617-1619, 1625, 1630, 1656
フロインデンライヒ、アレクサンダル　1529
プロヴィデンス
　―第1バプティスト集会所　1288
　―ブラウン大学ユニヴァーシティー・ホール　1290
　―プロヴィデンス・アーケード　1304
プロヴィンス・ハウス、ハリファクス　1294
ブロウネ、エンリケ　1657
ブロギ、カルロ　1430
ブロークン・ペディメント　242, 599
ブロサール、ポール　1470
ブロス、サロモン・ド　863, 995
プロスト、H.　1577
ブローチ(バルーチ)、ハヴェリー　831
ブロック　1505
ブロツワフ→ブレスラウ
ブロードエーカー・シティ　1617, 1631
ブロドスキー、アレクサンドル　1549
ブロードリーズ、カンブリア州　1226
ブロドリック、カスバート　1189
ブーローニュ＝ビヤンクール、市庁舎　1421
フローニンゲン

―教区教会堂 547
―市庁舎 1074
プロハスカ、エルザ 1467
プロピュライア 112
ブロム、フレードリク 1155
ブローム
―パヤーヂー、パゴダ 836
―パヤーマー、パゴダ 836
―バンバンヂー、パゴダ 836
ブロムフィールド、レジナルド 1434, 1442
フローリス、コルネリス 1065
ブロワの城館 473, 985, 999
フロンティア・ハウス、イスラマバード 1744
ブロンデル、ジャック・フランソワ 887, 1007
フンダー第3工場、ザンクト・フェイト・アン・デア・グラン 1467
ブンディ、宮殿 830
フンデルトヴァッサー、フリーデンスライヒ 1467
フーンデルロー、聖ヒューベルトス狩猟用別荘 1452
芬皇寺［ブンファンサ］ 760
分離派 1413, 1415, 1417, 1424, 1431, 1467, 1503, 1517

へ

ベアヴァルト、アレクサンダー 1563
ベアド1世、ジョン 1199
ベーアフ（Beeah） 1562
ベイ、ホークス 1765
平安京 783
ベイカー、ハーバート 1272, 1273, 1442, 1573, 1574, 1585
ベイカー、ベンジャミン 1496
ベイカー、ローリー 1759, 1762
ベイクウェル＆ブラウン 1594
ベイジェスルタン、宮殿 87
ベイズヴィ、ジョージ 1172
ベイダ 33
―住居 30, 33
ヘイダック、ジョン 1639
ベイト・カッラーフ、K.1マスタバ 45
ヘイトゥム、アントニーン 1513
ベイヒル、グスタフ 1467
ベイフート、ベルナルト 1423, 1452, 1454
ベイリー 414, 429, 507
ベイリー=スコット、M. H. 1438
ベイリス邸、スリランカ 1747
ベイルー・テラス、モンペリエ 1012
ベイルート大聖堂 417
ベイレス邸、ボヴォア・デ・ヴァルジン 1500
ペインター、ウィリアム 1599
ヘウリヒ、J. 1521
ベエルシェバ、住宅省集合住宅 1566
ベオグラード
―オペル・ビル 1529
―国立印刷所 1529
―ジュリッチ邸 1529
―商工会議所 1529
―ズロコヴィチ自邸 1529

―聖パドヴァのアントニウス教会 1528
―戦時航空省 1529
―ソコルスキ・ドム・マティツァ 1529
―大学・小児診療所 1529
―ファシズムによるユダヤ人犠牲者記念碑 1530
―フランス大使館 1423
―ユーゴ自動車ビル 1529
ヘカトンピュロス（現シャイル・イ・クミス） 609
北京
―CAACビル 1673
―アジア・アフリカ留学生療養所 1673
―頤和園 743
―炎黄芸術館 1680
―圜丘壇 743
―燕京大学 1665
―円明園 1312
―奥林匹克中心（ナショナル・オリンピック・センター） 1682
―海軍部衙署 1321
―菊児胡同 1684
―祈年壇 743
―牛街礼拝堂 752
―京広中心 1680
―建国飯店 1676
―建築工程部弁公楼（MOC） 1673
―皇宮 738
―皇穹宇 743
―交通銀行 1668
―国際大廈 1680
―国立北方図書館 1668
―午門 743
―斎宮 743
―三里河（四部一会）弁公楼 1673
―紫禁城 738
―児童医院 1673
―首都劇場 1673
―首都体育館 1676
―真覚寺金剛宝座塔 749
―新僑飯店 1673
―人民大会堂 1673
―仁立地毯公司 1668
―清華学堂 1665
―清華大学 1664
　―図書館新館 1682
―聖救世主教会堂 1315
―聖ヨゼフ天主堂 1312
―宣武門天主堂 1312
―総理衙門 1321
―台階式花園住宅 1682
―大理院 1321
―大陸銀行 1665
―太和殿 743
―地安門宿舎 1673
―中国画研究院 1680
―中国監督派教堂 1315
―中国国際展覧中心2-5号館 1680
―中国国際貿易中心 1680
―中国美術館 1673
―中国歴史博物館 1673
―長城飯店 1676
―天安門 743
―天壇 743
―天寧寺塔 749
―天文観察館 1673

―図書館 1680
―排雲殿 743
―仏香閣 743
―北京医科大学・口腔病学病院 1682
―北京駅 1321
―北京共和医学院および病院 1668
―北京工人体育館 1676
―北京工人体育場 1676
―北京国際飯店 1680
―北京第11回アジア競技大会選手村、五州飯店（国際ホテル） 1680
―北京大学付属病院外来部 1668
―北京電報大楼 1673
―妙応寺白塔 749
―民族文化宮 1673
―毛首席記念堂 1673
―友誼賓館 1673
―陸軍部衙署 1321
―琉璃廠 1682
―和平飯店 1673
ペグー、バンガロー 1333
ヘクサム大修道院聖堂、ノーサンバーランド州 506
ベクスリーヒース、赤い家 1206
ベクタシュ、ジェンギズ 1557
ベグネット 350
ベーコン、ヘンリー 1592
ベーコンズ・キャッスル、ヴァージニア州 1280
ペーザロ
―理科高等学校 1494
―ルッジェリ邸 1431
ヘシウス、ヴィルヘルム 1068
ペシュトゥーイヘイ、サナトリウム 1520
ベース、G. G. 1581
ヘスターベルク、ロルフ 1500
ペーターセン、カール 1460
ベタンコート、ワルテル 1660
ペチュニク、フーベルト 1476
ヘッカー、ズヴィ 1571
ベックマン、ヴィルヘルム 1323
ペッセジク、神社 35
ペッペルマン、マテウス・ダニエル 1052
ペッレグリーニ（ペッレグリーノ・ディバルディ） 939
ペッレグリーニ、ジョヴァンニ 1577
ペディメント 115
ヘディンガム城、エセックス州 429
ベデカー、ペッカー 1321
ペデスタル 259
ペーテルホフ、イギリス宮殿 1143
ペトラ
―エル・カズネ 275, 614
―エル・デイル 275, 614
―カズネ・ファラウン 275, 614
―ベニ・ハサンの墓 54
ベーニシュ、ギュンター 1478
ヘニー邸、アメルスフォールツェ通り 1452
ベニン 712
ペニンシュラ工科大学、ベルヴィル 1584
ベネディクト修道会 194

ヘブ・セド 39, 49
ベフライウンクスハレ、ケルハイム 1058
ベブリンガー、マテウス 528
ペペリーノ 200, 203
ヘマー、ハルト=ヴァルター 1476
ベーム、ゴットフリート 1469, 1476
ベーム、ドミニクス 1414, 1428
ヘメンリンナ、教会堂 1155
ヘラクレス神殿、コリ 249
ヘラ神殿、サモス島 148
ベラスコ、文化センター 1660
ヘラ聖域、サモス島 137
ヘラディク 13
ペラデニヤ大学 1747
ベラプール集合住宅、ニューボンベイ 1756
ペリー、J. 1574
ペリ、M. 1571
ヘリオポリス 1573
ペリステュリウム 240, 259
ヘリックス・シティ 1690
ヘリフォード、大聖堂 425, 494
ベリャテラ、鉄道駅 1500
ヘリン、ペッカ 1469
ヘーリンク、フーゴ 1414, 1417, 1426
ベリンデイ、D. 1527
ベル、M. & M. 1590
ベル・エア、ケーススタディ・ハウス No. 16 1617
ベルガモン
―アスクレピオス・ソテル神殿 266
―アテナ・ポリアス神殿 158
―セラペウム 283
ベルク、マックス 1426, 1521
ベルゲン、ショッピングセンター 1496
ペルコ、ルドルフ 1528
ベルコネン
―キャメロン・オフィス 1766
―ベンジャミン・オフィス 1766
ベルコフスキ、スタンチョ 1526
ベルージャ
―アウグストゥスの門 248
―パラッツォ・デル・ムニチーピオ 587
―ポルタ・マルツィア 248
ベルジョヨーゾ、ロドヴィーコ 1492
ヘルシンキ
―駅 1426, 1455
―カプラ田園郊外 1460
―旧教会堂 1161
―国民年金協会 1468
―国立美術館 1455
―国会議事堂 1460
―大学 1161
―テオリスースケスクス・ホテルおよびオフィス 1469
―電話会社ビル 1455
―フィンランディア・ホール 1469
―フィンランド抵当協会ビル 1455
―文化の家 1468
―蛇の家 1469
―メイラハティ学校 1469
―ラウタタロ 1468

―ルーテル派大聖堂　1161
ベルスキ、ピエトロ　1622
ペルセポリス、宮殿　98
ベルチャー、ジョン　1217
ベルツィヒ、ハンス　1412, 1414, 1426, 1428, 1429, 1521
ベルッツィ、バルダッサーレ　878, 926
ヘルツベルハー、ヘルマン　1480, 1497
ヘルツル、オスヴァルト　1465
ベルニーニ、ジョヴァンニ・ロレンツォ　283, 894, 953, 957
ベルニーの城館、セーヌ県　999
ベルネ、大修道院聖堂　394
ベルベル城、マヨルカ　565
ベルベロフ、C.　1526
ヘルムスドルフ、墓　231
ヘルムズリー城、ヨークシャー州　507
ヘルムデス、ギド　1656
ヘルムート、オバタ＆カサバウム　1632
ベルラーヘ、H.P.　1452
ベルランガ・デ・ドゥエロ、市壁　412
ベルリン　1424, 1552, 1578
―AEGタービン工場　1426
―IBMビル　1476
―ヴェルトハイム百貨店　1220
―ウニフェルスム映画館　1426
―王立劇場　1060
―オペラ・ハウス　1056
―オンケル・トムス・ヒュッテ　1428
―科学センター・オフィス　1480
―カメッケの邸館　1052
―カール・マルクス大通りの延伸　1480
―気象学研究所　1480
―建築アカデミー　1060
―国際映画館　1480
―国立図書館　1478
―自由大学　1478
―首相官邸　1429
―新衛兵所　1060
―新ナショナル・ギャラリー　1478
―戦没者追悼教会　1476
―帝国議会議事堂　1211
―博物館旧館（アルテス・ムゼウム）　1060
―フィルハーモニー　1478
―ブランデンブルク門　1058
―フリーデンス教会・教区ホール　1476
―フリードリヒ・ヴィルヘルム3世のパヴィリオン　1060
―マックス・プランク教育学研究所　1478
―メルキシュス地区　1480
―ラウフ通りの集合住宅　1480
―リープクネヒト＆ルクセンブルク記念碑　1478
―リンデン通りの集合住宅　1480
―ベルリン・インターバウ展　1478
―ベルリン＝ジーメンスシュタット　1428, 1513
―ベルリン＝ブリッツ　1428
―ベルリン国際建築博覧会（IBA）　1480

ベルリンヒエリ邸、プンタ・バジェーナ　1657
ベルール
―ケーシャヴァ寺院　818
―チェンナケーシャヴァ寺院　813
ベルン
―工業学校　1430
―ハーレン集合住宅　1500
―ローリー病院　1430
ベレ、オーギュスト　1411, 1414, 1418, 1421, 1429, 1430, 1470, 1542, 1577
ベレ、ギュスターヴ　1577
ベレヴィ、マウソレウム　156
ベレクム、教員養成大学　1581
ベレスッティ、エンリコ　1492
ヘーレンキームゼー城　1226
ベレンゲール、フランセスク　1461
ベーレンス、ペーター　1406, 1412, 1417, 1424, 1426, 1513, 1618
ベーレンプラート、浄水場　1497
ベロ、ポール　1414, 1423
ベロー、クロード　1004
ベロー、ドミニク　1475
ベロ・オリゾンテ　1649
ベロヴァギア　1577
ベロヴィチ、ミロス　1529
ヘローナ大聖堂　559
ヘン＆シュトローベル　1476
ベン＝スリマヌ、単科大学　1581
ベンガジ、ガリューニス大学　1581
ベンシュ、アドルフ　1510
ペンズハースト・プレイス、ケント州　512
ベンスベルク、市庁舎　1476
ペンデンティヴ　211, 213, 342
ヘント
―サン・バヴォン聖堂　546
―市庁舎　547
―セント・ピーテル教会堂　1065
―大学図書館　1454
―ベイローケ　547
―ベギン会修道院　547
―メゾン・デ・フラン・バトリエ　547
―ラボト城　547
ベントセン、イヴァール　1460
ベンタ・ビーチ・ホテル　1762
ベントリー、J.F.　1223
ヘントリヒ、ヘルムート　1476
ヘントリヒ＝ペチュニク＆パートナーズ　1584
ヘンネフ、住宅　1478
ペンブローク城　507

ほ

ボー、ヨーゲン　1498
ボ・バルディ、リナ　1657, 1660
ボアーハント、聖堂　424
ボアリ、アダノ　1643
ボイガス、オリオル　1499
ホイサレシュヴァラ寺院、ハレービード　818
ボイタック、ディオゴ　562
ホイットマン邸、ファーミントン　1280

ポイント・ペドロ、居留地　1346
ボーヴァロン、週末用住宅　1470
ボーヴェー
―住宅　478
―大聖堂　461
宝厳寺観音堂、滋賀県　780
ホーエンホフ邸、ハーゲン　1424
ボガズキョイ
―新市域城壁　87
―神殿I　87
―ビュユックカレ　87
ボーガデル・ウォーター　235
ホーカム・ホール、ノーフォーク州　1115
ボカンデル、イポリト・ロビラ　1025
ホークスムア、ニコラス　881, 1077, 1105, 1108
ボグダノヴィチ、ボグダン　1529
ボゴイナ、昇天教会　1528
ボゴダ
―エル・パルケ　1660
―議事堂　1304
―刑務所（現国立博物館）　1301
―市立劇場　1304
―赤十字ビル　1645
―バヴァリアン・ビア工場　1310
―マスタープラン　1651
ボゴモロフ、イヴァン　1526
ボーサラン、カトリック教会　1719
ホジキンソン、パトリック　1481
ボージャンシー、市庁舎　993
ボズガイ、ズヴォニミル　1529
ホステットラー、ハンス　1500
ポスト・モダニズム　1409, 1491, 1492, 1505, 1521, 1525, 1527, 1557, 1584, 1621, 1639, 1641, 1642, 1695
ボストン
―エームズ邸　1295
―オール・セインツ教会堂　1298
―キングス・チャペル　1288
―クインシー・マーケット　1304
―公共図書館　1302, 1594
―サウス・エンド　1294
―市庁舎　1629
―州会議事堂　1298
―シンフォニー・ホール　1302
―トリニティ教会堂　1298
―トンティーン・クレセント　1294
―ビーコン・ヒル　1294
―ブラットル・スクエア教会堂　1298
―ホイッティアー邸　1295
―ボストン・コモン　1294
―ボール・レヴィア邸　1280
ポズナニ（旧ポーゼン）
―王宮　1521
―給水塔　1521
―市庁舎　1038
―ラシンスキ図書館　1169
ポズナニ＝ヴィノグラディ、教会　1525
ポズナニ＝ラタイエ、教会　1525
ポズナンスキの工場および住宅群、ウッジ　1235
ボスラ
―アル・キドルのモスク　623
―アル・ファトマのモスク　623

―ウマル・モスク　623
―大聖堂　310, 614
ホスール、ヒンドゥースタン自動車工場　1748
ポセイドン神殿、スニオン　145
ポーゼン（現ルバン）、化学工場　1426
ポソヒン、ミハイル　1548
ポゾラナ　201, 206
ポチェフストローム、ランド銀行　1578
ボッカラ、シャルル　1589
ボック、エルヴィン　1528
ボック、グンター　1476
ボックスグローヴ小修道院聖堂、サセックス州　506
ボッジョ・レアーレ、ヴィラ　916
ボッタ、マリオ　1501, 1657
ポツダム
―アインシュタイン塔　1426
―宮殿　1056
―サンスーシ宮殿　1056
―市庁舎　1056
―シャルロッテンホーフ宮殿　1060
―新宮殿　1056
―平和教会　1185
―ミヒェルス絹織物工場、ノヴァヴェス　1426
ポッチェフストローム、司法裁判所　1272
法住寺［ポッチュサ］、墓塔　764
ポッツヴィル、農商銀行　1304
ボットーニ、P.　1492
ポッリーニ、ジーノ　1433, 1492
ボッロミーニ、フランチェスコ　303, 886, 894, 956
ポディウム　237
ポーティコ・ヴィラ　240
ホテル・イル・パラッツォ、福岡　1705
ホテル・トレ・クローチ、カンポ・ディ・フィオーリ、ヴァレーゼ　1431
ホテル・ベロナ、エフォリエ　1527
ホーデン参事会聖堂、ヨークシャー州　506
ボド、アナトール・ド　1223, 1418
ポト・イェドラミ、ザコパネ　1230
ポート・エリザベス
―市庁舎　1269
―セント・メアリー教会堂　1265
ポート・サンライト　1442
ポート・モレスビー、パプア・ニューギニア国会議事堂　1788
ボードゥアン、ウジェーヌ　1424
ポドガヤー　792
ポトシ
―サン・フランシスコ聖堂　1286
―サン・ベルナルド聖堂　1286
―ラ・モネダ（造幣局）　1288
ポートマイリオン、ポートマドック　1448
ポートマン、ジョン　1637, 1711
ポートランド
―エキュイタブル・セイヴィングズ・アンド・ローン・アソシエーション　1622
―新市庁舎　1639

ほ～ま | 1889

ポートロイヤル（ジャマイカ）、旧海軍病院　1294
ホートン・ホール、ノーフォーク州　1113
ボナーツ、パウル　1426, 1552
ホニアラ、ラジオ放送局　1786
ボニエ、ルイ　1418
ボネト、アントニオ　1656
ボネマー・ミル、タフトヴィル　1310
ホバート
 ―聖三位一体教会堂　1386
 ―政庁　1391
 ―セント・ジョージ教会堂、バッテリーポイント　1383
 ―セント・ジョン教会堂　1386
ホバートヴィル、ニュー・サウス・ウェールズ州　1379
ボーパール
 ―インド森林経営大学　1749
 ―ヴィダン・バワン　1752
 ―バーラト・バワン　1747
 ―ボーパール・ガス爆発被災者用集合住宅　1756
ホバン、ジェームズ　1294
ポピナ、戦士廟　1530
ホープ、リーラー＆モリス　1581
ポープ、ジョン・ラッセル　1632
ボフィル、リカルド　1472, 1499
ボーフォール城　412, 416
ホプキンズ、マイケル＆パティー　1487
ボフダネチ
 ―サナトリウム　1508
 ―浴場　1508
ホフマン、フリードリッヒ　884
ホフマン、ヨーゼフ　1413, 1415, 1417
ボフラン、ジェルマン　887
ポポトラ
 ―衛生研究所　1645
 ―結核サナトリウム　1645
ホホル、ヨゼフ　1504, 1508, 1510
ボーマリス城　508
ホーム・プレイス、ホールト　1230
ホームステッド　1376
ポメランツェフ、N.　1526
ホライン、ハンス　1467, 1563, 1590
ポラク、A. & J.　1484
ポラーシェク、ヨゼフ　1510, 1513
ボラック、レオポルト　974
ホラバード＆ルート　1610
ポーランド建築学校　1505, 1524
ポリス　18
ホリデイ、クリフォード　1566
ボリビア
 ―カキアヴィリ聖堂　1284
 ―コパカバナ聖堂　1284
 ―スクレ大聖堂　1284
ボルグンド、聖堂　438
ボルサリーノ社員住宅、アレッサンドリア　1492
ホール式　518
ホルシャー、クヌート　1498
ボルスヴァルト、教区教会堂　547
ホルステブロー、美術館　1498
ボルソヴァー・キャッスル、ダービーシャー州　1082
ボルソヴァー城、ダービーシャー

州　508
ポルタ、ジャコモ・デッラ　950
ポルタル、ドラガン　1529
ポルタルッピ、ピエロ　1431
ポルチナーリ、カンデド　1649
ホルツァー、ライナー　1467
ボルツァーノ、戦勝記念碑　1431
ホルツバウアー、ヴィルヘルム　1467
ホルツマイスター、クレメンス　1465, 1552, 1557
ボルティモア
 ―カトリック大聖堂　1296
 ―キャロルタウン高架橋　1310
 ―ホールデン、チャールズ　1434, 1447
ボルドー
 ―大聖堂　469
 ―ペサック田園郊外　1423
 ―ロワイヤル広場　1008
ポルト
 ―アリアドス大通り　1463
 ―駅　1463
 ―サン・フランシスコ聖堂　1033
 ―サン・ペドロ・ドス・クレリゴス聖堂　1033
 ―市庁舎　1463
ポルト、セヴェリアーノ　1660
ボールドウィンズ・モンレアル城　412
ポルトゲージ、パオロ　1492
ポルトナッチオ神殿、ウェイイ　244
ポルトニク、シャーンドル　1520
ホールトーレン、聖堂　438
ボルヘス、マックス　1649
ホルム、ヨルダーン、ホルム　1585
ポルメイステル、ヴァルヴェ　1548
ボーレス＝ウィルソン　1480
ホーレマン、C.　1148
ボローニャ
 ―サン・ペトローニオ聖堂　576
 ―トッレ・アシネッリ　378
 ―トッレ・ガリゼンダ　378
 ―パラッツォ・デル・ポデスタ　916
 ―パラッツォ・ベーヴィラクア　916
 ―ポルティコ・デイ・バンキ　944
 ―マドンナ・ディ・サン・ルーカ聖堂　969
 ―ロッジア・デイ・メルカンツィア　576
ボロブドゥール、ストゥーパ　848
ポロンナルワ
 ―ガル・ヴィハーラ　792
 ―ワタダーゲー　792
ボワイエ、M.　1577
ホワイト、シドニー　1497
ホワイト・キャッスル、ベル・グローヴ　1295
ホワイト・ハート・レーン（タワー・ガーデンズ）、トッテナム　1442
ホワイトシート・ヒル　230
ホワイトホーク　230
ボワティエ
 ―大聖堂　469

 ―ノートル・ダム・ラ・グランド聖堂　387
ボワロー、ルイ＝イッポルト　1421
ボワロー、ルイ・オーギュスト　1204
ボワロー＆ラブルデット　1470
鳳岩寺[ボンアムサ]、聞慶郡　764
ボン・ジェスス・ド・モンテ巡礼聖堂、ブラガ　1033
ボーンヴィル　1442
香港
 ―アッパー・ピーク・トラム・ターミナス（山頂纜車山頂駅）　1733
 ―ヴィクトリア・ピーク（山頂山）　1733
 ―九龍の新鉄道駅　1731
 ―最高裁判所　1727
 ―沙田新城（シャーティン・ニュー・タウン）　1727
 ―セントラル・ディストリクト（中環）　1727
 ―セントラル・プラザ（中環廣場）　1731
 ―赤鱲角[チェク・ラプ・コク]、旅客ターミナル　1731
 ―チャータード（渣打）銀行　1725, 1731
 ―中銀大廈（中国銀行タワー）　1731
 ―中国銀行　1731
 ―彩虹邨（チョイ・フン・エステート）　1727
 ―將軍澳[ツェウン・クァン・オー]の環境共生住宅開発　1733
 ―トレグンター・タワーC（地利根徳閣第三座）、ヴィクトリア・ピーク（山頂山）　1733
 ―ビーコンスフィールド・アーケード　1725
 ―ベルビュー・プレイス（寶晶苑）　1733
 ―ボー・フー先祖礼拝堂、沙田　1733
 ―香港科學館　1731
 ―香港科技大学　1731
 ―香港クラブ　1727
 ―香港藝術中心　1733
 ―香港上海銀行　1725, 1731
 ―香港ヒルトン　1731
 ―ユース・ホステル（大帽山）　1733
 ―リッポ・センター（力寶中心）　1731
 ―レパルス・ベイ（淺水灣）　1733
ホンジーク、カレル　1510
鳳停寺[ポンジョンサ]、安東郡　764
ポンティ、ジオ　1431, 1433, 1492
ポンディシェリー　1365
 ―ゴルコンド邸、オーロビンド・アシュラム　1744
ポンティニー、大修道院聖堂　466
ポンティニア　1577
ポンプ、アントワーヌ　1454
ポンペイ
 ―インディラ・ガンディー発達研究大学　1752
 ―インド門　1741
 ―ヴィクトリア・ターミナス駅

　1361
 ―エルフィンストーン・サークル　1357
 ―カンチャンジュンガ・アパートメント　1756
 ―裁判所　1361
 ―サルヴァカオ教会　1747
 ―シヴァ石窟、エレファンタ　801
 ―市庁舎　1357
 ―城塞都市　1344
 ―セント・ジョン福音教会堂　1353
 ―大学　1361
 ―タージ・マハル・ホテル　1361, 1367
 ―電信局　1361
 ―ネルー科学センター　1747
 ―プリンス・オブ・ウェールズ博物館　1741
 ―郵便局　1361
ポンペイ
 ―円形闘技場　255
 ―外科医の家　248
 ―スタビア通りの浴場　254
 ―大劇場　255
 ―バシリカ　252
 ―パンサの家　259
 ―ファウヌスの家　259
 ―フォルムの浴場　254
ボンメルスフェルデン、城館　1050

ま

マイ、エルンスト　1412, 1428, 1578, 1581
マイアーノ、ジュリアーノ・ダ　902, 916
マイエト、ムハンメド　1589
マイソール
 ―政庁　1357
 ―ラリタ・マハール宮殿　1741
マイターニ、ロレンツォ　584
マイヤー、アドルフ　1426
マイヤー、ヴィルヘルム・O　1584
マイヤー、ハンネス　1428, 1429, 1430, 1566, 1651
マイヤー、ピエナール＆パートナーズ　1585
マイヤー、リチャード　1639, 1641
マイヴェル、ロベール　1413, 1430
マイルズ・ブリュートン邸、チャールストン、サウスカロライナ州　1281
マイレア邸、ノールマルック　1460
マインツ
 ―大聖堂　402
 ―ビショフスハイムの教会　1428
マウサ、シェトランド諸島　235
マウソレウム、ハリカルナッソス　153
マウソロス　153
マウント・プレザント、タスマニア州　1397
マウント・プレザント、ドーセット州　230
マウント・プレザント、ニュー・サウス・ウェールズ州、アバークロンビー・ハウス　1397

索引

ま〜み

マウントフォート、ベンジャミン・W　1386, 1401
前川國男　1689, 1690
マエフスキ、ヒラリー　1235
マオリ建築　1372
マキシム・ゴーリキー・コロネード、マリアンスケー・ラーズニエ　1220
槇文彦　1690, 1095
マキヤ、モハンメド　1557
マクデブルク　1428
−フォルクスワーゲン工場　1428
マグニー邸、ビンギー・ビンギー　1778
マクマナス、フレデリック　1447
マクレーン・ポント、ヘンリー　1717
マグロヴァ、水道橋　657
マグワイア、ロバート　1491
マコヴェツ、イムレ　1520, 1521
孫庇　706
マコーマック、ジャミーソン、プリチャード＆ライト　1484
マサチューセッツ工科大学、クレスジ・オーディトリアム　1627
マシュー、ロバート　1481, 1484
マーシュ・コート、ストックブリッジ　1438
マス・アベリョ、集合住宅　1499
マス・ホウ、羨道墓　228
マースカント、ファン・ドメレン、クロース＆センフ　1496
マスジッド・イ・ジャーミ、ナイン　641
マスター・ジェームズ　507
マスタバ　44
マゼリッツ（ミエンジジェチ）、教会堂　1060
マタラ、城塞　1348
町田、反射性住居　1697
マチュー、アラスの　529
マチュ・ピチュ　736
マチューカ、ペドロ　1022
マッカーシー、バトル　1717
マッキム、チャールズ　1277, 1592
マッキム・ミード＆ホワイト　1277, 1295, 1594
マッキントッシュ、W. G.　1578, 1581
マッキントッシュ、チャールズ・レニー　1211, 1413, 1438, 1584
マックストーク城、ウォリックシャー州　512
マッケイ、デイヴィッド　1499
マッセイ、フランシス　1574
マッツォーニ、アンジョロ　1433
マッテ・トゥルッコ、ジャコモ　1431
マッテオッティ・ヴィレッジ、テルニ　1494
マテ、ジャン・バティスト　1044
マーティン、クロード　1353
マーティン、レスリー　1484
マーティンデール・ホール、南オーストラリア　1397
マデルノ、カルロ　950
マドゥライ
−宮殿　827
−大寺院（ミナクシー寺院）　805
−マドゥライ・クラブ　1762
マドラサ　627

マドラス
−カラクシェトラ劇場　1759
−国立美術館　1361
−コロマンデル・ホテル　1361
−裁判所　1361
−財務委員会事務所　1353
−政庁、トリプリケーン　1353
−セント・アンドリュー長老派教会堂　1350
−セント・ジョージ城塞　1348
−セント・ジョージ大聖堂　1350
−セント・メアリー教会堂　1350
−大学の建物　1353
−大造兵廠　1353
−マドラス・クラブ　1353
−郵便・電信局　1353
マドリッドの城館　985
マドリード　1460, 1461
−アドリアティカ・ビル　1499
−アリバ新聞社ビル　1499
−アルマグロ通りの大邸宅　1461
−エル・エスコリアル宮殿　1022
−王宮　1030
−議事堂　1172
−組合代表団ビル　1499
−サルスエラ競馬場　1463
−サン・セバスチャン・デ・ロス・レジェス学校　1500
−サン・フェルナンド施療院　1025
−サン・フランシスコ・エル・グランデ聖堂　1030
−トーレス・ブランカス・アパートメント　1499
−プラド博物館　1030
−リッツ・ホテル　1417
マナー・ハウス　434, 508, 512
マナウス
−アマゾナス劇場　1304
−環境保護センター　1660
マニラ
−サン・パブロ・デ・ロス・アウグスティノス・カルザドス教会堂　1338
−サン・ミゲル・ビル　1723
−サント・ドミンゴ・デ・マニラ教会堂　1338
−ニュー・サン・イグナシオ教会堂　1338
−フィリピン国際コンベンション・センター　1723
−フィリピン総合病院　1721
−舞台芸術劇場　1721
−メトロポリタン・シアター　1721
−郵便局　1721
−立法府ビル　1721
−レガルダ小学校　1721
マヌエル式　548
マノサ、フランシスコ　1721, 1723
マハーデーヴァ寺院、イッタギ　818
マハーデーヴァ寺院、ジョードガ　813
マハーデーヴァ寺院、ベーナ　824
マハナーチ・サナトリウム、トレンチアンスケ・テプリツェ　1513
マハーナレシュヴァラ寺院、メナル　813
マハーバリプラム

−アルジュナの苦行の浮彫　814
−海岸寺院　814
−石窟群　801
マハン、カジュル・シャズデフ庭園　675
マーフィー、C. F.　1632
マフラ
−宮殿　1033
−修道院　1033
マヘシュワール、コミュニティ・センター　1759
マムル、教会堂　1264
マラケシュ
−アシフの集合住宅　1589
−アブタン邸　1589
−クトゥビヤ・モスク　637
−病院　1589
−フォワサク邸　1589
マラスト、ジョゼフ　1423, 1577
マラッカ
−クライスト・チャーチ　1336
−市庁舎　1336
−セント・ピーター教会堂　1336
−セント・ポール教会堂　1336
−セント・ポールの丘　1336
マラパルテ邸、カプリ　1433
マリ、医療センター　1589
マリア・ラーハ大修道院　402
マリエダール、ヴィラ　1148
マリーエンキルヒェ、ミュールハウゼン　524
マリーエンブルク（マルボルク）城　524
マリオ・ジオダ　1577
マリカ＝アルダートン邸、ヌランバイ　1778
マリスカル、フレデリコ　1643
マリチコフ、K.　1526
マリネッティ、フィリッポ・トンマーゾ　1431
マリメッコ工場　1469
マリーン郡市民センター、サン・ラファエル、カリフォルニア州　1627
マール、学校　1478
マル・デル・プラタ、住宅　1656
マルカタ　69
マルガット城　412, 416
マルガレーテンヘーエ、エッセン　1424
マルキオンニ、カルロ　973
マルケリウス、スヴェン　1497
マルコーニ、P.　1577
マルセロ、マルティン＆マウリシオ・ロベルト　1646
マルティエンセン、ファスラー＆クック　1578
マルティエンセン、レックス　1578
マルティン、アルベルト・マンリケ　1645
マルトレル、ジョゼップ　1499
マルベリー、サウスカロライナ州　1280
マルロウ、ユルゲン　1476
マレ＝ステヴァンス、ロベール　1423
マロ、ジャン　887
マロ、ダニエル　1073
マン・シンの小宮殿、ベナレス

830
マンゴスツ工科大学、ウムラジ　1584
マンサーフ、B.　1574
マンサール、ジュール・アルドゥアン　1003, 1007
マンサール、フランソワ　879, 977, 999
マンジャロッティ、アンジェロ　1492
マンスフィールド、アルフレッド　1571
マンスーラのモスク、トレムセン　637
マンダヴァ、ツーリスト・ヴィレッジ　1759
マンダパ　802
マンダレイ　840
マンチェスター
−アシニーアム・クラブ　1175
−アルバート・メモリアル　1193
−旧市庁舎　1131
−クリスチャン・サイエンス教会、ヴィクトリア・パーク　1438
−市庁舎　1193, 1442
−巡回裁判所　1193
−セント・ウィルフリード教会堂　1185
−中央図書館　1442
−フリー・トレード・ホール　1189
−紡績工場　1131
−マンチェスター・アンド・ソルフォード地区銀行　1189
−ライランズ・ライブラリー　1211
マンドゥ
−金曜モスク　646
−城壁　646
マントヴァ
−サン・セバスティアーノ聖堂　905
−サン・ベネデット・ポー聖堂　926
−サンタンドレア聖堂　905
−ジュリオ・ロマーノ自邸　926
−大聖堂　926
−パラッツォ・デル・テ　926
マンナル、城塞　1346
マンハイム、ブルーメナウの教会　1476
マンミシ神殿（生誕殿）、エレファンティネ島　62
マンレーサ大聖堂　560

み

ミアワース・キャッスル、ケント　1113
ミクロス＝シュライナー、エド　1529
ミケランジェロ　580, 878, 890, 901, 922, 939, 940
ミケルッチ、ジョヴァンニ　1433, 1492
ミケロッツォ・ディ・バルトロメオ　896
ミコンカリ・レクリエーション・センター、ロヘンピュルスト　1469
水の教会、北海道　1701

ミース・ファン・デル・ローエ、ルートヴィヒ　1412, 1426, 1428, 1478, 1483, 1487, 1513, 1578, 1581, 1592, 1613, 1617, 1619, 1621, 1622, 1625, 1627, 1629, 1632, 1637, 1646
ミーダス・シティ　94
ミダフテン、マナー・ハウス　1073
密檐式塔　744
ミッデルビュルヒ
―市庁舎　547
―聖堂　546
―セント・ピーターズ・ハウス　547
ミット・レハン　1587
ミッド・ホウ、通廊墓　228
ミトラ、列柱宮殿　732
ミナシュ、セメン　1535
南太平洋委員会本部、ヌーメア　1786
ミナル・ムジエ　623
ミナレット　618
ミナンカバウ資料センター、パダン・パンジャン、スマトラ島　1331
ミニーフ、ヴウォジミエジュ　1525
ミニュアスの宝庫、オルコメノス　112
ミノス建築　109
ミーノル、ヨゼフ　1563
ミハイロフスキ、A.　1526
ミフラーブ　605
ミュケナイ
―アガメムノンの墓　112
―アトレウスの宝庫　112
―宮殿　112
―クリュテムネストラの墓　112
―獅子門　112
ミュラー、ズデニェク　1517
ミュラー、ハンス　1476
ミュンジンゲン、工場　1500
ミュンスター、新市立図書館　1480
ミュンヘン　1424
―アルテ・ハイデ団地　1428
―オスラム・オフィス　1476
―オリンピック・パーク、スポーツ施設　1478
―宮殿　1040
―国王居館　1058
―ザンクト・ミヒャエル教会堂　1043
―ザンクト・ヨハネス・ネポムーク(聖ヤン・ネポムツキー)教会堂　1052
―大学・解剖学棟　1426
―彫刻館　1058
―ドイチェス・ハウス　1217
―ドイツ芸術の家　1429
―バイエルン国立博物館　1217
―プロピュライア　1058
―ヨーロッパ南部天文台、ガルヒンク　1480
―ルートヴィヒスキルヒェ　1185
明神鳥居　766
未来派　1430, 1431, 1592
ミラノ
―QT8　1492
―ヴィラ・レアーレ・ベルジョイオーゾ　974
―ヴェネツィア門　974
―駅　1431
―オスペダーレ・マッジョーレ　906
―カ・ブルッタ(醜い家)、トゥラーティ通り　1431
―カーサ・ルスティチ、センピオーネ大通り　1433
―ガッレリーア・ヴィットーリオ・エマヌエーレ　1196
―カトリック大学　1431
―ガララテーゼ2、モンテ・アミアータ集合住宅　1494
―ガララテーゼの住棟　1494
―ガレリア　1637
―強制収容所犠牲者記念碑　1492
―コッレージョ・エルヴェティコ　953
―サン・ジュゼッペ聖堂　953
―サン・セバスティアーノ奉献堂　939
―サン・ナザーロ聖堂　309
―サン・フェデーレ聖堂　939
―サン・ロレンツォ聖堂　309
―サンタ・マリア・デッレ・グラーツィエ聖堂　906
―サンタ・マリア・プレッソ・サン・サーティロ聖堂　906
―サンタンブロージョ聖堂　374, 910
―サンティ・パオロ・エ・バルナーバ聖堂　939
―スカラ座　974
―第1モンテカティーニ・ビル、モスコヴァ通り　1433
―大聖堂　568
―大聖堂付属洗礼堂　316
―ティチネーゼ門　974
―トーレ・ヴェラスカ　1492
―ヌオーヴァ門　974
―パラッツォ・カスティリオーネ　1431
―パラッツォ・セルベッローニ　974
―パラッツォ・マリーノ　939
―ハラール通り　1492
―ピレリ・ビル　1492
―フォッパ通りのアパートメント　1431
―ポルティナーリ礼拝堂、サンテウストルジョ聖堂　1058
―マルキオンディ・スパリアルディ問題児協会　1494
―ミラノの論争　215, 216, 567, 568
ミラノフ、ヨルダン　1526
ミラーリェス、エンリク　1500
ミリッチ、ブルノ　1517
ミリニス、イグナチ　1538
弥勒寺[ミルクサ]、益山　759
ミルズ、ロバート　1301
ミルトン・キーンズ　1483
ミレス、カール　1460
ミレトス
―アテネの神殿　159
―オルバ神殿　159
―市議会場(ブーレウテリオン)　164
―ストア　159
―南アゴラ　162
刻銘名[ミンクンスー]、住居　105
民族様式　1664, 1668, 1673
ミンタ、ラシネ　1587
ミンデルハイム、教会堂　1044
ミンデン大聖堂　530
ミンバル　605

む

ムーア、チャールズ　1639
ムーア、テンプル　1438
ムアン・ソン・タニ　1721
ムイデン城　547
ムーヴァルコーヴィル、コドゥンバルール　814
無為寺[ムウィサ]、康津郡　764
ムカルナス　607
ムサウワラト・エス・ソフラ、グレート・エンクロージャー　713
ムザブ地方、学校　1589
武者走り　168
ムツィオ、ジョヴァンニ　1431
ムッラリ・デペ　35
ムディク、ホリデイ・ヴィレッジ・リゾート、テトゥアン地方　1589
ムテジウス、ヘルマン　1412, 1424, 1426
ムデハル　404
ムトゥルス　115
ムトニャコヴィチ、アンドリヤ　1530
ムードン、実験住宅　1470
棟持柱　767
ムニエ、ジョン　1487
ムニエ・チョコレート工場、ノワジール=シュル=マルヌ　1220
ムニョス、J. E.　1461
ムマバソ、州庁広場および事務局棟　1590
ムーラッツァロ、夏の家　1469
ムラルトゥ　234
ムレイバト、住居　31
ムワイヤル、エリ　1589
ムンディガク　103
ムンニク、フィッサー、ブラック、フィッシュ&パートナーズ　1584
ムンハッタ　33
―住居　31

め

メイ、ヒュー　1094
メイダン　651
メイデン・キャッスル　235
メイドゥーム、ピラミッド　49
メイベック、バーナード　1604
メイリング、ファン・デル・レク、ルージュ　1585
メヴェ、シャルル　1417
メウルマン、オットー=イーヴァリ　1469
メエルゾン、ヨシフ　1542
メガストラクチャー　1483, 1494, 1571, 1629, 1631, 1711, 1715
メガロン　29, 85, 109, 221
メキシコ・シティ　1649
―ヴィスケナス　1290
―衛星都市(シウダード・サテリテ)の塔　1651
―オリンピック・スタジアム　1651
―キャンデラリア駅　1649
―鉱業王立学校　1290
―国立考古学・歴史博物館、チャプルテペック公園　1651
―コンデ・デ・サン・バルトロメ・デ・ザラの邸宅　1281
―コンデ・デル・ヴァッレ・デ・オリザバの邸宅　1281
―コンデス・デ・サン・マテオ・デ・ヴァルパライソの邸宅　1281
―サン・アントニオ・アブドの市場　1657
―サン・アンヘルの映画スタジオ　1657
―ジーザス病院　1288
―スポーツ宮殿　1649
―大聖堂　1284
―デ・チョボ美術館　1643
―ディエゴ・リベラ邸　1645
―ディノ・スアレスの市場　1657
―トーレ・ラティーノ・アメリカーノ　1646
―ニサ通りのオフィスビル　1646
―美術宮殿　1643
―副王宮殿　1288
―フリーダ・カーロ邸　1645
―ホテル「カミーノ・レアル」　1657
―マルケス・デ・ハラル・デ・ベッリオの邸宅　1281
―メキシコ国立大学
　―宇宙線パヴィリオン　1649
　―中央図書館　1651
―メダリア・ミラグローサ　1649
―ルフィーノ美術館　1660
メギストラ・ラヴラ修道院、アトス山　327
メギッド　88
メギドヴィチ、イェフダ　1563
メケレン
―家屋　547
―シント・ロンバウツ大聖堂　537
メシェッド・モスク、アナフ　639
メジリチ　223
メジン　225
メソジスト伝道所、ホキアンガ川　1386
メーソン、ウィリアム　1379, 1386, 1397
メゾンの城館　999
メタボリズム　1690, 1695
メッカ、カーバ神殿　617
メッゲン、カトリック教会　1500
メッツェンドルフ、ゲオルク　1424
メッド、ヘンリー　1741
メディナ
―キブラタイン　617
―キブラタイン・モスク　1562
―クーバ・モスク　1562
―預言者の家　617
―預言者のモスク　618
メディナ・アザーラ　672
メドウズ、F.D.　1709
メトディオス　339
メトープ　115
メナイ吊橋　1175
メニカダワラ城塞　1344

メベス、パウル　1424, 1455
メリヴェイル　230
メリダ、古代ローマ博物館　1499
メーリニコフ、コンスタンチン　1412, 1535, 1538
メリムデ、集落　31
メル、ヴァルター　1649
メルヴ　609
－宮殿　75
－サンジャルの墓廟　646
－スルタン・サンジャルの墓廟　644
メルガル、住居　103
メルク、ベネディクト会修道院　1044
メルケルバッハ、エリング＆ファン・エーステレン　1496
メルシン要塞　34
メルセッター・ハウス、ホイ島、オークニー諸島　1220
メールセン、聖堂　546
メルドン・パーク、ノーサンバーランド州　1172
メルボルン
－ICIビル　1766
－イースト・メルボルン　1397
－インディペンデント教会堂　1388
－ヴィクトリア州議事堂　1391
－ヴィクトリアン・アート・センター　1774
－ウェズレイ教会堂　1388
－オーモンド・カレッジ　1388
－オリンピック水泳プール　1770
－カールトン　1397
－キャピタル・シアター　1774
－グラウンズ邸　1778
－グラマー・スクール　1391
－公共図書館　1391, 1766
－コリンズ・ストリート1番地　1766
－裁判所　1391
－財務局　1391
－市庁舎　1391
－シドニー・マイヤー・ミュージック・ボウル　1774
－スコットランド教会堂　1388
－税関　1391
－政庁　1391
－セント・パトリック大聖堂　1388
－セント・ピーター・イギリス国教教会堂　1386
－セント・フランシス・カトリック教会堂　1383
－セント・ポール教会堂　1388
－大学
　－ウィルソン・ホール　1388
　－ニューマン・カレッジ　1770
－展示会場　1391
－ドラモンド・ストリート・オフィス　1766
－ニューバーン・フラッツ　1778
－パークビル　1397
－フェザーストン邸　1778
－復活教会、キーズボロー　1388
－ボイド邸　1778
－マーシー・ホスピタル　1770
－郵便局　1391
－リチャードソン邸　1778
メロウ、メイグズ＆ハウ　1599

メロウェ
－アプスの祠堂　713
－アモン神殿　713
－イシスの神殿　713
－王室墓地　714
－獅子神殿　713
－太陽神殿　713
メンゴーニ、ジュゼッペ　1196
メンデルゾーン、エーリヒ　1414, 1426, 1448, 1513, 1521, 1526, 1566, 1646
メントゥヘテプ王葬祭神殿デール・エル・バハリ（テーベ）　58

も

モヴチャン、ゲンナディ　1542
モーガン、ウォールズ＆クレメンツ　1610
裳階［もこし］　706
モーザー、カール　1429, 1430
モーザー、コーロ　1415
モサラベ　402
モシ、文化センター　1581
モシャヴィム　1566
モスク　605, 617, 623
モスクワ
－1935年モスクワ計画　1545
－アルハンゲリスキー（大天使ミカエル）大聖堂　362
－イヴァン大帝の鐘塔　362
－ウクライナ・ホテル　1545
－ウスペンスキー（聖母就寝）大聖堂　358
－ガヴリル・タラソフ邸および事務所　1533
－革命広場駅　1545
－カリーニン・プロスペクト　1548
－救世主大聖堂　358
－ゴススラフ集合住宅　1538
－ゴストログ（貿易省）ビル　1542
－三位一体・ゲオルギア聖女聖堂　1136
－市ソヴィエト職員用ルサコフ・クラブ　1538
－市ソヴィエト増築　1542
－児童ミュージカル劇場　1548
－受胎告知（ブラゴヴェシェンスキー）大聖堂　362
－商業協会オフィスおよびショウルーム　1535
－聖処女代祷聖堂、フィーリ　1136
－セントロソユーズ・ビル　1423
－全労働組合電子工学研究所（VEI）　1542
－ソヴィエト宮殿　1542
－ソヴィエト宮殿駅　1545
－大天使ガブリエル聖堂　1136
－ツェントロソユーズ・オフィスビル　1538, 1545
－通信省複合施設　1545
－ディナモ複合施設　1542
－ドンの聖女処女修道院旧大聖堂　1136
－ナルコムフィン集合住宅　1538
－パシコフ邸　1138
－プロレタルスキー地区文化宮殿　1542
－ペトロフスキー宮殿　1143

－「堀端の」聖ヴァシリー大聖堂　364
－メーリニコフ邸およびスタジオ　1538
－モスクワ大学　1545
－モロゾフ小児病院　1535
－ヤロスラーヴリ駅　1535
－リャプシンスキー邸　1533
－レーニン国立図書館　1542
－レーニン廟　1542
－労働宮殿　1535
－路面電車職員用ズエフ・クラブ　1538
モスタル
－アクロ・ネクロポリス　1530
－旧市街都心部　1530
モスト（ブリュクス）、聖堂　524
モダニスト→モダニズム
モダニズム　1407, 1408, 1412-1414, 1423, 1424, 1426, 1428-1431, 1433, 1447, 1448, 1452, 1455, 1460, 1461, 1463, 1465, 1467, 1468, 1484, 1487, 1491, 1500, 1508, 1513, 1520, 1524-1527, 1529, 1535, 1538, 1542, 1548, 1552, 1557, 1559, 1562, 1563, 1566, 1591, 1592, 1599, 1607, 1613, 1617-1619, 1621, 1622, 1625, 1631, 1632, 1637, 1639, 1641-1643, 1645, 1646, 1651, 1657, 1660, 1661
モダールの城館、ディナン　1068
モチェ、太陽の神殿　732
モット　429, 507
モデューラー・プランニング　1689
モデルニスモ　1418, 1461, 1561
モネオ、ラファエル　1499
モブージュ、復興　1470
モプティ、金曜モスク　1587
モヘンジョ・ダロ　101, 103
－穀物倉庫　105
－住居　104, 830
－城塞　103
－大浴場　105
モホリ＝ナギ（モホイ＝ナジ）、ラースロ　1505, 1520
身舎［もや］　706
モヤ、ジョン・ヒルダゴ　1481
モラ、ガブリエル　1500
モラスッティ、ブルーノ　1492
モラッソ、マリオ　1431
モランディ、リッカルド　1496
モリス、J.　1574
モリス、ウィリアム　1417
モリソン、G. J.　1315
モルダヴィア・ヴォールト　342
モルティエ、A.-F.　1211
モルドヴィノフ、アルカディ　1545
モルナール、フォルカシュ　1520
モルビオ・インフェリオーレ、学校　1501
モレイラ、ジョルジェ・マシャード　1646
モレッティ、ガエタノ　1431
モレッティ、ルイジ　1492
モレリュエラ　547
モレンベーク、キュビスム通り　1455
モロ、ピーター　1484
モロ、ラウル・サリナス　1651

モロッコ
－カスバ　672
－製紙工場　1581
モロドヴァⅠ　223
モロドヴァⅤ　225
モンクウィアマウス、ダラム州　424
モンクレイの城館、フランシュ＝コンテ地方　1014
モン・サン・ミッシェル、大修道院（聖堂）　394, 469, 473
モンジェリ、ジュリオ　1552
モンジュクリ・デペ、住居　35
モンタキュート・ハウス、サマセット州　1082
モンタグ、ベレンゲル・デ　560
モンタランド、C.　1577
モンタリオル、ジャン　1421
モンチェンスキ、ズジスワフ　1521
モンチロフ、ペトコ　1526
モンチンスキ、フランチシェク　1521
モンテイロ、パルダル　1463
モンテビデオ
－アトランティーダ教会　1649
－ウルグアイ共和国大学・工学部　1646
－コルンバリウム　1657
－ソリス劇場　1304
－電気工場倉庫　1649
モンテプルチャーノ
－パラッツォ・ププリコ　587
－マドンナ・ディ・サン・ビアージョ聖堂　922
モンテホ邸、メリダ　1277
モンゴメリー、オールドフィールド、カービィ、エリオット＆フロベラール　1584
モンドリアン、ピエト　1452
モントリオール
－世界の女王マリア大聖堂　1298
－ノートル・ダム教会堂　1298
モントリオール万国博覧会（1967年）
－アビタ　1472, 1629
－アメリカ合衆国パヴィリオン　1629
－ドイツ・パヴィリオン　1629
モンバサ
－イギリス国教会大聖堂　1256
－オーシャニック・ホテル　1578
－ローマ・カトリック大聖堂　1256
モンフェラン、R. ド　1144
モンレアーレ大聖堂　335, 383

や

窨洞［ヤオトン］　752
ヤコブセン、アルネ　1478, 1484, 1498
ヤコブセン、ホルガー　1460
ヤサ・デペ、神社　35
ヤシ、文化宮殿　1581
ヤズド、金曜モスク　650
ヤズルカヤ、露天聖所　87
ヤナーク、パヴェル　1504, 1508, 1510, 1513
ヤニェス、エンリケ　1651
ヤネダ、農工大学・人文学棟

1548
ヤバフワ、城塞　827
ヤベッリ、ジュゼッペ　975
ヤマサキ、ミノル　1629, 1631, 1637
山梨文化会館　1690
ヤランガチ・デペ　35
ヤリノフスキー、パヴェル　1549
ヤーリム・テペ、住居　37
ヤルムーク大学、イルビド　1559
ヤーン、ヘルムート　1584
ヤンク・テペ、住居　35
ヤンゴン→ラングーン
仰韶［ヤンシャオ］文化　4
ヤンセン、エヴェルト　1153
ヤンセン、ヘルマン　1552

ゆ

ユヴァスキュラ、労働者クラブ　1460
ユヴァッラ、フィリッポ　968, 1030
ユエ、ベルナール　1475
ユーゲントシュティル　1413, 1415, 1418, 1426, 1429, 1430, 1455, 1503, 1521, 1533, 1535
ユーソニアン住宅　1617
ユトレヒト
－ザンクト・マルティン大聖堂　546
－ゾウデンバルヒ・ハウス　547
ユニテ・ダビタシオン、マルセイユ　1470, 1538
ユニティ教会、オーク・パーク、イリノイ州　1604, 1627
ユラチンスキ、ヤヌシュ　1521
ユラーラ　1778
ユーンスドルフ＝アウトバーン、竪穴住居　225

よ

ヨーク
－F. R. S.　1448
－ウォルムゲート　508
－集会場　1113
－セント・メアリーズ大修道院聖堂　507
－大学　1483
－大聖堂（ミンスター）　449, 478, 506
－ニュー・イアーズウィック・モデル・ヴィレッジ　1442
－ブーサン・バー　508
－ミクルゲート・バー　508
翼工系　706
ヨクシー　226
吉島家、高山（岐阜県）　788
ヨーゼフ・トーラク・スタジオ、バルトハム　1429
ヨーテボリ、　1148
ヨネスク、グリゴレ　1527
ヨハネスブルグ　1578, 1579
－20 世紀劇場　1578
－アングロ・アメリカン・ビル　1578
－アーンスト＆ヤング・ハウス　1584
－ウィットウォーターズランド大学

－アーネスト・オッペンハイマー生命科学複合施設　1584
－中央棟　1574
－エスコム・ハウス　1578
－カールトン・センター　1584
－クライスラー・ハウス　1578
－公共図書館　1574
－ゴードン邸　1578
－コロッセウム　1584
－ザ・サッチド・ハウス　1273
－サンドトン図書館および区役所　1581
－ジャーミ・マスジド、カーク通り　1589
－市立美術館　1574
－市立美術館増築　1585
－スタンダード銀行センター　1584
－ストーン・ハウス　1273
－ダイアゴナル通り 11 番地　1584
－大学・図書館　1574
－チャイニーズ・クラブ　1578
－鉄道駅　1574
－電話塔　1272
－ネヴァダ・コート　1578
－パティダル邸　1578
－ピーター・ハウス　1578
－ファースト・ナショナル銀行　1584
－ファン・エク・ハウス　1578
－ベド邸　1578
－ホットポイント・ハウス　1578
－マーケット劇場　1585
－マリーエンブルグ　1273
－南アフリカ医学研究所　1574
－南アフリカ準備銀行　1574
－ミリョ邸　1578
－郵便局　1272
－ユニオン・コーポレーション・ビル　1574
－ランド・アフリカーン大学　1584
－ランド連隊記念碑　1574
ヨハン＝フリードリヒ館、ハルテンフェルン城、トルガウ　1038
ヨハンセン、ジョン・M.　1629
ヨルダン
－カスル・アル・トゥーバ　623
－カスル・ムシャッタ　623
ヨルバ、宮殿　712
鶯谷寺［ヨンゴクサ］、求礼郡　764

ら

ラ・アリアード、通廊墓　228
ラ・カルトゥーハ・デ・ミラフローレス　555
ラ・コルーニャ、フェネ町役場　1500
ラ・サント＝ボーム計画案　1500
ラ・ショー・ド・フォン　1429
ラ・トゥーレット修道院、エヴー＝シュル＝ラルブレール　1627, 1629
ラ・トリニテ聖堂、ヴァンドーム　473
ラ・パドゥーラ、エルネスト・ブルーノ　1433
ラ・プリスマ教会、モンテレイ

1649
ラ・ベンタ　723
ラ・マドレーヌ聖堂、ヴェズレー　394, 466
ラ・マルテッラの集合住宅、マテーラ　1492
ラ・モータ城、メディナ・デル・カンポ　566
ラ・ルガレーハ聖堂、アレバロ　411
ライオンズ、エリック　1483
ライタ、ベラ　1517
ライダルメールの葡萄園　1380
ライト、フランク・ロイド　1296, 1452, 1454, 1499, 1501, 1505, 1513, 1520, 1592, 1599, 1604, 1607, 1613, 1617, -1618, 1621, 1625, 1627, 1631, 1641, 1649, 1689, 1764
ライト、ヘンリー　1607
ライト自邸、オーク・パーク　1296
ライトナー、オットー　1467
ライナー、ローラント　1465, 1467
ライナルディ、カルロ　960
ライヒリン、ブルーノ　1501
ライプツィヒ
－駅　1426
－オペラハウス　1480
－空港レストラン　1429
－ホテル・ドイチュラント　1480
－マーケットホール　1428
ライプツィヒの戦い百周年記念碑　1424
ライン橋、ベンドルフ　1480
ラインハルト、ファビオ　1501
ラインハルト＆ホフマイスター　1610
ラウ、ハインツ　1571
ラヴ、C. A.　1577
ラヴィ、ドグルルの墓　639
ラウヴェリクス、J. L. M.　1424
ラヴェンナ
－ガッラ・プラチディアの廟堂　313
－サン・ヴィターレ聖堂　301, 302, 324
－サンタ・クローチェ第一聖堂　309
－サンタポリナーレ・イン・クラッセ聖堂　310, 378
－サンタポリナーレ・ヌォーヴォ聖堂　310
－正教徒洗礼堂　316
－テオドリックの廟堂　316
ラウス・ヒル、ニュー・サウス・ウェールズ州　1379
ラウリヤ・ナンダンガール、ライオン柱　799
ラヴロー、アンドレ　1589
ラエ
－アジアウェ村第 2 期　1788
－ラエ・ロッジ　1788
ラカディー教区教会堂、ケベック州　1288
ラキッシュ　88
ラーキン・ビル、バッファロー、ニューヨーク州　1604, 1627
ラクシュマナ寺院、シルプル　808
ラクシュメシュヴァラ
－アナンタナータ寺院　824

－ソメシュヴァラ寺院　824
落水荘、ペンシルヴェニア州　1613
ラクチ、ウィラコチャ神殿　736
ラクナウ、コンスタンシア　1353
ラグニッツ教会、グラーツ　1468
洛陽
－住居　107
－都市計画　107
－墓　107
－龍門石窟　752
ラグラン城、モンマウスシャー州　508
ラゴス
－学校　1581
－大学・理学棟　1579
－ブリティッシュ・ペトロリアム・オフィス　1579
ラサ（拉薩）
－ポタラ宮殿　749
－拉薩飯店　1676
ラジェ、アナン　1749
ラジコット、ローコスト集合住宅　1759
ラシツァ、ボジダル　1529
ラシュカリ・バザール、宮殿　641
ラス・シャムラ、宮殿　88
ラスキン　576
ラスクーム・キャッスル、デボン州　1129
ラズダン、デニス　1484
ラストレッリ、バルトロメオ・フランチェスコ　1136, 1138
ラスムッセン、ステーン・エイラー　1460
ラスムッセン、ハートヴィ　1498
ラセーアク、A.　1577
ラーセン、ヘニング　1498, 1559, 1562
ラッカ、バグダード門　627
ラックリー、ワーキンガム　1438
ラッサ・タイヤ工場、イズミト　1557
ラッチェンス、エドウィン　1230, 1414, 1438, 1442, 1574, 1585, 1716, 1730, 1763, 1782
ラッディガム、ゴーブラ　818
ラップ、コーネリアス＆ジョージ　1597
ラドスラヴォ、ラドスラフ　1526
ラトナプラ、教会堂　1344
ラトローブ、ベンジャミン・H　1276, 1296, 1301
ラーナー・クンバの宮殿、チットール　830
ラーニ、夏季大統領官邸　1508
ラーニー・ヴァヴ、パータン　805
ラニョー、ギ　1472
ラパイネ、イングリト　1467
ラパス
－ウルグアイ・センター　1661
－サン・フランシスコ聖堂　1286
－ディエス・デ・メディナの邸宅　1281
－ラ・フロリダ公園　1661
ラハティネン、レイヨ　1469
ラバト
－市民センター　1581
－集合住宅　1581
－スルタン・ハッサンのモスク　637

ら

―総督府　1577
―モスク　1589
―郵便局　1577
ラバネ（アッシュール）　610
ラパンパ
―官庁群　1656
―トラペシア　1661
ラピン、レオンハルト　1548
ラファエッロ　280, 889, 918, 922
ラファエル・ウルダレタ将軍集住地　1656
ラフィダイン銀行ビル、クーファ　1557
ラフォルグ、J.　1577
ラフマン・デリ　103
ラブラード、アルベール　1421, 1577
ラブルースト、ピエール=フランソワ=アンリ　1178, 1199
ラフン、オーエ　1460
ラヘルト、ボフダン　1504, 1524
ラホール
―アル・ハムラ芸術評議会ビル　1747
―シャー・ジャハーンの乳母の墓廟　668
―シャキル・アリ・オーディトリアム　1747
―ジャハーンギールの墓廟　664
―シャリマル　672
―シャリマル庭園　668
―住居の集合体　671
―城（塞）　661, 668
―バードシャイ・モスク　669
―リバーズ・ガーデン・フラッツ　1747
―ワジル・カーン・モスク　668
ラマナイ
―建造物 N10-43　723
―建造物 N10-9　724
ラーマン、ハビブ　1744
ラム　1585
―珊瑚石の家　1256
―城塞　1256
ラム、トマス　1597
ラムズゲイト
―ザ・グレインジュ　1186
―セント・オーガスティン教会堂　1186
ラムゼイ、ウィリアム　479, 494
ラムヌス
―アレス神殿　145
―ネメシス神殿　145
ラムレフ、教会堂　417
ラメシュワラム、チョッカッタムの柱廊　805
ラメセス 3 世の葬祭神殿、メディネト・ハブ　62
ラメッセウム、テーベ　62
ラモト、集合住宅　1571
ラリベラ
―ガネタ・マリヤーム聖堂　714
―ビエト・ギヨルギス聖堂　714
ラルー、ヴィクトル　1417
ラルフ・スモール・ハウス、メイコン　1295
ランカスター、ヘンリー V　1741
ランガナータ寺院、シュリーランガム　805
ランギオラ　1401
ランク、マルチェル&ジュリア　1527
ラングハンス、C. G.　1058
ラングル大聖堂　466
ラングーン
―シュウェー・ダゴン・パゴダ　836
―ロウ商会　1341
蘭州鉄道駅　1673
ランス
―サン・レミ大修道院聖堂　455, 461
―大聖堂　450, 461
―マーケットホール　1421
ランス、ヘンリー・ド　500
ラン大聖堂　451
ランダッフ大聖堂　494
ランチェスター、H. V.　1434
ランツフート
―宮殿　1038
―ザンクト・マルティン聖堂　524
―シュピタルキルヒェ　524
ラントリサント　1483
ランファン、ピエール・シャルル　1592

り

リー・マンション、アーリントン　1294
リ・ミッツァーニ、通廊墓　228
リアド　1589
リアド邸　1587
リアーニョ、ディエゴ・デ　1019
リヴァプール
―英国国教会大聖堂　1438
―オリエル・チェンバーズ　1199
―キュナード・ビル　1447
―クック通り 16 番地の建物　1199
―スピーク・ホール　1088
―セント・ジョージ教会堂　1178
―セント・ジョージズ・ホール　1169
―マージー・ドックと港湾局　1447
―ロイヤル・リヴァー・ビル　1447
―ローマ・カトリック大聖堂　1491
リヴェット、R. A. H.　1448
リーヴォルズ大修道院聖堂、ヨークシャー州　507
リエージュ
―教育研究所、サール・ティルマン　1468
―サン・ジャック聖堂　546, 1065
―司教館　1065
―大学病院、サール・ティルマン　1468
―メゾン・アヴァール　547
リエール、市庁舎　1068
リオデジャネイロ　1656
―イタマラティ宮殿　1296
―市場　1302
―教育・健康省　1646
―教育省　1622
―サントス・デュモン空港　1646
―自動車都市　1651
―税関　1302
―美術アカデミー　1302
―ペドレグーリョ小学校および体育館　1649
―マルケサ・デ・サントス邸　1296
―モンティニー邸　1296
リカーズ、E. A.　1434
リカルヴァー、聖堂　421, 424
リークスビューゲンス、スヴンスカ　1497
リゴッティ、アンニーバレ　1720
驪山［リシャン］、墓　107
リジュー
―サン・ピエール聖堂　466
―大聖堂　466
リシュリューの城館　999
リージョナル・ヴァナキュラー　1762
リース、ゴードン　1574
リーズ
―クワリー・ヒル・フラッツ　1448
―穀物取引所　1189
―市庁舎　1189
―診療所　1196
―テンプル・ミル　1178
リステール州裁判所　1460
リスボン
―エデン映画館　1463
―オテル・ヴィクトリア　1463
―ケルスの宮殿　1033
―工科大学　1463
―サンタ・マリア・ダ・ディヴィナ・プロヴィデンシア聖堂　1030
―ファティマの聖母教会　1463
―リスボン&アソレス銀行　1463
―リベルダーデ大通りのアパートメント　1463
リチャード・シェパード、ロビンソン&パートナーズ　1484
リチャードソン、アルバート　1484, 1487
リチャードソン、ヘンリー・ホブソン　1277, 1599
リックマン、トマス　480, 888, 1178
リッター　1651
リッチ、ピーター　1590
リッチフィールド大聖堂　494
リッチモンド、州会議事堂　1298
リットマン、マックス　1426
リッピット・ミル、リッピット　1310
リディンゲ、工場監督者学校　1497
リード、ジョセフ　1374
リード&ステム　1594
リード&バーンズ事務所　1388
リドヴァリ、フォードル　1533
リートフェルト、ヘリット　1412, 1417, 1452, 1496
リトミェルジツェ、城館　1040
リトル・ウェンハム・ホール、サフォーク州　512
リトル・ウッドベリー　234
リトル・モートン・ホール、チェシャー州　1088
リドルフィ、マリオ　1492
リナルディ、アントニオ　1138
リバート・イ・シャラフ、キャラバンサライ　641
リバロヴァ、エルカ　1527
リブ　209
リブ・ヴォールト　212, 213, 368, 493
リベニス　235
リベラ、アダルベルト　1433
リベラ、ディエゴ　1645
リベリ、傷病兵リハビリテーション・センター　1469
リベルジェー、ユーグ　215
リポール
―サンタ・マリア聖堂　407
―大修道院聖堂　403
リポン大聖堂　495
リマ
―オート麦粉砕工場　1657
―サンタ・アンナ病院　1288
―大聖堂　1284
―トーレ・タグル邸　1281
―ナサレナス・ビル　1646
―バイア州官庁群　1660
―ヘッシ邸　1661
リマ、ジョアン・フィルゲイラス　1660
リーマーシュミット、リヒャルト　1424
リミニ
―サン・フランチェスコ聖堂　901
―ティベリウスの橋　261
リム、ウィリアム　1713
リモンジェッリ、A.　1577
リヤド
―アル=キンディ広場およびモスク　1562
―イマム・アル=トゥルキ・モスク　1562
―外務省　1559
―サウジ開発基金ビル　1559
―司法宮殿　1559
―社会保険総合機構　1562
―トゥウェイク宮殿　1559
―ベーアフ・オフィス　1562
リュー・タイ・カー　1713
流域建物　45
隆興寺、正定県　749
リュザルシュ、ロベール・ド　461
リュッテ、ポール・ド　1424
リュトマン、J. M.　1452
リュネヴィルの城館　1007
リュブリャナ
―ウルスラ会修道女学校　1528
―国立および大学図書館　1528
―ジャレ墓地、「死者の都市」　1415, 1528
―商業・工芸・工業会議所　1528
―聖フランチェスコ教会、シシュカ　1528
―フラット・アイアン・ビル　1528
―三つ橋　1415
―リュブリャニツァ川堤防上のテラス　1528
リューベック
―ザンクト・ペーター　530
―大聖堂　530
―マリーエンキルヒェ　530
リュベトキン、バーソルド　1413, 1423, 1448
リュボストロン、宮殿　1056
リュルサ、アンドレ　1417, 1424,

り～ろ

1470
稜恩殿、長陵　744
リョサ、F. コーペル　1657
リヨン
―グランジュ・ブランシュ病院　1421
―裁判所　1169
―大聖堂　466
―病院　1013
―ラ・ムーシュ　1421
リール　1418
リン、ジャック　1481
リンカーン大聖堂　478, 498
リング・オブ・ブロドガー　230
リングスアーケル　438
リンジェーリ、ピエトロ　1433
リンダーホフ城、オーバーアマガウ　1226
リンディスファーン城、ノーサンバランド州　1230
リンデグレン、ユルヨ　1469
リンドストレム、スーネ　1559
リンドストレム、ヨー　1559
リンハルト、エヴジェン　1513
リンヨー　226

る

ル・アーヴル
―サン・ジャン教会　1421
―美術館・文化会館　1472
―復興　1470
ル・ヴォー、ルイ　879, 1003
ル・クトゥール、J.　1581
ル・グループ・トランスヴァール　1578
ル・コルビュジエ　1407, 1412-1414, 1421, 1423, 1428-1430, 1460, 1461, 1468, 1470, 1472, 1478, 1481, 1483, 1492, 1497, 1501, 1504, 1508, 1510, 1513, 1524, 1526, 1529, 1538, 1542, 1545, 1566, 1577-1579, 1581, 1613, 1622, 1629, 1639, 1645, 1646, 1649, 1651, 1656, 1690, 1735, 1744
ル・シャトー、シルヴァー・エンド　1447
ルー=スピッツ、ミシェル　1423
ルー=スピッツ自邸、ディナール　1423
ル・ノートル、アンドレ　863, 1592
ル・ピュイ大聖堂　387
ル・ブラン、シャルル　1004
ル・ブラン&サンズ　1597
ル・ブロン、J. B. A.　1138
ル・ポートル、アントワーヌ　887, 1004
ル・マン大聖堂　466
ル・ラザレ　223
ル・レンシーの城館　1004
ルアン
―サン・マクル聖堂　473
―サントゥアン聖堂　469
―大聖堂　466
―ブールテルルドの邸館　478
ルウェリン=デイヴィス、ウィークス、フォレスティア=ウォーカー&ボア　1483
ルーヴェン

―ザンクト・ミヒャエル教会堂　1068
―市庁舎　536, 547
―シント・ピーテル参事会聖堂　537
―ヘロート・ベギンホフ（大ベギン会修道院）　1068
ルーヴォ大聖堂　383
ルーカス、コリン　1481
ルガード、フレデリック・ジョン　1573
ルクナウ
―議場　1741
―通信ビル　1741
ルクン・イ・アラム、ムルタン　645
ルーゴ大聖堂　411
ルサカ
―ザンビア大学　1584
―聖十字大聖堂　1581
ルッカ
―サン・マルティーノ聖堂　374
―サン・ミケーレ聖堂　374
―市壁　944
ルッケンヴァルデ帽子工場　1426
ルッツァ、カンペンの　546
ルッフ、ルートヴィヒ　1424
ルディ・リシエ、教会　1525
ルドゥー、クロード=ニコラ　1013, 1460, 1639
ルドネフ、レフ　1545
ルドルフ、ポール　1622, 1627, 1629, 1711
ルノー工場、ゴメス・パラシオ　1657
ルノディ、ジャン　1475
ルバンチク、ヤコフ　1542
ルビン、メイア　1566
ルフ、ゼップ　1468
ルフェーヴル、C.　1430
ルメルシエ、ジャック　995
ルルー、モーリス　1421
ルールティエ、カトリック教会　1430
ルンド
―サンクタ・マリア・ミノール聖堂　438
―大聖堂　438, 439
ルンド、フレデリック・クリスチャン　1498
ルンド・アートギャラリー　1497

れ

レ・グラット=シエル、ヴィユールバンヌ　1421
レ・クルティリエール団地、パンタン　1470
レ・ブリュエ団地、クレテイユ　1470
レ・ブリュエールの工房群、セーヴル　1472
レイディ、アフォンソ・エドゥアルド　1646, 1649
レイデン、市庁舎のファサード　1071
レイニウス、レイフ　1497
レイモンド、アントニン　1689
レイヤー・マーニー・タワー、エセックス州　512
レイヨナン式　448, 450, 469, 479

レイン、トーマス　1548
レヴァゾフ、ウルズマク　1549
レヴィ、アレクサンダー　1563
レヴィ、スラヴコ　1529
レヴィ、リノ　1646
レヴィンソン、エヴゲニイ　1538
レヴェル、ヴィルヨ　1469
レヴェル・フォックス&パートナーズ　1584
レヴェレンツ、ジグルド　1455, 1460, 1498
レオン
―グスマネスの邸館　1025
―サン・イシドロ聖堂　411
―大聖堂　551
レガッタ・スタジアム、ラチツェ、ロウドニツェ　1517
レグラ　115
レグレル、R.　1525
レーゲンスブルク
―ヴァルハラ　1058
―規約　216
―ザンクト・ウルリヒ教区聖堂　519
―大聖堂　519
―ドミニコ修道会の教会堂　519
―ノイファールキルヒェ　1038
レゴレッタ、リカルド　1657
レザヴァ、ゲオルギー　1545
レサビー、ウィリアム・リチャード　1434, 1438, 1442
レザル、ルイ　1417
レシフェ
―サン・ペドロ・ドス・クレリゴス聖堂　1286
―サンタ・イザベル劇場　1304
―少年鑑別所　1301
レスコー、ピエール　977, 990
レスター大学・工学実験棟　1484
レストーメル城、コーンウォール州　429
レズニク、ダヴィド　1571
レゼスパス・ダブラクサ、マルヌ=ラ=ヴァレ　1472
レゼヌ、ジルベール　1475
レッチワース　1414, 1442
レッドウッド、タングルウッド、ソラーショット・ウェスト　1438
レッドウッド、バー・ハーバー　1295
レディースミス、市庁舎　1269
レニー&ゴッダード　1585
レニングラード　1538
（※サンクト・ペテルブルクも参照）
―ヴィボルグ地区厨房工場　1542
―キロフスキー地区厨房工場および百貨店　1542
―市ソヴィエト職員用集合住宅　1538
レハヴィア田園郊外　1566
レバデア、神殿　158
レヒター、ゼエヴ　1566, 1571
レヒター、ヤコフ　1571
レヒネル、エデン　1517, 1520
レーフダラ、アメルスフォールツェ通り　1452
レプティス・マグナ
―市場　254
―バシリカ　288
レプラトニエ、シャルル　1429
レペンスキ・ヴィル　225

レマー邸、ブランデンブルク　1424
レーラ・メノン邸　1759
レリダ大聖堂　555
レレナ、ラウル　1649
レワル、ラジ　1748, 1752, 1756
レン、クリストファー　868, 882, 1076, 1094, 1100
レンガ積み　209
レンゾ・ピアノ・ワークショップ、ヴェジマ　1496
レンツ&ミュラー　1476
レンヌ
―裁判所　995, 1008
―市庁舎　1008
レンヌの洞穴、アル・シュル・キュール　223

ろ

ロアレ城　404, 412
ロイビンゲン、古墳　231
ロイヤル・コリンシアン・ヨットクラブ、バーナム=オン=クラウチ　1448
ロウエカリ、アンナ　1469
ロウエカリ、ラウリ　1469
ローウェル、マサチューセッツ州　1294
楼閣式塔　749
ロウダ、ヤン　1517
ロカ、ミゲル・アンヘル　1660, 1661
ロクシン、レアンドロ・V　1721, 1723
ロサム・パーク、サウス・ミムズ　1115
ロザラム邸、デボンポート　1782
ロサンゼルス　1621, 1637
―ウッズ・ドライヴ 1635 番地　1625
―グレイヴス邸　1617
―シャイアット・デイ広告代理店オフィスビル　1642
―ジョンソン邸　1617
―ディズニー・コンサートホール　1642
―ドッジ邸　1604
―リッチフィールド・ビル　1610
―ロヴェル邸　1613
―ロヨラ法科大学　1642
ロシア構成主義　1407
ロジャー、ボン・レベックの　495, 506
ロジャース、エルネスト　1492
ロジャース、ジェームズ・ギャンブル　1594
ロジャース、リチャード　1475, 1487, 1494
ロシュコット、カミル　1510
ロース、アドルフ　1412, 1415, 1417, 1423, 1467, 1513, 1517, 1646
ロス、エンリケ・セオアレ　1646
ロス・クルペス　1651
ロス・ミリャーレス
―羨道墓　228
―砦　232
ロスキルデ大聖堂　1155
ロストフ、宮殿　1136
ロストラ　252

ロゼフナル、ベドジフ　1517
ローゼンホルム城、ユトランド　1145
ロータスの城塞　660
ロタリンティ邸、ベリンツォーナ　1501
ロータル　104
ローチ、ケヴィン　1632
ロチェスター
－城　429
－大聖堂　495
－ベネディクト会修道院聖堂　429
ロッカ・ピサーニ、ロニーゴ　936
ロック、アダム　487
六甲の集合住宅、兵庫県　1697
ロッシ、アルド　1465, 1480, 1494, 1641, 1705
ロッシ、カルル・イヴァノヴィチ　1144
ロッシュ大修道院聖堂、ヨークシャー州　507
ロッズ、マルセル　1424
ロッソ・フィオレンティーノ　985, 977
ロッチ邸、ニューベッドフォード　1295
ロッテルダム　1496
－オランダ建築協会　1497
－カフェ・ド・ユニ　1454
－キーフフーク団地　1454
－旧市庁舎　1074
－スパンゲン団地　1454
－ファン・ネレ工場　1454
－フレエウェイク田園村　1452
－ベルボルダー集合住宅　1454
－ラインバーン・ショッピング・センター　1496
－ラインホテル　1496
ロット・アム・イン、修道院教会堂　1054
ローディアン・リヴァイヴァル　872
ロデズ大聖堂　993
ローテンブルク
－カッペンツィプフェル　519
－ザンクト・ヤーコプ教区聖堂　519
－市庁舎　519
－シュピタールキルヒェ　519
－防御壁　519
－ローテンブルク伯の城、ホーエンローエ　519
ロート、アルフレート　1430, 1500
ロート、エミール　1430
ロドリゲス、アルフォンソ　559
ロハス、エドゥアルド　1660
ロバート、ビヴァリーの　500
ロバート・マシュー、ジョンソン＝マーシャル　1484
ロバートソン、ハワード　1487
ローハンプトン
－オールトン・イースト団地　1481
－オールトン・ウェスト　1481
ロビン・フッズ・ボール　230
ロビンソン邸、ウィリアムズタウン、マサチューセッツ州　1617
ローブリング橋、シンシナティ　1310
ロペス・デ・ロハス、エウフラシオ　1022

ローマ　1492
－アウグストゥスのフォルム　252, 268
－アウグストゥスの墓廟　259
－アウレリアヌスの市壁　296
－アエリウス橋　283
－アカデミア・ディ・サン・ルーカ　877, 878
－アグリッパの浴場　254
－アッピア街道（墓地）　290
－アルデアティーネ洞窟記念碑　1492
－アントニヌスとファウスティナの神殿　283
－イスラム・センターおよびモスク　1492
－イタリア文明館　1433
－イル・ジェズ聖堂　947
－ヴァティカン墓地　290
－ヴィットーリオ・エマヌエーレ２世記念堂　1211
－ヴィーニャ・デル・ピニェート　960
－ヴィラ・アルバーニの小神殿　973
－ヴィラ・ジュリア　944
－ヴィラ・ファルネジーナ　926
－ヴィラ・ボルゲーゼ　953
－ヴィラ・マダーマ　923
－ヴィラ・メディチ　950
－ウェスタ神殿　283
－ウェヌス・ゲネトリクス神殿　252
－ウェヌスとローマの神殿　266, 283
－エチオピア通りの集合住宅　1492
－円形広間　973
－カエキリア・メテッラの墓　259
－カエサルのフォルム　252
－カーサ・バルディ　1492
－カピトリヌス丘の神殿　244
－カラカラの浴場　288
－カンピドーリオ広場　940, 1629
－ギリシア十字形の広間　973
－キルクス・マクシムス　255
－ケスティウスのピラミッド　259
－コッレージョ・ディ・プロパガンダ・フィーデ　956
－コッレージョ・ロマーノ　944
－コルソ映画館　1431
－コルティーレ・デル・ベルヴェデーレ　916, 973
－コルナーロ家礼拝堂、サンタ・マリア・デッラ・ヴィットーリア聖堂　957
－コロッセウム　271
－コンスタンティヌスの凱旋門　290
－コンスタンティヌスのバシリカ　288
－コンチリアツィオーネ通り　1433, 1492
－サン・カルロ・アッレ・クァットロ・フォンターネ聖堂　956
－サン・クレメンテ聖堂　313
－サン・ジョヴァンニ・イン・ラテラーノ聖堂　367, 374, 956, 969
－サン・ジョヴァンニ・デイ・フィオレンティーニ聖堂　944
－サン・セバスティアーノ（有蓋墓地）　305
－サン・セバスティアーノ・フオリ・レ・ムーラ聖堂　953
－サン・パオロ・フオリ・レ・ムーラ聖堂　367, 374
－サン・バジリオ地区　1492
－サン・ピエトロ大聖堂　918, 1521
－サン・ピエトロのバシリカ　305
－サン・ピエトロ広場　957
－サン・フィリッポ・ネーリ祈祷堂　956
－サン・マルコ名義聖堂　910
－サン・マルチェロ・アル・コルソ聖堂　963
－サン・ロレンツォ・イン・ダマーソ聖堂　910
－サン・ロレンツォ・フオリ・レ・ムーラ聖堂　305, 313
－サンタ・アンナ・デイ・パラフレニエーリ聖堂　947
－サンタ・コスタンツァ廟堂　305, 313
－サンタ・サビーナ聖堂　309
－サンタ・スザンナ聖堂　950
－サンタ・マリア・アド・マルティーレ聖堂　313
－サンタ・マリア・イン・ヴィア・ラータ聖堂　963
－サンタ・マリア・イン・カンピテッリ聖堂　963
－サンタ・マリア・イン・モンテサント聖堂　963
－サンタ・マリア・ソプラ・ミネルヴァ聖堂　584
－サンタ・マリア・デイ・ミラコリ聖堂　963
－サンタ・マリア・デッラ・パーチェ聖堂　912, 960
－サンタ・マリア・デッリ・アンジェリ聖堂　944
－サンタ・マリア・デル・プリオラート聖堂　973
－サンタ・マリア・デル・ポポロ聖堂　910
　－キージ家礼拝堂　923
－サンタ・マリア・マッジョーレ聖堂　309
　－パオリーナ礼拝堂　956
　－システィーナ礼拝堂　950
　－スフォルツァ家礼拝堂　940
－サンタゴスティーノ聖堂　912
－サンタニェーゼ聖堂　957
－サンタニェーゼ・フオリ・レ・ムーラ（有蓋墓地）　305
－サンタンドレア・アル・クィリナーレ聖堂　957
－サンタンドレア・デッラ・ヴァッレ聖堂　950
－サンティ・ヴィンチェンツォ・エダナスターシオ聖堂　963
－サンティ・マルティーナ・エ・ルーカ聖堂　960
－サンティーヴォ・デッラ・サピエンツァ聖堂　956

－サンティニャーツィオ広場　969
－サント・ステファノ・ロトンド聖堂　299, 309
－サント・スピリト・イン・サッシア聖堂　923
－サント・スピリト病院　910
－サント・スピリト門　926
－ジャルディーノ・デル・ピンチョ　975
－祝福のロッジア、サン・ピエトロ大聖堂　910
－小スポーツ宮殿　1496
－スカラ・レジア、ヴァチカン　957
－スプリキウス橋　248
－スペイン階段　969
－スポーツ宮殿　1496
－ゼッカ　923
－セプティミウス・セウェルスの凱旋門　290
－太陽の神殿　283
－タブラリウム　254
－ディオクレティアヌスの浴場　288
－ティトゥスの凱旋門　271
－ティトゥスの浴場　268
－ティブルティーノ地区　1492
－テンピエット、サン・ピエトロ・イン・モントーリオ聖堂　916
－ドムス・アウグスタナ　280
－ドムス・アウレア　275
－ドムス・フラウィア　280
－トラヤヌス神殿　261
－トラヤヌスの記念円柱　275
－トラヤヌスのフォルム、バシリカ、市場　268
－トラヤヌスの浴場　268
－トル・デ・スキアーヴィ　290
－トレヴィの泉　969
－バシリカ・アエミリア　254
－バシリカ・ウルピア　268
－バシリカ・ノウァ　288
－バシリカ・ユリア　254
－ハドリアヌスの墓廟　275
－パラッツォ・ヴェネツィア　910
－パラッツォ・カプリーニ　918
－パラッツォ・キージ・オデスカルキ　960
－パラッツォ・ズッカリ　950
－パラッツォ・デイ・コンセルヴァトーリ　940
－パラッツォ・デッラ・カンチェッレリーア　912
－パラッツォ・デル・セナトーレ　940
－パラッツォ・ヌオーヴォ　940
－パラッツォ・バルダッシーニ　923
－パラッツォ・バルベリーニ　953
－パラッツォ・ファルコニエーリ　956
－パラッツォ・ファルネーゼ　862, 923
－パラッツォ・ブランコーニオ・デッラークイラ　923
－パラッツォ・マッシミ・アッレ・コロンネ　926

ーパラッツォ・マッテイ 950
ーパラッツォ・ルドヴィーシ 960
ーパンテオン 262, 313
ーピア門 940
ーピウス4世のカシーノ 947
ーピオ・クレメンティーノ博物館 973
ーヒマワリの家 1492
ーファブリキウス橋 261
ーフィウミチーノ空港・アリタリア航空格納庫 1496
ーフォルトゥナ・ウィリリス神殿 249
ーフォルム・ボアリウムの円形神殿 252
ーフラウィウス円形闘技場 271
ーフラミニア街道、サンタンドレア聖堂 947
ーポポロ広場 963
ーポルタ・オスティエンシス 296
ーマクセンティウスの競技場 290
ーマクセンティウスの墓廟 290
ーマルクス・アウレリウスの記念円柱 275, 290
ーマルケッルス劇場 255
ーマルス・ウルトル神殿 252
ーミネルウァ・メディカ神殿 293
ーミルヴィオ橋、アーチ門 974
ーラティーナ街道(墓地) 290
ーラテラーノ・バシリカ(サン・ジョヴァンニ・イン・ラテラーノ聖堂) 303
ーラテラーノ宮殿 950
ーラテラーノ洗礼堂 316
ーリウィアの家 261
ーロストラ・アウグスティ 252
ローマー、ゲルト 1480
ローマス・リシ窟、バラーバル丘、ビハール州 792
ロマーノ、ジュリオ 890, 926
ロマーノ、マリオ 1433
ロム、ジャン・ド 555
洛陽[ローヤン]→洛陽[らくよう]
ロリッツァー 519
ロリマー、ロバト 1438
ロロ・ジョングラン、シヴァ寺院 848
ロワイヤン、屋根付き市場 1472
ロング・メグ・アンド・ハー・ドーターズ 230
ロングハウス 703, 1331
ロングフォード・キャッスル、ウィルトシャー州 1082
ロングブリッジ・デヴィル 234
ロングリート・ハウス、ウィルトシャー州 1079
龍山[ロンシャン]文化 4
ローンセストン城、コーンウォール州 429
ロンドン
　ーTV-AM本社 1491
　ーアイソコン・フラッツ、ローン・ロード、ハムステッド 1448
　ーアクランド・バーリー学校 1483
　ーアシニーアム 1131
　ーアーノス・グローヴ駅 1447

ーアルバート・メモリアル 1193
ーアルフォード・ハウス 1206
ーアレクサンドラ・ロード集合住宅 1481
ーイングランド銀行 1127
ーインディア・ハウス、オールドウィッチ 1442
ーウィロウ・ロード、ハムステッド 1448
ーウェストミンスター・アベイ 186, 421, 449, 479, 500
ーウェストミンスター・ライフ・アンド・ブリティッシュ・ファイアー・オフィス 1175
ーウェストミンスター新宮殿(国会議事堂) 1172
ーウォータールー駅ユーロスター・ターミナル 1491
ーウォータールー橋 1447
ーウォンステッド・ハウス 1113
ーエコノミスト・ビル 1487
ーエンパイア・プール、ウェンブリー 1447
ー王立英国建築家協会、ポートランド・プレイス 1447
ー王立園芸ホール 1447
ー王立裁判所 1196
ー王立廃兵院、チェルシー 1100
ーオステリー・パーク 1117
ーオール・セインツ教会堂、マーガレット・ストリート 1199
ーオールド・サマセット・ハウス 1079
ー外務省 1189
ーカールトン・クラブ、ペルメル 1442
ーカールトン・ハウス 1127
ーカールトン・ハウスの温室 1178
ーキュー・ガーデンズ 1119
　ーパーム・ハウス 1178
ーキングス・クロス駅 1178
ーキングズウェイの改修、オールドウィッチ 1434
ークイーン・エリザベス・ホール 1484
ークイーンズ・ゲート170番地の住宅 1226
ークイーンズ・チャペル、セント・ジェームズ宮殿 1090
ークライスト・チャーチ、スピタルフィールズ 1105
ークラパム・サウス駅 1447
ークリスタル・パレス 1185
ークレオパトラの針 68
ーグロヴナー・スクエア 1115
ーコヴェント・ガーデン 1465
ー国立劇場 1484
ーコダック・ビル、キングズウェイ 1442
ーコックフォスターズ駅 1447
ー近衛騎兵隊本部、ホワイト・ホール 1115
ーゴールデン・レーン団地 1481
ーザ・マル 1434
ーサイオン・ハウス 1117
ーサドベリー・タウン駅 1447
ーサマセット・ハウス 1119
ーサン・ハウス、フログナル・ウェイ、ハムステッド 1448
ーシェル・ビル 1487

ー自然史博物館 1196
ーシティ・チャーチの再建 1100
ージャネット・ストリート=ポーター邸 1491
ー州庁舎 1434
ージレット社工場、グレート・ウェスト・ロード 1447
ースワン・ハウス 1226
ー聖救世主教会堂、クラークンウェル 1223
ー聖サヴォワール教会、エルサム 1447
ー聖十字架教会堂、ワトフォード 1223
ー石炭取引所 1178
ーゼネラル・ビル、オールドウィッチ 1434
ーセルフリッジ百貨店、オックスフォード・ストリート 1434
ーセンターポイント 1487
ーセント・ヴェダスト教会堂 1100
ーセント・エゼルドレーダズ・ホルボーン聖堂 506
ーセント・オーガスティン教会堂、キルバーン 1223
ーセント・オラフス・ハウス、ヘイズ・ワーフ 1447
ーセント・オルバン教会堂 1204
ーセント・キャサリン・ドックの倉庫群 1131
ーセント・ジェームズ=ザ=レス教会堂 1204
ーセント・ジェームズ・スクエア20番地 1119
ーセント・ジェームズ・パレス 512
ーセント・ジェームズ教会堂、ピカデリー 1100
ーセント・ジャイルズ教会堂、カンバーウェル 1223
ーセント・ジョージ=イン=ザ=イースト教会堂 1105
ーセント・ジョン教会堂、スミス・スクエア 1105
ーセント・スティーヴン教会堂、ウォールブルック 1186
ーセント・スティーヴン教会堂、ロチェスター・ロウ 1186
ーセント・パンクラス駅 1196
ーセント・パンクラス教会堂 1131
ーセント・パンクラス・ホテル 1196
ーセント・ピーター教会堂、ウォルワース 1127
ーセント・ブライド教会堂 1100
ーセント・ポール教会堂、コヴェント・ガーデン 1090
ーセント・ポール大聖堂 1094
ーセント・マーティン=イン=ザ=フィールズ教会堂 1113
ーセント・マーティン=ル=グランド郵便本局 1434
ーセント・メアリー・ウールノス教会堂 1105
ーセント・メアリー=レ=ボウ教会堂 1100
ー大英図書館 1487
ー大英博物館 1131, 1434
ーダリッジ・アート・ギャラリー 1127
ーチェルシー、聖三位一体教会堂 1223
ーチズウィック・ハウス 881, 1113
ーチャイナ・ワーフ 1491
ーチャーチル・ガーデンズ集合住宅 1481
ーデイリー・エクスプレス・ビル、フリート・ストリート 1447
ーテート・ギャラリー、クロア・ウィング 1487
ーテンプル・チャーチ 506
ードーヴァー・ハウス 1127
ートゥーティング・ブロードウェイ駅 1447
ー動物園・ペンギン舎 1448
ートラヴェラーズ・クラブ、ペル・メル街 1175
ートレリック・タワー 1481
ーナショナル・ギャラリー 1131
ーニュー・スコットランド・ヤード 1211
ーニューゲイト刑務所 1122
ーハイポイントⅠ・Ⅱ、ハイゲート 1448
ーパーク・クレセント 1129
ーパディントン駅 1196
ーハム・コモンのフラッツ 1483
ーハムステッド・ガーデン・サバーブ 1414, 1442
ーパレス・ゲート・フラッツ、ケンジントン 1483
ーハンガーフォード吊橋 1175
ーバンケッティング・ハウス 1090
ーハンプトン・コート・パレス 512, 1100
ーピカデリー・サーカス 1434
ーピカデリー・ホテル 1434
ーピムリコ総合学校 1483
ーフィッツロイ・スクエアのテラス住宅 1119
ーフィンズベリー・ヘルスセンター 1448
ーフーヴァー・ビル、ウェスタン・アヴェニュー 1447
ーブラッケン・ハウス 1487
ーブランズウィック・センター、ブルームズベリー 1481
ーブリタニック・ハウス、フィンズベリー・サーカス 1442
ーブリッジウォーター・ハウス 1175
ーブロードウェイ55番地 1447
ーブロードゲート開発 1491
ーヘイワード・ギャラリー 1484
ーヘンリー7世の墓、ウェストミンスター・アベイ 1079
ー法曹協会、チャンセリー・レーン 1434
ーポートマン・スクエア20番地 1119
ーホーニマン博物館 1217
ーホランド・ハウス、ベリー・ストリート 1452
ーホーリー・トリニティ教会堂 1186
ーホワイト・ハウス 1226
ーホワイトチャペル・アート・

ギャラリー　1217
―ミッドランド銀行、ポウルトリー　1442
―ミドル・テンプル・ホール　1088
―南アフリカ・ハウス、トラファルガー・スクエア　1442
―ユーストン駅出入口　1175
―ユーストン消防署　1442
―ユニヴァーシティ・カレッジ　1131
―リージェンツ・パーク　1129
―リージェント・ストリート、クアドラント　1129, 1434
―リッチモンド・リバー開発　1491
―リッツ・ホテル　1417
―リフォーム・クラブ、ペル・メル街　1175
―リリントン・ガーデンズ　1481
―リンカーンズ・イン・フィールズ13番地の住宅　1127
―ロイズ・ビル　1487
―ロイヤル・インシュアランス・ビル、ピカデリー　1434
―ロイヤル・フェスティヴァル・ホール　1407, 1484, 1529
―ローザー・ロッジ　1226
―ローズ・クリケット競技場、マウンド・スタンド　1487
―ロビン・フッド・ガーデンズ　1481
―ローマ・カトリック大聖堂、ウェストミンスター　1223
―ロンドン大学、セナト・ハウス　1447
―ロンドン塔　429

わ

ワイアット、ジェームズ　1078, 1122
ワイアット、チャールズ　1357
ワイスマン、マリナ　1657
ワイマール、美術学校　1424
ワイマール共和国　1429
ワガドゥグー
―IPD（汎アフリカ開発研究所）大学　1587
―大聖堂　1256
ワジ・ウシェア　1577
ワシャクトゥン、建造物 E-Ⅶ下層　723
ワシレフ、ニコライ　1533
ワシントン（D. C.）　1621
―大蔵省　1301
―オクタゴン・ハウス　1294
―合衆国議事堂　1301
―旧年金ビル　1302
―行政府ビル　1302
―クライスト教会堂　1298
―国立航空宇宙博物館　1632
―コーコラン美術館　1302
―上院公園委員会計画　1592
―ジョン・F・ケネディ・センター　1629
―スミソニアン博物館本部ビル　1301
―税関（現郵便局）、ジョージタウン　1301
―ダレス国際空港　1627
―テューダー・プレイス　1294
―特許庁　1301
―ナショナル・ギャラリー東館　1632
―ホワイト・ハウス　1294
―ワシントン記念塔　1301
―リンカーン記念堂　1592
ワース、聖堂　424
ワースター、ウィリアム　1613, 1617, 1619
ワステル、ジョン　493
渡辺譲　1324
ワット・ククット寺院、ランプーン　845
ワット・マハダートゥ寺院、ロッブリー　845
ワット・マハータート、スコータイ　845
ワディ・ナトルン
―デイル・アブ・マカル（聖マカリオス）　614
―デイル・アンブ・ビショイ　614
―デイル・バラムス　614
ワディ・ファッラ、住居　30
ワーデル、ウィリアム・ウィルキンソン　1374
ワード、F ドリントン　1709
ワード、バジル　1447
ワードゥア・キャッスル、ウィルトシャー州　1115
ワトル・アンド・ドーブ→編枝土塗構造
ワルカ→ウルク
ワルザザート、学校　1581
ワルシャワ
―3 家族用テラスハウス　1524
―PKO 銀行、マルシャウコフスカ通り　1524
―市場地区　1525
―ヴォイヴォドシップ　1525
―カトヴィツカ通り 9-10 番地　1524
―旧市街　1525
―救世主教区教会　1524
―教育省　1521
―協同組合銀行　1521
―グマフ・ソンドフ　1521
―コウォ住宅地開発　1524
―国立図書館　1521
―サディ・ジョリボルスキエ団地　1525
―サナトリウム　1524
―市地下鉄駅　1525
―商科大学・図書館　1524
―ジョリボシュ・ワルシャワ住宅協同組合住宅地　1524
―新国際空港ターミナル 2　1526
―人民文化宮殿　1525
―スウジェヴィエツ地区　1525
―ソビエスキ・ホテル　1526
―中央体育協会　1524
―中央広場　1525
―テベ宮殿　1058
―ニエゴレフスキエゴ 8 番地　1524
―プシャチュール通り 3 番地　1524
―ポルスキ劇場　1521
―マルシャウコフスカ通り　1525
―ミツキエヴィチャ通り 34-36 番地　1524
―無原罪懐胎聖母マリア教会、聖ヤコブ教区　1524
―ワレチニィフ 12 番地　1524
ワルシャワ・ハウス　1524
ワルチャフチク、グレゴリ　1645
ワルチャフチク、ニーナ　1646
ワン、城塞　89
ワンク、ローランド　1610

■ 編集者

ダン・クリュックシャンク（Dan Cruickshank）
イギリス王立建築家協会名誉会員、シェフィールド大学建築学部客員教授。著書：*London: The Art of Georgian Building and Life in the Georgian City*

■ 顧問編集者

アンドリュー・セイント（Andrew Saint）
イギリス王立建築家協会名誉会員、ケンブリッジ大学建築学部教授。著書：*Richard Norman Shaw*

ピーター・ブランデル・ジョーンズ（Peter Blundell Jones）
シェフィールド大学建築学部教授。著書：*Hans Scharoun and Hugo Härlng*

ケネス・フランプトン（Kenneth Frampton）
ニューヨーク・コロンビア大学ウェア教授。著書：*Modern Architecture 1851-1945 and Modern Architecture: A Critical History*

■ 監訳者

飯田喜四郎（いいだ・きしろう）
名古屋大学名誉教授。1924 年東京生まれ。東京大学工学部建築学科卒業。1953 年フランス政府給費留学生として渡仏。1966 年より名古屋大学教授、1988 年より愛知工業大学教授を経て、現在同大学客員教授。1992 年から 1997 年まで神宮司庁技監、1997 年から 2010 年まで博物館明治村館長を務める。専門は建築史。
主な著書に『世界の建築 5「ゴシック」』（学習研究社、共著）、『ゴシック建築のリブ・ヴォールト』（中央公論美術出版社）、訳書にアンリ・ロワレット『ギュスターヴ・エッフェル パリに大記念塔を建てた男』（共訳）、J. C. ル＝ギュー『ルーヴル宮 パリを彩った 800 年の歴史』『ヴェルサイユ宮 華麗なる宮殿の歴史』（以上、西村書店）、ジャン・ジェンベル『カテドラルを建てた人びと』（鹿島出版会）、デビッド・マコーレイ『カテドラル―最も美しい大聖堂のできあがるまで』（岩波書店）などがある。

フレッチャー 図説 世界建築の歴史大事典
―建築・美術・デザインの変遷―

2012 年 11 月 15 日　初版第 1 刷発行

編	ダン・クリュックシャンク
監 訳	飯田喜四郎
訳	片木　篤　河辺泰宏　佐藤達生　辻本敬子
	丹羽和彦　野々垣　篤　堀田典裕　溝口正人
発行人	西村正徳
発行所	西村書店
	東京出版編集部
	〒102-0071　東京都千代田区富士見 2-4-6
	Tel. 03-3239-7671　Fax. 03-3239-7622
	www.nishimurashoten.co.jp
印 刷	三報社印刷株式会社
製 本	株式会社難波製本

日本語翻訳所有：西村書店
本書の内容を無断で複写・複製・転載すると、著作権および出版権の侵害となることがありますので、ご注意ください。

ISBN978-4-89013-681-0

西村書店 好評既刊本

芸術の都 パリ大図鑑
■ 建築・美術・デザイン・歴史 ■

ペルーズ・ド・モンクロ 著　三宅理一 監訳

▶**オールカラー 712頁**

思わず旅に出たくなる パリ

豪華愛蔵版

B4変型 ●**7140円**

**古代から現代まで
2000年の芸術文化を網羅した決定版！**

▶ 美しい建築が織りなす街並み・世界遺産から世界が注目するモードまでを紹介
▶ **700**ページを超えるボリュームで知的文化都市パリの魅力を贅沢に堪能する

＊略年表、主要人物略歴、時代別地図も収録。

豪華オールカラー大型愛蔵版

本格的な画集！ 天才画家の魂に迫る手紙とその生涯

ゴッホの手紙
絵と魂の日記

H・アンナ・スー 編　千足伸行 監訳
B4変型・320頁　●3990円

弟テオ宛を中心に多くの手紙をしたためたゴッホ。彼の残した700通以上の手紙から251通を選び、その抜粋を、200以上の素描や手紙そのものの図版、関連作品とともに収載。

天才の思考過程の秘密、大公開！

レオナルド・ダ・ヴィンチ
天才の素描と手稿

H・アンナ・スー 編　森田義之 監訳
B4変型・336頁　●3990円

光と影、地図、人体解剖、兵器の発明、飽くなき好奇心をもって、あらゆる分野の事物に目を向けたレオナルド。さまざまな実験の記録、アイデアをまとめた直筆ノート！

芸術家の美的センスあふれる住まいとアトリエ

芸術家の家
作品の生まれる場所

ルメール 文　アミエル 写真
矢野陽子 訳
B4変型・192頁　●3780円

マグリット、モネ、ミュシャ、キリコ、モリス、モローなど、個性豊かな14人の画家と彫刻家の住まいと生涯を、美しい写真とともに紹介する。

貴重なカラー写真でみる文豪の家と生涯

作家の家
創作の現場を訪ねて

F・プレモリ＝ドルーレ 文
E・レナード 写真　鹿島 茂 監訳

コクトー、ヘミングウェイほか20人の書斎、リビング、サロンから庭園まで。

B4変型・208頁
●2940円

推理作家の家
名作のうまれた書斎を訪ねて

南川三治郎 文・写真

ジェフリー・アーチャー、パトリシア・コーンウェル、トム・クランシーなど、ミステリー作家30名の飾らない素顔を貴重な写真で紹介。

B5判・260頁
●2730円

※価格は5%税込